Direito da União Europeia
– Elementos de Direito
e Políticas da União

SIGLAS MAIS UTILIZADAS

CDFUE	Carta dos Direitos Fundamentais da União Europeia
CEDH	Convenção Europeia para a Protecção dos Direitos do Homem e das Liberdades Fundamentais
CECA	Comunidade Europeia do Carvão e do Aço
CEE	Comunidade Económica Europeia
CRP	Constituição da República Portuguesa
DL	Decreto-Lei
DR	*Diário da República*
EEE	Espaço Económico Europeu
EUROJUST	Unidade Europeia de Cooperação Judiciária
EUROPOL	Serviço Europeu de Polícia
JOUE	*Jornal Oficial da União Europeia**
OCDE	Organização para a Cooperação e Desenvolvimento Económico
TCE	Tratado que institui a Comunidade Europeia
TCEE	Tratado que institui a Comunidade Económica Europeia
TEDH	Tribunal Europeu dos Direitos do Homem
TFUE	Tratado sobre o Funcionamento da União Europeia
TJUE	Tribunal de Justiça da União Europeia**
TUE	Tratado da União Europeia
UE	União Europeia

* Para fins de harmonização dos textos adotou-se a atual designação desta publicação.
** Para fins de harmonização dos textos adotou-se a atual designação deste Tribunal.

DIREITO DA UNIÃO EUROPEIA – ELEMENTOS
DE DIREITO E POLÍTICAS DA UNIÃO
COORDENADORES
Alessandra Silveira
Mariana Canotilho
Pedro Madeira Froufe
REVISÃO DE TEXTOS
Paula Oliveira Azevedo
EDITOR
EDIÇÕES ALMEDINA, S.A.
Rua Fernandes Tomás, nºˢ 76-80
3000-167 Coimbra
Tel.: 239 851 904 • Fax: 239 851 901
www.almedina.net • editora@almedina.net
DESIGN DE CAPA
FBA.
PRÉ-IMPRESSÃO
EDIÇÕES ALMEDINA, S.A.
IMPRESSÃO E ACABAMENTO
PAPELMUNDE

Janeiro, 2016
DEPÓSITO LEGAL
402532/15

Apesar do cuidado e rigor colocados na elaboração da presente obra, devem os diplomas legais dela constantes ser sempre objeto de confirmação com as publicações oficiais.
Toda a reprodução desta obra, por fotocópia ou outro qualquer processo, sem prévia autorização escrita do Editor, é ilícita e passível de procedimento judicial contra o infrator.

 GRUPOALMEDINA

BIBLIOTECA NACIONAL DE PORTUGAL – CATALOGAÇÃO NA PUBLICAÇÃO
DIREITO DA UNIÃO EUROPEIA – ELEMENTOS DE DIREITO
E POLÍTICAS DA UNIÃO
coord. Alessandra Silveira, Mariana Canotilho, Pedro Madeira Froufe
ISBN 978-972-40-6143-6
I – SILVEIRA, Alessandra
II – CANOTILHO, Mariana, 1979-
III – FROUFE, Serafim Pedro Madeira
CDU 34(4-67UE)

Direito da União Europeia – Elementos de Direito e Políticas da União

Alessandra Silveira
Mariana Canotilho
Pedro Madeira Froufe

(Coordenadores)

INTRODUÇÃO

Este livro nasceu como um Manual. Essa foi a proposta inicial feita aos seus Autores: escrever um manual de direito material da União Europeia, uma obra que se afastasse da fórmula mais comum, que privilegia matérias como Instituições e fontes de direito, e tentasse abarcar alguns dos domínios em que o direito da União mais evoluiu, nas últimas décadas. De facto, o direito da União Europeia cresceu e diversificou-se de tal modo que não basta, hoje, aos seus estudantes ou aplicadores conhecer apenas o enquadramento institucional geral e as regras de produção normativa que o regem. Em vários campos, exemplos crescentes de internormatividade demonstram que o ordenamento jurídico de base nacional e a ordem jurídica da União Europeia se têm influenciado mutuamente de tal forma que se torna indispensável um conhecimento mais sólido do acervo legislativo, jurisprudencial e doutrinal desenvolvido no seio da União, em distintos domínios. Porém, e como sempre acontece neste caminho que se faz caminhando, os Coordenadores aperceberam-se, à medida que se reuniam os trabalhos solicitados, que o resultado final deste projeto coletivo era, mais que um manual, um verdadeiro registo do estado da arte, no que à doutrina do direito da União diz respeito, em relação a cada campo específico. Daí que se tenha abandonado a designação de Manual e optado pela que agora se apresenta, mais descritiva, mas esclarecedora: *Direito da União Europeia – Elementos de Direito e Políticas da União*.

A intenção inicial era, também, a de que todos os capítulos se apresentassem com dimensões aproximadamente iguais, o que se revelou, no decurso dos trabalhos, impossível. Por um lado, cada temática apresenta especificidades e um nível de desenvolvimento e densificação distintos; por outro, a indispensável liberdade académica e as características próprias do discurso e da pena de cada Autor levaram a que a versão que agora se apresenta contenha trabalhos bastante diferentes. Creem os Coordenadores que nada se perdeu no processo: antes pelo contrário, só se acrescentou. Nenhum dos capítulos deste livro pretende conter em si todas as dimensões da temática estudada. Deseja-se, isso sim, abarcar o essencial e abrir ao leitor as portas necessárias para que prossiga o estudo das matérias que mais lhe interessarem. Por outro lado, é importante lembrar que a obra reúne cultores do direito da União Europeia com mundividências distintas, e posturas mais ou menos críticas face ao projeto europeu e às políticas concretas que têm vindo a ser desenhadas e adotadas pela União. Uma vez mais, os Coordenadores acreditam que esse pluralismo enriquece a obra e torna a sua leitura mais desafiante.

Os capítulos estão organizados de modo a seguir, dentro do possível, a sequência dos títulos do TFUE que traduzem as políticas prosseguidas no âmbito da integração. A publicação abre com aquela que será, certamente, uma das temáticas chave para o desenvolvimento do direito da União Europeia nas próximas décadas: a cidadania. Alessandra Silveira expõe, documentando/ancorando-se de extensa jurisprudência do TJUE, o modo como a cidadania europeia, instituída pelo Tratado de Maastricht, tem vindo a moldar o próprio processo de integração. Indissociavelmente ligada à proteção dos direitos fundamentais, a cidadania europeia, vocacionada para a tendencial equiparação das posições jurídicas dos nacionais dos Estados-Membros, ofereceu a base jurídica para o suprimento de lacunas de proteção e, assim, para o aprofundamento do processo integrativo. Após o reconhecimento, pelo Tratado de Lisboa, de força juridicamente vinculativa à CDFUE, a proteção dos direitos fundamentais na ordem jurídica da União conhece novos desdobramentos. Explica a Autora que a mais recente jurisprudência do TJUE – respeitante à interpretação do conceito de "aplicação do direito da União" na aceção do artigo 51.º, n.º 1, da CDFUE, o qual desencadeia a aplicação do padrão de jusfundamentalidade da União – tem-se mostrado sensível às dinâmicas político-económicas que caracterizam o momento atual do processo de integração, suscitando perplexidades e inquietações quando confrontada com anteriores pronunciamentos que compõem o *acquis* jurisprudencial em matéria de cidadania e direitos fundamentais.

Ainda quanto às temáticas de carácter mais abrangente, Sophie Perez apresenta um capítulo dedicado à aplicação administrativa do direito da União Europeia. Valorizando a natureza intersistemática do exercício da função administrativa na União, assente na articulação orgânico-funcional

INTRODUÇÃO

das ordens jurídicas da União e dos Estados-Membros na prossecução de objetivos comuns, a Autora expõe as principais características e dá conta dos princípios fundamentais que devem orientar a atuação das instituições, órgãos e organismos da União e das entidades administrativas dos Estados-Membros quando aplicam direito da União. Traz, por fim, à colação uma das questões que tem mobilizado não só a doutrina dedicada ao direito administrativo da União Europeia, mas também o decisor político da União: a da codificação de princípios fundamentais de direito administrativo e de regras básicas de procedimento administrativo.

Na mesma senda, Carlos Medeiros de Carvalho escreve sobre o direito da função pública no contexto da União, tradicionalmente ignorado ou pouco aprofundado. Assim, o Autor apresenta-nos o estatuto próprio dos funcionários da União, reflexo das influências do quadro normativo que disciplina a matéria nos Estados-Membros, bem como das particularidades e especificidades que o caracterizam, enquanto funcionalismo de uma estrutura supranacional; mais ainda, explica-nos os mecanismos que asseguram uma efetiva proteção jurídica do direito de acesso à justiça, através da consagração e implementação de uma jurisdição por via da qual cada funcionário ou agente da União Europeia pode fazer valer os seus direitos e interesses protegidos face aos poderes públicos.

Abrindo a passagem para dimensões mais específicas do direito e das políticas da União, Nuno Piçarra assina o capítulo sobre fronteiras, vistos, asilo e imigração, no quadro do espaço de liberdade, segurança e justiça. Nele se analisam as bases constitucionais desta política e, seguidamente, os principais atos infraconstitucionais adotados pela União em desenvolvimento da sua política de fronteiras. Trata-se de um domínio com impacto, como salienta o Autor, no próprio desenho da identidade dos Estados-Membros e da União. De facto, tendo por núcleo um dos elementos essenciais da estadualidade e da soberania – a definição de fronteiras e o controlo do território –, esta política reforça a transformação da União numa entidade política autónoma. Para além disso, este é um domínio de grande complexidade, em que o direito derivado da União se interliga com o disposto nos Tratados, na Carta dos Direitos Fundamentais e no direito internacional, assim como com o direito nacional dos Estados-Membros, num exemplo de elevado grau de internormatividade. Com a tragédia dos migrantes mortos no Mediterrâneo e a urgência de decisões e políticas concertadas da União neste domínio, o estudo e compreensão da matéria apresentada neste capítulo revela-se indispensável.

DIREITO DA UNIÃO EUROPEIA – ELEMENTOS DE DIREITO E POLÍTICAS DA UNIÃO

Seguem-se dois capítulos também enquadrados no espaço de liberdade, segurança e justiça, nos quais são abordadas duas políticas estruturantes: a cooperação judiciária em matéria civil, tratada por Anabela Gonçalves, e a cooperação judiciária e policial em matéria penal, sobre a qual se debruçam Mário Monte e Joana Whyte. Quanto à primeira, a Autora apresenta, antes do mais, os fundamentos, no direito dos Tratados, desta política que tenta aproximar as autoridades judiciárias dos diferentes Estados-Membros, promovendo o acesso efetivo dos cidadãos à justiça e fomentando a coordenação e compatibilização entre as várias ordens jurídicas. Em seguida, explica-se a sua génese e a opção pelos conceitos e mecanismos próprios do direito internacional privado, bem como os principais aspetos legislativos e processuais deste tipo de cooperação. Já no que respeita à cooperação judiciária e policial em matéria penal, os Autores dão-nos conta dos avanços e das dificuldades encontradas ao longo do processo de harmonização do direito penal no quadro da União Europeia, apresentando-nos, seguidamente, o acervo jurídico modelador desta política, tanto no plano do direito substantivo como no que respeita ao direito processual. O trabalho dedica ainda uma parte importante à cooperação policial, dando relevância à sua dimensão prática e às questões relacionadas com a Europol, a Rede Judiciária Europeia, o Sistema de Informação de Schengen e os Centros de Cooperação Policial e Aduaneira.

Passando a dimensões de natureza mais especificamente económica, Pedro Madeira Froufe e José Caramelo Gomes tratam da problemática do mercado interno e da concorrência. Na verdade, a dimensão mais económica do direito da União sofreu uma evolução, refletindo, também, uma marcada internormatividade. De certo modo, a emergência e o desenvolvimento de temáticas que ocupam hoje o primeiro plano da ação e das políticas da União foram antecipadas pela aplicação jurisprudencial do direito de cariz predominantemente económico (direito económico) da integração. Desde logo, a reforma ou "modernização" do direito europeu da concorrência, patente no Regulamento (CE) n.º 1/2003, de 16 de dezembro de 2002, sobre a aplicação dos atuais artigos 101.º e 102.º do TFUE, aprofunda essa interconexão e interoperatividade entre ordenamentos, princípios e *praxis* (de aplicação normativa) de origem nacional e de "fonte" direta europeia. Essa reforma caracterizou-se, numa primeira observação, por um movimento de renacionalização do direito europeu de "defesa da concorrência": os artigos 101.º e 102.º do TFUE deixaram de ser, no que respeita à sua aplicação, um quase- -monopólio da Comissão e, em primeira linha, são aplicados pelas autoridades e tribunais nacionais. No entanto, como começa por ser salientado pelos Autores, essa evolução do direito da concorrência acabou por ser paralela e por acompanhar, no âmbito de outras áreas nucleares do mercado interno – como é o caso das "liberdades económicas" –, um movimento que, com propriedade, poderá ser entendido como sendo uma mudança de paradigma referencial do aprofundamento da integração.

Na realidade, a densificação operativa da "cidadania europeia" passou (e passa) pela aplicação das "liberdades" e princípios estruturantes do mercado interno. É inultrapassável o papel que a aplicação das "liberdades económicas" pelo TJUE teve e vai tendo no desenvolvimento dos direitos fundamentais (mesmo antes de Lisboa e do estatuto que a CDFUE aí ganhou) e na afirmação do indivíduo, do cidadão, como sendo o foco principal do (atual) processo de integração. A partir do momento em que a efetivação do principal instrumento dessa integração europeia (o mercado interno) atingiu um nível satisfatório e irreversível, a União passou a centrar-se mais no indivíduo/cidadão e não tanto (ou, pelo menos, não exclusivamente) no agente económico. Daí, em parte, a justificação para que as liberdades económicas – núcleo do mercado interno, conjuntamente com a política e o direito da concorrência – passassem a assumir um papel (serem o pretexto) conformador dos direitos fundamentais, pelo menos na perspetiva da jurisprudência. É esta abordagem do mercado interno, das liberdades económicas e do sistema de "defesa da concorrência" que é refletida no texto que aborda as problemáticas em causa (mercado interno e concorrência) e, também, de alguma forma, nos subsequentes.

Seguidamente, e ainda no contexto de temáticas do direito da integração europeia de cariz marcadamente económico, Nuno Oliveira trata, à luz do direito da União, da problemática do contrato. Na realidade, a matéria contratual tem vindo a ser objeto de uma abordagem, pelo direito da União, mais lenta e ponderada, comparativamente com outros domínios e institutos – o que se poderá compreender por estar em causa um dos aspetos nucleares da construção de um direito privado europeu. A questão do contrato, desenvolvida pelo Autor, precede, assim, a questão dos consumidores e dos contratos de consumo por estes celebrados, ou seja, o capítulo sobre o direito do consumo, da autoria de Fernando de Gravato Morais e de Isabel Menéres Campos. Neste capítulo, os Autores traçam um panorama legislativo do direito europeu do consumo que, na realidade, representa já uma parcela considerável nas incursões do legislador europeu no âmbito do direito privado. O trabalho ocupa-se ainda de questões mais específicas dentro da temática do consumo, nomeadamente as levantadas pela regulação europeia da venda de bens de consumo e pelo regime das cláusulas contratuais gerais, apresentando-se também uma reflexão de notória importância sobre o crédito à habitação como nova preocupação do direito da União. A segunda secção do trabalho dedica-se aos aspetos particulares do crédito ao consumo, descritos pormenorizadamente. Também neste domínio sobressai a preocupação do reforço das garantias do consumidor – ou o reforço da sua proteção no jogo económico. Tal como referimos antecedentemente, a emergência do cidadão (e já não exclusivamente do "agente económico") no âmbito da integração implica, igualmente e por decorrência, um reforço do protagonismo do (cidadão) consumidor.

Na sequência, João Sérgio Ribeiro trata da questão da fiscalidade na União Europeia, preocupando-se, em especial, com a tributação direta. Começa por estabelecer uma conexão entre a crise financeira e a temática que aborda, salientando, com efeito, o acréscimo de importância que, para o domínio tributário, adveio da crise que se abateu sobre os Estados-Membros da União. O Autor começa por delimitar o âmbito do denominado direito tributário da União, focalizando-se na tributação direta. Esta opção é justificada, desde logo, pelo facto de ser esse o domínio em que a influência do referido direito tributário da União sobre as normas dos Estados-Membros tem sido mais tortuosa e peculiar – nomeadamente quando comparada com a influência (de tal direito tributário da União) que se manifesta no campo da tributação indireta. Tem existido, com efeito, no âmbito da tributação direta, a pretexto da aplicação das "liberdades económicas", um movimento harmonizador de iniciativa jurisprudencial – que é descrito e analisado no texto.

O direito de propriedade intelectual na União Europeia é a temática tratada por Luís Couto Gonçalves, Cláudia Trabuco e Maria Miguel Carvalho. No capítulo em causa, os Autores começam por descrever o sistema europeu de proteção da propriedade intelectual, abordando, seguidamente, o "princípio do esgotamento" daqueles direitos exclusivos, antes de se deterem, em particular, sobre a proteção do direito de autor no contexto do mercado interno, os direitos conexos (a harmonização do regime dos direitos de autor e dos direitos conexos) e sobre a propriedade industrial (em especial, a marca comunitária, bem assim como a problemática dos modelos ou desenhos). A evolução europeia da propriedade intelectual e o seu papel enquanto fator jurídico-económico decisivo para a construção do mercado interno (e, por conseguinte, como elemento determinante da integração económica) são bem ilustrados ao longo da análise desenvolvida neste capítulo.

INTRODUÇÃO

Maria Miguel Carvalho, de seguida, aborda a questão da proposta de regulamento sobre os estatutos da "sociedade privada europeia", assim como a proposta e o projeto de regulamento atinente às mútuas, às associações e às fundações europeias, no âmbito do direito das sociedades europeu. Este é, de facto, o objeto do capítulo desenvolvido pela Autora – ao longo do qual o caminho ainda difícil e não muito longo deste percurso da construção do mercado interno e da integração é analisado. A liberdade de estabelecimento das sociedades é tratada à luz quer da jurisprudência do Tribunal de Justiça, quer na perspetiva normativa e principiológica dos Tratados. Maria Miguel Carvalho oferece-nos uma panorâmica global de aspetos do movimento de harmonização já percorrido, neste domínio, incidindo, em particular e nomeadamente, sobre a criação de tipos societários europeus.

Passando à análise mais particular das denominadas políticas públicas da União, Manuel Porto ocupa-se da política de transportes. Esta matéria integra o direito dos Tratados desde o Tratado de Roma, em 1957, mas foi muito pouco concretizada durante as primeiras décadas da União. O Autor apresenta as medidas de liberalização e harmonização adotadas, essencialmente, na sequência do Acto Único Europeu, tais como a separação da responsabilidade pela rede fixa da exploração do serviço ferroviário ou as disposições reguladoras nas áreas do transporte rodoviário e do transporte aéreo. O capítulo termina com algumas observações acerca da articulação entre os meios de transporte na Europa e a criação de um "espaço único europeu de transportes" e a implantação de uma rede transeuropeia de transportes.

O novo quadro jurídico-financeiro da União é tratado por Joaquim Freitas da Rocha. O intuito do Autor foi o de abordar e explicitar o modo como o denominado direito financeiro da União tem enfrentado a "expressiva crise" económica e financeira que tem vindo, ultimamente, a atingir a União e grande parte dos seus Estados-Membros. Neste capítulo ensaia-se uma delimitação do perímetro normativo do direito financeiro da União Europeia e identificam-se os seus mais visíveis elementos característicos – ou, como refere o Autor, os "aspetos de regime", como sejam a cláusula de proibição de défices excessivos e a *no-bailout clause*. Aborda-se seguidamente a temática da crise, passando-se em revista não apenas as suas causas, mas igualmente alguns dos possíveis remédios que têm sido avançados com o objetivo de a debelar. De entre esses remédios, podemos referir o Tratado sobre a estabilidade, a coordenação e a governação na União Económica e Monetária (TECG). Finalmente, Joaquim Rocha avalia o efeito jurídico interno (estadual) que a crise e as medidas antecedentemente mencionadas poderão desencadear, designadamente sob o prisma jurídico-constitucional.

No âmbito das políticas de cariz social, Mariana Canotilho aborda o direito da igualdade de oportunidades e não discriminação na União Europeia. O trabalho pretende dar ao leitor uma visão geral das questões de discriminação tratadas na legislação e na jurisprudência europeias: o género, a raça e origem étnica, a idade, a orientação sexual e a deficiência. A Autora dá conta da evolução deste ramo do direito, tecida sobre as complexas relações entre o projeto económico inicial e a ideia de consolidação de uma Europa social. Merece grande destaque o papel do TJUE na densificação de conceitos e desenvolvimento de critérios metodológicos, sendo esta área um campo de assinaláveis contribuições do direito da União Europeia para o património constitucional comum europeu. Por essa razão, a segunda parte do capítulo consiste, essencialmente, num périplo pela jurisprudência do TJUE em matéria de igualdade de oportunidades e não discriminação, em especial em domínios como o mercado de trabalho e as prestações sociais. Por fim, faz-se uma breve análise do quadro legal e jurisprudencial relativo à não discriminação em razão da nacionalidade – a grande porta para a sedimentação de uma *cidadania social europeia* que se afigura, no entanto, comprometida no atual quadro de crise.

No mesmo seguimento, Luís Meneses do Vale reflete longa e profundamente sobre a política de saúde europeia. Após um percurso diacrónico pelo quadro constitucional europeu que regula o tema, apresentam-se as ações, práticas e políticas públicas adotadas pela União. O Autor faz uma avaliação crítica do modelo europeu de políticas de saúde e dos seus efeitos e alerta para os riscos da consolidação de um modelo hegemónico de organização político-social, à sombra do qual os sistemas de saúde se dissolvem nos mercados (ou no corporativismo empresarial real) e os cidadãos passam a meros consumidores (ou *stakeholders* periféricos). A saúde é, de facto, um dos campos desafiantes da integração e palco primordial da tensão permanente entre a construção de um mercado de serviços e de uma Europa social, ao mesmo tempo que se respeita a identidade constitucional e histórica dos Estados-Membros.

A seguir, Alexandra Aragão conduz-nos num périplo através da política ambiental europeia, dando-nos conta do fenómeno de hiperproliferação do direito ambiental e da influência crescente das considerações ambientais nas outras políticas da União, dada a magnitude e a premência dos problemas ambientais. Neste capítulo, apresenta-se aos leitores, desde logo, o

INTRODUÇÃO

direito ambiental primário, contido nos Tratados, com especial relevo para os seus princípios fundamentais e pressupostos, designadamente o princípio do desenvolvimento sustentável, o princípio da integração, os princípios da prevenção e da precaução, o princípio do poluidor-pagador e o princípio de um nível elevado de proteção ecológica. Numa segunda parte, a Autora analisa o direito ambiental secundário, em particular, os programas e procedimentos próprios da União.

No mesmo plano, segue-se um capítulo sobre a política energética, da autoria de Gonçalo Anastácio e Teresa Sampaio. O mercado europeu da energia tem sido um tema permanente na agenda europeia, nos últimos anos, e um domínio no qual a plena realização do mercado interno tem encontrado diversas barreiras e entraves ao comércio. Os Autores descrevem o quadro normativo geral da política energética europeia, quer no plano do direito dos Tratados quer no plano do direito derivado, relacionando-o com a realidade específica portuguesa, nos domínios legislativo e fáctico. O trabalho aborda ainda uma série de questões conexas à política de energia, em particular os incentivos da União à eficiência energética, a questão dos transportes ou das *golden shares*. Finalmente, presta-se especial atenção à regulação europeia dos setores elétrico, do gás natural e das energias renováveis.

Por fim, encontramos o trabalho de Isabel Camisão e Francisco Pereira Coutinho acerca da ação externa da União. Sendo a capacidade de falar a uma só voz em matéria de política externa, ultrapassando divergências internas e fortalecendo o sistema de governação, vital para a afirmação internacional da União Europeia, no quadro de um mundo globalizado, fica bem clara a importância da análise levada a cabo. Os Autores dão conta do enquadramento jurídico-constitucional da ação externa da União, em particular após as alterações introduzidas pelo Tratado de Lisboa, e apresentam os seus protagonistas e respetivas competências, descrevem a política externa e de segurança comum e analisam detidamente a atual arquitetura europeia em matéria de ação externa, bem como o processo de conclusão de acordos internacionais por parte da União.

Os Coordenadores

Capítulo I
Cidadania Europeia e Direitos Fundamentais

ALESSANDRA SILVEIRA

0. Da emergente cultura de "cidadania de direitos" e seu impacto no processo de integração (ou do ponto de não retorno em *Rottmann*)
Se tivéssemos de localizar o ponto de não retorno na evolução do entendimento da cidadania europeia, teríamos forçosamente de indicar o Acórdão *Rottmann* de 2010[1]. E por que razão? Porque sendo certo que a cidadania europeia depende da nacionalidade de um Estado-Membro e acresce à cidadania nacional sem a substituir – "é cidadão da União qualquer pessoa que tenha a nacionalidade de um Estado-Membro" (artigo 20.º, n.º 1, do TFUE) –, não é menos certo que o Acórdão *Rottmann* reequaciona a extensão do poder discricionário de que os Estados-Membros dispõem para determinar quem são os seus nacionais. A aquisição e a perda da nacionalidade (e, por conseguinte, da cidadania da União) não são, em si mesmas, reguladas pelo direito da União. Todavia, as condições da aquisição e da perda da nacionalidade devem ser compatíveis com as normas europeias e respeitar os direitos e deveres do cidadão europeu (por força do princípio da lealdade europeia patente no artigo 4.º, n.º 3, do TUE).

---

[1] Cf. Acórdão (TJUE) *Rottmann*, de 2 de março de 2010, proc. C-135/08.

Como explica Poiares Maduro nas suas conclusões no processo *Rottmann*, na medida em que a posse da nacionalidade de um Estado-Membro determina a posse da cidadania da União – e, portanto, o benefício de direitos e liberdades que lhe estão expressamente associados, bem como o benefício das prestações sociais a que a mesma permite aceder –, os Estados-Membros não podem negar efeito útil à obrigação de respeitar o direito da União quando exercem as suas (deles) competências em matéria de nacionalidade[2]. Ou textualmente: "A referida obrigação não pode deixar de constituir uma restrição para o acto estatal de revogação da nacionalidade, uma vez que este acto implica a perda da cidadania da União, sob pena de afectar a competência da União para determinar os direitos e os deveres dos seus cidadãos".

A conclusão a que chegou o TJUE nesse processo baralha, portanto, o que tradicionalmente se entendia por principal e acessório nas relações entre nacionalidade e cidadania europeia: a manutenção da cidadania europeia exigiu a manutenção da nacionalidade de um Estado-Membro – fosse ela qual fosse, alemã ou austríaca, como veremos[3]. Mais: isto revela em que medida a cidadania europeia vai alterando, de modo porventura imprevisto, a ideia de nacionalidade enquanto fundamento da cidadania. A partir do momento em que os nacionais de outro Estado-Membro podem beneficiar, no Estado-Membro de acolhimento, de direitos previamente reservados aos nacionais desse Estado, a própria ideia de nacionalidade enquanto principal critério de pertença é desafiada. E é também desafiada a exclusividade da relação entre nacionalidade e cidadania – sobre a qual o Estado-nação foi construído[4].

---

[2] Cf. conclusões *Rottmann*, de 30 de setembro de 2009, proc. C-135/08, considerando 26.

[3] Sobre o tema, cf. EVA-MARIA POPTCHEVA, "The multilevel context of Union citizenship. The right to consular protection as a case in point title", *Citizenship and solidarity in the European Union: from the Charter of Fundamental Rights to the crisis, the state of the art*, Alessandra Silveira/Mariana Canotilho/Pedro Madeira Froufe (eds.), Peter Lang, Bruxelles/Bern/Frankfurt am Main/New York/ /Oxford/Wien, 2013, p. 257, onde se lê: "the multilevel design of Union citizenship is evidenced by its incursion into nationality rules bringing forward the constructive potential of Union citizenship reflected to some extent in its capacity to penetrate national citizenship. This constitutional constructive potential of Union citizenship found expression for instance in the *Rottmann* case where the Court of Justice raised the objective dimension of Union citizenship to a routeing criterion to be observed by the Member States when deciding on the withdrawal of nationality of a Member State".

[4] Cf. SANDRA MANTU, *Contingent Citizenship. The Law and Practice of Citizenship Deprivation in International, European and National Perspectives*, dissertação de doutoramento – Radboud Universiteit Nijmegen (Netherlands), 2014, p. 109.

CIDADANIA EUROPEIA E DIREITOS FUNDAMENTAIS

Por isso o Acórdão *Rottmann* parece esclarecer o sentido da expressão insistentemente repetida pelo TJUE segundo a qual a cidadania europeia tende a ser "o estatuto fundamental dos nacionais dos Estados-Membros"[5]. Nesse processo o TJUE foi confrontado com a situação de um cidadão austríaco (por nascimento) que adquiriu a nacionalidade alemã (por naturalização), tendo por isso perdido a nacionalidade originária. Por ter obtido a nacionalidade alemã fraudulentamente, Janko Rottmann teve a sua naturalização revogada pelos tribunais de instância alemães – o que levou o Supremo Tribunal Administrativo a dirigir-se ao TJUE com o intuito de saber se a apatridia e a perda da cidadania europeia que daí decorre seriam compatíveis com o direito da União.

Note-se que não estava em causa o exercício de liberdades de circulação que permitisse a conexão com os direitos fundamentais protegidos pela ordem jurídica europeia[6] – pois *Rottmann* era um nacional alemão, a residir na Alemanha, ao qual foi dirigido um ato administrativo emanado de uma autoridade alemã –, mas sim a perda da cidadania europeia. Os Governos alemão e austríaco, apoiados pela Comissão, alegavam que o facto de o interessado ter exercido o seu direito de livre circulação antes da sua naturalização não podia constituir, por si só, um elemento transfronteiriço suscetível de influenciar a revogação da referida naturalização[7]. Não foi por outra razão que o Advogado-Geral Poiares Maduro sugeriu que o direito da União não se opunha à perda da cidadania da União porque a revogação da naturalização não era motivada pelo exercício de direitos e liberdades decorrentes dos Tratados nem se baseava noutro motivo proibido pelo direito da União[8].

Todavia, o TJUE equacionou a questão noutros termos, sem que o elemento transfronteiriço – leia-se, o exercício da livre circulação de Rottmann em tempos – tivesse qualquer relevância para a resposta à questão prejudicial. O TJUE começou por rejeitar o argumento da situação puramente interna por entender que a situação de um cidadão da União confrontado com uma decisão nacional suscetível de implicar a perda do estatuto de cida-

---

[5] Cf. Acórdão (TJUE) *Grzelczyk*, de 20 de setembro de 2001, proc. C-184/99, considerando 31.
[6] Sobre a jurisprudência do TJUE envolvendo normas internas sobre nacionalidade (ou com ela diretamente relacionadas) em suposto conflito com liberdades de circulação, cf. Acórdãos *Airola*, de 20 de fevereiro de 1975, proc. 21/74; *Micheletti*, de 7 de julho de 1992, proc. C-369/90; *Garcia Avello*, de 2 de outubro de 2003, proc. C-148/02; e *Grunkin e Paul*, de 14 de outubro de 2008, proc. C-353/06.
[7] Cf. Acórdão *Rottmann*, *cit.*, considerando 38.
[8] Cf. conclusões *Rottmann*, *cit.*, considerando 35.

dania europeia e dos direitos correspondentes é abrangida, pela sua própria natureza e pelas suas consequências, pelo direito da União[9]. Assim, o facto de a matéria da nacionalidade ser da competência dos Estados-Membros não impede que, em situações abrangidas pelo direito da União, as normas nacionais em causa devam respeitar esse direito, sendo por isso suscetíveis de fiscalização jurisdicional à luz do direito da União[10].

E ainda que se admita a legitimidade, em princípio, de uma decisão de revogação da naturalização adquirida fraudulentamente (à luz do direito internacional)[11], o TJUE lembrou que compete ao órgão jurisdicional de reenvio averiguar se a decisão de revogação respeita o princípio da proporcionalidade (à luz do direito da União). Assim, dada a importância que o direito primário da União atribui ao estatuto de cidadania, há que ter em conta as consequências que tal decisão implica para o interessado e, eventualmente, para os membros da sua família, no que respeita à perda dos direitos de que goza qualquer cidadão da União. Neste sentido, importa essencialmente verificar se essa perda se justifica em relação à gravidade da infração cometida, ao tempo decorrido entre a decisão de naturalização e a decisão de revogação e à possibilidade de o interessado readquirir a sua nacionalidade originária. Por isso, antes de a decisão de revogação da naturalização produzir efeitos, impõe-se que seja concedido ao interessado um prazo razoável para que tente readquirir a nacionalidade do seu Estado-Membro de origem[12].

Pelo exposto, o TJUE decidiu em *Rottmann* que o direito da União, nomeadamente o artigo 20.º do TFUE, não se opõe a que um Estado-Membro revogue a nacionalidade que concedera por naturalização a um cidadão da União que a obteve fraudulentamente, *desde que a decisão de revogação respeite o princípio da proporcionalidade,* nos termos definidos pelo direito da

---

[9] Cf. Acórdão *Rottmann, cit.,* considerando 42.

[10] Cf. Acórdão *Rottmann, cit.,* considerandos 41, 45 e 48.

[11] Cf. Acórdão *Rottmann, cit.,* considerandos 52 e 54. O TJUE refere a Convenção para a Redução dos Casos de Apatridia, cujo artigo 8.º, n.º 2, dispõe que um indivíduo pode ser privado da nacionalidade de um Estado contratante se a tiver obtido através de falsas declarações ou de qualquer outro ato fraudulento. Do mesmo modo, o artigo 7.º, n.ºs 1 e 3, da Convenção Europeia sobre a Nacionalidade não proíbe um Estado signatário de privar um indivíduo da sua nacionalidade, mesmo que este se torne desse modo apátrida, quando a mesma tenha sido adquirida na sequência de atos fraudulentos, através de informações falsas ou encobrimento de quaisquer factos relevantes atribuíveis ao requerente.

[12] Cf. Acórdão *Rottmann, cit.,* considerandos 55 a 58.

CIDADANIA EUROPEIA E DIREITOS FUNDAMENTAIS

União[13]. E concluiu lembrando que os princípios relativos à competência dos Estados-Membros em matéria de nacionalidade – especialmente a obrigação de a exercerem no respeito do direito da União – se aplicam tanto ao Estado-Membro de naturalização (no caso, a Alemanha) como ao Estado-Membro da nacionalidade de origem (no caso, a Áustria)[14].

De qualquer forma, o que efetivamente releva do Acórdão *Rottmann* para a temática que nos ocupa é a desconsideração da circulação prévia de Rottmann e a circunscrição do problema ao artigo 20.º do TFUE, contribuindo desta forma para a definição do âmbito de aplicação da cidadania europeia. Apesar de Rottmann se ter deslocado, em tempos, da Áustria para a Alemanha – e exercido, nestes termos, a sua liberdade de circulação –, a sua situação foi apreciada como se de um cidadão estático (e não dinâmico) se tratasse, e o estatuto de cidadania que ostenta foi defendido nessa qualidade. Além de servir para refutar o argumento de situação puramente interna, a cidadania europeia serviu de fundamento para salvaguardar os direitos e liberdades de um cidadão estático – algo que seria confirmado no Acórdão *Zambrano* de 2011[15].

Por isso *Rottmann* abriu caminho para que em *Zambrano* o TJUE admitisse definitivamente que cidadãos europeus estáticos, que nunca circularam e apenas residem num Estado-Membro, podem beneficiar do padrão de jusfundamentalidade europeu via estatuto de cidadania europeia. Como explica a Advogada-Geral Eleanor Sharpston nas suas conclusões no processo *Zambrano*, seria (no mínimo) paradoxal que um cidadão europeu pudesse invocar os direitos fundamentais consagrados no direito da União 1) quando exerce um direito económico de livre circulação enquanto trabalhador, ou 2) quando o direito nacional é abrangido pelo âmbito de aplicação dos Tratados, ou ainda 3) quando invoca o direito derivado da União (regulamentos, diretivas, decisões), mas não o pudesse fazer quando se limita a permanecer no seu Estado-Membro de nascimento – por via da cidadania europeia, apenas. O direito de permanecer previsto no artigo 21.º do TFUE deve ser considerado como um direito autónomo e "não um direito ligado por um cordão umbilical legal ao direito de circulação"[16].

---

[13] Cf. Acórdão *Rottmann, cit.*, considerando 59.
[14] Cf. Acórdão *Rottmann, cit.*, considerando 62.
[15] Cf. Acórdão (TJUE) *Zambrano*, de 8 de março de 2011, proc. C-34/09.
[16] Cf. conclusões *Zambrano*, de 30 de setembro de 2010, proc. C-34/09, considerando 84.

O presente capítulo pretende, portanto, captar a evolução da cidadania europeia e do seu âmbito de aplicação – além de equacionar as implicações de uma cidadania de direitos (enquanto "direito a ter direitos", no sentido de Hannah Arendt) no próprio processo de integração.

1. Cidadania de direitos e comunidade política (ou do sentido e natureza jurídica da cidadania europeia)

Os direitos de cidadania desde sempre resultaram da pertença dos indivíduos a uma dada comunidade política. Por isso a cidadania sempre foi identificada como o direito a ter uma dada nacionalidade – ou, no caso português, "o direito à qualidade de membro da República portuguesa, direito à nacionalidade portuguesa", como explicam Gomes Canotilho e Vital Moreira[17]. No contexto da integração europeia, todavia, o conceito adquire contornos distintos. A discussão em torno da cidadania surge na década de setenta com o intuito de conceder um conjunto de direitos civis, políticos e sociais aos nacionais de um Estado-Membro que estivessem a exercer liberdades económicas noutro Estado-Membro, de modo a colocá-los em pé de igualdade com os nacionais do Estado-Membro de acolhimento, e por essa via promover a tendencial equiparação das posições jurídicas dos nacionais dos Estados-Membros na então Comunidade. Neste sentido, a cidadania europeia sempre esteve relacionada com o imperativo de igualdade dos nacionais dos distintos Estados-Membros – que gozariam dos direitos e estariam sujeitos aos deveres previstos nos Tratados[18].

Todavia, como a ideia de cidadania (no contexto nacional) estava tradicionalmente ancorada naquela da preservação do Estado-nação (ou na definição do "nós" e do "outro"), o reconhecimento da cidadania europeia através do Tratado de Maastricht (que criou a União Europeia), interpelou a comunidade científica com as seguintes questões: 1) que tipo de comunidade política poderia ser criada para além do Estado-nação?; 2) que relação teria com as comunidades políticas nacionais?; 3) quem poderia gozar de tal estatuto e que direitos teria? – tudo inquietações que estão no cerne da integração europeia enquanto projeto político e que continuam na ordem

---

[17] Cf. J. J. Gomes Canotilho/Vital Moreira, *Constituição da República Portuguesa Anotada*, vol. I, Coimbra Editora, Coimbra, 2007, p. 466.

[18] O que resulta patente nos atuais artigos 9.º do TUE e 20.º, n.º 2, do TFUE.

CIDADANIA EUROPEIA E DIREITOS FUNDAMENTAIS

do dia[19]. Não obstante, por não servir à preservação do Estado-nação e por basear-se numa pluralidade de nacionalidades (e não apenas em uma), a cidadania europeia não podia ter – e efetivamente não tem – a mesma natureza da cidadania nacional, sendo originária e essencialmente uma cidadania inclusiva[20].

Nas conclusões apresentadas ao processo *Rottmann*, em 2009[21], o Advogado-Geral Poiares Maduro tenta, de alguma forma, responder àquelas questões, a partir das relações entre a nacionalidade de um Estado-Membro e a cidadania da União. Segundo explica, trata-se de duas noções inextricavelmente ligadas mas ao mesmo tempo autónomas: "a cidadania da União pressupõe a nacionalidade de um Estado-Membro, mas é também um conceito jurídico e político autónomo relativamente ao de nacionalidade", na medida em que "pressupõe a existência de um vínculo de natureza política entre os cidadãos europeus, embora não se trate de um vínculo de pertença a um povo". Pelo contrário, sustenta o Advogado-Geral, "este vínculo político une os povos da Europa e decorre do seu compromisso recíproco de abrir as suas comunidades políticas respectivas aos outros cidadãos europeus e de construir uma nova forma de solidariedade cívica e política à escala europeia". Tal vínculo – conclui Poiares Maduro –, "não exige a existência de um povo, mas baseia-se na existência de um espaço político europeu, do qual emergem direitos e deveres"[22].

Neste sentido, e na medida em que não implica a existência de um povo europeu, a cidadania europeia procederia conceitualmente de uma "decomposição da nacionalidade". Como alguém já observou – lembra Poiares Maduro referindo-se a Joseph Weiler –, o carácter radicalmente inovador

---

[19] Tais questões são enunciadas por DAMIAN CHALMERS/CHRISTOS HADJIEMMANUIL/GIORGIO MONTI/ADAM TOMKINS, *European Union Law. Text and Materials*, Cambridge University Press, Cambridge, 2006, pp. 561 a 562, onde se lê: "the debate surrounding citizenship concerns the nature of political community".

[20] Sobre as ideias de inclusão e exclusão no contexto da cidadania europeia, cf. CATHERINE BARNARD, *The Substantive Law of the EU. The Four Freedoms*, Oxford University Press, Oxford, 2007, p. 411. Para uma visão da cidadania europeia enquanto "constructive, transformative and multiple identity", cf. AMARILLYS VERHOEVEN, *The European Union in Search of a Democratic and Constitutional Theory*, Kluwer Law International, The Hague/London/New York, 2002, pp. 168 e segs. Sobre a conexão entre cidadania e o «constitutional framework» da União e a sua emergência enquanto comunidade política, cf. JO SHAW, *Law of the European Union*, Palgrave Law Masters, 2000, pp. 381 e segs.

[21] Cf. conclusões *Rottmann, cit.*

[22] Cf. conclusões *Rottmann, cit.*, considerando 23.

do conceito de cidadania europeia reside no facto de "a União pertencer *a* e ser composta *por* cidadãos que, por definição, não partilham da mesma nacionalidade"[23]. Desta forma, este vínculo com a nacionalidade dos diferentes Estados-Membros confirma a existência de uma cidadania que não é limitada por uma dada nacionalidade e "constitui a base de um novo espaço político do qual emergem direitos e deveres que são fixados pelo direito comunitário e não dependem do Estado"[24].

Nesta medida, a cidadania europeia está orientada à criação de um sentido de pertença dos indivíduos à União (e, nesta senda, de uma genuína identidade europeia[25]) por via da proteção de direitos. A cidadania europeia não pressupõe a comunidade da qual o cidadão é membro: ela cria esta mesma comunidade – que é essencialmente uma comunidade de direitos[26]. Ou seja, a cidadania europeia é construída e desenvolve-se através do exercício de direitos – e para isto muito contribuiu a jurisprudência do TJUE, provocada pelos tribunais nacionais através do reenvio prejudicial (artigo 267.º do TFUE), na qual nos concentraremos no decorrer do presente capítulo. Assim, mais que um *estatuto* numa perspetiva estática, a cidadania europeia pode ser percecionada enquanto um *processo* de dimensão jurídico-constitucional[27] – razão pela qual os doutrinadores encontram dificuldades em captá-la em termos dogmáticos.

[23] Cf. Joseph Weiler, *The Constitution of Europe*, Cambridge University Press, 1999, p. 344.

[24] Cf. conclusões *Rottmann, cit.*, considerando 23. Num sentido próximo, cf. Catherine Barnard, *The Substantive law of the EU. The Four Freedoms, cit.*, p. 458, onde se lê: "European citizenship does allow individuals a multiplicity of associative relations based on manifold economic, social, cultural, scholarly, and even political activities, irrespective of the traditional territorial boundaries of the European nations States, without binding individuals to a particular nationality".

[25] Cf. European Commission, *Third Report on Union Citizenship*, 7/9/2001, Document COM (2001) 506 final, p. 7, onde se lê: "Citizenship of the Union is both a source of legitimation of the process of European integration, by reinforcing the participation of citizens, and a fundamental factor in the creation among citizens of a sense of belonging to the European Union and of having a genuine European identity".

[26] Cf. Eva-Maria Poptcheva, *Multilevel Citizenship. The Right to Consular Protection of EU Citizens Abroad*, Peter Lang, Bruxelles/Bern/Frankfurt am Main/New York/Oxford/Wien, 2014, pp. 86-88, e "The multilevel context of Union citizenship. The right to consular protection as a case in point title", *cit.*, p. 257, onde se lê: "the Union citizenship status gives rise not only to the establishment of rights of Union citizens (subjective dimension) but serves also as a constitutional principle or value for the entire multilevel legal order (objective dimension), which function is herself inherent to fundamental rights established by national constitutions".

[27] Sobre o tema, cf. Niamh Nic Shuibhne/Jo Shaw, "General report", in *Union Citizenship: Development, Impact and Challenges. The XXVI FIDE Congress in Copenhagen 2014*, U. Neergaard/C.

CIDADANIA EUROPEIA E DIREITOS FUNDAMENTAIS

Não foi por outra razão que o debate em torno da cidadania europeia se desenvolveu paralelamente (e acabou por confundir-se com) àquele da proteção dos direitos fundamentais no âmbito da União: se os cidadãos europeus são titulares de direitos previstos nos Tratados (o que resulta hoje plasmado no artigo 20.º, n.º 2, do TFUE), são-no também (e sobretudo) titulares dos direitos fundamentais reconhecidos pela ordem jurídica europeia – quer exerçam liberdades económicas, quer não as exerçam. Ser cidadão europeu significa basicamente ser titular de direitos protegidos pela ordem jurídica europeia – *maxime* direitos fundamentais. Como explica a Advogada-Geral Eleanor Sharpston, "it may perhaps seem obvious that the Court would necessarily bear in mind fundamental rights when interpreting the Treaty' provisions on citizenship of the Union"[28], quer isto resulte evidenciado na fundamentação do acórdão, quer não. Com efeito, as questões prejudiciais formuladas pelo juiz nacional em *Zambrano*, por exemplo, expressamente relacionavam cidadania europeia e direitos fundamentais[29].

De resto, a estreita relação entre a cidadania europeia e a proteção de direitos fundamentais foi desde cedo intuída pelos advogados-gerais do TJUE mesmo antes da sua consagração formal nos Tratados[30] – o que resulta

Jacqueson/N. Holst-Christensen (eds.), Congress Publications, vol. 2, DJOF Publishing, 2014, p. 66, onde se lê: "As both a status and an ideal, Union citizenship stands at the interface of integration and constitutionalism, and is a barometer for key trends and influences at the current crossroads between the Member States and the European Union".

[28] Cf. ELEANOR SHARPSTON, "Citizenship and fundamental rights – Pandora's box or a natural step towards maturity?", in *Constitutionalising the EU judicial system*: *essays in honour of Pernilla Lindh*, Parcal Cordonnel/Allan Rosas/Nils Wahl (eds.), Hart Publishing, Oxford and Portland, Oregon, 2012, p. 267. A Autora acresenta: "Whilst a civilized society extends the protection afforded by fundamental rights guarantees to all those who are present on their territory, this does not alter the fact that the people who (par excellence) have rights – including, of course, fundamental rights – are citizens (...) Viewed in that light, it becomes clear that it would be unthinkable for the Court to interpret the scope and content of the citizenship provisions of the Treaty without recourse to fundamental rights".

[29] Cf. conclusões *Zambrano, cit.*, considerando 52: "O tribunal nacional deixou bem claro no despacho de reenvio que pretende ser esclarecido sobre se o direito fundamental à vida familiar desempenha algum papel no presente caso, em que nem o cidadão da União nem os seus progenitores colombianos se deslocaram para fora da Bélgica. Esta questão levanta, por sua vez, uma questão mais básica: qual é o âmbito dos direitos fundamentais conferidos pelo direito da União Europeia? Podem estes ser invocados autonomamente? Ou deverá existir algum tipo de nexo com um outro direito, clássico, conferido pelo direito da União Europeia?".

[30] Cf. CARLOS CLOSA MONTERO, "Martínez Sala and Baumbast: an institutionalist analysis", *The Past and Future of EU Law*, Miguel Poiares Maduro and Loic Azoulai (eds.), Hart Publishing, Oxford and Portland, Oregon, 2010, p. 395.

patente nas conclusões do Advogado-Geral Jacobs apresentadas no processo *Christos Konstantinidis*, em 1992[31]. Neste processo, diante da questão de saber se uma pessoa que exerce a sua liberdade de circulação pode, nos termos do então direito comunitário, opor-se ao tratamento lesivo dos seus direitos fundamentais, o Advogado-Geral concluía: "Em minha opinião, um nacional comunitário que vai para outro Estado-Membro como trabalhador assalariado ou não assalariado (...) não tem só o direito de exercer a sua actividade ou profissão e de gozar das mesmas condições de vida e de trabalho que os nacionais do Estado de acolhimento; além disso, tem o direito de presumir que, aonde quer que vá ganhar a vida na Comunidade Europeia, será tratado de acordo com um código comum de valores fundamentais, em especial os que constam da Convenção Europeia dos Direitos do Homem. Por outras palavras, tem o direito de afirmar '*civis europeus sum*' e de invocar esta condição para se opor a qualquer violação dos seus direitos fundamentais".

É assim porque a mobilidade não se resume a indicadores económicos de competitividade e desenvolvimento: "Quando os cidadãos circulam, fazem-no como seres humanos e não como robots. Apaixonam-se, casam e criam famílias"[32]. E por isso a mobilidade implica o exercício de direitos fundamentais[33]. A ideia de que a cidadania da União estava necessariamente relacionada com a proteção de direitos fundamentais seria anos mais tarde retomada pelo mesmo Advogado-Geral Jacobs nas conclusões no processo *Bickel and Franz*, de 1998[34], nas quais reafirma que a cidadania europeia "implica uma comunidade de direitos e obrigações que unem os cidadãos da União por um vínculo comum que transcende a nacionalidade de um Estado-Membro"[35]. A ideia suscitou entretanto reservas à luz da teoria dos direitos fundamentais. Primeiro, porque a cidadania europeia foi originariamente concebida como uma cidadania migrante, associada ao exercício da liberdade de circulação, e os direitos fundamentais não deveriam depender da mobilidade pessoal. Segundo, porque cidadania europeia estava reservada aos nacionais dos Estados-Membros, o que excluiria os nacionais de países terceiros da proteção dos direitos fundamentais na União, razão pela qual a

---

[31] Cf. conclusões *Konstantinidis*, de 9 de dezembro de 1992, proc. C-168/91, considerandos 42 e 46.

[32] Cf. conclusões *Zambrano*, *cit.*, considerando 128.

[33] Neste sentido, cf. STEPHEN WEATHERILL, *Cases and Materials on EU Law*, Oxford University Press, Oxford, 2007, capítulo 15 (European citizenship within an area of freedom, security, and justice), pp. 477 e segs.

[34] Cf. conclusões *Bickel e Franz*, de 19 de março de 1998, proc. C-274/96.

[35] Cf. conclusões *Bickel e Franz*, *cit.*, considerando 23.

CIDADANIA EUROPEIA E DIREITOS FUNDAMENTAIS

cidadania europeia não deveria (supostamente) confundir-se com proteção de direitos fundamentais[36].

Todavia, a confluência revelou-se inevitável (tanto que, como veremos *infra*, a cidadania europeia tende a converter-se no derradeiro *link* com o direito da União – quando outro domínio material não se revele evidente –, a fim de permitir o acesso ao padrão de jusfundamentalidade europeu). As objeções foram aplacadas pela evolução da jurisprudência do TJUE relativa ao alargamento do âmbito de aplicação da cidadania (para além das exigências de mobilidade através das liberdades de circulação), assim como pela tendência de equiparação entre nacionais e estrangeiros no que respeita ao gozo dos direitos fundamentais (ou seja, tanto nas ordens jurídicas nacionais como na ordem jurídica europeia os direitos dos cidadãos tendem a ser direitos de todos; veja-se o princípio da equiparação de estrangeiros e apátridas com os cidadãos portugueses no que respeita ao gozo de direitos e sujeição aos deveres fundamentais – artigo 12.º combinado com o artigo 15.º, n.º 1, da CRP)[37].

Neste contexto é defensável que a essência/substância da cidadania europeia resida precisamente na proteção de direitos fundamentais. Como explica Cunha Rodrigues, a breve trecho a jurisprudência do TJUE "mostrava as potencialidades do novo instituto". A partir do Acórdão *Grzelczyk*, de 2001, a cidadania europeia passou a ser referida pelo TJUE como "tendo vocação para se transformar no estatuto fundamental dos nacionais dos Estados-Membros". Assim, esclarece o ex-juiz do TJUE, através "da aplicação do princípio de não discriminação mas igualmente pelo reconhecimento de que a cidadania comporta um núcleo duro de direitos que não podem ser postergados e tendem mesmo para a expansão (daí a vocação para que a cidadania se converta num estatuto fundamental), a jurisprudência da União encontrou resposta para muitas carências ou lacunas de protecção"[38].

---

[36] Neste sentido, cf. Damian Chalmers/Christos Hadjiemmanuil/Giorgio Monti/Adam Tomkins, *European Union Law. Text and Materials, cit.*, p. 561; Amaryllis Verhoeven, *The European Union in Search of a Democratic and Constitutional Theory, cit.*, pp. 185 a 187.

[37] Cf. J. J. Gomes Canotilho/Vital Moreira, *Constituição da República Portuguesa Anotada, cit.*, p. 222, onde se lê: "A cidadania é um direito pessoal (personhood) ligado a uma nacionalidade (nationhood), mas isso não significa transformá-lo num direito de exclusão dos outros, isto é, do direito dos não cidadãos beneficiarem dos direitos (pelo menos alguns deles) inerentes ao estatuto de cidadania. No mesmo sentido aponta o princípio da universalidade consagrado no artigo 12.º".

[38] Cf. Cunha Rodrigues, "Sobre a abundância de direitos em tempo de crise", *Revista de Finanças Públicas e Direito Fiscal*, ano 5, n.º 3, 2012, p. 18.

DIREITO DA UNIÃO EUROPEIA – ELEMENTOS DE DIREITO E POLÍTICAS DA UNIÃO

No entendimento de Cunha Rodrigues, "criou-se, por assim dizer, uma interacção, entre cidadania e direitos fundamentais cujo efeito mais sensível e bem observado pela doutrina é a aplicação do direito da União a situações que, até aí, eram tendencialmente consideradas puramente internas. O número de decisões em que, por aplicação do estatuto de cidadão europeu, foram reconhecidos direitos é significativo, em matérias tão diferentes como as do direito de circular e residir, de protecção da vida familiar, do direito ao nome, ou do acesso ao ensino"[39].

Como vimos, a cidadania europeia surge para promover a tendencial equiparação das posições jurídicas dos nacionais dos Estados-Membros da União independentemente do local onde se encontrem. O princípio da não discriminação em função da nacionalidade (artigo 18.º do TFUE) está, por força dos Tratados, indissociavelmente atrelado ao estatuto de cidadania. Não é por outra razão que a Parte II do TFUE se intitula "não discriminação e cidadania da União". Por isso a jurisprudência do TJUE foi reconhecendo, ao longo do tempo, características jurídico-constitucionais ao atual artigo 18.º do TFUE – que se revelaram "fiéis à economia do Tratado e mais adequadas à construção europeia"[40]. Como explica Cunha Rodrigues, «uma tal dimensão constitucional, fundada numa realidade jurídico-política nova e orientada para o reconhecimento de "direitos especiais", marcou a transição do estatuto da pessoa de simples destinatário das normas para centro de referência no processo de construção europeia»[41]. Assim, "a perceção desta evolução é essencial para se interpretar a atualidade e compreender os instrumentos utilizados, até agora, na densificação do conceito de cidadania europeia"[42].

E é precisamente esta evolução no sentido de uma "comunidade de direitos e obrigações" que está na base de recentes processos que confrontam o TJUE com o impacto dos direitos fundamentais na determinação do âmbito de aplicação da cidadania. Ou noutros termos, processos através dos quais se confronta a ordem jurídica da União com o sentido último da cidadania europeia pós-CDFUE (ou pós-força juridicamente vinculativa da Carta):

---

[39] Cf. Cunha Rodrigues, "Sobre a abundância de direitos em tempo de crise", *cit.*, p. 19.
[40] Cf. Cunha Rodrigues, "Comentário ao artigo 45.º da CDFUE", in *Carta dos Direitos Fundamentais da União Europeia Comentada*, Alessandra Silveira/Mariana Canotilho (coord.), Almedina, Coimbra, 2013, p. 525.
[41] *Idem.*
[42] *Idem.*

afinal, para que serve a cidadania europeia?[43] Serve apenas para suportar a liberdade de circulação de indivíduos economicamente ativos? Ou teria pretensões mais arrojadas, correspondendo a um conjunto uniforme de direitos e deveres, próprios de uma União de direito, na qual os direitos fundamentais desempenham um papel essencial?[44]

A perplexidade jurídica que daí deriva seria a seguinte: da cidadania europeia, "enquanto estatuto fundamental dos nacionais dos Estados-Membros" (na célebre expressão do TJUE), decorre a possibilidade de invocação de um direito fundamental protegido pela ordem jurídica europeia independentemente de quaisquer outras disposições de direito da União? Ou noutros termos: os direitos fundamentais protegidos pelo direito da União podem ser invocados enquanto direitos autónomos contra o Estado-Membro, sem qualquer outro nexo com o direito da União para além da própria cidadania? E que papel desempenha o princípio do nível de proteção mais elevado dos direitos fundamentais (artigo 53.º da CDFUE) neste contexto?

2. Da cidadania de mercado à cidadania social (ou do primeiro alargamento do âmbito de aplicação da cidadania europeia: dos trabalhadores aos indivíduos economicamente inativos)

A evolução da cidadania europeia pode ser captada a partir da seguinte inquietação: como foi que se avançou de uma cidadania de mercado (focada nos direitos dos atores económicos) para uma cidadania social (para a qual relevam as dimensões de solidariedade social), a fim de se atingir uma cidadania republicana (baseada no reconhecimento de direitos fundamentais e no envolvimento ativo dos cidadãos)?[45] Com a entrada em vigor do TUE, em 1 de novembro de 1993, a relação entre cidadania europeia e proteção de direitos fundamentais foi ganhando o fôlego necessário para a prolação do Acórdão *Martínez Sala*, de 1998[46] – o primeiro dos acórdãos a integrar o acervo de cidadania (*citizenship acquis*).

Com *Martínez Sala* o TJUE inicia o percurso de desvinculação entre estatuto de cidadania (direitos e liberdades que lhe são associados) e exercício

---

[43] Cf. Acórdãos *Zambrano, cit.*; e *Dereci*, de 15 de novembro de 2011, proc. C-256/11.
[44] Cf. conclusões *Zambrano, cit.*, considerando 3.
[45] A propósito dos referidos modelos de cidadania (market citizenship, social citizenship, republican citizenship), cf. CATHERINE BARNARD, *The Substantive Law of the EU. The Four Freedoms, cit.*, p. 410.
[46] Cf. Acórdão (TJUE) *Martínez Sala*, de 12 de maio de 1998, proc. C-85/96.

de atividades económicas. Este entendimento seria confirmado nos Acórdãos *Baumbast*, de 2002[47] (relativamente aos familiares de um cidadão europeu que já não é trabalhador migrante), *Trojani*, de 2004[48] (relativamente aos desempregados), *Grzelczyk*, de 2001, e *Bidar*, de 2005[49] (relativamente aos estudantes), *D'Hoop*, de 2002[50], *Collins*, de 2004[51], e *Ioannidis*, de 2005[52] (relativamente aos que se deslocam à procura emprego). Dos referidos acórdãos decorre que o exercício de direitos e liberdades que estão expressamente associados à cidadania europeia por força dos Tratados integra também o direito a prestações de assistência social. Acompanhemos o percurso.

María Martínez Sala tinha nacionalidade espanhola e residia desde os 12 anos na República Federal da Alemanha. Entre 1976 e 1986 exerceu, com várias interrupções, atividades assalariadas nesse Estado-Membro, mas desde então beneficiava de ajudas sociais. Até 19 de maio de 1984 foram-lhe concedidos títulos de residência sem interrupções relevantes, mas a partir dessa data recebeu apenas documentos comprovativos do pedido de prorrogação do seu título de residência. O TJUE foi chamado a decidir se Martínez Sala podia, enquanto residente na Alemanha, obter subsídio para a criação dos filhos nas mesmas condições que os nacionais alemães. O Advogado-Geral La Pergola sugeriu que o caso fosse apreciado à luz do estatuto da cidadania europeia, incidente sobre o âmbito de aplicação dos Tratados constitutivos sob um duplo aspeto: não só porque atribui ao indivíduo uma qualidade subjetiva suplementar, relativamente às já previstas, para que possa operar em relação a si a proibição de discriminação em razão da nacionalidade, mas também porque liga à qualidade subjetiva de cidadão da União o direito de circular e de residir em qualquer Estado-Membro[53].

Assim, ainda que não fosse considerada trabalhadora nos termos dos atuais artigos 45.º e 48.º do TFUE, aquilo que justificava a igualdade de tratamento entre Martínez Sala e os nacionais alemães era simplesmente a situação jurídica de cidadã da União, com a garantia facultada pelo seu próprio estatuto pessoal, "que acompanha o cidadão em qualquer e de qualquer

---

[47] Cf. Acórdão (TJUE) *Baumbast*, de 17 de setembro de 2002, proc. C-413/99.

[48] Cf. Acórdão (TJUE) *Trojani*, de 7 de setembro de 2004, proc. C-456/02.

[49] Cf. Acórdão (TJUE) *Bidar*, de 15 de março de 2005, proc. C-209/03.

[50] Cf. Acórdão (TJUE) *D'Hoop*, de 11 de julho de 2002, proc. C-224/98.

[51] Cf. Acórdão (TJUE) *Collins*, de 23 de março de 2004, proc. C-138/02.

[52] Cf. Acórdão (TJUE) *Ioannidis*, de 15 de setembro de 2005, proc. C-258/04.

[53] Cf. conclusões *Martínez Sala*, de 1 de julho de 1997, proc. C-85/96, considerando 20.

CIDADANIA EUROPEIA E DIREITOS FUNDAMENTAIS

Estado-Membro"[54]. Partindo do pressuposto de que Martínez Sala tinha sido, em tempos, autorizada a residir na Alemanha, o TJUE entendeu que "enquanto nacional de um Estado-Membro, que reside legalmente no território de outro Estado-Membro, a recorrente no processo principal inclui--se no domínio de aplicação *ratione personae* das disposições do Tratado consagradas à cidadania europeia"[55]. Assim, como o atual artigo 20.º, n.º 2, do TFUE liga ao estatuto de cidadão da União os direitos e os deveres previstos nos Tratados, nomeadamente o de não sofrer qualquer discriminação em razão da nacionalidade no âmbito de aplicação *ratione materiae* dos mesmos, Martínez Sala poderia invocar a disposição constante do atual artigo 18.º do TFUE contra o Estado-Membro que lhe "atrasa ou recusa a concessão de uma prestação que é concedida a qualquer pessoa que resida legalmente no território desse Estado, com o fundamento de que não dispõe de um documento que não é exigido aos nacionais desse mesmo Estado, e cuja emissão pode ser atrasada ou recusada pela sua administração"[56].

Mas como demos conta *supra*, em *Martinez Sala* o TJUE partiu do pressuposto de que a requerente havia sido autorizada, em tempos, a residir na Alemanha, e por isso não teve de basear o seu direito de residência no atual artigo 21.º, n.º 1, do TFUE[57], nem de enfrentar as limitações previstas na referida disposição, nomeadamente as que se prendem com a suficiência de recursos e um seguro de doença (nos termos das exigências atualmente previstas no artigo 7.º da Diretiva 2004/38/CE, de 29 de abril de 2004, relativa à livre circulação e residência de cidadãos da União e dos membros da sua família no território dos Estados-Membros). Nos processos *Baumbast* e *Michel Trojani*, todavia, o TJUE seria confrontado com tais condições e limitações – e inclusivamente com a questão de saber se os cidadãos europeus economicamente inativos gozariam de um direito de residência com fundamento no artigo 21.º, n.º 1, do TFUE. Acompanhemos os desenvolvimentos.

De entre todos os acórdãos do TJUE relativos ao âmbito de aplicação da cidadania europeia, o mais emblemático é porventura o Acórdão *Baumbast*,

---

[54] Cf. conclusões *Martínez Sala, cit.*, considerando 23.
[55] Cf. Acórdão *Martínez Sala, cit.*, considerando 61.
[56] Cf. Acórdão *Martínez Sala, cit.*, considerando 63.
[57] Nos termos do qual "[q]ualquer cidadão da União goza do direito de circular e permanecer livremente no território dos Estados-Membros, sem prejuízo das limitações e condições previstas nos Tratados e nas disposições adoptadas em sua aplicação".

DIREITO DA UNIÃO EUROPEIA – ELEMENTOS DE DIREITO E POLÍTICAS DA UNIÃO

de 2002[58], no qual o TJUE reconhece o efeito direto do atual artigo 21.º, n.º 1, do TFUE, segundo o qual qualquer cidadão da União goza do direito de circular e permanecer livremente no território dos Estados-Membros, ainda que a própria disposição admita limitações a tal direito. Neste acórdão, o TJUE confirma o entendimento segundo o qual os Tratados não exigem que os cidadãos da União exerçam uma atividade profissional, assalariada ou independente, para gozarem dos direitos relativos à cidadania da União – e acrescenta que nada permite considerar que cidadãos da União que se tenham estabelecido noutro Estado-Membro para desenvolverem uma atividade assalariada ficam, quando essa atividade termina, privados dos direitos que lhes são conferidos em razão dessa cidadania[59].

Os litígios principais (processos apensos) prendiam-se com a recusa de autorizações de residência (por tempo indeterminado) a familiares de cidadãos europeus que exerceram atividades económicas no Estado-Membro de acolhimento (designadamente o Reino Unido). O TJUE decidiu que os filhos de um trabalhador europeu migrante que se instalam num Estado-Membro enquanto o progenitor está a exercer o seu direito de residência têm o direito de aí residir com vista a frequentarem cursos de ensino geral. Mais: o facto de os progenitores se terem entretanto divorciado; o facto de um só dos progenitores ser cidadão da União; o facto de o progenitor ter deixado de ser trabalhador migrante no Estado-Membro de acolhimento; o facto de os filhos não serem eles próprios cidadãos da União – tudo isso é irrelevante.

É assim porque o cidadão da União que já não beneficia do direito de residência enquanto trabalhador migrante é, independentemente disso, titular do direito de residência por efeito direto do atual artigo 21.º, n.º 1, do TFUE, podendo por isso invocar tal disposição simplesmente com base na sua qualidade de nacional de um Estado-Membro – e, portanto, de cidadão da União. O TJUE aceita, entretanto, que o exercício desse direito esteja sujeito às limitações e condições referidas naquela disposição – mas exorta as autoridades competentes (e sobretudo os órgãos jurisdicionais nacionais) a providenciarem para que a aplicação das referidas limitações e condições

---

[58] A propósito do acórdão em tela, cf. CHRISTIAAN TIMMERMANS, "Martínez Sala and Baumbast revisited", in *The Past and Future of EU Law, cit.*, pp. 345 e segs.; SOFIA PAIS, "Cidadania europeia", in *Princípios Fundamentais de Direito da União Europeia. Uma Abordagem Jurisprudencial*, Sofia Pais (coord.), Almedina, Coimbra, 2011, pp. 297 e segs.

[59] Cf. Acórdão *Baumbast, cit.*, considerando 83.

CIDADANIA EUROPEIA E DIREITOS FUNDAMENTAIS

seja feita no respeito dos princípios gerais do direito da União, designadamente do princípio da proporcionalidade[60].

No entendimento do TJUE, patente em *Baumbast*, as limitações e condições que decorrem das disposições de direito derivado (nomeadamente as que se prendem com a exigência de um seguro de doença que cubra todos os riscos no Estado-Membro de acolhimento e de recursos suficientes para evitar uma sobrecarga "não razoável" para assistência social) inspiram-se na ideia de que o exercício do direito de residência dos cidadãos da União deve ser compatibilizado com os interesses legítimos dos Estados-Membros. Todavia, a aplicação das referidas limitações e condições é ela própria condicionada pelos princípios gerais do direito da União – nomeadamente pelos direitos fundamentais protegidos pela ordem jurídica europeia –, donde decorrem restrições à discricionariedade do legislador da União na regulação das condições de exercício daquele direito, assim como o afastamento jurisdicional de medidas europeias e nacionais consideradas arbitrárias e desproporcionadas.

É certo que o direito de residência não se pode converter numa sobrecarga "não razoável" sobre as finanças do Estado-Membro de acolhimento. Mas não será propriamente fácil demonstrar que a ausência de recursos num específico caso individual seja capaz de se converter numa sobrecarga financeira "não razoável"[61]. É duvidoso, portanto, que uma interpretação restritiva daquelas limitações e condições resista aos novos desdobramentos da cidadania europeia e ao aprofundamento da solidariedade entre cidadãos de distintos Estados-Membros que dela decorre[62]. Por essa razão, no Acór-

---

[60] Cf. Acórdão *Baumbast, cit.*, considerando 94.

[61] Neste sentido, cf. CARLOS CLOSA MONTERO, "Martínez Sala and Baumbast: an institutionlist analysis", in *The Past and Future of EU Law, cit.*, p. 400.

[62] Num sentido divergente, crítico da possibilidade de um "turismo social", cf. DAMIAN CHALMERS/ /CHRISTOS HADJIEMMANUIL/GIORGIO MONTI/ADAM TOMKINS, *European Union Law. Text and Materials, cit.*, p. 599, onde se lê: "As we noted at the beginning of this chapter, notion of citizenship have traditionally rested upon a compact. They have conferred entitlements on the individual, on the one hand, but on the other, have a relational dimension, assuming an allegiance on the part of the individual to the state. Within this context, the case law following Martínez Sala adopts a one-side logic. Is exclusively about entitlements, and says nothing about the relationship of allegiance between citizen and host state (...). By contrast, the case law raises the possibility of welfare tourism, of individuals shopping around for generous benefits from other Member States. In such instances, the individuals appear to be free-riding, precisely because there is no evidence of any commitment on their part to contribute to the society of the host state". Cf., ainda, AGUSTÍN JOSÉ MENÉNDEZ, "European citizenship after Martínez Sala and Baumbast: has European Law become

dão *Comissão contra Bélgica*, de 2006[63], o TJUE declarou o incumprimento daquele Estado-Membro por sujeitar o direito de residência dos cidadãos da União Europeia à condição de disporem de recursos suficientes *próprios*, além de prever a notificação *automática* da ordem de expulsão aos cidadãos da União que não apresentassem os documentos necessários para a obtenção de uma autorização de residência num prazo determinado.

Consta dos autos do referido processo que de entre as várias queixas recebidas pela Comissão destacava-se a situação de M. de Figueiredo, uma nacional portuguesa que se deslocou à Bélgica com as três filhas em agosto de 1999, a fim de se juntar a um nacional belga, seu companheiro de longa data, que apresentou às autoridades belgas uma declaração de assunção a cargo. As autoridades belgas consideraram, todavia, que a interessada não preenchia a condição de recursos suficientes, precisando que o compromisso de assunção assinado pelo seu companheiro não constituía prova de recursos suficientes próprios. Diante dessa interpretação excessivamente restritiva, a Comissão argumentou que o direito da União não exige, de forma alguma, que um cidadão europeu disponha *pessoalmente* de recursos suficientes para si e para os membros da sua família, razão pela qual a distinção estabelecida pelas autoridades belgas no que diz respeito à origem dos rendimentos, consoante provenham ou não de pessoas com as quais o cidadão europeu tenha ligações de natureza jurídica, resultava artificial e sem qualquer fundamento no direito da União. O TJUE aderiu ao argumento da irrelevância da proveniência dos recursos suficientes e acrescentou que a sua perda é sempre um risco latente, quer estes sejam próprios quer provenham de uma terceira pessoa[64].

O TJUE lembrou que a emissão de uma autorização de residência a um nacional de um Estado-Membro deve ser considerada não como um ato constitutivo de direitos, mas como um ato destinado a comprovar, por parte de um Estado-Membro, a situação individual de um nacional de outro Estado-Membro relativamente às disposições do direito de União[65]. Assim, devido

---

more human but less social?", in *The Past and Future of EU Law, ob. cit.*, p. 392, onde se lê: "Pretending that extension of welfare rights does always lead to better protection of the welfare objective is simply illusionary, because the key point of any redistributive programme is to use the tax collected from some to comply with obligations of distributive justice towards others".

[63] Cf. Acórdão (TJUE) *Comissão das Comunidades Europeias contra Reino da Bélgica*, de 23 de março de 2006, proc. C-408/03.

[64] Cf. Acórdão *Comissão das Comunidades Europeias contra Reino da Bélgica, cit.*, considerando 47.

[65] Cf. Acórdão *Comissão das Comunidades Europeias contra Reino da Bélgica, cit.*, considerando 63.

CIDADANIA EUROPEIA E DIREITOS FUNDAMENTAIS

ao automatismo da ordem de expulsão, a legislação belga não permitia ter em conta as razões pelas quais o interessado não efetuou as diligências administrativas necessárias e a sua eventual capacidade para provar que satisfaz as condições às quais o direito da União sujeita o seu direito de residência – o que tornava a medida nacional desproporcionada[66]. Este acórdão revela que os Estados-Membros não podem legitimamente impor restrições ao exercício do direito de circulação e residência de pessoas economicamente inativas para além daquelas proporcionadamente admitidas pelo direito da União à luz do estatuto de cidadania europeia.

Em certa medida isso já resultava do Acórdão *Michel Trojani*, de 2004. Trojani era um cidadão francês residente na Bélgica que, no quadro de um projeto individual de inserção sócio-profissional, foi acolhido numa casa do Exército de Salvação, onde, a troco de alojamento e algum dinheiro de bolso, efetuava prestações de aproximadamente 30 horas por semana. Sem recursos, Trojani requereu um benefício de prestação social não contributivo (o *minimex*, rendimento mínimo de sobrevivência), que lhe foi negado porque, alegadamente, não possuía nacionalidade belga nem podia beneficiar das disposições europeias relativas à livre circulação de trabalhadores. Confrontado com a questão de saber se Trojani poderia invocar diretamente o atual artigo 21.º do TFUE (que garante o direito de circular e permanecer livremente no território dos Estados-Membros) pela sua simples qualidade de cidadão europeu, o TJUE respondeu afirmativamente, no seguimento dos Acórdãos *Martínez Sala* e *Baumbast*. Todavia, alerta o TJUE, tal direito não resulta incondicional: só é reconhecido sob reserva das limitações e condições previstas nos Tratados e nas disposições adotadas em sua aplicação – sobretudo a exigência da suficiência de recursos.

De qualquer forma, Trojani estaria salvaguardado porque embora os Estados-Membros possam condicionar a residência de um cidadão economicamente não ativo à posse de recursos suficientes, isto não implica que o cidadão não possa beneficiar, durante a sua estada legal no Estado--Membro de acolhimento, do princípio fundamental relativo à igualdade de tratamento, como consagrado no atual artigo 18.º do TFUE, a fim de ter acesso a uma prestação nacional de assistência social. Ademais, o recurso a uma medida de assistência social não pode ter como consequência automática o afastamento do cidadão da União do Estado-Membro de acolhimento, alegadamente por deixar de preencher os requisitos de que

---

[66] Cf. Acórdão *Comissão das Comunidades Europeias contra Reino da Bélgica, cit.*, considerando 69.

depende o seu direito de residência[67], pois tal esvaziaria o direito de residência da sua própria essência, como bem lembrou o tribunal nacional na sua segunda questão prejudicial. Os Estados-Membros estão, portanto, impedidos de equipararem "recurso à assistência social" a "ausência de recursos suficientes"[68].

O mesmo sentido decisório foi aplicado aos estudantes – o que resulta patente no já referido Acórdão *Grzelczyk*, de 2001. Rudy Grzelczyk era um estudante universitário francês a residir na Bélgica. Durante os três primeiros anos de estudos suportou as despesas daí decorrentes com o seu sustento, exercendo vários pequenos trabalhos assalariados. No início do seu quarto e último ano de estudos, tendo em conta as exigências do estágio que o impossibilitavam de trabalhar, requereu o rendimento mínimo de sobrevivência. Apesar de lhe ter sido inicialmente concedido, o benefício acabou por ser revogado em função da sua condição de estudante, pois a sua residência na Bélgica não resultava da livre circulação dos trabalhadores. O tribunal nacional teve dúvidas sobre tal exigência, na medida em que nenhuma condição dessa natureza se aplicava aos nacionais do Estado-Membro de acolhimento.

O TJUE começou por esclarecer que um estudante de nacionalidade belga que, sem ter a qualidade de trabalhador na aceção do direito da União, se encontrasse em condições idênticas às de Rudy Grzelczyk, reuniria as condições necessárias para obter o benefício do *minimex*. Logo, o facto de Rudy não ter nacionalidade belga constituía o único obstáculo à concessão do benefício e, por isso, tratava-se de uma discriminação com base na nacionalidade proibida pelo direito da União. No considerando 31 deste acórdão o TJUE profere a expressão que a partir daí seria exaustivamente repetida: "o estatuto de cidadão da União tende a ser o estatuto fundamental dos nacio-

---

[67] Cf. Acórdão *Trojani*, *cit.*, considerando 45.
[68] Neste sentido, cf. PAUL CRAIG/GRÁINNE DE BURCA, *EU Law. Text, Cases and Materials*, Oxford University Press, Oxford, 2008, p. 861. Convém ressaltar que a decisão do TJUE não seguiu as conclusões do Advogado-Geral L. A. Geelhoed, apresentadas em 19 de fevereiro de 2004, considerando 18: "Atualmente, a diferença de tratamento tem, sobretudo, um fundamento pragmático. Enquanto os regimes de segurança social e o montante das prestações não forem harmonizados existe a possibilidade de turismo social em direção a um Estado-Membro com um clima de segurança social mais favorável. E isto é precisamente o que o Tratado CE, que deixa em grande medida aos Estados-Membros as atribuições no domínio da política social, não pretende. O legislador comunitário partiu do pressuposto de que um migrante por motivos económicos não beneficiará no Estado-Membro de acolhimento do direito a uma prestação destinada a prover à sua subsistência".

CIDADANIA EUROPEIA E DIREITOS FUNDAMENTAIS

nais dos Estados-Membros que permite aos que entre estes se encontrem na mesma situação obter, independentemente da sua nacionalidade e sem prejuízo das exceções expressamente previstas a este respeito, o mesmo tratamento jurídico". Assim, nada no texto dos Tratados permite considerar que os estudantes que sejam cidadãos da União, quando se desloquem para outro Estado-Membro para aí prosseguirem os estudos, sejam privados dos direitos conferidos pelos Tratados aos cidadãos da União[69].

De qualquer forma, no processo *Grzelczyk* não estava em causa o direito ao pagamento, pelo Estado-Membro de acolhimento, de bolsas de subsistência aos estudantes que beneficiam do direito de residência – e sim uma prestação social de um regime não contributivo que garante o rendimento mínimo de sobrevivência. Entretanto, não tardaria a que o TJUE fosse confrontado com a questão da concessão de bolsas de estudos ao abrigo da cidadania europeia – como resulta patente no já citado Acórdão *Bidar*, de 2005. Bidar era um estudante francês de Economia no *University College of London* cujo pedido de ajuda financeira para cobertura das despesas de subsistência (sob a forma de empréstimo a estudante) restou indeferido pelo facto de não ter residência permanente no Reino Unido. As autoridades britânicas alegavam que a concessão de ajuda para despesas de subsistência, quer sob a forma de bolsa, quer sob a forma de empréstimo subvencionado, não recaíam no âmbito de aplicação do atual artigo 18.º do TFUE (que proíbe qualquer discriminação em razão da nacionalidade). Mas mesmo que recaíssem – sustentavam as autoridades britânicas –, as condições para a concessão da ajuda exigiriam a existência de uma relação direta entre o beneficiário e o Estado que a financia.

---

[69] Cf. Acórdão *Grzelczyk*, *cit.*, considerando 35. Vale ter em atenção os argumentos aventados por alguns Estados-Membros neste processo e reproduzidos no acórdão. O Governo francês, por exemplo, considerou que a ideia de alargar a todos os cidadãos da União o princípio da igualdade de tratamento em matéria de vantagens sociais, quando o benefício deste princípio estava até então reservado apenas aos trabalhadores e aos membros das suas famílias, equivaleria a instituir uma igualdade global entre os cidadãos da União estabelecidos num Estado-Membro e os nacionais desse Estado, o que se mostrava dificilmente conciliável à luz dos direitos relacionados com a nacionalidade. Já o Governo português defendeu uma posição condizente com o evoluir dos tempos, plasmada no considerando 23 do acórdão em tela: "se, a partir da entrada em vigor do Tratado da União Europeia, os nacionais dos Estados-Membros adquiriram a qualidade de cidadão da União e deixaram de ser considerados como agentes meramente económicos, daí resulta que a aplicação do Regulamento n.º 1612/68 deveria igualmente ser alargada a todos os cidadãos da União, tenham ou não a qualidade de trabalhadores na acepção do referido regulamento".

O TJUE não só entendeu que a referida ajuda financeira entrava no âmbito de aplicação dos Tratados para efeitos da proibição de discriminação prevista no atual artigo 18.º do TFUE, como também que essa disposição se opõe a uma regulamentação nacional que só confere ajuda financeira se o estudante tiver residência permanente no Estado-Membro de acolhimento. Tal medida tinha por efeito excluir a possibilidade de um nacional de outro Estado-Membro obter, como estudante, o estatuto de residente permanente, mesmo quando residisse legalmente e tivesse efetuado uma parte significativa dos seus estudos secundários no Estado-Membro de acolhimento, tendo criado, por isso, uma ligação real com a sociedade desse Estado.

E finalmente, no referido Acórdão *Collins*, de 2004 (jurisprudência que dá continuidade ao Acórdão *D'Hoop*, de 2002, e é desenvolvida no Acórdão *Ioannidis*, de 2005 (ambos já referenciados), o TJUE é levado a interpretar os direitos de quem se desloca à procura de emprego à luz das exigências de igualdade de tratamento entre os cidadãos europeus – o que o obriga a rever a jurisprudência *Lebon*[70]. Collins era um nacional irlandês à procura de emprego no Reino Unido que viu o seu pedido de subsídio para candidatos a emprego indeferido pelas autoridades britânicas pelo facto de não residir habitualmente naquele Estado-Membro. Enquanto cidadão da União à procura de emprego, a Comissão entendia que Collins podia beneficiar, em todas as situações abrangidas pelo domínio de aplicação *ratione materiae* do direito da União, da proteção facultada pelo atual artigo 18.º do TFUE – e era precisamente o caso do subsídio para candidatos a emprego. Ademais, a Comissão considerava que o requisito da residência habitual podia ser constitutivo de uma discriminação indireta, na medida em que é mais facilmente cumprido pelos nacionais do Estado-Membro de acolhimento do que pelos nacionais de outros Estados-Membros.

É certo que o requisito da residência habitual pretende evitar o "turismo social" e, portanto, prevenir eventuais abusos por parte de falsos candidatos a emprego. Todavia, tais requisitos têm de ser objetivamente justificados à luz da proporcionalidade, pois no caso de Collins a autenticidade da procura de emprego não era contestada. O TJUE começou por lembrar que, de entre os direitos que o atual artigo 45.º do TFUE confere aos nacionais dos

---

[70] Cf. Acórdão (TJUE) *Lebon*, de 18 de junho de 1987, proc. C-316/85. Neste acórdão, o TJUE entendeu que a igualdade de tratamento, no que diz respeito às vantagens sociais e fiscais, só é aplicável aos trabalhadores; os que se deslocam para procurar emprego apenas beneficiariam dessa igualdade de tratamento para aceder ao emprego (cf. Acórdão *Collins, cit.*, considerando 24).

CIDADANIA EUROPEIA E DIREITOS FUNDAMENTAIS

Estados-Membros, figura o de circular livremente no território dos Estados-Membros e de aí residir para procurar emprego. Assim, atendendo ao estatuto de cidadania da União e à interpretação jurisprudencial do direito à igualdade de tratamento de que gozam os cidadãos da União, já não seria possível excluir do âmbito de aplicação do atual artigo 45.º, n.º 2, do TFUE (que deriva do princípio fundamental da igualdade de tratamento garantido pelo atual artigo 18.º do TFUE) uma prestação de natureza financeira destinada a facilitar o acesso ao emprego no mercado de trabalho de um Estado-Membro[71].

A título de conclusão do presente tópico, diríamos que a jurisprudência do TJUE inaugurada com *Martínez Sala* – e ampliada nos acórdãos que se lhe seguiram – faz parte de um esforço de transição de uma comunidade económica para uma união política[72]. Subjacente à jurisprudência do TJUE relativa à cidadania social há um princípio de igualdade federativa: se é certo que as componentes sistémicas podem definir os benefícios sociais aplicáveis ao seu território (nomeadamente prestações sociais não contributivas), não é menos certo que tais benefícios serão concedidos em igualdade de condições a todos os cidadãos europeus que se encontrem sob a sua jurisdição[73].

A jurisprudência que se seguiu a *Martínez Sala* evidencia o primeiro alargamento do âmbito de aplicação *ratione personae* das disposições da União que fazem referência ao conceito de cidadania (*maxime* o artigo 20.º do TFUE). Neste sentido, a proteção dos direitos associados à cidadania europeia estendeu-se dos indivíduos economicamente ativos (trabalhadores) a todos os indivíduos independentemente do exercício de uma atividade económica (inativos). E àquele primeiro alargamento seguiu-se, com a jurisprudência *Zambrano*, de 2011, o segundo alargamento: a proteção dos direitos decorrentes da cidadania estendeu-se dos indivíduos que circulam

---

[71] O TJUE ainda lembrou (cf. Acórdão *Collins, cit.*, considerando 37) que o direito de permanência que aqueles que procuram emprego retiram do atual artigo 45.º do TFUE pode ser limitado no tempo. Na falta de uma disposição europeia que fixe um prazo para a permanência dos cidadãos europeus que procuram emprego, os Estados-Membros têm o direito de fixar um prazo razoável para esse efeito. No entanto, se após ter decorrido o prazo em causa, o interessado provar que continua a procurar emprego e que tem efetivamente possibilidades de ser contratado, não pode ser obrigado a abandonar o território do Estado-Membro de acolhimento [cf. Acórdãos (TJUE) *Antonissen*, de 26 de fevereiro de 1991, proc. C-292/89, considerando 21, e *Comissão contra Bélgica*, de 20 de fevereiro de 1997, proc. C-344/95, considerando 17].

[72] Neste sentido, cf. PAUL CRAIG/GRÁINNE DE BÚRCA, *EU Law. Text, Cases and Materials, cit.*, p. 847.

[73] Numa perspetiva crítica, cf. DAMIAN CHALMERS/CHRISTOS HADJIEMMANUIL/GIORGIO MONTI/ /ADAM TOMKINS, *European Union Law. Text and Materials, cit.*, p. 602.

DIREITO DA UNIÃO EUROPEIA – ELEMENTOS DE DIREITO E POLÍTICAS DA UNIÃO

(dinâmicos) a todos aqueles que nunca exerceram liberdades de circulação nem tencionam fazê-lo (estáticos). Acompanhemos a evolução.

3. Da cidadania social à cidadania republicana (ou do segundo alargamento do âmbito de aplicação da cidadania europeia: dos cidadãos dinâmicos aos estáticos)

O artigo 20.º, n.º 2, do TFUE dispõe que "[o]s cidadãos da União gozam dos direitos e estão sujeitos aos deveres previstos nos Tratados". Uma interpretação não restritiva daquela disposição sugere que a cidadania europeia não integra apenas os direitos que tradicionalmente lhe foram associados[74] [alíneas *a)*, *b)*, *c)* e *d)* daquele mesmo artigo][75] e a relaciona com a proteção dos direitos fundamentais. De resto, os referidos direitos são agora formalmente reconhecidos como fundamentais (o que resulta patente nos artigos 45.º, 39.º, 40.º, 46.º, 44.º, 43.º, 41.º, n.º 4, da CDFUE). Portanto, o que está efetivamente em causa no processo *Zambrano* é a definição 1) do âmbito de aplicação dos direitos fundamentais na União Europeia e 2) do acesso dos cidadãos àquele padrão de jusfundamentalidade, a fim de se evitar uma inadmissível diferenciação de tratamento entre os ditos cidadãos dinâmicos (que exercem os seus direitos europeus clássicos/liberdades económicas e por isso beneficiam do padrão de jusfundamentalidade europeu), e, por outro lado, os cidadãos estáticos (que não exercem liberdades de circulação e por isso não beneficiam do padrão de jusfundamentalidade europeu).

O atual estádio de proteção jusfundamental na União Europeia já não permite a continuidade do fenómeno de "discriminação inversa"[76] (que implica

[74] Como explica RUI MANUEL DE MOURA RAMOS, "a novidade está em que o artigo 20.º passou a incluir o elenco (não taxativo) dos direitos que integram aquele estatuto" – cf. "Comentário aos artigos 18.º-23.º do TFUE", in *Tratado de Lisboa Anotado e Comentado*, Manuel Lopes Porto/Gonçalo Anastácio (coord.), Almedina, Coimbra, 2012, p. 260.

[75] Assistem aos cidadãos da União, *nomeadamente* (é a expressão constante do artigo 20.º, n.º 2, do TFUE): o direito de circular e permanecer livremente no território dos Estados-Membros; o direito de eleger e ser eleito nas eleições para o Parlamento Europeu e eleições municipais do Estado-Membro de residência; o direito de beneficiar da proteção das autoridades diplomáticas e consulares de qualquer Estado-Membro no território de países terceiros; o direito de dirigir petições ao Parlamento Europeu e recorrer ao Provedor de Justiça Europeu; o direito de se dirigir às instituições e aos órgãos consultivos da União numa das línguas dos Tratados e de obter uma resposta na mesma língua.

[76] Cf. conclusões *Carbonati*, de 6 de maio de 2004, proc. C-72/03, considerando 55, nas quais o Advogado-Geral Poiares Maduro explica que a expressão "discriminação inversa" se refere aos casos em que os nacionais de um Estado-Membro que não utilizaram as liberdades de circulação

a diferenciação de tratamento, inclusivamente no que respeita aos direitos fundamentais, entre cidadãos dinâmicos e estáticos) em desconformidade com o artigo 18.º do TFUE (segundo o qual estão proibidas as diferenciações de tratamento com fundamento na nacionalidade – e que deveria, em última análise, proteger os cidadãos estáticos contra discriminações inversas geradas pelo exercício de direitos de cidadania por cidadãos dinâmicos). Tal resultado esquizofrénico já não seria compatível com o atual contexto de cidadania de direitos e com a tendencial equiparação das posições jurídicas a partir do padrão de jusfundamentalidade europeu decorrente da entrada em vigor da CDFUE.

Por isso, no processo *Zambrano*, de 2011, o TJUE foi confrontado com o impacto dos direitos fundamentais (em especial o direito à proteção da vida familiar) na determinação do sentido e do alcance da cidadania europeia (artigos 9.º do TUE e 20.º do TFUE). O TJUE foi desafiado a dar à cidadania europeia uma utilidade prática essencialmente relacionada com a proteção dos direitos fundamentais na União. Ou seja, o TJUE foi compelido a converter a cidadania europeia numa plataforma que permite o acesso do nacional de um Estado-Membro ao padrão de jusfundamentalidade europeu – evitando-se, desta forma, que o cidadão procure nexos fictícios ou hipotéticos com as liberdades de circulação a fim de beneficiar daquele padrão de jusfundamentalidade[77].

Se tivermos de identificar o que a jurisprudência *Zambrano* acrescenta ao *citizenship acquis* podemos dizer que do referido acórdão decorre que 1) a cidadania europeia (artigo 20.º do TFUE) não está subordinada ao exercício prévio de uma liberdade de circulação e que 2) através da cidadania europeia acede-se ao padrão de jusfundamentalidade europeu quando outro *link*/conexão com o direito da União não se revele evidente. Parece pouco, mas não é. Apesar de *aparentemente* tratar-se de mais um acórdão relativo à

---

consagradas pelo Tratado se encontram numa situação jurídica menos favorável que os nacionais que exerceram os direitos baseados nessas liberdades. Sobre o tema, cf. HENRY SCHERMERS/DENIS WAELBROECK, *Judicial Protection in the European Union*, Kluwer Law International, The Hague/London/New York, 2001, p. 92, onde se lê: "whenever a Member State gives a preferential treatment to the nationals of other Member States as opposed to its own national, this should also amount to a discrimination prohibited by the Treaty". E ainda: "the Court may be prepared, under certain circumstances, to prohibit reverse discrimination if there is a sufficient relationship with Community law".

[77] Cf. conclusões *Zambrano, cit.*, considerando 167.

proteção dos nacionais de países terceiros familiares de cidadãos europeus[78], *Zambrano* transporta o gérmen de uma teoria geral dos direitos fundamentais na União Europeia, na medida em que confronta a ordem jurídica europeia com tudo o que há de mais inquietante no domínio da proteção dos direitos fundamentais numa União que se pretende de direito.

O mote dessa evolução é dado pelo percurso comovente de um casal colombiano que chega à Bélgica em 1999, com um visto emitido pelas autoridades belgas em Bogotá, na expectativa de conseguir asilo depois de terem sido ameaçados de morte por milícias privadas e terem enfrentado o rapto do filho de 3 anos por uma semana. As autoridades belgas negaram-lhes asilo mas não os repatriaram – tendo em conta a situação de guerra civil no país de origem –, donde se seguiu a saga de pedidos de autorização de residência sistematicamente recusados. Neste ínterim, nasceram os dois filhos belgas do casal Zambrano. Em termos concretos importava, portanto, saber se as disposições do TFUE relativas à cidadania europeia conferem ao ascendente de um cidadão europeu (menor) o direito de permanência no Estado-Membro de que o seu filho é nacional. Em termos mais amplos estava em causa testar a extensão da cidadania (que direitos ela implica?) de um cidadão europeu estático (que nunca exerceu uma liberdade de circulação, ou seja, nunca saiu do Estado-Membro no qual nasceu e do qual é nacional).

Todos os governos que apresentaram observações escritas ao TJUE – e inclusivamente a Comissão – alegaram tratar-se de uma situação puramente interna. Ou seja, na medida em que os filhos belgas do casal Zambrano residem no Estado-Membro de que têm nacionalidade e nunca saíram desse Estado-Membro, não se lhes aplicariam as liberdades de circulação e permanência reconhecidas pelo direito da União Europeia, nem o nível de proteção mais elevado do direito fundamental à vida familiar a que teriam acesso por via do exercício daquelas liberdades. Ruiz Zambrano contesta esse argumento sustentando que o exercício da cidadania europeia não pressupõe a

---

[78] É ampla a jurisprudência na qual o TJUE relacionou as liberdades económicas com a proteção da vida familiar (então decorrente das tradições constitucionais comuns aos Estados-Membros e da CEDH – e agora do artigo 7.º da CDFUE) e obrigou os Estados-Membros a protegerem os nacionais de países terceiros familiares de cidadãos europeus. A título exemplificativo, cf. Acórdãos (TJUE) *Mary Carpenter*, de 11 de julho de 2002, proc. C-60/00; *Hacene Akrich*, de 23 de setembro de 2003, proc. C-109/01; *Orfanopoulos*, de 29 de abril de 2004, proc. apensos C-482/01 e C-493/01; *Zhu e Chen*, de 19 de outubro de 2004, proc. C-200/02; *Yunying Jia*, de 9 de janeiro de 2007, proc. C-1/05; *R. N. G. Eind*, de 11 de dezembro de 2007, proc. C-291/05; e *Metock*, de 25 de julho de 2008, proc. C-127/08.

deslocação dos seus filhos para fora do Estado-Membro no qual residem – e por isso ele próprio poderia, enquanto membro da família em causa, invocar um direito de permanência ao abrigo do direito da União[79].

A fim de ilustrar a incoerência de se insistir na exigência de deslocação física para um Estado-Membro distinto daquele de que se é nacional antes de se invocar o direito de residência enquanto cidadão da União, a Advogada-Geral Eleanor Sharpston avança com a seguinte situação hipotética nas suas conclusões em *Zambrano*: «Suponhamos que um vizinho simpático tenha levado Diego e Jessica (os filhos Zambrano) a visitar uma ou duas vezes o *Parc Astérix* em Paris ou a costa da Bretanha. Nesse caso teriam recebido serviços noutro Estado-Membro. Se tentassem invocar direitos decorrentes da sua "circulação", não se poderia dizer que a sua situação fosse "puramente interna" na Bélgica. Teria bastado uma visita? Duas? Várias? Teria sido suficiente uma viagem de um dia, ou precisariam de ter permanecido uma noite ou duas em França?»[80]. E continua a Advogada-Geral: "É difícil evitar uma sensação de mal-estar perante um resultado como este. O exercício dos direitos de cidadania na União Europeia parece ser regido pela sorte, e não pela lógica"[81]. Por isso a Advogada-Geral defende que os direitos dos filhos Zambrano decorrentes da cidadania da União seriam suscetíveis de ser invocados não obstante as crianças não se tenham ainda aventurado a sair do Estado-Membro de que são nacionais – e a partir disso, Ruiz Zambrano poderia invocar um direito de residência derivado dos direitos de seus filhos enquanto cidadãos da União.

Subjacente ao argumento esgrimido por Zambrano está a reconfiguração da noção de situação puramente interna (entendida como a situação sem qualquer conexão com o direito da União), cujo sentido originário revela fragilidades no atual estádio de integração. Quando se depara com situações dessas, o TJUE pronuncia-se sobre a aplicação do direito da União a situações em princípio internas (porque relativas a produtos internos, em condições de mercado internas e conforme normas internas) mas suscetíveis de apresentar uma ligação com as situações sujeitas ao direito da União. Como explica a Advogada-Geral Eleanor Sharpston, a questão de saber se uma situação é interna distingue-se conceitualmente da questão de saber se existe uma conexão com o direito da União. Importa saber que situações,

---

[79] Cf. Acórdão *Zambrano*, *cit.*, considerando 38.
[80] Cf. conclusões *Zambrano*, *cit.*, considerando 86.
[81] Cf. conclusões *Zambrano*, *cit.*, considerando 88.

internas ou não, devem ser consideradas como não tendo qualquer conexão com o direito da União. Mas a resposta não pode ser que as denominadas "situações internas" são automaticamente despojadas de qualquer conexão com o direito da União[82].

Não admira, portanto, que a situação concreta em *Zambrano* tenha suscitado perplexidades ao tribunal nacional reproduzíveis nos seguintes termos: 1) é necessário haver circulação para que sejam aplicadas as disposições do TFUE relativas à cidadania europeia?; 2) o artigo 18.º do TFUE protege os cidadãos estáticos contra discriminações inversas geradas pelo exercício de direitos de cidadania por cidadãos dinâmicos?; 3) que papel desempenham os direitos fundamentais na determinação do sentido e alcance da cidadania europeia? Em resposta, o TJUE acolheu a pretensão de Zambrano em meia dúzia de considerandos dos quais não se consegue dimensionar, minimamente, a relevância histórica desse acórdão relatado por Cunha Rodrigues.

O TJUE começou por reconhecer que a Diretiva 2004/38/CE não era aplicável ao processo principal. Essa Diretiva só se aplica aos cidadãos da União que se desloquem ou residam num Estado-Membro que não aquele de que são nacionais – e não era o caso. Não havia, portanto, exercício de liberdades de circulação. Todavia, o estatuto de cidadão da União Europeia (artigo 20.º do TFUE) tende a ser o estatuto fundamental dos nacionais dos Estados-Membros[83] e obsta as medidas nacionais que tenham por efeito privar os cidadãos europeus do gozo efetivo dos direitos conferidos por tal estatuto[84]. Ora, a recusa da permanência de um nacional de um Estado terceiro que tem a seu cargo cidadãos europeus de tenra idade acaba por produzir esse efeito – pois se os filhos forem obrigados a deixar o território da União Europeia ficam impossibilitados de exercer o essencial dos direitos conferidos pelo estatuto de cidadãos da União[85]. Não pode ser de outra maneira porque o acesso aos direitos fundamentais na União não deve depender do exercício de liberdades de circulação nem a União Europeia deve compactuar com a ideia de que só os cidadãos economicamente ativos têm direito à proteção da vida familiar.

---

[82] Cf. conclusões *Governo da Comunidade Francesa e Governo Valão contra Governo Flamengo*, de 28 de junho de 2007, proc. C-212/06, considerando 136.
[83] Cf. Acórdão *Zambrano, cit.*, considerando 41.
[84] Cf. Acórdão *Zambrano, cit.*, considerando 42.
[85] Cf. Acórdão *Zambrano, cit.*, considerando 44.

CIDADANIA EUROPEIA E DIREITOS FUNDAMENTAIS

Assim, o TJUE entendeu apreciar conjuntamente as questões formuladas pelo juiz nacional no processo *Zambrano* e acolheu o entendimento da Advogada-Geral de que demos conta: os direitos decorrentes da cidadania, inclusivamente o direito de permanecer livremente no território dos Estados-Membros, não dependem do exercício prévio de liberdades de circulação. Mas com isso eximiu-se de responder, especificamente, se o artigo 18.º do TFUE (que proíbe toda e qualquer discriminação em razão da nacionalidade) pode ser invocado para resolver uma situação de discriminação inversa gerada pela interação do direito da União (neste caso, as disposições que regem a cidadania europeia) com o direito nacional.

De que discriminação inversa seriam alvo os filhos Zambrano? Ora, os progenitores de filhos menores que possuem a nacionalidade de um Estado-Membro distinto do Estado-Membro de residência gozam, enquanto membros da família de um cidadão europeu, de um direito de residência derivado no Estado-Membro de acolhimento em virtude do artigo 21.º do TFUE (que prevê a liberdade de circulação e permanência) e da jurisprudência *Zhu e Chen*[86]. Mas eis a dúvida: se os menores residissem no Estado-Membro da sua nacionalidade, como era o caso dos filhos Zambrano, poderiam invocar o artigo 18.º do TFUE de modo a beneficiarem dos mesmos direitos, e desta forma combater a situação de discriminação inversa entre cidadãos estáticos e dinâmicos?

O TJUE já identificou, em vários acórdãos, a existência de discriminações inversas, e exortou o juiz nacional a resolvê-las – mas sem admitir frontalmente tratar-se de uma violação do princípio da não discriminação em função da nacionalidade patente no artigo 18.º do TFUE. Ocorre que tal resultado revela-se insustentável no atual estádio da cidadania europeia. Por isso, ao apreciar globalmente as questões que lhe foram apresentadas, sendo que a segunda delas confrontava especificamente o TJUE com a problemática das discriminações inversas, não se pode dizer que o TJUE a tenha ignorado no Acórdão *Zambrano*, pois a resposta fornecida pelo Tribunal atinge o cerne da diferença de tratamento entre cidadãos estáticos e dinâmicos e acaba por eliminar a discriminação.

Todavia, a questão da discriminação inversa contra os nacionais de um Estado-Membro – provocada pela proteção jusfundamental que a União Europeia concede aos cidadãos de outro Estado-Membro ou do mesmo Estado-Membro que exerceram liberdades de circulação – deixará de fazer

---

[86] Cf. Acórdão *Zhu e Chen, cit.*

sentido quando o âmbito de aplicação dos direitos fundamentais da União Europeia estiver suficientemente densificado[87]. De resto, esta é a grande questão em matéria de proteção de direitos fundamentais na União Europeia, como veremos no tópico seguinte. Ora, desde 1 de dezembro de 2009 a CDFUE goza de força juridicamente vinculativa, integrando o direito originário da União por força do artigo 6.º, n.º 1, do TUE – e o artigo 51.º da Carta relaciona a proteção jusfundamental da União Europeia com o âmbito de aplicação do direito da União definido pelas suas competências. Isto permite que os direitos fundamentais protegidos pela União sejam invocados independentemente do exercício prévio de direitos e liberdades ao abrigo do direito da União, *maxime* as liberdades de circulação. Para que se possa invocar o padrão de jusfundamentalidade da União basta que a medida adotada pelas autoridades europeias ou nacionais se integre no âmbito de aplicação do direito da União Europeia definido pelas suas competências, independentemente de o interessado ser dinâmico ou estático, o que afasta os efeitos indesejáveis da discriminação inversa. Somente essa solução seria coadunável com o estatuto de cidadania de uma União que se pretende de direito – e é isso que, afortunadamente, decorre do Acórdão *Zambrano*.

Depois de *Zambrano* seguiu-se uma série de acórdãos do TJUE tendentes a densificar o sentido de uma "privação do gozo efetivo dos direitos de cidadania" e daquilo que corresponderia ao "essencial dos direitos conferidos pelo estatuto de cidadãos da União"[88]-[89], a fim de aferir-se das implicações/

---

[87] Cf. conclusões *Zambrano, cit.*, considerando 167.

[88] Cf. Acórdão *Dereci, cit.* Neste acórdão as situações fáticas envolviam maiores (e não menores) e não havia dependência económica dos cidadãos europeus relativamente aos seus familiares de Estados terceiros. O TJUE decidiu que o direito da União, designadamente as suas disposições relativas à cidadania da União, não se opõe a que um Estado-Membro recuse a um nacional de um Estado terceiro a residência no seu território, quando esse nacional pretende residir com um membro da sua família, que é cidadão da União, residente neste Estado-Membro, do qual tem a nacionalidade e que nunca exerceu o seu direito de livre circulação, desde que tal recusa não comporte, para o cidadão da União em causa, a privação do gozo efetivo do essencial dos direitos conferidos pelo estatuto de cidadão da União, o que incumbe ao órgão jurisdicional nacional verificar. De qualquer forma, o critério relativo à privação do essencial dos direitos conferidos pelo estatuto de cidadão da União refere-se a situações caracterizadas pela circunstância de o cidadão da União ser obrigado, na prática, a abandonar não apenas o território do Estado-Membro de que é nacional mas também a totalidade do território da União.

[89] Cf. Acórdão (TJUE) *McCarthy*, de 5 de maio de 2011, proc. C-434/09. A requerente no processo principal tinha dupla nacionalidade – britânica e irlandesa. Nasceu e residiu durante toda a vida no Reino Unido, beneficiando de prestações sociais. Nunca alegou ser trabalhadora assalariada ou não assalariada ao abrigo do direito da União – ou ser capaz de prover as suas necessidades. Com base

/obrigações/impedimentos decorrentes daquela jurisprudência seminal para os Estados-Membros, sobretudo porque o TJUE reluta em definir o conteúdo essencial da cidadania europeia[90]. Em matéria de cidadania, o TJUE oscila entre avanços e recuos tendo em conta as circunstâncias do caso – num aparente ziguezague que traduz a própria dinâmica de uma integração em movimento e seu carácter evolutivo[91]. Os recuos prendem-se necessariamente com o facto de que a jurisprudência sobre cidadania se tem desenvolvido à sombra da imigração. Ou, em bom rigor, à sombra dos direitos dos cidadãos europeus familiares de nacionais de países terceiros[92] – o que não agrada aos Estados-Membros, porventura excessivamente temerosos de que, via cidadania europeia, as questões relacionadas com fluxos migratórios escapem ao seu controlo e as suas competências em matéria de direitos fundamentais sejam esvaziadas de sentido[93].

na sua nacionalidade irlandesa, invocou o seu estatuto de cidadã europeia a viver no Reino Unido com o intuito de beneficiar do direito europeu de reunificação familiar com o seu cônjuge (nacional de país terceiro em situação irregular no Reino Unido). A questão prejudicial foi, nesta medida, formulada como se de uma cidadã dinâmica (e não estática) se tratasse, importando interpretar as disposições constantes da Diretiva 2004/38/CE (relativa ao direito de livre circulação e residência dos cidadãos da União e dos membros das suas famílias no território dos Estados-Membros). O TJUE entendeu que a diretiva em causa não é aplicável a um cidadão da União que nunca tenha feito uso do seu direito de livre circulação, que sempre tenha residido no Estado-Membro do qual possui a nacionalidade e que tenha, além disso, a nacionalidade de outro Estado-Membro. Quanto à aplicabilidade do artigo 21.º do TFUE, não recuou relativamente a *Zambrano*: manteve o entendimento de que a situação de um cidadão que não fez uso da sua liberdade de livre circulação – como era o caso de Shirley McCarthy – não podia, *só por isso*, ser equiparada a uma situação puramente interna sem qualquer conexão com o direito da União. Todavia, todos os elementos da situação descrita no processo principal estavam circunscritos ao interior de um Estado-Membro. Nenhum elemento revelava que a medida nacional em causa tivesse por efeito privar a requerente do gozo efetivo do essencial dos direitos relacionados com o seu estatuto de cidadã da União – ou dificultar o exercício do seu direito de circular e residir livremente no território dos Estados-Membros.

[90] Neste sentido, cf. DIMITRY KOCHENOV, "EU citizenship. New questions in need of an answer", in *Citizenship and Solidarity in the European Union. From the Charter of Fundamental Rights to the crisis, the state of the art*, Alessandra Silveira/Mariana Canotilho/Pedro Froufe (eds.), Peter Lang, Bruxelles/Bern/Berlin/Frankfurt am Main/New York/Oxford/Wien, 2013, p. 385; ANJA WIESBROCK, "Disentangling the 'Union citizenship puzzle'? The McCarthy case", *European Law Review*, 36, 2011, p. 862.

[91] Cf. Acórdãos *Dereci*, *cit.*; *McCarthy*, *cit.*; *Yoshikazu Iida*, de 8 de novembro de 2012, proc. C-40/11; *Ymeraga*, de 8 de maio de 2013, proc. C-87/12; *Alopka*, de 10 de outubro de 2013, proc. C-86/12; *Julian Hernández*, de 10 de julho de 2014, proc. C-198/13.

[92] Cf. acórdãos referidos na nota 78.

[93] Neste sentido, cf. SANDRA MANTU, *Contingent Citizenship. The Law and Practice of Citizenship Deprivation In International, European and National Perspectives*, *cit.*, pp. 107-108, onde se lê: "Directive

De qualquer forma, o TJUE parece ter encontrado na cidadania europeia o derradeiro *link* para a salvaguarda do nível de proteção mais elevado dos direitos fundamentais que lhe compete assegurar. Assim, se a cidadania europeia (e os direitos que encerra) recai no âmbito de aplicação material do direito da União, isto permite que o padrão de jusfundamentalidade europeu seja invocado autonomamente pelo cidadão europeu, sem qualquer outro nexo com o direito da União para além da própria cidadania. O raciocínio básico subjacente à jurisprudência do TJUE é o seguinte: 1) a situação de um cidadão da União que não fez uso de uma liberdade económica não pode, só por isso, ser considerada como isenta de conexão com o direito da União[94]; 2) o estatuto de cidadão da União "tende a ser o estatuto fundamental dos nacionais dos Estados-Membros" – o que lhe permite invocar, mesmo relativamente ao Estado-Membro de que é nacional, os direitos relativos a tal estatuto[95]; 3) se o órgão jurisdicional nacional considerar que a situação *sub judice* é abrangida pelo direito da União, via cidadania europeia, deverá examinar se estão a ser respeitados os direitos fundamentais tal como a ordem jurídica da União os assegura[96].

Por isso começa a ganhar fôlego a doutrina segundo a qual importa definir a substância da cidadania europeia a partir dos direitos fundamentais reconhecidos pelos Tratados[97]. Armin von Bogdandy sugere mesmo o

---

2004/38 illustrates the tension between the Court's expansive case law and the reluctance of the Member States to give away more powers in this field (...) The rising tension between the MS's desire to protect their supremacy as regards, among others, the administration of national systems of social protection and their capacity to police foreigners, and the Court's expansive interpretation of the citizenship provisions illustrates well the breadth of qualitative changes brought about by EU citizenship".

[94] Cf. Acórdão *Dereci*, *cit.*, considerando 61.

[95] Cf. Acórdão *Dereci*, *cit.*, considerandos 62 e 63.

[96] Cf. Acórdão *Dereci*, *cit.*, considerando 72. Neste considerando, o TJUE alerta o juiz nacional (a propósito do direito à proteção da vida familiar) para o seguinte: "Em contrapartida, se considerar que tal situação não é abrangida pelo âmbito de aplicação do direito da União, deverá fazer tal exame à luz do artigo 8.º, n.º 1, da CEDH". O mesmo alerta é repetido no Acórdão *Ymeraga*, *cit.*, considerando 44. Isto denota a interatividade entre ordens jurídicas patente na "área europeia de direitos fundamentais". Neste sentido, cf. LEONARD BESSELINK, "General Report", in *Reports of the XXV FIDE Congress – Tallinn 2012*, vol. 1, Julia Laffranque (ed.), Tartu University Press, Tallinn, 2012, p. 139.

[97] Cf. ARMIN VON BOGDANDY *et al.*, "Reverse Solange – protecting the essence of fundamental rights against Member States", *Common Market Law Review* 49, n.º 2, 2012; JOŽE ŠTRUS e NINA PERŠAK, "The Charter of Fundamental Rights and EU citizenship: the link with EU Law re-exam-

"reverso da doutrina *Solange*"[98], agora aplicada aos Estados-Membros a partir da ordem jurídica da União. Neste sentido, a desconsideração dos direitos fundamentais protegidos pela União, por parte de um Estado-Membro, mesmo relativamente a uma questão dita "puramente interna", poderia ser considerada uma violação da substância da cidadania europeia – e permitiria que o indivíduo invocasse o seu estatuto de cidadão europeu (e os direitos que ele implica) junto dos tribunais nacionais, sem ter de procurar nexos fictícios ou hipotéticos com o direito da União para beneficiar do padrão de jusfundamentalidade europeu. Seria uma espécie de "mecanismo europeu de resgate para direitos fundamentais" – como sugeriu Viviane Reding, então Vice-Presidente da Comissão Europeia, referindo-se especificamente ao estudo de Armin von Bogdandy[99].

Este entendimento decorre da exigência de "respeito pelos direitos humanos" prevista no artigo 2.º do TUE como uma condição básica para o exercício da autoridade pública no espaço jurídico da União (qualquer exercício, seja pelas autoridades da União ou dos Estados-Membros). A União funda-se no respeito pelos direitos humanos – e não há qualquer limitação no artigo 2.º do TUE similar àquela contida no artigo 51.º, n.º 1, da CDFUE (segundo a qual os Estados-Membros estariam vinculados às disposições da CDFUE *apenas* quando apliquem o direito da União)[100]. Neste sentido

---

ined", in *The Reconceptualization of European Union Citizenship*, E. Guild *et al.* (eds.), Brill Nijhoff, Leiden-Boston, 2014.

[98] A chamada doutrina *Solange* deriva da jurisprudência do Tribunal Constitucional alemão [cf. *BVerfG* 73, 339, 376 (1986), Solange II] nos termos da qual o tribunal de Karlsruhe "exime-se" de controlar o direito secundário da União desde que a proteção dos direitos fundamentais na União Europeia seja essencialmente similar à proteção exigida pela Lei Fundamental alemã. Ora, no contexto do direito da União, e tendo em conta o primado que o orienta, os tribunais nacionais (inclusivamente os tribunais constitucionais) não têm competência para controlar a validade dos atos jurídicos europeus à luz da sua Constituição – eis a fragilidade da decisão *Solange*, pois o direito da União Europeia "não pode ser declarado inconstitucional nem desaplicado por alegada inconstitucionalidade ou por qualquer outro tipo de desconformidade com normas de direito interno", conforme ensinam J. J. GOMES CANOTILHO/VITAL MOREIRA, *Constituição da República Portuguesa Anotada*, vol. I, Coimbra Editora, Coimbra, 2007, p. 270. De qualquer forma, a jurisprudência *Solange* teve o efeito (positivo) de alertar a ordem jurídica europeia para a necessária interatividade entre ordens jurídicas no que respeita à proteção dos direitos fundamentais na União Europeia.

[99] Cf. VIVIANE REDING, intervenção de abertura do XXV Congresso da FIDE (Federação Internacional de Direito Europeu), Tallinn/Estónia, 31 de maio de 2012, *http://europa.eu/rapid/ press-release_SPEECH-12-403_en.htm?locale=en*.

[100] Cf. ARMIN VON BOGDANDY *et al.*, "Reverse Solange – protecting the essence of fundamental rights against Member States", *cit.*, p. 509.

DIREITO DA UNIÃO EUROPEIA – ELEMENTOS DE DIREITO E POLÍTICAS DA UNIÃO

também o Advogado-Geral Poiares Maduro defendeu, nas suas conclusões no processo *Centro Europa 7* (muito antes das repercussões *Zambrano*, de resto imprevisíveis naquele momento), que convinha fazer-se uma distinção entre, por um lado, a competência do TJUE para fiscalizar qualquer medida nacional à luz dos direitos fundamentais e, por outro, a competência para verificar se os Estados-Membros garantem o nível de tutela necessário em relação aos direitos fundamentais, a fim de adequadamente cumprirem as suas obrigações como membros da União. Como explicou o então Advogado-Geral, este segundo tipo de fiscalização já decorria logicamente da natureza do processo de integração europeia. Servia (e serve, tanto mais depois da entrada em vigor da CDFUE) para garantir a existência das condições essenciais para o funcionamento adequado da ordem jurídica europeia e para o exercício efetivo dos direitos concedidos aos cidadãos europeus. É uma condição elementar para que o direito da União possa funcionar eficazmente no seio da ordem jurídica nacional[101].

De resto, o TJUE tem procurado esclarecer que o objetivo da proteção dos direitos fundamentais no direito da União é "zelar por que tais direitos não sejam violados nos domínios de atividade da União, seja em razão da ação da União ou em razão da aplicação do direito da União pelos Estados-Membros"[102]. No seu entendimento, a prossecução deste objetivo justifica-se pela necessidade de "evitar que uma proteção dos direitos fundamentais suscetível de variar consoante o direito nacional em causa prejudique a unidade, o primado e efetividade do direito da União"[103]. O TJUE estabelece, portanto, uma nítida conexão entre a proteção dos direitos fundamentais – tal como a CDFUE os contempla – e o imperativo de efetividade do direito da União. Está aqui patente a ideia de que as dissonâncias na proteção dos direitos fundamentais nos distintos Estados-Membros poderiam comprometer a igualdade jurídica dos cidadãos europeus – e, em última análise, a própria sobrevivência de uma União de direito.

Assim, o TJUE tem aplicado, no âmbito da cidadania e dos direitos a ela associados (inclusive direitos fundamentais), a conhecida fórmula do mercado interno patente no Acórdão *Dassonville*[104]: qualquer medida nacional suscetível de comprometer o comércio intracomunitário produz um efeito

---

[101] Cf. conclusões *Centro Europa 7*, de 12 de setembro de 2007, proc. C-380/05, considerando 20.
[102] Cf. Acórdão *Siragusa*, de 6 de março de 2014, proc. C-206/13, considerando 31.
[103] *Idem.*
[104] Cf. Acórdão (TJUE) *Dassonville*, de 11 de julho de 1974, proc. 8/74.

equivalente às restrições quantitativas e é por isso proibida. Desta forma, seja no mercado interno ou no âmbito de aplicação da cidadania (e dos direitos que ela implica), o TJUE vai estabelecendo *links* com o direito da União a partir da efetividade dos direitos em causa[105]. Decorre de algumas recentes decisões sobre cidadania que o TJUE tem-se focado nos efeitos/impactos negativos (atuais ou potenciais) que a medida nacional controvertida provoca nos direitos dos particulares.

Esta tem sido, portanto, a razão determinante para estabelecer o *link* com o direito da União: a cidadania europeia obsta as medidas nacionais que impeçam os indivíduos de exercer o essencial dos direitos conferidos pelo estatuto de cidadão da União Europeia. Assim, se o que está em causa é a incapacidade de beneficiar dos direitos associados à cidadania, o direito da União será aplicável na medida em que a substância daqueles direitos esteja ameaçada. Ainda que o TJUE insistentemente afirme que a cidadania europeia não tem por objetivo alargar o âmbito de aplicação material dos Tratados a situações internas sem conexão com o direito da União[106], tal conexão tem sido estabelecida a partir dos efeitos negativos que as medidas nacionais possam sobre ele exercer. É assim porque o direito da União Europeia, na célebre expressão patente em *Zambrano*, obsta as medidas nacionais que tenham por efeito privar os cidadãos europeus do gozo efetivo dos direitos conferidos pelo estatuto de cidadania – ainda que os contornos de tal privação só sejam aferíveis a partir das circunstâncias de cada caso.

4. Da abolição das limitações do artigo 51.º da CDFUE: implicações num contexto de interconstitucionalidade

A principal inquietação que tem alimentado os debates em torno da CDFUE relaciona-se com a densificação do seu âmbito de aplicação: em que circunstâncias as disposições da Carta seriam aplicáveis? Resulta da jurisprudência assente do TJUE – agora contemplada no artigo 51.º, n.º 1, da Carta –, que os direitos fundamentais protegidos pela União Europeia podem ser invocados pelo particular quando a medida impugnada (europeia ou nacional) integra

---

[105] Cf. JOŽE ŠTRUS e NINA PERŠAK, "The Charter of Fundamental Rights and EU citizenship: the link with EU Law re-examined", *cit.*, p. 326.

[106] Cf. Acórdãos (TJUE) *Uecker*, de 5 de junho de 1997, procs. apensos C-64/96 e C-65/96, considerando 23; *García Avello*, *cit.*, considerando 26; *Schempp*, de 12 de julho de 2005, proc. C-403/03, considerando 20. Todavia, no considerando 22 deste acórdão, o TJUE explica que a situação do nacional de um Estado-Membro que, como Schempp, não fez uso do direito à livre circulação não pode, só por isso, ser equiparada a uma situação puramente interna sem qualquer conexão com o direito da União.

o âmbito de aplicação material do direito da União[107]. No que diz especificamente respeito aos Estados-Membros, estes estariam vinculados pelas disposições da Carta "apenas quando apliquem o direito da União" (originário ou derivado), muito embora o TJUE proceda a uma interpretação bastante ampla de tal expressão. Decorre da sua jurisprudência que os Estados-Membros devem respeitar os direitos fundamentais protegidos pelo direito da União quando, por exemplo, derrogam temporariamente disposições europeias; transpõem diretivas europeias; adotam normas nacionais que executam/dão exequibilidade às disposições europeias; aplicam direito nacional que "entre no campo de aplicação do direito da União"[108]. Contudo, a tarefa de identificar o que recai ou não neste âmbito de aplicação nem sempre é simples e inequívoca – sobretudo tendo em conta o frenético desenvolvimento do direito da União Europeia e o crescente volume de normas europeias que regem o nosso quotidiano coletivo. E desta identificação depende a aplicação do padrão de jusfundamentalidade da União.

Ora, se a problemática do âmbito de aplicação da Carta provoca perplexidades aos cultores do direito da União, tanto mais impenetrável o será para o dito "cidadão médio", que definitivamente não consegue compreender por que razão pode invocar os direitos fundamentais protegidos pela União contra a polícia nacional de fronteiras (nos aeroportos) mas não o pode fazer contra a polícia nacional de segurança pública (nas ruas), pois a primeira situação recairia no âmbito de aplicação do direito da União e a segunda não. Por este motivo, a Comissão Europeia lançou, em 2013, uma consulta pública relativa ao setor da justiça na União, através da qual pretende precisamente saber, no que respeita aos direitos fundamentais, se os cidadãos

---

[107] A título exemplificativo, cf. Acórdãos (TJUE) *Cinéthèque*, de 11 de julho de 1985, procs. apensos 60/84 e 61/84, considerando 26; *Klensch*, de 25 de novembro de 1986, procs. apensos 201/85 e 202/85, considerandos 9-11; *Wachauf*, de 13 de julho de 1989, proc. 5/88, considerando 19; *ERT*, de 18 de junho de 1991, proc. C-260/89, considerando 43; *Bostock*, de 24 de março de 1994, proc. C-2/92, considerando 16; *Kremzov*, de 29 de maio de 1997, proc. C-299/95, considerando 15; *Familiapress*, de 26 de junho de 1997, proc. C-368/95, considerandos 24-26; *Rodríguez Caballero*, de 12 de dezembro de 2002, proc. C-442/00, considerandos 30-31; *Steffensen*, de 10 de abril de 2003, proc. C-276/01, considerando 69-80; *ORF*, de 20 de maio de 2003, procs. apensos C-465/00, C-138/01 e C-139/01, considerandos 31-47; *Booker Aquaculture*, de 10 de julho de 2003, procs. apensos C-20/00 e C-64/00, considerandos 67-69; *RTL Television*, de 23 de outubro de 2003, proc. C-245/01, considerandos 42-46; *Karner*, de 25 de março de 2004, proc. C-71/02, considerandos 48-52; *Promusicae*, de 29 de janeiro de 2008, proc. C-275/06, considerandos 67-68; e *Raffinerie Mediterranee* (ERG), de 9 de março de 2010, procs. apensos C-379/08 e C-380/08, considerandos 79-80.

[108] Cf. Acórdão *Kremzov, cit.*, considerando 15.

CIDADANIA EUROPEIA E DIREITOS FUNDAMENTAIS

entendem que os direitos consagrados na CDFUE deveriam ser diretamente aplicáveis nos Estados-Membros *em todos os casos*, abolindo-se as limitações do artigo 51.º, n.º 1, da Carta[109].

Na sua intervenção de abertura do XXV Congresso da FIDE, Viviane Reding explicou o desapontamento dos cidadãos em relação à CDFUE quando percebem que estão a "bater na porta errada"[110]. Cerca de 3/4 das queixas recebidas anualmente pela Comissão, a propósito da suposta violação de direitos fundamentais, dizem respeito a matérias que não recaem no âmbito de aplicação do direito da União – razão pela qual as instituições europeias não podem atuar. A situação levou Viviane Reding a afirmar, a propósito do 4.º relatório anual sobre a aplicação da CDFUE (publicado no mês de abril de 2014), o seguinte: "Posso imaginar que, um dia, os cidadãos dos Estados-Membros poderão invocar diretamente a Carta, sem ser necessária uma ligação clara com o direito da UE"[111]. É esta "ligação clara" que dificulta o acesso ao padrão de jusfundamentalidade europeu – daí que alguns doutrinadores defendam (de entre os quais a Autora deste capítulo) que na ausência de um *link* mais evidente com o direito da União, a própria cidadania europeia (artigo 20.º do TFUE) sirva tais efeitos – como vimos *supra*.

Importa todavia problematizar em que termos a abolição das limitações do artigo 51.º da CDFUE seriam desejáveis à luz do modelo de pluralismo constitucional ou de interconstitucionalidade (normas constitucionais em rede) que estamos a construir na União Europeia. É que a abolição das limitações daquele artigo 51.º implicaria atribuir uma competência geral à União Europeia em matéria de proteção de direitos fundamentais através da Carta – o que nos aproximaria do modelo de proteção dos direitos fundamentais que vigora nos Estados federais da atualidade, onde existe, em última análise, um único padrão de proteção dos direitos fundamentais (que é aquele que decorre da Constituição federal). Ora, na União Europeia (que não é nem pretende converter-se num Estado federal) estamos em condições de desenvolver um modelo federativo/multinível bastante mais sofisticado (e certamente mais complexo) que o existente nos Estados federais. Isto é, um modelo no qual convivem 28 padrões de proteção de direitos fundamentais, mais aquele decorrente da CEDH, mais o da CDFUE... ou seja, um modelo no qual interagem normas de direitos fundamentais de distintas fontes

---

[109] Cf. *http://ec.europa.eu/justice/events/assises-justice-2013/files/fundamental_rights_en.pdf*.

[110] Cf. *http://europa.eu/rapid/press-release_SPEECH-12-403_en.htm?locale=en*.

[111] Cf. *http://europa.eu/rapid/press-release_IP-14-422_pt.htm*.

(segundo o artigo 6.º do TUE), articuladas nos termos do princípio do nível de proteção mais elevado dos direitos fundamentais (artigo 53.º da CDFUE). Recordemos em largos traços tal modelo.

Decorre atualmente do artigo 6.º do TUE que o bloco de jusfundamentalidade da União (que serve de parâmetro para as decisões dos tribunais orgânica e funcionalmente europeus – leia-se TJUE e tribunais nacionais) congrega normas de distintas fontes: 1) normas de proveniência internacional relativas à proteção dos direitos humanos (constantes sobretudo da CEDH), 2) normas de proveniência europeia (constantes dos Tratados, e especialmente da CDFUE), e 3) normas de proveniência nacional (constantes das Constituições dos Estados-Membros, correspondentes às suas tradições constitucionais comuns). Nesta medida, a entrada em vigor da CDFUE não desconsidera o acervo da União em matéria de proteção dos direitos fundamentais desenvolvido a partir do seu reconhecimento enquanto princípios gerais – apenas lhe dá continuidade[112].

Ocorre que a aplicação concreta de normas de direitos fundamentais de distintas fontes nem sempre é simples e inequívoca, pois ainda que o núcleo essencial das disposições normativas (ou o "coração das normas"[113]) pareça idêntico nos distintos ordenamentos (o internacional, o europeu e o nacional), as diferenças sistémicas podem produzir distintos *standards*, ou seja, distintos níveis de proteção relativamente ao mesmo direito fundamental. É por isso que as normas relativas a direitos fundamentais de proveniência internacional (CEDH) e de proveniência nacional (Constituições dos Estados-Membros) devem ser compatibilizadas com a estrutura e objetivos da ordem jurídica europeia[114].

---

[112] Nos termos do artigo 6.º, n.º 3, do TUE, do direito da União fazem parte, enquanto princípios gerais, os direitos fundamentais tal como os garante a CEDH e tal como resultam das tradições constitucionais comuns aos Estados-Membros. Este artigo permite que o direito da União assimile os desenvolvimentos constitucionais dos Estados-Membros em matéria de direitos fundamentais – o que é próprio de um sistema de normas constitucionais em rede. Sobre a função deste artigo depois da entrada em vigor da CDFUE, cf. Leonard Besselink, "General Report", *cit.*, pp. 82 e segs.

[113] A expressão é referida por Alexandre Egger, "EU-fundamental rights in the national legal order: the obligations of the Member States revisited", in *Yearbook of European Law*, 25, 2006.

[114] Neste sentido, cf. Acórdão *Hauer*, de 13 de dezembro de 1979, proc. 44/79, em cujo sumário se afirma que a eventual lesão de direitos fundamentais por parte de um ato jurídico europeu só pode ser avaliada no âmbito do próprio direito da União (naquela altura, direito comunitário), sob pena de se comprometer a efetividade e a unidade da ordem jurídica europeia.

Assim, as particularidades do modelo de proteção dos direitos fundamentais na União – fundado em normas de direitos fundamentais de distintas fontes e no seu reconhecimento enquanto princípios gerais – conduziram à consagração do princípio do nível de proteção mais elevado (artigo 53.º da CDFUE). Segundo tal princípio, se para a solução de uma situação concreta relacionada como direito da União forem mobilizáveis normas de vários ordenamentos jurídicos (a propósito do mesmo direito fundamental) será aplicável a norma do ordenamento que conceda a proteção mais elevada ao titular do direito fundamental em causa.

De resto, o TJUE tem reconhecido que a escala de valores do Estado-Membro para proteger os direitos e interesses em questão é a que se deve impor numa situação concreta – desde que assimilável pela ordem jurídica europeia. Vale recordar que no Acórdão *Melloni*, de 2013[115], o TJUE explica que o artigo 53.º da Carta confirma que, quando um ato do direito da União exige medidas nacionais de execução, as autoridades nacionais podem aplicar os padrões nacionais de proteção de direitos fundamentais – desde que essa aplicação não comprometa o nível de proteção previsto na CDFUE (conforme interpretado pelo TJUE), nem o primado, a unidade e a efetividade do direito da União. E é o próprio direito da União a reconhecer que, num contexto de interconstitucionalidade, o padrão de proteção dos Estados-Membros releva para a correta aplicação dos direitos fundamentais na União Europeia.

É certo que a utilidade e a pertinência das disposições do artigo 51.º da Carta (especialmente aquela constante do seu n.º 2, segundo a qual a entrada em vigor da CDFUE não amplia o âmbito de aplicação do direito da União) já eram questionadas mesmo antes da sua entrada em vigor[116], pois a teoria da organização jurídica dos sistemas federativos explica que não há como impedir o impacto da consagração dos direitos fundamentais na determinação do âmbito de aplicação do direito da União. Todavia, abolir as limitações do artigo 51.º (e substituí-las por uma competência geral da União em matéria de direitos fundamentais) implica porventura comprometer as

---

[115] Cf. Acórdão (TJUE) *Melloni*, de 26 de fevereiro de 2013, proc. C-399/11, considerando 60. Sobre o tema, cf. ALESSANDRA SILVEIRA, "Citizenship of rights and the principle of the highest standard of fundamental rights' protection: notes on the *Melloni* case", in *The Reconceptualization of European Union Citizenship, ob. cit.*

[116] Neste sentido, cf. PALOMA BIGLINO CAMPOS, "Derechos fundamentales y competencias de la Unión: el argumento de Hamilton", *Revista de Derecho Comunitario Europeu*, n.º 14, 2003.

potencialidades da interjusfundamentalidade. Ora, deriva da jurisprudência do TJUE que basta que a atuação do Estado-Membro entre no (ou interfira com o) âmbito de aplicação do direito da União Europeia para que contra ela se possa invocar o padrão de jusfundamentalidade europeu. Nesta medida, somente a atividade do Estado-Membro relativa a matérias estranhas às competências e ao direito da União resulta afastada da jurisdição daquele Tribunal no domínio dos direitos fundamentais.

Assim, ao interpretar a expressão aparentemente minimalista "apenas quando apliquem o direito da União", os tribunais orgânica e funcional-mente europeus não podem ignorar que mais de metade das normas que regulam o nosso quotidiano recaem no âmbito de aplicação do direito da União – não sendo propriamente árduo encontrar um nexo relevante com tal direito. Ademais, as "Cartas de Direitos" adquirem vida própria por força da litigância inerente ao exercício dos direitos de cidadania[117]. Não pode ser de outra forma porque os litigantes estão empenhados em promover a aplicação do direito da União nos distintos Estados-Membros e otimizar a tutela jurisdicional efetiva que dele decorre.

Por isso, mais do que pugnar pela abolição das limitações do artigo 51.º da CDFUE, importa robustecer a cidadania de direitos que estamos a construir – admitindo-a, sem reservas, como derradeiro *link* com o direito da União Europeia para fins de proteção dos direitos fundamentais quando outro não se revele evidente. Assim, a cidadania (artigo 20.º do TFUE) converte--se na pedra de toque do "mecanismo europeu de resgate para direitos fundamentais" sugerido por Armin von Bogdandy, sem que se comprometam as potencialidades do modelo de proteção dos direitos fundamentais que estamos a construir na União Europeia, assente na interação entre normas jusfundamentais de distintas fontes.

Decorre, portanto, do artigo 51.º da CDFUE que o âmbito de aplicação do direito da União é aquele que decorre das suas competências. Por conseguinte, desde que a União tenha competências num determinado domínio (seja o consumo, o ambiente, a energia, o mercado interno, a política social, etc.), o padrão de jusfundamentalidade aplicável às situações concretas é o da União Europeia[118]. Este problema não se colocava (tão evidentemente)

---

[117] Neste sentido, cf. Francisco Balaguer Callejón (coord.), *Manual de Derecho Constitucional*, vol. I, 5.ª ed., Tecnos, Madrid, 2010, pp. 240 e 241.

[118] O TFUE distingue entre competências exclusivas da União (artigo 3.º), competências partilhadas entre União e Estados-Membros (artigo 4.º), competências de coordenação das políticas eco-

CIDADANIA EUROPEIA E DIREITOS FUNDAMENTAIS

porque os tratados constitutivos nunca definiram os critérios que presidem a repartição de competências entre Estados-Membros e União – algo que resta atualmente plasmado nos artigos 5.º do TUE e 2.º a 6.º do TFUE. Nesta medida, o artigo 51.º, n.º 1, da CDFUE relaciona (expressamente) a proteção jusfundamental da União Europeia com o âmbito de aplicação do direito da União – que é definido pelas suas competências. Ou noutros termos: o âmbito de aplicação da Carta é aquele que decorre das competências da União – independentemente de a medida questionada ser imputável às autoridades europeias ou nacionais[119].

Nas suas Conclusões no processo *Zambrano* a Advogada-Geral Eleanor Sharpston densifica esta ideia e sugere mesmo a dispensabilidade do exercício da competência europeia – ou seja, a proteção jusfundamental da União dependeria da existência de uma competência material (sobretudo exclusiva ou partilhada) num determinado domínio, mesmo que esta competência não tivesse sido ainda exercida pela União. Conforme explica a Advogada-Geral, a União Europeia teria a responsabilidade de garantir a proteção dos direitos fundamentais na sua esfera de competências, sem depender dos *timings* da iniciativa legislativa das instituições e do processo político[120].

Assim, se a União Europeia exerceu a sua competência através de um ato jurídico obrigatório previsto no artigo 288.º do TFUE – ou seja, um regulamento, uma diretiva, uma decisão –, então será este o *link* a partir do qual a proteção jusfundamental da União pode ser invocada. Mas se tal densificação normativa não existe, a própria competência não exercida indiciaria que estamos no âmbito de aplicação do direito da União. De resto, já no Acórdão *Saldanha*, de 1997[121], o TJUE havia decidido que uma norma de habilitação constante dos tratados constitutivos (atualmente plasmada no artigo 50.º, n.º 2, letra g, do TFUE), nos termos da qual a União adota disposições tendentes a proteger os interesses dos sócios e de terceiros no âmbito da liberdade de estabelecimento, permitia a integração de uma regulamentação nacional no âmbito de aplicação do direito da União.

---

nómicas, de emprego e sociais (artigo 5.º), competências para definir e executar a política externa e de segurança comum (artigo 2.º, n.º 4) e competências complementares (artigo 6.º).

[119] Sobre o tema cf. José Luís da Cruz Vilaça/Alessandra Silveira, "European federalisation process and fundamental rights dynamics", in *Citizenship and Federalism in Europe: the Role of Rights*, Dimitry Kochenov (ed.), Cambridge University Press (no prelo).

[120] Cf. conclusões *Zambrano*, *cit.*, considerandos 163-165.

[121] Cf. Acórdão (TJUE) *Saldanha*, de 2 de outubro de 1997, proc. C-122/96, considerando 23.

DIREITO DA UNIÃO EUROPEIA – ELEMENTOS DE DIREITO E POLÍTICAS DA UNIÃO

Todavia, não havendo um *link* tão evidente com o direito da União (como aquele que decorre da regulação da matéria através de um regulamento ou de uma diretiva, por exemplo), da jurisprudência recente do TJUE inaugurada por *Zambrano* parece resultar que a própria cidadania europeia basta (nos termos do artigo 20.º do TFUE). Como já referimos, se a cidadania europeia (e os direitos que encerra) recai no âmbito de aplicação material do direito da União, isto permite que o padrão de jusfundamentalidade europeu seja autonomamente invocado pelos cidadãos, sem qualquer outro nexo com o direito da União para além da própria cidadania. Mas tal evolução, como alertámos *supra*, tem sido permeada por avanços e recuos inerentes ao processo de integração – não fosse a própria cidadania europeia perspetivada como um *processo* de dimensão jurídico-constitucional.

5. Do nexo de ligação com o direito da União à luz do Acórdão *Siragusa* (ou do enigma da Esfinge: decifra-me ou devoro-te)
No Acórdão *Siragusa*, de 2014[122], o TJUE tenta acrescentar mais uma peça ao complexo puzzle do âmbito de aplicação da CDFUE relativamente à atuação dos Estados-Membros[123]. O TJUE parece deliberadamente empenhado em restringir a sua própria competência jurisdicional em matéria de direitos fundamentais, aderindo (porventura?) ao entendimento segundo o qual a existência de uma competência não exercida da União (no domínio onde a autoridade nacional atuou) não seria suficiente para criar o *link* com o direito da União necessário à invocação da CDFUE[124]. Por isso importa questionar se o TJUE não terá contribuído para perturbar a coerência do critério da distribuição de competências (para fins de aferição do âmbito de aplicação do direito da União e consequente respeito à CDFUE), com o qual os juízes nacionais pareciam começar a habituar-se (o que resulta patente no "trabalho de casa" realizado pelo tribunal do reenvio no acórdão em questão).

Nesse Acórdão o TJUE estabelece uma nítida conexão entre a proteção dos direitos fundamentais – tal como a CDFUE os contempla – e o imperativo de efetividade do direito da União, como referimos *supra*. Contudo, no

---

[122] Cf. Acórdão (TJUE) *Siragusa*, de 6 de março de 2014, proc. C-206/13.
[123] Cf. BENEDIKT PIRKER, "Case C-206/13 Siragusa: A further piece for the Åkerberg Fransson jigsaw puzzle", *European Law Blog*, *http://europeanlawblog.eu/?p=2253*.
[124] A propósito desta abordagem mais restritiva, cf. CLEMENS LADENBURGER, "EU Institutional Report", in *Reports of the XXV FIDE Congress – Tallinn 2012*, vol. 1, Julia Laffranque (ed.), Tartu University Press, Tallinn, 2012, p. 162.

CIDADANIA EUROPEIA E DIREITOS FUNDAMENTAIS

entendimento do TJUE, não resultava da decisão de reenvio que tal risco de efetividade existisse no processo principal[125]. Ou seja, nenhum elemento apresentado ao TJUE lhe permitiu concluir que as disposições nacionais aplicáveis no processo principal se situavam no âmbito de aplicação do direito da União – razão pela qual a competência do TJUE para interpretar disposições da CDFUE não foi demonstrada. Na ausência de um *link* evidente com o direito da União – traduzível em medidas de implementação do direito originário e derivado da União –, o TJUE eximiu-se de afirmar que a CDFUE poderia aplicar-se a situações capazes de produzir um efeito potencialmente negativo na efetividade do direito da União, ainda que este não tenha sido concretamente implementado. E, neste caso, seria aferível, à luz da CDFUE, se as restrições nacionais aos direitos fundamentais seriam ou não justificáveis – ou seja, se não excederiam o que é objetivamente necessário para prosseguir um fim legítimo e se o resultado não poderia ser obtido por medidas menos restritivas[126].

Ora, como vimos, das recentes decisões do TJUE sobre cidadania europeia deriva que este Tribunal tem-se progressivamente focado nos efeitos/ /impactos negativos (atuais ou potenciais) que a medida nacional controvertida provoca nos direitos dos particulares – sendo esta a razão determinante para estabelecer o *link* com o direito da União. Também é certo que se tem revelado prudente na escolha dos termos que constatam a ausência de um *link* com o direito da União, parecendo manter alguma abertura quanto aos futuros desdobramentos e novos fatores de conexão que possam vir a ser considerados[127]. Quando o TJUE afirma, por exemplo, que um processo prejudicial "não contém *nenhum elemento concreto* que permita considerar que a decisão [nacional] constitui uma medida de aplicação do direito da União *nem apresenta outros elementos de ligação a este último*"[128] (itálicos nossos), parece deixar as portas abertas às novas dinâmicas da integração. De qualquer forma, e tendo em conta a tendencial amplitude com que o TJUE vinha

---

[125] Cf. Acórdão *Siragusa*, *cit.*, considerando 32.

[126] Cf. Jože Štrus e Nina Peršak, "The Charter of Fundamental Rights and EU citizenship: the link with EU Law re-examined", *cit.*, p. 324. Sobre o princípio da proporcionalidade na jurisprudência do TJUE (a propósito dos requisitos da restrição de direitos), cf. Alessandra Silveira, "Comentário ao artigo 52.º da CDFUE", in *Carta dos Direitos Fundamentais da União Europeia Comentada, ob. cit.*, pp. 602 e segs.

[127] Cf. Jože Štrus e Nina Peršak, "The Charter of Fundamental Rights and EU citizenship: the link with EU Law re-examined", *cit.*, p. 330.

[128] Cf. Despacho (TJUE) *Estov*, de 12 de novembro de 2010, proc. C-339/10, considerando 14.

interpretando a vinculação dos Estados-Membros aos direitos fundamentais protegidos pela União, a decisão *Siragusa* provoca alguma perplexidade. Senão vejamos.

O pedido prejudicial tinha por objeto a interpretação do artigo 17.º da CDFUE e do princípio da proporcionalidade – nada de extraordinário, pois os princípios gerais de direito da União são passíveis de interpretação em sede de reenvio. E foi apresentado no âmbito de um litígio que opõe C. Siragusa à Região da Sicília (Direção do património cultural e ambiental de Palermo), a propósito de uma decisão que ordena a reposição, no seu estado anterior, de um imóvel pertencente a C. Siragusa. O recorrente no processo principal é proprietário de um imóvel situado numa zona de paisagem protegida, no qual procedeu a alterações que não foram previamente autorizadas, pelo que requereu à entidade competente em matéria de urbanismo uma licença de construção para efeitos de regularização. A referida entidade ordenou a demolição de todas as obras abusivamente efetuadas, no prazo de 120 dias a contar da receção da referida decisão, com o fundamento de que não era possível examinar a compatibilidade das obras em causa com as normas de proteção da paisagem, uma vez que as referidas obras tinham implicado um "aumento de volume".

O órgão jurisdicional de reenvio explicou que, nos termos da legislação italiana aplicável, o proprietário de um imóvel integrado numa zona de paisagem protegida deve pedir uma autorização à autoridade competente antes de proceder a qualquer modificação. Se realizar modificações não autorizadas, a administração pode reconhecê-las a título de regularização, desde que "não tenham implicado a criação de superfícies úteis ou de volumes"; neste caso, se as intervenções forem consideradas compatíveis com as normas de proteção paisagística, o infrator pode ser obrigado a pagar uma sanção pecuniária. De qualquer forma, não seria esse o desfecho previsível no processo principal, pois as referidas obras tinham provocado um "aumento de volume", vai daí o "pedido de socorro" do tribunal do reenvio à luz do direito da União.

O tribunal nacional entendia que, no direito da União, a proteção da paisagem não é um domínio autónomo e conceitualmente distinto da proteção do ambiente – mas faz parte dela. E a matéria do ambiente, acrescentava, é da competência da União Europeia, na aceção dos artigos 3.º, n.º 3, e 21.º, n.º 2, alínea *f*), do TUE, bem como dos artigos 4.º, n.º 2, alínea *e*), 11.º, 114.º e 191.º do TFUE. O órgão jurisdicional nacional citou, a este respeito, diversas disposições do direito da União em matéria de ambiente[129] – ainda que nenhuma disciplinasse especificamente a questão *sub judice*. E defendia que o regime de proteção da paisagem impõe às atividades privadas obrigações que não são, necessariamente, obrigações *non aedificandi* (impossibilidades absolutas de construir), donde o tribunal nacional concluía que as atividades de edificação, mesmo quando comportem um aumento de volume, não lesam, sistematicamente e em qualquer caso, os valores protegidos pela regulamentação em causa. Com efeito, poderia acontecer que, após uma avaliação concreta, a proteção da paisagem se revelasse compatível com a manutenção da obra.

Por conseguinte, o órgão jurisdicional de reenvio interrogava-se sobre a questão de saber se, ao excluir, com base numa presunção, que determinada categoria de obras possam ser objeto de apreciação quanto à sua compatibilidade com a proteção da paisagem, e ao submetê-las à sanção de demolição, a legislação italiana constituiria uma violação injustificada e desproporcionada do direito de propriedade garantido pelo artigo 17.º da CDFUE, caso este fosse interpretado no sentido de que os limites ao direito de propriedade estão sujeitos à verificação da existência efetiva, e não meramente abstrata, de um interesse contrário. O órgão jurisdicional de reenvio solicitou igualmente a interpretação do princípio da proporcionalidade neste contexto – enquanto princípio geral do direito da União que serve de critério para o balanceamento de bens e interesses juridicamente protegidos.

O raciocínio do juiz nacional estava, portanto, em conformidade com o espírito do artigo 51.º da CDFUE, segundo o qual, para que se possa invocar o padrão de jusfundamentalidade europeu, basta que a medida adotada pelas autoridades europeias ou nacionais seja integrável no âmbito de aplicação do direito da União, que é definido pelas suas competências (artigos 2.º a 6.º do TFUE densificados por específicas disposições do Tratado). Ora, se a proteção da paisagem integra a proteção do ambiente – que manifestamente corresponde a uma competência europeia –, então a situação *sub judice* seria

---

[129] Por exemplo, o artigo 2.º, n.º 3, alínea *a*, da Convenção sobre o acesso à informação, participação do público no processo de tomada de decisão e acesso à justiça em matéria de ambiente, aprovada pela Decisão 2005/370, de 17 de fevereiro de 2005 (Convenção de Aarhus); o Regulamento (CE) n.º 1367/2006, de 6 de setembro de 2006, relativo à aplicação das disposições da Convenção de Aarhus; o artigo 2.º, ponto 1, alínea *a*, da Diretiva 2003/4/CE, de 28 de janeiro de 2003, relativa ao acesso do público às informações sobre ambiente e que revoga a diretiva 90/313; os artigos 1.º e 3.º da Diretiva 2011/92/UE, de 13 de dezembro de 2011, relativa à avaliação dos efeitos de determinados projetos públicos e privados no ambiente.

DIREITO DA UNIÃO EUROPEIA – ELEMENTOS DE DIREITO E POLÍTICAS DA UNIÃO

enquadrável no âmbito de aplicação do direito da União. Daí a necessidade de um reenvio prejudicial para definir o padrão de jusfundamentalidade aplicável à situação concreta num contexto de interconstitucionalidade[130]. Diante do exposto, é difícil negar a existência de uma dúvida interpretativa razoável que releva para a efetiva solução do litígio – o que corresponde ao único "pressuposto" do reenvio prejudicial. E desde que exista uma conexão com o direito da União Europeia, o TJUE não se pode recusar a responder ao juiz nacional[131]. Mas era precisamente aí onde residia o busílis.

Todos os interessados que apresentaram observações escritas concluíram pela incompetência do TJUE para responder à questão prejudicial, em razão da falta de um elemento de ligação suficiente com o direito da União. Neste sentido, a Comissão alegava que, mesmo admitindo que a regulamentação nacional em causa no processo principal estivesse abrangida pelo âmbito de aplicação do direito da União através da referência feita ao artigo 191.º do TFUE, o TJUE já teria precisado, no Acórdão *ERG*, de 2010, que, sendo o artigo 191.º dirigido à ação da União, não poderia ser invocado, enquanto tal, pelos particulares, para afastar a aplicação de uma regulamentação nacional que intervém num domínio incluído na política ambiental, quando não seja aplicável uma regulamentação da União adotada com base no artigo 192.º do TFUE e que regule especificamente a situação em causa[132].

Ocorre que no referido Acórdão *ERG* o tribunal de reenvio pretendia saber, no essencial, se o princípio do poluidor-pagador, como consagrado no artigo 191.º, n.º 2, do TFUE, e as disposições da Diretiva 2004/35/CE, de 21 de abril de 2004 (que o concretizam em matéria de responsabilidade

---

[130] De resto, o raciocínio do juiz nacional não se distanciava substancialmente da solução adotada pelo TJUE no Acórdão *Michaniki*, de 16 de dezembro de 2008, proc. C-213/07, quando o Tribunal, interpretando disposições europeias que concretizavam as competências da União no domínio da contratação pública (eis a diferença), se opôs a uma disposição constitucional grega que ia além do necessário ao excluir toda uma categoria de empreiteiros com base na presunção iniludível de que o seu envolvimento com a comunicação social seria suscetível de alterar a concorrência em prejuízo dos demais concorrentes. O TJUE entendeu que o carácter automático e absoluto da proibição (que atingia todo e qualquer empreiteiro) não se coadunava com a proporcionalidade – e por isso o direito da União se opunha à norma constitucional grega. No Acórdão *Michaniki* o TJUE não referiu disposições da CDFUE – que ainda não gozava de força juridicamente vinculativa –, mas a liberdade de empresa (liberdade de exercício de uma atividade económica e comercial), prevista atualmente no artigo 16.º da CDFUE, poderia perfeitamente oferecer sustentação à decisão *Michaniki*.
[131] Cf. Acórdãos *Cartesio*, *cit.*; e *Elchinov*, de 5 de outubro de 2010, proc. C-173/09.
[132] Cf. Acórdãos *Siragusa*, *cit.*, considerando 18; e *ERG*, de 9 de março de 2010, proc. C-378/08, considerando 46.

CIDADANIA EUROPEIA E DIREITOS FUNDAMENTAIS

ambiental), se opunham a uma regulamentação nacional que permite à autoridade competente impor aos concessionários, devido à proximidade das suas instalações com uma zona poluída, medidas de reparação de danos ambientais, sem averiguar previamente qual o facto que está na origem da poluição e sem demonstrar o nexo de causalidade entre os referidos danos e os concessionários e a existência de dolo ou negligência destes. Por isso o referido pronunciamento no Acórdão *ERG*, invocado (pouco compreensivelmente, diga-se) pela Comissão no Acórdão *Siragusa*, diz respeito à dúvida de aplicação *ratione temporis* da Diretiva 2004/35/CE aos factos do litígio no processo principal, na medida em que as disposições relativas ao regime de responsabilidade ambiental instituído por tal diretiva não abrangem os danos causados antes do termo do prazo de transposição – e o dano ambiental em causa era anterior a esta data e/ou, em qualquer caso, resultava de atividades concluídas antes da referida data –, razão pela qual o TJUE entendeu que a situação em *ERG* seria abrangida pelo direito nacional, "respeitadas as disposições do Tratado e sem prejuízo da aplicação de outros atos de direito derivado"[133].

De qualquer forma, e tendo em conta que o processo principal em *Siragusa* dizia respeito a uma decisão de injunção que ordenava a demolição de obras realizadas em violação de uma lei relativa à proteção do património cultural e da paisagem, o TJUE reconheceu que um processo dessa natureza tinha sim "um nexo de ligação com o direito da União em matéria de ambiente, uma vez que a proteção da paisagem, visada pela lei nacional em causa, faz parte da proteção do ambiente"[134]. Todavia, o reconhecido nexo de ligação com o direito da União parece não bastar, pois o "Tribunal de Justiça tem concluído pela inaplicabilidade dos direitos fundamentais da União a uma regulamentação nacional em razão de as disposições da União no domínio em causa não imporem aos Estados-Membros qualquer obrigação relativamente à situação do processo principal"[135]. E como sustentaram os interessados que apresentaram observações, nem as disposições do TUE e do TFUE referidas pelo órgão jurisdicional de reenvio, nem a regulamentação relativa à Convenção de Aarhus, nem as Diretivas 2003/4/CE e 2011/92/UE,

---

[133] Cf. Acórdão *ERG*, *cit.*, considerando 70.
[134] Cf. Acórdão *Siragusa*, *cit.*, considerando 23.
[135] Cf. Acórdãos *Siragusa*, *cit.*, considerando 26; e *Maurin*, de 13 de junho de 1996, proc. C-144/95, considerandos 11 e 12.

DIREITO DA UNIÃO EUROPEIA – ELEMENTOS DE DIREITO E POLÍTICAS DA UNIÃO

"impõem aos Estados-Membros obrigações específicas destinadas a proteger a paisagem, como faz o direito italiano"[136].

Ademais, na perspetiva do TJUE, os objetivos dessas regulamentações europeias e a legislação italiana em causa não são os mesmos, embora a paisagem constitua um dos elementos tidos em consideração para avaliar o impacto de um projeto no ambiente, em conformidade com a Diretiva 2011/92/UE, e faça parte dos elementos tidos em consideração nas informações sobre ambiente mencionadas na Convenção de Aarhus, no Regulamento (CE) n.º 1367/2006 e na Diretiva 2003/4/CE[137]. No entendimento do TJUE, para determinar se uma regulamentação nacional pertence ao domínio de aplicação do direito da União na aceção do artigo 51.º da Carta, importa verificar, entre outros elementos, 1) se tem por objetivo aplicar uma disposição do direito da União, 2) se prossegue objetivos diferentes dos abrangidos pelo direito da União, ainda que seja suscetível de o afetar indiretamente, bem como 3) se existe uma regulamentação de direito da União específica na matéria ou suscetível de o afetar[138]. E recorda, finalmente, o TJUE, que o conceito de "aplicação do direito da União", na aceção do artigo 51.º da CDFUE, "impõe a existência de um nexo de ligação de um certo grau, que ultrapassa a mera proximidade das matérias em causa ou as incidências indiretas de uma matéria na outra"[139].

Assim, constatou o TJUE, nenhum elemento permitia concluir que as disposições nacionais aplicáveis no processo principal se situavam no âmbito de aplicação do direito da União. Com efeito, essas disposições não constituíam a aplicação de normas do direito da União, o que distinguia o processo principal em causa do processo principal que deu origem ao Acórdão *Križan* referido pelo órgão jurisdicional de reenvio[140]. Por conseguinte, a competência do TJUE para interpretar o artigo 17.º da Carta não foi demonstrada[141]. E

---

[136] Cf. Acórdão *Siragusa, cit.*, considerando 27.

[137] Cf. Acórdão *Siragusa, cit.*, considerando 28.

[138] Cf. Acórdãos *Siragusa, cit.*, considerando 25; *Annibaldi*, de 18 de dezembro de 1997, proc. C-309/96, considerandos 21 a 23; *Yoshikazu Iida, cit.*, considerando 79; e *Ymeraga, cit.*, considerando 41. No referido Acórdão *Annibaldi*, considerando 22, o TJUE declarou que a circunstância de uma lei nacional ser suscetível de afetar indiretamente o funcionamento de uma organização comum de mercados agrícolas não pode constituir um nexo de ligação suficiente.

[139] Cf. Acórdãos *Siragusa, cit.*, considerando 24; e *Kremzow*, de 29 de maio de 1997, proc. C-299/95, considerando 16.

[140] Cf. Acórdãos *Siragusa, cit.*, considerando 30; e *Križan* de 15 de janeiro de 2013, proc. C-416/10.

[141] Cf. Acórdãos *Siragusa, cit.*, considerando 33; *Omalet*, de 22 de dezembro de 2010, proc. C-245/09, considerando 18; e despachos *Chartry*, de 1 de março de 2011, proc. C-457/09, considerandos 25 e

CIDADANIA EUROPEIA E DIREITOS FUNDAMENTAIS

uma vez que na perspetiva do TJUE o órgão jurisdicional de reenvio não fez prova, através da demonstração da existência de um nexo suficiente, de que a legislação nacional se encontrava abrangida pelo âmbito do direito da União ou aplicava tal direito, a competência do TJUE para interpretar o princípio da proporcionalidade no caso vertente também não estava demonstrada[142].

Deste Acórdão *Siragusa* parece resultar, portanto, que a aplicabilidade dos direitos fundamentais da União pelos Estados-Membros depende não só do nexo de ligação com o direito da União definido pelas suas competências, mas também que as disposições da União no domínio em causa imponham aos Estados-Membros uma obrigação relativamente à situação do processo principal. Mais: importa aferir se a disposição nacional contestada prossegue objetivos diferentes dos abrangidos pelo direito da União, ainda que seja suscetível de o afetar indiretamente, pois se os objetivos não forem os mesmos, as disposições nacionais não integrariam o âmbito de aplicação do direito da União. E também se fica a saber que tem de haver um nexo de ligação "de um certo grau" – que não se define ao certo qual seria.

Urge, portanto, deslindar, se e em que medida o Acórdão *Siragusa* contribui para a definição do âmbito de aplicação da CDFUE relativamente à atuação dos Estados-Membros. Ora, não é facilmente compreensível que o TJUE admita que a proteção da paisagem integra a proteção do ambiente – ou seja, uma competência europeia – para seguidamente afirmar que tal nexo não basta porque o direito da União não impõe aos Estados-Membros qualquer obrigação relativamente à situação do processo principal. Isto porque a União Europeia tem a responsabilidade de garantir a proteção dos direitos fundamentais na sua esfera de competências – mesmo as não exercidas, sob pena de se comprometer o primado, efetividade e unidade do direito da União. De resto, como explicámos *supra*, o TJUE já decidiu que uma norma de habilitação permite a integração de uma regulamentação nacional no âmbito de aplicação do direito da União[143]. É assim porque a proteção dos direitos fundamentais não pode depender das vicissitudes da legislação e dos *timings* políticos. Ou seja, se o legislador europeu não exerceu as competências que a ordem jurídica europeia lhe atribui, os particulares não podem

---

26; *Corpul Naţional al Poliţiştilor*, de 10 de maio de 2012, proc. C-134/12, considerando 15; *Pedone*, de 7 de fevereiro de 2013, proc. C-498/12, considerando 15; e *SC Schuster & Co Ecologic*, de 7 de novembro de 2013, proc. C-371/13, considerando 18.

[142] Cf. Acórdão *Siragusa*, *cit.*, considerando 35.
[143] Cf. Acórdão *Saldanha*, *cit.*, considerando 23.

por isso ver diminuída a proteção jusfundamental que o direito primário da União lhes assegura.

Ademais, o direito da União impõe *sempre* obrigações aos Estados-Membros – quanto mais não seja aquela de garantir a sua efetividade –, pois são as autoridades nacionais que zelam, em primeira linha, pela sua correta aplicação. A jurisprudência *Maurin* referida pelo TJUE para sustentar a sua decisão sobre a suposta necessidade de uma obrigação dos Estados-Membros relativamente à situação no processo principal, é anterior à entrada em vigor da CDFUE e ignora, olimpicamente, a evolução registada desde então. Além disso, não são propriamente raras as situações em que o direito nacional interfere/interage com o direito da União (e por isso deve respeito aos direitos fundamentais tal como a União os consagra) nas quais as normas europeias e nacionais em causa não prosseguem idênticos objetivos.

Não há, pois, como afirmar que uma matéria recai «só um pouquinho» no âmbito de aplicação do direito da União – ou que há apenas uma «ligaçãozinha» com tal direito. Ou recai ou não recai – não há meio termo. Caso contrário está a impor-se aos tribunais nacionais um exercício de adivinhação incompatível com uma União que se pretende de direito. É possível que a intenção do TJUE com este Acórdão *Siragusa* fosse a de estancar o ritmo de reenvios prejudiciais em matéria de direitos fundamentais de modo a mantê-lo dentro de padrões suportáveis. É possível também que o TJUE tenha aproveitado a oportunidade (diante de um nexo menos evidente com o direito da União e na ausência de um ato jurídico europeu que concretize uma competência europeia) para prestar reverência aos tribunais constitucionais dos Estados-Membros – sobretudo na sequência da disponibilidade do Tribunal Constitucional alemão (*BVerfG*) que procedeu recentemente ao seu primeiro reenvio prejudicial[144].

De qualquer forma, o resultado pode fragilizar o diálogo do TJUE com juízes nacionais empenhados na tutela jurisdicional efetiva dos direitos decorrentes da ordem jurídica europeia – e na lógica de interconstitucionalidade em que ela se baseia –, aos quais se deve o espetacular desenvolvimento da integração jurídica de que hoje beneficiamos. Se o juiz nacional pediu o apoio interpretativo do TJUE é porque dele precisava para ultrapassar os obstáculos impostos pelos cânones tradicionais do direito nacional à

---

[144] Cf. proc. C-62/14 (reenvio prejudicial de 10 de fevereiro de 2014) e ainda Federal Constitutional Court (Press office), press release n.º 9/2014 (7 February 2014), *http://www.bundesverfassungsgericht.de/en/press/bvg14-009en.html.*

CIDADANIA EUROPEIA E DIREITOS FUNDAMENTAIS

correta aplicação do direito da União. E se os juízes tiverem de andar a testar critérios de utilidade (porventura) duvidosa, desistirão justificadamente a meio do caminho, comprometendo a desejável prossecução do *standard* de proteção mais elevado que decorre do direito da União – tanto para o caso concreto como para todos aqueles que dele se possam valer, por força do precedente vinculativo das decisões do TJUE.

Do Acórdão *Siragusa* deriva, como vimos, que as dissonâncias na proteção dos direitos fundamentais nos distintos Estados-Membros podem comprometer a igualdade jurídica dos cidadãos europeus – e, em última análise, a própria sobrevivência da União de direito. É esta a ideia que determina, a partir do mote da efetividade do direito da União, a posição do TJUE sobre o âmbito de aplicação da CDFUE. Em acórdãos em que a efetividade do direito da União parecia ameaçada – como seria o caso de *Fransson*[145] e Römer[146] – o TJUE não teve dúvidas em reconhecer um *link* aparentemente improvável com o direito da União e o padrão de jusfundamentalidade que daí decorre. Contudo, noutros casos, como *Siragusa*[147], o TJUE parece empenhado em restringir a sua própria competência jurisdicional em matéria de direitos fundamentais. E assim o foi, porventura, porque o TJUE não ignora que o exercício das competências num sistema federativo/multinível como o da União Europeia é conformado pelo princípio da lealdade europeia (artigo 4.º, n.º 3, do TUE). E este princípio opera (inclusivamente) como um limite ao exercício de competências constitucionalmente atribuídas – e à discricionariedade que lhe corresponde – sempre que tal exercício comprometa os interesses do conjunto em detrimento dos objetivos constitucionalmente acordados.

6. À guisa de conclusão: cidadania europeia e o "ponto de Arquimedes"

Num texto publicado em 2012, Cunha Rodrigues sugere que o papel que os juristas deveriam protagonizar num momento de crise – e que os políticos deveriam adotar utilizando ferramentas jurídicas – "é de interrogar os decisores europeus sobre se, depois da Carta dos Direitos Fundamentais da União Europeia, é legítimo e possível regressar ao tempo das liberdades económicas"[148]. E lança um desafio aos próprios tribunais: "Continuarão as jurisdições, em particular as da União Europeia, a aceitar o mandato do

---

[145] Cf. Acórdão (TJUE) *Fransson*, de 26 de fevereiro de 2013, proc. C-617/10.
[146] Cf. Acórdão (TJUE) *Römer*, de 10 de maio de 2011, proc. C-147/08.
[147] Cf. Acórdão *Siragusa*, *cit.*
[148] Cf. CUNHA RODRIGUES, "Sobre a abundância de direitos em tempo de crise", *cit.*, p. 24.

legislador de integrarem, com sentido de progresso, um direito pouco entretecido, por insuficiência de consenso ou por confiança na via pretoriana? Ou serão sensíveis ao ar do tempo, fazendo reverter o sentido da jurisprudência, nomeadamente por meio de cláusulas de emergência ou da suspensão do princípio de não retrocesso social, de resto afirmado, em algumas latitudes, quando já pairavam no ar nuvens ameaçadoras?"[149].

A partir deste mote, importa questionar se e em que medida seria admissível, no atual estádio de integração europeia, retroceder ao momento anterior àquele que reconhecemos, no início deste capítulo, como o "ponto de não retorno" em matéria de cidadania e direitos fundamentais. Alguns sinais da jurisprudência do TJUE, inclusivamente no domínio da liberdade de circulação e de permanência prevista no artigo 45.º da CDFUE[150], sugerem que o Tribunal parece andar à procura de outro ponto – o "ponto de Arquimedes" –, no qual se possa apoiar e voltar a alavancar a integração, localizado porventura (e nem de propósito) num ponto equidistante entre o aprofundamento e a subsidiariedade...

No recente Acórdão *Dano*, de 2014[151], o TJUE parece recuar quanto à sua jurisprudência em matéria de conceção de prestações sociais de carácter não contributivo aos cidadãos economicamente inativos (de que demos conta no ponto 2 deste capítulo). O litígio opõe E. Dano (de 25 anos) e o seu filho Florin (de 5 anos) às autoridades alemãs em função da recusa de lhes conceder prestações do seguro de base para candidatos a emprego, além da participação nas despesas de alojamento e de aquecimento, previstas na legislação alemã. Ambos têm nacionalidade romena (apesar de Florin ter nascido na Alemanha) e vivem, desde a sua chegada a Leipzig, no apartamento de uma irmã de E. Dano que lhes providencia alimentação. A mãe já recebe, pelo seu filho, cujo pai é desconhecido, prestações por filho a cargo, no valor de 184 euros mensais e um adiantamento sobre a pensão de alimentos no valor de 133 euros por mês. No acórdão é referido que E. Dano frequentou a escola por apenas três anos na Roménia, não possui qualificações profissionais e nunca exerceu qualquer profissão na Alemanha ou na Roménia. Ainda que a

---

[149] Cf. CUNHA RODRIGUES, "Sobre a abundância de direitos em tempo de crise", *cit.*, p. 22.
[150] Sobre o tema, cf. CUNHA RODRIGUES, "Comentário ao artigo 45.º da CDFUE", *cit.*
[151] Cf. Acórdão (TJUE) *Dano*, de 11 de novembro de 2014, proc. C-333/13. Sobre o tema, cf. HERWIG VERSCHUEREN, "Preventing 'benefit tourism' in the EU: A narrow or broad interpretation of the possibilities offered by the ECJ in Dano?", in *Common Market Law Review*, vol. 52, 2015.

CIDADANIA EUROPEIA E DIREITOS FUNDAMENTAIS

sua capacidade para trabalhar nunca tenha sido contestada, nada indicia que tenha procurado um emprego.

Apesar de ter sido atribuída em tempos à E. Dano uma declaração de residência de duração ilimitada – que a economia do acórdão parece ignorar –, o tribunal do reenvio considerava que o processo principal dizia respeito a pessoas que não podem reclamar um direito de residência no Estado de acolhimento nos termos da Diretiva 2004/38/CE. O TJUE afinou pelo mesmo diapasão e decidiu que um cidadão da União, no que respeita ao acesso a prestações sociais, só pode reclamar uma igualdade de tratamento com os nacionais do Estado-Membro de acolhimento se a sua residência respeitar as condições do artigo 7.º da Diretiva 2004/38/CE – quais sejam, exigência de recursos suficientes e um seguro de saúde[152] –, cujo objetivo seria evitar que o cidadão inativo se torne uma sobrecarga não razoável para o regime de segurança social do Estado-Membro de acolhimento[153], ou impedir que utilize o sistema de proteção social desse Estado para financiar a sua subsistência[154]. Admitir o contrário, entendeu o TJUE, iria contra os objetivos da Diretiva[155].

Assim, na leitura (restritiva) feita pelo TJUE das disposições a interpretar, "a eventual existência de uma desigualdade de tratamento entre os cidadãos da União que tenham feito uso do seu direito de livre circulação e de residência e os cidadãos do Estado-Membro de acolhimento a respeito da atribuição de prestações sociais é uma *consequência inevitável* da Diretiva 2004/38"[156] (itálico nosso). E ainda lembrou que, relativamente à condição de dispor de recursos suficientes, a referida Diretiva distingue entre, por um lado, as pessoas que exercem uma atividade profissional e, por outro, as que não a exercem – sendo que as primeiras dispõem do direito de residência sem ter de preencher qualquer condição e as segundas têm de satisfazer a condição de dispor de recursos *próprios* suficientes nos termos do artigo 7.º, n.º 1, alínea *b)*[157].

Por conseguinte, os Estados-Membros devem ter a possibilidade de, em aplicação do referido artigo 7.º da Diretiva 2004/38/CE, "recusar a con-

---

[152] Cf. Acórdão *Dano, cit.*, considerando 69.
[153] Cf. Acórdão *Dano, cit.*, considerando 71.
[154] Cf. Acórdão *Dano, cit.*, considerando 76.
[155] Cf. Acórdão *Dano, cit.*, considerando 74.
[156] Cf. Acórdão *Dano, cit.*, considerando 77.
[157] Cf. Acórdão *Dano, cit.*, considerando 75.

cessão de prestações sociais a cidadãos da União economicamente inativos que exerçam a sua liberdade de circulação com o único objetivo de obter o benefício do apoio social de outro Estado-Membro, apesar de não disporem de recursos suficientes para acederem ao benefício de um direito de residência"[158]. Privar o Estado-Membro em causa desta possibilidade teria como consequência "que uma pessoa que, aquando da sua chegada ao território de outro Estado-Membro, não dispusesse de recursos suficientes para suprir às suas necessidades, obtê-los-ia automaticamente pela concessão de uma prestação pecuniária especial de carácter não contributivo, cujo objetivo é assegurar a subsistência do beneficiário"[159].

Com efeito, o TJUE tinha pouca margem de manobra interpretativa e não podia ignorar as condições previstas no artigo 7.º da Diretiva 2004/38/ /CE. Apesar de a narrativa do "turismo social" ser contestada pelas estatísticas divulgadas pela Comissão Europeia[160], o TJUE dificilmente conseguiria contornar a resistência dos Estados-Membros refletida na disposição normativa – a ponto de assumir a desigualdade de tratamento como uma "consequência inevitável" da Diretiva. Mas o que impressiona é o aparente recuo do TJUE quanto à jurisprudência referida no ponto 2 deste capítulo, parecendo admitir que só os indivíduos dinâmicos (e economicamente ativos) seriam cidadãos europeus plenos – isto é, capazes de beneficiar dos seus direitos fundamentais e de prestações sociais, se for o caso. A insuficiência de recursos financeiros admitida em termos manifestamente literais remete-nos à inquietação do órgão jurisdicional do reenvio no processo *Trojani*[161]. Neste processo, o juiz nacional pergunta ao TJUE se a exigência de recursos suficientes, aplicada à entrada do país de acolhimento, não privaria o requerente do próprio conteúdo do direito de permanência, na medida em

---

[158] Cf. Acórdão *Dano*, *cit.*, considerando 78.
[159] Cf. Acórdão *Dano*, *cit.*, considerando 79.
[160] Ver o relatório de 14 de outubro de 2013 apresentado à Comissão Europeia (DG Employment, Social Affairs and Inclusion via DG Justice Framework Contract) pela ICF GHK em associação com Milieu Ltd., intitulado *A fact finding analysis on the impact on the Member States' social security systems of the entitlements of non-active intra-EU migrants to special non-contributory cash benefits and healthcare granted on the basis of residence*, em cujo sumário se lê: "it can be concluded that the share of non-active intra-EU migrants is very small, they account for a similarly limited share of SNCB recipients and the budgetary impact of such claims on national welfare budgets is very low. The same is true for costs associated with the take-up of healthcare by this group. Employment remains the key driver for intra-EU migration and activity rates among such migrants have indeed increased over the last 7 years".
[161] Cf. Acórdão *Trojani*, *cit.*, considerando 12, parte final.

CIDADANIA EUROPEIA E DIREITOS FUNDAMENTAIS

que o esvaziaria da sua própria essência (uma liberdade à qual é atualmente reconhecido carácter jusfundamental, recorde-se – artigo 45.º da CDFUE).

Ora, em *Trojani*, o TJUE foi confrontado com a questão de saber se os cidadãos europeus economicamente inativos gozariam de um direito de residência com fundamento no artigo 21.º, n.º 1, do TFUE. Como vimos, decidiu que, embora os Estados-Membros possam condicionar a residência de um cidadão economicamente não ativo à posse de recursos suficientes, se o cidadão estiver a residir legalmente (o que se comprovava pelo cartão de residência que a administração autárquica de Bruxelas havia emitido, em tempos, a favor de Michel Trojani) então ele estava protegido pelo princípio fundamental à igualdade de tratamento (artigo 18.º do TFUE) e não lhe podiam ser negadas prestações de assistência social. Ademais, no já citado Acórdão *Comissão contra Bélgica*, de 2006, o TJUE declarou o incumprimento daquele Estado-Membro por sujeitar o direito de residência dos cidadãos da União Europeia à condição de disporem de recursos suficientes *próprios*, pois o direito da União não exige, de forma alguma, que um cidadão europeu disponha *pessoalmente* de recursos suficientes para si e para os membros da sua família. O TJUE aderiu ao argumento da irrelevância da proveniência dos recursos suficientes e acrescentou que a sua perda é sempre um risco latente, quer estes sejam próprios quer provenham de uma terceira pessoa[162].

Todavia, em *Dano*, o TJUE parece subvalorizar dois elementos que constam da exposição dos factos e que foram determinantes nos referidos Acórdãos *Trojani* e *Comissão contra Bélgica*: 1) que havia sido atribuída em tempos à E. Dano uma declaração de residência de duração ilimitada, e 2) que E. Dano e o filho viviam, desde a sua chegada a Leipzig, no apartamento de uma irmã de E. Dano que também lhes providenciava alimentação. O certo é que os tempos eram outros em *Trojani* e *Comissão contra Bélgica* – e não revelavam tantas hostilidades e ressentimentos. Tempos em que o consenso era relativamente fácil – era "pão na mesa e trabalho"[163]. As tradições constitucionais comuns aos Estados-Membros ainda se orientavam pela teoria do núcleo essencial dos direitos fundamentais, assim como pela aparentemente finada proibição de retrocesso social. E o TJUE entendia que as condições e limitações ao exercício da liberdade de circulação e permanência definidas pelo legislador da União Europeia estavam elas próprias condicionadas

---

[162] Cf. Acórdão *Comissão das Comunidades Europeias contra Reino da Bélgica*, cit., considerando 47.

[163] A expressão é referida por Adriano Moreira. Cf. ADRIANO MOREIRA (com VÍTOR GONÇALVES), *Este é o Tempo*, Clube do Autor, Lisboa, 2014.

pelos princípios gerais do direito da União – *maxime* pelos direitos fundamentais e pela proporcionalidade[164].

Como sabemos, a dinâmica da integração depende, em larga medida, da jurisprudência do TJUE – mas esta depende, por sua vez, das dinâmicas político-económicas de cada momento histórico. O TJUE, nas vestes de tribunal constitucional, tem feito "política por linhas de direito"[165]. Boa ou má política – isto apenas o distanciamento temporal será capaz de aferir. Mas em qualquer caso, sempre a política ao serviço do processo de integração. Não há como ser diferente porque as instituições europeias são compelidas a prosseguir "uma união cada vez mais estreita entre os povos da Europa", por força do artigo 1.º do TUE – e ao TJUE compete oferecer sustentação ao modelo jurídico da integração. Neste pressuposto é compreensível que o interesse do requerente no processo principal nem sempre resulte acolhido via interpretação prejudicial, cedendo espaço ao interesse geral da sobrevivência sistémica da ordem jurídica europeia. Ou seja, o interesse do requerente (quanto ao exercício da liberdade de permanência) há de ser compatibilizado com o interesse geral da integração (e mais concretamente com os interesses legítimos dos Estados-Membros e a sensibilidade das suas opiniões públicas). Não seria também essa uma das dimensões reivindicadas quando se reclama da existência de um défice democrático europeu?

---

[164] Cf. Acórdão (TJUE) *Baumbast*, de 17 de setembro de 2002, proc. C-413/99, considerando 91.
[165] A expressão é de GOMES CANOTILHO, referindo-se à jurisprudência do Tribunal Constitucional português – cf. *Tribunal Constitucional. Jurisprudências. Políticas públicas*, Conferência comemorativa do XX aniversário do Tribunal Constitucional, Lisboa, 2003 (policopiado).

Capítulo II
Administração Pública

SOPHIE PEREZ FERNANDES

1. Considerações introdutórias

O estudo das matérias de natureza administrativa – do direito administrativo, da função administrativa e das modalidades do seu exercício, das estruturas administrativas, do contencioso administrativo – não pode ser perspetivado ao nível da União Europeia da mesma forma que o é ao nível do Estado e, em particular, dos respetivos Estados-Membros. Independentemente da posição adotada relativamente à sua natureza jurídica, o certo é que a não estadualidade da União Europeia, que tem influência determinante nos mais variados domínios da sua atuação, impede, no que ora importa, uma visão clássica sobre a separação de poderes e, assim, uma visão tradicional do direito administrativo.

A proclamação do princípio da separação dos poderes, e a consequente separação entre Administração e Justiça, reforma estruturante vitoriosa das revoluções liberais, marcou o ponto de não retorno para o nascimento e o desenvolvimento do direito administrativo *moderno*. Ora, é público e notório que a União Europeia não reproduz este modelo político-constitucional de organização do poder público, não só no que se refere à separação horizontal dos poderes no âmbito da estrutura institucional da União, mas também no

DIREITO DA UNIÃO EUROPEIA – ELEMENTOS DE DIREITO E POLÍTICAS DA UNIÃO

que se refere à separação vertical dos poderes entre a União e os Estados-
-Membros. É, pois, natural que o estudo do direito administrativo da União
Europeia, objeto do presente capítulo, obedeça a uma abordagem distinta[1].

Ainda é recente, aliás, a conceção isolacionista do direito administrativo,
no sentido de este ser um produto ou enclave privativo do Estado[2], e a consequente negação da própria existência de um direito administrativo europeu/
/comunitário/da União[3]. A predileção pelas vestes do direito administrativo
está, contudo, presente desde os primórdios do, então, direito comunitário.
Desde o seu nascimento, o direito comunitário almejou sempre a efetiva
alteração da realidade (essencialmente económica). Esta "dimensão dinâmica" ou "vocação aplicativa permanente" do direito comunitário e, depois,
do direito da União Europeia justificam que este assumisse as vestes de um
direito eminentemente administrativo, ao ponto de poder afirmar-se que, se
o "direito da União Europeia teve por mãe a necessidade de reconciliação

---

[1] Sobre direito administrativo da União Europeia tem sido publicada vasta bibliografia, nacional e europeia, de carácter geral; para além das referências que se seguirão ao longo do presente
capítulo, destacam-se, sem pretensão de exaustão, os seguintes títulos: AA.VV., *Derecho Administrativo Europeo en el Tratado de Lisboa*, Eva Nieto Garrido e Isaac Martín Delgado (dir.), Marcial
Pons, Madrid-Barcelona-Buenos Aires, 2010; AA.VV., *L'autorité de l'Union européenne*, Loïc Azoulai
e Laurence Burgorgue-Larsen (dir.), Bruylant, Bruxelas, 2006; AA.VV., *Manual de Derecho Administrativo Comunitario*, Luciano Parejo Alfonso, Tomás de la Quadra-Salcedo Fernández del Cas-
tillo, Ángel Manuel Moreno Molina e Antonio Estella de Noriega, Editorial Centro de Estudios
Ramón Areces, Madrid, 2000; AA.VV., *Trattato di Diritto Amministrativo Europeo. Parte Generale*,
Tomo I, 2.ª ed., MARIO P. CHITI E GUIDO GRECO, Giuffrè Editore, Milano, "2007; HERWIG C. H.
HOFMANN, GERARD C. ROWE e ALEXANDER H. TÜCK, *Administrative Law and Policy of the European
Union*, Oxford University Press, Oxford, 2011; MARIO CHITI, *Derecho Administrativo Europeo*, Civitas,
Madrid, 2002; SANTIAGO GONZÁLEZ-VARAS IBÁNEZ, *El Derecho Administrativo Europeo*, 3.ª ed., Insti-
tuto Andaluz de Administración Pública, Sevilha, 2003.

[2] Neste sentido, cf. GIACINTO DELLA CANANEA, "Sur le droit administratif europeén", in *Revue du
Droit Public*, n.º 3, 2008, p. 731; e LOURENÇO VILHENA DE FREITAS, *Os Contratos de Direito Público da
União Europeia no Quadro do Direito Administrativo Europeu. Volume I – Direito Administrativo da União
Europeia*, Coimbra Editora, Coimbra, 2012, pp. 22 e 23.

[3] Neste sentido, e apesar de reconhecer que "os autores dos Tratados comunitários originantes
e a jurisprudência utilizaram (na sua fundação) uma linguagem de direito administrativo", Luís
Filipe Colaço Antunes nega a existência de um "direito administrativo europeu" até às décadas
1980/1990: "quando muito, existia uma certa europeização dos direitos administrativos nacionais,
mas isso não é direito administrativo europeu ou não é todo o direito administrativo comunitário".
Só após a entrada em vigor do Tratado de Maastricht, considera o Autor, é possível conceber o
ordenamento jurídico comunitário como ordenamento jurídico geral e, assim, abordar a existência
de um direito administrativo comunitário – cf. LUÍS FILIPE COLAÇO ANTUNES, *O Direito Administrativo sem Estado. Crise ou Fim de um Paradigma?*, Coimbra Editora, Coimbra, 2008, pp. 48-62.

ADMINISTRAÇÃO PÚBLICA

europeia decorrente do fim da 2.ª Guerra Mundial", teve "por pai o próprio Direito Administrativo"[4].

O arranque do processo de construção europeia, com a criação da Comunidade Económica do Carvão e do Aço (CECA), ficou marcado por uma *"atmosfera administrativa"*[5]. A intenção dos pais fundadores, como resulta da leitura das Memórias de Jean Monnet, era a criação de um aparelho administrativo minimalista – a Alta Autoridade – com funções de organização e de coordenação da produção do carvão e do aço, a partir de então colocada em comum, e com poderes diretos sobre as empresas desses setores económicos para junto delas obter informações, tomar decisões que as afetassem e sancionar o incumprimento dessas decisões. Encontra-se na atuação da Alta Autoridade a especificidade da função administrativa: a Alta Autoridade tinha poderes para, seguindo determinados procedimentos, adotar regulamentos, tomar decisões, emitir autorizações, proceder a controlos, emitir ordens e até aplicar sanções às empresas nacionais e, por isso, a sua atuação estava sujeita ao controlo do TJUE. Sublinhe-se a intenção minimalista na criação desta estrutura administrativa, que contava, quanto ao resto, do apoio/«relais» das administrações públicas nacionais[6].

Em todo o caso, a Comunidade Europeia começou por ser (e continua a ser) em boa medida uma «*Comunidade de Direito Administrativo*», para retomar a sugestiva expressão de Jürgen Schwarze[7], inspirada da expressão constante do célebre acórdão *Os Verdes* – «*Comunidade de Direito*»[8]. As então Comunidades Europeias começaram por estar submetidas, no essencial, a regras de direito administrativo e, em especial, de direito administrativo económico. O paradigma administrativo que marcou a génese e o funcionamento da primeira das Comunidades foi-se, contudo, rapidamente constitucionalizando, especialmente após a criação da CEE pelo Tratado de Roma e com o contri-

---

[4] MIGUEL PRATA ROQUE, *Direito Processual Administrativo: a convergência dinâmica no Espaço Europeu de Justiça Administrativa*, Coimbra Editora, Coimbra, 2011, pp. 27-29.

[5] Expressão de CARL FRIEDRICH OPHÜLS, "Les Règlements et les Directives dans les Traités de Romes", in *Cahiers de Droit Européen*, n.º 3, 1966, p. 10.

[6] JEAN MONNET, *Mémoires*, Fayard, Paris, 1976, p. 436.

[7] JÜRGEN SCHWARZE, *Droit Administratif Européen*, 1.ª ed., Bruylant, Bruxelas, 1994, p. 8.

[8] Acórdão (TJUE) *Os Verdes*, de 23 de abril de 1986, proc. 294/83, considerando 23.

buto determinante da jurisprudência do TJUE[9], cedo empenhada na constitucionalização dos Tratados[10].

Mas nem por isso perdeu importância a componente administrativa do sistema comunitário. A progressiva ampliação das áreas de competência comunitária/europeia teve por efeito uma crescente complexificação da estrutura administrativa das Comunidades e, depois, da União, multiplicando-se, nos mais variados domínios de atuação e ao sabor das sucessivas revisões dos Tratados[11], esquemas de administração centralizada e partilhada, crescendo as atuações em coordenação com as administrações nacionais e crescendo o número de agências. Em termos institucionais, são também de destacar a criação, em 1989, do Tribunal de Primeira Instância (hoje, Tribunal Geral), atual motor de evolução do direito administrativo da União[12], e, em 1992, da figura do Provedor de Justiça Europeu, para lidar com queixas de má administração na atuação das instituições, órgãos e organismos da União.

Estas duas vertentes presentes desde os primórdios do processo de integração europeia – por um lado, a componente marcadamente administrativa que se vai progressivamente constitucionalizando e, por outro, a natureza intersistemática da função administrativa da União Europeia, assente na articulação entre o sistema jurídico próprio da União e os sistemas jurídico-administrativos dos Estados-Membros – faz com que, ainda hoje, o direito administrativo da União Europeia não conheça um nível de desenvolvimento e de sistematicidade equivalentes ao dos direitos administrativos nacionais: nem sempre é fácil, por um lado, delimitar o direito administrativo da União Europeia dos direitos administrativos nacionais – não é por acaso que Mario Chiti se refira ao direito administrativo como um "direito mestiço"[13]

---

[9] Neste sentido, cf. MARIA LUÍSA DUARTE, *Direito Administrativo da União Europeia*, Coimbra Editora, Coimbra, 2008, p. 22.

[10] Que conhece a sua fórmula emblemática no Acórdão *Os Verdes*, no qual o TJUE afirma que os Tratados constituem a «*carta constitucional de base*» da «*Comunidade de Direito*» que era a, então, CEE, vinculando não só as instituções comunitárias mas igualmente os Estados-Membros – cf. Acórdão *Os Verdes, cit.*, considerando 23.

[11] Para uma perspetiva histórica da evolução da administração da União Europeia à luz das sucessivas revisões dos tratados constitutivos até ao Tratado de Lisboa, cf. PAUL CRAIG, *EU Administrative Law*, 2.ª ed., Oxford University Press, Oxford, 2012, pp. 3-26.

[12] Neste sentido, cf. JÜRGEN SCHWARZE, *Droit Administratif Européen*, 2.ª ed., Bruylant, Bruxelas, 2009, p. I-13.

[13] MARIO CHITI, "Monismo o Dualismo in Diritto Amministrativo: Vero o Falso Dilemma?", in *Rivista Trimestrale di Diritto Amministrativo*, n.º 2, 2000, p. 305, *apud* VASCO PEREIRA DA SILVA, "Via-

ADMINISTRAÇÃO PÚBLICA

ou Vasco Pereira da Silva como «Direito Europeu concretizado»[14] –, para além de que, no próprio quadro do direito da União Europeia, também não é fácil delimitar o direito constitucional da União Europeia do direito administrativo da União Europeia[15] – não será por acaso que Fausto de Quadros prefira a expressão «Direito Constitucional e Administrativo da União Europeia» em alternativa à fórmula clássica «Direito Institucional da União Europeia»[16].

2. Terminologia

O presente capítulo focaliza a sua atenção no «direito administrativo da União Europeia». No estado atual de evolução do direito da União Europeia, atenta a «despilarização» do sistema jurídico da União operada pelo Tratado de Lisboa, seria incorreto o recurso à expressão «direito administrativo comunitário» – expressão que, ainda na era dos três pilares, se revelava redutora em razão da importante atividade administrativa subjacente às matérias dos, então, pilares intergovernamentais. Apesar disso, contudo, coexistem ainda na doutrina as referências ao *direito administrativo europeu*, ao *direito administrativo da União Europeia*, ao *direito administrativo das instituições europeias*, à *europeização do direito administrativo* e à emergência de um *Espaço Administrativo Europeu*. Atenta a multiplicidade de terminologias empregues pela

gem pela Europa das formas de actuação administrativa", in *Cadernos de Justiça Administrativa* (*CJA*), n.º 58, 2006, p. 62.

[14] Vasco Pereira da Silva, *O Contencioso Administrativo no Divã da Psicanálise – Ensaio sobre as Acções no Novo Processo Administrativo*, Almedina, Coimbra, 2005, p. 103, e "Viagem pela Europa das formas de actuação administrativa", *cit.*, p. 62. O Autor continua explicando que a expressão deve ser entendida num duplo sentido de "dependência administrativa do Direito europeu", que "só se pode realizar mediante o exercício da função administrativa, ficando dependente da actuação das administrações comunitárias e estaduais", e de "dependência europeia do Direito Administrativo", já que "este passa de estadual a transfronteiriço, no âmbito de uma lógica de pluralismo normativo, que implica a conjugação e aplicação de fontes comunitárias e nacionais, da mesma maneira como conduz a uma crescente convergência dos diferentes sistemas jurídicos nacionais".

[15] Assim, Lourenço Vilhena de Freitas, *Os Contratos de Direito Público da União Europeia no Quadro do Direito Administrativo Europeu. Volume I – Direito Administrativo da União Europeia, cit.*, p. 21.

[16] Cf. Fausto de Quadros, *Direito da União Europeia: Direito Constitucional e Administrativo da União Europeia*, 3.ª ed., Almedina, Coimbra, 2013; a 1.ª ed., de 2004, foi publicada com a mesma epígrafe, e a 2.ª ed., de 2008, da editora Bruylant (Bruxelas), foi intitulada *Droit de l'Union Européenne: Droit Constitutionnel et Administratif de l'Union Européenne*.

doutrina[17], importa precisar, ainda que brevemente, o sentido com o qual será aqui utilizada a expressão «direito administrativo da União Europeia».

2.1. Direito administrativo da União Europeia

Por valorizar o código binário que preside à aplicação do direito da União Europeia, será aqui seguida de perto a noção de «direito administrativo da União Europeia» apresentada por Maria Luísa Duarte[18]. Uma vez que as administrações públicas nacionais, autonomamente ou em cooperação com instituições, órgãos ou organismos da União Europeia, aplicam direito da União Europeia enquanto administração funcionalmente da União – o que, como referido *supra*, está inscrito no código genético do processo de integração europeia –, a noção pela qual o «direito administrativo da União Europeia» compreende o *conjunto de regras e princípios que regulam o exercício da função específica de execução administrativa das normas previstas nos Tratados fundamentais da União Europeia e nos atos adotados em sua aplicação assegurada pela administração da União e pelas entidades administrativas dos Estados-Membros* melhor reflete, em nossa opinião, o segmento normativo que se pretende aqui expor. O «direito administrativo da União Europeia» abrange, pois, um "conjunto coerente de regras e princípios funcionalmente associado ao processo de aplicação administrativa das normas [de direito da União Europeia]"[19].

Numa aceção mais restrita, o «direito administrativo da União Europeia» corresponde ao sistema de regras e princípios que regulam a execução administrativa das normas previstas nos Tratados e nos atos adotados em sua aplicação assegurada pelas instituições, órgãos e organismos da União Europeia – corresponde, pois, ao *direito administrativo das instituições europeias* ou «direito administrativo interno da União»[20]. Neste sentido, a ênfase é dada

---

[17] Cf. Fausto de Quadros, *Direito da União Europeia, cit.*, pp. 630-635; Maria Luísa Duarte, *Direito Administrativo da União Europeia, cit.*, pp. 13-17; e Miguel Prata Roque, *Direito Processual Administrativo: a Convergência Dinâmica no Espaço Europeu de Justiça Administrativa, cit.*, pp. 35-42; e doutrina aí mencionada.

[18] Cf. Maria Luísa Duarte, *Direito Administrativo da União Europeia, cit.*, p. 17. No mesmo sentido, cf. Rob Widdershoven, "European Administrative Law", *in* AA.VV., *Administrative Law of the European Union, its Member States and the United States. A Comparative Analysis*, René J. G. H. Seerden (ed.), 3ª ed., Intersentia, Cambridge, 2012, p. 246.

[19] Cf. Maria Luísa Duarte, *Direito Administrativo da União Europeia, cit.*, p. 30.

[20] Fausto de Quadros, *Direito da União Europeia, cit.*, p. 632. Segundo o Autor, C. A. Colliard terá, na década de 1960, utilizado, pela primeira vez, a expressão «direito administrativo europeu» neste sentido restrito, para "designar a organização interna das Comunidades Europeias" – cf. C. A. Col-

ADMINISTRAÇÃO PÚBLICA

ao direito administrativo próprio da administração organicamente europeia. À aplicação administrativa do direito da União Europeia ao nível da União não estão completamente alheios os Estados-Membros (e/ou pessoas coletivas públicas internas dos Estados-Membros, como estados federados, regiões e autarquias, ou ainda entidades representativas de determinados interesses, como interesses ambientais), que podem ser chamados a participar no procedimento concretamente em causa por exigência do próprio direito da União – o que Schmidt-Aßmann designa de *Direito Administrativo Cooperativo*[21]. Mesmo assim, esta aceção não faz jus, em nossa opinião, ao protagonismo dos Estados-Membros na aplicação (administrativa) do direito da União Europeia. Desde a génese da empresa europeia, o objetivo nunca foi centralizar nas instituições, órgãos e organismos que foram sendo progressivamente criados a totalidade das tarefas de decisão e atuação (administrativas) no exercício das competências atribuídas às Comunidades e, depois, à União. A análise do «direito administrativo da União Europeia» deve, por isso, compreender a dupla perspetiva do direito respeitante à aplicação administrativa do direito da União Europeia pelas instituições, órgãos e organismos da União Europeia e a nível interno dos Estados-Membros[22].

A opção pela expressão «direito administrativo da União Europeia» permite, também, excluir a dimensão comparatista inerente à aceção mais antiga da expressão *direito administrativo europeu*[23]. Neste sentido, a ênfase é dada ao estudo dos traços comuns e distintivos existentes entre os sistemas administrativos dos Estados-Membros da União Europeia[24] e à progressiva emergência de um *Espaço Administrativo Europeu*. Nesta aceção, o direito administrativo europeu corresponde, pois, ao de *direito administrativo comparado*. Pese embora a fundamental importância do método comparativo para a construção do direito da União Europeia, em geral, e do direito adminis-

---

LIARD, *Cours de Droit Administratif Européen*, Paris, 1967-68, p. 4, *apud* FAUSTO DE QUADROS, *Direito da União Europeia, cit.*, p. 30.

[21] Cf. FAUSTO DE QUADROS, *Direito da União Europeia, cit.*, pp. 634-635.

[22] Neste sentido também, cf. LOURENÇO VILHENA DE FREITAS, *Os Contratos de Direito Público da União Europeia no Quadro do Direito Administrativo Europeu. Volume I – Direito Administrativo da União Europeia, cit.*, pp. 20-21.

[23] Neste sentido, cf. MARIA LUÍSA DUARTE, *Direito Administrativo da União Europeia, cit.*, pp. 14-15.

[24] E, por vezes, "do conjunto global dos Estados-Membros do Conselho da Europa" – FAUSTO DE QUADROS, *Direito da União Europeia, cit.*, p. 632.

DIREITO DA UNIÃO EUROPEIA – ELEMENTOS DE DIREITO E POLÍTICAS DA UNIÃO

trativo da União Europeia[25], em particular, este humilde capítulo não é sede adequada para uma análise aprofundada e metódica de cada um dos sistemas jurídico-administrativos dos atuais 28 Estados-Membros da União Europeia ou, mais ainda, dos Estados-Membros do Conselho da Europa.

A este propósito, cabe referir que a presente escolha terminológica permite, ainda pela negativa, delimitar o «direito administrativo da União Europeia» do «direito administrativo europeu» que se reporte também às regras e princípios decorrentes de certos instrumentos de direito internacional de âmbito regional que coexistem no continente europeu e que obrigam os tribunais (administrativos) e as administrações dos Estados signatários, com natural destaque para o Conselho da Europa e a Convenção Europeia para a Proteção dos Direitos do Homem e das Liberdades Fundamentais de 1950. Se bem que os direitos fundamentais garantidos pela CEDH façam parte, "enquanto princípios gerais", do direito da União Europeia nos termos do artigo 6.º, n.º 3, do TUE, a verdade é que "as normas e princípios decorrentes da CEDH não vigoram, por si só – directamente –, na ordem jurídica da União Europeia, mas apenas através de uma norma expressa de reconhecimento que lhes concede a necessária extensão do respectivo âmbito de eficácia"[26]. Apesar da influência do sistema de proteção dos direitos fundamentais decorrente da CEDH sobre os sistemas administrativos nacionais dos Estados-Membros do Conselho da Europa (especialmente no sentido da respetiva convergência), o corpo normativo daí emergente corresponde, em bom rigor, a um *direito internacional administrativo* de âmbito regional europeu[27].

Deste modo, e retomando o fio condutor deixado entretanto suspenso, será aqui objeto de análise o «direito administrativo da União Europeia»

---

[25] Para o que se remete, entre outros estudos, para a obra de JÜRGEN SCHWARZE, *Droit Administratif Européen*, 2.ª ed., *cit.*, em especial pp. I-79 a I-108, bem como para os diversos contributos relevantes nas seguintes obras coletivas: AA.VV., *Administrative Law of the European Union, its Member States and the United States. A Comparative Analysis*, RENÉ J. G. H. SEERDEN (ed.), 3.ª ed., Intersentia, Cambridge, 2012; AA.VV., *Droit Administratif Européen*, Jean-Bernard Auby e Jacqueline Dutheil de la Rochère (dir.), Bruylant, Bruxelas, 2007; AA.VV., *L'État Actuel et les Perspectives du Droit Administratif Européen – Analyse de Droit Comparé*, Jürgen Schwarze (dir.), Bruylant, Bruxelas, 2010; AA.VV., *L'Exécution du Droit de l'Union, entre Mécanismes Communautaires et Droits Nationaux*, Jacqueline Dutheil de la Rochère (dir.), Bruylant, Bruxelas, 2009.

[26] MIGUEL PRATA ROQUE, *Direito Processual Administrativo: a convergência dinâmica no Espaço Europeu de Justiça Administrativa, cit.*, pp. 44-45.

[27] Neste sentido conclui MIGUEL PRATA ROQUE, *Direito Processual Administrativo: a convergência dinâmica no Espaço Europeu de Justiça Administrativa, cit.*, p. 49.

ADMINISTRAÇÃO PÚBLICA

enquanto *conjunto de regras e princípios que regulam o exercício da função específica de execução administrativa das normas previstas nos Tratados fundamentais da
União Europeia e nos atos adotados em sua aplicação assegurada pela administração da União e pelas entidades administrativas dos Estados-Membros*. Encontra-
-se na doutrina as expressões *mise en oeuvre, enforcement, implementation* para
designar a aplicação/execução administrativa do direito da União Europeia
enquanto conjunto de operações jurídicas e materiais destinadas a levar a
bom termo o mandato normativo da União para a realidade social que pretende regular[28]. Na sua jurisprudência, também o TJUE se refere de forma
sinonímica à "execução" e à "aplicação" administrativa do direito da União:
"*a noção de execução compreende tanto a elaboração de normas de aplicação como a
aplicação de normas a casos particulares por meio de atos de alcance individual*"[29].

Em todo o caso, pretende-se, com aquela definição, colocar o acento
tónico na natureza intersistemática[30] ou na metódica multinível[31] caracteri-
zadoras do próprio direito da União Europeia que têm naturais repercussões
no exercício da função administrativa[32]. O exercício da função administra-

---

[28] Assim, ÁNGEL MANUEL MORENO MOLINA, "La Administración Publica de los Estados Miembros
como administración comunitaria. Referencia a la situación española", *in* AA.VV., *Manual de Derecho Administrativo Comunitario*, Luciano Parejo Alfonso *et al.* (coord.), Editorial Centro de Estudios
Ramón Areces, Madrid, 2000, p. 145.

[29] Acórdãos (TJUE) *Comissão c. Parlamento Europeu*, de 23 de fevereiro de 2006, proc. C-122/04,
considerando 37, e *Comissão c. Conselho*, de 24 de outubro de 1989, proc. 16/88, considerando 11.

[30] Cf. MARIA LUÍSA DUARTE, *Direito Administrativo da União Europeia, cit.*, pp. 28 a 30, que se refere
ao "modelo eurocomunitário de articulação sistemática aplicado à função administrativa".

[31] Cf. JOSÉ JOAQUIM GOMES CANOTILHO e SUZANA TAVARES DA SILVA, «Metódica Multinível: "*Spill-
-over effects*" e Interpretação conforme o direito da União Europeia», in *Revista de Legislação e de
Jurisprudência*, ano 138, n.º 3955, 2009, pp. 182-199, que analisam diversas questões jurídico-meto-
dológicas no contexto específico da política de coesão.

[32] A dimensão contenciosa do direito administrativo da União Europeia – ou *direito processual administrativo da União Europeia* – não será aqui aprofundada. Apesar 1) da fundamental importância
da tutela contenciosa do bloco de juridicidade administrativa da União Europeia, exercido quer
junto dos tribunais organicamente europeus, especialmente o Tribunal Geral, por meio das vias
processuais previstas no TFUE (com destaque para a ação de anulação e para a ação de responsabilidade previstas, respetivamente, no artigo 263.º e nos artigos 268.º e 340.º do TFUE), quer junto
dos tribunais dos Estados-Membros enquanto tribunais funcionalmente da União (especialmente
os tribunais de jurisdição administrativa, nos Estados-Membros, como Portugal, cujo sistema judiciário assente numa dualidade de jurisdições), por meio das vias processuais de direito interno
(no respeito pelo princípio da autonomia institucional e processual dos Estados-Membros e dos
limites decorrentes dos princípios da efetividade e da equivalência) e 2) das especificidades que
assume, atendendo, precisamente, à natureza plural/difusa da aplicação administrativa do direito
da União Europeia (suscitando, por exemplo, problemas de imputação de responsabilidade por

DIREITO DA UNIÃO EUROPEIA – ELEMENTOS DE DIREITO E POLÍTICAS DA UNIÃO

tiva no contexto da União assenta em distintos níveis ou centros[33] de decisão e de aplicação administrativas, nos quais interagem, em doses variadas, instituições, órgãos e organismos da União e entidades administrativas nacionais, sejam estaduais, regionais, locais ou institucionais. O direito administrativo da União Europeia é, assim, compreendido como o bloco de juridicidade administrativa própria a esta aplicação difusa do direito da União Europeia (mas que almeja, contudo, à sua aplicação uniforme). Da mesma forma que o direito constitucional da União Europeia é caracterizado de multinível ou plural, num contexto de interconstitucionalidade[34], também se pode falar do

danos resultantes de atos ou omissões no exercício da função administrativa da União), será, contudo, privilegiada a *dimensão substantiva* do direito administrativo da União Europeia em função das intenções da presente publicação.

Sobre o *direito processual administrativo da União Europeia* remete-se para o estudo de Miguel Prata Roque, *Direito Processual Administrativo: A Convergência Dinâmica no Espaço Europeu de Justiça Administrativa*, já aqui referido.

[33] Neste sentido, Mario Chiti, "Forms of European Administrative Action", in *Law and Contemporary Problems*, vol. 68, 2004, p. 38, refere-se a um modelo de administração pública "multinível" ou "policêntrico".

[34] A título meramente exemplificativo e sem qualquer pretensão de exaustão, atendendo à vastidão de obras de grande mérito publicadas a respeito (remetendo, por isso também, para a doutrina aí referenciada), cf. "Derecho Constitucional Europeo", *in* AA.VV., *Manual de Derecho Constitucional*, vol. I, Francisco Balaguer Callejón (coord.), 5.ª ed., Tecnos, Madrid, 2010, pp. 191-258; Antonio--Carlos Pereira Menaut, "El Tratado de Lisboa en el processo de constitucionalización de la Unión Europea", *in* AA.VV., *Direito da União Europeia e Transnacionalidade*, Alessandra Silveira e Mariana Canotilho (coord.), Quid Iuris, Lisboa, 2010, pp. 43-61; AA.VV., *La Encrucijada Constitucional de la Unión Europea*, Eduardo García de Enterría (dir.), Civitas Ediciones, 2002; AA.VV., *European Constitutionalism Beyond the State*, J. H. H. Weiler e Marlene Wind (ed.), Cambridge University Press, Cambridge, 2003; Ingolf Pernice, "Multilevel Constitutionalism in the European Union", in *European Law Review*, 2002, pp. 511-529; Alessandra Silveira, "Da interconstitucionalidade na União Europeia (ou do esbatimento de fronteiras entre ordens jurídicas", in *Scientia Ivridica*, Tomo LX, n.º 326, 2011, pp. 211-223; Ana Maria Guerra Martins, *Curso de Direito Constitucional da União Europeia*, Almedina, Coimbra, 2004, pp. 270-277; José Joaquim Gomes Canotilho, *"Brancosos" e Interconstitucionalidade. Itinerários dos discursos sobre a historicidade constitucional*, Almedina, Coimbra, 2006; José Joaquim Gomes Canotilho, "Estado de Direito e Internormatividade", *in* AA.VV., *Direito da União Europeia e Transnacionalidade, ob. cit.*, pp. 171-185; Miguel Poiares Maduro, *A Constituição Plural. Constitucionalismo e União Europeia*, Principia, Cascais, 2006; Paulo Castro Rangel, «Uma teoria da "Interconstitucionalidade" (Pluralismo e Constituição no Pensamento de Francisco Lucas Pires)», in *Themis*, ano 1, n.º 2, 2000, pp. 127-151; Paulo Castro Rangel, *O Estado do Estado – Ensaios de Política Constitucional sobre Justiça e Democracia*, Lisboa, 2009; Francisco Lucas Pires, *Introdução ao Direito Constitucional Europeu (Seu Sentido, Problemas e Limites)*, Almedina, Coimbra, 1997.

ADMINISTRAÇÃO PÚBLICA

direito administrativo da União Europeia como de um *direito administrativo multinível*[35] ou *plural*, num contexto de *interadministratividade*.

Ainda enquanto *direito da União Europeia*, o direito administrativo da União Europeia é um direito de natureza essencialmente *principiológica* e de *origem jurisprudencial*, dimensões que serão aqui, por isso, privilegiadas. A importância do labor jurisprudencial do TJUE[36] para a construção do direito da União Europeia, em geral, é facto público e notório, mas assume particular relevância no âmbito do «direito administrativo da União Europeia» atentendo ao carácter reduzido e fragmentário do direito escrito, originário e derivado. Grande parte dos princípios gerais que regem a atividade administrativa de aplicação do direito da União Europeia têm, pois, a sua origem no "processo legislativo criativo"[37] do TJUE. Aliás, muitas normas escritas de direito administrativo da União Europeia não são mais do que

[35] Assim, JOSÉ JOAQUIM GOMES CANOTILHO e SUZANA TAVARES DA SILVA, «Metódica Multinível: "*Spill-over effects*" e Interpretação conforme o direito da União Europeia», *cit.*, p. 198. Em publicação posterior, Suzana Tavares da Silva diferencia, com base em diversos exemplos normativos e jurisprudenciais, 1) o *direito administrativo europeu multinível*, assente em "procedimentos complexos, mas de *administração directa*, ou seja, os casos em que a decisão administrativa é tomada pelas entidades administrativas da União, embora o procedimento administrativo seja instruído, em parte ou totalmente, pelas entidades administrativas de um Estado-Membro"; e 2) o *direito administrativo europeu das inter-relações*, também assente em "procedimentos administrativos complexos, mas de *administração indirecta*", estando aqui em causa, por um lado, "procedimentos em que as autoridades dos Estados-Membros adoptam decisões segundo o direito europeu, que *valem para* todo o território Europeu" e, por outro, "procedimentos em que as autoridades dos Estados-Membros adoptam decisões segundo o direito europeu, cujos *efeitos [se] estendem* a todo o território Europeu" – cf. SUZANA TAVARES DA SILVA, *Direito Administrativo Europeu*, Imprensa da Universidade de Coimbra, Coimbra, 2010, pp. 35-41 e 55-76.
Neste sentido também, Eberhard Schmidt-Aßmann caracteriza a administração da União como "multinivelada" – cf. EBERHARD SCHMIDT-ASSMANN, "Einleitung: Der Europäische Verwaltungsverbund und die Rolle des Europäischen Verwaltungsrechts", *in* AA.VV., *Der Europäische Verwaltungsverbund. Formen und Verfahren der Verwaltungszusammenarbeit*, Eberhard Schmidt-Aßmann e Bettina Schöndorf-Haubold (org.), Mohr Siebeck, Heidelberg, 2005, pp. 7-8, *apud* MIGUEL PRATA ROQUE, *Direito Processual Administrativo: A Convergência Dinâmica no Espaço Europeu de Justiça Administrativa*, *cit.*, p. 542 (nota 1537).
[36] O TJUE integra, nos termos do artigo 19.º, n.º 1, do TUE, três jurisdições: o Tribunal de Justiça, o Tribunal Geral e os tribunais especializados – sendo o Tribunal da Função Pública o único tribunal especializado atualmente existente.
[37] Assim, JÜRGEN SCHWARZE, "El derecho administrativo europeo a la luz del tratado de Lisboa: observaciones preliminares", *in* AA.VV., *Un Procedimiento Administrativo para Europa*, Mercedes Fontes (coord.), Aranzadi, Cizur Menor, 2012, p. 28 – também disponível em inglês, "European administrative law in the light of the Treaty of Lisbon: introductory remarks", texto apresentado no Workshop *EU Administrative Law: State of Play and Future Prospects*, realizado em Leão-Espanha, e

DIREITO DA UNIÃO EUROPEIA – ELEMENTOS DE DIREITO E POLÍTICAS DA UNIÃO

codificações de princípios gerais consagrados na jurisprudência do TJUE[38]. Neste aspeto, a construção e a evolução do direito administrativo da União Europeia não diverge muito da construção e da evolução dos direitos administrativos nacionais – também de origem jurisprudencial, apenas se codificando mais tarde[39].

Ainda no que toca à sua caracterização (e à delimitação do objeto do presente capítulo), o direito administrativo da União Europeia, enquanto *direito administrativo*, compreende regras e princípios destinados à regulação do exercício de poderes de autoridade, tendo em vista a prossecução de interesses públicos europeus, e, para o efeito, à regulação da organização, do funcionamento[40] e do relacionamento da complexa estrutura administrativa da União Europeia[41], entre si e com os particulares – ou seja, por um lado, entre as instituições, órgãos e organismos da União e as administrações públicas dos Estados-Membros, e, por outro, entre estas e os particulares na sua qualidade de cidadãos-administrados da União. Da mesma forma, a constante ampliação do espaço de regulação do direito da União Europeia tem como consequência a "crescente ambição de regulamentação material" do direito administrativo da União Europeia, dando origem a *direitos administrativos especiais*[42] – direito administrativo financeiro, da função pública da União, da concorrência, do ambiente, do espaço de liberdade, segurança e justiça –, que, *brevitatis causa*, não serão aqui detalhados, mas relativamente

publicado pela Comissão dos Assuntos Constitucionais do Parlamento Europeu, Bruxelas, 2011, p. 10 (disponível em *http://www.europarl.europa.eu/activities/committees/studies.do?language=EN*).

[38] De tal é paradigmático exemplo o artigo 41.º da CDFUE relativo ao "direito a uma boa administração", "cujas características foram desenvolvidas pela jurisprudência que consagrou a boa administração como princípio geral de direito", como se pode ler das Anotações relativas à CDFUE (*JOUE* C 303, de 14 de dezembro de 2007).

[39] Neste sentido, cf. JÜRGEN SCHWARZE, "El derecho administrativo europeo a la luz del tratado de Lisboa: observaciones preliminares", *cit.*, p. 38.

[40] Dimensões que serão, aqui, excluídas na medida em que, por um lado, "as normas que disciplinam a organização e o funcionamento das instituições europeias (...) não visam em primeira linha disciplinar o exercício de poderes públicos na prossecução do interesse público, mas apenas regular o funcionamento e a actividade de um corpo orgânico-institucional de nível supranacional" – cf. SUZANA TAVARES DA SILVA, *Direito Administrativo Europeu, cit.*, p. 10 – e, por outro lado, tal implicaria, por razões de completude, semelhante exercício no que toca aos sistemas jurídico-administrativos de cada um dos atuais 28 Estados-Membros da União Europeia, tarefa em si mesma hercúlea e que escapa às intenções da presente publicação.

[41] Neste sentido, cf. MARIA LUÍSA DUARTE, *Direito Administrativo da União Europeia, cit.*, pp. 68 e 74-75.

[42] Cf. MARIA LUÍSA DUARTE, *Direito Administrativo da União Europeia, cit.*, p. 65.

ADMINISTRAÇÃO PÚBLICA

aos quais se remete para diversa doutrina especializada, nomeadamente vertida na presente publicação.

2.2. Europeização do direito administrativo

Alguns Autores associam igualmente a expressão «direito administrativo europeu» ao fenómeno de *europeização do direito administrativo*. Neste sentido, Jürgen Schwarze refere-se ao direito administrativo europeu, em sentido restrito, como "el Derecho administrativo que regula la aplicación directa e indirecta de la legislación de la Unión Europea", e, em sentido amplo, como "la descripción del proceso de armonización de las normas legales para la acción administrativa entre las legislaciones nacionales de los Estados miembros y de la Unión Europea"[43] – ou seja, para designar o fenómeno da europeização do direito administrativo.

Datam da década de 1970 as primeiras referências ao fenómeno de convergência dos sistemas jurídico-administrativos dos Estados-Membros por influência do processo de integração europeia. Em 1971, Otto Bachof reconhecia a impossibilidade de ignorar a influência do factor comunitário sobre a dogmática do direito administrativo[44] e, em 1978, Jean Rivero dava conta das tendências para um "common European administrative law"[45]. Na década de 1990, os estudos intensificam-se. Destaca-se, por exemplo, os vários relatórios nacionais, publicados sob coordenação de Jürgen Schwarze[46], dando conta do "estado da arte" de tal convergência no âmbito do direito administrativo, em geral e em certos domínios setoriais (como a contratação pública e a proteção do ambiente), da organização administrativa (por via da modificação de estruturas nacionais de decisão e de execução e/ou a criação de novas estruturas), do procedimento administrativo (com destaque para as questões relativas à revogação e à fundamentação dos atos administrativos

---

[43] Jürgen Schwarze, "El derecho administrativo europeo a la luz del tratado de Lisboa: observaciones preliminares", *cit.*, pp. 32-33.

[44] Cf. Fausto de Quadros, *A Nova Dimensão do Direito Administrativo. O Direito Administrativo Português na Perspectiva Comunitária*, Almedina, Coimbra, 1999, pp. 11-12.

[45] Desta forma o refere Jürgen Schwarze, "The Convergence of the Administrative Laws of the EU Member States", *in* AA.VV., *The Europeanisation of Law: The Legal Effects of European Integration*, Francis Snyder (ed.), Hart Publishing, Oxford, 2000, p. 163, mencionando Jean Rivero, "Vers un droit commun européen: nouvelles perspectives en droit administratif", *in* AA.VV., *New Perspectives for a Common Law of Europe*, M. Cappelleti (ed.), Publications of the European University Institute, Florença, 1978, vol. I, p. 389.

[46] Cf. AA.VV., *Le Droit Administratif sous l'Influence de l'Europe. Une Étude sur la Convergence des Ordres Juridiques Nationaux dans l'Union Européenne*, Jürgen Schwarze (ed.), Bruylant, Bruxelles, 1996.

DIREITO DA UNIÃO EUROPEIA – ELEMENTOS DE DIREITO E POLÍTICAS DA UNIÃO

nacionais) e do contencioso administrativo (com destaque para as modifica-ções introduzidas em sede de medidas provisórias e de tutela reparatória por força da jurisprudência do Tribunal de Justiça[47]). Entre nós, também Fausto de Quadros dava conta, em provas públicas de agregação, do modo como o (então) direito comunitário se assumia como fator de transformação dos sistemas administrativos nacionais[48].

Mais do que isso, contudo, o fenómeno de *europeização do direito adminis-trativo* traduz a ideia de progressiva aproximação entre os sistemas jurídicos nacionais e da União Europeia quanto a questões de natureza administrativa. Cedo a convivência entre diferentes níveis de decisão e de atuação adminis-trativas evidenciou a criação das condições ideais para que os sistemas jurí-dico-administrativos nacionais e comunitário/da União se influenciassem reciprocamente. Seguindo a lição de Jürgen Schwarze, se, numa primeira fase, foram os sistemas jurídicos dos Estados-Membros que influenciaram a construção e a evolução do direito da União Europeia, desde logo em maté-ria administrativa, assiste-se, numa segunda fase, a um processo, inverso, de modificação dos sistemas administrativos nacionais por influência do processo de integração europeia e ao desenvolvimento de um sistema de inter-relações entre os direitos administrativos nacionais e da União Euro-peia – que, inclusivamente, vai para além do âmbito de aplicação do próprio direito da União Europeia[49].

---

[47] Especialmente da jurisprudência iniciada pelos célebres Acórdãos *Factortame*, de 19 de junho de 1990, proc. C-213/89; e *Francovich*, de 19 de novembro de 1991, procs. apensos C-6/90 e C-9/90.
[48] Cf. FAUSTO DE QUADROS, *A Nova Dimensão do Direito Administrativo. O Direito Administrativo Portu-guês na Perspectiva Comunitária*, cit.
[49] Assim concluía em 1996 – cf. JÜRGEN SCHWARZE, "L'européanisation du droit administratif national", *in* AA.VV., *Le Droit Administratif sous l'Influence de l'Europe. Une Étude sur la Convergence des Ordres Juridiques Nationaux dans l'Union Européenne*, Jürgen Schwarze (ed.), Bruylant, Bruxelles, 1996, pp. 841-842 – e retoma, desenvolvendo, até 2012 – cf. JÜRGEN SCHWARZE, "El derecho admi-nistrativo europeo a la luz del tratado de Lisboa: observaciones preliminares", *cit.*, pp. 28-32.
Sobre o processo de europeização dos direitos administrativos dos Estados-Membros, para além da bibliografia referida nesta secção, cf., ainda, AA.VV., *Les Mutations du Droit de l'Administration en Europe. Pluralisme et Convergences*, Gérard Marcou (dir.), L'Harmattan, Paris, 1995; CHRISTOPH KNILL, *The Europeanisation of National Administrations: Patterns of Institutional Change and Persistence*, Cambridge University Press, 2001; AA.VV., *The Europeanisation of Administrative Law: Transform-ing National Decision-Making Procedures*, Karl-Heinz Ladeur (dir.), Ashgate, Dartmouth, 2002; J. H. JANS, S. PRECHAL, R. LANGE e R. WIDDERSHOVEN, *Europeanisation of Public Law*, Europa Law Publishing, 2007; entre nós, cf. AFONSO D'OLIVEIRA MARTINS, "*A Europeização do Direito Admin-istrativo Português*", *in* AA.VV., *Estudos em Homenagem a Cunha Rodrigues*, vol. II, Coimbra Editora, Coimbra, 2001, pp. 999-1024; e o nosso contributo "As administrações públicas nacionais perante

ADMINISTRAÇÃO PÚBLICA

É por isso que Maria Luísa Duarte se refere a este processo de "contaminação recíproca" ou de "convergência internormativa" em três sentidos distintos[50]: em *sentido ascendente*, aquele em que a ordem jurídica (administrativa) da União acolhe padrões normativos e institutos jurídicos comuns aos direitos administrativos dos Estados-Membros, ou mesmo soluções jurídicas exclusivas de um Estado-Membro ou partilhadas por apenas alguns Estados-Membros; em *sentido descendente*, aquele em que o direito (administrativo) da União Europeia conforma e modela[51], de forma imperativa ou sugestiva (*soft law*), os direitos administrativos dos Estados-Membros; e em *sentido horizontal*, aquele em que a coexistência dos vários sistemas administrativos nacionais, reforçada pelo processo de integração europeia, potencia uma "relação espontânea de convergência" pela consagração, no direito interno de um Estado-Membro, de soluções jurídicas inspiradas no direito administrativo de outro ou outros Estados-Membros ou no próprio direito administrativo da União Europeia.

O direito administrativo da União Europeia e os direitos administrativos dos Estados-Membros são, pois, simultaneamente fatores emissores e recetários de impulsos europeizantes. É com base nos princípios gerais comuns aos direitos dos Estados-Membros que o TJUE tem vindo a construir os princípios gerais do direito administrativo da União Europeia[52] – e, inclusivamente, o regime jurídico da responsabilidade civil extracontratual da União nos termos do artigo 340.º, 2.º §, do TFUE[53]. O Acórdão *Algera*[54] constitui o ponto de partida desta prática jurisprudencial de «direito comparado evolutivo» que permite ao TJUE colmatar as lacunas do direito escrito e que o auxilia na sua interpretação. Em concreto, sente-se a influência do direito francês na fase inicial de construção dos principais conceitos de direito administrativo da União Europeia, do direito alemão no reconhecimento do

---

as situações *residuais* e *transnacionais* de direito da União Europeia", *in* AA.VV., *Direito da União Europeia e Transnacionalidade, ob. cit.*, pp. 403-422.

[50] Cf. MARIA LUÍSA DUARTE, *Direito Administrativo da União Europeia, cit.*, pp. 23-24; por razões de coerência discursiva, a ordem de exposição da Autora foi alterada no texto.

[51] A expressão é de FAUSTO DE QUADROS, *Direito da União Europeia, cit.*, p. 633.

[52] Sobre o papel dos princípios gerais na construção do direito da União Europeia, cf. KOEN LENAERTS e JOSÉ A. GUTIÉRREZ-FONS, "The constitutional allocation of powers and general principles of EU law", in *Common Market Law Review*, vol. 47, n.º 6, 2010, pp. 1629-1669.

[53] Sobre o tema, cf. AFONSO NUNES DE FIGUEIREDO PATRÃO, *Responsabilidade Extracontratual da Comunidade Europeia*, Almedina, Coimbra, 2008.

[54] Acórdão (TJUE) *Algera*, de 12 de julho de 1957, procs. apensos 7/56, 3/57 a 7/57.

princípio da proporcionalidade, do direito britânico no desenvolvimento de garantias processuais e do direito escandinavo em sede de acesso aos documentos e de boa administração[55], especialmente com a criação da figura do Provedor de Justiça Europeu[56].

Inversamente, o direito (administrativo) da União Europeia opera importantes modificações nos direitos administrativos dos Estados-Membros, seja por via da produção normativa da União, seja por via da jurisprudência do TJUE. É já corrente a afirmação do direito (administrativo) da União Europeia como fonte de direito administrativo nacional, pois integra o bloco de juridicidade que vincula as administrações públicas dos Estados-Membros. Do direito administrativo da União Europeia decorrem para estas, nos mais variados domínios, títulos atributivos de competências, critérios vinculativos de decisão, princípios orientadores de ação e de decisão no exercício de competências discricionárias, formalidades procedimentais a seguir, mecanismos e fundamentos de controlo da sua atuação – isto para além das modificações operadas em sede de organização administrativa[57]. A fim de assegurar a sua efetiva e uniforme aplicação em todo o território da União, o direito (administrativo) da União Europeia imiscui-se, "penetra"[58], no interior dos direitos administrativos dos Estados-Membros, alterando-os, condicionando a sua criação, orientando a sua interpretação, ajustando a sua aplicação, obrigando, inclusivamente, as entidades administrativas dos Estados-Membros a deitar um "olhar crítico"[59] sobre as soluções de direito interno a fim de assegurar, antes da sua concreta aplicação, a sua conformidade com o direito da União Europeia – do que resulta serem (deverem ser) as próprias entidades administrativas dos Estados-Membros os agentes responsáveis por este fenómeno de europeização.

---

[55] Neste sentido, cf. JÜRGEN SCHWARZE, "El derecho administrativo europeo a la luz del tratado de Lisboa: observaciones preliminares", cit., pp. 28-30.

[56] Assim, JACOB SÖDERMAN (primeiro Provedor de Justiça Europeu), "El derecho fundamental a la buena administración", in Gaceta Jurídica de la Unión Europea y de la Competencia, n.º 214, 2001, pp. 8-14.

[57] Cf., entre nós, o estudo de PAULO OTERO, Legalidade e Administração Pública: O Sentido da Vinculação Administrativa à Juridicidade, Almedina, Coimbra, 2003, pp. 457-487 e 743-748, onde o Autor retira importantes ilações desta "impregnação comunitária da legalidade administrativa".

[58] A expressão é de FAUSTO DE QUADROS, Direito da União Europeia, cit., p. 633.

[59] A expressão é emprestada ao Advogado-Geral Philippe Léger que assim se referia ao juiz nacional nas suas Conclusões de 8 de abril de 2003, proc. C-224/01, considerando 59.

ADMINISTRAÇÃO PÚBLICA

Para além disso, tem-se igualmente assistido ao fenómeno de assimilação voluntária pelos Estados-Membros de certas soluções de direito administrativo da União Europeia para serem aplicadas a casos que se situam fora do âmbito de aplicação deste – para as chamadas situações meramente internas. Esta convergência espontânea dos direitos administrativos dos Estados-Membros com certas soluções ou padrões resultantes do direito administrativo da União Europeia, por mimetismo[60], deve-se a simples razões de coerência: a coexistência de dois blocos separados de vinculação administrativa aplicáveis, ora às situações que relevam exclusivamente do direito interno, ora às situações que apresentam um qualquer elemento de conexão com o direito da União, não só é, em termos práticos, dificilmente exequível, gerando dificuldades de aplicação por parte dos agentes administrativos e minando a confiança dos particulares na Administração, como pode revelar-se, a longo prazo, supérfluo, pois as situações que escapam ao âmbito material de aplicação do direito da União tendem a diminuir à medida em que se alargam os domínios de competência da União.

Esta é uma das razões pelas quais as noções de «direito administrativo da União Europeia» e de «europeização do direito administrativo», muito embora próximas, não são inteiramente coincidentes. Em bom rigor, há mais europeização do direito administrativo para além do direito administrativo da União Europeia. Desde logo, a expressão "europeização" não pode deixar de se referir à dupla influência exercida a partir do direito da União Europeia e do direito da CEDH[61] – que, pelas razões acima expostas, não será aqui explorada. Depois, as transformações operadas no seio dos direitos administrativos dos Estados-Membros não se verificam apenas nos domínios de aplicação do direito da União Europeia, mas também fora destes, como se acabou de explicar. É por isso que, se o *direito administrativo da União Europeia* se refere ao corpo de normas que regulam a aplicação administrativa do direito da União Europeia pelas instituições, órgãos e organismos da União e pelas administrações públicas dos Estados-Membros, a *europeização do direito administrativo* se reporta ao jogo de influências recíprocas ou fenómeno de

---

[60] LOURENÇO VILHENA DE FREITAS, *Os Contratos de Direito Público da União Europeia no Quadro do Direito Administrativo Europeu. Volume I – Direito Administrativo da União Europeia, cit.*, p. 36.
[61] Neste sentido, cf. MARIA LUÍSA DUARTE, *Direito Administrativo da União Europeia, cit.*, p. 15, e LOURENÇO VILHENA DE FREITAS, *Os Contratos de Direito Público da União Europeia no Quadro do Direito Administrativo Europeu. Volume I – Direito Administrativo da União Europeia, cit.*, p. 36.

DIREITO DA UNIÃO EUROPEIA – ELEMENTOS DE DIREITO E POLÍTICAS DA UNIÃO

cross-fertilization[62] entre a normatividade administrativa da União e a dos Estados-Membros, nos três sentidos apontados por Maria Luísa Duarte.

No contexto específico do processo de integração europeia, este fenómeno de europeização do direito administrativo não estranha, não tivessem as Comunidades sido criadas numa *"atmosfera administrativa"*. O processo de integração europeia afirma-se, pois, também enquanto *processo de integração administrativa*. De tal é especialmente demonstrativo o próprio processo de adesão à União Europeia, para o qual os Estados candidatos devem garantir a integração do *acquis* nos respetivos sistemas jurídicos, empreendendo as reformas judiciais e administrativas necessárias a assegurar a sua efetiva aplicação[63]. Foi, aliás, no contexto do grande alargamento de 2004[64] que,

---

[62] Assim, JOHN BELL, "Mecanisms for cross-fertilisation of Administrative Law in Europe", *in* AA.VV., *New Directions of European Public Law*, Jack Beatson e Takis Tridimas (ed.), Hart Publishing, Oxford, 1999, pp. 147-168.

[63] Nos termos do artigo 49.º do TUE, qualquer Estado europeu que respeite os valores do respeito pela dignidade humana, da liberdade, da democracia, da igualdade, do Estado de direito e do respeito pelos direitos do Homem, valores comuns aos Estados-Membros e sobre os quais a União se funda nos termos do artigo 2.º do TUE, pode candidatar-se à adesão à União. Em 1993, o Conselho Europeu de Copenhaga formulou os seguintes critérios de adesão (depois reforçados aquando do Conselho Europeu de Madrid, em 1995): no plano político, existência de instituições estáveis que garantam a democracia, o Estado de direito, os direitos do Homem, o respeito pelas minorias e a sua proteção; no plano económico, existência de uma economia de mercado que funcione efetivamente e capacidade de fazer face às forças de mercado e à concorrência da União; e capacidade para assumir as obrigações decorrentes da adesão, incluindo a adesão aos objetivos de união política, económica e monetária (critério do acervo comunitário).

[64] O Programa PHARE, o principal instrumento de cooperação financeira e técnica inscrito na estratégia de pré-adesão dos países da Europa Central e Oriental, criado em 1989 para apoiar o processo de reforma e de transição económica e política na Polónia e na Hungria, acabou por beneficiar igualmente a Bulgária, a Estónia, a Letónia, a Lituânia, a República Checa, a Roménia, a Eslováquia, a Eslovénia e a Croácia – cf. Regulamento (CEE) n.º 3906/89, de 18 de dezembro de 1989, relativo à ajuda económica a favor da República da Hungria e da República Popular da Polónia, por último alterado pelo Regulamento (CE) n.º 2257/2004, de 20 de dezembro de 2004, que altera os Regulamentos (CEE) n.ºs 3906/89, (CE) 1267/1999, (CE) 1268/1999 e (CE) 2666/2000, a fim de ter em conta o estatuto de candidato da Croácia. O referido programa tinha como prioridade o reforço das capacidades administrativas dos Estados candidatos para aplicar o acervo da União, enquanto "key ingrediente" do processo de adesão – cf. PHARE, *An Evaluation of Phare Public Administration Reform Programmes. Final Report*, 1999, p. 6, disponível em *http://ec.europa.eu/ europeaid/how/evaluation/evaluation_reports/reports/cards/951465_en.pdf* [27/2/2014]. Para o efeito, contou com o auxílio do Programa SIGMA (Apoio à melhoria da governação e de gestão, iniciativa conjunta da União Europeia e da OCDE, iniciada em 1992) que, em 1999, propôs um conceito de *Espaço Administrativo Europeu* – cf. OCDE, *Principes Européens D'administration Publique*, Documentos SIGMA, n.º 27, 1999, disponível em *http://www.oecd-ilibrary.org/docserver/download/5kml60zsw8bx.*

ADMINISTRAÇÃO PÚBLICA

sob impulso da própria União, se começou a concretizar um conceito, já conhecido da doutrina[65], de *Espaço Administrativo Europeu*, de forma a definir um "padrão mínimo de qualidade da administração pública" que os Estados candidatos deviam atingir.

Dos documentos proferidos, neste contexto, no quadro do Programa SIGMA resultou a definição do *Espaço Administrativo Europeu* como um processo evolutivo de crescente convergência, por influência do direito da União Europeia, entre os diferentes sistemas jurídico-administrativos dos Estados-Membros – convergência operada por via da produção normativa da União, dos contactos regulares entre agentes das administrações dos Estados-Membros, entre si e com agentes da Comissão Europeia, e, principalmente, por força da jurisprudência do TJUE –, caracterizado pela aplicação de um conjunto comum de princípios de direito administrativo, sistematizados em quatro grupos: fiabilidade e previsibilidade (vinculação ao Direito e segurança jurídica); abertura e transparência; responsabilidade; e eficiência e eficácia[66]. Se bem que não resulte de tais esforços a definição de um verdadeiro modelo administrativo próprio da União Europeia, são, pelo menos, suficientes para implementar específicas reformas administrativas nos Estados-Membros[67].

---

pdf?expires=1393515428&id=id&accname=guest&checksum=801F0804BCC120D0624F8AC56A0 DE01D [27/04/2014]. Cf. também OCDE, *Préparation des Administrations Publiques à l'Espace Adminis tratif Européen*, Documentos SIGMA, n.º 23, 1998, disponível em *http://www.oecd-ilibrary.org/docser ver/download/5kml6140lx7l.pdf?expires=1393518345&id=id&accname=guest&checksum=149492453B-6CAFB990CFEBAC9AAEE07D [27/4/2014]*.

[65] Cf., entre outros, Martin Shapiro, "The Institutionalization of European Administrative Space", *in* AA.VV., *The Institutionalization of Europe*, Alec Stone Sweet, Wayne Sandholtz e Neil Fligstein (ed.), Oxford University Press, Oxford, 2001, pp. 94-112; Johan P. Olsen, "Towards a European Administrative Space?", in *Journal of European Public Policy*, vol. 10, n.º 4, 2003, pp. 506--531; Heinrich Siedentopf e Benedikt Speer, "L'espace administratif européen d'un point de vue de la science administrative allemande", in *Revue Internationale des Sciences Administratives*, vol. 69, n.º 1, 2003, pp. 9-30; Herwig C.H. Hofmann, "Mapping the European Administrative Space", *in* AA.VV., *Towards a New Executive Order*, Morten Egeberg e Deirdre Curtin (eds.), Europe Routledge, Londres, 2009, pp. 24-38; sobre o *Espaço Europeu de Justiça Administrativa*, em especial, cf. Miguel Prata Roque, *Direito Processual Administrativo: A Convergência Dinâmica no Espaço Europeu de Justiça Administrativa, cit.*, pp. 535-552.

[66] Cf. OCDE, *Principes Européens D'administration Publique, cit.*, pp. 6-14.

[67] Assim conclui Lourenço Vilhena de Freitas a sua análise em torno do conceito de Espaço Administrativo Europeu, referindo-se aos documentos proferidos no quadro do Programa SIGMA – cf. Lourenço Vilhena de Freitas, *Os Contratos de Direito Público da União Europeia no Quadro do Direito Administrativo Europeu. Volume I – Direito Administrativo da União Europeia, cit.*, pp. 47-53.

DIREITO DA UNIÃO EUROPEIA – ELEMENTOS DE DIREITO E POLÍTICAS DA UNIÃO

Resulta do exposto que o fenómeno de *europeização do direito administrativo* e a identificada emergência de um *Espaço Administrativo Europeu* – ou de um *ius commune* administrativo[68] – não traduzem mais do que a convergência dinâmica de *"standards* elevados e homogéneos de resultados da acção administrativa"[69] e de proteção dos administrados, que, sem se circunscrever ao direito da União Europeia, é em grande medida promovida pelo processo de integração europeia. É o que justifica a sua referência, ainda que breve, no presente capítulo, como, aliás, em grande parte dos estudos dedicados ao direito administrativo europeu/da União Europeia.

3. Modalidades de aplicação administrativa do direito da União Europeia
O exercício da função administrativa da União Europeia não se encontra centralizado nas instituições, órgãos e organismos da União – *maxime*, na Comissão –, antes sendo também confiada às próprias entidades administrativas dos Estados-Membros. A especificidade do sistema de aplicação administrativa do direito da União Europeia reside na coexistência de dois sistemas jurídicos paralelos e autónomos – o da União e o dos Estados-Membros –, mas interdependentes, pois ambos os níveis/centros de decisão e atuação administrativas se encontram entre si orgânica e funcionalmente articulados na prossecução de objetivos comuns.

A administração pública da União Europeia é, pois, uma realidade compósita, o que se repercute sobremaneira nas diversas modalidades da sua atuação. É comum encontrar na doutrina a distinção entre *administração/execução/gestão direta* e *administração/execução/gestão indireta*, bem como a identificação de uma terceira via de *co-administração*[70], para designar as modalidades de aplicação administrativa do direito da União Europeia. A primeira refere-

---

[68] Neste sentido, cf. ROB WIDDERSHOVEN, "European Administrative Law", *cit.*, pp. 245-315; MARIE-PIERRE GRANGER, "National applications of *Francovich* and the construction of a European administrative *jus commune*", in *European Law Review*, n.º 32, 2007, pp. 157-182; JOAN DAVID JANER TORRENS, "La influencia del Derecho Comunitario en la creación de un *ius commune* de la responsabilidad patrimonial de los poderes nacionales", in *Revista de Derecho Comunitario Europeo*, ano 6, n.º 11, 2002, pp. 177-192; ROBERTO CARANTA, "Judicial protection against Member States: a new *jus commune* takes shape", in *Common Market Law Review*, vol. 32, 1995, pp. 703-726.

[69] Assim caracteriza JOSÉ JOAQUIM GOMES CANOTILHO o *Espaço Administrativo Europeu* in *"Brancosos" e Interconstitucionalidade. Itinerários dos discursos sobre a historicidade constitucional, cit.*, p. 244.

[70] Noção desenvolvida por CLAUDIO FRANCHINI, *Amministrazione Italiana e Amministrazione Comunitaria: La Coamministrazione nei Settori di Interesse Comunitario*, Cedam, Pádua, 1993, e "Les notions d'administration indirecte et de coadministration", *in* AA.VV., *Droit Administratif Européen, ob. cit.*, pp. 254-265.

ADMINISTRAÇÃO PÚBLICA

-se à aplicação, por via administrativa, do direito da União Europeia pelas instituições, órgãos e organismos da União; a segunda à aplicação, por via administrativa, do direito da União Europeia pelas entidades administrativas dos Estados-Membros; e a terceira, também designada de *administração mista ou partilhada*[71], refere-se a diversos modelos procedimentais compósitos nos quais ambos os níveis de administração intervêm em distintas fases de forma articulada e complementar.

A distinção entre administração direta e administração indireta – ou, em bom rigor, entre o que lhes está subjacente – continua a desempenhar um papel chave para a compreensão do sistema de aplicação administrativa do direito da União Europeia. Contudo, a doutrina tem vindo a propor alternativas terminológicas, desde logo em razão das imprecisões que o emprego dos termos «direta/indireta» pode gerar. Com efeito, muito embora as administrações públicas dos Estados-Membros sejam a "administração da União de direito comum"[72], não estão umbilicalmente ligadas à administração organicamente da União[73], como sucede com os fenómenos de administração indireta[74]. Circunscrever a atuação das administrações públicas dos Estados-Membros a uma forma de administração indireta tende também a ocultar o facto de, em bom rigor, estas entidades administrativas aplicarem diretamente direito da União Europeia, *maxime* regulamentos (diretamente aplicáveis) e disposições de direito da União que gozam de efeito direto. Por sua vez, circunscrever a aplicação administrativa do direito da

---

[71] Assim, cf. Ángel Manuel Moreno Molina, "La Administración Publica de los Estados Miembros como administración comunitaria. Referencia a la situación española", *cit.*, p. 147; Giacinto Della Cananea, "The European Union's Mixed Administrative Proceedings", in *Law and Contemporary Problems*, vol. 68, n.º 1, 2004, pp. 197-218; entre nós, Miguel Prata Roque, *Direito Processual Administrativo: A Convergência Dinâmica no Espaço Europeu de Justiça Administrativa*, *cit.*, pp. 99-101.

[72] Recuperando a expressão utilizada pelo, então, Tribunal de Primeira Instância referindo-se ao juiz nacional – cf. Acórdão (TJUE) *Tetra Pak*, de 10 de julho de 1990, proc. T-51/89, considerando 42.

[73] Ponto ressaltado por Miguel Prata Roque, *Direito Processual Administrativo: A Convergência Dinâmica no Espaço Europeu de Justiça Administrativa*, *cit.*, pp. 91-92.

[74] Tendo por referência a pessoa coletiva pública Estado, o termo «administração indireta» designa as formas de atuação administrativa asseguradas por pessoas coletivas de direito público que, sendo distintas do Estado, foram criadas para a prossecução de determinados fins do Estado que lhes foram por este atribuídas, por oposição à «administração direta» que se refere às formas de atuação administrativa asseguradas por órgãos, serviços e agentes que integram a própria pessoa coletiva pública Estado; a distinção não se circunscreve, contudo, à administração estadual, pois existem também formas de administração indireta no seio da administração autónoma (por exemplo: empresas municipais) – cf. Diogo Freitas do Amaral, *Curso de Direito Administrativo*, vol. I., 3.ª ed., Almedina, Coimbra, 2008, pp. 226-228, 347-350 e 895-898.

União Europeia, agora ao nível da União, a uma forma de administração direta oculta a progressiva criação, no seio da União, de entidades dotadas de certa autonomia para a realização de tarefas específicas, como as agências, e que se podem reconduzir a formas de administração indireta[75]-[76]. Finalmente, e sem prejuízo do elevado/crescente número de casos que lhe estão associados, alguma doutrina questiona a autonomização, no plano estritamente jurídico, de um conceito de "co-administração" por não existirem instrumentos, princípios, regras procedimentais ou mecanismos de controlo (jurisdicionais e não jurisdicionais) específicos à "co-administração", que, por isso, se reconduziria a uma "justaposição" de administração pela União e de administração pelos Estados-Membros[77].

Aliás, o facto de a aplicação administrativa do direito da União Europeia se concretizar cada vez mais por variados esquemas procedimentais de cooperação administrativa entre instituições, órgãos e organismos da União e as administrações públicas dos Estados-Membros é outra das principais razões pela qual a doutrina tende a apresentar alternativas terminológicas à distinção tradicional *administração direta/administração indireta*. Neste sentido, por exemplo, Jürgen Schwarze prefere apresentar os dois princípios vetores da aplicação administrativa do direito da União Europeia: o *princípio da separação*, à luz do qual se distingue, no plano organizatório, a aplicação pelas autoridades da União e pelas autoridades dos Estados-Membros, e o *princípio da cooperação*, pelo qual a aplicação do direito da União Europeia se caracteriza por procedimentos múltiplos e variados de cooperação entre as administrações da União e dos Estados-Membros[78]. Alguma doutrina vai mais longe e substitui a referência à *administração direta/administração indireta* pela dicotomia *administração centralizada/administração partilhada* para designar as moda-

---

[75] Neste sentido, cf. Ángel Manuel Moreno Molina, "La Administración Pública de los Estados Miembros como administración comunitaria. Referencia a la situación española", *cit.*, p. 146; e Miguel Prata Roque, *Direito Processual Administrativo: A Convergência Dinâmica no Espaço Europeu de Justiça Administrativa*, *cit.*, p. 92.

[76] A substituição, pelo Tratado de Lisboa, da expressão «instituições e órgãos» por «instituições, órgãos e organismos» [cf. artigo 2.º, n.º 2, alínea *f*), do Tratado de Lisboa] permite associar estas entidades ao conceito de «administração direta». Apesar disso, a expressão continua, em nossa opinião, a não refletir de forma adequada a aplicação, por via administrativa, do direito da União Europeia ao nível da própria União.

[77] Neste sentido, cf. Jacques Ziller, "Exécution centralisée et exécution partagée: le fédéralisme d'exécution en droit de l'Union européenne", *in* AA.VV., *L'Exécution du Droit de l'Union, entre Mécanismes Communautaires et Droits Nationaux*, *ob. cit.*, p. 117.

[78] Cf. Jürgen Schwarze, *Droit Administratif Européen*, 2.ª ed., *cit.*, pp. I-66 a I-79.

ADMINISTRAÇÃO PÚBLICA

lidades de aplicação administrativa do direito da União Europeia – pelas instituições, órgãos e organismos da União e pelas administrações públicas dos Estados-Membros, respetivamente. É o caso de Paul Craig ("centralized administration" e "shared administration")[79] e de Jacques Ziller ("exécution centralisée" e "exécution partagée")[80]. Entre nós, Miguel Prata Roque distingue a *administração homogénea* (direta e indireta), assegurada ao nível da União, da *administração heterogénea* (direta, indireta e autónoma), assegurada pelas administrações públicas dos Estados-Membros[81].

A distinção entre *administração centralizada* e *administração partilhada* põe o acento tónico na dimensão funcional própria ao sistema aplicativo do direito da União Europeia[82] – em detrimento da conceção orgânica subjacente à distinção tradicional entre *administração direta* e *administração indireta* e à automização da *co-administração*. Existem também indícios no direito escrito que suportam esta abordagem terminológica (dual). Neste sentido, Jacques Ziller[83] aponta, no direito originário, para o artigo 51.º, n.º 1, da CDFUE que define o âmbito de aplicação desta referindo-se às "instituições, órgãos e organismos da União" e aos "Estados-Membros, apenas quando apliquem o direito da União". No que toca especificamente à execução dos atos juridicamente vinculativos da União, o artigo 291.º do TFUE refere-se, primeiramente, aos Estados-Membros (n.º 1) e, depois, à Comissão e ao Conselho (n.º 2). Finalmente, a tipologia de modalidades de execução orçamental previstas no Regulamento Financeiro de 2002 (entretanto revogado) referia-se

[79] Cf. Paul Craig, *EU Administrative Law, cit.*, pp. 27-33.

[80] Cf. Jacques Ziller, "Exécution centralisée et exécution partagée: le fédéralisme d'exécution en droit de l'Union européenne", *cit.*, pp. 111-138.

[81] Miguel Prata Roque, *Direito Processual Administrativo: A Convergência Dinâmica no Espaço Europeu de Justiça Administrativa, cit.*, pp. 91-106.

[82] Neste sentido, cf. Jacques Ziller, "Exécution centralisée et exécution partagée: le fédéralisme d'exécution en droit de l'Union européenne", *cit.*, p. 115.
Sobre a natureza funcional do conceito de administração pública na União Europeia, dando igualmente conta de vários elementos decorrentes dos Tratados, do direito derivado e da jurisprudência relevantes para a construção do conceito, cf. Mario P. Chiti, "The EC Notion of Public Administration: The Case of the Bodies Governed by Public Law", in *European Public Law*, vol. 8, n.º 4, 2002, pp. 473-495; e, entre nós, Lourenço Vilhena de Freitas, *Os Contratos de Direito Público da União Europeia no Quadro do Direito Administrativo Europeu. Volume I – Direito Administrativo da União Europeia, cit.*, pp. 286-333.

[83] Cf. Jacques Ziller, "Exécution centralisée et exécution partagée: le fédéralisme d'exécution en droit de l'Union européenne", *cit.*, pp. 112-113.

DIREITO DA UNIÃO EUROPEIA – ELEMENTOS DE DIREITO E POLÍTICAS DA UNIÃO

expressamente à execução «centralizada» e à execução «partilhada» com o sentido exposto[84]-[85].

A distinção entre *administração centralizada* e *administração partilhada* não está, contudo, isenta de problemas. Desde logo porque são excecionais as situações nas quais a aplicação administrativa do direito da União Europeia é levada a cabo exclusivamente por instituições, órgãos ou organismos da União – *maxime*, a Comissão ou uma agência –, como a designação *«centralizada»* pode deixar transparecer. Depois, se bem que a expressão *«administração partilhada»* tenha o mérito de traduzir a ideia de que a aplicação do direito da União Europeia pelas entidades administrativas dos Estados--Membros nunca se concretiza de forma inteiramente isolada[86], é, contudo, legítimo questionar a sua natureza verdadeiramente *partilhada* à luz, nomeadamente, do sistema de responsabilidade civil por danos causados no exercício da função administrativa da União que não conhece formas de responsabilidade solidária entre instituições, órgãos e organismos da União e entidades administrativas dos Estados-Membros, mesmo quando ambos os níveis de atuação e de decisão administrativas se tenham sucedido de forma articulada num certo procedimento decisório[87].

[84] Cf. artigo 53.º do Regulamento (CE, Euratom) n.º 1605/2002, de 25 de junho de 2002, que institui o Regulamento Financeiro aplicável ao orçamento geral das Comunidades Europeias. O Regulamento Financeiro de 2002 foi entretanto revogado pelo Regulamento (UE, Euratom) n.º 966/2012, de 25 de outubro de 2012, relativo às disposições financeiras aplicáveis ao orçamento geral da União, que se refere à «gestão direta» do orçamento pelos serviços da Comissão, mantém o regime de «gestão partilhada» com os Estados-Membros e se refere a uma multiplicidade de modalidades de «gestão indireta» (cf. artigo 58.º).

[85] Também PAUL CRAIG, *EU Administrative Law*, *cit.*, p. 27, se refere ao Regulamento (CE, Euratom) n.º 1605/2002 para justificar a abordagem proposta.

[86] Como melhor se explicará *infra* (ponto 3.2.).

[87] O que propicia o risco de colocar o administrado perante uma obrigação de dupla impugnação de atos administrativos, quer perante o TJUE, quer perante os tribunais nacionais. De tal é exemplo a situação subjacente ao Acórdão *Oleificio Borelli*, de 3 de dezembro de 1992, proc. C-97/91. No caso, a Oleificio Borelli requereu, ao abrigo do atual artigo 263.º do TFUE, a anulação da decisão da Comissão que indeferiu o seu pedido de participação, para o exercício de 1990, do Fundo Europeu de Orientação e de Garantia Agrícola, bem como a anulação de todos os atos procedimentais que haviam conduzido à referida decisão. De entre tais atos destacava-se o parecer negativo emitido pelo conselho regional da Liguria a propósito do pedido de participação da Oleificio Borelli; foi com base nesse parecer que a Comissão indeferiu o seu pedido de participação (considerandos 3 e 4). Foi neste contexto que o TJUE esclareceu que, no âmbito de um recurso de anulação de uma decisão de uma instituição da União, *"não é competente para decidir quanto à legalidade de um ato praticado por uma autoridade nacional"*, não sendo relevante, a esse respeito, que o ato nacional em causa se integre *"num processo de decisão comunitário"* de tal forma que *"vincula a instância comunitária que tem*

ADMINISTRAÇÃO PÚBLICA

Por estas razões, será privilegiada a simplicidade – aquela que resulta, nomeadamente, do direito primário, que, por exemplo, nem no artigo 291.º do TFUE nem no artigo 51.º da CDFUE ousa labelizar a aplicação do direito da União Europeia pela União e pelos Estados-Membros. Optaremos, por isso, por estruturar a exposição que se segue tendo por referência a *aplicação administrativa do direito da União Europeia ao nível da União*, como modalidade excecional de aplicação administrativa do direito da União Europeia, e a *aplicação administrativa do direito da União Europeia ao nível dos Estados-Membros*[88], como modalidade regra assente na cooperação, de geometria variável, entre as administrações da União e dos Estados-Membros enquanto organismos co-dependentes[89] da estrutura administrativa compósita da União[90].

3.1. Aplicação administrativa do direito da União Europeia ao nível da União

A execução administrativa do direito da União Europeia ao nível da própria União é assegurada pelas instituições, órgãos e organismos da União competentes – estruturas que integram a *administração organicamente da União*[91].

---

o poder de decisão e determina, por consequência, os termos da decisão comunitária a tomar" (considerandos 9 e 10). Na medida em que, no caso, *"as irregularidades de que [o] parecer [estivesse] eventualmente viciado não [podiam], em caso algum, afetar a validade da decisão através da qual a Comissão [recusou] a participação pedida"* (considerando 12), declarou inadmissível o recurso de anulação interposto pela Oleificio Borelli – sem prejuízo de que o controlo da legalidade do parecer em causa devesse ser assegurado pelos órgãos jurisdicionais nacionais competentes, que teriam de *"considerar como admissível o recurso interposto para este fim, mesmo que as regras de processo internas não o prevejam nesse caso"* (considerando 13). O mesmo sucede com as demandas ressarcitórias. No caso *Oleificio Borelli*, o Tribunal de Justiça julgou o pedido de reparação formulado pela sociedade italiana improcedente na medida em que *"o alegado prejuízo resulta[va] de um ato praticado pelas autoridades nacionais"* (considerando 20). Assim, porque, se o TJUE tem competência exclusiva para conhecer das ações de indemnização intentadas ao abrigo do atual artigo 340.º do TFUE, são os órgãos jurisdicionais nacionais que têm competência para *"conhecer dos pedidos de indemnização dos prejuízos causados a entidades privadas pelas autoridades nacionais aquando da aplicação do direito comunitário"* – cf. Acórdãos (TJUE) *Asteris*, de 27 de setembro de 1988, procs. apensos 106/87 a 120/87, considerando 15; e *Granaria*, de 13 de fevereiro de 1979, proc. 101/78, considerando 14.

[88] No mesmo sentido, cf. Fausto de Quadros, *Direito da União Europeia, cit.*, pp. 622-653.

[89] A expressão é de Sabino Cassese – *apud* Jürgen Schwarze, *Droit Administratif Européen*, 2.ª ed., *cit.*, p. I-67.

[90] Assim, Eberhard Schmidt-Assmann, «Le modèle de l'"administration composée" et le rôle du droit administratif européen», in *Revue Française de Droit Administratif*, ano 22, n.º 6, 2006, pp. 1246-1255.

[91] Para além das publicações de carácter genérico que se debruçam sobre a estrutura institucional da União Europeia, e das referências que seguem *infra*, cf., sobre a administração organicamente

DIREITO DA UNIÃO EUROPEIA – ELEMENTOS DE DIREITO E POLÍTICAS DA UNIÃO

A ideia dos pais fundadores, e de Jean Monnet em particular, era a de criar uma organização supranacional que tivesse nas estruturas administrativas dos Estados-Membros o seu braço direito de atuação. Foi assim que o artigo 5.º, 2.º §, do Tratado CECA previa expressamente que as instituições da Comunidade exerceriam as suas atividades com um "aparelho administrativo reduzido". Se as decisões respeitantes à organização e à coordenação da produção comum do carvão e do aço tinham de ser tomadas de forma centralizada por uma autoridade que dispusesse de uma visão de conjunto e que, assim, conseguisse impor a prevalência dos interesses comuns sobre os interesses nacionais – a Alta Autoridade da CECA, no desenho institucional originário –, esta seria essencialmente um aparelho de decisão, não de execução – um aparelho administrativo que "não faz, mas que faz com que façam"[92].

A evolução do processo de integração europeia cedo tornou necessário o reforço do aparelho administrativo das Comunidades e, depois, da União, que se foi complexificando ao longo dos tempos. Nunca deixou, contudo, de ser um aparelho reduzido quando se tem em conta a progressiva ampliação das áreas de competência da União, os sucessivos alargamentos e o significativo número de pessoas suscetíveis de serem afetadas pela sua atuação (que sequer se limita às pessoas residentes e às sociedades sediadas no território da União)[93].

No cenário institucional da União, a Comissão Europeia[94] sempre foi a instituição desenhada para assumir funções de natureza essencialmente executiva[95]. Da mesma forma que se pode conceber os Estados-Membros como os "executivos naturais" do direito da União Europeia, a Comissão

---

da União, MARIA LUÍSA DUARTE, *Direito Administrativo da União Europeia, cit.*, pp. 77-84; LOURENÇO VILHENA DE FREITAS, *Os Contratos de Direito Público da União Europeia no Quadro do Direito Administrativo Europeu. Volume I – Direito Administrativo da União Europeia, cit.*, pp. 356-416.

[92] Cf. JEAN MONNET, *Mémoires, cit.*, pp. 385 e 436.

[93] Neste sentido, cf. MIGUEL PRATA ROQUE, *Direito Processual Administrativo: A Convergência Dinâmica no Espaço Europeu de Justiça Administrativa, cit.*, p. 90, e doutrina aí citada.

[94] Cf. artigos 17.º do TUE e 244.º a 250.º do TFUE.

[95] A simplicidade da afirmação não tem a pretensão de esconder nem a complexa empreitada que é identificar, substancial e organicamente, o poder executivo da União, nem a delicada tarefa de identificar a posição da Comissão no quadro institucional da União. A propósito, cf. JESÚS ÁNGEL FUENTETAJA PASTOR, "El poder ejecutivo europeo", in *Revista de Derecho de la Unión Europea*, n.º 18, 2010, pp. 121-150; e MARIA JOSÉ RANGEL DE MESQUITA, *A União Europeia após o Tratado de Lisboa*, Almedina, Coimbra, 2010, pp. 133-140.

ADMINISTRAÇÃO PÚBLICA

será a "instituição executiva natural" da própria União[96]. É o que resulta, em termos gerais, do artigo 17.º do TUE, pelo qual cabe à Comissão promover o interesse geral da União, tomando as iniciativas adequadas para o efeito; velar pela aplicação dos Tratados e das medidas adotadas em sua aplicação; controlar a aplicação do direito da União, sob fiscalização do TJUE; executar o orçamento; gerir os programas; exercer funções de coordenação, de execução e de gestão; representar externamente a União (com exceção da política externa e de segurança comum e demais casos previstos nos Tratados); tomar a iniciativa da programação anual e plurianual da União com vista à obtenção de acordos interinstitucionais; apresentar as propostas de atos legislativos da União (com exceção dos casos previstos nos Tratados).

Em particular, na sua qualidade de *guardiã dos Tratados*, a Comissão assume a missão de zelar pelo respeito e controlar a aplicação do direito da União, originário e derivado, não só pelas instituições, órgãos e organismos da União[97], mas também pelos Estados-Membros[98], e ainda pelos particulares[99]. No exercício da função normativa secundária[100], a Comissão adota atos delegados nos termos do artigo 290.º e atos de execução nos termos do artigo 291.º, n.º 2, ambos do TFUE. Os primeiros, que são atos não legislativos de alcance geral, visam completar ou alterar certos elementos não essenciais do ato legislativo delegante, situando-se na fronteira entre os atos legislativos e os atos de execução[101]; os segundos são adotados pela Comissão

---

[96] Assim, JESÚS ÁNGEL FUENTETAJA PASTOR, "El poder ejecutivo europeo", *cit.*, p. 124.

[97] Para o que goza de legitimidade processual ativa no quadro do recurso de anulação (artigo 263.º, 2.º §, do TFUE) e do processo por omissão (artigo 265.º, 1.º §, do TFUE).

[98] Assume natural destaque, neste contexto, o processo por incumprimento, no âmbito do qual a Comissão não só, numa primeira fase (não contenciosa), convida o Estado-Membro infrator a pôr termo ao incumprimento, só depois interpondo a competente ação por incumprimento junto do TJUE, mas também emite parecer fundamentado antes de um Estado-Membro interpor uma ação por incumprimento contra outro Estado-Membro (artigos 258.º e 259.º do TFUE).

[99] É o que sucede, de forma paradigmática, no domínio da concorrência; no âmbito do Regulamento (CE) n.º 1/2003, de 16 de dezembro de 2002, relativo à execução das regras de concorrência estabelecidas nos artigos 81.º e 82.º do Tratado, atuais artigos 101.º e 102.º do TFUE, a Comissão goza de um conjunto de poderes específicos de inquérito, inspeção e sanção para zelar pelo respeito dessas mesmas regras.

[100] Assim, cf. ALESSANDRA SILVEIRA, "Tratado de Lisboa e tutela jurisdicional efectiva. Das alterações relevantes para o contencioso da União Europeia", in *CJA*, n.º 80, 2010, p. 12.

[101] Assim, FAUSTO DE QUADROS, *Direito da União Europeia*, *cit.*, p. 459. Sobre a distinção entre atos delegados e atos de execução, e suas implicações em sede de recurso de anulação (à luz da redação do artigo 263.º, 4.º §, do TFUE), cf. ainda JÜRGEN SCHWARZE, "El derecho administrativo europeo a la luz del tratado de Lisboa: observaciones preliminares", *cit.*, pp. 37-41; ALESSANDRA SILVEIRA,

DIREITO DA UNIÃO EUROPEIA – ELEMENTOS DE DIREITO E POLÍTICAS DA UNIÃO

quando sejam necessárias condições uniformes de execução dos atos juridicamente vinculativos da União, sob o controlo dos Estados-Membros por meio do procedimento de comitologia[102]. A Comissão goza, ainda, por regra, do poder de iniciativa legislativa nos termos do artigo 17.º, n.º 2, do TUE, o que alguma doutrina considera expressão das suas competências executivas, na medida em que, por meio das suas propostas, a Comissão promove e salvaguarda o interesse geral da União[103].

Apesar do protagonismo da Comissão, outras instituições integram a estrutura executivo-administrativa da União. É o caso do Conselho[104], que também exerce funções de execução em casos específicos "devidamente justificados" e no domínio da política externa e de segurança comum[105], como resulta do artigo 291.º, n.º 2, do TFUE; do Banco Central Europeu[106] na execução da política monetária; e do Tribunal de Contas[107] que fiscaliza a regularidade das receitas e despesas e zela pela boa administração financeira ao nível da União. Para além da atribuição de competências executivas pelos Tratados a certas instituições da União, também o legislador da União pode criar organismos para o exercício de competências executivas específicas – as agências[108] –, o que completa o essencial da estrutura administrativa organicamente da União, aqui sumariamente exposta.

"Tratado de Lisboa e tutela jurisdicional efectiva. Das alterações relevantes para o contencioso da União Europeia", *cit.*, pp. 12-15; MARIA LUÍSA DUARTE, *Estudos sobre o Tratado de Lisboa*, Almedina, Coimbra, 2010, pp. 76-79.

[102] Cf. artigo 291.º, n.º 3, do TFUE e Regulamento (UE) n.º 182/2011, de 16 de fevereiro de 2011, que estabelece as regras e os princípios gerais relativos aos mecanismos de controlo pelos Estados-Membros do exercício das competências de execução pela Comissão, adotado com base no artigo 291.º, n.º 3, do TFUE e que revoga a "Decisão Comitologia" (Decisão 1999/468/CE, de 28 de junho de 1999, que fixa as regras de exercício das competências de execução atribuídas à Comissão, alterada pela Decisão 2006/512/CE, de 17 de julho de 2006).

[103] Neste sentido, cf. JESÚS ÁNGEL FUENTETAJA PASTOR, "El poder ejecutivo europeo", *cit.*, p. 127.

[104] Cf. artigos 16.º do TUE e 237.º a 243.º do TFUE.

[105] Cf. artigos 24.º e 26.º do TFUE.

[106] Cf. artigos 282.º a 284.º do TFUE.

[107] Cf. artigos 285.º a 287.º do TFUE.

[108] A lista das agências da União Europeia está disponível em *http://europa.eu/about-eu/agencies/index_pt.htm* (26/3/2015). Sem prejuízo de ouros critérios de classificação, a Comissão, na sua Comunicação ao Parlamento Europeu e ao Conselho "Agências europeias – perspectivas futuras" [COM(2008) 135 final, Bruxelas, 11 de março de 2008], distingue dois tipos de agências: as *agências de regulação ou tradicionais*, dispersas pelo território da União Europeia (por isso também designadas como *agências descentralizadas*), com um conjunto de funções específicas estabelecidas caso a caso na respetiva base jurídica, e as *agências de execução*, com sede em Bruxelas ou no Luxemburgo, criadas ao abrigo do Regulamento (CE) n.º 58/2003, de 19 de dezembro de 2002, que define o estatuto

ADMINISTRAÇÃO PÚBLICA

A atuação destas instituições, órgãos e organismos da União funda-se no direito da União Europeia e materializa-se em atos jurídicos da União (regulamentos, diretivas, decisões, contratos[109]). A sua atuação também é financiada essencialmente pelos recursos orçamentais da União, sendo levada a cabo pelos seus próprios agentes. O controlo da sua atuação é assegurado pelo TJUE, nomeadamente em sede de recurso de anulação (artigo 263.º do TFUE), de ação por omissão (artigo 265.º do TFUE), de ação de responsabilidade civil extracontratual (artigos 268.º e 340.º do TFUE), e de reenvio prejudicial de validade [artigo 267.º, 1.º §, alínea b), do TFUE], para além de os casos de má administração na atuação das instituições, órgãos e organismos da União estarem sujeitos à intervenção, oficiosa ou após queixa, do Provedor de Justiça Europeu (artigos 228.º do TFUE e 43.º da CDFUE[110])[111].

De notar que a execução administrativa do direito da União Europeia exclusivamente pelas instituições, órgãos e organismos da União sempre teve um campo de aplicação limitado. Para além da gestão das próprias instituições, órgãos e organismos da União, especialmente no que toca aos respe-

das agências de execução encarregadas de determinadas funções de gestão de programas comunitários. De notar que, desde a entrada em vigor do Tratado de Lisboa, está prevista a possibilidade de impugnar judicialmente os atos jurídicos praticados por órgãos e organismos da União (como as agências) destinados a produzir efeitos jurídicos em relação a terceiros, bem como atuar judicialmente contra a respetiva omissão – cf. artigos 263.º, 1.º e 5.º §§, e 265.º, 1.º §, do TFUE.
Sobre as agências europeias, cf., na doutrina, EDOARDO CHITI, Le Agenzie Europee. Unità e Decentramento nelle Amministrazioni Comunitarie, Cedam, Milão, 2002, e "Les agences, l'administration indirecte et la coadmnistration", in AA.VV., Droit Administratif Européen, ob. cit., pp. 267-281.

[109] A prática tem trazido à luz do dia alguns atos atípicos com relevância para a aplicação administrativa do direito da União Europeia (seja pelas instituições, órgãos e organismos da União, seja pelas administrações públicas dos Estados-Membros), como conclusões, comunicações, resoluções, declarações, acordos interinstitucionais, programas de ação, códigos de boa conduta – neste sentido, cf. MARIA LUÍSA DUARTE, Direito Administrativo da União Europeia, cit., p. 119. Sobre a importância de tais instrumentos, cf. RICARDO ALONSO GARCÍA, "El soft law comunitário", in Revista de Administración Pública, n.º 154, 2001, pp. 63-94.

[110] Cf. também a Decisão 94/262/CECA, CE, Euratom, de 9 de março de 1994, relativa ao estatuto e às condições gerais de exercício das funções de Provedor de Justiça Europeu, alterada por último pela Decisão 2008/587/CE, Euratom, de 18 de junho de 2008.

[111] Acompanhando a caracterização sumária de JACQUES ZILLER, "Introduction: Les conepts d'administration directe, d'administration indirecte et de co-administration et les fondements du droit administratif européen", in AA.VV., Droit Administratif Européen, ob. cit., p. 141, desenvolvida depois em "Exécution centralisée et exécution partagée: le fédéralisme d'exécution en droit de l'Union européenne", cit., pp. 128-137.

DIREITO DA UNIÃO EUROPEIA – ELEMENTOS DE DIREITO E POLÍTICAS DA UNIÃO

tivos pessoal e orçamento[112], o campo privilegiado de administração centralizada era o da aplicação das regras de defesa da concorrência decorrentes dos artigos 101.º e 102.º do TFUE, monopolizado pela Comissão[113] até à entrada em vigor, em 2004, do Regulamento (CE) n.º 1/2003, de 16 de dezembro de 2002, que instituiu um modelo de repartição de competências de aplicação e de cooperação administrativa entre a Comissão e as autoridades dos Estados-Membros responsáveis em matéria de concorrência. No domínio da concorrência, continua, contudo, da competência exclusiva da Comissão apreciar a compatibilidade com o mercado interno dos auxílios de Estado nos termos do artigo 108.º do TFUE[114]. O modelo centralizado tem igualmente sido seguido para a gestão de certos programas[115], nomeadamente através de agências de execução criadas ao abrigo do Regulamento (CE) n.º 58/2003, de 19 de dezembro de 2002 – o que sucede, por exemplo, com a gestão de programas da União Europeia nos domínios da educação, formação e cultura[116], da investigação[117], da competitividade, inovação, ambiente e energia[118], da saúde e da proteção dos consumidores[119].

---

[112] Neste sentido, cf. LOURENÇO VILHENA DE FREITAS, *Os Contratos de Direito Público da União Europeia no Quadro do Direito Administrativo Europeu. Volume I – Direito Administrativo da União Europeia, cit.*, p. 278; e MIGUEL PRATA ROQUE, *Direito Processual Administrativo: A Convergência Dinâmica no Espaço Europeu de Justiça Administrativa, cit.*, p. 99.

[113] Nos termos do Regulamento (CEE) n.º 17, de 6 de fevereiro de 1962, primeiro Regulamento de aplicação dos artigos 85.º e 86.º do Tratado.

[114] Sem prejuízo do disposto nos regulamentos setoriais adotados ao abrigo do artigo 109.º do TFUE, cf., no direito derivado, o Regulamento (CE) n.º 659/1999, de 22 de março de 1999, que estabelece as regras de execução do artigo 108.º do TFUE, alterado por último pelo Regulamento (UE) n.º 734/2013, de 22 de julho de 2013.

[115] Destacando estas duas áreas – auxílios de Estado e gestão de programas – no domínio da "centralized administration", cf. PAUL CRAIG, *EU Administrative Law, cit.*, pp. 27-28.

[116] Assegurada pela Agência de Execução relativa à Educação, ao Audiovisual e à Cultura, criada pela Decisão de Execução 2013/776/UE, de 18 de dezembro de 2013.

[117] Assegurada pela Agência de Execução para a Investigação, criada pela Decisão de Execução 2013/778/UE, de 13 de dezembro de 2013.

[118] Assegurada pela Agência de Execução para as Pequenas e Médias Empresas, criada pela Decisão de Execução 2013/771/UE, de 17 de dezembro de 2013.

[119] Assegurada pela Agência de Execução para os Consumidores, a Saúde e a Alimentação, criada pela Decisão de Execução 2013/770/UE, de 17 de dezembro de 2013.

ADMINISTRAÇÃO PÚBLICA

3.2. Aplicação administrativa do direito da União Europeia ao nível dos Estados-Membros

A execução administrativa do direito da União Europeia ao nível dos Estados-Membros é assegurada pelas respetivas entidades administrativas competentes enquanto *administração funcionalmente da União*.

Como referido, trata-se da modalidade regra de execução administrativa do direito da União Europeia. Em regra, pois, são as entidades administrativas dos Estados-Membros que estão encarregadas do exercício da função administrativa da União[120] – é a razão pela qual a doutrina tende a qualificar o sistema administrativo de aplicação do direito da União Europeia como forma de *federalismo de execução*[121]. É também a razão pela qual é possível falar de um *desdobramento funcional* das administrações públicas dos Estados-Membros[122] – nacionais na origem, mas da União na função exercida –, fenómeno que tem sido amplamente associado aos tribunais dos Estados-Membros: da mesma forma que o juiz nacional, enquanto *"juiz comunitário de direito comum"*[123], já foi qualificado de "pedra angular do sistema jurisdicional da União Europeia"[124], as entidades administrativas dos Estados-Membros, enquanto *administração da União de direito comum*, serão a "espinha dorsal"[125] do respetivo sistema administrativo.

---

[120] A propósito da aplicação do direito da União Europeia pelas entidades administrativas dos Estados-Membros, MARIA LUÍSA DUARTE, *Direito Administrativo da União Europeia*, cit., p. 69, sublinha a posição singular das administrações públicas nacionais, simultaneamente destinatárias de decisões administrativas tomadas por instituições, órgãos ou organismos da União, cuja execução devem assegurar no plano nacional, e titulares de competências para, autonomamente ou em articulação com a administração organicamente da União, adotar os atos necessários à execução das normas e políticas da União.

[121] Assim, por exemplo, JACQUES ZILLER, "Exécution centralisée et exécution partagée: le fédéralisme d'exécution en droit de l'Union européenne", cit., p. 118.

[122] Assim, por exemplo, FAUSTO DE QUADROS, *Direito da União Europeia*, cit., p. 643; PAULO OTERO, *Legalidade e Administração Pública: O Sentido da Vinculação Administrativa à Juridicidade*, cit., p. 475; e ÁNGEL MANUEL MORENO MOLINA, "La Administración Publica de los Estados Miembros como administración comunitaria. Referencia a la situación española", cit., p. 146.

[123] Cf. Acórdão *Tetra Pak*, cit., considerando 42.

[124] Cf. Resolução do Parlamento Europeu, de 9 de julho de 2008, sobre o papel do juiz nacional no sistema jurisdicional europeu, considerando 1.

[125] Neste sentido, EBERHARD SCHMIDT-ASSMANN, "Verwaltungskooperation und Verwaltungskooperationsrecht in der Europäischen Gemeinschaft", in *Europarecht*, vol. 31, n.º 3, 1996, pp. 270-301, *apud* MIGUEL PRATA ROQUE, *Direito Processual Administrativo: A Convergência Dinâmica no Espaço Europeu de Justiça Administrativa*, cit., p. 102.

O enquadramento da atuação das administrações públicas dos Estados-Membros no direito originário da União é essencialmente principiológico. A aplicação, em primeira linha, do direito da União Europeia pelas entidades administrativas dos Estados-Membros constitui um importante corolário do *princípio da subsidiariedade*. Consagrado no artigo 5.º, n.º 3, do TUE, decorre deste princípio que, nos domínios que não sejam da competência exclusiva da União[126], esta apenas intervém se e na medida em que os objetivos da ação considerada não possam ser suficientemente alcançados pelos Estados-Membros (nem a nível central, nem a nível regional e local), podendo, contudo, ser mais bem alcançados ao nível da União devido às dimensões ou aos efeitos dessa ação. É a ideia de aproximação da decisão "ao nível mais próximo possível dos cidadãos" (artigo 1.º, 2.º §, do TUE) que inspira o princípio da subsidiariedade. É por isso que a aplicação do direito da União Europeia é confiada, em primeira linha, às entidades administrativas dos Estados-Membros, mais próximas dos particulares/administrados, sendo igualmente assegurada por via do instrumentário jurídico-administrativo nacional, com o qual estão mais familiarizados. Afinal, o direito da União Europeia funciona melhor, não quando é imposto, mas quando é realojado dentro do direito nacional[127], o que proporciona um maior grau de *internalização* do direito da União e de *cross-fertilization* entre este e os direitos dos Estados-Membros[128].

A aplicação, em primeira linha, do direito da União Europeia pelas entidades administrativas dos Estados-Membros é igualmente decorrência do *princípio da cooperação leal*, verdadeira chave de interpretação de todo o sistema jurídico da União Europeia. Consagrado no artigo 4.º, n.º 3, do TUE, decorre deste princípio a obrigação de os Estados-Membros adotarem todas as medidas gerais ou específicas adequadas para garantir a execução das obrigações decorrentes do direito da União (originário e derivado), facilitarem à União o cumprimento da sua missão e absterem-se de qualquer medida suscetível de pôr em perigo a realização dos objetivos da União. A primeira dimensão conhece, desde a entrada em vigor do Tratado de Lisboa, expressão específica no artigo 291.º, n.º 1, do TFUE, nos termos do qual

---

[126] Cf. artigo 3.º do TFUE.

[127] Assim, ANDREA BIONDI, "In Praise of *Francovich*", *in* AA.VV., *The Past and Future of EU Law. The Classics of EU Law Revisited on the 50th Anniversary of the Rome Treaty*, Miguel Poiares Maduro e Loïc Azoulai (coord.), Hart Publishing, Oxford, 2010, p. 417.

[128] Assim, TAKIS TRIDIMAS, "Liability for breach of Comunnity Law: growing up and mellowing down?", in *Common Market Law Review*, vol. 38, n.º 2, 2001, p. 332.

ADMINISTRAÇÃO PÚBLICA

"[os] Estados-Membros tomam todas as medidas de direito interno necessárias à execução dos actos juridicamente vinculativos da União". Segundo jurisprudência constante do TJUE, incumbe a todas as autoridades dos Estados-Membros, incluindo, pois, as suas entidades administrativas, assegurar, em virtude do princípio da cooperação leal, o respeito pelo direito da União no exercício das respetivas competências, não tendo o Tribunal hesitado em decompor deste princípio obrigações concretas na esfera das entidades administrativas dos Estados-Membros (como se verá adiante).

Ainda no direito orignário, destaca-se o artigo 197.º do TFUE, artigo único de um capítulo introduzido pelo Tratado de Lisboa em matéria de *cooperação administrativa*. No seu n.º 1 é destacada a importância da execução efetiva do direito da União pelos Estados-Membros, considerada "essencial para o bom funcionamento da União" e "matéria de interesse comum". Sem prejuízo da sua importância simbólica, o artigo 197.º do TFUE não cria, contudo, novas obrigações na esfera dos Estados-Membros (para além daquelas já resultantes do princípio da cooperação leal[129]), o que se depreende do seu n.º 3. Para além disso, se a União pode, nos termos do n.º 2, "apoiar os esforços dos Estados-Membros para melhorar a sua capacidade administrativa de dar execução ao direito da União"[130], os Estados-Membros não são, por um lado, obrigados a recorrer a esse apoio, nem pode a União, por outro, adotar medidas de harmonização das disposições legais ou regulamentares dos Estados-Membros[131].

---

[129] Neste sentido, cf. JÜRGEN SCHWARZE, "El derecho administrativo europeo a la luz del tratado de Lisboa: observaciones preliminares", *cit.*, p. 37.

[130] Nomeadamente facilitando o intercâmbio de informações e de funcionários e apoiando programas de formação (artigo 197.º, n.º 2, do TFUE). Merece menção, neste contexto, o programa *Karolus* criado pela Decisão 92/481/CEE, de 22 de setembro de 1992, relativa à adoção de um plano de ação para o intercâmbio, entre as administrações dos Estados-Membros, de funcionários nacionais envolvidos na aplicação da legislação comunitária necessária à realização do mercado único, com incidência setorial diversa (cf. Decisão 98/471/CE, de 16 de julho de 1998, que estabelece os domínios prioritários de um plano de ação para o intercâmbio, entre as administrações dos Estados participantes, de funcionários nacionais envolvidos na aplicação da legislação comunitária necessária à realização do mercado interno que é objeto da Decisão 92/481/CEE) e que convive com outras iniciativas do mesmo tipo em outros domínios, como o programa *Matthaeus* (criado pela Decisão 91/341/CEE, de 20 de junho de 1991, que adota um programa de ação comunitária em matéria de formação profissional dos funcionários aduaneiros). Destaca-se ainda o programa *IDA – Interchange of Data between Administrations*, criado pela Decisão 95/468/CE, de 6 de novembro de 1995, relativa ao apoio ao intercâmbio telemático de dados entre administrações na Comunidade.

[131] Cf. também artigos 2.º, n.º 5, e 6.º, alínea *g*), do TFUE.

DIREITO DA UNIÃO EUROPEIA – ELEMENTOS DE DIREITO E POLÍTICAS DA UNIÃO

O quadro principiológico continua com a referência ao *princípio da autonomia institucional e procedimental dos Estados-Membros*[132], pelo qual cabe à ordem jurídica de cada Estado-Membro designar as entidades administrativas competentes e definir as regras procedimentais aplicáveis à execução administrativa do direito da União Europeia a nível interno. A *autonomia institucional* reporta-se ao plano da organização administrativa interna de cada Estado-Membro e à repartição das competências para a aplicação do direito da União Europeia pelos seus diversos níveis. Por sua vez, a *autonomia procedimental* reporta-se ao plano do procedimento administrativo, ou seja, à definição das regras e trâmites procedimentais a seguir na tomada de decisões administrativas nos domínios de aplicação do direito da União Europeia. Resulta da jurisprudência assente do TJUE que, quando o direito da União Europeia (originário ou derivado) reconhece poderes ou impõe obrigações aos Estados-Membros para a sua aplicação, 1) *"a questão de saber de que maneira o exercício destes poderes e a execução destas obrigações podem ser confiados pelos Estados a organismos internos determinados depende unicamente do sistema constitucional de cada Estado"*[133], e 2) na falta de regulamentação da União, a

---

[132] Em bom rigor, a autonomia dos Estados-Membros deve ser entendida numa aceção tripla, enquanto autonomia *institucional* (para designar a autonomia dos Estados-Membros na repartição das competências para a aplicação do direito da União Europeia entre as suas diferentes estruturas político-constitucionais, o que se reflete nos planos legislativo, administrativo e judicial), *procedimental* (para designar a autonomia dos Estados-Membros na definição dos procedimentos que devem ser seguidos para a aplicação do direito da União Europeia, o que se reflete essencialmente no plano administrativo) e *processual* (para designar a autonomia dos Estados-Membros na organização das vias judiciais necessárias para assegurar a efetiva aplicação do direito da União Europeia e a tutela jurisdicional efetiva dos direitos que dele decorrem para os particulares) – neste sentido, cf. FAUSTO DE QUADROS, *Direito da União Europeia, cit.*, p. 648. A doutrina, especialmente de língua francesa e inglesa, tende a utilizar a expressão "autonomia processual" em sentido abrangente, nela incluindo ambas as dimensões processual e procedimental – como constata MIGUEL PRATA ROQUE, *Direito Processual Administrativo: A Convergência Dinâmica no Espaço Europeu de Justiça Administrativa, cit.*, pp. 68 e 69. No presente capítulo, a enunciação e a explicitação do princípio serão condicionadas pela temática que nos ocupa, sendo, por isso, privilegiadas as dimensões institucional (organização administrativa) e procedimental (procedimento administrativo).

[133] O TJUE pronunciou-se pela primeira vez neste sentido no Acórdão *International Fruit Company*, de 15 de dezembro de 1971, procs. apensos 51/71 a 54/71, considerando 4. Daqui resulta que *"os Estados-Membros podem repartir as competências no plano interno e dar execução aos atos de direito comunitário não diretamente aplicáveis através de medidas adotadas pelas autoridades regionais ou locais, desde que essa repartição de competências permita uma correta execução dos ctos de direito comunitário em causa"* – cf. Acórdãos (TJUE) *Hansa Fleisch Ernst Mundt*, de 10 de novembro de 1992, proc. C-156/91, considerando 23; e *Mark Horvath*, de 16 de julho de 2009, proc. C-428/07, considerando 50.

ADMINISTRAÇÃO PÚBLICA

sua aplicação será feita no respeito pelas regras procedimentais de direito interno aplicáveis[134].

Esta autonomia tem, contudo, valor relativo[135]. O direito da União Europeia não é "totalmente agnóstico"[136] em relação aos regimes de direito interno que, na falta de regulamentação da União, asseguram a sua efetiva aplicação a nível interno e enquadram o exercício dos direitos que reconhece aos particulares. A autonomia institucional e procedimental dos Estados-Membros não significa, em particular, desinteresse pelos regimes jurídico-administrativos internos mobilizáveis para a aplicação do direito da União Europeia; apenas visa evitar uma ingerência excessiva do direito da União Europeia na organização administrativa dos Estados-Membros e na definição das regras de enquadramento procedimental aplicáveis à tomada de decisões administrativas nos domínios de aplicação do direito da União.

É por isso que esta autonomia resulta "temperada"[137] da jurisprudência do TJUE pelos *princípios da equivalência e da efetividade*[138], dos quais decorre que as medidas adotadas pelos Estados-Membros para assegurar a aplicação do direito da União Europeia não podem ser menos favoráveis que as previstas para pretensões similares de natureza interna, nem podem tornar impossível ou excessivamente difícil na prática o exercício dos direitos que o direito da União reconhece aos particulares/administrados[139]. Do *princí-*

---

[134] O TJUE pronunciou-se pela primeira vez neste sentido no Acórdão *Fleischkontor*, de 11 de fevereiro de 1971, proc. 39-70, considerando 4.

[135] Ao ponto de alguma doutrina questionar a sua própria existência. É o caso de C. N. KAKOURIS, «Do the Member States possess judicial procedural "autonomy"?», in *Common Market Law Review*, vol. 34, 1997, pp. 1389-1412. O Autor interpreta a expressão "na ausência de regulamentação comunitária/da União" no sentido de a Comunidade/União ser titular de competência em matéria processual, mas ainda não ter exercido essa competência, de tal modo que «the Court does not recognize any "autonomy" vested in Member States» (p. 1395).

[136] JOSÉ LUÍS DA CRUZ VILAÇA, «Direito comunitário e direito interno: decisão da Comissão baseada no artigo 21.º do Regulamento sobre o controlo das concentrações – O "caso Champalimaud". Acórdão do Supremo Tribunal Administrativo (1.ª Secção) de 27.10.1999, P. 45 389-A», in *CJA*, n.º 29, 2001, p. 29.

[137] Aproveitando a expressão do Advogado-Geral Miguel Poiares Maduro, Conclusões de 9 de julho de 2009, proc. C-118/08 (*Transportes Urbanos y Servicios Generales*), considerando 1.

[138] Mais uma vez, a enunciação e a explicitação dos princípios serão condicionadas pela temática do presente capítulo.

[139] A jurisprudência do TJUE relativa aos princípios da equivalência e da efetividade reporta-se essencialmente à dimensão *processual* da autonomia dos Estados-Membros, no sentido de as vias processuais destinadas a garantir a proteção dos direitos conferidos aos particulares pelo direito da União não poderem ser menos favoráveis que as que respeitam a pretensões similares de direito

DIREITO DA UNIÃO EUROPEIA – ELEMENTOS DE DIREITO E POLÍTICAS DA UNIÃO

pio da equivalência resulta um tratamento tendencialmente idêntico das pretensões fundadas em direito nacional e em direito da União Europeia[140] ou, pelo menos, um tratamento não menos favorável destas comparativamente às primeiras – o princípio visa, pois, evitar uma discriminação em relação ao direito da União Europeia em si[141]. O *princípio da efetividade*, por sua vez, tende a garantir um padrão de proteção dos direitos que o direito da União Europeia reconhece aos particulares/administrados, se não uniforme, pelo menos homogéneo[142], na medida em que fundamenta o afastamento de regras de direito interno que tornem impossível ou excessivamente difícil na prática o exercício desses direitos – isto porque as normas de direito da União Europeia devem aplicar-se *"de pleno direito, no mesmo momento e com efeitos idênticos em todo o território da [União], sem que os Estados-Membros lhes possam opor seja que obstáculos forem"*[143].

É assim possível testar a forma como a autonomia institucional e procedimental dos Estados-Membros resulta limitada ou relativizada pela jurisprudência do TJUE.

Assim, por exemplo, no que toca à organização administrativa dos Estados-Membros, assume particular relevância a jurisprudência constante do Tribunal de Justiça pela qual *"uma autoridade de um Estado Membro não pode invocar disposições, práticas ou situações da sua ordem jurídica interna, incluindo as que decorrem da organização constitucional desse Estado, para justificar a inobservân-*

---

interno, nem tornarem impossível na prática ou excessivamente difícil o exercício daqueles direitos. O Tribunal de Justiça pronunciou-se pela primeira vez neste sentido nos Acórdãos *Rewe*, de 16 de dezembro de 1976, proc. 33/76, considerando 5; e *Comet*, de 16 de dezembro de 1976, proc. 45/76, considerandos 13 e 16, tendo "rotulado" tais princípios no Acórdão *Palmisani*, de 10 de julho de 1997, proc. C-261/95, considerando 27.

[140] Neste sentido, pode ler-se da Declaração n.º 19 anexa ao Tratado de Maastricht, relativa à "aplicação do direito comunitário", que é "essencial para o bom funcionamento da Comunidade que das medidas tomadas pelos diferentes Estados-Membros resulte que o direito comunitário neles seja aplicado com eficácia e rigor equivalentes aos empregues na aplicação do seu direito nacional".

[141] Assim, mas referindo-se às implicações processuais do princípio da equivalência, OLIVIER DUBOS, *Les Juridictions Nationales, Juge Communautaire. Contribution à l'Étude des Transformations de la Fonction Juridictionnelle dans les États Membres de l'Union Européenne*, Paris, Dalloz, 2001, p. 271. Da mesma forma, o TJUE afirmou no Acórdão *Ferwerda*, de 5 de março de 1980, proc. 265/78, que *"l'application de la législation nationale doit se faire de façon non dicriminatoire par rapport aux procédures visant à trancher des litiges du même type, mais purement nationaux"* (considerando 12).

[142] Aproveitando a expressão do Advogado-Geral Giuseppe Tesauro, Conclusões de 28 de novembro de 1995, procs. apensos C-46/93 e C-48/93 (*Brasserie du Pêcheur e Factortame*), considerando 50.

[143] Acórdão *Comissão c. República Italiana*, de 13 de julho de 1972, proc. 38/71, considerando 8.

cia das obrigações resultantes do direito comunitário"[144]. Esta jurisprudência tem repercussões em sede de declaração de incumprimento, da competência do TJUE (artigo 260.º do TFUE), e em sede de condenação dos Estados-Membros em responsabilidade por violação do direito da União Europeia, da competência dos tribunais nacionais.

O TJUE tem afirmado, por um lado, que *"[o] incumprimento de um Estado-Membro pode em princípio ser declarado qualquer que seja o órgão do Estado cuja acção ou omissão esteja na origem do incumprimento, ainda que se trate de uma instituição constitucionalmente independente*"[145]. É assim que tem imputado aos Estados-Membros não só comportamentos de órgãos do poder central, mas também de entidades descentralizadas[146] e até de entidades de direito privado cujas atividades estão, direta ou indiretamente, sujeitas ao seu controlo[147].

---

[144] Acórdão (TJUE) *Gouvernement de la Communauté française e Gouvernement wallon contre Gouvernement flamand*, de 1 de abril de 2008, proc. C-212/06, considerando 58, e jurisprudência aí referida. Cf., por último, Acórdão (TJUE) *Comissão contra Reino da Suécia*, de 30 de maio de 2013, proc. C-270/11, considerando 54.

[145] Acórdão *Comissão c. República Italiana*, de 9 de dezembro de 2003, proc. C-129/00, considerando 29.

[146] Cf., a título meramente exemplificativo: relativamente às regiões belgas, Acórdãos *Comissão contra Reino da Bélgica*, de 14 de janeiro de 1988, procs. apensos 227 a 230/85; e *Comissão contra Reino da Bélgica*, de 17 de janeiro de 2002, proc. C-423/00; relativamente às regiões italianas, Acórdãos *Comissão contra República Italiana*, de 13 de dezembro de 1991, proc. C-33/90; e *Comissão contra República Italiana*, de 10 de junho de 2004, proc. C-87/02; relativamente aos *Länder* alemães, Acórdãos *Comissão contra República Federal da Alemanha*, de 17 de outubro de 1991, proc. C-58/89; e *Comissão contra República Federal da Alemanha*, de 14 de maio de 2002, proc. C-383/00; relativamente a um município italiano, Acórdão *Comissão contra República Italiana*, de 10 de março de 1987, proc. 199/85; relativamente a um distrito urbano irlandês, Acórdão *Comissão contra Irlanda*, de 22 de setembro de 1988, proc. 45/87.

[147] Por exemplo, no Acórdão *Comissão contra Irlanda*, de 24 de novembro de 1982, proc. 249/81, o TJUE declarou procedente uma ação por incumprimento intentada contra a Irlanda com fundamento em violação do princípio da livre circulação de mercadorias. Estava em causa a campanha *Buy Irish*, promovida pelo Governo irlandês em 1978, para incentivar a compra de produtos nacionais. Para o efeito, foi criado o *Irish Goods Council*, uma sociedade de responsabilidade limitada de direito irlandês, que tinha a seu cargo, entre outros, a organização de uma ampla campanha publicitária a favor dos produtos irlandeses. Ora, o Tribunal considerou que o estatuto de direito privado do *Irish Goods Council* não seria fundamento para o Governo Irlandês se eximir das obrigações que para ele decorriam dos Tratados, na medida em que as atividades da sociedade, nomeadamente aquela campanha publicitária, estavam, direta ou indiretamente, sob o seu controlo: o Governo Irlandês nomeava os membros do seu conselho de administração, concedia-lhe subvenções públicas que cobriam o essencial das suas despesas e definia as finalidades e os contornos daquela campanha publicitária (considerando 15).

DIREITO DA UNIÃO EUROPEIA – ELEMENTOS DE DIREITO E POLÍTICAS DA UNIÃO

Por outro lado, o TJUE já teve a oportunidade de esclarecer que a responsabilidade por danos causados em violação do direito da União Europeia é imputável ao Estado *"qualquer que seja a autoridade pública que tenha cometido essa violação e qualquer que seja aquela a quem incumbe, em princípio, segundo o direito do Estado-Membro em questão, o ónus da reparação"*. Mesmo que o direito da União Europeia não imponha aos Estados-Membros *"qualquer modificação da repartição interna das competências e das responsabilidades entre as coletividades públicas que existem no seu território"*, tal não implica que estes possam *"invocar a repartição das competências e responsabilidades entre as coletividades que existem na sua ordem jurídica interna para se eximir à sua responsabilidade nesta matéria"*[148]. É

Também com fundamento em violação do princípio da livre circulação de mercadorias, o TJUE, no Acórdão *Comissão contra República Francesa*, de 9 de dezembro de 1997, proc. C-265/95, declarou procedente a ação por incumprimento intentada contra a República Francesa quando estavam em causa atos de violência cometidos no território francês contra produtos agrícolas originários de outros Estados-Membros durante a década de 1990 (interceção de camiões que transportavam tais produtos, destruição da sua carga, atos de violência praticados sobre os condutores, ameaças dirigidas aos grossistas e retalhistas, danificação de mercadorias em exposição). Apesar de reconhecer as dificuldades das autoridades competentes para fazer face a este tipo de situações (considerando 52) e a competência exclusiva dos Estados-Membros para a manutenção da ordem pública e a salvaguarda da segurança interna (considerando 33), o Tribunal considerou não ter o Governo Francês cumprido, por omissão, as obrigações decorrentes do atual artigo 34.º do TFUE, em conjugação com o atual artigo 4.º, n.º 3, do TUE: concluiu o Tribunal de Justiça que o Governo francês se havia abstido, *"de maneira manifesta e persistente, de tomar medidas suficientes e apropriadas para fazer cessar os atos de vandalismo que [punham] em causa, no seu território, a livre circulação de certos produtos agrícolas originários de outros Estados-Membros e para impedir a renovação de tais atos"* (considerando 65).

[148] Acórdão *Konle*, de 1 de junho de 1999, proc. C-302/97, considerandos 62 e 63. A jurisprudência *Konle*, proferida em sede de responsabilidade por violação do direito da União Europeia imputável ao legislador, foi retomada no Acórdão *Haim*, de 4 de julho de 2000, proc. C-424/97, a propósito da eventual responsabilidade de um organismo autónomo de direito público (uma associação de médicos mutualistas) pela prática de um ato individual e concreto lesivo e alegadamente contrário ao direito da União. No acórdão, o TJUE acrescentou que os Estados-Membros não podiam argumentar que *"a autoridade pública autora da violação do direito comunitário não dispunha das competências, conhecimentos ou meios necessários"* (considerando 64). Para além disso, deduziu do que havia decidido no Acórdão *Konle* que, nos *"Estados-Membros, com ou sem estrutura federal, em que determinadas tarefas legislativas ou administrativas são assumidas de forma descentralizada por autarquias dotadas de alguma autonomia ou por qualquer outro organismo de direito público juridicamente distinto do Estado"*, a reparação dos prejuízos causados aos particulares por medidas adotadas em violação do direito da União Europeia pode ser por estes garantida (considerando 39). Daqui resulta que o direito da União *"não se opõe a que possa existir responsabilidade dos organismos de direito público de repararem os prejuízos causados aos particulares por medidas por ele adotadas com violação do direito comunitário, para além da responsabilidade do próprio Estado-Membro"* (considerando 32). No mesmo sentido decidiu nos Acórdãos *Günter Fuß*, de 25 de novembro de 2010, proc. C-429/09, e *A.G.M.-COS.MET*, de 17 de abril de 2007, proc. C-470/03 (no qual estava em causa a responsabilidade de um funcionário público).

ADMINISTRAÇÃO PÚBLICA

assim que a eventual responsabilidade de entidades juridicamente distintas do Estado, à qual o direito da União não se opõe, não decorre, contudo, do próprio direito da União, mas do direito nacional de cada Estado-Membro e, por isso, existe *"para além"* da responsabilidade do próprio Estado[149]. Evita-se, desta forma, que o Estado-Membro lesante "sacuda"[150] a responsabilidade que sobre ele recai por força do direito da União Europeia para outro *"ente jurídico"*[151] que, de alguma forma, tenha intervindo na produção do dano[152].

Contudo, e retomando o fio condutor deixado entretanto em suspenso, o facto de não ser possível aos Estados-Membros invocar legitimamente a estrutura descentralizada da sua organização administrativa, seja junto do TJUE numa ação por incumprimento, seja junto dos seus próprios tribunais numa ação de responsabilidade por violação do direito da União Europeia, permite concluir, com Paulo Otero, pela "modificação do figurino de distribuição vertical de poderes dentro dos Estados-Membros, (...), limitando a descentralização política e administrativa e conduzindo à proliferação de fenómenos de intervenção substitutiva do Estado sobre as entidades descentralizadas titulares de uma competência normal de execução", saindo reforçada a "centralidade decisória do Estado"[153]. A consideração unitária do Estado para fins de declaração de incumprimento e de responsabilidade por violação do direito da União Europeia desperta, de facto, novas necessidades de regulação das relações entre o Estado e as entidades que, muito embora sejam juridicamente distintas e autónomas do Estado, veem a sua ação ou

---

[149] Cf. Acórdãos *Haim, cit.*, considerandos 32 e 34, e *Günter Fuß, cit.*, considerando 61.
[150] Ou "hide under the skirts of their constitutional law in order to escape Union obligations", como refere ROB WIDDERSHOVEN, "European Administrative Law", *cit.*, p. 255.
[151] A expressão é do TJUE – cf. Acórdão *A.G.M.-COS.MET, cit.*, considerando 98. Neste contexto, GEORGIOS ANAGNOSTARAS, "The allocation of responsability in State liability actions for breach of Community law: a modern gordian knot?", in *European Law Review*, vol. 26, n.º 2, 2001, p. 141, utiliza a expressão "State emanations" (p. 141).
[152] Também resulta reforçada a proteção do lesado, pois desta forma existirá sempre e em qualquer caso uma entidade civilmente responsável (o próprio Estado) perante os particulares quando se verifiquem em concreto as condições constitutivas da responsabilidade do Estado por violação do direito da União Europeia, ficando ainda os lesados dispensados do ónus de apreender o sentido dos esquemas (eventualmente complexos) de repartição interna de competências e responsabilidades em ordem a exercer o seu direito à reparação contra o ente jurídico efetivamente responsável pelos danos sofridos.
[153] PAULO OTERO, *Legalidade e Administração Pública: O Sentido da Vinculação Administrativa à Juridicidade, cit.*, p. 473.

omissão no âmbito de aplicação do direito da União Europeia imputável ao Estado[154].

Também a autonomia procedimental dos Estados-Membros resulta limitada ou relativizada, não só pela jurisprudência do TJUE, mas também por atos jurídicos de direito derivado. Com efeito, a autonomia procedimental dos Estados-Membros resulta atenuada com a previsão de normas de natureza procedimental em atos jurídicos de direito derivado – seja em regulamentos, cujas normas serão diretamente aplicáveis, seja em diretivas, que estabelecem cada vez mais regras mínimas aplicáveis aos procedimentos administrativos internos necessários à execução do regime nelas previsto – que vinculam as entidades administrativas dos Estados-Membros na sua tarefa de aplicação da regulamentação setorial em causa. Por sua vez, da jurisprudência do TJUE resulta, desde a década de 1970 – e apenas para referir afirmações de carácter geral –, que, muito embora a aplicação do direito da União seja assegurada, na falta de regulamentação da União, no respeito pelas regras procedimentais de direito interno aplicáveis, "*o recurso às regras nacionais só é possível na medida necessária à execução das disposições do direito comunitário e desde que a aplicação destas regras nacionais não prejudique o alcance e a eficácia do direito comunitário, incluindo os princípios gerais do mesmo*"[155]; e ainda a jurisprudência pela qual o respeito pelas regras procedimentais nacionais deve "*conciliar-se com as necessidades de uma aplicação uniforme do direito comunitário*"[156].

É este, aliás, o sentido último dos limites decorrentes do direito da União Europeia, nomeadamente da jurisprudência do TJUE, à autonomia institu-

---

[154] Questão tanto mais complexa quanto maior for o grau de autonomia político-administrativa de tais entidades. Para uma análise da questão no que toca à realidade jurídica portuguesa, tendo por referência, em especial, a posição das Regiões Autónomas dos Açores e da Madeira, cf., José Maria de Albuquerque Calheiros e Rui Medeiros, "As Regiões Autónomas e a Aplicação das Directivas Comunitárias", *in* AA.VV., *Estudos de Direito Regional*, Jorge Miranda e Jorge Pereira da Silva (org.), Lex, Lisboa, 1997, pp. 829-901; e o nosso *A Responsabilidade Civil do Estado-Legislador por Violação do Direito da União Europeia: Breves Notas Sobre o Caso Português*, Principia, Cascais, 2013, pp. 104-110.

[155] Acórdão *Martin Huber*, de 19 de setembro de 2002, proc. C-336/00, considerando 61. O TJUE pronunciou-se pela primeira vez neste sentido no Acórdão *BayWa*, de 6 de maio de 1982, procs. apensos 146, 192 e 193/81, considerando 22, e, novamente, nos Acórdãos *Deutsche Milchkontor*, de 21 de setembro de 1983, procs. apensos 205/82 a 215/82, considerandos 17 e 22; e *Flemmer*, de 9 de outubro de 2001, procs. apensos C-80/99, C-81/99 e C-82/99, considerando 55.

[156] Acórdão *Schlüter & Maack*, de 6 de junho de 1972, proc. 94-71, considerando 11 (tradução livre do francês).

ADMINISTRAÇÃO PÚBLICA

cional e procedimental dos Estados-Membros: assegurar, na medida do possível, uma aplicação uniforme – ou pelo menos homogénea – do direito da União[157], atenuando as disparidades resultantes das práticas administrativas e dos direitos administrativos dos Estados-Membros. À autonomia institucional e procedimental dos Estados-Membros corresponde, pois, uma obrigação de resultado[158], traduzida na necessária aplicação efetiva e uniforme/ /homogénea do direito da União Europeia. É por isso que os Estados-Membros devem "adaptar a sua organização político-administrativa[159], as suas regras procedimentais e a sua organização judiciária às exigências de uma rigorosa e eficaz execução do Direito da União"[160]. Em especial, os princípios da equivalência e da efetividade convidam, em consequência, as entidades administrativas dos Estados-Membros competentes para a aplicação do direito da União Europeia a "revisitar"[161] as regras de direito administrativo nacional aplicáveis às pretensões fundadas em direito da União e a ter aquele "olhar crítico" a que já fizemos referência, a fim de, antes de as aplicar, se assegurarem da sua conformidade com o direito da União Europeia. Sem inovação, a "tensão" entre, por um lado, a autonomia institucional e procedimental dos Estados-Membros e, por outro, as exigências de aplicação efetiva e uniforme/homogénea do direito da União resolve-se, no cenário administrativo (mas também jurisdicional), pela "cooperação ordenamental"[162] que subjaz à construção jurídica da União Europeia.

O "quase silêncio" do direito originário a respeito da execução administrativa do direito da União Europeia ao nível dos Estados-Membros – que se traduz nas referências principiológicas acabadas de mencionar e na jurisprudência do TJUE que lhes dá corpo – convive, em contrapartida, com uma multiplicidade assimétrica de disposições de direito derivado[163] da qual

---

[157] Neste sentido, Jürgen Schwarze, *Droit Administratif Européen*, 2.ª ed., *cit.*, p. I-70.

[158] Neste sentido, Vincent Couronne, "L'autonomie procédural des États Membres à l'épreuve du temps", in *Cahiers de Droit Européen*, ano 64, n.ᵒˢ 3-4, 2010, p. 279.

[159] Ou recorrer à "cirurgia estética" como sugestivamente refere Miguel Prata Roque, *Direito Processual Administrativo: A Convergência Dinâmica no Espaço Europeu de Justiça Administrativa*, *cit.*, p. 103.

[160] Fausto de Quadros, *Direito da União Europeia*, *cit.*, p. 649.

[161] Assim, Takis Tridimas, "Liability for breach of Comunnity Law: growing up and mellowing down?", *cit.*, p. 321.

[162] Assim, Lorenzo Mellado Ruiz, «Principio de buena administración y aplicación indirecta del Derecho Comunitario: instrumentos de garantia frente a la "comunitarización" de los procedimentos», in *Revista Española de Derecho Europeo*, n.º 27, 2008, p. 289.

[163] Assim, Ángel Manuel Moreno Molina, "La Administración Publica de los Estados Miembros como administración comunitaria. Referencia a la situación española", *cit.*, pp. 148 e 149.

DIREITO DA UNIÃO EUROPEIA – ELEMENTOS DE DIREITO E POLÍTICAS DA UNIÃO

resultam variadas formas de interação, não só entre as entidades administrativas dos Estados-Membros e as instituições, órgãos e organismos da União, mas também entre as próprias administrações públicas dos diversos Estados--Membros. O direito derivado configura diversas formas de relacionamento e de contacto entre ambos os níveis de decisão e atuação administrativas, de intensidade e tipologia distintas em função do domínio setorial em causa. Parafraseando o TJUE, revela-se excessivamente difícil ou praticamente impossível proceder ao seu levantamento sistemático e compreensivo. Apesar disso, e mais uma vez privilegiando a simplicidade, é possível configurar duas formas de interação, ora de dimensão horizontal, ora de dimensão vertical[164] – isto, sem prejuízo de outros critérios de arrumação e da natureza artificiosa do critério proposto, sendo frequente que ambas as dimensões mencionadas se combinem na prática.

Numa perspetiva horizontal, o direito administrativo da União Europeia institucionaliza diversas formas de relacionamento entre as próprias administrações públicas dos Estados-Membros. Sempre com alcance setorial, são vários os atos jurídicos da União, essencialmente regulamentos e diretivas, que institucionalizam mecanismos de cooperação entre as entidades administrativas dos Estados-Membros – podendo esta cooperação ocorrer com ou sem intervenção da Comissão –, mecanismos que vão desde o intercâmbio de informações até à criação de comités compostos por representantes das autoridades dos Estados-Membros responsáveis em determinado domínio setorial ou à institucionalização de formas de *administração em rede*[165]. De tal é exemplo paradigmático a "cooperação estreita" entre a Comissão e as auto-

---

[164] Aproveitando o critério proposto por PAULO OTERO, *Legalidade e Administração Pública: O Sentido da Vinculação Administrativa à Juridicidade*, *cit.*, pp. 478 e 479, que distingue dois tipos de relacionamentos institucionais – "entre as Administrações Públicas dos diversos Estados-Membros" e "entre cada uma das Administrações dos Estados-Membros e a Comissão" –, mas recuperando a terminologia adotada por PAUL CRAIG, *EU Administrative Law, cit.*, pp. 28-33, que, no âmbito da "shared administration", distingue a sua "vertical dimension" e a sua "horizontal dimension". Também JÜRGEN SCHWARZE, *Droit Administratif Européen*, 2.ª ed., *cit.*, p. I-72, se refere, neste contexto, à "coopération horizontale" e à "coopération verticale". Apesar de o configurar de forma distinta, o mesmo critério de arrumação dual é adotado por ÁNGEL MANUEL MORENO MOLINA, "La Administración Publica de los Estados Miembros como administración comunitaria. Referencia a la situación española", *cit.*, pp. 159-164. Os diversos exemplos que serão aqui citados são também apresentados por estes Autores.
[165] Sobre o tema, cf. JEAN-LUC SAURON, "Les Réseaux d'Administrations Communautaires et Nationales", *in* AA.VV., *Droit Administratif Européen, ob. cit.*, pp. 283-293.

ADMINISTRAÇÃO PÚBLICA

ridades dos Estados-Membros responsáveis em matéria de concorrência[166]. É também neste contexto que se pode integrar a questão da eficácia de atos praticados pela administração de um Estado-Membro no território de outro Estado-Membro, quer porque o ato vale para todo o território da União por força da regulamentação (da União) ao abrigo da qual foi praticado[167], quer porque os seus efeitos se estendem extraterritorialmente em virtude de obrigações de reconhecimento mútuo impostas pela regulamentação da

---

[166] Cf. artigos 11.º a 14.º do Regulamento (CE) n.º 1/2003. No seu considerando 15 pode ler-se que "[a] Comissão e as autoridades dos Estados-Membros responsáveis em matéria de concorrência deverão instituir juntamente uma rede de autoridades públicas responsáveis por aplicar as regras comunitárias de concorrência em estreita cooperação" – a *Rede Europeia da Concorrência* (*http:// ec.europa.eu/competition/ecn/index_en.html*). A propósito, cf. a Comunicação da Comissão sobre a cooperação no âmbito da rede de autoridades de concorrência.

Sobre a cooperação administrativa entre as autoridades competentes dos Estados-Membros, e entre estas e a Comissão, necessária à aplicação de atos da União no domínio do mercado interno, cf. Regulamento (UE) n.º 1024/2012, de 25 de outubro de 2012, relativo à cooperação administrativa através do Sistema de Informação do Mercado Interno («Regulamento IMI»). Existem ainda formas de cooperação entre as entidades administrativas dos Estados-Membros, com ou sem intervenção da Comissão, em diversos domínios setoriais, como a proteção dos consumidores [cf. Regulamento (CE) n.º 2006/2004, de 27 de outubro de 2004, relativo à cooperação entre as autoridades nacionais responsáveis pela aplicação da legislação de defesa do consumidor), a fiscalidade [cf. Diretiva 2011/16/UE, de 15 de fevereiro de 2011, relativa à cooperação administrativa no domínio da fiscalidade e que revoga a Diretiva 77/799/CEE, e Regulamento (CE) n.º 1798/2003, de 7 de outubro de 2003, relativo à cooperação administrativa no domínio do imposto sobre o valor acrescentado e que revoga o Regulamento (CEE) n.º 218/92], os controlos aduaneiros e a agricultura [cf. Regulamento (CE) n.º 515/97, de 13 de março de 1997, relativo à assistência mútua entre as autoridades administrativas dos Estados-Membros e à colaboração entre estas e a Comissão, tendo em vista assegurar a correta aplicação das regulamentações aduaneira e agrícola] –, entre outros exemplos.

[167] Assim, por exemplo, no âmbito do Regulamento (CE) n.º 810/2009, de 13 de julho de 2009, que estabelece o Código Comunitário de Vistos (Código de Vistos): por força do seu artigo 2.º, n.º 3, a emissão de um visto uniforme de curta duração (não superior a três meses por cada período de seis meses) permite ao nacional de um país terceiro entrar e circular não só no território do Estado-Membro que concedeu o visto, mas também na "totalidade do território dos Estados--Membros". Sobre os contornos da eficácia transnacional do visto uniforme de curta duração, cf. NUNO PIÇARRA, "União Europeia e Acto Administrativo Transnacional", *in* AA.VV., *Direito da União Europeia e Transnacionalidade, ob. cit.*, pp. 312-316; e sobre os contornos da eficácia transnacional de atos administrativos no âmbito do direito da União Europeia em geral, cf. MARIE GAUTIER, "Acte Administratif Transnational et Droit Communauteire", *in* AA.VV., *Droit Administratif Européen, ob. cit.*, pp. 1069-1083; e MATTHIAS RUFFERT, "European Composite Administration: the transnational administrative act", *in* AA.VV., *The European Composite Administration*, Oswald Jansen e Bettina Schöndorf-Haubold (eds.), Intersentia, Cambridge-Antwerp-Portland, 2011, pp. 277-306.

DIREITO DA UNIÃO EUROPEIA – ELEMENTOS DE DIREITO E POLÍTICAS DA UNIÃO

União aplicável[168], ou ainda porque esta eficácia transnacional se impõe por força de princípios gerais de direito da União Europeia, como os princípios da cooperação leal e da não discriminação em razão da nacionalidade[169].

Numa perspetiva vertical, o direito administrativo da União Europeia institucionaliza diversas formas de relacionamento entre as entidades administrativas dos Estados-Membros e as instituições, órgãos e organismos da União, *maxime* a Comissão ou agências. Alguns atos de direito derivado impõem às entidades administrativas dos Estados-Membros obrigações de comunicação ou notificação à Comissão de certos aspetos relativos à execução (administrativa[170]) da regulamentação em causa. Trata-se, por regra, de comunicações ou relatórios periódicos (anuais) que permitem à Comissão controlar o efetivo/concreto cumprimento das obrigações decorrentes do direito da União Europeia (e não apenas controlar o seu cumprimento no plano normativo/legislativo) e, por esta via, detetar eventuais situações de incumprimento administrativo do direito da União[171]. Para além destas obrigações de informação, multiplicam-se, nos mais variados domínios de

---

[168] Assim, por exemplo, no âmbito da Diretiva 2005/36/CE, de 7 de setembro de 2005, relativa ao reconhecimento das qualificações profissionais, ou ainda da Diretiva 2006/123/CE, de 12 de dezembro de 2006, relativa aos serviços no mercado interno (em especial, artigo 16.º) – neste sentido, cf., respetivamente, NUNO PIÇARRA, "União Europeia e Acto Administrativo Transnacional", *cit.*, pp. 307-312, e SUZANA TAVARES DA SILVA, *Direito Administrativo Europeu*, *cit.*, p. 41.

[169] Como pretendemos demonstrar com base no Acórdão (TJUE) *ČEZ*, de 27 de outubro de 2009, proc. C-115/08, no nosso "As administrações públicas nacionais perante as situações *residuais* e *transnacionais* de direito da União Europeia", *cit.*, pp. 411-419.

[170] Não se trata aqui da obrigação de notificação ou de comunicação à Comissão do texto das disposições de direito interno aprovadas para a transposição de diretivas – o que releva da execução *legislativa* do direito da União Europeia e que, por isso, escapa do âmbito do presente capítulo.

[171] O que sucedeu, por exemplo, no contexto da execução da Diretiva 76/160/CEE, de 8 de dezembro de 1975, relativa à qualidade das águas balneares (entretanto revogada pela Diretiva 2006/7//CE, de 15 de fevereiro de 2006, relativa à gestão da qualidade das águas balneares) – cf. Acórdão *Comissão contra Reino da Espanha*, de 12 de fevereiro de 1998, proc. C-92/96. No caso, as autoridades espanholas haviam atempadamente comunicado à Comissão o texto das disposições de direito interno de transposição da diretiva, bem como transmitido os relatórios relativos às águas balneares referentes aos anos de 1986 e 1987 (considerando 13). Foi com base nesses relatórios que a Comissão detetou a eventual situação de incumprimento (considerando 14), que veio a ser declarado pelo TJUE. O caso é citado, neste contexto, por ÁNGEL MANUEL MORENO MOLINA, "La Administración Publica de los Estados Miembros como administración comunitaria. Referencia a la situación española", *cit.*, p. 161.
A propósito, cf. o levantamento de ALICJA SIKORA, "Administrative Practice as a Failure of a Member State to Fulfil its Obligations under Community Law", in *Review of European Administrative Law*, vol. 2, n.º 1, 2009, pp. 5-27.

ADMINISTRAÇÃO PÚBLICA

competência da União, esquemas procedimentais compósitos nos quais ambos os níveis de decisão e atuação administrativas – da União e dos Estados-Membros – intervêm de forma articulada e complementar na execução de determinada regulamentação setorial[172] – esquemas tradicionalmente associados ao conceito de *co-administração*. Estas formas de *"exercício em comum da função administrativa da União Europeia"*[173] mobilizam, nas várias fases procedimentais e no exercício de competências previamente definidas, instituições, órgãos e organismos da União – em regra, a Comissão ou uma agência – e entidades administrativas dos Estados-Membros, sem, contudo, obedecer a um modelo único, antes variando em função do setor em causa[174].

Seja como for, em cada um destes casos e naqueles que não se enquadram em nenhuma das hipóteses mencionadas – *maxime*, nas situações em que a regulamentação da União designa as entidades administrativas dos Estados--Membros como entidades responsáveis pela sua aplicação, enquadrando, de forma mais ou menos pormenorizada, a sua atuação, sem prever, contudo, nenhum momento de contacto ou interação como os descritos –, a presença institucional da União pode, apesar disso, sempre materializar-se numa fase *a posteriori* de controlo da atuação administrativa levada a cabo ao nível dos

---

[172] Em termos de incidência material, a doutrina destaca vários exemplos nos domínios da política agrícola comum e dos fundos estruturais – cf. GIACINTO DELLA CANANEA, "The European Union's Mixed Administrative Proceedings", *cit.*, pp. 199-205; PAUL CRAIG, *EU Administrative Law, cit.*, p. 29; CLAUDIO FRANCHINI, "Les notions d'administration indirecte et de coadministration", *cit.*, pp. 253-258. Entre nós, cf., em geral, LOURENÇO VILHENA DE FREITAS, *Os Contratos de Direito Público da União Europeia no Quadro do Direito Administrativo Europeu. Volume I – Direito Administrativo da União Europeia, cit.*, pp. 281-282; MIGUEL PRATA ROQUE, *Direito Processual Administrativo: a convergência dinâmica no Espaço Europeu de Justiça Administrativa, cit.*, p. 100; e, em especial, os diversos exemplos (normativos e jurisprudenciais) apresentados por SUZANA TAVARES DA SILVA, *Direito Administrativo Europeu, cit.*, pp. 55-67, que incluem as autorizações de comercialização de produtos fitossanitários, as autorizações de introdução de alimentos no mercado, as autorizações de introdução de organismos geneticamente modificados no mercado e o regime de registo, avaliação, autorização e restrição de produtos químicos.

[173] MARIA LUÍSA DUARTE, *Direito Administrativo da União Europeia, cit.*, p. 85 (itálico no original).

[174] A doutrina tem proposto algumas classificações, a mais usual das quais distingue os procedimentos *top-down*, iniciados ao nível da União, com decisão final tomada ao nível dos Estados--Membros, e os procedimentos *bottom-up*, iniciados ao nível dos Estados-Membros, com decisão final tomada ao nível da União, para além de modelos procedimentais híbridos – cf. GIACINTO DELLA CANANEA, "The European Union's Mixed Administrative Proceedings", *cit.*, pp. 199-205, cuja classificação é seguida, entre outros, por PAUL CRAIG, *EU Administrative Law, cit.*, pp. 29-33, no contexto da "shared administration".

DIREITO DA UNIÃO EUROPEIA – ELEMENTOS DE DIREITO E POLÍTICAS DA UNIÃO

Estados-Membros, controlo assegurado pela Comissão e/ou pelo TJUE[175] – no âmbito do procedimento e da ação por incumprimento (artigos 258.º e 260.º do TFUE) ou em sede de reenvio prejudicial (artigo 267.º do TFUE).

É, por isso, de sublinhar que, independentemente da forma pela qual se manifesta, a atuação das entidades administrativas dos Estados-Membros enquanto administração funcionalmente da União está sempre enquadrada pelo direito da União Europeia – seja pela regulamentação setorial aplicável, seja, em geral, pelas exigências próprias decorrentes dos imperativos de aplicação efetiva e uniforme/homogénea do direito da União –, de modo que nunca se concretiza de forma inteiramente isolada, nem exclusivamente sob o signo do direito interno. Muito embora sejam mobilizadas as administrações públicas dos Estados-Membros e os instrumentos de direito administrativo interno, a execução administrativa do direito da União Europeia ao nível dos Estados-Membros deve pautar-se pelos critérios ditados pelo próprio direito da União[176], critérios que podem implicar que as administrações públicas dos Estados-Membros tenham um "olhar crítico" sobre as soluções de direito interno concretamente aplicáveis a fim de assegurar a sua conformidade com o direito da União Europeia.

A execução administrativa do direito da União Europeia ao nível dos Estados-Membos pode concetualizar-se como uma zona cinzenta[177] em que [o direito d]a União *parece* afastar-se em benefício da atuação das entidades administrativas dos Estados-Membros, sem, contudo, nunca deixar de estar presente. Enquanto "braço armado"[178] da União Europeia, as administrações públicas dos Estados-Membros sujeitam-se, contudo, a um regime de direito da União que europeíza a função que exercem e o direito que aplicam. A configuração das administrações públicas dos Estados-Membros

---

[175] Neste sentido, cf. JACQUES ZILLER, "Exécution centralisée et exécution partagée: le fédéralisme d'exécution en droit de l'Union européenne", *cit.*, p. 115.
O controlo da conformidade com o direito da União Europeia da atuação da administração de um Estado-Membro pode ainda ser efetuado por outro Estado-Membro também no quadro do procedimento de incumprimento (cf. artigo 259.º do TFUE), hipótese que raramente se verificou até o momento.

[176] Assim, FAUSTO DE QUADROS, *Direito da União Europeia, cit.*, pp. 641 e 643.

[177] A expressão, usada no contexto do exercício da função jurisdicional da União pelos tribunais nacionais, é de SACHA PRECHAL, "Community law in national courts: The lessons from *Van Schijndel*", in *Common Market Law Review*, vol. 35, n.º 3, 1998, p. 690.

[178] Assim, CATHERINE HAGUENAU-MOIZARD, "Les États et le respect du droit communautaire par leurs sujets de droit: mécanismes de droit administratif (contrôles, sanctions)", *in* AA.VV., *Droit Administratif Européen, ob. cit.*, p. 775.

ADMINISTRAÇÃO PÚBLICA

como administração funcionalmente da União e a mobilização das normas orgânicas, funcionais e relacionais de direito administrativo interno para a prossecução de interesses públicos europeus exigem dos poderes públicos nacionais que se dispam da sua veste estritamente doméstica e abracem uma missão europeizadora na aplicação do seu próprio direito nacional – numa verdadeira "promiscuidade de órgãos nacionais e funções europeias"[179].

4. Princípios de direito administrativo da União Europeia

As formas de revelação do bloco de juridicidade administrativa da União Europeia correspondem, no essencial, ao sistema geral de fontes do direito da União Europeia. Como tal, a jurisprudência do TJUE assume natural protagonismo, não apenas no que toca à construção e densificação de regras e princípios de natureza jus-administrativa, mas também no que toca à construção e densificação de regras e princípios de articulação entre o ordenamento jurídico da União Europeia e os ordenamentos jurídicos dos Estados-Membros, com consequências na aplicação do direito da União Europeia pelas entidades administrativas dos Estados-Membros.

A jurisprudência do TJUE cedo assumiu um papel decisivo na construção do direito administrativo da União Europeia. Perante o "quase silêncio" do direito originário e em razão do carácter predominantemente setorial do direito derivado, a jurisprudência do TJUE revela-se, em particular, como fonte natural de *princípios gerais* de direito (constitucional e) administrativo da União Europeia[180]. Em vez de desenvolver princípios totalmente novos, contudo, o TJUE esforçou-se por desenvolver princípios já conhecidos pelo direito, pela doutrina e pela jurisprudência dos Estados-Membros[181]. O Acórdão *Algera* constitui o ponto de partida desta prática jurisprudencial.

---

[179] Francisco Lucas Pires, *Tratados que instituem uma Comunidade e a União Europeia*, Lisboa, 1994, apud *A Revolução Europeia por Francisco Lucas Pires – Antologia de Textos*, publicação do Gabinete do Parlamento Europeu em Portugal, 2008, p. 142.

[180] Assim, Mario Chiti, "Forms of European Administrative Action", *cit.*, p. 47.

[181] Ao mesmo tempo que reconhece os benefícios que daí resultam, pois a familariedade destes princípios junto dos operadores jurídicos dos Estados-Membros "facilitates the integration of European and national administrative law", Mario Chiti também sublinha que a ausência de princípios de direito administrativo novos "highlights a stage of immaturity of European administrative law, which [has not yet] produced new principles specifically designed to address the unique features of Community administrative action", especialmente aqueles que se colocam nos procedimentos nos quais instituições, órgãos e organismos da União e entidades administrativas dos Estados-Membros intervêm, de forma articulada, em distintas fases para a adoção de um mesmo ato final – cf. Mario Chiti, "Forms of European Administrative Action", *cit.*, pp. 50-51.

DIREITO DA UNIÃO EUROPEIA – ELEMENTOS DE DIREITO E POLÍTICAS DA UNIÃO

No caso, o TJUE era pela primeira vez confrontado com um problema de direito administrativo – a revogação de atos administrativos constitutivos de direitos – para o qual o Tratado não oferecia solução. Fundando-se no princípio da proibição de denegação de justiça, o Tribunal de Justiça decidiu *"en s'inspirant des règles reconnues par les législations, la doctrine et la jurisprudence des pays membres"*[182]. Ao lado deste, também os Acórdãos *Fédération Charbonnière de Belgique* (sobre desvio de poder)[183], *Lachmueller* (sobre a aplicação de regras gerais de direito administrativo ao funcionamento do serviço linguístico da Comissão)[184] e *Giuffrida* (sobre abuso de poder)[185] demonstram quão "madrugadora"[186] foi a jurisprudência do TJUE no tratamento de questões de natureza jus-administrativa.

Com base em "princípios gerais comuns aos direitos dos Estados-Membros"[187] – por meio do que Jürgen Schwarze designa de *"comparação apreciativa de direitos"*[188] – e sempre ao sabor de decisões sobre situações concretas – casuísmo que Sabino Cassesse designa por *"adhocracia"*[189] –, a jurisprudência do TJUE tem vindo a edificar o complexo principiológico do

---

[182] Acórdão *Algera, cit.*, pp. 114-116. Procede-se à transcrição do essencial da passagem relevante do acórdão: *"Quant à la possibilité d'un retrait de tels actes, il s'agit là d'un problème de droit administratif, bien connu dans la jurisprudence et la doctrine de tous les pays de la Communauté, mais pour la solution duquel le Traité ne contient pas de règles. La Cour, sous peine de commettre un déni de justice, est donc obligée de le résoudre en s'inspirant des règles reconnues par les législations, la doctrine et la jurisprudence des pays membres. Une étude de droit comparé fait ressortir que dans les six États membres un acte administratif conférant des droits subjectifs à l'intéressé ne peut eu principe pas être retiré, s'il s'agit d'un acte légal; dans ce cas, le droit subjectif étant acquis, la nécessité de sauvegarder la confiance dans la stabilité de la situation ainsi créée l'emporte sur l'intérêt de l'administration qui voudrait revenir sur sa décision. (...) Si, par contre, l'acte administratif est illégal, le droit de tous les l'États membres admet la possibilité d'une révocation. L'absence d'une base légale objective de l'acte affecte le droit subjectif de l'intéressé et justifie la révocation dudit acte. Il convient de souligner que si ce principe est généralement reconnu, seules les conditions de son exercice varient. (...) La révocabilité d'un administratif vicié pur son illégalité est donc admise dans tous les Etats membres. D'accord avec les conclusions de M. l'avocat général, la Cour admet le principe de la révocabilité des actes illégaux au moins pendant un délai raisonnable, tel celui dans lequel sont intervenues les décisions entreprises dans le présent litige".*

[183] Acórdão *Fédération Charbonnière de Belgique*, de 16 de julho de 1956, proc. 8-55.

[184] Acórdão *Lachmüller*, de 15 de julho de 1960, procs. apensos 43/59, 45/59 e 48/59.

[185] Acórdão *Giuffrida*, de 29 de setembro de 1979, proc. 105/75.

[186] Maria Luísa Duarte, *Direito Administrativo da União Europeia, cit.*, p. 96.

[187] Para os quais remete expressamente o artigo 340.º, 2.º §, do TFUE, em matéria de responsabilidade civil extracontratual da União.

[188] Jürgen Schwarze, *Droit Administratif Européen*, 2.ª ed., *cit.*, p. I-12.

[189] Sabino Cassesse, "La signoria comunitaria sul Diritto Amministrativo", in *Rivista italiana di diritto pubblico comunitario*, ano 12, n.os 2-3, p. 292, *apud* Maria Luísa Duarte, *Direito Administrativo da União Europeia, cit.*, p. 97.

ADMINISTRAÇÃO PÚBLICA

direito administrativo da União Europeia – numa primeira fase, revelando, de forma dinâmica e casuística, a juridicidade exigida pela resolução de casos concretos, numa segunda, conciliando a juridicidade resultante dos princípios gerais de origem jurisprudencial, alguns entretanto vertidos em letra de Tratado, com aquela resultante do direito derivado[190]. Deste complexo, serão aqui objeto de breve análise os seguintes princípios: o princípio da juridicidade; o princípio da igualdade de tratamento; o princípio da proporcionalidade; o princípio da segurança jurídica e da proteção da confiança legítima; e (propositadamente sem epíteto) a boa administração[191].

4.1. Princípio da juridicidade

Muito embora não seja Estado, a União Europeia cria e aplica direito como se fosse um Estado e, por isso, funda-se naquele que é o valor fundamental de qualquer Estado moderno – o do Estado de direito, ou a ideia de um "Estado domesticado pelo direito"[192], enquanto valor comum aos Estados-Membros (artigo 2.º do TUE)[193]. Antes ainda da sua consagração expressa no direito originário, o TJUE já havia afirmado, no célebre Acórdão *Os Verdes*, que "*a Comunidade Económica Europeia é uma comunidade de direito, na medida em que nem os seus Estados-Membros nem as suas instituições estão isentos da fiscalização da conformidade dos seus atos com a carta constitucional de base que é o Tratado*"[194]. Assim iniciou o Tribunal a construção do *princípio da União de Direito* que

---

[190] Neste sentido, cf. MARIA LUÍSA DUARTE, *Direito Administrativo da União Europeia, cit.*, p. 97.

[191] Seguimos de perto o elenco de JÜRGEN SCHWARZE, *Droit Administratif Européen*, 2.ª ed., *cit.*, pp. I-14 a I-59, substituindo, contudo, 1) a referência ao "principe du respect de la loi par l'administration" pela referência ao "princípio da juridicidade", terminologia que, por não se reportar ao império da lei em sentido formal, nos parece mais apropriada à compreensão contemporânea da subordinação da atuação administrativa ao Direito, e 2) a referência ao "principe d'une procédure administrative équitable", e às suas diferentes concretizações, pela referência à "boa administração" resultante do artigo 41.º da CDFUE, terminologia que nos parece mais atualizada em função da entrada em vigor da CDFUE em 2009 nos termos do artigo 6.º, n.º 1, do TUE, na redação dada pelo Tratado de Lisboa.

[192] JOSÉ JOAQUIM GOMES CANOTILHO, "Estado de Direito", in *Colecção Cadernos Democráticos*, vol. 7, Gradiva Publicações, Lisboa, 1999, p. 9.

[193] Inspirado do "património cultural, religioso e humanista da Europa", como proclamado no Preâmbulo do TUE (considerando 2), e identitário da própria União. Com efeito, na "Declaração sobre a Identidade Europeia", adotada em Copenhaga, a 14 de dezembro de 1973, os então nove Estados-Membros elencaram, enquanto "éléments fondamentaux de l'identité européenne", os princípios da democracia representativa, do respeito pelos direitos do Homem, da justiça social e do "règne de la loi" (considerando 1).

[194] Acórdão *Os Verdes, cit.*, considerando 23.

DIREITO DA UNIÃO EUROPEIA – ELEMENTOS DE DIREITO E POLÍTICAS DA UNIÃO

funciona simultaneamente como limite à atuação das instituições, órgãos e organismos da União, bem como das autoridades dos Estados-Membros (quando atuam no âmbito de aplicação do direito da União), e como garantia dos direitos que o direito da União reconhece aos particulares, por meio de um sistema completo de vias de recurso destinadas a assegurar a sua tutela jurisdicional efetiva[195].

No quadro do direito administrativo da União Europeia, em especial, o princípio da União de Direito implica que a atuação das instituições, órgãos e organismos da União Europeia e das entidades administrativas dos Estados-Membros deva, no exercício da função administrativa da União, conformar-se com a carta constitucional de base na qual a União se funda ou, numa formulação mais recente do TJUE, respeitar a *"exigência da legalidade relativamente ao direito da União"*[196]. O *princípio da juridicidade* que daí decorre traduz, pois, a ideia de subordinação da atividade administrativa orgânica e funcionalmente da União ao conjunto de regras e princípios de direito da União Europeia, em geral – incluindo a proteção dos direitos fundamentais tal como garantida pela ordem jurídica da União – e, em especial, que regulam o exercício da função específica de execução administrativa do direito da União. Pretende-se, aqui, acentuar o facto de o sentido, o fundamento e o limite da atuação das entidades administrativas da União e dos Estados-Membros encarregados do exercício da função administrativa da União não se encontrarem apenas subordinados ao direito, mas sim ao *"mesmo direito, independentemente de a entidade administrativa que actua ser europeia ou integrada na estrutura administrativa de um qualquer Estado-Membro"*[197].

No que toca à atuação da administração organicamente da União, o princípio em análise, para além do já exposto, está também intimamente ligado ao princípio da atribuição[198], pelo qual a União "actua unicamente dentro dos limites das competências que os Estados-Membros lhe tenham atribuído nos Tratados para alcançar os objectivos fixados por estes últimos" (artigo 5.º, n.º 2, do TUE). Assim, as instituições, órgãos e organismos da União, também no exercício de competências de execução, só poderão atuar

---

[195] O qual assenta igualmente na complementaridade entre o sistema jurisdicional da União, integrado pelo TJUE, e os sistemas jurisdicionais dos Estados-Membros, como o Tribunal explica na referida passagem do Acórdão *Os Verdes* e tal como se encontra hoje especialmente refletido no artigo 19.º, n.º 1, do TUE.

[196] Acórdão (TJUE) *Byankov*, de 4 de outubro de 2012, proc. C-249/11, considerando 77.

[197] SUZANA TAVARES DA SILVA, *Direito Administrativo Europeu*, *cit.*, p. 21 (itálico no original).

[198] Neste sentido, cf. ROB WIDDERSHOVEN, "European Administrative Law", *cit.*, p. 250.

ADMINISTRAÇÃO PÚBLICA

no quadro dos fins previstos nos Tratados e dentro dos limites dos poderes que lhe foram atribuídos pelos Estados-Membros para assegurar a realização desses fins – isto, sem prejuízo do exercício de poderes implícitos ou de competências ao abrigo do disposto no artigo 352.º do TFUE.

Na jurisprudência do TJUE, a ideia de subordinação das instituições, órgãos e organismos da União – em especial, da Comissão – ao direito na sua dupla dimensão de fundamento e limite da atuação dos poderes públicos e de proteção dos particulares contra atuações arbitrárias ou excessivas dos poderes públicos, ficou especialmente clara no Acórdão *Hoechst AG*. No caso, suspeitando da existência de acordos ou práticas concertadas relativas à fixação de preços e de quotas de entrega de PVC e de polietileno, a Comissão decidiu proceder a diligências de instrução junto de diversas empresas, entre as quais a Hoechst AG. Considerando a busca ilegal, a empresa alemã recusou submeter-se às diligências de instrução determinadas pela Comissão, que lhe aplicou, em consequência, uma sanção pecuniária compulsória. Chamado a pronunciar-se em sede de recurso de anulação, o TJUE sublinhou que *"em todos os sistemas jurídicos dos Estados-Membros as intervenções do poder público na esfera da atividade privada de qualquer pessoa, seja singular ou coletiva, devem ter fundamento legal*[199] *e justificar-se por razões previstas na lei, e que esses sistemas estabelecem, em consequência, embora de formas diferentes, uma proteção contra as intervenções arbitrárias ou desproporcionadas"*, exigência que reconheceu como *"princípio geral do direito comunitário"*[200]. Foi à luz destes princípios gerais que o TJUE apreciou a natureza e o alcance dos poderes de instrução atribuídos à Comissão, tendo considerado, em concreto, que esta não havia excedido os limites dos seus poderes de instrução, nem que a sanção aplicada era desproporcionada.

Falar do princípio da juridicidade, da subordinação da atuação administrativa ao Direito, implica necessariamente mencionar, ainda que sucintamente, os momentos de livre apreciação e decisão reconhecidos, pela base jurídica habilitante, à entidade administrativa competente e, para o que aqui interessa, às instituições, órgãos e organismos da União. Não raras vezes, as instituições, órgãos e organismos da União, especialmente a Comissão, dis-

---

[199] Sobre esta dimensão, cf., em jurisprudência anterior, o Acórdão *NTN Toyo Bearing Company*, de 29 de março de 1979, proc. 113/77, considerando 21.

[200] Acórdão *Hoechst AG*, de 21 de setembro de 1989, procs. apensos 46/87 e 227/88, considerando 19 – jurisprudência confirmada pelo célebre Acórdão *Roquette Frères*, de 22 de outubro de 2002, proc. C-94/00, considerando 27.

DIREITO DA UNIÃO EUROPEIA – ELEMENTOS DE DIREITO E POLÍTICAS DA UNIÃO

põem de uma certa margem de apreciação e de decisão na execução administrativa da União, nomeadamente quando esteja em causa a tomada de decisões com base em avaliações económicas ou técnicas complexas. Em tais circunstâncias, o controlo exercido pelo juiz da União – o Tribunal de Justiça e/ou o Tribunal Geral – é, segundo jurisprudência assente, limitado à verificação do respeito pelas regras do procedimento e de fundamentação, da exatidão material dos factos, da inexistência de erro manifesto de apreciação e de desvio de poder. Assim se evita que o juiz da União substitua a apreciação da instituição, órgão ou organismo da União em causa, *maxime* a Comissão, pela sua própria apreciação[201], ou seja, se respeita o princípio do equilíbrio institucional.

De sublinhar que a jurisprudência cedo acentuou a fundamental importância do respeito pelas garantias procedimentais nos casos em que as instituições, órgãos ou organismos da União disponham de tal poder de apreciação – assim desde o Acórdão *Technische Universität München*. No caso, estava em causa a validade da decisão da Comissão pela qual a importação de um aparelho científico (um microscópio eletrónico), fabricado por uma sociedade japonesa, não podia ser feito com franquia de direitos da pauta aduaneira comum, uma vez que aparelhos de valor científico equivalente, suscetíveis de serem utilizados para os mesmos fins, eram fabricados na Comunidade. No acórdão, o TJUE sublinhou que *"nos casos em que as instituições da Comunidade dispõem de um tal poder de apreciação, o respeito das garantias atribuídas pela ordem jurídica comunitária nos processos administrativos assume uma importância ainda mais fundamental"*, garantias de entre as quais constam, designadamente, *"a obrigação para a instituição competente de examinar, com cuidado e imparcialidade, todos os elementos relevantes do caso em apreço, o direito do interessado a dar a conhecer o seu ponto de vista, bem como o direito a uma fundamentação suficiente da decisão"*[202]. Foi à luz de tais princípios que o TJUE declarou a decisão da Comissão inválida por ter sido adotada ao abrigo de um *"procedimento administrativo em que não se respeitou a obrigação da instituição competente de examinar, com cuidado e imparcialidade, todos os elementos relevantes do caso em*

---

[201] Cf., a título meramente exemplificativo e remetendo para a jurisprudência aí citada, Acórdãos (TJUE) *Frucona Košice*, de 24 de janeiro de 2013, proc. C-73/11 P, considerandos 75 e 76; *Scott SA*, de 2 de setembro de 2010, proc.C-290/07 P, considerandos 65 e 66; e *Espanha/Lenzing*, de 22 de novembro de 2007, proc. C-525/04 P, considerando 57.

[202] Acórdão (TJUE) *Technische Universität München*, de 21 de novembro de 1991, proc. C-269/90, considerando 14; jurisprudência retomada, entre outros, no Acórdão *Espanha/Lenzing*, *cit.*, considerando 58.

apreço, nem o direito de o interessado a ser ouvido, nem a obrigação de uma fundamentação suficiente da decisão tomada"[203]. Repare-se que as dimensões procedimentais enunciadas pelo TJUE, e cujo desrespeito fundamentou a invalidade da decisão da Comissão, encontram-se hoje expressamente plasmadas no artigo 41.º da CDFUE relativo ao "direito a uma boa administração".

O princípio da juridicidade com o sentido exposto também se aplica às entidades administrativas dos Estados-Membros quando atuam no âmbito de aplicação do direito da União, ou seja, na sua qualidade de administração funcionalmente da União. De outra forma não podia ser, não se afirmasse a União como União de Direito nos termos enunciados pela jurisprudência do TJUE, desde logo no Acórdão *Os Verdes* – recorde-se, nem os Estados-Membros *"estão isentos da fiscalização da conformidade dos seus atos com a carta constitucional de base que é o Tratado"*. É assim que, segundo jurisprudência assente do TJUE, incumbe, por força do princípio da cooperação leal consagrado no artigo 4.º, n.º 3, do TUE, a todas as autoridades dos Estados-Membros, incluindo aos órgãos administrativos – *"quer se trate de autoridades do poder central do Estado, de autoridades de um Estado federado ou de outras autoridades territoriais"*[204] –, assegurar, no âmbito das respetivas competências, o respeito das normas do direito da União[205].

A afirmação é especialmente importante em caso de contradição entre disposições de direito nacional e de direito da União Europeia aplicáveis numa mesma situação, caso em que as entidades administrativas terão de dar preferência às disposições de direito da União, interpretando as disposições de direito nacional em conformidade ou, não sendo possível a interpretação conforme, deixando de aplicar as disposições de direito nacional desconformes. É o que resulta da jurisprudência do TJUE em matéria de primado do direito da União, de efeito direto e de interpretação conforme, princípios que regem as relações entre a ordem jurídica da União e as ordens jurídicas dos Estados-Membros amplamente conhecidos[206] e que, apesar de terem

---

[203] Acórdão *Technische Universität München, cit.*, considerando 28.

[204] Acórdão *República Federal da Alemanha contra Comissão*, de 12 de junho de 1990, proc. 8/88, considerando 13.

[205] Cf. Acórdãos *República Federal da Alemanha contra Comissão, cit.*, considerando 13; *Kühne*, de 13 de janeiro de 2004, proc. C-453/00, considerando 20; *Kempter*, de 12 de fevereiro de 2008, proc. C-2/06, considerando 34; *Wall*, de 13 de abril de 2010, proc. C-91/08, considerando 69; e *Byankov, cit.*, considerando 64.

[206] O que não significa que não continuem a suscitar questões de relevo – cf. ALESSANDRA SILVEIRA e SOPHIE PEREZ FERNANDES, "De *Van Gend & Loos* a *Maribel Dominguez* –, reequacionando o efeito

DIREITO DA UNIÃO EUROPEIA – ELEMENTOS DE DIREITO E POLÍTICAS DA UNIÃO

sido, no essencial, desenvolvidos tendo por referência os órgãos jurisdicionais nacionais, também dizem respeito à aplicação administrativa do direito da União ao nível dos Estados-Membros.

O TJUE teve a oportunidade de precisar em vários acórdãos que *"estão sujeitos à obrigação de respeitar o primado do direito comunitário todos os órgãos da administração"*[207]. É o que decorre da jurisprudência firmada no célebre Acórdão *Fratelli Costanzo*. No caso, a Fratelli Costanzo havia impugnado judicialmente a decisão da *giunta municipale* de Milão que excluiu a sua proposta num concurso de empreitada de obras públicas, adjudicando a empreitada a uma outra empresa, alegando que a disposição nacional ao abrigo da qual a decisão foi tomada não era compatível com as disposições de uma diretiva. Entre outras dúvidas, o órgão jurisdicional de reenvio colocou ao TJUE a questão de saber se *"tal como o juiz nacional, uma administração, incluindo a comunal, tem o dever de aplicar as disposições [de uma diretiva] e o de não aplicar as do direito nacional que com elas sejam incompatíveis"*[208]. O Tribunal respondeu no sentido de que, preenchidas as condições necessárias para que as disposições constantes de uma diretiva gozem de efeito direto[209], *"todos os órgãos da*

---

direto das disposições europeias à luz das dinâmicas da integração", *in* AA.VV., *Estudos em Comemoração dos 20 anos da Escola de Direito da Universidade do Minho*, Coimbra Editora, Braga, 2014, pp. 11-37. Contudo, *brevitatis causa*, não cabe aqui proceder a um estudo exaustivo deste quadro principiológico – estudo que desembocaria no esboço de uma teoria geral da norma de direito da União Europeia que ainda não encontra plena sistematicidade na jurisprudência do TJUE, nem consensos na doutrina, e que conhece uma nova página evolutiva desde a entrada em vigor da CDFUE. Por isso, no texto, será apenas mencionada alguma da jurisprudência relevante do TJUE que se reporte à aplicação administrativa do direito da União ao nível dos Estados-Membros.

[207] Acórdão *Petersen*, de 12 de janeiro de 2010, proc. C-341/08, considerando 80; cf., ainda, Acórdão *Ciola*, de 29 de abril de 1999, proc. C-224/97, considerando 30.

[208] Acórdão *Fratelli Costanzo*, de 22 de junho de 1989, proc. 103/88, considerando 28 – ou, nos termos da quarta questão prejudicial: *"(No caso de o Tribunal de Justiça considerar que as citadas normas contidas nos referidos atos normativos italianos estão em contradição com o disposto no artigo 29.º, n.º 5, da Diretiva 71/305/CEE), declarar se a administração comunal tinha o poder-dever de não aplicar as normas internas incompatíveis com a referida norma comunitária (eventualmente após consulta da administração central) ou se esse poder-dever de não aplicação apenas é atribuído aos serviços nacionais"* (considerando 13).

[209] O princípio do efeito direto das normas de direito da União Europeia foi recortado jurisprudencialmente pelo TJUE desde o igualmente célebre Acórdão *Van Gend & Loos*, de 5 de fevereiro de 1963, proc. 26/62, em relação às disposições dos Tratados, tendo a jurisprudência progressivamente alargado o seu âmbito de aplicação, podendo hoje afirmar-se que todas as disposições de direito da União são suscetíveis de gozar de efeito direto, desde que preencham os respetivos requisitos. *Brevitatis causa*, apenas se dirá aqui que, no que se refere a estes requisitos, gozam de efeito direto, segundo jurisprudência constante do Tribunal de Justiça, as disposições de direito da União que, do ponto de vista do seu conteúdo, sejam suficientemente claras ou precisas (não sendo

ADMINISTRAÇÃO PÚBLICA

administração, incluindo as entidades descentralizadas, tais como as comunas, têm o dever de aplicar aquelas disposições". Explica o Tribunal que seria *"contraditório entender que os particulares têm o direito de invocar perante os tribunais nacionais as disposições de uma diretiva que preencham as condições acima referidas, com o objetivo de fazer condenar a Administração, e, no entanto, entender que esta não tem o dever de aplicar aquelas disposições afastando as de direito nacional que as contrariem"*[210]. Resulta, assim, da "obrigação *Costanzo"*[211] que também as autoridades administrativas dos Estados-Membros estão obrigadas a respeitar o efeito direto das disposições constantes de diretivas[212].

A mesma obrigação de desaplicação impõe-se em relação às disposições de direito nacional incompatíveis com os Tratados e com regulamentos da

---

necessário mais do que mera interpretação jurisprudencial para a sua clarificação) e incondicionais (produzindo os seus efeitos sem necessidade de qualquer medida, nacional ou da União, de execução). Sobre o tema, cf. os contributos de Pierre Pescatore, Bruno de Witte, Franz C. Miler e Daniel Halberstam, *in* AA.VV., *The Past and Future of EU Law. The Classics of EU Law Revisited on the 50th Anniversary of the Rome Treaty, ob. cit.,* pp. 3-36; Bruno de Witte, "Direct Effect, Supremacy, and the Nature of the Legal Order", *in* AA.VV., *The Evolution of EU Law,* Paul Craig e Gráinne de Búrca (coord.), Oxford University Press, New York, 1999, pp. 177-213; e Sacha Prechal, "Does Direct Effect Still Matter?", in *Common Market Law Review,* vol. 37, n.º 4, 2000, pp. 1047-1069; e "Direct Effect, Indirect Effect, Supremacy and the Evolving Constitution of the European Union", *in* AA.VV., *The Fundamentals of EU Law Revisited – Assessing the Impact of the Constitutional Debate,* Catherine Barnard (ed.), Oxford University Press, Oxford, 2007, pp. 35-69.

[210] Acórdão *Fratelli Costanzo, cit.,* considerando 31.

[211] Assim, Maartje Verhoeven, "The 'Costanzo' Obligation' and the Principle of National Institutional Autonomy: Supervision as a Bridge to Close the Gap?", in *Review of European Administrative Law,* vol. 3, n.º 1, 2010, pp. 23-64, e *The Costanzo Obligation. The Obligations os National Administrative Authorities in the Case of Incompatibility between National Law and European Law,* Antuérpia, Intersentia, 2011. A propósito, cf. também John Temple Lang, "The Duties of National Authorities Under Community Constitutional Law", in *European Law Review,* vol. 23, n.º 2, 1998, pp. 109-131.

[212] Afirmar que as autoridades administrativas dos Estados-Membros estão obrigadas a respeitar o efeito direto das disposições constantes de diretivas implica necessariamente que toda a doutrina do efeito direto releva para a aplicação administrativa do direito da União Europeia. Assim, o efeito direto das disposições de direito da União apenas releva em "situações patológicas", ou seja, nas situações em que o ordenamento jurídico nacional não acolheu o mandato normativo da União (especialmente nos casos em que, esgotado o respetivo prazo de transposição, uma diretiva da União não tenha sido transposta ou tenha sido incorretamente transposta para o ordenamento jurídico de um Estado-Membro). Para além disso, a doutrina do efeito direto tem os seus limites, nomeadamente decorrentes da *proibição do efeito direto horizontal e do efeito direto vertical descendente* das disposições constantes de diretivas não transpostas ou incorretamente transpostas: estas não podem ser invocadas por um particular contra outro particular, nem por uma autoridade pública contra um particular, na medida em que as diretivas não criam, por si só, obrigações para os particulares – cf. Acórdão (TJUE) *Marshall,* de 26 de fevereiro de 1986, proc. C-152/84, considerando 48.

DIREITO DA UNIÃO EUROPEIA – ELEMENTOS DE DIREITO E POLÍTICAS DA UNIÃO

União. Relativamente às disposições dos Tratados, já na década de 1970 o TJUE afirmava que "*o efeito do direito comunitário, (...), implica para as autoridades nacionais competentes a proibição, de pleno direito, de aplicar uma disposição nacional que é incompatível com o Tratado e, sendo caso disso, a obrigação de tomar todas as medidas para facilitar a realização do efeito pleno do direito comunitário*"[213]. No que toca aos regulamentos, a referida obrigação resulta da aplicabilidade direta que lhes é expressamente atribuída pelo artigo 288.º, 2.º §, do TFUE (mesmo que careçam de medidas nacionais de execução). Neste contexto, não podiam ser mais claras as palavras do Advogado-Geral Carl Otto Lenz nas Conclusões apresentadas no processo *Fratelli Costanzo*: "A Administração Pública dos Estados-Membros tem não só o direito, mas também o dever de o aplicar [o regulamento], ainda que contrário ao direito interno, uma vez que ela goza neste caso da protecção do artigo 189.º do Tratado CEE [atual 288.º do TFUE], estando fora de dúvida a obrigatoriedade e aplicabilidade direta dos regulamentos. A aplicação de disposições desta natureza faz parte do domínio normal de competência de qualquer administração"[214].

Antes, contudo, de "desautorizar" as disposições de direito nacional incompatíveis com o direito da União Europeia, afastando a sua aplicação, devem as entidades administrativas dos Estados-Membros procurar uma solução interpretativa que as concilie com o direito da União[215]. É o que resulta da jurisprudência do TJUE em matéria de interpretação conforme[216].

---

[213] Acórdão *Comissão contra República Italiana*, de 13 de julho de 1972, proc. 48/71, considerando 7. Com interesse, cf. ainda Acórdão *Consorzio Industrie Fiammiferi (CIF)*, de 9 de setembro de 2003, proc. C-198/01, considerando 50, no qual se pode ler: "*Quando uma autoridade nacional da concorrência (...) tem competência para assegurar, designadamente, o respeito do artigo 81.º CE e que esta norma, conjugada com o artigo 10.º CE, impõe um dever de abstenção aos Estados-Membros, o efeito útil das normas comunitárias da concorrência seria reduzido se, no âmbito de uma investigação sobre o comportamento de empresas nos termos do artigo 81.º CE, a referida autoridade não pudesse verificar que uma medida nacional é contrária às disposições conjugadas dos artigos 10.º CE e 81.º CE* [porque favorecia ou reforçava os efeitos de determinados comportamentos anticoncorrenciais] *e se, em consequência, não deixasse de a aplicar*".

[214] Conclusões do Advogado-Geral Carl Otto Lenz, de 25 de abril de 1989, proc. 103/88, considerando 37.

[215] Assim, cf. Acórdão (TJUE) *Rosa María Gavieiro Gavieiro*, de 22 de dezembro de 2010, procs. apensos C-444/09 e C-456/09, considerando 73.

[216] Resulta da jurisprudência do TJUE em sede de interpretação conforme que todo o direito da União Europeia constitui padrão de interpretação do direito nacional – cf. Acórdãos *Von Colson e Kamann*, de 10 de abril de 1984, proc. 14/83, considerando 26; e *Marleasing*, de 13 de novembro de 1990, proc. C-106/89, considerando 8 –, mesmo tratando-se de atos não vinculativos, como recomendações – cf. Acórdão *Grimaldi*, de 13 de dezembro de 1989, proc. 322/88, considerandos 18 e 19.

ADMINISTRAÇÃO PÚBLICA

Assim, em ordem a assegurar, no âmbito das respetivas competências, o respeito pelo direito da União, as autoridades administrativas dos Estados--Membros devem, recorrendo aos métodos de interpretação por si conhecidos, procurar atribuir ao direito nacional aplicável um sentido compatível com o texto e a finalidade das disposições de direito da União relevantes[217].

O exposto até aqui não pretende esconder a complexidade da questão da conformação da atuação das entidades administrativas dos Estados-Membros à juridicidade da União[218]. O problema não é de todo linear, mas, *brevitatis causa*, a exposição limitou-se ao que de essencial resulta da jurisprudência do TJUE nesta matéria. Porque o direito da União Europeia é padrão de conformidade da atuação das entidades administrativas dos Estados-Membros, importa que estas assegurem, no exercício das suas competências, o respeito pelo direito da União de acordo com os critérios próprios deste direito – critérios que o TJUE tem vindo a construir com base no princípio da cooperação leal. Assim, em ordem a garantir o respeito pelo direito da União, as entidades administrativas dos Estados-Membros podem ser chamadas a aplicar o direito nacional mobilizável para a decisão de uma situação que cai no âmbito de aplicação do direito da União interpretado em conformidade com este, ou ainda aplicar integralmente o direito da União, deixando de aplicar, se necessário, qualquer disposição contrária de direito interno[219] –

---

[217] O princípio também conhece os seus limites. Desde os Acórdãos (TJUE) *Pretore di Salò*, de 11 de junho de 1987, proc. 14/86, considerando 21; e *Kolpinghuis Nijmegen*, de 8 de outubro de 1987, proc. 80/86, considerando 13, o TJUE tem afirmado que a obrigação de interpretação conforme encontra-se *"limitada pelos princípios gerais de direito que fazem parte do direito comunitário e designadamente os da segurança jurídica e da não retroatividade"*, não podendo, nomeadamente, 1) impor a um particular uma obrigação prevista numa diretiva não transposta ou incorretamente transposta, 2) determinar ou agravar, com base numa diretiva e independentemente de uma lei interna adotada para sua aplicação, a responsabilidade penal daqueles que atuem em violação das suas disposições (o que limita também o exercício de competências administrativas sancionatórias – neste sentido, cf. Ángel Manuel Moreno Molina, "La Administración Pública de los Estados Miembros como administración comunitaria. Referencia a la situación española", *cit.*, pp. 158-159), nem 3) servir de fundamento a uma interpretação *contra legem* do direito nacional.

[218] Complexidade acrescida em razão da inexistência de um mecanismo de reenvio prejudicial ou semelhante para que as entidades administrativas dos Estados-Membros possam, junto de alguma instituição da União – *maxime* o TJUE ou a Comissão –, sanar alguma dúvida quanto à compatibilidade entre uma disposição de direito nacional e uma disposição de direito da União.

[219] Já têm chegado ao conhecimento do TJUE situações em que determinadas entidades administrativas nacionais deram cumprimento a tais obrigações decorrentes do princípio da cooperação leal. Assim, por exemplo, no caso subjacente ao Acórdão (TJUE) *Brinkmann*, de 24 de setembro de 1998, proc. C-319/96, confrontadas com a não transposição de algumas disposições de uma dire-

DIREITO DA UNIÃO EUROPEIA – ELEMENTOS DE DIREITO E POLÍTICAS DA UNIÃO

mesmo que tal não lhes seja possível com base no direito interno[220]. É por isso que temos vindo a afirmar, ao longo do presente capítulo, que a configuração das entidades administrativas dos Estados-Membros como administração funcionalmente da União europeíza a função que exercem e o direito que aplicam – e que alguns Autores afirmem que o respeito pela juridicidade da União implica uma releitura do princípio da legalidade nacional[221].

4.2. Princípio da igualdade de tratamento

A título preliminar – e correndo o risco de realçar uma verdade lapaliciana –, sublinhe-se que os demais princípios que serão aqui, a breve trecho, abordados, não podem deixar de ser compreendidos como manifestações ou concretizações do princípio da União de Direito com o sentido acima exposto, ou seja, o da subordinação do exercício do poder público (administrativo)

---

tiva em matéria tributária, as autoridades dinamarquesas competentes aplicaram diretamente as disposições da diretiva que consideravam conter definições precisas relativamente aos produtos de tabaco. O Tribunal considerou, no entanto, que as autoridades nacionais haviam qualificado erradamente como "cigarro" um "produto de tabaco para fumar" fabricado e distribuído pela empresa Brinkmann que, assim, ficou sujeita a uma taxa de imposto mais elevada. Mas porque as disposições pertinentes da diretiva eram suscetíveis de *"diferentes interpretações seriamente defensáveis"*, sendo que a interpretação dada pelas autoridades dinamarquesas, também sustentada pelo Governo finlandês e pela Comissão, não era *"manifestamente contrária"* nem ao texto da diretiva, nem ao objetivo que prosseguia, considerou que a violação do direito da União Europeia não era suficientemente caracterizada para efeitos de responsabilidade do Estado (considerandos 30 e 31). Ainda a título de exemplo, no caso subjacente ao Acórdão *Apothekerkammer des Saarlandes*, de 19 de maio de 2009, procs. apensos C-171/07 e C-172/07, o Ministério da Justiça, da Saúde e dos Assuntos Sociais alemão afastou a aplicação das disposições de direito nacional que reservavam a propriedade e a exploração das farmácias exclusivamente aos farmacêuticos por considerá-las contrárias à liberdade de estabelecimento consagrada no atual artigo 49.º do TFUE. O TJUE acabou por não se pronunciar sobre a questão de saber se uma autoridade nacional tem *"o direito e o dever, com base no direito comunitário e tendo especialmente em consideração o artigo 10.º CE e o princípio do efeito útil [do direito comunitário], de não aplicar as disposições de direito nacional por si consideradas contrárias ao direito comunitário, mesmo que não esteja em causa uma violação evidente do direito comunitário e que a incompatibilidade de tais disposições com o direito comunitário não tenha sido declarada pelo Tribunal de Justiça"* (considerando 15), na medida em que não considerou a legislação nacional em causa contrária ao direito da União (considerando 61).

[220] Neste sentido, cf. JOHN TEMPLE LANG, "The Duties of National Authorities Under Community Constitutional Law", *cit.*, p. 127.

[221] Neste sentido, cf. MAARTJE VERHOEVEN e ROB WIDDERSHOVEN, "National Legality and European Obligations", *in* AA.VV., *The Eclipse of the Legality in the European Union*, Leonard Besselink, Frans Pennings e Sacha Prechal, Kluwer Law International, 2011, pp. 55-72; e, entre nós, MARIA LUÍSA DUARTE, *Direito Administrativo da União Europeia, cit.*, pp. 109-111; e PAULO OTERO, *Legalidade e Administração Pública: O Sentido da Vinculação Administrativa à Juridicidade, cit.*, pp. 743-748.

ADMINISTRAÇÃO PÚBLICA

orgânica e funcionalmente da União ao Direito (da União). Assim, a começar pelo princípio da igualdade de tratamento.

A comprovar a fundamentalidade do princípio da igualdade na ordem jurídica da União Europeia está, desde logo, a sua afirmação, no preâmbulo do TUE, enquanto valor universal inspirado do "património cultural, religioso e humanista da Europa" – ao lado dos "direitos invioláveis e inalienáveis da pessoa humana", bem como dos valores da liberdade, da democracia e do Estado de Direito[222]. É assim que a igualdade se afirma como valor fundamental da União, quer no artigo 2.º do TUE, que elenca os valores que compõem a "identidade constitucional da União"[223], quer na CDFUE, que lhe dedica um capítulo próprio[224]. Em consequência, o artigo 3.º, n.º 3, do TUE inscreve o respeito pelo princípio da igualdade e da não discriminação entre os objetivos da União, o qual deverá ser assegurado na definição e execução de todas as suas políticas e ações, como decorre, entre outros, dos artigos 9.º do TUE e 8.º, 10.º, 18.º e 19.º do TFUE.

O enunciado do princípio da igualdade de tratamento encontra, no estado atual do direito da União Europeia, ampla consagração expressa[225]. Tendo por referência a solução sistematizadora da CDFUE, o seu Título III

---

[222] Cf. considerando 2 do preâmbulo do TUE.

[223] Assim, FAUSTO DE QUADROS, *Direito da União Europeia, cit.*, p. 109.

[224] Cf. artigos 20.º a 26.º da CDFUE. Como explica GUY BRAIBANT, *La Charte des Droits Fondamentaux de l'Union Europeenne*, Éditions du Seuil, 2001, p. 39, distanciando-se da clássica *summa divisio* «direitos, liberdades e garantias»/«direitos económicos, sociais e culturais», a CDFUE preferiu intitular os seus respetivos capítulos através de um único termo que expressasse, não apenas um conjunto de direitos, mas verdadeiros valores, entre os quais figura, pois, o da igualdade.

[225] Para além do quadro traçado pelas disposições de direito primário referidas, relevam, no âmbito do direito derivado, os seguintes instrumentos (a título, ainda assim, exemplificativo): Diretiva 2000/43/CE, de 29 de junho de 2000, que aplica o princípio da igualdade de tratamento entre as pessoas, sem distinção de origem racial ou étnica; Diretiva 2000/78/CE, de 27 de novembro de 2000, que estabelece um quadro geral de igualdade de tratamento no emprego e na atividade profissional; Diretiva 2004/113/CE, de 13 de dezembro de 2004, que aplica o princípio de igualdade de tratamento entre homens e mulheres no acesso a bens e serviços e seu fornecimento; Diretiva 2006/54/CE, de 5 de julho de 2006, relativa à aplicação do princípio da igualdade de oportunidades e igualdade de tratamento entre homens e mulheres em domínios ligados ao emprego e à atividade profissional (reformulação); Diretiva 2010/41/UE, de 7 de julho de 2010, relativa à aplicação do princípio da igualdade de tratamento entre homens e mulheres que exerçam uma atividade independente e que revoga a Diretiva 86/613/CEE. Está atualmente pendente a aprovação de uma proposta de diretiva da Comissão – cf. Proposta de Diretiva do Conselho, de 2 de julho de 2008, que aplica o princípio da igualdade de tratamento entre as pessoas, independentemente da sua religião ou crença, deficiência, idade ou orientação sexual [COM(2008) 426 final, Bruxelas, 2 de julho de 2008].

dedicado à «Igualdade» considera, separadamente, o princípio da igualdade perante a lei (artigo 20.º) e o princípio da não discriminação, catalogando, de forma não taxativa, um conjunto de discriminações proibidas, com especial destaque para a não discriminação em razão da nacionalidade (artigo 21.º). A CDFUE individualiza, depois, certas situações especialmente merecedoras de atenção – o respeito pela diversidade cultural, religiosa e linguística no seio da União (artigo 22.º), a igualdade entre homens e mulheres (artigo 23.º) e os direitos das crianças (artigo 24.º), das pessoas idosas (artigo 25.º) e das pessoas portadoras de deficiência (artigo 26.º).

A referência aos princípios da igualdade e da não discriminação em dois preceitos distintos afasta-se das tradições constitucionais dos Estados-Membros[226], que tendem a reunir ambas as dimensões num mesmo articulado por corresponderem "a uma mesma realidade jurídica" ou a "duas faces do mesmo princípio"[227]. Tal não deixa de ser verdade em direito da União Europeia. Com efeito, segundo jurisprudência assente do TJUE, a proibição de discriminação *mais não é do que a expressão específica do princípio geral da igualdade, que faz parte dos princípios fundamentais do direito comunitário e que exige que situações comparáveis não sejam tratadas de modo diferente e que situações diferentes não sejam tratadas de modo igual, exceto se esse tratamento for objetivamente justificado*[228]. Para além disso, o TJUE já teve a oportunidade de *"recordar"* que *"o princípio da igualdade de tratamento constitui um princípio geral de direito da União, consagrado nos artigos 20.º e 21.º da Carta dos Direitos Fundamentais da União Europeia"*[229]. Também o direito derivado da União aponta neste sentido, definindo o princípio da igualdade de tratamento como ausência de qualquer discriminação, direta ou indireta, em razão do sexo, da raça ou ori-

---

[226] Como é o caso de Portugal – cf. artigo 13.º da CRP.

[227] RICARDO LEITE PINTO, "Artigo 20.º – Igualdade perante a lei", *in* AA.VV., *Carta dos Direitos Fundamentais da União Europeia Comentada*, Alessandra Silveira e Mariana Canotilho (coord.), Coimbra, Almedina, 2013, p. 257. Cf., igualmente, MARIANA CANOTILHO, "Artigo 21.º – Não discriminação", *in* AA.VV., *Carta dos Direitos Fundamentais da União Europeia Comentada, cit.*, p. 262.

[228] Acórdão (TJUE) *Karlsson*, de 13 de abril de 2000, proc. C-292/97, considerando 39. No mesmo sentido, cf., entre outros, Acórdãos (TJUE) *Albert Ruckdeschel & Co.*, de 19 de outubro de 1977, procs. apensos 117/76 e 16/77, considerando 7; *SA Moulins*, de 19 de outubro de 1977, procs. apensos 124/76 e 20/77, considerandos 16 e 17; *Balm*, de 12 de março de 1987, proc. 215/85, considerando 23; *SFI/Bélgica*, de 19 de novembro de 1998, proc. C-85/97, considerando 30; e *EARL*, de 17 de abril de 1997, proc. C-15/95, considerando 35.

[229] Acórdão (TJUE) *Akzo Nobel Chemicals Ltd.*, de 14 de setembro de 2010, proc. C-550/07 P, considerando 54. Cf., também, Acórdão (TJUE) *Ziegler SA*, de 11 de julho de 2013, proc. C-439/11 P, considerando 132.

ADMINISTRAÇÃO PÚBLICA

gem étnica, religião ou convicções, deficiência, idade ou orientação sexual[230]. Sendo assim, o princípio da não discriminação, proibindo a privação de um direito ou a sujeição a um dever em razão da simples pertença a uma determinada categoria, densifica ou torna operativo o princípio da igualdade, não sendo um dissociável do outro.

No quadro do direito administrativo da União Europeia, em especial, o princípio da igualdade de tratamento e da não discriminação implicará, pois, que as instituições, órgãos e organismos da União, bem como as entidades administrativas dos Estados-Membros no âmbito de aplicação do direito da União, não tratem de modo diferente situações comparáveis, nem tratem de modo igual situações diferentes e, em especial, não discriminem, salvo justificação objetiva bastante, os administrados em razão, entre outros, da sua nacionalidade, género, raça ou origem étnica, língua, religião ou crenças, opiniões políticas ou outras, deficiência, idade ou orientação sexual. O enunciado não se afasta – nem podia afastar-se, em razão do inicialmente exposto – da compreensão do princípio da igualdade partilhada pelos ordenamentos jurídicos dos Estados-Membros, nomeadamente pelo ordenamento jurídico português[231].

Uma das dimensões mais importantes dada ao princípio da igualdade de tratamento no âmbito do direito da União Europeia prende-se com a distinção entre *discriminação direta* e *discriminação indireta* – recorrente quer na jurisprudência do Tribunal de Justiça, quer em atos jurídicos de direito derivado. Existe discriminação direta sempre que, com base num critério proibido, uma pessoa seja alvo de um tratamento menos favorável do que aquele que é, tenha sido ou possa vir a ser dado a outra pessoa em situação comparável. O conceito de discriminação indireta é, por sua vez, mais complexo, referindo-se a situações em que uma disposição, critério ou prática aparentemente neutra seja, de facto, suscetível de colocar em situação de desvantagem uma pessoa ou grupo de pessoas com características específicas, comparativamente com outras pessoas – a menos que a disposição, o critério ou a prática em causa sejam objetivamente justificados por um objetivo legítimo (à luz do direito da União) e que os meios utilizados sejam

---

[230] Cf. artigos 2.º, n.º 1, da Diretiva 2000/43/CE, 2.º, n.º 1, da Diretiva 2000/78/CE, 4.º, n.º 1, da Diretiva 2010/41/UE, bem como o artigo 2.º, n.º 1, da Proposta de Diretiva do Conselho, de 2 de julho de 2008, que aplica o princípio da igualdade de tratamento entre as pessoas, independentemente da sua religião ou crença, deficiência, idade ou orientação sexual.
[231] Cf. artigos 266.º, n.º 2, da CRP e 6.º do Código do Procedimento Administrativo.

DIREITO DA UNIÃO EUROPEIA – ELEMENTOS DE DIREITO E POLÍTICAS DA UNIÃO

adequados e necessários para alcançar o objetivo proposto (princípio da proporcionalidade)[232].

Merece igualmente destaque a questão relativa à conformação da atividade administrativa a práticas administrativas constantes ou habituais ou a regras de conduta administrativa padronizadas, nomeadamente por via de instrumentos não vinculativos – o que Jürgen Schwarze designa por princípio da autolimitação (ou autovinculação[233]) da administração[234]. A questão começou a ser abordada pela jurisprudência em sede de função pública da União – de que constitui primeiro exemplo o Acórdão *Louwage*[235] – para progressivamente ser abordada em outros domínios, como o da concorrência. Foi no contexto de um pedido de anulação de uma decisão da Comissão adotada ao abrigo do artigo 101.º do TFUE que o TJUE teve recentemente a oportunidade de retomar o essencial da sua jurisprudência na matéria. Pode ler-se no Acórdão *Ziegler SA* que, "*segundo jurisprudência constante do Tribunal de Justiça, a Comissão pode impor a si mesma diretrizes para o exercício dos seus poderes de apreciação através de atos como as orientações[236], na medida em que os referidos atos contenham regras indicativas sobre a direção a seguir pela mesma instituição e não se afastem das normas do TFUE*". Muito embora tais diretrizes não possam ser qualificadas de normas jurídicas que a Administração esteja obrigada a observar, elas enunciam "*normas de conduta indicativas da prática a seguir, à qual a Administração não se pode furtar, num caso específico, sem fornecer razões compatíveis com o princípio da igualdade de tratamento. Com efeito, ao adotar regras de conduta administrativa destinadas a produzir efeitos externos e ao anunciar, através da*

---

[232] Cf. artigos 2.º, n.º 2, da Diretiva 2000/43/CE, 2.º, n.º 2, da Diretiva 2000/78/CE, 2.º, alíneas *a*) e *b*), da Diretiva 2004/113/CE, 2.º, n.º 1, alíneas *a*) e *b*), da Diretiva 2006/54/CE, 3.º, alíneas *a*) e *b*), da Diretiva 2010/41/UE, bem como o artigo 2.º, n.º 2, da Proposta de Diretiva do Conselho, de 2 de julho de 2008, que aplica o princípio da igualdade de tratamento entre as pessoas, independentemente da sua religião ou crença, deficiência, idade ou orientação sexual.

[233] Assim, Diogo Freitas do Amaral, *Curso de Direito Administrativo*, vol. II., 2.ª ed., Almedina, Coimbra, 2011, pp. 105-107.

[234] Cf. Jürgen Schwarze, *Droit Administratif Européen*, 2.ª ed., *cit.*, pp. I-33 a I-35.

[235] Cf. Acórdão (TJUE) *Louwage*, de 30 de janeiro de 1974, proc. 148-73, considerando 12, onde se pode ler que "*si une directive interne ne saurait être qualifiée de règle de droit à l'observation de laquelle l'administration serait en tout cas tenue, elle énonce toutefois une règle de conduite indicative de la pratique à suivre, dont l'administration ne peut s'écarter sans donner les raisons qui l'y ont amenée, sous peine d'enfreindre les principes de l'égalité de traitement*".

[236] Estava concretamente em causa a consideração da Comunicação da Comissão "Orientações sobre o conceito de afectação do comércio entre os Estados-Membros previsto nos artigos 81.º e 82.º do Tratado" (atuais artigos 101.º e 102.º do TFUE).

ADMINISTRAÇÃO PÚBLICA

sua publicação, que as aplicará no futuro aos casos a que essas regras dizem respeito, a instituição em causa autolimita-se no exercício do seu poder de apreciação e não pode renunciar a essas regras, sob pena de poder ser sancionada, sendo esse o caso, por violação dos princípios gerais do direito, tais como os princípios da igualdade de tratamento, da segurança jurídica ou da proteção da confiança legítima"[237].

Nunca é demais sublinhar que também as entidades administrativas dos Estados-Membros devem pautar-se, na sua qualidade de administração funcionalmente da União, pelo princípio da igualdade de tratamento tal como aqui brevemente referido. E se dúvidas houvesse, o artigo 51.º, n.º 1, da CDFUE as afasta[238], na medida em que determina a aplicabilidade das disposições da CDFUE aos Estados-Membros "quando apliquem o direito da União". Para além do sentido exposto, pode igualmente reconduzir-se ao princípio da igualdade de tratamento o respeito pelo princípio da equivalência, nos termos do qual as medidas adotadas pelos Estados-Membros para assegurar a aplicação, nomeadamente administrativa, do direito da União Europeia não podem ser menos favoráveis do que as previstas para pretensões similares de natureza interna – princípio do qual resulta, assim, um tratamento tendencialmente idêntico das pretensões fundadas em direito nacional e em direito da União ou, pelo menos, um tratamento não menos favorável destas comparativamente às primeiras.

4.3. Princípio da proporcionalidade

A afirmação do princípio da proporcionalidade no âmbito do direito da União Europeia foi fortemente inspirada do direito alemão[239]. De tal é especialmente demonstrativa a jurisprudência firmada no Acórdão *Internationale Handelsgesellschaft*[240], que, para além de constituir *landmark decision* na afirmação do princípio do primado do direito da União Europeia e do sistema de

---

[237] Acórdão *Ziegler SA, cit.*, considerandos 59 e 60, respetivamente, e jurisprudência aí referida.

[238] Muito embora levante outras, especialmente no que concerne à interpretação da expressão "apenas quando apliquem o direito da União". A propósito, procedendo a um levantamento exaustivo das posições doutrinais e dos indícios jurisprudenciais relevantes para testar a aplicabilidade da CDFUE junto das administrações públicas dos Estados-Membros, cf. Issac Martín Delgado, "La Carta ante las administraciones nacionales: hacia la europeización de los derechos fundamentales?", *in* AA.VV., *Derecho Administrativo Europeo en el Tratado de Lisboa*, Eva Nieto Garrido e Isaac Martín Delgado (dir.), Marcial Pons, Madrid-Barcelona-Buenos Aires, 2010, pp. 89-148.

[239] Neste sentido, cf. Jürgen Schwarze, *Droit Administratif Européen*, 2.ª ed., *cit.*, p. I-36 e doutrina aí citada, bem como Fausto de Quadros, *Direito da União Europeia, cit.*, p. 143.

[240] Acórdão (TJUE) *Internationale Handelsgesellschaft*, de 17 de dezembro de 1970, proc. 11-70.

proteção dos direitos fundamentais na ordem jurídica da União (assente nas tradições constitucionais comuns aos Estados-Membros)[241], é também referência na afirmação do princípio da proporcionalidade, pois foi à luz desse princípio que o TJUE se pronunciou, no acórdão, sobre a validade de uma disposição constante de um regulamento[242].

O princípio da proporcionalidade encontra-se, no direito primário, parcialmente codificado[243] no artigo 5.º, n.º 4, do TUE, nos termos do qual "o conteúdo e a forma da acção da União não devem exceder o necessário para alcançar os objectivos dos Tratados" – parcialmente na medida em que, por um lado (aproveitando a formulação do preceito), não se refere ao conteúdo e à forma da ação dos Estados-Membros no âmbito de aplicação do direito da União e, por outro, por não se referir às três subdimensões típicas do princípio da proporcionalidade – da adequação, da necessidade e da proporcionalidade em sentido estrito – acolhidas, sob influência alemã, pela jurisprudência do TJUE. Sendo assim, no quadro específico do direito administrativo da União Europeia, o princípio da proporcionalidade poderá ser enunciado no sentido de que implica que a atuação das instituições, órgãos e organismos da União, bem como das entidades administrativas dos Estados-Membros no âmbito de aplicação do direito da União, seja adequada, necessária e proporcionada aos objetivos prosseguidos com a ação em causa.

A formulação desta tripla exigência ficou especialmente patente no Acórdão *Schräder*, proferido, contudo, em sede de apreciação da validade de uma disposição de direito da União de natureza legislativa. No acórdão, o TJUE afirmou que, de acordo com o princípio da proporcionalidade – *"reconhecido na jurisprudência constante do Tribunal como fazendo parte dos princípios gerais do direito comunitário"* –, *"a legalidade das medidas que imponham encargos financeiros aos operadores está sujeita à condição de que tais medidas sejam adequadas e necessárias à realização dos objetivos legitimamente prosseguidos pela regulamentação em causa, ressalvando-se que, quando há possibilidade de escolher entre diversas medidas adequadas, convém recorrer à menos gravosa, e que os encargos impostos não devem ser desproporcionados relativamente aos objetivos em vista"*[244].

---

[241] Cf. Acórdão *Internationale Handelsgesellschaft, cit.*, considerandos 3 e 4. A propósito, cf. os diversos contributos *in* AA.VV., *The Past and Future of EU Law. The Classics of EU Law Revisi-ted on the 50th Anniversary of the Rome Treaty, ob. cit.*, pp. 89 a 129.

[242] Cf. Acórdão *Internationale Handelsgesellschaft, cit.*, considerandos 12 e 16.

[243] Assim, ROB WIDDERSHOVEN, "European Administrative Law", *cit.*, p. 276.

[244] Acórdão *Schäder*, de 11 de julho de 1989, proc. 265/87, considerando 21.

ADMINISTRAÇÃO PÚBLICA

Tendo, agora, por referência a adoção de uma medida de natureza administrativa no âmbito de aplicação do direito da União, seja por uma instituição, um órgão ou um organismo da União, seja por uma entidade administrativa de um Estado-Membro, decorre de jurisprudência assente do TJUE que tal medida será, à luz do princípio da proporcionalidade, por um lado, *adequada*, se se mostrar apta a garantir a realização do objetivo legítimo (à luz do direito da União) prosseguido; *necessária*, por outro, se, quando exista uma escolha entre várias medidas adequadas, se recorra à medida menos restritiva/onerosa para o(s) administrado(s); e, finalmente, *proporcionada*, se, ponderados os benefícios que se esperam alcançar com a medida em causa e os inconvenientes que dela possam resultar para o(s) administrado(s), estes não sejam desproporcionados em relação àqueles, no sentido de a medida não ir para além do necessário para alcançar os objetivos pretendidos.

O respeito pelo princípio da proporcionalidade assume especial protagonismo em dois domínios – o da aplicação de medidas administrativas, da União ou nacionais, de natureza sancionatória e o da aplicação de medidas administrativas nacionais restritivas de alguma das liberdades fundamentais garantidas pelo direito da União[245].

O controlo da proporcionalidade de medidas sancionatórias será da competência do Tribunal Geral quando a medida seja adotada por alguma instituição, órgão ou organismo da União, *maxime* a Comissão – com possibilidade de recurso para o Tribunal de Justiça, nos termos gerais[246]. Assumem natural destaque neste domínio as sanções aplicáveis pela Comissão ao abrigo do já citado Regulamento (CE) n.º 1/2003[247], que não escapam ao teste da proporcionalidade[248]. Por sua vez, o controlo da proporcionalidade de medidas sancionatórias adotadas por entidades administrativas de um

---

[245] Neste sentido, cf. Rob Widdershoven, "European Administrative Law", *cit.*, p. 277.

[246] Cf. artigos 256.º e 263.º do TFUE.

[247] Cf. artigos 23.º, 24.º e 31.º do Regulamento (CE) n.º 1/2003; cf. também a Comunicação da Comissão "Orientações para o cálculo das coimas aplicadas por força do n.º 2, alínea *a*), do artigo 23.º do Regulamento (CE) n.º 1/2003".

[248] A título exemplificativo, refira-se o Acórdão *Schindler*, de 11 de julho de 2011, proc. T-138/07, no qual o TJUE, nos considerandos 366 a 371, procede a uma análise da proporcionalidade das coimas aplicadas pela Comissão no caso concreto que, em sede de recurso, o Tribunal de Justiça considerou *"aprofundada"* – cf. Acórdão *Schindler*, de 18 de julho de 2013, proc. C-501/11 P, considerando 166. Note-se, em particular, que o Tribunal retoma, no primeiro considerando citado, a formulação do princípio da proporcionalidade constante do Acórdão *Schräder*: *"o princípio da proporcionalidade exige que os atos das instituições comunitárias não ultrapassem os limites do adequado e necessário à realização dos objetivos legitimamente prosseguidos pela regulamentação em causa, entendendo-se que, quando exista uma*

DIREITO DA UNIÃO EUROPEIA – ELEMENTOS DE DIREITO E POLÍTICAS DA UNIÃO

Estado-Membro será da competência dos respetivos órgãos jurisdicionais – com eventual reenvio prejudicial para o TJUE, também nos termos gerais de direito da União[249]. Seja por força da regulamentação (setorial) da União aplicável, seja por força do princípio da cooperação leal – tal como densificado, neste contexto específico, pelo TJUE –, os Estados-Membros são chamados a determinar o regime de sanções, nomeadamente de natureza administrativa, aplicável à violação do direito da União Europeia, devendo tais sanções ser, entre outras condicionantes, "eficazes, proporcionadas e dissuasivas"[250] segundo formulação recorrente no direito derivado da União e na jurisprudência do TJUE[251].

Por sua vez, também as medidas, nomeadamente de natureza administrativa, adotadas pelos Estados-Membros que sejam restrititivas de alguma das liberdades fundamentais garantidas pelo direito da União devem obedecer ao princípio da proporcionalidade – para além de deverem justificar-se por razões de interesse geral enunciadas nos Tratados ou em atos de direito derivado ou por razões imperativas como tal reconhecidas pela jurisprudência do TJUE, e não ser discriminatórias. O controlo da proporcionalidade de tais medidas está, na jurisprudência do TJUE, no centro da apreciação da sua conformidade com o direito da União. A apreciação da proporcionalidade

---

escolha entre várias medidas adequadas, se deve recorrer à menos rígida e os inconvenientes causados não devem ser desproporcionados relativamente aos objetivos pretendidos".

[249] Cf. artigo 267.º do TFUE.

[250] A título exemplificativo, refira-se o Acórdão (TJUE) *Márton Urbán*, de 9 de fevereiro de 2012, proc. C-210/10, no qual o TJUE foi chamado a pronunciar-se sobre a proporcionalidade do sistema de sanções previsto no direito húngaro em aplicação da regulamentação da União no domínio dos transportes rodoviários, tendo considerado o sistema em causa, por prever a aplicação de uma multa de um montante fixo a todas as infrações, independentemente da sua gravidade, desproporcionado em relação aos objetivos visados pela regulamentação da União (cf. considerandos 23 a 44). Repare-se que, aqui também, o TJUE retoma a formulação do princípio da proporcionalidade constante do Acórdão *Schräder*: as medidas sancionatórias previstas no direito interno dos Estados-Membros, na falta de harmonização da regulamentação da União no domínio das sanções aplicáveis em caso de desrespeito das condições previstas no regime instituído por essa mesma regulamentação, "não devem exceder os limites do que é adequado e necessário para a realização dos objetivos legitimamente prosseguidos por essa legislação, sabendo-se que, quando existe uma opção entre várias medidas adequadas, se deve usar a menos restritiva e que os inconvenientes gerados não devem ser desproporcionados relativamente aos objetivos que se pretendem alcançar" (considerandos 23 e 24).

[251] Especialmente desde o Acórdão *Comissão contra República Helénica*, de 21 de setembro de 1989, proc. 68/88, considerandos 23 e 24. Sobre o tema, cf. CATHERINE HAGUENAU-MOIZARD, "Sanction nationale du droit communautaire: 'sanctions effectives, proportionnées et dissuasives'", *in* AA.VV., *L'Exécution du Droit de l'Union, entre Mécanismes Communautaires et Droits Nationaux, ob. cit.*, pp. 205-223.

ADMINISTRAÇÃO PÚBLICA

de medidas restritivas impõe-se especialmente quando a legislação nacional aplicável confia às entidades administrativas competentes um amplo poder de apreciação para a adoção de medidas que configuram uma restrição ao exercício de alguma liberdade protegida pelo direito da União – como o demonstra, por exemplo, o Acórdão *Garkalns*. No caso, a regulamentação letã aplicável subordinava o exercício de atividades no setor dos jogos de fortuna e azar à emissão de uma licença prévia pelo município competente, a qual podia ser recusada com fundamento numa "lesão substancial dos interesses do Estado e dos habitantes da área administrativa em causa". O TJUE considerou a restrição à livre prestação de serviços daí resultante justificada por razões de ordem pública, de proteção dos consumidores e de prevenção da fraude, mas sublinhou que o exercício do poder de apreciação pelas entidades administrativas competentes devia ser exercido de forma proporcionada, imparcial e não discriminatória[252].

4.4. Princípio da segurança jurídica e da proteção da confiança legítima

A construção dos princípios da segurança jurídica e da proteção da confiança legítima, enquanto princípios gerais de direito da União Europeia, foi feita na jurisprudência do TJUE também sob influência do direito alemão. O princípio da segurança jurídica, que tem por finalidade *"garantir a previsibilidade das situações e das relações jurídicas abrangidas pelo direito [do direito da União]"*[253], aponta, em concreto, não só para a clareza e previsibilidade das normas jurídicas, mas também para a estabilidade das decisões administrativas, não tolerando que *"sejam indefinidamente postos em causa atos administrativos que produzam efeitos jurídicos"*[254]. Por sua vez, a possibilidade de invocar o princípio da proteção da confiança legítima é reconhecida a qualquer pessoa[255] *"em cuja esfera jurídica uma instituição tenha feito surgir esperanças fundadas"*[256].

---

[252] Cf. Acórdão (TJUE) *Garkalns*, de 19 de julho de 2012, proc. C-470/11, considerandos 42 a 48.

[253] Acórdão (TJUE) *Fintan Duff*, de 15 de fevereiro de 1996, proc. C-63/93, considerando 20.

[254] Acórdão *i-21 Germany*, *cit.*, considerando 51, no qual o TJUE retoma o sentido da sua jurisprudência fixada no Acórdão *Comissão contra AssiDomän Kraft Products*, de 14 de setembro de 1999, proc. C-310/97 P, considerando 61.

[255] O que ficou particularmente claro no Acórdão (TJUE) *Vassilis Mavridis*, de 19 de maio de 1983, proc. 289/81, considerando 21.

[256] Formulação primeiramente adotada no Acórdão (TJUE) *Van den Bergh en Jürgens BV*, de 11 de março de 1987, proc. 265/85, considerando 44. A primeira referência aos princípios da segurança jurídica e da proteção da confiança legítima na jurisprudência do TJUE remonta ao Acórdão *Lemmerz-Werke*, de 13 de julho de 1965, proc. 111/63. Contudo, certas dimensões desses princípios já haviam sido consideradas em acórdãos anteriores, nomeadamente no já mencionado Acórdão

DIREITO DA UNIÃO EUROPEIA – ELEMENTOS DE DIREITO E POLÍTICAS DA UNIÃO

É íntima a relação existente entre ambos os princípios. O princípio da proteção da confiança legítima responde à questão de saber se o administrado pode legitimamente contar com a estabilidade de uma situação (que lhe seja favorável) que tem como facto constitutivo algum comportamento da administração. O princípio da proteção da confiança legítima é concebido pelo TJUE como *"corolário"* do princípio da segurança jurídica[257].

Em particular, o princípio da proteção da confiança legítima, segundo jurisprudência assente do TJUE, *"estende-se a qualquer particular que se encontre numa situação da qual resulta que a administração comunitária, ao fornecer-lhe garantias precisas, criou na sua esfera jurídica expectativas fundadas. Constituem essas garantias, independentemente da forma em que sejam comunicadas, as informações precisas, incondicionais e concordantes, que emanem de fontes autorizadas e fiáveis"*[258] – o que inclui, nomeadamente, informações constantes de atos jurídicos não vinculativos pelos quais uma instituição, um órgão ou organismo da União se autolimita no exercício de poderes de apreciação[259] e informações transmitidas oralmente[260]. *A contrario, "ninguém pode invocar uma violação do princípio da confiança legítima na falta de garantias precisas fornecidas pela Administração"*[261].

Também pela negativa, pretensões fundadas no princípio da proteção da confiança legítima não serão bem sucedidas quando *"um operador económico prudente e sensato estiver em condições de prever a adoção de uma medida comunitária susceptível de afectar os seus interesses"*[262]. Daqui resulta, explica o TJUE, que *"os operadores económicos não podem depositar a sua confiança legítima na manutenção de uma situação existente que pode ser alterada no âmbito do poder de apreciação das instituições comunitárias, em especial num domínio como o das organizações comuns*

Algera, no qual o TJUE, *"en s'inspirant des règles reconnues par les législations, la doctrine et la jurisprudence des pays membres"*, afirmou o princípio da irrevogabilidade dos atos administrativos válidos constitutivos de direitos pois, *"dans ce cas, le droit subjectif étant acquis, la nécessité de sauvegarder la confiance dans la stabilité de la situation ainsi créée l'emporte sur l'intérêt de l'administration qui voudrait revenir sur sa décision"*.

[257] Cf. Acórdão *Fintan Duff, cit.*, considerando 20.

[258] Acórdão *Innova Privat-Akademie*, de 19 de março de 2003, proc. T-273/01, considerando 26, e jurisprudência aí citada.

[259] Como se viu, *supra*, a propósito do princípio da igualdade de tratamento – cf. Acórdão *Ziegler SA, cit.*, considerando 60.

[260] Como resulta do Acórdão (TJUE) *John Mellett*, de 21 de julho de 1998, procs. apensos T-66/96 e T-221/97, considerando 107.

[261] Acórdão (TJUE) *Lefebvre*, de 14 de setembro de 1995, proc. T-571/93, considerando 72, referindo-se ao Acórdão (TJUE) *Holtbecker*, 17 de dezembro de 1992, proc. T-20/91, considerando 53.

[262] Acórdão *Van den Bergh en Jürgens BV, cit.*, considerando 44. O TJUE pronunciou-se pela primeira vez neste sentido no Acórdão *Lührs*, de 1 de fevereiro de 1978, proc. 78/77, considerando 6.

de mercado, cujo objetivo implica uma constante adaptação em função das variações da situação económica"[263]. O princípio da proteção da confiança legítima não pode, pois, conduzir à fossilização do ordenamento jurídico e da sua adaptação à realidade social e económica[264], sendo, por isso, "excluída a protecção da confiança quando o interessado se encontre em situação de poder prever antecipadamente os efeitos lesivos à luz de elementos objectivos que seriam cognoscíveis de acordo com um critério de diligência média"[265].

A consideração dos princípios da segurança jurídica e da proteção da confiança legítima assume especial relevância em matéria de reapreciação/ /revogação (administrativa) de decisões administrativas contrárias ao direito da União Europeia.

O problema foi primeiramente abordado, na jurisprudência do TJUE, no que toca a atos administrativos emanados das instituições da União. Contudo, na ausência de regras nos Tratados, o TJUE inspirou-se nos direitos administrativos nacionais para lhe encontrar soluções que conciliassem as exigências de segurança jurídica e de legalidade que lhe são inerentes[266]. Assim sucedeu no já mencionado Acórdão *Algera*, do qual decorre, como primeira condição para a revogação de atos administrativos constitutivos de direitos, o da sua ilegalidade[267]. Para além disso, a revogação apenas será permitida caso ocorra num prazo razoável e a instituição em causa *"tenha tido suficientemente em conta a medida na qual o recorrente tenha eventualmente podido confiar na legalidade do ato impugnado"*[268]. Há, pois, que conciliar o imperativo de legalidade no seio da ordem jurídica da União, que aponta para a reposição da legalidade infringida por meio da revogação do ato ilegal, com o

---

[263] Acórdão (TJUE) *Di Lenardo Adriano*, de 15 de julho de 2004, procs. apensos C-37/02 e C-38/02, considerando 70. Em jurisprudência anterior, cf. Acórdãos (TJUE) *Frico*, de 17 de junho de 1987, procs. apensos 424/85 e 425/85, considerando 33; *Mulder*, de 28 de abril de 1988, proc. 120/86, considerando 23; e *Ralf-Herbert Kühn*, de 10 de janeiro de 1992, proc. C-177/90, considerando 13.

[264] Assim, Augusto González Alonso, "Los princípios del Derecho administrativo comunitário", in *Revista Unión Europeia Aranzadi*, 2011, ano XXXVII, n.º 6, p. 40.

[265] Suzana Tavares da Silva, *Direito Administrativo Europeu, cit.*, p. 31.

[266] Neste sentido, expressamente, cf. Acórdão (TJUE) *SNUPAT*, de 22 de março de 1961, procs. apensos 42 e 49/59 – ou textualmente: *"le principe du respect de la sécurité juridique, tout important qu'il soit, ne saurait s'appliquer de façon absolue, mais que son application doit être combinée avec celle du principe de la légalité"*.

[267] Cf. Acórdão *Algera, cit.*, pp. 114-116, e *supra*, nota de rodapé 182.

[268] Acórdão (TJUE) *Consorzio Cooperative d'Abruzzo*, de 26 de fevereiro de 1987, proc. 15/85, considerando 12, traduzindo o considerando 10 do Acórdão (TJUE) *Alpha Steel*, de 3 de março de 1982, proc. 14/81.

interesse do administrado na manutenção de uma situação que podia legitimamente considerar estável.

A propósito, *"o momento determinante na apreciação do surgimento de uma confiança legítima por parte do destinatário de um ato administrativo é a notificação do ato, e não a sua data de adoção ou de revogação"*, considerando-se adquirida quando *"o recorrente podia confiar na aparência de legalidade desse ato"*[269]. Tendo em conta que, segundo jurisprudência assente do TJUE, os atos jurídicos da União gozam de uma presunção de legalidade enquanto não forem anulados ou revogados[270], apenas ilegalidades manifestas, que pudessem suscitar no administrado, de acordo com um critério de diligência média, dúvidas quanto à legalidade do ato, afastam a possibilidade de invocar o princípio da proteção da confiança legítima[271]. O mesmo sucede quando o destinatário do ato o tenha impugnado judicialmente[272].

Só mais tarde a questão chegou ao TJUE no que toca a atos administrativos nacionais[273], essencialmente a respeito da restituição de prestações financeiras indevidamente pagas (à luz do direito da União) pelas autoridades administrativas nacionais. O problema foi primeiramente abordado, na jurisprudência do Tribunal, a propósito de auxílios de Estado incompatíveis com o mercado interno (artigos 107.º e 108.º do TFUE). Nos termos do artigo 108.º, n.º 2, do TFUE, a Comissão decide se o Estado-Membro em causa deve suprimir ou modificar o auxílio (fixando igualmente o prazo para tal[274]) e, caso o auxílio já tenha sido efetivamente pago, a decisão da Comissão *"pode tomar a forma de imposição às autoridades nacionais de que exijam*

---

[269] Cf. Acórdão (TJUE) *Compte*, de 17 de abril de 1997, proc. C-90/95 P, considerandos 36 e 38, respetivamente.

[270] Presunção fundada nos artigos 263.º e 264.º do TFUE, por um lado, e no artigo 267.º do TFUE, por outro, que reconhecem ao Tribunal de Justiça/Tribunal Geral competência para fiscalizar a legalidade dos atos jurídicos da União, e de fixar o alcance da sua anulação, bem como para se pronunciar, a pedido de um órgão jurisdicional nacional, sobre a sua validade – cf. Acórdão *Granaria*, de 13 de fevereiro de 1979, proc. 101/78, considerandos 4 e 5.

[271] Cf. Acórdão (TJUE) *Lagardère*, de 20 de novembro de 2002, proc. T-251/00, considerandos 147-149.

[272] Cf. Acórdão *Alpha Steel, cit.*, considerando 11.

[273] Procedendo a um levantamento e a uma análise da jurisprudência do TJUE no que toca a ambas as situações, cf. DOMINIQUE RITLENG, "Le retrait des actes administratifs contraíres au droit communautaire", *in* AA.VV., *L'État Actuel et les Perspectives du Droit Admnistratif Européen – Analyse de Droit Comparé, ob. cit.*, pp. 251 a 270.

[274] Sob pena de ação por incumprimento – cf. artigo 108.º, n.º 2, 2.º §, do TFUE.

a sua restituição"[275]. Decorre da jurisprudência do TJUE, iniciada no Acórdão *Deutsche Milchkontor*, que a restituição do auxílio deve ocorrer, em princípio, de acordo com as disposições pertinentes do direito nacional, no respeito pelos princípios da efetividade e da equivalência[276].

Em particular, a aplicação das disposições de direito nacional não pode tornar impossível na prática a recuperação exigida pelo direito da União, para o que *"o interesse da Comunidade deve ser respeitado em toda a sua extensão aquando da aplicação de uma disposição que sujeita a revogação de um ato administrativo ilegal à apreciação dos diferentes interesses em causa"*[277]. A esse respeito, o direito da União não se opõe a que *"o direito nacional, em matéria de revogação dos atos administrativos e de restituição de prestações financeiras indevidamente pagas pela Administração Pública tome em consideração, ao mesmo tempo que o princípio da legalidade, os princípios da segurança jurídica e da proteção da confiança legítima"*[278] – ou seja, o direito da União não se opõe a que, ponderadas todas as circunstâncias que caracterizam o caso concreto, possa ser excluída a restituição de prestações financeiras indevidamente pagas com fundamento no princípio da proteção da confiança legítima[279]. Contudo, os princípios, de direito

---

[275] Acórdão (TJUE) *Deufil*, de 24 de fevereiro de 1987, proc. 310/85, considerando 24. O TJUE precisou ainda que, *"estando em causa auxílios de Estado declarados incompatíveis, o papel das autoridades nacionais está [...] limitado a dar execução a qualquer decisão da Comissão. Aquelas autoridades não dispõem, portanto, de nenhum poder de apreciação quanto à revogação de uma decisão de concessão. Assim, quando a Comissão ordena, por uma decisão que não foi objeto de qualquer recurso jurisdicional, a cobrança de quantias indevidamente pagas, a autoridade nacional não tem o direito de fazer qualquer outra constatação"* – Acórdão *Alcan*, de 20 de março de 1997, proc. C-24/95, considerando 34.

[276] Acórdão *Deutsche Milchkontor*, de 21 de setembro de 1983, procs. apensos 205 a 215/82, considerandos 17 a 25 e 30 a 33.

[277] Acórdão *Alcan*, cit., considerando 24, bem como Acórdão *Deutsche Milchkontor*, cit., considerando 32; Acórdãos (TJUE) *Comissão contra República Federal da Alemanha*, de 2 de fevereiro de 1989, proc. 94/87, considerando 12; *Oelmühle e Schmidt Söhne*, de 16 de julho de 1998, proc. C-298/96, considerando 24; e *Martin Huber*, de 19 de setembro de 2002, proc. C-336/00, considerando 57.

[278] Acórdão *Martin Huber*, cit., considerando 56, e jurisprudência aí citada, bem como Acórdão *Alcan*, cit., considerando 25. O TJUE havia constatado no Acórdão *Deutsche Milchkontor* que resultava *"d'une étude des droits nationaux des États membres en matière de retrait d'actes administratifs et de répétition de prestations financières indûment versées par l'administration publique que le souci d'assurer, sous des formes différentes, un équilibre entre, d'une part, le principe de la légalité et, d'autre part, le principe de sécurité juridique et de la confiance légitime est commun aux droits des États membres"* – Acórdão *Deutsche Milchkontor*, cit., considerando 30.

[279] Cf. Acórdão (TJUE) *Comissão contra República Federal da Alemanha*, de 20 de setembro de 1990, proc. C-5/89, considerandos 12 a 19, em especial considerando 16: *"A possibilidade de um beneficiário de um auxílio ilegal invocar circunstâncias excecionais, que podem legitimamente fundamentar a sua confiança no carácter regular desse auxílio, e de se opor, em consequência, ao seu reembolso não pode, certamente, ser*

nacional, da segurança jurídica e da proteção da confiança legítima terão, em todo o caso, de ser apreciados à luz da conceção europeia desses mesmos princípios[280].

Ainda a respeito da reapreciação de decisões administrativas nacionais contrárias ao direito da União Europeia, o TJUE já teve a oportunidade de se pronunciar sobre o problema particular da reapreciação de decisões administrativas nacionais que tenham adquirido carácter *definitivo* mas que se revelam contrárias ao direito da União tal como interpretado *posteriormente* pela sua jurisprudência. Também nesta sede, a *landmark decision* foi proferida em sede de restituição de prestações financeiras indevidamente pagas pelas autoridades administrativas nacionais. No célebre Acórdão *Kühne*[281], o TJUE pronunciou-se no sentido de que, por força do princípio da segurança jurídica, o direito da União Europeia *"não exige que um órgão administrativo seja, em princípio, obrigado a revogar uma decisão administrativa"* que tenha adquirido carácter definitivo por esgotamento das vias de recurso ou por expiração dos prazos (razoáveis) de recurso previstos no direito interno; contudo, a consideração do princípio da cooperação leal (artigo 4.º, n.º 3, do TUE) impõe, em determinadas circunstâncias, ao órgão administrativo competente a obrigação de *"reexaminar a referida decisão para ter em conta a interpretação da disposição pertinente do direito comunitário entretanto feita pelo Tribunal de Justiça"*[282].

---

excluída. *Nesse caso, compete ao tribunal nacional, a quem eventualmente seja submetida a questão, apreciar, sendo caso disso após ter colocado ao Tribunal de Justiça questões prejudiciais de interpretação, as circunstâncias da causa".*
Cf., ainda, o Acórdão (TJUE) *ESF Elbe-Stahlwerke Feralpi*, de 5 de junho de 2001, proc. T-6/99, no qual o Tribunal anulou a decisão da Comissão que ordenava à República Federal da Alemanha a recuperação de parte dos auxílios concedidos à recorrente com fundamento no princípio da proteção da confiança legítima, que se opunha, no caso concreto, a que a Comissão ordenasse a recuperação dos auxílios *"em relação aos quais, após informações provenientes de terceiros (...), reexaminou, vários anos depois da aprovação das garantias em causa, a compatibilidade com o mercado comum do carvão e do aço e declarou a sua incompatibilidade com este último"* (considerando 189).
[280] Neste sentido, cf. FRÉDÉRIC TRAIN, "L'articulation des conceptions nationales et communautaire en matière de sécurité juridique et de protection de la confiance legitime", in *Revue des Affaires Européennes – Law & European Affairs*, ano 16, n.º 3, 2007-2008, p. 623.
[281] Acórdão *Kühne*, cit.; em jurisprudência anterior, cf. Acórdãos *Ciola*, de 29 de abril de 1999, proc. C-224/97; e *Delena Wells*, de 7 de janeiro de 2004, proc. C-201/02.
[282] Acórdão *Kühne*, cit., considerandos 24 e 27, respetivamente. As referidas circunstâncias são as seguintes: 1) o órgão administrativo em causa deve dispor, *"segundo o direito nacional, do poder de revogação"* da decisão administrativa que se tornou definitiva; 2) essa decisão administrativa deve ter-se tornado definitiva *"em consequência de um acórdão de um órgão jurisdicional nacional que decidiu em última instância"*; 3) esse acórdão deve, face à jurisprudência posterior do Tribunal de Justiça,

ADMINISTRAÇÃO PÚBLICA

Importa notar que, desta solução de compromisso[283], resulta para as autoridades administrativas nacionais apenas uma obrigação de reapreciação, e não de revogação, da decisão administrativa definitiva contrária ao direito da União – pois só em função dos resultados desse reexame determinarão se estão obrigadas "*a revogar, sem lesar os interesses de terceiros, a decisão em causa*"[284]. O TJUE procura, assim, conciliar as necessidades de segurança jurídica, que apontam para a estabilidade das decisões administrativas e a consequente proteção da confiança legítima dos administrados[285], com as "*exigências da legalidade relativamente ao direito da União*"[286], que obrigam as autoridades administrativas dos Estados-Membros a assegurar, no exercício das suas competências, o respeito pelo direito da União de acordo com os critérios próprios do direito da União.

4.5. Boa administração

A definição de um conceito de "boa administração" no âmbito do direito da União Europeia mobiliza um conjunto variado de instrumentos, desde os Tratados – em especial, os artigos 228.º e 298.º do TFUE que se referem, respetivamente, aos conceitos de "má administração"[287] e de "administra-

---

basear-se "*numa interpretação errada do direito comunitário aplicada sem que ao Tribunal de Justiça tivesse sido submetida uma questão prejudicial*"; 4) o interessado deve ter-se dirigido ao órgão administrativo competente "*imediatamente depois de ter tido conhecimento da referida jurisprudência*"; a revogação não pode lesar os interesses de terceiros – cf. Acórdão *Kühne, cit.*, considerando 28. Em jurisprudência posterior, o TJUE foi chamado a pronunciar-se sobre as condições delineadas no Acórdão *Kühne* e, assim, a precisar o âmbito da solução nele perfilhada – cf., entre outros, Acórdãos *i-21 Germany*, de 19 de setembro de 2006, procs. apensos C-392/04 e C-422/04; *Lucchini*, de 18 de julho de 2007, proc. C-119/05; *Kempter*, de 12 de fevereiro de 2008, proc. C-2/06; *Byankov, cit.*
Na doutrina, cf., entre outros, cf. Laurent Coutron, "La revanche de Kühne? A propòs de l'arrêt Kempter (CJCE 12 février 2008, aff. C-2/06)", in *Revue Trimestrielle de Droit Européen*, 2009, n.º 1, pp. 69-90; AA.VV., *Consequences of Incompatibility with EC Law for Final Administrative Decisions and Final Judgments of Administrative Courts in the Member States*, Association of the Coucils of Statte and Supreme Administrative Jurisdictions, Varsóvia, 2008; Fausto de Quadros, *Direito da União Europeia, cit.*, pp. 680-687; e o nosso "O reexame de atos administrativos definitivos contrários ao direito da União em matéria de cidadania – os contornos do acórdão *Byankov*", in *Debater a Europa*, n.º 9, 2013, pp. 69-100.

[283] Maria Luísa Duarte, *Direito Administrativo da União Europeia, cit.*, p. 111.

[284] Acórdão *Kühne, cit.*, considerando 27.

[285] Não tolerando que "*sejam indefinidamente postos em causa atos administrativos que produzam efeitos jurídicos*" – Acórdão *i-21 Germany, cit.*, considerando 51.

[286] Acórdão *Byankov, cit.*, considerando 77.

[287] O conceito de "má administração", pressuposto do direito de queixa ao Provedor de Justiça Europeu (cf. artigos 24.º e 228.º do TFUE e 43.º da CDFUE), tem sido densificado pela prática do

ção europeia aberta, eficaz e independente"[288] –, passando por instrumentos de *soft law*[289] e sem esquecer o papel fundamental da jurisprudência do TJUE. Especial protagonismo assume, particularmente desde a entrada em vigor do Tratado de Lisboa, o disposto no artigo 41.º da CDFUE que eleva o "direito a uma boa administração" a direito fundamental.

A inovação do artigo 41.º da CDFUE não reside apenas na consagração, até então inédita, de um "direito a uma boa administração" num texto de direitos fundamentais (hoje dotado de força jurídica vinculativa)[290], mas também no facto de os princípios e as regras de direito administrativo aí incorporados o serem, não em termos de legalidade objetiva de interesse público, mas na linguagem de direitos subjetivos públicos[291]. A inscrição do "direito a uma boa administração" na CDFUE não surge do acaso, antes

---

Provedor de Justiça Europeu com base na seguinte definição: "A má administração ocorre quando um organismo público não atua em conformidade com uma regra ou um princípio a que está vinculado", insistindo, também, no sentido de que os "princípios da boa administração vão mais longe do que a lei" – cf., por todos, o Relatório Anual 2012 do Provedor de Justiça Europeu, disponível em *www.ombudsman.europa.eu*.

[288] A propósito, cf. Eva Nieto Garrido, "Possible Developments of Article 298 TFEU: Towards an Open, Efficient and Independent European Administration", in *European Public Law*, 2012, vol. 18, n.º 2, pp. 373-397.

[289] Cf., do Provedor de Justiça Europeu, o "Código Europeu de Boa Conduta Administrativa" (aprovado pelo Parlamento Europeu em 2001, com nova versão publicada em 2013), bem como os "Princípios de Serviço Público para a Função Pública da União Europeia" (publicados em 2012), disponíveis em *www.ombudsman.europa.eu*. O "Código Europeu de Boa Conduta Administrativa" não foi adotado por todas as instituições da União, que preferiram adotar os seus próprios códigos de boa conduta administrativa – cf. *Guia sobre as obrigações dos funcionários e agentes do Parlamento Europeu* (código de boa conduta); Decisão 2000/633/CE, CECA, Euratom, de 17 de outubro de 2000, que altera o seu regulamento interno, anexando-lhe um Código de Boa Conduta Administrativa para o pessoal da Comissão Europeia nas suas relações com o público; e Decisão do Secretário-Geral do Conselho/Alto Representante para a Política Externa e de Segurança Comum, de 25 de junho de 2001, sobre um código de boas práticas administrativas para uso do Secretariado-Geral do Conselho da União Europeia e do seu pessoal no relacionamento profissional com o público.

[290] Neste sentido, cf. Jill Wakefield, *The Right to Good Administration*, Kluwer Law International, The Netherlands, 2007, p. 63; e Herwig C. H. Hofmann e Bucura C. Mihaescu, "The Relation between the Charter's Fundamental Rights and The Unwritten General Principles of EU Law: Good Administration as the Test Case", in *European Constitutional Law Review*, vol. 9, n.º 1, 2013, pp. 85-86.

[291] Assim, Jacqueline Dutheil de la Rochère, "The EU Charter of Fundamental Rights, Not Binding but Influential: the Example of Good Administration", *in* AA.VV., *Continuity and Change in EU Law – Essays in Honour of Sir Francis Jacobs*, Anthony Arnull, Piet Eeckhout e Takis Tridimas (ed.), Oxford University Press, Oxford, 2008, p. 168.

ADMINISTRAÇÃO PÚBLICA

sendo o corolário[292] da afirmação gradual de um padrão europeu de boa administração[293] e, em especial, da consagração da boa administração como princípio geral de Direito na jurisprudência do TJUE[294]. Cedo surgiram na jurisprudência do TJUE as primeiras referências ao princípio da boa administração[295] como padrão de controlo da atuação das instituições, órgãos e organismos da União (*maxime* da Comissão), especialmente no exercício de poderes de apreciação. Mas até à proclamação, e posterior entrada em vigor, da CDFUE, nunca havia sido afirmado enquanto direito fundamental.

Por isso a referência à boa administração é feita em epígrafe propositadamente sem o "epíteto" de princípio. *Brevitatis causa*, não será aqui abordada a questão da distinção entre *direitos* e *princípios* em direito da União Europeia[296]. Convém, contudo, esclarecer que, muito embora o artigo 41.º da CDFUE limite expressamente o alcance do "*direito* a uma boa administração" nele consagrado às instituições, órgãos e organismos da União, tal não prejudica o facto de, enquanto princípio geral de direito da União Europeia, o *princípio* da boa administração ser igualmente aplicável aos Estados-

---

[292] Sob proposta finlandesa – cf. GUY BRAIBANT, *La Charte des Droits Fondamentaux de l'Union Europeenne, cit.*, p. 214.

[293] O princípio da boa administração não é estranho aos Estados-Membros da União Europeia, como o comprova, aliás, o estudo comparativo levado a cabo pela Agência Sueca para a Gestão Pública, a Statskontoret, *Principles of Good Administration in the Member States of the European Union*, disponível em *http://www.statskontoret.se/upload/Publikationer/2005/200504.pdf*. Menção especial merce ainda o papel do Conselho da Europa, cujo contributo começou a fazer-se sentir, em particular, a partir da década de 1980, tendo culminado com a aprovação da Recomendação do Conselho da Europa CM/REC(2007)7, de 20 de junho de 2007, do Comité de Ministros aos Estados-Membros, relativa à boa administração, que integra um Código de Boa Administração – cf. os documentos disponíveis em *http://www.coe.int/t/dghl/standardsetting/cdcj/administrative%20law/documents_EN.asp*.

[294] Como resulta das Anotações relativas ao artigo 41.º da CDFUE (*JO* C 303, de 14 de dezembro de 2007), tendo por referência os Acórdãos *Burban*, de 31 de março de 1992, proc. C-255/90 P; *Nölle*, de 18 de setembro de 1995, proc. C-167/94; e *New Europe Consulting*, de 9 de julho de 1999. Referindo-se expressamente à boa administração como fazendo parte dos "*princípios gerais do Estado de direito comuns às tradições constitucionais dos Estados-Membros*", cf. Acórdão *max-mobil*, de 30 de janeiro de 2002, proc. T-54/99, considerando 48.

[295] A primeira referência aos "*príncipes d'une saine administration*" remonta ao Acórdão *Société des usines à tubes de la Sarre*, de 10 de dezembro de 1957, procs. apensos 1/57 e 14/57.

[296] Para o que se remete, com relevância para o tema em referência, para o estudo de HERWIG C. H. HOFMANN e BUCURA C. MIHAESCU, "The Relation between the Charter's Fundamental Rights and The Unwritten General Principles of EU Law: Good Administration as the Test Case", *cit.*, pp. 73-101.

-Membros quando atuem no âmbito de aplicação do direito da União[297], ou seja, às entidades administrativas dos Estados-Membros enquanto administração funcionalmente da União. Chamado a pronunciar-se sobre a questão da aplicabilidade do artigo 41.º da CDFUE aos Estados-Membros, o TJUE tem vindo a responder pela negativa[298].

No que toca ao seu conteúdo, o "direito a uma boa administração" consagrado no artigo 41.º da CDFUE já foi qualificado pela doutrina de "princípio guarda-chuva"[299], "macroprincípio"[300] ou "droit gigogne"[301], por ser indutor de um conjunto de princípios, regras e deveres a respeitar pela Administração e de direitos na esfera do administrado. Esta leitura tem apoio na jurisprudência do TJUE que, no Acórdão *Tillack*, esclarece que "*o princípio da boa administração (...), não confere, por si próprio, direitos aos particulares, exceto quando constitui a expressão de direitos específicos como o de ver os seus processos tratados de forma imparcial, equitativa e dentro de um prazo razoável, o direito de ser ouvido, o direito de acesso aos autos, o direito à fundamentação das decisões, na aceção do artigo 41.º [da CDFUE]*"[302].

O artigo 41.º da CDFUE dispõe, no seu n.º 1, que "[t]odas as pessoas têm direito a que os seus assuntos sejam tratados pelas instituições, órgãos e organismos da União de forma imparcial, equitativa e num prazo razoável".

---

[297] Propondo a aplicabilidade do artigo 41.º da CDFUE aos Estados-Membros, apesar da letra do seu n.º 1, cf. Issac Martín Delgado, "La Carta ante las administraciones nacionales: hacia la europeización de los derechos fundamentales?", *cit.*, pp. 118-132; e Diana-Urania Galetta, "Le champ d'application de l'article 41 de la Charte des droits fondamentaux de l'Union européenne sur le droit à une bonne administration, à propôs des arrêts *Cicala* et *M.*", in *Revue Trimestrielle de Droit Européen*, n.º 1, 2013, pp. 77-85.

[298] Cf., por exemplo, Acórdãos *Cicala*, de 21 de dezembro de 2011, proc. C-482/10; *M. M.*, de 22 de novembro de 2012, proc. C-277/11; *M. G.*, de 10 de setembro de 2013, proc. C-383/13 PPU; *H. N.*, de 8 de maio de 2014, proc. C-604/12; *Y.S.*, de 17 de julho de 2014, procs. apensos C-141/12 e C-372/12; e *Mukarubega*, de 5 de novembro de 2014, proc. C-166/13.

[299] Cf. Herwig C. H. Hofmann e Bucura C. Mihaescu, "The Relation between the Charter's Fundamental Rights and The Unwritten General Principles of EU Law: Good Administration as the Test Case", *cit.*, p. 79.

[300] Cf. Lorenzo Mellado Ruiz, "Principio de buena administración y aplicación indirecta del Derecho Comunitario: instrumentos de garantia frente a la "comunitarización" de los procedimentos", *cit.*, p. 302.

[301] Cf. Jean-Paul Jacqué, "Le droit à une bonne administration dans la Charte des droits fondamentaux de l'Union européenne", in *Revue Française d'Administration Publique*, n.ºs 137-138, 2011, p. 81.

[302] Acórdão *Tillack*, de 4 de outubro de 2006, proc. T-193/04, considerando 127. No mesmo sentido, cf. Acórdão *Area Cova*, de 6 de dezembro de 2001, proc. T-196/99, considerando 43.

ADMINISTRAÇÃO PÚBLICA

O enunciado descreve de forma geral o conteúdo essencial do "direito a uma boa administração", enunciado ao qual se pode subsumir um conjunto de direitos subjetivos destinados a limitar o arbítrio administrativo na União, nomeadamente aqueles enunciados, de forma não taxativa, no n.º 2 do artigo 41.º da CDFUE[303]. Os n.os 3 e 4 referem-se, depois, ao direito à reparação e ao direito de se dirigir às instituições da União numa das línguas oficiais da União, respetivamente. Para além dos direitos consagrados no artigo 41.º da CDFUE, importa associar-lhes, como garantias de uma boa administração, os direitos de acesso aos documentos[304], de apresentar petições ao Provedor de Justiça Europeu e ao Parlamento Europeu[305], bem como o direito a uma tutela jurisdicional efetiva[306]. *Brevitatis causa*, apenas serão feitas breves referências em relação a cada uma das dimensões individualizadas no artigo 41.º da CDFUE[307].

A exigência de um tratamento imparcial e equitativo dos assuntos submetidos à apreciação das instituições, órgãos e organismos da União radica na jurisprudência do TJUE inaugurada no já mencionado Acórdão *Technische*

---

[303] Assim, Loïc Azoulai, "Le principe de bonne administration", *in* AA.VV., *Droit Administratif Européen, ob. cit.*, p. 504.

[304] Cf. artigos 15.º, n.º 3, do TFUE, e 42.º da CDFUE e, no direito derivado, o Regulamento (CE) n.º 1049/2001, de 30 de maio de 2001, relativo ao acesso do público aos documentos do Parlamento Europeu, do Conselho e da Comissão – atualmente em curso de revisão: cf. Proposta de regulamento do Parlamento Europeu e do Conselho, de 30 de abril de 2008, relativa ao acesso do público aos documentos do Parlamento Europeu, do Conselho e da Comissão [COM(2008) 229 final]; e Proposta de regulamento do Parlamento Europeu e do Conselho, de 21 março de 2011, que altera o Regulamento (CE) n.º 1049/2001 relativo ao acesso do público aos documentos do Parlamento Europeu, do Conselho e da Comissão [COM(2011) 137 final].

[305] Cf. artigos 20.º, n.º 2, alínea *d*), 227.º e 228.º do TFUE, e 43.º e 44.º da CDFUE e, no direito derivado, por um lado, a Decisão 94/262/CECA, CE, Euratom, de 9 de março de 1994, relativa ao estatuto e às condições gerais de exercício das funções de Provedor de Justiça Europeu, alterada por último pela Decisão 2008/587/CE, Euratom, de 18 de junho de 2008, e, por outro, o Regimento do Parlamento Europeu, 16.ª ed., julho de 2004, e o Regimento do Parlamento Europeu, 7.ª legislatura, janeiro de 2014 [*http://www.europarl.europa.eu/sides/getLastRules.do?language=PT&reference=TOC*].

[306] Cf. artigo 47.º da CDFUE. A propósito, Juli Ponce Solé, embora reconhecendo a valia da tutela jurisdicional efetiva para a garantia de uma boa administração, também alerta, referindo-se ao fenómeno conhecido por *ossificação* na doutrina norte-americana, que um nível de fiscalização jurisdicional que fixe deveres procedimentais pesados e exija extensas fundamentações à Administração pode paralisar a ação administrativa e prejudicar uma boa administração – cf. Juli Ponce Solé, "Good Administration and European Public Law. The Fight for Quality in the Field of Administrative Decisions", in *European Review of Public Law*, vol. 14, n.º 4, 2012, pp. 1503-1544.

[307] Para mais desenvolvimentos, remete-se para o estudo de Jill Wakefield, *The Right to Good Administration, cit.*, em especial pp. 57-92.

DIREITO DA UNIÃO EUROPEIA – ELEMENTOS DE DIREITO E POLÍTICAS DA UNIÃO

Universität München, no qual o Tribunal menciona "*a obrigação para a instituição competente de examinar, com cuidado e imparcialidade, todos os elementos relevantes do caso em apreço*" de entre as "*garantias atribuídas pela ordem jurídica comunitária nos processos administrativos*"[308]. O tratamento imparcial e equitativo implica a consideração de todos os elementos, de facto e de direito[309], pertinentes para a tomada da decisão, devendo ser atribuído a cada um deles o peso devido e ser excluída a apreciação de qualquer elemento irrelevante[310]. Intimamente ligado ao dever de diligência, este implica ainda a ponderação de todos os interesses em presença, especialmente o interesse público na atuação administrativa a empreender e os interesses dos administrados potencialmente afetados pela mesma[311].

A observância de um prazo razoável na tramitação dos procedimentos administrativos começou por ser abordada na jurisprudência do TJUE no domínio da concorrência[312], para progressivamente se impor em qualquer procedimento administrativo da União[313]. Para além de "*componente do princípio da boa administração*"[314], decorre igualmente da "*exigência fundamental de segurança jurídica*"[315] e, por isso, se impõe também nos casos em que, "*no silêncio dos textos legais, os princípios da segurança jurídica ou da proteção da confiança legítima obstam a que as instituições comunitárias e as pessoas singulares ou coletivas atuem sem qualquer limite temporal, podendo assim, nomeadamente, pôr em risco a estabilidade de situações jurídicas adquiridas*"[316]. Segundo jurisprudência assente

---

[308] Acórdão *Technische Universität München, cit.*, considerando 14. No mesmo sentido, cf., entre outros, Acórdãos (TJUE) *La Cinq*, de 24 de janeiro de 1992, proc. T-44/90, considerando 86; e *Hoechst*, de 18 de junho de 2008, proc. T-410/03, considerando 129.

[309] Neste sentido, cf. Acórdãos *Oliveira*, de 19 de março de 1997, proc. T-73/95, considerando 32; e *max-mobil, cit.*, considerando 49, e jurisprudência aí citada.

[310] Cf. artigo 9.º do Código Europeu de Boa Conduta Administrativa (Provedor de Justiça Europeu).

[311] Cf. Acórdão *Monsanto Company*, de 8 de janeiro de 2002, proc. C-248/99 P, considerando 92.

[312] Cf. Acórdãos *Guérin*, de 18 de março de 1997, proc. C-282/95 P, considerando 37; e *Nederlandse Federatieve Vereniging voor de Groothandel op Elektrotechnisch Gebied*, de 21 de setembro de 2006, proc. C-105/04 P, considerando 35, no qual se pode ler que a "*observância de um prazo razoável na tramitação dos procedimentos administrativos em matéria de política da concorrência constitui um princípio geral do direito comunitário cujo respeito é assegurado pelos órgãos jurisdicionais comunitários*".

[313] Cf. Acórdão *The Sunrider Corp*, de 13 de julho de 2005, proc. T-242/02, considerando 51, e jurisprudência aí citada.

[314] Acórdão *The Sunrider Corp, cit.*, considerando 51.

[315] Acórdão (TJUE) *Eagle*, de 5 de outubro de 2004, proc. T-144/02, considerando 58, e, pela primeira vez neste sentido, Acórdão (TJUE) *Geigy*, de 14 de julho de 1972, proc. 52/69, considerando 21.

[316] Acórdão *Eagle, cit.*, considerando 57.

ADMINISTRAÇÃO PÚBLICA

do TJUE, o carácter razoável do prazo deve ser apreciado em função das circunstâncias próprias de cada procedimento, nomeadamente tendo em conta a importância do litígio para o interessado, a complexidade do procedimento, bem como o comportamento do interessado e das autoridades competentes[317].

Por sua vez, o artigo 41.º, n.º 2, da CDFUE, na sua alínea *a)*, refere-se ao "direito de qualquer pessoa a ser ouvida antes de a seu respeito ser tomada qualquer medida individual que a afete desfavoravelmente". A primeira referência ao direito de audiência remonta, na jurisprudência do TJUE, ao Acórdão *Transocean Marine Paint Association*[318] e implica que ao interessado seja dada a oportunidade de *"dar utilmente a conhecer o seu ponto de vista"* sobre os elementos com base nos quais a Administração tenciona tomar a sua decisão[319]. Em conformidade com jurisprudência assente do TJUE, o respeito pelo referido direito, enquanto princípio fundamental de direito da União, impõe-se mesmo quando a regulamentação aplicável, seja da União, seja dos Estados-Membros, não preveja expressamente essa formalidade[320].

---

[317] Cf., entre outros, Acórdãos *Stichting*, de 22 de outubro de 1997, procs. apensos T-213/95 e T-18/96, considerando 57; e *LVM*, de 15 de outubro de 2002, procs. apensos C-238/99 P, C-244/99 P, C-245/99 P, C-247/99 P, C-250/99 P a C-252/99 P e C-254/99 P, considerando 187. Neste último, o TJUE precisou, no considerando 188, que *"[e]sta lista de critérios não é (...) exaustiva e a apreciação do carácter razoável do prazo não exige uma análise sistemática das circunstâncias da causa à luz de cada um deles quando a duração do processo se revela justificada à luz de um só desses critérios. A função destes é determinar se o prazo de tratamento de um processo é ou não justificado. Assim, a verificação da complexidade de um processo ou de um comportamento dilatório de um recorrente pode justificar um prazo à primeira vista demasiado longo. Inversamente, pode entender-se que um prazo excede os limites do prazo razoável igualmente à luz de um único critério, especialmente quando a sua duração resulta do comportamento das autoridades competentes. A duração de uma fase processual pode, eventualmente, ser desde logo classificada de razoável quando se revela conforme à duração média de tramitação de um processo do tipo do que estiver em causa".*

[318] Acórdão (TJUE) *Transocean Marine Paint Association*, de 23 de outubro de 1974, proc. 17-74, considerando 15, no qual o TJUE se refere à *"règle générale selon laquelle les destinataires de décisions des autorités publiques qui affectent de manière sensible leurs intérêts, doivent être mis en mesure de faire connaître utilement leur point de vue".* No domínio da função pública, contudo, a primeira referência remonta ao Acórdão *Maurice Alvis*, de 4 de julho de 1963, proc. 32/62, onde o TJUE teve por referência a *"règle généralement admise par le droit administratif en vigueur dans les États membres de la Communauté économique européenne, [selon laquelle] les administrations de ceux-ci doivent mettre leurs préposés en mesure de répondre aux faits incriminés, préalablement à toute décision disciplinaire prise à leur égard".*

[319] Acórdão (TJUE) *Lisrestal*, de 6 de dezembro de 1994, proc. T-450/93, considerando 42.

[320] Cf. Acórdãos (TJUE) *Fiskano*, de 29 de junho de 1994, proc. C-135/92, considerando 39; *Lisrestal, cit.*, considerando 42; *Sopropé*, de 18 de dezembro de 2008, proc. C-349/07, considerandos 36-38; e *M. M., cit.*, considerandos 81-89.

DIREITO DA UNIÃO EUROPEIA – ELEMENTOS DE DIREITO E POLÍTICAS DA UNIÃO

Seguidamente, a alínea *b)* refere-se ao "direito de qualquer pessoa a ter acesso aos processos que se lhe refiram". Distinto do direito (geral) de acesso aos documentos[321], o direito de acesso ao processo foi desde cedo reconhecido pelo TJUE, especialmente em matéria de concorrência[322], como uma das *"garantias processuais destinadas a proteger os direitos da defesa e a assegurar, designadamente, o exercício efetivo do direito a ser ouvido"*, pois permite ao interessado ter conhecimento dos elementos que constam do processo que lhe diz respeito a fim de se pronunciar utilmente sobre a realidade e a pertinência dos mesmos[323]. Por isso, a não comunicação de certos elementos é suscetível de viciar o procedimento administrativo e invalidar a decisão final tomada caso o interessado demonstre que a não divulgação daqueles elementos influenciou, em seu prejuízo, o desenrolar do procedimento e o conteúdo da decisão[324]. O exercício do direito de acesso ao processo não é, contudo, ilimitado, estando, nos termos do artigo 41.º, n.º 2, alínea *b)*, da CDFUE, sujeito ao "respeito pelos legítimos interesses da confidencialidade e do segredo profissional e comercial", refletindo a jurisprudência que ressalva os segredos comerciais, os documentos internos e outras informações confidenciais[325], nomeadamente informações fornecidas voluntariamente mas acompanhadas de um pedido de confidencialidade com vista a proteger o anonimato do informador[326].

---

[321] Cf. artigos 15.º, n.º 3, do TFUE e 42.º da CDFUE e, no direito derivado, o Regulamento (CE) n.º 1049/2001, de 30 de maio de 2001 (em curso de revisão – cf., *supra*, nota 304).

[322] Jurisprudência acolhida no artigo 27.º, n.º 2, do Regulamento (CE) n.º 1/2003, bem como na Comunicação da Comissão relativa às regras de acesso ao processo nos casos de aplicação dos artigos 81.º e 82.º do TCE (atuais artigos 101.º e 102.º do TFUE), artigos 53.º, 54.º e 57.º do Acordo EEE e do Regulamento (CE) n.º 139/2004.

[323] Acórdão *Cimeteries*, de 18 de dezembro de 1992, procs. apensos T-10/92, T-11/92, T-12/92 e T-15/92, considerando 38; no mesmo sentido, cf. Acórdãos *Hoffmann-La Roche*, de 13 de fevereiro de 1979, proc. 85/76, considerandos 9 e 11; *Hercules Chemicals*, de 17 de dezembro de 1991, proc. T-7/89, considerandos 53 e 54; e *Solvay*, de 29 de junho de 1995, proc. T-30/91, considerando 59 – neste último, o Tribunal também se refere ao *"princípio geral da igualdade de armas"* como fundamento do direito de acesso ao processo (considerando 83).

[324] Neste sentido, cf. Acórdãos *Solvay*, cit., considerando 68; e *Aalborg Portland*, de 7 de janeiro de 2004, procs. apensos C-204/00 P, C-205/00 P, C-211/00 P, C-213/00 P, C-217/00 P e C-219/00 P, considerandos 71-76.

[325] Assim, pela primeira vez, no Acórdão *Hercules Chemicals*, cit., considerando 54; cf., ainda, Acórdão (TJUE) *BPB Industries*, de 6 de abril de 1995, proc. C-310/93 P.

[326] Neste sentido, cf. Acórdão (TJUE) *Adams*, de 7 de novembro de 1985, proc. 145/83, considerando 34; e despacho *N. c. Comissão*, de 16 de julho de 1998, proc. C-252/97 P, considerando 44.

ADMINISTRAÇÃO PÚBLICA

Finalmente, a alínea *c)* contempla a "obrigação, por parte da administração, de fundamentar as suas decisões"[327] – e não, curiosamente, o *"direito a uma fundamentação suficiente da decisão"* por referência à jurisprudência *Technische Universität München*[328]. A fundamentação das decisões administrativas – que não se limita às decisões desfavoráveis – permite (ou deve permitir) ao administrado conhecer e compreender os motivos que determinaram o sentido da decisão tomada, contribuindo assim, mais amplamente, para a transparência da atuação administrativa. Na sua jurisprudência, o TJUE tem salientado, desde o Acórdão *Heylens*, a importânica desta formalidade para a tutela jurisdicional efetiva dos direitos dos particulares, pois só a fundamentação permite ao interessado defender os seus direitos *"nas melhores condições possíveis"* e *"decidir, com pleno conhecimento de causa se (...) é útil submeter o assunto à apreciação do órgão jurisdicional"* competente, dando a este último todos os elementos necessários a fim de controlar a legalidade da decisão em causa[329]. Nos termos da jurisprudência do TJUE, a fundamentação deve *"deixar transparecer, de forma clara e inequívoca, o raciocínio seguido"* pelo decisor. O grau de exigência da fundamentação varia em função das circunstâncias do caso, apreciadas à luz *"do seu teor literal, mas também do seu contexto e do conjunto das normas jurídicas que regem a matéria em causa"*, nomeadamente da maior ou menor margem de apreciação deixada à autoridade competente. Assim, *"não é exigido que a fundamentação especifique todos os elementos de facto e de direito pertinentes"*, admitindo-se que uma decisão que se insira *"na linha de uma prática decisória constante, [possa] ser fundamentada de forma sumária, nomeadamente por uma referência a essa prática"*; contudo, *"sempre que a decisão vá sensivelmente além das decisões precedentes"*, incumbe à autoridade competente *"desenvolver o seu raciocínio de forma explícita"*[330].

---

[327] Dever de fundamentação que, quanto aos atos jurídicos da União, resulta igualmente do artigo 296.º do TFUE.

[328] Acórdão *Technische Universität München*, *cit.*, considerando 14.

[329] Cf. Acórdãos *Heylens*, de 15 de outubro de 1987, proc. 222/86, considerando 15; e *ZZ*, de 4 de junho de 2013, proc. C-300/11, considerando 53. Repare-se que ambos os acórdãos – sendo o primeiro expressamente mencionado nas Anotações relativas ao artigo 41.º da CDFUE – foram proferidos pelo TJUE em sede de reenvio prejudicial, ou seja, no contexto da impugnação judicial de decisões administrativas nacionais, o que vem em apoio da aplicabilidade do princípio da boa administração, senão mesmo do artigo 41.º da CDFUE, às entidades administrativas dos Estados-Membros quanto atuam no âmbito de aplicação do direito da União.

[330] Cf., por todos, Acórdão (TJUE) *Delacre*, de 14 de fevereiro de 1990, proc. C-350/88, considerandos 15 e 16, e jurisprudência aí citada.

Por sua vez, o artigo 41.º, n.º 3, da CDFUE refere-se ao "direito à reparação, por parte da União, dos danos causados pelas suas instituições ou pelos seus agentes no exercício das respetivas funções", o qual será efetivado "de acordo com os princípios gerais comuns às legislações dos Estados-Membros". É abundante a jurisprudência do TJUE que, ao abrigo do artigo 340.º, 2.º §, do TFUE e, assim, com base nos "princípios gerais comuns aos direitos dos Estados-Membros", tem desenvolvido o regime da responsabilidade civil extracontratual[331] das instituições da União[332]. Resulta desta jurisprudência que o reconhecimento de um direito à reparação na esfera do particular pressupõe a verificação cumulativa de três requisitos: a ilegalidade do comportamento imputado à instituição, a realidade do dano e a existência de um nexo de causalidade entre este comportamento e o prejuízo invocado; em particular, a ilegalidade do comportamento imputado à instituição deve consubstanciar uma violação suficientemente caracterizada de uma norma jurídica destinada a conferir direitos aos particulares, para o que é decisivo apurar a existência de uma violação manifesta e grave dos limites que se impõem ao seu poder de apreciação. A formulação dos requisitos constitutivos da responsabilidade extracontratual da União nestes termos resulta, em especial, do Acórdão *Bergaderm*[333], no qual o TJUE procede a um certo alinhamento entre os regimes da responsabilidade extracontratual da União e dos Estados-Membros por violação do direito da União[334].

---

[331] A responsabilidade contratual da União é regulada, nos termos do artigo 340.º, 1.º §, do TFUE, pela lei aplicável ao contrato em causa. Por sua vez, a responsabilidade pessoal dos agentes é, nos termos do artigo 340.º, 4.º §, regulada pelo respetivo Estatuto – cf. Regulamento n.º 31(CEE)/11(CEEA), sucessivamente alterado, por último pelo Regulamento (UE, Euratom) n.º 1023/2013, de 22 de outubro de 2013, que altera o Estatuto dos Funcionários da União Europeia e o Regime aplicável aos outros agentes da União Europeia.

[332] Sobre o tema, cf., entre nós, AFONSO NUNES DE FIGUEIREDO PATRÃO, *Responsabilidade Extracontratual da Comunidade Europeia, cit.*

[333] Acórdão (TJUE) *Bergaderm*, de 4 de julho de 2000, proc. C-352/98 P, considerandos 40-44; cf., ainda, em jurisprudência anterior, Acórdãos (TJUE) *Lütticke*, de 28 de abril de 1971, considerando 10; *Schöppenstedt*, de 2 de dezembro de 1971, proc. 5/71, considerando 11; e *Oleifici Mediterranei*, de 29 de setembro de 1982, proc. 26/81, considerandos 16 e 17.

[334] Cf. Acórdão *Bergaderm, cit.*, considerandos 40-44, nos quais o TJUE tem por referência os Acórdãos *Brasserie du Pêcheur*, de 5 de março de 1996, procs. apensos C-46/93 e C-48/93; *Hedley Lomas*, de 23 de maio de 1996, proc. C-5/94; e *Dillenkofer*, de 8 de outubro de 1996, procs. apensos C-178/94, C-179/94, C-188/94, C-189/94 e C-190/94, proferidos em sede de responsabilidade do Estado por violação do direito da União Europeia. Sobre as consequências do Acórdão *Bergaderm* no âmbito da responsabilidade extracontratual da União, cf., entre outros, AFONSO NUNES DE FIGUEIREDO PATRÃO, *Responsabilidade Extracontratual da Comunidade Europeia, cit.*, pp. 373-421;

ADMINISTRAÇÃO PÚBLICA

No que se refere à responsabilidade dos Estados-Membros por violação do direito da União Europeia, a mesma continua sem previsão expressa na letra dos Tratados, sendo, em contrapartida, abundante a jurisprudência do TJUE que, com fundamento nos princípios da cooperação leal e da tutela jurisdicional efetiva dos direitos dos particulares[335], construiu o respetivo regime[336]. Segundo jurisprudência consolidada do Tribunal, são três as condições constitutivas da responsabilidade dos Estados-Membros: que a norma de direito da União alegadamente violada tenha por objeto conferir direitos aos particulares, que a violação seja suficientemente caracterizada e que exista um nexo de causalidade entre esta e o dano sofrido pelo particular. Como referido, a responsabilidade por danos causados em violação do direito da União Europeia é imputável ao Estado *"independentemente da entidade do Estado-Membro cuja ação ou omissão está na origem do incumprimento"*[337] – incluindo, pois, as respetivas entidades administrativas. No que respeita, em especial, à responsabilidade dos Estados-Membros por danos causados em violação do direito da União Europeia no exercício da função adminis-

TAKIS TRIDIMAS, "Liability for breach of Comunnity Law: growing up and mellowing down?", *cit.*, pp. 321-332; e JÜRGEN SCHWARZE, *Droit Administratif Européen*, 2.ª ed., *cit.*, pp. I-27 a I-31.

A doutrina sublinha que o dito alinhamento entre os regimes é tendencial, limitado ou relativo desde logo porque, se a responsabilidade extracontratual da União se funda exclusivamente no direito da União (em especial, na densificação jurisprudencial do disposto no artigo 340.º, 2.º §, do TFUE), a responsabilidade dos Estados-Membros por violação do direito da União assenta num reenvio parcial para os direitos nacionais dos Estados-Membros – *parcial*, na medida em que, não só as condições constitutivas da responsabilidade dos Estados-Membros são aquelas que resultam definidas na jurisprudência do Tribunal de Justiça, mas também porque as condições de equivalência e de efetividade, que também limitam aqui a autonomia institucional e processual dos Estados--Membros, balizam fortemente a aplicação do direito (processual) nacional aos casos de responsabilidade do Estado por violação do direito da União Europeia. Para além de, em consequência, a responsabilização da União e dos Estados-Membros obedecerem a regras não inteiramente coincidentes, a mesma é apreciada por órgãos jurisdicionais diferentes – o Tribunal Geral, com eventual recurso para o Tribunal de Justiça (artigos 256.º e 268.º do TFUE), e os órgãos jurisdicionais nacionais competentes – e de forma distinta, em razão, nomeadamente, da diferente margem de apreciação de que gozam as instituições da União e os Estados-Membros quando atuam num domínio regulado pelo direito da União.

[335] Cf. Acórdãos *Francovich*, *cit.*, considerandos 33 e 45; e *Brasserie du Pêcheur*, *cit.*, considerandos 31 e 39.

[336] Sobre o tema, cf. o nosso *A Responsabilidade Civil do Estado-Legislador por Violação do direito da União Europeia. Breves Notas sobre o Caso Português*, *cit.*

[337] Acórdão *Brasserie du Pêcheur*, *cit.*, considerando 32; no mesmo sentido, cf. Acórdãos *Konle*, *cit.*, considerando 62; *Haim*, *cit.*, considerando 27; e *Günter Fuß*, *cit.*, considerando 46.

trativa[338], para além de estar inegavelmente associada à vinculação das entidades administrativas dos Estados-Membros ao bloco de juridicidade da União, pode, por analogia do que resulta do artigo 41.º, n.º 3, da CDFUE, associar-se também ao princípio da boa administração enquanto princípio geral de direito da União Europeia aplicável aos Estados-Membros quando atuem no âmbito de aplicação do direito da União.

Por fim, o artigo 41.º, n.º 4, da CDFUE diz respeito ao direito de se "dirigir às instituições da União numa das línguas oficiais dos Tratados" e de "obter uma resposta na mesma língua". Contrariamente aos artigos 20.º, n.º 2, alínea d), e 25.º do TFUE, que limitam o benefício deste direito aos cidadãos da União, o artigo 41.º, n.º 4, da CDFUE reconhece a todas as pessoas a possibilidade de escolher a língua com a qual pretendem interagir com as instituições da União. Deve, contudo, tratar-se de uma das línguas oficiais da União, a saber cada uma das línguas que, ao abrigo do ordenamento jurídico-constitucional de cada Estado-Membro, goza de estatuto oficial – o regime linguístico da União[339] almeja, assim, respeitar a igualdade e a identidade dos Estados-Membros, sendo expressão da diversidade linguística da própria União[340]. Assim, por princípio, a língua de comunicação será a língua do interessado; tratando-se de um nacional de um país terceiro (pessoa física ou coletiva), deverá ter-se em conta a relação existente entre ele e a União, seja um Estado-Membro, seja a própria União[341]. No Acórdão *Kik*, o TJUE teve ainda a oportunidade de esclarecer que as diversas referências feitas nos Tratados a respeito do uso das línguas na União *"não podem considerar-se como a manifestação de um princípio geral de direito comunitário que assegure a cada cidadão o direito a que tudo o que seja suscetível de afetar os seus interesses seja redigido na sua língua em todas as circunstâncias".* Assim, *"uma decisão individual não tem necessariamente de ser redigida em todas as línguas oficiais, mesmo quando possa afetar os direitos de um cidadão da União diferente do destinatário dessa decisão,*

---

[338] De que são exemplo os casos na origem dos Acórdãos *Haim, Hedley Lomas, Brinkmann* e *A.G.M. COS.MET*, já referidos.

[339] Cf. Regulamento n.º 1, de 15 de abril de 1958, que estabelece o regime linguístico da CEE, e o Regulamento n.º 1, de 15 de abril de 1958, que estabelece o regime linguístico da CEEA, com a última redação dada pelo Regulamento (UE) n.º 1257/2010, de 20 de dezembro de 2010.

[340] Valores inscritos nos artigos 2.º, 3.º, n.º 3, e 4.º, n.º 2, do TUE e 22.º da CDFUE. A propósito, cf. as Conclusões do Advogado-Geral Miguel Poiares Maduro, de 16 de dezembro de 2004, proc. C-160/03 (Acórdão *Espanha c. Eurojust*).

[341] Cf. Acórdão (TJUE) *Continental Can*, de 21 de fevereiro de 1973, proc. 6/72, considerando 12.

por exemplo, um operador económico concorrente"[342]. O que importa, em último termo, assegurar é que o interessado possa compreender a instituição com a qual se relaciona, de forma a exercer utilmente os direitos que lhe são reconhecidos, seja no decurso do procedimento administrativo, seja depois em sede de recurso judicial.

Uma última nota para sublinhar o alargado círculo de beneficiários dos direitos consagrados no artigo 41.º da CDFUE. São titulares dos direitos aí consagrados "todas as pessoas", ou seja, "todas as pessoas, físicas e coletivas [...], que, independentemente da sua nacionalidade, residência e sede social, e por qualquer motivo ou circunstância, estabeleçam uma relação com a Administração"[343] – universalização[344] reveladora de uma nova dimensão da cidadania da União[345], tendo por referência a localização sistemática do preceito na estrutura da CDFUE (no Título V relativo à «Cidadania»). Colocando o "ser humano no cerne da sua ação"[346], a escolha demonstra que o *administrado*, objeto passivo da ação administrativa, é agora considerado enquanto *cidadão*, sujeito que participa ativamente dessa mesma ação[347]. Não sendo especialmente inovador no que toca ao conteúdo, será porventura este o real sentido da subjetivação do discurso em torno da boa administração propiciada pelo artigo 41.º da CDFUE.

---

[342] Acórdão *Christina Kik*, de 9 de setembro de 2003, proc. C-361/01 P, considerandos 82 e 85. No caso, tendo em consideração que *"o regime linguístico de um organismo como o [Instituto de Harmonização do Mercado Interno] é o resultado de uma difícil busca de equilíbrio necessário entre os interesses dos operadores económicos e os da coletividade, no que respeita aos custos dos processos, mas também entre os interesses dos requerentes de marcas comunitárias e os dos outros operadores económicos, no que respeita ao acesso às traduções dos documentos que conferem direitos ou aos processos que implicam vários operadores económicos"*, o TJUE considerou legítima a definição, por parte do Conselho, das línguas que podiam ser utilizadas em certos procedimentos na falta de acordo entre as partes para determinar a língua utilizável e, *"mesmo que o Conselho tenha feito um tratamento diferenciado das línguas oficiais"*, a sua escolha, *"limitada às línguas cujo conhecimento é mais divulgado na Comunidade Europeia"*, revelou-se apropriada e proporcionada (cf. considerandos 92-94).

[343] CLÁUDIA VIANA, "Artigo 41.º – Direito a uma boa administração", in AA.VV., *Carta dos Direitos Fundamentais da União Europeia Comentada, ob. cit.,* p. 483.

[344] Assim, LOÏC AZOULAI, "Le principe de bonne administration", *cit.,* p. 504.

[345] Assim, JACQUELINE DUTHEIL DE LA ROCHÈRE, "The EU Charter of Fundamental Rights, Not Binding but Influential: the Example of Good Administration", *cit.,* p. 169.

[346] Como se pode ler no 2.º § do preâmbulo da CDFUE.

[347] Neste sentido, cf. GUY BRAIBANT, *La Charte des Droits Fondamentaux de l'Union Européenee, cit.,* p. 215.

5. Considerações finais

Ao iniciar o presente capítulo não nos movia o propósito de realizar um estudo exaustivo – apesar de necessário – de direito administrativo da União Europeia, mas tão-só explicitar, ainda que de forma breve, as principais dinâmicas que o caracterizam. O resultado final – também ele condicionado pelas intenções aglutinadoras da presente publicação – pretende ser o ponto de partida para futuras reflexões. Nesse sentido, e em jeito de considerações finais – que de "finais" pouco terão –, optamos por trazer à colação uma questão que tem mobilizado a doutrina mais autorizada do direito administrativo da União Europeia: a da sua *codificação*.

Mais de meio século após o início da empresa europeia, a União carece até hoje de um conjunto coerente e exaustivo de normas codificadas de direito administrativo[348]. O debate em torno da codificação dos princípios fundamentais de direito administrativo e das regras básicas de procedimento administrativo a observar na aplicação do direito da União[349], iniciado na década de 1980 e alimentado à medida em que se iam ampliando os domínios de competência da União e em razão dos sucessivos alargamentos, ganha hoje nova visibilidade. Com efeito, o Tratado de Lisboa, em vigor desde 2009, dedicou alguma atenção à função administrativa da União – mais do que anteriores tratados de revisão –, nomeadamente ao consagrar explicitamente o princípio da autonomia institucional e procedimental dos Estados-Membros no artigo 291.º, n.º 1, do TFUE (que dá expressão específica, sem inovar, ao princípio da cooperação leal consagrado no artigo 4.º, n.º 3, do TUE), ao proceder à distinção entre atos legislativos e atos não legislativos nos artigos 290.º e 291.º do TFUE, ao referir-se à execução do direito da União pelos Estados-Membros como sendo "essencial para o bom funcionamento da União", elevando-a a "matéria de interesse comum" no artigo 197.º

---

[348] Assim conclui Jürgen Schwarze, "El derecho administrativo europeo a la luz del tratado de Lisboa: observaciones preliminares", *cit.*, p. 28.

[349] A propósito, remetendo para a extensa bibliografia aí citada, cf. os contributos de Jacques Ziller, "Is a Law of Administrative Procedure for the Union institutions necessary? Introductory remarks and prospects", pp. 29-51; Oriol Mir-Puigpelat, "Arguments in favour of a general codification of the procedure applicable to EU Administration", pp. 53-79; e Helena Jäderblom, "From fragmentation to increased coherence: a user-friendly eu administrative law", pp. 269-277, apresentados no Workshop *EU Administrative Law: State of Play and Future Prospects*, realizado em Leão-Espanha, e publicados pela Comissão dos Assuntos Constitucionais do Parlamento Europeu, Bruxelas, 2011 (disponíveis em *http://www.europarl.europa.eu/activities/committees/studies. do?language=EN*).

ADMINISTRAÇÃO PÚBLICA

do TFUE, e ainda ao reconhecer força jurídica vinculativa à CDFUE (artigo 6.º, n.º 1, do TUE) e, assim, ao "direito a uma boa administração" consagrado no seu artigo 41.º.

Intimamente ligado a este "direito a uma boa administração", o artigo 298.º do TFUE, introduzido pelo Tratado de Lisboa, estabelece, pela primeira vez, que "[no] desempenho das suas atribuições, as instituições, órgãos e organismos da União apoiam-se numa administração europeia aberta, eficaz e independente", cominando ao Parlamento Europeu e ao Conselho a adoção, "por meio de regulamentos adotados de acordo com o processo legislativo ordinário", das "disposições necessárias para o efeito". Do disposto no artigo 298.º, n.º 2, do TFUE resulta uma base jurídica suficiente para o legislador da União avançar com a codificação do direito administrativo da União Europeia. O teor da disposição, que se refere a "regulamentos", no plural, permite, aliás, que o legislador da União opte, em alternativa a uma codificação geral, por codificações parciais/setoriais.

De momento, tudo indica que o legislador da União venha a optar por uma codificação geral dos princípios fundamentais de direito administrativo da União e de regras mínimas de procedimento administrativo. Com efeito, em 2013, o Parlamento Europeu, por meio de resolução[350], solicitou à Comissão que apresentasse uma proposta de regulamento que inclua um conjunto de princípios fundamentais de boa administração[351] e regule o procedimento a seguir supletivamente pela administração da União[352]. Na sua resolução, o Parlamento Europeu tem em consideração, entre outros, que "as regras e princípios da União atualmente existentes sobre a boa administração se encontram dispersas por uma vasta variedade de fontes" – de direito originário e derivado, passando pela jurisprudência do TJUE e por numerosos instrumentos de *soft law* –, o que "torna difícil aos cidadãos compreenderem os seus direitos administrativos ao abrigo do direito da União". Por isso, uma «Lei de Processo [Procedimento] Administrativo da União Europeia» contribuiria para eliminar a confusão decorrente da existência paralela de

---

[350] Cf. Resolução do Parlamento Europeu, de 15 de janeiro de 2013, que contém recomendações à Comissão sobre uma Lei de Procedimento Administrativo da União [2012/2014(INI)].

[351] A saber, os princípios da legalidade, da não discriminação e da igualdade de tratamento, da proporcionalidade, da imparcialidade, da coerência e das legítimas expectativas, do respeito da vida privada, da justiça, da transparência, da eficácia e do serviço público (cf. recomendação 3).

[352] Contemplando regras (*de minimis* – cf. recomendação 2) relativas ao início do procedimento, à realização de audiência prévia, aos prazos, à forma, à fundamentação e à notificação das decisões administrativas e à indicação das vias de recurso disponíveis (cf. recomendação 4).

diferentes códigos de boa conduta administrativa, asseguraria que, assim, as instituições, órgãos e organismos da União aplicassem os mesmos princípios fundamentais nas suas relações com os cidadãos, realçando a importância desses mesmos princípios, e contribuiria, em último termo, para aumentar a "legitimidade da União e a confiança dos cidadãos na administração da União" –, assim resumindo o essencial dos argumentos avançados pela doutrina em favor de uma codificação[353].

Repare-se que o âmbito de aplicação do regulamento a aprovar ao abrigo do artigo 298.º do TFUE limita-se, na resolução do Parlamento Europeu, às instituições, órgãos e organismos da União. Ficam, assim, excluídas as entidades administrativas dos Estados-Membros, mesmo quando atuam no âmbito de aplicação do direito da União. A opção é coerente com o disposto nos artigos 291.º do TFUE e 41.º da CDFUE. O primeiro confia a execução do direito da União Europeia, em primeira linha, aos Estados-Membros, expressando, em conjugação com o artigo 4.º, n.ᵒˢ 2 e 3, do TUE, a vontade destes em não abrir mão do seu protagonismo e da sua autonomia na execução do direito da União Europeia. O segundo limita expressamente o seu âmbito de aplicação às instituições, órgãos e organismos da União, excecionando à regra da aplicabilidade da CDFUE aos Estados-Membros "quando apliquem direito da União" (artigo 51.º, n.º 1, da CDFUE). Por isso também – e apesar das suas evidentes vantagens para uma aplicação efetiva e uniforme do direito da União[354] – a doutrina tem emitido sérias reservas quanto a uma competência da União para avançar com uma codificação dos princípios fundamentais e regras básicas de procedimento administrativo extensiva aos Estados-Membros.

A resolução não deixa, contudo, de ter em conta que uma «Lei de Processo [Procedimento] Administrativo da União Europeia» poderia, por um lado, "reforçar uma convergência espontânea do direito administrativo nacional, no que respeita aos princípios gerais do processo [procedimento] e aos direitos fundamentais dos cidadãos face à administração, reforçando assim o processo de integração", e, por outro, "promover a cooperação e o intercâm-

---

[353] Cf. os considerandos introdutórios da Resolução, em especial os considerandos C, D, E, H, L, Q e R.

[354] John Temple Lang alerta, contudo, tendo em conta o certo risco de dificultar desenvolvimentos futuros, nomeadamente desenvolvimentos jurisprudenciais ao abrigo do princípio da cooperação leal, "cooperation in good faith is better than any set of rules" – cf. John Temple Lang, "The Duties of National Authorities Under Community Constitutional Law", *cit.*, pp. 125-126.

ADMINISTRAÇÃO PÚBLICA

bio de boas práticas entre as administrações nacionais e a da União, a fim de atingir as metas estabelecidas pelo artigo 298.º do Tratado sobre o Funcionamento da União Europeia"[355]. A codificação de princípios fundamentais e de regras básicas de procedimento administrativo ao nível da União, mesmo não aplicável às administrações públicas dos Estados-Membros, seria – ou alemejaria ser – motor de convergência de padrões (elevados[356]) de ação administrativa e de proteção dos administrados. Regressa-se ao que ficou dito *supra* a propósito da europeização do direito administrativo ou da emergência de um *ius commune* administrativo: o fenómeno de progressiva aproximação entre os sistemas jurídicos nacionais e da União Europeia quanto a questões de natureza administrativa, sem se circunscrever ao direito da União, é em grande medida promovido pelo processo de integração europeia.

Para além do problema de competência[357] e de, em última análise, relevar da vontade política dos Estados-Membros[358], a real questão que se coloca no que toca à extensão ou não de tal codificação aos Estados-Membros será, porventura, aquela formulada por Jürgen Schwarze. É inegável que um conjunto assente e largamente aceite de princípios e regras de direito administrativo que vinculam as entidades administrativas dos Estados-Membros quando aplicam direito da União se encontram definidas ao nível da União, seja setorialmente em atos jurídicos de direito derivado, seja em geral na jurisprudência do TJUE. A questão que se coloca será a de saber o que é mais intrusivo da autonomia administrativa dos Estados-Membros: uma codificação de princípios gerais de procedimento administrativo cuja extensão aos Estados-Membros está atualmente em discussão ou codificações parciais, de alcance setorial, por meio de disposições (extremamente) detalhadas espalhadas em atos de direito derivado correntemente em vigor[359]?

---

[355] Cf. considerandos S e T da Resolução.

[356] Cf. considerando Q da Resolução.

[357] Julio Ponce Solé, "EU Law, Global Law and the Right to Good Administration", *in* AA.VV., *Global Administrative Law and EU Administrative Law. Relationships, Legal Issues and Comparison*, Edoardo Chiti e Bernardo Giorgio Mattarella, Heidelberg, Springer, 2011, p. 140, considera que a cláusula de flexibilidade do artigo 352.º do TFUE oferece base legal suficiente para o efeito.

[358] Como sublinha Luiz Ángel Ballesteros Moffa, "The application of EU law: relevant aspects of European Administrative Procedure", texto apresentado no Workshop *EU Administrative Law: State of Play and Future Prospects*, realizado em Leão-Espanha, e publicado pela Comissão dos Assuntos Constitucionais do Parlamento Europeu, Bruxelas, 2011, pp. 103-104 (disponível em *http://www.europarl.europa.eu/activities/committees/studies.do?language=EN*).

[359] Cf. Jürgen Schwarze, "El derecho administrativo europeo a la luz del tratado de Lisboa: observaciones preliminares", *cit.*, pp. 46-49.

Capítulo III
Função Pública

CARLOS LUÍS MEDEIROS DE CARVALHO

I. Introdução

No quadro do processo de instituição e construção da União Europeia mostrou-se necessário para a sua implementação a criação de um quadro próprio de funcionários e de agentes[1], dotados de um Estatuto[2] também ele próprio e que é reflexo não só das influências do quadro normativo que disciplina a

---

[1] *Vide*, sobre este processo e sua evolução, MICHEL MANGENOT, "D' où vient la fonction publique européenne? Les origines d'un modele (1952-1968)", e BERTRAND SORET, "La réforme de la gestion des ressources humaines à la Commission Européenne (1978-2011)", ambos em *La Fonction Publique Européene*, 2.ª ed., sob a direção de François-Gilles Le Theule e Julie Leprêtre, respetivamente, pp. 37-48 e 49-62.

[2] Cf. Regulamento n.º 31(CEE)/11(CEEA), de 18 de dezembro de 1961, que fixava o Estatuto dos Funcionários da União Europeia (então denominadas *Comunidade Económica Europeia* e *Comunidade Europeia da Energia Atómica*) e o regime aplicável aos outros agentes (RAA), sucessivamente alterado [*vide* versão consolidada consultável em *http://eur-lex.europa.eu/LexUriServ/*], sendo que, após processo de revisão [*vide* Proposta de Regulamento do Parlamento Europeu e do Conselho, de 13 de dezembro de 2011, inserta sob a COM(2011) 890 final, 2011/0455 (COD)], veio a ser publicado o Regulamento (UE/EURATOM) n.º 1023/2013, de 23 de outubro de 2013, com o qual se procedeu à alteração ao referido Estatuto bem como do regime aplicável aos outros agentes da União Europeia.

matéria nos Estados-Membros mas também das particularidades e especificidades que caracterizam o funcionalismo da União e que se cuidarão de seguida.

Mas um quadro estatutário substantivo mostrar-se-ia insuficiente e incompleto se desacompanhado de mecanismos que assegurassem, em termos adjetivos, uma efetiva proteção jurídica do direito de acesso à justiça através da consagração e implementação de uma jurisdição e de meios contenciosos adequados a que cada funcionário ou agente da União Europeia possa, perante um tribunal/juiz imparcial e independente, fazer valer os seus direitos e interesses protegidos face aos poderes públicos, exigindo um controlo jurisdicional da legalidade dos atos/comportamentos, bem como a reposição da legalidade e a reparação da sua esfera jurídica lesada.

Com efeito, uma ordem jurídica não existirá, não será verdadeiramente eficaz se as suas normas não gozarem de uma sólida e eficaz garantia jurisdicional, traduzida, por um lado, no facto de todos os seus destinatários lhe deverem obediência e, por outro lado, no facto de todas as normas e atos estarem sujeitos a fiscalização jurisdicional[3].

A tutela jurisdicional efetiva constitui, tal como é consabido, um dos requisitos da União de Direito, sendo que tal direito/garantia mostra-se assegurado, no que para aqui ora releva, através da possibilidade de recurso aos tribunais da União [Tribunal de Justiça da União Europeia (TJUE) (habitualmente designado por «o Tribunal»), Tribunal Geral[4] (TG – antigo Tribunal de Primeira Instância – TPI) e Tribunal da Função Pública da União Europeia (TFP)] por parte dos seus funcionários e agentes.

E nesse quadro importa, assim, entrar na análise e apreciação, num primeiro momento, do regime estatutário pelo qual se rege o funcionalismo da União Europeia, daquilo que são os seus aspetos essenciais e as suas especificidades, para, num segundo momento, passarmos ao respetivo regime contencioso, caracterizando a respetiva jurisdição, elencando os meios contenciosos legalmente previstos, seu âmbito e tramitação, tudo desenvolvido

---

[3] Note-se que por força do artigo 5.º do TUE as instituições da União, mormente, os seus órgãos jurisdicionais "exercem as suas competências nas condições e de acordo com os objectivos previstos, por um lado, nas disposições dos Tratados que instituem as Comunidades Europeias e nos Tratados e actos subsequentes que os alteraram ou completaram e, por outro, nas demais disposições do presente Tratado".

[4] Nas referências de jurisprudência adotou-se a atual designação deste Tribunal.

FUNÇÃO PÚBLICA

num quadro que se quer sucinto dadas as limitações fixadas de dimensão e de tempo a este texto.

II. Do estatuto da função pública da União Europeia

1. Breves notas sobre criação e evolução do modelo da função pública da União Europeia

De modo breve, mas por forma a permitir uma melhor compreensão daquilo que constitui a realidade objeto da presente análise, cumpre deixar algumas notas de enquadramento quanto ao processo que esteve na origem do modelo de funcionalismo público da União Europeia e daquilo que foi a sua evolução até hoje.

A União, criada por vontade de seus Estados-Membros, para prosseguir os seus objetivos e políticas necessitava estar dotada de uma função pública própria, adaptada às suas exigências e particularidades.

Assim, importa referir estarmos em presença de um modelo de função pública original que, sendo produto de várias e variadas influências decorrentes dos vários sistemas de funcionalismo público existentes nos Estados-Membros[5], é fruto de uma *"síntese única e evolutiva"*[6].

Trata-se de um processo evolutivo lento que remonta aos primórdios da constituição das então Comunidades, processo esse que nos últimos dez anos se mostra marcado por uma forte aceleração na sua transformação/modificação em decorrência dos processos de alargamento sucessivos da União, do Tratado de Lisboa e de importantes alterações ao Estatuto da Função Pública da União Europeia operadas em 2004 e 2013.

Constituindo a função pública da União uma *"administração de missão"*, tanto para mais que cada funcionário *"deve desempenhar as suas funções e pautar a sua conduta tendo unicamente em vista os interesses da União"*[7], temos que o respetivo Estatuto constitui o elo de ligação entre o quadro institucional e os funcionários/agentes ao seu serviço no cumprimento daquilo que são as tarefas e objetivos definidos pelos Tratados, podendo ler-se nos consideran-

---

[5] Cf. MICHEL MANGENOT, "D' où vient la fonction publique européenne? Les origines d'un modele (1952-1968)", *cit.*, pp. 44-48.

[6] Na feliz expressão de FRANÇOIS-GILLES LE THEULLE em "La fonction publique europénne: administration et gestion", in *La Fonction Publique Européene, ob. cit.*, p. 14.

[7] Cf. artigo 11.º do Estatuto.

DIREITO DA UNIÃO EUROPEIA – ELEMENTOS DE DIREITO E POLÍTICAS DA UNIÃO

dos 2 e 3 do Regulamento (CE/EURATOM) n.º 723/2004, de 22 de março de 2004[8], que *"a Comunidade deve dispor de uma administração pública europeia de elevada qualidade, que lhe permita desempenhar as suas funções ao mais alto nível de desempenho, de acordo com os Tratados, e estar à altura dos desafios, tanto internos como externos, com que se deparará no futuro. (...) é necessário prever um quadro para o recrutamento, pela Comunidade, de pessoal da mais alta qualidade, em termos de produtividade e integridade, representando a base geográfica mais ampla possível de entre os cidadãos dos Estados-Membros, e permitir a esse pessoal a execução das suas funções em condições que assegurem um funcionamento dos serviços tão eficaz quanto possível"*.

E ainda a este propósito sustenta Pierre-Alexis Féral que *"somente os funcionários comunitários permanentes e independentes poderão falar e agir em nome do interesse geral europeu"*[9].

Ora, se é certo que as primeiras instituições procederam aos seus recrutamentos numa base contratual, temos que por ação de Jacques Rueff, enquanto então presidente de uma comissão que foi nomeada para tratar do Estatuto do Pessoal das Comunidades, veio a ser aprovado e publicado, em 1956[10], o primeiro Estatuto que qualifica os *"membros do pessoal da CECA de funcionários supranacionais"*, Estatuto esse com o qual se visavam evitar as fortes influências nacionais e proteger os funcionários das intervenções diretas dos Estados-Membros, assegurando aqueles a autonomia e a independência necessárias no quadro de uma nova Administração.

Com a constituição da CEE e da CEEA, através do Tratado de Roma, de março de 1957, novos desafios se colocavam à Administração Comunitária, impondo-se a necessidade de negociação de um novo Estatuto para o respetivo pessoal[11], o que veio a ocorrer através do Regulamento n.º 31 (CEE)/ /11 (CEEA), publicado em 14 de junho de 1962 e que entrou em vigor em 1 de julho de 1962.

---

[8] Regulamento que procedeu à alteração, em 2004, do Estatuto.

[9] "Mythes et realité de la fonction publique europénne", in *Revue Française d'Administration Publique* (*RFAP*), n.º 95, 2000, p. 412.

[10] Estatuto esse que, adotado em 28 de janeiro de 1956, veio a entrar em vigor em 1 de julho de 1956.

[11] Atente-se que em 1957 o pessoal ao serviço das então Comunidades totalizava 693 pessoas, sendo que, atualmente, serão mais de 40 000 as pessoas ao serviço da União Europeia – cf. HENRI OBERDORFF, em "La Fonction Publique de l'Union Européenne", in *Droit Administratif Européen*, sob direção de Jean-Bernard Auby e Jacqueline Dutheil de la Rochère, Bruylant, 2007, p. 213; e ainda *http://europa.eu/about-eu/working-eu-institutions/index_pt.htm*.

FUNÇÃO PÚBLICA

Com o Tratado de fusão dos executivos das então três Comunidades, assinado em 8 de abril de 1965 e vigente desde 1 de julho de 1967, entrou-se numa nova fase do processo de constituição e formação da função pública da União Europeia, que marca *"a última etapa deste processo de autonomização e de uniformização"*[12] e que culmina com a aprovação do Regulamento (CEE/ /CEEA/CECA) n.º 259/68, de 29 de fevereiro de 1968, o qual suprime as últimas especificidades ou particularidades do Estatuto CECA de 1956.

Fruto daquilo que foi um processo de reforma ao nível do Estado ocorrido nos anos 1980/1990, que começou primeiramente nos países anglo-saxónicos e depois se foi estendendo progressivamente com maior ou menor incidência a outros países integrantes da União, também a Administração Comunitária, por força igualmente da agenda e dos processos de alargamento, veio a sofrer um processo de reforma/modernização entre 2000/2004[13], mormente ao nível da gestão do seu pessoal, com a afirmação ou reforço do mérito e da avaliação, da ética, da organização de processos de seleção/concurso, da formação, da mobilidade, da responsabilidade e da descentralização.

Com efeito, procede-se neste período à criação do Serviço Europeu de Seleção de Pessoal[14] [sigla «EPSO»], o qual ficou encarregue da organização dos processos de concurso e seleção de pessoal, estabelecendo as respetivas listas classificativas, bem como à implementação de um novo sistema de avaliação do funcionalismo assente no relatório de avaliação de carreira que perdurará até 2012, assim como ao nível da estrutura das carreiras e das remunerações, para além da implementação de medidas/regras de enquadramento da seleção e nomeação do pessoal intermédio e superior, na formação contínua do pessoal, bem como numa nova categoria de pessoal dos agentes contratuais, etc.[15]

Por fim, em 29 de outubro de 2013, com a publicação do já referido Regulamento (UE/EURATOM) n.º 1023/2013, opera-se uma nova fase de

---

[12] Cf. MICHEL MANGENOT, "D' où vient la fonction publique européenne? Les origines d'un modèle (1952-1968)", *cit.*, p. 43.

[13] Cf. o já citado Regulamento (CE/EURATOM) n.º 723/2004.

[14] Cf. Decisão 2002/621/CE, de 27 de julho de 2002.

[15] Para maiores desenvolvimentos e análise da reforma então operada ver, entre outros, BERNHARD JANSEN, "Les modifications apportées au Statut", e CRISTIANO SEBASTIANI, "L'Évaluation de la Reforme", ambos em *La Fonction Publique Communautaire. Nouvelles Règles et Développements Contentieux (2008)*, de Inge Govaere e Georges Vandersanden, respetivamente, pp. 15 e segs. e pp. 27 e segs.

reforma do Estatuto, marcado também ele pelas implicações dos alargamentos sucessivos da União, assim como pelos problemas e restrições orçamentais vividos no contexto da crise que se instalou, o que implicou, desde logo, a introdução de regras que visam a transparência orçamental na assunção de despesas e encargos com pessoal e dos procedimentos de seleção e de contratação, mas também ao nível de uma alteração das regras relativas ao sistema remuneratório [preservação do princípio do mecanismo plurianual de atualização das remunerações, denominado de "método", com vigência até 2023] e de pensões [aumento da idade da reforma; medidas quanto ao seu cálculo e fixação], bem como nas regras relativas à estrutura das carreiras nos grupos de funções «AD» e «AST» [*v. g.*, reservando os graus superiores para um número limitado de funcionários com o nível mais elevado de responsabilidades; criando na carreira do grupo de funções «AST» um novo grupo de funções «AST/SC» para o pessoal de secretariado e escriturários] e à promoção na carreira, condicionando-a à dedicação pessoal, ao aperfeiçoamento das aptidões e competências, ao desempenho das funções.

De registar, igualmente, as medidas ao nível do horário e das condições de trabalho, assim como no quadro do recrutamento de agentes contratuais, flexibilizando-o, bem como no âmbito dos agentes temporários, criando uma nova categoria com regras específicas.

2. Princípios basilares da função pública da União Europeia

Nesta sede importa ter presente que para além de princípios específicos cumpre ter em consideração ainda princípios gerais, os quais são, no essencial, aqueles que tradicionalmente vigoram no direito da União, quiçá em alguns aspetos com algumas particularidades e especificidades.

Assim, entre os princípios gerais a atender contam-se, desde logo, o princípio da não discriminação, consagrado no artigo 1.º-D do Estatuto[16], preceito no qual se prevê que na aplicação do Estatuto "é proibida qualquer discriminação em razão, designadamente, do sexo, raça, cor, origem étnica ou social, características genéticas, língua, religião ou convicções, opiniões políticas ou outras, pertença a uma minoria nacional, riqueza, nascimento, deficiência, idade ou orientação sexual", sendo que para os efeitos do mesmo Estatuto "as parcerias não matrimoniais são objeto de um tratamento idên-

---

[16] Ver, igualmente, para além de variada legislação da União, o artigo 23.º da CDFUE.

FUNÇÃO PÚBLICA

tico ao concedido ao casamento, desde que todas as condições enumeradas no n.º 2, alínea c), do artigo 1.º do anexo VII estejam preenchidas"[17]-[18]-[19].

[17] Aí se preveem como requisitos/condições a preencher que o "funcionário que esteja registado como parceiro estável não matrimonial, desde que: *i)* o casal produza um documento oficial, reconhecido como tal por um Estado-Membro da União Europeia ou por qualquer autoridade competente de um Estado-Membro, que certifique o seu estatuto de parceiros não casados, *ii)* nenhum dos parceiros seja casado, nem faça parte de outra parceria não matrimonial, *iii)* os parceiros não estejam ligados por qualquer dos seguintes laços: pais, filhos, avós, irmãos, irmãs, tias, tios, sobrinhos, sobrinhas, genros e noras, *iv)* o casal não tenha acesso ao casamento civil num Estado-Membro; para efeitos da presente subalínea, considera-se que um casal tem acesso ao casamento civil apenas nos casos em que os membros do casal satisfazem o conjunto das condições fixadas pela legislação de um Estado-Membro que autorize o casamento desse casal".

[18] O princípio da igualdade de tratamento ou da não discriminação entre homens e mulheres em matéria de emprego faz parte dos direitos fundamentais e vem sendo reconhecido e afirmado pela jurisprudência comunitária, mormente, desde o Acórdão (TJ) *Gabrielle Defrenne v. Sabena*, de 15 de junho de 1978, proc. C-149/77 – §§ 26/29, donde se pode extrair, nomeadamente, que *"o respeito dos direitos fundamentais da pessoa humana faz parte integrante dos princípios gerais do direito comunitário, cujo cumprimento tem por missão garantir"*, que não *"se poderá pôr em dúvida o facto de a eliminação das discriminações em razão do sexo fazerem parte destes direitos fundamentais"*, sendo que *"nos seus acórdãos de 7 de junho de 1972*, Sabbatini-Bertoni *(20/71, Colect., p. 119), e de 20 de fevereiro de 1975,* Airola *(21/74, Colect., p. 99), o Tribunal reconheceu a necessidade de garantir a igualdade em matéria de condições de trabalho entre trabalhadores masculinos e trabalhadores femininos empregues pela própria Comunidade, no âmbito do Estatuto dos Funcionários"*. Entre a vasta jurisprudência sobre esta matéria ver, nomeadamente, Acórdão (TG) *Speybrouck v. Parlamento*, de 28 de janeiro de 1992, proc. T-45/90, § 48 (consultáveis, bem como todas as demais referências jurisprudenciais que não sejam ressalvadas, em *www.curia. europa.eu/juris*).

[19] Entendeu-se no Acórdão (TFP) *W. v. Comissão*, de 14 de outubro de 2010, proc. F-86/09, §§ 42 a 45, em aplicação do aludido regime na sua vertente remuneratória e em efetivação do princípio da não discriminação em razão do sexo, que «*a extensão do direito ao abono de lar aos funcionários registados como parceiros estáveis não matrimoniais, incluindo do mesmo sexo, nos termos do sétimo considerando do Regulamento n.º 723/2004, corresponde à preocupação do legislador em observar o princípio da não discriminação, tal como consagrado pelo artigo 13.º, n.º 1, CE (atual artigo 19.º, n.º 1, TFUE, após alteração), o que requer o aperfeiçoamento ulterior de uma política de pessoal que garanta a igualdade de oportunidades para todos, independentemente da orientação sexual ou do estado civil do interessado (...). Além disso, a extensão do direito ao abono de lar aos funcionários registados como parceiros estáveis não matrimoniais, incluindo do mesmo sexo, reflete a exigência de proteção dos funcionários contra a ingerência da administração no exercício do seu direito ao respeito da vida privada e familiar, como reconhecido pelo artigo 7.º da Carta dos Direitos Fundamentais e pelo artigo 8.º da CEDH. (...) À semelhança da proteção dos direitos garantidos pela CEDH, deve ser feita uma interpretação das regras estatutárias que estendem o direito ao abono de lar aos funcionários registados como parceiros estáveis não matrimoniais, incluindo do mesmo sexo, que garanta às acima referidas regras uma maior efetividade, de forma a que o direito em questão não seja teórico ou ilusório, mas sim concreto e efetivo (...). Ora, para os funcionários registados como parceiros estáveis não matrimoniais, incluindo do mesmo sexo, o direito ao abono de lar, como consagrado pela primeira disposição controvertida, arriscar-se-ia a ser teórico e ilusório se o conceito de "acesso ao casamento civil num Estado-Membro", cuja inexistência constitui uma das condições para que esse funcionário beneficie do abono de lar, fosse entendido num sentido meramente formal,*

Tal princípio da igualdade de tratamento, enquanto princípio geral do direito da União, exige que situações comparáveis não sejam tratadas de modo diferente e situações diferentes não sejam tratadas de modo igual, exceto se esse tratamento for objetivamente justificado[20], na certeza de que há violação do princípio da igualdade de tratamento quando a duas categorias de pessoas ao serviço da União, cujas situações factuais e jurídicas não apresentam uma diferença essencial, é aplicado um tratamento diferente, não sendo essa diferença de tratamento objetivamente justificada[21]-[22] com base em critérios objetivos, razoáveis e proporcionais ao fim prosseguido[23].

fazendo depender a aplicação da primeira disposição controvertida da questão de saber se o casal preenche as condições legais previstas pelo direito nacional aplicável, sem que fosse verificado o carácter concreto e efetivo do acesso ao casamento na aceção da acima referida jurisprudência do Tribunal Europeu dos Direitos do Homem. (...) Daqui decorre que, ao procurar saber se um casal de pessoas do mesmo sexo tem acesso ao casamento civil em conformidade com a legislação de um Estado-Membro, a administração não se pode abstrair das disposições da lei de um outro Estado com o qual a situação em causa apresenta uma ligação estreita devido à nacionalidade dos interessados, quando essa lei, apesar se não ser aplicável às questões respeitantes à formação do casamento, corre o risco de tornar teórico e ilusório o acesso ao casamento e, por conseguinte, ao direito ao abono de lar. Tal é o caso particular de uma lei nacional que pune os atos homossexuais sem sequer distinguir em função do local em que o ato homossexual é cometido».

[20] Cf., nomeadamente, o Acórdão (TJ) *Arcelor Atlantique et Lorraine*, de 16 de dezembro de 2008, proc. C-127/07, § 23; ou o Acórdão (TFP) *BA v. Comissão*, de 5 de dezembro de 2012, proc. F-29/11.

[21] Cf., entre outros, o Acórdão (TG) *De Bustamante Tello v. Conselho*, de 25 de outubro de 2010, proc. T-368/03, § 69 e jurisprudência aí referida; bem como os Acórdãos (TFP) *Laleh Aayhan v. Parlamento Europeu*, de 30 de abril de 2009, proc. F-65/07, § 102; *Jorge Aparicio e o. v. Comissão*, de 29 de setembro de 2009, procs. F-20/08, F-34/08 e F-75/08, § 82; *Pleijte v. Comissão*, de 25 de fevereiro de 2010, proc. F-91/08, §§ 36 e 57; *Eva Cuallado Martorell v. Comissão*, de 18 de setembro de 2012, proc. F-96/09, §§ 105 a 108; *BA v. Comissão, cit.* A este respeito importa recordar que, entre os critérios suscetíveis de justificar uma diferença de tratamento entre funcionários, figura o interesse do serviço.

[22] Sustentou-se no Acórdão (TFP) *Giorgio Lebedef e Trevor Jones v. Comissão*, de 30 de setembro de 2010, proc. F-29/09, § 67, que *"o princípio da igualdade de tratamento não pode impor uma identidade perfeita do poder de compra dos funcionários, independentemente do seu local de afetação, mas sim uma correspondência substancial do custo de vida entre os locais de afetação em causa. A este respeito, e atendendo à complexidade da matéria, o legislador dispõe de uma ampla margem de apreciação, sendo que a intervenção do juiz deve limitar-se a examinar se as instituições se mantiveram dentro dos limites razoáveis relativamente às considerações que as inspiraram e se não utilizaram o seu poder de forma manifestamente errada"* [vide, neste sentido, Acórdão (TG) *Abello e o. v. Comissão*, de 7 de dezembro de 1995, procs. T-544/93 e T-566/93, § 76].

[23] No citado Acórdão (TFP) *BA v. Comissão*, §§ 79 a 88, não se considerou ter havido violação do princípio da não discriminação ou da igualdade de tratamento no âmbito de concurso geral organizado pelo EPSO para a constituição de uma reserva de recrutamento de administradores quanto a uma cidadã de nacionalidade romena e húngara, pertencente à minoria húngara da Roménia, pelo facto de não ter obtido o resultado exigido na prova escrita *c)* em romeno por alegada desvantagem da mesma cidadã relativamente aos candidatos cuja língua materna é o romeno. Entendeu-se que

FUNÇÃO PÚBLICA

Frise-se, por outro lado, que por força do n.º 2 do mesmo preceito e por forma a assegurar, na prática, a plena igualdade entre homens e mulheres na vida profissional assim prosseguindo o princípio em referência, "não obsta a que as instituições das Comunidades Europeias mantenham ou adotem medidas e ações que prevejam regalias especiais destinadas a facilitar o exercício de uma atividade profissional por pessoas do sexo sub-representado ou a prevenir ou compensar desvantagens na sua carreira profissional", impondo-se, inclusive, uma atitude ativa ou proativa por parte das instituições na promoção da igualdade de oportunidades entre homens e mulheres nas matérias reguladas pelo Estatuto [cf. n.º 3] a ponto de se estabelecer uma regra específica de ónus probatório quanto à violação do princípio no seu n.º 5[24]-[25].

De referir ainda neste quadro que na observância deste princípio, e, bem assim, do princípio da proporcionalidade qualquer limitação da sua aplicação deverá ter de ser justificada com fundamentos objetivos e razoáveis e visar prosseguir os objetivos legítimos de interesse geral no quadro da política de pessoal da União Europeia, objetivos esses que podem passar, nomeadamente, pela fixação de uma idade obrigatória de aposentação e de uma idade mínima para beneficiar de uma pensão de aposentação [cf. n.º 6].

Este princípio tem ainda reflexos no quadro do princípio da equivalência do poder compra dos funcionários [cf. artigos 64.º e 65.º do Estatuto e Anexo

---

o *«facto de impor uma prova em romeno no concurso ... deve por isso ser considerado legítimo, porque justificado por exigências superiores decorrentes precisamente da adesão da Roménia à União Europeia. As exigências em causa baseiam-se portanto em critérios objetivos e razoáveis e a diferença de tratamento, na organização de um "concurso 'alargamento'", limitada a um período de tempo transitório, na sequência da adesão do referido Estado, afigura-se proporcional ao objetivo prosseguido»*, sendo que o *«impor "o conhecimento aprofundado do romeno", enquanto língua principal do concurso ..., o qual está reservado a nacionais romenos, não é nem arbitrário nem manifestamente contrário ao interesse do serviço»*, porquanto *"já foi declarado que a administração pode, quando as necessidades do serviço ou do lugar o imponham, especificar legitimamente a língua ou as línguas cujo conhecimento aprofundado ou satisfatório é exigido"*, pelo que *"nada leva a pensar que o facto de exigir um conhecimento aprofundado do romeno no âmbito do concurso em causa ... seja manifestamente contrário ao interesse do serviço ou origine uma desigualdade arbitrária"*.

[24] Estipula-se no mesmo preceito, não aplicável no âmbito dos processos disciplinares, que sempre *"que pessoas abrangidas pelo presente Estatuto se considerem lesadas por não lhes ter sido aplicado o princípio da igualdade de tratamento anteriormente enunciado e estabeleçam factos a partir dos quais se possa presumir que existia discriminação direta ou indireta, cabe à instituição o ónus da prova da inexistência de violação do princípio da igualdade de tratamento"*.

[25] Cf., entre outros, sobre a aplicação desta regra de ónus de prova, os Acórdãos (TFP) *Giorgio Lebedef e Trevor Jones v. Comissão, cit.*, §§ 64 e 65; e *BG v. Provedor de Justiça Europeu*, de 17 de julho de 2012, proc. F-54/11, §§ 135 e 136.

XI do mesmo], o qual implica que dos direitos pecuniários dos funcionários e agentes resulte, em situações profissionais e familiares equivalentes, um poder de compra idêntico independentemente do local de afetação. O referido princípio concretiza-se aplicando à remuneração coeficientes de correção que exprimem a relação entre o custo de vida em Bruxelas, cidade de referência, e o custo em diferentes locais de afetação[26]-[27].

Mas os reflexos do princípio da não discriminação manifestam-se, também, no quadro das garantias conferidas a funcionário que haja apresentado queixa por assédio [moral e/ou sexual] [cf. artigo 12.º-A do Estatuto], prevendo-se para o efeito que um "funcionário vítima de assédio moral ou sexual não sofrerá qualquer prejuízo por parte da instituição. Um funcionário que tenha apresentado provas de assédio moral ou sexual não sofrerá qualquer prejuízo por parte da instituição, desde que tenha agido de boa-fé" [n.º 2 do normativo][28], sendo que o funcionário assediado poderá deduzir um pedido de assistência/proteção no quadro do artigo 24.º do Estatuto, conduzindo tal pedido à abertura, em princípio, de um inquérito administrativo interno[29].

Um outro princípio que importa ter em consideração é o da boa administração.

---

[26] Cf., entre outros, os Acórdãos (TJ) *Benassi v. Comissão*, de 19 de novembro de 1981, proc. C-194/80 §§ 5 e segs.; (TG) *Ajour e o. v. Comissão*, de 25 de setembro de 2002, procs. T-201/00 e T-384/00, § 45; (TFP) *Lebedef e o. v. Comissão, cit.*, § 38 e 62 a 70; e *Rafffaele Dalmasso v. Comissão*, de 21 de março de 2013, proc. F-112/11, §§ 36 e segs.

[27] Pode ler-se no referido Acórdão *Lebedef e o. v. Comissão*, § 67, que "é certo que resulta do artigo 65.º, n.º 2, do Estatuto e do artigo 9.º, n.º 1, do seu anexo XI, que apenas um aumento sensível do custo de vida no Luxemburgo em relação a Bruxelas seria suscetível de justificar a adoção de medidas de adaptação para garantir a equivalência do poder de compra entre os funcionários afetos no Luxemburgo e os seus colegas que trabalham em Bruxelas. Com efeito, o princípio da igualdade de tratamento não pode impor uma identidade perfeita do poder de compra dos funcionários, independentemente do seu local de afetação, mas sim uma correspondência substancial do custo de vida entre os locais de afetação em causa. A este respeito, e atendendo à complexidade da matéria, o legislador dispõe de uma ampla margem de apreciação, sendo que a intervenção do juiz deve limitar-se a examinar se as instituições se mantiveram dentro dos limites razoáveis relativamente às considerações que as inspiraram e se não utilizaram o seu poder de forma manifestamente errada".

[28] Ver, ainda, em matéria de política de proteção da dignidade da pessoa e luta contra o assédio moral e sexual, a decisão da Comissão de 26 de abril de 2006, C (2006), 1624/3.

[29] Cf., neste sentido, LAURE LEVI, "Droits Fondamentaux et príncipes généraux de droit de la fonction publique communautaire", in *La Fonction Publique Communautaire. Nouvelles Règles et Développements Contentieux (2008)*, de Inge Govaere e Georges Vandersanden, pp. 87-88.

FUNÇÃO PÚBLICA

Com efeito, entre as garantias atribuídas pela ordem jurídica comunitária nos procedimentos administrativos que perante a mesma correm figura, nomeadamente, o princípio da boa administração, consagrado pelo artigo 41.º da CDFUE, princípio esse que está ligado à obrigação de a instituição competente examinar, com cuidado e imparcialidade, todos os elementos relevantes do caso concreto[30]-[31], o qual neste âmbito que ora nos ocupa importa a obrigação por parte da administração comunitária de, quanto à situação de cada funcionário, ter em consideração todos os elementos que são suscetíveis de determinar a sua decisão, o que implica não apenas atender aos interesses do serviço mas também aos interesses do funcionário em causa.

Importa, todavia, ter em conta que tal como foi considerado pelo TFP no seu Acórdão de 22 de maio de 2007[32], "o princípio da boa administração não confere, por si só, direitos aos indivíduos, exceto quando constitui a expressão de direitos específicos, tais como o direito a que os seus assuntos sejam tratados de forma imparcial, equitativa e num prazo razoável, o direito de ser ouvido, o direito de acesso ao arquivo, o direito à fundamentação das decisões, na aceção do artigo 41.º da Carta dos Direitos Fundamentais da União Europeia".

Neste quadro cumpre convocar também o princípio/direito de exigir a tutela da confiança legítima.

---

[30] Cf., entre outros, Acórdãos (TJ) *Ditterich v. Comissão*, de 5 de maio de 1983, proc. C-207/81, § 24; *France/Monsanto*, de 8 de janeiro de 2002, proc. C-248/99, §§ 92 e 93; (TG) *La Cinq v. Comissão*, de 24 de janeiro de 1992, proc. T-44/90, § 86; *Asia Motor France e o. v. Comissão*, de 29 de junho de 1993, proc. T-7/92, § 34; *Métropole Télévision e o. v. Comissão*, de 11 de julho de 1996, procs. T-528/93, T-542/93, T-543/93 e T-546/93, § 93; *ABB Asea Brown Boveri v. Comissão*, de 20 de março de 2002, proc. T-31/99, § 99; *Atlantic Container Line ABjour e o. v. Comissão*, de 30 de setembro de 2003, procs. T-191/98, T-212/98 a T-214/98, § 404); e (TFP) *Marie Tzirani v. Comissão*, de 11 de julho de 2013, proc. F-46/11, § 136; e *Bruno Arguelles Arias v. Conselho da União Europeia*, de 21 de novembro de 2013, proc. F-122/12, § 78.

[31] Para maiores desenvolvimentos, em geral, sobre este princípio, ver Loïc Azoulai, "Le principe de bonne administration", in *Droit Administratif Européen, ob. cit.*, pp. 493 e segs.; Laure Levi, "Droits Fondamentaux et príncipes généraux de droit de la fonction publique communautaire", *cit.*, pp. 89/90; Cláudia Viana, em anotação ao artigo 41.º da CDFUE, in *Carta dos Direitos Fundamentais da União Europeia Comentada*, Alessandra Silveira e Mariana Canotilho (coord.), maio de 2013, pp. 483-489.

[32] No caso *Lopez Teruel v. IHMI*, proc. F-99/06, § 92, bem como jurisprudência ali citada.

Este princípio tem sido consagrado pela jurisprudência como uma *"norma jurídica superior"*[33], como um dos *"princípios fundamentais da Comunidade"*[34] ou ainda como *"um princípio geral"*[35].

O mesmo é corolário do princípio da segurança jurídica, que exige que a legislação comunitária seja certa e que a sua aplicação seja previsível para os sujeitos de direito, no sentido de que visa, em caso de alteração da regra de direito, assegurar a proteção das situações legitimamente adquiridas por uma ou mais pessoas singulares ou coletivas.

Cada indivíduo, no caso, cada funcionário, tem o direito de poder confiar em que aos seus atos ou às decisões públicas incidentes sobre os seus direitos, posições ou relações jurídicas alicerçados em normas jurídicas vigentes e válidas por esses atos jurídicos deixados pelas autoridades com base nessas normas se ligam os efeitos jurídicos previstos e prescritos no ordenamento jurídico. Por outras palavras, o princípio em referência é conferido a qualquer particular que veja, por informações precisas, incondicionais e concordantes que emanam de fontes autorizadas e fiáveis da Administração, ser-lhe criada na sua esfera jurídica uma expectativa legítima[36]-[37].

A aplicação do princípio da proteção da confiança está dependente de vários pressupostos[38], desde logo, o que se prende com a necessidade de se ter de estar em face de uma confiança "legítima", o que passa, em especial, pela sua adequação ao Direito, não podendo invocar-se a violação do princípio da confiança quando este radique num ato anterior claramente ile-

---

[33] Cf. Acórdão (TJ) *CNTA v. Comissão*, de 14 de maio de 1975, proc. C-74/74, § 44.

[34] Cf. Acórdãos (TJ) *Atlanta v. Comunidade Europeia*, de 14 de outubro de 1999, proc. C-104/97 P, § 52; *Di Lenardo e Dilexport*, de 15 de julho de 2004, procs. C-37/02 e C-38/02, § 70; e *VEMW e o.*, de 7 de junho de 2005, proc. C-17/03, § 73.

[35] Cf. Acórdão (TJ) *Itália v. Comissão*, de 4 de outubro de 2001, proc. C-403/99, § 35.

[36] Ver, entre outros, os Acórdãos (TFP) *Bombín Bombín v. Comissão*, de 25 de maio de 2011, proc. F-22/10, § 32 [que considerou não haver violação deste princípio dado não se poder *"considerar que uma ficha individual de férias, não assinada, emana de uma fonte suficientemente fiável e autorizada. (...), ainda que se admita que esse documento possa ser visto como emanando de semelhante fonte, não é possível determinar que a administração tomou posição formal sobre o reporte dos dias de férias não gozados pelo funcionário na sua totalidade nos anos seguintes"*], e *Isabel Mendes v. Comissão*, de 13 de março de 2013, proc. F-125/11, §§ 62 a 86.

[37] Ver ainda, entre outros, também sobre a aplicação deste princípio no quadro da função pública, os Acórdãos (TG) *Mongelli e o. v. Comissão*, de 16 de julho de 1998, procs. T-238/95 e outros, §§ 52 e segs.; *Telchin e o. v. Comissão*, de 7 de julho de 1998, procs. T-116/96 e outros, §§ 83 e segs.; e *Ricci v. Comissão*, de 16 de março de 2005, proc. T-329/03, §§ 79 e segs.

[38] *Vide*, por exemplo, o Acórdão (TFP) *Grünheid v. Comissão*, de 28 de junho de 2006, proc. F-101/05, §§ 147/149.

FUNÇÃO PÚBLICA

gal, sendo tal ilegalidade percetível por aquele que pretenda invocar em seu favor o referido princípio. Para além disso, e ainda neste âmbito, importa que as garantias precisas, incondicionais e concordantes que hajam sido emanadas de fontes autorizadas e fiáveis da Administração tenham sido por esta fornecidas ao interessado.

Temos, por outro lado, que para que se possa, válida e relevantemente, invocar tal princípio é necessário que o interessado/funcionário em questão não o pretenda alicerçar apenas na sua mera convicção psicológica antes se impondo a enunciação de sinais externos produzidos pela Administração suficientemente concludentes para um destinatário normal e onde se possa razoavelmente ancorar a invocada confiança. Importa ainda que o particular tenha razões sérias para acreditar na validade dos atos ou condutas anteriores da Administração aos quais tenha ajustado a sua atuação.

De notar ainda que, segundo a jurisprudência comunitária, uma disposição estatutária regularmente adotada não pode ser útil/válida ou eficazmente posta em causa com fundamento numa alegada violação dos princípios da boa administração e/ou da proteção da confiança legítima[39].

Entre os princípios específicos próprios ou particulares da função pública da União Europeia contam-se o princípio da unidade da função pública, o princípio da solicitude e o princípio da prossecução ou direito à carreira[40].

Quanto ao princípio da unidade da função pública, o mesmo implica uma Administração e um regime estatutário único decorrentes e fundados nas especificidades e necessidades da própria máquina da União e do seu funcionamento para a prossecução e realização dos seus interesses, princípio que deve ser respeitado pelos regulamentos internos de cada instituição/ /organização.

Já quanto ao dever de solicitude, este aproxima-se e confunde-se mesmo, por vezes, com o princípio da boa administração, exigindo o equilíbrio dos direitos e obrigações recíprocas que o Estatuto criou nas relações entre a autoridade pública e os agentes do serviço público.

---

[39] Cf., entre outros, os Acórdãos (TG) *Chomel v. Comissão*, de 27 de março de 1990, proc. T-123/89, §§ 26 a 30; *Schmitt v. ERA*, de 7 de julho de 2004, proc. T-175/03, §§ 46 e 47; *Pyres v. Comissão*, de 15 de fevereiro de 2005, proc. T-256/01, § 66; *Campoli v. Comissão*, de 29 de novembro de 2006, proc. T-135/05, § 149; e o Acórdão (TFP) *Giorgio Lebedef e Trevor Jones v. Comissão, cit.*, §§ 71 e 72.
[40] Encontramos reflexos deste princípio em vários preceitos, mormente, no artigo 29.º do Estatuto.

DIREITO DA UNIÃO EUROPEIA – ELEMENTOS DE DIREITO E POLÍTICAS DA UNIÃO

Tal como se sustenta no Acórdão (TFP) de 13 de janeiro de 2010[41], convocando já anterior jurisprudência sobre a matéria, o referido princípio/dever *"implica, designadamente, que a AIPN (Autoridade Investida do Poder de Nomeação) tome em consideração, quando decide sobre a situação de um funcionário, todos os elementos que sejam suscetíveis de determinar a sua decisão e, assim, ter em conta não só o interesse do serviço, mas igualmente o interesse do funcionário em causa"*, na certeza de que tal dever/princípio e suas exigências *"não podem ser interpretadas no sentido de que impedem por si próprias a AIPN de mover ou de instruir um procedimento disciplinar contra um funcionário. (...) essa decisão é tomada acima de tudo no interesse que a instituição tem em que sejam declarados eventuais incumprimentos por parte de um funcionário às suas obrigações estatutárias e, sancionados, se houver lugar a sanção. (...) Consequentemente, nenhuma violação do seu dever de solicitude pode ser censurada à Comissão pelo simples facto de ter sido instaurado um procedimento disciplinar ao recorrente"*.

E no Acórdão de 21 de novembro de 2013[42] o TFP afirmou ainda que *"o dever de solicitude bem como o princípio da boa administração implicam, nomeadamente, que, quando decida sobre a situação de um funcionário ou de um agente, ainda que no âmbito do exercício de um amplo poder de apreciação, a autoridade competente tome em consideração todos os elementos suscetíveis de determinar a sua decisão; incumbe-lhe, ao fazê-lo, ter em consideração não apenas o interesse do serviço, mas também o do funcionário ou do agente em causa"*, na certeza de que tendo em conta precisamente o alcance do poder de apreciação de que dispõem as instituições na avaliação do interesse do serviço *"a fiscalização do juiz da União*

---

[41] Acórdão *A. e G. c. Comissão, cit.*, §§ 376 a 378.

[42] *Arguelles Arias c. Conselho da União Europeia, cit.*, § 112. No quadro ainda da configuração deste dever atente-se no Acórdão (TFP) *U c. Parlamento Europeu*, de 28 de outubro de 2010, proc. F-92/09, §§ 65 a 67, quando ali se referiu que *"o dever de solicitude impõe à administração, quando existam dúvidas quanto à origem médica das dificuldades experimentadas por um funcionário no exercício das tarefas que lhe incumbem, desenvolver todas as diligências para dissipar essas dúvidas antes da adoção de uma decisão de demissão do referido funcionário (v., por analogia, acórdão do Tribunal de Primeira Instância de 26 de fevereiro de 2003, Latino/Comissão, T-145/01...). Esta exigência reflete-se na própria regulamentação interna uma vez que o artigo 8.º da referida regulamentação prevê que incumbe ao notador final, em certas circunstâncias, recorrer ao serviço médico do Parlamento se tem conhecimento de factos suscetíveis de revelar que o comportamento censurado ao funcionário podia ter origem médica. Além disso, as obrigações que o dever de solicitude impõe à administração são substancialmente reforçadas quando está em causa a situação particular de um funcionário cuja saúde mental suscita dúvidas que, por conseguinte, são extensivas à sua capacidade para defender, de modo adequado, os seus próprios interesses (v., neste sentido, acórdão do Tribunal da Função Pública de 13 de dezembro de 2006, Brito Sequeira Carvalho/Comissão, F-17/05 ...). Assim acontece, por maioria de razão, quando, como no caso em apreço, o funcionário interessado está sob ameaça de demissão e, portanto, numa situação de vulnerabilidade"*.

FUNÇÃO PÚBLICA

deve, no entanto, limitar-se à questão de saber se a autoridade competente se manteve em limites razoáveis e não usou o seu poder de apreciação de forma errada (acórdão do Tribunal da Função Pública de 13 de junho de 2012, Macchia/Comissão, F-63/11, n.º 50, e a jurisprudência referida, objeto de recurso para o Tribunal Geral da União Europeia, processo T-368/12 P)".

Quanto ao princípio da prossecução ou do direito à carreira, temos que o mesmo, como aludimos *supra*, encontra-se espelhado ou transparece de vários preceitos do Estatuto e manifesta-se, mormente, nas regras de recrutamento/seleção e progressão, de formação e aperfeiçoamento profissional. Daí que, e como é jurisprudência reiterada[43], o exame das candidaturas à transferência ou à promoção ao abrigo do artigo 29.º, n.º 1, alínea *a)*, do Estatuto deve efetuar-se em conformidade com o disposto no artigo 45.º do mesmo Estatuto, no qual se prevê expressamente "uma análise comparativa dos méritos dos funcionários suscetíveis de serem promovidos assim como dos relatórios de que tiverem sido objecto", já que a obrigação de proceder a essa análise comparativa é expressão, simultaneamente, do princípio da igualdade de tratamento dos funcionários e do princípio do direito à carreira.

3. Análise sumária do estatuto da função pública da União Europeia

3.1. Âmbito e disposições gerais
Importa frisar, neste domínio, que, por força do que se dispõe no artigo 1.º do Estatuto, o mesmo "é aplicável aos funcionários da União", sendo que, de harmonia com o normativo seguinte [artigo 1.º-A] e para efeitos do Estatuto, "funcionário da União" "significa qualquer pessoa que tenha sido nomeada, nas condições previstas neste Estatuto, para um lugar permanente de uma das instituições da União[44], por meio de instrumento emitido pela entidade competente para proceder a nomeações nessa instituição" [n.º 1], na certeza

---

[43] *Vide*, entre outros, os Acórdãos (TJ) *Vlachos c. Tribunal de Justiça*, de 13 de dezembro de 1984, procs. 20/83 e 21/83; (TG) *Roderich Weißenfels c. Parlamento*, de 26 de outubro de 1993, proc. T-22/92, § 66; e *Moat c. Comissão*, de 16 de dezembro de 1993, proc. T-58/92, § 56.

[44] Entre essas instituições da União Europeia contam-se, nomeadamente, o Parlamento Europeu, o Conselho da União Europeia, a Comissão Europeia, o TJUE, o Tribunal de Contas, o Banco Europeu de Investimento e o Banco Central Europeu. Mas na e para a definição do seu elenco importa ter em atenção ainda o artigo 1.º-B do Estatuto, no qual se dispõe que *"[s]alvo disposições em contrário previstas no presente Estatuto:* a) *O Serviço Europeu para a Ação Externa, (doravante SEAE),* b) *O Comité Económico e Social Europeu,* c) *O Comité das Regiões,* d) *O Provedor de Justiça Europeu, e* e) *A Autori-*

DIREITO DA UNIÃO EUROPEIA – ELEMENTOS DE DIREITO E POLÍTICAS DA UNIÃO

de que esta definição se aplica igualmente «a pessoas nomeadas por organismos da União a que o presente Estatuto é aplicável por força dos actos que os estabelecem (a seguir designados por "agências")», tanto mais que «salvo disposição em contrário, qualquer referência às "instituições" no presente Estatuto é aplicável às agências» [n.º 2].

O ato de nomeação do funcionário fixa a data a partir da qual a nomeação produz efeitos, sendo que em caso algum esta data pode ser anterior à do início do exercício de funções pelo interessado [artigo 3.º], na certeza de que toda "e qualquer nomeação ou promoção só pode ter por objeto o preenchimento de um lugar vago nas condições previstas no ... Estatuto" [artigo 4.º], para além de que a "entidade competente para proceder a nomeações coloca cada funcionário, mediante nomeação ou transferência, no interesse exclusivo do serviço, e sem ter em conta a nacionalidade, num lugar do seu grupo de funções que corresponda ao seu grau", podendo o "funcionário ... requerer a transferência dentro da sua instituição" [artigo 7.º, n.º 1].

Note-se, contudo, que "um funcionário pode ser chamado a ocupar interinamente um lugar do seu grupo de funções com um grau superior ao seu"[45], interinidade essa que é "limitada a um ano, salvo se tiver por objeto prover, direta ou indiretamente, à substituição de um agente destacado no interesse do serviço ou chamado a cumprir serviço militar ou ausente por doença prolongada", assistindo-lhe desde o início do quarto mês de interinidade o direito a receber "uma compensação igual à diferença entre a remuneração relativa ao seu grau e escalão e a remuneração correspondente ao escalão que obteria se fosse nomeado para o lugar correspondente ao lugar de que assegura a interinidade" [artigo 7.º, n.º 2].

Por outro lado, os funcionários em atividade têm acesso a medidas de natureza social, incluindo medidas específicas que permitam conciliar vida profissional e vida familiar, sendo-lhes concedidas condições de trabalho que obedeçam às normas de saúde e de segurança adequadas [cf. artigo 1.º-E].

De notar ainda que cada instituição fixará as entidades que nela exercerão os poderes conferidos pelo Estatuto à entidade competente para proceder a nomeações, sendo que se prevê a possibilidade de uma ou mais instituições

---

dade Europeia para a Proteção de Dados, serão, para efeitos do presente Estatuto, tratadas como instituições da União".

[45] Tal como se entendeu no Acórdão (TG) *E. Sebastiani c. Parlamento*, de 25 de setembro de 1991, proc. T-163/89, § 17, esta «*disposição não se refere, portanto, ao caso de uma "promoção a título interino", mas ao de uma afetação, a título interino, a um lugar vago*».

FUNÇÃO PÚBLICA

poderem confiar a uma delas ou a um organismo interinstitucional o exercício da totalidade ou de parte dos poderes conferidos à entidade competente para proceder a nomeações, que não sejam decisões relacionadas com a nomeação, a promoção ou a mutação de funcionários [vide o seu artigo 2.º][46].

É reconhecido o papel e a legitimidade às organizações sindicais e profissionais referidas no artigo 24.º-B, as quais "actuarão no interesse geral do pessoal", assistindo-lhes, igualmente, direito de audição no quadro das propostas da Comissão de alteração/revisão do Estatuto [cf. o seu artigo 10.º-B][47] e à contratação coletiva, porquanto cada instituição "pode celebrar acordos relativos ao seu pessoal com as respectivas organizações sindicais e profissionais representativas", sem que, todavia, esses acordos possam "implicar alterações do Estatuto ou quaisquer compromissos orçamentais, nem afectar o funcionamento da instituição em causa" e as "organizações sindicais e profissionais representativas que sejam signatárias actuarão, em cada instituição, dentro dos limites das competências estatutárias do Comité do Pessoal" [cf. artigo 10.º-C].

De referir que desde 2004 mostrou-se necessário o estabelecimento de uma nova categoria de pessoal não permanente, a saber, a dos agentes da União Europeia.

O seu regime legal mostra-se atualmente disciplinado por quadro normativo próprio integrante do Estatuto, prevendo-se no seu artigo 1.º que o mesmo se aplica a "qualquer agente admitido mediante contrato pela União", sendo que o "agente terá a qualidade: de agente temporário[48]-[49], de

---

[46] De notar que, nos termos do artigo 9.º do Estatuto, são criados em cada instituição um Comité do Pessoal, um Comité de Classificação, uma Comissão de Invalidez, uma Comissão Paritária [ou várias se o número de funcionários nos locais de afetação o justificar], uma Comissão Paritária Consultiva para a insuficiência profissional e um Conselho de Disciplina [ou vários também se o número de funcionários nos locais de afetação o justificar], prosseguindo tais Comissões as atribuições e competências previstas no Estatuto, mormente, descritas nos n.ºs 2 a 6 do citado preceito. Prevê-se, por seu turno, no artigo seguinte, a instituição ainda de um Comité do Estatuto que é consultado pela Comissão sobre todas as propostas de revisão do Estatuto, cabendo-lhe emitir parecer no prazo fixado pela Comissão.

[47] Cf., nomeadamente, o Acórdão (TJ) Maurissen e outro c. Tribunal de Contas das Comunidades Europeias, de 18 de janeiro de 1990, procs. apensos C-193/87 e C-194/87, §§ 35 e 36.

[48] Caracterizado e definido pelos artigos 2.º, 8.º a 56.º do regime aplicável aos outros agentes da União Europeia.

[49] Os agentes temporários podem ser contratados para desempenhar uma grande variedade de tarefas. Para o efeito importa que se verifique uma das seguintes circunstâncias: a) quando seja necessário executar tarefas temporárias ou excecionais (altamente especializadas); b) caso haja falta de pessoal e se tenham esgotado as listas de reserva dos concursos; c) para os gabinetes dos

DIREITO DA UNIÃO EUROPEIA – ELEMENTOS DE DIREITO E POLÍTICAS DA UNIÃO

agente contratual[50]-[51], de agente local[52], de consultor especial[53], de assistente parlamentar acreditado[54]".

Trata-se de categoria com responsabilidades mais limitadas e que, em geral, está incumbida de trabalhar enquadrada por funcionários ou pessoal temporário.

Não integrando o funcionalismo da União Europeia mas ali prestando serviço importa chamar à atenção para a figura dos peritos nacionais destacados (abreviadamente «PND»).

Os mesmos são habitualmente funcionários públicos destacados dos países membros da União Europeia, constituindo, na sua maioria, membros das administrações públicas [nacionais, regionais ou locais], mas podem, igualmente, ser destacados para a Comissão peritos de organizações internacionais, de universidades, de centros de investigação e de organismos perten-

---

Comissários (*desempenhando funções durante o período do mandato do Comissário*); *d)* como resposta a necessidades específicas do setor científico (*estes agentes prestam funções nos diversos centros de investigação criados pela União Europeia e destinados à promoção da investigação e gestão dos programas-quadro de investigação e desenvolvimento*). Quanto aos agentes temporários do tipo referido nas alíneas *a)* e *b)*, os mesmos são contratados para desempenharem uma grande variedade de tarefas, em geral, análogas às dos funcionários, mas a sua contratação está, todavia, dependente de necessidades temporárias da Comissão e da situação em termos do preenchimento de vagas.

[50] Caracterizado e definido pelos artigos 3.º-A e 3.º-B, 79.º a 119.º do mesmo regime.

[51] Existem duas subcategorias de agentes contratuais. Assim, uma primeira [*pessoal contratado no quadro do artigo 3.º-A do aludido Regime*] é constituída pelos agentes recrutados para trabalhar: *a)* nas Direções-Gerais da Comissão (*para efetuarem tarefas manuais ou serviços de apoio administrativo*); *b)* nos serviços da Comissão dependentes de uma Direção-Geral; *c)* nas Agências; e *d)* nas Representações ou nas Delegações da Comissão. Os agentes contratuais deste tipo dispõem de perspetivas de emprego de mais longo prazo, com contratos iniciais válidos por um período máximo de cinco anos, renováveis no máximo por cinco anos, sendo que o contrato pode ser convertido num contrato a termo incerto. Uma segunda subcategoria [*pessoal contratado no quadro do artigo 3.º-B do aludido Regime*] diz respeito aos agentes contratuais contratados pelas Direções-Gerais da Comissão para tarefas que não sejam manuais nem serviços de apoio administrativo. Constitui, assim, pessoal recrutado: *a)* temporariamente, para substituir funcionários ausentes por doença, licença de parto, etc.; *b)* em resposta à falta de pessoal em momentos de grande pressão de trabalho; *c)* para o desempenho de tarefas por períodos determinados, reforçando a capacidade em domínios especializados em que não haja funcionários com as competências necessárias disponíveis. As perspetivas de emprego dos agentes contratuais deste tipo são de curto prazo, assente em vínculos contratuais que, acumulados, não podem ultrapassar os três anos e a duração mínima do contrato é de apenas três meses.

[52] Caracterizado e definido pelos artigos 4.º, 120.º a 122.º do citado regime.

[53] Caracterizado e definido pelos artigos 5.º, 123.º e 124.º do aludido regime.

[54] Caracterizado e definido pelos artigos 5.º-A, 125.º a 139.º do regime em referência.

FUNÇÃO PÚBLICA

centes ao setor público, sobretudo em áreas em que a Comissão necessite especificamente das suas qualificações e conhecimentos especializados.

Tais peritos trabalham em conjunto com funcionários da Comissão sendo que durante o destacamento os mesmos ficam sob as instruções de funcionários da União Europeia, desempenhando tarefas bem definidas e segundo regras que evitam o risco de conflito de interesses[55].

Esta figura e a sua existência acaba por ter ou revelar um duplo papel, já que permite, por um lado, aportar para a Comissão aquilo que é a sua própria experiência, e, por outro lado, que os mesmos levem para as respetivas administrações nacionais os conhecimentos em matéria de questões comunitárias adquiridos durante o período de destacamento.

3.2. Dos deveres e direitos do funcionalismo público da União Europeia

Esta matéria mostra-se disciplinada no Título II do Estatuto sob a epígrafe "Direitos e deveres do funcionário".

Ora, desde logo, importa realçar entre os deveres do funcionário aquele que se mostra previsto no artigo 11.º, no qual se dispõe que "[o] funcionário deve desempenhar as suas funções e pautar a sua conduta tendo unicamente em vista os interesses da União, sem solicitar nem aceitar instruções de qualquer governo, entidade, organização ou pessoa estranha à instituição a que pertence", incumbindo-lhe "desempenhar as funções que lhe sejam confiadas de forma objectiva e imparcial e observando o seu dever de lealdade para com a União", na certeza de que o mesmo "não pode aceitar de um governo ou de qualquer outra procedência estranha à instituição a que pertence, sem autorização da entidade competente para proceder a nomeações, qualquer distinção honorífica, condecoração, privilégio, dádiva ou remuneração seja qual for a sua natureza, salvo por serviços prestados, quer antes da sua nomeação quer no decurso de uma interrupção específica para prestação de serviço militar ou nacional, e por causa de tais serviços".

As exigências e garantias de objetividade e imparcialidade impostas a cada funcionário colocam-se desde o momento anterior ao próprio recrutamento, já que, tal como se encontra previsto no citado preceito[56], "a enti-

---

[55] Cf. Decisão da Comissão de 12 de novembro de 2008 [C(2008) 6866 final], relativa ao regime aplicável aos peritos nacionais destacados e aos peritos nacionais em formação profissional nos serviços da Comissão.

[56] De referir que este artigo se aplica, por analogia, aos funcionários que regressem de uma licença sem vencimento.

dade competente para proceder a nomeações analisa se o candidato tem um interesse pessoal suscetível de comprometer a sua independência, ou qualquer outro conflito de interesses", para o que "o candidato, utilizando para o efeito um formulário específico, informa a entidade competente para proceder a nomeações de qualquer conflito de interesses real ou potencial", sendo que "a entidade competente para proceder a nomeações tem em conta este facto no âmbito de um parecer devidamente fundamentado. Se necessário, a entidade competente para proceder a nomeações toma as medidas previstas no artigo 11.º-A, n.º 2".

E permanecem ou mantêm-se no exercício das suas funções, já que, como decorre do artigo 11.º-A do Estatuto, "o funcionário não tratará quaisquer questões em que tenha, directa ou indirectamente, um interesse pessoal, nomeadamente familiar ou financeiro, susceptível de comprometer a sua independência", sendo que o "funcionário a quem, no exercício das suas funções, seja atribuído o tratamento de uma questão referida no n.º 1 informará imediatamente do facto a entidade competente para proceder a nomeações", cabendo àquela entidade tomar "todas as medidas adequadas, podendo, nomeadamente, libertar o funcionário de responsabilidades nesse assunto".

Ainda como exigência ou garante da independência do exercício de funções por parte dos funcionários da União Europeia os mesmos não podem conservar nem adquirir, direta ou indiretamente, nas empresas sujeitas ao controlo da instituição a que pertencem ou que com esta estejam relacionadas, qualquer interesse de natureza e importância tais que sejam suscetíveis de comprometer aquela independência.

Aliás, este dever ou obrigação de independência impõe-se de forma objetiva e visa não apenas o relacionamento do funcionário com as autoridades públicas ou com todas as outras pessoas/entes mas também a postura do mesmo funcionário na decisão de processos/procedimentos relativamente aos quais tenha interesse pessoal direto ou indireto[57]-[58]-[59].

---

[57] Entendeu-se no Acórdão (TFP) *Fries Guggenheim c. CEDEFOP*, de 4 de maio de 2010, proc. F-47/09, § 79, que o requerente deverá invocar circunstâncias particulares, aduzir provas suficientes de molde a que se tenha como enunciada ou apurada uma *"dúvida objetiva"* quanto à infração do dever de imparcialidade e integridade exigido pelo artigo 11.º-A do Estatuto, sendo que para tal não basta *"um risco puramente abstrato de conflito pessoal ..."* [ver, no mesmo sentido, Acórdão (TG) *Joël De Bry c. Comissão*, de 12 de julho de 2005, proc. T-157/04, §§ 38 e 39].

[58] No Acórdão (TG) *Giannini c. Comissão* de 12 de março de 2008, proc. T-100/04, §§ 223, 225 [confirmado pelo despacho (TJ) de 3 de fevereiro de 2009, proc. 231/08 P], considerou-se que *"a*

FUNÇÃO PÚBLICA

Do quadro normativo aludido ressalta que impende sobre o funcionário/agente uma obrigação geral de independência e probidade, sendo qualificado tal quadro normativo pela jurisprudência comunitária como constituindo o *"pilar da deontologia da função pública"*[60] da União.

De referir, por outro lado, que o dever de lealdade e de cooperação impõe-se não apenas na execução das tarefas específicas que são confiadas aos funcionários/agentes, mas também a todo o conjunto das relações existentes entre estes e a instituição a que pertencem, sendo que, por força deste dever, os funcionários/agentes são obrigados, de um modo geral, a absterem-se de condutas atentatórias da dignidade e do respeito devido à instituição e às suas autoridades[61].

Note-se que a obrigação/dever de lealdade impõe-se de forma geral e objetiva, sendo que a constatação da sua infração não está condicionada, para o seu preenchimento, a que o funcionário haja ou tenha obtido qualquer vantagem ou que a sua conduta haja ou tenha causado prejuízos à instituição[62], na certeza de que o respeito ao referido dever estende-se a toda

participação de um membro do júri na avaliação de um candidato que trabalha ou trabalhou na mesma unidade não leva em si a que o membro ... tenha um interesse pessoal suscetível de comprometer a sua independência. (...) Assim, o facto de que alguns membros do júri possam ter trabalhado com alguns dos candidatos não é suficiente em si mesmo para estabelecer a existência de um conflito de interesses".

[59] Chama-se aqui também à colação o regime decorrente do artigo 13.º do Estatuto no qual se prevê que "[s]e o cônjuge de um funcionário exercer, profissionalmente, qualquer actividade lucrativa, deve tal facto ser comunicado pelo funcionário à entidade da sua instituição competente para proceder a nomeações", sendo que "[s]e essa actividade se revelar incompatível com a do funcionário, e se este último não estiver em condições de garantir a sua cessação dentro de um prazo determinado, a entidade competente para proceder a nomeações após parecer da Comissão Paritária, decidirá se o funcionário deve manter-se em funções ou ser transferido para outro lugar".

[60] Cf., nomeadamente, Acórdãos (TG) *Zavvos c. Comissão*, de 9 de julho de 2002, proc. T-21/01, §§ 37 e 38; *Willeme c. Comissão*, de 11 de setembro de 2002, proc. T-89/01, §§ 71 e 72. Extrai-se, aliás, do Acórdão de 9 de julho de 2002 acabado de citar, com interesse e no que aqui releva, que se mostra como sendo de *"importância capital a garantia da independência e integridade dos funcionários no que diz respeito tanto ao funcionamento interno como à imagem exterior das instituições comunitárias"*, sendo que o artigo 11.º, § 1.º, prescreve não só a *"interdição para o funcionário de solicitar ou aceitar as instruções de um governo, de uma autoridade, de uma organização ou de uma pessoa estranha à sua instituição"* mas também lhe *"exige ... que adote, em todas as circunstâncias, uma atitude guiada exclusivamente pelos interesses das Comunidades"*

[61] *Vide*, entre outros, os Acórdãos (TG) *Williams c. Tribunal de Contas da União Europeia*, de 26 de novembro de 1991, proc. T-146/89, § 72; e *N. c. Comissão*, de 15 de maio de 1997, proc. T-273/94, §§ 126 a 129.

[62] Cf., nomeadamente, Acórdãos (TG) *E. c. Comissão*, de 3 de julho de 2001, procs. apensos T-24/98 e T-241/99, § 76; e *Zavvos c. Comissão, cit.*, § 40.

DIREITO DA UNIÃO EUROPEIA – ELEMENTOS DE DIREITO E POLÍTICAS DA UNIÃO

a esfera de relações existentes entre funcionários/agentes e a instituição de que depende e visa não apenas as relações com os superiores mas também com a instituição *de per si*[63].

Segundo a jurisprudência comunitária[64], "se é verdade que os factos da vida privada não podem, regra geral, justificar sanções disciplinares", não deixa, todavia, de constituir infração ao dever em referência uma situação em que um funcionário "não executou voluntariamente diversas decisões judiciais" por tal ser "um facto suscetível de violar a dignidade das funções do funcionário", sendo que incorrerá em infração ao mesmo dever o funcionário/agente acusado e punido por crime de corrupção[65].

Para além disso, o funcionário "deve abster-se de quaisquer atos e comportamentos que possam lesar a dignidade do seu cargo" [cf. artigo 12.º do Estatuto].

Do dever de respeito pela dignidade da função decorre um dever de reserva, o qual implica que o funcionário deve adotar um comportamento digno, correto e respeitável, não lhe sendo lícito o uso de termos injuriosos ou mesmo agressivos, na certeza de que são lesões graves as que afetam a honra das pessoas visadas, mas, também, alegações que possam trazer descrédito à integridade profissional. E para tal a forma de tais alegações não importa já que tanto relevam os ataques diretos, como as alegações feitas em termos indiretos, dubitativos, de modo disfarçado ou insinuado sem que o nome da pessoa seja expressamente mencionado, mas cuja identificação seja possível[66].

---

[63] Cf., por exemplo, o Acórdão (TG) *Teixeira Neves c. TJUE*, de 12 de setembro de 2000, proc. T-259/97, § 44.

[64] *Vide* Acórdão (TJ) *M. c. Conselho*, de 19 de abril de 1988, procs. apensos 175/86 e 209/86, § 23.

[65] Ver, por exemplo, Acórdão (TG) *Onidi c. Comissão*, de 30 de maio de 2002, proc. 197/00, §§ 58, 59, 112 e 146.

[66] Veja-se o Acórdão (TFP) *Andreasen c. Comissão*, de 8 de novembro de 2007, proc. F-40/05, §§ 233 e 234, bem como o Acórdão (TG) *Teixeira Neves c. TJUE, cit.*, §§ 29, 30 e 47. Extrai-se deste último acórdão, naquilo que releva para a análise do dever em referência, que *«os juízes comunitários já classificaram como "injúrias graves ofensivas da honra das pessoas [visadas]" afirmações vexatórias a respeito do comportamento dos membros e dos agentes de uma instituição no exercício das suas funções. Na jurisprudência comunitária, esta expressão não designa, assim, apenas as imputações suscetíveis de atentar contra a dignidade da pessoa, enquanto tal, mas igualmente as alegações suscetíveis de lançar o descrédito sobre a honorabilidade profissional desta. (...) A forma que revestem essas alegações não importa: trata-se tanto de acusações diretas como de alegações sob forma dubitativa, indireta, encapotada, insinuada ou referidas a uma pessoa não expressamente mencionada mas cuja identificação é tornada possível. (...) Entre os deveres profissionais previstos pelo Estatuto, deve contar-se igualmente o dever do funcionário de se abster de qualquer expressão pública de opinião suscetível de atentar contra a dignidade da sua função. Como o Tribunal de Primeira Instância e o Tribunal de*

FUNÇÃO PÚBLICA

Da obrigação de respeito pela dignidade da função decorre igualmente o dever/obrigação de o funcionário/agente se abster de toda a forma de assédio moral ou sexual tal como decorre do regime normativo inserto no n.º 1 do artigo 12.º-A do Estatuto[67].

Atente-se que, como resulta do n.º 3 do citado preceito, por "assédio moral" entende-se "qualquer conduta abusiva que ocorra durante um período de tempo, de modo repetitivo ou sistemático e envolva comportamentos físicos, linguagem, verbal ou escrita, gestos ou outros actos intencionais susceptíveis de lesar a personalidade, a dignidade ou a integridade física ou psíquica de uma pessoa".

Ora, de tal normativo ressalta para o preenchimento do *"assédio moral"* a verificação de duas condições cumulativas. A primeira condição reporta-se à existência de comportamentos físicos, linguagem, verbal ou escrita, gestos ou outros atos que ocorram *"durante um período de tempo, de modo repetitivo ou sistemático"*, o que implica que o *"assédio moral"* deve ser compreendido como um processo que se inscreve necessariamente no tempo e pressupõe a existência de comportamentos repetidos ou contínuos, e que são *"intencionais"*. A segunda condição cumulativa, unida à primeira pela conjunção da coordenação «e», exige que estes comportamentos físicos, linguagem, verbal ou escrita, gestos ou outros atos sejam suscetíveis de lesar a personalidade, a dignidade ou a integridade física ou psíquica de uma pessoa.

Tal como é defendido no Acórdão (TFP) de 25 de setembro de 2012[68], é *«possível extrair uma dupla conclusão do facto de o adjetivo "intencional" dizer respeito à primeira condição, e não à segunda. Por um lado, os comportamentos físicos, linguagem, verbal ou escrita, gestos ou outros atos, referidos no artigo 12.º-A, n.º 3, do Estatuto devem apresentar carácter voluntário, o que exclui do âmbito de aplicação desta disposição as ações que ocorram de modo acidental. Por outro lado, não se requer, em contrapartida, que esses comportamentos físicos, linguagem, verbal ou escrita, gestos ou outros atos tenham sido praticados com intenção de lesar a personalidade, a dig-*

Justiça afirmaram por várias vezes (...) injúrias expressas publicamente por um funcionário, ofensivas da honra das pessoas às quais se referem, são, em si mesmas, lesivas da dignidade da função, na aceção do artigo 12.º, primeiro parágrafo, do Estatuto. Assim, para que haja violação dos deveres profissionais previstos no Estatuto, não importa que as afirmações do recorrente se tenham referido à atividade dos membros de uma instituição da Comunidade; basta que essas afirmações tenham atentado contra a honra das pessoas visadas».

[67] *Vide* Laure Levi/Audrey Blot, e "La déontologie au sein de la fonction publique européenne", in *La Fonction Publique Européenne*, 2.ª ed. revista e aumentada, sob a direção de François-Gilles Le Theule e Julie Leprêtre, p. 89.

[68] Acórdão *Moises Bermejo Garde c. Comité Económico e Social Europeu*, proc. F-41/10, §§ 82 a 84.

DIREITO DA UNIÃO EUROPEIA – ELEMENTOS DE DIREITO E POLÍTICAS DA UNIÃO

nidade ou a integridade física ou psíquica de uma pessoa. (...) Por outras palavras, pode existir assédio moral na aceção do artigo 12.º-A, n.º 3, do Estatuto sem que o assediante tenha pretendido, com as suas ações, desacreditar a vítima ou degradar as suas condições de trabalho. É suficiente que as suas ações, desde que praticadas voluntariamente, tenham objetivamente implicado tais consequências (v., neste sentido, acórdãos do Tribunal da Função Pública de 9 de dezembro de 2008, Q/Comissão, F-52/05, n.º 135 ..., e de 16 de maio de 2012, Skareby/Comissão, F-42/10, n.º 65)».

E mais recentemente o mesmo Tribunal, no Acórdão de 11 de julho de 2013[69], reiterando este entendimento, afirmou também que *«o artigo 12.º-A, n.º 3, do Estatuto, não faz nenhuma referência à intenção malévola do alegado autor do assédio como um elemento necessário para a qualificação de assédio moral (...). (...) Com efeito, o artigo 12.º-A, n.º 3, do Estatuto define o assédio moral como uma "conduta abusiva" que requer, para ser provada, o preenchimento de dois requisitos cumulativos. O primeiro requisito é relativo à existência de comportamentos físicos, linguagem, verbal ou escrita, gestos ou outros atos que ocorrem "durante um período de tempo, de modo repetitivo ou sistemático" e que são "intencionais". O segundo requisito, separado do primeiro pela expressão "suscetíveis de", exige que estes comportamentos físicos, linguagem, verbal ou escrita, gestos ou outros atos tenham por efeito "lesar a personalidade, a dignidade ou a integridade física ou psíquica de uma pessoa" (...)», sendo que do «facto de o adjetivo "intencional" ser relativo ao primeiro requisito, e não ao segundo, é possível retirar uma dupla conclusão. Por um lado, os comportamentos físicos, linguagem, verbal ou escrita, gestos ou outros atos, referidos no artigo 12.º-A, n.º 3, do Estatuto, devem apresentar um carácter voluntário, o que exclui do âmbito de aplicação desta disposição as ações realizadas de forma acidental. Por outro, não se requer, em contrapartida, que estes comportamentos físicos, linguagem, verbal ou escrita, gestos ou outros atos tenham sido praticados com a intenção de lesar a personalidade, a dignidade ou a integridade física ou psíquica de uma pessoa. Por outras palavras, pode existir assédio moral na aceção do artigo 12.º-A, n.º 3, do Estatuto sem que o autor do assédio tenha pretendido, com as suas ações, desacreditar a vítima ou degradar deliberadamente as suas condições de trabalho. Basta que as suas ações, desde que praticadas de forma voluntária, tenham objetivamente implicado tais consequências (...)*[70]. *(...) Importa acrescentar que uma interpretação contrária do artigo 12.º-A,*

---

[69] Acórdão *Marie Tzirani c. Comissão, cit.*, §§ 52 a 56.

[70] Neste sentido, ver, entre outros, o Acórdão (TFP) *Q. c. Comissão*, de 9 de dezembro de 2008, proc. F-52/05, § 135. Aliás, esta jurisprudência está em linha com o regime legal decorrente da Diretiva 2000/78/CE em cujo artigo 2.º, n.º 3, se prevê que «[o] assédio é considerado discriminação, na aceção do n.º 1, sempre que ocorrer um comportamento indesejado relacionado com um dos moti-

FUNÇÃO PÚBLICA

n.º 3, do Estatuto teria como resultado privar esta disposição de qualquer efeito útil, devido à dificuldade em provar a intenção malévola do autor de um comportamento de assédio moral. Com efeito, embora haja casos em que tal intenção se deduza naturalmente das ações do seu autor, esses casos são raros e, na maior parte das situações, o alegado autor do assédio evita qualquer conduta que permita pressupor a sua intenção de desacreditar a sua vítima ou de degradar as condições de trabalho desta (...). (...) No seu Acórdão de 16 de maio de 2012, Skareby/Comissão (F-42/10), o Tribunal precisou que a qualificação de assédio depende do preenchimento do requisito segundo o qual este deve revestir uma realidade objetiva suficiente, no sentido de que um observador imparcial e razoável, dotado de uma sensibilidade normal e colocado nas mesmas condições, o consideraria excessivo e criticável (Acórdão Skareby/Comissão, já referido, n.º 65)».

Importa, ainda, ter presente que no normativo ora em análise se prevê e define o "assédio sexual" como "um comportamento com conotação sexual não desejado pela pessoa a que é dirigido e que tem por objectivo ou efeito ofender essa pessoa ou criar um ambiente de intimidação, hostil, ofensivo ou perturbador. O assédio sexual será tratado como uma discriminação com base no sexo".

Centrando, agora, a nossa atenção num outro dever/obrigação, cumpre realçar aquele que se mostra previsto no artigo 12.º-B do Estatuto[71] relativo à possibilidade de exercício de outras funções.

Prevê-se no preceito que "o funcionário que deseje exercer uma actividade externa, remunerada ou não, ou exercer funções estranhas à União, deve obter previamente a autorização da entidade competente para proceder a nomeações", sendo que essa "autorização só lhe será recusada se a actividade ou funções em causa forem de natureza a interferir com o desempenho das suas funções na instituição a que pertence ou forem incompatíveis com os interesses desta".

---

vos referidos no artigo 1.º, com o objetivo ou o efeito de violar a dignidade de uma pessoa e de criar um ambiente de trabalho intimidativo, hostil, degradante, humilhante ou destabilizador. Neste contexto, o conceito de "assédio" pode ser definido em conformidade com as legislações e práticas nacionais dos Estados-Membros».

[71] Em aplicação deste normativo atente-se nos Acórdãos (TG) *Tzoanos c. Comissão*, de 19 de março de 1998, proc. T-74/96, § 66, onde se extrai que *"l'obligation de solliciter l'autorisation de l'AIPN existe à partir du moment où le fonctiomiaire se propose « d'exercer une activité extérieure, rémunérée ou non, ou de remplir un mandat en dehors des Communautés". Elle s'impose de manière générale, sans opérer une distinction quant à la nature ou à l'importance des activités ou du mandat concernés»* ; e *Fichtner c. Comissão*, de 16 de janeiro de 2003, proc. T-75/00, §§ 55 a 58.

DIREITO DA UNIÃO EUROPEIA – ELEMENTOS DE DIREITO E POLÍTICAS DA UNIÃO

De notar, ainda, que o funcionário "notificará a entidade competente para proceder a nomeações de qualquer alteração da actividade ou funções exteriores autorizadas, que possa ocorrer depois de ter solicitado a autorização da entidade competente para proceder a nomeações", sendo que a "autorização pode ser retirada se essa actividade ou essas funções deixarem de preencher as condições previstas no último período do n.º 1".

E nas situações em que o funcionário seja candidato a funções públicas importa chamar à colação o regime vertido no artigo 15.º do Estatuto[72].

Por outro lado, e tal como deriva do artigo 19.º do Estatuto[73], "[o] funcionário não pode depor nem prestar declarações em juízo, seja a que título for, sobre factos de que teve conhecimento por causa das suas funções, sem autorização da entidade competente para proceder a nomeações", sendo que tal autorização "só pode ser recusada se os interesses da União o exigirem ou se a recusa não for susceptível de implicar consequências penais para o funcionário em causa", na certeza de que o funcionário continua sujeito a esta obrigação mesmo depois de as suas funções terem cessado. Note-se, todavia, que o dever acabado de explicitar "não se aplica ao funcionário ou ao ex--funcionário que seja testemunha perante o Tribunal de Justiça da União Europeia ou perante o Conselho de Disciplina de qualquer instituição, sobre questão que envolva um agente ou ex-agente da União Europeia".

Nos termos do artigo 20.º do Estatuto, os funcionários são obrigados "a residir na localidade da sua afectação ou a uma distância tal que não cause estorvo ao exercício das suas funções", sendo que deverão comunicar o seu

---

[72] Dispõe o preceito que "[o] funcionário que tencione ser candidato ao exercício de funções públicas notificará o facto à entidade competente para proceder a nomeações. Esta decidirá se, em função do interesse do serviço, o funcionário: *a)* Deveria apresentar um pedido de licença sem vencimento; ou *b)* Deveria beneficiar de férias anuais; ou *c)* Pode ser autorizado a trabalhar a tempo parcial; ou *d)* Pode continuar a desempenhar as suas funções como anteriormente" (n.º 1), que "[u]m funcionário eleito ou nomeado para o desempenho de funções públicas informará imediatamente do facto a entidade competente para proceder a nomeações. Tendo em conta o interesse do serviço, a importância das referidas funções, as obrigações que implicam, bem como a remuneração e os subsídios a que dão direito, a entidade competente para proceder a nomeações tomará uma das decisões referidas no n.º 1. Se a autoridade competente para proceder a nomeações decidir que o funcionário deve apresentar um pedido de licença sem vencimento ou uma autorização para trabalhar a tempo parcial, a duração dessa licença ou autorização será igual à do mandato do funcionário" (n.º 2).

[73] Cf., em aplicação do normativo, entre outros, os Acórdãos (TJ) *Weddel c. Comissão*, de 18 de fevereiro de 1992, proc. C-54/90, §§ 21 a 26; (TG) *Ferrer de Moncada c. Comissão*, de 13 de junho de 2002, proc. T-74/01, §§ 48 e segs.; (TFP) *Strack c. Comissão*, de 20 de janeiro de 2011, proc. F-132/07, §§ 65, 74 a 76, 81, confirmado pelo Acórdão (TG) de 13 de dezembro de 2012, proc. T-199/11 P.

FUNÇÃO PÚBLICA

endereço à entidade competente para proceder às nomeações e informá-la imediatamente sempre que exista qualquer alteração ao mesmo endereço.

Por sua vez, mostra-se consagrado no artigo 21.º do Estatuto o dever do funcionário de assistir e de aconselhar os seus superiores hierárquicos, sendo o mesmo, de harmonia com o normativo, "responsável pelo desempenho das tarefas que lhe estão confiadas", na certeza de que os funcionários encarregados de assegurar o funcionamento de um serviço são responsáveis "perante os seus superiores, pelos poderes que lhe tiverem sido conferidos e pela execução das ordens que tiver dado" e a "responsabilidade própria dos seus subordinados não o isenta de nenhuma das responsabilidades que lhe incumbem".

Este dever, tal como tem sido entendido, não se impõe apenas no cumprimento das tarefas específicas confiadas ao funcionário, alargando-se a todas as relações existentes entre ele e a instituição[74], sendo que o funcionário deverá demonstrar ter feito de tudo para conseguir cumprir a missão que lhe foi confiada[75].

Esta obrigação ou dever é temperado pelo direito de desobediência conferido ao funcionário nos termos previstos no artigo 21.º-A[76] do Estatuto quando considere a ordem recebida ilegal/irregular, contrária às normas de segurança aplicáveis ou ainda suscetível de dar origem a sérias dificuldades/ /inconvenientes.

---

[74] Cf. Acórdão (TG) *E. c. CES*, de 17 de fevereiro de 1998, proc. T-183/96, confirmado pelo Acórdão (TJ) de 16 de dezembro de 1999, proc. C-150/98 P.

[75] *Vide* Acórdão (TG) *Tzoanos c. Comissão*, de 19 de março de 1998, proc. T-74/96, *cit.*, § 202.

[76] Prevê-se neste artigo que "[o] funcionário que receba uma ordem que considere irregular, ou susceptível de dar origem a sérias dificuldades, informará imediatamente do facto o seu superior hierárquico directo, o qual, se a informação tiver sido transmitida por escrito, responderá igualmente por escrito. Sem prejuízo do n.º 2, se o superior hierárquico directo confirmar a ordem, mas o funcionário considerar que essa confirmação não constitui uma resposta razoável em função da sua preocupação, transmitirá a questão por escrito à autoridade hierárquica imediatamente superior. Se esta última confirmar a ordem por escrito, o funcionário deve executá-la, a não ser que seja manifestamente ilegal ou contrária às normas de segurança aplicáveis" (n.º 1), e que "[s]e o superior hierárquico directo considerar que a ordem deve ser cumprida prontamente, o funcionário deve executá-la, a não ser que seja manifestamente ilegal ou contrária às normas de segurança aplicáveis. A pedido do funcionário, o superior hierárquico directo será obrigado a transmitir qualquer ordem desse tipo por escrito. O funcionário que informe os seus superiores hierárquicos de ordens que considere irregulares ou susceptíveis de dar origem a sérias dificuldades não deve sofrer qualquer prejuízo por este motivo" (n.º 2).

Do n.º 1 do artigo 22.º-A do Estatuto decorre, por outro lado, o dever/ /obrigação de informação por escrito que se aparenta, na realidade, com um dever/obrigação de denúncia que impende sob o funcionário, já que, se o mesmo, no exercício das respetivas funções, tomar conhecimento de "factos que levem à presunção de existência de possíveis actividades ilegais, incluindo fraude ou corrupção, lesivas dos interesses da União, ou de condutas relacionadas com o exercício de actividades profissionais, que possam constituir incumprimento grave das obrigações dos funcionários da União, informará desses factos, sem demora, o seu superior hierárquico directo ou o seu Director-Geral ou, se o considerar útil, o Secretário-Geral, ou as pessoas em posição hierárquica equivalente, ou ainda directamente o Organismo Europeu de Luta Antifraude (OLAF)"[77]-[78]-[79], sendo que tal dever é "igualmente aplicável em caso de incumprimento grave de uma obrigação similar por parte de um membro de uma instituição, de qualquer outra pessoa ao serviço ou que aja por conta de uma instituição".

Note-se que, tal como deriva do n.º 3[80] do preceito em referência, o funcionário "não sofrerá qualquer prejuízo por parte da instituição pelo facto de

---

[77] Do n.º 2 do artigo 22.º-A do Estatuto extrai-se ainda que "[o] funcionário que receba a informação a que se refere o n.º 1 transmitirá sem demora ao OLAF todos os elementos de prova de que tenha conhecimento, a partir dos quais se pode presumir a existência das irregularidades a que se refere o n.º 1".

[78] Ver quanto às atribuições/competências do OLAF: a Decisão da Comissão de 28 de abril de 1999 [Decisão 1999/352/CE, CECA, EURATOM], alterada pela Decisão da Comissão 2013/478/UE, de 27 de setembro de 2013; o Regulamento (CE) n.º 1073/99 e o Regulamento (EURATOM) n.º 1074/99, ambos substituídos pelo Regulamento (UE, EURATOM) n.º 883/2013; o Acordo Interinstitucional de 25 de maio de 1999 respeitante aos inquéritos conduzidos nos organismos e instituições da União Europeia.

[79] Tal como foi decidido pelo TFP no seu Acórdão *Nijs c. Tribunal de Contas*, de 13 de janeiro de 2011, proc. F-77/09, §§ 66 e 69, "deve-se considerar que o artigo 22.º-A n.º 1, e artigo 22.º-B, n.º 1, do Estatuto visam apenas a comunicação de factos precisos que numa primeira apreciação possam conduzir o funcionário que os comunica a presumir/supor razoavelmente a existência de uma atividade ilegal ou de uma falta grave", sendo que se o "legislador pretendeu lutar contra a fraude, com a inserção no Estatuto de novos artigos 22.º-A e 22.º-B, proteção legal para todos os funcionários públicos que denunciem irregularidades ou disfunção grave dentro serviços, não se pode considerar que ele tenha procurado promover o espalhar de boatos, difamação, calúnia ou difamação", decisão essa mantida pelo Acórdão (TG) de 15 de maio de 2012, proc. T-184/11 P.

[80] Ver, sobre a aplicação do preceito, a Decisão (TG) *Y. c. Comissão*, de 23 de maio de 2011, proc. T-493/09 P, § 62.

FUNÇÃO PÚBLICA

ter comunicado a informação referida nos n.ᵒˢ 1 e 2"[81]-[82], desde que tenha agido razoavelmente e de boa-fé, sendo que o regime vertido nos n.ᵒˢ 1 a 3 não é aplicável "aos documentos, actos, relatórios, notas ou informações, qualquer que seja o seu suporte, detidos para efeitos de um processo judicial, pendente ou encerrado, ou criados ou comunicados ao funcionário no contexto da sua tramitação" (cf. n.ᵒ 4 do mesmo normativo).

Cumpre atentar que, por força do regime vertido no artigo 16.ᵒ do Estatuto, o funcionário, mesmo após a cessação das suas funções, "continua vinculado aos deveres de honestidade e discrição quanto à aceitação de determinadas funções ou benefícios", sendo que aquele funcionário "que

---

[81] Cumpre atentar neste domínio ainda ao regime legal previsto nos artigos 22.ᵒ-B e 22.ᵒ-C do Estatuto. Assim, no primeiro normativo estipula-se que "[o] funcionário que divulgue a informação definida no artigo 22.ᵒ-A ao Presidente da Comissão, do Tribunal de Contas, do Conselho ou do Parlamento Europeu ou ao Provedor de Justiça Europeu não sofrerá qualquer prejuízo por parte da instituição a que pertence, desde que estejam preenchidas as seguintes condições: *a)* O funcionário acredita, de boa-fé e razoavelmente, que a informação divulgada, bem como qualquer alegação nela contida, são substancialmente verdadeiras; e *b)* O funcionário tenha previamente revelado a mesma informação ao OLAF ou à sua própria instituição e tenha dado ao OLAF ou a essa instituição oportunidade de, no prazo definido pelo OLAF ou essa instituição, atendendo à complexidade do caso, tomar as medidas adequadas. O funcionário será devidamente informado desse prazo dentro de 60 dias" (n.ᵒ 1), que "[o] prazo a que se refere o n.ᵒ 1 não será aplicável quando o funcionário possa demonstrar que não é razoável, tendo em consideração todas as circunstâncias do caso" (n.ᵒ 2), sendo que "[o]s n.ᵒˢ 1 e 2 não são aplicáveis aos documentos, atos, relatórios, notas ou informações, qualquer que seja o seu suporte, detidos para efeitos de um processo judicial, pendente ou encerrado, ou criados ou comunicados ao funcionário no contexto da sua tramitação" (n.ᵒ 3). E no artigo 22.ᵒ-C extrai-se que "[n]os termos dos artigos 24.ᵒ e 90.ᵒ, cada instituição cria um procedimento para o tratamento de queixas apresentadas por funcionários sobre a forma como são tratados após ou em consequência do cumprimento das obrigações que lhes incumbem por força do artigo 22.ᵒ-A ou do artigo 22.ᵒ-B. A instituição em causa garante que essas queixas sejam tratadas confidencialmente e, se as circunstâncias o justificarem, antes da expiração dos prazos previstos no artigo 90.ᵒ. A entidade competente para proceder a nomeações de cada instituição elabora uma regulamentação interna sobre: – a prestação aos funcionários referidos no artigo 22.ᵒ-A, n.ᵒ 1, ou no artigo 22.ᵒ-B de informações sobre o tratamento dos factos por si revelados, – a proteção dos legítimos interesses desses funcionários e da sua privacidade, e – o processo de tratamento das queixas a que se refere o primeiro parágrafo do presente artigo".

[82] O funcionário será protegido do risco de perseguição disciplinar se na comunicação da informação/denúncia tiver cumprido as condições previstas nos artigos 22.ᵒ-A e 22.ᵒ-B do Estatuto "*e se feito com a reserva controlada pelos deveres de objetividade e imparcialidade, o respeito pela dignidade do cargo, o respeito à honra das pessoas e da presunção de inocência*" [cf. Acórdão (TFP) *Nijs c. Tribunal Contas, cit.*, § 70], na certeza de que as disposições em referência não conferem ao funcionário uma proteção contra toda a decisão suscetível de o prejudicar/afetar negativamente mas somente "*contra as decisões que forem adotadas em virtude de tal comunicação*" [cf. Acórdão (TFP) *Menghi c. ENISA*, de 24 de fevereiro de 2010, proc. F-2/09, § 139].

tencione exercer uma actividade profissional, remunerada ou não, nos dois anos seguintes à cessação de funções deve informar do facto a sua instituição utilizando para o efeito um formulário específico" e se "essa actividade for relacionada com o trabalho efectuado pelo funcionário nos três últimos anos de serviço e for susceptível de entrar em conflito com os legítimos interesses da instituição, a entidade competente para proceder a nomeações pode, tendo em conta o interesse do serviço, quer proibir ao funcionário o exercício dessa actividade, quer subordinar esse exercício às condições que julgue adequadas". Neste caso, tal entidade, após parecer da Comissão Paritária, "notifica a sua decisão no prazo de 30 dias úteis a contar da recepção da informação", sendo que a "ausência desta notificação no termo do prazo referido equivale a aceitação tácita".

Mais resulta do preceito que "[a] entidade competente para proceder a nomeações proíbe, em princípio, os antigos altos funcionários definidos nas disposições de execução de exercerem, nos 12 meses seguintes à cessação de funções, actividades de lobbying ou de representação junto do pessoal da sua antiga instituição em nome de empresas, clientes ou empregadores relativamente a matérias pelas quais tenham sido responsáveis nos três últimos anos de serviço", sendo que "[n]os termos do Regulamento (CE) n.º 45/2001 ... cada instituição publica anualmente informações sobre a aplicação do terceiro parágrafo, incluindo uma lista dos casos avaliados".

Temos, por outro lado, previsto no artigo 22.º[83] do Estatuto um regime de responsabilidade pessoal do funcionário por faltas graves cometidas no ou por causa do exercício das funções numa instituição da União.

Assim, decorre do preceito que "[o] funcionário pode ser obrigado a reparar, na totalidade ou em parte, o prejuízo sofrido pela União, em consequência de culpa grave em que tiver incorrido no exercício, ou por causa do exercício das suas funções", sendo que "[a] respectiva decisão, fundamentada, é tomada pela entidade competente para proceder a nomeações, após terem sido observadas as formalidades prescritas em matéria disciplinar", cabendo ao TJUE "competência de plena jurisdição para decidir sobre litígios suscitados pela presente disposição".

---

[83] Além deste preceito importa também considerar o regime de responsabilidade especial dos funcionários sobre os quais recaem responsabilidades financeiras – *artigos 72.º e segs. do Regulamento (UE/EURATOM) n.º 966/2012, de 25 de outubro de 2012 (anteriores artigos 64.º a 66.º do Regulamento CE n.º 1605/2002) (denominado como «Regulamento Financeiro»).*

FUNÇÃO PÚBLICA

De notar ainda que, nos termos do artigo 23.º do Estatuto, "[o]s privilégios e imunidades de que beneficiam os funcionários são conferidos unicamente no interesse da União", sendo que, sem prejuízo das disposições do Protocolo relativo aos Privilégios e Imunidades[84], "os interessados não estão isentos do cumprimento das suas obrigações privadas, nem da observância das leis e regulamentos de polícia em vigor".

Uma breve nota de referência e alerta para o regime previsto no artigo 18.º[85] do Estatuto quanto ao direito de propriedade intelectual e de autor relativamente a trabalhos efetuados pelo funcionário no exercício das suas funções.

Já em matéria de comunicação com o público e sua compatibilização com a liberdade de expressão do funcionário, passando-se, assim, para uma breve análise também daquilo que são alguns dos direitos dos funcionários da União Europeia, teremos de ter em atenção o regime legal que decorre dos artigos 17.º e 17.º-A do Estatuto.

Com efeito, disciplina-se no artigo 17.º[86]-[87] que o funcionário deverá abster-se "de qualquer revelação não autorizada de informação recebida

---

[84] Cf. Protocolo n.º 36 relativo aos Privilégios e Imunidades das Comunidades Europeias (1965). De referir que de harmonia também com o artigo 23.º do Estatuto, os livre-trânsitos previstos no Protocolo relativo aos Privilégios e Imunidades são emitidos para chefes de unidade, funcionários dos graus AD12 a AD16, funcionários cujo local de afetação é fora do território da União Europeia e outros funcionários quando o interesse do serviço o exigir.

[85] Dispõe-se no preceito que "[t]odos os direitos relativos a trabalhos efectuados pelo funcionário no exercício das suas funções são pertença da União Europeia caso esses trabalhos se relacionem com a sua actividade ou, caso esses trabalhos se relacionem com a atividade da Comunidade Europeia da Energia Atómica, são pertença da referida Comunidade. A União Europeia ou, se for caso disso, a Comunidade Europeia da Energia Atómica, têm o direito de exigir que os direitos de autor decorrentes desses trabalhos lhes sejam cedidos" (n.º 1), que "[q]ualquer invenção feita por um funcionário no exercício das suas funções é de pleno direito propriedade da União. A instituição pode, a expensas suas e em nome da União, requerer e obter a respectiva patente em qualquer país. Qualquer invenção feita por um funcionário no ano seguinte ao termo do exercício das suas funções, e relacionada com o trabalho da União, será considerada, salvo prova em contrário, como tendo sido feita no exercício dessas funções. Sempre que as invenções sejam objecto de patente, o nome do ou dos inventores deve ser mencionado" (n.º 2) e que "[a] instituição pode, em determinados casos, conceder uma bonificação, cujo montante ela própria fixará, ao funcionário autor de uma invenção patenteada" (n.º 3).

[86] Sobre a compatibilização do regime vertido neste normativo e o direito à liberdade de expressão dos funcionários da União Europeia veja-se, nomeadamente, o Acórdão (TJ) *Connolly c. Comissão*, de 6 de março de 2001, proc. C-274/99 P, §§ 37 e segs., onde se afirmou, nomeadamente, que *"o regime do artigo 17.º, segundo parágrafo, do Estatuto estabelece claramente o princípio da concessão de autorização, que só pode ser recusada a título excepcional. Permitindo esta disposição às instituições recusar a auto-*

no exercício das suas funções, salvo se essa informação já tiver sido tornada pública ou for acessível ao público" (n.º 1), dever/obrigação a que se encontra sujeito "mesmo após a cessação das suas funções" (n.º 2)[88].

O funcionário confrontado com a solicitação de informação deverá, na apreciação do pedido, ter em atenção as regras relativas ao acesso do público aos documentos detidos pelas instituições.

A obrigação inserta no artigo 17.º carece, como já aludimos *supra*, de ser vista e concatenada com o direito fundamental à liberdade de expressão que assiste aos funcionários da União e que, aliás, se mostra expressamente afirmado no artigo 17.º-A, onde se dispõe que "[o] funcionário tem direito à liberdade de expressão, na observância dos seus deveres de lealdade e imparcialidade" e que, sem prejuízo do que se mostra previsto nos artigos 12.º e 17.º, "o funcionário que, individualmente ou em colaboração, tencione publicar ou mandar publicar qualquer texto relacionado com a actividade da União informará previamente desse facto a entidade competente para proceder a nomeações", sendo que sempre que "a entidade competente para proceder a nomeações possa demonstrar que o texto em causa é susceptível de lesar gravemente os legítimos interesses da União[89], notificará por escrito

rização de publicação e prevendo assim a possibilidade de uma ingerência séria na liberdade de expressão, que constitui um dos fundamentos essenciais de uma sociedade democrática, deve ser interpretada restritivamente e aplicada com estrita observância das condições recordadas acima (...). Portanto, a autorização de publicação só pode ser recusada se a publicação for susceptível de causar um grave prejuízo aos interesses das Comunidades. (...) Por outro lado, como este regime só se aplica às publicações que se prendem com a atividade das Comunidades, visa unicamente permitir à instituição ser informada das opiniões escritas expressas pelos seus funcionários ou agentes e ligadas a esta atividade a fim de poder garantir que eles exercem as suas funções e pautam a sua conduta pelos interesses das Comunidades e sem ofender a dignidade da sua função. (...) Uma decisão de recusa de autorização é suscetível de recurso, nos termos dos artigos 90.º e 91.º do Estatuto. (...) Este controlo permite aos órgãos jurisdicionais comunitários verificar se a AIPN exerceu a sua competência ao abrigo do artigo 17.º, segundo parágrafo, do Estatuto, com estrita observância dos limites aplicáveis a qualquer ingerência na liberdade de expressão".

[87] *Vide*, sobre esta matéria, nomeadamente, o Acórdão (TFP) *Strack c. Comissão*, de 20 de janeiro de 2011, proc. F-132/07, § 73, donde se extrai que "*o sistema de autorização estabelecido pelo artigo 17.º do Estatuto, que deverá permitir a AIPN decidir com pleno conhecimento após a realização de um exame detalhado, não poderá funcionar sem que o funcionário haja fornecido indicações suficientemente precisas quanto à informação a ser divulgada, a amplitude da sua difusão e propósito*".

[88] Cf., neste domínio, nomeadamente, também o já citado Acórdão (TFP) *Strack c. Comissão*, §§ 61 e segs.

[89] Nos Acórdãos (TJ) *Connolly c. Comissão, supra* referido (§ 53), e *Comissão c. Cwik*, de 13 de dezembro de 2001, proc. C-340/00 P, §§ 17 a 19, já se afirmava entendimento semelhante ao ora previsto. Assim, pode ler-se no último dos acórdãos citados ainda o seguinte: "*o regime do artigo 17.º, segundo parágrafo, do Estatuto estabelece claramente o princípio da concessão da autorização, que só excecionalmente*

FUNÇÃO PÚBLICA

o funcionário da sua decisão, no prazo de 30 dias úteis a contar da recepção da informação", na certeza de que na ausência desta notificação no termo desse prazo se presume que a entidade competente para proceder a nomeações não levanta objeções.

Ora, a liberdade de expressão, sendo um direito fundamental de que gozam os funcionários comunitários[90]-[91], é, todavia, um direito que não é absoluto, revelando-se interessante na caracterização dos limites do direito e interesses/deveres em confronto, não obstante a extensão da transcrição, aquilo que foi o entendimento no Acórdão (TJUE) *Connolly c. Comissão*, já citado, §§ 43 e segs.

Assim, extrai-se do mesmo a seguinte linha fundamentadora: «*os funcionários e agentes das Comunidades Europeias gozam do direito à liberdade de expressão (...), incluindo em áreas cobertas pela atividade das instituições comunitárias. Esta liberdade abrange a de exprimir, oralmente ou por escrito, opiniões discordantes ou minoritárias em relação às defendidas pela instituição em que trabalham. No entanto, é igualmente legítimo, numa sociedade democrática, submeter os funcionários, devido ao seu estatuto, a deveres como os constantes dos artigos 11.º e 12.º do Estatuto. Estes deveres destinam-se, principalmente, a preservar a relação de confiança que deve existir entre a instituição e os seus funcionários ou agentes. É manifesto que o alcance destes deveres varia consoante a natureza das funções exercidas pelo interessado ou o lugar que ocupa na hierarquia (v., neste sentido, TEDH, Acórdão Wille c. Liechtenstein, já referido, § 63, e parecer da Comissão, relatório de 11 de maio de 1984, processo*

---

pode ser recusada. ... Com efeito, dado que a referida disposição permite às instituições recusar a autorização de publicação, prevendo assim a possibilidade de uma ingerência séria na liberdade de expressão, que constitui um dos fundamentos essenciais de uma sociedade democrática, a mesma deve ser interpretada restritivamente, de modo a que a autorização apenas possa ser recusada se a publicação em questão for suscetível de causar um grave prejuízo aos interesses das Comunidades (...). ... Ao aplicar o artigo 17.º, segundo parágrafo, do Estatuto, incumbe à AIPN ponderar os diferentes interesses em presença, tendo em conta, por um lado, a liberdade do funcionário de exprimir, verbalmente ou por escrito, opiniões discordantes ou minoritárias em relação às defendidas pela instituição onde trabalha – decorrendo essa liberdade do direito fundamental do indivíduo à liberdade de expressão – e, por outro, a gravidade da ofensa aos interesses das Comunidades que resultaria da publicação do texto considerado (...). A este propósito, apenas um risco efetivo de ofensa grave aos interesses das Comunidades, demonstrado a partir de circunstâncias concretas e objetivas, é suscetível de ser tomado em consideração para efeitos de aplicação do artigo 17.º, segundo parágrafo, do Estatuto".

[90] *Vide*, entre outros, os Acórdãos (TJ) *Oyowe e Traore c. Comissão*, de 13 de dezembro de 1989, proc. C-100/88, § 16; *CES c. E*, de 16 de dezembro de 1999, proc. C-150/98 P, §§ 58 e 59; *Connolly c. Comissão, cit.*, § 43; e (TFP) *Sequeira Wandschneider c. Comissão*, de 13 de dezembro de 2007, proc. F-28/06, § 143.

[91] Veja-se sobre esta matéria LAURE LEVI, "Droits Fondamentaux et príncipes généraux de droit de la fonction publique communautaire", *cit.*, pp. 104-105.

DIREITO DA UNIÃO EUROPEIA – ELEMENTOS DE DIREITO E POLÍTICAS DA UNIÃO

Glasenapp, *série A n.º 104, § 124). Restrições específicas ao exercício da liberdade de expressão podem, em princípio, encontrar justificação no objetivo legítimo de proteger os direitos de outrem, na aceção do artigo 10.º, n.º 2, da CEDH, no caso, os das instituições que têm a seu cargo missões de interesse geral com cujo cumprimento os cidadãos devem poder contar. As regras que exprimem os deveres e responsabilidades que pesam sobre a função pública europeia prosseguem esta finalidade. Portanto, um funcionário não pode, oralmente ou por escrito, faltar aos seus deveres estatutários, resultantes designadamente dos artigos 11.º, 12.º e 17.º do Estatuto, perante a instituição que deve servir, quebrando assim a relação de confiança que o liga a essa instituição e tornando a seguir mais difícil, ou mesmo impossível, o cumprimento, em colaboração com esse funcionário, das funções confiadas a essa instituição. Ao exercer o seu controlo, o juiz comunitário deve verificar, tendo presentes todas as circunstâncias do caso, se foi respeitado um justo equilíbrio entre o direito fundamental do indivíduo à liberdade de expressão e o interesse legítimo da instituição em velar por que os seus funcionários e agentes trabalhem com observância dos deveres e responsabilidades ligados à sua função. Como declarou o Tribunal dos Direitos do Homem a este respeito, há que "ter em conta o facto de que, quando a liberdade de expressão dos funcionários está em jogo, os 'deveres e responsabilidades' a que se refere o artigo 10.º, § 2, revestem uma importância particular que justifica que se deixe às autoridades nacionais uma certa margem de apreciação para julgar se a ingerência denunciada é proporcionada ao objetivo acima mencionado" (v. TEDH, Acórdãos* Vogt c. Alemanha, *já referido;* Ahmed e o. c. Reino Unido, *de 2 de setembro de 1998, ... § 56; e* Wille c. Liechtenstein, *já referido, § 62). É à luz destas considerações gerais que se deve ... interpretar e aplicar o artigo 17.º, segundo parágrafo, do Estatuto. Este artigo faz depender de autorização a publicação de qualquer texto cujo objeto se prenda com a atividade das Comunidades. Esta autorização só pode ser recusada se a publicação prevista for de natureza a "pôr em causa os interesses das Comunidades". Esta última eventualidade, enunciada de modo limitativo por um regulamento do Conselho, cabe no conceito de "proteção dos direitos de outrem" e é de natureza a justificar, nos termos do artigo 10.º, n.º 2, da CEDH, tal como este foi interpretado pelo Tribunal dos Direitos do Homem, uma restrição à liberdade de expressão. O facto de a restrição em causa revestir a forma de uma autorização prévia não é de molde a torná-la contrária, enquanto tal, ao direito fundamental de liberdade de expressão (...). Com efeito, o regime do artigo 17.º, segundo parágrafo, do Estatuto estabelece claramente o princípio da concessão de autorização, que só pode ser recusada a título excecional. Permitindo esta disposição às instituições recusar a autorização de publicação e prevendo assim a possibilidade de uma ingerência séria na liberdade de expressão, que constitui um dos fundamentos essenciais de uma sociedade democrática, deve ser interpretada restritivamente e aplicada (...). Por*

FUNÇÃO PÚBLICA

outro lado, como este regime só se aplica às publicações que se prendem com a atividade das Comunidades, visa unicamente permitir à instituição ser informada das opiniões escritas expressas pelos seus funcionários ou agentes e ligadas a esta atividade, a fim de poder garantir que eles exercem as suas funções e pautam a sua conduta pelos interesses das Comunidades e sem ofender a dignidade da sua função. Uma decisão de recusa de autorização é suscetível de recurso, nos termos dos artigos 90.º e 91.º do Estatuto. O recorrente não tem fundamento para afirmar, como o faz, que a aplicação do regime do artigo 17.º do Estatuto não é suscetível de ser objeto de um controlo jurisdicional efetivo. Este controlo permite aos órgãos jurisdicionais comunitários verificar se a AIPN exerceu a sua competência ao abrigo do artigo 17.º, segundo parágrafo, do Estatuto, com estrita observância dos limites aplicáveis a qualquer ingerência na liberdade de expressão. Este regime reflete a relação de confiança que deve existir entre um empregador e os seus agentes, especialmente quando estes exercem funções elevadas de natureza pública, e a sua aplicação só pode ser apreciada à luz do conjunto das circunstâncias de cada caso e das suas implicações no exercício da função pública»[92].

Prosseguindo, agora, na análise de alguns dos direitos dos funcionários da União Europeia que têm assento no Título II do Estatuto, importa cuidar do direito de assistência que lhes é conferido pelo artigo 24.º, "nomeadamente em procedimentos contra autores de ameaças, ultrajes, injúrias, difamações ou atentados contra pessoas e bens de que sejam alvo o funcionário ou os membros da sua família, por causa da sua qualidade e das suas funções" e que, da parte da União, se traduz num dever desta, sendo que a mesma "repara solidariamente os prejuízos sofridos, em consequência de tais factos, pelo funcionário, na medida em que este não esteja, intencionalmente ou por negligência grave, na origem dos referidos prejuízos e não tenha podido obter reparação dos responsáveis"[93].

---

[92] Ver também os Acórdãos (TG) *Meister c. IHMI*, de 28 de outubro de 2004, proc. T-76/03, §§ 157 a 163, e (TFP) *Sequeira Wandschneider c. Comissão*, de 13 de dezembro de 2007, proc. F-28/06, § 143. Considerou-se, neste último, que a liberdade de expressão *"não justifica que um funcionário possa emitir contra seus superiores hierárquicos alegações infundadas, suscetíveis de trazer descrédito à reputação deles"*.

[93] No quadro de ação de responsabilidade civil deduzida contra instituição da União julgada pelo Acórdão (TFP) *Livio Missir Mamachi di Lusignano c. Comissão*, de 12 de maio de 2011, proc. F-50/09, § 223, considerou-se que *"o artigo 24.º do Estatuto exige igualmente que a qualidade de funcionário do recorrente e as suas funções estejam na origem das atuações em causa. É devido a essa qualidade e a essas funções que devem ter sido perpetrados os atos em relação aos quais é solicitada assistência, uma vez que a instituição procura tanto a proteção do seu pessoal como a salvaguarda dos seus próprios interesses. Assim, o Tribunal de Justiça decidiu que uma obrigação de assistência não pode ser invocada no caso de medidas de coação adotadas pelas autoridades nacionais de polícia sobre a pessoa de um funcionário e motivadas pelo comportamento pessoal deste último, na sequência de um delito alheio ao exercício das suas funções (Acórdão* Hamill/Comissão ... *n.ᵒˢ*

DIREITO DA UNIÃO EUROPEIA - ELEMENTOS DE DIREITO E POLÍTICAS DA UNIÃO

Tal obrigação/dever de assistência por parte das instituições da União, válida e em proveito dos funcionários e agentes em funções bem como do pessoal reformado[94], tem como finalidade proporcionar aos funcionários e agentes uma segurança para o presente e o futuro, com vista a permitir-lhes, no interesse geral do serviço, o melhor desempenho das suas funções.

Em princípio, cabe ao interessado apresentar um pedido neste sentido à instituição a que esteve vinculado. É possível, todavia, que certas circunstân-cias excepcionais possam obrigar a instituição comunitária a proceder, sem pedido prévio do interessado, mas por sua própria iniciativa, a uma determi-nada ação de assistência[95].

Em aplicação deste dever de assistência que impende sobre a União considerou o Acórdão (TFP) de 2 de maio de 2007[96] o seguinte: *"o dever de assistência implica que quando se pronuncia sobre a situação de um funcionário, a autoridade tome em consideração o conjunto dos elementos suscetíveis de determinar a sua decisão e que, ao fazê-lo, atenda não apenas ao interesse do serviço mas também ao interesse do funcionário em causa (...). A jurisprudência precisa que, perante acusa-ções graves que afetem a honorabilidade de um funcionário, incumbe à administração evitar uma publicação das acusações que não seja estritamente necessária (acórdão do Tribunal de Justiça de 11 de julho de 1974, Guillot/Comissão, 53/72 ...). Também segundo a jurisprudência, por força do seu dever de assistência e ao princípio da boa administração, a instituição em questão deve evitar que um funcionário seja objeto de declarações que possam pôr em causa a sua honorabilidade profissional. Daqui decorre que, em princípio, a administração deve, por um lado, evitar fornecer à imprensa infor-mações que possam ser prejudiciais ao funcionário em causa e, por outro, adotar todas as medidas necessárias para evitar, dentro da instituição, qualquer forma de divulga-ção de informações que possam ter carácter difamatório para o funcionário em causa (v. despacho do presidente do Tribunal de Primeira Instância de 12 de dezembro de 1995, Connolly/Comissão, T-203/95 R ...). Não obstante, há que observar que nas*

---

16 e 17). *Do mesmo modo, considerou que o simples facto de uma criança ter sido admitida numa creche por um dos seus pais pertencer à função pública da União, creche onde foi vítima de atos graves, não permite considerar que o nexo, na aceção do artigo 24.º do Estatuto, entre as atuações dos terceiros em causa e a qualidade de funcio-nário do referido pai está determinado (Acórdão K/Comissão, ... n.ᵒˢ 36 a 38)".*

[94] *Vide*, entre outros, o Acórdão (TJ) *Sommerlatte c. Comissão*, de 12 de junho de 1984, proc. C-229/84, § 19.

[95] Cf., neste sentido, para além do já citado Acórdão *Sommerlatte c. Comissão*, §§ 20 e 21; o despacho (TFP) *Frankin e o. c. Comissão*, de 31 de maio de 2006, proc. F-91/05, §§ 23 e 24; e o Acórdão (TFP) (Pleno) *A. e G. c. Comissão*, de 13 de janeiro de 2010, procs. F-124/05 e F-96/06, § 217.

[96] Acórdão *Jean-Louis Giraudy v. Comissão*, proc. F-23/05, §§ 163 a 167.

FUNÇÃO PÚBLICA

instituições comunitárias se afirmou uma cultura de responsabilidade que obedece, designadamente, à preocupação do público em ser informado e em obter a garantia de que as disfunções e as fraudes são identificadas e, se for caso disso, devidamente eliminadas e sancionadas. Esta exigência tem como consequência que os funcionários e os agentes titulares de lugares de responsabilidade numa administração como a Comissão devem ter em conta a possível existência de uma necessidade justificada de comunicar certas informações ao público. Em seguida, deve salientar-se que, quando é aberto um inquérito baseado em suspeitas de fraude, é possível que a reputação de alguém seja de algum modo afetada, designadamente se esse inquérito der lugar a publicidade no exterior da instituição. A declaração de que não há qualquer acusação contra o interessado na sequência de um inquérito que tenha sido objeto dessa publicidade raramente é suficiente para eliminar integralmente as ofensas que a sua reputação tenha sofrido. No âmbito da responsabilidade extracontratual da Comunidade, o prejuízo causado pela abertura e a condução de um inquérito só pode ser reparado se a instituição em causa tiver cometido uma falta que envolva a sua responsabilidade, por mais lamentável que isso possa revelar-se para o indivíduo eventualmente ilibado na sequência desse inquérito. Tendo em conta a possível existência de uma necessidade justificada de comunicar certas informações ao público, a intensidade do dever de assistência que incumbe à administração em relação aos seus agentes deve ser acrescida. Este reforço do dever de assistência no âmbito particular de um inquérito é tanto mais necessário num contexto em que os meios de comunicação social podem pôr publicamente em causa a honorabilidade ou a reputação profissional de indivíduos, agravando, assim, os prejuízos que estes já sofreram, a ponto de os tornar irreparáveis".

Por outro lado, assiste a cada funcionário o direito de se associar (cf. artigo 24.º-B do Estatuto), podendo, nomeadamente, ser membro de organizações sindicais[97] ou profissionais de funcionários europeus.

De igual modo, sobre a União impendem deveres em matéria de formação/aperfeiçoamento profissional, já que, nos termos do artigo 24.º-A do Estatuto, aquela "facilitará o aperfeiçoamento profissional do funcionário na medida em que este seja compatível com as exigências do bom funcionamento dos serviços e conforme aos seus próprios interesses", sendo que tal aperfeiçoamento é igualmente tido em conta para efeitos de promoção na carreira.

---

[97] Sobre esta matéria ver DIDIER GEORGAKAKIS, *"Les syndicats de la fonction publique européene"*, in *La Fonction Publique Européene"*, *ob. cit.*, pp. 225-234, bem como LAURE LEVI, "Droits Fondamentaux et príncipes généraux de droit de la fonction publique communautaire", *cit.*, pp. 105-107.

DIREITO DA UNIÃO EUROPEIA – ELEMENTOS DE DIREITO E POLÍTICAS DA UNIÃO

Assiste, ainda, a cada funcionário, no quadro do artigo 25.º do Estatuto, o direito a "submeter requerimentos relativos a questões abrangidas pelo presente Estatuto à entidade competente para proceder a nomeações da sua instituição", sendo que qualquer "decisão individual tomada em cumprimento do presente Estatuto deve ser imediatamente comunicada por escrito ao funcionário interessado" e quando lesiva dos seus interesses "deve ser fundamentada", para além de que as "decisões individuais de nomeação, titularização, promoção, mutação, determinação da situação administrativa e de cessação de funções de um funcionário serão publicadas na instituição em que presta serviço" e a publicação de tais decisões terá de estar acessível a todo o pessoal durante um prazo adequado.

Registe-se que relativamente a cada funcionário existe um único processo individual de carácter confidencial e que só pode ser consultado[98] nos serviços da Administração ou num suporte informático protegido e cujo conteúdo[99] se mostra disciplinado pelo artigo 26.º[100] do Estatuto.

De frisar que nenhuma menção dando conta de atividades e opiniões políticas, sindicais, filosóficas ou religiosas, nem à origem racial ou étnica ou à orientação sexual do funcionário podem figurar no referido processo, sendo que não se proíbe a inclusão no processo de atos e documentos administrativos conhecidos do funcionário que sejam necessários à aplicação do Estatuto e o funcionário tem o direito de conhecer, mesmo depois de terem cessado as suas funções, o conjunto dos elementos que constem do seu processo e de fazer cópia deles.

Ora, um dos objetivos do artigo 26.º é o de assegurar o direito de defesa do funcionário, evitando que a «AIPN» tome decisões que afetem a sua situação administrativa e a sua carreira baseando-se em factos relacionados com o

---

[98] Tal processo é, todavia, enviado ao Tribunal sempre que tenha sido interposto recurso que diga respeito ao funcionário.

[99] Do mesmo devem constar, de acordo com o referido preceito, todos os documentos relativos à sua situação administrativa e todos os relatórios referentes à sua competência, rendimento e comportamento, bem como as observações feitas pelo funcionário relativamente aos referidos documentos. Além disso, todos os elementos devem ser registados, numerados e classificados sequencialmente, não podendo a instituição opor a um funcionário nem alegar contra ele documentos a que alude a alínea a) do referido artigo se dos mesmos não lhe tiver sido dado conhecimento antes de serem classificados.

[100] Atente-se, também, neste âmbito ao disposto no artigo 26.º-A do Estatuto, onde se prevê que "[o] funcionário tem o direito de consultar o seu processo médico de acordo com regras a aprovar pelas entidades competentes para proceder a nomeações das instituições".

FUNÇÃO PÚBLICA

seu comportamento, não mencionados no processo individual[101], sendo que o mesmo se aplica no quadro das promoções uma vez que a expressão "situação administrativa" nele referida abrange, designadamente, os principais momentos da carreira[102].

3.3. Da carreira

Em termos de carreira[103] o seu regime mostra-se disciplinado no Título III do Estatuto (artigos 27.º a 54.º) e Anexos I (*relativo aos lugares-tipo em cada grupo de funções previstos no artigo 5.º, n.º 3*) e III (*referente ao processo do concurso*), abarcando no seu âmbito os momentos do recrutamento (artigos 27.º a 34.º e o referido Anexo III), da situação jurídica (*atividade* – artigo 36.º; *destacamento* – artigos 37.º e 38.º; *licença sem vencimento* – artigo 40.º; *disponibilidade* – artigo 41.º; *interrupção para serviço militar* – artigo 42.º; *e licença parental ou licença para assistência à família* – artigos 42.º-A e 42.º-B), da classificação de serviço, subida de escalão e promoção (artigos 43.º a 46.º) e da cessação de funções [causas: *exoneração* – artigo 48.º; *perda do estado de funcionário* – artigo 49.º; *afastamento no interesse do serviço* – artigo 50.º; *perda da qualidade de funcionário por incompetência profissional* – artigo 51.º; *aposentação* – artigos 52.º e 53.º; *morte* – artigo 47.º, alínea *g*)].

Atente-se que neste domínio se tem afirmado pela jurisprudência comunitária o princípio de que qualquer funcionário tem o direito de fazer carreira na sua instituição mormente a propósito da ordem de preferência estabelecida no artigo 29.º, n.º 1, do Estatuto, segundo o qual incumbe à «AIPN», quando tenciona prover vagas, examinar em primeiro lugar as possibilidades de promoção ou de mutação no seio da instituição e, de seguida, após esse exame, as possibilidades de organização de concursos internos pela instituição[104].

---

[101] *Vide*, entre outros, os Acórdãos (TG) *Perakis c. Parlamento Europeu*, de 30 de novembro de 1993, proc. T-78/92, § 27, e jurisprudência anterior e reiterada do TJUE aí convocada; *Allo c. Comissão*, de 8 de junho de 1995, proc. T-496/93, § 75; *Kenny c. Tribunal de Justiça*, de 30 de setembro de 2003, proc. T-302/02, § 32; e *Schmit c. Comissão*, de 4 de maio de 2005, proc. T-144/03, § 133.

[102] Cf., nomeadamente, o Acórdão *Schmit c. Comissão*, *cit.*, § 134.

[103] Ver sobre esta matéria FRANÇOIS-GILLES LE THEULE, "*Carrières et mobilité au sein des institutions européenes*", in *La Fonction Publique Européene*, *ob. cit.*, pp. 181-198.

[104] Cf., nomeadamente, os Acórdãos (TJ) *Vlachos c. Tribunal de Justiça*, de 13 de dezembro de 1984, procs. apensos C-20/83 e C-21/83, §§ 19, 23 e 24; (TG) *Campogrande c. Comissão*, de 19 de fevereiro de 1998, proc. T-3/97, § 65; *Campolargo c. Comissão*, de 23 de abril de 2002, proc. T-372/00, §§ 91 e 92; e (TFP) *João da Silva c. Comissão*, de 28 de junho de 2007, proc. F-21/06, § 71; e *Gheysens c. Conselho da União Europeia*, *cit.*, § 80.

DIREITO DA UNIÃO EUROPEIA – ELEMENTOS DE DIREITO E POLÍTICAS DA UNIÃO

Mas tal princípio não encontra apenas expressão na ordem de preferência estabelecida no referido artigo 29.º, n.º 1, do Estatuto já que o n.º 2 do preceito tem sido interpretado no sentido de que oferece aos funcionários e agentes uma possibilidade, excecional, é certo, de beneficiarem de uma nomeação para um lugar superior e, portanto, de uma progressão na sua carreira.

Com efeito, o processo de recrutamento previsto por essa disposição visa não apenas o recrutamento de pessoas que ainda não se encontram ao serviço da União, mas igualmente os funcionários ou agentes já em funções[105], porquanto "não seria equitativo nem conforme ao interesse do serviço que esse processo só pudesse aplicar-se aos candidatos não funcionários, uma vez que substitui um concurso, interno ou geral, de que os candidatos funcionários não poderiam ter sido afastados".

Nessa medida e ainda segundo a jurisprudência comunitária, à semelhança de um concurso geral, o processo previsto no referido artigo 29.º, n.º 2, não constitui exclusivamente um modo de recrutamento externo, por oposição ao concurso interno ou à nomeação para um grau superior mediante promoção, uma vez que está aberto aos candidatos exteriores às instituições comunitárias e a outros candidatos que já tenham a qualidade de funcionários ou agentes[106].

Os funcionários permanentes dividem-se em administradores e assistentes, sendo que os lugares abrangidos pelo Estatuto são classificados, de acordo com a natureza e a importância das funções que lhes correspondem, num grupo de funções de administradores (designado por «AD»), num grupo de funções de assistentes (designado por «AST») e num grupo de funções de secretariado e escriturário (designado por «AST/SC»).

---

[105] *Vide* Acórdãos (TJ) *Van Belle c. Conselho*, de 5 de dezembro de 1974, proc. C-176/73, §§ 10 e segs.; e *João da Silva c. Comissão, cit.*, § 71.

[106] Tal como considerou a este propósito o Acórdão *João Silva c. Comissão* (atrás referido, §§ 75 e 76), *"não se pode considerar a nomeação de um funcionário em atividade para um lugar superior, ao abrigo do artigo 29.º, n.º 2, do Estatuto, como um segundo recrutamento pela instituição, tendo um efeito suspensivo da sua carreira. Num tal caso, há sim que considerar que o processo escolhido pela AIPN deve ser equiparado ao processo de promoção, como o Tribunal de Justiça decidiu no Acórdão Vlachos/Tribunal de Justiça (...), a propósito do provimento de um lugar mediante concurso interno organizado pela instituição. Na medida em que a nomeação de um funcionário para um lugar superior constitui uma progressão na sua carreira, não pode traduzir-se, sob pena de violação do princípio de que qualquer funcionário tem o direito de fazer carreira na sua instituição, tal como consagrado no Estatuto, numa diminuição do seu grau ou do seu escalão, e, consequentemente, numa diminuição da sua remuneração".*

FUNÇÃO PÚBLICA

Como aludimos anteriormente, é o «EPSO» que recruta o pessoal para todas as instituições da União Europeia, sendo que o processo de seleção[107]-[108] e o tipo de contrato são os mesmos para todas as instituições.

Em regra, os administradores (AD) procedem à elaboração de políticas, controlam a aplicação da legislação europeia e exercem atividades de análise e de assessoria, sendo que os assistentes (AST) desempenham habitualmente tarefas de apoio e têm um papel relevante na gestão interna das instituições. Já os assistentes-secretários (AST/SC) desempenham em geral tarefas de apoio ao nível da direção de escritório e da administração (*v. g.*, preparação de dossiês, organização e coordenação de reuniões, elaboração de ficheiros e diversas outras funções de apoio a equipas, aos quadros superiores e a outros serviços das instituições da União).

Tal como resulta da análise do artigo 5.º do Estatuto, conjugado com o Anexo I, temos que a carreira de administrador vai do grau AD 5 ao grau AD 16, sendo que os candidatos com um diploma universitário são recrutados no grau AD 5.

Já a seleção e o recrutamento para funções mais especializadas podem ser feitos nos graus AD 6 e AD 7, mas, nesse caso, são exigidos vários anos de experiência profissional. Os graus AD 9 a AD 12 correspondem a um nível de enquadramento médio, sendo que para se ser selecionado e recrutado nestes graus é necessária experiência prévia no domínio da gestão. E, por último, os graus AD 13 e AD 14 correspondem a um nível superior de administrador a exercer funções de diretor, de chefe ou conselheiro especialista, sendo os graus de AD 15 e AD 16 correspondentes a funções de diretor-geral ou de diretor.

A carreira de assistente vai do grau AST 1 ao grau AST 11, sendo que a maioria dos assistentes são recrutados nos graus AST 1 ou AST 3. Em termos

---

[107] Os princípios essenciais reconhecidos pela jurisprudência comunitária que vigoram no domínio deste procedimento são o da igualdade de tratamento dos candidatos/concorrentes, o do exame comparativo do mérito entre os candidatos/concorrentes (o júri procede sistematicamente à avaliação de cada candidato/concorrente por referência ou comparação com todos os demais candidatos/concorrentes ao concurso), o do carácter secreto dos trabalhos do júri do concurso e o do controlo jurisdicional das decisões do júri do concurso em situações de erro manifesto de apreciação (cf., para maiores desenvolvimentos no domínio dos princípios concursais e, bem assim, em matéria do acesso à função pública da União e do próprio «EPSO», NICHOLAS DAVID BERAFIELD, "L'accès à da fonction publique européenne: l'Office Européen de Sélection du Personnel", in *La Fonction Publique Européene, ob. cit.*, pp. 149/165).

[108] Veja-se, com interesse, por exemplo, o *Guia aplicável aos Concursos Gerais*, elaborado pelo «EPSO» (2012/C 270 A/01).

203

DIREITO DA UNIÃO EUROPEIA – ELEMENTOS DE DIREITO E POLÍTICAS DA UNIÃO

de habilitações aos candidatos a um posto AST 1, exige-se a detenção de diploma de conclusão do ensino secundário e experiência prévia ou qualificações adequadas ao lugar, sendo que para os candidatos a um posto AST 3, exige-se, além da conclusão do ensino secundário, a detenção de qualificações adequadas ao lugar e/ou experiência de vários anos.

Por sua vez, a carreira de assistente-secretário vai do grau AST/SC1 ao grau AST/SC6, sendo que, por regra, os assistentes-secretários são recrutados no grau AST/SC 1, devendo os candidatos a um posto de tal grau ter concluído o ensino secundário e possuir experiência prévia ou qualificações adequadas ao lugar. Já os candidatos a um posto AST/SC2 devem ter uma experiência mínima de quatro anos.

À luz do que deriva do artigo 45.º[109] do Estatuto, o mérito é o critério essencial das promoções e os outros critérios, como a idade e a antiguidade no grau ou no serviço, só podem ser tomados em consideração a título subsidiário[110].

---

[109] Estipula-se no preceito que "[a] promoção é conferida por decisão da entidade competente para proceder a nomeações, à luz do artigo 6.º, n.º 2. Salvo aplicação do procedimento previsto no artigo 4.º e no artigo 29.º, n.º 1, os funcionários apenas podem ser promovidos se ocuparem um posto correspondente a um dos lugares-tipo enunciados no Anexo I, secção A, para o grau imediatamente superior. A promoção implica a nomeação do funcionário no grau imediatamente superior do grupo de funções a que pertence. A promoção faz-se exclusivamente por escolha entre os funcionários que tenham completado um período mínimo de dois anos de antiguidade no seu grau, após análise comparativa dos méritos dos funcionários susceptíveis de serem promovidos. Na análise comparativa dos méritos, a entidade competente para proceder a nomeações toma em especial consideração os relatórios sobre os funcionários, a utilização de línguas na execução das suas funções, para além daquela em que já deram provas de conhecimento aprofundado nos termos do artigo 28.º, alínea *f*), e o nível das responsabilidades que exercem" (n.º 1), sendo que "[a]ntes da sua primeira promoção após o recrutamento, os funcionários terão de demonstrar a sua capacidade de trabalhar numa terceira língua entre as referidas no artigo 55.º, n.º 1, do Tratado da União Europeia. As entidades competentes para proceder a nomeações das instituições de comum acordo aprovarão regras destinadas à execução do presente número. Dessas regras constará o acesso à formação dos funcionários numa terceira língua e as disposições de execução para a avaliação da capacidade do funcionário para trabalhar numa terceira língua, nos termos da alínea *d*) do n.º 2 do artigo 7.º do anexo III" (n.º 2).

[110] Cf., entre outros, Acórdãos (TJ) *Ohrgaard e Delvaux c. Comissão*, de 14 de julho de 1983, proc. C-9/82, § 19; *Vainker c. Parlamento*, de 17 de janeiro de 1989, proc. C-293/87, §§ 16 e 17; (TG) *Callebaut c. Comissão*, de 18 de setembro de 2003, proc. T-241/02, § 44; *Liakoura c. Conselho*, de 10 de junho de 2004, proc. T-330/03, § 49; (TFP) *Hinderyckx c. Conselho da União Europeia*, de 7 de novembro de 2007, proc. F-57/06, § 46; e *Wagner-Leclercq e outros c. Conselho da União Europeia*, de 5 de maio de 2010, proc. F-53/08, §§ 50 a 53. Pode, aliás, ler-se no último dos acórdãos referidos que «*o Tribunal da Função Pública julgou, por um lado, que as disposições do artigo 45.º, n.º 1, do Estatuto,*

FUNÇÃO PÚBLICA

3.4. Das condições de trabalho

A matéria em epígrafe é alvo de regulação no Título IV do Estatuto, correspondente aos artigos 55.º a 61.º e Anexos IV-A (*relativo do trabalho a tempo parcial*), V (*referente ao direito à interrupção de serviço – férias, licenças especiais e tempo de transporte*), VI (*contendo as regras da compensação e remuneração das horas extraordinárias*), preceitos onde se disciplina áreas como a duração do trabalho[111] (*tempo de duração* – artigo 55.º; *trabalho a tempo parcial* – artigo 55.º-A e Anexo IV-A do Estatuto; *trabalho a meio tempo* – artigo 55.º-B; *horas extraordinárias, subsídios e disponibilidade* – artigos 56.º a 56.º-C e Anexo VI), a interrupção de serviço com justificação (*férias* – artigos 57.º, 59.º-A, 60.º e Anexo V; *licença para mulheres grávidas antes e após parto* – artigo 58.º; *faltas e seu processo de justificação* – artigo 59.º; *feriados* – artigo 61.º).

Neste âmbito, apenas umas breves notas em torno do direito a férias dos funcionários.

Este mostra-se disciplinado, como referimos, mormente pelos artigos 57.º[112], 59.º-A e 60.º do Estatuto em conjugação com o seu Anexo V, tendo

---

aplicáveis a partir de 1 de maio de 2004, são mais claras, quanto aos elementos a tomar em consideração com vista à promoção, do que as disposições do referido artigo na sua versão anterior a esta data, pois referem-se, além de aos relatórios de classificação, à utilização de outras línguas que não aquelas em relação às quais os funcionários em causa já deram provas de conhecimento aprofundado e, sempre que se justifique, ao nível das responsabilidades exercidas; o Tribunal decidiu, por outro lado, que, em princípio, é à luz destes três elementos que, de futuro, a AIPN faz a análise comparativa dos méritos dos funcionários promovíveis, tendo assim o termo "méritos" enunciado no artigo 45.º, n.º 1, do Estatuto um alcance diferente e, no essencial, mais amplo que o termo idêntico utilizado na versão deste artigo aplicável antes de 1 de maio de 2004 (...). Na apreciação dos méritos dos funcionários, a AIPN pode, a título subsidiário, em caso de igualdade de méritos entre funcionários promovíveis, com base nos três elementos visados expressamente no artigo 45.º, n.º 1, do Estatuto, tomar outros elementos em consideração, como a idade dos candidatos e a sua antiguidade no grau ou serviço (...). Além disso, decidiu-se que quando a administração dispõe de um amplo poder de apreciação, como é o caso da AIPN em matéria de promoção, tem a obrigação, quando procede à apreciação comparativa dos méritos dos candidatos a uma promoção, em aplicação do artigo 45.º, n.º 1, do Estatuto, de examinar, com cuidado e imparcialidade, todos os elementos pertinentes para apreciar esses méritos (...). Assim, resulta das disposições do artigo 45.º, n.º 1, do Estatuto que o nível das responsabilidades exercidas pelos funcionários promovíveis constitui um dos três elementos pertinentes que a administração deve ter em conta na análise comparativa dos méritos dos funcionários promovíveis».

[111] O normal são as 42 horas semanais (cf. artigo 55.º do Estatuto).

[112] Sobre situação de recusa do reporte de férias anuais remuneradas que não puderam ser gozadas por um funcionário durante o período de referência devido a uma licença por doença de longa duração veja-se o Acórdão (TJ) *Comissão c. Guido Strack*, de 19 de setembro de 2013, proc. C-579/12 RX-II, §§ 26 e segs.

DIREITO DA UNIÃO EUROPEIA – ELEMENTOS DE DIREITO E POLÍTICAS DA UNIÃO

presente que resulta da jurisprudência do TJUE que o direito a férias anuais remuneradas não pode ser interpretado restritivamente[113].

De referir que tal direito a férias anuais, que encontra também assento no artigo 31.º, n.º 2, da CDFUE[114], detém uma dupla finalidade, isto é, permitir ao trabalhador, por um lado, descansar da execução das tarefas que lhe incumbem nos termos do seu vínculo e, por outro, dispor de um período de descontração e de lazer.

Por outro lado, segundo a mesma jurisprudência, está excluído que o direito do trabalhador a férias anuais mínimas remuneradas, garantido pelo direito da União, seja reduzido numa situação caracterizada pelo facto de o trabalhador não ter podido cumprir a sua obrigação de trabalhar, devido a doença, durante o período de referência.

3.5. Do regime remuneratório e das regalias sociais

A disciplina do *"regime remuneratório e das regalias sociais"*[115] dos funcionários da União encontra o seu acervo regulatório no Título V do Estatuto [artigos 62.º a 85.º-A] e nos Anexos VII (*referente às regras relativas à remuneração e ao reembolso de despesas*), VIII (*relativo ao regime de pensões*) e XI (*regras de execução dos artigos 64.º e 65.º do Estatuto – revisão anual do nível de remunerações*).

O direito à remuneração é irrenunciável, sendo que na remuneração, objeto de revisão anual[116], compreende-se um vencimento-base[117], as pres-

---

[113] Cf., entre outros, Acórdãos (TJ) *ANGED*, de 21 de junho de 2012, proc. C-78/11, § 18; e *Heimann e Toltschin*, de 8 de novembro de 2012, procs. apensos C-229/11 e C-230/11, § 23.

[114] O direito a férias anuais remuneradas constitui um princípio do direito social da União agora expressamente consagrado no artigo 31.º, n.º 2, da Carta, impondo-se à sua luz que se privilegiem interpretações dos artigos 1.º-E, n.º 2, e 57.º do Estatuto e 4.º do Anexo V ao mesmo Estatuto que permitam assegurar a sua conformidade com tal princípio e comando normativo.

[115] Para maiores desenvolvimentos neste domínio, veja-se, entre outros, FABRICE ANDREONE, "Les droits pécuniaires des fonctionnaires et agentes de l'Union Européenne: mythes et réalités", in *La Fonction Publique Européene, ob. cit.*, pp. 209-224.

[116] Apenas como exemplos de aplicação do regime atente-se nos mais recentes, o Regulamento (UE) n.º 1414/2013 [que fixou os coeficientes de correção aplicáveis desde 1 de julho de 2013 às remunerações dos funcionários, agentes temporários e agentes contratuais da União Europeia cujo local de afetação seja um país terceiro – atualizados entretanto em 13 de junho de 2014 (2014/C 180/08 e 2014/C 180/07)]; e o Regulamento (UE) n.º 1416/2013, ambos de 17 de dezembro de 2013 (que adapta, com efeitos desde 1 de julho de 2013, os coeficientes de correção aplicáveis às remunerações e às pensões dos funcionários e outros agentes da União Europeia).

[117] Cf. artigos 62.º a 67.º do Estatuto.

FUNÇÃO PÚBLICA

tações familiares (abono/subsídio de lar[118], subsídio por filho a cargo[119] e abono escolar[120]) e os subsídios [de expatriação[121], de reembolso de despesas (subsídio de instalação[122], de reinstalação[123], despesas de viagem[124], despesas de mudança de residência[125], ajudas de custo[126] e despesas de deslocação em serviço[127])].

Tal como deriva do artigo 64.º do Estatuto[128]-[129], "[à] remuneração do funcionário expressa em euros, após dedução dos descontos obrigatórios previstos no ... Estatuto e nos regulamentos adotados para a sua execução, é aplicado um coeficiente de correção superior, inferior ou igual a 100%, segundo as condições de vida dos diferentes lugares de afetação", sendo que os "coeficientes de correção são criados, retirados ou atualizados anualmente nas condições previstas no Anexo XI"[130]-[131].

---

[118] *Vide* artigos 67.º a 68.º-A do Estatuto e 1.º do Anexo VII.

[119] *Vide* artigos 67.º a 68.º-A do Estatuto e 2.º do Anexo VII.

[120] *Vide* artigos 67.º a 68.º-A do Estatuto e 3.º do Anexo VII.

[121] *Vide* artigos 69.º do Estatuto e 4.º do Anexo VII.

[122] *Vide* artigos 70.º do Estatuto e 5.º do Anexo VII.

[123] *Vide* artigos 70.º do Estatuto e 6.º do Anexo VII.

[124] *Vide* artigos 70.º do Estatuto e 7.º e 8.º do Anexo VII.

[125] *Vide* artigos 70.º do Estatuto e 9.º do Anexo VII.

[126] *Vide* artigos 70.º do Estatuto e 10.º do Anexo VII.

[127] *Vide* artigos 70.º do Estatuto e 11.ª a 13.º-A do Anexo VII.

[128] A propósito da aplicação do princípio da igualdade de tratamento em matéria de remunerações dos funcionários da União em função do local onde desempenham funções sustentou-se no Acórdão *Giorgio Lebedef e Trevor Jones v. Comissão, cit.*, § 67, que "*o princípio da igualdade de tratamento não pode impor uma identidade perfeita do poder de compra dos funcionários, independentemente do seu local de afetação, mas sim uma correspondência substancial do custo de vida entre os locais de afetação em causa. A este respeito, e atendendo à complexidade da matéria, o legislador dispõe de uma ampla margem de apreciação, sendo que a intervenção do juiz deve limitar-se a examinar se as instituições se mantiveram dentro dos limites razoáveis relativamente às considerações que as inspiraram e se não utilizaram o seu poder de forma manifestamente errada*". *Vide*, neste sentido, Acórdão *Abello e o. v. Comissão, cit.*, § 76.

[129] De referir que neste âmbito vigora o princípio da equivalência do poder de compra entre os funcionários (cf. artigo 64.º do Estatuto), o qual implica que dos direitos pecuniários dos funcionários e agentes resulte, em situações profissionais e familiares equivalentes, um poder de compra idêntico independentemente do local de afetação. Este princípio concretiza-se aplicando à remuneração coeficientes de correção que exprimem a relação entre o custo de vida em Bruxelas, cidade de referência, e o custo em diferentes locais de afetação [*vide* Acórdãos *Ajour e o. c. Comissão, cit.*, § 45; e *Rafffaele Dalmasso c. Comissão, cit.*, § 36].

[130] Em matéria de determinação ou de revisão dos coeficientes de correção, o anexo XI do Estatuto atribui ao Eurostat a missão de calcular, em conjunto com os serviços de estatística dos Estados--Membros, as paridades económicas e verificar se as relações entre coeficientes de correção estabe-

Os funcionários gozam ainda de um sistema de segurança social que os cobrem em situações, nomeadamente, de acidente, de doença, de aposentação, de nascimento e de morte [cf. artigos 72.º a 84.º do Estatuto e seu Anexo VIII][132].

3.6. Do regime disciplinar

Em sede de regime disciplinar[133] rege o disposto no artigo 86.º[134] do Estatuto em conjugação com o Anexo IX.

Em termos sumários importa aqui deixar algumas notas.

Extrai-se do respetivo regime, claramente, a afirmação dos princípios da tipicidade das sanções disciplinares e do *non bis in idem* (artigo 9.º do Anexo IX), da proporcionalidade e da adequação das penas disciplinares (artigo

---

lecem corretamente as equivalências de poder de compra (*vide* os já citados Acórdãos *Abello e o. c. Comissão*, § 55; *Ajour e o. c. Comissão*, § 46; e *Rafffaele Dalmasso c. Comissão*, § 37).
Pode ler-se ainda na fundamentação do citado Acórdão *Rafffaele Dalmasso c. Comissão* [§§ 38 a 40 e jurisprudência nos mesmos convocada], com interesse, que *"segundo a jurisprudência, a redação das disposições dos artigos 64.º e 65.º e do anexo XI do Estatuto, bem como o grau de complexidade da matéria, implicam uma ampla margem de apreciação dos fatores e elementos a ter em consideração na determinação ou na revisão dos coeficientes de correção (...). Por conseguinte, a apreciação feita pelo órgão jurisdicional da União, no que se refere à definição e à escolha dos dados de base e dos métodos estatísticos utilizados pelo Eurostat para elaborar propostas de coeficientes de correção, deve limitar-se à fiscalização do respeito dos princípios enunciados pelas disposições do Estatuto, da inexistência de erros manifestos na apreciação dos factos que servem de base à fixação dos coeficientes de correção e da inexistência de desvio de poder"*, sendo que *"é às partes que pretendem pôr em causa os elementos e o método utilizados para fixar os coeficientes de correção que incumbe fornecer elementos suscetíveis de demonstrar que foi cometido um erro manifesto"*.

[131] Com interesse para a interpretação e compreensão deste regime de atualização veja-se o recente Acórdão (TJ) *Comissão e outros c. Conselho da União Europeia*, de 19 de novembro de 2013, procs. C-63/12, C-66/12C-196/12.

[132] Veja-se, ainda, a título ainda meramente exemplificativo, o Regulamento (UE) n.º 1415/2013, de 17 de dezembro de 2013, que adaptou, desde 1 de julho de 2013, a taxa de contribuição para o regime de pensões dos funcionários e outros agentes da União Europeia.

[133] *Vide*, e para maiores desenvolvimentos sobre o regime do processo disciplinar, Sylvain Dalle-Crode, *Le Fonctionnaire Communautaire. Droits, Obligations et Régime Disciplinaire*, 2008, pp. 507 e segs.

[134] Dispõe-se no preceito que "[t]odo e qualquer incumprimento dos deveres com fundamento no presente Estatuto, a que o funcionário ou o ex-funcionário se encontra vinculado, voluntariamente efectivado ou por negligência, sujeita o mesmo a uma sanção disciplinar" (n.º 1), que "[s]empre que a entidade competente para proceder a nomeações ou o OLAF tomem conhecimento de provas de um incumprimento na acepção do n.º 1, podem dar início a um inquérito administrativo para verificar se esse incumprimento se verificou" (n.º 2), sendo que "[a]s regras, procedimentos e medidas disciplinares, bem como as regras e procedimentos relativos aos inquéritos administrativos, constam do anexo IX" (n.º 3).

FUNÇÃO PÚBLICA

10.º do mesmo Anexo)[135], da independência/autonomia do processo disciplinar face ao processo penal[136]-[137], da duração e decisão do processo num prazo razoável, bem como do direito de defesa.

Este último é, aliás, um princípio fundamental do direito da União em qualquer processo iniciado contra uma pessoa e suscetível de culminar num ato que lhe cause ou possa causar prejuízo[138], pelo que deve ser garantido mesmo na ausência de quaisquer regras relativas ao procedimento em questão.

Tal princípio exige que ao funcionário seja dada a oportunidade de apresentar as suas observações sobre as provas contra ele apresentadas[139]-[140].

Quanto à duração e decisão num prazo razoável do processo disciplinar de que é alvo um funcionário considerou o TFP/Pleno, no seu Acórdão de 13 de janeiro de 2010[141], como violado tal princípio no caso ali apreciado, argumentando para tal que decorre *"do princípio da boa administração que as*

---

[135] Cf. também, sobre esta problemática, SYLVAIN DALLE-CRODE, *Le Fonctionnaire Communautaire. Droits, Obligations et Régime Disciplinaire, cit.,* pp. 554 e segs.

[136] *Vide* Acórdão (TG) *N. c. Comissão,* de 1 de abril de 2004, proc. T-198/02, §§ 57, 58 e 98.

[137] De notar, todavia, que o artigo 25.º do anexo IX do Estatuto consagra o princípio segundo o qual *"o procedimento penal paralisa o procedimento disciplinar",* o que se justifica designadamente pelo facto de as jurisdições penais nacionais disporem de maiores poderes de investigação do que a AIPN. Daí que se sustentou no Acórdão *A. e G. c. Comissão, cit.,* § 323, que *"no caso dos mesmos factos poderem ser constitutivos de uma infração penal e de uma violação das obrigações estatutárias do funcionário, a administração está vinculada pela matéria de facto apurada pela jurisdição penal no âmbito do procedimento repressivo. Uma vez que esta última declarou a existência dos factos do caso vertente, a administração pode proceder seguidamente à sua qualificação jurídica relativamente ao conceito de falta disciplinar, verificando em especial se estes constituem incumprimentos das obrigações estatutárias (Acórdão do Tribunal de Primeira Instância de 10 de junho de 2004, François/Comissão, T-307/01, ..., n.º 75)".*

[138] *Vide,* entre outros, os Acórdãos (TJ) *Comissão c. De Bry,* de 9 de novembro de 2006, proc. C-344/05 P, § 37; (TG) *Bonnet c. Tribunal de Justiça,* de 17 de outubro de 2006, proc. T-406/04, § 76; e (TFP) *Wenig c. Comissão,* de 23 de novembro de 2010, proc. F-75/09, § 48; e *Carina Skareby c. Comissão,* de 16 de maio de 2012, proc. F-42/10, § 46.

[139] Sustentou-se no Acórdão (TJ) *Georges Tzoanos c. Comissão,* de 18 de novembro de 1999, proc. C-191/98 P, § 34, que *"segundo o princípio geral do respeito dos direitos da defesa, o funcionário deve ter a possibilidade de tomar posição sobre qualquer documento que a instituição pretenda utilizar contra ele (v., nomeadamente, Acórdão Vidrányi/Comissão ... n.º 20). Na medida em que tal possibilidade não seja concedida ao funcionário, os documentos não divulgados não devem ser tidos em conta como meio de prova. Todavia, a exclusão de determinados documentos utilizados pela Comissão apenas teria importância se a acusação formulada por ela só pudesse provar-se através daqueles documentos (Acórdão de 25 de outubro de 1983, AEG/Comissão, 107/82, ..., n.ᵒˢ 24 a 30)".*

[140] *Vide,* entre outros, o Acórdão (TG) *Vlachaki c. Comissão,* de 8 de março de 2005, proc. T-277/03, § 64.

[141] Acórdão *A. e G. c. Comissão, cit.,* §§ 390/395.

209

DIREITO DA UNIÃO EUROPEIA – ELEMENTOS DE DIREITO E POLÍTICAS DA UNIÃO

autoridades disciplinares têm o dever de conduzir com diligência o procedimento disciplinar, agindo de modo a que cada ato diligenciado no processo seja praticado dentro de um prazo razoável em relação ao ato que o precede (Acórdão François/Comissão, *... n.º 47; Acórdão do Tribunal de 8 de novembro de 2007,* Andreasen/Comissão, *F-40/05, ... n.º 194, e jurisprudência referida ...). Este dever de diligência e de respeito do prazo razoável impõe-se igualmente quanto à instauração do procedimento disciplinar, designadamente no caso e a partir do momento em que a administração tomou conhecimento dos factos e condutas suscetíveis de constituir infrações às obrigações estatutárias de um funcionário. Com efeito, mesmo quando não exista prazo de prescrição, as autoridades disciplinares têm dever de agir de modo a que a instauração do processo que deva conduzir a uma sanção se verifique dentro de um prazo razoável (Acórdão* François/Comissão *... n.º 48 e jurisprudência referida). Deste modo, a duração desrazoável de um procedimento disciplinar tanto pode resultar da condução dos inquéritos administrativos prévios como do procedimento disciplinar enquanto tal. O período a tomar em consideração para avaliar o carácter razoável da duração de um procedimento disciplinar não é unicamente o que começa a partir da decisão de instaurar o referido processo. A questão de saber se o procedimento disciplinar, depois de instaurado, foi conduzido com a diligência requerida será influenciada pela circunstância de ter decorrido um período mais ou menos longo entre o momento em que a pretensa infração foi cometida e a decisão de instauração do procedimento disciplinar. O carácter razoável da duração do processo deve ser apreciado em função das circunstâncias próprias de cada processo, designadamente, da importância do litígio para o interessado, da complexidade do processo bem como do comportamento do recorrente e do das autoridades competentes (v., neste sentido, Acórdão do Tribunal de Justiça de 17 de dezembro de 1998,* Baustahlgewebe/Comissão, *C-185/95 P ... n.º 29 e jurisprudência referida). Nenhum facto especial é determinante. Cada um deles deve ser examinado de modo separado para então avaliar o seu efeito cumulativo. Alguns exemplos de atraso imputados à AIPN podem não parecer desrazoáveis se forem considerados isoladamente, mas já o serem se considerados conjuntamente. As exigências em matéria de diligência não vão, no entanto, além das que são compatíveis com o princípio da boa administração. Quando, em razão de decisões tomadas pela AIPN, um processo ultrapassou o que era considerado como uma duração normalmente razoável, é à autoridade que incumbe estabelecer a existência de circunstâncias especiais que possam justificar essa duração excessiva (v., por analogia, no que respeita à elaboração de relatórios de notação, Acórdão do Tribunal de Justiça de 5 de maio de 1983,* Ditterich/Comissão, *207/81, ... n.º 26)”.*

FUNÇÃO PÚBLICA

III. Do contencioso da função pública da União Europeia

1. Breves notas de enquadramento e caracterização da jurisdição do contencioso da função pública da União Europeia

Para enquadramento e caracterização da jurisdição do contencioso em epígrafe importa ter, desde logo, presente ao nível do direito originário o quadro normativo definido no TUE[142], no TFUE[143] e no Protocolo n.º 3 relativo ao Estatuto do TJUE (ETJUE)[144]-[145], com as alterações introduzidas pelo Regulamento (UE/EURATOM) n.º 741/2012, de 11 de agosto de 2012, sendo que ao nível do direito derivado importa ter em consideração o Estatuto dos Funcionários e o Regime aplicável aos outros agentes da UE/EURATOM[146], o Regulamento do Processo do TFP (RPTFP)[147] e, bem assim, os Regulamentos do TJ (RPTJ)[148] e do TG (RPTG)[149], cabendo apelar, ainda, a outras fontes do direito da União de carácter não vinculativo como sejam recomendações, instruções práticas, notas informativas veiculadas, mormente, pelas instituições judiciais destinadas a orientar os sujeitos envolvidos no uso adequado e eficaz dos meios contenciosos facultados pelo ordenamento jurídico da União, nomeadamente, quanto à tramitação processual[150].

---

[142] Cf., mormente, os seus artigos 13.º e 19.º.

[143] Cf., respetivamente, os seus artigos 256.º, 257.º, 270.º, 278.º e 279.º.

[144] Na versão decorrente do Tratado de Lisboa [assinado em 13 de dezembro de 2007 e publicado no *JOUE*, C 306, de 17 de dezembro de 2007], entretanto objeto de versão consolidada publicada no *JOUE*, C 326, de 26 de outubro de 2012, acessível em *www.eur-lex.europa.eu*.

[145] Cf., em particular, os seus artigos 1.º, 62.º, 62.º-C, 63.º e 64.º, bem como artigos 1.º a 13.º do Anexo I ao referido Protocolo.

[146] Cf., mormente, os seus artigos 90.º, 91.º e 91.º-A.

[147] Alterado sucessivamente em 2009, 2010 e 2011 – acessível em *www.curia.europa.eu*. Tal Regulamento veio em 2014, entretanto, a ser revogado pelo novo regulamento do processo no TFPUE, que entrou em vigor *"no primeiro dia do terceiro mês subsequente à sua publicação"* (cf. seu artigo 134.º).

[148] Já em vigor e que veio substituir o Regulamento de Processo do Tribunal de Justiça das Comunidades Europeias adotado em 19 de junho de 1991, com as últimas alterações que lhe foram introduzidas em 2011 – cf. artigos 209.º e 210.º do RPTJUE], disponível também em *www.curia.europa.eu*.

[149] Alterado sucessivamente, a última das quais em 2011, acessível igualmente em *www.curia.europa.eu*.

[150] Cf., por exemplo, as *Instruções Práticas às Partes sobre o Processo Judicial no Tribunal da Função Pública da União Europeia*, de 11 de julho de 2012, ou ainda as *Check-list* relativas à apresentação da petição, da contestação ou das regras relativas aos procedimentos e tramitação da audiência de alegações e que são acessíveis em *www.curia.europa.eu/jcms/jcms/T5_5234/*. Tais instruções foram substituídas, também, entretanto, pelas *Instruções Práticas*, datadas de 21 de maio de 2014, as quais carecem de ser complementadas pelas *Instruções ao Secretário do do Tribunal da Função Pública da União Europeia*, de 21 de maio de 2014.

E quanto à configuração em sentido orgânico ou orgânico-processual do contencioso da função pública da União Europeia temos que a jurisdição é composta, em termos gerais, pelo TJ, pelo TG e pelo TFP[151], não fazendo parte da mesma os tribunais nacionais.

Com efeito, cumpre frisar que, constituindo o direito da função pública da União Europeia direito da União, apenas os órgãos jurisdicionais da União o podem interpretar, estando vedada, em *ratione materiae*, a sua aplicação pelos tribunais nacionais porquanto estes carecem de competência para a apreciação dos litígios laborais entre a União e seu pessoal.

Atente-se, contudo, que o TFP, adstrito ao TG e com sede nas instalações deste último, é atualmente o tribunal especializado que exerce, em primeira instância, "a competência para decidir dos litígios entre a União e os seus agentes por força do artigo 270.º do Tratado sobre o Funcionamento da União Europeia, incluindo os litígios entre qualquer órgão ou organismo e o seu pessoal, relativamente aos quais seja atribuída competência ao Tribunal de Justiça da União Europeia"[152].

Este Tribunal foi criado pela Decisão 2004/752/CE/EURATOM na sequência da entrada em vigor do Tratado de Nice[153], no qual se previu a criação das então denominadas «*câmaras jurisdicionais*» adstritas ao então TPI, atual TG, e que o Tratado de Lisboa passou a denominar de «*tribunais especializados*», sendo hoje no quadro instituído do ordenamento jurisdicional da União o único tribunal especializado criado em funcionamento.

---

[151] Inicialmente competia ao Tribunal de Justiça a apreciação e julgamento dos litígios entre a União e os seus agentes, mas, mercê do aumento do número de funcionários [hoje são cerca de 35 000] e do número dos litígios a ponto de ocupar cerca de 1/3 da sua pendência, veio a ser criado o então TPI, hoje TG, para o qual foi transferida tal competência, sendo que foram razões também de excessiva carga processual deste último Tribunal que vão estar na origem da necessidade de criar um tribunal especializado em matéria de direito da função pública da União Europeia (cf. PAUL MAHONEY, "La Fonction Publique Européenne: une introduction: origines, caractéristiques et perspectives pour l'avenir", in *Vers un Modele Européen de Fonction Publique?*, Neuvièmes journées d'études du Pôle européen Jean Monet, sob a direção de Laurence Potvin-Solis, p. 32).

[152] Cf. artigos 270.º e 281.º do TFUE, Protocolo n.º 3 anexo dos TUE, TFUE e TCEEA (incluindo o anexo relativo ao TFP) conjugada com a Decisão do Conselho 2004/752/CE, EURATOM, de 2 de novembro de 2004, que instituiu o TFP, sendo que, em conformidade com o disposto no seu artigo 4.º, § 2.º, o artigo 1.º do anexo I do Estatuto do TJ entrou em vigor no dia da publicação no *JOUE* da decisão do presidente do TJ que verificou a constituição regular do TFP.

[153] Cf. artigos 3.º e 7.º do Tratado de Nice, aprovado entre nós, para ratificação, através da Resolução da Assembleia da República n.º 79/2001, de 18 de dezembro.

FUNÇÃO PÚBLICA

O mesmo é composto por sete juízes[154]-[155] nomeados pelo Conselho, por um período de seis anos renovável[156], sem que na sua composição exista qualquer advogado-geral, ao invés do que ocorre no TJ.

O seu recrutamento opera na sequência de convite para a apresentação de candidaturas e parecer de um Comité composto por sete personalidades escolhidas de entre antigos membros do TJ e do TG e de juristas de reconhecida competência, Comité esse cujas regras de designação e funcionamento são definidas pelo Conselho[157]-[158].

No processo de nomeação dos juízes que compõem aquele Tribunal, o Conselho deve garantir que a composição do mesmo seja equilibrada e assente na mais ampla base geográfica possível de cidadãos dos Estados--Membros e dos regimes jurídicos nacionais representados [cf. artigo 3.º, n.º 1, *in fine*, do Anexo I ao ETJUE].

Pode apresentar a sua candidatura ao exercício daquelas funções qualquer cidadão da União que preencha as condições previstas no artigo 257.º do TFUE em conjugação com o Anexo I, artigo 3.º, do Protocolo sobre o Estatuto do TJUE, ou seja, oferecer todas as garantias de independência, possuir a capacidade requerida para o exercício de funções jurisdicionais e

---

[154] Na sequência da alteração operada pelo Regulamento (UE/EURATOM) n.º 741/2012, de 11 de agosto de 2012, e pelo Regulamento (UE/EURATOM) n.º 979/2012, de 25 de outubro de 2012 (este específico do TFP), veio a prever-se ainda a possibilidade de nomeação de juízes interinos para os tribunais especializados como é o caso do TFP, possibilidade essa que se destina a suprir a ausência de juízes que, embora não se encontrem numa situação de invalidez considerada total, estejam impedidos de participar na resolução das causas durante um período longo de tempo.
[155] Ao invés do que acontece com o TJ e com o TG, que têm na sua composição 27 juízes (cada Estado-Membro indica um juiz), no TFP tal composição revelar-se-ia excessiva face àquilo que é a sua pendência processual (uma média anual de cerca de 120 processos entrados) por comparação com as existentes nos outros dois tribunais da União [cf., neste âmbito, as estatísticas judiciárias do TFP e relatórios anuais de atividade do mesmo Tribunal disponíveis em *www.curia.europa.eu*, bem como STÉPHANE GERVASONI, "L'influence des cultures juridiques nationales sur le droit de la fonction publique communautaire", in *Vers um Modele Européen de Fonction Publique?, ob. cit.*, p. 71].
[156] Em caso de vaga proceder-se-á à nomeação de um novo juiz por idêntico período de 6 anos de mandato.
[157] Cf. Decisão do Conselho de 18 de janeiro de 2005 (2005/49/CE, EURATOM) referente às regras de funcionamento do Comité previsto no artigo 3.º, n.º 3 do Anexo I ao Protocolo do ETJUE e, bem assim, a Decisão do Conselho de 18 de dezembro de 2008 (2009/69/CE) que procedeu à nomeação dos membros do referido Comité.
[158] Este Comité dá o seu parecer sobre a adequação dos candidatos ao exercício das funções de juiz do TFP, anexando a esse parecer uma lista dos candidatos que possuam a experiência de alto nível mais apropriada, sendo que a referida lista deve incluir um número de candidatos correspondente a pelo menos o dobro do número de juízes a nomear.

DIREITO DA UNIÃO EUROPEIA – ELEMENTOS DE DIREITO E POLÍTICAS DA UNIÃO

ter a cidadania da União, sendo que, além destas condições ou exigências mínimas, o Comité tem tomado em consideração, designadamente, a capacidade dos candidatos para trabalhar no âmbito de uma estrutura colegial num contexto plurinacional e multilinguístico, bem como a natureza, a importância e a duração da respetiva experiência adequada às funções a exercer.

São os juízes do TFP, sujeitos no exercício das suas funções ao Código de Conduta aprovado pelo TJUE (2007/C 223/01), que designam de entre si e por um período de três anos renovável o respetivo presidente[159], competindo a este, nos termos do artigo 8.º[160], dirigir os trabalhos e os serviços do Tribunal, bem como presidir às audiências e às deliberações em conferência (do Tribunal Pleno, da secção de cinco juízes e de qualquer secção de três juízes, à qual estiver afeto), detendo inúmeros poderes processuais em termos de atribuição/distribuição dos processos (artigos 52.º e 129.º)[161], da ordem de tratamento prioritário da sua decisão (artigo 41.º, n.º 2)[162], na intimação para uma consignação no cofre do Tribunal de uma quantia até € 8000 por recursos abusivos (artigo 109.º), assim como decisórios em sede de apoio judiciário (artigo 112.º do RPTFP)[163] e dos meios processuais acessórios (suspensão da execução de atos e outras medidas provisórias – artigos 115.º e 116.º, todos do RPTFP)[164]-[165].

Em termos de organização e funcionamento, o TFP funciona de modo permanente (cf. artigo 15.º do ETJUE aplicável *ex vi* artigo 5.º, 1.º §, do Anexo I)[166],

---

[159] Cf. artigos 4.º, n.º 1, do Anexo I ao Estatuto do TJ e 6.º do RPTFP.

[160] Correspondente ao artigo 7.º do anterior RPTFP.

[161] Correspondente ao artigo 38.º do anterior RPTFP.

[162] Correspondente ao artigo 48.º do anterior RPTFP.

[163] Correspondente aos artigos 97.º e 98.º do anterior RPTFP.

[164] Correspondente aos artigos 103.º, 104.º e 108.º do anterior RPTFP.

[165] Deixou o mesmo Presidente do Tribunal de deter poderes em matéria de organização dos processos, fixando a data em que o juiz-relator devia apresentar ao Tribunal um relatório preliminar (artigo 45.º do anterior RPTFP) e na determinação da apensação de processos (artigo 46.º do anterior RPTFP), os quais passam a pertencer ao presidente da formação de julgamento [cf. atuais artigos 1.º, n.º 2, alínea *b*), 44.º e 58.º do RPTFP].

[166] Em matéria de férias judiciais importa ter presente o disposto no artigo 25.º do RPTFP (correspondente ao anterior artigo 28.º), do qual se extrai no essencial que "[o] ano judicial começa em 1 de outubro de um ano civil e termina em 30 de setembro do ano seguinte" e que "[a]s datas das férias judiciais e a lista dos feriados oficiais estabelecidas pelo Tribunal de Justiça e publicadas no *Jornal Oficial da União Europeia* são aplicáveis ao Tribunal", sendo que "[d]urante férias judiciais, a presidência do Tribunal é assegurada no local onde o Tribunal tem a sua sede, quer pelo presidente do Tribunal quer por um presidente de secção ou por outro juiz que o presidente designe para o substituir", podendo o presidente do Tribunal, em caso de urgência, convocar os juízes.

delibera em conferência (cf. artigos 29.º e 30.º do RPTFP)[167] e decide em pleno, em secção de cinco juízes, em secção de três juízes ou como juiz singular (cf. artigos 10.º, 11.º, 13.º, 14.º e 15.º do RPTFP)[168]-[169], sendo que a formação de julgamento ordinária corresponde à secção composta por três juízes (cf. artigo 13.º), na certeza de que um processo pode ser remetido ao Tribunal Pleno ou à secção de cinco juízes sempre que a dificuldade das questões de direito suscitadas, a importância do processo ou circunstâncias excecionais o justifiquem, remessa essa que é feita por decisão do tribunal, em qualquer fase do processo, sob proposta da secção à qual o processo tenha sido atribuído ou de qualquer membro do Tribunal (cf. artigo 14.º).

Atente-se ainda que os processos atribuídos a uma secção de três juízes, ressalvados os processos em que se suscitem questões relativas à legalidade de um ato de alcance geral, podem ser julgados pelo juiz-relator, decidindo como juiz singular, quando assim o justifiquem a inexistência de dificuldade das questões de direito ou de facto suscitadas, a reduzida importância do processo ou a inexistência de outras circunstâncias especiais, sendo que a decisão de remessa, que pode ser tomada em qualquer fase do processo, carece de ser tomada por unanimidade, ouvidas as partes, pela secção na qual o processo esteja pendente, na certeza de que o juiz singular remete o processo à secção se considerar que as condições deixaram de estar reunidas (cf. artigo 15.º)[170].

Como referimos quanto a competências, o TFP é, no âmbito do quadro institucional do poder judicial da União, a jurisdição especializada no domínio do contencioso da função pública da União Europeia, cabendo-lhe conhecer, em primeira instância, dos litígios entre a União e os seus agentes, litígios esses que têm por objeto não apenas as questões relativas às relações laborais propriamente ditas (remuneração, evolução da carreira, recrutamento, medidas disciplinares, etc.) mas também questões que se prendem

---

[167] Correspondente ao artigo 27.º do anterior RPTFP.
[168] O TFP só pode deliberar validamente com um número ímpar de juízes, sendo que as deliberações das secções compostas por três ou cinco juízes só são válidas se forem tomadas por três juízes e quanto ao Tribunal Pleno o quórum deliberativo é de cinco juízes (cf. artigos 17.º do ETJUE aplicável *ex vi* artigo 5.º, § 1.º, do Anexo I ao mesmo Estatuto, 26.º e 30.º do RPTFP), importando ainda ter presentes as regras relativas às situações de "ausência ou impedimento de um juiz" e de "ausência ou impedimento de um juiz da secção de cinco juízes antes da audiência" (artigos 27.º e 28.º do RPTFP).
[169] Correspondente aos artigos 9.º, 23.º e 27.º do anterior RPTFP.
[170] Correspondente ao artigo 14.º do anterior RPTFP.

DIREITO DA UNIÃO EUROPEIA – ELEMENTOS DE DIREITO E POLÍTICAS DA UNIÃO

com o regime de proteção/segurança social (doença, reforma, invalidez, acidentes de trabalho, abonos de família, etc.).

Face ao disposto nos artigos 90.º e 91.º do Estatuto dos Funcionários da União Europeia[171] em conjugação com as normas conferidoras de compe-

[171] Resulta do artigo 90.º do citado Estatuto que "[q]ualquer pessoa referida neste Estatuto pode submeter um requerimento à entidade competente para proceder a nomeações, convidando-a a tomar uma decisão a seu respeito. A entidade comunica ao interessado a sua decisão fundamentada num prazo de quatro meses a partir do dia da introdução do requerimento. Ao terminar este prazo, a falta de resposta ao requerimento vale como decisão implícita de indeferimento, susceptível de ser objecto de uma reclamação nos termos n.º 2" (n.º 1), sendo que "[q]ualquer pessoa referida neste Estatuto pode apresentar à entidade competente para proceder a nomeações uma reclamação contra um acto que lhe cause prejuízo, quer porque a dita autoridade haja tomado uma decisão, quer porque se haja abstido de tomar uma medida imposta pelo Estatuto. A reclamação deve ser apresentada num prazo de três meses. Este prazo começa a correr: – a partir do dia da publicação do acto se se tratar de uma medida de carácter geral; – a partir do dia da notificação da decisão ao destinatário e, em todo o caso, o mais tardar a partir do dia em que o interessado dela teve conhecimento, se se tratar de uma medida de carácter individual; todavia, se um acto de carácter individual for de natureza a causar prejuízo a pessoa diferente do destinatário, este prazo começa a correr, relativamente à referida pessoa, a partir do dia em que ela teve conhecimento do referido acto e, em qualquer circunstância, o mais tardar a partir do dia da publicação; – a partir da data do termo do prazo fixado para a resposta da entidade referida, quando a reclamação tiver por objecto uma decisão implícita de indeferimento na acepção do n.º 1. A entidade comunica a sua decisão fundamentada ao interessado num prazo de quatro meses, a partir do dia da apresentação da reclamação. No termo deste prazo, a falta de resposta à reclamação vale como decisão implícita de indeferimento, susceptível de ser objecto de recurso na acepção do artigo 91.º" (n.º 2). E do artigo 91.º resulta que "[o] Tribunal de Justiça das Comunidades Europeias é competente para decidir sobre qualquer litígio entre as Comunidades e qualquer das pessoas referidas neste Estatuto e que tiver por objecto a legalidade de um acto que cause prejuízo a essa pessoa, na acepção do n.º 2 do artigo 90.º. Nos litígios de carácter pecuniário, o Tribunal de Justiça possui uma competência de plena jurisdição" (n.º 1), que "[u]m recurso para o Tribunal de Justiça das Comunidades Europeias só pode ser aceite: – se tiver sido previamente apresentada uma reclamação à entidade competente para proceder a nomeações, na acepção do n.º 2, do artigo 90.º e no prazo nele previsto; e – se esta reclamação tiver sido objecto de uma decisão explícita ou implícita de indeferimento" (n.º 2), que "[o] recurso referido no n.º 2 deve ser interposto num prazo de três meses. Este prazo começa a correr: – a partir do dia da notificação da decisão tomada em resposta à reclamação; – a partir da data do termo do prazo fixado para a resposta da entidade referida no n.º 2, quando o recurso tiver por objecto uma decisão implícita de indeferimento de uma reclamação apresentada em aplicação do n.º 2 do artigo 90.º; contudo, quando uma decisão explícita de indeferimento de uma reclamação ocorrer, após decisão implícita de indeferimento mas, dentro do prazo do recurso relativo a esta decisão implícita, um novo prazo de recurso começa a correr" (n.º 3), sendo que "[e]m derrogação do disposto no n.º 2, o interessado pode, após ter apresentado à entidade competente para proceder a nomeações uma reclamação, na acepção do n.º 2 do artigo 90.º, recorrer de imediato para o Tribunal de Justiça, desde que a este recurso seja junto um requerimento tendente a obter ou a suspensão da execução do acto contestado ou providências cautelares. Neste caso, o processo rela-

FUNÇÃO PÚBLICA

tência do TFP, este Tribunal é competente não apenas para os litígios entre o pessoal e as instituições da União Europeia em sentido estrito [Parlamento Europeu, Conselho Europeu, Conselho, Comissão, TJUE, Banco Central Europeu, Tribunal de Contas – cf. artigo 13.º do TUE][172], mas também os órgãos criados pela União Europeia e relativamente aos quais os seus estatutos confiram competência ao TJ para dirimir os diferendos entre a Administração e seu pessoal. Assim, é ainda competente para julgar os litígios entre qualquer órgão ou organismo e o seu pessoal para os quais a competência é atribuída ao TJ [por exemplo, os litígios entre Europol[173], o Instituto de Harmonização do Mercado Interno[174] ou o Banco Europeu de Investimento[175] e os respetivos agentes].

Ao invés, o TFP não detém competência para conhecer dos litígios que opõem as administrações nacionais aos respetivos funcionários e agentes que, nomeadamente, prestem funções junto das instituições da União.

Por fim, importa referir neste âmbito que o TFP dispõe de secretaria própria, utilizando, contudo, os serviços do TJ e do TG[176] para assegurar o seu funcionamento administrativo e linguístico. Tal secretaria está sob responsabilidade de secretário nomeado pelo Tribunal e a quem cabe, nomeadamente, coadjuvar o Tribunal (presidente, presidentes das secções e juízes), assistir às sessões do Tribunal e das secções [ressalvadas as situações previs-

tivo à acção principal perante o Tribunal de Justiça suspende-se até ao momento de ser proferida uma decisão explícita ou implícita de indeferimento da reclamação" (n.º 4), e que "[o]s recursos referidos neste artigo são instruídos e julgados nas condições previstas no regulamento processual estabelecido pelo Tribunal de Justiça das Comunidades Europeias" (n.º 5).

[172] Cf. Acórdão (TFP) *Strack/Comissão*, de 20 de janeiro de 2011, proc. F-121/07, no qual o Tribunal se declarou como competente para conhecer do recurso de anulação interposto com base no artigo 270.º do TFUE (antigo artigo 236.º do TCE) contra uma recusa da instituição da União demandada em deferir um pedido de acesso a documentos formulado por um funcionário ao abrigo do Regulamento n.º 1049/2001 [*relativo ao acesso do público aos documentos do Parlamento Europeu, do Conselho e da Comissão*], quando este pedido tiver a sua origem nas relações de emprego que ligam este funcionário à instituição em causa.

[173] Cf. artigos 93.º do Estatuto do Pessoal da Europol, aprovado pelo ato do Conselho de 3 de dezembro de 1998 (1999/C 26/07), e 39.º da Decisão do Conselho de 6 de abril de 2009 que criou o Serviço Europeu de Polícia Europol (2009/371/JAI). *Vide*, ainda, PAUL MAHONEY, "La Fonction Publique Européenne: une introduction: origines, caractéristiques et perspectives pour l'avenir", *cit.*, p. 33.

[174] Cf. artigo 116.º do Regulamento (CE) n.º 207/2009, de 26 de fevereiro de 2009.

[175] Cf. artigos 27.º e 28.º dos Estatutos do Banco Europeu de Investimento (BEI), 41.º do Regulamento do Pessoal do BEI e 270.º do TFUE.

[176] Cf. artigo 6.º do Anexo I ao Estatuto do Tribunal de Justiça.

DIREITO DA UNIÃO EUROPEIA – ELEMENTOS DE DIREITO E POLÍTICAS DA UNIÃO

tas nos artigos 5.º, 17.º, n.º 1, 19.º, 29.º, n.º 5, do RPTFP], assegurar o funcionamento da secretaria, o registo das peças processuais e documentos de apoio, receção, transmissão e conservação de documentos, pelas notificações [cf., nomeadamente, os artigos 16.º, 20.º, 21.º, 23.º, 36.º, 65.º do RPTFP], bem como poderes na regularização de peças processuais [cf., nomeadamente, os artigos 50.º, 53.º, 55.º, 69.º, 86.º, 88.º, 124.º, 125.º, 130.º do RPTFP] e ainda poderes, sob delegação do Presidente do Tribunal e do juiz-relator, na fixação e prorrogação dos prazos para a prática de atos processuais [cf. artigo 39.º do mesmo Regulamento].

2. Dos meios contenciosos da jurisdição do contencioso da função pública da União Europeia

Presente este breve enquadramento do quadro institucional da jurisdição comunitária e, em particular, da organização e quadro competencial do TFP, importa atentar agora, também muito sumariamente, no quadro dos meios processuais ou contenciosos previstos no contencioso da União neste âmbito e algumas das suas soluções, tecendo igualmente algumas notas a propósito daquilo que são as influências que marcam e perpassam a estrutura do contencioso do funcionalismo da União Europeia.

Assim, no quadro geral do contencioso da União Europeia cumpre ter presente a existência de meios contenciosos principais e de meios contenciosos incidentais/acessórios (nomeadamente, providências cautelares – *suspensão de eficácia de atos* e *providências cautelares não especificadas* – cf. artigos 278.º e 279.º do TFUE), distinguindo-se entre si em função de estarem dotados de autonomia ou de só fazerem sentido no quadro ou por referência a um outro meio contencioso que se assume como principal.

Tal quadro não constitui nada de novo face àquilo que é, aliás, a organização e estrutura dos contenciosos nas várias jurisdições nacionais, incluindo o nosso contencioso interno.

Os meios contenciosos principais no âmbito do contencioso da União Europeia podem, em função do seu objeto e da sua finalidade, reconduzir-se a meios declarativos, anulatórios, de plena jurisdição ou sancionatórios[177].

Ora, em termos de definição dos meios contenciosos principais admitidos em matéria de funcionalismo público da União Europeia importa ter presente o artigo 270.º do TFUE na sua articulação com os artigos 90.º e 91.º do

---

[177] Cf. Maria José Rangel de Mesquita, *Introdução ao Contencioso da União Europeia – Lições*, 2013, pp. 120 e segs.

FUNÇÃO PÚBLICA

Estatuto dos Funcionários e, bem assim, com o previsto no RPTFP, quadro normativo este do qual se extrai a possibilidade, por princípio ou em tese, de dedução de *recurso de anulação*[178]-[179]-[180] (que pode comportar, para além do pedido de apreciação da legalidade de ato, a dedução de um pedido condenatório para efetivação de responsabilidade indemnizatória) e de *recurso/ação*

---

[178] Meio contencioso marcado, por regra, por poderes/competências de estrita ou mera anulação [*tem por objeto aferir da legalidade de um ato*], por contraposição com os poderes de plena jurisdição que caracterizam o recurso/ação de indemnização. Mercê da possibilidade jurisprudencialmente admitida do recurso de anulação poder conter também ele pedido/pretensão indemnizatória, encontramo-nos perante meio contencioso com particularidades próprias neste domínio e em que o julgador comunitário não está limitado aos seus poderes de mera anulação porquanto se mostra investido de poderes de plena jurisdição [cf. JESÚS ÁNGEL FUENTETAJA PASTOR, in *Función Pública Comunitaria*, pp. 536-537 e 541 e segs.].

[179] Mercê e no silêncio do que se extrai do artigo 91.º do Estatuto dos Funcionários, a jurisprudência vem aplicando, por analogia, ao recurso de anulação deduzido por funcionários ou agentes o regime geral do recurso de anulação sem que haja limitado principalmente os motivos/fundamentos de ilegalidade passíveis de serem invocados como fundamento de ilegalidade [*mormente, vícios de incompetência, de violação de lei, de forma/procedimento, de erro sobre os pressupostos (facto/direito), de desvio de poder*] [cf., entre outros e enquanto demonstrativos da aferição/conhecimento de alguns destes fundamentos de ilegalidade, Acórdãos (TJ) *Lassalle c. Parlamento*, de 4 de março de 1964, proc. C-15/63; *Kerzmann c. Tribunal de Contas*, de 4 de julho de 1989, proc. C-198/87; *Chetcuti c. Comissão*, de 9 de outubro de 2008, proc. C-16/07 P; (TG) *Bataille e outros c. Parlamento*, de 8 de novembro de 1990, proc. T-56/89; e (TFP) *N. c. Comissão*, de 13 de dezembro de 2007, proc. F-95/05; e *Macchia c. Comissão*, de 13 de junho de 2012, proc. F-63/11].
A jurisprudência tem admitido o controlo da qualificação jurídica dos factos em tudo o que possa ser objeto de apreciação objetiva e, em qualquer caso, o controlo do erro manifesto de apreciação [cf., *v. g.*, Acórdãos (TJ) *Colussi c. Parlamento*, de 29 de março de 1982, proc. C-298/81; e (TG) *Krämer c. Comissão*, de 12 de junho de 1997, proc. T-104/96)] [*vide*, igualmente, JESÚS ÁNGEL FUENTETAJA PASTOR, *Función Pública Comunitaria, cit.*, pp. 544-550].

[180] Atente-se que a jurisprudência comunitária admite que, nos termos do artigo 277.º do TFUE (antigo artigo 241.º do TCE), o demandante (autor/recorrente) pode invocar, por via de exceção, a ilegalidade dos atos comunitários de alcance geral que lhe digam individualmente respeito, em especial o Estatuto, na sua qualidade de funcionário. É por este motivo que a exigência de um nexo direto e individual entre o recorrente e o ato de alcance geral por ele impugnado não pode ser suscitada num incidente deduzido nos termos do artigo 277.º do TFUE. A admissibilidade da impugnação, por via incidental, de um ato comunitário de alcance geral está apenas sujeita à dupla condição de o ato individual impugnado ter sido adotado em aplicação direta do ato de alcance geral e de o recorrente ter interesse em impugnar a decisão individual objeto do recurso principal [cf. Acórdão (TG) *Agne-Dapper e outros c. Parlamento, Conselho, Comissão, Tribunal de Contas e CESE*, de 29 de novembro de 2006, procs. apensos T-35/05, T-61/05, T-107/05, T-108/05 e T-139/05].

DIREITO DA UNIÃO EUROPEIA – ELEMENTOS DE DIREITO E POLÍTICAS DA UNIÃO

de indemnização (na expressão do n.º 1, *in fine*, do artigo 91.º do Estatuto dos Funcionários da União Europeia *"litígios de carácter pecuniário"*)[181-182-183-184].

[181] No e com o mesmo visa-se obter do Tribunal uma pronúncia que não é de anulação do ato mas de verificação da existência de uma conduta/atuação ilegal por parte da Administração que a constitua no dever de indemnizar o demandante pelos prejuízos que a este aquela conduta/atuação hajam provocado.

[182] Elegem-se como requisitos/pressupostos de verificação cumulativa da responsabilidade civil: a) *Falta serviço ou conduta/comportamento ilegal da Administração* (falta/conduta ilegal do serviço aqui se convivendo, muitas das vezes, em dependência daquilo que é a análise feita no recurso de anulação quanto aos fundamentos de ilegalidade). Note-se que o funcionário que não tenha impugnado tempestivamente o ato administrativo lesivo não pode vir peticionar indemnização pelos prejuízos dele decorrentes, entendimento este firmado pelo Acórdão (TJ) *Bossi c. Comissão*, de 14 de fevereiro de 1989, proc. C-346/87, quando sustentou que *"um funcionário não pode, pelo expediente de um pedido de indemnização por perdas e danos, contornar a inadmissibilidade de um pedido relativo à ilegalidade do mesmo ato e com os mesmos fins pecuniários (acórdão de 15 de dezembro de 1966, Schreckenberg/Comissão, 59/65 ...). O Tribunal também decidiu que a inadmissibilidade de um pedido de anulação implica a do pedido de indemnização, estreitamente relacionado com aquele (acórdão de 12 de dezembro de 1967, Collignon/Comissão, 4/67 ...). O Tribunal declarou igualmente que um funcionário que não impugnou atempadamente uma decisão da AIPN que lhe causou prejuízo não pode invocar a pretensa ilegalidade dessa decisão no âmbito de um pedido de indemnização (Acórdão de 7 de outubro de 1987, Schina/Comissão, 401/85...)".*

b) *Prejuízo/dano* (deve ser real, certo, podendo ser patrimonial ou não patrimonial). Nesta sede importa ter presente a linha jurisprudencial que vem sendo firmada de que a anulação de um ato ferido de ilegalidade, mercê de operar *ab initio*, poder constituir, em si mesma, reparação adequada e, em princípio, suficiente da totalidade do prejuízo moral que esse ato pode ter causado [cf. Acórdãos (TJ) *Hochbaum e Rawes c. Comissão*, de 9 de julho de 1987, procs. apensos C-44/85, C-77/85, C-294/85 e C-295/85; (TG) *Montalto c. Conselho*, de 9 de novembro de 2004, proc. T-116/03; *Girardot c. Comissão*, de 6 de junho de 2006, proc. T-10/02; (TFP) *Suvikas c. Conselho*, de 8 de maio de 2008, proc. F-6/07; *U. c. Parlamento*, de 28 de outubro de 2010, proc. F-92/09], a menos que o recorrente demonstre ter sofrido um prejuízo moral destacável da ilegalidade que fundamenta a anulação e insuscetível de ser integralmente reparado por essa anulação [cf. entre outros, neste sentido, Acórdãos (TJ) *Van der Stijl c. Comissão*, de 7 de outubro de 1985, proc. C-128/84; *Culin c. Comissão*, de 7 de fevereiro de 1990, proc. C-343/87; e o já citado Acórdão *U. c. Parlamento*]. Sustentou-se, nomeadamente, no citado Acórdão *Culin c. Comissão* que *"a fundamentação contida na referida resposta da Comissão à reclamação de A. Culin continha uma apreciação negativa das suas capacidades de gestão que se revelou inexata. Uma vez que esta apreciação era em si mesma ofensiva e foi objeto de difusão considerável no seio da Comissão, causou ao recorrente um dano moral preciso, independente do ato de indeferimento da sua candidatura. Este dano moral sofrido por A. Culin não pode ser considerado integralmente reparado pela retificação contida na adenda à resposta à reclamação daquele publicada (pela Comissão e datada de 24 de maio de 1988). Com efeito, não é certo que a publicação da adenda em questão tenha coberto todas as pessoas que puderam tomar conhecimento da mencionada apreciação ofensiva, se tivermos nomeadamente em conta que a retificação teve lugar mais de nove meses e meio depois da resposta à reclamação do recorrente. Assim, tem que se concluir que a anulação das decisões de nomeação de N. Argyris e de indeferimento da candidatura do recorrente não pode constituir em si uma reparação adequada dos danos morais que este sofreu. Nestes termos, deve a Comissão ser condenada a pagar a A. Culin um franco simbólico, em reparação dos danos morais sofridos"* (§§ 27.º a 29.º).
c) *Nexo de causalidade entre a falta e o dano sofrido.*

FUNÇÃO PÚBLICA

E aqui importa retermo-nos numa primeira nota para registar o facto de o contencioso do funcionalismo da União Europeia ser um contencioso marcadamente de legalidade que encontra no *"recurso de anulação"* o seu mecanismo por excelência, o seu meio principal de exercício ou de efetivação da tutela jurisdicional, o que constitui uma influência clara do contencioso administrativo francês[185], mormente, pelo apelo aos conceitos de ato recorrível ou de ato lesivo[186], de interesse em agir, bem como nas regras em matéria de impugnabilidade/recorribilidade a observar na e para a instauração do recurso, na estrutura marcadamente escrita do processo, de um processo feito ao ato, o qual constitui o seu objeto e que está destinado a apreciar da

[183] Assinale-se aqui, tal como sustentado na jurisprudência, a vigência do princípio da autonomia entre as vias de recurso principal referidas e admitidas no contencioso, cabendo ao demandante escolher entre uma ou outra, ou fazendo apelo a ambas conjuntamente [cf., entre outros, Acórdão (TJ) *Meyer-Burckhardt c. Comissão*, de 22 de outubro de 1975, proc. C-9/75].
Pese embora a existência em tese da possibilidade de dedução de recursos autónomos temos que, na verdade e na prática, a jurisprudência vem admitindo a possibilidade da sua articulação que redunda no facto de o julgador num recurso anulatório com pretensão indemnizatória deter competências/poderes de anulação e de plena jurisdição.

[184] Frise-se, todavia, que, pese embora a caracterização e qualificação da existência de poderes do julgador de plena jurisdição, os mesmos, não envolvem ou abarcam poderes de substituição do julgador pela Administração, não podendo aquele dar ordens ou proferir decisões condenatórias substituindo-se a esta, nomeadamente quanto à posição estatutária/carreira de um determinado funcionário ou quanto à organização do seu serviço.
Extrai-se, por exemplo, do Acórdão (TG) *Sebastiani c. Parlamento*, de 25 de setembro de 1991, proc. T-163/89, que "o juiz comunitário não pode, sem se intrometer nas prerrogativas da AIPN, dirigir injunções a uma instituição comunitária quanto à posição estatutária de um funcionário ou no que respeita à organização geral do seu serviço. Este princípio aplica-se também no âmbito de uma ação de indemnização. Daí resulta que a autora não pode pedir a condenação do Parlamento a atribuir-lhe uma promoção a fim de reparar o prejuízo que alega" [*vide*, igualmente, Acórdãos (TG) *Moat c. Comissão*, de 13 de julho de 1993, proc. T-20/92; e *Allo c. Comissão, cit.*
Numa linha também limitadora dos poderes do julgador o TFP sustentou nomeadamente no seu Acórdão *Valls c. Conselho*, de 6 de maio de 2009, proc. F-39/07, que *"a fim de verificar se a AIPN não ultrapassou os limites do quadro legal, incumbe ao Tribunal examinar, antes de mais, quais as condições exigidas pelo anúncio de vaga e se o candidato escolhido pela AIPN para ocupar o lugar vago satisfazia efetivamente essas condições (...). Por fim, o Tribunal deve examinar se, no que respeita às aptidões do recorrente, a AIPN não cometeu um erro manifesto de apreciação ao preferir outro candidato (...). Tal exame deve limitar-se à questão de saber se, tendo em conta as considerações que puderam conduzir a administração à sua apreciação, esta se manteve dentro de limites razoáveis e não utilizou o seu poder de maneira manifestamente errada. O Tribunal não pode, portanto, substituir a apreciação das qualificações dos candidatos feita pela AIPN pela sua própria apreciação".*

[185] Cf., neste sentido e para maiores desenvolvimentos, STÉPHANE GERVASONI, "L'influence des cultures juridiques nationales sur le droit de la fonction publique communautaire", *cit.*, pp. 68-70.

[186] Aquilo que é denominado no quadro do contencioso administrativo francês de *"Acte faisant grief"*.

legalidade do mesmo [socorrendo-se da distinção entre *"legalidade interna"* e *"legalidade externa"*] e com vista a obter tão-só a anulação do ato[187] e a devolução à Administração do poder de emitir nova pronúncia, com e num estrito respeito daquilo que são os poderes da Administração e da sua margem de apreciação.

Aliás, face ao que se mostra consagrado em sede de regime cautelar no contencioso em referência, tal influência é igualmente marcante [cf. meios//mecanismos acessórios próximos da figura do *"référé"*, com apelo, nomeadamente, às regras/condições em matéria de alegação da justificação da urgência na decretação da medida, do *periculum in mora* por referência à conceito de *"prejuízo dificilmente reparável"*].

Contudo, as influências que marcam o contencioso do funcionalismo da União Europeia não se ficam por aqui.

Com efeito, o mesmo recebeu ou é tributário ainda influências dos países da *common law* ao nível, mormente, da ausência da figura do advogado--geral no TFP[188], da invocação e apelo à regra do precedente jurisprudencial, convocando-o na e para a estrutura da argumentação e fundamentação da decisão, ou da assunção de poderes mais amplos e ativos por parte do juiz na apreciação do litígio, fazendo apelo ao conhecimento oficioso de determinados fundamentos de ilegalidade[189].

---

[187] Sem possibilidade de condenação ou da imposição de injunções à Administração quanto à prática de determinado ato ou de um ato com determinado conteúdo que, após 2004, passou a ser possível no âmbito do nosso contencioso administrativo [cf., nomeadamente, os artigos 2.º, n.ºs 1 e 2, alíneas *a*) a *c*), *i*) e *j*), 3.º, 46.º, 47.º, 66.º, 67.º, 71.º e 95.º, todos do Código de Processo nos Tribunais Administrativos].

[188] Figura com alguma proximidade ou equivalência àquela que é detida pelo *"comissário do governo"* no quadro do contencioso administrativo francês.

[189] Cf., como exemplo, o Acórdão (TFP) *Beukelaer c. Comissão*, de 21 de fevereiro de 2008, proc. F-31/07, §§ 50, 51, 57 a 60, em cuja jurisprudência se afirma, com particular interesse, que *"um fundamento relativo ao âmbito de aplicação da lei é de ordem pública e compete ao Tribunal examiná-lo oficiosamente. ... o Tribunal deixaria de cumprir a sua missão de juiz da legalidade se se abstivesse de suscitar, mesmo na ausência de contestação das partes sobre este ponto, a questão de a decisão perante si impugnada ter sido tomada com base numa norma insuscetível de ser aplicável ao caso concreto e se, na sequência, fosse levado a decidir o litígio que lhe é submetido aplicando ele próprio essa norma. ... tribunal comunitário tem a faculdade e, se for caso disso, a obrigação de conhecer oficiosamente determinados fundamentos de legalidade interna. É esse o caso ... da violação do âmbito de aplicação da lei. Da mesma forma, a autoridade absoluta do caso julgado é um fundamento de legalidade interna de ordem pública que deve ser conhecido ex officio pelo juiz (...). Quanto à argumentação ... segundo a qual o Tribunal só pode conhecer oficiosamente um fundamento de legalidade interna se o referido fundamento tiver sido suscitado pelas partes ou se estiver diretamente ligado à argumentação destas, é contraditória em relação ao próprio objetivo do conhecimento oficioso e equivaleria a recusar*

FUNÇÃO PÚBLICA

Mas as influências derivam ainda das culturas jurídicas alemãs e escandinavas com a consagração no contencioso do mecanismo da *"resolução amigável de litígios"* [cf. artigos 90.º e segs. do RPTFP][190], de regras em matéria de composição e formação de julgamento, bem como de regras em matéria de distribuição/atribuição de processos destinadas a assegurar a observância do princípio do juiz natural, assim como de regras de elaboração e de fundamentação das decisões do Tribunal [com enunciação da argumentação das partes e sua ulterior análise, esgrimindo da sua valia no percurso fundamentador decisório][191].

Encerrando aqui esta nota quanto àquilo que são alguns traços marcantes das múltiplas influências que perpassam o contencioso do funcionalismo público da União Europeia e regressando à caracterização daquilo que são os seus meios ou mecanismos, temos que, em matéria de meios incidentais e de meios processuais acessórios, importa ter presente o previsto no Capítulo X do RPTFP relativo aos *"processos especiais"* [cf. artigos 115.º e segs.][192].

Nele estão consagradas, enquanto meios processuais acessórios/cautelares, a *"suspensão da execução de ato"* e outras *"medidas provisórias"* (providências cautelares não especificadas) [artigos 115.º a 120.º].

---

ao Tribunal qualquer possibilidade de conhecer oficiosamente um fundamento de legalidade interna, quando a jurisprudência o permite. Em segundo lugar ... a proibição feita aos recorrentes em matéria de função pública de deduzir na sua petição fundamentos sem relação com a argumentação desenvolvida na sua reclamação prévia e a proibição, enunciada no artigo 43.º, n.º 1, do Regulamento de Processo, de apresentar novos fundamentos após a primeira troca de articulados aplicam-se às partes e não ao Tribunal. Em terceiro lugar, o argumento ... segundo o qual o conhecimento oficioso de um fundamento de legalidade interna criaria o risco de lesar a natureza contraditória do debate contencioso e o princípio do respeito dos direitos de defesa não merece acolhimento. Com efeito, o artigo 77.º do Regulamento de Processo prevê que o Tribunal da Função Pública pode oficiosamente decidir sobre os pressupostos processuais, na condição de ter previamente ouvido as partes. Ora, não há qualquer razão para pensar que, se esta condição representa uma garantia suficiente do princípio do contraditório e do respeito dos direitos de defesa na hipótese da apreciação oficiosa de pressupostos processuais, o mesmo não se verifique na hipótese do conhecimento oficioso de um fundamento de inadmissibilidade de ordem pública, quer este seja de legalidade interna ou de legalidade externa. Deve portanto considerar-se que, ao comunicar às partes o fundamento de ordem pública que pretendia conhecer, ao receber as alegações das partes sobre esta intenção e ao dar-lhes a possibilidade de a discutir na audiência, o Tribunal cumpriu as exigências dos princípios invocados pela Comissão".

[190] Correspondente aos artigos 68.º e segs. do anterior RPTFP.

[191] Cf., nomeadamente, STÉPHANE GERVASONI, "L'influence des cultures juridiques nationales sur le droit de la fonction publique communautaire", *cit.*, pp. 69-70.

[192] Correspondente aos artigos 102.º e segs. do anterior RPTFP.

DIREITO DA UNIÃO EUROPEIA – ELEMENTOS DE DIREITO E POLÍTICAS DA UNIÃO

Nos termos do artigo 115.º, o *"pedido de suspensão da execução ou de outras medidas provisórias"*[193] [nos termos dos artigos 278.º do TFUE e 157.º do TCEEA] só é admissível se o requerente tiver impugnado o ato perante o Tribunal, sendo que o pedido relativo a uma das outras medidas provisórias previstas no artigo 279.º do TFUE só é admissível se emanar de uma parte num processo pendente no Tribunal e se se referir a esse processo.

Frise-se, ainda, que estes pedidos podem ser feitos depois da apresentação da reclamação prevista no artigo 90.º, n.º 2, do Estatuto dos Funcionários, nas condições fixadas no artigo 91.º, n.º 4, do Estatuto.

De notar que na dedução destes pedidos cautelares o requerente deve especificar o objeto do litígio, as razões da urgência, bem como os fundamentos de facto e de direito que, à primeira vista, justificam a concessão da medida provisória requerida[194]-[195], sendo que o pedido deve ser formulado

---

[193] Recorde-se que a mera dedução a título principal de recurso anulação não goza de efeito suspensivo em termos de lograr a sustação da execução do ato impugnado [cf. artigos 278.º e 279.º do TFUE], carecendo o mesmo meio contencioso da dedução do meio cautelar adequado a lograr obter aquele efeito suspensivo.

[194] Os requisitos relativos à urgência (*periculum in mora*) e ao indício de procedência do pedido (*fumus boni juris*) são cumulativos, de modo que um pedido de medidas cautelares/provisórias deve ser rejeitado caso um destes requisitos não esteja preenchido, sendo que incumbe ao julgador cautelar proceder igualmente à ponderação dos interesses em presença.
Constitui entendimento jurisprudencial o de que na análise dos requisitos exigidos para a decretação das providências cautelares o julgador cautelar dispõe de um vasto poder de apreciação e "é livre de determinar, relativamente às especificidades do caso concreto, o modo como estes diferentes requisitos devem considerar-se preenchidos, bem como a ordem dessa análise, uma vez que nenhuma norma de direito lhe impõe um esquema de análise pré-estabelecido para apreciar a necessidade de ordenar medidas provisórias" [cf., entre outros, Despachos do Presidente (TG) *Elkaïm et Mazuel c. Comissão*, de 10 de setembro de 1999, proc. T-173/99; *De Nicola c. BEI*, de 9 de agosto de 2001, proc. T-120/01 R; Despachos do Presidente (TFP) *Bianchi c. ETF*, de 31 de maio de 2006, proc. F-38/06; *Jürgen Esders c. Comissão*, de 10 de setembro de 2010, proc. F-62/10 R; e *Cagnodo c. Comissão*, de 15 de fevereiro de 2011, proc. F-104/10 R].
Atente-se, ainda, que, em princípio, não será admissível um pedido de suspensão de execução que tenha por objeto uma decisão administrativa negativa, uma vez que a concessão da suspensão não pode ter por efeito alterar a situação do requerente. Todavia, a suspensão da execução de um ato negativo pode ser considerada quando uma decisão negativa rejeita manter a situação de um requerente, o que implica, desta feita, a alteração dessa situação. Ao invés, uma decisão negativa que não implica nenhuma alteração da situação do requerente não pode ser objeto de tal suspensão de execução [cf. Despacho do Presidente (TJ) *Moccia Irme SpA c. Comissão*, de 30 de abril de 1997, proc. C-89/97 P; Despacho do Presidente da 2.ª Secção (TJ) *Éveline La Terza c. Tribunal Justiça das Comunidades Europeias*, de 23 de março de 1988, proc. C-76/88 R; Despacho do Presidente (TFP) *Garde c. CESE*, de 14 de julho de 2010, proc. F-41/10 R].

[195] Na aferição e caracterização do requisito do *periculum in mora* atente-se na argumentação expen-

FUNÇÃO PÚBLICA

em requerimento separado e nas condições previstas nos artigos 45.º e 50.º do RPTFP.

Disciplina-se nos artigos 116.º e 117.º do referido Regulamento que a decisão cautelar, da competência, como referimos, do presidente do Tribunal[196]-[197], terá a forma de despacho fundamentado, o qual pode fixar uma data a partir da qual a medida deixa de ser aplicável[198], sendo que a execu-

dida mormente no despacho do Presidente (TFP) *Cagnodo c. Comissão* [atrás citado] da qual se extrai [nos seus §§ 23.º a 26.º e 28.º bem como da jurisprudência nos mesmos invocada] que *"o carácter urgente de um pedido de medidas provisórias deve ser apreciado em função da necessidade de decidir provisoriamente para evitar que um dano grave e irreparável seja provocado à parte que solicita as medidas provisórias, devendo precisar-se que um prejuízo de ordem financeira não pode, exceto em circunstâncias excecionais, ser visto como irreparável ou mesmo dificilmente reparável, uma vez que pode, regra geral, ser objeto de uma compensação financeira posterior. Mesmo em caso de prejuízo de ordem puramente pecuniária, justifica-se uma medida provisória se, na sua falta, a parte que a solicita se encontrar numa situação suscetível de colocar em perigo a sua viabilidade financeira, por não dispor do montante que normalmente lhe permitiria fazer face ao conjunto das despesas indispensáveis para assegurar a satisfação das suas necessidades elementares, até decisão do recurso principal. Contudo, para poder apreciar se o prejuízo alegado é grave e irreparável e, por conseguinte, se se justifica a suspensão excecional da execução da decisão impugnada, o juiz das medidas provisórias deve, em qualquer dos casos, dispor de indicações concretas e precisas, sustentadas por documentos detalhados que demonstrem a situação financeira da parte que solicita a medida provisória e que permitam apreciar as consequências que provavelmente decorreriam da não adoção das medidas pedidas. Em qualquer caso, incumbe à parte que solicita a suspensão da execução da decisão impugnada produzir prova do facto de que não pode aguardar o desfecho do processo principal sem sofrer um dano grave e irreparável. Caso seja alegado um prejuízo pecuniário, a parte que solicitar a medida provisória deve dar uma imagem fiel e global da sua situação financeira na fase da apresentação do pedido de medidas provisórias. Com efeito, como decorre da leitura combinada do artigo 35.º, n.º 1, alínea d), e do artigo 102.º, n.ºs 2 e 3, do Regulamento de Processo do Tribunal da Função Pública, um pedido de medidas provisórias deve, por si só, permitir à parte recorrida preparar as suas observações e ao juiz das medidas provisórias decidir, sendo caso disso, sem mais informações, devendo os elementos essenciais de facto e de direito nos quais esta se baseia decorrer do próprio texto do pedido de medidas provisórias".*

E no Despacho do Presidente (TFP) *Garde c. CESE* [atrás citado – seu § 47 bem como a jurisprudência nos mesmos invocada] refere-se que *"ao abrigo do amplo poder de apreciação de que dispõem as instituições para organizarem os seus serviços em função das missões que lhes são confiadas e, paralelamente, para afetarem o seu pessoal, uma decisão de reafectação, ainda que cause inconvenientes aos funcionários interessados, não constitui um acontecimento anormal e imprevisível na sua carreira. Nestas condições, a suspensão da execução de tal decisão só pode ser justificada por circunstâncias imperativas e excecionais suscetíveis de causar ao funcionário interessado um prejuízo grave e irreparável".*

[196] Em caso de ausência ou de impedimento do presidente do Tribunal o mesmo é substituído por outro juiz segundo a ordem estabelecida pelo artigo 6.º [cf. artigo 9.º do RPTFP].

[197] A título de mero exemplo de decisão cautelar atente-se no recente Despacho do Presidente (TFP) *Viladot c. Comissão*, de 16 de fevereiro de 2013, proc. F-160/12 R.

[198] Caso na decisão não seja fixada uma data, os efeitos da medida cautelar decretada cessam quando for proferida a decisão que julgue a instância principal [cf. n.º 3 do artigo 117.º do RPTFP].

ção do despacho pode ser condicionada à prestação de uma caução pelo requerente.

A decisão cautelar reveste carácter meramente provisório, podendo, a todo o tempo, ser alterado ou revogado em consequência de uma modificação das circunstâncias, na certeza de que a decisão cautelar em nada prejudica ou condiciona a decisão do Tribunal sobre o processo principal.

Frise-se que o indeferimento do pedido cautelar relativo a uma medida provisória não impede a parte que o tenha deduzido de apresentar outro pedido fundado em factos novos [cf. artigo 119.º do RPTFP].

Prevê-se, ainda, no artigo 120.º outro meio acessório/cautelar consubstanciado no pedido de *"suspensão da execução coerciva"* da execução de um ato de uma Instituição apresentado ao abrigo dos artigos 280.º e 299.º do TFUE e 164.º do TCEEA, meio acessório/cautelar esse que é regulado pelas disposições desta mesma secção I relativas à *"suspensão da execução ou de outras medidas provisórias"*.

Por sua vez, em sede de meios incidentais, temos o de *"intervenção"* em processo pendente [artigos 86.º a 89.º][199], cujo pedido deve ser apresentado antes de expirar o prazo de seis semanas a contar da data da publicação referida no artigo 51.º, n.º 2, do RPTFP mediante a dedução de um articulado de intervenção, articulado esse que é objeto de contraditório podendo as partes principais responder, sendo que, para efeitos de aplicação do RPFTP, o interveniente é equiparado a uma parte[200], salvo disposição em contrário.

---

[199] Correspondente aos artigos 109.º a 111.º do anterior RPTFP.

[200] Cf. o já citado Acórdão *Wagner-Leclercq e outros c. Conselho da União Europeia* no qual se sustentou que "nos termos do artigo 110.º do Regulamento de Processo, os pedidos do interveniente só são admissíveis se se destinarem a apoiar, total ou parcialmente, pedidos de uma das partes. Por conseguinte, o interveniente não tem legitimidade para suscitar uma exceção de inadmissibilidade que não foi formulada na fase escrita não sendo, portanto, o Tribunal obrigado a examinar os fundamentos que ele invocou a este respeito".
Nesta matéria da intervenção de terceiro em meio contencioso pendente convoca-se o entendimento firmado no despacho (TFP) *Bömcke c. BEI*, de 19 de julho de 2011, proc. F-127/10. Nesta decisão assimilou-se o colégio dos representantes do BEI aos comités do pessoal nas instituições sujeitas ao Estatuto e recordou-se que estes últimos têm a natureza de órgãos internos das suas instituições e, por conseguinte, não têm capacidade judiciária, pelo que julgou-se inadmissível o pedido de intervenção apresentado por aquele colégio.
Por sua vez, no despacho (TFP) *Bömcke c. BEI*, de 19 de julho de 2011, proc. F-105/10, considerou-se que, mercê da jurisprudência em sede de contencioso eleitoral relativo aos órgãos de representação do pessoal, qualquer agente retira da sua qualidade de eleitor um interesse suficiente para interpor um recurso destinado a que os representantes do pessoal sejam eleitos com base num sistema eleitoral conforme às disposições estatutárias. Assim, entendeu o Tribunal que os membros do pessoal

FUNÇÃO PÚBLICA

Atente-se que, nos termos do n.º 1 do artigo 89.º do Regulamento em referência, se consagra a possibilidade de "em qualquer fase do processo, o presidente pode, após ouvir as partes, convidar qualquer pessoa, qualquer instituição ou qualquer Estado-Membro interessados na solução do litígio a indicarem ao Tribunal, no prazo por este fixado, se tencionam intervir no processo", sendo que "a comunicação a que se refere o artigo 51.º, n.º 2, é mencionada no convite".

Resulta, ainda, do Capítulo X, a consagração de outros meios processuais especiais que se prendem com os *recursos das decisões do TFP e da remessa dos processos após anulação*" [processo/instância que se inicia com o acórdão do TG que em sede de recurso jurisdicional haja anulado um acórdão ou um despacho do TFP e determinado a remessa a este tribunal ao abrigo do artigo 13.º do Anexo I do Estatuto e cuja tramitação decorre nos termos do disposto nos artigos 128.º a 130.º do RPTFP], com os *acórdãos proferidos à revelia*" (processo em que o demandado, regularmente interpelado/notificado não respondeu/contestou a petição na forma e no prazo previstos e o demandante haja pedido ao TFP que defira os seus pedidos – artigo 121.º do RPTFP), dos *pedidos e recursos relativos aos acórdãos e despachos*" (artigos 122.º a 124.º do RPTFP), nos quais se incluem os pedidos de *retificação*", de *omissão de pronúncia sobre as despesas*" e a *oposição*" (relativamente aos acórdãos proferidos à revelia) e com os *recursos extraordinários*" [no caso *oposição de terceiro*" (deduzido, em conformidade com o artigo 42.º do Estatuto, contra uma decisão que tenha sido proferida prejudicando direitos do terceiro oponente sem que este tenha sido chamado ao processo – artigo 125.º do RPTFP), a *interpretação das decisões do Tribunal*" (deduzido, em conformidade com o artigo 43.º do Estatuto, em caso de dúvida sobre o sentido e o alcance de uma decisão do TFP, cabendo ao mesmo interpretá-la a pedido de uma parte ou de uma Instituição que nisso demonstrem interesse – artigo 126.º do RPTFP) e o *recurso de revisão*" (deduzido, em conformidade com o artigo 44.º do Estatuto, se se descobrir um facto suscetível de exercer uma influência decisiva e que, antes de proferida ou adotada a decisão, era desconhecido do Tribunal e da parte que requer a revisão – artigo 127.º do RPTFP)].

também retiram da sua qualidade de eleitor um interesse direto e atual na solução de um litígio respeitante à perda do estatuto de funcionário por parte de um representante já eleito do pessoal, pelo que julgou admissível o pedido de intervenção (consultáveis em *www.curia.europa.eu/juris*).

DIREITO DA UNIÃO EUROPEIA – ELEMENTOS DE DIREITO E POLÍTICAS DA UNIÃO

3. Dos pressupostos processuais relativos ao contencioso da função pública

Nesta sede, e reconduzindo-nos agora tão-só aos meios contenciosos principais, cumpre termos presente que, jurisprudência e doutrina[201], sustentam a existência de quatro condições/pressupostos de admissibilidade que importa estarem reunidos para assegurar a regular propositura do recurso por funcionário ou agente da União Europeia [existência de ato lesivo[202];

[201] Cf., entre outros, GEORGES VANDERSANDEN, "Article 179.º TCE", em J. V. LOUIS; SEAN VAN RAEPENBUSCH, "Le contentieux de la fonction publique européenne", in *Cahiers de Droit Européen (CDE)*, XXVIII, 1992, p. 565; e JESÚS ÁNGEL FUENTETAJA PASTOR, *Función Pública Comunitaria, cit.*, pp. 567 e segs.

[202] Apenas as medidas que produzam efeitos jurídicos obrigatórios suscetíveis de afetar os interesses do recorrente, modificando, de forma caracterizada, a situação jurídica deste configuram atos ou decisões suscetíveis de serem objeto de um recurso de anulação à luz da jurisprudência da União. Tal como se sustentou no já mencionado Acórdão (TFP) *Moises Bermejo Garde v. CESE*, § 49, resulta "*de jurisprudência constante, [que] apenas são lesivos os atos ou as medidas que produzem efeitos jurídicos obrigatórios suscetíveis de afetar direta e imediatamente os interesses do recorrente, alterando de forma caracterizada a situação jurídica deste (v. acórdão do Tribunal da Função Pública de 14 de setembro de 2010, Da Silva Pinto Branco/Tribunal de Justiça, F-52/09, n.º 32), devendo tais atos ou medidas emanar da autoridade competente e conter uma tomada de posição definitiva da administração (v., neste sentido, Acórdão do Tribunal de Primeira Instância de 17 de maio de 2006, Lavagnoli/Comissão, T-95/04, n.º 35). A simples manifestação, por parte da autoridade competente, de uma intenção de tomar, no futuro, uma decisão específica não é suscetível de criar direitos nem obrigações correspondentes para o ou os funcionários interessados (Acórdão do Tribunal de Primeira Instância de 16 de março de 1993, Blackman/Parlamento, T-33/89 e T-74/89, n.º 27)*".

Sem quaisquer preocupações exaustivas apontam-se como exemplos de atos que vêm sendo considerados como lesivos e, nessa medida, passíveis de impugnação contenciosa a decisão que levantou a imunidade de jurisdição a um funcionário [cf. Acórdão *A. e G. c. Comissão, cit.*]; a decisão que recusou renovar um contrato a termo [cf. Acórdão (TFP) *Gheysens c. Conselho*, de 23 de novembro de 2010, proc. F-8/10]; decisão de indeferimento da reclamação que contenha uma nova apreciação da situação do recorrente em função de elementos novos, de direito ou de facto, ou quando contenha alteração ou complete a decisão inicial [cf., entre outros, Acórdãos (TG) *Eveillard c. Comissão*, de 10 de junho de 2004, proc. T-258/01; *Cavallaro c. Comissão*, de 7 de junho de 2005, proc. T-375/02; (TFP) *Ritto c. Comissão*, de 9 de setembro de 2008, proc. F-18/08]; decisões tomadas pelo Organismo Europeu de Luta Antifraude (OLAF) de transmitir informações às autoridades judiciárias nacionais em aplicação do artigo 10.º, n.º 2, § 1.º, do Regulamento n.º 1073/1999, relativo aos inquéritos efetuados pelo OLAF [cf. Acórdão (TFP) *Violetti e outro c. Comissão*, de 28 de abril de 2009, procs. F-5/05 e F-7/05]; o anúncio de vaga que contenha condições de acesso a um lugar que tenham por efeito excluir a candidatura de funcionários em condições de serem mutados ou promovidos [cf. Acórdão (TFP) *Montero c. Conselho UE*, de 9 de julho de 2009, proc. F-91/07]; um relatório de classificação de funcionário [cf. Acórdão (TFP) *Meister c. Instituto de Harmonização do Mercado Interno*, de 18 de maio de 2009, procs. F-138/06 e F-37/08]; ato que no processo de avaliação/promoção de funcionário fixa o número de pontos a serem considerados com vista a uma

FUNÇÃO PÚBLICA

interesse em agir/recorrer[203]-[204]; uso e esgotamento da via administrativa prévia; observância dos prazos de dedução do meio contencioso[205]-[206]-[207]],

promoção [cf. Acórdãos (TG) *Breton c. Tribunal Justiça*, de 11 de dezembro de 2003, proc. T-323/02; *Sierra c. Comissão*, de 19 de outubro de 2006, proc. T-311/04 (onde se refere que "*a fixação do número de pontos com vista a uma promoção é um ato autónomo que produz efeitos jurídicos vinculativos, suscetíveis de afetar os interesses do funcionário modificando de modo caracterizado a sua situação jurídica, apesar de só representar uma das fases do processo de promoção. Embora diga respeito a um sistema de promoção que apenas prevê uma única categoria de pontos, esta jurisprudência é transponível para o caso em apreço. Deve, assim, considerar-se que o ato final com que se conclui o exercício de promoção é de natureza complexa, no sentido de que comporta duas decisões distintas, a saber, a decisão da AIPN que estabelece a lista dos promovidos e a da AIPN que fixa o número total dos pontos, na qual se baseia a supra referida primeira decisão. Esta decisão da AIPN que fixa o número total dos pontos constitui um ato autónomo que ... pode ser objeto, enquanto tal, de reclamação e, eventualmente, de recurso contencioso no quadro das vias de recurso previstas no Estatuto*")] (todos consultáveis em *www.curia.europa.eu/juris*).

Quanto aos atos de processamento de vencimentos e requisitos da sua impugnabilidade veja-se o recente Acórdão *Lebedef e outros c. Comissão*, de 5 de dezembro de 2012, proc. F-110/11.

Não revestem essa qualidade os atos preparatórios [cf. entre outros, Despacho (TFP) *Marcuccio c. Comissão*, de 20 de julho de 2009, proc. F-86/07], os atos internos, de execução e os atos confirmativos [cf., entre outros, os Acórdãos (TFP) *Pachtitis c. Autoridade Europeia para a Proteção de Dados*, de 15 de junho de 2010, proc. F-35/08); *Kalmár c. Europol*, de 26 de maio de 2011, proc. F-83/09; Despacho (TFP) *Barthel e o. c. Tribunal de Justiça*, de 10 de maio de 2011, proc. F-59/10; Despacho do Presidente (TFP) *Barthel e outros c. Tribunal Justiça*, de 22 de novembro de 2012, proc. F-84/11] (todos consultáveis em *www.curia.europa.eu/juris*).

Quando se trate de atos ou decisões cuja elaboração se processa em diversas fases, designadamente nos termos de um processo interno, resulta dessa mesma jurisprudência que, em princípio, apenas são impugnáveis as medidas que fixem em definitivo a posição da instituição no termo desse processo, com exclusão das medidas interlocutórias, cujo objetivo é preparar a decisão final. Além disso, em matéria de recursos de funcionários, a jurisprudência vem sucessivamente afirmando que os atos preparatórios de uma decisão não causam prejuízo, na aceção do artigo 90.º, n.º 2, do Estatuto dos Funcionários, e, portanto, só podem ser impugnados de forma incidental aquando de um recurso interposto contra os atos anuláveis [cf., *v. g.*, Acórdão (TJ) *Bossi c. Comissão*, de 14 de fevereiro de 1989, proc. C-346/87, em *www.curia.europa.eu/juris*].

[203] *Vide*, entre outros, o Acórdão (TFP) *Bouillez e o. c. Conselho*, de 5 de maio de 2010, proc. F-53/08, no qual se considerou que os funcionários suscetíveis de serem promovidos a um determinado grau têm, em princípio, um interesse pessoal em contestar não apenas as decisões de não promoção tomadas a seu respeito mas também as decisões que promovem outros funcionários ao referido grau.

Para mais desenvolvimentos sobre a matéria do interesse em agir/recorrer, ver, entre outros, Jesús Ángel Fuentetaja Pastor, *Función Pública Comunitaria, cit.*, pp. 581 a 587. Atentar, ainda, no Acórdão (TG) *Cityflyer Express c. Commission*, de 30 de abril de 1998, proc. T-16/96, § 30, e jurisprudência ali citada) e despacho (TFP) *Marcuccio c. Comissão*, de 20 de setembro de 2013, proc. F-99/11, in *www.curia.europa.eu/juris*.

[204] Tem de existir um interesse pessoal e atual do demandante na anulação do ato impugnado, a ser aferido por referência ao momento da propositura do meio contencioso.

DIREITO DA UNIÃO EUROPEIA – ELEMENTOS DE DIREITO E POLÍTICAS DA UNIÃO

[205] Cf., entre outros, em sede de caducidade do direito de recurso/ação conducente à inadmissibilidade da dedução do meio contencioso o Acórdão (TFP) *Lebedef e o. c. Comissão, cit.*, bem como os Despachos (TFP) *Sabine Scheidemann c. Parlamento*, de 5 de dezembro de 2012, proc. F-109/12; *Marcuccio c. Comissão*, de 28 de janeiro de 2013, proc. F-95/12; *Marcuccio c. Comissão*, de 21 de fevereiro de 2013, proc. F-113/11) (todos consultáveis em *www.curia.europa.eu/juris*).

Atente-se, ainda, ao Despacho (TFP) *AG c. Parlamento*, de 16 de dezembro de 2010, proc. F-25/10, no qual se considerou que na hipótese de o destinatário da carta registada estar ausente do seu domicílio no momento em que o funcionário dos correios se apresentou e de o mesmo se abster de qualquer iniciativa ou não levantar a carta no prazo durante o qual esta é normalmente conservada pelos serviços postais deve considerar-se que a decisão administrativa foi devidamente notificada ao seu destinatário na data em que expirou esse prazo. Argumentou-se que caso se admitisse que esse comportamento do destinatário tal impediria a notificação regular de uma decisão por carta registada, sendo que as garantias apresentadas por este meio de notificação seriam consideravelmente enfraquecidas, pese embora constituir um meio especialmente seguro e objetivo de notificar atos administrativos. No entanto, sustentou-se que a presunção de que o destinatário recebeu a notificação da decisão no momento em que expirou o prazo normal de conservação da carta registada pelos serviços postais não reveste carácter absoluto. Com efeito, a sua aplicação fica subordinada à prova, pela administração, da regularidade da notificação por carta registada, em especial através do depósito do aviso de passagem na última morada indicada pelo destinatário. Por outras palavras, esta presunção não é inilidível, podendo o destinatário, nomeadamente, provar que foi impedido, designadamente por motivos de doença ou por um caso de força maior independente da sua vontade, de tomar conhecimento de forma útil do aviso de passagem do funcionário dos correios.

[206] *Vide*, ainda, com interesse o recente Acórdão (TJ) *Jaramillo e outros c. BEI*, de 28 de fevereiro de 2013, proc. 334/12 RX-II, *www.curia.europa.eu/juris*, interpretando e firmando jurisprudência quanto a situação em que inexiste normativo que fixe prazo de instauração de recurso por funcionário (no caso, artigo 41.º do Regulamento de Pessoal do BEI) e que revogou o entendimento firmado pelo Acórdão (TG) de 19 de junho de 2012 que havia confirmado o despacho (TFP) de 4 de fevereiro de 2011, proc. F-34/10. Para o efeito, pela pertinência e relevo, extrai-se da sua fundamentação que «*quando a duração do processo não é fixada por uma disposição do direito da União, o carácter razoável do prazo tomado pela instituição para adotar o ato em causa deve ser apreciado em função das circunstâncias próprias de cada processo, designadamente da importância do litígio para o interessado, da complexidade do processo e do comportamento das partes em presença (v., neste sentido, Acórdão de 15 de outubro de 2002, Limburgse Vinyl Maatschappij e o./Comissão, C-238/99 P, C-244/99 P, C-245/99 P, C-247/99 P, C-250/99 P a C-252/99 P e C-254/99 P ...). O Tribunal de Justiça precisou, no n.º 192 do referido acórdão, que o carácter razoável de um prazo não pode ser fixado por referência a um limite máximo preciso, determinado de modo abstrato, devendo antes ser apreciado caso a caso em função das circunstâncias da causa. Esta obrigação de as instituições e órgãos da União respeitarem, no âmbito dos procedimentos administrativos, um prazo razoável que não pode ser fixado por referência a um limite máximo preciso, determinado de modo abstrato, foi confirmada posteriormente pelo Tribunal de Justiça (v., designadamente, Acórdãos de 30 de novembro de 2006, Comissão/Itália, C-293/05, n.º 25 e jurisprudência referida, e de 7 de abril de 2011, Grécia/Comissão, C-321/09 P ...). Contrariamente ao que o BEI e a Comissão defendem nas suas observações escritas, esta interpretação do conceito de "prazo razoável" não é válida unicamente quando se trata de determinar o carácter razoável da duração de um procedimento administrativo ou jurisdicional não enquadrado por um imperativo*

FUNÇÃO PÚBLICA

na certeza de que os mesmos não são os únicos porquanto são exigidos os demais pressupostos[208] e a aferição de matéria de exceção decorrentes do

fixado por uma regra de direito da União. Resulta do que precede que, embora seja certo que a jurisprudência do Tribunal de Justiça referida nos n.ᵒˢ 28 e 30 do presente acórdão respeita ao carácter razoável da duração de um procedimento administrativo na falta de uma disposição de direito da União que associe a tramitação desse procedimento a um prazo preciso, deve, não obstante, aplicar-se o conceito de "prazo razoável" também quando está em causa um recurso ou um pedido cujo prazo para interposição não se encontra previsto em nenhuma disposição do direito da União. Em ambos os casos, o juiz da União é obrigado a tomar em consideração as circunstâncias próprias do caso concreto. Importa precisar que a interpretação do conceito de "prazo razoável" acolhida nos n.ᵒˢ 33 e 34 do presente acórdão não implica, contrariamente ao que sugere o BEI nas suas observações escritas, que a legalidade dos atos adotados por esse órgão possa ser indefinidamente posta em causa, porquanto a aplicação desse conceito em conformidade com a jurisprudência do Tribunal de Justiça visa precisamente impedir que o juiz da União proceda a uma apreciação do mérito de um recurso interposto num prazo considerado não razoável. ... no presente caso, em que o artigo 41.ᵒ do Regulamento do Pessoal do BEI não fixa um prazo de recurso, limitando-se a enunciar a competência do juiz da União para decidir sobre os litígios entre o BEI e os seus agentes, o juiz da União, no silêncio do referido regulamento, viu-se obrigado a aplicar o conceito de prazo razoável. Este conceito, que pressupõe que se tomem em conta todas as circunstâncias do caso concreto, não pode, por conseguinte, ser entendido como um prazo de caducidade específico. Consequentemente, o prazo de três meses previsto no artigo 91.ᵒ, n.ᵒ 3, do Estatuto dos Funcionários não pode aplicar-se por analogia enquanto prazo de caducidade aos agentes do BEI quando estes interpõem um recurso de anulação contra um ato que emana deste último e que é lesivo dos seus interesses. Por último, quanto à questão de saber se, ao conferir um efeito de caducidade à ultrapassagem do prazo razoável de que dispunham os agentes em causa para interpor o seu recurso, o Tribunal Geral da União lesou o direito a um recurso efetivo, há que recordar que o princípio da proteção jurisdicional efetiva constitui um princípio geral do direito da União, que se encontra atualmente consagrado no artigo 47.ᵒ da Carta (v. Acórdão de 8 de dezembro de 2011, KME Germany e O./Comissão, C-389/10 P».

[207] Em matéria de contagem de prazos processuais previstos nos Tratados, no Estatuto e no RPTFP importa cuidar e atentar no que se dispõe nos artigos 37.ᵒ a 39.ᵒ deste Regulamento.

[208] No quadro procedimental de alegação e conhecimento dos pressupostos processuais importa atentar ao que se mostra disciplinado nos artigos 80.ᵒ a 83.ᵒ do RPTFP (anteriores artigos 76.ᵒ a 78.ᵒ). Assim, deriva do artigo 80.ᵒ que "[e]m conformidade com o artigo 8.ᵒ, n.ᵒ 2, do anexo I do Estatuto, quando o Tribunal considerar que a ação ou o recurso que lhe são submetidos são da competência do Tribunal de Justiça ou do Tribunal Geral da União Europeia, remete o respetivo processo ao Tribunal de Justiça ou ao Tribunal Geral da União Europeia" (n.ᵒ 1), sendo que "[o] Tribunal decide por despacho fundamentado" (n.ᵒ 2). E do artigo 81.ᵒ deriva ainda que "[q]uando o Tribunal for manifestamente incompetente para conhecer de uma ação ou de um recurso ou de alguns dos seus pedidos, ou quando uma ação ou um recurso forem, no todo ou em parte, manifestamente inadmissíveis ou manifestamente desprovidos de fundamento jurídico, o Tribunal pode, a qualquer momento, decidir por despacho fundamentado, pondo assim termo à instância".
E do artigo 83.ᵒ extrai-se que "[s]e uma das partes pedir ao Tribunal que se pronuncie sobre a inadmissibilidade, a incompetência ou sobre um incidente, sem apreciar a questão de mérito, deve apresentar o seu pedido em requerimento separado. O requerimento deve conter a exposição dos fundamentos de facto e de direito em que se baseia, os pedidos e, em anexo, os documentos justificativos" (n.ᵒ 1), sendo que "[u]ma vez apresentado o requerimento, o presidente fixa à outra parte um prazo para apresentar por escrito os seus pedidos e os seus argumentos de facto e de direito. Salvo decisão em contrário do Tribunal, a tramitação ulterior do processo no que respeita

DIREITO DA UNIÃO EUROPEIA - ELEMENTOS DE DIREITO E POLÍTICAS DA UNIÃO

contencioso geral da União, como sejam, mormente, a competência do tribunal, a capacidade e legitimidade judiciárias das partes, a sua representação judiciária[209], a litispendência[210], o caso julgado[211], etc.

Passemos, nesta sede, então, a tecer alguns considerandos sobre alguns dos pressupostos/condições processuais legalmente exigidos para a tomada de pronúncia de mérito, na certeza de que, quanto ao pressuposto da competência do tribunal, já fomos avançando no ponto antecedente pertinentes considerandos de enquadramento.

Assim, e neste âmbito, quanto ao pressuposto/condição de admissibilidade do esgotamento da impugnação administrativa prévia como condição de uso da via contenciosa, não podemos deixar de ter presente a importante articulação decorrente dos já citados artigos 90.º e 91.º[212] do Estatuto dos Funcionários.

Com efeito, como vimos, qualquer recurso de anulação de ato[213] que cause prejuízo a funcionário ou agente e que emane de uma autoridade investida

---

ao pedido é oral" (n.º 2) e "[o] Tribunal conhece do pedido, mediante despacho fundamentado, o mais rapidamente possível, ou, se circunstâncias excecionais o justificarem, reserva para final a apreciação do pedido. Se o Tribunal indeferir o pedido ou reservar para final a sua apreciação, o presidente fixa novos prazos para os trâmites processuais ulteriores. Quando o processo for da competência do Tribunal de Justiça ou do Tribunal Geral da União Europeia, o Tribunal remete o processo à jurisdição em questão, em conformidade com o artigo 80.º" (n.º 3).

[209] Cf., por exemplo, Acórdão (TFP) *Abre c. CESE*, de 13 de fevereiro de 2012, proc. F-123/11 (consultável em *www.curia.europa.eu/juris*).

[210] Cf., entre outros, analisando a exceção de litispendência, os Acórdãos (TG) *Stott c. Comissão*, de 12 de dezembro de 1996, proc. T-99/95; *Maindiaux c. CESE*, de 8 de março de 1990, proc. T-28/89; (TG) *Hotel Cipriani SpA c. Comissão*, de 28 de novembro de 2008, procs. apensos T-254/00, T-270/00 e T-277/00; e (TFP) *CG c. BEI*, de 10 de julho de 2014, procs. apensos F-95/11 e F-36/12 (consultáveis em *www.curia.europa.eu/juris*).

[211] *Vide*, a este propósito, entre outros, os Acórdãos (TJ) *Hoogovens Groep c. Comissão*, de 19 de setembro de 1985, procs. apensos C-172/83 e C-226/83; *França c. Parlamento*, de 22 de setembro de 1988, procs. apensos C-358/85 e C-51/86; (TG) *Lopes c. Tribunal Justiça*, de 25 de outubro de 1996, proc. T-26/96; e *Altmann e outro c. Comissão*, de 12 de dezembro de 1996, proc. T-177/94 (consultáveis em *www.curia.europa.eu/juris*).

[212] Estas normas são de ordem pública e as partes não podem subtrair-se-lhes, sendo que nos termos do artigo 82.º do RPTFP (anterior artigo 77.º) o Tribunal pode, a todo o tempo e oficiosamente, ouvidas as partes, decidir sobre os fundamentos de inadmissibilidade de ordem pública [cf., entre outros, Acórdão (TFP) *Gheysens c. Conselho da União Europeia, cit.*].

[213] Também o recurso/ação de indemnização deve ser objeto do procedimento pré-contencioso inserto no artigo 90.º do Estatuto dos Funcionários. No Acórdão (TFP) *Missir Mamachi di Lusignano c. Comissão*, de 12 de maio de 2011, proc. F-50/09, decidiu-se que a admissibilidade dos pedidos de indemnização baseados em diversos prejuízos deve ser examinada relativamente a cada um destes

FUNÇÃO PÚBLICA

do poder de nomeação (abreviadamente AIPN) ou de uma entidade habilitada a celebrar contratos de admissão (vulgo EHCA) deve obrigatoriamente ser precedido de uma reclamação pré-contenciosa e que tenha sido apresentada no prazo de três meses [artigo 90.º, n.º 2, do Estatuto[214]] e tenha sido objeto de decisão expressa ou tácita de indeferimento.

Nessa medida, um recurso de anulação que se mostre interposto antes de terminado esse processo pré-contencioso é, em virtude do seu carácter prematuro, inadmissível nos termos do n.º 2 do artigo 91.º do Estatuto.

prejuízos. Assim, para que os pedidos respeitantes a um prejuízo sejam admissíveis, é necessário que este tenha sido invocado no pedido de indemnização dirigido à Administração, e depois que o indeferimento deste pedido tenha sido objeto de uma reclamação.

Nesta sede importa ainda ter presente que se o dano cuja reparação se visa obter tem a sua origem num ato administrativo passível de recurso contencioso o funcionário deve apresentar reclamação administrativa contra o mesmo e em caso de resposta negativa acionar o meio contencioso.

Caso se esteja em presença de um estrito recurso/ação de indemnização (*sem que haja dedução de qualquer pedido/pretensão anulatória de concreto ato administrativo*) fundado numa série de faltas ou omissões do serviço que não sejam suscetíveis de serem ou poderem ser qualificadas de atos lesivos, o funcionário deve instaurar requerimento nos termos do artigo 90.º, n.º 1, do referido Estatuto, solicitando a reparação dos seus alegados prejuízos, seguido da reclamação para o caso de haver sido desatendido o seu requerimento contendo pedido indemnizatório, para depois se abrir a via contenciosa na situação de se manter a negação da sua pretensão.

Aliás, pode ler-se no considerando 64 do Acórdão (TG) *Y. c. Tribunal Justiça das Comunidades Europeias*, de 28 de junho de 1996, proc. T-500/93, que *"no sistema de vias de recurso instaurado pelos artigos 90.º e 91.º do Estatuto, a ação de indemnização, que constitui uma via de direito autónoma relativamente ao recurso de anulação, não é admissível senão quando precedida de processo pré-contencioso em conformidade com as disposições do Estatuto. Este processo difere consoante o dano cuja reparação é pedida resulte de um ato que lhe cause prejuízo na aceção do artigo 90.º, n.º 2, do Estatuto ou de um comportamento da administração desprovido de natureza decisória. No primeiro caso, cabe ao interessado apresentar, nos prazos estabelecidos, uma reclamação contra o ato em causa à autoridade investida do poder de nomeação. No segundo caso, pelo contrário, o processo administrativo começa pela introdução de um requerimento na aceção do artigo 90.º, n.º 1, do Estatuto, para obter uma indemnização e prossegue, sendo caso disso, com uma reclamação contra a decisão de indeferimento do requerimento (v. Acórdão do Tribunal de Primeira Instância de 6 de julho 1995, Ojha/ /Comissão, T-36/93 ...)"*.

[214] Frise-se que no que diz respeito à determinação do momento em que o ato que causa prejuízo a um agente ocorreu, ou seja, à fixação da data a partir da qual o prazo para apresentar a reclamação deve ser calculado, há que observar que é a partir da sua assinatura que o contrato produz os seus efeitos e que, por conseguinte, pode causar prejuízo ao agente, pelo que, em princípio, é a partir dessa assinatura que há que calcular o prazo para apresentar uma reclamação em tempo útil em conformidade com disposto no artigo 90.º, n.º 2, do Estatuto [cf. Acórdão (TG) *Martínez Páramo e o. C. Comissão*, de 11 de julho de 2002, procs. apensos T-137/99 e T-18/00; (TFP) *Aayhan e o. C. Parlamento*, de 30 de abril de 2009, proc. F-65/07; e *Scheefer c. Parlamento*, de 13 de abril de 2011, proc. F-105/09, em *www.curia.europa.eu/juris*].

Por força do n.º 1 do artigo acabado de citar, o TFP é competente para decidir sobre qualquer litígio que tiver por objeto a legalidade de um ato que cause prejuízo a uma pessoa referida no Estatuto, sendo que, nos temos do artigo 90.º, n.º 2, do mesmo Estatuto, um ato que cause prejuízo consiste quer numa decisão tomada pela AIPN, quer na abstenção, por parte da referida autoridade, de tomar uma medida imposta pelo Estatuto.

Daí que o artigo 91.º, n.º 2, do Estatuto estabeleça que um recurso para o Tribunal só pode ser recebido se o funcionário tiver previamente apresentado uma reclamação à AIPN e desde que esta reclamação tenha sido objeto de decisão expressa ou tácita de indeferimento.

É que a reclamação administrativa e o seu indeferimento, tácito ou expresso, pela AIPN fazem parte integrante de um processo complexo, pelo que um recurso para o Tribunal, ainda que formalmente interposto contra o indeferimento da reclamação do funcionário, tem por efeito submeter à apreciação do Tribunal o ato lesivo contra o qual foi apresentada a reclamação. Assim, os pedidos de anulação formalmente dirigidos contra o indeferimento de uma reclamação têm por efeito submeter à apreciação do Tribunal o ato contra o qual foi apresentada tal reclamação, uma vez que são, como tais, desprovidos de conteúdo autónomo[215].

Nessa medida, tendo em conta o carácter evolutivo do processo pré-contencioso, será a fundamentação que figura na decisão de indeferimento da reclamação que deve ser tomada em consideração para o exame da legalidade do ato lesivo inicial, entendendo-se que essa fundamentação completa o referido ato[216]. Não obstante, é a legalidade do ato inicial lesivo que está em exame, e isto à luz dos fundamentos contidos na decisão de indeferimento da reclamação.

É ainda jurisprudência constante da União que, nos recursos de funcionários, os pedidos apresentados ao Tribunal não podem deixar de ter o mesmo objeto que os formulados na reclamação e, por outro lado, só podem ter fundamentos de impugnação que assentem na mesma causa que os invo-

---

[215] Cf., neste sentido, Acórdãos (TJ) *Vainker c. Parlamento*, de 17 de janeiro de 1989, proc. C-293/87; *Bossi c. Comissão*, de 14 de fevereiro de 1989, proc. C-346/87; (TG) *Camós Grau c. Comissão*, de 6 de abril de 2006, proc. T-309/03; e (TFP) *Guittet c. Comissão*, de 13 de junho de 2012, proc. F-31/10, consultáveis em *www.curia.europa.eu/juris.*

[216] *Vide*, nomeadamente, Acórdãos (TG) *Comissão c. Birkhoff*, de 9 de dezembro de 2009, proc. T-377/08 P; e (TFP) *Macchia c. Comissão*, de 13 de junho de 2012, proc. F-63/11, em *www.curia. europa.eu/juris.*

FUNÇÃO PÚBLICA

cados na reclamação[217]. Esses fundamentos de impugnação podem, perante o Tribunal, ser desenvolvidos mediante a apresentação de fundamentos e argumentos não constantes necessariamente da reclamação, mas com esta estreitamente relacionados[218].

Decorre daí que, embora as disposições dos artigos 90.º e 91.º do Estatuto dos Funcionários visem permitir uma solução amigável do diferendo entre

---

[217] Cf., nomeadamente, quanto àquilo que pode ser caracterizado como reclamação e eventual erro desculpável, o entendimento firmado pelo TFP no seu Acórdão *Beukelaer c. Comissão, cit. – www. curia.europa.eu/juris*), extraindo-se da sua linha fundamentadora que «*segundo jurisprudência constante, a qualificação jurídica exata de uma carta ou de uma nota decorre exclusivamente da apreciação do Tribunal e não da vontade das partes (v., por exemplo, despacho do Tribunal de Primeira Instância de 15 de julho de 1993*, Hogan/Parlamento, *T-115/92 ...). No caso presente, a carta de 26 de setembro de 2006 deve ser vista como uma reclamação na aceção do disposto nos artigos 90.º, n.º 2, e 91.º, n.º 2, do Estatuto. Com efeito, em primeiro lugar, importa realçar que a interessada utilizou para a referida carta um formulário de reclamação nos termos do artigo 90.º, n.º 2, do Estatuto e preencheu a rubrica "Decisão contestada" referindo "a decisão da [sua] hierarquia relativa ao REC 2005 de não [lhe] permitir aceder à certificação em virtude de uma não consideração do [s]eu trabalho de [responsável de formações informáticas] e de um erro na denominação do correspondente lugar genérico". Em segundo lugar, a carta de 26 de setembro de 2006 retoma e desenvolve uma argumentação já apresentada pela recorrente, no quadro do procedimento de recurso previsto nas DGE 43, contra a decisão impugnada. Aliás, a AIPN compreendeu que esta carta era um seguimento da contestação pela recorrente do seu REC 2005 perante o CPA, uma vez que a indeferiu expressamente como uma reclamação dirigida contra o referido REC. Em terceiro lugar, mesmo supondo que a carta de 26 de setembro de 2006 pudesse ser interpretada como um requerimento e não como uma reclamação contra a decisão impugnada, e que a requerente tivesse sido obrigada, na sequência, a anteceder o seu recurso de uma reclamação contra o indeferimento do seu pedido, o vício que tivesse afetado o procedimento pré-contencioso teria não obstante como origem um erro desculpável. Com efeito, é este o caso, nos termos da jurisprudência, quando a instituição em causa adotou um comportamento suscetível de, por si só ou de forma decisiva, provocar uma confusão admissível no espírito de um sujeito de direito de boa-fé que faça prova da diligência exigida de uma pessoa normalmente atenta. Nesse caso, a administração não pode prevalecer-se da sua própria violação dos princípios da segurança jurídica e da confiança legítima, que esteve na origem do erro cometido pelo sujeito de direito (Acórdão do Tribunal de Primeira Instância de 29 de maio de 1991*, Bayer/Comissão, *T-12/90 ...). Ora, ... na sua resposta de 21 de dezembro de 2006 à carta de 26 de setembro de 2006, a AIPN interpretou expressamente a referida carta como uma reclamação dirigida contra o REC 2005, na medida em que este recusa reconhecer à recorrente um potencial suficiente para aceder ao procedimento de certificação. Perante esta resposta, a recorrente podia legitimamente considerar que tinha cumprido as exigências do procedimento pré-contencioso previsto nos artigos 90.º e 91.º do Estatuto e que lhe era permitido interpor diretamente recurso para o Tribunal*».

[218] Cf., entre outros, os Acórdãos (TJ) *Sergy c. Comissão*, de 1 de julho de 1976, proc. C-58/75; *Geist c. Comissão*, de 20 de maio de 1987, proc. C-242/85; *Koutchoumoff c. Comissão*, de 26 de janeiro de 1989, proc. C- 224/87; *Bossi c. Comissão*, de 14 de fevereiro de 1989, proc. C-346/87; *Del Amo Martinez c. Parlamento*, de 14 de março de1989, proc. C-133/88; (TG) *Campoli c. Comissão, cit.*; (TFP) *Tsirimokos c. Parlamento*, de 13 de novembro de 2007, proc. F-76/06; *Aparicio e outro c. Comissão*, de 29 de setembro de 2009, procs. apensos F-20/08, F-34/08 e F-75/08 [*www.curia.europa.eu/juris*].

um funcionário e a sua Administração[219], não têm como objetivo vincular, de modo rigoroso e definitivo, a fase contenciosa, desde que o recurso contencioso não altere a causa nem o objeto da reclamação. Assim, nomeadamente, quando o recorrente pede na reclamação a anulação de uma decisão que lhe é desfavorável, esse pedido de anulação pode, nas circunstâncias em que se apresenta, implicar um pedido de ressarcimento do prejuízo que pode ter-lhe sido causado pela referida decisão[220].

Deve sublinhar-se, por último, que em virtude de o processo pré-contencioso ter uma natureza informal e que, em geral, os interessados agem nessa fase sem a colaboração de um advogado, a Administração não deve interpretar as reclamações de forma restritiva, devendo, pelo contrário, examiná-las com espírito de abertura.

Passando, agora, para o pressuposto processual da legitimidade processual, temos que na sua vertente ativa cumpre referir que o acesso aos meios contenciosos perante o TFP não se mostra limitado apenas aos funcionários em atividade ou em exercício de funções, porquanto aos mesmos podem lançar mão ou fazer uso os outros agentes (agentes temporários, agentes auxiliares, conselheiros especiais – cf., respetivamente, os artigos 46.º, 117.º-B, 124.º e 138.º do Regime Aplicável aos outros Agentes das Comunidades, vulgo RAA) (salvo agentes locais), os candidatos a um concurso externo[221], o cônjuge

---

[219] É que para que esse processo possa atingir o seu objetivo necessário se torna que a autoridade investida do poder de nomeação possa conhecer, de forma suficientemente precisa, as críticas formuladas pelos interessados em relação à decisão contestada.

[220] Note-se, contudo, que o TG sustentou, nomeadamente, no seu Acórdão *Y. c. Tribunal Justiça das Comunidades Europeias, cit.*, que, pese embora o pedido do recorrente de indemnização pelos danos morais pretensamente sofridos não haver sido precedido do processo pré-contencioso previsto nos artigos 90.º e 91.º do Estatuto dos Funcionários, tal não obsta ao seu conhecimento *"quando existe uma íntima conexão entre o recurso de anulação e a ação de indemnização, esta última é admissível como acessória do recurso de anulação sem que tenha de ser necessariamente precedida de um pedido do interessado convidando a AIPN a reparar o prejuízo pretensamente sofrido e de uma reclamação contra o indeferimento tácito ou expresso do pedido (Acórdãos do Tribunal de Primeira Instância de 15 de julho de 1993, Camará Alloisio e o./Comissão, T-17/90, T-28/91 e T-17/92 ... e Ojha/Comissão, supra citado)"* [www.curia.europa.eu/juris].

[221] Cf., entre outros, os Acórdãos (TJUE) *Vandevyvere c. Parlamento*, de 31 de março de 1965, proc. C-23/64; *Marenco e outros c. Comissão*, de 29 de outubro de 1975, procs. apensos C-81/74 a 88/74; *Salerno e outros c. Comissão/Conselho*, de 11 de julho de 1985, proc. C-87/77 e procs. apensos C-9/84, C-10/84, C-22/83, C-130/77; (TG) *Stagakis c. Parlamento*, de 16 de maio de 1994, proc. T-37/93; e *C. c. Comissão*, de 27 de outubro de 1994, proc. T-47/93 [www.curia.europa.eu/juris].

FUNÇÃO PÚBLICA

divorciado de um funcionário, herdeiros de funcionário/agente falecido[222], os funcionários estagiários ainda não vinculados, antigos funcionários e agentes (*v. g.*, funcionários reformados/aposentados, agentes a contrato a termo que não foi renovado)[223].

Não gozam de legitimidade ativa e, nessa medida, não beneficiam da proteção jurídica e jurisdicional do contencioso da função pública da União Europeia, nomeadamente, os agentes locais, as organizações sindicais[224], os especialistas e funcionários nacionais temporariamente deslocados (que continuam a ser remunerados pela respetiva Administração nacional), aquelas pessoas que formalmente estejam ao serviço de sociedades que tenham contratos com uma instituição da União Europeia e ainda os intérpretes independentes («*freelance*») contratados no quadro de regras de direito privado[225].

---

[222] Com efeito, e a título exemplificativo, temos que os sucessores de um funcionário falecido têm legitimidade para pedir a instituição da União uma indemnização complementar quando esta possa ser considerada responsável pela morte do funcionário e as prestações estatutárias não sejam suficientes para assegurar a plena reparação do prejuízo sofrido [cf., nomeadamente, os Acórdãos (TJ) *Leussink c. Comissão*, de 8 de outubro de 1986, procs. apensos C-169/83 e C-136/84; *Lucaccioni c. Comissão*, de 9 de setembro de 1999, proc. C-257/98; e (TFP) *Mamachi di Lusignano c. Comissão*, de 12 de maio de 2011, proc. F-50/09, consultáveis em *www.curia.europa.eu/juris*].

[223] Cf., entre outros, PAUL MAHONEY, "La Fonction Publique Européenne: une introduction: origines, caractéristiques et perspectives pour l'avenir", *cit.*, p. 33; JESÚS ÁNGEL FUENTETAJA PASTOR, *Función Pública Comunitaria, cit.*, pp. 574/575.

[224] *Vide*, nomeadamente, os Acórdãos (TJ) *Syndicat géneral du personnel des organismes europénnes c. Comissão*, de 8 de outubro de 1974, proc. C-18/74; *Maurissen e Union syndicale c. Tribunal Contas*, de 11 de maio de 1989, procs. apensos C-193/87 e C-194/87; e o despacho (TG) *International and European Public Services Organisation (IPSO) e outros c. BCE*, de 18 de abril de 2002, proc. T-238/00, consultáveis em *www.curia.europa.eu/juris/*. Para uma crítica a este entendimento jurisprudencial, veja-se GEORGES VANDERSANDEN/AMI BARAV, in *Contentieux Communautaire*, Bruylant, p. 367.

[225] *Vide* o Acórdão (TJ) *Mulfinger e outros c. Comissão*, de 6 de dezembro de 1989, proc. C-249/87, no qual se considerou que "*o estatuto e o RAA ... não constituem uma regulamentação exaustiva de natureza a proibir o recrutamento de pessoas fora do quadro regulamentar assim estabelecido. Pelo contrário, a capacidade reconhecida à Comissão pelos artigos 211.º e 181.º do Tratado CEE, pelos artigos 6.º e 42.º do Tratado CECA e pelos artigos 153.º e 185.º do Tratado CEEA, para estabelecer relações contratuais sujeitas ao direito de um Estado-Membro estende-se à celebração de contratos de trabalho ou de prestação de serviços. A celebração desses contratos seria, porém, ilegal se a Comunidade definisse as condições contratuais, não em função das necessidades do serviço, mas com vista a furtar-se à aplicação das disposições do Estatuto e/ou do RAA (ver Acórdão de 20 de junho de 1985, Klein, ...). (...) cabe verificar que, embora a formação linguística do pessoal tenha uma importância clara para o bom funcionamento das instituições de uma comunidade multilingue, nem por isso constitui uma das funções atribuídas pelos tratados às instituições. Nessas condições, cabe reconhecer à Comissão um poder de apreciação no que respeita ao modo mais adequado de satisfazer uma necessidade desta natureza em função do interesse do serviço. A Comissão poderia assim ter recorrido, por exemplo, aos serviços de uma empresa*

DIREITO DA UNIÃO EUROPEIA – ELEMENTOS DE DIREITO E POLÍTICAS DA UNIÃO

Quanto à legitimidade processual passiva, a mesma assiste à instituição e/ou ao organismo da União [a cujos funcionários ou agentes se aplique o Estatuto dos Funcionários e RAA ou que o seu pessoal esteja sob jurisdição dos tribunais da União] que seja o autor do ato lesivo[226] da esfera jurídica do funcionário/agente.

No que se prende com o pressuposto da capacidade judiciária neste contencioso não se descortinam particularidades, traduzindo-se na suscetibilidade/capacidade de ser parte em juízo enquanto manifestação da capacidade de exercício, da aptidão de um sujeito jurídico para produzir efeitos de direito por mera atuação pessoal, exercitando uma atividade jurídica própria.

E nesse quadro assistirá também capacidade judiciária passiva às instituições e aos organismos da União já atrás referidos.

4. Da tramitação processual relativa ao contencioso da função pública

Importa, por fim, tecer algumas breves considerações sobre o tópico em epígrafe.

A tramitação dos processos no TFP é regulada, como vimos, por disposições do Estatuto do TJ, em especial as contidas no seu anexo I, bem como pelo próprio RPTFP.

Em princípio, a tramitação dos processos compreende uma fase escrita e uma fase oral.

A fase escrita do processo inclui a apresentação da petição e da contestação, bem como, nas condições previstas no artigo 55.º do RPTFP de uma réplica e de uma tréplica.

Quanto às regras de apresentação dos atos processuais, importa cuidar do regime previsto nos artigos 45.º e 46.º do Regulamento em conjugação com aquilo que são as "Instruções Práticas às Partes sobre o Processo Judicial no Tribunal da Função Pública da União Europeia", bem como a decisão do TFP n.º 03/2011, tomada na reunião plenária de 20 de setembro de 2011, rela-

---

exterior para assegurar a formação linguística do seu pessoal. Ora, não se afigura que a decisão impugnada tenha ultrapassado os limites deste poder de apreciação. Com efeito, os elementos de facto apontados pelos recorrentes não são suscetíveis de provar que a Comissão tenha definido as suas condições de trabalho não em função do interesse do serviço, mas para se furtar à aplicação do estatuto ou do RAA. Por outro lado, nenhum elemento do processo permite detetar um erro manifesto na apreciação deste interesse do serviço ou no modo de a ele responder".

[226] Ou da atuação/conduta ilícita na qual se funde o recurso/ação de indemnização.

FUNÇÃO PÚBLICA

tiva à apresentação e à notificação de atos processuais através da aplicação *e-Curia*[227] (2011/C 289/08)[228]-[229].

[227] O *e-Curia* constitui uma aplicação informática comum às três jurisdições que compõem o TJUE, a qual permite a apresentação e a notificação de atos processuais por via eletrónica nos termos e condições definidos pelas decisões aprovadas por cada jurisdição.

[228] Nos termos do artigo 3.º da referida Decisão, "[u]m acto processual apresentado através de *e-Curia* é considerado o original desse acto, na acepção do artigo 34.º, n.º 1, primeiro parágrafo, do Regulamento de Processo, quando a identificação de utilizador e a palavra-passe do representante tiverem sido utilizadas para proceder à apresentação do acto. Esta identificação vale como assinatura do acto em causa", sendo que, por força do artigo 5.º "[o] momento em que um acto processual é considerado apresentado, na acepção do artigo 34.º, n.º 3, do Regulamento de Processo, é o da validação, pelo representante, da apresentação desse acto. A hora tida em conta é a hora do Grão--Ducado do Luxemburgo".

Por força do artigo 6.º, "[o]s actos processuais, incluindo os acórdãos e despachos, são notificados através de *e-Curia* aos representantes das partes quando tenham aceite expressamente este modo de notificação ou, no âmbito de um processo, quando tenham aceite este modo de notificação apresentando um acto processual através de e-Curia. Os actos processuais são igualmente notificados através de *e-Curia* aos Estados-Membros, às outras partes no Acordo sobre o Espaço Económico Europeu e às instituições, órgãos ou organismos da União que tenham aceite este modo de notificação" e, face ao preceituado no artigo 7.º, "[o]s destinatários das notificações referidas no artigo anterior são avisados, por correio electrónico, de quaisquer notificações que lhes sejam dirigidas através de *e-Curia*. O ato processual considera-se notificado no momento em que o destinatário (representante ou assistente deste último) pede o acesso a esse acto. Na falta de pedido de acesso, considera-se que o acto foi notificado no termo do sétimo dia seguinte ao do envio do correio electrónico de aviso. Quando uma parte é representada por vários agentes ou advogados, o momento tido em conta para calcular os prazos é o do primeiro pedido de acesso. A hora tida em conta é a hora do Grão-Ducado do Luxemburgo".

Importa, ainda, ter presente que o aludido artigo 34.º do anterior RPTFP corresponde ao atual artigo 45.º do RPTFP, o qual dispõe que "[t]odos os atos processuais devem ser datados. Tendo em conta os prazos processuais, apenas a data e a hora da apresentação do original na Secretaria são tomadas em consideração. É anexado aos atos processuais um dossiê que contém as peças e documentos em apoio, acompanhado de uma relação dos mesmos. Se, dado o volume de uma peça ou documento, apenas forem anexados aos autos extratos da mesma, a peça ou documento integral, ou uma sua cópia completa, deve ser entregue na Secretaria. As instituições devem apresentar, além disso, nos prazos fixados pelo Tribunal, traduções dos atos processuais de que sejam autoras, nas restantes línguas indicadas no artigo 1.º do Regulamento n.º 1 do Conselho, de 15 de abril de 1958, relativo à fixação do regime linguístico da Comunidade Económica Europeia" (n.º 1), que "[o] original de qualquer ato processual na sua versão em papel deve conter a assinatura manuscrita do agente ou do advogado da parte. Esse ato, acompanhado de todos os anexos nele mencionados, deve ser apresentado em cinco cópias destinadas ao Tribunal e em tantas cópias quantas as partes no processo. Essas cópias são autenticadas pela parte que as apresentar. Em derrogação ao disposto no n.º 1, primeiro parágrafo, segundo período, a data e a hora em que uma cópia do original assinado de um ato processual, incluindo a relação das peças e documentos referida no n.º 1, segundo parágrafo, dá entrada na Secretaria por telecopiador são tomadas em consideração para efeitos do respeito dos prazos processuais, na condição de o original assinado do ato, acompanhado dos ane-

Uma petição com os requisitos definidos e exigidos pelo artigo 50.º do RPTFP[230]-[231] é redigida por um advogado e dirigida à Secretaria do TFP, dando assim início à instância.

xos e das cópias referidos no n.º 1, segundo parágrafo, ser apresentado na Secretaria, o mais tardar, dez dias depois da receção da cópia do original. O artigo 38.º não é aplicável a este prazo de dez dias" (n.º 2), sendo que "[o] Tribunal determina, por decisão, as condições em que se considera que um ato processual transmitido à Secretaria por via eletrónica constitui o original desse ato. Essa decisão é publicada no *Jornal Oficial da União Europeia*" (n.º 3).

[229] Cf., em matéria de prática de ato processual através do envio por telecópia, nomeadamente, os Despachos (TFP) *Marcuccio c. Comissão*, proc. F-95/12, *cit.*; *Marcuccio c. Comissão*, proc. F-113/11, *cit.*; *Marcuccio c. Comissão*, de 7 de novembro de 2013, proc. F-94/12, consultáveis em *www.curia.europa. eu/juris/*.

Veja-se, ainda, o entendimento firmado pelo TJ no Acórdão *Bell & Ross BV c. IHMI*, de 22 de setembro de 2011, proc. C-426/10, quando se sustentou, e passa-se a citar, que "*o Tribunal Geral deu por provado que o original assinado da petição tinha dado entrada na Secretaria do Tribunal Geral fora de prazo. O Tribunal Geral observou, ainda, no n.º 28 desse despacho, que a não apresentação do original assinado da petição dentro do prazo não figura entre os casos de regularização das petições previstos nos pontos 55 a 59 das Instruções Práticas às Partes. É pacífico que o original da petição só deu entrada na Secretaria do Tribunal Geral após o termo do prazo de recurso. ... Ora, o artigo 43.º, n.º 1, do Regulamento de Processo do Tribunal Geral exige que seja apresentado o original de qualquer ato processual assinado pelo advogado da parte. Segundo o artigo 43.º, n.º 6, desse Regulamento de Processo, a data em que uma cópia do original assinado de um ato processual dá entrada, por telecópia, na Secretaria do Tribunal Geral só é tomada em consideração, para efeitos do respeito pelos prazos processuais, se o original assinado do ato for apresentado, o mais tardar, dez dias após a receção da telecópia. A falta de apresentação do original assinado da petição não faz parte dos vícios sanáveis nos termos do artigo 44.º, n.º 6, do Regulamento de Processo do Tribunal Geral. Assim, uma petição não assinada por um advogado é afetada por um vício suscetível de conduzir à inadmissibilidade do recurso no termo dos prazos processuais e não pode ser objeto de regularização (v., neste sentido, despacho de 27 de novembro de 2007, Diy--Mar Insaat Sanayi ve Ticaret e Akar/Comissão, C-163/07 P). Cumpre sublinhar que a aplicação estrita dessas regras processuais corresponde à exigência de segurança jurídica e à necessidade de evitar qualquer discriminação ou tratamento arbitrário na administração da justiça. Em conformidade com o artigo 45.º, segundo parágrafo, do Estatuto do Tribunal de Justiça, só pode haver exceções aos prazos processuais em circunstâncias excecionais de caso fortuito ou de força maior (v., neste sentido, nomeadamente, Acórdão de 26 de novembro de 1985, Cockerill-Sambre/Comissão, 42/85,..., e despacho de 8 de novembro de 2007, Bélgica/Comissão, C-242/07 P*".

[230] Dispõe-se no artigo 50.º do RPTFP que "[a] petição referida no artigo 21.º do Estatuto deve conter: *a)* o nome e o domicílio do demandante; *b)* a indicação da qualidade e da morada do signatário; *c)* a designação da parte contra a qual o pedido é apresentado; *d)* o objeto do litígio e os pedidos do demandante; *e)* uma exposição clara dos factos pertinentes, apresentados por ordem cronológica, bem como uma exposição circunstanciada, precisa e estruturada dos fundamentos e argumentos de direito invocados; *f)* os oferecimentos de provas, se a tal houver lugar" (n.º 1), que "[s]ão juntos à petição, sendo caso disso: *a)* o ato cuja anulação é pedida; *b)* a reclamação referida no artigo 90.º, n.º 2, do Estatuto dos Funcionários e a decisão de resposta à reclamação, com indicação das datas de apresentação e de notificação" (n.º 2), que "[p]ara efeitos do processo, a petição deve conter: – a escolha de domicílio, indicando o nome da pessoa autorizada a receber todas as notificações, – ou o

FUNÇÃO PÚBLICA

Em matéria de distribuição/atribuição de processos importa ter em atenção o disposto nos artigos 4.º do Anexo I do Estatuto do TJ e 13.º, n.º 2, e 52.º do RPTFP, e ter presente aquilo que é denominado como *"critérios de atribuição dos processos às secções"* que são alvo de publicação do *JOUE*[232].

Admitida que seja a petição e feita a sua distribuição/atribuição (secção e juiz-relator) (cf. artigo 52.º), o secretário notifica-a à parte contrária (cf. artigos 36.º e 51.º), que dispõe do prazo de dois meses para apresentar uma contestação que deverá observar o estabelecido no artigo 53.º do Regulamento.

Em aplicação dos artigos 7.º, n.º 3, do anexo I do Estatuto e 55.º do RPTFP, o TFP pode decidir, oficiosamente ou na sequência de pedido do demandante devidamente fundamentado, que "é necessária uma segunda troca de articulados escritos para completar os autos" (cf. n.º 1 do artigo 55.º) (apresentação de réplica e tréplica)[233], podendo o mesmo *"limitar a segunda troca de articulados às questões de direito ou de facto por ele precisadas"*, sendo que, tal como já atrás fomos avançando, qualquer pessoa que demonstre ter interesse na resolução de um litígio submetido ao TFP, bem como as instituições da União e os Estados-Membros podem intervir no processo mediante a dedução do incidente de intervenção no qual o interveniente apresenta um articulado em que expõe as razões por que entende que os pedidos de uma

---

consentimento do advogado do demandante em receber as notificações pela via eletrónica referida no artigo 36.º, n.º 4, ou por telecopiador, – ou ainda os três modos de comunicação das notificações, acima referidos" (n.º 3), sendo que "[s]e a petição não preencher os requisitos referidos no n.º 3 e enquanto não se proceder à sua regularização, todas as notificações à parte em questão, para efeitos do processo, são feitas por meio de envio postal registado, dirigido ao representante da parte. Em derrogação ao disposto no artigo 36.º, n.º 1, a notificação é tida por regularmente feita no momento da entrega do envio postal registado numa estação de correios do local onde o Tribunal tem a sua sede" (n.º 4) e "[s]e a petição não preencher os requisitos enumerados no artigo 45.º, n.º 1, segundo e terceiro parágrafos, no artigo 45.º, n.º 2, segundo parágrafo, no artigo 46.º, ou no n.º 1, alíneas *a*), *b*) e *c*), no n.º 2, ou no n.º 5 do presente artigo, o secretário fixa ao demandante um prazo para efeitos de regularização. Na falta dessa regularização no prazo fixado, o Tribunal decide se a inobservância desses requisitos determina a inadmissibilidade formal da petição" (n.º 6), para além de que "[o] advogado do demandante deverá juntar à petição o documento referido no artigo 31.º, n.º 2" (n.º 5).

[231] Veja-se quanto à possibilidade de regularização da petição inicial o disposto no artigo 50.º do RPTFP.

[232] Cf., a título de exemplo, os critérios de atribuição definidos pelo TFP (2008/C 272/04) e (2011/C 311/04).

[233] Nos termos do artigo 56.º do RPTFP (anterior artigo 43.º) é proibido deduzir fundamentos novos após a primeira apresentação de articulados (petição/contestação), a menos que assentem em elementos de direito e de facto que se tenham revelado durante o processo.

das partes devem ser deferidos ou indeferidos, articulado esse a que estas últimas podem em seguida responder.

Nos termos do artigo 58.º temos que após a última apresentação de articulados pelas partes o presidente da formação de julgamento fixa a data em que o juiz-relator deve apresentar ao Tribunal um relatório preliminar, peça essa que deve conter *"propostas sobre a questão de saber se o processo requer a adoção de medidas de organização do processo ou de diligências de instrução, sobre a eventual omissão de audiência, sobre as possibilidades de resolução amigável do litígio, bem como sobre a eventual remessa do processo ao Tribunal Pleno, à secção de cinco juízes ou ao juiz-relator decidindo como juiz singular"* e que é submetida a decisão pelo Tribunal.

Durante a fase oral realiza-se normalmente uma audiência pública, no decurso da qual os juízes podem fazer perguntas aos representantes das partes e, se for caso disso, às próprias partes. Para o efeito, o juiz-relator elabora um relatório preparatório da audiência que contém os elementos essenciais do processo e indica os aspetos em que as partes devem concentrar as suas alegações, sendo que essa peça é posta à disposição do público na língua do processo (cf. artigos 59.º a 66.º do Regulamento).

Incumbe, em princípio, ao juiz-relator[234], a menos que este submeta a questão ao Tribunal em razão do alcance das medidas previstas ou da importância destas para a solução do litígio a definição das medidas de organização do processo[235] (podem ser tomadas ou alteradas em qualquer fase do processo), sendo que as diligências de instrução[236] são decididas pelo Tribunal (cf. artigo 71.º).

Ambas têm por objetivo garantir, nas melhores condições, a instrução dos processos, a respetiva tramitação e a resolução dos litígios.

Em matéria de julgamento, a decisão é, por regra, em coletivo e tomada por deliberação baseada no projeto de acórdão elaborado pelo juiz-relator, sendo que o acórdão é proferido em audiência pública e deverá observar o que se disciplina nos artigos 93.º e 94.º do RPTFP[237].

---

[234] Por força do n.º 3 do artigo 69.º do Regulamento "[c]ada uma das partes pode propor a adoção ou a alteração de medidas de organização do processo".

[235] Cf. artigos 67.º, 68.º e 69.º do RPTFP (anteriores artigos 55.º e 56.º).

[236] Cf., em matéria de diligências de instrução, suas regras de produção e de realização, bem como dos meios de prova admitidos (*v. g.*, testemunhal, pericial, documental, inspeção judicial), o disposto nos artigos 70.º a 79.º do RPTFP (anteriores artigos 57.º a 67.º).

[237] Dispõe o artigo 94.º que "[o]acórdão deve conter: – a indicação de que é proferido pelo Tribunal, – a indicação da formação de julgamento, – a data em que é proferido, – o nome do presidente e dos

FUNÇÃO PÚBLICA

As decisões proferidas pelo TFP podem, no prazo de dois meses, ser objeto de recurso, sem efeito suspensivo e limitado às questões de direito, para o TG (cf. artigos 11.º a 13.º do anexo I do Estatuto TJ, 98.º do RPTFP), sendo que as decisões deste podem ser alvo de reapreciação no quadro do regime previsto nos artigos 191.º, 193.º, 195.º do RPTJ.

Uma das especificidades do RPTFP prende-se com o mecanismo da *"resolução amigável dos litígios"*[238] (cf. artigos 90.º a 92.º)[239], o qual pode ter lugar em qualquer fase do processo, incluindo a partir da apresentação da petição.

Com efeito, de harmonia com o previsto no artigo 90.º, "[o] Tribunal pode, em qualquer fase do processo, examinar as possibilidades de resolução amigável de todo ou de parte do litígio entre o demandante e o demandado. O Tribunal encarrega o juiz-relator, coadjuvado pelo secretário, de tentar obter a resolução amigável do litígio" (n.º 1), sendo que "[o] juiz-relator pode propor uma ou várias soluções suscetíveis de pôr termo ao diferendo, tomar as medidas adequadas com vista a facilitar a sua resolução amigável e executar as medidas que decidiu para o efeito. Pode, designadamente: – convidar as partes a fornecerem informações, – convidar as partes a apresentarem documentos, – convidar para reuniões os representantes das partes, as próprias partes ou qualquer funcionário ou agente da instituição habilitado a negociar um eventual acordo, – por ocasião das reuniões referidas no terceiro travessão, ter contactos separados com cada uma das partes, se estas o consentirem, – propor às partes a designação de um mediador" (n.º 2),

---

juízes que participaram nas deliberações, com indicação do juiz-relator, – o nome do secretário, – a indicação das partes, – o nome dos agentes, consultores ou advogados das partes, – os pedidos das partes, – sendo caso disso, a data da audiência, – a exposição sumária dos factos, – os fundamentos, – a parte decisória, incluindo a decisão relativa às despesas".

Quanto ao conteúdo e ao teor do despacho rege o que se mostra previsto no artigo 96.º do Regulamento.

E em matéria de produção de efeitos da força obrigatória das decisões do Tribunal atente-se no teor do artigo 98.º do mesmo Regulamento.

[238] Para maiores desenvolvimentos em torno deste interessante mecanismo processual, seu âmbito, objetivos e campos de aplicação tendencialmente privilegiados, vejam-se, entre outros, GEORGES VANDERSANDEN, "La procédure et les voies de recours", *cit.*, pp. 116 a 120, e "Le contentieux de la fonction publique de l'Union Européenne: décision judiciare ou règlement amiable?", in *CDE*, n.º 5/6 (2010), pp. 569 e segs., em especial, pp. 577-585; e SEAN VAN RAEPENBUSCH, "L'apport jurisprudential du tribunal de la function publique de l'Union Européenne", in *La Fonction Publique Communautaire. Nouvelles Règles et Développements Contentieux (2008)*, *ob. cit.*, pp. 144 a 148.

[239] Correspondente aos artigos 68.º a 70.º do anterior RPTFP.

DIREITO DA UNIÃO EUROPEIA – ELEMENTOS DE DIREITO E POLÍTICAS DA UNIÃO

mecanismo este que é válido também para os processos cautelares ("medidas provisórias") (cf. n.º 3 do artigo 90.º).

Caso e quando demandante e demandado "chegarem a acordo, perante o juiz-relator, sobre a solução que põe termo ao litígio, as modalidades desse acordo podem ser consignadas num documento assinado pelo juiz-relator e pelo secretário. Este documento é notificado às partes e constitui documento autêntico. O processo é cancelado no registo, por despacho fundamentado do presidente[240]. O presidente verifica, a pedido do demandante e do demandado, as modalidades do acordo no despacho de cancelamento" (cf. artigo 91.º)[241].

Note-se que nos termos do artigo 92.º do Regulamento, "[o] Tribunal e as partes não podem utilizar, no âmbito do processo jurisdicional, as opiniões expressas, as sugestões formuladas, as propostas apresentadas, as concessões feitas ou os documentos elaborados para efeitos da resolução amigável".

Frise-se, por fim, que o processo no TFP não está isento de custas, disciplinando-se a matéria de despesas e encargos do processo no Capítulo VIII do Regulamento (cf. artigos 100.º a 109.º – anteriores artigos 86.º a 94.º)[242], na certeza de que uma parte que não tenha possibilidade de suportar as despesas da instância pode pedir apoio judiciário [cf. Capítulo IX (artigos 110.º a 114.º) – anteriores artigos 95.º a 98.º].

---

[240] Reporta-se ao presidente da formação de julgamento [cf. artigos 1.º, n.º 2, alínea *b*), e 91.º do RPTFP].

[241] A título de exemplo prático de decisão proferida no quadro do citado normativo, veja-se o despacho do Presidente (TFP/1.ª secção) *M. c. Agência Europeia do Medicamento*, de 28 de fevereiro de 2013, proc. F-47/12, consultável em *www.curia.europa.eu/juris/*.

[242] Cf., sobre esta matéria, nomeadamente, HARIS TAGARAS, "Le Tribunal de la Fonction Publique et la question des dépens", in Mélanges em hommage à Georges Vandersanden – Promenades au sein du droit européen, *ob. cit.*, pp. 971 e segs.

Capítulo IV
Fronteiras, Vistos, Asilo e Imigração

NUNO PIÇARRA

Introdução

O espaço de liberdade, segurança e justiça (ELSJ) caracteriza-se primordialmente como espaço sem controlos de pessoas na passagem das fronteiras comuns dos Estados-Membros, *i. e.*, as fronteiras internas da União Europeia. Circula-se nele, portanto, como no interior de um só Estado, devendo o controlo de pessoas e a vigilância nas fronteiras externas ser suficientemente eficaz para que tal espaço se possa manter e desenvolver sem défices de segurança.

Não surpreende, por isso, que o TFUE, no normativo dedicado ao ELSJ (Título V da Parte III, relativa às «Políticas e ações internas da União»), comece por tratar da «Política relativa aos controlos nas fronteiras» (Capítulo 2), sem prejuízo de a designação que utiliza não ser a mais adequada para traduzir a substância de tal política. É a conclusão a que forçosamente se chega tendo em conta que, nos termos do artigo 67.º, n.º 2, do TFUE, incluído no Capítulo 1 relativo às «Disposições gerais» sobre o ELSJ, "a União assegura a *ausência de controlos* de pessoas *nas fronteiras internas* e desenvolve uma política comum em matéria de asilo, de imigração e de controlo das fronteiras externas (...)" (ênfase acrescentada) e que aquela atribuição da União é também a primeira a ser reiterada no artigo 77.º. Neste texto prefere-se, portanto, a expressão «política de fronteiras» ou simplesmente «fronteiras».

Começa-se pela análise das bases constitucionais desta política, constantes, no essencial, do artigo 77.º do TFUE, conjugado com o artigo 80.º. Este dispositivo transversal determina, na primeira parte, que tal política e a sua execução se norteiam pelo "princípio da solidariedade e da partilha equitativa de responsabilidades entre os Estados-Membros, inclusive no plano financeiro".

A seguir, examinam-se os principais atos infraconstitucionais – no essencial, de natureza legislativa[1] – adotados pela União em desenvolvimento da política de fronteiras. Por determinação do artigo 80.º, segunda parte, tais atos devem conter, "sempre que necessário", "medidas adequadas para a aplicação desse princípio"[2].

1. O artigo 77.º do TFUE

1.1. O impacto do artigo 77.º na identidade da União e dos Estados-Membros

O artigo 77.º do TFUE, na parte em que atribui à União Europeia competência para desenvolver "uma política que visa assegurar a ausência de quaisquer controlos de pessoas, independentemente da sua nacionalidade, na passagem das fronteiras internas" e para "assegurar o controlo de pessoas e a vigilância eficaz na passagem das fronteiras externas", introduzindo "gradualmente um sistema integrado de gestão" destas (n.º 1), reporta-se a um elemento estruturante do ELSJ que tem as mais fundas implicações para a caracterização quer da União Europeia, quer dos seus Estados-Membros e, por conseguinte, do próprio projeto de integração europeia no estádio atual.

---

[1] Nos termos do artigo 289.º, n.º 3, do TFUE, "[o]s actos jurídicos adoptados por processo legislativo constituem actos legislativos". Resulta, assim, desta disposição que o conceito de ato legislativo da União Europeia é meramente formal e procedimental. Isto não obsta, todavia, a que qualquer desses atos, pelo menos na hipótese de ter por destinatários pessoas singulares ou coletivas, ou de lhes dizer direta e individualmente respeito, seja contenciosamente impugnado junto do Tribunal Geral da União Europeia, ao abrigo das disposições conjugadas dos artigos 256.º, n.º 1, e 263.º, 4.º a 6.º §§, do TFUE. Para maiores desenvolvimentos, ver NUNO PIÇARRA, "Sobre a repartição de competência no Tribunal de Justiça da União Europeia", in *Revista do Ministério Público*, n.º 133, 2013, pp. 32-34 e bibliografia aí citada.

[2] Para um comentário ao artigo 80.º do TFUE, ver NUNO PIÇARRA, *in* Manuel Lopes Porto e Gonçalo Anastácio (coord.), *Tratado de Lisboa. Anotado e Comentado*, Coimbra, 2012, pp. 419-424.

FRONTEIRAS, VISTOS, ASILO E IMIGRAÇÃO

Com efeito, é da essência do Estado soberano que se consolida na Europa ao longo do século XIX a reivindicação da competência exclusiva para controlar a circulação de pessoas e bens através das suas fronteiras terrestres, marítimas e aéreas (*jus includendi et excludendi*)[3]. Ora, ao renunciarem, em princípio, a essa prerrogativa nas fronteiras comuns – as denominadas fronteiras internas da União Europeia –, apenas a conservando em relação às fronteiras externas (com países terceiros), os Estados-Membros provocaram uma considerável mutação nas suas identidades tradicionais de Estados soberanos: tal renúncia redunda, de algum modo, na "colocação em comum" de um dos elementos constitutivos da estadualidade, *i. e.*, o território[4]. Essas fronteiras comuns ou internas, na medida em que se suprime o controlo sistemático das pessoas que as atravessam, perdem claramente importância simbólica enquanto "lugares de diferenciação" entre os Estados-Membros[5].

Por sua vez, ao converter a União Europeia num "espaço" (conjunto de territórios) dentro do qual se circula normalmente como no interior de um só Estado – isto é, sem controlos fronteiriços[6] –, conferindo-lhe competência para (*i*) uniformizar o regime aplicável a esses controlos, assim deslocados para as fronteiras externas, e (*ii*) coordenar, através de uma instância central específica, a indispensável cooperação operacional entre as autoridades nacionais competentes para a aplicação daquele regime (elemento fulcral do "sistema integrado de gestão das fronteiras externas"), o artigo 77.º do TFUE aproxima-a de uma federação, dotando-a de uma fronteira externa coletiva, a defender e eventualmente a fortalecer. A União Europeia vê-se,

---

[3] Salientando o carácter relativamente recente do *jus includendi et excludendi* como "dogma central da soberania contemporânea", ver FERRUCCIO PASTORE, "Visas, Borders, Immigration: Formation, Structure and Current Evolution of the EU Entry Control System", *in* Neil Walker (edit.), *Europe's Area of Freedom, Security and Justice*, Oxford, 2004, p. 90.

[4] Na definição que se faz remontar a Georg Jellinek, o Estado é definido como um povo, fixado num território de que é senhor, e dentro de cujas fronteiras institui, por autoridade própria, órgãos que elaboram as leis necessárias à vida coletiva e impõem a respetiva execução; para uma síntese, ver DIOGO FREITAS DO AMARAL, "Estado", in *Polis – Enciclopédia Verbo da Sociedade e do Estado*, vol. 2, Lisboa/São Paulo, 1984, pp. 1127 e segs.

[5] Neste sentido, ELSPETH GUILD, *The Legal Elements of European Identity. EU Citizenship and Migration Law*, Haia, 2004, p. 24. A Autora considera também que, na União Europeia, o significado das fronteiras entre os Estados-Membros e o seu lugar, no que respeita à soberania, tornaram-se cada vez mais fragmentários e difíceis de identificar (p. 3).

[6] Como se verá *infra*, o conceito de controlo fronteiriço engloba tanto o "controlo de pessoas" como a "vigilância", referidos pelo artigo 77.º, n.º 1, alínea *b*).

DIREITO DA UNIÃO EUROPEIA – ELEMENTOS DE DIREITO E POLÍTICAS DA UNIÃO

pois, diretamente envolvida nas questões políticas altamente sensíveis de identidade, controlo e segurança imbricadas no conceito de fronteira[7].

O processo de fixação das fronteiras – também designado pelo neologismo «fronteirização» – da própria União Europeia reforça a sua transformação numa entidade política autónoma, já que por detrás de uma fronteira está sempre uma comunidade política. Mas distingue-se nitidamente, e deve continuar a distinguir-se, do processo de «fronteirização» verificado nos Estados-Membros, historicamente ligado à guerra e à proteção contra a invasão externa. Na União Europeia, tal processo está, antes, ligado ao controlo dos fluxos imigratórios crescentes que para ela se dirigem[8]. É por isso que, do exterior, a União é frequentemente vista como a «Fortaleza Europa».

1.2. Espaço sem controlos de pessoas nas fronteiras internas e mercado interno: antes e depois do Tratado de Lisboa

Por força do artigo 3.º do TUE, na redação dada pelo Tratado de Lisboa, "a ausência de controlos de pessoas, independentemente da sua nacionalidade, na passagem das fronteiras internas", tal como o próprio ELSJ – de que essa "ausência de controlos" constitui o "núcleo duro" –, deixaram de poder considerar-se, como até então, uma mera decorrência do estabelecimento do mercado interno – definido desde o Acto Único Europeu como "um espaço sem fronteiras internas no qual a livre circulação das mercadorias, das pessoas, dos serviços e dos capitais é assegurada" (artigo 26.º, n.º 2, do TFUE)[9]. Por outras palavras, o "espaço sem controlos nas fronteiras internas" já não

---

[7] Neste sentido MALCOLM ANDERSON e DIDIER BIGO, "What are EU Frontiers for and what do they mean?", *in* Kees Groenendijk *et al.* (org.), *In Search of Europe's Borders*, Haia, 2003, p. 7.

[8] Neste sentido, SARAH WOLFF e RICARD ZAPATA-BARRERO, "Border Management: impacting on the construction of the EU as a Polity", *in* Sarah Wolff *et al.*, *Freedom, Security and Justice after Lisbon and Stockholm*, Haia, 2011, pp. 132-133. Como bem observa, por seu lado, GALINA CORNELISSE, "What's wrong with Schengen? Border Disputes and the Nature of Integration in the Area without Internal Borders", in *Common Market Law Review*, vol. 51, n.º 3, 2014, p. 21, precisamente porque a integração europeia neste domínio não se pretende constitutiva de um Estado, não deve recorrer--se às modalidades através das quais o Estado-Nação define e protege tradicionalmente as suas fronteiras como critério de avaliação dos sucessos e dos fracassos daquela integração.

[9] Tal como recorda ANTÓNIO VITORINO em comentário ao artigo 67.º, in *Tratado de Lisboa. Anotado e Comentado, ob. cit.*, p. 371, a cooperação europeia no domínio da justiça e dos assuntos internos "foi formalmente introduzida pelo Tratado de Maastricht (...) como complemento da construção do Mercado Interno".

248

FRONTEIRAS, VISTOS, ASILO E IMIGRAÇÃO

pode ser simplesmente considerado como aquilo que faltava para o pleno estabelecimento do mercado interno[10].

Na verdade, o artigo 3.º do TUE, afastando-se do disposto não só no anterior artigo 2.º[11], mas também no artigo I-3.º do malogrado Tratado que estabelecia uma Constituição para a Europa (TCE)[12], veio dar prioridade ao objetivo da União de "proporciona[r] aos seus cidadãos um espaço de liberdade, segurança e justiça sem fronteiras internas, em que seja assegurada a livre circulação de pessoas, em conjugação com medidas adequadas em matéria de controlos na fronteira externa, de asilo e imigração, bem como de prevenção da criminalidade e de combate a este fenómeno" (n.º 2), sobre o objetivo do estabelecimento do mercado interno (n.º 3)[13].

Noutra perspetiva, ao inverter a anterior ordem de prioridades – que representa também a inversão da relação entre atribuições económicas e atribuições políticas da União Europeia[14] –, o artigo 3.º do TUE deixa claro que o espaço sem controlos nas fronteiras internas, em que a União se converteu, embora não na sua totalidade, constitui agora um *prius* e também o enquadramento geral não só para *(i)* o exercício das liberdades de circulação e de permanência no território dos Estados-Membros inerentes à cidadania europeia, previstas pelo artigo 45.º da CDFUE e pelas disposições do TFUE

---

[10] No sentido, porém, de que a eliminação do controlo fronteiriço nas fronteiras internas da União Europeia excederia a finalidade do estabelecimento do mercado interno, pronunciou-se PHILIPPE SCHMITTER, "A Comunidade Europeia: uma forma nova de dominação política", in *Análise Social*, vol. XXVII, n.ºs 118/119, 1992, p. 746. Independentemente da sustentabilidade teórica desta posição, a verdade é que, na década de 80 do século XX, registaram-se fortes e eficazes pressões da parte de muitos agentes económicos transnacionais sobre os governos de vários Estados-Membros no sentido da eliminação do controlo naquelas fronteiras, em nome, precisamente, da realização do mercado interno; para maiores desenvolvimentos, ver NUNO PIÇARRA, "A crise nas fronteiras (dos Estados-Membros) da União Europeia: causas e soluções", *in* Jorge Bacelar Gouveia e Nuno Piçarra, *A Crise e o Direito*, Coimbra, 2013, pp. 149-153.

[11] Cf. o 2.º e o 4.º travessões do artigo 2.º do TCE.

[12] De acordo com o n.º 2 deste artigo do TCE, "a União proporciona aos seus cidadãos um espaço de liberdade, segurança e justiça sem fronteiras internas e um mercado interno em que a concorrência é livre e não falseada".

[13] Note-se que o artigo 77.º, n.º 4, confirma que é metafórica a definição tanto do ELSJ como do mercado interno como um "espaço sem fronteiras internas", ao excluir qualquer competência da União Europeia para a "definição geográfica" das fronteiras (internas e externas) dos Estados-Membros. Na verdade, a supressão das fronteiras internas acarretaria a supressão dos próprios Estados-Membros, ao "fundir" um dos seus elementos estruturantes, *i. e.*, um território demarcado por fronteiras.

[14] Neste sentido, ver MARCELO REBELO DE SOUSA em anotação ao artigo 3.º do TFUE, in *Tratado de Lisboa. Anotado e Comentado, cit.*, p. 31.

para que esse artigo remete, mas também para *(ii)* o exercício das liberdades fundamentais do mercado interno, previstas pelo artigo 15.º da Carta e pelas disposições do mesmo tratado que as concretizam. Tais liberdades só adquirem o seu pleno sentido se exercidas num espaço sem controlos nas fronteiras internas.

Ao contrário do que se verificava antes da entrada em vigor do Tratado de Lisboa, é, pois, o mercado interno que agora constitui uma decorrência ou um corolário do ELSJ.

1.3. As diferenças que persistem entre a União Europeia como espaço sem controlos nas fronteiras internas e os Estados federais

Mesmo no domínio das fronteiras, referente nuclear do ELSJ, continua a ser muito clara a distinção entre a União Europeia e um Estado federal.

Em primeiro lugar, na União Europeia, ao contrário do que se verifica na generalidade dos Estados federais, o controlo fronteiriço não é levado a cabo por uma autoridade policial central que se tivesse substituído às polícias de fronteira dos Estados-Membros ou, pelo menos, que partilhe competências com elas[15]. Continua, antes, a ser essencialmente efetuado pelos guardas de fronteiras nacionais, tendo apenas sido criada uma instância central de coordenação – a Agência Europeia de Gestão da Cooperação Operacional nas Fronteiras Externas dos Estados-Membros da União Europeia (Frontex), adiante analisada. De mais a mais, no atual quadro normativo de base da União é controversa a viabilidade de fazer evoluir a Frontex para uma verdadeira polícia de fronteiras da União Europeia[16].

Em segundo lugar, embora "[a]s fronteiras internas [possam] ser transpostas em qualquer local sem que se proceda ao controlo das pessoas, independentemente da sua nacionalidade", "em caso de ameaça grave à ordem pública ou à segurança interna de um Estado-Membro no espaço sem controlos nas fronteiras internas, esse Estado pode reintroduzir, a título excepcional, o controlo em todas ou algumas partes específicas das suas fronteiras

---

[15] Como é o caso da Suíça, em que a competência para o controlo fronteiriço se reparte entre as polícias de diversos cantões e o Corpo dos Guardas de Fronteira federal; ver o *JOUE* C 331, de 31 de dezembro de 2008, p. 15.

[16] No sentido da inviabilidade pronuncia-se expressamente STEVE PEERS, *EU Justice and Home Affairs Law*, 3.ª ed., Oxford, 2011, pp. 156 e 221, invocando os limites que o artigo 72.º do TFUE colocaria à atribuição de competência à União Europeia para adotar medidas coercivas e defendendo, portanto, que a competência da Frontex deve manter-se limitada a apoiar ações das polícias de fronteira nacionais.

internas, por um período limitado" (artigos 23.º e segs. do Código das Fronteiras Schengen – CFS), nos termos adiante analisados. Isto representa um acentuado contraste em relação aos Estados federados, que não dispõem de tal prerrogativa.

Em terceiro lugar, acentuando o contraste com uma federação, dois Estados-Membros – o Reino Unido e a Irlanda – ficaram dispensados, nos termos, respetivamente, do Protocolo n.º 20, relativo à aplicação a ambos de certos aspetos dos artigos 26.º e 77.º do TFUE, e do Protocolo n.º 19, relativo ao acervo de Schengen integrado no âmbito da União Europeia[17], de *(i)* suprimir os controlos de pessoas nas suas fronteiras internas, em cumprimento do artigo 77.º, n.º 1, alínea *a)* do TFUE, e de *(ii)* controlar as suas fronteiras externas em conformidade com o CFS, no quadro do sistema integrado de gestão dessas fronteiras[18].

Representa ainda um elemento de contraste com uma federação o facto de, apesar de todos os outros Estados-Membros (bem como todos aqueles que venham a aderir à União Europeia) estarem vinculados, nos termos do artigo 7.º do Protocolo n.º 19, a integrar-se plenamente no espaço sem controlos nas fronteiras internas, quatro Estados-Membros – Bulgária, Chipre, Croácia e Roménia – permanecerem fora desse espaço, por o Conselho ainda não ter tomado a seu respeito a necessária decisão unânime, determinando a supressão dos controlos nas fronteiras internas com os restantes Estados integrados naquele espaço.

Se, no caso da Croácia, tal não é de estranhar dado que apenas se tornou membro da União Europeia em 1 de julho de 2013, o mesmo não poderá dizer-se em relação à Bulgária e à Roménia, Estados-Membros desde 1 de janeiro de 2007. E isto tanto mais que, relativamente a ambos já se encontra concluída, segundo os procedimentos de avaliação em vigor, a necessária verificação prévia do cumprimento dessas condições, prevista pelo artigo 4.º, n.º 2, do Ato de Adesão, de 25 de abril de 2005[19]. A razão é puramente polí-

---

[17] Estes protocolos, com a redação que lhes foi dada pelo Tratado de Lisboa, encontram-se anexados ao TUE e ao TFUE. Sobre eles, ver NUNO PIÇARRA, "O Tratado de Lisboa e o Espaço de Liberdade, Segurança e Justiça", *in* Nuno Piçarra (coord.), *A União Europeia segundo o Tratado de Lisboa. Aspectos Centrais*, Almedina, Coimbra, 2013 (reimpressão), pp. 144 e segs.

[18] Como recorda PHILIPPE SCHMITTER, "A Comunidade Europeia: uma forma nova de dominação política", *cit.*, p. 750, "normalmente, nos sistemas federais as subunidades gozam dos mesmos direitos e têm as mesmas obrigações".

[19] Disso mesmo dá conta, por último, o considerando 28 do Regulamento (UE) n.º 1053/2013, de 7 de outubro de 2013, que cria um mecanismo de avaliação e de monitorização para verificar a

DIREITO DA UNIÃO EUROPEIA – ELEMENTOS DE DIREITO E POLÍTICAS DA UNIÃO

tica, prendendo-se com a desconfiança, aparentemente infundada, da parte de alguns Estados-Membros quanto à efetividade dos controlos efetuados nas fronteiras externas búlgaras e romenas[20].

Quanto a Chipre, Estado-Membro desde 1 de maio de 2004, a sua não integração no espaço sem controlos nas fronteiras internas explica-se pela circunstância de o governo cipriota não "exercer um controlo efetivo" sobre a parte do território da ilha ocupada pela Turquia desde 1974 – onde, portanto, a aplicação do direito da União Europeia se encontra suspensa, nos termos do Protocolo n.º 10 ao Ato de Adesão de 16 de abril de 2003. Estando essa zona apartada da zona sobre a qual o governo cipriota "exerce um controlo efetivo" por uma "faixa de separação" que não constitui uma fronteira externa da União Europeia, não pode ser-lhe aplicado o regime relativo ao controlo e à vigilância de tais fronteiras, constante do CFS, mas apenas as "normas mínimas" previstas pelo Regulamento (CE) n.º 866/2004, de 29 de abril de 2004, adotado com base naquele Protocolo[21]. É, em suma, a impossibilidade (temporária) para Chipre de aplicar o CFS a uma parte das suas fronteiras externas que determina a não supressão dos controlos de pessoas

aplicação do acervo de Schengen e que revoga a Decisão do Comité Executivo de 16 de setembro de 1998, relativa à criação de uma comissão permanente de avaliação e de aplicação de Schengen. O quarto relatório semestral sobre o funcionamento do espaço Schengen de 1 de maio de 2013 a 31 de outubro de 2013, apresentado pela Comissão ao Parlamento Europeu e ao Conselho em 28 de novembro de 2013, COM(2013) 832 final, p. 6, regista significativamente, por seu lado, que "após o Conselho ter concluído, em junho de 2011, que tanto a Bulgária como a Roménia preenchem os critérios para aplicar plenamente o acervo de Schengen, foram implementadas medidas adicionais susceptíveis de facilitar a sua adesão. O Conselho não *conseguiu*, contudo, tomar uma decisão para suprimir os controlos nas fronteiras internas com estes países. A Comissão continua a apoiar plenamente a adesão da Bulgária e da Roménia ao espaço Schengen, bem como os esforços da Presidência nesse sentido" (ênfase acrescentada).

[20] Neste sentido, ver STEVE PEERS, *The Future of the Schengen System*, publicação do Instituto Sueco de Estudos de Política Europeia, relatório n.º 6, 2013, p. 12, disponível em *www.sieps.se*.

[21] Em contrapartida, na fronteira comum entre as zonas da ilha de Chipre em que o Reino Unido exerce soberania e a zona sobre a qual o governo cipriota exerce controlo efetivo não é exigido a este último que proceda a quaisquer controlos de pessoas, nos termos do artigo 5.º, n.º 1, do Protocolo n.º 3 ao Ato de Adesão de 16 de abril de 2003. O Reino Unido, por seu lado, deve efetuar os controlos de pessoas que atravessam as fronteiras externas dessas suas zonas de soberania de acordo com as regras previstas na Parte IV do Anexo àquele protocolo (artigo 5.º, n.º 2) – e não, curiosamente, de acordo com o seu direito nacional, como sucede em relação às fronteiras do seu próprio território, ao abrigo do mencionado Protocolo n.º 20.

FRONTEIRAS, VISTOS, ASILO E IMIGRAÇÃO

nas suas fronteiras comuns (apenas aéreas e marítimas, dada a sua insularidade) com os restantes Estados-Membros[22].

Constitui, finalmente, elemento de contraste entre a União Europeia enquanto espaço sem controlos nas fronteiras internas e uma federação o facto de estarem integrados neste espaço, através de acordos de direito internacional, quatro Estados que não são membros da União Europeia – Islândia e Noruega, por um lado, e Suíça e Liechtenstein, por outro –, devido às especiais relações que cada um deles mantém com determinados Estados-Membros[23].

1.4. Supressão dos controlos nas fronteiras internas e medidas de integração positiva

Como já reconheciam os antecessores do artigo 77.º, que a tal respeito retomaram a lógica dos acordos de Schengen[24] – principal modelo do ELSJ –, a integração negativa resultante da supressão dos controlos de pessoas nas fronteiras internas da União Europeia implica necessariamente a adoção de um conjunto de medidas de integração positiva, a começar pela harmonização da legislação em matéria de "controlo de pessoas e vigilância eficaz da passagem das fronteiras externas"[25]. Por outras palavras, o objetivo de desenvolvimento da União Europeia enquanto espaço sem controlos nas fronteiras internas acarreta exigências de restrições mais coordenadas à entrada nesse espaço de indivíduos e produtos indesejáveis: criminosos, terroristas,

---

[22] Sobre o caso de Chipre, ver também ELSPETH GUILD, *The Legal Elements of European Identity, cit.*, pp. 23 e 186.

[23] Para maiores desenvolvimentos ver NUNO PIÇARRA, "Direito da União Europeia: o Espaço de Liberdade, Segurança e Justiça. Relatório com o programa, os conteúdos e os métodos de ensino da cadeira", in *Themis – Revista da Faculdade de Direito da Universidade Nova de Lisboa*, Ano X, n.º 19, 2010, pp. 274 e segs.

[24] Ver NUNO PIÇARRA, "Direito da União Europeia: o Espaço de Liberdade, Segurança e Justiça. Relatório com o programa, os conteúdos e os métodos de ensino da cadeira", *cit.*, pp. 255 e segs. e pp. 354-355, e bibliografia aí citada.

[25] O próprio TJUE o reconheceu expressamente no Acórdão de 21 de setembro de 1999, processo-crime contra Florus Ariël Wijsenbeek, proc. C-378/97, n.ºs 40 e 42, segundo o qual a obrigação, para os Estados-Membros, de suprimir os controlos de pessoas nas fronteiras internas da União "*pressupõe a harmonização das legislações nacionais em matéria de passagem das fronteiras externas, de imigração, de concessão de vistos, de asilo e de troca de informações sobre estas questões*". Para maiores desenvolvimentos sobre este acórdão – ver NUNO PIÇARRA, "A crise nas fronteiras (dos Estados-Membros) da União Europeia: causas e soluções", *cit.*, pp. 156 e segs.

DIREITO DA UNIÃO EUROPEIA – ELEMENTOS DE DIREITO E POLÍTICAS DA UNIÃO

imigrantes ilegais, droga, etc., com vista a protegê-lo no seu conjunto[26]. O n.º 2 do artigo 77.º contempla algumas dessas medidas de integração positiva, para além da harmonização, *rectius*, uniformização, dos "controlos a que são submetidas as pessoas que transpõem as fronteiras externas" [alínea *b*)], levada a cabo, como já se disse, pelo CFS.

A primeira é a "política comum de vistos e outros títulos de residência de curta duração" [alínea *a*)], encarada neste contexto como consubstanciando um controlo de pessoas a montante das fronteiras externas da União Europeia, *i. e.*, realizado pelas autoridades diplomáticas ou consulares dos Estados-Membros nos países terceiros cujos nacionais estão sujeitos à obrigação de obterem um tal visto para transporem essas fronteiras[27].

A segunda medida de integração positiva é a determinação das "condições aplicáveis à livre circulação de nacionais de países terceiros na União durante um período curto" [alínea *c*)]. Ao contrário do previsto pelo anterior artigo 62.º, n.º 3, do Tratado de Roma, este preceito permite ao legislador da União Europeia optar por um período "superior a três meses", traduzindo--se, nesta medida, numa flexibilização da correspondente competência. Até à data, porém, o legislador, por óbvias razões de certeza e de segurança, limitou-se a substituir esse período pelo de 90 dias.

As disposições que dão cumprimento ao artigo 77.º, n.º 2, alínea *c*), encontram-se atualmente dispersas por dois diplomas.

Por um lado, no Capítulo IV do Título II da Convenção de Schengen (revisto pelo Regulamento (UE) n.º 610/2013, de 26 de junho de 2013), cuja epígrafe é, precisamente, "Condições de circulação de estrangeiros", denominação dada por aquela Convenção aos nacionais de países terceiros e não retomada pelo direito da União Europeia.

Daí resulta que *(i)* os nacionais de países terceiros sujeitos à obrigação de visto de curta duração que tenham entrado legalmente na União Europeia podem "circular livremente" no conjunto dos territórios dos Estados--Membros em cujas fronteiras comuns os controlos de pessoas foram suprimidos "durante o período de validade do visto", desde que se mantenham as condições exigidas para a sua permanência legal; *(ii)* os nacionais de países terceiros não sujeitos à obrigação de visto podem circular livremente no

---

[26] Assim, Philippe Schmitter, "A Comunidade Europeia: uma forma nova de dominação política", *cit.*, p. 766.

[27] Neste sentido, ver Sophie Garcia-Jourdain, *L'Émergence d'un Espace Européen de Liberté, de Sécurité et de Justice*, Bruxelas, 2005, p. 199.

FRONTEIRAS, VISTOS, ASILO E IMIGRAÇÃO

mesmo espaço "por um período máximo de 90 dias num período de 180 dias"[28], desde que continuem a preencher as condições de entrada exigidas; *(iii)* os nacionais de países terceiros detentores de um título de residência ou de uma autorização provisória de residência, emitidos por um Estado-Membro, bem como de um documento de viagem, podem circular livremente no mesmo espaço também "durante um período máximo de 90 dias num período de 180 dias" (artigos 19.º a 21.º). Do mesmo capítulo da Convenção de Schengen (artigo 22.º) resulta ainda que os nacionais de países terceiros regularmente entrados no território de um Estado-Membro podem ser obrigados a declarar esse facto às autoridades competentes, quer logo no momento da entrada, quer num prazo de três dias úteis a contar da data de entrada, nos termos do direito nacional aplicável.

O outro diploma a dar cumprimento ao artigo 77.º, n.º 2, alínea *c)*, do TFUE é a Diretiva 2008/115/CE, de 16 de dezembro de 2008, relativa a normas e procedimentos comuns nos Estados-Membros para o "regresso", *rectius*, a expulsão ou o afastamento de nacionais de países terceiros em situação irregular na União Europeia, que substituiu os artigos 23.º e 24.º da Convenção de Schengen.

A terceira medida de integração positiva a referir neste contexto é a "introdução gradual de um sistema integrado de gestão das fronteiras externas", ficando o legislador da União habilitado a tomar "qualquer medida necessária" para o efeito [artigo 77.º, n.º 2, alínea *d)*]. Visto que, mesmo na ausência de uma base expressa na anterior versão do Tratado de Roma, foi possível criar um dos elementos nucleares de tal sistema – a Frontex –, o preceito em causa não deve ser interpretado de modo a nada acrescentar à competência da União Europeia em matéria de política de fronteiras. A sua correta interpretação vai, pois, no sentido de que constitui base jurídica adequada para a criação, no momento próprio, constatadas deficiências inultrapassáveis das "capacidades nacionais", de uma verdadeira polícia de fronteiras da União Europeia, irredutível à mera "combinação das partes nacionais" ou a simples unidades de fronteira multinacionais colocadas sob coordenação daquela. Esta futura polícia não pressupõe necessariamente a existência *de jure* de um verdadeiro e próprio território da União Europeia que, sobrepondo-se ao dos Estados-Membros, delimite o seu âmbito espacial de competência de modo autónomo em relação aos das polícias de fronteira estaduais e lhe permita dotar-se e exercer todas as prerrogativas destas últimas.

---

[28] Sobre a interpretação deste segmento normativo, ver, *infra*, I.2.4.

DIREITO DA UNIÃO EUROPEIA – ELEMENTOS DE DIREITO E POLÍTICAS DA UNIÃO

Seja como for, não se afigura que do artigo 72.º do TFUE – onde se estabelece genérica e algo retoricamente (para não dizer redundantemente) que o Título V da Parte III do TFUE em análise "não prejudica o exercício das responsabilidades que incumbem aos Estados-Membros em matéria de manutenção da ordem pública e de garantia da segurança interna" – ou do artigo 4.º, n.º 2, segunda parte, do TUE (de que o primeiro constitui corolário) – nos termos do qual "a União respeita as funções essenciais do Estado, nomeadamente as que se destinam a garantir a integridade territorial, a manter a ordem pública e a salvaguardar a segurança nacional"[29] –, possam extrair-se argumentos suscetíveis de demonstrar que tais preceitos vedam uma evolução do "sistema integrado de gestão das fronteiras externas" no sentido da criação de um verdadeiro corpo europeu de guardas de fronteira, ou de um "sistema europeu de guardas de fronteira", para utilizar a expressão mais cautelosa do Programa de Estocolmo (ponto 5.1.). É aliás neste sentido que a Agência Frontex tem evoluído por via legislativa, como se verá *infra*.

Reforça *a contrario* esta conclusão o facto de o artigo 77.º não conter a tal respeito uma disposição homóloga da que consta do artigo 88.º, dedicado à Europol, nos termos de cujo n.º 3, *in fine*, "a aplicação de medidas coercivas releva exclusivamente das autoridades nacionais competentes"[30].

Seja como for, até à data, o artigo 77.º, n.º 2, alínea *d*), apenas foi utilizado como base jurídica para a adoção do Regulamento (UE) n.º 1052/2013, de 22 de outubro de 2013, que cria o Sistema Europeu de Vigilância das Fronteiras (Eurosur), para efeitos do intercâmbio de informações entre os Estados-

---

[29] Note-se que o Tratado de Lisboa, depois de retomar integralmente no artigo 4.º, n.º 2, do TUE o disposto no artigo I-5.º, n.º 2, do TCE, acrescentou-lhe ainda um segmento nos termos do qual "em especial, a segurança nacional continua a ser da exclusiva responsabilidade de cada Estado-Membro". Todavia, numa União caracterizada como espaço sem controlos nas fronteiras internas – onde, por isso mesmo, a segurança interna de cada Estado-Membro começa no exterior do respetivo território – este novo segmento é essencialmente reflexo de uma autocompreensão soberanista, algo ilusória, da parte dos Estados-Membros que fizeram finca-pé no aditamento. Na verdade, tal segmento não pode escamotear as necessidades acrescidas de cooperação operacional e de partilha de informações entre todos os Estados-Membros integrados no espaço sem controlos nas fronteiras internas, muito em particular no domínio da segurança nacional. Esta, num tal espaço, já não pode ser *de facto*, goste-se ou não, "da exclusiva responsabilidade de cada Estado-Membro"; para maiores desenvolvimentos ver NUNO PIÇARRA, "O Tratado de Lisboa e o Espaço de Liberdade, Segurança e Justiça", *cit.*, p. 138.

[30] Para maiores desenvolvimentos sobre a noção de "sistema integrado de gestão das fronteiras externas" ver ROBERTA MUNGIANU, "Frontex: Towards a Common Policy on External Border Controls", in *European Journal of Migration and Law*, vol. 15, n.º 4, pp. 365-366.

FRONTEIRAS, VISTOS, ASILO E IMIGRAÇÃO

-Membros e a Frontex, destinado a aumentar a capacidade de reação nas fronteiras externas, adiante analisado.

1.5. O artigo 77.º, n.º 3, e as novas competências atribuída à União em matéria de passaportes, bilhetes de identidade e títulos de residência
O n.º 3 do artigo 77.º não fazia parte do que esteve na origem deste – o artigo III-265.º do Tratado que estabelecia uma Constituição para a Europa. O preceito em análise retomou, antes, o disposto nos n.ºˢ 2 e 3 do artigo III--125.º deste último Tratado (inserido num capítulo sobre não discriminação e cidadania), que conferiam expressamente competência ao legislador da União para estabelecer "medidas relativas aos passaportes, aos bilhetes de identidade, às autorizações de residência ou a qualquer outro documento equiparado, bem como medidas respeitantes à segurança social ou à protecção social", "para facilitar o exercício do direito (...) de livre circulação e de livre permanência de qualquer cidadão da União (...), sem que para tal a Constituição tenha previsto poderes de acção".

Ao invés, na redação imediatamente anterior à que lhe deu o Tratado de Lisboa, um preceito incluído na Parte II do Tratado de Roma (então dedicada apenas à cidadania da União) – o artigo 18.º, n.º 3 – privava taxativamente a União Europeia daquela competência. E isto, mesmo que a adoção das correspondentes medidas se revelasse necessária para facilitar o direito então garantido pelo artigo 18.º, n.º 1, aos cidadãos da União – *i. e.,* "qualquer pessoa que tenha a nacionalidade de um Estado-Membro" – de circularem e permanecerem livremente no território dos Estados-Membros de que não são nacionais, "sem prejuízo das limitações e condições previstas no presente Tratado e nas disposições adoptadas em sua aplicação".

O artigo 18.º, n.º 3, não foi, todavia, entendido nem pelo legislador da União nem pelo TJUE como estabelecendo uma proibição geral de adoção de normas em matéria de passaportes e documentos de viagem[31]. Na ver-

---

[31] Como observou o Advogado-Geral Paolo Mengozzi, nas conclusões apresentadas em 13 de junho de 2013 no Acórdão *Michael Schwarz contra Stadt Bochum*, proc. C-291/12, n.º 15, o objetivo do artigo 18.º, n.º 3, era unicamente excluir que uma legislação da União Europeia relativa aos passaportes e documentos de viagem pudesse ser aprovada com base nas disposições do Tratado relativas à cidadania europeia e, mais exatamente, com fundamento no artigo 18.º, n.º 2 – que, na ausência de outra base jurídica, habilitava o legislador a adotar disposições necessárias para facilitar o exercício do direito garantido aos cidadãos da União pelo artigo 18.º, n.º 1, "de circular e permanecer livremente no território dos Estados-Membros".

DIREITO DA UNIÃO EUROPEIA – ELEMENTOS DE DIREITO E POLÍTICAS DA UNIÃO

dade, com base no anterior artigo 62.º, ponto 2, alínea *a*)[32] [antecessor do já analisado artigo 77.º, n.º 2, alínea *b*)], foi aprovado o Regulamento (CE) n.º 2252/2004, de 13 de dezembro de 2004, que estabelece normas para os dispositivos de segurança e dados biométricos dos passaportes e documentos de viagem emitidos pelos Estados-Membros, entretanto revisto pelo Regulamento (CE) n.º 444/2009, de 6 de maio de 2009[33].

Aí se determina que tais documentos, obrigatoriamente emitidos a título individual pela autoridade nacional competente, incluam "um suporte de armazenamento de alta segurança" com uma imagem facial e duas impressões digitais dos seus titulares, registadas em formatos interoperáveis. Determinadas categorias de pessoas, como os menores, ficam isentas da sujeição à recolha de tais dados biométricos pelas competentes autoridades nacionais. O objetivo desta legislação é a maior *segurança* dos documentos em causa, a proteção contra a sua falsificação ou utilização fraudulenta e o estabelecimento de um nexo mais fiável entre eles e o seu titular (2.º e 3.º considerandos)[34].

Confrontado com a questão prejudicial de saber se os referidos regulamentos podiam ser adotados com base no artigo 62.º, ponto 2, alínea *a*),

---

[32] Nos termos do qual o legislador da União Europeia estava vinculado a adotar "medidas relativas à passagem das fronteiras externas (...) que conterão as normas e processos a seguir pelos Estados-Membros para a realização dos controlos de pessoas nessas fronteiras".

[33] Estes diplomas excluem expressamente do seu âmbito de aplicação os "bilhetes de identidade emitidos pelos Estados-Membros aos respectivos cidadãos" e os "passaportes e documentos de viagem temporários de validade igual ou inferior a 12 meses" (artigo 1.º, n.º 3). A exclusão dos bilhetes de identidade explica-se pelo facto de estes não poderem ser utilizados pelos seus portadores para transpor as fronteiras externas da União Europeia, mas apenas as fronteiras internas que não se encontrem desativadas. Como recorda Elspeth Guild, *The Legal Elements of European Identity*, *cit.*, p. 25, o passaporte internacionalmente reconhecido, que prova o estatuto de nacional de um determinado Estado, continua a constituir requisito indispensável para a passagem das "fronteiras de soberania".

[34] Apesar de os considerandos dos Regulamentos (CE) n.º 2252/2004, de 13 de dezembro de 2004, e n.º 449/2009, de 29 de abril de 2009, o omitirem, tais diplomas foram também aprovados com o objetivo de dotar os cidadãos da União Europeia, no seu conjunto, de documentos de viagem considerados seguros pela administração norte-americana e, nessa medida, garantir que esta não lhes viesse a exigir visto de curta duração para entrar no território dos Estados Unidos da América; cf. Steve Peers, *EU Justice and Home Affairs Law*, *cit.*, p. 152. O anexo ao Regulamento (CE) n.º 2252/2004, intitulado "Normas mínimas de segurança dos passaportes e documentos de viagem emitidos pelos Estados-Membros", foi objeto do acórdão prejudicial de interpretação do TJUE, *U contra Stadt Bochum*, de 2 de outubro de 2014, proc. C-101/13, que precisou uma série de regras relativas à página de dados pessoais de leitura ótica que tais passaportes e documentos de viagem obrigatoriamente incluem.

FRONTEIRAS, VISTOS, ASILO E IMIGRAÇÃO

"dado que esta disposição não refere expressamente a competência para regular questões relativas aos passaportes e aos documentos de viagem emitidos aos cidadãos da União", o TJUE pronunciou-se no sentido de que, destinando-se os controlos realizados nas fronteiras externas da União Europeia, contemplados por aquele preceito, a verificar a identidade das pessoas que as pretendam transpor e implicando tal verificação, necessariamente, a apresentação de documentos de viagem suscetíveis de comprovar essa identidade, o legislador podia, com base no mesmo preceito, adotar regras sobre esses documentos e, em especial, sobre passaportes. Por outro lado, segundo o TJUE, o facto de os titulares destes serem cidadãos da União Europeia em nada punha em causa tal conclusão. Com efeito, referindo-se o artigo 62.º, ponto 2, alínea *a)*, a «controlos de "pessoas", sem mais explicações», segue-se que tal preceito "devia visar não só os nacionais de países terceiros mas também os cidadãos da União e, consequentemente, os respetivos passaportes"[35].

Sob este prisma, resulta claro que a novidade do artigo 77.º, n.º 3, não está na *atribuição expressa* à União Europeia de competência para estabelecer regras de segurança sobre passaportes e documentos de viagem emitidos pelos Estados-Membros, com o objetivo de permitir a aferição mais fácil e fiável da autenticidade destes documentos e da identidade dos cidadãos da União seus titulares e, por conseguinte, de melhorar a eficácia dos controlos a que são submetidos ao transporem as fronteiras externas – competência que já se extraía implicitamente do anterior artigo 62.º, ponto 2, alínea *a)*, e continua a extrair-se do artigo 77.º, n.º 2, alínea *b)*. A novidade do artigo 77.º, n.º 3, está, antes, na atribuição expressa à União Europeia da competência – de que ela antes se encontrava taxativamente privada – para adotar, "de acordo com um processo legislativo especial", disposições não só sobre passaportes e documentos de viagem, mas também sobre "bilhetes de iden-

---

[35] Ver os Acórdãos (TJUE) *Michael Schwarz contra Stadt Bochum*, de 17 de outubro de 2013, proc. C-291/12, n.os 15 e 17-18; e *Reino Unido contra Conselho da União Europeia*, de 18 de dezembro de 2007, proc. C-137/05, n.º 65, onde o TJUE afirma que a verificação da autenticidade dos passaportes e dos outros documentos de viagem constitui *"o elemento principal dos controlos das pessoas nas fronteiras externas"*. Como se verá adiante, ao analisar o regime aplicável a esses controlos, constante do CFS, esta afirmação só pode considerar-se exata quando as pessoas controladas são cidadão da União. Em contrapartida, tratando-se de nacionais de países terceiros que não sejam "beneficiários do direito à livre circulação ao abrigo do direito da União", para utilizar a expressão do próprio CFS, a verificação da autenticidade dos seus passaportes ou outros documentos de viagem não constitui o "elemento principal" dos controlos a que tal categoria de pessoas é submetida naquelas fronteiras.

tidade, títulos de residência ou qualquer outro documento equiparado", *(i)* se tal se afigurar necessário para facilitar o exercício do direito garantido aos cidadãos da União pelo artigo 20.º, n.º 2, alínea *a)* (e também pelo artigo 21.º) de "circular e permanecer livremente no território dos Estados-Membros" – e, mais concretamente, no interior do território de qualquer Estado-Membro de que não sejam nacionais[36] – e *(ii)* "sem que para tal os Tratados tenham previsto poderes de ação".

Se a novidade do artigo 77.º, n.º 3, se limitasse à atribuição expressa à União da competência que já se extrai implicitamente do n.º 2, alínea *b)*, do mesmo artigo [tal como se extraía do seu antecessor, o artigo 62.º, ponto 2, alínea *a)*], não suscitaria quaisquer reservas a sua inserção sistemática no Título V da Parte III do TFUE, em vez de na Parte II, dedicada à "Não discriminação e cidadania da União". Estando, porém, a novidade, como se viu, por um lado, na atribuição à União Europeia da competência para adotar também disposições relativas a documentos que não podem ser normalmente

---

[36] No Acórdão *Gerardo Ruiz Zambrano contra Office national de l'emploi (ONEM)*, de 8 de março de 2011, proc. C-34/09, n.ºs 42 a 45 e parte dispositiva, o TJUE interpretou estes preceitos no sentido de que também garantem aos cidadãos da União o direito de circular e permanecer livremente no território do próprio Estado-Membro de que são nacionais, perante medidas desse Estado que tenham por efeito privá-los "do gozo efetivo do essencial dos direitos" conferidos por esse seu estatuto. Segundo o Tribunal, tal privação verifica-se nomeadamente quando, por força de semelhantes medidas, o cidadão da União seja obrigado a abandonar o "território da União" para acompanhar os seus progenitores, a cargo de quem se encontra, por ter sido negado a um destes, nacional de país terceiro, uma autorização de trabalho suscetível de lhe permitir sustentar-se a si próprio e a sua família. Como o ulterior Acórdão *Shirley McCarthy contra Secretary of State for the Home Department*, de 5 de maio de 2011, proc. C-434/09, n.º 20, veio confirmar, só em casos daquele tipo é que o TJUE interpreta os artigos 20.º, n.º 2, alínea *a)*, e 21.º do TFUE no sentido de que garantem aos cidadãos da União o direito de circular e permanecer livremente no território do próprio Estado-Membro de que são nacionais, juntamente com os membros da sua família. Com efeito, segundo o TJUE, a recusa de autorização de residência ao cônjuge, nacional de país terceiro, de uma cidadã da União no território do Estado-Membro de que esta é nacional (e do qual recebe determinadas prestações sociais) não tem por efeito obrigá-la "a abandonar o território da União". Para maiores desenvolvimentos sobre esta jurisprudência, ver DIMITRY KOCHENOV, "A Real European Citizenship: A New Jurisdiction Test; A Novel Chapter in the Development of the Union in Europe", in *Columbia Journal of European Law*, vol. 18, 2011, pp. 56 e segs.; IYIOLA SOLANKE, "Using the Citizen to Bring the Refugee In: *Gerardo Ruiz Zambrano* v *Office national de l'emploi (ONEM)*", in *The Modern Law Review*, vol. 75, 2012, pp. 101 e segs.; JEAN-YVES CARLIER, "La libre circulation des personnes dans et vers l'Union européenne", in *Journal de Droit Européen*, 2012, pp. 88 e segs.; ALESSANDRA SILVEIRA, "Cidadania e jusfundamentalidade na União Europeia – do argumento de *James Madison* à jurisprudência *Ruiz Zambrano*", in *Estudos em Homenagem ao Prof. Doutor José Joaquim Gomes Canotilho*, vol. III, Coimbra, 2012, pp. 939 e segs.

FRONTEIRAS, VISTOS, ASILO E IMIGRAÇÃO

utilizados para a passagem das fronteiras externas, como os bilhetes de identidade e os títulos de residência[37], e, por outro lado, na estrita vinculação do exercício dessa competência à efetivação do direito de os cidadãos da União circularem e permanecerem no território dos Estados-Membros cuja nacionalidade não possuem, a inserção sistemática determinada pelo Tratado de Lisboa não está isenta de críticas. Tais críticas foram, de resto, seguramente ponderadas pelo TCE, que optou pela solução contrária de inserir o preceito correspondente ao do artigo 77.º, n.º 3 (artigo III-125.º, n.º 2) no Título dedicado à não discriminação e cidadania – e não no título dedicado ao ELSJ.

A primeira crítica é óbvia: se o preceito do artigo 77.º, n.º 3, releva essencialmente da cidadania europeia e do seu primeiro corolário – o direito exclusivo de os titulares desse estatuto circularem e permanecerem no interior do território dos Estados-Membros de que não são nacionais, acompanhados pelos membros das suas famílias –, devendo, por conseguinte, ser interpretado neste contexto, então tal preceito não deveria estar integrado num artigo relativo à passagem das fronteiras externas da União Europeia e a um direito de circulação no espaço sem controlos nas fronteiras internas, por ela constituído, direito esse que não é exclusivo dos cidadãos da União.

A segunda crítica prende-se com o facto de a maioria dos preceitos do artigo 77.º, n.º 2, tal como os dos restantes artigos do Capítulo 2 em que se encontra inserido, remeter para uma legislação da União Europeia tendo exclusivamente por destinatários os nacionais de países terceiros. E mesmo aqueles preceitos que não remetem para tal legislação, como os das alíneas *b)* e *d)*, pressupõem uma distinção fundamental entre cidadãos da União e nacionais de países terceiros.

Ora, em acentuado contraste com isto, a legislação para que remete o artigo 77.º, n.º 3, só reflexamente visa os nacionais de países terceiros que forem "membros da família" de cidadãos da União, na aceção do artigo 2.º, ponto 2, da Diretiva 2004/38/CE, de 29 de abril de 2004, relativa ao direito de livre circulação e residência dos cidadãos da União e dos membros das suas famílias no território dos Estados-Membros[38]. Mais concretamente, tal

---

[37] Salientando este ponto, ver STEVE PEERS, *EU Justice and Home Affairs Law, cit.*, p. 153.
[38] Para uma análise deste diploma fundamental, ver, por exemplo, CONSTANÇA URBANO DE SOUSA, "A Diretiva n.º 2004/38/CE do Parlamento Europeu e do Conselho, de 29 de Abril de 2004, e o direito dos cidadãos comunitários ao reagrupamento familiar", in *Estudos Jurídicos e Económicos em Homenagem ao Prof. Doutor António de Sousa Franco*, vol. I, Coimbra, 2006, pp. 629 e segs.; e ELSPETH GUILD et al. (ed.) *The EU Citizenship Directive. A Commentary*, Oxford, 2014.

DIREITO DA UNIÃO EUROPEIA – ELEMENTOS DE DIREITO E POLÍTICAS DA UNIÃO

legislação só visa os nacionais de países terceiros na medida em que tenha por objeto harmonizar os documentos que os Estados-Membros lhes devam emitir enquanto membros da família de cidadãos da União (por exemplo, cartão de residência, cartão de residência permanente, ou qualquer outro documento equiparado) – e apenas para facilitar a circulação e a permanência daqueles cidadãos "no território dos Estados-Membros"[39]. Tal legislação não pode, em princípio, incidir sobre os passaportes dos familiares dos cidadãos da União abrangidos pela Diretiva 2004/38/CE, já que a competência para a sua emissão e renovação continua a caber normalmente aos Estados terceiros de que tais familiares sejam nacionais[40].

Acrescente-se que o artigo 77.º, n.º 3, tendo em conta a sua finalidade e os seus limites expressos enquanto norma de competência, não pode servir de base para a União legislar sobre os documentos que os Estados-Membros devam emitir aos nacionais de países terceiros plenamente equiparados a cidadãos da União por atos legislativos desta ou por acordos concluídos entre ela e países terceiros[41], mas que não sejam membros da família desses cidadãos, na aceção da Diretiva 2004/38/CE. E isto pela simples razão de

[39] Recorde-se que, nos termos da Diretiva 2004/38/CE, os cidadãos da União que residam num Estado-Membro de que não são nacionais não carecem, para o efeito, de ser titulares de qualquer documento não exigido aos nacionais desse Estado-Membro (ver os artigos 8.º e 19.º). Só os seus familiares nacionais de países terceiros devem ser titulares, consoante o caso, de um cartão de residência ou de um cartão de residência permanente (ver os artigos 9.º e 20.º). Em rigor, portanto, dos documentos mencionados pelo artigo 77.º, n.º 3, apenas os "títulos de residência ou qualquer outro documento equiparado", na medida em que coincidam com o cartão de residência e o cartão de residência permanente, previstos pela Diretiva 2004/38/CE, têm nacionais de países terceiros por destinatários exclusivos. Na União Europeia a autorização de residência – documento normalmente emitido pelos Estados a todo e qualquer estrangeiro autorizado a permanecer no respetivo território – já só é emitida pelos Estados-Membros a nacionais de países terceiros.

[40] Tratando-se, em contrapartida, dos passaportes dos cidadãos da União, na medida em que podem ser usados para efeitos dos artigos 20.º, n.º 2, alínea *a*), e 21.º, em conjugação com a Diretiva 2004/38/CE (ver os artigos 5.º, n.º 1, e 6.º), é perfeitamente concebível que a União adote com base no artigo 77.º, n.º 3, disposições harmonizadoras sobre, por exemplo, o modelo ou formato de tais passaportes, com vista a facilitar o direito de circulação e de permanência daqueles cidadãos nos Estados-Membros de que não são nacionais. O artigo 77.º, n.º 3, pode assim tornar-se a base jurídica para a revisão ou a substituição das resoluções dos representantes dos governos dos Estados-Membros reunidos no Conselho, de 23 de junho de 1981, de 30 de junho de 1982, de 14 de julho de 1986, de 10 de julho de 1995 e de 8 de junho de 2004, relativas à introdução do passaporte normalizado.

[41] Como se verá *infra*, não é exatamente o caso dos nacionais de países terceiros titulares do estatuto de residentes de longa duração [artigo 79.º, n.º 2, alínea *b*)].

FRONTEIRAS, VISTOS, ASILO E IMIGRAÇÃO

que tal em nada contribuiria para facilitar o exercício do direito garantido pelos artigos 20.º, n.º 2, alínea *a)*, e 21.º, que tem por destinatários exclusivos, repita-se, os cidadãos da União Europeia[42].

A controversa inserção sistemática do n.º 3 do artigo 77.º terá ficado a dever-se à exigência do Reino Unido de, através da inclusão desta nova competência da União no Título V da Parte III do TFUE, tornar-lhe extensivo o direito que lhe assiste ao abrigo do Protocolo n.º 21, relativo à sua posição e à da Irlanda em relação ao ELSJ, de não ficar vinculado pelos atos adotados no exercício de tal competência. Do ponto de vista estritamente jurídico, a exigência não faz muito sentido, uma vez que a competência em causa deve ser exercida através de processo legislativo especial em que o Conselho delibera por unanimidade, após consulta ao Parlamento Europeu, mantendo, portanto, os Estados-Membros um direito de veto (que o Reino Unido nunca teve, em geral, problemas em exercer).

A este propósito, é de registar ainda o facto algo irónico de o Reino Unido ter impugnado sem sucesso, junto do TJUE, a decisão do Conselho de não o autorizar a participar na adoção do Regulamento (CE) n.º 2252/2004, de 13 de dezembro de 2004, baseando-se no artigo 5.º da anterior versão do Protocolo n.º 19, relativo ao acervo de Schengen integrado no âmbito da União Europeia[43].

A delimitação do âmbito e da finalidade do artigo 77.º, n.º 3, leva a concluir que a revisão ou a substituição do Regulamento (CE) n.º 2252/2004, na medida em que disciplina a segurança dos passaportes e outros documentos de viagem emitidos pelos Estados-Membros para efeitos da passagem das fronteiras externas da União Europeia, não deverá basear-se naquele preceito mas sim no artigo 77.º, n.º 2, alínea *b)*. Tal revisão ou substituição far-se-á, portanto, por processo legislativo ordinário, ao contrário do que sucederia se devesse chegar-se à conclusão contrária, que imporia, como se viu, o recurso a um processo legislativo especial[44].

---

[42] No mesmo sentido, STEVE PEERS, *EU Justice and Home Affairs Law, cit.*, p. 154.

[43] Ver o citado Acórdão *Reino Unido contra Conselho*.

[44] Em sentido contrário, ver CARL OTTO LENZ e KLAUS-DIETER BORCHARDT (org.), *EU-Verträge. Kommentar nach dem Vertrag von Lissabon*, Colónia, 2010, p. 1059, onde se defende, mas sem fundamentação bastante, que o artigo 77.º, n.º 3, deve agora constituir a base jurídica para a revisão ou para a substituição do citado Regulamento (CE) n.º 2252/2004.

DIREITO DA UNIÃO EUROPEIA – ELEMENTOS DE DIREITO E POLÍTICAS DA UNIÃO

1.6. O Protocolo n.º 23 sobre as relações externas dos Estados-Membros no que respeita à passagem das fronteiras externas: a controvérsia quanto à sua interpretação

A propósito do artigo 77.º, resta finalmente acrescentar que, por causa do disposto no Protocolo n.º 23, anterior ao Tratado de Lisboa, não é líquido que, tal como o imporia o artigo 3.º, n.º 2, do TFUE[45], a União possa adquirir competência exclusiva para negociar e celebrar acordos com países terceiros em matéria de passagem das fronteiras externas, mesmo depois de ter uniformizado a legislação aplicável. O entendimento de que o Protocolo – ao reconhecer expressamente competência aos Estados-Membros nessa matéria – constitui uma derrogação àquele preceito do TFUE não é facilmente conciliável com a competência genérica atribuída à União Europeia pelo artigo 77.º, n.º 2, alínea *b*), para adotar "as medidas relativas aos controlos a que são submetidas as pessoas que transpõem as fronteiras externas" – e contrastante com a competência algo mais restrita que lhe atribuía o anterior artigo 62.º, ponto 2, alínea *a*) (que apenas se referia às "normas e processos a seguir pelos Estados-Membros para a realização dos controlos de pessoas nas fronteiras externas").

Com efeito, é por si mesmo evidente o impacto negativo que teria na aplicação de regras uniformizadas aprovadas pela União Europeia a conclusão de acordos com países terceiros ou organizações internacionais por parte dos Estados-Membros integrados no espaço europeu sem controlos nas fronteiras internas, mesmo que respeitando formalmente a exigência pre-

---

[45] Este preceito, que se pretende codificador da jurisprudência do TJUE sobre a delimitação da competência exclusiva da União Europeia para celebrar acordos de direito internacional e, designadamente do Acórdão de 31 de março de 1971, *Comissão contra Conselho*, mais conhecido por "Acórdão *AETR*", proc. 22/70, n.ᵒˢ 17-18 e 22, enumera os três seguintes casos: quando tal celebração *(i)* esteja prevista num ato legislativo da União; *(ii)* seja necessária para lhe dar a possibilidade de exercer a sua competência interna; *(iii)* seja suscetível de afetar regras comuns ou de alterar o alcance das mesmas. Note-se que o ELSJ constitui um domínio de competência partilhada entre a União Europeia e os Estados-Membros, nos termos do artigo 4.º, n.º 2, alínea *j*), do mesmo Tratado (com exceção da competência para promover a integração dos nacionais de países terceiros legalmente residentes, prevista pelo artigo 79.º, n.º 4). Mas, tal como dispõe o artigo 2.º, n.º 2, conjugado com o Protocolo n.º 25 e a Declaração n.º 18, também codificadores da jurisprudência do TJUE na parte em que estabeleceu o princípio da preempção – e de que o artigo 3.º, n.º 2, é corolário – "[q]uando os Tratados atribuam à União competência partilhada com os Estados-Membros em determinado domínio", estes "exercem a sua competência na medida em que a União não tenha exercido a sua". Para um comentário a todas estas disposições, ver ANTÓNIO GOUCHA SOARES, in *Tratado de Lisboa. Anotado e Comentado, ob. cit.*, pp. 204 e segs.

FRONTEIRAS, VISTOS, ASILO E IMIGRAÇÃO

vista pelo Protocolo n.º 23 no sentido de que tais acordos "se conformem com o direito da União e com os demais acordos internacionais pertinentes". Tal implicaria, desde logo, uma duplicação de regras, de fonte europeia e de fonte nacional, e também de interpretações, incompatível com a certeza e a segurança do direito e "susceptível de afectar as regras comuns ou de alterar o alcance das mesmas", na aceção do artigo 3.º, n.º 2, do TFUE.

Tudo isto milita a favor de uma interpretação do Protocolo n.º 23, no sentido de que os Estados-Membros só mantêm competência para negociar e celebrar acordos relativos à passagem das fronteiras externas enquanto a União Europeia não proceder à plena uniformização dos controlos de pessoas nelas aplicáveis, no exercício da competência que lhe atribui o artigo 77.º, n.º 2, alínea b), do TFUE. A partir do momento em que o faça, a União adquire competência exclusiva para celebrar acordos de direito internacional na matéria por força do artigo 3.º, n.º 2[46].

A esta interpretação do Protocolo n.º 23 pode, porém, objetar-se que, no limite, é suscetível de lhe retirar todo o efeito útil. Na verdade, a solução segundo a qual os Estados-Membros só mantêm competência para negociar e celebrar acordos relativos à passagem das fronteiras externas enquanto a União Europeia não proceder à uniformização dos controlos de pessoas nelas

---

[46] Neste sentido, ver Steve Peers, *EU Justice and Home Affairs Law, cit.*, pp. 222-223. Corrobora, de algum modo, esta interpretação a Declaração n.º 36 *ad* artigo 218.º do TFUE, relativa à negociação e celebração pelos Estados-Membros de acordos internacionais relativos ao ELSJ. Nela – e sem prejuízo da ausência de valor normativo autónomo, ao contrário dos protocolos – a conferência intergovernamental que aprovou o Tratado de Lisboa afirma que os Estados-Membros têm o direito de negociar e celebrar acordos com países terceiros ou organizações internacionais nos domínios abrangidos pelos Capítulos 3, 4 e 5 do Título V da Parte III (cooperação judiciária em matéria civil, cooperação judiciária em matéria penal e cooperação policial) "desde que esses acordos sejam conformes com o direito da União" – mas não nos domínios abrangidos pelo Capítulo 2, em que se insere o artigo 77.º. Esta omissão milita no sentido de que a competência reconhecida aos Estados-Membros pelo Protocolo n.º 23 para concluir, nas mesmas condições, acordos com países terceiros sobre a matéria abrangida pela alínea b) do n.º 2 do artigo 77.º deixará de existir quando a União tiver regulado exaustivamente tal matéria ao abrigo desta disposição. E isto tanto mais que uma parte da competência atribuída à União Europeia pelos preceitos dos Capítulos 3, 4 e 5, ao contrário do artigo 77.º, apenas a habilita à adoção de "regras mínimas", através das quais as correspondentes matérias não podem ser exaustivamente reguladas. Como, por seu lado, recorda o Protocolo n.º 25, relativo ao exercício das competências partilhadas, na esteira do Parecer 2/91 do TJUE de 19 de março de 1993, "quando a União toma medidas num determinado domínio, o âmbito desse exercício de competências apenas abrange os elementos regidos pelo ato da União em causa e, por conseguinte, não abrange o domínio na sua totalidade".

DIREITO DA UNIÃO EUROPEIA – ELEMENTOS DE DIREITO E POLÍTICAS DA UNIÃO

aplicáveis impor-se-ia na ausência daquele Protocolo. Não é líquido que, atingida aquela uniformização, o Protocolo em análise, que tem a mesma força vinculativa dos Tratados, possa ficar privado de qualquer eficácia derrogatória ou moduladora da competência exclusiva da União na matéria, em prol dos Estados-Membros, como se deixasse automaticamente de vigorar só por causa da referida uniformização legislativa.

2. O Código das Fronteiras da União Europeia

2.1. Evolução e âmbito material: o controlo fronteiriço e os seus executores

O chamado Código das Fronteiras Schengen (CFS) ou Código da União Europeia "relativo ao regime de passagem de pessoas nas fronteiras" consta do Regulamento (CE) n.º 562/2006, de 15 de março de 2006, em vigor desde 13 de outubro do mesmo ano. Foi setorialmente revisto em alguns aspetos cruciais, por último, pelo Regulamento (UE) n.º 1051/2013, de 22 de outubro de 2013, que veio estabelecer novas regras sobre a reintrodução temporária do controlo nas fronteiras internas em circunstâncias excecionais, em vigor desde 26 de novembro de 2013. Foi a sua sexta revisão. Menos de quatro meses antes tinha sido globalmente revisto, também em aspetos substanciais, pelo Regulamento (UE) n.º 610/2013, de 26 de junho de 2013[47].

O CFS concentra-se, naturalmente, no estabelecimento das "normas aplicáveis ao controlo de pessoas na passagem das fronteiras externas dos

---

[47] Esta revisão do CFS veio juntar-se às que lhe foram dadas *(i)* pelo Regulamento (CE) n.º 296/2008, de 11 de março de 2008, no tocante às competências de execução atribuídas à Comissão no seu âmbito (artigos 12.º, 32.º e 33.º), tendo, nessa parte, sido de novo revisto pelo Regulamento (UE) n.º 610/2013; *(ii)* pelo Regulamento (CE) n.º 81/2009, de 14 de janeiro de 2009, a propósito da utilização do Sistema de Informação sobre Vistos (VIS) em aplicação do artigo 7.º, n.º 3, relativo aos controlos de pessoas na passagem das fronteiras externas; *(iii)* pelo Código de Vistos [Regulamento (CE) n.º 810/2009, de 13 de julho de 2009], que alterou o seu Anexo V; *(iv)* pelo Regulamento (UE) n.º 265/2010, de 25 de março de 2010, no sentido de o visto de longa duração adquirir relevância para efeitos da aplicação do CFS [artigo 5.º, n.ºs 1, alínea *b)*, e 4, alínea *a)*]. As sucessivas revisões, por vezes substanciais, de diplomas legislativos tão importantes como o CFS tornam premente a adoção, ao nível da União Europeia, da técnica legislativa da republicação no *JOUE* do diploma revisto em anexo àquele que procede à sua revisão – e não apenas de "versões consolidadas" que não fazem fé, publicadas à margem daquele jornal –, sob pena de princípios como o da clareza e acessibilidade do direito, irrenunciáveis numa União fundada no princípio do Estado de direito (artigo 2.º do TUE), ficarem seriamente prejudicados.

FRONTEIRAS, VISTOS, ASILO E IMIGRAÇÃO

Estados-Membros da União Europeia"[48], a que se refere o seu artigo 1.º, 2.º §, dedicando-lhe o Título II, o mais extenso (artigos 4.º a 19.º-A), agora dividido em cinco capítulos[49]. No que toca à passagem das fronteiras internas[50], por força dos artigos 67.º, n.º 2, e 77.º, n.º 1, alínea *a*), do TFUE, o princípio é o da "ausência de controlos de pessoas, independentemente da sua nacionalidade" e, portanto, o da sua "transposição em qualquer local", reiterados nos artigos 1.º, 1.º §, e 20.º do CFS. Mesmo assim, o diploma em análise dedica o seu Título III às fronteiras internas, incluindo nele, para além do artigo 20.º e do seu corolário sobre "supressão de obstáculos ao tráfego nos pontos de passagem rodoviários de fronteiras internas" (artigo 22.º), um artigo sobre controlos no interior do território (artigo 21.º) e agora onze artigos sobre a "reintrodução temporária do controlo fronteiriço nas fronteiras internas" (artigos 23.º a 31.º).

O objeto do CFS, tal como enunciado no artigo 1.º, delimita-se materialmente a partir do conceito-chave de *controlo fronteiriço*, definido no artigo 2.º, ponto 9 (em conjugação com os pontos 10, 8 e 11), como a atividade exercida numa fronteira, nos termos e para efeitos daquele diploma. Tal atividade desdobra-se *(i)* nos controlos normalmente levados a cabo nos pontos de passagem de fronteira indicados por cada Estado-Membro (artigo 4.º)[51],

[48] De acordo com dados da Comissão, registam-se cerca de 650 milhões de passagens anuais no conjunto destas fronteiras; cf. "Comunicação sobre a migração", de 4 de maio de 2011, COM(2011) 248 final, p. 9. 182 milhões dessas passagens correspondem a entradas e saídas de nacionais de países terceiros; cf. *The Right to Leave a Country*, documento do Comissário para os Direitos do Homem do Conselho da Europa preparado por ELSPETH GUILD, 2013, in *www.commissioner.coe.int*, p. 43.

[49] Relativos, sucessivamente, à "passagem das fronteiras externas e condições de entrada" (I); ao "controlo das fronteiras externas e recusa de entrada" (II); aos "recursos humanos e meios destinados ao controlo fronteiriço e cooperação entre Estados-Membros" (III); às "regras específicas dos controlos de fronteira" (IV); às "medidas específicas em caso de deficiências graves relacionadas com o controlo nas fronteiras externas" (IV-A, embora não se perceba porque não V, uma vez que é o último do Título II, não tendo sido, portanto, intercalado entre capítulos já existentes).

[50] As definições de fronteiras internas e de fronteiras externas encontram-se, respetivamente, no ponto 1 (conjugado com os pontos 3 e 4) e no ponto 2 do artigo 2.º do CFS.

[51] A definição de ponto de passagem de fronteira, constante do ponto 8 do artigo 2.º, não pode considerar-se rigorosa, na parte em que o circunscreve às "fronteiras externas". Como já se referiu, o artigo 22.º fala em "pontos de passagem rodoviários de fronteiras internas" e o Capítulo II do Título III do CFS, ao disciplinar a "reintrodução temporária do controlo fronteiriço nas fronteiras internas", pressupõe que ele engloba tanto os controlos de fronteiras – exercidos, precisamente, nos pontos de passagem de fronteira – como a vigilância de fronteiras. O Regulamento (UE) n.º 610/2013 veio incluir entre as definições do artigo 2.º do CFS (ponto 8-A) uma nova espécie: o "ponto de passagem de fronteira partilhado", isto é, "situado no território de um Estado-Membro ou no território de um país terceiro, em que os guardas de fronteira do Estado-Membro e os guar-

DIREITO DA UNIÃO EUROPEIA - ELEMENTOS DE DIREITO E POLÍTICAS DA UNIÃO

"a fim de assegurar que as pessoas, incluindo os seus meios de transporte e objectos na sua posse, podem ser autorizadas a entrar no território dos Estados-Membros ou autorizadas a abandoná-lo"; *(ii)* na vigilância de fronteiras, exercida quer nos próprios pontos de passagem "fora dos horários de abertura fixados", quer entre esses pontos de passagem, "de modo a impedir as pessoas de iludir os controlos de fronteira" e também a "lutar contra a criminalidade transfronteiriça e tomar medidas contra pessoas que tenham atravessado ilegalmente a fronteira (artigo 12.º, n.º 1)[52].

O considerando 6 do preâmbulo, por seu lado, salienta que "o controlo fronteiriço não é efectuado exclusivamente no interesse do Estado-Membro em cujas fronteiras externas se exerce, mas no interesse de todos os Estados--Membros que suprimiram o controlo nas suas fronteiras internas [e] deverá contribuir para a luta contra a imigração clandestina e o tráfico de seres humanos".

Em ambas as modalidades em que se desdobra, o controlo fronteiriço deve ser efetuado por guardas de fronteira nacionais que sejam profissionais especializados e devidamente formados (artigo 15.º, n.º 1, 3.º §). O CFS não obriga, evidentemente, os Estados-Membros a confiarem o controlo fronteiriço a um único corpo de guardas de fronteira. Mas se vários serviços nacionais forem competentes na matéria, deve ser "assegurada uma cooperação

---

das de fronteira do país terceiro efetuam controlos de entrada e saída, um após o outro, nos termos do direito nacional e ao abrigo de um acordo bilateral". Levando à letra o disposto na parte final da definição, os guardas de fronteira do Estado-Membro em causa não seriam chamados a aplicar o CFS mas sim uma espécie de "direito nacional paralelo", o que se afigura problemático face ao âmbito e alcance do CFS, que é "diretamente aplicável" por força do artigo 288.º, 2.º §, do TFUE. A nova disposição deve pois ser interpretada em conjugação com o artigo 15.º, n.º 1, nos termos do qual "[a]s medidas de controlo fronteiriço previstas nos artigos 6.º a 13.º são executadas pelos guardas de fronteira nos termos do presente regulamento e do direito nacional". Confirma-o a nova redação do anexo VI ao CFS, ponto 1.1.4.3., ao precisar que, mesmo nos pontos de passagem de fronteira partilhados situados no território do país terceiro, os guardas de fronteira do Estado--Membro exercem as suas funções nos termos do CFS. Por força do artigo 34.º, n.º 1, alínea *b)*, os Estados-Membros são obrigados a notificar à Comissão a lista atualizada dos seus pontos de passagem de fronteira, a qual, com a entrada em vigor do Regulamento (UE) n.º 610/2013, deverá incluir também, se for o caso, os pontos de passagem de fronteira partilhados; relativamente a Portugal, ver por último *JOUE* C 275, de 24 de setembro de 2013, pp. 10-11.

[52] De acordo com o considerando 8 do preâmbulo do CFS, o controlo fronteiriço, para além dos "controlos das pessoas nos pontos de passagem de fronteira e da vigilância de fronteiras", inclui ainda a "análise dos riscos para a segurança interna e a análise das ameaças que possam afetar a segurança das fronteiras externas".

FRONTEIRAS, VISTOS, ASILO E IMIGRAÇÃO

estreita e permanente entre eles" (artigo 15.º, n.º 3, e considerando 12)[53]. Em qualquer caso, os Estados-Membros devem prever os efetivos e meios adequados em número suficiente "a fim de assegurar um nível de controlo eficiente, elevado e uniforme nas suas fronteiras externas".

O CFS complementa-se com o "Manual Prático para os guardas de fronteira (Manual Schengen)", contendo "diretrizes comuns, melhores práticas e recomendações sobre controlo fronteiriço". O Manual foi aprovado por uma Recomendação da Comissão de 6 de novembro de 2006, baseada no artigo 292.º do TFUE[54], tendo em conta a necessidade de garantir que as regras da União Europeia na matéria sejam uniformemente executadas por todas as autoridades nacionais competentes. Dado o carácter não vinculativo deste ato da Comissão, os Estados-Membros devem instruir tais autoridades no sentido de usarem o Manual como a "principal ferramenta para o desempenho das suas tarefas de controlo fronteiriço", sendo "também encorajados a utilizá-lo para efeitos de formação do pessoal que será afetado a este controlo.

O Manual Schengen foi entretanto objeto de duas revisões[55]. As importantes alterações introduzidas no CFS ao longo de 2013 implicam certamente uma nova revisão.

2.2. O Código das Fronteiras e a proteção dos direitos fundamentais: lacunas originárias e melhoramentos graduais

Tal como tem sido reiteradamente observado, existe uma tensão contínua entre a proteção dos direitos fundamentais e o desenvolvimento de qualquer regime de controlo de fronteiras, que o CFS não poderia, portanto, ignorar[56].

Nesta perspetiva, é de salientar liminarmente que, na redação dada pelo Regulamento (UE) n.º 610/2013, aquele diploma passou a incluir, muito oportunamente, um novo artigo 3.º-A, que vincula os Estados-Membros

---

[53] Ainda assim, a Comissão, no documento COM(2011) 873 final, de 12 de dezembro de 2011, p. 30, dá conta de que "em alguns Estados-Membros existem até seis autoridades diferentes envolvidas na vigilância das fronteiras marítimas, sem que existam regras claras e fluxos de trabalho para a cooperação e o intercâmbio de informações entre elas". Nos termos do artigo 34.º, n.º 1, alínea *d*), os Estados-Membros também são obrigados a notificar à Comissão a "lista dos serviços nacionais competentes em matéria de controlo fronteiriço".

[54] Trata-se do documento C(2006) 5186 final, anexo ao qual se encontra o Manual Schengen.

[55] Ver a Recomendação da Comissão de 29 de setembro de 2009 [C(2009) 7376 final] e a de 14 de dezembro de 2012 [C(2012) 9330 final].

[56] Ver, por último, STEVE PEERS, *The Future of the Schengen System, cit.*, p. 111.

DIREITO DA UNIÃO EUROPEIA – ELEMENTOS DE DIREITO E POLÍTICAS DA UNIÃO

a aplicá-lo no estrito cumprimento da CDFUE, do direito internacional, designadamente a Convenção de Genebra sobre o Estatuto dos Refugiados e das obrigações em matéria de acesso à proteção internacional, em particular, o princípio da não repulsão[57]. Segundo o novo preceito, "as decisões ao abrigo do presente regulamento devem ser tomadas caso a caso", "em conformidade com os princípios gerais do direito da União".

Ao invés, na anterior versão do CFS, apenas o artigo 6.º (que encabeça o capítulo dedicado ao controlo das fronteiras externas e à recusa de entrada) vinculava expressamente os guardas de fronteira a respeitarem "plenamente a dignidade humana", o princípio da proporcionalidade e o princípio da não discriminação "em razão do sexo, raça ou origem étnica, religião ou crença, deficiência, idade ou orientação sexual", no desempenho das suas funções.

Ora, idênticos vínculos se impõem também, forçosamente, tratando-se da aplicação das outras partes do CFS e, muito em particular, do artigo 12.º, dedicado à vigilância de fronteiras. De resto, este artigo, na sua nova redação, veio prever, por um lado, que "quem atravessar ilegalmente uma fronteira e não tiver direito a residir no território do Estado-Membro em questão deve ser detido e ficar sujeito a procedimento por força da Diretiva 2008/115/CE" (n.º 1)[58]; por outro lado, habilita a Comissão "a adoptar actos delegados nos termos do artigo 33.º no que diz respeito a medidas adicionais em matéria de vigilância" (n.º 5).

Baseando-se na anterior redação deste último preceito, o Conselho adotou a Decisão 2010/252/UE, de 26 de abril de 2010, que completa o CFS no que respeita à vigilância das fronteiras marítimas externas no contexto da cooperação operacional coordenada pela Frontex. Esta decisão permite aos guardas de fronteira, nomeadamente, intercetar, entrar a bordo, revistar e apresar o navio, revistar e deter as pessoas a bordo, bem como conduzir o navio ou as referidas pessoas para um Estado terceiro e, assim, tomar medi-

---

[57] A própria Carta contempla expressamente este princípio no seu artigo 19.º, n.º 2, nos termos do qual "ninguém pode ser afastado, expulso ou extraditado para um Estado onde corra sério risco de ser sujeito a pena de morte, a tortura ou a outros tratos ou penas desumanos ou degradantes".
[58] Esta Diretiva estabelece normas e procedimentos comuns nos Estados-Membros para o afastamento ou expulsão de nacionais de países terceiros em situação irregular. Salientando, neste contexto, que nenhuma disposição de direito da União obriga os Estados-Membros a criminalizar a passagem ilegal das fronteiras, ver STEVE PEERS, *EU Justice and Home Affairs Law, cit.*, p. 186.

das coercivas contra pessoas e navios sujeitos à soberania do Estado de que arvoram pavilhão[59].

Apesar de ter anulado a Decisão 2010/250/UE, designadamente com o fundamento de que as disposições nela contidas "permitem ingerências nos direitos fundamentais das pessoas em causa, a ponto de tornar necessária a intervenção do legislador da União", o TJUE, invocando "motivos importantes de segurança jurídica", manteve os seus efeitos jurídicos "até à entrada em vigor de uma nova regulamentação, num prazo razoável", adotada, tal como o CFS, por processo legislativo ordinário. Neste contexto, destacou a probabilidade de a solução contrária "prejudicar o bom funcionamento das operações em curso ou futuras, que são coordenadas pela Agência [Frontex], e, por conseguinte, a vigilância das fronteiras marítimas externas dos Estados-Membros"[60].

É de considerar particularmente bem-vinda a inclusão no CFS de um dispositivo transversal, como o constante do artigo 3.º-A, sobre vinculação aos direitos fundamentais para efeitos da execução e aplicação deste diploma[61],

---

[59] No Acórdão (TEDH) *Hirsi e. a. contra Itália*, de 23 de fevereiro de 2012, queixa n.º 27765/09, n.os 159 segs., o Tribunal decidiu que a devolução forçada do grupo dos recorrentes intercetados no mar ao Estado terceiro de procedência (*push-back*), sem qualquer espécie de análise da situação individual de cada um, constitui uma expulsão coletiva proibida pelo artigo 4.º do Protocolo n.º 4 à CEDH, mesmo que tal devolução tenha sido levada a cabo fora do território da Parte Contratante. Para maiores desenvolvimentos, ver *The Right to Leave a Country, cit.*, especialmente pp. 7-8, 29-30 e 59-60.

[60] Ver o Acórdão (TJUE) *Parlamento Europeu contra Comissão*, de 5 de setembro de 2012, proc. C-355/10, especialmente n.os 73-74, 77 e 89-90. Em consequência deste acórdão, a Comissão apresentou em 12 de abril de 2013 uma proposta de regulamento do Parlamento Europeu e do Conselho sobre a vigilância das fronteiras marítimas externas no contexto da cooperação operacional coordenada pela Frontex [COM(2013) 197 final], que veio a converter-se no Regulamento (UE) n.º 656/2014, de 15 de maio de 2014. Partindo de um conceito amplo de vigilância, o regulamento inclui também regras relativas à intercetação de embarcações, ao salvamento no mar e ao desembarque, no âmbito das operações coordenadas por aquela agência. Não é líquido que este regulamento, apesar de ter em conta a jurisprudência *Hirsi* citada na nota anterior, a reflita devidamente; neste sentido, ver STEVE PEERS, *The Future of the Schengen System, cit.*, pp. 70 e 75.

[61] O novo artigo 3.º-A do CFS conforta a tese de RUTH WEINZIERL, "The Demands of Human and EU Fundamental Rights for the Protection of the European Union's External Borders", *in* Ruth Weinzierl e Ula Lisson, *Border Management and Human Rights. A Study of EU Law and the Law of the Sea*, Berlim, 2007, p. 50, segundo a qual o artigo 6.º não pode ser entendido no sentido de que, ao efetuarem os controlos de fronteira, as competentes autoridades dos Estados-Membros estão simplesmente obrigadas a garantir a dignidade humana ou a evitar violações graves de direitos fundamentais, mas sim a respeitá-los integralmente ao aplicarem o CFS, em consequência da sua vinculação aos mesmos no âmbito de aplicação do direito da União Europeia. No mesmo sentido

DIREITO DA UNIÃO EUROPEIA – ELEMENTOS DE DIREITO E POLÍTICAS DA UNIÃO

sobretudo na sequência da constatação pelos relatórios, quer do Relator Especial da Nações Unidas, quer da Agência Europeia dos Direitos Fundamentais, de práticas crescentes de detenção de imigrantes tanto no interior como no exterior da União Europeia, desacompanhadas da proteção dos direitos humanos básicos dos detidos, e de devoluções forçadas de imigrantes intercetados no alto mar a países mediterrânicos do Norte de África que não garantem aos requerentes de asilo a proteção efetiva exigida pelo Alto Comissariado das Nações Unidas para os Refugiados[62].

Levado a sério, como se espera, o novo dispositivo do CFS em matéria de direitos fundamentais corrobora seguramente uma interpretação restritiva do preceito aditado ao artigo 12.º, n.º 1, no sentido de não sujeitar a procedimento de afastamento ou expulsão, nos termos da Diretiva 2008/115/CE, de 16 de dezembro de 2008, quem atravessar ilegalmente a fronteira externa de um Estado-Membro mas tiver direito a residir no território de outro. E, mais genericamente, impõe também uma aplicação daquele diploma, pelas autoridades competentes, em conformidade com a importante jurisprudência *Hirsi*, abstendo-se dos censurados *push-backs*.

2.3. Âmbito subjetivo do CFS. A distinção fundamental entre beneficiários da liberdade de circulação ao abrigo do direito da União e nacionais de país terceiro

Tratando-se do âmbito subjetivo do CFS, o artigo 3.º estende a sua aplicabilidade, como já se viu, "a todas as pessoas que atravessem as fronteiras internas ou externas de um Estado-Membro". Mas o segmento "sem prejuízo dos direitos dos beneficiários do direito à livre circulação ao abrigo do direito da União" [alínea *a)*] remete para uma distinção fundamental entre esta categoria de pessoas, por um lado, e os "nacionais de país terceiro", por outro.

A primeira categoria, definida pelo artigo 2.º, ponto 5, engloba não só (*i*) os cidadãos da União na aceção do artigo 20.º, n.º 1, do TFUE, bem como os nacionais de países terceiros membros da família daqueles cidadãos que exerçam o seu direito à livre circulação, identificados pela Diretiva 2004/38/

---

vai a nova versão do artigo 6.º, n.º 1, que aditou ao texto da norma o segmento "designadamente nos casos que implicam pessoas vulneráveis", obrigando os guardas de fronteira, no desempenho das suas funções, a respeitarem plenamente a dignidade humana.

[62] Os citados relatórios estão disponíveis em *http://www.statewatch.org/news/2013/may/un-eu-borders-migrants-report.pdf* e *http://fra.europa.eu/publication/2013/fundamental-rights-europes-southern-sea-borders*.

FRONTEIRAS, VISTOS, ASILO E IMIGRAÇÃO

/CE, mas também *(ii)* "os nacionais de países terceiros e membros das suas famílias, independentemente da sua nacionalidade, que, por força de acordos celebrados entre a União e os seus Estados-Membros, por um lado, e esses países terceiros, por outro, beneficiam de direitos em matéria de livre circulação equivalentes aos dos cidadãos da União"[63]. O considerando 5 do CFS é expresso a seu respeito: "A definição de um regime comum em matéria de passagem de pessoas nas fronteiras não põe em causa nem afecta os direitos em matéria de livre circulação" de que aqueles beneficiam. O TJUE, por seu lado, baseando-se neste considerando e no citado artigo 3.º, alínea *a)*, já teve ocasião de esclarecer que o CFS "não tem por objeto nem pode ter por efeito restringir a liberdade de circulação dos cidadãos da União prevista pelo TFUE"[64].

A segunda categoria da distinção em análise é constituída, nos termos do artigo 2.º, ponto 6, por "qualquer pessoa que não seja cidadão da União na acepção do artigo 20.º, n.º 1, do [TFUE], nem seja abrangida pelo ponto 5 do presente artigo"[65].

Ora, só os nacionais de países terceiros, tal como definidos por este último preceito, são os destinatários de princípio do conjunto das normas em matéria de passagem das fronteiras externas da União Europeia, estabelecidas pelos artigos 4.º a 13.º do CFS (Capítulos I e II do Título II). No entanto, tal como precisa o artigo 3.º, alínea *b)*, se os nacionais de países terceiros forem refugiados ou requerentes de proteção internacional, tais normas – nomeadamente as relativas à recusa de entrada – não poderão ser-lhes aplicadas se puserem em causa o princípio da não repulsão, expressamente garantido pelo artigo 19.º, n.º 2, da CDFUE.

---

[63] No estádio atual do direito da União Europeia, já não é só por força de acordos celebrados entre a União e os seus Estados-Membros, por um lado, e determinados países terceiros, por outro, que os nacionais destes e os membros das suas famílias, independentemente da nacionalidade, "beneficiam de direitos em matéria de livre circulação equivalentes aos dos cidadãos da União". Atesta-o, em parte, a Diretiva 2003/109/CE, de 25 de novembro de 2003, relativa ao estatuto dos residentes de longa duração, adiante analisada. Assim sendo, o artigo 2.º, ponto 5, alínea *b)*, do CFS deve ser interpretado extensivamente de modo a abranger também os atos legislativos da União Europeia que conferem direitos daquela natureza aos nacionais de países terceiros e aos membros das suas famílias.

[64] Ver o Acórdão *Hristo Gaydarov*, de 17 de novembro de 2011, proc. C-430/10, n.º 28.

[65] Às duas categorias de nacionais de países terceiros juntam-se, consoante o caso, os apátridas, que àqueles são equiparados por força do artigo 67.º, n.º 2, *in fine*, do TFUE.

DIREITO DA UNIÃO EUROPEIA – ELEMENTOS DE DIREITO E POLÍTICAS DA UNIÃO

2.4. Condições de entrada para estadas de curta duração de nacionais de país terceiro

No conjunto de normas aplicável aos nacionais de país terceiro na aceção do artigo 2.º, ponto 6, do CFS vêm, em primeiro lugar, as constantes do artigo 5.º, relativas às condições de entrada "[p]ara uma estada prevista no território dos Estados-Membros de duração não superior a 90 dias em qualquer período de 180 dias, o que implica ter em conta o período de 180 dias anterior a cada dia de estada".

Na sua nova – e pouco clara – redação, este segmento do preceito, conjugado com o novo n.º 1-A, pretende, tal como anunciado no considerando 9 do preâmbulo do Regulamento (UE) n.º 610/2013, integrar no CFS a regra explicitada pelo Acórdão (TJUE) *Nicolae Bot contra Préfet du Val-de-Marne*, de 3 de outubro de 2006, proc. C-241/05 (apesar de este aresto, por força da legislação então em vigor, não se referir a períodos de 90 nem de 180 dias mas sim de três e de seis meses).

De acordo com tal regra, não se tratando da primeira deslocação do nacional de país terceiro à União Europeia, o período em causa conta-se a partir do seu primeiro dia de estada "no território dos Estados-Membros" que ocorra após ter expirado um período de 180 dias a contar *(i)* de uma primeira entrada em absoluto desse nacional no mesmo território, ou *(ii)* de qualquer outra primeira entrada que ocorra após ter expirado qualquer novo período de 180 dias contados a partir de uma anterior data de primeira entrada. Nesta aceção, a "primeira entrada" exige, portanto, necessariamente uma prévia saída do "território dos Estados-Membros" o mais tardar no termo de um anterior período de 180 dias[66].

---

[66] Ver especialmente os n.ºˢ 39 e 43 do acórdão. O TJUE esclareceu também que esta regra em nada priva as autoridades nacionais competentes da possibilidade de punirem, no respeito do direito da União, um nacional de país terceiro cuja permanência "no território dos Estados-Membros" tenha excedido a duração máxima de 90 dias ao longo de um anterior período de 180 dias, mesmo que, à data do controlo que sobre ele incidiu, a sua estada neste território não exceda em 90 dias a data da "primeira entrada" mais recente (n.º 31). No sentido, porém, de que a jurisprudência *Bot* foi revogada pelo próprio Regulamento (UE) n.º 610/2013, designadamente na parte em que substituiu, no artigo 20.º, n.º 1, da Convenção de Schengen, *supra* citado (I.1.4.) o segmento "por um período máximo de três meses durante um período de seis meses a contar da data da primeira entrada" pelo segmento "por um período máximo de 90 dias num período de 180 dias", ver STEVE PEERS, *The Future of the Schengen System, cit.*, p. 95. Aparentemente o Autor não se dá conta, por um lado, de que seria absurdo que o Regulamento (UE) n.º 610/2013 codificasse numa parte do dispositivo que revê (CFS) uma determinada regra (de fonte jurisprudencial) e a afastasse num dispositivo homólogo por ele também revisto (Convenção de Schengen) e, por outro lado, de que, como já se

FRONTEIRAS, VISTOS, ASILO E IMIGRAÇÃO

Para efeitos de uma tal entrada e permanência, cada nacional de país terceiro na aceção do artigo 2.º, ponto 6, deve *(i)* estar na posse de um documento de viagem que o autorize a atravessar a fronteira externa, emitido há menos de 10 anos e válido pelo menos para os três meses seguintes à data prevista para a saída do território dos Estados-Membros, salvo em caso de emergência devidamente justificada [artigo 5.º, n.º 1, alínea *a*)]; *(ii)* estar na posse de um visto válido se for nacional de um país terceiro constante da lista estabelecida pelo Regulamento (CE) n.º 539/2001, de 15 de março de 2001[67], a menos que esteja abrangido por alguma disposição derrogatória deste Regulamento[68], ou então que seja detentor de um título de residência ou de um visto de longa duração emitido por um Estado-Membro [artigo 5.º, n.º 1, alínea *b*)][69]; *(iii)* justificar o objetivo e as condições de estada prevista e

disse, o facto de o Regulamento (UE) n.º 610/2013 se referir, neste contexto, a períodos de 90 e 180 dias e não de três e seis meses, contrariamente à jurisprudência *Bot*, não releva da vontade de afastar a regra por ela explicitada mas sim de a reforçar em termos de certeza e de segurança (três meses tanto podem ser 90 dias, como 89, como 91 ou 92). É verdade que, enquanto o artigo 5.º do CFS se refere a uma estada de "duração não superior a 90 dias em qualquer período de 180 dias, o que implica ter em conta o período de 180 dias anterior a cada dia de estada", o artigo 20.º, n.º 1, da Convenção de Schengen refere-se apenas a uma estada "por um período máximo de 90 dias num período de 180 dias". Mas mandam os cânones hermenêuticos aplicáveis que, por analogia, este último segmento normativo seja interpretado como se lá figurasse também o segmento "o que implica ter em conta o período de 180 dias anterior a cada dia de estada".

[67] Consoante careçam ou não de visto de curta duração, os nacionais de países terceiros devem utilizar respetivamente o corredor separado assinalado pelo painel "Todos os passaportes" ou o assinalado pelo painel "Visto não exigido". Esses corredores são obrigatoriamente criados pelos Estados-Membros nos pontos de passagem das suas fronteiras externas aéreas e facultativamente nos pontos de passagem das suas fronteiras marítimas e terrestres, nos termos do artigo 9.º.

[68] Exemplo de derrogação ao Regulamento (CE) n.º 539/2001, de 15 de março de 2001 – que inclui a Turquia na lista de Estados terceiros a cujos nacionais é exigido visto para estadas de curta duração na União Europeia –, é a cláusula de *standstill* prevista pelo artigo 41.º, n.º 1, do Protocolo Adicional ao Acordo que cria uma associação entre a Comunidade Económica Europeia e a Turquia, de 12 de setembro de 1963, interpretada pelos Acórdãos (TJUE) *Soysal e Savatti*, de 19 de fevereiro de 2009, proc. C-228/06, n.º 62, e *Demirkan*, de 24 de setembro de 2013, proc. C-221/11, n.º 41, no sentido de que se opõe à introdução, a partir da data de entrada em vigor desse protocolo (1 de janeiro de 1973), da exigência de visto para permitir a nacionais turcos a entrada no território de um Estado-Membro com a finalidade de aí efetuarem prestações de serviços por conta de uma empresa estabelecida na Turquia, desde que, antes dessa data, tal visto não fosse exigido. Sobre as implicações desta jurisprudência, ver o *supra* citado "Manual Schengen" na redação que lhe foi dada pela Recomendação da Comissão de 14 de dezembro de 2012, COM(2012) 9330 final, pp. 7 e segs.

[69] Na redação dada pelo artigo 2.º do Regulamento (UE) n.º 265/2010, de 25 de março de 2010. O novo n.º 1-A do artigo 5.º veio precisar que "[o]s períodos de estada autorizados por força de uma

275

DIREITO DA UNIÃO EUROPEIA – ELEMENTOS DE DIREITO E POLÍTICAS DA UNIÃO

dispor de meios de subsistência suficientes, tanto para a duração da estada como para o regresso ao país de origem ou para o trânsito para um país terceiro em que a sua admissão esteja garantida, ou então estar em condições de obter licitamente esses meios [artigo 5.º, n.ºˢ 1, alínea c), 2 e 3].

No Acórdão *Air Baltic*, de 4 de setembro de 2014, proc. C-575/12, o TJUE veio precisar que o artigo 5.º, n.º 1, deve ser interpretado no sentido de que não sujeita a entrada de nacionais de países terceiros no território dos Estados-Membros ao requisito de que, no momento do controlo nas fronteiras, o visto válido apresentado esteja necessariamente aposto num documento de viagem válido, opondo-se portanto a uma legislação nacional que faça tal exigência.

Para além disso, os nacionais de países terceiros não devem estar indicados no Sistema de Informação Schengen (SIS)[70] para efeitos de não admissão, nem ser considerados suscetíveis de perturbar a ordem pública, a segurança interna, a saúde pública ou as relações internacionais de qualquer Estado-Membro e, em especial, não estar indicados para efeitos de não admissão, pelos mesmos motivos, nas bases de dados dos Estados-Membros [artigo 5.º, alíneas d) e e)].

A verificação do preenchimento de todas as condições exigidas para entrar na União Europeia por parte do nacional de país de terceiro que se apresenta na fronteira externa cria, para a autoridade competente, a obrigação de o admitir. É esta a melhor interpretação da expressão taxativa constante do artigo 5.º, n.º 1, "as condições de entrada para os nacionais de países terceiros são as seguintes"[71]. Na jurisprudência do TJUE há a referir o "caso paralelo" em que este tribunal interpretou o artigo 4.º, n.º 1, 1.º §, da Diretiva 2003/86/CE, de 22 de setembro de 2003, relativa ao direito ao reagrupamento familiar, no sentido de que "impõe aos Estados-Membros obrigações positivas precisas, às quais correspondem direitos subjetivos claramente

---

autorização de residência ou de um visto de longa duração não são tidos em conta para o cálculo da duração da estada no território dos Estados-Membros".

[70] O SIS a que o preceito se refere é agora o chamado SIS II (Sistema de Informação Schengen de segunda geração) que, finalmente, substituiu o SIS 1+ em 9 de abril de 2013, por força das Decisões 2013/157/UE e 2013/158/UE, de 7 de março de 2013, tornando plenamente aplicáveis os dois instrumentos jurídicos relativos ao estabelecimento, ao funcionamento e à utilização do SIS II, a saber, o Regulamento (CE) n.º 1987/2006, de 20 de dezembro de 2006, e a Decisão 2007/533/JAI, de 12 de junho de 2007.

[71] No mesmo sentido, STEVE PEERS, *EU Justice and Home Affairs Law, cit.*, p. 187.

FRONTEIRAS, VISTOS, ASILO E IMIGRAÇÃO

definidos"[72]. Tal interpretação afigura-se transponível, *mutatis mutandis*, para o caso concreto.

2.5. Consequências do não preenchimento das condições de entrada: a regra e as exceções

O não preenchimento de todas estas condições por parte de um nacional de país terceiro não acarreta forçosamente a recusa de entrada – que constitui a regra geral – em três hipóteses previstas no artigo 5.º, n.º 4, em termos taxativos.

A primeira verifica-se quando o nacional de país terceiro estiver na posse de um título de residência ou de um visto de longa duração, hipótese em que a entrada lhe deverá ser autorizada nos Estados-Membros de trânsito por forma a alcançar o território do Estado-Membro que lhe emitiu um daqueles documentos[73], exceto se o seu nome constar da lista nacional de pessoas indicadas estabelecida pelo Estado-Membro cujas fronteiras externas pretenda passar e a indicação correspondente for acompanhada de instruções no sentido de recusa de entrada ou de trânsito [alínea *a*)][74].

---

[72] Ver o Acórdão *Parlamento Europeu contra Conselho*, de 27 de junho de 2006, proc. C-540/03, n.º 60. O TJUE salienta que o preceito em causa está redigido em termos que não permitem aos Estados-Membros "exercer a sua margem de apreciação".

[73] E também para alcançar os territórios da Suíça e do Liechtenstein, cujas autorizações de residência emitidas a favor dos nacionais de países terceiros sujeitos à obrigação de visto e identificadas pela Decisão 896/2006/CE, de 14 de junho de 2006, constituem, por força desta, um documento que deve ser considerado um visto de trânsito pelo território dos Estados-Membros, válido por cinco dias. E isto mesmo antes da integração daqueles dois Estados terceiros no espaço regido pelo artigo 77.º, n.º 1, alínea *a*), do TFUE. Ver, no mesmo sentido, o Acórdão (TJUE) *Rafet Kqiku*, de 2 de abril de 2009, proc. C-139/08, n.º 31.

[74] Na versão anterior à do Regulamento (UE) n.º 610/2013, a disposição desta alínea incluía entre os documentos cuja posse deveria permitir a entrada no território dos Estados-Membros ao nacional de país terceiro que não preenchesse todas as condições previstas pelo artigo 5.º, n.º 1, o "visto de regresso". No Acórdão (TJUE) *ANAFE*, de 14 de junho de 2012, proc. C-606/10, o Tribunal, depois de ter definido tal visto como a autorização emitida por um Estado-Membro ao nacional de país terceiro que não disponha de título de residência, nem de visto, nem de visto com validade territorial limitada, na aceção do Código de Vistos, suscetível de lhe permitir "sair desse Estado-Membro com um determinado objetivo e regressar de seguida a esse mesmo Estado", decidiu que o artigo 5.º, n.º 4, alínea *a*), do CFS deve ser interpretado no sentido de que o Estado-Membro que emite a um nacional de país terceiro um visto de regresso na aceção desta disposição não pode limitar a sua validade unicamente aos postos fronteiriços situados no seu próprio território, com exclusão dos outros Estados-Membros (n.ºˢ 52 e 56). Em sentido contrário pronunciou-se a Advogada-Geral Verica Trstenjak, em conclusões apresentadas em 29 de novembro de 2011 no mesmo processo, com o fundamento de que a disposição em causa "não impõe qualquer obrigação aos

Sendo este o caso, afigurar-se-ia, porém, mais consentâneo, designadamente com o princípio do reconhecimento mútuo dos documentos emitidos pelos Estados-Membros no contexto em análise e devidamente publicitados junto dos restantes, que a posse, pelo nacional de país terceiro em causa, de um título de residência ou de um visto de longa duração emitidos pelo Estado-Membro para onde pretende dirigir-se constituísse fundamento bastante para o Estado-Membro de trânsito não lhe aplicar, excecionalmente, as "instruções no sentido de recusa de entrada ou de trânsito", aplicando-as apenas aos nacionais de país terceiro que, querendo transitar pelo mesmo Estado-Membro, não estejam na posse de tais documentos. Consequentemente, na alínea *a)* do n.º 4 do artigo 5.º, onde se lê "exceto se os seus nomes constarem da lista nacional de pessoas indicadas do Estado-Membro cujas fronteiras externas pretendam passar e a indicação correspondente for acompanhada de instruções no sentido de recusa de entrada ou de trânsito", deveria ler-se: "mesmo que os seus nomes constem da lista nacional de pessoas indicadas (...) e a indicação correspondente esteja acompanhada de instruções (...)".

A segunda hipótese é aquela em que o nacional do país terceiro obtém o visto de curta duração que lhe faltava para "entrar no território dos Estados-Membros", não no posto consular do seu país de origem, mas na fronteira, nos termos do Código de Vistos. Só não se percebe é porque nessa hipótese o artigo 5.º, n.º 4, alínea *b)*, utiliza a fórmula "podem ser autorizados a entrar" em vez de "são autorizados a entrar", como na alínea *a)*, não se vendo fundamento bastante para tal diferenciação.

Na terceira hipótese, "o nacional de país terceiro que não preencha uma ou várias das condições estabelecidas no n.º 1 pode ser autorizado por um Estado-Membro a entrar no seu território por motivos humanitários ou de interesse nacional, ou ainda devido a obrigações internacionais" [alínea *c)*].

Estados-Membros no sentido de autorizar a reentrada através das suas fronteiras externas ou internas". Esta tese, para além de não encontrar suporte bastante no teor literal da mesma disposição, na versão então em vigor, não resiste, de todo em todo, à sua interpretação sistemática e teleológica (ver n.ºs 31 e segs., especialmente n.ºs 40 e 48 das referidas conclusões). O próprio TJUE rebate implicitamente a tese da Advogada-Geral, ao salientar no n.º 35 do acórdão que, na medida em que o CFS suprimiu as verificações de pessoas nas fronteiras internas e deslocou os controlos fronteiriços para as fronteiras externas da União Europeia, as suas disposições relativas à recusa de entrada nestas são, em princípio, aplicáveis a todos os movimentos transfronteiriços de pessoas, mesmo nos casos em que a entrada pelas fronteiras externas de um Estado-Membro vise unicamente a residência neste último.

2.6. O "controlo pormenorizado" dos nacionais de país terceiro: âmbito e limites

Por força do artigo 7.º, n.º 3, os nacionais de países terceiros na aceção do artigo 2.º, ponto 6, "são submetidos a um controlo pormenorizado" "à entrada e à saída", para além do "controlo mínimo que permita determinar a sua identidade a partir da apresentação dos documentos de viagem", previsto no n.º 2 do mesmo artigo. Tais controlos devem ser efetuados independentemente do grau de risco em termos de imigração ilegal que os nacionais de países terceiros, seus destinatários, representem, ou da frequência das suas deslocações ao território dos Estados-Membros.

Como a própria Comissão reconhece, esta solução "não conduz a uma utilização eficaz das capacidades dos guardas de fronteiras" e obsta a que a passagem destas "seja rápida e simples para um número crescente de viajantes regulares que constituem a grande maioria das pessoas que atravessam as fronteiras, ou seja, aquelas que preenchem todas as condições de entrada"[75]. É, portanto, muito surpreendente que os autores do CFS, dando aparentemente prioridade absoluta a objetivos securitários, não tenham ponderado dados que relevam da mais elementar evidência, sobrestimando as capacidades dos guardas de fronteira, por mais que estes se concentrem nas fronteiras externas, na sequência da supressão dos controlos de pessoas nas fronteiras internas.

O controlo pormenorizado à entrada compreende a verificação das condições fixadas no artigo 5.º "e, se for caso disso, dos documentos que autorizam a residência e o exercício de uma atividade profissional". Os seus diversos aspetos vêm de facto pormenorizadamente elencados nas seis subalíneas da alínea *a)* do n.º 3 do artigo 7.º e nas alíneas *a-A)* e *a-B)*, que lhe foram aditadas pelo já mencionado Regulamento (CE) n.º 81/2009. O controlo pormenorizado à saída, por seu lado, consta das alíneas *b)* e *c)* do n.º 3, tendo esta última sido alterada pelo mesmo Regulamento. Para além das verificações atinentes aos nacionais de países terceiros e aos seus documentos de viagem, idênticas às que devem ser levadas a cabo por ocasião do controlo pormenorizado à entrada, destaca-se como específica do controlo de saída a verificação de que a estada no território dos Estados-Membros não excedeu o período máximo autorizado [subalínea *ii)* da alínea *c)* do n.º 3].

---

[75] Cf. a Comunicação da Comissão ao Parlamento Europeu e ao Conselho, de 25 de outubro de 2010, "Fronteiras inteligentes – opções e via a seguir", COM(2011) 680 final, pp. 3-4.

DIREITO DA UNIÃO EUROPEIA – ELEMENTOS DE DIREITO E POLÍTICAS DA UNIÃO

A obrigação, estabelecida na alínea *a-A)*, de os guardas de fronteira consultarem o Sistema de Informação sobre Vistos (VIS) para efeitos do controlo pormenorizado à entrada, na aceção do artigo 7.º, n.º 3, do CFS, é justificada nomeadamente pelo facto de apenas através da verificação das impressões digitais armazenadas em tal sistema de informação se poder confirmar, com segurança, que a pessoa que pretende entrar na União Europeia corresponde à pessoa a quem o visto de curta duração foi emitido [considerando 4 do Regulamento (CE) n.º 81/2009]. Todavia, dado o "impacto potencial de tal consulta nos períodos de espera nos pontos de passagem das fronteiras" (considerando 8), a título excecional, sempre que *(i)* a intensidade do tráfego tornar excessivos tais períodos, *(ii)* todos os recursos humanos, de meios e de organização se esgotarem e *(iii)* não se verificar risco relativamente à segurança interna e à imigração ilegal, o VIS pode ser consultado através do número da vinheta de visto em todos os casos e, aleatoriamente, através do número da vinheta de visto em conjugação com a verificação das impressões digitais do seu portador[76]. Todavia, o VIS será consultado sistematicamente nestes últimos termos, em caso de dúvida quanto à identidade do titular do visto e/ou à autenticidade deste.

A solução excecional analisada vigora durante um período máximo de três anos, "que começa a contar três anos após o início de funcionamento do VIS", ocorrido em 27 de novembro de 2011. É o que resulta das alíneas *a-B)* a *a-E)* do n.º 3 do artigo 7.º, na redação do Regulamento (CE) n.º 81/2009[77].

A terminar este ponto, cabe ainda registar a distinção feita pelo CFS no artigo 2.º, ponto 12, entre controlo pormenorizado "de primeira linha", efetuado "no local em que todas as pessoas são controladas" e "controlo de segunda linha", controlo suplementar igualmente pormenorizado, de cujo objetivo e procedimento os seus destinatários "são informados por escrito numa língua que compreendam ou se possa razoavelmente presumir que compreendam, ou por outros meios eficazes" (artigo 7.º, n.º 5). Se existir uma "zona reservada", o "controlo de segunda linha" pode eventualmente ser efetuado nela, se o nacional de país terceiro o solicitar (artigo 7.º, n.º 4).

Perante a extensão e o alcance do controlo pormenorizado à entrada e à saída, não é de estranhar que o próprio CFS tenha considerado necessário

---

[76] Trata-se de uma decisão da competência do guarda de fronteira que exerça as funções de comando no ponto de passagem em causa ou a um nível mais elevado, que deve ser imediatamente notificada aos demais Estados-Membros e à Comissão.

[77] Para maiores desenvolvimentos ver STEVE PEERS, *EU Justice and Home Affairs Law, cit.*, pp. 189-191.

FRONTEIRAS, VISTOS, ASILO E IMIGRAÇÃO

prever expressamente a "simplificação temporária" de tal controlo "quando acontecimentos imprevisíveis provocam uma tal intensidade de tráfego que o tempo de espera no ponto de passagem se torna excessivo, e quando se tiverem esgotado os recursos em pessoal, em meios e em organização". É esse o objeto do artigo 8.º, que estabelece as condições e também os limites de tal simplificação.

O que se vem, porém, verificando é que a intensidade de tráfego, o tempo de espera excessivo nos pontos de passagem de fronteira e o esgotamento dos recursos – que o legislador imputava a "acontecimentos imprevisíveis" – são cada vez mais frequentes, levando à procura de soluções não excecionais, como a do artigo 8.º, para resolver mais eficazmente o problema[78].

2.7. O regime de aposição de carimbos nos documentos de viagem dos nacionais de país terceiro e as alternativas em perspetiva

Os nacionais de países terceiros na aceção do artigo 2.º, ponto 6, do CFS são também os principais destinatários das disposições do artigo 10.º sobre aposição de carimbos nos documentos de viagem, não obstante ter sido retirada da nova redação da sua epígrafe a menção expressa àqueles. Com efeito, nos termos do n.º 1, "[o]s documentos de viagem dos nacionais de países terceiros são objecto de aposição sistemática de carimbo de entrada e de saída" (mesmo no caso de simplificação dos controlos nos termos do artigo 8.º), a não ser que (i) estas pessoas se enquadrem em alguma das categorias taxativamente previstas pelo n.º 3, 1.º § (por exemplo, chefes de Estado, tripulan-

---

[78] É neste contexto – o da boa gestão das fronteiras externas da União Europeia – que se enquadra a proposta de regulamento apresentada pela Comissão em 28 de fevereiro de 2013, COM(2013) 97 final, tendente à criação de um programa de registo de nacionais de países terceiros (RTP) que sejam viajantes frequentes e satisfaçam as exigentes condições previstas para poderem ser objeto de um controlo de fronteira simplificado e totalmente automatizado. O registo dependerá do pedido dos interessados e de "um controlo de segurança prévio suficientemente exaustivo para compensar a diminuição dos procedimentos de controlo nas fronteiras". A Comissão indica expressamente como candidatos ao registo os nacionais de países terceiros que provem a necessidade ou justifiquem a intenção de viajar frequente ou regularmente, invocando a sua profissão ou situação familiar. Os viajantes registados obterão um "dispositivo de autenticação" (token) estabelecendo a ligação com os seus dados, inclusive biométricos, previamente recolhidos e constantes de uma base central. Esse dispositivo permitir-lhes-á cruzar qualquer ponto de passagem de fronteiras externas da União através de cancelas automáticas. Na comunicação "Fronteiras inteligentes – opções e via a seguir", cit., p. 11, a Comissão estima que se o RTP "for acompanhado da automatização de uma parte importante do conjunto das passagens de fronteiras poderá contribuir para uma redução de cerca de 40% dos recursos necessários para o controlo nas fronteiras (o que equivaleria a 500 milhões de EUR por ano)".

DIREITO DA UNIÃO EUROPEIA – ELEMENTOS DE DIREITO E POLÍTICAS DA UNIÃO

tes dos comboios internacionais de passageiros e de mercadorias), ou então que *(ii)* a seu pedido e a título excecional obtenham dispensa, se tal aposição lhes puder "causar graves dificuldades" (n.º 3, 2.º §)[79].

A relevância da aposição de carimbo de entrada nos documentos de viagem dos nacionais de países terceiros destinatários de princípio das regras do artigo 10.º é extrema: se esse documento não ostentar tal carimbo, "as autoridades nacionais competentes podem presumir que o titular não preenche ou deixou de preencher as condições de duração da estada aplicáveis no Estado-Membro em questão". Nesse caso, cabe ao nacional do país terceiro em causa o ónus de ilidir a presunção mediante apresentação, "por qualquer meio[, de] elementos credíveis, como títulos de transporte ou provas da sua presença fora do território dos Estados-Membros", demonstrativos da observância das condições fixadas para estadas de curta duração (artigo 11.º, n.ºs 1 e 2).

Se não ilidir a presunção, o nacional de país terceiro em causa pode ser expulso nos termos da Diretiva 2008/115/CE. A fórmula "pode ser", mantida na nova versão do n.º 3 do mesmo artigo, traduz a vontade do legislador de endossar a jurisprudência do TJUE nos termos da qual a expulsão de nacionais de países terceiros com base na presunção relativa ao não preenchimento das condições de estada aplicáveis não é obrigatória. O preceito em questão continua, portanto, a não se opor a uma legislação nacional por força da qual a expulsão/repatriamento de um nacional de país terceiro que se encontre na União Europeia sem um documento que autorize a sua entrada e/ou permanência pode ser substituída, pelo menos num primeiro momento, pela aplicação de uma pena de multa[80].

O atual sistema de aposição manual de carimbos nos documentos de viagem aquando dos controlos nas fronteiras externas foi recentemente con-

---

[79] Nesta hipótese, a entrada ou saída deve ser comprovada numa folha separada, entregue ao interessado, mencionando o seu nome e número de passaporte.

[80] Ver o Acórdão (TJUE) *Zurita e Choque*, de 22 de outubro de 2009, procs. C-261/08 e C-348/08, especialmente n.ºs 56-57 e 65-66. Embora os factos no processo principal fossem anteriores à entrada em vigor da Diretiva 2008/115/CE, a Advogada-Geral Juliane Kokott, em conclusões apresentadas em 19 de maio de 2009 (n.º 59), salientou que, apesar de conter "disposições muito mais detalhadas sobre o tratamento de estrangeiros" que não preenchem ou deixaram de preencher as condições de estada no território dos Estados-Membros do que as disposições precedentes, integradas no acervo de Schengen, tal Diretiva mantém a não imperatividade da expulsão de estrangeiros naquela situação, como o comprova, designadamente, o seu artigo 4.º. Aí se prevê que a Diretiva 2008/115/CE não prejudica a aplicação de quaisquer disposições mais favoráveis relativas a nacionais de países terceiros previstas no acervo da União Europeia em matéria de imigração e asilo.

FRONTEIRAS, VISTOS, ASILO E IMIGRAÇÃO

siderado pela própria Comissão Europeia como "complexo, lento e pouco fiável" e por isso mesmo "insuficiente para permitir às autoridades dos Estados-Membros calcular o período de estada autorizada aquando do controlo dos viajantes nas fronteiras ou dentro do território" e, portanto, para detetar "pessoas que ultrapassaram o período de estada autorizada, ou seja, pessoas que entraram legalmente na União Europeia para uma estada de curta duração, com um visto válido, quando exigido, e posteriormente permanecem no seu território ultrapassado esse período". Ora, segundo a Comissão, a grande maioria de imigrantes em situação irregular é constituída precisamente por essa categoria de pessoas.

Tal sistema deverá, pois, ser substituído por um Sistema de Entrada/Saída (EES) para recolha automatizada dos dados relativos às entradas e saídas dos nacionais de países terceiros aquando da passagem das fronteiras externas da União Europeia[81].

2.8. As decisões de recusa de entrada a nacionais de país terceiro: requisitos e meios de impugnação

O conjunto de normas do CFS em análise, cujos destinatários de princípio são os nacionais de países terceiros na aceção do artigo 2.º, ponto 6, termina com o artigo 13.º, relativo à recusa de entrada "nos territórios dos Estados-Membros" – a consequência normal para aqueles que não preencham "todas as condições de entrada, tal como definidas no n.º 1 do artigo 5.º" e não pertençam às categorias de pessoas indicadas no n.º 4 do mesmo artigo, sem prejuízo da "aplicação de disposições especiais relativas ao direito de asilo e de proteção internacional, ou à emissão de vistos de longa duração" (n.º 1).

O normativo em análise exige que a decisão de recusa de entrada seja *(i)* tomada por uma autoridade competente nos termos do direito nacional;

---

[81] Ver a proposta de regulamento da Comissão de 28 de fevereiro de 2013, COM(2013) 95 final, apresentada em simultâneo com a proposta COM(2013) 97 final, *supra* analisada, tendente à criação de um programa de registo de nacionais de países terceiros (RTP) que sejam viajantes frequentes, e com uma terceira proposta, destinada a alterar o próprio CFS em conformidade com elas [COM(2013) 96 final] e nomeadamente os artigos 7.º, 9.º e 11.º, para além de lhe aditar os artigos 5.º-A ("Dados a introduzir no EES") e 7.º-A ("Controlos de fronteira sobre os viajantes registados e utilização de dispositivos automatizados de controlo nas fronteiras"). A Comissão salienta na exposição de motivos que o EES permitirá automatizar totalmente estes controlos para os nacionais de países terceiros registados no RTP. Sobre as três propostas, ver em termos muito críticos, do ponto de vista da proporcionalidade, da viabilidade prática, da coerência com a legislação da União Europeia em vigor e, sobretudo, da proteção de dados, *European "Smart Borders" Project: negative opinion of the Meijers Committee*, in *http://free-group.eu/2013/05/04/european-smart-borders-project-negative-opinion*.

DIREITO DA UNIÃO EUROPEIA – ELEMENTOS DE DIREITO E POLÍTICAS DA UNIÃO

(ii) fundamentada com indicação das razões precisas da recusa; *(iii)* notificada ao interessado através de entrega direta de um formulário uniforme preenchido pela autoridade competente (n.º 2). De tal decisão cabe recurso judicial sem efeito suspensivo, sem prejuízo, naturalmente, da suspensão provisória da eficácia da decisão recorrida, decretada a título de providência cautelar nos termos do direito nacional aplicável. O n.º 3 do artigo 13.º precisa ainda que em caso de provimento do recurso o recorrente "tem direito a que o Estado-Membro que lhe recusou a entrada proceda à correcção do carimbo de entrada cancelado e de quaisquer outros cancelamentos ou aditamentos eventualmente efectuados", para além de uma "eventual compensação concedida nos termos do direito nacional".

O TJUE já decidiu que, por aplicação do artigo 13.º, pode ser recusada a entrada a um nacional de país terceiro sujeito à obrigação de visto nos termos do Regulamento (CE) n.º 539/2001, mas apenas na posse de um título temporário de residência concedido pelo Estado-Membro ao qual pretende regressar diretamente – isto é, sem que, para o efeito, precise de entrar e transitar pelo território de outros –, por decisão da própria autoridade competente do Estado-Membro que lhe concedeu tal título.

O TJUE rejeitou assim a tese do recorrente no processo principal segundo a qual as disposições conjugadas dos artigos 5.º e 13.º do CFS devem ser interpretadas no sentido de que a entrada no território de um Estado--Membro com base num título temporário de residência só pode ser recusada se o nacional de país terceiro solicitar a entrada para fins de residência de curta duração na fronteira de um Estado-Membro diferente do que lhe emitiu tal título. Segundo o TJUE, o título temporário de residência, emitido no decurso do processo de apreciação de um primeiro pedido de título de residência ou de um pedido de asilo, está expressamente excluído do conceito de título de residência definido pelo artigo 2.º, ponto 15, do CFS. Esta exclusão resulta do facto de a emissão de um título temporário de residência demonstrar que não foi ainda verificado o cumprimento das condições de entrada no território dos Estados-Membros ou de concessão do estatuto de refugiado. Por conseguinte, os titulares do documento em causa não estão autorizados a circular na União Europeia nem dispensados de visto em caso de regresso ao Estado-Membro que lho emitiu[82].

---

[82] Ver o citado Acórdão *ANAFE*, n.ᵒˢ 21, 68 e 41. Com base nestes argumentos, o TJUE decidiu ainda que os princípios da segurança jurídica e da proteção da confiança legítima não impõem a previsão de medidas transitórias para os nacionais de países terceiros que tenham deixado o território de

FRONTEIRAS, VISTOS, ASILO E IMIGRAÇÃO

Por último, o TJUE interpretou o artigo 13.º, n.º 3, no sentido de que, circunscrevendo-se o seu âmbito de aplicação às decisões de recusa de entrada, aí se prevê apenas a obrigação de os Estados-Membros instituírem uma via de recurso contra tais decisões. Respondeu assim negativamente à questão prejudicial colocada pelo tribunal *a quo* de saber se tal preceito também prevê o direito de recorrer das "infrações cometidas [pela autoridade fronteiriça competente] durante o procedimento que levou à tomada de decisão que autoriza a entrada".

Na realidade, apesar da imperícia com que o juiz nacional colocou as questões prejudiciais – questões essas que o TJUE não quis de todo reformular, ao arrepio de uma jurisprudência constante –, o que estava em causa era saber se o nacional de país terceiro deveria dispor de um recurso jurisdicional que lhe permitisse contestar o comportamento alegadamente ilícito dos guardas de fronteira e obter, sendo caso disso, uma indemnização, por força do artigo 6.º, n.º 1, do CFS (que os vincula a respeitarem "plenamente a dignidade humana"), conjugado com o artigo 47.º da CDFUE, não obstante a solução em sentido contrário do direito nacional[83].

Incompreensivelmente, o tribunal *a quo* fez depender a resposta a esta questão, de grande relevância, de uma resposta afirmativa à questão prejudicial a que o TJUE respondeu – e bem – negativamente. Assim, em acórdão proferido no termo de um processo sem audiência de alegações ao abrigo do artigo 76.º, n.º 2, do Regulamento de Processo, o TJUE, depois de constatar uma divergência de interpretações relativamente às disposições de direito letão pertinentes e a falta, na decisão de reenvio, de informações suficientes para poder determinar a pertinência da interpretação do artigo 6.º do CFS para efeitos do exame do litígio – não a presumindo, portanto, também ao arrepio de uma jurisprudência constante e contra toda a evidência –, limitou-se a declarar em abstrato que cabe aos Estados-Membros preverem na sua ordem interna as vias de recurso adequadas para assegurar, no respeito

---

um Estado-Membro apenas na posse de um título temporário de residência, emitido na pendência da apreciação de um primeiro pedido de título de residência ou de um pedido de asilo, e que pretendam regressar a esse território depois da entrada em vigor do CFS (n.º 93 e ponto 3 da parte dispositiva).

[83] O recorrente no processo principal, afegão, declarava ter sido objeto, à entrada do Estado-Membro de trânsito (Letónia), de um controlo de fronteira alegadamente "efetuado de forma grosseira, provocante e ofensiva para a dignidade humana" e tão demorada que lhe fez perder o avião que o levaria ao Estado-Membro de destino (Suécia), o qual lhe tinha emitido dois anos antes uma autorização de residência permanente.

DIREITO DA UNIÃO EUROPEIA – ELEMENTOS DE DIREITO E POLÍTICAS DA UNIÃO

do artigo 47.º da CDFUE, a proteção das pessoas que invocam os direitos resultantes do artigo 6.º do CFS[84].

Se o acórdão tivesse sido proferido após a entrada em vigor do Regulamento (UE) n.º 610/2013 (19 de julho de 2013), o novo artigo 3.º-A – cuja oportunidade sai manifestamente reforçada neste contexto – não poderia deixar de ser invocado. Se já fosse aplicável aos factos do processo principal, outras teriam sido, muito provavelmente, as questões prejudiciais colocadas ao TJUE pelo mesmo tribunal *a quo*.

2.9. As disposições do CFS aplicáveis aos beneficiários da liberdade de circulação ao abrigo do direito da União

Cabe agora analisar as disposições do CFS cujos destinatários são os "beneficiários do direito à livre circulação ao abrigo do direito da União" na aceção do artigo 2.º, ponto 5. Trata-se de uma categoria heterogénea que, como se viu, engloba não só os cidadãos da União mas também os nacionais de países terceiros que *(i)* sejam familiares daqueles cidadão da União que se desloquem ou residam num Estado-Membro de que não são nacionais, nos termos da Diretiva 2004/38/CE[85]; *(ii)* beneficiem diretamente, por força do direito da União, de "direitos em matéria de circulação equivalentes aos dos cidadãos da União"; *(iii)* sejam familiares destes últimos, nos termos, designadamente, da Diretiva 2003/86/CE, de 22 de setembro de 2003, relativa ao reagrupamento familiar. Como se verá, esta heterogeneidade não deixa de projetar-se no regime do CFS aplicável.

A primeira disposição que se aplica especificamente aos "beneficiários do direito à livre circulação ao abrigo do direito da União" encontra-se no artigo 7.º, n.º 2, 2.º §, do CFS, nos termos do qual aqueles são, em regra, sujeitos

---

[84] Ver o Acórdão (TJUE) *Mohamed Zakaria*, de 17 de janeiro de 2013, proc. C-23/12, n.ᵒˢ 11, 23, 28, 34, 38, 40 e 42.

[85] Ficam, portanto, literalmente excluídos da categoria em análise os nacionais de países terceiros membros da família de um cidadão da União que não exerça o seu direito à livre circulação no território da União, nos termos da Diretiva 2004/38/CE. Mas não se vê fundamento bastante para que, para efeitos da aplicação do CFS, as competentes autoridades nacionais não devam ter em conta a qualidade de familiares dos nacionais de países terceiros relativamente aos cidadãos da União que não exerçam o seu direito de circulação e, portanto, tenham residido apenas no Estado-Membro de que são nacionais. Esta interpretação afigura-se, de resto, plenamente coerente com a inclusão, pelo artigo 2.º, ponto 5, do CFS, dos cidadãos da União entre os "beneficiários do direito à livre circulação ao abrigo do direito da União", sem distinguir consoante exercem, ou não, tal direito.

FRONTEIRAS, VISTOS, ASILO E IMIGRAÇÃO

apenas a um controlo de fronteira mínimo[86] – e não portanto ao "controlo pormenorizado" a que são, em regra, sujeitos os restantes nacionais de países terceiros não abrangidos pelo artigo 2.º, ponto 5.

Todavia, segundo o n.º 6 do artigo 7.º, "o controlo dos beneficiários do direito à livre circulação ao abrigo do direito da União é efectuado nos termos da Diretiva 2004/38/CE". Esta última disposição, a que pode censurar-se, antes do mais, o carácter vago, porque genericamente remissivo[87], nem sequer pode considerar-se exata. Com efeito, o próprio CFS contém diversas disposições aplicáveis aos controlos da categoria de pessoas em causa que aqui relevam – os controlos de fronteira –, a começar, obviamente, pelo citado artigo 7.º, n.º 2, 2.º §. Como se verá a seguir, nem todas são coerentes com a Diretiva 2004/38/CE.

A segunda disposição relevante encontra-se no 3.º § do artigo 7.º, n.º 2. Ela autoriza os guardas de fronteiras a consultar de modo não sistemático, ao efetuarem os controlos, "as bases de dados nacionais e europeias" para se certificarem de que os beneficiários do direito à livre circulação ao abrigo do direito da União" "não representam uma ameaça real, presente e suficientemente grave para a segurança interna, a ordem pública e as relações internacionais dos Estados-Membros, ou uma ameaça para a saúde pública". Não se vê porque é que os autores do CFS, apesar de se louvarem e remeterem expressamente para a Diretiva 2004/38/CE, retomaram no preceito em análise uma fórmula literalmente mais exigente do que a constante do artigo 27.º, n.º 2, 2.º §, desta Diretiva, que se refere apenas a "uma ameaça real, actual e suficientemente grave que afete um interesse fundamental da sociedade".

A ponderação exigida deverá, portanto, ser efetuada de acordo com a jurisprudência constante do TJUE relativa ao artigo 27.º da Diretiva 2004/38/

---

[86] Que o 1.º § do artigo 7.º, n.º 2, define como consistindo na "verificação simples e rápida da validade do documento que autoriza o seu legítimo portador a passar a fronteira, bem como da presença de indícios de falsificação ou de contrafação, recorrendo se necessário a dispositivos técnicos e consultando, nas bases de dados pertinentes, informações exclusivamente relativas a documentos roubados, desviados, extraviados ou inválidos".

[87] Na realidade, seria bem mais correto, do ponto de vista da técnica legislativa, que a disposição em análise mencionasse os preceitos sobre "o controlo dos beneficiários do direito à livre circulação" da Diretiva 2004/38/CE, que aqui não cabe analisar: essencialmente os artigos 5.º ("Direito de entrada") e 27.º a 29.º, inseridos no Capítulo VI ("Restrições ao direito de entrada e de permanência por razões de ordem pública, de segurança pública ou de saúde pública"). Sobre eles ver, por último, os Acórdãos (TJUE) *Hristo Byankov*, de 4 de outubro de 2012, proc. C-249/11; e *ZZ contra Secretary of State for the Home Department*, de 4 de junho de 2013, proc. C-300/11.

DIREITO DA UNIÃO EUROPEIA – ELEMENTOS DE DIREITO E POLÍTICAS DA UNIÃO

/CE. Dela decorre, como se sabe, que as autoridades nacionais competentes podem, com base em tal ponderação, recusar a entrada a esses "beneficiários do direito à livre circulação", o qual não é, portanto, incondicional[88]. A menos, evidentemente, que tais beneficiários sejam nacionais do próprio Estado-Membro cujas autoridades procedem ao controlo. Se tal for o caso, nem a consulta às bases de dados nem a consequente avaliação devem sequer efetuar-se, uma vez que nunca poderão fundamentar uma decisão de recusa de entrada dos próprios nacionais, por força desde logo de um princípio de direito internacional[89]. A distinção faz-se aqui em função de o beneficiário do direito à livre circulação controlado na fronteira externa ser ou não nacional do Estado-Membro em causa.

O artigo 7.º, n.º 2, 3.º §, remete implicitamente para outra distinção entre os "beneficiários do direito à livre circulação ao abrigo do direito da União". Com efeito, da base de dados europeia mais transversal ao ELSJ que é atualmente o SIS II, não podem constar indicações de cidadãos da União para efeitos de não admissão e de interdição de permanência[90]. Por conseguinte, só os nacionais de países terceiros, mesmo os beneficiários da livre circulação na aceção em análise, podem ser indicados no SIS, sob determinadas condições, para aqueles efeitos. Só relativamente a estas pessoas é que tal

---

[88] Ver, por todos, os Acórdãos (TJUE) *MRAX*, de 25 de julho de 2002, proc. C-459/99, n.ºs 61 e 62; e *Orfanopoulos e Olivieri*, de 29 de abril de 2004, procs. C-482/01 e C-493/01, n.º 81. Nesta medida, afigura-se enganoso o disposto no 4.º § do n.º 2 do artigo 7.º, nos termos do qual "[a]s consequências dessas consultas não põem em causa o direito que assiste aos beneficiários do direito à livre circulação ao abrigo do direito da União de entrar no território do Estado-Membro em causa, tal como previsto na Diretiva 2004/38/CE". Na verdade, como já se disse, se, com base numa consulta a uma base de dados, a autoridade competente concluir que o comportamento do nacional de outro Estado-Membro ou do nacional de país terceiro beneficiário do direito à livre circulação constitui "uma ameaça real, atual e suficientemente grave que afete um interesse fundamental da sociedade", não lhe fica vedada a possibilidade de recusar a entrada dessas pessoas no seu território. A Diretiva 2004/38/CE é, aliás, muito clara a este respeito, designadamente no artigo 27.º, n.º 4, que vincula o Estado-Membro que tiver emitido o passaporte ou bilhete de identidade a autorizar "a reentrada no seu território, sem quaisquer formalidades, do titular do documento que tiver sido afastado por razões de ordem pública, de segurança pública ou de saúde pública, mesmo que esse documento tenha caducado ou a nacionalidade do titular seja contestada".

[89] Ver, por exemplo, o Acórdão (TJUE) *Yvonne van Duyn contra Home Office*, de 4 de dezembro de 1974, proc. 41/74, n.º 22.

[90] A este respeito, o artigo 30.º do Regulamento (CE) n.º 1987/2006 determina que a aquisição da nacionalidade de um Estado-Membro por um nacional de país terceiro vincula o Estado-Membro que antes tenha introduzido no SIS uma indicação para efeitos de não admissão e interdição de permanência dessa pessoa a apagar tal indicação.

FRONTEIRAS, VISTOS, ASILO E IMIGRAÇÃO

base de dados pode, portanto, ser consultada, podendo a consulta levar à conclusão de que constituem uma ameaça real, atual e suficientemente grave em termos de ordem ou segurança públicas, suscetível de levar a autoridade competente a recusar *in extremis* a sua entrada em aplicação da disposição em análise.

O artigo 25.º, n.º 2, do Regulamento (CE) n.º 1987/2006, de 20 de dezembro de 2006, em conjugação com o ponto 4.7. do chamado Manual Sirene[91], codifica integralmente as regras explicitadas a este respeito pelo Acórdão (TJUE) *Comissão contra Espanha*, de 31 de janeiro de 2006, proc. C-503/03. De acordo com elas, o Estado-Membro a quem cabe executar uma indicação no SIS para efeitos de não admissão de um nacional de país terceiro que usufrua do direito de circulação na União deve consultar imediatamente o Estado-Membro autor da indicação através do seu Gabinete Sirene, a fim de verificar previamente se a presença dessa pessoa constitui uma ameaça real, atual e suficientemente grave que afete um interesse fundamental da sociedade[92].

A terceira disposição especificamente aplicável aos "beneficiários do direito à livre circulação ao abrigo do direito da União" constante do CFS encontra-se no artigo 9.º, n.º 2, alínea *a*), 1.º §, que lhes faculta a utilização dos corredores assinalados com o painel "UE, EEE, CH", obrigatoriamente criados nos pontos de passagem das fronteiras aéreas e facultativamente nos pontos de passagem das fronteiras marítimas e terrestres da União Europeia.

A quarta e última disposição de idêntico âmbito subjetivo consta do artigo 10.º. Por um lado, isenta da aposição de carimbo de entrada e de saída os documentos de viagem dos nacionais de países terceiros que apresentem um cartão de residência previsto na Diretiva 2004/38/CE [n.º 3, alínea *g*)]. Por outro lado, tal preceito impõe a aposição de carimbo nos documentos de viagem (*i*) dos nacionais de países terceiros que sejam membros da família de um cidadão da União aos quais se aplique a Diretiva 2004/38/CE, mas

---

[91] Aprovado pela Decisão de Execução 2013/115/UE, de 26 de fevereiro de 2003.

[92] Ver os n.ºs 53, 58 e a parte dispositiva do acórdão. O TJUE também explicitou a regra retomada pelo artigo 25.º, n.º 1, do Regulamento (CE) n.º 1987/2006, de acordo com a qual um Estado-Membro só pode proceder à indicação no SIS, para o mesmo efeito, de um nacional de país terceiro beneficiário do direito à liberdade de circulação na União Europeia após ter feito uma idêntica verificação (n.º 52). O Manual Sirene, por seu lado, precisa no ponto 4.7. que o Gabinete Sirene do Estado-Membro autor da indicação deve verificar junto da autoridade competente se a indicação pode ser mantida em conformidade com a Diretiva 2004/38/CE. Se for decidido manter a indicação, o mesmo Gabinete Sirene informa desse facto todos os restantes Estados-Membros.

DIREITO DA UNIÃO EUROPEIA – ELEMENTOS DE DIREITO E POLÍTICAS DA UNIÃO

que não apresentem o cartão de residência nela previsto[93] e *(ii)* dos nacionais de países terceiros que sejam membros da família de nacionais de países terceiros que gozem do direito à livre circulação ao abrigo do direito da União, mas que também não apresentem o cartão de residência previsto pela Diretiva 2004/38/CE (n.º 2, 1.º e 2.º §§).

Ao invés, no que respeita aos cidadãos da União a regra é a não aposição de carimbo de entrada ou de saída nos documentos de viagem.

2.10. A proibição de medidas de efeito equivalente ao controlo de fronteira: delimitação legal e jurisprudencial

O princípio fundamental da ausência de controlo de pessoas na passagem das fronteiras internas da União Europeia, reiterado pelos artigos 1.º, 1.º §, e 20.º do CFS não prejudica a realização de controlos no interior do território, no exercício de poderes de polícia pelas autoridades competentes dos Estados-Membros, ao abrigo do direito nacional, desde que "não tenha efeito equivalente a um controlo de fronteira, o mesmo se aplicando nas zonas fronteiriças". Este conceito é delimitado negativamente, em termos exemplificativos, pelo artigo 21.º, alínea *a)*, subalíneas *i)* a *iv)*. Nos termos do mesmo artigo [alíneas *b)* a *d)*], a supressão do controlo nas fronteiras internas também não prejudica *(i)* a realização de controlos de segurança sobre as pessoas nos portos ou aeroportos, desde que igualmente efetuados sobre aquelas que viajam no interior de um Estado-Membro; *(ii)* a obrigação de posse ou porte de títulos e documentos nos termos da lei nacional; *(iii)* a

---

[93] A circunscrição do âmbito subjetivo deste preceito aos nacionais de países terceiros que sejam membros da família de um cidadão da União ao qual se aplica a Diretiva 2004/38/CE, com exclusão, portanto, dos membros da família dos cidadãos da União aos quais ela não se aplica – por não exercerem o seu direito de circulação e de permanência no território de um Estado-Membro de que não sejam nacionais –, explicar-se-á pelo facto de os membros da família desta segunda categoria de cidadãos da União não poderem ser titulares do cartão de residência ou do cartão de residência permanente nela previstos. Daqui não pode, porém, seguir-se que relativamente a estes últimos a regra seja a aposição de carimbo de entrada e saída nos respetivos documentos de viagem. Não o deverá ser, se apresentarem um título de residência emitido nos termos do Regulamento (CE) n.º 1030/2002, de 13 de junho de 2002, que estabelece um modelo uniforme de título de residência para os nacionais de países terceiros a quem a diretiva em causa não se aplica, na redação que lhe foi dada pelo Regulamento (CE) n.º 380/2008, de 18 de abril de 2008. Para esta solução aponta designadamente o artigo 2.º, ponto 15, nos termos do qual, para efeitos da aplicação do CFS, constituem títulos de residência, designadamente *(i)* os emitidos nos termos do Regulamento (CE) n.º 1030/2002 e *(ii)* os cartões de residência emitidos nos termos da Diretiva 2004/38/CE [alínea *a)*].

290

FRONTEIRAS, VISTOS, ASILO E IMIGRAÇÃO

obrigação imposta aos nacionais de países terceiros de assinalar a sua presença no território de um Estado-Membro[94].

Desde a entrada em vigor do Tratado de Lisboa, o TJUE teve ocasião de se pronunciar duas vezes, no quadro do reenvio prejudicial, sobre a interpretação dos artigos 20.º e 21.º, alínea *a*), do CFS, em conjugação com o artigo 67.º do TFUE, na parte em que incumbe a União de assegurar a ausência de controlos de pessoas naquelas fronteiras. As correspondentes questões prejudiciais foram-lhe colocadas por tribunais nacionais de cujas decisões não cabe recurso judicial de direito interno (a *Cour de Cassation* francesa e o *Raad van State* neerlandês). Trata-se dos Acórdãos *Melki e Abdeli*, de 22 de junho de 2010, procs. apensos C-188/10 e C-189/10, e *Atiqullah Adil*, de 19 de julho de 2012, proc. C-278/12 PPU, o primeiro proferido em processo de tramitação acelerada e o segundo em processo prejudicial urgente.

Tanto no acórdão de 22 de junho de 2010 como no de 19 de julho de 2012, os tribunais *a quo* pretendiam, no essencial, obter do TJUE elementos de interpretação das disposições do CFS relativas ao conceito de medida de efeito equivalente a um controlo de fronteiras, suscetíveis de lhes permitir decidir sobre a compatibilidade ou incompatibilidade das legislações nacionais aplicáveis. Estas permitiam às autoridades policiais controlarem, numa zona de 20 quilómetros a partir das fronteiras terrestres internas desativadas, a identidade de qualquer pessoa, *(i)* no primeiro caso, independentemente do seu comportamento e de circunstâncias particulares demonstrativas da existência de um risco de violação da ordem pública, a fim de verificarem se a pessoa controlada respeita as obrigações de posse, porte e apresentação dos títulos e dos documentos previstos na lei; *(ii)* no segundo caso, sob determinadas condições e limites, a fim de verificar se a pessoa controlada preenche os requisitos de permanência legal exigidos no Estado-Membro em questão[95].

Tal como o TJUE recordou no primeiro acórdão, resulta do artigo 21.º, alínea *a*), que *(i)* "os controlos no interior do território de um Estado-Membro só são proibidos quando tiverem um efeito equivalente ao dos controlos nas

---

[94] As duas últimas disposições já levaram alguns Autores a afirmar que as anteriores verificações de identidade efetuadas por ocasião do controlo de pessoas nas fronteiras internas converteram-se numa obrigação permanente de posse ou porte de documentos de identidade e outros requisitos administrativos no interior dos territórios nacionais; neste sentido, ANAÏS FAURE ATGER, *The Abolition of Internal Border Checks in a Enlarged Schengen Area: Freedom of movement or a scattered web of security checks?*, 2008, p. 15, disponível em *http://www.ceps.eu*.

[95] Cf. o n.º 58 do Acórdão *Melki e Abdeli* e o n.º 38 do Acórdão *Atiqullah Adil*.

DIREITO DA UNIÃO EUROPEIA – ELEMENTOS DE DIREITO E POLÍTICAS DA UNIÃO

fronteiras" e *(ii)* o exercício dos poderes de polícia não pode considerar-se equivalente ao exercício de controlos de fronteira, nomeadamente nos casos em que as medidas adotadas "não tiverem como objetivo o controlo fronteiriço, se basearem em informações policiais de carácter geral e na experiência em matéria de possíveis ameaças à ordem pública, se destinarem particularmente a combater o crime transfronteiras, forem concebidas e executadas de uma forma claramente distinta dos controlos sistemáticos de pessoas nas fronteiras externas e, finalmente, forem aplicadas com base em controlos por amostragem"[96].

Tendo constatado que a legislação francesa em causa conferia às autoridades policiais competência para controlar, unicamente numa zona de 20 quilómetros para o interior da fronteira interna terrestre do respetivo Estado-Membro, a identidade de qualquer pessoa, independentemente do comportamento desta e de circunstâncias particulares demonstrativas da existência de risco para a ordem pública, a fim de verificar o respeito das obrigações de posse, porte e apresentação dos títulos e documentos previstos na lei, sem, no entanto, prever o necessário enquadramento dessa competência, de modo a guiar o poder de apreciação das autoridades a quem ela é conferida e a garantir que o seu exercício prático não possa ter um efeito equivalente ao dos controlos de fronteiras, o TJUE considerou-a incompatível, por esses mesmos motivos, com o artigo 67.º, n.º 2, do TFUE e com os artigos 20.º e 21.º do CFS[97].

A legislação holandesa em causa no Acórdão *Atiqullah Adil*, por seu lado, já tinha sido alterada para dar cumprimento ao Acórdão *Melki e Abdeli* e, concretamente, para "garantir que o controlo dos estrangeiros no âmbito da luta contra a permanência ilegal após uma passagem de fronteira (...) não tenha um efeito equivalente ao dos controlos fronteiriços na aceção do Regulamento n.º 562/2006". O tribunal *a quo* interrogava-se, no entanto, acerca da compatibilidade com o artigo 21.º do CFS do "enquadramento" dos chamados "controlos móveis de segurança" (MTV)[98], previsto por essa legislação.

---

[96] A este propósito, no seu relatório sobre a aplicação do Título III do CFS, de 16 de setembro de 2011, COM(2011) 561 final, pp. 5 e 11, a Comissão entende que, se for necessário efetuar controlos periódicos e sistemáticos em resposta à situação de segurança dos territórios dos Estados-Membros, estes devem reintroduzir temporariamente o controlo fronteiriço nas fronteiras internas, ao abrigo do artigo 23.º do CFS.

[97] Cf. os n.ºs 69-70 e 74-75 do Acórdão *Melki e Abdeli, cit.*, ênfase acrescentada.

[98] Tal como a Advogada-Geral Eleanor Sharpston referiu na sua tomada de posição neste processo, n.ºs 59 e 68, o controlo MTV insere-se na luta contra a permanência irregular e incide especial-

FRONTEIRAS, VISTOS, ASILO E IMIGRAÇÃO

Por força dela, tais controlos *(i)* devem basear-se "em informações gerais e na experiência em matéria de permanência ilegal de pessoas nos locais dos controlos"; *(ii)* devem "ser efetuados em medida limitada, a fim de obter essas informações gerais e dados ligados à experiência na matéria"; *(iii)* "o seu exercício está sujeito a certas limitações relativas, designadamente, à intensidade e à frequência".

O TJUE esclareceu a este propósito que o artigo 21.º, alínea *a)*, do CFS "não prevê uma lista exaustiva de requisitos que as medidas policiais devem preencher para se considerar que não têm um efeito equivalente ao dos controlos de fronteira, nem uma lista exaustiva dos objetivos que essas medidas policiais podem prosseguir". Na esteira do Acórdão *Melki e Abdeli*, recordou que aquele preceito não impede *a priori* as legislações nacionais de conferirem às autoridades policiais "competência especial para efetuar controlos de identidade limitados a uma zona fronteiriça"[99], na condição de que algumas "precisões e limitações" sejam fixadas e respeitadas.

A conclusão foi a de que, assim interpretado, o artigo 21.º, conjugado com o artigo 20.º, não se opõe a que a legislação em causa no processo principal confira às autoridades policiais competência para verificarem se a pessoa controlada preenche os requisitos de permanência legal aplicáveis no Estado-Membro em questão, num raio de 20 quilómetros a partir da fronteira terrestre desativada, por as condições a que o seu exercício está sujeito constituírem um enquadramento adequado para impedir tais controlos de produzirem um efeito equivalente a controlos de fronteira[100].

---

mente sobre os nacionais de países terceiros que já entraram no espaço europeu regido pelo artigo 77.º, n.º 1, alínea *a)*, do TFUE e, quer essa entrada tenha sido regular quer clandestina, não têm, ou deixaram de ter, direito de residência no território neerlandês.

[99] Na tomada de posição citada na nota anterior, n.º 74 e nota 29, a Advogada-Geral recordou pertinentemente que o artigo 21.º, alínea *a)*, do CFS não contém nenhuma norma que obrigue os Estados-Membros a exercerem os seus poderes de polícia de modo uniforme em todo o seu território, não constituindo, portanto, "uma base para esse paralelismo estrito entre os controlos nas zonas fronteiriças e no restante território". A proposta da Comissão no sentido de estabelecer esse paralelismo fora, aliás, expressamente rejeitada pelo Parlamento Europeu e pelo Conselho, com o fundamento de que as zonas fronteiriças podem apresentar um risco especial para a prática de crimes transfronteiriços.

[100] Cf. os n.os 20, 65, 69, 74 e 88 do Acórdão *Atiqullah Adil*, *cit*. Ver também a Comunicação da Comissão ao Parlamento Europeu e ao Conselho, *Relatório semestral sobre o funcionamento do espaço Schengen: 1 de novembro de 2011 – 30 de abril de 2012*, de 16 de maio de 2012, COM(2012) 230 final, pp. 16-18. No sentido de que neste acórdão o TJUE, ao não se preocupar em densificar e concretizar devidamente conceitos vagos e indeterminados como o de "experiência em matéria de permanência ilegal de pessoas nos locais dos controlos", "parece dar provas de maior acomodação do que

2.11. A reintrodução excecional do controlo de pessoas nas fronteiras internas: condições e limites

Apesar de nenhuma das disposições dos Tratados da União Europeia que se reportam ao ELSJ contemplar expressamente a possibilidade de reintrodução de controlos de pessoas nas fronteiras internas, o CFS retomou e desenvolveu o disposto no artigo 2.º, n.º 2, da Convenção de Schengen[101] nos seus artigos 23.º a 31.º (Capítulo II do Título III, "Reintrodução temporária do controlo fronteiriço nas fronteiras internas"). As regras desse capítulo foram substancialmente alteradas, como já se disse, pelo Regulamento (UE) n.º 1051/2013, de 22 de outubro de 2003[102].

Este diploma começa por recordar que "[n]um espaço sem controlos nas fronteiras internas, é necessário dar uma resposta comum às situações que afectem gravemente a ordem pública ou a segurança interna desse espaço, ou de partes dele". É inovadora e plena de consequências a extensão, ao próprio espaço sem controlos nas fronteiras internas, das cláusulas de ordem pública e segurança interna, até à data estritamente acantonados, neste contexto, ao território dos Estados-Membros. Trata-se, com efeito, de um pressuposto necessário para a atribuição também à União Europeia da competência para tomar decisões de reintrodução temporária do controlo fronteiriço, até à data entendida como exclusiva dos Estados-Membros, em coerência com uma lógica agora ultrapassada.

O artigo 23.º ("Quadro geral para a reintrodução temporária do controlo nas fronteiras internas") continua, porém, a ter por destinatários apenas os Estados-Membros, habilitando-os, "em caso de ameaça grave à ordem pública ou à segurança interna" e sem "exceder o estritamente necessário para dar resposta a essa ameaça", a "reintroduzir, a título excepcional, o controlo em todas ou algumas partes específicas das suas fronteiras internas, por um período limitado não superior a 30 dias, ou superior a este e renovável, se

---

noutros domínios à noção de medidas de efeito equivalente", ver Jean-Yves Carlier, "La libre circulation des personnes dans et vers l'Union européenne", *cit.*, p. 104.

[101] Nos termos do qual "(...) por razões de ordem pública ou de segurança nacional, uma Parte Contratante pode, após consulta das outras Partes Contratantes, decidir que, durante um período limitado, serão efetuados nas fronteiras internas controlos fronteiriços adequados à situação. Se razões de ordem pública ou de segurança nacional exigirem uma acção imediata, a Parte Contratante em causa tomará as medidas necessárias e informará desse facto, o mais rapidamente possível, as outras Partes Contratantes".

[102] Sobre os antecedentes deste Regulamento, ver Nuno Piçarra, "A crise nas fronteiras (dos Estados-Membros) da União Europeia: causas e soluções", *cit.*, pp. 167 e segs.

FRONTEIRAS, VISTOS, ASILO E IMIGRAÇÃO

assim o determinar a duração previsível da ameaça. Em princípio, a duração total da reintrodução do controlo não pode exceder seis meses[103].

Na atual versão, o próprio CFS vincula expressamente os Estados-Membros que pretendam tomar uma tal medida a avaliar a sua adequação e proporcionalidade em relação à ameaça, levando nomeadamente em conta *(i)* o impacto provável da ameaça (terrorista, relacionada com a criminalidade, ou outra) sobre a sua ordem pública ou segurança interna; *(ii)* o impacto provável da medida sobre a livre circulação de pessoas no espaço sem controlos nas fronteiras internas. É o que resulta do novo artigo 23.º-A.

Tratando-se do procedimento a seguir, estabelecido pelo artigo 24.º, o ou os Estado(s)-Membro(s) que preveja(m) reintroduzir o controlo nas suas fronteiras internas deve(m) informar previamente os demais Estados-Membros e a Comissão (e também o Parlamento Europeu e o Conselho) o mais tardar quatro semanas antes da reintrodução prevista, transmitindo-lhes as razões dela e os factos em que se baseia, a data e a duração, a denominação dos postos de fronteira autorizados e, se for caso disso, as medidas a tomar pelos demais Estados-Membros. A Comissão ou os Estados-Membros podem emitir parecer a tal respeito[104]. No âmbito deste procedimento de consulta, que deve decorrer pelo menos dez dias antes da data prevista para a reintrodução do controlo nas fronteiras, examina-se "a proporcionalidade das medidas em relação aos factos que originaram a reintrodução do controlo fronteiriço e os riscos para a ordem pública ou a segurança interna". Se for caso disso, podem organizar-se formas de cooperação entre os Estados-Membros.

---

[103] Tal como a Comissão tem pertinentemente salientado neste contexto, as decisões de recusa de entrada só podem ser tomadas por motivos ligados à reintrodução dos controlos. Por outro lado, uma vez que tais decisões não convertem as fronteiras internas em fronteiras externas, não são aplicáveis as disposições relativas à aposição de carimbos em passaportes ou à responsabilidade das empresas transportadoras. A Frontex também não pode participar em nenhuma operação que se realize durante o período de reintrodução dos controlos, precisamente porque a sua competência se confina às fronteiras externas; ver o Relatório sobre a aplicação do Título III do CFS, *cit.*, pp. 9-10.

[104] No relatório citado na nota anterior, p. 9, a Comissão faz notar que o prazo para a emissão de tal parecer – contado entre a notificação dos Estados-Membros e a reintrodução *de facto* do controlo nas fronteiras internas no caso de acontecimentos previsíveis – é demasiado curto, não lhe tendo permitido emitir nenhum até à data. Seja como for, o novo 2.º § do n.º 4 do artigo 24.º impõe à Comissão a emissão de parecer se, com base nas informações contidas na notificação ou em quaisquer informações adicionais que tenha recebido, tiver dúvidas quanto à necessidade ou à proporcionalidade da reintrodução prevista do controlo nas fronteiras internas, ou se considerar apropriada uma consulta sobre qualquer aspeto da notificação. Caso continue a considerar demasiado curto o prazo fixado para o cumprimento desta nova obrigação, a Comissão poderá simplesmente optar por não suscitar dúvidas.

DIREITO DA UNIÃO EUROPEIA – ELEMENTOS DE DIREITO E POLÍTICAS DA UNIÃO

Em contrapartida, perante necessidades de ação imediata para fazer face à ameaça grave à ordem pública ou à segurança interna, o artigo 25.º autoriza o Estado-Membro em causa a reintroduzir, "a título excepcional e de forma imediata", o controlo nas fronteiras internas, por um período limitado até dez dias, prorrogável por períodos renováveis não superiores a 20 dias, desde que a duração da reintrodução do controlo não exceda, em princípio, dois meses. O mesmo Estado-Membro deve notificar simultaneamente os demais Estados-Membros e a Comissão. Esta, por sua vez, informará sem demora o Parlamento Europeu, podendo também consultar aqueles Estados imediatamente após a receção da notificação.

Na prática, a reintrodução dos controlos de pessoas nas fronteiras internas ao abrigo destes procedimentos tem sido levada a cabo sobretudo para fazer face a manifestações de escala transnacional planeadas por ocasião de cimeiras da União Europeia e de reuniões políticas internacionais (NATO, G8, etc.)[105], podendo a legalidade desse exercício ser escrutinada pelo TJUE, como resulta *a contrario* do artigo 276.º do TFUE. Mais recentemente, tal prerrogativa começou também a ser exercida em situações em que um Estado-Membro fronteiriço é alvo de um súbito afluxo de nacionais de países terceiros, o que, em boa medida, esteve na origem da última revisão do CFS, analisada a seguir.

2.12. Em especial, a reintrodução do controlo de pessoas nas fronteiras internas devido a "deficiências graves e persistentes no controlo das fronteiras externas" verificadas em aplicação do Regulamento (UE) n.º 1053/2013

Aos dois "procedimentos específicos" já examinados, tendentes à reintrodução temporária do controlo nas fronteiras internas, o Regulamento (UE) n.º 1051/2013, de 22 de outubro de 2013, veio acrescentar ao CFS um novo procedimento, que permite tal reintrodução "em circunstâncias excecionais que ponham em risco o funcionamento global do espaço sem controlos nas fronteiras internas, devido a deficiências graves e persistentes no controlo das fronteiras externas (...) e na medida em que essas circunstâncias representem uma ameaça grave à ordem pública ou à segurança interna da totali-

---

[105] No terceiro relatório semestral sobre o funcionamento do espaço Schengen [1 de novembro de 2012 a 30 de abril de 2013, COM(2013) 326 final, p. 3], a Comissão dá conta de que a Noruega reintroduziu o controlo nas suas fronteiras internas de 3 a 12 de dezembro de 2012, por ocasião da cerimónia de entrega dos Prémios Nobel, realizada em Oslo em 10 de dezembro de 2012.

FRONTEIRAS, VISTOS, ASILO E IMIGRAÇÃO

dade ou de parte [desse] espaço", por um período não superior a seis meses, prorrogável no máximo três vezes (artigo 26.º). Tais deficiências devem ser previamente identificadas através do mecanismo de avaliação e controlo criado pelo Regulamento (UE) n.º 1053/2013, de 7 de outubro de 2013, cujo articulado, composto por vinte e três artigos, o novo artigo 37.º-A ("Mecanismo de avaliação") do CFS se permite resumir[106].

De acordo com o novo artigo 19.º-A, n.º 3, do CFS, só se, no termo de um prazo de três meses concedido ao Estado-Membro avaliado para pôr fim a tais deficiências, cumprindo as recomendações da Comissão, esta "considerar que a situação persiste" é que pode desencadear a aplicação do procedimento do artigo 26.º, "caso estejam reunidas todas as condições para o fazer". A conclusão no sentido de que a expressão "pode desencadear" confere à Comissão margem de apreciação para o efeito é, porém, prejudicada pelo disposto no segundo parágrafo do n.º 3 do artigo 37.º-A, nos termos do qual "[s]e num relatório de avaliação, adotado pela Comissão nos termos do artigo 14.º do Regulamento (UE) n.º 1053/2013, forem identificadas deficiências graves na realização do controlo nas fronteiras externas, *são aplicáveis* os artigos 19.º-A e *26.º* do presente regulamento" (ênfase acrescentada). Dificulta ainda a interpretação deste normativo o facto de a expressão "deficiências graves" constante do citado preceito do artigo 37.º-A não coincidir com a expressão "deficiências graves e persistentes" que figura no artigo 26.º, n.º 1.

Seja como for, as outras condições para desencadear o procedimento em análise resumem-se, no essencial, à constatação da ineficácia de "todas as restantes medidas, nomeadamente as referidas no artigo 19.º-A, n.º 1", "para mitigar a ameaça grave identificada". A reintrodução do controlo nas fronteiras internas deve, pois, constituir uma medida "de último recurso" e "de

---

[106] De acordo com o artigo 37.º-A, n.º 2, 1.º §, "[a]s regras relativas ao mecanismo de avaliação constam do Regulamento (UE) n.º 1053/2013. Nos termos desse mecanismo de avaliação ...". A fórmula é repetida na terceira frase do mesmo parágrafo e no 3.º §, com uma ligeira variante ("De acordo com esse mecanismo de avaliação..."). A curiosa técnica legislativa utilizada dá que pensar, desde logo no tocante à extensão do articulado daquele Regulamento. No entanto, tal como relata STEVE PEERS, *The Future of the Schengen System, cit.*, p. 43, terá sido a solução encontrada para o Parlamento Europeu poder participar indiretamente na alteração do Regulamento (UE) n.º 1053/2013, aprovado apenas pelo Conselho, sob proposta da Comissão, nos termos do processo legislativo especial do artigo 70.º do TFUE. Com efeito, uma vez que o artigo 37.º-A – constante, ao invés, do CFS, aprovado por processo legislativo ordinário – "resume" o Regulamento (UE) n.º 1053/2013, a revisão deste regulamento precisará do acordo do Parlamento Europeu de modo a não entrar em contradição com o disposto no artigo 37.º-A e a não convocar, portanto, a aplicação da regra *lex posterior priori derogat* que o desacordo necessariamente implicaria.

proteção dos interesses comuns no espaço sem controlos nas fronteiras internas" (artigo 26.º, n.º 2).

Ao contrário do que poderia supor-se em face do normativo analisado, continuam a ser os Estados-Membros os autores formais da decisão de reintrodução do controlo nas suas fronteiras internas. Todavia, no âmbito do artigo 26.º tal decisão apenas poderá ser tomada mediante prévia recomendação do Conselho, baseada numa proposta da Comissão que também pode ser apresentada a pedido dos Estados-Membros[107]. Ao abrigo do artigo 26.º, os Estados-Membros não poderão, portanto, agir unilateralmente[108], ao contrário do que lhes permite os artigos 23.º a 25.º (cuja aplicação, verificadas as condições necessárias, não fica precludida pelo artigo 26.º, como o seu n.º 5 expressamente reconhece).

Foi a solução de compromisso a que se chegou tendo como ponto de partida, num dos extremos, uma proposta da Comissão em que esta reivindicava, não sem fundamento, a competência para a tomada das decisões em causa e, no outro, a vontade de alguns Estados-Membros de reforçarem significativamente a sua prerrogativa de reintrodução unilateral de controlos nas fronteiras internas[109].

Antes de apresentar a proposta em que deverá basear-se a recomendação do Conselho prevista pelo artigo 26.º, n.º 2, a Comissão pode solicitar informações complementares aos Estados-Membros, à Frontex e a outras entidades da União. Pode até efetuar inspeções no ou nos Estados-Membros em causa (artigo 26.º-A, n.º 2), isto é, aquele ou aqueles em que se verifiquem "deficiências graves e persistentes relacionadas com o controlo nas fronteiras externas", constitutivas de "uma ameaça grave à ordem pública ou à segurança interna da totalidade ou de parte do espaço sem controlo nas fronteiras internas", que nenhuma medida tomada foi capaz de superar.

O Conselho, por seu lado, é obrigado a sujeitar previamente uma recomendação no sentido de que "um ou mais Estados-Membros reintroduzam o controlo na totalidade ou em parte das suas fronteiras internas" ao teste

---

[107] A própria Comissão está habilitada a adotar transitoriamente recomendações em matéria de reintrodução de controlos nas fronteiras internas, mediante atos de execução imediatamente aplicáveis, por determinadas razões de urgência devidamente fundamentadas, nos termos do artigo 26.º, n.º 4.

[108] No mesmo sentido, ver STEVE PEERS, *The Future of the Schengen System*, *cit.*, p. 46, que considera, porém, este ponto não expressamente clarificado pelo próprio artigo 26.º.

[109] Para maiores desenvolvimentos, ver NUNO PIÇARRA, "A crise nas fronteiras (dos Estados-Membros) da União Europeia: causas e soluções", *cit.*, pp. 169 e segs.

FRONTEIRAS, VISTOS, ASILO E IMIGRAÇÃO

da adequação e da proporcionalidade, ponderando nomeadamente *(i)* a disponibilidade e a adequação de medidas de apoio técnico ou financeiro que possam ser ou tenham sido utilizadas a nível nacional, ao nível da União ou a ambos os níveis, incluindo a assistência de entidades como a Frontex, o Gabinete Europeu de Apoio em matéria de Asilo ou a Europol[110]; *(ii)* o impacto atual e futuro, em termos de ordem pública ou de segurança interna, das deficiências de controlo nas fronteiras externas identificadas no relatório de avaliação relativo a um ou a vários Estados-Membros; *(iii)* o impacto provável da reintrodução do controlo das fronteiras internas sobre a livre circulação de pessoas no espaço a que tal controlo se reporta (artigo 26.°-A, n.° 1).

Do que precede resulta que, apesar de o Regulamento (UE) n.° 1051/2013 procurar iludir a questão, os principais, se não mesmo os exclusivos destinatários da recomendação do Conselho no sentido da reintrodução do controlo "na totalidade ou em parte das fronteiras internas", não serão o ou os Estados-Membros em que se verifiquem as referidas "deficiências graves e persistentes relacionadas com o controlo nas suas fronteiras externas", mas sim os restantes Estados-Membros ou uma parte deles – e a título de "medida reativa" contra os primeiros. Na realidade, a um Estado-Membro assoberbado com graves e, porventura, insuperáveis dificuldades no controlo das suas fronteiras externas, devido, nomeadamente, a esgotamento de meios humanos e técnicos, a última coisa que convirá recomendar é a reintrodução do controlo nas suas fronteiras internas.

Esta conclusão é confirmada, de algum modo, pelo disposto no artigo 26.°, n.° 3, de acordo com o qual, no caso de um Estado-Membro não dar seguimento à recomendação do Conselho "deve informar imediatamente a Comissão, por escrito, das suas razões"[111]. Nesse caso, a Comissão deve apresentar um relatório ao Parlamento Europeu e ao Conselho que avalie as razões apresentadas pelo Estado-Membro em causa e as consequências

---

[110] Tal como acertadamente precisa o considerando 10 do Regulamento (UE) n.° 1051/2013, antes de ser adotada qualquer recomendação sobre reintrodução temporária de controlo em determinadas fronteiras internas, "deverá tirar-se pleno partido, no momento oportuno, da possibilidade de recorrer a medidas destinadas a retificar a situação em causa, incluindo a assistência de entidades como a Frontex ou a Europol (...). Caso seja detetada uma deficiência grave, a Comissão deverá poder recorrer a medidas de apoio financeiro para ajudar o Estado-Membro em causa".

[111] O artigo 26.°, n.° 3, determina também que, antes de introduzirem o controlo na totalidade ou em partes específicas das suas fronteiras internas por recomendação do Conselho, os Estados-Membros notifiquem esse facto aos demais, ao Parlamento Europeu e à Comissão.

para a defesa dos interesses comuns do espaço sem controlos nas fronteiras internas.

Este dispositivo permite, portanto, que qualquer Estado-Membro vencido na votação pela qual o Conselho aprovou a recomendação em causa se demarque dela na prática, designadamente por solidariedade com o Estado-Membro que, em cumprimento dessa recomendação, se verá "suspenso" do espaço sem controlos nas fronteiras internas, por os restantes reintroduzirem tais controlos nas fronteiras comuns com ele[112]. Mesmo assim, o procedimento do novo artigo 26.º do CFS permite votar ao isolamento ou mesmo à ostracização no espaço sem controlos nas fronteiras internas um Estado-Membro, provavelmente aquele que se debater com maiores dificuldades no controlo das suas fronteiras externas, devido a circunstâncias que o transcendem, por um período que pode ir até dois anos.

É por isso que, neste contexto, deve ser dada particular ênfase ao considerando 5 do Regulamento (UE) n.º 1051/2013, nos termos do qual "[a] migração e a passagem das fronteiras externas por um grande número de nacionais de países terceiros não deverá, por si só, ser considerada uma ameaça para a ordem pública ou para a segurança interna". Apenas é de lamentar que não tenha obtido expressão no próprio articulado do CFS. Mesmo assim, é patente o seu sentido limitador da aplicabilidade do artigo 26.º.

E talvez também seja por os autores do Regulamento (UE) n.º 1051/2013 terem tido a noção dos efeitos perversos que a aplicação do artigo 26.º é suscetível de produzir que a rodearam de condições particularmente exigentes[113]. Daí que o novo dispositivo pareça ser sobretudo chamado a

---

[112] Considerando, com algum exagero, que, se um tal cenário se concretizar, "as consequências poderiam ser caóticas, por se tornar fácil contornar os controlos de fronteira reintroduzidos, viajando para Estados-Membros que não os reintroduziram", ver STEVE PEERS, *The Future of the Schengen System, cit.*, p. 47. O Autor qualifica, por isso, de "lamentável que as novas regras não garantam que todos os Estados-Membros iniciem e terminem ao mesmo tempo a reintrodução dos controlos nas fronteiras internas relativamente ao Estado-Membro responsável pelas 'deficiências graves' no controlo das fronteiras externas". Trata-se de uma opinião que, pelas razões *supra* indicadas no texto, não se afigura, de todo em todo, de subscrever.

[113] Essa exigência e o seu potencial efeito dissuasor sobre o recurso à reintrodução dos controlos nas fronteiras internas também é patente no novo artigo 29.º do CFS, de alcance geral e não circunscrito, portanto, ao âmbito dos artigos 26.º e 26.º-A. Aí se prevê a obrigação para os Estados-Membros que a ela tenham recorrido de, "no prazo de quatro semanas após a supressão do controlo nas fronteiras internas", apresentar um relatório ao Parlamento Europeu, ao Conselho e à Comissão, descrevendo, nomeadamente, a avaliação inicial e a observância dos critérios estabelecidos pelos artigos 23.º-A, 25.º e 26.º-A, impacto sobre a livre circulação de pessoas, a cooperação prática com

FRONTEIRAS, VISTOS, ASILO E IMIGRAÇÃO

desempenhar um papel simbólico de alerta, desde logo no sentido de que os Estados-Membros não podem descurar as suas obrigações em relação às respectivas fronteiras externas. No que respeita à extrema exigência das condições de aplicação, o dispositivo analisado lembra o regime originário da cooperação reforçada, introduzido pelo Tratado de Amesterdão, que, de tão restritivo, nunca chegou a ser aplicado[114].

Se, apesar de tudo, tal procedimento vier a ser aplicado no sentido antevisto, não será só o Estado-Membro destinatário da medida de isolamento ou de ostracização recomendada pelo Conselho a sair fragilizado. Os restantes, assim como a União Europeia no seu conjunto, também não sairão ilesos, ao causar um prejuízo de contornos imprevisíveis no objetivo de manutenção e desenvolvimento do espaço de liberdade, segurança e justiça. E isto na ilusão perigosa de que, em tal espaço, as "deficiências graves relacionadas com o controlo nas fronteiras externas" podem resolver-se com "medidas punitivas" potencialmente dirigidas aos Estados-Membros que se deparam com as maiores dificuldades no desempenho de tal tarefa – levada a cabo, aliás, em prol de todos os que suprimiram o controlo nas suas fronteiras internas – e não, apenas, através do reforço da solidariedade e da cooperação entre todos os interessados.

3. O regime aplicável ao pequeno tráfego fronteiriço nas fronteiras externas terrestres da União Europeia

3.1. Âmbito e razão de ser do Regulamento (CE) n.º 1931/2006

O próprio CFS, no artigo 35.º, aponta para a necessidade de o pequeno tráfego nas fronteiras externas terrestres entre os Estados-Membros e os países terceiros vizinhos – motivado por razões familiares, sociais, culturais ou económicas comprovadas – se reger por normas diferentes das estabelecidas, em termos gerais, pelo CFS no que toca ao controlo nessas fronteiras, mas insuscetíveis de pôr em causa as exigências de segurança do espaço europeu sem controlos nas fronteiras internas. O objetivo é evitar que, através da

---

os Estados-Membros vizinhos, o modo como decorreram os controlos e a sua eficácia, "incluindo uma avaliação *ex post* da proporcionalidade da reintrodução" deles.

[114] Para maiores desenvolvimentos, ver entre tantos, CLAUS DIETER EHLERMANN, "Différentiation, flexibilité, coopération renforcée: les nouvelles dispositions du traité d'Amsterdam", in *Revue du Marché Unique Européen*, 1997, pp. 53 e segs.; ERIC PHILIPPART e GEOFFREY EDWARDS, "The Provisions on Closer Co-operation in the Treaty of Amsterdam: The Politics of Flexibility in the European Union", in *Journal of Common Market Studies*, vol. 37, 1999, pp. 87 e segs.

aplicação das normas gerais e dos "controlos pormenorizados à entrada e à saída" a que sujeitam os nacionais de países terceiros[115], se criassem barreiras ao comércio, aos intercâmbios sociais e culturais ou à cooperação regional entre Estados-Membros e países vizinhos, normalmente com características muito próprias e não raro ditadas pelas vicissitudes da história.

A título de exceção ou derrogação àquelas normas gerais, o Parlamento Europeu e o Conselho aprovaram, em 20 de dezembro de 2006, o Regulamento (CE) n.º 1931/2006, que estabelece o regime aplicável ao pequeno tráfego fronteiriço na referida aceção, necessariamente completado, para efeitos da sua aplicação, por acordos bilaterais entre Estados-Membros e Estados terceiros vizinhos[116]. Este regulamento constitui parâmetro de validade de tais acordos, nos termos do seu artigo 13.º[117].

O regime excecional de passagem das fronteiras externas decorre, em suma, da perceção, pelo legislador da União, de que, se se tornasse o pequeno tráfego fronteiriço muito mais difícil, acabar-se-ia inevitavelmente por fomentar a imigração permanente para a União Europeia. Ele traduz também o entendimento prevalecente entre os Estados-Membros mais recentes no sentido de que "fechar a porta" aos vizinhos mais pobres da Europa de Leste constituiria um risco ainda maior para a segurança da própria União Europeia, uma vez que ameaçaria a estabilidade destes e portanto da própria região[118]. Tal regime tornou-se, aliás, parte integrante da chamada

---

[115] Salvo, como se viu, os que beneficiem da liberdade de circulação ao abrigo do direito da União Europeia, nos termos do artigo 2.º, ponto 5, do CFS.

[116] No Relatório sobre a aplicação e o funcionamento do regime de pequeno tráfego fronteiriço introduzido pelo Regulamento (CE) n.º 1931/2006, COM(2009) 383 final, apresentado ao Parlamento Europeu e ao Conselho em 24 de julho de 2009, pp. 2-3, a Comissão qualifica a competência dos Estados-Membros para a conclusão dos acordos internacionais em causa como uma competência delegada pela União, a qual, ao adotar o Regulamento (CE) n.º 1931/2006, terá adquirido competência exclusiva para concluir tais acordos; cf. os artigos 2.º, n.º 1, segunda parte, e 3.º, n.º 2, do TFUE.

[117] No segundo relatório sobre a aplicação e o funcionamento do regime de pequeno tráfego fronteiriço, COM(2011) 47 final, apresentado ao Parlamento Europeu e ao Conselho em 9 de fevereiro de 2011, pp. 2-3, a Comissão dava conta da vigência de quatro destes acordos (Hungria-Ucrânia, Eslováquia-Ucrânia, Polónia-Ucrânia e Roménia-Moldávia) e de que entrariam brevemente em vigor mais quatro, três dos quais celebrados com a Bielorrússia pela Polónia, Letónia e Lituânia, e um entre a Noruega e a Federação Russa.

[118] Para maiores desenvolvimentos, ver VIRGINIE GUIRAUDON, "Before the EU Border: Remote Control of the «Huddled Masses»", in K. Groenendijk et al. (ed.), In Search of Europe's Borders, ob. cit., pp. 209-211. Aí se refere que cerca de 30% a 40% das pequenas e médias empresas polacas vivem do comércio com a Ucrânia e que o comércio fronteiriço muito vivo deu à Polónia um saldo líquido

FRONTEIRAS, VISTOS, ASILO E IMIGRAÇÃO

Política Europeia de Vizinhança, que o Tratado de Lisboa constitucionalizou no artigo 8.º do TUE[119].

3.2. A autorização de pequeno tráfego fronteiriço: condições de emissão e validade territorial e temporal

O princípio fundamental enunciado no artigo 4.º do Regulamento (CE) n.º 1931/2006 é o de que os nacionais de países terceiros legalmente residentes na zona fronteiriça de um país vizinho de um Estado-Membro por um período mínimo de um ano – os "residentes fronteiriços"[120] – ficam dispensados dos "controlos pormenorizados à entrada e à saída" ao atravessarem a correspondente fronteira externa, desde que (i) sejam titulares de uma "autorização de pequeno tráfego fronteiriço", emitida nos termos do Regulamento em análise e, se tal for exigido pelo acordo bilateral aplicável, "de um ou vários documentos de viagem válidos"; (ii) não estejam indicados no SIS nem em bases de dados nacionais para efeitos de não admissão; (iii) não sejam considerados uma ameaça para a ordem pública, a segurança interna, a saúde pública ou as relações internacionais de qualquer Estado-Membro.

Nos termos do artigo 9.º, a emissão de uma autorização de pequeno tráfego fronteiriço pela competente autoridade nacional[121] depende da titularidade, pelo interessado, de um ou de vários documentos de viagem que o autorizem a atravessar as fronteiras externas e também da prova do seu estatuto de residente fronteiriço, assim como da existência de razões legítimas para atravessar frequentemente uma fronteira externa terrestre. Para além disso, o interessado deve satisfazer, logo no momento do pedido, as mesmas condições a que permanece sujeito enquanto residente fronteiriço, relativa-

---

de 1,5 biliões de euros. Por isso, um governante deste Estado-Membro declarou que o acervo de Schengen será por ele aplicado "com uma nota de rodapé: a fronteira externa oriental da União Europeia não deve constituir um muro mas sim uma ponte".

[119] Para uma introdução ao tema, ver NUNO PIÇARRA, "Política Europeia de Vizinhança", in Francisco Pereira Coutinho e Nuno Canas Mendes (org.), *Enciclopédia das Relações Internacionais*, Lisboa, 2014, pp. 403-407.

[120] O artigo 3.º, ponto 6, de onde consta esta definição, permite expressamente que os acordos bilaterais exijam não só períodos de residência na zona fronteiriça superiores a um ano, mas também, em casos excecionais devidamente justificados, períodos inferiores a um ano.

[121] A este respeito, o artigo 12.º do Regulamento (CE) n.º 1931/2006 menciona os consulados e quaisquer outras autoridades administrativas locais designadas pelos acordos bilaterais aplicáveis. E o artigo 8.º, n.º 1, impõe aos Estados-Membros a emissão das autorizações de pequeno tráfego fronteiriço em conformidade com as características de segurança e as especificações técnicas previstas pelo mencionado Regulamento (CE) n.º 1030/2002.

DIREITO DA UNIÃO EUROPEIA – ELEMENTOS DE DIREITO E POLÍTICAS DA UNIÃO

mente à não indicação no SIS nem em base de dados nacional e à não ameaça para a ordem e saúde públicas, segurança interna ou relações internacionais.

Em contrapartida, o residente transfronteiriço que reúna as condições enunciadas para aceder ao benefício do regime de pequeno tráfego fronteiriço fica isento da obrigação de visto de curta duração para transpor as fronteiras externas da União Europeia, mesmo que tenha a nacionalidade de um país terceiro incluído na lista daqueles cujos nacionais estão sujeitos a tal obrigação, constante do Regulamento (CE) n.º 539/2001. É o que resulta do Regulamento (CE) n.º 1932/2006, de 21 de dezembro de 2006, que reviu o primeiro expressamente nesse sentido[122].

Literalmente interpretado, o artigo 9.º leva à conclusão de que a reunião, pelo interessado, dos requisitos nele enumerados constitui condição necessária mas não suficiente para a obtenção da autorização de pequeno tráfego fronteiriço. Para isso aponta a fórmula "pode ser concedida". Porém, o reconhecimento de uma tal "discricionariedade extraordinária" não se afiguraria compatível designadamente com o princípio do Estado de Direito, que vincula tanto a União como os Estados-Membros, por força do artigo 2.º do TUE. A este propósito, tal como a Comissão tem sublinhado, nem o artigo 4.º nem o artigo 9.º prevêem a possibilidade de os Estados-Membros adicionarem aos requisitos neles previstos a titularidade de um seguro médico de viagem pelo nacional de país terceiro candidato à autorização de pequeno tráfego fronteiriço[123].

No que toca, por seu lado, à validade territorial da autorização em análise, ela limita-se à zona fronteiriça do Estado-Membro que a tiver emitido, ou seja, a uma zona que, em princípio, não se estende por mais de 30 quilómetros a partir da fronteira, tal como especificada, sendo esse o caso, pelo acordo bilateral aplicável (artigo 7.º, n.º 2, conjugado com o artigo 3.º, ponto 2)[124]. No citado relatório de 24 de julho de 2009, a Comissão veio

---

[122] Ver também o considerando 6 do Regulamento (CE) n.º 1931/2006.
[123] Cf. o relatório da Comissão de 24 de julho de 2009, COM(2009) 383 final, *cit.*, pp. 9-10. No segundo relatório COM(2011) 47 final, *cit.*, pp. 2-3 e 7, a Comissão fez notar, por um lado, que a definição da zona fronteiriça elegível constituiu uma das maiores dificuldades durante a discussão da proposta que veio a dar origem ao Regulamento em análise e, por outro lado, que vários acordos bilaterais celebrados no seu âmbito revelam incompatibilidades com ele no que toca, precisamente, à delimitação das respetivas zonas fronteiriças.
[124] O Regulamento (CE) n.º 1931/2006 foi alterado pelo Regulamento (UE) n.º 1342/2011, de 13 de dezembro de 2011, no sentido de, a título de "exceção específica" (considerando 2), a *oblast* de Kaliningrado (único enclave na União Europeia), por um lado, e certos distritos administrativos pola-

304

FRONTEIRAS, VISTOS, ASILO E IMIGRAÇÃO

precisar que um Estado-Membro que tencione concluir um acordo bilateral ao abrigo do Regulamento (CE) n.º 1931/2006 deve escolher territórios administrativos que sejam pelo menos parcialmente abrangidos pela zona de trinta quilómetros e não ultrapassem uma zona dos cinquenta quilómetros, garantindo assim que todo o território administrativo possa ser considerado zona fronteiriça. Por conseguinte, qualquer unidade administrativa que comece na fronteira mas se estenda para lá dos cinquenta quilómetros fica automaticamente excluída do âmbito de aplicação do regulamento em análise[125].

Finalmente, a validade temporal da autorização de pequeno tráfego fronteiriço oscila entre um prazo mínimo de um ano e um prazo máximo de cinco anos (artigo 10.º). Tal autorização pode, no entanto, ser anulada ou revogada a título de sanção para a sua utilização abusiva (por exemplo, a deslocação para fora da zona fronteiriça), no respeito, naturalmente, do princípio da proporcionalidade (artigo 17.º).

3.3. Os principais aspetos do regime do pequeno tráfego fronteiriço e a sua clarificação jurisprudencial

Em alternativa ao "controlo pormenorizado à entrada e à saída" nos termos do CFS, os titulares de uma autorização de pequeno tráfego fronteiriço apenas são, regra geral, submetidos a um controlo mínimo que se torna meramente aleatório se, devido à sua passagem frequente da fronteira externa, forem bem conhecidos dos guardas de fronteira. Isto sem prejuízo de "controlos rigorosos esporádicos, sem aviso e a intervalos regulares" (artigos 6.º, n.º 1, e 15.º, n.º 3). Por outro lado, não podem ser apostos carimbos de entrada ou de saída na autorização em referência (artigo 6.º, n.º 2). E uma vez que o Regulamento (CE) n.º 1931/2006 prevê expressamente a hipótese de os seus titulares ficarem dispensados da posse de qualquer documento de viagem, parece dever entender-se que também não podem ser apostos carimbos naqueles que sejam exigidos pelo acordo bilateral aplicável.

Os acordos bilaterais entre Estados-Membros e países terceiros vizinhos, celebrados em cumprimento do Regulamento (CE) n.º 1931/2006, poderão ainda (i) estabelecer pontos especiais de passagem das fronteiras externas

---

cos, por outro, serem também considerados zona fronteiriça na aceção do primeiro Regulamento, a fim de lhe conferir um efeito real, favorecendo as trocas comerciais, os intercâmbios sociais e culturais e a cooperação regional entre aqueles territórios (considerando 3).

[125] Cf. o relatório da Comissão COM(2009) 383 final, *cit.*, p. 9.

DIREITO DA UNIÃO EUROPEIA – ELEMENTOS DE DIREITO E POLÍTICAS DA UNIÃO

para os residentes fronteiriços; *(ii)* reservar corredores especiais para tais residentes nos pontos normais de passagem das fronteiras; *(iii)* autorizar a passagem das fronteiras terrestres externas em pontos definidos, distintos dos pontos de passagem autorizados e das horas de abertura previstas, "tendo em conta circunstâncias locais e quando excepcionalmente existirem exigências de natureza especial" *(sic)*, embora sem prejuízo da obrigação para os Estados-Membros de "efectuar controlos aleatórios e uma vigilância regular, a fim de evitar travessias de fronteiras não autorizadas" (artigo 15.º, n.ºs 1 e 4).

Finalmente, nos termos do artigo 5.º, cabe aos acordos bilaterais para que remete o Regulamento (CE) n.º 1931/2006 fixar "a duração máxima permitida de cada estada ininterrupta ao abrigo do regime do pequeno tráfego fronteiriço, a qual não pode exceder três meses", leia-se 90 dias[126].

Este último preceito foi interpretado pelo TJUE no sentido de que o titular de uma autorização de pequeno tráfego fronteiriço deve poder, por um lado, circular livremente na zona fronteiriça durante 90 dias (ou pelo prazo máximo inferior eventualmente fixado pelo acordo bilateral aplicável) se a sua estada for ininterrupta e, por outro lado, beneficiar de um novo direito de

---

[126] Ao contrário do que uma leitura apressada das disposições conjugadas dos artigos 1.º, n.º 1, 3.º, ponto 6, e 4.º poderia levar a crer, o âmbito subjetivo do Regulamento (CE) n.º 1931/2006 não se circunscreve, nem poderia circunscrever-se, aos nacionais de países terceiros que residam na zona fronteiriça de um país vizinho de um Estado-Membro. Comprova-o, por um lado, o artigo 14.º, que vincula os Estados-Membros a assegurar que os países terceiros com quem celebram acordos bilaterais em cumprimento daquele regulamento concedam *(i)* aos beneficiários da livre circulação ao abrigo do direito da União e também *(ii)* aos nacionais de países terceiros que residam legalmente na zona fronteiriça do Estado-Membro parte no acordo "um tratamento pelo menos equivalente ao concedido aos residentes fronteiriços do país terceiro em causa". E comprova-o, por outro lado, o artigo 15.º, n.º 2, que vincula os Estados-Membros que decidiram simplificar a passagem das suas fronteiras externas ao abrigo dos acordos bilaterais celebrados nos termos do n.º 1, a "simplificá-la, de facto" para qualquer beneficiário da liberdade de circulação ao abrigo do direito da União Europeia. Porém, o artigo 3.º, ponto 4, *i)*, por não incluir no seu âmbito subjetivo os nacionais de países terceiros membros da família de um cidadão da União que não exerça o seu direito à livre circulação e ao qual não se aplique, portanto, a Diretiva 2004/38/CE, é passível das mesmas críticas que foram dirigidas *supra*, notas 35 e 43, ao artigo 2.º, ponto 5, alínea *a)*, do CFS. Aquela categoria de familiares de cidadãos da União fica, ainda assim, abrangida pela noção de "nacionais de países terceiros que residam legalmente na zona fronteiriça do Estado-Membro em causa", contemplada pelo artigo 14.º do Regulamento (CE) n.º 1931/2006. Por seu lado, o artigo 3.º, ponto 4, *ii)*, do mesmo Regulamento, por não mencionar os atos legislativos da União como fonte de "direitos equivalentes ao direito de livre circulação dos cidadãos da União" para os nacionais de países terceiros e os membros das suas famílias, incorre nas mesmas críticas de que acima (nota 22) foi objeto o artigo 2.º, ponto 5, alínea *b)*, do CFS.

FRONTEIRAS, VISTOS, ASILO E IMIGRAÇÃO

estada de 90 dias (ou inferior, se assim o determinar o acordo bilateral) após cada "interrupção de estada", a que se refere o artigo 5.º. Segundo o TJUE, tal interrupção deve considerar-se verificada com a passagem da fronteira entre o Estado-Membro fronteiriço e o país terceiro onde reside o titular da autorização de pequeno tráfego transfronteiriço, "independentemente da sua frequência, ainda que essa passagem ocorra várias vezes por dia"[127].

O TJUE respondeu assim negativamente à questão colocada, a título prejudicial, pelo Supremo Tribunal da Hungria no sentido de saber se o artigo 5.º do Regulamento (CE) n.º 1931/2006 deveria ser interpretado em conjugação com a regra *supra* analisada, proveniente do acervo de Schengen e retomada pelo artigo 5.º, n.ºs 1 e 1-A, do CFS, na interpretação que lhe foi dada pelo já citado Acórdão de 3 de outubro de 2006 (*Nicolae Bot contra Préfet du Val-de-Marne*), nos termos da qual o prazo máximo de estada de 90 dias no espaço europeu regido pelo artigo 67.º, n.º 2, do TFUE para os nacionais de países terceiros não sujeitos à obrigação de visto insere-se num prazo mais vasto de 180 dias a contar do primeiro dia de estada nesse espaço[128]. O litígio no processo principal foi suscitado pela decisão, tomada pela administração húngara, de recusa de entrada no seu território ao titular de uma autorização de pequeno tráfego fronteiriço com o fundamento de que este tinha excedido a duração máxima de estada. Isto porque, durante o período de 180 dias contado a partir do primeiro dia de estada em território húngaro e ainda não terminado, o titular da autorização já tinha permanecido neste território mais de 90 dias, não obstante ter entretanto interrompido a sua estada por períodos de menos de um dia.

Como fundamento da sua decisão no sentido de que o artigo 5.º do Regulamento (CE) n.º 1931/2006 deve ser interpretado autonomamente e não "à luz do acervo de Schengen", o TJUE argumentou em termos convincentes, por um lado, que a fórmula utilizada por aquele preceito – "cada estada ininterrupta" – «dissocia claramente a limitação no tempo do pequeno tráfego fronteiriço da "limitação Schengen", a qual não está ligada, de modo nenhum, a estadas ininterruptas», e por outro lado, que não resulta de nenhuma disposição do Regulamento (CE) n.º 1931/2006 que os 90 dias em causa "estão inseridos num mesmo período de seis meses", leia-se, 180 dias. Ao argumento literal e sistemático o TJUE acrescentou, a título superabun-

---

[127] Ver o Acórdão *Oskar Shomodi*, de 21 de março de 2013, proc. C-245/11, n.ºs 26, 29 e parte dispositiva.
[128] Ver *supra*, n.º 2.4.

DIREITO DA UNIÃO EUROPEIA - ELEMENTOS DE DIREITO E POLÍTICAS DA UNIÃO

dante, o argumento teleológico: o objetivo daquele Regulamento é permitir que os residentes das zonas fronteiriças "atravessem as fronteiras terrestres externas da União por razões legítimas de ordem económica, social cultural ou familiar (...) de forma fácil, ou seja, sem constrangimentos administrativos excessivos, de maneira frequente mas também regular[129].

4. A Agência Europeia de Gestão da Cooperação Operacional nas Fronteiras Externas da União Europeia (Frontex)

4.1. Razão de ser e génese da Frontex

A boa execução do CFS e das regras que o complementem, orientada pelo objetivo de garantir "um nível elevado e uniforme de controlo e vigilância nas fronteiras externas, corolário indispensável da livre circulação de pessoas na União Europeia e elemento fundamental do espaço de liberdade, segurança e justiça"[130], é da responsabilidade dos Estados-Membros. Sob esta perspetiva, a União Europeia, apesar de se ter transformado, nos termos conjugados dos artigos 3.º, n.º 2, do TUE, 67.º, n.º 2, e 77.º, n.º 1, alínea *a*), do TFUE, num espaço dentro do qual se circula como num Estado federal – isto é, sem controlos de pessoas na passagem das fronteiras comuns entre

---

[129] Cf. os n.ᵒˢ 23 e 24 do Acórdão *Shomodi, cit.* Em extensas conclusões apresentadas em 6 de dezembro de 2012, o Advogado-Geral Pedro Cruz Villalón propôs, em termos no essencial não divergentes do acórdão do TJUE, uma interpretação do artigo 5.º do Regulamento (CE) n.º 1931/2006 no sentido de que se opõe a que um acordo bilateral adotado em cumprimento deste, "ou a interpretação que dele é feita, excluam a possibilidade de uma pessoa elegível beneficiar do referido regime de passagem da fronteira de um Estado-Membro: – quando esta seja titular de uma autorização de pequeno tráfego fronteiriço emitida em conformidade com o referido regulamento e dentro do seu prazo de validade; – pela única razão de esta, durante determinado período, ter efectuado estadas múltiplas na zona fronteiriça do referido Estado-Membro com uma duração acumulada equivalente à duração máxima da estada ininterrupta prevista no referido acordo, independentemente desta última duração; – salvo se ficar provado pelas autoridades nacionais competentes, sob fiscalização dos tribunais nacionais, que as referidas estadas configuram um comportamento abusivo" (n.º 79). Nesta parte, o Advogado-Geral, levado por um excessivo "pendor pró-nacional", parece esquecer que a "utilização abusiva do regime de pequeno tráfego fronteiriço" é um conceito do próprio Regulamento (CE) n.º 1931/2006, pelo que o TJUE deve ter uma palavra definitiva sobre a sua interpretação.

[130] Ver a Comunicação da Comissão Europeia ao Conselho e ao Parlamento Europeu, "Rumo a uma gestão integrada das fronteiras externas dos Estados-Membros da União Europeia", de 7 de maio de 2002, COM(2002) 233 final, especialmente pp. 6 e segs.

FRONTEIRAS, VISTOS, ASILO E IMIGRAÇÃO

os Estados-Membros[131] –, continua a distinguir-se radicalmente de qualquer Estado federal, desde logo porque não se encontra dotada de uma polícia de fronteiras própria, com competência para "assegurar o controlo de pessoas e a vigilância eficaz da passagem das fronteiras externas".

A opção por um modelo integralmente descentralizado, de acordo com o qual é a cada Estado-Membro integrado no espaço sem controlos nas fronteiras internas que cabe exercer aquela competência, executando as regras uniformes adotadas pelo legislador da União, acaba por deixá-los numa situação de profunda desigualdade uns perante os outros. Com efeito, ao passo que as fronteiras externas de alguns, pela sua dimensão e situação geográfica e geopolítica, não suscitam dificuldades de maior, tratando-se de aplicar aquelas regras, nem exigem meios particularmente vultuosos e dispendiosos para o efeito, as fronteiras externas de outros, ao invés, pela sua extensão e/ou pelas pressões imigratórias a que estão sujeitas, tornam particularmente difícil e dispendiosa a aplicação das mesmas regras, em termos de recursos humanos e técnicos. É bem conhecida, a este respeito, a profunda clivagem entre, por um lado, as fronteiras externas meridionais – sobretudo as marítimas – e orientais – sobretudo as terrestres – (dos Estados-Membros) da União Europeia e, por outro lado, as fronteiras externas setentrionais e ocidentais.

Sem prejuízo deste dado da máxima relevância para a gestão das fronteiras em causa, no ELSJ tal gestão exige, em qualquer caso, não só uma cooperação operacional cada vez mais estreita entre as autoridades nacionais encarregadas de aplicar "as disposições da União em vigor e futuras" em matéria de controlo e vigilância das fronteiras externas, em especial o CFS, como também uma efetiva coordenação dessa cooperação, para além, naturalmente, da promoção ativa da solidariedade entre os Estados-Membros neste domínio[132]. E isto sem perder de vista que, de acordo com o princípio da territorialidade – expressão inarredável da autocompreensão soberana dos Estados-Membros –, apenas as competentes autoridades nacionais de

---

[131] Sem prejuízo dos citados protocolos derrogatórios relativos ao Reino Unido e à Irlanda; cf. *supra*, n.º 1.1., *in fine*.

[132] Tal como já se fazia notar na Resolução do Parlamento Europeu, de 18 de dezembro de 2008, sobre a avaliação e o desenvolvimento futuro da Frontex e do Sistema Europeu de Vigilância das Fronteiras (Eurosur), "embora caiba a cada Estado-Membro proceder ao controlo das suas próprias fronteiras, a pressão migratória exercida nas fronteiras oriental e meridional da União requer o desenvolvimento e a organização de um espírito de co-responsabilidade e de solidariedade obrigatória entre os Estados-Membros, de molde a facilitar a utilização comum dos recursos materiais e humanos mobilizáveis para lutar contra aquele fenómeno".

DIREITO DA UNIÃO EUROPEIA - ELEMENTOS DE DIREITO E POLÍTICAS DA UNIÃO

cada um estão *a priori* habilitadas a exercer poderes de autoridade e, sendo caso disso, de coerção nos correspondentes territórios e fronteiras.

Tendo em conta o que precede, o legislador da União Europeia, pelo Regulamento (CE) n.º 2007/2004, de 26 de outubro de 2004, criou a Agência Europeia de Gestão da Cooperação Operacional nas Fronteiras Externas dos Estados-Membros, mais conhecida por Frontex, com sede em Varsóvia[133], qualificando-a como elemento essencial de uma "gestão integrada" dessas fronteiras[134]. A Frontex, criada a partir da instância comum de técnicos das fronteiras externas que funcionava no âmbito do Conselho, tornou-se operacional em maio de 2005. Foi dotada de um corpo de funcionários e peritos nacionais no domínio do controlo e vigilância de fronteiras, destacados pelos Estados-Membros, e pode recrutar o restante pessoal[135].

4.2. As sucessivas revisões do Regulamento Frontex e os seus objetivos

O Regulamento (CE) n.º 2007/2004 foi revisto pela primeira vez pelo Regulamento (CE) n.º 863/2007, de 11 de julho de 2007. Um dos objetivos da revisão era superar a falta de meios, que entretanto se tornara patente, capazes de permitir à Frontex "prestar assistência prática eficaz aos Estados-Membros, proporcionando-lhes recursos adequados e suficientes, particularmente em termos de pessoal", para efeitos do controlo das pessoas e da vigilância nas fronteiras externas, "em especial nos casos em que os Estados-Membros se defrontam com a chegada a determinados pontos destas fronteiras de um grande número de nacionais de países terceiros que procuram entrar ilegalmente" (considerandos 4 e 5). O Regulamento de 2007 veio estabelecer, num sentido parcialmente derrogatório do aludido princípio da territorialidade, um "mecanismo de prestação de assistência operacional rápida, por um período de tempo limitado", sob a forma de equipas de intervenção rápida (conhecidas pelo acrónimo inglês *Rabits*, i.

---

[133] Ver a Decisão n.º 2005/358/CE, de 26 de abril de 2005.

[134] Segundo o Acórdão (TJUE) *Reino Unido contra Conselho*, de 18 de dezembro de 2007, proc. C-77/05, n.ᵒˢ 79, 80 85, "o Regulamento n.º 2007/2004 tem tanto por objetivo como por conteúdo a melhoria dos controlos nas fronteiras externas". A exatidão da afirmação é, porém, discutível, tendo em conta a evolução sofrida pela Frontex, adiante analisada.

[135] A estrutura orgânica da Agência, bem como o regime financeiro a que se encontra submetida constam dos artigos 15.º a 32.º do Regulamento (CE) n.º 2007/2004 e não foram entretanto objeto de alterações substanciais. O artigo 16.º permite-lhe criar "secções especializadas" nos Estados-Membros (sob reserva do acordo destes), com competência para definir "as melhores práticas em relação aos diferentes tipos de fronteiras externas pelos quais são responsáveis".

FRONTEIRAS, VISTOS, ASILO E IMIGRAÇÃO

e., Rapid Border Action Teams). Tais equipas são destacáveis para as fronteiras desses Estados-Membros – os chamados Estados-Membros de acolhimento –, a seu pedido[136]. Aquele Regulamento também define "as tarefas a desempenhar e as competências a exercer pelos membros das equipas, no decorrer das operações num Estado-Membro do qual não são nacionais" (artigo 1.º, n.º 1)[137].

Além disso, com o objetivo de reforçar a eficácia das operações conjuntas e dos projetos-piloto coordenados pela Frontex, originariamente previstos pelo Regulamento (CE) n.º 2007/2004, o Regulamento (CE) n.º 863/2007 veio estabelecer as condições e os limites em que os guardas de fronteira de outros Estados-Membros integrados em operações e projetos-piloto destinados a determinado(s) Estado(s)-Membro(s) – os chamados agentes convidados – desempenham temporariamente, no território do(s) último(s), "tarefas relacionadas com o controlo das pessoas nas fronteiras externas e a vigilância destas fronteiras" (considerandos 14 e 15 e artigo 1.º, n.º 2)[138].

---

[136] Em 2010 foram pela primeira vez mobilizadas equipas de intervenção rápida para a fronteira terrestre greco-turca; cf. a "Comunicação sobre a migração" da Comissão Europeia, de 4 de maio de 2011, COM(2011), 248 final, p. 7.

[137] Os "membros das equipas" são definidos pelo artigo 3.º, ponto 2, do Regulamento (CE) n.º 863/2007 como "os guardas de fronteira dos Estados-Membros, com exceção do Estado-Membro de acolhimento, que integram as equipas de intervenção rápida nas fronteiras".

[138] De acordo com a sua confusa epígrafe, o Regulamento (CE) n.º 863/2007 "[e]stabelece um mecanismo para a criação de equipas de intervenção rápida nas fronteiras, altera o Regulamento (CE) n.º 2007/2004 no que se refere a este mecanismo e regulamenta as competências e tarefas dos agentes convidados". Partindo, porém, muito discutivelmente, do princípio de que, no respeitante às equipas de intervenção rápida, só deveriam ser formalmente aditadas ao "Regulamento Frontex" as novas disposições "sobre o papel da Agência no que se refere a essas equipas" (considerando 11), o Regulamento (CE) n.º 863/2007 acabou por apartar num capítulo autónomo as restantes disposições relativas a tais equipas. Articulou-se, assim, em dois capítulos, o primeiro sobre "equipas de intervenção rápida nas fronteiras" (artigos 3.º a 11.º) e o segundo sobre "alterações ao Regulamento (CE) n.º 2007/2004" (artigo 12.º). Através deste último capítulo, aditou formalmente ao "Regulamento Frontex" oito artigos relativos àquelas equipas. Trata-se de uma técnica legislativa criticável que não facilita a boa articulação do conjunto das disposições aplicáveis às equipas de intervenção rápida, estabelecendo uma distinção artificial entre estas equipas e o papel da Agência em relação a elas, que determinou a dispersão do regime aplicável por dois diplomas legislativos, quando a incindibilidade do objeto desse regime justificaria que constasse integralmente do "Regulamento Frontex" revisto. Além do mais, esta solução acarreta uma série de disposições paralelas, de conteúdo substancialmente idêntico, no Capítulo I do Regulamento (CE) n.º 863/2007, para os membros das equipas de intervenção rápida, e no Capítulo II, para os agentes convidados. É o caso do artigo 6.º do Capítulo I ("Tarefas e competências dos membros

DIREITO DA UNIÃO EUROPEIA – ELEMENTOS DE DIREITO E POLÍTICAS DA UNIÃO

Mais recentemente, foi o Regulamento (UE) n.º 1168/2011, de 25 de outubro de 2011, que reviu o "Regulamento Frontex" no sentido do reforço das "capacidades operacionais" da Agência e das possibilidades de prestação de apoio efetivo aos Estados-Membros através da criação de Equipas Europeias de Guardas de Fronteira (EEGF's), para efeitos não só de operações conjuntas e de projetos-piloto mas também de intervenções rápidas. Fê-lo em cumprimento do objetivo expressamente inscrito no TFUE pelo Tratado de Lisboa, tendente ao estabelecimento gradual de um "sistema integrado de gestão das fronteiras externas" [artigo 77.º, n.ºˢ 1, alínea *c*), e 2, alínea *d*), do TFUE].

A última revisão do Regulamento (CE) n.º 2007/2004, limitada à modificação de um preceito e ao aditamento de outro, foi levada a cabo pelo Regulamento (UE) n.º 1052/2013, de 22 de outubro de 2013, que cria o Sistema Europeu de Vigilância das Fronteiras (Eurosur), adiante analisado.

das equipas") e do artigo 10.º do Capítulo II ("Tarefas e competências dos agentes convidados"); do artigo 8.º do Capítulo I e do artigo 10.º-A do Capítulo II, relativos ao "Documento de acreditação"; do artigo 10.º do Capítulo I e do artigo 10.º-B do Capítulo II, relativos à "Responsabilidade civil"; do artigo 11.º do Capítulo I e do artigo 10.º-C do Capítulo II, relativos à "Responsabilidade penal". Ora, em nome da inteligibilidade do texto legal, seria de longe preferível que cada um destes "pares de disposições" se fundisse numa só disposição aplicável tanto aos membros das equipas de intervenção rápida como aos agentes convidados. Aliás, em exemplo avulso – e aparentemente por inadvertência –, o próprio Regulamento (CE) n.º 863/2007 adota esta técnica. Com efeito, lê-se, por um lado, no seu considerando 16 que "(...) ao procederem aos controlos e à vigilância nas fronteiras, os *membros das equipas* e os *agentes convidados* não deverão discriminar pessoas em razão do sexo, origem racial ou étnica, religião ou crença, deficiência, idade ou orientação sexual" (ênfase acrescentada). Por outro lado, o artigo 6.º do Capítulo I ("Tarefas e competências dos membros das equipas"), começando por dispor, no seu n.º 2, que "os membros das equipas, no desempenho das suas tarefas e no exercício das suas competências, respeitam integralmente a dignidade humana" (primeira frase), prossegue: "No desempenho das suas tarefas e no exercício das suas competências, os *agentes convidados* e os *membros das equipas* não discriminam as pessoas em razão do sexo, origem racial ou étnica, religião ou crença, deficiência, idade ou orientação sexual" (terceira frase, ênfase acrescentada). Curiosamente, não se encontra na redação que o Regulamento (CE) n.º 863/2007 deu ao artigo 10.º do "Regulamento Frontex" ("Tarefas e competências dos agentes convidados") nenhuma disposição paralela à do citado artigo 6.º, n.º 2. O n.º 2 daquele artigo teve, pois, de ser revisto pelo Regulamento (UE) n.º 1168/2011 para dele constar uma menção expressa à obrigação, para os *agentes convidados*, de respeito pelos direitos fundamentais. Como se verá a seguir, este último regulamento, ao ter recorrido, avisadamente, à técnica de introduzir no Regulamento (CE) n.º 2007/2004 a totalidade das novas disposições relativas às Equipas Europeias de Guardas de Fronteira" – que se sobrepõem em grande parte às disposições relativas às equipas de intervenção rápida do Capítulo I do Regulamento (CE) n.º 863/2007 – torna ainda mais difícil a boa interpretação e aplicação do "Regulamento Frontex".

312

FRONTEIRAS, VISTOS, ASILO E IMIGRAÇÃO

Depois de duas revisões tão substanciais, é de lamentar que o "Regulamento Frontex" não tenha sido logo objeto de versões consolidadas fazendo fé, republicadas no *JOUE* em anexo aos regulamentos que procederam a tais revisões. Valem aqui, pelas mesmas razões, as críticas que atrás se dirigiu a idêntica omissão relacionada com o CFS, que afronta os proclamados princípios da clareza e da acessibilidade da legislação europeia.

4.3. A Frontex e as necessidades acrescidas de tutela dos direitos fundamentais perante a sua ação

À semelhança do que se verificou com o CFS, o Regulamento (CE) n.º 2007/2004 também já foi revisto no sentido de aprofundar a vinculação, no seu âmbito de aplicação, aos valores e princípios fundamentais da União explicitados pelo Tratado de Lisboa. Com isto se contrabalança, de algum modo, o reforço das funções operacionais da Frontex em domínios tão sensíveis em termos de direitos humanos.

Tal revisão também foi levada a cabo pelo Regulamento (UE) n.º 1168/2011, de 25 de outubro de 2011, que veio aditar ao "Regulamento Frontex" um dispositivo transversal (artigo 2.º-A), encarregando a Agência de elaborar e manter atualizado um Código de Conduta aplicável a todas as operações por ela coordenadas. Devem constar desse código "os procedimentos destinados a garantir os princípios do Estado de direito e o respeito dos direitos fundamentais, prestando especial atenção aos menores não acompanhados e às pessoas vulneráveis, bem como às pessoas que procuram obter protecção internacional, e aplicando-se a todas as pessoas que participem nas actividades da Agência". A título complementar, o novo artigo 26.º-A vincula a Agência a elaborar e aprofundar a sua Estratégia para os Direitos Fundamentais aplicável a todas as atividades que exerce, criando um Fórum Consultivo para a apoiar na tarefa. Por seu lado, o novo n.º 2-B do artigo 33.º determina que a primeira avaliação externa independente após a entrada em vigor do Regulamento (UE) n.º 1168/2011 deve incluir uma análise específica sobre a forma como a CDFUE tem sido respeitada na aplicação do "Regulamento Frontex".

Para além disso, o Regulamento (UE) n.º 1168/2011 introduziu no "Regulamento Frontex" inúmeras disposições específicas em matéria de proteção de direitos humanos, em conformidade com os parâmetros do direito internacional e do direito da União. O seu carácter repetitivo justificar-se-á pelo objetivo, sem dúvida meritório, de ultrapassar práticas deploráveis associadas ao controlo de pessoas e à vigilância das fronteiras externas da

DIREITO DA UNIÃO EUROPEIA – ELEMENTOS DE DIREITO E POLÍTICAS DA UNIÃO

União Europeia na vigência da anterior versão daquele diploma e também do CFS[139].

Finalmente, o Regulamento (UE) n.º 1168/2011 aditou ao "Regulamento Frontex" uma série de disposições no sentido do reforço da proteção dos dados pessoais recolhidos no decurso das atuações da Agência (artigos 11.º-A a 11.º-D), procurando contrabalançar o reforço dos sistemas de intercâmbio de informações que veio promover.

4.4. As competências originárias da Frontex e a sua ulterior reconfiguração

O atual elenco de "funções" (ou, talvez melhor, competências) da Frontex, constante do artigo 2.º, n.º 1, do Regulamento (CE) n.º 2007/2004, surge consideravelmente alargado em relação ao elenco originário. Mesmo as funções que já constavam deste foram globalmente reconfiguradas pelo Regulamento (UE) n.º 1168/2011, no sentido não só do seu reforço e densificação, em coerência com as novas funções eminentemente operacionais atribuídas à Agência, mas também da vinculação mais intensa aos valores e princípios fundamentais da União Europeia.

Na categoria de funções originárias incluem-se, em primeiro lugar e em termos genéricos, a coordenação da cooperação operacional e da assistência entre os Estados-Membros no âmbito da gestão das fronteiras externas, tendo em vista resolver os problemas que neles se suscitem. De acordo com o artigo 3.º, isto implica tanto a avaliação, aprovação e coordenação, pela Frontex, de propostas de operações conjuntas e de projetos-piloto apresentados pelos Estados-Membros, como o lançamento e a realização, por iniciativa da própria Agência, daquelas operações e projetos-piloto, incluindo ou não – desde a entrada em vigor do Regulamento (UE) n.º 1168/2011 – o destacamento de EEGF's ou simplesmente de membros destas, em coopera-

---

[139] Na Resolução 1821 (2011) da Assembleia Parlamentar do Conselho da Europa, de 21 de junho, pode ler-se que, embora a Frontex "desempenhe um papel cada vez mais importante na interceptação no mar, são inadequadas as garantias de respeito pelos direitos humanos decorrentes do direito internacional e do direito da União Europeia no contexto das operações conjuntas que coordena" (5.4.) e que há "falta de clareza no que toca às responsabilidades respectivas dos Estados-Membros da União Europeia e da Frontex". Por isso, "embora a Assembleia saúde as propostas da Comissão Europeia com vista à revisão do regime aplicável à Agência no sentido do reforço das garantias do pleno respeito pelos direitos fundamentais, considera-as inadequadas e gostaria que o Parlamento Europeu fosse encarregado da supervisão democrática das actividades da Agência, especialmente no tocante ao respeito dos direitos fundamentais" (10.).

FRONTEIRAS, VISTOS, ASILO E IMIGRAÇÃO

ção com determinados Estados-Membros e sempre com o acordo do Estado-Membro de acolhimento[140]. Para o efeito, a Agência pode decidir colocar os seus equipamentos técnicos à disposição dos participantes[141] e deve financiar ou cofinanciar as operações conjuntas e os projetos-piloto, tal como precisa o n.º 4 do mesmo artigo na nova redação. Por seu lado, o novo artigo 3.º-A, n.º 3, vincula a Agência a garantir, "como parte das suas funções de coordenação", a presença de um membro do seu pessoal que reúna as condições especificadas no artigo 17.º, n.º 3, durante tais operações e projetos-piloto. A Agência também dispõe agora de competência expressa para pôr termo àquelas operações e projetos, "se as condições para a sua realização deixarem de estar preenchidas", uma vez informados os Estados-Membros envolvidos (artigo 3.º, n.º 1-A).

Em segundo lugar, vem a função de apoio aos Estados-Membros na formação dos guardas de fronteira nacionais e na definição de normas de formação comuns. Neste âmbito, cabe à Frontex, nos termos do artigo 5.º, revisto, do Regulamento (CE) n.º 2007/2004, para além de *(i)* estabelecer um "tronco comum de formação" dos guardas, obrigatório para os Estados-Membros, e *(ii)* proporcionar ações de formação destinadas aos instrutores dos mesmos guardas, nomeadamente em matéria de direitos fundamentais, de acesso à proteção internacional e de direito marítimo; *(iii)* proporcionar especificamente aos guardas que integram as EEGF's "ações de formação avançada relevantes para as suas funções e poderes"; *(iv)* organizar exercícios regulares com esses guardas, de acordo com o calendário aplicável e com o programa de trabalho anual da Agência; *(v)* assegurar que os guardas de fronteira, os restantes elementos do pessoal dos Estados-Membros que

---

[140] Cf. o artigo 20.º, n.º 3, do Regulamento (CE) n.º 2007/2004. Na redação que o Regulamento (UE) n.º 1168/2011 deu ao artigo 1.º-A, n.º 2, do primeiro, o "Estado-Membro de acolhimento" é definido como aquele "onde decorra ou a partir do qual seja lançada uma operação conjunta, um projecto-piloto ou uma intervenção rápida".

[141] Na sua nova redação, o artigo 7.º do "Regulamento Frontex" dedica um extenso artigo aos equipamentos técnicos da agência, que testemunha a vontade do legislador de lhe conferir maior autonomia e capacidade operacional em relação aos Estados-Membros, habilitando-a expressamente a adquirir ou alugar "equipamentos técnicos importantes, designadamente navios de patrulha costeira ou de alto mar, ou veículos de patrulha". Mas já antes da revisão operada pelo Regulamento (UE) n.º 1168/2011, a Frontex, a pedido do Conselho, tinha criado um inventário central do equipamento técnico disponível (CRATE). E a pedido do Conselho Europeu, de dezembro de 2006, foi criada, sob a égide da Agência, a Rede de Patrulhas Europeias, que entrou em funcionamento em maio de 2007, tendo como Estados-Membros participantes Portugal, Espanha, França, Itália, Eslovénia, Malta, Grécia e Chipre.

integram as EEGF's e o pessoal da própria Agência recebam, antes de participar nas atividades operacionais organizadas por esta, uma formação em direito da União e direito internacional, "nomeadamente no que se refere aos direitos fundamentais e ao acesso à proteção internacional, bem como diretrizes que permitam a identificação das pessoas à procura de proteção e o seu encaminhamento para as instâncias adequadas"; *(vi)* estabelecer um programa de intercâmbio que permita aos guardas de fronteira integrados nas EEGF's "adquirir conhecimentos ou um saber-fazer específico a partir das experiências e das boas práticas de outros países, através do trabalho com os guardas de fronteira de um Estado-Membro que não o seu".

Em terceiro lugar, vem a competência da Frontex para realizar análises de risco, tanto gerais como específicas, através da aplicação de um "modelo de análise comum e integrada de risco", criado pela própria Agência. Tais análises incluem a avaliação da capacidade dos Estados-Membros para enfrentar ameaças e pressões nas fronteiras externas, em termos de equipamentos e de recursos humanos para o controlo delas (artigo 4.º). Para o efeito, foi criada no seio da Frontex uma Unidade de Análise de Risco, conhecida pelo acrónimo inglês FRAN (*Frontex Risk Analysis Unit*), que publica trimestralmente um relatório, o *FRAN Quarterly*, contendo o correspondente "quadro de situação"[142].

Em quarto lugar, cabe à Agência acompanhar e contribuir ativamente para a evolução da pesquisa em matéria de controlo e de vigilância das fronteiras externas e divulgar essas informações à Comissão Europeia e aos Estados-Membros (artigo 6.º).

Em quinto lugar, a Frontex está incumbida de colaborar com os Estados-Membros confrontados com circunstâncias que exijam uma assistência operacional e técnica reforçada nas fronteiras externas, particularmente os que sejam sujeitos a pressões imigratórias específicas e desproporcionadas e "tendo em conta que algumas situações podem implicar emergências humanitárias e salvamento no mar", tal como precisam, por um lado, a alínea *e)* do n.º 1 do artigo 2.º, na sua nova redação e, por outro lado, a nova alínea *d-A)*. Todavia, só com a previsão de equipas de intervenção rápida, pelo Regulamento (CE) n.º 863/2007, e de EEGF's, pelo Regulamento (UE) n.º 1168/2011, é que a Agência ficou dotada de meios para desempenhar cabal-

---

[142] Dele constam, sob uma perspetiva comparatista, dados relativos, nomeadamente, à deteção de passagens ilegais das fronteiras externas, às rotas, às recusas de entrada, ou aos pedidos de asilo.

FRONTEIRAS, VISTOS, ASILO E IMIGRAÇÃO

mente tal função essencial, como se verá *infra*, ao analisar os artigos 3.º-B, 3.º-C e 8.º a 8.º-H do "Regulamento Frontex".

Em sexto e último lugar, entre as funções originariamente atribuídas à Agência, está a prestação aos Estados-Membros do apoio necessário no âmbito de operações conjuntas de regresso. Na nova redação, o artigo 9.º enquadra expressamente o desempenho desta função pela citada Diretiva 2008/115/CE, afastando, porém, a Agência da "questão do mérito das decisões de regresso" tomadas pelos Estados-Membros. A pedido destes, a Frontex pode encarregar-se da coordenação e da organização daquelas operações, designadamente através do seu financiamento ou cofinanciamento, da locação de aeronaves e da cooperação com as autoridades competentes de países terceiros. Cabe-lhe ainda elaborar um Código de Conduta relativo a situações de afastamento por via aérea de nacionais de países terceiros em situação irregular, de modo a que o regresso destes se faça de forma digna e no pleno respeito dos direitos fundamentais, desde a fase anterior à partida até à entrega das pessoas no país de destino[143]. Nos termos do novo artigo 11.º-B, durante a execução das tarefas de organização e coordenação das operações conjuntas de regresso, a Agência pode processar dados das pessoas abrangidas por estas operações, no respeito do Regulamento (CE) n.º 45/2001, de 28 de dezembro de 2000, relativo à proteção das pessoas singulares no que se refere ao tratamento de dados pessoais pelas instituições e pelos órgãos da União e à livre circulação desses dados.

4.5. As competências de "segunda geração" atribuídas à Frontex

Quanto às novas competências atribuídas à Frontex, começando pelas não diretamente operacionais, há a elencar, primeiro, a que lhe impõe, nos termos conjugados dos artigos 2.º, n.º 1, alínea *h*), e 11.º, a criação e a gestão de siste-

---

[143] A este respeito, o n.º 1-A, aditado ao artigo 2.º pelo Regulamento (UE) n.º 1168/2011, precisa a justo título que, "nos termos da legislação da União e do Direito internacional, nenhuma pessoa pode ser desembarcada num país nem entregue às autoridades de um país em infracção ao princípio da não repulsão, ou nos quais corre o risco de expulsão ou regresso para outro país em infracção a este princípio. As necessidades especiais de crianças, vítimas de tráfico, pessoas que carecem de assistência médica ou de protecção internacional e outras pessoas em situações vulneráveis são tratadas nos termos da legislação da União e do Direito internacional". Aquela proibição voltou entretanto a ser reiterada pelo TEDH, que, no Acórdão *Hirsi e. a. contra Itália, cit.*, n.ᵒˢ 85 e segs., declarou o comportamento proibido por aquele preceito como uma violação do artigo 3.º da Convenção – nos termos do qual "[n]inguém pode ser submetido a torturas, nem a penas ou tratamentos desumanos ou degradantes".

DIREITO DA UNIÃO EUROPEIA – ELEMENTOS DE DIREITO E POLÍTICAS DA UNIÃO

mas de informação que permitam intercâmbios rápidos e fiáveis de informações classificadas sobre riscos nas fronteiras externas, na esteira da chamada rede segura de informação e de coordenação acessível, através da Internet, dos serviços encarregados da gestão dos fluxos migratórios nos Estados-Membros, criada pela Decisão 2005/267/CE, de 16 de março de 2005[144]. Os parceiros da Frontex são, neste contexto, a Comissão, os Estados-Membros e, sendo caso disso, as agência e órgãos da União com que a Frontex está habilitada a cooperar – designadamente, a Europol, o Gabinete Europeu de Apoio ao Asilo, a Agência Europeia dos Direitos Fundamentais –, bem como as organizações internacionais competentes nos domínios abrangidos pelo "Regulamento Frontex" (artigo 13.º deste diploma, revisto[145]). O artigo 11.º-A, por seu lado, manda aplicar neste contexto o Regulamento (CE) n.º 45/2001, e também as regras de segurança em matéria de proteção das informações classificadas e das informações sensíveis não classificadas, indicadas no artigo 11.º-D.

A segunda nova competência de natureza não operacional atribuída à Frontex pelo artigo 2.º, n.º 1, alínea i), é a prestação de assistência necessária à criação e à gestão de um sistema europeu de vigilância das fronteiras e, se for caso disso, à elaboração de um ambiente comum de partilha de informações, inclusive no que diz respeito à interoperabilidade dos sistemas, através da criação, manutenção e coordenação do quadro Eurosur, nos termos do Regulamento (UE) n.º 1052/2013[146].

---

[144] Na Comunicação ao Parlamento Europeu e ao Conselho de 22 de novembro de 2010, "Estratégia de Segurança Interna da União Europeia em Ação: cinco etapas para uma Europa mais segura", COM(2010) 673 final, p. 13, a Comissão, recordando que, "no decurso das suas operações, a Frontex tem acesso a informações fulcrais quanto ao envolvimento de criminosos nas redes de tráfico", que, todavia, "não podem em seguida ser utilizadas para análises de risco ou para melhor centrar futuras operações conjuntas", pronunciou-se no sentido de que autorizá-la "a proceder ao tratamento e à utilização destas informações, de forma limitada e em conformidade com regras de gestão de dados pessoais claramente definidas, representará um contributo significativo para o desmantelamento de operações criminosas".

[145] De acordo com o 2.º § do artigo 13.º, "[a] transmissão posterior ou outra comunicação de dados pessoais tratados pela Agência a outras agências ou órgãos da União devem obedecer a acordos de trabalho específicos relativos ao intercâmbio de dados pessoais e depender da autorização prévia da Autoridade Europeia para a Proteção de Dados".

[146] O tratamento de dados pessoais no quadro do Eurosur faz-se nos termos do artigo 13.º, n.º 2, do Regulamento que o criou. Daí resulta que tais dados só podem dizer respeito aos números de identificação de navios e só podem ser tratados para efeitos de deteção, identificação e seguimento de embarcações e para os fins do artigo 11.º-C, n.º 3, do "Regulamento Frontex"; ver o novo artigo 11.º-C-A aditado a este último pelo Regulamento (UE) n.º 1052/2013.

FRONTEIRAS, VISTOS, ASILO E IMIGRAÇÃO

Passando às competências de natureza operacional atribuídas à Frontex pelos diplomas que reviram o Regulamento (CE) n.º 2007/2004, há sobretudo a registar a criação das já referidas EEGF's, a partir de uma reserva de guardas de fronteira que a Agência deve constituir para eventual destacamento no território de Estados-Membros "durante operações conjuntas, projetos-piloto ou *intervenções rápidas*" [artigo 2.º, n.º 1, alínea *e-A)*, em conjugação com o artigo 3.º, n.º 1-B, ênfase acrescentada]. Adstritas a esta última finalidade, nos termos dos artigos 8.º-A a 8.º-G do "Regulamento Frontex", as EEGF's transformam-se, portanto, de um ponto de vista funcional, em "equipas de intervenção rápida nas fronteiras", ou "equipas destacadas para as intervenções rápidas nas fronteiras, na aceção do Regulamento n.º 863/2007" [artigo 1.º-A, n.º 1-A, na redação do Regulamento (UE) n.º 1168/2011].

Uma vez que, de acordo com estes novos preceitos, as EEGF's substituem-se e sucedem às equipas de intervenção rápida previstas pelo Regulamento (CE) n.º 863/2007[147], as disposições relativas às primeiras [artigos 3.º-B e 3.º-C do "Regulamento Frontex" e também artigos 10.º a 10.º-C, todos na redação do Regulamento (UE) n.º 1168/2011[148]] sobrepõem-se aos artigos 4.º a 11.º do Capítulo I do Regulamento (CE) n.º 863/20007 ("Equipas de intervenção rápida nas fronteiras") e também, pelo menos parcialmente, aos artigos que este último aditou ao "Regulamento Frontex", relativos às mesmas equipas (artigos 8.º-A a 8.º-H).

No âmbito dessa sobreposição, as últimas disposições só não deverão ter-se por revogadas, de acordo com a regra da *lex posterior*, na medida em que possam ser consideradas *lex specialis* em relação aos citados artigos 3.º-B, 3.º-C e 10.º a 10.º-C – por versarem exclusivamente sobre particularidades

---

[147] É elucidativo, a este respeito, o facto de o Regulamento (UE) n.º 1168/2011 ter modificado a própria epígrafe do artigo 8.º-A: ao passo que, na redação do Regulamento (CE) n.º 863/2007, ela era "Equipas de intervenção rápida nas fronteiras", na nova redação é simplesmente "Intervenções rápidas". E o corpo do artigo, na sua nova redação, substitui a expressão "uma ou mais equipas de intervenção rápida" pela expressão "uma ou mais equipas de guardas de fronteiras europeias", manifestamente a reprodução inexata de "Equipas Europeias de Guardas de Fronteira" – EEGF's. Mas subsistem incoerências: o artigo 1.º-A, ponto 6, na sua nova redação, define "Estado-Membro requerente" como aquele "cujas autoridades competentes solicitem à Agência que organize um destacamento de equipas de intervenção rápida no seu território". Do que se trata, em rigor, é do destacamento de uma ou mais EEGF's para efeitos de intervenção rápida.

[148] Estes preceitos versam respetivamente sobre: *(i)* composição e destacamento das EEGF's; *(ii)* instruções às EEGF's; *(iii)* tarefas e competências dos membros destas; *(iv)* acreditação desses membros; *(v)* responsabilidade civil; *(vi)* responsabilidade penal.

DIREITO DA UNIÃO EUROPEIA – ELEMENTOS DE DIREITO E POLÍTICAS DA UNIÃO

funcionais das EEGF's adstritas às intervenções rápidas –, ou então na medida em que sejam suscetíveis de suprir lacunas do regime consubstanciado naqueles artigos. Não entram naquele âmbito as disposições revistas pelo Regulamento (UE) n.º 1168/2011 (os artigos 8.º-A, 8.º-D, n.º 5, 8.º-E, n.º 1, e 8.º-H, n.º 1), nem aquelas para que remetem os artigos 3.º-B e 3.º-C (artigos 8.º-G e 8.º-H).

Tratando-se do processo de criação das EEGF's, cabe ao conselho de administração da Frontex decidir por *maioria absoluta* dos membros com direito de voto[149], sobre os perfis e o número total de guardas de fronteira a disponibilizar para aquelas[150]. A própria Agência contribui com guardas de fronteira destacados na qualidade de peritos nacionais pelos Estados--Membros, cuja duração máxima não pode exceder seis meses num período de doze meses. O contributo destes é planeado com base em negociações e acordos bilaterais e anuais com a Agência, no caso de operações conjuntas e projetos-piloto específicos. A circunstância de um determinado Estado--Membro se ver confrontado com "uma situação excecional que afete subs-tancialmente o cumprimento de missões nacionais" é suscetível de justificar a não disponibilização dos guardas de fronteiras acordados (artigo 3.º-B).

Resta acrescentar que a nova competência atribuída à Frontex para criar e destacar EEGF's conduziu à adaptação daquela que lhe tinha sido atri-buída pelo Regulamento (CE) n.º 863/2007 para criar e destacar equipas de intervenção rápida para Estados-Membros delas necessitados. Na sua nova redação, o artigo 2.º, n.º 1, alínea *g)*, do "Regulamento Frontex" dispõe que a Agência tem por função "destacar *guardas de fronteira* das Equipas Euro-

---

[149] Nos termos do artigo 21.º, n.º 1, o conselho de administração é composto por um representante de cada Estado-Membro e dois representantes da Comissão. Nos termos do artigo 24.º, n.º 2, cada membro daquele órgão dispõe de um voto, exceto o diretor executivo da Agência que "não par-ticipa na votação". Os Estados não membros integrados no espaço sem controlos nas fronteiras internas também estão representados no conselho de administração da Frontex e têm direito de voto na matéria em causa; ver o artigo 21.º, n.º 3, em conjugação com o artigo 1.º, n.º 2, alínea *b)*, do acordo entre a Comunidade Europeia, a Islândia e a Noruega sobre a participação destes Estados na Frontex, assinado em 1 de fevereiro de 2007.

[150] Se, com a entrada em vigor do Regulamento (UE) n.º 1168/2011, as EEGF's também são destaca-das para efeitos de intervenção rápida, como resulta da redação que este Regulamento deu aos arti-gos 2.º, n.º 1, alínea *e-A)*, 3.º, n.º 1-B e 8.º-A, 1.º §, do "Regulamento Frontex", torna-se problemática a vigência do artigo 4.º do Regulamento (CE) n.º 863/2007 na parte em que confere ao conselho de administração da Agência competência para decidir, *por maioria de três quartos*, mediante proposta do diretor executivo, sobre os perfis e o número total dos guardas de fronteira a disponibilizar para as equipas de intervenção, com vista à formação de um Contingente de Intervenção Rápida.

320

FRONTEIRAS, VISTOS, ASILO E IMIGRAÇÃO

peias de Guardas de Fronteiras para o território de Estados-Membros em operações conjuntas, projetos-piloto ou intervenções rápidas, nos termos do Regulamento (CE) n.º 863/20074" (ênfase acrescentada).

Perante a diferença de redação relativamente à nova alínea *e-A*) do mesmo número do artigo 2.º – que se refere apenas ao destacamento de EEGF's para aqueles efeitos – parece lícita a conclusão de que, consoante os casos e as necessidades, tanto podem ser destacadas uma ou mais EEGF's *qua tale*, como apenas um determinado número de guardas de fronteira que integram uma delas, sendo certo que, no respeitante a operações conjuntas e a projetos-piloto, o destacamento é meramente eventual. Só as intervenções rápidas o pressupõem necessariamente, como é óbvio.

4.6. As Equipas Europeias de Guardas de Fronteira: formação, composição, competência e funcionamento

Como já se referiu, as EEGF's assumem especial relevo tratando-se do exercício, pela Frontex, da função de coadjuvar os Estados-Membros confrontados com circunstâncias que exijam uma assistência operacional e técnica reforçada para o cumprimento das suas obrigações em matéria de controlo e de vigilância das fronteiras externas, particularmente os Estados-Membros sujeitos a pressões específicas e desproporcionadas, suscetíveis de implicar até, nalguns casos, "emergências humanitárias e salvamento no mar" [artigos 2.º, n.º 1, alíneas *d-A)* e *e*), e 8.º, n.º 1].

Se esses Estados o julgarem necessário e oportuno, "podem solicitar a assistência da Agência". Esta deverá então organizar "em favor do ou dos Estados-Membros requerentes"[151] "a assistência operacional e técnica necessária", lançando, de acordo com o artigo 3.º, operações conjuntas ou projetos-piloto, com eventual destacamento de guardas de fronteira das EEGF's – mas não, aparentemente, de uma delas *qua tale* –, para além do destacamento dos peritos da própria Agência, pelo tempo necessário [artigo 8.º, n.ºˢ 1, *in fine*, e 2, alíneas *b)* e *c)*][152].

---

[151] É incompatível com o artigo 8.º, n.º 1, *in fine*, a definição de "Estado-Membro requerente", constante do artigo 1.º-A, ponto 5, do "Regulamento Frontex" e revista pelo Regulamento (UE) n.º 1168/2011. Na verdade, Estado-Membro requerente é aquele cujas autoridades competentes solicitem à Agência que organize um destacamento, consoante os casos, de "guardas de fronteira das EEGF's", ou de uma ou mais EEGF's – e não um "destacamento de equipas de intervenção rápida no seu território".

[152] A interpretação do artigo 8.º, n.º 1, *in fine*, no sentido de que a Agência deve deferir o pedido de assistência que lhe dirija um Estado-Membro, não se baseia só no teor literal do preceito –

Por seu lado, qualquer Estado-Membro "confrontado com uma situação de pressão urgente e excepcional, especialmente em virtude do afluxo a certos pontos das fronteiras externas de um grande número de nacionais de países terceiros que procuram entrar ilegalmente no seu território", pode solicitar à Agência que destaque, "por um período limitado, *uma ou mais equipas de guardas de fronteira europeias* ('equipas') para o território do Estado-Membro requerente pelo período adequado, nos termos do Regulamento (CE) n.º 863/2007" (artigo 8.º-A, ênfase acrescentada).

Sem prejuízo da redação pouco cuidada do preceito (destaque por um "período limitado"/"período adequado", "equipas de guardas de fronteira europeias", quando a expressão consagrada pelo Regulamento (CE) n.º 1168/2011 é "Equipas Europeias de Guardas de Fronteira"), dele resulta, por um lado, que, tratando-se de intervenções rápidas – e não de operações conjuntas ou de projetos-piloto –, o destacamento para o território do Estado-Membro requerente é, em princípio, de equipas (uma ou mais) e não apenas de guardas de fronteira dessas equipas [embora, por força do artigo 2.º, n.º 1, alínea *g*), não possa excluir-se taxativamente o destacamento também destes últimos]. Por outro lado, ao contrário do disposto no artigo 8.º, n.º 1, *in fine*, a Agência não fica obrigada a deferir o pedido de intervenção rápida do requerente, procedendo a um destacamento para o seu território.

A decisão sobre o pedido do Estado-Membro que requer este destacamento deve ser tomada pelo diretor executivo da Agência até cinco dias úteis a contar da data de receção do pedido. Se necessário, o diretor executivo pode enviar um perito para avaliar a situação nas fronteiras externas do Estado-Membro requerente. Em caso de deferimento, a equipa solicitada é constituída a partir dos guardas de fronteira que os outros Estados-Membros devem disponibilizar para o destacamento determinado pela Frontex, a não ser que eles próprios se vejam confrontados com "uma situação excepcional que afecte substancialmente o cumprimento das missões nacionais" (artigo 8.º-D). O diretor executivo e o Estado-Membro requerente devem elaborar um plano operacional que precise as condições específicas do destacamento das equipas (artigo 8.º-E). São incluídos na equipa um ou mais peritos da Frontex, na qualidade de agentes de coordenação, a fim de a representar e agir como interface entre ela e o Estado-Membro de acolhimento, por um

---

"A Agência *organiza* ..." (ênfase acrescentada) – mas também no elemento histórico resultante do confronto com a sua redação anterior: "A Agência *pode organizar* a assistência operacional e técnica necessária em favor do ou dos Estados-Membros requerentes" (ênfase acrescentada).

FRONTEIRAS, VISTOS, ASILO E IMIGRAÇÃO

lado, e entre ela e os membros das equipas, por outro, prestando assistência em todas as questões relativas às condições do destacamento destes últimos nas equipas. No cumprimento das suas funções, os agentes de coordenação apenas aceitam instruções da Frontex (artigo 8.º-G).

É ao Estado-Membro de acolhimento que cabe emitir instruções às equipas em causa de acordo com o plano operacional das operações conjuntas, dos projetos-piloto e das intervenções rápidas, elaborado pelo diretor executivo da Frontex. Esta, todavia, através do seu agente de coordenação, pode comunicar àquele Estado a sua posição sobre as instruções, devendo o mesmo Estado tê-la em conta (artigo 3.º-C, n.º 2). Trata-se de uma forma sibilina a testemunhar o compromisso difícil entre a autocompreensão soberana dos Estados-Membros e a vontade do legislador da União de conferir efetivos poderes de coordenação à Agência[153].

O tratamento de dados pessoais recolhidos durante operações conjuntas, projetos-piloto e intervenções rápidas está sujeito a um regime unitário enunciado pelo artigo 11.º-C aditado pelo Regulamento (UE) n.º 1168/2011.

Os membros das EEGF's – atualmente definidos pelo artigo 1.º-A, ponto 4, como "os guardas de fronteiras dos Estados-Membros, com excepção do Estado-Membro de acolhimento, que integram Equipas Europeias de

---

[153] No sentido de que a Frontex deve ser qualificada como agência de "coordenação e informação" que em caso nenhum assume tarefas de execução próprias dos Estados-Membros, nem sequer as complementa, ver FRANCISCO VELASCO CABALLERO, "Organización y procedimientos de la «Unión Administrativa Europea» en materia de fronteras, asilo y inmigración", in Francisco Velasco Caballero e Jens-Peter Schneider (coords.), La Unión Administrativa Europea, Madrid, 2008, pp. 249 e 253. A tese do Autor, que se reporta a uma fase anterior às duas revisões de que o "Regulamento Frontex" foi entretanto objeto, tornou-se contestável, tendo em conta, designadamente, a integração de agentes da própria Frontex nas EEGF's, cuja "competência executiva limitada e condicionada" parece fora de dúvida. Em contrapartida, reportando-se à primeira fase da Frontex, JÖRG MONAR, depois de salientar que as competências operacionais de que esta agência foi originariamente dotada excediam em muito as atribuídas às outras agências do ELSJ (designadamente a Europol e a Eurojust), observava com toda a exatidão que a Frontex estabelece uma "espécie de estrutura de comando coordenadora" que, através das secções especializadas criadas nos Estados-Membros ao abrigo do artigo 16.º do Regulamento (CE) n.º 2007/2004, lhe dá um "poder direto sobre as forças de polícia de fronteiras nacionais, suscetível de facilitar consideravelmente, numa fase ulterior, a construção de estruturas de uma polícia de fronteiras europeia"; cf. "Justice and Home Affairs", in Journal of Common Market Studies, vol. 43, 2005, pp. 137-138.; ver também ROBERTA MUNGIANU, "Frontex: Towards a Common Policy on External Border Controls", in European Journal of Migration and Law, cit., pp. 384-385; e STEVE PEERS e. a. (ed.), EU Immigration and Asylum Law (Text and Commentary): Second Revised Edition, Volume I: Visas and Border Controls, Leida, 2012, pp. 119-160.

DIREITO DA UNIÃO EUROPEIA – ELEMENTOS DE DIREITO E POLÍTICAS DA UNIÃO

Guardas de Fronteira"[154] – e os agentes convidados[155] só podem desempenhar tarefas e exercer competências sob as ordens e, de um modo geral, na presença dos guardas de fronteira do Estado-Membro de acolhimento. Só são autorizados a recorrer à força, inclusive a armas de serviço, munições e equipamento, com o consentimento do Estado-Membro de origem e do Estado-Membro de acolhimento, nos termos da lei nacional deste último. Continuam sujeitos às medidas disciplinares do Estado-Membro de origem e mantêm o vínculo à guarda de fronteiras deste, da qual dependem para efeitos salariais. Mas são equiparados aos agentes dos Estados-Membros de acolhimento no que se refere a eventuais infrações penais de que sejam vítimas ou que pratiquem (artigo 11.º).

Por outro lado, os membros das equipas e os agentes convidados podem ser autorizados pelo Estado-Membro de acolhimento a consultar as bases de dados nacionais e europeias necessárias para proceder aos controlos e à vigilância das fronteiras. As decisões de recusa de entrada de nacionais de países terceiros, nos termos do artigo 13.º do CFS, só podem ser tomadas pelos guardas de fronteira do Estado-Membro de acolhimento (artigo 10.º).

As EEGF's são particularmente ilustrativas da noção de espaço aqui subjacente: elas constituem uma derrogação ao clássico princípio estadual da territorialidade, ao permitir às autoridades de fronteiras de um Estado-Membro a intervenção no território de outro, embora em conjugação e com o acordo das autoridades deste último. Através do novo mecanismo, as ações dos Estados-Membros entrelaçam-se ainda mais a nível horizontal[156]. O regime analisado constitui, em suma, uma tentativa de pôr em concordân-

---

[154] Na anterior versão do preceito citado, os membros das equipas eram definidos como "os guardas de fronteiras dos Estados-Membros, com exceção do Estado-Membro de acolhimento, que integram as equipas de intervenção rápida nas fronteiras". A nova redação confirma, de algum modo, que pelo menos de um ponto de vista orgânico as EEGF's substituíram-se e sucederam às equipas de intervenção rápida nas fronteiras. Tal confirmação é reiterada, por último, pelo Regulamento (UE) n.º 1052/2012, relativo ao Eurosur, como se verá *infra*, 5.3.

[155] Não sendo de excluir que, no âmbito de uma intervenção rápida, sejam destacados membros de uma EEGF – e não apenas uma ou várias destas equipas, solução para que aponta o artigo 2.º, n.º 1, alínea *g*) –, a definição de agentes convidados constante do artigo 1.º-A, ponto 6, deveria ter sido revista no sentido de abranger os "agentes das guardas de fronteiras dos Estados-Membros que não sejam de acolhimento, integrados não só em operações conjuntas e projetos-piloto, mas também em intervenções rápidas".

[156] Neste sentido, RUTH WEINZIERL, "The Demands of Human and EU Fundamental Rights for the Protection of the European Union's External Borders", *cit.*, p. 54.

324

FRONTEIRAS, VISTOS, ASILO E IMIGRAÇÃO

cia prática o princípio da territorialidade e as exigências de uma gestão cada vez mais integrada das fronteiras externas da União Europeia, ditada pelo facto de esta constituir um espaço sem controlos nas fronteiras internas, na vizinhança de zonas do Globo particularmente conturbadas, de um ponto de vista político, económico e social.

5. O Sistema Europeu de Vigilância das Fronteiras (Eurosur)

5.1. Razão de ser e enquadramento normativo do Eurosur

O Regulamento (UE) n.º 1052/2013, que criou o Eurosur, baseia-se expressamente no artigo 77.º, n.º 2, alínea *d*), do TFUE, que, como se sabe, habilita o legislador da União Europeia a tomar qualquer medida necessária à introdução gradual de um sistema integrado de gestão das fronteiras externas. Em conformidade com isto, lê-se no considerando 7 que "[o] presente regulamento faz parte do modelo europeu de gestão integrada das fronteiras externas e da Estratégia de Segurança Interna da União Europeia".

O artigo 1.º define o Eurosur como um quadro comum para o intercâmbio de informações e para a cooperação entre os Estados-Membros, principalmente através das respetivas polícias de fronteira, e a Agência Frontex. Tal quadro destina-se a melhorar o "conhecimento da situação" e a aumentar a "capacidade de reação" nas fronteiras externas, com vista não só a detetar, prevenir e combater a imigração ilegal e a criminalidade transfronteiriça (tráfico de seres humanos, contrabando de droga, etc.), reforçando a segurança interna, mas também a contribuir para a proteção e a salvaguarda da vida dos migrantes, reduzindo a perda de vidas humanas no mar[157].

O Eurosur reporta-se à vigilância das fronteiras externas terrestres e marítimas, nomeadamente ao controlo, deteção, identificação, seguimento, prevenção e intercetação de passagens não autorizadas dessas fronteiras, retomando e desenvolvendo o capital de experiência adquirido nomeadamente com a Rede de Patrulhas Europeias, coordenada pela Frontex. Mas pode igualmente reportar-se à vigilância das fronteiras aéreas, bem como aos controlos nos pontos de passagem das fronteiras externas, "se os Esta-

---

[157] A este respeito, o considerando 2 precisa que o Eurosur deverá melhorar a capacidade operacional e técnica da Frontex e dos Estados-Membros para detetar "embarcações pequenas e inadequadas à navegação marítima", cuja utilização "tem aumentado drasticamente o número de migrantes afogados nas fronteiras externas marítimas meridionais".

dos-Membros [lhe] fornecerem voluntariamente essas informações" (artigo 2.º, n.ᵒˢ 1 e 2).

O artigo 2.º, n.º 3, contém uma indispensável cláusula transversal relativa à proteção dos direitos fundamentais, que obriga os Estados-Membros e a Frontex a aplicarem o Regulamento (UE) n.º 1052/2013 no respeito desses direitos, "nomeadamente os princípios da não repulsão e do respeito da dignidade humana e os requisitos sobre a proteção de dados", dando "prioridade às necessidades especiais das crianças, dos menores não acompanhados, das vítimas do tráfico de seres humanos, das pessoas que necessitam de assistência médica urgente, das pessoas que carecem de proteção internacional, das pessoas em perigo no mar e de outras pessoas cuja situação seja particularmente vulnerável".

De acordo com o considerando 12, o agente para os direitos fundamentais e o Fórum Consultivo criado pelo "Regulamento Frontex"[158] deverão ter acesso a todas as informações relativas ao respeito destes direitos também no que toca ao conjunto das atividades da Agência desenvolvidas no âmbito do Eurosur.

5.2. Os elementos constituintes do Eurosur

O Eurosur, quadro de troca de informações e de cooperação no domínio da vigilância das fronteiras, é constituído pelos seis elementos enumerados no artigo 4.º do Regulamento (UE) n.º 1052/2013, a saber: *(i)* os centros nacionais de coordenação; *(ii)* os quadros de situação nacionais; *(iii)* uma rede de comunicações; *(iv)* o quadro de situação europeu; *(v)* o quadro comum de informações além-fronteiras; *(vi)* uma aplicação comum dos instrumentos de vigilância. É à Frontex, funcionando "vinte e quatro horas por dia e sete dias por semana", que cabe criar e manter o terceiro, o quarto e o quinto elementos e coordenar o sexto (artigo 6.º)[159]. Aos Estados-Membros cabe, evidentemente, designar, gerir e manter o primeiro elemento (artigo 5.º).

Os quadros de situação nacionais, o quadro de situação europeu e o quadro de informações além-fronteiras tendem especificamente ao "conheci-

---

[158] Ver *supra*, 4.3.

[159] Para o efeito, o artigo 18.º vincula a Frontex a cooperar, através de acordos, em especial com o Europol, o Centro de Satélites da União Europeia, a Agência Europeia da Segurança Marítima, a Agência Europeia de Controlo das Pescas, a Comissão, o Serviço Europeu para a Ação Externa e ainda com as organizações internacionais que possam facultar à Agência informações relevantes para a manutenção do quadro de situação europeu e do quadro comum de informações além-fronteiras.

FRONTEIRAS, VISTOS, ASILO E IMIGRAÇÃO

mento da situação", prolixa mas significativamente definido como "a capacidade de controlar, detetar identificar, seguir e compreender as atividades transfronteiriças ilegais, a fim de fundamentar as medidas de reação a tomar com base na combinação de informações novas com conhecimentos existentes, e para melhor poder *reduzir o número de mortes de migrantes* nas fronteiras externas ou nas suas imediações" [artigo 3.º, alínea *b*), ênfase acrescentada].

A respeito do primeiro elemento do Eurosur, importa salientar que o próprio Regulamento (UE) n.º 1052/2013 (artigo 24.º, n.º 3, conjugado com o considerando 14) estabeleceu uma diferença importante no que toca ao cumprimento da obrigação de designar, gerir e manter os centros nacionais de coordenação. Assim, os dezoito Estados-Membros situados nas fronteiras externas meridionais e orientais (Bulgária, Estónia, Grécia, Espanha, França, Croácia, Itália, Chipre, Letónia, Lituânia, Hungria, Malta, Polónia, Portugal, Roménia, Eslovénia, Eslováquia e Finlândia) ficaram vinculados a estabelecer o centro nacional de coordenação a partir de 2 de dezembro de 2013. Os oito restantes[160] ficaram obrigados a estabelecer o respetivo centro a partir de 1 de dezembro de 2014. A razão de ser desta distinção não carece de maiores demonstrações, mas devem ser tiradas dela todas as consequências.

Cada centro nacional integrado no primeiro elemento do Eurosur coordena e assegura não só o intercâmbio de informações entre todas as respetivas autoridades competentes em matéria de vigilância das fronteiras externas, operações de busca e salvamento, asilo e imigração, mas também o intercâmbio e a cooperação com os outros centros nacionais e com a Frontex, funcionando a título permanente. Tais centros constituem, em princípio, o único ponto de contacto nacional para o efeito[161].

O segundo elemento do Eurosur, *i. e.*, os quadros de situação nacionais[162] previstos pelo artigo 9.º são criados e mantidos pelos respetivos centros

---

[160] O Reino Unido e a Irlanda não participaram na adoção do Regulamento (UE) n.º 1052/2013, nem estão vinculados por ele. No entanto, o artigo 19.º prevê modalidades de cooperação entre estes dois Estados-Membros e o Eurosur.

[161] O artigo 17.º, inserido no título do Regulamento em análise sobre "disposições específicas e finais", prevê no entanto que "[e]m casos predeterminados, estabelecidos a nível nacional, o respetivo centro pode autorizar uma das autoridades regionais, locais, funcionais ou outras a comunicar e a trocar informações com as autoridades homólogas ou o próprio centro nacional de outro Estado-Membro, ou ainda com as autoridades competentes de países terceiros", "desde que essa autoridade informe regularmente o seu próprio centro nacional de coordenação sobre tais comunicações e trocas de informações".

[162] Na definição genérica do artigo 3.º, alínea *d*), que também abrange, portanto, o quadro de situação europeu, quarto elemento do Eurosur, trata-se de "uma interface gráfica com dados e infor-

nacionais de coordenação e destinam-se a facultar a todas as autoridades responsáveis pelo controlo e, em especial, pela vigilância das fronteiras externas a nível nacional, "informações eficientes, exatas e atempadas", recolhidas a partir de fontes tão variadas como a Frontex, outros centros nacionais, autoridades de países terceiros, sistema nacional de vigilância das fronteiras, patrulhas em missão de vigilância, etc. Tais quadros estruturam-se em três níveis: (i) o respeitante às ocorrências; (ii) o operacional; (iii) o analítico. Todos eles se subdividem em diversos subníveis (por exemplo, o respeitante à passagem não autorizada das fronteiras ou a situações de crise, no primeiro caso; o respeitante aos recursos próprios e às informações ambientais, no segundo caso; o respeitante aos dados dos serviços de informações ou a imagens e dados geográficos, no terceiro caso).

O terceiro elemento do sistema em análise, *i. e.*, a rede de comunicações, destina-se a facultar meios de comunicação e instrumentos de análise e a permitir que o intercâmbio de informações sensíveis, classificadas ou não, entre os centros nacionais de coordenação e entre estes e a Frontex se faça de forma segura e em tempo quase real – o que exige, como é óbvio, que a rede funcione permanentemente.

Quanto ao quarto elemento – o quadro de situação europeu, criado e mantido pela Frontex –, ele comunga, *mutatis mutandis*, da mesma lógica que preside aos quadros de situação nacionais no que toca às fontes e à estrutura multinível. De salientar, entre as primeiras, a menção expressa às delegações e gabinetes da União integrados no Serviço Europeu para a Ação Externa, obrigado a prestar à Frontex "todas as informações que possam ser relevantes para o Eurosur" [artigo 10.º, n.º 2, alínea *d*), e considerando 8]. No que respeita à estrutura do quadro de situação europeu, sobressai no nível operacional o subnível contendo "informações sobre operações conjuntas, projetos-piloto e intervenções rápidas coordenadas pela Agência", *supra* analisadas [artigo 10.º, n.º 5, alínea *b*)].

No que toca ao quadro comum de informações além-fronteiras, quinto elemento do Eurosur, cuja criação e manutenção é também da responsabilidade da Frontex, ele destina-se a fornecer aos centros nacionais de coordenação "informações e análises eficientes, exatas e atempadas relativas

mações em tempo quase real, recebidos de diferentes autoridades, sensores, plataformas e outras fontes, que é partilhada através de canais de comunicação e informação com outras autoridades, com o objetivo de obter um bom conhecimento da situação, e de apoiar a capacidade de reação nas fronteiras externas e na área além-fronteiras".

FRONTEIRAS, VISTOS, ASILO E IMIGRAÇÃO

às áreas além-fronteiras", cujas fontes não divergem no essencial daquelas que alimentam os centros nacionais de coordenação, os quadros de situação nacionais e o quadro de situação europeu. No que toca à estruturação em níveis do elemento em análise, o próprio artigo 11.º, n.º 4, determina que ela se faça "de forma idêntica aos do quadro de situação europeu, definidos no artigo 10.º"[163].

O sexto e último elemento do sistema em análise, *i. e.*, a aplicação comum dos instrumentos de vigilância das fronteiras externas e da área além-fronteiras[164], coordenada pela Frontex, está contemplado pelo artigo 12.º. O seu objetivo é facultar aos centros nacionais de coordenação e à própria Frontex informações relativas às fronteiras externas dos Estados-Membros, "de forma regular, fiável e económica". Os modos de obtenção de tais informações, pela Frontex, são os seguintes: *(i)* controlo seletivo dos portos e costas de países terceiros e também de áreas além-fronteiras que tenham sido identificados como portos de embarque ou de trânsito de navios ou outras embarcações para a imigração ilegal ou a criminalidade organizada, ou então como pontos de partida ou de trânsito para os mesmos fins; *(ii)* seguimento de navios e outras embarcações em alto mar suspeitos de ser, ou identificados como sendo, utilizados para os mesmos fins; *(iii)* controlo de determinadas zonas do domínio marítimo, a fim de detetar, identificar e seguir navios e outras embarcações utilizados para os mesmos fins; *(iv)* avaliação ambiental de determinadas zonas do domínio marítimo e da fronteira externa terrestre com vista à otimização das atividades de controlo e patrulha.

No exercício dessas atividades de controlo seletivo, seguimento e avaliação, a Frontex pode utilizar sistemas de notificação de navios, imagens de satélite e sensores instalados em veículos, navios e outras embarcações. Por

---

[163] Referindo-se também a ambos os quadros, o considerando 13 esclarece que qualquer intercâmbio de dados pessoais realizado no seu âmbito "deverá constituir uma exceção", só lhe sendo aplicável a legislação geral "nos casos em que os instrumentos mais específicos, como o Regulamento n.º 2007/2004, não prevejam um regime total de proteção de dados". Em conformidade com isto, o artigo 20.º limita tal intercâmbio "ao estritamente necessário para efeitos do presente regulamento" (n.º 4) e proíbe, concretamente, que ele tenha por objeto informações que forneçam a países terceiros elementos suscetíveis de utilização "para identificar pessoas ou grupos de pessoas, cujos pedidos de acesso a proteção internacional estejam a ser analisados ou que corram sério risco de serem sujeitas a tortura ou tratos ou penas desumanos e degradantes ou a qualquer outra violação dos seus direitos fundamentais" (n.º 5).

[164] Definida pelo artigo 3.º, alínea *g*), como a área geográfica para lá das fronteiras externas.

DIREITO DA UNIÃO EUROPEIA – ELEMENTOS DE DIREITO E POLÍTICAS DA UNIÃO

outro lado, a Frontex pode recusar pedidos dos centros nacionais de coordenação por motivos técnicos, financeiros ou operacionais, na condição de os notificar atempadamente dos motivos dessa recusa.

No único anexo ao Regulamento (UE) n.º 1052/2013 figuram os cinco princípios a "ter em conta" "ao criar, operar e manter as diferentes componentes do quadro Eurosur": (i) princípio das comunidades de interesses, que os centros nacionais de coordenação e a Frontex devem formar especificamente com vista à partilha de informações e à cooperação neste quadro; (ii) princípio da gestão corrente e da utilização das estruturas existentes, nos termos do qual aquela Agência assegura a coerência entre tais elementos, incluindo a definição de orientações, a prestação de apoio aos centros nacionais de coordenação e a promoção da interoperabilidade das informações e tecnologias; (iii) princípio da partilha de informações e da garantia destas a todos os centros nacionais e à Agência, a menos que tenham sido estabelecidas ou acordadas restrições específicas; (iv) princípio da orientação para os serviços e da normalização da utilização dos diferentes elementos e capacidades do Eurosur; (v) princípio da flexibilidade, tendente a que "as partes envolvidas no Eurosur reajam à evolução das situações, de forma flexível e estruturada".

5.3. As capacidades do Eurosur

Depois de regular, nos termos analisados, o quadro orgânico-funcional do Eurosur, o Regulamento (UE) n.º 1052/2013 vem regular a capacidade de reação que tal quadro visa permitir. O artigo 3.º, alínea c), define-a como "a capacidade de realizar ações destinadas a combater as atividades transfronteiriças ilegais nas fronteiras externas ou nas suas imediações, incluindo o tempo e os meios necessários para reagir adequadamente" (artigos 14.º a 16.º).

Para o efeito, começa por impor que cada Estado-Membro divida as suas fronteiras externas terrestres e marítimas em "troços de fronteira" – que, nos termos do artigo 3.º, alínea f), tanto podem corresponder à totalidade como apenas a parte(s) de cada uma delas. Com base na análise de risco e em concertação com o Estado-Membro em questão, a Frontex atribui ou reatribui a cada "troço de fronteira externa", assim identificado, um "nível de impacto" baixo, médio ou elevado, consoante os incidentes relacionados com a imigração ilegal ou a criminalidade ocorridos no troço em causa tenham um impacto insignificante, moderado ou elevado na segurança das fronteiras.

FRONTEIRAS, VISTOS, ASILO E IMIGRAÇÃO

Cabe depois aos Estados-Membros assegurar que as atividades de vigilância levadas a cabo no ou nos troços de fronteira externa correspondam ao nível de impacto atribuído. No primeiro caso, as autoridades nacionais competentes devem organizar "uma vigilância regular com base na análise de risco", assegurando que, no troço de fronteira em questão, sejam mantidos recursos e pessoal em número suficiente, preparados para atividades de seguimento, identificação e intercetação. No segundo caso, o artigo 16.º, n.º 1, alínea *b*), limita-se a determinar em termos pouco conclusivos que as autoridades competentes tomem adicionalmente "medidas de vigilância adequadas". No terceiro caso, uma vez que se trata de tomar "medidas de vigilância reforçadas", o Estado-Membro em causa "pode pedir apoio à Agência nas condições estabelecidas no Regulamento (CE) n.º 2007/2004 para lançar operações conjuntas ou intervenções rápidas". Neste caso, em resposta a tal pedido, a Agência pode coordenar "o destacamento de Equipas Europeias de Guardas de Fronteira", nos termos daquele Regulamento [artigo 16.º, n.ºs 1, alínea *c*), e 4, alínea *b*)][165].

Resta esperar que, tal como vaticinou o Conselho Europeu de 24/25 de outubro de 2013, dias depois da "morte dramática de centenas de pessoas ocorrida no Mediterrâneo, que chocou todos os europeus", a rápida implementação do Eurosur pelos Estados-Membros[166] – que, de resto, reforçará substancialmente o papel da Frontex no sistema integrado de gestão das fronteiras externas – venha a tornar-se realmente "crucial para ajudar na deteção de navios e entradas ilegais, contribuindo para proteger e salvar vidas nas fronteiras externas da União Europeia".

Por mais crucial que seja, a implementação do Eurosur não pode deixar de se fazer acompanhar, tal como o Conselho Europeu também referiu, por "medidas firmes, baseadas em imperativos de prevenção e proteção e nor-

---

[165] Deste dispositivo resulta também a confirmação de que, tal como se viu atrás, na sequência da revisão do Regulamento (CE) n.º 2007/2004 pelo Regulamento (UE) n.º 1168/2011, as EEGF's substituíram-se e sucederam às equipas de intervenção rápida (*Rabits*). Em resposta a um pedido de lançamento de "intervenções rápidas" que lhe seja dirigido por um Estado-Membro, a Frontex coordena o destacamento de EEGF's e não de *Rabits*.

[166] Como se verá a seguir, o Regulamento (UE) n.º 515/2014 do Parlamento Europeu e do Conselho, de 16 de abril, que cria, no âmbito do Fundo para a Segurança Interna, um instrumento de apoio financeiro em matéria de fronteiras externas e de vistos, e que revoga a Decisão n.º 574/2007/CE, prevê expressamente que os programas nacionais a preparar ao abrigo desse regulamento devem ter por objetivo, entre outros, o desenvolvimento do Eurosur, em conformidade com a legislação e as orientações da União [artigo 9.º, n.º 2, alínea *a*)].

teadas pelo princípio da solidariedade e da partilha equitativa de responsabilidades". Algumas delas devem ser tomadas "a montante", *i. e.*, tendo por destinatários os próprios países terceiros vizinhos que são fonte de imigração, com base numa abordagem não exclusivamente centrada no "controlo" da imigração, tanto do ponto de vista normativo como orçamental, mas também na "cooperação para o desenvolvimento", na "cooperação económica, financeira e técnica com os países terceiros", ou na "ajuda humanitária" – todas elas, de resto, componentes essenciais da ação externa da União Europeia.

6. Do Fundo para as Fronteiras Externas ao Fundo para a Segurança Interna

6.1. O Fundo para as Fronteiras Externas (2007-2013): objetivos e meios

Na sequência da adoção do CFS, o legislador da União, ciente, por um lado, de que o controlo e a vigilância eficazes das fronteiras externas são cruciais para a livre circulação de pessoas no interior da União Europeia e, por outro lado, de que alguns Estados-Membros, devido à sua dimensão geográfica e/ou à sua situação geopolítica, veem-se perante maiores dificuldades que outros para aplicar devidamente aquele diploma, veio instituir um mecanismo de solidariedade para apoiar aqueles que, no cumprimento de tal obrigação, suportam "uma carga financeira mais elevada e duradoura".

Em complemento da assistência e do apoio operacionais que cabe à Agência Frontex dispensar aos Estados-Membros em causa, foi criado, no âmbito do programa geral "Solidariedade e gestão dos fluxos migratórios", o Fundo para as Fronteiras Externas relativo ao período compreendido entre 1 de janeiro de 2007 e 31 de dezembro de 2013, pela Decisão n.º 574/2007/ /CE, de 23 de maio de 2007[167].

Anteriormente a este programa de assistência financeira, a União apenas apoiava financeiramente os Estados-Membros que, no momento da entrada em vigor daquela decisão, ainda não aplicassem a totalidade do acervo jurídico e prático necessário à supressão dos controlos de pessoas nas suas fronteiras comuns com os restantes.

---

[167] A participação da Islândia, da Noruega, da Suíça e do Liechtenstein foi estabelecida pelo acordo entre a União Europeia, por um lado, e estes quatro Estados não membros, por outro, sobre normas complementares relativas ao Fundo para as Fronteiras externas para o período de 2007 a 2013, assinado em Bruxelas em 19 de março de 2010.

FRONTEIRAS, VISTOS, ASILO E IMIGRAÇÃO

A Decisão n.º 574/2007/CE, a que foi afetado um montante de execução no valor de 1820 milhões de euros, faz parte de um pacote onde se incluíam também a Decisão n.º 573/2007/CE, que criou o Fundo Europeu para os Refugiados, a Decisão n.º 575/2007/CE, que criou o Fundo Europeu de Regresso, e a Decisão n.º 435/2007/CE, que criou o Fundo para a Integração de Nacionais de Países Terceiros, todas elas relevando do mencionado programa "Solidariedade e gestão dos fluxos migratórios"[168].

Entre as ações dos Estados-Membros financiadas pelo Fundo para as Fronteiras Externas são de mencionar, no âmbito específico da política de fronteiras, *(i)* a criação de infraestruturas para a passagem das fronteiras, tais como postos fronteiriços, heliportos, etc.[169]; *(ii)* a aquisição de equipamentos operacionais tais como sensores, vigilância por vídeo, aparelhos de análise de documentos, terminais fixos ou móveis de consulta aos sistemas de informação do ELSJ (Eurodac, VIS e SIS II) pelos guardas de fronteira; *(iii)* formação do pessoal das autoridades competentes (artigos 4.º e 5.º da Decisão n.º 574/2007/CE). A partir de 2008, os Estados-Membros recorreram a este Fundo para a criação das componentes nacionais do Eurosur (designadamente, centros de coordenação e sistemas de vigilância nacionais das fronteiras).

O Fundo podia financiar também, até ao limite de 6% dos recursos disponíveis, ações transnacionais ou de interesse para a União no seu conjunto, com vista, designadamente, à *(i)* promoção da inclusão gradual dos controlos aduaneiros, veterinários e fitossanitários nas atividades de gestão integrada das fronteiras, em função da evolução das políticas neste domínio; *(ii)* prestação de serviços de apoio aos Estados-Membros em situações de emergência devidamente justificadas que exijam uma intervenção urgente nas fronteiras externas (artigo 7.º).

---

[168] Em Portugal, a Resolução do Conselho de Ministros n.º 155-A/2006, de 17 de novembro, ulteriormente revista pela Resolução n.º 110/2009, de 17 de setembro, criou uma estrutura de missão na dependência do Ministro da Administração Interna, com o objetivo de assegurar a gestão técnica, administrativa e financeira daquele programa-quadro.

[169] O artigo 5.º da Decisão excluía expressamente o financiamento, pelo Fundo, das ações relacionadas com as "fronteiras externas temporárias" – *i. e.*, na definição pouco feliz do artigo 2.º, ponto 2, aquelas fronteiras comuns entre os Estados-Membros onde ainda se mantêm os controlos de pessoas por não ter sido adotada uma decisão do Conselho declarando estarem reunidas todas as condições para a supressão dos controlos – quando tais ações "representem um investimento estrutural incompatível com o objetivo [dessa] supressão".

DIREITO DA UNIÃO EUROPEIA – ELEMENTOS DE DIREITO E POLÍTICAS DA UNIÃO

O Fundo financiava ainda as despesas que resultam diretamente das obrigações decorrentes da aplicação do regime relativo ao trânsito terrestre de pessoas, através do território da Lituânia, entre a região de Kaliningrado e o resto da Federação da Rússia[170], estabelecido pelos Regulamentos (CE) n.º 693/2003 e n.º 694/2003, ambos de 14 de abril de 2003[171]. É o que determinava o artigo 6.º da Decisão n.º 574/2007/CE conjugado com o Protocolo n.º 5 do Ato de Adesão da Lituânia, de 2003. De acordo com ele, a União apoia este Estado-Membro na gestão do referido trânsito, suportando, nomeadamente, os eventuais custos suplementares resultantes da aplicação do respetivo regime e compensando-o pela não imposição de taxas ao emitir os documentos necessários aos cidadãos russos que transitem em direção àquela região e na direção contrária.

Os Estados-Membros são os principais responsáveis pela execução e pelo controlo das intervenções do Fundo, cabendo à Comissão aprovar todas as disposições necessárias para o efeito (artigo 25.º)[172]. As ações por ele financiadas devem ser coerentes e complementares relativamente à ação externa da União Europeia.

A Decisão n.º 574/2007/CE foi revista, por último, pela Decisão n.º 259/2013/UE, de 13 de março de 2013, no sentido de aumentar a taxa de cofinanciamento do Fundo para as Fronteiras Externas a favor de certos Estados-Membros confrontados ou ameaçados por graves dificuldades de estabilidade financeira, num montante correspondente a 20 pontos percentuais acima da taxa aplicável até à data da entrada em vigor da nova Decisão. Isto, designadamente, na condição de já ter sido disponibilizada assistência

---

[170] A adesão dos Estados bálticos e, em especial, da Lituânia à União Europeia teve, portanto, o efeito de separar, através de fronteiras externas da União, o enclave de Kaliningrado, parte da Rússia, do resto do país; sobre o estatuto especial do enclave de Kaliningrado, ver *supra*.

[171] O primeiro regulamento estabelece um Documento de Trânsito Facilitado (DTF) e um Documento de Trânsito Ferroviário Facilitado (DTFF). O segundo regulamento estabelece modelos uniformes para ambos os documentos; para maiores desenvolvimentos, ver ELSPETH GUILD, *The Legal Elements of European Identity, cit.*, p. 180, que considera estes documentos como "um visto com outro nome" e a insistência da parte da União Europeia na obrigação, para os nacionais russos, de obterem um documento de uma autoridade estrangeira para viajarem de uma parte para outra parte do seu país "talvez como a manifestação mais clara do investimento simbólico que a União Europeia fez na ideia de controlos fronteiriços eficientes".

[172] As normas de execução da Decisão n.º 574/2007 relativas aos sistemas de gestão e controlo dos Estados-Membros, às normas de gestão administrativa e financeira e à elegibilidade das despesas para projetos cofinanciados pelo Fundo foram estabelecidas pela Decisão n.º 2008/456, de 5 de março de 2008, revista pela Decisão n.º 2009/538, de 10 de julho de 2009.

FRONTEIRAS, VISTOS, ASILO E IMIGRAÇÃO

financeira a esses Estados-Membros, nos termos do acordo intergovernamental que cria o Fundo Europeu de Estabilidade Financeira ou do Tratado que cria o Mecanismo Europeu de Estabilidade.

6.2. O Fundo para a Segurança Interna (2014-2020): objetivos e meios

Como já se referiu, a Decisão n.º 574/2007/CE foi revogada pelo Regulamento (UE) n.º 515/2014 do Parlamento Europeu e do Conselho, de 16 de abril, que cria, no âmbito do Fundo para a Segurança Interna, um instrumento de apoio financeiro em matéria de fronteiras externas e de vistos. Os principais beneficiários, no primeiro domínio, são as autoridades nacionais encarregadas da aplicação do CFS, *i. e.*, os guardas de fronteira e também outras polícias. O Fundo para a Segurança Interna, destinado à execução da Estratégia de Segurança Interna para a União Europeia, adoptada pelo Conselho em fevereiro de 2010, também inclui um segundo fundo setorial destinado à cooperação policial, à prevenção e luta contra a criminalidade e à gestão de crises, criado pelo Regulamento (UE) n.º 513/2014, de 16 de abril de 2014.

O Fundo para a Segurança Interna, por sua vez "integra-se numa estrutura simplificada" que inclui ainda o Fundo para o Asilo e a Migração[173]. Este quadro global "simplificado", de apoio financeiro aos Estados-Membros no domínio dos assuntos internos, complementa-se com um "regulamento transversal" – o Regulamento (UE) n.º 514/2014, também de 16 de abril – contendo normas em matéria de programação, controlo, gestão financeira, apuramento de contas, encerramento de programas, elaboração de relatórios e avaliação.

A proposta da Comissão subjacente surgiu na sequência do seu próprio reconhecimento de que a União Europeia não estava plenamente apetrechada para ajudar os Estados-Membros mais expostos a movimentos migratórios maciços, sendo insuficientes os instrumentos disponíveis para satisfazer todas as necessidades e dar uma resposta abrangente[174]. Neste aspecto, a Comissão foi secundada pela Assembleia Parlamentar do Conselho da Europa que, cerca de mês e meio depois, recordava que as chegadas por via marítima de imigrantes irregulares, requerentes de asilo e refugiados

---

[173] O número de programas financeiros no domínio dos assuntos internos fica assim reduzido a dois. Em "complementaridade e estreita ligação" com o Fundo para a Segurança Interna funciona o "Programa Justiça", vocacionado para as outras componentes do ELSJ que são a cooperação judiciária em matéria penal e a harmonização do direito penal e processual penal dos Estados-Membros. Este programa foi criado pelo Regulamento (UE) n.º 1382/2013, de 17 de dezembro de 2013.

[174] Ver a "Comunicação sobre a Migração", de 4 de maio de 2011, *cit.*, p. 5.

em larga escala implicam um encargo desproporcionado para os Estados-
-Membros situados nas fronteiras externas meridionais da União Europeia,
estando o objetivo das responsabilidades partilhadas e da maior solidariedade no âmbito da migração entre todos eles muito longe de atingido[175].
A tragédia de Lampedusa do início de outubro de 2013 acabou por confirmá-
-lo da pior maneira. O considerando 12 do Regulamento (UE) n.º 515/2014
obriga o fundo assim criado a conferir "uma atenção particular aos Estados-
-Membros que se vejam confrontados com um ónus excessivo resultante dos
fluxos migratórios devido à sua situação geográfico".

A Comissão começou por fundamentar a proposta de criação do Fundo
para a Segurança Interna "sob a forma de um quadro financeiro global, constituído por dois atos distintos", no argumento pouco elaborado de que, devido
às diferentes regras de votação no Conselho, em função dos protocolos n.os
19, 21 e 22, relativos aos estatutos excecionais do Reino Unido, Irlanda e da
Dinamarca, "não é juridicamente possível elaborar uma proposta legislativa
única e global" para criar aquele Fundo. Em rigor, porém, não é em função de tais protocolos – que estabelecem *opt-outs* para os Estados-Membros
seus destinatários – mas sim das bases jurídicas pertinentes para a criação
do Fundo em causa que as regras de votação no Conselho eventualmente
variarão, consoante nelas de estabeleça o processo legislativo ordinário ou
processos legislativos especiais, tal como a Comissão, de resto, começou por
reconhecer, sem proceder depois à devida análise dessas bases jurídicas[176].
O Regulamento (UE) n.º 515/2014 limita-se a referir, sem mais explicações,
que "tendo em conta as particularidades jurídicas aplicáveis às disposições
do Título V do TFUE" (*sic*) "não é juridicamente possível criar o Fundo soba
forma de um instrumento financeiro único" (considerando 8).

O Regulamento (UE) n.º 515/2014 pretende romper com a prática relativa aos fundos do Programa Geral de Solidariedade, *i. e.*, a fixação, no início
do período de sete anos, dos critérios para as dotações a receber pelos Estados-Membros durante todo esse período, "o que assegura a continuidade e
um certo grau de previsibilidade". Segundo a Comissão, esta "abordagem
essencialmente estática" não incentivava os Estados-Membros a levarem a
cabo ações que respondam às prioridades da União nem lhes permitia responder a alterações nas situações e prioridades através de reafetações de
recursos "significativas e concentradas".

---

[175] Ver a Resolução 1821 (2011) da Assembleia Parlamentar do Conselho da Europa, *cit.*, ponto 5.5.
[176] Cf. o documento COM(2011) 750 final, pp. 3 e 5.

FRONTEIRAS, VISTOS, ASILO E IMIGRAÇÃO

Por isso mesmo, o Regulamento (UE) n.º 515/2014 atribui aos Estados-Membros um montante de base de 60% da verba global destinada aos programas nacionais no início do quadro financeiro plurianual e de um montante variável acrescentado àquele em função da vontade manifestada por cada Estado-Membro de financiar, ao abrigo do seu programa nacional, ações que correspondam a prioridades específicas da União (por exemplo, a aquisição de equipamento técnico necessário à Agência Frontex).

Por ocasião da revisão intercalar que terá lugar em 2017, os Estados-Membros que as avaliações nos termos do citado Regulamento (UE) n.º 1053/2013 indicarem como mais necessitados ou enfrentando riscos acrescidos receberão um montante suplementar, dando-se assim "expressão tangível aos princípios da solidariedade e da partilha de responsabilidades".

O objetivo geral de, através do novo Fundo, "contribuir para assegurar um elevado nível de segurança na União Europeia" implica, para além da *(i)* prestação de apoio financeiro aos Estados-Membros em situações de emergência, isto é, de pressão excecional ou urgente em que um elevado ou desproporcionado número de nacionais de países terceiros atravessa, ou seja previsível que atravesse, as respetivas fronteiras externas e do *(ii)* apoio operacional ao regime de trânsito facilitado aplicado pela Lituânia, *(iii)* o apoio de ações específicas em países terceiros no interesse da política de fronteiras e também da política de imigração da União Europeia; e *(iv)* a criação de uma plataforma para o desenvolvimento de novos sistemas informáticos comuns de suporte àquelas políticas (a que será atribuído o montante indicativo de 1100 milhões de euros).

Através do Fundo, a União pode financiar, concretamente, a título de prioridade estratégica, não só o reforço das capacidades nacionais no domínio do controlo fronteiriço, mas também o desenvolvimento do pacote para as fronteiras inteligentes (sistema de registo de entradas e saídas e programa de viajantes registados) e a operacionalização do Eurosur. Relativamente a este, o financiamento poderá ainda ser utilizado para ligar os sistemas e infraestruturas dos países terceiros aos da União, a fim de permitir o intercâmbio regular de informações (artigo 4.º).

Os programas nacionais ao abrigo do instrumento de apoio financeiro em matéria de fronteiras externas e de vistos devem ser elaborados pelos Estados-Membros juntamente com os programas ao abrigo do instrumento de apoio financeiro à cooperação policial, à prevenção e à luta contra a criminalidade e à gestão de crises, e propostos à Comissão enquanto "programa nacional único" relativo ao Fundo para a Segurança Interna.

Capítulo V
Cooperação Judiciária em Matéria Civil

ANABELA SUSANA DE SOUSA GONÇALVES

1. A cooperação judiciária em matéria civil na União Europeia

A cooperação judiciária em matéria civil na União Europeia é uma política que tenta aproximar e estabelecer meios de colaboração entre as autoridades judiciárias dos diferentes Estados-Membros. Esta política tem como objetivo garantir que as divergências entre os sistemas judiciários e as ordens jurídicas dos diferentes Estados-Membros não limitem o acesso à justiça e o exercício dos direitos. Este escopo está na base da construção do *Espaço Europeu de Liberdade, Segurança e Justiça*, sendo a cooperação judiciária em matéria civil uma das suas políticas estruturantes, assim como a cooperação judiciária em matéria penal.

O *Espaço Europeu de Liberdade Segurança e Justiça* está previsto no Título V do TFUE. É possível encontrar a sua inspiração no n.º 1 do artigo 67.º do mesmo Tratado, onde pode ler-se que "[a] União constitui um espaço de liberdade, segurança e justiça, no respeito dos direitos fundamentais e dos diferentes sistemas e tradições jurídicos dos Estados-Membros". Esta mesma ideia está presente no artigo 3.º, n.º 2, do TUE, onde se estabelece o objetivo de um *Espaço de Liberdade, Segurança e Justiça* "(...) sem fronteiras internas (...)". Desta forma, pretende-se que as fronteiras políticas que existem na

União Europeia não constituam um entrave ao exercício e reconhecimento de direitos. A importância do reconhecimento de direitos adquiridos noutros Estados-Membros transparece do artigo 67.º, n.º 4, do TFUE, onde se estabelece que "[a] União facilita o acesso à justiça, nomeadamente através do princípio do reconhecimento mútuo das decisões judiciais e extrajudiciais em matéria civil".

A cooperação judiciária em matéria civil, como meio de construção do *Espaço Europeu de Liberdade Segurança e Justiça,* tem como objetivo promover o acesso efetivo à justiça pelos cidadãos; fomentar a coordenação e compatibilização entre as várias ordens jurídicas, respeitando, todavia, a especificidade das mesmas; aumentar a confiança entre os agentes jurídicos dos vários Estados-Membros e o conhecimento de cada uma das ordens jurídicas europeias em relação às outras; favorecer a previsibilidade e a segurança jurídica e facilitar a resolução dos litígios transnacionais na Europa. Estes são os objetivos gerais que estruturam a política europeia de cooperação judiciária em matéria civil, alguns dos quais estão a ser prosseguidos com recurso aos métodos e mecanismos do direito internacional privado. Importa, desde já, circunscrever o âmbito do direito internacional privado e tentar perceber a razão da interação do direito da União Europeia e do direito internacional privado no âmbito da cooperação judiciária em matéria civil.

2. O direito internacional privado e o seu âmbito

O direito internacional privado visa a regulamentação das relações privadas internacionais, ou seja, aquelas relações privadas que têm ligações com mais do que uma ordem jurídica, podendo ser designadas de relações jurídicas plurilocalizadas, heterogéneas, transnacionais ou com elementos de estraneidade. Estamos perante relações jurídicas privadas que ultrapassam fronteiras, quer no plano da constituição, quer no plano do reconhecimento. As primeiras são relações puramente internacionais, que desde a sua constituição estão em contacto com mais do que uma ordem jurídica. As segundas são relações relativamente internacionais, pois apesar de terem uma natureza puramente interna no momento da sua constituição, posteriormente entram em contacto com outra ordem jurídica, colocando-se uma questão de reconhecimento das mesmas ou de reconhecimento de direitos adquiridos à luz de outra ordem jurídica[1].

---

[1] V., sobre esta distinção, A. FERRER CORREIA, *Lições de Direito Internacional Privado*, Almedina, Coimbra, 2000, p. 19; JOÃO BAPTISTA MACHADO, *Lições de Direito Internacional Privado*, 3.ª ed., Alme-

COOPERAÇÃO JUDICIÁRIA EM MATÉRIA CIVIL

Na regulamentação das relações privadas internacionais incluem-se as normas que permitem determinar a lei aplicável, as normas de competência internacional e as normas de reconhecimento de sentenças estrangeiras e de atos públicos estrangeiros. São normas que têm por objeto a regulamentação de relações jurídicas da mesma natureza, as relações privadas internacionais, ou, então, são normas que são acessórias ou que têm um nexo de complementaridade com as disposições jurídicas que visam a regulamentação das relações privadas internacionais, o que justifica o seu estudo e análise conjuntos no plano do direito internacional privado[2]. Apenas desta forma é possível uma compreensão sistemática das soluções adotadas e uma regulamentação coerente das relações privadas internacionais.

3. As origens da cooperação judiciária em matéria civil e a opção pelos mecanismos de direito internacional privado

3.1. A cooperação judiciária em matéria civil na União Europeia tem sido concretizada com o recurso a mecanismos de direito internacional privado. Nesta medida, parece-nos útil proceder a um enquadramento histórico, que nos explique o surgimento da cooperação judiciária em matéria civil, enquanto objetivo político da União Europeia. Desta forma, tornar-se-á compreensível a relação da cooperação judiciária em matéria civil com o direito internacional privado.

dina, Coimbra, 1997, pp. 10-11; ANTÓNIO MARQUES DOS SANTOS, *As Normas de Aplicação Imediata no Direito Internacional Privado – Esboço de uma Teoria Geral*, vol. I, Almedina, Coimbra, 1991, p. 8, n. 19, p. 43, n. 151; *idem, Direito Internacional Privado, Sumários*, reimpressão, AAFDL, 1999, pp. 3-7; *idem*, "Direito Internacional Privado", in *Dicionário da Administração Pública*, 2.º suplemento, diretor José Pedro Fernandes, Lisboa, 2001, pp. 263 e segs.; *idem, Direito Internacional Privado, Introdução*, vol. I, AAFDL, Lisboa, 2000, pp. 7-9.

[2] Neste sentido, ISABEL DE MAGALHÃES COLLAÇO, *Direito Internacional Privado*, vol. I, AAFDL, 1966, pp. 55 e segs. e p. 92; A. FERRER CORREIA, *Lições de Direito Internacional Privado, cit.*, pp. 69-70; LUÍS DE LIMA PINHEIRO, "Um Direito Internacional Privado para o Século XXI, Relatório sobre o Programa, os Conteúdos e os Métodos de Ensino do Direito Internacional Privado", *Revista da Faculdade de Direito da Universidade de Lisboa (RFDL)*, suplemento, junho 2001, pp. 24 e segs.; *idem, Direito Internacional Privado, Introdução e Direito de Conflitos, Parte Geral*, vol. I, 2.ª edição refundida, Almedina, Coimbra, 2008, pp. 42-45, pp. 95-96 e pp. 159 e segs.; RUI MANUEL GENS DE MOURA RAMOS, *Direito Internacional Privado, Relatório sobre o Programa, Conteúdos e Métodos de Ensino da Disciplina*, Coimbra Editora, Coimbra, 2000, pp. 21 e 43; ANTÓNIO MARQUES DOS SANTOS, *Direito Internacional Privado, Introdução, cit.*, pp. 55 e segs.; ÁLVARO DA COSTA MACHADO VILLELA, *Tratado Elementar (Teórico e Prático) de Direito Internacional Privado, Princípios Gerais*, Livro I, Coimbra Editora, Coimbra, 1921, pp. 7 e segs., pp. 11-12, n. 1, e pp. 618 e segs.

A ideia de garantir o exercício dos direitos dos nacionais dos Estados-Membros e a cooperação judiciária já estava presente no Tratado que institui a Comunidade Económica Europeia, em 1957. O seu artigo 220.º estabelecia que os Estados-Membros deveriam negociar medidas destinadas a simplificar as formalidades a que estavam sujeitos o reconhecimento e a execução de decisões judiciais oriundas dos diversos Estados-Membros. O que estava previsto era uma cooperação intergovernamental, dependente da iniciativa e empenho dos Estados-Membros, que permitisse uma circulação mais fácil e, consequentemente, expedita das decisões judiciais no espaço europeu. Com este objetivo de circulação rápida de decisões judiciais na União Europeia, os Estados-Membros negociaram a *Convenção de Bruxelas, de 27 de setembro de 1968, relativa à competência judiciária e à execução de decisões em matéria civil e comercial* (Convenção de Bruxelas)[3], que entrou em vigor em 1 de fevereiro de 1973. A Convenção de Bruxelas uniformizou as regras de competência internacional relativas a matérias civis e comerciais e unificou os procedimentos de reconhecimento e execução das decisões judiciais, assim como dos atos autênticos e das transações judiciais. É, por esta razão, apelidada de *convenção dupla*. Entendeu-se que o estabelecimento de regras simplificadas de reconhecimento e execução de decisões judiciais estrangeiras estava dependente de regras de competência internacional uniformes na União Europeia. Ao estabelecer regras de competência internacional comuns, evitava-se a aplicação de normas de competência exorbitantes que poderiam existir nos ordenamentos jurídicos dos Estados-Membros. Isto permitiria diminuir os motivos de recusa de reconhecimento de decisões judiciais provenientes dos Estados-Membros, aumentar a confiança entre os órgãos judiciais daqueles Estados e assim facilitar o processo de reconhecimento.

---

[3] Paralela a esta, foi elaborada mais tarde uma convenção com normas idênticas à Convenção de Bruxelas (ainda que não totalmente coincidentes), com o mesmo objetivo de simplificar e garantir um certa celeridade no reconhecimento e na execução de decisões judiciais, mas que se destinava a vincular os Estados-Membros a outros Estados não pertencentes à União Europeia. Assim, é celebrada a *Convenção de Lugano, de 16 de setembro de 1988, relativa à competência judiciária e à execução de decisões em matéria civil e comercial* (Convenção de Lugano), que alarga os princípios e objetivos da Convenção de Bruxelas a alguns Estados pertencentes à Associação Europeia de Comércio Livre. Esta foi alterada pela *Convenção de Lugano, de 27 de novembro de 2008, relativa à competência judiciária, ao reconhecimento e à execução de decisões em matéria civil e comercial* (Convenção de Lugano II), no sentido de acompanhar as atualizações entretanto sofridas pela Convenção de Bruxelas e pelo regulamento da União Europeia que a veio substituir. A Convenção de Lugano II vincula os Estados-Membros, a Noruega, a Suíça e a Islândia e entrou em vigor em 1 de janeiro de 2010.

COOPERAÇÃO JUDICIÁRIA EM MATÉRIA CIVIL

Adicionalmente à Convenção de Bruxelas, foi celebrado um *Protocolo relativo à interpretação pelo Tribunal de Justiça da Convenção, de 27 de setembro de 1968, relativa à competência judiciária e à execução de decisões em matéria civil e comercial*, que atribuiu competência ao TJUE para decidir sobre a interpretação da Convenção de Bruxelas, quando tais questões se colocassem perante os tribunais nacionais[4]. Desta forma, conseguiu garantir-se com sucesso uma interpretação uniforme das regras da Convenção de Bruxelas.

Contudo, cedo se tornou claro que a Convenção de Bruxelas potenciava em algumas matérias o *forum shopping*, o que atentava contra o princípio da igualdade processual entre as partes e, simultaneamente, dificultava a previsibilidade da resolução dos litígios. A Convenção de Bruxelas, juntamente com a regra geral de atribuição de competência (o artigo 2.º que estabelecia a competência a favor do Estado do domicílio do réu), previa regras especiais para certas matérias, como em questões contratuais e extracontratuais, pensadas em função do princípio de proximidade do litígio com o foro. Estas regras de competência especiais funcionavam como alternativa em relação à regra geral, permitindo à parte que prevenisse a jurisdição escolher o foro, também em função do direito material que lhe interessaria que fosse aplicado à causa. Considerando que esta situação dificultava o funcionamento equilibrado do mercado interno, surge, em 1972, o *Anteprojeto de Convenção para a Unificação das Normas de Conflitos Relativas às Obrigações Contratuais e Não-Contratuais*[5]. Este era um projeto dos países Benelux que pretendia, pela unificação das normas de conflitos, que certa questão fosse julgada pelo mesmo direito, independentemente do tribunal competente. A harmonia de julgados, já sonhada por Savigny, aparece com este projeto como um instrumento ao serviço das aspirações de integração europeias,

---

[4] V., nos artigos 2.º, 3.º e 4.º do *Protocolo Relativo à Interpretação pelo Tribunal de Justiça da Convenção de 27 de setembro de 1968, Relativa à Competência Judiciária e à Execução de Decisões em Matéria Civil e Comercial*, quais as entidades dos Estados-Membros, e em que circunstâncias, podem fazer um pedido de interpretação ao TJUE no âmbito da Convenção de Bruxelas.

[5] Sobre os objetivos do *Anteprojecto de Convenção para a Unificação das Normas de Conflitos Relativas às Obrigações Contratuais e Não-Contratuais*, v. MÁRIO GIULIANO, PAUL LAGARDE, TH. VAN SASSE VAN YSSELT, "Report concernant l'avant-projet de convention sur la loi applicable aux obligations contractuelles et non-contractuelles", in *European Private International Law of Obligations, Acts and Documents of an International Colloquium on the European Preliminary Draft Convention on the Law Applicable to Contractual and Non-contractual Obligations, held in Copenhagen on April 29 and 30, 1974*, Ole Lando, Bern von Hoffmann, Kurt Siehr, J. C. B. Mohr (Paul Siebeck) (eds.), Tübingen, 1974, pp. 241 e segs.; KURT H. NADELMANN, "The EEC Draft of a Convention on the Law Applicable to Contractual and Non-contractual Obligations", *The American Journal of Comparative Law (AJCL)*, vol. 21, 1973, pp. 584-586.

DIREITO DA UNIÃO EUROPEIA – ELEMENTOS DE DIREITO E POLÍTICAS DA UNIÃO

pois permitia aumentar a segurança jurídica e a previsibilidade dos litígios transfronteiriços no espaço europeu, sendo um contributo importante para o funcionamento sem distorções do mercado interno. Simultaneamente, é vista como uma forma de aumentar a confiança dos Estados-Membros nas decisões judiciais de outros Estados-Membros, o que constituiria um passo da direção da simplificação dos procedimentos de reconhecimento e execução de decisões estrangeiras e, consequentemente, uma forma de assegurar a estabilidade das relações jurídicas, garantindo nuns Estados-Membros o exercício de direitos adquiridos noutros. Todavia, a falta de consenso entre os Estados-Membros limitou a unificação das normas de conflitos às obrigações contratuais, surgindo com este objetivo, em 1980, a *Convenção de Roma Sobre a Lei Aplicável às Obrigações Internacionais* (Convenção de Roma), uma convenção internacional que vincula os Estados-Membros.

Durante algumas décadas, a cooperação judiciária com recurso a normas de direito internacional privado limitou-se a estes esforços de cooperação intergovernamental. Era possível encontrar algumas normas de direito internacional privado em atos jurídicos da União, todavia, não se procurava uma regulamentação completa e coerente das relações privadas internacionais no espaço europeu. Existiam no direito derivado da União algumas normas de direito internacional privado que, de maneira fragmentária, completavam disposições de direito material, circunscrevendo-se a matérias muito específicas. Podemos apontar, como exemplo, a existência de normas de conflitos bilaterais, ainda com uma certa natureza unilateralista, pois limitavam-se a definir o âmbito de aplicação das leis dos Estados-Membros no campo de aplicação de um ato jurídico da União[6]. Outro exemplo é o recurso à noção de conexão mais estreita, de acordo com o princípio de proximidade, princípio estruturante do direito internacional privado, para garantir a aplicação da legislação da União, e conseguir salvaguardar certos objetivos estratégicos para a União Europeia, quando a relação jurídica apresenta uma conexão mais estreita com o território europeu[7]. Porém, a intervenção da União em

---

[6] É o caso do artigo 32.º, n.º 1, da Diretiva 2002/83/CE, de 5 de novembro de 2002, relativa aos seguros de vida, ou do artigo 7.º da segunda Diretiva 88/357/CEE, de 22 de junho de 1988, relativa à coordenação das disposições legislativas, regulamentares e administrativas respeitantes ao seguro direto não vida, que fixa disposições destinadas a facilitar o exercício da livre prestação de serviços e que altera a Diretiva 73/239/CEE.

[7] Pode-se apontar como exemplo o artigo 6.º, n.º 2, da Diretiva 93/13/CEE, de 5 de abril de 1993, relativa às cláusulas abusivas nos contratos celebrados com os consumidores, em que se determina que nos contratos de adesão celebrados por consumidores, regulados através da *electio iuris* pela lei

COOPERAÇÃO JUDICIÁRIA EM MATÉRIA CIVIL

matérias de direito internacional privado, nesta fase, era setorial, sendo o resultado da necessidade de coordenação das várias ordens jurídicas dentro do mercado interno de maneira a garantir-se a eficiência do funcionamento do mesmo. Logo, as normas de direito internacional privado existentes até então delimitavam a aplicação do direito da União, por vezes, completavam as disposições de direito derivado pela remissão para o direito interno dos Estados-Membros[8] ou garantiam a aplicação do padrão de proteção presente na legislação da União. Todavia, não existia uma intervenção coerente e sistemática da União Europeia em matérias de direito internacional privado, devido à ausência de competência daquela para legislar em questões desta natureza. Isto é ilustrado pela deficiente coordenação entre a legislação europeia e a Convenção de Roma[9].

3.2. No Tratado da União Europeia, em 1992, começa a desenhar-se uma significativa alteração nestas matérias. O Tratado prevê como terceiro

de um terceiro Estado, desde que o contrato apresente uma conexão estreita com o território da União, os Estados devem tomar medidas para garantir que o consumidor não seja privado do grau de proteção que lhe é conferido pelo direito da União. Outros exemplos podem ser enunciados, como o artigo 12.º, n.º 2, da Diretiva 97/7/CE, de 20 de maio de 1997, relativa à proteção dos consumidores em matéria de contratos à distância, revogada pela Diretiva 2011/83/UE, de 25 de outubro de 2011, relativa aos direitos dos consumidores (que contém uma norma com idêntica função no artigo 25.º), ou no artigo 7.º, n.º 2, da Diretiva 1999/44/CE, de 20 de maio de 1999, relativa a certos aspetos da venda de bens de consumo e das garantias a ela relativas, entre outros. Nestas normas, o direito da União Europeia aparece como o padrão mínimo de proteção do consumidor, segundo uma técnica utilizada em várias normas de conflitos materiais que visam a proteção da parte mais fraca na relação jurídica, princípio estruturante do direito privado em geral e, consequentemente, do direito internacional privado.

[8] Alguns atos legislativos da União Europeia que utilizam normas de conflitos para suprir as lacunas de regulamentação presentes nas mesmas remetem a regulamentação de certas questões para o direito material dos Estados-Membros. É o caso do artigo 9.º, n.º 1, alínea *c)*, *ii)*, do Regulamento (CE) n.º 2157/2001, de 8 de outubro de 2001, relativo ao Estatuto da Sociedade Europeia (SE), onde se estabelece que às matérias não reguladas naquele diploma serão aplicadas as disposições do Estado-Membro cujo direito esteve na base da sua constituição, ou seja, a lei da sede estatutária.

[9] Realidade apontada por vários Autores: v., entre outros, ERIK JAYME/CHRISTIAN KOHLER, "L'interaction des règles de conflit contenues dans le droit dérivé de la Communauté européenne et des conventions de Bruxelles et de Rome", *Revue Critique de Droit International Privé* (RCDIP), 84 (1), pp. 11 e segs.; ERIK JAYME/CHRISTIAN KOHLER, "Europaïsches Kollisionsrecht 1995 – Der Dialog der Quellen", *IPrax*, 6/1995, pp. 343 e segs.; RUI MANUEL MOURA RAMOS, "Direito Internacional Privado e Direito Comunitário. Termos de uma interacção", *Nos 20 anos do Código das Sociedades Comerciais, Homenagem aos Profs. Doutores A. Ferrer Correia, Orlando de Carvalho e Vasco Lobo Xavier*, Varia, vol. III, Coimbra Editora, Coimbra, 2007, p. 1063.

DIREITO DA UNIÃO EUROPEIA – ELEMENTOS DE DIREITO E POLÍTICAS DA UNIÃO

pilar da integração europeia a cooperação intergovernamental no domínio da política, da justiça e dos assuntos internos, qualificando-se a cooperação judiciária em matéria civil como uma área de interesse comum (artigo K1 do TUE). Nesta medida, o Conselho poderia adotar posições e ações comuns, elaborar e recomendar a adoção de convenções internacionais naqueles domínios (artigo K3 do TUE), ainda que a iniciativa continuasse a depender dos Estados-Membros. É, todavia, em 1999, que o Tratado de Amesterdão introduz uma mudança essencial, que se traduziu na alteração da configuração do direito internacional privado que tem como fonte a União Europeia e impulsionou a cooperação judiciária em matéria civil. O artigo 61.º deste Tratado prevê, pela primeira vez, a construção de um *Espaço de Liberdade, Segurança e Justiça*, como competência da União, estabelecendo como meio de o atingir, na sua alínea *c)*, as medidas de cooperação judiciária em matéria civil enunciadas no artigo 65.º do mesmo Tratado. O artigo 65.º do Tratado de Amesterdão estabelece uma ligação entre a cooperação judiciária e o bom funcionamento do mercado interno, prevendo como finalidade das medidas a adotar: *"a)* [m]elhorar e simplificar: – o sistema de citação e de notificação transfronteiriça dos actos judiciais e extrajudiciais; – a cooperação em matéria de obtenção de meios de prova; – o reconhecimento e a execução das decisões em matéria civil e comercial, incluindo as decisões extrajudiciais; *b)* [p]romover a compatibilidade das normas aplicáveis em matéria de conflitos de leis e de jurisdição; *c)* [e]liminar os obstáculos à boa tramitação das acções cíveis, promovendo, se necessário, a compatibilidade das normas de processo civil aplicáveis nos Estados-Membros".

As normas referidas tinham, todavia, uma sistematização questionável, pois estavam incluídas no título IV do Tratado, denominado de *Vistos, asilo, imigração e outras políticas relativas à livre circulação de pessoas*, o que poderia indiciar uma competência setorial da União limitada àquele tipo de matérias. A inserção sistemática das referidas normas e a redação das mesmas, nomeadamente a sujeição da intervenção da União ao bom funcionamento do mercado interno, levantaram dúvidas na doutrina sobre a amplitude das mesmas. Alguns Autores consideravam que as normas em causa não poderiam servir de fundamento a um direito internacional privado de fonte europeia que substituísse aquele que existia em cada Estado-Membro[10], restando-lhe

---

[10] *V. g.*, MARC EKELMANS, "La Convention de Bruxelles", in L´Espace Judiciaire Européen en Matières Civile et Commerciale, Bruylant, Bruxelles, 1999, pp. 194 e segs.; CHRISTIAN KOHLER, "Interrogations sur les sources actuelles du droit international privé européen après le traité d´Amsterdam",

COOPERAÇÃO JUDICIÁRIA EM MATÉRIA CIVIL

uma função de coordenação dos sistemas nacionais[11]. Simultaneamente, não reconheciam que estas normas pudessem servir de fundamento para legislar em matérias que ultrapassassem as questões relacionadas com a livre circulação de pessoas[12]. Porém, não foi esta a interpretação que prevaleceu na União Europeia, uma vez que as suas instituições, desde o início, encararam a competência que resultava dos artigos 61.º e 65.º como uma competência horizontal, que abrangia outras questões que ultrapassavam a livre circulação de pessoas.

A competência intergovernamental dos Estados-Membros para celebrarem convenções internacionais de forma a simplificar o reconhecimento e a execução de decisões judiciais no espaço europeu manteve-se no artigo 293.º do Tratado de Amesterdão. Desta forma, além da iniciativa da União como forma de prossecução da cooperação judiciária em matéria civil, mantinha-se a via intergovernamental.

3.3. Estas alterações ao Tratado de Roma tiveram reflexo nas sessões do Conselho Europeu, onde se traçam as linhas de ação da integração europeia. Um dos mais significativos ocorreu em 15 e 16 de outubro de 1999, em Tampere, onde é lançada a iniciativa de criação de um *Espaço Europeu de Liberdade, Segurança e Justiça*. A criação de um espaço europeu de justiça é relacionada com a necessidade de criar condições para que as liberdades previstas nos tratados, como a liberdade de circulação, possam ser concretizadas de forma

---

RCDIP, 1999 (1), pp. 18 e segs. e pp. 20-21, apesar de posteriormente o referido Autor ter alterado a sua posição, como se pode inferir daquilo que escreveu em "Lo spazio giudiziario europeo in matéria civile e il diritto internazionale privato comunitário", in *Diritto Internazionale Privato e Diritto Comunitário*, a cura di Paolo Picone, Cedam, 2004, pp. 71-72; JOHAN MEEUSEN, "Fifteen theses on Brussels I, Rome I, and the European Union's institucional Framework", in *Enforcement of International Contracts in the European Union, Convergence and divergence between Brussels I and Rome I*, Johan Meeusen, Marta Pertegrás, Gert Straetmans (eds.), Intersentia, Antwerp-Oxford-NewYork, 2004, pp. 55-56.

[11] Neste sentido, RUI MOURA RAMOS, "Previsão normativa e modelação judicial nas convenções comunitárias relativas ao Direito Internacional Privado", in *Estudos de Direito Internacional Privado e de Direito Processual Civil Internacional*, Coimbra Editora, Coimbra, 2002, p. 220, n. 31; *idem*, "Direito Internacional Privado e Direito Comunitário. Termos de uma interacção", *cit.*, p. 1067. Cf. STEFAN LEIBLE, ANSGAR STAUDINGER, "El articulo 65 TCE: carta blanca de la comunidad europea para la unificación del derecho internacional privado y procesal", *Anuario Español de Derecho Internacional Privado (AEDIPr)*, t. 1, 2001, pp. 105 e segs.

[12] ALEGRÍA BORRAS, "Derecho Internacional Privado y Tratado de Amsterdam", *Revista Española de Derecho Internacional (REDI)*, vol. LI, 1999 (2), p. 391; RUI MOURA RAMOS, "Direito Internacional Privado e Direito Comunitário. Termos de uma interacção", *cit.*, p. 1066.

DIREITO DA UNIÃO EUROPEIA – ELEMENTOS DE DIREITO E POLÍTICAS DA UNIÃO

plena e para que o mercado único possa funcionar concorrencialmente. Neste Conselho Europeu é afirmado que só existirá um verdadeiro espaço europeu de justiça quando os indivíduos e os operadores económicos possam dirigir-se aos tribunais de qualquer Estado-Membro com a mesma facilidade e simplicidade com que o fazem perante os tribunais dos seus países de origem. Do mesmo modo, é afirmado que o espaço europeu de justiça está dependente da existência de segurança jurídica e da garantia dos direitos individuais, o que implicaria a promoção do reconhecimento e a aplicação das decisões judiciais dos Estados-Membros no espaço da União. Para o concretizar é afirmada a necessidade de convergência e a promoção da compatibilidade entre as ordens jurídicas dos Estados-Membros, através de um quadro jurídico comum, assente em três planos de ação[13]. O primeiro consistiria num melhor acesso à justiça, alicerçado sobretudo em regras processuais comuns simplificadas para pequenas ações e procedimentos extrajudiciais alternativos. O segundo teria por objeto a promoção do princípio do reconhecimento mútuo como base da cooperação judiciária em matéria civil e penal na União, o que se traduziria na diminuição dos trâmites de reconhecimento e redução dos motivos de recusa de execução das decisões judiciais dos Estados-Membros. O terceiro visava uma maior convergência em matéria civil, nomeadamente pela elaboração de instrumentos legislativos da União Europeia relativos a processos transfronteiriços, que tornassem possível a cooperação judiciária, abarcando aspetos como recolha de provas, medidas provisórias, prazos, entre outros.

Em 2004, o Conselho Europeu debruça-se, de novo, sobre o *Espaço Europeu de Liberdade, Segurança e Justiça*. Nele é lançado o Programa de Haia[14], com o objetivo de encetar novos esforços para dinamizar a implementação do princípio do reconhecimento mútuo na União Europeia, segundo uma ideia da confiança mútua entre os Estados-Membros. Com base no respeito da diversidade dos sistemas jurídicos e num quadro legislativo comum, afirma-se a urgência de adotar medidas para que as fronteiras não constituam um obstáculo à resolução célere de litígios que têm conexões com vários Estados-Membros. Posteriormente, em 2007, é criado o Programa de

---

[13] Conselho Europeu, *Conclusões da Presidência, Conselho Europeu de Tampere de 15 e 16 de outubro de 1999*, em *http://register-consilium.eu.int* [consultado em 1/6/2006].

[14] Conselho Europeu, *Conselho Europeu de Bruxelas, 4/5 de novembro de 2004, Conclusões da Presidência*, n.º 14292/04, em *http://resgister-consilium.europa.eu*, [consultado em 1/6/2006].

COOPERAÇÃO JUDICIÁRIA EM MATÉRIA CIVIL

Justiça Civil[15], que, para o período entre 2007 a 2013, visou implementar redes de cooperação entre os órgãos judiciais e as profissões jurídicas na União Europeia, pretendendo-se aumentar a formação no direito da União, pois considerou-se que teriam um impacto positivo sobre os processos de natureza transfronteiriça no espaço europeu.

Os objetivos fixados nas referidas sessões do Conselho Europeu explicam as iniciativas para a construção de um quadro jurídico comum que servisse de base ao *Espaço Europeu de Liberdade, Segurança e Justiça*. As instituições europeias compreenderam que era necessário eliminar a desigualdade e a distorção na concorrência existente na regulamentação dos litígios transfronteiriços na União e que resultava da divergência de soluções existentes nas diferentes ordens jurídicas dos Estados-Membros. Do mesmo modo, compreenderam a importância de estabelecer um acesso efetivo dos cidadãos à justiça no plano dos litígios transfronteiriços na Europa, para que os direitos possam ser exercidos. Torna-se também claro que a implementação do princípio do reconhecimento mútuo só era possível aumentando o grau de confiança entre os Estados-Membros. Este projeto rapidamente é assumido como essencial para o avançar da integração europeia. É verdade que o desenvolvimento económico, social e político de um país está sempre dependente da eficácia da justiça e do acesso que os cidadãos e agentes económicos tenham àquela para poderem garantir o exercício dos seus direitos. Ora, no caso, tratava-se de transpor esta evidência para um âmbito espacial mais alargado, ou seja, o da União Europeia. Contudo, simultaneamente, parecia evidente que o sucesso deste projeto estava dependente do respeito pelas especificidades dos ordenamentos jurídicos dos Estados-Membros, para eliminar as resistências dos próprios Estados-Membros a medidas que considerassem excessivamente invasivas, numa área estratégica como a justiça. Desta forma, tornou-se inequívoco para as instituições da União Europeia que a unificação das normas de conflitos e o recurso a outros mecanismos do direito internacional privado tinham um papel essencial na implementação do reconhecimento mútuo de decisões[16].

---

[15] Parlamento Europeu e Conselho, «Decisão n.º 1149/2007/CE que cria para o período de 2007 a 2013, o programa específico "Justiça Civil" no âmbito do Programa Geral "Direitos Fundamentais e Justiça"».

[16] Isto foi concluído, entre outros, no relatório do Conselho Europeu, datado de dezembro de 2001, para apreciar o plano de ação elaborado em Tampere, consultado em Conselho Europeu, *Avaliação das Conclusões do Conselho Europeu de Tampere*, n.º 14926/01, em *http://register-consilium.europa.eu*; ou no Programa de Haia, onde a Comissão é convidada a apresentar um projeto sobre o reconhe-

DIREITO DA UNIÃO EUROPEIA – ELEMENTOS DE DIREITO E POLÍTICAS DA UNIÃO

O direito internacional privado apareceu como o instrumento por excelência para a União implementar o seu projeto de cooperação judiciária em matéria civil, porque é um ramo do direito que na sua essência é tolerante à diversidade existente entre os vários ordenamentos jurídicos, tendo desenvolvido mecanismos para resolução dos litígios que surgem nas relações plurilocalizadas, tendo em consideração esse elemento. A uniformização das normas de conflitos permite atingir a harmonia de julgados no espaço europeu, ou seja, a aplicação do mesmo direito independentemente do Estado-Membro cujo tribunal vai julgar a questão, obtendo-se decisões uniformes. Em consequência, torna-se mais fácil simplificar os trâmites de reconhecimento ou execução das decisões que provêm dos Estados-Membros e diminuir os motivos de recusa de reconhecimento ou execução daquelas, pois se chamados a decidir a mesma questão, os tribunais do Estado onde se pede o reconhecimento aplicariam o mesmo direito. A isto se junta a unificação das regras de competência internacional, que permite alguma previsibilidade quanto à jurisdição competente e aumentar a confiança entre as autoridades judiciárias dos Estados-Membros, o que possibilita simplificar o reconhecimento de decisões estrangeiras na União.

3.4. É com este pano de fundo e com base nos artigos 61.º, alínea *c)*, e 65.º do TUE que é elaborada muita legislação no domínio da cooperação judiciária. Assim, surge o Regulamento (CE) n.º 1346/2000, de 29 de maio de 2000, relativo aos processos de insolvência; o Regulamento (CE) n.º 1347/2000, de 29 de maio de 2000, relativo à competência, ao reconhecimento e à execução de decisões em matéria matrimonial e de regulação do poder paternal em relação a filhos comuns do casal (conhecido por Bruxelas II), posteriormente revogado pelo Regulamento (CE) n.º 2201/2003, de 27 de novembro de 2003, relativo à competência, ao reconhecimento e à execução de decisões em matéria matrimonial e em matéria de responsabilidade parental (conhecido por Bruxelas II *bis*); o Regulamento (CE) n.º 1348/2000, de 29 de maio 2000, relativo à citação e à notificação dos atos judiciais e extrajudiciais em matérias civil e comercial dos Estados-Membros, posteriormente revogado

---

cimento e execução de decisões relativas às obrigações de alimentos e livros verdes relativos aos conflitos de leis nas matérias de sucessões, regimes matrimoniais e divórcios, sendo, contudo, sublinhado que só deviam ser reguladas as questões de direito internacional privado: Conselho Europeu, *Conselho Europeu de Bruxelas, 4/5 de novembro de 2004, Conclusões da Presidência*, n.º 14292/04, em *http://resgister-consilium.europa.eu* [ambos consultados em 1/6/2006].

COOPERAÇÃO JUDICIÁRIA EM MATÉRIA CIVIL

pelo Regulamento (CE) n.º 1393/2007, de 13 de novembro de 2007, relativo à citação e à notificação de atos judiciais e extrajudiciais em matéria civil e comercial nos Estados-Membros ("citação e notificação de actos"); o Regulamento (CE) n.º 44/2001, de 22 de dezembro de 2000, relativo à competência judiciária, ao reconhecimento e à execução de decisões em matéria civil e comercial (conhecido por Bruxelas I), revogado pelo Regulamento (UE) n.º 1215/2012, de 12 de dezembro de 2012, relativo à competência judiciária, ao reconhecimento e à execução de decisões em matéria civil e comercial (Bruxelas I *bis*); o Regulamento (CE) n.º 1206/2001, de 28 de maio 2001, relativo à cooperação entre os tribunais dos Estados-Membros no domínio da obtenção de provas em matéria civil ou comercial; a Decisão 2001/470/CE, de 28 de maio de 2001, que cria uma rede judiciária europeia em matéria civil e comercial, alterada pela Decisão 568/2009/CE, de 18 de junho de 2009; o Regulamento (CE) n.º 743/2002, de 25 de abril de 2002, que cria um quadro geral comunitário de atividades para facilitar a cooperação judiciária em matéria civil[17]; a Diretiva 2002/8/CE, de 27 de janeiro de 2003, relativa à melhoria do acesso à justiça nos litígios transfronteiriços, através do estabelecimento de regras mínimas comuns relativas ao apoio judiciário no âmbito desses litígios; o Regulamento (CE) n.º 805/2004, de 21 de abril de 2004, que cria o título executivo europeu para créditos não contestados, modificado pelo Regulamento (CE) n.º 1869/2005, de 16 de novembro de 2005, que cria o título executivo europeu para créditos não contestados; a Diretiva 2004/80/CE, de 29 de abril de 2004, relativa à indemnização das vítimas de criminalidade; o Regulamento (CE) n.º 1896/2006, de 12 de dezembro de 2006, que cria um procedimento europeu de injunção de pagamento; o Regulamento (CE) n.º 861/2007, de 11 de julho de 2007, que estabelece um processo europeu para ações de pequeno montante; o Regulamento (CE) n.º 864/2007, de 11 de julho de 2007, relativo à lei aplicável às obrigações extracontratuais (conhecido por Roma II); a Diretiva 2008/52/CE, de 21 de maio de 2008, relativa a certos aspetos de mediação em matéria civil e comercial; o Regulamento (CE) n.º 593/2008, de 17 de junho de 2008, relativo à lei aplicável às obrigações contratuais (conhecido por Roma I); o Regulamento (CE) n.º 4/2009, de 18 de dezembro de 2008, relativo à competência, à lei aplicável, ao reconhecimento e à execução das decisões e à cooperação em

---

[17] Este Regulamento estabeleceu um quadro geral de atividades de incentivo à cooperação judiciária em matéria civil para o período compreendido entre 1 de janeiro de 2002 e 31 de dezembro de 2006.

DIREITO DA UNIÃO EUROPEIA – ELEMENTOS DE DIREITO E POLÍTICAS DA UNIÃO

matéria de obrigações alimentares; o Regulamento (CE) n.º 662/2009, de 13 de julho de 2009, que estabelece um procedimento para a negociação e a celebração de acordos entre Estados-Membros e países terceiros relativamente a determinadas matérias referentes à lei aplicável às obrigações contratuais e extracontratuais; o Regulamento (CE) n.º 664/2009, de 7 de julho de 2009, que estabelece um procedimento para a negociação e a celebração de acordos entre Estados-Membros e países terceiros relativamente à competência, ao reconhecimento e à execução de sentenças e decisões em matéria matrimonial, de responsabilidade parental e de obrigações de alimentos, bem como à lei aplicável em matéria de obrigações de alimentos.

Através de protocolos anexos ao Tratado de Amesterdão, o Reino Unido, a Irlanda e a Dinamarca não participam das medidas adotadas ao abrigo do Título IV do Tratado que institui a Comunidade Europeia, o que significa que estes Estados, à partida, não estão sujeitos aos atos jurídicos adotados ao abrigo daquelas normas. Nos termos dos artigos 3.º e 4.º do *Protocolo relativo à posição do Reino Unido e da Irlanda*, estes Estados podem declarar que querem adotar e aplicar os referidos atos de direito derivado, o que fizeram em relação a todos os atos jurídicos referidos *supra*[18]-[19]. Por sua vez, o *Protocolo relativo à posição da Dinamarca* prevê um mecanismo um pouco diferente. De acordo com o artigo 5.º Protocolo, a Dinamarca pode decidir, no prazo de seis meses após a proposta de decisão ou iniciativa do Conselho ao abrigo do Título IV, se transpõe essa decisão para o direito interno, criando uma obrigação de direito internacional público com os Estados-Membros. Ao abrigo deste Protocolo foram celebrados o *Acordo entre a Comunidade Europeia e o*

---

[18] O Reino Unido invocou o Protocolo relativo à posição do Reino Unido e da Irlanda para não adotar e aplicar o Regulamento (CE) n.º 593/2008, sobre a lei aplicável às obrigações não contratuais (Roma I), como resulta do considerando 45 do Regulamento. Posteriormente, notificou a Comissão da intenção de aceitar e aplicar o referido Regulamento, passando este a aplicar-se também ao Reino Unido, como resulta do artigo 2.º da Decisão da Comissão, de 22 de dezembro de 2008, relativa ao pedido apresentado pelo Reino Unido com vista a aceitar o Regulamento (CE) n.º 593/2008.

[19] O Reino Unido invocou o *Protocolo relativo à posição do Reino Unido e da Irlanda* para não adotar e aplicar o *Regulamento (CE) n.º 4/2009, relativo à competência, à lei aplicável, ao reconhecimento e à execução das decisões e à cooperação em matéria de obrigações alimentares*, como pode ler-se no considerando 47 do referido regulamento. Posteriormente, notificou a Comissão da intenção de aceitar e aplicar o referido regulamento, passando este a aplicar-se também ao Reino Unido, como resulta do artigo 2.º da *Decisão da Comissão, de 8 de junho de 2009, relativa à intenção do Reino Unido de aceitar o regulamento (CE) n.º 4/2009 do Conselho, relativo à competência, à lei aplicável, ao reconhecimento e à execução das decisões e à cooperação em matéria de obrigações alimentares*.

COOPERAÇÃO JUDICIÁRIA EM MATÉRIA CIVIL

Reino da Dinamarca relativo à citação e à notificação dos atos judiciais e extrajudiciais em matéria civil e comercial e o *Acordo entre a Comunidade Europeia e o Reino da Dinamarca relativo à competência judiciária, ao reconhecimento e à execução de decisões em matéria civil e comercial*[20]. Como podemos observar, estes protocolos anexos ao Tratado que institui a Comunidade Europeia põem em causa a uniformidade legislativa dentro da União no plano da legislação relativa à cooperação judiciária. Este resultado parece-nos criticável, pois acarreta para os operadores judiciários a dificuldade de apurar se estes países estão, ou não, sujeitos aos atos de direito derivado adotados com base naquela fundamentação legal e, caso não estejam, obrigam a recorrer a regras diferentes daquelas que são aplicáveis no restante espaço europeu. Isto gera imprevisibilidade e insegurança jurídica e impede a uniformização pretendida, boicotando, de certa forma, os objetivos subjacentes à cooperação judiciária em matéria civil.

4. A base legislativa atual

4.1. O Tratado de Lisboa veio alterar a base legislativa da cooperação judiciária em matéria civil. O TFUE prevê no Título V o *Espaço de Liberdade, Segurança e Justiça*, utilizando finalmente a designação correta para integrar os vários atos jurídicos já existentes em matéria de cooperação judiciária. O artigo 67.º prevê algumas das linhas estruturais que norteiam o *Espaço de Liberdade, Segurança e Justiça*. Neste sentido, pode ler-se no n.º 1que "[a] União constitui um espaço de liberdade, segurança e justiça, no respeito dos direitos fundamentais e dos diferentes sistemas e tradições jurídicas dos Estados-Membros", e no n.º 4 afirma-se a importância da promoção do princípio do reconhecimento mútuo de decisões no âmbito do acesso à justiça. A cooperação judiciária em matéria civil encontra-se prevista no capítulo terceiro do Título V, nomeadamente, no artigo 81.º. Nesta norma volta a acentuar-se a importância do princípio do reconhecimento mútuo de decisões judiciais e extrajudiciais e a necessidade de adoção de medidas de aproximação das legislações dos Estados-Membros neste domínio. Nesta medida, de acordo com a alínea *a)* do n.º 2, serão adotadas as medidas que promovam "[o] reconhecimento mútuo entre os Estados-Membros das decisões judiciais e extrajudiciais e a respectiva execução (...)", e de acordo com

---

[20] Segundo o referido Acordo, a Dinamarca considera aplicável no seu território a parte do Regulamento (CE) n.º 4/2009 em que este altera o Regulamento (CE) n.º 44/2001.

DIREITO DA UNIÃO EUROPEIA – ELEMENTOS DE DIREITO E POLÍTICAS DA UNIÃO

a alínea *c)* da mesma disposição legal, "[a] compatibilidade das normas aplicáveis nos Estados-Membros em matéria de conflitos de leis e de jurisdição (...)". Ainda segundo o n.º 2, no plano da cooperação judiciária em matéria civil serão adotadas as medidas que visem: "(...) *b)* [a] citação e notificação transfronteiriça dos actos judiciais e extrajudiciais; (...) *d)* [a] cooperação em matéria de obtenção de meios de prova; *e)* [o] acesso efectivo à justiça; *f)* [a] eliminação dos obstáculos à boa tramitação das acções cíveis, promovendo, se necessário, a compatibilidade das normas de processo civil aplicáveis aos Estados-Membros; *g)* [o] desenvolvimento de métodos alternativos na resolução dos litígios; *h)* [o] apoio à formação dos magistrados e dos funcionários e agentes de justiça".

O TFUE já não prevê a competência intergovernamental para intervir naquelas matérias. A União reconhece que detém competência partilhada com os Estados-Membros nas questões relativas ao *Espaço de Liberdade, Segurança e Justiça*, no artigo 4.º, n.º 2, alínea *j)*, do TFUE. Todavia, o artigo 2.º, n.º 2, do mesmo Tratado esclarece que, nas matérias de competência partilhada, os Estados-Membros apenas podem legislar e adotar atos juridicamente vinculativos se a União ainda não tiver exercido a sua competência ou no caso de ter decidido deixar de a exercer. O artigo 4.º, n.º 2, do TFUE reitera a importância da salvaguarda das identidades nacionais dos Estados-Membros, especificidades que em nosso entender se refletem nos sistemas jurídicos nacionais. Também no artigo 3.º, n.º 2, do TUE se acentua a essencialidade para a integração europeia de "(...) um espaço de liberdade, segurança e justiça sem fronteiras internas (...)" aos dispor dos seus cidadãos.

Continua a existir em anexo ao TFUE o *Protocolo relativo à posição do Reino Unido e da Irlanda em relação ao espaço de liberdade, segurança e justiça* e o *Protocolo relativo à posição da Dinamarca*, estando em causa os atos de direito derivado que visem a concretização do Título V da Parte III do referido Tratado, em termos muito semelhantes aos protocolos anexos ao Tratado que institui a Comunidade Europeia.

4.2. Preparando a alteração que o Tratado introduziu no plano da competência para legislar nestas matérias, em 2006, a União decidiu aderir à *Conferência da Haia de Direito Internacional Privado*[21]. Para tal, foi necessário fazer uma alteração ao estatuto daquela organização, pois, até então, não era

---

[21] *Decisão do Conselho de 5 de outubro de 2006 relativa à adesão da Comunidade à Conferência da Haia de Direito Internacional Privado (2006/719/CE).*

354

permitida a adesão de uma organização internacional. A adesão da União tornou-se efetiva a partir de 3 de abril de 2007, passando esta a poder negociar, no âmbito da *Conferência da Haia*, as questões plurilocalizadas de cooperação judiciária em matéria civil que afetem o mercado interno, nomeadamente, os instrumentos de compatibilidade referentes a conflitos de leis e de jurisdições com influência no espaço da União Europeia. A adesão da União à Conferência da Haia reveste-se de uma importância acrescida, como veremos em seguida, devido ao sistema de reconhecimento de sentenças estrangeiras e outros atos públicos existente na União.

4.3. Em 2010, o Conselho Europeu lançou o Programa de Estocolmo, que estabelece as linhas orientadoras para o *Espaço de Justiça, Liberdade e Segurança* entre 2010 e 2014. Algumas das prioridades do mesmo são facilitar o acesso à justiça pelos cidadãos, para que possam exercer os seus direitos em todo o território da União, melhorar a cooperação entre os profissionais da justiça e remover os entraves ao reconhecimento nos Estados-Membros de atos jurídicos provenientes de outros Estados-Membros, fomentando a confiança entre os vários sistemas jurídicos e o conhecimento que existe dos mesmos como condição para a materialização do princípio do reconhecimento mútuo[22]. Entre outras medidas de concretização, são propostas[23]: a eliminação do *exequatur* e simplificação do processo de reconhecimento de atos jurídicos; o alargamento do reconhecimento mútuo para questões consideradas determinantes, como as sucessões, os testamentos, os regimes matrimoniais, os efeitos patrimoniais da separação e divórcio; a unificação das normas de conflitos em todas aquelas áreas em que tal seja necessário, nomeadamente, no domínio da separação e do divórcio, do direito das sociedades, dos contratos de seguros e garantias. Em relação aos atos jurídicos da União que visam a concretização da cooperação em matéria civil e comercial resulta do Programa de Estocolmo uma preocupação em "(...) assegurar a coerência e fácil aplicabilidade desses instrumentos, garantindo assim uma maior eficácia e uniformidade de aplicação"[24].

No âmbito deste quadro de ação e tendo como fundamento o artigo 81.º do TFUE e a distribuição de competências nele desenhada, surge, mais pos-

---

[22] Neste sentido, v. Conselho Europeu, "Programa de Estocolmo – Uma Europa aberta e segura que sirva e proteja os cidadãos".

[23] *Idem, ibidem*, p. 13.

[24] *Idem, ibidem*.

DIREITO DA UNIÃO EUROPEIA - ELEMENTOS DE DIREITO E POLÍTICAS DA UNIÃO

teriormente e integrando a cooperação judiciária em matéria civil, o Regulamento (CE) n.º 1259/2010, de 20 de dezembro de 2010, que cria uma cooperação reforçada no domínio da lei aplicável em matéria de divórcio e separação judicial. Este Regulamento foi adotado de acordo com o regime das cooperações reforçadas, previsto nos artigos 326.º a 334.º do TFUE[25]. Mais recentemente, também ao abrigo do artigo 81.º do TFUE, foi elaborado o Regulamento (CE) n.º 650/2012, de 4 de julho de 2012, relativo à competência, à lei aplicável, ao reconhecimento e execução das decisões, e à aceitação e execução dos atos autênticos em matéria de sucessões e à criação de um Certificado Sucessório Europeu. O artigo 81.º é também o fundamento para a reformulação do Regulamento Bruxelas I, através do Regulamento (CE) n.º 1215/2012, de 12 de dezembro de 2012, relativo à competência judiciária, ao reconhecimento e à execução de decisões em matéria civil e comercial, e para o Regulamento (CE) n.º 606/2013, de 12 de junho de 2013, relativo ao reconhecimento mútuo de medidas de proteção em matéria civil.

4.4. O direito internacional privado atual, que tem como fonte a União, tem uma estrutura mais completa e apresenta uma certa coerência, ainda que nem sempre perfeita, entre os vários instrumentos legislativos. Já abrange algumas áreas essenciais, mas verificámos que existem planos de expansão para outras[26], estando em constante desenvolvimento. Aparece como principal instrumento da União no seu projeto de cooperação judiciária, pois permite concretizar o princípio do reconhecimento mútuo, respeitar e pre-

---

[25] Segundo o artigo 20.º, n.º 1, do TUE, os Estados-Membros podem estabelecer entre si uma cooperação reforçada no plano das competências não exclusivas da União. É necessário a participação de pelo menos nove Estados-Membros e a autorização do Conselho que apenas será dada "(...) como último recurso (...), quando este tenha determinado que os objectivos de cooperação em causa não podem ser atingidos num prazo razoável pela União no seu conjunto (...)", de acordo com o disposto no n.º 4 da mesma disposição legal. A cooperação reforçada tem como objetivo dinamizar o processo de integração e, de acordo com o artigo 326.º, 2.ª parte, do TFUE, "[t]ais cooperações não podem prejudicar o mercado interno, nem a coesão económica, social e territorial". Participam na cooperação reforçada no domínio da lei aplicável em matéria de divórcio e separação judicial, a Bélgica, a Bulgária, a Alemanha, a Espanha, a França, a Itália, a Letónia, o Luxemburgo, a Hungria, Malta, a Áustria, Portugal, a Roménia e a Eslovénia, segundo a *Decisão do Conselho de 12 de julho de 2010 que autoriza a cooperação reforçada em matéria de divórcio e separação judicial*.

[26] V., a título de exemplo, a Proposta de regulamento do Conselho relativo à competência, à lei aplicável, ao reconhecimento e à execução de decisões em matéria de regimes matrimoniais [COM(2011) 126 final, Bruxelas, 16 de março de 2011] e a Proposta de regulamento do Conselho relativo à competência, à lei aplicável, ao reconhecimento e à execução de decisões em matéria de efeitos patrimoniais das parcerias registadas [COM(2011) 127 final, Bruxelas, 16 de março de 2011].

COOPERAÇÃO JUDICIÁRIA EM MATÉRIA CIVIL

servar a diversidade dos direitos dos Estados, ultrapassando a dificuldade de harmonizar certos aspetos do direito material, permite facilitar o exercício dos direitos individuais, aumentando a previsibilidade e certeza jurídica quanto ao direito a aplicar e ao reconhecimento de direitos adquiridos nos outros Estados-Membros. Desta forma, contribui para o funcionamento do mercado interno, com base numa sã concorrência, pois eliminam-se as distorções que podem resultar da divergência de legislações, e promove-se a igualdade entre os cidadãos europeus.

5. A uniformização e a justificação da intervenção da União Europeia em questões de cooperação judiciária em matéria civil

5.1. A intervenção da União Europeia em questões de cooperação judiciária em matéria civil obedece aos princípios da subsidiariedade e da proporcionalidade, princípios que regem o exercício das competências partilhadas da União.

De acordo com o princípio da subsidiariedade nas matérias em que os Estados também podem legislar, a União Europeia só o poderá fazer se a ação em causa se apresentar como necessária ao processo de integração e se os objetivos que ela prossegue forem mais eficazmente atingidos pela sua intervenção do que resultaria da ação dos Estados. Este princípio estava previsto no anterior artigo 5.º do TCE e encontra-se presente no atual artigo 5.º do TUE. A ação da União não deve, todavia, ultrapassar a medida necessária para atingir os objetivos estabelecidos no Tratado, de acordo com o princípio da proporcionalidade também previsto no artigo 5.º do TUE. Nesta medida, nos termos do *Protocolo relativo à aplicação dos princípios da subsidiariedade e da proporcionalidade*, anexo ao TFUE, ao legislar a União deve demonstrar a necessidade da sua intervenção com vista à realização dos objetivos de integração e as vantagens acrescidas que resultam da sua ação, tendo em conta o efeito internacional das medidas em causa, de acordo com a ideia do valor acrescentado resultante da ação dos órgãos da União Europeia[27].

---

[27] Sobre o princípio da subsidiariedade e as condições para o exercício da competência da União que dele resultam, v. Margarida Salema d'Oliveira Martins, *O Princípio da Subsidiariedade em Perspectiva Jurídico-Política*, Coimbra Editora, Coimbra, 2003, pp. 186 e segs.; Fausto de Quadros, *O Princípio da Subsidiariedade no Direito Comunitário após o Tratado da União Europeia*, Almedina Coimbra, 1995, p. 45; *idem, Direito da União Europeia*, 2.ª reimpressão, Almedina, Coimbra, 2008, pp. 103-104; António Goucha Soares, *Repartição de Competências e Preempção no Direito Comunitário*,

DIREITO DA UNIÃO EUROPEIA – ELEMENTOS DE DIREITO E POLÍTICAS DA UNIÃO

Estando em causa medidas com efeito transfronteiriço que dinamizam a cooperação judiciária entre os Estados-Membros, facilmente se compreende a ineficácia de ações isoladas dos Estados, sendo determinante optar por medidas concertadas. O recurso a instrumentos internacionais negociados pelos Estados-Membros seria uma alternativa à intervenção da União. Ora, desde que a cooperação judiciária em matéria civil e comercial foi introduzida no Tratado de Amesterdão como objetivo da União, dependente da sua iniciativa, verificamos uma profícua produção legislativa nesta matérias, que ultrapassa em larga medida aquela que existia antes, que tinha o mesmo objetivo e estava dependente da ação dos Estados-Membros, e que se circunscreveu à Convenção de Bruxelas e à Convenção de Roma[28]. A intervenção da União torna a regulamentação destas matérias mais fácil e expedita em comparação com a regulamentação das mesmas através de uma convenção internacional, pois a intervenção dos órgãos da União Europeia nas várias etapas do procedimento legislativo visa a defesa de interesses comuns de integração, não estando em causa numa primeira linha os interesses individuais de cada um dos Estados, como mais facilmente emergem numa negociação internacional. Além disso, a entrada em vigor das convenções internacionais é mais morosa que a dos atos legislativos da União, pois as primeiras estão dependentes das ratificações dos vários Estados contraentes.

A intervenção da União nestas questões acarreta também um valor acrescentado que resulta da interpretação uniforme pelo TJUE dos atos legislativos adotados. A regulamentação uniforme de certa questão, introduzida por uma convenção internacional, nem sempre gera uma aplicação idêntica da mesma, pois a ausência de órgãos jurisdicionais comuns aos Estados contraentes pode gerar uma interpretação diferente das normas nela presentes. Já no plano da União Europeia, o TJUE é competente, a título prejudicial, para decidir sobre a interpretação dos atos jurídicos da União, nos termos do artigo 267.º, alínea *b*), do TFUE. O TJUE é o garante da aplicação uniforme daqueles atos jurídicos no espaço europeu, o que favorece a implementação

---

Edições Cosmos Direito, Lisboa, 1996, p. 184; MARIA DO ROSÁRIO VILHENA, *O Princípio da Subsidiariedade no Direito Comunitário*, Almedina, Coimbra, 2002, pp. 126 e segs.

[28] Ainda que vários Estados-Membros tivessem adotado algumas convenções internacionais relativas ao processo civil internacional. É o caso da *Convenção relativa à Citação e à Notificação no Estrangeiro dos Actos Judiciais em Matérias Civis e Comerciais*, concluída em Haia em 15 de novembro de 1965; da *Convenção Sobre a Obtenção de Provas no Estrangeiro em Matéria Civil e Comercial*, concluída em Haia em 18 de março de 1970; da *Convenção Sobre o Reconhecimento e Execução de Decisões Relativas a Obrigações Alimentares*, concluída em Haia em 2 de outubro de 1973, entre outras.

COOPERAÇÃO JUDICIÁRIA EM MATÉRIA CIVIL

efetiva da cooperação judiciária, pois é um suporte para o desenvolvimento da confiança mútua entre os operadores jurídicos dos Estados-Membros[29].

5.2. O tipo de ato jurídico concretamente adotado pela União para a concretização da cooperação judiciária em matéria civil também tem respeitar o princípio da proporcionalidade, no sentido de que devem ser empregues as medidas suficientes, o que também se refere aos meios e forma utilizada. O princípio da subsidiariedade também impõe, segundo Fausto de Quadros, que "(...) a Comunidade se contente com a harmonização e renuncie à uniformização sempre que a primeira seja suficiente para o processo de integração"[30]. Analisando os atos legislativos adotados no plano da cooperação judiciária em matéria civil, conclui-se pela prevalência dos regulamentos. A diretiva, sendo um instrumento mais flexível, visa a harmonização das legislações dos Estados-Membros, vinculando-os apenas quanto aos resultados, mas mantendo a liberdade daqueles quanto aos meios e à forma de obtenção destes. Já o regulamento, como estabelece o artigo 288.º do TFUE, é geral, obrigatório e imediatamente aplicável em todos os Estados-Membros. Pode-se colocar a questão de saber se, para atingir os objetivos visados pela cooperação judiciária, a opção pela harmonização das legislações não seria suficiente.

O regulamento, sendo um ato legislativo que é obrigatório em todos os seus elementos e que não obriga a qualquer tipo de transposição, aumenta a segurança e a previsibilidade jurídica e, por esta razão, afigurou-se como o instrumento mais adequado para a aplicação uniforme dos atos legislativos em causa[31]. A uniformização das normas de conflitos, das regras de competência internacional e das regras de reconhecimento de decisões judiciais

---

[29] É verdade que, como referimos antes, a Convenção de Bruxelas tem em anexo um protocolo interpretativo, atribuindo a competência interpretativa da referida Convenção ao TJUE, e que este Tribunal produziu uma profícua jurisprudência neste âmbito que é responsável pela aplicação uniforme e pelo êxito daquela Convenção. Todavia, o mesmo não pode afirmar-se em relação aos Protocolos relativos à interpretação da Convenção de Roma, que entraram em vigor em 1 de agosto de 2004, apesar de assinados em 1988.

[30] FAUSTO DE QUADROS, *O Princípio da Subsidiariedade no Direito Comunitário após o Tratado da União Europeia, cit.*, p. 52.

[31] Esta justificação foi utilizada pela Comissão Europeia por diversas ocasiões. V., *v. g.*, Comissão Europeia, "Governança Europeia, Um Livro Branco", *COM(2001) 428 final*, Bruxelas, 25 de julho de 2001, p. 23; *idem*, "Proposta de Regulamento do Parlamento Europeu e do Conselho sobre a Lei Aplicável às Obrigações Extracontratuais (Roma II)", *COM(2003) 427 final*, Bruxelas, 22 de julho de 2003, pp. 2 e 8.

estrangeiras e outros atos públicos é imposta pela necessidade de previsibilidade, de segurança jurídica, pois evitam-se as discrepâncias entre as regras adotadas pelos Estados-Membros numa eventual transposição de diretivas e as desigualdades de tratamento dos indivíduos e agentes económicos no espaço europeu que daí poderiam advir. Trabalhando com regras uniformes comuns é mais fácil obter interpretações uniformes das normas e conseguir decisões compatíveis entre os órgãos judiciais dos diferentes Estados-Membros. Esta é uma forma de aumentar a confiança mútua nas decisões provenientes dos outros Estados-Membros e de concretizar o princípio do reconhecimento mútuo, pois permite facilitar os procedimentos de reconhecimento das decisões judiciais. Possibilita também que a União tenha mais controlo sobre a aplicação das disposições dos atos legislativos nos Estados-Membros. Quanto à transposição da Convenção de Bruxelas e da Convenção de Roma para um ato jurídico da União outro argumento pode ser aditado. Obrigando as referidas convenções todos os Estados aderentes quanto a todos os seus elementos, só poderiam ser transpostas para um instrumento jurídico que tivesse a mesma força vinculativa e fosse obrigatório em todos os seus elementos também. Por isso, também justificado por uma boa técnica legislativa, os atos jurídicos que visam complementar o Regulamento Roma I e o Regulamento Bruxelas I[32] devem adotar a mesma forma legal. Assim, será possível interpretá-los e aplicá-los de forma sistemática e unitária.

5.3. Por fim, o artigo 65.º do TCE estabelecia que as medidas de cooperação judiciária em matéria civil teriam uma incidência transfronteiriça e seriam adotadas na medida do necessário ao funcionamento do mercado interno. Também o artigo 81.º, n.º 2, do TFUE fixa que a fundamentação do ato legislativo em causa deve radicar na necessidade do bom funcionamento do mercado interno. Esta justificação está presente nos vários atos legislativos elaborados pela União no âmbito da cooperação judiciária. A unificação das normas de conflitos como meio de melhorar o funcionamento do mercado interno é justificada nos atos legislativos que a promovem. Pode ler-se nos considerandos de Roma II que a unificação das normas de conflitos no plano das obrigações não-contratuais terão influência no funcionamento do

---

[32] Porque também versam sobre conflitos de leis e sobre competência internacional e reconhecimento de decisões estrangeiras, como o Regulamento Roma II ou o Regulamento Bruxelas II *bis*, entre outros.

COOPERAÇÃO JUDICIÁRIA EM MATÉRIA CIVIL

mercado único, pois, deste modo, diminui-se o risco de distorção da concorrência, por eliminação do *forum shopping*, aumenta-se a previsibilidade das decisões e a segurança jurídica, reforça-se a confiança nas decisões que provêm dos outros Estados[33], facilitando-se o reconhecimento mútuo de decisões. Parecem-nos acertados os argumentos invocados: operando com as mesmas normas de conflitos, aumenta-se a previsibilidade das decisões e limitam-se as vantagens que uma das partes pode retirar da prevenção da jurisdição, neutralizando-se, na medida do possível, as distorções que resultam da existência de soluções diferentes nos vários ordenamentos jurídicos para as mesmas questões[34]. A previsão com antecedência da lei aplicável a determinada questão poderá contribuir para evitar o aparecimento de certos litígios. Além disso, consegue-se a igualdade de tratamento dos agentes económicos e dos cidadãos envolvidos num litígio transfronteiriço na União, sendo mais fácil para aqueles lidarem apenas com um único sistema de conflitos no espaço europeu. Ultrapassam-se também as dificuldades de harmonização de certas áreas do direito material em que as divergências entre os vários ordenamentos jurídicos são acentuadas.

6. A articulação entre as normas de conflitos, as normas de competência internacional e as normas de reconhecimento

Já referimos *supra* que as normas de conflitos, as normas de competência internacional e as normas de reconhecimento estabelecem entre si um nexo de complementaridade na regulamentação das questões privadas internacionais. Esta complementaridade das normas torna-se evidente nos vários atos jurídicos da União que unificam o direito de conflitos, as regras de competência internacional e de reconhecimento de direitos e que utilizam os mesmos conceitos. A articulação destas normas resulta de estarem incluídas nos mesmos textos legais ou em diplomas legais que se complementam ou partilham os mesmos objetivos, como a eliminação de elementos de distorção da concorrência no mercado interno, a simplificação da resolução das questões plurilocalizadas na União, a promoção da igualdade entre os nacionais e

---

[33] V. também "Proposta de Regulamento do Parlamento Europeu e do Conselho sobre a Lei Aplicável às Obrigações Extracontratuais (Roma II)", *cit.*, p. 7.

[34] V., em sentido contrário, a opinião de Luís DE LIMA PINHEIRO, "Federalismo e Direito Internacional Privado – algumas reflexões sobre a comunitarização do Direito Internacional Privado", *Cadernos de Direito Privado (CDP)*, n.º 2, 2003, pp. 6-7 e p. 18, em que o Autor discorda que a unificação do direito internacional privado seja condição para o bom funcionamento do mercado interno.

DIREITO DA UNIÃO EUROPEIA – ELEMENTOS DE DIREITO E POLÍTICAS DA UNIÃO

agentes económicos dos Estados-Membros, entre outros. Esta complementaridade entre os atos legislativos que regulam os conflitos de leis, a competência internacional e o reconhecimento de sentenças estrangeiras é reiteradamente reconhecida pela União Europeia. A título de exemplo, a Comissão Europeia, na exposição de motivos do Regulamento Roma I que unifica o regime conflitual das obrigações contratuais, afirma que «(...) os instrumentos "Bruxelas I", "Roma II" e a Convenção de Roma de 1980 formam um conjunto indissociável (...)»[35]. Da mesma forma, o considerando 7 de Roma I enfatiza a necessidade de aplicar as normas previstas naquele regulamento de harmonia com as regras do Regulamento Roma II (que unifica o regime das obrigações extracontratuais) e com as normas do Regulamento Bruxelas I (que estabelece regras uniformes de competência internacional e de reconhecimento de decisões estrangeiras em matéria civil e comercial). De igual modo, o considerando 7 do Regulamento Roma II impõe a aplicação coerente das normas nele presentes, com o Regulamento Bruxelas I e com o diploma que unifica o tratamento conflitual das obrigações contratuais. Também o considerando 10 do Regulamento (CE) n.º 1259/2010, referente à lei aplicável em matéria de divórcio e separação judicial estabelece que a aplicação do mesmo deve ser coerente com as disposições do Regulamento Bruxelas II *bis*, que unifica as regras de competência, reconhecimento e execução de decisões em matéria matrimonial e de responsabilidade parental.

A identidade de objetivos entre as normas em causa e a racionalidade e o funcionamento sistemático do ordenamento jurídico da União parecem-nos argumentos suficientes para a adoção de conceitos com significados idênticos nos vários atos jurídicos que regulam a cooperação judiciária. Esta é também a posição do TJUE, que tem afirmado repetidamente que as noções utilizadas nos referidos atos legislativos devem adotar um conteúdo autónomo face àquele que possuem nas ordens jurídicas nacionais. Já em relação às normas da Convenção de Bruxelas, este Tribunal tinha-se pronunciado

---

[35] Comissão Europeia, "Proposta de Regulamento do Parlamento Europeu e do Conselho sobre a Lei Aplicável às Obrigações Contratuais (Roma I)", *COM(2005) 650 final*, Bruxelas, 15 de dezembro de 2005, p. 2. Também no *Livro Verde relativo à transformação da Convenção de Roma de 1980 sobre a lei aplicável às obrigações contratuais num instrumento comunitário e a sua modernização* pode ler-se que "as normas de competência internacional e as normas de conflitos de leis em matéria de obrigações contratuais e extracontratuais, de natureza civil ou comercial (...)" constituem "(...) um conjunto único (...)": Comissão Europeia, *Livro Verde relativo à transformação da Convenção de Roma de 1980 sobre a lei aplicável às obrigações contratuais num instrumento comunitário e a sua modernização*, COM(2002) 654 final, Bruxelas, 14 de janeiro de 2003, p. 6.

COOPERAÇÃO JUDICIÁRIA EM MATÉRIA CIVIL

por uma interpretação autónoma dos conceitos nela utilizados, tendo em conta o espírito, objetivos e princípios da Convenção[36]. Esta interpretação autónoma dos conceitos presentes na Convenção de Bruxelas permitiu uma aplicação uniforme da mesma e está na base do seu êxito. Posteriormente, o TJUE afirmou que o Regulamento Bruxelas I é uma atualização da Convenção de Bruxelas, devendo existir uma continuidade interpretativa entre os dois instrumentos e mantendo-se a interpretação autónoma dos seus conceitos tendo em conta o sistema e os objetivos daquele Regulamento[37]. Esta ideia da interpretação autónoma das noções resulta também do preâmbulo de alguns atos jurídicos da União no domínio da cooperação judiciária. Desta forma, o considerando 11 do Regulamento Roma II, reconhecendo que o conceito de obrigação extracontratual pode ter um conteúdo diverso entre os vários Estados-Membros, estabelece que para efeitos de aplicação daquele Regulamento este deve ter um conteúdo autónomo.

Nas mais recentes decisões que envolvem a aplicação dos atos legislativos da União em matéria de conflitos de leis, das regras de competência internacional e de reconhecimento de decisões, o TJUE tem sublinhado a necessidade de articulação entre aqueles instrumentos legislativos e a respetiva interpretação, em função da sua aplicação conjunta e da partilha de objetivos comuns. Pode ler-se no Acórdão *Heiko Koelzsch contra État du Grão- -Ducado do Luxemburgo* sobre a interpretação da norma de conflitos do artigo 6.º da Convenção de Roma transposta para o artigo 8.º de Roma I, que "(...) esta interpretação não deve abstrair da dos critérios previstos no artigo 5.º, n.º 1, da Convenção de Bruxelas, quando estas fixam as regras de determinação da competência judiciária para as mesmas matérias e estabelecem conceitos semelhantes. Com efeito, decorre do preâmbulo da Convenção de Roma que esta foi celebrada com o objetivo de prosseguir, no domínio do

---

[36] V., *v. g.*, Acórdãos (TJUE), *LTU Lufttransportunternehmen Gmbh & Co. KG c. Eurocontrol*, de 14 de outubro de 1976, proc. 29/76; État néerlandais c. Reinhold Rüffer, de 16 de dezembro de 1980, proc. 814/76; *Francesco Benincasa c. Dentalkit Srl*, de 3 de julho de 1997, proc. C-269/95; *Roche Nederland BV e o. c. Frederick Primus e Milton Goldenberg*, de 13 de julho de 2003, proc. C-539/03; *Gesellschaft für Antriebstechnik mbH & Co. KG c. Lamellen und Kupplungsbau Beteiligungs KG*, de 13 de julho de 2006, proc. C-4/03; e *Falco Privatstiftung e Thomas Rabitsch c. Gisela Weller-Lindhorst*, de 23 de abril de 2009, proc. C-533/07.

[37] V., entre outros, os Acórdãos (TJUE), *Reisch Montage AG c. Kiesel Baumaschinen Handels Gmbh*, de 13 de julho de 2006, proc. C-103/05; *Falco Privatstiftung e Thomas Rabitsch c. Gisela Weller-Lindhorst*, cit.; *Peter Pammer c. Reederei Karl Schlüter GmbH & Co. KG (C-585/08) e Hotel Alpenhof GesmbH c. Olivier Heller (C-144/09)*, de 7 de dezembro de 2010, procs. apensos C-585/08 e C-144/09, consultado em *http://eur-lex.europa.eu* [27/10/2011].

direito internacional privado, a obra de unificação jurídica iniciada pela adoção da Convenção de Bruxelas"[38]. Também na decisão do TJUE *Peter Pammer c. Reederei Karl Schlüter GmbH & Co. KG e Hotel Alpenhof GesmbH c. Olivier Heller*, o Tribunal interpreta o conceito de contrato de transporte, previsto no artigo 15.º, n.º 3, do Regulamento Bruxelas I, de acordo com a mesma noção prevista no artigo 6.º, n.º 4, alínea *b*), do Regulamento Roma I, pois considera estar em causa o mesmo tipo de contratos[39]. Parece-nos correta esta orientação do TJUE, pois apenas desta forma é possível uma aplicação uniforme e sistemática das normas em causa, permitindo a construção de um *Espaço Europeu de Liberdade, Segurança e Justiça.*

7. As linhas gerais da concretização da cooperação judiciária em matéria civil

Chegados a este ponto, interessa lançar um olhar para as linhas estruturais em torno das quais se tem operado a concretização da política europeia de cooperação judiciária em matéria civil. Podemos agrupar os vários atos legislativos da União adotados ao abrigo da política europeia de cooperação judiciária em matéria civil em quatro áreas fundamentais: rede judiciária europeia em matérias civil e comercial; matérias civis e comerciais; direito da família e sucessões; aspetos processuais e questões conexas.

Nas matérias civis e comerciais podemos agrupar: o Regulamento (CE) n.º 44/2001 (Bruxelas I), revogado pelo Regulamento (CE) n.º 1215/2012 relativo à competência judiciária, ao reconhecimento e à execução de decisões em matéria civil e comercial (Bruxelas I *bis*); o Regulamento (CE) n.º 1346/2000, relativo aos processos de insolvência; o Regulamento (CE) n.º 864/2007, relativo à lei aplicável às obrigações extracontratuais (Roma II); e o Regulamento (CE) n.º 593/2008, relativo à lei aplicável às obrigações contratuais (Roma I).

No plano do direito da família e sucessões enquadramos o Regulamento (CE) n.º 2201/2003, de 27 de novembro de 2003, relativo à competência, ao reconhecimento e à execução de decisões em matéria matrimonial e em

---

[38] Acórdão (TJUE) *Heiko Koelzsch contra État du Grão-Ducado do Luxemburgo*, proc. C-29/10, de 15 de março de 2011, consultado em *http://eur-lex.europa.eu* [27/10/2011], onde também é afirmada a necessidade de interpretação das normas de conflitos da Convenção de Roma segundo critérios uniformes e autónomos.

[39] Acórdão (TJUE) *Peter Pammer c. Reederei Karl Schlüter GmbH & Co. KG (C-585/08) e Hotel Alpenhof GesmbH c. Olivier Heller (C-144/09), cit.*

COOPERAÇÃO JUDICIÁRIA EM MATÉRIA CIVIL

matéria de responsabilidade parental (Bruxelas II *bis*), o Regulamento (CE) n.º 4/2009, relativo à competência, à lei aplicável, ao reconhecimento e à execução das decisões e à cooperação em matéria de obrigações alimentares; o Regulamento (CE) n.º 1259/2010, que cria uma cooperação reforçada no domínio da lei aplicável em matéria de divórcio e separação judicial; o Regulamento (CE) n.º 650/2012, relativo à competência, à lei aplicável, ao reconhecimento e execução das decisões, e à aceitação e execução dos atos autênticos em matéria de sucessões e à criação de um Certificado Sucessório Europeu.

Nas questões relativas aos aspetos processuais e questões conexas incluímos: o Regulamento (CE) n.º 1348/2000, relativo à citação e à notificação dos atos judiciais e extrajudiciais em matérias civil e comercial dos Estados-Membros, revogado pelo Regulamento n.º 1393/2007, relativo à citação e à notificação de atos judiciais e extrajudiciais em matéria civil e comercial nos Estados-Membros ("citação e notificação de actos"); o Regulamento (CE) n.º 1206/2001, relativo à cooperação entre os tribunais dos Estados-Membros no domínio da obtenção de provas em matéria civil ou comercial; a Diretiva 2002/8/CE, relativa à melhoria do acesso à justiça nos litígios transfronteiriços, através do estabelecimento de regras mínimas comuns relativas ao apoio judiciário no âmbito desses litígios; o Regulamento (CE) n.º 805/2004, que cria o título executivo europeu para créditos não contestados, modificado pelo Regulamento (CE) n.º 1869/2005; a Diretiva 2004/80//CE, relativa à indemnização das vítimas de criminalidade; o Regulamento (CE) n.º 1896/2006, que cria um procedimento europeu de injunção de pagamento; o Regulamento (CE) n.º 861/2007, que estabelece um processo europeu para ações de pequeno montante; e a Diretiva 2008/52/CE, relativa a certos aspetos de mediação em matéria civil e comercial.

Nem todos os referidos atos legislativos regulam questões de direito internacional privado. Todavia, parece-nos oportuna uma apresentação breve daqueles que já são aplicáveis à data da elaboração deste trabalho[40], para que seja possível ter uma visão geral sobre o estado atual da cooperação judiciária em matéria civil na Europa.

---

[40] Ficam excluídos, nesta medida, o Regulamento (CE) n.º 650/2012 (que só é aplicável a partir de 17 de agosto de 2015, segundo o seu artigo 84.º).

7.1. Rede judiciária europeia em matéria civil e comercial

A rede judiciária europeia em matéria civil e comercial foi criada em 28 de maio de 2001 pela Decisão 2001/470/CE. Esta é constituída por um conjunto de autoridades nacionais, sediadas em cada um dos Estados-Membros e funcionando em rede, que têm a tarefa de manter operacional um sistema de cooperação, que permita obter informações rápidas e fidedignas sobre cada uma das ordens jurídicas europeias. Estas autoridades nacionais são denominadas de pontos de contacto[41], estão em interligação e têm a função de estabelecer um sistema de partilha de informação ao dispor de entidades judiciais e não judiciais, e acessível ao público em geral. Compõem ainda a rede judiciária europeia as entidades definidas no artigo 2.º, n.º 1, alíneas *b)*, *c)* e *d)*, da Decisão 2001/470/CE, nomeadamente: as entidades e autoridades centrais previstas em atos jurídicos da União, em convenções internacionais que vinculem os Estados-Membros ou em normas nacionais em matéria de cooperação civil em questões civis e comerciais; os magistrados de ligação[42]; as entidades administrativas ou judiciárias indicadas pelos Estados-Membros e que tenham a seu cargo a cooperação judiciária em matéria civil e comercial. A partir de 1 de janeiro de 2011, com a entrada em vigor da Decisão 568/2009/CE, de 18 de junho de 2009, que altera alguns aspetos do quadro legislativo anterior, as ordens que representam os profissionais do direito podem integrar a rede, colaborando com os pontos de contacto, desde que sejam designados pelos Estados-Membros, nos termos da alínea *e)* do n.º 1 do artigo 2.º da referida Decisão[43].

---

[41] O ponto de contacto em Portugal é designado pelo Conselho Superior da Magistratura, pode ser encontrado em *http://www.redecivil.mj.pt/* [consultado em 4/11/2011].

[42] São magistrados ou funcionários especializados nos processos de cooperação judiciária que têm a função de promover a cooperação judiciária em matéria civil e comercial entre Estados-Membros, nomeadamente estabelecendo contactos diretos entre entidades e serviços dos Estados-Membros, fornecendo informações sobre o respetivo sistema jurídico, entre outras. O seu enquadramento legal resulta da *Ação Comum 96/277/JAI, de 22 de abril de 1996, adotada pelo Conselho, que institui um enquadramento para o intercâmbio de magistrados de ligação destinado a melhorar a cooperação judiciária entre os Estados-Membros da União Europeia.*

[43] São membros nacionais da rede: a Direcção-Geral da Política de Justiça; a Direcção-Geral da Administração da Justiça; a Direcção-Geral da Reinserção Social, I. P.; a Comissão para a Instrução dos Pedidos de Indemnização de Vítimas de Crimes Violentos; o Instituto dos Registos e do Notariado; o Gabinete para a Resolução Alternativa de Litígios; o Conselho de Acompanhamento dos Julgados de Paz; o Instituto das Tecnologias da Informação na Justiça, I. P.; a Ordem dos Advogados; a Câmara dos Solicitadores; a Ordem dos Notários.

COOPERAÇÃO JUDICIÁRIA EM MATÉRIA CIVIL

A rede judiciária europeia desempenha uma dupla função. Por um lado, uma função externa, pois deve criar e manter atualizado um sistema de informação destinado aos outros membros da rede, auxiliando a cooperação judiciária entre os Estados-Membros. Por outro lado, uma função local, pois deve promover o conhecimento geral dos instrumentos de cooperação judiciária que existem e facultar informações sobre o direito interno dos Estados-Membros. Desta forma, permite-se uma resolução mais célere das questões transnacionais na União, mas promove-se, sobretudo, a efetiva aplicação dos atos jurídicos da União que regulam estas questões e que, por vezes, determinam a aplicação de direito estrangeiro ou implicam lidar com sistemas judiciais estrangeiros. Estas informações destinam-se ao público em geral [nos termos da alteração introduzida pela Decisão 568/2009/CE ao artigo 3.º, alínea *c)*, da Decisão 2001/470/CE], ou aos diversos órgãos de aplicação do direito, pois, como pode ler-se na alteração introduzida ao artigo 3.º, alínea *b)*, da Decisão 2001/470/CE pela Decisão 568/2009/CE, "(...) sempre que seja aplicável a lei de outro Estado-Membro, os tribunais ou autoridades competentes na matéria podem recorrer à rede para obter informações sobre o conteúdo dessa lei". Especificamente, em relação aos pontos de contacto compete-lhes, entre outras funções, segundo o artigo 5.º, n.ᵒˢ 1 e 2, da Decisão 2001/470/CE alterada pela decisão 568/2009/CE: divulgar pelas autoridades judiciais locais os atos jurídicos da União e convenções internacionais no plano da cooperação judiciária em matéria civil e comercial; prestar informações naquelas situações em que por força da aplicação de um ato comunitário ou de uma convenção internacional é aplicável a lei de outro Estado-Membro, nos termos do artigo 5.º, n.º 2, alínea *c)*, da Decisão 2001/470/CE alterada pela Decisão 568/2009/CE. Ainda de acordo com aquele preceito, os pontos de contacto estão na disposição das autoridades judiciárias do seu Estado-Membro e de todas as autoridades mencionadas no artigo 2.º, n.º 1, alíneas *b)* a *d)*, do referido diploma legal, e dos pontos de contacto dos outros Estados-Membros, devendo fornecer as informações necessárias no plano da cooperação judiciária, facilitando a elaboração de pedidos de cooperação judiciária, estabelecendo os contactos diretos mais adequados, procurando soluções para resolver dificuldades surgidas no âmbito daqueles pedidos, coordenando o processamento dos mesmos. Também lhes compete coordenar os membros nacionais que integram a rede.

As informações fornecidas pelos pontos de contacto sobre as respetivas ordens jurídicas constituem a base para a elaboração das fichas de informação (nos termos do artigo 18.º, n.º 1, da Decisão 2001/470/CE), que fazem

DIREITO DA UNIÃO EUROPEIA – ELEMENTOS DE DIREITO E POLÍTICAS DA UNIÃO

parte do sistema de informação destinado ao público e que funciona através de um sítio da Internet, gerido pela Comissão Europeia, de acordo com os artigos 14.º e 18.º da Decisão 2001/470/CE.

7.2. Matérias civis e comerciais

7.2.1. O Regulamento (UE) n.º 1215/2012, de 12 de dezembro de 2012, relativo à competência judiciária, ao reconhecimento e à execução de decisões em matéria civil e comercial (Bruxelas I *bis*), é um dos diplomas legislativos de referência na regulamentação da cooperação judiciária em matéria civil[44]. Este Regulamento revogou o Regulamento (CE) n.º 44/2001, de 22 de dezembro de 2000[45], que tinha transposto a Convenção de Bruxelas para um ato legislativo da União Europeia, aperfeiçoando algumas normas e introduzindo algumas alterações.

Quanto ao seu âmbito material, nos termos do artigo 1.º, o Regulamento aplica-se a matérias civis e comerciais, estando excluídas: o estado e capacidade das pessoas singulares, os regimes matrimoniais, os testamentos e as sucessões; as falências e processos análogos; a segurança social; a arbitragem; as obrigações de alimentos resultantes de relações familiares, parentesco, casamento, afinidade ou óbito. De acordo com a mesma norma, o Regulamento Bruxelas I *bis* também não se aplica a matérias fiscais, aduaneiras, administrativas ou à responsabilidade do Estado no exercício da sua autoridade.

No que diz respeito ao âmbito de aplicação espacial, as regras de competência internacional nele previstas têm aplicação naquelas situações em que o requerido tem domicílio num Estado-Membro, de acordo com os artigos 4.º, 5.º, n.º 1, e 6.º e o considerando 13 de Bruxelas I *bis*. Todavia, o artigo 6.º, n.º 1, *in fine*, ressalva algumas situações em que pode existir competência dos tribunais dos Estados-Membros, independentemente do domicílio do réu (como é o caso daquelas previstas nos artigos 18.º, n.º 1, 21.º, n.º 2, 24.º e 25.º). Por sua vez, as regras de reconhecimento aplicam-se às decisões proferidas

---

[44] Para uma visão mais desenvolvida sobre o Regulamento Bruxelas I *bis*, v. Anabela Susana de Sousa Gonçalves, "A revisão do Regulamento Bruxelas I relativo à competência judiciária, ao reconhecimento e à execução de decisões em matéria civil e comercial", in *Estudos em Comemoração dos 20 Anos da Escola de Direito da Universidade do Minho*, Coimbra Editora, 2014, pp. 39-59.

[45] De acordo com o artigo 80.º do Regulamento Bruxelas II *bis* as referências que são feitas para o Regulamento (CE) n.º 44/2001 devem ser entendidas como feitas para este novo instrumento jurídico.

COOPERAÇÃO JUDICIÁRIA EM MATÉRIA CIVIL

pelos tribunais dos Estados-Membros que se integrem no plano de aplicação material de Bruxelas I, nos termos do artigo 36.º do Regulamento[46]-[47]. Neste aspeto, o Regulamento estabelece o conceito autónomo de decisão, considerando que abrange, de acordo com o artigo 2.º, alínea *a*), "(...) qualquer decisão proferida por um tribunal de um Estado-Membro, independentemente da designação que lhe for dada, tal como um acórdão, sentença, despacho judicial ou mandato de execução, bem como a fixação pelo secretário do tribunal do montante das custas do processo (...)"[48]. O Regulamento também disciplina a exequibilidade nos Estados-Membros de atos autênticos exarados ou registados em outro Estado-Membro e que também nele tenham força executiva no âmbito de aplicação material de Bruxelas I, de acordo com o artigo 58.º. Também prevê, nos mesmos termos, a execução num Estado-Membro de transações judiciais que tenham valor executivo no Estado-Membro de origem, segundo o disposto no artigo 59.º.

[46] O artigo 72.º do Regulamento Bruxelas I *bis* permite a manutenção dos acordos existentes ao abrigo da Convenção de Bruxelas, em que um Estado-Membro se compromete a não reconhecer as decisões proferidas noutro Estado-Membro contra demandados domiciliados em Estados terceiros, nas situações previstas no artigo 4.º, quando a decisão só possa resultar de uma das regras de competência referidas no 2.º § do artigo 3.º da Convenção de Bruxelas.

[47] Ainda que a competência do tribunal de origem resulte de normas nacionais ou de fonte internacional. Cf. HÉLÈNE GAUDEMET-TALLON, *Les Conventions de Bruxelles et de Lugano, Compétence Internationale, Reconnaissance et Exécution des Jugements en Europe*, 2.ª ed., LGDJ, Paris, 1996, p. 22.

[48] Já para efeitos do Regulamento (CE) n.º 44/2001 considerava-se que esta noção abrangia as providências cautelares que podiam ser reconhecidas noutro Estado-Membro no plano do Regulamento, desde que não tivessem sido decretadas sem citação do réu e para ter efeitos antes de este ser chamado a juízo. Neste sentido, HÉLÈNE GAUDEMET-TALLON, *Les Conventions de Bruxelles et de Lugano, Compétence Internationale, Reconnaissance et Exécution des Jugements en Europe*, cit., pp. 231-232 ; LUÍS DE LIMA PINHEIRO, *Direito Internacional Privado, Competência Internacional e Reconhecimento de Decisões Estrangeiras*, vol. III, Almedina, 2002, p. 271; PETER STONE, *EU Private International Law, Harmonization of Laws*, Edward Elgar, Cheltenham – UK, Northampton – USA, 2008, pp. 208-209. Esta noção não incluía as decisões interlocutórias que se destinam a regular o andamento do processo e que não visavam regular a relação jurídica entre as partes: Peter Schlosser, "Relatório sobre a Convenção relativa à adesão do Reino da Dinamarca, da Irlanda e do Reino Unido da Grã-Bretanha e da Irlanda do Norte à Convenção relativa à competência judiciária e à execução de decisões em matéria civil e comercial, bem como ao Protocolo relativo à sua interpretação pelo Tribunal de Justiça". Cf. LUÍS DE LIMA PINHEIRO, *Direito Internacional Privado, Competência Internacional e Reconhecimento de Decisões Estrangeiras*, cit., p. 271; PETER STONE, *EU Private International Law*, cit., p. 208. Atualmente, o Regulamento Bruxelas I *bis*, no artigo 2.º, alínea *a*), de forma clara estabelece que o conceito de decisão abarca as medidas provisórias ou cautelares decretadas pelo tribunal competente para conhecer o mérito da causa, mas exclui aquelas "(...) medidas provisórias, incluindo as medidas cautelares, imposta por esse tribunal sem que o requerido seja notificado para comparecer a menos que a decisão que contém a medida seja notificada ao requeridos antes da execução".

DIREITO DA UNIÃO EUROPEIA – ELEMENTOS DE DIREITO E POLÍTICAS DA UNIÃO

O Regulamento Bruxelas I *bis* é aplicável a partir de 10 de janeiro de 2015, de acordo com o seu artigo 81.º. Nesta medida, é aplicável aos instrumentos autênticos formalmente redigidos ou registados e às transações judiciais aprovadas ou celebradas em ou a partir de 10 de janeiro de 2015 (artigo 66.º, n.º 1). Às decisões judiciais proferidas em ações judiciais propostas, aos instrumentos autênticos formalmente redigidos ou registados e às transações judiciais aprovadas ou celebradas antes de 10 de janeiro de 2015 continua a aplicar-se o Regulamento (CE) n.º 44/2001 (artigo 66.º, n.º 2).

À semelhança da Convenção de Bruxelas e do Regulamento (CE) n.º 44/2001, este Regulamento unifica as regras de conflitos de jurisdições (do artigo 4.º ao artigo 35.º), as normas de reconhecimento de decisões proferidas pelos tribunais dos Estados-Membros (do artigo 36.º ao artigo 57.º) e as disposições legais de reconhecimento dos atos autênticos exarados ou registados num Estado-Membro e transações judiciais provenientes de um Estado-Membro (artigos 58.º a 60.º). Além da regra de competência geral (prevista no artigo 4.º, n.º 1, e que estabelece o princípio *actor sequitur forum rei*), o Regulamento Bruxelas I *bis* prevê normas de competência especial que fixam foros alternativos em relação à regra geral, que foram pensadas em função da proximidade do litígio com o tribunal (artigos 7.º a 9.º). Tal acontece, por exemplo, em relação às matérias contratuais (artigo 7.º, n.º 1) e às matérias extracontratuais (artigo 7.º, n.º 2). No Regulamento existe, ainda, um conjunto de normas de competência que visam proteger a parte mais fraca na relação jurídica, nomeadamente, as normas de competência relativas ao contrato de seguro (do artigo 10.º ao artigo 16.º), ao contrato de consumo (do artigo 17.º ao artigo 19.º) e ao contrato de trabalho (do artigo 20.º ao artigo 23.º)[49]. Todas estas disposições legais caracterizam-se por aumentarem o número de foros a que a parte mais fraca pode recorrer, em comparação com a contraparte, que fica limitada praticamente ao tribunal do domicílio do réu, estabelecendo algumas um *forum actoris*. Outro dos traços característicos do Regulamento Bruxelas I *bis* está previsto no artigo 24.º que contém um conjunto de competências exclusivas que em nome da soberania estadual, e independentemente do domicílio do réu num Estado-Membro,

---

[49] Para mais desenvolvimentos sobre o contrato de trabalho, especificamente em situações de teletrabalho, v. ANABELA SUSANA DE SOUSA GONÇALVES, "O regime jurídico do teletrabalho internacional – as regras de competência internacional", in *FODERTICS II: Hacia una Justicia 2.0, Estudios sobre Derecho y Nuevas Tecnologías*, Federico Bueno de Mata (coord.), Ratio Legis Ediciones, Salamanca, 2014, pp. 333-341.

atribui competência absoluta aos tribunais de certos Estados-Membros. Os artigos 25.º e 26.º de Bruxelas I *bis* exprimem a importância do princípio da autonomia privada no plano da competência internacional, permitindo, o artigo 25.º, a possibilidade de as partes, tendo pelo menos uma delas o seu domicílio num Estado-Membro, acordarem pactos atributivos de jurisdição a favor de um tribunal ou tribunais de um Estado-Membro, sendo a competência atribuída exclusiva, salvo convenção em contrário das partes. Outro ainda dos traços característicos do Regulamento é o reconhecimento automático das decisões proferidas nos outros Estados-Membros, nos termos do artigo 36.º, n.º 1, dispensando-se a necessidade de um processo de revisão e confirmação como condição de reconhecimento. Uma das grandes alterações do Regulamento Bruxelas I *bis* relativamente ao seu antecessor diz respeito à execução de sentenças, proferidas num Estado-Membro com força executória, noutros Estados-Membros, não sendo agora necessário uma declaração prévia de exequibilidade, como podemos inferir dos artigos 39.º, 41.º, n.º 1, 2.ª parte, e do considerando 27[50].

7.2.2. O Regulamento (CE) n.º 1346/2000, de 29 de maio de 2000, relativo aos processos de insolvência, destina-se a regular a insolvência de pessoas coletivas ou singulares, comerciantes ou não comerciantes, que desenvolvam a sua atividade ou tenham património em vários Estados-Membros. Com este Regulamento procurou-se evitar o *forum shopping* nestas questões: o Regulamento visou impedir a transferência de capitais e outros bens ou ações judiciais dentro da União como forma de obter a aplicação da lei de um Estado-Membro mais favorável ao insolvente, prejudicando os credores ou beneficiando uns em detrimento de outros (por vezes, em conluio com o insolvente). No fundo, pretendeu-se atenuar os efeitos da existência de leis diferentes relativamente à insolvência nos Estados-Membros e a distorção que esta realidade introduz no mercado interno. Este Regulamento teve origem na Convenção sobre os Procedimentos de Insolvência, de 23 de novembro de 1995, elaborada pelos Estados-Membros de acordo com o então artigo 220.º, que, todavia, não entrou em vigor.

Após verificar que era impossível harmonizar as normas materiais sobre insolvência, face à grande diversidade presente nos sistemas jurídicos nacio-

---

[50] Para mais desenvolvimentos, v. ANABELA SUSANA DE SOUSA GONÇALVES, "A revisão do Regulamento Bruxelas I relativo à competência judiciária, ao reconhecimento e à execução de decisões em matéria civil e comercial", *cit.*, pp. 52-58.

nais[51], chegou-se à conclusão que os objetivos em questão poderiam ser conseguidos pela unificação das regras de conflitos, que obrigariam os tribunais dos Estados-Membros a aplicar a mesma lei às falências transnacionais (artigos 4.º a 15.º e 28.º). Além disso, também foi criado com este regulamento um sistema de reconhecimento automático das decisões no âmbito de um processo de insolvência, para que estas produzam efeito imediato nos outros Estados-Membros onde existam bens ou devedores ou credores interessados em reclamar créditos (artigos 16.º e segs.). Para tal também foram uniformizadas as normas de competência internacional (artigo 3.º). Adicionalmente, o Regulamento contém também um conjunto de normas materiais unificadas acessórias que completam o regime da regulamentação privada internacional dos processos de insolvência e que estão previstas nos artigos 19.º a 24.º e 29.º a 42.º.

O Regulamento (CE) n.º 1346/2000 aplica-se processos coletivos de insolvência "(...) do devedor que determinem a inibição parcial ou total desse devedor da administração ou disposição de bens e a designação de um síndico", de acordo com o artigo 1.º, n.º 1, estando excluídos os processos de insolvência previstos no n.º 2 da mesma disposição legal.

O seu âmbito de aplicação está previsto no seu considerando 14, sendo este aplicável aos processos de insolvência em que o centro dos interesses principais do devedor está situado num Estado-Membro[52]. O centro de interesses principais do devedor é definido no considerando 13 como "(...) deve[ndo] corresponder ao local onde o devedor exerce habitualmente a administração dos seus interesses, pelo que é determinável por terceiros".

---

[51] Para uma breve visão sobre os sistemas nacionais que existem sobre insolvência, v. Luís de Lima Pinheiro, "O Regulamento Comunitário sobre a Insolvência – Uma Introdução", in *Estudos de Direito Internacional Privado, Contratos, Obrigações Extracontratuais, Insolvência, Operações Bancárias, Operações Sobre Instrumentos Financeiros e Reconhecimento de Decisões Judiciais*, vol. II, Almedina, Coimbra, 2009, pp. 118 e segs.

[52] É questionável, como técnica legislativa, a inserção de normas no preâmbulo do Regulamento (CE) n.º 1346/2000, como acontece com a determinação do seu âmbito de aplicação espacial. Todavia, esta técnica já radica na Convenção sobre os Procedimentos de Insolvência, de 23 de novembro de 1995. O relatório explicativo da Convenção pode ser aproveitado como elemento interpretativo, uma vez que o Regulamento (CE) n.º 1346/2000 coincide com o texto daquela (ainda que não totalmente). Naquele relatório reforça-se a importância do preâmbulo, referindo-se que nele há elementos importantes sobre a determinação do âmbito daquela Convenção: European Union Council, "Report on the Convention of Insolvency Proceeding", por Miguel Virgos e Etienne Schmit, Brussels 3 May, 1996, p. 9, consultado em *http://aei.pitt.edu/952/1/insolvency_report_schmidt_1988.pdf* [22/11/2011].

O artigo 3.º, n.º 1, estabelece uma presunção elidível, considerando-se que no caso das sociedades ou de outras pessoas coletivas o seu centro de interesses se situa no lugar da sede estatutária.

O âmbito de aplicação temporal do Regulamento resulta do artigo 43.º, que fixa a não retroatividade das normas previstas no regulamento. Este só é aplicável aos processos abertos após 31 de maio de 2002, data da sua entrada em vigor, de acordo com o artigo 47.º. O conceito de momento da abertura do processo está previsto no artigo 2.º, alínea f), como o momento da produção de efeitos da decisão de abertura.

O Regulamento (CE) n.º 1346/2000 substitui as convenções internacionais existentes entre os Estados-Membros, nomeadamente as elencadas no n.º 1 do artigo 44.º, na sua aplicação aos processos abertos após a entrada em vigor do Regulamento (artigo 44.º, n.º 2, *a contrario sensu*). Prevalecem, todavia, sobre as regras do Regulamento as convenções concluídas entre Estados-Membros e países terceiros antes da entrada em vigor daquele [artigo 44.º, n.º 3, alínea a)].

7.2.3. O Regulamento (CE) n.º 864/2007, de 11 de julho de 2007, relativo à lei aplicável às obrigações extracontratuais (Roma II), visa unificar a regulamentação conflitual das obrigações extracontratuais, estando limitado às matérias civis e comerciais[53].

Nos termos do artigo 2.º, n.º 1, o Regulamento Roma II aplicar-se-á às situações de responsabilidade extracontratual por factos ilícitos, por factos lícitos e pelo risco, ao enriquecimento sem causa, à gestão de negócios, à responsabilidade pré-contratual, desde que estas envolvam um conflito de leis. De acordo com o artigo 1.º, estão excluídas do seu âmbito de aplicação material as matérias fiscais, aduaneiras e administrativas, a responsabilidade do Estado no exercício do seu poder público e as matérias enunciadas nos seus n.ºs 2 e 3. No conjunto das matérias enunciadas no n.º 2 do artigo 1.º, e que estão excluídas do âmbito de aplicação do Regulamento, encontramos matérias como as obrigações extracontratuais que decorrem de relações de família ou relações equiparadas, incluindo as obrigações de alimentos [alínea a)];

---

[53] Para uma visão mais alargada do Regulamento Roma II, v. ANABELA SUSANA DE SOUSA GONÇALVES, *Da Responsabilidade Extracontratual em Direito Internacional Privado, A Mudança de Paradigma*, Colecção Teses, Almedina, Coimbra, 2013. Cf. ANABELA SUSANA DE SOUSA GONÇALVES, "A responsabilidade civil extracontratual em direito internacional privado – breve apresentação das regras gerais do Regulamento (CE) n.º 864/2007", *Scientia Iuridica*, n.º 329, 2012, pp. 357-390.

as obrigações extracontratuais que decorrem de letras de câmbio, cheques livranças e títulos negociáveis [alínea *c*)]; as obrigações extracontratuais que resultem do direito das sociedades, nomeadamente da constituição, do funcionamento, da dissolução das sociedades; a responsabilidade pessoal dos sócios ou dos titulares dos órgãos sociais face às obrigações da sociedade; entre outras situações de idêntica natureza elencadas na alínea *d*)[54].

Quanto ao âmbito de aplicação espacial, o Regulamento Roma II tem uma aplicação universal, nos termos do seu artigo 3.º, ou seja, o ordenamento jurídico designado pelas normas de conflitos previstas no Regulamento é aplicável ainda que este não seja de um Estado-Membro.

O Regulamento Roma II é aplicável a factos danosos que tenham ocorrido após 11 de janeiro de 2009, nos termos dos artigos 31.º e 32.º[55].

Um dos elementos estruturantes do Regulamento Roma II é a previsão da autonomia da vontade. As partes podem escolher a lei aplicável às obrigações extracontratuais desde que sejam respeitadas as condições de validade da escolha de lei que estão previstas no artigo 14.º. Não existindo escolha de lei, ou não sendo possível essa escolha (artigos 6.º, n.º 4, e 8.º, n.º 3), a regra geral referente à responsabilidade extracontratual está prevista no artigo 4.º do Regulamento[56]. É ainda possível encontrar um conjunto de normas de conflitos especiais para regular casos específicos de responsabilidade civil, que têm em consideração os elementos particulares de certas situações que podem originar obrigações extracontratuais, sendo por isso mais adequadas para disciplinar do que as normas de conflitos gerais. Nesta medida, encontramos: o artigo 5.º, que regula a responsabilidade por produtos defeituosos; o artigo 6.º, que se aplica a obrigações extracontratuais resultantes de

---

[54] Sobre esta delimitação, v., com mais pormenor, *idem, ibidem*, pp. 259-271. Sobre a exclusão das obrigações extracontratuais que decorram da violação da vida privada e dos direitos de personalidade, prevista na alínea *g*) do n.º 2 do artigo 1.º do Regulamento Roma II, v. ANABELA SUSANA DE SOUSA GONÇALVES, "The Cross-Boder Regulation of Online Data Privacy and the Judicial Cooperation", *in Kooperation, Tagungsband des 18. Internationalen Rechtsinformatik Symposions IRIS 2015*, Eric Schweighofer, Franz Kummer, Walter Hötzendorfer (Hrsg.), Österreichische Computer Gesellschaft & Eric Schweighofer, 2015, pp. 487-494.

[55] A decisão do TJUE no Acórdão *Deo Antoine Homawoo c. GMF Assurances SA*, de 17 de novembro de 2011, proc. C-412/10, esclareceu definitivamente as dúvidas que resultavam de uma redação menos clara dos artigos 31.º e 32.º do Regulamento [consultado em *http://eur-lex.europa.eu* (20/12/2011)].

[56] Relativamente à aplicação deste artigo 4.º a situações de responsabilidade extracontratual ocorridas *on-line*, v. ANABELA SUSANA DE SOUSA GONÇALVES, «The application of the general rule of the Rome II Regulation on the internet torts», *Masaryk University Journal of Law and Technology*, vol. 9, number 1, summer 2014, pp. 57-68.

COOPERAÇÃO JUDICIÁRIA EM MATÉRIA CIVIL

atos de concorrência desleal e de atos que restrinjam a livre concorrência; o artigo 7.º, que abrange a responsabilidade decorrente de danos ambientais; o artigo 8.º, que disciplina as obrigações extracontratuais decorrentes da violação de direitos de propriedade intelectual[57]. Existem ainda normas de conflitos especiais aplicáveis ao enriquecimento sem causa (artigo 10.º), à gestão de negócios (artigo 11.º) e à responsabilidade pré-contratual (artigo 12.º).

O artigo 27.º do Regulamento disciplina as relações de Roma II com outros atos legislativos da União Europeia de acordo com o princípio da especialidade. Desta forma, estabelece-se uma prevalência das disposições da União que, em matérias concretas, estabeleçam normas específicas para as obrigações extracontratuais sobre as regras de Roma II. Quanto à relação do regime previsto em Roma II e as convenções internacionais que existam sobre a regulamentação conflitual das obrigações extracontratuais, o artigo 28.º, n.º 1, prevê um critério de prioridade temporal ao determinar que prevalecem sobre Roma II as convenções internacionais celebradas entre Estados-Membros e Estados terceiros até à data de aprovação do regulamento que contenham normas de conflitos sobre obrigações extracontratuais. O n.º 2 do referido artigo 28.º de Roma II prevê a prioridade do regime de Roma II sobre as convenções internacionais celebradas entre dois ou mais Estados-Membros dentro do âmbito de aplicação do Regulamento[58].

7.2.4. O Regulamento (CE) n.º 593/2008, de 17 de junho de 2008, relativo à lei aplicável às obrigações contratuais (Roma I), unifica o regime conflitual referente às obrigações contratuais em matéria civil e comercial e constitui, com algumas alterações e aperfeiçoamentos, a transposição da *Convenção de Roma sobre a Lei Aplicável às Obrigações Contratuais* para um ato legislativo da União, como podemos concluir pela leitura do seu artigo 24.º.

De acordo com o artigo 1.º, n.º 1, do Regulamento, ficam excluídas as matérias fiscais, aduaneiras e administrativas e as matérias enunciadas nos n.ºs 2 e 3 do artigo 1.º do Regulamento. Deste modo, estão excluídas do seu

---

[57] Sobre a aplicação do Regulamento Roma II a situações de responsabilidade civil que ocorrem na *Internet*, v. ANABELA SUSANA DE SOUSA GONÇALVES, «The application of the Rome II Regulation on the Internet Torts», *Masaryk University Journal of Law and Technology*, vol. 7, number 1, summer 2013, pp. 35-47.

[58] Note-se, todavia, que parecem não existir atualmente convenções internacionais exclusivamente entre Estados-Membros quanto a estas matérias: v. JAN VON HEIN, "Of Older Siblings and Distant Cousins: The Contribution of the Rome II Regulation to the Communitarisation of Private International Law", 73 *RabelsZ*, 2009 (3), p. 461, sec. 473.

DIREITO DA UNIÃO EUROPEIA – ELEMENTOS DE DIREITO E POLÍTICAS DA UNIÃO

âmbito de aplicação material, entre outras: as questões sobre o estado e a capacidade das pessoas singulares[59] [alínea *a*)]; as obrigações que decorrem de relações de família ou relações equiparadas, incluindo as obrigações de alimentos [alínea *b*)]; as obrigações resultantes de regimes de bens no casamento e relações equiparadas, e as sucessões [alínea *c*)]; as obrigações que decorrem de letras de câmbio, cheques, livranças e títulos negociáveis [alínea *d*)]; as convenções de arbitragem e de eleição de foro [alínea *e*)]; as questões reguladas pelo direito das sociedades, nomeadamente a constituição, a capacidade jurídica, o funcionamento, a dissolução das sociedades, a responsabilidade pessoal dos sócios ou dos titulares dos órgãos sociais face às obrigações da sociedade, entre outras situações de idêntica natureza elencadas na alínea *f*).

O Regulamento Roma I tem um âmbito de aplicação universal, nos termos do artigo 2.º, o que significa que a lei designada pelas normas de conflitos nele presentes é aplicável mesmo que aquela não pertença a um dos Estados-Membros. Nos termos do artigo 28.º, o Regulamento aplica-se aos contratos celebrados após 17 de dezembro de 2009.

A autonomia da vontade é um dos princípios estruturantes do Regulamento Roma I. As condições de validade da escolha da lei aplicável ao contrato estão previstas no artigo 3.º do Regulamento, podendo as partes escolher a lei aplicável à sua relação contratual, segundo a ideia que são elas que estão melhor posicionadas para tutelar os seus interesses, salvaguardando-se também a certeza e segurança jurídica e a previsibilidade quanto à lei aplicável. O artigo 4.º é norma de conflitos subsidiária, aplicável na ausência de escolha de lei, apresentando-se esta norma como um reflexo do princípio de proximidade. O Regulamento Roma I estabelece ainda normas de conflitos especiais relativas ao contrato de transporte (artigo 5.º), ao contrato de consumo (artigo 6.º)[60], ao contrato de seguro (artigo 7.º) e ao contrato de trabalho (artigo 8.º)[61].

---

[59] Salvaguardando-se o artigo 13.º do Regulamento.

[60] Sobre a regulamentação do contrato de consumo internacional, v. ANABELA SUSANA DE SOUSA GONÇALVES, «Evolução da regulamentação europeia dos contratos de consumo internacionais celebrados por via electrónica», *Scientia Iuridica*, 2013, n.º 331, pp. 5-32; e "E-commerce and the protection of the consumer in international contracts by the European Union law", in *Los servicios en el Derecho Internacional Privado, Jornadas de la ASADIP 2014*, José António Moreno Rodríguez/ /Cláudia Lima Marques (coord.), Grafia e Editora RJR, Porto Alegre/Asunción, 2014, pp. 709-731.

[61] Com uma visão mais desenvolvida do contrato de trabalho internacional no Regulamento Roma I, v. ANABELA SUSANA DE SOUSA GONÇALVES, "O contrato de trabalho internacional no Regula-

COOPERAÇÃO JUDICIÁRIA EM MATÉRIA CIVIL

De acordo com o princípio da especialidade, o Regulamento Roma I cede lugar perante normas previstas em outros atos legislativos da União que versem sobre matéria conflitual referente a obrigações contratuais, nos termos do artigo 23.º. Segundo o n.º 1 do artigo 25.º, o Regulamento não prejudica a aplicação de convenções internacionais cujo âmbito de aplicação coincida com o seu âmbito à data da sua aprovação. Todavia, o Regulamento prevalece face às convenções internacionais celebradas exclusivamente entre dois ou mais Estados-Membros.

7.3. Direito da família e sucessões

7.3.1. O Regulamento (CE) n.º 2201/2003, de 27 de novembro de 2003, relativo à competência, ao reconhecimento e à execução de decisões em matéria matrimonial e em matéria de responsabilidade parental (Bruxelas II *bis*), veio substituir o Regulamento (CE) n.º 1347/2000, de 29 de maio de 2000, relativo à competência, ao reconhecimento e à execução de decisões em matéria matrimonial e de regulação do poder paternal em relação a filhos comuns do casal (Bruxelas II). Este último regulamento, por sua vez, teve como precursor a *Convenção relativa à competência, ao reconhecimento e à execução de decisões em matéria matrimonial,* de 28 de maio de 1998, que o inspirou e que nunca chegou a entrar em vigor por falta de ratificação pelos Estados-Membros.

O Regulamento Bruxelas II *bis* deve ser articulado com o Regulamento Bruxelas I *bis*, em função do âmbito de competência. O Regulamento Bruxelas II *bis* visa uniformizar as regras de competência internacional, reconhecimento e execução de decisões em algumas questões matrimoniais e de responsabilidade parental na União Europeia[62].

Quanto ao seu âmbito material, segundo o artigo 1.º, n.º 1, alínea *a)*, o Regulamento Bruxelas II *bis* aplica-se às questões cíveis referentes ao divórcio, à separação de pessoas e bens e à anulação do casamento[63]. Todavia,

---

mento n.º 593/2008 (Roma I)", in *Para Jorge Leite, Escritos Jurídico-Laborais,* vol. I, Coimbra Editora, Coimbra, 2014, pp. 367-389.

[62] O Regulamento não se aplica à Dinamarca, de acordo com o seu considerando 31.

[63] De acordo com o relatório explicativo da *Convenção relativa à competência, ao reconhecimento e à execução de decisões em matéria matrimonial* elaborado por Alegría Borrás, aprovado pelo Conselho, que pode ser aproveitado como auxiliar interpretativo do Regulamento, este Regulamento não abrange o apuramento da validade de um casamento que se coloca como questão prejudicial, por exemplo, a uma questão de sucessão, uma vez que esta se situa fora do âmbito de aplicação material daquela regulamentação legal: Conselho Europeu, "Relatório explicativo da Convenção, elaborada

DIREITO DA UNIÃO EUROPEIA – ELEMENTOS DE DIREITO E POLÍTICAS DA UNIÃO

o considerando 8 esclarece que o Regulamento apenas é "(...) aplicável à dissolução do vínculo matrimonial e não deve abranger questões como as causas do divórcio, os efeitos patrimoniais do casamento ou outras eventuais medidas acessórias". Estão em causa apenas as decisões positivas que decretem o divórcio, a separação e a anulação do casamento[64]. O Regulamento aplica-se ainda às questões cíveis que envolvam a responsabilidade parental, desde a sua atribuição, o seu exercício, até à cessação, segundo o artigo 1.º, n.º 1, alínea b). Estas matérias estão enunciadas no n.º 2, que enumera as questões abarcadas pelo Regulamento Bruxelas II bis quanto à responsabilidade parental, designadamente, as matérias relativas: ao direito de guarda e ao direito de visita; à tutela, à curatela e institutos análogos; à nomeação e funções de pessoa ou organismo incumbido da pessoa ou bens da criança, da sua representação ou assistência; à colocação da criança numa família de acolhimento ou numa instituição; às medidas de proteção da criança relativas à administração, conservação e disposição do seu património. Excluem-se do seu âmbito de aplicação as matérias previstas no n.º 3, nomeadamente aquelas referentes: ao estabelecimento ou à impugnação da filiação; à adoção; aos nomes e aos apelidos da criança; à emancipação; aos alimentos; aos fideicomissos e às sucessões; às infrações penais cometidas por crianças. Por indicação do considerando 5, as disposições do regulamento também se aplicam às medidas de proteção da criança no âmbito da responsabilidade parental,

---

com base no artigo k.3 do Tratado da União Europeia, relativa à competência, ao reconhecimento e à execução de decisões em matéria matrimonial (texto aprovado pelo Conselho em 28 de maio de 1998) elaborado pela Prof.ª Dr.ª Alegría Borrás, Catedrática de Direito Internacional Privado da Universidade de Barcelona", § 27. Cf. PETER STONE, EU Private International Law, cit., p. 385.
[64] Este parece ser um entendimento consensual: v., neste sentido, MARIA HELENA BRITO, "O Regulamento (CE) n.º 2201/2003 do Conselho, de 27 de Novembro de 2003, relativo à competência, ao reconhecimento e à execução de decisões em matéria matrimonial e em matéria de responsabilidade parental", in Estudos em Memória do Professor Doutor António Marques dos Santos, vol. I, Jorge Miranda, Luís de Lima Pinheiro, Dário Moura Vicente (coord.), Almedina, Coimbra, 2005, p. 335; ALFONSO-LUÍS CALVO CARAVACA/JAVIER CARRASCOSA GONZÁLEZ, Derecho Internacional Privado, vol. II, 9.ª ed., Comares Editorial, Granada, 2008, p. 196; ANABELA SUSANA DE SOUSA GONÇALVES, "Âmbito de aplicação do Regulamento n.º 2201/2003 e reconhecimento de decisões em matéria matrimonial, Acórdão do Tribunal da Relação do Porto de 15 de Janeiro de 2013, Processo 2186/06", CDP, n.º 44 (outubro/dezembro 2013), p. 53; LUÍS DE LIMA PINHEIRO, "O reconhecimento de decisões estrangeiras em matéria matrimonial e de responsabilidade parental, Regulamento (CE) n.º 2201/2003, do Conselho, de 27 de Novembro de 2003", Estudos de Direito Internacional Privado, Contratos, Obrigações Extracontratuais, Insolvência, Operações Bancárias, Operações Sobre Instrumentos Financeiros e Reconhecimento de Decisões Judiciais, vol. II, Almedina, Coimbra, 2009, p. 70; PETER STONE, EU Private International Law, cit., p. 397.

COOPERAÇÃO JUDICIÁRIA EM MATÉRIA CIVIL

esclarecendo o considerando 9 quais as referentes aos bens da criança que estão abrangidas pelo regulamento. O Regulamento Bruxelas II é aplicável às decisões proferidas pelos tribunais[65] dos Estados-Membros[66], segundo o artigo 21.º, n.º 1, cuja competência é determinada de acordo com as regras previstas nos artigos 3.º e segs.

De acordo com o artigo 72.º, o Regulamento entrou em vigor em 1 de agosto de 2004 e, nos termos do artigo 72.º, n.º 2, é aplicável a partir de 1 de março de 2005 às ações judiciais, atos autênticos e acordos entre as partes posteriores a esta data (artigo 64.º, n.º 1). Todavia, o artigo 64.º, n.ºs 2, 3 e 4, prevê algumas situações em que o Regulamento se aplica a processos instaurados em momento anterior.

No âmbito do divórcio, separação e anulação do casamento a regra de competência encontra-se no artigo 3.º, onde se estabelece um conjunto de fatores atributivos de competência que funcionam de forma alternativa. Já as regras de competência referentes à responsabilidade parental foram inspiradas no superior interesse da criança e, nesta medida, no princípio de proximidade, como pode ler-se no considerando 12. Estão previstas na secção segunda, do Capítulo II, do Regulamento. A regra geral é a do artigo 8.º que atribui competência aos tribunais do Estado-Membro onde resida da criança à data em que o processo seja instaurado no tribunal[67]. O sistema de reconhecimento previsto no Regulamento Bruxelas II *bis* baseia-se no princípio do reconhecimento mútuo, pois, de acordo com o artigo 21.º, n.º 1, "[a]s decisões proferidas num Estado-Membro são reconhecidas nos outros Estados-Membros, sem quaisquer formalidades". O Regulamento Bruxelas II *bis* adota o sistema do reconhecimento automático das decisões em matéria matrimonial e de responsabilidade parental provenientes de outro Estado-Membro (artigo 21.º, n.º 1)[68].

---

[65] Tribunal no sentido estabelecido pelo artigo 2.º, n.º 1, como aquela autoridade que no Estado-Membro tem competência nas questões que constam do âmbito de aplicação material do regulamento.

[66] Com exclusão da Dinamarca, de acordo com o artigo 2.º, n.º 3.

[67] Sobre a regulamentação da responsabilidade parental no Regulamento Bruxelas I *bis* e especificamente sobre a questão da deslocação ou retenção ilícita de crianças, v. ANABELA SUSANA DE SOUSA GONÇALVES, "A deslocação ou retenção ilícitas de crianças no Regulamento n.º 2201/2003 (Bruxelas II *bis*)", *Cuadernos de Derecho Transnacional*, marzo 2014, vol. 6, n.º 1, pp. 147-160; e "The Rinau Case and the wrongful removal or retention of children", *Unio EU Law Journal*, No. 0, pp. 124-146.

[68] V. o Capítulo III do Regulamento. Cf., comentando uma decisão em que estava em causa o reconhecimento em Portugal de um divórcio decertado no Reino Unido, ANABELA SUSANA DE SOUSA

No Capítulo IV do Regulamento Bruxelas II *bis* é ainda estabelecido um sistema de cooperação entre autoridades centrais em questões de responsabilidade parental[69].

O Regulamento Bruxelas II *bis* tem prevalência em relação a convenções já existentes entre dois ou mais Estados-Membros à data da sua entrada em vigor e que versem sobre as matérias por ele abarcadas (artigo 59.º, n.º 1). Quanto às convenções multilaterais, estabelece o artigo 60.º que o Regulamento Bruxelas II *bis* tem prioridade sobre: a *Convenção da Haia, de 5 de outubro de 1961, relativa à competência das autoridades e à lei aplicável em matéria de proteção de menores*; a *Convenção do Luxemburgo, de 8 de setembro de 1967, sobre o reconhecimento das decisões relativas ao vínculo conjugal*; a *Convenção da Haia, de 1 de junho de 1970, sobre o reconhecimento dos divórcios e separação de pessoas*; a *Convenção Europeia, de 20 de maio de 1980, sobre o reconhecimento e a execução das decisões relativas à custódia de menores e sobre o restabelecimento da custódia de menores*; a *Convenção da Haia, de 25 de outubro de 1980, sobre os aspetos civis do rapto internacional de crianças*. As relações do Regulamento Bruxelas II *bis* com a *Convenção da Haia, de 19 de outubro de 1996, relativa à competência, à lei aplicável, ao reconhecimento, à execução e à cooperação em matéria de poder paternal e de medidas de proteção de menores* estão disciplinadas no artigo 61.º, onde se estabelece a prevalência das regras do regulamento quando a criança reside habitualmente num Estado-Membro ou quando está em causa o reconhecimento e execução da decisão no território de um Estado-Membro, sendo esta oriunda do tribunal competente de outro Estado-Membro, ainda que a criança resida num Estado, que, não integrando a União, seja parte contratante daquela Convenção. De acordo com o artigo 63.º, n.º 1, as regras presentes na Concordata de 7 de maio de 1940 entre a Santa Sé e Portugal[70] não são afetadas pelo Regulamento. Além disso, segundo o n.º 2 da mesma disposição legal, as decisões dos tribunais eclesiásticos, tomadas ao abrigo daquela Concordata, sobre a invalidade do casamento são reconhecidas nos Estados-Membros de acordo com o estabelecido nos artigos 21.º a 27.º do Regulamento Bruxelas II *bis*. Idêntico regime está previsto para as concor-

---

GONÇALVES, "Âmbito de aplicação do Regulamento n.º 2201/2003 e reconhecimento de decisões em matéria matrimonial, Acórdão do Tribunal da Relação do Porto de 15 de Janeiro de 2013, Processo 2186/06", *cit.*, pp. 37-57.

[69] A autoridade central em Portugal é a Direcção-Geral de Reinserção Social.

[70] Esta foi substituída entretanto pela Concordata entre a Santa Sé e Portugal, assinada a 18 de maio de 2004.

COOPERAÇÃO JUDICIÁRIA EM MATÉRIA CIVIL

datas celebradas pela Espanha e Itália com a Santa Sé, nos termos do n.º 3 do artigo 63.º. Com exceção destas situações, é entendimento consensual que estão fora do âmbito do regulamento as decisões resultantes de processos de carácter religioso[71].

7.3.2. O Regulamento (CE) n.º 4/2009, de 18 de dezembro de 2008, relativo à competência, à lei aplicável, ao reconhecimento e à execução das decisões e à cooperação em matéria de obrigações alimentares, é aplicável às obrigações alimentares decorrentes das relações de família, de parentesco, de casamento ou de afinidade (artigo 1.º, n.º 1).

O Regulamento (CE) n.º 4/2009 foi elaborado com o objetivo de permitir que a decisão que um credor de alimentos obteve num Estado-Membro tenha automaticamente força executória no espaço da União Europeia (considerando 9)[72], Possibilitando a cobrança efetiva e célere deste tipo de créditos. Para alcançar este objetivo o Regulamento é composto por regras de competência internacional (Capítulo II) e simplifica o procedimento de reconhecimento e execução de decisões (Capítulo IV), através de um sistema de reconhecimento automático e de um procedimento célere que permite ao credor de alimentos cobrar rapidamente a prestação de alimentos determinada na decisão. Decisão que é entendida num sentido amplo de qualquer decisão proferida por um tribunal num Estado-Membro independentemente da sua designação como acórdão, sentença, despacho judicial,

---

[71] Neste sentido, MARIA HELENA BRITO, "O Regulamento (CE) n.º 2201/2003 do Conselho, de 27 de Novembro de 2003, relativo à competência, ao reconhecimento e à execução de decisões em matéria matrimonial e em matéria de responsabilidade parental", *cit.*, p. 318; ALFONSO-LUÍS CALVO CARAVACA/JAVIER CARRASCOSA GONZÁLEZ, *Derecho Internacional Privado, cit.*, vol. II, p. 170; LUÍS DE LIMA PINHEIRO, "O reconhecimento de decisões estrangeiras em matéria matrimonial e de responsabilidade parental, Regulamento (CE) n.º 2201/2003, do Conselho, de 27 de Novembro de 2003", *cit.*, p. 70. Isto também resulta do relatório elaborado por ALEGRÍA BORRÁS a propósito da *Convenção relativa à competência, ao reconhecimento e à execução de decisões em matéria matrimonial*: Conselho Europeu, "Relatório explicativo da Convenção, elaborada com base no artigo K.3 do Tratado da União Europeia, relativa à competência, ao reconhecimento e à execução de decisões em matéria matrimonial", *cit.*, pp. 27 e segs., § 20.

[72] De acordo com o considerando 47, o Reino Unido não ficaria vinculado por este regulamento. Todavia, através da Decisão da Comissão de 8 de junho de 2009 sobre a intenção do Reino Unido de aceitar o Regulamento (CE) n.º 4/2009 relativo à competência, à lei aplicável, ao reconhecimento e à execução das decisões e à cooperação em matéria de obrigações alimentares, o regulamento tornou-se aplicável neste Estado. Também a Dinamarca, apesar do referido no considerando 48, declarou a intenção de aplicar o conteúdo do regulamento.

DIREITO DA UNIÃO EUROPEIA – ELEMENTOS DE DIREITO E POLÍTICAS DA UNIÃO

mandato de execução (artigo 2.º, n.º 1, 1)[73]. O regulamento aplica-se não só às decisões judiciais relativas às obrigações alimentares, como àquelas proferidas pelas autoridades administrativas dos Estados-Membros, desde que estejam salvaguardadas as garantias de imparcialidade dessas entidades e de audição das partes (artigo 2.º, n.º 2). É também assegurado nos termos do Regulamento o reconhecimento e a execução das transações judiciais e dos atos autênticos (considerando 13 e artigo 48.º).

O Regulamento (CE) n.º 4/2009 remete a determinação da lei aplicável para o *Protocolo da Haia, de 23 de novembro de 2007, sobre a lei aplicável às obrigações alimentares* (artigo 15.º), nos Estados-Membros vinculados por esse instrumento internacional. Ora, a sujeição ou não dos Estados-Membros ao referido *Protocolo da Haia* e a sua consequente aplicação determina que o reconhecimento e execução das decisões provenientes desses Estados se façam de acordo com a secção 1 (decisões proferidas num Estado-Membro vinculado pelo *Protocolo da Haia*, de 2007) ou secção 2 (decisões não proferidas num Estado-Membro vinculado pelo *Protocolo da Haia*, de 2007) do Capítulo IV, respetivamente.

É ainda estabelecido neste regulamento um regime de apoio judiciário (Capítulo V) e um sistema de cooperação entre autoridades centrais dos vários Estados-Membros (Capítulo VII)[74].

De acordo com o artigo 76.º do Regulamento (CE) n.º 4/2009, este é aplicável a partir de 18 de junho de 2011, sob condição de nessa data o *Protocolo de Haia de 23 de novembro de 2007, sobre a lei aplicável às obrigações alimentares*, já ser aplicável na União. Todavia, o artigo 4.º da *Decisão do Conselho 2009/941/CE, de 30 de novembro, relativa à celebração pela Comunidade Europeia do Protocolo da Haia, de 23 de novembro de 2007, sobre a lei aplicável às obrigações alimentares*[75], estabelece que as normas do referido Protocolo serão aplicadas na União a título provisório a partir de 18 de junho de 2011, se este ainda não tiver entrado em vigor nesta data.

O Regulamento (CE) n.º 4/2009 substitui as disposições do Regulamento Bruxelas I em matéria de obrigações alimentares (artigo 68.º, n.º 1) e do Regulamento (CE) n.º 805/2004, salvo em relação aos títulos executivos europeus emitidos num Estado-Membro não vinculado pelo *Protocolo da Haia* (artigo 68.º, n.º 2). Nos termos do artigo 68.º, n.º 3, o regulamento

---

[73] Assim como a fixação pelo secretário do tribunal do montante das custas ou despesas do processo.
[74] Em Portugal, a autoridade central é a Direcção-Geral da Administração da Justiça.
[75] Este protocolo entrou em vigor em 1 de agosto de 2013.

COOPERAÇÃO JUDICIÁRIA EM MATÉRIA CIVIL

não prejudica a aplicação da Diretiva 2003/8/CE, todavia, prevalecem as disposições nele previstas sobre apoio judiciário. Têm prioridade sobre as regras do regulamento as convenções internacionais que já existiam à data da aprovação do regulamento nas matérias por ele abrangidas (artigo 69.º, n.º 1). Porém, em relação às matérias referentes às obrigações alimentares, as regras do regulamento prevalecem sobre aqueles acordos ou convenções nos quais são partes apenas os Estados-Membros (artigo 69.º, n.º 2), com as salvaguardas estabelecidas no n.º 3 do artigo 69.º.

7.3.3. O Regulamento (CE) n.º 1259/2010, de 20 de dezembro de 2010, que cria uma cooperação reforçada no domínio da lei aplicável em matéria de divórcio e separação judicial foi concebido para regular o conflito de leis em questões de divórcio e separação judicial, visando a segurança jurídica, a previsibilidade e a flexibilidade na cessação dos casamentos transnacionais, tendo em conta o número crescente de casamentos transnacionais que se verifica na União Europeia. Esta realidade foi reconhecida pela Comissão Europeia, ao afirmar que "[e]m cerca de 122 milhões de casamentos na União há praticamente 16 milhões (13%) que apresentam essa dimensão transnacional"[76]. Porém, o Regulamento em causa tem ainda, como objetivo, "(...) impedir situações em que um cônjuge pede o divórcio antes do outro para que o processo seja regido por uma lei específica, que considera mais favorável à salvaguarda dos seus interesses"[77]. A possibilidade de aquele que previne a jurisdição escolher o foro em função da lei aplicável que melhor tutelaria os seus interesses era uma realidade potenciada pelo Regulamento Bruxelas II *bis*, que em matéria de divórcio e separação estabelece um conjunto de fatores atributivos de jurisdição que funcionam de forma alternativa (artigo 3.º), permitindo ao autor da ação escolher aquele foro que o pode favorecer (em função da lei aplicável por aquele tribunal em concreto). Tendo em conta o princípio da igualdade entre as partes, era necessário evitar estas situações de *forum shopping*, estabelecendo regras de conflitos uniformes para estas questões: desta forma, onde quer que a ação seja intentada serão aplicadas as mesmas normas de conflitos e, por essa via, será aplicada a mesma lei. Todavia, este objetivo sai gorado pelo facto de este

---

[76] Comissão Europeia, *Comunicação da Comissão ao Parlamento Europeu, ao Conselho, ao Comité Económico e Social Europeu e ao Comité das Regiões, Eliminar as incertezas ligadas aos direitos patrimoniais dos casais internacionais*, COM(2011) 125 final, Bruxelas, 16 de março de 2011, p. 2.

[77] Considerando 9.

DIREITO DA UNIÃO EUROPEIA – ELEMENTOS DE DIREITO E POLÍTICAS DA UNIÃO

Regulamento ter sido adotado no âmbito de uma cooperação reforçada de acordo com a autorização dada na Decisão 2010/405/UE, segundo o artigo 329.º, n.º 1, do TFUE. Assim sendo, este Regulamento apenas é aplicável na Bélgica, na Bulgária, na Alemanha, em Espanha, em França, em Itália, na Letónia, no Luxemburgo, na Hungria, em Malta, na Áustria, em Portugal, na Roménia e na Eslovénia. Por força da Decisão 2012/714/UE passou também a ser aplicado na Lituânia desde 22 de maio de 2014[78].

O Regulamento (CE) n.º 1259/2010 uniformiza as normas de conflitos em matéria de divórcio e separação judicial (artigo 1.º), não afetando a aplicação do Regulamento Bruxelas II *bis* (artigo 2.º). Estão excluídas do âmbito de aplicação do Regulamento as matérias enunciadas no n.º 2 do artigo 1.º: a capacidade jurídica das pessoas singulares [alínea *a)*]; a existência, validade ou reconhecimento de um casamento [alínea *b)*]; a situação de anulação de um casamento [alínea *c)*]; os efeitos patrimoniais do casamento [alínea *d)*]; a responsabilidade parental [alínea *f)*]; as obrigações alimentares [alínea *g)*]; questões sucessórias [alínea *h)*]; entre outras.

Estamos perante um instrumento jurídico de aplicação universal (artigo 4.º), no sentido em que a lei designada pelas normas de conflitos do regulamento é aplicável ainda que esta seja de um Estado-Membro não participante no âmbito da cooperação reforçada que deu origem a este regulamento. Quanto ao seu âmbito de aplicação espacial, é aplicável desde 21 de junho de 2012 (artigo 21.º).

A autonomia da vontade é um dos princípios centrais deste Regulamento, permitindo-se aos cônjuges a escolha da lei aplicável ao divórcio e à separação judicial, sendo, todavia, esta escolha limitada a uma das leis elencadas no artigo 5.º. Na ausência de escolha de lei, será aplicável a ordem jurídica indicada pelo artigo 8.º, norma supletivamente aplicável.

Nos termos do artigo 19.º, n.º 1, prevalecem sobre as regras do Regulamento as convenções internacionais que versam sobre as mesmas matérias e de que os Estados-Membros participantes sejam partes à data da adoção do regulamento ou da adoção da decisão enunciada no artigo 331.º, 2.º ou 3.º §§, do TFUE. Todavia, o regulamento terá prioridade sobre as convenções internacionais celebradas exclusivamente entre Estados-Membros participantes (artigo 19.º, n.º 2).

---

[78] Artigo 4.º da Decisão 2012/714/UE.

COOPERAÇÃO JUDICIÁRIA EM MATÉRIA CIVIL

7.4. Aspetos processuais e questões conexas

7.4.1. O Regulamento (CE) n.º 1393/2007, de 13 de novembro de 2007, relativo à citação e à notificação de atos judiciais e extrajudiciais em matéria civil e comercial nos Estados-Membros ("citação e notificação de actos"), veio revogar o Regulamento (CE) n.º 1348/2000, de 29 de maio 2000, relativo à citação e à notificação dos atos judiciais e extrajudiciais em matérias civil e comercial dos Estados-Membros. Aquele Regulamento visa simplificar e acelerar a transmissão dos atos judiciais e extrajudiciais entre os Estados-Membros através de meios fiáveis, permitindo, desta forma, promover a celeridade da resolução dos litígios. Foi precedido da *Convenção relativa à citação e notificação dos atos judiciais e extrajudiciais em matérias civil e comercial nos Estados-Membros da União Europeia*[79]. Esta Convenção não entrou em vigor, mas serviu de base aos regulamentos sobre citação e notificação de atos, como é reconhecido no considerando 4 do Regulamento (CE) n.º 1393/2007.

O Regulamento (CE) n.º 1393/2007 só é aplicável à citação e notificação de atos judiciais e extrajudiciais em matéria civil ou comercial, excluindo-se as matérias fiscais, aduaneiras ou administrativas e as questões relativas à responsabilidade do Estado no exercício do poder público (artigo 1.º, n.º 1). É aplicável à transmissão, citação e notificação dos atos judiciais (segundo as regras previstas nos artigos 4.º a 15.º), podendo os atos extrajudiciais ser transmitidos de acordo com as suas regras (artigo 16.º). Está excluída do âmbito de aplicação do Regulamento, segundo o considerando 8, a "(...) citação ou notificação de um acto ao representante de uma das partes no Estado-Membro onde decorre a acção, independentemente do local de residência da referida parte".

As regras presentes no Regulamento são aplicáveis desde 13 de novembro de 2008, nos termos do artigo 26.º, e têm prioridade sobre normas previstas em convenções ou acordos bilaterais nas relações entre os Estados dentro do seu âmbito de aplicação, nomeadamente sobre a *Convenção da Haia, de 15 de novembro de 1965, relativa à citação e à notificação no estrangeiro dos atos judiciais e extrajudiciais em matéria civil e comercial* (artigo 20.º).

---

[79] Aprovada por "Acto do Conselho de 26 de Maio de 1997 que estabelece a Convenção relativa à Citação e Notificação dos Actos Judiciais e Extrajudiciais em Matérias Civil e Comercial nos Estados-Membros da União Europeia".

385

DIREITO DA UNIÃO EUROPEIA – ELEMENTOS DE DIREITO E POLÍTICAS DA UNIÃO

7.4.2. Sobre a obtenção de provas no estrangeiro em matéria civil ou comercial, aquando da elaboração do Regulamento n.º 1206/2001, de 28 de maio 2001, relativo à cooperação entre os tribunais dos Estados-Membros no domínio da obtenção de provas em matéria civil ou comercial, já existia a *Convenção da Haia, de 18 de março de 1970, sobre a obtenção de provas no estrangeiro em matéria civil ou comercial*, aplicável em Portugal desde 11 de maio de 1975. Todavia, nem todos os Estados-Membros tinham aderido a esta Convenção e era necessário um instrumento na União que, através de normas uniformes, facilitasse a obtenção de provas num Estado-Membro relativas a um processo a decorrer noutro Estado-Membro.

O Regulamento (CE) n.º 1206/2001 é aplicável à obtenção de provas em matéria civil ou comercial, no âmbito de um processo judicial já iniciado ou previsto, quando o tribunal de um Estado-Membro (tribunal requerente) solicite ao tribunal competente de outro Estado-Membro (tribunal requerido) a obtenção de provas ou requeira a obtenção direta de prova noutro Estado-Membro, de acordo com os artigos 1.º, n.ᵒˢ 1, alíneas *a)* e *b)*, e 2, e 2.º, n.º 1.

Este Regulamento prevalece sobre os acordos e convenções de que Estados-Membros são parte nas relações entre eles estabelecidas (artigo 21.º, n.º 1), inclusive sobre a *Convenção da Haia, de 1 de março de 1954, relativa ao processo civil*, e a *Convenção da Haia, de 18 de março de 1970, sobre obtenção de provas no estrangeiro em matéria civil ou comercial*. É aplicável na União desde 1 de janeiro de 2004 (artigo 24.º).

7.4.3. A Diretiva 2002/8/CE, de 27 de janeiro de 2003, relativa à melhoria do acesso à justiça nos litígios transfronteiriços, através do estabelecimento de regras mínimas comuns relativas ao apoio judiciário no âmbito desses litígios, visa permitir um verdadeiro acesso à justiça nos litígios transfronteiriços em matéria civil e comercial, através do estabelecimento de regras comuns mínimas[80]. Reconhece-se que os custos associados aos litígios transfronteiriços podem ser elevados. Não só os custos inerentes a litigar num país estrangeiro (o que pode envolver deslocações a esse país), assim como eventuais traduções de documentos, despesas de interpretação e até as despesas resultantes da resolução de questões complexas que podem passar pelo apuramento de uma lei estrangeira aplicável.

---

[80] O que não invalida que os Estados-Membros possam estabelecer regras mais favoráveis aos beneficiários do apoio judiciário, nos termos do artigo 19.º da Diretiva.

COOPERAÇÃO JUDICIÁRIA EM MATÉRIA CIVIL

A Diretiva aplica-se aos litígios transnacionais, no sentido previsto no artigo 2.º, em matéria civil e comercial, excluindo-se as matérias fiscais, aduaneiras e administrativas, de acordo com o artigo 1.º, n.º 2. Litígio transfronteiriço, para efeitos da Diretiva, é aquele "(...) em que a parte que requer apoio judiciário na acepção da presente Directiva tem domicílio ou reside num Estado-Membro diferente do Estado-Membro do foro ou em que a decisão deve ser executada", no momento em que é apresentado o pedido de apoio judiciário, nos termos do artigo 2.º, n.ᵒˢ 1 e 3. O regime estabelecido na Diretiva pode também abranger os procedimentos extrajudiciais, se estes decorrerem de ordem do tribunal ou de imperativo legal, segundo o artigo 10.º. Compreende ainda a execução de instrumentos autênticos noutros Estados-Membros (artigo 11.º).

A Diretiva 2002/8/CE foi transposta para a ordem jurídica nacional pela Lei n.º 34/2004, de 29 de julho (alterada pela Lei n.º 47/2007, de 8 de agosto), e pelo DL n.º 71/2005, de 17 de março.

7.4.4. O Regulamento (CE) n.º 805/2004, de 21 de abril de 2004, que cria o título executivo europeu para créditos não contestados, modificado pelo Regulamento (CE) n.º 1869/2005, de 16 de novembro de 2005, institui na União regras mínimas para a atribuição do título executivo europeu, de modo a que possam ser eliminadas as formalidades subjacentes ao reconhecimento e à execução destas decisões, conseguindo-se uma execução mais célere, eficaz e menos dispendiosa para o credor.

O Regulamento (CE) n.º 805/2004 é aplicável a matérias civis e comerciais, estando excluídas as matérias fiscais, aduaneiras e administrativas, a responsabilidade do Estado no exercício do seu poder público (artigo 1.º, n.º 1) e as questões elencadas no n.º 2 do artigo 1.º. De acordo com artigo 3.º, n.º 1, abrange as decisões[81], transações judiciais e instrumentos autênticos sobre créditos não contestados e, nos termos do n.º 2 da mesma disposição legal "(...) é igualmente aplicável às decisões proferidas na sequência de impugnação de decisões, transacções judiciais ou instrumentos autênticos certificados como Título Executivo Europeu". O conceito de instrumento autêntico está definido no artigo 4.º, n.º 3, como "[u]m documento que tenha sido formalmente redigido ou registado como autêntico e cuja

---

[81] O artigo 4.º, n.º 1, estabelece uma noção autónoma de decisão como qualquer decisão proferida por um órgão jurisdicional de um Estado-Membro, incluindo a fixação das custas judiciais pelo secretário do tribunal.

DIREITO DA UNIÃO EUROPEIA – ELEMENTOS DE DIREITO E POLÍTICAS DA UNIÃO

autenticidade: *i)* esteja associada à assinatura e ao conteúdo do instrumento; e *ii)* tenha sido estabelecida por uma autoridade pública ou outra autoridade competente para o efeito no Estado-Membro em que tiver origem; ou *b)* [u]ma convenção em matéria de obrigações alimentares celebrada perante autoridades administrativas ou por elas autenticada". O artigo 3.º, n.º 1, estabelece as situações em que um crédito é não contestado para efeitos de aplicação do regulamento, como: no caso de existir admissão de dívida perante um tribunal; na ausência de contestação[82]; no caso de admissão tácita do crédito; se a ausência do devedor na audiência relativa ao crédito tiver esse efeito de acordo com a lei do Estado-Membro de origem, no caso de reconhecimento expresso de dívida por documento autêntico. Ainda de acordo com o considerando 5, o crédito não contestado deverá abarcar "(...) todas as situações em que o credor, estabelecida a não contestação pelo devedor quanto à natureza ou dimensão de um crédito pecuniário, tenha obtido uma decisão judicial ou um título executivo contra o devedor que implique a confissão da dívida por parte deste, quer se trate de transacção não homologada pelo tribunal, quer de um instrumento autêntico".

De acordo com o artigo 33.º, o Regulamento (CE) n.º 805/2004 é aplicável na União desde 21 de outubro de 2005, sendo, nos termos do artigo 26.º, aplicável "(...) às decisões proferidas por um tribunal, às transacções judiciais homologadas por um tribunal ou celebradas por um tribunal e aos documentos formalmente redigidos ou registados como instrumentos autênticos (...)" após 21 de janeiro de 2005, data da entrada em vigor do Regulamento (artigo 33.º).

7.4.5. A Diretiva 2004/80/CE, de 29 de abril de 2004, relativa à indemnização das vítimas da criminalidade, visa garantir, na União, o acesso à indemnização por parte das vítimas de criminalidade nas situações transnacionais. Através desta Diretiva procurou-se simplificar o ressarcimento da vítima quando o crime ocorre num Estado-Membro diferente daquele onde o requerente da indemnização tem a sua residência habitual (artigo 1.º). É reconhecido no considerando 10 da Diretiva que "[f]requentemente, as vítimas de criminalidade não podem obter uma indemnização junto do autor da infracção, visto que este pode não dispor dos meios necessários para dar cumprimentos a uma decisão de indemnização, ou porque o autor da infracção não pode ser identificado ou sujeito a acção penal". Por isso, é

[82] O considerando 6 explicita as formas que pode revestir a ausência de dedução da oposição.

388

COOPERAÇÃO JUDICIÁRIA EM MATÉRIA CIVIL

estabelecido no artigo 2.º da Diretiva que "[a] indemnização deve ser paga pela autoridade competente do Estado-Membro em cujo território o crime foi praticado", existindo uma autoridade de decisão que decidirá sobre os pedidos de indemnização que lhe forem feitos (artigo 3.º, n.º 2)[83].

A Diretiva 2004/80/CE foi transposta para a ordem jurídica portuguesa pela Lei n.º 31/2006, de 21 de julho, que alterou o DL n.º 423/91, de 30 de outubro. Este decreto-lei foi posteriormente revogado pela Lei n.º 104/2009, de 14 de setembro, que aprova o regime da concessão de indemnização às vítimas de crimes violentos e de violência doméstica[84].

7.4.6. O Regulamento (CE) n.º 1896/2006, de 12 de dezembro de 2006, que cria um procedimento europeu de injunção de pagamento, foi adotado pela União, pois reconheceu-se a relevância de receber de forma célere e eficiente as dívidas pendentes juridicamente não controvertidas, uma vez que "(...) os atrasos de pagamento representam uma das principais causas de falência que ameaçam a sobrevivência das empresas, em especial das pequenas e médias empresas, e provocam a queda de inúmeros postos de trabalho", como pode ler-se no seu considerando 6. Este Regulamento cria um procedimento europeu para a cobrança de dívidas de natureza transfronteiriça não contestadas, visando-se reduzir os custos destas cobranças, simplificar o procedimento e a execução das injunções, permitindo a cobrança efetiva e rápida das dívidas, através da "(...) livre circulação das injunções de pagamento europeias em todos os Estados-Membros", como é referido no artigo 1.º, n.º 1, alínea *b*).

O Regulamento (CE) n.º 1896/2006 é aplicável em matérias civis e comerciais, em que pelo menos uma das partes, no momento em que é apresentado o requerimento de injunção de pagamento europeia, tem residência habitual ou domicílio num Estado-Membro diferente do Estado-Membro onde se localiza o tribunal demandado (artigos 2.º, n.º 1, e 3.º, n.os 1 e 2)[85]. Estão excluídas as matérias que tenham uma natureza fiscal, aduaneira e

---

[83] Em Portugal, a autoridade de decisão é a Comissão de Proteção às Vítimas de Crimes, segundo informação presente em *http://ec.europa.eu/justice_home/judicialatlascivil/html/cv_assisting_pt.jsp?countrySession=10&#statePage3*, em 3 de dezembro de 2011.

[84] A Comissão de Proteção às Vítimas de Crimes foi regulamentada pelo DL n.º 120/2010, de 27 de outubro.

[85] Para apurar a noção de domicílio deve recorrer-se aos artigos 62.º e 63.º do Regulamento Bruxelas I, de acordo com o estabelecido no n.º 2 do artigo 3.º do Regulamento (CE) n.º 1896/2006 e no artigo 80.º do Regulamento Bruxelas I *bis*.

DIREITO DA UNIÃO EUROPEIA – ELEMENTOS DE DIREITO E POLÍTICAS DA UNIÃO

administrativa, aquelas referentes à responsabilidade do Estado no exercício do poder público e as matérias enumeradas no n.º 2 do artigo 2.º.

O Regulamento (CE) n.º 1896/2006 é aplicado na União desde 13 de dezembro de 2008.

7.4.7. O Regulamento (CE) n.º 861/2007, de 11 de julho de 2007, que estabelece um processo europeu para ações de pequeno montante, visa criar uma tramitação simplificada para ações transfronteiriças de pequeno montante, que permita uma decisão judicial célere e com menos despesas para as partes. Simultaneamente, pretendeu-se facilitar o reconhecimento e execução destas decisões, eliminando-se qualquer processo intermédio. O objetivo é promover o exercício dos direitos individuais em condições de igualdade na União, pois, como é referido no considerando 7, "[a]s distorções da concorrência no mercado interno decorrentes de desequilíbrios no funcionamento dos meios processuais facultados aos credores nos diferentes Estados-Membros carecem de legislação comunitária que garanta condições idênticas para os credores e os devedores em toda a União Europeia".

O Regulamento (CE) n.º 861/2007 aplica-se a processos transfronteiriços de natureza civil ou comercial, cujo valor não ultrapasse os € 2000 (excluindo juros, custos e outras despesas), independentemente da natureza do órgão jurisdicional[86], de acordo com o artigo 2.º, n.º 1, 1.ª parte. A natureza transfronteiriça do caso é avaliada nos termos do artigo 3.º, correspondendo àquelas situações em que uma das partes tem residência habitual ou domicílio num Estado-Membro que não é aquele a que pertence o órgão jurisdicional em que o caso foi apresentado[87], no momento em que o requerimento é entregue ao órgão jurisdicional. Nos termos da 2.ª parte da mesma disposição legal, estão excluídas do âmbito de aplicação material do regulamento as situações de natureza fiscal, aduaneira e administrativa, os casos de responsabilidade civil do Estado no exercício do poder público e as questões enumeradas no n.º 2 da referida norma.

---

[86] Todavia, de acordo com o considerando 27 do Regulamento, "[o] órgão jurisdicional deverá integrar uma pessoa com competência para exercer as funções de juiz nos termos da lei nacional". Em Portugal serão os Tribunais de Comarca, de acordo com a *Informação comunicada pelos Estados-Membros em conformidade com o artigo 25.º do Regulamento (CE) n.º 861/2007 do Parlamento Europeu e do Conselho, de 11 de julho de 2007, que estabelece um processo europeu para ações de pequeno montante.*

[87] O domicílio é apurado nos termos dos artigos 62.º e 63.º do Regulamento Bruxelas I *bis*, de acordo com o estabelecido no n.º 2 do artigo 3.º do Regulamento (CE) n.º 861/2007 e no artigo 80.º do Regulamento Bruxelas I *bis*.

COOPERAÇÃO JUDICIÁRIA EM MATÉRIA CIVIL

O Regulamento (CE) n.º 861/2007 é aplicável na União desde 1 de janeiro de 2009.

7.4.8. A Diretiva 2008/52/CE, de 21 de maio de 2008, relativa a certos aspetos de mediação em matéria civil e comercial, visa enquadrar normativamente a mediação em matéria civil e comercial, por forma a incentivar o recurso a este meio alternativo de resolução de litígios. As vantagens da mediação como meio de resolução extrajudicial de litígios são evidentes. É um meio menos oneroso de resolução de litígios, mais célere e possibilita que as partes mantenham uma relação estável que permita a manutenção de relações jurídicas entre elas. É também um processo de resolução de litígios bastante flexível, que, regra geral, está dependente de um acordo de ambas as partes[88], o que é uma garantia do cumprimento voluntário da decisão resultante da mediação.

A Diretiva 2008/52/CE abrange a mediação nos litígios transfronteiriços em matéria civil e comercial, aplicando-se apenas a direitos disponíveis nos termos da lei aplicável, de acordo com o artigo 1.º, n.º 2, 1.ª parte. Estão ainda excluídos do âmbito de aplicação material do regime previsto na referida diretiva as matérias fiscais, aduaneiras ou administrativas e as questões de responsabilidade civil do Estado no exercício da sua autoridade pública, de acordo com a segunda parte da mesma disposição legal. A Diretiva, no seu artigo 2.º, estabelece o conceito de litígio transfronteiriço, caracterizando-o como aquele em que pelo menos uma das partes tem domicílio ou residência habitual[89] num Estado-Membro diferente do domicílio ou residência habitual de qualquer uma das outras partes no momento: do recurso à mediação; em que a mediação seja ordenada por um tribunal; no momento da constituição da obrigação de recurso à mediação segundo o direito interno; no momento em que o tribunal convide as partes a recorrer à mediação[90].

A Diretiva 2008/52/CE foi transposta pelas Leis n.ºs 29/2009, de 29 de junho, e 1/2010, de 15 de janeiro.

---

[88] O artigo 3.º da Diretiva 2008/52/CE engloba no conceito de mediação aquelas situações em que o processo é ordenado pelo tribunal ou imposto pelo direito de um Estado-Membro.

[89] O conceito de domicílio deve ser fixado de acordo com o estabelecido no Regulamento Bruxelas I *bis*, de acordo com o n.º 3 do artigo 2.º da Diretiva 2008/52/CE.

[90] O artigo 2.º, n.º 2, prevê ainda uma noção de litígio transfronteiriço para efeitos de aplicação dos artigos 7.º e 8.º da mesma Diretiva.

Capítulo VI

Cooperação Judiciária e Policial em Matéria Penal

MÁRIO FERREIRA MONTE*
JOANA WHYTE

1. Introdução

Falar de cooperação judiciária e policial em matéria penal, ainda que de forma assumidamente breve, implica necessariamente falar de direito penal da União Europeia. Mesmo que se negue a existência de um ramo do Direito, o enfoque não pode deixar de ser este. É que justamente a própria negação da sua existência e a necessidade de explicar a sua legitimação levar-nos-á a perceber de que modo pode falar-se em cooperação judiciária e policial em matéria penal. Por isso, nas próximas páginas começaremos justamente por entender as razões da (in)existência de um direito penal da União Europeia, para depois passarmos ao tratamento da cooperação judiciária, por um lado, compreendendo aqui tanto a vertente substantiva como a processual, e da cooperação policial, por outro.

---

* O presente texto baseia-se, em parte, no Livro *O Direito Penal Europeu. De "Roma" a "Lisboa". Subsídios para a sua Legitimação*, Quid Juris, Lisboa, 2009. Foram, no entanto, alterados alguns trechos e acrescentados outros, tendo em conta o objetivo a que presidiu, por um lado, e considerando, por outro, que o mesmo agora é feito em coautoria.

DIREITO DA UNIÃO EUROPEIA – ELEMENTOS DE DIREITO E POLÍTICAS DA UNIÃO

1.1. Tentativas para a formação de um direito penal da União Europeia

A hipótese da construção de um direito penal de tipo europeu foi algo que já esteve na mira de vários autores e, inclusive, com suporte institucional europeu. Já em 1971 o Conselho da Europa discutiu a possibilidade da elaboração de um Código Penal de tipo europeu, mas, tal como nos relata Ulrich Sieber[1], o exame foi negativo: não se via vantagens na harmonização das normas penais. Posteriormente, em 1996, o Conselho da Europa voltou à ideia, designando uma comissão para elaborar um Código Penal europeu e um Código europeu de processo penal modelares, mas também sem êxito[2]. Entretanto, a este propósito, podemos sinalizar o projeto de Código Penal para a defesa de interesses tipicamente europeus, denominado "Eurodelitos"[3]. Refletindo sobre a possibilidade de esse projeto ser aprovado pelas instituições comunitárias e vigorar nos países europeus, Tiedemann[4], um dos seus mais destacados impulsionadores, não teve dúvidas em afirmar que isso já era viável no âmbito dos Tratados vigentes, fosse no terceiro pilar, onde a harmonização, apesar de referida aos delitos de corrupção e fraude, não impedia que fosse "possível interpretar extensivamente tais conceitos e a definição da matéria com o objetivo de emanar Decisões-quadro"[5], fosse no TCE, onde o Autor admitia a existência de "competências de harmonização no âmbito do primeiro pilar sempre que, e na medida em que, as diferenças numa disciplina jurídica entre os Estados-Membros 'tenham uma incidência direta sobre a instauração ou sobre o funcionamento do mercado comum' (artigo 94.º do TCE)"[6]. E, embora em relação às sanções Tiedemann visse maiores

---

[1] ULRICH SIEBER, "À propos du Code Pénal type européen", in *Revue de Droit Pénal et de Criminologie*, ano 79, janeiro, 1999, p. 3.

[2] ULRICH SIEBER, "À propos du Code Pénal type européen", *cit.*, p. 3, dá-nos conta de que foi um dos Autores a quem o Conselho solicitou a participação na redação do Código. Porém, não só ainda tal projeto não produziu resultados, como, segundo aquele Autor, o "Código Penal de tipo europeu (...) não representa senão uma opção entre muitas outras" (p. 34).

[3] Sobre o projeto, veja-se ARROYO ZAPATERO/KLAUS TIEDEMANN/NIETO MARTÍN (coords.), *Eurodeitos. El Derecho Penal Económico en la Unión Europea*, México, 2006, pp. 25 e segs.

[4] TIEDEMANN, "Introducción", in *Eurodelitos. El Derecho Penal Económico en la Unión Europea*, México, *ob. cit.*, pp. 22 e segs.

[5] TIEDEMANN, "Introducción", *cit.*, pp. 22 e 23. Posição com a qual não concordamos, pelas razões que estão sobejamente expostas no III Capítulo, ponto 3.2.

[6] TIEDEMANN, "Introducción", *cit.*, p. 23. Entendemos que assiste razão a TIEDEMANN relativamente a este nível, mas cremos que não ao ponto de abranger todas as matérias que inclui o projeto "Eurodelitos", em que, para nós, manifestamente se extravasa o âmbito dos artigos 94.º e 280.º do TCE. Veja-se o que dizemos no Capítulo III, ponto 3.1., em particular, alíneas *b)* e *f)*. De resto, sobre

COOPERAÇÃO JUDICIÁRIA E POLICIAL EM MATÉRIA PENAL

dificuldades, a verdade é que não o impediu de defender que, nos termos dos artigos 94.º e segs. do TCE, juntamente com a regulamentação de uma determinada matéria proibida, fosse possível "prescrever a sua classificação como punível, desde que se deixe aos Estados-Membros a concreta formulação das sanções e que o ilícito em questão seja o suficientemente grave para requerer o emprego de sanções penais com o fim de obter uma tutela eficaz, proporcionada e dissuasiva"[7]-[8]. Tal ideia, no entanto, não passou de um interessante projeto.

A mais ambiciosa, no entanto, foi a iniciativa do Parlamento Europeu da criação do chamado «*Corpus Iuris*» para a tutela penal dos interesses financeiros da União Europeia, numa clara pretensão de concretização de uma

as dificuldades da harmonização no 1.º pilar chama a atenção ANABELA RODRIGUES, *O Direito Penal Europeu Emergente*, Coimbra Editora, 2008, pp. 94 e segs.

[7] TIEDEMANN, "Introducción", *cit.*, p. 23. O que de certo modo veio a ser defendido pelo TJUE no acórdão de 13 de setembro de 2005 – sobre este assunto, veja-se, no Capítulo III, ponto 3.1., em especial, alínea *a*). Diga-se, em abono da verdade, que, para certos Autores, isto não é nada que não se verificasse já no âmbito do direito comunitário, tanto porque o TCE admite a possibilidade de se prever a aplicação de sanções (penais) – "[d]esde logo, são de observar as sanções previstas em matéria de concorrência, com base no artigo 83.º, n.º 2, do Tratado CE (Regulamentos n.ºs 17/62, 1017/68, 4056/86 e 4064/89) ou as impostas, com base no artigo 75.º, n.º 2, do Tratado CE (Regulamento n.º 11/60), relativas a discriminações em matéria de preços e condições de transporte" –, como porque as instituições comunitárias podem fazê-lo mesmo que isso não esteja expressamente previsto nos Tratados, «desde que elas se revelem "necessárias" para atingir os objectivos em causa» – cf. CUNHA RODRIGUES, "Direito comunitário e transdisciplinaridade. O papel do juiz comunitário", in *Revista Portuguesa de Ciência Criminal* (*RPCC*), Ano 12, n.º 1, janeiro--março 2002, p. 38.

[8] GIOVANNI GRASSO, "La formazione di un diritto penale dell'Unione Europea", in *Prospective di un Diritto Penale Europeo*, a cura di GIOVANNI GRASSO, Milão, 1998, p. 12, afirmava, em 1997, que é verdade que o direito penal não entra no âmbito das competências da Comunidade, mas também é certo que existe uma disparidade entre os sistemas penais dos Estados-Membros no que concerne à tipologia e à estrutura dos ilícitos e tipos de sanções, o que se traduz numa insuficiência das sanções previstas que pode colocar em causa o funcionamento da Comunidade e, para isso, só uma solução parecia recomendável: a harmonização das disposições sancionatórias nacionais. Todavia, chama a atenção para as dificuldades na harmonização, justamente por causa das sanções, e sobretudo porque em causa está a necessidade de saber se a escolha das sanções cabe discricionariamente aos Estados ou se estes têm limites na receção da legislação comunitária. Quem também é crítico relativamente ao projeto «Eurodelitos», bem como ao «*Corpus Iuris*», desde logo por causa das sanções – mas não só –, é SILVA DIAS, "De que direito penal precisamos nós europeus? Um olhar sobre algumas propostas recentes de constituição de um direito penal comunitário", in *RPCC*, Ano 14, n.º 3, julho-setembro 2004, pp. 316 e segs., por entender que "não é legítimo, porque é desproporcional, assegurar essa protecção através do Direito Penal, *maxime*, através da pena de privação da liberdade". O Autor propõe o direito administrativo sancionador para esse fim.

DIREITO DA UNIÃO EUROPEIA – ELEMENTOS DE DIREITO E POLÍTICAS DA UNIÃO

política de unificação do direito penal europeu em matéria de proteção dos interesses financeiros, matéria onde mais facilmente se poderia lograr tal objetivo. Há quem não tenha dúvidas em afirmar que aquele projeto "constitui uma proposta de unificação de direito penal substantivo e processual, para os países membros da União Europeia, em matéria de proteção dos interesses financeiros da União Europeia"[9].

O projeto em apreço também não logrou obter êxito. Desde logo, ainda não existia no Parlamento Europeu um poder de legislar sobre matéria penal. O que significa que os Estados-Membros continuavam a ter tal poder, sendo que constitucionalmente estava, por regra, entregue aos parlamentos nacionais, com reserva. Quer isto significar que o princípio da legalidade, tomado na sua feição formal, não só negava essa possibilidade ao Parlamento Europeu, como a entregava aos parlamentos nacionais. Assim sendo, colocava-se o problema da receção do direito europeu no ordenamento interno, desde logo implicando um de dois caminhos: ou os Estados-Membros previam a possibilidade de o Parlamento Europeu passar a ter aquele poder; ou então teriam de ratificar, através dos seus parlamentos, aquela matéria, nomeadamente através dos mecanismos até então existentes, o que não garantia total fidelidade e uniformidade.

Mas, mesmo que esse desiderato fosse ultrapassado, a matéria a legislar deveria sê-lo o mais completa e perfeitamente possível para evitar o mais que se pudesse o recurso à integração, no caso de normas ou matérias lacunosas. Ora, quanto a esta questão, é Morales Prats quem desde logo denuncia, por um lado, a incompletude das matérias tratadas e, por outro, a previsão do recurso ao direito nacional de cada Estado quando aquela matéria não estivesse devidamente prevista no «Corpus Iuris». Tal solução – que bem se poderá dizer tratar-se de um mal menor, pois pior seria não haver possibilidade de integração – sempre teria um grau de incerteza e de oscilação muito grande, consoante o direito interno de cada Estado. E isso é tanto mais importante quanto é certo que aos tribunais de cada Estado-Membro caberia aplicar (e interpretar) o «Corpus Iuris», isso apesar de, através do reenvio prejudicial, o TJUE poder apreciar questões de interpretação.

Esta situação não estava isenta de potenciar problemas, sobretudo de desarticulação dos vários Estados-Membros. Pense-se, por exemplo, nos

---

[9] Cf. MORALES PRATS, «Los modelos de unificación del derecho penal en la Unión Europea: reflexiones a propósito del 'Corpus Iuris'», in *Revista Penal*, n.º 3, 1998, p. 31, não sem que sobre tal projeto de unificação teça algumas críticas, parte das quais tomaremos como referência no texto.

diferentes regimes existentes a nível processual, com soluções bem distintas. Tais opções fariam variar a intervenção do Ministério Público e do Juiz, de instrução ou de julgamento[10], implicações tão relevantes quanto é certo que nelas estão também envolvidas as atividades dos órgãos de polícia criminal, matéria que, como se sabe, em sede de cooperação internacional é da mais elementar importância[11].

Poder-se-á dizer, por tudo isto, que o «*Corpus Iuris*» ainda não respondia às exigências de unificação do direito penal europeu? Não. Longe disso, a nossa opinião vai até no sentido contrário. O «*Corpus Iuris*» encerra um projeto muito arrojado, havendo mesmo quem fale em "modelo de utopia legal"[12], cujo êxito dependia mais da vontade dos Estados-Membros em pretender de facto ultrapassar aquelas questões antes postas do que das próprias soluções ali consubstanciadas. E pode mesmo dizer-se que, como primeiro passo, no âmbito dos interesses financeiros da União Europeia, foi até decisivo. É que, em vez do «*Corpus Iuris*», surgiu a proposta de uma diretiva do Parlamento Europeu e do Conselho relativa à proteção penal dos interesses financeiros da Comunidade [2001/0115(COD)]. As diferenças em relação ao projeto do «*Corpus Iuris*» são significativas: a parte processual foi suprimida, as infrações são em menor número e fica reservada a cada Estado a possibilidade de adotar ou manter no domínio da diretiva disposições de direito interno mais estritas para assegurar uma proteção mais eficaz dos interesses financeiros

---

[10] MORALES PRATS, «Los modelos de unificación del derecho penal en la Unión Europea: reflexiones a propósito del 'Corpus Iuris'», *cit.*, p. 32, chama-nos a atenção para isso ao referir que o "C. I. parte da criação de um Ministério Público europeu, com autoridade na Comunidade Europeia, que assuma a responsabilidade da investigação instrutória, o exercício da ação pública e a execução das sentenças relativas aos delitos definidos no C. I. (art. 18, C. I.)". E, no entanto, como refere, "este modelo instrutório, relativo à fase de investigação e preparação própria do procedimento penal, não tem comparação no nosso ordenamento processual-penal da L.E.C.R.I.M., na qual a direção de tal fase processual queda conferida ao Juiz de instrução, de modo que o Ministério Público tão-só exerce a acusação pública (...)".

[11] Esta questão é, de facto, muito importante e sobre ela já tivemos o cuidado de nos debruçar – cf., o nosso, "A relevância da actuação dos agentes infiltrados ou provocadores no processo penal", in *Scientia Iuridica*, janeiro-junho, n.os 265/267, 1997, pp. 183 e segs. –, a propósito justamente da intervenção da Comissão Europeia dos Direitos do Homem, num caso – o processo n.º 25829, contra Portugal – em que em causa estava a atuação dos agentes infiltrados ou provocadores no processo penal, e onde se colocava o entendimento do julgador nacional *versus* o entendimento daquela Comissão, numa questão controvertida, apelativa de conceções diversas do direito europeu e do direito português.

[12] MORALES PRATS, «Los modelos de unificación del derecho penal en la Unión Europea: reflexiones a propósito del 'Corpus Iuris'», *cit.*, p. 35.

DIREITO DA UNIÃO EUROPEIA – ELEMENTOS DE DIREITO E POLÍTICAS DA UNIÃO

das Comunidades Europeias. Pretendeu-se assim uma certa harmonização das normas de cada Estado com as dos restantes membros, através de um conjunto comum de normas, e até de uma certa unificação no que concerne às infrações especificamente referidas naquela Diretiva.

Mas é evidente que o passo que se esperava, no sentido de uma unificação em matéria de interesses financeiros da União Europeia, não correspondeu ao resultado alcançado. Pese embora a comprovada necessidade da unificação do direito penal nessa matéria concreta, como de resto traduz toda a motivação da diretiva, a verdade é que subjaz, em larga medida, ainda um amplo campo para aplicação de normas internas, que reflete o quão longínqua se encontra a efetiva unificação. E assim se compreende que a ideia de um Código Penal europeu neste momento ainda não passa de uma pretensão utópica à espera de melhores dias, pelo menos à espera de uma mais expressiva vontade dos Estados-Membros em quererem abdicar do seu soberano *Ius puniendi*. O que mais uma vez reforça a ideia de que o direito penal há de constituir o último reduto na soberania de cada Estado.

Todas estas tentativas, no entanto, tiveram o mérito de reafirmar a necessidade de uma certa cooperação em matéria penal, quando não, por vezes, de verdadeira harmonização ou até de unificação. Importa então perceber como se evoluiu até hoje em matéria de cooperação.

1.2. O objetivo da cooperação e os diversos modos de o atingir

Foi praticamente em 1986, quando surgiu o Acto Único Europeu e, em 1992, com o Tratado de Maastricht, que criou a União Europeia, que se encetou o modelo de cooperação – "cooperação intergovernamental" –, nomeadamente, em matéria de justiça e assuntos internos entre Estados-Membros das Comunidades[13], tendo-se também instituído o sistema dos pilares, remetendo as questões de natureza penal para o terceiro pilar[14].

Em 1997, foi aprovado o Tratado de Amesterdão, que trouxe alterações significativas, particularmente para o direito penal, uma vez que, intensificando o modelo de construção europeia, dando maior sentido à União Euro-

---

[13] Sobre a evolução e natureza das Comunidades Europeias, veja-se, por todos, MOURA RAMOS, *Das Comunidades à União Europeia. Estudos de Direito Comunitário*, Coimbra, 1994, pp. 9 e segs.
[14] Cf. LOPES DA MOTA, "A Eurojust e a emergência de um sistema de justiça penal europeu", in *RPCC*, Ano 13, n.º 2, abril-junho de 2003, p. 179.

COOPERAÇÃO JUDICIÁRIA E POLICIAL EM MATÉRIA PENAL

peia enquanto tal, colocou como meta a criação de um "espaço de liberdade, de segurança e de justiça", aprofundando a cooperação nessa matéria[15].

Em 2001, veio o Tratado de Nice, que introduziu algumas alterações ao TUE e abriu caminho à discussão de uma Constituição europeia.

E, finalmente, veio o Tratado de Lisboa com a pretensão de reformar o TUE, mantendo algumas normas do anterior, aproveitando outras do projeto que visava instituir a Constituição europeia e criando outras, novas, mas sempre no sentido de um Tratado mais simplificado que o anterior, remetendo alguma complexidade, se assim se pode dizer, para o TFUE, tributário do anterior TCE[16].

Até ao Tratado de Maastricht, praticamente a Comunidade Europeia não tinha poderes em matéria penal[17]. A partir de Maastricht, com a criação da União e a sua estruturação em pilares, foi possível criar no terceiro pilar as bases para uma cooperação judicial em matéria criminal, em certos domínios restritos, mas o poder de criação de normas penais manteve-se praticamente nos Estados-Membros[18]. É certo que os «domínios da justiça e assuntos internos escapavam, desta forma, à elaboração da "ordem jurídica comunitária", configurando uma cooperação de tipo intergovernamental, sem incidência direta sobre o conteúdo dos direitos penais nacionais»[19]. Mesmo assim, já se tratava de uma «cooperação "pouco vulgar"»[20].

Com o Tratado de Amesterdão foi aprofundado no terceiro pilar o objetivo de criar "um elevado nível de proteção num espaço de liberdade, segurança e justiça", tendo para tanto sido avançado o poder de harmonização criminal através da fixação de regras mínimas em certos domínios específicos, mas não mais que isso[21]. Com Amesterdão, iniciou-se realmente uma nova fase na construção europeia, em que ao direito penal foi dado um enfo-

---

[15] Nesse sentido, veja-se ANABELA RODRIGUES, "O mandado de detenção europeu – na via da construção de um sistema penal europeu: um passo ou um salto?", in *RPCC*, Ano 13, n.º 1, janeiro-março 2003, p. 28.

[16] Essa pretensa simplificação é, contudo, ilusória. Como veremos adiante, no Capítulo IV, há quem entenda que o Tratado de Lisboa é complexo e nada simplificado.

[17] Nesse sentido, WALTER PERRON, "Perspectives of the harmonization of criminal law and criminal procedure in the European Union", *in* Erling Husabo/Asbjorn Strandbakken (eds.), *Harmonization of Criminal Law in Europe*, Oxford, 2005, p. 5.

[18] *Idem*, pp. 6-7.

[19] Cf. ANABELA RODRIGUES, *O Direito Penal Europeu Emergente, cit.*, p. 44.

[20] *Idem*, p. 45, na senda de MIREILLE DELMAS-MARTY.

[21] WALTER PERRON, "Perspectives of the harmonization of criminal law and criminal procedure in the European Union", *cit.*, p. 8.

DIREITO DA UNIÃO EUROPEIA – ELEMENTOS DE DIREITO E POLÍTICAS DA UNIÃO

que implicativamente mais relevante, uma vez que passou a ter como objetivo a "criação de um espaço penal comum"[22].

O Conselho Europeu de Tampere, de 1999, reuniu precisamente com o intuito de debater a criação de um espaço de liberdade, segurança e justiça, sob a epígrafe *Um Verdadeiro Espaço Europeu de Justiça*. No n.º 28 das respetivas conclusões podemos ler que "num verdadeiro espaço europeu de justiça, os cidadãos e as empresas não deverão ser impedidos ou desencorajados de exercerem os seus direitos por razões de incompatibilidade ou complexidade dos sistemas jurídicos e administrativos dos Estados-Membros"[23]. Deste modo, acompanhamos Anabela Miranda Rodrigues e José Lopes da Mota quando afirmam que o Conselho Europeu de Tampere deve ser visto como "o culminar do processo de construção do espaço de liberdade, segurança e justiça, mas, ao mesmo tempo, a promessa de que uma nova fase se iniciava"[24]. O Reconhecimento Mútuo foi proclamado precisamente no Conselho Europeu de Tampere como sendo a *pedra angular* da cooperação judiciária, "um maior reconhecimento mútuo das sentenças e decisões judiciais e a necessária aproximação da legislação facilitariam a cooperação entre as autoridades e a protecção judicial dos direitos individuais. Por conseguinte, o Conselho Europeu subscreve o princípio do reconhecimento mútuo que, na sua opinião, se deve tornar a pedra angular da cooperação judiciária na União, tanto em matéria civil como penal. Este princípio deverá aplicar-se às sentenças e outras decisões das autoridades judiciais"[25]. Deste modo, o princípio do reconhecimento mútuo de decisões judiciais passou a

---

[22] Nesse sentido, veja-se ANABELA RODRIGUES, *O Direito Penal Europeu Emergente, cit.*, pp. 50 e 52. Desde logo, como explica a Autora, o Tratado de Amesterdão «assumiu-se "em ruptura" com as tentativas intergovernamentais anteriores de realização de um espaço judiciário europeu em matéria penal». E continua: «A evolução posterior, com o Conselho Europeu de Tampere e as suas conclusões, foi no sentido de uma "emancipação progressiva em relação aos mecanismos 'clássicos' de cooperação". São disto testemunho os princípios do reconhecimento mútuo e da harmonização das disposições de direito penal e a criação de órgãos europeus. E que, de resto, se concretizou no conjunto de instrumentos adoptados no ano de 2001: decisão relativa à criação da Eurojust e decisões-quadro relativas à luta contra o terrorismo e ao mandado de detenção europeu e aos processos de entrega entre os Estados-Membros».

[23] Conclusões do Conselho Europeu de Tampere, disponível em *http://www.europarl.europa.eu/summits/tam_pt.htm#a*.

[24] ANABELA RODRIGUES e JOSÉ LOPES DA MOTA, *Para uma Política Criminal Europeia*, Coimbra Editora, 2002, p. 92.

[25] Conclusões do Conselho Europeu de Tampere, disponível em *http://www.europarl.europa.eu/summits/tam_pt.htm#a*.

400

COOPERAÇÃO JUDICIÁRIA E POLICIAL EM MATÉRIA PENAL

estar no centro da discussão juspenalista europeia[26]. No entanto, o reconhecimento mútuo de decisões judiciais apenas adquiriu consagração expressa nos Tratados com a adoção do Tratado de Lisboa, nos artigos 67.º, n.ºs 3 e 4, 82.º e 83.º do TFUE. O reconhecimento mútuo é apresentado como um dos aspetos que mais segurança jurídica poderá transmitir aos cidadãos da União Europeia. Constitui a base do espaço judicial europeu, todavia, não podemos descurar a necessária harmonização das legislações penais substantivas e processuais[27].

A Comissão Europeia reconheceu que a confiança mútua é a chave para a concretização do reconhecimento mútuo. Para o efeito é necessário adotar normas que garantam um elevado grau de proteção dos direitos fundamentais dos cidadãos, e medidas práticas para os funcionários do setor judicial que reforcem o sentimento de uma cultura judicial comum no seio da União Europeia. A Comissão pretende fortalecer a confiança mútua entre Estados-Membros, quer através de medidas legislativas quer através de medidas de acompanhamento. Podemos afirmar sem reservas que o reconhecimento mútuo revolucionou a cooperação judiciária em matéria penal tal como a conhecíamos[28].

O artigo 67.º, n.º 3, do TFUE, para além de consagrar o reconhecimento mútuo, prevê ainda a possibilidade da aproximação legislativa, "[a] União envida esforços para garantir um elevado nível de segurança, através de medidas de prevenção da criminalidade, do racismo e da xenofobia e de combate contra estes fenómenos, através de medidas de coordenação e de cooperação entre autoridades policiais e judiciárias e outras autoridades competentes, bem como através do reconhecimento mútuo das decisões judiciais em matéria penal e, se necessário, através da aproximação das legislações penais".

---

[26] MANUEL GUEDES VALENTE, *Do Mandado de Detenção Europeu*, Almedina, 2006, p. 63.

[27] Neste sentido, ANABELA RODRIGUES, «A Emergência de um "Direito Penal Europeu"», *Questões Urgentes de Política Criminal, Revista Estratégica*, 18-19, 1.º/2.º semestres, 2003: "É por isso que a *harmonização* é tão importante: é ela que verdadeiramente pode contribuir para a definição progressiva de uma política criminal europeia".

[28] Acompanhamos ANABELA RODRIGUES quando afirma que "o reconhecimento mútuo acaba com a distinção entre cooperação judiciária *primária* (um Estado executa, ele próprio, a decisão de uma autoridade estrangeira) e *secundária* (um Estado toma uma decisão a pedido de uma autoridade estrangeira), sendo o reconhecimento uma *alternativa* ao auxílio penal secundário" – in «A Emergência de um "Direito Penal Europeu"», *cit.*

DIREITO DA UNIÃO EUROPEIA – ELEMENTOS DE DIREITO E POLÍTICAS DA UNIÃO

A primeira concretização do princípio do reconhecimento mútuo foi a adoção da Decisão-Quadro 2002/584/JAI relativa ao Mandado de Detenção Europeu[29], válido em toda a União Europeia, que aboliu o processo de extradição na União Europeia e agilizou a entrega de arguidos no espaço europeu. Sucintamente, o Mandado de Detenção Europeu (MDE) é um procedimento judicial simplificado, uma decisão proferida por um Estado-Membro com vista à detenção e entrega por outro Estado-Membro de uma pessoa procurada para efeitos de ação penal, cumprimento de uma pena, ou de uma medida de segurança privativa da liberdade. O MDE é aplicável se existir uma sentença transitada em julgado que condene uma pessoa no cumprimento de uma pena ou medida de segurança não inferior a quatro meses, ou, para ação penal cuja infração, em caso de condenação, seja punida com pena ou medida de segurança privativas da liberdade de duração máxima não inferior a um ano.

O MDE constitui um grande avanço na concretização do espaço judiciário europeu[30], todavia, a União Europeia não se ficou por ali. Continuou a caminhar no sentido de alcançar a total realização de um espaço europeu de justiça. Resultou do Conselho Europeu de Tampere a necessidade de o princípio do reconhecimento mútuo se aplicar aos "despachos judiciais proferidos antes da realização dos julgamentos, em especial aos que permitam às autoridades competentes recolher rapidamente as provas e apreender os bens que facilmente podem desaparecer; as provas legalmente obtidas

---

[29] Sobre o MDE consultar, entre outros, os Acórdãos (TJUE), *West*, de 28 de junho de 2012, proc. C-192/12 PPU; *Lopes da Silva Jorge*, de 5 de setembro de 2012, proc. C-42/11; *Radu*, de 29 de janeiro de 2013, proc. C-396/11; *Melloni*, de 26 de fevereiro de 2013, proc. C-399/11.

[30] Acórdão *Radu, cit.*: "A Decisão-Quadro 2002/584 pretende assim, ao instituir um novo sistema simplificado e mais eficaz de entrega das pessoas condenadas ou suspeitas de ter infringido a lei penal, facilitar e acelerar a cooperação judiciária com vista a contribuir para realizar o objetivo atribuído à União de se tornar um espaço de liberdade, de segurança e de justiça baseando-se no elevado grau de confiança que deve existir entre os Estados-Membros". E ainda as conclusões da Advogada-Geral Eleanor Sharpston, proferidas em 18 de outubro de 2012, neste mesmo processo: «A decisão deve ser entendida no contexto do objetivo da União de se tornar um espaço de liberdade, de segurança e de justiça. Para esse efeito, introduz um sistema de livre circulação das decisões judiciais em matéria penal, tanto na fase pré-sentencial como transitadas em julgado. Esse sistema é concretizado sob a forma do mandado de detenção europeu. O mandado concretiza o princípio do reconhecimento mútuo, que o Conselho Europeu qualificou, nas Conclusões de Tampere, de "pedra angular" da cooperação judiciária . Esse princípio, para poder ser eficaz, exige um elevado grau de confiança entre os Estados-Membros. Um objetivo importante do novo procedimento introduzido pela decisão-quadro é suprimir os atrasos inerentes ao anterior sistema de extradição. Ao que parece, esse objetivo foi, na prática, alcançado».

COOPERAÇÃO JUDICIÁRIA E POLICIAL EM MATÉRIA PENAL

pelas autoridades de um Estado-Membro deverão ser admissíveis perante os tribunais dos outros Estados-Membros, tendo em conta as normas neles aplicáveis".

A preocupação da validade das provas legalmente obtidas foi concretizada posteriormente com a adoção da Decisão-Quadro 2008/978/JAI, relativa ao Mandado Europeu de Obtenção de Provas. O Mandado Europeu de Obtenção de Provas (MEOP) pode ser utilizado para obter objetos, documentos e dados para serem utilizados no âmbito de processos penais em curso e deve ser emitido pelo Ministério Público ou pelo Juiz de Instrução Criminal (no caso português). O MEOP suplementa a ordem de congelamento, aplicando o reconhecimento mútuo a ordens específicas de obtenção de prova não sendo necessária uma ordem de congelamento anterior[31]. Todavia, e apesar da inquestionável importância da sua transposição a fim de agilizar a cooperação judiciária e policial nesta matéria, esta Decisão-Quadro não foi ainda transposta para o ordenamento jurídico português[32]. Ainda no que respeita à obtenção de provas, foi adotada a Diretiva 2014/41/UE, de 3 de abril de 2014, relativa à Decisão Europeia de Investigação em matéria penal, que se espera que venha revolucionar a investigação no seio da União Europeia.

Quer o Mandado de Detenção Europeu quer o Mandado Europeu de Obtenção de Provas alcançarão plena concretização prática num clima de confiança mútua entre os sistemas judiciais dos vários Estados-Membros.

O Programa de Estocolmo estabeleceu objetivos para 2010 e 2014 que claramente demonstram o propósito de desenvolvimento de um espaço penal europeu e de aproximação legislativa.

É inquestionável que o processo de integração europeia, em sentido lato, influenciou consideravelmente o desenvolvimento da proteção a nível internacional dos direitos humanos em todos os Estados-Membros do Con-

---

[31] Decisão-Quadro 2003/577/JAI, de 22 de julho de 2003, relativa à execução na União Europeia das decisões de congelamento de bens ou de provas.

[32] Sobre a resistência dos Estados-Membros, LORENA BACHMAIER WINTER, "Pero lo cierto es que la implementación de la PD EIO todavía no ha encontrado un apoyo ni unánime ni tan siquiera mayoritario. Quizá se deba a esa falta de confianza entre los Estados miembros, sobre todo en materia de justicia penal; o puede que se deba a la resistencia a ceder poderes tan vinculados al poder soberano de cada Estado; o simplemente sea el miedo a lo desconocido, o que no se han explicado debidamente las ventajas y garantías de la PD EIO. Sea cuál sea el motivo, parece que la PD EIO todavía encuentra resistencia por parte de varios Estados – entre ellos Alemania o Reino Unido –, para los cuales este instrumento de cooperación quizá sea aún prematuro. In "La propuesta de Directiva Europea sobre la orden de investigación penal: valoración crítica de los motivos de denegación", *Diario La Ley*, n.° 7992, Sección Doctrina, 28 Dic. 2012, Ref. D-460, Editorial La Ley.

selho da Europa e da União Europeia, e quer as Convenções do Conselho da Europa quer o direito da União Europeia conferiram maior importância à proteção dos direitos fundamentais[33]. Não podemos esquecer que o desenvolvimento dos direitos fundamentais na União Europeia deu-se através do reconhecimento, pela jurisprudência do TJUE, de princípios gerais de direito da União Europeia baseados, quer nas tradições constitucionais dos Estados-Membros da União, quer em documentos internacionais, como é o caso da CEDH.

Muito embora a CDFUE tenha sido proclamada a 7 de dezembro de 2000, em Nice, a verdade é que foi o Tratado de Lisboa que lhe reconheceu força jurídica vinculativa e natureza de direito primário às suas disposições. Acompanhamos José Joaquim Gomes Canotilho e Mariana Canotilho quando afirmam que "o art. 6.º, n.º 1, do TUE vem reafirmar o lugar central dos direitos fundamentais na ordem jurídica da União Europeia"[34]. No que respeita à matéria penal, a CDFUE estabelece os seguintes direitos: o direito à ação e a um tribunal imparcial (artigo 47.º); a presunção de inocência e direitos de defesa (artigo 48.º); os princípios da legalidade e da proporcionalidade dos delitos e das penas (artigo 49.º); e o direito a não ser julgado ou punido penalmente mais do que uma vez pelo mesmo delito (artigo 50.º).

A dinâmica da proteção dos direitos fundamentais na União Europeia desenvolveu-se consideravelmente na jurisprudência do TJUE, que ao longo de 30 anos destacou a importância do controlo judicial para a proteção dos direitos fundamentais, quer pelos Estados-Membros quer pelas Instituições Europeias[35]. A importância da CDFUE foi enfatizada pela Advogada-Geral Kokott no considerando 43 das conclusões do processo C-394/07, apresentadas a 18 de dezembro de 2008: "ainda não está definitivamente esclarecida a questão de saber se os tribunais não somente podem mas também devem

---

[33] JOANNA BEATA BANACH-GUTIERREZ e CRISTOPER HARDING, "Fundamental Rights in European Criminal Justice: An Axiological Perspective", *European Journal of Crime, Criminal Law and Criminal Justice* 20 (2012), pp. 239-264.

[34] JOSÉ GOMES CANOTILHO e MARIANA CANOTILHO, "Comentário ao artigo 6.º do TUE", *Tratado de Lisboa Anotado e Comentado*, Manuel Lopes Porto e Gonçalo Anastácio (coord.), Almedina, 2012.

[35] A Comissão Europeia, na Comunicação COM(2010) 171 final, no que respeita aos direitos fundamentais, considera que «é necessário dar plena eficácia à protecção dos direitos consagrados na Carta dos Direitos Fundamentais da União Europeia, que deve guiar os conjunto das iniciativas legislativas e políticas da UE e tornar os seus direitos concretos e efectivos. A Comissão aplicará uma política de "tolerância zero" contra as violações da Carta, reforçará os mecanismos para assegurar o seu respeito e comunicará as informações nesta matéria ao Parlamento Europeu e ao Conselho».

COOPERAÇÃO JUDICIÁRIA E POLICIAL EM MATÉRIA PENAL

recusar-se a executar uma decisão estrangeira que viole manifestamente os direitos fundamentais. A favor de uma obrigação deste tipo releva o facto de, segundo jurisprudência assente, os tribunais nacionais estarem vinculados aos direitos fundamentais sempre que lhes tenha sido submetida uma situação abrangida pelo âmbito de aplicação do direito comunitário"; concluindo, no que respeita a este processo, que "o órgão jurisdicional de reenvio pode, em todo o caso, com base na ordem pública, recusar o reconhecimento e a execução, sempre que o processo perante o tribunal do Estado de origem esteja viciado por uma violação manifesta do direito fundamental a um processo equitativo".

Resulta, de facto, notória a lentidão com que foram introduzidas nos Tratados, desde "Roma" até "Lisboa", competências das instituições comunitárias e da União, em matéria penal[36], o que sempre legitimará a conclusão segundo a qual o direito penal nacional funcionará, em grande medida, como último reduto da soberania nacional[37]. Mas também parece legítimo alvitrar que o projeto europeu terá seguramente futuro se, a nosso ver, apostar, com mais vigor, na harmonização do direito penal. Atentos os interesses da União, o direito penal não pode ficar à margem, como coisa apenas dos

---

[36] Nesse sentido, crítico, mesmo depois de Maastricht, veja-se LAYNEZ POTISEK, "Presentación de la édición mexicana", in *Eurodelitos. El Derecho Penal Económico en la Unión Europea*, México, 2006, pp. X e XI.

[37] Nesse sentido, veja-se CUNHA RODRIGUES, "Direito comunitário e transdisciplinaridade. O papel do juiz comunitário", *cit.*, p. 36: "O direito penal é o que, pela tradição e pela cultura, mais se enraíza no conceito de soberania". O que tem despertado a chamada "resistência defensiva" a que se refere ANABELA RODRIGUES, *O Direito Penal Europeu Emergente, cit.*, p. 32, na senda de VERVAELE. Todavia, concordando com a Autora (*ob. cit.*, pp. 18 e seg.), os Estados-Membros já começaram a ultrapassar a "visão estreita" da soberania nacional, "que por longo tempo perdurou no domínio penal: com os desenvolvimentos em torno dos três eixos já definidos em Tampere – reconhecimento mútuo, harmonização e criação de órgãos europeus (de cooperação) – é um direito penal que se perfila no horizonte europeu". Também entendemos assim. Mas isso não significa que o direito penal não se há de afirmar sempre como uma das marcas mais profundas da soberania dos Estados. Existirá sempre um núcleo essencial jurídico-penal próprio de cada Estado, tendo em conta as especificidades culturais, históricas dos mesmos. O que não é nada incompatível. Para isso servirá a harmonização. Talvez por esse motivo Roxin afirme que não acredita que nas próximas décadas um Código Penal europeu substitua os códigos penais nacionais, nem sequer nos próximos cem anos. E a razão que aponta é muito simples: "Um Estado central europeu com uma legislação totalmente unitária não é um objetivo digno de ser perseguido. Pois o Direito e precisamente o Direito penal é um produto do desenvolvimento cultural dos Estados separadamente (...)" – *apud* MORILLAS CUEVA/VALLS PRIETO, "Hacia la nueva realidad de un derecho penal europeo", *Revista de la Facultad de Derecho de la Universidad de Granada*, n.º 9, 2006, p. 161.

DIREITO DA UNIÃO EUROPEIA – ELEMENTOS DE DIREITO E POLÍTICAS DA UNIÃO

Estados. E para isso – insistimos – a solução mais adequada vem a ser a da harmonização.

De facto, esta via parece vir a constituir, desde Amesterdão, o balanceamento decisivo para a construção de um direito penal europeu. Concordando inteiramente com Anabela Miranda Rodrigues, os últimos andamentos realizados com alguns instrumentos, entre os quais se salienta o mandado de detenção europeu, assentando sobretudo na via do reconhecimento mútuo, que já foi um avanço importante, não escondem que, em vez de um passo no sentido da construção do direito penal europeu, se deu um "salto", de tal modo que até pode estar aí uma certa «tendência para privilegiar um "espaço penal" europeu repressivo»[38]. Daí que a conclusão da Autora não poderia, a nosso ver, ser mais certeira: "É por isso que a *harmonização* é tão importante: é ela que verdadeiramente pode contribuir para a definição progressiva de uma política criminal europeia"[39]. Em boa verdade, a nossa convicção aponta no sentido de que a construção do direito penal europeu, como realidade inevitável[40], já com o Tratado de Lisboa, passará, terá de passar, em grande medida, pela harmonização[41]. E aqui, pode já antecipar-se, nos dias

---

[38] ANABELA RODRIGUES, "O mandado de detenção europeu – na via da construção de um sistema penal europeu: um passo ou um salto?", *cit.*, p. 44.

[39] *Idem*, p. 45.

[40] Há quem entenda que uma tal realidade vem a ser mesmo inevitável. Nesse sentido vai SILVA DIAS, "De que direito penal precisamos nós europeus? Um olhar sobre algumas propostas recentes de constituição de um direito penal comunitário", *cit.*, p. 305, ao afirmar o direito penal comunitário não apenas como direito penal harmonizado, mas como "uma realidade normativa distinta embora não incompatível", qual seja a de um "direito penal unificado", encerra uma "posição [que] está longe de ser pacífica", mas que "faz cada vez mais sentido". Por enquanto não vamos tão longe na posição que procuramos sustentar neste trabalho. Não é que a unificação não seja possível, mas pode até nem ser necessária. A este propósito, veja-se o que nos diz MIREILLE DELMAS-MARTY, "A caminho de um modelo europeu de um processo penal", in *RCPP*, Ano 9, abril-junho 1999, p. 231: "Daí a necessidade de um processo penal, senão totalmente unificado – o que seria inútil – mas, pelo menos, harmonizado à escala europeia". É que os Tratados, sobretudo o de Amesterdão e agora o de Lisboa, apelam mais à harmonização como via para consolidar o direito penal europeu, afastando-se pois do modelo que perdurou até Amesterdão, que era o da cooperação, o que, a ser assim, pelo menos nos próximos anos, consumirá grande parte das energias, quer da União quer dos Estados, sem que, a nosso ver, isso permita desde já uma verdadeira unificação. Sobretudo porque alguns organismos que estão já previstos cumprirão em grande parte algumas exigências da harmonização, sem que daí necessariamente se derive para a unificação. Falamos, por exemplo, da Eurojust e, em particular, da Procuradoria Europeia, bem como do reforço dos poderes do TJUE.

[41] Se mais razões não existissem, bastaria atentar naquelas que ANABELA RODRIGUES, "O mandado de detenção europeu – na via da construção de um sistema penal europeu: um passo ou um salto?", *cit.*, p. 45, aponta, para percebermos que o futuro do direito penal europeu terá de passar inevita-

COOPERAÇÃO JUDICIÁRIA E POLICIAL EM MATÉRIA PENAL

que correm, a harmonização vem a ser um instrumento indispensável para a efetivação da cooperação judicial e policial em matéria penal.

O tema da harmonização, não só penal, mas especialmente penal, de facto, não poderá deixar de, nos próximos tempos, captar a atenção dos cultores da ciência jurídico-penal. É que a globalização, por um lado, e a necessidade de respeitar as diferenças culturais das Nações, por outro, a outra coisa não levarão. Porque, quando falamos de harmonização, temos de ter consciência de que falamos de um vasto fenómeno que não é peculiar apenas da União Europeia, nem tão-pouco da Europa, senão do Mundo. A harmonização vem a ser a resposta que a globalização impõe, a vários níveis e a partir de interesses e agentes diversos[42], mas com o respeito necessário pela diversidade cultural que as Nações comportam[43]. O que, numa organização de Estados

velmente por aí: «Destaca-se, desde logo, o seu papel essencial de "sinal" da concretização de uma política criminal europeia. Depois, permite evitar que alguns Estados-Membros, porque menos severos na incriminação e punição de certas condutas, possam aparecer como "santuários" para os criminosos. Finalmente, a harmonização é primordial "para dar aos cidadãos um sentimento comum de justiça", uma das condições – expressamente referidas no Plano de Viena – da construção do espaço de liberdade, de segurança e de justiça».

[42] Como nos explica ULRICH SIEBER, "The forces behind the harmonization of criminal law", *in* Mireille Delmas-Marty, Mark Pieth, Ulrich Sieber, *Les Chemins de l'Harmonisation Pénale*, Société de législation comparée, 2008, pp. 385 e segs., existem diversos degraus e diferentes velocidades na harmonização. O Autor analisa todas essas manifestações, sistematizando-as da seguinte forma: na área dos crimes contra a humanidade, os acordos internacionais levaram a uma extensa harmonização do direito penal e à criação de uma autoridade judicial supranacional que, por sua vez, opera através de um processo próprio de natureza supranacional; na área da cibercriminalidade, apesar de existirem numerosos instrumentos internacionais que contribuíram para uma harmonização do direito penal e processual penal, não levaram ainda à criação de uma instituição judicial internacional; na área da corrupção, a harmonização limita-se por enquanto ao campo do direito penal substantivo, mas originou a criação de grupos de trabalho internacionais e levou à harmonização da proteção de dados, ainda que restrita à lei civil e administrativa. Daqui resulta que nos crimes tradicionais persiste uma maior lacuna quanto à harmonização, pois que, segundo o Autor, nem de harmonização regional nem internacional se pode ainda falar. E se, só por isto, já se pode falar em heterogeneidade, então ainda maior seriam as diferenças se abordássemos as velocidades dos processos de harmonização.

[43] De facto, como explica ULRICH SIEBER, "The forces behind the harmonization of criminal law", *cit.*, pp. 387 e segs., se é verdade e importante que as características históricas, culturais e económicas das nações são amiudadamente as causas das diferenças entre os sistemas legais nacionais, não é menos certo que o intercâmbio científico, a interdependência económica, os *media*, a cooperação política mais próxima entre Estados e outros resultados da globalização, através de quatro fatores decisivos, tem imposto uma harmonização parcial da legislação criminal nacional. Esses fatores seriam: o desenvolvimento crescente e o reconhecimento internacional de *posições legais comuns*; o crescimento do interesse na segurança internacional que é tributário do crime transnacional,

como é a União Europeia, onde não deixam de subsistir diferenças culturais relevantes, mais ainda se justifica.

Atualmente, porém, podemos dizer que a União Europeia aposta fortemente num modelo de cooperação judiciária e policial, assente no princípio do reconhecimento mútuo das sentenças e decisões judiciais e que inclui a aproximação legislativa dos Estados-Membros. Podemos dizer, pois, que a harmonização surge como um meio para viabilizar a cooperação, sendo a cooperação o objetivo máximo e a harmonização um dos meios, a par com o reconhecimento mútuo, para a concretizar.

Vejamos então em que consiste este novo modelo, tendo como pano de fundo o Tratado de Lisboa[44].

2. Cooperação judiciária em matéria penal

2.1. Direito substantivo

2.1.1. Delimitação

Seguiremos de perto o Tratado de Lisboa, não sem fazermos, sempre que oportuno, referência a outros instrumentos de direito derivado.

De acordo com o n.º 1 do artigo 83.º do TFUE[45], seguindo o processo legislativo ordinário, mediante a adoção de diretivas, pode a União estabelecer "regras mínimas relativas à definição das infracções penais e das sanções em domínios de criminalidade particularmente grave com dimensão transfronteiriça que resulte da natureza ou das incidências dessas infracções, ou ainda da especial necessidade de as combater, assente em bases comuns". Em princípio, esses âmbitos delitivos são os seguintes: "terrorismo, tráfico de

---

como, por exemplo, sucede nos crimes económicos, cibercrimes, criminalidade organizada e terrorismo; a cada vez maior influência de atores que não os Estados, na área da política criminal; o crescimento da cooperação internacional fundada em novas instituições com novos instrumentos de aproximação legal que são significativamente mais efetivos que os mecanismos anteriores.

[44] ANA PAULA BRANDÃO, *O Tratado de Lisboa e a Security Actorness da UE*, Relações Internacionais, março de 2010, 25, pp. 49-63. Disponível em *http://www.scielo.oces.mctes.pt/pdf/ri/n25/n25a06.pdf*. "O tratado reformador, tal como os que o precederam, resulta de um compromisso de diferentes perspectivas sobre o processo de integração europeia, bem como da histórica tensão entre solidariedade colectiva e soberanismo estadual, o que explica a(s) ambiguidade(s) construtiva(s). O alcance da reforma será testado na respectiva implementação sempre dependente da dinâmica institucional comunitária e, sobretudo, da vontade política dos Estados-Membros, facilitadas (ou não) pelo ambiente internacional (oportunidade)".

[45] Doravante, a alusão a este artigo, sem indicação do diploma, refere-se ao artigo 83.º do TFUE.

COOPERAÇÃO JUDICIÁRIA E POLICIAL EM MATÉRIA PENAL

seres humanos e exploração sexual de mulheres e crianças, tráfico de droga e de armas, branqueamento de capitais, corrupção, contrafação de meios de pagamento, criminalidade informática e criminalidade organizada"[46]. Dizemos "em princípio" porque a última parte do n.º 1 prevê o alargamento a outros tipos de criminalidade, obedecendo aos critérios aí fixados, tendo em conta justamente a evolução da delinquência[47], alargamento esse que deverá ocorrer por decisão do Conselho, por unanimidade, após aprovação do Parlamento.

Trata-se de um verdadeiro poder de criação de normas penais substantivas, através das quais se definem os tipos legais de crime, bem como as respetivas sanções. O limite material compreende-se perfeitamente: a criminalidade prevista no n.º 2, para além da sua gravidade, pode ser desenvolvida à custa de condições favoráveis que o espaço da União enquanto tal pode conferir. A inexistência de fronteiras, as diferenças que possam existir entre os sistemas penais, processuais e, em suma, judiciais e policiais, podem favorecer tal tipo de criminalidade. Não se trata de tipos de crime novos, senão de novas formas de cometer aqueles tipos de crime. Por isso se exige que tenham uma dimensão transfronteiriça. Terão pois de afetar mais que um Estado, sendo que isso sucederá pelo carácter ou pelas repercussões destas infrações ou pela necessidade particular de as combater segundo critérios comuns.

Significa, pois, que a União não pode estabelecer regras mínimas relativas à definição dos crimes e das sanções quando, comprovadamente, essas regras impliquem uma factualidade típica que, quer pela sua natureza, quer pela repercussão, quer pela necessidade de ser combatida, não tenha dimensão transfronteiriça. Mas pode impor aos Estados que nas suas legislações nacionais prevejam, juntamente com as normas penais relativas a esses tipos, outros ou a inclusão de elementos nos tipos existentes que tenham que ver com aquela dimensão transfronteiriça. O que releva aqui, para além da espe-

---

[46] É o que reza a segunda parte do n.º 1 do artigo 83.º.

[47] Há, aliás, quem profetize no sentido de que cada vez mais a União Europeia vai usar normas penais repressivas para acompanhar e sustentar o progresso dentro da União. Nesse sentido vai PETTER ASP, "Mutual recognition and the development of criminal law cooperation within the EU", *in* Erling Husabo/Asbjorn Strandbakken (eds.), *Harmonization of Criminal Law in Europe*, Oxford, 2005, p. 33, que aqui citamos de acordo com o original, tendo em conta a expressividade das palavras que emprega: "To put it simply: within the union there is a general aspiration to make progress and to make progress fast and, when it comes to substantive criminal law, progress is more or less defined as increased repression".

DIREITO DA UNIÃO EUROPEIA – ELEMENTOS DE DIREITO E POLÍTICAS DA UNIÃO

cial gravidade das infrações, é o facto de elas poderem ter uma transcendência supranacional, *rectius*, poderem ser cometidas na União enquanto tal, por causa desta.

Duas questões podem colocar-se, a este propósito: uma prende-se com o catálogo de tipos de criminalidade ali previstos, pese embora a possibilidade de alargamento; a outra tem que ver com a expressão "regras mínimas".

2.1.2. Os tipos de criminalidade previstos no artigo 83.º do TFUE e a proteção de novos bens jurídicos ou de recorte tipicamente europeu

Quanto ao catálogo de crimes, é preciso não esquecer que a União já se pronunciou sobre o assunto, em mais que uma ocasião, levando inclusivamente a que os Estados promovessem, nos seus ordenamentos jurídicos, alterações no sentido de uma certa harmonização comunitária. São muitos e diversos os instrumentos jurídicos europeus que versam sobre terrorismo[48], tráfico

---

[48] Relativamente ao terrorismo, contam-se, entre outros, os seguintes instrumentos jurídicos: a Convenção Europeia para a Repressão do Terrorismo (aberta à assinatura em 27 de janeiro de 1977); o Protocolo de Emenda à Convenção Europeia para a Repressão do Terrorismo, aberto à assinatura em 15 de maio de 2003; a Convenção Europeia para a Prevenção do Terrorismo, aberta à assinatura em 16 de maio de 2005; a Convenção do Conselho da Europa relativa ao branqueamento, deteção, apreensão e perda dos produtos do crime e ao financiamento do terrorismo, aberta à assinatura em 16 de maio de 2005; a Acção Comum, de 15 de outubro de 1996, adotada pelo Conselho, com base no artigo K.3 do TUE, relativa à criação e atualização de um repertório de competências, técnicas e conhecimentos específicos em matéria de luta contra o terrorismo para facilitar a cooperação entre os Estados-Membros da União Europeia neste domínio; a Decisão do Conselho, de 29 de novembro de 2005, que dá execução ao n.º 3 do artigo 2.º do Regulamento (CE) n.º 2580/2001, relativo a medidas restritivas específicas de combate ao terrorismo dirigidas contra determinadas pessoas e entidades e que revoga a Decisão 2005/722/CE; a Acção Comum do Conselho, de 16 de julho de 2007, relativa à cooperação com o Centro Africano de Estudos e Investigação sobre o Terrorismo, no quadro da aplicação da Estratégia Antiterrorista da União Europeia; a Decisão do Conselho, de 27 de dezembro de 2001, que estabelece a lista prevista no n.º 3 do artigo 2.º do Regulamento (CE) n.º 2580/2001 relativo à adoção de medidas restritivas específicas contra certas pessoas e entidades no âmbito do combate ao terrorismo; a Decisão do Conselho, de 28 de novembro de 2002, que estabelece um mecanismo de avaliação dos regimes jurídicos e da sua aplicação a nível nacional na luta contra o terrorismo; a Decisão do Conselho, de 19 de dezembro de 2002, relativa à aplicação de medidas específicas de cooperação policial e judiciária na luta contra o terrorismo, nos termos do artigo 4.º da Posição Comum 2001/931/PESC; a Decisão do Conselho, de 29 de novembro de 2005, que dá execução ao n.º 3 do artigo 2.º do Regulamento (CE) n.º 2580/2001 relativo a medidas restritivas específicas de combate ao terrorismo dirigidas contra determinadas pessoas e entidades e que revoga a Decisão 2005/722/CE; a Decisão do Conselho, de 21 de dezembro de 2005, que dá execução ao n.º 3 do artigo 2.º do Regulamento (CE) n.º 2580/2001 relativo a medidas restritivas específicas de combate ao terrorismo dirigidas contra determinadas pessoas e entidades e que revoga a Decisão 2005/848/CE; a Decisão do Conselho, de 29 de maio de 2006, que dá execução ao n.º 3 do

COOPERAÇÃO JUDICIÁRIA E POLICIAL EM MATÉRIA PENAL

de seres humanos[49] e exploração sexual de mulheres e crianças[50], tráfico de droga[51] e de armas[52], branqueamento de capitais[53], corrupção[54], contrafação

artigo 2.º do Regulamento (CE) n.º 2580/2001, relativo a medidas restritivas específicas de combate ao terrorismo dirigidas contra determinadas pessoas e entidades, e que revoga a Decisão 2005/930/ /CE; a Decisão do Conselho, de 24 de julho de 2006, que fixa a data de aplicação dos n.ᵒˢ 4 e 5 do artigo 1.º do Regulamento (CE) n.º 871/2004 relativo à introdução de novas funções no Sistema de Informação de Schengen, incluindo o combate ao terrorismo; a Decisão do Conselho, de 28 de junho de 2007, que dá execução ao n.º 3 do artigo 2.º do Regulamento (CE) n.º 2580/2001, relativo a medidas restritivas específicas de combate ao terrorismo dirigidas contra determinadas pessoas e entidades e que revoga as Decisões 2006/379/CE e 2006/1008/CE; a Decisão do Conselho, de 20 de dezembro de 2007, que dá execução ao n.º 3 do artigo 2.º do Regulamento (CE) n.º 2580/2001, relativo a medidas restritivas específicas de combate ao terrorismo dirigidas contra determinadas pessoas e entidades (alterada pela Decisão do Conselho, de 29 de abril de 2008); a Decisão-Quadro do Conselho, de 13 de junho de 2002, relativa à luta contra o terrorismo; a Posição Comum do Conselho, de 27 de dezembro de 2001, sobre o combate ao terrorismo; a Posição Comum do Conselho, de 27 de dezembro de 2001, relativa à aplicação de medidas específicas de combate ao terrorismo (atualizada pela Posição Comum 2007/871/PESC do Conselho, de 20 de dezembro de 2007); a Posição Comum, de 28 de junho de 2007, que atualiza a Posição Comum 2001/931/PESC relativa à aplicação de medidas específicas de combate ao terrorismo e revoga as Posições Comuns 2006/380/ /PESC e 2006/1011/PESC (atualizada pela Posição Comum do Conselho, de 29 de abril de 2008); a Diretiva 2005/60/CE, de 26 de outubro de 2005, relativa à prevenção da utilização do sistema financeiro para efeitos de branqueamento de capitais e de financiamento do terrorismo; o Regulamento (CE) n.º 881/2002, de 27 de dezembro de 2001, relativo a medidas restritivas específicas de combate ao terrorismo dirigidas contra determinadas pessoas e entidades [alterado pelo Regulamento (CE) n.º 198/2008, de 3 de março de 2008]; o Regulamento da Comissão, de 28 de abril de 2003, que altera o Regulamento (CE) n.º 2580/2001 relativo a medidas específicas de combate ao terrorismo dirigidas contra determinadas pessoas e entidades; o Regulamento (CE) n.º 871/2004, de 29 de abril de 2004, relativo à introdução de novas funções no Sistema de Informação de Schengen, incluindo o combate ao terrorismo; o Regulamento da Comissão, de 29 de novembro de 2005, que altera o Regulamento (CE) n.º 2580/2001 relativo a medidas específicas de combate ao terrorismo dirigidas contra determinadas pessoas e entidades; o Regulamento da Comissão, de 29 de setembro de 2006, que altera o Regulamento (CE) n.º 2580/2001 relativo a medidas restritivas específicas de combate ao terrorismo dirigidas contra determinadas pessoas e entidades; a Proposta de Decisão-Quadro do Conselho que altera a Decisão-Quadro 2002/475/JAI relativa à luta contra o terrorismo, de 6 de novembro de 2007.

[49] Relativamente ao tráfico de seres humanos, contam-se, entre outros, os seguintes instrumentos jurídicos: a Convenção do Conselho da Europa relativa à Luta contra o Tráfico de Seres Humanos, aberta à assinatura em 16 de maio de 2005; a Acção Comum, de 24 de fevereiro de 1997, adotada pelo Conselho, com base no artigo K.3 do TUE, relativa à ação contra o tráfico de seres humanos e a exploração sexual de crianças; a Decisão-Quadro 2002/629/JAI do Conselho de 19 de julho de 2002, relativa à luta contra o tráfico de seres humanos; a Decisão da Comissão, de 25 de março de 2003, que cria um grupo consultivo denominado "Grupo de peritos sobre o tráfico de seres humanos"; a Decisão da Comissão, de 17 de outubro de 2007, que cria o grupo de peritos sobre o tráfico de seres humanos; a Diretiva 2011/36/UE, de 5 de Abril de 2011, relativa à prevenção e luta contra o tráfico de seres humanos e à proteção das vítimas e que substitui a Decisão-Quadro 2002/629/JAI.

DIREITO DA UNIÃO EUROPEIA – ELEMENTOS DE DIREITO E POLÍTICAS DA UNIÃO

[50] Relativamente à exploração sexual de pessoas, podendo envolver sobretudo crianças, contam-se, entre outros, os seguintes instrumentos: a Acção Comum, de 24 de fevereiro de 1997, adotada pelo Conselho, com base no artigo K.3 do TUE, relativa à ação contra o tráfico de seres humanos e a exploração sexual de crianças; a Decisão do Conselho, de 29 de maio de 2000, sobre o combate à pornografia infantil na Internet; a Decisão-Quadro 2004/68/JAI do Conselho, de 22 de dezembro de 2003, relativa à luta contra a exploração sexual de crianças e a pornografia infantil; Diretiva 2011/92/UE, de 13 de Dezembro de 2011, relativa à luta contra o abuso sexual e a exploração sexual de crianças e a pornografia infantil que substitui a Decisão-Quadro 2004/68/JAI.

[51] Relativamente ao tráfico de droga, contam-se, entre outros, os seguintes instrumentos: a Acção Comum, de 29 de novembro de 1996, adotada pelo Conselho com base no artigo K.3 do TUE, sobre cooperação entre autoridades aduaneiras e organizações empresariais no combate ao tráfico de drogas; a Acção Comum, de 29 de novembro de 1996, adotada pelo Conselho com base no artigo K.3 do TUE, relativa ao intercâmbio de informações sobre a caracterização química das drogas para facilitar o desenvolvimento da cooperação entre os Estados-Membros no combate ao tráfico de droga; a Acção Comum, de 17 de dezembro de 1996, adotada pelo Conselho com base no artigo K.3 do TUE, relativa à aproximação das legislações e das práticas nos Estados-Membros da União Europeia tendo em vista a luta contra a toxicodependência e a prevenção e combate ao tráfico ilícito de droga; a Resolução do Conselho, de 17 de dezembro de 2003, relativa à formação dos agentes dos serviços de aplicação das leis na luta contra o tráfico de droga; a Decisão-Quadro do Conselho, de 25 de outubro de 2004, que adota regras mínimas quanto aos elementos constitutivos das infrações penais e às sanções aplicáveis no domínio do tráfico ilícito de droga; a Resolução do Conselho, de 20 de dezembro de 1996, relativa à condenação por infrações graves em matéria de tráfico ilícito de droga; a Recomendação do Conselho, de 25 de abril de 2002, sobre o melhoramento da metodologia de investigação operacional na luta contra a criminalidade associada ao tráfico organizado de droga: investigação das organizações de tráfico de droga e simultaneamente investigação económico-patrimonial das mesmas.

[52] Quanto aos instrumentos jurídicos que possam envolver o tráfico de armas, mas também a sua produção, comercialização, aquisição ou detenção, contam-se, entre outros: a Convenção Europeia sobre o Controlo de Aquisição e Detenção de Armas de Fogo por Particulares, aberta à assinatura em 28 de junho de 1978; a Acção Comum do Conselho, de 12 de julho de 2002, relativa ao contributo da União Europeia para o combate à acumulação e proliferação desestabilizadoras de armas de pequeno calibre e armas ligeiras e que revoga a Acção Comum 1999/34/PESC; a Acção Comum do Conselho, de 12 de junho de 2006, de apoio à aplicação da Resolução 1540 (2004) do Conselho de Segurança das Nações Unidas e no âmbito da execução da Estratégia da União Europeia contra a Proliferação de Armas de Destruição Maciça; a Acção Comum do Conselho, de 19 de março de 2007, relativa ao apoio às actividades da OPAQ/OPCW no âmbito da execução da Estratégia da União Europeia contra a Proliferação de Armas de Destruição Maciça; a Acção Comum do Conselho, de 23 de julho de 2007, em apoio à Convenção sobre a proibição ou limitação do uso de certas armas convencionais que podem ser consideradas como produzindo efeitos traumáticos excessivos ou ferindo indiscriminadamente, no contexto da Estratégia Europeia de Segurança; a Acção Comum do Conselho, de 28 de junho de 2007, relativa ao apoio às atividades da Comissão

412

COOPERAÇÃO JUDICIÁRIA E POLICIAL EM MATÉRIA PENAL

Preparatória da Organização do Tratado de Proibição Total de Ensaios Nucleares (CTBTO) a fim de reforçar as suas capacidades de vigilância e verificação e no âmbito da execução da Estratégia da União Europeia contra a Proliferação de Armas de Destruição Maciça; a Posição Comum do Conselho, de 31 de janeiro de 2000, relativa à proposta de protocolo contra o fabrico e o tráfico ilícitos de armas de fogo, das suas partes e componentes e de munições, adicional à proposta da Convenção das Nações Unidas contra a criminalidade organizada transnacional; a Posição Comum 2003/805/PESC, de 17 de novembro de 2003, relativa à universalização e ao reforço dos acordos multilaterais no domínio da não proliferação de armas de destruição maciça e respetivos vetores; a Posição Comum 2007/469/PESC, de 28 de junho de 2007, relativa à Conferência de Revisão de 2008 da Convenção sobre a Proibição do Desenvolvimento, Produção, Armazenagem e Utilização de Armas Químicas e sobre a sua Destruição (CWC).

[53] Quanto ao branqueamento de capitais, contam-se, entre outros, os seguintes instrumentos: a Convenção relativa ao Branqueamento, Deteção, Apreensão e Perda dos Produtos do Crime, aberta à assinatura em 8 de novembro de 1990; a Convenção do Conselho da Europa relativa ao Branqueamento, Deteção, Apreensão e Perda dos Produtos do Crime e ao Financiamento do Terrorismo, aberta à assinatura em 16 de maio de 2005; a Acção Comum, de 3 de dezembro de 1998, adotada pelo Conselho, com base no artigo K.3 do TUE, relativa ao branqueamento de capitais, identificação, deteção, congelamento, apreensão e perda de instrumentos e produtos do crime; a Decisão-Quadro do Conselho, de 26 de junho de 2001, relativa ao branqueamento de capitais, à identificação, deteção, congelamento, apreensão e perda dos instrumentos e produtos do crime; a Diretiva 2001/97/CE, de 4 de dezembro de 2001, que altera a Diretiva 91/308/CEE relativa à prevenção da utilização do sistema financeiro para efeitos de branqueamento de capitais; a Diretiva 2005/60/CE, de 26 de outubro de 2005, relativa à prevenção da utilização do sistema financeiro para efeitos de branqueamento de capitais e de financiamento do terrorismo.

[54] Relativamente à corrupção, contam-se, entre outros, os seguintes instrumentos: a Convenção estabelecida com base no n.º 2, alínea c), do artigo K.3 do TUE, relativa à luta contra a corrupção em que estejam implicados funcionários das Comunidades Europeias ou dos Estados-Membros da União Europeia, de 26 de maio de 1997; a Convenção penal sobre a corrupção, de 27 de janeiro de 1999; o Protocolo Adicional à Convenção Penal sobre Corrupção, aberto à assinatura em 15 de maio de 2003; a Acção Comum, de 22 de dezembro de 1998, adotada pelo Conselho, com base no artigo K.3 do TUE, relativa à corrupção no setor privado; o Acto do Conselho, de 26 de maio de 1997, que estabelece, com base no n.º 2, alínea c), do artigo K.3 do TUE, a Convenção relativa à luta contra a corrupção em que estejam implicados funcionários das Comunidades Europeias ou dos Estados-Membros da União Europeia; a Decisão do Conselho, de 25 de maio de 1999, relativa às condições e regras dos inquéritos internos em matéria de luta contra a fraude, a corrupção e todas as atividades ilegais lesivas dos interesses das Comunidades; a Decisão-Quadro do Conselho, de 22 de julho de 2003, relativa ao combate à corrupção no setor privado; a Posição Comum, de 6 de outubro de 1997, definida pelo Conselho com base no artigo K.3 do TUE relativa às negociações no Conselho da Europa e na OCDE em matéria de luta contra a corrupção; a Segunda Posição Comum, de 13 de novembro de 1997, definida pelo Conselho com base no artigo K.3 do TUE, relativa às negociações no Conselho da Europa e da OCDE em matéria de luta contra a corrupção.

DIREITO DA UNIÃO EUROPEIA – ELEMENTOS DE DIREITO E POLÍTICAS DA UNIÃO

de meios de pagamento[55], criminalidade informática[56] e criminalidade organizada[57]. E contudo não parece que já neste momento estas matérias cubram

[55] Relativamente à contrafação de meios de pagamento, contam-se, entre outros, os seguintes instrumentos: a Decisão-Quadro do Conselho, de 29 de maio de 2000, sobre o reforço da proteção
contra a contrafação de moeda na perspetiva da introdução do Euro, através de sanções penais e
outras (alterada pela Decisão-Quadro do Conselho de 6 de dezembro de 2001); a Decisão-Quadro
do Conselho, de 28 de maio de 2001, relativa ao combate à fraude e à contrafação de meios de pagamento que não em numerário; a Resolução do Conselho, de 28 de maio de 1999, sobre o reforço da
proteção penal contra a contrafação de moeda na perspetiva da introdução do Euro; a Resolução
do Conselho, de 13 de março de 2006, sobre a resposta aduaneira às mais recentes tendências em
matéria de contrafação e pirataria.
[56] Em matéria de criminalidade informática, são de salientar entre outros, os seguintes instrumentos: o Acto do Conselho, de 26 de julho de 1995, que institui a Convenção sobre a utilização da
informática no domínio aduaneiro; a Decisão do Conselho, de 17 de outubro de 2000, que cria
um Secretariado dos órgãos comuns de controlo da proteção de dados instituídos pela Convenção
que cria um Serviço Europeu de Polícia (Convenção Europol); a Convenção sobre a utilização da
informática no domínio aduaneiro e a Convenção de aplicação do Acordo de Schengen relativo
à supressão gradual dos controlos nas fronteiras comuns (Convenção de Schengen); o Protocolo
Adicional à Convenção sobre o Cibercrime relativo à incriminação de atos de natureza racista e
xenófobos cometidos por meio de sistemas informáticos, aberto à assinatura em 28 de janeiro de
2003. Como se sabe, uma das competências da Eurojust versa sobre a criminalidade informática
– veja-se a Decisão do Conselho, de 28 de fevereiro de 2002, relativa à criação da Eurojust, a fim
de reforçar a luta contra as formas graves de criminalidade. Igualmente importante, porque diz
respeito aos meios informáticos, é a Diretiva 95/46/CE, de 24 de outubro de 1995, relativa à proteção das pessoas singulares no que diz respeito ao tratamento dos dados pessoais e à livre circulação
desses dados.
[57] Quanto à criminalidade organizada ou, pelo menos, envolvendo criminalidade transfronteiriça,
complexa, existem, entre outros, os seguintes instrumentos: a Acção Comum, de 29 de novembro
de 1996, adotada pelo Conselho, com base no artigo K.3 do TUE, relativa à criação e manutenção
de um repertório de competências, técnicas e conhecimentos específicos em matéria de luta contra a criminalidade internacional organizada, destinado a facilitar a cooperação entre os Estados-
-Membros da União Europeia no domínio da aplicação da lei; a Acção Comum, de 5 de dezembro
de 1997, adotada pelo Conselho com base no artigo K.3 do TUE, que cria um mecanismo de avaliação da aplicação e concretização a nível nacional dos compromissos internacionais em matéria de
luta contra o crime organizado; a Decisão do Conselho, de 28 de fevereiro de 2002, relativa à criação da Eurojust a fim de reforçar a luta contra as formas graves de criminalidade; a Posição Comum,
de 29 de março de 1999, definida pelo Conselho com base no artigo K.3 do TUE, relativa à proposta
de Convenção das Nações Unidas contra a criminalidade organizada; a Posição Comum do Conselho, de 31 de janeiro de 2000, relativa à proposta de protocolo contra o fabrico e o tráfico ilícitos de
armas de fogo, das suas partes e componentes e de munições, adicional à proposta de Convenção
das Nações Unidas contra a criminalidade organizada transnacional; a Resolução do Conselho, de
23 de novembro de 1995, relativa à proteção das testemunhas no âmbito da luta contra o crime
organizado internacional; a Resolução do Conselho, de 20 de dezembro de 1996, relativa às pessoas
que colaboram com a justiça na luta contra a criminalidade organizada internacional; a Resolução
do Conselho, de 21 de dezembro de 1998, sobre a prevenção da criminalidade organizada, tendo

COOPERAÇÃO JUDICIÁRIA E POLICIAL EM MATÉRIA PENAL

todas aquelas que cumprem os critérios formulados no n.º 1 do artigo 83.º e que, pelas mesmas razões, justificariam a sua inclusão neste catálogo. Pensamos, por exemplo, na criminalidade fiscal transfronteiriça, ou seja, aquela que é realizada através de empresas de países distintos sem que chegue a integrar o conceito de "criminalidade organizada". E, assim como esta, aquelas infrações lesivas dos interesses financeiros da União, para as quais a Eurojust tem, de resto, um papel muito relevante, sem que, uma vez mais, se integrem no conceito de "criminalidade organizada". Para já não falar nos crimes ambientais. São, aliás, preocupações sobejamente manifestadas pelo Conselho Europeu de Tampere, de outubro de 1999, para além dos Tratados, como se alcança das conclusões n.º 48 e n.º 49 daquele Conselho.

Com efeito, a conclusão n.º 48 aponta os mais importantes tipos de criminalidade, relativamente aos quais havia necessidade de intervir em matéria de definição das incriminações e das sanções, onde se inclui, por exemplo, o ambiente: "Sem prejuízo dos domínios mais amplos previstos no Tratado de Amesterdão e no Plano de Acção de Viena, o Conselho Europeu considera que, no que diz respeito à legislação nacional em matéria penal, os esforços para que sejam aprovadas definições, incriminações e sanções comuns deverão incidir em primeiro lugar num número limitado de setores de particular importância, tais como a criminalidade financeira (branqueamento de capitais, corrupção, contrafação do euro), o tráfico de droga, o tráfico de seres humanos, nomeadamente a exploração de mulheres, a exploração sexual de crianças, os crimes de alta tecnologia e os crimes contra o ambiente". Por sua vez, a conclusão n.º 49 inclui uma referência aos crimes fiscais e aduaneiros, apelando a um maior auxílio dos Estados: "Os crimes económicos graves apresentam, cada vez mais, aspectos fiscais e aduaneiros. Por conseguinte, o Conselho Europeu apela para que os Estados-Membros prestem pleno auxílio judiciário mútuo na investigação e repressão dos crimes económicos graves".

Comparando com a redação do TUE anteriormente em vigor, *sc.*, a versão de Nice, não há dúvidas de que o alcance do artigo 83.º, n.ºs 1 e 2, é substan-

---

em vista a definição de uma estratégia global para a combater; a Resolução do Conselho, de 27 de maio de 1999, relativa ao combate à criminalidade internacional com cobertura alargada dos itinerários utilizados; a Recomendação do Conselho, de 25 de abril de 2002, sobre o melhoramento da metodologia de investigação operacional na luta contra a criminalidade associada ao tráfico organizado de droga: investigação das organizações de tráfico de droga e simultaneamente investigação económico-patrimonial das mesmas.

DIREITO DA UNIÃO EUROPEIA – ELEMENTOS DE DIREITO E POLÍTICAS DA UNIÃO

cialmente maior. O artigo 29.º de Nice previa, como domínios suscetíveis de ações em comum em matéria penal, a "criminalidade, organizada ou não, em especial o terrorismo, o tráfico de seres humanos e os crimes contra as crianças, o tráfico ilícito de droga e o tráfico ilícito de armas, a corrupção e a fraude". Os domínios então previstos, apesar de diferentes, não divergem significativamente da versão de Lisboa: autonomizou-se a criminalidade organizada, acrescentou-se a exploração sexual de mulheres, restringiu-se os "crimes contra as crianças" à exploração sexual de crianças, deixou de se fazer referência à "fraude" e, em seu lugar, incluiu-se o "branqueamento de capitais", a contrafação de meios de pagamento e a criminalidade informática e, quanto ao tráfico de armas e de droga, deixou de se fazer referência ao seu carácter ilícito.

Contudo, muito mais relevante, para nós, é o âmbito possível de aprovação de regras mínimas para definição dos tipos e respetivas sanções. É que na versão anterior isso só era possível para três domínios específicos: "da criminalidade organizada, do terrorismo e do tráfico ilícito de droga" [de acordo com o artigo 31.º, n.º 1, alínea e), do TUE]. A partir de Lisboa, essa possibilidade é alargada a todos aqueles domínios enunciados na 2.ª parte do n.º 1 do artigo 83.º. E mais: de acordo com a 3.ª parte dessa norma, esses domínios ainda podem ser estendidos.

Mesmo assim, a nosso ver, sem prejuízo da possibilidade de alargamento a outros domínios, pensamos que já poderiam ser incluídos outros, pelas mesmas razões e obedecendo aos mesmos critérios que subjazem aos que foram agora contemplados[58].

Ainda assim, o que resulta daqui é a necessidade de aproximar as legislações penais, harmonizando desta feita os direitos nacionais, tendo como

---

[58] Em reforço desta ideia, basta ver em que área é que a União tem procurado intervir, em matéria penal. Seguindo a exposição de WALTER PERRON, "Perspectives of the harmonization of criminal law and criminal procedure in the European Union", cit., pp. 14 e segs., as matérias em que se tem verificado a aprovação de diversos atos normativos da União europeia são as seguintes: criminalidade organizada (organizações criminosas, terrorismo, branqueamento de capitais, tráfico de droga); interesses da União enquanto tais (proteção de fronteiras, interesses financeiros, valores cambiais, etc.); interesses que podem ser protegidos a um nível transnacional (corrupção no setor público ou privado, proteção do ambiente, tráfico de seres humanos e exploração sexual de crianças, abuso de informação privilegiada e manipulação de mercado, racismo, fraude e contrafação de meios de pagamento que não em dinheiro, crimes informáticos, etc.); regulações na área da cooperação e mútua assistência (mandado de detenção europeu, proteção criminal de interesses financeiros da Comunidade e estabelecimento da procuradoria europeia, garantias processuais para suspeitos e ofendidos no processo criminal).

COOPERAÇÃO JUDICIÁRIA E POLICIAL EM MATÉRIA PENAL

denominador comum o conjunto de regras mínimas fixado pela União, ou seja, indo ao encontro das preocupações desta. Estaremos aqui em presença de novos bens jurídicos? Bens jurídicos de tipo europeu?

Não pode dizer-se que exista uma outra hierarquização de bens jurídicos. Pelo menos, não nos parece defensável que a União Europeia venha a sufragar qualquer tendência no sentido de uma nova hierarquia de bens jurídicos, um pouco ao arrepio do que tradicionalmente vem sendo consagrado nos sistemas penais nacionais. Normalmente, os bens jurídicos pessoais, e, dentro destes, a vida, a integridade física e assim sucessivamente, aparecem no topo dos bens jurídicos, seguidos de outros, como os patrimoniais. A verdade é que mesmo nos ordenamentos nacionais começam a proliferar normas, sobretudo de natureza processual, quando não mesmo substancial, ainda que em legislação especial, a conceder uma tutela peculiar, normalmente mais apertada, com menos garantias, com regras de imputação mais flexíveis, quando em causa está certo tipo de criminalidade, dita, por exemplo, "altamente organizada"[59] ou simplesmente "económico-financeira"[60], que, não envolvendo necessariamente o atentado à vida de pessoas, tem honras de um tratamento jurídico-penal especial. Um tratamento que normalmente envolve medidas processuais muito mais restritivas dos direitos fundamentais, muito mais apostadas numa certa eficácia persecutória e judicial, parecendo até que tal criminalidade tem uma importância maior que as condutas que afetam os bens jurídicos pessoais, como as que atentam contra a vida. A ser isto verdade, pelo peso dos bens jurídicos, estaríamos na presença de um fenómeno de inversão axiológica daqueles bens, sufragado afinal, em grande parte, pela União Europeia.

Porém, não nos parece que seja exatamente assim. O que à primeira vista estará em causa é o tipo de criminalidade, mas no sentido do modo como ela se desenvolve no momento presente. Os meios sofisticados que envolve, os perigos que comporta, a multiplicação de efeitos que pressupõe o seu resultado, a potencialidade de produção de grandes riscos que sugere, leva a que estejamos perante fenómenos atípicos, especiais e modernos de criminalidade, ainda que os bens jurídicos considerados de *per si*, isoladamente, possam não ter maior importância que os tradicionais bens jurídicos, *rectius*, que tinham tradicionalmente esses bens jurídicos.

---

[59] Expressão do artigo 1.º, alínea *m)*, do Código de Processo Penal português.
[60] Expressão da Lei n.º 5/2002, de 11 de janeiro.

O que temos é todo um conjunto de condições que são, em princípio, favoráveis a tais tipos de criminalidade. Desde logo, um espaço tão amplo, com inúmeras fronteiras de entrada, mas sem barreiras internas divisórias, é um espaço potencialmente favorável ao desenvolvimento de certos tipos de criminalidade como os que estão enunciados no catálogo do n.º 2 do artigo 83.º. São atividades perigosas, complexas, que estão subjacentes a tal tipo de criminalidade e que podem encontrar alguma facilidade de execução num espaço como o europeu, se não existirem medidas preventivas e repressivas eficazes mas, ao mesmo tempo, harmonizadas. Se todos os Estados punirem determinada conduta ou previrem regras para o reconhecimento de decisões judiciais, mas um não o fizer do mesmo modo, esse Estado pode comprometer todo o sucesso na erradicação de certo tipo de criminalidade, porque pode, desde logo, ser uma plataforma de ação dessas atividades ilícitas que garante certa impunidade.

Mas quer isto dizer, então, que não existem bens jurídicos que também careçam de uma tutela harmonizada por serem tipicamente europeus ou por tal tutela dever ser tomada em função de poderem ser ofendidos no espaço europeu? É claro que não. Assiste-se ao "aparecimento de bens jurídicos que, se não inteiramente novos, pelo menos aparecem com um outro figurino, uma vez que emergem de políticas comuns e por isso bens jurídicos europeus ou de feição europeia. Ora, essa nova matriz dos bens jurídicos impõe uma protecção igualitária quanto possível em todos os países da União Europeia. Essa igualação processar-se-á através da harmonização dos diversos Direitos internos dos Estados-Membros"[61]. Por isso mesmo não faltam Autores, como Morales Prats, que identificam aqui os chamados *eurodelitos*[62].

A comprovação vem sobretudo, mas não necessariamente, dos interesses financeiros da União Europeia. Interesses financeiros da União como tais, que não se confundem com idênticos – porque nunca serão iguais – interesses dos Estados enquanto tais. E quem diz esses interesses pode dizer outros que careçam de políticas que os harmonizem em função da União, como, por exemplo, o ambiente. Como também não parece descabido que, numa outra dimensão, a cidadania europeia *qua tale* se afirme como fonte de novas

---

[61] Mário Monte, *O Direito Penal Europeu. De "Roma" a "Lisboa". Subsídios para a sua Legitimação, cit.*, p. 65.
[62] Cf. Morales Prats, «Los modelos de unificación del derecho penal en la Unión Europea: reflexiones a propósito del 'Corpus Iuris'», *cit.*, p. 33.

COOPERAÇÃO JUDICIÁRIA E POLICIAL EM MATÉRIA PENAL

incriminações, quando em causa possa estar a tutela da pessoa enquanto cidadã europeia[63]. Nesses casos, é evidente que, podendo não ser novos bens jurídicos, têm contudo uma outra feição que não deve deixar de ser tida em conta quando se pretende a sua incriminação. Por isso é que faz sentido que na incriminação – na definição das infrações e das sanções – a União fixe regras mínimas.

A este propósito, é de salientar o projeto de Código Penal europeu denominado "Eurodelitos", a que já fizemos referência. Este projeto, levado a cabo por um grupo de penalistas, consiste num conjunto de normas jurídicas, contendo uma parte geral e uma parte especial, que, "semelhante na sua estrutura a um Código, persegue a tutela penal das liberdades fundamentais reconhecidas pelo Tratado das Comunidades Europeias e das instituições de política económica da Comunidade (marcas comunitárias, 'sociedades anónimas europeias', embargo), compreendendo também outras matérias 'clássicas' do Direito penal económico e abarcando igualmente o Direito penal do meio ambiente"[64]. Pode dizer-se que aqui assumem relevo alguns bens jurídicos que, mesmo não sendo exclusivamente europeus, enquanto tais, assumem uma feição europeia de tal modo marcante que justificam uma proteção de tipo europeu, ou seja, reivindicam a *harmonização penal*, ao ponto de ter sido possível elaborar um projeto de Código Penal para a defesa desses interesses, aplicável a toda a União Europeia[65].

2.1.3. O princípio da legalidade e o alcance da expressão "regras mínimas"

Entrando agora na questão das "regras mínimas", importa procurar entender o sentido desta expressão. Se ela já era importante quando se tratava de normas processuais, é agora ainda mais relevante tratando-se do poder de criação de normas através das quais se fixam os tipos e as sanções. É o princípio da legalidade que está em causa.

---

[63] Já nos referimos, *supra*, a CUNHA RODRIGUES, "Direito comunitário e transdisciplinaridade. O papel do juiz comunitário", *cit.*, p. 47, que admite que a cidadania europeia possa "constituir uma fonte privilegiada de novos desenvolvimentos consagrados à tutela da pessoa".

[64] TIEDEMANN, "Introducción", *cit.*, p. 1.

[65] Aqui fica o enunciado dos principais tipos de criminalidade (secções da parte especial): delitos contra os trabalhadores; tráfico ilegal organizado de seres humanos; proteção do consumidor e da concorrência; proteção do meio ambiente; insolvências puníveis e delitos societários; proteção do crédito, bolsa e poupança; proteção da marca comunitária; proteção das medidas sancionadoras adotadas pela Comunidade Europeia ou por outros organismos internacionais.

DIREITO DA UNIÃO EUROPEIA – ELEMENTOS DE DIREITO E POLÍTICAS DA UNIÃO

Sabemos já que o Parlamento Europeu, nos termos do Tratado de Lisboa, está legitimado a intervir; sabemos também que passa a existir uma fundamentação axiológico-normativa para que a União o possa fazer; e constatamos agora que a União também terá o poder de o fazer nos domínios atrás enunciados e sob certos requisitos. Mas, atendendo a que pode haver um alargamento desses domínios e que, para execução das políticas da União, esse poder pode estender-se a outros domínios, de acordo com o n.º 3 do artigo 83.º – como veremos de seguida –, então, é importante saber o que se entende quando se diz "regras mínimas". É no alcance dessa expressão que verdadeiramente está a densidade do poder da União. Observe-se que tal alcance contende com o princípio da legalidade e este princípio é fundamental no direito penal – pelo menos de matriz continental (europeia).

Importa, para perceber do que se trata, lembrar duas ideias-força deste preceito: por um lado, ele insere-se numa linha de aproximação de legislações penais e, por outro, essa aproximação far-se-á através de diretivas. Estamos pois a falar de harmonização dos direitos nacionais, através de uma fonte legitimadora que é o direito europeu derivado e que carecerá de transposição, de acordo com o Tratado.

Sabemos em que consistia a "aproximação, quando necessário, das disposições de direito penal dos Estados-Membros", nos termos do artigo 29.º do TUE (versão de Nice). Partindo do princípio de que, em geral, essa aproximação era feita através de decisões-quadro e, excecionalmente, de convenções, e que havia um processo de transposição para o direito nacional, o poder da União era muito limitado[66]. Tanto assim que, em última instância, eram os Estados que definiam os tipos legais de crime, de acordo com a sua Constituição, reduzindo-se o poder da União à fixação de regras mínimas, sujeitas a concretização e densificação pelos Estados, naqueles três domínios restritos[67].

---

[66] Sobre isto, veja-se MÁRIO MONTE, *O Direito Penal Europeu. De "Roma" a "Lisboa". Subsídios para a sua Legitimação, cit.*, p. 135.
[67] Cf. MÁRIO MONTE, *O Direito Penal Europeu. De "Roma" a "Lisboa". Subsídios para a sua Legitimação, cit.*, p. 135: "Na verdade, não se trata, a nosso ver, de estabelecer os próprios tipos legais de crime, desde logo porque, visando-se a aproximação das disposições dos Estados-membros, serão estes que estabelecerão os tipos de *per si*, baseando-se, no entanto, naquelas regras mínimas quanto aos elementos constitutivos das infracções, o mesmo se passando relativamente às sanções a aplicar, ou seja, serão fixadas regras mínimas quanto a estas que servirão aos Estados-membros para a previsão concreta, respeitando pois essas regras. Tratando-se assim de um poder que carece de um esforço dos Estados-membros quanto à forma e aos meios de adaptar as decisões-quadro e não tendo estas

COOPERAÇÃO JUDICIÁRIA E POLICIAL EM MATÉRIA PENAL

Com o Tratado de Lisboa, o poder da União não muda substancialmente, mas adquire um outro fôlego. Obrigatoriamente, o instrumento jurídico a utilizar é a diretiva (n.os 1 e 2 do artigo 83.°). De acordo com o artigo 288.° do TFUE, "[a] diretiva vincula o Estado-Membro destinatário quanto ao resultado a alcançar, deixando, no entanto, às instâncias nacionais a competência quanto à forma e aos meios". Ora, desde logo, por esta razão, os Estados terão, como sempre tiveram, uma margem de determinação, sobretudo quando se deixa ao critério do Estado a definição dos meios para alcançar o resultado que se visa na diretiva. Por esta razão, a diretiva deve bastar-se tanto quanto possível com a definição do resultado, que o mesmo é dizer, no nosso caso, do travejamento necessário para a tipificação, deixando aos Estados a definição do conteúdo dos tipos. Ou seja, os Estados não quiseram transferir todo o poder para a União, sobretudo agora que alargam os domínios em que esta pode definir regras mínimas dos tipos e das sanções. Os Estados dão com uma mão e tiram com a outra. Dão o alargamento dos domínios, dão mesmo a possibilidade de expandir esses domínios, chegam mesmo a dar a possibilidade de a União o poder fazer onde se justifiquem necessidades de harmonização de políticas da União (artigo 69.°-B, n.° 2); mas tiram a possibilidade de a União o poder fazer com efeito direto, uma vez que obrigam a que a diretiva seja o instrumento jurídico a utilizar.

Mas mais. Obrigam a que tal suceda através do processo legislativo ordinário, o que, nos termos do artigo 289.° do TFUE, consistirá numa "decisão conjuntamente pelo Parlamento Europeu e pelo Conselho, sob proposta da Comissão". Tem, em matéria penal, a vantagem de legitimar a decisão pelo Parlamento Europeu, respeitando o princípio da legalidade criminal; mas tem a desvantagem, na ótica do poder da União, de restringir esse poder, uma vez que agora, ao contrário do que se passava até aqui com a decisão--quadro, não é apenas o Conselho que delibera – veja-se o artigo 34.°, n.° 2, alínea b), do TUE, na versão de Nice –, mas também o Parlamento Europeu[68].

---

efeito directo, por um lado, ou que, por outro, sendo através de convenções, não deixará de ficar dependente do que as normas constitucionais dos Estados disserem a esse respeito – tal como manda o art. 34.°, n.° 2, al. d) –, pode desde já dizer-se que nem aqui se verifica uma competência de aprovar normas de natureza penal com aplicação directa na União Europeia. E, mesmo tratando-se de normas que visam a aproximação de disposições penais dos Estados-membros, ela só poderá incidir nos três domínios referidos: da criminalidade organizada, do terrorismo e do tráfico ilícito de droga".

[68] Esta condição, para nós, é muito importante, não só para legitimar democraticamente o processo de criação de normas de natureza penal, na União – aliás, convém dizer, com ANABELA RODRIGUES,

DIREITO DA UNIÃO EUROPEIA – ELEMENTOS DE DIREITO E POLÍTICAS DA UNIÃO

Apesar de tudo, o que o Parlamento Europeu e o Conselho podem estabelecer são "regras mínimas relativas à definição das infrações penais e das sanções", naqueles domínios previamente estabelecidos. Pode entender-se que a expressão "regras mínimas" pretende significar "mínimos incriminatórios ou sancionatórios" e esta expressão, por sua vez, penas mínimas? Nesta perspetiva, o que a União estaria autorizada a estabelecer seria a definição dos tipos no seu mínimo possível, incluindo as penas. Será este o poder da União?

Relativamente à primeira relação, há quem a faça, tendo como fundamento a expressão "aproximação de disposições de direito penal dos Estados-Membros". Nesse sentido vai Miguel Lemos: "A expressão, 'aproximação de disposições de direito penal dos Estados-Membros', deve ser interpretada no sentido de só abranger as disposições de direito penal que digam respeito aos conteúdos mínimos incriminatórios ou sancionatórios"[69]. Di-lo por referência ao artigo 29.º do anterior TUE, que, por sua vez, remetia para o artigo 31.º, alínea *e*), onde se falava em "regras mínimas quanto aos elementos constitutivos das infracções penais e às sanções". Já quanto à segunda relação, o mesmo Autor não é tão claro, embora não se possa considerar excluída uma tal conclusão[70]. E se é certo que no seu entender está em causa a "defi-

O Direito Penal Europeu Emergente, cit., p. 106, que o Parlamento é fundamental para esse processo de legitimação democrática, mas a participação do Conselho não retira tal legitimidade, bem pelo contrário, até porque os governos dos Estados são legitimados democraticamente nos seus Estados –, mas também porque isso pode ser um travão à tendência securitária que ultimamente se tem verificado. Por isso, para nós, esse perigo não é tão evidente, se pensarmos, por um lado, que as matérias sobre as quais, nos termos do Tratado de Lisboa, a União pode ditar regras mínimas dos tipos e das sanções devem ser consideradas prioridades em termos de política criminal e, por outro, isso não será feito sem que passe por um processo democrático aceitável para a União, ao que se segue a transposição pelos Estados. Em todo o caso, há quem entenda que um tal processo de harmonização, como algo de menor importância, continua a ser um sinal fraco do Tratado de Lisboa – cf. GUEDES VALENTE, "A construção de um espaço penal europeu sob o primado dos direitos fundamentais: sonho ou realidade?", *in* Lorenzo Bujosa Vadell, *Hacia un Verdadero Espacio Judicial Europeo. Perspectivas para la Construcción de un Proceso Penal Europeo e Instrumentos de Cooperación Policial y Judicial en la Unión Europea*, Editorial Comares, Granada, 2008, pp. 8 e segs.

[69] Cf. MIGUEL LEMOS, *O Défice Democrático na União Europeia e o Direito Criminal*, dissertação de mestrado, Coimbra, 2006, p. 44.

[70] Com efeito, MIGUEL LEMOS, *O Défice Democrático na União Europeia e o Direito Criminal, cit.*, p. 42, refere que "[i]mplicitamente, só se pode entender que a União tem também competência para estabelecer conteúdos incriminatórios ou sancionatórios máximos, nos três domínios". Ao dizê-lo, remete para a nota de pé de página n.º 123, onde diz: "Não tem sido feito muito uso da possibilidade de fixar máximos de penas ou de descriminalizar certos comportamentos". Quererá com isto o Autor dizer que "conteúdos incriminatórios ou sancionatórios máximos" tem que ver com "máxi-

COOPERAÇÃO JUDICIÁRIA E POLICIAL EM MATÉRIA PENAL

nição de conteúdos mínimos incriminatórios ou sancionatórios", a verdade é que não deixa de concluir que "[i]mplicitamente, só se pode entender que a União tem também competência para estabelecer conteúdos incriminatórios ou sancionatórios máximos (...)".

Em nosso entender, a expressão "regras mínimas relativas à definição das infrações penais e das sanções" – agora prevista no artigo 83.º, n.º 1 –, semelhante à expressão "regras mínimas quanto aos elementos constitutivos das infrações penais e às sanções", de Nice, tanto pode envolver limites mínimos como máximos das penas, mas não pode significar conteúdos incriminatórios ou sancionatórios máximos. O que pretende é limitar-se o poder da União no enunciado dos conteúdos incriminatórios, *sc.*, na "definição das infrações", ou sancionatórios, isto é, na "definição (...) das sanções", ao mínimo possível, *sc.*, no estabelecimento de "regras mínimas". Dito isto, o que parece evidente é que a União não tem o poder de definir os tipos, mas tão-só de enunciar regras mínimas para essa definição, assim como não tem o poder de definir as sanções, mas apenas de enunciar regras mínimas para essa definição, o que o mesmo é dizer, o tipo de pena recomendável, por exemplo, até mesmo o estabelecimento de um mínimo abaixo do qual não devem as penas descer, mas dando aos Estados a possibilidade de definir o quantitativo definitivo, através de um mínimo e um máximo da pena. Aliás, não poderia ser de outro modo, atendendo a que em certos Estados, como é o caso de Portugal, nunca seria possível estabelecer um máximo de pena que atingisse a pena perpétua, uma vez que isso colidiria com a Constituição e, nesse caso, não podemos esquecer o limite do artigo 8.º, n.º 4, da CRP, quando refere que isso deve ser feito "com respeito pelos princípios fundamentais do Estado de direito democrático".

De resto, uma tal leitura é-nos sugerida também pelo facto de o instrumento ser a diretiva – um pouco à semelhança do que se passava já com a decisão-quadro. É que a diretiva define o resultado, deixando ao Estado destinatário a definição da forma e do meio. Pois, que sentido faria estabelecer o conteúdo das infrações e das sanções, se nesse caso nada ficasse para o Estado definir? É óbvio que a definição de regras mínimas, ou seja, de con-

mos de penas"? Se assim for, então, por leitura *a contrario*, "conteúdos mínimos incriminatórios ou sancionatórios", que corresponderia à expressão "regras mínimas, quanto aos elementos constitutivos das infracções penais e quanto às sanções", pode querer significar "mínimos de penas", por exemplo? É nesse sentido que levantamos a questão, embora, como se verá no texto, estejamos de acordo quanto à conclusão a que chega o Autor sobre o alcance daquela expressão.

teúdos mínimos definitórios da incriminação e da sanção é o que permite que os Estados, na transposição, definam aquilo que por eles pode ser definido: o tipo *qua tale* e a sanção.

Poder-se-á dizer que, assim sendo, a sanção não deve ser definida completamente atendendo ao mínimo e ao máximo? Parece que sim. Se se trata de definir regras mínimas, parece evidente que deve ser definido o tipo de sanção e a relação entre sanções – alternativas, substitutivas, etc. –, mas não, por exemplo, o quantitativo diário ou até o número de dias, no caso de multa, ou o quantitativo de prisão, embora não fique excluída a previsão de regras no sentido de, neste ou naquele tipo de crime, se dever privilegiar penas mais leves ou mais graves, consoante os casos, deixando ao Estado a possibilidade de definir os quantitativos exatos, tendo em conta, como não pode deixar de ser, o próprio regime de penas – por exemplo, o sistema de dias-de-multa, do cúmulo jurídico, etc., no caso português.

2.1.4. A cláusula *opt out* e a cooperação forçada

Muito relevante também é que existe, a partir do Tratado de Lisboa, não só uma cláusula *opt out* (cláusula de isenção)[71] em matéria penal, mas a possibilidade de um bloqueio no processo legislativo que pode remetê-lo para a "cooperação forçada". Se um Estado não estiver de acordo, na medida em que um projeto de diretiva nos termos dos n.ºs 1 e 2 do artigo 83.º "prejudica aspetos fundamentais do seu sistema de justiça penal", pode solicitar que esse projeto seja submetido à apreciação do Conselho Europeu. E, após um processo com vista ao acordo, se isso não suceder, isto é, se se mantiver o desacordo, então só resta "instituir uma cooperação reforçada com base no projeto de diretiva em questão", se pelo menos nove Estados estiverem de acordo.

Note-se, no entanto, que a cooperação reforçada está pensada para "[o]s Estados-Membros que desejem instituir entre si" essa cooperação, mas "no âmbito das competências não exclusivas da União", visando "favorecer a realização dos objetivos da União, preservar os seus interesses e reforçar o

---

[71] Dizemos mais que uma cláusula *opt out* porque o conceito de *opting out* pressupõe uma faculdade que é concedida a um Estado de não se associar aos outros Estados-Membros num domínio específico da cooperação, mas não ao ponto de provocar um bloqueio geral. Em matéria penal, contudo, se um Estado não concordar com o projeto de diretiva e se não houver acordo, isso pode impedir a aprovação da diretiva naqueles termos e remeter para a cooperação reforçada. Em termos práticos, os efeitos são *grosso modo* os mesmos. Mas o alcance jurídico não é exatamente o mesmo.

COOPERAÇÃO JUDICIÁRIA E POLICIAL EM MATÉRIA PENAL

seu processo de integração". Por isso, não vincula os restantes Estados, nem atribui poder à União, antes vincula apenas os Estados signatários, podendo estes utilizar as instituições daquela para o efeito.

2.2. Direito processual

2.2.1. Das medidas de procedimento e processuais penais

A cooperação judicial em matéria penal[72], prevista no Capítulo IV do Título IV do TFUE, também pressupõe a existência de medidas que afetam o direito processual penal.

Ao contrário do que poderia sugerir uma leitura menos atenta do artigo 82.º do TFUE[73], por cooperação judicial em matéria penal não se pode entender a que se baseia no "princípio do reconhecimento mútuo das sentenças e decisões judiciais", ainda que ela inclua a aproximação das disposições legais e regulamentares apenas em certos domínios. Por cooperação judicial em matéria penal, tal como estão elaborados os artigos 82.º a 86.º, deve entender-se todo um conjunto de medidas e de atos que têm como finalidade a prossecução de certos objetivos em matéria penal e que, *prima facie*, assentam no reconhecimento mútuo das sentenças e decisões judiciais. Ou seja, a cooperação judicial em matéria penal não é exclusivamente aquela que se baseia no princípio do reconhecimento mútuo das sentenças e decisões judiciais, mas também será – e em primeiro lugar é – aquela que se baseia nesse princípio.

Caso assim se não entendesse, algumas medidas que estão previstas naquelas normas e que vamos analisar a seguir, não se incluindo no conceito de aproximação das disposições legais e regulamentares, e também não se integrando no do reconhecimento mútuo das sentenças e decisões judiciais, não fariam sentido, face ao enunciado do artigo 82.º. Só para termos uma ideia do que acabámos de afirmar, as medidas tendentes a apoiar a formação de magistrados e de funcionários e agentes de justiça [alínea *c*) do n.º 1 do artigo 82.º] ou o estabelecimento de regras mínimas relativas aos direitos

---

[72] Como explica WALTER PERRON, "Perspectives of the harmonization of criminal law and criminal procedure in the European Union", *cit.*, p. 6, foi com o Tratado de Maastricht, em 1992, que ficou claro que a cooperação judicial em casos de natureza penal é um assunto de comum interesse de todos os Estados-Membros da União Europeia. Mas, como adverte o Autor, *ob. cit.*, p. 7, é só com o Tratado de Amesterdão, em 1997/1999, com a criação do 3.º pilar, que se cria uma área de liberdade, segurança e justiça, onde a cooperação policial e a judiciária assumem uma relevância capital.

[73] Doravante, a alusão a este artigo, sem indicação do diploma, refere-se ao artigo 82.º do TFUE.

individuais em processo penal ou aos direitos das vítimas da criminalidade [alíneas *b)* e *c)* do n.º 2 do artigo 82.º] podem servir para a cooperação judiciária em matéria processual penal, mas não se cingem ao reconhecimento mútuo das sentenças ou decisões judiciais. Vão muito mais longe, podendo mesmo afetar o próprio direito processual penal. Por isso, podemos dizer que a cooperação judiciária em matéria penal é, antes do mais, todo o conjunto de medidas e atos que, passando pelo direito processual penal ou pelo direito penal, podem contribuir para esse fim. Obviamente que se salienta aqui o reconhecimento mútuo das sentenças e decisões judiciais.

No artigo 82.º é clara a distinção entre dois tipos de procedimento, relacionados com o tipo de matéria em causa, embora em ambos os casos dentro do processo legislativo ordinário: por um lado, mediante a utilização de diretivas; por outro, sem essa obrigação, podendo ser diretivas, regulamentos ou decisões.

Convém observar que o processo legislativo ordinário é o que "consiste na adoção de um regulamento, de uma diretiva ou de uma decisão conjuntamente pelo Parlamento Europeu e pelo Conselho, sob proposta da Comissão" (artigo 289.º do TFUE). Enquanto as medidas da 2.ª parte do n.º 1 do artigo 82.º podem ser tomadas através de qualquer dos três atos normativos previstos no processo legislativo ordinário, já as que estão previstas no n.º 2 exigem que sejam tomadas mediante diretivas.

Ora, nos termos do artigo 288.º do TFUE, a "diretiva vincula o Estado-Membro destinatário quanto ao resultado a alcançar, deixando, no entanto, às instâncias nacionais a competência quanto à forma e aos meios"; já o "regulamento tem carácter geral", na medida em que "[é] obrigatório em todos os seus elementos e directamente aplicável em todos os Estados-Membros"; e a decisão "[é] obrigatória em todos os seus elementos", mas "[q]uando designa destinatários, só é obrigatória para estes".

É pois bom de ver que o regulamento e a decisão têm um grau de vinculação maior, não deixando aos Estados – em geral e aos destinatários, respetivamente – qualquer margem para adaptação; a diretiva é o ato normativo mais indicado que permite aos Estados algum poder de adaptação ao direito nacional, na medida em que sempre poderão, através da transposição, eleger a forma e os meios adequados para atingir os resultados previstos na diretiva, além de que só vinculará os Estados destinatários.

Por isso, o que pode constatar-se do Tratado é que na medida em que a matéria em causa contenha elementos que possam contender com aspetos mais cruciais, nevrálgicos, do direito processual penal de cada Estado, ou que

COOPERAÇÃO JUDICIÁRIA E POLICIAL EM MATÉRIA PENAL

envolvam mais diretamente direitos fundamentais das pessoas, a via seguida é normalmente a da diretiva; ao invés, quando isso não é tão marcante, fica aberta a possibilidade de seguir qualquer um dos três atos. Vejamos.

Na segunda parte do n.º 1 do artigo 82.º estão em causa medidas tendentes a garantir o reconhecimento em toda a União das sentenças e decisões judiciais, a permitir resolver conflitos de jurisdição, a viabilizar a formação de magistrados e do pessoal da administração da justiça e a facilitar a cooperação entre autoridades judiciárias ou equivalentes no âmbito do processo penal. De um modo geral, visam pois o relacionamento entre tribunais, autoridades judiciárias e similares, dos diversos Estados, ou a própria administração da justiça, em vista de uma maior eficácia da justiça penal transfronteiriça, buscando uma melhor cooperação judiciária em matéria penal. Ainda que afetem as pessoas, não têm um efeito de restrição ou ampliação dos direitos fundamentais tão marcante, ou não chegam a tocar em aspetos nevrálgicos do direito processual penal de cada Estado, como sucede com as medidas do n.º 2.

De facto, as medidas previstas no n.º 2 do artigo 82.º contendem diretamente com direitos fundamentais das pessoas, no âmbito do processo penal, ao ponto de se conceder à União um mandato aberto para regular sobre qualquer aspeto do processo penal. Dir-se-á mesmo que, tal como está previsto o n.º 2, a União passa agora a ter um poder de intervenção muito significativo, podendo, bem vistas as coisas, regular sobre todo o direito processual penal. Este é um aspeto importante que merece atenção redobrada.

Impõe-se, no entanto, fazer uma distinção entre as três primeiras alíneas e a quarta: aquelas têm um âmbito concreto; esta é genérica[74]. Nas primeiras três alíneas estão em causa medidas relativas à admissibilidade mútua de provas entre os Estados-Membros, aos direitos das pessoas no processo penal e aos direitos das vítimas de crimes. Estas duas afetam diretamente os direitos fundamentais das pessoas; aquela, ainda que também possa ter esse efeito, afeta um dos aspetos mais cruciais do processo penal que é o seu regime de prova.

---

[74] Reza assim o artigo 82.º, n.º 2, na parte relativa às medidas: "Essas regras mínimas incidem sobre:

a) A admissibilidade mútua dos meios de prova entre os Estados-Membros;

b) Os direitos individuais em processo penal;

c) Os direitos das vítimas da criminalidade;

d) Outros elementos específicos do processo penal, identificados previamente pelo Conselho através de uma decisão. Para adoptar essa decisão, o Conselho delibera por unanimidade, após aprovação do Parlamento Europeu".

Não se diz em que sentido é que a União está autorizada a intervir. Apenas se diz que essa intervenção tem de obedecer a certos requisitos:

a) que seja necessária para facilitar o reconhecimento mútuo das sentenças e decisões judiciais e a cooperação policial e judiciária;
b) em matérias penais com dimensão transfronteiriça;
c) que sejam estabelecidas regras mínimas;
d) mediante diretivas, recorrendo ao processo legislativo ordinário.

Fora destes requisitos, não está a União habilitada a intervir em matéria de processo penal.

Esta delimitação é muito importante porque, sobretudo pelo alcance da alínea d), a sua inexistência significaria um poder ilimitado da União de impor aos Estados-Membros normas sobre o processo penal, quando não é verdadeiramente isso que está em causa. Até porque, como ressalva a última parte do n.º 2, a adoção dessas normas mínimas terá "em conta as diferenças entre as tradições e os sistemas jurídicos dos Estados-Membros". Este limite e aquela delimitação farão com que o poder da União não se estenda a toda e qualquer norma do processo penal. Além disso, mesmo quando cumpridos os requisitos acima enunciados, ou seja, dentro daqueles limites, a União apenas estabelecerá normas mínimas, não mais que isso. Depreende-se daqui que o poder a exercer será o mínimo possível com vista à aproximação das legislações, deixando aos Estados a possibilidade de investirem ou aprofundarem num nível maior de proteção das pessoas. Há de, por isso, ser o menos restritivo possível das garantias das pessoas. Os Estados quiseram pois que, por um lado, a União não tivesse um poder ilimitado de restringir direitos das pessoas, sc., dos seus cidadãos, e que, por outro lado, se isso sucedesse, o Estado tivesse o direito de manter um nível mais elevado de proteção.

Mas a quarta hipótese, a que nos é oferecida pela alínea d), é ainda mais intrusiva[75]. Por isso, os requisitos são mais apertados. Para além dos anteriores, junta-se ainda a exigência de uma decisão do Conselho, obtida por unanimidade, após aprovação do Parlamento, na determinação prévia dos elementos específicos do processo penal sobre os quais hão de recair as normas mínimas com vista ao reconhecimento mútuo das sentenças e decisões judiciais e a cooperação policial e judicial, em assuntos penais com

[75] Veja-se a nota anterior.

dimensão transfronteiriça. A razão de um regime assim estreitado é fácil de entender. Uma prévia determinação desses elementos, através de uma decisão obtida por unanimidade, no Conselho, onde estão representados os Estados, e onde, por isso, é possível impedir que certos elementos possam ser objeto daquela intervenção, para além da aprovação, a montante, do Parlamento, garante um controlo, pelos Estados, muito apertado na definição do objeto sobre o qual podem recair aquelas normas mínimas. Se as regras mínimas que estabelecem sobre elementos específicos do processo penal pudessem recair sobre quaisquer elementos, seria um cheque em branco cujos efeitos negativos poderiam não ser afastados por todos os Estados através do processo legislativo ordinário, uma vez que aqui já não é exigível a unanimidade.

Suscetível de algumas reservas ou pelo menos de dúbias interpretações é a parte final do n.º 2 do artigo 82.º. Diz-nos que "[a] adopção das regras mínimas referidas no presente número não impede os Estados-Membros de manterem ou introduzirem um nível mais elevado de protecção das pessoas". À primeira vista parece que a adoção das regras mínimas significaria já de si um certo nível de proteção das pessoas e que isso não impediria, mesmo assim, que os Estados-Membros almejassem um nível ainda mais elevado de proteção[76]. Só que essa leitura não é a única possível.

Na verdade, o texto desta norma é prolixo. Se a expressão "protecção das pessoas" se refere à proteção das pessoas face à delinquência, enquanto potenciais vítimas, numa lógica de maior segurança da comunidade, até por referência ao artigo 67.º, então, a conclusão que pode retirar-se é a de que as regras mínimas a que se refere o n.º 2 do artigo 82.º teriam esse objetivo e, nesse sentido, poderiam significar uma diminuição das garantias dos arguidos, sendo certo que os Estados ainda poderiam ir mais longe nesse abaixamento, uma vez que com isso procurariam um aumento de proteção das pessoas.

Mas a expressão "protecção das pessoas" também pode referir-se à tutela dos interesses das pessoas no processo penal, nomeadamente do arguido, mas igualmente da vítima. Nesse caso, podemos ter duas situações distintas.

---

[76] Tratar-se-ia, neste caso, como Anabela Rodrigues, *O Direito Penal Europeu Emergente*, cit., p. 114, já anotou, na senda de Vogel, de uma harmonização "extensiva", ou seja, ainda que "os textos europeus se limitem a estabelecer os comportamentos que, no mínimo, devem ser considerados crime", isso não quer dizer que os Estados não tenham "a liberdade de ir mais além e incriminar de uma forma mais ampla do que prevê o instrumento europeu".

Uma vez que o n.º 2 do artigo 82.º, ao referir que a União pode estabelecer regras mínimas sobre aspetos do processo penal, sem referir que estas regras devem ir no sentido de restringir ou de ampliar os direitos, então, podendo ir tanto num sentido como no outro, aquela referência final comporta o duplo sentido de permitir aos Estados estabelecer um nível maior de proteção das pessoas, mesmo que a União já tenha estabelecido nesse sentido, mas também o de permitir aos Estados ir nesse sentido ainda que a União tenha restringido esses direitos.

É que, na verdade, ao dizer o artigo 82.º, n.º 2, que podem ser estabelecidas regras mínimas, mediante diretivas, e que se refiram, por exemplo, a direitos das pessoas durante o processo penal, não sabemos se tais regras podem ir no sentido de restringir ou de ampliar esses direitos. E, bem vistas as coisas, devem poder ir nos dois sentidos, desde que o caminho a seguir atinja o objetivo enunciado anteriormente: facilitar o reconhecimento mútuo das sentenças e decisões judiciais e a cooperação policial e judiciária, em matérias penais com dimensão transfronteiriça. Se assim for, isto é, se a União tanto pode restringir como ampliar esses direitos, então, tratando-se de matéria processual penal, para além de tais normas já terem de atender às diferenças entre as tradições e os sistemas jurídicos dos Estados-Membros, ainda haverá a possibilidade de os Estados aumentarem o nível de proteção das pessoas, quer se entenda estes direitos como sendo os das pessoas no processo, quer se entenda como sendo os das pessoas em geral, potenciais vítimas de crimes.

O que, tudo levado à conta do poder que os Estados-Membros quiseram transmitir à União, nos permite concluir que, embora esse poder seja assinalável, os Estados-Membros ainda assim rodearam-se de cautelas, no sentido de, não impedindo aquele objetivo de facilitar o reconhecimento mútuo das sentenças e decisões judiciais e a cooperação policial e judiciária, em assuntos penais com dimensão transfronteiriça, manterem o poder de ditar a última palavra quando em causa estejam aspetos cruciais do processo e/ou quando esteja em jogo a proteção dos direitos das pessoas.

Por último, confirmando a ideia segundo a qual o n.º 2 do artigo 82.º versa sobre situações mais delicadas e gravosas, relativamente aos ordenamentos dos Estados, não tanto, por isso, como no n.º 1, está o n.º 3 do mesmo artigo. Aí se prevê que, mesmo depois de seguido o processo legislativo ordinário – e no caso da alínea *d)*, inclusive após decisão do Conselho por unanimidade, na base da aprovação do Parlamento –, mesmo assim, se um Estado considerar que um projeto de diretiva sobre aquelas hipóteses previstas nas alíneas *a)* a *d)* do n.º 2 "prejudica aspectos fundamentais do seu sistema de justiça penal", então pode solicitar que o assunto seja remetido ao Conselho Europeu, suspendendo o processo, tal como está previsto nesse n.º 3. E é curioso notar que, se não houver acordo entre os Estados, o Conselho Europeu não pode dar seguimento no sentido de adotar a diretiva pretendida, apenas se concedendo a possibilidade de estabelecer uma cooperação reforçada entre Estados se, pelo menos, nove Estados estiverem de acordo.

Há, pois, uma válvula de segurança, no sentido de travar o processo, se, para tanto, um único Estado, estando em desacordo, desencadear a suspensão do procedimento e se daí não se atingir um acordo que devolva o assunto ao processo legislativo ordinário. A razão é óbvia, a nosso ver: tratando-se de matéria processual penal, os Estados, apesar de todas as atribuições que transferiram à União, não quiseram abdicar da sua soberania, sobretudo porque em causa estão normas sobre aspetos fundamentais do processo penal.

2.2.2. Dos (novos) órgãos e suas atribuições

2.2.2.1. A Eurojust

A análise da possibilidade de intervenção da União em matéria processual penal não ficaria completa sem uma alusão à Eurojust e, a partir desta, exclusivamente para a proteção dos interesses financeiros, à Procuradoria Europeia. E isto por uma razão muito simples: a nossa perspetiva, ao tratarmos do direito penal, é a de o tomarmos no seu sentido amplo, ou seja, compreendendo também o direito processual penal. E, sendo assim, é sabido que em muitos ordenamentos jurídicos europeus, neles se incluindo o português, a investigação criminal, apesar de feita pelos órgãos de polícia criminal, é realizada sob orientação do Ministério Público. Isto significa que não podemos deixar de lançar um olhar sobre a chamada cooperação judiciária ao nível da investigação criminal, no âmbito dos Tratados constitutivos. E dizer isto supõe, inevitavelmente, saber o que o Tratado de Lisboa institui sobre a Eurojust e sobre a Procuradoria Europeia.

Foi na Conferência Intergovernamental que se realizou em Nice, em dezembro de 2000, que a Eurojust ascendeu ao TUE, *rectius*, Tratado de Nice, que entrou em vigor no dia 1 de fevereiro de 2003, tal como está previsto no artigo 31.º, n.º 2[77]. Dizemos "ascendeu" porque na verdade, juridicamente,

---

[77] Cf. Lopes da Mota, "A Eurojust e a emergência de um sistema de justiça penal europeu", *cit.*, p. 180.

DIREITO DA UNIÃO EUROPEIA – ELEMENTOS DE DIREITO E POLÍTICAS DA UNIÃO

já existia: havia sido criada por Decisão do Conselho de 14 de dezembro de 2000, tal como já havia sido determinado no Conselho Europeu de Tampere de outubro de 1999 – no ponto 46 das conclusões já se tinha apontado no sentido de dotar a União de uma unidade designada assim, para coordenar as atividades nacionais de investigação e exercício da ação penal nos diversos Estados[78]. Após um processo evolutivo, viria a ser definitivamente instalada em 2002[79].

No Tratado de Lisboa, o artigo 85.º do TFUE prevê a existência da Eurojust e suas principais características, que não se distancia muito do anterior TUE, mas que apresenta algumas inovações[80]. Assim, tendo em conta que estamos a falar do Tratado, apesar de certas funções agora apontadas já resultarem da Decisão do Conselho de 28 de fevereiro de 2002, a verdade é que o artigo 85.º, n.º 1, explicita de um modo mais claro e decidido as funções da Eurojust: abrir e coordenar investigações; reforçar a cooperação judiciária. Aqui a Eurojust não se limita a coordenar, cooperar e apoiar. Agora ela pode e deve, nos termos do Tratado, abrir investigações criminais e propor a instauração de ações penais conduzidas pelas autoridades nacionais competentes, sobretudo no domínio dos interesses financeiros da União.

Convém que se diga, no entanto, que tais funções, expressas no Tratado, não esgotam o rol de funções que a Eurojust pode vir a ter. Pelo contrário. O TFUE formula aqui algumas das funções que a Eurojust pode ter, mas não impede que possa vir a ter outras, uma vez que o artigo 85.º prevê, isso sim, que o Parlamento e o Conselho – e não apenas o Conselho como sucedia até agora –, "por meio de regulamentos adoptados de acordo com o processo

---

[78] *Idem*, p. 183.

[79] Convém lembrar que a Eurojust começou como unidade provisória, em 1 de março de 2001, vindo a ser instituída em definitivo, primeiro por decisão do Conselho de 28 de fevereiro de 2002 e, a partir de dezembro, fisicamente, com a abertura da sede na Haia. O Estado português recolheu a decisão de 28 de fevereiro de 2002, através da Lei n.º 36/2003, de 22 de agosto, onde se definem o estatuto e as competências do representante português para agir, no âmbito da Eurojust, no território nacional. Sobre o processo de criação da Eurojust, veja-se, entre outros, ANABELA RODRIGUES, *O Direito Penal Europeu Emergente*, cit., pp. 77 e segs., bem como LOPES DA MOTA, "A Eurojust e a emergência de um sistema de justiça penal europeu", *cit.*, pp. 189 e segs.

[80] Sobretudo, existe um esforço de clarificar as suas competências. É que, na verdade, não faltava quem entendesse, com razão, que tais competências não estavam claras. Nesse sentido, veja-se FLORA GOUDAPPEL, "Third pillar co-operation", *in* Jaap Zwaan/Flora Goudappel (eds.), *Freedom, Security and Justice in the European Union. Implementation of the Hague Programme*, Haia, 2006, p. 201, concluindo de forma expressiva: "O futuro do papel da Eurojust permanece pouco claro neste momento".

COOPERAÇÃO JUDICIÁRIA E POLICIAL EM MATÉRIA PENAL

legislativo ordinário", possam determinar "o funcionamento, o domínio de acção e as funções da Eurojust". O facto de o Parlamento passar a intervir nessa determinação, por um lado, e de ela se efetuar através de regulamentos e não estarem definidas todas as funções, podendo vir a ter outras, por outro, faz crer que a Eurojust pode vir a ser um órgão com uma importância capital na cooperação entre Estados ao nível da investigação criminal, com um limite que nos parece, em todo o caso, intransponível: apenas "em matéria de criminalidade grave"[81].

2.2.2.2. A Procuradoria Europeia

Particular relevância tem assumido – e assim continuará – a proteção dos interesses financeiros da União, o que chega a justificar a criação de uma "Procuradoria Europeia" para esse efeito, a partir da Eurojust.

Convém lembrar que já houve uma tentativa de criação do «Corpus Iuris» para a proteção dos interesses financeiros da Comunidade, uma tentativa de unificação penal, autónoma, numa área específica de interesses, que veio a resultar na proposta de Diretiva do Parlamento Europeu e do Conselho [2001/0115 (COD)], para esse fim[82]. Ora, o «Corpus Iuris», em 1997, já previa a criação de um Ministério Público Europeu com tal propósito[83]. Esta aspiração não se perdeu. Viria a ser retomada no chamado Livro Verde, em 2001, numa iniciativa da Comissão, onde claramente se apontava para a

---

[81] Porém, há quem assim não entenda. Por exemplo, HUGO BRADY, *The EU and the Fight Against Organised Crime*, London, s/d, p. 39, entende que o objetivo da cooperação da União Europeia contra o crime organizado não pode centralizar-se no reforço da cooperação entre órgãos como a Europol e a Eurojust. Entende que deve existir uma mistura de canais formais e informais que garantirão melhores resultados.

[82] Na expressão de GIOVANNI GRASSO, "La formazione di un diritto penale dell'Unione Europea", *cit.*, p. 27, o projeto do «Corpus Iuris», constitui, é certo, um «direito penal comum europeu», mas trata-se de um «direito comum supletivo», uma vez que as suas disposições não são auto-suficientes, necessitando de um complemento por parte das regras penais e processuais nacionais.

[83] Sobre a génese desta estrutura, a sua proposta e defesa, veja-se MIREILLE DELMAS-MARTY, "A caminho de um modelo europeu de um processo penal", in *RCPP*, Ano 9, abril-junho 1999, pp. 234 e segs. Não há dúvida de que, analisando o discurso feito pela Autora em 1998, na Assembleia da República portuguesa, se percebe que a fundamentação para a criação do Ministério Público europeu, a partir do «Corpus Iuris», no sentido de se passar da cooperação entre Estados para a criação de "um verdadeiro sistema único – a uma solução verdadeiramente comunitária", através da criação de um Ministério Público europeu, fazia todo o sentido, como se veio a comprovar mais tarde, nomeadamente agora no Tratado de Lisboa. É um dos sinais mais claros, não só de que a cooperação já deu lugar à harmonização no plano das normas, mas também à criação de um sistema penal europeu, sobretudo no plano judiciário, através da criação de órgãos vocacionados para esse fim.

433

DIREITO DA UNIÃO EUROPEIA – ELEMENTOS DE DIREITO E POLÍTICAS DA UNIÃO

necessidade de criar um Procurador Europeu para a proteção dos interesses financeiros da comunidade, e mais tarde, em 2003, viria a ser apresentada uma síntese das reações que o Livro Verde havia suscitado, tendo colhido apoio generalizado, mas também deixado claro que se fazia sentir a necessidade de alterar os Tratados constitutivos com vista à criação do Procurador Europeu[84].

Foi o que veio a suceder no projeto da Constituição europeia em termos que agora são assumidos no TFUE, no artigo 86.º, ao abrir a possibilidade jurídica de criação de uma Procuradoria Europeia para "combater as infracções lesivas dos interesses financeiros da União".

A Procuradoria poderá vir a ser criada mediante regulamento, pelo Conselho, por unanimidade, após aprovação do Parlamento Europeu, em processo legislativo especial.

O n.º 2 do artigo 86.º aponta as seguintes competências da Procuradoria Europeia: "investigar, processar judicialmente e levar a julgamento, eventualmente em articulação com a Europol, os autores e cúmplices das infracções lesivas dos interesses financeiros da União determinadas no regulamento a que se refere o n.º 1". E o que é mais, a Procuradoria, junto dos órgãos jurisdicionais, exerce a ação pública relativa a tais infrações.

É uma pequena revolução no âmbito do direito penal, tanto substantivo como processual[85]. Vejamos.

No direito penal substantivo é-o na medida em que, retomando a motivação que já subjazia ao «Corpus Iuris», aponta no sentido de uma defesa tipicamente europeia dos interesses financeiros da União. É evidente aqui a necessidade de conceder uma tutela penal adequada aos interesses financeiros da União enquanto tais. Ou seja, tais interesses financeiros, enquanto são da União, diferenciam-se de idênticos interesses dos Estados de per si. Rece-

---

[84] Nesse sentido, veja-se EDITE PINHO, "Da (des)necessidade da criação do Procurador Europeu", in *Maia Jurídica*, ano IV, n.º 2, julho-dezembro 2006, p. 101. Igualmente, para uma leitura mais detalhada sobre as propostas do Livro Verde e respetivas reações e críticas, veja-se HENNING RADTKE, "The proposal to establish a european prossecutor", in Erling Husabo/Asbjorn Strandbakken (eds.), *Harmonization of Criminal Law in Europe*, Oxford, 2005, pp. 106 e segs.

[85] LOPES DA MOTA, "A Eurojust e a emergência de um sistema de justiça penal europeu", *cit.*, p. 197, em 2003, refletindo sobre a proposta da Comissão à CIG de 2003 [Conferência Intergovernamental], resultante do Livro Verde sobre o procurador europeu, considera a proposta "ousada, que comporta uma ruptura de paradigma e motiva, frontalmente, interrogações profundas". E, na verdade, assim é. As opções previstas no Tratado de Lisboa continuam a gerar algumas dúvidas, sobretudo de saber como vão os Estados relacionar um tal órgão com os seus sistemas internos e sobretudo ao nível das suas Constituições.

bem uma importância própria, têm uma identidade jurídica assumida e tipicamente europeia. O que significa que o projeto do *Corpus Iuris*, mas agora também o artigo 86.º do TFUE, reconhecem que os interesses financeiros da União constituem um bem jurídico com um recorte tal que deve impor uma tutela específica. É certo que até agora não foram dados passos significativos na tipificação das condutas lesivas de tais interesses. Mas isso não significa que não possa ver-se aqui um conjunto de interesses que merece uma tal tipificação.

O que se traduz desde já numa mais decidida tutela processual penal autónoma. Na verdade, é no campo processual que se tem verificado uma maior determinação da União em conceder tal tipo de tutela. E agora isso é implicativamente assumido pelo Tratado de Lisboa, ao prever, justamente para a proteção dos interesses financeiros, a existência de uma Procuradoria Europeia que passa a ter poderes tão significativos como os de processar e levar a julgamento, e não só o de investigar. De tal modo é implicativa tal determinação que esta Procuradoria, nos termos do n.º 2 do artigo 86.º, "exerce, perante os órgãos jurisdicionais competentes dos Estados-Membros, a acção pública relativa a tais infracções". Ou seja, a Procuradoria Europeia poderá, no futuro, intervir nos processos internos, exercendo ela a ação pública, quando em causa estejam interesses financeiros da União. Trata-se de uma inovação digna de registo, talvez, em nossa opinião, das mais relevantes do Tratado de Lisboa no que concerne a matéria (processual) penal.

Seguramente que isto irá obrigar à criação de normas processuais específicas para a ação da Procuradoria Europeia, e provavelmente de outros órgãos de suporte do seu trabalho[86]. A nosso ver isso será inevitável. Não vemos que os poderes que se pretendem assestar ao procurador europeu possam ser desempenhados sem a existência de um conjunto de normas processuais que legitimem a sua atuação. Não nos parece que a aplicação das normas internas de cada Estado seja suficiente. Concordamos quando se diz[87] que uma tal função carece de um conjunto de normas processuais, ainda que rudimentar, para se compatibilizar a presença do procurador europeu com os procuradores nacionais e para viabilizar, processualmente, a participação

---

[86] Assim considerava, em 2003, e bem, LOPES DA MOTA, "A Eurojust e a emergência de um sistema de justiça penal europeu", *cit.*, pp. 201 e seg.

[87] Quem o afirma é HENNING RADTKE, "The proposal to establish a european prossecutor", *cit.*, p. 118, tal como já o havia dito no *seu* "Der Europäische Staatsanwalt. Ein Modell für Strafverfolgung in Europa mit Zukunft?", in *Goltdammer's Archiv für Strafrecht (GA)*, 2004, p. 1.

DIREITO DA UNIÃO EUROPEIA – ELEMENTOS DE DIREITO E POLÍTICAS DA UNIÃO

daquele nos processos internos que envolvam interesses europeus, sob pena de não ser viável um tal projeto[88]. Será mais um passo a dar no sentido da criação de normas de natureza processual penal comuns, ou, pelo menos, no sentido da harmonização das normas penais internas. Tudo isto para reforçar a cooperação judicial em matéria penal.

3. Cooperação policial

A preocupação com a criminalidade organizada, o terrorismo[89] e a ordem pública desde cedo ocupou a agenda da União Europeia, então CEE. Não só num panorama pós Segunda Guerra Mundial mas também devido às ameaças terroristas presentes na Europa, nomeadamente, a ETA, em Espanha, a IRA, na Irlanda e no Reino Unido, as Brigadas Baader Meinhof, na Alemanha, e as Brigadas Vermelhas, em Itália, e mais recentemente, a ameaça terrorista vinda do Médio Oriente, particularmente no rescaldo dos atentados de 11 de setembro de 2001, transformaram a segurança na maior preocupação dos cidadãos da União Europeia.

Este cenário trouxe à colação a necessidade de melhorar a cooperação entre as autoridades policiais na então CEE, preocupação que se estende aos nossos dias. A primeira materialização de um caminho para a solução destas preocupações surgiu da reunião dos Ministros da Justiça e Administração Interna dos Estados da CEE da qual nasceu o Grupo TREVI[90], em 1976, cujo objetivo primordial era a promoção do intercâmbio de informações e experiências entre si. Todavia, a eliminação dos controlos fronteiriços prevista no Acto Único Europeu e posteriormente materializada na Convenção de Schengen[91] generalizou o temor pela segurança dos Estados-Membros da União Europeia. Pois, se por um lado a criação de uma União Europeia de

---

[88] No mesmo sentido, e concordando com RADKE, vai HEIKE JUNG, "Maintaining human rights in the process of harmonizing European criminal law", *in* Erling Husabo/Asbjorn Strandbakken (eds.), *Harmonization of Criminal Law in Europe, ob. cit.*, p. 150.

[89] Sobre o terrorismo e a criminalidade organizada em particular: MARIA CÂNDIDA ALMEIDA, "A cooperação policial na luta contra o terrorismo e o crime organizado", disponível em *https:// infoeuropa.eurocid.pt/files/database/000021001-000022000/000021564.pdf*, e PAULO PINTO DE ALBUQUERQUE "Terrorism and penal reform: A European perspective", disponível em *https:// infoeuropa.eurocid.pt/opac/?func=service&doc_library=CIE01&doc_number=000021566&line_ number=0001&func_code=WEB-FULL&service_type*.

[90] A palavra TREVI é formada pelas iniciais de Terrorismo, Radicalismo, Extremismo e Violência Internacional.

[91] O Acordo de Schengen foi aprovado em 14 de junho de 1985, tratando-se de um acordo relativo à supressão gradual dos controlos fronteiriços.

436

COOPERAÇÃO JUDICIÁRIA E POLICIAL EM MATÉRIA PENAL

fronteiras internas abertas favoreceu o sentimento de pertença dos cidadãos à União Europeia, também é verdade que facilitou a criminalidade transfronteiriça. Assim sendo, desde o primeiro momento se compreendeu que a proteção dos cidadãos era fundamental e, para que tal fosse possível, era necessário tomar medidas e criar infraestruturas que promovessem a cooperação policial.

Tal temor foi tido em consideração pelo Tratado de Maastricht[92] que previa expressamente no seu texto uma cooperação de natureza intergovernamental no domínio da JAI (Justiça e Assuntos Internos), bem como a criação de um novo comité de coordenação ao abrigo do então artigo K4, motivo pelo qual se designa Comité K4, e ainda um Serviço Europeu de Polícia, a Europol. Sucede porém que, muito embora tenham sido adotadas medidas com o intuito de materializar a cooperação policial, a verdade é que surgiram dificuldades dada a grande diferença entre as legislações dos vários Estados-Membros mas também dos seus sistemas policiais, judiciais e administrativos.

O Tratado de Amesterdão marcou a grande mudança, consubstanciou a rutura com o passado no que respeita à criação de um espaço judiciário europeu em matéria penal, mesmo tendo mantido a cooperação intergovernamental, ou seja, mesmo não tendo adotado o princípio da integração supranacional. Durante a vigência deste Tratado deram-se os primeiros passos no sentido da criação de um espaço europeu, onde apenas uma política criminal pudesse ser prosseguida[93].

Com a finalidade de vencer as diferenças, e de forma a criar um "verdadeiro espaço europeu de justiça", o Conselho Europeu de Tampere de 1999 decidiu adotar o princípio do reconhecimento mútuo de sentenças e decisões judiciais, apresentando-o no ponto 33 das suas conclusões nos seguintes termos: "um maior reconhecimento mútuo das sentenças e decisões judiciais e a necessária aproximação da legislação facilitariam a cooperação entre as autoridades e a protecção judicial dos direitos individuais. Por conseguinte, o Conselho Europeu subscreve o princípio do reconhecimento mútuo que, na sua opinião, se deve tornar a pedra angular

---

[92] No Título VI, sob a epígrafe "Disposições relativas à cooperação no domínio da justiça e dos assuntos internos", n.º 9 do artigo K1, e a Declaração Relativa à Cooperação Policial.

[93] ANABELA RODRIGUES, "O Tribunal de Justiça das Comunidades Europeias no espaço de liberdade, de segurança e de justiça – a caminhar se faz o caminho", in *RPCC*, Ano 17, n.º 3, julho-setembro de 2007, p. 388.

da cooperação judiciária na União, tanto em matéria civil como penal. Este princípio deverá aplicar-se às sentenças e outras decisões das autoridades judiciais". Para além do reconhecimento mútuo, o Conselho Europeu de Tampere, também previu a intensificação da cooperação em matéria de luta contra a criminalidade.

3.1. A cooperação policial no Tratado de Lisboa

Como já dissemos, com a entrada em vigor do Tratado de Lisboa a União Europeia passa a poder adotar directivas ao abrigo do disposto nos artigos 82.º e 83.º do TFUE; assim sendo, passamos a ter um verdadeiro direito "europeu penal"[94]. Significa isto que, apesar de caminharmos a passos cada vez mais largos para a harmonização do direito penal ao nível da União Europeia, a verdade é que o direito penal nacional não deixou (ainda) de existir.

O Tratado de Lisboa seguiu nesta matéria, como em outras, as soluções preconizadas pelo malogrado Tratado que estabelece uma Constituição para a Europa (TECE), deste modo, suprimiu a estrutura institucional – os três pilares – introduzida por Maastricht e "comunitarizou" a cooperação policial. Esta última passa a estar enquadrada num quadro jurídico e institucional único, o Espaço de Liberdade, Segurança e Justiça.

Com a entrada em vigor do Tratado de Lisboa, em 2009, um dos objetivos da União Europeia passa a ser a criação de um espaço de liberdade, segurança e justiça – artigo 3.º, n.º 2, do TUE –, transformando-se numa competência partilhada entre a União Europeia e os Estados-Membros – artigo 4.º, n.º 2, alínea j), do TFUE. Neste Tratado, o espaço de liberdade, segurança e justiça passa a assentar na conjugação de medidas de cooperação operacional e medidas de natureza legislativa.

Para compreender o novo fôlego que a cooperação policial adquiriu após o Tratado de Lisboa torna-se fundamental compreender quais são as funções do Comité Permanente de Segurança Interna (COSI) criado no Conselho e previsto nos artigos 71.º e 72.º do TFUE. Nas palavras de Ana Paula Brandão, «[e]sta inovação orgânica, prevista pelo Tratado Constitucional, foi justificada pela necessidade de contrariar o défice de eficiência e transparência da cooperação operacional tornada mais urgente no âmbito da luta antiterrorista. Subjacente à proposta inicial da nova estrutura esteve, por um lado, o

---

[94] ANABELA RODRIGUES, "O Tratado de Lisboa e o Direito Penal Europeu", *A União Europeia segundo o Tratado de Lisboa*, Nuno Piçarra (coord.), Almedina, 2011, p. 186.

COOPERAÇÃO JUDICIÁRIA E POLICIAL EM MATÉRIA PENAL

princípio da clara separação entre tarefas legislativas e tarefas operacionais e, por outro, a superação da pilarização da "segurança interna"»[95].

O Comité Permanente de Segurança Interna tem como finalidade assegurar "a promoção e o reforço da cooperação operacional em matéria de segurança interna", e irá fomentar "a coordenação da acção das autoridades competentes dos Estados-Membros". Porém, o artigo 72.º assegura que este Comité não prejudicará "o exercício das responsabilidades que incumbem aos Estados-Membros em matéria de manutenção da ordem pública e de garantia da segurança interna". Assim, e não esquecendo que ao abrigo do disposto no artigo 4.º, n.º 2, alínea j), do TFUE o espaço de liberdade, segurança e justiça é um domínio de competência partilhada entre a União Europeia e os Estados-Membros, o raciocínio defendido por Jorge Figueiredo Dias mantém-se no que respeita à afirmação relativa ao combate à criminalidade, cabendo esta aos Estados-Membros através da sua legislação nacional, pois que "cada um é responsável pela sua ordem social interna, mas também no seio da União, pela ordem social europeia[96]".

A cooperação policial vem regulada nos artigos 87.º, 88.º e 89.º do TFUE. Ao abrigo do disposto no artigo 87.º, a criação de infraestruturas e a adoção de medidas respeitantes à cooperação policial toma agora um novo rumo. O processo legislativo ordinário vem substituir o anterior processo de codecisão, e o processo legislativo especial vem substituir os anteriores processos de consulta, cooperação e parecer favorável. Estes são agora alargados a outros domínios como é o caso da cooperação judiciária e policial, encontrando-se previstos no artigo 289.º do TFUE. Do ponto de vista democrático, o processo legislativo ordinário é mais legítimo que o anterior processo de codecisão. Através desta forma de processo, sob proposta da Comissão, o Parlamento Europeu e o Conselho podem adotar um regulamento, uma diretiva ou uma decisão. A regra de voto no processo legislativo ordinário é a maioria qualificada; uma vez que, numa União Europeia com 27 Estados-Membros, se torna cada vez mais difícil obter a unanimidade, a maioria qualificada permite diminuir os riscos de bloqueio, facilita a tomada de decisões pelas instituições e contribui para a construção europeia. O processo legislativo especial, por contraposição ao processo legis-

---

[95] ANA PAULA BRANDÃO, "O Tratado de Lisboa e a Security Actorness da UE", cit., p. 57.
[96] JORGE DE FIGUEIREDO DIAS, Direito Penal – Parte Geral – Tomo I – Questões Fundamentais – A Doutrina Geral do Crime, Coimbra, 2004, p. 196.

DIREITO DA UNIÃO EUROPEIA – ELEMENTOS DE DIREITO E POLÍTICAS DA UNIÃO

lativo ordinário, é um processo de carácter excecional para adoção de atos normativos na União Europeia.

O artigo 89.º autoriza o Conselho a definir as condições e os limites segundo os quais as autoridades competentes de um Estado-Membro podem intervir no território de outro Estado-Membro, deliberando de acordo com o processo legislativo especial. Acompanhamos Constança Urbano de Sousa quando diz que "o art. 89.º do TFUE visa compensar o défice de segurança interna resultante do desequilíbrio existente entre a liberdade de movimentação dos agentes do crime e as restrições impostas pelo princípio da territorialidade à actuação das autoridades de perseguição criminal"[97], e não só; a concessão destes poderes ao Conselho e a sua consequente concretização poderão facilitar a cooperação entre as autoridades competentes dos vários Estados-Membros, evitando até eventuais conflitos. Este artigo constitui a concretização da base legal para o desenvolvimento do regime jurídico da vigilância e da perseguição transfronteiriças, que visa evitar que, devido à ausência de controlos nas fronteiras internas da União Europeia, uma perseguição termine simplesmente porque as autoridades alcançaram a fronteira do seu país, já plasmado nos artigos 40.º a 43.º da Convenção de Aplicação do Acordo de Schengen.

3.2. A cooperação policial posta em prática
A cooperação policial assume um papel fulcral na construção do direito penal europeu e na garantia dos direitos dos cidadãos da União Europeia. Esta traduz-se essencialmente na cooperação entre serviços nacionais de polícia, sendo posta em prática com o apoio das agências europeias, cuja criação, composição e funcionamento iremos de seguida analisar.

3.2.1. Serviço Europeu de Polícia – a Europol
O Serviço Europeu de Polícia – Europol – foi criado pela Convenção Europol de 26 de julho de 1995, ao abrigo do ex-3.º pilar, está operacional desde 1999 e tem sede em Haia. A Convenção foi posteriormente alterada por vários protocolos que reforçaram as competências operacionais da Europol. Em 2010, a Convenção foi substituída pela Decisão 2009/371/JAI, de 6 de abril de 2009. Esta Decisão transformou a Europol numa Agência da União Europeia financiada pelo orçamento geral desta última. Este aspeto irá reforçar

---

[97] Constança Urbano de Sousa, "Anotação ao artigo 89.º do TFUE", *Tratado de Lisboa Anotado e Comentado*, Manuel Lopes Porto e Gonçalo Anastácio (coord.), *ob. cit.*

COOPERAÇÃO JUDICIÁRIA E POLICIAL EM MATÉRIA PENAL

o papel do Parlamento Europeu no controlo da Europol[98]. Por outro lado, a sujeição da Europol a estas regras resulta numa simplificação administrativa que permitirá consagrar mais recursos às suas funções principais.

Ao abrigo do disposto no n.º 1 do artigo 88.º do TFUE a *missão* da Europol é apoiar e reforçar a ação das autoridades policiais e dos outros serviços responsáveis pela aplicação da lei dos Estados-Membros, e também apoiar e reforçar a cooperação entre essas autoridades na repressão e prevenção de formas graves de criminalidade que afetem dois ou mais Estados-Membros ou que lesem um interesse comum[99]. A competência da Europol, nos termos do disposto no artigo 4.º da Decisão 2009/371/JAI, abrange a criminalidade organizada, o terrorismo e outras formas de criminalidade grave, nomeadamente, o branqueamento de capitais, o terrorismo, o tráfico de seres humanos, a criminalidade informática, entre outros.

O n.º 2 do artigo 88.º autoriza o Parlamento Europeu e o Conselho a adotar regulamentos, que determinam a estrutura, o funcionamento, o domínio de ação e as funções da Europol, de acordo com o processo legislativo ordinário, contudo, sujeito ao controlo democrático exercido pelo Parlamento Europeu e pelos Parlamentos nacionais. Este artigo facilita a cooperação da Europol com as entidades nacionais uma vez que, na alínea *b)* do n.º 2, prevê o intercâmbio e análise de informações, assim como a realização de investigações e de ações conjuntas, com eventual articulação com a Eurojust – isto resulta na atribuição de competências de natureza operacional à Europol. O n.º 2 do artigo 88.º *prevê o reforço progressivo da Europol*[100].

Todavia, o n.º 3 limita a capacidade operacional conferida pelo n.º 2, porquanto determina que a Europol apenas poderá intervir em articulação e com o consentimento das autoridades nacionais territorialmente compe-

---

[98] Considerando 5 da Decisão 2009/371/JAI.
Considerando 4 da Decisão 2008/633/JAI, de 23 de junho de 2008: "O Conselho Europeu declarou que a Europol desempenha um papel primordial na cooperação entre as autoridades dos Estados-Membros responsáveis pelas investigações sobre actividades criminosas transfronteiriças contribuindo para a prevenção, análise e investigação da criminalidade à escala da União Europeia".
[99] Artigo 3.º da Decisão 2009/371/JAI: "A Europol tem por objectivo apoiar e reforçar a acção das autoridades competentes dos Estados-Membros e a sua cooperação mútua em matéria de prevenção e combate à criminalidade organizada, ao terrorismo e a outras formas graves de criminalidade que afectem dois ou mais Estados-Membros".
[100] CONSTANÇA URBANO DE SOUSA, "Comentário ao artigo 88.º do TFUE", *Tratado de Lisboa Anotado e Comentado*, Manuel Lopes Porto e Gonçalo Anastácio (coord.), *cit.*

tentes. A aplicação de medidas coercivas é da competência das autoridades nacionais competentes.

Nos termos do disposto no artigo 5.º da Decisão 2009/371/JAI, as principais funções da Europol são as seguintes: recolher, armazenar, tratar, analisar e realizar o intercâmbio de dados e informações; comunicar sem demora às autoridades competentes dos Estados-Membros, através das unidades nacionais referidas no artigo 8.º, as informações que lhes digam respeito e as ligações entre infrações penais que tenha estabelecido; apoiar as investigações nos Estados-Membros, nomeadamente transmitindo às unidades nacionais todos os dados pertinentes de que disponha; pedir às autoridades competentes dos Estados-Membros implicados que iniciem, conduzam ou coordenem investigações, e sugerir a criação de equipas de investigação conjuntas em casos específicos; fornecer apoio em matéria de informações e de análises aos Estados-Membros em ligação com um acontecimento internacional importante; preparar avaliações da ameaça, análises estratégicas e relatórios gerais de situação relacionados com o seu objetivo, incluindo avaliações da ameaça da criminalidade organizada.

As funções especificadas neste artigo incluem o apoio aos Estados-Membros nas tarefas de recolha e análise de informações da Internet para os apoiar a identificar as atividades criminosas cuja prática seja favorecida pela utilização da internet ou que sejam cometidas através da internet.

Para além das anteriores, a Europol tem ainda as funções de aprofundar os conhecimentos especializados em técnicas de investigação utilizadas pelas autoridades competentes dos Estados-Membros e aconselhar em matéria de investigação; fornecer informações estratégicas tratadas, promover uma utilização eficaz e racional dos recursos disponíveis a nível nacional e da União para as atividades operacionais e apoiar tais atividades.

A Europol continua a trabalhar e a aperfeiçoar-se de forma a conseguir combater a criminalidade com sucesso. Prova desta afirmação foi a criação do EC3 – European Cybercrime Centre –, o gabinete da Europol que colabora com os Estados-Membros e as Instituições Europeias na construção de capacidade operacional e analítica para a investigação e cooperação com parceiros internacionais. Este gabinete iniciou a sua atividade no dia 1 de janeiro de 2013.

3.2.2. Rede Judiciária Europeia
A Rede Judiciária Europeia (RJE) foi criada pela Acção Comum 98/428/JAI, de 29 de junho de 1998, para cumprir a recomendação n.º 21 do Plano de

COOPERAÇÃO JUDICIÁRIA E POLICIAL EM MATÉRIA PENAL

Acção para Combater o Crime Organizado, adotado pelo Conselho em 28 de abril de 1997, e foi oficialmente inaugurada a 25 de setembro de 1998. Em 2008 entrou em vigor a Decisão-Quadro 2008/976/JAI, de 16 de dezembro de 2008, que revogou a Decisão Comum e que reforçou o estatuto jurídico da RJE. Foi o primeiro mecanismo de cooperação policial a ficar verdadeiramente operacional. Esta Rede é constituída por Pontos de Contacto dos Estados-Membros, pela Comissão Europeia e por um Secretariado sediado em Haia.

Os pontos de contacto são intermediários ativos cuja função é facilitar a cooperação judiciária entre os Estados-Membros, especialmente no combate às formas graves de criminalidade. Devem estar à disposição das autoridades judiciárias locais e de outras autoridades competentes do seu Estado-Membro, dos pontos de contacto dos outros Estados-Membros e das respetivas autoridades judiciárias locais e de outras autoridades competentes, para lhes permitir estabelecer os contactos diretos mais adequados. Ao abrigo de acordos eventualmente celebrados entre as autoridades interessadas, podem, sempre que julguem necessário, deslocar-se para se reunirem com os pontos de contacto de outros Estados-Membros.

A nomeação dos pontos de contacto nacionais cabe a cada Estado-Membro que irá escolher de entre as autoridades centrais responsáveis pela cooperação judiciária internacional, as autoridades judiciárias e outras autoridades competentes com responsabilidades específicas no âmbito da cooperação judiciária internacional. A nomeação dos pontos de contacto tem lugar de acordo com as regras constitucionais, tradições jurídicas e estrutura interna de cada país. A única condição imposta é que forneça uma cobertura eficaz de todas as formas de criminalidade no país. Entre os pontos de contacto, cada Estado-Membro nomeará um correspondente nacional. Cada Estado-Membro também nomeará um correspondente de ferramentas, para lidar com os assuntos relacionados com as ferramentas eletrónicas da RJE.

Nos termos do disposto no artigo 3.º da Decisão-Quadro 2008/976/JAI, a RJE funciona especificamente nas seguintes vertentes: *"a)* Facilitar o estabelecimento de contactos adequados entre os pontos de contacto dos Estados-Membros, tendo em vista o desempenho das funções previstas no artigo 4.º; *b)* Organizar reuniões periódicas dos representantes dos Estados-Membros, nos moldes previstos nos artigos 5.º e 6.º; *c)* Fornecer de forma permanente e actualizada um certo número de informações de base, designadamente atra-

DIREITO DA UNIÃO EUROPEIA – ELEMENTOS DE DIREITO E POLÍTICAS DA UNIÃO

vés de uma rede de telecomunicações adequada, nas condições previstas nos artigos 7.º, 8.º e 9.º"[101].

A relação entre a RJE e a Eurojust é privilegiada. Essa relação assenta na consulta e na complementaridade entre os pontos de contacto dos Estados-Membros e os membros nacionais da Eurojust dos mesmos Estados-Membros e os correspondentes nacionais da RJE e a Eurojust[102].

3.2.3. Sistema de Informação de Schengen

Para além da Eurojust, a Europol e a Rede Judiciária Europeia, de forma a combater o terrorismo, assim como a criminalidade altamente organizada e cada vez mais sofisticada que utiliza redes internacionais para atuar, foi ainda criado o Sistema de Informação de Schengen (SIS). O SIS está em funcionamento desde 1995 e foi criado pelo artigo 92.º da Convenção de Aplicação do Acordo de Schengen nos seguintes termos: «[a]s Partes Contratantes criarão e manterão um sistema de informação comum, a seguir denominado "Sistema de Informação de Schengen", composto por uma parte nacional junto de cada uma das Partes Contratantes e por uma função de apoio técnico. O Sistema de Informação de Schengen permitirá às autoridades designadas pelas Partes Contratantes, graças a um processo de consulta automatizado, disporem da lista de pessoas indicadas e de objectos, aquando dos controlos nas fronteiras e das verificações e outros controlos de polícia e aduaneiros efectuados no interior do país em conformidade com o direito nacional, bem como, apenas em relação à lista de pessoas indicadas a que se refere o artigo 96.º, para efeitos do processo de emissão de vistos, da emissão de títulos de residência e da administração dos estrangeiros, no âmbito da aplicação das disposições da presente Convenção sobre a circulação das pessoas».

O SIS é uma complexa base de dados que permite às forças policiais trocar informações sobre pessoas e bens. Este sistema pode conter dados sobre: pessoas procuradas para efeitos de detenção ou extradição; pessoas não nacionais de um Estado-Membro de Schengen, a quem é recusada a entrada no espaço Schengen; pessoas desaparecidas ou que devam ser colocadas sob proteção; pessoas procuradas pelas autoridades judiciais no âmbito de um processo penal; pessoas sujeitas a vigilância secreta ou a controlo específico. O SIS pode também incluir, no âmbito de um processo penal, o nome do proprietário de objetos roubados, e, em casos específicos, condutor e veí-

---

[101] Artigo 3.º da Decisão-Quadro 2008/976/JAI.
[102] Artigo 10.º da Decisão-Quadro 2008/976/JAI.

culo colocado sob vigilância. São inseridos dados no SIS com a finalidade de detenção para efeitos de extradição, procura em caso de desaparecimento, procura de menores ou de pessoas que devam ser internadas, mediante decisão da autoridade competente, não admissão no território Schengen devido a uma decisão administrativa ou judicial, detenção para comparecimento perante a justiça (mesmo na qualidade de testemunha), pessoas procuradas para efeitos de MDE, vigilância discreta e controlo específico para a repressão de infrações penais.

O acesso ao SIS está reservado às autoridades competentes para levar a cabo controlos fronteiriços e às autoridades de polícia e aduaneiras competentes para as outras verificações no interior do país. Para além disso, o SIS inclui um importante conjunto de princípios de proteção de dados pessoais que deve ser respeitado, quer pelo sistema central quer pelos vários sistemas nacionais. Significando isto que os dados apenas podem ser utilizados para a finalidade para a qual foram recolhidos, só podem ser acedidos por entidades nacionais com competência em determinados domínios e para as missões legalmente estatuídas.

Em abril de 2013 entrou em vigor o SIS II, o Sistema de Informação de Schengen de II geração. "O SIS II permite um intercâmbio fácil de informações entre as autoridades nacionais de controlo das fronteiras, as autoridades aduaneiras e a polícia sobre pessoas que possam ter estado envolvidas em crimes graves. O sistema contém igualmente alertas sobre pessoas desaparecidas, em particular crianças, bem como informações sobre determinados bens, como notas de banco, automóveis ligeiros, furgonetas, armas de fogo e documentos de identidade que tenham sido roubados, ilegalmente utilizados ou perdidos."[103] O SIS dispõe agora de funcionalidades melhoradas como a introdução de dados biométricos (desde fotografias até impressões digitais), como a possibilidade de introdução de alertas diferentes, sendo que também contém cópias dos MDE emitidos ligados a pessoas para efeitos de detenção, extradição ou entrega.

3.2.4. Centros de Cooperação Policial e Aduaneira
Em algumas zonas da fronteira entre Portugal e Espanha foram criados Centros de Cooperação Policial e Aduaneira resultantes de um acordo celebrado por estes dois países, que entrou em vigor a 27 de janeiro de 2008. O prin-

---

[103] Press Release da Comissão Europeia datado de 9 de abril de 2013, disponível em *http://europa.eu/rapid/press-release_IP-13-309_pt.htm.*

DIREITO DA UNIÃO EUROPEIA – ELEMENTOS DE DIREITO E POLÍTICAS DA UNIÃO

cipal objetivo deste acordo foi, precisamente, o aprofundamento dos mecanismos de cooperação entre as entidades que estão incumbidas de missões policiais e aduaneiras em ambos os países. Estes Centros de Cooperação encontram-se em Quintanilha/Alcanizes, Castro Marim/Ayamonte, Elvas/ /Caya, Vilar Formoso/Fontes de Oñoro, Valença/Tuy[104]. Nestes Centros devem estar representados o Serviço de Estrangeiros e Fronteiras, a Guarda Nacional Republicana, a Polícia de Segurança Pública, a Polícia Judiciária e a Direção Geral das Alfândegas e Impostos Especiais sobre o Consumo. Em Portugal, a coordenação dos trabalhos de constituição e entrada em funcionamento dos Centros de Cooperação Policial e Aduaneira tem sido assegurada pelo Ministério da Administração Interna. Este acordo é um exemplo da aplicação prática do disposto no artigo 73.º do TFUE, que determina que "[o]s Estados-Membros são livres de organizar entre si e sob a sua responsabilidade formas de cooperação e de coordenação, conforme considerarem adequado, entre os serviços competentes das respectivas administrações responsáveis pela garantia da segurança nacional".

4. Conclusões
Nesta conclusão não podemos deixar de citar Maria Cândida Almeida, que afirma que «(...) o que fundamentalmente importa reter é que urge o espaço de união, colaboração e cooperação entre todos aqueles que combatem o crime. O apelo é de unidade, a oportunidade esgota-se. Tenhamos a consciência de que não há mais lugar para os pequenos poderes, para as ridículas e inconsequentes "feiras" de vaidade e protagonismo. O toque é de rebate. Não há mais contemplações. Nesta luta sem cartel, ou conjugamos esforços, saber e vontades ou pereceremos sob as malhas da avidez, da ganância e do fanatismo que dominam e caracterizam a actual criminalidade organizada de dimensão transnacional e o terrorismo global»[105].

No que respeita à matéria penal, o problema da União Europeia não é, certamente, normativo. A União Europeia adotou, e continua a adotar, normas com a finalidade de concretizar o espaço judiciário europeu, facilitar a cooperação judiciária e policial em matéria penal; contudo, estas normas não são transpostas (caso do Mandado Europeu de Obtenção de Provas)

---

[104] Aguarda-se ainda a criação do Centro de Cooperação Policial e Aduaneira de Monfortinho. A regulamentação destes Centros encontra-se fixada na Portaria n.º 1354/2008, de 27 de novembro.
[105] MARIA CÂNDIDA ALMEIDA, "A cooperação policial na luta contra o terrorismo e o crime organizado", cit., p. 218.

ou então são ignoradas pelos tribunais (caso do reenvio prejudicial – não nos esqueçamos que Portugal está na cauda da Europa no que respeita ao número de reenvios prejudiciais). Assim, concluímos que, no que respeita ao caso português, o problema que enfrentamos é operacional e não normativo.

A União Europeia, mesmo num cenário pós Tratado de Lisboa, gozando de competência para a adoção de diretivas nesta matéria, deve apostar fortemente na harmonização (a par com o reconhecimento mútuo) do direito penal a nível europeu, não só processual penal, mas também substantivo, pois que a harmonização é um elemento indispensável à cooperação. Sendo certo que apenas assim será possível alcançar o objetivo supremo que é a cooperação judiciária e policial em matéria penal plenamente eficazes, trilhando um caminho sólido para um verdadeiro espaço penal europeu.

A harmonização demonstra-se uma resposta à globalização; contudo, esta harmonização deverá ser alcançada sempre respeitando a identidade dos vários Estados-Membros, concretizando a promessa de Jean Monnet de construir uma Europa com os Estados e não contra eles.

O projeto de integração europeia é um projeto que nos inclui a todos. Na verdade, o direito penal pode constituir, ele próprio, um forte motor de integração europeia. Todos os cidadãos da União Europeia contribuem para o projeto de integração europeia. A melhor expressão para descrever esta construção é, sem dúvida, *work in progress*!

Capítulo VII

Mercado Interno e Concorrência

PEDRO MADEIRA FROUFE
JOSÉ CARAMELO GOMES

I. Mercado interno

A integração económica enquanto instrumento da integração europeia
1. O artigo 3.º do TUE elenca a promoção da paz, os valores da União Europeia (mencionados no artigo 2.º[1]) e o bem-estar dos seus povos, como sendo os objetivos da União.

O n.º 3 do mesmo normativo assinala que a União Europeia estabelece um mercado interno. Por outro lado, ainda no contexto do mesmo artigo, deparamos com o n.º 4, que, repetindo, em parte, a verificação-imperativo do número precedente, refere, também, o facto de a "União estabelece(r) uma união económica e monetária cuja moeda é o euro".

---

[1] O respeito pela dignidade humana, a liberdade, a democracia, a igualdade, o Estado de direito, o respeito pelos direitos do Homem, incluindo os direitos das pessoas pertencentes a minorias. Nos termos da proclamação do artigo 2.º do TUE, estes valores "são comuns aos Estados-Membros", sendo certo que se entende dever ser a sociedade (ou as sociedades) integrantes da União, caracterizada pelo "pluralismo, a não discriminação, a tolerância, a justiça, a solidariedade e a igualdade entre homens e mulheres".

DIREITO DA UNIÃO EUROPEIA – ELEMENTOS DE DIREITO E POLÍTICAS DA UNIÃO

A promoção da paz, dos seus valores e o bem-estar dos povos europeus são, assim, assumidos pela União como objetivos *mediatos*, referenciais, do desenvolvimento da sua ação e, simultaneamente, justificativos da sua existência. Para tal, para alcançar os objetivos enunciados (ou nortear permanentemente a sua própria ação e o seu desenvolvimento), a União tem como instrumentos (objetivos instrumentais, mais *imediatos*) quer o estabelecimento de um mercado interno, quer de uma união económica e monetária.

Dito de outro modo, a União socorre-se instrumentalmente da institucionalização das fases ou etapas preconizadas pela teoria da integração económica (referindo-se, assim e como vimos, expressamente, no artigo 3.º do TUE, as duas últimas fases[2] preconizadas por essa teoria, ou seja, o mercado

---

[2] Na realidade, correntemente, assumem-se como fases principais de um processo de integração económica, a *zona de comércio livre*, a *união aduaneira*, o *mercado comum* e a *união económica* (que, na terminologia da integração europeia, denomina-se – sublinhando o peso da componente monetária – *união económica e monetária*). Tendo presente esta tipologia classificatória das fases (principais) percorridas por uma dinâmica de integração económica – sobretudo, partindo do modelo histórico e concreto da integração europeia – referimos, então, o mercado comum e a união económica como sendo as "duas últimas fases". No entanto, é possível desdobrá-las em estádios e etapas mais específicas. Por exemplo, J. Bosco Machado refere as seguintes sete fases: 1) *Zona preferencial de comércio* (ou acordos de cooperação comercial); 2) *Zona de comércio livre*; 3) *União Aduaneira*; 4) *Mercado Comum*; 5) *União Económica*; 6) *Integração Económica Total*; 7) *União Política*.

Ora, segundo esta tipologia classificatória utilizada, nomeadamente, por Bosco Machado, deparamos com uma fase antecedente (e de menor alcance) à da zona de comércio livre e recortada a partir da realidade/experiência prosseguida no âmbito da Organização Mundial do Comércio (OMC): a já mencionada zona preferencial de comércio. Esta caracteriza-se por nela ser empreendida "uma eliminação parcial das barreiras alfandegárias em geral, sob a forma de concessões mútuas (ou não) de redução de alíquotas, com ou sem a fixação de quotas de importação, abarcando parte do universo tarifário, sem que se tenha necessariamente de reduzir ou eliminar outras restrições ao comércio. Esses acordos, embora violem a cláusula da *nação mais favorecida* (da Organização Mundial do Comércio), são admitidos entre países em desenvolvimento e são praticados pelos países desenvolvidos por intermédio do *Sistema Geral de Preferências* (SGP), gerido pela UNCTAD [Conferência das Nações Unidas para o Comércio e Desenvolvimento], que abriga reduções tarifárias discriminadas com vista a facilitar o acesso das exportações provenientes dos países em desenvolvimento". É, ainda, de salientar, o facto de, no domínio da integração europeia, a união económica (e monetária) englobar (e isso traduz a síntese de um objetivo político da integração europeia) quer a vertente económica propriamente dita (que significa, no essencial, uma lógica e a existência de autoridades supranacionais que zelam pelo estabelecimento e aplicação de políticas económicas comuns, garantindo, depois, a convergência de resultados para as políticas geridas no nível nacional), quer a vertente monetária (a denominada integração económica total que é marcada pela criação e funcionamento de um sistema monetário garantindo taxas de câmbio fixas e/ou uma moeda única, com um banco central regional e supranacional independente e pressupondo a perda total da autonomia dos Estados nacionais na gestão da política monetária), quer, finalmente, a ver-

MERCADO INTERNO E CONCORRÊNCIA

interno e a união económica e monetária) para alcançar aqueles objetivos, constantes do n.º 1 do artigo 3.º do TUE.

Assim sendo, a integração económica é – e sempre foi – o principal instrumento da integração europeia.

2. Essa intenção de relacionar a teoria da integração económica e a construção política europeia (no fundo, Comunidades Europeias e, subsequentemente, União Europeia), sendo a primeira (integração económica) a ferramenta decisiva desta última (construção/integração política), era visível, também e com particular clareza, nos antecedentes histórico-normativos do mencionado artigo 3.º do TUE.

O artigo 2.º do TCE – desde a versão original do Tratado de Roma de 1957, até à última versão do TCE, antes da revisão operada pelo Tratado de Lisboa, ou seja, até à versão "Nice" – manteve basicamente a mesma estrutura e os mesmos elementos. O atual artigo 3.º do TUE será, de certo modo, o herdeiro mais direto daquela "norma-programa".

O mencionado artigo 2.º do TCE descrevia topicamente o "mapa" da integração europeia, distinguindo os objetivos políticos-finais e os respetivos instrumentos.

Com efeito, aquele normativo do antigo TCE, enunciava que a "Comunidade (agora, a União) tem como missão (...), o desenvolvimento harmonioso, equilibrado e sustentável das atividades económicas, um elevado nível de emprego e de proteção social, a igualdade entre homens e mulheres, um crescimento sustentável e não inflacionista, um alto grau de competitividade e de convergência dos comportamentos da economia, um elevado nível de proteção e de qualidade do ambiente, o aumento do nível e da qualidade de vida, a coesão económica e social e a solidariedade entre os Estados-Membros".

---

tente política propriamente dita, que, no elenco de Bosco Machado, é denominada, simplesmente, por *união política*.

Esta união política, que resulta do estabelecimento progressivo das fases precedentes, pressupõe a adoção de uma lógica e de uma dinâmica, no mínimo, *pré-federalista*, senão mesmo, *federalista ou confederalista*. "Caracteriza-se pela instituição de uma federação de Estados com autoridade política unificada ou a formação de uma confederação de Estados na qual apenas as áreas acordadas passam a ser objeto de controlo de instituições supranacionais" – João Bosco Machado, *Mercosul: Processo de Integração: Origem, Evolução e Crise*, São Paulo, 2000, pp. 2-3. Texto também disponível, parcialmente, em *http://www.ie.ufrj.br/hpp/intranet/pdfs/machado_j._b._teoria_da_integracao_2000_1_.pdf* (julho de 2014).

DIREITO DA UNIÃO EUROPEIA – ELEMENTOS DE DIREITO E POLÍTICAS DA UNIÃO

Tínhamos, assim, enunciado nos Tratados, um extenso rol de objetivos que, como igualmente referimos em relação ao atual artigo 3.º do TUE, acabava por nortear, em termos referenciais, a ação da União e, simultaneamente, justificar a sua própria existência.

Um enunciado de grandes objetivos políticos mediatos que seriam (são) claramente, na redação daquela norma do artigo 2.º do TCE, alcançados (e prosseguidos) "através da criação de um mercado comum e de uma união económica e monetária e da aplicação de políticas e de ações comuns (...)". Ou seja e em resumo, a consagração do recurso à integração económica como instrumento fundamental da concretização dos objetivos da União e da realização do projeto de integração europeia.

3. Em nota breve, importa alinhavar algumas considerações sobre o porquê da opção pela "integração económica" como instrumento fundamental do projeto – eminentemente político – de integração europeia.

Torna-se oportuno sublinhar que o resultado inevitável da implementação das várias e sucessivas fases desenhadas pela teoria da integração económica, culminando numa união económica (ou numa união económica e monetária), é efetivamente o da criação de uma estrutura de pendor marcadamente supranacional, materializando uma integração política.

A existência de uma coordenação supranacional das várias políticas comuns, a garantia da convergência dos resultados das políticas geridas a nível nacional, assim como a existência de uma só política monetária comum, com ou sem uma moeda única, mas sempre com um sistema de taxas de câmbio fixas, tudo isso impõe a existência de autoridades de política económica e, simultaneamente, de política monetária únicas e com uma natureza e dinâmica supranacionais. Autoridades que recebem, por delegação dos Estados-Membros, as atribuições e as competências necessárias para a prossecução aqueles objetivos.

Além disso, compreende-se que, no cenário do pós II Guerra Mundial, fosse difícil a adesão à ideia de integração política e perda de soberania dos Estados – quer no contexto das opiniões públicas dos vencedores, dos Aliados, quer, também, no da própria novel República Federal da Alemanha[3].

---

[3] E isto, apesar de terem sido, em grande medida, "a experiência dolorosa" das duas Grandes Guerras e o "reconhecimento da incapacidade das políticas protecionistas para dar resposta aos problemas económicos que se levantavam", as fontes inspiradoras da *iniciativa* do processo de integração

MERCADO INTERNO E CONCORRÊNCIA

A Europa Central estava dilacerada e traumatizada não só pelos confrontos bélicos, mas também por todos os "fantasmas" que, no imaginário coletivo dos vários Povos, Nações e Estados, cavavam dissidências nacionalistas e potenciavam ressentimentos. Seria uma tarefa complexa, árdua e praticamente votada ao insucesso obter a adesão rápida da generalidade das opiniões públicas aos conceitos políticos inerentes a um processo de unificação sólida da Europa. Ou seja, a uma ideia de integração política, tal como tinha sido concebida e fora pretendida por certas elites culturais e políticas de então.

Ora, o processo de integração económica institui uma dinâmica integracionista irreversível, começando por criar as condições de comércio livre e integrado, de unificação dos mercados, de circulação de todos os fatores de produção que, no fundo, aplainam solidamente o caminho da integração política. Esta alcança-se primeiramente pelo seu substrato, pelo seu suporte socioeconómico que se encarrega de impor, para se prosseguir esse processo de integração das estruturas económicas, a decisão política supranacional, a coexistência de uma esfera de integração com uma esfera de soberanias nacionais (de resto, partilhadas nos órgãos ou instituições de decisão supranacionais).

O recurso ao método da integração económica como instrumento da integração política mostrava-se (e, com propriedade, poderemos dizê-lo, mostrou-se efetivamente!) o caminho mais seguro para se alcançar uma nova arquitetura de coexistência pacífica (e em desenvolvimento) no espaço europeu do pós II Guerra Mundial.

4. No entanto, para além da oportunidade e conveniência políticas que a escolha da integração económica como instrumento da integração (política) europeia representou, existiam (e subsistem) razões de carácter mais fun-

que se vive, presentemente, na Europa. MANUEL CARLOS LOPES PORTO, *Teoria da Integração e Políticas Comunitárias Face aos Desafios da Globalização*, Almedina, Coimbra, 4.ª ed., 2009, p. 216.
Na verdade, a ideia de "perda de soberania" é, ainda hoje, a nosso ver, mal assimilada em grande parte das opiniões públicas nacionais. Hoje em dia, numa conjuntura de crise económica e financeira que afeta dolorosamente muitos povos e regiões da União, essa incompreensão/má assimilação tende, inclusivamente, a recrudescer, na medida em que, muitas vezes, ecoa com sucesso um discurso "anti-crise" e "anti-sistema político" vigente que responsabiliza, difusa e irrealisticamente, a integração europeia (e, especificamente, a integração política europeia) e a "perda de soberania" decorrente de tal integração, como sendo a(s) causa(s) de quase todos os males vivenciados pelos Estados-Membros. Voltaremos a este ponto, *infra*, nesta Parte I do texto, em 5.

cional, justificativas, também, dessa escolha. Razões fundamentalmente económicas, importantes no contexto da reconstrução europeia, do pós-Guerra.

No fundo, há um elenco de vantagens que habitualmente é, em abstrato, creditado, sob o ponto de vista dos efeitos, a um processo de integração de economias.

Assim, desde logo, num contexto de re-industrialização da Europa, a integração económica foi entendida como facilitadora do aparecimento de economias de escala e do desenvolvimento de certos projetos transnacionais (não só industriais, mas, de um modo geral, de carácter económico *lato sensu*). Esse tipo de projetos requer, sempre, a captação de capitais avultados, de meios tecnológicos avançados e a respetiva otimização impõe um mercado suficientemente amplo, com instituições de direção e de gestão, também elas transnacionais.

Assinala-se, igualmente, a possibilidade de se gerarem, com um processo de integração económica (desde logo, com a criação de uniões aduaneiras), certos efeitos dinâmicos positivos, sob o ponto de vista da eficiência (ligados ou não às economias de escala), permitindo, efetivamente, que se produza com custos médios mais baixos. Existe, também, com o incremento do comércio que advém da supressão de barreiras alfandegárias, uma natural tendência para o reforço da especialização, quer no plano externo, no âmbito do espaço/mercado integrado, quer no plano interno, e, por conseguinte, também, um possível acréscimo no rendimento[4].

Retornando, novamente, à ideia do reforço da eficiência económica, importa notar que uma das consequências da liberdade de circulação não só de mercadorias, mas de todos os fatores de produção, que, faseadamente, acabará por ser inerente a um processo de integração, é também o acréscimo de concorrência.

As empresas são obrigadas a reestruturarem-se internamente, a aperfeiçoar os métodos de gestão, a prestar mais atenção (e investimento) à inovação, à investigação (*I&D*), enfim, a reajustar as estratégias comerciais e a sofrer mais intensamente, perante um mercado alargado, a pressão de encontrar meios para baixar preços e melhorar a qualidade perante as exigências da sua procura. O que significa, concomitantemente, uma melhoria da satisfação dos interesses dos consumidores. Claro está que daqui resulta, igualmente, a necessidade de um *quadro jurídico adequado e com efetividade refor-*

---

[4] MANUEL CARLOS LOPES PORTO, *Teoria da Integração e Políticas Comunitárias Face aos Desafios da Globalização, cit.*, pp. 229 a 239.

MERCADO INTERNO E CONCORRÊNCIA

çada, em matéria de regulação dos mercados e de "defesa da concorrência" (direito da concorrência). A partir daqui, compreende-se a natural e incontornável relevância que o processo de integração europeu sempre dedicou à política e ao direito da concorrência (que abordaremos na Parte II).

Por outro lado, "a participação dos Estados numa economia de grupo supõe necessariamente a aceitação de uma certa disciplina pautal, comercial, económica e monetária – e até fiscal, financeira e social"[5]. Ou seja, a necessária institucionalização de uma forma de governo auto imposta para os Estados que se integram, especialmente atenta ao rigor (sensível aos conceitos de "boa governança" e de uma permanente *accountability*), portadora de preocupações acrescidas de transparência, de eficiência e de responsabilidade em matéria de gestão e de definição de políticas públicas.

5. Importa assinalar, no entanto, que existem, também, algumas dificuldades tradicionais e relativamente expectáveis com que, habitualmente, um projeto de integração económica (e, portanto, necessariamente, em maior ou menor gau, também política) se depara.

Na realidade, essas dificuldades resultam essencialmente daquilo que é um desconforto (e uma falta de hábito, em termos mentais) em concebermos uma organização política e o exercício do respetivo poder (político), para além dos quadros do Estado moderno, vestefaliano.

No cerne de tais dificuldades surge, muitas vezes, a relação (e, diríamos, a representação mental) que a comunidade política e as populações têm com a soberania. A questão da soberania, da sua perda relativa e, por via dela, a representação – ou a projeção mental, coletiva e individual – de uma identidade nacional, acabam por explicar, em grande medida, essas dificuldades de aceitação de um processo de integração, habitualmente assinaladas pela doutrina.

No fundo, não é raro observar-se uma convicção popular e corrente de que a identidade e a defesa dos interesses próprios e específicos da comunidade nacional não são adequadamente salvaguardados numa estrutura supranacional, integrada; muitas vezes verifica-se, mesmo, a existência de uma convicção contrária, ou seja, de que a integração opõe-se à defesa de tais

---

[5] João Mota de Campos/João Luiz Mota de Campos, *Manual de Direito Europeu*, 6.ª ed., Wolters Kluwer/Coimbra Editora, 2010, p. 507.

DIREITO DA UNIÃO EUROPEIA – ELEMENTOS DE DIREITO E POLÍTICAS DA UNIÃO

interesses. Trata-se daquilo que, por exemplo, Mota de Campos denomina, em síntese tópica, como "resistência psicológica das populações"[6].

Por outro lado, as disparidades de desenvolvimento económico e social entre povos e Estados europeus reforçam as rivalidades históricas que, ao longo de séculos, foram sendo erguidas. Essas rivalidades são notadas, sobretudo, perante um desafio de integração, e as aludidas disparidades não só reforçam tais rivalidades – e, por conseguinte, resistências à integração – como indubitavelmente dificultam um processo de perda relativa/partilha de soberanias.

Um certo nível de homogeneidade ou de coesão económica e social será, portanto, necessário para que a integração funcione bem e em proveito de todos os Estados (economias e povos) participantes[7].

Ora, este estado de "resistência psicológica" e política, não só das populações e das opiniões públicas nacionais que dificulta o desenvolvimento (aprofundamento) de um processo de integração (como referimos, económica, mas também e necessariamente política), a projeção mental dos efeitos nocivos, em termos de defesa de interesses próprios, de uma perda (ainda que relativa) de soberania, têm sido fatores recorrentes de impasses no processo europeu.

Importa não esquecer que na resenha atrás esboçada sobre as dificuldades (bem assim como sobre os efeitos positivos) de um processo de integração económica apenas fomos considerando aquilo que, em tese, a doutrina assinala recorrentemente. Uma análise aprofundada não poderá prescindir de uma observação cuidada da dinâmica histórica – ou seja, esse quadro tópico teórico (e, portanto, geral e abstrato) deverá ser ajustado à realidade e à experiência vivenciada em cada processo.

O caso europeu tem especificidades – desde logo, as especificidades de cada país e, sob o ponto de vista político, de cada Estado – que determinam particularmente uma maior ou menor intensidade de tais dificuldades e/ou vantagens. As características do processo de integração europeu determinam, modificam/individualizam, muitas dessas vantagens e dificuldades do processo em concreto. E não nos esqueçamos que o caso europeu representa algo de efetivamente novo e evolutivo, sob o ponto de vista das categorias ou modelos de integração e de organização política tradicionais e antecedentes, justificando, essa originalidade, a célebre expressão atribuída a Jac-

---

[6] João Mota de Campos/João Luiz Mota de Campos, *Manual de Direito Europeu, cit.*, p. 510.
[7] João Mota de Campos/João Luiz Mota de Campos, *Manual de Direito Europeu, cit.*, ainda p. 510.

MERCADO INTERNO E CONCORRÊNCIA

ques Délors, sobre a natureza da União: um O.P.N.I. (objeto político não identificado).

Na verdade, como referimos, o enunciado, em teoria, das dificuldades e virtudes de um processo de integração terá de ser moldado, concretizado em função da envolvente histórica, política do caso concreto.

A dinâmica política, cultural, económica da Europa – no caso concreto da integração europeia – ajustará essas dificuldades e virtudes, muitas vezes de forma circunstancial, potenciando-as ou mesmo anulando-as. Desde logo, o facto de a integração europeia ter sido (e ser) suportada pela integração económica fará com que esta possa apresentar características, em concreto e neste caso europeu, eventual e parcialmente divergentes relativamente àquele enunciado.

Assim, uma análise global da integração económica europeia permitir- -nos-á descortinar e especificar certos traços característicos que, na dinâ- mica concreta e histórica do "caso" europeu, vão muito para além das vanta- gens de um modelo abstrato e estrito de integração de economias.

6. O mercado interno europeu, a sua institucionalização e o seu funcio- namento são, portanto, a base instrumental da integração europeia.

A efetivação do mercado interno foi, durante décadas, o objetivo nortea- dor exclusivo da ação das Instituições e, por conseguinte, nessa ótica histó- rica, compreende-se que essa meta ainda seja, por vezes, confundida com o próprio desiderato da construção europeia.

Na realidade, a assunção e o crescimento da importância dos cidadãos, enquanto atores centrais, incontornáveis, do processo político-jurídico da construção europeia, permite-nos ultrapassar aquela confusão[8] e recen- trar, numa perspetiva ampla e atual, o papel de instrumento fundamental da construção europeia, assumidos pelo mercado interno (mercado comum) e pela integração económica.

Podemos, de certo modo e numa perspetiva histórica, notar a emergên- cia do cidadão enquanto ator principal (e já não enquanto ator secundário ou mesmo mero figurante) da construção europeia, a partir do momento em que, no essencial, foi alcançada a institucionalização efetiva do mercado

---

[8] A errónea ideia de que o objetivo principal da construção europeia é a integração económica, reduzindo-se, por conseguinte, a integração europeia apenas e primordialmente àquela sua ver- tente/natureza económica. O "cidadão europeu", com efeito, há muito que já não se reduz a um mero *homo economicus*.

interno. A partir do momento em que a garantia essencial de uma não discriminação económica em razão da nacionalidade (igualdade predominantemente económica) foi atingida no espaço da integração, passou a encarar-se de frente, como objetivo político efetivo e premente, o passo seguinte: a União.

7. Nessa ótica, de certo modo, a adjetivação da União como sendo "económica e monetária" até poderia perder importância face a tal emergência do "cidadão", não fosse o caso de essa emergência só poder, de modo integral e na arquitetura da construção europeia (sempre evolutiva), impor-se como o corolário desse aprofundamento da integração económica (e monetária).

Formalmente, o Tratado da União Europeia (que surgiu em Maastricht) marca o início dessa viragem; melhor, o anúncio formal dessa viragem e a consagração positiva da "cidadania europeia". Materialmente, o processo tem vindo a ser concretizado, de modo progressivo, com resultados mais ou menos visíveis, sobretudo por ação persistente da jurisprudência do TJUE.

Com Maastricht, na verdade, o conceito de "cidadania europeia" entrou formalmente em cena, terraplanando, assim, o caminho que o "cidadão" foi trilhando na equação legitimadora do processo da construção europeia.

O TCE passou a contemplar, nos seus artigos 17.º e segs. (introduzidos pelo Tratado de Maastricht), esse conceito de cidadania europeia (atualmente, os artigos 20.º e 21.º do TFUE desenvolvem as linhas gerais da arquitetura de tal cidadania).

Uma cidadania complexa, de segundo grau, uma vez que esta "cidadania europeia" não excluiu a cidadania nacional, antes depende dela. Trata-se de uma espécie de estatuto de sobreposição que se acrescenta ao estatuto conferido pelas Leis da Nacionalidade dos Estados-Membros, aos seus próprios cidadãos. Uma "cidadania europeia" que se origina, de facto, com o vínculo de nacionalidade estadual, sobrepondo-se-lhe e complementando-o.

A complexa "cidadania europeia", no fundo, garantindo um reforço mais amplo da igualdade e da não discriminação em razão da nacionalidade aos cidadãos dos Estados-Membros é, também, um passo simbólico-político na busca de uma nova identidade e de uma nova legitimidade para o processo de construção/integração europeia. Esse processo já não seria mais um assunto (quase) exclusivo dos Estados e das Instituições, representando e incorporando uma legitimidade supranacional (ainda que derivada da delegação de poderes de soberania dos Estados-Membros). Atores/sujeitos da integração seriam, de então para cá, não só os Estados-Membros e a União (naquilo que

MERCADO INTERNO E CONCORRÊNCIA

é a sua componente supranacional), mas também (progressiva e cada vez mais prementemente) os cidadãos.

Surgem, assim, direitos pensados e conferidos diretamente para os cidadãos europeus – quer dizer, nacionais e, por conseguinte, (também) europeus: desde logo, a livre circulação em todo o espaço da União, independentemente do estatuto económico de trabalhador ou de prestador de serviços, ou seja, independentemente de uma justificação económica e da invocação direta das liberdades económicas. Mas podem, também, elencar-se outros direitos dos cidadãos europeus, como, por exemplo, o direito de votar e de ser eleito nas eleições municipais ou para o Parlamento Europeu, o direito à proteção diplomática em casos humanitários e de urgência, fora da União Europeia (direito este muito impressivo e relevante, sob o prisma de uma identidade política europeia externa), o direito de petição e de queixa ao Parlamento Europeu e ao Provedor de Justiça Europeu, assim como o direito de se dirigir às Instituições da União numa das línguas dos Tratados e de exigir a respetiva resposta na mesma língua[9].

8. O sentido que a integração europeia – em grande medida, essencialmente, uma integração jurídica – tem vindo a seguir nos últimos anos tem sido, portanto, norteado pela densificação (diríamos mesmo, pela *vivificação*) da cidadania e pela assunção/conquista progressiva de um papel de protagonista, nesse processo, por parte do cidadão, da pessoa – independentemente de qualquer outro qualificativo. O TJUE tem sido o principal condutor desse caminho. O agente económico continua a ser relevante; porém, cada vez mais, o agente económico é uma qualidade circunstancial, inserida (mas não necessariamente) no estatuto em construção de cidadão europeu ou "cidadão da União". E este tende a ser o estatuto fundamental dos nacionais dos Estados-Membros, como afirmou o TJUE, no incontornável caso *Ruiz Zambrano*[10].

---

[9] JÓNATAS E. M. MACHADO, *Direito da União Europeia*, Wolters Kluwer Portugal/Coimbra Editora, Coimbra, 2010, pp. 18-20.

[10] Acórdão (TJUE) *Ruiz Zambrano*, de 8 de março de 2011, proc. C-34/09, onde, entre outros elementos e asserções relevantes, o Tribunal afirma, por exemplo, o que passamos a transcrever: "41. O Tribunal de Justiça já declarou várias vezes que o estatuto de cidadão da União tende a ser o *estatuto fundamental* dos nacionais dos Estados-Membros (v., designadamente, Acórdãos de 20 de setembro de 2001, *Grzelczyk*, C184/99, *Colect.*, p. I6193, n.º 31, e de 17 de setembro de 2002, *Baumbast e R*, C413/99, *Colect.*, p. I7091, n.º 82; e Acórdãos, já referidos, *Garcia Avello*, n.º 22; *Zhu e Chen*, n.º 25; e *Rottmann*, n.º 43)", e "42. (...) o artigo 20.º TFUE obsta a medidas nacionais que tenham o efeito de

DIREITO DA UNIÃO EUROPEIA – ELEMENTOS DE DIREITO E POLÍTICAS DA UNIÃO

As liberdades económicas definidoras, conjuntamente com a política e o direito da concorrência, da estrutura nuclear do mercado interno foram (e, em grande medida, ainda vão sendo) o trampolim que o TJUE utilizou para avançar na construção desse estatuto de "cidadão europeu". A cidadania europeia emergiu, na realidade e por via jurisprudencial, a partir (ou a pretexto) da liberdade de circulação das pessoas, nomeadamente da livre circulação de trabalhadores[11]. O TJUE foi empreendendo a construção da cidadania europeia, a partir daquilo que o processo de construção europeu e o denominado *acquis communautaire* tinham solidamente edificado: uma espécie de "cidadania de mercado"[12].

No entanto, hoje em dia, «(p)ensar que as liberdades económicas esgotam o conceito de cidadão da União Europeia é continuar a pensar a cidadania em termos de mercado, deixando de fora, como sublinha Barnard[13], direitos político-sociais. É ignorar que foi criada uma nova cidadania que, embora emergente da liberdade de circulação de pessoas, evoluiu com o objectivo de "aproximar a União dos seus cidadãos e de exprimir a sua natureza como algo diverso de uma União puramente económica", atribuindo aos cidadãos nacionais dos Estados-Membros um conjunto de direitos sociais e políticos e de deveres»[14]-[15].

O mercado interno, atualmente, ganha assim valências e funções acrescidas: continua a ser a base económica da União e o seu principal instrumento;

---

privar os cidadãos do *gozo efetivo do essencial dos direitos conferidos pelo seu estatuto de cidadão da União* (v., neste sentido, Acórdão *Rottmann*, já referido, n.º 42)". Os itálicos são da nossa responsabilidade.

[11] Por exemplo, entre vários casos ilustrativos e significativos, a este respeito e para além do já referido Acórdão *Ruiz Zambrano*, ver, do TJUE, Acórdãos *Michel Trojani*, de 7 de setembro de 2004, proc. C-456/02; e *Metock*, de 25 de julho de 2008, proc. C-127/08.

[12] A propósito da "cidadania de Mercado" e da sua evolução/superação, no contexto da integração europeia e do seu aprofundamento, SOFIA PAIS, "Todos os cidadãos da União Europeia têm direito de circular e residir no território dos Estados-Membros, mas uns têm mais direitos do que outros...", in *Scientia Iuridica*, julho-setembro 2010, tomo LIX, n.º 323.

[13] CATHERINE BARNARD, *The Substantive Law of EU. The four freedoms*, 2.ª ed., Oxford University Press, Oxford, aqui citada por Maria Rosa Oliveira Tching (ver nota seguinte).

[14] MARIA ROSA OLIVEIRA TCHING, *O papel dos Tribunais na construção do padrão de jusfundamentalidade da União Europeia e do estatuto de Cidadania Europeia (http://hdl.handle.net/1822/20568)*, 2012, p. xx. Texto disponível no *Repositorium* da Universidade do Minho: *http://repositorium.sdum.uminho.pt/bitstream/1822/20568/1/RosaTching_Dissertacao-Abril'12.pdf* (março 2014).

[15] Sobre a linha de evolução assinalada no texto, ver, entre nós, ALESSANDRA SILVEIRA, "Cidadania e Jusfundamentalidade na União Europeia – do argumento de James Madison à jurisprudência Ruiz Zambrano", in *Estudos em Homenagem ao Prof. Doutor José Joaquim Gomes Canotilho*, vol. III – *Direitos e Interconstitucionalidade: entre Dignidade e Cosmopolitismo*, Coimbra Editora, Coimbra, 2012.

MERCADO INTERNO E CONCORRÊNCIA

no entanto, já não é o objetivo exclusivo da ação das Instituições e a sua concretização, deixou, também, de ser o critério referencial imediato do aprofundamento da integração europeia. O grande objetivo da realização, até 31 de dezembro de 1992, do mercado interno europeu, proclamado em 1986 com o Acto Único[16] e traduzido na eliminação efetiva de fronteiras e obstáculos internos, técnico e físicos, à livre circulação de pessoas (trabalhadores e prestadores de serviços), empresas (direito de estabelecimento), mercadorias e capitais, foi basicamente atingido. Por isso, com o advento da União Económica e Monetária, com o grande alargamento a Leste, de 1 de maio de 2004, e, sobretudo, com a necessidade de se aprofundar a integração num sentido cada vez mais político (uma vez alcançada a realização do mercado comum ou mercado interno Europeu, dentro do possível e dadas as coordenadas políticas ainda vigentes que equilibram permanentemente mais integração supranacional, com interesses governamentais-nacionais), o *leit motiv* das políticas da União passou a deslocar-se no sentido dos seus cidadãos: a densificação do estatuto de cidadania europeia, arrastando ou utilizando a necessidade de efetivação dos direitos fundamentais, e o protagonismo do cidadão (e já não do agente económico), tomou o lugar da "realização do mercado interno", enquanto fundamento primeiro de toda a ação da União.

Também a política e o direito europeu da concorrência seguiram uma evolução paralela que lhes permitiu deixarem de estar exclusivamente subordinados à realização do mercado interno, enquanto primeiro e exclusivo objetivo (ainda que, no fundo, instrumental) da construção europeia. De certo modo, a política e o direito da concorrência (ou de "defesa da concorrência") assumem-se, também e sobretudo a partir de 1 de maio de 2004, com a entrada em vigência do Regulamento (CE) n.º 1/2003[17], dotados de uma lógica e autonomia próprias, efetivamente concorrenciais. A aplicação impositiva das regras de concorrência, assim como a respetiva orientação política implementada relativamente à defesa da estrutura concorrencial dos mercados europeus, deixou de ser funcionalmente dependente das vicissitudes e interesses circunstanciais, inerentes aos avanços e recuos da realização do mercado interno. Assim, talvez, com propriedade, só agora (*rectius*, a par-

---

[16] Acto Único Europeu, assinado em 17 de fevereiro de 1986, tendo entrado em vigência em 1 de julho de 1987.
[17] Regulamento (CE) n.º 1/2003, de 16 de dezembro de 2002, relativo à execução das regras de concorrência dos artigos 81.º e 82.º do TCE (atualmente, artigos 101.º e 102.º do TFUE). Referiremos este ato *infra*, na Parte II do texto.

DIREITO DA UNIÃO EUROPEIA – ELEMENTOS DE DIREITO E POLÍTICAS DA UNIÃO

tir de 2004) possamos falar de uma efetiva política da concorrência europeia em sentido próprio, focalizada, prioritariamente, na garantia e na promoção da eficiência no funcionamento dos mercados da União.

9. Um dos traços marcantes dessa renovada (e/ou *modernizada* Política e sistema de "defesa da concorrência" da União) correspondeu a um movimento no sentido da "nacionalização" da aplicação das regras dos artigos 101.º e 102.º do TFUE, que, no que diz respeito ao controlo dos comportamentos das empresas nos mercados, são os normativos-base do direito europeu da concorrência (como veremos *infra*, na Parte II). Com o Regulamento (CE) n.º 1/2003, ao contrário do sistema de aplicação desses normativos, vigente antecedentemente (desde 1962, com o primeiro Regulamento de execução dos anteriores artigos 85.º e 86.º do Tratado CEE e artigos 81.º e 82.º do TCE, a saber, o Regulamento n.º 17, de 1962), passou a implementar-se um regime de aplicação imediata e direta (dito de "exceção legal") que coloca, em primeira linha, a possibilidade (e a responsabilidade) da aplicação daquelas regras do Tratado (artigos 101.º e 102.º do TFUE) na esfera das autoridades administrativas, reguladoras e tribunais nacionais. A Comissão Europeia deixou de ter o (quase) monopólio de aplicação daquelas normas que consagram os princípios da proibição das coligações, colusões ou ententes entre empresas, lesivas da concorrência (artigo 101.º do TFUE), assim como o princípio da proibição dos abusos de posição dominante (artigo 102.º do TFUE).

Assim como há uma emergência do cidadão/pessoa, independentemente da sua eventual qualidade de agente económico, através da densificação e operacionalização do estatuto de "cidadão da União", em síntese e numa visão paralela com a aplicação jurisprudencial das "liberdades económicas" do mercado comum ou mercado interno europeu, também no domínio específico da concorrência (Política e Direito) o sistema da União passou a ser cada vez mais permeável à lógica da defesa dos interesses do consumidor. A defesa da estrutura concorrencial dos mercados passou a ser entendida como uma forma (necessária) de, em última instância, promover-se tal defesa. Em síntese, a emergência do estatuto de "cidadão da União", no âmbito da aplicação do atual direito do mercado interno, acabou por coincidir, também, com o ganho de protagonismo do consumidor, do "cidadão-consumidor" no domínio das regras de "defesa da concorrência" europeias.

MERCADO INTERNO E CONCORRÊNCIA

II. O direito europeu da concorrência

Nota preliminar sobre o direito europeu da concorrência

O direito europeu da concorrência inclui as normas de "defesa da concorrência", do Título VII – *As regras comuns relativas à concorrência, à fiscalidade e à aproximação das legislações*, da Parte III – *As políticas e ações internas da União*, do TFUE, bem como todo o direito dele derivado: os regulamentos[18], as decisões da Comissão Europeia e a jurisprudência do TJUE[19].

[18] O universo dos Regulamentos em causa integra, nomeadamente, os seguintes atos que destacamos:
Regulamento n.º 19/65/CEE, de 2 de março de 1965, relativo à aplicação do n.º 3 do artigo 85.º do Tratado a certas categorias de acordos e práticas concertadas, na versão consolidada de 2004;
Regulamento (CEE) n.º 2821/71, de 20 de dezembro de 1971, relativo à aplicação do n.º 3 do artigo 85.º do Tratado CEE a certas categorias de acordos, decisões e práticas concertadas, na versão consolidada de 2004;
Regulamento (CEE) n.º 2988/74, de 26 de novembro de 1974, relativo à prescrição quanto a procedimentos e execução de sanções no domínio do direito dos transportes e da concorrência da Comunidade Económica Europeia, versão consolidada de 2004;
Regulamento (CEE) n.º 1534/91, de 31 de maio de 1991, relativo à aplicação do n.º 3 do artigo 85.º do Tratado CEE a certas categorias de acordos, decisões e práticas concertadas no domínio dos seguros, versão consolidada de 2004;
Regulamento (CE) n.º 2790/1999, de 22 de dezembro de 1999, relativo à aplicação do n.º 3 do artigo 81.º do TCE a determinadas categorias de acordos verticais e práticas concertadas (texto relevante para efeitos do EEE), versão consolidada de 2004;
Regulamento (CE) n.º 2659/2000, de 29 de novembro de 2000, relativo à aplicação do n.º 3 do artigo 81.º do Tratado a certas categorias de acordos de investigação e de desenvolvimento (texto relevante para efeitos do EEE), versão consolidada de 2004;
Regulamento (CE) n.º 1400/2002, de 31 de julho de 2002, relativo à aplicação do n.º 3 do artigo 81.º do TCE a certas categorias de acordos verticais e práticas concertadas no setor automóvel, versão consolidada de 2004;
Regulamento (CE) n.º 1/2003, de 16 de dezembro de 2002, relativo à execução das regras de concorrência dos artigos 81.º e 82.º do TCE;
Regulamento (CE) n.º 772/2004, de 27 de abril de 2004, relativo à aplicação do n.º 3 do artigo 81.º do Tratado a categorias de acordos de transferência de tecnologia;
Regulamento (CE) n.º 773/2004, de 7 de abril de 2004, relativo à instrução de processos pela Comissão para efeitos dos artigos 81.º e 82.º do TCE;
Regulamento (CE) n.º 1184/2006, de 24 de julho de 2006, relativo à aplicação de determinadas regras de concorrência à produção e ao comércio de produtos agrícolas (versão codificada), 2008;
Regulamento (CE) n.º 246/2009, de 26 de fevereiro de 2009, relativo à aplicação do n.º 3 do artigo 81.º do Tratado a certas categorias de acordos, decisões e práticas concertadas entre companhias de transportes marítimos regulares (consórcios) (versão codificada).
[19] Quanto aos efeitos dos acórdãos do TJUE, ver J. L. CARAMELO GOMES, *O Juiz Nacional e o Direito Comunitário*, Almedina, Coimbra, 2003, reimpressão de 2006, p. 193.

Acresce, ainda, a tal acervo normativo e jurisprudencial, um conjunto de documentos que podemos designar por *softlaw*, apresentados sob a forma de comunicações e recomendações da Comissão Europeia (direito derivado não vinculativo). É através deste tipo de atos (comunicações, sobretudo) que a Comissão dá a conhecer, a par e passo, o seu entendimento respeitante ao direito da concorrência, permitindo à REC – Rede Europeia da Concorrência, aos Estados-Membros (incluindo as respetivas autoridades e jurisdições nacionais) e às empresas conhecerem as grandes linhas de ação e de política da concorrência, preconizadas pela Comissão.

Esse *softlaw* proveniente da Comissão tem vindo, de resto, a assumir uma importância cada vez mais marcante, não só na aplicação impositiva do direito europeu da concorrência, como também e em parte na própria definição concreta ou operativa de certos aspetos de política da concorrência e de regulação dos mercados. Com efeito, muitas vezes e na ausência de base normativa – vinculativa específica e positivada, o TJUE acaba por aferir a legalidade da atuação da Comissão, através desse mesmo *softlaw* –, ou seja, através desse conjunto de (sobretudo) recomendações e comunicações. No mínimo – repita-se, na ausência de normativos de direito derivado vinculativo e na perspetiva da fiscalização jurisdicional das decisões da Comissão –, esse *softlaw*, cada vez mais abundante, serve de critério indireto para a aferição da legalidade dos atos (nomeadamente, das decisões) desta Instituição. No fundo, nessas situações de ausência de direito derivado vinculativo, o TJUE tem entendido que a Comissão deverá conformar a sua atuação com aquilo que ela própria anuncia e exemplifica naquelas suas comunicações e recomendações, sob pena de (na perspetiva da fiscalização jurisdicional da atividade da Comissão) esta Instituição incorrer em *venire contra factum proprium*.

Em certa medida, o referido *softlaw* acaba também por servir de referência para a aplicação, pelas autoridades e jurisdições nacionais, do direito da concorrência, quer de origem europeia, quer de "fonte" interna. Na realidade, a lealdade e o primado acabam por indireta e mediatamente incorporar na prática decisional das autoridades e tribunais nacionais aquele acervo de atos não vinculativos, emanado pela Comissão. Isso permite, também, à Comissão ocupar um papel cada vez mais determinante, ainda que por via de influência indireta, na própria conformação da política da concorrência e também na própria efetividade dessa política (e do direito da concorrência).

Esta tendência para uma produção abundante de *softlaw* acentuou-se, significativamente, a partir da entrada em vigência, em 1 de maio de 2004,

MERCADO INTERNO E CONCORRÊNCIA

do Regulamento (CE) n.º 1/2003[20], que acaba por ser o ato de direito derivado mais marcante da denominada *modernização* e/ou reforma do direito europeu da concorrência. Este Regulamento acabou, nomeadamente, com o antigo regime da "notificação prévia" das práticas suscetíveis de enquadramento no âmbito de aplicação do artigo 101.º do TFUE – notificação essa que se entendia como sendo um ónus das empresas, devendo ser, por estas, remetida à Comissão[21].

Pressuporemos amiúde e remeteremos para este Regulamento, no texto, *infra*.

1. O direito aplicável às empresas

O direito europeu originário da concorrência aplicável às empresas consta dos artigos 101.º, 102.º e 106.º do TFUE. Estas disposições têm uma natureza de ordem pública, tal como expressamente afirmado pela Comissão na Comunicação sobre as relações com os tribunais nacionais[22], com todas as consequências que daí advêm. De resto, a jurisprudência recente do TJUE nesta matéria orienta-se claramente no sentido de considerar a violação do

[20] O já mencionado, em notas antecedentes e em texto, *supra*, em 8 e 9 da Parte I, Regulamento (CE) n.º 1/2003, de 16 de dezembro de 2002, relativo às regras de aplicação/execução dos artigos 81.º e 82.º do TCE, atualmente, artigos 101.º e 102.º do TFUE e que culmina um processo de reforma predominantemente processual (pese embora a importância política-material do Regulamento em causa) da aplicação impositiva do direito europeu da concorrência dirigido, em primeira linha, às empresas (o princípio da proibição das colusões ou ententes – acordos, decisões de associação ou práticas concertadas – entre empresas, bem assim como o princípio da proibição dos abusos de posição dominante). Para um primeiro comentário à estrutura do Regulamento, entre outros, Pedro Madeira Froufe, "A aplicação dos artigos 81.º e 82.º do Tratado CE: o novo regime instituído pelo Regulamento (CE) n.º 1/2003 do Conselho", in *Temas de Integração*, n.º 19, Coimbra, 2005.

[21] Esse regime da "notificação prévia" tinha sido introduzido pelo Regulamento n.º 17, de 1962, que instituiu o primeiro regime de execução das regras dos artigos 85.º e 86.º do então Tratado CEE – atuais artigos 101.º e 102.º do TFUE. Esse regime centralizava, *grosso modo*, na Comissão, a aplicação das regras de concorrência europeias, diretamente dirigidas às empresas e ao controlo dos comportamentos destas nos respetivos mercados (os mencionados artigos 85.º e 86.º do Tratado CEE, bem assim como os renumerados artigos 81.º e 82.º do TCE, todos equivalentes aos atuais artigos 101.º e 102.º do TFUE).

[22] Comissão Europeia, *Comunicação da Comissão sobre a cooperação entre a Comissão e os tribunais dos Estados-Membros da União Europeia na aplicação dos artigos 81.º e 82.º do Tratado CE*, Bruxelas, 2004, por referência à jurisprudência do TJUE sobre a natureza dos artigos 81.º e 82.º do Tratado, existente à data da Comunicação. À luz da jurisprudência mais recente do TJUE esta situação alargou-se substancialmente.

direito europeu em geral como uma violação desta natureza[23], sobressaindo a afirmação do TJUE, no Acórdão *Manfredi*, da natureza de ordem pública das disposições constantes dos artigos 101.º e 102.º do TFUE[24]: "*os artigos 81.º CE e 82.º CE constituem disposições de ordem pública que devem ser aplicadas oficiosamente pelos órgãos jurisdicionais nacionais*"[25].

1.1. O artigo 101.º do TFUE

O artigo 101.º do TFUE desenvolve-se de uma forma razoavelmente simples: o n.º 1 estabelece a proibição de um conjunto de factos jurídicos, o n.º 2 comina a respetiva sanção e o n.º 3 excepciona ou "isenta" (segundo uma terminologia que se tornou corrente, neste contexto) o regime geral do n.º 1, através da aplicação de um critério denominado habitualmente de "juízo de balanço económico".

1.1.1. O n.º 1 do artigo 101.º do TFUE

Artigo 101.º

"*1. São incompatíveis com o mercado interno e proibidos todos os acordos entre empresas, todas as decisões de associações de empresas e todas as práticas concertadas que sejam susceptíveis de afectar o comércio entre os Estados-Membros e que tenham por objectivo ou efeito impedir, restringir ou falsear a concorrência no mercado interno, designadamente as que consistam em:*

a) Fixar, de forma directa ou indirecta, os preços de compra ou de venda, ou quaisquer outras condições de transacção;

b) Limitar ou controlar a produção, a distribuição, o desenvolvimento técnico ou os investimentos;

c) Repartir os mercados ou as fontes de abastecimento;

d) Aplicar, relativamente a parceiros comerciais, condições desiguais no caso de prestações equivalentes colocando-os, por esse facto, em desvantagem na concorrência;

---

[23] J. L. Caramelo Gomes, *Lições de Direito da União Europeia*, Almedina, Coimbra, 2009, p. 301.

[24] Mantemos inalterada a redação utilizada pelo TJUE no processo, pelo que a referência aos artigos 81.º e 82.º do TCE deve considerar-se realizada para os artigos 101.º e 102.º do TFUE, que os substituíram. Ver J. L. Caramelo Gomes, *Tratado de Lisboa; Tratado da União Europeia; Tratado sobre o Funcionamento da União Europeia. Anotados com todas as versões anteriores*, Editora Lusíada, Lisboa, 2010.

[25] Acórdão *Manfredi*, de 13 de julho de 2006, procs. apensos C-295/04 a C-298/04.

e) *Subordinar a celebração de contratos à aceitação, por parte dos outros contraentes, de prestações suplementares que, pela sua natureza ou de acordo com os usos comerciais, não têm ligação com o objecto desses contratos".*

A análise desta disposição implica clarificar alguns conceitos determinantes do seu âmbito de aplicação[26], na medida em que a violação da proibição do artigo 101.º, n.º 1, implica o preenchimento de três requisitos – deverá haver alguma forma de *conluio entre as empresas*[27], o resultado desse conluio será uma *possível afetação do comércio entre os Estados-Membros*, através da *restrição da concorrência* entre os intervenientes.

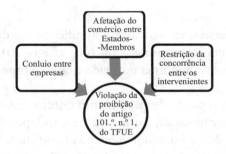

Ilustração 1 – Requisitos para a violação da proibição do artigo 101.º, n.º 1, do TFUE.

---

[26] Esta técnica é utilizada pela maioria dos Autores: entre outros, V. KORAH, *An Introductory Guide to EC Competition Law and Practice*, 9.ª ed., Hart Publishing, Oxford, 2007; I. V. B. BAEL, JEAN-FRANÇOIS, *Droit de la Concurrence de la Communauté Économique Européenne*, Bruylant, Bruxelles, 1991, p. 1284; e, em Portugal, A. SANTOS, E. GONÇALVES e M. M. MARQUES, *Direito Económico*, 5.ª ed., Almedina, Coimbra, 2006; e MANUEL CARLOS LOPES PORTO, *Teoria da Integração e Políticas Comunitárias*, 3.ª ed., Almedina, Coimbra, 2001.

[27] Retomamos a definição de conluio apresentada pela OCDE: "Collusion refers to combinations, conspiracies or agreements amongsellers to raise or fix prices and to reduce output in order to increase profits. Asdistinct from the term cartel, collusion does not necessarily require a formalagreement, whether public or private, between members. However, it should benoted that the economic effects of collusion and a cartel are the same and often theterms are used somewhat interchangeably.
(...) Collusion does not necessarily have to involve an explicit agreement orcommunication between firms. In oligopolistic industries, firms tend to beinterdependent in their pricing and output decisions so that the actions of each firmimpact on and result in a counter response by the other firm(s). In suchcircumstances, oligopolistic firms may take their rivals' actions into account and coordinate their actions as if they were a cartel without an explicit or overtagreement. Such coordinated behaviour is often referred to as tacit collusion orconscious parallelism." – R. S. KHEMANI e D. M. SHAPIRO, "Collusion", in *Directorate for Financial Fiscal and Enterprise Affairs: Glossary of Industrial Organisation Economics and Competition Law*, OCDE, Paris, 1993.

Assim, importa esclarecer os conceitos pertinentes à fórmula "acordos entre empresas, todas as decisões de associações de empresas e todas as práticas concertadas", ou seja, os conceitos de *a) empresa, b) acordo, c) decisões de associações de empresas, e) práticas concertadas*; e, ainda, os de *f) afetação do comércio entre os Estados-Membros*, e de *g) impedir, restringir ou falsear a concorrência no mercado comum.*

O esclarecimento de todos estes conceitos resulta, em primeiro lugar, da prática decisional da Comissão, em segundo lugar das respetivas Comunicações e, em terceiro lugar, da jurisprudência do Tribunal de Primeira Instância, agora Tribunal Geral, e do TJUE.

a) Conceito de *empresa*

O conceito de *empresa* tem o mesmo significado nas diversas disposições do Tratado aplicáveis às empresas – ou seja, artigos 101.º, 102.º e 106.º do TFUE –, definindo-se como uma entidade que desempenha uma atividade económica[28].

Temos pois, como ponto de partida, um critério funcional, abrangendo qualquer tipo de organização, formal ou não, independentemente da sua natureza jurídica e de ter ou não personalidade jurídica: esse critério é o do desempenho de uma atividade económica. Torna-se, assim, necessário averiguar a definição de atividade económica.

No que respeita à atividade económica, a Comissão Europeia e o TJUE têm adotado posições algo contraditórias que não permitem teorizar sobre a matéria. Assim, por exemplo, a execução de um sistema de segurança social já foi considerada como atividade económica num processo e como uma atividade excluída noutro processo[29], o mesmo acontecendo com o fornecimento público de água[30]. Em todo o caso, parece resultar da jurisprudência

---

[28] "Embora o Tratado não defina o conceito de empresa, o TJUE declarou reiteradamente que deve ser assim qualificada qualquer entidade que exerça uma atividade económica, independentemente do seu estatuto jurídico e do seu modo de financiamento (Acórdãos *Höfner e Elser*, de 23 de abril de 1991, proc. C-41/90, n.º 21; e *AOK Bundesverband e o.*, de 16 de março de 2004, procs. apensos C-264/01, C-306/01, C-354/01 e C-355/01, n.º 46)" – Acórdão *MOTOE*, de 1 de julho de 2008, proc. C-49/07.

[29] "O conceito de empresa, no contexto do direito comunitário da concorrência, não abrange as entidades encarregadas da gestão de regimes legais de seguro de doença e de seguro de velhice que prosseguem um objetivo exclusivamente social e não desenvolvem uma atividade económica." – Acórdão *AOK*, de 16 de março de 2004, proc. C-264/01.

[30] A este respeito, novamente V. KORAH, *An Introductory Guide to EC Competition Lawand Practice, cit.*, p. 45.

MERCADO INTERNO E CONCORRÊNCIA

do TJUE que o conceito de atividade económica consiste na oferta de bens ou serviços num determinado mercado[31].

b) Conceito de *acordo*

O conceito de *acordo* tem um alcance bastante vasto, abrangendo naturalmente os contratos mesmo ainda que não concluídos, mas executados.

A Comunicação da Comissão sobre a aplicação do artigo 81.º, n.º 3[32], sistematizou a prática decisional da Comissão bem como a jurisprudência do TJUE nesta matéria: "O tipo de coordenação de conduta ou colusão entre empresas, que cai no âmbito de aplicação do n.º 1 do artigo 81.º é aquele em que pelo menos uma empresa se comprometa perante outra a adoptar determinada conduta no mercado ou que, na sequência de contactos entre elas, seja eliminada ou, pelo menos, substancialmente reduzida, a incerteza quanto à sua conduta no mercado"[33].

Resulta dessa sistematização que o traço comum aos comportamentos enunciados no n.º 1 do artigo 101.º é a coordenação entre duas ou mais empresas, em que pelo menos uma delas se compromete perante a outra a adotar uma determinada conduta no mercado, de maneira a reduzir a incerteza mútua quanto ao comportamento respetivo. A coordenação não tem de ser expressa, nem no interesse de todas as empresas envolvidas. Tem de existir, isso sim, uma coordenação na prossecução de um objetivo: "Não é necessário que a coordenação seja do interesse de todas as empresas em causa, do mesmo modo que não tem, necessariamente, de ser expressa. Pode também ser tácita. Para que se possa considerar que um acordo foi concluído por aceitação tácita deverá existir um convite feito por uma empresa a outra empresa, de forma expressa ou implícita, para atingir conjuntamente um determinado objetivo"[34].

---

[31] "(...) constitui uma atividade económica qualquer atividade consistente na oferta de bens ou serviços num determinado mercado (v., designadamente, Acórdãos de 18 de junho de 1998, *Comissão/Itália*, C- 35/96, *Colect.*, p. I 3851, n.º 36, e de 12 de setembro de 2000, *Pavlov e o.*, C-180/98 a C-184/98, *Colect.*, p. I 6451, n.º 75)" – Acórdão *MOTOE*, *cit.*

[32] Agora n.º 3 do artigo 101.º. Comissão Europeia, *Comunicação da Comissão sobre as Orientações relativas à aplicação do n.º 3 do artigo 81.º do Tratado* (2004/C 101/08).

[33] *Ibidem.*

[34] *Ibidem.*

DIREITO DA UNIÃO EUROPEIA – ELEMENTOS DE DIREITO E POLÍTICAS DA UNIÃO

c) Conceito de *decisões de associações de empresas*

No que respeita ao conceito de *decisões de associações de empresas* para efeito de aplicação da proibição do n.º 1 do artigo 101.º do TFUE, o TJUE estabeleceu que, entre outras circunstâncias, "(c)onstitui uma decisão de uma associação de empresas, para os efeitos do n.º 1 do artigo 85.º do Tratado, uma recomendação adotada por uma associação desse tipo que represente, independentemente da sua natureza jurídica, a expressão fiel da sua vontade de coordenar o comportamento dos seus membros no mercado"[35], retomando a sua pronúncia de 17 de outubro de 1972 no processo *Vereeniging van Cementhandelaren*[36].

A ilegalidade, tal como as respetivas consequências, das decisões e recomendações das associações de empresas pode ser extensível aos respetivos membros, na medida em que uma tal decisão ou recomendação é subsumível a um acordo entre as empresas membros das associações em causa. Isto significa que, tal como ocorreu no processo *Belasco*[37], em que o TJUE confirmou uma Decisão da Comissão, poderão ser aplicadas sanções financeiras quer à associação, quer, ainda, aos seus membros.

Já no que respeita ao alcance da expressão *associação de empresas*, a Comissão e o TJUE[38] têm considerado que as associações e ordens profissionais[39] estão nela incluídas, tal como as associações ou federações de associações[40].

d) Conceito de *práticas concertadas*

As situações de conluio mais informais são abrangidas pela categoria de *prática concertada*, definida pelo TJUE como "qualquer tomada de contacto direto ou indireto entre operadores económicos de natureza a revelar a um concorrente um comportamento que se decidiu, ou que se prevê vir a adotar no mercado, quando tal tomada de contacto tem por objeto ou efeito conduzir as condições de concorrência que não corresponderiam às condições normais do mercado. Para fazer prova de uma prática concertada não é,

---

[35] Acórdão *Verband der Sachversicherer*, de 27 de janeiro de 1987, proc. 45/85.

[36] Acórdão *Vereeniging van Cementhandelaren*, de 17 de outubro de 1972, proc. 8/72.

[37] Acórdão *Belasco*, de 11 de julho de 1989, proc. 246/86.

[38] Acórdãos *BNIC*, de 3 de dezembro de 1987, proc. 136/86; e *FRUBO*, de 15 de maio de 1975, proc. 71/74.

[39] Veja-se, por exemplo, no que respeita às ordens profissionais, Acórdão *Price Waterhouse*, de 19 de fevereiro de 2002, proc. C-309/99.

[40] V. Korah, *An Introductory Guide to EC Competition Lawand Practice, cit.*; A. Santos, E. Gonçalves e M. M. Marques, *Direito Económico, cit.*

MERCADO INTERNO E CONCORRÊNCIA

pois, necessário demonstrar que um operador económico se comprometeu formalmente, para com um ou vários outros, a adotar determinado comportamento ou que os concorrentes fixem em comum o seu comportamento futuro no mercado. Basta que, através da sua declaração de intenções, o operador económico tenha eliminado ou, pelo menos, substancialmente reduzido a incerteza relativamente ao comportamento a esperar da sua parte no mercado"[41].

A posição do TJUE nesta matéria não é diversa. Com efeito: *"(...) a noção de prática concertada, na aceção do artigo 81.º, n.º 1, CE, se refere a uma forma de coordenação entre empresas que, sem ter sido levada até ao ponto da realização de um acordo propriamente dito, substitui cientemente os riscos da concorrência por uma cooperação prática entre elas (v. Acórdãos* Suiker Unie e o./Comissão, *já referido, n.º 26, e de 31 de março de 1993,* Ahlström Osakeyhtiö e o./Comissão, *C-89/85, C-104/85, C-114/85, C-116/85, C-117/85 e C-125/85 a C-129/85, Colect., p. I-1307, n.º 63).*

116. O Tribunal de Justiça acrescentou que os critérios de coordenação e de cooperação devem ser entendidos à luz da conceção inerente às disposições do Tratado relativas à concorrência e segundo a qual qualquer operador económico deve determinar de maneira autónoma a política que pretende seguir no mercado comum (v. Acórdão Suiker Unie e o./Comissão, *já referido, n.º 173; de 14 de julho de 1981,* Züchner, *172/80, Recueil, p. 2021, n.º 13;* Ahlström Osakeyhtiö e o./Comissão, *já referido, n.º 63, e* Deere/Comissão, *já referido, n.º 86)"* – Acórdão *ANIC*, de 8 de julho de 1999, proc. C-49/92 P.

Este conceito abrange, pois, qualquer forma de concertação entre empresas[42] e a maior dificuldade que apresenta é a de distinguir a concertação do comportamento paralelo[43].

---

[41] Acórdão *Cimenteries*, de 15 de março de 2000, proc. T-25/95.

[42] "(...)118 Segue-se que, como resulta dos próprios termos do artigo 81.º, n.º 1, CE, a noção de prática concertada implica, para além da concertação entre empresas, um comportamento no mercado que seja consequência dessa concertação e um nexo de causalidade entre esses dois elementos" – *ibidem*.

[43] O comportamento paralelo relevante em sede de concorrência é definido nestes termos pela OCDE: "*Conscious Parallelism* – Under conditions of oligopoly, the pricing and output actions of one firm have a significan timpact up on that of its rivals. Firms may after some period of repeated actions become conscious or aware of this fact and without an explicit agreement coordinate their behaviour as if they were engaged in collusive behaviour or a cartel to fix prices and restrict output. The fear that departure from such behaviour may lead to costly price cutting, lower profits and market share instability may further create incentives for firms to maintain such an implicit arrangement amongst themselves. This form of conscious parallel behaviour or tacit collusion generally has the same economic effect as a combination, conspiracy or price fixing agreement.

DIREITO DA UNIÃO EUROPEIA – ELEMENTOS DE DIREITO E POLÍTICAS DA UNIÃO

Com efeito, principalmente em mercados concentrados[44], é muitas vezes impossível provar a existência de práticas concertadas, resultando apenas evidente o comportamento paralelo que, nestes casos, apresenta como resultado os mesmos efeitos anti-concorrenciais que as práticas concertadas ou os acordos entre empresas. A prática da Comissão Europeia, confirmada pela jurisprudência do TJUE, é considerar que a proibição do artigo 101.º, n.º 1, do TFUE não inclui o comportamento paralelo; no entanto, no processo *ICI*[45], o TJUE considerou que o comportamento paralelo pode constituir prova indiciária da existência de práticas concertadas[46].

São normalmente apontadas algumas soluções para a dificuldade de estabelecer a existência de práticas concertadas quando apenas se evidencia o comportamento paralelo nocivo da concorrência. A discussão centra-se recorrentemente em dois aspetos: a consideração de que os comportamentos paralelos lesivos da concorrência estão, ou devem estar, abrangidos pela proibição do artigo 101.º, n.º 1, do TFUE e a discussão sobre o nível de prova exigido para a prática concertada. Qualquer dos dois caminhos parece razoável, sendo certo que, do ponto de vista do interesse geral, é essencial encontrar uma forma de eliminar os efeitos nocivos dos comportamentos paralelos.

Quanto a nós, consideramos que pode existir uma terceira via. Assim, o artigo 23.º, n.º 2, do Regulamento (CE) n.º 1/2003 prevê a penalização com sanções financeiras dos intervenientes em acordos, decisões de associações de empresas ou práticas concertadas que violem o disposto nos artigos 101.º e 102.º do TFUE. A punição é aplicável a comportamentos dolosos ou negligentes e aqui reside, quanto a nós, a solução para o problema: os autores dos

---

However, whether or not conscious parallel behaviour constitutes an illegal action which is restrictive of competition is a subject of controversy in both competition law and economics. Price uniformity may be a normal outcome of rational economic behaviour in markets with few sellers and homogenous products. Arguments have been advanced that the burden of proof must be higher than circumstantial evidence of concerted or parallel behaviour and uniform pricing and output policies. In other words, conscious parallelism in and of itself should not necessarily be construed as evidence of collusion. The problem arises more from the nature of the market or industry structure in which firms operate than from their respective behaviour". R. S. Khemani e D. M. Shapiro, "Conscious Parallelism", in *Directorate for Financial Fiscal and Enterprise Affairs: Glossary of Industrial Organisation Economics and Competition Law, ob. cit.*

[44] O conceito de concentração de mercado será estudado mais adiante.

[45] Acórdão *ICI*, de 14 de julho de 1972, proc. 48/69.

[46] V. Korah, *An Introductory Guide to EC Competition Lawand Practice, cit.*; A. Santos, E. Gonçalves e M. M. Marques, *Direito Económico, cit.*

MERCADO INTERNO E CONCORRÊNCIA

comportamentos paralelos lesivos da concorrência cometem uma violação do artigo 101.º do TFUE mais que não seja a título de negligência, pelo que, pelo menos neste quadro, poderão ser punidos.

e) Conceito de *afetação do comércio entre os Estados-Membros*

O conceito de *afetação do comércio entre os Estados-Membros* é particularmente importante em direito da concorrência; com efeito, infere-se da sua existência que a principal preocupação deste normativo é a integral realização do Mercado Comum[47]. No entanto, e como salienta Korah[48], em termos operativos e no âmbito da aplicação desta regra do artigo 101.º do TFUE (e também do artigo 102.º), este requisito é de fácil preenchimento.

A Comissão dedicou a este conceito a *Comunicação da Comissão relativa aos acordos de pequena importância que não restringem sensivelmente a concorrência nos termos do n.º 1 do artigo 81.º*[49] *do TCE* (de minimis) (2001/C 368/07) e a *Comunicação da Comissão contendo as orientações sobre o conceito de afetação do comércio entre os Estados-Membros previsto nos artigos 81.º e 82.º*[50] *do Tratado* (2004/C 101/07).

Na primeira Comunicação, a Comissão estabeleceu, utilizando as quotas de mercado como critério, a dimensão a partir da qual um acordo entre empresas poderá ter um efeito sensível sobre o comércio dentro do espaço da União. Assim, o requisito não estará preenchido quando a quota de mercado agregada das partes no acordo, prática concertada ou decisão de associação de empresas que sejam concorrentes efetivos ou potenciais (acordos horizontais) não ultrapassar os 10% dos mercados relevantes ou a quota de cada um dos intervenientes não concorrentes efetivos ou potenciais (acordos verticais) não ultrapassar os 15% em cada um dos respetivos mercados relevantes. Na dúvida sobre a verticalidade ou horizontalidade do acordo aplicar-se-á a regra dos 10% agregados[51].

---

[47] Ou mercado interno.

[48] V. Korah, *An Introductory Guide to EC Competition Lawand Practice, cit.*

[49] O artigo 81.º do TCE corresponde ao atual artigo 101.º do TFUE. Ver J. L. Caramelo Gomes, *Tratado de Lisboa; Tratado da União Europeia; Tratado sobre o Funcionamento da União Europeia. Anotados com todas as versões anteriores, cit.*

[50] Correspondem aos atuais artigos 101.º e 102.º do TFUE. Ver J. L. Caramelo Gomes, *Tratado de Lisboa; Tratado da União Europeia; Tratado sobre o Funcionamento da União Europeia. Anotados com todas as versões anteriores, cit.*

[51] Como resulta evidente, esta Comunicação recorre ao conceito de mercado relevante pelo que deve ser interpretada em conjunto com a Comunicação da Comissão respetiva.

DIREITO DA UNIÃO EUROPEIA – ELEMENTOS DE DIREITO E POLÍTICAS DA UNIÃO

A quota de mercado referida diminui para 5% quando, por força de uma ou mais redes de distribuição, um mínimo de 30% do mercado esteja abrangido por esses acordos: no entendimento da Comissão, quando 30% ou mais do mercado esteja abrangido por acordos de distribuição poderá ocorrer o fecho do mercado e em consequência os efeitos desses acordos poderão afetar o comércio entre Estados-Membros.

A regra *de minimis* estabelecida nesta Comunicação não será aplicável quando dos acordos, decisões de associações de empresas ou práticas concertadas resultar qualquer restrição grave da concorrência: quando entre empresas concorrentes ou potencialmente concorrentes, a fixação de preços, a limitação da produção ou das vendas, a repartição de mercados ou clientes; relativamente a empresas não concorrentes nem potencialmente concorrentes, as restrições que direta ou indiretamente, isoladas ou em acumulação, tenham por efeito a restrição da capacidade do comprador de estabelecer o seu preço de venda, a restrição relativa ao território ou em relação aos clientes aos quais o comprador pode vender os bens ou serviços contratuais[52], a restrição de vendas ativas ou passivas a utilizadores finais por membros de um sistema de distribuição seletiva que operam a nível retalhista, a restrição de fornecimentos cruzados entre distribuidores no âmbito de um sistema de distribuição seletiva e a restrição acordada entre um fornecedor de componentes e um comprador que incorpora estes componentes, que limite a capacidade do fornecedor de vender estes componentes como peças sobresselentes a utilizadores finais ou a estabelecimentos de reparação ou a outros prestadores de serviços não autorizados pelo comprador para a reparação ou assistência dos seus bens.

As regras estabelecidas nesta Comunicação são aplicáveis às chamadas empresas ligadas, ou seja, às empresas que, sendo parte no acordo ou prática, detêm na outra

– mais de metade dos direitos de voto, ou,

---

[52] Existem neste caso algumas exceções: restrição de vendas ativas no território exclusivo ou a um grupo exclusivo de clientes reservado ao fornecedor ou atribuído pelo fornecedor a outro comprador, desde que tal restrição não limite as vendas dos clientes do comprador; restrição de vendas a utilizadores finais por um comprador que opere a nível grossista; restrição de vendas a distribuidores não autorizados pelos membros de um sistema de distribuição seletiva; restrição da capacidade de o comprador vender componentes, fornecidos para efeitos de incorporação, a clientes que os possam utilizar para produzir o mesmo tipo de bens que são produzidos pelo fornecedor.

MERCADO INTERNO E CONCORRÊNCIA

– o poder de designar mais de metade dos membros do Conselho Fiscal ou de administração ou outro que represente legalmente a empresa,
– o direito de gerir a empresa.

Aplica-se a Comunicação em causa, ainda e por outro lado, às empresas que não sendo parte no acordo ou prática têm com alguma das partes um tipo de relacionamento que lhes permita, de alguma forma, exercer a gestão, bem como às empresas com aquelas relacionadas na forma indicada, e ainda a todas as empresas em que este tipo de relação seja exercido sobre outra por duas ou mais empresas abrangidas.

A Comunicação sobre o conceito de afetação do comércio entre os Estados-Membros previsto nos artigos 101.º e 102.º[53] do TFUE[54] completou e aperfeiçoou a comunicação de 2001 tendo em vista a novel competência atribuída, nos termos do Regulamento (CE) n.º 1/2003, às autoridades nacionais da concorrência e a consequente incrementada jurisdição dos tribunais nacionais. Os aspetos a salientar nesta Comunicação são a explicação das obrigações decorrentes, para as autoridades e jurisdições nacionais, do n.º 1 do artigo 3.º do Regulamento (CE) n.º 1/2003, a explicitação do conceito de afetação do comércio entre Estados-Membros e a criação da regra NASC (não afetação sensível do comércio).

O n.º 1 do artigo 3.º estabelece que "[s]empre que as autoridades dos Estados-Membros responsáveis em matéria de concorrência ou os tribunais nacionais apliquem a legislação nacional em matéria de concorrência a acordos, decisões de associação ou práticas concertadas na acepção do n.º 1 do artigo 101.º do Tratado, susceptíveis de afectar o comércio entre os Estados-Membros, na acepção desta disposição, devem aplicar igualmente o artigo 101.º do Tratado a tais acordos, decisões ou práticas concertadas. Sempre que as autoridades dos Estados-Membros responsáveis em matéria de concorrência ou os tribunais nacionais apliquem a legislação nacional em matéria de concorrência a qualquer abuso proibido pelo artigo 102.º do Tratado, devem aplicar igualmente o artigo 102.º do Tratado"[55].

---

[53] Correspondem aos antigos artigos 81.º e 82.º do TCE. Ver J. L. Caramelo Gomes, *Tratado de Lisboa; Tratado da União Europeia; Tratado sobre o Funcionamento da União Europeia. Anotados com todas as versões anteriores, cit.*

[54] Comissão Europeia, *Comunicação da Comissão – Orientações sobre o conceito de afetação do comércio entre os Estados-Membros previsto nos artigos 81.º e 82.º do Tratado (2004/C 101/07), cit.*

[55] Alteramos o texto para corresponder à numeração atual dos Tratados.

As regras assim estabelecidas significam que as autoridades responsáveis em matéria de concorrência e os tribunais dos Estados-Membros *devem aplicar os artigos 101.º e 102.º do TFUE quando aplicam a legislação nacional de concorrência a acordos e práticas abusivas suscetíveis de afetar o comércio entre Estados--Membros*; nesta situação as autoridades nacionais estão, aliás, *desobrigadas de aplicar o seu direito interno*, o que não significa que não o possam fazer. Se o fizerem, no entanto, o resultado final não poderá ser incompatível com o resultado da aplicação do direito comunitário.

A aplicação do direito europeu deverá ocorrer sempre que esteja preenchido o conceito de afetação do comércio entre os Estados-Membros, tal como considerada na prática decisional da Comissão confirmada na jurisprudência do TJUE: o direito europeu da concorrência não é aplicável a acordos e práticas que não sejam suscetíveis de afetar sensivelmente o comércio entre Estados-Membros. Este conceito, que, no final, delimita os âmbitos de aplicação respetivos do direito europeu e dos direitos nacionais, requer, no entender da Comissão Europeia, que se esclareçam três significados – o de *comércio entre os Estados-Membros*, o de *suscetibilidade de afetação* e a medida de *forma sensível*.

A Comunicação da Comissão Europeia explicita o significado de cada uma destas expressões.

Assim, o conceito de *comércio entre os Estados-Membros* é um conceito amplo que cobre toda a atividade económica transfronteiriça entre um mínimo de dois Estados-Membros, incluindo igualmente situações em que os acordos ou práticas afetem a estrutura concorrencial do mercado ao eliminarem ou ameaçarem eliminar um concorrente que opere na União, ou até mesmo situações em que o acordo ou prática têm o seu âmbito restringido apenas a uma parte ou á totalidade do território de um único Estado--Membro, na medida em que se verifique a afetação do comércio entre os Estados-Membros[56]. A definição do mercado relevante perde, neste caso, a sua importância[57].

---

[56] Veja-se, a este respeito, V. KORAH, *An Introductory Guide to EC Competition Law and Practice, cit.*, e a jurisprudência aí citada, tal como a jurisprudência citada na nota 13 e na secção 3.2.1 da Comunicação. Esta secção refere expressamente que os cartéis, ainda que limitados a um único Estado-Membro, afetam o comércio entre os Estados-Membros, sendo-lhes aplicável o direito comunitário da concorrência. Verifica-se esta mesma situação nos acordos verticais que abranjam todo o território de um Estado-Membro na medida em que por essa via fique efetiva ou potencialmente dificultado o acesso ao mercado.

[57] § 22 da Comunicação.

MERCADO INTERNO E CONCORRÊNCIA

A *suscetibilidade de afetação do comércio* resulta, no entender da Comissão, da jurisprudência do TJUE. Assim, «*"susceptível de afectar" implica que deve ser possível prever, com um grau de probabilidade suficiente com base num conjunto de factores objectivos de direito ou de facto, que o acordo ou a prática pode ter uma influência, directa ou indirecta, efectiva ou potencial, na estrutura do comércio entre os Estados-Membros*»[58]. A explicitação apresentada carece, no entanto, como a própria Comissão Europeia reconhece, de uma maior clarificação; assim, na fórmula *"grau de probabilidade suficiente com base num conjunto de fatores objectivos de direito ou de facto"*, deve esclarecer-se, em primeiro lugar, que se trata de fatores *objetivos*, ou seja, completamente estranhos à intenção das partes, pelo que o elemento subjetivo é completamente inconsequente; no que respeita à produção de efeitos, note-se que estamos perante uma suscetibilidade, direta ou indireta, o que significa que não é necessária a sua verificação efetiva nem sequer a suscetibilidade direta dessa produção.

Finalmente, a *afetação deve ser sensível*, o que implica a introdução de uma noção quantitativa que está relacionada, desde logo, com a posição dos intervenientes no respetivo mercado. A Comunicação apresenta, nesta matéria, a regra NASC (não afetação sensível do comércio) que determina uma presunção, elidível, de não afetação desde que qualquer dos seus *quanta* não seja ultrapassado: quota de mercado agregada dos intervenientes no mercado (geográfico e de produto) relevante não menor ou igual a 5%, somatório do volume de negócios dos intervenientes nos produtos objeto do acordo igual ou inferior a 40 milhões de euros. Quando algum dos *quanta* estiver ultrapassado, a presunção inverte-se.

f) Conceito de *impedir, restringir ou falsear a concorrência no mercado comum*

A concorrência entre empresas é impedida, restringida ou falseada quando se verifique qualquer uma das situações prevista nas diferentes alíneas do artigo 101.º, n.º 1, do TFUE: fixar, de forma direta ou indireta, os preços de compra ou de venda, ou quaisquer outras condições de transação; limitar ou controlar a produção, a distribuição, o desenvolvimento técnico ou os investimentos, repartir os mercados ou as fontes de abastecimento; aplicar, relativamente a parceiros comerciais, condições desiguais no caso de prestações equivalentes, colocando-os, por esse facto, em desvantagem na concorrência; e subordinar a celebração de contratos à aceitação, por parte dos outros contraentes, de prestações suplementares que, pela sua natureza

---

[58] § 23 da Comunicação.

ou de acordo com os usos comerciais, não têm ligação com o objeto desses contratos.

O catálogo de situações que têm em vista ou por efeito restringir ou falsear a concorrência ali estabelecido não é exaustivo. Qualquer outro conteúdo ou prática que produza efeitos anti concorrenciais recai na proibição do artigo 101.º, n.º 1, do TFUE, a não ser que se verifique, quanto a ela, uma situação de exclusão, o que sucederá quando a restrição seja auxiliar ou acessória de um acordo genericamente pró-concorrencial. Estamos perante o conceito de *ancillary restraints*, que, no essencial, são aquelas restrições sem as quais um acordo que acabará por produzir efeitos concorrenciais não poderá ser celebrado. Dito de outro modo, a aceitação de tais restrições (*ancillary restraints*) é fundamental para garantir a celebração de um acordo que produzirá efeitos (desejados) concorrenciais. É o caso, por exemplo, da proteção territorial nos acordos de distribuição, sem a qual dificilmente um operador é incentivado a realizar o investimento necessário para a sua entrada no mercado.

As *ancillary restraints*, como de resto os efeitos de qualquer acordo entre empresas em sede de direito da concorrência, podem ser analisadas numa perspetiva *ex ante* ou *ex post*, ou seja, no momento da sua celebração ou no momento em que se encontram em execução. Regra geral, a análise *ex ante*, por tomar em linha de conta a eventual entrada de mais um operador no mercado, revela as vantagens concorrenciais do acordo e admite que uma menor concorrência *ex post* e *intramarca* é o preço a pagar pela concorrência adicional. A análise *ex post* tende a considerar apenas as restrições auxiliares, o que leva a que o acordo tenha efeitos anti concorrenciais.

1.1.2. O n.º 2 do artigo 101.º do TFUE

O n.º 2 do artigo 101.º do TFUE determina a nulidade dos acordos ou decisões proibidos nos termos do n.º 1; esta sanção tem eficácia *inter partes*, mas pouco adianta quanto à defesa do interesse público. A salvaguarda deste interesse está a cargo do poder atribuído à Comissão Europeia, nos termos do artigo 23.º do Regulamento (CE) n.º 1/2003, de poder impor multas/sanções financeiras aos intervenientes, que podem ascender a 10% do volume de vendas de cada um dos intervenientes.

A disposição contida no n.º 2 dirige-se exclusivamente às jurisdições nacionais, na medida em que apenas perante elas poderá extrair-se a sua utilidade prática: a invocação da nulidade só é consequente no âmbito de relações contratuais, seja no interesse de uma das partes, seja no interesse

MERCADO INTERNO E CONCORRÊNCIA

de um terceiro que possa eventualmente retirar dessa declaração alguma vantagem. Ocorre que a sanção prevista no n.º 2 é indissociável da proibição estabelecida no n.º 1, pelo que as duas disposições terão sido concebidas para serem diretamente aplicáveis em relações horizontais, no sentido de serem invocáveis em juízo, junto dos tribunais dos Estados-Membros, por particulares ou empresas entre si[59]: na realidade, não é concebível que o n.º 2 tenha qualquer outra utilidade que não seja a de ser invocado num litígio entre as partes num acordo que, alegadamente, viole o n.º 1. Ora, essa discussão ocorrerá, necessariamente, perante uma jurisdição nacional. Esta evidência foi reconhecida pelo TJUE numa fase ainda precoce da integração europeia[60]: data de 6 de abril de 1962[61] o reconhecimento da invocabilidade em juízo destas disposições.

1.1.3. O n.º 3 do artigo 101.º do TFUE (o "juízo de balanço económico")

O n.º 3 do artigo 101.º do TFUE permite excecionar da aplicação da proibição prevista no n.º 1 e, consequentemente, afastar desde logo a sanção da nulidade prevista no n.º 2, quando existam razões justificativas para essa denominada "isenção"[62], que pode ser individual ou por categoria de acordos ou de práticas.

---

[59] Sobre a questão da aplicabilidade direta, J. L. CARAMELO GOMES, *Lições de Direito da União Europeia, cit.*, p. 301, e também *O Juiz Nacional e o Direito Comunitário, cit.*, p. 193.

[60] J. L. CARAMELO GOMES e J. A. FERNANDES, *Enquadramento Jurídico da União Europeia*, Livraria Petrony, Lisboa, 1994.

[61] Acórdão *Bosh*, de 6 de abril de 1962, proc. 13/61.

[62] Em rigor e apesar de a expressão "isenção" ser correntemente utilizada neste contexto (ou seja, no âmbito de aplicação do n.º 3 do artigo 101.º), o facto é que a verificação dos pressupostos estabelecidos nesta norma implica a não aplicação do n.º 2, ou seja, a não produção dos efeitos previstos pela aplicação dos n.ºs 1 e 2 do artigo 101.º do TFUE. O n.º 3 não tem o alcance de um facto autónomo, impeditivo dos efeitos jurídicos decorrentes da proibição prevista no artigo 101.º do TFUE; insere-se, a bem dizer, na própria hipótese legal da norma (que integrará, por conseguinte, os n.ºs 1 e 3, simultaneamente). Uma prática, um acordo entre empresas que se insira no âmbito de aplicação do n.º 1 e também seja, ao mesmo tempo, subsumível ao n.º 3 do artigo 101.º, não merecerá um juízo de ilicitude. Só será, portanto, ilícita, suscitando a aplicação e a consequência prevista no *supra* referido n.º 2 desta norma (artigo 101.º do TFUE), se, merecendo a aplicação do n.º 1, não se conseguir inserir no âmbito de aplicação do n.º 3. Assim sendo, como notamos, em bom rigor, não estaremos perante um facto impeditivo dos normais efeitos decorrentes da previsão normativa (do n.º 1 do artigo 101.º do TFUE), mas sim perante um elemento da própria hipótese legal deste normativo do TFUE.

DIREITO DA UNIÃO EUROPEIA – ELEMENTOS DE DIREITO E POLÍTICAS DA UNIÃO

Estas competências foram atribuídas, nos termos do Regulamento 17[63] no que respeitava às isenções individuais e nos termos do Regulamento 19[64] no que respeitava às isenções por categoria, à Comissão Europeia, mantendo-se esta situação até à entrada em vigor do Regulamento (CE) n.º 1/2003.

O artigo 1.º do Regulamento (CE) n.º 1/2003 estabelece dois princípios gerais: os acordos, decisões e práticas concertadas incompatíveis com o n.º 1 do artigo 101.º são proibidos sem necessidade de decisão prévia e os acordos, decisões e práticas concertadas abrangidos pelo n.º 3 do artigo 101.º do TFUE são permitidos sem necessidade de decisão prévia, o que significa que o sistema de notificações estabelecido pelo Regulamento 17 desapareceu[65]. Não quer isto dizer, no entanto, que a Comissão tenha perdido a faculdade de declarar a proibição inaplicável a um determinado acordo, decisão ou prática concertada: este poder mantém-se, nos termos do artigo 10.º do Regulamento (CE) n.º 1/2003. A declaração de verificação do n.º 1 ou do n.º 2 do artigo 1.º (proibição ou declaração de que dos elementos na sua posse não resulta a proibição do acordo, decisão ou prática em concreto) pode,

---

[63] Regulamento (CEE) n.º 17, de 1962 – Primeiro Regulamento de execução dos artigos 85.º e 86.º do Tratado, de 21 de fevereiro de 1962. Este primeiro Regulamento e regime de aplicação dos normativos em questão (ex-artigos 85.º e 86.º do Tratado CEE, entretanto, ex-artigos 81.º e 82.º do TCE e, atualmente, artigos 101.º e 102.º do TFUE), como salientámos já, introduziu um sistema centralizado de "notificação prévia" à Comissão de todos os acordos ou práticas suscetíveis de se subsumirem àqueles normativos europeus de direito da concorrência. O n.º 1 do artigo 4.º daquele Regulamento estabelecia, assim, que os acordos, as decisões de associação ou as práticas concertadas entre empresas, relativamente aos quais os interessados pretendessem beneficiar da "isenção" (ou não aplicação) dos n.ºs 1 e 2 do artigo 85.º do Tratado CEE (atualmente, artigo 101.º do TFUE), deveriam ser notificados à Comissão, sob cominação de não poderem, de forma alguma, beneficiar de tal não aplicação e ainda que essa não aplicação se justificasse à luz do "juízo de balanço económico", previsto no n.º 3 daquele norma. Ver PEDRO MADEIRA FROUFE, "A aplicação dos artigos 81.º e 82.º do Tratado CE: o novo regime instituído pelo Regulamento (CE) n.º 1/2003 do Conselho", cit.

[64] Regulamento (CEE) n.º 19, de 2 de março de 1965, relativo à aplicação do n.º 3 do artigo 85.º do Tratado a certas categorias de acordos e práticas concertadas.

[65] Passou a existir um sistema de "exceção legal": n.º 1 do Regulamento (CE) n.º 1/2003. Com efeito, poderemos atentar, a propósito deste ponto que significou o abandono do anterior sistema de aplicação da regra do artigo 101.º do TFUE (o sistema da "notificação prévia" de todos os comportamentos de colusão, pelas próprias empresas que projetavam adotar tais comportamentos), no (considerando) n.º 4, do Preâmbulo do Regulamento (CE) n.º 1/2003: «(...) este regime (o anterior regime da "notificação prévia à Comissão") deverá ser substituído por um regime de excepção directamente aplicável, em que as autoridades responsáveis em matéria de concorrência e os Tribunais dos Estados-Membros tenham competência não só para aplicar o n.º 1 do artigo 81.º e o artigo 82.º do Tratado, directamente aplicáveis nos termos da jurisprudência do Tribunal de Justiça das Comunidades Europeias, mas também o n.º 3 do artigo 81.º do Tratado».

MERCADO INTERNO E CONCORRÊNCIA

atualmente, ser emitida pela Comissão Europeia, pelas autoridades da concorrência e pelas jurisdições nacionais nos termos dos artigos 10.º (já referido no que respeita à Comissão) e 5.º e 6.º no que respeita às autoridades e tribunais nacionais. As decisões das autoridades nacionais nesta matéria são objeto de controlo jurisdicional pelos tribunais nacionais, a requerimento dos destinatários, aplicando-se, na circunstância, as regras pertinentes em sede de reenvio prejudicial[66].

Note-se que a faculdade de recurso ao controle jurisdicional deve estender-se também aos terceiros interessados. Apesar de a questão não estar expressamente regulada, consideramos que esta possibilidade tem necessariamente de existir, até dentro do espírito do sistema que permitia, desde 1963[67], que tal acontecesse. Com efeito, a decisão de isentar um acordo entre empresas da aplicação da proibição do artigo 101.º do TFUE afeta diretamente os respetivos concorrentes, que deverão ter o direito de agir judicialmente, em defesa dos seus interesses[68].

Em consequência das alterações introduzidas pelo Regulamento (CE) n.º 1/2003, a Comissão apresentou uma Comunicação sobre a aplicação do n.º 3 do artigo 101.º do TFUE[69], tendo em vista orientar a aplicação desta disposição pelas autoridades e jurisdições nacionais.

O direito europeu da concorrência existe para garantir uma eficiência de afetação em benefício dos consumidores e este objetivo deve estar sempre presente nos responsáveis pela sua execução, pelo que o aspeto mais importante que, quanto a nós, foi apresentado nesta Comunicação consiste no que podemos designar como a conformação teleológica do direito europeu da concorrência, norteando o exercício dos poderes das Instituições da União, pelas autoridades e jurisdições nacionais[70]: "O artigo 101.º tem por objectivo proteger a concorrência no mercado, como forma de reforçar o bem-estar dos consumidores e de assegurar uma eficiente afectação de recur-

---

[66] J. L. Caramelo Gomes, *O Juiz Nacional e o Direito Comunitário, cit.*, p. 193.

[67] O Acórdão (TJUE) *Plaumann& Co. contra Comissão da Comunidade Económica Europeia*, de 15 de julho de 1963, proc. 25/62, reconheceu esta possibilidade em termos limitados. Em 2001, o Tribunal de Primeira Instância alargou significativamente esta possibilidade: ver Acórdão *Métropole télévision SA contra Comissão das Comunidades Europeias*, de 21 de março de 2001, proc. T-206/99.

[68] No mesmo sentido, V. Korah, *An Introductory Guide to EC Competition Lawand Practice, cit.*

[69] Comissão Europeia, *Comunicação da Comissão sobre as Orientações relativas à aplicação do n.º 3 do artigo 81.º do Tratado* (2004/C 101/08).

[70] Retomamos uma citação já apresentada anteriormente neste documento a que atribuímos uma importância capital.

DIREITO DA UNIÃO EUROPEIA – ELEMENTOS DE DIREITO E POLÍTICAS DA UNIÃO

sos. A concorrência e a integração do mercado servem estes objectivos, na medida em que a criação e a preservação de um mercado único aberto promove uma *afectação de recursos eficiente* em toda a Comunidade em *benefício dos consumidores*"[71].

1.2. O artigo 102.º do TFUE

O artigo 102.º do TFUE[72] proíbe o abuso de posição dominante, singular ou coletiva, numa parte significativa ou na totalidade do mercado comum, na medida em que esse abuso afete o comércio entre os Estados-Membros.

O abuso de posição dominante materializa-se em algumas práticas que são enumeradas, não exaustivamente, no artigo: imposição direta ou indireta de preços de compra ou venda ou outras condições de transação não equitativas; limitação da produção, da distribuição ou do desenvolvimento técnico em detrimento dos consumidores; aplicação de condições desiguais, em caso de prestações equivalentes, aos parceiros comerciais; e subordinação da celebração de contratos à aceitação do chamado *cross-selling* ou *reprisal*.

Estas situações consubstanciam uma censura da exploração abusiva do poder de mercado que – recorde-se –, numa perspetiva económica, se reconduz ao poder de praticar preços acima dos preços formados em mercado concorrencial, mesmo quando a manifestação imediata é a exclusão de concorrentes, atuais ou potenciais. A principal razão para uma prática de exclusão (uma prática que conduza à exclusão de concorrentes do respetivo mercado) é, no fundo, a possibilidade, potencial ou real, de se exercer e beneficiar de um (denominado) abuso de exploração.

---

[71] Comissão Europeia, *Comunicação da Comissão sobre as Orientações relativas à aplicação do n.º 3 do artigo 81.º do Tratado* (2004/C 101/08), § 7. Texto alterado com as adaptações necessárias relativas à nova sistematização dos Tratados. Itálico adicionado por nós.

[72] Artigo 102.º do TFUE

"É incompatível com o mercado comum e proibido, na medida em que tal seja susceptível de afectar o comércio entre os Estados-Membros, o facto de uma ou mais empresas explorarem de forma abusiva uma posição dominante no mercado comum ou numa parte substancial deste.

Estas práticas abusivas podem, nomeadamente, consistir em:

a) *Impor, de forma directa ou indirecta, preços de compra ou de venda ou outras condições de transacção não equitativas;*

b) *Limitar a produção, a distribuição ou o desenvolvimento técnico em prejuízo dos consumidores;*

c) *Aplicar, relativamente a parceiros comerciais, condições desiguais no caso de prestações equivalentes colocando-os, por esse facto, em desvantagem na concorrência;*

d) *Subordinar a celebração de contratos à aceitação, por parte dos outros contraentes, de prestações suplementares que, pela sua natureza ou de acordo com os usos comerciais, não têm ligação com o objecto desses contratos".*

MERCADO INTERNO E CONCORRÊNCIA

Este conceito de posição dominante, salienta Korah, foi utilizado pela Comissão Europeia logo no processo *Continental Can*[73], em 1973, mas foi entretanto abandonado a partir do processo *United Brands*[74], quando o TJUE a definiu como o poder de adotar comportamentos independentemente dos seus concorrentes e consumidores[75], determinando que esta situação requereria uma análise em dois passos: a definição do mercado relevante e a análise da empresa nesse mercado.

A definição do mercado relevante foi objeto da Comunicação da Comissão de 1997[76]. Nesta Comunicação, a Comissão sintetizou as regras nesta matéria, estabelecendo, desde logo, que o regime aplicável à posição dominante singular ou coletiva é o mesmo e apresentando um sistema de análise que assenta em duas vertentes: o mercado geográfico e o mercado de produto. Abordaremos a questão metodológica noutro contexto, pelo que, agora, focar-nos-emos nos aspetos relevantes desta Comunicação.

A formulação do artigo 102.º do TFUE exige alguns esclarecimentos adicionais que passam pela explicitação de *uma parte significativa do mercado comum* e o que se deverá entender, neste contexto, novamente por *afetação do comércio entre os Estados-Membros*.

Este último aspeto foi já objeto da *Comunicação da Comissão sobre a afetação do comércio entre Estados-Membros*[77], a que já fizemos referência, quando analisámos idêntico requisito no âmbito do artigo 101.º do TFUE – pelo que, genericamente, remetemos para o que aí foi dito. Existem, no entanto, algumas especificidades que importa salientar.

Assim, os abusos de posição dominante consubstanciados em práticas que abrangem um único Estado-Membro e se manifestam em comportamentos excludentes são de molde a afetar o comércio entre os Estados-Membros. Já no que respeita aos abusos de exploração, a Comissão considera que poderá não estar preenchido o critério de afetação do comércio entre os Estados-Membros, o que não pode deixar de merecer o nosso veemente repúdio: a prática de preços abusivos, na medida em que desperdiça recursos, desde logo dos consumidores, afeta naturalmente a capacidade de consumo, facto

---

[73] Acórdão *Continental Can*, de 21 de fevereiro de 1973, proc. 6/72.

[74] Acórdão *United Brands*, de 14 de fevereiro de 1978, proc. 27/76.

[75] Esta definição é utilizada pela Comissão Europeia, na *Comunicação da Comissão relativa à definição de mercado relevante para efeitos do direito comunitário da concorrência* (97/C 372/03).

[76] *Ibidem*.

[77] Comissão Europeia, *Comunicação da Comissão – Orientações sobre o conceito de afetação do comércio entre os Estados-Membros previsto nos artigos 81.º e 82.º do Tratado* (2004/C 101/07).

483

DIREITO DA UNIÃO EUROPEIA – ELEMENTOS DE DIREITO E POLÍTICAS DA UNIÃO

este que não pode deixar de se considerar como um efeito potencialmente negativo e prejudicial do comércio intra-União ou intra-comunitário.

Após a entrada em vigor do Regulamento (CE) n.º 1/2003, a Comissão, como referimos, *supra*, emitiu diversas comunicações sobre o direito europeu da concorrência. Estas comunicações – algumas já referidas no presente texto (no fundo, o *softlaw*) – devem ser entendidas no mesmo sentido e com um alcance semelhante ao das *Guidelines* emitidas pela *Federal Trade Commission* norte-americana.

No que respeita concretamente ao artigo 102.º do TFUE, para além das já referidas Comunicações sobre os artigos 101.º e 102.º do TFUE, da Comunicação sobre a rede europeia de concorrência (REC), da Comunicação sobre a colaboração com os tribunais nacionais, da Comunicação sobre a definição do mercado relevante, avulta (no que respeita diretamente ao artigo 102.º do TFUE), ainda, a Comunicação da Comissão relativa às prioridades na aplicação do artigo 102.º do TFUE aos comportamentos de exclusão por empresas em posição dominante, de 24 de fevereiro de 2009[78].

Esta Comunicação começa com uma afirmação de princípio que não podemos deixar de aplaudir: *"Na aplicação do artigo 102.º ao comportamento de exclusão por parte de empresas em posição dominante, a Comissão irá privilegiar os tipos de conduta mais prejudiciais para os consumidores. Os benefícios que a concorrência proporciona aos consumidores são preços mais baixos, melhor qualidade e maior variedade de bens e serviços novos ou melhorados"*, acrescentando, mais adiante, que *"a Comissão reconhece que o mais importante é a protecção de um verdadeiro processo de concorrência e não a mera protecção dos concorrentes"*[79].

Esta afirmação de princípio parece indicar que podemos estar em face de uma alteração significativa das prioridades do direito europeu da concorrência. Uma passagem do objetivo referencial da integração de mercados e da realização do mercado interno, que tem sido marcante nos últimos cinquenta anos, para outras preocupações, implicando, no fundo, um maior enfoque na própria eficiência dos mercados, em si mesma considerada.

Assim, importa notar, por exemplo que o problema dos preços abusivos, há muito desconsiderado pelo direito europeu da concorrência, é agora

---

[78] Comissão Europeia, *Comunicação da Comissão Orientação sobre as prioridades da Comissão na aplicação do artigo 82.º do Tratado CE a comportamentos de exclusão abusivos por parte de empresas em posição dominante* (2009/C 45/02). Texto alterado com as adaptações necessárias relativas à nova sistematização dos Tratados.

[79] *Ibidem.*

484

MERCADO INTERNO E CONCORRÊNCIA

eleito como um dos principais inimigos a combater: *"Qualquer conduta que represente uma exploração dos consumidores (por exemplo, a aplicação de preços excessivos) ou que mine os esforços com vista à realização de um mercado interno integrado, é igualmente passível de infringir o artigo 102.º"*. Note-se que a exploração abusiva dos consumidores passa a ser uma violação do artigo 102.º do TFUE em pé de igualdade com os comportamentos excludentes, ou seja, os abusos de exclusão. Tal significa, em nosso entender, que estamos perante a afirmação de uma nova categoria de comportamentos suscetíveis de afetar o comércio entre os Estados-Membros, tal como acima referimos: "a prática de preços abusivos". Esta prática, na medida em que desperdiça recursos, desde logo dos consumidores, afeta naturalmente a sua capacidade de consumo, o que não pode deixar de se considerar com um efeito potencialmente negativo no comércio intra-União.

A Comunicação da Comissão em análise vai mais longe. Define, por exemplo, o conceito de posição dominante em função do poder de mercado e estabelece que este, dentro da visão clássica, está diretamente relacionado com o problema do preço efetivamente praticado e o preço em mercado concorrencial. Os referenciais de preço escolhidos pela Comissão são o CEM (custo evitável médio) ou o CMMLP (custo marginal médio a longo prazo)[80].

A Comunicação apresenta um elenco não exaustivo de comportamentos ditos de exclusão excetuando das suas preocupações a prática de preços excludentes: nesta situação particular, o consumidor beneficia da prática da empresa em posição dominante, pelo que, em harmonia com a posição apresentada, não existe, na realidade, um abuso anti-concorrencial.

Consubstanciam abuso anti-concorrencial as práticas excludentes baseadas em acordos exclusivos, de distribuição ou de compra, bem como os descontos condicionais, as vendas subordinadas das quais resulte, efetiva ou potencialmente, o fecho do mercado, o comportamento predatório do qual

---

[80] Esta é uma opção discutível: preferiríamos assistir a uma opção pelo custo marginal ou pelo custo médio variável; no entanto, trata-se de um progresso assinalável pois introduz referenciais de preço objetivos cuja necessidade, em sede de direito de concorrência, é imperiosa. Em todo o caso, de acordo com a Comunicação da Comissão, o CEM corresponde sensivelmente ao CMV e o CMMLP ao CMT (custo médio total), conforme indicação da Comissão: *"O custo marginal médio a longo prazo representa a média de todos os custos (fixos e variáveis) em que uma empresa incorre para produzir um determinado produto. O CMMLP e o custo total médio (CTM) são bons indicadores recíprocos e são iguais no caso de empresas com um só produto"*.

resulte também, efetiva ou potencialmente, o fecho do mercado e as recusas de fornecimento.

1.3. O artigo 106.º do TFUE

O artigo 106.º do TFUE é um ótimo pretexto para tecermos algumas considerações sobre a intervenção do Estado na economia. Com efeito, esta disposição torna extensivas às empresas detentoras de direitos especiais ou exclusivos, às empresas públicas, aos monopólios fiscais e às empresas gestoras de serviços de interesse económico geral, as regras dos artigos 101.º a 109.º do TFUE. Daqui resulta que, no essencial, podemos suscitar topicamente algumas notas sobre a ideia de proteção estadual (ou de intervenção estadual protetora) a um conjunto mais ou menos alargado de empresas.

É geralmente aceite que sem a proteção estadual os comportamentos anti-concorrenciais, mesmo os mais agressivos, tais como os cartéis de fixação de preços, têm os dias contados. A sua subsistência deve-se, em primeiro lugar, à proteção que lhes é dispensada pelo Estado. Esta proteção manifesta-se, na esmagadora maioria das situações, na existência de barreiras legislativas ou regulamentares à entrada nos respetivos mercados, disfarçadas ou justificadas, frequentemente, pelo interesse nacional em promover o fortalecimento de empresas ou setores da economia ou qualquer outra razão de interesse geral. Os auxílios públicos são outra forma de intervenção na economia que provoca distorções na concorrência e coloca em causa a eficiência de afetação, tal como a taxação interna discriminatória e a prática de aquisições pelos monopólios estatais também o são. As taxas internas discriminatórias são objeto do artigo 110.º do TFUE, que é normalmente associado à realização do mercado interno e, por conseguinte, tais taxas são habitualmente entendidas fora da alçada do direito da concorrência em sentido estrito. A situação dos denominados monopólios estatais é, também e por seu turno, regulada no artigo 37.º do TFUE, igualmente em sede de mercado interno e conexionadamente com a livre circulação de mercadorias.

Para além destas situações, a prática demonstra a existência de vários comportamentos estaduais lesivos da concorrência. Assim, regista-se a existência de medidas estaduais que reforçam os efeitos anti-concorrenciais de acordos entre empresas, como seja, por exemplo, a extensão, por via administrativa, dos efeitos anti-concorrenciais de decisões de associações de empresas[81] e a autorização a, ou delegação em, particulares para fixação de

---

[81] Acórdão *BNIC*, *cit.*

MERCADO INTERNO E CONCORRÊNCIA

preços[82], entre outros. Estes comportamentos estaduais consubstanciam, como salienta Korah[83], referindo o Juiz René Joliet e numa interpretação em que nos revemos e está devidamente sancionada pelo TJUE[84], uma violação do princípio da lealdade ou da cooperação, estabelecido no n.º 3 do artigo 4.º do TUE[85], na medida em que diminuem o efeito útil dos artigos 101.º, 102.º e, porventura, 106.º do TFUE.

Vejamos agora o que respeita especificamente ao artigo 106.º[86].

Esta disposição desenvolve-se em três parágrafos; o n.º 1 dirige-se diretamente aos Estados-Membros e indiretamente às empresas públicas e às empresas detentoras de direitos especiais ou exclusivos; o n.º 2 submete as empresas encarregadas da gestão de serviços de interesse económico geral ou que tenham a natureza de monopólio fiscal às regras aplicáveis às empresas constantes do Tratado, designadamente os artigos 101.º e 102.º do TFUE, na medida em que tal não acarrete obstáculos de direito ou de facto ao exercício das funções que lhes são atribuídas[87]. O n.º 3, por outro lado, atribui à Comissão os poderes necessários para a fiscalização, execução e aplicação dos antecedentes n.os 1 e 2.

O artigo 106.º do TFUE requer a clarificação de alguns conceitos, o primeiro dos quais é o conceito de *empresas*, assim genericamente utilizado.

---

[82] Acórdãos *Leclerc*, de 10 de janeiro de 1985, proc. 229/83; e *Van Eycke*, de 21 de setembro de 1988, proc. 267/86.

[83] V. KORAH, *An Introductory Guide to EC Competition Lawand Practice, cit.*

[84] Acórdão *Porto di Génova*, de 10 de dezembro de 1991, proc. C-179/90.

[85] Esta disposição corresponde ao antigo artigo 10.º do TCE. Ver J. L. CARAMELO GOMES, *Tratado de Lisboa; Tratado da União Europeia; Tratado sobre o Funcionamento da União Europeia. Anotados com todas as versões anteriores, cit.*

[86] Artigo 106.º: "1. No que respeita às empresas públicas e às empresas a que concedam direitos especiais ou exclusivos, os Estados-Membros não tomarão nem manterão qualquer medida contrária ao disposto nos Tratados, designadamente ao disposto nos artigos 18.º e 101.º a 109.º, inclusive. 2. As empresas encarregadas da gestão de serviços de interesse económico geral ou que tenham a natureza de monopólio fiscal ficam submetidas ao disposto nos Tratados, designadamente às regras de concorrência, na medida em que a aplicação destas regras não constitua obstáculo ao cumprimento, de direito ou de facto, da missão particular que lhes foi confiada. O desenvolvimento das trocas comerciais não deve ser afectado de maneira que contrarie os interesses da União. 3. A Comissão velará pela aplicação do disposto no presente artigo e dirigirá aos Estados-Membros, quando necessário, as directivas ou decisões adequadas".

[87] Nesta medida, o n.º 2 comporta uma exceção ao n.º 1.

O principal critério de que devemos socorrer-nos é um critério funcional, que tem vindo a ser aplicado pelo TJUE de forma recorrente e em consequência do qual estão abrangidas pelo artigo 106.° do TFUE quaisquer entidades que exerçam uma atividade económica, independentemente de considerações sobre a forma jurídica da entidade ou da forma do seu financiamento[88]. Esta atividade económica abrange, naturalmente, o fornecimento de bens e serviços[89]. O exercício de poderes de regulamentação encontra-se, naturalmente, excluído do conceito de atividade económica e, consequentemente, excluído do âmbito de aplicação do artigo 106.° do TFUE[90].

O segundo conceito requerendo clarificação prende-se com a natureza e alcance do direito exclusivo. Resulta evidente, até de uma forma algo intuitiva, que do conceito de direito exclusivo resultará, naturalmente, a exclusão de qualquer outro na exploração do conteúdo do direito. Em consequência, o titular de um direito exclusivo encontra-se, necessariamente, em posição dominante no que ao conteúdo desse direito diz respeito. Sucede que neste tipo de situações veio a ser desenvolvida pelo TJUE a doutrina do *necessário abuso da posição dominante*[91].

2. Os auxílios públicos[92]

A concessão de auxílios de Estado é suscetível de falsear a concorrência no mercado interno *"não apenas por* (esses auxílios) *impedirem a otimização da alocação dos recursos, mas também enquanto geradores de efeitos semelhantes aos das barreiras aduaneiras e de outras formas de protecionismo"*[93]. A regulamentação, nesta matéria e em termos de direito originário, consta dos artigos 107.° a 109.° do TFUE.

---

[88] Acórdão *Höfner*, de 23 de abril de 1991, proc. C-41/90.

[89] Acórdão *FENIN*, de 11 de julho de 2006, proc. C-205/03 P.

[90] Acórdão *Aéroports de Paris*, de 24 de outubro de 2002, proc. C-82/01 P.

[91] Acórdãos *Höfner, cit.*, e *Porto di Génova, cit.*

[92] Ver, sobre esta matéria, entre nós, alguns textos, notas e comentários que, sem carácter exaustivo, registamos, como, nomeadamente, J. L. CARAMELO GOMES, *O Contencioso dos Auxílios Públicos*, Universidade Católica, Lisboa, 1994, Relatório. Ainda JOÃO NOGUEIRA DE ALMEIDA, "Anotação ao artigo 107.° do TFUE", *in* Manuel Lopes Porto e Gonçalo Anastácio (coord.), *Tratado de Lisboa. Anotado e Comentado*, Almedina, 2012, p. 522; e CARLOS TENREIRO, "Anotação ao artigo 108.° do TFUE", *in* Manuel Lopes Porto e Gonçalo Anastácio (coord.), *Tratado de Lisboa – Anotado e Comentado, ob. cit.*, p. 522.

[93] Comissão Europeia, *Comissão das Comunidades Europeias, Primeiro relatório sobre os auxílios de Estado na Comunidade Europeia*, Bruxelas, 1989.

MERCADO INTERNO E CONCORRÊNCIA

O artigo 107.º[94] desenvolve-se em três números, segundo uma lógica transparente.

O n.º 1 determina a incompatibilidade dos auxílios de Estado com o mercado interno – incompatibilidade essa que ocorrerá desde que verificados alguns requisitos, enumerados no n.º 1 e que, operativamente, determinam o campo material de aplicação deste primeiro número do artigo 107.º. Esta estipulação, conjugada com o princípio da cooperação ou lealdade estabelecido no n.º 3 do artigo 4.º do TUE[95] e com o princípio da boa-fé, impõe aos Estados-Membros uma obrigação de *standstill*, consubstanciada num dever geral de abstenção de adoção de comportamentos considerados

---

[94] Artigo 107.º do TFUE
(ex-artigo 87.º do TCE)
"1. Salvo disposição em contrário dos Tratados, são incompatíveis com o mercado interno, na medida em que afetem as trocas comerciais entre os Estados-Membros, os auxílios concedidos pelos Estados ou provenientes de recursos estatais, independentemente da forma que assumam, que falseiem ou ameacem falsear a concorrência, favorecendo certas empresas ou certas produções.

2. São compatíveis com o mercado interno:

a) Os auxílios de natureza social atribuídos a consumidores individuais com a condição de serem concedidos sem qualquer discriminação relacionada com a origem dos produtos;

b) Os auxílios destinados a remediar os danos causados por calamidades naturais ou por outros acontecimentos extraordinários;

c) Os auxílios atribuídos à economia de certas regiões da República Federal da Alemanha afectadas pela divisão da Alemanha, desde que sejam necessários para compensar as desvantagens económicas causadas por esta divisão. Cinco anos após a entrada em vigor do Tratado de Lisboa, o Conselho, sob proposta da Comissão, pode adoptar uma decisão que revogue a presente alínea.

3. Podem ser considerados compatíveis com o mercado interno:

a) Os auxílios destinados a promover o desenvolvimento económico de regiões em que o nível de vida seja anormalmente baixo ou em que exista grave situação de subemprego, bem como o desenvolvimento das regiões referidas no artigo 349.º, tendo em conta a sua situação estrutural, económica e social;

b) Os auxílios destinados a fomentar a realização de um projecto importante de interesse europeu comum, ou a sanar uma perturbação grave da economia de um Estado-Membro;

c) Os auxílios destinados a facilitar o desenvolvimento de certas actividades ou regiões económicas, quando não alterem as condições das trocas comerciais de maneira que contrariem o interesse comum;

d) Os auxílios destinados a promover a cultura e a conservação do património, quando não alterem as condições das trocas comerciais e da concorrência na União num sentido contrário ao interesse comum;

e) As outras categorias de auxílios determinadas por decisão do Conselho, sob proposta da Comissão".

[95] Artigo 4.º, n.º 3, do TUE
"Em virtude do princípio da cooperação leal, a União e os Estados-Membros respeitam-se e assistem-se mutuamente no cumprimento das missões decorrentes dos Tratados.

Os Estados-Membros tomam todas as medidas gerais ou específicas adequadas para garantir a execução das obrigações decorrentes dos Tratados ou resultantes dos actos das instituições da União.

Os Estados-Membros facilitam à União o cumprimento da sua missão e abstêm-se de qualquer medida susceptível de pôr em perigo a realização dos objectivos da União".

DIREITO DA UNIÃO EUROPEIA – ELEMENTOS DE DIREITO E POLÍTICAS DA UNIÃO

incompatíveis com o mercado comum, nos termos estabelecidos por este artigo 107.°, n.° 1.

O n.° 2 contém aquilo que, por vezes, alguns Autores denominam *lista branca*, ou seja, o elenco de auxílios de Estado *compatíveis de pleno direito* com o mercado interno, por não se verificarem, quanto a eles, os requisitos de incompatibilidade estabelecidos no n.° 1.

Por outro lado, o n.° 3 contém a denominada *lista cinzenta* (por contraposição à anteriormente referida *lista branca*), ou seja, a enumeração dos auxílios de Estado que poderão, em certas condições, ser considerados compatíveis com o mercado interno, eventualmente em derrogação do n.° 1.

Como se verifica, existe, com efeito, alguma semelhança entre a formulação do artigo 101.°, nos seus n.°s 1 e 3, e o artigo 107.°, n.°s 1 e 3. O n.° 1 comporta uma estipulação de incompatibilidade com o mercado interno e o n.° 3 eventuais derrogações ao princípio geral estabelecido no n.° 1. As diferenças reportam-se aos destinatários de uma e outra norma – ou seja, no artigo 101.° os destinatários são as empresas, ao passo que o artigo 107.° dirige-se aos Estados-Membros. No entanto, o próprio Tratado submete as empresas públicas ao regime estabelecido no artigo 101.° e da jurisprudência do TJUE resulta que as empresas, em geral, são, também elas, afetadas pela estipulação do artigo 107.°, que lhes determina certas obrigações – se, porventura, colocadas numa situação de relacionamento com o Estado (*latu sensu*) no contexto de algum benefício, direto ou indireto, suscetível de se enquadrar no âmbito de aplicação desta norma/princípio da proibição dos auxílios de Estado.

A segunda diferença entre o artigo 101.° e o artigo 107.° resulta de uma comparação atenta entre os respetivos primeiros números. Na realidade, o n.° 1 do artigo 107.° limita-se a definir, em termos algo vagos, a incompatibilidade de alguns auxílios públicos com o mercado interno, tornando-se indispensável, para a perfeição da norma, o recurso aos referidos n.° 3 do artigo 4.° do TUE e ao princípio da boa-fé, para que deles resulte uma obrigação para um qualquer sujeito. Assim não acontece com o n.° 1 do artigo 101.° que, claramente, estabelece uma proibição dos comportamentos anti-concorrenciais indicados.

Esta diferença implica, necessariamente, resultados diferentes, no que respeita às sanções a aplicar por violação dos respetivos n.°s 1. Assim, enquanto o artigo 101.° determina, através do seu n.° 2, a nulidade de qualquer acordo entre empresas que viole o disposto no princípio geral constante do seu n.° 1, não encontramos, por outro lado, estipulação semelhante no artigo 107.°. Com efeito, o artigo 107.°, n.° 2, enumera especificamente o elenco dos auxí-

MERCADO INTERNO E CONCORRÊNCIA

lios de Estado compatíveis com o mercado comum e o regime originário destes auxílios é omisso na qualificação do vício que inquina os atos nacionais, violadores da obrigação decorrente do artigo 107.º, n.º 1.

O regime europeu originário dos auxílios de Estado é completado pelas regras processuais incluídas nos artigos 108.º[96] e 109.º[97] do TFUE.

A Instituição encarregada de zelar pela observância do princípio geral estabelecido no artigo 107.º do TFUE é a Comissão, que, para o efeito, é dotada do poder de impor aos Estados-Membros a supressão ou modificação dos auxílios, se necessário por via contenciosa, junto do TJUE e dispensada de recurso ao mecanismo estabelecido para a ação por incumprimento.

---

[96] Artigo 108.º do TFUE
(ex-artigo 88.º do TCE)
"1. A Comissão procederá, em cooperação com os Estados-Membros, ao exame permanente dos regimes de auxílios existentes nesses Estados. A Comissão proporá também aos Estados-Membros as medidas adequadas, que sejam exigidas pelo desenvolvimento progressivo ou pelo funcionamento do mercado interno.
2. Se a Comissão, depois de ter notificado os interessados para apresentarem as suas observações, verificar que um auxílio concedido por um Estado ou proveniente de recursos estatais não é compatível com o mercado interno nos termos do artigo 107.º, ou que esse auxílio está a ser aplicado de forma abusiva, decidirá que o Estado em causa deve suprimir ou modificar esse auxílio no prazo que ela fixar.
Se o Estado em causa não der cumprimento a esta decisão no prazo fixado, a Comissão ou qualquer outro Estado interessado podem recorrer directamente ao Tribunal de Justiça da União Europeia, em derrogação do disposto nos artigos 258.º e 259.º.
A pedido de qualquer Estado-Membro, o Conselho, deliberando por unanimidade, pode decidir que um auxílio, instituído ou a instituir por esse Estado, deve considerar-se compatível com o mercado interno, em derrogação do disposto no artigo 107.º ou nos regulamentos previstos no artigo 109.º, se circunstâncias excepcionais justificarem tal decisão. Se, em relação a este auxílio, a Comissão tiver dado início ao procedimento previsto no primeiro parágrafo deste número, o pedido do Estado interessado dirigido ao Conselho terá por efeito suspender o referido procedimento até que o Conselho se pronuncie sobre a questão.
Todavia, se o Conselho não se pronunciar no prazo de três meses a contar da data do pedido, a Comissão decidirá.
3. Para que possa apresentar as suas observações, deve a Comissão ser informada atempadamente dos projectos relativos à instituição ou alteração de quaisquer auxílios. Se a Comissão considerar que determinado projecto de auxílio não é compatível com o mercado interno nos termos do artigo 107.º, deve sem demora dar início ao procedimento previsto no número anterior. O Estado-Membro em causa não pode pôr em execução as medidas projectadas antes de tal procedimento haver sido objeto de uma decisão final.
4. A Comissão pode adoptar regulamentos relativos às categorias de auxílios estatais que, conforme determinado pelo Conselho nos termos do artigo 109.º, podem ficar dispensadas do procedimento previsto no n.º 3 do presente artigo".
[97] Artigo 109.º do TFUE
(ex-artigo 89.º do TCE)
"O Conselho, sob proposta da Comissão, e após consulta do Parlamento Europeu, pode adoptar todos os regulamentos adequados à execução dos artigos 107.º e 108.º e fixar, designadamente, as condições de aplicação do n.º 3 do artigo 108.º e as categorias de auxílios que ficam dispensadas desse procedimento".

DIREITO DA UNIÃO EUROPEIA – ELEMENTOS DE DIREITO E POLÍTICAS DA UNIÃO

A ação reativa da Comissão encontra-se, no entanto, limitada nos termos do 3.º § do n.º 2 do artigo 108.º do TFUE, que permite ao Conselho pronunciar--se, a pedido de qualquer Estado-Membro, pela compatibilidade de determinado auxílio, em derrogação ao princípio geral estabelecido no artigo 107.º do TFUE.

Por outro lado, para o correto desempenho das suas funções de fiscalização, a Comissão conta com um importante contributo estabelecido no n.º 3 do artigo 108.º do TFUE: a obrigação que incumbe aos Estados-Membros de lhe ser comunicada previamente a instituição ou alteração de qualquer modalidade de auxílio público. Saliente-se ainda que, nos termos do artigo 109.º do TFUE, o Conselho tem o poder de estabelecer, por via regulamentar, as regras necessárias para a execução dos artigos 107.º e 108.º do TFUE.

Sem que, de momento, se pretenda analisar aprofundadamente o conceito de auxílio estadual, nem sequer a prática decisional da Comissão no que concerne ao seu enquadramento no regime excecional previsto no artigo 107.º, n.º 3, do TFUE, do exposto ressalta, desde já, que, aparentemente, existem dois vícios suscetíveis de afetar os auxílios públicos: a incompatibilidade com o mercado interno, nos termos do artigo 107.º, n.º 1, do TFUE e a ausência de notificação à Comissão, tal como imposta pelo artigo 108.º, n.º 3, do TFUE.

Assim sendo, a concessão de um auxílio público pode implicar duas violações autónomas ao direito da União Europeia: a violação do artigo 107.º, n.º 1, do TFUE, quando afete o comércio entre os Estados-Membros e falseie ou ameace falsear a concorrência e a violação da obrigação de notificação, prevista no n.º 3 do artigo 108.º do TFUE.

Note-se que a violação da obrigação prevista no n.º 3 do artigo 108.º do TFUE é do conhecimento dos tribunais nacionais. Com efeito, esta disposição (artigo 108.º do TFUE) é diretamente aplicável, nos termos da jurisprudência do TJUE, nela residindo a competência das jurisdições nacionais nesta matéria:

> "2. A execução do sistema de controlo de auxílios estatais incumbe, por um lado, à Comissão e, por outro, aos órgãos jurisdicionais nacionais, que desempenham papéis complementares e distintos.
>
> Enquanto a apreciação da compatibilidade de medidas de auxílio com o mercado comum é da competência exclusiva da Comissão, que actua sob o controlo dos órgãos jurisdicionais comunitários, os órgãos jurisdicionais nacionais zelam pela salvaguarda dos direi-

MERCADO INTERNO E CONCORRÊNCIA

tos dos particulares em caso de violação da obrigação de notificação prévia dos auxílios de Estado à Comissão, prevista no artigo 88.º, n.º 3, CE.

(...)

Em definitivo, o artigo 88.º, n.º 3, última frase, CE deve ser interpretado no sentido de que incumbe aos órgãos jurisdicionais nacionais salvaguardar os direitos dos particulares em caso de eventual violação, por parte das autoridades nacionais, da proibição de pôr em execução os auxílios antes da adoção, pela Comissão de uma decisão que os autorize. Ao fazê-lo, os órgãos jurisdicionais nacionais devem, contudo, tomar plenamente em consideração o interesse comunitário e não devem adotar uma medida que tenha como único efeito alargar o círculo de beneficiários do auxílio"[98].

2.1. O conceito de auxílio

A primeira vez que a Comissão, de forma concisa, enumerou os tipos de medidas consideradas como auxílios de Estado foi em 1963, numa resposta a uma questão escrita[99]. As diversas formas enunciadas abrangiam subsídios diretos, isenções fiscais, taxas de juros bonificadas ou preferenciais, garantia de empréstimos, condições favoráveis ou negócios gratuitos na aquisição de terrenos ou instalações, fornecimento de bens ou serviços em termos preferenciais, indemnização de prejuízos e outras medidas de efeito equivalente[100].

Esta lista tem sido progressivamente alargada a fornecimentos preferenciais, taxas de redesconto preferenciais, garantia de dividendos, dilação nas cobranças fiscais e sociais, reembolso direto ou indireto de custos em operações de crédito[101], participações em capital social, suprimentos, compensações financeiras, conversão de dívidas, subsídios diretos, cessão de créditos em condições preferenciais e tarifas especiais[102].

O conceito de auxílio público, omisso nos Tratados, foi inicialmente formulado pelo TJUE como *"des avantages consentis par les autorités publiques qui, sous formes diverses, faussent ou menacent de fausser la concurrence en favorisant certaines entreprises ou certaines productions"*[103]. O termo *avantages* inclui, para além das prestações positivas, tais como subvenções, quaisquer comportamentos que sejam suscetíveis de diminuir os encargos do operador económico e, por

---

[98] Acórdão *Transalpine Ölleitung*, de 5 de outubro de 2006, proc. C-368/04.

[99] *JOUE* 235, de 1963, edição especial.

[100] L. Hancher, T. Ottervanger e P. J. Slot, *EC State Aids*, 3.ª ed., Sweet & Maxwell, Londres, 2006.

[101] Documento 20.502/IV/68, de dezembro de 1968.

[102] L. Hancher, T. Ottervanger e P. J. Slot, *EC State Aids*, *cit*.

[103] Acórdão *Itália c. Comissão*, de 2 de julho de 1974, proc. 173/73.

DIREITO DA UNIÃO EUROPEIA – ELEMENTOS DE DIREITO E POLÍTICAS DA UNIÃO

essa via, produzam efeitos similares à subvenção[104]. Mais recentemente, o TJUE, no Acórdão *Navantia*[105], de 9 de outubro de 2014, voltou a reafirmar, para efeito de densificação operativa do que se deva entender por "auxílio público", a definição consagrada no artigo 107.º, n.º 1, do TFUE, no sentido de que "salvo disposição em contrário dos Tratados, são incompatíveis com o mercado interno, na medida em que afetem as trocas comerciais entre os Estados-Membros, os *auxílios concedidos pelos Estados ou provenientes de recursos estatais, independentemente da forma que assumam*, que falseiem ou ameacem falsear a concorrência, favorecendo certas empresas ou certas produções".

Estes comportamentos (sublinhe-se a expressão "independentemente da forma que assumam") incluem, nomeadamente, exonerações fiscais e desagravamento dos encargos sociais[106], incentivos à criação de emprego, empréstimos com juros bonificados[107], avais e outras garantias estatais e subsídios à exportação e tomada de participações sociais[108], desde que preencham *cumulativamente* todos os requisitos estabelecidos no n.º 1 do artigo 107.º do TFUE: "*Segundo jurisprudência constante, a qualificação como auxílio de Estado exige que todos os requisitos estabelecidos no artigo 87.º, n.º 1, CE se encontrem preenchidos (Acórdãos do Tribunal de Justiça de 21 de março de 1990, Bélgica//Comissão, C-142/87, Colect., p. I-959, n.º 25; de 14 de setembro de 1994, Espanha/Comissão, C-278/92 a C-280/92, Colect., p. I-4103, n.º 20, e de 16 de maio de 2002, França/Comissão, C-482/99, Colect., p. I-4397, n.º 68)*.

159. O princípio da proibição dos auxílios de Estado enunciado no artigo 87.º, n.º 1, CE tem os seguintes requisitos. Em primeiro lugar, deve tratar-se de uma intervenção do Estado ou com recursos estatais. Em segundo lugar, essa intervenção deve ser sus-

---

[104] Acórdão *Gezamenlijke Steenkolenmijnen in Limburg c. Alta Autoridade*, de 23 de fevereiro de 1961, proc. 30/59. No mesmo sentido, o Acórdão *Itália c. Comissão*, de 1 de julho de 2010, proc. T-53/08: "Importa recordar que constituem vantagens na aceção do artigo 87.º, n.º 1, CE as intervenções que, sob diversas formas, aliviam os encargos que normalmente oneram o orçamento de uma empresa e que, por essa razão, se assemelham a uma subvenção (Acórdãos do Tribunal de Justiça de 23 de fevereiro de 1961, *De Gezamenlijke Steenkolenmijen in Limburg/Alta Autoridade*, 30/59, *Colect.*, p. 1, 39; de 29 de junho de 1999, *DM Transport*, C-256/97, *Colect.*, p. I-3913, n.º 19; e de 14 de setembro de 2004, *Espanha/Comissão*, C-276/02, *Colect.*, p. I-8091, n.º 24), tais como, nomeadamente, o fornecimento de bens ou a prestação de serviços em condições preferenciais (v. Acórdão do Tribunal de Primeira Instância de 16 de setembro de 2004, *Valmont/Comissão*, T-274/01, *Colect.*, p. II-3145, n.º 44, e jurisprudência citada)".

[105] Proc. C-522/13. O itálico é da nossa responsabilidade.

[106] Acórdão *Itália c. Comissão, cit.*

[107] Acórdão *Intermills c. Commission*, de 14 de novembro de 1984, proc. 323/82.

[108] Acórdão *Commission c. France*, de 10 de dezembro de 1969, procs. apensos 6/69 e 11/69.

494

MERCADO INTERNO E CONCORRÊNCIA

cetível de afetar as trocas entre os Estados-Membros. Em terceiro lugar, deve conceder uma vantagem ao seu beneficiário. Em quarto lugar, deve falsear ou ameaçar falsear a concorrência"[109].

O preenchimento cumulativo de todos os requisitos fixados no n.º 1 do artigo 107.º do TFUE é sublinhado, novamente e de forma expressa, no Acórdão *Comissão vs. Deustche Post*[110], ou seja, importa que simultânea e cumulativamente se verifique existir uma medida:

i. que consista numa intervenção do Estado ou através de recursos do Estado;

ii. que seja suscetível de afetar as trocas comerciais entre Estados--Membros;

iii. que conceda uma vantagem ao seu beneficiário; e,

iv. que ameace falsear ou falseie (imediata e efetivamente) a concorrência.

A caracterização de auxílios de Estado efetuada pelo TJUE implica, portanto, uma análise decomposta dos vários elementos constitutivos da noção (normativa e jurisprudencial) em causa. Assim e em síntese, será relevante determinar a *origem* e a *forma* da intervenção do Estado (ou a verificação da utilização dos recursos do Estado), os seus *destinatários* e os respetivos *efeitos*.

2.1.1. A origem e a forma do auxílio
Quanto à origem, a redação do artigo 107.º, n.º 1, do TFUE obriga a que seja efetuada uma análise sobre duas questões: uma formal, a natureza do prestador do auxílio, e outra substancial, a origem dos recursos utilizados.

O conceito de Estado, relevante em matéria de auxílios públicos, deve ser preenchido por um entendimento em sentido amplo, nele se incluindo a administração central, a administração local, bem como todas as instituições em que os poderes públicos exerçam uma influência determinante[111]:

"1. In order to determine whether aid may be regarded as State aid within the meaning of Article 92(1) of the Treaty, no distinction should be drawn between cases where aid is

---

[109] Acórdão *BNP*, de 1 de julho de 2010, proc. T-335/08.
[110] Acórdão de 2 de setembro de 2010, proc. C-399/08 P.
[111] Acórdãos *Cofaz*, de 12 de julho de 1990, proc. C-169/84; e *Italie c. Commission*, de 21 de março de 1991, proc. C-303/88.

DIREITO DA UNIÃO EUROPEIA – ELEMENTOS DE DIREITO E POLÍTICAS DA UNIÃO

granted directly by the State and cases where it is granted by public or private bodies established or appointed by the State to administer the aid"[112].

Também no que respeita à origem dos recursos utilizados na prestação do auxílio, a jurisprudência do TJUE e a prática decisional da Comissão apontam no sentido de uma interpretação ampla do conceito, pese embora a ocorrência de algumas decisões e acórdãos algo contraditórios com esta orientação geral assinalada. No essencial, um benefício não tem necessariamente de ser financiado pelos recursos do Estado para que possa ser qualificado como auxílio[113]: *"1. O conceito de recursos estatais, constante do artigo 87.º, n.º 1, CE, abrange todos os meios pecuniários que as autoridades públicas podem efetivamente utilizar para apoiar empresas, não sendo relevante que esses meios pertençam ou não de modo permanente ao património do Estado. Consequentemente, mesmo se as quantias correspondentes a uma medida de auxílios de Estado são recursos financeiros de empresas públicas e não se encontram de modo permanente na posse do Tesouro Público, o facto de estarem constantemente sob controlo público, e portanto à disposição das autoridades nacionais competentes, é suficiente para que sejam qualificadas de recursos estatais.*

É o que se verifica quando, através do exercício da sua influência dominante sobre as empresas públicas, o Estado pode perfeitamente orientar a utilização dos respetivos recursos para financiar, eventualmente, benefícios específicos a favor de outras empresas."[114].

Resulta, aliás, da leitura combinada dos artigos 107.º e 108.º do TFUE que "as vantagens concedidas através de meios distintos dos recursos estatais não estão abrangidas pelo âmbito de aplicação daquele artigo 107.º" (Acórdão *Navantia, supra* citado). No entanto, importa, ainda precisar que no Acórdão *Eventech*[115], invocando-se jurisprudência consolidada decorrente do Acórdão *Frucona Košice vs. Comissão*[116], o TJUE demonstra que, "quanto ao requisito relativo à utilização de recursos do Estado, há que recordar que o conceito de auxílio abrange não apenas prestações positivas, como subvenções, mas também intervenções que, sob diversas formas, *aliviam* os encargos que,

---

[112] Acórdão *Itália c. Comissão*, de 21 de março de 1991, proc. C-305/89. No mesmo sentido, Acórdãos *Italie c. Commission*, de 21 de março de 1991, proc. C-303/88, *cit.*; e *SIC*, de 26 de junho de 2008, proc. T-442/03.

[113] Acórdão *Comissão c. França*, de 30 de janeiro de 1985, proc. 290/83.

[114] Acórdão *França c. Comissão*, de 16 de maio de 2002, proc. C-482/99.

[115] Acórdão de 14 de janeiro de 2015, proc. C-518/13.

[116] Acórdão de 24 de janeiro de 2013, proc. C-73/11 P.

MERCADO INTERNO E CONCORRÊNCIA

normalmente, oneram o orçamento de uma empresa, pelo que, não sendo subvenções na aceção estrita da palavra, têm a mesma natureza e efeitos idênticos".

Qualquer que seja a configuração (positiva e/ou negativa, no sentido de traduzir um *non facere* ou uma inação) do benefício, será sempre necessário aferir se existe, realmente, um nexo de causalidade suficientemente direto entre a vantagem do beneficiário (a empresa) e a diminuição do orçamento de Estado (ou um efetivo risco económico de oneração desse orçamento).

2.1.2. Os destinatários do auxílio

A *praxis* da Comissão aponta no sentido de apenas serem qualificados como auxílios favorecendo certas empresas ou produções aqueles que têm como destinatários empresas identificáveis.

Assim sendo, medidas cujos destinatários não sejam individualizados ou individualizáveis, porque o seu objeto é o conjunto da economia, não podem ser consideradas auxílios de Estado para efeitos de sujeição à proibição do artigo 107.º, n.º 1[117]. É o caso de medidas de política económica, tais como a redução das taxas de juro, ou a política cambial fora da zona euro[118], desde que aplicáveis ao conjunto da economia do Estado-Membro em causa. Se a medida apenas afetar um determinado setor da economia, já estaremos perante uma situação qualificável como auxílio público.

Para precisar o que é "uma intervenção do Estado" ou realizada "através de recursos do Estado", "deve recordar-se (novamente – ver, antecedentemente, 2.1.1.) que apenas as vantagens concedidas direta ou indiretamente e *provenientes de recursos do Estado ou que constituam um encargo suplementar para o Estado* devem, por princípio, ser consideradas auxílios no sentido do artigo 107.º, n.º 1, do TFUE" (cf. Acórdão *Bouygues e Bouygues Télécom vs. Comissão*[119]).

Há, portanto, que distinguir, desde logo, dois pressupostos alternativos: têm de existir *vantagens concedidas direta ou indiretamente a)* provenientes de *recursos do Estado*; ou *b)* que constituam *um encargo suplementar para o Estado*.

2.1.3. Os efeitos do auxílio

O artigo 107.º, n.º 1, do TFUE estabelece a proibição de auxílios atendendo a dois elementos relativos aos efeitos das medidas em causa. A sua interpreta-

---

[117] Acórdão *Commission c. France*, de 10 de dezembro de 1969, procs. apensos 6/69 e 11/69, *cit.*
[118] L. HANCHER, T. OTTERVANGER e P. J. SLOT, *EC State Aids*, *cit.*
[119] Proc. C-399/10 P.

ção *a contrario* determinaria o âmbito de aplicação material da norma, implicando, consequentemente, a eventual formulação de uma regra *de minimis* aplicável aos auxílios de Estado que, a existir, apenas se poderá fundamentar neste critério.

O Regulamento (CE) n.º 994/98, de 7 de maio de 1998, relativo à aplicação dos artigos 107.º e 108.º do TFUE a determinadas categorias de auxílios estatais horizontais veio permitir à Comissão Europeia a adoção de isenções da obrigação de notificação para algumas categorias de auxílios, previamente declaradas compatíveis com o artigo 107.º do TFUE.

Uma destas categorias é a dos denominados auxílios *de minimis*.

O artigo 3.º, n.º 1, do Regulamento (UE) n.º 1407/2013, de 18 de dezembro de 2013, relativo à aplicação dos artigos 107.º e 108.º do TFUE aos auxílios *de minimis*, estabelece, precisamente, "que as medidas de auxílio que não preenchem todos os critérios estabelecidos no artigo 107.º, n.º 1, do Tratado, (...) estão *isentas da obrigação de notificação prevista no artigo 108.º, n.º 3, do Tratado*", se reunirem as condições previstas nesse mesmo ato da União, ou seja, se puderem ser auxílios *de minimis*. Estes auxílios (por conseguinte, de relevância menor, em termos de risco para o mercado interno e para a sua estrutura concorrencial) são aqueles que se direcionam a uma única empresa/ /um único beneficiário, não excedendo o montante global de € 200 000,00 no decursos de três exercícios financeiros e/ou de € 100 000,00, caso, porventura, o beneficiário seja uma empresa de transporte de mercadorias, por conta de outrem[120].

2.2. O reembolso dos auxílios incompatíveis com o mercado comum

O princípio do reembolso dos auxílios de Estado[121] foi concebido pela Comissão como forma de dotar a sua intervenção, nesta matéria, de um carácter dissuasor e sancionatório, sendo admitido pelo TJUE numa perspetiva da plena eficácia da interdição estabelecida pelo direito europeu. Tem por objetivo repor a situação jurídica que existiria se o auxílio não tivesse sido atribuído[122].

---

[120] Existe, efetivamente, um regime mais restritivo, no que respeito ao setor e à atividade de transporte de mercadorias, por razões de conveniência e de oportunidade política económica europeia (circunstanciais).

[121] O princípio consubstancia-se pela possibilidade de impor ao Estado a obrigação de reaver, do beneficiário do auxílio, os montantes atribuídos em violação do direito comunitário.

[122] J. L. Caramelo Gomes, *O Contencioso dos Auxílios Públicos, cit.*

MERCADO INTERNO E CONCORRÊNCIA

No estado atual do direito europeu e da integração europeia, a recuperação do auxílio ilegal pode ser imposta pela Comissão ao Estado-Membro, pelos processos estabelecidos no direito interno, com fundamento na incompatibilidade do auxílio com o mercado interno, ou seja, na violação do artigo 107.º, n.º 1, do TFUE e/ou com fundamento na aplicabilidade direta da última frase do n.º 3 do artigo 108.º do TFUE[123]:

> *"1. The implementation of the system of supervising State aid is a matter for both the Commission and, having regard to the direct effect which the last sentence of Article 93(3) of the Treaty has been held to have, the national courts. The immediate enforceability of the prohibition on implementation laid down in that article covers all aid implemented without being notified; in the event of notification, the prohibition produces its effects during the preliminary stage and, if the Commission sets in motion the contentious procedure, until the final decision. Breach by national authorities of the prohibition affects the validity of measures giving effect to aid. National courts must offer to individuals in a position to rely on such non-observance the certain prospect that all the necessary inferences will be drawn, in accordance with their national law, as regards the validity of those measures, the recovery of financial support granted in disregard of that provision and possible interim measures."[124].*

A primeira vez que o TJUE reconheceu o poder de exigir o reembolso foi no processo *Comissão c. Alemanha*[125], sendo certo que, atualmente e no que respeita aos poderes das jurisdições nacionais, há que atender, desde logo, à síntese operada, entre outros, pelo Acórdão *CELF*:

> *"1. Numa situação em que um pedido assente no artigo 88.º, n.º 3, último período, CE é apreciado após a Comissão ter adotado uma decisão positiva, o tribunal nacional, apesar de ter sido declarada a compatibilidade do auxílio em causa com o mercado comum, deve decidir da validade dos atos de execução e da recuperação dos apoios financeiros concedidos. Num tal caso, o direito comunitário impõe-lhe que ordene as medidas adequadas a remediar efetivamente os efeitos da ilegalidade. Mas não lhe impõe a obrigação de recuperação integral do auxílio ilegal, mesmo na falta de circunstâncias excecionais.*
>
> *Com efeito, o artigo 88.º, n.º 3, último período, CE assenta no objetivo cautelar de garantir que apenas será dada execução aos auxílios compatíveis. Para concretizar este obje-*

---

[123] *Ibidem.*

[124] Acórdão *Salmão*, de 21 de novembro de 1991, proc. C-354/90.

[125] Acórdão *Comissão c. Alemanha*, de 12 de julho de 1973, proc. 70/72.

DIREITO DA UNIÃO EUROPEIA – ELEMENTOS DE DIREITO E POLÍTICAS DA UNIÃO

tivo, a execução de um projeto de auxílio é diferida até que a dúvida quanto à sua compatibilidade seja afastada pela decisão final da Comissão. Quando a Comissão adota uma decisão positiva, verifica-se que o objetivo não foi contrariado pela concessão prematura do auxílio. Neste caso, do ponto de vista de operadores diferentes do beneficiário desse auxílio, a ilegalidade deste teve o efeito de, por um lado, os expor ao risco, que acabou por não se concretizar, da execução de um auxílio incompatível e, por outro, de os fazer eventualmente sofrer, mais cedo do que o devido, os efeitos, em termos de concorrência, de um auxílio compatível. Do ponto de vista do beneficiário do auxílio, o benefício indevido consistiu, por um lado, em não pagar os juros que teria tido de suportar sobre o montante em causa do auxílio compatível, se tivesse tido de contrair um empréstimo no mercado enquanto aguardava a decisão da Comissão e, por outro, na melhoria da sua posição concorrencial face aos outros operadores do mercado enquanto durou a ilegalidade. O tribunal nacional está pois obrigado, por força do direito comunitário, a ordenar ao beneficiário do auxílio o pagamento dos juros relativos ao período de duração da ilegalidade.

No âmbito do seu direito nacional, o tribunal nacional pode eventualmente ordenar ainda a recuperação do auxílio ilegal, sem prejuízo do direito do Estado Membro de voltar a executá-lo ulteriormente. Pode também ser levado a dar provimento a pedidos de indemnização dos prejuízos causados pela ilegalidade do auxílio."[126].

3. Novos desafios do direito europeu da concorrência

O direito europeu da concorrência enfrenta atualmente um conjunto de novos desafios, como sintetiza Manuel Porto[127]: a necessidade de uma abordagem mais economicista na análise das práticas alegadamente anti-concorrenciais, com a consequente abertura às restrições verticais (por muitos reclamada) e, acrescentamos nós, a igualmente imperiosa necessidade de aumentar a eficiência sancionatória e dissuasora dos comportamentos anti-concorrenciais.

O primeiro aspeto referido indicia, como Manuel Porto e Cruz Vilaça[128] referem, alguma influência da Escola de Chicago. Pelo nosso lado iríamos um pouco mais longe, na esteira de Niels e Kate[129], afirmando a convergên-

---

[126] Acórdão *CELF*, de 12 de fevereiro de 2008, proc. C-199/06.
[127] Manuel Carlos Lopes Porto, "Os Novos Desafios e Exigências do Direito da Concorrência", in *Estudo em Homenagem ao Doutor António Castanheira Neves*, Coimbra, 2009.
[128] J. L. Cruz Vilaça, "Política de Concorrência: o caminho da modernização", in *Faculdade de Direito da Universidade Nova de Lisboa: 50 anos Tratado de Roma*, Âncora, Lisboa, 2007.
[129] G. T. K. Niels, Adriann, "Introduction: antitrust in the U.S. and the EU-converging or diverging paths?", *Antitrust Bulletin*, Federal Legal Publications Inc., Spring (2004), vol. 49 no. 1/2, pp. 1-27.

500

MERCADO INTERNO E CONCORRÊNCIA

cia que transparece dos desenvolvimentos mais recentes, inclusivamente no direito norte-americano; na realidade, ao contrário do que Posner, a dado momento, proclamou, a escola de Harvard não desapareceu, nem parece ter sido definitivamente derrotada[130]: as decisões *Leegin*[131] e *Weyerhaeuser*[132] tentam de alguma forma conciliar as duas visões. Entre a regra da ilegalidade *per se* da fixação de preços mínimos nas relações verticais, defendida por Harvard, que vinha desde *Dr. Miles*[133], ou da legalidade *per se* de Chicago, estabelecida a partir de *Sylvania*[134], o Supremo Tribunal escolheu seguir pelo caminho (conciliador) da *rule of reason*.

Na nossa ótica, porém, talvez seja o momento de se alterar o objetivo primordial do direito europeu da concorrência: como bem aponta a OCDE[135], exceto no que respeita aos mercados dos novos Estados-Membros, o objetivo da integração de mercados encontra-se basicamente realizado. As preocupações podem, e devem no nosso entender, focar-se, a partir de agora, na promoção da eficiência num mercado integrado[136]. Trata-se, no final, de focar objetivamente o direito da concorrência: os acordos e práticas concertadas, verticais ou horizontais, promotores da eficiência, deverão ser incentivados e os acordos ou práticas concertadas, bem como os abusos de posição dominante promotores da ineficiência, deverão ser duramente reprimidos – o que poderia, em hipótese, implicar prescindir-se assumidamente do requisito de afetação do comércio entre os Estados-Membros, exigido para a aplicação dos artigos 101.º e 102.º do TFUE.

A nível metodológico, será essencial a mudança do tipo de análise: as autoridades europeias têm, numa reconhecida influência ordoliberal, utilizado conceitos jurídicos em maior escala que conceitos económicos. Esta crítica, justificada quanto a nós, determinou soluções frequentemente

---

[130] E. ELHAUGE, "Harvard, Not Chicago: Which Antitrust School Drives Recent Supreme Court Decisions", in *The Harvard John M. Olin Discussion Paper Ser*, University of Harvard, John M. Olin Center for Law, Economics, and Business, Harvard, 2007.

[131] US Supreme Court: *Leegin Creative Leather Products, Inc. v. PSKS, Inc.*, acórdão de 28 de junho de 2007.

[132] US Supreme Court: *Weyerhaeuser U. S.*: 2006.

[133] US Supreme Court: *Dr. Miles Medical Co. v. John D. Park & Sons Co.*, acórdão de 3 de abril de 1911, processo s/n.º.

[134] US Supreme Court: *Sylvania U. S.*: 1977.

[135] M. WISE, *Competition Law and Policy in the European Union*, OCDE, Paris, 2005.

[136] No mesmo sentido, S. WILKS, *The Modernisation of European Competition Policy: networks, convergence and corporate governance. In Proceedings of the CCP Conference on 'Comparative Perspectives on Multi-Jurisdictional Antitrust Enforcement'*, 2007.

DIREITO DA UNIÃO EUROPEIA – ELEMENTOS DE DIREITO E POLÍTICAS DA UNIÃO

injustificáveis do ponto de vista da eficiência económica. A desejada, senão mesmo inevitável alteração, passará, provavelmente, por uma aproximação ou, pelo menos, uma consideração atenta, às tendências atuais do *antitrust* da visão da denominada *post-Chicago economics*.

Para além da questão metodológica, ao direito europeu da concorrência apresentam-se várias soluções alternativas, no sentido de melhorar a sua eficácia. No que respeita ao incremento da sua função dissuasora, perfila-se a possibilidade, já utilizada em alguns ordenamentos jurídicos, de criminalização das práticas anti-concorrenciais; ao mesmo tempo, discute-se a ação de indemnização por práticas anti-concorrenciais, o estatuto de clemência e o nível de prova.

A criminalização das práticas anti-concorrenciais, em particular dos chamados *hardcore cartels*, é uma tendência atual, mas não recente, dos ordenamentos jurídicos jusconcorrenciais[137].

Com efeito, a criminalização do ilícito concorrencial nos Estados Unidos foi consagrada, desde logo, no *Sherman Act* e considera-se hoje que esta solução é particularmente útil em duas vertentes: enquanto dissuasora do comportamento e enquanto incentivo ao estatuto de clemência[138]. Sendo certo que a responsabilização criminal de algumas práticas suscita dificuldades, desde logo, pela ausência, pelo menos aparente, de competência europeia para o efeito[139], sempre se dirá que o bem jurídico que é ofendido pelo ilícito jusconcorrencial justifica, plenamente e em nosso entender, a responsabilidade criminal, necessariamente individual, dos sujeitos envolvidos. Este entendimento é, de resto, sufragado pela experiencia revelada no direito comparado[140].

A eficácia do direito europeu depende, também, da possibilidade de os consumidores lesados por comportamentos anti-concorrenciais verem compensados os prejuízos sofridos[141]. Até certo ponto, esta é a *ultima ratio* em que

---

[137] C. HARDING, "Forging the European Cartel Offence: The Supranational Regulation of Business Conspiracy", *European Journal of Crime, Criminal Law and Criminal Justice* (2004), vol. 12, n.º 4, pp. 275-300.

[138] *Ibidem.*

[139] P. M. WHELAN, "Contemplating the Future: Personal Criminal Sanctions for Infringements of EC Competition Law", *King's Law Journal* (2008), vol. 19, n.º 2.

[140] SIMON ALBERT, BECKET McGRATH, "United Kingdom: Overview", in *The European Antitrust Review, Global Competition Review*, 2009.

[141] J. L. CRUZ VILAÇA, "Política de Concorrência: o caminho da modernização", *cit.* Ver também do mesmo Autor "O ordenamento comunitário da concorrência e o novo papel do juiz numa União alargada", *Revista do CEJ*, Almedina, Coimbra, 2004, n.º 1.

MERCADO INTERNO E CONCORRÊNCIA

necessariamente tem de manifestar-se a eficácia *antitrust*. A ação de indemnização por práticas anti-concorrenciais é, por isso, um instrumento essencial para a proteção da concorrência e esta foi já a afirmação do TJUE em 2001, no processo *Courage*[142]: "2. A plena eficácia do artigo 85.º do Tratado (atual artigo 81.º CE) e, em particular, o efeito útil da proibição enunciada no seu n.º 1 seriam postos em causa se não fosse possível a qualquer pessoa reclamar reparação do prejuízo que lhe houvesse sido causado por um contrato ou um comportamento suscetível de restringir ou falsear o jogo da concorrência. Com efeito, um direito deste tipo reforça o carácter operacional das regras comunitárias da concorrência e é de natureza a desencorajar acordos ou práticas, frequentemente disfarçados, capazes de restringir ou falsear o jogo da concorrência".

A importância da ação em indemnização pelos danos causados pelos comportamentos anti-concorrenciais foi retomada pelo TJUE no já citado processo *Manfredi*, tendo o Tribunal afirmado que *"resulta do princípio da efetividade e do direito dos particulares a pedirem a reparação do dano causado por um contrato ou um comportamento suscetível de restringir ou de falsear o jogo da concorrência que as pessoas que tenham sofrido um dano devem poder pedir a reparação não só do dano real* (damnum emergens), *mas também os lucros cessantes* (lucrum cessans), *bem como o pagamento de juros"*.

Decorre da jurisprudência citada que, tal como reconhece a Comissão no *Livro Branco* sobre as ações de indemnização pela violação dos artigos 101.º e 102.º do TFUE[143], o princípio geral imposto pelo direito europeu é o da plena indemnização. Ora, se assim é, não pode deixar de considerar-se fundamental, na lógica da política da concorrência atual, o problema do preço excessivo. Com efeito, só a partir do conceito do preço excessivo é possível, na grande maioria das relações de consumo, determinar o *quantum* indemnizatório. Também neste aspeto, o *Livro Branco* é claro, apontando para uma maior preocupação relativamente a esse caso e a esse problema dos preços excessivos.

As dificuldades de concretização das ações de indemnização decorrentes de danos provocados por comportamentos anti-concorrenciais[144] foram investigadas no *Livro Verde* da Comissão Europeia sobre as acções em indem-

---

[142] Acórdão *Courage e Crehan*, de 20 de setembro de 2001, proc. C-453/99.

[143] Comissão Europeia, *Livro Branco sobre acções de indemnização por incumprimento das regras comunitárias no domínio antitrust*, Bruxelas, 2008.

[144] J. L. Cruz Vilaça, "Política de Concorrência: o caminho da modernização", *cit.*

DIREITO DA UNIÃO EUROPEIA – ELEMENTOS DE DIREITO E POLÍTICAS DA UNIÃO

nização pela violação das normas dos artigos 101.º e 102.º do TFUE[145] e suma-
riadas no *Livro Branco*[146] e respetivo documento anexo[147].

Finalmente, consideramos não despicienda a questão, cada vez mais
debatida, da necessidade ou oportunidade de um direito da concorrência
mais abrangente geograficamente, sob a égide de uma organização internacional à imagem e semelhança da Organização Mundial do Comércio[148].
Com efeito, a dimensão e a globalização das operações das empresas exigem,
de forma premente, a análise dos seus comportamentos a nível global e não
apenas local ou regional.

---

[145] Comissão Europeia, *Livro verde sobre acções de indemnização por incumprimento das regras comunitárias no domínio antitrust*, Bruxelas, 2005.

[146] Comissão Europeia, *Livro Branco sobre acções de indemnização por incumprimento das regras comunitá-rias no domínio antitrust*, 2008, *cit.*

[147] Comissão Europeia, *Commission Staff Working Paper accompanying the White Paper on Damages actions for breach of the EC antitrust rules*, Bruxelas, 2008.

[148] Ou até mesmo desenvolvido no quadro desta organização. Note-se, no entanto, que o embrião desta organização mundial de concorrência transparece na ICN, *International Competition Network*. Ver, a este respeito, CHAD DAMRO, *Transatlantic Competition Policy: Domestic and International Sources of EU-US Cooperation. European Journal of International Relations*, 06 (2006), vol. 12, n.º 2, pp. 171-
-196; e, principalmente, "The new trade politics and EU competition policy: shopping for con-
vergence and co-operation", *Journal of European Public Policy*, Routledge 09 (2006), vol. 13, n.º 6,
pp. 867-886.

Capítulo VIII
Contratos

NUNO MANUEL PINTO OLIVEIRA

1. O conceito de direito europeu dos contratos

O conceito de direito privado europeu é controverso. Riesenhuber, por exemplo, define-o através de um duplo critério: em primeiro lugar, o direito privado europeu seria *direito privado*, e, em segundo lugar, seria *direito europeu*[1]. Ora, o conceito de direito privado europeu como sistema de princípios e de regras de direito privado das Comunidades e da União Europeias causa-nos algumas reservas.

O direito privado europeu deverá abranger, por exemplo, o anteprojeto de um Código Europeu dos Contratos[2-3], os Princípios relativos aos contra-

---

[1] KARL RIESENHUBER, *Europäisches Vertragsrecht*, 2.ª ed., de Gruyter, Berlin, 2006, pp. 15-16.

[2] GIUSEPPE GANDOLFI (coord.), *Code Européen des Contrats. Avant-projet*, Giuffrè, Milano, 2004.

[3] Sobre o conteúdo do anteprojeto de um Código europeu dos contratos, *vide*, desenvolvidamente, GIUSEPPE GANDOLFI, "Il progetto 'pavese' di un Codice Europeo dei contratti", in *Rivista di Diritto Civile*, I, 2001, pp. 455-473; JEAN PIERRE GRIDEL, "Sur l'hypothèse d'un Code européen des contrats: les propositions de l'Académie des privatistes européens", in *Gazette du Palais*, de 19-20 e de 21-22 de fevereiro de 2003; MARIA LETIZIA RUFFINI GANDOLFI, "Problèmes d'unification du droit en Europe et le Code européen des contrats", in *Revue Internationale de Droit Comparé*, 2002, n.º 4, pp. 1075-1103; RUI DE ALARCÃO, "Contrato, democracia e direito: Um esboço", *in* Jorge de

DIREITO DA UNIÃO EUROPEIA – ELEMENTOS DE DIREITO E POLÍTICAS DA UNIÃO

tos comerciais internacionais ("Princípios UNIDROIT")[4]-[5], os Princípios de direito europeu dos contratos (PECL)[6]-[7], os Princípios de direito europeu da responsabilidade civil (PETL)[8]-[9], ou o anteprojeto de um "quadro comum de referência" do direito privado europeu (*Draft Common Frame of Reference* – DCFR)[10]-[11]-[12].

Figueiredo Dias/Ireneu Cabral Barreto/Teresa Pizarro Beleza/Eduardo Paz Ferreira (orgs.), *Estudos em Homenagem a Cunha Rodrigues*, vol. II – *Estudos variados. Direito comunitário*, Coimbra Editora, Coimbra, 2001, pp. 9-22 (especialmente na p. 15).

[4] Instituto Internacional para a Unificação do Direito Privado (UNIDROIT), *Princípios Relativos aos Contratos Comerciais Internacionais* (versão provisória em língua portuguesa), s/e., Roma, 1995.

[5] Em 2004, foi publicada uma 2.ª edição e, em 2010, uma 3.ª edição dos *Princípios relativos aos Contratos Comerciais Internacionais* – vide *http://www.unidroit.org*. O texto da 2.ª e da 3.ª edições não está disponível em língua portuguesa.

[6] OLE LANDO/HUGH BEALE (org.), *Principles of European Contract Law – Parts I and II*, Kluwer, The Hague/London/Boston, 2000; OLE LANDO/ERIC CLIVE/ANDRÉ PRÜM/REINHARD ZIMMERMANN (eds.) *Principles of European Contract Law – Part III*, *Kluwer* Law International, The Hague/London//Boston, 2003.

[7] Sobre as *semelhanças* e *dissemelhanças* entre os Princípios relativos aos contratos comerciais internacionais (Princípios UNIDROIT) e os Princípios de direito europeu dos contratos, *vide* OLE LANDO, *Principles of European Contract Law and Unidroit Principles: Similarities, Differences and Perspectives*, Centro di studi e ricerche di diritto comparato e straniero, Roma, 2002; *Idem*, "The European Principles in an Integrated World", in *European Review of Contract Law*, vol. 1 (2005), pp. 3-18.

[8] European Group on Tort Law, *Principles of European Tort Law. Text and Commentary*, Springer, Wien, 2005.

[9] Os *Principles of European Tort Law/Princípios de direito europeu da responsabilidade civil* foram traduzidos para língua portuguesa por Jorge Sinde Monteiro/André Dias Pereira, encontrando-se disponíveis em *http://civil.udg.edu/php//index.php?id=129.*

[10] Study Group on a European Civil Code/Research Group on EC Private Law (Acquis Group), *Principles, Definitions and Model Rules of European Private Law. Draft Common Frame of Reference (DCFR). Interim Outline Edition*, Munich, Sellier – European Law Publishers, 2008.

[11] Study Group on a European Civil Code/Research Group on EC Private Law (Acquis Group), *Principles, Definitions and Model Rules of European Private Law. Draft Common Frame of Reference (DCFR). Full Edition*, vols. 1-6, Munich, Sellier – European Law Publishers, 2009. O texto da *full edition*, contendo anotações desenvolvidas a cada um dos artigos do anteprojeto, corresponde a cerca de 6000 páginas, publicadas sob a direção de Christian von Bar e de Eric Clive.

[12] Sobre as *semelhanças* e *dissemelhanças* entre os Princípios relativos aos contratos comerciais internacionais (Princípios UNIDROIT) e o anteprojeto de um "quadro comum de referência" do direito privado europeu, *vide* STEFAN VOGENAUER, "Common Frame of Reference and UNIDROIT –Principles of International Commercial Contracts: Coexistence, Competition, or Overkill of Soft Law?", in *European Review of Contract Law*, vol. 6 (2010), pp. 143-183; sobre as *semelhanças* e as *dissemelhanças* entre os Princípios de direito europeu dos contratos (PECL) e o anteprojeto de um "quadro comum de referência" do direito privado europeu, *vide*, por exemplo, OLE LANDO, "The Structure and the Legal Values of the Draft Common Frame of Reference", in *European Review of Contract Law*, vol. 3 (2007), pp. 245-256; ERIC CLIVE, "European Initiatives (CFR) and Reform of

CONTRATOS

O problema está em que um *conceito amplo* de direito privado europeu pressupõe uma superação do conceito positivista de *direito*[13] – ou, pelo menos, pressupõe uma superação do conceito positivista de *fontes do direito*[14].

O positivismo jurídico, ao propor que só seja direito o *conjunto das normas criadas* (ou, quando não criadas, implícita ou explicitamente reconhecidas) *pelo titular do poder legislativo*, tenderá a aceitar a definição de direito privado europeu como conjunto das normas criadas pelos *titulares de poder legislativo da União Europeia*; os críticos do positivismo jurídico tendem a rejeitá-la. Ensaiando uma reconstrução do conceito de direito como conjunto dos argumentos "nos quais se baseia e/ou se deve basear o procedimento de aplicação do direito para realizar a sua pretensão de correção [= de 'justeza']"[15], o conceito de direito privado europeu deverá alargar-se ou expandir-se para abranger, por exemplo, os princípios e as regras de direito privado das Comunidades e da União Europeia, os princípios de direito privado dos Estados-Membros e os projetos de harmonização dos princípios de direito privado dos Estados-Membros.

Os princípios e as regras de direito privado da União Europeia constituem *argumentos institucionais*. Enquanto argumentos institucionais, apoiam-se na autoridade do direito positivo. Os argumentos retirados dos princípios de direito privado dos Estados-Membros da União Europeia ou dos projetos de harmonização dos princípios de direito privado dos Estados-Membros da União Europeia constituem argumentos não institucionais. Enquanto argumentos não institucionais não se apoiam na autoridade do direito positivo (não se apoiam, por exemplo, na autoridade das diretivas ou na autoridade das leis). O *valor* dos argumentos não institucionais depende *exclusivamente*

Civil Law in New Member States; Differences between the Draft Common Frame of Reference and the Principles of European Contract Law", in *Juridica International*, vol. 14 (2008), pp. 18-26; HANS-WERNER MICKLITZ/FABRIZIO CAFAGGI, "Introduction", *in* Hans-Werner Micklitz/Fabrizio Cafaggi (org.), *European Private Law after the Common Frame of Reference*, Edward Elgar Publishing, Northampton, 2010; SARAH NIETNER, "Principles of European Contract Law and Draft Common Frame of Reference", in *Bucerius Law Journal*, 2011, pp. 44-50.

[13] Cf., designadamente, JÜRGEN BASEDOW, "Das BGB im künftigen europäischen Privatrecht: Der hybride Kodex – Systemsuche zwischen nationaler Kodifikation und Rechtsangleichung", in *Archiv für die civilistische Praxis*, 2000, pp. 446-492.

[14] Cf., designadamente, MARTIJN W. HESSELINK, "The Common Frame of Reference as a Source of European Private Law", in *Tulane Law Review*, vol. 83 (2009), pp. 919-971 (p. 923).

[15] Sobre o conceito de direito, *vide* ROBERT ALEXY, *Concetto e Validità del Diritto* (título original: *Begriff und Geltung des Rechts*), Einaudi, Torino, 1997, pp. 129-132.

DIREITO DA UNIÃO EUROPEIA – ELEMENTOS DE DIREITO E POLÍTICAS DA UNIÃO

do seu conteúdo – depende *exclusivamente* da *correção* ou da *incorreção* do seu conteúdo[16].

Em alternativa aos conceitos de *argumentos institucionais* e de *argumentos não institucionais*, alguns falam em direito rígido (em inglês: *hard law*) e em direito flexível (em inglês: *soft law*)[17]. O termo *direito rígido* designaria os *argumentos institucionais* (constantes de instrumentos vinculativos) e o termo *direito flexível, os argumentos não institucionais* (constantes de instrumentos não vinculativos). Os princípios e regras de direito rígido, de *hard law*, seriam aqueles impõem uma solução ao aplicador do direito; os princípios e regras de direito flexível, de *soft law*, seriam aqueles que lhe propõem uma solução, por exemplo, ajudando-o a interpretar e a integrar o direito da União Europeia e o direito interno dos Estados-Membros da União Europeia[18].

Os termos *direito rígido* e *direito flexível* são, porém, um tanto ou quanto imprecisos[19]: quando haja, por exemplo, uma diretiva contendo conceitos indeterminados – e, dentro dos conceitos indeterminados, cláusulas gerais (como, por exemplo, as cláusulas gerais da "boa fé", ou do "desequilíbrio significativo em detrimento do consumidor") –, deverá falar-se em *direito rígido* ou em *direito flexível*? O facto de as normas construídas com cláusulas gerais se adaptarem às circunstâncias do caso concreto depõe em favor da sua qualificação como *direito flexível* (como *soft law*); o facto de as normas construídas com cláusulas gerais, ainda que se adaptem às circunstâncias do caso concreto, constarem de um instrumento vinculativo – por exemplo, de

---

[16] Sobre os conceitos de *argumentos institucionais* e *argumentos não institucionais* (ou *prático-gerais*), *vide* ROBERT ALEXY, "Interpretazione giuridica", in *Enciclopedia delle Scienze Sociali*, vol. V, Istituto della Enciclopedia Italiana, Roma, 1996, pp. 64-70; NEIL MACCORMICK, "Argumentation and Interpretation in Law", in *Ratio Juris*, vol. 6 (1993), pp. 16-29 (= *Argumentation*, vol. 9 (1995), pp. 467- -480); NUNO MANUEL PINTO OLIVEIRA, "Algumas notas sobre a teoria da interpretação jurídica de Robert Alexy", in *Scientia Juridica*, janeiro-março de 2006, pp. 7-21.

[17] Cf., designadamente, STEFAN VOGENAUER, "Common Frame of Reference and UNIDROIT – Principles of International Commercial Contracts: Coexistence, Competition, or Overkill of Soft Law?", *cit.*, especialmente pp. 153-158.

[18] Criticando o recurso ao direito flexível, por subverter os princípios constitucionais sobre as competências dos órgãos (legislativos) da União Europeia, *vide* Resolução do Parlamento Europeu sobre as implicações institucionais e jurídicas da utilização de instrumentos jurídicos não vinculativos («soft law») – Estrasburgo, 4 de setembro de 2007 – in *http://eur-lex.europa.eu/LexUriServ/LexUriServ.do?uri=OJ:C:2008:187E:0075:0079:PT:PDF*.

[19] A Resolução do Parlamento Europeu de 4 de setembro de 2007 diz, de uma forma mais agressiva, que "a noção de *soft law* (instrumento jurídico não vinculativo), baseada na prática comum, é ambígua e perniciosa" e que "a distinção *dura lex/mollis lex*, sendo conceptualmente aberrante (*sic!*), não deve ser aceite, nem reconhecida".

CONTRATOS

uma diretiva – depõe em favor da sua qualificação como *direito rígido* (como *hard law*).

O conjunto dos *argumentos institucionais* e dos *argumentos não institucionais* designar-se-á por *direito privado europeu em sentido amplo*; o subconjunto dos *argumentos institucionais*, como *direito privado europeu em sentido restrito*.

Explicitado o conceito de *direito privado europeu*, o conceito de *direito europeu dos contratos* encontrar-se-á com alguma facilidade. O termo *direito europeu dos contratos em sentido amplo* designará uma espécie do género *direito privado europeu em sentido amplo* e o termo *direito europeu dos contratos em sentido restrito*, uma espécie do género *direito privado europeu em sentido restrito*.

2. O direito europeu dos contratos em sentido restrito

2.1. O direito europeu primário

O direito europeu primário consta de duas convenções internacionais:

– do Tratado da União Europeia;
– do Tratado sobre o Funcionamento da União Europeia[20].

Entre as normas de direito primário relevantes para a conformação do direito dos contratos contam-se, designadamente, os artigos 26.º a 66.º do TFUE.

O artigo 26.º, n.º 1, do TFUE convoca o conceito de *"mercado interno"*, dizendo que "[a] União adopta as medidas destinadas a estabelecer o mercado interno ou a assegurar o seu funcionamento, em conformidade com as disposições pertinentes dos Tratados". O artigo 26.º, n.º 2, do TFUE desenvolve-o, distinguindo quatro liberdades: "[o] mercado interno compreende um espaço sem fronteiras internas no qual a livre circulação das mercadorias, das pessoas, dos serviços e dos capitais é assegurada de acordo com as disposições dos Tratados".

Os princípios do artigo 26.º, n.º 2, do TFUE são concretizados pelos artigos 28.º a 66.º. Os artigos 28.º a 37.º do TFUE concretizam o princípio da livre circulação das mercadorias e os artigos 45.º a 55.º o princípio da livre circulação das pessoas[21]; os artigos 56.º a 62.º do TFUE concretizam o princí-

---

[20] As "versões consolidadas" do TUE e do TFUE constam do *JOUE* de 30 de março de 2010.
[21] Os artigos 45.º a 48.º tratam da *primeira dimensão* do princípio da *livre circulação de pessoas* – a *livre circulação de trabalhadores*; os artigos 49.º a 55.º, sobre o *direito de estabelecimento*, tratam da *segunda dimensão* do princípio da *livre circulação de pessoas* – a *livre circulação de empresários*.

DIREITO DA UNIÃO EUROPEIA – ELEMENTOS DE DIREITO E POLÍTICAS DA UNIÃO

pio da livre circulação dos serviços e os artigos 63.º a 66.º o princípio da livre de circulação de capitais[22].

2.2. O direito europeu secundário

O direito europeu secundário consta de *regulamentos*, de *diretivas* e de *decisões*.

Em termos teóricos, o critério de distinção entre os *regulamentos* e as *diretivas* é simples: os *regulamentos* são obrigatórios em todos os seus elementos (quanto ao resultado a alcançar, quanto à forma e quanto aos meios); por serem obrigatórios em todos os seus elementos, são diretamente aplicáveis nos Estados-Membros; as diretivas só são obrigatórias em um dos seus elementos – *"quanto ao resultado a alcançar"* –, *"deixando [...] às instâncias nacionais a competência quanto à forma e aos meios"*; por só serem obrigatórias em um dos seus elementos (*"quanto ao resultado a alcançar"*), não são diretamente aplicáveis nos Estados-Membros (artigo 288.º do TFUE).

Em termos práticos, o critério de distinção entre os *regulamentos* e as *diretivas* não é tão simples, encontrando-se diretivas tão detalhadas que não deixam às instâncias nacionais (quase) nenhuma *"competência quanto à forma e aos meios"*.

Os atos jurídicos das Comunidades Europeias e da União Europeia dirigidos ao direito dos contratos surgiram, quase sempre, sob a forma de *diretivas*[23].

Os princípios gerais de direito europeu relativos à *conclusão dos contratos* são sobretudo dois: o *princípio da autonomia*, concretizando-se nos subprin-

---

[22] Sobre o significado das quatro liberdades fundamentais para a conformação do direito privado da União e dos Estados-Membros da União Europeia, *vide*, por exemplo, Stefan Grundmann, *Europäisches Schuldvertragsrecht*, Berlin/New York, Springer, 1999; Torsten Körber, *Grundfreiheiten und Privatrecht*, J. C. B. Mohr (Paul Siebeck), Tübingen, 2004; Stefan Grundmann, "European Contract Law(s) of What Colour?", in *European Review of Contract Law*, vol. 1 (2005), pp. 184-210 (especialmente pp. 188-193); Stephen Weatherill, "Recent Developments in the Law Governing the Free Movement of Goods in the EC's Internal Market", in *European Review of Contract Law*, vol. 2 (2006), pp. 90-111; Karl Riesenhuber, *Europäisches Vertragsrecht, cit.*, pp. 32-60; Jacobien W. Rutgers, "Free Movements and Contract Law", in *European Review of Contract Law*, vol. 4 (2008), pp. 474-486.

[23] Criticando a decisão dos órgãos legislativos da União Europeia de darem *preferência* ou *prioridade* às diretivas sobre os regulamentos, *vide* Christian Twigg-Flesner, "The Proposed Consumer Rights Directive – Less Haste, More Thought?", in *European Review of Contract Law*, vol. 5 (2009), pp. 368-391; *Idem*, "Good-Bye Harmonisation by Directives, Hello Cross-Border only Regulation?" – A Way Forward for EU Consumer Contract Law", in *European Review of Contract Law*, vol. 7 (2011), pp. 235-256.

CONTRATOS

cípios da *liberdade contratual* e da *vinculatividade contratual*, e o *princípio da igualdade*.

O contributo do direito europeu para a *"materialização"* da *liberdade contratual* decorre essencialmente da proibição das *práticas comerciais desleais* pela Diretiva 2005/29/CE, de 11 de maio de 2005[24]; ora, o princípio da proibição das práticas comerciais desleais concretiza-se em dois (sub)princípios:

– no (sub)princípio da proibição das *práticas comerciais agressivas*;
– no (sub)princípio da proibição das *práticas comerciais enganosas*.

Os órgãos legislativos das Comunidades e da União Europeias preocuparam-se sobretudo com duas coisas: em primeiro lugar, preocuparam-se com os *perigos* da conclusão de contratos em circunstâncias *anormais* (por exemplo, com os *perigos* da conclusão de contratos à distância, no domicílio dos consumidores, ou no local de trabalho dos consumidores); em segundo lugar, ainda que as circunstâncias sejam *normais*, preocuparam-se com os *perigos* da conclusão de *contratos não negociados*.

Os perigos da conclusão de contratos (negociados) em circunstâncias *anormais* constituem a *razão de ser* da Diretiva 85/577/CEE, de 20 de dezembro de 1985, relativa à proteção dos consumidores em matéria de contratos ao domicílio (ou, para adotarmos os termos da Diretiva, de "contratos negociados fora dos estabelecimentos comerciais"), e da Diretiva 97/7/CE, de 20 de maio de 1997, relativa à proteção dos consumidores em matéria de contratos à distância; os *perigos* da conclusão de contratos não negociados constituem a *razão de ser* da Diretiva 93/13/CEE, de 5 de abril de 1993, relativa às cláusulas abusivas nos contratos celebrados com os consumidores.

O contributo do direito europeu para a «*materialização*» da *igualdade contratual*, esse, decorre essencialmente da Diretiva 2000/43/CE, de 29 de junho de 2000, que aplica o princípio da igualdade de tratamento entre as pessoas,

---

[24] A afirmação poderá porventura surpreender, atendendo ao *facto* de o artigo 3.º, n.º 2, da Diretiva sobre as práticas comerciais desleais dizer que "[a] presente directiva não prejudica o direito contratual e, em particular, as normas relativas à validade, à formação ou aos efeitos de um contrato". O problema está em que a *autonomia do direito contratual* em relação à *diretiva* é algo de insustentável – cf., designadamente, HUGH COLLINS, "The Unfair Commercial Practices Directive", in *European Review of Contract Law*, vol 1 (2005), pp. 417-441 (especialmente pp. 424-427); FERNANDO GÓMEZ, "The Unfair Commercial Practices Directive: a Law and Economics Perspective", in *European Review of Contract Law*, vol 2 (2006), pp. 4-34; e, para um problema particular, SALVATORE ORLANDO, "The Use of Unfair Commercial Terms as an Unfair Commercial Practice", in *European Review of Contract Law*, vol. 7 (2011), pp. 25-56.

DIREITO DA UNIÃO EUROPEIA – ELEMENTOS DE DIREITO E POLÍTICAS DA UNIÃO

sem distinção de origem racial ou étnica, e da Diretiva 2004/113/CE, de 13 de dezembro de 2004, que aplica o princípio de igualdade de tratamento entre homens e mulheres no acesso a bens e serviços e seu fornecimento.

Os princípios gerais de direito europeu relativos ao *cumprimento* e ao *não cumprimento* dos contratos resultam sobretudo de duas diretivas:

- da Diretiva 1999/44/CE, de 25 de maio de 1999, relativa a certos aspetos da venda de bens de consumo;
- da Diretiva 2011/7/UE, de 11 de fevereiro de 2011, que substituiu a Diretiva 2000/35/CE, de 29 de junho de 2000, relativa aos atrasos de pagamento nas transações comerciais.

Em 8 de outubro de 2008, a Comissão propôs ao Parlamento Europeu e ao Conselho a substituição de quatro diretivas – das Diretivas 85/577/CEE, 93/13/CEE, 97/7/CE e 1999/44/CE – por uma só: pela *Diretiva relativa aos direitos dos consumidores*[25]. Em 24 de janeiro de 2011, a proposta de Diretiva foi apreciada pelo Conselho da União Europeia[26] e, em 24 de março de 2011, foi apreciada, em primeira leitura, pelo Parlamento Europeu[27].

O Conselho da União Europeia e o Parlamento Europeu propuseram alterações ao texto da Comissão; entre março e junho de 2011, as propostas de alteração foram discutidas entre a Comissão, o Conselho e o Parlamento Europeu[28].

O resultado da discussão interinstitucional concretizou-se no acordo de *compressão* do alcance da Diretiva relativa aos direitos dos consumidores.

A proposta inicial de consolidação de quatro diretivas – 85/577/CEE, 93/13/CEE, 97/7/CE e 1999/44/CE – convolou-se numa proposta final de consolidação de duas, e só duas, diretivas – Diretiva 85/577/CEE, relativa à proteção dos consumidores em matéria de contratos negociados fora dos estabelecimentos comerciais, e Diretiva 97/7/CE, relativa à proteção dos consumidores em matéria de contratos à distância.

---

[25] *http://ec.europa.eu/consumers/rights/docs/COMM_PDF_COM_2008_0614_F_PT_PROPOSI-TION_DE_DIRECTIVE.pdf.*
[26] *http://register.consilium.europa.eu/pdf/en/10/st16/st16933.en10.pdf.*
[27] *http://www.europarl.europa.eu/sides/getDoc.do?type=TA&reference=P7-TA-2011-0116&language=PT& ring=A7-2011-0038.*
[28] *http://europa.eu/rapid/pressReleasesAction.do?reference=MEMO/11/188&format=HTML&aged=0&lan guage=EN&guiLanguage=en.*

CONTRATOS

Em 23 de junho de 2011, a proposta de Diretiva relativa aos direitos dos consumidores foi formalmente aprovada pelo Parlamento Europeu[29] e, em 11 de outubro de 2011, foi formalmente aprovada pelo Conselho da União Europeia[30].

3. O direito europeu dos contratos em sentido restrito (cont.)

3.1. O princípio da *harmonização* dos sistemas jurídicos nacionais de proteção dos consumidores

O direito europeu dos contratos tende a constar de diretivas dirigidas aos consumidores. O conceito europeu de consumidor designa "qualquer pessoa singular que [...] age com fins que podem ser considerados como alheios à sua actividade profissional" (cf. artigo 2.º da Diretiva 85/577/CEE, reproduzido, com ligeiras alterações, no artigo 2.º da Diretiva 93/13/CE, no artigo 2.º da Diretiva 97/7/CE, ou no artigo 1.º da Diretiva 1999/44/CE).

Entre o conceito de *"consumidor"* e os conceitos de *"comerciante"* (artigo 2.º da Diretiva 85/577/CEE), de *"profissional"* (artigo 2.º da Diretiva 93/13//CE) de *"fornecedor"* (artigo 2.º da Diretiva 97/7/CE) ou de *"vendedor"* (artigo 1.º da Diretiva 1999/44/CE) há duas diferenças. Enquanto o "consumidor" é uma *pessoa singular,* o "comerciante", "fornecedor" ou "vendedor" pode ser uma *pessoa singular* ou uma *pessoa coletiva.* Enquanto o consumidor é uma pessoa singular *que age com fins alheios ao âmbito da sua atividade profissional,* o "comerciante", "fornecedor" ou "vendedor" é uma pessoa singular ou coletiva *que age no âmbito da sua atividade profissional.*

a) O consumidor como pessoa singular. O Acórdão (TJUE) de 22 de novembro de 2001, nos procs. C-541 e C-542/99

O Acórdão (TJUE) de 22 de novembro de 2001, proferido em sede de reenvio prejudicial nos procs. C-541 (*Cape*) e C-542/99 (*Idealservice*), pronunciou-se sobre a *primeira parte* da noção de consumidor (*"pessoa singular"*):

> 1) *"Pode ser considerado consumidor* [no sentido do artigo 2.º da Diretiva 93/13//CEE] *um empresário que, celebrando um contrato com outro com base em modelo por este*

---

[29] *http://www.europarl.europa.eu/sides/getDoc.do?pubRef=-//EP//TEXT+TA+P7-TA-2011-0293+0+DOC+XML+V0//PT#BKMD-20.*
[30] *http://register.consilium.europa.eu/pdf/en/11/pe00/pe00026.en11.pdf.*

513

DIREITO DA UNIÃO EUROPEIA – ELEMENTOS DE DIREITO E POLÍTICAS DA UNIÃO

apresentado e que se integra na sua actividade profissional típica, adquire um serviço, ou um bem, em benefício exclusivo dos seus trabalhadores, totalmente estranho e isolado em relação à sua actividade profissional e empresarial típica; em tal caso, pode dizer-se que agiu com objectivos estranhos à empresa?"

2) *"No caso de resposta afirmativa à questão precedente, pode considerar-se consumidor qualquer pessoa ou ente que actue com fins estranhos, ou não funcionais, à actividade empresarial ou profissional típica que exerce ou o conceito de consumidor refere-se exclusivamente a pessoa singular, com exclusão de qualquer outro sujeito?"*

3) *"Pode considerar-se consumidor uma sociedade?".*

A Comissão Europeia, o Governo italiano e o Governo francês consideravam que devia ser dada, sem mais, uma resposta negativa às três questões; o Governo espanhol considerava que não podia ser-lhes dada, sem mais, uma resposta positiva ou uma resposta negativa: *"embora o direito comunitário considere que, em princípio, as pessoas coletivas não são consumidores [...], não exclui uma interpretação que confira tal qualidade a estas últimas".*

O TJUE alegou que o artigo 2.º da Diretiva 93/13/CE define a noção de "consumidor" referindo-se só a pessoas singulares e a noção de "profissional" referindo-se tanto a pessoas singulares como a pessoas coletivas para concluir que *"[r]esulta [...] claramente do teor do artigo 2.º da diretiva que pessoa diversa de uma pessoa singular que celebre um contrato com um profissional não pode ser considerada como um consumidor na aceção da referida disposição";* resultando, claramente, do teor do artigo 2.º da Diretiva que uma pessoa coletiva não pode ser considerada como um consumidor, *"o conceito de consumidor [referir-se-ia], exclusivamente, a uma pessoa singular, com exclusão de qualquer outro sujeito",* pelo que não pode *"considerar-se [como] consumidor uma sociedade".*

b) O consumidor como pessoa singular *"que actua com fins que não pertençam ao âmbito da sua actividade profissional".* O Acórdão (TJUE) de 20 de janeiro de 2005, proc. C-464/01

O Acórdão (TJUE) de 20 de janeiro de 2005, proferido no proc. C-464/01, pronunciou-se sobre a *segunda parte* da noção de consumidor (*"que actua com fins que não pertençam ao âmbito da sua actividade profissional"*).

O autor, J. Gruber, desenvolvia a sua atividade agrícola na Áustria (junto à fronteira com a Alemanha); a ré, a sociedade Bay Wa, desenvolvia a sua atividade comercial na Alemanha (junto à fronteira com a Áustria).

J. Gruber comprou-lhe telhas para a sua quinta; como a quinta era utilizada *simultaneamente* para *fins privados* e para *fins profissionais*, o contrato reportava-se a *atividades parcialmente profissionais e parcialmente privadas*. O problema consistia em determinar qual o tribunal (internacionalmente) competente para conhecer de uma *ação de indemnização* pelos danos decorrentes de um *cumprimento defeituoso* do contrato de compra e venda.

O artigo 2.º da Convenção de Bruxelas consagra o princípio de que "as pessoas domiciliadas no território de um Estado Contratante devem ser demandadas, independentemente da sua nacionalidade, perante os tribunais desse Estado".

Os artigos 13.º a 15.º e, em especial, o artigo 14.º da Convenção de Bruxelas derrogam o princípio consagrado no artigo 2.º para os contratos celebrados por consumidores – ou seja: para os contratos celebrados por pessoas singulares "para finalidade[s] que possa[m] ser considerada[s] estranha[s] à sua actividade comercial ou profissional":

"O consumidor", diz o artigo 14.º da Convenção de Bruxelas, "pode intentar uma acção contra a outra parte no contrato, quer perante os tribunais do Estado contratante em cujo território estiver domiciliada essa parte, quer perante os tribunais do Estado contratante em cujo território estiver domiciliado o consumidor".

O critério da competência era a *qualidade de* consumidor: se aplicasse o artigo 2.º da Convenção, por se tratar de um contrato celebrado para *finalidade que não pode ser considerada estranha à atividade profissional do autor*, a ação deveria ser proposta perante os tribunais alemães; se se aplicassem os artigos 13.º e 14.º, por se tratar de um contrato celebrado *"para finalidade que possa ser considerada estranha à [...] actividade comercial ou profissional"*, a ação poderia ser proposta perante os tribunais alemães ou perante os tribunais austríacos.

J. Gruber propôs a sua ação de indemnização perante um tribunal austríaco – e o tribunal austríaco pôs três questões ao TJUE:

> 1) *"Para determinar a qualidade de 'consumidor', para efeitos do artigo 13.º da Convenção de Bruxelas, em caso de caracter parcialmente privado da operação, deve atender-se ao predomínio da finalidade privada ou da finalidade comercial/profissional, e quais os critérios decisivos para determinar o predomínio da finalidade privada ou da finalidade comercial/profissional?"*
>
> 2) *"Deve a finalidade ser determinada em função das circunstâncias objetivamente reconhecíveis pelo cocontratante do consumidor?"*
>
> 3) *"Um contrato que possa ser considerado como relativo tanto à atividade privada como à atividade comercial/profissional deve, em caso de dúvida, ser considerado como um contrato celebrado pelo consumidor?"*

DIREITO DA UNIÃO EUROPEIA – ELEMENTOS DE DIREITO E POLÍTICAS DA UNIÃO

Entendendo que "os conceitos constantes da Convenção de Bruxelas [...] devem ser interpretados de forma autónoma, por referência principalmente ao sistema e aos objetivos desta Convenção, para assegurar a aplicação uniforme da mesma em todos os Estados contratantes", o TJUE diz três coisas:

- Em primeiro lugar, que "*as normas de competência derrogatórias [do] princípio geral* [do artigo 2.º da Convenção de Bruxelas] são de interpretação estrita, no sentido de que não podem dar lugar a uma interpretação que extravase as hipóteses expressamente previstas pela Convenção";
- Em segundo lugar, que a Convenção de Bruxelas "é hostil à admissão da competência de órgãos jurisdicionais do domicílio do requerente";
- Em terceiro lugar, que as normas de competência dos artigos 13.º a 15.º "*têm a função de garantir uma proteção adequada do consumidor enquanto parte do contrato reputada economicamente mais fraca e juridicamente menos experiente do que o seu cocontratante profissional e que, por isso, não deve ser desencorajado de atuar judicialmente pelo facto de ser obrigado a intentar uma ação junto dos órgãos jurisdicionais do Estado em cujo território o seu cocontratante tem o seu domicílio*".

O resultado de uma (adequada) *interpretação sistemática e teleológica* das *normas de competência* dos artigos 13.º a 15.º da Convenção de Bruxelas concretizar-se-ia numa *interpretação restritiva* do conceito de *consumidor*.

Os artigos 13.º a 15.º da Convenção de Bruxelas deveriam aplicar-se exclusivamente "ao consumidor final privado, não envolvido em actividades comerciais ou profissionais"; deveriam aplicar-se exclusivamente aos contratos celebrados pelo consumidor final privado "fora e independentemente de qualquer actividade ou finalidade de ordem profissional, unicamente com o objectivo de satisfazer as próprias necessidades de consumo privado de um indivíduo"; logo, não deveriam aplicar-se aos contratos celebrados para fins parcialmente privados e parcialmente profissionais; para fins "que se reporta[m] parcialmente à [...] actividade profissional e, portanto, só parcialmente [são] estranh[os] a esta".

O critério do *predomínio* da *finalidade privada* ou da *finalidade profissional* revelar-se-ia um critério inadequado. Os artigos 13.º e 15.º da Convenção aplicar-se-iam se a *finalidade privada* fosse a *finalidade exclusiva do contrato*, e só se a *finalidade privada* fosse a *finalidade exclusiva ou quase exclusiva, do contrato*:

"*Só se poderia chegar a solução diversa*", diz o Tribunal, "*se o nexo do referido contrato com a atividade profissional do interessado fosse tão ténue que se tornaria marginal e,*

CONTRATOS

por isso, teria um papel despiciendo no contexto da operação a propósito da qual o contrato foi celebrado, considerada globalmente".

O TJUE sustenta que a interpretação restritiva dos artigos 13.º a 15.º "é corroborada pelo facto de a definição do conceito de consumidor constante do artigo 13.º, primeiro parágrafo, da Convenção de Bruxelas estar redigida em termos claramente restritivos, sendo construída pela negativa ('contrato celebrado [...] para finalidade [...] estranha à [...] atividade [...] profissional')".

Entrando na *terceira questão*, sobre o ónus da alegação e da prova da qualidade de consumidor, o TJUE chama ao caso os *princípios gerais* sobre o ónus da alegação e da prova para concluir que *"cabe à pessoa que pretende invocar os artigos 13.º a 15.º da Convenção de Bruxelas fazer prova de que, no contrato com dupla finalidade em causa, a utilização profissional apenas tem um papel despiciendo, podendo a outra parte produzir prova em contrário".*

c) O consumidor como pessoa singular *"que actua com fins que não pertençam ao âmbito da sua actividade profissional"* (cont.). Crítica do Acórdão (TJUE) de 20 de janeiro de 2005

Os critérios desenvolvidos no Acórdão de 20 de janeiro de 2005 devem aplicar-se exclusivamente aos problemas de interpretação suscitados pela Convenção de Bruxelas e não devem aplicar-se, por exemplo, aos problemas de interpretação suscitados pela Diretiva 85/577/CEE, pela Diretiva 93/13/CE, pela Diretiva 97/7/CE, ou pela Diretiva 1999/44/CE.

Embora o conceito de consumidor da Convenção de Bruxelas seja semelhante ao conceito de consumidor de cada uma das diretivas – a Diretiva 85/577/CEE define consumidor como uma pessoa singular que *"age com fins que podem ser considerados como alheios à sua actividade profissional"*, as Diretivas 93/13/CE e 97/7/CE, como uma pessoa singular que *"actue com fins que não pertençam ao âmbito da sua actividade profissional"*, e a Diretiva 1999/44/CE, como pessoa singular que *"actue com objectivos alheios à sua actividade comercial ou profissional"* –, a aplicação *irrefletida* dos critérios expostos teria resultados sistemática e teleologicamente insustentáveis.

Em primeiro lugar, desaplicar as normas das quatro diretivas a todos os casos de *dupla finalidade* corresponderia a restringir injustificada e injustificavelmente o alcance dos princípios e das regras de direito europeu secundário, deixando o consumidor europeu completa ou quase completamente desprotegido contra compras e vendas ao domicílio ou contra compras e vendas à distância de bens que são, *sempre* ou *quase sempre*, utilizados para fins

DIREITO DA UNIÃO EUROPEIA – ELEMENTOS DE DIREITO E POLÍTICAS DA UNIÃO

privados e para fins não privados (profissionais) – por exemplo, de automóveis, de computadores ou de telemóveis[31]; em segundo lugar, atendendo que a Diretiva 93/13/CE, ou a Diretiva 1999/44/CE, por exemplo, contêm *princípios gerais de direito dos contratos*[32], desaplicar as normas das quatro diretivas a todos os casos de dupla finalidade corresponderia a restringir injustificada e injustificavelmente o alcance de *princípios gerais*. O direito europeu dos contratos, ainda que, *aparentemente*, seja (só) um *direito especial* dos consumidores, é, *substancialmente*, um *direito geral* dos contratos[33].

A restrição seria tanto mais injustificada e injustificável quanto o conceito europeu de um *"consumidor médio"* é o de uma pessoa "normalmente informad[a] e razoavelmente atent[a] e advertid[a]" [*vide*, por exemplo, o Acórdão (TJUE) de 16 de julho de 1998, no proc. C-210/96, e, sobretudo, o Acórdão (TJUE) de 13 de janeiro de 2000, no proc. C-220/98 (*Estée Lauder*)][34].

Estando em processo de revisão o *acervo comunitário*, o projeto de uma resolução legislativa do Parlamento Europeu de 24 de março de 2011 preco-

[31] Cf. Geraint Howells, "The Scope of European Consumer Law", in *European Review of Contract Law*, vol. 1 (2005), pp. 360-372 (especialmente pp. 361-363); Christian Twigg-Flesner, "No Sense of Purpose or Direction? The Modernisation of European Consumer Law", in *European Review of Contract Law*, vol. 3 (2007), pp. 198-213 (especialmente pp. 207-208).

[32] Cf. Karl Riesenhuber, *Europäisches Vertragsrecht, cit.*, pp. 353-380; *Idem*, "System and Principles of EC Contract Law", in *European Review of Contract Law*, vol. 1 (2005), n.º 3, pp. 297-322, criticando, com bons argumentos, a afirmação corrente de que o princípio da proteção do consumidor é um princípio geral do direito europeu dos contratos; Hugh Collins, "The Alchemy of Deriving General Principles of Contract Law from European Legislation: In Search of the Philosopher's Stone", in *European Review of Contract Law*, vol. 2 (2006), pp. 213-226.

[33] Criticando a distinção entre os contratos das empresas com os consumidores, os contratos entre as empresas e os contratos entre os consumidores, *vide* Susanne Augenhofer, "A European Civil Law – for Whom and What Should it Include? Reflections on the Scope of Application of a Future European Legal Instrument", in *European Review of Contract Law*, vol. 7 (2011), pp. 195-218 (especialmente pp. 201-209).

[34] A Diretiva 2005/29/CE (diretiva das práticas comerciais desleais) acolhe o critério do «consumidor médio» desenvolvido pelo TJUE, como se diz, expressamente, no preâmbulo: "[a] presente directiva utiliza como marco de referência o critério do consumidor médio, normalmente informado e razoavelmente atento e advertido, tendo em conta factores de ordem social, cultural e linguística, tal como interpretado pelo Tribunal de Justiça, mas prevê também disposições que têm por fim evitar a exploração de consumidores que pelas suas características são particularmente vulneráveis a práticas comerciais desleais. [...] O critério do consumidor médio não é estatístico. Os tribunais e as autoridades nacionais terão de exercer a sua faculdade de julgamento, tendo em conta a jurisprudência do Tribunal de Justiça, para determinar a reacção típica do consumidor médio num determinado caso".

CONTRATOS

nizava a correção do conceito de consumidor constante do texto da proposta de uma *Diretiva relativa aos direitos dos consumidores*.

A Comissão Europeia propusera que o conceito de *consumidor* abrangesse, tão-só, *"qualquer pessoa singular que, nos contratos abrangidos pela presente diretiva, atue com fins que não pertençam ao âmbito da sua atividade comercial, industrial, artesanal ou profissional"*[35].

O Parlamento Europeu propunha que o conceito fosse alterado em três aspetos.

– Em primeiro lugar, os Estados-Membros deveriam ter a faculdade de aplicar as disposições da diretiva a pessoas coletivas;

– Em segundo lugar, os Estados-Membros deveriam ter a faculdade de aplicar as disposições da diretiva a pessoas singulares *"que actu[assem] com fins que [...] perten[cessem] ao âmbito da sua actividade comercial, industrial, artesanal ou profissional"*;

– Em terceiro lugar, a Diretiva relativa aos direitos dos consumidores deveria aplicar-se a contratos com *dupla finalidade*.

O conceito de consumidor deveria abranger *"qualquer pessoa singular que [...] actue com fins que não pertençam, a título principal, ao âmbito da sua actividade comercial, industrial, artesanal ou profissional"*. Os termos em que a definição está redigida (*"fins que não pertençam, a título principal, ..."*) contêm, explícita ou implicitamente, o *critério principal* e o *critério acessório* para a resolução dos problemas relacionados com a *dupla finalidade*.

Em primeiro lugar, o problema da aplicação das disposições da diretiva deveria resolver-se atendendo ao *fim principal* do contrato; em segundo lugar, caso houvesse dúvidas quanto ao *fim principal* do contrato, deveria presumir-se que *não pertence à atividade profissional da pessoa singular*[36].

---

[35] Sobre a interpretação da proposta de uma diretiva relativa aos direitos dos consumidores, *vide*, por exemplo, MARTIJN W. HESSELINK, "The Common Frame of Reference as a Source of European Private Law", *cit.*, pp. 945-946: *"In the proposal for a consumer rights directive even the contracts for mixed purposes are excluded (e. g., buying a computer for private use and for the occasional checking of one's professional e-mail in the evening and during the weekend"*.

[36] Parlamento Europeu, Relatório sobre a proposta de diretiva do Parlamento Europeu e do Conselho relativa aos direitos dos consumidores – Estrasburgo, 22 de fevereiro de 2011 – in *http://www.europarl.europa.eu/sides/getDoc.do?pubRef=-//EP//NONSGML+REPORT+A7-2011-0038+0+DOC+PDF+V0//PT*. O critério proposto pelo Parlamento Europeu para resolver os problemas suscitados pelos contratos com dupla finalidade coincide com o critério consignado no artigo 1:105 do anteprojeto de um "quadro comum de referência" do direito europeu dos contratos – *vide* Study Group on a European Civil Code/Research Group on EC Private Law (Acquis Group), *Principles, Definitions and Model Rules of European Private Law. Draft Common Frame of*

DIREITO DA UNIÃO EUROPEIA – ELEMENTOS DE DIREITO E POLÍTICAS DA UNIÃO

O contributo do Parlamento Europeu para uma *reconstrução* do conceito de consumidor ter-se-á entretanto *frustrado*. O texto do projeto de resolução legislativa do Parlamento Europeu de 24 de março de 2011 propunha que o conceito de consumidor fosse alterado em três aspetos; o "texto consolidado" da resolução legislativa de 23 de junho de 2011 não o propõe, porém. O artigo 2.º do *"texto consolidado"* de 23 de junho de 2011 corresponde – praticamente – *palavra por palavra* ao texto da proposta de 8 de outubro de 2008[37].

3.2. O princípio da *harmonização mínima* dos sistemas jurídicos nacionais de proteção dos consumidores

As diretivas dirigidas à *harmonização* dos princípios e regras de direito privado dos Estados-Membros da União Europeia podem ser de *"harmonização mínima"* ou de *"harmonização máxima"*. (Em inglês, fala-se de diretivas de *"full harmonisation"* – de harmonização completa ou de harmonização total.)[38]

As diretivas de harmonização mínima dão aos Estados-Membros da União a faculdade de adotarem ou de conservarem disposições *"mais estritas"*, *"mais rigorosas"* ou, simplesmente, *"mais favoráveis à protecção do consumidor"*.

Entre as diretivas de harmonização mínima contam-se, designadamente, as Diretivas 85/577/CEE, 93/13/CE, 97/7/CE e 1999/44/CE.

A Diretiva 85/577/CEE di-lo pela negativa; as Diretivas 93/13/CE, 97/7//CE e 1999/44/CE dizem-no pela positiva:

> "Os Estados-Membros podem adoptar ou manter [...] disposições mais rigorosas [na redação da Diretiva 1999/44/CE: disposições mais estritas], compatíveis com o Tratado, para garantir um nível de protecção mais elevado para o consumidor".

Reference (DCFR). Full Edition, vols. 1, Sellier – European Law Publishers, Munich, 2009, pp. 91-103 (especialmente p. 103).

[37] O conceito de *consumidor* designa *"qualquer pessoa singular que, nos contratos abrangidos pela presente directiva, actue com fins que não se incluam no âmbito da sua actividade comercial, industrial, artesanal ou profissional"*. Entre o texto da proposta de 8 de outubro de 2008 e o "texto consolidado" de 23 de junho de 2011 há só uma diferença, e uma diferença irrelevante. O texto da proposta de 8 de outubro de 2008 falava em *"fins que não pertençam ao âmbito da sua actividade"* e o "texto consolidado" de 23 de abril de 2011 em *"fins que não se incluam no âmbito da sua actividade"* – para uma consulta do "texto consolidado", vide *http://www.europarl.europa.eu/sides/getDoc.do?pubRef=-//EP//TEXT+TA+P7-TA-2011-0293+0+DOC+XML+V0//PT#BKMD-20*.

[38] Comparando as *vantagens* e *desvantagens* da harmonização mínima e da harmonização máxima, através da análise económica do direito, *vide* FERNANDO GÓMEZ/JUAN JOSÉ GANUZA, "An Economic Analysis of Harmonization Regimes: Full Harmonization, Minimum Harmonization or Optional Instrument", in *European Review of Contract Law*, vol. 7 (2011), pp. 275-294.

CONTRATOS

As diretivas de harmonização máxima, essas, não lhes dão a faculdade de adotarem ou conservarem disposições *"mais estritas"* ou *"mais rigorosas"*.

Entre as diretivas de harmonização máxima encontra-se, designadamente, a Diretiva 85/374/CEE, relativa à aproximação das disposições legislativas, regulamentares e administrativas dos Estados-Membros em matéria de responsabilidade decorrente dos produtos defeituosos, e a Diretiva 2005/29/CE, relativa às práticas comerciais desleais das empresas face aos consumidores no mercado interno.

Em três Acórdãos de 25 de abril de 2002[39], o TJUE pronunciou-se sobre o *nível de harmonização* requerido pela Diretiva 85/374/CEE: "a margem de apreciação de que dispõem os Estados-Membros para regulamentar a responsabilidade decorrente de produtos defeituosos é inteiramente determinada pela própria diretiva e deve ser deduzida do teor, do objetivo e da sistemática da mesma".

As finalidades da Diretiva 85/374/CEE relacionar-se-iam com a proteção de uma concorrência *"não falseada"* – e, por se relacionarem com a proteção de uma concorrência *"não falseada"*, rejeitariam uma *harmonização mínima*: "a diretiva, ao estabelecer um regime de responsabilidade civil harmonizado dos produtores pelos danos causados pelos produtos defeituosos, prossegue o objetivo de garantir uma concorrência não falseada entre os operadores económicos, de facilitar a livre circulação de mercadorias e de evitar as diferenças no grau de proteção dos consumidores".

Entre a finalidade de *proteção dos consumidores* e a finalidade de *evitar as diferenças no grau de proteção dos consumidores*, há alguma diferença: a finalidade de *proteção dos consumidores* concilia-se com uma *harmonização mínima* do direito privado dos Estados-Membros da União Europeia; a finalidade de *evitar as diferenças no grau de proteção dos consumidores*, não[40].

Em dois Acórdãos, de 23 de abril de 2009 – proferido em sede de reenvio prejudicial nos procs. C-261/07 (*VTB-VAB*) e C-299/07 (*Galatea*) – e de 14 de janeiro de 2010 – proferido em sede de reenvio prejudicial no proc.

---

[39] O primeiro foi proferido em sede de reenvio prejudicial, no proc. C-183/00 (*González Sánchez*); o segundo e o terceiro, em ações por não cumprimento do direito comunitário, propostas pela Comissão Europeia contra a França (proc. C-52/00) e contra a Grécia (proc. C-154/00).

[40] Criticando os três acórdãos do TJUE de 25 de abril de 2002, por convolarem a *proteção dos consumidores* em instrumento de *proteção da concorrência*, *vide*, por exemplo, CHRISTOPH SCHMID, "The Instrumentalist Conception of the Acquis Communautaire in Consumer Law and Its Implications on a European Contract Law Code", in *European Review of Contract Law*, vol. 1 (2005), pp. 211-227 (especialmente pp. 222-225).

DIREITO DA UNIÃO EUROPEIA – ELEMENTOS DE DIREITO E POLÍTICAS DA UNIÃO

C-304/08 (*Plus*) –, o TJUE pronunciou-se sobre o *nível de harmonização* requerido pela Diretiva 2005/29/CE: "*a diretiva visa estabelecer [...] regras uniformes relativas às práticas comerciais desleais das empresas face aos consumidores, para contribuir para o bom funcionamento do mercado interno e alcançar um nível elevado de proteção destes*".

Estando em causa a finalidade de "*contribuir para o bom funcionamento do mercado interno*", a diretiva "*procede [...] a uma harmonização completa das referidas regras ao nível comunitário*": "*[O]s Estados-Membros não podem adotar medidas mais restritivas que as definidas pela diretiva, mesmo para alcançarem um grau mais elevado de proteção dos consumidores*".

Os casos das Diretivas 85/374/CEE e Diretiva 2005/29/CE eram *excecionais*. O direito europeu dos contratos tende a dirigir-se, exclusiva ou essencialmente, à proteção dos consumidores – e, dirigindo-se à proteção dos consumidores, tende a constar de diretivas de *harmonização mínima*.

4. Os problemas do direito europeu dos contratos em sentido restrito

O direito europeu dos contratos tende a constar de diretivas – e as diretivas, determinando o *fim*, deixam aos Estados-Membros a faculdade de determinarem os *meios* adequados para alcançar o fim previsto. O direito europeu dos contratos tende a constar de *diretivas de harmonização mínima* – e as diretivas de harmonização mínima adotam disposições de proteção dos consumidores, deixando aos Estados-Membros a faculdade de adotarem "*disposições mais estritas*" ou "*disposições mais rigorosas*". Estando em causa diretivas de *harmonização mínima*, o problema da (des)coordenação entre os sistemas de direito privado dos Estados-Membros é evidente: ainda que a União Europeia adotasse uma diretiva destinada a harmonizá-los, os sistemas de direito privado dos Estados-Membros poderiam ser muito diferentes[41].

Independentemente de a harmonização ser mínima ou máxima, o sistema de direito europeu dos contratos é incompleto[42] – tão incompleto, que alguns duvidam da adequação do conceito de sistema para o designar[43].

---

[41] Cf. HANS-CHRISTOPH GRIGOLEIT, "Der Verbraucheracquis und die Entwicklung des Europäischen Privatrechts", in *Archiv für die Civilistische Praxis*, vol. 210 (2010), pp. 354-423.

[42] KÖTZ ter-lhe-á chamado "*pontilhista*" – *apud* KARL RIESENHUBER, "System and Principles of EC Contract Law", *cit.*, p. 298, ou "English common law versus German *Systemdenken*? Internal versus external approaches", in *Utrecht Law Review*, vol. 7 (2011), pp. 117-130 – in *http://www.utrechtlaw review.org*.

[43] Cf. STEFAN GRUNDMANN, "The Optional European Code on the Basis of the Acquis Communautaire – Starting Point and Trends", in *European Law Journal*, vol. 10 (2004), pp. 698-711 (espe-

CONTRATOS

Em primeiro lugar, é um conjunto de princípios e de regras dirigidos essencialmente aos *contratos*, faltando-lhe a coerência de um *sistema de direito privado*; em segundo lugar, é um conjunto de princípios e de regras dirigidos essencialmente aos *contratos celebrados pelos consumidores*, faltando-lhe a coerência de um *sistema de direito dos contratos*; em terceiro lugar, é um conjunto de princípio e de regras sem um (adequado) *projeto global*[44].

O Acórdão do TJUE de 12 de março de 2002, no proc. C-168/00, é *elucidativo*.

O artigo 5.º, n.ºs 1 e 2, da Diretiva 90/314/CEE, de 13 de junho de 1990, consagrava um princípio geral de responsabilidade civil (contratual) da agência e/ou do operador pelos danos decorrentes do *não cumprimento* ou do *cumprimento defeituoso* de um contrato de férias organizadas:

"1. Os Estados-Membros tomarão as medidas necessárias para que o operador e/ou a agência que sejam partes no contrato sejam responsáveis perante o consumidor pela correcta execução das obrigações decorrentes do contrato, quer essas obrigações devam ser executadas por eles próprios ou por outros prestadores de serviços [...].

2. No que se refere aos danos que a não execução ou a incorrecta execução do contrato causem ao consumidor, os Estados-Membros tomarão as medidas necessárias para que o operador e/ou a agência sejam responsabilizados, a não ser que a culpa da referida não execução ou incorrecta execução não seja imputável nem ao operador e/ou à agência nem a outro prestador de serviços [...]".

Simone Leitner concluiu um contrato de férias organizadas com a agência TUI. Estando hospedada na Turquia, em regime de *pensão completa*, teve uma intoxicação, "*imputável à comida fornecida pelo [hotel]*".

Os sistemas de direito privado dos Estados-Membros da União Europeia discordam quanto à *ressarcibilidade* ou *não ressarcibilidade* dos danos não

---

cialmente pp. 704-705); Martijn W. Hesselink, "The Common Frame of Reference as a Source of European Private Law", *cit.*, p. 946 – dizendo que "*the current private law* acquis *is essentially unsystematic in several respects*"; Karl Riesenhuber, "English common law versus German *Systemdenken*? Internal versus external approaches", *cit.*, pp. 119-121.

[44] Cf. Hans-Christoph Grigoleit, "Der Verbraucheracquis und die Entwicklung des Europäischen Privatrechts", *cit.*, especialmente pp. 401-423; Martijn W. Hesselink, "A European Legal Science? On European Private Law and Scientific Method", Centre for the Study of European Contract Law Working Paper Series n.º 2008/02, in *http://ssrn.com*; *Idem*, "The Common Frame of Reference as a Source of European Private Law", *cit.*, pp. 932-943.

DIREITO DA UNIÃO EUROPEIA – ELEMENTOS DE DIREITO E POLÍTICAS DA UNIÃO

patrimoniais relacionados com o não cumprimento, ou com o cumprimento defeituoso, de um contrato: na Alemanha e na Áustria, por exemplo, a responsabilidade contratual tende a abranger os danos patrimoniais, e só os danos patrimoniais; na Inglaterra, por exemplo, ela tender a abranger os danos não patrimoniais.

A Diretiva 90/314/CEE falava em "responsabilidade" da agência ou do operador, sem distinguir; o legislador austríaco transpô-la falando em "responsabilidade", sem especificar; a doutrina e a jurisprudências austríacas interpretaram sistematicamente o conceito de "responsabilidade" da lei de transposição da Diretiva 90/314/CEE: a responsabilidade pelos danos decorrentes do não cumprimento, ou do cumprimento defeituoso, do contrato de viagem organizada deveria sujeitar-se aos princípios e às regras gerais da responsabilidade pelos danos decorrentes do não cumprimento, ou do cumprimento defeituoso; logo, *a responsabilidade pelos danos decorrentes do não cumprimento, ou do cumprimento defeituoso, do contrato de viagem organizada deveria restringir-se aos danos patrimoniais.*

Os tribunais austríacos consideraram então *procedente* o pedido de uma indemnização dos danos relacionados com o sofrimento físico e *improcedente* o pedido de uma indemnização dos danos relacionados com o sofrimento moral, causado pela perda do gozo de férias. "[O]s sentimentos de desagrado e as impressões negativas causadas pela deceção, devendo ser qualificadas em direito austríaco de dano moral, não pode[riam] ser objeto de indemnização visto a lei austríaca não prever expressamente a reparação dos danos morais deste tipo."

O TJUE considerou que o artigo 5.º, n.º 2, da Diretiva tinha duas finalidades:

– Em primeiro lugar, proteger a concorrência, corrigindo as distorções causadas pelas "disparidades [...] entre as legislações e práticas dos diversos Estados-Membros em matéria de viagens organizadas";
– Em segundo lugar, proteger os consumidores.

A finalidade de *proteger a concorrência* seria frustrada pelas disparidades entre as legislações dos Estados-Membros quanto à ressarcibilidade do *sofrimento moral* causado pela *perda do gozo de férias*: "a existência de uma obrigação de reparar os danos morais em determinados Estados-Membros e a sua inexistência noutros teria por consequência distorções de concorrência significativas, tendo em conta o facto [...] de se verificar frequentemente neste domínio a ocorrência de danos morais".

CONTRATOS

A finalidade de *proteger os consumidores* seria frustrada pela circunstância de as disparidades entre as legislações significarem a não ressarcibilidade do *sofrimento moral causado pela perda do gozo de férias* dentro de alguns Estados--Membros – e, por conseguinte, dentro da União Europeia: *"no âmbito das viagens turísticas, a reparação do dano causado pela perda do gozo de férias tem [...] uma importância especial [para os consumidores]"*. Os dois argumentos teleológicos seriam *reforçados* por um argumento sistemático:

> *"Embora [o artigo 5.º] se limite, no primeiro parágrafo do n.º 2, a remeter de forma genérica para o conceito de danos, cabe verificar que, ao prever [...] a faculdade de os Estados-Membros admitirem, no que se refere aos danos não corporais, que a indemnização seja limitada por força do contrato, [...] a diretiva reconhece implicitamente a existência de um direito à reparação dos danos não corporais, como seja o dano moral".*

O artigo 5.º, n.ºs 1 e 2, da Diretiva 90/314/CEE deveria ser interpretado "no sentido de conferir, em princípio, ao consumidor um direito à reparação do dano moral resultante da não execução ou da incorreta execução das prestações incluídas numa viagem organizada"[45].

O caso é elucidativo quanto aos dilemas da *europeização* do direito privado:

Se se der à doutrina e à jurisprudência de cada um dos Estados-Membros da União Europeia a competência para integrar as lacunas do direito privado europeu, a unidade do direito interno de cada Estado-Membro tenderá a prevalecer sobre a uniformidade; a harmonia do direito interno de cada Estado-Membro tenderá a desarmonizar o direito da União Europeia; se se tirar à doutrina e à jurisprudência de cada um dos Estados-Membros o encargo de integrar as lacunas do direito privado europeu, *atribuindo-o, por exemplo, ao TJUE*, a uniformidade tenderá a prevalecer sobre a unidade do direito interno de cada Estado-Membro; a harmonia do direito da União Europeia tenderá a desarmonizar o direito interno de cada Estado-Membro.

Gunther Teubner construiu o conceito de *legal irritants*, para designar a relação entre um dos princípios do "sistema" de direito privado da União Europeia e o sistema de direito privado de um dos Estados-Membros. O princípio da boa-fé, consignado no artigo 3.º da Diretiva 93/13/CE, relativa

---

[45] Sobre o Acórdão (TJUE) de 12 de março de 2002, proferido em sede de reenvio prejudicial no proc. C-168/00 (*Leitner*), *vide*, por exemplo, LESLEY JANE SMITH, "The Eye of the Storm: on the Case for Harmonising Principles of Damages as a Remedy in Contract Law", in *European Review of Contract Law*, vol. 2 (2006), pp. 227-249 (especialmente pp. 237-238).

DIREITO DA UNIÃO EUROPEIA – ELEMENTOS DE DIREITO E POLÍTICAS DA UNIÃO

às cláusulas abusivas nos contratos celebrados com os consumidores, *irritava* o sistema de direito privado de um dos Estados-Membros – da Inglaterra[46].

O conceito de *legal irritants* poderá aplicar-se à relação entre o conjunto dos princípios e das regras do "sistema" de direito privado União Europeia e os sistemas de direito privado dos Estados-Membros. *O "sistema" de direito privado da União Europeia irrita os sistemas de direito privado dos Estados-Membros.*

5. O problema da (des)articulação dos sistemas de direito privado dos Estados-Membros. O projeto de "codificação" de um direito europeu dos contratos dos consumidores

5.1. A proposta da Comissão Europeia: o princípio de *harmonização mínima* deve ser substituído por um princípio de *harmonização máxima*

Em 2008, a Comissão Europeia propôs-se "consolidar" as Diretivas 85/577/ /CEE, 93/13/CE, 97/7/CE e 1999/44/CE, através de uma proposta de diretiva relativa aos direitos dos consumidores[47]. O princípio da *harmonização mínima* do direito privado seria então, ou deveria então ser, substituído por um princípio da *harmonização máxima, completa* ou *total*.

O artigo 4.º da Proposta de uma diretiva do Parlamento Europeu e do Conselho relativa aos direitos dos consumidores dizia-o explicitamente:

> "Os Estados-Membros não podem manter ou introduzir na sua legislação nacional disposições contrárias às previstas na presente directiva, nomeadamente disposições mais ou menos rigorosas, que tenham por objectivo garantir um nível de defesa dos consumidores diferente."

Explicando o princípio da *harmonização máxima, completa ou total,* a Comissão dizia que "[o] amplo recurso [à] possibilidade [de os Estados-Membros adoptarem medidas mais estritas ou mais rigorosas] determinou um quadro normativo fragmentado em toda a Comunidade". Entre os efeitos da fragmentação estariam a hesitação das empresas em fazer "vendas transfronteiras" aos consumidores, designadamente por causa dos "elevados custos de conformidade", e a hesitação dos consumidores em fazer "compras trans-

---

[46] GÜNTHER TEUBNER, "Legal Irritants: Good Faith in English Law or How Unifying Law Ends Up in New Divergencies", in *The Modern Law Review*, 1998, pp. 11-32.
[47] *http://ec.europa.eu/consumers/rights/docs/COMM_PDF_COM_2008_0614_F_PT_PROPOSI TION_DE_DIRECTIVE.pdf.*

CONTRATOS

fronteiras" às empresas. "O nível de confiança dos consumidores nas compras transfronteiras [seria] baixo." O "quadro normativo" deveria tornar-se mais estrito ou mais rigoroso – e, tornando-se mais estrito ou mais rigoroso, deveria tornar-se menos fragmentado. O princípio da harmonização máxima, completa ou total contribuiria "para um melhor funcionamento do mercado interno entre empresas e consumidores, aumentando a confiança dos consumidores no mercado interno e diminuindo as reticências [scl. a desconfiança] das empresas em relação às transacções transfronteiras"[48].

5.2. A contraproposta do Parlamento Europeu: o princípio da *harmonização mínima* deve ser substituído por um princípio de "*harmonização máxima orientada*"

O princípio de *harmonização máxima, completa* ou *total* expunha-se a críticas.

Em março de 2011, a *Exposição de motivos* do projeto de *resolução legislativa* do Parlamento Europeu sobre a Diretiva relativa aos direitos dos consumidores dava conta de algum ceticismo quando à proposta de substituição do princípio de *harmonização mínima* por um princípio de *harmonização máxima*.

O Parecer da Comissão dos Assuntos Jurídicos, de que foi relatora Diana Wallis, considerava que uma *harmonização completa* através das regras propostas pela Comissão era *impossível*: "as regras propostas não podem funcionar independentemente dos sistemas nacionais de direito privado" e os sistemas nacionais de direito privado não estão harmonizados; ainda que uma *harmonização completa* através das regras propostas pela Comissão fosse possível, as suas consequências previsíveis sobre os sistemas nacionais de direito privado seriam *imprevisíveis* e, quando *previsíveis*, seriam *indesejáveis*.

---

[48] Sobre o princípio da *harmonização máxima, completa* ou *total* na proposta de uma diretiva relativa aos direitos dos consumidores, *vide* desenvolvidamente JAVIER LETE ACHIRICA, "La propuesta de directiva sobre derechos de los consumidores: *Nihil novum sub sole?*", in *Estudios Jurídicos en Memoria del Professor José Manuel Lete del Rio*, Civitas/Thompson Reuters, Cizur Menor (Navarra), 2007, pp. 493-511; SIMON WHITTAKER, "Unfair Contract Terms and Consumer Guarantees: The Proposal for a Directive on Consumer Rights and the Significance of 'Full Harmonisation'", in *European Review of Contract Law*, vol. 5 (2009), n.º 3, pp. 223-247; MARTA CARBALLO FIDALGO, "Las cláusulas contractuales no negociadas ante la propuesta de directiva sobre los derechos de los consumidores", in *InDret 1/2010, http://www.indret.com*; MARTIN EBERS, "De la armonización mínima a la armonización plena. La propuesta de Directiva sobre derechos de los consumidores", in *InDret*, n.º 2/2010, *http://www.indret.com*; NUNO MANUEL PINTO OLIVEIRA, "Apreciação crítica de uma proposta de directiva sobre os direitos do consumidor", *in* Alessandra Silveira (coord.), *Direito da União Europeia e Transnacionalidade*, Quid juris?, Lisboa, 2010, pp. 283--295 (especialmente pp. 284-285).

O atual *nível de proteção* dos consumidores nos sistemas jurídicos nacionais poderia diminuir; ainda que o atual *nível de proteção* dos consumidores nos sistemas jurídicos nacionais não diminuísse, "as disposições plenamente harmonizadas do direito contratual dos consumidores contrastariam com outras disposições não plenamente harmonizadas do direito dos contratos [aplicável às relações] B2C [*i. e., business to consumer*/entre uma empresa e um consumidor] e [às relações] B2B [*i. e., business to business*/entre empresas] a nível dos Estados-Membros". O *nível de proteção* dos consumidores resultante das disposições plenamente harmonizadas poderia ser inferior ao *nível de proteção* das empresas resultante das disposições não plenamente harmonizadas.

O Parecer da Comissão dos Assuntos Económicos e Monetários, de que foi relatora Sirpa Pietikäinen, dispensava-se de apreciar se a harmonização completa ou total era, ou não, possível. *Independentemente da sua possibilidade ou impossibilidade, a harmonização máxima "enfraqueceria o nível de proteção dos consumidores em vários Estados-Membros".* Entre os casos em que as desvantagens da harmonização completa ou total seriam evidentes encontrar-se-iam dois:

Em primeiro lugar, em número muito significativo de Estados-Membros, a legislação nacional em matéria de cláusulas abusivas é mais desenvolvida que a legislação comunitária; em segundo lugar, em número muito significativo de Estados-Membros, os prazos de garantia da conformidade com o contrato são superiores aos dois anos previstos na Diretiva. O princípio da harmonização máxima, completa ou total teria como efeito *"uma redução daquele período de responsabilização civil do vendedor por falta de conformidade do produto".*

O Parecer da Comissão de Assuntos Jurídicos e o Parecer da Comissão dos Assuntos Económicos e Monetários concordavam em que a *harmonização mínima* devia continuar a ser a regra e a *harmonização máxima*, a *exceção*: "de uma forma geral, [devia haver] uma harmonização mínima a um nível elevado de proteção do consumidores, acompanhada da harmonização total de algumas regras específicas e técnicas definidas como uma exceção à regra geral".

A *Exposição de Motivos* do projeto de resolução legislativa do Parlamento Europeu sugeria uma harmonização máxima, completa ou total *orientada*[49].

---

[49] Sobre as possibilidades de uma "harmonização total orientada", *vide* desenvolvidamente VANESSA MAK, "Policy Choices in European Consumer law: Regulation through 'Targeted Differentiation'", in *European Review of Contract Law*, vol. 7 (2011), pp. 257-274.

CONTRATOS

O princípio da harmonização mínima tinha um resultado indesejável – a "*fragmentação*" do "*quadro normativo*"; o princípio da harmonização máxima, completa ou total teria dois resultados indesejáveis: em primeiro lugar, uma "*descida do nível de proteção dos consumidores em muitos Estados-Membros*" e, em segundo lugar, uma descoordenação entre o nível de proteção dos consumidores e o nível de proteção das empresas. O princípio da harmonização máxima, completa ou total "conduziria a uma situação paradoxal (*sic!*) em que os consumidores ficariam menos protegidos do que as empresas quando atuassem nos domínios do direito dos contratos abrangidos pela proposta".

O Parlamento Europeu considerava que, "[p]ara evitar esse resultado [indesejável], os Estados-Membros dever[iam] ter a maior margem de manobra possível para decidir como integrar nos seus sistemas jurídicos a legislação relativa à proteção dos consumidores em matéria de direito dos contratos". Entre a harmonização mínima e a harmonização máxima, completa ou total, o Parlamento Europeu propunha uma "*harmonização máxima orientada*", "ou seja, circunscrita a aspetos específicos de determinados contratos, sem deixar de assegurar um elevado nível de proteção dos consumidores".

O *texto* do projeto de resolução legislativa de 24 de março de 2011 consagrava o princípio da "harmonização máxima orientada" nos seguintes termos:

> "Salvo disposição em contrário da presente directiva, os Estados-Membros podem adoptar ou manter, no âmbito de aplicação da presente directiva, disposições mais rigorosas, compatíveis com o TFUE, que tenham por objectivo garantir um nível mais elevado de defesa dos consumidores."

O *texto consolidado* da resolução legislativa de 23 de junho de 2011 abandona (aparentemente) o princípio da "*harmonização máxima orientada*" e reabilita o princípio da *harmonização máxima*, dizendo que "*[O]s Estados-Membros não podem manter ou introduzir na sua legislação nacional disposições divergentes das previstas na presente directiva, nomeadamente disposições mais ou menos rigorosas, que tenham por objectivo garantir um nível de defesa dos consumidores diferente, salvo disposição em contrário na presente directiva*".

DIREITO DA UNIÃO EUROPEIA – ELEMENTOS DE DIREITO E POLÍTICAS DA UNIÃO

6. O problema da (des)articulação do "sistema" de direito privado da União Europeia. O projeto de "codificação" de um direito europeu dos contratos

O *trabalho de construção* de um direito privado europeu é essencialmente um *trabalho de reconstrução*[50]: na Idade Média e na Idade Moderna havia um direito privado europeu[51]; na Idade Moderna e na Idade Contemporânea formaram-se os diferentes Estados europeus e, sobretudo, fizeram-se os diferentes códigos civis dos diferentes Estados europeus. Em 1804, foi publicado o Código Civil francês; em 1811, o Código Civil austríaco; em 1856, o Código Civil italiano; em 1867, o Código Civil português; em 1889, o Código Civil espanhol e, em 1896, o Código Civil alemão. Ora, o conceito jurídico de *contrato* corresponde ao conceito económico de *transação*[52]; as diferenças entre os sistemas jurídicos *nacionais* dirigidos aos *contratos* causam dificuldades aos sistemas económicos *internacionais* dirigidos às *transações*.

6.1. Os trabalhos de harmonização do direito europeu dos contratos anteriores ao anteprojeto de um "quadro comum de referência"

Ernst Rabel comparou os regimes jurídicos do contrato de compra e venda[53] – e os resultados da sua análise de direito comparado concretizaram-se na assinatura, em 11 de abril de 1980, e na posterior ratificação da Convenção das Nações Unidas sobre a Compra e Venda Internacional de Mercadorias.

---

[50] Cf., designadamente, KRISTINA RIEDL, "From Private Iniciatives to the Common Frame of Reference. A Retrospective on European Contract Law", comunicação apresentada no colóquio internacional "Perspectivas sobre o direito dos contratos", organizado pelo Centro de Estudos de Direito da Universidade do Minho, nos dias 26 e 27 de outubro de 2006, em curso de publicação.

[51] Cf. REINHARD ZIMMERMANN, *The Law of Obligations – Roman Foundations of the Civilian Tradition*, Juta/Kluwer, Cape Town/Deventer/Boston, 1992; HELMUT COING, *Derecho Privado Europeo* (título original: *Europäisches Privatrecht*), vols. I e II, Fundación Cultural del Notariado, Madrid, 1996; FRANZ WIEACKER, *História do Direito Privado Moderno* (título original: *Privatrechtsgeschichte der Neuzeit*), 4.ª ed., Fundação Calouste Gulbenkian, Lisboa, 2010; REINHARD ZIMMERMANN, "The Civil Law in European Codes", *in* Hector L. MacQueen/Antoni Vaquer/Santiago Espiau Espiau (orgs.), *Regional Private Law and Codifications in Europe*, Cambridge University Press, 2003, pp. 18-59; JAMES GORDLEY, "The Future of European Contract Law on the Basis of Europe's Heritage", in *European Review of Contract Law*, vol. 1 (2005), pp. 163-183; ARNALD J. KANNING, "The Emergence of a European Private Law: Lessons from 19th. Century Germany", in *Oxford Journal of Legal Studies*, vol. 27 (2007), pp. 193-208.

[52] Sugerindo que os dois conceitos coincidem, *vide* JACQUES GHESTIN, "Le contrat en tant qu'échange économique", in *Revue d'Économie Industrielle*, vol. 92 (2000), pp. 81-100.

[53] ERNST RABEL, *Das Recht des Warenkaufs. Eine rechtsvergleichende Darstellung*, vols. I e II, J. C. B. Mohr (Paul Siebeck), Tübingen/Berlin, 1936/1957.

CONTRATOS

Em 1982, Ole Lando criou a *Commission on European Contract Law*[54]; em 1990, Giuseppe Gandolfi fundou a *Academie des Privatistes Européens/Accademia dei Giusprivatisti Europei* em Pavia[55]; e, em 1994, Ugo Mattei e Mauro Bussani iniciaram o projeto *The Common Core of European Private Law* em Trento[56].

Em 1998, em Osnabrück, Christian von Bar fundou o *Study Group on a European Civil Code*[57]; em 2000, em Munique, Stefan Grundmann, Hugh Collins e C. M. Bianca fundaram a *Society of European Contract Law* (SECOLA)[58].

Em 2002, em Münster, Reiner Schulze e Hans Schulte-Nölke fundaram o *European Research Group on Existing EC Private Law – Acquis Group*[59]; em 2003, Martijn Hesselink, Christian Joerges e Hugh Collins anunciaram a criação de um *Study Group on Social Justice in European Contract Law*.

Os primeiros projetos de harmonização do direito europeu dos contratos apareceram entre 1994 e 2000: em 1994, o Instituto para a Unificação do Direito Privado (UNIDROIT) publicou os *Princípios relativos aos contratos comerciais internacionais* (Princípios UNIDROIT); em 1995, a *Commission on European Contract Law* publicou os *Principles of European Contract Law*; em 2000, a *Academie des Privatistes Européens/Accademia dei Giusprivatisti Europei* publicou um anteprojeto de um *Código Europeu dos Contratos*[60].

6.2. O anteprojeto de um "quadro comum de referência"

a) As comunicações da Comissão Europeia de 2001, 2003 e 2004
Em 2001, a Comissão Europeia dirigiu uma primeira comunicação ao Conselho e ao Parlamento Europeu sobre o direito europeu dos contratos[61].

---

[54] *http://frontpage.cbs.dk/law/commission_on_european_contract_law.*

[55] *http://www.accademiagiusprivatistieuropei.it.*

[56] *http://www.common-core.org.*

[57] *http://www.sgecc.net.*

[58] *http://www.secola.org.*

[59] *http://www.acquis-group.org.*

[60] Entre os *ecos* dos projetos de harmonização do sistema de direito europeu dos contratos, *vide*, por exemplo, JOSÉ SIMÕES PATRÍCIO, *Do Euro ao Código Civil Europeu?*, Coimbra Editora, Coimbra, 2001, especialmente nas pp. 97-112; JORGE FERREIRA SINDE MONTEIRO (org.), *Um Código Civil para a Europa?*, Faculdade de Direito da Universidade de Coimbra/Coimbra Editora, Coimbra, 2002; e ANTÓNIO MENEZES CORDEIRO, *Da Modernização do Direito Civil*, vol. I, Almedina, Coimbra, 2004, especialmente pp. 51-65 e 137-150.

[61] Comunicação da Comissão ao Parlamento Europeu e ao Conselho sobre o direito europeu dos contratos – Bruxelas, 11 de julho de 2001 [COM(2001) 398] – in *http://ec.europa.eu/consumers/cons_int/safe_shop/fair_bus_pract/cont_law/cont_law_02_pt.pdf.*

DIREITO DA UNIÃO EUROPEIA – ELEMENTOS DE DIREITO E POLÍTICAS DA UNIÃO

Os órgãos legislativos das Comunidades e da União Europeia adotaram uma abordagem *"casuística"*, *"fragmentária"* ou *"seletiva"* da harmonização dos sistemas de direito dos contratos dos Estados-Membros, aprovando diretivas relativas a "contratos específicos" e a "técnicas de comercialização específicas", sempre que se detetasse uma "necessidade particular de harmonização".

Entre as desvantagens de uma abordagem *"casuística"*, *"fragmentária"* ou *"seletiva"* encontravam-se, designadamente, a dificuldade da aplicação de algumas diretivas, em cujas disposições haja *"conceitos abstractos"*[62]; a dificuldade de harmonização das disposições das diretivas[63]; e, sobretudo, o aumento dos custos das transações no mercado interno – por exemplo, dos custos relacionados com a informação[64]. A Comissão Europeia propunha-se apreciar as vantagens e as desvantagens de uma ação comunitária de maior alcance ou de maior envergadura – por exemplo, de uma ação comunitária em que os órgãos legislativos das Comunidades e da União Europeia abandonassem uma abordagem *"casuística"*, *"fragmentária"* ou *"seletiva"* da harmonização dos sistemas de direito dos contratos e adotassem uma abordagem *"global"*[65].

---

[62] Cf. Comunicação da Comissão ao Parlamento Europeu e ao Conselho sobre o direito europeu dos contratos, pp. 11-12 (n.os 37-38): "A utilização de termos abstractos no direito comunitário também pode ser a causa de problemas relativos a uma implementação e aplicação não-uniforme do direito comunitário e de medidas nacionais. Os termos abstractos podem corresponder a conceitos jurídicos para os quais existem normas diversas em cada ordem jurídica nacional. Além disso, a legislação interna adoptada pelos Estados-Membros para a transposição das directivas comunitárias refere-se a conceitos nacionais desses termos abstractos. Estes conceitos variam substancialmente de um Estado-Membro para outro".

[63] Cf. Comunicação da Comissão ao Parlamento Europeu e ao Conselho sobre o direito europeu dos contratos, p. 11 (n.º 35): "No domínio do direito dos contratos o legislador europeu adoptou uma abordagem fragmentária à harmonização. Uma tal abordagem, conjugada com desenvolvimentos de mercado imprevistos, poderá levar a incoerências na aplicação do direito comunitário. Por exemplo, em determinadas circunstâncias, é possível aplicar simultaneamente a Directiva relativa às vendas porta-a-porta e a Directiva relativa ao Timesharing. Ambas as directivas conferem ao consumidor um direito de retractação; no entanto, difere o período durante o qual o consumidor pode exercer este direito".

[64] Cf. Comunicação da Comissão ao Parlamento Europeu e ao Conselho sobre o direito europeu dos contratos, p. 10 (n.º 31): "A disparidade entre normas jurídicas nacionais poderá levar a uma oneração dos custos das transacções, designadamente de informação e eventualmente de contencioso, para as empresas em geral e para os consumidores e PME em particular. As partes contratantes poder-se-ão ver na necessidade de obter informação e aconselhamento jurídico relativamente à interpretação e aplicação de legislação estrangeira com a qual não estejam familiarizados".

[65] Sobre as *vantagens* e as *desvantagens* de uma harmonização dos sistemas de direito privado dos Estados-Membros da União Europeia, *vide* FERNANDO GÓMEZ, "The Harmonization of Contract

CONTRATOS

Em abril de 2003, a Comissão Europeia dirigiu uma segunda Comunicação ao Parlamento Europeu e ao Conselho, a que sugestivamente chamou *Plano de Ação* para uma *"Maior coerência no direito europeu dos contratos"*[66].

Em setembro de 2003, o Parlamento Europeu respondeu-lhe, congratulando-se com a iniciativa da Comissão de promover a criação de um *"quadro comum de referência"* do direito europeu dos contratos e de promover a revisão do direito europeu (dos contratos) dos consumidores, *imprimindo-lhe maior coerência*[67].

Em outubro de 2004, a Comissão dirigiu uma terceira Comunicação ao Parlamento Europeu e ao Conselho, a que, não menos sugestivamente, chamou *"O direito europeu dos contratos e a revisão do acervo: O caminho a seguir"*[68].

O *"quadro comum de referência"* deveria definir conceitos, enunciar princípios e construir regras (ou modelos de regras). A Comissão Europeia dizia, por exemplo, que o *"quadro comum de referência"* deveria *"apresenta[r] modelos coerentes de regras do direito dos contratos inspirados no acervo comunitário ou nas melhores soluções encontradas no ordenamento jurídico dos Estados-Membros"*.

b) **O Manifesto para uma "Justiça social no direito europeu dos contratos"**
Em dezembro de 2004, aparentemente reagindo ao texto das duas comunicações da Comissão Europeia, o *Study Group on Social Justice* apresentou um *Manifesto* intitulado *Social Justice in European Contract Law*. Em 2004, o texto

---

Law Through European Rules: A Law and Economics Perspective", in *European Review of Contract Law*, vol. 4 (2008), pp. 89-118; FILOMENA CHIRICO, "The Function of European Comtract Law: An Economic Analysis", in *European Review of Contract Law*, vol. 5 (2009), pp. 399-426; FILOMENA CHIRICO/ERIC VAN DAMME/PIERRE LAROUCHE, "A Giant with Feet of Clay. The First Law and Economics Analysis of the Draft Common Frame of Reference", *TILEC Discussion Paper. DP 2010-025*, in *http://ssrn.com*.

[66] Comunicação da Comissão ao Parlamento Europeu e ao Conselho "Maior coerência no direito europeu dos contratos. Plano de acção" – Bruxelas, 12 de fevereiro de 2003 [COM(2003) 68], in *http://ec.europa.eu/consumers/cons_int/safe_shop/fair_bus_pract/cont_law/com_2003_68_pt.pdf*.

[67] *http://eur-lex.europa.eu/LexUriServ/LexUriServ.do?uri=OJ:C:2006:292E:0109:0112:PT:PDF*

[68] Comunicação da Comissão ao Parlamento Europeu e ao Conselho "O direito europeu dos contratos e a revisão do acervo: O caminho a seguir" – Bruxelas, 11 de outubro de 2004 [COM(2004) 651] – in *http://eur-lex.europa.eu/LexUriServ/LexUriServ.do?uri=COM:2004:0651:FIN:PT:PDF*.

DIREITO DA UNIÃO EUROPEIA – ELEMENTOS DE DIREITO E POLÍTICAS DA UNIÃO

do *Manifesto* foi publicado pelo *European Law Journal*[69]-[70], e, entre 2004 e 2005, ele foi traduzido, por exemplo, para francês[71], italiano[72] e português[73].

Os princípios e as regras de um direito dos contratos teriam *sempre* efeitos sobre a distribuição da riqueza e, consequentemente, sobre a distribuição do poder: "[a]s normas de direito dos contratos defin[iriam] a distribuição da riqueza e [do] poder nas sociedades modernas"[74]. O problema está em que os princípios de justiça relevantes para a adequada resolução dos problemas de *distribuição da riqueza* e, consequentemente, de *distribuição do poder* não poderiam deduzir-se dos atuais princípios de direito dos contratos da União Europeia[75].

[69] Study Group on Social Justice in European Contract Law, "Social Justice in European Contract Law: a Manifesto", in *European Law Journal*, vol. 10 (2004), pp. 653-674.

[70] O texto em inglês de "Social Justice in European Contract Law" encontra-se disponível, por exemplo, em *http://www.usc.es/cde/documentoswebsummer2006/07augmanifestosocialjustice.pdf*.

[71] "Manifeste pour une justice sociale en droit européen des contrats", in *Revue Trimestrielle de Droit Civil*, 2005, pp. 713-734.

[72] "Giustizia sociale nel diritto contrattuale europeo: un manifesto", in *Rivista Critica del Diritto Privado*, 2005, pp. 99-134.

[73] "Justiça social no direito europeu dos contratos: um manifesto", in *Cadernos de Direito Privado*, n.º 12, 2005, pp. 65-83.

[74] "Justiça social no direito europeu dos contratos: um manifesto", *cit.*, p. 75.

[75] Sobre os requisitos de legitimidade material ou substantiva de um direito europeu dos contratos, *vide* STEFAN GRUNDMANN, "European Contract Law(s) of What Colour?", *cit.*, pp. 204-210; BRIGITTA LURGER, "The Future of European Contract Law Between Freedom of Contract, Social Justice, and Market Rationality", in *European Review of Contract Law*, vol. 1 (2005), pp. 442-469; MARISA MELI, "Social Justice, Constitutional Principles and Protection of the Weaker Contractual Party", in *European Review of Contract Law*, vol. 2 (2006), pp. 159-166; ALESSANDRO SOMMA, "Social Justice and the Market in European Contract Law", in *European Review of Contract Law*, vol. 2 (2006), pp. 181-198; MARTIJN W. HESSELINK, "Common Frame of Reference and Social Justice", in *European Review of Contract Law*, vol. 4 (2008), pp. 248-269; e, relacionando a construção de uma *comunidade* com uma *ideia de justiça social*, RUTH SEFTON-GREEN, "Social Justice and European Identity in European Contract Law", in *European Review of Contract Law*, vol. 2 (2006), pp. 275-286; sobre o particular problema da relação entre os requisitos de legitimidade material ou substantiva do sistema de direito dos contratos e o sistema de direito constitucional (em especial, o sistema de direitos fundamentais) da União Europeia, *vide* MARISA MELI, "Social Justice, Constitutional Principles and Protection of the Weaker Contractual Party", *cit.*, pp. 160-163; AURELIA COLOMBI-CIACCHI, "The Constitutionalization of European Contract Law: Judicial Convergence and Social Justice", *European Review of Contract Law*, vol. 2 (2006), pp. 167-180; OLHA CHEREDNYCHENKO, "Fundamental Rights and Contract Law", in *European Review of Contract Law*, vol. 2 (2006), pp. 489-505; *idem*, "Fundamental Rights, Policy Issues, and the Draft Common Frame of Reference for European Private Law", in *European Review of Contract Law*, vol. 6 (2010), pp. 39-65; STEFAN GRUNDMANN (org.), *Constitutional Values and European Contract Law*, Kluwer Law International, The Hague, 2008; CHANTAL MAK, "The Constitution of a Draft Common Frame of Reference for

CONTRATOS

Explicando o sentido do problema, os Autores do *Manifesto* consideravam que os atuais princípios do direito europeu dos contratos eram demasiado limitados. "Os valores [...] de direito comunitário, que estão actualmente a substituir aspectos do direito privado nacional, tende[riam] a acolher uma concepção limitada dos princípios de justiça social aplicáveis à ordem de mercado. Os valores de integração [...] e de concorrência nunca [teriam pretendido] oferecer um programa detalhado de justiça social para a regulamentação do mercado"[76]. Como os princípios de justiça relevantes não podem simplesmente declarar-se juridicamente (*"tecnicamente"*), deduzindo-se dos atuais princípios do direito das Comunidades e da União Europeia, devem constituir-se *politicamente*. Os problemas do direito europeu dos contratos não seriam nunca problemas exclusivamente jurídicos ("técnicos"); são sempre problemas políticos[77].

Inspirando-se em Habermas[78] e em Wiethölter[79], os Autores do Manifesto contrapõem uma "perspetiva tecnocrática" e uma "perspetiva demo-

European Contract Law", in *European Review of Contract Law*, vol. 4 (2008), pp. 553-565; ; VASILI KOSTA, "Internal Market Legislation and the Private Law of the Member States – The Impact of Fundamental Rights", in *European Review of Contract Law*, vol. 6 (2010), pp. 409-436.

[76] "Justiça social no direito europeu dos contratos: um manifesto", *cit.*, p. 77.

[77] O significado político dos princípios de direito privado – e, dentro do direito privado, dos princípios de direito dos contratos – é tratado, com algum desenvolvimento, em DUNCAN KENNEDY, "The Political Stakes in 'Merely Technical' Issues of Contract Law", in *European Review of Private Law*, 2001, pp. 7-28; MARTIJN W. HESSELINK, "The Politics of a European Civil Code", in *European Law Journal*, vol. 10 (2004), pp. 675-697; THOMAS WILHELMSSON, "Varieties of Welfarism in European Contract Law", in *European Law Journal*, vol. 10 (2004), pp. 712-733; STEPHEN WEATHERILL, "The Constitutional Competence of the EU to Deliver Social Justice", in *European Review of Contract Law*, vol. 2 (2006), pp. 136-158; MARTIJN W. HESSELINK (org.), *The Politics of a European Civil Code*, Kluwer Law International, The Hague, 2006; REINER SCHULZE/THOMAS WILHELMSSON, "From the Draft Common Frame of Reference Towards European Contract Law Rules", in *European Review of Contract Law*, vol. 4 (2008), pp. 154-168 (especialmente pp. 167-168); MARTIJN W. HESSELINK, "Five Political Ideas of European Contract Law", in *European Review of Contract Law*, vol. 7 (2011), pp. 295-313.

[78] JÜRGEN HABERMAS, *Fatti e Norme. Contributi a una Teoria Discorsiva del Diritto e della Democrazia* (título original: *Faktizität und Geltung. Beiträge zur Diskurstheorie des Rechts und des demokratischen Rechtsstaats*), Guerini, Milano, 1996.

[79] RUDOLF WIETHÖLTER, "Proceduralization of the Category of Law", *in* Christian Joerges/David M. Trubek/Peer Zumbansen (org.), *Critical Legal Thought: An American-German Debate – Republication [with a New Introduction] Twenty-Five Years Later*, in *German Law Journal*, vol. 12 (2011), n.º 1, pp. 465-473 – com comentário de DUNCAN KENNEDY, "Comment on Rudolf Wiethölter's 'Materialization and Proceduralization in Modern Law' and 'Proceduralization of the Category of Law'", *in* Christian Joerges/David M. Trubek/Peer Zumbansen (org.), *Critical Legal Thought: An American-*

DIREITO DA UNIÃO EUROPEIA – ELEMENTOS DE DIREITO E POLÍTICAS DA UNIÃO

crática" da constituição do direito europeu dos contratos. O procedimento de constituição do direito europeu dos contratos projetado pela Comissão Europeia seria um procedimento essencial ou exclusivamente tecnocrático[80]. Criticando-o, os Autores do Manifesto propõem a substituição de um procedimento tecnocrático por um procedimento democrático. "Os princípios de justiça social deve[riam] adquirir legitimidade [...] pelo processo através do qual são escolhidos [...]".

Os processos de escolha só seriam legítimos se fossem processos democráticos e só seriam democráticos se fossem processos deliberativos; consequentemente, o processo de escolha dos princípios de justiça social do direito europeu dos contratos deveria ser um processo deliberativo: "Uma vez que tais princípios evoluem através de sucessivos actos legislativos, decisões judiciais e outros tipos de regulamentação, o processo em causa deve assegurar legitimidade aos seus resultados através da participação democrática e do diálogo"[81]-[82].

c) **As resoluções do Parlamento Europeu de 2006 e de 2007**
Em 2005, a Comissão apresentou o primeiro relatório sobre os progressos obtidos em matéria de direito europeu dos contratos e revisão do acervo[83].

German Debate – Republication [with a New Introduction] Twenty-Five Years Later, in *German Law Journal, cit.*, pp. 474-487.

[80] "Justiça social no direito europeu dos contratos: um manifesto", *cit.*, p. 73: "não se encontra presente qualquer vestígio de um procedimento democrático, nem existe qualquer possibilidade de os cidadãos da Europa influenciarem a elaboração dos princípios fundamentais do regime legal de mercado".

[81] "Justiça social no direito europeu dos contratos: um manifesto", *cit.*, p. 75.

[82] Sobre os requisitos de legitimidade formal ou procedimental (democrática) de um direito europeu dos contratos, *vide* CHRISTIAN JOERGES, "On the Legitimacy of Europeanising Europe's Private Law", in *Global Jurist Topics*, vol. 2 (2002); *Idem*, "On the Legitimacy of Europeanising Private Law: Considerations on a Justice-making Law for the EU Multi-level System", in *Electronic Journal of Comparative Law*, 2003, *http://www.ejcl.org/ejcl/73/art73-3.html*; *Idem*, "Sur la légimité d'européaniser le droit privé. Plaidoyer pour une approche procédurale", *EUI Working Paper – Law n.º 2004/04*; *Idem*, "The Challenges of Europeanization in the Realm of Private Law: A Plea for a New Legal Discipline", *EUI Working Paper – Law n.º 2004/12*; MARTIJN W. HESSELINK, "The Politics of a European Civil Code", *cit.*, pp. 675-697; *Idem*, "Five Political Ideas of European Contract Law", *cit.*, pp. 309--311; FLORIAN RÖDL, "Private Law, Democracy, Codification: A Critique of the European Law Project", *in* Christian Joerges/Tommi Ralli (eds.), *European Constitutionalism Without Private Law/Private Law Without Democracy*, ARENA Report No 3/11 RECON Report No 14, Oslo, 2011, pp. 141-157.

[83] Relatório da Comissão. Primeiro relatório anual sobre os progressos obtidos em matéria de direito europeu dos contratos e revisão do acervo – Bruxelas, 23 de setembro de 2005 [COM(2005) 456] – in *http://ec.europa.eu/consumers/cons_int/safe_shop/fair_bus_pract/cont_law/progress05_pt.pdf*.

CONTRATOS

Em março de 2006, o Parlamento Europeu pronunciou-se *pela primeira vez* sobre a comunicação de 2004 e sobre o primeiro relatório de progresso[84].

Inspirando-se no texto do *Manifesto* sobre a justiça social, a resolução do Parlamento Europeu considerava que o direito europeu dos contratos deveria conformar-se com dois conjuntos de requisitos de legitimidade:

– requisitos de legitimidade formal ou procedimental;
– requisitos de legitimidade material ou substantiva.

O significado da iniciativa da Comissão Europeia revelar-se-ia um tanto ou quanto obscuro: "não [seria] de forma alguma claro a que é que essa iniciativa conduzir[ia] em termos de resultados práticos, nem sobre que base jurídica ser[ia] adotado qualquer instrumento ou instrumentos vinculativos".

O objetivo aparente da Comissão consistiria em "melhorar a qualidade da [atual] legislação europeia"; o objetivo real da Comissão consistiria em substituir a atual legislação europeia – casuística, fragmentária e seletiva – por uma legislação global ou sistemática: "muito embora a Comissão neg[asse] ser este o seu objetivo, [seria] evidente que muitos dos investigadores e das entidades interessadas que trabalham no projeto estão convencidos de que o resultado a longo prazo acabará por ser um código europeu de obrigações ou mesmo um Código Civil Europeu completo e que, em todo o caso, o projeto é de longe a mais importante iniciativa em curso no domínio do direito civil".

Os projetos de alcance limitado – relacionando-se com uma harmonização casuística, fragmentária ou seletiva – precisariam de uma legitimação limitada; os projetos de alcance mais amplo – relacionando-se com uma harmonização global – precisariam de uma legitimação mais ampla; logo, "a decisão de trabalhar para esse Código [Civil Europeu] e nesse Código [Civil Europeu] deve ser tomada pelas autoridades políticas, uma vez que é política a própria decisão de optar por um Código, e que o seu conteúdo, se bem que jurídico, tem por base objetivos sociais e políticos; [...] sendo bem possível que, no futuro, venha a existir a vontade política para adotar o referido Código, é essencial que o atual trabalho seja bem feito e conte com o contributo político adequado".

---

[84] Resolução do Parlamento Europeu sobre o direito europeu dos contratos e a revisão do acervo: o caminho a seguir [2005/2022(INI)] – Estrasburgo, 23 de março de 2006 – in *http://eur-lex.europa. eu/LexUriServ/LexUriServ.do?uri=OJ:C:2006:292E:0109:0112:PT:PDF*.

DIREITO DA UNIÃO EUROPEIA – ELEMENTOS DE DIREITO E POLÍTICAS DA UNIÃO

Entre os requisitos de legitimidade material de qualquer proposta de harmonização do direito europeu dos contratos encontrar-se-iam os seguintes:

– que sejam tidos em conta os princípios da liberdade económica;
– que sejam tidos em conta os princípios da justiça social, concretizados no *"modelo social europeu"*;
– que *"sejam respeitadas as tradições e os sistemas jurídicos divergentes"* dos Estados-Membros das Comunidades e da União Europeia[85].

O Parlamento Europeu concretizava os três requisitos de legitimidade material, dizendo que o direito dos contratos não devia ser concebido "de forma a favorecer unilateralmente um grupo restrito de participantes em transações legais"; que o direito dos contratos devia ter em conta a diferença entre as empresas e os consumidores e, dentro das empresas, devia ter em conta a diferença entre as grandes empresas (as *"grandes sociedades"*) e as pequenas empresas – dado que as pequenas empresas *"frequentemente precisarão de contratos especificamente adaptados às suas necessidades e que tomem em conta a sua relativa vulnerabilidade quando celebram contratos com grandes sociedades"*.

Entre os requisitos de legitimidade formal estariam a conformidade dos trabalhos de preparação do "quadro comum de referência" com "orientações claras estabelecidas pelo legislador [comunitário]" (n.º 18), a colaboração "tão estreita quanto possível" entre a Comissão e o Parlamento Europeu – concretizada, por exemplo, na consulta do Parlamento Europeu "antes de [a Comissão] adotar quaisquer novas medidas de planeamento" (n.ºs 22, 24 e 26) – e a participação dos "representantes de interesses com base na prática" (n.º 25)[86].

---

[85] Sobre as diferenças entre as tradições e os sistemas jurídicos dos Estados-Membros, *vide*, por exemplo, OLE LANDO, "Culture and Contract Laws", in *European Review of Contract Law*, vol. 3 (2007), pp. 1-20; RUTH SEFTON-GREEN, "Sense and Sensibilities: The DCFR and the Preservation of Cultural and Linguistic Plurality", in *European Review of Contract Law*, vol. 4 (2008), pp. 281-303.
[86] Sugerindo que a aplicação ao anteprojeto de um "quadro comum de referência" do direito europeu dos contratos de requisitos de legitimidade formal ou procedimental análogos aos requisitos de legitimidade formal ou procedimental (democrática) das legislações dos Estados-Membros é, simplesmente, expressão de um "nacionalismo metodológico", *vide* JAN M. SMITS, "The Draft Common Frame of Reference, Methodological Nationalism and the Way Forward", in *European Review of Contract Law*, vol. 4 (2008), pp. 270-280.

CONTRATOS

Finalmente, o texto da resolução do Parlamento Europeu pronunciava-se sobre a alternativa entre um *sistema de regras* e um *sistema de regras e de princípios*[87].

O atual *sistema de regras* teria algumas desvantagens: "a existência de disposições legais excessivamente pormenorizadas sobre aspetos individuais do direito dos contratos acarreta[ria] o perigo de não se conseguir reagir com flexibilidade à alteração das circunstâncias jurídicas"; corrigindo os desequilíbrios de um *sistema de regras*, o texto da resolução do Parlamento Europeu propõe a sua substituição por um *sistema de regras e de princípios*.

Os órgãos legislativos das Comunidades e da União Europeia deveriam "[adotar] regulamentos gerais que cont[ivessem] conceitos jurídicos não definidos com muita precisão (*sic!*), proporcionando assim aos tribunais a margem discricionária necessária para proferirem as suas decisões"[88].

Em setembro de 2006, o Parlamento Europeu pronunciou-se *pela segunda vez* sobre a comunicação de 2004 e sobre o primeiro relatório de progresso[89].

Entendendo que "um mercado interno uniforme não pode funcionar plenamente sem medidas adicionais no sentido da harmonização do direito civil", o Parlamento Europeu exprimia o seu "firme apoio" a uma abordagem global ou sistemática do direito europeu dos contratos. "[O] trabalho de desenvolvimento do [quadro comum de referência] deve[ria] prosseguir para além do trabalho de revisão do acervo relativo à defesa do consumidor." Exprimindo o seu firme apoio a uma abordagem global ou sistemática, o Parlamento exortava a Comissão a envolvê-lo "a título permanente [...] no trabalho sobre o [quadro comum de referência]".

---

[87] Sobre as diferenças entre as *regras* e os *princípios*, *vide*, por exemplo, RONALD DWORKIN, *Levando os Direitos a Sério* (título original: *Taking Rights Seriously*), Martins Fontes, São Paulo, 2002, pp. 35-46; ROBERT ALEXY, *Theorie des Grundrechte*, 3.ª ed., Suhrkamp, Frankfurt-am-Main, 1996, pp. 75-76, e, em termos mais sintéticos, *Concetto e Validità del Diritto* (título original: *Begriff und Geltung des Rechts*), *cit.*, pp. 71-74; e, por último, em língua portuguesa, MANUEL ATIENZA/JUAN RUIZ MANERO, "Sobre princípios e regras", in *Panóptica. Revista Electrônica Académica de Direito*, n.º 17, novembro de 2009, *http://www.panoptica.org*.

[88] Criticando o programa do *Manifesto* para uma *Justiça social no direito europeu dos contratos*, *vide* NUNO MANUEL PINTO OLIVEIRA, "The Private Law Society and Contract Law Application", in *European Review of Contract Law*, vol. 5 (2009), pp. 29-40.

[89] Resolução do Parlamento Europeu sobre o direito europeu dos contratos – Estrasburgo, 7 de setembro de 2006 – in *http://www.europarl.europa.eu/sides/getDoc.do?type=TA&reference=P6-TA-2006-0352&language=PT*.

DIREITO DA UNIÃO EUROPEIA – ELEMENTOS DE DIREITO E POLÍTICAS DA UNIÃO

Em julho de 2007, a Comissão apresentou o segundo relatório sobre os progressos obtidos[90]; entre julho e dezembro de 2007, o *Study Group on a European Civil Code* e o *Research Group on Existing EC Private Law* concluíram o projeto de investigação para o "quadro comum de referência"; e, em dezembro de 2007, o Parlamento Europeu respondeu ao relatório da Comissão[91].

Congratulando-se com a conclusão do projeto de investigação (n.º 1), o Parlamento Europeu considerava que *"o [quadro comum de referência] não se pode limitar a questões relacionadas com o direito dos contratos no domínio do consumo e tem de abordar questões do direito geral dos contratos, devendo assegurar-se uma abordagem coerente para a revisão do acervo em matéria de direito dos consumidores [...]"* (n.ºs 7 e 8). Os problemas em aberto relacionavam-se sobretudo com a indefinição dos efeitos jurídicos de um "quadro comum".

A Comissão Europeia apresentava o "quadro comum de referência" como uma «*'caixa de ferramentas'* ou [como] um manual para o legislador europeu utilizar aquando da revisão da legislação vigente ou da elaboração de novos textos legislativos no domínio do direito dos contratos». Ou seja: como um instrumento com carácter indicativo (instrumento de *soft law*) e sem carácter vinculativo.

O Parlamento Europeu instava a Comissão a "decidir se deve ou não exercer o seu direito de iniciativa e, em caso afirmativo, [a] decidir em que áreas do direito dos contratos ele incidirá e quais as bases jurídicas indicadas" e a "envolver o Parlamento nos trabalhos sobre o [quadro comum de referência]".

6.3. Os trabalhos de harmonização do direito europeu dos contratos posteriores ao anteprojeto de um "quadro comum de referência"

Em janeiro de 2008, o *Study Group on a European Civil Code* e o *Research Group on Existing EC Private Law (Acquis Group)* publicaram a primeira edição do (ante)projeto de um "quadro comum de referência" do direito privado europeu[92]; em Fevereiro de 2008, a *Association Henri Capitant des amis de la culture*

---

[90] Relatório da Comissão. Segundo relatório de progresso sobre o Quadro Comum de Referência – Bruxelas, 25 de julho de 2007 [COM(2007) 447] – in *http://eur-lex.europa.eu/LexUriServ/LexUriServ. do?uri=COM:2007:0447:FIN:pt:PDF.*

[91] Resolução do Parlamento Europeu sobre o direito europeu dos contratos – Estrasburgo, 12 de dezembro de 2007 – in *http://www.europarl.europa.eu/sides/getDoc.do?type=TA&reference=P6-TA-2007-0615&language=PT.*

[92] Study Group on a European Civil Code/Research Group on EC Private Law (Acquis Group),

juridique française e a *Societé de législation comparée* publicaram os *Principes contractuels communs*[93] e a *Terminologie contractuelle commune*[94].

Em abril de 2008, o Conselho da União Europeia considerou que o "quadro comum de referência" deveria consistir num "conjunto de definições, princípios gerais e regras-modelo", dirigidas ao "direito contratual geral, incluindo o direito contratual do consumidor". O seu *fim* deveria ser o de propor aos legisladores comunitários um "instrumento para legislar melhor" e, por conseguinte, o seu *efeito jurídico* deveria ser indicativo (não vinculativo). O "quadro comum de referência" deveria ser, simplesmente, "*um conjunto de orientações não vinculativas para utilização voluntária dos legisladores a nível comunitário, como fonte comum de inspiração ou de referência no processo legislativo*"[95].

Em setembro de 2008, o Parlamento Europeu pronunciou-se sobre o (ante)projeto de um "quadro comum de referência", salientando que, "*ao tomar qualquer decisão sobre o conteúdo do [quadro comum de referência], a Comissão deverá ter em conta a declaração do Conselho, de 18 de Abril de 2008, de que o [quadro comum de referência] deverá constituir 'um instrumento para legislar melhor' enquanto parte de 'um conjunto de orientações não vinculativas a utilizar pelo legislador a nível comunitário'*" (n.º 7) e sugerindo que, "*se [fosse] esse o caso, o [quadro comum de referência] [fosse] tão abrangente quanto possível, de forma a evitar excluir qualquer conteúdo ou matéria nesta fase*" (n.º 8)[96].

Em outubro de 2008, com a apresentação da proposta de diretiva relativa aos direitos dos consumidores, o processo de consolidação dos princípios e das regras relacionados com o direito especial dos contratos dos consumi-

---

Principles, Definitions and Model Rules of European Private Law. Draft Common Frame of Reference (DCFR). Interim Outline Edition, Sellier – European Law Publishers, Munich, 2008.

[93] BÉNÉDICTE FAUVARQUE-COSSON/DENIS MAZEAUD, com a colaboração de GUILLAUME WICKER e de JEAN-BAPTISTE RACINE (org.), *Principes Contractuels Communs. Projet de Cadre Commun de Référence*, Societé de législation comparée, Paris, 2008.

[94] BÉNÉDICTE FAUVARQUE-COSSON/DENIS MAZEAUD, com a colaboração de ALINE TENENBAUM, *Terminologie Contractuelle Commune. Projet de Cadre Commun de Référence*, Societé de législation comparée, Paris, 2008.

[95] Comunicado de Imprensa da 2863.ª reunião do Conselho da União Europeia sobre Justiça e Assuntos Internos – 18 de abril de 2008 – in *http://consilium.europa.eu/uedocs/cms_data/docs/press-data/pt/jha/100451.pdf*.

[96] Resolução do Parlamento Europeu sobre o Quadro Comum de Referência para o direito europeu dos contratos – Estrasburgo, 3 de setembro de 2008 – in *http://eur-lex.europa.eu/LexUriServ/LexUriServ.do?uri=OJ:C:2009:295:0031:01:pt:HTML*. O Parlamento insistia em que "[devia ser] plenamente consultado e associado a qualquer processo de selecção conducente ao próximo documento da Comissão sobre o [quadro comum de referência]" (n.º 13).

DIREITO DA UNIÃO EUROPEIA – ELEMENTOS DE DIREITO E POLÍTICAS DA UNIÃO

dores autonomizou-se *completa* ou *quase completamente* do processo de constituição de um *"quadro comum de referência"* do direito geral dos contratos[97].

Em setembro de 2009, o *Study Group on a European Civil Code* e o *Research Group on Existing EC Private Law (Acquis Group)* publicaram a segunda edição do (ante)projeto de um "quadro comum de referência"[98], contendo uma análise de cada uma das disposições do (ante)projeto[99] e uma comparação entre as disposições *propostas* para o sistema de direito privado europeu e as disposições *postas* pelos sistemas de direito privado dos Estados-Membros[100]-[101].

Em abril de 2010, a Comissão Europeia decidiu criar um grupo de peritos para "ajudar a Comissão a elaborar uma proposta de quadro comum de referência no domínio do direito europeu dos contratos [...] selecionando as partes do projeto de quadro comum de referência que apresentem relevância direta ou indireta para o direito dos contratos e [...] [r]eestruturando, revendo e completando as partes selecionadas do projeto de quadro comum de referência [...]"[102].

---

[97] Criticando a autonomização do direito dos contratos e do direito (dos contratos) dos consumidores, *vide*, por exemplo, MARTIJN W. HESSELINK, "The Consumer Rights Directive and the CFR: Two Worlds Apart?", in *European Review of Contract Law*, vol. 5 (2009), pp. 290-303; NUNO MANUEL PINTO OLIVEIRA, "Apreciação crítica de uma proposta de directiva sobre os direitos do consumidor", *cit.*, especialmente pp. 285-295; GERAINT HOWELLS, "European Contract Law Reform and European Consumer Law – Two Related But Distinct Regimes", in *European Review of Contract Law*, vol. 7 (2011), pp. 173-194.

[98] Study Group on a European Civil Code/Research Group on EC Private Law (Acquis Group), *Principles, Definitions and Model Rules of European Private Law. Draft Common Frame of Reference (DCFR). Full Edition*, vols. 1-6, Sellier – European Law Publishers, Munich, 2009.

[99] A que é dada a designação de *Comment*.

[100] A que é dada a designação de *Notes*.

[101] Criticando o anteprojeto de um "quadro comum de referência" do direito privado europeu – por razões políticas e, sobretudo, por razões científicas –, *vide*, por exemplo, HORST EIDENMÜLLER/FLORIAN FAUST/HANS CHRISTOPH GRIGOLEIT/NILS JANSEN/GERHARD WAGNER/REINHARD ZIMMERMANN, "The Common Frame of References for European Private Law: Policy Choices and Codification Problems", in *Oxford Journal of Legal Studies*, vol. 28 (2008), pp. 659-708; NILS JANSEN//REINHARD ZIMMERMANN, "'A European Civil Code in All but Name': Discussing the Nature and Purposes of the Draft Common Frame of Reference", in *Cambridge Law Journal*, vol. 69 (2010), pp. 94-112; NILS JANSEN, "The Authority of the Academic "Draft Common Frame of Reference", *in* Hans-Werner Micklitz/Fabrizio Cafaggi (org.), *European Private Law after the Common Frame of Reference*, Edward Elgar Publishing, Northampton, 2010, pp. 147-172.

[102] Decisão da Comissão de 26 de abril de 2010 que cria um grupo de peritos para um quadro comum de referência no domínio do direito europeu dos contrato – in *http://eur-lex.europa.eu/LexUriServ/LexUriServ.do?uri=OJ:L:2010:105:0109:0111:pt:PDF*.

542

CONTRATOS

a) O *Livro verde sobre as opções estratégicas para se avançar no sentido de um direito europeu dos contratos para os consumidores e as empresas*

Em julho de 2010, a Comissão Europeia publicou um *Livro Verde sobre as opções estratégicas para se avançar no sentido de um direito europeu dos contratos para os consumidores e as empresas*[103], discutindo as seguintes alternativas:

- que se publicassem os resultados do trabalho do grupo de peritos, sem que os órgãos legislativos da União se pronunciassem sobre o seu *valor* ou *desvalor* (1.ª opção);
- que se transformassem os resultados do trabalho do grupo de peritos numa "caixa de ferramentas" para os órgãos legislativos da União, através de um *ato da Comissão* ou de um *acordo interinstitucional* entre a Comissão, o Conselho e o Parlamento Europeu (2.ª opção)[104];
- que se transformassem os resultados do trabalho do grupo de peritos num ato jurídico da União Europeia.

O ato jurídico em causa poderia ser uma recomendação (3.ª opção), uma diretiva (5.ª opção) ou um regulamento (4.ª, 6.ª e 7.ª opções):

- se fosse uma diretiva, destinar-se-ia a impor aos Estados-Membros uma harmonização mínima dos sistemas de direito dos contratos (5.ª opção);
- se fosse um regulamento, poderia destinar-se a *propor* um instrumento opcional (4.ª opção)[105] ou poderia destinar-se a *impor* um instrumento não opcional (6.ª e 7.ª opções).

---

[103] Green Paper from the Comission on policy options for progress towards a European Contract Law for consumers and businesses – Bruxelas, 1 de julho de 2010 – in *http://ec.europa.eu/justice/contract/files/consultation_questionaire_en.pdf.*

[104] Sobre o sentido de uma "caixa de ferramentas" (*toolbox*), contendo os conceitos, os princípios e as regras do direito europeu dos contratos, *vide* HUGH BEALE, "The Future of the Draft Common Frame of Reference", in *European Review of Contract Law*, vol. 3 (2007), pp. 261-265.

[105] Sobre o sentido de um instrumento opcional, *vide* STEFAN GRUNDMANN, "The Optional European Code on the Basis of the Acquis Communautaire – Starting Point and Trends", *cit.*, pp. 708--711; JACOBIEN W. RUTGERS, "An Optional Instrument and Social Dumping", in *European Review of Contract Law*, vol. 2 (2006), pp. 199-212; HUGH BEALE, "The Future of the Draft Common Frame of Reference", *cit.*, pp. 269-272; KARL RIESENHUBER, "A Competitive Approach to EU Contract Law", in *European Review of Contract Law*, vol. 7 (2011), pp. 115-133; RUTH SEFTON-GREEN, "Choice, Certainty and Diversity: Why More is Less", in *European Review of Contract Law*, vol. 7 (2011), pp. 134-150; GERAINT HOWELLS, "European Contract Law Reform and European Consumer Law – Two Related But Distinct Regimes", *cit.*, pp. 182-194; MARISARIA MAUGERI, "Is the DCFR Ready to be Adopted as an Optional Instrument?", in *European Review of Contract Law*, vol. 7 (2011), pp. 219-228; JOHN CARTWRIGHT, "'Choice is good.' Really?", in *European Review of Contract Law*, vol. 7

DIREITO DA UNIÃO EUROPEIA – ELEMENTOS DE DIREITO E POLÍTICAS DA UNIÃO

Explicando as duas possibilidades de conformação do *instrumento não opcional*, a Comissão considerava duas (sub)hipóteses: a primeira concretizar-se-ia em substituir os sistemas de direito dos contratos dos Estados- -Membros por um regulamento contendo o sistema de direito dos contratos da União Europeia (6.ª opção); a segunda concretizar-se-ia em substituir os sistemas de direito privado dos Estados-Membros por um regulamento contendo o sistema de direito privado da União Europeia, ou seja, por um Código Civil europeu (7.ª opção)[106].

b) Os trabalhos de harmonização do direito europeu dos contratos posteriores ao *Livro Verde sobre as opções estratégicas para se avançar no sentido de um direito europeu dos contratos para os consumidores e as empresas*

Em maio de 2011, o "grupo de peritos" apresentou à Comissão Europeia um *relatório* sobre a *viabilidade de um direito europeu dos contratos*[107].

O *relatório de viabilidade* orientava-se para a *radical simplificação* do (ante)projeto de um "quadro comum de referência" de 2007/2009. Entre os efeitos da *radical simplificação* do (ante)projeto de um "quadro comum de referência" encontrar-se-ia uma *redução* do número de artigos (para 189)[108].

aa) A resolução do Parlamento Europeu de 8 de junho de 2011

Em junho de 2011, o Parlamento Europeu respondeu à Comissão, adotando uma *Resolução sobre as opções estratégicas para se avançar no sentido de um direito europeu dos contratos para os consumidores e as empresas*[109].

(2011), pp. 335-349; JACOBIEN W. RUTGERS, "An Optional Instrument and Social Dumping Revisited", in *European Review of Contract Law*, vol. 7 (2011), pp. 350-359.

[106] Comparando as vantagens e as desvantagens de um instrumento opcional e de um instrumento não opcional contendo um sistema completo de direito privado, *vide*, por exemplo, SUSANNE AUGEN-HOFER, "A European Civil Law – for Whom and What Should it Include? Reflections on the Scope of Application of a Future European Legal Instrument", *cit.*, especialmente pp. 209-218; ASSUN-ÇÃO CRISTAS, "Green Paper on Policy Options for Progress Towards a European Contract Law for Consumers and Businesses – What do we want?", in *European Review of Contract Law*, vol. 7 (2011), pp. 314-334.

[107] "A European contract law for consumers and businesses: Publication of the results of the feasibility study carried out by the Expert Group on European contract law for stakeholders' and legal practitioners' feedback" – in *http://ec.europa.eu/justice/contract/files/feasibility_study_final.pdf*.

[108] "A European contract law for consumers and businesses: Publication of the results of the feasibility study carried out by the Expert Group on European contract law for stakeholders' and legal practitioners' feedback", *cit.*, pp. 14-89. O texto do *relatório de viabilidade* foi entretanto revisto pela Comissão Europeia. O número de artigos foi reduzido de 189 para 187 – *vide* "Contract Law, Work in Progress, Version of 19 August 2011", in *http://ec.europa.eu/justice/contract/files/feasibility-study_en.pdf*.

[109] Resolução do Parlamento Europeu, de 8 de junho de 2011, sobre as opções estratégicas para

CONTRATOS

O Parlamento Europeu considerava que um instrumento facultativo ou opcional só seria suficientemente claro e preciso, proporcionando a segurança necessária aos consumidores e às empresas, se tivesse a *"forma jurídica"* de um regulamento (n.º 6); que o regulamento devia ser completado por uma "caixa de ferramentas" (n.º 5); e, por último, que o conjunto dos princípios e das regras constantes de uma "caixa de ferramentas" e do regulamento deveria ser completado por "modelos de contratos europeus normalizados" (n.º 5)[110].

Quanto à alternativa entre um *direito europeu dos contratos (só) para os consumidores* e um *direito europeu dos contratos para os consumidores e para as empresas*, o Parlamento Europeu exprimia a sua preferência por um instrumento facultativo ou opcional aplicável a todas as transações: "tanto no âmbito das transações entre empresas, como das transações entre empresas e consumidores, todas as partes devem ter a possibilidade de optar, ou não, pelo instrumento facultativo como alternativa ao direito nacional ou internacional ('opt-in')" (n.º 12).

O princípio de que todas as partes – grandes empresas, pequenas empresas e consumidores – devem ter a possibilidade de optar pelo instrumento facultativo, *"tanto no âmbito das transações entre empresas, como das transações entre empresas e consumidores"*, conciliar-se-ia com um princípio de *proteção diferenciada* das *pequenas empresas* e, sobretudo, dos *consumidores*.

Em primeiro lugar, o instrumento facultativo ou opcional "deve[ria] oferecer um nível muito elevado de proteção dos consumidores [...]" (n.ºs 14 e 16); em segundo lugar, deveria proporcionar-lhe um nível de proteção superior ao nível mínimo de proteção garantido pelo *acervo comunitário* (n.º 14); em terceiro lugar, ele deveria proporcionar um nível adequado de proteção às pequenas empresas, "dada a sua posição de parceiro comercial mais fraco" (n.º 11)[111].

---

avançar no sentido de um direito europeu dos contratos para os consumidores e as empresas – in *http://www.europarl.europa.eu/sides/getDoc.do?pubRef=-//EP//TEXT+TA+P7-TA-2011-0262+0+DOC +XML+V0//PT.*

[110] Os "modelos de contratos europeus normalizados" deveriam ser traduzidos para todas as línguas da União Europeia; os conflitos relacionados com a sua aplicação deveriam ser decididos através de um "sistema de resolução alternativa de litígios, a acionar em linha". Entre as vantagens dos "modelos de contratos europeus normalizados" estaria a oferecer *"uma solução mais simples e eficaz em termos de custos para ambas as partes de um contrato e para a Comissão"* (n.º 5).

[111] O Parlamento Europeu solicitava que a Comissão "complement[asse] o instrumento facultativo com informações adicionais que expli[cassem] em linguagem clara, precisa e compreensível quais

DIREITO DA UNIÃO EUROPEIA – ELEMENTOS DE DIREITO E POLÍTICAS DA UNIÃO

O facto de o regulamento através do qual se adotasse um instrumento facultativo ou opcional de direito europeu dos contratos ter *efeito direto* facilitaria o funcionamento do mercado interno (n.º 7); contribuiria para ultrapassar os *obstáculos jurídicos à integração*, dado que um instrumento facultativo faria com que os consumidores e as empresas pudessem concluir, com segurança, transações transfronteiriças sem se informarem sobre os princípios e as regras de *direito internacional privado* ou sequer sobre os princípios e as regras de *direito privado* dos demais Estados-Membros (n.º 7); e – *the last, but not the least* – contribuiria para ultrapassar os *obstáculos linguísticos à integração*, "dado que um instrumento facultativo estaria naturalmente disponível em todas as línguas da União Europeia" (n.º 12)[112].

O problema da alternativa entre uma "caixa de ferramentas" e um ato jurídico da União Europeia – e, dentro dos atos jurídicos da União Europeia, a alternativa entre um instrumento opcional e um instrumento não opcional – deveria reapreciar-se: a "caixa de ferramentas" seria compatível com a adoção de alguns dos atos jurídicos da União Europeia considerados – seria compatível, por exemplo, com a adoção de um instrumento facultativo ou opcional.

O Parlamento Europeu exprimia a convicção de que o instrumento facultativo ou opcional deveria ser complementado com uma "caixa de ferramentas" (n.º 9)[113]: «ao complementar o instrumento facultativo com uma "caixa de ferramentas", as informações disponíveis sobre o instrumento europeu ganharão em clareza, ajudando as partes a melhor compreender os seus

os direitos dos consumidores e que eles não ficarão comprometidos, a fim de aumentar a sua confiança no instrumento facultativo e a colocá-los em posição de fazer escolhas informadas quanto a pretenderem ou não celebrar um contrato nessa base alternativa" (n.º 12).

[112] Complementando a disponibilidade do instrumento facultativo ou opcional em todas as línguas da União Europeia, os cidadãos europeus "dev[eriam] ter acesso em linha a informação de todo o tipo, traduzida por sistemas de tradução automática em linha acessíveis e de fácil utilização, para poderem ler a informação desejada na sua própria língua".

[113] Explicando o procedimento para a adoção de uma "caixa de ferramentas", a Resolução do Parlamento Europeu de 8 de junho de 2011 diz que "uma 'caixa de ferramentas' poderia eventualmente ser posta em prática, [...] começando como um instrumento da Comissão, e convertendo-se, uma vez acordada entre as instituições, num instrumento para o legislador da União; assinala que uma 'caixa de ferramentas' proporcionaria o enquadramento jurídico necessário em que um instrumento facultativo e termos e condições normalizadas poderiam funcionar devendo basear-se numa avaliação das regras nacionais obrigatórias sobre protecção dos consumidores, dentro mas também para além do acervo existente nesse domínio".

546

CONTRATOS

direitos e a fazer opções esclarecidas aquando da celebração de contratos com base em tal sistema» (n.º 10).

Esclarecendo a *relação* entre a *"caixa de ferramentas"* e o *"instrumento facultativo"*, o Parlamento Europeu dizia que a "caixa de ferramentas" deveria incluir *"ideias provenientes da variada gama de tradições jurídicas na União Europeia, incluindo normas adicionais derivadas,* inter alia, *do projeto de quadro comum de referência académico, [dos] 'princípios contratuais comuns' e [da] 'terminologia contratual comum'"*; que a "caixa de ferramentas" poderia ter um "âmbito bastante alargado" e o instrumento facultativo deveria ter um âmbito restrito; que a "caixa de ferramentas" poderia dirigir-se a todas as questões de direito dos contratos e que o "instrumento facultativo" deveria dirigir-se só a algumas – às "questões nucleares do direito dos contratos"; que a "caixa de ferramentas" poderia aplicar-se a todos os contratos e o "instrumento facultativo" deveria aplicar-se só a alguns contratos (n.º 23). O Parlamento propunha, por exemplo, que o "instrumento facultativo" contivesse *"disposições específicas para os tipos mais frequentes de contrato"*, em especial para os contratos de compra e venda, de prestação de serviços e de seguro (n.º 26).

Quanto à alternativa entre um *direito europeu dos contratos* (só) *para as transações transfronteiriças* e um *direito europeu dos contratos para todas as transações*, sejam elas *transações transfronteiriças* ou não, o Parlamento Europeu exprimia a sua preferência por um instrumento facultativo só aplicável às transações transfronteiriças; "[seriam] necessárias garantias de que os Estados-Membros conseguir[iam] impedir a má utilização do instrumento facultativo em cenários transfronteiriços não genuínos (*sic!*)". O problema da aplicação do "instrumento facultativo" às transações "intrafronteiriças", através de uma adesão nacional, precisaria de uma "análise específica" (n.º 20).

bb) A proposta da Comissão Europeia de 11 de outubro de 2011

Em outubro de 2011, a Comissão apresentou ao Parlamento Europeu e ao Conselho uma proposta de regulamento para um direito europeu comum da compra e venda (*Proposal for a Regulation on a Common European Sales Law*)[114].

---

[114] Comissão Europeia, Proposal for a Regulation of the European Parliament and of the Council on a Common European Sales Law – Bruxelas, 11 de outubro de 2011 – in *http://ec.europa.eu/justice/ contract/files/common_sales_law/regulation_sales_law_en.pdf*.

DIREITO DA UNIÃO EUROPEIA – ELEMENTOS DE DIREITO E POLÍTICAS DA UNIÃO

O artigo 3.º, em ligação com os artigos 8.º e 9.º, determina que a aplicação do direito europeu comum da compra e venda depende do acordo das partes[115].

A proposta de regulamento para um direito europeu comum da compra e venda é a proposta de um instrumento *facultativo* ou de um instrumento *opcional*. Entrando na apreciação das alternativas descritas no *Livro Verde*, a Comissão considerou que devia transformar-se os resultados do trabalho do grupo de peritos num *ato jurídico da União Europeia*; que o ato jurídico da União Europeia devia ser um *regulamento*; que o regulamento devia destinar--se a propor aos consumidores e às empresas um instrumento *facultativo* ou *opcional*.

Quanto à alternativa entre um *direito europeu dos contratos para os consumidores* e um *direito europeu dos contratos para os consumidores e para as empresas*, o artigo 7.º da proposta de regulamento diz que o direito europeu comum da compra e venda só poderá aplicar-se quando o *vendedor* for um *comerciante* ou uma empresa; caso vendedor e comprador sejam comerciantes ou empresas, o artigo 7.º diz que o direito europeu comum da compra e venda só poderá aplicar-se desde que um dos sujeitos da relação contratual – seja comprador seja o vendedor – seja uma pequena ou média empresa[116]-[117].

Entre um *direito europeu dos contratos* (só) *para os consumidores* e um *direito europeu dos contratos para* (todos) *os consumidores e para* (todas) *as empresas*, a Comissão Europeia propõe uma solução intermédia: *um direito europeu dos contratos* (só) *para os consumidores e para as pequenas e médias empresas*.

O acordo relativo à aplicação do direito europeu comum da compra e venda em contratos com os consumidores está sujeito a requisitos suplementares de forma (artigo 8.º, n.º 2) e de substância – assim, por exemplo, o

---

[115] Artigo 3.º: "The parties may agree that the Common European Sales Law governs their cross-border contracts for the sale of goods, for the supply of digital content and for the provision of related services within the territorial, material and personal scope as set out in Articles 4 to 7".

[116] Artigo 7.º, n.º 1: "The Common European Sales Law may be used only if the seller of goods or the supplier of digital content is a trader. Where all the parties to a contract are traders, the Common European Sales Law may be used if at least one of those parties is a small or medium-sized enterprise ('SME')".

[117] O conceito de pequenas e médias empresas resulta do artigo 7.º, n.º 2, da proposta de regulamento: "For the purposes of this Regulation, an SME is a trader which (a) employs fewer than 250 persons; and (b) has an annual turnover not exceeding EUR 50 million or an annual balance sheet total not exceeding EUR 43 million, or, for an SME which has its habitual residence in a Member State whose currency is not the euro or in a third country, the equivalent amounts in the currency of that Member State or third country".

548

CONTRATOS

acordo entre a empresa e o consumidor deve dirigir-se à aplicação de todo o direito europeu comum da compra e venda (artigo 8.º, n.º 3, da proposta de regulamento).

O princípio da proteção diferenciada dos consumidores resulta, designadamente, de princípios e de regras específicos sobre os deveres pré-contratuais de esclarecimento e de informação (artigos 13.º-22.º); de princípios e de regras específicos sobre o conteúdo dos deveres pré-contratuais de esclarecimento e de informação (artigo 28.º); de princípios e de regras específicos sobre os efeitos da violação dos deveres pré-contratuais de esclarecimento e de informação (artigo 29.º); do direito de revogação/resolução/rescisão dos contratos à distância e dos contratos ao domicílio (artigos 40.º-47.º); do princípio de que, na dúvida, deve preferir-se a interpretação mais favorável ao consumidor (artigo 64.º); da aplicação de conceitos diferenciados de *cláusulas abusivas*, consoante constem de contratos entre duas empresas (artigo 86.º) ou entre uma empresa e um consumidor (artigos 83.º-85.º); do direito de opção do consumidor entre a reparação e a substituição da coisa defeituosa (artigo 111.º); da circunstância de os requisitos da resolução do contrato serem diferentes, consoante o comprador seja uma empresa ou um consumidor (artigo 114.º); de princípios e de regras específicos sobre os prazos para a realização da prestação, para a constituição do devedor em mora (artigo 167.º) e para a conversão da mora simples em mora qualificada, através da fixação de um prazo suplementar (artigo 135.º, todos da proposta de regulamento); e, sobretudo (?), da circunstância de os princípios e regras do direito europeu comum da compra e venda serem, sempre ou quase sempre, *normas dispositivas* nas relações entre as empresas e *normas imperativas* nas relações entre as empresas e os consumidores.

Quanto à alternativa entre um *direito europeu dos contratos* (só) *para as transações transfronteiriças* e um *direito europeu dos contratos para todas as transações*, sejam elas transfronteiriças ou não, os artigos 3.º e 4.º da proposta de regulamento dizem que o direito europeu comum da compra e venda só deverá aplicar-se aos contratos transfronteiriços (*cross border contracts*)[118].

---

[118] O conceito de contratos transfronteiriços é concretizado pelos n.ºs 2 e 3 do artigo 4.º. O n.º 2 determina que, *"[f]or the purposes of this Regulation, a contract between traders is a cross-border contract if the parties have their habitual residence in different countries of which at least one is a Member State"*. O n.º 3 que, *"[f]or the purposes of this Regulation, a contract between a trader and a consumer is a cross-border contract if:* (a) *either the address indicated by the consumer, the delivery address for goods or the billing address are located in a country other than the country of the trader's habitual residence; and* (b) *at least one of these countries is a Member State"*.

DIREITO DA UNIÃO EUROPEIA – ELEMENTOS DE DIREITO E POLÍTICAS DA UNIÃO

O sentido dos artigos 3.º e 4.º e do artigo 7.º deve relativizar-se, confrontando-os com o artigo 13.º da proposta de regulamento. *Os Estados-Membros dispõem da faculdade de disponibilizarem o direito europeu comum da compra e venda para contratos entre grandes empresas e/ou para contratos "intrafronteiriços"*[119].

O objeto da proposta de regulamento apresentada pela Comissão Europeia é, em parte, mais restrito e, em parte, mais amplo que o objeto do "instrumento facultativo" considerado pela resolução do Parlamento Europeu.

É, em parte, um objeto (muito) mais restrito, por se dirigir ao *regime jurídico do contrato de compra e venda*[120]. É, em parte, um objeto (muito) mais amplo, por se dirigir a *todas as questões do regime jurídico do contrato de compra e venda*.

O conceito de "questões fundamentais de direito dos contratos", como critério de delimitação do objeto do instrumento facultativo ou opcional, é substituído pelo critério de "todas as questões do direito do contrato de compra e venda".

Entre os corolários da *completude* do instrumento facultativo ou opcional encontra-se o princípio da *aplicação exclusiva*:

> *"Where the parties have validly agreed to use the Common European Sales Law for a contract, only the Common European Sales Law shall govern the matters addressed in its rules. Provided that the contract was actually concluded, the Common European Sales Law shall also govern the compliance with and remedies for failure to comply with the pre--contractual information duties"* (artigo 11.º da proposta de regulamento).

A primeira parte da proposta de regulamento para um direito europeu comum da compra e venda consagra princípios gerais de direito dos con-

---

[119] *"A Member State may decide to make the Common European Sales Law available for: (a) contracts where the habitual residence of the traders or, in the case of a contract between a trader and a consumer, the habitual residence of the trader, the address indicated by the consumer, the delivery address for goods and the billing address, are located in that Member State; and/or (b) contracts where all the parties are traders but none of them is an SME within the meaning of Article 7(2)."*

[120] O texto da proposta de regulamento distingue os contratos de compra e venda e os "contratos de fornecimento de conteúdo digital" (*supply of digital content*). Em primeiro lugar, parece que os contratos de fornecimento de conteúdo digital podem coordenar-se ao conceito de contrato de compra e venda. Em segundo lugar, ainda que os contratos de fornecimento de conteúdo digital não possam reconduzir-se ao conceito de contrato de compra e venda, o paradigma subjacente ao regime do direito europeu comum é o paradigma do contrato de compra e venda. A afirmação de que o direito europeu comum se dirige ao contrato de compra e venda, e só ao contrato de compra e venda, é, portanto, uma afirmação só tendencialmente correta ou exata.

550

CONTRATOS

tratos – autonomia (*freedom of contract*), boa-fé (*good faith and fair dealing*) e cooperação; a segunda parte consagra princípios e regras sobre a *formação dos contratos* (*Making a binding contract*); a terceira, princípios e regras sobre a interpretação do contrato (*Assessing what is in the contract*); a quarta, princípios e regras sobre o conteúdo, sobre o cumprimento e sobre o não cumprimento do contrato (*Obligations and remedies of the parties to a sales contract or a contract for the supply of digital content*).

Entre as disposições contidas na primeira parte da proposta de regulamento para um direito europeu comum da compra e venda, o artigo 4.º consagra quatro critérios de interpretação.

Em primeiro lugar, o princípio da autonomia: "*The Common European Sales Law is to be interpreted autonomously*" (n.º 1). Em segundo lugar, o princípio da interpretação adequada aos fins. "*The Common European Sales Law is to be interpreted [...] in accordance with its objectives*" (n.º 1). "*Issues within the scope of the Common European Sales Law but not expressly settled by it are to be settled in accordance with the objectives [...] underlying it and all its provisions*" (n.º 2). Em terceiro lugar, o princípio da interpretação adequada aos princípios subjacentes. "*The Common European Sales Law is to be interpreted [...] in accordance with [...] the principles underlying it*" (n.º 1). "*Issues within the scope of the Common European Sales Law but not expressly settled by it are to be settled in accordance with [...] principles underlying it and all its provisions*" (n.º 2). Em quarto lugar, o princípio da proibição de uma interpretação conforme aos direitos nacionais ("*The Common European Sales Law is to be interpreted [...] without recourse to the national law that would be applicable in the absence of an agreement to use the Common European Sales Law or to any other law*" (n.º 2).

O (ante)projeto de um "quadro comum de referência" era o (ante)projeto de um Código Civil europeu; o instrumento facultativo preconizado pela resolução do Parlamento Europeu de 8 de junho de 2011 teria um alcance mais restrito – seria só um Código europeu dos contratos; o instrumento facultativo ou opcional proposto pela Comissão Europeia teria um alcance ainda mais restrito – seria (será?) só um Código europeu do contrato de compra e venda.

Se o direito europeu comum da compra e venda é, ou não, um instrumento adequado para alcançar os resultados pretendidos pela Comissão Europeia, é algo que pode discutir-se. O Ministro da Justiça inglês, Kenneth Clarke, por exemplo, criticou-o com alguma agressividade, considerando-o uma convicção utópica:

DIREITO DA UNIÃO EUROPEIA – ELEMENTOS DE DIREITO E POLÍTICAS DA UNIÃO

"I think of this as the Esperanto fallacy – a utopian belief that a perceived problem of diversity of languages can be solved by creating an extra one."

Os argumentos dos críticos terão sido escutados. Em 16 de dezembro de 2014 a (nova) Comissão Europeia retirou a proposta de regulamento apresentada três anos antes.

7. O direito europeu dos contratos em sentido amplo

O problema da (des)articulação do sistema de direito privado da União Europeia poderá atenuar-se provisória ou temporariamente através de uma interpretação ou de uma integração dos princípios e das regras de direito privado europeu consonante, por exemplo, com os princípios de direito privado dos Estados-Membros da União Europeia; o problema da (des)articulação dos sistemas de direito privado dos Estados-Membros da União Europeia poderá atenuar-se provisória ou temporariamente através de um de uma «interpretação amiga» dos Estados-Membros e/ou através de uma «interpretação amiga» do (ante)projeto de um "quadro comum de referência" do direito privado europeu.

7.1. Os princípios de direito privado dos Estados-Membros da União Europeia

Os princípios de direito privado da União Europeia e dos Estados-Membros pressupõem-se reciprocamente. O sentido dos princípios e das regras de direito privado da União Europeia concretiza-se e esclarece-se através dos princípios e das regras de direito privado dos Estados-Membros; o sentido dos princípios e das regras de direito privado dos Estados-Membros concretiza-se e esclarece-se através dos princípios e das regras de direito privado da União Europeia[121].

O contributo dos princípios gerais de direito privado dos Estados-Membros para a interpretação e para a integração do direito da União Europeia é confirmado pelos Acórdãos do TJUE, *Hamilton*, de 10 de abril de 2008, proferido em sede de reenvio prejudicial no proc. C-412/06, e *Messner*, de 3 de setembro de 2009, proferido em sede de reenvio prejudicial no proc. C-489/07.

---

[121] Cf. REINER SCHULZE, "Le droit privé commun européen," in *Revue Internationale de Droit Comparé*, vol. 47 (1995), pp. 7-32.

CONTRATOS

a) **O Acórdão (TJUE) *Hamilton*, de 10 de abril de 2008, proc. C-412/06**
O primeiro caso relacionava-se com a aplicação da Diretiva 85/577/CE relativa à proteção dos consumidores no caso de contratos negociados fora dos estabelecimentos comerciais.

Os artigos 4.º e 5.º da Diretiva 85/577/CE dizem que o consumidor tem o direito de revogação/resolução/rescisão do contrato[122], *"renuncia[ndo] aos efeitos do compromisso assumido"*, desde que envie uma declaração (receptícia) ao comerciante, no prazo de pelo menos sete dias a contar da data em que recebeu a informação (artigo 5.º); "o comerciante deve informar por escrito o consumidor do direito que lhe assiste de rescindir o contrato nos prazos fixados" (artigo 4.º, 1.º §); e que "[o]s Estados-Membros [devem assegurar] que a respectiva legislação nacional preveja medidas adequadas para protecção do consumidor nos casos em que não seja fornecida a informação prevista no presente artigo" (artigo 4.º, 2.º §). O 2.º §, n.º 1, da Lei (alemã) relativa à revogação/rescisão de contratos celebrados por venda ao domicílio e de transações similares (*Gesetz über den Widerruf von Haustürgeschäften und ähnlichen Geschäften*), de 16 de janeiro de 1986, diz que, não tendo o comerciante informado por escrito o consumidor, "o direito de rescisão [(*'Widerruf'*)] do cliente [*scl.* do consumidor] só se extingue um mês depois de ambas as partes terem cumprido todas as suas obrigações".

O órgão jurisdicional de reenvio submeteu ao TJUE a questão prejudicial da compatibilidade do 2.º §, n.º 1, da Lei (alemã) relativa à rescisão de contratos celebrados por venda ao domicílio com o artigo 4.º da Diretiva:

> *"O artigo 4.º, [1.º §], e o artigo 5.º, n.º 1, da [diretiva relativa à venda ao domicílio] podem ser interpretados no sentido de que o legislador nacional pode limitar no tempo o exercício do direito de rescisão, consagrado no artigo 5.º da diretiva, prevendo que tal direito se extinga um mês depois de ambas as partes terem cumprido a totalidade das suas obrigações decorrentes do contrato, mesmo que o consumidor não tenha sido corretamente informado?"*

O TJUE considera que "*a diretiva relativa à venda ao domicílio tem como objetivo principal proteger o consumidor contra o risco que decorre das circunstâncias típicas da celebração de um contrato fora dos estabelecimentos comerciais [...]*" (n.º 32),

---

[122] Sobre o problema da coordenação do caso ao conceito de revogação ou ao conceito de resolução, *vide* JOSÉ CARLOS BRANDÃO PROENÇA, "A desvinculação não motivada nos contratos de consumo: Um verdadeiro direito de resolução?", in *Revista da Ordem dos Advogados*, ano 70 (2010), I-IV.

DIREITO DA UNIÃO EUROPEIA – ELEMENTOS DE DIREITO E POLÍTICAS DA UNIÃO

designadamente através do direito de revogação/resolução/rescisão por um período de sete dias, "*a fim de lhe ser dada a possibilidade de avaliar as obrigações que decorrem do contrato*" (n.º 33).

"*O facto de o prazo mínimo de sete dias dever ser calculado a contar da data em que o consumidor recebeu do comerciante a informação relativa a esse direito explica[r]- -se[-ia] pela consideração de que o consumidor, não tendo conhecimento da existência de um direito de rescisão, se encontra na impossibilidade de o exercer.*" (n.º 33).

Confrontando-se com a questão prejudicial – se o comerciante não cumprir, ou não cumprir perfeitamente, o seu dever de informar, o direito de revogação/resolução/rescisão do consumidor não poderá extinguir-se nunca? –, o TJUE respondeu que o conceito de "medidas adequadas para protecção do consumidor" do artigo 4.º da Diretiva 85/577/CE significa que "*as referidas medidas não visam uma proteção absoluta dos consumidores*" (n.º 39):

> "*Embora seja verdade [...] que a diretiva relativa à venda ao domicílio tem por objetivo principal a proteção do consumidor, há que salientar que tanto a economia geral como a redação de diversas disposições dessa diretiva indicam que a referida proteção está sujeita a certos limites.*" (n.º 40).

Entre os *princípios gerais do direito civil* está a presunção de que "o cumprimento total de um contrato resulta [...] da realização das prestações mútuas das partes desse contrato e da finalidade do mesmo". O direito de revogação/ /resolução/rescisão do contrato poderia extinguir-se, por exemplo, por ter passado um período razoável sobre o cumprimento. "*Uma medida que prevê que o cumprimento pelas partes da totalidade das obrigações decorrentes de um contrato de crédito de longa duração conduz à extinção do direito de rescisão*" seria uma "*medid[a] adequad[a] para a proteção do consumidor*"[123].

b) O Acórdão (TJUE) *Messner*, de 3 de setembro de 2009, proc. C-489/07

O segundo caso, apreciado pelo Acórdão do TJUE de 3 de setembro de 2009, relacionava-se com a interpretação da Diretiva 97/7/CE, relativa à proteção dos consumidores em matéria de contratos à distância.

---

[123] O TJUE concluiu, portanto, que "o legislador nacional pode prever que o direito de rescisão instituído no artigo 5.º, n.º 1, desta diretiva pode ser exercido, o mais tardar, um mês após o cumprimento pelas partes contratantes da totalidade das obrigações decorrentes de um contrato de crédito de longa duração, quando o consumidor tenha recebido uma informação errada sobre as modalidades de exercício do referido direito".

CONTRATOS

O artigo 6.º da Diretiva 97/7/CE determina que, "[e]m qualquer contrato à distância, o consumidor disporá de um prazo de, pelo menos, sete dias úteis para rescindir o contrato sem pagamento de indemnização e sem indicação do motivo" e que "[a]s únicas despesas eventualmente a seu cargo decorrentes do exercício do seu direito de revogação/rescisão serão as despesas directas da devolução do bem". O § 357 do Código Civil alemão determina que, atuando o direito de revogação/rescisão, "o consumidor deve pagar uma indemnização correspondente ao valor do bem em caso de uma deterioração resultante do seu uso normal, se tiver sido informado por escrito, o mais tardar aquando da celebração do contrato, desta consequência e da possibilidade de a evitar".

O órgão jurisdicional de reenvio submeteu ao TJUE a questão prejudicial da compatibilidade do § 357 do Código Civil alemão com o artigo 6.º da Diretiva:

"As disposições conjugadas do n.º 2 e do n.º 1, segunda frase, do artigo 6.º da Diretiva 97/7 [...] devem ser interpretadas no sentido de que se opõem a uma legislação nacional que prevê que, em caso de resolução dentro do prazo pelo consumidor, o vendedor pode exigir uma indemnização pelo uso do bem entregue?"

O TJUE considerou que o direito de revogação/rescisão se destina «*a proteger o consumidor na situação particular de uma venda à distância, na qual "não tem, em concreto, possibilidade de ver o produto ou de tomar conhecimento das características do serviço antes da celebração do contrato"*» (n.º 20); ora, a imposição geral de uma indemnização pelo uso normal do bem seria incompatível com o fim do direito de revogação/rescisão (n.º 22).

Em primeiro lugar, se o consumidor só pudesse revogar/rescindir o contrato contra o pagamento de uma indemnização pelo uso normal do bem, tal retiraria todo e qualquer sentido útil à atribuição ao consumidor de um direito subjetivo de revogação/rescisão. O direito em causa destina-se a dar ao consumidor a possibilidade de experimentar o bem adquirido; o dever de pagar uma indemnização por ter revogado/rescindido o contrato, depois de ter experimentado o bem, seria tirar-lhe a possibilidade de o experimentar.

"O facto de ter feito uso [da possibilidade de experimentar o bem] não pode ter a consequência de o consumidor só poder exercer esse direito na condição de pagar uma indemnização." (n.º 24).

Em segundo lugar, o dever de pagar uma indemnização por ter revogado/ /rescindido o contrato *"privaria [...] o consumidor da possibilidade de fazer uso,*

555

DIREITO DA UNIÃO EUROPEIA – ELEMENTOS DE DIREITO E POLÍTICAS DA UNIÃO

em toda a liberdade e sem qualquer pressão (sic!), *do prazo de reflexão que lhe é conferido pela diretiva*" (n.º 23). O direito de revogação/rescisão do contrato poderia degradar-se em um direito "meramente formal" (n.º 19).

Face ao exposto, o artigo 6.º da Diretiva 97/7/CE opõe-se a uma regulamentação nacional que, de maneira geral, preveja a possibilidade de o vendedor exigir do consumidor uma indemnização compensatória pela utilização de um bem adquirido por contrato à distância, no caso de o consumidor ter exercido o seu direito de revogação dentro do prazo (n.º 29).

Excetua-se o caso de "*[o consumidor] ter feito uso do bem adquirido através de um contrato à distância, de uma forma incompatível com os princípios do direito civil, como a boa-fé ou o enriquecimento sem causa*" (n.º 26).

O órgão jurisdicional de reenvio deveria ponderar os dois princípios em conflito: por um lado, deveria atender ao princípio da proteção da liberdade "material" do consumidor através do direito de revogação/rescisão; em segundo lugar, deveria atender aos princípios gerais do direito civil, designadamente aos princípios da boa-fé e da (proibição do) enriquecimento sem causa.

Entre os tópicos relevantes para a ponderação encontrar-se-iam, por exemplo, "*a natureza do produto em questão e a duração do período no termo do qual, por causa da inobservância do dever de informação por parte do vendedor, o consumidor exerceu o seu direito de [revogação] [/] rescisão*" (n.º 28).

Ou seja: o artigo 6.º da Diretiva 1997/7/CE não se opõe "*a que se imponha ao consumidor o pagamento de uma indemnização compensatória pela utilização desse bem, no caso de ele ter usado o referido bem de uma forma incompatível com os princípios do direito civil, como a boa fé ou o enriquecimento sem causa, desde que não se ponha em questão a finalidade dessa diretiva e, nomeadamente, a eficácia e a efetividade do direito de rescisão [...]*" (n.º 29).

c) O contributo dos princípios de direito privado dos Estados-Membros da União Europeia para a construção de um *sistema* de direito europeu dos contratos

Stephen Weatherill analisou criticamente o ativismo do TJUE, concretizando designadamente a pretensão de afirmar princípios gerais capazes de proporcionar (alguma) coerência ao *acquis communautaire*[124].

---

[124] Cf. STEPHEN WEATHERILL, "Interpretation of the Directives: The role of the Court", in *http://ssrn.com*; *idem*, "The 'Principles of Civil Law' as a Basis for Interpreting the Legislative Acquis", in *European Review of Contract Law*, vol. 6 (2010), pp. 74-85.

CONTRATOS

Em primeiro lugar, a construção de princípios gerais restringiria sempre a *autonomia* e, em segundo lugar, restringiria a *coerência* dos direitos nacionais. Quanto maior fosse a coerência do direito europeu, tanto maiores seriam os riscos de incoerência dos direitos nacionais: *"the more assiduous the attempt to make more systematic the EC's legislative acquis pertaining to private law, the greater the threat to the systematic character of national private law"*[125].

O TJUE, ao afirmar princípios gerais de direito dos contratos, reforçaria a conceção de justiça subjacente ao atual *acquis communautaire*. Stephen Weatherill fala de uma *"perceived tendency to promote a particular economic conception of contract law at the expense of broader social concerns"*[126]. O *diálogo* (de democraticidade plena) sobre as conceções de justiça social do direito europeu dos contratos seria substituído por um *monólogo* (de democraticidade restrita – ou, quando menos, de democraticidade duvidosa).

Entre o ativismo do TJUE na construção de princípios de *direito constitucional*, designadamente através do desenvolvimento de um sistema de direitos fundamentais, e o ativismo do TJUE na construção de princípios de direito dos contratos encontrar-se-ia alguma semelhança[127]. A construção de um sistema de direito constitucional poderia ser desejável; a construção de um sistema de direito privado não o seria, porém.

Weatherill conclui com uma *recomendação* dirigida ao TJUE: *"be careful, finding 'general principles' really isn't so simple – or so uncontroversial"*[128].

Os seus argumentos são, porém, insuficientes para sustentar a sua tese.

O princípio da igualdade pressupõe que o direito seja coerente: *ou bem que o direito é coerente, ou bem que, pura e simplesmente, não é direito.* Existindo, como existe, uma relação conceptual entre a coerência e a sistematicidade: *ou bem que o direito é um sistema, ou bem que, pura e simplesmente, não é direito.* Os princípios gerais constituem o critério da coerência do direito. O projeto de *afirmação de um direito europeu dos contratos sem princípios* – logo, *sem sistema* – é um *projeto de negação do direito europeu dos contratos*[129].

---

[125] STEPHEN WEATHERILL, "Interpretation of the Directives: The role of the Court", *cit.*, p. 4.

[126] STEPHEN WEATHERILL, "The 'Principles of Civil Law' as a Basis for Interpreting the Legislative Acquis", *cit.*, p. 83.

[127] STEPHEN WEATHERILL, "The 'Principles of Civil Law' as a Basis for Interpreting the Legislative Acquis", *cit.*, pp. 81-84.

[128] STEPHEN WEATHERILL, "The 'Principles of Civil Law' as a Basis for Interpreting the Legislative Acquis", *cit.*, p. 85.

[129] Sobre a relação conceptual entre *direito* e *sistema*, *vide* ANTÓNIO CASTANHEIRA NEVES, "A unidade do sistema jurídico: O seu problema e o seu sentido (Diálogo com Kelsen)", in *Boletim da*

DIREITO DA UNIÃO EUROPEIA – ELEMENTOS DE DIREITO E POLÍTICAS DA UNIÃO

7.2. O princípio da «interpretação amiga» dos sistemas de direito privado dos Estados-Membros da União Europeia

Larenz/Wolf propõem um princípio de «interpretação amiga» dos Estados-Membros da União Europeia[130]. Os órgãos jurisdicionais de cada um dos Estados-Membro deveriam preencher o espaço de discricionariedade deixado em aberto pelos princípios e pelas regras do seu sistema nacional de direito privado de forma a evitar, sempre que possível, a contradição ou o conflito com os sistemas nacionais de direito privado dos demais Estados-Membros.

O princípio da «interpretação amiga» dos Estados-Membros da União Europeia contém duas regras: primeiro, uma regra de relevância e, segundo, uma regra de precedência ou de prioridade. Em primeiro lugar, o princípio da «interpretação amiga» aponta os argumentos relevantes para a interpretação das disposições de direito privado – diz-nos que o intérprete deve recorrer a argumentos de direito comparado extraídos da legislação e da jurisprudência dos Estados-Membros da União Europeia. Em segundo lugar, o princípio da «interpretação amiga» indica a relação entre os argumentos ou critérios relevantes – diz-nos que o aplicador do direito há de dar preferência ou prioridade a uma interpretação coerentes com a legislação e com a jurisprudência dos demais Estados-Membros; que o aplicador do direito há de dar preferência a uma *"interpretação do direito nacional utilizável internacionalmente"* (*international brauchbaren Auslegung nationalen Rechts*)[131].

O primeiro aspeto do princípio da «interpretação amiga» dos Estados--Membros da União Europeia – a regra de inclusão ou da relevância dos argumentos extraídos da legislação e da jurisprudência dos Estados-Membros – é tão-só uma concretização ou explicitação das regras gerais: os argumentos em causa constituem argumentos de direito comparado e, por isso, a regra fundamental de inclusão ou de relevância autoriza o aplicador do direito a usá-lo na interpretação das leis. O segundo aspeto do princípio da

---

Faculdade de Direito [da Universidade de Coimbra] – número especial: *Estudos em homenagem ao Prof. Doutor J. J. Teixeira Ribeiro*, vol. II – *Studia Ivridica*, Coimbra, 1979, pp. 73-184; CLAUS-WILHEM CANARIS, *Pensamento Sistemático e Conceito de Sistema na Ciência do Direito* (título original: *Systemdenken und Systembegriff in der Jurisprudenz*), Fundação Calouste Gulbenkian, Lisboa, 1989.

[130] KARL LARENZ/MANFRED WOLF, *Allgemeiner Teil des Bürgerlichen Rechts*, 9.ª ed., C. H. Beck, München, 2004, pp. 92-93 (n. m. 76): *"mitgliedstaatsfreundliche Auslegung"*.

[131] Cf. GÖTZ SCHULZE, "Grundfragen zum Umgang mit modernisierten Schuldrecht – Wandel oder Umbruch im Methodenverständnis", in *Jahrbuch Junger Zivilrechtswissenschaftler*, 2001, pp. 167-186 (p. 175).

CONTRATOS

«interpretação amiga» – a regra de precedência ou de prioridade das interpretações coerentes com a legislação e com a jurisprudência dos demais Estados-Membros da União Europeia – exige uma análise mais atenta e mais desenvolvida.

O texto de Larenz/Wolf pode interpretar-se de duas formas:

– como enunciação de uma regra sobre o ónus de argumentação;
– como enunciação de uma (autêntica) regra de precedência ou de prioridade entre argumentos ou critérios de interpretação.

Interpretado como uma (autêntica) regra de precedência ou de prioridade, o princípio da «interpretação amiga» colocar-nos-ia, pelo menos, dois problemas.

O primeiro relaciona-se com o conflito dos argumentos extraídos dos direitos nacionais dos Estados-Membros da União Europeia entre si: se, por exemplo, o direito alemão, o direito francês e o direito italiano consagram regras diferentes para resolver o problema, deverá aplicar-se o princípio da «interpretação amiga»? Existindo um conflito entre os sistemas de direito nacional de dois (ou mais) Estados, como deve entender-se a regra de que os tribunais de cada Estado-Membro devem preencher o espaço de discricionariedade deixado em aberto pelas disposições de direito interno de forma a evitar, sempre que possível, a contradição ou o conflito com o direito interno de outro Estado-Membro?

O segundo problema relaciona-se com o conflito entre os argumentos extraídos do direito nacional e os argumentos retirados do direito estrangeiro: quando haja um conflito entre os argumentos de direito comparado retirados da legislação e da jurisprudência dos Estados-Membros da União Europeia e os argumentos sistemáticos e teleológicos, a regra de precedência ou de prioridade afigura-se-nos consensual – os argumentos sistemáticos e teleológicos têm prioridade, pelo menos uma prioridade *prima facie*, sobre (todos) os argumentos de direito comparado[132]; quando haja, por exemplo, um conflito entre os argumentos de direito comparado retirados da legislação e da jurisprudência dos Estados-Membros da União Europeia e os argumentos relativos a precedentes, a regra de precedência ou de prioridade afigura-se-nos mais controversa.

---

[132] KONRAD ZWEIGERT/HEIN KÖTZ deixam o caso em aberto [admitindo contudo que *talvez* o intérprete não deva afastar-se da conexão sistemática da sua ordem jurídica: *Einführung in die Rechtswissenschaft*, 3.ª ed., Tübingen, J. C. B. Mohr (Paul Siebeck), 1996, p. 17 (§ 2, III)].

DIREITO DA UNIÃO EUROPEIA - ELEMENTOS DE DIREITO E POLÍTICAS DA UNIÃO

Os dois problemas podem resolver-se através de uma reinterpretação do princípio da «interpretação amiga» dos Estados-Membros da União Europeia, reconduzindo-o a uma regra sobre o ónus da argumentação: quem pretenda desviar-se da legislação ou da jurisprudência de um dos Estados-Membros há de apresentar argumentos suficientes para sustentar a sua pretensão[133].

7.3. O princípio da «interpretação amiga» do sistema de direito privado do anteprojeto de um "quadro comum de referência"

Hesselink propôs que o princípio da «interpretação amiga» dos sistemas de direito privado dos Estados-Membros fosse substituído por um princípio da «interpretação amiga» do "quadro comum de referência" do sistema de direito privado da União Europeia[134]. O "quadro comum de referência" do sistema de direito privado europeu dirige-se aos órgãos legislativos e jurisdicionais dos Estados-Membros e da União Europeia; dirigindo-se aos órgãos legislativos e jurisdicionais dos Estados-Membros e da União Europeia, o princípio da «interpretação amiga» do "quadro comum de referência" contribuiria para a interpretação e para a integração do sistema de direito privado da União Europeia; para a aproximação entre os sistemas de direito privado dos Estados-Membros; e, por último, para a aproximação entre os sistemas de direito privado dos Estados-Membros e o sistema de direito privado da União Europeia[135].

A *formalização* ou *informalização* do "quadro comum de referência" seria irrelevante. A *formalização* do sistema, convolando-o em *hard law*, não seria necessariamente uma vantagem; a *informalização* do sistema, conservando-o como *soft law*, não seria necessariamente uma desvantagem. O "quadro comum de referência", conservando-se *informal*, atualizar-se-ia constantemente – e, atualizando-se constantemente, adaptar-se-ia às circunstâncias[136].

---

[133] Sobre o princípio da «interpretação amiga» dos Estados-Membros da União Europeia, *vide* desenvolvidamente NUNO MANUEL PINTO OLIVEIRA, "O princípio da interpretação amiga dos Estados-membros da União Europeia" – em curso de publicação; *idem*, "The Private Law Society and Contract Law Application", *cit.*, especialmente pp. 33-35.
[134] MARTIJN W. HESSELINK, "The Common Frame of Reference as a Source of European Private Law", *cit.*, pp. 944-947.
[135] MARTIJN W. HESSELINK, "The Common Frame of Reference as a Source of European Private Law", *cit.*, p. 947.
[136] MARTIJN W. HESSELINK, "The Common Frame of Reference as a Source of European Private Law", *cit.*, p. 947; sobre os métodos de interpretação do direito europeu e os métodos europeus de

CONTRATOS

O princípio de uma «interpretação amiga» do (ante)projeto de um "quadro comum de referência" encontra-se implícito, por exemplo, nas conclusões apresentadas pelo Advogado-Geral Miguel Poiares Maduro em 21 de novembro de 2007, no já referido proc. C-412/06 (*Hamilton*), e, sobretudo, nas conclusões apresentadas pela Advogada-Geral Verica Trestnjak, em 11 de setembro de 2008, em 11 de junho de 2008 e em 18 de fevereiro de 2009, no proc. C-180/06 (*Ilsinger*), no proc. C-275/07 (*Comissão das Comunidades Europeias contra República Italiana*) e no já citado proc. C-489/07 (*Messner*), respetivamente.

No proc. C-412/06, o Advogado-Geral Miguel Poiares Maduro alegava que "*a limitação temporal do exercício de um direito, frequentemente designad[a] por 'prescrição', constitui um princípio comum partilhado pelas ordens jurídicas dos diferentes Estados-Membros*" e "*poderia [...] ser consagrado a nível comunitário, na perspetiva da instituição de um quadro comum de referência em matéria de direito europeu dos contratos*"[137]-[138].

No proc. C-275/07, a Advogada-Geral Verica Trestnjak alegava que "*[a] regulamentação comunitária aplicável em matéria de juros de mora tem a sua origem no princípio da acessoriedade dos juros*"; que o princípio da acessoriedade dos juros "*faz parte da ordem jurídica de inúmeros Estados-Membros da União Europeia*"; e que o princípio da acessoriedade dos juros faz parte de instrumentos dirigidos à unificação do direito europeu e de instrumentos de direito internacional.

"*A título exemplificativo, no artigo III.-3:708(1) do projeto de quadro comum de referência [...] prevê-se que o devedor deverá pagar juros de mora caso esteja atrasado no pagamento de determinado montante*", e, no artigo 4.507(1) dos princípios do direito europeu dos contratos (*Principles of European Contract Law*), consagra-se uma disposição análoga. Ora, "*[n]enhum dos instrumentos referidos con-*

---

interpretação dos direitos nacionais, *vide* ROBERT VAN GESTEL/HANS-WERNER MICKLITZ, "Revitalizing Doctrinal Legal Research in Europe: What About Methodology?", *EUI Working Paper LAW 2011/05* – in *http://cadmus.eui.eu/handle/1814/16825*.

[137] O Advogado-Geral Miguel Poiares Maduro continuava, substituindo "poderia" por "deveria" e sustentando que "*[a] existência de um princípio geral de prescrição deveria assim ser reconhecid[a], deixando embora aos Estados-Membros a margem de apreciação necessária à sua aplicação no seu sistema jurídico*".

[138] Conclusões do Advogado-Geral Miguel Poiares Maduro apresentadas em 21 de novembro de 2007, no proc. C-412/06 (*Annelore Hamilton contra Volksbank Filder eG*) [pedido de decisão prejudicial apresentado pelo Oberlandesgericht Stuttgart (Alemanha)], in *http://eur-lex.europa.eu/LexUri Serv/LexUriServ.do?uri=CELEX:62006CC0412:PT:HTML*.

DIREITO DA UNIÃO EUROPEIA – ELEMENTOS DE DIREITO E POLÍTICAS DA UNIÃO

templa situações em que o credor tenha direito aos juros de mora quando já não subsiste a obrigação de pagamento da quantia devida"[139].

No proc. C-180/06, a Advogada-Geral enunciava, como sendo uma "*condição fundamental da celebração de um contrato no âmbito comunitário*", a de que, "*com base numa proposta e na aceitação dessa proposta, as duas partes cheg[assem] a um acordo de vontades para celebrar um contrato*".

O requisito da existência de uma proposta e da aceitação resultaria, por exemplo, em primeiro lugar, da jurisprudência do TJUE (n.º 47); em segundo lugar, da legislação da União Europeia – designadamente, da já referida Diretiva 97/7/CE e da Diretiva 2002/65/CE, de 23 de setembro de 2002, relativa à comercialização à distância de serviços financeiros prestados a consumidores, em que se fala de "proposta" e de "aceitação da proposta" (n.º 48); e, em terceiro lugar, do (ante)projeto de um "quadro comum de referência" do direito europeu dos contratos: "resulta de um documento redigido por um grupo de peritos intitulado [(ante)projeto de um quadro comum de referência], que no futuro poderá ser o ponto de partida de um regime uniforme de direito privado europeu, que o contrato [se] considera [...] celebrado se as partes pretenderem estar ligadas por uma relação jurídica vinculativa ou alcançar outro efeito jurídico e chegam a um consenso suficiente (artigo II.4:101)".

O texto do (ante)projeto de um "quadro comum de referência" seria particularmente útil, por ser mais claro, mais preciso e mais rigoroso que a jurisprudência do TJUE e a legislação da União Europeia:

"No capítulo relativo aos contratos, o [(ante)projeto de um quadro comum de referência] também regula a proposta (artigo II.-4:201) e a aceitação da proposta (artigo II.-4:204). Nos termos do artigo II.-4:201, n.º 1, está-se em presença de uma proposta, em primeiro lugar, se a mesma tiver por objetivo dar origem a um contrato, se a outra parte a aceitar, e, em segundo lugar, se contiver condições suficientemente precisas para que se forme um contrato. Nos termos do artigo II.-4:204, n.º 1, entende-se por proposta qualquer declaração ou comportamento do destinatário da proposta que indicie que o mesmo a aceita. Os *Principles of European Contract Law* (Princípios de

---

[139] Conclusões da Advogada-Geral Verica Trstenjak, apresentadas em 11 de junho de 2008, no proc. C-275/07 (*Comissão das Comunidades Europeias contra República Italiana*) – in *http://eur-lex.europa.eu/ LexUriServ/LexUriServ.do?uri=CELEX:62007CC0275:PT:HTML*.

CONTRATOS

Direito Europeu dos Contratos, a seguir os 'PECL') já contém disposições semelhantes" (n.º 49)[140].

No proc. C-489/07, a Advogada-Geral exprimia, porém, algumas reservas sobre o princípio da «interpretação amiga» do (ante)projeto de um "quadro comum de referência". Estando em causa o problema da indemnização pelo uso normal da coisa, quando o consumidor atue ou exerça o direito de revogação/rescisão/resolução, a Advogada-Geral dá conta de que a (então) proposta de uma diretiva relativa aos direitos dos consumidores e a proposta de um "quadro comum de referência" distinguem entre a depreciação do valor dos bens que seja normal, por resultar do uso necessário "para verificar a natureza e o funcionamento dos bens", e a depreciação do valor dos bens que seja anormal, por resultar de um uso que excede o necessário para os verificar.

«No capítulo relativo aos contratos, o [(ante)projeto de um 'quadro comum de referência'] regula igualmente o direito de rescisão (artigos II.--5:101 a II.-5:202). As disposições conjugadas dos n.ᵒˢ 1 e 3 do artigo II.-5:201 preveem, a favor do consumidor que celebrou um contrato à distância, um direito de rescisão a exercer no prazo base de 14 dias [...] uniforme em toda a Comunidade. [...] [O] artigo II.-5:105, n.º 3, do [(ante)projeto de um 'quadro comum de referência'] regula as questões relativas à indemnização pelo uso. O n.º 3 do artigo II.-5:105 do [(ante)projeto de um "quadro comum de referência"] exclui expressamente qualquer indemnização pelo exame e pela prova, enquanto o seu n.º 4 obriga claramente o consumidor a indemnizar pelo uso normal, podendo o ónus da alegação e da prova recair sobre a empresa vendedora.»

A Advogada-Geral Trstenjak desvalorizava os argumentos retirados da proposta de diretiva e da proposta de um "quadro comum de referência" dizendo que, "[a]lém de estes trabalhos e propostas regulamentares conduzirem, na prática, em meu entender, a problemas complexos de delimitação entre o exame/prova e o uso, suscetíveis de serem prejudiciais para a segurança jurídica e de conduzirem ainda, por último, a que a compra à distância se torne cada vez menos atrativa para o consumidor, estes documentos são,

---

[140] Conclusões da Advogada-Geral Verica Trstenjak, apresentadas em 11 de setembro de 2008, no proc. C-180/06 (*Renate Ilsinger contra Martinu Dreschersu*) (administrador da insolvência da Schlank & Schick GmbH) [pedido de decisão prejudicial apresentado pelo Oberlandesgericht Wien (Áustria)] – in *http://eur-lex.europa.eu/LexUriServ/LexUriServ.do?uri=CELEX:62006CC0180:PT:HTML.*

DIREITO DA UNIÃO EUROPEIA – ELEMENTOS DE DIREITO E POLÍTICAS DA UNIÃO

todavia, meras propostas *sem utilidade para a interpretação da diretiva em vigor*" (*sic*)[141].

Ignorando a insistência dos advogados-gerais, o Tribunal de Justiça tem evitado dizer algo sobre o valor ou desvalor do (ante)projeto de um "quadro comum de referência" para a interpretação do direito europeu. O princípio de uma «interpretação amiga» do (ante)projeto de um "quadro comum de referência" não se encontra nem explícito, nem implícito, na sua jurisprudência.

8. Os projetos de revisão dos sistemas de direito privado dos Estados--Membros da União Europeia

Independentemente do sucesso ou do insucesso da sua pretensão em converterem-se em regulamentos ou em diretivas, os trabalhos preparatórios da harmonização do sistema de direito privado das Comunidades e da União Europeias inspiraram os trabalhos preparatórios da modernização dos sistemas de direito privado dos Estados-Membros – por exemplo, os trabalhos preparatórios da modernização dos sistemas de direito privado alemão, francês e espanhol.

Em 2002, o Código Civil alemão foi alterado pela Lei de modernização do direito das obrigações[142]; em 2004, em França, Pierre Catala apresentou um *Avant-projet de réforme du droit des obligations (Articles 1101 à 1386 du Code civil) et du droit de la prescription (Articles 2234 à 2281 du Code civil)*[143]-[144]; em julho de 2008, a *Chancellerie du Ministère de la Justice*, e, em dezembro de 2008, o grupo de trabalho da *Académie des Sciences Morales et Politiques*, dirigido por François Terré, publicaram projetos de reforma do direito dos contratos[145].

O primeiro projeto de reforma é simplificadamente designado por *avant--projet Catala*, o segundo, por *projet de la Chancellerie* e o terceiro, por *projet Terré*.

---

[141] Conclusões da Advogada-Geral Verica Trstenjak, apresentadas em 18 de fevereiro de 2009, no proc. C-489/07 (*Pia Messner contra Firma Stefan Krüger*) [pedido de decisão prejudicial apresentado pelo Amtsgerichts Lahr (Alemanha)], in *http://eur-lex.europa.eu/LexUriServ/LexUriServ.do?uri=CEL EX:62007CC0489:PT:HTML*.

[142] Entwurf eines Gesetzes zur Modernisierung des Schuldrechts – in *http://dipbt.bundestag.de/dip21/btd/14/060/1406040.pdf*.

[143] Consultado em *http://www.justice.gouv.fr/art_pix/RAPPORTCATALASEPTEMBRE2005.pdf*.

[144] Inspirando-se no *avant-projet Catala*, a Lei n.º 2008-561, de 17 de junho de 2008, alterou o direito da prescrição.

[145] FRANÇOIS TERRÉ (coord.), *Pour une Réforme du Droit des Contrats*, Dalloz, Paris, 2008.

CONTRATOS

Em janeiro de 2009, em Espanha, a *Comisión General de Codificación* apresentou uma *Propuesta de modernización del Código Civil en materia de Obligaciones y Contratos*[146]. Em fevereiro de 2009, em França, a *Chancellerie* do Ministério da Justiça publicou um projeto de reforma do direito das obrigações.

Em Espanha, o processo de reforma está aparentemente parado; em França, não: em julho de 2010, Laurent Béteille apresentou no Senado uma *Proposition de loi portant réforme de la responsabilité civile*[147]. O projeto contém disposições comuns às duas responsabilidades, disposições específicas do sistema de responsabilidade extracontratual e disposições próprias do sistema de responsabilidade contratual – assim, por exemplo, os artigos 1386-13 a 1386-18 enunciam os requisitos específicos da responsabilidade contratual.

Em janeiro de 2011, o grupo de trabalho da *Académie des Sciences Morales et Politiques* publicou um projeto de reforma do direito da responsabilidade civil[148]. Em maio de 2011, o Ministério da Justiça abriu uma consulta pública sobre um *Projet de réforme du régime des obligations et des quasi contrats*[149], e, em outubro, sobre um *Projet de réforme du droit de la responsabilité civile*[150].

Entre os projetos europeus e os projetos nacionais há uma *relação dialógica*. Os projetos europeus inspiraram – e inspiram – os projetos nacionais; os projetos nacionais inspiraram – e inspiram – os projetos europeus. Independentemente dos resultados dos *processos legislativos* da União Europeia, o projeto de um direito europeu dos contratos contribuiu e, seguramente, continuará a contribuir para aproximar a legislação, a doutrina e a jurisprudência dos Estados-Membros. Se tudo o que faltava para construir um direito europeu dos contratos era reconhecê-lo[151], agora nada falta.

---

[146] Comisión General de Codificación, *Propuesta de modernización del Código Civil en materia de Obligaciones y Contratos*, Ministerio de Justicia, Madrid, 2009.

[147] Consultado em *http://www.senat.fr/leg/ppl09-657.html*.

[148] FRANÇOIS TERRÉ (coord.), *Pour une Réforme du Droit des Contrats*, Paris, Dalloz, 2011.

[149] Consultado em *http://www.textes.justice.gouv.fr/projets-de-reformes-10179/reforme-du-regime-des-obligations-et-des-quasi-contrats-22199.html*.

[150] Consultado em *http://www.textes.justice.gouv.fr/projets-de-reformes-10179/reforme-de-la-responsabilite-civile-23045.html*.

[151] HEIN KÖTZ, *European Contract Law* (título original: *Europäisches Vert- ragsrecht*), vol. I, Oxford University Press, Oxford, 1997, p. V.

Capítulo IX
Consumo

FERNANDO DE GRAVATO MORAIS
ISABEL MENÉRES CAMPOS

I. Venda de bens de consumo, cláusulas contratuais gerais e crédito à habitação

1. Panorama legislativo do direito europeu do consumo

O artigo 169.º do TUE (que anteriormente correspondia ao artigo 153.º) estabelece, no n.º 1, que "[a] fim de promover os interesses dos consumidores e assegurar um elevado nível de defesa destes, a União contribuirá para a protecção da saúde, da segurança e dos interesses económicos dos consumidores, bem como para a promoção do seu direito à informação, à educação e à organização para a defesa dos seus interesses" e, no n.º 4, que "[a]s medidas adoptadas nos termos do n.º 3 não obstam a que os Estados-Membros mantenham ou introduzam medidas de protecção mais estritas. Essas medidas devem ser compatíveis com os Tratados e serão notificadas à Comissão". Igualmente, no artigo 38.º da CDFUE, se prevê que "[a]s políticas da União devem assegurar um elevado nível de defesa dos consumidores"[1].

---

[1] Refira-se que a proteção dos consumidores, enquanto direito fundamental, foi consagrada pela primeira vez no Acto Único Europeu, em 1986, e depois desenvolvida nos Tratados de Maastricht e de Amesterdão, em 1992 e 1997, respetivamente.

DIREITO DA UNIÃO EUROPEIA – ELEMENTOS DE DIREITO E POLÍTICAS DA UNIÃO

As normas que visam a proteção do consumidor no mercado interno têm, além do seu objetivo imediato, um objetivo mais amplo e, podemos dizê-lo, mais abrangente no quadro da União Europeia: pretende-se que o consumidor tome as suas decisões numa base de confiança e, dessa forma, estimular o mercado e assegurar que não há distorções de concorrência.

Feita esta primeira referência à previsão dos direitos dos consumidores nos documentos constitucionais da União Europeia, cabe observar que o direito do consumo tem sido uma das matérias alvo das preocupações das Instituições e representa já uma parcela considerável nas incursões do legislador europeu no âmbito do direito privado. Neste nosso estudo apenas focaremos algumas das questões que se mostram pertinentes no quadro do direito do consumo na União.

Vejamos alguns exemplos:

- a Diretiva 84/450/CEE, de 10 de setembro de 1984, , relativa à publicidade enganosa e comparativa, alterada pela Diretiva 97/55/CE, de 6 de outubro de 1997;
- a Diretiva 85/374/CEE, de 25 de julho de 1985, relativa à responsabilidade decorrente de produtos defeituosos, alterada pela Diretiva 1999/34/CE, de 10 de maio de 1999;
- a Diretiva 93/13/CEE, de 5 de abril de 1993, relativa às cláusulas abusivas nos contratos celebrados com os consumidores[2], alterada pela Diretiva 2011/83/CE, abaixo mencionada;
- a Diretiva 98/6/CE, de 16 de fevereiro de 1998, relativa à defesa dos consumidores em matéria de indicações dos preços dos produtos oferecidos aos consumidores;
- a Diretiva 1999/44/CE, de 25 de maio de 1999, relativa a certos aspetos da venda de bens de consumo e das garantias a ela relativas[3];
- a Diretiva 2005/29/CE, de 11 de maio de 2005, relativa às práticas comerciais desleais das empresas face aos consumidores no mercado interno[4];
- a Diretiva 2009/22/CE, de 23 de abril de 2009, relativa às ações inibitórias em matéria de proteção dos interesses dos consumidores;

---

[2] Transposta para a ordem jurídica interna pelo DL n.º 446/85, de 25 de outubro, posteriormente alterado.

[3] Transposta para a ordem jurídica interna pelo DL n.º 67/2003, de 8 de abril, alterado pelo DL n.º 84/2008, de 21 de maio.

[4] Transposta para o direito português pelo DL n.º 57/2008, de 26 de março.

CONSUMO

– Diretiva que estabelece medidas de luta contra os atrasos de pagamentos das transações comerciais;
– a Diretiva 2011/83/CE, de 25 de outubro de 2011, relativa aos direitos dos consumidores[5];
– finalmente, a mais recente, a Diretiva 2014/17/CE, de 4 de fevereiro de 2014, de que falaremos mais adiante.

Com estes instrumentos legislativos, a União Europeia, preocupando-se crescentemente em promover um "alto nível de protecção" dos consumidores no mercado interno, vai, discretamente, emanando normas sobre temas específicos, demonstrando a sua vontade de incursão no domínio do direito privado dos Estados-Membros.

Além do mais, nos últimos tempos, tem-se assistido a um proliferar de diretivas de harmonização plena, impondo-se aos Estados-Membros completa e efetiva harmonização da legislação, tendo em vista evitar distorções na concorrência, as quais seriam favorecidas pelas diretivas de harmonização mínima pelas diferenças legislativas que daí podem advir.

Fala-se também, há muito, da possível elaboração de um *Código Civil Europeu*, havendo tentativas de instituições diversas no sentido da elaboração de um "quadro comum de referência" para o direito privado europeu[6]. Observe-se, todavia, que os céticos e as vozes críticas a esta "ideia diabólica"[7] têm posto em causa a necessidade e a viabilidade de uma tal tarefa mas o certo é que o tema da unificação do direito privado europeu tem ocupado alguma doutrina, estando em largo desenvolvimento os estudos, sobretudo em matéria do direito dos contratos, visando harmonizar os vários sistemas jurídicos em vigor nos países da Europa.

---

[5] Transposta recentemente, através do DL n.º 24/2014, de 14 de fevereiro.

[6] Sobre os trabalhos em curso relativos ao Código Europeu dos Contratos, pode consultar-se a página da *internet* do Study Group on a European Civil Code, liderado por Christian Von Bar, da Universidade de Osnabrück, em *www.sgecc.net*; ou a página no Institut International pour l'Unification du Droit Prive, em *www.unidroit.org*; ou ainda o sítio da Académie des Privatistes Européens, em *www.accademiagiusprivatistieuropei.it*.

[7] A expressão é de PIERRE LEGRAND, em "Against a European Civil Code", *The Modern Law Review*, vol. 60, n.º 1 (janeiro de 1997), pp. 44 e segs.

DIREITO DA UNIÃO EUROPEIA – ELEMENTOS DE DIREITO E POLÍTICAS DA UNIÃO

Em certos campos do direito privado, a tarefa de conciliação dos vários sistemas jurídicos tem-se revelado dificultada, dada a diversidade de sistemas jurídicos e de conceitos[8].

Todavia, a internacionalização da economia e a intensificação das relações comerciais transnacionais, que facilitam e fomentam a rápida circulação dos bens e do crédito de um país para outro, levam a que o tema da harmonização do direito privado não possa ficar apartado das preocupações dos juristas na União Europeia.

Relativamente ao crédito imobiliário, vai-se falando, por exemplo, na criação de uma garantia com efeitos transfronteiriços – a eurohipoteca[9] –, sendo certo que a harmonização das legislações no que diz respeito aos direitos reais sobre imóveis não tem sido considerada uma prioridade, uma vez que, quanto a estes bens, vale o princípio da *lex rei sitae*[10]. A eurohipoteca que está em estudo destinar-se-ia a vigorar em complemento aos regimes de crédito hipotecário instituídos em cada país, sem os afastar. Seria uma garantia real, não acessória do crédito, isto é, não dependendo da efetiva constituição e subsistência da dívida, semelhante à *Grundschuld* alemã ou à *Schuldbrief* suíça. Esta proposta de eurohipoteca, baseada na abstração, esbarra, desde logo, nos sistemas em que as garantias são acessórias do crédito, como é o caso do nosso. De todo o modo, o caminho percorrido nesta matéria é já sufi-

---

[8] Antonio Gambaro ("Perspectives on the codification of the law property – na overview", *European Review of Private Law*, 5, 1997, pp. 497 e segs.) afirma que a tarefa, no que respeita à harmonização dos direitos reais, é impraticável, dadas as grandes divergências de soluções e conceitos existentes em cada Estado-Membro.

Veja-se também Vincenzo Mannino, "La tipicità dei diritti reali nella prospettiva di un diritto europeo uniforme", *Europa e diritto privato*, 4/2005, Giuffrè, Milano, pp. 945 e segs.; Michael G. Bridge, "The english law of real security", *European Review of Private Law*, 4, 2002, pp. 483 e segs.; Ulrich Drobnig, "Transfer of propriety", AA.VV., *Towards a European Civil Code*, 2.ª ed., Ars Aequi Libri, Nijmegen, 1998, pp. 485 e segs.

Sobre as principais divergências entre os sistemas, que dificultam a tarefa de harmonização, pode ler-se o interessante estudo de Eva-Maria Kieninger (*Security Rights in Movable Property in European Private Law*, Cambridge University Press, Cambridge, 2004), que, na introdução (pp. 6 e segs.), salienta a diversidade de regimes de direitos reais e de conceções das garantias mobiliárias como sendo os principais obstáculos à uniformização no direito europeu.

[9] Pode consultar-se, a propósito da proposta de criação de uma *euro-hipoteca*, Agnieszka Drewicz--Tutodziecka, "Basic guidelines for a eurohypothec", Warsaw, *Mortgage Bullettin*, n.º 21, 2005; ou Esther Muñiz Espada, *La Propuesta de una Hipoteca Independiente en el Derecho Español*, Quadernos de Derecho Registral, Madrid, 2008.

[10] Ulrich Drobnig, "Property law in a future european Civil Code", AA.VV., *Um Código Civil para a Europa*, Colecção Studia Iuridica, n.º 64, Coimbra Editora, Coimbra, 2002, p. 113.

570

CONSUMO

ciente para que possamos afirmar que a criação da uma hipoteca com efeitos transfronteiriços já não é apenas uma miragem.

Mais limitados têm sido os resultados dos estudos em torno da harmonização das garantias mobiliárias do crédito. Porém, no plano mundial, chamamos a atenção para a Convenção da Cidade do Cabo, da autoria do UNIDROIT[11], que diz respeito às garantias internacionais sobre materiais de equipamento móvel. A Convenção, assinada na Cidade do Cabo em 16 de novembro de 2001, tem o seu âmbito de aplicação limitado a equipamento aeronáutico e espacial e ainda a material circulante ferroviário, pois só este veio a ser objeto do protocolo autónomo complementar, necessário à aplicação da Convenção[12].

A constituição dos direitos de garantia mobiliária sem desapossamento exige que se reconheça, para além fronteiras, os direitos dos credores sobre os bens e mercadorias que circulam e sobre os quais as garantias são constituídas. Nestes casos, importa proteger o credor, designadamente no que respeita a atos de disposição por parte do devedor, tanto mais que, tratando-se de coisas móveis, a constituição da garantia não possessória não é, geralmente, acompanhada de qualquer ato de publicidade. As dificuldades de harmonização dos sistemas de garantias do crédito devem-se sobretudo aos diferentes regimes que vigoram em cada país, mormente no que respeita ao elenco de garantias admitidas (que resulta do princípio da tipicidade dos direitos reais), às formalidades exigidas para a sua constituição, aos variados sistemas e formas de publicidade ou aos efeitos da insolvência na subsistência das garantias[13]. Finalmente, a Comissão Europeia elaborou, em 2003,

[11] Instituto Internacional para a Unificação do Direito Privado.
[12] A Convenção está publicada em texto integral e em português no *JOUE*, de 15 de maio de 2009. Sobre o tema, pode ler-se RUI PINTO DUARTE, "Mobilidade dos bens e garantia dos credores", *Revista da Banca*, n.º 15 (1990), pp. 101 e segs., escrito alguns anos antes da assinatura do documento, dando-nos conta da evolução dos estudos e das propostas sobre a unificação no âmbito das garantias mobiliárias; MARIA HELENA BRITO, "A Convenção da Cidade do Cabo relativa às garantias internacionais sobre equipamento móvel e o Protocolo sobre questões específicas relativas a equipamento aeronáutico", Faculdade de Direito da Universidade de Coimbra (org.), *Nos 20 anos do Código das Sociedades Comerciais. Homenagem aos Profs. Doutores A. Ferrer Correia, Orlando de Carvalho e Vasco Lobo Xavier*, Coimbra Editora, Coimbra, 2007, pp. 447 e segs.; e MENEZES LEITÃO, "A Convenção do Cabo e o Protocolo sobre equipamento aeronáutico. Registo Internacional de aeronaves", *Revista da Ordem dos Advogados*, Ano 71, jan./mar. 2011, pp. 35 e segs.
[13] Veja-se ULRICH DROBNIG, "Present and future of real and personal security", *European Review of Private Law*, vol. II, n.º 5, 2003, pp. 637 e segs.

DIREITO DA UNIÃO EUROPEIA – ELEMENTOS DE DIREITO E POLÍTICAS DA UNIÃO

uma comunicação ao Parlamento Europeu e ao Conselho contendo um plano de ação para uma maior coerência no direito europeu dos contratos.

É neste contexto que a harmonização em torno dos direitos dos consumidores se tem revelado profícua, numa área em que os avanços do legislador europeu são tão limitados. As inúmeras diretivas europeias, sobre temas de direito do consumo, transpostas com vigor e sucesso para as ordens internas são bem um exemplo de que a conciliação no direito privado europeu é possível.

A União Europeia tem vindo a ocupar-se crescentemente da proteção do consumidor à luz do disposto na CDFUE. As Diretivas europeias têm em comum a definição de "consumidor" como a pessoa singular que atua com fins alheios às suas atividades comerciais ou profissionais, sendo esta noção geralmente adotada em todos os textos[14].

Saliente-se que foi recentemente transposta a Diretiva 2011/83/UE, de 25 de outubro de 2011[15]. O Diploma consagra um especial dever de informação ao consumidor na venda de bens de consumo (em contratos que não sejam contratos celebrados à distância ou fora dos estabelecimentos comerciais), designadamente, a obrigatoriedade de o profissional fornecer uma informação clara e compreensível sobre as características principais dos bens e serviços, sobre a identidade do vendedor ou do fornecedor, o preço total incluindo impostos, as modalidades de pagamento e sistema de tratamento das reclamações, entre outras. Neste diploma define-se *consumidor*

Cf. também o estudo de JAN DALHUISEN, "Conditional Sales and modern financial products", AA.VV., *Towards a Eurpean Civil Code*, 2.ª ed., Ars Aequi Libri, Nijmegen, 1998, pp. 525 e segs.; e BIANCA CASSANDRO SULPASSO, "Comparazione giuridica ed uniformazione delle legislazioni: le garanzie mobiliari", *Rivista di Diritto Civile*, Ano XLI, 1995, p. 575. Veja-se também a proposta da Academia dos Privatistas Europeus de Pavia para um Código Europeu dos Contratos, redigida por Jean-Pierre Gridel, "Sur l'hypothèse d'un Code européen dês contrats: les propositions de l'Académie dês privatistes européens (Pavie)", *Gazette du Palais*, Paris, n.ᵒˢ 52 a 53, 123.º ano, 21 e 22 de fevereiro de 2003, pp. 3 e segs.

[14] Um dos aspetos que se discute a propósito da noção de consumidor é o de saber se neste conceito poderão também ser incluídas as pessoas coletivas quando atuem com fins estranhos às suas atividades comerciais ou profissionais, sendo certo que, no direito português, a Lei de Defesa do Consumidor parece ser mais ampla, ao defini-lo como "todo aquele a quem seja fornecidos bens, prestados serviços ou transmitidos direitos, destinados a uso não profissional". A jurisprudência portuguesa tem, no entanto, optado por uma perspetiva mais restritiva da noção de consumidor: veja-se, a título de exemplo, os Acórdãos do Supremo Tribunal de Justiça de 20 de outubro de 2011 (Moreira Alves) e do Tribunal da Relação de Lisboa de 8 de novembro de 2007 (Ilídio Sacarrão Martins) e de 12 de abril de 2011 (Pedro Brighton), todos consultáveis em *www.dgsi.pt*.

[15] DL n.º 24/2014, de 14 de fevereiro.

CONSUMO

como qualquer pessoa singular que, nos contratos abrangidos pela Diretiva, atue com fins que não se incluam no âmbito da sua atividade comercial, industrial, artesanal ou profissional[16], e *bem* como qualquer objeto móvel corpóreo, com exceção dos objetos vendidos através de penhora, ou qualquer outra forma de execução judicial, abrangendo-se nesta aceção a água, o gás e a eletricidade, quando forem postos à venda em volume delimitado, ou em quantidade determinada[17].

Acresce que as diretivas europeias, nesta incursão pelo direito privado dos Estados-Membros, têm a nota comum da consagração de normas de natureza imperativa, implicando a derrogação dos princípios gerais da autonomia privada e da liberdade contratual, com o objetivo claro de proteção da parte considerada mais fraca neste domínio negocial.

Conforme nota Pinto Monteiro[18], "[t]odo este *frenesim legislativo* acabou por traduzir-se, na ordem jurídica interna dos Estados membros, numa imensidão de textos legais *avulsos, dispersos e fragmentários* [...]. A tomada de consciência do *peso negativo* dessa *inúmera* legislação *especial* foi uma das razões que levou o Governo português a tomar a iniciativa, já em 1996, de fazer preparar o *Código do Consumidor*", iniciativa que culminou em 2006, com a elaboração de um anteprojeto que foi apresentado para discussão pública. Até hoje, o projeto de criação deste documento não avançou[19].

2. A venda de bens de consumo e a Diretiva 99/44/CE

2.1. Âmbito de aplicação
A Diretiva 1999/44/CE, de 25 de maio de 1999, relativa a certos aspetos da venda de bens de consumo e das garantias a ela relativas, é uma das mais importantes incursões do direito comunitário no direito interno, constituindo um importante impulso na harmonização do direito dos contratos.

---

[16] Definição que foi acolhida no diploma de transposição.
[17] Também este conceito foi o adotado no diploma de transposição.
[18] "Harmonização legislativa e proteção do consumidor. A propósito do anteprojeto do Código do Consumidor português", *Themis*, edição especial, 2008, pp. 183 e segs.
[19] Sobre o fracasso do Código do Consumidor, *vide*, entre outros, ANTÓNIO MENEZES CORDEIRO, "O Anteprojeto de Código do Consumidor", in *O Direito*, Ano 138.º, IV, 2006, pp. 685 e segs.; PAULO MOTA PINTO, O Anteprojecto de Código do Consumidor e a venda de bens de consumo", in *Estudos do Instituto de Direito do Consumo*, vol. III, 2006, pp. 119 e segs.; e ALEXANDRE DIAS PEREIRA, "Publicidade comparativa e práticas comerciais desleais", in *Estudos de Direito do Consumidor*, n.º 7, 2005, pp. 341 e segs.

DIREITO DA UNIÃO EUROPEIA – ELEMENTOS DE DIREITO E POLÍTICAS DA UNIÃO

O diploma centra-se nas relações vendedor-consumidor (*business to consumer*) e regula apenas "certos aspectos", pois, para a venda internacional, continua a ser aplicável a Convenção de Viena, vigente em todo o espaço europeu. A referida Diretiva previa que os Estados-Membros pudessem adotar disposições mais rigorosas, compatíveis com o Tratado, com vista a garantir ao consumidor um nível de proteção mais elevado. E, de certa forma, foi o que fez o legislador português.

A transposição desta Diretiva para o direito português ocorreu através do DL n.º 67/2003, de 8 de abril, alterado pelo DL n.º 84/2008, de 21 de maio. O legislador português optou pela "solução pequena"[20], introduzindo, em diploma autónomo, um regime específico para a compra e venda de bens de consumo, mas apenas quanto a "certos aspectos". Os Autores nacionais lamentam geralmente o facto de o legislador português não ter ido mais longe, designadamente incorporando a legislação no Código Civil, à semelhança do que sucedeu na Alemanha.

Os contratos abrangidos pelo diploma nacional são, além do contrato de compra e venda, os contratos de fornecimento de bens de consumo a fabricar ou a produzir, o contrato de empreitada, o contrato de locação de bens de consumo (o que representa uma inovação relativamente à Diretiva)[21].

A Diretiva define, como dissemos, consumidor como a pessoa singular que atua com objetivos alheios à sua atividade comercial ou profissional, estando em consonância com as demais diretivas comunitárias relativas ao direito do consumo.

Por seu turno, conforme se diz no artigo 1.º-A do diploma português, a regulamentação aplica-se às relações contratuais em que estejam em causa, de um lado, um "profissional", entendendo-se que é a pessoa, singular ou coletiva que exerce profissionalmente uma atividade económica que visa a

---

[20] *Vide* SINDE MONTEIRO, "Proposta de Directiva do Parlamento Europeu e do Conselho relativa à venda e às garantias dos bens de consumo", *Revista Jurídica da Universidade Moderna*, 1998, p. 474; PAULO MOTA PINTO, *Cumprimento Defeituoso do Contrato de Compra e Venda. Anteprojecto de Diploma de Transposição da Directiva 1999/44/CE para o Direito Português*, Instituto do Consumidor, Lisboa, 2002, p. 15; CALVÃO DA SILVA, *Venda de Bens de Consumo*, 4.ª ed., Almedina, Coimbra, 2010, pp. 33 e segs.

[21] Conforme observa CALVÃO DA SILVA, *Venda de Bens de Consumo, cit.*, p. 66, a extensão do diploma nacional à locação de bens de consumo está completamente fora das fronteiras da Diretiva. São exemplos desses contratos o aluguer de automóveis mas incluem-se ainda, seguramente, os contratos de locação-venda e de *leasing*, sendo certo que, nestes últimos, a responsabilidade pelos vícios da coisa é, nos termos do DL n.º 149/95, de 24 de junho, do vendedor dos bens e não do locador financeiro.

CONSUMO

obtenção do lucro, e, do outro lado, um "consumidor", isto é, aquele que adquire um bem para uso privado, pessoal, familiar ou doméstico, sendo uma noção idêntica à que consta da Lei de Defesa do Consumidor portuguesa.

2.2. Bens abrangidos

Segundo o diploma europeu, são abrangidos na noção de bens de consumo quaisquer bens móveis corpóreos, com exceção dos bens vendidos por via de penhora, ou qualquer outra forma de execução judicial, da água e do gás, quando não forem postos à venda em volume delimitado, ou em quantidade determinada, da eletricidade. Os Estados-Membros poderiam excluir desta definição os bens em segunda mão adquiridos em leilão, quando os consumidores tenham oportunidade de assistir pessoalmente à venda.

No diploma de transposição, o legislador português entendeu por bem não excluir quaisquer bens móveis da noção de bens de consumo, indo até mais longe: incluiu-se expressamente as coisas imóveis, o fornecimento corrente de água, de eletricidade e de gás, entendidos como serviços públicos essenciais, que beneficiam de um regime próprio[22]. Incluíram-se ainda os bens móveis usados, embora aqui com limitações quanto ao prazo de garantia. Pela legislação nacional são também abrangidas as coisas em segunda mão adquiridas em leilão, ainda que o consumidor tenha estado presente, bens estes que a Diretiva tinha deixado ao critério dos Estados incluir ou não nas respetivas legislações de adaptação. Incluiu-se também, no âmbito de aplicação do diploma, os bens adquiridos em venda coerciva, isto é, os bens adquiridos ou adjudicados em processo de execução ou em processo de insolvência, equiparando-se estas vendas às vendas voluntárias.

O diploma português distancia-se, assim, da Diretiva, sendo muito mais abrangente.

2.3. (Des)conformidade com o contrato

Quer a Diretiva que agora analisamos quer o diploma português de transposição estabeleceram, coincidentemente, um dever de o vendedor entregar ao consumidor bens que sejam conformes com o contrato de compra e venda. A principal diferença, neste aspeto, reside na presunção de desconformidade que o legislador português estabeleceu em favor do consumidor.

---

[22] Lei n.º 23/96, de 26 de julho, com várias alterações posteriores, sendo a versão mais recente a da Lei n.º 10/2013, de 28 de janeiro.

A Diretiva prevê uma presunção de conformidade nos seguintes termos: presume-se que os bens de consumo são conformes com o contrato se, aquando da sua entrega ao consumidor: *a)* forem conformes com a descrição que deles foi feita pelo vendedor e possuirem as qualidades do bem que o vendedor apresentou ao consumidor como amostra ou modelo; *b)* forem adequados às utilizações habitualmente dadas aos bens do mesmo tipo; *c)* forem adequados ao uso específico para o qual o consumidor os destine e do qual tenha informado o vendedor quando celebrou o contrato e que o mesmo tenha aceitado; *d)* as respetivas qualidades e o respetivo desempenho forem satisfatórios atendendo à natureza do bem e às declarações públicas feitas a seu respeito pelo vendedor, pelo produtor ou pelo seu representante.

Neste sentido, o vendedor será responsável perante o consumidor por qualquer falta de conformidade que exista aquando da entrega do bem e que se manifeste no prazo de dois anos a contar desse momento. No entanto, esta falta de conformidade não existirá, à luz da Diretiva, se, no momento da conclusão do contrato, o consumidor tinha conhecimento ou não podia razoavelmente ignorar esta falta. Quando o bem não é conforme às declarações públicas feitas pelo vendedor, pelo produtor ou pelo seu representante, o vendedor não é responsável se provar que não tinha conhecimento nem podia razoavelmente ter conhecimento da declaração em causa, se, no momento da venda, a declaração em causa foi corrigida, ou se a decisão de comprar não pôde ter sido influenciada pela declaração em causa.

O legislador europeu adota, pois, o conceito de "falta de conformidade com o contrato de compra e venda", que no direito português vigente está, na verdade, contido no princípio geral de que os contratos devem ser pontualmente cumpridos, ou seja, o vendedor sempre estaria obrigado, por força deste pilar do direito privado português, a entregar ao comprador, nos termos convencionados, a coisa sem defeitos e sem vícios. Neste ponto, não traria a Diretiva nada de novo, se transposta nos precisos termos[23].

A inovação do diploma português, que o leva a ser muito mais ambicioso na perspetiva da defesa do consumidor, está na presunção de desconformidade que o n.º 2 do artigo 2.º consagra e que faz inverter, a favor do comprador, as regras do ónus da prova dos defeitos ou vícios da coisa. Assim, onde se reforça o princípio de que o vendedor tem o dever de entregar ao consumidor bens que sejam conformes com o contrato de venda, estabelece-se,

---

[23] Veja-se CALVÃO DA SILVA, *Venda de Bens de Consumo, cit.*, pp. 81 e 82.

CONSUMO

ao contrário do diploma europeu, uma presunção de desconformidade dos bens com o contrato de compra e venda, quando o bem está nas circunstâncias aí elencadas e, por outro lado, impõe-se ao vendedor a garantia de conformidade, afastando-se das regras do Código Civil, segundo as quais caberia ao comprador assegurar-se que a coisa não tem defeitos e é adequada para os fins a que se destina. Dito por outras palavras, n.º 2 do artigo 2.º do diploma português estabelece uma presunção de desconformidade se o bem estiver numa das situações aí elencadas, o que facilita ao comprador a prova da existência do vício, pois apenas tem de provar um dos factos aí constantes para que se presuma a desconformidade.

2.4. Direitos do consumidor

Perante a falta de conformidade, o consumidor tem direito à reposição da situação que existiria se a coisa lhe tivesse sido vendida sem vícios. Quer a Diretiva quer o diploma português são coincidentes em reconhecer-lhe o direito à reparação ou à substituição da coisa, à redução do preço ou à resolução do contrato. Contudo, repare-se que estes remédios resultavam já da aplicação das normas civilísticas da compra e venda de coisas defeituosas, constantes dos artigos 913.º e 905.º, e da Lei de Defesa do Consumidor portuguesa, pelo que os diplomas em análise, neste ponto, nada têm de inovador. Os diplomas vêm, afinal e apenas, reforçar a ideia de que o consumidor tem direito à reposição da conformidade, sem encargos.

Discute-se, a propósito dos vários mecanismos de reposição da conformidade à disposição do comprador, se há ou não uma hierarquia entre eles, considerando o disposto no n.º 10 do artigo 3.º da Diretiva, que parece inculcar a ideia de que, antes de desencadear a redução do preço ou a resolução do contrato, deve o consumidor tentar preferencialmente a reparação ou a substituição da coisa e, só se estas vias não forem possíveis, exigir a redução do preço ou a resolução do contrato.

A este respeito, defende Gravato Morais que os remédios previstos no artigo 4.º do diploma português são alternativos, devendo ter-se em consideração, como forma de limitar o recurso a essa alternatividade, o instituto do abuso de direito. Com efeito, a reparação e a substituição são, neste contexto, meios de carácter geral, que só não assistem ao consumidor se não for possível a sua execução ou se mostrem desproporcionados. A redução do preço funciona, segundo o mesmo Autor, no caso de o consumidor pretender ficar com a coisa desconforme, mantendo-se o negócio. Por seu turno, a resolução

DIREITO DA UNIÃO EUROPEIA – ELEMENTOS DE DIREITO E POLÍTICAS DA UNIÃO

do contrato provoca a destruição do vínculo negocial e a restituição do que foi prestado, sendo, portanto, o meio mais gravoso para o vendedor[24].

Coincidentemente, a jurisprudência nacional entende também, geralmente, que os meios previstos no artigo 4.º do DL n.º 67/2003 são alternativos, com a salvaguarda dos limites impostos pela proibição geral do abuso de direito[25].

Cabe ainda referir, neste ponto, o direito à indemnização por parte do consumidor. Na verdade, na esteira do previsto no artigo 8.º da Diretiva 1999/44/CE, os "remédios" previstos no artigo 4.º não prejudicam a possibilidade de o consumidor invocar as normas nacionais relativas à responsabilidade contratual ou extracontratual, tendo vindo a ser defendido pelos Autores que o direito à indeminização é cumulável com os demais mecanismos previstos no artigo 4.º do DL n.º 67/2003[26]. Tem sido esta também a posição da jurisprudência[27].

2.5. Prazos

Por fim, refira-se a matéria dos prazos para o exercício dos direitos por parte do consumidor. Nos diplomas sob análise são previstos dois tipos de prazos: os prazos de garantia, isto é, o prazo dentro do qual o comprador goza dos direitos específicos que lhe são conferidos, e os prazos de denúncia, isto é, os prazos para a denúncia da falta de conformidade para efeitos do exercício dos direitos.

Na Diretiva, porque abrange apenas certos bens móveis, prevê-se o período de garantia de dois anos, podendo o vendedor estabelecer voluntariamente uma garantia comercial de duração superior.

Por seu turno, no diploma nacional, o prazo previsto é de dois ou de cinco anos, consoante se trate de coisa móvel ou imóvel (artigo 5.º, n.º 1). Tratando-

---

[24] FERNANDO DE GRAVATO MORAIS, "A alternatividade dos meios de defesa do consumidor no caso de desconformidade da coisa com o contrato de compra e venda", in *Liber Amicorum MÁRIO FROTA. A Causa dos Direitos dos Consumidores*, Almedina, Coimbra, 2012, pp. 155 e segs.

[25] Cf., por exemplo, os Acórdãos do Tribunal da Relação de Lisboa, de 12 de março de 2009 (Ezagüy Martins) e de 1 de março de 2012 (Tomé Ramião), e do Tribunal da Relação de Coimbra, de 16 de novembro de 2010 (Jorge Arcanjo), entre vários outros, todos consultáveis em *www.dgsi.pt*.

[26] Neste sentido, CALVÃO DA SILVA, *Venda de Bens de Consumo, cit.*, pp. 113 e 114; e FERNANDO DE GRAVATO MORAIS, "A alternatividade dos meios de defesa do consumidor no caso de desconformidade da coisa com o contrato de compra e venda", *cit.*, p. 169.

[27] A título meramente exemplificativo, veja-se o Acórdão do Tribunal da Relação de Lisboa de 31 de maio de 2007 (Granja da Fonseca), in *www.dgsi.pt*.

CONSUMO

-se de coisa móvel usada, o prazo pode ser reduzido para um ano, por acordo das partes. Prevê-se ainda, inovadoramente em relação à legislação comunitária, que, havendo substituição do bem, o prazo começará a contar da data da entrega do bem substituto (artigo 5.º, n.º 6).

A Diretiva não impõe ao consumidor o dever de denunciar a falta de conformidade, prevendo apenas que os Estados-Membros podem estabelecer esse ónus desde que se confira ao consumidor um prazo de, pelo menos, dois meses para os bens móveis, a contar da data em que a conformidade tenha sido detetada. O legislador português optou por prever o dever de denunciar.

Estabelece-se, assim, no artigo 5.º-A da lei portuguesa, os prazos de denúncia da falta de conformidade por parte do consumidor, sendo o prazo de dois meses, no caso de bem móvel, ou de um ano, no caso de imóveis, contando-se tais prazos a partir da data do conhecimento. Este quadro é em muito coincidente com o regime da denúncia previsto no Código Civil.

3. O regime das cláusulas contratuais gerais[28]

3.1. Quadro legal

O regime das cláusulas contratuais gerais tem sido também uma das áreas de atuação da União Europeia em matéria de direitos do consumidor, embora se deva salientar que, na transposição, o legislador português optou neste ponto por um âmbito de aplicação mais vasto do que a estrita proteção dos consumidores.

Os diplomas europeus mais relevantes são a Diretiva 1993/13/CE, de 5 de abril de 1993, relativa às cláusulas abusivas nos contratos celebrados com os consumidores, e a Diretiva 2009/22/CE, de 23 de abril de 2009, relativa às ações inibitórias em matéria de proteção dos interesses dos consumidores.

Relativamente à primeira, o objetivo confesso foi o de conferir proteção especial aos interesses da coletividade que, fazendo parte da ordem económica, excedam os interesses específicos das partes, observando-se que as cláusulas contratuais gerais, destinadas a substituir as soluções legais tradicionais, substituindo os padrões de justiça em vigor na comunidade por soluções estabelecidas de forma unilateral, com vista a maximizar os interesses de uma das partes, produzem, por vezes, resultados económicos perniciosos, deslocando os encargos e os riscos para quem não está na melhor posição

---

[28] Neste ponto, limitamo-nos apenas a umas curtas observações, com intuito de mero apontamento.

579

DIREITO DA UNIÃO EUROPEIA – ELEMENTOS DE DIREITO E POLÍTICAS DA UNIÃO

para os suportar. Daí que se proíbam as cláusulas abusivas nos contratos de adesão, limitando-se o seu âmbito de aplicação aos contratos de adesão celebrados com consumidores. De acordo com o artigo 3.º, n.º 1, é cláusula abusiva a cláusula contratual "que não tenha sido objecto de negociação individual (...) quando, a despeito de exigência de boa-fé, der origem a um desequilíbrio significativo em detrimento do consumidor, entre os direitos e obrigações das partes decorrentes do contrato".

A apreciação do carácter abusivo de uma cláusula contratual é feita através de dois meios: de um critério geral, constante do referido artigo 3.º, n.º 1, e de um segundo critério que consiste numa lista indicativa de cláusulas abusivas, anexa à Diretiva, que serve como elemento interpretativo, ou seja, a cláusula não é considerada automaticamente abusiva, mas, estando na lista, é um indício forte do seu carácter abusivo.

No sistema português, o regime das cláusulas contratuais gerais encontra consagração legal no DL n.º 446/85, de 25 de outubro, com alterações posteriores tendo em vista a adaptação às diretivas europeias.

3.2. Âmbito de aplicação

A Diretiva 1993/13/CE exclui do seu âmbito de aplicação as cláusulas negociadas individualmente com os consumidores. No entanto, cabe observar que, como é sabido, na negociação em massa, vão surgindo novas práticas que consistem em incluir cláusulas em contratos relativamente aos quais o consumidor declara ter negociado e ter aceitado expressamente, conduzindo à aparência de uma negociação individual que, na realidade, não existe. Estabelece-se um princípio da transparência, no seu artigo 5.º, determinando que as cláusulas propostas aos consumidores deverão estar sempre redigidas de forma clara e compreensível e o consumidor deve ser capaz de obter, antes da conclusão do contrato, as informações necessárias para que possa decidir com pleno conhecimento de causa e estabelece-se ainda um direito à informação pré-contratual.

Pretende-se que o controlo das cláusulas abusivas seja feito de forma rigorosa, prescrevendo-se, no artigo 6.º, que as cláusulas abusivas de um contrato não vinculem o consumidor, remetendo-se para as legislações nacionais a determinação das respetivas sanções: o consumidor pode invocar o carácter abusivo da cláusulas para afastar a sua aplicação, pode recusar-se a honrar as suas obrigações que decorram de cláusulas abusivas; prevê-se ainda que o carácter abusivo da cláusula seja conhecido *ex officio* pelo tribunal e que

CONSUMO

a decisão judicial que considera uma cláusula abusiva tenha efeitos *ex tunc* (retroativos, desde a conclusão do contrato).

De acordo com o artigo 8.º do diploma português, as cláusulas consideram-se excluídas dos contratos individuais ou singulares quando não tenham sido comunicadas ou quando tenham sido comunicadas em violação do dever de esclarecimento ou de informação. São também consideradas excluídas as cláusulas que pela apresentação gráfica passem despercebidas e as cláusulas inseridas em formulários depois da assinatura dos contraentes. Nestes casos, os contratos subsistem sem a parte excluída, valendo aqui um princípio do aproveitamento contratual de modo a beneficiar o consumidor. Estabelece-se também que o ónus da prova da comunicação adequada e efetiva cabe ao contratante, determinado que submeta a outrem as cláusulas contratuais gerais.

3.3. Ações inibitórias

Quanto à segunda, a Diretiva 2009/22/CE, relativa às ações inibitórias em matéria de proteção dos interesses dos consumidores, em Portugal, optou-se por um sistema de controlo através da ação inibitória, a intentar nos tribunais comuns, a qual tem em vista declarar como "abusiva" uma determinada cláusula. Reconhece-se legitimidade para intentar ações deste tipo ao Ministério Públicos e às associações de defesa dos consumidores.

A ação inibitória visa, assim, tutelar interesses coletivos e difusos e pretende impedir a futura utilização das cláusulas abusivas, proibidas por lei, interditando ou recomendando a não utilização de tais cláusulas. Tem, portanto, uma finalidade preventiva, de controle abstrato das cláusulas inseridas em contratos, não intervindo a respeito de contratos concretos.

Foi ainda organizado um sistema de registo das cláusulas abusivas, prevendo-se que, quando haja decisão judicial que, por aplicação dos princípios e das normas legais, tenha proibido o uso ou declare a nulidade de cláusulas inseridas em contratos singulares, os tribunais remetam para o serviço que organiza o registo cópia dessas decisões transitadas em julgado. O serviço encarregado desta organização é o Gabinete para as Relações Internacionais, Europeias e de Cooperação, integrado na Direcção-Geral da Política de Justiça[29]. Este é um registo de decisões judiciais, funcionando como um meio complementar a outros meios sancionatórios com vista à supressão das

---

[29] Podendo o registo das decisões judiciais quanto às cláusulas abusivas ser consultado em *www.dgsi.pt*.

cláusulas abusivas utilizadas na negociação em massa. Tem, pois, uma função pedagógica para os profissionais e empresas, mas também uma função informativa para o consumidor diligente, visando publicitar e dissuadir e sendo de fácil localização e acessibilidade.

Como é sabido, em Portugal, as atividades económicas consideradas mais problemáticas quanto à utilização de cláusulas consideradas abusivas, por serem os grandes *consumidores* de cláusulas contratuais gerais, são os setores bancário e segurador, de telecomunicações e de televisão e ainda os serviços públicos essenciais, como eletricidade, gás e água.

4. O crédito à habitação como nova preocupação do direito da União

4.1. O direito bancário "de retalho" na União Europeia

No direito bancário europeu – a chamada *banca de retalho* – têm-se registado nos últimos anos alguns desenvolvimentos no sentido da proteção do consumidor. Nos serviços financeiros de retalho estão incluídos serviços como as contas correntes, pagamentos, empréstimos pessoais, empréstimos com hipoteca (os mais vulgares são os créditos à habitação), poupanças, pensões e produtos de investimento e de seguros, quando prestados a clientes individuais, incluindo investidores a retalho. A Comissão Europeia, no *Livro Verde* publicado sobre o tema[30], considera que tais serviços desempenham "um papel fundamental na vida diária dos cidadãos da UE, facilitando a sua total participação na economia, permitindo-lhes um planeamento a longo prazo e protegendo-os de circunstâncias imprevistas, e envolvem compromissos financeiros determinantes". Considera ainda a Comissão que "[o]s empréstimos à habitação são os instrumentos de maior exposição financeira ao longo da vida da maior parte dos cidadãos da UE, com o balanço dos créditos hipotecários em curso a atingir quase 50% do PIB da União".

Refira-se a que Diretiva "serviços"[31] exclui expressamente do seu âmbito de aplicação os "serviços financeiros", visto que estas atividades, designadamente os serviços bancários, de crédito, de seguros, de títulos, de fundos de investimento, de pagamento e de consultoria de investimento e ainda os serviços referidos no Anexo I da Diretiva 2006/48/CE, de 14 de junho de 2006, como se diz no próprio diploma, são objeto de legislação comunitária específica.

---

[30] Disponível para consulta no *site* da Comissão Europeia (*ec.europa.eu*).
[31] Diretiva 2006/123/CE, de 12 de dezembro de 2006.

CONSUMO

Assim, com vista à construção do chamado "mercado interno bancário", que tem a sua base nos artigos 49.º e segs. (direito de estabelecimento), 56.º e segs. (liberdade de prestação de serviços) e 63.º e segs. (liberdade de circulação de capitais) do Tratado, tem-se legislado sobre o acesso à atividade das instituições financeiras e ao seu exercício, sendo a mencionada Diretiva 2006/48/CE o elemento regulador mais importante, estabelecendo-se regras no que respeita ao exercício da atividade bancária em particular, designadamente a harmonização dos regimes de autorizações, da supervisão prudencial e do controlo da atividade bancária através da cooperação entre os diversos Estados-Membros.

No artigo 127.º do Tratado prevê-se a união económica e monetária para o que se pretende o desenvolvimento de uma estrutura institucional de supervisão bancária, através de várias entidades com competência regulamentar e de controlo nas várias áreas financeiras. Por seu turno, as alterações em perspetiva no direito bancário *de retalho*, tendo em vista a proteção do consumidor, traduzem-se na criação do chamado mercado único bancário, sobretudo quanto ao crédito hipotecário e ao crédito ao consumo.

4.2. A Diretiva sobre o crédito aos consumidores para imóveis de habitação

Em 4 de fevereiro de 2014 foi aprovada a Diretiva 2014/17/CE relativa aos contratos de crédito aos consumidores para imóveis de habitação. Este documento é de enorme importância no que respeita à incursão da União Europeia em matérias de direito privado, uma vez que até agora as questões relativas ao crédito imobiliário estiveram de certa forma arredadas das preocupações europeias, não obstante a integração do mercado do crédito hipotecário ser, há já algum tempo, alvo do interesse da Comissão.

Conforme resulta da leitura dos considerandos desta nova Diretiva, pretende-se agora "estabelecer princípios sobre normas idóneas em matéria de concessão de crédito para imóveis de habitação", tendo sido identificados como principais problemas neste mercado a concessão e a contratação do crédito e os intermediários financeiros.

Considera-se que as especificidades dos contratos de crédito para imóveis de habitação justificam "uma abordagem diferenciada". Realça-se nos considerandos que o que se pretende é o desenvolvimento de um nível elevado de proteção dos consumidores no mercado interno, fazendo-se assim a devida justificação através do fundamento constante dos Tratados.

DIREITO DA UNIÃO EUROPEIA – ELEMENTOS DE DIREITO E POLÍTICAS DA UNIÃO

A Diretiva é de harmonização mínima: proclama-se no artigo 2.º que os Estados-Membros são livres de adotar disposições mais restritivas para proteção dos consumidores, desde que compatíveis com as suas obrigações decorrentes do direito da União, consagrando apenas quanto às informações pré-contratuais a prestar aos consumidores e quanto à norma comum europeia relativa ao cálculo da taxa anual de encargos efetiva global (TAEG) regras precisas das quais as legislações dos Estados não poderão divergir.

4.2.1. Âmbito de aplicação

Conforme resulta do n.º 1 do artigo 3.º, a Diretiva tem um âmbito de aplicação limitado aos designados contratos de crédito à habitação garantidos por hipoteca (ou outra garantia equivalente), sejam contratos para financiamento de aquisição, construção ou manutenção de habitação. Este campo de ação é coincidente com o diploma que rege o crédito à habitação no nosso País[32], sendo de prever, por isso, a sua alteração, por força da transposição da Diretiva.

A Diretiva consagra um leque de exclusões no n.º 2 do artigo 3.º, exclusões estas que dizem respeito a contratos de crédito que não são, em rigor, aquilo que designamos por "crédito à habitação", uma vez que, como se diz nos considerandos, esses contratos têm características específicas que ultrapassam o âmbito de aplicação da Diretiva.

Estabelece-se ainda a possibilidade de os Estados excluírem a aplicação do diploma a certo tipo de contratos de crédito destinados a financiar aquisições de imóveis que não se destinem a habitação ou que se destinem a arrendamento para habitação de outro sujeito que não o consumidor ou um membro da sua família, considerando que estes têm riscos e características que os distinguem dos créditos à habitação padronizados. Dá-se ainda liberdade aos Estados para incluírem os contratos de crédito concedidos em condições mais vantajosas do que o habitual a um grupo restrito de pessoas, sem juros ou com taxas inferiores às praticadas no mercado[33], aos empréstimos intercalares e aos contratos de crédito concedidos pelas associações mutualistas ou cooperativas de crédito.

Também são excluídos os contratos de crédito sem a garantia real associada, ainda que superiores a € 75 000,00, os quais deverão ser abrangidos

---

[32] DL n.º 349/98, de 11 de novembro, com várias alterações posteriores.

[33] Como é o caso dos empréstimos concedidos aos funcionários bancários ao abrigo do respetivo acordo coletivo de trabalho.

CONSUMO

pela legislação do crédito ao consumo, que adiante analisaremos, diretiva essa que será alterada em conformidade com o agora estabelecido.

4.2.2. Definições

As definições da Diretiva constam do artigo 4.º. Conforme se lê nos considerandos, por razões de coerência do direito da União, as definições deverão estar, no geral, em consonância com as que constam da Diretiva 2008/ /48/CE.

Neste sentido, a noção de consumidor da Diretiva que analisamos é dada através de uma remissão expressa para a diretiva do crédito aos consumidores – a Diretiva 2008/48/CE –, a qual vem analisada em seguida.

Cumpre a este propósito salientar a figura do "intermediário de crédito", à qual a Diretiva dedica especial atenção mais adiante e que vem descrita como sendo aquele (pessoa singular ou coletiva) que não aja na qualidade de mutuante ou notário e que, mediante remuneração pecuniária ou outra forma de contrapartida propõe, presta assistência ou celebra contratos de crédito aos consumidores, abrangendo-se no respetivo regime também o "intermediário de crédito vinculado" e o "representante nomeado", que o referido preceito também define, pretendendo-se, desta forma, abranger todas as situações em que o crédito é concedido através ou com a mediação de outra entidade estranha ao mutuante que participa na formação do contrato.

4.2.3. Reforço dos deveres de informação contratual e pré-contratual

A preocupação com o reforço dos deveres de informação a prestar aos consumidores perpassa toda a Diretiva. Não só se consagra, desde logo, a obrigação, por parte das instituições de crédito e dos intermediários, de prestar informações ao consumidor a título gratuito (artigo 8.º), como se prevê, na fase anterior à celebração do contrato um conjunto de deveres de informação abrangente, a fazer constar na ficha normalizada a incluir na publicidade (artigo 11.º), como ainda se inclui a obrigação de prestar as informações pré-contratuais de carácter geral, de forma clara e compreensível (artigos 13.º e segs.). Devem ainda os Estados-Membros prever que os mutuantes e os intermediários assegurem as explicações adequadas sobre o contrato de crédito ao consumidor na fase pré-contratual.

A Diretiva que analisamos refere nos seus considerandos que, atendendo às características dos contratos de crédito para imóveis de habitação, a informação contratual personalizada a fornecer ao consumidor deve

DIREITO DA UNIÃO EUROPEIA – ELEMENTOS DE DIREITO E POLÍTICAS DA UNIÃO

incluir advertências de risco específicas e adequadas, dando como exemplos o impacto das flutuações nas taxas no valor a reembolsar e a natureza e as implicações da constituição da garantia.

Os consumidores devem receber informações pré-contratuais completas e claras quer negoceiem diretamente com os bancos, quer o façam através dos intermediários. Essa informação deve ser prestada em tempo útil, antes da celebração do contrato, por forma a poderem comparar e ponderar as características dos produtos de crédito.

Acresce que a informação pré-contratual prestada ao consumidor deve obedecer aos mesmos padrões de exigência e de forma que se exige para o crédito aos consumidores, por forma a que o mutuário possa ter explicação clara e cabal quanto a certos elementos contratuais. Estabelecem-se regras precisas quanto à estrutura, à organização e ao preenchimento da FINE (Ficha de Informação Normalizada).

Refira-se que, neste ponto, vigoram já em Portugal regras estritas quanto aos deveres de informação a prestar pelas entidades bancárias quando contratam créditos à habitação ou outros créditos hipotecários. Logo, neste particular, não resulta que tenham de existir alterações de fundo quanto às práticas que vêm sendo adotadas pelos Bancos, desde 2012[34]. Haverá, porventura, que adaptar as instruções e avisos emanados pelo regulador ao texto da Diretiva.

Os especiais deveres de informação a que as instituições passarão a estar sujeitas abrangem também os intermediários do crédito, a que a Diretiva dá tanta relevância. Estes devem assegurar, como forma de garantir a confiança dos consumidores, um elevado padrão de imparcialidade, honestidade e profissionalismo, uma gestão adequada de conflitos de interesses e têm a obrigação de defender os interesses do consumidor na consultoria prestada.

---

[34] Veja-se o Aviso do Banco de Portugal n.º 16/2012, de 17 de dezembro, que estabelece deveres mínimos de informação a observar pelas instituições de crédito na negociação, celebração e vigência de contratos de crédito à habitação e de crédito conexo. Na sequência da publicação do DL n.º 226/2012, de 18 de outubro, o Banco de Portugal procedeu, através do Aviso n.º 16/2012, à extensão do âmbito de aplicação do Aviso n.º 2/2010, de 16 de abril, passando este a aplicar-se aos outros contratos de crédito hipotecário, nos termos que aí são definidos. Pretendeu-se, desta forma, garantir que os deveres de informação previstos naquele diploma regulamentar são aplicáveis não apenas aos contratos de crédito à habitação e de crédito conexo, mas também à negociação, celebração e vigência daqueles contratos de crédito hipotecário. Esta extensão do âmbito de aplicação do Aviso n.º 2/2010 determinou a introdução de alterações ao modelo e à informação a prestar através da ficha de informação normalizada constante do Anexo I à Instrução n.º 10/2010.

4.2.4. Avaliação de solvabilidade

O diploma europeu que analisamos vem prever, nos artigos 18.º e segs., um conjunto de medidas com vista a garantir uma rigorosa avaliação de solvabilidade dos mutuários e da suficiência da garantia real prestada, afirmando, contudo, expressamente, que essa avaliação de solvabilidade não deverá implicar a transferência para o mutuante da responsabilidade pelo subsequente incumprimento por parte do consumidor das suas obrigações decorrentes do contrato de mútuo, o que me parece um ponto importante, considerando a ideia que, nos últimos tempos, se tem tentado passar de que os bancos deveriam ser responsabilizados pelo incumprimento dos mutuários, o que naturalmente contraria todas as regras e princípios em matéria de cumprimento e incumprimento das obrigações vigentes no nosso país.

Muito relevante neste contexto é o reforço da ideia de que a decisão do mutuante sobre a concessão do crédito tem de ser necessariamente coerente com o resultado da avaliação de solvabilidade. Invoca-se como exemplo um caso que era assaz frequente entre nós: aquelas situações em que a dívida era garantida por terceiro (um fiador) e, apesar da fraca solvabilidade do mutuário, as instituições mutuantes concediam o empréstimo, sabendo que o mutuário não o poderia pagar mas confiando nas capacidades de reembolso do garante. Isto resulta, designadamente, do artigo 18.º, n.º 5, onde se estabelecem os requisitos para a concessão do crédito, cujo cumprimento os Estados-Membros devem assegurar.

Reforça ainda a Diretiva a necessidade de a avaliação de solvabilidade ter de ter em consideração a situação económica e financeira do consumidor, quer no que respeita a receitas, quer no que respeita a despesas, prevendo-se a possibilidade de os Estados-Membros autorizarem a resolução do contrato se se demonstrar que o consumidor prestou falsas ou incorretas informações.

Finalmente, estão previstas regras quanto à consulta às bases de dados de crédito para efeitos de avaliação de solvabilidade, determinando-se também que o consumidor seja informado da recusa do crédito e dos fundamentos da recusa.

Reitera-se também, no artigo 19.º, a necessidade de ser realizada uma correta e fidedigna avaliação do imóvel a financiar, antes da celebração do contrato, avaliação essa que deve ser feita de acordo com as normas e parâmetros internacionais. Com as regras rigorosas a instituir, pretende-se assegurar que todos os relatórios de avaliação sejam elaborados com o cuidado e a diligência profissionais adequados e que os avaliadores satisfaçam determinados requisitos de qualificação[35].

4.2.5. Vendas associadas, seguros

Consagra ainda a Diretiva, no artigo 12.º, regras específicas quanto às vendas associadas, determinando que estas não devem ser obrigatórias, a não ser que o serviço ou produto financeiro associado não possa ser oferecido separadamente por ser parte integrante do crédito. Quanto aos seguros prevê-se, designadamente, a possibilidade de dar ao consumidor a liberdade de escolha da seguradora, desde que a apólice de seguro desta garanta de igual modo os riscos cobertos pelo seguro oferecido pelo mutuante.

4.2.6. A execução da hipoteca

Por último, cabe referir as exigências da Diretiva quanto à execução do contrato em caso de incumprimento.

Sob a epígrafe "Boa execução dos contratos de crédito e direitos associados", introduzem-se regras quanto à prevenção dos riscos de incumprimento, considerando as consequências da execução da hipoteca, não só para os mutuantes como também para os consumidores e ainda para a estabilidade financeira em geral. Pretende-se assegurar, tanto quanto possível, que as instituições bancárias promovam mecanismos de resolução extrajudicial e pré-judicial das situações de incumprimento. Prescreve o artigo 39.º que os Estados-Membros devem assegurar o recurso aos mecanismos de resolução extrajudicial de conflitos de consumos neste tipo de contratos, "utilizando as entidades já existentes, se for caso disso".

Um dos pontos a salientar, finalmente, é a reconsideração, no artigo 28.º, das consequências da subsistência da dívida ao banco, após a excussão do imóvel dado em garantia. Determina-se que os Estados-Membros deverão assegurar a proteção de condições mínimas de subsistência do consumidor e instituir medidas que facilitem o reembolso por forma a "evita[r] o sobreendividamento de longa duração" (considerando 27). Quando o preço obtido pelo imóvel afetar o montante devido pelo consumidor, estabelece-se que os Estados deverão incentivar os mutuantes a empreenderem diligências

---

[35] Também neste ponto, assiste-se no nosso país, atualmente, a uma exigência maior das instituições de crédito, pois as avaliações imobiliárias que promovem são, geralmente, levadas a cabo por peritos avaliadores certificados pela Comissão do Mercado de Valores Mobiliários.

CONSUMO

razoáveis para obterem pelo imóvel objeto da execução o melhor preço possível no contexto das condições de mercado.

Estatui-se ainda que os Estados *não devem impedir* que se convencione expressamente que a transmissão do imóvel objeto da garantia para o mutuante liquidará integralmente o montante em dívida.

4.2.7. Observações finais
A data limite para transposição prevista na Diretiva é 21 de março de 2016. Prevê-se, portanto, um prazo de cerca de dois anos para os Estados adaptarem as suas legislações às novas exigências. Estamos em crer que no nosso País, atendendo às instruções e avisos que vêm sendo emanados no órgão regulador, não haverá que modificar radicalmente as práticas que hoje estão instituídas no comércio bancário de retalho. Em todo o caso, alguns aspetos vão merecer não só uma profunda reflexão e uma alteração de comportamentos por parte dos agentes económicos deste setor de atividade, mormente os intermediários do crédito, mas também uma alteração de paradigma do consumidor de crédito à habitação.

II. Crédito aos consumidores

1. Enquadramento legal
O DL n.º 133/2009, de 2 de junho[36], relativo ao crédito aos consumidores, revogou o DL n.º 359/91, de 21 de setembro, referente ao crédito ao consumo, tendo entrado em vigor a 1 de julho de 2009 (artigo 37.º), quase um ano antes da data prevista e imposta na Diretiva para o efeito – 10 de maio de 2010.

Logo após foi publicada a Declaração de Retificação n.º 55/2009, de 31 de julho, que procedeu a 18 alterações circunstanciais.

Ocorreram, entretanto, modificações ao regime de 2009: a primeira, por via do DL n.º 72-A/2010, de 18 de junho; a segunda, na sequência do DL n.º 42-A/2013, de 28 de março.

O diploma vigente e o texto revogado, acima mencionados, surgiram na sequência de diretivas comunitárias, publicadas em momentos temporalmente distantes (22 anos).

---

[36] Doravante, a menção a um preceito sem indicação do diploma legal deve entender-se como referente ao DL n.º 133/2009.

Assim, mais recentemente, a Diretiva 2008/48/CE, de 23 de abril de 2008 (com 32 artigos), revogou o primeiro texto sobre a matéria, justamente a Diretiva 87/102/CEE, de 22 de dezembro de 1986 (com 18 artigos).

A grande diferença entre tais atos comunitários – o que se reflete, consequentemente, ao nível dos diplomas internos – é que a Diretiva de 2008 impõe uma harmonização máxima (nas matérias que regula) – cf. o artigo 22.º[37] –, ao contrário do que sucedia com a Diretiva de 1987, que apenas determinava uma harmonização mínima – artigo 15.º.

A larguíssima maioria dos países da União Europeia preferiram esperar até à data assinalada no texto europeu para efeito de transposição do respetivo texto: na Alemanha, ver a *Gesetz zur Umsetzung der Verbraucherkreditrichtlinie, des zivilrechtlichen Teils der Zahlungsdiensterichtlinie sowie zur Neuordnung der Vorschriften über das Widerrufs– und Rückgaberecht*, de 29 de julho de 2009 [integrada nos §§ 491 e segs. do *BGB* (*Bürgerliches Gesetzbuch – Código Civil alemão*)]; em França, cf. a *Loi 2010-737, de 1 de julho de 2010*, embora ainda se mantenham em vigor os artigos L 311-1 a L 311-37 da *Loi 93-949, de 26 de julho de 1993*, de acordo com a nova redação; em Itália, destacavam-se os artigos 40.º a 43.º do *Codice del Consumo*, com a remissão para o *Testo Unico Bancario*, mas o *Decreto Legislativo de 13 de agosto de 2010*, n.º 141, modificou essas regras, revogando-as e reintroduzindo-as no *Testo Unico Bancario*, nos artigos 121.º a 126.º; em Inglaterra, assinale-se o *Consumer Credit Regulations 2010*; por fim, em Espanha, a *Ley 16/2011, de 24 de junho*, de contratos de crédito ao consumo, entrou em vigor no dia 25 de setembro de 2011 e derrogou a anterior *Ley 7/1995*.

2. Sistematização

Em termos estruturais, o diploma vigente encontra-se dividido – em 6 capítulos – do seguinte modo:

- objeto, âmbito de aplicação e definições – artigos 1.º a 4.º (Capítulo I);
- informação e práticas anteriores à celebração do contrato de crédito – artigos 5.º a 11.º (Capítulo II);

---

[37] Ver, especialmente, os considerandos 9 e 10 da Diretiva 2008/48/CE, afirmando-se, entre outras, a necessidade de "harmonização plena" em vista de assegurar "que todos os consumidores da Comunidade beneficiem de um nível elevado e equivalente de defesa dos seus interesses e para instituir um verdadeiro mercado interno" (considerando 9, no início). Especifica-se ainda que a limitação imposta pelo ato comunitário "só será aplicável nos casos em que existam disposições harmonizadas... Caso não existam ..., os Estados-Membros deverão continuar a dispor da faculdade de manter ou introduzir legislação nacional" (considerando 9, 3.ª e 4.ª frases).

CONSUMO

– informação e direitos relativos aos contratos de crédito – artigos 12.º a 23.º (Capítulo III);
– taxa anual de encargos efetiva global – artigo 24.º (Capítulo IV);
– intermediário de crédito – artigo 25.º (Capítulo V);
– disposições finais – artigos 26.º a 37.º (Capítulo VI).

Encontramos ainda 3 anexos ao diploma:

– o primeiro, referente ao modo de cálculo da TAEG;
– o segundo, atinente à informação normalizada europeia em matéria de crédito aos consumidores;
– o terceiro, relativo à informação normalizada em sede de descobertos, créditos concedidos por certas organizações e conversão de dívidas.

No tocante ao conteúdo diploma, globalmente, o destaque vai para o segundo e para o terceiro capítulos, pela novidade (ali) e pelo peso significativo das regras (aqui).

Quanto àquele, dá-se ênfase às informações pré-contratuais, o que não existia no anterior diploma, ressalvada a referência à publicidade. Resta, no entanto, averiguar como a prática vai dar resposta às exigências da lei e como é que os consumidores vão reagir perante tais informações. Apesar de a lei antiga ser muito pouco expressiva quanto a esta temática, não houve até ao momento nenhuma decisão conhecida sobre um eventual problema posto desde 1991.

Quanto a este, para além da maior dimensão normativa em relação ao texto antigo (artigos 12.º a 23.º, portanto, 12 disposições[38]), dá-se realce a novas matérias (cf. artigo 20.º), a novas particularidades quanto a assuntos já tratados (artigos 17.º e 19.º) ou a clarificações na esteira da doutrina e da jurisprudência portuguesas (artigo 18.º), sem prejuízo de, em alguns casos, a temática se manter imodificada (*v. g.*, artigo 22.º).

3. Novo regime jurídico do crédito aos consumidores: os contratos de crédito em geral

3.1. Definições
Cumpre realçar, em primeiro lugar, a alteração estrutural em relação ao diploma anterior – as definições – agora 14 – encontram-se consagradas (no

---

[38] Em vez das anteriores 7 regras (artigos 6.º a 12.º do DL n.º 359/91).

DIREITO DA UNIÃO EUROPEIA – ELEMENTOS DE DIREITO E POLÍTICAS DA UNIÃO

artigo 4.º) posteriormente ao leque de operações excluídas (artigos 2.º e 3.º), na esteira da sistematização seguida na Diretiva 2008/48/CE, e não ao contrário, como bem dispunha o DL n.º 359/91.

No tocante ao conteúdo da disposição, cabe salientar, por um lado, a manutenção de alguns conceitos do pretérito (é o que sucede, *v. g.*, com as noções de consumidor [alínea *a)*], de credor [alínea *b)*], ou de contrato de crédito [alínea *c)*], e, por outro, a existência de novas definições (e novas figuras, por vezes) que não constavam do texto anterior (*v. g.*, de intermediário de crédito, de suporte duradouro, entre outras) ou de noções readaptadas em face do diploma antigo (de custo total do crédito, por exemplo).

Assume especial destaque a autonomização dos conceitos de "facilidade de descoberto" [alínea *d)*] e de "ultrapassagem de crédito" [alínea *e)*], duas faces da mesma moeda. Na verdade, aquele configura um "contrato expresso" onde se permite a retirada de fundos que excedam o saldo da conta de depósito à ordem, ao passo que este representa um "descoberto aceite tacitamente" que possibilita a retirada de fundos que superem o "saldo da conta de depósito à ordem ou da facilidade de descoberto acordada".

Há outras noções que se mostram extremamente significativas, mas que apenas são relevadas por nós especificamente aquando do tratamento de matérias conexas [é o caso do conceito de "contrato de crédito coligado", decorrente da alínea *o)*].

3.2. Exclusões

Considerando a ampla noção de contrato de crédito – com referência a contratos específicos, mas contendo uma cláusula onde potencialmente cabe qualquer negócio creditício [artigo 4.º, alínea *c)*] – o legislador delimita – *não em seguida, mas antecipadamente* – o campo de aplicação da lei, por via da consagração de um leque vasto de "operações excluídas".

No quadro das "exclusões absolutas", é significativamente aumentado esse leque: de 7 para 13. No entanto, mantém-se algumas das exclusões antigas, ainda que por vezes com alterações, sendo o normativo reforçado com outras muito significativas.

Quanto àquelas, releve-se o conteúdo das seguintes:

– torna-se claro que os contratos de crédito que tenham por fim o financiamento (predominante ou não), a aquisição ou a manutenção da propriedade não integram o diploma, embora à luz de uma interpretação (necessariamente) conforme à Diretiva (considerando 14) se deva

CONSUMO

entender que os créditos destinados à renovação ou à valorização de prédios existentes não se encontram excluídos – alínea *b*);

– aumenta-se o valor, escassa (de € 150 para € 200) ou significativamente (de € 30 000 para € 75 000), consoante o caso, referente ao montante do crédito concedido, aquém ou a partir do qual o regime não é empregue – alínea *c*);

– os contratos de locação que não prevejam o direito ou a obrigação[39] de compra – no fundo, os meros contratos de locação – estão fora do campo de aplicação do diploma – alínea *d*)[40].

No tocante a estas, destaquem-se os casos seguintes:

– os contratos de crédito garantidos por hipoteca (ou por outro direito) sobre coisa imóvel[41] (cabendo no diploma, a *contrario sensu*, a hipoteca sobre bem móvel registável, cada vez mais usada em função da predominância da tese da nulidade da cláusula de reserva de propriedade a favor do financiador[42]) – alínea *a*);

– os contratos de crédito concedidos pelo empregador aos seus empregados, a título subsidiário e que não sejam propostos ao público em geral, desde que não sejam cobrados juros ou que a TAEG seja inferior às praticadas no mercado – alínea *h*);

– os contratos de crédito exclusivamente garantidos por penhor – alínea *m*).

---

[39] Não é habitual a celebração de contratos de locação com obrigação de compra pelo locatário.

[40] A inclusão dos contratos de locação financeira, tal como se encontram definidos no DL n.º 149/95, de 24 de junho, foi uma escolha (acertada) do legislador português (mantendo-se o que já resultava do DL n.º 359/91), tal como se admite no considerando 10, 4.ª frase, da Diretiva 2008/48/CE.

A mesma escolha foi realizada pelo legislador italiano [artigo 122.º, n.º 1, alínea *m*), e n.º 3, do *Testo Unico Bancario*].

O legislado espanhol afastou os contratos de locação financeira [artigo 3.º, alínea *d*), da *Ley 16/2011*].

[41] Esta exclusão era vista como parcial no DL n.º 359/91 (artigo 16.º).

[42] FERNANDO DE GRAVATO MORAIS, *Contratos de Crédito ao Consumo*, Almedina, Coimbra, 2007, pp. 299 a 320, e "Reserva de propriedade a favor do financiador", *Cadernos de Direito Privado* (*CDP*), n.º 6, 2004, pp. 49 e segs. Em sentido contrário, cf. ISABEL MENÉRES CAMPOS, "Cancelamento do registo da reserva de propriedade, Anotação ao Ac. STJ, de 2.2.2006", *CDP*, n.º 15, 2006, pp. 53 e segs.

DIREITO DA UNIÃO EUROPEIA – ELEMENTOS DE DIREITO E POLÍTICAS DA UNIÃO

3.3. Formação do contrato de crédito aos consumidores

3.3.1. Publicidade

Para além de uma remissão para o regime geral da publicidade (o que já ocorria no artigo 5.º, n.º 1, parte inicial, do DL n.º 359/91, com a redação dada pelo DL n.º 82/2006, de 3 de maio) e sem prejuízo das normas consagradas na CRP (artigo 60.º, n.º 2), na Lei de Defesa do Consumidor (artigo 7.º, n.os 4 e 5, da Lei n.º 24/96, de 31 de julho), e no Código da Publicidade (DL n.º 330/90, de 23 de outubro, já por diversas vezes alterado)[43], regula-se posterior e especificamente a publicidade no crédito ao consumidor.

Nesta sede, realcem-se sobretudo as mensagens publicitárias, as quais podem envolver uma qualquer forma de comunicação, usando distintos e variados suportes – sejam os meios impressos em textos (jornais, revistas, painéis publicitários), sejam os meios audiovisuais (televisão, rádio).

Em tais mensagens, que podem ser realizadas pelo credor ou pelo intermediário de crédito, obriga-se o anunciante a assinalar a TAEG para assegurar uma eficaz transparência das mesmas do ponto de vista do consumidor (artigo 5.º, n.º 1, com a redação dada pelo DL n.º 42-A/2013), afirmando-se ainda a obrigatoriedade da indicação da TAEG em várias circunstâncias particulares (artigo 5.º, n.os 2 e 3).

Nesta matéria, são introduzidas informações normalizadas para auxílio e proteção do beneficiário do crédito (artigo 5.º, n.os 4 e 5).

3.3.2. Deveres de informação e de assistência

Consagram-se, por outro lado, alguns preceitos novos importantes em sede de informação pré-contratual. Estabelece-se um regime geral e um regime especial para alguns contratos.

Na esteira da Diretiva de 2008, o leque de informações a prestar pelo credor (ou pelo intermediário de crédito) é vastíssimo (artigos 6.º, n.os 1 a 10, e 8.º), o que pode criar muitas dificuldades ao credor, até porque cabe a este (ou ao intermediário, sendo o caso) fazer a prova do cumprimento do respetivo dever (artigo 6.º, n.º 11, com a redação dada pelo DL n.º 42-A/2013).

Este dever de informação é complementado pelo dever de assistência ao consumidor, para efeito de auxílio no tocante à avaliação total e completa, pelo consumidor, do crédito que tem em vista (artigo 7.º, n.os 1 a 3, com a

---

[43] Ver, em especial, CARLOS FERREIRA DE ALMEIDA, *Os Direitos dos Consumidores*, Almedina, Coimbra, 1982, e "Contratos de publicidade", *Scientia Iuridica*, 1994, pp. 281 e segs.

594

CONSUMO

redação dada pelo DL n.º 42-A/2013), sendo que também neste caso ao financiador incumbe o ónus da prova do dever em causa (artigo 7.º, n.º 4, com a redação dada pelo DL n.º 42-A/2013).

3.3.3. Dever de avaliar a solvabilidade do consumidor

Nesta fase anterior à (eventual) celebração do contrato (ou no caso de aumento do montante total do crédito) incumbe ainda ao credor avaliar a solvabilidade do consumidor.

A colaboração do consumidor, por um lado, e a busca pelo credor de informações de solvabilidade públicas acerca daquele, por outro, são elementos relevantes nesta sede.

O resultado desta avaliação pode ser a recusa do pedido de crédito, devendo no caso tal recusa ser devidamente fundamentada pelo credor.

Também aqui o ónus da prova do cumprimento de todos estes deveres cabe ao financiador.

3.4. Celebração do contrato de crédito aos consumidores

3.4.1. Forma e procedimento

Se, no quadro do DL n.º 359/91, se impunha a redução a escrito do contrato, o atual diploma, na esteira de outros recentes, alarga o leque de possibilidades: papel ou outro suporte duradouro. Acresce que tal deve ser feito em condições de inteira legibilidade pelo consumidor (artigo 12.º, n.º 1).

Consagrava-se ainda a obrigatoriedade, sem exceções, de entrega de um exemplar ao consumidor, ao tempo em que este subscrevia o contrato. No presente texto mantém-se essa mesma regra (artigo 12.º, n.º 2), todavia modificada pela alteração de 2013, determinando-se aí restritivamente que "no caso de contratos de crédito celebrados presencialmente[44], o exemplar deve ser entregue no momento da assinatura do contrato de crédito".

3.4.2. Extensão aos garantes

A grande novidade – não prevista no diploma europeu, nem no texto interno de 1991 – consiste na extensão do procedimento aos garantes[45].

---

[44] *A contrario sensu*, parece poder deduzir-se que no caso de contratos celebrados não presencialmente a entrega do exemplar não é obrigatória.

[45] Conquanto a doutrina já o sustentasse – Fernando de Gravato Morais, *Contratos de Crédito ao Consumo, cit.*, pp. 102 e segs., p. 112 – e a jurisprudência já o defendesse [cf. ainda à luz do DL n.º

DIREITO DA UNIÃO EUROPEIA – ELEMENTOS DE DIREITO E POLÍTICAS DA UNIÃO

Tal justifica-se em razão de estes deverem ter conhecimento exato do âmbito da sua vinculação.

3.4.3. Efeitos da falta de forma ou da omissão do procedimento

A falta da forma adequada (aqui se incluindo as condições de inteira legibilidade) gera a nulidade do contrato (artigo 13.º, n.º 1), tal como se dispunha no diploma de 1991 (artigo 7.º, n.º 1).

A mesma consequência emerge da omissão do procedimento consagrado: a nulidade do contrato de crédito.

Em relação aos garantes, o efeito limita-se à nulidade da garantia prestada.

3.4.4. O abuso do direito de invocar a nulidade

Cumpre salientar que a nulidade, sendo à partida invocável pelo consumidor dado que se encontra a coberto da regra respetiva, nem sempre pode ser arguida com sucesso.

Na verdade, no caso concreto, há circunstâncias que nos levam a concluir que existe "uma contradição com a ideia de justiça"[46].

Estamos a aludir ao instituto do abuso do direito (individual) de invocar a nulidade. Em regra, tratar-se-á da sua modalidade mais comum: o comportamento contraditório. O consumidor comporta-se, durante um certo período de tempo, como se o negócio fosse válido (cumprindo rigorosamente o contrato de crédito), originando-se uma ideia, na contraparte (o dador de crédito), de que a invalidade não seria invocada. Mais tarde, porém, o consumidor vem arguir a nulidade do contrato de crédito.

359/91, mas já perspetivando o DL n.º 133/2009, o Acórdão do Tribunal da Relação do Porto de 1 de julho de 2013 (Oliveira Abreu), proc. n.º 9494/07.2YYPRT-A.P1, *www.dgsi.pt*, onde se destaca que "apesar de todas as enunciadas considerações que vêm de ser feitas serem relativas ao consumidor, reconhecemos que as mesmas também são válidas quanto ao avalista, porquanto também quanto a este se deve afirmar a necessidade de entrega do exemplar do escrito em que estão vazadas as cláusulas do contrato, desde logo porque só assim ficará o avalista a conhecer o alcance e os termos da sua própria responsabilidade"; ver ainda o Acórdão do Tribunal da Relação do Porto de 26 de junho de 2012 (Ramos Lopes), proc. n.º 416/08.4TBBAO.P1, *www.dgsi.pt*, destacando "que o fiador tem legitimidade para invocar a nulidade do ato se em relação a si se verificar a inobservância do apontado formalismo – sendo certo que tal invalidade apenas interfere com a sua posição no contrato em questão"].

[46] Heinrich Hörster, *A Parte Geral do Código Civil Português, Teoria Geral do Direito Civil*, Almedina, Coimbra, 2013, p. 284.

CONSUMO

3.5. Menções

3.5.1. Considerações gerais

Tal como no regime anterior, estabelece-se um conjunto de elementos que devem constar dos contratos de crédito em geral[47]. Agora, porém, o número de menções é bastante mais elevado (passamos de 8 para 22 – divididas por duas normas: 8, por efeito da remissão do artigo 12.º, n.º 3, proémio, para o artigo 6.º, n.º 3; 14, resultantes do artigo 12.º, n.º 3, nas suas várias alíneas).

3.5.2. Efeitos da inobservância das menções

As consequências da inobservância dos elementos a apor no contrato de crédito não são uniformes.

Privilegia-se a invalidade do contrato. Todavia, cabe distinguir os casos em que se sanciona mais gravemente a conduta do credor, com o efeito "nulidade" [artigo 6.º, n.º 3, alíneas *a)* a *h)*, *ex vi* artigo 12.º, n.º 3, proémio, e artigo 13.º, n.º 1], daqueles outros, onde a sanção é menos pesada, optando-se pela anulabilidade [cf. as alíneas *a)* a *o)*, com exceção da alínea *g)*, do artigo 12.º, n.º 3, e artigo 13.º, n.º 3].

Mantém-se o regime do pretérito para uma hipótese residual – a das eventuais garantias e seguros – a sanção "inexigibilidade" [artigo 12.º, alínea *g)*, e artigo 13.º, n.º 4].

De todo o modo, esta inobservância da aposição das menções é imputável ao credor, por via da presunção *juris tantum* resultante do artigo 13.º, n.º 5, sendo que só o consumidor pode invocar a invalidade (afastando-se que, *v. g.*, o credor o possa fazer, sendo que o próprio tribunal também não pode conhecer – no caso, a nulidade – oficiosamente).

Mas o consumidor pode provar a existência do contrato, por qualquer meio, apesar de o contrato ser inválido (desde que não a invoque). O que pode gerar a seguinte consequência: a transformação do crédito oneroso em crédito gratuito (portanto, sem juros e outros encargos), mantendo-se o seu carácter fracionado (mantendo o consumidor o direito a realizar as prestações de capital no prazo acordado) – artigo 13.º, n.º 7.

Esta regra que se mantém do regime anterior, que tinha, aliás, a sua origem no regime da venda a prestações (DL n.º 457/79, de 21 de novembro),

---

[47] Havendo ainda uma disciplina própria para alguns contratos de crédito em especial: artigos 12.º, n.º 5, e 15.º.

DIREITO DA UNIÃO EUROPEIA – ELEMENTOS DE DIREITO E POLÍTICAS DA UNIÃO

não tem sido, ao longo dos tempos, usada com a frequência devida pelos consumidores (não havendo nota de decisões sobre esta temática).

3.6. Direito de livre revogação[48]

3.6.1. Âmbito de aplicação
O direito de revogação é aplicável a qualquer contrato de crédito, independentemente da forma que assuma. Assim resulta do próprio teor de vários números do artigo 17.º: aí sempre se alude a "contrato de crédito", a "credor", sem restringir o campo de aplicação. Aliás, do ponto de vista material, inexiste qualquer razão justificativa para se impor uma limitação.

3.6.2. Legitimidade
O consumidor é quem tem legitimidade ativa para emitir a declaração (artigo 17.º, n.º 1).

O destinatário da declaração de revogação é o credor (artigo 17.º, n.º 4). Não se esqueça, porém, que, atuando o vendedor como representante do credor, a declaração de revogação dirigida àquele tem igualmente eficácia perante o financiador.

3.6.3. Prazo
Estende-se agora o prazo para o exercício do direito. Era, à luz da lei antiga, de 7 dias úteis. É agora de 14 dias corridos (ou de calendário, como expressa o n.º 1 do artigo 17.º).

Tem dois propósitos: o do alargamento efetivo do prazo; o de configurar um passo na harmonização do prazo em relação a todos os contratos de consumo.

3.6.4. Conteúdo
Não há necessidade de indicar o motivo que levou o consumidor à revogação do contrato, mas deve identificar-se o contrato de crédito a revogar.

3.6.5. Exercício do direito: início do prazo
O prazo começa a correr num de dois momentos: desde a data da celebração do contrato, no pressuposto de que é entregue o exemplar do mesmo ao

---

[48] Ver, sobre a matéria, CARLOS FERREIRA DE ALMEIDA, *Direito do Consumo*, Almedina, Coimbra, 2005, pp. 105 e segs.

CONSUMO

consumidor nesse exato momento e desde que lhe sejam dadas as informações devidas [alínea *b)*, *a contrario sensu*]; ou a partir da data da receção pelo consumidor do exemplar do contrato e das informações, sempre que o credor não proceda regularmente.

3.6.6. Exercício do direito: termo do prazo
O exercício do direito de livre revogação deve ocorrer até ao final do 14.º dia. Para o efeito, o que releva é o momento da expedição da declaração. Acolhe-se, tal como no artigo 8.º do DL n.º 359/91, a teoria da expedição, o que configura um desvio ao princípio geral expresso no artigo 224.º, n.º 1, 1.ª parte, do Código Civil, quanto à eficácia das declarações receptícias, onde se acolhe a teoria da receção ou do conhecimento.

Quanto à forma, pode ser "em papel ou noutro suporte duradouro". No entanto, o modo mais seguro acaba por ser, pelo menos em termos probatórios, a carta registada com aviso de receção.

3.6.7. Efeitos do exercício regular do direito
A consequência imediata do exercício regular do direito de revogação, pelo consumidor, é a extinção do contrato de crédito.

Mas há ainda um efeito mediato subsequente: a obrigação de o consumidor pagar ao credor o capital e os juros vencidos, desde que utilize o capital e até à data da restituição. Analise-se este dever.

Admite-se, portanto, que, previamente ao termo do prazo para o exercício do direito, ocorra o levantamento do capital. Tal utilização importa unicamente (do ponto de vista do credor) o vencimento de juros, à taxa nominal estipulada (artigo 17.º, n.º 4). De todo o modo, prevê-se um prazo máximo restitutório: 30 dias após a data da expedição da declaração de revogação[49], que marca, para o consumidor, o momento exato em que o contrato cessa[50].

Mas é o consumidor quem suporta os custos não reembolsáveis pagos pelo credor a entidades da Administração Pública (artigo 17.º, n.º 5).

Podem retirar-se daqui algumas conclusões:

– o risco de utilização do capital é suportado pelo credor;
– a utilização do capital não preclude o exercício do direito de revogação;

---

[49] "Sem atrasos indevidos" (artigo 17.º, n.º 4), ou seja, sem atrasos não imputáveis ao consumidor.
[50] Para mais especificidades, FERNANDO DE GRAVATO MORAIS, *Crédito aos Consumidores – Anotação ao Decreto-Lei n.º 133/2009*, Almedina, Coimbra, 2009, pp. 82 a 84.

DIREITO DA UNIÃO EUROPEIA – ELEMENTOS DE DIREITO E POLÍTICAS DA UNIÃO

– a regra restitutória não pode aplicar-se quando o capital é entregue pelo credor diretamente ao vendedor, devendo funcionar a lógica do artigo 18.º, n.º 4;
– o risco de atraso ou de perda da declaração de revogação é suportado pelo credor.

3.6.8. Irrenunciabilidade ao direito de livre revogação

Importante realce vai para a irrenunciabilidade do direito do consumidor de livremente revogar o contrato, por força da aplicação do artigo 26.º.

É que inexiste agora, ao contrário do que sucedia no passado, regra específica que permitia essa renúncia (artigo 8.º, n.º 5), e que de resto era fortemente criticada[51].

3.7. Cumprimento do contrato: reembolso antecipado

A faculdade de o consumidor proceder ao reembolso antecipado adquire, à luz do DL n.º 133/2009, uma nova dimensão e uma forte eficácia, quando a comparamos com igual possibilidade permitida no passado.

O regime é bem mais benéfico para o consumidor, em relação ao diploma revogado, sendo oposto ao consagrado no artigo 1147.º do Código Civil, onde aí o mutuário tem de satisfazer os juros por inteiro.

Assim, para além da aplicabilidade da nova disciplina a qualquer contrato de crédito, em qualquer momento e sem restrições quanto a eventuais reembolsos parciais (o que representa uma novidade em relação ao regime de outrora) (artigo 19.º, n.º 1), o reembolso faz operar uma correspondente redução do custo total do crédito (artigo 19.º, n.º 1, parte final).

Há, porém, que distinguir especialmente dois casos:

– sempre que a taxa nominal seja fixa, há a possibilidade de o credor obter uma compensação, justa e objetivamente justificada (artigo 19.º, n.os 3 e 4);
– caso a taxa nominal não seja fixa (ou não o seja no período específico do reembolso), não é admissível que o credor exija qualquer comissão de reembolso [artigo 19.º, n.º 5, alínea c)].

---

[51] FERNANDO DE GRAVATO MORAIS, *Contratos de Crédito ao Consumo*, *cit.*, pp. 163 e segs.

CONSUMO

3.8. Incumprimento do contrato pelo consumidor

3.8.1. Ideias base
O incumprimento do contrato de crédito pelo consumidor é agora objeto de norma específica (o artigo 20.º).

A sua razão de ser encontra-se na ideia de proteção do consumidor apesar do seu incumprimento, inexistente até à data da entrada em vigor, pois aplicava-se aqui o regime geral civilista.

A disciplina consagrada não releva na Diretiva de 2008, conquanto na proposta de Diretiva de 2002 houvesse norma expressa que tutelava o consumidor. Foi até por isso que, cremos, no anteprojeto do Código do Consumidor (artigo 297.º) se dispôs regra própria sobre o tema, que agora se seguiu. Aliás, a ideia parece ser a de consagrar norma afim à existente no caso de venda a prestações (artigo 934.º do Código Civil). De notar ainda que em alguns países, como é o caso da Alemanha, o respetivo legislador, desde há muito, consagrou preceito próprio [cf. os anteriores §§ 12 e 13 *VerbrKrG* (*Verbraucherkreditgesetz – Lei de Crédito ao Consumidor alemã*) e os atuais §§ 498 e 503 *BGB*].

3.8.2. Requisitos
A disposição não distingue, ao nível dos requisitos de aplicabilidade, a perda do benefício do prazo da resolução. Na verdade, coloca lado a lado tais figuras (artigo 20.º).

Nestes termos, o credor só pode socorrer-se – indistintamente – dos mecanismos enunciados se:

- o consumidor faltar ao pagamento de duas prestações sucessivas (se forem duas prestações alternadas, a regra não parece aplicar-se; da mesma sorte, se estiver em causa uma só prestação a regra não é empregue);
- as duas prestações em causa ultrapassam 10% do montante total do crédito [este valor vem expresso no artigo 20.º, n.º 1, alínea *a*), *in fine*];
- se concedeu ao consumidor um prazo suplementar mínimo de 15 dias para pagamento das prestações em mora e da indemnização devida;
- decorreu, sem sucesso, o prazo suplementar concedido;
- se verificou a expressa advertência da consequência aplicável no caso (ou a perda do benefício do prazo ou a resolução).

DIREITO DA UNIÃO EUROPEIA – ELEMENTOS DE DIREITO E POLÍTICAS DA UNIÃO

3.9. Dependência contratual

O artigo 18.º refere-se à união de contratos de crédito e de compra e venda.

3.9.1. Noção de contrato de crédito coligado

A noção de "contrato de crédito coligado" encontra-se no artigo 4.º, n.º 1, alínea *o*). Tendo por base o contrato de crédito, pois é este que se considera "coligado a um contrato de compra e venda" [proémio da alínea *o*)], exige-se o preenchimento de dois requisitos, a saber:

– que a concessão do crédito sirva exclusivamente para financiar o pagamento do preço do bem (específico) vendido ou do serviço (específico) prestado;
– que os (dois) contratos (celebrados) constituam – objetivamente – uma unidade económica.

O primeiro pressuposto – com raiz direta no texto europeu –, encontra alguma afinidade com o revogado artigo 12.º, n.º 1, 1.ª parte, do DL n.º 359/91. Aí se determinava o seguinte: "Se o crédito for concedido para financiar o pagamento de um bem vendido [ou do preço de um serviço concedido, como resultava do n.º 3] por terceiro...". O que era entendido pela doutrina como um pressuposto muito amplo, que facilmente se verificava.

Ora, na lei vigente acrescentaram-se dois elementos novos:

– um, reside justamente na introdução do advérbio "exclusivamente", que não tem outra dimensão que não seja a de fazer realçar que é necessário que o crédito concedido tenha por fim único uma dada aquisição ou um dado serviço[52];
– o outro decorre da utilização do termo "específicos", e que está intimamente ligado com a nova locução assinalada: é que o crédito deve ter tido apenas em vista o financiamento de um específico bem ou serviço (e não bens ou serviços em geral).

Quanto ao segundo requisito, cabe referir que se torna unitário o conceito de unidade económica, o que se aplaude. Esta não era a lógica da disci-

---

[52] Este elemento não tem o mesmo significado que tinha, no artigo 12.º, n.º 2, alínea *a*), o advérbio "exclusivamente". Aquele referia-se à relação estabelecida (no caso, ao acordo prévio) entre credor e vendedor. O atual advérbio alude à relação entre a concessão do crédito e o bem (ou o serviço) financiado.

CONSUMO

plina do passado, com definições diversas e casuísticas (por vezes exigentes) de unidade económica [cf. artigos 12.º, n.º 1, parte final, 12.º, n.º 2, alínea *a*), ambos do DL n.º 359/91, e 18.º, n.º 3, do DL n.º 143/2001, de 26 de abril].

A concretização desta unicidade é, todavia, exemplificativa. Tal decorre do emprego do advérbio "designadamente". Com efeito, a unidade económica pode resultar das três circunstâncias descritas na subalínea *ii)* – mas também de quaisquer outras não identificadas –, a saber:

– se a operação de crédito para consumo é bilateral, considerando as partes envolvidas (o credor é, ao mesmo tempo, o fornecedor do bem ou o prestador do serviço), para que se verifique a unidade económica, basta a existência de um mero financiamento pelo fornecedor ou pelo prestador do serviço;

– se a operação de crédito para consumo tem estrutura trilateral, em razão do número de partes envolvidas (ou seja, o financiador é pessoa diversa do vendedor ou do prestador de serviços), a unidade económica pode decorrer de duas possibilidades:

– caso o credor recorra ao vendedor ou ao prestador de serviços "para preparar ou celebrar o contrato de crédito"; assim, à luz da lei atual, não é necessário sequer qualquer acordo entre credor e vendedor (e muito menos prévio e exclusivo) para que se verifique o requisito; basta o mero recurso ao vendedor ou ao prestador de serviços (*v. g.*, este dispõe de formulários de pedidos de crédito, remete-os ao financiador, encaminha o consumidor para um dado credor);

– caso o bem específico ou o serviço específico estejam expressamente previstos no contrato de crédito; trata-se aqui de uma novidade, já assinalada pela doutrina: basta que conste do contrato de crédito o objeto do financiamento para que se verifique a unidade económica.

Saliente-se, por outro lado, que a unidade económica se revela objetivamente, o que se mostra atualmente pacífico, embora fosse em tempos discutido o sentido (subjetivo ou objetivo) dessa unidade económica[53].

Releve-se, por fim, que esta noção representa uma "placa giratória", em torno da qual se movem as consequências jurídicas desta específica conexão contratual.

---

[53] BARBARA DAUNER-LIEB, "Verbraucherschutz bei verbundenen Geschäften (§ 9 VerbrKrG)", *WM*, Sonderbeilage 6/1991.

3.9.2. Repercussão das vicissitudes do contrato de crédito no contrato de compra e venda

Tal como no diploma revogado (artigo 12.º, n.º 1, do DL n.º 359/91), a invalidade (nulidade ou anulação) do contrato de crédito – aqui havido como negócio principal, no exato sentido de que é aquele que projeta a vicissitude para o outro ato – repercute-se, "na mesma medida" – ou seja, nulidade ou anulação, consoante o caso – no outro negócio.

Na nova regra prevê-se ainda, tal como no pretérito, a extensão da ineficácia ao outro contrato ligado. Tem-se em vista, entre outras hipóteses, os casos de resolução por incumprimento do credor ou de livre revogação do contrato de crédito com propagação idêntica no negócio oposto.

3.9.3. Repercussão das vicissitudes do contrato de compra e venda no contrato de crédito

Da mesma sorte, mas agora em sentido inverso, se regula a projeção das vicissitudes emergentes do contrato de compra e venda no negócio conexo: o contrato de crédito. Configura aquele, neste quadro, o contrato principal.

Determina-se que a repercussão opera a vários níveis.

Por um lado, em sede de invalidade (nulidade ou anulação) e no quadro da livre revogação do contrato de compra e venda (artigo 18.º, n.º 2). Esta disposição vai para além do texto revogado – onde esta projeção da vicissitude não se consagrava expressamente –, embora a doutrina e a jurisprudência dominantes, ao tempo, já defendessem a sua aplicabilidade[54]. Cremos que configura um passo muito importante na tutela do consumidor.

Por outro lado, a repercussão – tal como no passado (artigo 12.º, n.º 2, do DL n.º 359/91) – mantém-se ao nível do incumprimento e da desconformidade no cumprimento do contrato de compra e venda (artigo 18.º, n.º 3). Todavia, aqui o preceito tem especificidades.

Expressa-se agora de forma mais clara, tal como no pretérito alguns já sustentavam, a responsabilidade subsidiária de grau fraco do credor: o consumidor deve, num primeiro momento, dirigir-se ao vendedor, exigindo deste a entrega, a reparação ou a substituição da coisa – conforme a situação concreta; só depois, se não obtiver deste a satisfação do direito ao exato cumprimento, pode dirigir-se ao credor.

---

[54] Sobre esta temática, ver FERNANDO DE GRAVATO MORAIS, *Contratos de Crédito ao Consumo, cit.*, pp. 267 e segs.

CONSUMO

No entanto, as vicissitudes podem não se repercutir exatamente na mesma medida. Vejamos:

– se estamos perante a não satisfação temporária do direito do consumidor, este pode suspender o pagamento das prestações junto do financiador;
– se estamos em face da não satisfação definitiva do direito do consumidor, ou seja, a extinção parcial (redução do preço) ou a extinção total (resolução) do contrato de compra e venda, a mesma vicissitude (redução do montante do crédito ou resolução do contrato de crédito) estende-se ao negócio oposto[55].

3.9.4. Relações de liquidação

Ao contrário do que sucedia no passado, dispomos de uma regra que define o âmbito das relações de liquidação no sentido da proteção do consumidor.

Desta sorte, por efeito da extinção do contrato, a questão suscitada era a de saber se o consumidor devia pagar ao credor a importância que tinha sido entregue ao vendedor. A resposta é clara à luz do n.º 4 do artigo 18.º: o consumidor nada deve pagar ao credor. Cabe, portanto, ao vendedor, que recebeu o montante, em regra diretamente, do financiador, entregá-lo a este.

A solução mostra-se adequada, pois se se impusesse ao consumidor um dever de entrega (do valor recebido pelo vendedor) isso significaria estabelecer uma forte restrição ou mesmo uma impossibilidade, do ponto de vista do consumidor, quanto ao exercício dos respetivos direitos. Este, à partida, não dispõe desse montante (note-se que por isso recorreu ao financiamento).

Cabe, por fim, salientar que a solução – prevista expressamente para as hipóteses de redução e de resolução (o artigo 18.º, n.º 4, remete para "os casos previstos nas alíneas b) ou c) [do n.º 3]") – se deve considerar extensível aos casos de nulidade ou de anulação dos contratos (por força do n.º 1 ou do n.º 2 do artigo 18.º), em razão do artigo 433.º e do próprio artigo 289.º, ambos do Código Civil.

---

[55] Cf., neste sentido, FERNANDO DE GRAVATO MORAIS, *União de Contratos de Crédito e de Venda para Consumo. Efeitos para o Financiador do Incumprimento pelo Vendedor*, Almedina, Coimbra, 2004, pp. 162 e segs. e 246 e segs.

DIREITO DA UNIÃO EUROPEIA – ELEMENTOS DE DIREITO E POLÍTICAS DA UNIÃO

3.9.5. Propagação das vicissitudes aos contratos acessórios conexos

Atendendo ao artigo 14.º, n.º 4, da Diretiva 2008/48/CE, mas com um raio de ação mais alargado, determina-se a propagação da extinção do contrato de crédito ao contrato acessório conexo (em regra um contrato de seguro) – artigo 18.º, n.º 5.

Cremos que, a par do que têm defendido a doutrina e a jurisprudência portuguesas, tal deve estender-se a qualquer caso de cessação pelo consumidor do contrato de crédito[56].

Assim, a invalidade do contrato de crédito projeta-se no concreto contrato de seguro (para além da sua possível propagação em sentido oposto, ou seja, no contrato de compra e venda), assim como a resolução do contrato de crédito pelo consumidor fundada em incumprimento do financiador se repercute, nos mesmos termos, no contrato de seguro associado, da mesma sorte que a resolução da venda (por incumprimento do fornecedor), caso se propague ao crédito, afeta, igualmente, embora reflexamente, o seguro a este associado[57].

3.10. Transmissão da posição contratual e cessão do crédito

A norma do artigo 21.º regula a transmissão da posição contratual – o que não se refletia no texto comunitário antigo – e a cessão do crédito – o que, ao invés, já sucedia (e, consequentemente, no DL n.º 359/91). Dá-se pois expressão ao artigo 17.º da Diretiva 2008/48/CE.

O artigo 21.º transpõe a correspondente regra comunitária sem consagrar especificidades de relevo, apenas acentuando a possibilidade de o consumidor poder opor as correspondentes exceções ao credor, o que já resultava de qualquer dos regimes – da cessão da posição contratual (artigo 427.º, n.º 1, do Código Civil) ou da transmissão do crédito (artigo 585.º do Código Civil). Em sede de transposição, o artigo 21.º concretiza a disposição comunitária correspondente, dado que da cessão não deve resultar uma pior situação para o consumidor a crédito.

3.11. A utilização de títulos cambiários com função de garantia

O preceito atual (o artigo 22.º) trata da utilização de títulos de crédito com função de garantia, nos mesmos e exatos termos em que o fazia o artigo 11.º

---

[56] FERNANDO DE GRAVATO MORAIS, *Contratos de Crédito ao Consumo*, cit., pp. 371 e segs.
[57] FERNANDO DE GRAVATO MORAIS, *Crédito aos Consumidores – Anotação ao Decreto-Lei n.º 133/2009*, cit., pp. 92 e 93.

CONSUMO

do DL n.º 359/91, sendo que a Diretiva 2008/48/CE não se pronuncia sobre o tema.

Assim, a imposição da aposição, no título de crédito com função de garantia, de uma cláusula 'não à ordem' tem em vista provocar restrições à sua circulabilidade. Na verdade, a transmissibilidade do título faz-se "pela forma e com os efeitos de uma cessão ordinária de créditos" (artigos 11.º, 2.ª frase, e 77.º da Lei Uniforme Relativa às Letras e Livranças), podendo o consumidor opor ao portador mediato do título cambiário os meios de defesa gerais, emergentes do artigo 585.º do Código Civil.

3.12. Extinção do contrato

3.12.1. Considerações gerais
Existe, na lei vigente, uma regra nova quanto à cessação de um contrato de crédito de duração indeterminada.

Com a evolução dos mecanismos de concessão de crédito ao consumo, que tendem para a celebração de contratos de crédito por tempo indeterminado (*v. g.*, abertura de crédito em conta corrente, emissão de cartão de crédito e operações afins), mostrou-se necessário regular esta temática.

Preveem-se, no normativo, duas modalidades de extinção do contrato:
– a denúncia (pelo consumidor ou pelo credor) – artigo 16.º, n.ºs 1 a 3;
– a resolução (pelo credor).

3.12.2. Denúncia
A figura da denúncia tem o seu domínio de aplicação restrito aos contratos por tempo indeterminado, pois só assim se evitam vinculações perpétuas.

Há aqui uma exata coincidência entre o conceito geral e o dos contratos de crédito aos consumidores.

O regime aplicável distingue-se quando a cessação do contrato é realizada pelo consumidor ou pelo credor.

Há, porém, requisitos comuns (que são, de resto, a expressão exata da figura em causa): a denúncia pode ocorrer a todo o tempo e não carece de qualquer motivação.

No tocante ao consumidor, para além da gratuitidade da denúncia e da desnecessidade de previsão do contrato (existe, portanto, por si só, não podendo ser afastada tal figura), impõe-se que as partes tenham estipulado um prazo de pré-aviso, que não pode, em nenhuma hipótese, exceder um

DIREITO DA UNIÃO EUROPEIA – ELEMENTOS DE DIREITO E POLÍTICAS DA UNIÃO

mês. Acresce que não se impõe qualquer solenidade a observar do ponto de vista do beneficiário do crédito quanto ao exercício do direito.

Em relação ao credor, a denúncia só é possível se tiver sido expressamente prevista no contrato. Exige-se, por outro lado, um formalismo específico para exercer o direito, semelhante ao do próprio contrato de crédito (papel ou outro suporte duradouro), sob pena de inoponibilidade do direito ao consumidor (artigo 16.º, n.º 6). Por fim, o período mínimo de pré-aviso é de dois meses, o qual deve estar previsto no contrato.

3.12.3. Resolução pelo credor

Alude-se, nos n.ºs 4 a 6 do artigo 16.º, à resolução do contrato de crédito, igualmente por tempo indeterminado.

Também aqui este modo de cessação do contrato está dependente de "expressa previsão contratual".

A fundamentação deste específico regime resolutivo reside em "razões objetivamente justificadas". Tais razões são motivadas essencialmente na imprevisibilidade subjacente a dados instrumentos (*v. g.*, um cartão de crédito que está a ser usado fraudulentamente, sem conhecimento do consumidor, sendo isso detetado pela instituição de crédito).

Quanto à forma da comunicação, acompanha-se o regime-regra: papel ou outro suporte duradouro (n.º 5), sob pena de inoponibilidade da resolução ao consumidor (n.º 6).

Em relação ao conteúdo, impõe-se a notificação ao consumidor do motivo da resolução, devendo invocar-se as concretas justificações que a resolução tem na sua base e não meramente a existência de razões objetivas.

O momento da comunicação resolutiva ao consumidor tem algumas particularidades: a regra é a de que deve ser efetuada antes da cessação do contrato, sempre que possível; caso não se mostre possível tal circunstancialismo, a comunicação da extinção do contrato deve ser realizada imediatamente.

As circunstâncias objetivas que fundamentam a resolução pelo credor do contrato celebrado por tempo indeterminado determinam, a nosso ver, a sua extensão aos contratos duradouros com prazo certo.

4. Novo regime jurídico do crédito aos consumidores: os contratos especiais de crédito

4.1. Contratos de crédito sob a forma de facilidade de descoberto

Estabelece-se um regime próprio para alguns contratos de crédito sob a forma de facilidade de descoberto.

CONSUMO

Estes configuram "contrato[s] expresso[s]" nos termos do qual "um credor permite a um consumidor dispor de fundos que excedem o saldo da sua conta corrente" [artigo 4.º, n.º 1, alínea d)].

De todo o modo, nem todos os negócios deste tipo estão sujeitos à mesma disciplina. Isto porque no quadro das "operações excluídas" afasta--se o regime próprio criado para a facilidade de descoberto que estabeleça "a obrigação de reembolso do crédito no prazo de um mês" [artigo 2.º, n.º 1, alínea e)], podendo ainda aplicar-se os outros casos aí previstos no leque amplo de operações excluídas (artigo 2.º, n.º 1, ex vi artigo 2.º, n.º 2).

Saliente-se, no entanto, que a disciplina específica consagrada vale apenas quanto à facilidade de descoberto que estabeleça "a obrigação de reembolso do crédito a pedido ou no prazo de três meses" (artigo 2.º, n.º 2).

Na fase formativa do contrato, as regras relativas à publicidade em geral, à taxa de juros referente aos custos do crédito, à informação normalizada (artigo 5.º), as informações pré-contratuais específicas (artigo 8.º) devem relevar-se.

No quadro da formação do contrato, as disposições referentes à forma (artigo 12.º, n.º 1) e ao procedimento (artigo 12.º, n.º 2, interpretação conforme à Diretiva) e às menções gerais e próprias (artigo 12.º, n.º 5) deste contrato devem destacar-se.

De realçar, finalmente, as regras dos contratos coligados, da cessão de créditos, da cessão da posição contratual, da TAEG, inseridas nas disposições finais.

4.2. Contratos de crédito sob a forma de ultrapassagem de crédito

Consagra-se uma disciplina igualmente específica para outros contratos de crédito na modalidade de ultrapassagem de crédito.

Trata-se aqui igualmente de um descoberto, mas que é aceite tacitamente pelo credor, "permitindo a um consumidor dispor de fundos que excedem o saldo da sua conta corrente ou da facilidade de descoberto acordada" [artigo 4.º, n.º 1, alínea e)].

As regras em apreço, a este contrato aplicáveis, são bastante escassas. Limitam-se, para além do regime de exclusões, a informações que devem resultar do próprio contrato (artigo 23.º) e às disposições finais genéricas (artigos 26.º e segs.).

5. Novo regime jurídico do crédito aos consumidores (cont.): outras regras

5.1. Imperatividade das regras

Tal como já resultava do artigo 18.º do DL n.º 359/91, as novas disposições têm cariz imperativo (artigo 26.º), em razão da especial debilidade do consumidor.

Qualquer estipulação que disponha em sentido diverso, excluindo ou limitando os direitos do consumidor, são nulas (artigo 26.º, n.º 1).

De todo o modo, a nulidade de eventuais cláusulas não importa a nulidade do contrato, podendo o consumidor optar pela sua manutenção (artigo 26.º, n.º 2).

5.2. Fraude à lei

A situação de fraude à lei, com expressão civilista, já se encontrava prevista na lei antiga.

No entanto, há agora duas novidades:

– a primeira, é a da consagração da nulidade (e não da irrelevância) da situação criada (artigo 27.º, n.º 1);
– a segunda, é a da enumeração exemplificativa mais lata em relação ao homólogo preceito anterior (artigo 27.º, n.º 2).

5.3. Usura

Importante destaque merece o instituto do contrato de crédito usurário. Portanto, há um limite específico para o custo do crédito, determinado e divulgado, de três em três meses, por entidade supervisora (no caso, o Banco de Portugal), sendo válida a TAEG para o trimestre posterior.

Nos critérios usados, assinalam-se vários elementos:

– por um lado, tem por base a TAEG média praticada no mercado no trimestre anterior;
– por outro, atende-se ao momento da celebração do contrato;
– finalmente, a TAEG do contrato de crédito não pode exceder em um terço a TAEG praticada para o mesmo tipo de operações.

Quanto às restrições fixadas:

– apenas se aplicam às instituições de crédito e às sociedades financeiras (artigo 28.º, n.º 1);

CONSUMO

- valem para diferentes tipos de contratos de crédito (*v. g.*, mútuo, abertura de crédito), não sendo fixada uma taxa única geral – (artigo 28.º, n.º 2); e
- impedem a ultrapassagem dos limites em concreto, pois consideram-se automaticamente reduzidas ao limite máximo, sem prejuízo de responsabilidade criminal (artigo 28.º, n.º 3).

5.4. Intermediário de crédito

Uma nota de destaque para a figura do intermediário de crédito, que já tinha consagração no regime anterior, conquanto sem autonomia normativa e sem regime próprio.

Os sujeitos que atuam nessa qualidade devem, perante o consumidor, publicitar a sua forma de agir, assim como os encargos que para si revertem, fruto dessa atividade, e, dado que isso entra no cálculo da TAEG, o credor deve conhecer tais valores atempadamente (artigo 25.º, n.º 1, na redação dada pelo DL n.º 42-A/2013).

A atuação de uma dada pessoa como intermediário, mas a título acessório (como pode ser o caso dos fornecedores de bens ou de prestadores de serviços), isenta-a dos requisitos de informação pré-contratual e do dever de assistência (artigo 9.º, n.º 1, na redação dada pelo DL n.º 42-A/2013).

O que significa, por outro lado, que os intermediários a título principal não ficam isentos da prestação de tais informações ou do dever de assistência.

Capítulo X
Fiscalidade

JOÃO SÉRGIO RIBEIRO

Introdução

A recente crise financeira que se abateu sobre os países da União Europeia trouxe uma importância acrescida às matérias tributárias. Por um lado, porque a única solução imediata para lidar com o problema é um ajustamento pela via tributária. Pois, como se sabe, os Estados que têm o Euro como moeda comum há muito que perderam a possibilidade de usar a desvalorização da moeda como instrumento de condução da política financeira. Por outro lado, um ajustamento por via do aumento dos impostos e redução da despesa pública não é suficiente para resolver todos os problemas, necessitando a própria União de receitas adicionais não só para levar a cabo as suas cada vez mais numerosas funções, mas também, dada a situação atual, para apoiar os Estados-Membros que se encontram em maiores dificuldades. Ora, essas receitas terão obviamente de ter uma origem tributária, desde logo através dos impostos cobrados em cada Estado e subsequentes transferências para a União, ou, como começa a ser delineado[1], por via de tributos

---

[1] Previsto para 2016.

próprios como o imposto sobre as transações financeiras que ocorram na União Europeia. Surge-nos óbvio, no entanto, que soluções deste tipo não resolverão o problema, até porque há o perigo de essas transações se deslocarem para outros quadrantes geográficos, frustrando todas as expectativas referentes às receitas a obter.

A solução passa por uma integração fiscal plena, designadamente ao nível da tributação do rendimento, que permita, eventualmente, alguns mecanismos de redistribuição para alavancar as economias dos Estados-Membros mais fragilizados que estão nessa situação não só devido à pretensa prodigalidade de que de forma simplista são acusados, mas porque tiveram de, no âmbito do Euro, estar sujeitos a uma política monetária desajustada das suas realidades económicas, sem que tenha havido mecanismos de compensação suficientes para essa clara inadaptação, o que, como é óbvio, fragilizou as suas economias. Pode, aliás, com muitas vantagens, haver uma inspiração no ordenamento jurídico de outros Estados Federais, pois o Federalismo Fiscal é um dos únicos caminhos que se apresentam para sair de uma crise, que não é propriamente uma crise endémica, mas um problema ligado aos tímidos e pouco consequentes avanços no sentido de uma integração fiscal mais robusta entre os Estados-Membros, sendo o seu carácter incipiente um dos motivos mais fortes para a situação atual.

Verifica-se, por conseguinte, que a solução é tributária, pelo que cada vez se justifica mais o estudo destas questões ao nível da União Europeia[2]. Tentaremos através deste capítulo que agora iniciamos familiarizar o leitor com essa temática. Este exercício será feito ao longo de vários pontos. Num primeiro momento será delimitado o âmbito do direito tributário da União Europeia. De seguida será justificada a escolha da tributação direta para aquilatar a influência do direito tributário da União Europeia. Num momento subsequente será dada nota do estado de desenvolvimento alcançado ao nível da tributação direta. Logo de seguida será explorada a forma como, com base na proteção das liberdades económicas fundamentais, o TJUE tem empreendido uma harmonização da tributação direta por vias transversas. E, por fim, serão abordados os desenvolvimentos que se espera que ocorram no futuro.

---

[2] Cf. FRANS VANISTENDAEL, "The Crisis: A Window of Necessity of EU Taxation", in *European Taxation*, setembro 2010, pp. 394-401.

FISCALIDADE

1. Âmbito do direito tributário da União Europeia

O direito tributário da União Europeia é um ramo do direito tributário mais adaptado às questões tributárias que surgem no âmbito da União Europeia. À primeira vista, e um pouco na linha da delimitação daquele que é o objeto do direito tributário tradicional, seria de esperar que o direito tributário europeu regulasse os impostos europeus. Verifica-se, todavia, que o âmbito deste ramo de direito é mais alargado, não se reconduzindo unicamente a esse aspeto. Existem duas razões importantes que justificam essa configuração. Desde logo, os impostos verdadeiramente europeus, contrariamente ao que poderia pensar-se, são muito poucos e, além disso, têm um peso ínfimo nas receitas da União Europeia.

Os impostos da União Europeia compreendem unicamente aqueles que são cobrados aos seus funcionários; os direitos aduaneiros da Pauta Comum e as quotizações à produção no setor do açúcar, o que poderá causar alguma surpresa, pois outros impostos que muitas vezes são identificados como consistindo em impostos verdadeiramente europeus, como o Imposto sobre o Valor Acrescentado (IVA), não o são na realidade, traduzindo-se apenas em impostos harmonizados. Isso sem prejuízo de serem impostos de referência para o financiamento da União Europeia.

O primeiro exemplo que referimos de imposto europeu reporta-se ao imposto sobre o rendimento dos funcionários, que, contrariamente ao que seria normal e expectável, não são tributados pelo Estado Belga, por exemplo, onde a maior parte deles é residente, mas pela própria União Europeia, que lhes faz retenções na fonte e aplica taxas progressiva que variam entre os 8% e os 45%[3].

Os direitos aduaneiros incidem sobre a importação de produtos provenientes de Estados terceiros e são baseados numa Pauta Aduaneira Comum[4]. Não obstante serem cobrados pelos Estados-Membros a favor da União, os Estados retêm 25% desses direitos como compensação dos custos administrativos que têm com a aplicação dessas tarifas.

As quotizações à produção no setor do açúcar[5] são pagas pelos produtores de açúcar para cobrir as despesas de apoio ao mercado desse produto.

---

[3] Cf. Regulamento (CE, EURATOM) n.º 723/2004, de 22 de março de 2004, Anexo I, emenda 60.
[4] Cf. Regulamento (CEE) n.º 2658/87, de 23 de julho de 1987.
[5] Cf. Regulamento (CE) n.º 1260/2001, de 19 de junho de 2001, que estabelece a organização comum do mercado no setor do açúcar, e alterações subsequentes.

DIREITO DA UNIÃO EUROPEIA – ELEMENTOS DE DIREITO E POLÍTICAS DA UNIÃO

Reforça o carácter residual destes tributos o facto de, apesar de resultarem de uma competência expressamente atribuída à União, esta não ter natureza geral, tendo mais uma finalidade intervencionista que uma finalidade financeira, revelando, por conseguinte, apenas uma competência fiscal limitada e condicionada, exclusivamente setorial.

Dissemos ainda que para além de serem muito residuais os impostos verdadeiramente europeus tinham um peso ínfimo nas receitas da União Europeia. Atentemos, portanto, nos recursos próprios da União, dos quais faremos um breve enquadramento, para comprovar que, de facto, as receitas que deles advêm são muito pouco significativas.

O sistema de recursos próprios da União Europeia foi introduzido em 21 de abril de 1970, pela 1.ª Decisão do Conselho sobre estas matérias, e teve como objetivo assegurar à União uma certa independência financeira. No presente, essa matéria é regulada por uma Decisão do Conselho de 2007[6], adotada por unanimidade e ratificada por todos os Estados-Membros. Essa Decisão identifica os recursos próprios com as quotizações à produção no setor do açúcar, os direitos aduaneiros da Pauta Aduaneira Comum (geridos pelos Estados-Membros), uma percentagem do IVA cobrado pelos Estados da União[7] e uma percentagem do rendimento nacional bruto dos Estados-Membros[8]-[9].

Se atendermos ao peso que cada um desses recursos tem tido, servindo-nos como exemplo do ano de 2011[10], verificamos que os chamados recursos próprios tradicionais que englobam as quotizações relativas ao setor do açúcar e direitos aduaneiros correspondem apenas a cerca de 14% dos

---

[6] Cf. Decisão do Conselho 2007/436/CE, de 7 de junho de 2007, sobre o sistema de recursos próprios da União.

[7] Neste âmbito é aplicada uma taxa uniforme de 0,30%, que incide sobre a base do IVA que está harmonizada na União Europeia. Convém salientar, no entanto, que a base a ter em conta para o efeito de aplicação da taxa referida está limitada a 50% do Rendimento Nacional Bruto de cada Estado-Membro. Esta regra tem em vista evitar que os Estados menos prósperos paguem desproporcionadamente face à sua capacidade contributiva, uma vez que o consumo e, portanto, o IVA tendem a representar uma percentagem maior do rendimento nacional bruto de um país menos rico.

[8] Cf. artigo 2.º da Decisão 2007/436/CE.

[9] São ainda recursos financeiros da União Europeia as contribuições de países terceiros para certos programas europeus e as multas pagas pelas sociedades pelo incumprimento do direito da União, designadamente das regras da concorrência.

[10] De acordo com os dados constantes do Orçamento Geral da União Europeia para o ano de 2012, 2012/70/UE, Euratom, de 29 de fevereiro de 2012.

FISCALIDADE

recursos totais da União; os recursos referentes a uma percentagem do IVA cobrado nos Estados-Membros correspondem a 12%, e os provenientes da transferência de uma percentagem do Rendimento Nacional Bruto de cada Estado representam cerca de 74% das receitas da União Europeia, sendo os mais relevantes.

Do que foi exposto pode, por conseguinte, ser inferido que de facto os impostos verdadeiramente europeus, além de serem poucos, têm um papel modesto nas receitas da União Europeia.

Essa circunstância justifica que o direito tributário da União Europeia tenha um âmbito mais alargado, abrangendo não só esses impostos, que na verdade correspondem a uma ínfima parte do seu objeto, mas essencialmente outras matérias, designadamente as que referimos de seguida.

Uma das áreas importantes que pode ser reconduzida ao objeto do direito tributário da União Europeia é a tributação indireta no domínio dos Estados da União e o avançado esforço de harmonização alcançado a esse nível. Releva também a atenção que é dada à tributação direta e aos esforços que são desenvolvidos no sentido de alcançar uma harmonização semelhante à que já domina nos impostos indiretos, combatendo assim uma série de obstáculos e ineficiências que ocorrem nesse campo de tributação. Destacamos ainda a atenção que, no contexto do direito tributário europeu, é dada às convenções sobre dupla tributação e as suas relações com o direito da União Europeia, assim como, de modo crescente, ao enquadramento legal no próprio nível europeu, da cooperação administrativo-tributária entre os Estados-Membros[11].

2. Razões para um especial enfoque na tributação direta

De entre as várias matérias que podem ser reconduzidas ao direito tributário da União Europeia, e de que acabámos de dar nota, vamos destacar uma para ilustrar o modo como a influência deste ramo de direito nas normas tributárias dos Estados da União é relevante. Escolheremos a tributação direta, desde logo porque é nesse domínio que a influência é mais peculiar, estando ainda em curso (ajudando a perceber as fases que antecedem uma harmonização sólida como a que existe no domínio da tributação indireta). Depois,

---

[11] Cf. Diretiva 2011/16/UE, de 15 de fevereiro de 2011, relativa à cooperação administrativa no domínio da fiscalidade, e Diretiva 2008/55/CE, de 26 de maio de 2008, relativa à assistência mútua em matéria de cobrança de créditos respeitantes a certas quotizações, direitos, impostos e outras medidas.

DIREITO DA UNIÃO EUROPEIA – ELEMENTOS DE DIREITO E POLÍTICAS DA UNIÃO

a harmonização que se tem feito é pela via jurisprudencial, precisamente com base nas liberdades económicas fundamentais, o que torna o exercício proposto especialmente adaptado ao contexto em que se insere – a presente publicação sobre direito da União Europeia. Além disso, é também aí que persistem os grandes obstáculos ao desenvolvimento do mercado comum, que urge combater e, por conseguinte, onde se espera que os avanços futuros sejam mais relevantes e promissores.

Façamos, porém, antes do mais, uma passagem pelas várias áreas que considerámos consideramos como fazendo parte do âmbito do direito tributário da União Europeia, para de forma breve justificar a sua menor aptidão (se comparada evidentemente com o domínio da tributação direta) para exemplificar a influência desse ramo de direito na legislação tributária dos Estados-Membros.

No domínio dos impostos verdadeiramente europeus não há propriamente uma influência no direito tributário, na medida em que coexistem com ele. Digamos que a influência se traduz meramente, no caso específico dos impostos aduaneiros, na impossibilidade de os Estados-Membros aplicarem impostos aduaneiros nacionais e de terem de levar a cabo a administração desses tributos. Trata-se, no entanto, de uma influência menor e que já produziu os seus efeitos, pelo que entendemos que não merecerá ser colocada no centro da discussão que se desenvolve.

No que concerne à tributação indireta, as influências foram de facto muito relevantes no passado, mas neste momento há já uma considerável harmonização ou uniformidade a nível europeu. Destacamos a este propósito quer o IVA quer os Impostos Especiais de Consumo. No domínio destes tributos, uma vez que têm na sua base diretivas específicas que tiveram de ser transpostas pelos Estados-Membros[12], houve já uma grande influência nos direitos nacionais. Verifica-se, com efeito, que a base de cálculo destes impostos é a mesma em todos eles, variando essencialmente as taxas, o que constituiu um avanço considerável em termos de harmonização e um contributo importante para a remoção dos obstáculos à construção do mercado comum. Trata-se, porém, de um domínio onde a influência se fez sentir essencialmente na altura da criação desses impostos, pois no momento atual são aplicados de forma harmonizada, estando tal influência estabilizada. Assim,

---

[12] Cf. Diretiva 2006/112/CE, de 28 de novembro de 2006, relativa ao IVA (e respetivos atos modificativos), e Diretiva 2008/118/CE, de 16 de dezembro de 2008, relativa ao regime geral dos Impostos Especiais do Consumo.

FISCALIDADE

quando surgem questões envolvendo esses impostos, designadamente ao nível do TJUE, dada a tecnicidade dessas matérias, a abordagem é feita do ponto de vista estritamente técnico. Verifica-se, pois, que neste domínio as questões que se levantam diante do TJUE dizem respeito à interpretação ou implementação de normas tributárias propriamente ditas, harmonizadas nos vários Estados-Membros, não havendo uma verdadeira contraposição entre direito nacional e direito da União Europeia.

É no domínio dos impostos diretos que a influência do direito da União é mais expressiva, contribuindo para isso a ausência de regras detalhadas sobre as questões tributárias que, como demonstraremos, estão apenas harmonizadas em setores pontuais e muito específicos. A falta de uma harmonização plena exige uma ação do TJUE, sendo através desta que é exercida uma influência muito relevante no direito nacional dos Estados-Membros, que ao ser contraposto aos princípios da União Europeia, implica, em caso de desconformidade, que tenha de ser alterado no sentido de se harmonizar com eles. As questões que se levantam no TJUE não são, por conseguinte, de direito tributário propriamente dito, como se passa no domínio dos impostos indiretos, mas de direito da União Europeia *tout court*, limitando-se o TJUE a testar as normas fiscais dos Estados face aos princípios de direito da União, como, por exemplo, o da igualdade no acesso ao mercado comum, o da proporcionalidade, o da não discriminação, o da não restrição, entre outros.

Contrariamente ao que se passa na tributação indireta, no contexto dos impostos diretos a harmonização está ainda a ser construída. Todavia, esse avanço faz-se por uma via *sui generis* – a jurisprudencial –, não existindo o apoio de um corpo de normas técnicas robusto e densificado, de fonte europeia, como nos impostos indiretos. Daí que seja especialmente importante a análise da influência do direito europeu nesse domínio, pois permite observar a sua importante influência ainda em curso.

Fazem ainda parte do objeto do direito tributário da União Europeia o estudo da sua relação com as convenções sobre dupla tributação, sendo uma área especialmente complicada onde aparentemente haveria uma contraposição entre o direito da União Europeia e esses acordos, que, ao integrarem o direito interno dos Estados, propiciariam, eventualmente, que sobre eles se fizesse sentir também alguma influência. Basta lembrar que quando contrapomos os sistemas nacionais e os princípios de direito da União Europeia tem necessariamente de ser tida em conta a rede de tratados bilaterais celebrados pelo Estado em causa. Pois, antes de determinar se o direito interno se opõe às liberdades fundamentais, é necessário perceber muito bem as consequências das disposições destas convenções, o que quase sempre envolve um estudo muito detalhado desses instrumentos. Verifica-se, porém, que esses tratados dizem essencialmente respeito aos impostos sobre o rendimento, pelo que, de certo modo, essa temática também se reconduz aos impostos diretos, sendo absorvida por eles. Depois, segundo entendemos, a oposição entre esses tratados e o direito da União Europeia é meramente aparente[13], havendo mais uma relação de complementaridade, não sendo, por isso, um exemplo muito expressivo da influência do direito tributário europeu.

Falámos, no domínio do direito tributário da União Europeia, ainda da cooperação administrativo-tributária entre os Estados-Membros. Trata-se, também aqui, de um mecanismo complementar à aplicação das normas tributárias nacionais, sendo unicamente essa a sua influência, não se opondo verdadeiramente a essas normas.

Não obstante tudo o que dissemos, tem, apesar de tudo, havido uma harmonização tímida no domínio dos impostos diretos, feita essencialmente pela via jurisprudencial, que, com base na oposição frequente entre os princípios de direito da União Europeia e as normas tributárias nacionais, implica muitas vezes que estas sejam alteradas, fazendo deste domínio um paradigma da influência do direito tributário europeu.

Verifica-se, portanto, que é no campo dos impostos diretos que efetivamente as influências são grandes e dignas de atenção.

Além de tudo, os impostos diretos constituem também o último reduto da muito enfraquecida soberania fiscal, pelo que essas matérias, dada a sua sensibilidade, ganham uma relevância adicional, concentrando todas as atenções.

Na verdade, a soberania fiscal já não existe com a configuração que tinha em termos clássicos, pois é contornada continuamente, seja através das decisões do TJUE, seja através das medidas que a urgência financeira implica. Tem, no entanto, um valor simbólico e, apesar da evidente debilidade, ainda constitui aquela linha ténue que separa a União Europeia de uma verdadeira federação, faltando para que essa linha desapareça apenas dois elementos: (a) a existência de uma soberania fiscal assumida, não bastando ser só de facto, sob pena de os poderes legislativos e executivos da União serem

---

[13] Cf. João Sérgio Ribeiro, "Conflito entre Convenções sobre Dupla Tributação e o Direito da União Europeia: Uma Falsa Questão?", in *Direito da União Europeia e Transnacionalidade*, Quid Juris, Lisboa, 2010, pp. 123-143.

FISCALIDADE

vazios, por faltarem recursos financeiros para lhes dar efetividade[14] e *(b)* o fim do domínio por parte dos Estados dos tratados constitutivos da União Europeia sobre os quais têm o poder de emenda ou alteração.

Considerando que a união política e a soberania fiscal estão intimamente ligadas, dependendo uma da outra na sua sustentação, para se afirmar cada uma delas é necessário um empenho mais forte dos Estados-Membros e não unicamente das instituições da União Europeia. Não há, portanto, dúvidas que a integração fiscal através de um avanço para um federalismo desse tipo é, segundo entendemos, o passo que falta dar e que tem como contexto privilegiado para se desenvolver os impostos diretos, por ser aí onde, na prática, falta empreender esses desenvolvimentos. Já James Madison[15] tinha plena consciência da importância do federalismo fiscal ao proferir uma frase que lhe é conhecida e que sintetiza as principais ideias até aqui veiculadas: "Federalize-se as suas carteiras e os seus corações e as suas mentes seguirão[16]".

Depois, não se pode esquecer que é no domínio dos impostos sobre o rendimento, ou seja, dos impostos diretos, que pode ser feita alguma da tão necessária redistribuição, estando, por conseguinte, por este e pelos motivos que se têm vindo a enunciar, plenamente justificada a escolha dessa área da tributação para ilustrar a articulação do direito da União Europeia com o direito tributário.

3. Desenvolvimentos alcançados no domínio da tributação direta

Não obstante a tributação direta cobrir obviamente tanto a tributação das pessoas singulares como a das pessoas coletivas, a grande atenção tem sido dada, dentro deste último tipo, às sociedades, sendo aí que têm ocorrido os maiores desenvolvimentos. Pois a harmonização ao nível da tributação das pessoas físicas tem sido demasiado incipiente[17].

As maiores evoluções, no plano da tributação das sociedades, devem-se à existência de regras muito distintas nos impostos sobre sociedades dos vários Estados-Membros e a consequente necessidade de combater esse sério obstáculo ao estabelecimento e funcionamento de um mercado interno[18].

---

[14] O que, aliás, já se verifica, tendo o problema sido exacerbado com a presente crise financeira.

[15] Quarto Presidente dos EUA, que esteve no poder entre 1809 e 1817.

[16] *Federalize their wallets and their hearts and their minds will follow.*

[17] Ver, por exemplo, o caso *Schumacker*, de 14 de fevereiro de 1995, proc. C-279/93, *http://curia. europa.eu.*

[18] Cf. artigos 3.º e 26.º do TFUE.

DIREITO DA UNIÃO EUROPEIA – ELEMENTOS DE DIREITO E POLÍTICAS DA UNIÃO

A pouca harmonização que existe é ainda assim tímida e setorial, abrangendo, tal como indiciámos, apenas alguns aspetos circunscritos, como o regime da tributação dos dividendos distribuídos entre sociedades mães e afiliadas[19]; enquadramento fiscal das fusões, cisões, troca de ativos e permuta de ações[20] e regime fiscal aplicável ao pagamento de juros e royalties entre empresas associadas[21], para dar alguns exemplos. Contrariamente ao que se passa no domínio da tributação indireta, onde existe uma harmonização considerável.

Para esta diferença ao nível da harmonização entre tributação direta e indireta contribui certamente o facto de já no TCE, na disposição que atualmente corresponde ao artigo 113.º do TFUE, se prever expressamente a harmonização fiscal nesse contexto, sem que, surpreendentemente, existisse uma disposição paralela no domínio da tributação direta. Neste campo está prevista unicamente uma aproximação de legislações, o que se nos afigura como um impulso insuficiente[22]. Para não falar de esta harmonização pressupor uma decisão por unanimidade dos Estados-Membros[23].

Há, porém, mais dois fatores particularmente relevantes para que a harmonização seja pouco significativa. Em primeiro lugar, o facto de através da união económica e monetária, introduzida com o Tratado de Maastricht, a moeda ter deixado de poder ser usada como instrumento de condução da política financeira, não querendo os Estados perder um dos últimos instrumentos financeiros na sua disponibilidade. E, num segundo plano, não menos importante, o facto de os Estados-Membros terem uma grande relutância em abdicar do exercício da soberania fiscal, pela carga simbólica e histórica que lhe está associada.

---

[19] Cf. Diretiva 2011/96/UE, de 30 de novembro de 2011, relativa ao regime fiscal comum aplicável às sociedades mães/afiliadas de Estados-Membros diferentes.

[20] Cf. Diretiva 90/434/CEE, de 23 de julho de 1990, sobre fusões, cisões, troca de ativos e permuta de ações, alterada pela Diretiva 2005/19/CE, de 17 de fevereiro de 2005, cuja versão consolidada consta da Diretiva 2009/133/CE, de 19 de outubro de 2009.

[21] Cf. Diretiva 2003/49/CE, de 3 de junho de 2003, de juros e royalties entre empresas associadas.

[22] Cf. artigo 114.º, n.º 1, do TFUE. Sobre a debilidade da constituição fiscal europeia, ver José Casalta Nabais, "Costituzione Europea e Fiscalità", in *Per una Constituzione Fiscale Europea*, Cedam, Pádua, 2008, pp. 379-387; Adriano di Pietro, *Per una Constituzione Fiscale Europea, ob. cit.*, pp. 439 e segs.

[23] Cf. artigo 115.º do TFUE.

FISCALIDADE

4. Harmonização por via jurisprudencial e liberdades fundamentais

Tal como vimos, apenas algumas áreas da tributação direta estão harmonizadas por diretivas, o que, comparativamente ao grau de harmonização existente no domínio da tributação indireta, é manifestamente insuficiente. Uma das razões para esse estado de coisas tem que ver, como já se referiu, com o facto de a tributação direta fazer parte da competência dos Estados-Membros, únicos detentores do poder para determinar a base e a taxa dos impostos diretos.

Apesar da competência exclusiva para os Estados-Membros em matéria de impostos diretos, o TJUE tem sustentado, através das suas decisões, que os Estados-Membros devem exercer essa competência em conformidade com o direito da União Europeia. Evitando assim qualquer discriminação com base na nacionalidade, que se traduza numa violação de uma das cinco liberdades económicas fundamentais, designadamente: *(i)* a livre circulação de mercadorias (artigos 28.º e segs. do TFUE); *(ii)* a livre circulação de trabalhadores (artigos 45.º e segs. do TFUE); *(iii)* a liberdade de estabelecimento (artigos 49.º e segs. do TFUE); *(iv)* a liberdade de prestação de serviços (artigos 56.º e segs. do TFUE); e *(v)* a livre circulação de capital (artigos 63.º e segs. do TFUE). Sendo precisamente através da proteção de cada uma delas que ocorre aquilo a que chamamos "harmonização por portas transversas". São essencialmente as últimas quatro liberdades que têm impacto na tributação direta, pelo que prosseguimos com uma abordagem relativamente a cada uma delas para assim demonstrar o modo como a sua proteção se repercute nas matérias fiscais. Na prática, dado essas liberdades serem diretamente aplicáveis, os efeitos da sua proteção traduzem-se na circunstância de, havendo por parte da legislação de um determinado Estado-Membro infração a uma dessas liberdades, essa legislação deixa necessariamente de poder ser aplicada[24].

4.1. Liberdades económicas fundamentais

Neste ponto referir-nos-emos à livre circulação de trabalhadores, liberdade de estabelecimento, liberdade de prestação de serviços e livre circulação de capital.

---

[24] Cf. Ana Paula Dourado, *Lições de Direito Fiscal Europeu: Tributação Directa*, Coimbra Editora, Coimbra, 2010, pp. 25 e segs.

DIREITO DA UNIÃO EUROPEIA – ELEMENTOS DE DIREITO E POLÍTICAS DA UNIÃO

4.1.1. Livre circulação de trabalhadores

Os artigos 45.º e segs. do TFUE estabelecem a liberdade de circulação de trabalhadores dentro da União Europeia, pelo que qualquer discriminação entre trabalhadores[25] dos Estados-Membros, com base na nacionalidade, deve ser abolida, independentemente de derivar das condições de trabalho, remuneração ou outras.

Ora, as disposições fiscais nacionais estão obviamente abrangidas pelo princípio da não-discriminação. O TJUE tem sustentado que o princípio de igualdade de tratamento, no que respeita à remuneração, deve ser considerado como não cumprido quando for inviabilizado pela existência de uma tributação do rendimento discriminatória[26].

4.1.2. Liberdade de estabelecimento

A liberdade de estabelecimento (artigos 49.º e segs. do TFUE) compreende o direito de um determinado indivíduo desenvolver atividades profissionais independentes ou empresariais em outro Estado-Membro[27].

Esta liberdade aplica-se igualmente a sociedades garantindo o direito de criar sucursais, subsidiárias ou representações em outro Estado-Membro. Conexa com esta questão está a de saber se a aquisição de uma participação de uma sociedade residente em outro Estado se traduz ou não num exercício do direito de estabelecimento. A resposta, na nossa perspetiva, depende do grau de influência e controlo que poderão ser exercidos sobre a sociedade adquirida.

No caso *Baars*[28], o TJUE decidiu que uma participação no capital de uma sociedade residente em outro Estado que confira ao acionista uma clara influência nas decisões da sociedade e que lhe permita condicionar as suas atividades (teste de controlo) constitui uma expressão do direito de estabe-

---

[25] De acordo com a jurisprudência da União Europeia, a característica essencial da relação de trabalho é o facto de durante um certo período um determinado indivíduo prestar um serviço a favor e sob a direção de outra pessoa em troca de uma remuneração – Acórdão (TJUE) *Lawrie-Blum*, de 3 de julho de 1986, proc. C-66/85.

[26] Cf. Regulamento (CEE) n.º 1612/68, de 15 de outubro de 1986, que determina que os trabalhadores que sejam nacionais de um Estado-Membro devem gozar das mesmas condições dos nacionais do Estado onde trabalhem. Cf. caso *Schumacker*, *cit*.

[27] Acórdãos (TJUE) *Filipiak*, de 19 de novembro de 2009, proc. C-314/08; *Ciba*, 15 de abril de 2010, proc. C-96/08; *Philips Electronics*, de 6 de setembro de 2012, proc. C-18; e *A*, de 21 de fevereiro de 2013, proc. C-123/11.

[28] Acórdão de 13 de abril de 2000, proc. C-251/98.

FISCALIDADE

lecimento. Em casos subsequentes e a propósito de situações concretas este princípio foi confirmado e desenvolvido pelo TJUE[29].

4.1.3. Liberdade de prestação de serviços

A liberdade de prestação de serviços, apesar de próxima à liberdade de estabelecimento, distingue-se por ser episódica, não gozando de qualquer permanência[30].

Esta liberdade proíbe a discriminação de nacionais de um Estado-Membro na prestação de serviços em outro Estado-Membro[31]. O TFUE prescreve, no artigo 57.º, que a prestação de serviços inclui: *(i)* atividades de natureza industrial; *(ii)* atividades de natureza comercial; *(iii)* atividades artesanais; e *(iv)* atividades das profissões liberais.

4.1.4. Livre circulação de capital

A liberdade de circulação de capital (artigos 63.º e segs. do TFUE) é a única que se aplica também face a Estados terceiros. Implica que todas as restrições relativas à circulação de capital e pagamentos entre os Estados-Membros e entre estes e países terceiros sejam proibidas[32]. Não há, contudo, uma definição de "circulação de capital" no Tratado. Importa relevar, no entanto, que o TJUE confirmou, no caso *Skatteverket v. A*[33], ao fazer uma lista não exaustiva dos movimentos de capital, que a terminologia relativa aos movimentos de capital referidos no Anexo I da Diretiva 88/361/CEE, de 24 de junho de 1988, para a implementação do antigo artigo 67.º do TCE, hoje revogado, ainda tem alguma relevância.

---

[29] Casos *Cadbury Schweppes*, de 12 de setembro de 2006, proc. C-196/04 ; e *Thin Cap Group Litigation*, de 13 de março de 2007, proc. C-524/04. Nestes casos, o TJUE decidiu que as regras inglesas sobre CFCs e subcapitalização tinham enquadramento na liberdade de estabelecimento uma vez que pressupõem uma influência significativa.

[30] Para a distinção entre liberdade de prestação de serviços e liberdade de estabelecimento, ver Acórdão (TJUE) *Reinhard Gebhard*, de 30 de novembro de 1995, proc. C-55/94.

[31] Acórdãos (TJUE) *Zanotti*, de 20 de maio de 2010, proc. C-56/09; *Comissão Europeia v. República Portuguesa*, de 17 de junho de 2010, proc. C-105/08; e *X*, de 18 de outubro de 2012, proc. C-498/10.

[32] Cf. Acórdãos (TJUE) *Centro Equestre da Lezíria Grande*, de 15 de fevereiro de 2007, proc. C-345/04; *Hollman*, de 11 de outubro de 2007, C-443/06; *Haribo*, de 10 de fevereiro de 2011, procs. apensos C-436/08 e C-437/08; *Arens-Sikken*, de 11 de setembro de 2008, proc. C-43/07; *X e O*, de 11 de junho de 2009, procs. apensos C-155/08 e C-157/08; *Gaz de France*, de 1 de outubro de 2009, proc. C-247/08; *Comissão Europeia v. República Portuguesa*, de 5 de maio de 2011, proc. C-267/09.

[33] Acórdão de 18 de dezembro de 2007, proc. C-101/05.

DIREITO DA UNIÃO EUROPEIA – ELEMENTOS DE DIREITO E POLÍTICAS DA UNIÃO

Não deixa de ser curioso que, apesar de ser uma liberdade que se aplica também a Estados terceiros, o artigo 64.º do TFUE limite o escopo da livre circulação de capitais entre Estados-Membros e países terceiros (*Standstill or grandfather clause*).

4.2. Ordem de prioridade entre as liberdades fundamentais

Por regra, sempre que o TJUE chega à conclusão de que uma lei nacional viola simultaneamente o exercício de duas ou mais liberdades, reporta-se normalmente a uma só liberdade, sem julgar necessário a consideração das outras[34].

Houve, porém, um momento em que se levantaram dúvidas quanto ao efeito que teria, para uma eventual prioridade entre as várias liberdades económicas fundamentais, o facto de o texto do artigo 57.º do TFUE dizer que se consideram serviços as prestações que não sejam reguladas nas disposições relativas à livre circulação de mercadorias, capitais e pessoas. Concluiu-se, porém, que o teor do artigo não aponta, com efeito, para que essa liberdade se aplique apenas como uma alternativa relativamente às outras. Foi ao decidir o caso *Fidium Finanz*[35] que o TJUE considerou que esta disposição não estabelecia uma ordem de prioridades entre a liberdade de prestação de serviços e outras liberdades económicas fundamentais.

Contudo, numa situação que envolva um país terceiro é crucial determinar se existe ou não uma ordem de prioridades entre as várias liberdades, dado que apenas a circulação de capitais se aplica em relações com esses Estados. Nestas situações o TJUE, contrariamente ao que fez numa situação estritamente interna à União Europeia, desenvolveu uma nova prioridade, tendo estabelecido que quando os efeitos discriminatórios de uma dada disposição estejam dentro do âmbito de duas liberdades fundamentais e uma delas seja afetada de forma predominante, entende-se que a outra é apenas posta em causa como uma consequência inevitável e, por conseguinte, não é aplicável. Fê-lo a propósito do confronto entre a prestação de serviços e a liberdade de circulação de capital, tendo considerado que a primeira prevalece sobre a segunda. Exercício similar foi feito por ocasião da oposição entre a liberdade de estabelecimento e a liberdade de circulação de capital, tendo prevalecido a primeira.

---

[34] Ver caso *A*, de 18 de dezembro de 2007, proc. C-101/05.
[35] Acórdão de 3 de outubro de 2006, proc. C-452/04, § 32.

FISCALIDADE

Ficaram célebres dois casos onde o TJUE firmou de certo modo novas prioridades.

A propósito da prevalência da liberdade de prestação de serviços sobre a liberdade de circulação de capital destacamos o já referido caso *Fidium Finanz*[36]. No que concerne à sobreposição da liberdade de estabelecimento à livre circulação de capitais, merece ser salientado o caso *Lasertec*[37].

O primeiro caso pode resumir-se do modo seguinte.

Fidium Finanz era uma sociedade suíça que dava crédito principalmente a residentes na Alemanha. De acordo com a lei alemã, esta sociedade estava a obrigada a pedir autorização para exercer essa atividade, sem que a mesma autorização fosse necessária para sociedades alemãs ou da União Europeia. O TJUE decidiu que sendo um caso de aplicação simultânea das duas liberdades teria de confrontar a lei nacional unicamente com uma das liberdades por considerar que a outra era totalmente secundária em relação àquela. Neste caso, o Tribunal teve como referência o espírito da norma e sustentou que esta tinha em vista a supervisão do fornecimento de serviços e autorizá-los unicamente em situações em que as operações fossem conduzidas corretamente. Concluindo, nessa linha, que a liberdade de prestação de serviços prevalecia sobre a circulação de capitais, sendo a eventual violação desta última (não tendo considerado necessário aferir ou não existência dessa violação) uma consequência inevitável de uma situação em que era admissível uma restrição à liberdade de prestação de serviços.

O segundo caso aludido traduz-se no que se segue.

Lasertec Alemanha era detida em dois terços do capital pela *Lasertec Suíça*. Esta última concedeu crédito à empresa alemã mediante o pagamento de juros. Tendo em conta que a dívida era três vezes superior ao valor da correspondente participação no capital, a dívida foi considerada como uma distribuição de dividendos. As regras alemãs sobre subcapitalização eram apenas aplicáveis quando a empresa que concedesse o crédito tivesse uma participação substancial no capital da beneficiária do crédito. Concretamente, quando houvesse uma participação superior a 25%. Entendeu-se que por ser esse o caso, a questão diria respeito ao âmbito da liberdade de estabelecimento. Apesar de essa disposição ter também efeitos no que respeitava à livre circulação de capitais, considerou-se que esses efeitos eram meramente consequências inevitáveis da proibição de restrições ao livre estabeleci-

[36] *Ibidem.*
[37] Acórdão de 10 de maio de 2007, proc. C-492/04.

DIREITO DA UNIÃO EUROPEIA – ELEMENTOS DE DIREITO E POLÍTICAS DA UNIÃO

mento[38] que se aplica unicamente entre Estados-Membros e que, por conseguinte, não era suscetível de aplicação neste caso em que se estava perante um Estado terceiro. Os argumentos do TJUE são, como se pode verificar, decalcados dos já avançados no caso anterior[39].

4.3. Princípio da não discriminação

Tanto a discriminação direta como a indireta são proibidas. A primeira é feita com base na nacionalidade e a segunda assenta normalmente num critério que leva ao mesmo resultado. O TJUE sustentou a este propósito que quando distinções com base na residência privem os não residentes de certos benefícios que são garantidos aos residentes podem constituir uma discriminação indireta com base na nacionalidade[40]. Na verdade, essa situação põe-se com especial frequência, dado que a maioria dos países tributa com base no elemento de conexão residência e não nacionalidade

Para afastar uma determinada regra fiscal de direito interno com o argumento de que existirá uma discriminação capaz de pôr em causa uma das liberdades económicas fundamentais é, no entanto, necessário determinar não só quem são os destinatários das regras de não discriminação, mas também quais são as condições para aplicar essas regras.

4.3.1. Destinatários das regras de não discriminação

Apesar de as liberdades económicas fundamentais se dirigirem essencialmente ao Estado anfitrião, o TJUE entende que elas também proíbem o Estado da residência de constituir entraves aos nacionais no que respeita ao exercício dessas liberdades[41].

Exemplos típicos de entraves ao exercício das liberdades no Estado anfitrião são, designadamente, as disposições relativas à tributação na fonte que apenas considerem rendimentos brutos; por oposição à tributação dos residentes que assentem numa tributação de rendimentos líquidos[42].

---

[38] Constante do artigo 49.º do TFUE.

[39] O mesmo resultado foi alcançado a propósito dos casos *Swedish A and B*, de 10 de maio de 2007, proc. C-102/05; e *Stahlwerk Ergste Westig*, de 6 de novembro de 2007, proc. C-415/06.

[40] Cf. caso *Schumacker*, cit.

[41] Contrariamente ao artigo 24.º da OCDE que tem um âmbito semelhante mas que se aplica unicamente ao outro Estado (Estado anfitrião ou da fonte).

[42] Cf. Acórdãos (TJUE) *Gerritse*, de 12 junho de 2003, proc. C-243/01; *FKP Scorpio*, de 3 de outubro de 2006, proc. C-290/04; e *Centro Equestre*, de 15 de fevereiro de 2007, proc. C-345/04.

FISCALIDADE

No que concerne aos entraves às liberdades no Estado da residência, o exemplo por excelência são os chamados impostos de saída (*exit taxes*)[43] que se aplicam para compensar a perda de receitas futuras quando um determinado sujeito passivo deixa de ser residente .

4.3.2. Condições para aplicar regras de não discriminação

Para aferir se existe ou não discriminação é necessário determinar, desde logo, se duas situações são ou não comparáveis. Depois, partindo do princípio que de facto há comparabilidade entre as duas situações, verificar se diferentes regras se aplicam a situações comparáveis ou se as mesmas regras se aplicam a situações diferentes, dado que ambos os casos podem levar a uma discriminação no que respeita às liberdades económicas fundamentais[44]. Por fim, é necessário verificar, por um lado, se a violação das liberdades pode ser justificada[45], e, por outro, se a discriminação é conforme ao princípio da proporcionalidade.

Neste ponto devotaremos a nossa atenção essencialmente ao exercício de comparabilidade, abordando: *(i)* a comparação entre uma situação transfronteiriça e uma situação interna; *(ii)* a comparação de duas situações transfronteiriças; *(iii)* a comparação relativamente a situações envolvendo países terceiros; e *(iv)* a relevância das convenções sobre dupla tributação.

4.3.2.1. Situação transfronteiriça e a situação interna

A comparação clássica tem como elementos essenciais a pessoa que exerce as suas liberdades, comparada com a que permanece no Estado da residência. Deve notar-se que a condição de residente pode, por vezes, justificar um tratamento diferente relativamente aos não residentes. Isto é, como regra, a condição de residente não é comparável com a de não residente, sendo este facto geral veiculado pela ação do TJUE. Contudo, em muitos casos, tendo como referência o elemento teleológico da disposição de direito interno, o TJUE concluiu que residentes e não residentes podem estar em situações comparáveis. Esta tendência foi iniciada com o caso *Avoir Fiscal*[46], no qual o

---

[43] Cf. Acórdãos (TJUE) *Lasteyrie du Saillant*, de 11 de março de 2004, proc. C-9/02; *N*, de 7 de setembro de 2006, proc. C-470/04; *Comissão Europeia v. República Portuguesa*, de 6 de setembro de 2012, proc. C-38/10; e *Comissão Europeia v. Holanda*, de 31 de janeiro de 2013, proc. C-301/11.
[44] Cf. caso *Kerckhaert-Morres*, de 14 de novembro de 2006, proc. C-513/04.
[45] O TJUE tem vindo a aceitar para além das justificações previstas no Tratado outras razões de interesse público invocadas pelos Estados-Membros, como veremos.
[46] Acórdão de 28 de janeiro de 1986, proc. C-270/83.

DIREITO DA UNIÃO EUROPEIA – ELEMENTOS DE DIREITO E POLÍTICAS DA UNIÃO

TJUE reagiu ao tratamento diferente que era feito de duas situações comparáveis, envolvendo sucursais e subsidiárias. Concluindo, nessa linha, que sendo as sucursais tributadas da mesma forma que as subsidiárias em França, não fazia sentido uma distinção entre elas no que respeitava aos créditos de imposto. Concretamente, o facto de só as subsidiárias deles beneficiarem quando recebiam dividendos[47].

Atentemos agora, em especial, a dois casos paradigmáticos, um envolvendo uma pessoa singular e outro uma pessoa coletiva.

O que se refere à pessoa singular é o já referido caso *Schumacker* que dizia respeito a um residente na Bélgica que exercia a atividade profissional na Alemanha. A questão que se punha era a de saber se o Estado da fonte deveria garantir a possibilidade de fazer deduções de despesas pessoais aos não residentes, nos mesmos termos que permitia aos residentes. Em conformidade com a lógica subjacente à Convenção Modelo da OCDE, o TJUE admitiu serem estas deduções uma atribuição essencialmente do Estado da residência. Isto porque, tal como argumentou, o rendimento obtido no Estado da fonte constituiria, na maior parte das vezes, apenas parte do rendimento do sujeito passivo, sendo no Estado da residência que o princípio da capacidade contributiva tem melhores condições para ser implementado. Reconheceu também o TJUE ser esse o Estado que dispõe de mais informação acerca do sujeito passivo. Consequentemente, considerou que residentes e não residentes não estariam, na maior parte dos casos, em situações comparáveis. Muito embora admitindo que essas constatações seriam a regra, determinou que no caso concreto se verificaria uma exceção, pois o não residente, apesar de não auferir um rendimento significativo no Estado da residência, obtinha a maior parte do seu rendimento no Estado da fonte. Nessas situações, como resultado, o Estado da fonte deveria tratá-lo como se fosse um residente, dado que esse tratamento, atenta a quase inexistência de rendimentos tributáveis (nos termos da Convenção Alemanha v. Bélgica), não seria assegurado no Estado da residência (Bélgica). A Alemanha viu-se, como consequência dessa decisão e devido à aplicação do direito primário da União Europeia[48], obrigada a alterar a sua legislação fiscal.

---

[47] No mesmo sentido, ver Acórdão (TJUE) *Saint Gobin*, de 21 de setembro de 1999, proc. C-307/97.
[48] No mesmo sentido, ver Acórdãos (TJUE) *Gschwind*, de 14 de setembro de 1999, proc. C-391/97; *Zurstrassen*, de 16 de maio de 2000, proc. C-87/99; *De Groot*, de 12 de dezembro de 2002, proc. C-385/00; *Gerritse*, de 12 junho de 2003, proc. C-234/01; *Wallentin*, de 1 de julho de 2004, proc.

FISCALIDADE

O caso que se refere à pessoa coletiva é o *Marks and Spencer*[49], acórdão em que o TJUE sustentou que a residência nem sempre é um fator apropriado de distinção. O contexto deste caso reporta-se, de uma forma sintética, à factualidade seguinte. A possibilidade de atenuação da dupla tributação no seio de um grupo, de acordo com as regras do direito fiscal interno do Reino Unido, apenas podia ser considerada relativamente às subsidiárias aí localizadas, com a inerente faculdade de poderem ser compensados prejuízos entre as subsidiárias do grupo. No que diz respeito às subsidiárias estrangeiras, por não serem tributadas no Reino Unido, essa possibilidade não era permitida. O TJUE decidiu que as situações eram comparáveis, não podendo, como consequência, ter um tratamento diferente, sobrepondo-se, através dessa decisão, mais uma vez, à legislação nacional[50].

4.3.2.2. Comparação de duas situações transfronteiriças

O TJUE, para além da comparação tradicional na qual uma situação puramente interna é contraposta a uma situação transfronteiriça, faz igualmente esse exercício relativamente a duas situações transfronteiriças.

A este propósito, é particularmente elucidativo o caso *Cadbury Schweppes*[51], onde foi feito o juízo de comparabilidade aludido. A questão principal tinha que ver com a aplicação das regras inglesas de imputação de rendimentos de entidades não residentes sujeitas a um regime fiscal privilegiado (vulgo *controlled foreign corporations* – CFC). Nesse caso, o TJUE comparou uma situação típica de aplicação das regras CFC a uma situação na qual a entidade não residente tinha sido constituída num Estado onde a tributação não era menor. Entre outras coisas, concluiu que um tratamento diferente de duas situações transfronteiriças comparáveis constituía uma discriminação.

Outra situação típica de comparabilidade entre duas situações transfronteiriças é aquela que se levanta normalmente a propósito da questão de saber se a criação de uma sucursal ou constituição de agentes deve ser ou

---

C-169/03; *D*, de 5 de julho de 2005, proc. C-376/03; *Conijn*, de 6 de julho de 2006, proc. C-346/04; e *Lakebrink*, de 18 de julho de 2007, proc. C-182/06.

[49] Acórdão de 13 de dezembro de 2005, proc. C-446/03.

[50] Outro tipo de situações que tem, de certo modo, algum contacto com esta são aquelas em que sempre que o Estado-Membro isentar a tributação dos dividendos dos seus residentes, deverá conferir o mesmo tratamento aos não residentes que se encontrem numa situação objetivamente comparável. Cf. Acórdãos (TJUE) *Denkavit*, de 14 de dezembro de 2006, proc. C-170/05; e *Aberdeen Property Fininvest Alpha Oy*, de 18 de junho de 2009, proc. C-303/07.

[51] Acórdão de 12 de setembro de 2006, proc. C-196/04.

DIREITO DA UNIÃO EUROPEIA – ELEMENTOS DE DIREITO E POLÍTICAS DA UNIÃO

não equiparada à criação de uma subsidiária, em termos de tratamento fiscal. Apesar de haver acórdãos que apontam no sentido do carácter neutro da forma legal, com base no artigo 49.º do TFUE, a questão não está totalmente resolvida. Um desses acórdãos é o *CLT-UFA*[52], que dizia respeito a uma situação em que uma sociedade luxemburguesa criou uma sucursal na Alemanha. Nesse caso, o TJUE chegou à conclusão de que a criação de uma sucursal na Alemanha deveria ser equiparada à criação de uma subsidiária. Importa notar, porém, que no já mencionado caso *Marks and Spencer*, o TJUE não respondeu à questão da neutralidade da forma legal, apesar de o Advogado-Geral Poiares Maduro ter avançado argumentos contra o princípio da neutralidade da forma. Consequentemente, uma resposta definitiva e geral acerca da questão de aferir se a liberdade de estabelecimento decorrente do artigo 49.º do TFUE deve ser interpretada a favor da liberdade de escolha de forma ainda não pode ser avançada. Isto porque têm sido aduzidos argumentos a favor, como a ideia de que o sujeito passivo deve ter a liberdade de escolher a forma legal da operação levada a cabo no estrangeiro; e contra, como a convicção de que os regimes legais ao nível do direito societário e fiscal nem sempre são idênticos, pelo que as duas situações não devem ser tratadas da mesma forma[53].

4.3.2.3. Comparação relativamente a situações envolvendo países terceiros

A questão da comparação de situações envolvendo países terceiros põe-se essencialmente a propósito da livre circulação do capital, que, nos termos do artigo 64.º do TFUE, é aplicável a Estados terceiros. Isto independentemente de o Estado terceiro não estar, no entanto, obrigado ao dever de reciprocidade. No caso *A*[54], o TJUE analisou em detalhe o conteúdo da livre circulação de capital não só na União Europeia, mas também em situações envolvendo terceiros países, tendo chegado à conclusão de que o âmbito desta liberdade é o mesmo nas duas situações. Isso sem prejuízo de se dever ter presente que, de acordo com a prioridade estabelecida entre as liber-

---

[52] Acórdão de 23 de fevereiro de 2006, proc. C-253/03.
[53] Cf. Vanessa E. Metzler, "The Relevance of the Fundamental Freedoms for Direct Taxation", *in* Lang/Pistone/Schuch/Staringer (eds.), *Introduction to European Tax Law on Direct Taxation*, p. 51.
[54] Acórdão de 18 de dezembro de 2007, proc. C-101/05.

FISCALIDADE

dades, a livre circulação de capital não pode ser invocada se é apenas uma consequência inevitável de outra liberdade fundamental aplicável[55].

4.3.2.4. Relevância das convenções sobre dupla tributação

No exercício de comparabilidade que tem em vista a determinação de se existe ou não uma situação de discriminação, é necessário considerar não só a lei fiscal de fonte interna, mas igualmente as convenções sobre dupla tributação que num número considerável de Estados, como é o caso de Portugal, são recebidas automaticamente no direito interno. Consequentemente, quando um tribunal nacional refira as convenções como base legal para decidir um determinado caso, o TJUE tem de tomar em conta os efeitos dessas convenções no direito nacional, antes de determinar se duas situações comparáveis são ou não tratadas de forma diferente ou se duas situações diferentes são tratadas da mesma forma[56].

A propósito das convenções, uma das questões mais interessantes que se coloca é a de determinar se o direito da União Europeia exige que as obrigações e direitos advenientes de uma determinada convenção entre dois Estados-Membros sejam estendidos aos outros Estados, como decorrência do *princípio da nação mais favorecida*[57]. No caso D[58], o TJUE não aceitou o argumento do Senhor D, cidadão alemão, com propriedade imobiliária na Holanda, que pretendia que lhe fossem conferidos certos direitos que normalmente eram garantidos aos cidadãos belgas na mesma situação, ao abrigo da Convenção existente entre a Bélgica e a Holanda. Sustentou o Tribunal que o facto de as obrigações e direitos que advêm de uma convenção serem recíprocos e de se aplicarem unicamente a pessoas residentes num dos Estados contratantes é uma consequência inerente à natureza das próprias convenções sobre dupla tributação. O residente na Alemanha poderia, por conseguinte, apenas invocar a convenção entre esse país e a Holanda.

---

[55] Pela conexão que tem com o tópico, ver Acórdão (TJUE) *Glaxo*, de 17 de setembro de 2009, proc. C-182/08.

[56] Cf. Acórdão (TJUE) *Bouanich*, de 19 de janeiro de 2006, proc. C-265/04.

[57] Ver João Sérgio Ribeiro, "Conflito entre Convenções sobre Dupla Tributação e o Direito da União Europeia: Uma Falsa Questão?", *cit.*, pp. 129-133.

[58] De 5 de julho de 2005, proc. C-376/03.

DIREITO DA UNIÃO EUROPEIA – ELEMENTOS DE DIREITO E POLÍTICAS DA UNIÃO

4.4. Justificação de certas restrições

O Tratado fornece explicitamente bases que podem ser utilizadas para justificar regras internas discriminatórias. Temos em mente não só as matérias de natureza política, como as relativas à segurança e à saúde. Contudo, estas matérias não têm sido invocadas para justificar discriminações ao nível da tributação direta.

O contexto no qual se encontra a justificação tem, na verdade, sido outro. Recordamos que, para além das matérias referidas, o TJUE decidiu que uma violação das liberdades fundamentais poderia ser também justificada com base no interesse público[59]. É precisamente através da consideração desta base que se têm justificado algumas restrições no domínio da tributação direta. As justificações invocadas nesse contexto são *(i)* a coesão dos sistemas fiscais, *(ii)* a territorialidade, *(iii)* a ideia de anti-abuso, e *(iv)* a eficácia da supervisão fiscal[60].

4.4.1. Coesão dos sistemas fiscais

O argumento da coesão ou coerência fiscal foi aceite muito poucas vezes. Foi admitido pela primeira vez nos casos *Bachmann*[61] e *Commission v. Belgium*[62], que, curiosamente, foram decididos no mesmo dia. Mais tarde, esse argumento foi, de certo modo, recuperado no caso *Kranhenheim*[63].

Pelo seu valor paradigmático, recordemos os factos mais importantes do caso *Bachmann*. O Senhor Bachmann, cidadão alemão, a trabalhar na Bélgica, viu recusada a possibilidade de serem deduzidos ao seu rendimento os seguros de invalidez e de vida feitos na Alemanha, contrariamente ao que se teria passado se essas despesas tivessem sido feitas na Bélgica. Este país invocou que estes pagamentos, como não eram tributados na Bélgica, não deveriam dar direito a dedução, tendo o TJUE aceitado este argumento.

No caso *Danner*[64], apesar da sua grande semelhança com o caso *Bachmann*, o TJUE não aceitou o argumento da coesão. O mesmo se tendo passado em outros casos como o *Wielockx*[65] (especialmente importante por dar devido

---

[59] Cf. Acórdão *Cassis de Dijon*, de 20 de fevereiro de 197, proc. C-120/78.
[60] Sobre o assunto, com grande desenvolvimento, BEN J. M. TERRA, PETER J. WATTEL, *European Tax Law*, 5.ª ed., Wolters Kluwer, 2008, pp. 759 e segs.
[61] Acórdão de 28 de janeiro de 1992, proc. C-204/90.
[62] Acórdão de 28 de janeiro de 1992, proc. C-300/90.
[63] Acórdão de 23 de outubro de 2008, proc. C-157/07.
[64] Acórdão de 3 de outubro de 2002, proc. C-136/00.
[65] Acórdão de 11 de agosto de 1995, proc. C-80/94.

FISCALIDADE

relevo às imposições decorrentes das convenções sobre dupla tributação), o *Svensson & Gustavsson*[66] e o *Manninen*[67].

4.4.2. Territorialidade

A invocação do princípio da territorialidade enquanto justificação implica que um indivíduo sujeito a uma tributação limitada só seja tributado por rendimentos relativamente aos quais haja uma conexão específica com o ordenamento que tenha a pretensão de tributar esse rendimento. Este princípio é, nessa linha, usado pelos Estados-Membros para negar a dedução de perdas por parte de sujeitos tributados de forma limitada, com o argumento de que os lucros obtidos no estrangeiro também não são aí tributados. Isto em oposição ao que se passa com os sujeitos tributados de forma alargada que têm a opção de deduzir perdas, mas que, em consonância com isso, são tributados pelo rendimento obtido mundialmente[68].

A exceção a esta regra emergiu do caso *Schumacker*, pois, de acordo com a doutrina que se pode inferir desse acórdão, se a maior parte do rendimento de um indivíduo advier do Estado da fonte e as despesas disserem respeito à sua esfera pessoal e familiar, estas devem ser consideradas nesse Estado. O TJUE não permitiu, por conseguinte, que o argumento da territorialidade justificasse discriminações no Estado da fonte quando as pessoas estejam sujeitas a uma tributação de base alargada.

4.4.3. Ideia de anti-abuso

Para justificar disposições nacionais discriminatórias com base no argumento anti-abuso, a primeira pré-condição é que a pessoa que cria uma determinada estrutura beneficie de uma situação de que não beneficiaria se estivesse num contexto puramente doméstico[69]. Depois, é necessário que o objetivo da disposição nacional seja contrariar condutas fraudulentas e, finalmente, esta deve estar desenhada para discriminar unicamente condutas abusivas[70].

---

[66] Acórdão de 14 de novembro de 1995, proc. C-484/93.

[67] Acórdão de 3 de setembro de 2004, proc. C-319/02.

[68] Cf. caso *Futura Participations*, de 15 de maio de 1997, proc. C-250/95. Em sentido diferente, ver caso *Bosal Holding*, de 18 de setembro de 2003, proc. C-168/01.

[69] Cf. caso *Lankhorst-Hohorst*, de 12 de dezembro de 2002, proc. C-324/00.

[70] Ver, a este propósito, casos *Cadbury Schweppes, cit.*; *Thin Cap Group Litigation*, de 13 de março de 2007, proc. C-524/04; *Société de Gestion Industrielle*, de 21 de janeiro de 2010, proc. C-311/08; e *3M Italia Spa*, de 23 de agosto de 2010, proc. C-417/10.

DIREITO DA UNIÃO EUROPEIA – ELEMENTOS DE DIREITO E POLÍTICAS DA UNIÃO

Não deixa, neste enquadramento, de ser interessante salientar que a Comissão, numa comunicação de 2007[71], tenha sustentado que as regras anti-abuso não devem ser estruturadas de forma demasiado abrangente e devem pôr a tónica em situações onde, de facto, não há um interesse comercial legítimo.

4.4.4. Eficácia da supervisão fiscal

A eficácia da supervisão fiscal foi uma das causas que o TJUE aceitou para justificar regras internas discriminatórias. O caso referência é o *Futura participations*[72], no âmbito do qual o TJUE entendeu que a discriminação dos estrangeiros face aos nacionais era justificada. O caso decidido resume-se, de um modo geral, aos seguintes factos: uma sucursal de uma sociedade francesa no Luxemburgo, para poder compensar perdas nesse país, foi obrigada a cumprir com as regras contabilísticas aí vigentes; consequentemente, a sociedade francesa, para além de necessitar de ter a sua contabilidade conforme às regras francesas, teve, igualmente, relativamente à sucursal do Luxemburgo, de cumprir com as regras desse país.

4.4.5. Exigência da proporcionalidade

Apesar de em certas circunstâncias haver justificações para comprimir as liberdades fundamentais, ou seja, para operar alguma discriminação, o princípio da proporcionalidade serve como um limite inultrapassável que deve ser sempre considerado.

Traduz-se na ideia de que não se deve ir além do necessário para atingir um determinado objetivo. Como resultado, os Estados-Membros, de entre as medidas disponíveis para atingir um certo objetivo, devem escolher a(s) menos discriminatória(s)[73].

4.5. Justificações não aceitáveis

Não obstante existirem algumas justificações que têm obtido aceitação pelo TJUE, há outras, porém, que têm sido rejeitadas de forma clara, designadamente *(i)* a inexistência de harmonização na área dos impostos diretos, *(ii)*

---

[71] Memo/07/558, de 10 de dezembro de 2007.
[72] Acórdão de 15 de maio de 1997, proc. C-250/95.
[73] Atentar mais uma vez no caso *Futura Participations, cit.* Para mais desenvolvimentos sobre este importante princípio, ver João Félix Pinto Nogueira, *Direito Fiscal Europeu – O Paradigma da Proporcionalidade*, Coimbra Editora, Coimbra, 2010.

FISCALIDADE

a dificuldade em obter informações, *(iii)* a perda de receitas fiscais, e *(iv)* a compensação do tratamento desfavorável com outras vantagens.

4.5.1. Inexistência de harmonização na área dos impostos diretos
A falta de harmonização no domínio da tributação direta tem sido um dos argumentos frequentemente utilizados pelos Estados-Membros para justificar discriminações. O TJUE não tem, contudo, sido sensível a este argumento[74].

4.5.2. Dificuldade em obter informações
Outra justificação que tem sido invocada sem sucesso para justificar tratamentos discriminatórios é a dificuldade em obter informações.

Ora, a Diretiva 2011/16/UE, de 15 de fevereiro de 2011, sobre a troca de informações, obriga os Estados a cooperar uns com os outros. Logo, em princípio, os Estados podem obter as informações que desejem com base na referida Diretiva. Consequentemente, sempre que um Estado tente justificar a discriminação com a dificuldade em obter informação é expectável que TJUE rejeite essa justificação invocando a mesma diretiva. Salvo se, relativamente à informação pretendida, os Estados estiverem proibidos de a fornecer pelas suas leis ou práticas administrativas, o que, aliás, se encontra previsto no artigo 17.º da Diretiva[75].

4.5.3. Perda de receitas fiscais
A tentativa de obviar à perda de receitas é igualmente uma das razões que leva os Estados-Membros a aplicar legislação discriminatória. O TJUE, até à data, nunca aceitou essa justificação para, numa situação transfronteiriça, fundamentar um tratamento discriminatório do não residente nesse Estado. Este princípio foi demonstrado claramente no já referido caso *Manninen*.

4.5.4. Compensação do tratamento desfavorável com outras vantagens
Por fim, a ideia por vezes sugerida pelos Estados-Membros no sentido de que algumas vantagens compensatórias atribuídas a favor do contribuinte

---

[74] Cf. LOUAN VERDONER, "The Coherence Principle under EC Law", in *European Taxation*, maio de 2009, p. 280.
[75] Ver caso *Elisa*, de 11 de outubro de 2007, proc. C-451/05, que veicula essa solução embora no contexto do artigo 8.º da Diretiva 77/99/CEE, de 19 de dezembro de 1977, que foi substituída pela Diretiva 2011/16/UE, a que aludimos.

DIREITO DA UNIÃO EUROPEIA – ELEMENTOS DE DIREITO E POLÍTICAS DA UNIÃO

não residente, supostamente discriminado, teriam como efeito equipará-lo aos residentes, também não tem sido aceite. Logo no caso *Avoir Fiscal*[76], um dos primeiros casos concernentes aos impostos diretos, este argumento foi rejeitado[77].

5. Perspetivas futuras

Compreende-se, porém, que, para que a coordenação entre os impostos sobre sociedades avance de forma considerável e inequívoca, não basta a ação pontual quer do TJUE quer da Comissão, a propósito dos casos que vão surgindo e que só de forma colateral produzem efeito ao nível das questões tributárias. Pois, sublinhe-se, essa harmonização pela via jurisprudencial tem um papel meramente instrumental relativamente à realização dos objetivos da União Europeia. Conclui-se, deste modo, que a União não dispõe de uma competência de imposição de medidas tributárias *ab initio*, isto é, uma soberania tributária plena e assumida, mas apenas um poder tributário de facto que, por ser cada vez maior, deveria ser devidamente assumido.

Torna-se, portanto, necessário que se criem conceitos inovadores e uma verdadeira política dirigida à harmonização dos impostos sobre as sociedades.

Esta necessidade reflete-se, precisamente, na pressão que os empresários europeus têm feito[78] para que se avance para um sistema de tributação que tenha como base o lucro consolidado dos grupos europeus de sociedades, tornando, assim, a tributação daqueles mais eficiente[79]. Isto é, exige-se que pelo menos se atinja o nível de harmonização que já existe no domínio da tributação indireta, embora no plano teórico seja até concebível um avanço maior. Vejamos no ponto seguinte o que se perspetiva a este respeito.

Para resolver o problema da falta de coordenação ao nível da tributação das sociedades podem ser concebidos dois mecanismos possíveis, um, mais radical, de suscetibilidade de aplicação mais remota, que se traduziria na criação de um Imposto Europeu sobre Sociedades; e outro, mais realista, que

---

[76] Acórdão de 28 de janeiro de 1986, proc. C-270/83.

[77] Nesse sentido ver também caso *Commerzbank*, de 13 de julho de 1993, proc. C-330/91.

[78] Cf. SED CREST, "Why European tax executives are under pressure", in *International Tax Review*, junho de 2004, pp. 13-20.

[79] Cf. *European Commission, Report of the Committee of Independent Experts on Company Taxation (Ruding Committee)*, Official Publications of the European Communities, Luxembourg, 1992, p. 211. Já em 1992 o *Ruding Report* tinha chegado à conclusão de que existia uma necessidade urgente de aproximar as regras de determinação da base fiscal nos vários Estados-Membros para eliminar distorções da concorrência inaceitáveis.

638

FISCALIDADE

consistiria na Tributação das Sociedades de Acordo com uma Base Comum Consolidada, já considerado pela Comissão Europeia e materializado numa proposta de diretiva[80] que tem em vista a sua implementação[81].

5.1. Imposto Europeu sobre Sociedades

Com efeito, entre as várias propostas para resolver o problema de uma tributação eficiente das sociedades no espaço da União Europeia consta o projeto de criação de um imposto europeu sobre o rendimento unitário, ou rendimento consolidado, dos grupos e multinacionais dentro da União.

Esta solução simples e direta representa, sem dúvida, a forma suprema de coordenação no que respeita à base legal dos impostos sobre sociedades, dado que não só a base de imposto mas também a própria taxa seria a mesma em todos os Estados-Membros. Em consonância com esse *desenho*, o imposto seria administrado (determinado e cobrado) por uma nova autoridade criada no seio dos próprios órgãos da União, que funcionaria como a Administração Tributária da União Europeia.

As receitas desse imposto, por sua vez, seriam usadas para financiar as Instituições Europeias e as suas atividades, sendo o remanescente repartido pelos Estados-Membros de acordo com uma determinada fórmula acordada entre eles, à semelhança do que se passa no sistema alemão[82].

---

[80] COM(2011) 121/4, Proposal for a Council Directive on Common Consolidated Corporate Tax Base (CCCTB).

[81] Têm sido considerados para além dos dois a que nos referimos, igualmente, a Tributação com Base na Lei da Residência (*Home State Taxation*) e a Base Fiscal Única Harmonizada Obrigatória (*Single Compulsory Harmonised Tax Base*), que não são mais do que variantes da Tributação das Sociedades de Acordo com uma Base Comum Consolidada (*Common Consolidated Base*). Para mais desenvolvimentos, ver João Sérgio Ribeiro, *A Tributação Presuntiva do Rendimento: Um Contributo para Reequacionar os Métodos Indirectos de Determinação da Matéria Tributável*, Almedina, Coimbra, 2010, pp. 449 e segs.; e "Tributação das Sociedades de Acordo com uma Base Comum Consolidada na União Europeia", in *Estudos em Homenagem ao Prof. Doutor Alberto Xavier* – vol. I, Almedina, Coimbra, 2013, pp. 725-742.

[82] Com efeito, a aplicação deste método poderia contar com inspiração, por exemplo, do sistema fiscal alemão ou outros sistemas federais. No âmbito do sistema alemão (que dada a matriz europeia e a relevância que a Alemanha tem no espaço da União Europeia teria grandes possibilidades de servir como modelo) a Federação estabelece as linhas gerais da política de tributação para todos os Estados, cabendo a estes últimos implementar e administrar soluções tributárias no quadro dessas orientações gerais. Existe, portanto, uma interdependência tributária entre os dois níveis de governo (Estado Federal e Estados Federados) que se traduz no facto de as receitas dos impostos mais importantes, como os impostos sobre o rendimento, serem partilhadas no quadro de um sistema tributário integrado, entre Estado Federal e Estados Federados. Cf. João Sérgio Ribeiro,

DIREITO DA UNIÃO EUROPEIA – ELEMENTOS DE DIREITO E POLÍTICAS DA UNIÃO

Este método, apesar de ter potencial para resolver muitos dos problemas atuais com que embate a tributação das sociedades no espaço da União, apresenta um problema muito difícil de contornar.

Não temos em mente a eventual necessidade de chegar a um acordo relativamente à definição da base do imposto (definição de lucro), fixação da taxa, ou mesmo, ainda que as dificuldades aqui possam ser especialmente significativas, a definição dos indicadores objetivos de repartição das receitas dos impostos.

Referimo-nos, sim, ao facto de a transferência do poder de tributar para a União Europeia representar um abdicar da soberania fiscal de cada Estado, o que seria de difícil aceitação, dado que a criação de um imposto europeu sobre as sociedades significaria claramente um passo no sentido de uma federação[83].

5.2. Base Comum Consolidada (*Common Consolidated Base*)

O método da *Base Comum Consolidada* opera através da criação de uma base tributária comum que resulta de um acordo ao nível da União e é aplicada opcionalmente aos grupos ou sociedades que operem em mais de um Estado-Membro. Institui-se, portanto, um sistema paralelo aos sistemas nacionais[84], que pode inclusivamente ser materializado num código de imposto sobre sociedades europeu[85] que coexista com a legislação tributária de cada um dos Estados-Membros.

De acordo com este mecanismo, um grupo de sociedades, ou uma sociedade que atue através de sucursais em diversos Estados da União, vê o seu

---

"Justiça distributiva através dos impostos: perspectiva comparada e comunitária", *Estudos em Comemoração do 10.º Aniversário da Licenciatura em Direito da Universidade do* Minho, Almedina, Coimbra, 2004, pp. 434-436 e 447-449.

[83] Cf. Company Taxation in the Internal Market, COM(2001) 582 final, *http://ec.europa.eu/taxation_customs/resources/documents/company_tax_study_en.pdf*, p. 377; BEN J. M. TERRA e PETER J. WATTEL, *European Tax Law*, *cit.*, pp. 212 e 213; e S. O. LODIN e M. GAMMIE, *Home State Taxation*, IBFD Publications, Amesterdão, 2001, p. 10. Curiosamente, uma proposta belga de 2000 no sentido de criar um imposto europeu foi encarada com repulsa pelos outros Estados-Membros, estabelecendo-se a este propósito um paralelo com situações históricas em que certos impostos levaram a conflitos (imposto inglês sobre o chá que levou à independência americana e outros exemplos).

[84] Cf. BEN J. M. TERRA e PETER J. WATTEL, *European Tax Law*, *cit.*, p. 213.

[85] Cf. Company Taxation in the Internal Market, COM(2001) 582 final, *cit.*, p. 376.

FISCALIDADE

rendimento determinado de forma global[86], em conformidade com as regras de determinação da acordada base comum, independentemente da localização das suas atividades e do número de entidades por que opere. Sendo, num momento subsequente, esse lucro dividido pelos Estados onde o grupo ou a multinacional atua, com base numa fórmula de repartição. Cada um desses Estados aplica, então, a sua taxa ao rendimento que lhe é distribuído em razão da aplicação da fórmula[87].

Este método simplifica a vida dos grupos e sociedades que operem em vários Estados, na medida em que terão de lidar unicamente com um sistema de determinação da base de imposto (caso tenham optado por esse método). Além disso, torna muito mais transparente a competição fiscal entre os vários Estados, dado que para os comparar basta atender às diferentes taxas[88].

Esta solução apresenta como desvantagem principal o facto de ser necessário determinar uma nova base de imposto, o que não será fácil devido à necessidade de haver uma decisão unânime por parte de todos os Estados-Membros[89].

No entanto, as hipóteses de vir a ser implementada com sucesso são grandes, dado que, para além da existência da moeda única, já existe também uma forma comum de determinar lucros para efeitos económicos e contabilísticos, ao nível da União – as Normas Internacionais de Contabilidade (*International Accounting Standards – IAS*)/Normas Internacionais de Relato Financeiro (*International Financial Reporting Standards – IFRS*)[90] –, o que representa um grande avanço[91]. Estas normas, estabelecidas pelo Comité

---

[86] Entende-se que estas regras comuns de determinação da base serão aplicadas pelo Estado da sede do grupo ou da multinacional, cabendo apenas aos restantes Estados onde existam operações desse grupo, ou multinacional, aplicar as suas taxas à porção do lucro consolidado que lhes tiver sido atribuído. Cf. Company Taxation in the Internal Market, COM(2001) 582 final, *cit.*, p. 375. Adivinha-se que uma solução deste tipo onera especialmente as Administrações Tributárias dos países onde se situem a maioria das sedes dos grupos e das sociedades multinacionais.

[87] Rendimento que passa a constituir a matéria tributável à luz da lei tributária de cada um deles, sendo a taxa de imposto a que consta da própria legislação nacional dos vários Estados.

[88] Cf. Company Taxation in the Internal Market, COM(2001) 582 final, *cit.*, p. 376.

[89] Cf. artigo 115.º do TFUE.

[90] Cf. J. L. SALDANHA SANCHES, "Do plano oficial de contabilidade aos IAS/IFRS", in *O Direito do Balanço e as Normas Internacionais de Relato Financeiro*, Coimbra Editora, Coimbra, 2007, pp. 61 e segs.

[91] Cf. J. A. KLAVER e A. J. TIMMERMANS, "Beleidsconcurrentie of beleidscoordinatie bij de EU Belastingpolitiek", in *Weekblad voor Fiscaal Recht*, 6336, 1999, p. 506; BERNHARD GROSSFELD, "International Financial reporting standards: European Corporate Governance", in *O Direito do Balanço e as Normas Internacionais de Relato Financeiro*, *ob. cit.*, pp. 11 e segs.

Internacional de Normas Contabilísticas (*International Accounting Standards Committee*), foram adotadas pelos países da União[92], que, desde janeiro de 2005, aplicam essas regras para a consolidação das contas das Sociedades--mãe cotadas na bolsa e que tenham sede na União Europeia[93].

Em 16 de março de 2011, a Comissão fez uma proposta de diretiva[94] que tem em vista a implementação deste método[95]. Nessa proposta, muitos dos principais obstáculos à implementação da tributação de acordo com a *Base Comum Consolidada* foram ultrapassados, parecendo estar criadas as condições para a implementação prática deste mecanismo, faltando unicamente a sua adoção.

Apesar das vantagens referidas da tributação da *Base Comum Consolidada*, a sua implementação prática levanta alguns problemas. A principal fonte desses problemas reside precisamente na necessidade de se chegar a um consenso acerca de vários elementos. Atentemos nesses elementos e na forma como se lidou com eles no texto da *proposta de diretiva*.

Em primeiro lugar, apresentava-se, tal como referido, necessário um acordo acerca da base tributária, isto é, acerca da forma de determinação do lucro global a distribuir pelos diversos países, o que não se traduz numa tarefa fácil, pois é necessário criar uma forma de determinação do lucro que seja aceite pelos vários Estados envolvidos.

De facto, na *proposta de diretiva* consagrou-se uma forma de determinação do lucro tributável a ser seguida pelos sujeitos passivos que optarem por este regime de tributação. Criou-se, portanto, um sistema de tributação das sociedades único[96] a aplicar àquelas que por ele optem[97].

Em segundo lugar, impunha-se também que os Estados acordassem em relação aos fatores de repartição, chegando, assim, a uma fórmula predeterminada e automática. Esta questão surgiu como sendo especialmente pro-

---

[92] Cf. Regulamento (CE) n.º 1606/2002, de 19 de julho de 2002, relativo à aplicação das normas internacionais de contabilidade; Regulamento (CE) n.º 1725/2003, de 21 de setembro de 2003, que adota certas normas internacionais de contabilidade, nos termos do Regulamento (CE) n.º 1606/2002, de 19 de julho de 2002; Regulamento (CE) n.º 707/2004, de 6 de abril de 2004, que altera o Regulamento (CE) n.º 1725/2003, que adota certas normas internacionais de contabilidade, nos termos do Regulamento (CE) n.º 1606/2002.

[93] Cf. Ben J. M. Terra e Peter J. Wattel, *European Tax Law, cit.*, p. 583.

[94] Doravante *proposta de diretiva*.

[95] Cf. COM(2011) 121/4, Proposal for a Council Directive on Common Consolidated Corporate Tax Base (CCCTB), *cit.*

[96] Ver artigos 9.º e segs. da *proposta de diretiva*.

[97] Cf. artigo 6.º da *proposta de diretiva*.

FISCALIDADE

blemática, pois os vários Estados envolvidos procuram normalmente, como é óbvio, que esses fatores de repartição lhes permitam conservar a base de imposto e o mesmo volume de receitas que atualmente possuem no âmbito da tributação das sociedades a nível interno[98].

Ofereciam-se dois modelos de fórmulas de repartição: as simples e as complexas[99]. As simples baseiam-se unicamente num fator[100], enquanto as complexas incluem dois ou mais fatores.

Convém dizer que o uso de fórmulas simples já foi testado nos EUA e se revelou inadequado[101], tendo sido no seguimento dessa experiência que passaram a ser usadas fórmulas complexas. Foi certamente por esta razão que, no contexto da *proposta de diretiva* que institui a *Base Comum Consolidada*, se optou por uma fórmula complexa de três fatores que tem em conta as vendas, os salários e número de empregados, e os ativos[102], que é precisamente a fórmula mais utilizada nos EUA.

Finalmente, teria de haver acordo quanto aos elementos relevantes para estabelecer a conexão entre o sujeito passivo[103] abrangido pela *Base Comum Consolidada*, e cada um dos ordenamentos jurídicos que iria tributar uma porção do rendimento global[104]. Relativamente ao conceito de estabelecimento estável (enquanto elemento de conexão), não se levantaram grandes problemas, pois este conceito, tem vindo a ser seguido, de uma forma mais ou menos generalizada, tal como é concebido nos termos da *Convenção Modelo da OCDE*, tendo a *proposta de diretiva* ido nesse sentido[105]. Porém, no que respeita à questão de determinar se uma dada sociedade é ou não subsidiária, ou seja, se pertence ou não a um certo grupo de sociedades, os problemas surgem. Pois ainda não existe uma aceção de *grupo de sociedades* homogénea

---

[98] Cf. S. O. LODIN e M. GAMMIE, *Home State Taxation, cit.*, p. 46.

[99] Cf. J. W. HUSTON, "Allocation of Corporate Income for Purposes of Taxation", in *Illinois Law Review* 725, XXVI, 1932, p. 735.

[100] Como, por exemplo, bens corpóreos.

[101] Cf. KELLY EDMISTON, *Single-factor sales apportionment formula in Georgia: What is the net revenue effect?*, Georgia State University, Atlanta, Report n.º 88, 2003, pp. 1-15.

[102] Cf. artigo 86.º da proposta de diretiva.

[103] Isto é, a sociedade multinacional operando através de estabelecimentos estáveis ou de subsidiárias.

[104] Cf. ANTONIO RUSSO, "Formulary Apportionment for Europe: An Analysis and a Proposal", in *Intertax*, vol. 33, n.º 1, 2005, pp. 18 e 19.

[105] Cf. artigo 5.º da *proposta de diretiva* que segue muito de perto o artigo 5.º da Convenção Modelo da OCDE. Ver JOÃO SÉRGIO RIBEIRO, "Outline of Article 5 of the OECD Model Convention", in *Jurisprudencija* 2009, 1 (115), pp. 295-312.

DIREITO DA UNIÃO EUROPEIA – ELEMENTOS DE DIREITO E POLÍTICAS DA UNIÃO

em relação à qual os Estados tenham manifestado o seu acordo. Debatem-se a este respeito as noções jurídicas e económicas de grupo[106]. Na *proposta de diretiva* ancorou-se o conceito de grupo num teste assente na propriedade e no controlo, na medida em que é exigido um direito de propriedade que se eleve a mais de 75% do capital da sociedade e um direito a exercer mais de 50% dos direitos de voto ou um direito a mais de 75% dos direitos que permitam obter lucro[107].

Esta aceção de grupo perfila-se como uma solução para superar um dos problemas mais complexos com que se debatia a implementação deste modo de tributação quando foi considerado nos momentos iniciais da sua afirmação.

A *proposta de diretiva* apresenta sem dúvida potencial para remover alguns dos mais importantes obstáculos colocados pela descoordenação ao nível da tributação das sociedades.

Destacamos a redução dos custos administrativos e de cumprimento a suportar pelas sociedades, dado que está pensado um conjunto único de regras para o cálculo da matéria tributável e um sistema de balcão único para a entrega de declarações tributárias. Salientamos, neste contexto, a possibilidade de serem afastados os preços de transferência, atualmente aplicáveis às operações dentro do mesmo grupo, e umas das maiores dificuldades das empresas, mas também os métodos da subcapitalização e da imputação do lucro sobre sociedades não residentes (CFC).

A compensação de perdas dentro do mesmo grupo é, no âmbito da *proposta de diretiva*, automaticamente considerada, ficando, na mesma linha, ultrapassadas situações complexas, como o problema da comunicabilidade e transferência de prejuízos entre sociedades do mesmo grupo, ou entre sucursais e a empresa multinacional, que representam[108].

O fim da aplicação do princípio da independência (*arm's length principle*) dentro do mesmo grupo ou entre sociedades e suas sucursais permite, de

---

[106] Cf. João Sérgio Ribeiro, *A Tributação Presuntiva do Rendimento: Um Contributo para Reequacionar os Métodos Indirectos de Determinação da Matéria Tributável, cit.*, pp. 435-441.

[107] Cf. artigo 54.º da *proposta de diretiva*.

[108] O que pode levar, por exemplo, a que, contrariando o espírito do Mercado Único, os investimentos sejam essencialmente feitos em países grandes, de modo a que, devido à sua base fiscal mais alargada, isto é, mais lucro, permitam mais oportunidades para deduzir perdas. Cf. S. O. Lodin e M. Gammie, *Home State Taxation, cit.*, p. 31. Sobre a dedução de prejuízos de subsidiárias e os agudos problemas que o atual sistema levanta, ver Acórdão *Marks & Spencer, cit.*

644

FISCALIDADE

certo modo, eliminar alguma elisão fiscal que frequentemente se consegue através da exploração desse princípio.

Apesar de toda a simplificação implícita nas soluções trazidas pela *proposta de diretiva*, há dificuldades que se advinham, sendo a sua adoção difícil no curto prazo. Pois, como se sabe, esta proposta tem de ser debatida e aceite pelos Estados-Membros no Conselho, existindo questões relativamente às quais, pelo facto de contenderem com a soberania fiscal dos Estados, o acordo não será certamente fácil. Salientamos, retomando algumas das ideias já avançadas, o acordo relativamente à forma de determinação do lucro e à delimitação do conceito de grupo, mas sobretudo – e aqui é que as dificuldades serão por certo de monta – no que concerne, não tanto à fórmula, mas ao peso que cada um dos seus elementos terá, pois esse aspeto, sim, terá um impacto significativo nas receitas de cada Estado.

Conclusões

– O direito tributário da União Europeia abrange: *(i)* a tributação indireta e a avançada harmonização alcançada a esse nível; *(ii)* a tributação direta e os esforços que são desenvolvidos no sentido de alcançar uma harmonização semelhante à que já domina nos impostos indiretos; *(iii)* as convenções sobre dupla tributação e as suas relações com o direito da União Europeia; e *(iv)* o enquadramento legal no próprio nível europeu, da cooperação administrativo-tributária entre os Estados-Membros.

– É no domínio dos impostos diretos que a influência do direito da União é mais expressiva, contribuindo para isso a ausência de regras detalhadas sobre as questões tributárias que estão apenas harmonizadas em setores pontuais e muito específicos.

– Através da proteção das liberdades económicas fundamentais consegue-se, ainda que colateralmente, uma harmonização expressiva ao nível da tributação direta, sendo muito limitadas as situações em que o TJUE aceita a discriminação no contexto dessas liberdades.

– Para resolver o problema da falta de coordenação ao nível da tributação direta, essencialmente no domínio da tributação das sociedades, podem ser concebidos dois mecanismos possíveis, um, mais radical, de suscetibilidade de aplicação mais remota, que se traduziria na criação de um Imposto Europeu sobre Sociedades; e outro, mais realista, que consistiria na Tributação das Sociedades de Acordo com uma *Base Comum Consolidada*, já considerado pela Comissão Europeia e materializado numa proposta de diretiva que tem em vista a sua implementação.

DIREITO DA UNIÃO EUROPEIA – ELEMENTOS DE DIREITO E POLÍTICAS DA UNIÃO

– Apesar de toda a simplificação implícita nas soluções trazidas pela *proposta de diretiva*, há dificuldades que se advinham, sendo a sua adoção difícil no curto prazo. Pois, como se sabe, esta proposta tem de ser debatida e aceite pelos Estados-Membros no Conselho, existindo questões relativamente às quais, pelo facto de contenderem com a soberania tributária dos Estados, o acordo não será certamente fácil.

Capítulo XI

Propriedade Intelectual

LUÍS COUTO GONÇALVES*
CLÁUDIA TRABUCO**
MARIA MIGUEL CARVALHO***

I. Introdução

Em sentido amplo, a propriedade intelectual protege resultados do espírito humano e engloba dois institutos jurídicos: o direito de autor e a propriedade industrial.

O direito de autor, que inclui a tutela dos direitos conexos, protege as criações intelectuais dos domínios literário e artístico, por qualquer modo exteriorizadas e qualquer que seja o seu género, mérito ou forma de expressão, incluindo: obras literárias; obras audiovisuais; obras de multimédia; programas de computador (*software*); obras de arte aplicadas, desenhos ou modelos e obras de *design* que constituam criação artística; ilustrações e cartas geográficas; projetos, esboços e obras plásticas respeitantes à arquitetura, ao urbanismo, à geografia ou às outras ciências. No âmbito do direito de

---

* Partes I e III – B.
** Partes I e II.
*** Parte III – A.

DIREITO DA UNIÃO EUROPEIA – ELEMENTOS DE DIREITO E POLÍTICAS DA UNIÃO

autor são também reconhecidos direitos exclusivos conexos sobre as prestações dos artistas, intérpretes ou executantes, dos produtores de fonogramas e videogramas e dos organismos de radiodifusão.

A propriedade industrial protege os direitos sobre bens incorpóreos, mais diretamente ligados a interesses da atividade económica, os quais podem agrupar-se em duas grandes espécies: as criações industriais e os sinais distintivos. Os direitos sobre criações industriais abrangem, essencialmente, as patentes de invenção, os modelos de utilidade, as topografias dos produtos semicondutores, as obtenções vegetais e os desenhos ou modelos. Os sinais distintivos do comércio abrangem, designadamente, as marcas, os nomes comerciais e insígnias, os logótipos[1] e as denominações de origem e indicações geográficas.

A propriedade intelectual, no seu conjunto, tem, assim, por objeto a proteção legal de um conjunto específico de direitos sobre coisas incorpóreas: as criações autorais, industriais e os sinais distintivos.

Coisas incorpóreas, para citarmos Orlando de Carvalho, são "ideações que uma vez saídas da mente e, por conseguinte, discerníveis, ganham autonomia em face dos meios que as sensibilizam ou exteriorizam e em face da própria personalidade criadora justificando uma tutela independente da tutela da personalidade como da tutela dos meios ou objectos corpóreos que são o suporte sensível dessas mesmas ideações"[2].

O direito de autor tem por finalidade garantir um incentivo económico adequado aos criadores intelectuais e às entidades que investem na criação e na divulgação de bens intelectuais através da reserva aos titulares de direitos de um exclusivo de exploração económica das obras. À proteção destes interesses individuais de carácter patrimonial alia-se, nos sistemas jurídicos da União Europeia, a tutela de direitos de carácter pessoal (normalmente designados como "direitos morais")[3].

Em todo o caso, o direito de autor é um direito dominado por considerações finalistas, pelo que, como sucede com os demais direitos subjetivos, a liberdade atribuída ao autor não pode ser entendida em termos puramente

---

[1] Em Portugal, com a alteração ao Código da Propriedade Industrial de 2003, introduzida pelo DL n.º 143/2008, de 25 de julho, foram suprimidos o nome e a insígnia, sendo integrados no logótipo.
[2] *Direito das Coisas*, Coimbra,1977, p. 191, nota.
[3] Sobre a proteção dos direitos morais, leia-se o relatório de MARJUT SALOKANNEL e ALAIN STROWEL, *Study contract concerning moral rights in the context of the exploitation of works through digital technology*, 2000, disponívelem*http://ec.europa.eu/internal_market/copyright/studies/studies_en.htm*.

PROPRIEDADE INTELECTUAL

individualistas. Entenda-se ou não que o direito de autor tem a natureza jurídica de um direito de propriedade (direito de propriedade intelectual)[4], a verdade é que, a par com o direito de propriedade e os outros direitos patrimoniais, o direito autoral tem uma função social. É da consideração desta última que decorre a sujeição do direito exclusivo a *limites* ou *exceções*, que permitem compatibilizar o seu exercício com interesses sociais ou outros interesses individuais tidos como relevantes.

A propriedade industrial visa garantir, essencialmente, a afirmação da identidade da empresa em mercado de livre concorrência e com produção em massa.

Dito de outra forma, o direito da propriedade industrial surgiu para resolver um problema que se começou a manifestar, com particular especificidade e intensidade, a partir da chamada revolução industrial: a necessidade de proteger a identidade da empresa e respetivos modos de *afirmação concorrencial*. Essa proteção concretizou-se e concretiza-se pela atribuição de *direitos privativos* em relação a concretas formas de afirmação de identidade: a afirmação *técnica* (patentes de invenção e modelos de utilidade), *estética* (desenhos ou modelos) e *distintiva* (marca, nome comercial, logótipo, denominações de origem e indicações geográficas)[5].

1. Evolução do sistema da União Europeia de proteção

O equilíbrio frágil entre o princípio da livre circulação de mercadorias e os direitos de propriedade industrial resulta do disposto no artigo 36.º do TFUE. A solução europeia admite que a proteção da propriedade industrial constitua uma exceção ao referido princípio, previsto no artigo 28.º do Tratado. No entanto, prevê-se uma *exceção à exceção*. A proteção da propriedade industrial não pode representar um meio de discriminação arbitrária nem qualquer restrição dissimulada ao comércio entre os Estados-Membros.

A opção legal é compreensível, mas a sua aplicação concreta não se afigura tarefa fácil. O legislador começou por atribuir ao TJUE o papel principal e mais difícil.

---

[4] António de Macedo Vitorino, "Esboço de uma concepção sobre a natureza jurídica do Direito de Autor", in *Revista da Faculdade de Direito da Universidade de Lisboa* (*RFDUL*), XXXIII, 1992, pp. 463-514.
[5] Para mais desenvolvimentos, Luís Couto Gonçalves, *Manual de Direito Industrial*, Almedina, Coimbra, 5.ª ed., 2014, pp. 15 e segs.

DIREITO DA UNIÃO EUROPEIA – ELEMENTOS DE DIREITO E POLÍTICAS DA UNIÃO

O equilíbrio entre o princípio da liberdade de circulação e o direito exclusivo nem sempre se mostrou estável.

O momento mais instável e *inamistoso*, estando em causa a proteção da marca, registou-se com o célebre Acórdão *Hag I*[6], que estabeleceu a controversa *teoria da origem comum* das marcas e teceu palavras menos *agradáveis* em relação ao papel da marca. Numa passagem da sentença afirma-se que "o exercício do direito de marca contribui para repartir os mercados e, assim, atenta contra a livre circulação de mercadorias entre os Estados-Membros, tanto mais que, ao contrário de outros direitos de propriedade industrial e comercial, o direito de marca não está sujeito a limitações temporais"[7]. Dezasseis anos depois desta decisão, o TJUE, confrontado com a mesma situação, caso *Hag II*[8], abandonou a referida teoria, afirmando que "é necessário reconsiderar a interpretação acolhida na referida sentença à luz da jurisprudência firmada de modo progressivo na esfera das relações entre a propriedade industrial e comercial e as normas gerais do Tratado, especialmente no âmbito da livre circulação de mercadorias", e acrescentando, em relação ao direito de marca, que "este direito constitui um elemento vertebral do sistema de concorrência não falseado que o Tratado pretende instaurar e manter".

Nesta decisão refere-se a reiterada jurisprudência do TJUE que se foi gradualmente formando durante o período que mediou entre as duas sentenças. Uma das primeiras decisões relevantes para marcar uma mudança de rumo em relação ao caso *Hag I* foi a do caso *Terrapin-Terranova*[9]. Neste acór-

---

[6] Acórdão de 3 de julho de 1974, proc. 192/73.
O caso *Hag I* consistiu, essencialmente, no seguinte: a sociedade alemã *Hag AG*, titular da marca *Hag* para café descafeinado na Alemanha, desde 1907, e na Bélgica e Luxemburgo, desde 1908, transmitiu essas marcas, em 1927, para a Bélgica e o Luxemburgo, a uma empresa belga, a sociedade *SA Café Hag*, sua filial a 100%. Após a 2.ª guerra mundial, o Governo belga, de acordo com a Conferência de Paris sobre as reparações da guerra, confiscou as ações desta sociedade e alienou-as a uma família belga que, posteriormente, transmitiu as marcas *Hag*, para a Bélgica e para o Luxemburgo, a uma terceira empresa, *Van Zuylen Frères*. Em 1972, a sociedade alemã começou a exportar para o Luxemburgo café descafeinado sob a marca *Hag*. A sociedade comanditária *Van Zuylen* intentou uma ação de contrafação que deu azo ao recurso prejudicial para o TJUE. O Tribunal, baseado na referida teoria da *origem comum* da marca, não deu provimento à pretensão da empresa belga negando o direito de esta impedir a importação do produto alemão.

[7] *Idem*, p. 744.

[8] Acórdão de 17 de outubro de 1990, proc. 10/89.

[9] Acórdão de 22 de junho de 1976, proc. 119/75. A empresa alemã, *Terranova Industrie*, titular das marcas *Terra* e *Terranova*, para materiais de construção, invocando confusão, reagiu com êxito ao pedido de registo, na Alemanha, da marca *Terrapin*, destinada a casas pré-fabricadas e materiais de

PROPRIEDADE INTELECTUAL

dão pode ler-se: "*no estado atual do direito comunitário, um direito de propriedade industrial e comercial legalmente adquirido num Estado-Membro pode legitimamente ser invocado, em virtude do artigo 36.º, 1.ª parte, do Tratado, contra a importação de produtos comercializados sob uma denominação que se preste a confusão, desde que os direitos em causa hajam sido constituídos, por titulares distintos e independentes, ao abrigo de legislações nacionais diferentes; com efeito, se em tal caso o princípio da liberdade de circulação de mercadorias prevalecesse sobre a proteção conferida pelas leis nacionais respetivas, os direitos de propriedade industrial e comercial seriam atingidos no seu* objeto específico"[10]. E o Tribunal acrescenta que a *função essencial da marca* consiste em "garantir aos consumidores a identidade de origem do produto", incluindo, assim, no *objeto específico*, a proteção do titular contra o uso por terceiros de marcas confundíveis, ainda que estes disponham de um título jurídico válido no país de origem.

O conceito de *objeto específico* vai desempenhar um papel determinante em toda a jurisprudência comunitária ligada à propriedade industrial, tendo sido a respetiva noção aprofundada no caso *Centrapharm/Winthrop*[11].

Na solução deste caso, tratando-se de produtos comercializados no país de importação pelo titular do direito no país de exportação ou por terceiro com o seu consentimento, o TJUE considerou que devia prevalecer o princípio da liberdade de circulação. "*Em matéria de marcas, o* objeto específico *da propriedade industrial é, nomeadamente, assegurar ao titular o direito exclusivo de utilizar a marca, com vista à primeira colocação do produto em circulação e de o proteger assim contra os concorrentes que pretendessem abusar da sua posição e da reputação da marca vendendo produtos indevidamente assinalados com essa marca.*" Por isso, no caso *sub judice*, não seria aceitável que o direito de marca fosse invocado para impedir a circulação do produto porque o mesmo foi "licitamente colocado no mercado do Estado-Membro de onde ele é importado, pelo próprio titular ou com o seu consentimento, de modo que não pode falar-se

---

construção, solicitado por uma empresa britânica. A sociedade britânica recorreu da decisão registal e quando o processo se encontrava no BGH [Bundesgerichtshof/Tribunal Federal de Justiça da Alemanha], este remeteu a questão, a título prejudicial, para o TJUE. A resposta, deste, foi, como se percebeu, favorável à pretensão da sociedade alemã.

[10] *Idem*, p. 1062.

[11] Acórdão de 31 de outubro de 1974, proc. 16/74. O caso tinha que ver com a importação paralela de um medicamento do Reino-Unido com a marca *Negram* por parte de um importador grossista holandês (*Centrapharm*) quando o mesmo produto era comercializado na Holanda por uma sociedade holandesa (*Winthrop*). Quer a sociedade inglesa quer a sociedade holandesa eram filiais a 100% da sociedade americana *Sterling Drug*, Inc.

651

DIREITO DA UNIÃO EUROPEIA – ELEMENTOS DE DIREITO E POLÍTICAS DA UNIÃO

em abuso ou contrafação de marca". O Tribunal concluiu com a adoção da *teoria do esgotamento do direito*[12], afirmando que "é incompatível com as regras do Tratado relativas à livre circulação das mercadorias a existência, numa legislação nacional em matéria de propriedade industrial ou comercial, de disposições que prevejam que o direito do titular da marca não se esgota através da comercialização de um produto, num outro Estado-Membro, sob a proteção da marca, de modo que o titular possa opor-se à importação no seu próprio Estado do produto comercializado num outro Estado".

Em síntese, a jurisprudência do TJUE foi gradualmente elaborando regras de coexistência dos direitos nacionais de marcas com o direito comunitário. No essencial, o TJUE respeita a *existência* do direito de marca de origem nacional, mas arroga-se o direito de controlar o respetivo *exercício*.

Num segundo momento, e estamos a falar da preparação do mercado único (após o Acto Único Europeu, de 1986), as necessidades crescentes de construção de um mercado integrado tornaram insuficiente a via jurisprudencial de resolução do problema. Era necessária uma via mais eficaz que não expusesse o funcionamento do mercado ao risco de qualquer orientação judicial menos previsível ou razoável de ajustamento da observância do princípio da liberdade de circulação com o respeito pelos direitos intelectuais conferidos pelas diferentes e díspares ordens jurídicas nacionais. Estavam criadas as condições para a aprovação de diretivas de aproximação de legislações nacionais. É um segundo estádio de evolução. Salientamos, nesta fase, as diretivas sobre marcas[13], desenhos ou modelos[14] e invenções biotecnológicas[15].

Num terceiro momento (após o Tratado da União Europeia, em 1992), de consolidação e aperfeiçoamento do mercado único, o caminho da integração jurídica passou, e ainda passa, preferencialmente, pela atribuição de um título de propriedade europeu e pela adoção de um outro instrumento legislativo comunitário: o regulamento.

Do que se trata agora é de atribuir um título único e unitário supranacional que confira segurança ao seu titular e não suscite a mesma conflitualidade com o princípio estruturante da livre circulação de mercadorias.

[12] Sobre o esgotamento do direito ver, *infra*, ponto 2.
[13] Diretiva 89/104/CEE, de 21 de dezembro de 1988, entretanto revogada pela Diretiva 2008/95//CE, de 22 de outubro de 2008.
[14] Diretiva 98/71/CE, de 13 de outubro de 1998.
[15] Diretiva 98/44/CEE, de 6 de julho de 1998.

652

PROPRIEDADE INTELECTUAL

Neste momento, podemos destacar seis direitos de propriedade industrial europeus importantes: para além da marca comunitária[16] e do desenho ou modelo comunitário[17], que analisaremos com mais desenvolvimento, acrescentamos, ainda, o direito comunitário de variedades vegetais[18], o direito comunitário de denominações de origem e indicações geográficas sobre produtos agrícolas e géneros alimentício[19], as denominações de origem e indicação geográficas de vinhos[20] e as indicações geográficas das bebidas espirituosas[21]. Mais recentemente foi criada a patente europeia com efeito unitário, que, em rigor, corresponde mais a um efeito jurídico novo da patente europeia do que um novo título jurídico unitário da União Europeia – embora beneficiária da experiência e "logística" da CPE[22]. Deste modo,

---

[16] Regulamento (CE) n.º 207/2009, de 26 de fevereiro de 2009, que revogou o Regulamento (CE) n.º 40/94, de 20 de dezembro de 1993.

[17] Regulamento (CE) n.º 6/2002, de 12 de dezembro de 2001.

[18] Regulamento (CE) n.º 2100/94, de 27 de julho de 1994.

[19] Regulamento (UE) n.º 1151/2012, de 21 de novembro de 2012, relativo a produtos agrícolas e géneros alimentícios no domínio das denominações de origem e das indicações geográficas.

[20] Regulamento (CE) n.º 479/2008, de 29 de abril de 2008, que estabelece a organização comum de mercado vitivinícola. A proteção das denominações de origem e indicações geográficas de vinhos vem regulada nos artigos 34.º e segs.

[21] Regulamento (CE) n.º 110/2008, de 15 de janeiro de 2008, relativo à definição, designação, apresentação, rotulagem e proteção das indicações geográficas das bebidas espirituosas.

[22] A Comissão Europeia, em Março de 2010, lançou a chamada Estratégia Europa 2020, para preparar a economia da União Europeia, e uma das iniciativas emblemáticas consistia na criação da patente europeia com efeito unitário, nos países da União Europeia, a qual pode traduzir-se numa redução anual de custos de, aproximadamente, 300 milhões de euros para as empresas. Nesse sentido, o Regulamento (UE) n.º 1257/2012, de 17 de dezembro de 2012, aprovou o regime jurídico da patente europeia com efeito unitário, aplicável em 25 Estados-Membros (com exceção da Itália e Espanha, que não aderiram por razões linguísticas, e da Croácia, por ter aderido à União Europeia em momento posterior) e foi criado o Tribunal Unificado de Patentes, por Acordo (ATUP) subscrito em 19 de fevereiro de 2013, por 25 Estados-Membros (menos Espanha, Polónia e Croácia). Em abono da verdade, deve dizer-se que as legislações nacionais de patentes dos países da União Europeia são, hoje, praticamente comuns em domínios relevantes como o da definição do objeto da patente e o da regulação dos requisitos de patenteabilidade. Esta situação é explicada pela fortíssima influência uniformizadora da Convenção da Patente Europeia (CPE) de 5 de outubro de 1973 (artigos 52.º a 57.º), que não é um organização da União Europeia, mas à qual pertencem todos os Estados membros. Não é, assim, de estranhar que a patente europeia com efeito unitário (válida, simultaneamente, nos Estados da União Europeia participantes) venha a ser concedida pelo Instituto Europeu de Patentes. A aplicação efetiva do funcionamento da patente europeia com efeito unitário depende da data da entrada em vigor do ATUP de 19 de fevereiro de 2013, de acordo com o regulado no artigo 18.º, n.º 2, do Regulamento (UE) n.º 1257/2012. O ATUP entra em vigor no primeiro dia do quarto mês após o depósito do 13.º instrumento de ratificação ou adesão,

passarão a coexistir patentes europeias sem efeito unitário e patentes europeias com efeito unitário. Uma palavra ainda, pela importância prática que reveste, para o certificado complementar de proteção para os medicamentos, embora se trate de um direito *sui generis*[23].

Na União Europeia, o tratamento jurídico das questões mais relacionadas com o direito de autor, tal como acontece com os outros direitos integrados na categoria mais ampla da propriedade intelectual, deve ser entendido no contexto da construção de uma via para a unificação do mercado europeu nos seus mais diversos aspetos[24]. Foi a partir do momento em que os primeiros riscos para o estabelecimento do mercado comum em virtude das disparidades existentes entre as legislações nacionais neste domínio foram revelados pela jurisprudência do TJUE[25] que a Comunidade delineou as suas linhas de atuação para o desenvolvimento da Sociedade de Informação. Este objetivo foi também acentuado pela necessidade de promover a existência na Comunidade Europeia de legislação harmonizada nos domínios a que se aplicam os Tratados da Organização Mundial da Propriedade Intelectual (OPMI), como requisito essencial para que a Comunidade possa aceder à posição de parte ela própria dos referidos instrumentos internacionais[26].

Todo o primeiro estádio da harmonização europeia do direito de autor e dos direitos conexos traduziu-se essencialmente na procura de uma aproximação das legislações nacionais em relação a problemas demarcados e de direito substantivo. Este primeiro estádio de harmonização apareceu no seguimento da assunção de diversas posições pela Comissão Europeia no seu

---

desde que entre os Estados se encontrem a Alemanha, França e Reino Unido (artigo 89.º, n.º 1) ou no primeiro dia do quarto mês após a entrada em vigor das alterações ao Regulamento (UE) n.º 1251/2012 (Regulamento Bruxelas I *bis*) no que respeita à relação deste com o presente Acordo, consoante a data que for posterior. Até ao final de janeiro 2015, o ATUP foi ratificado por seis Estados (Áustria, França, Suécia, Bélgica, Dinamarca e Malta). Numa previsão, relativamente otimista, o TUP não estará operacional antes do início de 2016.

[23] Regulamento (CE) n.º 469/2009, de 6 de maio de 2009, que revogou o Regulamento (CEE) n.º 1768/92, de 18 de junho de 1992.

[24] YSOLDE GENDREAU, "Copyright harmonisation in the European Union and in North America", in *European Intellectual Property Review*, vol. 17, n. 10, 1995, p. 489.

[25] Para uma síntese das conclusões das decisões do TJUE que mais contribuíram para a consciência dos problemas em jogo, HERMAN COHEN JEHORAM, "The EC Copyright Directives, economic and author's rights", in *International Review of Intellectual Property and Competition Law*, vol. 25, n. 6, 1994, pp. 822-827.

[26] Artigo 17.º, n.os 2 e 3, do Tratado da OMPI sobre Direito de Autor e artigo 26.º, n.º 1, do Tratado da OMPI sobre Interpretações ou Execuções e Fonogramas.

PROPRIEDADE INTELECTUAL

Livro Verde de 1988[27], no qual claramente se afirmava o objetivo de reforço da proteção concedida aos direitos de autor e direitos conexos[28]. Foi com base neste princípio que nasceu grande parte das diretivas que conhecemos neste domínio: a diretiva relativa à proteção jurídica dos programas de computador; a diretiva relativa ao direito de aluguer, ao direito de comodato e a certos direitos conexos aos direitos de autor em matéria de propriedade intelectual; a diretiva relativa à coordenação de determinadas disposições em matéria de direito de autor e direitos conexos aplicáveis à radiodifusão por satélite e à retransmissão por cabo; a diretiva relativa à harmonização do prazo de proteção dos direitos de autor e de certos direitos conexos; e a diretiva relativa à proteção jurídica das bases de dados[29].

Os objetos específicos de cada um destes diplomas eram propositadamente limitados, obedecendo àquela que era então a orientação comunitária: evitar dirigir os esforços de harmonização supranacional ao estabelecimento dos princípios fundamentais do direito de autor. A verdade, porém, é que, se lidos em conjunto, é possível retirar de tais instrumentos alguns princípios gerais – ou pelo menos a génese de alguns dos princípios que viriam depois a aparecer mais claramente consagrados em diretivas posteriores[30].

---

[27] Comissão das Comunidades Europeias, *Livro Verde sobre os direitos de autor e o desafio da tecnologia*, COM(88) 172, 16 de março de 1989.

[28] Sobre este objetivo, DANIELE FRANZONE, "Bilan et perspectives de l'action communautaire", in *Revue du Marché Unique Européenn*, n. 2, 1993, pp. 145-149.

[29] São, respetivamente, a Diretiva 91/250/CEE, de 14 de maio de 1991 (codificada pela Diretiva 2009/24/CE, de 23 de abril de 2009, e doravante abreviadamente designada como "diretiva programas de computador"), transposta para o direito português pelo DL n.º 252/94, de 20 de outubro; a Diretiva 92/100/CEE, de 19 de novembro de 1992 ("diretiva aluguer e comodato", codificada pela Diretiva 2006/115/CE, de 12 de dezembro de 2006), transposta pelo DL n.º 332/97, de 27 de novembro; a Diretiva 93/83/CEE, de 27 de setembro de 1993 ("diretiva satélite e cabo"), transposta para o direito português pelo DL n.º 333/97, de 27 de novembro; a Diretiva 93/98/CEE, de 29 de outubro de 1993 ("diretiva duração de proteção", cuja versão codificada foi aprovada pela Diretiva 2006/116/CE, de 12 de dezembro de 2006, e alterada pela Diretiva 2011/77/UE, de 27 de setembro de 2011), transposta para o direito português pelo DL n.º 334/97, de 27 de novembro; e, finalmente, a Diretiva 96/9/CE, de 11 de março de 1996 ("diretiva bases de dados"), transposta para o direito português pelo DL n.º 122/2000, de 4 de julho. Apenas mais tarde surgiria a Diretiva 2001/84/CE, de 27 de setembro de 2001, relativa ao direito de sequência em benefício do autor de uma obra de arte original que seja objeto de alienações sucessivas.

[30] Segundo COHEN JEHORAM ("The EC Copyright Directives, economic na dauthor's rights", *cit.*, pp. 827 e segs.), estas disposições, cujo alcance ultrapassa o problema específico para que foram concebidas e tem incidência sobre todo o direito de autor, podem ser qualificadas como disposições "horizontais", acrescentando que *"the mere repetition of such provisions in consecutive directives would only stress the phenomenon"*.

DIREITO DA UNIÃO EUROPEIA – ELEMENTOS DE DIREITO E POLÍTICAS DA UNIÃO

O segundo estádio de harmonização diz respeito à adaptação dos direitos ao ambiente digital[31]. Em 1995 iniciou-se uma reflexão profunda, espoletada pela publicação pela Comissão Europeia do chamado *Livro Verde sobre o direito de autor e os direitos conexos na sociedade da informação*[32], seguido um ano mais tarde por uma comunicação complementar das propostas contidas naquele primeiro documento[33] e dois anos depois com a apresentação da primeira versão de uma proposta de diretiva sobre o direito de autor na sociedade da informação. Este processo culminou, em 2001, com a aprovação da "Diretiva sociedade da informação" (Diretiva 2001/29/CE, de 22 de maio de 2001, relativa à harmonização de certos aspetos do direito de autor e dos direitos conexos na sociedade da informação).

Também se insere neste segundo estádio (lógico) de harmonização a iniciativa, mais recente, relativa à criação de um enquadramento jurídico, mediante a aprovação de uma diretiva, com vista a assegurar o acesso transfronteiras em linha às obras em relação às quais não é possível identificar e/ou localizar o titular relevante dos direitos de autor (obras órfãs)[34]. Do mesmo modo, seguiria o mesmo rumo a aprovação de um instrumento legislativo de harmonização do regime relativo à gestão coletiva de direitos de autor[35].

O terceiro estádio corresponde à harmonização, também de carácter horizontal, dos meios de proteção dos direitos intelectuais – incluindo, pois, quer os direitos de autor quer os direitos de propriedade industrial –, procurando assegurar a existência, ao dispor dos titulares daqueles direitos, de meios eficazes no que respeita, designadamente, à aplicação de medidas provisórias para a preservação de meios de prova, o cálculo de indemnizações por perdas e danos ou as normas relativas às ações inibitórias da viola-

---

[31] Procedendo a uma divisão em três estádios com base em critérios distintos daqueles que utilizamos aqui, DÁRIO MOURA VICENTE, *A Tutela Internacional da Propriedade Intelectual*, Almedina, Coimbra, 2008, pp. 121-125.

[32] Comissão das Comunidades Europeias, *Livro Verde: O direito de autor e os direitos conexos na sociedade da informação*, 19 de julho de 1995, COM(95) 382.

[33] Comissão das Comunidades Europeias, *Comunicação "Seguimento do Livro Verde sobre o direito de autor e os direitos conexos na Sociedade da Informação"*, de 20 de novembro de 1996, COM(96) 568.

[34] Diretiva 2012/28/UE, de 25 de outubro de 2012, relativa a determinadas utilizações permitidas de obras órfãs.

[35] Diretiva 2014/26/UE, de 26 de fevereiro de 2014, relativa à gestão coletiva dos direitos de autor e direitos conexos e à concessão de licenças multiterritoriais de direitos sobre obras musicais para utilização em linha no mercado interno.

PROPRIEDADE INTELECTUAL

ção de direitos de propriedade intelectual[36]. É também um estádio em que aparentemente se marca uma viragem no que respeita ao tratamento conjunto de matérias que interessam tanto ao direito de autor quanto ao direito industrial, porquanto os problemas em causa se colocam de modo paralelo quer num domínio quer no outro.

Dado o carácter incorpóreo das obras literárias e artísticas e a sua natural apetência para a divulgação cultural e o desenvolvimento da educação e do conhecimento, incrementados pela evolução dos meios tecnológicos que estimulam e facilitam essa divulgação mas que possibilitam simultaneamente infrações aos direitos de autor, um sistema de proteção será tanto mais eficaz quanto mais alargada for a sua abrangência[37]. Por esse motivo, a União Europeia tem feito apelo e concentrado esforços na harmonização da tutela a uma escala internacional, receosa de que a persistência de meras regulações fragmentárias, nacionais ou regionais, possa pôr em causa, a médio ou longo prazo, o desenvolvimento dos serviços da sociedade da informação[38]. No que diz respeito à aplicação efetiva dos direitos, a União Europeia tem, por isso, envidado esforços no sentido de ratificar o Acordo Comercial Anti-Contrafação (ACTA), o qual, baseando-se no Acordo sobre Aspectos dos Direitos de Propriedade Intelectual relacionados com o Comércio, de 1994, tem por objetivo o melhoramento das normas globais de aplicação efetiva destes direitos exclusivos.

Contrariamente ao que sucede com alguns direitos da propriedade industrial, não se avançou nunca no campo do direito de autor para a implementação de direitos unitários de autor ou conexos. Contudo, em meados do ano de 2011, a Comissão Europeia admitiu a possibilidade de, em paralelo com o possível desenvolvimento de um Código de Direito de Autor Europeu – incluindo quer a codificação do acervo de diretivas já existentes sobre estas matérias quer também o reexame e atualização do conjunto de limites aos direitos exclusivos que constam de tais diretivas –, vir a examinar igualmente

---

[36] Diretiva 2004/48/CE, de 29 de abril de 2004, relativa ao respeito pelos direitos de propriedade intelectual, transposta para o direito português pela Lei n.º 16/2008, de 1 de abril.

[37] JEAN-ERIC DE COCKBORNE, "L'approche globale de l'Union Européenne sur les problèmes de la Société de l'Information", in *Revue du Marché Commun et de l'Union Européenne*, n. 422, 1998, p. 628.

[38] Comissão das Comunidades Europeias, *Comunicação "A globalização e a sociedade da informação: necessidade de reforçar a coordenação ao nível internacional"*, de 4 de fevereiro de 1998, COM(98) 50, e, mais recentemente, Comissão Europeia, *Comunicação "Um Mercado único para os direitos de propriedade intelectual"*, de 25 de maio de 2011, COM(2011) 287, pp. 19 e segs.

DIREITO DA UNIÃO EUROPEIA – ELEMENTOS DE DIREITO E POLÍTICAS DA UNIÃO

a viabilidade da criação de direitos de autor unitários, embora facultativos, com base no artigo 118.° do TFUE[39].

2. O princípio do esgotamento dos direitos de propriedade intelectual

A teoria do esgotamento dos direitos de propriedade intelectual[40] significa que, logo que o titular do direito, diretamente ou indiretamente através de terceiros a quem dá o seu consentimento, exerce a faculdade de obter a remuneração que o jogo do mercado lhe concede, comercializando um ou vários exemplares da sua obra, esgota-se o direito de controlar a revenda desses mesmos exemplares.

Naturalmente, não se extingue o exclusivo atribuído ao titular do direito, continuando o titular a dispor deste direito relativamente aos exemplares e produtos que, de futuro, venha a produzir e comercializar. Assim, o esgotamento aplica-se apenas aos produtos específicos que foram colocados no mercado pelo titular do direito ou por alguém com o consentimento deste[41].

Para além da compatibilização entre o exercício dos direitos de propriedade intelectual e o direito de propriedade sobre os produtos em que é incorporada a criação intelectual, o princípio do esgotamento tem como propósito evitar conferir aos titulares de direitos de propriedade intelectual a possibilidade de usarem os seus direitos exclusivos para procederem a uma repartição dos mercados.

Ora, assim sendo, torna-se especialmente importante definir quais os limites do mercado geográfico a proteger, sendo certo que, quando nos referimos ao mercado interno europeu, podemos legitimamente afirmar que o princípio maioritariamente aceite é o da exaustão ou esgotamento comunitário[42]. Deste modo, esgotado o direito de propriedade intelectual, o seu

[39] Comissão Europeia, *Comunicação "Um Mercado único para os direitos de propriedade intelectual", cit.,* p. 13.

[40] Segue-se de perto o texto de Cláudia Trabuco e Isabel Fortuna de Oliveira, "Contratos de direitos de propriedade intelectual e direito da concorrência", *in* Carlos Ferreira de Almeida, Luís Couto Gonçalves, Cláudia Trabuco (org.), *Contratos de Direito de Autor e de Direito Industrial,* Almedina, Coimbra, 2011, pp. 130-143.

[41] Cf., entre outros, o Acórdão (TJUE) *Sebago Inc. e Ancienne Maison Dubois & Fils SA contra G-B Unic SA,* de 1 de julho de 1999, proc. C-173/98.

[42] Para um resumo do modo como esta matéria tem sido tratada pela jurisprudência e na legislação da União Europeia, David T. Keeling, *Free Movement on Competition Law,* vol. I, Oxford EC Law Library, Oxford, 2003, pp. 78-82.

PROPRIEDADE INTELECTUAL

titular fica impedido de o invocar para procurar criar entraves a importações paralelas de outros Estados-Membros da União Europeia.

O princípio do esgotamento tem, porém, limites de carácter geral que importa referir. Com efeito, não só, no entender da jurisprudência europeia, o esgotamento apenas se aplica ao comércio dentro do espaço geográfico do EEE, deixando de fora as importações realizadas a partir de países situados no exterior deste território, como, de acordo com o estabelecido em regulamentos e diretivas da União Europeia, não se permite que os Estados-Membros prevejam nas suas respetivas legislações o esgotamento dos direitos no caso de a colocação do produto no mercado ocorrer fora do território do EEE[43].

No que diz respeito ao requisito do consentimento quanto à colocação dos produtos no mercado, o mesmo engloba indiscutivelmente, entre outros casos, a concessão de licenças de exploração dos direitos de propriedade intelectual. Com efeito, ao autorizar o licenciado a colocar bens no mercado, o licenciante explora, ainda que indiretamente, o seu direito, que assim se esgota e o impede de obstaculizar a revenda de tais bens no mercado interno. Do mesmo modo, ainda que tendo a possibilidade de apresentar defesa contra terceiros que ameacem, perturbem ou violem a sua posição jurídica, o licenciado não pode alegar uma infração ao direito de propriedade intelectual nos casos em que os bens colocados no mercado por um titular de uma outra licença exclusiva para território distinto (isto é, também ela autorizada pelo titular do direito) são exportados para o território onde o primeiro exerce a sua atividade[44].

Pelo contrário, nas situações de licenças compulsórias, o TJUE considerou não existir esgotamento do direito por entender que a aplicação do princípio do esgotamento pressupõe que o produto em causa tenha sido colocado no mercado de modo livre e voluntário pelo titular do direito de propriedade intelectual, diretamente ou por intermédio de um terceiro a quem

---

[43] No que respeita às marcas, leiam-se as seguintes decisões do TJUE: Acórdãos *Silhouette International Schmied GmbH & Co. KG contra Hartlauer Handelsgesellschaft mbH*,de 16 de julho de 1998, proc. C-355/96; *Sebago Inc. e Ancienne Maison Dubois & Fils SA contra G-B Unic SA, cit.*;ou *Zino Davidoff SA contra A & G Imports Ltd. e Levi Strauss & Co. e outros contra Tesco Stores Ltd. e outros*, de 20 de novembro de 2001, procs. apensos C-414/99 a C-416/99. No domínio do direito de autor, pode ler-se o Acórdão *Laserdisken ApS contra Kulturministeriet*, de 12 de setembro de 2006, proc. C-479/04.

[44] Assim, DAVID T. KEELING, *Free Movement on Competition Law, cit.*, p. 84.

este tenha consentido tal utilização[45]. Contrariamente ao que sucede com as licenças compulsórias, que têm principalmente por finalidade garantir interesses públicos, a licença voluntariamente concedida consiste num meio de exploração que vai de encontro ao núcleo do objeto específico dos direitos de propriedade intelectual[46]. De acordo com o Tribunal, no caso *Pharmon contra Hoechst,* o objeto específico do direito de patente (identificado como "a substância" do direito de patente) seria posto em causa se o titular do direito de propriedade intelectual não pudesse opor-se à importação de produtos manufaturados ao abrigo de uma licença de carácter obrigatório[47].

Uma questão que tem sido tratada mais recentemente é a de saber de que modo deve ser compreendida a relação entre, por um lado, o princípio do esgotamento aplicado no domínio da livre circulação de bens no mercado interno, e, por outro, a interseção dos direitos de propriedade intelectual e a política de concorrência, dividindo-se a doutrina quanto a esta questão em duas posições distintas.

A primeira posição considera que as relações que se estabelecem no quadro da União Europeia entre os direitos de propriedade intelectual e a livre circulação de bens têm uma natureza distinta da relação bilateral dos primeiros com o direito da concorrência.

Existem vários elementos que assinalam a diferença entre o princípio do esgotamento e as regras da concorrência: os seus objetivos imediatos são distintos (ainda que confluam para o mesmo fim de construção do mercado interno), são diferentes os seus respetivos *modus operandi* (conquanto do mesmo se retire uma proibição dirigida aos titulares de direitos, o princípio do esgotamento comunitário limita a determinação pelas legislações dos Estados-Membros do âmbito das faculdades de exploração dos direitos de propriedade intelectual; o direito da concorrência tem por função regular diretamente o comportamento das empresas no mercado) e são também diferentes os seus efeitos (a existência de esgotamento significa que o direito

---

[45] Acórdão (TJUE) *Pharmon BV v. Hoechst AG.,* de 9 de julho de1985, proc. 19/84. O caso em questão respeita à pretensão de oposição pelo titular de um direito de patente (Hoechst), quer no Reino Unido quer na Holanda, a importações paralelas para o mercado holandês a partir do mercado do Reino Unido, realizadas pelo beneficiário de uma licença compulsória (Pharmon) para fabrico de medicamentos protegidos pelo referido direito de patente, licença essa atribuída pelo organismo estatal competente no Reino Unido.

[46] CATHERINE BARNARD, *The Substantive Law of the EU – The Four Freedoms,* 2.ª ed., Oxford University Press, Oxford, 2007, p. 182.

[47] Cf. § 26 da decisão.

PROPRIEDADE INTELECTUAL

de propriedade intelectual não pode ser exercido pelo seu titular e isso tem efeitos diretamente sobre terceiros, designadamente sobre os importadores paralelos, enquanto que uma decisão, por uma autoridade da concorrência ou por um tribunal, de que houve violação das regras da concorrência tem efeitos diretos apenas sobre as empresas infratoras)[48].

Os seus distintos âmbitos de aplicação explicam, por exemplo, que uma conduta justificada nos termos do artigo 30.º do TFUE possa, ainda assim, ser considerada ilegal nos termos dos artigos 101.º e 102.º do TFUE[49]. Por exemplo, o titular de um direito de propriedade intelectual pode sempre alegar a titularidade do mesmo para evitar a importação para o mercado interno de produtos colocados no mercado pela primeira vez em países terceiros; contudo, as regras da concorrência podem ser usadas para forçar aquele titular a autorizar a dita importação em situações em que, nomeadamente, este tenha imposto aos seus licenciados ou distribuidores restrições de venda nos mercados dos países que compõem a União Europeia. Com efeito, de acordo com esta linha de raciocínio, a decisão relativamente à imposição de limites à exploração de direitos de propriedade intelectual por razões de preservação da concorrência no mercado pertence sempre ao direito da concorrência, tenha ou não ocorrido o esgotamento dos direitos[50].

Uma segunda posição relativa à articulação entre o esgotamento e as regras de concorrência sustenta, em contraste, que se poderia conseguir resultados mais consistentes caso se relacionasse devidamente o princípio do esgotamento dos direitos de propriedade intelectual com o artigo 101.º do TFUE.

Parte-se aqui da premissa de que, no contexto da União Europeia, a propriedade intelectual, para além da função de incentivo já referida, deve ser compreendida também como um instrumento ao serviço das políticas de combate às restrições territoriais, isto é, prosseguindo objetivos de promoção de eficiência económica no mercado[51]. Daqui decorre a possibilidade de

---

[48] Para a compreensão de outros elementos distintivos e desenvolvimento dos que destacámos, leia-se OLE-ANDREAS ROGNSTAD, "The exhaustion/competition interface in EC law – is there room for a holistic approach?", *in* Josef Drexl (ed.), *Research Handbook on Intellectual Property and Competition Law*, Edward Elgar, 2008, pp. 430-431.

[49] Cf. STEFAN ENCHELMAIER, "Intellectual Property, the Internal Market and Competition Law", in *Research Handbook on Intellectual Property and Competition Law, ob. cit.*, p. 419.

[50] *Idem*, p. 421.

[51] OLE-ANDREAS ROGNSTAD, "The exhaustion/competition interface in EC law – is there room for a holistic approach?", *cit.*, p. 439.

DIREITO DA UNIÃO EUROPEIA – ELEMENTOS DE DIREITO E POLÍTICAS DA UNIÃO

os titulares dos direitos de propriedade intelectual invocarem o seu exclusivo para obstarem a importações desde que as restrições territoriais contratadas com os seus licenciados ou distribuidores possam ser consideradas conformes às regras da concorrência (designadamente, por serem consideradas cobertas por uma das fontes das chamadas "isenções por categoria", como as que asseguram a aplicação do n.º 3 do artigo 101.º do Tratado a categorias de acordos de transferência de tecnologia).

Ora, esses direitos podem, nos termos de uma aplicação isolada da teoria do esgotamento, ser considerados esgotados, o que impediria o titular de assim proceder. No entanto, caso se opte por uma aplicação conjugada do princípio do esgotamento e das regras de concorrência, poderia entender-se que, reunidos os seus pressupostos, o esgotamento só tem efetivamente lugar nas situações em que as restrições contratualmente impostas devam ser consideradas contrárias aos artigos 101.º ou 102.º do TFUE. Para chegar a esta conclusão, ficciona-se que apenas pode ter sido produzido o consentimento para a colocação no mercado imprescindível ao esgotamento do direito nos casos em que o seu titular o concedeu legalmente, isto é, de um modo que seja considerado conforme às regras que disciplinam a concorrência[52]. Apenas deste modo se poderia considerar existir uma aplicação coerente tanto do princípio do esgotamento dos direitos de propriedade intelectual, em obediência à sua razão última de ser, como das normas de concorrência, que passariam, assim, apesar das suas diferentes fontes e naturezas, a ser lidos de modo dialogante e consistente, por isso, com as políticas de construção europeia.

---

[52] *Idem*, pp. 440-441. Este Autor procede ainda (a pp. 443-447) a uma adaptação do raciocínio explanado para os casos em que a primeira comercialização dos produtos ocorre num país fora do território do espaço económico europeu e, por isso, de acordo com a jurisprudência do TJUE, estivesse fora do campo de aplicação do princípio do esgotamento. Para tanto, critica a premissa do próprio princípio do esgotamento comunitário, que considera não ser favorável aos objetivos de proteção do mercado interno na medida em que favorece as restrições verticais, com base na utilização de direitos da propriedade intelectual por empresas, nomeadamente multinacionais, que tenham colocado os seus produtos pela primeira vez em mercados terceiros, em detrimento daquelas que os comercializem num Estado-Membro da União Europeia. Nestes casos, ainda que possa naturalmente estar em causa uma violação das regras de concorrência, o princípio do esgotamento não serviria um propósito consistente com o combate às repartições territoriais do mercado.

PROPRIEDADE INTELECTUAL

II. Direito de autor

1. A proteção do direito de autor no contexto do mercado interno europeu

Um dos objetivos principais da União Europeia é o estabelecimento de um mercado interno. Este objetivo, que constava já anteriormente do artigo 2.º do TUE, passou, após o Tratado de Lisboa, a ser expresso em novos termos pelo n.º 3 do artigo 3.º, sendo hoje articulado com o fim do desenvolvimento sustentável da Europa assente em diversas premissas, como a estabilidade dos preços, uma economia de mercado competitiva e um elevado nível de proteção e melhoramento da qualidade do ambiente.

A proteção da propriedade intelectual é também um dos princípios reconhecidos pela Carta dos Direitos Fundamentais da União Europeia de 2000 (n.º 2 do artigo 17.º, que estabelece a proteção da propriedade intelectual a par com a proteção da propriedade corpórea). A importância deste princípio é realçada pelo facto de o Tratado de Lisboa de 2007 ter incluído no Tratado da União Europeia o expresso reconhecimento pela União Europeia dos direitos, liberdades e garantias enunciados na Carta e a atribuição a esta última do mesmo valor jurídico que os Tratados (artigo 6.º, n.º 1).

Embora a proteção conferida nos termos da Carta não seja absoluta, qualquer restrição ao exercício dos direitos e liberdades reconhecidos pela mesma tem necessariamente de ser prevista por lei e respeitar o *conteúdo essencial* desses direitos e liberdades. Como é assinalado pelo n.º 1 do artigo 52.º da Carta, para que remete expressamente o n.º 1 do artigo 6.º do TUE, "[n]a observância do princípio da proporcionalidade, essas restrições só podem ser introduzidas se forem necessárias e corresponderem efetivamente a objetivos de interesse geral reconhecidos pela União, ou à necessidade de proteção dos direitos e liberdades de terceiros". No que diz respeito à tutela do direito de autor, é de referir a relevância destas normas como fundamento não apenas para a proteção do conteúdo fundamental do direito de autor e dos direitos conexos mas também do princípio do equilíbrio entre os direitos dos titulares e os interesses do público, que de resto tem vindo a ser repetido nos considerandos das diretivas europeias e, bem assim, na jurisprudência do TJUE[53].

---

[53] Veja-se, em particular, a salvaguarda pelo TJUE, no seu Acórdão *Productores de Música de España (Promusicae) contra Telefónica de España SAU*, de 29 de janeiro de 2008, proc. C-275/06, tanto do direito de autor como do direito a uma tutela jurisdicional efetiva daquele direito, ambos reconhecidos pela CDFUE, como princípios gerais do direito comunitário, numa situação em que estava

DIREITO DA UNIÃO EUROPEIA – ELEMENTOS DE DIREITO E POLÍTICAS DA UNIÃO

A prossecução do objetivo do mercado interno, com liberdade de circulação de bens e pessoas, serviços e capitais, pressupõe a eliminação de obstáculos a essas liberdades, o que inclui a harmonização dos regimes legais vigentes nos Estados que integram a União Europeia. Esta tarefa de harmonização através de instrumentos de direito comunitário derivado foi precedida de uma importantíssima atividade do TJUE quer no que respeita à interpretação dos artigos relevantes do Tratado, entre os quais aquele que estabelece o princípio da igualdade de tratamento dos nacionais dos vários Estados-Membros, quer na produção da jurisprudência que moldou a articulação entre a proteção dos direitos exclusivos de autor e conexos e a salvaguarda da liberdade de circulação de bens e da livre concorrência[54].

1.1. O princípio da não discriminação

Nos termos do artigo 18.º do TFUE (anterior artigo 12.º do TCE), é proibida qualquer discriminação em razão da nacionalidade. Na medida em que os direitos de propriedade intelectual estão incluídos no âmbito de aplicação do Tratado, o princípio da não discriminação, que tem aplicabilidade direta, também abrange a proteção conferida pelos direitos de autor[55].

No campo do direito de autor, o princípio da não discriminação foi objeto de interpretação no importante caso *Phil Collins*, decidido em 1993, em que o TJUE estabeleceu inequivocamente o princípio geral segundo o qual a proteção concedida por um Estado-Membro da União Europeia aos seus nacionais deve forçosamente ser concedida nos mesmos termos aos nacionais de todos os outros Estados-Membros.

Deste modo, foram consideradas contrárias ao princípio da não discriminação as normas de uma lei alemã que impedia que, contrariamente ao que sucedia com os artistas alemães, artistas nacionais de outros Estados-Membros, que não estivessem habilitados a reclamar proteção na Alemanha ao

---

justamente em causa a necessidade de garantir o equilíbrio daqueles direitos com a proteção também conferida aos dados pessoais e ao direito fundamental sobre intimidade da vida privada. É de referir, em particular, o apelo feito pelo Tribunal ao princípio da proporcionalidade na conclusão que enuncia no § 70 da decisão: *"Porém, o direito comunitário exige que os referidos Estados, na transposição dessas diretivas, zelem por que seja seguida uma interpretação das mesmas que permita assegurar o justo equilíbrio entre os direitos fundamentais protegidos pela ordem jurídica comunitária".*

[54] J. A. L. STERLING, *World Copyright Law*, Sweet & Maxwell, London, 1998, p. 611.

[55] Tal como foi confirmado pelo Tribunal de Justiça no Acórdão *Phil Collins contra Imtrat e Patricia Im- und Export Verwaltungsgesellschaft mbH e Leif Emanuel Kraul contra EMI Electrola GmbH*, de 20 de outubro de 1993, procs. apensos C-92/92 e C-326/92.

PROPRIEDADE INTELECTUAL

abrigo da Convenção de Roma para a Proteção dos Artistas Intérpretes ou Executantes, dos Produtores de Fonogramas e dos Organismos de Radiodifusão, de 1961, pudessem ser protegidos contra a fixação não autorizada das suas prestações nos casos em que a execução das mesmas tivesse tido lugar num país terceiro[56].

A orientação estabelecida pelo Acórdão *Phil Collins* foi posteriormente confirmada e desenvolvida quer no caso *Puccini/Bohème/Ricordi/Land Hessen* (2002)[57], que considerou o princípio da não discriminação também aplicável nas situações em que o autor tivesse já falecido no momento de entrada em vigor do Tratado, quer no caso *Tod's France/Heyraud* (2005)[58], que entendeu ser inaplicável a regra da reciprocidade consagrada no n.º 7 do artigo 2.º da Convenção de Berna para a Proteção das Obras Literárias e Artísticas, de 1886, relativamente à proteção de obras de arte aplicada cujo país de origem fosse um outro Estado-Membro da União Europeia por considerar que a aplicação daquela disposição neste tipo de situações seria incompatível com o princípio da não discriminação.

1.2. A liberdade de circulação e o esgotamento dos direitos de autor
Não existia no Tratado de Roma – e não existe ainda nos tratados – qualquer disposição que expressamente se referisse ao direito de autor, o que desde cedo suscitou junto do TJUE a dúvida relativa à possibilidade de aplicação do princípio do esgotamento comunitário[59]. Foi entendido, porém, que a redação do artigo 30.º (atual artigo 36.º do TFUE), ao mencionar a "protecção da propriedade industrial e comercial", incluía igualmente a proteção do direito de autor entre as justificações que poderiam ser invocadas para obstar ao normal funcionamento dos artigos que proíbem as restrições

---

[56] No caso, tratava-se de uma atuação do artista inglês Phil Collins nos Estados Unidos da América e gravada indevidamente neste país, tendo as cópias dessa gravação não autorizada sido distribuídas na Alemanha. O mesmo acórdão decidiu também o caso "Cliff Richards" (*Patricia v. EMI Electrola*), relativo a gravações não autorizadas da performance do artista britânico Cliff Richard divulgadas pela primeira vez no Reino Unido, mas em que a *ratio decidendi* não estava relacionada com uma violação do princípio da não discriminação.

[57] Acórdão *Land Hessen contra G. Ricordi & Co. Bühnen- und Musikverlag GmbH*, de 6 de junho de 2002, proc. C-360/00.

[58] Acórdão *Tod's SpA e Tod's France SARL contra Heyraud SA*, de 30 de junho de 2005, proc. C-28/04. Para maior pormenorização da análise deste caso, leia-se MICHEL M. WALTER, SILKEVON LEWINSKI (ed.), *European Copyright Law – A commentary*, Oxford University Press, Oxford, 2010, pp. 46-48.

[59] Segue-se de perto o texto de CLÁUDIA TRABUCO e ISABEL FORTUNA DE OLIVEIRA, "Contratos de direitos de propriedade intelectual e direito da concorrência", *cit.*, pp. 134-136.

DIREITO DA UNIÃO EUROPEIA – ELEMENTOS DE DIREITO E POLÍTICAS DA UNIÃO

quantitativas às importações e exportações, bem como todas as medidas de efeito equivalente[60].

Em todo o caso, e mesmo sendo estas questões há muito exploradas pela doutrina que se debruça sobre as matérias da determinação da natureza jurídica dos direitos sobre obras literárias e artísticas, da jurisprudência do TJUE não se retira senão uma análise perfunctória quer do "objeto específico" quer da "função essencial" do direito de autor, sem deixar claro que diferença considera existir entre os dois conceitos que utiliza, aparentemente sem critério, nas suas diferentes decisões. Assim, aquando da primeira aplicação do artigo 36.º do TFUE a este tipo de direitos intelectuais, no caso *Deutsche Grammophon*, conquanto tenha feito referência à necessidade de se ter em conta o "objeto específico" do direito de autor, o Tribunal não fez qualquer tentativa de determinação deste objeto específico[61], tendo esta tendência sido mantida nos casos que se lhe seguiram[62].

Entretanto, o Tribunal foi fazendo recurso à ideia de "função essencial" do direito de autor, quer na decisão que ficou conhecida como *Coditel I*, considerando que "o direito do titular de direitos de autor e dos seus licenciados de cobrar uma quantia em contrapartida da exibição de um filme é parte da função essencial do direito de autor sobre este tipo de obras literárias e artísticas"[63], quer, mais tarde, na decisão *Magill*, na qual, mais claramente, o

---

[60] Apesar de o artigo 30.º (que, antes do Tratado de Amesterdão de 1997, correspondia ao artigo 36.º e hoje corresponde ao artigo 36.º do TFUE) ser uma exceção a um princípio fundamental consagrado no artigo 36.º (atual artigo 30.º), foi afirmado em diversas ocasiões pelo TJUE que aquela disposição englobaria também o direito de autor. Cf. Acórdão *Deutsche Grammophon*, de 8 de junho de 1971, proc. 78/70, e os Acórdãos *Coditel c. Ciné Vog Films – Coditel I*, de 8 de março de 1980, proc. 62/79; *Musik-Vertrieb membran GmbH et K-tel International contre GEMA – Gesellschaft für musikalische Aufführungs- und mechanische Vervielfältigungsrechte*, de 20 de janeiro de 1982, procs. apensos 55/80 e 57/80; e *Coditel c. Ciné Vog Filmes – Coditel II*, de 6 de outubro de 1982, proc. 262/81. Note-se que, nos termos expostos no artigo 30.º, nem todas as restrições fundadas nos direitos intelectuais são consideradas lícitas. Com efeito, não basta que estas medidas de efeito equivalente – isto é, segundo o Acórdão (TJUE) *Procureur du Roi c. Benoîtet Gustave Dassonville*, de 11 de julho de 1974, proc. 8/74, regulamentações comerciais dos Estados-Membros suscetíveis de "entravar, direta ou indiretamente, atual ou potencialmente o comércio intracomunitário" – prossigam objetivos incluídos na redação daquela disposição. Necessário se torna também que preencham a condição dupla de não constituírem nem um meio de discriminação arbitrária nem qualquer restrição dissimulada ao comércio entre os Estados-Membros.

[61] Acórdão *Deutsche Grammophon contra Métro, cit.*, § 11.

[62] Vejam-se, por exemplo, os casos referidos na nota 23.

[63] Acórdão *Coditel I, cit.*, § 14.

PROPRIEDADE INTELECTUAL

Tribunal considerou como função social do direito de autor a de "assegurar a proteção moral da obra e a remuneração do esforço criativo [do autor]"[64].

O Tribunal foi um pouco mais além na decisão do caso *Phil Collins* (1993), no qual, citando e desenvolvendo jurisprudência anterior, afirmou que *"[o] objeto específico desses direitos, tais como são regulados pelas legislações nacionais, consiste em garantir a proteção dos direitos jurídicos e económicos dos seus titulares. A proteção dos direitos jurídicos permite aos autores e aos artistas, designadamente, oporem-se a qualquer deformação, amputação ou outra alteração da obra prejudicial à sua honra ou reputação. Os direitos de autor e direitos conexos apresentam também natureza económica, uma vez que preveem a faculdade de explorar comercialmente a colocação no mercado da obra protegida, em especial, na forma de licenças concedidas com pagamento de direitos"*[65].

Um dos traços particulares a destacar a respeito do esgotamento no domínio do direito de autor diz respeito ao facto de a maioria dos "direitos" ou faculdades patrimoniais que compõem a esfera patrimonial do direito de autor não se esgotarem. Pelo contrário, apenas o direito de distribuição está sujeito a esgotamento, o mesmo não sucedendo, por exemplo, com o direito de reprodução ou com o direito de comunicação ao público. Por outro lado, tem sido entendido que o esgotamento apenas se aplica à distribuição de bens e não de serviços, pelo que o direito exclusivo não se esgota na transmissão em linha de obras intelectuais[66].

A diretiva sobre o direito de autor na sociedade da informação[67] desenvolve neste ponto jurisprudência anterior do TJUE, aplicando-a ao novo ambiente em linha e defendendo que "a questão do esgotamento não é pertinente no caso dos serviços, em especial dos serviços em linha. Tal vale igual-

---

[64] Acórdão (TJUE) *Rafio Telefis Eireann c. Commission – "Magill"*, de 6 de abril de 1995, procs. apensos C-241/91 P e C-242/91 P. Em relação a esta última referência, considera alguma doutrina ser de realçar o facto de a única menção à necessidade de compensar o esforço criativo do autor ser feita pelo Tribunal num caso em que justamente era questionável a existência de um verdadeiro esforço criativo no objeto (as listagens de programas televisivos) que se considerou protegido por direito de autor. Assim, DAVID T. KEELING, *Free Movement on Competition Law, cit.*, p. 269.

[65] Acórdão *Phil Collins contra Imtrat Handelsgesellschaft mbH e Patricia Im- und Export Verwaltungsgesellschaft mbH e Leif Emanuel Kraul contra EMI Electrola GmbH, cit.*, sendo referido o Acórdão *Musik-Vertrieb Membran c. Gema, cit.*

[66] Sobre a relação entre o princípio do esgotamento e a distribuição imaterial de obras no âmbito do percurso de harmonização do direito de autor, veja-se, por todos, TREVOR COOK, "Exhaustion – a casualty of the borderless era", *in* Lionel Bently, Uma Suthersanen, Paul Torremans (ed.), *Global Copyright*, Edward Elgar, 2010, pp. 359-365.

[67] Diretiva 2001/29/CE, já referida.

DIREITO DA UNIÃO EUROPEIA – ELEMENTOS DE DIREITO E POLÍTICAS DA UNIÃO

mente para as cópias físicas de uma obra ou de outro material efetuadas por um utilizador de tal serviço com o consentimento do titular do direito"[68]. Por esse motivo, a diretiva em causa estabelece que os atos de disposição lícitos, mediante a primeira venda ou por outro meio de transferência de proprie-dade, esgotam o direito de distribuição do original ou de cópias, enquanto exemplares tangíveis, de uma obra na União Europeia[69]. Em suma, torna explícita a regra segundo a qual o princípio do esgotamento não é aplicável às transmissões interativas a pedido de obras intelectuais[70].

1.3. A liberdade de concorrência e o direito de autor

São muitos e diversos os casos que obrigam a atender, no campo do direito da União Europeia, à inevitável interface entre o direito de autor e as regras de concorrência previstas hoje nos artigos 101.º e 102.º do TFUE. Limitamo-nos a assinalar aqui aquelas que têm vindo a assumir maior relevância e que, por isso, se encontram mais tratadas pela legislação, jurisprudência e dou-trina europeias.

a) Os acordos de transferência de tecnologia

Os chamados acordos de transferência de tecnologia aparecem hoje regu-lados no contexto da União Europeia pelo Regulamento (UE) n.º 316/2014, de 21 de março de 2014, relativo à aplicação do artigo 101.º, n.º 3, do TFUE a certas categorias de acordos de transferência de tecnologia, que integra uma das "isenções" por categoria relativas à aplicação do n.º 3 do artigo 101.º do TFUE[71].

Os acordos de transferência de tecnologia são, na sua maioria, na realidade contratos de licença de direitos de propriedade intelectual. A razão pela qual se entendeu haver necessidade de legislar em relação a este assunto resulta

---

[68] Considerando 29. Na jurisprudência comunitária, cf., especialmente, os seguintes Acórdãos do TJUE: *Coditel I, Coditel II*, já citados, e *Warner Brothers Inc. e Metronome Video ApS v. Erik Viuff Chris-tiansen*, de 17 de maio de 1988, proc. C-158/86. No mesmo sentido, Acórdão (TJUE) *Metronome Musik GmbH c. Music Point Hokamp GmbH*, de 28 de abril de 1998, proc. C-200/96.

[69] Cf. o n.º 3 do artigo 3.º da Diretiva e a respetiva transposição para o direito português pela Lei n.º 50/2004, de 24 de agosto, que deu origem ao n.º 5 do artigo 68.º do Código do Direito de Autor e dos Direitos Conexos.

[70] Para uma análise crítica relativa a esta regra, remetemos para CLÁUDIA TRABUCO, *O Direito de Reprodução de Obras Literárias e Artísticas no Ambiente Digital*, Coimbra Editora, Coimbra, 2006, pp. 575-584, e bibliografia aí citada.

[71] *Comunicação da Comissão sobre a aplicação do artigo 101.º do Tratado sobre o Funcionamento da União Europeia aos acordos de transferência de tecnologia* (2104/C 89/03).

PROPRIEDADE INTELECTUAL

precisamente de, face à ponderação da relação existente entre a proteção do exclusivo de exploração económica reconhecido aos titulares dos direitos e o objeto de proteção das regras de concorrência, haver razões para considerar que tais contratos devem ser *prima facie* considerados pró-competitivos, porquanto dos mesmos é possível retirar, em princípio, eficiências económicas. Ainda assim, tudo ficará dependente de uma análise de cada "acordo", o que significa que pode o mesmo dever ser em concreto considerado proibido ou suscitar preocupações jus-concorrenciais que devam ser contrariadas.

Entre os objetos que cabem no âmbito definido pelo Regulamento constam obras protegidas por direito de autor, isto é, os programas de computador, motivo pelo qual fazemos referência ao Regulamento nesta sede. Sendo certo, porém, que o principal campo de aplicação do Regulamento está relacionado com o Direito das Patentes.

b) Direitos televisivos e cláusulas de exclusividade

A atitude inicial Comissão Europeia em relação à inclusão de cláusulas de exclusividade em contratos de licença de direitos de propriedade intelectual foi de muita desconfiança, por considerar que esta, conferindo contratualmente a um único operador o direito de vender, utilizar ou fabricar produtos/serviços e interditar o titular do direito de propriedade intelectual de conceder licença de utilização dos mesmos direitos, não faz parte da essência do direito de propriedade intelectual e restringia automaticamente a concorrência potencial por parte de outros operadores que poderia, de outro modo, existir.

Contudo, alguma jurisprudência do TJUE viria firmar o entendimento segundo o qual uma licença de representação exclusiva não tem, em si mesma, uma natureza restritiva *per se,* devendo pelo contrário ser analisados cuidadosamente a sua natureza e alcance e ponderados os efeitos restritivos potenciais da licença em causa[72]. No campo do direito de autor, é particularmente importante a jurisprudência *Coditel II* (1982), no qual, para além de se afirmar o princípio segundo o qual se rejeita o esgotamento, foi considerado que uma licença exclusiva relativa a direitos de comunicação ao público de obras cinematográficas, incluindo nas salas de cinema e através da televisão, num determinado território não seria, em si mesma, uma restrição à con-

---

[72] Em especial, o Acórdão (TJUE) *L.C. Nungesser KG e Kurt Eisele c. Comissão das Comunidades Europeias,* de 8 de junho de 1982, proc. C-258/78.

DIREITO DA UNIÃO EUROPEIA – ELEMENTOS DE DIREITO E POLÍTICAS DA UNIÃO

corrência interdita pelo Tratado[73]. Caberia, pois, ao tribunal nacional encarregado de apreciar o caso verificar se o exercício em concreto do direito de propriedade intelectual conferido pelo contrato de licença, atendendo às características particulares do mercado de distribuição de filmes, poderia ser considerado anti concorrencial[74].

Daqui se retira, por isso, que a compra ou a obtenção de uma licença exclusiva sobre direitos televisivos não é, em si mesma, uma restrição da concorrência ilícita face ao disposto no artigo 101.° do TFUE, podendo ser justificada pelas particulares características do produto ou do mercado em questão. A negociação e estipulação de cláusulas de exclusividade é, aliás, uma prática comercial habitual e geralmente aceite no setor da radiodifusão: as cláusulas de exclusividade com prazos limitados não têm suscitado preocupações jus-concorrenciais, mas mesmo cláusulas com duração mais prolongada poderão ser consideradas adequadas face ao tipo de eventos a transmitir (por exemplo, eventos desportivos que ocorram menos frequentemente)[75].

Mais recentemente, a jurisprudência do TJUE parece ter sofrido uma inflexão de sentido, passando a partir da premissa de que quando um contrato de licença visa proibir ou limitar a prestação transfronteiriça de servi-

[73] Acórdão *Coditel c. Ciné Vog Filmes*, de 6 de outubro de 1982, proc. 262/81, já citado.
[74] No caso presente, considerou o TJUE que, *"se é verdade que a aquisição de direitos de transmissão televisiva de um acontecimento não constitui em si uma restrição da concorrência suscetível de cair na alçada do artigo 81.°, n.° 1, CE e pode ser justificada pelas particularidades do produto e do mercado em causa"*, o regime de intercâmbio de programas de televisão por parte da associação profissional de organismos de rádio e de televisão União Europeia de Radiodifusão comportava dois tipos de restrições à concorrência: *"Por um lado, a aquisição conjunta dos referidos direitos, a sua partilha e o intercâmbio do sinal restringem ou até mesmo eliminam a concorrência entre os membros da UER que são concorrentes tanto no mercado a montante, o da aquisição dos direitos, como no mercado a jusante, o da transmissão televisiva de acontecimentos desportivos. Por outro lado, este sistema dá origem a restrições de concorrência em relação a terceiros pelo facto de estes direitos serem geralmente vendidos em condições de exclusividade, o que implica que os não membros da UER, em princípio, a eles não tenham acesso".*
[75] Assim, Jonathan Turner, *Intellectual Property and EU Competition Law*, Oxford University Press, Oxford, 2010, p. 229. O Autor faz referência a decisões da Comissão Europeia que aceitaram, em determinadas condições, a exclusividade na atribuição de direitos de radiodifusão por períodos de 3 anos para competições desportivas anuais (cf. Decisões da Comissão Europeia de 23 de julho de 2003, no caso COMP/C.2-37.398 – *Joint selling of the comercial rights of the UEFA Champions League*; de 22 de março de 2006, no caso COMP/C-2/38.173 e 38.453 – *Joint selling of the media rights of the FA Premier League*; e de 19 de janeiro de 2005, no caso COMP/C.2/37.214 – *Joint selling of the media rights to the German Bundesliga*). Como também refere, mesmo períodos mais prolongados de exclusividade foram já considerados conformes às regras da concorrência em situações em que estava em causa o lançamento de um novo canal de televisão (cf. os casos IV/33.145 – *ITVA/Football Authorities* e IV/33.245 – *BBC/BSB Football Association/BBC/BSkyB*).

670

PROPRIEDADE INTELECTUAL

ços de radiodifusão se deve presumir que o mesmo tem por objeto restringir a concorrência, a menos que outras circunstâncias do seu contexto económico e jurídico permitam concluir que esse contrato não é suscetível de afetar a concorrência. No Acórdão *Football Association Premier League* (2011)[76] considerou-se que as cláusulas de um contrato de licença exclusiva entre o titular dos direitos de propriedade intelectual e um organismo de radiodifusão constituíam uma restrição da concorrência proibida pelo artigo 101.º do TFUE, na medida em que proibiam a este organismo o fornecimento de dispositivos de descodificação que permitissem o acesso aos objetos protegidos daquele titular com vista à utilização dos mesmos fora do território abrangido pelo contrato de licença.

Neste seu acórdão, o TJUE declara que a legislação de um Estado-Membro que proíbe a importação, a venda ou a utilização de descodificadores estrangeiros é contrária à livre prestação de serviços, não podendo ser justificada nem com o objetivo de proteção dos direitos da propriedade intelectual (na medida em que os eventos desportivos não podem ser considerados como criações intelectuais próprias de um autor e não reúnem, por isso, as condições necessárias a que possam ser consideradas obras protegidas[77]) nem com o objetivo de encorajar a presença de público nos estádios de futebol[78].

O Tribunal reconhece não ser contrário ao direito da concorrência conceder a um único organismo de radiodifusão o direito exclusivo de radiodifundir por satélite, durante um período determinado, um objeto protegido, a partir de um único Estado-Membro de emissão ou a partir de vários Estados-Membros de emissão. Porém, neste caso em concreto, o estabelecimento de obrigações contratuais acessórias que impedem os operadores de fornecerem dispositivos de descodificação que permitam o acesso aos objetos protegidos fora do território abrangido pela licença servem o objetivo de garantir a observância das cláusulas de limitação territorial estabelecidas pelas licenças. Deste modo, "elas proíbem os radiodifusores de realizar prestações transfronteiriças de serviços relativos a esses jogos, o que permite conceder a cada radiodifusor uma exclusividade territorial absoluta na zona

---

[76] Acórdão *Football Association Premier League Ltd. c. QC Leisure* et al. *e Karen Murphy c. Media Protection Services Ltd.*, de 4 de outubro de 2011, procs. apensos C-403/08 e C-429/08.
[77] §§ 96-100.
[78] §§ 122-124.

DIREITO DA UNIÃO EUROPEIA – ELEMENTOS DE DIREITO E POLÍTICAS DA UNIÃO

abrangida pela sua licença, e eliminar assim totalmente a concorrência entre os diferentes radiodifusores no domínio dos ditos serviços"[79].

c) Recusas de licença de direitos de propriedade intelectual[80]

Aos titulares de direitos de propriedade intelectual é garantido um exclusivo relativamente ao aproveitamento económico do potencial destes direitos, o que autoriza os seus titulares a excluírem a concorrência baseada na imitação e os compele a desenvolverem e produzirem produtos inovadores, que possam substituir aqueles no mercado[81]. De acordo com os princípios que regem os direitos de propriedade intelectual, faz parte da essência de tal exclusivo a regra segundo a qual o titular destes direitos não é obrigado, salvo algumas exceções[82], a licenciá-los a terceiros.

Seria expectável que a matéria das licenças compulsórias ou obrigatórias fosse resolvida dentro dos muros da Propriedade Intelectual[83]. Pode perguntar-se, por isso, que razões justificam que o titular de um direito de propriedade intelectual possa ser obrigado a, no quadro da aplicação do artigo 102.º do TFUE, conceder uma licença de exploração desse direito a um terceiro. A resposta parece, mais uma vez, estar na distinção, já traçada, entre a existência e o exercício do direito: o que se pretende restringir não é a titularidade do direito de propriedade intelectual, mas o exercício impróprio, porque abusivo, do mesmo[84].

Nos termos clarificados pela decisão *Volvo v. Erik Veng*, na medida em que a recusa de concessão de uma licença a um terceiro não deve, em si mesma,

---

[79] § 142.

[80] Segue-se de perto o texto de Cláudia Trabuco e Isabel Fortuna de Oliveira, "Contratos de direitos de propriedade intelectual e direito da concorrência", *cit.*, pp. 151-156.

[81] De acordo com Beatriz Conde Gallego, "Unilateral refusal to license indispensable intelectual property rights – US and EU approaches", *in* Josef Drexl (ed.), *Research Handbook on Intellectual Property and Competition Law*, *ob. cit.*, p. 235, o sistema de propriedade intelectual favorece, assim, a concorrência efetiva no mercado.

[82] É o caso, no direito das patentes, das licenças compulsórias. Para maiores desenvolvimentos, no direito português, João Paulo Remédio Marques, *Licenças (voluntárias e obrigatórias) de Direitos de Propriedade Industrial*, Almedina, Coimbra, 2008, pp. 191-260.

[83] Richard Whish, *Competition Law*, 6.ª ed., Oxford University Press, Oxford, 2009, p. 786.

[84] Como explica Dina Kallay, *The Law and Economics of Antitrust and Intellectual Property*, Edward Elgar, 2004, p. 124, se fosse de outro modo, a recusa de licença nem tão-pouco poderia ser uma conduta imposta no âmbito do direito da concorrência, na medida em que colidiria com a própria existência do direito de propriedade intelectual.

PROPRIEDADE INTELECTUAL

ser considerada um abuso de posição dominante[85], o que é o mesmo que dizer que o artigo 102.º do Tratado não pretende ser um instrumento para impor licenças compulsórias a empresas com posição dominante no mercado[86]. Assim, apenas existirá abuso quando o direito seja exercido em certas – e excecionais – condições que, naturalmente, tornem tal exercício "susceptível de afectar o comércio entre os Estados-Membros". A questão a que a jurisprudência europeia tem tentado responder é, pois, que condições excecionais são essas.

Do caso *Volvo*, assim como de uma outra decisão relativa a peças sobresselentes (a decisão *Renault*[87]), não é possível retirar senão alguns exemplos de situações consideradas abusivas, não tendo o TJUE numa primeira fase curado de identificar as ditas circunstâncias excecionais[88]. O Acórdão *Magill* é, pois, o primeiro em que o Tribunal claramente se debruça sobre esta questão e procura uma resposta para a mesma.

Estando em causa a recusa por diferentes canais de televisão de concessão de licenças relativas à publicação de informações relativas às suas grelhas de programação à empresa *Magill TV Guide Ltd.*, o Tribunal recusou-se a aceitar que a mera titularidade de direitos de autor sobre aquelas grelhas fosse suficiente para a verificação de uma situação de posição dominante no mercado. Essa posição dominante derivaria, isso sim, da existência de um monopólio de facto sobre as informações contidas naquelas grelhas de programação. Consequentemente, o abuso, a existir, não derivaria da recusa de concessão da licença de utilização em si mesma considerada, mas poderia ser originado pelos contornos e características do exercício em concreto do direito de autor pelos seus titulares. No caso em apreço, foram precisamente estas circunstâncias – designadamente o facto de aquela recusa, despida de qualquer razão justificativa, impossibilitar o aparecimento de um novo produto no mercado, para o qual existiria um público potencial – que estiveram na base do reconhecimento de um comportamento abusivo.

---

[85] Acórdão (TJUE) *AB Volvo v Erik Veng (UK) Ltd.*, de 5 de outubro de 1988, proc. 238/87.

[86] DAVID T. KEELING, *Free Movement on Competition Law, cit.*, p. 381.

[87] Acórdão (TJUE) *Consorzio italiano della componentistica di ricambio per autoveicoli and Maxicar v. Régie nationale des usines Renault*, de 5 de outubro de 1988, proc. 53/87.

[88] Para uma análise compreensiva da jurisprudência do TJUE, incluindo estas decisões iniciais, ver, por todos, ESTELLE DERCLAYE, "Abuses of dominant position and intellectual property rights: a suggestion to reconcile the Community courts case law", in *World Competition*, 26.4, 2003, pp. 685-705, tambémdisponívelem*http://works.bepresegs.com/estelle_derclaye/17*.

DIREITO DA UNIÃO EUROPEIA – ELEMENTOS DE DIREITO E POLÍTICAS DA UNIÃO

O Tribunal fixou, neste caso, as circunstâncias das quais depende a existência de abuso, a saber: a recusa de fornecimento da informação necessária com fundamento na proteção do direito de autor sobre a mesma pelos organismos de radiodifusão criava um obstáculo ao aparecimento de um novo produto no mercado (a concentração da informação num único guia de programação); existia procura potencial para esse novo produto; não existia justificação objetiva para uma tal recusa; e, finalmente, o resultado da recusa era reservar para os organismos de radiodifusão a exploração do mercado secundário dos guias de programação televisiva[89]. Algumas destas condições foram depois clarificadas, e de algum modo restringidas, jurisprudencialmente nos casos *Ladbroke*[90] e *OscarBronner*[91], que são, por isso, também relevantes neste contexto.

Em 2004, o caso *IMS Health*[92] volta, porém, a colocar a questão de saber quais são as circunstâncias excecionais atendíveis no que respeita à aplicação do artigo 102.º nas situações em que esteja presente um direito de propriedade intelectual e demonstra à saciedade a divergência de interpretações que é possível retirar da leitura da prática decisória anterior na União Europeia. O Tribunal contraria aqui a posição defendida pela Comissão e traça um elenco *cumulativo* de circunstâncias excecionais, que são as seguintes: (1) na linha do Acórdão *Bronner*, a recusa deve estar relacionada com produto/

---

[89] O caso *Magill* tem sido amplamente discutido no contexto da aplicação no campo da propriedade intelectual da doutrina das infraestruturas essenciais [tradução algo insuficiente da *essential facilities doctrine*, cuja origem na União Europeia é muitas vezes feita coincidir com o Acórdão (TJUE) *Istituto Chemioterapico Italiano e Commercial Solvents contra Comissão*, de 6 de março de 1974, procs. 6/73 e 7/73]. Contudo, a verdade é que, como bem opina, entre nós, Luís PINTO MONTEIRO, *A Recusa em Licenciar Direitos de Propriedade Intelectual no Direito da Concorrência*, Almedina, Coimbra, 2010, p. 112, ficou em aberto se o Tribunal procedeu realmente a essa aplicação neste caso específico. Pelo contrário, no caso *Bronner* [Acórdão (TJUE) *Oscar Bronner GmbH & Co. KG contra Mediaprint Zeitungs*, de 26 de novembro de 1998, proc. C-7/97], a questão é intensamente analisada pelo Advogado-Geral Jacobs, na opinião proferida em 28 de maio de 1998, ainda que o Tribunal só muito de relance e na exposição dos argumentos proferidos pelas partes faça referência a esta matéria.

[90] Acórdão (TJUE) *Tiercé Ladbroke SA contra Comissão das Comunidades Europeias*, de 12 de junho de 1997, proc. T-504/93.

[91] Acórdão (TJUE) *Oscar Bronner GmbH & Co. KG contra Mediaprint Zeitungs*, *cit.*, no qual o Tribunal combinou as condições já anteriormente estabelecidas nas decisões *Magill* e *Ladbroke*, igualmente esclarecendo que a justificação da recusa de licença tem necessariamente de ser objetiva (§ 41).

[92] Acórdão (TJUE) *IMS Health GmbH & Co. OHG contra NDC Health GmbH & Co. KG.*, de 29 de abril de 2004, proc. C-418/01.

674

PROPRIEDADE INTELECTUAL

/serviço *indispensável* ao exercício de atividade num mercado derivado[93]; (2) a recusa é suscetível de excluir toda a concorrência no mercado derivado; (3) obsta ao aparecimento de novo produto para o qual existe uma procura potencial por parte dos consumidores; (4) a recusa não é justificada por razões objetivas[94].

Esta fórmula é repetida, mais recentemente, no caso *Microsoft*[95], em que se dá particular ênfase à necessidade de demonstrar que a excecionalidade requerida para a obrigatoriedade da licença se verifica nos casos em que o potencial licenciado pretenderia produzir um novo produto para o qual existia procura potencial por parte dos consumidores. Contudo, a doutrina tem considerado que o TJUE fez uma interpretação muito tolerante do requisito relativo à novidade do produto, considerando que tal circunstância, tal como é interpretada nas decisões *Magill e IMS Health*, não pode ser o único parâmetro a tomar em conta para determinar se uma recusa de licença pode causar prejuízo aos consumidores, pois que "esse prejuízo pode decorrer de uma limitação não só da produção ou da distribuição, como também do desenvolvimento técnico"[96]. Basta, por isso, que exista uma restrição do desenvolvimento tecnológico para se considerar verificada esta condição.

Outro contributo relevante do caso *Microsoft* foi ter deixado claro que em caso algum pode a titularidade de um direito de propriedade intelectual (neste caso sobre informações relativas a especificações de protocolos que permitiam à Microsoft assegurar interoperabilidade com as características das redes de grupos de trabalho comercializados pelos seus concorrentes) ser invocada, por si só, como justificação objetiva da recusa de licença. De acordo com o Tribunal, "essa tese da Microsoft é incompatível com a razão de ser da exceção que essa jurisprudência reconhece na matéria a favor da livre concorrência, no sentido de que, se a mera detenção de direitos de propriedade intelectual pudesse constituir, por si só, uma justificação objetiva

---

[93] Referindo-se às críticas a este requisito, que pode ser considerado duvidoso por colocar um limite à imposição de uma licença nos casos em que uma empresa dominante utilize o seu poder num mercado para controlar mercados derivados, BEATRIZ CONDE GALLEGO, "Unilateral refusal to license indispensable in tellectual property rights – US and EU approaches", *cit.*, p. 223.

[94] § 52.

[95] Acórdão *Microsoft Corp. contra Comissão das Comunidades Europeias*, de 17 de setembro de 2007, proc. T-201/04.

[96] § 647. Referindo-se a uma interpretação algo "benigna" desta condição, RICHARD WISH, *Competition Law*, *cit.*, p. 71.

DIREITO DA UNIÃO EUROPEIA – ELEMENTOS DE DIREITO E POLÍTICAS DA UNIÃO

para a recusa de conceder uma licença, a exceção estabelecida pela jurisprudência nunca seria aplicável"[97].

Uma última nota prende-se com o facto de a Comissão Europeia, embora tendo também seguido nas suas orientações a fórmula da decisão *IMS*, parecer apresentar para tanto justificações de cariz mais económico do que as que são utilizadas pelos tribunais nos casos de recusas de licença, relacionando a *ratio decidendi* destes casos com a necessidade de ter em conta quer os efeitos imediatos de uma situação concorrencial no mercado quer os efeitos a longo prazo dos investimentos na inovação, tendo tais fatores de ser adequadamente balanceados, muito embora a Comissão se incline para a possibilidade de se excluir a concorrência efetiva durante o tempo necessário a assegurar que os titulares dos direitos de propriedade intelectual obtêm um retorno adequado pelos seus investimentos[98].

2. A harmonização do regime jurídico do direito de autor e dos direitos conexos

Contrariamente ao que sucede com muitos direitos da propriedade industrial, no direito autoral a União Europeia não tem seguido a via do estabelecimento de direitos de autor ou de direitos conexos unificados, sendo a harmonização de regimes o instrumento utilizado prioritariamente pelo legislador europeu. A razão para a preferência pela harmonização é fácil de compreender: em contraste com o que sucede na propriedade industrial (em que, a par dos direitos a que é conferida proteção nacional, existe a possibilidade de se solicitar, por exemplo, uma marca ou um desenho ou modelo comunitários), a proteção conferida pelo direito de autor e/ou pelos direitos conexos não depende de um ato de registo, sendo originada pelo mero ato de exteriorização de uma obra original literária ou artística ou de uma prestação artística protegida.

A exteriorização dos objetos protegidos de um modo percetível, direta ou indiretamente, pelos sentidos humanos é suficiente para que a tais objetos seja reconhecida proteção, quer no ordenamento jurídico nacional, quer, em virtude das regras estabelecidas nos Tratados, nos demais Estados-Membros da União Europeia, quer ainda, por via da aplicação das regras de convenções e tratados internacionais nestas matérias, em países terceiros. Deste

---

[97] § 690.
[98] Cf. BEATRIZ CONDE GALLEGO, "Unilateral refusal to license indispensable intellectual property rights – US and EU approaches", *cit.*, p. 233.

PROPRIEDADE INTELECTUAL

modo, não existe razão que justifique, pelo menos no momento presente, que seja solicitada uma proteção comunitária, em lugar ou em cúmulo com a proteção nacional que sempre existiria[99].

Os padrões internacionais da proteção das obras e prestações aparecem hoje definidos pela Convenção de Berna para a Proteção das Obras Literárias e Artísticas (na versão resultante do Ato de Paris de 1971) e pela Convenção de Roma para a Proteção dos Artistas Intérpretes ou Executantes, dos Produtores de Fonogramas e dos Organismos de Radiodifusão, de 1961, complementadas e adaptadas pela primeira vez ao ambiente digital pelos Tratados da OMPI em 1996. A estes instrumentos acresce ainda o ADPIC – Acordo sobre Aspectos dos Direitos de Propriedade Intelectual Relacionados ao Comércio [ou, na sigla correspondente à designação inglesa, TRIPS (Agreement on Trade-Related Aspects of Intellectual Property Rights)], que integrou o conjunto de acordos assinados em 1994 no âmbito do *Uruguai round* do Acordo Geral sobre Pautas Aduaneiras e Comércio (*General Agreement on Tariffs and Trade*, GATT). A este último se deve a introdução pela primeira vez no seio das relações comerciais internacionais no contexto da Organização Mundial do Comércio dos traços essenciais da proteção da propriedade intelectual e da tutela jurisdicional efetiva destes direitos.

O primeiro esforço de avaliação da necessidade de atuação da Comissão Europeia no campo do direito de autor foi publicitado na forma de um *Livro Verde*, publicado em 1988, em que se identificavam alguns grandes objetivos como a eliminação de obstáculos ao comércio transfronteiriço de bens e serviços protegidos por direitos de autor e à concorrência no mercado interno, o favorecimento da competitividade europeia nas suas relações com o exterior, e, num plano mais concreto, o tratamento especial de obras de carácter utilitário ou funcional, como as obras de design ou os programas de computador, designadamente através do estabelecimento de um prazo de proteção menos longo e insuscetível por isso de ter um efeito restritivo sobre a concorrência no mercado[100]. O *Livro Verde* de 1988 foi seguido de um documento de *Follow-up*, publicado em 17 de janeiro de 1991[101], no qual foram identificadas várias propostas mais concretas de atuação, que incluíam quer

---

[99] Assim, TREVOR COOK, *EU Intellectual Property Law*, Oxford University Press, Oxford, 2010, p. 69.
[100] *Livro Verde sobre os direitos de autor e o desafio tecnológico; problemas de direitos de autor que exigem uma acção imediata*, COM(88) 172, de junho de 1988.
[101] COM(90) 584.

DIREITO DA UNIÃO EUROPEIA – ELEMENTOS DE DIREITO E POLÍTICAS DA UNIÃO

a adesão pelos Estados-Membros ao ato de Paris da Convenção de Berna e à Convenção de Roma de 1961, quer a harmonização de vários traços do regime jurídico dos direitos de autor e direitos conexos. Este último objetivo foi concretizado através da adoção de várias diretivas nos anos subsequentes (sobre os prazos de proteção dos direitos, sobre os direitos de aluguer e comodato e a proteção de direitos conexos, sobre a radiodifusão por satélite e por cabo e, bem assim, sobre a proteção das bases de dados)[102].

A primeira diretiva a lidar com as disparidades das legislações dos Estados-Membros na regulação de matérias de direito de autor foi a diretiva sobre a proteção dos programas de computador. O pioneirismo deste tema não é surpreendente porquanto, à época, a proteção de que os programas beneficiavam em determinados ordenamentos contrastava com a ausência de proteção noutros, existindo até alguma resistência a considerar que a generalidade dos programas pudesse ter a originalidade necessária para ser suscetível de tutela jus-autoral[103]. É também este mesmo motivo que justifica que o artigo 1.º da Diretiva 91/250/CEE, de 14 de maio de 1991 (atual Diretiva 2009/24/CE, de 23 de abril de 2009), tenha esclarecido, logo no primeiro dos seus artigos, que apenas são abrangidos os programas que preencham o padrão de originalidade necessário para que possam ser protegidos no quadro do direito de autor.

A Diretiva 2009/24/CE procede à harmonização do objeto de proteção dos programas (incluindo o objeto mediato – a expressão criativa – e imediato – os direitos patrimoniais a que faz referência o artigo 4.º, com

---

[102] Para uma análise mais pormenorizada do conteúdo das várias diretivas de harmonização, vejam--se, entre outras, as seguintes obras: J. A. L. STERLING, *World Copyright Law*, Sweet & Maxwell, London, 1998, pp. 634-694; TREVOR COOK, *EU Intellectual Property Law, cit.*, pp. 78-146; MICHEL M. WALTER, SILKEVON LEWINSKI (ed.), *European Copyright Law, cit.*, pp. 81-1460.

[103] Em Portugal, por exemplo, esta resistência conduziu a que o legislador tivesse consagrado no DL n.º 252/94, de 20 de outubro, a atribuição aos programas de computador que tiverem carácter criativo uma "protecção análoga à conferida às obras literárias" (artigo 1.º, n.º 2). Sobre a proteção dos programas de computador, veja-se, na doutrina portuguesa, entre outros, JOSÉ DE OLIVEIRA ASCENSÃO, "A protecção jurídica dos programas de computador", in *Revista da Ordem dos Advogados*, A. 50, I, 1990, pp. 69-118; ALEXANDRE DIAS PEREIRA, "Software: sentido e limites da sua apropriação jurídica", in Ordem dos Advogados, *Temas de Direito da Informática e da Internet*, 2004, pp. 73-136; RUI SAAVEDRA, *A Protecção Jurídica do Software e a Internet*, Sociedade Portuguesa de Autores, Publicações Dom Quixote, Lisboa, 1998; JOSÉ ALBERTO COELHO VIEIRA, "Notas gerais sobre a protecção de programas de computador em Portugal", in APDI/FDL, *Direito da Sociedade da Informação*, vol. I, 1999, pp. 73-88, e *A Protecção dos Programas de Computador pelo Direito de Autor*, Lex, Lisboa, 2005.

PROPRIEDADE INTELECTUAL

especial relevo para o direito de reprodução[104]), da respetiva titularidade e
ainda dos limites ou exceções ao direito exclusivo atribuído ao titular dos
direitos sobre os programas (limites relativos ao uso pelo "legítimo adqui-
rente" do programa, à realização de cópias de apoio ou para análise e teste
do funcionamento do programa – artigo 5.º – mas também o limite relativo à
descompilação do programa de computador nos casos em que a mesma seja
indispensável à obtenção das informações necessárias para garantir a interoperabilidade do programa analisado com outros programas de computador
e, deste modo, assegurar o acesso e a manutenção no mercado de programas concorrentes). Também relevante é o facto de a diretiva ter feito uma
primeira aproximação à harmonização das medidas de proteção dos direitos, obrigando os Estados a tomar medidas contra as violações indiretas dos
direitos sobre os programas, por parte de pessoas que estejam na posse ou
ponham em circulação cópias ilícitas dos programas ou meios destinados a
contornar a proteção por medidas técnicas a que o titular dos direitos sobre
o programa tenha recorrido (artigo 7.º).

Em 2000, a Comissão Europeia publicitou um relatório sobre a implementação e efeitos da diretiva relativa à proteção dos programa de computador[105], que, conquanto não tenha identificado necessidades de alteração
desta, possibilitou a deteção de alguns casos de incumprimento, derivados
sobretudo de transposições incompletas ou incorretas de algumas das suas
normas e, consequentemente, a abertura de processos contra os Estados em
falta.

A Diretiva 92/100/CEE, de 19 de novembro de 1992, entretanto substituída pela Diretiva 2006/115/CE, de 12 de dezembro de 2006, trata duas
matérias distintas: por um lado, harmoniza o regime dos direitos de aluguer
e de comodato de originais e cópias de obras protegidas por direito de autor,
com exclusão dos programas de computador, das obras de arquitetura e das
obras de arte aplicada (artigos 2.º, n.º 3, e 3.º); por outro lado, harmoniza
diversos aspetos relativos às faculdades patrimoniais reservadas aos titulares

---

[104] Foi, aliás, a primeira aproximação a nível comunitário de uma configuração do direito de reprodução adequada ao ambiente digital. CLÁUDIA TRABUCO, *O Direito de Reprodução de Obras Literárias
e Artísticas em Ambiente Digital, cit.*, pp. 333-334.

[105] *Relatório da Comissão ao Conselho, ao Parlamento Europeu e ao Comité Económico e Social sobre a aplicação e os efeitos da Directiva 91/250/CEE relativa à protecção jurídica dos programas de computador*, de 10 de
abril de 2000, COM(2000) 199 final.

DIREITO DA UNIÃO EUROPEIA – ELEMENTOS DE DIREITO E POLÍTICAS DA UNIÃO

de direitos conexos (artistas, produtores de fonogramas e de primeiras fixações de filmes e organismos de radiodifusão)[106].

Quanto ao primeiro aspeto, é estabelecido um direito inalienável a uma remuneração equitativa em contrapartida do aluguer a favor dos autores e artistas intérpretes ou executantes que tenham transmitido ou cedido o seu direito de aluguer relativo a um fonograma ou ao original ou cópia de um filme a um produtor de fonogramas ou filmes (artigo 5.º). O artigo 6.º da Diretiva permite aos Estados-Membros derrogarem o direito exclusivo de comodato no que respeita aos comodatos públicos, desde que seja mantido o direito dos autores de serem remunerados por conta desses comodatos. Num relatório produzido em 2002 sobre a aplicação do direito de comodato público na União Europeia, a Comissão Europeia assinalou o facto de ter muitas dúvidas sobre o modo como diversos Estados haviam cumprido as obrigações estabelecidas pela diretiva neste campo e, após um exame mais aprofundado da matéria, acabou por conduzir processos contra Espanha, Irlanda e Portugal por incumprimento das obrigações comunitárias[107].

No que respeita ao segundo aspeto da diretiva, é de realçar a harmonização dos direitos de reprodução[108] e distribuição dos diversos titulares de diretos conexos e, para os artistas e organismos de radiodifusão, a harmonização de um direito exclusivo sobre as fixações das suas prestações/emissões e de comunicação ao público das mesmas.

A Diretiva 93/83/CEE, de 27 de setembro de 1993, procedeu à coordenação de determinadas disposições em matéria de direito de autor e diretos conexos aplicáveis à radiodifusão por satélite e à retransmissão por cabo. A Diretiva tinha por missão a resolução de problemas jus-autorais relacionados com a natureza transfronteiriça das radiodifusões via satélite ou por cabo, eliminando as diferenças de tratamento nos vários Estados-Membros e, deste modo, contribuindo para aumentar as escolhas ao dispor dos espectadores.

---

[106] Para uma análise das normas introduzidas pela Diretiva, leia-se, por todos, JÖRG REINBOTHE, SILKE VON LEWINSKI, *The E. C. Directive on Rental and Lending Rights and on Piracy*, Sweet & Maxwell, London, 1993.

[107] No caso português, tal resultou numa alteração da legislação vigente que consistiu numa redução da extensão das entidades que se consideram desobrigadas do pagamento de remuneração ao autor em contrapartida do comodato público do original ou de cópias das obras. Cf. o novo n.º 3 do artigo 6.º do DL n.º 332/97, na versão aprovada pela Lei n.º 16/2008, de 1 de abril.

[108] Este último, anteriormente previsto no artigo 7.º da Diretiva de 1992, foi depois substituído pelo artigo 2.º da "Diretiva sociedade da informação", que se aplica tanto aos titulares de direitos de autor como aos titulares de direitos conexos.

PROPRIEDADE INTELECTUAL

No que diz respeito à retransmissão por cabo, o principal objetivo da Diretiva era o de assegurar a certeza jurídica necessária, designadamente ao nível da obtenção de todas as autorizações imprescindíveis à transmissão dos programas, para efeitos da livre circulação de emissões de radiodifusão no espaço da União Europeia quando os programas transmitidos além-fronteiras são introduzidos e retransmitidos através de redes de cabo. Com vista a facilitar a obtenção das autorizações necessárias, a Diretiva recorreu a um princípio assente na gestão coletiva obrigatória dos direitos.

Quanto à radiodifusão de programas por satélite, o principal problema a resolver respeitava ao conflito entre a natureza transnacional das comunicações ao público por satélite e a natureza territorial dos direitos de autor e conexos. A Diretiva estabelece que a responsabilidade em matéria de direitos de autor surge no país em que tem lugar a radiodifusão. Desta forma, os direitos relativos a uma radiodifusão via satélite devem ser adquiridos no país em que tenha lugar a transmissão, por contrato entre o organismo de radiodifusão e os titulares de direitos de autor. Os organismos de radiodifusão e os titulares de direitos de autor gozam de liberdade contratual para a determinação da remuneração correspondente, podendo ter em conta critérios como a audiência potencial ou efetiva da emissão, a língua da mesma e outros critérios que considerarem adequados. Além disso procede-se à harmonização dos direitos dos artistas intérpretes ou executantes, dos produtores de fonogramas e dos organismos de radiodifusão em relação à radiodifusão via satélite.

A Diretiva 2006/116/CE, de 12 de dezembro de 2006, veio substituir a Diretiva 93/98/CEE, de 29 de outubro de 1993, relativa à harmonização do prazo de proteção dos direitos de autor e de certos direitos conexos. Tendo presentes as consequências negativas resultante da subsistência na Europa de tempos de duração dos direitos distintos, que, de resto, tinham já sido claramente demonstradas pela jurisprudência comunitária, os Estados-Membros fixaram em 70 anos após a morte o prazo geral de proteção dos direitos de autor sobre obras literárias e artísticas e em 50 anos após a data da representação/execução, da fixação dos fonogramas ou da primeira fixação dos filmes ou da emissão de radiodifusão, consoante os direitos em causa.

Recentemente, o regime foi novamente alterado pela Diretiva 2011/77//UE, de 27 de setembro de 2011, que procedeu a um alargamento do prazo geral de proteção dos direitos conexos para 70 anos após o facto gerador da tutela[109].

---

[109] Transposta para o direito português pela Lei n.º 82/2013, de 6 de dezembro.

DIREITO DA UNIÃO EUROPEIA – ELEMENTOS DE DIREITO E POLÍTICAS DA UNIÃO

A Diretiva de 2011 procurou ainda intensificar a posição dos artistas intérpretes ou executantes na relação contratual estabelecida habitualmente com os produtores de fonogramas, estabelecendo diversas "medidas de acompanhamento" que procuram salvaguardar a possibilidade de os artistas virem efetivamente a ser beneficiados com o alargamento dos prazos. Assim, passou a estabelecer-se a possibilidade de os artistas poderem rescindir os contratos mediante os quais tenham transferido ou cedido aos produtores de fonogramas os seus direitos sobre a fixação das execuções se, decorridos 50 anos após a publicação ou comunicação ao público do fonograma, o produtor de fonogramas não tiver oferecido cópias do mesmo para venda em quantidade considerada suficiente ou não tiver colocado o fonograma à disposição do público[110]. Em simultâneo, e de acordo com a Diretiva a transpor pelos Estados-Membros até 1 de novembro de 2013, os produtores de fonogramas estabeleceriam um fundo para o qual deveriam destinar 20% das suas receitas anuais durante o período de extensão da proteção dos seus próprios direitos, sendo o objetivo desse fundo o pagamento de remunerações suplementares anuais aos artistas que tenham direito, por contrato, remunerações não recorrentes.

Este primeiro leque de diretivas foi completado pela Diretiva 96/9/CE, de 11 de março de 1996, relativa à proteção jurídica das bases de dados, que, ao mesmo tempo que afinava os requisitos de proteção das bases de dados, eletrónicas e não eletrónicas, introduzia no edifício do direito de autor a proteção de um novo direito, de natureza *sui generis*, destinado à salvaguarda do investimento de recursos humanos, técnicos e financeiros para a produção daquelas bases e atribuía ao fabricante das mesmas a possibilidade de impedir a extração e/ou reutilização não autorizada da totalidade ou de uma parte substancial do conteúdo da base de dados[111].

---

[110] A intenção é, naturalmente, a de permitir aos artistas, no caso de verificarem que as suas prestações não estão a ser satisfatoriamente exploradas, poderem procurar outros parceiros contratuais e conseguir ainda, dentro do prazo remanescente, vir a ser adequadamente recompensados em virtude de tal exploração.

[111] Identificando os objetos da proteção da Diretiva, ALEXANDRE DIAS PEREIRA, "Da obra multimedia como objecto de direitos de propriedade intelectual: arte digital, programas de computador e bases de dados electrónicas", in *Estudos em Homenagem ao Prof. Doutor Rogério Soares*, 2001, p. 460; JOSÉ DE OLIVEIRA ASCENSÃO, "Bases de dados electrónicas: o estado da questão em Portugal e na Europa, in *RFDUL*, vol. XLII, n.º 2, 2001, pp. 737-738. Criticando a extensão da proteção conferida pelo direito *sui generis*, entre outros, ALBERTO DE SÁ E MELLO, "Tutela jurídica das bases de dados (a transposição da Directriz 96/9/CE)", *in* APDI/FDL, *Direito da Sociedade da Informação*, vol. I, 1999,

PROPRIEDADE INTELECTUAL

O *Livro Verde* de 1995 identificou novas e diversas prioridades na ação da Comissão, entre as quais constavam o tratamento das questões relativas ao direito aplicável, ao esgotamento dos direitos, à configuração de alguns direitos patrimoniais (como o direito de reprodução mas também os demais direitos envolvidos na disseminação digital das obras) e os sistemas de proteção técnica das obras e prestações. De entre este leque vasto de questões, o *Follow-up*, de 1996, identificou como objetivos para a atividade subsequente da Comissão a harmonização dos direitos de reprodução e comunicação ao público e a definição dos limites a tais direitos e a regulação dos chamados sistemas técnicos de identificação e proteção, tendo esses assuntos vindo a tornar-se centrais na "Diretiva sociedade da informação".

O primeiro resultado foi, em 1997, a apresentação de uma proposta de diretiva que, para além do desenvolvimento dos princípios estabelecidos nos tratados internacionais aprovados sob a égide da OMPI em 1996, tem também o propósito de definir o âmbito dos atos abrangidos pelo direito de reprodução e pelo direito de comunicação ao público, incluindo o direito de colocação das obras e prestações à disposição do público no momento e desde o lugar escolhido por cada pessoa[112].

A Diretiva 2001/29/CE enuncia expressamente a finalidade de proceder a uma definição ampla do direito de reprodução por forma a garantir a segurança jurídica no mercado interno, muito embora o princípio básico da salvaguarda de "um justo equilíbrio de direitos e interesses entre as diferentes categorias de titulares de direitos, bem como entre as diferentes categorias de titulares de direitos e utilizadores de material protegido" obrigue a uma reapreciação das exceções a este, bem como a outros, direitos[113]. A enumeração exaustiva de exceções a que procedeu procurou ter em devida conta as tradições jurídicas dos vários Estados-Membros e correspondeu, de algum modo, à resposta possível em virtude das graves dificuldades de harmonização que se testemunhavam[114].

---

p. 133; MIGUEL ÁNGEL BOUZA LÓPEZ, *El Derecho Sui Generis del Fabricante de Bases de Datos*, Editorial Reus, Madrid, AISGE 2001, p. 202.

[112] Considerando 21 da Diretiva 2001/29/CE.

[113] Considerandos 21 e 31.

[114] Cf. THIERRY DESURMONT, "La Communauté européenne, les droits des auteurs et la société de l'information", in *Revue Internationale du Droit d'Auteur*, n. 190, 2001, pp. 11 e segs., que, a propósito, contrasta as 9 exceções iniciais contidas na proposta da Comissão Europeia com as atuais 21 enumeradas pela Diretiva. Não surpreende, por isso que, tendo a Diretiva tido um prazo de negociação

DIREITO DA UNIÃO EUROPEIA - ELEMENTOS DE DIREITO E POLÍTICAS DA UNIÃO

As normas estabelecidas pela Diretiva 2001/29/CE articulam-se com as que haviam sido estabelecidas por outros dois instrumentos de harmonização que a haviam precedido, a saber a Diretiva 2000/31/CE, de 8 de junho de 2000, relativa a certos aspetos legais dos serviços da sociedade de informação, em especial do comércio eletrónico, no mercado interno, que contém, também ela, algumas disposições relativas à proteção dos direitos de autor e releva para efeitos de apuramento da responsabilidade dos prestadores de serviços na Internet em caso de infrações comprovadas relativamente àqueles direito[115], e ainda a Diretiva 98/84/CE, de 20 de novembro de 1998, sobre a proteção legal de serviços cuja remuneração dependa do facto de se basearem ou consistirem num acesso condicional[116], cujas disposições devem ser lidas tendo em conta a sua estreita relação com a possibilidade estabelecida pela Diretiva 2001/29/CE de utilização pelos titulares de direitos de autor e direitos conexos de medidas técnicas para proteção das suas faculdades exclusivas de exploração económica das obras e prestações.

Num plano distinto, foi também aprovada em 2001 a Diretiva 2001/84/ /CE, de 27 de setembro, relativa ao direito de sequência em benefício do autor de uma obra de arte original que seja objeto de alienações sucessivas. Com esta Diretiva, o legislador europeu regressou a uma lógica de harmonização de setores específicos do direito de autor e, no caso, pretendeu "assegurar aos autores de obras de arte gráficas e plásticas uma participação económica no êxito das suas obras"[117] ao mesmo tempo que resolvia a reconhecida e insustentável disparidade de condições de regulação do direito de sequência nos vários Estados-Membros, nomeadamente no que se refere às obras abrangidas, aos beneficiários do direito, à taxa aplicada, às operações sujeitas ao direito e à base de cálculo.

Além de definir o objeto do direito de sequência, identificar os titulares do direito, o respetivo prazo e delimitar as obras sobre que incide a participação económica em causa, a Diretiva harmoniza os mecanismos de apuramento dos montantes que cabem aos titulares dos direitos e, bem assim, os respetivos limiares. São ainda estabelecidos deveres de informação a serem

e elaboração muito longo, a maior parte das discussões e do confronto de posições discrepantes tenha ocorrido precisamente no que respeita à redação daquele que é hoje o seu artigo 5.º.

[115] Vulgarmente chamada "Diretiva sobre o comércio electrónico" e transposta pelo DL n.º 7/2004, de 7 de janeiro, ao abrigo da Lei de autorização legislativa n.º 7/2003, de 9 de maio.

[116] Transposta pelo DL n.º 287/2001, de 8 de novembro.

[117] Considerando 3.

PROPRIEDADE INTELECTUAL

cumpridos pelos profissionais do mercado da arte, que correspondem a um mecanismo complementar relevante para assegurar a efetividade do direito.

Já em 2004, e em face do reconhecimento da clara insuficiência das normas consagradas no Acordo TRIPS, a atenção voltou-se das questões de direito substantivo para a harmonização dos mecanismos de tutela jurisdicional dos direitos, o que resultou na Diretiva 2004/48/CE, de 29 de abril de 2004, que pela primeira vez anuncia a construção de pontes entre o direito de autor e o direito da propriedade industrial no direito da União Europeia.

A referida Diretiva veio regular, fundamentalmente, questões de direito adjetivo, relacionadas, designadamente, com o estabelecimento de medidas de obtenção e preservação de prova (que procuram dar uma resposta adequada ao facto de as provas se encontrarem habitualmente em poder do infrator e à necessidade de procedimentos urgentes neste domínio que obstem à destruição ou ocultação de tais meios de prova), a fixação da obrigação de prestação de informações por parte quer do infrator quer de terceiros sobre a origem e sobre as redes de distribuição de bens ou serviços em que se manifeste a violação de direitos, e a implementação de medidas provisórias e cautelares adequadas a impedir violações futuras e iminentes ou a continuação da violação de direitos de propriedade intelectual. À adoção destas medidas acresce a regulação da difícil matéria do cálculo de indemnizações em caso de violação de direitos de propriedade intelectual.

No ano seguinte, a Comissão Europeia dedicou os seus esforços à aproximação das medidas a tomar pelos Estados em sede do exercício dos direitos de autor e direitos conexos através da gestão coletiva dos mesmos. A Recomendação da Comissão 2005/737/CE, de 18 de outubro de 2005, relativa à gestão transfronteiriça coletiva do direito de autor e dos direitos conexos no domínio dos serviços musicais em linha legais, é um instrumento que, apesar de não ter carácter vinculativo, orienta a atuação dos Estados-Membros no sentido da adoção de medidas para facilitar o desenvolvimento de serviços de gestão coletiva em linha no âmbito comunitário, que permitam a qualquer titular de direitos de autor ou de direitos conexos confiar a gestão dos mesmos a um gestor à sua escolha, independentemente do Estado da residência ou nacionalidade dos primeiros ou do estabelecimento deste último. Embora os Estados-Membros permanecessem livres para regular esta matéria, era claro propósito da Recomendação favorecer o desenvolvimento e a prestação lícita de serviços musicais em linha.

Em 2009, num documento de reflexão elaborado conjuntamente pelas Direções-Gerais do Mercado Interno e Serviços (MARKT) e da Sociedade

DIREITO DA UNIÃO EUROPEIA – ELEMENTOS DE DIREITO E POLÍTICAS DA UNIÃO

da Informação e Meios de Comunicação (INFSO), foi anunciado o regresso à discussão sobre a regulação da gestão coletiva de direitos[118], e, durante o ano de 2010, a Comissão levou a cabo uma audição pública de diversas entidades, especialmente entidades de gestão coletiva de direitos dos diversos Estados-Membros, com o objetivo de aferir de que modo se processavam as relações entre titulares de direitos, tais entidades de gestão e os utilizadores das obras e prestações. Com base nos dados dessa consulta, veio a ser anunciada na Comunicação "Uma agenda digital para a Europa", de 26 de agosto de 2010[119], a intenção de se prosseguir os trabalhos com vista à elaboração de uma proposta de diretiva sobre este tópico, objetivo que acabou por ser atingido com a aprovação da Diretiva 2014/26/UE, de 26 de fevereiro de 2014, relativa à gestão coletiva dos direitos de autor e direitos conexos e à concessão de licenças multiterritoriais de direitos sobre obras musicais para utilização em linha no mercado interno.

Mais recentemente, a 24 de maio de 2011, a Comissão Europeia adotou uma proposta de diretiva relativa a determinadas utilizações permitidas de obras órfãs[120], que tem por finalidade o estabelecimento de regras comuns no que respeita à digitalização e colocação à disposição do público de obras de diversas categorias (incluindo livros, jornais, artigos de publicações periódicas, mas também obras cinematográficas, áudio ou audiovisuais) que reúnem os requisitos para serem protegidas por direito de autor e que se encontram ainda dentro do prazo de proteção mas cujos autores são desconhecidos ou não podem ser localizados para obtenção do consentimento necessário para que as obras sejam licitamente utilizadas.

O objetivo de harmonização do regime a aplicar às obras órfãs, concretizado na Diretiva 2012/28/UE, de 25 de outubro de 2012, relativa a determinadas utilizações permitidas de obras órfãs, insere-se no espectro mais amplo da regulação da atividade de entidades como bibliotecas, estabelecimentos de ensino, arquivos, instituições responsáveis pelo património cinematográfico e organismos de radiodifusão que prestam serviço público no quadro do objetivo geral de preservação e difusão do património cultural europeu. A necessidade de conciliar o exclusivo de exploração reservado ao titular do direito de autor com os interesses públicos subjacentes à atividade

---

[118] *Creative Content in a European Digital Single Market: Challenges for the Future*, de 22 de outubro de 2009, disponível em *http://ec.europa.eu/avpolicy/docs/other_actions/col_2009/ reflection_paper.pdf*
[119] COM(2010) 245 final, pp. 8-11 e 43.
[120] COM(2011) 289 final.

PROPRIEDADE INTELECTUAL

referida justificam não apenas a circunscrição dos utilizadores autorizados, como as cautelas determinadas pela necessidade de realização de pesquisas diligentes relativas aos titulares e, bem assim, os limites impostos às utilizações permitidas.

3. Os novos rumos da legislação europeia

Em maio de 2011 foi divulgada a Comunicação da Comissão "Um mercado único para os direitos de propriedade intelectual"[121], na qual, reconhecendo o dinamismo das indústrias criativas e o contributo dos direitos de propriedade intelectual para a competitividade europeia, a proteção dos investimentos e a criação de emprego, a Comissão analisa as principais imperfeições da construção do mercado interno e as maiores dificuldades da promoção da criação e inovação e da circulação de bens e serviços culturais, tecnológicos e científicos e identifica aquelas que deverão ser as principais vias de resposta europeia a estes problemas.

Neste documento, a Comissão debruça-se quer sobre matérias de direito de autor quer sobre matérias que se prendem com os vários direitos industriais, permitindo uma vez mais reconhecer um espírito de interseção e complementaridade entre as duas áreas, que parece ser hoje uma tendência na aproximação da Comissão Europeia ao tratamento da "galáxia dos direitos de propriedade intelectual". A tal opção não será estranho o facto de alguns dos temas tratados na Comunicação serem realmente comuns aos vários direitos e de constarem dos objetivos quer a intenção de revisão da Diretiva 2004/48/CE, reforçando a aplicação efetiva dos direitos em causa no mercado interno, complementada pela adoção de legislação com medidas de reforço da aplicação da legislação aduaneira, e, no plano internacional a tarefa de coordenação com as organizações internacionais na área da propriedade intelectual, nomeadamente através da ratificação pela União Europeia do Acordo Comercial Anti-Contrafação (*Anti-Counterfeiting Trade Agreement* ou ACTA), que justamente procura estabelecer padrões internacionais de proteção efetiva dos direitos de propriedade intelectual e suprir muitas das críticas que nesta área da aplicação efetiva foram repetidamente apontadas ao TRIPS.

No que diz respeito ao campo específico do direito autoral, e para nos referirmos apenas aos aspetos em que é possível divisar vias previsíveis de uma atuação futura da União Europeia, a Comissão assume uma vez mais a

[121] COM(2011) 287 final.

DIREITO DA UNIÃO EUROPEIA – ELEMENTOS DE DIREITO E POLÍTICAS DA UNIÃO

intenção de apresentar "propostas com vista à criação de um enquadramento jurídico para a gestão coletiva dos direitos de autor de modo que permita o licenciamento multissetorial e pan-europeu" e de avançar com propostas legislativas no campo da compensação por cópia privada, que considera merecer um esforço de harmonização de questões como a metodologia de imposição de tarifas e da gestão dos montantes cobrados, identificação dos aparelhos e equipamentos que serão tarifados, estabelecimento de regras relativas à determinação dos montantes e que permitam mais facilmente a interoperabilidade dos vários sistemas nacionais.

A estes dois campos de atuação, a Comissão acrescenta uma menção ao percurso já iniciado no que diz respeito ao estabelecimento de um regime harmonizado relativo às obras órfãs e fora do comércio com vista à facilitação do objetivo de preservação do património intelectual europeu e respetiva difusão através de bibliotecas digitais. Também relevantes são as intenções anunciadas de desenvolvimento de soluções para salvaguarda do acesso e gozo de obras intelectuais por invisuais, proteção das criações jornalísticas e das obras audiovisuais, sendo certo, porém, que a Comunicação é, nestes pontos, vaga e se tornam insondáveis, por isso, os desígnios da Comissão Europeia nestes domínios.

III. Propriedade industrial

Neste trabalho, dos diferentes direitos de propriedade industrial europeus existentes, vamos tratar o regime jurídico de dois dos mais importantes e consolidados: a marca comunitária e o desenho ou modelo comunitário.

A. Marca comunitária

1. A proteção do direito de marcas no contexto do mercado interno europeu

As marcas são sinais que permitem que os consumidores distingam os produtos ou serviços que aquelas assinalam por referência à sua proveniência empresarial.

A importância socioeconómica destes sinais é inegável: sem eles a decisão de compra do consumidor pode tornar-se extremamente difícil, atendendo à enorme oferta de produtos e serviços e à crescente complexidade de aspetos técnicos dos mesmos. Sendo a marca um instrumento tão importante de concorrência, não se estranha que, desde cedo, a sua regulamentação jurídica tenha suscitado interesse no seio da União Europeia.

PROPRIEDADE INTELECTUAL

De facto, não obstante todos os países que integravam a (então) CEE disporem já de legislação sobre marcas, foram surgindo conflitos que tinham de ser resolvidos.

Até à formação do mercado comum europeu, "os principais instrumentos que vinculavam os países participantes, em matéria de marca eram: a Convenção da União de Paris, de 1883, [e] o Acordo de Madrid, de 14 de abril de 1891, sobre o registo internacional das marcas"[122]-[123]. Todavia, os conceitos de mercado único, de livre concorrência (artigos 81.º e 82.º do TCE) e o princípio da liberdade de circulação de mercadorias (artigos 28.º e 30.º do TCE, correspondentes aos artigos 34.º e 36.º então em vigor e já referidos), caracterizadores da CEE, seriam postos em causa pela aplicação de diferentes legislações respeitantes ao direito de marcas[124].

Isto mesmo foi evidenciado num número considerável de acórdãos decididos pelo TJUE anteriormente à intervenção legislativa comunitária nesta matéria, apesar de, num primeiro momento, aquele tribunal ter considerado que o direito de marca apresenta um interesse e valor inferiores a outros direitos privativos industriais[125] e que, ao contrário desses, não se encontra sujeito a limitações de ordem temporal[126].

Esta perspetiva conduziu, como foi referido na Introdução *supra* (n.º 1), a uma posição inicial muito restritiva relativamente ao objeto específico do direito à marca, que foi criticada pela doutrina[127] e, nos anos seguintes, alterada no sentido de se entender o objeto específico deste direito de forma mais ampla[128] (consistindo "em assegurar ao titular da marca o direito exclu-

[122] JOSÉ DE OLIVEIRA ASCENSÃO, "A marca comunitária", *in* AA.VV., *Direito Industrial*, vol. II, APDI/ /Almedina, Coimbra, 2002, p. 5.

[123] Entretanto foram sendo criados outros, v. o Protocolo ao Acordo de Madrid sobre registo internacional das marcas, de 27 de junho de 1989; o Tratado sobre o Direito de Marcas, adotado em Genebra, em 27 de outubro de 1994; o Acordo da OMC sobre os Aspetos dos Direitos de Propriedade Intelectual relacionados com o comércio [ADPIC/TRIPS], de 1994, e o Tratado de Singapura sobre o Direito de Marcas, adotado em Singapura, em 27 de março de 2006.

[124] Para maiores desenvolvimentos, cf., por todos, CARLOS FERNÁNDEZ NÓVOA, *Fundamentos de Derecho de Marcas*, Editorial Montecorvo, Madrid, 1984, pp. 515 e segs.

[125] V. o n.º 7 do Acórdão *Sirena S.r.l. contra Eda S.r.l. e outros*, de 18 de fevereiro de 1971, proc. C-40/70, disponível em *http://curia.europa.eu/en/content/juris/c1_juris.htm*.

[126] V. o n.º 11 do Acórdão *Hag*, de 3 de julho de 1974, proc. C-192/73, entre Van Zuylen Frères e Hag AG, disponível em *http://curia.europa.eu/en/content/juris/c1_juris.htm*.

[127] Para uma súmula dessas críticas, cf., entre outros, CARLOS FERNÁNDEZNÓVOA, *Fundamentos de Derecho de Marcas, cit.*, pp. 523 e seg.

[128] Sobre essa evolução, cf., entre nós, PEDRO SOUSA E SILVA, *Direito Comunitário e Propriedade Industrial – O Princípio do Esgotamento dos Direitos*, Coimbra Editora, Coimbra, 1996, pp. 147 e segs.; e M.

DIREITO DA UNIÃO EUROPEIA – ELEMENTOS DE DIREITO E POLÍTICAS DA UNIÃO

sivo de a utilizar, para a primeira colocação em circulação de um produto, e protegê-lo assim contra os concorrentes que pretendessem abusar da posição e da reputação da marca, vendendo produtos indevidamente assinalados com essa marca"[129]) e de se reconsiderar a desconfiança inicial relativamente às marcas, afirmando que este direito constitui um *elemento essencial* do sistema de concorrência leal que o Tratado pretende criar e manter[130].

Sem prejuízo do importantíssimo papel desempenhado pelo TJUE e "(...) apesar do silêncio do Tratado CEE sobre as marcas e os restantes direitos de propriedade industrial, com exceção da menção isolada e circunstancial contida no artigo 30.º [atual artigo 36.º] (...)"[131], compreende-se que, desde muito cedo, tenha surgido a preocupação de criar um direito europeu de marcas por via legislativa. Não obstante, o seu processo de gestação foi longo e complexo, culminando com a aprovação da Primeira Diretiva do Conselho, de 21 de dezembro de 1988, que harmoniza as legislações dos Estados-Membros em matéria de marcas, n.º 89/104/CE [DM][132], e do Regulamento (CE) n.º 40/94, de 20 de dezembro de 1993, sobre a marca comunitária [RMC][133].

Com efeito, o primeiro passo oficial[134] só teve lugar em 1961, com a criação de um grupo de trabalho sobre marcas que viria a concluir, em 1964, um

---

NOGUEIRA SERENS, "Aspectos do princípio da verdade da marca", in *Boletim da Faculdade de Direito da Universidade de Coimbra*, volume comemorativo, Coimbra, 2003, pp. 640 e segs., nota 48.

[129] V. o Acórdão proferido no caso *Centrafarm*, em 31 de outubro de 1974, proc. C-15/74, disponível em *http://curia.europa.eu/en/content/juris/c1_juris.htm*.

[130] V. n.º 13 do Acórdão proferido no caso *Hag II*, em 17 de outubro de 1990, proc. C-10/89, entre SA CNL-SUCAL NV contre HAG GF AG.

De resto, esta posição mantém-se até hoje. Após a DM, o Tribunal tem mantido esta linha: v., por todos, o n.º 48 do Acórdão *Arsenal*, de 12 de novembro de 2001, proc. C-206/01, que opôs o Arsenal Football Club plc a Matthew Reed. Os acórdãos citados podem ser consultados em *http://curia. europa.eu/juris/recherche.jsf?language=pt*.

[131] GÓMEZ SEGADE, "Marca comunitaria", in *Comentarios a los Reglamentos sobre la Marca Comunitaria* (Casado Cerviño/Llobregat Hurtado), Universidad de Alicante, 1996, p. 18.

[132] Esta Diretiva acabou por ser codificada. V. Diretiva 2008/95/CE, de 22 de outubro de 2008.

[133] Este Regulamento, após várias alterações, acabou por ser codificado no Regulamento (CE) n.º 207/2009, de 26 de fevereiro de 2009, sobre a marca comunitária.

[134] Anteriormente, em 1960, o Comité de marcas e direito da concorrência do grupo alemão da AIPPI tinha tornado público um documento – «Grundsätzefür die Schaffungeiner EWG-Marke» (in *GRUR Int.*, 1960, pp. 39 e seg.) – em que eram enunciados os princípios para a criação de uma marca comunitária.

PROPRIEDADE INTELECTUAL

"anteprojeto de convenção sobre o direito de marcas europeu". Contudo, por razões políticas[135] este apenas foi retomado em 1973[136].

No ano seguinte, a Comissão da CEE, com o objetivo de redigir um relatório sobre a construção de um futuro direito europeu de marcas, criou um grupo de trabalho que integrando quer funcionários da XI Direção-Geral da Comissão, quer peritos, concluiu o *"Memorandum* sobre a criação da marca comunitária"[137], adotado pela Comissão em 6 de julho de 1976.

Este *Memorandum* reveste extrema importância, já que define as bases do direito de marcas comunitário e, por conseguinte, constitui um documento "de valor permanente a que deve recorrer-se na abordagem de algumas das questões básicas do Sistema Comunitário de Marcas"[138].

Foi, de resto, aqui, que, perante a vontade de fazer subsistir os diferentes direitos de marca nacionais, se optou por seguir uma estratégia bipartida (embora complementar) no que respeita ao direito europeu de marcas: aprovar uma diretiva para a aproximação das legislações dos Estados-Membros, com vista a evitar ou reduzir os obstáculos à livre circulação de mercadorias, por um lado, e um regulamento para criar a marca comunitária, por outro.

No que respeita especificamente aos trabalhos preparatórios deste último, foi preparado um primeiro projeto (1977) e, no ano seguinte, um outro. Dois anos mais tarde, a Comissão apresentou ao Conselho uma proposta modificada de RMC, a que se seguiu, em 1984, após o parecer do Comité Económico e Social e do Parlamento Europeu, uma outra.

Em 1988 foi apresentado um texto consolidado do RMC. Todavia, a dificuldade em obter consensos, principalmente no que respeitava à escolha da sede do Instituto de Harmonização no Mercado Interno (marcas, desenhos e modelos) [IHMI] e dos idiomas oficiais inviabilizaram a aprovação do RMC juntamente com a DM. Uma nova versão consolidada do RMC só surgiu em 1992 e foi esta que acabou por ser aprovada.

---

[135] Dificuldades políticas no processo de consolidação e ampliação da CEE, derivadas fundamentalmente do veto francês ao ingresso do Reino Unido na CEE, provocaram uma paralisação dos trabalhos.

[136] Para maiores desenvolvimentos sobre este documento, cf. BEIER, *Hacia la Marca Comunitaria. Objetivos y Fundamentos del Derecho Europeo de Marcas*, Centro de Estudios Constitucionales, Madrid, 1983, pp. 175 e segs.

[137] *Mémorandum sur la création d'une marque communautaire*, in *Bulletin des Communautés Européennes*, Supplément 8/76.

[138] GÓMEZ SEGADE, "Marca comunitária", *cit.*, p. 20, que sublinha ainda a forte influência de Beier neste documento.

DIREITO DA UNIÃO EUROPEIA – ELEMENTOS DE DIREITO E POLÍTICAS DA UNIÃO

O RMC é complementado por outros Regulamentos, nomeadamente o Regulamento de Execução e o Regulamento relativo às taxas a pagar ao IHMI [Regulamentos (CE) n.os 2868/95 e 2869/95, ambos de 13 de dezembro de 1995, respetivamente].

No que à diretiva respeita, foi apresentada uma proposta em 1980[139], seguindo-se os Pareceres do Comité Económico e Social e do Parlamento Europeu[140]. Na sequência das alterações sugeridas por este último órgão e das críticas provenientes dos círculos interessados[141], só em 1985 foi apresentada uma nova proposta ao Conselho[142], que viria a sofrer alterações no ano seguinte e que apenas em 1988 contou com os Pareceres favoráveis do Comité Económico e Social e do Parlamento Europeu, permitindo finalmente a aprovação da Primeira Diretiva do Conselho, em matéria de marcas (89/104/CEE, de 21 de dezembro de 1988).

2. A harmonização do regime jurídico do direito de marcas

A aproximação das legislações dos Estados-Membros em matéria de marcas considerada indispensável para assegurar o bom funcionamento do mercado interno (v. considerando 2 da DM) não é total, sendo antes *limitada* às disposições nacionais que se entendeu terem uma incidência mais direta sobre o funcionamento do mercado interno (v. considerando 4): a aquisição e a conservação do direito sobre a marca registada e a proteção conferida à mesma.

Por outro lado, foram apenas visadas disposições *substanciais* relativas às marcas *registadas*, pelo que os Estados-Membros mantêm a sua liberdade no que respeita quer à proteção das marcas meramente usadas («marcas de facto» ou «marcas livres»), que poderão continuar a proteger (v. considerando 5), quer às disposições processuais relativas ao registo, à caducidade ou à declaração de nulidade das marcas[143].

---

[139] V. «New trade-mark system for the Community – Proposed Directive and Regulation), *Supplement 5/80* e COM(80) 635 final 2, de 27 de novembro de 1980.
Anteriormente, circulou um projeto pelas partes interessadas (Doc. III/D/1293/79, v. 1980 *GRUR*, 31, e cf. CHARLES GIELEN, "Harmonisation of trade mark law in Europe: the first trade mark harmonization directive of the European council", *in* [1992] 8 *European Intellectual Property Review*, p. 262).
[140] V. sessão de 12 de outubro de 1983 do Parlamento Europeu.
[141] Cf. AREÁN LALIN, "La modificación del proyecto de reglamento sobre la marca comunitaria", in *Actas de Derecho Industrial y Derecho de Autor (ADI)*, 10, 1984, p. 547.
[142] COM(85) 793 final, de 17 de dezembro de 1985.
[143] O considerando 7 esclarece ainda que a DM não exclui a aplicação às marcas de disposições do direito dos Estados-Membros que não estejam abrangidas pelo direito de marcas, tais como

PROPRIEDADE INTELECTUAL

A DM é aplicável a todas as marcas de produtos ou serviços que tenham sido objeto de registo (ou de pedido de registo) como marca individual, marca coletiva ou marca de garantia ou de certificação, num Estado-Membro ou no Instituto Benelux da Propriedade Intelectual, ou que tenham sido objeto de um registo internacional com efeitos num Estado-Membro (artigo 1.º da DM).

A técnica legislativa adotada combina disposições imperativas e facultativas que, para evitar repetições, serão referidas a propósito das soluções contempladas pelo RMC.

3. O regulamento sobre a marca comunitária

O princípio da territorialidade dos direitos de marca acarretou a insuficiência da DM para lograr cabalmente o bom funcionamento do mercado interno e tornou necessária a criação de um *direito de marca comunitária*; um direito de marca que possa ser adquirido por qualquer pessoa (singular ou coletiva, incluindo entidades públicas), através de um procedimento único de registo pelo IHMI[144], que goze de proteção uniforme e produza os mesmos efeitos em todo o *espaço económico europeu* (v. considerandos 3, 4 e 6 e artigos 1.º, n.º 1, 2.º, 5.º e 6.º do RMC).

3.1. Os princípios estruturantes da marca comunitária: unidade, autonomia e coexistência[145]

A marca comunitária tem *carácter unitário*. Tal significa que este sinal distintivo produz os mesmos efeitos em toda a Comunidade: só pode ser registado, transferido, objeto de renúncia, de decisão de extinção de direitos do titular ou de anulação, e o seu uso só pode ser proibido, para toda a Comunidade.

---

disposições relativas à concorrência desleal, à responsabilidade civil ou à defesa dos consumidores.

[144] O IHMI, sediado em Alicante (Espanha), é considerado um organismo da Comunidade, com personalidade jurídica e apto a exercer os poderes de execução que lhe são conferidos pelo RMC, no âmbito do direito comunitário, sem prejuízo das competências das instituições da Comunidade, é independente no plano técnico e dotado de suficiente autonomia jurídica, administrativa e financeira (v. considerando 12 e artigo 2.º do RMC).

[145] Além destes, alguns Autores referem outros. Cf., por todos, GÓMEZ SEGADE ("Marca comunitária", *cit.*, pp. 25 e seg.), que destaca o princípio da acessibilidade (podem ser titulares de marcas comunitárias não só os nacionais de Estados-Membros, mas também nacionais de outros Estados) e o princípio da integração internacional (a marca comunitária e o seu regulamento estão devidamente enquadrados no direito internacional de marcas).

693

Não obstante, o artigo 1.º, n.º 2, do RMC, *in fine*, ressalva a existência de disposição em contrário constante do Regulamento, o que sucede com os artigos 106.º, 107.º e 111.º. Destas normas "(...) resulta a possibilidade de o interessado intentar ações destinadas a proibir o uso da marca no território de certo Estado-Membro e de o titular de um direito anterior de âmbito local se opor ao uso da marca comunitária no território onde esse direito é válido"[146].

Estas disposições desviam-se igualmente de outros dois princípios assinalados à marca comunitária: o da relativa autonomia do RMC face às legislações nacionais dos Estados-Membros e o da coexistência da marca comunitária com as marcas nacionais.

O primeiro evidencia que a regulação deste sinal distintivo cabe à esfera comunitária e não à legislação dos Estados-Membros, sem prejuízo de comportar vários desvios[147].

O segundo explicita que a aprovação do RMC não visou a supressão dos direitos nacionais de marcas (já que muitas empresas poderão não estar interessadas em proteger as suas marcas à escala comunitária – v. considerando 6 do RMC), estando não apenas prevista expressamente a coexistência destes com a marca comunitária, mas ainda a sua complementaridade, em especial, pelas medidas legislativas e/ou administrativas neste contempladas (como é o caso, entre outras, da entrega ao IHMI dos pedidos de registo de marcas comunitárias apresentados nos institutos dos Estados-Membros) e pela informação proporcionada sobre o sistema da marca comunitária.

Todavia, não obstante essa coexistência, a marca comunitária prevalece sobre marcas nacionais posteriores conflituantes (artigo 8.º do RMC). E, por outro lado, verifica-se uma certa permeabilidade entre a marca comunitária e as marcas nacionais, já que é possível transformar um pedido de registo ou registo de marca comunitária num pedido de registo de marca nacional (artigos 112.º e segs. do RMC), bem como reivindicar a antiguidade de uma marca nacional aquando do pedido de registo de uma marca comunitária (artigo 34.º do RMC)[148].

---

[146] DÁRIO MOURA VICENTE, *A Tutela Internacional da Propriedade Intelectual*, Almedina, Coimbra, 2008, p. 157. Sobre estas normas, atenda-se também ao princípio da autonomia referido em seguida no texto.

[147] Para além do que já foi referido no texto, v., por exemplo, artigos 14.º e 16.º do RMC.

[148] No que respeita às marcas internacionais, após a entrada em vigor das disposições aditadas ao RMC, em 2003, em virtude da adesão da Comunidade ao Acordo de Madrid (v. artigos 140.º-156.º), os titulares de marcas comunitárias podem requerer a proteção daquelas nos Estados-Membros do

PROPRIEDADE INTELECTUAL

3.2. Regime jurídico substantivo

Por razões de economia, apenas referimos algumas das principais disposições do RMC respeitantes às marcas comunitárias individuais[149], correspondentes *grosso modo* às que foram objeto da DM. A exceção, fundamentada pela inequívoca relevância, respeita à transmissão da marca comunitária.

3.2.1. Sinais que podem constituir marcas comunitárias; motivos de recusa do registo

O RMC refere-se aos sinais que podem constituir uma marca, que elenca exemplificativamente, exigindo que os mesmos tenham carácter distintivo relativamente aos produtos/serviços para os quais é requerido o registo e que sejam suscetíveis de representação gráfica[150] (artigos 4.º do RMC e 2.º da DM), estabelecendo ainda motivos absolutos ou relativos[151] de recusa do registo (v. artigos 7.º e 8.º do RMC).

Protocolo de Madrid através do IHMI (que transmite o respetivo pedido à OMPI) e os titulares de marcas nos Estados-Membros do Protocolo de Madrid podem solicitar a proteção das suas marcas na União Europeia no pedido que apresentem para o registo internacional de marcas.

[149] Para além destas, o RMC também regula as marcas comunitárias coletivas (v. artigos 66.º e segs. do RMC).

[150] Esta última exigência – a que subjazem razões de ordem técnica (uma vez que facilita, por um lado, a apreciação seja do pedido de registo como marca pela entidade competente, seja da sua eventual concessão, e, por outro, a publicação oficial do pedido) e de segurança jurídica (na medida em que é necessária para determinar o objeto da proteção conferida à marca) e que tem suscitado críticas na doutrina (cf., entre outros, JOSÉ MANUEL OTERO LASTRES, "La definición legal de marca en la nueva Ley Española de Marcas", in *ADI*, Tomo XXII, 2001, pp. 204 e seg.) – já foi objeto de interpretação pelo TJUE, que entendeu que esta não significa que um sinal tenha de ser, em si mesmo, suscetível de ser visualmente percetível; o que ele tem é de ser suscetível de ser *objeto de representação gráfica*, nomeadamente através de figuras, linhas ou caracteres, de forma a cumprir os chamados «critérios Sieckmann»: tem de ser clara, precisa, completa por si própria, facilmente acessível, inteligível, duradoura e objetiva [v. os n.ºs 45 e 55 do Acórdão (TJUE) *Sieckmann*, de 12 de dezembro de 2002, proferido no proc. C-273/00, entre Ralf Sieckmann e Deutsches Patent- und Markenamt].

V. ainda, entre outros, o n.º 29 do Acórdão (TJUE) *Libertel*, de 6 de maio de 2003, proferido no proc. C-104/01, entre Libertel Groep BV e Benelux-Merkenbureau; e o n.º 55 do Acórdão *Shield*, de 27 de novembro de 2003, proferido no proc. C-283/01, entre Shield Mark BV e Joost Kist h.o.d.n. Memex, disponíveis em *http://curia.europa.eu/juris/recherche.jsf?language=pt*.

[151] Esta distinção assenta nos interesses que justificam a consagração desses limites à admissibilidade de registo de determinados sinais (os impedimentos absolutos de registo resultam, principalmente, da tutela do interesse público, enquanto os impedimentos relativos atendem especialmente a interesses individuais) e no modo como é aferida em concreto a existência do motivo de recusa do registo (nos impedimentos absolutos está em causa, essencialmente, a apreciação do sinal *in se*, sendo a apreciação dos motivos relativos de recusa do registo feita pela comparação do

DIREITO DA UNIÃO EUROPEIA – ELEMENTOS DE DIREITO E POLÍTICAS DA UNIÃO

Estes motivos de recusa de registo (e causas de invalidade) integram, desde logo, os que estão previstos imperativamente na DM.

No âmbito dos impedimentos absolutos, o RMC refere-se, entre outros, à falta de carácter distintivo (*v. g.*, sinais descritivos, genéricos, usuais), aos casos em que as formas não podem ser registadas como marcas e a outros sinais que considera ilícitos (como é o caso dos sinais enganosos) [artigo 7.º, n.º 1, alíneas *a)-g)*, do RMC] e, relativamente aos que estão previstos nas alíneas *b)-d)*, estabelece ainda que estes não se aplicam se, antes da data do pedido de registo e após o uso que dele foi feito, o sinal tiver adquirido carácter distintivo (*secondary meaning*[152]) (artigo 7.º, n.º 3, 1.ª parte, do RMC)[153].

No que respeita aos impedimentos relativos destacamos a oponibilidade de direitos de marca anteriores. Com efeito, preceitua-se que, após oposição do titular da marca[154], se o sinal (cujo registo como marca comunitária é pedido) for idêntico ou semelhante a uma marca anterior e se os produtos ou serviços que aquele visa distinguir forem idênticos ou semelhantes aos produtos ou serviços para os quais a marca anterior está protegida, existindo um risco de confusão (que compreende o risco de associação com a marca anterior) no espírito do público [alíneas *a)* e *b)* do n.º 1 do artigo 8.º do RMC],

---

sinal cujo registo é pedido com outros direitos anteriores). Sobre esta distinção, cf. Maria Miguel Carvalho, *A Marca Enganosa*, Almedina, Coimbra, 2010, pp. 37 e segs.

Se, não obstante existirem impedimentos ao registo, este for concedido, o mesmo será inválido. No caso de os impedimentos serem absolutos o registo será nulo, se os impedimentos forem relativos o registo será anulável. O RMC refere-se, respetivamente, à "nulidade absoluta" e à "nulidade relativa" nos artigos 52.º e 53.º. Diferentemente, a DM trata nas mesmas normas os impedimentos de registo e causas de nulidade: v. artigos 3.º e 4.º.

[152] O *secondary meaning* é "um fenómeno, que implica mutações semânticas ou simbólicas, em virtude do qual um sinal originariamente desprovido de capacidade distintiva, por consequência fundamentalmente do uso, aos olhos dos consumidores converte-se em identificador dos produtos ou serviços de um determinado empresário" [José Antonio Gómez Segade, «Fuerza distintiva y "secondary meaning" en el Derecho de los signos distintivos», in *Estudios sobre Marcas*, Navarro Chinchilla/Vásquez García (coords.), Editorial Comares, Granada, 1995, p. 352].

[153] Acolheu-se, também, a disposição facultativa prevista no artigo 3.º, n.º 3, 2.ª parte, da DM, já que se prevê que também não pode ser declarado nulo tal registo quando, pela utilização que for feita da marca, esta tiver adquirido, depois do registo, um carácter distintivo para os produtos ou serviços para que foi registada (artigo 52.º, n.º 2, do RMC).

[154] O IHMI averigua oficiosamente a aplicação dos impedimentos absolutos do registo de marca comunitária [artigos 36.º, n.º 1, alínea *b)*, e 37.º do RMC]. No que respeita aos impedimentos relativos, essa averiguação oficiosa só existe relativamente às marcas comunitárias registadas anteriores, cujos titulares são informados pelo IHMI da apresentação de um pedido de registo (artigo 38.º, especialmente n.º 7, do RMC), relevante para a hipótese de estes pretenderem opor-se ao referido pedido. V. também o artigo 76.º do RMC.

PROPRIEDADE INTELECTUAL

o pedido de registo será recusado (ou, tendo sido efetuado, é passível de ser invalidado). O mesmo sucede quando, não obstante os produtos ou serviços não serem semelhantes, a marca anterior for uma marca *comunitária* de prestígio, se a utilização do sinal para o qual tiver sido pedido o registo beneficiar do carácter distintivo ou do prestígio da marca anterior ou puder prejudicá-los sem justo motivo (artigo 8.º, n.º 5, do RMC).

Para além dos impedimentos imperativos que constam da DM, o RMC acolheu outros ali previstos *facultativamente*. É o caso da proibição (absoluta) de registo de marcas que incluam emblemas, insígnias ou escudos que não os abrangidos pelo artigo 6.º-*ter* da CUP [Convenção da União de Paris para a Proteção da Propriedade Industrial, revisão de Estocolmo (1967)] e que apresentem um interesse público particular, a não ser que as entidades competentes tenham autorizado o respetivo registo [v. artigos 3.º, n.º 2, alínea *c)*, da DM e 7.º, n.º 1, alínea *i)*, do RMC][155] e da proibição (relativa) de registo de sinais idênticos ou semelhantes a uma marca *nacional* de prestígio anterior para produtos ou serviços não semelhantes àqueles para os quais a marca anterior foi registada [artigos 4.º, n.º 4, alínea *a)*, da DM e 8.º, n.º 5, do RMC].

Importa ainda referir que, no RMC, foram introduzidos dois motivos (absolutos) de recusa do registo como marca comunitária[156] que não constam da DM.

O primeiro, aditado pelo Regulamento (CE) n.º 3288/94, de 22 de dezembro de 1994, respeita aos sinais que contenham ou consistam em indicações geográficas que identifiquem vinhos, ou de marcas de bebidas espirituosas que contenham ou consistam em indicações geográficas que identifiquem bebidas espirituosas, em relação a vinhos ou bebidas espirituosas que não tenham essa origem [alínea *j)* do artigo 7.º, n.º 1, do RMC] e foi justificado pela necessidade de adaptar o RMC ao artigo 23.º, n.º 2, do ADPIC[157].

O segundo, introduzido pelo Regulamento (CE) n.º 422/2004, de 19 de fevereiro de 2004, refere-se aos sinais que contenham ou que sejam compostos por uma denominação de origem ou por uma indicação geográfica regis-

---

[155] E prevê a nulidade absoluta do registo concedido quando o requerente não tenha agido de boa-fé no ato do depósito do pedido do registo [artigo 52.º, n.º 1, alínea *a)*, do RMC], parecendo transpor parcialmente (porque apenas como causa de invalidade do registo) a possibilidade aberta pelo artigo 3.º, n.º 2, alínea *d)*, da DM.

[156] Criticamente sobre o rigor da classificação destes impedimentos de registo/causas de invalidade deverem ser classificados como "absolutos", cf. Maria Miguel Carvalho, *A Marca Enganosa, cit.*, pp. 65 e segs., especialmente nota 112 e pp. 67 e segs.

[157] Sobre esta norma, cf. Maria Miguel Carvalho, *A Marca Enganosa, cit.*, pp. 61 e segs.

tada nos termos do Regulamento (UE) n.º 1151/2012, de 21 de novembro de 2012, relativo aos regimes de qualidade dos produtos agrícolas e dos géneros alimentícios, quando corresponderem a uma das situações referidas no artigo 13.º deste Regulamento[158] e disserem respeito ao mesmo tipo de produtos, desde que o pedido de registo da marca seja apresentado posteriormente à data de depósito do pedido de registo da denominação de origem ou da indicação geográfica na Comissão [alínea *k)* do artigo 7.º, n.º 1, do RMC].

3.2.2. Direitos conferidos pelo registo e seus limites

A marca comunitária registada confere ao seu titular um direito exclusivo limitado pelo princípio da especialidade. Assim, o seu titular está habilitado a proibir que um terceiro, sem o seu consentimento, faça uso na vida comercial: *a)* de qualquer sinal idêntico à marca comunitária para produtos ou serviços idênticos àqueles para os quais a marca foi registada e *b)* de qualquer sinal relativamente ao qual, devido à sua identidade ou semelhança com a marca comunitária e devido à identidade ou semelhança dos produtos ou serviços a que a marca e o sinal se destinam, exista um risco de confusão, no espírito do público, sendo que o risco de confusão compreende o risco de associação entre o sinal e a marca.

O RMC estabelece ainda a proteção ultra merceológica das marcas comunitárias de prestígio. Nessa medida, o seu titular pode impedir o uso na vida comercial de qualquer sinal idêntico ou similar à marca comunitária, para produtos ou serviços que não sejam similares àqueles para os quais a marca comunitária foi registada, sempre que esta goze de prestígio na Comunidade e que o uso do sinal, sem justo motivo, permita tirar partido indevido do carácter distintivo ou do prestígio da marca comunitária ou causar-lhe prejuízo [artigo 9.º, n.º 1, alínea *c)*].

Um dos principais problemas interpretativos suscitados pelas normas referidas[159] prende-se com o alcance do *ius prohibendi* conferido ao titular da marca. Na verdade, acolhendo-se uma tese extensiva, "o titular da marca pode proibir aos terceiros qualquer uso de um sinal idêntico ou confundível

---

[158] O Regulamento (UE) n.º 1151/2012 revogou o Regulamento (CE) n.º 510/2006, de 20 de março de 2006, relativo à proteção das indicações geográficas e denominações de origem dos produtos agrícolas e dos géneros alimentícios, ainda referido na alínea *k)* do n.º 1 do artigo 7.º do RMC.

[159] E que já abordamos noutro estudo que aqui seguimos de perto, v. Maria Miguel Carvalho, «A protecção jurídica da marca segundo o Acórdão "L'Oréal" [Comentário do Acórdão do TJCE (1.ª S.) de 18 de Junho de 2009, Caso "L'Oréal-Bellure"]», in *ADI*, 30 (2009-2010), pp. 647 e segs.

PROPRIEDADE INTELECTUAL

que se realize no tráfico económico". Mas se se sustentar a tese restritiva, "o titular da marca só pode proibir aos terceiros o uso de um sinal idêntico ou confundível *que se realize a título de marca*" (itálicos nossos)[160].

O TJUE já teve oportunidade de se pronunciar sobre esta questão em vários acórdãos. E, pelo menos numa primeira fase, adotou a tese restritiva, limitando a aplicação dos n.os 1 e 2 do artigo 5.º da DM (e, por conseguinte, do artigo 9.º, n.os 1 e 2, do RMC) aos casos em que o uso do sinal é feito a título de marca, *i. e.*, como sinal distintivo de produtos ou serviços[161].

Este uso, correspondente ao denominado "uso típico" da marca, é fundamentalmente determinado pela função jurídica (essencial) reconhecida à marca que consiste na indicação de proveniência empresarial dos produtos ou serviços assinalados.

Todavia, este posicionamento inicial parece ter sofrido alterações, num sentido expansivo em alguns dos últimos acórdãos proferidos pelo TJUE nesta matéria[162]-[163] e que é criticável por permitir que, *in extremis*, se confira

---

[160] FERNÁNDEZ NÓVOA, *Manual de la Propiedad Industrial* (FERNÁNDEZ-NÓVOA/OTERO LASTRES/ /BOTANA AGRA), Marcial Pons, Madrid/Barcelona/Buenos Aires, 2009, pp. 639-640.

[161] Fê-lo, pela primeira vez, no Acórdão *BMW*, de 23 de fevereiro de 1999, proc. C- 63/97, que opôs a Bayerische Motorwerke AG (BMW) e a BMW Nederland BV a Ronald Deenik (*http://curia. europa.eu/juris/recherche.jsf?language=pt*). Todavia, o conceito de "uso como marca" aí estabelecido foi muito criticado por ser excessivamente amplo, dado que no caso em apreço estava em causa uma «*mera referência* aos produtos que a marca "BMW" contradistingue» e não um uso a título de marca [NOGUEIRA SERENS, "Aspectos do princípio da verdade da marca", *cit.*, p. 577 (nota 48, pp. 634 e seg.)]. Mais tarde, o TJUE parece ter restringido essa interpretação. V. o Acórdão de 14 de maio de 2002, proferido no âmbito do proc. C-2/00, entre Michael Hölterhoff e Ulrich Freieleben (consultado no sítio da internet indicado *supra*).

[162] Com efeito, o TJUE entendeu que "*a utilização por um anunciante, numa publicidade comparativa, de um sinal idêntico ou semelhante à marca de um concorrente para efeitos de identificar os produtos ou os serviços oferecidos por este é considerada uso relativamente aos produtos ou aos próprios serviços do anunciante, na aceção do artigo 5.º, n.os 1 e 2, da Diretiva 89/104*" [n.º 36 do Acórdão (TJUE) O2, de 12 de junho de 2008, proc. C-533/06, litígio que opôs a *O2 Holdings Limited* e a *O2 (UK) Limited* à *Hutchison 3G UK Limited*] e que "(...) o artigo 5.º, n.º 1, alínea *a*), da Diretiva 89/104 deve ser interpretado no sentido de que o titular de uma marca registada está habilitado a proibir o uso por um terceiro, em publicidade comparativa que não cumpre todas as condições de licitude previstas no artigo 3.º-A, n.º 1, da Diretiva 84/450, de um sinal idêntico a essa marca para produtos ou serviços idênticos àqueles para os quais a referida marca foi registada, *mesmo quando esse uso não é suscetível de prejudicar a função essencial da marca, que é indicar a proveniência dos produtos ou dos serviços, desde que o referido uso prejudique ou seja suscetível de prejudicar uma das outras funções da marca*" (n.º 65 do Acórdão) (itálicos nossos) [n.os 53 e segs. do Acórdão (TJUE) de 18 de junho de 2009, proferido no proc. C-487/07, no caso *L'Oréal--Bellure*]. Ambos podem ser consultados em *http://curia.europa.eu/juris/recherche.jsf?language=pt*.

[163] Esta linha jurisprudencial parece, contudo, ter sido atenuada no Acórdão *Google*, de 23 de março

DIREITO DA UNIÃO EUROPEIA – ELEMENTOS DE DIREITO E POLÍTICAS DA UNIÃO

proteção absoluta *a qualquer marca*, mesmo que tal signifique sacrificar a liberdade de comércio e de expressão[164].

Ora, precisamente pelo facto de o direito de marca não poder (*rectius*, não dever) ser ilimitado, o artigo 12.º do RMC, na senda do artigo 6.º, n.º 1, da DM, cobre as hipóteses comummente designadas de "uso descritivo de marca alheia" (*i. e.*, usos de marca alheia que não têm finalidade distintiva, correspondendo a usos "atípicos" da marca). Assim, preceitua que "o direito conferido pela marca comunitária não permite ao seu titular proibir a um terceiro a utilização, na vida comercial: *a)* do seu nome ou endereço; *b)* de indicações relativas à espécie, à quantidade, ao destino, ao valor, à proveniência geográfica, à época de fabrico do produto ou da prestação do serviço ou a outras características destes[165]; *c)* da marca, sempre que tal seja necessário para indicar o destino de um produto ou serviço, nomeadamente como

---

de 2010, procs. C-236/08-C-238/08 (consultado no *link* referido na nota anterior). Com efeito, foi aí declarado que "*o artigo 5.º, n.º 1, alínea* a), (...) *e o artigo 9.º, n.º 1, alínea* a), *do Regulamento* (...) *sobre a marca comunitária, devem ser interpretados no sentido de que o titular de uma marca está habilitado a proibir que um anunciante, a partir de uma palavrachave idêntica a tal marca, que esse anunciante, sem o consentimento do referido titular, selecionou no âmbito de um serviço de referenciamento na Internet, faça publicidade a produtos ou serviços idênticos àqueles para os quais a referida marca está registada,* quando tal publicidade não permite ou permite dificilmente ao internauta médio determinar se os produtos ou os serviços objeto do anúncio provêm do titular da marca ou de uma empresa economicamente ligada a este, ou, pelo contrário, de um terceiro".
Sobre este acórdão, cf. CLÁUDIA TRABUCO, "O valor das palavras: as ligações publicitárias em rede e o uso das marcas" [Ac. do Tribunal de Justiça (Grande Secção) de 23.3.2010, Procs. C-236/08 a C-238/08]", in *Cadernos de Direito Privado*, n.º 35, pp. 3 e segs.

[164] Incidindo precisamente na violação da liberdade de expressão, cf. ANNETTE KUR/LIONEL BENTLY/ANSGAR OHLY, "Sweet smells and a sour taste – the ECJ's L'Oreal decision", *Max Planck Institute for Intellectual Property, Competition & Tax Law Research Paper*, n.º 09-12, disponível em *http://papers.ssrn.com/sol3/papers.cfm?abstract_id=1492032*.
Referindo-se ao direito de dizer a verdade (que não deve ser impedido pelo direito de marcas) e concluindo que com a decisão do TJUE os anunciantes são amordaçados, v. os n.os 6 e segs. da decisão final do caso *L'Oréal, England & Wales Court of Appeal (Civil Division)*, de 21 de maio de 2010 – [2010 ECWA Civ. 535, in *http://www.bailii.org/ew/cases/EWCA/Civ/2010/535*.html].

[165] O TJUE já teve oportunidade de se debruçar sobre a interpretação desta alínea. *V. g.*, o Acórdão de 14 de maio de 2002, proferido no caso *Hölterhoff, cit.*, no que respeita à parte da alínea *b)* referente a indicações relativas à qualidade do produto, mas que "é virtualmente aplicável a quaisquer indicações descritivas" (LUÍS COUTO GONÇALVES, *Manual de Direito Industrial, cit.*, p. 292) e em que foi decidido que "o titular da marca não pode invocar o seu direito exclusivo quando um terceiro, no quadro de negociações comerciais, revela que o produto provém do seu fabrico e só utiliza a marca em causa com o fim de descrever as propriedades específicas do produto que propõe, de tal modo que fica excluído que a marca utilizada seja interpretada como uma referência à empresa de proveniência do produto".

PROPRIEDADE INTELECTUAL

acessórios ou peças separadas, desde que a utilização seja feita em conformidade com os usos honestos em matéria industrial ou comercial"[166].

Uma outra importante limitação do direito de marca advém do princípio do esgotamento já referido.

O artigo 13.º do RMC, transpondo o artigo 7.º da DM, consagra-o preceituando que o direito conferido pela marca comunitária não permite ao seu titular proibir a sua utilização para produtos comercializados na Comunidade (*rectius*, no EEE[167]), sob essa marca, pelo titular ou com o seu consentimento (n.º 1). Contudo, admite que o mesmo não ocorra sempre que existam motivos legítimos que justifiquem que o titular se oponha à comercialização posterior dos produtos, nomeadamente sempre que o estado desses produtos seja modificado ou alterado após a sua colocação no mercado (n.º 2).

Mais uma vez, é especialmente relevante o papel do TJUE, quer anteriormente à DM, ocupando-se, em especial, de casos relativos a importações paralelas[168], quer – já após a sua aprovação (e do RMC) – pronunciando-se

---

[166] Sobre a alínea *c*) incidiu o Acórdão (TJUE) *Gillette*, de 17 de março de 2005, proc. C-228/03. Nele foi declarado que o carácter lícito do uso da marca depende de saber se esse uso é necessário para indicar o destino do produto. Entendeu o Tribunal que "*o uso da marca por um terceiro que não é o seu titular é necessário para indicar o destino de um produto comercializado por esse terceiro, quando este uso constitui, na prática, o único meio para fornecer ao público uma informação compreensível e completa quanto a esse destino a fim de preservar o sistema de concorrência não falseado no mercado desse produto*", competindo "*ao órgão jurisdicional de reenvio verificar, no processo principal, se esse uso é necessário, tendo em conta a natureza do público a quem se destina esse produto comercializado pelo terceiro em causa*".
O TJUE esclareceu, no mesmo acórdão, que os critérios de apreciação do carácter lícito do uso da marca, designadamente em relação aos acessórios ou peças sobressalentes, não são diferentes dos aplicáveis às outras categorias de destinos possíveis dos produtos, já que a alínea *c*) do artigo 6.º, n.º 1, da DM [*et pour cause* a alínea *c*) do artigo 12.º do RMC] não distingue os destinos possíveis dos produtos aquando da apreciação do carácter lícito do uso da marca.
Relativamente ao requisito de tais usos constituírem práticas ou usos honestos, o TJUE entende que a DM pretendeu exigir uma obrigação de lealdade face aos interesses legítimos do titular da marca, sendo que o "*uso da marca não está em conformidade com práticas honestas em matéria industrial ou comercial, designadamente quando: é feito de forma que leve a que se pense que existe uma relação comercial entre o terceiro e o titular da marca; afete o valor da marca, beneficiando indevidamente do seu carácter distintivo ou da sua reputação; desacredite ou deprecie a referida marca, o terceiro apresente o seu produto como uma imitação ou reprodução do produto de cuja marca não é titular*".
Os acórdãos citados podem ser consultados em *http://curia.europa.eu/juris/recherche.jsf?language=pt*.
[167] O artigo 7.º da DM (com a redação adotada em conformidade com o artigo 65.º, n.º 2, conjuntamente com o n.º 4 do Anexo XVII do Acordo do Espaço Económico Europeu, de 2 de maio de 1992) consagra expressamente o esgotamento para produtos comercializados "numa Parte Contratante".
[168] Referimo-nos especialmente aos acórdãos proferidos em 10 de outubro de 1978, no proc. C-3/78, entre a Centrafarm BV e a American Home Products Corporation, e, em 3 de dezembro de

DIREITO DA UNIÃO EUROPEIA – ELEMENTOS DE DIREITO E POLÍTICAS DA UNIÃO

sobre os requisitos para a verificação do esgotamento do direito de marca (de que destacamos o alcance territorial do esgotamento[169]); sobre a exceção referida exemplificativamente[170] na norma e sobre a integração nessa exceção, por um lado, das alterações introduzidas na embalagem[171] e a reetiquetagem[172] e, por outro, dos atos de um terceiro, sem o consentimento do titular, que possam lesar a reputação ou o prestígio da sua marca[173].

1981, no âmbito do proc. C-1/81, entre Pfizer Inc. e Eurim-Pharma GmbH, ambos disponíveis em *http://curia.europa.eu/en/content/juris/c1_juris.htm.*
Para maiores desenvolvimentos, cf. THOMAS HAYS, *Parallel Importation under European Union Law,* Sweet & Maxwell, London, 2004.

[169] O artigo 7.º, n.º 1, da DM determina o esgotamento no espaço económico europeu, como já foi referido.
No que respeita à possibilidade de os Estados-Membros estabelecerem, nas respetivas legislações nacionais, o esgotamento internacional, o TJUE defende que a solução da DM é vinculativa para os Estados-Membros, o que significa que estes não podem prever o esgotamento internacional [v., entre outros, o n.º 31 do Acórdão proferido no caso *Silhouette/Hartlauer,* em 16 de julho de 1998, no âmbito do proc. C-355/96, e o n.º 22 do Acórdão proferido no litígio entre Sebago e Maison Dubois/GB-Unic, de 1 de junho de 1999, no âmbito do proc. C-173/98 (*http://curia.europa.eu/juris/recherche.jsf?language.pt*)].

[170] O carácter exemplificativo é abertamente defendido, por exemplo, no n.º 39 do Acórdão *Bristol Myers Squibb contra Paranova A/S,* de 11 de julho de 1996, procs. apensos C-427/93, C-429/93 e C-436/93 (*http://curia.europa.eu/juris/recherche.jsf?language.pt*).

[171] Dessa jurisprudência – a que nos referimos noutro estudo que aqui seguimos de perto (cf. MARIA MIGUEL CARVALHO, *A Marca Enganosa, cit.,* pp. 428 e segs.) – resulta que a modificação, que qualquer reacondicionamento de um produto assinalado com uma marca implica, fundamentará uma exceção ao esgotamento da marca, a não ser que se verifiquem determinados requisitos cumulativos cuja prova cabe ao importador paralelo.
Estes requisitos assentam na necessidade da reembalagem dos produtos marcados (se for demonstrado que o exercício do direito de marca pelo titular, para se opor a esta comercialização, contribui para estabelecer uma compartimentação artificial dos mercados entre os Estados-Membros) e na salvaguarda dos interesses legítimos do titular da marca (que se concretiza na necessidade de informar previamente o titular da marca da reembalagem; na demonstração de que a reembalagem não pode afetar o estado original do produto; na indicação clara na nova embalagem do autor do reacondicionamento do produto e do nome do seu fabricante e na apresentação do produto reembalado sem prejuízo para a reputação da marca e do seu titular).
Além desta, o TJUE tem-se debruçado sobre outra questão que respeita à reembalagem com substituição de marca por outra do mesmo titular. Resumidamente sobre a mesma, cf. MARIA MIGUEL CARVALHO, *A Marca Enganosa, cit.,* pp. 433 e segs.

[172] Acórdão de 11 de novembro de 1997, proferido no proc. C-349/95, entre Frits Loendersloot e George Ballantine & Son Ltd. (*http://curia.europa.eu/juris/recherche.jsf?language=pt*).

[173] O TJUE analisou-os no Acórdão *Dior,* de 4 de novembro de 1997, proferido no proc. C-337/95, entre Parfums Christian Dior SA e Parfums Christian Dior BV e Evora BV, tendo declarado que o titular de uma marca não pode opor-se a que um revendedor, que comercializa habitualmente, entre artigos da mesma natureza, mas não necessariamente da mesma qualidade que os produtos

PROPRIEDADE INTELECTUAL

3.2.3. Transmissão da marca comunitária

A transmissão da marca reveste uma enorme importância para o seu titular, encontrando-se prevista expressamente no RMC (artigo 17.º)[174], ao contrário do que sucede na DM[175].

O RMC adotou o chamado sistema misto[176]-[177]. Tal significa que a transmissão da marca é *independente* da transmissão da empresa[178] (artigo 17.º, n.º 1), mas é estabelecido um requisito substancial de validade da mesma: a

---

de marca, a utilize, com os meios habituais no seu ramo de atividade, para anunciar ao público a comercialização posterior dos seus produtos, salvo se se provar que, tendo em consideração as circunstâncias específicas de cada caso, o uso da marca na publicidade do revendedor afeta seriamente a reputação da marca.

Mais tarde, no caso *BMW, cit.*, foi admitido como motivo legítimo o facto de a marca ser utilizada na publicidade do revendedor de um modo tal que possa dar a impressão de que existe uma relação comercial entre o revendedor e o titular da marca, e nomeadamente que a empresa do revendedor pertence à rede de distribuição do titular da marca ou que existe uma relação especial entre as duas empresas.

No Acórdão *Copad*, de 23 de abril de 2008, proc. C-59/08, o TJUE declarou que *"quando a comercialização pelo licenciado de produtos de prestígio, em violação de uma cláusula do contrato de licença deva, não obstante, ser considerada feita sem o consentimento do titular da marca, este último só pode invocar essa cláusula para se opor a uma revenda dos produtos, baseando-se no artigo 7.º, n.º 2 (...), caso se demonstre, tendo em conta as circunstâncias particulares do caso concreto, que essa revenda lesa o prestígio da marca"* (n.º 60). Os acórdãos citados podem ser consultados em *http://curia.europa.eu/juris/recherche.jsf?language=pt.*

[174] O RMC refere-se à transmissão quer das marcas comunitárias registadas, quer dos pedidos de registo, por um lado, e à transmissão que se destina à totalidade ou apenas a parte dos produtos ou serviços para os quais está registada, por outro. Para maiores desenvolvimentos sobre as modalidades de transmissão, cf. MARIA MIGUEL CARVALHO, "A transmissão da marca", *in* AA. VV., *Direito Industrial*, vol. VI, Almedina/APDI, Coimbra, 2009, pp. 207 e seg.

[175] Esta matéria chegou a estar prevista nos trabalhos preparatórios da legislação comunitária (v. artigo 23.º do Anteprojeto de 1964 e o *Mémorandum sur la création d'une marque communautaire*, citados). Todavia, apenas o RMC acabou por a contemplar, como é referido no texto.

[176] Sobre os sistemas de livre transmissão da marca e de transmissão da marca vinculada ao estabelecimento comercial, cf., entre outros, MARIA MIGUEL CARVALHO, "A transmissão da marca", *cit.*, pp. 183-215.

[177] Apesar de no Anteprojeto citado *supra* (artigo 23.º) ter sido previsto o sistema da livre transmissibilidade, no *Mémorandum* já constava o sistema misto ou eclético.

[178] O facto de a cessão da marca não depender da transmissão da empresa não implica que entre marca e empresa não subsista uma importante relação. De tal forma que o n.º 2 do artigo 17.º do RMC prevê expressamente uma presunção de transmissão da marca quando ocorrer a transmissão da empresa, salvo se, nos termos da legislação aplicável à transmissão, existir uma convenção em contrário ou se tal decorrer claramente das circunstâncias, sendo, de resto, esta disposição aplicável à obrigação contratual de transmitir a empresa.

DIREITO DA UNIÃO EUROPEIA – ELEMENTOS DE DIREITO E POLÍTICAS DA UNIÃO

insuscetibilidade de, por causa da referida transmissão, o público poder ser induzido em erro (artigo 17.º, n.º 4)[179].

Estão ainda previstos requisitos formais para a transmissão da marca, exigindo-se, desde logo, sob pena de nulidade, que a mesma seja feita por escrito[180] e que contenha a assinatura das partes contratantes, salvo se resultar de sentença (artigo 17.º, n.º 3). Além disso, a transmissão tem de ser inscrita no registo e publicada a pedido de uma das partes (artigo 17.º, n.º 5). Enquanto a transmissão não for inscrita no registo, o interessado não pode prevalecer-se dos direitos decorrentes do registo da marca comunitária (artigo 17.º, n.º 6).

3.2.4. Extinção dos direitos conferidos pelo registo[181]

Os direitos conferidos pelo registo extinguem-se por renúncia, caducidade e invalidade (artigos 50.º e segs. do RMC).

Como referimos, a aquisição de direitos de marca comunitária depende do registo[182]. Todavia, no que respeita à sua conservação (ou não extinção), o uso assume um papel de enorme relevo, nomeadamente em sede de caducidade do registo por falta de uso sério, por vulgarização e por deceitividade superveniente da marca registada [artigo 51.º, n.º 1, alíneas a), b) e c)] e ainda nos casos de preclusão por tolerância (artigo 54.º).

Transpondo a disposição imperativa da DM, o RMC estabelece que se, num prazo de cinco anos a contar do registo, a marca comunitária não tiver sido objeto de uso sério[183], na Comunidade, para os produtos ou serviços

---

[179] O artigo 17.º, n.º 4, do RMC dispõe que "[s]e dos documentos que estabelecem a transmissão resultar manifestamente que, devido a essa transmissão, a marca comunitária poderá induzir o público em erro, nomeadamente sobre a natureza, a qualidade ou a proveniência geográfica dos produtos ou serviços para os quais foi registada, o Instituto recusará o registo da transmissão, a menos que o interessado aceite limitar o registo da marca comunitária aos produtos ou serviços em relação aos quais a marca não seja enganosa".
Para maiores desenvolvimentos quanto ao modo de controlo da verificação do requisito substancial referido, cf. Maria Miguel Carvalho, "Contratos de transmissão e de licença de marca", in *Contratos de Direito de Autor e de Direito Industrial*, *ob. cit.*, pp. 491 e segs.

[180] Devendo entender-se que, dada a ressalva contida na parte inicial da norma citada, não se exige documento escrito no caso de a cessão ocorrer com a transmissão da totalidade da empresa (cf. Fernández Nóvoa, *El Sistema Comunitario de Marcas*, Editorial Montecorvo, Madrid, 1995, p. 268, n. 41).

[181] Seguimos aqui de perto Maria Miguel Carvalho, *A Marca Enganosa*, *cit.*, pp. 281 e segs.

[182] O prazo de validade do registo é de 10 anos, prorrogável indefinidamente.

[183] Sobre o conceito de uso sério, cf. Maria Miguel Carvalho, *A marca enganosa*, *cit.*, pp. 299 e seg., especialmente nota 754.

PROPRIEDADE INTELECTUAL

para que foi registada, pelo seu titular ou por terceiro com o seu consentimento, ou se tal uso tiver sido suspenso durante um período ininterrupto de cinco anos, a marca comunitária fica sujeita às sanções previstas no RMC, salvo motivo que justifique a falta de uso (artigo 15.º, n.ᵒˢ 1 e 2).

A razão de ser desta disposição decorre da própria natureza e função da marca (a marca, enquanto sinal distintivo de produtos ou serviços, só está apta a realizar a função de indicação de proveniência empresarial que juridicamente lhe é reconhecida, se for efetivamente usada), do princípio geral da lealdade da concorrência e da necessidade de aproximação da realidade formal do registo à realidade viva da utilização das marcas no mercado[184].

Uma das sanções previstas para a falta de uso é a caducidade do registo da marca [artigo 51.º, n.º 1, alínea *a*), do RMC]. Contudo, a extinção do registo da marca comunitária não pode ser declarada se, entre o fim do período de cinco anos e a apresentação do pedido de extinção, tiver ocorrido um "uso reabilitante", *i. e.*, se tiver sido iniciada ou reatada uma utilização séria da marca comunitária, sem prejuízo de o início ou o reatamento da utilização nos três meses imediatamente anteriores à apresentação do pedido de extinção (contados a partir do fim do período ininterrupto de cinco anos de não utilização) não serem tomados em consideração se as diligências para o início ou reatamento da utilização só tiverem ocorrido depois de o titular ter tomado conhecimento de que poderia vir a ser apresentado um pedido de extinção (artigos 51.º, n.º 1, do RMC e 12.º, n.º 1, da DM).

Para além da caducidade, o RMC, transpondo uma disposição imperativa da DM, estabelece que o registo de uma marca comunitária não pode ser declarado nulo em virtude da existência de uma marca anterior invocada em oposição que não satisfaça as condições de uso referidas (v. artigos 42.º, n.º 2, do RMC e 11.º, n.º 1, da DM). E, acolhendo a faculdade prevista no artigo 11.º, n.ᵒˢ 2 e 3, da DM, determina que "[a] pedido do titular da marca comunitária, o titular de uma marca comunitária anterior, parte no processo de anulação, terá de provar que, nos cinco anos anteriores à data do pedido de anulação, a marca comunitária anterior foi objeto de utilização séria na Comunidade em relação aos produtos ou serviços para que foi registada e em que se fun-

V. ainda os numerosos acórdãos (TJUE) nesta matéria, por exemplo, o de 11 de março de 2003, proferido no âmbito do proc. C-40/01, entre Ansul BV e Ajax Brandbeveiliging BV, relativo ao caso *Minimax*, disponíveis em *http://curia.europa.eu/juris/recherche.jsf?language=pt.*

[184] FERNÁNDEZ NÓVOA, *Tratado sobre Derecho de* Marcas, 2.ª ed., Marcial Pons, Madrid/Barcelona, 2001, p. 566.

DIREITO DA UNIÃO EUROPEIA – ELEMENTOS DE DIREITO E POLÍTICAS DA UNIÃO

damenta o pedido de anulação, ou que existem justos motivos para a sua não utilização, desde que nessa data a marca comunitária anterior esteja registada há, pelo menos, cinco anos. Por outro lado, se a marca comunitária anterior estava registada há, pelo menos, cinco anos à data de publicação do pedido de marca comunitária, o titular da marca comunitária anterior terá igualmente de provar que nessa data se encontravam preenchidas as condições enunciadas no n.º 2 do artigo 42.º. Na falta dessa prova, o pedido de anulação será rejeitado" (artigo 57.º, n.º 2, do RMC).

Ainda em sede de caducidade, o RMC consagrou também as duas causas específicas de caducidade, prevista imperativamente na DM. Referimo-nos à caducidade por vulgarização e por decetividade superveniente da marca registada [artigos 12.º, n.º 2, alíneas *a)* e *b)*, da DM e 51.º, n.º 1, alíneas *b)* e *c)*, do RMC].

Para haver lugar à caducidade por vulgarização exige-se que, após a data em que o registo foi efetuado, a marca comunitária se tenha transformado na designação usual no comércio do produto ou serviço para que foi registada[185] e que a conversão operada tenha resultado do comportamento do titular da marca.

No que respeita à caducidade por decetividade superveniente prevê-se que se, após a data em que o registo foi efetuado e no seguimento da utilização feita pelo titular da marca ou com o seu consentimento para os produtos ou serviços para que foi registada, a marca comunitária puder induzir o público em erro, nomeadamente acerca da natureza, da qualidade ou da proveniência geográfica desses produtos ou serviços, o titular da marca pode ver extintos os seus direitos.

4. Perspetivas sobre o direito europeu de marcas[186]
Como decorre do exposto, a DM e o RMC constituem os dois pilares em que assenta o sistema europeu de marcas. Todavia, é natural que se venha sen-

---

[185] Sobre a plataforma subjetiva de determinação deste fenómeno v. o Acórdão (TJUE) *Bostongurka*, de 29 de abril de 2004, proferido no proc. C-371/02, no âmbito do litígio entre Björnekulla Fruktindustrier AB e Procordia Food AB (*http://curia.europa.eu/juris/recherche.jsf?language=pt*).
[186] Para maiores desenvolvimentos, cf. MARIA MIGUEL CARVALHO, "O estudo sobre o funcionamento geral do sistema europeu de marcas", in *ADI*, vol. 31 (2010-2011), pp. 643-656, que aqui seguimos de perto.

PROPRIEDADE INTELECTUAL

tindo, cada vez mais, a necessidade de proceder a algumas alterações nestes elementos legislativos comunitários[187].

Com o objetivo de permitir que a Comissão Europeia propusesse alterações relativamente à DM e ao RMC – o que veio a suceder em 27 de março de 2013[188] – foi preparado (e apresentado em 15 de fevereiro de 2011), pelo *Max Planck Institute for Intellectual Property and Competition Law*, o *Estudo sobre o funcionamento geral do sistema europeu de marcas*.

Antes de referirmos brevemente algumas das alterações propostas pela Comissão neste domínio, importa sublinhar, por um lado, que, por razões que se prendem com a necessidade de adaptar a terminologia utilizada neste Regulamento com a que resulta do Tratado de Lisboa, é proposta a substituição da referência à "marca comunitária" pela "marca europeia" e, por outro, que permanece o interesse na manutenção da complementaridade dos sistemas de marcas europeu e da marca comunitária ["marca europeia"][189], o que pressupõe que as disposições da DM e do RMC sejam o mais coerente possível entre si e em si mesmas[190].

No plano substancial, as diferenças que subsistem entre as soluções consagradas nos vários sistemas nacionais de marcas e no sistema de marca comunitária permitidas pela DM – quer por não terem sido objeto de harmonização, quer por terem sido integradas em disposições facultativas – impõem o reforço da coerência entre os sistemas referidos, o que pode

---

[187] O Conselho, de 25 de maio de 2010, solicitou à Comissão essas alterações e o Comité Económico e Social também já se pronunciara, no mesmo sentido, em 10 e 11 de junho de 2009.

[188] Nesta data a Comissão Europeia apresentou Propostas de revisão do RMC [v. COM(2013) 161 final – 2013/0088 (COD)] (documento disponível em *http://eur-lex.europa.eu/legal-content/PT/TXT/PDF/?uri=CELEX:52013PC0161&from=EN*) e de reformulação da DM [v. COM (2013) 162 final – 2013/0089 (COD)] [documento disponível em *http://eur-lex.europa.eu/legal-content/PT/TXT/PDF/?uri=CELEX:52013PC0162&from=EN*).

Com interesse, v., também, a versão provisória anterior que consta do documento COM(2011) 287 (disponível em *http://ec.europa.eu/internal_market/copyright/docs/ipr_strategy/COM_2011_287_en.pdf*).

[189] Salienta-se ainda que também está prevista a substituição da designação do IHMI, sendo proposta, como nova designação, «Agência das Marcas e Desenhos e Modelos da União Europeia» – v. Proposta de revisão do RMC, *cit.*, p. 6 e ainda o considerando 2.

[190] Mas não se cinge a estas, abrangendo as de outras diretivas e regulamentos no âmbito do direito da propriedade intelectual e em «áreas adjacentes», *v. g.*, a Diretiva 2005/29/CE, de 11 de maio de 2005, relativa às práticas comerciais desleais das empresas face aos consumidores no mercado interno e a Diretiva 2006/114/CE, de 12 de dezembro de 2006, relativa à publicidade enganosa e comparativa (versão codificada), para além das disposições que resultam, por exemplo, do Tratado de Lisboa (v. nota anterior).

DIREITO DA UNIÃO EUROPEIA – ELEMENTOS DE DIREITO E POLÍTICAS DA UNIÃO

passar pela "conversão" de algumas normas dispositivas da DM em normas imperativas[191] e ainda pela harmonização de aspetos não contemplados na Diretiva[192].

No plano prático, importa aproximar as práticas seguidas pelo IHMI e pelos institutos nacionais de marcas[193], bem como promover a melhoria das infraestruturas dos institutos nacionais de marcas, do seu desempenho, da qualidade dos serviços prestados e da consistência da sua prática de tomada de decisões[194].

B. Desenho ou Modelo Comunitário

Introdução
No dia 5 de janeiro de 2002 foi publicado o Regulamento (CE) n.º 6/2002, de 12 de dezembro de 2001, relativo a desenhos ou modelos comunitários. O

---

[191] É o caso, entre outras, das normas constantes dos artigos 3.º, n.º 2, alínea *d*), e 4.º, n.º 4, alínea *a*), da DM, que respeitam à previsão como impedimento/causa de invalidade do registo de marca cujo pedido tenha sido apresentado de má-fé ou que viole marcas de prestígio nacionais anteriores, respetivamente.

Para maiores desenvolvimentos sobre estas e outras propostas de alteração, cf. MARIA MIGUEL CARVALHO, "O estudo sobre o funcionamento geral do sistema europeu de marcas", *cit.*, pp. 514 e segs.

[192] O Estudo refere-se, concretamente, à introdução na DM de normas relativas à transmissão da marca; à marca enquanto objeto de direitos reais; à marca enquanto objeto de medidas de execução forçada; à marca envolvida num processo de insolvência; à licença, para lá do que já está regulado no artigo 8.º da DM; à proteção das marcas coletivas e ainda a aspetos procedimentais, aspetos que foram considerados na Proposta de reformulação da DM apresentada pela Comissão (v. artigos 22.º e segs. da Proposta, *cit.*).

[193] Designadamente, pela adoção de critérios orientadores comuns para o exame de marcas quando as disposições nacionais e do RMC sejam idênticas e de regras comuns no que respeita à classificação de bens e serviços, complementado pela designação de um *comité* de classificação composto por representantes do IHMI e dos institutos nacionais de marcas; pela cooperação no exame de pedidos de marcas e pela realização de atividades conjuntas com vista à melhoria da qualidade do exame de marcas. V. MARIA MIGUEL CARVALHO, "O estudo sobre o funcionamento geral do sistema europeu de marcas", *cit.*, p. 254, e o artigo 123.º-C da Proposta de Regulamento que visa alterar o RMC (*cit.*).

[194] Por exemplo, através do desenvolvimento de ferramentas eletrónicas para os utilizadores; da criação e expansão de bases de dados que permitam a investigação de marcas nacionais (e até o trabalho em rede com outros institutos); de critérios de orientação para o exame pelos institutos de marcas; de regras para a classificação de bens e serviços e decisões dos institutos; de investimentos na formação e treino dos examinadores e melhoria das facilidades de *helpdesk* que proporcionem conselhos e serviços para os utilizadores. V. "O estudo sobre o funcionamento geral do sistema europeu de marcas", *cit.*, p. 256, e o artigo 123.º-C da Proposta de Regulamento que visa alterar o RMC (*cit.*).

PROPRIEDADE INTELECTUAL

IHMI também está em condições de conferir um título jurídico comunitário sobre este direito de propriedade industrial.

Atendendo às tensões existentes nos diferentes países em relação aos modelos de proteção, o Regulamento adotou um sistema *sui generis* estabelecendo duas categorias de desenhos ou modelos:

a) Um desenho ou modelo não registado, que confere uma proteção automática, sem formalidades, que nasce por mero efeito da divulgação do produto na União Europeia[195], com duração de três anos, desde que seja novo e revista carácter singular (artigo 11.º);

b) Um desenho ou modelo registado, não sujeito a exame prévio oficial de fundo quanto aos requisitos de novidade e do carácter singular[196], com uma duração que pode chegar aos 25 anos, através de renovações sucessivas de 5 anos (artigo 12.º).

Com este sistema, pretende ter-se em conta a diversidade de criações a proteger e o diferente nível de proteção desejada.

Por um lado, para setores de atividade com um ciclo de vida económica curto, como o da indústria têxtil ligado à moda e à indústria do calçado, por exemplo, a proteção de desenho ou modelo não registado mostra-se temporalmente suficiente (3 anos) e juridicamente razoável, protegendo o produto, desde a divulgação, e salvaguardando-o, apenas, da reprodução (*cópia*) não autorizada (artigo 19.º, n.º 2), numa aproximação evidente à lógica do direito de autor (*copyright approach*)[197].

Por outro lado, para setores de atividade, como a indústria automóvel, eletrodomésticos, mobiliário, jogos, embalagens, por exemplo, o desenho ou modelo registado confere um período maior de proteção e um direito com maior densidade, garantia e segurança jurídicas (artigo 19.º, n.º 1) (*industrial approach*).

Note-se, no entanto, que não se pode beneficiar da proteção de um desenho ou modelo não registado durante três anos e apresentar, de seguida, o

---

[195] Sobre o conceito de divulgação ver o n.º 2 do artigo 11.º.

[196] O IHMI apenas se limita a verificar se o desenho ou modelo corresponde à definição de produto prevista no artigo 3.º, alínea *a)*, e ou é contrário à ordem pública e aos bons costumes (artigo 47.º, n.º 1).

[197] A proteção deve ir para além da mera cópia integral e abranger o risco de desenho ou modelo muito próximo. No mesmo sentido, cf. SILVIA GIUDICI, "Il design non registrato", *Rivista di Diritto Industriale*, 2007, I, pp. 202 e segs.

pedido de proteção de um desenho ou modelo registado, já que o mesmo não cumpriria o requisito da novidade[198].

O Regulamento prevê ainda a competência exclusiva dos tribunais nacionais de marcas comunitárias[199] para as ações de contrafação ou de ameaça de contrafação de desenhos ou modelos comunitários, as ações de declaração de nulidade de desenhos ou modelos comunitários não registados e os pedidos reconvencionais de nulidade de desenhos ou modelos comunitários em ações de contrafação (artigo 81.º).

1. Noção de desenho ou produto

O «"desenho ou modelo" designa a aparência da totalidade ou de uma parte de um produto resultante das suas características, nomeadamente de linhas, contornos, cores, forma, textura e/ou materiais do próprio produto e/ou da sua ornamentação» [artigo 3.º, alínea *a*)].

Esta noção foi decalcada do artigo 1.º, alínea *a*), da Diretiva 98/71/CE, de 13 de outubro de 1998, relativa à proteção legal de desenhos e modelos[200] e terminou com a distinção ("meramente formal"[201]) de modelos industriais e desenhos industriais.

O desenho ou modelo é um direito que protege a *aparência* (aspeto exterior) da totalidade ou de uma parte de um produto, de modo a torná-lo, desejavelmente, mais atrativo ou apelativo para o consumidor. Trata-se, em

---

[198] O "período de graça" de uso de um desenho ou modelo não registado para efeitos de registo não pode ultrapassar o prazo de um ano [artigo 7.º, n.º 2, alínea *b*)].

[199] Em Portugal, os tribunais de marcas comunitárias são o tribunal de propriedade intelectual e o Tribunal da Relação territorialmente competente para a área da sede do tribunal de propriedade intelectual – artigo 40.º, n.º 2, do CPI, com a redação dada pelo artigo 11.º da Lei n.º 46/2011, de 24 de junho, que alterou a Lei n.º 3/99, de 13 de janeiro, que regula a organização e funcionamento dos tribunais judiciais.

[200] A diretiva relativa à proteção legal de desenhos e modelos surgiu para atenuar as distorções que se verificavam na concorrência no mercado interno por força das diferenças existentes entre as legislações dos Estados-Membros neste domínio. Não obstante esta preocupação, não foi intuito do legislador comunitário proceder a uma harmonização completa dessas legislações. A harmonização limitou-se às disposições legislativas nacionais que afetassem mais diretamente o funcionamento do mercado interno (considerando 5 da Diretiva). Os aspetos harmonizados foram, essencialmente, os seguintes: noção de modelo ou desenho (artigo 1.º); condições de proteção (artigos 3.º, n.º 2, 4.º e 5.º); conteúdo de proteção (artigos 9.º, 10.º, 12.º e 13.º); causas de recusa do registo e de invalidade (artigo 11.º). O legislador comunitário abordou, ainda, se bem que de forma não perentória, outras matérias delicadas, como as complexas relações com outras formas de proteção (artigo 16.º) e o princípio da cumulação da proteção com o direito de autor (artigo 17.º).

[201] OLIVEIRA ASCENSÃO, *Direito Comercial (Direito Industrial)*, vol. II, AFDUL, Lisboa, 1988, p. 216.

PROPRIEDADE INTELECTUAL

rigor, de um único direito, pondo-se termo à distinção tradicional entre o direito sobre o desenho *industrial*, correspondente a formas bidimensionais, e o direito sobre o modelo *industrial*, relativo a formas tridimensionais. Trata--se de um mesmo *tipo* de direito de propriedade industrial, embora com dois nomes distintos. A distinção entre desenho ou modelo passa a revestir natureza meramente conceitual, sem tratamento jurídico diferenciado. Nessa medida, teria sido preferível a adoção de uma designação unitária, mas o certo é que a expressão *desenho* (em alguns idiomas) não reveste o significado, mais abrangente, que o nome *design* tem na língua inglesa[202].

Por outro lado, desaparece a referência *industrial* (com o significado de produção em série e a consequente suscetibilidade de repetibilidade e reprodutibilidade do produto), o que significa a possibilidade de o desenho ou modelo incidir sobre produtos ou artigos *artesanais* (que embora não sejam exatamente idênticos têm de ser aparentemente idênticos), como expressamente prevê o artigo 3.º, alínea *b)*.

A aparência do produto pode resultar das "características, nomeadamente, das linhas, contornos, cores, forma, textura e/ou materiais do próprio produto e/ou da sua ornamentação". Trata-se de uma enumeração exemplificativa, podendo a proteção derivar de outros elementos (*v. g.*, luz, flexibilidade, ondulação, estamparia) do produto ou da sua ornamentação. A proteção da aparência significa que a forma da totalidade ou de parte do produto deve ser *exterior* e *visível*.

---

[202] Isso não impediu, contudo, que o legislador espanhol adotasse na lei vigente a designação de *diseño industrial* (lei 20/2003, de 7 de julho). A esta opção não foi, decerto, alheia a posição da doutrina, onde merece lugar de destaque o nome de Otero Lastres, "En torno a la Directiva 98/71/ /CE sobre la protección jurídica de los dibujos y modelos", *ADI*, 1998, p. 25; "El diseño industrial según la ley de 7 de Julio de 2003", *Tratado de Derecho Mercantil*, Jiménez Sánchez (coord.), tomo XIX, vol. 2.º, Marcial Pons, Madrid, 2003, p. 28. O legislador alemão também só utiliza o conceito de desenho (*muster*) na lei vigente (§ 1 I *Geschmacksmustergesetz* de 12 de março de 2004). Em Itália e França a opção foi a da adoção dos conceitos de desenho e modelo (cf. artigos 31.º e segs. do Código da Propriedade Industrial italiano de 2005 e artigos L 511-1 e segs. do Código da Propriedade Intelectual francês de 1992, com as alterações introduzidas pela *Ordonnance* n.º 2001-670, de 25 de julho de 2001). No Reino Unido mantém-se em vigor o *Registered Designs Act*, de 1949, alterado pelo *Regulatory Reform Act de 2001*, que transpôs a Diretiva Comunitária sobre Desenhos ou Modelos, o *Registered Designs Regulations de 2003* e o *Regulatory Reform (Registered Designs) Order* 2006 (ver *http://www.ipo.gov.uk/*).

DIREITO DA UNIÃO EUROPEIA – ELEMENTOS DE DIREITO E POLÍTICAS DA UNIÃO

1.1. Noção de produto

Produto, de acordo com o disposto no artigo 3.º, alínea *b)*, designa qualquer artigo industrial ou de artesanato[203], incluindo, entre outros, os componentes para montagem num produto complexo[204], as embalagens, as formas de apresentação[205], os símbolos gráficos[206] e os caracteres tipográficos, mas excluindo os programas de computador.

A alínea *c)* acrescenta que produto complexo designa qualquer produto composto por componentes múltiplos suscetíveis de serem dele retirados para o desmontar e nele recolocados para o montar novamente.

É possível a proteção de um componente de um produto complexo desde que seja suscetível de visibilidade durante a utilização normal do produto feita pelo utilizador final e preencha os requisitos de novidade e de carácter singular [artigo 4.º, n.ᵒˢ 2, alíneas *a)* e *b)*, e 3][207]. A parte componente é um produto destacável, com autonomia económica, embora com dependência funcional, servindo exclusivamente para ser (re)colocada no produto complexo. Na prática, normalmente, o fabricante do produto complexo é o mesmo da parte componente, o que potencia situações de barreiras concorrenciais à entrada no mercado secundário, nomeadamente no que tange ao fabrico de peças sobresselentes ou de substituição (*must-match* ou de *correspondência exata*). A possibilidade ou não de excecionar a proteção da aparência de peças componentes de reparação em vista exclusivamente da reposição da aparência original (*cláusula de reparação*) tem sido uma questão muito controvertida. Na impossibilidade de um consenso entre os países partidários da liberalização do mercado secundário de peças sobresselentes (por exemplo, Espanha, Itália e Reino Unido) e os adversários (por exemplo, Alemanha e França), a Diretiva optou por não tomar uma posição definitiva[208].

---

[203] São produtos, numa enumeração indicativa, por categorias, os artigos de decoração, louça, bijuteria, joalharia, relojoaria, embalagens, brinquedos e jogos, mobiliário, iluminação, vestuário, acessórios e adereços de moda, tecidos, veículos e respetivos componentes, eletrodomésticos, etc.

[204] Por exemplo, automóveis, caixas Multibanco, telemóveis, mobiliário, etc.

[205] Como grafismo de painéis de publicidade, *layouts* de apresentações de computador.

[206] *V. g.*, ícones de computador, elementos de sinalética.

[207] O problema dos componentes dos produtos complexos e da sua eventual proteção autónoma tem muita relevância prática, por exemplo, no setor automóvel. Sobre este ponto ver, ainda, para mais desenvolvimentos, MIGUEL MOURA E SILVA, "Desenhos e modelos industriais – um paradigma perdido", in *Direito Industrial* (AA.VV), vol. I, Almedina, Coimbra, 2001, pp. 438 e segs.

[208] A solução encontrada (artigo 14.º) foi a do *standstill*, ou seja, a de congelar a legislação existente em cada Estado-Membro, introduzindo, contudo, uma cláusula transitória permitindo aos Estados apenas alterações no sentido da liberalização (*freeze plus*). É uma questão com muita impor-

PROPRIEDADE INTELECTUAL

A aparência de um programa de computador não constitui um produto industrial ou artesanal, porquanto o código-objeto (representação gráfica visual de um programa) não tem existência autónoma, carecendo de um sistema computacional (que compile o código-fonte) e a presença de um utilizador.

A referência legal a produto e a teleologia própria da proteção da propriedade industrial afasta a possibilidade de proteção de formas puramente artísticas, de exemplar único ou de número restrito sem intenção de reprodutibilidade. Ao direito de autor cabe a proteção de criações individuais; ao desenho ou modelo cabe a proteção de criações em série de formas concretas.

2. Requisitos de proteção

Só gozam de proteção legal os desenhos e modelos *novos* que tenham *carácter singular* (artigo 4.º, n.º 1). A lei estabelece dois requisitos de proteção: novidade (artigo 5.º) e carácter singular (artigo 6.º).

a) Novidade

É novo o desenho ou o modelo se, antes da data do respetivo pedido de registo (ou da data da prioridade reivindicada), nenhum desenho ou modelo

---

tância, por exemplo, na indústria automóvel e com interesses contrapostos entre os fabricantes da marca (mercado primário) e os fabricantes independentes (mercado secundário). Para mais desenvolvimentos, cf. UMA SUTHERSANEN, *Design Law: European Union and United States of America*, Sweet & Maxwell, 2.ª ed., London, 2010, pp. 62 e segs.; JÉRÔME PASSA, *Traité de Droit de la Propriété Industrielle*, Tome I, LGDJ, Paris, 2006, pp. 672 e segs.; CARMEN LENCE, *La Protección del Diseño en el Derecho Español*, Marcial Pons, Madrid, 2004, pp. 94 e segs.; REMÉDIO MARQUES, *Biotecnologia(s) e Propriedade Intelectual*, Almedina, Coimbra, 2007, vol. I, pp. 1343 e segs. (e nota 3053). A Comissão Europeia propôs, através de uma comunicação [COM(2004) 582 final], uma nova formulação para o artigo 14.º da Diretiva da proteção do *design* (98/71/CE). Como considera esta questão um entrave ao desenvolvimento do Mercado Interno, nesta comunicação afirma-se que a proteção não deve existir para um *design* que constitua um componente de um produto complexo usado na aceção do artigo 12.º (1) da referida diretiva, para efeitos de reparação do referido produto complexo, de modo a restaurar a sua aparência original (*must-fit approach*). Refere-se também que os Estados-Membros devem assegurar que os consumidores sejam devidamente informados sobre a origem das peças de substituição para que possam fazer uma escolha informada entre peças de substituição concorrentes, isto é, de fabricantes oficiais *versus* outros fornecedores.

Posteriormente, a questão foi votada na sessão plenária do Parlamento Europeu em dezembro de 2007, em que este aprovou a proposta da Comissão com alterações significativas, pois propõe um período transitório de cinco anos dentro do qual os Estados-Membros deveriam eliminar a proteção de *design* de peças de substituição. Apesar disso, o Conselho Europeu ainda não decidiu sobre esta matéria, decisão esta que estava prevista para 2009.

713

DIREITO DA UNIÃO EUROPEIA – ELEMENTOS DE DIREITO E POLÍTICAS DA UNIÃO

idêntico foi divulgado ao público, dentro ou fora do país (artigo 5.º, n.º 1). O conceito de identidade abrange ainda os desenhos ou modelos cujas características específicas apenas difiram em pormenores sem importância (artigo 5.º, n.º 2).

Isto significa que o requisito da novidade não é cumprido se houver um desenho ou modelo anterior divulgado idêntico ou substancialmente muito semelhante (*quase* idêntico) para o mesmo setor de atividade (novidade objetiva em sentido relativo)[209].

b) Carácter singular

Considera-se que um desenho ou modelo possui carácter singular se a impressão global que suscita no utilizador informado diferir da impressão global causada a esse utilizador por qualquer desenho ou modelo divulgado ao público antes da data do pedido de registo ou da prioridade reivindicada (artigo 6.º).

No que respeita à apreciação da existência do carácter singular do modelo ou desenho industrial, o n.º 2 do artigo 6.º estabelece que é tomado em consideração o grau de liberdade de que o criador dispôs para a realização do desenho ou modelo, o que só pode ter o significado de que não pode haver um padrão único de apreciação do carácter singular. Deve atender-se às circunstâncias concretas de cada ramo de atividade ou setor económico e adequar o grau de exigência deste requisito. Há ramos industriais (por exemplo, o têxtil) em que é aceitável que o grau de liberdade do criador seja menor do que noutros ramos industriais (por exemplo, o automóvel) e, nessa medida, seja razoável aplicar o requisito do carácter singular com menor exigência.

A definição do requisito do carácter singular tem-se revelado uma tarefa espinhosa para a doutrina. Não somos dos que refutam a razão de ser deste requisito ou que consideram estarmos perante dois requisitos sobreponíveis

---

[209] A favor do significado relativo do princípio da novidade pode colher-se o argumento da noção de divulgação prevista no artigo 7.º, n.º 1 [a novidade não é prejudicada se a anterioridade não puder "razoavelmente ter chegado ao conhecimento dos círculos especializados do sector em causa (...)]". No mesmo sentido, ALDO FITTANTE, *La Nuova Tutela dell'Industrial Design*, Giuffrè Ed., Milano, 2002, p. 51; e *Il Codice della Proprietà Industriale* (Scuffi/Franzosi/Fittante), Cedam, Padova, 2005, pp. 194 e segs. A favor da novidade objetiva relativa, cf. EVA PEREZ DOMINGUEZ, "La protección jurídica del diseño industrial: la novedad y el carácter singular. Reflexiones en torno ao projecto de ley de protección jurídica del diseño industrial", *ADI*, 2002, p. 96. Sobre o requisito de novidade, ver, ainda, TERESA ORTUÑO BAEZA, "El requisito de la novedad", *in* AA.VV., *El Diseño Comunitario – Estudios sobre el Reglamento (CE) n.º 6/2002*, Thomson/Aranzadi, Navarra, 2012, pp. 65 e segs.

PROPRIEDADE INTELECTUAL

ou absorvíveis[210]. A novidade significa ser diferente; a singularidade significa ser não comum. Não podemos esquecer que estamos a tratar da atribuição de um direito de propriedade industrial, no âmbito de criações ou inovações estéticas. Temos, pois, como perfeitamente razoável que não se deva atribuir um direito privativo a uma forma de desenho ou modelo que, apesar de nova, e sem prejuízo da valoração do maior ou menor grau de liberdade criativa do *designer* do ramo de atividade económica em causa[211], não seja suscetível de provocar um *impacto estético* ou uma diferença *incomum, qualificada ou suficiente* (haja ou não valor artístico intrínseco), em relação aos desenhos ou modelos divulgados aos olhos de um *utilizador informado.*

Como qualquer sistema de proteção de inovações industriais o regime jurídico dos desenhos ou modelos também deve manter um desejável equilíbrio entre os interesses do criador e os da comunidade, procurando, por um lado, responder aos interesses do primeiro, compensando-o do esforço e investimento de criação, garantindo-lhe um direito exclusivo de exploração do bem protegido, e, por outro, responder aos interesses da segunda, permitindo-lhe o livre acesso ao objeto protegido, por ser considerado uma forma esteticamente útil de enriquecimento do mercado, no termo do período de proteção.

O perfil de um utilizador informado consagrado na lei (artigo 178.º, n.º 1, do CPI) é coerente com esta interpretação. Atente-se que o juízo de apreciação não compete a um qualquer utilizador, mas a um utilizador informado, isto é, conhecedor, atento e experimentado no ramo de atividade em causa[212]. O que interessa é que, na valoração, necessariamente subjetiva do utilizador, e, repetindo-nos, atendendo à especificidade do setor de atividade em causa e à respetiva margem de liberdade de criação do *designer*, se possa concluir que o pedido cumpre com o requisito da singularidade, isto

---

[210] Cf., por exemplo, OTERO LASTRES, "El diseño industrial según la ley de 7 de Júlio de 2003", *cit.*, pp. 78 e segs.; REMÉDIO MARQUES, *Biotecnologia(s) e Propriedade Intelectual, cit.*, vol. I, p. 1261; PEDRO SOUSA E SILVA, "A protecção prévia dos desenhos ou modelos no novo CPI", in *Direito Industrial* (AA.VV.), vol. IV, Livraria Almedina, 2005, pp. 344 e segs. Contra, MARCO ARCALÁ,"El requisito del carácter singular", *in* AA.VV., *El Diseño Comunitario – Estudios sobre el Reglamento (CE) n.º 6/2002, ob. cit.*, pp. 211 e segs.; UMA SUTHERSANEN, *Design Law, cit.*, pp. 110 e segs.; VANZETTI/DI CATALDO, *Manuale di Diritto Industriale*, 7.ª ed., Giuffrè Ed., 2012, pp. 531 e segs.; FABRIZIO SANNA, "Disegni e Modelli", in *La Proprietà Intellettuale* (a cura di Luigi Carlo Ubertazzi), Giappichelli Ed., Torino, 2011, pp. 192 e segs.

[211] UMA SUTHERSANEN, *Design Law, cit.*, pp. 119/120.

[212] Cf. REMÉDIO MARQUES, *Biotecnologia(s) e Propriedade Intelectual, cit.*, vol. I, pp. 1309 e segs.; e ALDO FITTANTE, *Il Codice della Proprietà Industriale, cit.*, pp. 200 e segs.

DIREITO DA UNIÃO EUROPEIA – ELEMENTOS DE DIREITO E POLÍTICAS DA UNIÃO

é, que o desenho ou modelo seja minimamente original. Não nos pode *chocar* que os requisitos de validade de um desenho ou modelo se aproximem mais dos requisitos da patente[213] que dos requisitos dos sinais distintivos. O desenho ou modelo, ao lado da patente e do modelo industrial, é uma modalidade de criação industrial. Dizemos bem: *criação industrial*. Não basta, se houver outro desenho ou modelo anterior próximo, ser diferente (requisito da novidade), é necessário ainda ser *qualificadamente* diferente ou, na hipótese de não haver desenho ou modelo anterior confundível, que revista carácter criativo e não tenha uma aparência simplesmente banal (requisito do carácter singular)[214].

Conceito de divulgação

Para efeitos de determinação da novidade e/ou do carácter singular do desenho ou modelo industrial, o artigo 7.º, n.º 1, considera que um desenho ou modelo foi divulgado ao público se tiver sido publicado na sequência do depósito do pedido de registo ou em qualquer outra circunstância, apresentado numa exposição, utilizado no comércio ou divulgado de qualquer outro modo, exceto se estes factos não puderem razoavelmente ter chegado ao conhecimento dos círculos especializados do setor em questão que operam na Comunidade Europeia, no decurso da sua atividade corrente, antes da data da divulgação (no caso de desenho ou modelo não registada) do pedido de registo ou da prioridade reivindicada.

Mas, não se considera que o desenho ou modelo foi divulgado ao público pelo simples facto de ter sido dado a conhecer a um terceiro, em condições explícitas, ou implícitas, de confidencialidade (artigo 7.º, n.º 1, *in fine*).

---

[213] Considera-se que uma invenção implica *atividade inventiva* se, para um perito da especialidade, não resultar de uma maneira evidente do estado da técnica. Não basta que a invenção seja nova: é necessário ainda que um perito da especialidade não seja capaz de chegar, de uma maneira evidente, a um mesmo resultado, no momento em que a proteção é solicitada. Neste contexto, *evidente* significa que a invenção não vai além do progresso normal da técnica e que mais não é que o resultado óbvio, manifesto e lógico do estado da técnica, ao tempo do pedido, sem que devam ser atendidos factos supervenientes de eventual avanço tecnológico. Transpondo este requisito, com as devidas adaptações, para as criações estéticas, também não nos parece aceitável proteger um desenho ou modelo que resulte de um modo *demasiadamente óbvio ou evidente* de um desenho ou modelo existente.

[214] Para uma visão mais aprofundada do significado dos requisitos de proteção, numa ampla visão comparatística, ver Remédio Marques, *Biotecnologia(s) e Propriedade Intelectual, cit.*, pp. 1261 e segs. (e nota 2882).

PROPRIEDADE INTELECTUAL

Por outro lado, há circunstâncias nas quais não se considera ter havido divulgação. Referimo-nos ao disposto no artigo 7.º, n.º 2, ou seja, sempre que, cumulativamente, o desenho ou o modelo que se pretende registar tiver sido divulgado ao público:

a) pelo criador, pelo seu sucessor ou por um terceiro, na sequência de informações fornecidas, ou de medidas tomadas, pelo criador ou pelo seu sucessor;

b) durante o período de 12 meses que antecede a data de apresentação do pedido de registo ou, caso seja reivindicada uma prioridade, antes da data de prioridade[215] ("período de graça").

Também é inoponível a divulgação se efetuada em resultado de um abuso relativamente ao criador ou ao seu sucessor (artigo 7.º, n.º 3).

O requerente do registo de um desenho ou modelo que tenha exposto produtos em que o desenho ou modelo foi incorporado, ou a que foi aplicado, numa exposição internacional oficial, ou oficialmente reconhecida, que se integre no âmbito do disposto na Convenção sobre Exposições Internacionais, assinada em Paris em 22 de novembro de 1928 e revista em 30 de novembro de 1972, pode, se apresentar o pedido no prazo de seis meses a contar da data da primeira exposição desses produtos, reivindicar um direito de prioridade a partir dessa data, nos termos do artigo 43.º (artigo 44.º, n.º 1).

O requerente que pretenda reivindicar uma prioridade nos termos do disposto no n.º 1, deve apresentar com o pedido, ou no prazo de um mês, um certificado emitido pela entidade responsável pela exposição, que exiba a data da primeira divulgação pública e que reproduza os produtos em que o desenho ou modelo foi incorporado ou a que foi aplicado (artigo 44.º, n.º 2).

3. Exclusões específicas de proteção

a) Formas técnicas

Não são protegidas pelo registo "[a]s características da aparência de um produto determinadas, exclusivamente, pela sua função técnica" (artigo 8.º, n.º 1).

O desenho ou modelo cuja forma seja exclusivamente dependente no plano técnico não pode ser protegido, essencialmente, por três ordens de razões.

---

[215] A Convenção da União de Paris atribui um direito de prioridade de seis meses contados da data do pedido de depósito do desenho ou modelo num dos países da União (artigo 4.º-A).

DIREITO DA UNIÃO EUROPEIA – ELEMENTOS DE DIREITO E POLÍTICAS DA UNIÃO

A primeira decorre da definição do conceito de desenho ou modelo e da proibição legal que impõe a não dependência entre a forma estética e a função técnica ou a imposição normativa de normalização do produto. Se a forma decorre *exclusivamente* da função, o que se protege não é a forma estética do produto, mas a forma tecnicamente funcional do produto. A forma pode ser protegida se a finalidade técnica puder ser preenchida por outra forma ou se, sendo alterada, não se modificar o resultado técnico produzido pela mesma. O legislador parece, pois, numa interpretação mais literal, ter adotado o chamado duplo critério: i) *multiplicidade das formas*; ii) *incidência da variação da forma de um objeto no resultado produzido*[216].

A segunda tem que ver com a coerência legislativa. As formas tecnicamente necessárias podem ser protegidas, se preenchidos os respetivos requisitos, enquanto patentes de invenção ou modelos de utilidade.

A terceira decorre do princípio estruturante da tipicidade taxativa da propriedade industrial. Se a forma útil, no plano técnico, não é subsumível a nenhuma das categorias de direitos legalmente consagrados (e também não reúne os requisitos de proteção autoral), a regra é a liberdade de acesso, a livre concorrência e a utilização irrestrita pelos concorrentes.

b) As interconexões

Não são protegidas pelo registo as características da aparência de um produto que devam ser, necessariamente, reproduzidas na sua forma e dimensões exatas, para permitir que o produto em que o desenho ou modelo é incorporado, ou em que é aplicado, seja ligado mecanicamente a outro produto, quer seja colocado no seu interior, em torno ou contra esse outro produto, de modo que ambos possam desempenhar a sua função (artigo 8.º, n.º 2).

Esta proibição, inspirada na solução consagrada na lei do Reino Unido [artigo 213.º, n.º 3), alíneas *b), i), Copyright, Designs and Patents Act* de 1988,

---

[216] Como os designa OTERO LASTRES, "El diseño industrial según la ley de 7 de Júlio de 2003", *cit.*, pp. 49/50. Sobre os diferentes critérios para aferir desta proibição, ver, para mais desenvolvimentos, UMA SUTHERSANEN, *Design Law, cit.*, pp. 100 e segs.; CARMEN LENCE, *La Protección del Diseño en el Derecho Español, cit.*, pp. 30 e segs. Em França, porém, a jurisprudência dominante considera que deve ser excluída a proteção, desde que o desenho ou modelo tenha uma *lógica técnica* e não uma *lógica estética*, sem necessidade da prova da inexistência de formas estéticas alternativas. O que importa é a forma resultar de um imperativo mais funcionalista do que puramente estético. Cf. DENIS COHEN, *Le Droit des Dessins et Modèles: Droit Français, Droit Communautaire et Droit International*, Economica, Paris, 3.ª ed., 2009, pp. 22 e segs. Para mais desenvolvimentos, cf. UMA SUTHERSANEN, *Design Law, cit.*, pp. 100 e segs.; e CASADO CERVIÑO, "Diseño, función técnica y modelos de interconexiones", in AA.VV., *El Diseño Comunitario – Estudios sobre el Reglamento (CE) n.º 6/2002, ob. cit.*, pp. 281 e segs.

PROPRIEDADE INTELECTUAL

conhecida como a cláusula *mustfit*][217], e também reproduzida no artigo 7.º, n.º 2, da Diretiva, significa que não são registáveis os produtos que tenham de ser necessariamente reproduzidos de modo a permitir a *interconexão mecânica*[218] com outros produtos para que ambos possam desempenhar a sua função. É uma proibição de proteção que visa garantir a interoperabilidade e a concorrência de produtos (com as mesmas características funcionais, tanto no que diz respeito à forma como à dimensão[219]) de concorrentes diferentes, impedindo que, através do desenho ou modelo, se pudesse estabelecer o risco de criação de um *monopólio de facto*.

Estamos na presença, igualmente, de formas funcionais, como na proibição anterior. A sua autonomia legislativa deve-se à influência do *case law* britânico que, a partir de certo momento, quebrou o entendimento, até aí dominante, de que a proibição de proteção de formas funcionais abrangia a hipótese de peças de interconexão entre produtos[220].

Esta proibição deve abranger os elementos que estabelecem a *interconexão* mecânica entre os dois produtos, independentemente de estes poderem desempenhar outras funções ou a interconexão admitir outros elementos[221].

O n.º 3 do artigo 8.º exceciona da proibição de registo o chamado *produto modular ou intermutável*, dispondo que o registo do desenho ou modelo é possível nas condições definidas nos artigos 5.º e 6.º (requisitos de proteção), desde que a sua finalidade seja permitir uma montagem múltipla de produtos intermutáveis (a chamada *cláusula Lego*)[222], ou a sua ligação num sistema modular[223].

---

[217] Corresponde à chamada "exceção da adaptabilidade" como a designa MIGUEL MOURA E SILVA, "Desenhos e modelos industriais – um paradigma perdido", *cit.*, p. 442.

[218] O sistema de interconexão mecânico é o aspeto que mais distingue esta exclusão da solução inversa aplicável a componentes de produtos complexos prevista no artigo 176.º, n.º 4.

[219] Por exemplo, a zona de encaixe das fichas elétricas nas tomadas ou as calhas onde correm as gavetas.

[220] Cf. CORNISH/LLEWELYN, *Intellectual Property: patents, copyright, trade marks and allied rights*, Thomson & Maxwell, London, 2005, pp. 557 e segs.; CARMEN LENCE, *La Protección del Diseño en el Derecho Español*, *cit.*, pp. 38 e segs.

[221] Nesse sentido, UMA SUTHERSANEN, *Design Law*, *cit.*, p. 109.

[222] Ver, por exemplo, G. TRITTON, *Intellectual Property in Europe*, 3.ª ed., Thomson/Sweet & Maxwell, London, 2008, p. 574.

[223] É o exemplo clássico das formas resultantes da montagem de peças de jogos (daí a expressão cláusula *lego*) ou de conjuntos de peças (*v. g.*, móveis de cozinha de encastrar) que, de outra forma, não poderiam ser protegidos.

4. Procedimento de registo

O pedido de registo de um desenho ou modelo comunitário é efetuado nos termos dos artigos 35.º e 36.º.

O IHMI não realiza exame de fundo quanto aos requisitos de novidade e singularidade.

O Instituto apenas se limita a apreciar se o pedido é contrário à ordem pública ou aos bons costumes [artigo 47.º, n.º 1, alínea b)].

Ao contrário da marca comunitária, não existe procedimento de oposição. Depois de examinado, e se não existir nenhum obstáculo, o desenho ou modelo é registado e publicado imediatamente (artigos 48.º e 49.º). O registo terá a data do pedido, aferida de acordo com o artigo 38.º (artigo 48.º).

É possível, a solicitação do requerente, o adiamento da publicação por um período de trinta meses a contar da data do depósito do pedido ou, caso seja reivindicada prioridade, da data de prioridade (artigo 50.º, n.º 1).

Este período de confidencialidade permite ao requerente desenvolver com mais profundidade a sua estratégia de marketing e/ou concluir o fabrico do produto. Este aspeto pode ser relevante em setores importantes, como a indústria automóvel, por exemplo.

5. Direito da União Europeia *versus* direito nacional

O Regulamento consagra o princípio da coexistência com o direito de desenho ou modelo nacional [cf. artigos 25.º, n.º 1, alínea d), e 95.º] e não se opõe ao princípio da proteção cumulativa do direito de autor conferida pela legislação dos Estados-Membros (artigo 96.º, n.º 2)[224].

---

[224] Para mais desenvolvimentos sobre o regime legal dos desenhos ou modelos comunitários cfr: Luís Couto Gonçalves, *Manual de Direito Industrial, cit.*, pp. 125 e segs.; AA.VV., *El Diseño Comunitario – Estudios sobre el Reglamento (CE) n.º 6/2002, ob. cit.*; Casado Cerviño/Blanco Jiménez, *El Diseño Comunitário: Una Aproximación al Régimen Legal de los Dibujos y Modelos en Europa*, Thomson/ /Aranzadi, 2.ª ed., 2005; Uma Suthersanen, *Design Law, cit.*, pp. 94 e segs.; Denis Cohen, *Le Droit des Dessins et Modèles, cit.*, pp. 345 e segs.; Llobregat Hurtado, "Regimen jurídico de los dibujos y no modelos registrados en el reglamento 6/2002 del Consejo, de 12 de Diciembre de 2001, sobre dibujos y modelos comunitários", *in* AA.VV., *La Marca Comunitária, Modelos y Dibujos Comunitários. Análisis de la Implantanción del Tribunal de Marcas de Alicante*, Consejo General del Poder Judicial, Madrid, 2005, pp. 121 e segs.; Macías Martín, "La protección comunitária del diseño industrial", *in* AA.VV., *Derecho de la Competencia y Propiedad Industrial en la Unión Europea*, Alberto Bercovitz Rodriguez-Cano (direc.), Thomson/Aranzadi, Navarra, 2007, pp. 305 e segs.; Carlos Olavo, "Os desenhos ou modelos comunitários", em AA.VV., *Direito Industrial*, vol. V, Almedina, Coimbra, 2008, pp. 451 e segs.

Capítulo XII
Sociedades Comerciais

MARIA MIGUEL CARVALHO*

I. Introdução

O desenvolvimento transnacional das sociedades é um elemento essencial para a concretização do mercado interno, "um espaço sem fronteiras internas no qual a livre circulação de mercadorias, das pessoas, dos serviços e dos capitais é assegurada de acordo com as disposições dos Tratados"[1]. Nesse sentido, pode-se afirmar que o direito europeu das sociedades é uma pedra angular do mercado interno[2].

---

* Este estudo contou com a colaboração da Senhora Dr.ª Gabriela Cardoso Faria, membro colaborador do CEDU – Centro de Estudos em Direito da União Europeia, a quem agradeço a preciosa ajuda no âmbito da recolha da jurisprudência utilizada.

[1] V. artigo 26.º, n.º 2, do TFUE (que corresponde ao anterior artigo 14.º).

[2] É também esta a expressão utilizada numa das mais recentes Comunicações da Comissão Europeia neste domínio. V. Comunicação da Comissão Europeia ao Parlamento Europeu, ao Conselho, ao Comité Económico e Social Europeu e ao Comité das Regiões, de 12 de dezembro de 2012, COM(2012) 740 final, intitulada "Plano de acção: Direito das Sociedades Europeu e Governo das Sociedades: um quadro jurídico moderno com vista a uma maior participação dos accionistas e à sustentabilidade das empresas", p. 4.

DIREITO DA UNIÃO EUROPEIA – ELEMENTOS DE DIREITO E POLÍTICAS DA UNIÃO

De facto, existe todo um "conjunto de normas e de princípios, contidos nos Tratados que regem a União Europeia ou produzidos pelos órgãos legislativos da União, relativos às sociedades"[3] que é indispensável ao funcionamento do mercado interno e que coexiste com o direito das sociedades de cada um dos vinte e oito Estados-Membros da União Europeia.

Neste estudo, dadas as limitações impostas[4], focamo-nos exclusivamente no direito europeu das sociedades, não sendo aqui analisado o direito das sociedades de nenhum dos Estados-Membros. Todavia, antes de prosseguirmos, não podemos deixar de referir que o objeto do direito europeu de sociedades, apesar de ser muito jovem[5], é mais amplo que o direito das sociedades português[6]. De facto, o artigo 54.º do TFUE refere, expressamente, que «[p]or "sociedades" entendem-se as sociedades de direito civil ou comercial, incluindo as sociedades cooperativas, e as outras pessoas colectivas de direito público ou privado, com excepção das que não prossigam fins lucrativos»[7], abarcando, por conseguinte, pessoas coletivas que no direito nacional não integram o direito das sociedades.

Aliás, como afirma ANTÓNIO MENEZES CORDEIRO (*Direito Europeu das Sociedades*, Almedina, Coimbra, 2005, p. 30), "(...) mesmo do ponto de vista puramente europeu, o Direito das sociedades caminha na dianteira, apresentando-se como a mais desenvolvida área do Direito europeu material".

[3] ANTÓNIO MENEZES CORDEIRO, *Direito Europeu das Sociedades*, *cit.*, p. 14. Relativamente à autonomia dogmática, *ult. ob. cit.*, p. 25.

[4] O carácter tendencialmente expositivo adotado justifica-se não só pelos objetivos que nos foram indicados pelos coordenadores desta obra, como também pelo facto de pretender servir de ponto de partida para o aprofundamento das diferentes temáticas aqui referidas pelos alunos dos diferentes Cursos de Mestrado da Escola de Direito da Universidade do Minho em que leciono estas matérias.

[5] Com abundantes indicações bibliográficas, cf. ANTÓNIO MENEZES CORDEIRO, *Direito Europeu das Sociedades*, *cit.*, p. 22.

[6] Acompanhamos, neste ponto, ANTÓNIO MENEZES CORDEIRO, *Direito Europeu das Sociedades*, *cit.*, p. 20.

[7] Esta norma corresponde ao anterior artigo 48.º.

SOCIEDADES COMERCIAIS

II. A liberdade de estabelecimento das sociedades[8]

1. A liberdade de estabelecimento das sociedades no TFUE

A existência de um mercado interno está intrinsecamente ligada à, já referida, liberdade de circulação de mercadorias, de pessoas, de serviços e de capitais[9], incluindo a *liberdade de estabelecimento* dos nacionais de um Estado-Membro no território de outro Estado-Membro (artigo 49.º do TFUE que corresponde ao anterior artigo 43.º do TCE) e, no que importa para efeitos do presente estudo, das sociedades (constituídas em conformidade com a legislação de um Estado-Membro e que tenham a sua sede social, administração central ou estabelecimento principal na União) por força da equiparação, para efeitos do disposto no Capítulo 2 do Título IV, às pessoas singulares, nacionais dos Estados-Membros, resultante do disposto no artigo 54.º do TFUE (que corresponde ao anterior artigo 48.º do TCE).

Esta liberdade é referida no Tratado em duas vertentes distintas (artigo 49.º do TFUE). Uma, pela positiva, garantindo "a constituição e a gestão de empresas e designadamente de sociedades, (...) nas condições definidas na legislação do país de estabelecimento para os seus próprios nacionais, sem prejuízo do disposto no capítulo relativo aos capitais" ("liberdade primária"[10]), bem como a "constituição de agências, sucursais ou filiais pelos nacionais de um Estado-Membro estabelecidos no território de outro Estado-Membro" ("liberdade secundária"[11]). Outra, pela negativa, proibindo restrições a essa liberdade.

Em qualquer caso, compreende-se a necessidade de harmonizar as diferentes legislações nacionais nesta matéria, pelo que o artigo 50.º (que corresponde ao anterior artigo 44.º) atribui competência ao Parlamento Europeu

---

[8] Para maiores desenvolvimentos, cf., entre outros, MARIA ÂNGELA COELHO BENTO SOARES, "A liberdade de estabelecimento da sociedade na União Europeia", in *Temas de Integração*, n.º 15 (1.º semestre de 2003) e n.º 16 (2.º semestre de 2003), pp. 283 e segs.; ALEXANDRE MOTA PINTO, "Apontamentos sobre a liberdade de estabelecimento das sociedades", in *Temas de Integração*, n.º 17 (1.º semestre de 2004), pp. 59 e segs., e n.º 18 (2.º semestre de 2004), pp. 141 e segs.; e DÁRIO MOURA VICENTE, "Liberdade de estabelecimento, lei pessoal e reconhecimento das sociedades comerciais", in *Direito Internacional Privado. Ensaios*, vol. II, Coimbra, 2005, pp. 91 e segs., e, do mesmo Autor, "Liberdades comunitárias e Direito Internacional Privado", in *Cuadernos de Derecho Transnacional* (octubre 2009), vol. 1, n.º 2, pp. 179 e segs., especialmente pp. 190 e segs.

[9] Sobre as conexões destas com as sociedades, cf. ANTÓNIO MENEZES CORDEIRO, *Direito Europeu das Sociedades, cit.*, pp. 61 e segs.

[10] ANTÓNIO MENEZES CORDEIRO, *Direito Europeu das Sociedades, cit.*, p. 54.

[11] ANTÓNIO MENEZES CORDEIRO, *Direito Europeu das Sociedades, cit.*, p. 54.

DIREITO DA UNIÃO EUROPEIA – ELEMENTOS DE DIREITO E POLÍTICAS DA UNIÃO

e ao Conselho para a adoção de diretivas[12], que serão, brevemente, referidas *infra*, em III.

Além das diretivas, o TFUE prevê que "[n]o âmbito do estabelecimento ou do funcionamento do mercado interno, o Parlamento Europeu e o Conselho, deliberando de acordo com o processo legislativo ordinário, estabelecem as medidas relativas à criação de títulos europeus, a fim de assegurar uma protecção uniforme dos direitos de propriedade intelectual na União, e à instituição de regimes de autorização, de coordenação e de controlo centralizados ao nível da União" (v. artigo 118.º), o que é conseguido pela aprovação de regulamentos, que serão, mais aprofundadamente, referidos *infra*, em IV.

2. A liberdade de estabelecimento das sociedades na jurisprudência comunitária

O sentido e o alcance da liberdade de estabelecimento das sociedades têm sido concretizados pelo TJUE, de forma nem sempre coerente, em vários acórdãos respeitantes a diferentes aspetos específicos neste domínio, como sejam, por exemplo, a transferência da sede, as fusões transfronteiriças e as questões respeitantes à liberdade de estabelecimento secundária e fiscais.

De facto, da referida jurisprudência resulta a chamada "tese da criação nacional"[13], de acordo com a qual a sociedade é criada pela lei nacional e esta determina a sua constituição e o seu funcionamento, podendo os Estados-Membros impor restrições à "saída" da sociedade, mas não à "entrada"[14].

Neste ponto, por razões de economia, limitamo-nos[15] a indicar resumidamente os factos subjacentes a cada um dos litígios, bem como as decisões

---

[12] V. também os artigos 114.º, n.º 1, e segs. do TFUE.

[13] RUI M. PEREIRA DIAS, "O acórdão Cartesio e a liberdade de estabelecimento das sociedades", in *Direito das Sociedades em Revista (DSR)*, ano 2 (março 2010), vol. 3, p. 219, que o Autor aprecia criticamente (e bem) esta tese, v. especialmente pp. 223 e segs.

[14] Referindo-se à «"esquizofrenia" ínsita nas simultâneas *(i)* negação da criação de entraves à "imigração societária" para os Estados-Membros de acolhimento; *(ii)* aceitação de limitações à "emigração" pelos Estados-Membros de origem – que se baseia tecnicamente, ainda e sempre, numa leitura maximalista da tradicional visão da sociedade como criação do direito nacional; e *(iii)* negação de entraves à fusão internacional, nos termos da Diretiva 2005/56/CE, de 26.10.2005 (...)», cf. JORGE M. COUTINHO DE ABREU/ALEXANDRE SOVERAL MARTINS/PAULO TARSO DOMINGUES/ /RICARDO COSTA/RUI PEREIRA DIAS/ELDA MARQUES/ORLANDO VOGLER GUINÉ, "O futuro do direito europeu de sociedades", in *DSR*, outubro de 2012, ano 4, vol. 8, p. 24.

[15] A bibliografia relativamente à jurisprudência do TJUE neste âmbito é abundante. Cf., entre outros, SIMON DEAKIN, "Regulatory competition versus harmonization in European Company

SOCIEDADES COMERCIAIS

que foram sendo tomadas em alguns dos principais acórdãos do TJUE nesta matéria[16], por ordem cronológica das decisões, terminando com um que aprecia uma questão prejudicial reenviada por um tribunal português.

Law", ESRC Centre for Business Research University of Cambridge, march 2000, consultado em *http://www.cbr.cam.ac.uk/pdf/wp163.pdf*; CHRISTIAN KERSTING/CLEMENS PHILIPP SCHINDLER, "The ECJ's Inspire Art Decision of 30 September 2003 and its Effects on Practice", disponível em *http://www.germanlawjournal.com/article.php?id=344*; ALFONSO LUIS CALVO CARAVACA/JAVIER CARRASCOSA GONZÁLEZ, "Sociedades mercantiles: libertad de establecimiento y conflicto de leyes en la Unión Europea", in *Derecho Comercial en el Siglo XXI*, Jorge Oviedo Alban (coord.), Editorial Témis, 2008, pp. 119 e segs.; FRANCISCO MARTÍNEZ RIVAS, "Traslado internacional de sede social en la Unión Europea: del caso Daily Mail al caso Cartesio: veinte años no son nada", in Cuadernos de Derecho Transnacional, marzo 2009, vol. 1, n.º 1, pp. 132 e segs.; SCHMIDT-KESSEL, "Die Niederlassungsfreiheit im Europäischen Gesellschaftsrecht – Mobilität trotz Cartesio?", in *GPR – Zeitschrift für das Privatrecht der Europäischen Union*, 2009, pp. 26 e segs.; TILMANN FROBENIUS, «‚Cartesio': Partielle Wegzugsfreiheit für Gesellschaften in Europa», in *Deutsches Steuerrecht (DStR)*, 2009, pp. 487 e segs.; CARSTEN GERNER-BEUERLE AND MICHAEL SCHILLIG, "The mysteries of freedom of establishment after Cartesio", in *International & Comparative Law Quarterly*, 2010, 59 (2), pp. 303--323; GUILLAUME SANTORO, "L'évolution du principe de liberté d'établissement en droit communautaire: un mouvement de libéralisation depuis l'arrêt Cartesio", in *Revue internationale de droit économique*, 2010/3, T. XXIV, pp. 351 e segs.; VITTORIA PETRONELLA, "The Cross-Border Transfer of the Seat after Cartesio and the Non-Portable Nationality of the Company", in *European Business Law Review*, 2010, pp. 245 e segs.; e ALESSANDRO MARIA GONZATO, «La libertà di stabilimento delle società nel diritto dell'Unione Europea: "stato dell'arte" e prospettive per il futuro», disponível para consulta no arquivo de acesso aberto da Università Ca' Foscari Venezia, *http://hdl.handle. net/10579/1131*; PAOLA N. RODAS PAREDES, *Libertad de Establecimiento y Movilidad Internacional de las Sociedades Mercantiles*, Editorial Comares, Madrid, 2011.
Entre nós, cf., MARIA ÂNGELA COELHO BENTO SOARES, "O acórdão Inspire Art Ltd: novo incentivo jurisprudencial à mobilidade das sociedades na União Europeia", in *Temas de Integração*, n.º 17 (1.º semestre de 2004), pp. 123 e segs.; DÁRIO MOURA VICENTE, "Liberdades comunitárias e Direito Internacional Privado", *cit.*, pp. 190 e segs.; ANTÓNIO FRADA DE SOUSA, "Company's Cross-border Transfer of Seat in the EU after Cartesio" (Jean Monnet Working Paper 07/09), in *http://repositorio. ucp.pt/bitstream/10400.14/3029/1/art-int_2009_UA_1719_Sousa_Antonio_01.pdf*; RUI M. PEREIRA DIAS, "O acórdão Cartesio e a liberdade de estabelecimento das sociedades", *cit.*, pp. 215 e segs.; MARIA DE DEUS MAIO MADALENA BOTELHO, «Fusões transfronteiriças – As origens da Directiva 2005/56/CE e o "novo" processo de fusão simplificado», in *Questões de Tutela de Credores e de Sócios das Sociedades Comerciais*, Maria de Fátima Ribeiro (coord.), Almedina, Coimbra, 2013, pp. 34 e segs., e *Princípios Fundamentais de Direito da União Europeia – Uma Abordagem Jurisprudencial*, Sofia Oliveira Pais (coord.), 3.ª ed., Almedina, Coimbra, 2013, entre outros.

[16] Uma pesquisa atualizada e completa pode ser efetuada em *http://curia.europa.eu/juris/recherche. jsf?language=pt*.
V. ainda o "Guide to the case law of the European Court of Justice on Articles 49 et seq. TFEU (ex Articles 43 et seq. EC Treaty), preparado pela Comissão Europeia e atualizado até ao início de 2012, disponível em *http://ec.europa.eu/internal_market/services/docs/infringements/ art49-establishment_en.pdf*.

DIREITO DA UNIÃO EUROPEIA – ELEMENTOS DE DIREITO E POLÍTICAS DA UNIÃO

2.1. Acórdão *Daily Mail* [17]

Neste caso, a sociedade *Daily Mail and General Trust PLC*, constituída valida-mente no Reino Unido, pretendia transferir a sua sede para a Holanda, sem perda de identidade.

De acordo com a legislação inglesa, uma sociedade constituída no, e com sede no, Reino Unido, podia transferir a sua sede para o estrangeiro sem perder a personalidade jurídica e qualidade de sociedade inglesa, mas era exigida uma autorização do Ministério das Finanças.

A *Daily Mail* requereu efetivamente essa transferência, mas não aguar-dou que a mesma fosse concedida, instalando-se, de imediato, na Holanda, invocando que, ao abrigo do direito europeu, não era exigível qualquer autorização.

Na sequência da ação judicial que se seguiu, o *High Court of Justice* (Reino Unido) reenviou para o TJUE quatro questões prejudiciais[18], tendo este Tri-bunal entendido que os artigos 52.º a 58.º do Tratado CEE [que correspon-dem atualmente aos artigos 49.º e 54.º do TFUE] invocados deveriam ser interpretados considerando que o direito comunitário, naquela altura, não conferia à *Daily Mail*, que tinha a sua sede estatutária em Inglaterra, o direito de transferir a sua sede para outro Estado-Membro.

---

[17] Acórdão (TJUE) de 27 de setembro de 1988, proc. C-81/87.

[18] A saber: 1) Os artigos 52.º a 58.º do Tratado CEE obstam a que um Estado-Membro proíba uma sociedade, que tem a sua direção e administração principal nesse Estado-Membro, de transferir essa direção e administração principal para outro Estado-Membro, sem prévia autorização ou apro-vação, em uma ou ambas as circunstâncias seguintes, designadamente:

a) se assim puder fugir ao pagamento de impostos sobre rendimentos ou lucros já auferidos,

b) se a empresa, no caso de transferir a sua direção e administração principal, fugir a impostos que seriam exigíveis se mantivesse a sua direção e administração principal no mesmo Estado-Membro?

2) A Diretiva 73/148/CEE permite a uma sociedade, que tem a direção e administração principal num Estado-Membro, transferir essa direção e administração principal para outro Estado-Mem-bro, sem prévia autorização ou aprovação, nas circunstâncias referidas na questão anterior? Se assim for, as referidas disposições são aplicáveis neste caso?

3) Se for exigível a mencionada autorização ou aprovação prévia, um Estado-Membro pode recusá--la com os fundamentos referidos na primeira questão?

4) Que diferença faz, se acaso faz alguma, que, nos termos da lei aplicável do Estado-Membro, não seja necessária qualquer autorização no caso de mudança de domicílio para outro Estado-Membro de uma pessoa singular ou de uma firma (sem personalidade jurídica)?

2.2. Acórdão *Centros*[19]

Neste caso, um casal dinamarquês constituiu uma sociedade – a *Centros Ltd.* – sediada no domicílio de um amigo no Reino Unido, não exercendo qualquer atividade efetiva neste país e pretendendo, unicamente, evitar a aplicação da legislação dinamarquesa relativa à constituição de sociedades equivalentes às sociedades por quotas portuguesas, designadamente no que respeitava à constituição e liberação de um capital social mínimo.

Solicitado o registo de uma sucursal desta sociedade na Dinamarca, o mesmo foi recusado pelo *Erhvervs og Selskabsstyrelsen* (Direção Geral do Comércio e das Sociedades), dependente do Ministério do Comércio dinamarquês, que entendia que, como a *Centros Ltd.* não exercia qualquer atividade no Reino Unido, o pedido de registo respeitava não à criação de uma sucursal na Dinamarca, mas de um estabelecimento principal, sem cumprir as normas nacionais quanto à liberação do capital mínimo.

Após uma série de recursos, todos improcedentes, o *Højesteret* (Dinamarca) reenviou para o TJUE a seguinte questão prejudicial: é compatível com as disposições do Tratado recusar o registo de uma sucursal de uma sociedade que tem a sede num outro Estado-Membro (onde está legalmente constituída e estabelecida nos termos da legislação desse Estado--Membro), embora não exerça ali qualquer atividade económica, no caso de se pretender que a referida sucursal exerça toda a atividade no Estado--Membro em que quer estabelecer-se? E pode-se considerar que este procedimento é utilizado em substituição da constituição de uma sociedade no último Estado-Membro referido, com vista a subtrair-se à exigência de liberação de um capital social mínimo [naquela data] de 200 000 coroas dinamarquesas[20]?

O TJUE considerou que os Estados-Membros se encontram impedidos de recusar o registo de uma sociedade legalmente constituída num outro Estado-Membro, de acordo com os então artigos 56.º e 58.º do Tratado[21].

---

[19] Acórdão (TJUE) de 9 de março de 1999, proc. C-212/97.

[20] Refira-se que a *Centros Ltd.* tinha um capital social de 100 libras, valor que, respeitando o direito inglês, não cumpria o capital social mínimo exigido, à data, na Dinamarca (e referido no texto), já que equivalia a cerca de 1000 coroas dinamarquesas.

[21] No entanto, apesar de tal decisão o Tribunal realça que os Estados-Membros estão plenamente legitimados a evitar fraudes.

DIREITO DA UNIÃO EUROPEIA – ELEMENTOS DE DIREITO E POLÍTICAS DA UNIÃO

2.3. Acórdão *Überseering*[22]

Neste caso, a Überseering, sociedade holandesa, contratou com a *NCC*, sociedade alemã, a renovação de uma garagem e de um motel construídos num terreno que a primeira sociedade adquirira na Alemanha.

A Überseering, alegando a existência de defeitos na execução dos trabalhos de pintura, exigiu judicialmente à *NCC* a sua reparação e indemnização. Todavia, a sua capacidade jurídica e judiciária foi controvertida, apesar de, durante o litígio, a Überseering ter transferido a sua sede efetiva para Düsseldorf na sequência da aquisição das participações sociais por dois cidadãos alemães.

Após uma série de recursos, o *Bundesgerichtshof* reenviou para o TJUE as seguintes questões prejudiciais: devem os artigos 43.º e 48.º do TCE (atuais artigos 49.º e 54.º do TFUE) ser interpretados no sentido de que contraria a liberdade de estabelecimento das sociedades o facto de a capacidade jurídica e a capacidade judiciária de uma sociedade (validamente constituída de acordo com o direito de um Estado-Membro) serem apreciadas pelo direito do Estado para o qual a sociedade transferiu a sua sede efetiva, bem como o facto de, deste direito, resultar que ela não pode invocar nos tribunais desse Estado direitos resultantes de um contrato? Em caso de resposta afirmativa, a liberdade de estabelecimento das sociedades impõe o reconhecimento da capacidade jurídica e da capacidade judiciária de acordo com o direito do Estado onde a sociedade foi constituída?

O Tribunal considerou que os artigos 43.º e 48.º do TCE se opõem a que, quando uma sociedade constituída em conformidade com a legislação de um Estado-Membro é considerada, segundo o direito de outro Estado-Membro, como tendo transferido a sua sede efetiva para este Estado, este último não reconheça à referida sociedade capacidade jurídica e, portanto, capacidade judiciária perante os seus órgãos jurisdicionais nacionais.

2.4. Acórdão *Inspire Art*[23]

Neste caso, a Câmara do Comércio de Amesterdão pretendia fazer depender o averbamento (obrigatório, segundo a lei holandesa) da inscrição no registo comercial neerlandês relativo à sociedade inglesa *Inspire Art* – cujo sócio único residia nos Países Baixos – da utilização por esta, na vida comer-

---

[22] Acórdão (TJUE) de 5 de novembro de 2002, proc. C-208/00.
[23] Acórdão (TJUE) de 30 de setembro de 2003, proc. C-167/01.

SOCIEDADES COMERCIAIS

cial, da expressão "sociedade formalmente estrangeira" (*formeel buitenlandse vennootscha*).

O *Kantongerecht te Amsterdam* decidiu suspender a Instância e reenviar para o TJUE duas questões prejudiciais[24], tendo o Tribunal de Justiça entendido que a Décima Primeira Diretiva 89/666/CEE, de 21 de dezembro de 1989, se opõe a uma legislação nacional que impõe obrigações de publicidade não previstas na referida diretiva à sucursal de uma sociedade constituída em conformidade com a legislação de outro Estado-Membro e ainda que os artigos 43.º e 48.º do TCE (atuais artigos 49.º e 54.º do TFUE) se opõem a uma legislação nacional que sujeita o exercício da liberdade de estabelecimento a título secundário nesse Estado, por uma sociedade constituída em conformidade com a legislação de outro Estado-Membro, a determinadas condições previstas no direito interno para a constituição de sociedades, relativas ao capital mínimo e à responsabilidade dos administradores.

2.5. Acórdão *Sevic*[25]

A *SEVIC Systems AG*, sociedade com sede em Neuwied (Alemanha), e a *Security Vision Concept SA*, sociedade com sede no Luxemburgo, celebraram um contrato de fusão que previa a dissolução da segunda sem liquidação e a transmissão integral do seu património para a *SEVIC*, sem alteração da denominação social desta última.

O pedido de registo da fusão foi recusado pelo *Amtsgericht Neuwied* já que a lei alemã apenas prevê as fusões entre sujeitos de direito com sede na

---

[24] A saber: 1) Devem as disposições conjugadas dos artigos 43.º e 48.º do TCE ser interpretadas no sentido de que obstam a que os Países Baixos subordinem, nos termos da *Wet op de formeel buitenlandse vennootschappen*, de 17 de dezembro de 1997, a condições adicionais, como as enunciadas nos artigos 2.º a 5.º desta lei, o estabelecimento, nos Países Baixos, de uma sucursal de uma sociedade que foi constituída no Reino Unido apenas com o objetivo de gozar das vantagens que a sua legislação oferece em comparação com uma constituição da sociedade nos termos do direito neerlandês, que impõe normas mais rígidas do que as aplicáveis no Reino Unido no que respeita à constituição das sociedades e à realização do seu capital, quando o direito neerlandês deduz aquele objetivo do facto de a sociedade exercer as suas atividades inteira ou quase inteiramente nos Países Baixos e, além disso, não ter qualquer ligação efetiva com o Estado em que vigora a legislação nos termos da qual a sociedade foi constituída?
2) Se da adequada interpretação destes artigos resultar que o disposto na *Wet op de formeel buitenlandse vennootschappen* é incompatível com eles, deve o artigo 46.º do TCE ser interpretado no sentido de que o disposto nos artigos 43.º e 48.º do TCE não obsta à aplicabilidade das disposições neerlandesas da *Wet op de formeel buitenlandse vennootschappen*, pelas razões avançadas na fundamentação desta lei pelo legislador neerlandês?
[25] Acórdão (TJUE) de 13 de dezembro de 2005, proc. C-411/03.

DIREITO DA UNIÃO EUROPEIA – ELEMENTOS DE DIREITO E POLÍTICAS DA UNIÃO

Alemanha. Interposto recurso para o *Landgericht Koblenz*, este suspendeu a instância e submeteu ao TJUE uma questão prejudicial, cujo objeto consistia em determinar se é compatível com a liberdade de estabelecimento de sociedades o facto de se recusar a inscrição no registo comercial nacional de uma fusão, por dissolução de uma sociedade sem liquidação e por transmissão universal do seu património para outra sociedade, quando uma das duas sociedades tem a sua sede noutro Estado-Membro, apesar de o registo poder ser admitido quando as sociedades que participam na fusão têm a sua sede na Alemanha.

O TJUE, considerando que no ordenamento jurídico germânico não existe nenhuma disposição legal que preveja a inscrição das fusões transfronteiriças no registo comercial nacional (ao contrário do que sucede com as fusões internas) e que, por essa razão, os pedidos de registo dessas fusões são genericamente recusados, sustentou que o direito alemão institui uma diferença de tratamento entre sociedades segundo a natureza interna ou transfronteiriça da fusão, que é suscetível de as dissuadir do exercício da liberdade de estabelecimento consagrada pelo Tratado e que uma medida como essa é uma restrição contrária ao direito de estabelecimento, só podendo ser admitida se prosseguir um objetivo legítimo e compatível com o Tratado e se se justificar por razões imperiosas de interesse geral[26], não ultrapassando o necessário para atingir aquele resultado.

2.6. Acórdão *Innoventif*[27]

Neste caso, a sociedade inglesa *Innoventif Ltd.* apresentou um pedido de registo de uma sucursal na Alemanha. O *Amtsgericht Charlottenburg* indeferiu-o com fundamento no facto de a *Innoventif Ltd.* se ter recusado a pagar um adiantamento por conta dos custos previsíveis de publicação do objeto social constante do seu ato constitutivo.

A *Innoventif Ltd.* recorreu desta decisão, tendo o *Landgericht Berlin* decidido suspender a instância e submeter ao TJUE a seguinte questão prejudicial: "É compatível com a liberdade de estabelecimento das sociedades, à luz

---

[26] A este propósito o TJUE afirmou que "não se pode excluir que existam razões imperiosas de interesse geral, como a proteção dos interesses dos credores, dos sócios minoritários e dos trabalhadores (v. Acórdão *Überseering*, de 5 de novembro de 2002, proc. C-208/00), e a preservação da eficácia das inspeções fiscais e da lealdade nas transações comerciais (v. Acórdão *Inspire Art*, de 30 de setembro de 2003, proc. C-167/01), que possam, em certas circunstâncias e no respeito de certas condições, justificar uma medida restritiva da liberdade de estabelecimento".

[27] Acórdão (TJUE) de 1 de junho de 2006, proc. C-453/04.

730

SOCIEDADES COMERCIAIS

dos artigos 43.º CE e 48.º CE, que se faça depender a inscrição, no registo comercial, de uma sucursal estabelecida na [...] Alemanha, por uma sociedade de capitais com sede [no Reino Unido], do pagamento de um adiantamento, que é calculado com base nos custos previsíveis da publicação do objeto social da sociedade, tal como consta das cláusulas pertinentes do ato constitutivo da sociedade?".

O TJUE respondeu afirmativamente, declarando que os artigos correspondentes aos atuais 49.º e 54.º do TFUE não se opõem a uma regulamentação de um Estado-Membro que faz depender a inscrição, no registo comercial, de uma sucursal de uma sociedade de responsabilidade limitada estabelecida noutro Estado-Membro do pagamento de um adiantamento por conta dos custos previsíveis para a publicação do objeto social descrito no ato constitutivo dessa sociedade.

2.7. Acórdão *Cartesio*[28]

A sociedade húngara Cartesio apresentou ao Tribunal de *Bács Kiskun* (na qualidade de Tribunal de Comércio) um pedido de alteração, no registo comercial, da inscrição respeitante à sua sede mediante o averbamento da transferência para Gallarate (Itália). Este pedido foi indeferido com fundamento no facto de a lei húngara não permitir que uma sociedade constituída na Hungria transfira a respetiva sede para o estrangeiro continuando, ao mesmo tempo, a estar sujeita ao direito húngaro como lei pessoal.

A *Cartesio* interpôs recurso para o *Szegedi Ítélőtábla*, alegando, nomeadamente, que a lei húngara é contrária aos artigos 43.º e 48.º do TCE (atuais artigos 49.º e 54.º do TFUE), na medida em que diferencia as sociedades comerciais consoante o Estado-Membro onde está situada a respetiva sede. O Tribunal decidiu suspender a instância e submeter ao TJUE, entre outras, a seguinte questão prejudicial: os artigos 43.º e 48.º do TCE [devem] ser interpretados no sentido de que [...] são incompatíveis com o direito comunitário uma regulamentação ou [uma] prática nacionais que impeçam uma sociedade [do Estado-Membro em causa] de transferir a sua sede [estatutária] para outro Estado-Membro [...]?

O TJUE entendeu que os artigos correspondentes aos atuais 49.º e 54.º do TFUE devem ser interpretados no sentido de que não se opõem a uma regulamentação de um Estado-Membro que impede que uma sociedade constituída ao abrigo do direito nacional desse Estado-Membro transfira a

[28] Acórdão (TJUE) de 16 de dezembro de 2008, proc. C-210/06.

DIREITO DA UNIÃO EUROPEIA – ELEMENTOS DE DIREITO E POLÍTICAS DA UNIÃO

respetiva sede para outro Estado-Membro, conservando ao mesmo tempo a sua qualidade de sociedade de direito nacional do Estado-Membro em conformidade com o qual foi constituída.

2.8. Acórdão *National Grid Indus*[29]

O pedido de decisão prejudicial patente neste acórdão surge no âmbito de um litígio que opõe a *National Grid Indus*, sociedade de direito neerlandês com sede social nos Países Baixos, ao *Inspecteur van de Belastingdienst Rijnmond/kantoor Rotterdam* (Inspetor do serviço de finanças de Rijnmond), a propósito da tributação das mais-valias latentes atinentes aos ativos da referida sociedade, aquando da transferência da sede ou direção efetiva para o Reino Unido.

Com efeito, apesar de ter transferido a sede ou direção efetiva para o Reino Unido, os rendimentos da *National Grid Indus* continuaram a ser tributados nos Países Baixos, pelo facto de esta sociedade ter sido constituída segundo o direito neerlandês. Contudo, por força de uma convenção, que prevalece sobre o direito nacional, a *National Grid Indus* devia ser considerada residente no Reino Unido, cabendo a este Estado-Membro o direito de tributar os seus rendimentos.

Como consequência da aplicação da convenção, a *National Grid Indus* deixou de auferir um lucro tributável nos Países Baixos, sendo necessário fazer a contabilização final das mais-valias latentes existentes à data da transferência da sede dessa empresa. Nestes termos, o *Inspecteur van de Belastingdienst Rijnmond/kantoor Rotterdam* decidiu que deveria ser tributado à *National Grid Indus*, designadamente, o lucro cambial do crédito, decisão impugnada, sucessivamente, no *Rechtbank Haarlem* e no *Gerechtshof Amsterdam* pela *National Grid Indus*.

O TJUE, no seguimento das questões prejudiciais[30] que lhe foram reenviadas pelo *Gerechtshof Amsterdam*, entendeu que uma sociedade constituída

---

[29] Acórdão (TJUE) de 29 de novembro de 2011, proc. C-371/10.

[30] 1) Uma sociedade, constituída em conformidade com a legislação de um determinado Estado--Membro, que transfira a sua sede efetiva desse para outro Estado-Membro e a quem o primeiro Estado-Membro imponha uma tributação de regularização final, por ocasião dessa transferência da sede social, pode, no atual estado do direito comunitário, invocar contra esse Estado-Membro o artigo 43.º do TCE (atual artigo 49.º do TFUE)?

2) Em caso de resposta afirmativa à primeira questão: uma tributação de regularização final como a que está em causa, que também incide sobre as mais-valias dos ativos transferidos do Estado--Membro de saída para o Estado-Membro de acolhimento existentes à data da transferência da

732

SOCIEDADES COMERCIAIS

segundo o direito de um Estado-Membro, que transfere a sede da sua direção efetiva para outro Estado-Membro, sem que essa transferência implique a perda da sua qualidade de sociedade do primeiro Estado-Membro, pode invocar o artigo 49.º do TFUE para efeitos da impugnação da legalidade de um imposto que lhe foi liquidado pelo primeiro Estado-Membro aquando da referida transferência de sede. Não obstante, sustentou que o artigo 49.º do TFUE deve ser interpretado no sentido de não se opor a uma legislação de um Estado-Membro por força da qual o montante do imposto sobre as mais-valias latentes atinentes a elementos do património de uma sociedade seja fixado definitivamente no momento em que a sociedade, devido à transferência da sede da sua direção efetiva para outro Estado-Membro, deixa de auferir lucros tributáveis no primeiro Estado-Membro. Além disso, considerou que o referido artigo se opõe a uma legislação de um Estado-Membro que impõe a cobrança imediata do imposto sobre as mais-valias atinentes a elementos do património de uma sociedade que transfere a sede da sua direção efetiva para outro Estado-Membro.

2.9. Acórdão *VALE*[31]

A VALE Construzioni, sociedade italiana, requereu o cancelamento da sua inscrição no registo daquele Estado-Membro, indicando a intenção de transferir a sua sede social para a Hungria e de aí prosseguir a sua atividade, cessando a atividade em Itália. A autoridade competente do registo comercial em Roma deferiu este pedido e cancelou o registo desta sociedade.

O diretor da VALE Construzioni e outra pessoa singular aprovaram, em Roma, os estatutos da VALE Építési, sociedade de responsabilidade limitada de direito húngaro, tendo ainda liberado o capital requerido para efeitos da sua inscrição no registo comercial húngaro.

---

sede social, sem diferimento do pagamento e sem a possibilidade de tomar em conta as menos valias posteriores, é incompatível com o artigo 43.º do TCE (atual artigo 49.º do TFUE), no sentido de que uma tal tributação de regularização final não pode ser justificada pela necessidade de repartir a competência fiscal entre os Estados-Membros?
3) [A] resposta à questão anterior também [depende do] facto de a tributação de regularização final em apreço se referir a lucros (cambiais) acumulados sob a jurisdição fiscal neerlandesa, [quando] estes lucros não pod[em] ser expressos no país de acolhimento por força do regime fiscal aí vigente?
[31] Acórdão (TJUE) de 12 de julho de 2012, proc. C-378/10.

DIREITO DA UNIÃO EUROPEIA – ELEMENTOS DE DIREITO E POLÍTICAS DA UNIÃO

O representante legal da VALE Építési apresentou um pedido de registo da sociedade na Hungria, no Fővárosi Bíróság (Tribunal da Comarca de Budapeste), mencionando a VALE Construzioni como antecessora jurídica da VALE Építési. Todavia, aquele Tribunal, decidindo em primeira instância, indeferiu o pedido de registo, tendo esta decisão sido confirmada, em sede de recurso, pelo Fővárosi ítélőtábla.

A VALE Építési recorreu para o *Legfelsőbb Bíróság* (Supremo Tribunal da Hungria) alegando que o despacho recorrido viola as disposições diretamente aplicáveis dos artigos 49.º e 54.º do TFUE. Nestas circunstâncias, o TJUE, na sequência das questões prejudiciais[32] que lhe foram apresentadas

[32] 1) O Estado-Membro de acolhimento deve ter em consideração o disposto nos artigos [49.º e 54.º do TFUE] quando uma sociedade constituída noutro Estado-Membro (Estado [...] de origem) para aí transfira a sua sede, sendo – por esse motivo – cancelada a sua inscrição no registo do Estado-Membro de origem, aprovando os seus sócios um novo pacto social, elaborado em conformidade com o direito do Estado [...] de acolhimento, e pedindo a referida sociedade a sua inscrição no registo comercial do Estado-Membro de acolhimento em conformidade com o direito deste último?

2) Em caso de resposta afirmativa à primeira questão, devem os artigos [49.º e 54.º do TFUE] ser interpretados no sentido de que se opõem a uma regulamentação ou prática de um Estado-Membro (de acolhimento) que nega a uma sociedade legalmente constituída em conformidade com o direito de outro Estado-Membro (de origem) o direito de transferir a sua sede social para o Estado [...] de acolhimento e aí continuar a exercer a sua atividade ao abrigo do direito deste último?

3) Para a resposta à segunda questão importa ter em conta o motivo pelo qual o Estado-Membro de acolhimento recusa a inscrição da sociedade requerente no registo comercial, e mais concretamente:

– o facto de no pacto social entregue no Estado [...] de acolhimento a sociedade mencionar como sua antecessora jurídica a sociedade constituída no Estado-Membro de origem, em cujo registo comercial a sua inscrição foi cancelada, e solicitar que a referida antecessora seja mencionada como a sua própria antecessora jurídica no registo comercial do Estado [...] de acolhimento, bem como,

– a questão de saber se, em caso de transformação internacional intracomunitária, o Estado [...] de acolhimento é obrigado, quando examina um pedido de registo de inscrição de uma sociedade no seu registo comercial, a ter em conta o ato através do qual o Estado-Membro de origem averbou a transferência da sede social no seu registo comercial e, em caso de resposta afirmativa, em que medida?

4) Pode o Estado-Membro de acolhimento examinar um pedido de registo de inscrição no seu registo comercial, apresentado por uma sociedade que procedeu a uma transformação internacional intracomunitária, aplicando as disposições do seu direito interno que regulam a transformação das sociedades a nível nacional, ou seja, exigindo que a sociedade em causa satisfaça todos os requisitos que o seu direito interno impõe em caso de transformação nacional (por exemplo, elaboração de um balanço e de um inventário dos ativos) ou, pelo contrário, impõem os artigos [49.º e 54.º do TFUE] que este Estado introduza uma distinção entre as transformações interna-

734

SOCIEDADES COMERCIAIS

por aquele Tribunal, declarou que os artigos 49.º e 54.º do TFUE deveriam ser interpretados no sentido de que se opõem a uma legislação nacional que não permita a transformação de uma sociedade de direito de outro Estado--Membro em sociedade de direito nacional através da constituição desta última. Não obstante, foi referido na decisão final que os artigos mencionados deveriam ser interpretados no contexto de uma transformação transfronteiriça de uma sociedade, no sentido de que o Estado-Membro de acolhimento tem o direito de determinar o direito interno pertinente quanto a tal operação e de aplicar as disposições do seu direito nacional relativas às transformações internas que regulam a constituição e o funcionamento de uma sociedade, tais como as exigências quanto à preparação de um balanço e de um inventário de ativos. Contudo, por respeito pelos princípios da equivalência e da efetividade, o Estado-Membro de acolhimento, encontra--se proibido de recusar a menção da sociedade que solicitou a transformação como "antecessora jurídica" se tal menção se encontrar prevista para as transformações internas, bem como recusar ter devidamente em conta os documentos emitidos pelas autoridades do Estado-Membro de origem aquando do procedimento de registo da sociedade.

2.10. Acórdão *Impacto Azul*[33]

A Impacto Azul é uma sociedade por quotas portuguesa cuja atividade consiste, nomeadamente, na compra e venda de imóveis. A BPSA 9 – Promoção e Desenvolvimento de Investimentos Imobiliários, SA é uma sociedade portuguesa detida a 100% pela Bouygues Imobiliária – SGPS, Lda., com sede em Portugal, sendo esta, por sua vez, totalmente dominada pela Bouygues Immobilier SA (sociedade francesa), sociedade-mãe que dirige todas as sociedades que integram o grupo.

A Impacto Azul e a BPSA 9 celebraram um contrato-promessa de compra e venda, nos termos do qual a Impacto Azul prometia vender à BPSA 9 um imóvel e esta última se comprometia a comprá-lo.

Segundo a Impacto Azul, a BPSA 9 não respeitou as suas obrigações contratuais e, por isso, interpôs uma ação no Tribunal Judicial de Braga, alegando, nomeadamente, que o incumprimento do contrato era principal-

---

cionais intracomunitárias e as transformações a nível nacional e, em caso de resposta afirmativa, em que medida?

[33] Acórdão (TJUE) de 20 de junho de 2013, proc. C-186/12.

mente imputável à Bouygues Imobiliária – SGPS, Lda. e à Bouygues Immobilier, SA, na sua qualidade de sociedades-mãe, em conformidade com a responsabilidade solidária das sociedades-mãe pelas obrigações das suas filiais, prevista no artigo 501.º, em conjugação com o artigo 491.º, ambos do Código das Sociedades Comerciais [CSC].

Todavia, como os referidos preceitos do CSC apenas se aplicam se a sociedade-mãe tiver sede em Portugal (artigo 481.º, n.º 2, do CSC), a Impacto Azul invocou uma violação do artigo 49.º do TFUE e o Tribunal Judicial de Braga decidiu suspender a instância e submeter ao TJUE a seguinte questão prejudicial: a exclusão da aplicação do regime previsto no artigo 501.º do CSC às empresas sedeadas noutro Estado-Membro, por força do regime previsto no artigo 481.º, n.º 2, do CSC, é contrária ao direito da União, designadamente ao artigo 49.º do TFUE, de acordo com a interpretação que a tal normativo vem sendo dada pelo TJUE?

O TJUE, depois de salientar que "tendo em conta a falta de harmonização, ao nível da União, das regras em matéria de grupos de sociedades, os Estados-Membros continuam, em princípio, a ser competentes para determinar o direito aplicável à dívida de uma sociedade coligada" e que o direito português prevê a responsabilidade solidária das sociedades-mãe para com os credores das suas filiais unicamente no que respeita às sociedades-mãe com sede em Portugal, declarou que "em circunstâncias como as que estão em causa no processo principal, o artigo 49.º TFUE não se opõe a que um Estado-Membro possa legitimamente melhorar a situação dos credores dos grupos presentes no seu território" e que "a inaplicabilidade de um regime como o do artigo 501.º do CSC às empresas com sede noutro Estado-Membro, em virtude de um regime como o previsto no artigo 481.º, n.º 2, do CSC, não é suscetível de tornar menos atrativo o exercício, pelas sociedades-mãe com sede noutro Estado-Membro, da liberdade de estabelecimento garantida pelo Tratado". Por isso, decidiu que, "no que respeita ao tratamento concedido às sociedades-mãe com sede em Estados-Membros diferentes da República Portuguesa, uma regulamentação nacional como a que está em causa no processo principal não constitui uma restrição à liberdade de estabelecimento na aceção do artigo 49.º do TFUE".

III. A harmonização das legislações dos Estados-Membros
A concretização da liberdade de estabelecimento das sociedades exige, naturalmente, uma harmonização das legislações aplicáveis nos diferentes Estados-Membros. Daí que se tenha assistido, desde cedo, a uma intensa ati-

SOCIEDADES COMERCIAIS

vidade no que respeita à preparação e aprovação de diretivas comunitárias, cuja "idade de ouro" se situou entre os finais da década de sessenta e o virar do século XX[34].

Todavia, a extrema morosidade na aprovação de algumas e o abandono dos projetos e das propostas de outras[35], revelaram dificuldades de conciliação dos diferentes sistemas vigentes[36].

Assim, às chamadas diretivas «de primeira geração», caracterizadas por serem muito prescritivas, deixando pouca margem de liberdade aos Estados-Membros (de que são exemplos as 1.ª e 2.ª diretivas referidas no quadro *infra*), seguiram-se as diretivas de «segunda geração»[37], que adotaram modelos mais flexíveis (v., por exemplo, as 4.ª, 7.ª e 8.ª diretivas), as diretivas de «terceira geração», que refletindo a mudança de paradigma da Comissão, por ocasião da aprovação do Acto Único Europeu, cingem-se à harmonização relativa a aspetos essenciais (*v. g.*, a 12.ª diretiva), e, mais recentemente, as diretivas de «quarta geração», que estabelecem «'quadros-gerais' modelos»[38] e associam as intervenções legislativas "às atividades e processos das entidades reguladoras autónomas"[39] (é o caso da 13.ª diretiva, por exemplo).

Por razões de economia, limitamo-nos a elencar as principais diretivas aprovadas neste domínio[40], bem como as propostas e projetos de diretivas existentes até à data.

---

[34] José Engrácia Antunes, «Novos rumos do direito societário europeu – o "report of the reflection group on the future of EU Company Law"», in *II Congresso Direito das Sociedades em Revista*, Almedina, Coimbra, 2012, p. 347.

[35] V. quadro *infra*.

[36] Nomeadamente no que toca à questão da cogestão (*i. e.*, da participação dos trabalhadores na *gestão* das sociedades). Para maiores desenvolvimentos sobre este ponto, cf. António Menezes Cordeiro, *Direito Europeu das Sociedades, cit.*, pp. 727 e segs.

[37] Charlotte Villiers, *European Company Law: towards democracy*, Darshmouth, Aldershot, 1998, p. 20, *apud* Simon Deakin, "Regulatory competition verss harmonization in European Company Law", ESRC Centre for Business Research, University of Cambridge, Working Paper n.º 163, march 2000, p. 7 (disponível para consulta em *http://www.cbr.cam.ac.uk/pdf/wp163.pdf*).

[38] Simon Deakin, "Regulatory competition verss harmonization in European Company Law", *cit.*

[39] V. nota anterior.

[40] A listagem exaustiva pode ser consultada em *http://eur-lex.europa.eu/browse/directories/legislation.html*.

DIREITO DA UNIÃO EUROPEIA – ELEMENTOS DE DIREITO E POLÍTICAS DA UNIÃO

DIRETIVAS
Garantias dos sócios e de terceiros
[1.ª][41] Diretiva tendente a coordenar as garantias que, para proteção dos interesses dos sócios e de terceiros, são exigidas nos Estados-Membros às sociedades, a fim de tornar equivalentes essas garantias em toda a Comunidade – Diretiva 2009/101/CE, de 16 de setembro de 2009[42]
Garantias do capital social
[2.ª] Diretiva tendente a coordenar as garantias que, para proteção dos interesses dos sócios e de terceiros, são exigidas nos Estados-Membros às sociedades, no que respeita à constituição da sociedade anónima, bem como à conservação e às modificações do seu capital social, a fim de tornar equivalentes essas garantias em toda a Comunidade – Diretiva 2012/30/UE, de 25 de outubro de 2012 (reformulação)[43]
Fusão
[3.ª] Diretiva 78/855/CEE, de 9 de outubro de 1978, codificada pela Diretiva 2011/35//UE, de 5 de abril de 2011, relativa à fusão das sociedades anónimas
[10.ª] Diretiva 2005/56/CE, de 26 de outubro de 2005, relativa às fusões transfronteiriças das sociedades de responsabilidade limitada
Cisão
[6.ª] Diretiva 82/891/CEE, de 17 de dezembro de 1982, relativa às cisões das sociedades anónimas
Prestação de contas
[4.ª] Diretiva 78/660/CEE, de 25 de julho de 1978, relativa às contas anuais de certas formas de sociedades

[41] Inicialmente as diretivas eram aprovadas referindo-se o número ordinal. Todavia, o referido número não corresponde (necessariamente) à ordem pela qual foram aprovadas. Aliás, atentos os atrasos verificados nos trabalhos preparatórios de algumas e a falta de apresentação/aprovação das propostas de outras (v. quadro *supra*), o legislador comunitário, a partir da 13.ª, deixou de referir o respetivo número ordinal. Optámos por indicá-los entre parêntesis retos pelo facto de, na doutrina, essas diretivas ainda hoje serem assim conhecidas.
[42] A 1.ª Diretiva aprovada no domínio das sociedades foi a Diretiva 68/151/CEE, de 9 de março 1968, que depois de ter sido por diversas vezes alterada, acabou por ser revogada, na sequência da codificação operada pela diretiva referida no quadro.
[43] A 2.ª Diretiva aprovada no domínio societário foi a Diretiva 77/91/CEE, de 13 de dezembro de 1976, que foi codificada pela diretiva referida no quadro.

SOCIEDADES COMERCIAIS

[7.ª] Diretiva 83/349/CEE, de 13 de junho de 1983, relativa às contas consolidadas, revogada pela Diretiva 2006/43/CE, de 17 de maio de 2006, relativa à revisão legal das contas anuais e consolidadas [8.ª] Diretiva 84/253/CEE, de 10 de abril de 1984, revogada pela Diretiva 2006/43//CE, referida *supra*
Publicidade de sucursais
[11.ª] Diretiva 89/666/CEE, de 21 de dezembro de 1989, relativa à publicidade das sucursais criadas num Estado-Membro para certas formas de sociedades reguladas pelo direito de outro Estado
Sociedades unipessoais
[12.ª] Diretiva 89/667/CEE, de 21 de dezembro de 1989, codificada pela Diretiva 2009/102/CE, de 16 de setembro de 2009, em matéria de responsabilidade limitada com um único sócio
Ofertas Públicas de Aquisição
[13.ª] Diretiva 2004/25/CE, de 21 de abril de 2004, relativa às ofertas públicas de aquisição
Exercício de certos direitos dos acionistas de sociedades cotadas
Diretiva 2007/36/CE, de 11 de julho de 2007
Interconexão de registos centrais, dos registos comerciais e dos registos das sociedades
Diretiva 2012/17/UE, de 13 de junho de 2012
PROPOSTAS DE DIRETIVAS
Proposta de 5.ª Diretiva (estrutura das sociedades anónimas, poderes e obrigações dos seus órgãos)
A Proposta foi apresentada em 9 de outubro de 1972 e alterada por diversas vezes até ser retirada em 2004, fundamentalmente pela impossibilidade de se obter consenso relativamente à matéria da cogestão[44].

---

[44] Para maiores desenvolvimentos, cf., entre nós e por todos, ANTÓNIO MENEZES CORDEIRO, *Direito Europeu das Sociedades*, cit., pp. 679 e segs.

DIREITO DA UNIÃO EUROPEIA – ELEMENTOS DE DIREITO E POLÍTICAS DA UNIÃO

Todavia, quer da Resolução do Parlamento Europeu, de 12 de junho de 2012, sobre o futuro do direito europeu de sociedades, quer da Comunicação da Comissão ao Parlamento Europeu, ao Conselho, ao Comité Económico e Social Europeu e ao Comité das Regiões, de 12 de dezembro de 2012 (intitulada "Plano de ação: Direito das Sociedades Europeu e governo das sociedades – um quadro jurídico moderno com vista a uma maior participação dos acionistas e à sustentabilidade das empresas")[45], parece resultar que poderá vir a registar-se alguma evolução neste domínio.

Proposta de 14.ª Diretiva (transferência transfronteiriça da sede social)

Os trabalhos preparatórios tiveram início em 1993, com a publicação de um estudo pela Comissão[46] que originou a proposta de 14.ª Diretiva em 1997[47]. A Comissão Europeia acabaria, contudo, por decidir não a apresentar, na sequência de um estudo de avaliação do seu impacto[48].

No entanto, na sequência da recomendação do relatório do Grupo de Reflexão sobre o futuro do direito europeu de sociedades, a Comissão Europeia, na Comunicação "Plano de ação: Direito das Sociedades Europeu e governo das sociedades – um quadro jurídico moderno com vista a uma maior participação dos acionistas e à sustentabilidade das empresas" (citada), admite que "ao longo de 2013, (...) levará a cabo consultas públicas e específicas para atualizar a sua avaliação de impacto sobre uma eventual iniciativa relativa à transferência transfronteiras da sede social"[49], acrescentando ainda que "subsequentemente, (...) ponderará a necessidade de uma iniciativa legislativa"[50].

Proposta de Diretiva relativa à *societas unius personae* [SUP]

Mais recentemente e na sequência de ter sido retirada a Proposta de Regulamento do Conselho relativo ao Estatuto da Sociedade Privada Europeia, de 25 de junho de 2008 – COM(2008) 396/3[51], foi apresentada a proposta de Diretiva do Parlamento e do Conselho relativa às sociedades unipessoais de responsabilidade limitada, de 9 de abril de 2014 [v. COM(2014) 212 final].

---

[45] COM(2012) 740 final.
[46] V. Study on the transfer of the head office of a company from one member state to another, KPMG European Business Centre.
[47] Proposta (Com XV/D2/6002/97) de 11 de novembro de 1997.
[48] Para maiores desenvolvimentos, cf., entre outros, MARIA DE DEUS MAIO MADALENA BOTELHO, «Fusões transfronteiriças – As origens da Directiva 2005/56/CE e o "novo" processo de fusão simplificado», *cit.*, pp. 38 e segs.
[49] Essa consulta decorreu entre 14 de janeiro de 2013 e 17 de abril de 2013 (*http://ec.europa.eu/internal_market/consultations/2013/seat-transfer/index_en.htm*).
[50] Comunicação *cit.*, pp. 13 e 18.
[51] Sobre esta, v. *infra* 4.1.

SOCIEDADES COMERCIAIS

PROJETO DE DIRETIVA
Projeto de 9.ª Diretiva (grupos de sociedades)
O primeiro projeto desta Diretiva foi apresentado em 1974 e em 1975[52]. Todavia, nem chegou a passar a proposta, não tendo sido sequer publicado[53]. O mesmo sucedeu com o projeto apresentado em 1984. Contudo, é possível que se venha a registar uma evolução neste domínio, já que, no seguimento da recomendação do relatório do Grupo de Reflexão sobre o futuro do direito europeu de sociedades, na Comunicação da Comissão ao Parlamento Europeu, ao Conselho, ao Comité Económico e Social Europeu e ao Comité das Regiões, de 12 de dezembro de 2012, intitulada "Plano de ação: Direito das Sociedades Europeu e governo das sociedades – um quadro jurídico moderno com vista a uma maior participação dos acionistas e à sustentabilidade das empresas" (citada) é referido que «em 2014, a Comissão apresentará uma iniciativa [a determinar] para melhorar tanto a informação disponível sobre grupos como o reconhecimento do conceito de "interesse de grupo"»[54-55].

IV. A criação de tipos comunitários

A construção de um mercado único implica, porém, ir mais longe, criando tipos comunitários – como a Sociedade Europeia (SE), o Agrupamento Europeu de Interesse Económico (AEIE) e a Sociedade Cooperativa Europeia (SCE) – que permitam fomentar a cooperação empresarial e que aqui importa referir de modo mais desenvolvido.

---

[52] Cf. MARCUS LUTTER, *Europäischen Gesellschaftsrecht*, 2.ª ed., De Gruyter, 1984, pp. 187 e segs.

[53] Todavia, pode ser consultado, entre nós, na obra citada de ANTÓNIO MENEZES CORDEIRO, *Direito Europeu das Sociedades*, cit., pp. 751 e segs.

Para maiores desenvolvimentos sobre esta matéria e para além do último Autor citado, cf. RAÚL VENTURA, "Grupos de sociedades – uma introdução comparativa a propósito de um projeto preliminar de Directiva da CEE", in *Revista da Ordem dos Advogados (ROA)*, 1981, pp. 23 e segs., 305 e segs.

[54] Defendendo a conveniência de um regime jurídico global específico dos grupos, fundamentada pela necessidade de proteção dos interesses dos sócios minoritários e dos credores das sociedades dominadas, por um lado, e de igualdade da concorrência e segurança jurídica, por outro, cf. JORGE M. COUTINHO DE ABREU/ALEXANDRE SOVERAL MARTINS/PAULO TARSO DOMINGUES/RICARDO COSTA/RUI PEREIRA DIAS/ELDA MARQUES/ORLANDO VOGLER GUINÉ, "O futuro do direito europeu de sociedades", *cit.*, p. 32.

[55] Defendendo a conveniência de um regime jurídico global específico dos grupos, fundamentada pela necessidade de proteção dos interesses dos sócios minoritários e dos credores das sociedades dominadas, por um lado, e de igualdade da concorrência e segurança jurídica, por outro, cf. JORGE M. COUTINHO DE ABREU/ALEXANDRE SOVERAL MARTINS/PAULO TARSO DOMINGUES/RICARDO COSTA/RUI PEREIRA DIAS/ELDA MARQUES/ORLANDO VOGLER GUINÉ, "O futuro do direito europeu de sociedades", *cit.*, p. 32.

DIREITO DA UNIÃO EUROPEIA – ELEMENTOS DE DIREITO E POLÍTICAS DA UNIÃO

Tipos comunitários
Agrupamento Europeu de Interesse Económico (AEIE)
Regulamento (CEE) n.º 2137/85, de 25 de julho de 1985, relativo à instituição de um Agrupamento Europeu de Interesse Económico
Sociedade Europeia (SE)
Regulamento (CE) n.º 2157/2001, de 8 de outubro de 2001, relativo ao estatuto da sociedade europeia
Sociedade Cooperativa Europeia (SCE)
Regulamento (CE) n.º 1435/2003, de 22 de julho de 2003, relativo ao Estatuto da Sociedade Cooperativa Europeia

1. Agrupamento Europeu de Interesse Económico[56]

1.1. Origem

A cooperação económica entre empresas dos diferentes Estados-Membros podia enfrentar dificuldades de natureza jurídica, fiscal ou psicológica[57]. Atenta a necessidade de as ultrapassar foi criado o primeiro tipo comunitário: o Agrupamento Europeu de Interesse Económico [AEIE] pelo Regulamento (CEE) n.º 2137/85, de 25 de julho de 1985 [RAEIE].

O AEIE corresponde à versão europeia do *groupement d'intérêt économique* francês, criado em 1967[58], já que não existiam instrumentos jurídicos que permitissem a prossecução de atividades económicas de modo autónomo,

---

[56] Cf. Maria Ângela Coelho Bento Soares, "Algumas notas sobre o agrupamento europeu de interesse económico (A.E.I.E.)", in *Revista de Direito e Economia* (*RDE*), 1984/1985, pp. 395 e segs.; Maria do Céu Athayde de Tavares, "O agrupamento europeu de interesse económico", in *Revista da Banca*, n.º 8, outubro/dezembro, 1988, pp. 151 e segs.; Isabel Meireles, *Os Novos Institutos Societários de Direito Comunitário. O Agrupamento Europeu de Interesse Económico. A Sociedade Europeia*, Elcla Editora, Porto, 1992; António Menezes Cordeiro, *Direito Europeu das Sociedades*, cit., pp. 843 e segs.; Rui Pinto Duarte, "Formas jurídicas da cooperação entre empresas", in *DSR*, setembro 2010, ano 2, vol. 4, pp. 152 e seg.; Margaret Anderson, *European Economic Interest Groupings (Current EC Legal Developments Series)*, Butterworths, London, 1990.

[57] Considerandos 1 e 2 do RAEIE.

[58] Ord. 67-821, de 23 de setembro de 1967.

Em Portugal, na esteira do ordenamento jurídico francês, o Agrupamento Complementar de Empresas [ACE] foi regulado pela Lei n.º 4/73, de 4 de junho, e pelo DL n.º 430/73, de 25 de agosto.

SOCIEDADES COMERCIAIS

mas complementar às desenvolvidas pelos membros. Com efeito, "a ideia de que a sociedade implica o exercício *em comum* de certa actividade económica (e não uma mera coordenação de actividades separadas) e a ideia de que essa actividade há-de ser lucrativa (em vez de poder ser meramente de apoio ou complementar) mostram que os legisladores não quiseram abranger as formas de cooperação económica que não dão lugar a uma nova actividade económica autónoma"[59].

O projeto foi apresentado em 1971 e, como Menezes Cordeiro sublinha, "(...) [a ideia] tornou-se tanto mais sedutora quanto é certo que [como veremos *mais adiante*] o projecto de sociedade europeia, de 1970, encontrou pela frente dificuldades inultrapassáveis" e "um esquema tipo GIE [*groupement d'intérêt économique*] representaria algo de bastante mais simples: excelente oportunidade para relançar a ideia de tipos societários europeus"[60].

A Comissão Europeia apresentou a proposta de Regulamento em 21 de dezembro de 1973, seguindo-se o Parecer do Comité Económico e Social, em 27 de fevereiro de 1975, e a votação pelo Parlamento Europeu, em 14 de junho de 1977. Atendendo às alterações indicadas, acabaria por ser apresentada uma proposta modificada em 12 de abril de 1978.

O RAEIE entrou em vigor no dia 28 de julho de 1985, sendo aplicável desde 1 de julho de 1989, com exceção do disposto nos artigos 39.º, 41.º, e 42.º que se aplicaram no momento do início da vigência deste diploma (artigo 43.º do RAEIE).

1.2. Regime jurídico[61]

O regime jurídico do AEIE resulta do regulamento referido e ainda da legislação nacional aplicável do Estado-Membro em que tenham sede contratual. Assim, os AEIE's que tenham sede em Portugal regem-se, para além do RAEIE, pelo DL n.º 148/90, de 9 de maio e pelo DL n.º 2/91, de 5 de janeiro, sendo ainda supletivamente aplicáveis as normas da Lei n.º 4/73, de 4 de junho, do DL n.º 430/73, de 25 de agosto (*ex vi* artigo 12.º do DL n.º 148/90)

---

[59] RUI PINTO DUARTE, "Formas jurídicas da cooperação entre empresas", *cit.*, p. 150, referindo-se neste trecho ao Agrupamento Complementar de Empresas português, mas que cremos ser também aplicável ao AEIE (v. o artigo 3.º e o considerando 5 do RAEIE).
[60] ANTÓNIO MENEZES CORDEIRO, *Direito Europeu das Sociedades, cit.*, p. 844.
[61] Salvo indicação contrária, os artigos referidos neste ponto são do RAEIE.

e as normas aplicáveis às sociedades em nome coletivo previstas nos artigos 175.º e segs. do CSC[62] (v. artigo 20.º do DL n.º 430/73).

1.2.1. Sujeitos

O AEIE deve estar tão aberto quanto possível às pessoas singulares, sociedades e outras entidades jurídicas. Por isso, o artigo 4.º do RAEIE estabelece, no n.º 1, que podem ser membros de um AEIE as sociedades e outras entidades jurídicas de direito público ou privado, constituídas de acordo com a legislação de um Estado-Membro que tenham a sua sede estatutária ou legal e a sua administração central na Comunidade [alínea *a*)][63] e as pessoas singulares que exerçam uma atividade industrial, comercial, artesanal, agrícola, que exerçam um profissão liberal ou que prestem outros serviços na Comunidade [alínea *b*)].

Não obstante, qualquer Estado-Membro pode excluir ou restringir, por razões de interesse público, a participação de determinadas categorias de pessoas singulares, de sociedades ou de outras entidades jurídicas em qualquer agrupamento (artigo 4.º, n.º 4, e considerando 8 do RAEIE).

Os membros do AEIE devem ser de, pelo menos, dois Estados-Membros diferentes e têm como número mínimo dois (artigo 4.º, n.º 2), podendo os Estados-Membros estabelecer o máximo de vinte membros (artigo 4.º, n.º 3).

As regras legais e/ou deontológicas nacionais relativas às condições de exercício de uma atividade ou de uma profissão são aplicáveis e o RAEIE, *por si só*, não confere a ninguém o direito de participar num agrupamento, *mesmo que estejam preenchidas as condições por ele previstas* (v. considerandos 6 e 7 do RAEIE).

1.2.2. Objeto

Uma vez que o objetivo do AEIE é facilitar ou desenvolver a atividade económica dos seus membros, melhorar ou aumentar os resultados desta atividade e não realizar lucros para si próprio[64], o objeto do AEIE – que pode ser

---

[62] Aprovado pelo DL n.º 262/86, de 2 de setembro [CSC].

[63] Todavia, quando, de acordo com a legislação de um Estado-Membro, uma sociedade ou outra entidade jurídica não for obrigada a ter uma sede estatutária ou legal, basta que esta sociedade ou outra entidade jurídica tenha a sua administração central na Comunidade [artigo 4.º, n.º 1, alínea *a*), *in fine*].

[64] Repare-se que, diferentemente do que sucede com os ACE's, aqui não se admite a prossecução do lucro acessoriamente. No mesmo sentido, cf. Jorge M. Coutinho de Abreu, *Curso de Direito Comercial*, vol. I, 8.ª ed., Almedina, Coimbra, 2011, p. 34.

SOCIEDADES COMERCIAIS

civil ou comercial[65] – deve estar relacionado com a atividade económica dos seus membros, devendo auxiliá-la ou complementá-la, mas não substitui-la (artigo 3.º, n.º 1, do RAEIE).

Estão, por isso, vedadas algumas atividades ao AEIE no artigo 3.º, n.º 2, a saber:

a) Exercer, direta ou indiretamente, um poder de direção ou de controlo das atividades próprias dos seus membros ou das atividades de uma outra empresa;
b) Deter, direta ou indiretamente, a qualquer título, participações sociais;
c) Empregar mais de 500 assalariados[66];
d) Ser utilizado por uma sociedade para conceder determinados empréstimos;
e) Ser membro de um outro AEIE.

1.2.3. Processo constitutivo

O processo constitutivo do AEIE implica a celebração de um contrato[67], o seu registo e a sua publicação (artigos 1.º, n.º 1, 6.º e 8.º).

O contrato tem de conter as menções obrigatórias previstas no artigo 5.º[68]: a denominação do agrupamento antecedida ou seguida da expressão «agrupamento europeu de interesse económico» ou das iniciais «AEIE», a não ser que esta expressão ou estas iniciais estejam já incluídas na denominação; a sede; o objetivo; a identificação dos membros e a duração do agrupamento, quando não for indeterminada.

O contrato é registado no Estado em que está situada a sede (artigos 6.º e 7.º)[69], cabendo aos Estados-Membros determinar se os AEIE's inscritos nos seus registos têm ou não personalidade jurídica[70] (artigo 1.º, n.º 3).

---

[65] Os AEIE's, com sede em Portugal, que tenham por objeto praticar atos de comércio são considerados comerciantes (v. artigo 3.º, n.º 2, do DL n.º 148/90, de 9 de maio).

[66] Como ANTÓNIO MENEZES CORDEIRO refere (*Direito Europeu das Sociedades, cit.*, p. 847, nota 1124), "a razão desta limitação tem a ver com a co-gestão; acima dessa cifra e pela lógica do Projecto modificado de 5.ª Directriz, haveria que montar um esquema de co-gestão (...)".

[67] O AEIE não pode constituir-se com apelo ao investimento do público (artigo 23.º).

[68] No caso dos AEIE's que tenham sede em Portugal, o contrato tem de ser celebrado por escrito (artigo 2.º do DL n.º 148/90, de 9 de maio).

[69] Os restantes atos relativos ao AEIE sujeitos a registo estão previstos no artigo 7.º.

[70] V. *infra* 1.2.5.

DIREITO DA UNIÃO EUROPEIA – ELEMENTOS DE DIREITO E POLÍTICAS DA UNIÃO

Segue-se a publicação das menções referidas no artigo 8.º no *JOUE* (artigo 39.º, n.º 2) e no boletim oficial adequado do Estado-Membro em que o agrupamento tenha a sua sede (artigo 39.º, n.º 1).

Com o fim de maximizar a publicidade, o RAEIE determina ainda que as cartas, notas de encomenda e documentos semelhantes devem conter determinadas menções de modo legível (*v. g.*, a denominação; a sede; as indicações relativas ao registo) – artigo 25.º.

Se antes do registo forem praticados atos em nome de um AEIE e estes não forem assumidos pelo agrupamento após o registo, as pessoas que os tenham praticado são responsáveis por aqueles de forma solidária e ilimitada (artigo 9.º, n.º 2).

Os atos e indicações sujeitos a publicação são oponíveis pelo agrupamento em relação a terceiros nas condições previstas pelo direito nacional aplicável (artigo 9.º, n.º 1).

A nulidade do AEIE tem de ser declarada judicialmente e implica a liquidação do agrupamento. A declaração de nulidade é oponível a terceiros, embora não afete a validade das obrigações nascidas a cargo ou em benefício do AEIE anteriormente à data em que se torna oponível a terceiros (artigo 15.º) e tem de ser registada [artigo 7.º, alínea *c*)].

1.2.4. Sede

A sede do AEIE deve situar-se na União Europeia, sendo fixada no lugar em que o agrupamento tem a sua administração central ou no lugar em que um dos membros do agrupamento tem a sua administração central ou ainda, quando se trate de uma pessoa singular, no local em que tem a sua atividade principal, desde que o agrupamento desenvolva uma atividade real nesse lugar (artigo 12.º).

A transferência da sede está prevista nos artigos 13.º e 14.º.

Trata-se de um elemento do contrato de grande relevo já que determina a lei aplicável ao contrato de agrupamento (exceto quanto às questões relativas ao estado e à capacidade das pessoas singulares e à capacidade das pessoas coletivas) e ao funcionamento interno do AEIE (artigo 2.º, n.º 1).

1.2.5. Personalidade e capacidade

O agrupamento tem capacidade, em seu próprio nome, para ser titular de direitos e de obrigações de qualquer natureza, para celebrar contratos ou praticar outros atos jurídicos e estar em juízo, a partir do registo (artigo 1.º, n.º 2, do RAEIE).

SOCIEDADES COMERCIAIS

Desta norma parece resultar que o AEIE tem personalidade jurídica a partir do registo. Todavia, o n.º 3 do artigo 1.º estabelece que cabe aos Estados-Membros determinar se os AEIE's inscritos nos seus registos têm ou não personalidade jurídica.

Menezes Cordeiro, referindo-se à falta de tomada de posição deliberada pelo legislador comunitário, recorda que "o AEIE, (...), acaba por ser uma espécie de sociedade em nome colectivo, modificada"[71], tipo societário que não é considerado, em alguns ordenamentos jurídicos (*v. g.*, a Alemanha), como dotado de personalidade coletiva.

No caso dos AEIE's com sede em Portugal, o artigo 1.º do DL n.º 148/90 determina que têm personalidade jurídica a partir da inscrição definitiva da sua constituição no registo comercial e mantêm-na até ao registo do encerramento da liquidação.

1.2.6. Órgãos

Os órgãos obrigatórios legalmente previstos são os membros agindo colegialmente e a gerência. Para além destes, podem existir outros previstos no contrato (artigo 16.º, n.º 1, do RAEIE).

Os membros do AEIE agindo colegialmente têm competência para tomar qualquer decisão com vista à realização do objetivo do agrupamento (artigo 16.º, n.º 2). Por iniciativa de um gerente ou a pedido de um membro, o(s) gerente(s) deve(m) organizar uma consulta aos membros a fim de que estes tomem uma decisão (artigo 17.º, n.º 4).

Vale aqui o princípio de "um voto por cabeça", pelo que cada membro dispõe de um voto, sem prejuízo de o contrato poder atribuir voto plural a certos membros, desde que nenhum deles detenha a maioria (artigo 17.º, n.º 1).

O quórum deliberativo é determinado pelo contrato, excetuados os casos em que o RAEIE exija a aprovação por unanimidade[72]. Todavia, supletivamente, o Regulamento exige que as decisões sejam tomadas por unanimidade (artigo 17.º, n.º 3).

Está também previsto o direito de informação dos membros do AEIE, que podem obter dos gerentes informações sobre os negócios do agrupamento e consultar os livros e documentos de negócios (artigo 18.º).

---

[71] ANTÓNIO MENEZES CORDEIRO, *Direito Europeu das Sociedades, cit.*, p. 846.
[72] A unanimidade é exigida para as decisões previstas no artigo 17.º, n.º 2 (*v. g.*, a alteração do objetivo do AEIE).

DIREITO DA UNIÃO EUROPEIA – ELEMENTOS DE DIREITO E POLÍTICAS DA UNIÃO

A representação do AEIE é assegurada pela gerência (artigo 20.º, n.º 1), que cabe a uma ou várias pessoas singulares nomeadas no contrato de agrupamento ou por decisão dos membros[73]. Todavia, não podem ser gerentes as pessoas singulares que não possam integrar o órgão de administração ou de direção de uma sociedade, não possam gerir uma empresa ou não possam agir como gerentes de um AEIE segundo a lei que lhes é aplicável, ou segundo a lei interna do Estado da sede do AEIE, ou na sequência de uma decisão judicial ou administrativa tomada ou reconhecida num Estado-Membro (artigo 19.º, n.º 1).

Os Estados-Membros podem ainda prever que uma pessoa coletiva possa ser gerente, desde que esta designe uma ou mais pessoas singulares como seus representantes, caso em que respondem como se fossem, eles próprios, gerentes do AEIE (artigo 19.º, n.º 2)[74].

Os gerentes têm os poderes fixados no contrato do agrupamento ou, se este for omisso, por decisão unânime dos membros (artigo 19.º, n.º 3).

Importa ainda referir que cada um dos gerentes, agindo em nome do AEIE, obriga o agrupamento em relação a terceiros mesmo que os seus atos excedam o objeto [a não ser que o agrupamento prove que o terceiro sabia (ou não podia ignorar tendo em conta as circunstâncias) que o ato ultrapassava os limites do objetivo do agrupamento, sendo que a mera publicação do contrato não constitui prova suficiente] ou não respeitem eventuais limitações resultantes do contrato de agrupamento ou de uma decisão dos membros (mesmo que publicadas) – artigo 20.º, n.º 1.

O contrato de agrupamento pode prever que o AEIE só se obriga validamente através da intervenção de dois ou mais gerentes agindo conjuntamente[75]. Nesse caso, a cláusula será oponível a terceiros se tiver sido publicada (artigo 20.º, n.º 2).

1.2.7. Responsabilidade dos membros

Os membros do agrupamento respondem ilimitada e solidariamente pelas dívidas deste de qualquer natureza (incluindo as dívidas fiscais e de segurança social), embora de forma subsidiária, já que, até ao encerramento da liquidação do agrupamento, os seus credores só podem exigir o pagamento

---

[73] A nomeação e a cessação de funções do(s) gerente(s) tem de ser registada [artigo 7.º, alínea *d*), do RAEIE].

[74] Portugal aproveitou esta faculdade – v. o artigo 8.º do DL n.º 148/90, de 9 de maio.

[75] A indicação de que os gerentes podem agir sós ou devem agir conjuntamente está sujeita a registo – artigo 7.º, alínea *d*), do RAEIE.

SOCIEDADES COMERCIAIS

das referidas dívidas *após terem pedido esse pagamento ao agrupamento e este não ter sido efetuado em prazo adequado* (artigo 24.º, n.ºs 1 e 2)[76].

Este princípio não afeta a liberdade de excluir ou restringir, por contrato específico entre o agrupamento e um terceiro, a responsabilidade de um ou de vários dos seus membros por uma dívida determinada (considerando 10 do RAEIE).

Esta responsabilidade mantém-se relativamente aos membros que deixem de fazer parte do agrupamento, durante cinco anos a contar da publicação da saída desses membros[77], no que respeita às dívidas resultantes da atividade do agrupamento anteriormente à cessação da sua qualidade de membro (artigo 34.º).

1.2.8. Participação dos membros nos lucros e nos encargos

De acordo com o disposto no artigo 21.º, a participação dos membros nos lucros e nos encargos ("excedente das despesas sobre as receitas") é efetuada na proporção prevista no contrato ou, se este for omisso, em partes iguais.

Especificamente no que respeita à participação nos lucros, importa ter presente que os provenientes das atividades do agrupamento são considerados como lucros dos membros e, por conseguinte, o resultado das atividades do agrupamento só é tributável ao nível dos seus membros (v. artigo 40.º e considerando 14 do RAEIE)[78].

1.2.9. Cessão da participação e admissão de novos membros

O AEIE reveste claramente um carácter fechado, sendo dificultada a entrada de novos membros já que se exige uma decisão aprovada por unanimidade.

Tal sucede, desde logo, no que respeita à possibilidade de ser admitido um membro *ex novo* (artigo 26.º, n.º 1)[79]. Mas também relativamente à cessão (total ou parcial) da participação dos membros.

---

[76] As ações intentadas contra um membro do agrupamento relativas às dívidas decorrentes da atividade desse agrupamento prescrevem no prazo de cinco anos a contar da publicação do encerramento da liquidação do AEIE, sendo que qualquer prazo mais longo eventualmente previsto pelo direito nacional aplicável é substituído por este prazo (artigo 37.º, n.º 2, do RAEIE).

[77] V. artigo 37.º, n.º 1, do RAEIE, que determina a substituição de qualquer prazo mais longo eventualmente previsto pelo direito nacional aplicável pelo prazo de prescrição de cinco anos referido no texto.

[78] Quanto aos restantes aspetos (nomeadamente a repartição dos lucros, os processos fiscais e as obrigações impostas pelas legislações fiscais nacionais) aplica-se o direito fiscal nacional.

[79] Sublinhamos que qualquer novo membro é responsável nos termos já referidos pelas dívidas do agrupamento, incluindo as resultantes da atividade do AEIE anteriormente à sua admissão, sem

DIREITO DA UNIÃO EUROPEIA – ELEMENTOS DE DIREITO E POLÍTICAS DA UNIÃO

Com efeito, embora a cessão da participação, quer a terceiros quer a outros membros, seja permitida, a sua eficácia depende do consentimento unânime dos restantes membros (artigo 22.º, n.º 1). E o mesmo princípio vale para a constituição de garantias sobre a participação no agrupamento, a não ser que o contrato de agrupamento disponha em sentido diferente. Em qualquer caso, o titular da garantia não pode, em nenhum momento, tornar--se membro do agrupamento por força de tal garantia (artigo 22.º, n.º 2).

Qualquer alteração da composição do agrupamento, incluindo a cessão de participação, tem de ser registada [artigo 7.º, alíneas *a)* e *e)*] e publicada [artigo 8.º, alíneas *a)* e *c)*].

1.2.10. Perda da qualidade de membro

A perda da qualidade de membro pode ocorrer pela transmissão total da sua participação, já referida *supra*, e ainda por exoneração, por exclusão, por morte e pelo não preenchimento superveniente das condições previstas no artigo 4.º.

A exoneração é sempre possível se existir justa causa. Além disso, é também possível nas condições previstas no contrato de agrupamento ou, sendo este omisso, com o acordo unânime dos outros membros (artigo 27.º, n.º 1).

A exclusão só pode ser decidida com base nas causas previstas no contrato de agrupamento ou quando o membro em questão faltar gravemente às suas obrigações ou provocar (ou ameaçar provocar) perturbações graves no funcionamento do AEIE.

A exclusão será decidida judicialmente, a pedido conjunto da maioria dos restantes membros, a não ser que o contrato de agrupamento disponha de modo diverso (artigo 27.º, n.º 2).

O carácter fechado e pessoal do AEIE manifesta-se também no que respeita à (in)transmissibilidade por morte: qualquer membro do agrupamento deixa de fazer parte deste no momento da sua morte (artigo 28.º, n.º 1), sendo estabelecido que nenhuma outra pessoa pode tomar o seu lugar naquele, exceto nas condições previstas no contrato de agrupamento ou, se este for omisso, com o acordo unânime dos restantes membros (artigo 28.º, n.º 2).

---

prejuízo de o novo membro poder ser isento, por uma cláusula do contrato de agrupamento ou do ato de admissão, do pagamento das dívidas contraídas anteriormente à sua admissão. Tal cláusula, a existir, tem de ser registada [artigo 7.º, alínea *j)*] e só é oponível a terceiros nas condições referidas no n.º 1 do artigo 9.º se for publicada (artigo 26.º, n.º 2, 2.º §).

SOCIEDADES COMERCIAIS

Qualquer membro deixa também de fazer parte do agrupamento no momento em que já não preencher as condições previstas no n.º 1 do artigo 4.º e os Estados-Membros podem estabelecer, na sua legislação em matéria de liquidação, dissolução, insolvência ou de cessação de pagamentos, que um membro do agrupamento deixe de a ele pertencer no momento fixado pela referida legislação (artigo 28.º, n.º 1)[80].

Quando um membro deixar de fazer parte do AEIE por causa distinta da cessão, o valor da sua participação será determinado com base no património do agrupamento tal como se apresenta no momento em que esse membro deixe de lhe pertencer, não podendo ser fixado antecipadamente (artigo 33.º).

Logo que um membro deixe de fazer parte do AEIE, o(s) gerente(s) – ou qualquer interessado – deve(m) notificar os restantes membros dessa situação (artigo 29.º)[81]. Em princípio, após a saída do membro do AEIE, este subsiste com os restantes membros (artigo 30.º)[82] nas condições previstas pelo contrato de agrupamento ou determinadas por decisão unânime dos membros.

1.2.11. Dissolução

A dissolução do AEIE pode decorrer de decisão dos seus membros ou do tribunal (artigos 31.º e 32.º) e tem de ser registada e publicada [artigos 7.º, alínea *f*), e 8.º, alínea *c*)].

A decisão dos membros de dissolver o AEIE tem de ser aprovada por unanimidade, salvo se o contrato dispuser de modo diverso, e deve ser tomada nos casos referidos nos n.ºs 2 e 3 do artigo 31.º.

No caso de violação dos artigos 3.º (objetivo do AEIE), 12.º (sede) ou 31.º, n.º 3 (artigo 4.º, n.º 2), a pedido de qualquer interessado ou de uma autoridade competente, o Tribunal deve declarar a dissolução do AEIE, exceto se for possível a regularização do agrupamento e esta ocorrer antes da decisão de mérito (artigo 32.º, n.º 1).

A dissolução judicial pode ainda ocorrer a pedido de um membro se se verificar justa causa (artigo 32.º, n.º 2).

---

[80] Relativamente aos AEIE's que tenham sede em Portugal, o artigo 6.º do DL n.º 148/90, de 9 de maio, estabelece que um membro se considera excluído do agrupamento quando seja declarado falido ou insolvente.

[81] O(s) gerente(s) deve(m) também apresentar os pedidos de registo e de publicações previstos nos artigos 7.º e 8.º (artigo 29.º).

[82] Em princípio, porque a própria norma ressalva as disposições do contrato de agrupamento em contrário, bem como os direitos adquiridos pelo cessionário ou pelo sucessor (artigo 30.º).

DIREITO DA UNIÃO EUROPEIA – ELEMENTOS DE DIREITO E POLÍTICAS DA UNIÃO

Os Estados-Membros podem ainda prever que o tribunal possa, a pedido de uma autoridade competente, declarar a dissolução de um agrupamento com sede no Estado a que pertença essa autoridade, em todos os casos em que o agrupamento atue contra o interesse público desse Estado, caso exista essa possibilidade na legislação deste último em relação às sociedades registadas ou a outras entidades jurídicas sujeitas a essa legislação (artigo 32.º, n.º 3).

A dissolução do AEIE determina a sua liquidação (artigo 35.º, n.º 1).

Com o encerramento da liquidação, que tem de ser registado e publicado, cessa a capacidade do AEIE [artigos 35.º, n.º 3, 7.º, alínea *h*), e 8.º, alínea *c*)].

1.2.12. Insolvência e cessação dos pagamentos
Os AEIE's estão sujeitos às disposições do direito nacional que regulam a insolvência e a cessação dos pagamentos. A instauração de um processo contra um agrupamento por motivo da sua insolvência ou de cessação dos seus pagamentos não implica, por si só, a instauração de um processo semelhante contra os membros desse agrupamento (artigo 36.º).

1.3. Natureza jurídica do AEIE
A natureza jurídica dos AEIE's é discutida na doutrina portuguesa.

Menezes Cordeiro defende que "tecnicamente, o AEIE é uma sociedade: civil ou, quando tenha por objecto a prática de actos de comércio, comercial" e que "no universo das sociedades, ele surge – tal como o ACE – quanto à forma como uma sociedade em nome colectivo adaptada", invocando o artigo 3.º, n.º 2, do DL n.º 148/90, de 9 de maio, o carácter fortemente pessoal das posições dos seus membros e da correspondente responsabilidade, a que acresce a aplicação subsidiária do regime jurídico das sociedades em nome coletivo[83].

Com o devido respeito, não podemos concordar com tal qualificação. Tratando-se de uma figura de direito da União Europeia, importa atentar, antes do mais, no diploma legal que a cria: o RAEIE[84]. E neste é *expressamente*

---

[83] António Menezes Cordeiro, *Direito Europeu das Sociedades, cit.*, p. 852.

[84] Não nos parece que se possa extrair qualquer argumento no que respeita à qualificação do AEIE como sociedade, do artigo 3.º, n.º 2, do DL n.º 148/90, de 9 de maio, já que, quando muito, o que aí está em causa é a qualidade de comerciante do AEIE que tenha objeto comercial, sendo certo que, mesmo que nada fosse aí referido, tal já decorreria do disposto no artigo 13.º, n.º 1, do Código Comercial.

SOCIEDADES COMERCIAIS

referido, no considerando 5, que "um agrupamento se distingue de uma sociedade" e que tal sucede "principalmente pelo seu objetivo, que é apenas o de facilitar ou desenvolver a atividade económica dos seus membros, para lhes permitir melhorar os seus próprios resultados (...)"[85]. Assim, consideramos que o AEIE não é uma sociedade[86]. É uma figura afim desta.

1.4. Dimensão real dos AEIE's

Com referência a 11 de dezembro de 2014[87], foram constituídos 2333 AEIE's (dos quais 391 foram, entretanto, dissolvidos).

	1989	1990	1991	1992	1993	1994	1995	1996	1997	1998	1999	2000	2001
Const.	62	84	145	141	118	99	89	90	119	99	98	137	101
Dissol.	---	---	2	3	36	4	4	8	11	7	16	33	11

	2002	2003	2004	2005	2006	2007	2008	2009	2010	2011	2012	2013	2014
Const	83	69	87	95	74	88	70	58	80	85	53	50	60
Dissol.	15	13	8	24	36	24	14	15	21	29	20	32	8

A sua distribuição pelos Estados-Membros é irregular, verificando-se um número elevado em alguns (*v. g.*, Bélgica, Alemanha, França, Reino Unido, Espanha, Itália)[88] que contrasta com a total ausência noutros (*v. g.*, Chipre e Bulgária).

Com efeito, concordamos com a posição sustentada por JORGE M. COUTINHO DE ABREU (*Curso de Direito Comercial*, vol. I, 8.ª ed., *cit.*, pp. 109 e 110): "nada há no artigo 13.º, 1.º, do CCom. que impeça estas entidades [outras pessoas colectivas para além das sociedades comerciais] de serem comerciantes. Sê-lo-ão quando o seu objecto consista no exercício de actividades jurídico-mercantis".
Diversa é a situação no ordenamento jurídico alemão. Aí, os AEIE´s são qualificados legalmente como sociedades e sujeitos, subsidiariamente, ao regime jurídico previsto para as *offene Handelsgesellschaften*, correspondentes às sociedades em nome coletivo do direito português.
[85] Acresce que no RAEIE não está sequer prevista, como referimos, a possibilidade de o agrupamento prosseguir, a título acessório, o lucro.
[86] No mesmo sentido, cf. MARIA ÂNGELA COELHO BENTO SOARES, "Algumas notas sobre o agrupamento europeu de interesse económico (A.E.I.E.)", *cit.*, p. 395; e JORGE M. COUTINHO DE ABREU, *Curso de Direito Comercial*, vol. II, 4.ª ed., Almedina, Coimbra, 2011, p. 35.
[87] De acordo com os dados consultados *http://www.libertas-institut.com/de/EWIV/statistik.pdf*
[88] Onde foram constituídos, respetivamente, 484, 398, 308, 225, 217 e 213 AEIE´s.

753

DIREITO DA UNIÃO EUROPEIA – ELEMENTOS DE DIREITO E POLÍTICAS DA UNIÃO

Em Portugal existem 33 AEIE's[89].

1991	1992	1993	1994	1995	1996	1997	1998	1999	2000	2001	2002
3	2	4	6	--	--	1	--	1	1	--	--
2003	**2004**	**2005**	**2006**	**2007**	**2008**	**2009**	**2010**	**2011**	**2012**	**2013**	**2014**
--	1	--	3	5	2	1	1	--	1	1	--

Os números indicados parecem ficar aquém das expectativas, sendo apontado por Menezes Cordeiro como fator decisivo para a sua escassa utilização "(...) as cautelas postas pela Comissão Europeia na confecção de tipos societários transnacionais [que] são exarcebadas. Para além da primazia das soberanias nacionais, parece imperar a ideia de que tudo é fraude, fuga e manobra"[90].

2. Sociedade Anónima Europeia[91]

2.1. Origem

Por se ter considerado necessário ir mais longe promovendo a *integração económica e jurídica* das empresas europeias, instituiu-se a *societas europaea* – cujas designação e sigla (SE) evocam a vontade de superar divergências linguísti-

---

[89] A título de exemplo refiram-se: Axis Hotels, AEIE; AXA Group Solutions – Solucoes Informaticas AEIE; Engenharia e Sistemas de Transportes – ENSITRANS AEIE; Simmons, Rebelo de Sousa, AEIE.

[90] ANTÓNIO MENEZES CORDEIRO, *Direito Europeu das Sociedades, cit.*, p. 854.

[91] AIRES CORREIA, "O direito das sociedades na comunidade económica europeia", in *Boletim do Ministério da Justiça (BMJ)*, 190, 1969, pp. 112 e segs.; LUÍS BRITO CORREIA, "Direito Europeu das Sociedades", in *Temas de Direito Comunitário*, Lisboa, Ordem dos Advogados, 1983, pp. 51 e segs.; FAUSTO DE QUADROS, "Direito europeu das sociedades", in *Estruturas Jurídicas da Empresa*, AAFDL, 1986, pp. 175 e segs.; RUI FALCÃO DE CAMPOS, "A sociedade anónima europeia: projectos e perspectivas", in *Revista de Direito e de Estudos Sociais (RDES)*, 1989, pp. 261 e segs.; JOÃO AVEIRO PEREIRA, "*Societas Europaea*: o estatuto possível", in *O Direito*, ano 136.º, 2004, IV, pp. 641 e segs.; ANTÓNIO MENEZES CORDEIRO, *Direito Europeu das Sociedades, cit.*, pp. 855 e segs., e "Evolução do Direito Europeu de Sociedades", in *ROA*, ano 66, vol. I, 2006, pp. 87 e segs.; MARIA ÂNGELA COELHO BENTO SOARES, "A sociedade anónima europeia: sociedade de direito comunitário?", *in* AA. VV., *Nos 20 Anos do Código das Sociedades Comerciais – Homenagem aos Profs. Doutores A. Ferrer Correia, Orlando de Carvalho e Vasco Lobo Xavier*, vol. I (Congresso Empresas e Sociedades), Coimbra Editora, Coimbra, 2007, pp. 707 e segs.; RUI PINTO DUARTE, "A relevância do Direito Comunitário no Direito das Sociedades", in *Escritos sobre Direito das Sociedades*, Coimbra Editora, Coimbra, 2008, pp. 179 e segs., e "A sociedade (anónima) europeia – uma apresentação", in *Cadernos de Direito Privado (CDP)*, 2004, n.º 6, pp. 3 e segs.; CATARINA SERRA, *Noções Fundamentais*, Coimbra Editora, Coimbra, 2009, pp. 117 e segs.; MARIA MIGUEL CARVALHO, "Desenvolvimentos recentes relativos ao Estatuto da Sociedade Europeia", *in* AA. VV., *I Congresso Direito das Sociedades em Revista*, Almedina, Lisboa, 2010, pp. 453 e segs.; PAULO OLAVO CUNHA, *Direito*

SOCIEDADES COMERCIAIS

cas entre os Estados-Membros[92] – pelo Regulamento (CE) n.º 2157/2001, de 8 de outubro de 2001 [RSE], que veio permitir que através de uma só pessoa jurídica a(s) empresa(s) opere(m) em todo o território da União Europeia (*rectius*, do EEE)[93].

Como Maria Ângela Bento Soares afirma, "a SE pode tornar-se um veículo para a estruturação jurídica unitária de empresas societárias até aí jurídica e economicamente independentes, como pode servir também para reestruturação ou reorganização de empresas juridicamente independentes, mas economicamente interligadas, no quadro daquilo que aqui genericamente designamos por grupo de sociedade – e que, operando em vários países, se rotulam de *multinacionais* (...)"[94].

A aprovação do RSE representou o culminar do longo e difícil percurso iniciado há cerca de 40 anos[95].

A Comissão apresentou o primeiro projeto em 1970[96] (pretendendo estabelecer "um instrumento autónomo, para as SE"[97], e, por isso, continha 284

---

das Sociedades Comerciais, 5.ª ed., Almedina, Coimbra, 2012, pp. 75 e seg.; e FÁTIMA GOMES, *Manual de Direito Comercial*, Universidade Católica Editora, Lisboa, 2012, pp. 151 e seg.

[92] MARIA ÂNGELA COELHO BENTO SOARES, "A sociedade anónima europeia: sociedade de direito comunitário?", *cit.*, p.709.

[93] V. Decisão n.º 93/2002, do Comité Misto do Espaço Económico Europeu, de 25 de junho de 2002.

[94] MARIA ÂNGELA COELHO BENTO SOARES, "A sociedade anónima europeia: sociedade de direito comunitário?", *cit.*, p. 710.

[95] Cingimos a indicação aos desenvolvimentos estritamente no âmbito comunitário, não desconhecendo, porém, a existência de variadas e importantes manifestações anteriores. Sobre essas e, em especial, descrevendo o sinuoso percurso assinalado no texto, cf., entre outros, CARMEN GUTIÉRREZ DORRONSORO/RAFAEL ANSÓN PEIRONCELY, *La Sociedad Anonima Europea*, BOSCH, Barcelona, 2004, pp. 25 e segs., e, entre nós, ANTÓNIO MENEZES CORDEIRO, *Direito Europeu das Sociedades*, *cit.*, pp. 906 e segs.

[96] Seguiu-se o parecer do Comité Económico e Social, de 26 de outubro de 1972, e a posição do Parlamento Europeu, em 11 de julho de 1974.

Antes da apresentação desta proposta, em 1965, o Governo francês sugeriu uma iniciativa deste tipo que veio a originar o *Mémorandum sur la création d'une société commerciale européene* e a subsequente nomeação de um grupo de trabalho, presidido pelo Professor Sanders, que, por sua vez, viria a apresentar um anteprojeto de estatuto de sociedade europeia (que pode ser consultado em *http://aei.pitt.edu/39000/1/A3884.pdf*), sobre o qual se baseou a primeira proposta de Estatuto apresentada pela Comissão referida no texto.

Para uma breve descrição dos antecedentes destas propostas, cf. ANTÓNIO MENEZES CORDEIRO, *Direito Europeu das Sociedades*, *cit.*, p. 908.

[97] ANTÓNIO MENEZES CORDEIRO, *Direito Europeu das Sociedades*, *cit.*, p. 912.

DIREITO DA UNIÃO EUROPEIA – ELEMENTOS DE DIREITO E POLÍTICAS DA UNIÃO

artigos), que, volvidos cinco anos[98], viria a ser modificado, originando um projeto ainda mais extenso (com mais de 400 artigos). Todavia, na impossibilidade de ser obtido consenso, fundamentalmente quanto ao modelo de organização da SE e à cogestão, ou, melhor, ao envolvimento dos trabalhadores na gestão[99], os trabalhos preparatórios acabaram por ser interrompidos em 1982.

Em 1989, a Comissão tentou ultrapassar o impasse referido, evidenciando uma mudança de paradigma: deixando para trás o objetivo de criar um corpo jurídico uniforme, exaustivo e independente dos direitos nacionais, defendeu a simplificação e a coordenação legislativa europeia com amplas remissões para o direito nacional dos Estados-Membros e a apresentação de um novo projeto de Estatuto a par de uma proposta de diretiva que completa o estatuto da sociedade europeia no que respeita ao envolvimento dos trabalhadores[100], que acabaria por dar lugar à publicação de um projeto com alterações em 1991.

Todavia, como Menezes Cordeiro refere, "as divergências surgidas em torno do problema da cogestão levaram a novo bloqueio dos trabalhos (...)"[101], que o Relatório *Davignon* tentou, sem sucesso, ultrapassar[102].

---

[98] Suplemento 4/75 do *Boletim das Comunidades Europeias*, COM(75) 150, de 13 de maio de 1975.

[99] Com efeito, "na base do fracasso dos projectos iniciais (...) avulta sempre, como a mais importante, a diversidade de posições dos diversos Estados em relação ao envolvimento dos trabalhadores na empresa societária. Esta vertente de ordem social, assinalada desde o primeiro momento à SE, revelou-se um factor de conflito entre os Estados-Membros, pois um significativo número destes, não conhecendo nas suas ordens jurídicas internas mecanismos de participação dos trabalhadores nos órgãos de decisão das sociedades, também se mostrava hostil ao reconhecimento de tais mecanismos no âmbito da SE – MARIA ÂNGELA BENTO SOARES, "A sociedade anónima europeia: sociedade de direito comunitário?", *cit.*, p. 713.

[100] Seguiram-se o Parecer do Comité Económico e Social, de 28 de março de 1990, e a posição do Parlamento Europeu, em 24 de janeiro de 1991.

[101] ANTÓNIO MENEZES CORDEIRO, *Direito Europeu das Sociedades, cit.*, p. 919.

[102] O Relatório Davignon foi elaborado, em 1997, por um grupo de peritos e deve o nome ao seu presidente (Visconde Etienne Davignon), e sustentou que, no que respeita ao envolvimento dos trabalhadores, "deve ser dada prioridade a soluções negociadas com os trabalhadores, para cada SE. Não havendo acordo, passar-se-ia a soluções subsidiárias e, designadamente: os trabalhadores teriam, pelo menos, representantes equivalentes a 1/5 do conselho de administração ou do conselho geral, com o mínimo de dois elementos" (ANTÓNIO MENEZES CORDEIRO, *Direito Europeu das Sociedades, cit.*, p. 920).

SOCIEDADES COMERCIAIS

No Conselho de Nice, de 7 e 8 de dezembro de 2000, acabou por se chegar a um consenso pela admissibilidade de os Estados-Membros não transporem as normas subsidiárias respeitantes ao envolvimento dos trabalhadores se a sociedade anónima europeia fosse constituída por fusão[103].

O regulamento, aprovado em 8 de outubro de 2001, entrou em vigor três anos depois. Este hiato de tempo pode causar alguma estranheza, já que os regulamentos comunitários são, como é sabido, diretamente aplicáveis nos ordenamentos jurídicos dos Estados-Membros. Todavia, esse facto está ligado à peculiaridade que permitiu a sua aprovação (já referida), ilustrando a relação siamesa entre o regulamento e a diretiva que o completa: a entrada em vigor do regulamento coincidiu, pois, com o prazo-limite para a transposição da diretiva pelos Estados-Membros.

Antes de avançarmos cumpre ainda relevar que o regulamento aprovado caracteriza-se pela "coexistência da unidade e diversidade"[104] ou, se se preferir, pela hibridez comunitário-nacional[105] do estatuto da sociedade europeia, já que, afastando-se do que inicialmente tinha sido previsto, "foram sendo deixados de fora do complexo normativo uniformizador certas matérias importantes, cuja disciplina é remetida para a legislação nacional"[106]. Assim, e para além da transposição da diretiva referida, os Estados-Membros tiveram de adotar legislação nacional complementar do RSE. No caso de Portugal foi aprovado o DL n.º 2/2005, de 4 de janeiro (regime jurídico das sociedades anónimas europeias) e a diretiva foi transposta pelo DL n.º 215/2005, de 13 de dezembro.

---

[103] Refira-se, todavia, que o Parlamento Europeu ainda chegou a admitir a possibilidade de impugnar judicialmente a alteração da base legal, entretanto efetuada pela Comissão, e que tinha como provável objetivo evitar o procedimento de codecisão que era obrigatório ao abrigo da base legal anteriormente prevista. Sobre esta questão, cf. MARIA ÂNGELA BENTO SOARES, "A sociedade anónima europeia: sociedade de direito comunitário?", *cit.*, p. 714.

[104] Cf. CARMEN GUTIÉRREZ DORRONSORO/RAFAEL ANSÓN PEIRONCELY, *La Sociedad Anonima Europea*, *cit.*, p. 21.

[105] Cf. LUÍS ANTONIO VELASCO SAN PEDRO, "Caracteristicas generales de la sociedad europea. Fuentes de regulación, capital y denominación", in *La Sociedad Anónima Europea – Régimen Jurídico Societario, Laboral e Fiscal*, Gaudencio Esteban Velasco/Luis Fernández Pozo (coords.), Marcial Pons, Madrid/Barcelona, 2004, p. 75.

[106] MARIA ÂNGELA BENTO SOARES, "A sociedade anónima europeia: sociedade de direito comunitário?", *cit.*, pp. 716 e seg.

2.2. Regime jurídico[107]

2.2.1. Breve caracterização

A SE é uma sociedade[108] anónima: tem o capital (que é, no mínimo, de 120 000 euros[94]) dividido em ações e cada acionista é responsável apenas até ao limite do capital que tenha subscrito (artigo 1.º, n.º 2, e considerando 13 do RSE).

Sem prejuízo do disposto no RSE, uma SE é tratada em cada Estado-Membro como uma sociedade anónima constituída segundo o Direito do Estado-Membro onde tiver a sua sede (artigo 10.º).

2.2.2. Fontes

De acordo com o complexo sistema estabelecido pelo artigo 9.º, a SE é regulada pelo disposto no RSE e, sempre que este o autorize expressamente, pelo disposto nos estatutos da SE [artigo 9.º, n.º 1, alíneas a) e b)[110]].

No que respeita às matérias não abrangidas (total ou parcialmente) pelo RSE, vigoram as disposições legislativas adotadas pelos Estados-Membros em aplicação de medidas comunitárias que visem especificamente as sociedades anónimas europeias[111]; as disposições legislativas dos Estados-Membros que seriam aplicáveis a uma sociedade anónima constituída segundo o direito do Estado-Membro onde a SE tem a sua sede e as disposições dos estatutos da SE, nas mesmas condições que para as sociedades anónimas

---

[107] Salvo indicação contrária, os artigos referidos neste ponto são do RSE.

[108] RUI PINTO DUARTE, "A sociedade (anónima) europeia – uma apresentação", *cit.*, p. 4. No mesmo sentido, cf. ainda MARIA ÂNGELA BENTO SOARES, "A sociedade anónima europeia: sociedade de direito comunitário?", *cit.*, p. 726. ANTÓNIO MENEZES CORDEIRO (*Direito Europeu das Sociedades, cit.*, p. 905) refere-se a "um novo tipo de sociedade anónima".

[109] Podem, no entanto, os Estados-Membros fixar um capital subscrito mais elevado para as sociedades que exerçam determinados tipos de atividade e que é aplicável às SE´s que tenham a sua sede nesse Estado-Membro (artigo 4.º, n.º 3, do RSE).

[110] Para efeitos do RSE, a expressão "estatutos da SE" designa simultaneamente o ato constitutivo e os estatutos propriamente ditos da SE, quando estes sejam objeto de um ato separado (artigo 6.º).

[111] Estas disposições devem cumprir o disposto nas diretivas aplicáveis às sociedades anónimas referidas no anexo I (artigo 9.º, n.º 2).

Sustentando não haver necessidade de tais disposições legislativas específicas, cf. ANTÓNIO MENEZES CORDEIRO (*Direito Europeu das Sociedades, cit.*, p. 939), que recorda que "o Regulamento tem aplicação directa, apresentando esquemas que permitem o seu funcionamento, mesmo na falta de preceitos internos adequados" e que "de outro modo, qualquer Estado poderia bloquear a aplicabilidade interna de um Regulamento, o que fica totalmente fora da letra e do espírito do Tratado da União".

SOCIEDADES COMERCIAIS

constituídas segundo o direito do Estado-Membro onde a SE tem a sua sede[112] [artigo 9.º, n.º 1, alínea *c*)].

Na hipótese de se verificar uma lacuna (que não caiba no direito do Estado-Membro da sede da SE[113]), como Menezes Cordeiro indica: "se se tratar de matéria que pela lógica do conjunto não possa deixar de ter tratamento unitário, caberá operar por analogia ou com recurso aos princípios, mas dentro do Regulamento", faltando elementos deve recorrer-se aos princípios gerais dos direitos dos Estados-Membros e ao direito interno do Estado-Membro em que a SE estiver sediada[114].

2.2.3. Os acionistas e a "dimensão transnacional comunitária"[115] da SE
Importa desde já destacar que a constituição da SE só pode ser feita por *pessoas coletivas* (sociedades ou, no caso de constituição de uma SE/filial, outras entidades jurídicas de direito público ou privado) que tenham sido constituídas segundo o direito de um Estado-Membro e tenham a sua sede estatutária e a sua administração central na União Europeia[116]. Porém, os Estados-Membros podem prever que uma sociedade que não tenha ali a sua administração central possa participar na constituição de uma SE, desde que aquela se tenha constituído segundo o Direito de um Estado-Membro e aí tenha a sua sede e uma conexão efetiva e continuada com a economia de um Estado-Membro (artigo 2.º).

Acrescem os requisitos específicos aplicáveis em função do modo de constituição (que referiremos *infra*) e uma das mais relevantes especificidades da SE: a sua dimensão "transnacional comunitária"[117], pelo que só

---

[112] Se a natureza das atividades exercidas por uma SE for regulada por disposições específicas da legislação nacional, estas são integralmente aplicáveis à SE (artigo 9.º, n.º 3).

[113] Como António Menezes Cordeiro (*Direito Europeu das Sociedades, cit.*, p. 940) afirma, "se se tratar de matéria que, pelo sistema geral do Regulamento, caiba ao Direito interno, teremos de recorrer ao sistema subsidiário nacional".

[114] António Menezes Cordeiro, *Direito Europeu das Sociedades, cit.*, p. 939.

[115] A expressão é de Maria Ângela Bento Soares, "A sociedade anónima europeia: sociedade de direito comunitário?", *cit.*, p. 727.

[116] Como Maria Ângela Bento Soares ("A sociedade anónima europeia: sociedade de direito comunitário?", *cit.*, p. 753) afirma, «isto traduz uma maior exigência do que aquela que o legislador revelou, no artigo 48.º do Tratado CE, ao traçar os pressupostos "comunitários" que uma sociedade deve apresentar para efeitos de lhe ser reconhecido o direito de estabelecimento, sendo assim configurada a dupla ligação dessa sociedade à Comunidade (...)».

[117] A expressão é de Maria Ângela Bento Soares, "A sociedade anónima europeia: sociedade de direito comunitário?", *cit.*, p. 727.

pode ser constituída uma sociedade anónima europeia se os seus acionistas apresentarem uma ligação a, pelo menos, dois Estados-Membros diferentes (v. 2.2.4.1.).

2.2.4. Modos de constituição da SE[118]

No que respeita aos modos de constituição da SE vale o princípio do acesso limitado. Com efeito, o RSE procede à regulação taxativa dos modos de acesso e dos sujeitos legitimados para cada um deles[119] (artigo 1.º).

Estão previstos, no artigo 2.º, quatro modos de constituição "originária" (por fusão, por constituição de uma holding, por constituição de uma filial e por transformação de uma sociedade anónima constituída segundo o direito de um Estado-Membro)[120] e, no n.º 2 do artigo 3.º, um outro modo de constituição, "derivada"[121] (a constituição por uma SE de uma ou mais filiais sob a forma de SE).

2.2.4.1. Fusão de sociedades anónimas

Uma SE pode ser constituída pela fusão de sociedades anónimas constituídas segundo o direito de um Estado-Membro e que tenham a sua sede e a sua administração central na União Europeia[122], se pelo menos duas delas se regularem pelo direito de dois Estados-Membros diferentes (artigos 2.º, n.º 1, e 17.º, n.º 1). Todavia, a legislação de um Estado-Membro pode prever que uma sociedade regulada pelo direito desse Estado-Membro não possa participar na constituição de uma SE por meio de fusão, se uma autoridade competente desse Estado-Membro se lhe opuser antes da emissão do certifi-

---

[118] Com muito interesse, cf. MARIA ÂNGELA BENTO SOARES, "A sociedade anónima europeia: sociedade de direito comunitário?", *cit.*, pp. 730 e segs.

[119] CARMEN GUTIÉRREZ DORRONSORO/RAFAEL ANSÓN PEIRONCELY, *La Sociedad Anonima Europea*, *cit.*, p. 97.

[120] Com referência a 21 de março de 2014, pode afirmar-se que 78% das SE's constituídas tiveram por base a constituição de uma filial; 8% por transformação; 4% por fusão; 1% através da constituição de uma *holding*, não sendo conhecido o modo de constituição relativamente a 9% das SE's (dados colhidos em ANDERS CARLSON/MELINDA KELEMEN/MICHAEL STOLLT, "Overview of current state of SE founding in Europe (update: 21 March 2014)", em *http://ecdb.worker-participation.eu*. No que respeita, porém, às SE's com mais de cinco trabalhadores o modo de constituição mais utilizado é a transformação (40%), seguido da criação de uma filial (38%), da fusão (19%) e da constituição de uma *holding* (2%), segundo os dados colhidos na fonte citada.

[121] As expressões são de MARIA ÂNGELA BENTO SOARES, "A sociedade anónima europeia: sociedade de direito comunitário?", *cit.*, pp. 730 e seg.

[122] Sem prejuízo do disposto no artigo 2.º, n.º 5, do RSE.

SOCIEDADES COMERCIAIS

cado referido no n.º 2 do artigo 25.º, com fundamento em razões de interesse público[123] (artigo 19.º).

A fusão pode ser efetuada mediante incorporação (assumindo a sociedade incorporante a forma de SE em simultâneo com a fusão) ou pela constituição de uma nova sociedade (em que a SE é a nova sociedade) – artigos 17.º, n.º 2, e 29.º.

De acordo com o processo estabelecido nos artigos 20.º e segs., há um duplo controlo da legalidade da fusão: um, em relação à parte do processo relativo a cada sociedade que se funde, nos termos da legislação aplicável à fusão de sociedades anónimas no Estado-Membro de que a sociedade depende (artigo 25.º, n.º 1); outro, relativo à parte do processo respeitante à fusão e à constituição da SE, por um tribunal, por um notário ou por qualquer outra autoridade do Estado-Membro da futura sede da SE, competente para controlar este aspeto da legalidade da fusão de sociedades anónimas (artigo 26.º, n.º 1).

Assim, em cada Estado-Membro interessado, é emitido por um tribunal, um notário ou outra autoridade competente um certificado que comprove de forma concludente o cumprimento dos atos e formalidades prévias à fusão (artigo 25.º, n.º 2), sendo este certificado remetido para o tribunal, o notário, ou outra autoridade do Estado-Membro da futura sede da SE, num prazo de seis meses a contar da sua emissão (bem como a cópia do projeto de fusão aprovado) – artigo 26.º, n.º 2.

A SE só pode ser registada após o cumprimento de todas as formalidades previstas nos artigos 25.º e 26.º (artigo 27.º, n.º 2), ficando ainda sujeita à publicidade determinada pelo artigo 28.º.

2.2.4.2. Constituição de uma SE *holding*

As sociedades anónimas e as sociedades de responsabilidade limitada (equivalentes às sociedades por quotas do direito português) constituídas segundo o direito de um Estado-Membro e que tenham a sua sede e a sua administração central na Comunidade[124], podem promover a constituição de uma SE

---

[123] Sendo que a oposição é suscetível de recurso judicial (artigo 19.º, *in fine*).
Salienta-se que o DL n.º 2/2005, de 4 de janeiro, aproveitando a faculdade referida no texto, estabelece que "a Autoridade da Concorrência e a autoridade reguladora sectorial podem opor-se à participação de uma sociedade na constituição de uma sociedade anónima europeia por meio de fusão com fundamento na existência de um interesse público contrário àquela participação" (artigo 8.º, n.º 3).
[124] Sem prejuízo do disposto no artigo 2.º, n.º 5, do RSE.

DIREITO DA UNIÃO EUROPEIA – ELEMENTOS DE DIREITO E POLÍTICAS DA UNIÃO

"holding", se pelo menos duas delas: *a)* se regularem pelo direito de Estados-
-Membros diferentes ou *b)* tiverem, há pelo menos dois anos, uma filial regulada pelo direito de outro Estado-Membro ou uma sucursal situada noutro
Estado-Membro, continuando as primeiras a existir (artigos 2.º, n.º 2, e 32.º,
n.º 1). Para tal devem seguir o processo estabelecido nos artigos 32.º e segs.

2.2.4.3. Constituição de uma SE filial

As sociedades e outras entidades jurídicas de direito público ou privado,
constituídas segundo o direito de um Estado-Membro e que tenham a sua
sede e a sua administração central na Comunidade[125], podem constituir uma
SE/filial, mediante subscrição das suas ações, se pelo menos duas delas se
regularem pelo direito de Estados-Membros diferentes ou tiverem, há pelo
menos dois anos, uma filial regulada pelo direito de outro Estado-Membro
ou uma sucursal situada noutro Estado-Membro (artigos 2.º, n.º 3, e 35.º),
sendo-lhes aplicável as disposições que regulam a sua participação na constituição de uma filial que assuma a forma de uma sociedade anónima nos
termos do direito nacional (artigo 36.º).

2.2.4.4. Constituição por transformação de uma sociedade anónima em SE

Uma sociedade anónima, constituída segundo o direito de um Estado-Membro e que tenha a sua sede e a sua administração central na Comunidade[126],
pode transformar-se em SE desde que tenha, há pelo menos dois anos, uma
filial regulada pelo direito de outro Estado-Membro (artigos 2.º, n.º 4, e 37.º,
n.º 1), seguindo o processo estabelecido no artigo 37.º. Todavia, esta transformação não provoca a dissolução nem a criação de uma nova pessoa coletiva
(artigo 37.º, n.º 2).

2.2.4.5. Constituição de SE filial de SE

O artigo 3.º, n.º 2, do RSE prevê que a própria SE possa constituir uma ou
mais filiais sob a forma de SE, esclarecendo que as disposições do Estado-
-Membro da sede da SE filial que exijam que uma sociedade anónima tenha
mais do que um acionista não são aplicáveis à SE filial e que as disposições
legais nacionais relativas às sociedades de responsabilidade limitada (que
transpuseram a Diretiva 89/667/CEE, de 21 de dezembro de 1989) com um
único sócio são aplicáveis *mutatis mutandis* às SE's.

---

[125] Sem prejuízo do disposto no artigo 2.º, n.º 5, do RSE.
[126] Sem prejuízo do disposto no artigo 2.º, n.º 5, do RSE.

762

SOCIEDADES COMERCIAIS

2.2.5. Firma, sede e processo constitutivo da SE

A constituição de uma SE regula-se pela legislação aplicável às sociedades anónimas do Estado onde a SE estabelece a sua sede, sem prejuízo do disposto no RSE (artigo 15.º).

Antes de nos referirmos especificamente ao processo constitutivo da sociedade anónima europeia, cumpre analisar de forma muita sucinta os preceitos respeitantes à firma e à sede da SE.

2.2.5.1. Firma

A firma da sociedade anónima europeia deve ser precedida ou seguida da sigla «SE», que é exclusiva daquelas (artigo 11.º, n.ºs 1 e 2)[127].

2.2.5.2. Sede

O RSE acolheu a teoria da sede real ou efetiva[128]. Assim, a sede da SE tem de situar-se no território da Comunidade e no mesmo Estado-Membro que a administração central. Os Estados-Membros podem, inclusivamente, impor às SE registadas no seu território a obrigação de terem a administração central e a sede no mesmo local (artigo 7.º).

É ainda permitida a transferência da sede da SE para outro Estado-Membro, sem que ocorra a dissolução da SE nem a criação de uma nova pessoa coletiva (artigo 8.º, n.º 1)[129].

A possibilidade de transferência da sede para outro Estado-Membro é uma das vantagens apontadas à constituição de uma SE[130]. Todavia, a proteção dos interesses dos acionistas minoritários que se oponham à transfe-

---

[127] Não obstante, as sociedades ou outras entidades jurídicas registadas num Estado-Membro antes da data de entrada em vigor do RSE não são obrigadas a alterar a sua firma, quando dela conste a sigla «SE» (artigo 11.º, n.º 3).

[128] V. ainda o considerando 27, onde se afirma que, "[d]ada a natureza específica e comunitária da SE, o regime da sede real escolhido para a SE pelo presente regulamento não prejudica as legislações dos Estados-Membros, nem antecipa as opções a fazer quanto a outros textos comunitários em matéria de direito das sociedades".
Sobre a compatibilização dos critérios adotados pelo RSE no que respeita à sede e a interpretação do TJUE, cf. Maria Ângela Bento Soares, "A sociedade anónima europeia: sociedade de direito comunitário?", cit., pp. 760 e segs.

[129] Entre 2004 e 21 de março de 2014, 4% das SE's transferiram a sua sede para outro Estado-Membro [dados colhidos em Anders Carlson/Melinda Kelemen/Michael Stollt, "Overview of current state of SE founding in Europe (update: 21 March 2014)", cit.].

[130] Sobre a transferência da SE para fora da Comunidade, cf. Maria Ângela Bento Soares, "A sociedade anónima europeia: sociedade de direito comunitário?", cit., pp. 759 e segs.

763

DIREITO DA UNIÃO EUROPEIA – ELEMENTOS DE DIREITO E POLÍTICAS DA UNIÃO

rência, dos credores e dos titulares de outros direitos deverá ser acautelada (considerando 24 do RSE).

Por isso, o RSE impede, desde logo, as transferências de sede sempre que tiver sido iniciado um processo de dissolução, liquidação, insolvência, suspensão de pagamentos ou outros processos análogos relativos a essa SE (artigo 8.º, n.º 15). Além disso, permite que qualquer Estado-Membro preveja que a transferência de sede de uma SE, nele registada, não produza efeitos se, no prazo de dois meses após a publicação do projeto de transferência, uma autoridade competente desse Estado-Membro se lhe opuser, invocando razões de interesse público (artigo 8.º, n.º 14)[131] e que adote disposições destinadas a assegurar uma proteção adequada dos acionistas minoritários que se tenham pronunciado contra a transferência de uma SE registada no seu território (artigo 8.º, n.º 5)[132].

O procedimento previsto no RSE, no artigo 8.º, para a transferência da sede é, por estes motivos, muito complexo. Vejamos.

O órgão de direção ou de administração tem de elaborar o projeto de transferência (incluindo as menções obrigatórias previstas no n.º 2 do artigo 8.º[133]), que tem de ser publicado[134], e um relatório que explique e justifique

---

[131] Este preceito refere ainda que se a SE for sujeita a fiscalização por uma autoridade nacional de controlo financeiro nos termos das diretivas comunitárias, o direito de oposição à mudança de sede aplica-se igualmente a essa autoridade.
A transferência de sede das SE's que estejam registadas em Portugal e de que resulte mudança da lei aplicável deve ser precedida, quando a sociedade esteja sujeita a supervisão, de notificação à autoridade reguladora setorial que exerce poderes de supervisão e de regulação sobre a sociedade (artigo 15.º, n.º 1, do DL n.º 2/2005, de 4 de janeiro).

[132] O legislador português, aproveitando esta faculdade, atribuiu ao sócio que tenha votado contra o projeto de transferência da sede da SE para outro Estado-Membro o direito de exoneração (artigo 13.º do DL n.º 2/2005, de 4 de janeiro).
Se este exercer o seu direito, previamente à emissão do certificado referido no texto e no artigo 8.º, n.º 8, do RSE, a SE deve provar que a participação social do exonerando foi adquirida ou que, se for o caso, tal não ocorreu por motivo que lhe não possa ser imputável (artigo 13.º, n.º 3, do DL n.º 2/2005). Não tendo sido exercido o direito de exoneração por qualquer sócio, a SE fica obrigada a declarar esse facto para efeitos da emissão daquele certificado (artigo 13.º, n.º 5, do DL n.º 2/2005).

[133] No caso de SE's a que se aplique o direito português, importa ainda incluir no projeto de transferência de sede uma referência ao direito que os titulares de créditos sobre aquela SE têm de poder declarar antecipadamente vencidos os seus créditos, no prazo de 30 dias a contar da publicação do referido projeto (artigo 14.º, n.º 6, do DL n.º 2/2005).

[134] Sem prejuízo de formas de publicidade adicionais previstas no Estado-Membro da sede da SE. No caso de SE a que se aplique a lei portuguesa, o DL n.º 2/2005 determina o registo e publicação do projeto de transferência de sede na alínea c) do n.º 2 do artigo 4.º.

764

SOCIEDADES COMERCIAIS

os aspetos jurídicos e económicos da transferência, bem como as suas consequências para os acionistas, credores e trabalhadores (artigo 8.º, n.º 3).

Estes documentos têm de poder ser consultados[135], na sede da SE, pelos seus acionistas e credores, pelo menos um mês antes da assembleia geral que irá decidir a transferência (artigo 8.º, n.º 4).

Esta assembleia geral só pode ocorrer dois meses após a publicação do projeto – prazo durante o qual pode haver lugar à oposição pelas autoridades competentes do Estado-Membro em que a SE estiver sediada, fundada em razões de interesse público, se a legislação desse Estado-Membro o previr[136] – e para que a deliberação de transferência da sede seja aprovada é preciso que a mesma seja votada favoravelmente por uma maioria que não pode ser inferior a dois terços dos votos expressos (salvo se a legislação aplicável às sociedades anónimas abrangidas pelo direito do Estado-Membro da sede da SE previr ou permitir uma maioria mais elevada) – artigo 59.º, n.º 1[137]. A deliberação referida fica também sujeita a publicidade (artigo 13.º *ex vi* artigo 59.º, n.º 3).

Para a transferência é ainda necessária a obtenção de um certificado, emitido por um tribunal, notário ou outra autoridade competente[138], que comprove de forma concludente o cumprimento dos atos e formalidades prévios à transferência (artigo 8.º, n.º 8). Existindo dívidas anteriores à publicação do projeto de transferência[139], para que este certificado seja emitido, a SE deve provar que os interesses dos credores e titulares de outros direitos em relação a essa SE (incluindo os de entidades públicas) foram devidamente

---

[135] Também podem ser disponibilizadas cópias gratuitas dos referidos documentos a pedido dos acionistas e credores da SE.

[136] V. *supra* e artigo 8.º, n.º 14.

[137] Todavia, os Estados-Membros podem prever que, sempre que esteja representado, pelo menos, metade do capital subscrito, seja suficiente a maioria simples dos votos (artigo 59.º, n.º 2).

[138] No caso de SE's a que seja aplicável a legislação portuguesa, o DL n.º 2/2005 determina, no artigo 2.º, n.º 1, que as autoridades competentes são as conservatórias do registo comercial ou os notários.

[139] No entanto, os Estados-Membros podem incluir as dívidas contraídas (ou suscetíveis de serem contraídas) antes da transferência – artigo 8.º, n.º 7, 2.º §.

Em caso algum o disposto nos dois primeiros §§ do n.º 7 do artigo 8.º prejudicará a aplicação às SE da legislação nacional dos Estados-Membros relativa à satisfação ou garantia dos pagamentos às entidades públicas (artigo 8.º, n.º 7, 3.º §).

protegidos nos termos das disposições dos Estados-Membros onde a SE tem a sua sede antes da transferência (artigo 8.º, n.º 7)[140].

Segue-se o novo registo que só se pode efetuar mediante a sua apresentação e a prova do cumprimento das formalidades exigidas para o registo no país da nova sede (artigo 8.º, n.º 9).

QUADRO: Transferência de sede transfronteiriça de SE's entre 2004 e 2013

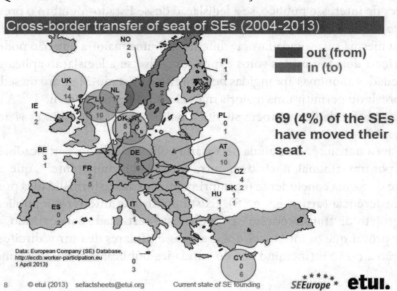

Fonte: European Company (SE) Database – *http://www.worker-participation.eu/European-Company-SE/Facts-Figures*

---

[140] Para tal, no caso de SE's sujeitas à aplicação da lei portuguesa, importa atentar no n.º 1 do artigo 14.º do DL n.º 2/2005, que exige que a SE apresente uma certidão que ateste que a sua situação fiscal e relativa a dívidas à segurança social se encontra regularizada, e ainda no n.º 3 do mesmo preceito, que, como referimos, permite que previamente à emissão do certificado os titulares de créditos sobre aquela SE declarem antecipadamente vencidos os seus créditos, no prazo de 30 dias a contar da publicação do projeto de transferência de sede. Se tal suceder, a SE deve identificar, perante a Conservatória do Registo competente ou o notário, quais os credores que o fizeram e fazer prova do cumprimento das obrigações respetivas (artigo 14.º, n.º 6).
O artigo 14.º dispõe ainda, no n.º 2, que no que respeita aos créditos pertencentes aos trabalhadores resultantes de contratos de trabalho e da sua violação ou cessação a sociedade deve prestar garantia bancária e fazer prova da prestação de tal garantia para que lhe possa ser emitido o certificado.

SOCIEDADES COMERCIAIS

A transferência da sede (e a alteração dos estatutos por ela provocada) produz efeitos a partir da inscrição no registo da nova sede (artigo 8.º, n.º 10)[141]. Todavia, enquanto não se proceder à publicação do cancelamento do registo na conservatória da sede anterior, os terceiros podem continuar a invocar a antiga sede, exceto se a SE provar que aqueles tinham conhecimento da nova sede (artigo 8.º, n.º 13). Daí que o Registo da nova inscrição deva notificar o Registo da inscrição anterior para que este último proceda ao cancelamento da inscrição anterior (artigo 8.º, n.º 11). Quer o novo registo, quer o cancelamento são publicados nos Estados-Membros em questão (artigo 8.º, n.º 12).

2.2.5.3. Processo constitutivo
Do processo constitutivo destacamos o registo do ato constitutivo da SE no Estado-Membro[142] onde tem a sua sede (artigo 12.º, n.º 1), a partir do qual a SE tem personalidade jurídica (artigo 16.º, n.º 1).

O registo só pode ser efetuado se se tiver chegado a um acordo sobre o regime de envolvimento dos trabalhadores nos termos do artigo 4.º da Diretiva 2001/86/CE, se tiver sido tomada uma decisão nos termos do artigo 6.º, n.º 3, da Diretiva ou se o período de negociações previsto no artigo 5.º da Diretiva tiver decorrido sem se ter chegado a um acordo (artigo 12.º, n.º 2).

Se tiverem sido praticados atos em nome da SE antes do registo e se a SE não assumir as obrigações dele decorrentes após o registo, as pessoas singulares, as sociedades ou outras entidades jurídicas que os tiverem praticado serão responsáveis por aqueles solidária e ilimitadamente, salvo convenção em contrário (artigo 16.º, n.º 2).

O registo está sujeito à publicidade prevista na legislação do Estado-Membro da sede da SE[143] e ainda no *JOUE* (artigos 15.º, n.º 2, 13.º e 14.º, n.º 1).

---

[141] Se forem intentadas ações contra a SE depois da transferência, mas respeitantes a litígios anteriores a essa transferência, o artigo 8.º determina, no n.º 16, que se considera que a SE tem a sua sede no Estado-Membro em que estava registada antes da transferência.

[142] No caso de SE's sujeitas à aplicação da lei portuguesa, decorre do artigo 4.º, n.º 1, do DL n.º 2/2005 que o ato constitutivo deve ser reduzido a escrito e as assinaturas dos seus subscritores reconhecidas presencialmente, salvo se forma mais solene for exigida para a transmissão dos bens com que os sócios entram para a sociedade, devendo, neste caso, o contrato revestir essa forma, sem prejuízo do disposto em lei especial (artigo 7.º, n.º 1, do CSC), ser registado (artigo 166.º do CSC) e objeto de publicação (artigo 167.º do CSC).

[143] V. o artigo 167.º do CSC *ex vi* artigo 5.º do DL n.º 2/2005, relativamente às SE's sujeitas à aplicação da lei portuguesa.

DIREITO DA UNIÃO EUROPEIA – ELEMENTOS DE DIREITO E POLÍTICAS DA UNIÃO

2.2.6. Estrutura organizatória

A organização da SE comporta uma assembleia geral de acionistas, um órgão de fiscalização e um órgão de direção ou um órgão de administração, consoante nos estatutos se adote o sistema dualista ou monista, respetivamente (artigo 38.º). Atendendo a que nem todos os Estados-Membros preveem a possibilidade de opção entre dois (ou mais) sistemas de administração, o RSE permite que aqueles adotem as medidas adequadas em relação à SE (artigos 39.º, n.º 5, e 43.º, n.º 4; v. ainda o considerando 14)[144].

A assembleia geral decide sobre as matérias relativamente às quais lhe é atribuída competência específica por força do RSE e das disposições da legislação do Estado-Membro onde a SE tem a sua sede e ainda sobre as matérias relativamente às quais é atribuída competência à assembleia geral das sociedades anónimas reguladas pelo direito do Estado-Membro onde a SE tem a sua sede, quer pela legislação desse Estado-Membro, quer pelos estatutos da SE de acordo com essa mesma legislação (artigo 52.º).

No sistema dualista, o órgão de direção é responsável pela gestão da SE, incumbindo ao órgão de fiscalização o controlo da gestão (artigos 39.º, n.º 1, e 40.º, n.º 1).

No sistema monista, o órgão de administração é o responsável pela gestão da SE (artigo 43.º, n.º 1).

2.2.7. A previsão relativa ao envolvimento dos trabalhadores

Como referimos, não pode haver registo da SE se não se tiver chegado a um acordo sobre o regime relativo ao envolvimento dos trabalhadores nas questões e decisões que afetam a vida da sociedade anónima europeia[145], se não tiver sido tomada uma decisão nos termos do artigo 3.º, n.º 6, da Diretiva

---

[144] A esmagadora maioria das SE's adotou o modelo dualista (81%). O modelo monista foi adotado por 15% das SE's, não sendo conhecidos os dados relativos a 4% das sociedades anónimas europeias [informação colhida em ANDERS CARLSON/MELINDA KELEMEN/MICHAEL STOLLT, "Overview of current state of SE founding in Europe (update: 21 March 2014)", cit., por referência a 21 de março de 2014].

[145] V. o considerando 21 do RSE que, relativamente às outras questões de direito social e de direito do trabalho (nomeadamente o direito à informação e à consulta dos trabalhadores), remete para as disposições nacionais aplicáveis, nas mesmas condições, às sociedades anónimas.

Refira-se ainda que por "envolvimento dos trabalhadores" se deve entender, segundo a alínea h) do artigo 2.º da Diretiva, qualquer mecanismo, incluindo a informação, a consulta e a participação, através do qual os representantes dos trabalhadores possam influir nas decisões a tomar no âmbito da sociedade.

SOCIEDADES COMERCIAIS

2001/86/CE ou se o período de negociações previsto no artigo 5.º da mesma Diretiva tiver decorrido sem se ter chegado a um acordo (artigo 12.º, n.º 2, do RSE).

Esta polémica questão – que inviabilizou durante largos anos a aprovação do RSE – acabou por ser regulada no âmbito da Diretiva 2001/86/CE, que completa o RSE, com o objetivo de evitar o «dumping social», ou seja, pretendeu-se "garantir que a constituição de uma SE não conduza à abolição ou à redução das práticas de envolvimento dos trabalhadores existentes nas sociedades participantes na constituição da SE" (considerando 3), já que a cogestão é seguida em alguns Estados-Membros, mas não noutros.

Esta diversidade justificou, pois, a opção do legislador comunitário: não foi imposto um modelo único; foi acolhida a chamada "fórmula do antes e do depois" e é privilegiada a solução que decorra do acordo das partes, apesar de se prever um regime supletivo. Assim, sempre que se verifique a existência de direitos de participação numa ou mais sociedades participantes na constituição de uma SE, estes devem ser mantidos através da sua transferência para a SE, uma vez constituída, exceto se as partes decidirem em contrário (considerandos 5 e 7 da Diretiva[146]).

Referindo-nos brevemente ao sistema instituído pela Diretiva, começamos por salientar que devem ser iniciadas, o mais rapidamente possível[147], as negociações com os representantes dos trabalhadores das participantes da SE.

Para tal é constituído um grupo especial de negociação representativo dos trabalhadores das sociedades participantes e das filiais ou dos estabelecimentos interessados, de acordo com as regras referidas no artigo 3.º, n.º 2, da Diretiva e as negociações podem prosseguir durante os seis meses seguintes, prazo que pode ser prorrogado, por comum acordo, até um ano (artigo 5.º da Diretiva).

Neste quadro surgem várias hipóteses: *v. g.*, as negociações podem não ser iniciadas[148], podem não ser concluídas no prazo legal, podem ser concluídas com ou sem a obtenção de acordo. Percebe-se, por isso, que o legislador tenha incumbido os Estados-Membros de incluírem nas suas legislações

[146] V. ainda o considerando 18 da Diretiva.
[147] O artigo 3.º da Diretiva refere que tal deve suceder após a publicação do projeto de fusão ou de constituição de uma «holding», ou após a aprovação de um projeto de constituição de uma filial ou de transformação numa SE.
[148] V. o artigo 3.º, n.º 6, da Diretiva.

DIREITO DA UNIÃO EUROPEIA – ELEMENTOS DE DIREITO E POLÍTICAS DA UNIÃO

disposições supletivas (que respeitem o disposto no Anexo da Diretiva) – v. artigo 7.º, n.º 3, da Diretiva.

De uma forma muito resumida podemos afirmar que o Anexo em questão estabelece a obrigatoriedade de constituição de um órgão de representação dos trabalhadores (Parte 1), que deverá reunir, pelo menos uma vez por ano, com o órgão competente da SE, a fim de ser informado e consultado sobre o andamento e as perspetivas das atividades da SE, e que tem, em especial, o direito de ser informado sempre que surjam circunstâncias excecionais que afetem em grande medida os interesses dos trabalhadores (*v. g.*, a mudança de localização, o encerramento de estabelecimentos) (Parte 2)[149].

2.3. Dimensão real, vantagens e inconvenientes do regime jurídico da SE[150]

Desde 2004 até 21 de março de 2014 foram constituídas 2125 sociedades anónimas europeias. Este número – que, como tem sido generalizadamente reconhecido[151], parece estar aquém das expectativas – tem vindo a aumentar progressivamente nos últimos anos.

Ano	2004	2005	2006	2007	2008	2009	2010	2011	2012	2013	2014
N.º SE's	7	21	51	132	294	454	656	1018	1583	2052	2125

Fonte: European Company (SE) Database, *http://ecdb.worker-participation.eu* (21 de março de 2014)[152]

Por outro lado, constatou-se que este tipo societário tem granjeado muito sucesso em alguns Estados-Membros (como é o caso da República Checa e

[149] Em 21 de março de 2014, apenas 54 SE's previam direitos de informação, consulta e participação (*v. g.*, Allianz, Man, Puma) – dados colhidos em ANDERS CARLSON/MELINDA KELEMEN/MICHAEL STOLLT, "Overview of current state of SE founding in Europe (update: 21 March 2014)", *cit.*

[150] Tivemos oportunidade de nos referir a alguns destes aspetos em "Desenvolvimentos recentes relativos ao Estatuto da Sociedade Europeia", *in* AA. VV., *I Congresso Direito das Sociedades em Revista*, Almedina, Coimbra, 2011, pp. 453 e segs., que aqui seguimos de perto.

[151] Neste sentido, v. o documento resultante do estudo externo encomendado pela Comissão Europeia, *Study on the operation and the impacts of the Statute for a European Company (SE) – 2008/S 144-192482 Final Report 9 December 2009*, p. 271 (disponível em *http://ec.europa.eu/internal_market/consultations/docs/2010/se/study_SE_9122009_en.pdf*).

[152] Estes números não são inteiramente coincidentes com os que foram avançados no documento citado na nota anterior.

SOCIEDADES COMERCIAIS

da Alemanha[153]), enquanto noutros tem sido moderadamente utilizada (por exemplo, Reino Unido, França e Áustria[154]) e noutros ainda pouco (*v. g.*, Espanha, Itália e Portugal[155-156]) ou nada usado (Bulgária, Grécia, Islândia, Roménia e Eslovénia[157]).

Para uma cabal compreensão dos números referidos importa ter presente, para além das vantagens e inconvenientes do regime jurídico das SE's que referiremos em seguida, uma distinção que tem vindo a ser feita sobre as SE's. Para além das SE's ditas «normais» (que apresentam atividade e que têm trabalhadores), são vulgarmente referidas as «empty SE» (sociedades que apresentam atividade, mas não têm trabalhadores) e as «shelf SE»/«shell SE» (as que não apresentam atividade e não têm trabalhadores)[158], suspeitando-se de que estas são especialmente numerosas em alguns Estados--Membros (como será o caso da República Checa).

Apoiando-nos nas principais considerações do Documento síntese da Comissão sobre o documento relativo ao estudo externo, levado a cabo pela Ernst & Young sobre RSE[159] e sobre este último documento[160], podemos afir-

---

[153] Em 21 de março de 2014 existiam respetivamente 1495 e 292 SE's (dados colhidos em *http://ecdb.worker-participation.eu*).

[154] Em 21 de março de 2014 existiam respetivamente 61, 23 e 19 SE's (dados colhidos em *http://ecdb.worker-participation.eu*).

[155] Em 21 de março de 2014 existiam respetivamente 3, 2 e 1 SE's (dados colhidos em *http://ecdb.worker-participation.eu*).

[156] Em Portugal, de acordo com a informação gentilmente cedida pelo Registo Nacional de Pessoas Colectivas, a única SE constituída até ao momento é a "Labcop – Cosméticos, produtos limpeza e comércio de produtos naturais, S.E.".

[157] Dados relativos a 21 de março de 2014, colhidos em *http://www.worker-participation.eu/European-Company-SE/Latest-developments*.

[158] Sobre estas últimas, cf., com várias referências bibliográficas e menção especial ao direito societário nacional, MARIA ÂNGELA BENTO SOARES, "A sociedade anónima europeia: sociedade de direito comunitário?", *cit.*, pp. 777 e seg., especialmente nota 194.

[159] V. "Synthesis of the Comments on the consultation document of the internal market and services Directorate-General on the Results of the Study on the operation and the impact of the Statute for a European Company (SE)", da Comissão Europeia, de julho de 2010, disponível em *http://ec.europa.eu/internal_market/consultations/docs/2010/se/summary_report_en.pdf*) e o documento "Study on the operation and the impacts of the Statute for a European Company (SE)", *cit.*

[160] Estes documentos integraram os trabalhos preparatórios do Relatório da Comissão relativo à aplicação do RSE, referido no ponto seguinte.

Efetivamente, com o objetivo de conhecer melhor a realidade subjacente ao referido Relatório, em dezembro de 2008, a Comissão Europeia entendeu promover o estudo externo referido no texto, de que resultou a recomendação de uma série de alterações ao RSE, que visavam promover o aumento da sua utilização prática.

DIREITO DA UNIÃO EUROPEIA – ELEMENTOS DE DIREITO E POLÍTICAS DA UNIÃO

mar que, globalmente, são indicados como fatores positivos associados à SE: a mobilidade, a imagem europeia da sociedade, a flexibilidade na governação societária, o potencial para a simplificação empresarial e vantagens regulatórias se comparadas com as sociedades anónimas dos Estados-Membros.

Em contrapartida, como efeitos dissuasores, têm sido referidos: o custo, a complexidade e a incerteza relativamente aos procedimentos para o estabelecimento e exploração de uma SE e ainda a obrigatoriedade de ter a sede efetiva e a sede estatutária no mesmo local.

No que respeita às principais tendências na distribuição de SE's pelos Estados-Membros foi referido por cerca de metade dos participantes que, como critérios de escolha quanto à sua localização, estão, fundamentalmente, em jogo aspetos fiscais e de direito do trabalho, seguindo-se a regulamentação jurídica das sociedades.

Quanto aos problemas práticos de criação e funcionamento identificados pelo estudo externo e que contaram, em geral, com o apoio dos participantes na consulta pública, os mesmos estão intimamente relacionados com os apontados desincentivos à constituição de SE's.

Na sequência dos problemas identificados, que parecem comprometer os objetivos visados pelo RSE, foram sugeridas alterações a este Regulamento que a Comissão, como será referido, (ainda) não acatou.

2.4. Desenvolvimentos num futuro próximo?

Com efeito, em 17 de novembro de 2010, a Comissão Europeia apresentou ao Parlamento Europeu e ao Conselho um Relatório relativo à aplicação do RSE[161], como decorria do artigo 69.º do RSE. Todavia, não apresentou qualquer proposta de alteração (que teria implicações na Diretiva 2001/86/CE), escudando-se no delicado compromisso que permitiu a aprovação do RSE. Não obstante, adiantou estar a analisar a conveniência das mesmas, admitindo que as pudesse apresentar em 2012, o que, todavia, não sucedeu.

De entre as principais possíveis alterações destacamos, em primeiro lugar, a recomendação relativa à harmonização das normas previstas no RSE com

---

Divulgado o referido estudo, a Comissão Europeia lançou uma consulta pública (entre 23 de março e 23 de maio) relativa às conclusões daquele estudo, a que se seguiu uma Conferência sobre o Estatuto da Sociedade Europeia (26 de maio de 2010), em Bruxelas.

[161] V. COM(2010) 676 final, de 17 de novembro de 2010 (disponível em *http://ec.europa.eu/internal_market/company/docs/se/report112010/com2010_676_pt.pdf*). Tivemos oportunidade de nos referir aos trabalhos preparatórios deste Relatório em "Desenvolvimentos recentes relativos ao Estatuto da Sociedade Europeia", *cit.*, pp. 453 e segs.

SOCIEDADES COMERCIAIS

as que resultam da Diretiva 2005/56/CE, de 26 de outubro de 2005, relativa às fusões transfronteiriças das sociedades de responsabilidade limitada.

Uma das vantagens apontadas à SE consiste no favorecimento da concentração empresarial transfronteiriça, essencial para a realização do mercado interno, já que a SE permite escapar às dificuldades (de ordem jurídica, fiscal e até psicológica) com que a fusão transfronteiriça deparava e que paralisaram a 10.ª Diretiva durante largos anos.

Todavia, o RSE não só não retirou a importância, nem a urgência de uma diretiva sobre fusões transfronteiriças aplicável às sociedades de responsabilidade limitada, permitindo a fusão das pequenas e médias empresas (PME) (dado que o RSE apenas se aplica às SE's), como foi decisivo para o relançamento do referido projeto (confirmando o carácter de "ponta de lança" que tantas vezes lhe é apontado), que culminou com a aprovação da Diretiva 2005/56/CE, sobre as fusões transfronteiriças das sociedades de responsabilidade limitada.

Neste novo quadro jurídico, verifica-se uma perda relativa da importância do RSE e ainda a necessidade de proceder à harmonização das suas normas com as da referida Diretiva respeitantes a aspetos tão sensíveis como o do envolvimento dos trabalhadores.

Neste momento, como tivemos oportunidade de referir, a SE só pode ser registada se tiver sido concluído um acordo sobre o regime de envolvimento dos trabalhadores; se tiver sido tomada uma decisão do grupo especial de negociação de que resulte não estar aberto a negociações ou se o período de negociações previsto no artigo 5.º, n.º 1, da Diretiva 2001/86/CE tiver decorrido sem se ter chegado a um acordo (artigo 12.º do RSE).

O estudo externo recomendou a introdução da possibilidade de os órgãos competentes das empresas a fundir terem o direito de decidir, sem negociação prévia, ficar diretamente sujeitos às disposições supletivas de participação estabelecidas pela legislação do Estado-Membro em que se situe a sede estatutária da SE, tal como está previsto no artigo 16.º, n.º 4, alínea *a)*, da Diretiva relativa às fusões transfronteiriças.

Ainda no âmbito das alterações sugeridas pelo estudo externo respeitantes à constituição de SE por fusão, destacamos, por um lado, a permissão do registo da SE mesmo que não exista qualquer negociação sobre o envolvimento dos trabalhadores, desde que nenhuma das empresas envolvidas tenha trabalhadores, e a introdução de uma norma que preveja que, logo que a SE esteja ativa ou seja atingido um determinado número de trabalhadores, as negociações sobre o envolvimento dos trabalhadores sejam obrigatoria-

DIREITO DA UNIÃO EUROPEIA – ELEMENTOS DE DIREITO E POLÍTICAS DA UNIÃO

mente iniciadas, de modo a assegurar uma proteção adequada dos direitos dos (futuros) trabalhadores. Por outro lado, é também aconselhada a modificação do artigo 19.º do RSE no sentido de conferir às autoridades competentes a possibilidade de se oporem à formação de uma SE apenas quando exista essa possibilidade para as fusões internas no direito do Estado-Membro de uma das sociedades que participe na fusão que conduza à criação de uma SE.

Destacamos ainda um conjunto de recomendações que visam facilitar o acesso à sociedade europeia e que passam pela simplificação da exigência de regulação em Estados-Membros diferentes, pela abertura às «sociedades de responsabilidade limitada» e pela redução do capital social mínimo exigido.

Para lograr a simplificação da exigência de regulação em Estados-Membros diferentes, propôs-se à Comissão Europeia a eliminação ou o esmorecimento do requisito estabelecido para a constituição de uma SE *holding*, SE filial e SE resultante da transformação de uma sociedade anónima nacional respeitante ao prazo mínimo de dois anos de titularidade de uma filial regulada pelo Direito de outro Estado-Membro ou de uma sucursal situada noutro Estado-Membro.

Outra via para facilitar o acesso à SE consiste em abri-la às «sociedades de responsabilidade limitada» e, na opinião de alguns participantes na consulta pública (já referida), até a pessoas singulares.

Como é sabido, a maior parte das PME's (que constituem uma parte muito relevante do tecido empresarial europeu e, em especial, dos ordenamentos jurídicos em que não existem, ou existem poucas, SE's, como é o caso de Portugal e de Itália) constituem-se sob a forma de «sociedade de responsabilidade limitada». É neste quadro que devem ser entendidas as recomendações relativas ao alargamento das formas de constituição de SE's e que, por exemplo, incluem a possibilidade de criação *ex nihilo* e a permissão de transformação de «sociedades de responsabilidade limitada» em SE ou de se fundirem com SE's.

Outra alteração proposta (com o mesmo fundamento) respeita à redução do capital mínimo exigido (que se cifra atualmente em 120 000 euros e que é substancialmente mais elevado que o capital social exigido para a constituição das sociedades por quotas em Portugal, por exemplo, que corresponde ao produto de € 1 pelo número de participações sociais[162]).

---

[162] Artigos 201.º e 219.º, n.º 3, do CSC, aprovado pelo DL n.º 262/86, de 2 de setembro, com as alterações entretanto introduzidas.

SOCIEDADES COMERCIAIS

Entretanto, na Comunicação "Direito das Sociedades Europeu e governo das sociedades", a Comissão Europeia acabou por recusar a alteração do Regulamento, estabelecendo no referido plano de ação que, "em 2013, (...) irá lançar uma campanha de informação a fim de aumentar a sensibilização sobre os Estatutos da Sociedade Europeia (SE), através de um vasto sítio *web*, no qual serão apresentados conselhos práticos e documentos relevantes sobre os estatutos (...)"[163].

3. Sociedade Cooperativa Europeia[164]

3.1. Origem

A União Europeia assume que a diversidade de formas de empresas é um recurso valioso para a Europa e para a sua economia, daí que o direito de negociar numa variedade de formas alternativas de empresa deva ser reconhecido e encorajado a todos os níveis.

Diferenciando-se de outras formas já referidas, as empresas do setor social da economia caracterizam-se, fundamentalmente, por serem norteadas não pela obtenção do lucro, mas pelos princípios da solidariedade (são empresas criadas por e para os que têm necessidades comuns) e da participação ativa na gestão (são, habitualmente, geridas pelos membros com base na regra de "um voto por cabeça").

Existem mais de 11 milhões de empregos na economia social europeia (70% em associações não lucrativas, 26% em cooperativas e 3% em mútuas) e os dois milhões de empresas envolvidas, em variados setores da economia (banca, seguros, agricultura, artesanato, saúde, serviços sociais, etc.) representam 10% do total de empresas da Europa[165]. Compreende-se, por isso, o interesse que a União Europeia tem neste domínio, há já algum tempo.

Com efeito, a Comissão Europeia adotou, em dezembro de 1989, uma Comunicação sobre a empresa no setor social da economia e, em 1992, apresentou ao Conselho três propostas de regulamento sobre os Estatutos, respetivamente, da Sociedade Cooperativa Europeia; da Mútua Europeia

---

[163] V. p. 15 da Comunicação citada.

[164] RUI NAMORADO, "A sociedade cooperativa europeia: problemas e perspectivas", *http://www.ces. fe.uc.pt/publicacoes/oficina/189/189.pdf*; RAUL GUICHARD, "O regime da sociedade cooperativa europeia (SCE). Alguns aspectos" [publicado inicialmente na *Revista de Ciências Empresariais e Jurídicas (RCEJ)*, n.º 7, 2006], em *http://www.estig.ipbeja.pt/~ac_direito/SociedadeCooperativaEuropeia.pdf*.

[165] De acordo com dados colhidos em *http://ec.europa.eu/enterprise/policies/sme/promoting-entrepreneur ship/social-economy/#h2-2*.

DIREITO DA UNIÃO EUROPEIA – ELEMENTOS DE DIREITO E POLÍTICAS DA UNIÃO

(sociedade seguradora) e da Associação Europeia e três diretivas relativas ao envolvimento dos trabalhadores naquele âmbito.

Após as alterações introduzidas em 1993, que tomaram em consideração as opiniões do Comité Económico e Social Europeu e do Parlamento Europeu[166], os trabalhos prosseguiram, com entraves sobretudo respeitantes às diretivas relativas ao envolvimento dos trabalhadores, acabando por ser aprovado unicamente o Estatuto sobre a Sociedade Cooperativa Europeia (2003) e as restantes propostas retiradas em 2006 dada a falta de progressos no processo legislativo[167].

Centrando-nos sobre a Sociedade Cooperativa Europeia (SCE), importa começar por referir que as cooperativas são agrupamentos de pessoas ou entidades jurídicas que obedecem a princípios de funcionamento específicos, que os diferenciam dos AEIE´s e das SE's[168]: o princípio da primazia da pessoa, princípio da estrutura e controlo democráticos e princípio da distribuição do lucro líquido do exercício numa base equitativa.

3.2. Regime jurídico[169]

3.2.1. Breve caracterização

A SCE é uma sociedade com o capital subscrito dividido em ações nominativas e, salvo disposição em contrário dos estatutos da SCE, aquando da sua constituição, cada membro é responsável apenas até ao limite de capital que tenha subscrito. Neste caso, a denominação da SCE terminará por «limitada» (artigos 1.º, n.º 2, e 4.º, n.º 3).

A SCE tem personalidade jurídica a partir do registo (artigos 1.º, n.º 5, e 18.º, n.º 1) e tem por objeto principal a satisfação das necessidades e/ou o desenvolvimento das atividades económicas e/ou sociais dos seus membros[170], nomeadamente através da celebração de acordos com estes com vista ao fornecimento de bens ou serviços ou à execução de trabalhos no âmbito da atividade que a SCE exerce ou faz exercer ou ainda através da promoção

---

[166] 8364/93 DRS 14 – COM(93) 252 final SYN 386-3; e ainda 8364/93 DRS 14 – COM(93) 252 final SYN 386-391.

[167] V. *infra* 4.

[168] V. considerandos 4, 5 e 7 do RSCE.

[169] Salvo indicação contrária, os artigos referidos neste ponto são do RSCE [Regulamento (CE) n.º 1435/2003, de 22 de julho de 2003].

[170] Salvo disposição em contrário dos estatutos, a SCE não pode aceitar que terceiros não membros beneficiem das suas atividades ou participem nas suas operações – artigo 1.º, n.º 4, do RSCE.

SOCIEDADES COMERCIAIS

da sua participação em atividades económicas, da forma referida, numa ou mais SCE e/ou cooperativas nacionais. A SCE também pode realizar a sua atividade através de uma filial (artigo 1.º, n.º 3).

3.2.2. Fontes

A SCE é regulada pelo Regulamento (CE) n.º 1435/2003, de 22 de julho de 2003 (RSCE), e, sempre que este o autorize expressamente, pelo disposto nos estatutos. Quando uma matéria não estiver abrangida (ou apenas o estiver parcialmente) pelo RSCE, aplicam-se as disposições legislativas adotadas pelos Estados-Membros em aplicação de medidas comunitárias que visem especificamente as SCE; as disposições legislativas dos Estados--Membros que seriam aplicáveis a uma cooperativa constituída segundo o direito do Estado-Membro da sede da SCE e as disposições dos estatutos da SCE, nas mesmas condições que para as sociedades cooperativas constituídas segundo o direito do Estado-Membro da sede da SCE (artigo 8.º, n.º 1).

Se a legislação nacional previr disposições e/ou restrições específicas relacionadas com a natureza das atividades exercidas por uma SCE, ou formas de controlo por uma autoridade de supervisão, essa legislação é integralmente aplicável à SCE (artigo 8.º, n.º 2).

3.2.3. Membros

Podem ser membros de uma SCE pessoas singulares ou pessoas coletivas (sociedades e outras entidades jurídicas de direito público ou privado) constituídas nos termos da legislação de um Estado-Membro[171].

Os membros da SCE têm de residir em ou reger-se pelo direito de, pelo menos, dois Estados-Membros diferentes (artigo 2.º).

Também é admitida, a participação de outras cooperativas (constituídas nos termos da legislação de um Estado-Membro e que tenham a sua sede e a sua administração central na Comunidade) como membros da SCE[172], desde que, se a SCE for constituída por fusão, pelo menos duas delas sejam reguladas pelo direito de Estados-Membros diferentes ou se a SCE for cons-

---

[171] Os Estados-Membros podem prever que uma entidade jurídica que não tenha a sua administração central na Comunidade possa participar na constituição de uma SCE, desde que essa entidade jurídica tenha sido constituída segundo o direito de um Estado-Membro, tenha a sede nesse Estado-Membro e tenha uma ligação efetiva e continuada com a economia de um Estado-Membro (artigo 2.º, n.º 2, do RSCE).

[172] Neste caso, a SCE será conhecida como «cooperativa secundária» ou «cooperativa de segundo grau» – v. considerando 9 do RSCE.

DIREITO DA UNIÃO EUROPEIA – ELEMENTOS DE DIREITO E POLÍTICAS DA UNIÃO

tituída por transformação de uma cooperativa esta tiver há, pelo menos, dois anos, um estabelecimento ou filial regulados pelo direito de outro Estado--Membro (artigo 2.º).

O número de membros da SCE é variável. Do RSCE resulta também um número mínimo diferenciado em função do modo de constituição e da natureza jurídica dos seus membros, podendo ser unipessoal (no referido caso de constituição por transformação de uma cooperativa), ter dois (ou mais) membros (se se tratar de sociedades ou de constituição por fusão de cooperativas), ter cinco (ou mais) membros (se se tratar de pessoas singulares e/ou sociedades ou outras entidades jurídicas de direito público ou privado).

3.2.4. Capital, ações e distribuição de excedentes

O montante de capital da SCE é variável, mas tem de corresponder, no mínimo, a € 30 000 (artigo 3.º, n.º 2), sem prejuízo de a legislação de um Estado-Membro prever um montante mais elevado para as entidades jurídicas que exerçam determinados tipos de atividade (e que é aplicável às SCE que tenham sede nesse Estado-Membro – artigo 3.º, n.º 3).

O valor fixado nos estatutos pode ser modificado – sem que tal implique a alteração dos estatutos, nem qualquer publicidade – quer no sentido de o aumentar[173], quer no sentido de o reduzir[174] (artigo 3.º, n.º 5). O capital subscrito da SCE é representado pelas ações dos membros e só pode ser constituído por elementos do ativo suscetíveis de avaliação económica (artigo 4.º, n.os 1 e 2).

As ações são, como referimos, obrigatoriamente nominativas (artigo 4.º, n.º 3) e o seu valor é fixado nos estatutos[175]-[176], tendo de corresponder, pelo

---

[173] O aumento realiza-se através de subscrições sucessivas dos membros, da admissão de novos membros, por incorporação de reservas suscetíveis de repartição (artigos 3.º, n.º 5, e 4.º, n.º 8).

[174] A redução resulta do reembolso, total ou parcial, das entradas. No entanto, os estatutos estabelecem um montante (que não pode ser inferior a € 30 000) abaixo do qual o capital subscrito não poderá ser reduzido pelo reembolso de títulos de membros que deixem de fazer parte da SCE – v. artigo 3.º, n.º 5 e n.º 4.

[175] Os estatutos fixam o número mínimo de ações a subscrever para a aquisição da qualidade de membro. Todavia, quando prevejam que a maioria nas assembleias gerais é reservada aos membros que sejam pessoas singulares, e quando impliquem uma obrigação de subscrição ligada à participação dos membros na atividade da SCE, não podem sujeitar a aquisição da qualidade de membro à subscrição de mais de uma ação (artigo 4.º, n.º 7).

[176] Os estatutos podem criar diferentes categorias de ações (artigo 4.º, n.º 1).

SOCIEDADES COMERCIAIS

menos, ao seu valor nominal[177] (proibição de emissão abaixo do par) – artigo 4.º, n.º 3.

A obrigação de entrada correspondente pode ser realizada em dinheiro ou em bens diferentes de dinheiro[178], desde que suscetíveis de avaliação económica – artigo 4.º, n.º 2 –, não podendo ser emitidas ações em contrapartida de compromissos de execução de trabalhos ou prestação de serviços por membros.

O cumprimento da obrigação de entrada efetuada em dinheiro[179] pode ser parcialmente diferido, no ato de subscrição, em determinadas condições: até ao valor máximo de 75% do seu valor nominal e com o limite de 5 anos (exceto se os estatutos previrem um prazo mais curto) – artigo 4.º, n.º 4.

O RSCE fixa ainda as regras relativas à distribuição de excedentes estabelecendo como princípio, no considerando 10, que aqueles devem ser distribuídos em função das atividades realizadas com a SCE ou utilizados para satisfazer as necessidades dos seus membros, concretizando-o nos artigos 65.º e segs.

3.2.5. Sede, modo de constituição e processo constitutivo

3.2.5.1. Sede

A sede da SCE deve situar-se na Comunidade, no mesmo Estado-Membro que a administração central.

Os Estados-Membros podem impor às SCE registadas no seu território a obrigação de terem a administração central e a sede no mesmo local – artigo 6.º.

Também aqui está prevista a transferência da sede da SCE para outro Estado-Membro sem que tal implique a dissolução da SCE, nem a criação de uma nova pessoa coletiva – artigo 7.º.

---

[177] Este valor nominal pode ser aumentado mediante a consolidação das ações emitidas ou reduzido pela divisão das ações emitidas (artigo 4.º, n.ºs 9 e 10).

[178] A legislação aplicável no Estado-Membro da sede da SCE às «sociedades anónimas de responsabilidade limitada», em matéria de designação de peritos e de avaliação das entradas que não consistam em numerário, é aplicável por analogia à SCE (artigo 4.º, n.º 6). Assim, no caso de SCE com sede em Portugal, aplicar-se-ia o disposto no artigo 28.º do CSC, relativamente à exigência de um relatório (que descreva e avalie as referidas entradas) de um Revisor Oficial de Contas independente.

[179] As entradas em espécie têm de ser integralmente cumpridas no ato de subscrição (artigo 4.º, n.º 5).

3.2.5.2. Modo de constituição

Como já foi referido, a SCE pode ser constituída por cinco pessoas singulares e/ou coletivas, no mínimo, que residam em, pelo menos, dois Estados-Membros, constituídas nos termos da legislação de um Estado-Membro e que sejam regidas pela legislação de, pelo menos, dois Estados-Membros; fusão de cooperativas constituídas nos termos da legislação de um Estado-Membro e que tenham a sua sede e a sua administração central nesse Estado, se, pelo menos, duas delas forem reguladas pelo direito de Estados-Membros diferentes[180]; transformação de uma cooperativa constituída segundo o direito de um Estado-Membro e que tenha a sua sede e a sua administração central no Espaço Económico Europeu, desde que esta cooperativa tenha, há pelo menos dois anos, um estabelecimento ou filial regulados pelo direito de outro Estado-Membro[181] (artigo 2.º, n.º 1, do RSCE[182]).

3.2.5.3. Processo constitutivo

Os fundadores elaboram por escrito e assinam os estatutos[183] da SCE nos termos das disposições previstas na legislação do Estado da sede para a constituição de cooperativas (artigo 5.º, n.ºˢ 2 e 3), que deve respeitar o conteúdo mínimo obrigatório referido no n.º 4 do artigo 5.º.

Segue-se o registo[184] (constitutivo) no Estado-Membro onde a SCE tem a sua sede (artigo 11.º, n.º 1). Todavia, este só poderá ser efetuado se se tiver chegado a um acordo sobre o regime de envolvimento dos trabalhadores nos termos do artigo 4.º da Diretiva 2003/72/CE, se tiver sido tomada uma decisão nos termos do n.º 6 da mesma Diretiva ou se o período de negociações previsto no artigo 5.º da Diretiva tiver decorrido sem se ter chegado a um acordo (artigo 11.º, n.º 2).

A legislação aplicável no Estado-Membro da sede da SCE às sociedades anónimas em matéria de requisitos relativos ao conteúdo da publicidade de

---

[180] V. os artigos 19.º e segs.

[181] V. os artigos 35.º e segs.

[182] V. também o já referido n.º 2 do mesmo artigo.

[183] Tal como vimos suceder no RSE, também aqui a expressão "estatutos" designa simultaneamente o ato constitutivo e os estatutos propriamente ditos da SCE, quando estes sejam objeto de um ato separado – artigo 5.º, n.º 1.

[184] Já que a lei aplicável no Estado-Membro da sede da SCE à supervisão cautelar das sociedades anónimas de responsabilidade limitada durante a fase de constituição é aplicável por analogia ao controlo da constituição da SCE – artigo 5.º, n.º 3.

SOCIEDADES COMERCIAIS

atos e indicações é aplicável por analogia à SCE (artigo 11.º, n.º 5)[185], acrescendo ainda a publicação de um aviso do registo da SCE no *JOUE* (artigo 13.º, n.º 1).

3.2.6. Estrutura organizatória

A estrutura da SCE compreende sempre uma assembleia geral, que tem as competências previstas no artigo 52.º, tendo todos os membros direito de intervir e votar (artigo 58.º). Vale, como já referimos, o princípio de um "voto por cabeça", *i. e.*, todos os membros têm direito a um voto, independentemente do número de ações que detenha (artigo 59.º, n.º 1)[186].

Além da assembleia geral, o RSCE prevê dois sistemas distintos alternativos quanto à estrutura da SCE. Um, o sistema monista, implica a existência de um órgão de administração; outro, o sistema dualista, contempla dois órgãos: um de fiscalização e outro de direção.

O órgão de administração ou de direção, consoante o modelo adotado nos estatutos, é responsável pela gestão da SCE e representa-a perante terceiros (artigos 37.º, n.º 1, e 42.º, n.º 1).

O órgão de fiscalização (obrigatório no sistema dualista) controla a gestão assegurada pelo órgão de direção (artigo 39.º, n.º 1).

3.2.7. Previsão relativa ao envolvimento dos trabalhadores

O regime de envolvimento dos trabalhadores é determinado em cada SCE, observando as regras fixadas na Diretiva 2003/72/CE, de 22 de julho de 2003, que completa o estatuto da sociedade cooperativa europeia no que respeita ao envolvimento dos trabalhadores e a legislação do Estado-Membro que tenha procedido à sua transposição.

De acordo com o sistema estabelecido, em regra, é constituído um grupo especial de negociação, que reúne os representantes de trabalhadores das entidades jurídicas que participam na constituição da SCE ou das filiais. Este grupo negoceia com os órgãos competentes das entidades jurídicas participantes com vista à definição do regime de envolvimento dos trabalhadores (artigo 3.º da Diretiva SCE).

---

[185] De acordo com o disposto no artigo 17.º, n.º 2, o registo de uma SCE está sujeito a publicidade nos termos do artigo 12.º.

[186] Mas o artigo 59.º permite alguns desvios.

DIREITO DA UNIÃO EUROPEIA – ELEMENTOS DE DIREITO E POLÍTICAS DA UNIÃO

Na ausência de acordo (v. artigo 7.º, n.º 1) aplicam-se as disposições supletivas previstas na legislação do Estado-Membro do registo[187]. Não obstante, no caso de uma SCE constituída exclusivamente por pessoas singulares ou por uma única entidade jurídica e pessoas singulares, que empregue no total menos de 50 trabalhadores, ou que empregue 50 ou mais trabalhadores num único Estado-Membro, aplicam-se as disposições do Estado-Membro da sede desta que sejam aplicáveis às entidades do mesmo tipo e nas suas filiais e estabelecimentos aplicam-se as disposições do Estado-Membro em que se encontrem situados e que sejam aplicáveis às entidades do mesmo tipo (artigo 7.º, n.º 2, da Diretiva SCE).

3.3. Dimensão real, vantagens e inconvenientes das SCE

O RSCE estabelece a obrigatoriedade de a Comissão Europeia apresentar um relatório após 5 anos da sua entrada em vigor.

Dos trabalhos preparatórios desse relatório resultou que só tinham sido constituídas 17 sociedades cooperativas europeias[188], um número muito aquém do desejável.

As principais razões avançadas para justificar tal insucesso têm sido a falta de conhecimento desta forma jurídica, os elevados custos de constituição de uma SCE e a incerteza jurídica resultante da complexidade do RSCE. Já a imagem europeia é apontada como vantagem para a constituição de uma SCE.

3.4. Desenvolvimentos futuros

No relatório citado, a Comissão Europeia expressa a intenção de proceder a uma consulta pública quanto à necessidade de se simplificar o RSCE e ainda de promover duas conferências. Entretanto, na Comunicação "Plano de ação: Direito das Sociedades Europeu e governo das sociedades – um quadro jurídico moderno com vista a uma maior participação dos acionistas e à sus-

---

[187] V. também o n.º 2 do artigo 7.º da Diretiva SCE.

[188] De acordo com a informação colhida no Relatório da Comissão ao Parlamento Europeu, ao Conselho, ao Comité Económico e Social e ao Comité das Regiões, relativo à aplicação do Regulamento (CE) n.º 1435/2003, de 22 de julho de 2003, sobre o Estatuto da Sociedade Cooperativa Europeia (disponível para consulta em *http://ec.europa.eu/enterprise/policies/sme/files/smes/1_en_act_part1_v7_en.pdf*), de 23 de fevereiro de 2012, COM(2012) 72 final, em novembro de 2011, estavam registadas 24 SCE's (5 em Itália, 7 na Eslováquia, 1 em França, 1 no Liechtenstein, 1 nos Países Baixos, 1 em Espanha, 1 na Suécia, 3 na Hungria, 2 na Alemanha e 2 na Bélgica).

SOCIEDADES COMERCIAIS

tentabilidade das empresas", de 12 de dezembro de 2012, estabeleceu que, em 2013, iria estudar uma forma de lançar uma campanha de informação a fim de aumentar a sensibilização sobre o RSCE.

4. Outras iniciativas

4.1. Em 2008, a Comissão apresentou uma Proposta de Regulamento sobre o Estatuto da Sociedade Privada Europeia [SPE][189], com vista à criação de uma nova forma legal europeia capaz de estimular a competitividade das PME's (que representam 99% das empresas na Europa) no âmbito do mercado único.

A SPE, pensada para ser uma sociedade constituída por um ou mais sócios com a responsabilidade limitada às participações sociais que subscreverem, deveria ter como capital social mínimo € 1.

A referida proposta foi objeto da Resolução legislativa do Parlamento Europeu, de 10 de março de 2009, que a aprovou com alterações[190]. Todavia, atendendo à falta de progressos, acabou por ser retirada no âmbito da Comunicação da Comissão Europeia "Programa Refit – Adequado ao crescimento", de 2 de outubro de 2013[191], sendo aí expressamente afirmado que a Comissão pondera apresentar uma nova proposta. Aparentemente, tal já sucedeu. Com efeito, na exposição de motivos da Proposta de Diretiva do Parlamento Europeu e do Conselho relativa às sociedades unipessoais de responsabilidade limitada [*SUP*], *cit.*, é afirmado que esta é uma medida alternativa destinada a solucionar pelo menos alguns dos problemas abordados pela SPE, visando "facilitar a criação de empresas no estrangeiro para qualquer potencial fundador e, em especial, para as PME's, o que deverá incentivar e fomentar um espírito empresarial mais dinâmico e conduzir a mais crescimento, inovação e emprego na UE"[192].

---

[189] V. COM(2008) 396/3, disponível para consulta em *http://ec.europa.eu/internal_market/company/docs/epc/proposal_en.pdf*.
Sobre o tema, cf. RUI PINTO DUARTE, "A Societas Privata Europaea: Uma Revolução Viável", in *DSR*, Ano 1 (março 2009) vol. 1, pp. 49 e segs.

[190] Disponível em *http://eur-lex.europa.eu/LexUriServ/LexUriServ.do?uri=OJ:C:2010:087E:0300:0321:PT:PDF*.

[191] Está disponível para consulta uma síntese desta Comunicação em *http://europa.eu/rapid/press-release_IP-13-891_pt.htm*.

[192] V. Proposta de Diretiva *SUP*, *cit.*, p. 3.

DIREITO DA UNIÃO EUROPEIA - ELEMENTOS DE DIREITO E POLÍTICAS DA UNIÃO

4.2. No âmbito das empresas do setor social da economia, importa destacar as propostas /projetos de regulamento apresentados relativos às mútuas, às associações e às fundações europeias.

4.2.1. As mútuas europeias

As sociedades mútuas são associações voluntárias de pessoas que visam satisfazer necessidades comuns aos seus membros, diferenciando-se das cooperativas por terem fundos próprios, coletivos e indivisíveis e ainda pelo facto de os membros pagarem taxas.

Na Europa existem dois tipos diferentes de sociedades mútuas: as mútuas de previdência («mutual benefit», «providence mutuals» ou «health providence») e as mútuas de seguros («insurance mutuals»). Estas prestam serviços a 230 milhões de cidadãos europeus, empregam 350 000 pessoas, abarcam cerca de 25% do mercado europeu de seguros, representando mais de 180 biliões de euros em prémios de seguros[193].

A par da inegável importância económica e social, existem várias diferenças no regime jurídico dos Estados-Membros que têm justificado uma intervenção legislativa na União Europeia.

Assim – e apesar de, segundo a definição do artigo 54.º do TFUE, as mútuas serem consideradas sociedades e, por conseguinte, poderem aproveitar as vantagens da liberdade de estabelecimento para prestar serviços por toda a União Europeia, os programas de financiamento europeus e a aplicação (quando esta não esteja excluída, o que, por vezes, sucede) de várias diretivas e regulamentos –, tem sido afirmado reiteradamente que é necessária a aprovação de um Estatuto Europeu, que proporcione instrumentos legais específicos para concretizar a liberdade de estabelecimento e permitir o desenvolvimento de atividades transfronteiras.

Como referimos *supra*, a Comissão Europeia apresentou, em 1992, uma proposta de Regulamento sobre a Mútua Europeia (sociedade de seguros)[194] – a que se seguiu um documento de consulta em 2003[195] e um outro em 2006[196] –, acabando por ser retirada neste mesmo ano por falta de progres-

---

[193] Para mais informações, v. *http://www.amice-eu.org/Facts_and_figures.aspx*.
[194] COM(91) 273 final, de 5 de março de 1992 (disponível em *http://aei.pitt.edu/10902/1/10902.pdf*).
[195] V. doc. "Mutuals societies in an enlarged Europe", disponível em *http://ec.europa.eu/enterprise/ policies/sme/files/mutuals/mutuals-consult-doc_en.pdf*.
[196] V. doc. "Manual for drawing up Satellite Accounts of Companies in the Social Economy: co-operative and mutuals", disponível em *http://ec.europa.eu/enterprise/newsroom/cf/_getdocument. cfm?doc_id=3837*.

784

SOCIEDADES COMERCIAIS

sos no processo legislativo. Não obstante, o projeto não se encontra posto de lado.

Em 28 de novembro de 2007, a *ACME* e a *AISAM* (atual *AMICE – Association of Mutual Insurers and Insurance Cooperatives in Europe*) com a *AIM* (*Association Internationale de la Mutualité*) – associações representativas do setor mutualista – apresentaram uma proposta final para o Regulamento sobre Estatuto da Sociedade Mútua Europeia[197].

Além disso, quer o Comité Económico e Social Europeu, quer o Parlamento Europeu[198] pediram à Comissão que apresentasse uma nova proposta de Estatuto. De resto, o Parlamento Europeu aprovou, em 2011, uma Declaração escrita sobre a adoção do Estatuto Europeu para as sociedades mútuas, associações e fundações[199]; em 20 de novembro de 2012, uma Resolução sobre a Iniciativa de Empreendedorismo Social – Construir um ecossistema para promover as empresas sociais no centro da economia e da inovação sociais [2012/2004(INI)][200]; e, em janeiro de 2013, divulgou o documento "European Added Value Assessment – EAVA 01/2013 – A Statute for European mutual societies" (citado *supra*), onde reitera a necessidade de um estatuto das sociedades mútuas, congratulando-se com o estudo, encomendado pela Comissão Europeia, publicado em 12 de novembro de 2012[201].

As sugestões relativas à apresentação de uma proposta de Regulamento sobre o Estatuto da Sociedade Mútua Europeia vincam, em especial, o cariz voluntário que a adoção desta forma empresarial deve revestir, sem prejuízo de os Estados-Membros poderem especificar em que mercados podem operar; a consagração de uma certa margem de liberdade no que respeita aos estatutos de cada sociedade; e a abertura deste tipo societário às PME's.

Alguns anteveem uma forte probabilidade de um desfecho com sucesso para esta iniciativa a curto/médio prazo, já que, por um lado, a crise eco-

---

[197] *http://www.amice-eu.org/userfiles/file/AMICE-AIM_EMS_regulation_proposal_2007-11-28.pdf*
[198] V., entre outras, a Resolução do Parlamento Europeu, de 19 de fevereiro de 2009, sobre a economia social (2008/2250(INI). V também o estudo encomendado pelo Parlamento Europeu intitulado "Study on the current situation and prospects of mutuals in Europe – Final Report", de 12 de novembro de 2012, da autoria de SIMON BROEK/BERT-JAN BUISKOOL/ALEXANDRA VENNEKENS/ /ROB VAN DER HORST, disponível em *http://ec.europa.eu/enterprise/policies/sme/files/mutuals/prospects_ mutuals_fin_en.pdf*, referido mais adiante.
[199] V. Declaração do Parlamento Europeu, de 10 de março de 2011, sobre a criação de um estatuto europeu para as sociedades mútuas, associações e fundações.
[200] *http://www.echo-eu.com/nl/pdf/pt121120.pdf.*
[201] Estudo citado e disponível em *http://ec.europa.eu/enterprise/policies/sme/files/mutuals/prospects_ mutuals_fin_en.pdf.*

DIREITO DA UNIÃO EUROPEIA – ELEMENTOS DE DIREITO E POLÍTICAS DA UNIÃO

nómica evidenciou as vantagens e a importância das sociedades mutualistas comparativamente com outras formas empresariais-societárias, seja
do ponto de vista económico, seja do ponto de vista social. Por outro lado,
politicamente, o momento poderá também ser mais favorável[202] (atendendo
às sucessivas medidas, já referidas, quer do Parlamento Europeu quer da
Comissão Europeia).

4.2.2. Associações europeias

As associações são agrupamentos voluntários de pessoas, que desenvolvem a
sua atividade com vista ao interesse geral ou para promover, direta ou indiretamente, o comércio ou os interesses profissionais dos seus membros.

Os membros não contribuem com capital, mas pagam taxas e têm os mesmos direitos de votos[203].

As associações dos Estados-Membros beneficiam das liberdades consagradas no TFUE. Aliás, isto mesmo já foi afirmado pelo TJUE[204]. No entanto,

---

[202] Cf. EULALIA RUBRO, «A "european statute for mutuals" Benefits, limitations and legal and political obstacles», in *Notre Europe Jacques Delors Institute*, 26 de outubro de 2012, pp. 3 e seg. (disponível em *http://www.eng.notre-europe.eu/media/mutualseuropeanstatutesynthesisne-jdioct12.pdf*).
Não obstante, a Autora refere que podem surgir obstáculos no âmbito do Conselho Europeu, já
que tendo a proposta de ser aprovada por unanimidade, o facto de alguns Estados-Membros não
estarem interessados em promover este modelo (quer porque não o têm nas suas legislações nacionais, quer por outros motivos, como será o caso da Alemanha, que parece opor-se a esta medida
legislativa), pode inviabilizá-lo.
[203] *http://ec.europa.eu/enterprise/policies/sme/promoting-entrepreneurship/social-economy/associations
-foundations/index_en.htm*.
[204] V. o Acórdão (TJUE) *Persche*, de 27 de janeiro de 2009, proc. C-318/07.
O Sr. H. Persche (cidadão alemão), na sua declaração de rendimentos relativa ao ano de 2003,
pediu a dedução, a título de encargo especial dedutível, de um donativo em espécie feito a uma
instituição privada de solidariedade social portuguesa, situada numa localidade em que possui uma
habitação. Para esse efeito, juntou documentos comprovativos, *inter alia*, relativos ao gozo, pela
referida instituição, de todas as isenções e benefícios fiscais que a lei portuguesa concede às instituições de utilidade pública (sendo suficiente a apresentação do recibo original do donativo).
O *Finanzamt* alemão recusou a dedução solicitada – porque o beneficiário do donativo não tinha
sede na Alemanha e o contribuinte não havia apresentado recibo desse donativo na forma prevista
na lei alemã –, indeferindo também a reclamação, entretanto, apresentada e o *Finanzgericht Münster*
indeferiu o recurso desta.
O Sr. Persche interpôs recurso junto do *Bundesfinanzhof* e este tribunal decidiu submeter as seguintes questões prejudiciais ao TJUE: *"1) Os donativos em espécie, sob a forma de objetos de uso quotidiano,
feitos pelos nacionais de um Estado-Membro a instituições que têm a sua sede noutro Estado-Membro e que
são reconhecidas como de utilidade pública pelo direito deste último, estão abrangidos pelo princípio da livre
circulação de capitais (artigo 56.° CE)? 2) Em caso de resposta afirmativa à primeira questão, uma disposição*

SOCIEDADES COMERCIAIS

tem sido reclamada a intervenção comunitária neste domínio, com base na importância cívica, social e económica das associações.

Por um lado, a liberdade de associação está expressamente consagrada na CDFUE e é, assumidamente, um aspeto fundamental para a concretização da sociedade democrática e da participação ativa dos cidadãos europeus. Por outro lado, as associações desempenham um relevante papel na economia social, sendo responsáveis por um número considerável de empregos.

A aprovação de um Estatuto sobre a Associação Europeia permitiria que estas gozassem de um tratamento idêntico ao das restantes empresas da economia social no direito da União Europeia, facilitando a cooperação transnacional. Por isso, em 1984, o Parlamento Europeu aprovou uma Resolução e um relatório em que solicitou à Comissão Europeia a apresentação de uma proposta de regulamento sobre o Estatuto da Associação Europeia. Tal veio, efetivamente, a suceder com a apresentação da proposta de regulamento que consta do documento COM(91) 273 final[205], substituída por uma proposta alterada em 1993[206].

Decorridos dez anos, os trabalhos foram suspensos e a proposta acabou por ser retirada. Todavia, tal como vimos suceder com a sociedade mútua, também no que respeita à associação europeia a situação parece não estar definitivamente encerrada.

---

legal de um Estado-Membro – nos termos da qual os donativos feitos a instituições [consideradas] de utilidade pública só são fiscalmente favorecidos quando estas estão estabelecidas neste Estado-Membro – é contrária à livre circulação de capitais (artigo 56.º CE), tendo em conta a obrigação que recai sobre as autoridades fiscais de verificarem as declarações do contribuinte e o princípio da proporcionalidade (artigo 5.º, terceiro parágrafo, CE)? 3) Em caso de resposta afirmativa à segunda questão, a Diretiva 77/799 [...] obriga as autoridades fiscais de um Estado-Membro a recorrerem à ajuda das autoridades administrativas de outro Estado-Membro para esclarecerem factos ocorridos neste último ou é possível opor ao contribuinte que, nos termos do direito processual do seu Estado-Membro, é a ele que cabe provar os factos ocorridos no estrangeiro (ónus objetivo da prova)?".

O TJUE declarou que "1) Quando um contribuinte solicita num Estado-Membro a dedução fiscal de donativos feitos a instituições com sede e de reconhecida utilidade pública noutro Estado--Membro, esses donativos estão abrangidos pelas disposições do TCE relativas à livre circulação de capitais, mesmo se efetuados em espécie sob a forma de bens de consumo corrente.

2) O artigo 56.º do TCE opõe-se a uma legislação de um Estado-Membro nos termos da qual, em matéria de donativos feitos a instituições reconhecidas como de utilidade pública, o benefício da dedução fiscal só é concedido relativamente aos donativos feitos a favor das instituições com sede no território nacional, sem que seja dada ao contribuinte qualquer possibilidade de demonstrar que determinado donativo pago a uma instituição com sede noutro Estado-Membro satisfaz as condições impostas pela referida legislação para a concessão desse benefício".

[205] COM(91) 273 final, SYN 386, de 5 de março de 1992, *cit.*
[206] V. COM(93) 252 final, SYN 386, de 6 de julho de 1993.

DIREITO DA UNIÃO EUROPEIA – ELEMENTOS DE DIREITO E POLÍTICAS DA UNIÃO

Com efeito, e para além das muitas iniciativas que têm sido desenvolvidas pelo Fórum Cívico Europeu (que coordena a *EASEA – European Alliance for the Statute of the European Association*)[207] e pelo grupo de ligação entre membros de organizações da sociedade civil e o Comité Económico e Social[208], quer este Comité[209], quer o Parlamento Europeu apoiam a ideia de criação de um regulamento[210]. Não obstante, não surge qualquer referência ao estatuto da associação europeia entre os doze projetos para 2012 apresentados pela Comissão Europeia[211], apesar de aí serem expressamente referidas as mútuas e as fundações.

4.2.3. Fundação Europeia

As fundações são organizações que têm os seus próprios fundos, gerindo-os em prol do benefício público[212].

Reconhecendo o papel que as fundações – cujo número tem, significativamente, aumentado nas últimas décadas[213] – desenvolvem, quer no plano social, quer no plano económico (bastando, para esse efeito, recordar que os domínios abrangidos são muito amplos, incluindo a educação/investigação, arte/cultura, serviços sociais/saúde, entre outros, e que os valores envolvidos rondam os 350 biliões de euros), a Comissão Europeia incluiu-as numa comunicação em 1997[214] e, em 2000, adotou um *paper* intitulado "The Commission and Non-Governmental Organisations: Building a Stronger Partnership"[215].

---

[207] Para maiores desenvolvimentos, v. *http://www.easea.eu/*.

[208] Este adotou uma Declaração Escrita, em novembro de 2010, subscrita por vários deputados europeus.

[209] V. o parecer do Comité Económico e Social Europeu sobre as "Diversas formas de empresa" (2009/C 318/05).

[210] V., entre outros documentos, a Declaração escrita n.º 84/2010, de 10 de março de 2011 [P7_DCL (2010), 0084].

[211] V. ponto 2.8. da Comunicação da Comissão ao Parlamento Europeu, ao Conselho, ao Comité Económico e Social Europeu e ao Comité das Regiões, de 13 de abril de 2011 [COM(2011) 206 final], "Acto para o mercado único – Doze alavancas para estimular o crescimento e reforçar a confiança mútua – Juntos para um novo crescimento".

[212] Para informações adicionais sobre esta temática, v. *http://ec.europa.eu/growth/smes/promoting-entrepreneurship/we-work-for/social-economy/associations-foundations/index_en.htm.*

[213] Existem cerca de 110 000 fundações públicas na União Europeia (dados colhidos em *http://www.europarl.europa.eu/RegData/bibliotheque/briefing/2012/120347/LDM_BRI(2012)120347_REV1_EN.pdf*).

[214] COM(1997) 241 final, de 6 de junho de 1997.

[215] Disponível para consulta em *http://ec.europa.eu/transparency/civil_society/ngo/docs/communication_en.pdf.*

SOCIEDADES COMERCIAIS

Nove anos volvidos, após a divulgação do estudo de viabilidade das fundações europeias elaborado no âmbito do consórcio entre o *Max Planck Institute for Comparative Law* (Hamburgo) e o *Centre for Social Investment* da Universidade de Heidelberg, a Direção-Geral do Mercado Interno e Serviços lançou uma consulta pública que visava determinar as dificuldades experimentadas pelas fundações quando operassem transfronteiras, bem como o conteúdo de um possível estatuto sobre a Fundação Europeia.

Em fevereiro de 2012, concretizando a medida programática constante das Comunicações de abril de 2011 (Acto para o Mercado Único) e de 25 de outubro do mesmo ano (Iniciativa de Empreendedorismo Social), citadas, a Comissão Europeia apresentou uma proposta de Estatuto da Fundação Europeia, que, após os pareceres favoráveis do Parlamento Europeu, do Comité Económico e Social e do Comité das Regiões, se encontra a aguardar a decisão do Parlamento Europeu[216].

Esta intervenção é justificada com a necessidade de eliminar ou atenuar as diferenças legais (incluindo a carga administrativa) e fiscais com que deparam as fundações que operam transfronteiras, pelo que está prevista a criação de uma nova forma jurídica europeia (uma entidade, com dimensão transfronteiras, que prossegue um objetivo de interesse público[217], e tem personalidade jurídica e plena capacidade jurídica em todos os Estados-Membros da União Europeia[218]), mas sem alterar as legislações nacionais relativas às fundações, inclusivamente no que respeita a aspetos fiscais[219].

---

[216] V. Proposta de Regulamento do Conselho relativo ao estatuto da Fundação Europeia, de 8 de fevereiro de 2012 – COM(2012) 35 final (2012/0022 (APP)), disponível para consulta em *http://eur-lex.europa.eu/legal-content/PT/TXT/PDF/?uri=CELEX:52012PC0035&rid=2.*
Com muito interesse, cf., ainda, "Revised legal analysis of the European Commission proposal for a Council Regulation on the Statute for a European Foundation (FE)", elaborado pelo European Foundation Centre, *http://www.efc.be/programmes_services/resources/Documents/EFCLegalAnalysisEFS2012.pdf* (última atualização em 24/11/2012).
[217] Por motivos de segurança jurídica, prevê-se uma lista exaustiva de objetivos de utilidade pública aceites ao abrigo do direito civil e fiscal na maior parte dos Estados-Membros.
[218] No que diz respeito à sua constituição, a Fundação Europeia pode ser constituída *ex nihilo* [através de disposição testamentária, por escritura notarial, ou por meio de uma declaração escrita de qual(is)quer pessoa(s) singular(es) e/ou coletiva(s) ou organismo(s) público(s) em conformidade com a legislação nacional aplicável], pela fusão de entidades de utilidade pública legalmente estabelecidas em um ou mais Estados-Membros ou pela transformação de uma entidade de utilidade pública nacional, legalmente estabelecida num Estado-Membro.
[219] Sobre os aspetos fiscais, v. o Acórdão (TJUE) *Stauffer*, de 14 de setembro de 2006, proc. C-386/04.

789

DIREITO DA UNIÃO EUROPEIA – ELEMENTOS DE DIREITO E POLÍTICAS DA UNIÃO

Para terminar, importa sublinhar o carácter voluntário da adoção desta forma empresarial.

V. Considerações finais

Desta abordagem sumária do direito europeu das sociedades resulta a sua importância enquanto elemento de concretização do mercado interno.

Mesmo com as mudanças de paradigma evidenciadas no que respeita à política legislativa, a morosidade resultante da sucessão de progressos e de retrocessos, determinada pela falta de consenso quanto a alguns aspetos do direito das sociedades, põe em causa a aprovação de diretivas e de regulamentos essenciais para o projeto europeu[220].

Não obstante, o futuro do direito europeu das sociedades revela-se promissor, anunciando-se ações para um futuro próximo.

Com efeito, na Comunicação da Comissão nesta matéria ("Plano de ação: Direito das sociedades europeu e governo das sociedades – um quadro jurídico moderno com vista a uma maior participação dos acionistas e a sustentabilidade das empresas")[221] foi estabelecido o plano de ação para 2013/2014[222], que, para além da codificação[223] geral neste domínio, contempla várias iniciativas – norteadas por três vetores: aumentar a transparên-

---

[220] Criticamente sobre o impacto da legislação europeia sobre as empresas, cf., entre outros, LUCA ENRIQUE, "EU Company Law Directives and Regulations: how trivial are they?", *Law Working Paper*, n.º 39/2005, may 2005, pp. 5 e segs.

[221] Comunicação de 12 de dezembro de 2012, *cit.*

Por razões de economia, não nos podemos deter de forma aprofundada sobre este ponto, nem abordar a importantíssima Comunicação da Comissão ao Conselho e ao Parlamento Europeu, de 21 de maio de 2003, intitulada "Modernizar o Direito das Sociedades e reforçar o governo das sociedades na União Europeia – Uma estratégia para o futuro", COM(2003) 284 final.

[222] Os "trabalhos preparatórios" desta Comunicação passaram pela nomeação de um Grupo de Reflexão sobre o Futuro do Direito Europeu das Sociedades, em dezembro de 2010, cujo trabalho foi publicado em 5 de abril de 2011 (v. o Relatório do Grupo de Reflexão sobre o Futuro do Direito Europeu das Sociedades, *cit.*); pela promoção de uma conferência pública (16 e 17 de maio de 2011); por uma consulta pública (entre 20 de fevereiro de 2012 e 14 de maio de 2012); pela Resolução do Parlamento Europeu, de 14 de junho de 2012, sobre o futuro do direito europeu das sociedades [P7_TA (2012) 0259].

[223] Como é referido na Comunicação, "a Comissão considera que é importante tornar o direito das sociedades da União Europeia mais compreensível e reduzir o risco de futuras incoerências", anunciando que vai "preparar a codificação das principais diretivas relativas ao direito das sociedades e a sua fusão num único instrumento". As diretivas envolvidas serão as relativas a fusões e a cisões, a constituição das sociedades anónimas e a alteração e manutenção dos seus fundos próprios, as sociedades de responsabilidade limitada com um único sócio, as sucursais estrangeiras e certas regras relativas à divulgação, validade e anulação.

SOCIEDADES COMERCIAIS

cia[224], fomentar a participação dos acionistas[225] e apoiar o crescimento e a competitividade das empresas[226] –, afirmando ainda a disponibilidade da

[224] Neste sentido, a Comissão propôs-se, em 2013, a:
– Apresentar uma proposta para reforçar as obrigações em matéria de informação no que se refere à política de diversidade do conselho de administração e à gestão dos riscos através da alteração da Diretiva relativa às contas anuais de certas formas de sociedades;
– Tomar uma iniciativa, eventualmente sob a forma de recomendação, para melhorar a qualidade dos relatórios sobre o governo das sociedades e, em particular, a qualidade das explicações a fornecer pelas empresas que se afastem da aplicação dos códigos nesta matéria;
– Apresentar uma iniciativa destinada a melhorar a visibilidade das participações na Europa no âmbito do seu programa de trabalho legislativo em matéria de valores mobiliários;
– Tomar uma iniciativa, possivelmente através da alteração da diretiva relativa aos direitos dos acionistas, sobre a divulgação das políticas de voto e de participação, bem como sobre registos de voto dos investidores institucionais.
[225] Neste sentido, a Comissão comprometeu-se, a propor iniciativas, em 2013, possivelmente através de uma alteração da diretiva relativa aos direitos dos acionistas, que visem:
– Aumentar a transparência das políticas de remuneração e da remuneração individual dos administradores, bem como a concessão de direito de voto dos acionistas sobre a política de remuneração e o relatório sobre remunerações;
– Melhorar o controlo dos acionistas sobre as transações com partes relacionadas;
Além disso, considerou o lançamento de uma iniciativa em 2013, eventualmente ainda no quadro da revisão da diretiva relativa aos direitos dos acionistas, com vista a melhorar as regras aplicáveis aos consultores em matéria de transparência e de conflito de interesses, propondo-se trabalhar em estreita colaboração com as autoridades nacionais competentes e a ESMA – European Securities and Markets Authority, com vista a elaborar orientações para aumentar a segurança jurídica no relacionamento entre cooperação dos investidores sobre questões ligadas ao governo das sociedades e as regras relativas à atuação concertada.
 Por fim, a Comissão enunciou, como medidas integradas no plano de ação, a identificação e análise dos eventuais obstáculos aos regimes transnacionais de propriedade de ações pelos trabalhadores e as medidas de incentivo à participação dos trabalhadores no capital das empresas no conjunto da Europa.
[226] Neste sentido, a Comissão propôs-se, em 2013:
– Levar a cabo consultas públicas e específicas para atualizar a sua avaliação de impacto sobre uma eventual iniciativa relativa à transferência transfronteiras da sede social, após o que ponderará a necessidade de uma iniciativa legislativa;
– Apresentar um relatório sobre os resultados do estudo relativo às fusões transfronteiriças e, subsequentemente, ponderará a necessidade de alterações àquela diretiva;
– Na sequência dos resultados do estudo sobre a aplicação da diretiva relativa às fusões transfronteiriças, ponderará uma iniciativa destinada a estabelecer um quadro para as cisões transfronteiriças das sociedades, nomeadamente através de uma alteração à diretiva relativa às fusões transfronteiriças, dado que esta última é bem conhecida dos interessados e constitui um quadro já experimentado neste domínio;
– Continuar a trabalhar sobre o seguimento dado à proposta relativa à Sociedade Privada Europeia com vista a promover as oportunidades transfronteiriças para as PME´s;

DIREITO DA UNIÃO EUROPEIA – ELEMENTOS DE DIREITO E POLÍTICAS DA UNIÃO

Comissão para continuar a analisar, com as partes interessadas, outras eventuais ações para garantir que o quadro da União Europeia no domínio do direito e do governo das sociedades contribui para o objetivo de um crescimento inteligente, sustentável e inclusivo, que integra a Comunicação da Comissão "Europa 2020"[227].

– Lançar uma campanha de informação, a fim de aumentar a sensibilização sobre os Estatutos da sociedade europeia (SE), através de um vasto sítio *web*, no qual serão apresentados conselhos práticos e documentos relevantes sobre os estatutos, e estudará a fora de lançar uma ação semelhante para promover o Estatuto da cooperativa europeia (SCE).

Em 2014, a Comissão pretendia apresentar uma iniciativa para melhorar tanto a informação disponível sobre grupos como o reconhecimento do conceito de "interesse do grupo".

[227] V. Comunicação da Comissão, de 3 de março de 2010, intitulada "EUROPA 2020 – Estratégia para um crescimento inteligente, sustentável e inclusivo", COM(2010) 2020 final.

792

Capítulo XIII
Transportes

MANUEL LOPES PORTO

1. Introdução

Diferentemente do que se passou com outras políticas, também de grande relevo, que só vieram a ser consideradas em versões mais recentes dos Tratados das Comunidades (casos, a título de exemplo, da política regional, da política de ambiente ou da política de investigação científica e tecnológica, que só começaram a estar consideradas com o Acto Único Europeu), a política de transportes vem da redação inicial do Tratado de Roma, em 1957: com um título próprio, o Título IV da Parte III (sobre "as políticas da Comunidade"), abrangendo onze artigos, os artigos 74.º a 84.º.

Trata-se de disposições que, com as modificações e os acrescentos que são mencionados adiante, têm correspondência atualmente nos artigos 90.º a 100.º do Tratado de Lisboa, no TFUE, no Título VI da Parte III.

Assim acontece no uso de uma competência partilhada da União, tal como está estabelecido na alínea *g)* do n.º 2 do artigo 4.º do TFUE[1]; e na linha

---

[1] Cf. ANTÓNIO GOUCHA SOARES, *Comentário* ao artigo 4.º do TFUE, em Manuel Lopes Porto e Gonçalo Anastácio (coord.), *Tratado de Lisboa. Anotado e Comentado*, Almedina, Coimbra, 2012, pp. 212-213.

DIREITO DA UNIÃO EUROPEIA – ELEMENTOS DE DIREITO E POLÍTICAS DA UNIÃO

de haver uma consideração própria em relação ao conjunto dos serviços, aos quais é dedicado o Capítulo 3 da Parte III do Tratado: dispondo-se no n.º 1 do artigo 58.º que "a livre prestação de serviços em matéria de transportes é regulada pelas disposições do título relativo aos transportes" (o Título VI, onde estão os referidos artigos 90.º a 100.º do TFUE).

Não está em causa com esta consideração específica excluir ou limitar a desejável liberdade na prestação dos serviços de transportes, mas sim assegurá-la mesmo melhor, tendo em conta as circunstâncias do setor[2].

Mas apesar de se tratar de uma política considerada desde o início no próprio Tratado de Roma, e apesar do seu relevo inquestionável, deu-se a circunstância singular de, por não concretização ou quase não concretização, o Parlamento Europeu ter acionado o Conselho junto do Tribunal de Justiça das Comunidades, com ganho de causa. O Conselho foi pois condenado[3], não obstante ter havido algumas iniciativas da Comissão logo a partir do Memorando Schaus, de 1961 (memorando apresentado pelo Comissário então responsável pelo setor, Lambert Schaus), com o consequente Programa de Acção de 1992.

Desde a redação inicial do Tratado de Roma, com o artigo 80.º, os "transportes por caminhos-de-ferro, por estrada e por via navegável" têm tido uma consideração especial: só eles sendo mencionados ainda agora no n.º 1 do artigo 100.º do TFUE, em termos diferentes do disposto no n.º 2, sendo-lhes aplicáveis "as disposições do presente título"[4].

Mas mesmo em relação aos transportes por caminho de ferro, por estrada e por via navegável nada ou quase nada foi feito nas primeiras décadas. E desde cedo houve o entendimento de que a Comissão podia igualmente intervir em relação aos demais modos de transporte, designadamente em

---

[2] Nas palavras de SÓNIA GEMAS DONÁRIO, "a política de transportes, longe de excluir as liberdades fundamentais, tem por objeto pô-las em prática e completá-las" – cf. *Comentário* ao artigo 58.º do TFUE, em Manuel Lopes Porto e Gonçalo Anastácio (coord.), *Tratado de Lisboa. Anotado e Comentado, cit.*, p. 348.

[3] Descrevendo este processo ver NICOLAS MOUSSIS, *Access to European Union. Law, Economics, Policies*, 20.ª ed., European Study Services, Bruxelas, 2013 p. 580; e sobre alguns dos passos que foram sendo dados ao longo das décadas JOSÉ MANUEL SILVA RODRIGUES, *Comentário* ao artigo 90.º do TFUE, em Manuel Lopes Porto e Gonçalo Anastácio (coord.), *Tratado de Lisboa. Anotado e Comentado, cit.*, pp. 463-465, podendo distinguir-se por exemplo os Livros Brancos da Comissão, o primeiro, de 1992, sobre *O futuro desenvolvimento da política comum de transportes*, e o segundo, de 2001, sobre *A Política Europeia de transportes no horizonte 2010: a hora das opções*.

[4] Cf. MARCO CAPITÃO FERREIRA, *Comentário* aos artigos 98.º a 100.º do TFUE, em Manuel Lopes Porto e Gonçalo Anastácio (coord.), *Tratado de Lisboa. Anotado e Comentado, cit.*, pp. 492-493.

TRANSPORTES

relação ao transporte aéreo e em relação ao transporte marítimo, caso se verificassem violações da concorrência, com base nas disposições gerais ou, independentemente disso, quando fosse julgado necessário. Trata-se de distinção na referência aos setores que se mantém com o Tratado de Lisboa, com o n.º 2 do artigo 100.º do TFUE a afirmar que "o Parlamento Europeu e o Conselho, deliberando de acordo com o processo legislativo ordinário, podem estabelecer disposições adequadas para os transportes marítimos e aéreos", "após consulta ao Comité Económico e Social e ao Comité das Regiões"[5].

Não pode deixar de estranhar-se a falta de iniciativa e de concretização de medidas na política de transportes verificada ao longo de tanto tempo, não só por constar do Tratado instituidor da Comunidade Económica Europeia como basicamente por se tratar de uma política da maior importância, pelos recursos envolvidos e por ser instrumental para toda a vida económica e social.

O seu peso próprio foi sempre enorme, por exemplo, representando na União Europeia-15 8% do PIB da União (quando a agricultura representava 5%), empregando diretamente 6 milhões de pessoas, a que eram de juntar 2 milhões na produção de material de transporte e 6 milhões em serviços conexos (reparações, seguros, etc.) e consumindo mais de 30% da energia total consumida na União; ao que há que adicionar o efeito de dinamização sobre setores que lhe dão apoio, incluindo a construção de infraestruturas, com verbas elevadíssimas (representando 40% do investimento público total nos países membros). Mais recentemente, foi calculado que a atividade transportadora representava na União Europeia-27 5,1% do valor acrescentado e 5% do emprego total, ocupando cerca de 11 milhões de pessoas; com os valores a subir para 7,9% do valor acrescentado e 8,2% do emprego total da União, dando ocupação a 18 milhões de pessoas, considerando-se também os setores de produção, comercialização e reparação de veículos a motor[6].

---

[5] Sobre os procedimentos a seguir em cada um dos casos ver JOSÉ LUÍS MOREIRA DA SILVA, *Comentário* aos artigos 91.º e 92 do TFUE, em Manuel Lopes Porto e Gonçalo Anastácio (coord.), *Tratado de Lisboa. Anotado e Comentado, cit.*, pp. 466-472.

[6] Cf. ROBERT JONES, *The Politics and Economics of the European Union. An Introductory Text*, 2.ª ed., Edward Elgar, Cheltenham e Brookfield, 2001, p. 333; CARLOS CORREIA DA FONSECA, *Transportes e Infra-estruturas de Transportes*, em António Romão, (org.), *A Economia Portuguesa 20 Anos Após a Adesão*, Almedina, Coimbra, 2006, pp. 239-240; NICOLAS MOUSSIS, *Access to European Union. Law, Economics, Policies, cit.*, pp. 415-416; Comissão Europeia, *Roteiro do espaço único europeu dos transportes – Rumo a um sistema de transportes competitivo e económico em recursos* [COM(2011) 144 final, de 28 de

DIREITO DA UNIÃO EUROPEIA – ELEMENTOS DE DIREITO E POLÍTICAS DA UNIÃO

Estando aliás o crescimento dos transportes ligado ao crescimento dos países, constata-se que ao longo dos anos tem vindo a ultrapassá-lo: entre 1970 e 1990, quando o aumento médio anual do PIB da União Europeia foi de 2,3%, foi de 2,6% o aumento do transporte de mercadorias e de 3,1% o aumento do transporte de passageiros[7].

E além do seu relevo próprio, crescente, há que sublinhar o importantíssimo relevo instrumental dos transportes para toda a atividade económica e social (de apoio à saúde, à cultura, ao desporto, etc.), tendo de sublinhar-se designadamente que a existência de transportes caros e/ou de má qualidade, ao impedir um aproveitamento pleno das oportunidades existentes, é fator de iniquidades e distorções, prejudicando as pessoas e as atividades afastadas dos grandes centros e impedindo um crescimento maior dos conjuntos dos países[8].

O inconveniente de haver transportes com preços elevados e/ou de má qualidade é especialmente sensível em relação a produtos de grande volume e/ou peso, chegando a representar uma percentagem significativa do seu preço. Fica assim em causa o aproveitamento pleno das oportunidades do

---

março de 2011], e *Research and Innovation for Europe's Future Mobility* [COM(2012) 501 final, de 13 de setembro de 2012]; e Comité Económico e Social da União Europeia, *Parecer do Comité Económico e Social Europeu sobre o "livro Branco sobre o Roteiro do espaço único europeu dos transportes – Rumo a um sistema de transportes competitivo e económico em recursos* (2012/C 24/32).

[7] Ver IAN BARNES e PAMELA M. BARNES,*The Enlarged European Union*, Longman, Nova Iorque e Londres, 1995, pp. 79-80; e, mais recentemente, NICOLAS MOUSSIS, *Access to European Union. Law, Economics, Policies, cit.*, p. 578, referindo o contributo em geral proporcionado.

[8] NICOLAS MOUSSIS (*Access to European Union. Law, Economics, Policies, cit.*, p. 578, fala em "avoiding a concentration of wealth"; bem como, tendo em conta a abertura verificada na Europa, em "bridge-building towards Central and Eastern European countries, which is essential in view of their integration into the Union".

Entre uma literatura muito extensa e recente [para além das referências feitas em outros pontos deste capítulo, como são os casos de LUDOVIC BU, MARC FONTANÈS e OLIVIER RAZEMON, *Les Transports, la Planète et le Citoyen. En finir avec la galère, découvrir la mobilité durable*, 2010, Rue de l'échiquier, Paris; e HARRY GEERLINGS, YORAM SHIFTAN e DOMINIC STEAD, *Transition Towards Sustainable Mobility. The Role of Instruments, Individuals and Institutions*, 2012, Ashgate, Farnham (RU) e Burlington (EUA)], a preocupação com a mobilidade é sublinhada, por exemplo, por FRANÇOIS DECOSTER e FRÉDÉRIC VERSINI, "UE: La politique des transports. Vers une mobilité durable", *La Documentation Française*, Paris, 2009, ou no plano urbano, entre nós, por LÍDIA CRISTINA SOARES GOMES e MANUEL DE JESUS DAS NEVES MALAGUERRA, "Cidades que se Movem: Pulsares, Mobilidades e Transportes", *RevCEDOUA*, n.º 26, 2012.

A necessidade imperiosa de uma correta consideração dos transportes no planeamento territorial é sublinhada num trabalho recente de FERNANDA PAULA OLIVEIRA, "Transportes e Planeamento Territorial", em *RevCEDOUA*, n.º 26, 2012, pp. 1-16.

TRANSPORTES

mercado, não se instalando as empresas e as pessoas nos locais mais adequados e ficando por permutar bens que numa lógica económica correta deveriam sê-lo. No que respeita aos desequilíbrios e falhas de concorrência, têm-se verificado em diferentes domínios, das exigências técnicas à fiscalidade.

E, embora com o reconhecimento dos custos financeiros, de dependência energética, ambientais, etc., a solução não pode estar em serem limitadas as capacidades de transporte, de mobilidade das pessoas e dos bens. Nas palavras corretas e bem expressivas de Siim Kallas, quando Comissário responsável pelo setor e Vice-Presidente da Comissão, "l'idée, largement répandue, que la lutte contre le changement climatique impose de réduire les déplacements est tout simplement fausse. L'Europe a absolument besoin de systèmes de transport compétitifs pour pouvoir affronter la concurrence au niveau mondial, soutenir sa croissance économique, créer des emplois et assurer la qualité de vie au quotidien de sa population. Freiner la mobilité n'est pas une option, pas plus que le status quo. Nous pouvons réduire la dépendance de notre système de transport a l'égard du pétrole sans sacrifier son efficacité ni compromettre la mobilité. Tout le monde y gagnera"[9]. Já, aliás, no *Roteiro*[10], depois de no n.º 17 ficar bem vincado que o "objectivo central da política de transportes consiste em promover um sistema de transportes que sustente o progresso económico, reforce a competitividade e proporcione serviços de mobilidade de alta qualidade na Europa, em paralelo com uma utilização mais eficiente dos recursos disponíveis", acrescenta-se um n.º 18 apenas com uma frase de seis palavras, com a afirmação de que "restringir a mobilidade não é solução".

É de facto imperioso pôr em prática uma política de transportes, visando a redução de dependências e de custos (*v. g.*, energéticos e ambientais) e o afastamento de divergências e distorções, sendo muito diversas as condições de país para país: tendo em especial em vista o último propósito referido, com o afastamento de divergências e distorções através de medidas relevantes de liberalização, de harmonização de normas e de articulação entre os modos de transporte.

---

[9] Comissão Europeia, *"Transports 2050": la Commission présente un plan ambitieux pour accroître la mobilité et réduire les émissions* (IP/11/372, de 28 de março de 2011).
[10] Comissão Europeia, *Roteiro do espaço único europeu dos transportes – Rumo a um sistema de transportes competitivo e económico em recursos, cit.*

DIREITO DA UNIÃO EUROPEIA – ELEMENTOS DE DIREITO E POLÍTICAS DA UNIÃO

Em muitos casos há ainda a necessidade de se dispor de infraestruturas de qualidade, embora com custos elevados, mas sendo muito importantes e de relevo maior os benefícios proporcionados

E, de um modo crescente, vai-se sentindo a necessidade de fomentar modos de transporte mais favoráveis, *v. g.*, menos congestionadores, menos poluentes, com a utilização mais racional de energia, designadamente, reduzindo o peso das energias não renováveis e importadas, e mais seguros; sendo ainda indispensável promover uma muito melhor articulação entre os diferentes modos de transporte, em linhas de preocupação que de um modo crescente são sentidas na União Europeia em relação também aos transportes urbanos.

Curiosamente, sendo uma política de enorme interesse para o conjunto da União e para cada um dos países, há um país, a Holanda, que tem tido um envolvimento particularmente grande e um especial benefício com a política de transportes. Tal como outras políticas têm sido do interesse primordial de outros países, por exemplo a política regional do interesse de países como Portugal, a Grécia, a Espanha e agora de novos membros da União (menos desenvolvidos e/ou territorialmente mais desequilibrados), a política agrícola do interesse da França (para onde tem ido cerca de um quarto do orçamento respetivo) ou a política da concorrência do interesse da Alemanha (alargando oportunidades para a sua poderosa atividade económica), a política dos transportes tem um interesse muito especial para a Holanda, com uma enorme atividade portuária, contando-se o porto de Roterdão entre os portos de maior movimento de mercadorias do mundo, com um serviço que ultrapassa em muito a procura do país[11]; e sendo também especialmente relevantes, com movimentos muito além do que seria de esperar face à dimensão populacional e económica do país, os papeis dos seus operadores no transporte rodoviário e no transporte aéreo, designadamente com os serviços prestados pelo aeroporto de Skipol (Amesterdão) e pela KLM, com uma ampla rede de ligações intercontinentais.

---

[11] Designadamente através do corredor do Reno, em articulação com outros modos de transporte, e de uma rede coerente de caminhos de ferro, servindo de facto os destinos mais relevantes. No "novo quadro do mundo", têm vindo agora a ter um crescimento especialmente sensível portos da Ásia.

2. Medidas de liberalização e de harmonização

Passos significativos de liberalização e harmonização vieram em grande medida na sequência do Acto Único Europeu, com um grande número de disposições tomadas nestes domínios a fazer parte do conjunto que veio a levar ao "mercado único de 93". Foi de facto impressionante o aumento do número de diplomas legislativos no domínio dos transportes, tendo subido de 46 em 1973 para 416 vinte anos depois (em 1993), numa progressão maior do que na generalidade dos demais setores[12].

2.1. Medidas de liberalização

Compreende-se que haja diferenças assinaláveis no que foi feito entre os vários modos de transporte, por razões bem distintas: enquanto em alguns casos muito havia a fazer, tendo-se avançado pouco até então e justificando--se que se avançasse, noutros casos já havia liberalização, bem justificada, pouco havendo a acrescentar, e havia ainda outros casos em que, por muito que se deseje, há que reconhecer que não é possível avançar muito.

Está nestas últimas circunstâncias o transporte ferroviário, dependente de uma rede fixa onde não é fácil ou mesmo possível pôr a circular simulta-neamente composições de diferentes empresas. Várias tentativas foram de qualquer modo sendo feitas no sentido de uma maior eficiência, podendo sublinhar-se o contributo que se tem procurado dar com a separação da res-ponsabilidade pela rede fixa da exploração do serviço ferroviário (por exem-plo, em Portugal com a separação da REFER – Rede Ferroviária Nacional em relação à CP – Comboios de Portugal).

Mas mesmo no país onde se terá avançado mais na concorrência no transporte ferroviário, o Reino Unido, não são de registar grandes êxitos ou mesmo êxitos a este propósito.

Já no transporte marítimo, tal como em boa medida no transporte fluvial, se verifica concorrência desde há muito tempo, em espaços amplos. É em especial assim no caso do mar, onde podem estar a atuar operadores vários, de forma praticamente ilimitada.

---

[12] Cf. Grupo Tindemans, *Europe, Your Choice: Five Options for Tomorrow's Europe*, The Harvill Press, Londres, 1996.

DIREITO DA UNIÃO EUROPEIA – ELEMENTOS DE DIREITO E POLÍTICAS DA UNIÃO

Em relação a este modo de transporte, onde foram dados já mas há ainda passos significativos a dar é nos serviços portuários, possibilitando custos mais baixos[13].

E compreende-se bem que onde havia mais a fazer, e de facto muito foi feito, foi nas áreas do transporte rodoviário e do transporte aéreo, antes com limitações dificilmente ou mesmo não justificáveis.

a) Falhas de concorrência no transporte rodoviário

No transporte rodoviário havia casos de quotas estabelecendo o número máximo de veículos, a proibição de serviços de cabotagem ou ainda por exemplo tarifas fixas ou com forquilhas de máximos e mínimos. E seria de especial significado o que pudesse ser feito com este modo de transporte, com o qual é feito cerca de 80% do tráfego europeu de mercadorias, na linha de um enorme crescimento do seu papel, que era de 50,6% em 1970, de 69,9% em 1990 e já de 72% em 2002 (não se considerando os transportes marítimo e aéreo)[14].

No primeiro caso, eram naturalmente prejudicados o país ou os países em que fosse mais reduzido o número permitido de veículos a operar, importando pois que se evitassem estas diferenças.

A proibição da cabotagem, a proibição de se exercer a atividade num outro país, impedia, por exemplo, que um camião levando mercadoria de Portugal para a Alemanha no retorno trouxesse mercadoria desse país ou ainda por exemplo de algum dos países atravessados, casos da França ou da Espanha. Num estudo elaborado calculou-se que a proibição da cabotagem levava a um acréscimo de 20% no número de veículos em circulação, com os consequentes custos privados e sociais[15].

---

[13] Ver SERGIO M. CARBONE e FRANCESCO MUNARI, *La Disciplina dei Porti tra Diritto Comunitario e Diritto Interno*, Giuffré Editore, Milão, 2006, e com o que agora se perspetiva Comissão Europeia, *Portos: um motor para o crescimento* [COM(2013) 295 final, de 23 de maio de 2013] e *Proposta de Regulamento do Parlamento Europeu e do Conselho que estabelece um quadro normativo para o acesso ao mercado dos serviços portuários e a transparência financeira dos portos* [COM(2013) 296 final, de 23 de maio de 2013] (ver também *infra* as referências da nota 64).

[14] Ver *infra* o quadro 3 e NICOLAS MOUSSIS, *Access to European Union. Law, Economics, Policies, cit.*, p. 587.

[15] Cf. ERNST & WITNEY, *Costs of the 'New Europe': Illustrations in the Road Haulage Sector*, 1987, Study for the European Commission, Bruxelas, anexo III; e ROBERT BARRASS e SHOBHANA MADHAVAN, *European Economic Integration and Sustainable Development. Institutions, Issues and Policies*, McGrawHill Book Company, Londres, 1997, p. 230.

800

TRANSPORTES

Por fim, havia tarifas fixas ou com forquilhas, com a fixação de valores máximos e mínimos: tendo os valores máximos o objetivo de impedir um ganho exagerado dos operadores, com o agravamento dos custos dos transportes, e os valores mínimos o objetivo de impedir o aviltamento dos preços com uma concorrência predatória, especialmente fácil por no transporte rodoviário qualquer pessoa poder operar com um veículo velho e sem totais condições de segurança (se se conseguir fugir aos controles feitos...).

b) As falhas de concorrência no transporte aéreo

Durante décadas tivemos o que podem considerar-se "companhias majestáticas", as companhias nacionais, uma única companhia ou uma companhia dominante em cada país. Os transportes entre Portugal e a Espanha eram feitos pela TAP e pela Ibéria, entre Portugal e a França pela TAP e pela Air France, ou ainda por exemplo entre Portugal e a Alemanha pela TAP e pela Lufthansa (com "bilateral agreements")[16].

Havia assim de certa forma situações de duopólio, com preços que estavam longe de ser o mais baratos possível. Nas palavras de Lee, "each state had its own flag-carrying airline, which was usually in public ownership. It was often expected to serve some non-commercial objectives, as part of its general remit, and was accustomed to receive state aid to assist in this"[17]. Na avaliação expressiva de Moussis, "this was no simple matter for the air transport sector for, unlike shipping companies, the major airlines were state-owned and had a near monopoly at national level. Each State, anxious to fly the national airline colours around the world and exploit certain advantages arising for example from its geographical situation or special relationship with certain parts of the world, jealously guarded its airline or airlines"[18].

Havia de facto motivações bem para além de motivações de eficiência no fornecimento deste tipo de transportes, levando a que na Europa se tivesse a situação de estarem ´monopolizadas´ por uma ou duas companhias de cada país 95% das 630 rotas internacionais do continente[19].

---

[16] Cf. NICOLAS MOUSSIS, *Access to European Union. Law, Economics, Policies, cit.*, p. 596.
[17] NORMAN LEE, *Transport Policy*, em Mike Artis e Frederick Nixson (ed.), *The Economics of the European Union*, 4.ª ed., Oxford University Press, Oxford, 1997, p. 226.
[18] NICOLAS MOUSSIS, *Access to European Union. Law, Economics, Policies, cit.*
[19] Ver ROBERT JONES, *The Politics and Economics of the European Union. An Introductory Text*, 2.ª ed., 1996, Edward Elgar, Cheltenham e Brookfield, p. 212.

DIREITO DA UNIÃO EUROPEIA – ELEMENTOS DE DIREITO E POLÍTICAS DA UNIÃO

E podia estabelecer-se a comparação com o que se passava nos Estados Unidos da América do Norte, sendo as tarifas europeias muito mais elevadas (*v. g.*, com menos regimes preferenciais).

c) Os passos dados

Foram significativos os passos dados para ultrapassar as falhas de concorrência assim verificadas.

Sem entrar em pormenores em cada um dos casos, será de referir, no que respeita ao transporte rodoviário, que deixou de haver limitações em relação ao número de veículos e em relação ao uso dos veículos no retorno da entrega de mercadorias (ou num trajeto de ida, para se ir buscar mercadoria), permitindo-se pois a cabotagem, numa primeira fase nos transportes não regulares; e deixaram de estar estabelecidos máximos e mínimos nas tarifas praticadas.

No transporte aéreo, foi-se avançando, com legislação aprovada basicamente entre 1987 e 1992, no que foi conhecido por "as cinco liberdades", levando progressivamente a maior concorrência. E, de novo na avaliação de Moussis[20], a par de outras consequências favoráveis, "since the complete liberalisation of air transport in the European Union (1997) the industry has axpanded as never before, which has contributed to economic growth and job creation. The number of routes has increased by more than 60% and now more cities are served, particularly in remote areas. The emergence of new competitors has brought price reductions in any routes"[21].

São mudanças bem significativas, com vantagens de que todos temos vindo a beneficiar. Antes, tinha havido estudos mostrando que as tarifas na Europa eram por vezes 50% mais elevadas do que nos Estados Unidos, tendo a Europa de um modo geral companhias 20% menos competitivas[22]; mas era

---

[20] NICOLAS MOUSSIS, *Access to European Union. Law, Economics, Policies, cit.*, p. 597.

[21] Com a relevância que têm tido os espaços europeu e norte-americano (e se espera que continuem a ter, a par de outros espaços também de grande relevo, designadamente na Asia), com muito tráfego entre si, é de referir o significado da assinatura, em 30 de abril de 2007, do Acordo de Transporte Aéreo (designado de *Open Skies Agreement*), em aplicação desde 30 de março de 2008. Veio substituir 21 acordos bilaterais estabelecidos entre os Estados Unidos e países da União Europeia, tendo como objetivo abrir o acesso aos mercados e melhorar as condições para os consumidores e para todos os intervenientes na atividade transportadora nos dois lados do Atlântico, através, designadamente, do afastamento de restrições nas ligações (pode haver agora voos de qualquer ponto da União Europeia para os EUA, e vice-versa) e nos preços estabelecidos.

[22] Ver já o Relatório Pado-Schioppa, *Efficiency, Stability and Equity*, Oxford University Press, Oxford, 1987 (trad. da Economica, Paris).

TRANSPORTES

suscitada a questão de saber se uma maior liberalização não levaria a uma concorrência que por seu turno conduziria a médio prazo a uma nova concentração empresarial e a um cuidado menor nas condições de segurança.

A experiência verificada mostrou contudo que a liberalização ocorrida nos Estados Unidos não levou aos níveis de concentração anteriores, em que prevaleciam duas grandes companhias, a TWA e a PANAM[23]. Com a abertura à concorrência apareceram algumas dezenas de operadores, com uma concorrência difícil entre eles alguns não conseguiram manter-se, mas o número atual é bem maior, até há pouco tempo com três a predominar, a América Airlines, a United Airlines e a Delta (agora duas, com o *merger* da segunda pela primeira destas companhias), e havendo além disso muitas outras com quotas apreciáveis do mercado.

No que respeita às condições de segurança, constata-se que houve mesmo diminuição do número de acidentes, sendo aliás uma empresa de menor dimensão e privada especialmente penalizada se houver um acidente, tendo de ter por isso, se possível (não estando em causa a máxima preocupação que têm a este propósito os responsáveis das grandes empresas, *v. g.*, tratando-se de empresas públicas...), cuidados ainda maiores[24]. Não houve de facto "empirical evidence to support the view" de que "airline deregulation in the United States has led to a decrease in safety standards due to the cost-cutting in airlines to gain a comparative advantage"[25-26].

Dados apurados recentemente são aliás bem claros mostrando que o transporte aéreo é de longe o modo de transporte com um número de mortes mais baixo a lamentar (em relação ao número de passageiro/quilómetro

---

[23] Cf. OCDE, *L´Avenir du Transport Aérien International. Quelle Politique Face aux Mutations Mondiales?*, Paris, 1997; não se confirmando pois reservas expressadas, por exemplo, por A. I. KAHN, *Surprise of Airline Deregulation*, em *The American Economic Review, Papers and Procedings*, 1988, vol. 78.

[24] A título de exemplo, acidentes lamentáveis que ocorreram com aviões da Air France em pouco prejudicaram o prestígio e a economia desta empresa

[25] OCDE, *Deregulation and Airline Competition*, Paris, 1988, p. 9.

[26] Sobre estes e outros aspetos ligados à concorrência que foi sendo promovida nos transportes ver, por exemplo, RIGAS DOGANIS, *Flying of Course. The Economics of International Airlines*, 4.ª ed., Harper Collins, Londres, 2009, e outras referências em MANUEL LOPES PORTO, *Teoria da Integração e Políticas Comunitárias*, 4.ª ed., Almedina, Coimbra, 2009, p. 311. E mais concretamente no que diz respeito à salvaguarda da segurança no transporte aéreo ver NICOLAS MOUSSIS, *Access to European Union. Law, Economics, Policies, cit.*, p. 602, referindo designadamente a troca de informação a este propósito, ou ainda, por exemplo, uma Diretiva (2006/93/CE, de 27 de dezembro de 2006) que estabelece limites a que operem na União Europeia aviões de países em desenvolvimento que não satisfaçam as condições estabelecidas pela *Convention on International Civil Aviation*.

803

DIREITO DA UNIÃO EUROPEIA – ELEMENTOS DE DIREITO E POLÍTICAS DA UNIÃO

transportado), seguindo-se o transporte ferroviário, com um número mais do que duplo, mas ainda assim muito aquém, a uma distância enorme, dos números relativos aos transportes rodoviários (por seu turno com enormes diferenças entre as suas modalidades).

O quadro que se segue (quadro 1) é esclarecedor a este propósito:

QUADRO 1 – Comparação dos riscos de fatalidade por modo de transporte
(UE-27, 2008-2012)

MODO DE TRANSPORTE	PASSAGEIRO POR MILHAR DE MILHÃO/QUIL.
Aéreo	0,06
Ferroviário	0,13
Rodoviário (autocarro)	0,20
Rodoviário (automóvel)	3,14
Rodoviário (duas rodas)	48,94

Fonte: Parlamento Europeu, *Urban Mobility. Shifting towards sustainable transport systems*, European Parliament Research Service (EPRS), de 1/1/2014 (autora Ivana Katsanova)

2.2. Harmonização de normas
Eram por seu turno grandes as diferenças nas normas de país para país, com os Estados a poder favorecer por isso os seus transportadores.

Assim acontecia desde os limites da dimensão dos veículos aos horários de trabalho ou à tributação: o que, além de ser iníquo, provocava distorções impeditivas do pleno aproveitamento dos recursos existentes. E passos vários foram sendo dados a estes propósitos.

Começando com a questão da dimensão dos veículos, por exemplo sendo nuns casos autorizados veículos até vinte e duas toneladas e noutros só até dezoito toneladas, era obviamente prejudicado na concorrência o país que concorria nas mesmas estradas com veículos de menor dimensão. E avançou-se com o afastamento destas diferenças.

No que diz respeito aos horários de trabalho, era beneficiado um país com maior tolerância, permitindo a condução durante mais tempo. Sem

TRANSPORTES

ter havido uma harmonização completa[27], também (ou basicamente...) por razões de segurança houve o estabelecimento rigoroso de limites máximos para as horas de condução, com os veículos a ser obrigados a ter um equipamento, um "tacógrafo" (*tachograph*), através do qual as autoridades de policiamento rodoviário passaram a verificar o tempo decorrido em qualquer operação de controle.

Por fim, no que diz respeito a diferenças nas tributações, no transporte rodoviário era prejudicado na concorrência um país que concorresse nas mesmas estradas com veículos tributados de acordo com o princípio da nacionalidade, com um encargo fiscal maior sobre os veículos, quando os outros tributavam de acordo com o princípio da territorialidade, com a oneração do uso das vias, com portagens ou com impostos sobre os combustíveis com que não podem deixar de se abastecer no atravessamento de cada país. Eram por isso prejudicados os transportadores dos primeiros países quando percorriam estradas dos segundos, não deixando de estar onerados com a tributação dos veículos, e sofrendo aqui com o pagamento de portagens e/ou com a compra de combustíveis mais caros, na lógica do princípio da territorialidade. Pelo contrário, eram beneficiados os transportadores de países com menor tributação dos veículos quando circulavam num país onde era seguido o princípio da nacionalidade.

Para ilustrar estas situações podemos recordar o caso do nosso país, com os veículos muito caros, *v. g.*, fiscalmente muito onerados, não deixando de o estar quando circulavam nos demais países. Simultaneamente com esta situação, havia então em Portugal pouca tributação com a utilização das vias, designadamente não havendo então em geral ainda portagens (mesmo autoestradas...).

Os nossos transportadores eram assim muito onerados quando circulavam lá fora, mais do que os transportadores de países com menor oneração dos veículos; transportadores que por seu turno em Portugal eram comparativamente aliviados. Trata-se de situação de discrepância fiscal que começou a ser ultrapassada, sendo pelo menos atenuada, com um diploma publicado em 1971, o DL n.º 477/72, de 6 de novembro[28].

---

[27] Com alguns dos limites estabelecidos ver NICOLAS MOUSSIS, *Access to European Union. Law, Economics, Policies, cit.*, p. 584.

[28] Tendo o autor deste capítulo participado nos trabalhos preparatórios deste diploma, elaborando um primeiro projeto – ver *A Coordenação Fiscal dos Transportes Rodoviários Internacionais*, separata do *Boletim de Ciências Económicas da Faculdade de Direito da Universidade de Coimbra*, vol. 14, 1972.

3. A implantação e a melhoria das infraestruturas

Para a redução dos custos e o aumento da eficiência é indispensável também a existência de infraestruturas modernas e adequadas aos vários modos de transporte, incluindo os aeroportos e os meios de ajuda e controle no transporte aéreo, as linhas de grande velocidade (*v. g.*, de TGV) no transporte ferroviário, as autoestradas no transporte rodoviário ou os portos nos transportes marítimo e fluvial.

E não é de forma alguma correta uma ideia, que se pretende fazer aceitar no nosso país, de que tudo ou quase tudo está feito, não sendo preciso continuar a apostar em infraestruturas (*v. g.*, em infraestruturas rodoviárias); com o *Roteiro do espaço europeu dos transportes*[29] a ser bem esclarecedor com os números que apresenta, numa secção (3.3) intitulada *Infra-estruturas modernas, tarificação e financiamento inteligentes.*

Aqui se sublinha que há ainda necessidades de grande vulto, não havendo pois no conjunto da União Europeia, com a maior parte dos países bem mais ricos do que o nosso, a ideia de que não é preciso investir mais em infraestruturas no setor. De acordo com os cálculos feitos e assumidos pela Comissão Europeia[30], "o custo da expansão das infraestruturas da União Europeia para satisfazer a procura de transporte é estimada em mais de 1,5 milhões de milhões de euros para o período 2010-2030" (com a necessidade de 550 000 milhões de euros até 2020 para a finalização da RTE-T, a Rede Transeuropeia de Transportes: ver *infra* o n.º 11)[31]; cálculos que não entram toda-

---

[29] Comissão Europeia, *Roteiro do espaço único europeu dos transportes – Rumo a um sistema de transportes competitivo e económico em recursos, cit.*

[30] *Roteiro do espaço único europeu dos transportes – Rumo a um sistema de transportes competitivo e económico em recursos, cit.*, n. 55.

[31] Não pode desconhecer-se ainda (está agora a ser "desconhecido" em Portugal pelos decisores políticos, não pelos decisores dos demais países...) o efeito de fomento sobre a economia, naturalmente sempre com a exigência de que se trate de infraestruturas de facto económica e socialmente justificadas, e muitas continuam a sê-lo. Seria bom que os nossos decisores tivessem presente o que sublinha a Comissão (*Roteiro do espaço único europeu dos transportes – Rumo a um sistema de transportes competitivo e económico em recursos, cit.*, p. 4), que "em geral, o investimento nas infraestruturas de transporte tem incidências positivas no crescimento económico, cria riqueza e emprego e incrementa as trocas comerciais, a acessibilidade geográfica e a mobilidade" (acrescentando-se naturalmente que deve "ser planeado de forma a maximizar as incidências positivas no crescimento económico e a minimizar as incidências negativas no ambiente").
E vem agora o FMI (com ou sem surpresa, face ao que os livros ensinam e à experiência negativa com as práticas recomendadas e seguidas nos anos mais recentes...) que "chegou a hora de apostar no investimento público em infraestruturas como forma de relançar as economias" (ver o *Público* de 1 de outubro de 2014); com o *Le Soir* de 9 de outubro de 2014 a destacar em título de notícia que

TRANSPORTES

via em conta com o "investimento em veículos, equipamento e infraestruturas de recargas de baterias, o qual poderá representar um bilião adicional, tendo em vista o cumprimento das metas de redução das emissões fixadas para o sistema de transportes".

O mesmo documento sublinha ainda, de um modo bem correto (no n.º 36), na linha do que sublinharemos também melhor adiante, que "o domínio em que os estrangulamentos são mais notórios continua a ser o mercado interno dos serviços ferroviários, cuja concretização é prioritária para se criar o *espaço ferroviário único europeu*". Diz-se aqui que tal passa "pela eliminação dos obstáculos técnicos, administrativos e jurídicos que continuam a dificultar a entrada nos mercados ferroviários nacionais". Mas tal passa também, com especial relevo para o transporte ferroviário (em termos relativos, com maior relevo do que para os transportes rodoviário, aéreo e marítimo), pela implantação de infraestruturas, havendo um país como Portugal onde ainda não há nenhum comboio rápido, fazendo os percursos mais depressa do que de automóvel (o que não pode ser considerado como uma ambição desmesurada e irrealista...); substituindo, como é indispensável que aconteça, por razões de todas as naturezas, os transportes rodoviário e aéreo em deslocações de distância média (na casa das centenas de quilómetros) entre polos muito populosos, como é o caso da distância entre Lisboa e o Porto (uma distância semelhante à distância entre Bruxelas e Paris, cidades entre as quais, como é desejável, deixou de haver ligações aéreas...): justificando boas ligações, com uma grande procura que além de evidenciar o interesse eco-

Le FMI tire la sonnette d'alarme, preconizando, além do "renforcement des mesures de soutien de la Banque Centrale Européenne", "le lancement de programmes d'investissement dans les infrastrucures". E não deixa de ser extraordinário que só agora "veja" a boa experiência do país onde está sedeado (em Washington, sua capital), com a afirmação de que "globalement, le FMI préconise donc les mesures mises en place ces cinq dernières années aux États Unis"... E também agora é referido que mesmo a Chanceler *Merkl* já fala em investir (tal é sublinhado num título do *Sol* de 10 de outubro de 2014), com o reconhecimento expresso de que a Europa "necessita de investimentos". Por seu turno o novo Presidente da Comissão Europeia, nas *Political Guidelines* orientadoras do seu programa (2014), fala (p. 4) de um acréscimo de 300 mil milhões de euros em investimento público e privado nos próximos três anos, acrescentando que "the focus of this aditional investment should be in infrastructure, notably broadband and energy networks as well as transport infrastructure in industrial centres" (acrescentando-se "education, research and innovation; and renewable energy").

Teria sido necessário tanto tempo para o reconhecer, depois de tantos prejuízos já causados, com empresas falidas, desemprego e o protelamento de infraestruturas (designadamente de transportes) que teriam aumentado a competitividade da Europa e a qualidade de vida dos seus cidadãos? E será que se trata de necessidade não verificada no nosso país?

nómico e social do serviço proporciona, desejavelmente, ganhos de exploração (já hoje conseguidos aliás na linha do Norte, apesar da lentidão das ligações, com uma média pouco além dos 100km/hora, não desviando por isso da autoestrada e do transporte aéreo tráfego que é imperioso desviar).

E de nada adianta continuar a fazer "remendos" como os que têm vindo ser feitos na linha atual, na linha do Norte, num montante que ao longo dos anos já representa mais de metade do que teria sido gasto com uma linha nova de grande velocidade (em TGV). Com o movimento já existente, uma só via em cada sentido não permite a introdução de mais comboios entre Lisboa e o Porto, designadamente comboios rápidos, não podendo naturalmente deixar de haver comboios intercidades e suburbanos, servindo essas e outras cidades, bem como também, desejavelmente, muito mais comboios de mercadorias. Nos países "bem organizados" da Europa, com exemplos que seria bom virmos um dia a seguir, os comboios rápidos têm que ter naturalmente linhas próprias, só assim podendo ser plenamente aproveitadas, sem prejuízo dos interesses a atender com as outras linhas (como é o caso, a par dos demais referidos há pouco, dos serviços suburbanos).

Tal como nos outros países, num serviço com tanta procura, que é aliás de desejar e esperar que cresça muito significativamente[32], tem de haver em cada sentido, a par da linha convencional, cada vez com mais movimento, com serviços importantíssimos, também em cada sentido vias específicas para a grande velocidade (para comboios rápidos), sob pena de não se atingir o objetivo almejado.

Sem estar em causa, pelo contrário, o peso muito maior que tem de passar a caber ao transporte ferroviário, qualquer pessoa bem formada não pode porém deixar de ser sensível, quando há uma crítica generalizada aos investimentos em rodovias que foram feitos no nosso país, aos benefícios proporcionados, em especial à redução impressionante do número de mortes e ferimentos verificados: sendo Portugal o terceiro país da União Europeia

---

[32] O papel que importa que seja crescente, no transporte de mercadorias, em "alternativa às vias rodoviárias congestionadas graças à utilização de outros modos de transporte, é sublinhado pelo Programa Marco Polo, estabelecido pelo Regulamento (CE) n.º 1382/2003, de 22 de julho de 2003, com sequência no Regulamento (CE) n.º 1692/2006, de 24 de novembro de 2006, e no Regulamento (CE) n.º 923/2009, de 16 de setembro de 2009 [ver também o Regulamento (UE) n.º 913/2010, de 22 de setembro de 2010, *relativo à rede ferroviária europeia para um transporte de mercadorias competitivo*].

TRANSPORTES

que mais reduziu esta sinistralidade nas últimas décadas[33]; não estando além disso calculadas as vidas que se salvaram por se ter chegado em muito menos tempo a um centro médico de referência, em Lisboa, Porto, Coimbra ou em alguma outra cidade.

Podendo pôr-se em causa uma ou outra ligação[34], não pode também desconhecer-se, com realismo, que não é possível disseminar por todo o território serviços culturais ou de outras naturezas, alguns dos quais, de maior exigência e qualidade, só podendo ser proporcionados em Lisboa, no Porto e talvez também numa ou outra cidade. Os habitantes de outras zonas são também cidadãos portugueses, que, com realismo, só com um acesso fácil a esses locais se pode evitar que fiquem prejudicados na satisfação dos seus legítimos anseios de valorização.

No domínio económico, ainda recentemente (em 4 de setembro de 2014) a imprensa deu o relevo devido a que a melhoria da posição do nosso país no *ranking* mundial da competitividade, com uma subida de 15 lugares, para o 36.º lugar, se deve em grande medida à melhoria das infraestruturas, designadamente das estradas e em menor medida dos portos: o que justifica o acerto geral do que foi sendo feito, mas havendo ainda muito a fazer.

Com a utilização dos fundos estruturais da União Europeia, constata-se aliás que países mais ricos do que o nosso têm continuado a apostar em maior medida em infraestruturas, como pode ver-se no quadro seguinte (quadro 2).

Vê-se pois que, com a exceção da Bélgica, mesmo em países mais desenvolvidos, com boas infraestruturas, foi em geral muito maior a percentagem que lhes foi destinada, *v. g.*, entre 2000 e 2006: por exemplo, uma percentagem bem maior na Itália e claramente maior na Irlanda, país que depois de 2000 já não era país de "coesão" e onde pela sua pequena dimensão podem ser muito menores as preocupações com determinados tipos de infraestruturas (no fundo todas); não deixando todavia de se apostar nelas.

No nosso caso a aposta nos recursos humanos é maior do que na Grécia e na Itália mas menor do que nos demais[35], estando além disso a aposta

---

[33] Augusto Mateus (coord.), *25 Anos de Portugal Europeu. A economia, a sociedade e os fundos estruturais,* Fundação Francisco Manuel dos Santos (FFMS), Lisboa, 2013, p. 402.

[34] Será o caso de uma ou outra duplicação, mas há ainda muitas ligações a estabelecer, como é o caso da ligação de Viseu a Coimbra (ou da ligação da Covilhã a Coimbra), atualmente com um nível muito elevado de sinistralidade.

[35] Não pode todavia deixar de ter-se presente que Portugal, tendo os indicadores mais desfavoráveis da OCDE em educação e formação profissional (acesso a graus mais elevados, níveis de aprovei-

DIREITO DA UNIÃO EUROPEIA – ELEMENTOS DE DIREITO E POLÍTICAS DA UNIÃO

que tem vindo a ser feita na atividade produtiva, por exemplo, entre 2000 e 2006, claramente acima da feita na Irlanda, na Grécia e em Espanha (mesmo acima da feita em França).

QUADRO 2 – Peso dos fundos estruturais em diferentes afetações

	GRÉCIA	ESPANHA	PORTUGAL	FRANÇA	ITÁLIA	IRLANDA	REINO UNIDO	ALEMANHA	BÉLGICA
1994-1999									
Infraestruturas	45.8	37.1	29.5	29.2	34.7	17.2	20.6	8.0	14.2
Recursos humanos	23.5	24.4	26.6	27.8	14.2	35.7	30.7	26.7	13.3
Produção	30.1	30.0	39.3	35.7	50.3	40.0	41.7	62.9	61.2
2000-2006									
Infraestruturas	43.2	42.4	22.5	29.5	37.2	45.8	22.9	22.7	14.1
Recursos humanos	19.0	25.4	24.3	31.8	20.1	28.1	31.0	28.3	26.5
Produção	25.5	28.1	38.1	33.8	39.6	22.6	44.2	44.9	52.4

Fonte: GABRIELE TONDL, *Regional Policy*, em Mike Artis e Frederick Nixson (ed.), *The Economics of the European Union*, 4.ª ed., Oxford University Press, Oxford, 2007, p. 186 (ver também ALFREDO MARQUES, *Economia da União Europeia*, Almedina, Coimbra, 2006, p. 385); sendo as percentagens não referenciadas, fazendo a diferença para os 100%, de verbas afetadas a "outras medidas", designadamente de assistência técnica.

tamento, abandono escolar, etc.), tem tido a percentagem mais elevada de gasto público com a educação em relação ao PIB, a seguir à Coreia do Sul [também no seio da União Europeia: ver Richard Eckaus, *Portugal: Then and Now*, Francesco Franco, (ed.), *Challenges Ahead for the Portuguese Economy*, Imprensa das Ciências Sociais (ICS), Lisboa, 2008, pp. 33-52]; valores relativos que estarão todavia a diminuir, com dados mais recentes (do EUROSTAT, em 2008) a apontar para 4,9%, valor suplantando "apenas" os valores da Espanha, da Itália, da Alemanha e da Bulgária (4,6%), da República Checa (4,1%) e da Eslováquia (3,6%), estando "no topo" a Dinamarca (7,8%), seguida por Chipre (7,4%), a Suécia (6,7%) e a Bélgica (6,5%): cf. JOSÉ MATOS TORRES, *Não Temos de Ser Alemães. A Austeridade Excessiva Não É Uma Solução. Um Novo Caminho Económico e Orçamental para Portugal*, Matéria-Prima, Lisboa, 2014, p. 50.

TRANSPORTES

Não "choca" pois que continue a apostar-se em Portugal na melhoria de infraestruturas, designadamente de infraestruturas de transportes.

4. O financiamento das infraestruturas e da atividade transportadora

Tradicionalmente o financiamento das infraestruturas era deixado à responsabilidade exclusiva dos orçamentos públicos nacionais, com exceção dos investimentos que, por razões aqui enquadráveis, tinham apoio no âmbito da política regional da União Europeia (antes, da CEE), com verbas do FEDER – Fundo Europeu de Desenvolvimento Regional. Era assim uma lógica circunscrita aos países e regiões com acesso a este fundo, deixando de fora grandes espaços onde, por razões várias, é também necessário este tipo de intervenção.

Constituiu pois novidade a iniciativa que a União, na sequência do Tratado de Maastricht (com os artigos 129.º-B a 129.º-D, atuais artigos 170.º a 172.º do TFUE), passou a ter em relação a "redes transeuropeias", com a lógica que procuraremos sublinhar em 11, e com implicações em relação a dotações da União Europeia, designadamente do Fundo de Coesão, com as suas verbas destinadas precisamente a financiamentos nas áreas do ambiente e de redes transeuropeias.

Tendo tais propósitos ambiciosos naturais implicações em dotações financeiras, a Comissão Europeia, no já citado *Roteiro do espaço único europeu dos transportes*, não se limita a referir as formas mencionadas, nacionais e da União, de financiamento público dos transportes; sublinhando, com todo o realismo, que o financiamento "tem" de "provir de fontes diversificadas, públicas e privadas".

Concretizando, acrescenta-se que "é preciso melhorar a coordenação do fundo de coesão e dos fundos estruturais com os objetivos da política de transportes e os Estados-Membros terão de prever verbas suficientes na programação nacional", numa desejável linha de adicionalidade, alargando responsabilizações e os meios de que é preciso dispor. Mas assim acontece depois de sublinhar a necessidade de participação de fontes privadas.

E, face a alguma dúvida que pudesse haver quanto à participação dos utentes (talvez já não quanto a responsabilizações por danos causados por modos de transporte menos desejáveis), acrescenta-se que "outras fontes de financiamento a considerar são os sistemas de internalização dos custos externos[36] e a tarificação das infra-estruturas".

---

[36] Uma metodologia comum para a internalização da totalidade dos custos externos em todo o setor dos transportes consta do SEC(2008)2207, apenso ao COM(2008) 435, de 8 de julho de 2008.

811

DIREITO DA UNIÃO EUROPEIA – ELEMENTOS DE DIREITO E POLÍTICAS DA UNIÃO

Trata-se de recursos que "poderão constituir fontes de receita adicionais e tornar o investimento nas infra-estruturas mais interessante para o capital privado".

Não devem todavia ficar por aqui, pelo financiamento das infraestruturas, as preocupações financeiras, com «as taxas e impostos aplicados no sector dos transportes "a dever ser reestruturados no sentido de uma aplicação mais generalizada dos princípios do 'poluidor-pagador' e do 'utilizador--pagador'"»[37]; acrescentando-se no *Roteiro do espaço único europeu dos transportes* (n.º 58) que "os encargos globais do sector deverão corresponder ao custo total da atividade de transporte, incluindo os custos da infra-estrutura e os custos externos".

Não deixa porém de se dizer de imediato que, "numa perspetiva mais vasta, os benefícios socioeconómicos e as externalidades positivas justificam um certo nível de financiamento público" (embora sendo "previsível que os utentes dos transportes venham a pagar uma fracção dos custos superior à que pagam hoje"...); assim se justificando que seja o próprio Tratado de Lisboa, na linha já do texto fundador da CEE, o Tratado de Roma, a distinguir o setor dos transportes como sendo um setor a admitir ajudas públicas, sem violação da proibição geral de apoios públicos, por serem violadores da concorrência (vê-lo-emos melhor em 5).

Estamos aliás aqui num domínio em que muito em particular há que distinguir os custos e os benefícios económico-financeiros dos custos e benefícios sociais[38]. Já uns anos atrás num estudo de 13 países da então Comunidade Económica Europeia se constatou aliás que a receita proporcionada pela tributação recaindo sobre os utentes das infraestruturas rodoviárias (impostos sobre os combustíveis, impostos de circulação e portagens), correspondendo a 2% do PIB da Comunidade, era muito superior (em 65 mil milhões de ECU's) à despesa que com eles era feita, correspondendo a 1% desse valor[39]; sendo já bem diferente a situação na ferrovia, com uma cobertura de 56%, e nas vias navegáveis, com uma cobertura de 18%.

---

[37] Cf., por exemplo, NICOLAS MOUSSIS, *Access to European Union. Law, Economics, Policies, cit.*, p. 584.
[38] Ver MANUEL LOPES PORTO, *Teoria da Integração e Políticas Comunitárias*, 4.ª ed., *cit.*, pp. 315-316, em particular a figura desta última página.
[39] Em Portugal, por exemplo, em 1987, a receita proporcionada pela tributação dos transportes rodoviários foi de 902 milhões de ECU's e a despesa de 749 [ver Comissão Europeia, *Para uma formação correcta e eficiente dos preços dos transportes. Apoio da política para a internalização dos custos externos dos transportes na União Europeia*, Suplemento n.º 2/96 [com base na COM(95)691 final), 1996, pp. 29-30 e 83; e sobre a prática de financiamento em cada país europeu ver SCHEILA FARRELL,

TRANSPORTES

Numa linha de racionalidade económica, importaria que cada modo de transporte se financiasse a si próprio, através dos utilizadores. Mas nos cálculos a fazer não podem ser tidos em conta apenas os custos e os benefícios privados, têm de ser tidos em conta também os custos socias, *v. g.*, com o congestionamento, a poluição e as dependências energéticas, bem como os benefícios sociais; o que apontará para o apoio a transportes, como os transportes sobre *rails*, muito mais favoráveis a estes propósitos

Não podendo em muitos casos deixar de se recorrer aos transportes rodoviários, únicos acessíveis também a muitas pessoas de recursos modestos e sendo indispensáveis para a desejável utilização plena dos recurso das economias (os comboios, os metropolitanos e os elétricos não podem chegar a todos os locais...), a utilização de modos de transporte mais favoráveis não deve resultar de uma penalização ainda mais agravada (vimos há pouco que os transportes rodoviários proporcionam ao Estado mais do que o Estado gasta com eles e são utilizados em grande medida por pessoas de recursos modestos...), mas sim de uma oferta mais favorável dessas alternativas (que não tem sido feita em Portugal...), em particular com os caminhos de ferro e os elétricos ou metros ligeiros nos meios urbanos.

5. A problemática dos apoios públicos aos transportes (face à obrigação de cumprimento de serviços públicos e às exigências do direito da concorrência)

É designadamente na última linha referida, de apoio a transportes social, económica e ambientalmente mais desejáveis, ou que prestam serviços em áreas remotas, sem populações e atividades que possam assegurar a cobertura dos custos dos transportes, que, nos termos do artigo 93.º do TFUE, "são compatíveis com os Tratados os auxílios que vão ao encontro das necessidades de coordenação dos transportes ou correspondam ao reembolso de certas prestações inerentes à noção de serviço público".

Foi aliás no domínio dos transportes um famoso acórdão, fazendo escola, a admitir e a estabelecer as balizas para o montante admissível dos apoios públicos a conceder: o Acórdão *Altmark*[40].

Financing European Transport Infrastructure. Policies and Practice in Western Europe, Macmillan, Basingstoke, 1999].

[40] Acórdão (TJUE) *Altmark Trans Gmbh, Regierungsprasidium Magdburg c. Nahverkhersgesellschaft Altmark GmbH*, de 24 de julho de 2003, proc. C-280/00 (pedido de decisão prejudicial apresentado pelo Bundesverwaltungsgericht) [com a indicação de outros arestos também na área dos transpor-

DIREITO DA UNIÃO EUROPEIA – ELEMENTOS DE DIREITO E POLÍTICAS DA UNIÃO

Nos seus termos, têm de ser preenchidas quatro condições para que esses apoios sejam admissíveis: 1) que a empresa beneficiada tenha sido efetivamente encarregada do cumprimento de obrigações de serviço público, tendo as obrigações claramente definidas; 2) que os parâmetros com base nos quais é calculada a compensação tenham sido previamente estabelecidos de forma clara e objetiva; 3) que a compensação não ultrapasse o que é necessário para cobrir total ou parcialmente os custos ocasionados pelo cumprimento da obrigação de serviço público, tendo em conta as respetivas receitas assim como um lucro razoável pela execução dessas obrigações; e 4) quando a escolha da empresa encarregada do cumprimento das obrigações de serviço público não se verificar através de um processo de concurso público, importa que o nível de compensação necessário seja determinado com base numa análise dos custos que uma empresa média, bem gerida e adequadamente equipada em meios de transporte para poder satisfazer as obrigações de serviço público requeridas teria suportado para cumprir estas obrigações, tendo em conta as respetivas receitas e um lucro razoável pela execução das obrigações.

No quadro atual, é depois especialmente curiosa a exceção admitida pelo artigo 98.º do TFUE, estabelecendo que "as disposições do presente título [o título dos transportes] não prejudicam as medidas tomadas pela República Federal da Alemanha, desde que sejam necessárias para compensar as desvantagens económicas que a divisão da Alemanha causa na economia de certas regiões da República Federal afectadas por essa divisão"[41].

Trata-se de disposição, igual à da alínea *c)* do n.º 2 do artigo 107.º, dispondo em geral em relação aos apoios a dar a essas regiões, e devendo naturalmente causar a mesma estranheza. Enquanto todos os demais apoios regionais estão considerados no n.º 3 do mesmo artigo, só podendo ser concedidos se forem aprovados pela Comissão (*"podem* ser considerados compatíveis com o mercado interno..."; sendo o itálico nosso), os auxílios às regiões afetadas pela divisão da "velha" Alemanha, estando considerados no n.º 2, são admitidos por si mesmos (*"são* compatíveis com o mercado interno..."; sendo de

tes ver ANA MIRANDA e JOSÉ LUÍS ESQUÍVEL, *Comentário* aos artigos 93.º e 94.º do TFUE, Manuel Lopes Porto e Gonçalo Anastácio (coord.), *Tratado de Lisboa. Anotado e Comentado, cit.*, p. 476; e com a consideração geral da problemática das ajudas públicas aos transportes na União Europeia ver CHRISTOPHER H. BOVIS, *State Aid and European Union Transport: A Reflection on Law, Policy and Practice*, em *Journal of World Trade*, n. 39(4), 2005].

[41] Cf. MARCO CAPITÃO FERREIRA, *Comentário* aos artigos 98.º a 100.º do TFUE, em Manuel Lopes Porto e Gonçalo Anastácio (coord.), *Tratado de Lisboa. Anotado e Comentado, cit.*, pp. 490-493.

novo o itálico nosso), sem necessidade de aprovação, tal como acontece com os auxílios sociais e com os auxílios destinados a remediar os danos causados por calamidades naturais ou por outros acontecimentos extraordinários, nos termos das alíneas *a)* e *b)* deste número[42].

Podendo talvez compreender-se estas exceções "germânicas", mesmo em relação a regiões periféricas (*v. g.*, insulares), muito pobres, quando a Alemanha estava dividida, não se compreende a sua manutenção quando da aprovação do Tratado de Lisboa, uma dezena de anos depois da reunificação de um país, agora no centro da Europa, com a abertura a leste, que tem uma das economias mais eficazes do mundo[43].

E trata-se de uma situação de favor, em geral em relação aos apoios regionais (artigo 107.º do TFUE) e em especial em relação aos transportes (artigo 98.º do TFUE) que só passaram a poder ser afastados decorridos "cinco anos após a entrada em vigor do Tratado de Lisboa", por decisão do Conselho, sob proposta da Comissão; não tendo havido ainda nenhuma iniciativa neste sentido.

6. Preocupação crescente com os danos ambientais, com a eficiência e a dependência energéticas e com a segurança

Temos aqui preocupações que, vindo de trás, se foram acentuando nas últimas décadas, naturalmente com a legislação e as políticas da União Europeia a procurar tê-las em conta.

Não sendo solução, como se sublinhou na Introdução, restringir a mobilidade, a solução estará em ir à raiz dos problemas, o que em alguns casos, como se foi adiantando já, implica que se avance resolutamente para um uso maior de modos de transporte mais favoráveis, incluindo uma melhor articulação entre os vários modos de transporte[44].

---

[42] Cf. João Nogueira de Almeida, *Comentário* ao artigo 107.º do TFUE, em Manuel Lopes Porto e Gonçalo Anastácio (coord.), *Tratado de Lisboa. Anotado e Comentado, cit.*, pp. 518-522.

[43] Os números mais (e menos...) recentes são bem significativos, com a Alemanha a ter já em 2015 (nos últimos doze meses) um superave na balança dos pagamentos (balança corrente) de 289,7 milhares de milhões de dólares, próximo do superave da China, que é de 291,5 mil milhões (tendo sido superior em anos anteriores): cf. *The Economist*, 23-29 maio 2015, p. 76.

[44] A preocupação crescente com a boa gestão e a sustentabilidade dos transportes, assegurando-se uma também indispensável melhoria da mobilidade, está bem refletida na rica literatura que tem vindo a lume, tendo em causa não só o caso da Europa, como também naturalmente as situações em outros pontos do mundo: entre outros, ver Erling Holden, *Achieving Sustainable Mobility. Everyday and Leisure-Time Travel in the EU*, Ashgate, Aldershot (RU) e Burlington (EUA), 2007; Maria Giaoutzi e Peter Nijkamp, *Network Strategies in Europe. Developing the Future for Transport*

DIREITO DA UNIÃO EUROPEIA – ELEMENTOS DE DIREITO E POLÍTICAS DA UNIÃO

a) No que diz respeito à preocupação ambiental, não pode deixar de se ser sensível a que os transportes, com especial relevo para os transportes rodoviários (com 75% do total), são responsáveis por mais de 30% da emissão de dióxido de carbono, e por percentagens ainda maiores de outras fontes de poluição.

Distinguindo por diferentes modos de transporte, têm de ter-se especialmente em conta (não tem sido o caso dos decisores portugueses...) as diferenças de emissão de CO^2 por passageiro transportado: sendo de 2,2 gramas tratando-se de um comboio rápido (um TGV), de 30 gramas tratando-se de um autocarro, de 125 gramas tratando-se de um veículo ligeiro e de 153 gramas tratando-se de um avião (ou seja, a poluição é 50 vezes maior com o carro individual e 70 vezes maior com o avião[45].

Compreende-se, pois, bem que instituições várias, incluindo, em termos liderantes, a União Europeia, venham lançando apelos para a redução de gazes com efeitos de estufa, que resultam em enorme medida da atividade transportadora.

---

and ICT, Ashgate, Farnham (RU) e Burlington (EUA), 2008; DANIEL SPERLING e DEBORAH GORDON, *Two Billion Cars. Driving toward sustainability*, Oxford University Press, Oxford, 2009; WILLIAM R. BLACK, *Sustainable Transportation. Problems and solutions*, The Guildford Press, Nova Iorque, 2010; LUDOVIC BU *et al.*, *Les Transports, la Planète et le Citoyen. En finir avec la galère, découvrir la mobilité durable*, *cit.*; PETER COX, *Moving People. Sustainable Transport Development*, Zed Books, Londres e Nova Iorque, 2010; FRANÇOIS DECOSTER e FRÉDÉRIC VERSINI, "UE: La politique des transports. Vers une mobilité durable", *cit.*; PRESTON L. SCHILLER, ERIC C. BRUNN e JEFFREY R. KENWORTHY, *An Introduction to Sustainable Transportation. Policy, Planning and Implementation*, earthscan, Londres e Washington, 2010; KENNETH BUTTON, "Transportt Policy", Ali M. El-Agraa (ed.), The European Union. Economics and Politics, 9.ª ed., Cambridge University Press, Cambridge, 2011; MATTHEW HUMPHREYS, *Sustainability in European Transport Policy*, Routledge, Londres e Nova Iorque, 2011; Comissão Europeia, *European Green Cars Initiative. Public-Private Partnership. Multi-annual roadmap and long-term strategy* (preparada pelo EGCI AD-hoc Industrial Advisory Group), Bruxelas; MARCUS ENOCH, *Sustainable Transport, Mobility Management and Travel Plans*, Ashgate, Farnham (RU) e Burlington (EUA), 2012; FRANK W. GEELS, RENÉ KEMP, GEOFF DUDLEY e GLENN LYONS (eds.), *Automobility in Transition ? A Socio-Technical Analysis of Sustainable Transport*, Routledge, Nova Iorque e Londres, 2012; HARRY GEERLINGS *et al.*, *Transition Towards Sustainable Mobility. The Role of Instruments, Individuals and Institutions*, *cit.*; ou JEFFREY TUMLIER, *Sustainable Transportation. Planning Tools for Creating Vibrant Communities*, Wiley, John Wiley & Sons, Hobokan (New Jersey), 2012.

[45] Cf. MANUEL LOPES PORTO, *A Racionalização das Infraestruturas de Transportes: o TGV, a OTA e as Auto-Estradas*, Audimprensa, Coimbra, 2008, pp. 80-81, e comparando em geral o transporte público com o transporte privado, bem como o transporte em táxis, ERLING HOLDEN, *Achieving Sustainable Mobility. Everyday and Leisure-Time Travel in the EU*, *cit.*, pp. 109-114.

TRANSPORTES

Procurando-se medidas a tomar, na análise da Comissão[46], enquanto em outros setores da economia poderão obter-se reduções mais acentuadas, no setor dos transportes será necessário conseguir até 2050, para que se atinjam as metas globais, uma redução de 60% destas emissões comparativamente aos níveis de 1990[47].

b) No que diz respeito às preocupações energéticas, trata-se não só de preocupações ambientais, na linha do que acabámos de ver, como também de preocupações em relação à sua suficiência e à garantia do seu fornecimento: com vantagem naturalmente para as energias renováveis e para as que são de produção europeia, em relação às quais os problemas não se põem ou põem-se com uma acuidade muito menor.

Neste quadro, o problema põe-se basicamente em relação ao petróleo, na época atual, depois de nos anos sessenta ter ultrapassado a prevalência anterior do carvão[48]: com um relevo enorme através dos seus derivados, designadamente do gasóleo e da gasolina, bem como com um relevo assinalável na produção de eletricidade, através das centrais termoelétricas.

Sendo as energias ligadas ao petróleo importantes em todos os setores, desde a produção de muitos produtos industriais ao aquecimento de casas, o seu relevo é especialmente grande na atividade transportadora, onde é despendida uma percentagem muito significativa do seu dispêndio total.

Mas aqui, por seu turno, há que fazer uma distinção com o maior relevo entre os diferentes modos de transporte, basicamente entre, por um lado, um modo de transporte, o transporte sobre *rails* (comboios, metropolitanos ou elétricos), que com vantagens de todas as naturezas pode depender apenas da eletricidade, com produção europeia e como energia renovável, e por outro os transportes aéreo, navegável e rodoviário, os dois primeiros não podendo mesmo prescindir do petróleo e o terceiro não podendo sem ele assegurar o mesmo nível de qualidade[49].

Sendo uma energia não renovável, é muito extensa a literatura que vem aparecendo sobre a suficiência geral do petróleo ao longo das próximas déca-

---

[46] *Roteiro do espaço único europeu dos transportes – Rumo a um sistema de transportes competitivo e económico em recursos, cit.*

[47] Com um papel muito importante para o programa Marco Polo, referido na nota 32.

[48] Ver um quadro em MANUEL LOPES PORTO, *Teoria da Integração e Políticas Comunitárias*, 4.ª ed., *cit.*, p. 386.

[49] Os automóveis elétricos têm ainda uma autonomia muito pequena, tendo por exemplo de se parar a meio, para carregar a bateria, numa deslocação de Lisboa ao Porto, com a inerente demora...

DIREITO DA UNIÃO EUROPEIA – ELEMENTOS DE DIREITO E POLÍTICAS DA UNIÃO

das, com autores mais ou menos pessimistas, mas todos eles evidenciando bem uma realidade a que não pode fugir-se[50].

Mas mesmo que não esteja para breve a sua existência no conjunto do mundo, há que ter em conta que tem de ser importado de alguns países com instabilidades (pontos de crise recentes ilustram-no bem...) e que, mesmo que não venha a "escassear nas próximas décadas", há o problema da sua qualidade e do seu preço[51]. Como assinalou recentemente a Agência Internacional da Energia, quanto menos o mundo for capaz de descarbonar, mais elevado será o preço do petróleo[52].

Com a dependência em que o mundo se deixou cair em relação a esta fonte energética, é fácil adivinhar os problemas económicos e sociais (do nosso dia a dia!) a que seria muito difícil ou mesmo impossível dar resposta, caso escasseasse o petróleo: designadamente no domínio dos transportes[53].

Para os transportes urbanos, em alternativa a elétricos ou metropolitanos, há agora algumas experiências de *busways* (cf. *Transportes*, n. 136, junho-julho de 2014, pp. 36-42), todavia só viáveis em cidades sem grandes declives e tendo dificuldades em trajetos com túneis.

[50] Ver, por exemplo, STEPHEN LEEB, *The Oil Factor. Protect yourself and the world from the coming energy crisis*, Business Plus, Boston, 2004; JAMES HOWARD KUNSTLER, num livro com o título bem significativo de *O Fim do Petróleo, o Grande Desafio do Século XXI*, Editorial Bizâncio, Lisboa, 2006 (trad. de *The Long Emergency – Surviving the Converging Catastrophes of the Twenty-First Century*, James Howard Kunstler, 2005); JOSÉ LOPES VELHO, com o título também sugestivo de *Petróleo. Dádiva e Maldição. 150 anos de história*, Bnomics, Lisboa, 2010; SUBHE BHATTACHARYA, *Energy Economics. Concepts, Issues, Markets and Governance*, Springer, Londres, 2011; RICHARD HEINBERG, *The End of Growth. Adapting to our new reality*, New Society Publishers, Gabriela Island, Canadá, 2011; BEN SIMPFORDORFER, *The New Silk Road. How a rising arab world is turning away from the west and rediscovering China*, Palgrave//Mcmillan, Nova Iorque e Londres, 2011; ou MICHAEL SPENCE, *The Next Convergence. The future of economic growth in a multispeed world*, Farrar, Strauss e Giroux, Nova Iorque, 2011. Cf., também, MANUEL LOPES PORTO, *A União Europeia e os desafios da energia*, em *Estudos em Homenagem a Miguel Galvão Teles*, Almedina, Coimbra, vol. I, pp. 791-812.

[51] Ver, por exemplo, JORGE SALGADO GOMES e FERNANDO BARATA ALVES, *O Universo da Indústria Petrolífera*, Fundação Calouste Gulbenkian, Grupo Tindemans, Lisboa, 2007.

[52] Cf. Comissão Europeia, *Roteiro do espaço único europeu dos transportes – Rumo a um sistema de transportes competitivo e económico em recursos, cit.*, n. 5.

[53] Com as implicações da escassez e/ou carestia do petróleo especificamente na atividade transportadora ver WILLIAM R. BLACK, *Sustainable Transportation. Problems and solutions, cit.*, cap. 5; RICHARD GILBERT e ANTHONY PERL, *Transport Revolutions. Moving people and freight without oil*, 2010, New Society Publishers, Gabriela Island (Canadá); DANIEL BONGARDT, FELIX CREUTZIG, HANNA HUGING, KO SAKAMOTO, STEFAN BAKKER, SUDHIR GOTA e SUSANNE BOHLER-BAEDECKER, *Low-Carbon Land Transport, Policy Handbook*, Routledge, Abingdon (Oxon) e Nova Iorque, 2013; MICHAEL PALOCZ-ANDRESEN, *Decreasing Fuel Consumption and Exhaust Gas Emissions in Transportation. Sensing, Control and Reduction of Emissions*, Springer, Hamburgo, 2013; ou ainda Comissão Europeia, *Euro-*

TRANSPORTES

Há que desejar pois que não tenham razão os "profetas da desgraça", com a descoberta progressiva de novas jazidas e com progressos tecnológicos que assegurem a sua exploração com custos baixos.

Mas, independentemente disso, há que diminuir ao máximo a dependência em que caímos, com um relevo muito grande para o setor dos transportes.

c) Por fim, as preocupações com a segurança, vindo também naturalmente desde o início, têm sido sentidas de um modo crescente e vieram a ser consideradas no Tratado, com Maastricht, no artigo 75.º[54]; estando consideradas agora na alínea *c)* do n.º 1 do artigo 91.º do TFUE: considerando o estabelecimento de "medidas que permitam aumentar a segurança dos transportes".

O problema põe-se naturalmente em relação a todos os modos de transporte, tendo nós referido já atrás as preocupações que houve e as salvaguardas que tem havido em relação ao transporte aéreo, com a abertura das possibilidades de concorrência.

Mas mesmo tendo-se em conta os demais modos de transporte, do transporte ferroviário ao transporte marítimo, é inquestionável que onde mais há a fazer, com um número enorme de vítimas que podem ser evitadas, é no transporte rodoviário.

Quando considera este modo de transporte, Moussis sublinha que "the European Union aims not only at the harmonisation of conditions of competition and protection of the environment but also at road safety, which becomes an ever more important problem of the EU"[55].

Entretanto, foram sendo aprovadas normas em domínios muito diferentes, da construção dos veículos à sua inspeção: mais de 100 diretivas, contemplando circunstâncias ligadas aos veículos, como as condições dos motores, dos travões, dos pneus, dos cintos de segurança ou mesmo dos para-choques, para se atenuarem as consequências sobre quem seja tocado por um automóvel, bem como sobre o modo de acondicionamento das mercadorias transportadas. E trata-se de preocupações que se estenderam também natu-

---

pean Green Cars Initiative: Public-Private Partnership. Multi-annual roadway and long-term strategy, preparado pelo EGC, Ad-hoc Industrial Advisory Group, Bruxelas.

[54] Ver, por exemplo, R. COLEMAN, *European Transport Policy*, em *Shipping Law faces Europe: European Policy, Competition and Environment*, International Colloquium, 16-18 de novembro de 1997, Maklu, Bruylant – Juridik&Samhalle, Bruxelas, pp. 28-29.

[55] NICOLAS MOUSSIS, *Access to European Union. Law, Economics, Policies, cit.*, p. 588.

DIREITO DA UNIÃO EUROPEIA – ELEMENTOS DE DIREITO E POLÍTICAS DA UNIÃO

ralmente à segurança das infraestruturas, por exemplo, em relação a túneis rodoviários.

7. Preocupação crescente com os transportes urbanos

Dado o seu âmbito geográfico e os problemas a ultrapassar entre os países (designadamente os problemas já referidos e a referir, que vão da harmonização de normas à garantia de condições de concorrência ou ao lançamento de redes transeuropeias), compreender-se-á que durante as primeiras décadas não se tenha dado atenção à problemática dos transportes urbanos, que ficariam limitados à consideração dos países.

Com o decorrer do tempo foi-se tendo todavia conhecimento das implicações dos transportes urbanos, com implicações a que se entendeu que não se deveria ser alheio no seio das Comunidades, mais recentemente da União.

Os números são impressionantes, constatando-se que, sendo nas cidades grande parte da energia despendida nos transportes, é feito aí um quarto da emissão total de CO^2, sendo ainda em cidades um em cada três dos acidentes mortais ocorridos na União[56].

E estão em causa, com esta preocupação, percentagens muito significativas da população e da atividade económica da União: com a percentagem da população vivendo em cidades a aumentar de 71% em 2000 para 73% em 2010 e prevendo-se que, caso se mantenha esta tendência, seja de 82% em 2050, com a criação aqui, em 2007, de 85% do PIB[57].

Para além dos prejuízos de bem-estar no dia a dia dos cidadãos, de acordo com a Comissão Europeia, o congestionamento dos transportes nas zonas urbanas e circundantes custa perto de 100 mil milhões de euros por ano, ou seja, 1% do PIB da União Europeia, em virtudes de atrasos e da poluição[58].

---

[56] Cf. Comissão Europeia, *Plano de Acção para a Mobilidade Urbana* [COM (2009) 490 final, de 30 de setembro de 2009, p. 2]; Tribunal de Contas da União Europeia, Relatório Especial n.º 1/2014, *Eficácia dos projectos de transportes urbanos apoiados pela EU*, n. 03. Para além dos acidentes lesando quem vai nos veículos automóveis, é de lembrar que são mais do que seis vezes mais as lesões sofridas por peões e ciclistas.

[57] Cf. Comissão Europeia, *Plano de Acção para a Mobilidade Urbana, cit.*, p. 2, e Tribunal de Contas da União Europeia, Relatório Especial n.º 1/2014, *Eficácia dos projectos de transportes urbanos apoiados pela UE*, p. 61.

[58] É um número impressionante (é ainda mais elevado em países da Ásia, chegando a 2% do PIB), sendo naturalmente os prejuízos menores em países com uma rede urbana equilibrada, como são os casos da Alemanha e da Holanda, com congestionamentos de menor dimensão (cf. Tribunal de Contas da União Europeia, Relatório Especial n.º 1/2014, *Eficácia dos projectos de transportes urbanos apoiados pela EU*, n. 03, *cit.*). Em Portugal, de acordo com informações recentes, calcula-se que se

TRANSPORTES

E acontece que os transportes urbanos estão estreitamente ligados aos demais, sublinhando devidamente a Comissão[59] que "a mobilidade urbana é também uma componente central do transporte a longa distância. A maioria dos meios de transporte, tanto de passageiros como de mercadorias, começa e acaba em zonas urbanas e atravessa no seu percurso diversas zonas urbanas. Estas deveriam proporcionar pontos de interligação eficientes para a rede transeuropeia de transportes e permitir a eficiência dos transportes no "quilómetro final", tanto para o transporte de mercadorias como de passageiros. São, portanto, vitais para a competitividade e a sustentabilidade do futuro sistema de transportes europeu".

Importava pois, por todas as razões, estabelecer normas ou pelo menos fazer sugestões, sendo de sublinhar, na sequência de estudos anteriores, o Livro Verde *Por uma nova cultura de mobilidade urbana*[60] e o *Plano de Ação para a Mobilidade Urbana*, que temos vindo a referenciar[61].

Aponta-se aqui para linhas de ação já com experiências muito positivas em cidades de alguns países da Europa, como são os casos de cidades da Holanda e da Áustria, a par de outras.

Sem prejuízo de outras iniciativas, uma delas é a de, sendo possível (dependendo designadamente da orografia dos terrenos e das distâncias a percorrer...), se criarem condições para que as pessoas, em trajetos mais cur-

---

desperdicem por ano 2 mil milhões de euros (5,2 milhões de euros por dia) em combustíveis fósseis só nas filas de trânsito (ver o *Jornal de Notícias* de 1 de Outubro de 2014).

[59] Comissão Europeia, *Plano de Acção para a Mobilidade Urbana, cit.*, p. 2.

[60] Comissão Europeia, Livro Verde *Por uma nova cultura de mobilidade urbana* [COM(2007) 351 final, de 25 de setembro de 2007].

[61] Com outras instituições da União Europeia a expressar também uma grande preocupação sobre esta problemática, por exemplo com o Parlamento Europeu a adotar uma Resolução sobre o Livro Verde, em 2008, e um Relatório de iniciativa cobre o *Plano de Ação sobre a Mobilidade Urbana*, em 2009; tendo o Comité Económico e Social e o Comité das Regiões emitido também pareceres sobre o Livro Verde, temática que foi também naturalmente objeto da atenção do Conselho (cf. Comissão Europeia, *Plano de Acção para a Mobilidade Urbana, cit.*, p. 3).

Como seria de esperar, tem sido igualmente crescente a literatura preocupada com os transportes urbanos: ver por exemplo JEAN-CLAUDE CHRISTOPHE, *La Mobilité Durable. Les aides aux transports urbains*, Territorial Éditions, Bresson, 2009; NICHOLAS LOW (ed.), *Transforming Urban Transport. The etics, politics and practices of sustainable mobility*, Routledge, Abingdon (Oxon) e Nova Iorque, 2013; e, entre nós, LÍDIA CRISTINA SOARES GOMES e MANUEL DE JESUS DAS NEVES MALAGUERRA, "Cidades que se Movem: Pulsares, Mobilidades e Transportes", *cit.*, e FERNANDA PAULA OLIVEIRA, "Transportes e Planeamento Territorial", *cit.*, pp. 12-14.

DIREITO DA UNIÃO EUROPEIA – ELEMENTOS DE DIREITO E POLÍTICAS DA UNIÃO

tos, se desloquem a pé e de bicicleta, com corredores próprios e atraentes, *v. g.*, em parques, para a sua circulação[62].

Assim se evitam por completo custos de congestionamento, ambientais e energéticos, sendo ainda as pessoas chamadas a um exercício muito favorável para as suas saúdes.

Uma outra linha de preocupação, sobre a qual a Comissão Europeia tem vindo também a expressar-se, é com as pessoas com necessidades especiais, por terem alguma limitação física ou por serem idosas (sendo cada vez maior a percentagem de pessoas idosas na União Europeia).

Têm sido conseguidos progressos assinaláveis no acesso a alguns tipos de veículos, por exemplo, com plataformas de acesso aos autocarros; mas é apontado que continua a haver dificuldades grandes no acesso aos metropolitanos e aos comboios em geral, importando continuar a procurar-se soluções para estes casos.

A par de se promover a atratividade para se andar a pé e de bicicleta e para se utilizarem transportes coletivos, sem que haja dificuldades ou mesmo limitações para pessoas deficientes e idosas, há o propósito bem expressado e drástico de se limitar ou mesmo impedir a utilização de automóveis individuais. É esta mais uma das dez metas do *Roteiro*, logo a primeira meta aí estabelecida [na alínea (1) do ponto 2.5], a meta de se "reduzir para metade o número de veículos automóveis de motorização convencional utilizados no transporte urbano, até 2030; retirá-los da circulação nas cidades, até 2050; descarbonar no essencial a logística nos grandes centros urbanos, até 2030" (sendo todavia desejável, conforme sublinhámos já, que um uso muito menor dos automóveis resulte antes de haver uma oferta adequada de modos de transporte mais favoráveis nas cidades, como são os casos dos metropolitanos e dos elétricos).

É por fim sintomático que a preocupação da União Europeia pelos transportes urbanos, que numa linha de subsidiariedade poderia ir quando muito até ao estabelecimento de regras visando a sua boa organização, tenha vindo a traduzir-se também na atribuição de verbas dos seus orçamentos: verbas que mais do que duplicaram entre os dois últimos quadros financeiros, passando de 2,9 mil milhões de euros em 2000-2006 para 7, 8 mil milhões em 2007-2013.

---

[62] Com a defesa da utilização de bicicletas podem ver-se os livros recentes de JOHN PARKIN (ed.), *Cycling and Sustainability*, Emerald, Bingley (RU), 2012, e JOHN PUCHER e RALPH BUEHLER (eds.), *City Cycling*, The MIT Press, Cambridge (Mass.), 2012.

TRANSPORTES

E aqui há a registar a circunstância curiosa e significativa de, das verbas totais, 10,7 mil milhões de euros nos dois períodos, entre os países referenciados (17), a Alemanha ter sido o país a que se destinou o montante mais reduzido, de 62 milhões de euros, para o que contribuiu seguramente a circunstância de, tendo uma rede muito equilibrada de cidades de média dimensão, não ter os problemas das grandes aglomerações (só Berlim tem uma população superior à das áreas metropolitanas de Lisboa ou do Porto, mas não tem problemas de espaço, em alguma medida como consequência de ter estado dividida durante algumas décadas, com um área de permeio pouco ocupada). Já Portugal, não só nas duas maiores cidades, justifica de facto uma verba muito mais significativa, sendo mesmo insuficiente a verba que nos foi destinada, de 1073 milhões de euros[63].

8. O privilegiamento dos modos de transporte mais favoráveis

Face às preocupações que foram sendo expressadas, em especial nos domínios do congestionamento, do ambiente e da energia, seria de desejar que tivesse vindo a verificar-se um uso crescente dos transportes coletivos pelas vias ferroviárias e navegáveis.

Mas infelizmente não é o que tem vindo a acontecer, com um peso crescente, ao longo das décadas, dos modos de transporte mais congestionadores, mais poluentes e quase na íntegra dependentes do petróleo, que é uma energia não renovável e que em grande medida a Europa não pode deixar de importar de outras origens, algumas delas politicamente instáveis.

Trata-se de evolução preocupante, na utilização dos diferentes modos de transporte, que pode ser vista nos quadros que se seguem (quadros 3 e 4).

---

[63] Tribunal de Contas da União Europeia, Relatório Especial n.º 1/2014, *Eficácia dos projectos de transportes urbanos apoiados pela EU, cit.*, n. 07.

823

DIREITO DA UNIÃO EUROPEIA – ELEMENTOS DE DIREITO E POLÍTICAS DA UNIÃO

QUADRO 3

TRANSPORTE DE MERCADORIAS (%)				
Modo de transporte	1970	1980	1990	2002
Rodoviário	50.6	60.6	69.9	72
Ferroviário	27.8	20.2	15.4	16
Fluvial (inclui canais)	13.6	10.8	9.2	6
Pipeline	8.0	8.4	5.5	6

QUADRO 4

TRANSPORTE DE PASSAGEIROS (%)				
Modo de transporte	1970	1980	1990	2002
Carro individual	76.1	7.8	79.0	80.0
Autocarro	11.7	10.7	8.8	8.9
Ferroviário	10.0	8.0	6.6	6.3
Aéreo	2.2	3.5	5.6	5.8

Fonte dos dois quadros: IAN BARNES e PAMELA M. BARNES, *The Enlarged European Union*, Longman, Nova Iorque e Londres, 1995, pp. 82-83, HANDLEY STEVENS, *Transport Policy in the European Union*, Palgrave//Macmillan, Basingstoke, 2004, pp. 17 e 18, e WILLEM MOLLE, *The Economics of European Integration. Theory, Practice, Policy*, 5.ª ed., Ashgate, Aldershot, Dartmouth, 2006, p. 227, com dados da Comissão Europeia (cfr. MANUEL LOPES PORTO, *Teoria da Integração e Políticas Comunitárias*, 4.ª ed., Almedina, Coimbra, 2009, p. 318).

Vê-se pois que o transporte de mercadorias por rodovia, que em 1970 representava pouco mais de metade do total (50,6%), em 2002 representava já 72%, reduzindo-se pelo contrário o relevo do caminho de ferro (de 27,8% para 16%, com uma redução mesmo em termos absolutos), por águas interiores (de 13,6 para 6%) e em *pipelines* (de 8 para 6%)[64].

[64] Tal como é desejável, o transporte marítimo de mercadorias, não considerado no quadro, foi continuando a ter um relevo muito grande, com 71% do trafego extracomunitário em termos de peso e 41% em termos de valores (cabendo 21% ao rodoviário, 25% ao aéreo, 2% ao ferroviário, 0,5% ao feito por águas interiores e 11,5% aos demais, designadamente ao transporte por *pipeline* (cf.

TRANSPORTES

No que respeita ao transporte de passageiros, além de se terem reforçado os relevos do transporte em viatura individual (de 76,1 para 80% do total) e do transporte aéreo (para muito mais do que o dobro, de 2,2 para 5,8%), diminuíram os relevos dos transportes por caminho de ferro (de 10 para 6,3%) e em autocarro (de 11,7 para 8,7%).

O acréscimo do transporte rodoviário, além dos custos ambientais e energéticos, tem vindo a causar enormes problemas não só nas ligações interurbanas como principalmente nos acessos aos grandes centros (e nas saídas, naturalmente), com congestionamentos e ineficiências. Prevalecendo a comodidade e a vantagem individual por ser um transporte 'porta a porta', quando com os demais terá de utilizar-se um outro transporte até à estação, porto ou aeroporto e depois daqui até ao destino final (e vice-versa, no trajeto de volta), só com o transporte rodoviário individual são evitados os incómodos e as perdas de tempo verificados com estas mudanças.

Trata-se todavia de acréscimo na utilização do transporte rodoviário que, como vimos assinalando, tem custos enormes para a sociedade que importa evitar, o que se consegue com uma aposta firme nos modos de transporte mais favoráveis e com uma articulação muito melhor entre os vários modos de transporte[65].

A transferência para outros modos de transporte é também uma das dez metas estabelecidas no *Roteiro do espaço único europeu dos transportes*, considerada no ponto (3) da secção 2.5: "procurar transferir para outros modos, como o ferroviário ou o marítimo/fluvial, até 2030, 30% do tráfego de mercadorias em distâncias superiores a 300 km, e mais de 50% até 2050, com a ajuda de corredores eficientes e ecológicos"; acrescentando-se natural-

J. WHITELEGG, *Transport Policy in the EEC*, Routledge, Londres, 1988; TEODOR HITIRIS, *European Union Economics*, 5.ª ed., Prentice-Hall, Harlow, 2003, pp. 278-279; e MANUEL LOPES PORTO, *Teoria da Integração e Políticas Comunitárias*, cit., p. 318).
Uma caracterização da capacidade portuária da Europa é feita em Comissão Europeia, *Proposta de Regulamento do Parlamento Europeu e do Conselho que estabelece um quadro normativo para o acesso ao mercado dos serviços portuários e a transparência financeira dos portos* [COM(2013) 296 final, de 23 de maio de 2013], sendo "uma das regiões do mundo com maior densidade portuária", com as curiosidades, entre outras, de o transporte marítimo de curta distância representar "60% do tráfego portuário de mercadorias na UE", ou de ser também muito relevante o transporte de pessoas, tendo passado pelos portos da União, em 2011, 385 milhões de passageiros"...
[65] São bem sugestivos o título e o conteúdo de um livro de DENNIS e URRY (2009), *After the Car*, o alerta de um livro de DANIEL SPERLING e DEBORAH GORDON, *Two Billion Cars, Driving toward sustainability*, cit., ou o título e o conteúdo de um livro de FRANK W. GEELS *et al.*, *Automobility in Transition*, cit.

DIREITO DA UNIÃO EUROPEIA – ELEMENTOS DE DIREITO E POLÍTICAS DA UNIÃO

mente que, tal como voltaremos a sublinhar em 11, "o cumprimento desta meta exigirá infra-estruturas adequadas"[66].

Não pode ter-se de facto a ingenuidade de pensar que uma substituição significativa do transporte rodoviário e de avião, em distâncias médias (continentais), pode ser conseguida com comboios circulando com as velocidades tradicionais. Compreende-se pois bem que uma outra das metas fixadas no já citado *Roteiro do espaço único europeu dos transportes – Rumo a um sistema de transportes competitivo e económico em recurso* – [alínea (4) da secção 2.5], seja "completar uma rede ferroviária europeia de alta velocidade, até 2050. Triplicar, até 2030, a rede ferroviária de alta velocidade existente e manter uma rede densa de vias férreas em todos os Estados-Membros", só assim se conseguindo o que está estabelecido logo a seguir: que "em 2050, o transporte de médio curso de passageiros deverá efetuar-se maioritariamente por caminhos de ferro".

Mas infelizmente não é de prever que tal venha a acontecer em Portugal, sem a previsão, pelo menos próxima, de que haja comboios rápidos entre Lisboa e o Porto e com a previsão de uma ligação prioritária a Madrid e Espanha que «foge das pessoas» (sendo de lamentar para sempre o abandono da solução do «T deitado», que teria encurtado a distância de Lisboa a Madrid, teria servido também a ligação do Porto a Madrid e teria tido boa parte da linha, a parte de cima do T, a ligar simultaneamente as nossas duas grandes cidades, com o que se reduziria substancialmente o investimento e se teria uma grande rentabilização com o projeto[67].

9. A articulação entre os diferentes modos de transporte

A Europa tem dos exemplos melhor sucedidos na articulação entre os diferentes modos de transporte, nos países melhor organizados (o que ajudará a que sejam os países mais ricos...[68]); devendo Portugal ter uma preocupação

---

[66] Ver, entre nós, JOSÉ MARIA C. S. ANDRÉ, *Transportes Interurbanos em Portugal. O Sistema Actual e os seus Desafios*, Instituto Superior Técnico (IST), Lisboa, 2006; e MANUEL LOPES PORTO, *A Racionalização das Infraestruturas de Transportes: o TGV, a OTA e as Auto-Estradas*, Audimprensa, Coimbra, 2008.

[67] Ver MANUEL LOPES PORTO, *A Racionalização das Infraestruturas de Transportes: o TGV, a OTA e as Auto-Estradas, cit.*, e *Economia: Um texto introdutório*, 4.ª ed., Almedina, Coimbra, 2014, p. 524, e muito em especial o mapa da p. 518.

[68] Embora haja naturalmente também outras razões para os seus êxitos; mas tudo está ligado, sendo as coincidências demasiado notórias... (sobre estratégias a seguir pode ver-se MARIA GIAOUTZI e PETER NIJKAMP, *Network Strategies in Europe. Developing the Future for Transport and ICT, cit.*).

TRANSPORTES

muito grande (os nossos responsáveis não a têm tido...), dado que é enorme o prejuízo que em particular tem vindo a verificar-se como consequência de portos e aeroportos não serem servidos pelas vias férreas principais.

É de estranhar que ao longo de décadas não tenha havido esta preocupação, quando, como acabou de se sublinhar, são tão claras as experiências bem sucedidas dos países melhor organizados da Europa.

No que respeita à articulação com o transporte marítimo, pode recordar-se de novo o êxito do porto de Roterdão, servindo não só a Holanda como outros países do continente europeu, pelo Reno e pela rede ferroviária.

No que respeita à articulação com o transporte aéreo, pode olhar-se de novo para o exemplo da Holanda e para o exemplo da Alemanha, no primeiro caso só com um aeroporto com ligações intercontinentais, o aeroporto de Skipol, designado de aeroporto de Amesterdão mas que de facto não é um aeroporto "urbano", como em grande medida são os nossos (*v. g.*, de Lisboa e do Porto): é um aeroporto servido no seu interior, na aerogare, pela linha principal de caminho de ferro do país, servindo, a par de outras áreas, os centros urbanos de Amesterdão a Roterdão, passando pela Haia. No caso da Alemanha, só desde há alguns anos vem ganhando um relevo maior o aeroporto de Munique, tendo entretanto servido o conjunto do país o aeroporto de Frankfurt, uma cidade com meio milhão de habitantes, mas sendo a aerogare servida no seu interior por um eixo básico da rede ferroviária nacional[69]; sendo já secundário o papel dos aeroportos de Berlim, apesar de se tratar da capital do país e de longe a cidade com mais população, mas não sendo atravessada por um eixo ferroviário principal. E a estes exemplos pode acrescentar-se o caso da Suíça[70], com a sua rede de caminhos de ferro

---

[69] É bem significativo que a própria ligação do aeroporto à cidade, onde estão instituições de enorme relevo, como são os casos do Banco Central Europeu (BCE) e do Banco Central alemão, não seja feita por uma linha dedicada, de comboio ou de metro ligeiro, mas sim pela linha nacional dos caminhos de ferro, servindo a cidade comboios que seguem depois para pontos afastados da Alemanha...

[70] Um outro país com um enorme superave na sua balança dos pagamentos, também não prejudicado por não ter uma grande metrópole, tendo antes uma rede urbana muito equilibrada. Vale a pena recordar aliás que por coincidência os três países que temos vindo a referir têm os maiores superaves da Europa nas suas balanças dos pagamentos (pagamentos correntes): com a Alemanha a ter mesmo um dos dois maiores superaves do mundo, em 2015 (nos últimos doze meses) com os já referidos 289,7 milhares de milhões de dólares, tendo a Holanda 90.2 (com um relevo muito importante também a nível mundial) e a Suíça 49,1 milhares de milhões; sendo bem diferente a situação de países europeus com grandes metrópoles, como é o caso do Reino Unido, com a sua Londres (e a sua moeda própria...), a ter um défice de 161,3 milhares de milhões, um dos

DIREITO DA UNIÃO EUROPEIA – ELEMENTOS DE DIREITO E POLÍTICAS DA UNIÃO

a servir todo o país, em grande medida a partir de Zurique (em boa medida também a partir de Genebra).

O *Roteiro do espaço único europeu dos transportes* é bem expressivo ao apontar o caminho em relação a estas articulações.

No ponto 2.5, entre as "dez metas para um sistema de transportes competitivo e económico em recursos", dispõe-se em (6) que "até 2050" há que "assegurar que todos os principais portos têm ligações suficientes ao sistema ferroviário e ao sistema de vias navegáveis de interiores se existente, para o transporte de mercadorias" (não tendo infelizmente este segundo caso, de vias navegáveis interiores, relevo para o nosso país).

Nesta mesma alínea, mesmo em primeiro lugar, está afirmado por seu turno que "até 2050" há que "ligar todos os aeroportos da rede de base à rede ferroviária, preferencialmente a de alta velocidade".

No caso português, e começando pelo serviço aos portos de mar, estão agora finalmente a perspetivar-se duas ligações básicas (além do acesso ao porto de Lisboa), a ligação de Sines e Setúbal a Espanha, via Badajoz, e uma ligação através de Salamanca que, além de servir Aveiro (ponto de origem da linha), servirá Leixões e a Figueira da Foz.

Mas não pode deixar de estranhar-se e ser fonte de preocupação para o centro e para o norte, e ser naturalmente fonte de preocupação para todo o país, dado o seu relevo económico e estando nestas duas regiões dois terços da população nacional, que na COM(2013) 940[71] só seja referida como ligação a ultimar em Portugal a ligação Évora-Mérida (as outras ligações referidas são ligações de outros países).

Mas as perspetivas são ainda mais sombrias no que respeita ao serviço ferroviário aos aeroportos internacionais de Lisboa e do Porto (são de outras naturezas os casos dos dois outros aeroportos internacionais do continente português, o aeroporto de Faro, servindo destinos e origens relativamente próximos, bem como naturalmente o aeroporto de Beja, quase sem movimento).

Poderão ou poderiam todavia abrir-se boas perspetivas em relação ao Porto, com a possibilidade de o aeroporto de Pedras Rubras ser servido por uma linha básica dos caminhos de ferro, se vier a passar por lá – como será

---

maiores do mundo, ou ainda o caso da França, com a sua Paris, a ter um défice de 21,8 milhares de milhões.

[71] Comissão Europeia, *Construir a rede principal de transportes; os corredores da rede principal e o Mecanismo Interligar a Europa* [COM (2013) 940 final, de 7 de janeiro de 2014].

TRANSPORTES

possível e desejável – um comboio rápido que venha um dia a fazer a ligação de Lisboa (de preferência de Setúbal) à Galiza (até à Corunha).

Trata-se de possibilidade que se abria também com a projetada localização do futuro aeroporto de Lisboa na Ota[72], hipótese que todavia foi infelizmente abandonada com a preferência pela localização em Alcochete.

Com esta escolha, sendo fortemente desejável que não se concretize (mantendo-se antes por muitas décadas o aeroporto na Portela, servindo a cidade de Lisboa da melhor maneira possível[73] e estando próximo da rede ferroviária principal do nosso país, com a ligação à estação do Oriente), não será possível que o futuro aeroporto de Lisboa seja servido dentro da aerogare pela rede básica ferroviária, que não pode deixar de estar baseada numa ligação o mais rápida possível entre Lisboa e o Porto (servindo o máximo possível de procura, o que além do mais assegura a sua rentabilidade). Tem de estar fora de causa desviar a linha Lisboa Porto para passar por Alcochete. Estando a sul do Tejo, exigiria duas novas pontes, com o inerente custo, e aumentaria, com enormes prejuízos pessoais e sociais, o tempo de deslocação para os milhões de passageiros que circulam anualmente entre Lisboa e o Porto (sendo muito menor o indispensável desvio de pessoas da autoestrada e do avião entre as duas cidades)[74].

[72] Ver MANUEL LOPES PORTO, *A Racionalização das Infraestruturas de Transportes: o TGV, a OTA e as Auto-Estradas, cit.*

[73] Com a localização em Alcochete ficará a 54 quilómetros do Campo Pequeno e a mais de 70 de Cascais, numa distância em relação ao centro da cidade que na Europa só tem paralelo com o aeroporto de Oslo; mas havendo no nosso caso ainda o encargo com a travessia do Tejo, quando 92% das pessoas que utilizam o aeroporto de Lisboa residem e trabalham a norte do rio...

Estando os aeroportos das outras capitais da Europa, casos, por exemplo, de Madrid, de Paris ou de Bruxelas, a menos de meia hora de caminho dos centros das cidades, pode antecipar-se a perda de atratividade da nossa capital para reuniões de todas as naturezas, da realização de congressos a reuniões mais breves, *v. g.*, de negócios.

E acontece que temos precisamente em Lisboa um exemplo excelente das vantagens da proximidade de uma infraestrutura de transportes, os cais de acostagem para navios de passageiros, designadamente de cruzeiros, com a atratividade de poderem desembarcar, por exemplo, em Santa Apolónia, numa distância a pé de uma zona histórica com uma beleza única a nível mundial.

[74] Não corresponde obviamente à meta proposta pela União Europeia haver uma linha só para o serviço ao aeroporto, além do mais um serviço que nunca tem clientela bastante para que seja rentável; e depois, sendo pequeno o movimento, são mais espaçados os comboios, que deixam de ser tomados por quem, vindo de uma viagem de avião, não está disposto a levar talvez mais tempo para chegar a Lisboa. Em alternativa toma-se um táxi, com os custos privados e sociais bem conhecidos, *v. g.*, contribuindo-se para um agravamento dos congestionamentos nas entradas e saídas das cidades. Temos também na Europa exemplos negativos a ilustrar esta situação.

DIREITO DA UNIÃO EUROPEIA – ELEMENTOS DE DIREITO E POLÍTICAS DA UNIÃO

O serviço através de metropolitanos, tal como acontece no Porto e desde há menos tempo em Lisboa, reforça a função destes aeroportos como aeroportos urbanos, não como aeroportos nacionais. Mas mesmo aqui não pode deixar de estranhar-se e lamentar-se que tendo o aeroporto da Portela mais de setenta anos e o metropolitano de Lisboa mais de cinquenta só há poucos anos tivesse passado a ser servido por este modo de transporte, numa decisão todavia tomada quando se previa que o aeroporto fosse deslocado para Alcochete, sendo o espaço atual destinado talvez a um centro comercial...

10. O desenvolvimento de sistemas de mobilidade inteligentes, com o reforço da investigação no setor

Recentemente tem vindo a ser também da maior importância o desenvolvimento de serviços de mobilidade inteligentes, justificando verbas muito avultadas para projetos de investigação neste domínio.

Trata-se de preocupação que, na sequência de outras iniciativas, está bem expressada no documento da Comissão Europeia *Research and Innovation for Europe's Future Mobility*[75].

Em termos de disponibilização de verbas, assim se justifica a atenção reforçada que foi dada ao setor no programa *Horizonte 2020*. Como se sabe este é o novo programa-quadro de investigação e inovação da União Europeia, dotado de um orçamento de 80 000 milhões de euros para o período 2014-2020 (constituindo o instrumento financeiro de execução da *União da Inovação*, iniciativa emblemática da estratégia *Europa 2000*[76], com o objetivo de preservação da competitividade da Europa no mundo).

Neste programa há uma afetação à investigação e à inovação na área dos transportes de 6 300 milhões de euros, o que representa um aumento de 50 % face ao período de financiamento anterior: com o objetivo de se "transformar o sistema de transportes da Europa, tornando-o competitivo e econó-

---

[75] Cf., também, da Comissão Europeia, *Accompanying document*, COM(2012) 501 final (Commission Staff Working Document, *Preliminary Descriptions of Research and Innovation Areas and Fields*, SWD (2012 final, de 13 de setembro de 2012).

[76] Sobre esta estratégia pode ver-se MANUEL LOPES PORTO, "A Estratégia **Europa** 2020: visando um crescimento inteligente, sustentável e inclusivo", *Livro de Homenagem ao Prof. Doutor José Joaquim Gomes Canotilho*, vol. IV, Coimbra Editora, Coimbra, 2012, pp. 549-572.

TRANSPORTES

mico no consumo de recursos, e promover assim a criação de emprego e o crescimento da economia"[77]-[78].

Nas intervenções a levar a cabo estão a Iniciativa Tecnológica Conjunta *Clean Sky 2*, as Empresas Comuns *Sesar* e *Shifr2rail*, a Iniciativa Tecnológica Conjunta *Pilhas de Combustível e Hidrogénio*, a melhoria da qualidade e do desempenho da infraestruturas, a promoção da Mobilidade Urbana, a melhoria da Logística, bem como ainda a promoção de Sistemas de Transporte Inteligentes, com a indicação das verbas a afetar a cada uma destas intervenções já em 2014 e 2015.

Trata-se pois de intervenções conducentes a uma melhor aplicação de novas tecnologias, na linha do que havia sido apontado no *Roteiro do espaço único europeu dos transportes*, no n. 19: visando-se, além da melhoria do desempenho energético de todos os tipos de veículos, a otimização do funcionamento das cadeias logísticas multimodais (através, designadamente, de uma maior utilização dos modos intrinsecamente mais económicos em recursos), e uma utilização mais eficiente do sistema e da infraestrutura de transportes, mediante sistemas aperfeiçoados de informação e gestão do tráfego, dando-se como exemplos os sistemas de ITS, SESAR, ERTMS, SafeSeatNet e RIS

11. A criação de um "espaço único europeu de transportes" e a implantação de uma rede transeuropeia de transportes

Trata-se de propósito, de criação de um "espaço único", que vem naturalmente na linha do disposto nos Tratados, no artigo 74.º do Tratado de Roma, na redação original, e agora no artigo 90.º do TFUE (do Tratado de Lisboa), dizendo-se que "os objetivos dos Tratados são prosseguidos no âmbito de uma política comum dos transportes".

Depois, o artigo 91.º do TFUE concretiza alguns dos aspetos a ter em conta, como são os casos de haver "regras comuns aplicáveis aos transportes internacionais efectuados a partir de ou com destino ao território de um Estado-Membro, ou que atravessem o território de um ou mais Estados-Membros", ou de se definirem "as condições em que os transportadores não residentes podem efetuar serviços de transporte num Estado-Membro".

---

[77] Comissão Europeia, *Nota Informativa*, NEMO/13/1131, de 11 de dezembro de 2013.

[78] Acrescentando-se que "este investimento em ́transportes inteligentes, ecológicos e integrados ́ contribuirá, entre outros, para o objectivo crucial de reduzir 60% as emissões carbónicas do sector dos transportes no horizonte 2050", tal como está preconizado; e acrescentando-se onde se centrará o orçamento de 1500 milhões de euros para o período de 2014-2015.

DIREITO DA UNIÃO EUROPEIA – ELEMENTOS DE DIREITO E POLÍTICAS DA UNIÃO

A mesma linha de se aprofundar a concorrência no domínio dos transportes, com condições gerais de igualdade, vem depois sublinhada no artigo 95.º, dispondo que "no tráfego interno da União, são proibidas as discriminações que consistam na aplicação, por parte de um transportador, a idênticas mercadorias e na mesmas relações de tráfego, de preços e condições de transporte diferentes, em razão do país de origem ou do destino dos produtos transportados" (valendo ainda a pena, por exemplo, referir o disposto no artigo 96.º, que "fica proibido a qualquer Estado-Membro, salvo autorização da Comissão, impor aos transportes efectuados na União preços e condições que impliquem qualquer elemento de apoio ou protecção em benefício de uma ou mais empresas ou indústrias determinadas").

Vimos logo no início deste capítulo que foram sendo já dados passos significativos em domínios diversos, do estabelecimento de condições de concorrência à harmonização de normas e à implantação de infraestruturas. Mas apesar disso no *Roteiro do espaço único europeu dos transportes*, logo no n.º 3, afirma-se que "a actividade de transporte na Europa encontra-se numa encruzilhada. Os desafios antigos mantêm-se mas outros estão a surgir", acrescentando-se no número seguinte que "há ainda muito a fazer para concretizar plenamente o *mercado interno dos transportes*, no qual subsistem numerosos estrangulamentos e outros obstáculos". Por isso, "importa repensar um conjunto de questões, como satisfazer da melhor maneira as aspiração de mobilidade dos cidadãos e as necessidades de transporte de mercadorias da economia, contando com condicionalismos ambientais e a nível de recursos".

Não se põe pois sequer como hipótese que a solução esteja em diminuir a(s) mobilidade(s), antes pelo contrário, tem-se o propósito de criação de um "espaço único europeu de transportes; com o *Roteiro* a dedicar-lhe a secção 3.1, com a afirmação logo no início de que "a existência de um espaço único europeu dos transportes facilitaria as deslocações dos cidadãos e o tráfego de mercadorias, além de reduzir os custos e reforçar a sustentabilidade da atividade de transporte na Europa".

E é com esta ambição que se sublinham depois as necessidades de criação de um *céu único europeu*, do já referido *espaço ferroviário único europeu*, e de uma *"cintura azul"* nos mares que bordejam a Europa: dando-se pois especial atenção a três áreas a que importa dar uma grande atenção. Não pode deixar de se depender em grande medida dos transportes aéreos e marítimos nos trajetos mais longos, num mundo cada vez mais global (com uma vantagem inequívoca para o transporte de mercadorias pela via marítima, mesmo no

TRANSPORTES

seio da Europa: recorde-se a nota 64), mas devendo os transportes ferroviários substituir em grande medida os transportes rodoviários no espaço continental.

Para além disso, e depois de o financiamento comunitário de transportes poder ter acolhimento apenas no quadro da política regional, conforme referimos já o Tratado de Maastricht veio considerar, através dos artigos 129.º-B a 129.º-D (atuais artigos 170.º a 172.º do TFUE), a implantação de redes transeuropeias (não apenas de transportes), numa lógica mais alargada.

Nos termos do n.º 1 do artigo 170.º do TFUE[79], "a União contribuirá para a criação e o desenvolvimento de redes transeuropeias nos sectores das infra-estruturas dos transportes, das telecomunicações e da energia", designadamente, "a fim de contribuir para a realização dos objetivos enunciados nos artigos 26.º e 174.º".

Com a referência ao artigo 174.º[80], é bem claro que as preocupações regionais não deixam de estar no centro das atenções, com a promoção da "coesão económica, social e territorial", objetivo que está presente também tratando-se de "redes transeuropeias".

Mas assim acontece havendo igualmente o propósito, com a remissão para o artigo 26.º do TFUE[81], de que as redes transeuropeias reforcem o mercado interno, ou único[82], ideia que é reforçada com o se segue no n.º 1 do artigo 170.º: " permitir que os cidadãos da União, os operadores económicos e as coletividades regionais e locais beneficiem plenamente das vantagens decorrentes da criação de um espaço sem fronteiras internas"

No n.º 2 do artigo 170.º e no artigo 171.º são especificados objetivos a atingir e vias a seguir na prossecução desses desideratos.

---

[79] Cf. RICARDO CARDOSO DE ANDRADE e ANA MALHEIRO, *Comentário* aos artigos 170.º a 172.º do TFUE, em Manuel Lopes Porto e Gonçalo Anastácio (coord.), *Tratado de Lisboa. Anotado e Comentado, cit.*, pp. 721-727.

[80] Cf. ELISA FERREIRA, *Comentário* ao artigo 174.º do TFUE, em Manuel Lopes Porto e Gonçalo Anastácio (coord.), *Tratado de Lisboa. Anotado e Comentado, cit.*, pp. 731-734.

[81] Cf. MANUEL LOPES PORTO, *Comentário* ao artigo 26.º do TFUE, em Manuel Lopes Porto e Gonçalo Anastácio (coord.), *Tratado de Lisboa. Anotado e Comentado, cit.*, pp. 269-271.

[82] Sendo a designação de mercado "interno" a designação que está na versão oficial do Tratado, parece-nos bem mais adequada a designação de mercado "único", na medida em que dá melhor a ideia, correta e desejável, de que não se visa um mercado fechado em relação ao exterior (tem-se a mesma perceção com as palavras equivalentes na língua italiana; cf. MARIO MONTI, *A New Strategy for the Single Market. At the service of Europe´s economy and society*, report to the President of the European Commission, José Manuel Barroso, 9 de Maio de 2010, Bruxelas, p. 13).

DIREITO DA UNIÃO EUROPEIA – ELEMENTOS DE DIREITO E POLÍTICAS DA UNIÃO

Na linha de implantação de redes transeuropeias de transportes (RTE--T)[83], a União Europeia veio definir uma rede principal de infraestruturas, compreendendo todos os modos de transporte (com uma metodologia estabelecida pelos serviços da Comissão), com o estabelecimento do ano de 2030 como data-limite para concretização desta rede principal.

E nas próprias palavras da Comissão[84] "uma política ambiciosa no domínio da RTE-T precisa de um orçamento ambicioso que permita acelerar a sua implementação": tendo, no quadro financeiro plurianual (QFP) para 2014--2020 a RTE-T sido dotada de um orçamento de 26 250 milhões de euros no quadro do designado Mecanismo Interligar a Europa (CEF)[85], incluindo 11 305 milhões reservados para os Estados-Membros elegíveis para o Fundo de Coesão, verba que triplicou em relação ao período de 2007-2013.

12. Conclusões

Têm sido de facto de relevo assinalável os avanços verificados na política de transportes na União Europeia (antes, na CEE), estando bem longe o tempo em que se justificou a condenação do Conselho, pelo Tribunal de Justiça, por falta de concretização de uma política prevista logo no texto inicial do Tratado de Roma.

Foram avanços refletidos numa legislação diversificada, levando a uma maior concorrência e a uma maior harmonização de normas, bem como a terem-se em conta preocupações crescentes nos domínios ambiental, energético e da segurança, levando ao estabelecimento de orientações no sentido do privilegiamento de modos de transporte mais favoráveis, de uma indispensável melhor articulação entre os vários modos de transportes, do desenvolvimento de sistemas de mobilidade inteligentes, e ainda no sentido da criação na Europa de um "espaço único de transportes" e da implantação de uma Rede Transeuropeia de Transportes.

Não podendo deixar de se concordar com estas linhas estratégicas, não pode deixar de se lamentar que haja ainda muito caminho a percorrer; com especial relevo para Portugal, país que não se tem sido sequer sensível aos

---

[83] Com revisão feita pelo Regulamento (UE) n.º 1315/2013, de 11 de dezembro de 2013 (cf. Parlamento Europeu, *Future of the Trans-European transport network*, Briefing do European Parliamentary Research Service, de 14 de Novembro de 2013).

[84] *Construir a rede principal de transportes; os corredores da rede principal e o Mecanismo Interligar a Europa*, cit., p. 2.

[85] Criado pelo Regulamento (UE) n.º 1316/2013, de 11 de dezembro de 2013 (revogando legislação anterior).

TRANSPORTES

resultados conseguidos em outros países da Europa, alguns, aliás, com algumas das experiências melhor sucedidas no mundo, com avanços na implantação de comboios rápidos servindo os principais centros urbanos e os aeroportos, com os portos de mar a estar ligados à rede ferroviária principal, a estes e a outros propósitos numa linha de melhor articulação entre os vários modos de transporte.

Não sendo aceitável, por razões de nenhuma natureza, que se limite a mobilidade das pessoas e dos bens, importa seguir pelos caminhos corretos que estão tão bem identificados, evitando-se custos de congestionamento, ambientais, energéticos e de segurança que podem ser perfeitamente evitados.

Capítulo XIV

Finanças

JOAQUIM FREITAS DA ROCHA

Num período em que a União Europeia e as suas estruturas políticas, económicas e jurídicas atravessam uma expressiva crise fortemente motivada pela descoordenação financeira dos Estados-Membros, será proveitoso averiguar em que medida o ramo de direito mais intimamente ligado a estes problemas (o direito financeiro) tem enfrentado as adversidades. Tal é o propósito do presente estudo. Adotando uma postura analítica e positivista, procurar-se-á, na Parte I, determinar o perímetro normativo do direito financeiro da União Europeia e identificar os seus mais visíveis aspetos de regime (com destaque para a cláusula de proibição de défices excessivos e para a *no-bailout clause*), após o que se tentará abordar a temática da crise (Parte II), referindo não apenas as suas causas, mas igualmente alguns dos remédios ou medidas que foram preconizados para a tentar enfrentar. De entre esses remédios, destacar-se-á o Tratado sobre a estabilidade, a coordenação e a governação na União Económica e Monetária (TECG), ao qual será dedicada uma parte autónoma da economia do presente trabalho (Parte III). No segmento final (Parte IV), tentar-se-á captar a dimensão jurídica estadual interna destes problemas, abordando duas questões distintas: por um lado, a receção ou transposição das medidas adotadas – exemplificando

DIREITO DA UNIÃO EUROPEIA – ELEMENTOS DE DIREITO E POLÍTICAS DA UNIÃO

com o ordenamento português – e, por outro lado, a adequação jurídica das mesmas com as dimensões constitucionais básicas, erigindo o ordenamento alemão e o seu Tribunal Constitucional Federal (*Bundesverfassungsgericht*) como paradigma de referência.

I. O direito financeiro da União Europeia e a coordenação das finanças públicas dos Estados-Membros

1. Enquadramento discursivo e delimitação conceptual

Do ponto de vista jurídico-normativo, e numa aceção ampla, o enunciado linguístico *direito financeiro da União Europeia* (DFUE) pode ser perspetivado num duplo sentido:

(i) por um lado, como o conjunto de normas jurídicas que disciplinam a atividade financeira da própria União (DFUE *stricto sensu*). Neste sentido – que não será o aqui desenvolvido –, tem-se por referência as finanças da própria União Europeia, materializadas:

- nas suas despesas (contando-se entre as mais significativas os salários e demais gastos correntes de funcionamento, e os encargos no domínio das políticas de intervenção financeira, como o Fundo Europeu de Desenvolvimento Regional, o Fundo Social Europeu, o Fundo Europeu das Pescas, ou o Fundo Europeu Agrícola de Garantia), e
- nas suas receitas (como, por exemplo, as contribuições financeiras dos Estados-Membros, os impostos europeus, os impostos nacionais sujeitos ao direito europeu, as transferências de impostos nacionais, os direitos niveladores, os ingressos resultantes do recurso ao crédito, os juros, as coimas, as multas, etc.).

(ii) Por outro lado, como o conjunto de normas jurídicas que disciplinam a coordenação das finanças públicas dos Estados-Membros no quadro alargado da União Económica e Monetária (UEM), sendo que será a este segundo sentido que aqui se dará primacial enfoque. De resto, por razões de comodidade linguística e expositiva, para ele pode ser reservada a expressão *Direito Europeu da Coordenação Financeira*.

Como se verá, neste último sentido – e tendo em vista que se está a falar da concatenação de disposições estaduais internas baseadas na soberania financeira e orçamental de cada um dos integrantes da União –, as normas em questão tanto podem ser normas de direito da União Europeia pro-

FINANÇAS

priamente dito, como normas de direito internacional convencional adotadas em face das insuficiências ou ineficiências das primeiras. Na realidade, enquanto agregado normativo, o DFUE sempre esteve sujeito a fortes críticas e a severas ondas de contestação, pelos mais variados motivos (burocratização e complexidade decisória, vaguidade das previsões, inconsequência, etc.), mas a recente crise económica e financeira global amplificou sobremaneira esse estado de exposição e debilidade e amplificou-o de um modo que se pode considerar dramático e quase destrutivo, arrastando toda a União para uma embaraçosa inconsequência decisória, que a colocou num efetivo dilema: ou retrocedia, deixando cair alguns dos pressupostos essenciais de toda a construção integrativa europeia – particularmente ao nível da União Económica e Monetária – ou se auto-reformava e procurava acompanhar os acontecimentos que pareciam ultrapassá-la constantemente. Após algumas hesitações, foi este último o caminho trilhado, tendo sido adotadas várias medidas jurídico-financeiras, das quais o "famoso" *six-pack* ou o Tratado sobre a estabilidade, a coordenação e a governação na União Económica e Monetária – adiante referidos ou analisados – constituem exemplos, embora ainda se não possa dizer se bem ou mal sucedidos.

Mas sobre a crise do sistema jurídico-financeiro europeu, as suas possíveis causas e alguns meios de a enfrentar, debruçar-nos-emos no apartado subsequente. Por agora, encaremos tal sistema de um ponto de vista neutro, totalmente descritivo, exclusivamente positivista e inócuo, procurando identificar os seus traços essenciais no momento presente, sempre tendo em mente que a volatilidade do legislador europeu pode revogar estas considerações a qualquer momento. A este propósito, a abordagem aqui adotada ancorar-se-á num discurso positivista – pois o direito não pode deixar de ser o conjunto de prescrições jurídicas existentes –, que procure separar devidamente o ser e o dever ser, por um lado, e o presente e o antecedente, por outro, enfatizando o quadro jurídico existente, secundarizando sempre que possível as dimensões histórico-descritivas e os planos de intenções, sem prejuízo da sua eventual relevância.

Dito isto, e estreitando o perímetro de estudo, procure-se conhecer o DFUE, no sentido *supra* apontado de *Direito da coordenação*[1].

---

[1] Quanto às considerações subsequentes, e por questões de economia discursiva, socorrer-nos--emos do nosso anterior trabalho "A solidez das finanças públicas estaduais e o Direito da União europeia. Em particular, o pacto de estabilidade e crescimento e o procedimento relativo a défices excessivos", in *Direito da União Europeia e Transnacionalidade*, Acção Jean Monnet (*Information and*

DIREITO DA UNIÃO EUROPEIA – ELEMENTOS DE DIREITO E POLÍTICAS DA UNIÃO

2. A autonomia financeira estadual como autonomia vigiada – em especial, a *no-bailout clause* e proibição de défices excessivos

Em termos abstratos e teóricos, um estado acabado e pleno de integração europeia de subsistemas financeiros distintos (um verdadeiro *fiscal federalism*[2]) implicaria não apenas a diluição da independência de cada uma das partes componentes – exaurindo a soberania financeira, orçamental e fiscal estadual –, como igualmente a adesão a uma unidade orçamental plena, que respeitasse a máxima *um só orçamento e tudo no orçamento*, evitando-se quer a pluralidade de documentos previsionais, quer a pulverização de despesas e receitas à margem do orçamento (desorçamentação). Além disso, e de modo a assegurar a sustentabilidade e perenidade do sistema, preconizar-se-ia um maior volume de contribuições financeiras por parte dos Estados participantes, além da criação de uma instância financeira europeia, uma autêntica instituição central desprendida das influências diretas dos Estados-Membros.

A atual realidade europeia, porém, é bem diversa.

Como se sabe, bastante longe da unidade orçamental, o máximo que se consegue é um estado de contínua vigilância e persuasão, procurando as instâncias europeias convencer os diversos Estados-Membros a introduzi-rem componentes de disciplina, rigor e controlo nas suas finanças públicas, restringindo as suas margens decisórias em prol de um (suposto) objetivo europeu comum. Tendo em presença este ambiente meramente persuasivo, em que o acento tónico é colocado na limitação do défice orçamental e na contenção da dívida pública, falamos em "autonomia vigiada" das políticas financeiras estaduais.

A natureza "vigiada" manifesta-se, desde logo, num mecanismo de controlo político – o *procedimento de supervisão multilateral* (artigo 121.º, n.º 2, do TFUE), no contexto do qual se aprovam periodicamente *orientações gerais*, que devem servir de parâmetro das atuações dos Estados-Membros, atuações essas que, por sua vez, devem ser fiscalizadas pelas instituições europeias, as quais podem emanar recomendações ou advertências aos Estados potencialmente desviantes.

Mas não apenas.

Research Activities), Quid Iuris, Lisboa, 2010, pp. 145 e segs., de onde serão retiradas algumas estruturas analíticas aqui usadas.

[2] A respeito do tema, v. o recente Nazaré Costa Cabral, *A Teoria do Federalismo Financeiro*, Almedina, Coimbra, 2013.

FINANÇAS

Também a famosa *no-bailout clause* (*cláusula de não assunção compromissória* ou *cláusula da proibição de salvamento* – artigo 125.º, n.º 1, do TFUE) introduz fatores de restrição assinaláveis. Trata-se esta de uma imposição geral negativa, nos termos da qual nem a União Europeia se pode responsabilizar pelos (responder por) compromissos dos Governos centrais, das entidades regionais ou locais, ou de outras entidades públicas ou organismos do setor público de qualquer Estado-Membro, nem estes últimos, podem responsabilizar-se pelos compromissos dos Governos centrais, das entidades regionais ou locais, ou de outras entidades públicas ou organismos do setor público de outros Estados-Membros.

Além destas manifestações restritivas da liberdade financeira dos Estados-Membros, e desconsiderando outras[3], uma em específico não pode deixar de ser mencionada – o mediático pacto de estabilidade e crescimento, o qual consiste num conjunto de regras jurídico-financeiras que, de um ponto de vista normativo, estão vertidas no artigo 126.º do TFUE e em vários instrumentos de direito europeu derivado.

Com relevo para o que aqui interessa, importa destacar que, no contexto desse pacto, os Estados-Membros se comprometem a apresentar aos órgãos da União Europeia "programas de estabilidade" ou "programas convergência" – consoante, respetivamente, sejam Estados aderentes à moeda única ("Estados participantes") ou não ("Estados não participantes") – e a assegurar situações orçamentais excedentárias ou próximas do equilíbrio, respeitando a cláusula de proibição de défices excessivos[4]. Esta última é, aliás, o núcleo essencial do DFUE (*direito da coordenação*) e a sua aparentemente simples formulação ("os Estados-Membros devem evitar défices orçamentais excessivos"[5]) esconde inúmeros problemas jurídicos, económicos e políticos.

Para estes efeitos, um défice excessivo consiste num estado patológico das contas públicas, que se manifesta principalmente a partir de dois índices básicos:

---

[3] Como a proibição de concessão de crédito por parte do Banco Central Europeu e dos Bancos Centrais nacionais dos Estados-Membros (artigo 123.º do TFUE).

[4] Para desenvolvimentos, remetemos, uma vez mais, para o nosso "A solidez das finanças públicas estaduais e o Direito da União europeia. Em particular, o pacto de estabilidade e crescimento e o procedimento relativo a défices excessivos", *cit.*, e bibliografia aí referida.

[5] Cf. artigo 126.º, n.º 1, do TFUE.

841

DIREITO DA UNIÃO EUROPEIA – ELEMENTOS DE DIREITO E POLÍTICAS DA UNIÃO

(i) em primeiro lugar, considera-se que existe défice excessivo quando a relação entre o défice orçamental e o produto interno bruto (PIB) exceder 3%[6]; e

(ii) Em segundo lugar, considera-se a existência de um défice excessivo quando a relação entre a dívida pública e o produto interno bruto (PIB) exceder 60%[7].

Verificada a existência ou o perigo da existência de um défice excessivo, deverá desencadear-se o *procedimento por défices excessivos*, o qual, do ponto de vista da sua tramitação, se materializa num *iter* composto por uma primeira fase de supervisão da Comissão, preventiva ou cautelar, e uma segunda fase respeitante à intervenção gradual do Conselho, que passa pela *declaração de existência* de défice excessivo (mediante proposta da Comissão e após "exercício de direito de audição" por parte do Estado-Membro em causa), e pela adoção de recomendações que dirige ao infrator (que não serão tomadas públicas, exceto se, no seguimento da sua notificação, não forem tomadas medidas eficazes no prazo estabelecido[8]). Posteriormente, e se o Estado-Membro persistir em não pôr em prática as recomendações do Conselho, este pode decidir notificá-lo para, num dado prazo, tomar medidas destinadas a reduzir o défice e, finalmente, num terceiro momento, surgirá a fase coercitiva, caso o Estado-Membro persista em infração. Em tal caso, o Conselho pode decidir aplicar, ou eventualmente reforçar, uma ou mais das seguintes medidas[9]:

– Exigir que esse Estado-Membro divulgue informações complementares, a determinar pelo Conselho, antes de emitir obrigações e títulos;
– Convidar o Banco Europeu de Investimento a reconsiderar a sua política de empréstimos em relação ao mesmo;

---

[6] V. artigos 126.º, n.º 2, alínea *a)*, do TFUE e 1.º, primeiro travessão, do Protocolo (n.º 12) sobre o procedimento relativo aos défices excessivos.

[7] Cf. artigos 126.º, n.º 2, alínea *b)*, do TFUE e 1.º, segundo travessão, do Protocolo (n.º 12) sobre o procedimento relativo aos défices excessivos.

[8] Cf. artigo 126.º, n.ºs 6, 7 e 8, do TFUE. Acerca da primeira decisão jurisdicional sobre o tema [acórdão (TJUE) de 13 de julho de 2004, proc. C-27/04, disponível em *http://eur-lex.europa.eu/ LexUriServ/LexUriServ.do?uri=CELEX:62004CJ0027:PT:HTML*], v., entre muitos outros, RAMÓN TORRENT MACAU, "Como governar aquello que se desconoce?: El caso de la comunidad europea en tanto que unión económica y monetária", in *Revista de Derecho Comunitário Europeo* (*RDCE*), 9, 2005, pp. 53 e segs.

[9] Cf. artigo 126.º, n.º 11, do TFUE.

FINANÇAS

– Exigir-lhe a constituição, junto da União, de um depósito não remunerado de montante apropriado, até que (na opinião do Conselho) o défice excessivo tenha sido corrigido; ou
– Impor multas de importância apropriada.

Em todos estes casos (*v. g.*, recomendações, decisão de aplicação de sanções), o Conselho delibera sem ter em conta o voto do membro que representa o Estado em causa[10], importando ainda salientar que neste campo jurídico-financeiro se impede o acesso, no contexto deste procedimento, a determinados meios de tutela jurisdicional previstos no direito da União Europeia.

Em termos de apreciação genérica, poderá dizer-se que este conjunto de restrições financeiras, presentes em primeira linha em normas dos próprios tratados, se poderá qualificar como uma parte da Constituição financeira europeia em sentido formal, configurando um quadro de rigor que deveria colocar os Estados-Membros numa permanente situação de precaução e vigilância, e deveria ser suficiente para evitar sobressaltos orçamentais relevantes. Contudo, este "caminho de ferro financeiro" nem sempre foi adequadamente trilhado – seja por motivos ligados a contingências económicas, políticas e sociais (em particular, a omnipresente "crise"), seja por razões de falta de lealdade, cooperação e transparência dos atores –, e aquilo que procuraria ser uma Constituição formal transformou-se numa «mera folha de papel» e foi suplantada por uma equívoca Constituição material, no contexto da qual não faltou o apelo a "válvulas de escape" pensadas para outro tipo de contingências e imprevistos[11]. Como se adiantou, o quadro normativo descrito, encontra-se envolto por uma névoa de contestação, obrigando a repensar todo o modelo estabelecido. Como a própria União Europeia afirma "a crise financeira poderia constituir uma séria ameaça para a estabilidade, unidade e integridade de toda a área do euro se não lhe for posto cobro urgentemente"[12]. Na mesma sintonia, reconhece que "a experiência adquirida e os erros cometidos durante a primeira década

[10] V. artigo 126.º, n.º 13, do TFUE.
[11] É o que se passa, por exemplo, com as cláusulas de solidariedade e de assistência mútua previstas para dificuldades ou grave ameaça de dificuldades devidas a calamidades naturais ou ocorrências excecionais que o Estado em causa não possa controlar (artigo 122.º, n.º 2), as quais apenas numa situação de interpretação muito extensiva poderão ser convocadas para a resolução de problemas de solvabilidade financeira.
[12] V. preâmbulo do Regulamento (UE) n.º 407/2010, de 11 de maio de 2010.

da União Económica e Monetária demonstram a necessidade de uma melhor governação económica na União, que deverá assentar numa maior apropriação nacional das normas e das políticas comummente acordadas e, a nível da União, num quadro mais robusto de supervisão das políticas económicas nacionais"[13].

Será tendo presentes estas necessidades que se procurará de seguida abordar o tema da "crise financeira", averiguando em que medida a mesma se pode relacionar com a debilidade do quadro jurídico-financeiro europeu. Em termos expositivos, na parte II, que a seguir se inicia, começar-se-á por tentar perceber o que se deve entender por "crise", para depois procurar conhecer os modos utilizados para a enfrentar, com especial destaque para o Tratado sobre a estabilidade, a coordenação e a governação na união económica e monetária (TECG), ao qual dedicaremos toda a Parte III.

II. A crise da União Europeia

3. Contributos para uma noção de estado de crise

Apesar das permanentes referências vagas, das indefinições e das impreci-sões, parece evidente que se atravessa um estado de "crise", e que o mesmo tem contribuído, de um modo mais ou menos enfático, para a debilidade das estruturas em que têm assentado as mais recentes retóricas do progresso social europeu. Também não será difícil aceitar que desde cedo a crise eco-nómico-financeira conduziu a uma crise axiológica – por via da erosão dos valores que constituem o núcleo essencial da integração europeia – e a uma "crise de personalidade" da União, que deixou de se saber situar claramente num contexto económico e social alargadíssimo. De passagem, constatou--se a evidência da falta de instrumentos adequados para lidar com situações extremas[14].

Todavia, quando se faz referência à "crise", a primeira grande dificuldade relaciona-se logo com a indefinição de significado. Afinal, de que se fala quando se fala em crise? Qual a sua abrangência substantiva ou material – trata-se de uma crise económica, financeira, jurídica, política ou outra? Qual

---

[13] Assim, preâmbulo do Regulamento (UE) n.º 1173/2011, de 16 de novembro de 2011, relativo ao exercício eficaz da supervisão orçamental na área do euro.

[14] Cf. José Martín Perez de Nanclares, "El nuevo tratado de estabilidad, coordinación y gober-nanza de la UEM: reflexiones a propósito de una peculiar reforma realizada fuera de los tratados constitutivos", in *RDCE*, 42, 2012, p. 399.

FINANÇAS

o seu perímetro geográfico de abrangência – será uma crise mundial, europeia, da zona euro, de alguns dos estados desta última (*v. g.*, "Estados em dificuldades" ou periféricos)?

A resposta a estas questões, só por si, justificaria um trabalho autónomo, o qual não será aqui empreendido, não apenas por questões de balizamento discursivo e temporal, mas principalmente por questões de humildade cognoscitiva, na medida em que se reconhece que o enfrentamento cabal e satisfatório de tais problemas apenas poderá ser feito por quem tiver posse de conhecimentos sólidos e equivalentes nos domínios económico, jurídico e político, sob pena de desencentramento do discurso e de parcialidade de análise. Em todo o caso, é possível uma abordagem jurídica cautelosa que, sem descurar as dimensões extrajurídicas, permita uma aproximação em bases razoáveis e compreensivas e a tomada de conclusões minimamente credíveis.

De um modo operativo, e para efeitos da presente abordagem e análise, entenderemos a "crise" como um estado de debilidade das estruturas jurídico-financeiras, que põe em causa a sua normal e regular manutenção.

Será, de acordo com este ponto de vista:

(*i*) um estado (não um acontecimento esporádico ou episódico);
(*ii*) de debilidade de estruturas (não de equilíbrio ou de robustecimento); e
(*iii*) de risco do *status quo* (não de previsibilidade ou de antevisão certa)[15].

Do ponto de vista geográfico, e independentemente das possibilidades de restrição ou alargamento sempre plausíveis, localizemos o discurso no âmbito da União Europeia – pois entendemos que se trata de uma crise das estruturas desta, e não de uma crise *de parte* desta –, considerando as "estruturas jurídico-financeiras" referidas como os arranjos jurídicos que dizem respeito à atividade da União no domínio da coordenação das finanças públicas dos Estados-Membros, sempre tendo em vista a consecução dos seus fins económicos últimos: a promoção da paz, o estabelecimento de um espaço de liberdade, segurança e justiça sem fronteiras internas, a prossecução do

---

[15] Cf., por exemplo, artigo 2.º do Regulamento (UE) n.º 1176/2011, de 16 de novembro de 2011, sobre prevenção e correção dos desequilíbrios macroeconómicos.

845

DIREITO DA UNIÃO EUROPEIA – ELEMENTOS DE DIREITO E POLÍTICAS DA UNIÃO

desenvolvimento sustentável e o estabelecimento de uma União Económica e Monetária, entre outros[16].

Em termos mais simples, pode dizer-se que a crise se materializa na dificuldade em cumprir os critérios definidos nos Tratados, na debilidade económica que se tem arrastado – potenciando um elevado nível de desemprego e de agitação social – e na instabilidade política que se tem manifestado ao nível da busca de soluções.

As causas dessa crise são bastante abrangentes. Colocando de lado as causas económicas e políticas propriamente ditas – como, por exemplo, a importação da "crise do *subprime*" nos Estados Unidos da América ou o papel das agências notação (acusadas de não conseguirem antecipar as crises e de apresentarem uma forte propensão a amplificá-las[17]) –, destacaremos duas com particular relevância no desdobramento da presente abordagem: as causas de natureza teleológica (a que expressivamente chamaremos "dúvidas existenciais") e as causas de natureza normativo-legal (relacionadas como carácter excessivamente "suave" ou dúctil da normação).

4. Dúvidas existenciais

Em nossa opinião, a crise surge, desde logo, porque às necessidades existenciais afirmadas pela própria União Europeia – na altura Comunidade Europeia – *ab initio*, se sucedem as dúvidas existenciais manifestadas a partir de certa altura. Essas dúvidas manifestam-se em dois planos distintos: plano da política económica *(i)* e plano da natureza jurídica *(ii)*.

(i) Em primeiro lugar, surgem as dúvidas no plano dos valores relacionados com o lugar da própria União no *cosmos* económico. Em termos simples, e porventura simplistas, cabe perguntar: pretende a mesma afirmar-se como um espaço liberal, de total *livre câmbio*, e de confiança absoluta no indivíduo, no mercado e nas estruturas privadas deste para a resolução dos problemas relacionados com a produção e distribuição de bens e serviços, ou, diferentemente, tem pretensões a ser um espaço de concorrência regulada e sujeita a imposições estaduais ou para-estaduais? Aderindo à primeira orientação teleológica, a União hipervalorizaria as imperfeições estaduais e partiria do

---

[16] Cf. artigo 3.º do TUE.

[17] Assim, ALAIN BUZELAY, "Les manques de l'Union monétaire à l'épreuve des excès des marchés et des agences de notation", in *Revue de L´Union européenne (RUE)*, 63, 2012, p. 688.

FINANÇAS

princípio de que os grandes problemas económicos e as mais significativas ameaças à estabilidade financeira procedem sempre do setor público por causa do descontrolo do gasto público, da crónica tendência das democracias para o défice, da excessiva regulamentação jurídica e da excessiva tributação sobre o setor privado[18]. Pelo contrário, se a adesão se faz no sentido da valorização da vontade pública, então o Estado e as instâncias de prossecução do Interesse público (onde se incluiria a própria União Europeia) teriam um papel relevantíssimo a desempenhar na conformação das estruturas económicas e na busca do equilíbrio e do bem-estar social globalmente considerado, não depositando estas tarefas nas mãos de privados.

(*ii*) Em segundo lugar, e até certo ponto em relação com esta última afirmação, surgem as dúvidas relacionadas com a natureza jurídica da União. Aqui, o que se procura saber é se a União se pretende afirmar como uma verdadeira federação (teoria federalista), uma associação de Estados (teoria internacionalista), ou uma outra forma jurídica, inovadora ou não, que não se subsuma a estas. A verdade é que o caminho trilhado não permite outra opção que não seja considerar uma terceira via ou uma *tertium genus*, ao qual alguma doutrina já denominou de "teoria da união", que se parece manifestamente mais convincente e persuasiva para explicar a integração europeia e os seus desenvolvimentos. Na realidade, estamos com MATEJ AVBELJ quando refere que a melhor forma de caracterizar a União Europeia de um ponto de vista jurídico e político é por via do contraste com as duas formas convencionais de interestadualidade – a federação e a confederação: a *union is neither*[19]. Em último recurso, pode ser definida como uma entidade não estadual concebida para um período ilimitado de tempo[20].

Estas dúvidas económicas e jurídicas projetam-se inelutavelmente em domínios concretos de atuação, nomeadamente no plano jurídico-financeiro, pois enquanto as mesmas não forem resolvidas ou superadas, dificilmente se conseguirá uma atuação politicamente sólida e consequente. Com efeito, no limbo existencial em que a União tem perdurado, sujeita-se, simultaneamente, à critica de fazer pouco – exigindo-se-lhe, mais do que a coordenação, a unificação de políticas e de atuações, por via do estabeleci-

---

[18] V., a respeito, MANUEL CONTHE GUTIÉRREZ, "El aniversario del euro y la crisis financeira", in *Revista española de Derecho europeo* (*REDE*), 29, 2009, p. 7.
[19] MATEJ AVBELJ, "Theory of European Union", in *European law review* (*ELRev*), 2011, 36, p. 820.
[20] *Idem, ibidem.*

DIREITO DA UNIÃO EUROPEIA – ELEMENTOS DE DIREITO E POLÍTICAS DA UNIÃO

mento uma verdadeira política orçamental comum e da criação de reais e verdadeiros instrumentos e esquemas solidários, redistributivos e perequitativos – e à crítica de fazer demais – quando se invoca um pretenso excesso de socialidade e de gastos com a proteção social, questionando o próprio "modelo social europeu", conceito polissémico mais frequentemente usado para fins legitimadores do que para definir um modelo de intervenção económica e social[21].

Todas estas questões, como se compreende, não poderão aqui ser respondidas. O máximo que se poderá fazer é indiciar um sentido teórico preferencial ou uma propensão de desejo, indiciadora do que se gostaria que a União fizesse – e aqui a afirmação subjetiva é clara: rejeita-se o liberalismo extremo (se é que ele, em verdade, alguma vez existiu, em face do constante apelo à ajuda das instâncias públicas em alturas de dificuldades suscitadas no mercado). Isto porque se acredita que existem, acima dos interesses individuais, um conjunto de interesses públicos, de natureza coletiva, os quais não podem deixar de ser prosseguidos por entidades públicas e numa lógica de Interesse público[22]. Se essas entidades públicas são os Estados ou as Ins-

---

[21] Acerca dos traços mais marcantes de um tal modelo (estadualidade, tendencial generalização da proteção, existência de um mercado de trabalho presidido por direitos dos trabalhadores, etc.), v., por exemplo, Gonzalo Maestro Buelga, «El impacto de la ampliación de la U.E. sobre el "Modelo social europeo"», in *RDCE*, 23, 2006, p. 10.

[22] Acerca desse interesse público, v. o nosso "Sustentabilidade e finanças públicas responsáveis. Urgência de um Direito Financeiro equigeracional", in *Estudos em homenagem ao Prof. Doutor José Joaquim Gomes Canotilho*, vol. I, *Stvdia Ivridica* – 102, Coimbra, Coimbra Editora, 2012, pp. 619 e segs., onde escrevemos: "...em matéria de actuação pública, defende-se a tendencial equiparação entre Interesse público e Interesse social ou comunitário, a partir de um processo relacional e dialéctico de base axiológico-jurídica, no âmbito do qual, após *(i)* a identificação dos *valores* essenciais para a convivência social, *(ii)* o Ordenamento absorve ou incorpora sob a forma de *bem jurídico* aqueles que merecem tutela jurídica e, posteriormente, *(iii)* erige aqueles que se podem considerar fundamentais à categoria de *bens jurídicos fundamentais,* por via da constitucionalização, formal ou material. É na sequência desta trilogia escalonada valor → bem jurídico → bem jurídico fundamental que se permite identificar um conjunto de necessidades de feição supra-individual ou colectiva (já acima referidas, como a defesa, segurança, saúde, educação, assistência ou protecção social, protecção ambiental, etc.) que vão constituir o objecto de actuação dos actores públicos no quadro de um Direito Público constitucionalmente ancorado".

Noutro passo, acrescenta-se que a defesa do interesse público "não significa que se esteja em presença de interesses próprios do Estado enquanto aparato organizatório diferenciado de outros actores institucionais, do mercado ou da sociedade civil, até porque os Entes públicos não têm interesses próprios no sentido de autónomos e livres. Pelo contrário, o seu arsenal de interesses é sempre heteronomamente determinado pelo titular da soberania (povo), de modo que os poderes que são exercidos na prossecução dos mesmos são concebidos, e acertadamente, como poderes

FINANÇAS

tituições da União Europeia, será questão subsequente que com esta não se confunde.

Em todo o caso, deverá considerar-se primordial a afirmação da União como um espaço de coesão e de solidariedade, o que nem sempre tem sido conseguido (embora frequentemente o tenha), sendo expressiva a referência – que para aqui pode ser transposta – de Alain Buzelay a uma *"cohésion politique d´apparence et divergence réelle"*[23]. Naturalmente que essa coesão deve ultrapassar a mera dimensão económica e materializar-se numa real coesão social[24], e essa solidariedade não pode significar o financiamento da contínua delinquência financeira, mediante a transferência constante e acrítica de dinheiros públicos (muitas vezes acompanhada da renitência dos beneficiários em implementar rigor económico-financeiro). Por outras palavras: não pode ser uma coesão monetarista nem uma solidariedade de sentido único[25].

5. Carácter dúctil da normação

Mas a crise não se explica apenas com as problematizações inerentes ao lugar da União Europeia e à sua colocação no mundo, sendo que as debilidades inerentes à construção jurídica dos seus arranjos organizatórios, competenciais e procedimentais também poderão ter contribuído significativamente para a sua afirmação ou, no mínimo, agravamento.

A este propósito, e particularizando o discurso no âmbito jurídico-financeiro, são já por demais conhecidas as críticas que são frequentemente dirigidas ao desenho normativo-legal do procedimento por défices excessivos, acusando-o de défice de normatividade e falta de executoriedade (*lack of enforceability*), transformado numa espécie de *soft law*, caracterizado, entre outras patologias, pela ineficácia das respetivas sanções[26].

---

funcionais. Muito menos significa a defesa de um modelo de planificação centralizada, invasivo e intrusivo, cerceador da iniciativa individual e da liberdade de gestão económica e empresarial".

[23] ALAIN BUZELAY, "Les manques de l'Union monétaire à l'épreuve des excès des marchés et des agences de notation", *cit.*, p. 687.

[24] Cf. LAURA GÓMEZ URQUIJO, "El tratado de estabilidad, coordinación y gobernanza dentro del nuevo marco condicional de cohesión social en la unión europea", in *RDCE*, 42, 2012, p. 523.

[25] Cf. PANAYOTIS SOLDATOS, "Les données fondamentales de la crise dans la zone euro. Essai explicatif d´une dérive systémique multivariée", in *RUE*, 561, 2012, p. 501.

[26] A propósito do tema, v., uma vez mais, o nosso "A solidez das finanças públicas estaduais e o Direito da União europeia. Em particular, o pacto de estabilidade e crescimento e o procedimento relativo a défices excessivos", *cit.*, e, mais recentemente, por exemplo, PANAYOTIS SOLDATOS, "Les données fondamentales de la crise dans la zone euro. Essai explicatif d´une dérive systémique multivariée", *cit.*, p. 498.

DIREITO DA UNIÃO EUROPEIA – ELEMENTOS DE DIREITO E POLÍTICAS DA UNIÃO

O que acontece na realidade é que o carácter extremamente dúctil da normação – possivelmente fundamentado no paradigma da estabilidade, assente na moeda forte e finanças sãs, e na ingénua convicção de que um Estado-Membro que adere ao euro respeitará os critérios e não necessitará de assistência financeira – acarreta a inconsequência dos procedimentos decisórios, bastando pensar, por exemplo, que não sendo a declaração de défice excessivo automática (mas estando dependendo do voto dos membros do Conselho), pode dar-se o caso de certos Estados-Membros se "protegerem" uns aos outros e, desse modo, inviabilizarem uma solução credível. A acrescer a isso – e como também já assinalámos –, constata-se a natureza demasiado vaga da previsão das sanções, o risco de as regras não serem aplicadas de modo uniforme (violando o princípio da igualdade entre os Estados-Membros), e a insuscetibilidade de litigância jurisdicional, na medida em que não é possível o recurso a Tribunal se eventualmente houver decisão de não punição de um Estado-Membro infrator, acentuando a falta de executoriedade já acima referida.

6. As tentativas de solução para a crise

Este estado de crise e de debilidade institucional tem-se arrastado e prejudicado o ambiente económico, potenciando um elevado nível de desemprego e de agitação social, além de se refletir igualmente na instabilidade política que se tem manifestado ao nível da busca de soluções. Numa perspetiva radical e extrema, poder-se-ia pensar que a secessão monetária[27] – com a saída, da moeda única, dos Estados infratores – configuraria a única solução possível, expurgando o sistema dos Estados que se suporiam materializar os componentes patológicos que o contaminam. Contudo, visões mais prudentes têm apelado para a ideia de solidariedade e chamado a atenção para as desastrosas consequências que tal perspetiva poderia acarretar – principalmente ao nível económico[28] – e os esforços têm passado pela busca de outro tipo de soluções.

---

[27] V. OLIVIER CLERC e PASCAL KAUFFMANN, "Vers la désunion monétaire européenne?", in *RUE*, 563, 2012, pp. 645 e segs. Numa visão mais ampla (saída da União Europeia), v. JEAN-BAPTISTE VILA, "La sortie d'un État membre dans le Traité sur l'Union européenne – d'un mécanisme utopique à une protée juridique", in *Revue trimestrielle de Droit européen (RTDE)*, 47, 2011, pp. 273 e segs.
[28] V. MANUEL LÓPEZ ESCUDERO, "La ampliación de la zona euro desde una perspectiva jurídica", in *RDCE*, 21, 2005, pp. 407 e segs.; ECKHARD PACHE e FRANZISKA RÖSCH, "Die neue Grundrechtsordnung der EU nach den Vertrag von Lissabon", in *Europarecht (EuR)*, 2009, 6, pp. 203 e segs.

FINANÇAS

Do ponto de vista da metodologia jurídica, pode dizer-se que as incertezas referidas quanto ao caminho trilhado e que se podem considerar, até certo ponto, causas dessa crise, continuam agora ao nível dos modos de a enfrentar, vislumbrando-se dois métodos alternativos e nem sempre coadunáveis: por um lado, o recurso – que se diria dever ser o normal – aos instrumentos do próprio direito da União Europeia (primário e secundário) e, por outro lado, e na insuficiência ou inviabilidade dos primeiros, o recurso ao direito internacional convencional e aos denominados "atos intergovernamentais", já fora do quadro do direito europeu em sentido restrito. Na verdade, chegou-se a um ponto em que o direito da União Europeia propriamente dito não dava uma resposta adequada para a saída da crise, pois não havia consenso político entre os Estados-Membros para adotar as medidas que do ponto de vista normativo se revelassem adequadas e que do ponto de vista económico-financeiro se mostrassem sólidas e perenes[29]. Por tal motivo, a via internacionalista e intergovernamental foi o caminho a seguir, não consistindo a mesma num capricho ou obstinação, mas numa real necessidade. Numa visão mais otimista, poder-se-á defender que essa via até pode ser o meio adequado para reforçar quer a integração europeia quer a identidade constitucional de cada um dos Estados-Membros[30]. Em todo o caso, importará salientar que não deve ser uma via estranha aos Tratados ou que seja seguida em detrimento destes, pois como refere Alberto de Gregorio Merino *the intergovernmental sphere is not alien to the EU legal order nor is it an attempt to desconstruct it*[31].

Noutra perspetiva, e de um ponto de vista material, também duas têm sido as abordagens tentadas e, também aqui, sem resultados convincentes: de um lado, os denominados "mecanismos de assistência", por via dos quais se procura assegurar o auxílio financeiro pontual e circunstancial aos Estados-Membros com problemas de solvabilidade e liquidez; por outro lado, os instrumentos jurídicos de reforço da coordenação económico-financeira

---

[29] Acerca destas dificuldades, v. José Martín Perez de Nanclares, "El nuevo tratado de estabilidad, coordinación y gobernanza de la UEM: reflexiones a propósito de una peculiar reforma realizada fuera de los tratados constitutivos", *cit.*, pp. 403 e segs., em especial p. 404.

[30] Neste sentido, Francesco Martucci, «FESF, MESF, et MES – La mise en place progressive d'un "pare-feu" pour la zone euro», in *RUE*, 563, 2012, p. 671.

[31] Alberto de Gregorio Merino, "Legal developments in the economic and monetary union during the debt crisis: the mecanisms of financial assistance", in *Common Market Law Review* (*CMLR*), 49, 2012, p. 1645.

DIREITO DA UNIÃO EUROPEIA – ELEMENTOS DE DIREITO E POLÍTICAS DA UNIÃO

entre os Estados-Membros, evitando que cada um "continue a remar para o seu lado".

Esta *dupla dualidade* de análise – ao nível da metodologia e ao nível do conteúdo – já foi expressivamente sinalizada, num caso ou no outro, como os *two rails of the train of the economic and monetary union that run parallel* ou os *two pillars of the new architecture of the economic and monetary union*[32] e, de um modo retrospetivo, torna possível identificar vários instrumentos jurídicos levados à pratica com o objetivo mais ou menos direto de combate à crise. A este respeito, embora não se pretenda aqui uma análise exaustiva dos mesmos, torna-se indispensável, no mínimo, referi-los sumariamente, de modo a poder fornecer-se um quadro minimamente compreensivo da evolução recente deste "Direito socorrista"[33]. Apenas após isso, entraremos num dos núcleos essenciais do presente trabalho – o TECG.

Em primeiro lugar, como mecanismos de assegurar a assistência financeira aos Estados-Membros em crise, salientam-se:

– o Mecanismo comunitário de apoio financeiro a médio prazo[34],
– o Mecanismo Europeu de Estabilização Financeira (*European Financial Stabilisation Mechanism* – EFSM)[35],

---

[32] V. Alberto de Gregorio Merino, "Legal developments in the economic and monetary union during the debt crisis: the mecanisms of financial assistance", *cit.*, pp. 1613, 1614.

[33] Para uma análise mais aprofundada, v., por exemplo, Matthias Ruffert, "The european debt crisis and european union law", in *CMLR*, 48, 2011, pp. 1777 e segs.; Francesco Martucci, «FESF, MESF, et MES – La mise en place progressive d'un "pare-feu" pour la zone euro», *cit.*, pp. 664 e segs.; Alain Buzelay, "Les manques de l'Union monétaire à l'épreuve des excès des marchés et des agences de notation", *cit.*, pp. 686 e segs.; José Martín Perez de Nanclares, "El nuevo tratado de estabilidad, coordinación y gobernanza de la UEM: reflexiones a propósito de una peculiar reforma realizada fuera de los tratados constitutivos", *cit.*, p. 400; Panayotis Soldatos, "Les données fondamentales de la crise dans la zone euro. Essai explicatif d'une dérive systémique multivariée", *cit.*, p. 500; e Alberto de Gregorio Merino, "Legal developments in the economic and monetary union during the debt crisis: the mecanisms of financial assistance", *cit.*, pp. 1615 e segs.

[34] Cf. Regulamento (CE) n.º 332/2002, de 18 de fevereiro de 2002, alterado pelo Regulamento (CE) n.º 431/2009, de 18 de maio 2009.

[35] Cf. Regulamento (UE) n.º 407/2010, de 11 de maio de 2010, o qual, tendo em vista a preservação da estabilidade financeira da União Europeia, estabelece as condições e os procedimentos ao abrigo dos quais um apoio financeiro da União pode ser concedido a um Estado-Membro da área do euro que se encontra afetado ou seriamente ameaçado por perturbações severas de natureza económica ou financeira causadas por ocorrências excecionais que não possa controlar (artigo 1.º). Trata-se, em termos muito gerais, de um diploma que assenta normativamente no artigo 122.º, n.º 2, do TFUE ("cláusula de solidariedade") e cuja ativação é feita no âmbito de um apoio conjunto União Europeia/Fundo Monetário Internacional (FMI), sendo que o apoio financeiro em causa

FINANÇAS

– o Fundo Europeu de Estabilidade Financeira (*European Financial Stabi-lity Facility* – EFSF)[36], e, mais recentemente,
– o Mecanismo Europeu de Estabilidade (*European Stability Mechanism* – ESM), com vocação para a continuidade e para a substituição destes dois últimos[37]. Importa realçar que a criação do ESM foi antecedida por uma Decisão do Conselho Europeu de 25 de março de 2011 (2011/199/ /UE) que aditou ao artigo 136.º do TFUE um novo n.º 3, tornando des-necessário o recurso à supramencionada válvula de escape do artigo 122.º, pensado para outro tipo de ocorrências[38]. Tal n.º 3 determina: "Os Estados-Membros cuja moeda seja o euro podem criar um mecanismo de estabilidade a accionar caso seja indispensável para salvaguardar a estabilidade da área do euro no seu todo. A concessão de qualquer assistência financeira necessária ao abrigo do mecanismo ficará sujeita a rigorosa condicionalidade"[39].

Em segundo lugar, como instrumentos de (tentativa de) reforço da coor-denação económico-financeira, ganha relevo o já conhecido "*six-pack*", um

---

pode assumir a forma de um empréstimo – disponibilizado em parcelas (artigo 4.º) – ou de uma linha de crédito (artigo 2.º), num caso ou no outro debaixo de estrita condicionalidade estipulada num Memorando de Entendimento (artigo 3.º).

[36] Trata-se, este fundo, de um verdadeira pessoa coletiva autónoma e provisória, criada em 7 de junho de 2010, por acordo intergovernamental entre os Estados da zona Euro, cuja atividade passa por emitir e colocar no mercado títulos de dívida com o propósito de obter financiamento para ajudar os Estados em dificuldades. Cf., a respeito, *http://www.efsf.europa.eu/about/index.htm* (última vez consultado em 19 de julho de 2013). Em termos de apreciação jurídica da sua con-formidade com o Direito interno (alemão), v. o acórdão do Tribunal Constitucional federal (*Bun-desverfassungsgericht*) de 7 de setembro de 2011, disponível em *http://www.bverfg.de/entscheidungen/rs20110907_2bvr098710.html*.

[37] Este mecanismo foi instituído por Tratado celebrado em 2 de fevereiro de 2012 entre os Estados da zona euro e, do ponto de vista jurídico, consiste numa verdadeira instituição financeira inter-nacional (artigo 1.º), com personalidade jurídica autónoma (artigo 32.º, n.º 2), cujo escopo é a sal-vaguarda da estabilidade financeira da zona euro como um todo, por via da assistência financeira aos Estados celebrantes necessitados (afetados ou seriamente ameaçados por severos problemas financeiros), uma vez mais debaixo de estrita condicionalidade (artigo 3.º). Acerca do arranjo orga-nizatório e governativo subjacente, v. artigos 4.º e segs. e quanto à gestão financeira, v. artigos 22.º e segs. do referido Tratado, disponível em *http://www.esm.europa.eu/index.htm* (última vez consultado em 20 de julho de 2013).

[38] Cf. *supra* nota 10.

[39] Sobre o tema, v. MATTHIAS RUFFERT, "The european debt crisis and european union law", *cit.*, pp. 1788 e segs.; ALBERTO DE GREGORIO MERINO, "Legal developments in the economic and monetary union during the debt crisis: the mecanisms of financial assistance", *cit.*, pp. 1628 e segs.

DIREITO DA UNIÃO EUROPEIA – ELEMENTOS DE DIREITO E POLÍTICAS DA UNIÃO

conjunto legislativo de direito da União Europeia composto por seis instrumentos de direito derivado, com uma profunda ligação material entre si, praticamente todos eles emanados com assento no artigo 136.º do TFUE (em conjugação com o artigo 121.º, n.º 6):

- Regulamento (UE) n.º 1173/2011, relativo ao exercício eficaz da supervisão orçamental na área do euro[40];
- Regulamento (UE) n.º 1174/2011, relativo às medidas de execução destinadas a corrigir os desequilíbrios macroeconómicos excessivos na área do euro[41];
- Regulamento (UE) n.º 1175/2011, que altera o Regulamento (CE) n.º 1466/97 relativo ao reforço da supervisão das situações orçamentais e à supervisão e coordenação das políticas económicas[42];
- Regulamento (UE) n.º 1176/2011, sobre prevenção e correção dos desequilíbrios macroeconómicos[43];

[40] Este diploma estabelece um regime de sanções, aplicável aos Estados-Membros cuja moeda seja o euro, destinado a reforçar a aplicação das vertentes preventiva e corretiva do Pacto de Estabilidade e Crescimento na área do euro (artigo 1.º). Importa assinalar que, nos termos do respetivo artigo 2.º, para estes efeitos, entende-se por "Vertente preventiva (...)", o sistema de supervisão multilateral previsto no Regulamento (CE) n.º 1466/97 e por "Vertente corretiva (...)", o procedimento destinado a evitar os défices excessivos dos Estados-Membros, previsto no artigo 126.º do TFUE e no Regulamento (CE) n.º 1467/97. Salienta-se particularmente a previsão de sanções (multas, de "natureza administrativa") aplicáveis à manipulação de estatísticas (artigo 8.º), as quais "devem ser eficazes, dissuasivas e proporcionais à natureza, gravidade e à duração da deturpação de dados em causa".

[41] No seguimento do diploma anterior, também este estabelece um regime de sanções, mas aqui relativas à correção efetiva dos desequilíbrios macroeconómicos excessivos na área do euro.

[42] No âmbito deste regulamento, destacam-se particularmente a introdução quer do "semestre europeu" (para a coordenação das políticas económicas), quer de um procedimento de "diálogo económico", além da afirmação de um "princípio de independência estatística".

[43] Aqui, as medidas normativamente mais relevantes serão, segundo cremos, a institucionalização do "mecanismo de alerta" e do "procedimento por desequilíbrio excessivo". O primeiro instituto tem por objetivo facilitar a identificação precoce e a vigilância de desequilíbrios, com base num relatório anual da Comissão, transmitido em tempo útil ao Parlamento Europeu, ao Conselho e ao Comité Económico e Social Europeu (artigo 3.º). Este relatório é posteriormente analisado e avaliado pelo Conselho (no âmbito da supervisão multilateral prevista no artigo 121.º, n.º 3, do TFUE). Já o procedimento por desequilíbrio excessivo assenta numa comunicação da Comissão – que informa igualmente as Autoridades Europeias de Supervisão competentes e o ESRB (European Systemic Risk Board/Comité Europeu do Risco Sistémico: *http://www.esrb.europa.eu/home/html/index.en.html*) – e numa declaração de desequilíbrio por parte do Conselho, acompanhada de recomendações de medidas corretivas deste ao Estado-Membro em causa (artigo 7.º). Os Estados deverão, posteriormente, apresentar um plano de medidas corretivas ao Conselho e à Comissão

FINANÇAS

– Regulamento (UE) n.º 1177/2011, todos de 16 de novembro de 2011, que altera o Regulamento (CE) n.º 1467/97 relativo à aceleração e clarificação da aplicação do procedimento relativo aos défices excessivos;
– Diretiva 2011/85/UE, de 8 de novembro de 2011, que estabelece requisitos aplicáveis aos quadros orçamentais dos Estados-Membros[44].

Todos estes diplomas e instrumentos surgiram num ambiente de controvérsia e de urgência e todos eles suscitaram algumas interrogações em termos de compatibilização jurídico-normativa com o próprio direito da União Europeia por um lado, e com o direito constitucional dos Estados-Membros, por outro.

Acerca dessas interrogações serão tecidas algumas considerações na parte IV do presente trabalho.

De seguida, será dada atenção àquele que, em nossa opinião, constitui o remédio mais visível para a crise: o Tratado sobre a estabilidade, a coordenação e a governação na União Económica e Monetária, também conhecido como "Tratado orçamental" ou *Budget code*". Esta proeminência justifica-se pelo facto de ser o remédio atual para a crise e, como tal, estar no cerne da atualidade.

III. Em especial, o Tratado sobre a estabilidade, a coordenação e a governação na União Económica e Monetária

A análise que de seguida se empreenderá será, no seguimento das considerações efetuadas até ao momento e da metódica argumentativa utilizada, uma análise jurídica, de feição normativista e positivista. Significa tal que, sem prejuízo da eventual valia que possam transportar para outro tipo de discursos, as

---

contendo um conjunto de medidas políticas específicas (tendo em conta o respetivo impacto económico e social), e incluir um calendário de aplicação das medidas em causa (artigo 8.º). Em todos estes casos, o Conselho delibera sem ter em conta o voto do membro do Conselho que represente o Estado-Membro em causa (artigo 12.º).

[44] Nos termos desta diretiva, impõe-se que os Estados-Membros criem sistemas contabilísticos que abranjam, de forma integral e coerente, todos os subsetores da administração pública e contenham as informações necessárias para gerar dados de exercício, com vista à elaboração dos dados baseados no SEC 95 (artigo 3.º). Por outro lado, exige-se que os Estados-Membros estabeleçam um quadro orçamental eficaz e credível, a médio prazo, que facilite a adoção de um horizonte de planeamento plurianual de, pelo menos, três anos (artigo 9.º). Quanto ao SEC 95, trata-se do Sistema europeu de contas nacionais e regionais na Comunidade, aprovado pelo Regulamento (CE) n.º 2223/96, de 25 de junho de 1996.

DIREITO DA UNIÃO EUROPEIA – ELEMENTOS DE DIREITO E POLÍTICAS DA UNIÃO

considerações relacionadas com a ciência política – e com os (des)equilíbrios de forças entre Estados-Membros – serão secundarizadas. Em termos de estrutura expositiva, começar-se-á por abordar as questões atinentes à natureza jurídica e à força normativa do Tratado, analisando depois os objetivos do mesmo, os seus atores e destinatários e os deveres dele emergentes.

7. Natureza jurídica e força normativa

Do ponto de vista jurídico-normativo, estamos em presença de um verdadeiro tratado internacional (assinado a 2 de março de 2012), um conjunto de normas de direito internacional público convencional, e não normas de direito da União Europeia, primárias ou secundárias, em sentido próprio. Em termos simples e elementares, pode afirmar-se que o TECG é caracterizado pelas notas da *(i)* excecionalidade e *(ii)* transitoriedade:

(i) Em primeiro lugar, a excecionalidade manifesta-se principalmente em face da natureza fortuita e contingente do meio jurídico utilizado ("bricolage institucional", "curiosidade jurídica"[45]), pois o recurso à via tratadista surgiu quase como uma imposição, para evitar um mal maior no contexto da impossibilidade de recurso "normal" ao direito da União Europeia propriamente dito. Note-se que logo o artigo 1.º do TECG é enfático ao prescrever que as Partes Contratantes o celebram "enquanto Estados-Membros da União Europeia", e não enquanto sujeitos de direito internacional público em geral. A este respeito, o facto de ser qualificado como um tratado extra-muros[46] ou uma espécie de *Schengen orçamental*[47] diz bastante da sua casualidade ou acidentalidade.

(ii) Em segundo lugar, a transitoriedade é claramente assumida pelo próprio legislador constituinte logo no preâmbulo, não apenas quando se revela o desejo de os Estados signatários, a curto prazo, se "socorrerem plenamente de medidas específicas" previstas no TFUE, mas igualmente quando se manifesta a intenção da futura incorporação

---

[45] FRANCETTE FINES, "Le TSCG dans la gouvernance économique européenne. Vers plus d'intégration budgétaire? ", in *RUE*, 563, 2012, p. 652.
[46] V., uma vez mais, JOSÉ MARTÍN PEREZ DE NANCLARES, "El nuevo tratado de estabilidad, coordinación y gobernanza de la UEM: reflexiones a propósito de una peculiar reforma realizada fuera de los tratados constitutivos", *cit.*, p. 406.
[47] Cf. FRANCETTE FINES, "Le TSCG dans la gouvernance économique européenne. Vers plus d'intégration budgétaire? ", *cit.*, p. 651.

FINANÇAS

das suas normas no direito da União Europeia – e logo ao nível do direito primário –, ao afirmar perentoriamente que "o objectivo (...) é incorporar, o mais rapidamente possível, as disposições do presente Tratado nos Tratados em que se funda a União Europeia". Neste sentido, de resto, o artigo 16.º não deixa qualquer margem para dúvidas[48]. Clara parece assim a intenção de cessar este estado momentâneo de justaposição normativa[49], sobre matérias que, é bom frisar, são da competência da União Europeia (politica monetária, controlo orçamental e coordenação económica).

No entanto, apesar de não serem estas (ainda) normas de direito da União Europeia, este último reveste-se de um importante papel normativo-conformador, principalmente a dois níveis:

(i) Ao nível do valor normativo, pois as normas do TECG estão submetidas ao princípio da prevalência ou do primado do direito da União (aqui, entendido *lato sensu*), sendo que os seus preceitos apenas devem ser aplicados na medida em que se mostrarem compatíveis com este[50];

(ii) Ao nível interpretativo, as suas disposições estão submetidas ao princípio da interpretação conforme com o direito da União Europeia, nos termos do qual em caso de dúvidas e da existência de conceitos indeterminados ou polissémicos, deve ser dada preferência ao sentido interpretativo que melhor se adeque aos fins dos Tratados e melhor materialize o arsenal de competências neles previstos[51].

---

[48] Prescreve o referido preceito que "O mais tardar cinco anos após a data de entrada em vigor do presente Tratado e com base numa avaliação da experiência adquirida com a sua aplicação, são adotadas as medidas necessárias, em conformidade com o Tratado da União Europeia e com o Tratado sobre o Funcionamento da União Europeia, com o objectivo de incorporar o teor do presente Tratado no quadro jurídico da União Europeia".

[49] Cf. FRANCETTE FINES, "Le TSCG dans la gouvernance économique européenne. Vers plus d'intégration budgétaire? ", *cit.*, p. 653

[50] Cf. artigo 2.º, n.º 2 do TECG. V., também, JOSÉ MARTÍN PEREZ DE NANCLARES, "El nuevo tratado de estabilidad, coordinación y gobernanza de la UEM: reflexiones a propósito de una peculiar reforma realizada fuera de los tratados constitutivos", *cit.*, p. 418.

[51] Cf. artigo 2.º, n.º 1, do TECG. Por outro lado, e tendo presente o estado de excecionalidade jurídico-financeira que alguns Estados-Membros atravessam (mediante a submissão a condicionantes várias plasmadas em memorandos de entendimento e outros documentos), e como se encontra expressamente positivado no preâmbulo, nenhuma disposição do presente Tratado pode ser interpretada no sentido de alterar as condições de política económica sob as quais tenha sido concedida

DIREITO DA UNIÃO EUROPEIA – ELEMENTOS DE DIREITO E POLÍTICAS DA UNIÃO

Por fim, deve registar-se que, do ponto de vista das fontes materiais, trata-se de um tratado que encontra os seus antecedentes formais mais próximos num conjunto de acordos de natureza política que foram levados à prática na sequência da crise da zona euro acima referida – nomeadamente os acordos de 26 de outubro de 2011 e de 9 de dezembro de 2011, entre os Chefes de Estado ou de Governo dos Estados-Membros da área do euro, respetivamente sobre a melhoria da governação da área do euro e sobre uma arquitetura reforçada para a União Económica e Monetária –, levando em consideração igualmente o denominado "Pacto para o Euro Mais" de 25 de março de 2011 (que identifica as questões essenciais para fomentar a competitividade na área do euro).

8. Dimensão teleológica: os objetivos do Tratado

Da interpretação conjugada do artigo 1.º, n.º 1, do Tratado e das disposições constantes do respetivo preâmbulo resulta que os objetivos pelos mesmo prosseguidos são, em primeira linha, objetivos de natureza jurídico-política e concretizam-se, como não poderia deixar de ser, na melhoria da governação e na preservação da estabilidade de toda a área do euro. Estes objetivos, de resto, são perfeitamente compreendidos se forem tidas em conta as causas da crise acima apontadas, nomeadamente as hesitações e dúvidas nos caminhos trilhados e a natureza pouco impositiva dos arranjos jurídicos. Neste sentido, estamos com alguma doutrina quando afirma que na realidade o que se pretende é colmatar deficiências do direito da União Europeia, nomeadamente ao nível dos artigos 121.º e 136.º (coordenação e orientações gerais das políticas económicas), 122.º (cláusulas de solidariedade), 125.º (*no-bailout clause*) e 126.º (procedimento por défices excessivos) do TFUE[52].

Além disso, prosseguem-se também objetivos de natureza económica, que passam pelo reforço do pilar económico da União Económica e Monetária, pelo reforço da coordenação das políticas económicas dos diversos Estados-Membros – frequentemente dissonantes – e, em geral, pela melhoria da governação da área do euro, sempre tendo em vista promover condições favoráveis a um crescimento económico mais forte.

---

assistência financeira a uma Parte Contratante no âmbito de um programa de estabilização envolvendo a União Europeia, os seus Estados-Membros ou o Fundo Monetário Internacional.

[52] Por exemplo, v. José Martín Perez de Nanclares, "El nuevo tratado de estabilidad, coordinación y gobernanza de la UEM: reflexiones a propósito de una peculiar reforma realizada fuera de los tratados constitutivos", *cit.*, p. 419.

FINANÇAS

Para atingir esses fins, e como melhor se verá adiante, institucionalizam-se os *instrumentos de convergência nominal* (ou, em certos casos, reforça-se a existente institucionalização), por via de um conjunto de regras destinadas a promover a disciplina orçamental, obrigando os Estados-Membros a manterem finanças públicas sãs e sustentáveis e a evitarem défices orçamentais excessivos. Neste seguimento, preconiza-se a introdução de regras específicas, incluindo uma "regra de equilíbrio orçamental" e de um mecanismo automático para a adoção de medidas corretivas, assegurando que o défice orçamental não exceda 3% do produto interno bruto a preços de mercado e que a dívida pública não exceda 60% do produto interno bruto a preços de mercado ou esteja a ser significativamente reduzida para esse valor (as conhecidas regras de ouro das finanças públicas[53]). Do ponto de vista político, procura-se promover a discussão e a coordenação prévias, entre os Estados cuja moeda seja o euro, de todas as reformas significativas de política económica que planeiam aplicar.

9. Dimensão subjetiva: os destinatários do Tratado

No que aos destinatários do tratado diz respeito – isto é, o conjunto de sujeitos ou atores que se encontram adstritos aos deveres nele consignados –, é possível identificar dois círculos subjetivos distintos e de abrangência bastante diversa:

(i) por um lado, os Estados-Membros contratantes cuja moeda seja o euro, aos quais as respetivas disposições são aplicadas integralmente a partir *(i)* da data da entrada em vigor ou *(ii)* do 1.º dia do mês seguinte à data do depósito do instrumento de ratificação (se esta última for posterior à entrada em vigor)[54];

---

[53] A prevalência da convergência nominal, materializada no estrito cumprimento dos critérios relativos ao défice orçamental e à dívida pública, não deixa de ser alvo de censura por parte de alguma doutrina, nomeadamente tendo em conta o detrimento ou prejuízo da convergência real ou efetiva (que se deveria basear em indicadores fiáveis e plausíveis de carácter demográfico, educacional, sanitário, de mobilidade, ou outros que não estritamente económico-financeiros). Critica-se, deste modo, a excessiva centralidade que no domínio das políticas financeiras europeias continua a ser dada às finanças públicas *stricto sensu*, hipervalorizando o valor *estabilidade* e desvalorizando o valor *crescimento*. Neste sentido, LAURA GÓMEZ URQUIJO, "El tratado de estabilidad, coordinación y gobernanza dentro del nuevo marco condicional de cohesión social en la unión europea", in *RDCE*, 42, 2012, p. 529.

[54] Assim, artigos 1.º, n.º 2, e 14.º, n.ºs 2 e 3, do TECG. Quanto à entrada em vigor ("progressiva" e "extremamente flexível") e aos diversos problemas jurídicos que da mesma podem resultar, cf. JOSÉ

DIREITO DA UNIÃO EUROPEIA – ELEMENTOS DE DIREITO E POLÍTICAS DA UNIÃO

(ii) por outro lado, os Estados-Membros contratantes cuja moeda não seja o euro, relativamente aos quais se pode falar numa aplicação diferida. Na verdade, em relação a estes as disposições são aplicadas *(i)* a partir da data em que deixem de beneficiar de derrogação ou, melhor dito, a partir da data em que a decisão que revogar a derrogação produzir efeitos, ou *(ii)* a partir do momento em que declararem a intenção de ficar vinculados numa data anterior[55].

A este respeito, e uma vez mais, ressaltam as críticas às soluções jurídicas encontradas, pois são manifestas as dificuldades para a implementação em concreto de um instrumento desta natureza, o qual toca em matérias extremamente sensíveis e que constituem um núcleo essencialíssimo da soberania estadual. Porventura por causa dessas dificuldades de concretização, não terá sido possível um consenso entre todos, no sentido do estabelecimento de uma entrada em vigor e de um início de produção de efeitos jurídicos vinculativos uniforme, evidenciando-se, uma vez mais repete-se, o modelo de "Europa a várias velocidades". Com efeito, é possível vislumbrar distintos patamares subjetivos de incidência destas matérias:

– Uma União, na altura, composta por 27 Estados-Membros (agora 28, com a adesão da Croácia);
– Um tratado concluído apenas por 25, em face da não assinatura por parte do Reino unido e da República Checa;
– Um conjunto de disposições aplicáveis apenas a 17 (os Estados aderentes ao euro); e
– Uma possível entrada em vigor para 12 (que não se verificou, em face do número superior de Estados que entretanto o ratificaram).

Martín Perez de Nanclares, "El nuevo tratado de estabilidad, coordinación y gobernanza de la UEM: reflexiones a propósito de una peculiar reforma realizada fuera de los tratados constitutivos", *cit.*, pp. 411 e segs.

[55] Cf. artigos 1.º, n.º 2, *in fine*, e 14.º, n.º 5, do TECG. Quanto ao regime das "Cimeiras do euro", v. artigo 14.º, n.º 4, do TECG.

Ou seja:

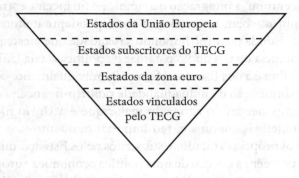

10. Dimensão material: os deveres emergentes do Tratado

Após a menção à natureza jurídica, aos objetivos e ao âmbito subjetivo do TECG, chegou o momento de dedicar atenção à sua parte dispositiva, procurando averiguar quais são os principais deveres jurídicos – e apenas estes nos interessarão – que dele decorrem. Não será demais enfatizar que grande parte desses deveres não são absolutamente originais, no sentido de criados *ex novum* por esta via tratadista, mas resultam já de imposições pré-existentes do quadro do direito da União Europeia. Ainda assim, é possível identificar algumas novidades, como sejam a criação de "cimeiras do euro" (artigo 12.º) e a introdução, neste contexto, de um método de maioria qualificada inversa (artigo 7.º), além da tentativa de reforço da jurisdicionalização, por via do reconhecimento de uma mais relevante intervenção ao TJUE.

Tais deveres são, em termos tópicos, os seguintes:

– dever de coordenação das políticas financeiras (a seguir, ponto 10.1);
– dever de observância do pacto orçamental (ponto 10.2.);
– dever de transposição normativa para o ordenamento interno (ponto 10.3).

Procuremos, então, aprofundar o seu conhecimento, tendo desde já presente que a sua concreta observância e efetivação dependem em larga medida da "boa vontade" dos Estados-Membros[56].

---

[56] Neste sentido, JOSÉ MARTÍN PEREZ DE NANCLARES, "El nuevo tratado de estabilidad, coordinación y gobernanza de la UEM: reflexiones a propósito de una peculiar reforma realizada fuera de los tratados constitutivos", *cit.*, p. 407.

10.1. O dever de coordenação das políticas (económicas e) financeiras

Como já se acentuou, a integração económica e financeira entre os diversos Estados-Membros – bem assim como a correspondente uniformização normativa – não foi ainda possível, impondo a realidade que, neste particular, se observe a existência de um duplo patamar de políticas: a da União Europeia propriamente dita e a dos Estados-Membros individualmente considerados. Contudo, a manutenção da individualidade político-financeira de cada uma das partes componentes do agregado maior que é a União não significa a ausência de objetivos comuns e, tão importante quanto isso, de atuações comuns, pois os próprios Tratados – subscritos pelos Estados, nunca é demais enfatizá-lo – preveem a adoção de uma política económica europeia baseada na estreita coordenação das políticas económicas dos Estados-Membros[57], o que pode levar à consideração da primeira como uma *política de sobreposição*. É neste quadro que se fala em coordenação de políticas internas (*dever geral de coordenação*), impondo o seu reconhecimento como questão de interesse comum[58].

Em termos figurativos:

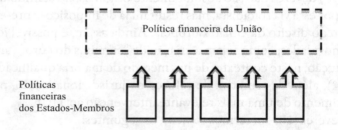

Em face das insuficiências demonstradas pelas normas e procedimentos existentes e pelas atuações levadas à prática até ao presente, o TECG reforça esta componente coordenatória, procurando intensificar as atuações que para a mesma convirjam, impondo aos signatários quatro deveres específicos (*deveres específicos de coordenação*):

(i) dever de reforço da política económica comum, comprometendo-se os Estados contratantes a atuar conjuntamente no sentido da promoção do bom funcionamento da União Económica e Monetária e

---

[57] Cf. artigo 119.º, n.º 1, do TFUE.
[58] Cf. artigos 120.º e 121.º do TFUE.

FINANÇAS

do crescimento económico, mediante o reforço da convergência e da competitividade[59];

(ii) dever de debate prévio, com as instituições da União Europeia (e com os restantes Estados), das reformas significativas de política económica interna e, quando adequado, dever de coordenação das mesmas[60];

(iii) dever de comunicação, ao Conselho da União Europeia e à Comissão Europeia, dos planos de emissão de dívida pública[61];

(iv) dever de realização periódica de "Cimeiras do Euro". Estas consistem em reuniões informais dos Chefes de Estado ou de Governo dos Estados da zona euro juntamente com o Presidente da Comissão Europeia (sendo o Presidente do Banco Central Europeu convidado a participar)[62], que do ponto de vista temporal se realizam "quando necessário, e pelo menos duas vezes por ano", com o objetivo de promover o debate em questões essenciais relativas ao euro, como sejam as questões relativas à governação da área do euro ou às orientações estratégicas para a condução das políticas económicas no sentido de uma maior convergência[63].

10.2. O pacto orçamental

Além do dever geral de coordenação acima referido, e dos deveres específicos que do mesmo ressaltam, um outro ponto nuclear do Tratado merece saliência – o conjunto de regras jurídicas (a maior parte delas presentes no artigo 3.º, n.º 1) atinentes à disciplina das finanças públicas dos Estados-Membros, denominado pelo próprio criador normativo como "pacto orçamental".

Em termos de apreciação crítica, salienta-se logo à partida a deficiente redação legiferante. Com efeito, não se pode dizer que o normador europeu tenha sido particularmente cuidadoso do ponto de vista da qualidade legislativa, na medida em que, a par de uma imposição normativa material (proibição de défices), surgem disposições de natureza aclaradora/interpretativa/definitória ("considera-se que..."), e desvios à imposição inicial, com a

---

[59] Cf. artigo 9.º do TECG.
[60] Cf. artigo 11.º do TECG.
[61] Cf. artigo 6.º do TECG.
[62] Deve-se salientar que os Chefes de Estado ou de Governo dos Estados que não pertençam à zona euro, mas que tenham ratificado o TECG podem participar em determinados debates das cimeiras (artigo 12.º, n.º 3, do TECG).
[63] V. artigo 12.º, n.os 1 e 2, do TECG.

863

DIREITO DA UNIÃO EUROPEIA – ELEMENTOS DE DIREITO E POLÍTICAS DA UNIÃO

agravante de quase se considerarem desvios em cascata ou consecutivos, nos termos que a seguir se referirão.

Em todo o caso, um esforço interpretativo de feição analítica permite extrair, sem obstáculos lógicos significativos, o seguinte conjunto de padrões normativos de comportamento direcionados aos Estados-Membros:

– proibição de défices orçamentais *(a)*;
– dever de redução da dívida pública *(b)*; e
– dever de consumação de reformas estruturais *(c)*.

Vejamos em que termos.

(a) Proibição de défices orçamentais

Em primeiro lugar, destaca-se o dever de proibição de défices orçamentais, dever esse que é extraído do artigo 3.º, n.º 1, alínea *a)*, *a contrario sensu*: "... a situação orçamental das administrações públicas de uma Parte Contratante é equilibrada ou excedentária". Significa isto que, verdadeiramente, não se impõe nem se exige equilíbrio orçamental em sentido estrito – na medida em que se permite o excedente ou *superavit* –, mas somente que se interdita a situação deficitária, o que permite afirmar que a noção de equilíbrio adotada neste Tratado é uma noção ampla ou alargada.

Por outro lado, e no que pode ser sinalizado como um claro indício de flexibilidade – até tendo em vista a quase impossibilidade de alguns Estados ("administrações") cumprirem na íntegra a rígida proibição referida –, o Tratado permite desvios, o que equivale a dizer que admite, em casos excecionais, situações deficitárias. Tais situações em que o défice é tolerado são, de um modo simplificado, as seguintes:

i) pode ser admitido um défice de até 0,5% do produto interno bruto a preços de mercado, se o saldo estrutural anual das administrações públicas – isto é, o saldo corrigido das variações cíclicas e líquido ou expurgado de medidas extraordinárias e temporárias[64] – tiver atingido o objetivo de médio prazo específico desse país, tal como definido no Pacto de Estabilidade e Crescimento revisto[65];

---

[64] Assim, artigo 3.º, n.º 3, alínea *a)*, do TECG.

[65] Cf. artigo 3.º, n.º 1, alínea *b)*, do TECG. Acerca da noção de PIB, recordemos apenas que se trata, em termos gerais, do parâmetro aferidor do equilíbrio financeiro dos Estados-Membros, pois é com ele que se comparam os indicadores considerados relevantes, consistindo no agregado da pro-

FINANÇAS

ii) pode ser admitido um défice de até 1% do produto interno bruto a preços de mercado se a relação entre a dívida pública e o produto interno bruto a preços de mercado for significativamente inferior a 60% e os riscos para a sustentabilidade a longo prazo das finanças públicas forem reduzidos[66].

Por outras palavras: um Estado-Membro até pode atingir uma situação orçamental (pontual) deficitária – admitindo-se uma derrogação à ortodoxia financeira – se a sua situação económica a médio prazo demonstrar sinais de solidez e confiança, sinais esses que permitam admitir que não colocarão em causa a coordenação das políticas económicas e a estabilidade da zona euro[67].

Porém, as derrogações não terminam aqui, pois os Estados-Membros, em circunstâncias excecionais, podem desviar-se temporariamente do respetivo objetivo de médio prazo ou da respetiva trajetória de ajustamento, o que, adotando uma metódica discursiva analítica, leva a questionar se não se estará aqui em face de um duplo desvio. Com efeito, pois pode dar-se o caso de um determinado Estado incumprir quer a proibição do défice, quer a consecução dos objetivos a que se comprometeu, e, ainda assim, ver a sua situação qualificada como aceitável, nos seguintes termos:

- os Estados-Membros não podem ter défices – regra;
- os Estados-Membros podem ter défices se cumprirem os seus objetivos de médio prazo – primeiro desvio;
- os Estados-Membros podem incumprir os objetivos de médio prazo – segundo desvio[68].

dução de bens e serviços num determinado Estado-Membro e num determinado período. Num conceito juridicamente aceitável, e utilizando os termos do legislador europeu, e particularmente de acordo com o Sistema europeu de contas nacionais e regionais na Comunidade (SEC 95), trata--se do "resultado final da actividade de produção das unidades produtivas residentes". Cf. ponto 8.89 do Sistema europeu de contas nacionais e regionais na Comunidade [SEC 95, aprovado pelo Regulamento (CE) n.º 2223/96, de 25 de junho de 1996]. Cf., a respeito, o nosso, "A solidez das finanças públicas estaduais e o Direito da União europeia. Em particular, o pacto de estabilidade e crescimento e o procedimento relativo a défices excessivos", *cit.*

[66] Assim, artigo 3.º, n.º 1, alínea *d*), do TECG.

[67] Acerca da importância dos quadros orçamentais plurianuais e da programação médio e longo prazo v. ALAIN BUZELAY, "Les manques de l'Union monétaire à l'épreuve des excès des marchés et des agences de notation", *cit.*, p. 684.

[68] Note-se que não se critica a solução adotada, pois entende-se que a rigidez ou ortodoxia não são um fim em si mesmo, mas apenas um meio ou instrumento; o que se pode porventura criticar

DIREITO DA UNIÃO EUROPEIA – ELEMENTOS DE DIREITO E POLÍTICAS DA UNIÃO

Importa ainda observar que se trata de uma proibição que tem por referência as "administrações públicas" (no plural) dos diversos Estados, numa clara e indubitável referência ao perímetro financeiro-orçamental alargado, englobador não apenas da administração central, mas igualmente dos restantes subsetores institucionais, como os subsetores regional, local e social. Por exemplo, tendo por referência o caso português, significa isto que, para estes fins, o conceito de "Estado" abrangerá a administração central propriamente dita, bem assim como as regiões autónomas, as autarquias locais, a segurança social, e igualmente os desdobramentos ou ramificações de cada um destes subsegmentos que, direta ou indiretamente, utilizem dinheiros públicos. Impõem esta conclusão não apenas o recente "movimento ideológico" de ampliação do perímetro orçamental imposto pelos sucessivos *buracos financeiros* que se vão descobrindo, como igualmente um argumento mais literal de interpretação da própria normação de direito da União Europeia, particularmente o disposto no artigo 2.º, primeiro travessão do protocolo (n.º 12) sobre o procedimento relativo aos défices excessivos, anexo aos Tratados da União Europeia (aqui aplicável por força do artigo 3.º, n.º 3, do TECG).

Nas situações em que um determinado Estado da zona euro não cumpra este critério da proibição do défice excessivo, os outros Estados comprometem-se a apoiar as propostas ou recomendações apresentadas pela Comissão Europeia no quadro do consequente procedimento por défice excessivo. Esta obrigação, contudo, não se verificará quando houver uma *maioria qualificada inversa*, isto é, se a maioria qualificada dos Estados-Membros (sem ter em conta a posição do Estado infrator), se opõe à decisão proposta ou recomendada pela Comissão[69].

Por fim, e sempre tendo presentes as necessidades de coordenação de políticas financeiras internas e de prossecução de objetivos comuns, criou-se um "mecanismo de correção", como forma de reprimir possíveis afastamentos das imposições do Pacto. Com efeito, prevê o TECG que se for constatado um desvio significativo (outro conceito indeterminado...) do objetivo

---

é a eventual excessiva flexibilidade da normação (uma vez mais, a sua ductilidade), até em face da indeterminação dos conceitos utilizados – por exemplo, as circunstâncias excecionais mencionadas são definidas como sendo "ocorrências excecionais" não controláveis com impacto significativo nas finanças públicas, ou "períodos de recessão económica grave" [assim, artigo 3.º, n.º 3, alínea *b*), do TECG]. Seja como for, não pendemos para o carácter ilegal da norma em causa, pois deve reconhecer-se que a flexibilidade, em certos casos, pode ser absolutamente necessária, por razões de praticabilidade e realismo.

[69] Cf. artigo 7.º do TECG.

FINANÇAS

de médio prazo ou da respetiva trajetória de ajustamento, é automaticamente acionado o referido mecanismo, o qual "compreende a obrigação de a Parte Contratante em causa aplicar medidas para corrigir o desvio dentro de um determinado prazo"[70].

(b) Dever de redução da dívida pública

Outra imposição dirigida aos Estados-Membros no quadro do TECG diz respeito à sua dívida pública – entendida como o conjunto das situações passivas a que o Estado-Membro está vinculado ou adstrito – e ordena a sua redução quando o respetivo valor exceder um referencial determinado.

Trata-se, uma vez mais, de uma prescrição flexibilizada, pois não se proíbe – evidentemente, diríamos – todo e qualquer montante de dívida, mas apenas aquele que exceda 60% do produto interno bruto a preços de mercado. Se tal acontecer (isto é, se o valor da dívida exceder este último valor de referência), impõe-se a sua redução a uma taxa média de um vigésimo por ano[71].

(c) Dever de consumação de reformas estruturais

Em terceiro lugar, o TECG impõe um dever que, ao contrário dos anteriores, não se configura como um dever geral e continuado, mas sim como um dever especial ou localizado, que apenas tem lugar nas situações em que determinado Estado seja alvo de um procedimento por défices excessivos (nos termos, como já se mencionou, do artigo 126.º do TFUE. Nestes casos (isto é, de sujeição ao procedimento referido), o Estado infrator em causa deve instituir um programa de parceria orçamental e económica que especifique as reformas estruturais que tem de adotar e aplicar para assegurar uma correção efetiva e sustentável do seu défice excessivo, de modo a cumprir os critérios e objetivos de médio prazo a que está vinculado[72].

Trata-se da uma exigência de extrema importância no quadro da busca de sustentabilidade, não apenas dos sistemas financeiros públicos nacionais, mas igualmente do sistema financeiro público europeu globalmente considerado, pois acredita-se que nas situações de desvios e patologias graves apenas com a efetivação de reais reformas estruturais – e não de "remendos" ou medidas temporalmente localizadas, a maior parte das vezes tendo em vista os ciclos eleitorais – se conseguirá a sobrevivência num quadro equilibrado e

---

[70] V. artigo 3.º, n.º 1, alínea *e)*, do TECG.
[71] V. artigo 4.º do TECG.
[72] Cf. artigo 5.º do TECG.

DIREITO DA UNIÃO EUROPEIA – ELEMENTOS DE DIREITO E POLÍTICAS DA UNIÃO

verdadeiramente solidário a médio e longo prazo. Caso contrário, duas soluções, ambas pouco desejáveis, se vislumbram: ou a desagregação total do projeto de coordenação das políticas económicas e financeiras (por outras palavras – a extinção da União Económica e Monetária); ou a transformação da União Europeia numa união de indulgências, ajudas ou subsídios, de sentido unilateral, sobrecarregando os cumpridores e absolvendo continuamente os infratores, violando patentemente o sentido real da solidariedade[73].

---

[73] A este respeito, e sem querer desviar em demasia a sequência discursiva, será útil efetuar uma referência, ainda que breve, à situação portuguesa, pois a mesma constitui, até certo ponto, um reflexo antecipado do previsto neste artigo. Na realidade, estão ser implementadas (ao menos formalmente) um conjunto significativo de reformas estruturais, com vocação de continuidade, por imposição do Memorando de entendimento sobre as condicionalidades de política económica celebrado (em 17 de maio de 2011, e entretanto revisto) entre as autoridades portuguesas e uma *Troika* composta por representantes da Comissão europeia, do Banco Central Europeu e do Fundo Monetário Internacional. Sumariamente, o Estado Português vinculou-se, entre muitas outras obrigações (?), a:
- Melhorar o funcionamento da administração central, eliminando duplicações, simplificando procedimentos, e reduzindo e extinguindo serviços que não representem uma utilização eficaz de fundos públicos;
- Reorganizar as administrações local e regional, reduzindo significativamente o número de entidades locais;
- Reduzir as transferências do Estado para Serviços e Fundos Autónomos;
- Reduzir subsídios a produtores privados de bens e serviços;
- Aumentar a eficiência e a eficácia do sistema nacional de saúde, induzindo uma utilização mais racional dos serviços e controlo de despesas;
- Rever o sistema de prestações de desemprego com o objetivo de reduzir o risco de desemprego de longa duração e, ao mesmo tempo, fortalecer as redes de apoio social;
- Implementar reformas na legislação relativa à proteção ao emprego para promover a criação de emprego e facilitar a transição dos trabalhadores entre várias atividades, empresas e setores;
- Combater o abandono escolar precoce e melhorar a qualidade do ensino secundário e do ensino e formação profissional, com o objetivo de aumentar a qualidade do capital humano e facilitar a adequação ao mercado de trabalho;
- Assegurar a redução da dependência energética e a promoção das energias renováveis;
- Adotar um plano estratégico para racionalizar as redes de transportes e melhorar as condições de mobilidade e de logística, reduzindo os custos e garantindo a sustentabilidade financeira das empresas;
- Reforçar a concorrência no setor ferroviário e atrair mais tráfego;
- Integrar os portos no sistema logístico e de transportes global , tornando-os mais competitivos;
- Melhorar o funcionamento do sistema judicial, aumentando a sua eficiência através da reestruturação do sistema judicial e adotando novos modelos de gestão dos tribunais; reduzir a lentidão do sistema através da eliminação de pendências e facilitando mecanismos de resolução extrajudiciais.

FINANÇAS

10.3. Dever de transposição normativa

Todos estes deveres materiais ou substanciais direcionados aos Estados-
-Membros são acompanhados por um outro, de natureza formal: o de introduzir, ao nível da normação interna, as disposições adequadas a assegurar a
exequibilidade das disposições do TECG (particularmente as do pacto orçamental). Afirma-se, neste particular uma autêntica *imposição de transposição*,
embora em sentido amplo, caracterizada por uma significativa margem de
liberdade decisória formal, na medida em que não se impõe uma concreta
forma jurídica – embora se indicie uma clara preferência pelo escalão normativo constitucional –, exigindo-se apenas que se trate de disposições *(i)*
vinculativas e de carácter permanente (de preferência a nível constitucional), ou *(ii)* cujos respeito e cumprimento possam ser de outro modo plenamente assegurados ao longo dos processos orçamentais nacionais. Por outras
palavras, não se exige que as disposições do pacto orçamental se consubstan-
ciem em normas constitucionais, nem em normas legais de valor reforçado
(*v. g.*, leis quadro ou leis de enquadramento), embora se reconheça que tais
formas – particularmente a primeira – apresentam vantagens incontornáveis
ao nível da eficácia jurídica (produção de efeitos jurídicos vinculativos)[74].

Na prática, alguns Estados optaram pela via da constitucionalização e
outros pela via da legalização, sendo nesta última hipótese que se insere o
Estado Português. Porém, como num apartado subsequente do presente trabalho será feita referência alargada a este problema da transposição, para lá
remetemos maiores desenvolvimentos.

Por agora, importa destacar que ao TJUE cabe uma função de controlo
desta *imposição de transposição*, em termos que vão bem mais além do previsto
no direito da União Europeia propriamente dito[75]. Com efeito, após se afirmar

---

Trata-se, como se pode adivinhar, de um programa extremamente ambicioso, cuja materialização
tem suscitado as mais diversas dúvidas, reservas e reações, seja por defeito (acusação de não avançar tanto quanto devia) seja por excesso (avançar em demasia e em colisão com dimensões essenciais do Estado constitucional – v., por exemplo, o acórdão do Tribunal Constitucional n.º 187/2013,
disponível em *http://www.tribunalconstitucional.pt/tc/acordaos/20130187.html.*
V., a respeito (embora em outro enquadramento), o nosso "Finanças públicas restritivas – o
impacto das medidas da Troika nas regiões autónomas e nas autarquias locais", in *Direito Regional e
Local* (DREL), n.º 15, julho-setembro 2011.
[74] V. artigo 3.º, n.º 2 do TECG. A respeito desta exigência, v. Decisão do Conseil Constitutionnel
francês n.º 2012-653, de 9 de agosto de 2012 (§§ 19 e segs.), *infra* citada na nota 99.
[75] Neste sentido, José Martín Perez de Nanclares, "El nuevo tratado de estabilidad, coordinación y gobernanza de la UEM: reflexiones a propósito de una peculiar reforma realizada fuera de
los tratados constitutivos", *cit.*, p. 410.

no preâmbulo a intenção de *reforço de jurisdicionalização*, determina o artigo 8.º, n.º 1, do TECG que qualquer Estado-Membro contratante poderá "propor uma ação" no TJUE contra um outro que não tenha cumprido as obrigações inerentes a essa imposição. A leitura cuidada do preceito parece indiciar a ideia de que, em princípio, tal propositura apenas deverá ser realizada após a Comissão, em relatório efetuado para o efeito, concluir por esse incumprimento, e após ter sido dado ao "infrator" "direito de audição", mediante oportunidade de apresentar as suas observações. Porém, num segmento seguinte do artigo – cuja localização subsequente poderá significar subsidiariedade –, prescreve-se que a mesma pode ser realizada "independentemente do relatório da Comissão". Seja como for, o resultado será o mesmo: o acórdão do Tribunal de Justiça é vinculativo *inter partes*, obrigando à tomada das medidas necessárias à respetiva execução no prazo fixado pelos juízes.

Após isso, se um Estado-Membro, com base na sua própria apreciação ou na da Comissão Europeia, considerar que o destinatário do acórdão não tomou as medidas necessárias à execução do mesmo, pode propor uma outra ação no TJUE e requerer a imposição de sanções pecuniárias[76].

Não obstante o carácter algo impositivo e quase persecutório das disposições salientadas, compreendem-se estas preocupações. Já foi referido em momento anterior das presentes considerações que um dos principais óbices à adequada materialização da coordenação das finanças públicas dos Estados-Membros e, em particular, à efetividade da regra da proibição de défices excessivos, consiste no défice de juridicidade, potenciado em larga medida pela pelo défice de jurisdicionalização.

11. A adequação do ordenamento normativo português

No seguimento do apartado anterior, justifica-se que se faça uma menção, mesmo que breve, ao modo como o legislador português adaptou o quadro normativo interno a estas exigências de direito da União Europeia e de direito internacional, dando cumprimento ao dever de transposição acima referenciado.

Em termos abstratos, essa adaptação poderia ter sido feita por via de uma revisão da Constituição – introduzindo as *regras de ouro* no articulado da lei fundamental – ou por via da criação ou alteração de uma lei com valor refor-

---

[76] Para desenvolvimentos, v. José Martín Perez de Nanclares, "El nuevo tratado de estabilidad, coordinación y gobernanza de la UEM: reflexiones a propósito de una peculiar reforma realizada fuera de los tratados constitutivos", *cit.*, pp. 415 e segs.

FINANÇAS

çado, que parametrizasse as concretas leis do orçamento anuais, tornando-as ilegais em caso de desconformidade. Em concreto, foi efetuada por via da Lei n.º 37/2013, de 14 de junho, que de uma só vez, e nos termos do respetivo artigo 1.º, altera substancialmente a Lei de enquadramento orçamental (LEO – Lei n.º 91/2001), transpõe para a ordem jurídica interna a Diretiva 2011/85/UE (atrás mencionada, e que estabelece requisitos aplicáveis aos quadros orçamentais dos Estados-Membros), e dá cumprimento às disposições do TECG. Está-se em presença, como se compreende, de uma lei que impõe um conjunto de regras restritivas, como modo de evitar descontrolos financeiros e orçamentais[77].

Quais as suas principais coordenadas substantivas?

Desde logo, ao nível da principiologia, esta lei introduz no ordenamento jurídico-financeiro português um conjunto de novos princípios que, na sua globalidade, se podem designar como princípios rigoristas, introduzindo na consciência coletiva em geral e nos atores político-financeiros em particular as ideias de austeridade financeira por via da limitação de despesas e encargos, e de efetiva responsabilidade pelas decisões tomadas[78]. Tais princípios, de um modo tópico e simplista (até porque o legislador não foi rigoroso e a sua definição e determinação aqui seriam temática e discursivamente deslocadas), são os seguintes:

(i) princípio da sustentabilidade (novo artigo 10.º-D), de acordo com o qual todos os compromissos devem ser assumidos tendo em conta horizontes financeiros alargados (e não apenas as condicionantes da medida em si), nomeadamente levando em consideração a regra do saldo orçamental estrutural e os limites da dívida pública;

(ii) princípio da economia, eficiência e eficácia (novo artigo 10.º-E), nos termos do qual a assunção de compromissos e a realização de despesas em concreto deve procurar, além do acréscimo de produtividade, a utilização do mínimo de recursos possível, bem assim como a utilização dos recursos mais adequados para atingir o resultado em causa;

---

[77] Em todo o caso, não deixa de ser singular o facto de algumas entidades públicas poderem eventualmente escapar a essas regras restritivas, como poderá ser o caso das Universidades e dos Institutos politécnicos (bem como as suas unidades orgânicas), os quais podem "dispor de um regime especial de autonomia administrativa e financeira, nos termos estabelecidos nas respectivas leis de autonomia e legislação complementar" (cf. novo artigo 94.º da LEO, que resulta da repristinação de uma antiga norma efetuada pelo artigo 5.º desta Lei n.º 37/2013).

[78] Cf. artigo 3.º da Lei n.º 37/2013.

DIREITO DA UNIÃO EUROPEIA – ELEMENTOS DE DIREITO E POLÍTICAS DA UNIÃO

(iii) princípio da responsabilidade (novo artigo 10.º-F), nos termos dos quais o Estado português e cada um dos seus subsetores institucionais financeiros devem responder pelos compromissos por si assumidos;

(iv) princípio da obrigatoriedade de redução da dívida (novo artigo 10.º-G), nos termos do qual, quando a relação entre a dívida pública e o PIB exceder o valor de referência de 60%, o Governo está obrigado a reduzir o seu montante, na parte em excesso, a uma taxa de um vigésimo por ano, como padrão de referência.

Além disso, e como aspetos mais concretos de regime, salientam-se, em primeiro lugar, a imposição de estabelecimento de um quadro orçamental a médio prazo, que tenha em vista um horizonte de planeamento plurianual. Neste âmbito, prescreve-se a regra do *saldo orçamental estrutural* e determina-se a articulação estreita do orçamento com instrumentos temporalmente mais amplos (o Pacto de Estabilidade e Crescimento e o Programa de Estabilidade e Crescimento)[79]. Do mesmo modo – e ainda no contexto da *imposição de plurianualidade* –, merece evidência a obrigatoriedade de apresentação à Assembleia da República, por parte do Governo, de uma proposta de lei com o quadro plurianual de programação orçamental, contendo uma descrição das políticas previstas a médio prazo com impacto nas finanças públicas e na respetiva sustentabilidade a longo prazo[80].

Em segundo lugar, relevam as várias disposições de austeridade e contenção, como por exemplo as regras de acordo com as quais:

(i) enquanto não for atingido o objetivo de médio prazo, o ajustamento anual do saldo estrutural não pode ser inferior a 0,5% do PIB e a taxa de crescimento da despesa pública (líquida de medidas extraordinárias, temporárias ou discricionárias do lado da receita), não pode ser superior à taxa de referência de médio prazo de crescimento do PIB potencial, conforme definido no Pacto de Estabilidade e Crescimento[81];

(ii) enquanto não for atingido o objetivo de médio prazo, as reduções das receitas públicas devem ser compensadas por reduções da despesa

---

[79] Cf. a nova redação dos n.os 1, 2 e 3 do artigo 12.º-C da LEO (dada pelo artigo 2.º da Lei aqui em referência).

[80] Cf. nova redação do artigo 12.º-D da LEO.

[81] Assim, nova redação do artigo 12.º, n.os 6 e 8, da LEO.

FINANÇAS

(não se contando os juros), por aumentos de outros elementos das receitas públicas ou por ambos, conforme definido no Pacto de Estabilidade e Crescimento.

IV. Os problemas de adequação jurídica

Até ao momento, a tónica expositiva tem sido colocada no enunciado dos regimes emergentes dos remédios europeus para enfrentar a crise, com especial ênfase nas disposições constantes do TECG, preferindo-se o discurso formal, acentuando a componente meramente descritiva e positivista, em detrimento das componentes atinentes à adequação e à correção material. Contudo, uma conveniente metódica analítica, obrigando num primeiro momento à exposição clara, sistemática e expurgada de valorações, obriga igualmente, num segundo momento, à discussão das soluções e à reflexão crítica.

Com efeito, não se pode olhar indiferentemente para as normas e para as soluções normativas, até porque as mesmas não podem deixar de se considerar integradas em agregados mais amplos dos quais fazem parte e que com os mesmos se devem compatibilizar – os ordenamentos jurídicos. Por tal motivo, avança-se agora no sentido de averiguar em que medida os remédios descritos são adequados do ponto de vista jurídico.

Para tal, socorrer-nos-emos de doutrina e jurisprudência que sobre os mesmos se tem debruçado, distinguindo, sucessivamente, dois tipos de problemas e dois apartados distintos:

- em primeiro lugar, os problemas relacionados com a compatibilização das soluções agora expostas com o direito da União Europeia;
- em segundo lugar, os problemas relacionados com a compatibilização em face do direito interno dos Estados-Membros. Neste último caso, a análise será feita tendo principalmente por referência o ordenamento alemão e as decisões do respetivo Tribunal Constitucional Federal (*Bundesverfassungsgericht – BVerG*)[82].

---

[82] A razão da escolha é patente – tem sido no ordenamento alemão que as questões têm sido mais ativamente debatidas (em Portugal, bem assim como em muitos outros Estados, ainda não existem pronúncias jurisdicionais sobre a questão). Não se trata de nenhum critério de preferência subjetiva – de resto, completamente desapropriada e injustificada neste contexto –, mas tão-somente o reconhecimento da localização onde o debate jurídico tem sido mais profícuo.

DIREITO DA UNIÃO EUROPEIA – ELEMENTOS DE DIREITO E POLÍTICAS DA UNIÃO

12. A questão da compatibilidade com o direito da União Europeia

Assumindo que os Tratados constituem a *Grundnorm* do ordenamento jurídico europeu, importará, em primeiro lugar, averiguar se as medidas agora introduzidas são com eles compatíveis, respeitando o primeiro parâmetro de adequação jurídica.

Desde logo, e principalmente, urge questionar da sua compatibilidade com o artigo 125.º do TFUE, que consagra a *no-bailout clause*, já *supra* mencionada (e de acordo com a qual, recorde-se, a União Europeia não se pode responsabilizar pelos compromissos dos Estados-Membros ou dos seus desdobramentos institucionais). Isto porque, considerando-se que este preceito visa reforçar a disciplina financeira e orçamental e assenta na ideia de que cada Estado-Membro deve ser responsável pelas suas próprias finanças públicas e pelos seus próprios orçamentos, pode entender-se que por sua via se proíbem quaisquer forma de ajudas discricionárias e gratuitas, sem contrapartidas onerosas, quer por parte da União, quer por parte de outros Estados aos Estados em dificuldades[83]. Do mesmo modo, torna-se problemático dar resposta à questão de saber se os já mencionados *Fundo europeu de estabilidade financeira* e *Mecanismo europeu de estabilidade*, como entidades autónomas com personalidade jurídica própria distinta dos Estados-Membros, se consideram ou não abrangidos por essa proibição, pois um argumento literal pareceria afastá-los do perímetro de incidência subjetiva (embora, em nossa opinião, uma interpretação teleológica imporá a conclusão de que a proibição referida deva abrangê-los, considerando-se os mesmos como equiparáveis aos Estados-Membros, até porque, caso contrário, estes últimos poderiam sempre interpor entidades legais quando quisessem contornar a *no-bailout clause*).

Estas, e eventualmente outras, questões apenas podem ser lançadas e intuídas, não existindo ainda uma resposta cabal e convincente por parte dos órgãos jurisdicionais. Em todo o caso, não será ilegítimo concluir que as ajudas discricionárias e a eventual existência de um esquema de ajudas gratuitas ou unilaterais dos Estados-Membros financeiramente mais capa-

---

[83] Assim, MATTHIAS RUFFERT, "The european debt crisis and european union law", *cit.*, p. 1785 (para uma análise de contra-argumentos, v. pp. 1786 e segs.); ALBERTO DE GREGORIO MERINO, "Legal developments in the economic and monetary union during the debt crisis: the mecanisms of financial assistance", *cit.*, p. 1626. Adverte-se, todavia, que este último autor já não inclui na proibição referida os contratos onerosos ou verdadeiros empréstimos que devam posteriormente ser reembolsados com juros, os quais, por conseguinte, devem considerar-se admitidos pelo artigo 125.º (*idem*, p. 1627).

FINANÇAS

zes aos Estados-Membros insolventes ou perto disso, transformaria a União Europeia numa "União de subsídios", que premiaria os incompetentes e infratores e sobrecarregaria sobremaneira os cumpridores e responsáveis, minando fatalmente os princípios fundamentais da solidariedade e da cooperação leal[84], até porque essa solidariedade não pode ser confundida com simples generosidade ou magnanimidade[85].

Na verdade, estas questões – assim como uma outra, que com elas está relacionada que é a da mutualização das dívidas soberanas[86] – desaguam inevitavelmente no problema mais fundo de saber que tipo de solidariedade se tem em vista no âmbito do projeto europeu globalmente considerado: uma solidariedade passiva, de misericórdia e de prestações aos carenciados, ou uma solidariedade ativa, de comprometimento e de responsabilidade de todos[87]?

13. A questão da constitucionalidade das medidas. Em particular, o argumento da perda de soberania financeira e orçamental

Em segundo lugar, torna-se imperioso aferir da conformidade dessas mesmas medidas com as disposições dos ordenamentos internos dos Estados-Membros, designadamente com as suas disposições de rango ou patamar constitucional, as quais constituirão, naturalmente, o segundo parâmetro aferidor da respetiva correção.

Como se disse, no contexto do direito interno, tem sido principalmente no ordenamento alemão que as questões mais têm sido objeto de debate

---

[84] Acerca dos "princípios constitucionais" e dos princípios fundamentais da União Europeia, v. ARMIN VON BOGDANDY, "Grundprinzipien des Unionsrechts – eine verfassungstheoretische und –dogmatische Skizze", in *EuR*, 2009, 6, pp. 749 e segs.

[85] Neste sentido, FRÉDÉRIC ALLEMAND, "La mutualisation des dettes souveraines: une perspective juridique", in *Revue du marché commun et de l'Union européenne (RMCUE)*, 2012, p. 638.

[86] Acerca da admissibilidade da mutualização de dívidas, dos principais modelos que podem ser efetivados (*v. g.*, por via da criação de uma agência europeia instituída para o efeito, de um novo organismo intergovernamental, ou mesmo de uma estrutura privada) e das responsabilidades aos mesmos inerentes (responsabilidade individual de cada Estado-Membro, responsabilidade subsidiária, responsabilidade solidária, etc.) v. FRÉDÉRIC ALLEMAND, "La mutualisation des dettes souveraines: une perspective juridique", *cit.*, pp. 636 e segs.; MARTIN NETTESHEIM, "Verfassungsgerichtliche Vorgaben für den Umbau der Währungsunion", in *EuR*, 2011, 6, pp. 780 e segs.; ALBERTO DE GREGORIO MERINO, "Legal developments in the economic and monetary union during the debt crisis: the mecanisms of financial assistance", *cit.*, p. 1631.

[87] Cf. ROLAND BIEBER e FRANCESCO MAIANI, "Sans solidarité point d'Union européenne – Regards croisés sur les crises de L'Union économique et monétaire et du système commun d'asile", in *Revue trimestrielle de Droit européen (RTDE)*, 48, 2012, p. 311.

DIREITO DA UNIÃO EUROPEIA – ELEMENTOS DE DIREITO E POLÍTICAS DA UNIÃO

do ponto de vista jurisdicional, embora também no ordenamento francês a questão tenha sido colocada. Procuremos conhecer os termos essenciais do mesmo, assumindo que se terá principalmente como referente os Acórdãos do *BVerfG* de 7 de setembro de 2011[88] e de 12 de setembro de 2012[89], reconhecendo todavia que também a doutrina tem dado significativos contributos[90].

Nos acórdãos referidos[91], alegava-se, entre outros argumentos, a violação do princípio democrático e a perda de soberania por parte do Parlamento nacional (*Bundestag*) em matérias particularmente sensíveis, como são as matérias financeiras e orçamentais.

No pedido que é efetuado junto do *BVerG*, começa-se por se salientar o estatuto central que o direito orçamental desempenha num Estado de direito democrático. Isto porque, fazendo parte do núcleo essencial da sua autonomia de gestão (*Selbstgestaltungsfähigkeit*), encontra-se intimamente ligado aos princípios estruturais do Estado, entre os quais se incluem os princípios da "Constituição financeira" e particularmente a soberania orçamental (*Haushaltshoheit*). Neste contexto, todas as decisões que tenham por objeto ou

---

[88] V. *BVerfG*, 2 BvR 987/10, em *http://www.bverfg.de/entscheidungen/rs20110907_2bvr098710.html*. Trata-se este de um acórdão que se debruçou, entre outros diplomas, sobre uma lei que aprovava um conjunto de medidas de apoio à Grécia (*Währungsunion-Finanzstabilitätsgesetz*); uma outra respeitante a prestação de garantias no quadro da estabilização financeira europeia (*Euro-Stabilisierungsmechanismus-Gesetz*); o Regulamento (UE) n.º 407/2010, de 11 de maio de 2010, respeitante, como já se viu, ao Mecanismo europeu de estabilização financeira; e finalmente sobre a instituição do Fundo europeu de estabilidade financeira.

[89] V. *BVerfG*, 2 BvR 1390/12, em *http://www.bverfg.de/entscheidungen/rs20120912_2bvr139012.html*. Em termos muitos simples, neste acórdão analisa-se uma "providência cautelar" no sentido de questionar a validade da alteração ao 136.º, n.º 3, do TFUE e evitar a assinatura/promulgação por parte do Presidente Federal do TECG.

[90] Num plano doutrinal, v., MARTIN NETTESHEIM, "Verfassungsgerichtliche Vorgaben für den Umbau der Währungsunion", *cit.*, pp. 765 e segs.; MATTHIAS RUFFERT, "The european debt crisis and european union law", *cit.*, p. 1790; ALBERTO DE GREGORIO MERINO, "Legal developments in the economic and monetary union during the debt crisis: the mecanisms of financial assistance", *cit.*, pp. 1640 e segs.

[91] Importa lembrar que já antes o *BVerG* se havia pronunciado sobre a integração europeia, e por vezes com reservas, em várias decisões (*v. g.*, *Solange I*, *Solange II*, *Maastricht*, *Bananenmarktornung*, *Lissabon*). V., a respeito do mais recente, DIMITRIOS DOUKAS, "The verdict of the German Federal Constitutional Court on the Lisbon Treaty: Not guilty, but don't do it again!", *European law review* (*ELRev*), 2009, 34, pp. 866 e segs.; e "Le dialogue judiciaire et la Cour de Karlsruhe – Quelques réflexions à propós du jugement de la Cour constitutionnelle fédérale allemande concernant le traité de Lisbonne", in *RTDE*, 46, 2010, pp. 93 e segs. Sobre os mais antigos, cf. o nosso *Constituição, ordenamento e conflitos normativos. Esboço de uma teoria analítica da ordenação normativa, passim*, Coimbra Editora, Coimbra, 2008.

FINANÇAS

referência receitas e despesas públicas (como as ajudas a Estados em dificuldades) devem caber primariamente – senão exclusivamente – ao órgão legiferante primário, sendo ele, e mais ninguém, o responsável perante o povo.

Nesta linha argumentativa, as consequências imediatas do estabelecimento e do reconhecimento desta ligação direta orçamento do Estado → Parlamento do Estado → povo são evidentes:

- proibição da heteronomia e das determinações externas (*Verbot der Fremdbestimmung*), quer estas provenham de outros Estados, de instituições intergovernamentais, ou de instituições da União Europeia (a soberania financeira e orçamental implica necessariamente liberdade decisória atual e futura);
- proibição do *reenvio orçamental*, isto é, inadmissibilidade das transferências de competências e de responsabilidades financeiras ou orçamentais para outros atores, internos ou externos;
- proibição de autorizações orçamentais indeterminadas e da assunção de riscos incalculados[92];
- proibição das alterações aos Tratados europeus (especificamente ao TFUE) sem a participação ativa e real dos Parlamentos nacionais, particularmente em matérias tão sensíveis com as matérias orçamentais.

Será certo que, no momento da adesão à União Europeia, o Parlamento interno (*Bundestag*) transferiu o exercício de competências a favor das instituições europeias, mas fê-lo debaixo de um preciso quadro de condições, não se podendo ele considerar alheio a qualquer desenvolvimento relevante. Por conseguinte, qualquer opção política respeitante à União Económica e Monetária – nomeadamente ajudas a países terceiros – apenas pode produzir efeitos na ordem interna debaixo de autorização precisa e limitada.

Ora, assumindo estas premissas, levanta-se, junto do Tribunal, a questão de saber se o parlamento nacional não coloca em crise a sua autonomia orçamental presente e se não limita a autonomia orçamental do legislador futuro, por um lado, ao aprovar legislação que torna efetivos mecanismos automáticos de ajuda a Estados-Membros em dificuldades – seja por via de

---

[92] Cf. *BVerfG*, 2 BvR 987/10, ponto 125, onde se pode ler: "(...) *darf der Deutsche Bundestag seine Budgetverantwortung nicht durch unbestimmte haushaltspolitische Ermächtigungen auf andere Akteure übertragen*". V., também, MARTIN NETTESHEIM, "Verfassungsgerichtliche Vorgaben für den Umbau der Währungsunion", *cit.*, p. 770.

DIREITO DA UNIÃO EUROPEIA – ELEMENTOS DE DIREITO E POLÍTICAS DA UNIÃO

leis internas, seja por via da ratificação das alterações ao TFUE –, e, por outro lado, ao ratificar o próprio TECG. Isto porque – argumenta-se –, como a previsão destes mecanismos de ajuda é ambígua, pode-se estar a colocar em prática um mecanismo automático de responsabilidade a que o Parlamento futuro não pode escapar, sendo obrigado a conceder ajuda a outros Estados, limitando-se a aderir aos esquemas financeiros pré-estabelecidos. Em termos práticos, se um Estado-Membro ficar "insolvente" – existindo um alto grau de probabilidade de tal acontecer – os restantes Estados-Membros ficarão vinculados a pagamentos de auxílio ou de socorro cada vez maiores e, nesta medida, estes mecanismos de ajuda representam uma comunitarização das dívidas estaduais.

Além disso, a adesão ao TECG é marcada pela nota da irreversibilidade, não se prevendo possibilidade ou mecanismos jurídico-políticos de desvinculação (saída) do Tratado. Por isso, uma vez mais, se pode estar face a institutos permanentes que determinam irreversivelmente a política económica dos Estados-Membros, à margem da vontade destes.

Qual a apreciação que o *BVerG* faz destes argumentos?

Pode dizer-se desde já que eles são, na sua globalidade, rejeitados, embora com advertências ou sinais de aviso que não se podem considerar despiciendos.

Porventura a primeira ideia a salientar deva ser a do reconhecimento de que uma condição indispensável da existência de um Estado de direito, e da identidade da sua Constituição, é que o parlamento possa decidir sobre receitas e despesas públicas de um modo livre e sem constrangimentos externos, de outros Estados ou organizações, sendo sempre o "senhor das suas próprias decisões" (*"Herr seiner Entschlüsse"*)[93]. A Constituição não apenas proíbe a transferência de *Kompetenz-kompetenz*[94] para a União Europeia ou outras instituições, mas igualmente proíbe cláusulas em branco para o exercício de poderes públicos[95].

Contudo, reconhece-se igualmente que não se trata de uma condição absoluta, existindo uma efetiva relação de tensão (*Spannungsverhältnis*) entre

---

[93] Neste sentido, *BVerfG*, 2 BvR 987/10, § 127, e *BVerfG*, 2 BvR 1390/12, § 109.

[94] A propósito, v. o nosso *Constituição, ordenamento e conflitos normativos. Esboço de uma teoria analítica da ordenação normativa, passim.*

[95] Cf. *BVerfG*, 2 BvR 1390/12, § 105, onde se pode ler: *"Das Grundgesetz untersagt nicht nur die Übertragung der Kompetenz-Kompetenz auf die Europäische Union oder im Zusammenhang mit ihr geschaffene Einrichtungen. Auch Blankettermächtigungen zur Ausübung öffentlicher Gewalt dürfen die deutschen Verfassungsorgane nicht erteilen".*

878

FINANÇAS

a soberania parlamentar, por um lado, e a sobrevivência do projeto europeu e as necessidades de ajuda a outros Estados-Membros, por outro[96].

A concordância prática entre estas duas dimensões poderá ser feita admitindo mecanismos de ajuda externa a Estados em dificuldades no quadro da União Económica e Monetária, desde que os mesmos sejam perfeitamente determinados quantos aos seus contornos essenciais, particularmente os montantes de financiamento, os seus fins, os prazos, as modalidades de entrega e as contrapartidas (condicionalidades de política económica).

O que, no entendimento do órgão jurisdicional, terá sucedido nestes casos em concreto, pois, bem vistas as coisas, em nenhum dos atos em análise se preveem mecanismos automáticos que coloquem o *Bundestag* permanente e totalmente à parte das decisões. Pelo contrário, as leis *sub iudice* limitam a ajuda financeira de um modo bem determinado não sendo o princípio democrático posto em causa, pois o órgão soberano nacional não "arriscou", de um modo intolerável, a sua competência financeira e orçamental[97].

Uma nota final neste apartado apenas para referir a abordagem que a estas questões fez o *Conseil Constitutionnel* francês[98]. No seguimento de uma solicitação do Presidente da República, levantando a questão de saber se a autorização para ratificação do TECG deveria ou não ser precedida de uma revisão constitucional (em virtude da possível incompatibilidade de algumas das suas normas com a Constituição, particularmente com o princípio da soberania nacional) –, o órgão máximo da jurisdição constitucional francesa entendeu que a conformidade constitucional estava perfeitamente garantida. Não deixou, contudo, de salientar que a Constituição continua a estar situada *au sommet de l'ordre juridique interne*, mas reconheceu também que a República francesa já se encontra, no momento da ratificação do TECG, vinculada a grande parte das suas disposições[99], não tendo sido encontradas normas que se considerassem inconstitucionais.

---

[96] Assim, uma vez mais, *BVerfG*, 2 BvR 987/10, § 127 ("*Zu diesem Grundsatz stehen Gewährleistungsermächtigungen, mit denen die Zahlungsfähigkeit anderer Mitgliedstaaten abgesichert werden soll, in einem erheblichen Spannungsverhältnis*").

[97] Cf. *BVerfG*, 2 BvR 987/10, §§ 133 e segs.

[98] Cf. Decisão n.º 2012-653, de 9 de agosto de 2012, disponível em *http://www.conseil-constitutionnel. fr/conseil-constitutionnel/francais/les-decisions/acces-par-date/decisions-depuis-1959/2012/2012-653-dc/ decision-n-2012-653-dc-du-09-aout-2012.115444.html*.

[99] Cf. Decisão n.º 2012-653, *cit.*, § 15.

14. Tópicos conclusivos

A União Europeia e o seu quadro normativo – principalmente aquele atinente à coordenação das finanças públicas dos Estados-Membros – atravessam inquestionavelmente um período de turbulência e dúvidas, não se conseguindo atingir um estado de integração plena (possivelmente não desejado) que permita afirmar que se está perante uma união real e efetiva. Até ao momento, o máximo que se tem conseguido tem sido a afirmação de uma autonomia vigiada das finanças dos Estados-Membros, consubstanciada, acima de tudo, no *procedimento de supervisão multilateral*, na *no-bailout clause* e no pacto de estabilidade e crescimento (no qual se inclui a cláusula de proibição de défices excessivos).

Porém, este "caminho de ferro financeiro" não tem sido sempre adequadamente trilhado, seja por motivos ligados a contingências económicas, políticas e sociais, seja por razões de falta de lealdade, cooperação e transparência dos atores envolvidos, potenciando o estado de "crise". Esta crise materializa-se na dificuldade em cumprir os estreitos e exigentes critérios definidos nos Tratados, na debilidade económica, no elevado nível de desemprego, na agitação social e na instabilidade política, apresentando como causas as indefinições dos fins e atuações da própria União Europeia e o *lack of enforceability* (carácter dúctil) das normas.

Como modo de buscar solução para essa crise, tentou-se, por um lado, o recurso aos instrumentos do próprio direito da União Europeia e, por outro lado (na insuficiência ou inviabilidade dos primeiros), o recurso ao direito internacional convencional e aos denominados "atos intergovernamentais", já fora do quadro do direito europeu *stricto sensu*. Num caso ou no outro, duas têm sido as abordagens tentadas: de um lado, os denominados "mecanismos de assistência", por via dos quais se procura assegurar o auxílio financeiro pontual e circunstancial aos Estados-Membros com problemas de solvabilidade e liquidez; por outro lado, os instrumentos jurídicos de reforço da coordenação económico-financeira entre os Estados-Membros.

Neste contexto, o Tratado sobre a estabilidade, a coordenação e a governação na União Económica e Monetária (TECG – "Tratado orçamental" ou "*Budget code*") está no cerne da atualidade. Do ponto de vista jurídico-normativo, consiste num verdadeiro tratado internacional caracterizado pelas notas da excecionalidade e da transitoriedade (pois prevê-se a sua futura incorporação no direito da União Europeia), sendo os seus objetivos a melhoria da governação e a preservação da estabilidade de toda a área do euro.

FINANÇAS

As respetivas normas, bem assim, como as de outros diplomas e instrumentos, não deixaram de suscitar algumas dúvidas de compatibilidade jurídica, nas apenas em face do próprio direito da União Europeia (especificamente a *no-bailout clause*), mas também em face das Constituições dos Estados-Membros, alegando-se principalmente, a violação do princípio democrático e a perda de soberania por parte do Parlamento nacional em matérias particularmente sensíveis, como são as matérias financeiras e orçamentais. Neste último caso, o Tribunal Constitucional Federal Alemão rejeitou essas objeções, entendendo que em nenhuma das situações em análise se preveem mecanismos automáticos que coloquem o Parlamento interno permanente e totalmente à parte das decisões.

No que concerne especificamente ao ordenamento português, a adaptação foi efetuada por via da Lei n.º 37/2013, de 14 de junho, que altera substancialmente a Lei de enquadramento orçamental, introduzindo uma nova principiologia jurídico-financeira, e impondo o estabelecimento de um quadro orçamental a médio prazo.

Estes são os contornos essenciais do atual direito financeiro da União Europeia.

Até quando?

Capítulo XV
Igualdade de Oportunidades e Não Discriminação

MARIANA CANOTILHO

Introdução – Uma Europa desigual

A União Europeia é um mosaico de diversidade e desigualdades. Vivem no seu território cerca de 503 milhões de pessoas – a terceira maior população mundial, depois da Índia e da China. Nela incluem-se aproximadamente 20 milhões de nacionais de Estados terceiros, sendo mais de 33 milhões os nascidos fora da União Europeia que nela residem[1]. Vários Estados-Membros têm importantes minorias étnicas, religiosas ou linguísticas, quer no seio da sua comunidade nacional quer entre as comunidades migrantes, com experiências e graus de integração cultural e socioeconómica muito distintos. A somar aos elementos de raça, origem étnica, religião ou nacionalidade, a perceção de discriminações em razão da idade, género, deficiência ou orientação sexual é igualmente alta entre os cidadãos da União[2]. Assim, é inegá-

---

[1] Cf. Eurostat, *Migration and migrant population statistics*, disponível em http://ec.europa.eu/eurostat/statistics-explained/index.php/Migration_and_migrant_population_statistics.

[2] Cf. *Discrimination In The Eu In 2012*, Special Eurobarometer 393, European Commission, Directorate-General Justice, novembro de 2012, disponível em *http://ec.europa.eu/public_opinion/archives/ebs/ebs_393_en.pdf.*

vel que a desigualdade se tornou recentemente um tema central na análise jurídica, social e económica. É também um dado incontornável da realidade europeia, tanto do ponto de vista interestadual, como de uma perspetiva intraestadual.

As tendências recentes relativas à evolução demográfica mostram que a população está a aumentar, através da combinação de nascimentos e imigração, estando a sua estrutura etária a modificar-se, de forma clara, no sentido do envelhecimento. A fertilidade diminui paulatinamente, facto que, paralelamente ao aumento da idade média dos cidadãos europeus, trará desafios e problemas em matérias de competência tanto da União Europeia como nacional: proteção da maternidade e paternidade, regulação do mercado de trabalho, sistemas de pensões e segurança social, cuidados de saúde, habitação. Num território de intrincado pluralismo, linguístico, político, social, económico e jurídico, a interligação de sistemas, de que são exemplo os fenómenos de interconstitucionalidade e internormatividade, complexifica os problemas e as respetivas soluções, já que se afigura difícil negociar e aprovar políticas públicas plenamente eficazes, quer no plano europeu quer no plano nacional. Ora, os problemas existentes num determinado domínio não são caixas fechadas, indiferentes às decisões e quadros normativos estabelecidos quer para outras matérias, quer em distintos planos (supra ou infranacionais). De facto, no plano interno – o espaço com competência e legitimidade para boa parte das políticas sociais e relativas a direitos fundamentais –, a regulamentação europeia comum relativa a assuntos económicos, financeiros e do mercado de trabalho condiciona as escolhas públicas atinentes, por exemplo, a prestações sociais. No plano da União Europeia, a tentativa de estabelecer e garantir um nível mínimo de igualdade de oportunidades, independentemente de *género, raça, deficiência, orientação sexual, idade ou nacionalidade*, esbarra, com frequência, em questões de competência e em elementos de identidade constitucional ou política dos Estados-Membros, que nem sempre é possível contornar. Neste capítulo abordar-se-á o direito da igualdade de oportunidades na União Europeia, procurando traçar-se um quadro geral da regulamentação existente e da evolução registada, nas diversas matérias, registando os avanços e retrocessos e os contributos positivos do direito da União nesta matéria. Merecerá, naturalmente, destaque, a jurisprudência do TJUE, que tem sido um incontornável fator de consolidação e implementação do princípio da igualdade, em particular na sua dimensão de não discriminação, no espaço da União Europeia.

IGUALDADE DE OPORTUNIDADES E NÃO DISCRIMINAÇÃO

I. A igualdade no direito originário da União

1. Evolução histórica: dialética entre legislação e jurisprudência

A história da legislação sobre igualdade e não discriminação na União é, como acontece com os direitos fundamentais em geral, tecida sobre as complexas relações entre o projeto económico inicial e a ideia de consolidação de uma Europa social. Num modelo de *integração através do mercado*, as questões de igualdade e as políticas sociais com ela relacionadas são desenhadas tendo por objetivo a eficiência; já num modelo de *cidadania social*, defende-se e prevê-se o desenvolvimento autónomo de tais políticas, a par – e não ao serviço – da dimensão económica da União. Ora, apenas no quadro desta permanente tensão se podem compreender os avanços e recuos, operados, quer por via legislativa quer por via jurisprudencial, em matéria de igualdade de oportunidades e nos campos da proteção social com ela diretamente relacionados.

As primeiras referências específicas a questões de igualdade no direito originário da União Europeia aparecem no quadro das Disposições Sociais do Tratado de Roma, assinado em 1957. O artigo 117.º registava, então, o acordo dos Estados-Membros quanto à necessidade de promover a melhoria das condições de vida e de trabalho dos trabalhadores, permitindo a sua "igualização através do progresso". Tal evolução resultaria, nos termos da mesma norma, do funcionamento do mercado comum, que favoreceria a harmonização dos sistemas sociais, e da aproximação de disposições legislativas e administrativas, das formas previstas pelo próprio Tratado. Referências mais explícitas à igualdade entre homens e mulheres no âmbito do mercado de trabalho surgem no artigo 119.º do Tratado de Roma (mais tarde artigo 141.º do TCE, hoje artigo 157.º do TFUE). Cada Estado-Membro assumia, numa primeira fase, o compromisso de aplicar o princípio da igualdade entre trabalhadores de ambos os sexos em matéria de remuneração. O propósito inicial destas disposições era de natureza claramente económica, com países com legislação mais desenvolvida e generosa no campo da proteção social, como a França, a revelarem receio de uma distorção da concorrência no quadro do mercado comum. Assim, as normas em causa visavam assegurar que das "vantagens sociais" não resultariam "desvantagens concorrenciais ou económicas".

Quase duas décadas mais tarde, a densificação das disposições normativas citadas conheceria um significativo avanço, com a decisão do TJUE no caso *Defrenne v. Sabena*[3], na qual se reconheceu, para o futuro, o efeito direto do artigo 119.º. O Tribunal entendeu também, então, que o *"artigo 119.º prossegue uma dupla finalidade. Por um lado, tendo em conta a diferença do grau de evolução das legislações sociais nos diferentes Estados-Membros, o artigo 119.º tem por função evitar que na competição intracomunitária as empresas estabelecidas nos Estados que realizaram efetivamente o princípio de igualdade de remuneração não sofram uma desvantagem concorrencial em relação a empresas situadas em Estados que ainda não eliminaram a discriminação salarial em detrimento da mão de obra feminina. Por outro lado, esta disposição integra-se nos objetivos sociais da Comunidade, não se limitando esta a uma união económica mas devendo assegurar ao mesmo tempo, através de uma alteração comum, o progresso social e prosseguir uma melhoria constante das condições de vida e emprego dos povos europeus, tal como é salientado no preâmbulo do Tratado. (...) Desta dupla finalidade, económica e social, resulta que o princípio de igualdade de remuneração faz parte dos fundamentos da Comunidade"*.

Já no ano 2000, no Acórdão *Deutsche Telekom*[4], o TJUE reconheceria o princípio da igualdade remuneratória como expressão de um direito humano fundamental, invertendo a hierarquia teleológica até então atribuída ao artigo 119.º do Tratado da Comunidade Económica Europeia e afirmando o objetivo económico como secundário em relação aos objetivos de cariz social. Como pode ler-se no aresto mencionado, *"o Tribunal de Justiça tem reiteradamente declarado que o direito de não ser discriminado em razão do sexo constitui um dos direitos fundamentais da pessoa humana, cujo respeito incumbe ao Tribunal garantir (...) À luz desta jurisprudência, há que considerar que a finalidade económica prosseguida pelo artigo 119.º do Tratado e que consiste na eliminação das distorções de concorrência entre as empresas estabelecidas em diferentes Estados-Membros assume um carácter secundário relativamente ao objetivo social prosseguido pela mesma disposição, que constitui a expressão de um direito fundamental da pessoa humana"*.

Contudo, o passo fundamental para a efetiva consagração de um princípio geral de não discriminação foi a atribuição de competências legislativas específicas na matéria à União, com o artigo 13.º do Tratado de Amesterdão (hoje artigo 19.º do TFUE). A União Europeia passava, assim, a poder *"tomar as medidas necessárias para combater a discriminação em razão do sexo, raça ou origem étnica, religião ou crença, deficiência, idade ou orientação sexual"*. Esta alteração ao

---

[3] Cf. Acórdão (TJUE) *Gabrielle Defrenne v. Société Anonyme Belge de Navigation Aérienne Sabena*, de 8 de abril de 1976, proc. C-43/75.

[4] Cf. Acórdão (TJUE) *Deutsche Telekom AG v. Lilli Schröder*, de 10 de fevereiro de 2000, proc. C-50/96.

IGUALDADE DE OPORTUNIDADES E NÃO DISCRIMINAÇÃO

direito originário teve como consequência o esclarecimento de quaisquer dúvidas sobre a possibilidade de intervenção das Instituições da União em tais matérias, passando a discutir-se, antes, a forma e o alcance da legislação e das políticas a adotar. Assim, o artigo 13.º do Tratado de Amesterdão abriu caminho à adoção de uma série de medidas legislativas, em particular de diretivas, no campo da não discriminação, de que abaixo se dará conta com maior detalhe. Ainda no ano 2000 surge a Diretiva 2000/43/CE[5], em matéria de discriminação racial e étnica, aplaudida pela doutrina pelo seu âmbito abrangente, para além do tradicional campo do mercado laboral. Seguiu-se a Diretiva 2000/78/CE[6], que alargou os motivos de discriminação proibida no quadro do emprego, passando a incluir-se a idade, a orientação sexual, as deficiências e a religião e crenças. O passo seguinte foi a adoção de uma série de diplomas em matéria de género[7], que se consolidou como a dimensão de igualdade mais desenvolvida no direito da União.

Na mesma época foi aprovada em Nice a CDFUE, que viria a adquirir efeitos jurídicos vinculativos com a entrada em vigor do Tratado de Lisboa, em 2009. A Carta dedica um título inteiro (Título III) à questão da Igualdade. Nele estão consagrados distintos direitos relacionados com a temática, a saber, os direitos à igualdade perante a lei (artigo 20.º), à não discriminação (artigo 21.º), à diversidade cultural, religiosa e linguística (artigo 22.º) e à igualdade entre homens e mulheres (artigo 23.º). Neste título se incluem ainda os direitos das crianças (artigo 24.º), os direitos das pessoas idosas (artigo 25.º) e o direito à integração das pessoas com deficiência (artigo 26.º), dimensões específicas que, devido à natural necessidade de delimitação do objeto, e tendo em conta que se referem a matérias de proteção social ainda, largamente, da competência dos Estados, não trataremos neste trabalho.

---

[5] Diretiva 2000/43/CE, de 29 de junho de 2000, que aplica o princípio da igualdade de tratamento entre as pessoas, sem distinção de origem racial ou étnica.

[6] Diretiva 2000/78/CE, de 27 de novembro de 2000, que estabelece um quadro geral de igualdade de tratamento no emprego e na atividade profissional.

[7] Cf., por exemplo, Diretiva 2004/113/CE, de 13 de dezembro de 2004, que aplica o princípio de igualdade de tratamento entre homens e mulheres no acesso a bens e serviços e seu fornecimento; Diretiva 2006/54/CE, de 5 de julho de 2006, relativa à aplicação do princípio da igualdade de oportunidades e igualdade de tratamento entre homens e mulheres em domínios ligados ao emprego e à atividade profissional (reformulação); Diretiva 2010/18/UE, de 8 de março de 2010, que aplica o Acordo-Quadro revisto sobre licença parental celebrado entre a BUSINESSEUROPE, a UEAPME, o CEEP e a CES; Diretiva 2010/41/UE, de 7 de julho de 2010, relativa à aplicação do princípio da igualdade de tratamento entre homens e mulheres que exerçam uma atividade independente.

DIREITO DA UNIÃO EUROPEIA – ELEMENTOS DE DIREITO E POLÍTICAS DA UNIÃO

A igualdade perante a lei, plasmada no artigo 20.°, é um dos exemplos clássicos do *património constitucional comum* dos Estados-Membros e foi já reconhecido pelo TJUE como um princípio fundamental do direito da União. Já o artigo 21.° consagra a não discriminação enquanto valor constitucional da União, direito subjetivo e ainda como uma técnica jurídica. Enquanto valor absoluto, implica uma proibição de distinções que, devido ao critério de diferenciação sobre o qual assentam, são *a priori* arbitrárias, odiosas ou ilegítimas. Enquanto direito subjetivo fundamental traduz o direito individual a não ser discriminado, privado de qualquer direito ou sujeito a qualquer dever em virtude da pertença a qualquer das categorias enunciadas. Por fim, enquanto técnica de controlo, desenvolvida, em grande medida, por via jurisprudencial, permite tornar operativo um princípio constitucional de conteúdo fortemente indeterminado: o princípio da igualdade. O n.° 2 do artigo 21.° da Carta refere-se ao problema específico da discriminação em razão da nacionalidade. Ao prever a sua proibição *sem prejuízo da aplicação das disposições específicas dos Tratados*, está-se, porém, no fundo, a afirmar a proibição de não discriminação em razão da nacionalidade para os cidadãos da União Europeia e somente no quadro de aplicação do direito da União, já que o tratamento diferenciado, com fundamento na nacionalidade, de cidadãos de países terceiros não é tido por discriminatório face ao direito da União.

A previsão do respeito pela diversidade cultural, religiosa e linguística (artigo 22.°) reflete a necessidade de reconhecer e proteger a diversidade enquanto "característica intrínseca da construção europeia"[8], verdadeiro princípio fundamental de um projeto com origem em distintas identidades nacionais. Contudo, dada a fraca densificação desta norma da Carta, verifica--se ainda alguma oscilação na proteção jurídica conferida em matéria cultural e religiosa. Se, por um lado, tem havido abertura das Instituições europeias para aceitar a proteção da língua ou identidade cultural dos Estados como exceção à aplicação de normas de direito da União, a operatividade deste artigo da CDFUE para proteção de sujeitos individuais ou minorias culturais, religiosas e linguísticas afigura-se muito menor.

Quanto à norma do artigo 23.° da Carta, ela estabelece a igualdade entre homens e mulheres e consagra uma obrigação, em particular para os poderes

---

[8] Cf. PATRÍCIA JERÓNIMO, "Artigo 22.° – Diversidade cultural, religiosa e linguística", *in* Alessandra Silveira e Mariana Canotilho (coord.), *Carta dos Direitos Fundamentais da União Europeia Comentada*, Almedina, 2013.

IGUALDADE DE OPORTUNIDADES E NÃO DISCRIMINAÇÃO

públicos, de a garantir em todos os domínios, nomeadamente em matéria de emprego, trabalho e remuneração (que são, de facto, como adiante se verá, campos em que esta matéria se encontra particularmente desenvolvida, do ponto de vista jurídico). Ou seja, assim se consagra um princípio geral de igualdade entre homens e mulheres, que, por seu turno, implica o reconhecimento de um direito fundamental à não discriminação em razão do sexo. Este princípio faz hoje parte de um *acquis* bem desenvolvido sobre igualdade de género, integrado quer pelas normas de direito originário da União quer por um elevado número de medidas legislativas, instrumentos de *soft law* e jurisprudência constante e reiterada do TJUE.

2. Quadro atual

No atual quadro do direito originário da União, além da CDFUE, de que acima se tratou, há várias disposições normativas de inegável relevância em matéria de igualdade de oportunidades. Desde logo, o artigo 2.º do TUE refere a igualdade como um dos valores fundamentais da União e a não discriminação e o pluralismo como características essenciais das sociedades europeias. Logo a seguir, o artigo 3.º, n.º 3, inclui nas tarefas fundamentais da União o combate à exclusão social e às discriminações, bem como a promoção da justiça e da proteção sociais, da igualdade entre homens e mulheres, da solidariedade entre as gerações, e a proteção dos direitos da criança. Esclarece ainda a mesma disposição normativa que a União respeita a riqueza da sua diversidade cultural e linguística. Deste modo, e embora estas normas do TUE não constituam uma fonte de direitos subjetivos, elas traçam o quadro valorativo global no qual deverão ser integradas as questões jurídicas relativas à igualdade de oportunidades e proteção social.

No TFUE, os atuais artigos 18.º e 19.º mantêm, no essencial, o conteúdo de que acima se deu conta, atribuindo ao Parlamento e ao Conselho competências para proibir e reprimir, através de ações adequadas, a discriminação. Contudo, a atual redação do artigo 19.º amplia visivelmente o papel do Parlamento Europeu, cuja aprovação das medidas adotadas pelo Conselho para combater a discriminação passa a ser, em regra, obrigatória. Esta é uma nota positiva, dada a importância da intervenção do Parlamento na elaboração e definição de conteúdo da legislação europeia antidiscriminação[9].

---

[9] Cf. E. Howard, "EU Equality Law: Three Recent Developments", in *European Law Journal*, vol. 17, n.º 6, november 2011.

O TFUE impõe ainda uma obrigação de *mainstreaming* – conceito que será analisado com mais detalhe *infra* – das questões de discriminação, ao prever, no artigo 8.º, que *"[n]a realização de todas as suas acções, a União terá por objectivo eliminar as desigualdades e promover a igualdade entre homens e mulheres"* e no artigo 10.º, que *"[n]a definição e execução das suas políticas e acções, a União tem por objectivo combater a discriminação em razão do sexo, raça ou origem étnica, religião ou crença, deficiência, idade ou orientação sexual"*. No fundo, estas normas estabelecem, para as instituições europeias, um dever jurídico de avaliar as possíveis consequências discriminatórias, diretas ou indiretas, de todas as suas ações e políticas, garantindo que todas as suas ações são usadas, sempre que possível, como instrumento de promoção da igualdade.

É de assinalar, ainda, o artigo 157.º do TFUE, que se refere especificamente à igualdade entre homens e mulheres no âmbito do mercado de trabalho. Esta foi uma das primeiras normas europeias em matéria de igualdade de género (corresponde ao antigo artigo 141.º do TCE), e estabelece o princípio de igualdade de retribuição entre trabalhadores de ambos os sexos, para um mesmo trabalho ou trabalho de igual valor. Além disso, atribui ao Parlamento Europeu e ao Conselho poderes para adotar medidas destinadas a garantir a aplicação do princípio da igualdade de oportunidades e da igualdade de tratamento entre homens e mulheres em assuntos de emprego e ocupação, e esclarece que o princípio da igualdade de tratamento não impede os Estados--Membros de manter ou adotar quaisquer medidas de discriminação positiva.

Por fim, há que notar que só com o Tratado de Lisboa se conferiu plena eficácia jurídica às normas da CDFUE, cujas disposições sobre igualdade e não discriminação foram analisadas *supra*.

Do que acima se expôs, pode concluir-se que o direito originário da União afirma a igualdade e a não discriminação como valores fundamentais, estabelecendo, até, deveres jurídicos específicos, para as suas instituições, nessa matéria. Daqui resulta um quadro jurídico-constitucional de grande abertura às questões da igualdade de oportunidades e aos problemas de justiça social dela decorrentes, que não constitui obstáculo ao desenvolvimento, por via legislativa, ou mesmo jurisprudencial, da regulamentação ou da proteção jurídica conferida em relação a problemas concretos. Suscetível de problematização – embora compreensível tendo em conta a atual distribuição de competências entre Estados-Membros e União, bem como o cenário político que tem vindo a desenhar-se na última década e meia – afigura-se, contudo, a centralidade das questões identitárias e afirmativas, em detrimento dos problemas de redistribuição e justiça social, de que o direito

IGUALDADE DE OPORTUNIDADES E NÃO DISCRIMINAÇÃO

da União pouco ou nada se ocupa. Ora, tendo em vista o carácter intrincado das questões de discriminação e a interseccionalidade que muitas vezes se verifica, como veremos adiante, entre diferentes razões ilegais de distinção, a análise das situações concretas e a sua classificação ao abrigo das categorias de discriminação protegidas pelo direito da União torna-se, por vezes, particularmente difícil. Disto mesmo se dará conta, com a análise das específicas dimensões de igualdade reguladas pelo direito derivado e desenvolvidas por via jurisprudencial.

3. Conceitos fundamentais para densificação do princípio da não discriminação no direito da União Europeia

3.1. Discriminação direta e indireta

A densificação e distinção dos conceitos de discriminação direta e discriminação indireta, processo no qual o TJUE assumiu um papel de enorme destaque, é uma das grandes contribuições do direito da União Europeia para o património constitucional comum europeu. Na verdade, estes conceitos desempenham um papel fundamental para a eficácia real do princípio da igualdade de oportunidades.

Podemos dizer que o elemento fundamental da distinção reside no carácter mais ou menos evidente, ou visível, da discriminação. Assim, a *discriminação direta* consiste no facto de determinada medida diferenciadora se fundar, diretamente e sem justificação, num critério interdito pela ordem jurídica. É, pois, uma discriminação ostensiva, manifesta. Na definição mais comum em termos legislativos e jurisprudenciais, considera-se que existe discriminação direta apenas quando, em função de uma característica proibida, uma pessoa for sujeita a tratamento menos favorável do que aquele que é dado a outra pessoa em situação equivalente. Encontramos exemplos de discriminação direta em situações como as analisadas recentemente pelo TJUE nos Acórdãos *Feryn*[10], *Association belge des Consommateurs Test-Achats ASBL*[11] e *Pensionsversicherungsanstalt contra Christine Kleist*[12].

---

[10] Cf. Acórdão (TJUE) *Feryn*, de 10 de julho de 2008, proc. C-54/07.
[11] Cf. Acórdão (TJUE) *Association belge des Consommateurs TestAchats ASBL*, de 1 de março de 2011, proc. C-236/09.
[12] Cf. Acórdão (TJUE) *Pensionsversicherungsanstalt contra Christine Kleist*, de 18 de novembro de 2010, proc. C-356/09.

DIREITO DA UNIÃO EUROPEIA – ELEMENTOS DE DIREITO E POLÍTICAS DA UNIÃO

Já a *discriminação indireta* refere-se a medidas que, no plano estritamente formal, são indistintamente aplicáveis, no que respeita aos critérios de diferenciação proibidos pelo ordenamento jurídico, mas que, no plano prático e material, têm um efeito idêntico ao das discriminações diretas. Há, pois, discriminação indireta sempre que determinada medida ou regulamentação, tendo por base critérios aparentemente neutros, se revela em concreto suscetível de colocar em situação de desvantagem um determinado grupo de indivíduos, protegido pela proibição de discriminação. Deste modo, configuram situações de discriminação indireta a utilização de critérios distintivos cujos efeitos sejam equivalentes àqueles que resultariam da aplicação de critérios juridicamente inválidos, bem como o estabelecimento de uma distinção puramente formal de casos diferentes, aos quais se aplica, na prática, tratamento idêntico.

A propósito das questões de discriminação indireta – mais comuns, mas cuja identificação e fundamentação resulta mais exigente do que os casos de discriminação direta – o direito da União, por ação do TJUE, tem fornecido diversos critérios metodológicos indispensáveis. Desde logo, este Tribunal tem sustentado que a existência ou não de discriminação, num caso concreto, deve ser tratada como uma *questão de facto*; esta posição tem várias implicações bastante relevantes. Desde logo, a consideração não apenas dos efeitos que a desigualdade de tratamento possa causar a um indivíduo em particular, mas também do impacto causado nos indivíduos enquanto membros de determinado grupo social. Assim, e apesar das dificuldades metodológicas desta avaliação, a consideração da discriminação indireta enquanto dimensão da não discriminação afigura-se importante como forma de tutela das minorias, em sociedades plurais, permitindo salientar e conservar identidades de grupo.

Por outro lado, no que respeita às etapas do processo probatório nos casos de discriminação, o TJUE tem repetidamente alertado para a necessidade de tomada em consideração dos dados estatísticos (nas comparações a que procede, remete sempre para a percentagem de indivíduos de cada grupo afetados por uma determinada medida), do relevo dado à dimensão sociológica (o Tribunal tem tratado as questões individuais a partir de um exame da situação do grupo a que pertence o indivíduo afetado) e da elaboração de listas de justificações tidas como objetivamente legítimas e ilegítimas para afastar a proibição de discriminação.

IGUALDADE DE OPORTUNIDADES E NÃO DISCRIMINAÇÃO

Podemos encontrar boas ilustrações de situações de discriminação indireta nos casos *Seymour-Smith and Perez*[13] e *Allonby*[14]. No primeiro acórdão, tratando-se de um caso típico de discriminação laboral em razão do género, o Tribunal sustentou, numa aplicação típica dos critérios acima mencionados, que *"para verificar a existência de uma discriminação indireta, deve em primeiro lugar analisar-se se uma medida como a regra contestada produz em relação aos trabalhadores femininos efeitos mais desfavoráveis do que os que essa mesma medida implica para os trabalhadores masculinos"*, pelo que haveria que constatar *"se os dados estatísticos disponíveis mostram que uma percentagem consideravelmente mais baixa de trabalhadores femininos do que de trabalhadores masculinos satisfaz a condição dos dois anos de emprego imposta pela regra ora em discussão"*.

3.2. Justificação de tratamentos discriminatórios
A problemática da *justificação legal de tratamentos discriminatórios*, nomeadamente das discriminações indiretas, tem sido também desenvolvida no quadro do direito da União Europeia, essencialmente no que respeita às discriminações indiretas. A justificação das discriminações diretas afigura-se, em princípio, difícil ou mesmo impossível, a não ser que estejam legalmente previstas derrogações expressas a um determinado critério proibido de distinção, que deverão ser bem fundamentadas.

Já no que se refere às discriminações indiretas, muitas das normas que, na prática, implicam uma distinção odiosa não terão, na verdade, uma intenção discriminatória, precisamente por não terem por base critérios de distinção proibidos, e poderão mesmo configurar a melhor solução possível para atingir um determinado fim, constitucionalmente desejável. Além disso, e ao contrário das discriminações diretas, há que ter aqui em conta a necessária margem de conformação do legislador na ordenação social.

A jurisprudência do TJUE tem procurado definir e elencar critérios que permitam determinar se uma certa conduta ou medida discriminatória poderá ser objetivamente justificada. Tem-se mesmo sugerido um teste para as soluções normativas cuja legitimidade seja contestada. Assim, elas deverão corresponder (1) a uma necessidade real, (2) serem apropriadas para a prossecução de determinado objetivo e (3) necessárias para atingir esse fim. Corresponde este teste, no fundo, à compreensão abrangente que, entre nós, se faz do princípio da proporcionalidade (incluindo o princípio da pro-

---

[13] Cf. Acórdão (TJUE) *Seymour-Smith and Perez*, de 9 de fevereiro de 1999, proc. C-167/97.
[14] Cf. Acórdão (TJUE) *Allonby*, de 13 de janeiro de 2004, proc. C-256/01.

893

DIREITO DA UNIÃO EUROPEIA – ELEMENTOS DE DIREITO E POLÍTICAS DA UNIÃO

porcionalidade em sentido estrito, da necessidade e da adequação). Tendo em conta a gravidade das consequências das discriminações proibidas, e o dever constitucional de proteção que o Estado tem, nesta matéria, em relação aos cidadãos, houve durante muito tempo sucessivos apelos no sentido de "apertar" as exigências de justificação das medidas discriminatórias, no quadro do direito da União, propondo uma verdadeira *inversão do ónus da prova*, segundo a qual passaria a caber aos poderes públicos (ou à entidade interessada na manutenção da medida) a demonstração de que esta corresponde ao meio menos gravoso possível para atingir determinado objetivo, e da inexistência de meios alternativos não (ou menos) discriminatórios, que permitissem alcançá-lo. Isto mesmo veio a ser consagrado em vários instrumentos de direito da União Europeia, em particular das diretivas adotadas na sequência da atribuição institucional de competências, resultante do Tratado de Amesterdão, em matéria de não discriminação, e amplamente reconhecido na jurisprudência do TJUE.

3.3. *Mainstreaming* e interseccionalidade

O conceito de *mainstreaming*, frequentemente mencionado na doutrina especializada, consiste na mobilização de todas as áreas de direito e de distintas políticas públicas, no quadro da União, para combater a discriminação e promover a igualdade. Trata-se, no fundo, de uma abordagem sistémica, integrada e global de uma determinada questão de igualdade que, pela sua abrangência, inclui quer mecanismos de *hard law* quer mecanismos de *soft law*. Ou seja, através do *mainstreaming* promove-se a adoção de uma *perspetiva específica* de direitos de igualdade, que deve refletir-se em todas as políticas e medidas adotadas pela União Europeia. É um conceito muito comum na literatura especializada, não só no plano do direito da União Europeia, mas também no que respeita aos direitos humanos em geral, no plano do direito internacional[15].

Utilizado em inúmeros instrumentos e relatórios sobre não discriminação da União, com especial relevo nas questões de igualdade de género, a ideia de *mainstreaming* é também, contudo, frequentemente acusada de indeterminação conceptual e do risco de instrumentalização, em particular

---

[15] Cf. M. KOSKENNIEMI, "Human Rights Mainstreaming as a Strategy for Institutional Power", *Humanity: An International Journal of Human Rights, Humanitarianism, and Development*, vol. 1, n.º 1, 2010; e C. McCRUDDEN, "Mainstreaming and Human Rights," in *Human Rights in the Community: Rights as Agents for Change*, Colin Harvey (ed.), Hart, 2005.

IGUALDADE DE OPORTUNIDADES E NÃO DISCRIMINAÇÃO

das organizações da sociedade civil que se ocupam de questões de igualdade específicas[16]. Daí que se chame a atenção para a necessidade de ter em conta distintas dimensões do fenómeno de *mainstreaming*, em particular: 1) a mensagem, 2) a estratégia e 3) o modelo a adotar. No quadro do direito da União Europeia, a mensagem sobre não discriminação tem de integrar também a ideia de respeito pela diversidade, refletindo o frágil equilíbrio de valores e direitos potencialmente conflituantes no contexto da União, mas não abdicando de promover a igualdade de oportunidades em todo o âmbito de atuação daquela. Quanto à estratégia, é notório que tem sido frequente o recurso a legislação comunitária para proteger os direitos individuais, ao mesmo tempo que se abre a possibilidade de, em especial ao nível dos Estados--Membros, serem adotadas políticas e medidas de ação positiva, que visam, em primeira linha, os direitos de determinados grupos. Por fim, os modelos de *mainstreaming* mais frequentemente adotados são, em primeiro lugar, o *participativo*, que inclui processos de consulta à sociedade civil, nomeadamente às organizações não governamentais especializadas em determinada matéria, para elaboração e avaliação de normas e políticas de igualdade; em segundo lugar, é de mencionar o modelo *técnico-burocrático*, que consiste na existência de peritos em questões de igualdade na Administração Pública, que tomam parte no desenho e implementação de diversas medidas[17].

A técnica de *mainstreaming*, aliás prevista, como acima se assinalou, no enquadramento constitucional do princípio da igualdade e não discriminação ao nível da União Europeia, nos artigos 8.º e 10.º do TFUE, está particularmente desenvolvida, no contexto da União, no que respeita a questões de género. Nesta matéria, a legislação europeia exige, por vezes, a criação de órgãos para a promoção e acompanhamento das questões de igualdade de género (veja-se o artigo 20.º da Diretiva 2006/54/CE[18]), e a Comissão Europeia produz vários relatórios e instruções, destinadas às Direções-

---

[16] Ver, neste sentido, M. KOSKENNIEMI, "Human Rights Mainstreaming as a Strategy for Institutional Power", *cit.*; e J. SHAW, *Mainstreaming Equality in European Union Law and Policymaking* – European Network Against Racism, 2004.

[17] J. SHAW, *Mainstreaming Equality In European Union Law And Policymaking* – European Network Against Racism, *cit.*

[18] O artigo 20.º, n.º 1, da Diretiva 2006/54/CE, já referenciada, prevê o seguinte: "Os Estados--Membros designam um ou mais órgãos para a promoção, a análise, o acompanhamento e o apoio da igualdade de tratamento entre todas as pessoas, sem qualquer discriminação em razão do sexo. Esses órgãos podem estar integrados em organismos com responsabilidade, a nível nacional, pela defesa dos direitos humanos ou pela salvaguarda dos direitos individuais".

DIREITO DA UNIÃO EUROPEIA – ELEMENTOS DE DIREITO E POLÍTICAS DA UNIÃO

-Gerais responsáveis por políticas públicas com potencial impacto nas questões de género, como o emprego ou as políticas sociais.

Quanto ao debate sobre *interseccionalidade*, nasce da perceção da interligação entre diversas causas de discriminação. A ideia de interseccionalidade permite integrar o debate sobre as múltiplas causas de desigualdade, superando as exigências identitárias e de reconhecimentos resultantes de cada característica individual – o género, a raça, a idade, a orientação sexual – e chamando a atenção para a interação entre cada uma delas e para a complexidade dos problemas resultantes da sobreposição de desigualdades ou discriminações múltiplas. No fundo, este é um debate sobre a interseção de distintos motivos de discriminação e os seus efeitos[19]: trata-se de compreender, por exemplo, de que forma é que a raça, a orientação sexual ou a classe social podem amplificar ou agravar tratamentos discriminatórios originalmente fundados no género. Trata-se, também, de transpor a questão para o domínio das políticas públicas, já que, com frequência, as estratégias e normas adotadas com vista ao combate a um determinado tipo de discriminação não têm efeitos neutros em relação aos outros. Efetivamente, os problemas de discriminação de género, por exemplo, podem ser amplificados por discriminações em razão da raça, religião ou idade.

A referência à interseccionalidade procura, assim, captar a complexidade resultante da justaposição de discriminações distintas. Faz-se, desta forma, um esforço para compreender as consequências desfavoráveis, ou mesmo opressivas, que pode implicar para o livre desenvolvimento da personalidade de uma pessoa ou para a sua integração em distintas esferas da vida social (entre as quais assume particular importância o mercado de trabalho) a pertença a vários grupos alvo de discriminação. Sendo estas situações mais raras e tendo, cada uma delas, características únicas, o seu tratamento legislativo e jurisprudencial é mais difícil. Desde logo, note-se que, no quadro do direito da União Europeia, cada motivo de discriminação proibida tem um âmbito de aplicação próprio, mais ou menos alargado (extenso, no caso da raça e do género, mais limitado no caso da idade ou da orientação sexual). Isto pode provocar problemas, designadamente em sede de tutela judicial, em situações como as das mulheres muçulmanas a quem é negado o direito ao uso do véu, enquanto símbolo religioso, no espaço público. Seria desejável, por isso, uma tendencial harmonização dos âmbitos de aplicação do(s) direito(s)

---

[19] Cf. M. VERLOO, "Multiple Inequalities, Intersectionality and the European Union", *European Journal of Women's Studies*, SAGE Publications, 2006, 13 (3).

IGUALDADE DE OPORTUNIDADES E NÃO DISCRIMINAÇÃO

da igualdade e não discriminação da União Europeia, através da extensão da aplicação daquele(s) que apresente(m) um escopo mais restrito.

Por outro lado, a necessidade de categorizar, por via interpretativa, cada situação de discriminação, tende a reduzir a perceção e consideração de motivos de tratamento desfavorável não enquadráveis nas normas mobilizadas em determinado caso[20]. Contudo, é de assinalar que as questões de interseccionalidade merecem já menção em algumas diretivas relativas a questões de igualdade, como é o caso da Diretiva 2000/78/CE ou da Diretiva 2000/43/CE (veja-se o considerando 14 desta última que dispõe que *"[n]a aplicação do princípio da igualdade de tratamento independentemente da origem racial ou étnica, a Comunidade deverá, nos termos do n.º 2 do artigo 3.º do Tratado CE, procurar eliminar as desigualdades e promover a igualdade entre mulheres e homens, em especial dado que as mulheres são frequentemente vítimas de discriminações de múltipla índole"*).

II. Dimensões específicas da igualdade e seu desenvolvimento jurídico no quadro do direito derivado da União

As normas sobre igualdade de oportunidades no contexto da União Europeia são um acervo complexo, que apresenta alguns desequilíbrios estruturais. Como acima se alertou e como se notará ao longo desta exposição, é inegável que as questões de *reconhecimento* prevalecem sobre as de *redistribuição*[21], o que é natural num corpo legislativo que tem a sua génese em preocupações de natureza económica e concorrencial. De facto, a legislação da União sobre não discriminação tem tido um processo evolutivo muito próprio, com uma evidente ligação aos objetivos de natureza social expressos nos Tratados, mas não constituindo um instrumento essencialmente orientado para a construção da dimensão social da União Europeia. Porém, não pode negar-se que este direito europeu da igualdade de oportunidades se tem constituído numa importante dimensão da integração europeia, tendo contribuído para uma evolução positiva, a este nível, das ordens jurídicas de boa parte dos Estados-Membros, quer no plano da regulamentação material de determinadas matérias (como é o caso da proteção social conferida à maternidade e paternidade), quer no plano procedimental e interpretativo

---

[20] Cf. D. Schiek e V. Chege, *European Union Non-Discrimination Law*, Cavendish Publishing, 2009.
[21] N. Fraser e A. Honneth, *Redistribution or Recognition?*, Verso Books, 2003.

DIREITO DA UNIÃO EUROPEIA – ELEMENTOS DE DIREITO E POLÍTICAS DA UNIÃO

(introduzindo conceitos quase desconhecidos na doutrina e jurisprudência nacionais, como o de discriminação indireta)[22].

1. Igualdade entre homens e mulheres

a) Enquadramento geral

É a dimensão da igualdade e não discriminação mais desenvolvida e mais extensamente regulada pelo direito comunitário. Por esta razão, foi já considerada como o "topo da pirâmide" de uma hierarquia de igualdades, que seria constituída pelos vários motivos de discriminação proibida, desenvolvidos em diferentes graus, e através de distintos instrumentos normativos, políticas públicas e jurisprudência, no quadro do direito da União.

Ainda que este entendimento tenha algum fundamento, tendo em conta, desde logo, o número de diplomas e outros documentos legais dedicados às questões de igualdade entre homens e mulheres, não pode, contudo, afirmar-se que tais instrumentos sejam desnecessários na União Europeia de hoje. De facto, as mulheres encontram-se ainda, frequentemente, em situação de clara desvantagem, necessitando mesmo, por vezes, de proteção legal e políticas especiais. Assim, no quadro atual do direito da União Europeia encontramos variadas fontes normativas, que concretizam formas de proteção e efetivação do princípio geral de não discriminação em razão do género, em distintos domínios.

O direito da União Europeia abarca campos bastante distintos no que diz respeito ao princípio da igualdade entre homens e mulheres, sendo de destacar a proteção contra a discriminação de género no quadro do mercado laboral (que inclui o princípio do salário igual para trabalho igual ou de igual valor e a proteção contra discriminações no quadro do mercado de trabalho, entendido em sentido lato), bem como a proibição da discriminação de género no que respeita a medidas de proteção social, designadamente a proteção da maternidade e da paternidade.

No âmbito do direito derivado, assumem particular importância, além da jurisprudência do TJUE, que seguidamente se analisará, alguns instrumentos normativos fundamentais, salientando-se, entre os mais recentes a Dire-

---

[22] Na doutrina portuguesa, cf., por todos, sobre as questões de igualdade e não discriminação no direito da União Europeia, TERESA ALEXANDRA COELHO MOREIRA, *Igualdade e Não Discriminação*, Almedina, 2013; ANA MARIA GUERRA MARTINS, *A Igualdade e a Não Discriminação dos Nacionais de Estados Terceiros Legalmente Residentes na União*, Almedina, 2010.

IGUALDADE DE OPORTUNIDADES E NÃO DISCRIMINAÇÃO

tiva 2010/41/UE, sobre a aplicação do princípio da igualdade de tratamento entre homens e mulheres que exercem uma atividade autónoma; a Diretiva 2010/18/UE, que aplica o Acordo-Quadro sobre licença parental, celebrado pela BUSINESSEUROPE, UEAPNE, CEEP e CESE; a Diretiva 2006/54/ /CE, relativa à aplicação do princípio da igualdade de oportunidades e igualdade de tratamento entre homens e mulheres em assuntos de emprego e ocupação; e, finalmente, a Diretiva 2004/113/CE, que aplica o princípio da igualdade de tratamento entre ambos os sexos ao acesso a bens e serviços e seu fornecimento[23].

Todavia, para além das Diretivas, que são, como é natural, um instrumento fundamental para a harmonização do direito interno dos Estados em matéria de igualdade de género, encontramos neste domínio uma pluralidade de fontes, com graus de eficácia variados, podendo algumas ser integradas na categoria *soft law*. Merecem menção o *Pacto Europeu para a Igualdade entre Homens e Mulheres*[24] (2011-2020); a *Carta das Mulheres*[25]; a *Comunicação sobre "Um melhor equilíbrio entre as várias esferas da vida: redobrar esforços para*

---

[23] Em matéria de igualdade de tratamento entre homens e mulheres há que considerar, além das citadas no texto, as seguintes Diretivas: 75/117/CEE, de 10 de fevereiro de 1975, relativa à aproximação das legislações dos Estados-Membros no que se refere à aplicação do princípio da igualdade de remuneração entre os trabalhadores masculinos e femininos; 76/207/CEE, de 9 de fevereiro de 1976, relativa à concretização do princípio da igualdade de tratamento entre homens e mulheres no que se refere ao acesso ao emprego, à formação e promoção profissionais e às condições de trabalho; 79/7/CEE, de 19 de dezembro de 1978, relativa à realização progressiva do princípio da igualdade de tratamento entre homens e mulheres em matéria de segurança social; 86/378/CEE, de 24 de julho de 1986, relativa à aplicação do princípio da igualdade de tratamento entre homens e mulheres aos regimes profissionais de segurança social; 92/85/CEE, de 19 de outubro de 1992, relativa à implementação de medidas destinadas a promover a melhoria da segurança e da saúde das trabalhadoras grávidas, puérperas ou lactantes no trabalho; 96/34/CE, de 3 de junho de 1996, relativa ao Acordo-Quadro sobre a licença parental (revogada); 96/97/CE, de 20 de dezembro de 1996, que altera a Diretiva 86/378/CEE, relativa à aplicação do princípio de igualdade de tratamento entre homens e mulheres nos regimes profissionais de segurança social; 2002/73/CE, de 23 de setembro de 2002, que altera a Diretiva 76/207/CEE, relativa à concretização do princípio da igualdade de tratamento entre homens e mulheres no que se refere ao acesso ao emprego, à formação e promoção profissionais e às condições de trabalho.

[24] Ver Conclusões do Conselho, de 7 de março de 2011, sobre o Pacto Europeu para a Igualdade entre Homens e Mulheres (2011-2020), de 25 de maio de 2011, 2011/C 155/02.

[25] Ver Comunicação da Comissão *Empenhamento reforçado na Igualdade entre Mulheres e Homens. Uma Carta das Mulheres – Declaração da Comissão Europeia por ocasião da celebração do Dia Internacional da Mulher 2010 em comemoração do 15.º aniversário da adoção de uma Declaração e Plataforma de Ação na Conferência Mundial sobre a Mulher da ONU*, em Pequim, e do 30.º aniversário da Convenção da ONU sobre a Eliminação de todas as Formas de Discriminação contra as Mulheres, COM/2010/0078.

DIREITO DA UNIÃO EUROPEIA – ELEMENTOS DE DIREITO E POLÍTICAS DA UNIÃO

conciliar vida profissional, privada e familiar"[26]; ou a *Comunicação sobre a redução das disparidades salariais entre homens e mulheres*[27]. A situação da igualdade de género na União Europeia é objeto de um relatório anual da Comissão. Lembre-se, por fim, que o direito da União impôs a criação de Comissões de Igualdade, ou organismos similares, tanto a nível nacional como no plano da própria União Europeia, com um importante papel na implementação e acompanhamento das políticas de igualdade de género, no diálogo e aconselhamento das instituições e no apoio às vítimas de discriminação, de que são exemplo, em Portugal, a CIG – Comissão para a Cidadania e Igualdade de Género e a CITE – Comissão para a Igualdade no Trabalho e no Emprego.

b) Jurisprudência

A jurisprudência do TJUE em matéria de igualdade de género é, provavelmente, um dos domínios de decisão deste Tribunal mais ricos e desenvolvidos no campo dos direitos fundamentais. É impossível, dada a natural limitação deste trabalho, fazer neste espaço um relato pormenorizado e exaustivo de todas as sentenças. Elas abrangem campos muito distintos, desde o mercado laboral propriamente dito até matérias típicas da proteção social, como a proteção da maternidade e paternidade. De facto, as decisões do TJUE contribuíram, nas últimas décadas, para estimular importantes progressos nas questões de igualdade, tanto no âmbito do ordenamento jurídico da União Europeia, como também, e com mais relevância, na ordem interna dos Estados-Membros.

Contudo, a jurisprudência em matéria de género demorou a aparecer e a desenvolver-se. A primeira decisão sobre a matéria, o já mencionado Acórdão *Drefrenne v. Sabena*, surge cerca de duas décadas após a referência à igualdade entre trabalhadores de ambos os sexos e à consagração do princípio de igual tratamento em matéria salarial, no Tratado de Roma, em 1957. As decisões sobre questões de igualdade entre homens e mulheres tornaram-se mais numerosas nas décadas de 1990 e 2000, com as alterações no quadro do direito originário e a adoção de uma série de Diretivas importantes, como

---

[26] Cf. Comunicação da Comissão ao Parlamento Europeu, ao Conselho, ao Comité Económico e Social Europeu e ao Comité das Regiões – *Um melhor equilíbrio entre as várias esferas da vida: redobrar esforços para conciliar vida profissional, privada e familiar*, COM/2008/0635.

[27] Cf. Comunicação da Comissão ao Conselho, ao Parlamento Europeu, ao Comité Económico e Social Europeu e ao Comité das Regiões – *Reduzir as disparidades salariais entre homens e mulheres*, COM/2007/0424.

IGUALDADE DE OPORTUNIDADES E NÃO DISCRIMINAÇÃO

acima se deu nota. Já no ano 2000, no Acórdão *Deutsche Telekom v. Schröder*, já referenciado, o TJUE afirmou o carácter de direito fundamental inerente ao princípio da igualdade de tratamento, previsto e protegido pelo direito da União e sua sobreposição hierárquica em relação à finalidade económica dessas mesmas normas.

Em matéria de ações positivas, há também a registar extensa jurisprudência. São de assinalar os Acórdãos *Kalanke*[28], *Marschall*[29], *Hessen*[30] e *Abrahamsson*[31]. Numa posição que sofreu alguns avanços e recuos ao longo dos anos, o TJUE sustenta hoje que, em matéria de acesso ao emprego, *"pode ser concedida a um candidato que pertence ao sexo sub-representado a prioridade relativamente a um concorrente de sexo oposto, desde que os candidatos possuam méritos equivalentes ou sensivelmente equivalentes, e quando as candidaturas são objeto de uma apreciação objetiva que tem em conta situações particulares de ordem pessoal de todos os candidatos"*.

Nos últimos anos, as sentenças em matéria de igualdade de tratamento multiplicaram-se, estendendo a aplicação do princípio a situações que não se enquadram no contexto específico do mercado laboral, designadamente a proteção social, a conciliação entre vida privada e profissional e a aquisição de serviços. Vejam-se, a este propósito, as decisões dos Acórdãos *Kreil*[32], *Roca Álvarez*[33], *Test-Achats*[34], *Mayr*[35] ou *Busch*[36].

No caso *Kreil*, relativo à proibição quase total de acesso das mulheres a empregos nas Forças Armadas alemãs, o Tribunal afirmou que o princípio da igualdade de género tem alcance geral e aplica-se também às relações de emprego do setor público. Nestes termos, e ainda que um Estado-Membro possa *"reservar tais atividades, bem como a formação profissional que a elas conduzem, a homens ou a mulheres, consoante os casos"*, é obrigado *"a proceder periodicamente a um exame das atividades profissionais em causa, com a finalidade de apreciar se, tendo em conta a evolução social, pode ainda ser mantida a derrogação"* ao regime geral.

---

[28] Acórdão (TJUE) *Kalanke*, de 17 de outubro de 1995, proc. C-450/93.
[29] Acórdão (TJUE) *Marschall*, de 11 de novembro de 1997, proc. C-409/95.
[30] Acórdão (TJUE) *Hessen*, de 28 de março de 2000, proc. C-158/97.
[31] Acórdão (TJUE) *Abrahamsson*, de 6 de julho de 2000, proc. C-407/98.
[32] Acórdão (TJUE) *Tanja Kreil*, de 11 de janeiro de 2000, proc. C-285/98.
[33] Acórdão (TJUE) *Roca Álvarez*, de 30 de setembro de 2010, proc. C-104/09.
[34] Acórdão (TJUE) *Test-Achats*, de 1 de março de 2011, proc. C-236/09.
[35] Acórdão (TJUE) *Mayr*, de 26 de fevereiro de 2008, proc. C-506/06.
[36] Acórdão (TJUE) *Busch*, de 27 de fevereiro de 2003, proc. C-320/01.

DIREITO DA UNIÃO EUROPEIA – ELEMENTOS DE DIREITO E POLÍTICAS DA UNIÃO

Ainda no âmbito do mercado laboral, há que lembrar o grande número de sentenças do TJUE onde se analisam questões de discriminação indireta, como é o caso dos Acórdãos *Rinke*[37] e *Allonby*, já citado. Ambos são bons exemplos da necessidade de avaliar o impacto, em termos de género, do regime jurídico do trabalho a tempo parcial – no primeiro caso, para efeitos de formação profissional e acesso à carreira médica, no segundo, em matéria de remuneração e pensões. De facto, a maioria dos trabalhadores a tempo parcial são mulheres, quer devido às exigências que para elas ainda comporta a conciliação da vida familiar e profissional, quer em razão de uma situação de maior *fragilidade* no mercado de trabalho, quando comparadas com os trabalhadores de sexo masculino em situação equivalente. Assim, a regulamentação habitualmente desfavorável de que é objeto o trabalho a tempo parcial pode implicar verdadeiras *discriminações indiretas*, proibidas pelo direito da União, em particular pela norma aqui comentada.

Neste quadro, assume significativa importância para aplicação das normas europeias sobre igualdade de género – nomeadamente do direito fundamental aqui consagrado na CDFUE – a consideração de dados quantitativos reais, para além das questões jurídicas. Disto é exemplo o Acórdão *Voß*[38], no qual estava em causa legislação alemã sobre contratos de trabalho em funções públicas que determinava pagamentos distintos para horas extraordinárias, conforme o trabalhador tivesse um contrato a tempo inteiro ou a tempo parcial. O Tribunal fundou a sua decisão não apenas nos argumentos de facto e de direito apresentados pelas partes, mas também, e como fator tido por muito relevante, nos dados estatísticos disponíveis, que demonstravam que mais de 80% dos funcionários contratados a tempo parcial para as funções em causa eram mulheres. Não considerando, porém, esta análise suficiente para determinar a decisão final, o TJUE remeteu uma análise estatística mais aprofundada para o órgão nacional de reenvio, chamando a atenção para o facto de que uma legislação nacional em matéria de remuneração dos funcionários deve ser julgada contrária ao direito comunitário quando, entre os trabalhadores sujeitos à referida legislação, for afetada uma percentagem consideravelmente mais elevada de trabalhadores femininos que masculinos e a diferença de tratamento não possa ser justificada por fatores objetivos e estranhos a qualquer discriminação baseada no sexo.

---

[37] Acórdão (TJUE) *Rinke*, de 9 de setembro de 2003, proc. C-25/02.
[38] Cf. Acórdão (TJUE) *Voß*, de 6 de dezembro de 2007, proc. C-300/06.

IGUALDADE DE OPORTUNIDADES E NÃO DISCRIMINAÇÃO

No que toca ao mercado de serviços, cabe assinalar o polémico Acórdão *Test-Achats*, já referido, relativo ao princípio da igualdade em matéria de prestação de serviços, em particular de seguros do ramo automóvel. Os juízes do Luxemburgo julgaram então contrária ao direito da União – em particular, ao princípio da não discriminação em razão do sexo – uma norma comunitária *"que permite aos Estados-Membros manter sem limite temporal uma derrogação à regra dos prémios e das prestações unissexo"*, afirmando que ela *"é contrária à concretização do objetivo de igualdade de tratamento entre homens e mulheres e incompatível com os artigos 21.º e 23.º da Carta"*.

No âmbito da proteção social, da maternidade e da paternidade, o TJUE tem extensa jurisprudência, sendo de assinalar várias decisões importantes. Através delas é possível notar o progresso da legislação da União e também das posições do próprio TJUE a este respeito. Assim, no Acórdão *Hofmann*[39], o Tribunal decidiu que não decorria do direito comunitário qualquer obrigação para os Estados-Membros de atribuir aos pais uma licença de paternidade ou de permitir o gozo pelo pai de parte da licença de maternidade, consoante decisão do casal. Já no Acórdão *Roca-Alvarez*, atrás referenciado, também sobre igualdade de direitos entre homens e mulheres no que respeita à conciliação da vida familiar e profissional, o TJUE considerou que vulnera o princípio da igualdade de tratamento uma norma nacional que *"prevê que os trabalhadores do sexo feminino, mães de uma criança e com o estatuto de trabalhador por conta de outrem, podem beneficiar de uma dispensa, segundo diversas modalidades, durante os primeiros nove meses que se seguem ao nascimento dessa criança ao passo que os trabalhadores do sexo masculino, pais de uma criança e com o mesmo estatuto, só podem beneficiar dessa mesma dispensa se a mãe da criança tiver também o estatuto de trabalhador por conta de outrem"*. Esta posição representa um importante passo no sentido de uma igualdade e partilha efetivas dos direitos e obrigações familiares de homens e mulheres, e é claramente oposta às teses conservadoras sustentadas pela jurisprudência nacional em alguns dos Estados-Membros, incluindo Portugal[40].

Por seu turno, os já mencionados Acórdãos *Mayr* e *Busch*, igualmente relacionados com a proteção da maternidade, sustentam, respetivamente, que o *"princípio da igualdade de tratamento entre homens e mulheres no que se refere ao acesso ao emprego, à formação e promoção profissionais e às condições de trabalho,*

[39] Cf. Acórdão (TJUE) *Hofmann*, de 12 de julho de 1984, proc. C-184/83.
[40] Cf. Acórdão do Tribunal da Relação do Porto, 4.ª Secção (Social), de 11 de abril de 2011, proc. 371/09.3TTOAZ.P1.

DIREITO DA UNIÃO EUROPEIA – ELEMENTOS DE DIREITO E POLÍTICAS DA UNIÃO

obstam ao despedimento de uma trabalhadora que (...) se encontra numa fase avançada de um tratamento de fecundação in vitro *(...) desde que se demonstre que o despedimento foi motivado, essencialmente, pelo facto de a interessada se ter submetido a esse tratamento"* e que o direito da União «*reserva aos Estados-Membros o direito de manter ou criar disposições destinadas a proteger a mulher no que respeita "à gravidez e à maternidade", assim reconhecendo a legitimidade, em relação ao princípio da igualdade, por um lado, da proteção da condição biológica da mulher no decurso da sua gravidez e na sequência desta, bem como, por outro, da proteção das relações particulares entre a mulher e o seu filho no decurso do período seguinte à gravidez e ao parto*», bem como garante "*uma proteção particular às trabalhadoras grávidas, puérperas ou lactantes relativamente a toda a atividade suscetível de apresentar um risco específico para a sua segurança ou para a sua saúde ou de ter repercussões negativas na gravidez ou na amamentação*". Decisões em matérias desta especificidade mostram bem o alargado âmbito de aplicação do direito fundamental à igualdade de tratamento entre homens e mulheres, assim como o assinalável grau de desenvolvimento do direito da União Europeia a este respeito.

Um dos arestos mais recentes em matéria de proteção social da maternidade é o interessante Acórdão *Dita Danosa*[41], no qual estava em causa a destituição, como membro da direção de uma sociedade por ações, de uma mulher grávida. A cidadã, Dita Danosa, alegava que deveria ser considerada uma trabalhadora na aceção do direito da União, estando, assim abrangida pela proibição de despedimento estabelecida no artigo 10.º da Diretiva 92/85/CEE[42]. Argumentava ainda que, atento o interesse eminente que esta disposição visa proteger, deve aplicar-se em todas as relações jurídicas em que possam ser identificadas as características de um vínculo jurídico-laboral. A entidade empregadora, por seu turno, sustentava que os membros da direção de uma sociedade de capitais não exercem as funções de que estão incumbidos sob a direção de outra pessoa, não podendo, por isso, ser considerados trabalhadores na aceção do direito da União. Desta forma, seria plenamente justificado prever níveis de proteção diferentes para os trabalhadores e os membros da direção de uma sociedade de capitais, tendo em conta a relação de confiança inerente ao desempenho da missão confiada aos membros desse órgão. O TJUE entendeu que «*o legislador da União pretendeu dar um alcance autónomo,*

---

[41] Acórdão (TJUE) *Dita Danosa*, de 11 de novembro de 2010, proc. C-232/09.
[42] Diretiva 92/85/CEE, de 19 de outubro de 1992, relativa à implementação de medidas destinadas a promover a melhoria da segurança e da saúde das trabalhadoras grávidas, puérperas ou lactantes no trabalho.

IGUALDADE DE OPORTUNIDADES E NÃO DISCRIMINAÇÃO

próprio do direito da União, do conceito de "trabalhadora grávida"» e que *"se deve considerar que* [alguém] *tem a qualidade de trabalhador para efeitos da Diretiva 92/85 se a sua atividade for exercida, durante um certo período, sob a direção ou o controlo de outro órgão desta sociedade e se, em contrapartida desta atividade, receber uma remuneração",* independentemente de não se poder excluir que os membros de um órgão dirigente de uma sociedade, como a direção, não se subsumem no conceito de trabalhador. Assim, concluiu que *«por força do princípio da não discriminação* (...) *deve ser reconhecida à mulher uma proteção contra o despedimento não só durante a licença de maternidade mas também durante toda a gravidez. Segundo o Tribunal de Justiça, o despedimento de uma trabalhadora pelo facto de estar grávida ou por outra causa assente essencialmente no estado de gravidez só pode afetar as mulheres e constitui, assim, uma discriminação direta em razão do sexo (v. Acórdão Paquay, já referido, n.º 29 e jurisprudência referida). Há que reconhecer que a revogação unilateral, pelo mandante, de um mandato, antes do termo inicialmente previsto pelas partes, devido ao estado de gravidez do mandatário ou por outra causa assente essencialmente no estado de gravidez só pode afetar as mulheres. Mesmo supondo que D. Danosa não tivesse a qualidade de "trabalhadora grávida" no sentido lato preconizado pela Diretiva 92/85,* admitir *que uma sociedade pudesse destituir das suas funções os membros da respetiva direção que exercem funções como as descritas no processo principal seria contrário ao objetivo* [pelo direito da União] *a partir do momento em que a destituição se baseasse essencialmente no estado de gravidez da interessada. Como o Tribunal de Justiça já salientou, o objetivo prosseguido pelas regras do direito da União que regulam a igualdade entre homens e mulheres no domínio dos direitos das mulheres grávidas ou puérperas é proteger estas antes e depois do parto"* e *"não poderia ser alcançado se a proteção contra o despedimento conferida pelo direito da União às mulheres grávidas dependesse da qualificação formal da sua relação de emprego em direito nacional ou da escolha, quando do seu início de funções, entre um ou outro tipo de contrato"».*

Por último, refira-se que outro campo fértil da jurisprudência do TJUE em matéria de género e proteção social relaciona-se com a regulamentação relativa a pensões. No Acórdão *Gómez-Limón*[43] estava em causa a contestação de uma trabalhadora às regras de cálculo da sua pensão de invalidez, baseada no valor das contribuições efetivamente pagas ao sistema público de segurança social durante o período relevante nos termos da legislação nacional. E. Gómez-Limón alegava que as contribuições pagas haviam sido reduzidas proporcionalmente à redução do seu salário, na sequência da diminuição do seu horário de trabalho durante o período de licença parental que lhe foi

---

[43] Acórdão (TJUE) *Gómez-Limón*, de 16 de julho de 2009, proc. C-537/07.

DIREITO DA UNIÃO EUROPEIA – ELEMENTOS DE DIREITO E POLÍTICAS DA UNIÃO

concedida para cuidar do filho menor, devendo a sua pensão ter sido calculada com base no montante das contribuições correspondente ao horário de trabalho a tempo inteiro. Sustentava que o cálculo que lhe foi aplicado equivale a privar de efeito prático uma medida destinada a promover a igualdade perante a lei e a eliminar a discriminação em razão do sexo. Todavia, o TJUE entendeu que *"uma legislação nacional como a que está em causa no processo principal não contém discriminação direta, uma vez que se aplica indistintamente aos trabalhadores masculinos e femininos"*, ainda que, *"a fim de se dedicarem à educação dos filhos, as mulheres optem com mais frequência que os homens por períodos de redução do horário de trabalho que estão associados a uma diminuição proporcional do salário, tendo como consequência uma diminuição dos direitos de segurança social decorrentes da relação de trabalho"*. Demonstrando o habitual grau de *self-restraint* no que toca às regras de atribuição de prestações sociais, o TJUE adiantou ainda que *"o direito comunitário não se opõe ao cálculo de uma pensão de reforma de acordo com a regra* prorata temporis *em caso de trabalho a tempo parcial. Com efeito, além do número de anos de serviço de um funcionário, a tomada em consideração da duração de trabalho efetivamente cumprida por este durante a sua carreira, comparada à de um funcionário que tenha cumprido durante toda a sua carreira um horário de trabalho a tempo inteiro, constitui um critério objetivo e alheio a qualquer discriminação em razão do sexo, permitindo uma redução proporcional dos seus direitos à pensão"*, não se verificando, pois, discriminação em razão do género.

Já no Acórdão *Kleist*[44], o Tribunal entendeu ser contrária ao direito da União uma regulamentação nacional que, para promover o acesso ao emprego de pessoas mais jovens, permite a uma entidade patronal despedir os trabalhadores que adquiriram o direito à reforma, quando esse direito é adquirido pelas mulheres numa idade inferior em cinco anos à idade em que o referido direito é adquirido pelos homens. Uma vez que, desta forma, os homens estão protegidos contra o despedimento por mais cinco anos do que as mulheres, o TJUE concluiu que esse facto constitui uma discriminação direta em razão do sexo proibida no quadro do direito da União Europeia.

2. Não discriminação em razão da raça e origem étnica

a) Enquadramento geral

Em consequência da aprovação do atual artigo 19.º do TFUE (ex-artigo 13.º do TCE), acima explicada, o Conselho aprovou a 29 de junho de 2000 a Dire-

---

[44] Acórdão (TJUE) *Kleist*, de 18 de novembro de 2010, proc. C-356/09.

IGUALDADE DE OPORTUNIDADES E NÃO DISCRIMINAÇÃO

tiva 2000/43/CE, que aplica o princípio da igualdade de tratamento entre as pessoas, sem distinção de origem racial ou étnica. Esta Diretiva foi muito louvada pela doutrina, desde logo pelo seu amplo alcance, que vai para além do tradicional campo do emprego e mercado de trabalho, incluindo áreas habitualmente não tratadas na legislação contra a discriminação, como a educação, a habitação e os cuidados de saúde (elementos fundamentais das políticas sociais de qualquer Estado).

Outro aspeto assinalável da Diretiva é a limitação da possibilidade de justificação de tratamentos discriminatórios a "requisitos genuínos e determinantes para o exercício de profissão" e a medidas de ação positiva. Prevê-se proteção contra tentativas de retaliação devidas a queixas individuais, exigindo-se a introdução nos sistemas jurídicos internos das "medidas necessárias para proteger os indivíduos contra formas de tratamento desfavoráveis ou consequências desfavoráveis que surjam em reacção a uma queixa ou a uma acção destinada a exigir o cumprimento do princípio da igualdade de tratamento" (artigo 9.º), invertendo-se também o ónus da prova nos casos de discriminação direta e indireta (artigo 8.º). Por fim, note-se a obrigação dos Estados-Membros de estabelecer órgãos para a promoção da igualdade de tratamento entre todas as pessoas, com funções de assistência às vítimas e acompanhamento das situações de discriminação.

b) Jurisprudência

Tendo em conta o bom acolhimento, em geral, da Diretiva 2000/43/CE, a primeira decisão de teor substancial do TJUE em matéria de raça e origem étnica era aguardada com certa expectativa. Veio a efetivar-se na decisão do já referenciado caso *Feryn*, tomada em julho de 2008, que passaremos a analisar; este acórdão é, até ao momento, o mais importante aresto do TJUE no que respeita ao princípio da não discriminação em razão da raça e origem étnica, e contém várias declarações fundamentais por parte do Tribunal.

Estava em causa uma queixa do organismo belga para a promoção da igualdade de tratamento, que solicitou aos órgãos jurisdicionais competentes em matéria laboral a declaração de que a Feryn, empresa especializada na venda e na instalação de portões basculantes e de portões seccionados, aplicava uma política de contratação discriminatória. A instituição justificou a sua petição com as declarações públicas do diretor da empresa, segundo as quais pretendia contratar instaladores, mas não podia empregar "não autóctones", porque os seus clientes se mostravam reticentes em lhes dar acesso, durante a execução dos trabalhos, aos seus domicílios privados.

DIREITO DA UNIÃO EUROPEIA – ELEMENTOS DE DIREITO E POLÍTICAS DA UNIÃO

No quadro do reenvio prejudicial feito pelo Tribunal do Trabalho de Segunda Instância de Bruxelas, o TJUE veio esclarecer, em primeiro lugar, que "*o facto de uma entidade patronal declarar, publicamente, que não contratará trabalhadores assalariados de certa origem étnica ou racial constitui uma discriminação direta a nível da contratação, na aceção do artigo 2.º, n.º 2, alínea a), da Diretiva 2000/43/CE do Conselho, de 29 de junho de 2000, que aplica o princípio da igualdade de tratamento entre as pessoas, sem distinção de origem racial ou étnica, dado que tais declarações podem dissuadir seriamente certos candidatos de apresentarem a sua candidatura e, portanto, dificultar o seu acesso ao mercado de trabalho*".

Em segundo lugar, o TJUE admitiu que "*as declarações públicas pelas quais uma entidade patronal anuncia que, no âmbito da sua política de contratação, não empregará trabalhadores assalariados de determinada origem étnica ou racial são suficientes para presumir, na aceção do artigo 8.º, n.º 1, da Diretiva 2000/43, a existência de uma política de contratação diretamente discriminatória. Cabe, assim, a esta entidade patronal provar que não foi violado o princípio da igualdade de tratamento. Pode fazê-lo demonstrando que a prática real de contratação da empresa não corresponde a essas declarações. Compete ao órgão jurisdicional de reenvio verificar se estão provados os factos imputados à referida entidade patronal e apreciar se são suficientes os elementos fornecidos em apoio das afirmações desta última, segundo as quais não violou o princípio da igualdade de tratamento*".

Estas conclusões são importantes em diferentes planos. Desde logo, sanciona-se uma interpretação ampla do conceito de discriminação direta, que inclui os casos em que: 1) não existe vítima direta e identificável do comportamento discriminatório; 2) a discriminação consiste em meras declarações de carácter abstrato e não num concreto episódio de afastamento ou prejuízo para uma pessoa, com fundamento numa característica incluída no catálogo de fundamentos proibidos. Além disso, mantém-se a inversão do ónus da prova, como previsto na Diretiva, cabendo à empresa provar a inexistência de discriminação, o que, em situações como estas, deverá fazer-se com uma política de contratações efetivamente plural. De tudo isto resulta uma proteção contra a discriminação racial e étnica com carácter bastante amplo, permitindo a intervenção dos organismos especializados em matéria de igualdade e potenciando a prevenção de episódios com vítimas particulares.

De assinalar, por fim, é ainda o Acórdão *Wardyn*[45], no qual o TJUE sustentou que não configura uma discriminação em razão da origem étnica uma legislação nacional nos termos da qual os nomes próprios e apelidos

---

[45] Acórdão (TJUE) *Wardyn*, de 12 de maio de 2011, proc. C-391/09.

IGUALDADE DE OPORTUNIDADES E NÃO DISCRIMINAÇÃO

de cidadãos só podem ser redigidos em documentos relativos ao estado civil utilizando os caracteres da língua nacional, enquanto os nomes de cidadãos estrangeiros devem ser redigidos, em documentos relativos ao estado civil, utilizando caracteres latinos.

3. Não discriminação em razão da idade

a) Enquadramento geral

A discriminação em razão da idade tem vindo a ser progressivamente entendida como um fenómeno preocupante no espaço europeu, em particular no quadro do mercado de trabalho. É também matéria objeto de atenção crescente por parte dos governos, na definição de políticas públicas em matéria laboral, educativa e de segurança social.

No quadro do mercado de trabalho, as questões de discriminação em razão da idade oscilam entre dois polos com interesses aparentemente contraditórios: os trabalhadores jovens (em regra, menores de 25 anos) e os trabalhadores mais velhos (maiores de 58 ou 60 anos). Ambas as categorias são, amiúde, alvo de normas especiais no domínio laboral, por serem tidas como de empregabilidade reduzida, quando comparadas com a maioria dos trabalhadores. Por esta razão, quer a legislação interna dos Estados-Membros quer normas e acordos negociados no âmbito da contratação coletiva preveem, por vezes, tipos especiais de contratos, exceções às regras de celebração de contratos a termo ou às normas gerais da segurança social, entre outras.

A idade como "motivo odioso" de discriminação foi introduzida bastante tarde no direito da União, surgindo apenas com as reformas legislativas introduzidas pelo Tratado de Amesterdão, de que acima se deu conta, e com as diretivas seguidamente adotadas. Assim, a idade encontra-se entre a lista de motivos odiosos de discriminação previstos na chamada Diretiva-Quadro sobre o emprego, a já referida Diretiva 2000/78/CE. O diploma consagra os instrumentos típicos do léxico jurídico europeu em matéria de discriminação: proíbe a discriminação direta e indireta, o assédio (que, nos termos do artigo 2.º da Diretiva 2000/78/CE, consiste num comportamento indesejado relacionado com um dos fundamentos proibidos de discriminação, com o objetivo ou o efeito de violar a dignidade de uma pessoa e criar um ambiente de trabalho intimidativo, hostil, degradante, humilhante ou desestabilizador) e as instruções para discriminar. Preveem-se as habituais exceções com base na ordem pública e proteção dos direitos de terceiros, bem como as medidas de ação positiva.

DIREITO DA UNIÃO EUROPEIA – ELEMENTOS DE DIREITO E POLÍTICAS DA UNIÃO

Contudo, no que respeita à idade, a Diretiva contém normas específicas (artigo 6.º), que alargam o leque de exceções permitidas ao princípio da não discriminação. Admite-se que possam ser objetiva e razoavelmente justificadas medidas que, no quadro do direito nacional, tenham um objetivo legítimo, incluindo políticas de emprego, do mercado de trabalho e de formação profissional, desde que os meios para realizar esse objetivo sejam apropriados e necessários. Tais diferenças de tratamento podem incluir, por exemplo: a) O estabelecimento de condições especiais de acesso ao emprego e à formação profissional, para os jovens, os trabalhadores mais velhos e os que têm pessoas a cargo, a fim de favorecer a sua inserção profissional ou garantir a sua proteção; b) A fixação de condições mínimas de idade, experiência profissional ou antiguidade no emprego para o acesso ao emprego ou a determinadas regalias associadas ao emprego; c) A fixação de uma idade máxima de contratação, com base na formação exigida para o posto de trabalho em questão ou na necessidade de um período razoável de emprego antes da reforma. Para além disto, nos termos do n.º 2 do artigo 6.º, "[o]s Estados--Membros podem prever que não constitua discriminação baseada na idade, a fixação, para os regimes profissionais de segurança social, de idades de adesão ou direito às prestações de reforma ou de invalidez, incluindo a fixação, para esses regimes, de idades diferentes para trabalhadores ou grupos ou categorias de trabalhadores, e a utilização, no mesmo âmbito, de critérios de idade nos cálculos actuariais, desde que tal não se traduza em discriminações baseadas no sexo".

Este modelo de proteção foi já chamado de "semi-igualdade" e mostra as contradições que resultam da tentativa de combinar os objetivos das políticas públicas de emprego – cuja racionalidade é, em regra, de tipo económico – com as exigências do princípio da igualdade e não discriminação, entendido numa perspetiva típica de direitos fundamentais. Se é inegável que os grupos dos trabalhadores mais velhos e mais novos apresentam especificidades – designadamente no que diz respeito às taxas de desemprego e de empregabilidade – que se afiguram passíveis de justificar distinções em razão da idade, também não pode contestar-se que o princípio da igualdade, numa compreensão lata, protege esses mesmos trabalhadores contra estereótipos e salvaguarda a sua dignidade. Porém, e como se verá pela análise da extensa jurisprudência nesta matéria, no atual quadro jurídico e político, os propósitos de natureza económica parecem impor-se sobre os restantes, abrindo uma larga margem de manobra para o legislador (em regra, o legislador nacional dos Estados-Membros). Este facto pode levantar alguns

IGUALDADE DE OPORTUNIDADES E NÃO DISCRIMINAÇÃO

problemas, especialmente nos casos em que a discriminação em razão da idade se cruza com a discriminação em razão do género, raça ou deficiência, em exemplos de interseccionalidade nos quais um dos domínios goza de um âmbito de proteção bastante mais alargado que o outro[46].

b) Jurisprudência

Apesar de a proteção específica contra a discriminação em razão da idade ser relativamente recente no quadro do direito da União Europeia, a jurisprudência a este respeito[47] tem proliferado e sido objeto de um rico e vívido debate.

Um dos primeiros e mais famosos casos relativos a questões de discriminação em razão da idade foi o do Acórdão *Mangold*[48]. Estava em causa a validade de uma cláusula do contrato de trabalho celebrado por W. Mangold, então com 56 anos de idade, que, com base numa disposição legal aplicável a trabalhadores com mais de 52 anos, limitava a duração do mencionado contrato a 8 meses. Para o trabalhador, tal cláusula, na medida em que limitava a duração do seu contrato, é incompatível com o Acordo-Quadro CES, UNICE e CEEP relativo a contratos de trabalho a termo e com a Diretiva 2000/78/CE, embora essa limitação esteja em conformidade com o direito alemão. Por seu turno, a entidade patronal defendeu que, ainda que o direito da União obrigue os Estados-Membros a tomar medidas para evitar os abusos resultantes da utilização de contratos de trabalho a termo sucessivos, em particular, exigindo razões objetivas que justifiquem a renovação desses contratos, no caso presente existe tal razão objetiva e consiste na dificuldade de os trabalhadores mais velhos arranjarem emprego, atentas as características do mercado de trabalho. Nesses termos, não existiria qualquer desconformidade entre o direito nacional alemão e o direito da União Europeia.

---

[46] ELAINE DEWHURST, "Equality in an Economic Crisis – Re-Writing Age Discrimination Legislation", *in* Alessandra Silveira, Mariana Canotilho e Pedro Madeira Froufe (eds.), *Citizenship and Solidarity in the European Union – From the Charter of Fundamental Rights to the Crisis, the State of the Art*, Peter Lang, 2013; D. SCHIEK, "Age Discrimination before the ECJ – conceptual and Theoretical issues", *Common Market Law Review*, 48, 2011.

[47] Sobre a jurisprudência relativa à não discriminação em razão da idade, ver ELAINE DEWHURST, "Equality in an Economic Crisis – Re-Writing Age Discrimination Legislation", *cit.*; D. SCHIEK, "Age Discrimination before the ECJ – conceptual and Theoretical issues", *cit.*; M. SCHMIDT, "The Mangold Case before the European Court of Justice", *German Law Journal*, vol. 7, n.º 5, 2006, disponível em *http://www.germanlawjournal.com/index.php?pageID=11&artID=728*.

[48] Acórdão (TJUE) *Mangold*, de 22 de novembro de 2005, proc. C-144/04.

DIREITO DA UNIÃO EUROPEIA – ELEMENTOS DE DIREITO E POLÍTICAS DA UNIÃO

Face a isto, o Tribunal do Trabalho alemão questionou o TJUE sobre a compatibilidade entre o direito interno e a legislação da União, na medida em que aquele continha uma disposição contrária à proibição de "diminuição» que consta do artigo 8.º, n.º 3, do acordo-quadro, na medida em que reduziu a idade das pessoas excluídas da proteção contra a utilização, não justificada por uma razão objetiva, de contratos de trabalho a termo, não garantindo, desta forma, a proteção das pessoas mais velhas no trabalho. O órgão jurisdicional fez notar que, à data da celebração do contrato em causa no litígio principal ainda não tinha terminado o prazo de transposição da Diretiva 2000/78/CE para o direito interno. Todavia, recordou que, segundo jurisprudência do próprio TJUE, um Estado-Membro destinatário de uma diretiva deve, durante o prazo para a sua transposição, abster-se de adotar medidas suscetíveis de comprometer seriamente o resultado prescrito por essa diretiva. Ora, no processo principal, a modificação introduzida no direito nacional entrou em vigor posteriormente à publicação da Diretiva 2000/78/CE no *JOUE*, mas antes do termo do prazo de transposição previsto. Em terceiro lugar, o órgão jurisdicional de reenvio suscitou a questão de saber se, num litígio entre particulares, o órgão jurisdicional nacional é obrigado a não aplicar normas de direito interno incompatíveis com o direito comunitário.

O TJUE veio, a este propósito, afirmar o princípio da não discriminação em razão da idade como um princípio geral de direito comunitário, cujo respeito *"não pode, enquanto tal, depender do termo do prazo concedido aos Estados-Membros para transporem uma diretiva destinada a aplicar um quadro geral de luta contra as discriminações em razão da idade, designadamente no que respeita à organização das vias processuais adequadas, ao ónus da prova, à proteção contra as represálias, ao diálogo social, às ações positivas e a outras medidas específicas de transposição de uma diretiva desta natureza"*. Nestes termos, caberia, no entender do Tribunal, *"ao órgão jurisdicional nacional, ao qual foi submetido um litígio que põe em causa o princípio da não discriminação em razão da idade, garantir, no quadro das suas competências, a proteção jurídica que para os particulares decorre do direito comunitário e garantir o pleno efeito deste, não aplicando todas as disposições da lei nacional eventualmente contrárias"*, pelo que se respondeu à questão colocada em sede de reenvio que *"o direito comunitário e, designadamente, (...) a Diretiva 2000/78 devem ser interpretados no sentido de que se opõem a uma regulamentação nacional, como a que está em causa no processo principal, que autoriza, sem restrições, (...) a celebração de contratos de trabalho a termo, quando o trabalhador tenha atingido a idade de 52 anos"*.

IGUALDADE DE OPORTUNIDADES E NÃO DISCRIMINAÇÃO

Este acórdão foi alvo de intensa discussão e crítica. De facto, com ele, o TJUE elevou as expectativas relativas à futura jurisprudência sobre a implementação da legislação europeia sobre igualdade e não discriminação, parecendo sugerir que aquela sempre teria de ser considerada como uma concretização do princípio da igualdade, tal como entendido no quadro do direito constitucional europeu e independentemente da aplicação de uma diretiva, tendo, por essa razão, efeito direto tanto vertical como horizontal[49].

As críticas centram-se em alguns aspetos essenciais: por um lado, o TJUE não apresentou fundamentação suficiente para justificar a inclusão do princípio da não discriminação em razão da idade (que está, ainda, fracamente enraizado no direito internacional) como parte do património constitucional comum dos Estados-Membros. Por outro lado, o TJUE também não remeteu, na sua decisão, para os direitos consagrados na CDFUE, que, como se viu, expressamente consagra proteção contra este tipo de discriminação (artigo 21.º).

Além dos aspetos acima referidos, a jurisprudência do TJUE foi também intensamente contestada, em particular em países como a Alemanha, devido a outra questão, de carácter sistémico e mais difícil resolução: a interferência com a legislação nacional em matéria laboral, especialmente com as normas contratuais ou coletivamente negociadas relacionadas com a idade. No fundo, a avaliação de disposições normativas sobre a idade sem o devido enquadramento sistemático e sem uma indispensável *visão de conjunto* do ordenamento jurídico estaria a provocar insegurança jurídica quanto à aplicação das regras nacionais, sem uma fundamentação adequada e até, segundo alguns, sem legitimidade.

A jurisprudência que se seguiu procurou, de certa forma, acalmar alguns receios. Os casos que se sucederam ao já referido Acórdão *Mangold*, objeto das sentenças *Palacios de la Villa*[50] e *Age Concern England*[51], indicaram o exercício, por parte do TJUE, de um grau significativo de autocontenção, alargando a margem de atuação permitida aos Estados para justificarem normas potencialmente discriminatórias com "objetivos legítimos" de políticas públicas, em particular no que se refere a legislação sobre aposentação. No

---

[49] Neste sentido, v. D. SCHIECK, "The ECJ Decision in Mangold: A Further Twist on Effectsof Directives and Constitutional Relevance of Community Equality Legislation", *Industrial Law Journal*, v. 35, n.º 3, 2006.

[50] Acórdão (TJUE) *Palacios de la Villa*, de 16 de outubro de 2007, proc. C-411/05.

[51] Acórdão (TJUE) *Age Concern England*, de 5 de março de 2009, proc. C-388/07.

DIREITO DA UNIÃO EUROPEIA – ELEMENTOS DE DIREITO E POLÍTICAS DA UNIÃO

Acórdão *Palacios de la Villa*, o TJUE afirmou que "*a proibição de toda e qualquer discriminação baseada na idade (...) deve ser interpretada no sentido de que não se opõe a uma legislação nacional (...), segundo a qual são consideradas válidas as cláusulas de reforma obrigatória que constam das convenções coletivas e que exigem, como únicas condições, que o trabalhador tenha atingido o limite de idade para a reforma, fixado em 65 anos pela legislação nacional, e que preencha os outros critérios em matéria de segurança social para ter direito a uma pensão de reforma no regime contributivo*", desde que as medidas em causa sejam objetiva e razoavelmente justificadas, no quadro do direito nacional, por um objetivo legítimo e seja respeitado o princípio da proporcionalidade. Esta orientação viu-se confirmada no Acórdão *Age Concern England*, no qual o TJUE sustentou que «*o artigo 6.º, n.º 1, da Diretiva 2000/78 dá aos Estados-Membros a possibilidade de permitir, no quadro do direito nacional, certas formas de diferenças de tratamento com base na idade, desde que sejam "objetiva e razoavelmente" justificadas por um objetivo legítimo, como a política de emprego, do mercado de trabalho ou da formação profissional, e que os meios utilizados para alcançar esse objetivo sejam adequados e necessários. Esse preceito impõe aos Estados-Membros o ónus de demonstrarem o carácter legítimo do objetivo invocado como justificação em função de um elevado limiar probatório*».

A tendência para considerar justificadas por objetivos claros e razoáveis de política pública medidas discriminatórias em razão da idade manteve-se na jurisprudência mais recente. A única diferença entre as distintas decisões do TJUE foi a avaliação relativa ao cumprimento do princípio da proporcionalidade, cuja violação foi dada por verificada atentas as características específicas de alguns casos concretos. Foi o que sucedeu nos Acórdãos *Kücükdeveci*[52] e *Hutter*[53], ambos relativos a medidas legislativas internas que afetam os trabalhadores mais novos, determinando, respetivamente, a não contabilização, no cálculo do prazo de aviso prévio, do trabalho prestado pelo trabalhador antes dos 25 anos de idade e a exclusão da experiência profissional adquirida antes dos 18 anos de idade na determinação da remuneração dos agentes contratuais do Estado. Nas duas situações, as autoridades alemãs e austríacas sustentavam razões de flexibilização do emprego e promoção do acesso dos jovens ao mercado de trabalho como fundamento das normas adotadas. No primeiro caso, a legislação nacional em causa teria por objetivo conceder ao empregador uma maior flexibilidade na gestão do pessoal, aligeirando as obrigações do referido empregador no que respeita ao des-

---

[52] Acórdão (TJUE) *Kücükdeveci*, de 19 de janeiro de 2010, proc. C-555/07.
[53] Acórdão (TJUE) *Hütter*, de 18 de junho de 2009, proc. C-88/08.

IGUALDADE DE OPORTUNIDADES E NÃO DISCRIMINAÇÃO

pedimento dos jovens trabalhadores, aos quais é razoável exigir uma maior mobilidade pessoal ou profissional, enquanto na situação do Acórdão *Hutter* as diferenças de tratamento em razão da idade estariam ligadas ao estabelecimento de condições especiais de acesso ao emprego para os jovens, a fim de favorecer a sua inserção profissional, e à fixação de condições mínimas de idade, experiência profissional ou antiguidade no emprego para o acesso ao emprego ou a determinadas regalias associadas ao emprego.

O TJUE, relembrando que *"os Estados-Membros dispõem de um amplo poder de apreciação na escolha das medidas suscetíveis de realizar os seus objetivos em matéria de política social e de emprego"*[54], atendeu, porém, às características específicas de alguns casos concretos. Foi o que sucedeu no Acórdão *Kücükdeveci*, em que a legislação nacional, por ser aplicável a *"todos os trabalhadores recrutados pela empresa antes dos 25 anos de idade, ainda que a antiguidade do interessado na empresa seja grande no momento do seu despedimento"*, não poderia ser considerada adequada para realizar o objetivo invocado. Acrescentou ainda o Tribunal que tal legislação é aplicável *"de forma desigual, no sentido de que afeta os trabalhadores que ingressam cedo na vida ativa, sem formação profissional ou após uma breve formação profissional, e não aqueles que começam a trabalhar mais tarde, após uma longa formação"*, pelo que se agravou a valoração jurisprudencial no sentido do não cumprimento do princípio da proporcionalidade. Já no Acórdão *Hutter*, o TJUE afirmou que *"uma legislação nacional que, para efeitos de não desfavorecer o ensino geral em relação à formação profissional e de promover a inserção dos jovens aprendizes no mercado de trabalho, exclui a tomada em consideração de períodos de emprego completados antes dos 18 anos de idade para efeitos da determinação do escalão em que são colocados os agentes contratuais da função pública de um Estado-Membro"* é contrária ao direito da União, em particular à proibição de discriminação em razão da idade e ao princípio de igualdade de tratamento no emprego e na atividade profissional, por se afigurar desadequada à prossecução dos objetivos alegados *"na medida em que não toma em consideração a idade das pessoas no momento da sua contratação"*.

Todavia, este juízo de desconformidade entre a legislação interna dos Estados e o princípio de não discriminação devido à idade, tal como enunciado e densificado no quadro do direito da União, não foi a decisão mais frequente. Na grande maioria dos casos, o TJUE deu por plenamente justificadas as exceções consagradas nos ordenamentos nacionais, em função dos propósitos alegados pelas autoridades dos Estados-Membros. Assim

---

[54] Acórdão (TJUE) *Kücükdeveci*, considerando 38.

DIREITO DA UNIÃO EUROPEIA – ELEMENTOS DE DIREITO E POLÍTICAS DA UNIÃO

sucedeu nos Acórdãos *Wolf*[55] (em que se deu por objetivamente justificada uma legislação nacional que fixa em 30 anos a idade máxima para o recrutamento no âmbito de emprego do serviço técnico intermédio dos bombeiros); *Petersen*[56] (no qual se entendeu admissível a fixação de um limite de idade máximo para o exercício da profissão de dentista, convencionado com as autoridades de saúde, fixado concretamente, em 68 anos, quando essa medida tenha como objetivo repartir as possibilidades de emprego entre as gerações se, tendo em conta a situação do mercado do emprego em questão, tal medida for apropriada e necessária para alcançar esse objetivo); *Rosenbladt*[57] (no qual o Tribunal se pronunciou no sentido da validade, nos termos do direito da União, de cláusulas de cessação automática dos contratos de trabalho por o trabalhador ter atingido a idade de passagem à reforma, mesmo que implementadas através de uma convenção coletiva, desde que prossigam um objetivo legítimo, de forma apropriada e necessária); *Georgiev*[58] (em que o TJUE se pronunciou no sentido de que o direito da União não se opõe a uma legislação nacional que impõe a passagem automática à reforma dos professores universitários que tenham completado 68 anos de idade e que determina que os professores universitários que tenham completado 65 anos de idade só podem prosseguir a sua atividade através da celebração de contratos a termo celebrados pelo período de um ano renováveis no máximo por duas vezes, desde que essa legislação prossiga um objetivo legítimo ligado nomeadamente à política de emprego e do mercado de trabalho); *Fuchs and Kohler*[59] (no qual, de novo, se reiterou que o direito da União Europeia não se opõe a medidas que preveem a aposentação obrigatória dos funcionários aos 65 anos de idade, permitindo-lhes, ao mesmo tempo, continuar a trabalhar, se o interesse do serviço o exigir, até aos 68 anos); *Hennings and Mai*[60] (onde é de assinalar uma decisão de não conformidade por parte do TJUE, que considerou contrárias ao direito da União normas de convenções coletivas sobre escalões remuneratórios que previam diferenças em razão da idade); e *Hörnfeldt*[61] (no qual o Tribunal entendeu que uma medida nacional que permite a um empregador fazer

[55] Acórdão (TJUE) *Wolf*, de 12 de janeiro de 2010, proc. C-229/08.
[56] Acórdão (TJUE) *Petersen*, de 12 de janeiro de 2010, proc. C-341/08.
[57] Acórdão (TJUE) *Rosenbladt*, de 12 de outubro de 2010, proc. C-45/09.
[58] Acórdão (TJUE) *Georgiev*, de 18 de novembro de 2010, procs. apensos C-250/09 e C-268/09.
[59] Acórdão (TJUE) *Fuchs and Köhler*, de 21 de julho de 2011, procs. apensos C-159/10 e C-160/10.
[60] Acórdão (TJUE) *Hennigs and Mai*, de 8 de setembro de 2011, procs. apensos C-297/10 e C-298/10.
[61] Acórdão (TJUE) *Hörnfeldt*, de 5 de julho de 2012, proc. C-141/11.

IGUALDADE DE OPORTUNIDADES E NÃO DISCRIMINAÇÃO

cessar o contrato de trabalho de um trabalhador apenas com base no facto de este atingir a idade de 67 anos e que não tem em consideração a pensão de reforma que o interessado receberá, não viola o direito da União quando for objetiva e razoavelmente justificada por um objetivo legítimo relativo à política de emprego e do mercado de trabalho e constituir um meio apropriado e necessário para a sua realização). A exceção mais recente à mobilização do artigo 6.º da Diretiva 2000/78/CE, em casos relacionados com a idade, para justificar as restrições ao direito à não discriminação encontra-se no Acórdão *Prigge*[62], em que o TJUE sustentou que, tendo em conta que *"as autoridades nacionais e internacionais consideram que até aos 65 anos os pilotos têm as capacidades físicas para pilotar, ainda que, entre os 60 e os 65 anos, só o possam fazer enquanto membros de uma tripulação na qual os outros pilotos tenham menos de 60 anos"*, normas de uma convenção coletiva que fixam *"em 60 anos o limite de idade a partir do qual se considera que os pilotos de linha abrangidos pela convenção (...) deixam de ter as capacidades físicas para exercer a sua atividade profissional, apesar de as regulamentações nacional e internacional autorizarem o exercício dessa atividade, sob certas condições, até aos 65 anos, os parceiros sociais impuseram aos referidos pilotos uma exigência desproporcionada"*, pelo que devem ser julgadas contrarias ao direito da União Europeia.

Alguns dos acórdãos acima mencionados podem suscitar certas perplexidades. Desde logo, a argumentação do TJUE no caso *Petersen*, que dá por admissível a consideração, por parte das autoridades nacionais, da evolução da situação do emprego num determinado setor de atividade, para justificar a aplicação de um limite de idade que conduz à saída do mercado de trabalho dos trabalhadores mais velhos, a fim de favorecer o emprego dos profissionais mais jovens. Fica por determinar em que momento deve a situação do mercado laboral ser considerada, se o da produção normativa ou o da sua avaliação jurisprudencial. Parece ser de defender que deve relevar para o juízo de conformidade com o direito da União o quadro setorial no momento do julgamento, podendo dar-se o caso de uma espécie de desconformidade superveniente, ou seja, uma situação na qual a avaliação da evolução do emprego num determinado setor, levada a cabo pelas autoridades nacionais no momento de adoção da legislação interna, justificaria a exceção ao princípio da não discriminação, mas que tal não aconteça no momento da intervenção do TJUE, não podendo dar-se por cumpridos os requisitos de justificação racional e objetiva daquela exceção.

[62] Acórdão (TJUE) *Prigge*, de 13 de setembro de 2011, proc. C-447/09.

DIREITO DA UNIÃO EUROPEIA – ELEMENTOS DE DIREITO E POLÍTICAS DA UNIÃO

Já o caso *Rosenbladt*, quando analisado mais detidamente, revela as fragilidades da avaliação levada a cabo pelo TJUE em situações de justaposição de situações discriminatórias, uma vez que a requerente no processo principal é uma mulher trabalhadora, com 65 anos, de muito baixos rendimentos, quer durante a vida ativa, quanto mais ainda após a aposentação, despedida ao abrigo de uma norma de convenção coletiva que permite o despedimento quando o funcionário atinja a idade de passagem à reforma. O órgão jurisdicional de reenvio pareceu ter uma visão mais abrangente do problema, alegando que a justificação da discriminação com base em objetivos das políticas de emprego parecia comprometida, uma vez que "*as cláusulas de cessação automática do contrato de trabalho do trabalhador que tenha cumprido 65 anos são desde há muito utilizadas com frequência, sem, no entanto, terem a menor incidência no nível do emprego na Alemanha. (...) Quanto ao objetivo que visa garantir uma estrutura harmoniosa da pirâmide das idades no setor dos serviços de limpeza, o órgão jurisdicional de reenvio duvida da sua pertinência devido à inexistência de risco especial de envelhecimento da mão de obra empregada neste setor*". O mesmo órgão alerta também para o facto de, ainda que possa compreender-se que os parceiros sociais vejam a cláusula de cessação automática dos contratos de trabalho como o reflexo de um equilíbrio entre interesses divergentes mas legítimos de empregadores e empregados, esta "*causa um prejuízo financeiro importante aos trabalhadores do setor da indústria da limpeza de edifícios, em geral, e a G. Rosenbladt, em especial. Na medida em que este setor se caracteriza por empregos com remunerações baixas e a tempo parcial, as pensões do regime legal de reforma não permitem que os trabalhadores satisfaçam as suas necessidades vitais. Por outro, há medidas menos restritivas do que a cessação automática dos contratos de trabalho. Assim, no que respeita ao interesse das entidades patronais em planificar a sua política de gestão do pessoal, o órgão jurisdicional de reenvio refere que basta que aquelas perguntem aos seus trabalhadores se pretendem trabalhar depois de atingirem a idade de passagem à reforma*".

Todavia, o TJUE, numa resposta que surpreende negativamente por algum simplismo na análise de uma realidade trágica e complexa, em que estão em causa os mais básicos direitos fundamentais, vem afirmar, com base numa interpretação ampla da possibilidade de exceção ao princípio da não discriminação em razão da idade, que "*a cessação de pleno direito do contrato de trabalho (...) não obriga automaticamente as pessoas por ela abrangidas a retirarem-se definitivamente do mercado de trabalho. Por conseguinte, a referida disposição não institui um regime imperativo de passagem automática à reforma (v., neste sentido, Acórdão* Age Concern England, *já referido, n.º 27). A medida não se opõe a que um trabalhador que o pretenda, por exemplo, por motivos económicos, prossiga a sua atividade profissional depois de ter atingido a idade de passagem à reforma. Não priva da proteção contra as discriminações em razão da idade os trabalhadores que tenham atingido a idade de reforma, quando estes pretendam continuar ativos e andem à procura de um novo emprego"*, e conclui que *"há que considerar que uma medida como a prevista no § 19, ponto 8, da RTV não excede o que é necessário para atingir os objetivos prosseguidos, atendendo à ampla margem de apreciação reconhecida aos Estados-Membros e aos parceiros sociais em matéria de política social e de emprego".* Este acórdão demonstra, desta forma, os problemas resultantes de uma metodologia centrada num único tópico – no caso, a discriminação por razão de idade – que se revela incapaz de captar a complexidade de uma situação obviamente merecedora de proteção social e tutela jurídica, contribuindo – inadvertidamente, poderá admitir-se – para reforçar a situação de exclusão verificada no litígio principal.

4. Não discriminação em razão da orientação sexual

a) Enquadramento geral

A proibição de discriminação em razão da orientação sexual encontra-se plasmada nos artigos dos Tratados já mencionados, nomeadamente, no artigo 21.º da Carta e nos artigos 10.º e 19.º do TFUE. Estas disposições constituem, pois, o parâmetro normativo de validade das restantes normas de direito da União, na matéria em causa. Ao nível do direito derivado, cabe destacar, também aqui, a Diretiva 2000/78/CE que estabelece o quadro geral de aplicação do princípio da igualdade no âmbito do mercado de trabalho. Isto implica que a proteção jurídica conferida pelo sistema jurídico da União em relação a este tipo de discriminação se afigura como claramente mais débil e menos ampla do que em relação a outras características (desde logo, o género, mas também a raça ou origem étnica). É certo que isto não acontece apenas com a orientação sexual, mas alguma indefinição conceptual em sede legislativa, aliada ao parco desenvolvimento jurisprudencial da matéria, faz com que este seja um dos domínios menos desenvolvidos do direito europeu da igualdade de oportunidades. Efetivamente, a Diretiva não define o conceito de orientação sexual. Parece resultar da jurisprudência do TJUE que o âmbito de aplicação das normas em causa abranja não apenas pessoas tratadas desfavoravelmente em razão da sua orientação sexual *efetiva*, como também as que são alvo de discriminação devido à sua orientação sexual *aparente* ou à sua *associação* com pessoas com determinada orientação

DIREITO DA UNIÃO EUROPEIA – ELEMENTOS DE DIREITO E POLÍTICAS DA UNIÃO

sexual. Em matéria de restrições, além da habitual possibilidade de justificação dos tratamentos discriminatórios e das medidas de discriminação positiva, admite-se, em circunstâncias limitadas, a justificação de "diferenças de tratamento sempre que uma característica relacionada com a religião ou as convicções, com uma deficiência, com a idade ou com a orientação sexual constitua um requisito genuíno e determinante para o exercício da atividade profissional, desde que o objetivo seja legítimo e o requisito proporcional".

Como é comum no direito da União Europeia, a Diretiva tem um âmbito material que tem sido interpretado de forma abrangente, incluindo todas as formas de emprego ou ocupação, e não apenas o trabalho por conta de outrem, tal como regulado pelo direito interno. Protege contra discriminações diretas e indiretas, mas também contra assédio e instruções para discriminar. Este último conceito ainda não se encontra suficientemente desenvolvido; contudo, deverá também ser interpretado de maneira lata, abarcando não apenas instruções cujo autor tenha competência e autoridade para que a ordem produza o efeito discriminatório desejado, mas, igualmente, quaisquer preferências ou encorajamento expresso no sentido de favorecer um tratamento desfavorável, devido a uma determinada característica, em contexto laboral[63].

Por último, merece ainda nota, porque a as suas normas foram recentemente discutidas em sede jurisprudencial, a Diretiva 2004/83/CE[64], que estabelece normas mínimas relativas às condições a preencher por nacionais de países terceiros ou apátridas para poderem beneficiar do estatuto de refugiado ou de pessoa que, por outros motivos, necessite de proteção internacional, bem como relativas ao respetivo estatuto, e relativas ao conteúdo da proteção concedida; o diploma prevê, no artigo 10.º, que a noção de grupo social específico, para efeitos de determinação da existência de perseguição no Estado de origem, poderá incluir um grupo baseado numa característica comum de orientação sexual.

b) Jurisprudência

A jurisprudência do TJUE em matéria relacionada com os problemas dos cidadãos homossexuais, bissexuais e transexuais iniciou-se na segunda parte da década de noventa do século XX, sendo de assinalar três decisões: *P contra*

---

[63] Ver o Relatório *Combating Sexual Orientation Discrimination in the European Union – European Network of Legal Experts in the Non-discrimination field*, European Comission, 2014.
[64] Diretiva 2004/83/CE, de 29 de abril de 2004.

IGUALDADE DE OPORTUNIDADES E NÃO DISCRIMINAÇÃO

S e Cornwall County Council[65], *Grant*[66] e *K. B.*[67]. No primeiro caso, estava em causa o despedimento de um trabalhador transexual, em virtude da mudança de sexo. O TJUE optou por fundamentar a sua decisão com base na proibição de discriminação entre homens e mulheres, afirmando que, *"dado que o direito de não discriminação em razão do sexo constitui um dos direitos fundamentais da pessoa humana, o âmbito de aplicação da diretiva não pode limitar-se apenas às discriminações resultantes da pertença a um ou a outro sexo. A sua aplicação deve ser extensiva às discriminações que tenham a sua origem na mudança de sexo, uma vez que as mesmas resultam essencialmente, senão exclusivamente, do sexo do interessado, porque despedir uma pessoa porque tem a intenção de sofrer ou sofreu uma mudança de sexo, é aplicar-lhe um tratamento desfavorável relativamente às pessoas do sexo de que era considerada fazer parte antes desta operação"*. No Acórdão *Grant*, por seu turno, o TJUE viu-se confrontado com um litígio que opunha L. Grant à sua entidade patronal, a South-West Trains Ltd., a propósito da recusa da atribuição por esta última de reduções no preço dos transportes ao parceiro de sexo feminino de L. Grant, em condições análogas às dos cônjuges ou parceiros heterossexuais. Também aqui, e dado que o acórdão data de uma época anterior à Diretiva 2000/78/CE, o TJUE mobilizou o princípio da não discriminação em razão do género – e não da orientação sexual, que era a questão, obviamente, em causa – para justificar a sua decisão. Tendo entendido que a situação em causa não constituía uma discriminação proibida pelo direito da União no que se refere à aplicação do princípio da igualdade de remuneração entre os trabalhadores masculinos e femininos, afirmou, relembrando a jurisprudência *P contra S*, que *"as disposições (...) que proíbem as discriminações entre homens e mulheres mais não são do que expressão, no domínio limitado que lhe é próprio, do princípio da igualdade, que é um dos princípios fundamentais do direito comunitário. (...) esta circunstância impede uma interpretação restritiva do âmbito de aplicação destas disposições e leva a aplicar estas últimas às discriminações que têm a sua origem na mudança de sexo do trabalhador"*; contudo, acrescentou que *"estas discriminações são, na realidade, baseadas essencialmente, senão exclusivamente, no sexo da pessoa em causa. Este raciocínio, que leva a considerar que estas discriminações devem ser proibidas do mesmo modo que as discriminações baseadas na pertença de uma pessoa a um sexo determinado, às quais estão estreitamente ligadas, limita-se ao caso de mudança de sexo de um trabalhador e não se aplica, portanto, às diferen-*

---

[65] Acórdão (TJUE) *P contra S e Cornwall County Council*, de 30 de abril de 1996, proc. C-13/94.
[66] Acórdão (TJUE) *Grant*, de 17 de fevereiro de 1998, proc. C-249/96.
[67] Acórdão (TJUE) *K. B.*, de 7 de janeiro de 2004, proc. C-117/01.

DIREITO DA UNIÃO EUROPEIA – ELEMENTOS DE DIREITO E POLÍTICAS DA UNIÃO

ças de tratamento baseadas na orientação sexual de uma pessoa". No Acórdão *K. B.* questionava-se a decisão das autoridades nacionais do Reino Unido de recusar a K. B. o direito de designar R., seu companheiro transexual, como beneficiário da pensão de viuvez, devido ao facto de não serem casados, já que a legislação interna não permitia a alteração do sexo no registo civil. O Tribunal alertou para que "*a definição de casamento é uma questão de direito da família, que é da competência dos Estados-Membros*". Além disso, "*a decisão de reservar certas vantagens aos casais compostos por pessoas casadas entre si, excluindo todos os que coabitam sem serem casados, é uma questão que depende da opção do legislador ou da interpretação das normas jurídicas de direito interno efetuada pelos órgãos jurisdicionais nacionais, não podendo os particulares invocar nenhuma discriminação em razão do sexo proibida pelo direito comunitário*". Contudo, entendeu ainda que, "*numa situação como a do processo principal, existe, porém, uma desigualdade de tratamento que, embora não ponha em causa diretamente o benefício de um direito protegido pelo direito comunitário, afeta uma das suas condições de concessão. (...) Dado que incumbe aos Estados-Membros determinar as condições do reconhecimento jurídico da mudança de sexo de uma pessoa na situação de R (...) compete ao juiz nacional verificar se, num caso como o do processo principal, uma pessoa na situação de K. B. pode invocar o artigo 141.º CE, a fim de ver reconhecido o seu direito de fazer beneficiar o seu parceiro de uma pensão de sobrevivência. Resulta de quanto precede que o artigo 141.º CE se opõe, em princípio, a uma legislação que, em violação da CEDH, impede um casal, como K. B. e R., de preencher a condição de casamento necessária para que um deles possa beneficiar de um elemento da remuneração do outro*". Como se pode notar, a argumentação do TJUE era ainda, notoriamente, cautelosa, procurando um equilíbrio entre os instrumentos de proteção disponíveis – iniciando, neste campo, uma dialética interessante com a jurisprudência do TEDH sobre questões idênticas – e o respeito pelas competências e identidades nacionais numa matéria sensível.

Seguiu-se aquele que é, provavelmente, o mais famoso acórdão do TJUE em matéria de orientação sexual, o Acórdão *Maruko*[68], cuja fundamentação se baseia, por fim, na proibição de discriminação em razão da orientação sexual. Tratava-se de um litígio que opunha Tadao Maruko às autoridades alemãs, devido ao indeferimento do seu requerimento de uma pensão de viúvo, com base no facto de os estatutos da entidade responsável pelo pagamento não preverem um tal benefício para os parceiros sobrevivos de uniões de facto, apesar de se tratar de um organismo de direito público e

---

[68] Acórdão (TJUE) *Tadao Maruko*, de 1 de abril de 2008, proc. C-267/06.

IGUALDADE DE OPORTUNIDADES E NÃO DISCRIMINAÇÃO

de a legislação alemã estabelecer uma equiparação entre a união de facto e o casamento. O Tribunal lembrou que o significado do princípio da igualdade de tratamento implica, nos termos do direito da União, "*a ausência de qualquer discriminação, direta ou indireta. (...) existe discriminação direta sempre que, por qualquer dos motivos referidos no artigo 1.º desta diretiva, uma pessoa seja objeto de um tratamento menos favorável do que aquele que é dado a outra pessoa em situação comparável. O n.º 2, alínea* b)*,* i)*, do mesmo artigo 2.º prevê que existe discriminação indireta sempre que uma disposição, critério ou prática aparentemente neutra seja suscetível de colocar numa situação de desvantagem pessoas com uma determinada religião ou convicções, com uma determinada deficiência, pessoas de uma determinada classe etária ou pessoas com uma determinada orientação sexual, comparativamente com outras pessoas, a não ser que essa disposição, critério ou prática sejam objetivamente justificados por um objetivo legítimo e que os meios utilizados para o alcançar sejam adequados e necessários*". Ora, "*segundo as informações que constam da decisão de reenvio, a partir de 2001, ano em que entrou em vigor a [legislação sobre união de facto homossexual] na sua versão inicial, a República Federal da Alemanha adaptou a sua ordem jurídica de forma a permitir às pessoas do mesmo sexo viver em comunhão de assistência e entreajuda vitalícia formalmente constituída*". Contudo, "*o benefício desta prestação de sobrevivência está limitado, em aplicação das disposições dos estatutos da VddB, aos cônjuges sobrevivos e é recusado aos parceiros sobrevivos. Neste caso, os parceiros são tratados de forma menos favorável que os cônjuges sobrevivos no que respeita ao benefício da referida prestação de sobrevivência*". Nestes termos, o TJUE decidiu que o direito da União Europeia se opõe "*a uma legislação como a que está em causa no processo principal, por força da qual, após a morte do seu parceiro, o parceiro sobrevivo não recebe uma prestação de sobrevivência equivalente à concedida a um cônjuge sobrevivo, apesar de, segundo o direito nacional, a união de facto colocar as pessoas do mesmo sexo numa situação comparável à dos cônjuges no que respeita à referida prestação de sobrevivência*".

Este acórdão representou um avanço significativo na proteção e garantia dos direitos fundamentais contra a discriminação em razão da orientação sexual. A caracterização da discriminação em causa, por parte do TJUE, como discriminação direta, simplifica e clarifica a argumentação jurisprudencial, ao mesmo tempo que evita a possibilidade de justificação do tratamento desfavorável com base num objetivo razoável, no quadro jurídico-político nacional[69]. Por outro lado, e na linha da jurisprudência anterior, é importante a

---

[69] A. ERIKSSON, "European Court of Justice: Broadening the scope of European nondiscrimination law", *International Journal of Constitutional Law*, vol. 7, n.º 4, outubro de 2009.

DIREITO DA UNIÃO EUROPEIA – ELEMENTOS DE DIREITO E POLÍTICAS DA UNIÃO

menção do Tribunal ao facto de que, ainda que a competência para definição das instituições jurídicas de direito da família, como o casamento ou a união civil, seja puramente nacional, os Estados-Membros devem fazê-lo respeitando os princípios gerais de direito da União.

A decisão seguinte encontra-se plasmada no Acórdão *Römer*[70], no qual a situação de facto era muito semelhante à tratada na sentença *Maruko*, ainda que estivesse em causa o montante da pensão a que teria direito o recorrente, J. Römer; esse montante variaria, conforme Römer – que vivera décadas com um parceiro do mesmo sexo, com o qual celebrara, mais tarde, uma união registada – fosse tratado, para efeitos do cálculo da pensão, como solteiro ou casado. O TJUE manteve a jurisprudência *Maruko*, mas sublinhou, com mais insistência, que *"a apreciação da comparabilidade* [entre a situação jurídica e factual de uma pessoa casada e de uma pessoa em união de facto registada no que respeita à referida pensão] *é da competência do órgão jurisdicional de reenvio e deve centrar-se nos direitos e obrigações respetivos dos cônjuges e das pessoas vinculadas por uma união de facto registada, tais como são regidos no quadro das correspondentes instituições, que sejam pertinentes tendo em conta o objetivo e as condições de atribuição da prestação em questão"*. No fundo, parece haver, neste caso, por parte do TJUE, alguma prudência adicional. A obrigação de os Estados tratarem igualmente as uniões hétero e homossexuais fica claramente dependente da sua própria escolha política de equiparar as uniões civis ao casamento, em determinadas matérias. Ou seja, o princípio da igualdade de tratamento e da proibição de discriminação em razão da orientação sexual só se aplicará nos domínios em que o ordenamento jurídico nacional em causa estabeleça a equivalência entre as duas figuras[71]. Ainda que esta posição possa parecer, aos promotores dos direitos dos cidadãos homossexuais, um recuo em relação ao Acórdão *Maruko*, a verdade é que se afigura difícil avançar mais, no atual quadro jurídico de distribuição de competências: o reconhecimento do direito ao casamento, a instituição da figura da união civil ou a atribuição de quaisquer benefícios sociais aos membros de uniões homossexuais pertence à esfera das ordens jurídicas nacionais e não do direito da União Europeia.

---

[70] Acórdão (TJUE) *Römer*, de 10 de maio de 2011, proc. C-147/08.
[71] Cf. J. Cornides, "Three Case Studies on 'Anti-Discrimination'", *European Journal of International Law*, vol. 33, n.º 2, 2012.

IGUALDADE DE OPORTUNIDADES E NÃO DISCRIMINAÇÃO

Uma das decisões mais recentes em matéria de discriminação baseada na orientação sexual é o Acórdão *Hay*[72]. O litígio do processo principal opunha F. Hay à sua entidade patronal, em virtude de lhe terem sido recusados benefícios atribuídos por casamento, nos termos da convenção coletiva aplicável, ao ter celebrado uma união civil registada com uma pessoa do mesmo sexo. A decisão do TJUE segue aqui a linha dos acórdãos anteriores, embora seja de registar uma maior clareza nas afirmações feitas, designadamente ao constatar que *"resulta da jurisprudência do Tribunal de Justiça que uma legislação de um Estado-Membro que só conceda direito a benefícios em termos de remuneração ou de condições de trabalho aos trabalhadores casados, quando o casamento, nesse Estado-Membro, só é legalmente possível entre pessoas de sexo diferente, cria uma discriminação direta baseada na orientação sexual para com os trabalhadores homossexuais titulares de um PACS, que se encontram em situação comparável"*. O Tribunal acrescentou ainda que «*a circunstância de o PACS, diferentemente da união de facto registada em causa nos processos que deram origem aos acórdãos, já referidos, Maruko e Römer, não ser reservado aos casais homossexuais não é relevante e, em particular, não altera a natureza da discriminação para com os casais que, diferentemente dos casais heterossexuais, não podiam, no momento dos factos no processo principal, legalmente contrair casamento. Com efeito, uma diferença de tratamento baseada no estado civil de casado do trabalhador e não expressamente na sua orientação sexual continua a ser uma discriminação direta, dado que, pelo facto de o casamento estar reservado às pessoas de sexo diferente, os trabalhadores homossexuais estão impossibilitados de cumprir o requisito necessário para obterem o benefício reivindicado. Por outro lado, na medida em que a discriminação operada é direta, a mesma não pode ser justificada por um "objetivo legítimo"*».

Cabe ainda dar nota da Acórdão *ACCEPT*[73], que se ocupa da discriminação em razão da orientação sexual através do discurso, ou seja, de declarações públicas. A Accept, organização não governamental cujo objeto é promover e proteger os direitos de lésbicas, gay, bissexuais e transexuais, apresentou queixa contra G. Becali e um clube de futebol do qual era acionista e responsável, alegando que o princípio da igualdade de tratamento tinha sido violado em matéria de recrutamento; comprovou-se que Becali tinha proferido, declarações segundo as quais, em vez de contratar um futebolista apresentado como sendo homossexual, teria preferido recorrer a um jogador da equipa júnior. Segundo a Accept, as alegações dos jornalistas, reforçadas por

[72] Acórdão (TJUE) *Hay*, de 12 de dezembro de 2013, proc. C-267/12.
[73] Acórdão (TJUE) *ACCEPT*, de 25 de abril de 2013, proc. C-81/12.

DIREITO DA UNIÃO EUROPEIA – ELEMENTOS DE DIREITO E POLÍTICAS DA UNIÃO

G. Becali, segundo as quais o jogador seria homossexual, fizeram fracassar a celebração de um contrato de trabalho, e em nenhum momento o clube se demarcou de tal posição. Contudo, o organismo nacional contra a discriminação, CNCD, considerou que a situação em causa no processo principal não se incluía no âmbito de aplicação de uma eventual relação de trabalho, mas constituía uma discriminação sob forma de assédio. Assim, sancionou o clube com uma admoestação, única sanção então possível, em conformidade a legislação aplicável. O caso é interessante e permitiu ao TJUE clarificar uma série de aspetos. Desde logo, esclareceu que *«factos como os que estão na origem do litígio no processo principal são suscetíveis de serem qualificados de "elementos de facto constitutivos da presunção de discriminação" relativamente a um clube de futebol profissional, quando as declarações em causa sejam de uma pessoa que se apresenta e é vista, nos* media *e na sociedade, como sendo o principal dirigente desse clube, sem, no entanto, dispor necessariamente da capacidade jurídica de o vincular ou de o representar em matéria de recrutamento».* Além disso, adiantou que *"o ónus da prova conforme repartido no artigo 10.º, n.º 1, da Diretiva 2000/78 não leva a exigir uma prova impossível de produzir sem violar o direito ao respeito da vida privada".* Finalmente, o Tribunal concluiu que a sanção para a discriminação baseada na orientação sexual tem de ter, por força do direito da União, um *"carácter efetivo, proporcionado e dissuasivo",* competindo ao órgão de reenvio apreciar se assim é. Na linha do já citado Acórdão *Feryn,* insiste-se, assim, na ideia segundo a qual as declarações discriminatórias (de carácter racista ou homofóbico) constituem, em si mesmas, atos de discriminação direta, o que parece confirmar a intenção de permitir a utilização das disposições de direito da União relativas à discriminação como veículo de combate ao chamado *hate speach.*

Com uma temática bastante diferente das acima mencionadas, cabe dar nota do Acórdão *Minister voor Immigratie en Asiel*[74]. Estava em causa o indeferimento, por parte das autoridades holandesas, dos pedidos de autorização de residência temporária (asilo) apresentados pelos cidadãos estrangeiros X, Y e Z, fundados na perseguição sofrida, nos respetivos países de origem em virtude da sua homossexualidade. Comprovou-se que, nesses países, a homossexualidade é criminalizada. Assim, na Serra Leoa, as práticas homossexuais são punidas com pena de prisão entre dez anos, no mínimo, e prisão perpétua. No Uganda, quem for condenado por um crime descrito como

---

[74] Acórdão (TJUE) *Minister voor Immigratie en Asiel,* de 7 de novembro de 2013, procs. apensos C-199/12 a C-201/12.

IGUALDADE DE OPORTUNIDADES E NÃO DISCRIMINAÇÃO

"conhecimento carnal contrário à ordem da natureza" será punido com pena de prisão, cujo grau máximo é a prisão perpétua. No Senegal, quem for condenado por práticas homossexuais deve ser punido com pena de prisão de um a cinco anos e multa de cerca de 150 euros a 2000 euros. As autoridades nacionais sustentavam que, ainda que a orientação sexual dos referidos requerentes seja credível, estes últimos não provaram suficientemente os factos e as circunstâncias invocados e, por conseguinte, não demonstraram que, uma vez regressados aos respetivos países de origem, mantêm um receio fundado de serem perseguidos em virtude da sua pertença a um determinado grupo social.

O órgão jurisdicional de reenvio questionou o TJUE, no sentido de determinar se os estrangeiros com uma orientação homossexual constituem um grupo social específico na aceção do direito da União e, em caso de resposta afirmativa à primeira questão, quais são as práticas homossexuais abrangidas pelo âmbito de aplicação da diretiva. Quis ainda saber se a existência de atos de perseguição relativos a estas práticas pode, se forem satisfeitos os demais requisitos, levar à concessão do estatuto de refugiado, ou se pode esperar-se dos estrangeiros com uma orientação homossexual que, no país de origem, ocultem a sua orientação das outras pessoas, a fim de evitarem a perseguição. O Tribunal respondeu à primeira questão de forma afirmativa, afirmando que *"a existência de legislação penal como a que está em causa em cada um dos processos principais, que visa especificamente os homossexuais, permite concluir que se deve considerar que essas pessoas formam um determinado grupo social"*. Entendeu ainda que a legislação da União em causa *"não prevê qualquer restrição ao comportamento que os membros do grupo social específico podem adotar, relativamente à sua identidade ou aos comportamentos que cabem ou não no conceito de orientação sexual para efeitos desta disposição"*, incluindo, assim, atos relativos à esfera da vida privada da pessoa, bem como atos da sua vida em público. O TJUE sublinhou, por fim, que ao *"exigir-se aos membros de um grupo social que partilham da mesma orientação sexual que a dissimulem é contrário ao próprio reconhecimento de uma característica de tal forma essencial para a identidade que não se pode exigir aos interessados que a ela renunciem. Assim, não se pode esperar que, para evitar ser perseguido, um requerente de asilo dissimule a sua homossexualidade no seu país de origem"*. Esta decisão merece nota muito positiva, pois reforça não só o *standard* (interno) europeu de proteção contra a discriminação em razão da orientação sexual, como contribui para a construção, paulatina, de um nível elevado de proteção, neste domínio, no plano internacional.

DIREITO DA UNIÃO EUROPEIA – ELEMENTOS DE DIREITO E POLÍTICAS DA UNIÃO

Todavia, o mais recente episódio em matéria de discriminação em razão da orientação sexual é o Acórdão *Léger*[75], que representa, de certa maneira, um retrocesso nos critérios de aplicação deste direito até agora definidos, na ordem jurídica europeia. Estava então em causa a interpretação da Diretiva 2004/33/CE, de 22 de março de 2004, que dá execução à Diretiva 2002/98/CE (que estabelece normas de qualidade e segurança em relação à colheita, análise, processamento, armazenamento e distribuição de sangue humano e de componentes sanguíneos), no que respeita a determinadas exigências técnicas relativas ao sangue e aos componentes sanguíneos. Face à recusa, sancionada pelo direito francês, da dádiva de sangue por parte de G. Léger, com fundamento no facto de este ter tido relações sexuais com outro homem, perguntou o órgão jurisdicional de reenvio se a Diretiva 2004/33//CE deve ser interpretada no sentido de que o critério de suspensão definitiva da dádiva de sangue, previsto nesta disposição e relativo ao comportamento sexual que expõe ao risco de contrair doenças infeciosas graves transmissíveis pelo sangue, se opõe a que um Estado-Membro preveja uma contraindicação permanente à dádiva de sangue para os homens que tenham tido relações sexuais com homens. O TJUE admitiu que a suspensão da dádiva de sangue em função da orientação sexual implica, no que diz respeito aos homens homossexuais, uma discriminação baseada na orientação sexual, na aceção do artigo 21.º, n.º 1, da CDFUE. Todavia, o Tribunal afirma que a avaliação da situação concreta deve levar em conta a apreciação da situação epidemiológica específica francesa no que respeita à existência de um risco elevado de contrair doenças infeciosas graves transmissíveis pelo sangue, tarefa que cabe ao órgão jurisdicional nacional. Em segundo lugar, sustenta que cabe analisar se estão cumpridos os requisitos previstos no artigo 52.º da CDFUE para restrição aos direitos nela consagrados, nomeadamente saber se tais restrições são necessárias e correspondem efetivamente a objetivos de interesse geral reconhecidos pela União ou à necessidade de proteção dos direitos e das liberdades de terceiros. Alerta o TJUE para que, *"num processo como o do processo principal, esse princípio só é respeitado se um nível elevado de proteção da saúde dos recetores não puder ser assegurado por técnicas eficazes de deteção do VIH e menos limitativas do que a proibição permanente da dádiva de sangue para o conjunto do grupo constituído por homens que tiveram relações sexuais com homens. Com efeito, por um lado, não se pode excluir que, mesmo perante um comportamento sexual que exponha a um risco elevado de contrair doenças infeciosas graves trans-*

---

[75] Acórdão (TJUE) *Léger*, de 29 de abril de 2015, proc. C-528/13.

IGUALDADE DE OPORTUNIDADES E NÃO DISCRIMINAÇÃO

missíveis pelo sangue, na aceção do n.º 2.1 do anexo III da Diretiva 2004/33, o qual diz respeito ao risco de transmissão dessas doenças entre os parceiros na sequência de uma relação sexual, existem técnicas eficazes para assegurar um nível elevado de proteção da saúde dos recetores". Conclui, por fim, que cabe ao órgão jurisdicional nacional determinar se estes requisitos de necessidade e proporcionalidade estão ou não verificados, sendo que, em caso afirmativo, a restrição não viola qualquer norma de direito da União. Esta decisão compreende-se mal, face à própria exposição da matéria de facto feita pelo Tribunal, nos termos da qual, mesmo para o Governo francês e a Comissão, o risco de transmissão de doenças estaria na chamada *«"janela silenciosa", período posterior a uma infeção viral e durante o qual os marcadores biológicos usados na despistagem da dádiva de sangue se mantêm negativos apesar da infeção do dador. Seriam, portanto, as infeções recentes que apresentam um risco de não deteção no momento dos testes de despistagem e, por consequência, de transmissão do VIH ao recetor»*. Ora, a ser assim, e como alerta o próprio TJUE, devem ser tidos em conta o *«prazo que decorreu após a última relação sexual por comparação com a duração da "janela silenciosa", o carácter estável da relação da pessoa em causa ou o carácter protegido das relações sexuais que permitem avaliar o nível de risco que apresenta individualmente cada dador em função do seu próprio comportamento sexual»*. Não se vê como possa ser sustentável, face a estes elementos, uma exclusão permanente e definitiva dos homens que tenham tido relações sexuais com outros homens, pelo que o respeito pelo princípio da proporcionalidade se afigura comprometido.

5. Não discriminação em razão de deficiência

a) Enquadramento geral

Tal como os motivos de discriminação acima analisados (idade, orientação sexual), a proteção contra a discriminação em razão de deficiência faz-se, em sede de direito derivado da União Europeia, essencialmente, com base na já várias vezes referida Diretiva 2000/78/CE, que estabelece um quadro geral de igualdade de tratamento no emprego e na atividade profissional. Porém, este diploma não contém uma definição do conceito de deficiência, pelo que a delimitação do universo de cidadãos protegidos pela proibição de discriminação em função de deficiência se tem revelado problemática, levantando, aquando da sua aplicação a nível nacional, questões que têm sido reenviadas ao TJUE e a seguir se analisarão. O direito interno dos distintos Estados--Membros varia de forma muito significativa nesta matéria, pelo que a remissão da definição do universo de sujeitos abrangidos pela proteção conferida

DIREITO DA UNIÃO EUROPEIA – ELEMENTOS DE DIREITO E POLÍTICAS DA UNIÃO

pelo direito da União para os ordenamentos jurídicos nacionais conduz à fragmentação e à aplicação de diferentes graus de tutela, consoante a ordem jurídica mobilizável[76].

Ainda no que se refere à Diretiva 2000/78/CE, é de assinalar que esta prevê, no artigo 5.º, uma obrigação da entidade empregadora de levar a cabo "adaptações razoáveis", isto é, de tomar as medidas adequadas, em função das necessidades numa situação concreta, para que uma pessoa deficiente tenha acesso a um emprego, o possa exercer ou nele progredir, ou para que lhe seja ministrada formação, exceto se essas medidas implicarem encargos desproporcionados para a entidade patronal. Os encargos não são considerados desproporcionados quando forem suficientemente compensados por medidas previstas pela política do Estado-Membro em causa em matéria de pessoas deficientes. Esta obrigação estava já consagrada no direito interno de vários Estados-Membros antes da adoção da Diretiva e revela uma preocupação louvável com a remoção de práticas laborais e outro tipo de barreiras que possam excluir pessoas com deficiência da inserção plena no mercado de trabalho, mas tem-se, também, revelado uma norma de aplicação problemática, em particular no que respeita à avaliação da "razoabilidade" das adaptações requeridas ao empregador.

Estão ainda fora do âmbito da proteção conferida pelo direito da União, as discriminações sofridas pelos cidadãos portadores de deficiência noutros contextos, mesmo quando se trate de domínios (também) regulados por legislação europeia, como é o caso da prestação e acesso a bens e serviços, da utilização de transportes ou do acesso a cuidados de saúde, pelo que esta é uma matéria onde ainda há um longo caminho a percorrer e onde o direito da União poderá, baseando-se nas boas práticas e nos mais elevados *standards* de proteção, adotados em alguns Estados-Membros, no plano da interconstitucionalidade e internormatividade, promover o reforço dos níveis de tutela e garantia dos direitos das pessoas com deficiência nos restantes Estados.

b) *Jurisprudência*

A jurisprudência do TJUE em matéria de deficiência é bastante recente, mas reúne já um conjunto significativo de decisões, que permitem esclare-

---

[76] Cf. European Network of Legal Experts in the non-discrimination field, L. Waddington and A. Lawson, *Disability and non-discrimination law in the European Union – An analysis of disability discrimination law within and beyond the employment field*, European Commission, Directorate-General for Employment, Social Affairs and Equal Opportunities, 2009.

IGUALDADE DE OPORTUNIDADES E NÃO DISCRIMINAÇÃO

cer algumas questões acerca do quadro legal vigente, e colocar outras tantas perguntas.

O primeiro caso a assinalar é o do Acórdão *Chacón Navas*[77], onde o Tribunal levou a cabo uma interpretação clarificadora – e restritiva – do conceito de deficiência. Estava em causa o despedimento de S. Chacón Navas, que trabalhava para a Eurest, sociedade especializada na restauração coletiva. A trabalhadora foi colocada em situação de baixa por doença em 2003 e, segundo os serviços públicos de saúde que a assistiam, não podia retomar a sua atividade profissional a curto prazo, não se conhecendo pormenores acerca da doença. Já em 2004, a Eurest notificou S. Chacón Navas do seu despedimento, reconhecendo expressamente o carácter irregular deste e oferecendo-lhe uma indemnização. Esta, porém, intentou uma ação contra a empresa, alegando a nulidade do despedimento, em razão da desigualdade de tratamento e da discriminação de que tinha sido objeto, que resultavam da situação de baixa em que se encontrava havia oito meses. Pediu que a Eurest fosse condenada a reintegrá-la no seu lugar.

O órgão jurisdicional de reenvio espanhol entendeu que, na falta de outra alegação ou prova constante dos autos, resulta da inversão do ónus da prova que há que considerar que a trabalhadora foi despedida unicamente porque se encontrava de baixa por doença. Contudo, considerou igualmente que existe um nexo de causalidade entre a doença e a deficiência, devendo esta ser interpretada como um termo genérico que abrange as deficiências em sentido estrito, e também os fatores que limitam a atividade e a participação na vida social. Ou seja, a doença pode provocar deficiências que originam incapacidades para o indivíduo, que deverá ser protegido em tempo útil, com fundamento na proibição de discriminação com base em deficiência. Com apoio neste entendimento, questionou-se o TJUE, no sentido de saber se o direito derivado da União sobre a matéria inclui no seu âmbito subjetivo uma trabalhadora que tenha sido despedida da sua empresa exclusivamente pelo facto de estar doente. O tribunal espanhol perguntou ainda, subsidiariamente, e no caso de se considerar que a deficiência e a doença são dois conceitos diferentes e que a regulamentação comunitária não é de aplicação direta ao último dos dois, se pode sufragar-se o entendimento da doença como uma situação característica adicional face àquelas em que a Diretiva 2000/78/CE proíbe a discriminação.

---

[77] Acórdão (TJUE) *Chacón Navas contra Eurest Colectividades SA*, de 11 de julho de 2006, proc. C-13/05.

DIREITO DA UNIÃO EUROPEIA – ELEMENTOS DE DIREITO E POLÍTICAS DA UNIÃO

O TJUE debruçou-se, assim, sobre o alcance do conceito de deficiência. Começou por esclarecer que, não estando o mesmo definido na Diretiva 2000/78/CE, nem remetendo esta para o direito dos Estados-Membros, caberá encontrar uma *interpretação autónoma e uniforme* de tal conceito, que deve ser procurada "*tendo em conta o contexto da disposição e o objetivo prosseguido pela regulamentação em causa*". Nesta linha, o TJUE considerou que, no contexto da mencionada Diretiva, *«o conceito de "deficiência" deve ser entendido no sentido de que visa uma limitação, que resulta, designadamente, de incapacidades físicas, mentais ou psíquicas e que impedem a participação da pessoa em causa na vida profissional»*. Contudo, acrescentou que *«o legislador escolheu deliberadamente um termo que difere do de "doença"»*, pelo que a "*equiparação pura e simples dos dois conceitos está, pois, excluída*". Ainda no que respeita à definição do âmbito subjetivo da proibição de discriminação em razão da deficiência, o Tribunal entendeu que o conceito integra um elemento de permanência ou de larga duração tendencial, afirmando que *«a importância reconhecida pelo legislador comunitário às medidas destinadas a adaptar o posto de trabalho em função da deficiência demonstra que teve em vista hipóteses nas quais a participação na vida profissional é impedida durante um longo período. Para que a limitação esteja abrangida pelo conceito de "deficiência" deve, pois, ser provável que a mesma seja de longa duração»*. Nestes termos, afastou-se a possibilidade de proteção dos trabalhadores meramente doentes com base na proibição de discriminação por deficiência, tendo o TJUE esclarecido que a doença "*não está abrangida pelo quadro geral estabelecido com vista a lutar contra a discriminação com base em deficiência pela Diretiva 2000/78*" e que, não existindo "*nenhuma disposição do Tratado CE* (que contenha) *uma proibição de discriminação baseada em doença enquanto tal*", o âmbito de aplicação da Diretiva não deve "*ser alargado por analogia para lá das discriminações baseadas nos motivos enumerados de maneira exaustiva no artigo 1.º desta*".

A densificação do conceito de deficiência e a sua relação com a doença, no contexto do direito da União, foi reforçada no Acórdão *HK Danmark*[78]. Estavam então em causa as situações de J. Ring, afetada por dores permanentes ao nível da coluna dorsolombar que não têm tratamento, devido às quais faltou por diversas vezes ao trabalho, até ao seu despedimento, e de L. Skouboe Werge, vítima de um acidente de viação que lhe provocou uma lesão incapacitante para o trabalho por tempo indeterminado. Após avalia-

---

[78] Acórdão (TJUE) *HK Danmark contra Dansk almennyttigt Boligselskab*, de 11 de abril de 2013, procs. apensos C-335/11 e C-337/11.

932

IGUALDADE DE OPORTUNIDADES E NÃO DISCRIMINAÇÃO

ção pela entidade administrativa competente, foi colocada em situação de invalidez, com uma taxa de incapacidade inicialmente de 50%, posteriormente reavaliada em 65%. O sindicato HK Danmark intentou em nome das duas trabalhadoras uma ação de indemnização contra as entidades patronais respetivas, com base na lei relativa à proibição de discriminação. Sustentava que estas duas funcionárias eram portadoras de uma deficiência e que as suas entidades patronais tinham o dever de lhes propor uma redução do tempo de trabalho, por força da obrigação de proceder a adaptações prevista no artigo 5.º da Diretiva 2000/78/CE. Alegava igualmente o sindicato que o artigo 5.º, n.º 2, da lei nacional relevante não se aplica a estas trabalhadoras porque as suas faltas por doença resultam das suas deficiências.

Face a esta situação, o órgão jurisdicional de reenvio questionou o TJUE no sentido de saber, entre outras coisas, se o conceito de 'deficiência' na aceção da Diretiva 2000/78/CE é aplicável a qualquer pessoa que, em razão de lesões físicas, mentais ou psíquicas, não pode exercer o seu trabalho durante um período que preencha o requisito de duração referido no n.º 45 do Acórdão *Chácon Navas*, ou apenas o pode fazer de forma limitada. Pretendia-se também obter uma clarificação acerca da possibilidade de inclusão no conceito de deficiência de uma situação causada por doença, curável ou incurável, clinicamente diagnosticada; finalmente, o Tribunal dinamarquês questionou o TJUE sobre a inclusão no âmbito da proteção contra a discriminação em razão de deficiência dos cidadãos com uma incapacidade permanente que não gera a necessidade de utilização de equipamentos especiais ou outros e que consiste, no essencial, no facto de a pessoa em causa não estar em condições de trabalhar a tempo inteiro.

O TJUE assumiu neste caso uma postura aberta quanto à possibilidade de extensão do âmbito de proteção conferido pelo direito da União em matéria de deficiência, tendo afirmado que «*o conceito de "deficiência" visado pela Diretiva 2000/78/CE do Conselho (...) deve ser interpretado no sentido de que inclui um estado patológico causado por uma doença clinicamente diagnosticada como curável ou incurável quando esta doença gera uma limitação, que resulta, designadamente, de lesões físicas, mentais ou psíquicas, cuja interação com diferentes barreiras pode impedir a participação plena e efetiva da pessoa em questão na vida profissional em condições de igualdade com os outros trabalhadores, e esta limitação é duradoura. A natureza das medidas que a entidade patronal deve tomar não é determinante para considerar que o estado de saúde de uma pessoa se inclui neste conceito*».

A amplitude do conceito de deficiência continuou a discutir-se no Acórdão *Z. v. A Government department and The Board of management of a community*

DIREITO DA UNIÃO EUROPEIA – ELEMENTOS DE DIREITO E POLÍTICAS DA UNIÃO

school[79], um caso complexo, envolvendo procriação medicamente assistida com recurso a maternidade de substituição e, em consequência, exemplo claro da interseção de vários motivos de discriminação, concretamente, o género e a deficiência. Tratava-se de um problema colocado pela senhora Z., professora do ensino secundário, cujas condições de emprego previam o direito a licença de maternidade e a licença por adoção remuneradas. Tendo recorrido a maternidade de substituição no estrangeiro, em virtude de uma doença rara que faz com que não tenha útero e não possa engravidar, a trabalhadora viu ser-lhe negado o gozo da licença de maternidade. Na medida em que não esteve grávida e não podia dar à luz uma criança, Z. não pôde satisfazer os requisitos legais relativos à proteção na maternidade para beneficiar de uma licença. Na medida em que não adotou a criança nascida por meio da maternidade de substituição, também não pôde beneficiar da licença por adoção.

Confrontado com a questão, o órgão jurisdicional de reenvio perguntou ao TJUE se deveria ser qualificada como discriminação em razão de uma deficiência a situação em que a entidade empregadora indefere o pedido de licença remunerada equiparada à licença de maternidade e/ou à licença para adoção apresentado por uma mulher que sofre de uma deficiência que a impede de dar à luz, cuja filha biológica nasceu na sequência de um contrato de maternidade de substituição e que tem a bebé a seu cargo desde o nascimento. O Tribunal declarou que «*tendo em conta o conceito de "deficiência" (...) é ponto assente que uma doença deste tipo constitui uma limitação que resulta, designadamente, de incapacidades físicas, mentais ou psíquicas e que apresenta um carácter duradouro. A este respeito, em especial, não se contesta que, para uma mulher, a impossibilidade de levar uma gravidez a termo pode ser fonte de grande sofrimento. No entanto, o conceito de "deficiência", na aceção da Diretiva 2000/78, pressupõe que a limitação de que a pessoa sofre, em interação com diferentes barreiras, possa impedir a sua participação plena e efetiva na vida profissional em condições de igualdade com os outros trabalhadores*». Como tal, o TJUE acabou por concluir que a "*Diretiva 2000/78/CE do Conselho, de 27 de novembro de 2000, que estabelece um quadro geral de igualdade de tratamento no emprego e na atividade profissional, deve ser interpretada no sentido de que não constitui uma discriminação em razão de uma deficiência o facto de se recusar a concessão de uma licença remunerada equiparada à licença de maternidade ou à licença por adoção a uma trabalhadora que sofre da incapacidade de*

---

[79] Acórdão (TJUE) *Z. v. A Government department and The Board of management of a community school*, de 18 de março de 2014, proc. C-363/12.

IGUALDADE DE OPORTUNIDADES E NÃO DISCRIMINAÇÃO

levar uma gravidez a termo e que recorreu a um contrato de maternidade de substituição". O Tribunal entendeu igualmente que a situação descrita nos autos não configura um ato de discriminação em razão do sexo.

Esta decisão poderá gerar um certo desconforto, posto que o direito da União se revela incapaz de remediar a evidente desigualdade que se manifesta no processo principal: a da recusa do gozo de licença de maternidade a uma mulher que foi mãe através de um procedimento médico pouco habitual, em virtude de uma doença ou condição crónica. Evidenciam-se, assim, os limites do sistema, e esses limites são relativamente curtos, como já se sustentou e se reafirmará mais adiante. Na ausência de uma verdadeira *política social comunitária*, com uma regulamentação mais completa e complexa de determinadas matérias pelo direito da União, a proteção conferida, por via judicial, em casos como este, estará sempre condicionada pelo âmbito material e pelo escopo de cada diretiva específica, em matéria de igualdade de oportunidades. Na realidade, o que aqui se verifica é uma violação do princípio geral da igualdade, visto que o problema consiste em não se conferir à requerente no processo tratamento idêntico ao de qualquer outra mãe, com fundamento no processo médico que originou a criança. Não se trata, de facto, de uma discriminação, quer em razão do sexo quer em razão de deficiência, mas de uma questão de proteção social da maternidade.

Por último, o TJUE voltou a pronunciar-se sobre o âmbito de proteção conferido pelo direito derivado da União em questões relacionadas com a deficiência no Acórdão *Fag og Arbejde (FOA) contra Kommunernes Landsforening (KL)*[80]. Os elementos de facto do caso não são simples, tratando-se de um despedimento de um auxiliar de creche obeso, que recebera apoio económico da entidade patronal para perder peso, sem sucesso. As partes discordam quanto à questão de saber em que termos é que a obesidade de K. Kaltoft foi um elemento tido em consideração no processo de decisão que levou ao seu despedimento. O trabalhador exprimiu a convicção de que o seu despedimento tinha sido motivado pela sua obesidade, enquanto a entidade patronal sustenta que o despedimento teve lugar após uma "apreciação em concreto com base na diminuição do número de crianças". Neste quadro, perguntou o órgão jurisdicional de reenvio ao TJUE se é contrária ao direito da União, e aos direitos fundamentais por ela reconhecidos, uma discriminação em razão de obesidade, praticada no mercado do trabalho. Perguntou

---

[80] Acórdão (TJUE) *Fag og Arbejde (FOA) contra Kommunernes Landsforening (KL)*, de 18 de dezembro de 2014, proc. C-354/13.

ainda se a obesidade pode ser considerada uma deficiência, abrangida pela proteção conferida pela Diretiva 2000/78/CE, e, sendo o caso, quais os critérios que devem ser determinantes para apreciar se a obesidade de uma pessoa em concreto significa que essa pessoa está protegida pela proibição de discriminação em razão de deficiência.

O TJUE respondeu às questões colocadas afirmando que «*o Tribunal de Justiça considerou que o conceito de "deficiência" devia ser entendido, na aceção da Diretiva 2000/78/CE, no sentido de que visa uma limitação resultante, designadamente, de incapacidades físicas, mentais ou psíquicas duradouras, cuja interação com diferentes barreiras possa impedir a participação plena e efetiva da pessoa em questão na vida profissional em condições de igualdade com os outros trabalhadores*». Seria, pois, «*contrário ao próprio objetivo da diretiva, que é o de concretizar a igualdade de tratamento, admitir que esta se possa aplicar em função das causas da deficiência (...). Com efeito, o conceito de "deficiência", na aceção da Diretiva 2000/78, não depende da questão de saber em que medida a pessoa contribuiu ou não para a sua deficiência*». Desta forma, «*verifica-se que o estado de obesidade não constitui, enquanto tal, uma "deficiência", na aceção da Diretiva 2000/78, uma vez que, pela sua natureza, não tem como consequência necessária a existência de uma limitação*», mas «*no caso de, nas mesmas circunstâncias, o estado de obesidade do trabalhador em causa implicar uma limitação que resulta, designadamente, de lesões físicas, mentais ou psíquicas, cuja interação com diferentes barreiras pode impedir a participação plena e efetiva da pessoa em questão na vida profissional em condições de igualdade com os outros trabalhadores, e se esta limitação é duradoura, esse estado enquadra-se no conceito de "deficiência" na aceção da Diretiva 2000/78*». Assim, e ainda que o direito da União não consagre "*um princípio geral de não discriminação em razão da obesidade, enquanto tal, no que se refere ao emprego e à atividade profissional*", deve entender-se, porém, que «*o estado de obesidade de um trabalhador constitui uma "deficiência", na aceção dessa diretiva, quando implica uma limitação resultante, designadamente, de incapacidades físicas, mentais ou psíquicas duradouras, cuja interação com diferentes barreiras possa impedir a participação plena e efetiva da pessoa em questão na vida profissional em condições de igualdade com os outros trabalhadores*». Esta decisão clarifica a jurisprudência anterior e parece abrir a possibilidade de consolidação de um entendimento abrangente do conceito de deficiência, afastando a ponderação das causas ou da responsabilidade e culpa individuais quanto à origem da deficiência para atribuição da tutela devida.

IGUALDADE DE OPORTUNIDADES E NÃO DISCRIMINAÇÃO

6. Não discriminação em razão da nacionalidade

a) Enquadramento geral

O princípio da não discriminação em razão da nacionalidade é uma das dimensões de igualdade e não discriminação protegida desde sempre pelo direito da União. Tem, contudo, sofrido mutações interessantes e relevantes nas últimas décadas, podendo afirmar-se que acompanha de perto os avanços e recuos do próprio processo de integração. De facto, a não discriminação em razão da nacionalidade tem evoluído de uma exigência de tratamento igual para os *trabalhadores* de qualquer nacionalidade em direção a um verdadeiro direito de igualdade dos *cidadãos* dos Estados-Membros da União Europeia. Na realidade, esta é uma matéria em que a igualdade no quadro do mercado deu um impulso importante para o desenvolvimento de uma ideia mais ampla de igualdade no espaço jurídico-político europeu[81].

Efetivamente, a não discriminação em razão da nacionalidade foi essencial para assegurar, na fase inicial e intermédia do processo de integração, a consolidação e respeito pelas regras do mercado comum e pelas quatro liberdades fundamentais consagradas nos Tratados – livre circulação de capital, bens, serviços e trabalhadores. Consagrada repetidas vezes nos Tratados – vejam-se, por exemplo, os artigos 21.º, n.º 2, da CDFUE e 18.º, 45.º e 61.º do TFUE –, é um dos direitos fundamentais imprescindíveis para a construção europeia. Contudo, a evolução de um direito de âmbito subjetivo restrito – dos trabalhadores ¬ para um verdadeiro direito de cidadania (já que os nacionais de Estados terceiros continuam afastados do âmbito desta proibição e a sua condição, merecedora de um trabalho autónomo, não será aqui tratada) tem sofrido contestação e alguns recuos, à medida em que a sua invocação deixa de ter por fundamento o exercício de direitos ligados à esfera económica e passa para dimensões mais puramente políticas e ainda deixadas, em boa medida, na esfera de competência dos Estados, como é o caso da atribuição de direitos e prestações sociais, ou mesmo do exercício de direitos civis e políticos (lembremos a suspensão das normas sobre fronteiras aquando da realização de grandes eventos contestados por uma parte da sociedade civil, que faz com que cidadãos europeus tenham visto impedida

---

[81] Cf. C. Nikolaidis, *The Right to Equality in European Human Rights Law*, Routledge, 2015.

DIREITO DA UNIÃO EUROPEIA – ELEMENTOS DE DIREITO E POLÍTICAS DA UNIÃO

a sua entrada num Estado-Membro diverso do da sua nacionalidade, onde pretendiam manifestar-se[82]).

No que respeita ao direito derivado, e entre outros instrumentos, é de assinalar, antes do mais, a Diretiva 2004/38/CE[83], respeitante ao direito de livre circulação e residência dos cidadãos da União e dos membros das suas famílias no território dos Estados-Membros. O artigo 24.º desta Diretiva afirma expressamente que todos os cidadãos da União que residam no território do Estado-Membro de acolhimento beneficiam de igualdade de tratamento em relação aos nacionais desse Estado-Membro, no âmbito de aplicação do Tratado, benefício que é extensível aos membros da família que não tenham a nacionalidade de um Estado-Membro e tenham direito de residência ou direito de residência permanente.

São igualmente importantes o Regulamento (CE) n.º 883/2004[84] e o Regulamento (CE) n.º 987/2009[85], que estabelecem o quadro legal para a coordenação dos sistemas de segurança social dos países da União. Ressalva-se, porém, que a determinação das prestações sociais e das respetivas condições de atribuição é feita a nível nacional. Incluem-se no âmbito subjetivo dos diplomas todos os nacionais de um país da União Europeia que estejam ou que tenham estado abrangidos pela legislação de segurança social de um desses países, bem como aos seus familiares e sobreviventes, e os nacionais de países terceiros que residam legalmente na União Europeia e cuja situação os ligue a vários Estados-Membros, consagrando-se, no artigo 4.º, o princípio da igualdade de tratamento. Merece ainda menção o Regulamento (UE) n.º 492/2011[86], relativo à livre circulação dos trabalhadores na União. Este diploma proíbe a discriminação entre trabalhadores nacionais e oriundos de

---

[82] Cf. Pergunta com pedido de resposta escrita à Comissão E-010232/2010, ao abrigo do artigo 117.º do Regimento do Parlamento Europeu, dos Deputados Marisa Matias (GUE/NGL), Miguel Portas (GUE/NGL) e Rui Tavares (GUE/NGL), 9 de dezembro de 2010, e Resposta dada por Viviane Reding em nome da Comissão à Pergunta Parlamentar E-010232/2010, 23 de fevereiro de 2011.

[83] Diretiva 2004/38/CE, de 29 de abril de 2004, relativa ao direito de livre circulação e residência dos cidadãos da União e dos membros das suas famílias no território dos Estados-Membros.

[84] Ver Regulamento (CE) n.º 883/2004, de 29 de abril de 2004, relativo à coordenação dos sistemas de segurança social, modificado, por último, pelo Regulamento (CE) n.º 988/2009, de 16 de setembro de 2009.

[85] Ver Regulamento (CE) n.º 987/2009, de 16 de setembro de 2009, que estabelece as modalidades de aplicação do Regulamento (CE) n.º 883/2004 relativo à coordenação dos sistemas de segurança social.

[86] Ver Regulamento (UE) n.º 492/2011, de 5 de abril de 2011, relativo à livre circulação dos trabalhadores na União.

IGUALDADE DE OPORTUNIDADES E NÃO DISCRIMINAÇÃO

um outro Estado-Membro no que respeita às condições de emprego e de trabalho (despedimento, remuneração, reintegração no mercado de emprego), benefícios fiscais e sociais, ensino e à reorientação profissional, filiação em organizações sindicais e ao exercício dos direitos laborais e sindicais.

b) Jurisprudência

A jurisprudência do TJUE sobre não discriminação da nacionalidade é extensa e caminhou, durante décadas, a par da construção do projeto europeu de integração económica e do estabelecimento e proteção das liberdades fundamentais, designadamente a liberdade de circulação de bens, serviços e trabalhadores. Neste quadro, os casos evoluíram da proteção de bens para a proteção de trabalhadores e daí para a proteção de pessoas/cidadãos.

O Acórdão *Martínez Sala*[87] é considerado a primeira decisão de grande relevância do TJUE em matéria de cidadania, tendo por único fundamento a proibição de discriminação em razão da nacionalidade. Tratava-se de um litígio que opunha uma cidadã da União às autoridades alemãs, a propósito da recusa por parte destas de lhe conceder um subsídio para a criação da sua filha, alegando que aquela não estava na posse de uma autorização de residência (situação excecional e temporária, como decorre dos factos narrados no acórdão). O Tribunal considerou que *"enquanto nacional de um Estado--Membro, que reside legalmente no território de outro Estado-Membro, a recorrente no processo principal inclui-se no domínio de aplicação ratione personae das disposições do Tratado consagradas à cidadania europeia. Ora, o artigo 8.º, n.º 2, do Tratado liga ao estatuto de cidadão da União os direitos e os deveres previstos no Tratado, nomeadamente o de não sofrer qualquer discriminação em razão da nacionalidade (...) Daqui resulta que um cidadão da União Europeia que, como a recorrente no processo principal, reside legalmente no território do Estado-Membro de acolhimento pode invocar o artigo 6.º do Tratado em todas as situações que se incluam no domínio de aplicação ratione materiae do direito comunitário, incluindo a situação em que esse Estado--Membro lhe atrasa ou recusa a concessão de uma prestação que é concedida a qualquer pessoa que resida legalmente no território desse Estado com o fundamento de que não dispõe de um documento que não é exigido aos nacionais desse mesmo Estado e cuja emissão pode ser atrasada ou recusada pela sua administração. Assim, situando-se o tratamento desigual em questão no âmbito de aplicação do Tratado, não pode ser considerado justificado. Com efeito, trata-se de uma discriminação exercida diretamente*

---

[87] Acórdão (TJUE) *Martínez Sala*, de 12 de maio de 1998, proc. C-85/96.

DIREITO DA UNIÃO EUROPEIA - ELEMENTOS DE DIREITO E POLÍTICAS DA UNIÃO

em razão da nacionalidade da recorrente, não tendo, além disso, qualquer elemento justificativo de tal tratamento desigual sido aduzido perante o Tribunal de Justiça".

Esta posição foi reiterada pelo TJUE, por exemplo, nos Acórdãos *Grzelczyk*[88] e *Baumbast*[89]-[90]. No primeiro aresto, relativo a um estudante francês residente na Bélgica, onde trabalhara e estudara nos três anos anteriores, a quem fora retirada pelas autoridades uma prestação de segurança social não contributiva, o Tribunal sustentou que o direito da União se opunha *"a que o benefício de uma prestação social de um regime não contributivo, como o mínimo de meios de subsistência previsto no artigo 1.º da Lei belga de 7 de agosto de 1974, dependa, no que respeita aos nacionais de Estados-Membros diferentes do Estado-Membro de acolhimento em cujo território os referidos nacionais residem legalmente, da condição de estes serem abrangidos pelo âmbito de aplicação do Regulamento (CEE) n.º 1612/68 do Conselho, de 15 de outubro de 1968, relativo à livre circulação dos trabalhadores na Comunidade, quando nenhuma condição desta natureza se aplica aos nacionais do Estado-Membro de acolhimento".* Já no Acórdão *Baumbast*, que dizia respeito ao direito dos filhos de cidadãos da União ao ensino ministrado pelo Estado--Membro de residência, tal direito, bem como um direito de residência fora das condições do direito derivado, mas decorrente da aplicação direta do artigo 18.º do TFUE, foram sustentados pelo Tribunal.

Estes arestos foram considerados, na época, como precursores da afirmação, por via jurisprudencial, de um *direito subjetivo geral à não discriminação*, decorrente do *status* de cidadania europeia, que incluiria o acesso às prestações e benefícios sociais. No fundo, parecia estabelecer-se aqui uma ligação entre integração, residência e solidariedade, de acordo com a qual os cidadãos da União poderiam esperar tanto mais direitos de natureza social conferidos pelo Estado de acolhimento/residência, quanto mais duradouros e firmes fossem os seus laços com esse país, independentemente do cumprimento de requisitos previstos em instrumentos de direito derivado da União Europeia ou de direito interno, sempre que estes implicassem uma

---

[88] Acórdão (TJUE) *Grzelczyk*, de 20 de setembro de 2001, proc. C-184/99.

[89] Acórdão (TJUE) *Baumbast*, de 17 de setembro de 2002, proc. C-413/99.

[90] Para uma análise mais detalhada sobre os arestos mencionados, ver C. CLOSA MONTERO, "Martínez Sala and Baumbast: an institutionalist analysis", *in* Miguel Poiares Maduro and Loic Azoulai (eds.), *The Past and Future of EU Law – The Classics of EU Law Revisited on the 50th Anniversary of the Rome Treaty*, Hart Publlishing, 2009; e ainda A. J. MENENDÉZ, "European Citizenship after Martínez Sala and Baumbast Has European law become more human but less social?", ARENAWorking Paper n.º 11, junho de 2009.

940

IGUALDADE DE OPORTUNIDADES E NÃO DISCRIMINAÇÃO

discriminação. Esta postura manteve-se em sede do Acórdão *Bidar*[91], no qual se faz uma revisão de várias sentenças anteriores em matéria de não discriminação, tendo o Tribunal de Justiça recordado o seguinte: "*A este respeito, há que lembrar que o princípio da igualdade de tratamento proíbe não apenas as discriminações ostensivas baseadas na nacionalidade mas ainda todas as formas dissimuladas de discriminação que, através da aplicação de outros critérios de distinção, conduzam, de facto, ao mesmo resultado (v., nomeadamente, Acórdãos de 12 de fevereiro de 1974, Sotgiu, 152/73, Colect., p. 91, n.º 11; de 27 de novembro de 1997, Meints, C-57/96, Colect., p. I-6689, n.º 44, e de 26 de junho de 2001, Comissão/Itália, C-212/99, Colect., p. I-4923, n.º 24). Esta diferença de tratamento só se pode justificar se se basear em considerações objetivas independentes da nacionalidade das pessoas em causa e proporcionadas ao objetivo legitimamente prosseguido pelo direito nacional (v. Acórdãos, já referidos, Bickel e Franz, n.º 27; D'Hoop, n.º 36; e Garcia Avello, n.º 31). (...) Há que referir que, embora os Estados-Membros, na organização e aplicação do seu sistema de segurança social, devam dar provas de uma certa solidariedade financeira para com os cidadãos de outros Estados-Membros (v. Acórdão Grzelczyk, já referido, n.º 44), um Estado-Membro pode ter o cuidado de evitar que a concessão de ajudas destinadas a cobrir as despesas de subsistência de estudantes provenientes de outros Estados-Membros se torne um encargo exagerado que possa ter consequências no nível global da ajuda que pode ser concedida por esse Estado. No que respeita a uma ajuda para cobrir as despesas de subsistência de estudantes é, assim, legítimo que um Estado-Membro só a conceda aos estudantes que demonstrarem um certo grau de integração na sociedade desse Estado. Contudo, neste contexto, um Estado-Membro não pode exigir que os estudantes em causa demonstrem uma ligação com o seu mercado de trabalho. Com efeito, uma vez que os conhecimentos adquiridos por um estudante nos seus estudos superiores não o destinam em geral a um determinado mercado geográfico, a situação de um estudante que requer uma ajuda para cobrir as suas despesas de subsistência não é comparável à do requerente de um subsídio de inserção a jovens à procura do primeiro emprego ou de um subsídio para candidatos a emprego (v., a este propósito, respetivamente, Acórdãos D'Hoop, já referido, n.º 38, e de 23 de março de 2004, Collins, C-138/02, ainda não publicado na* Coletânea, *n.º 67)*".

Outros arestos trataram o problema da concessão de prestações sociais a cidadãos em situação de carência, grande preocupação das autoridades dos Estados-Membros. No Acórdão *Trojani*[92], o Tribunal recordou que um "*Estado-Membro de acolhimento pode concluir que um nacional de outro Estado-*

---

[91] Acórdão (TJUE) *Bidar*, de 15 de março de 2005, proc. C-209/03.
[92] Acórdão (TJUE) *Trojani*, de 7 de setembro de 2004, proc. C-456/02.

DIREITO DA UNIÃO EUROPEIA – ELEMENTOS DE DIREITO E POLÍTICAS DA UNIÃO

-*Membro que recorreu à assistência social deixou de preencher os requisitos de que depende o seu direito de residência. Nesse caso, o Estado-Membro de acolhimento pode adotar, com observância dos limites impostos pelo direito comunitário, uma medida de afastamento. Contudo, essa medida não pode ser a consequência automática do recurso à assistência social por um cidadão da União*". Reafirmou porém que a recusa de atribuição de uma "*prestação de assistência social aos cidadãos da União não nacionais do Estado-Membro, que nele residem legalmente, mesmo quando satisfaçam as condições exigidas aos nacionais desse Estado, constitui uma discriminação em razão da nacionalidade*", proibida pelo direito da União Europeia, sustentando assim a instituição, no espaço europeu, de um novo *espaço social transnacional*, no qual os cidadãos gozam, sem distinção de nacionalidade, de um *standard* mínimo de direitos sociais.

A decisão foi, naturalmente, polémica, pondo em causa a soberania dos Estados-Membros em matéria de imigração e de prestações sociais. Foi também criticada por outro prisma, tendo-se alegado que, ao querer ser mais humanitária, atendendo às circunstâncias individuais difíceis dos cidadãos envolvidos em cada caso concreto, o TJUE estaria a minar o pacto social na origem das prestações sociais nos espaços nacionais; este implica uma visão sistémica global, que relacione os direitos sociais com a regulamentação do mercado de trabalho e os direitos laborais, bem como com o sistema fiscal, e tenha em conta as especificidades económicas, sociais e culturais de cada Estado, impossível de sustentar na análise jurisprudencial de uma situação concreta. Contudo, a posição do Tribunal foi reforçada no Acórdão *Brey*[93], no qual se entendeu que "*o simples facto de um nacional de um Estado-Membro beneficiar de uma prestação de assistência social não é suficiente para demonstrar que representa um encargo não razoável para o regime de segurança social do Estado-Membro de acolhimento*" e se alertou para que "*a margem de manobra reconhecida aos Estados-Membros não deve ser utilizada por estes de forma a prejudicar o objetivo da Diretiva 2004/38, que consiste, nomeadamente, em facilitar e reforçar o exercício do direito fundamental dos cidadãos da União a circular e residir livremente no território dos Estados-Membros, bem como o efeito útil desta*".

O tempo de expansão da *cidadania social*, fundada no princípio da não discriminação em razão da nacionalidade e na própria cidadania europeia, parece, contudo, ter terminado; encontramo-nos, presentemente, numa situação de contração dos direitos reconhecidos por via do direito da União,

---

[93] Acórdão (TJUE) *Brey*, de 19 de setembro de 2013, proc. C-140/12.

IGUALDADE DE OPORTUNIDADES E NÃO DISCRIMINAÇÃO

que está, aliás, em sintonia com o cenário de crise económica, social e política que tem assolado o espaço europeu nos últimos anos.

O recente Acórdão *Dano*[94] constitui um exemplo expressivo deste recuo em relação à jurisprudência anterior do TJUE. Estava em causa o litígio entre E. Dano, nascida em 1989, e o seu filho Florin, nascido em 2 de julho de 2009, de nacionalidade romena, contra as autoridades alemãs, em virtude do indeferimento do pedido de atribuição de prestações sociais não contributivas, do tipo do rendimento mínimo. Comprovou-se que E. Dano dispunha de uma declaração de residência de duração ilimitada, destinada aos cidadãos da União, e que vivia com o filho menor no apartamento de uma irmã, a qual providenciava à sua alimentação. O caso parecia conter em si todos os receios e estereótipos mobilizados no debate europeu acerca da construção de uma cidadania social e sobre migração, uma vez que se demonstrou também que a cidadã romena recebia já prestações por filho a cargo («Kindergeld»), pagas pelo sistema social alemão, bem como um adiantamento sobre a pensão de alimentos no valor de 133 euros por mês, para o filho, cujo pai é desconhecido. A senhora Dano tem fraquíssimas qualificações escolares e não é capaz de escrever e só de forma limitada consegue ler textos redigidos em alemão, embora compreenda e se exprima com dificuldades nessa língua. Não tendo qualificações profissionais, não exerceu nenhuma profissão na Alemanha nem na Roménia, e, apesar de a sua capacidade para trabalhar nunca ter sido contestada, nada indicia que tenha procurado um emprego.

O TJUE centrou a sua argumentação não na situação dos requerentes, como fizera até aqui em casos deste tipo, mas na posição dos Estados. Afirmou, assim, que *"a eventual existência de uma desigualdade de tratamento entre os cidadãos da União que tenham feito uso do seu direito de livre circulação e de residência e os cidadãos do Estado-Membro de acolhimento a respeito da atribuição de prestações sociais é uma consequência inevitável da Diretiva 2004/38. Com efeito, essa potencial desigualdade assenta na relação que o legislador da União estabeleceu no artigo 7.º da referida Diretiva entre, por um lado, a exigência de recursos suficientes como condição de residência e, por outro, a preocupação de não criar um encargo para o regime de segurança social dos Estados-Membros. Por conseguinte, os Estados-Membros devem ter a possibilidade, em aplicação do referido artigo 7.º, de recusar a concessão de prestações sociais a cidadãos da União economicamente inativos que exerçam a sua liberdade de circulação com o único objetivo de obter o benefício do apoio social de outro Estado-Membro, apesar de não disporem de recursos suficientes para acederem ao benefício de*

---

[94] Acórdão (TJUE) *Dano*, de 11 de novembro de 2014, proc. C-333/13.

DIREITO DA UNIÃO EUROPEIA – ELEMENTOS DE DIREITO E POLÍTICAS DA UNIÃO

um direito de residência. Privar o Estado-Membro em causa desta possibilidade teria como consequência (...) que uma pessoa que, aquando da sua chegada ao território de outro Estado-Membro, não dispusesse de recursos suficientes para suprir às suas necessidades obtê-los-ia automaticamente pela concessão de uma prestação pecuniária especial de carácter não contributivo, cujo objetivo é assegurar a subsistência do beneficiário". É, pois, notório, que o TJUE desistiu, assim, da afirmação do princípio da não discriminação contra a pretensão de reserva, por parte dos Estados--Membros, dos direitos sociais para os seus nacionais. Caem, desta forma, por terra, os esforços anteriores no sentido do estabelecimento de um nível mínimo de *cidadania social transnacional* no espaço da União Europeia, nos termos do qual os cidadãos europeus com autorização de residência noutro Estado-Membro poderiam contar com as prestações sociais básicas garantidas nesse Estado[95].

---

[95] Cf. D. Schiek, "Perspetives on social citizenship in the EU – from *status positivus* to status *socialis activus* via two forms of transnational solidarity", Cetls Online Paper Series, V. 4, 2015.

Capítulo XVI
Saúde

LUÍS ANTÓNIO MALHEIRO MENESES DO VALE

I. Prolegómenos[1]

> "[L]e droit est la plus puissante des écoles de l'imagination. Jamais poète n'a interprété la nature aussi librement qu'un juriste la réalité."
>
> JEAN GIRAUDOUX, *La Guerre de Troie n'aura pas lieu*, La Bibliothèque électronique du Québec, Collection Classiques du 20ᵉ siècle, vol. 3: version 1.0, p. 146.

---

[1] Corresponde este capítulo a uma versão reduzida do ensaio inicialmente elaborado para o presente efeito, sob o título *Direito da Saúde da União Europeia: Uma Primeira Aproximação*, Coimbra, polic., 2013, pp. 1-124. Por razões de contenção, suprimiu-se toda a originária Parte II, dedicada à *ordem jurídica da saúde* e à possível emergência, a partir dela, de um putativo *direito da saúde* (ao menos como *campo de estudos* relativamente delimitado). A análise desenvolvida culminava numa referência meramente alusiva às relações que intercedem entre o referido direito da saúde, a União Europeia e o seu ordenamento jurídico, preparando assim o estudo do *Direito da Saúde 'da' União Europeia, em especial* (entretanto convolado no atual Ponto II). Tratando-se de conclusões essencialmente alcançadas no âmbito de pesquisas outras, como sejam as pretextadas pela nossa investigação de doutoramento, ainda em curso, permitimo-nos relegar a sua divulgação para ocasião ulterior. Até lá, qualquer pontual convocação, far-se-á através de remissões para o primevo documento de trabalho, acima mencionado.

DIREITO DA UNIÃO EUROPEIA – ELEMENTOS DE DIREITO E POLÍTICAS DA UNIÃO

> *"In one sense, there is no EU health care law or policy – there is a patchwork of different laws and policies that apply in the health care sector. It is very difficult to make sense of the patchwork through the lens of health care."*
>
> TAMARA HERVEY, "The impacts of European Union law on the health care sector: Institutional overview", in *Eurohealth*, vol. 16, No 4, p. 7.

1. O escrito

De modo afeiçoado às finalidades didáticas do volume em que se insere, o presente texto aproveita *materiais* provindos das investigações acerca do *direito da saúde* na *União Europeia*, que começámos por desenvolver aquando dos nossos estudos de mestrado e se prolongaram, entretanto, até às atuais disquisições com vista ao doutoramento. O mesmo vale por assertar que nele se retomam, antecipam e genericamente resumem ideias, conceitos, formulações, teses e sínteses, excogitados noutras instâncias e a outros propósitos.

Privilegiou-se um registo expositivo, de cunho dogmático e cariz eminentemente compilatório, se bem que – gostaríamos de acreditar – não totalmente falto de didascálicas preocupações sistemáticas e crítico-reconstrutivas reflexões normativas, nem completamente alheio à lucubração teórica e a um módico de investimento analítico, instrumentais da divulgação e compreensão das matérias[2].

Todavia, em que prime pela modéstia dos propósitos, nem por isso a empresa aviada se apresenta menos dificultosa. Dir-se-ia, sob o signo da ficção, que se postula, nesta sede, a *possibilidade de uma ilha*[3], emergente de uma plataforma jurídica mais ampla, ali onde o direito da saúde entronca com o direito da União Europeia, e que, em consonância, se comete uma primeira aproximação exploratória a um *continente invisível*[4], semi-submerso e descontínuo.

Como tal, mesmo julgando divisar, por entre a bruma, os contornos indefinidos dessa *terra promessa*, deveremos sempre precatar-nos de acos-

---

[2] Teve-se igualmente em conta que o público destinatário deste texto, dada a transversalidade das questões de saúde, pode extravasar do tradicional auditório jurídico, incluindo também outros estudiosos ou profissionais do setor, porventura pouco familiarizados com a linguagem do direito. Nesse sentido, procurando não sacrificar excessivamente a acribologia e o rigor científico-cultural, devidos em contexto universitário, investiu-se um discurso passível de vários *níveis* de leitura.

[3] MICHEL HOUELLEBECQ, *La Possibilité d'une Île*, éditions Fayard, 2005.

[4] JEAN-MARIE G. LE CLÉZIO, *Raga. Approche du Continent Invisible*, éditions du Seuil, 2006.

SAÚDE

tagens precípites e coibir-nos de prodigalizar batismos. Sabendo de antemão impossível proceder à exploração e descrição aturadas de uma região tão vasta e incôndita, por um lado, e tendo presente o profundo significado jurídico-político do ato de nomear[5], por outro, bastar-nos-emos com uma pequena *circum-navegação*, entregando-nos a um trabalho preliminar de simples reconhecimento e levantamento topográfico, facilitador de futuras expedições.

2. O objeto

Na verdade, um ensaio sobre um alegado *direito da saúde da União Europeia* arrisca-se a bordejar o domínio da *fantasia*, num namoro que tanto pode condená-lo à mera vanidade inconsequente, como fazê-lo instrumento de alienações e manipulações perversas, à semelhança do que tantas vezes acontece com os frutos das *ilusões*. Efetivamente, não se ficando por *desenhar castelos nas nuvens*[6], o exercício pressupõe sem dúvida um considerável esforço de *configuração* e *transfiguração* do material jurídico disponível – já de si *evanescente* – que nos inscreve decisivamente na esfera do *imaginário*, referindo-nos às figuras com que aquele se constrói[7].

As ligações entre o direito, a imaginação[8] encontram-se solidamente atestadas pela doutrina, não cabendo aqui recuperar os momentos oníricos, mitológicos e *poiéticos* que naquele intrinsecamente se descobrem[9]. Neste passo, o problema reside, não nas dimensões imaginárias do direito em si (ou nas suas *virtualidades* ordenadoras), mas antes e sobremodo no carácter *elusivo* do presente objeto de estudo, do qual só conseguimos captar ecos surdos, discernir vislumbres fugidios, rastrear pegadas esbatidas, obter pro-

---

[5] V., por todos, CARL SCHMITT, "Nomos – Nahme – Name", in *Staat, Großraum, Nomos. Arbeiten aus den Jahren 1916-1969*, Dunckler und Humboldt, Berlin, 1995.

[6] Fortalezas que – como ensinou Sá de Miranda – tendem a falecer-nos na proporção da solidez que simuladamente nos prometem.

[7] V. PHILIPPE MALRIEU, *A Construção do Imaginário*, Instituto Piaget, Lisboa, 1996.

[8] V., por exemplo, F. J. PINTO BRONZE, "A imaginação no quadro da judicativo-decisória realização do Direito. Quatro variações sobre o tema", in *idem*, *Analogias*, Coimbra Editora, Coimbra, 2012, pp. 281 e segs.

[9] V., no entanto, a título de curiosidade: quanto ao direito da União Europeia, COSMIN SEBASTIAN CERCEL, "European Legal Integration as Phantasmagoria: On Jus Commune and Political Theology", in *Journal of Contemporary European Studies*, 18, 06/2010, pp. 241-25; e no tocante aos princípios gerais do direito da União Europeia, CONSTANZE SEMMELMANN, "General Principles of EU Law: The Ghost in the Platonic Heaven in Need of Conceptual Clarification", in *Pittsburgh Papers on the European*, vol. 2 – august 2013.

DIREITO DA UNIÃO EUROPEIA – ELEMENTOS DE DIREITO E POLÍTICAS DA UNIÃO

vas indiretas e, ainda assim, sempre de modo fragmentário, como se fossem peças soltas de um *puzzle* em permanente recomposição.

Com efeito, está muito longe de segura a existência de um específico *direito da saúde da União Europeia*, como quer que se entenda o *direito*, o *direito da saúde* e o *direito da União Europeia*. Antes do mais, permanecem as dúvidas quanto à propriedade de se autonomizar um suposto *direito da saúde*, em geral[10] – *campo* que alguns consideram ainda *em construção*[11]. Soma-se a isto a circunstância de o *direito da União Europeia* possuir características muito especiais, pressupondo e constituindo um *sujeito*, uma *organização* e uma *comunidade* jurídicas verdadeiramente inauditas. Por fim, e como corolário das duas dificuldades assinaladas, há que ter em conta o complexo efeito conjugado da limitada legitimidade da União Europeia para intervir no setor da saúde (nomeadamente por meio de atos normativo-jurídicos) e da sua competência e efetiva atuação em domínios conexos[12].

Como consequência, do cruzamento das referidas *nebulosas normativas* não resulta a formação de uma *constelação jurídica* claramente demarcada, passível de um tratamento analítico e sistemático-conceitual e de uma apreciação crítico-regulativa segundo os moldes habituais. Desde logo, porque não há acordo sobre os parâmetros jurídicos a mobilizar, nem acerca da orientação metodológica mais apropriada. Compreende-se, por isso, a tibieza das posições jurisprudenciais e doutrinais manifestadas a este res-

---

[10] EINER R. ELHAUGE, "Can Health Law become a coherent field of Law?", in *Wake Forest Law Review*, 41, 365, 2006, pp. 368-369; M. GREGG BLOCHE, "The Invention of Health law", in *California Law Review*, vol. 91, No 2, march 2003, pp. 247 e segs.; MARK A. HALL, "The History and Future of Health Care Law: An Essentialist View", in *Wake Forest Law Review*, 41, 347, 2006, pp. 362-363; MARK A. HALL/CARL E. SCHNEIDER, "Where Is the "There" in Health Law?: Can It Become a Coherent Field?", in *Health Matrix*, 14, 101, 2004, pp. 103-104. Entre nós, v. agora MARIA JOÃO ESTORNINHO/TIAGO MACIEIRINHA, *Direito da Saúde*, Universidade Católica, Lisboa, 2014 – uma obra publicada já depois de concluída a primeira versão deste trabalho.

[11] MARIA HELENA BARROS DE OLIVEIRA/LUIZ CARLOS FADEL VASCONCELLOS (org.), *Direito & Saúde: um campo em construção*, Escola Nacional de Saúde Pública Sérgio Arouca, Rio de Janeiro, 2009. V. *infra* Parte II. 2. Muitas das publicações que ostentam o título *direito da saúde* não passam de coletâneas de legislação mais ou menos correlacionada com os diferentes aspetos da saúde, normalmente organizadas, por razões pragmáticas, tendo em vista sobretudo uma provável utilização por parte dos profissionais do setor ou dos juristas que os representam ou aconselham – v., por exemplo, SÉRGIO DEODATO, *Direito da Saúde*, Almedina, Coimbra, 2012; ANDRE DEN EXTER/TAMARA K. HERVEY, *European Union Health Law: Treaties and Legislation*, Antwerpen, Apeldoorn, 2012; DIETER HART//ROBERT FRANCKE, *Gesundheitsrecht*, 5. Auflage, Beck, München, 2003.

[12] Nomeadamente os que contendem com o financiamento, a organização, a regulação e o funcionamento dos sistemas de saúde.

948

SAÚDE

peito e, de modo especial, a parcimónia e incipiência da manualística[13] – que se mantém em claro descompasso com a prolífica produção intelectual sobre temas específicos (eutanásia, clonagem, abortamento, etc.) ou disciplinas mais circunscritas (e por isso coesas), como o *direito da medicina* ou da *biomedicina*. Contudo, as enfraxias não se ficam por este foro predominantemente *epistemológico*.

Acresce ainda que a evolução da União Europeia e do seu direito parecem tê-los apartado resolutamente de algumas das cardeais polaridades da justiça (e respetivas traduções jurídicas), sem que hajam encontrado a resistência de uma adequada cultura metodológica e contando, por isso, com a dócil complacência – senão mesmo com o concurso voluntarioso – de uma geração de juristas a que não será excessivo impugnar uma boa dose de fascinada ingenuidade europeísta[14]. Assim se erigiu uma ordem jurídica severamente truncada e se condensaram as nuvens de tom funesto que agora pairam, muito baixas, sobre o projeto europeu, mormente no que tange os seus aspetos sociais e culturais. Desta sorte, à medida que se dinamiza uma integração mercantil cada vez mais extensa e intensa, nutrem-se as mais fundadas desconfianças sobre a bondade e a valia de um direito da saúde

---

[13] As incertezas afloram desde logo a propósito da designação mais adequada para a suposta disciplina, não abundando as menções expressas a um *direito da saúde da União Europeia*. Aliás, continua praticamente sem concorrência o já clássico *Health Law and the European Union*, de TAMARA K. HERVEY e JEAN MCHALE, publicado pela Cambridge University Press em 2004 (do qual está em preparação uma nova edição). Nathalie de Grove-Valdeyron, por exemplo, embora atida sobretudo ao direito da União Europeia, escolheu dar ao livro escrito para os seus alunos de mestrado da Universidade de Toulouse o título de *Direito europeu da saúde* (designação que, em rigor, deveria acobertar todo o direito da saúde produzido nesta área geográfica, nomeadamente no âmbito do Conselho da Europa) – v. *Droit Européen de la Santé*, LGDJ, Paris, 2013. Entretanto, temos conhecimento de um único curso expressamente consagrado ao *direito europeu dos cuidados de saúde*, também ele focado no direito da União Europeia: trata-se do módulo de um LL.M. atualmente ministrado na Universidade de Edimburgo.

[14] *"There is (...) something wrong with European legal scholarship and the study of European law. (...) an increased instrumentalization of law and legal research has decreased the attention for methodology, for legal theory (theory-building), and for keeping enough professional distance to ones object of research, which on its turn has resulted in a lack of scholarly criticism towards European integration. (...) the answer to this problem is not to put doctrinal research out with the garbage. Instead (...) it should be revitalized so that it is up for the challenges that European legal scholarship is facing such as increased multilevel governance, plurality of legal sources, and mixtures between different modes of government and governance"* – cf. ROB VAN GESTEL/HANS W. MICKLITZ, "Revitalising Doctrinal Legal Research in Europe: What about Methodology?," in *EUI Working Papers*, Law 2011/05, Florence, 2011, p. 3 [também incluído em RUTH NIELSEN/ULLA B. NEERGAARD/ LYNN M. ROSEBERRY (eds.), *European Legal Method – Paradoxes and Revitalisation*, Djof, Copenhagen, 2011].

949

DIREITO DA UNIÃO EUROPEIA – ELEMENTOS DE DIREITO E POLÍTICAS DA UNIÃO

da União Europeia, possivelmente tributário dessa dinâmica, bem como da conveniência de o tematizar, homologar e legitimar, ao enquadrá-lo no *syllabus* jurídico-disciplinar. Suspeitas sobremaneira agravadas pela atual situação de histórica encruzilhada a que a União abicou: assombrada pelo *espectro* da hegemonia alemã (Ulrich Beck) e confrontada com as teses antinómicas que a seu respeito se propugnam: a de que não passa de uma mera *ilusão* a desinflar quanto antes (Tony Judt) e a de que constitui, ao invés, um *sonho* invejável (J. Rifkin) a emular noutras paragens[15].

Seja como for, não pode a doutrina furtar-se às suas responsabilidades, havendo mister de lidar com a nova realidade e de enfrentar os problemas e meta-problemas que, em simultâneo, se lhe deparam, na prossecução última da *justiça* e da *verdade* possíveis. Nesse sentido, aventurando-se pelas regiões mais incônditas do direito da saúde e do direito da União Europeia que com ela se relaciona, transpõe permanentemente os limiares do conhecido, obrigada a redesenhar as linhas dos mapas existentes. Nesse escorço, cumpre-lhe também encontrar o prático-normativo caminho sinuoso entre a *Cila* de uma *poiesis* inconsequentemente imaginativa e a *Caribdis* de uma *tekhné* construtiva, prevenindo os desvios a que a *imaginação* e os seus lugares capitais – *sonho, mito* e *arte* – aqui se prestam[16].

Para isso, antes de gritar *terra à vista*, convém despistar eventuais miragens e esconjurar pesadelos, propelidos pelo ímpeto do desejo ou rescendentes do seu recalcamento. O direito não desmerece nem descarta anseios e aspirações, individuais e coletivas, mas espera, de eventuais devaneios, que aterrem, de alguma forma, no real.

Importa também que não mitifiquemos alguns *topoi* da nossa pesquisa, transformando-os numa espécie de *Atlântida* que nostálgica ou proleticamente persigamos, na tentativa de justificar (ou pelo menos suportar) o *caos trágico* da realidade. Nem a Europa se *afundou* ainda, nem merece comparar – seja no passado, seja num futuro antolhável – com uma qualquer *eu-topia*, aqui à mão.

---

[15] ULRICH BECK, *A Europa Alemã: De Maquiavel a «Merkievel». Estratégias de Poder na Crise do Euro*, Edições 70, Lisboa, 2013; TONY JUDT, *Uma Grande Ilusão? Ensaio sobre a Europa*, Edições 70, Lisboa, 2012; JEREMY RIFKIN, *The European Dream: How Europe's Vision of the Future Is Quietly Eclipsing the American Dream*, Tarcher/Penguin, New York, 2004. Para uma reconstituição da história europeia desde o Pós-Guerra e da União Europeia, nos anos mais recentes, v. TONY JUDT, *Post-War. The History of Europe Since 1945*, Penguin Books, 2006; e PERRY ANDERSON, *The New Old World*, Verso Publishers, London, 2009.

[16] V. *supra*, nota 8.

SAÚDE

Por fim, assumindo sem complexos o papel constitutivo da jurisprudência doutrinal[17], hão de prevenir-se derivas *artísticas* delirantes, não levando o *wishfull thinking* ao extremo ficcional de inventar *cidades invisíveis*[18] remetendo a disciplina jurídica para o catálogo dos *lugares imaginários*[19]. Até porque, no cruzamento do *eros* com a tentação fáustica da técnica – ambos fazendo descaso da realidade –, nos afoitamos a fundir a razão e o sonho na produção de algum *monstro* (um *frankenstein* ou *golem* jurídico), sem qualquer préstimo para as pessoas e as comunidades humanas que seria suposto servir[20]. Um perigo muito longe de abstrato, no caso vertente, pois que a escassez dos materiais normativos e o desencontro teórico a seu respeito propiciam, ora uma resignada capitulação perante os factos, ora a propagação de especulações compensatórias e de técnicas protéticas. Em alternativa, porém, há de cultivar-se uma *prática* de *arquitetura* e *design*[21] *jurídicos*, que evoque as facetas mais políticas do direito enquanto *nomos* e uma conceção do pensamento jurídico e da doutrina como instâncias de autorreflexão crítico-reconstrutiva e regulativa da juridicidade e, por essa via, da própria realidade social.

Na maior dificuldade reside, pois, o repto irrecusável: procurar *construir/ /desvelar – a partir de elementos empíricos, normativos e conceptuais heterogéneos – um possível ordenamento jus-unionista da saúde, quiçá tematizável como setor parcialmente autónomo do direito e do pensamento que se lhe dirige*[22].

---

[17] Salientando o papel juridicamente construtivo da doutrina, ARMIN VON BOGDANDY, "The past and promise of doctrinal constructivism: A strategy for responding to the challenges facing constitutional scholarship in Europe", in *International Journal of Constitutional Law*, 7 (3), 2009, pp. 364-400. Para algumas importantes observações e reparos à específica conceção (que não tanto à função) da doutrina que ali se propugna, v. MATTIAS KUMM, "On the past and future of European constitutional scholarship", in *ibidem*, pp. 401-415.

[18] ITALO CALVINO, *As Cidades Invisíveis*, 10.ª ed., Teorema, Lisboa, 2006.

[19] ALBERTO MANGUEL/GIANNI GUADALUPI, *Dicionário dos Lugares Imaginários*, Tinta-da-China, Lisboa, 2013.

[20] JOSÉ GIL, *Monstros*, Relógio D'Água, Lisboa, 2006.

[21] V. VILÉM FLUSSER, *Uma Filosofia do Design*, Relógio D'Água, Lisboa, 2010.

[22] Compreende-se, agora, por que tal significa a procura de uma terceira via, entre o descritivismo empirista e o construtivismo voluntarista, à qual repugna, tanto uma aproblemática legitimação do real quanto a sua violenta funcionalização (no quadro de uma engenharia social). Em alternativa sugere-se uma crítico-reflexiva reconstrução do direito que constantemente se entretece com a realidade (através da dialética entre os valores que fundamentantemente o constituem e os problemas jurídico-comunitários que intenciona).

Assim – abdicando da *teralogia*, sem destoar da *alegoria* náutica –, vemos nestas páginas o primeiro e muito rudimentar esquiço da pretendida *Carta* para o *território*[23] visado. Resta apor-lhe uma pequena *legenda*, antes de terminar este introito.

3. O método

Atentas as dificuldades recenseadas e as previdências metodológicas para que nos advertem, sugerimos um tratamento do direito da saúde da União Europeia que mantenha *reflexivamente* incicatrizadas as feridas provocadas pelo choque entre as placas tectónicas do *direito da saúde*, da *União Europeia* e do *seu ordenamento jurídico*, tentando discernir o perfil *anfractuoso* desenhado por esses encontros, e captar, na interseção das três áreas delimitadas, as formações vulcânicas por onde assoma o *magma* de um eventual direito da saúde da União Europeia [(im)propriamente dito]. Para mapear o terreno lança-se mão de um diagrama de Veblen, bem ilustrativo das sobreditas zonas de sobreposição e da pléiade de interações sinergéticas que deixam pressupor.

Direito da Saúde da União Europeia

---

[23] MICHEL HOUELLEBECQ, *La Carte et le Territoire*, Flammarion, Paris, 2010; BOAVENTURA SOUSA SANTOS, "Uma cartografia simbólica das representações sociais: o caso do direito" – cap. 3 de *idem*, *A Crítica da Razão Indolente. Contra o Desperdício da Experiência*, Edições Afrontamento, 1.ª ed., Porto, 2000.

SAÚDE

Destarte, no intento de fornecer um retrato panorâmico (quanto possível) fiel e completo da *polifacetada* realidade jurídica em vista, deve averiguar-se sucessivamente do *direito da saúde em geral* e do modo como vincula a *União Europeia* e interfere com o seu *ordenamento jurídico*; da *União Europeia* e da sua ação (jurídica ou não) na *saúde*, sempre levada a cabo com base em jurídicos títulos de legitimação e segundo modos jurídicos de atuação) [II. 1.]; do *direito da União Europeia em geral* e do seu impacto no setor da saúde [II. 2.1]; e, enfim, de um putativo *direito da saúde da União Europeia* [II. 2.2.]. Por razões de economia discursiva, confinar-nos-emos a estes três últimos aspetos[24].

Uma certa *indecisão preposicional* na articulação destes *corpos* conotará a provisoriedade das linhas com que os mesmos se cosem, denunciando enfim o jaez tentativo e ainda instável do projeto[25].

Por outro lado, nele se mantém apenas latente a continuada indagação pelo *sentido* da justiça social, juridicamente devida, no plano da saúde, e pelos *modos*, *vias* e *meios* da sua *realização* prático-normativa – um problema humano que a todos nos compromete e responsabiliza, sem prejuízo do múnus especificamente cometido aos juristas.

Da nossa parte, pretendemos enfrentá-lo segundo a *intencionalidade* fundamentantemente constitutiva e regulativa do *direito público social* e a *racionalidade* essencialmente axiológico-funcional que se lhe associa: salvo melhor aviso, as que decorrem de uma normativa validade material inucleada no cuidado pela pessoa concreta e aqui declinada nos princípios de uma efetiva *aequalibertas* e da correspondente *responsabilidade solidária* entre os membros das comunidades humanas juspoliticamente institucionalizadas.

---

[24] V., *supra*, o esclarecimento constante da nota 1.
[25] Emblematicamente, duas das obras seminais nesta matéria – uma monografia e uma obra coletiva – empregam expressamente a copulativa para se referirem, logo em título, às relações que se estabelecem entre o *direito da saúde* e a *União Europeia*, no primeiro caso, e entre o *direito da União Europeia* e a *saúde* (ou os *cuidados de saúde*), no segundo – v. TAMARA K. HERVEY/JEAN MCHALE, *Health Law and the European Union, cit.*, e JOHAN WILLEM VAN DE GRONDEN/ERIKA SZYSZCZAK/ /ULLA NEERGAARD/MARKUS KRAJEWSKI (eds.), *Health Care and EU Law*, Springer, The Hague, 2011.

DIREITO DA UNIÃO EUROPEIA - ELEMENTOS DE DIREITO E POLÍTICAS DA UNIÃO

II. O direito da saúde *da* União Europeia

1. A União Europeia e a saúde

1.1. Ponto de ordem

> *Die europäischen Gemeinschaft ist in dreifacher Hinsicht ein Phänomen des Rechts: sie ist Schöpfung des Rechts, sie ist Rechtsquelle und sie ist Rechtsordnung*
>
> WALTER HALLSTEIN, *Der unvollendete Bundesstaat*, 1969, p. 33.

A União Europeia constitui uma comunidade de Estados, mas também, cada vez mais, de pessoas, (que se anela) fundamentante e regulativamente constituída por um acervo de valores e fins, entretecidos, assimilados e praticamente *projetados* pelo direito. A trama *normativa* que a sustém, ordena e estrutura compreende uma plêiade de princípios e normas que ora lhe apontam objetivos, ora conferem poderes funcionais; ora desenham limites, ora definem objetos de atuação; ora estabelecem procedimentos, ora indicam e regulam modalidades de ação. Estas últimas incluem a prática de uma panóplia de atos jurídicos e para-jurídicos e a consequente sedimentação de um ordenamento jurídico autónomo, que apesar de *estruturalmente* desequilibrado, ainda assim (e de forma sumária): desempenha *funções* prescritivas e de auto-organização; ostenta como *características* (embora rudimentares), tanto a comunhão em fundamentos e critérios de direito, dogmaticamente objetivados, como a instituição das autoridades que os pressupõem e mobilizam prático-normativamente; e desencadeia *efeitos* de racionalização e institucionalização jurídicas e de liberdade, segurança e paz[26]. Trata-se, portanto, pelo seu nascimento, organização, atuação e efeitos, de uma proto--*comunidade* jurídica. Efetivamente, emersa embora de uma matriz voluntarista e convencional, e não obstante a sua natureza politicamente funcional, a União Europeia tende a transcender as suas *origo* genética e imediata positivação regulativa (num claro exemplo de *bootstrapping* constitucional), para

---

[26] Sobre a *estrutura*, as *funções*, as *características* e os *efeitos* da ordem jurídica, v. as *Lições* 2.ª a 5.ª de F. J. PINTO BRONZE, *Lições de Introdução ao Direito*, Coimbra Editora, Coimbra, 2006. Atente-se também nas cruciais advertências acerca da insuficiência objetiva e normativa de um simples estudo da ordem jurídica (*Lição* 6.ª).

SAÚDE

adquirir uma dinâmica própria, como sujeito, organização, processo, ordem, fonte e sistema de direito.

Assim sendo, só por conveniência analítica, começaremos por considerar as relações que estabelece com a saúde, suspendendo provisoriamente uma sua perspetivação apenas jurídica, a fim de a tomarmos como *agente*, olhando às suas ações pretéritas, presentes e (*conjeturalmente*) futuras, nesta matéria.

1.2. A União Europeia e a saúde

1.2.1. Retrospetiva[27]

a) Inicialmente, o Tratado de Roma não conferia poderes específicos à Comunidade na área da saúde[28]. As referências à matéria, além de discretas, raras, esparsas e vagas eram marginais ou indiretas e de pendor eminentemente negativo[29].

---

[27] Sobre a genealogia do direito da saúde na União Europeia, v. os nossos "Do Direito à saúde na União Europeia em perspetiva diacrónica: Elementos para uma breve reconstituição genealógica do artigo 35.º da Carta dos Direitos Fundamentais da União Europeia (Cont.)", in *Nascer e Crescer – revista do Hospital de Crianças Maria Pia*, vol. XXI, n.º 1, março de 2012, e *Anotação ao artigo 35.º da Carta dos Direitos Fundamentais da União Europeia*, policopiado, Coimbra, 2011 [publicado também, numa versão reduzida como "Artigo 35.º – Protecção da saúde", *in* Alessandra Silveira/Mariana Canotilho (coord.), *Carta dos Direitos Fundamentais da União Europeia Comentada*, Almedina, Coimbra, 2013]. Neles se investiga o artigo 35.º enquanto ponto de confluência de três vetores da evolução comunitária – a *Europa Social*, a *Europa da Saúde* e a *Europa dos Direitos*.

[28] Cf. SABINE MICHALOWSKI, "Health Care Law", *in* Steve Peers/Angela Ward (eds.), *The European Union Charter of Fundamental Rights: politics, law and policy*, Hart Publishing, Portland – Oregon, 2004, pp. 287-308.

[29] V., também para o que se segue, CARMEN RODRÍGUEZ MEDINA, *Salud Pública y Asistencia Sanitaria en la Unión Europea. Una Unión más Cercana al Ciudadano*, Editorial Comares, Granada, 2008, pp. 1-27; ARNAUD SENN, "La politique de santé de l'Union européenne", in *Question d'Europe*, n.º 25, La Fondation Robert Schuman – Le Centre de recherches et d'études sur l'Europe, 2006 (acessível em *http://www.robert-schuman.eu/fr/questions-d-europe/0025-la-politique-de-sante-de-l-union-euro peenne*); ELIAS MOSSIALOS/GOVIN PERMANAND/RITA BAETEN/TAMARA HERVEY, "Health systems governance in Europe: the role of European Union law and policy", *in* Elias Mossialos/Govin Permanand/Rita Baeten/Tamara K. Hervey (eds.), *Health Systems Governance in Europe: The Role of European Union Law and Policy*, Cambridge University Press, Cambridge, 2010, pp. 1-83; TAMARA HERVEY/BART VANHERCKE, "Health care and the EU: the law and policy patchwork", *ibidem*, pp. 84-133; SARA VERA JARDIM, "Saúde Pública Made in UE", in *Lex Medicinae – Revista Portuguesa de Direito da Saúde*, Ano 6, n.º 11, 2009, pp. 67-94; ANA VEIGA CORREIA/NUNO VENADE, "A emergência da saúde no direito da União Europeia. Aplicação dos princípios do mercado interno ao setor da saúde - implicações para o Sistema de Saúde Português", in *Estudos de Homenagem ao Professor Doutor Heinrich Ewald Hörster*, Almedina, Coimbra, 2012, pp. 887-926.

DIREITO DA UNIÃO EUROPEIA – ELEMENTOS DE DIREITO E POLÍTICAS DA UNIÃO

O artigo 2.º incumbia vagamente a Comunidade de promover a elevação do nível e qualidade de vida dos cidadãos europeus. O artigo 36.º previa algumas *exceções* em matéria de importação, exportação e trânsito de mercadorias, com o objetivo de proteger a saúde e a vida das pessoas. O artigo 48.º, por seu turno, admitia que as razões de saúde pública pudessem justificar a limitação (ou *restrição*) da livre circulação de trabalhadores, o mesmo sucedendo com os artigos 56.º e 66.º do TCEE relativamente aos direitos de estabelecimento e prestação de serviços[30]. No artigo 117.º, conquanto se alertasse para a necessidade de promover uma melhoria das condições de vida e laborais dos trabalhadores, não se ia além de um convite à Comissão para que promovesse uma estreita colaboração entre os Estados no âmbito social. Entretanto, considerava-se que os preceitos 130 F e 130 Q, respeitantes à investigação, abrangiam as pesquisas no domínio da medicina. Por fim, os artigos 155.º e 235.º foram usados respetivamente para legitimar a emissão de recomendações e a formulação de propostas de decisões e de regulamentos sobre temas relacionados com a saúde.

Paralelamente, o Tratado da CECA continha disposições sobre segurança e higiene no trabalho aplicáveis às indústrias do carvão e do aço (artigos 46.º, n.º 5, e 69.º) e o Tratado da Euratom incluia normas de proteção sanitária especialmente dirigidas aos riscos decorrentes das radiações ionizantes (artigos 30.º a 39.º).

De todo o modo, bem se vê que, no direito primário, a proteção da saúde não figurava entre as missões da comunidade europeia, nem constituía uma ação comunitária de *per se*, só tendo alcançado algum protagonismo na sequência das diretivas em matéria de política sanitária posteriormente adotadas[31], e, mesmo aí, sempre a mero título de derrogação da liberdade de circulação de mercadorias. No demais, as preocupações precípuas diziam respeito à proteção social de trabalhadores migrantes e respetivas famílias, cujos seguros de saúde e acesso aos cuidados precisavam de ser garantidos, a fim de realizar a liberdade de circulação do *fator trabalho*.

---

[30] O artigo 59.º, que albergava esta última liberdade, serviu de base à jurisprudência sobre o reconhecimento de títulos para exercer profissões ligadas à medicina noutros Estados-Membros.

[31] V. Diretiva 64/432/CEE, de 26 de junho de 1964, atinente aos problemas de polícia sanitária em matéria de trocas intracomunitárias de animais de espécie bovina e porcina; Diretiva 64/433//CEE, de 26 de junho de 1964, sobre os problemas sanitários relativos às trocas intracomunitárias de carnes frias; Diretiva 71/118/CEE, de 15 de fevereiro de 1971, agora sobre as trocas de carnes frias aviárias.

SAÚDE

Contudo, em que relevasse de uma abordagem não integrada nem sistemática – porque sobrevinda no contexto de outras políticas (nomeadamente a respeito do mercado interno ou da proteção dos consumidores) e concebida como simples *aplicação* dos grandes princípios contidos nos Tratados[32] – a atuação político-jurídica desenvolvida não deixava de denotar um certo interesse dos órgãos comunitários pelos assuntos de saúde, bem patente, por exemplo, nas matutinas referências à noção de saúde pública por parte do direito secundário[33].

Seja como for, a assunção da saúde como fim comunitário autónomo só começou a esboçar-se mais tarde, já no decurso dos anos oitenta, aquando do surgimento do programa comunitário de combate ao cancro.

b) Mais ou menos pela mesma altura, o artigo 18.º do Acto Único Europeu criou o preceito 100.º A, de acordo com o qual a Comissão, nas suas propostas de aproximação legislativa em matéria de saúde, segurança e tutela do meio ambiente e dos consumidores, devia basear-se num *nível de proteção elevado*. Daqui decorria a obrigação de alcançar um patamar elevado de salvaguarda da saúde em todas as diretivas que tivessem por objeto o estabelecimento do mercado interno de produtos, serviços, capitais e pessoas. Na prática, o preceito viria a servir de base para a harmonização legislativa, *v. g.*, em matéria de produtos farmacêuticos e veterinários.

Por seu turno, a tutela derivada das normas sobre proteção social saiu reforçada com o artigo 21.º, que apontava no sentido de se adotarem, através de procedimentos de cooperação, diretivas destinadas a melhorar os ambientes de trabalho, com o escopo último de resguardar a segurança e saúde dos trabalhadores. Concomitantemente reconheceram-se também novas áreas de atuação comunitária de indiscutível relevo para a saúde, como as políticas do meio ambiente, de investigação e de tecnologia[34].

Em 1989 foi aprovada a *Carta dos Direitos Sociais Fundamentais dos Trabalhadores*, que, apesar da sua débil vinculatividade, parecia selar um promissor cruzamento do discurso dos direitos com a dimensão social da construção europeia[35]. Desta interseção, ou convergência, cria-se beneficianda a saúde,

---

[32] V. ARNAUD SENN, "La politique de santé de l'Union européenne", *cit.*, ponto I.
[33] V. Diretiva 64/221/CEE, de 25 de fevereiro de 1964.
[34] V. o Título VII sobre o meio ambiente.
[35] Com o tempo, porém, sobreviria o desengano quanto à possibilidade de garantir, só por via subjetivo-individual, a realização da solidariedade e da justiça social.

DIREITO DA UNIÃO EUROPEIA – ELEMENTOS DE DIREITO E POLÍTICAS DA UNIÃO

por muito que a sua regulação fosse sobremaneira inspirada pelas componentes económico-mercantis do projeto europeu[36].

c) Sem prejuízo destes vestígios primordiais, tem-se por mais ou menos consensual que os primeiros progressos comunitários, verdadeiramente significativos, no tocante à saúde tiveram lugar com o Tratado de Maastricht, responsável pela atribuição à Comunidade de uma competência expressa e específica na matéria. Com efeito, na tentativa de responder aos novos desafios, consagrou-se um mandato genérico da União Europeia (no então artigo 129.º) que criava as condições de legitimidade para o desenvolvimento de uma política comunitária no setor, embora sem lhe apagar completamente os traços próprios de uma mera *flanking policy*[37].

Na verdade, dedicou-se todo um capítulo – o X – à *saúde pública* (reconhecendo-a como um ramo autónomo da política comunitária) e estatuiu-se no 3.º § do n.º 1 do artigo 129.º que as exigências em matéria de proteção da saúde constituiriam dali em diante uma componente de todas as demais políticas comunitárias[38]. Acresce que os artigos 2.º e 3.º sofreram modificações de maneira a incluir, entre as tarefas da Comunidade, uma menção clara à melhoria da qualidade de vida e a integrar os contributos para a obtenção de um elevado nível de saúde no lote das suas atividades, de tal sorte que todos os órgãos comunitários ficaram adstritos à garantia do referido nível de proteção, em cumprimento do disposto no artigo 3.º, alínea p. Todavia, a competência da Comunidade permaneceu reservada a questões de saúde pública, conservando uma natureza eminentemente complementar e restringindo a ação comunitária a medidas de incentivo, apoio e coordenação das atividades desenvolvidas a nível nacional, enquanto os direitos individuais relativos à saúde resultavam indiretamente protegidos apenas no contexto da liberdade de movimento[39]. O mesmo vale por dizer, de uma perspetiva

---

[36] Sobre a evolução da *jusfundamentalidade* e da *socialidade*, v. o que escrevemos em "Do Direito à saúde na União Europeia em perspetiva diacrónica: Elementos para uma breve reconstituição genealógica do artigo 35.º da Carta dos Direitos Fundamentais da União Europeia (Cont.)", *cit.*

[37] Como salienta Tamara Hervey, Maastricht trouxe a saúde para o direito primário, mas excluiu expressamente qualquer tipo de harmonização das leis nacionais com vista a proteger e melhorar a saúde pública.

[38] V., igualmente, os Protocolos Adicionais ao Tratado de Maastricht.

[39] Como se dirá melhor adiante, embora as precípuas pretensões jus-subjetivas em matéria de saúde não gozassem de acolhimento e proteção expressa por parte do direito comunitário primário, a *liberdade de circulação de bens* e *serviços* (prestados e recebidos), assim como a *liberdade de*

SAÚDE

inversa, que os Estados-Membros detinham a competência para a organização dos respetivos sistemas de saúde e de segurança social, cabendo-lhes determinar o âmbito de cobertura e as condições de acesso aos cuidados e às prestações sociais, bem como regular as relações médico-paciente e outras questões médicas correlacionadas[40]. Todavia, nem com a nova e expressa base de atuação disponível a atividade legislativa especificamente dirigida ao setor conheceu grande incremento. Por isso, já se disse que Maastricht, conquanto tenha representado uma *mudança paradigmática*, acabou por não produzir consequências efetivas (ao menos de imediato).

Efetivamente, na década de noventa, após um período de maior fulgor[41], assistiu-se mesmo a um claro abrandamento do ímpeto comunitário e até a alguns retrocessos em matérias sociais e da saúde.

Numa Recomendação de 1992 – sobre a convergência das políticas e objetivos de proteção social[42] – o Conselho exortou os Estados-Membros a manter e desenvolver sistemas de saúde de alta qualidade, sintonizados com as necessidades devenientes da população e aptos a garantir a todos os residentes legais o devido acesso às medidas de prevenção de doenças e aos cuidados de saúde necessários; em simultâneo, instou a Comissão a apresentar relatórios regulares sobre os avanços alcançados e a determinar e desenvolver – em cooperação com os Estados – critérios adequados para a respetiva monitorização, segundo um processo em que alguns Autores descortinam uma versão primitiva do ulterior *Método Aberto de Cooperação*.

A Comissão não restou passiva, nem se manteve alheia a esta nova dinâmica. Em 1993, na esteira de outros documentos afins, publicou um Relatório sobre proteção social na Europa e uma Comunicação visando o enquadramento da ação comunitária no domínio da saúde pública. Com base nesta última foram acordados oito programas, relativos respetivamente ao cancro,

---

estabelecimento, permitiram a atribuição de verdadeiros direitos relativos à saúde, *v. g.*, o de adquirir produtos médicos noutro Estado-Membro (Acórdão *Decker*), de receber tratamento médico além-fronteiras (Acórdão *Kohll*) ou de desenvolver atividade médico-profissional num outro Estado-Membro (Diretiva 93/16/CEE, de 5 de abril de 1993, sobre a livre circulação de médicos e o reconhecimento mútuo dos seus diplomas, certificados e outros comprovativos das qualificações formais) – cf. *infra*, ponto 2.2.2.2.

[40] Designadamente as que se prendem com temas tão delicados como os da eutanásia ou da medicina reprodutiva.

[41] Durante o qual se sucederam múltiplas iniciativas, tanto do Conselho como da Comissão, e se registaram importantes avanços jurisprudenciais – umas e outros de certo modo culminantes no Tratado de Amesterdão.

[42] Recomendação do Conselho 92/442/CEE.

DIREITO DA UNIÃO EUROPEIA – ELEMENTOS DE DIREITO E POLÍTICAS DA UNIÃO

à dependência de drogas, ao HIV e a outras doenças contagiosas, à monitorização da saúde, a doenças raras, acidentes e lesões e a doenças relacionadas com a poluição[43]. Quatro anos mais tarde, uma nova Comunicação versou a modernização e melhoria da proteção social, desta feita na perspetiva da redução de custos.

Seguiu-se, porém, mais um ligeiro recuo na atuação comunitária, antes que esta se estabilizasse, de novo, agora em torno de uma coordenação dos sistemas de segurança social, meramente funcionalizada à garantia de livre circulação.

No interim, a jurisprudência comunitária continuava a arrotear caminhos nos domínios da proteção social, produzindo alguns verdadeiros *leading cases*, de que são exemplo os famosos arestos *Sodemare, Kohll* ou *Albany*[44].

d) Mil novecentos e noventa e sete foi o ano de publicação do Tratado de Amesterdão. De um modo geral, o texto adotado confirmou a responsabilidade conjunta dos Estados-Membros e da União Europeia pela proteção social e conferiu à União um leque de competências específicas para o combate à exclusão social e a prossecução da segurança e proteção social dos trabalhadores europeus. Do mesmo passo, constitucionalizou a estratégia de emprego europeia, dotando a Direção dos Assuntos Sociais de uma legitimidade destacada, no quadro comunitário.

Relativamente à saúde, propriamente dita, a nova redação do Tratado vincou o princípio da proteção horizontal, inscrevendo-o no 1.º § do n.º 1 do artigo 152.º (anterior 129.º), de modo a tornar ainda mais assertiva a obrigação de garantia de um nível elevado de proteção da saúde[45] que recaía sobre todos os órgãos comunitários, vinculando as respetivas políticas e medidas. Por outro lado, estendeu o alcance da proteção colimada para além da mera profilaxia, a fim de abarcar também ações de melhoria da saúde (artigo 152.º, n.º 1, 2.º §). Finalmente, alargou-se o âmbito material de competência da Comunidade legitimando-a a adotar medidas de garantia da qualidade e segurança dos órgãos e substâncias de origem humana, do sangue e seus

---

[43] Sobre estes programas, v. o que diremos abaixo, ao caracterizarmos a atuação da União Europeia no domínio da saúde.

[44] Cf. *infra*, ponto 2.2.2.2.

[45] Exigência que antes se fazia derivar do próprio reconhecimento da proteção da saúde como tarefa fundamental da Comunidade.

SAÚDE

derivados, ou relativas ao domínio veterinário e fitossanitário [artigo 152.º, n.º 4, alíneas *a*) e *b*)].

Em 1999, o tema da saúde voltou à baila, no âmbito de mais uma Comunicação da Comissão, na qual se propunha uma estratégia concertada para a modernização da proteção social, visando o aprofundamento da cooperação entre a União Europeia e os Estados-Membros, com base em objetivos comuns e em mecanismos de troca de experiências e monitorização de desenvolvimentos políticos correntes, capazes de proporcionar a identificação das melhores práticas a seguir. O trabalho deveria ser organizado à volta de quatro grandes objetivos aglutinadores, consistindo um deles na garantia de cuidados de saúde sustentáveis e de alta qualidade. Dos Estados-Membros esperava-se a designação de representantes, cabendo à Comissão providenciar pela publicação dos resultados num relatório anual sobre a proteção social.

Quatro meses depois, o Conselho dos Assuntos Sociais da União Europeia anunciou uma estratégia concertada para a proteção social, que viria a revelar-se, essa sim, o verdadeiro *embrião* do mais tarde designado *Método Aberto de Cooperação*. Sem que transcorresse muito tempo, um Comité de Alto Nível para a Saúde foi mandatado pelo Conselho Europeu de Nice para examinar a situação europeia no que respeita ao acesso transfronteiriço a cuidados de saúde e produtos de saúde de qualidade.

O milénio encerrou com a aprovação da CDFUE, coroando uma lenta e progressiva afirmação da jusfundamentalidade no seio da União (sobretudo por obra da jurisprudência comunitária).

Como não pretendesse criar direitos completamente novos, a CDFUE operou uma remissão substancial para a CEDH e a jurisprudência do TEDH, enquanto parâmetros de determinação do sentido das provisões que continha. Nada obstante, o texto revelou-se verdadeiramente inovador em alguns aspetos: tanto assim que, para além de outras muito significativas opções sistemáticas e concetuais, artigos como o 3.º, n.º 2, e o 8.º (só para dar dois exemplos) procuraram reagir normativamente aos avanços tecnológicos e científicos e às ameaças que acarretam, proibindo a clonagem reprodutiva de seres humanos e estabelecendo uma proteção dos dados pessoais, respetivamente.

No que toca aos direitos sociais, os obstáculos vincendos eram bem maiores. Afinal de contas – como temos realçado em várias instâncias – a Carta não desempenhou a seu respeito nem um papel propriamente de *consolidação*, nem a função de um verdadeiro *trampolim*, instituindo, contudo, uma *plataforma* de garantia não despida de originalidade, nem destituída de vir-

DIREITO DA UNIÃO EUROPEIA – ELEMENTOS DE DIREITO E POLÍTICAS DA UNIÃO

tualidades, à qual se pode atribuir (no intuito de lhe potenciar os efeitos, apesar da intrínseca defetividade) o ambivalente significado de um novo *limiar* jurídico. Todavia, também com relação à saúde, o *status quo* do direito internacional não se alterou muito com o diploma, uma vez que nele se previu apenas um direito à (proteção da) saúde, resumido, porém, aos simples, enquanto faculdade à de aceder à prevenção em matéria de saúde e de beneficiar de cuidados médicos nas condições previstas pelas legislações nacionais.

e) O panorama não se alterou com o Tratado de Nice. Todavia, com o dealbar do novo século e em resultado, tanto de um debate adrede lançado pela Comissão[46], como da experiência previamente adquirida em programas de ação e outras atividades conexas ou similares, iniciara-se uma nova fase no tratamento europeu da saúde, marcada pelo consciente e voluntarioso propósito de conceber e levar à prática uma estratégia global integrada para o setor. Nesse sentido, definiu-se (1) um *novo quadro de ação no domínio da saúde pública* até 2008[47] – o qual incluía um *novo programa de ação*[48], em vez dos antigos programas especializados – e (2) uma *estratégia geral da comunidade em matéria de saúde* – a carecer de um concerto com as iniciativas adotadas no quadro das políticas relativas ao mercado único, à proteção social, ao emprego e ao ambiente. Por outro lado, através de uma *Comunicação* de Maio de 2000, a Comissão veio apelar à concentração dos recursos da União naqueles aspetos em que a intervenção comunitária representasse uma efetiva mais-valia, obviando à duplicação dos esforços que os Estados-Membros, ou até certas organizações internacionais, se achassem em melhores condições de envidar.

Em maio de 2001, por iniciativa dos Comissários Europeus com responsabilidades nos setores empresarial e da saúde, nasceu o *Alto Grupo para a Inovação e Provisão de Medicamentos da União Europeia* (G10) que reunia, entre outros *stakeholders*, ministros da saúde e da economia e representantes

---

[46] *Comunicação da Comissão sobre a evolução da política em matéria de saúde pública*, de 1998.

[47] Deste quadro da saúde pública constam, para além do programa de saúde pública, um rol de medidas legislativas distribuídas por vários subdomínios, a saber: a prevenção da toxicodependência; a prevenção e o controlo das doenças transmissíveis (como a rede de vigilância epidemiológica e de controlo das doenças transmissíveis, criada em 1999); a luta contra o tabagismo; a qualidade e a segurança dos órgãos e das substâncias de origem humana; o sangue e seus derivados; medidas veterinárias e fitossanitárias; e o *Fórum Europeu da Saúde*.

[48] Adotado a 23 de setembro de 2002 pelo Parlamento Europeu e pelo Conselho.

SAÚDE

da indústria e de fundos de saúde, e reportava, no final, ao Presidente da Comissão. As pressões exercidas pelo grupo fizeram-se sentir logo em 2001, aquando da revisão da legislação farmacêutica, compelindo à incorporação das recomendações feitas, por exemplo, em matéria de proteção de dados da medicina inovadora.

No mesmo ano, o Conselho de Gotemburgo chamou a atenção para a necessidade de uma maior reflexão sobre os cuidados de saúde e os cuidados para idosos e mandatou o Comité de proteção social[49] e o Comité de Política Económica[50] para elaborarem um estudo inicial acerca do tema. O problema do envelhecimento passou desde então a estar na ordem do dia, trazendo para a ribalta inúmeras preocupações relevantes para a tutela da saúde.

Perto do final de 2001, o Comité de Política Económica elaborou um relatório sobre o assunto, que foi discutido em novembro pelo ECOFIN. Ainda no mês de dezembro, a Direção Geral de Assuntos Sociais publicou uma Comunicação sobre o futuro dos cuidados de saúde e dos cuidados para idosos, na qual admitia que, embora diferentes em termos de desenho, prestação e financiamento, os sistemas de saúde da União Europeia estão hoje confrontados com desafios cruciais semelhantes. Em conformidade, assinou-lhes então três grandes objetivos comuns: o *acesso* universal, um alto nível de *qualidade* e a viabilidade financeira (*sustentabilidade*)[51].

No ano seguinte, sob o novo lema da *Europa da Saúde*[52], definiu-se um conjunto de diretrizes políticas em matéria geral de saúde, e, para reforçar o combate aos perigos que a ameaçam, criou-se o *Centro Europeu para a Pre-*

[49] Órgão consultivo do Conselho de Assuntos Sociais.
[50] Principal órgão consultivo do ECOFIN [Conselho para as Questões Económicas e Financeiras].
[51] Esta comunicação tem de ser vista em conexão com as conclusões do Conselho Europeu de Lisboa, que teve lugar em março de 2000, e da referida cimeira de Gotemburgo, ocorrida em janeiro de 2001 – ocasiões em que se lançaram apelos à modernização dos sistemas de proteção social na União Europeia e se exigiu a elaboração de *guidelines* e a preparação de um relatório progressivo no campo dos cuidados de saúde. Por outro lado, foi justamente imbuído desse espírito que o Conselho Europeu de Laecken, também no final de 2001, veio solicitar ao Conselho a preparação de um estudo sobre cuidados de saúde e cuidados para idosos, no qual se sopesassem os objetivos assinalados. Ao mesmo tempo, alertou-se logo aí para o enorme impacto da integração europeia nos sistemas de saúde dos Estados-Membros.
[52] Leia-se, por exemplo, o discurso proferido no *Fórum de Saúde Europeu*, realizado em Gastein, em setembro de 2002, pelo então *Comissário Europeu para a Saúde e Proteção dos Consumidores*, com o título *"Common Chalenges for Health and Care*, disponível em *http://europa.eu/rapid/pressReleasesAction.do?Reference=SPEECH/02/426 &forma t= HTML &aged =0& language =EN&guiLanguage=en.*

DIREITO DA UNIÃO EUROPEIA – ELEMENTOS DE DIREITO E POLÍTICAS DA UNIÃO

venção e Controlo de Doenças, incumbido de desenvolver ações de cooperação transfronteiriça relativas aos sistemas de saúde e às demais determinantes de saúde. Sensivelmente pela mesma altura e com o propósito de cultivar uma novel atitude de consciencialização europeia a respeito da saúde, entrou em funcionamento o *Sistema de Informação da Saúde*. Paralelamente, o *Fórum Europeu de Saúde,* que reunia organizações do setor (responsáveis pelo aconselhamento da Comissão), procurava concretizar uma ideia de participação ativa na definição das políticas de saúde[53].

Na sequência de um convite endereçado à Comissão pelo Conselho da Saúde de 26 de julho de 2002, desencadeou-se um *Processo de Reflexão de Alto Nível*, com vista à proposição de futuras ações nesta matéria. No entanto, se se reconheceu que a cooperação europeia podia ser essencial para que os Estados-Membros atingissem os seus objetivos de saúde, evitaram-se grandes desenvolvimentos no sentido de uma autónoma comunitarização do setor. Na verdade, a extensão à saúde do Método Aberto de Cooperação fora recusada pelo Conselho[54], tendo-se frustrado igualmente o acordo sobre a criação de um Comité formal de suporte ao Conselho da Saúde. Significa isto que – não obstante a importância da saúde no contexto europeu se tornasse cada vez mais evidente – as iniciativas com verdadeira repercussão no setor continuavam a provir da Direção Geral do Mercado (à qual coube, por exemplo, lançar um processo de consulta sobre o acompanhamento da jurisprudência em matéria de reembolso das despesas médicas incorridas noutros Estados-Membros).

Note-se que a atenção despertada por este tema esteve também na origem do Processo de Alto Nível para a reflexão sobre a mobilidade dos pacientes e os desenvolvimentos nos cuidados de saúde[55], iniciado em 2003, do qual promanou um considerável feixe de recomendações, organizadas à volta

---

[53] Tendo sido estabelecido no ano anterior, o Fórum era presidido pela Direção Geral da Saúde (que também assegurava o secretariado respetivo) mas funcionava como uma ampla plataforma de discussão, em cujo seio se debatiam todas aquelas propostas, vindas das Direções Gerais do Mercado Interno e Serviços e do Emprego, Assuntos Sociais e Igualdade de Oportunidades, que mostrassem ter relevo para o setor da saúde; dele saiu também o apelo à criação de um *Forum dos Pacientes Europeus,* sinal de uma crescente sensibilidade em relação ao tema dos direitos dos doentes no espaço europeu. Aliás, pouco tempo depois, a mobilidade dos pacientes foi assunto central num debate ministerial informal que teve lugar em Málaga, em fevereiro de 2002.

[54] Apesar de tudo, a Comissão não desistiu do vocabulário associado ao MAC, insinuando-o lentamente na estratégia gizada e concertada para os cuidados de saúde e para idosos.

[55] HL PR/2003/16, de 9 de dezembro de 2003.

964

SAÚDE

de 5 temas: a cooperação europeia (com vista a permitir um melhor uso de recursos); os requisitos da informação ventilada aos pacientes, profissionais e políticos; o acesso e a qualidade dos cuidados; a reconciliação das políticas de saúde nacionais com as obrigações europeias; e os assuntos relacionados com a saúde e os fundos estruturais e de coesão da União Europeia. Pela primeira vez, os Estados-Membros admitiram que uma alteração dos Tratados e da legislação secundária em matéria de saúde poderia trazer vantagens, pelo menos, do ponto de vista da certeza jurídica.

Em 15 de julho de 2004, no âmbito da revisão da Estratégia de Saúde, definida em 2000, a Comissão aliciou grupos de interesse, instituições públicas e cidadãos[56], a participar num *Processo de reflexão acerca da promoção da saúde para todos*, que acabou por gerar um aceso debate, inclusive para lá das fronteiras comunitárias[57].

Entretanto, após um longo processo de incubação, veio à luz o projeto de Tratado Constitucional, que haveria de naufragar nos escolhos dos processos de ratificação, francês e irlandês. O documento concedia grande importância às matérias sociais e incorporava a Carta dos Direitos Fundamentais[58], mas não aprouve a Gregos nem a Troianos.

Profundo e violento, o abalo provocado pelo fracasso impôs uma convalescença difícil, mergulhando a Europa num desânimo esporadicamente agitado por algumas turbulentas convulsões. Enquanto se digeria, a custo,

---

[56] Os heterógeneos contributos (provenientes de Estados-Membros e não-membros, autoridades regionais, instituições europeias, organizações internacionais, associações europeias, indivíduos, universidades e organizações comerciais) estão disponíveis em *http://ec.europa.eu /health/ ph_overview /strategy /results reflection_process_en.htm*.

[57] Isto porquanto envolveu diálogos com países como a Noruega e a Suíça, os EUA e Israel.

[58] A versão final do texto estava dividida em quatro partes, três das quais continham regulações conexionadas com os direitos sociais. O artigo I.2 ancorava-os nos valores e o artigo I3.3. enquadrava-os nos objetivos. Os artigos I.9.1, I.9.2, I.9.3. e III.208 consagravam cláusulas gerais em matéria de direitos fundamentais. Para além disso delineavam-se vários direitos sociais específicos, a par de outros direitos com dimensões sociais (artigos II.61, II.63, II.65, II.74, II.75, II.81, II.83, II.84, II.85, II. 86, II.87, II.88, II., 89, II., 90 a II.98) e de direitos regulados nas políticas sociais da Parte III (assim os artigos III.116-121 e III.124 e os artigos III.205, III.209, III.210, III.211, III.214). Previam-se também órgãos de proteção e instituições de garantia específicas (verdadeiras garantias institucionais), com a constitucionalização do Conselho Económico e Social (artigos III.389 a III.392) e do Fundo Social Europeu e a criação de um Comité de Proteção Social (artigo III.217). Por fim, valiam ainda as cláusulas interpretativas do II.113 (53.º), onde se previa o princípio da proteção mais favorável. Simultaneamente, distinguiam-se os direitos dos princípios (artigo 5.º), subordinava-se o padrão protetivo aos parâmetros defluentes das tradições constitucionais comuns (artigo 3.º) e procedia-se à constitucionalização das explicações da Carta.

a frustração, tornou-se evidente, para alguns[59], a insustentabilidade de uma estratégia de *pequenos passos* e metamorfoses, que adquirira uma dinâmica inercial imparável, revelando-se cada vez mais acrítica, alheia e sem sentido, na sua pragmática justificação e desenvolução.

As crises identitárias da comunidade, desencadeadas pelo desaire, manifestaram-se de novo aquando da adoção da diretiva dos serviços. Aparecia agora muito clara, para todos os atores europeus, a fragilidade de uma boa parte dos consensos aproblematicamente mantidos nos últimos anos. Afinal de contas, os caminhos da União Europeia, mormente as novas veredas abertas pela Comissão e pelos Tribunais, pareciam desencontrar-se dos trilhos nacionais, afastando-se de algumas referências que estes tinham por vagamente comuns, num processo que, de súbito, se afigurava assustadoramente hostil e imparável. Como tal, a reação de recusa foi pronta e, no rescaldo do alarme generalizado, instalou-se um certo desnorte. A situação (literalmente) *crítica* em que a Europa se achava refletiu-se também no plano da saúde, a qual começou por ser abrangida pela nova legislação Bolkestein, para no final se ver subtraída a uma aplicação direta do novo direito (se bem que não necessariamente imune às ondas de impacto por ele indiretamente desencadeadas).

Na sequência, a Direção Geral de Saúde decidiu reunir um conjunto de peritos num *Grupo de Alto Nível sobre os Serviços de Saúde e Cuidados Médicos*, que iniciou funções em julho de 2004, com o objetivo de levar por diante as recomendações entretanto avançadas pelo *Processo de reflexão de alto nível sobre a mobilidade dos pacientes*. A atividade desenvolvida devia ser anualmente reportada ao Conselho da Saúde e cobria sete áreas, distribuídas por igual número de grupos de trabalho: a aquisição e provisão de saúde além-fronteiras, os profissionais de saúde, os centros de referência, a avaliação da tecnologia da saúde, a informação e saúde electrónica (*e-health*), a apreciação do impacto na saúde e nos sistemas de saúde e a segurança dos pacientes. No entanto, apesar de ter contribuído para outros trabalhos relevantes em matéria de saúde e cuidados médicos[60], a iniciativa cedo esmoreceu, perdendo-se quase

---

[59] V., por exemplo, Rui Tavares, *A Ironia do Projecto Europeu*, Tinta-da-China, Lisboa, 2012.

[60] É o caso do Método Aberto de Cooperação em cuidados de saúde e cuidados de longa duração, delineado pela Comissão em 2004. Do mesmo ano data o Grupo de reflexão sobre a mobilidade dos doentes e os desenvolvimentos nos cuidados de saúde, organizado pela Fundação Madariaga.

SAÚDE

definitivamente a partir de 2006[61] (quiçá por mor da deficitária legitimidade do grupo[62]). Em contrapartida, 2005 testemunhara o lançamento de um *Forum Farmacêutico*, em cujas acesas reuniões anuais – congregando ministros, representantes do Parlamento Europeu e a indústria farmacêutica – se mostraram indisfarçáveis as tensões existentes no setor.

Entrementes, perante o percurso casuístico que a jurisprudência comunitária continuava a sulcar no campo dos direitos de acesso a cuidados além-fronteiras, em setembro de 2006, a Comissão lançou uma consulta pública para aferir dos melhores modos de assegurar uma maior certeza jurídica neste assunto.

Mais importante ainda: os 25 Ministros da Saúde adotaram, nesse ano, uma Declaração sobre os valores e princípios comuns aos Estados-Membros, em matéria de saúde, que passou a constituir um referente fundamental para toda a compreensão e ordenação do setor. Entre os primeiros contavam-se a *universalidade*, o *acesso a cuidados de boa qualidade*, a *equidade* e a *solidariedade*. Dos segundos constavam a *qualidade*, a *segurança*, o *cuidado baseado na evidência e na ética*, o *envolvimento dos pacientes*, a *compensação ou reparação*, a *privacidade* e a *confidencialidade*.

A Comissão foi instada a assegurar o respeito por este património axiológico-normativo na elaboração de todos os esquiços de propostas respeitantes aos serviços de saúde, e as demais instituições da União Europeia convidadas a observarem-nos no desenvolvimento das suas atividades. Reagia-se, assim, à evolução jurídica até então protagonizada pelos tribunais, tentando revalorizar o consenso jurídico-político. Ao mesmo tempo, numa consulta promovida pela Comissão, os Governos e os *stakeholders* fizeram coro com o Conselho, manifestando a sua vontade de que dali por diante toda e qualquer ação comunitária se apoiasse nessa plataforma de valores e princípios comuns.

Contudo, sem a detença porventura aconselhável à compreensão de tais exigências (cuidando de retirar delas os devidos conseguimentos), o processo evolutivo prosseguiu, tendo-se assistido a um cortejo de modificações e novidades, desde a reforma do Regulamento (CEE) n.º 1408/71, de 14 de

---

[61] Os principais documentos do grupo de alto nível, elaborados até ao final de 2006, estão reunidos em *http://ec.europa.eu/health/ph_overview/co_operation/mobility/high_level_documents_en.htm*.

[62] Com efeito, não chegara a ser constitucionalizado – ao contrário do Comité de Proteção Social – e pouca capacidade tinha para suscitar debates políticos, uma vez que não respondia perante o Conselho.

DIREITO DA UNIÃO EUROPEIA – ELEMENTOS DE DIREITO E POLÍTICAS DA UNIÃO

junho de 1971, à introdução do *Cartão da Saúde*, passando pela realização de esforços de coordenação transfronteiriça e o lançamento da *Carta Europeia dos Direitos dos Pacientes*.

Como a vivacidade irreprimível da vida continuasse a colocar problemas concretos aos tribunais, depois de uma reunião informal em Aachen sobre os cuidados transfronteiriços, as presidências alemã, portuguesa e eslovena sugeriram à Comissão a preparação de um enquadramento amplo – vale dizer, não circunscrito ao tópico da mobilidade dos doentes – para a matéria em apreço. Iniciou-se, assim, a gestação de uma diretiva, cujo parto se haveria de revelar também assaz laborioso. Malgrado os avanços e recuos, o diploma apareceu finalmente em julho de 2008, como parte da Agenda Social. Fruto dos equilíbrios e compromissos dificilmente conseguidos entre os interesses nacionais e supranacionais e os valores sociais e liberais que permeiam a atuação comunitária no setor, a diretiva pretendeu sobretudo estabilizar e clarificar a evolução verificada nos anos precedentes, deixando perceber as sendas de eventuais transformações futuras.

Convém lembrar que, no interim, surgira uma nova estratégia de saúde e, enfim, um novo TUE, algures entre o sucedâneo *redux* e a alternativa superadora da Constituição malograda.

Com efeito, a 23 de outubro de 2007, a Comissão Europeia adotou uma *Nova Estratégia de Saúde*, designada *"Together for Health: A Strategic Approach for the EU 2008-2013"*[63], cujo propósito principal consistia em fornecer, pela primeira vez, um enquadramento estratégico abrangente para as questões nucleares da saúde e aspetos conexos, eventualmente afetados pelas políticas respeitantes a outros setores. Com esse fito, propôs-se delinear um conjunto de objetivos claros (à laia de orientação para futuros trabalhos a nível europeu) e pôr de pé um mecanismo implementador que garantisse a respetiva consecução, numa parceria com os Estados-Membros[64].

Quanto ao impacto do Tratado de Lisboa no setor da saúde, não só determinou a competência da Comissão para encorajar a cooperação entre os Estados-Membros (no que respeita à prevenção de doenças físicas e mentais), como tornou explícito o papel do Parlamento Europeu (enquanto recipiente de informação) e especificou a lista das áreas em que se podem adotar

---

[63] A versão portuguesa do *Livro Branco sobre a Estratégia de Saúde* pode ser consultada em *http://ec.europa.eu/health/ph_overview/Documents/strategy_wp_pt.pdf*.
[64] Cf. *infra*, ponto 1.2.2.4.

SAÚDE

incentivos financeiros; apesar disso, não modificou grandemente a limitação competencial que tolhia a União Europeia.

Paralelamente, em vez de absorvida pelo último avatar dos Tratados constitutivos, a CDFUE foi apenas objeto de proclamação solene e assinatura formal pelos Presidentes do Parlamento Europeu, do Conselho e da Comissão, embora passasse a dispor – na qualidade de documento constitucional separado ou autónomo – do mesmo valor jurídico dos Tratados.

1.2.2. Perspetiva

1.2.2.1. Valores, princípios e fins

a) A União Europeia constitui um original *constructo jurídico-político* – uma comunidade e um sujeito jurídicos – cuja *constituição material* assenta num complexo de valores, princípios e fins difíceis de captar (no seu preciso sentido jusnormativo) e de demarcar (no seu recorte conceitual). Na verdade, nem da legislação (primária e secundária), nem da doutrina ou da jurisprudência resulta uma distinção perspícua e uma coerente articulação das três categorias mencionadas[65]. Não curaremos, porém, da sua qualificação e classificação rigorosas nesta ocasião.

Ainda assim, correndo embora o risco de alguma deriva especulativa, podemos usar de um módico de *criatividade* para procurar conferir alguma coerência a esta tríade, sobretudo com o intento (próprio de um exercício didascálico) de a tornar mais clara e percetível e de assim facilitar a sua invocação prática, sobretudo em termos jurídicos, com resultados efetivos. Sugerimos, portanto, a referência da União a um complexo *continuum* axiológico-

---

[65] Acerca do significado jurídico dos valores (e dos princípios), v. FAUSTO DE QUADROS, *Direito da União Europeia*, 3.ª ed., Almedina, Coimbra, 2013, pp. 117 e segs. (*maxime,* pp. 114-115); e ANA MARIA GUERRA MARTINS, *Manual de Direito da União Europeia*, Almedina, Lisboa, 2012, pp. 186 e segs. No que concerne aos objetivos e ao seu valor jurídico, cf., igualmente, FAUSTO DE QUADROS, *Direito da União Europeia, cit.,* pp. 91-93; e ANA MARIA GUERRA MARTINS, *Manual de Direito da União Europeia, cit.,* pp. 207 e segs. (sobretudo pp. 211-212). Relativamente aos princípios da União Europeia, v., de entre a mui extensa bibliografia disponível, ARMIN VON BOGDANDY, "Founding Principles", in Armin Von Bogdandy/Jürgen Bast (eds.), *Principles of European Constitutional Law*, Revised Second Edition, Hart, C. H. Beck, Nomos, Oxford, München, Portland, 2010, pp. 1-54; CONSTANZE SEM-MELMANN, "General Principles of EU Law: The Ghost in the Platonic Heaven in Need of Conceptual Clarification", *cit.*; ALESSANDRA SILVEIRA, *Princípios de Direito da União Europeia*, 2.ª ed., Quid Juris, Lisboa, 2011.

DIREITO DA UNIÃO EUROPEIA – ELEMENTOS DE DIREITO E POLÍTICAS DA UNIÃO

-normativamente funcional, em que se relacionem prático-normativamente valores e fins através dos princípios[66]-[67].

b) Seja como for, o certo é que, em consequência do exposto, a ação da União Europeia com impacto na de saúde deve pressupor um substrato axiológico-normativamente substantivo, (alegadamente) partilhado pelos Estados-Membros, do qual fazem parte valores como a *dignidade da pessoa humana*, a *liberdade*, a *democracia*, o *Estado de direito* e o *respeito pelos direitos humanos*, e que pretende oferecer amparo a projetos normativo-sociais timbrados pelo

---

[66] Pressupondo que, como se dispõe no artigo 7.º do TFUE, a União assegura a coerência entre as suas diferentes políticas e ações, atento o conjunto dos seus objetivos e de acordo com o princípio da atribuição de competências.

[67] Como organização internacional regida pelo princípio da especialidade, a União Europeia tem um carácter intrinsecamente funcional. No entanto, a *metamorfose* constitucional que foi sofrendo conferiu-lhe maior autonomia, destacando-a como sujeito fundado num conjunto de valores identitários e dotado de mecanismos próprios de formação, manifestação e efetivação da sua vontade, e, por essa via, apto a criar um ordenamento jurídico próprio. De sorte que a União Europeia visa efetivamente a prossecução de um conjunto de objetivos gerais, declinados depois em objetivos mais detalhados e diretamente referidos à ação (pelos quais esta se explica e justifica). Entre tais escopos sobressai justamente a realização do acervo axiológico que *identifica* este original sujeito coletivo e a comunidade que ele representa e almeja constituir. Dir-se-ia, então, que os objetivos apontados à União Europeia, como suas atribuições fundamentais, se devem ter por valiosos, de tal modo que a respetiva consecução constitua uma realização dos valores, considerados, por sua vez, como responsabilidades a desempenhar. Deste prisma, os valores exprimem-se em princípios, que impõem deveres categóricos ou responsabilidades determinandas. Para os cumprir, a gramática jurídica determina prescrições, proibições e permissões substantivas, num primeiro plano normativo, e elabora normas secundárias e terciárias para garantir a sua adequada autocaracterização, auto-organização e desenvolvimento, num segundo nível. Este desentranhamento dos princípios a partir dos valores obtém algum conforto da experiência histórica da União Europeia e da genealogia dos Tratados. Na verdade, se a referência aos princípios precedeu a invocação expressa de valores, considerou-se, no entanto, que em cada um dos primeiros se encontrava implícito (como fundamento introvertido) um dos segundos, afiançando-se que os Tratados teriam apenas explicitado esses alicerces previamente ocultos.

Sendo a União Europeia, em certo sentido, uma *societas* que aspira a formar uma *communitas*, v. a contraposição substantiva e metodológica entre o modelo de uma racionalidade instrumental-finalística e o de uma teleologia de valores como integrantes compromissos práticos, magistralmente explorada por J. M. AROSO LINHARES, nos seus *Sumários desenvolvidos de Introdução ao Direito*, polic., Faculdade de Direito da Universidade de Coimbra, Coimbra, 2008/2009, pp. 52-53 (muito embora as considerações aí efetuadas se não prestem a uma direta transposição para o campo em que agora nos movemos). V. também o curioso estudo de ULRICH HALTERN, "On Finality", *in* Armin Von Bogdandy/Jürgen Bast (eds.), *Principles of European Constitutional Law, ob. cit.*, pp. 205-234.

SAÚDE

pluralismo, a *tolerância*, a *não-discriminação*, a *justiça*, a *solidariedade* e *a igualdade entre homens e mulheres* (artigo 2.º do TUE)[68].

A um tal núcleo valorativo, devem acrescentar-se ainda os direitos fundamentais, os princípios de organização e funcionamento internos e de atuação externa da União, bem como, de forma mais especial, aqueles valores e princípios materiais que, segundo declaração do Conselho (repetidamente sufragada nos mais diversos contextos), inspiram os sistemas de saúde dos Estados-Membros.

Quanto aos primeiros, a União reconhece os direitos, liberdades e princípios constantes da CDFUE – interpretados de acordo com as disposições pertinentes do diploma em causa e das célebres anotações a que deu origem – e declara-se vinculada aos direitos fundamentais garantidos pela CEDH ou defluentes das tradições constitucionais comuns aos Estados-Membros, a título, uns e outros, de princípios gerais do direito da União (artigo 6.º).

Por outro lado, a União baseia-se no princípio da igualdade dos seus cidadãos (artigo 9.º), na democracia representativa (artigo 10.º, n.º 1), temperada com elementos participativos (artigo 11.º), e numa ideia de abertura e proximidade (artigo 10.º, n.º 3).

Em terceiro lugar, os mesmos princípios que presidiram à criação, desenvolvimento e alargamento da União Europeia são por ela assumidos como objetivos a promover em todo o mundo – desde a democracia e o Estado de direito até ao respeito pelos princípios da Carta das Nações Unidas e o direito internacional, passando pela universalidade e indivisibilidade dos

---

[68] A formulação utilizada sugere uma distinção entre os dois blocos de princípios referidos. Segundo Ana M. Guerra Martins, poder-se-ia pensar que os primeiros são comuns aos Estados-Membros, (traduzindo os valores em que a União Europeia especificamente se funda), enquanto os segundos caracterizariam as sociedades europeias, em geral. Contudo, de entre estes, apenas a justiça e a solidariedade não se reconduzem claramente a nenhum dos valores referidos em primeiro lugar – v. ANA MARIA GUERRA MARTINS, *Manual de Direito da União Europeia*, pp. 186 e segs. Uma coisa é certa. Os anteditos referentes são apresentados ora como *valores* (7.º/1), ora como *princípios* (7.º/2), de cujo respeito e empenhada promoção depende o acesso à União Europeia e a manutenção em plenitude de direitos no seu seio. Como expressões da respetiva sancionabilidade para-jurídica, prevê-se a possibilidade de uma verificação, por parte do Conselho, da existência de riscos manifestos de violação (eventualmente conducente à formulação de recomendações dirigidas aos Estados, em caso de iminente infração), bem como um controlo da efetiva violação, quando grave e persistente (porventura determinante da suspensão de alguns dos direitos decorrentes da aplicação dos Tratados aos Estados-Membros, incluído o direito de voto do representante desse Estado no Conselho).

971

DIREITO DA UNIÃO EUROPEIA – ELEMENTOS DE DIREITO E POLÍTICAS DA UNIÃO

direitos do homem e das liberdades fundamentais, o respeito pela dignidade humana e os princípios da igualdade e da solidariedade (artigo 21.º, n.º 1).

Finalmente, os valores e princípios desta esfera social (já antes referidos e a que ainda voltaremos) integram um cadinho axiológico e principial que o Conselho tem por *comum* aos diferentes sistemas de saúde da União Europeia e se vê por isso convocado nas estratégias definidas para o setor, bem como nas diversas intervenções normativas de que o mesmo é objeto. Entre os *valores comungados* contam-se a universalidade, a solidariedade e a equidade. Os *princípios de funcionamento* ou operativos (por que se hão de pautar os sistemas de saúde da União Europeia) incluem a qualidade, a segurança, a confidencialidade, a participação dos pacientes, o acesso à justiça e a exigência de uma base ética e empiricamente rigorosa para a ação.

Uma última menção, já a pensar no ponto seguinte, respeita aos princípios constitutivos e competenciais que ajudam a caracterizar a natureza da União Europeia e, particularmente, da sua ordem jurídica: o princípio da autonomia, os princípios da atribuição, da subsidiariedade e da preempção e os princípios da proporcionalidade e da efetividade.

c) Numa perspetiva *teleonomológica*, alinhada com as lucubrações imediatamente precedentes, a União propõe-se, como objetivo, afirmar e promover, interna e externamente, os valores e princípios que a fundamentam e constituem, juntamente com a paz e o bem-estar dos seus povos. Para o efeito, trata de proporcionar um espaço de liberdade, segurança e justiça, sem fronteiras internas, de instituir uma união económica e monetária, e de estabelecer um mercado interno, ao mesmo tempo que se compromete com o desenvolvimento sustentável, combatendo a exclusão social e as discriminações e promovendo a justiça e a proteção sociais, a igualdade de género, a solidariedade intergeracional e a proteção dos direitos da criança, assim como a coesão económica, social e territorial entre os Estados-Membros. Além disso, fomenta o progresso científico-tecnológico, respeita a riqueza da diversidade cultural e linguística europeia e vela pela salvaguarda e desenvolvimento do património cultural europeu[69].

1.2.2.2. Competências

Para se desincumbir das suas *tarefas* (designadamente das que vertem efeitos sobre o setor da saúde) e prosseguir os seus *objetivos* fundamentais, a União

[69] V. artigo 3.º do TUE.

972

SAÚDE

Europeia dispõe de um específico leque de competências, exercidas nos termos dos princípios acima enunciados.

Com efeito, segundo A. Bogdandy e J. Bast, considerando sobretudo o princípio da legalidade ou juridicidade constitucional – na sua vertente positiva (como *princípio da atribuição*) –, todo o tipo de atos adotados pelas instituições ou corpos da União, independentemente da sua natureza ou força jurídicas, carece de uma base jurídica sólida, que explícita ou implicitamente lhes confira o poder relevante para atuar[70].

O regime genérico de atribuições e competências da União Europeia consta dos artigos 4.º e 5.º, sendo especificado nos artigos 2.º a 6.º do TFUE. No entanto, a sua precisa intensão (e correspondente extensão) não é fácil de determinar com rigor, por várias ordens de razões, pertinentes também no caso da saúde.

Em primeiro lugar, porquanto há várias *distinções dogmáticas* genéricas a considerar: *(i)* entre *competências horizontais (pouvoirs/Organkompetenzen)* – distribuídas pelo Parlamento, pelo Conselho e pela Comissão e habilitando-os, em casos como o da *liberdade de circulação*, a uma atuação de âmbito transversal – e *competências verticais (compétences/Verbands-kompetenzen)*, repartidas genericamente entre os Estados e a União (cabendo àqueles, por exemplo, a responsabilidade pelos sistemas de saúde); *(ii)* entre *competências baseadas em fins (zielbezogene Kompetenzen)*, como a luta contra o tabagismo, e *competências baseadas em setores (sachbezogene Kompetenzen)*; *(iii)* entre as *competências exclusivas* e as *não exclusivas*; *(iv)* e, dentro destas últimas, entre as *concorrentes* e as *complementares* (artigo 6.º) – sejam estas regulativas ou não (de incentivo, coordenação ou recomendação)[71].

---

[70] V. Armin Von Bogdandy/Jürgen Bast, "The Federal order of Competences", *in* Armin Von Bogdandy/Jürgen Bast (eds.), *Principles of European Constitutional Law, ob. cit.*, pp. 275-307. Conquanto genericamente acolhido pelas diversas instâncias comunitárias, o princípio da atribuição resulta perturbado pelo mecanismo do artigo 352.º, pelo princípio das competências implícitas e pelos métodos de interpretação teleológico-finalista do TJUE.

[71] Com efeito, as duas primeiras dicotomias avultam no seio da União Europeia, cuja organização e funcionamento pressupõem uma repartição vertical e horizontal de competências e no seio da qual se encontram competências funcionais com carácter transsetorial, competências funcionais em campos específicos, e competências não funcionais no âmbito de determinados setores em particular. Por outro lado, os Tratados oferecem bases para atos jurídicos que utilizam mecanismos *não legais* de direção, como sucede com os incentivos para ações positivas (sobretudo através de subsídios finalizados, projetos-pilotos e ações simbólicas) e as competências de recomendação e de coordenação das políticas dos Estados-Membros ou de facilitação da cooperação entre as respe-

DIREITO DA UNIÃO EUROPEIA – ELEMENTOS DE DIREITO E POLÍTICAS DA UNIÃO

Em segundo lugar (e no encadeamento do que vem de dizer-se), devido à previsão expressa de *competências partilhadas* (artigo 4.º do TFUE)[72], a propósito das quais se geram conflitos que convocam os princípios da *subsidiariedade* e da *proporcionalidade* (artigos 4.º e 5.º do TUE).

Em terceiro lugar, porque as *bases legais* são por vezes expressas em termos muito gerais e abstratos, suscitando problemas interpretativos de monta[73]. Esta circunstância está na origem da criatividade interpretativa assumida pela doutrina e pela jurisprudência, com vista à integração do sistema jurídico da União, seja apelando à controversa teoria dos *poderes implícitos*[74], seja invocando o princípio hermenêutico da *unidade de sentido imanente aos Tratados*, seja mediante o recurso ao expediente dos *poderes subsidiários*, previsto em geral no artigo 352.º (antigo artigo 233.º do TCEE/TCE e artigo 308.º do TCE)[75], seja originando, no âmbito do próprio desenvolvimento judicial do direito (*Rechtsfortbildung*), o surgimento de competências *sub-reptícias* (*creeping competences*). Em correlação com esta última nota, pesa ainda sobremaneira o facto de o TJUE não ter desenvolvido uma doutrina completa sobre a afetação de poderes em matéria de saúde, o que se atribui ao facto de ela contender com muitas outras áreas de ação legítima, por parte da União Europeia.

Finalmente, as disposições que estabelecem as bases legais não só delimitam as áreas em que as instituições podem atuar, como definem as formas que essas ações podem assumir e o procedimento através do qual podem ser

---

tivas autoridades – v. ARMIN VON BOGDANDY/JÜRGEN BAST, "The Federal order of Competences", *cit.*, pp. 287 e segs.

[72] Em matéria de saúde pública, v. o artigo 4.º, n.º 2, alínea *k)*, do TFUE.

[73] Tanto mais quanto são vagos e ainda instáveis os próprios cânones metódicos da União Europeia e os padrões materiais para que, por via destes, se remete.

[74] Para Gorjão-Henriques, a norma refere-se às competências subsidiárias da União, podendo servir de fundamento jurídico para ações da União Europeia – quando não haja uma outra base específica (expressa ou implícita) no Tratado –, ou funcionar como suporte jurídico complementar – quando aquela, em existindo, se mostre insuficiente para fundamentar de modo adequado o ato pretendido adotar pela União com vista à realização de um dos seus objetivos – v. MIGUEL GORJÃO-HENRIQUES, *Direito da União Europeia*, 7.ª ed., Almedina, Coimbra, 2014, p. 315.

[75] Segundo Jónatas Machado, os *poderes implícitos* devem ser distinguidos dos *poderes inerentes*. Os primeiros correspondem a competências não escritas mas logicamente necessárias ao exercício dos poderes funcionais expressamente atribuídos. Os segundos são deduzidos das necessidades concretas da organização e baseados na premissa de que as ações não expressamente precludidas pelos Tratados são admitidas quando inerentes a uma organização internacional – v. JÓNATAS MACHADO, *Direito da União Europeia*, Wolters Kluwer/Coimbra Editora, Coimbra, 2010, pp. 91-94. Todavia, a distinção não é líquida.

974

SAÚDE

adotadas. Assim sendo, importa destrinçar as *normas de competência ou atribui-ção* (*empowering provisions*), propriamente ditas – que definem ou indicam os fins a prosseguir pelas diversas entidades, confiando-lhes depois os poderes funcionais ocorrentes –, das normas que estabelecem padrões substantivos e definem requisitos formais e procedimentais para o subsequente exercí-cio desses poderes, com vista a informá-lo, dirigi-lo e canalizá-lo. Por isso se torna tão importante a escolha correta da base legal de atuação[76].

Tendo em conta os princípios gerais mencionados e as considerações apenas tecidas, importa atentar nas bases competenciais e nas atribuições e poderes funcionais efetivamente cometidos e confiados à União Europeia e aos Estados-Membros em matéria de saúde, bem como naqueloutros que, por vias mais veladas, ou até de modo ínvio, nela percutem.

Pensamos designadamente numa hipotética competência genérica implí-cita (apesar de subsidiária), decorrente das tarefas e atividades previstas nos primeiros artigos. Admitida por Hervey e McHale[77], cremos não poder ser *irrestritamente* assertada[78], sem circunvir completamente à demarcação de competências efetuada no artigo 168.º e à limitação das medidas harmoniz-adoras que prescreve. Por muito que uma interpretação criativa permita alargar as competências retiradas dos objetivos prescritos nos artigos iniciais dos Tratados constitutivos, a verdade é que uma tal derivação não deixa de contrariar o princípio da atribuição.

Quanto ao mais, e no geral, as atribuições e poderes funcionais da União na esfera da saúde permanecem por regra bastante limitados, visto que a organização, distribuição e provisão dos serviços de saúde constitui uma responsabilidade dos Estados-Membros (como resulta do TFUE e da juris-prudência europeia. Sem embargo, divisam-se alguns momentos de compe-tência partilhada e campos de atuação em que se confiam à União Europeia tarefas de complemento, coordenação e apoio das políticas e ações dos Esta-dos[79]. Lembre-se também, antes de passarmos a estas últimas, que, exce-tuadas algumas referências marginais à *saúde*, à *saúde humana* e à *proteção da*

---

[76] Como veremos, nos anos mais recentes, a ação conjugada da interpretação teleológica dos tribu-nais com o efeito irradiante dos direitos fundamentais tem vindo a perturbar seriamente a circuns-crição do âmbito de eficácia do direito da União Europeia às situações internas.

[77] V. Tamara K. Hervey/J. V. McHale, *Health Law and the European Union, cit.*

[78] Isto apesar dos fenómenos de *bootsptrapping* constitucional e de desenvolvimento trans-sistemá-tico do direito da União Europeia.

[79] A jurisprudência dos casos de publicidade ao tabaco, *Bat* e *Imperial tobbacco*, firmou o entendi-mento segundo o qual uma intervenção harmonizadora na saúde só pode ser admitida se resul-

DIREITO DA UNIÃO EUROPEIA – ELEMENTOS DE DIREITO E POLÍTICAS DA UNIÃO

saúde, o cuidado e as atribuições da União Europeia cingem-se à esfera da *saúde pública*.

Assim, e em especial, de acordo com o artigo 4.º, n.º 2, alínea *k*), do TFUE, a União dispõe de competência partilhada com os Estados-Membros no domínio dos problemas comuns de segurança em matéria de saúde pública, cabendo-lhe igualmente desenvolver ações no domínio da investigação, sem que o exercício dessa competência possa impedir os Estados-Membros de exercerem a sua (artigo 4.º, n.º 3). Todavia, estatui-se no artigo 6.º, convocado pelo artigo 4.º, n.º 1, que a União dispõe de competência para desenvolver ações destinadas a apoiar, coordenar ou completar a ação dos Estados--Membros, no domínio da proteção e melhoria da saúde humana. Diga-se ainda que, na definição e exercício das suas políticas e ações, a União deve ter em conta as exigências relacionadas com a promoção de um nível elevado de emprego, a garantia de uma proteção social adequada, a luta contra a exclusão social e um nível elevado de educação, formação e proteção da saúde humana (artigo 9.º).

Para além daquelas disposições genéricas e deste efeito de *mainstreaming* em todas as políticas comunitárias, importa ter em conta o artigo 168.º (a que regressaremos) e as bases jurídicas que legitimam a União Europeia a agir em áreas conexas (ambiente, proteção social), sem esquecer os normativos que permitem aos Estados invocar a saúde pública como fundamento de restrições ou limitações da ação (sobretudo) integradora da União[80].

De acordo com o artigo 168.º, n.º 7, a competência para a definição das políticas de saúde e a organização e prestação de serviços de saúde e cuidados médicos, incluídas a repartição dos recursos que lhe são afetados e a respetiva gestão, permanecem uma responsabilidade dos Estados-Membros[81]. Não obstante, o preceito sujeita novamente a União Europeia a um princípio de proteção horizontal, aqui referido à saúde e repetido, *ipsis verbis*, na CDFUE. Além disso, prevê-se especificamente uma atuação no âmbito da melhoria da saúde pública, da prevenção de doenças e afeções humanas e

---

tar secundária e indiretamente de medidas *prima facie* incidentes sobre matérias como o mercado interno (onde a competência para a aproximação legislativa se encontra prevista).

[80] Sobre estas normas de competência negativa excecional, v. adiante o ponto dedicado à saúde pública.

[81] Como aí se esclarece, as disposições nacionais sobre doação de órgãos e de sangue, bem como a sua utilização para fins médicos não são prejudicadas pelo disposto nesta matéria. Por outro lado, os Estados-Membros devem também cooperar entre si e colaborar no sentido de aumentarem a complementaridade dos seus serviços de saúde nas regiões fronteiriças.

SAÚDE

da redução das causas de perigo para a saúde física e mental, essencialmente constituída por medidas de apoio, coordenação e complemento, nomeadamente através do incentivo à cooperação e à colaboração entre os Estados-Membros (por exemplo, nas regiões fronteiriças), mas que pode chegar a uma ação direta em certos casos (tabagismo, problemas de saúde transfronteiriços), e que, no relativo à qualidade e segurança de órgãos de origem humana, sangue e derivados do sangue é acompanhada pela habilitação da União para uma intervenção normativa nos termos do procedimento legislativo ordinário.

Mesmo assim, não se ficam por aqui as menções à saúde contidas nos Tratados constitutivos e que a fazem relevar juridicamente, quer de um ponto de vista negativo quer de modo positivo.

Naquela primeira vertente a saúde pública justifica a introdução de exceções, restrições e limitações à liberdade de circulação de pessoas, de trabalhadores, de serviços e de mercadorias, desde que consentâneas com o princípio da proporcionalidade (na sua tríplice dimensão de *necessidade, adequação e proporcionalidade em sentido estrito*)[82].

Para além destas expressas referências à saúde, deve ainda reparar-se que, no âmbito da *política social*, a União tem competência para apoiar e complementar a ação dos Estados-Membros relativamente à melhoria do ambiente de trabalho, a fim de proteger a saúde e segurança dos trabalhadores [artigo 153.º, n.º 1, alínea *a*)]. A Comissão, em particular, deve incentivar a cooperação entre os Estados-Membros e facilitar a coordenação das suas ações, designadamente em questões relativas à proteção contra acidentes e doenças profissionais e à higiene no trabalho.

Por sua vez, no domínio político da *defesa dos consumidores* espera-se que a União contribua para a proteção da saúde, com o intuito de promover os interesses dos consumidores e assegurar-lhes um elevado nível de defesa (artigo 169.º, n.º 1), recorrendo para o efeito às medidas de harmonização previstas a propósito da realização do mercado interno, bem como a medi-

---

[82] Em contrapartida, *ex vi* artigo 114.º, n.º 3, em todas as suas propostas de aproximação das disposições legislativas, regulamentares e administrativas dos Estados-Membros, com incidência sobre o estabelecimento e funcionamento do mercado interno em matéria de saúde, a Comissão deverá basear-se nos parâmetros materiais de um nível de proteção elevado.

DIREITO DA UNIÃO EUROPEIA – ELEMENTOS DE DIREITO E POLÍTICAS DA UNIÃO

das de apoio, complemento e acompanhamento da política seguida pelos Estados-Membros[83].

De igual modo, a política da União na *esfera do ambiente* deverá contribuir para a proteção da saúde das pessoas (artigo 191.º, n.º 1).

Para concluir este ponto com um olhar relanceado à CDFUE e ao artigo 352.º do TFUE, cabe recordar que, apesar do número considerável de preceitos com irrefutável refração no setor da saúde nela contidos, a Carta não pretendeu alargar as competências previstas nos Tratados; e que o artigo 352.º permite ao Conselho, deliberando por unanimidade, sob proposta da Comissão e após aprovação ou consulta do Parlamento Europeu (no caso de processo legislativo especial), adotar disposições adequadas à consecução de objetivos estabelecidos pelos Tratados, mesmo que não tenham sido previstos os poderes de ação necessários para o efeito[84].

1.2.2.3. Atores (institucionais)

No quadro da União Europeia, várias entidades de base territorial ou funcional podem envolver-se na conceção e desenvolvimento de políticas *de*, *sobre a* ou *com impacto na* saúde. Neste passo, concentramo-nos apenas nos entes que integram (de algum modo) a arquitetura da União.

As principais instituições comunitárias foram já chamadas, em circunstâncias várias, a pronunciar-se sobre a saúde e a respetiva defesa, proteção e realização (jurídica ou não): desde a Comissão Europeia (através de várias das suas Direções Gerais[85]) até ao Conselho e ao Conselho da União Europeia[86], passando pelo Parlamento (em particular a Comissão do Ambiente,

---

[83] Sendo estas últimas adotadas pelo Parlamento e o Conselho, deliberando de acordo com o processo legislativo ordinário e após consulta ao Comité Económico e Social.

[84] No entanto, o expediente em causa carece do controlo garantido pelo princípio da subsidiariedade e não pode acarretar uma harmonização das disposições legislativas e regulamentares dos Estados-Membros que foi genericamente proscrita no setor da saúde.

[85] Em particular as direções gerais do ambiente, da saúde e segurança do consumidor, das empresas, da proteção social, da agricultura, do emprego e da ciência.

[86] Referimo-nos ao *Conselho de Emprego, Política Social, Saúde e Consumidores* que reúne cerca de quatro vezes por ano os Ministros responsáveis pelo emprego, proteção social, defesa dos consumidores, saúde e igualdade de oportunidades. Nestes domínios, o Conselho decide por maioria e em codecisão com o Parlamento. Embora aprove regras para harmonizar e/ou coordenar, por exemplo, as políticas de reforço da prevenção de doenças e de combate aos grandes flagelos no domínio da saúde, cabe-lhe definir objetivos comuns, analisar as medidas tomadas pelos Estados-Membros e aprovar as recomendações que lhes são dirigidas, ao mesmo tempo que oferece um espaço de troca

SAÚDE

da Saúde Pública e da Segurança Alimentar[87]) e pelos Órgãos Consultivos (como o Conselho Económico Social), o Comité Económico e Social e, naturalmente, os Tribunais. Em *todos* se deteta um interesse crescente pela matéria, o qual acompanha a preocupação de *alguns* com a garantia de sistemas de saúde equitativos, pautados por elevados padrões de qualidade e financeiramente sustentáveis. Na prática, se a comparação entre os sistemas propiciada pela mobilidade dos cidadãos provoca um efeito proficiente de emulação, também incentiva uma competição por vezes desgastante, podendo gerar conflitos que reclamam uma qualquer forma de dirimição ou de superadora harmonização.

Mais especificamente, a União preparou-se para lidar com os problemas da saúde, através da criação de um conjunto de agências especializadas no setor, que têm atuado com dinamismo, apesar da falta de cobertura normativa para iniciativas de grande arrojo.

É o caso da EMA, sediada em Londres e cuja principal finalidade consiste na proteção e promoção da saúde pública e animal, através da avaliação e supervisão dos medicamentos para uso humano e veterinário; da Agência Europeia do Ambiente (AEA), responsável pelo fornecimento de informação correta e independente sobre o ambiente, com o objetivo de ajudar os países da União Europeia a tomarem decisões bem instruídas sobre a melhoria do ambiente, assim providenciando pela integração das considerações de carácter ambiental nas políticas económicas; da Agência dos Direitos Fundamentais da União Europeia, originada no Observatório Europeu do Racismo e da Xenofobia (OERX); da Agência Europeia para a Segurança e a Saúde no Trabalho (EU-OSHA); do Centro Europeu de Prevenção e Controlo das Doenças (ECDC), que tem por missão contribuir para o reforço dos meios de defesa da Europa face às doenças infeciosas, como a influenza, o SRAS

---

de informações, partilha de experiências e discussão. V. *http://www.consilium.europa.eu/policies/council-configurations/employment,-social-policy,-health-and-consumer-affairs.aspx?lang=pt.*

[87] V. *http://www.europarl.europa.eu/committees/pt/envi/home.html.http://www.europarl.europa.eu/comparl/envi/default_en.htm#.* O Comité supervisiona as atividades da Agência Europeia de Medicamentos (EMA), da Agência Europeia do Ambiente (EEA), da Autoridade Europeia da Segurança Alimentar (EFSA), do Gabinete de Alimentação e Veterinário (FVO) e do Centro Europeu para o Controlo e Prevenção de Doenças (ECDC), respondendo politicamente por elas. Tem estabelecido uma "rede multiestratificada de ligações políticas" nas três áreas da sua competência, nomeadamente com organizações internacionais, outras instituições europeias, comités ambientais, de saúde pública ou de proteção do consumidor, parlamentos nacionais e agências especializadas dos vários países membros.

DIREITO DA UNIÃO EUROPEIA – ELEMENTOS DE DIREITO E POLÍTICAS DA UNIÃO

[síndrome respiratória aguda grave ou pneumonia asiática] e o VIH/SIDA [vírus da imunodeficiência humana/síndrome da imunodeficiência adquirida]; da Autoridade Europeia para a Segurança dos Alimentos (EFSA), que se propõe providenciar orientação científica independente sobre todas as questões suscetíveis de exercerem impacto direto ou indireto na segurança alimentar (incluindo a saúde e o bem-estar dos animais, bem como a proteção das plantas); da Fundação Europeia para a Melhoria das Condições de Vida e de Trabalho (EUROFOUND); do Observatório Europeu da Droga e da Toxicodependência (EMCDDA); ou da Agência de execução para a Saúde Pública (PHEA)[88].

1.2.2.4. Áreas

Depreende-se do exposto que a ação da União Europeia em matéria de saúde se espraia por uma enorme diversidade de áreas, nomeadamente a saúde pública, o acesso aos cuidados de saúde, a toxicodependência, a informação de saúde, a proteção de dados e a privacidade, o emprego e os aspetos sociais, o ambiente, o desenvolvimento, a segurança alimentar, a regulação e mobilidade dos profissionais, a investigação, os medicamentos, os dispositivos técnicos ou o desporto.

1.2.2.5. Ações/práticas/políticas[89]

Com fundamento nos valores, com vista aos fins e baseado nas habilitações acima indicadas, a União Europeia desenvolve *atividades* de variada índole,

---

[88] GOVIN PERMANAND/ELLEN VOS, "EU regulatory agencies and health protection", *in* Elias Mossialos/Govin Permanand/Rita Baeten/Tamara K. Hervey (eds.), *Health Systems Governance in Europe: The Role of European Union Law and Policy*, Cambridge University Press, Cambridge, 2010, pp. 134-185.

[89] Uma análise acurada da atuação da União Europeia careceria de um estudo mais profundo, visto que se tangenciam neste ponto alguns aspetos decisivos da filosofia prática e social e da teoria e dogmática do direito público em geral, designadamente as distinções entre *poiesis* e *praxis*, entre *prática* e *política* ou entre *ação, ato* e *atividade*. A preferência pelo título composto deixa essa possibilidade indiciada. Por sobre isto, inspira-se na escolha das *práticas* (que não das *políticas*) públicas enquanto foco primacial do estudo da ação pública no contexto de alguma doutrina francesa – cf. PIERRE MULLER, *Les Politiques Publiques*, PUF, Paris, 10.ª ed., 2013. Especificamente sobre a manta de retalhos jurídico-política que a União Europeia foi urdindo ao longo dos anos, v. ELIAS MOSSIALOS/GOVIN PERMANAND/RITA BAETEN/TAMARA HERVEY, "Health systems governance in Europe: the role of European Union law and policy", *in* Elias Mossialos/Govin Permanand/Rita Baeten/Tamara K. Hervey (eds.), *Health Systems Governance in Europe: The Role of European Union Law and Policy, ob. cit.*, pp. 1-83; TAMARA HERVEY/BART VANHERCKE, "Health care and the EU: the

SAÚDE

desde as *ipso sensu* políticas ou administrativas até às normativas, todas diretamente incidentes – ou, quando menos, repercutíveis – em diversos aspetos da saúde.

a) Relativamente à *amplitude* dessa atuação, ficou assente que a saúde interessa a muitas políticas da União Europeia[90]. Para além de todas as conexões que as unem (dando origem a tratamentos marginais das matérias de saúde), cumpre realçar a teia de relações e ações estabelecida pelas *estratégias* e *programas* especificamente referidas à saúde que se vêm sucedendo no quadro da União Europeia desde 2003. Como se disse, foi a partir de uma Decisão conjunta do Conselho e do Parlamento, desencadeada por uma proposta da Comissão, que os vários programas de saúde se viram substituídos por um programa de enquadramento, no âmbito do qual se procedeu a uma curiosa distinção entre *objetivos gerais, atos* e *atividades*[91].

A atual estratégia, designada *Juntos pela Saúde*, entrou em vigor em 2008[92], com o objetivo de integrar e apoiar a *Estratégia geral Europa 2020* (que, por sua vez, se propõe converter a Europa numa economia inteligente, sustentável e inclusiva – promotora do crescimento para todos); baseia-se

---

law and policy patchwork", *in* Elias Mossialos/Govin Permanand/Rita Baeten/Tamara K. Hervey (eds.), *Health Systems Governance in Europe: The Role of European Union Law and Policy, ob. cit.,* pp. 84-133.

[90] Desde as ambientais à dos consumidores, passando pelas de segurança alimentar e exploração dos mares, de emprego e proteção social, de luta contra a discriminação (racial, das mulheres, das pessoas com deficiência, etc.), e, enfim, de intervenção nos domínios da ciência, da tecnologia, da cultura, da educação e da juventude, bem como da economia, das finanças e da fiscalidade.

[91] Assim, previa-se que a melhoria da informação e conhecimento da saúde, a resposta rápida às ameaças de saúde e a atuação ao nível dos determinantes de saúde, elencadas como objetivos gerais no artigo 2.º, fossem prosseguidas através das ações listadas no anexo do documento, as quais, por sua banda, deveriam ser implementadas, total ou parcialmente, através de um conjunto de atividades, distribuíveis por quatro grupos, consoante tivessem que ver com (1) sistemas de monitorização e reação rápida, (2) determinantes de saúde, (3) legislação e consulta e (4) conhecimento e informação. No entanto, apesar dos esforços, e mercê dos fatores referidos no ponto anterior (desde o débil enquadramento jurídico da intervenção na área social, à diversidade das soluções encontradas nos diferentes países), os planos gizados para o setor continuaram bastante desgarrados, mesmo que se divisassem objetivos comuns de índole muito genérica (a promoção da saúde).

[92] No final de 2011, a Comissão Europeia apresentou uma proposta de Programa de Saúde Pública para o período 2014-2020, na qual se salienta a importância da saúde para melhorar a produtividade do trabalho, a competitividade económica e a qualidade e esperança de vida e se propõe o complemento e apoio da ação estadual em quatro domínios: promoção da saúde e prevenção de doenças; proteção dos cidadãos contra ameaças sanitárias transfronteiriças; cuidados de saúde de melhor qualidade e mais seguros; sistemas de saúde inovadores e sustentáveis.

DIREITO DA UNIÃO EUROPEIA – ELEMENTOS DE DIREITO E POLÍTICAS DA UNIÃO

em quatro grandes princípios, tem três objetivos fundamentais em mira, implica várias vias de realização (nomeadamente a financeira e a legislativa) e deve ser convenientemente monitorizada e avaliada. Associa-se-lhe um *programa de saúde*, que pretende contribuir para a consecução dos objetivos estratégicos, completando, apoiando e valorizando as políticas e ações dos países membros[93].

Na verdade, como constitua um pré-requisito dos muitos fins discriminados, o investimento em saúde não se justifica apenas pelo valor intrínseco que se lhe reconhece. Responde também à necessidade de uma despesa mais inteligente (ainda que não necessariamente mais avultada) em sistemas de saúde sustentáveis, consubstanciando uma aposta, tanto na *saúde* das pessoas, propriamente dita (sobretudo através de programas de promoção da saúde), como na '*cobertura' de saúde*, enquanto meio de reduzir desigualdades e fazer face à exclusão social.

Desta forma, a ação estratégica da União Europeia assenta em quatro *pilares* fundamentais: a assunção de um *conjunto de valores partilhados*, o reconhecimento das relações biunívocas entre *saúde e prosperidade*, o ideal (de consideração) da *saúde em todas as políticas*, e o empenho em reforçar a voz da União na saúde global. Vale a pena demorarmo-nos nelas um pouco mais.

Para começo, os valores de que a União Europeia alegadamente comunga nesta matéria são os da *universalidade*, do *acesso a cuidados de boa qualidade* e da *equidade* e *solidariedade* nos sistemas de cuidados de saúde. Nesta base, a estratégia de saúde da União Europeia identifica, como temas concretos, o *empoderamento dos cidadãos* (colocando os pacientes no centro do sistema e encorajando-os a envolverem-se na gestão das suas próprias necessidades de saúde), o *desenvolvimento de políticas baseadas na evidência* (*i. e.*, na melhor opinião derivada de provas científicas sólidas e de dados confiáveis) e a *redução das desigualdades entre os* e *dentro dos países* (enfrentando diferenças de saúde que impedem o desenvolvimento económico e social da União Europeia). Em segundo lugar, ecoando a máxima virgiliana, proclama-se que *a maior riqueza reside na saúde* – mais uma vez, não tanto pelo seu valor para as pessoas, quanto pelo facto de sustentar um setor económico de importância cres-

---

[93] Designadamente, no que respeita à proteção e promoção da saúde (incluindo a redução de desigualdades), ao reforço da informação e do conhecimento no domínio da saúde e à intensificação da cooperação com os vários intervenientes.

SAÚDE

cente[94]. Em terceiro lugar, admite-se como incontestável o elevado grau de determinação da saúde por fatores exteriores ao setor ou ao sistema especificamente estruturado para a garantir, com a consequência de que a sua promoção e proteção requer uma aproximação holística e uma coordenação de diferentes campos políticos como o ambiental, o fiscal, o dos transportes, o da política social e regional, o das tecnologias de informação e comunicação, o da energia, o da agricultura, o da educação e o da investigação. Em conformidade, faz-se necessário aferir do impacto destas diversas políticas nos sistemas de saúde, sopesando as vantagens e desvantagens da sua adoção ou implementação. Por fim, a União Europeia pretende aprofundar e estreitar o diálogo com países terceiros e com as organizações internacionais no sentido de assegurar uma forma consistente de promover os princípios, os padrões e a legislação de saúde em todo o mundo.

No que toca aos *objetivos*, a estratégia visa promover a boa saúde numa Europa em envelhecimento[95], proteger os cidadãos das ameaças à saúde[96] e apoiar as novas tecnologias e sistemas de saúde dinâmicos[97].

Entre os *meios de implementação* da estratégia contam-se instrumentos financeiros (que copatrocinam ações concretas[98]), processos de cooperação (entre instituições europeias, Estados-Membros, autoridades regionais e locais e outros *stakeholders*[99]) e intervenções legislativas (baseadas nos artigos 114.º, 153.º e 168.º).

Pelo que respeita à *avaliação* da política, a despeito dos mecanismos tradicionais de acompanhamento da implementação da legislação europeia, têm

---

[94] Mormente devido ao alto nível de inovação que o caracteriza, à elevada qualificação da mão-de-obra que emprega ou mobiliza e às dinâmicas e pujantes indústrias, nomeadamente farmacêutica e de dispositivos ou aparelhos médicos, que alimenta.

[95] Desenvolvendo ações de prevenção de doenças e combate aos estilos de vida que influenciam a saúde, nomeadamente em matéria de condições de vida e de trabalho, hábitos nutricionais e atividade física.

[96] Cada vez mais carecidas, pela sua extensão transfronteiriça, de uma resposta coordenada.

[97] Em condições de fazer face aos novos desafios económicos e epidemiológicos, designadamente os colocados pelos problemas de sustentabilidade financeira e pela prevalência de doenças crónicas.

[98] É o caso do *programa de saúde* (que contribui para o financiamento de projetos sobre informação, segurança e promoção da saúde), do *programa de investigação* (que apoia projetos nas áreas da biotecnologia e das tecnologias médicas), ou da *política de coesão social* (vocacionada para investimentos em saúde nos diferentes países e regiões da União Europeia).

[99] Por exemplo, no âmbito do *Forum Europeu da Saúde Pública* ou graças a grupos de especialistas e aos Comités da Comissão. O Conselho Europeu também pode dirigir recomendações sobre saúde pública aos Estados-Membros.

DIREITO DA UNIÃO EUROPEIA – ELEMENTOS DE DIREITO E POLÍTICAS DA UNIÃO

faltado informações vindas do terreno sobre a adesão da estratégia à realidade, razão pela qual a União Europeia vem refletindo sobre um conjunto de indicadores que permitam uma adequada monitorização das políticas[100].

b) Por outro lado, quanto às *modalidades* de ação, cumpre apontar que também no exercício das suas diferenciadas competências em matéria de saúde, a União Europeia vem desenvolvendo um amplo rol de práticas e políticas públicas, ensaiando diversas formas de *governance* adequadas à complexa realidade da *polity* europeia.

Segundo a classificação de Tamara Hervey e Jean MacHale, para além do recurso à *reforma constitucional* explícita, lança-se mão dos mecanismos tradicionais de *desregulação* e *harmonização*, experimenta-se uma *nova abordagem harmonizadora*, arroteiam-se vias de *coordenação regulatória* e de *coordenação suave*[101] e exerce-se uma certa *Steuerung* política através do financiamento e dos diferentes modos de coleção e disseminação da informação[102]. Ao mesmo tempo, subsistem os tradicionais procedimentos dos vários órgãos da União Europeia, nomeadamente da Comissão – embora com uma nova terminologia e arranjo quando conducentes à produção legislativa.

De forma resumida, Arnaud Senn considera que a atual política de saúde da União Europeia se caracteriza pelo *realismo* em relação aos *objetivos* e o *pragmatismo no tocante aos métodos*[103], ambos postos ao serviço de uma *nova ambição europeia*, qual seja a de obedecer ao imperativo moral de agir sobre as desigualdades de saúde e, a longo prazo, sobre os principais fatores que a determinam; com esse propósito se intenta influenciar outras políticas comunitárias, no pressuposto da transversalidade da saúde[104].

---

[100] Apesar disso, as iniciativas da Comissão estão sujeitas às diretrizes oficiais que as direções gerais vão formulando para a avaliação do impacto (a nível geral e de modo detalhado). Para além disto, diga-se que a Comissão financiou um projeto de avaliação do impacto na saúde, entre 2001 e 2004, bem como um grupo de trabalho que, em 2007, criou um método de avaliação do impacto nos sistemas de saúde.

[101] Com especial sobressaliência para o *método aberto de cooperação* e a convergência persuasiva através de *cooperação coordenada* pela União Europeia.

[102] TAMARA K. HERVEY/JEAN MCHALE, *Health Law and the European Union, cit.*, pp. 43 e segs.

[103] Isto porquanto se associam vários atores à elaboração das normas e se faz uso de uma panóplia de canais e ferramentas institucionais.

[104] Assim sucede, por exemplo, com a política do ambiente, através do programa REACH [registo, avaliação, autorização e restrição dos produtos químicos], e com a política do conhecimento, mediante a iniciativa SCALE [Science – baseada na ciência; Children – centrada nas crianças; Awareness – promove a sensibilização das pessoas para a interligação entre ambiente e saúde; Legal

SAÚDE

Para encerrar, retenha-se que algumas das concretas ações em causa – situadas a meio caminho entre o domínio técnico, o administrativo, o político e o jurídico – conformam um *donné* não isento de uma certa proto-normatividade, assimilável a um gérmen de *soft law* comunitário, que a doutrina deve filtrar criticamente e sedimentar dogmaticamente. Assim sucede com *Opiniões* e *Pareceres* do Comité Económico e Social Europeu, *Comunicações* da Comissão, *Resoluções* do Parlamento, *Conclusões* do Conselho, etc.

1.2.2.6. Efeitos[105]
Consoante o tipo de medida adotada – quanto à sua base e forma e no relativo à estratégia de governança que pressupõe – assim os efeitos produzidos variam: uns apresentam maior intensidade – formas de harmonização e uniformização antiga e nova, através de diretivas e regulamentos (diretiva dos testes clínicos e diretiva da segurança do sangue); outros advêm de medidas gerais (medidas de política da concorrência ou ambiental, em geral, ou de desregulação destinada a assegurar a liberdade de movimentos dos fatores de produção); alguns são puramente marginais (coordenação e harmonização das qualificações dos profissionais); outros saldam-se numa convergência lenta (método aberto de coordenação, instrumentos de *soft law*[106]) ou não oferecem sequer perspetivas de convergência ou consenso (pense-se, por exemplo, nas questões do aborto ou da eutanásia, etc).

1.2.3. Prospetiva
a) Há quase uma década, Tamara Hervey e Jean McHale isolaram quatro grandes *Leitmotive* do que vaticinavam virem a ser as futuras reflexão e ação jurídicas da União Europeia no tocante à saúde: o *risco*, os *direitos*, a *solidariedade* e o *consumerismo*. O tempo deu-lhes razão; nem a diagnose nem a implícita prognose perderam oportunidade. Aliás, o desenrolar da diegese

---

instrument – utiliza os instrumentos jurídicos previstos nos Tratados; Evaluation – incluiu uma avaliação constante e contínua de eficácia e da eficiência económica das acções em termos de redução da incidência de problemas de saúde relacionados com o ambiente].

[105] Decalcamos, aqui, o que se lê em TAMARA K. HERVEY/JEAN MCHALE, *Health Law and the European Union, cit.*, pp. 395 e segs.

[106] Acerca das três principais categorias de *soft law* e das objeções que lhes vêm sendo levantadas pelos mais céticos, v. ELIAS MOSSIALOS/GOVIN PERMANAND/RITA BAETEN/TAMARA HERVEY, "Health systems governance in Europe: the role of European Union law and policy", *cit.*, ponto 5.

DIREITO DA UNIÃO EUROPEIA – ELEMENTOS DE DIREITO E POLÍTICAS DA UNIÃO

europeia enredou ainda mais a *União Europeia*, a saúde, o direito daquela e o que se atém a esta[107].

De facto, ninguém negará a importância da saúde – em geral, e no contexto europeu, em particular – nem tão-pouco o relevo de que se reveste para o direito, designadamente da União Europeia. Por outro lado, também se não augura para breve uma eventual inversão ou sequer afrouxamento desta tendência de valorização, que a levasse porventura a decair do estatuto social e jurídico granjeado.

Conforme se alarga o espaço de possibilidades rasgado pelas descobertas científicas e o espectro das capacidades potenciadas pelo desenvolvimento técnico, por um lado, e à medida que a máquina libidinal da sociedade de consumo aumenta a sua produção de cupidez em massa, por outro, as solicitações ao direito aumentam e complexificam-se, comprometendo-nos com a jurídica descoberta e constituição de soluções justas e corretas sobre *aquilo que* nos devemos uns aos outros no plano da saúde; ou por outra, acerca daquilo que deve ser provido, *a quem, como, por quem* e *quando*, mas também a expensas ou *com o contributo de quem* (e determinado *por quem, como* e *quando*). O mesmo sucede no plano europeu. Se tivermos em conta o princípio transversal da consideração e elevada proteção da saúde, nos termos do paradigma *Health in all policies* da Organização das Nações Unidas, a centralidade que adquiriu no seio da União Europeia não sofre contestação.

A linha evolutiva do *direito da saúde*, em resposta aos problemas que diretamente o desafiam, cruzar-se-á decerto com a evolução da *União Europeia* e do seu *direito*. Resta saber em que moldes e se a trajetória desta última, diver-

---

[107] No primeiro caso, a regulação decorre sobretudo dos novos desafios colocados pelos progressos científicos e tecnológicos. A *disseminação* da linguagem dos direitos, apesar dos seus equívocos, ajuda a explicar e justificar a aposta numa visão *rights-based* do direito da União. Quanto à solidariedade – a que nos referiremos no corpo principal do texto –, constitui um valor central do direito da União, regente quer nas relações internas quer nas externas, e pressuposto e incentivado na atuação seja da União, seja dos Estados-Membros. Contudo, é sobretudo na consideração do paciente como consumidor que os direitos subjetivos têm sido mais facilmente proclamados, tanto a propósito da liberdade de receber cuidados transfronteiriços, como a respeito da liberdade de circulação de produtos ou outros bens médicos (ou da responsabilidade em caso de produtos defeituosos). Se a Comunidade tem escassa competência para proceder à harmonização do direito em sede de saúde, o mesmo não se pode dizer relativamente à garantia de um elevado nível de proteção dos consumidores, que pode requerer a adoção de medidas destinadas a remover obstáculos ao estabelecimento e funcionamento do mercado interno. Pela via da consumerização, a Comunidade adquire assim competências, de outro modo em falta.

SAÚDE

gindo eventualmente daquela primeira, não acabará por arrastá-la consigo, com a séria ameaça de diluir os valiosos sedimentos que a mesma transporta.

De modo que, sem avocar dons divinatórios, cumpre fazer um ponto da situação, em jeito de embraiagem reflexiva, para melhor podermos entrever e acompanhar criticamente as mais prováveis linhas de evolução futuras e engatar soluções consequentes para os problemas que se nos forem deparando pelo caminho.

b) Na verdade, a saúde surge-nos, já hoje, no cerne de algumas das mais vibrantes tensões entre valores, fins, bens e competências comunitárias. Não só provoca um conflito axiológico-normativo entre os princípios que lhe disputam a regulação normativa, como atiça disputas acerca da particular valência que, no seu seio, deve ser erguida a ponto de referência primacial da tutela jurídica, que concita. Pelo meio, origina ainda vários choques de competências – horizontais e verticais, intra- e inter-orgânicos.

Com efeito, a discussão e as ações em matéria de saúde foram apanhadas num embate, a que a União Europeia também não pode escapar, entre valores e fins: *solidariedade* e *auto responsabilidade, igualdade material* e *liberdade económica, cooperação* e *concorrência, promoção da cidadania* e *defesa dos consumidores.* Ao mesmo tempo, o ponto de referência das preocupações comunitárias a seu respeito parece fixar-se na *saúde pública*, em detrimento dos *sistemas de saúde* e do *direito à saúde*; o que, devendo-se a muitas outras causas, também não será alheio ao facto de aquela representar (segundo a síntese neoclássica da economia) o único bem indubitavelmente público associado à saúde. Por fim, proliferam os conflitos entre os vários órgãos e entidades com responsabilidades nesta matéria: Comités e Partidos do Parlamento Europeu, Direções Gerais da Comissão, Membros do Conselho, Agências da União Europeia, Estados e União, etc.

Bem vistas as coisas, estes focos de atrito não têm nada de dramático. O direito, *maxime* na sua vocação constitucional, serve justamente para ordenar e orientar os encontros e composições de valores, a articulação de bens, agendas e políticas e a distribuição de competências numa *polity*.

O verdadeiro risco reside antes no sucesso de uma integração unidimensional, que nem por se confessar instrumentalizada à prosperidade económica e à liberdade individual, menos condescende com a inerente formatação das identidades individuais e coletivas e, portanto, com a infusão e inculcação social de uma certa imagem da própria Europa, dos seus Estados e dos seus cidadãos: a correspondente a um modelo hegemónico de orga-

DIREITO DA UNIÃO EUROPEIA – ELEMENTOS DE DIREITO E POLÍTICAS DA UNIÃO

nização político-social, à sombra do qual os sistemas de saúde se dissolvem nos mercados (ou no corporativismo empresarial real) e os cidadãos passam a meros consumidores (ou *stakeholders* periféricos). A vitória desse projeto significaria, pois, a vários níveis, uma inadmissível capitulação europeia, não só pela injustiça intrínseca que importa, mas também pelas graves consequências sociais que produz, seja através do aumento das desigualdades e das quebras na coesão social, seja mediante a instigação de comunitarismos (não raro de instinto tribal e cariz opressivo) compensatórios da descarnação mercantil e da *individua(liza)ção* consumista. Mas qual a alternativa? Progredirá ou não a União Europeia no sentido de um constitucionalismo social que, no âmbito da saúde, se ancore num direito social à saúde e no reconhecimento efetivo da responsabilidade solidária dos Estados (mas também da União e das suas gentes) pela sua realização? Para afinarmos a nossa perspetiva sobre o assunto precisamos de nos deter um pouco mais neste passo[108].

c) Na realidade, os sistemas de saúde europeus, profundamente ligados que estão às culturas dos Estados-Membros, exibem consideráveis diferenças entre si, seja ao nível do financiamento, da gestão ou da provisão, seja no relativo à remuneração dos profissionais. Assim, encontramos sistemas *bismarkianos* e *beveridgianos*, de reembolso e de benefícios em espécie, com pagamentos prospetivos ou retrospetivos, de gestão eminentemente privada, pública ou social[109].

Contudo, há que reconhecer a existência de um modelo ou aproximação relativamente comum à provisão de cuidados de saúde, baseado na *solidariedade* e na *cobertura universal*. Parte-se do princípio que os sistemas de saúde

---

[108] Com uma nota preliminar: o reconhecimento da importância da saúde molda as atividades praticadas a seu propósito e colora de modo muito especial as instituições em que aquelas se estabilizam e estruturam (bem como as normas com que crítico-normativamente o devem fazer). Destarte, o pensamento sobre a saúde, considerada como objeto de um direito humano fundamental (com implicações axiológicas e objetivo-institucionais), não pode deixar de se referir aos sistemas socialmente organizados para a sua defesa, proteção e realização (facilitação, promoção e provisão). Tomamo-los, por conseguinte, como ponto de fuga da nossa análise neste momento.

[109] Os *padrões de financiamento* refletem diferentes perspetivas acerca dos níveis de redistribuição que uma sociedade tem por desejáveis e do necessário equilíbrio entre responsabilidades individuais e coletivas. Os métodos de provisão variam sobretudo em função das ponderações que se efetuem entre a autonomia organizacional/profissional e o papel do Estado na garantia de um tratamento efetivo e de uma equitativa distribuição das infraestruturas. No limite, cada sistema é único – v. ELIAS MOSSIALOS/GOVIN PERMANAND/RITA BAETEN/TAMARA HERVEY, "Health systems governance in Europe: the role of European Union law and policy", *cit.*, pp. 7 e segs.

SAÚDE

da União Europeia constituem um elemento central da proteção social, contribuindo para a coesão social e a justiça social. Como tal, carecem do direito para serem justa e corretamente fundados, constituídos, estruturados e regulados (na respetiva organização, procedimentos e funcionamento). Ora, nos termos desta conformação jurídica (sem embargo das diferenças de país para país), os vários sistemas de saúde europeus acabam por convergir numa responsabilidade solidária pela provisão universal de bens de saúde (cuidados e medicamentos), que se converte assim na sua ossatura ou medula básica[110].

Enquanto valor, a solidariedade é menos forte que a *amizade*, mas mais forte que a mera *coalizão de interesses*; menos 'particularística' do que a *lealdade* e menos privada e assimétrica (*noncomittal*) do que a *compaixão*. Implica uma *cooperação não instrumental*, assente na identificação com uma causa comum, sendo por isso referida à *Sittlichkeit* (enquanto *sentido constitutivo de comunalidade e relação cooperativa que transcende o altruísmo e o egoísmo*). A solidariedade combina aspetos descritivos e precetivos, normativamente axiológicos e práticos. Admitindo-se que certas condições sociais são inerentes à auto compreensão e constitutivas da auto realização pessoal – e que, portanto, o indivíduo é um ser situado, enredado numa teia de interdependências –, propugna-se uma defesa dos valores que exprimem e sustêm esse sentido de comum(al)idade exigido por uma sociedade decente. Assim, a comunidade de valores transcende normativamente a comunhão de facto, justificando-a, constituindo-a e regulando-a. Como tal, precisa de uma ação comum que a vá realizando (Rahel Jaeggi)[111].

Compreende-se, a esta luz, que um princípio da responsabilidade solidária seja uma das defluências jurídicas fundamentais da nossa pessoalidade[112]. Contudo, também desse ponto de vista jurídico a noção tem muitas aplicações, mostrando-se arredia a definições acanhadas e simplistas.

---

[110] Vassilis Hatzoupoulos, "Financing national health care in a transnational environment: the impact of the European community internal market", *cit.* (*sic*). Mais em geral, v. Inga Scjirmann, *Die Bedeutung des Gesundheitssystems für die Sozialstruktur einer Gesellschaft*, Grin Verlag, Norderstedt, 2007.

[111] V. Rahel Jaeggi, "Solidarity and Indifference", *in* W. Arts/R. Muffels/Ruud H. J. Meulen, *Solidarity in Health and Social Care in Europe*, Kluwer, Dordrecht, 2001, pp. 287-307.

[112] Mesmo que (ou exatamente porque) no contexto comunitário, o nosso principal compromisso coletivo se prende com a garantia de efetiva autodeterminação de todos e cada um. A pertença a uma comunidade exige uma solidarização de todos na satisfação das necessidades individuais, segundo critérios de justiça distributiva que respeitem a autonomia negativa e positiva, como

DIREITO DA UNIÃO EUROPEIA – ELEMENTOS DE DIREITO E POLÍTICAS DA UNIÃO

Na União Europeia, em particular, a solidariedade constitui um valor e um objetivo, epitomiza e aglutina, sob a sua égide, um conjunto de direitos sociais na CDFUE, traduz uma obrigação de lealdade recíproca entre os Estados e implica um suporte mútuo em caso de ataque terrorista e outros desastres (cláusula de solidariedade). Como princípio, releva entre os Estados e dentro destes, entre os povos e entre as gerações (artigos 3.º, n.º 3, 2.º e 3.º §§; e 4.º, n.º 2, do TUE)[113]. Contudo, no que à saúde diz respeito, avulta sobretudo a solidariedade associada aos sistemas de saúde nacionais. De feito, no contexto da União Europeia ela funciona sobretudo como um *Oberbegriff*, que assinala uma *responsabilidade conjunta por bens públicos*, mais resistentes à lógica da livre concorrência (Thorsten Kingreen)[114].

Para Hatzopoulos, a solidariedade subjacente aos sistemas de saúde atua pelo menos a três níveis: o do financiamento, o da integração e o dos benefícios.

princípio-limite e *princípio-tarefa* fundamental do direito. A complexidade dos riscos existenciais e a rede de interdependências individuais, por um lado, e o valor em si da comunhão em certos bens, por outro, justificam uma subsidiação cruzada dos velhos pelos novos, dos doentes pelos saudáveis, das famílias pelos solteiros, dos pobres pelos ricos, dos reformados pelos trabalhadores, dos geograficamente mais prejudicados pelos mais beneficiados, dos menos inteligentes e aptos pelos mais capazes, etc. O que requer uma contribuição de todos e cada um (na proporção das suas capacidades) para a criação de condições de *igual capabilidade*, através da satisfação de necessidades essenciais de cada um.

[113] Disposições que nos reportam à função normativa secundária da ordem jurídica da União Europeia (mas cujo alcance vai bem além de uma mera comissão e repartição de competências).

[114] E relacionados, por isso, com os ecos da *Daseinvorsorge* que ecoam no artigo 36.º – assim exatamente THORSTEN KINGREEN, "Soziale Grundrechte" (§18), *in* Dirk Ehlers (Hrsg.), *Europäische Grundrechte und Grundfreiheiten*, De Gruyter Lehrbuch, 3. Auflage, Walter de Gruyter, 2009 (pp. 640 e segs.), p. 640. Segundo Maria Luísa Espada Ramos, a solidariedade pode corresponder à ideia de um direito capaz de limitar os poderes individuais em nome de interesses comuns, prevalecentes por razões de interdependência ou exigências da justiça. Tratar-se-ia, neste caso, de uma justiça ligada à ideia de partilha e orientada para a igualdade – M. L. ESPADA RAMOS, "Los Derechos Sociales en la Unión Europea: Mercado o Justicia", in *Anales de la Cátedra Francisco Suárez*, 35, 2001, pp. 23-57. V., sobre a solidariedade em geral, no domínio da saúde e no direito internacional, constitucional e europeu, respetivamente, KURT BAYERTZ (Hg.), *Solidarität. Begriff und Problem*, Suhrkam Verlag, Frankfurt am Main, 1998; HAUKE BRUNKHORST, *Solidarität. Von der Bürgerfreundschaft zur globalen Rechtsgenossenschaft*, Suhrkamp Verlag, Frankfurt am Main, 2002; RUUD TER MEULEN/ /WIL ARTS/RUUD MUFFELS, *Solidarity in Health and Social Care in Europe, ob. cit.*; RÜDIGER WOLFRUM/CHIE KOJIMA, *Solidarity: A Structural Principle of International Law*, Springer, 2010; UWE VOLKMANN, *Solidarität: Programm und Prinzip der Verfassung*, Mohr Siebeck, 1998; MALCOLM G. ROSS/YURI BORGMANN-PREBIL, *Promoting Solidarity in the European Union*, Oxford University Press, Oxford, 2010; ANDREA SANGIOVANNI, "Solidarity in the European Union", in *Oxford Journal of Legal Studies*, vol. 33, No. 2, Summer 2013, pp. 213-241.

SAÚDE

No que toca ao financiamento, exige contribuições indexadas aos rendimentos das pessoas – leia-se, com independência dos fatores de risco individuais (como a idade, o sexo, a história clínica, os hábitos ou a profissão//ocupação)[115].

Relativamente à integração, exprime-se em três características básicas do sistema: a universalidade (inclusão de todas as pessoas no sistema), a filiação obrigatória (com a consequente proibição generalizada do *opting out*) e a aceitação obrigatória (impedindo os fundos responsáveis pelo financiamento de excluir certas categorias de pessoas ou de riscos).

No que concerne aos benefícios garantidos pelo sistema, a solidariedade manifesta-se em dois planos: no direito dos doentes ao igual tratamento (qualquer que seja a sua situação pessoal, financeira e profissional) e no recurso ao critério da necessidade médica, para determinar a cobertura concretamente devida.

Compreende-se que um sistema assim conformado aponte à universalidade e generalidade da provisão e do acesso, procurando garantir uma *cobertura pessoal e territorial totais* e a *igualdade de todos*, no que respeita, respetivamente, à existência de infraestruturas, à qualificação do pessoal, à adequação dos tratamentos e ao acesso físico. No entanto, tudo isto – é dizer a estruturação e o funcionamento de um sistema com estes valores e objetivos, bem como o seu financiamento e garantia jurídica –, depende, entre outras coisas, de *planeamento*[116].

d) Acontece, porém, que o rumo seguido pela União Europeia vem pondo em cheque este esquema.

Em primeiro lugar, tem-se ocupado sobretudo da saúde pública em desfavor do direito à saúde e dos sistemas organizados para o garantir. Em segundo lugar, escudando-se nos princípios básicos de distribuição de competências, na diversidade dos Estados-Membros e na maior aptidão que os mesmos teriam para intervir nos assuntos sociais, tende a confinar tais matérias à esfera nacional, reservando-lhes (e aos valores de solidariedade e exigências de planeamento que lhes estão associados) um relevo essencial-

---

[115] O que, entre outras coisas, permite assegurar a manutenção de alguns esquemas estruturalmente deficitários (designadamente os que cobrem as atividades de alto risco e baixo rendimento) através de uma subsidiação mutualista.

[116] Mantemo-nos à sombra de Vassilis Hatzoupoulos, "Financing national health care in a transnational environment: the impact of the European community internal market", *cit.*

DIREITO DA UNIÃO EUROPEIA – ELEMENTOS DE DIREITO E POLÍTICAS DA UNIÃO

mente negativo no plano europeu (quais limites ou exceções à aplicação do direito da concorrência ou das liberdades do mercado interno). Em terceiro lugar, apesar deste acantonamento e insularização (quanto mais não seja simbolicamente debilitantes) a que os vota, não se coíbe de os ir cercando, infiltrando e inundando com uma jurídica (des)regulação para-mercantil, naturalmente desacompanhada de qualquer re-regulação – e muito menos redistribuição – obtemperadora ou corretora de eventuais consequências negativas do desmantelamento institucional na prática operado. Por último, acareando as experiências nacionais para apurar sedimentos comuns de socialidade, a União Europeia não os emprega, afinal, senão retoricamente, em consecutivas proclamações das quais poucas consequências práticas se retiram.

Os projetos de solidariedade juspublicamente institucionalizados veem-se de algum modo *encurralados* – como uma espécie de sobrevivência atávica[117] tolerada pelo direito da União Europeia, mais por deferência para com a soberania nacional (e a alegada identidade cultural dos povos) do que por obediência a valores que a União Europeia também sufraga (ainda que confiando, para a sua realização, em instâncias não apenas comunitárias); a ponto de se prognosticar, sem grande risco, que, com o tempo, os mesmos passarão provavelmente a ser regidos, não por um direito da saúde (no quadro mais amplo de uma juridicidade social), mas pelo direito da concorrência e as liberdades individuais dos consumidores, trabalhadores ou profissionais[118]. Vejamos melhor.

Na verdade, o fenómeno da europeização repercutiu-se de variadíssimas formas e por diversos meios nos Estados Sociais. Atingiu-o com a política económica e monetária, com as políticas do mercado interno, com o direito do emprego, com o direito da livre circulação de pessoas e com a regulação técnica relacionada com a saúde (incluindo direito ambiental e saúde pública). De pouco adianta alegar, portanto, que os sistemas nacionais de saúde caem oficialmente fora do âmbito do direito da União Europeia, visto

---

[117] Malcolm Ross fala de *relíquias* e *anacronismos* – v. MALCOLM ROSS, "The value of solidarity in European public services law", *in* Markus Krajewski/Johan Van De Gronden/Ulla Neergaard (eds.), *The Changing Legal Framework for Services of General Interest in Europe. Between Competition and Solidarity*, Springer, 2009.
[118] V. SJEF GEVERS, "The Right to health Care", in *European Journal of Health Law*, vol. 11, No. 1., march 2004, pp. 29-34. O Autor contrapõe a justiça e a solidariedade social à responsabilidade e liberdade individuais, alertando para a necessidade de os países se guiarem pelo direito à saúde, que não pelas forças económicas e sociais que ameaçam a igualdade e a solidariedade.

SAÚDE

que muitos e cruciais aspetos relacionados com o seu financiamento, distribuição e provisão são diretamente afetados por ele. Há, desde logo, uma contradição fundamental nas atribuições e competências da União Europeia relativamente à saúde: os Tratados cometem as responsabilidades pelos sistemas de saúde aos Estados-Membros mas, na medida em que estes envolvem pessoas (profissionais e doentes), bens (medicamentos e aparelhos) e serviços (seja dos prestadores de cuidados seja das entidades seguradoras e financiadoras), dificilmente lograrão furtar-se ao regime das liberdades de circulação garantidas pelos Tratados, recaindo destarte sob a alçada do direito da União Europeia.

Isto acontece também porque as políticas da União Europeia se centram, de acordo com a tipologia de Sbragia e Stolfi, muito mais na construção do mercado do que na sua correção ou *amortecimento*[119]. O mesmo é dizer que as políticas de *market-building* sobrelevam e sobrepujam as de *market correcting* e de *market-cushioning*[120]. As demais políticas não são tão relevantes porque escasseiam as competências diretas da União Europeia nesta matéria. Destacam-se apenas alguns arestos, quanto à primeira, e medidas de saúde pública, referíveis à segunda. A aplicação *a outrance* destas regras aos cuidados de saúde públicos – baseados num princípio de solidariedade não mercantil –, pode ter, segundo Hatzopoulos, efeitos indesejáveis, senão mesmo inaceitáveis, com perniciosas consequências quer para os sistemas sociais e de saúde nacionais, em si, quer para a correta provisão de serviços de saúde às pessoas. No limite, persegue-se uma alegada salvação dos doentes enquanto se destroem os sistemas, desprezando o facto de que estes últimos constituem instituições de realização de valores e não meros esquemas funcionais de produção de bens de saúde e de satisfação dos interesses ou desejos dos respetivos consumidores[121].

---

[119] ELIAS MOSSIALOS/GOVIN PERMANAND/RITA BAETEN/TAMARA HERVEY, "Health systems governance in Europe: the role of European Union law and policy", *cit.*

[120] Sobretudo se pensarmos no direito da concorrência, que tem um profundo impacto na saúde.

[121] VASSILIS HATZOPOULOS, "Killing National Health and Insurance Systems but Healing Patients?", *cit.*, p. 228. Contudo, o crescendo dos apelos à Europa social é proporcional à consciência da incapacidade europeia para honrar esse projeto. Na prática, assistimos ao triunfo do modelo renano do ordinalismo económico e da economia social de mercado (cuja transferência para o plano europeu foi já cabalmente desmontada por CHRISTIAN JOERGES – cf., por exemplo, "What is Left of the European Constitution", *EUI Working Paper LAW No. 2004/13*, European University Institute, Badia Fiesolana, San Domenico, Florence, 2004). Mais recentemente, sob a pressão da crise, parecem vingar modelos de imposição (cada vez mais autoritária) dos pressupostos para o funcionamento de um mercado, sem enquadramento, constrangimentos ou componentes sociais.

DIREITO DA UNIÃO EUROPEIA – ELEMENTOS DE DIREITO E POLÍTICAS DA UNIÃO

Em suma, ressalta a ausência de uma noção operativa comum de solidariedade, que exprima e efetive de modo normativamente consequente um projeto social partilhado, ainda que cometido na sua concreta determinação e realização a uma pluralidade de instâncias horizontal e verticalmente distribuídas, de acordo com o novo cenário de governação reticular e multinivelada. Faltam direitos sociais à escala europeia e um modelo de constitucionalismo social que relacione juridicamente a democracia e os direitos fundamentais segundo um ideal parcialmente aberto de justiça (*i. e.*, como responsabilidade coletiva, a instanciar jurídico-publicamente).

Como bem salienta Poiares Maduro, embora existam direitos europeus classificáveis como sociais segundo vários critérios, nenhum deles emergiu e foi recortado, no plano da União Europeia, por referência a valores e fins sintetizados num verdadeiro estatuto social reconhecido a todo e qualquer cidadão da União, em face e no seio da comunidade que esta constitui. Os pseudodireitos sociais existentes foram sendo definidos *ad hoc, justificados e legitimados pela necessidade de evitar distorções de concorrência no processo de integração económica e destinados a garantir padrões sociais mínimos a satisfazer pelos Estados e não pela União.* A política social europeia aparece assim como um mero *resultado funcional da integração económica e não como prosseguindo certos valores próprios de uma identidade europeia*[122].

Ora, quando muito – segundo a conhecida tipologia do mesmo Autor – o direito europeu da saúde parece ter evoluído muito ligeiramente (e apenas em alguns aspetos) do *modelo de pura liberdade económica e não discriminação social*, característico da integração negativa do mercado, para um *modelo de proteção social* (*rectius*, de preservação) *dos sistemas de bem-estar/esquemas sociais dos Estados-Membros*, efetivado através de políticas de harmonização social (isto é, da definição e promoção pela União Europeia de valores e regras, cuja garantia se remete para os Estados). Porém, permanece distante de um modelo social da Europa, que sempre pressuporá a identificação de um conjunto de valores sociais e de mecanismos de justiça distributiva a nível

---

[122] *Sic*, MIGUEL POIARES MADURO, "Política Social Europeia e Mercado Comum: de Resultado Funcional a Pilar de uma Identidade Política Europeia?", in *Revista de Direito Público da Economia*, n.º 2, abr./mai./jun. 2003, pp. 317-341 (*maxime* pp. 340-341); idem, "Europe's Social Self: «The Sickness Unto Death»", in *Webpapers on Constitutionalism & Governance beyond the State*, Year 2000, No 2 (cópia eletrónica disponível em *http://ssrn.com/abstract =1576087*); idem, "We Still Have Not Found What We Have Been Looking For The Balance Between Economic Freedom And Social Rights In The European Union", in *Faculdade de Direito da Universidade Nova de Lisboa Working Papers*, n.º 4 – 1999.

SAÚDE

europeu[123]. De acordo com este paradigma, as políticas harmonizadoras deixam de ser instrumentos de integração mercantil (destinados a garantir um pretenso nivelamento do terreno de ação dos concorrentes), para serem concebidas como instrumentos de um conjunto de valores sociais europeus, que a União Europeia deve perseguir, adotando as políticas redistributivas necessárias à compensação e correção dos efeitos injustos gerados pela alocação mercantil em curso.

Neste quadro se compreenderia então, porventura, a definição de um núcleo duro de serviços públicos de saúde, cujo significativo valor social justificasse uma proteção contra o ímpeto das regras do mercado. Aconselha-o, aparentemente, E. Szyszczak, quando nos sugere um enquadramento normativo composto por *guidelines* especificamente setoriais para autoridades e prestações públicas ou até por princípios gerais destinados aos serviços públicos[124]. Contudo, a União Europeia não parece voltada para a construção de um verdadeiro ordenamento jurídico da saúde, em que às intenções constitutivas e regulativas de justiça comutativa e (ao menos parcialmente) da justiça geral se juntem (para com elas interagir) as de justiça distributiva e corretiva. Consequentemente, o direito *conexo* com a saúde que se pode encontrar na União Europeia, exibe algumas características muito peculiares.

2. Do direito da saúde *na* União Europeia, em especial

2.1. O direito da União Europeia *e* a saúde[125]

a) Recapitulando parte do que se deixou consignado, vale a pena reiterar que a União Europeia forma e exprime a sua vontade juridicamente, constituindo um ordenamento objetivo, assente no reconhecimento e postu-

---

[123] Isto apesar de, para muitos, a jurisprudência de casos como *Zambrano* e *Dereci* ter franqueado a porta a uma genuína reconsideração da cidadania europeia. Sem desmerecer os passos dados, há que convir, porém, na estreiteza da fresta para já entreaberta. V., *infra*, o que se dirá a respeito do direito à saúde, plasmado no artigo 35.º da CDFUE.

[124] Erika Szyszczak, "Modernising healthcare: pilgrimage for the Holy Grail?", *in* Markus Krajewski/Johan Van De Gronden/Ulla Neergaard (eds.), *The Changing Legal Framework for Services of General Interest in Europe. Between Competition and Solidarity, ob. cit.*, p. 213.

[125] Martin Mckee/Elias Mossialos/Rita Baeten (eds.), *The Impact of EU Law on Health Care Systems*, P.I.E. – Peter Lang, Bruxelles, 2002; Tamara K. Hervey, "If Only It Were So Simple: Public Health Services and EU Law", *in* Marise Cremona, *Market Integration and Public Services in the European Union*, (The Collected Courses of the Academy of European Law), Oxford University Press, Oxford/ New York, 2011, pp. 179 e segs.

995

DIREITO DA UNIÃO EUROPEIA – ELEMENTOS DE DIREITO E POLÍTICAS DA UNIÃO

lação de um conjunto de valores e princípios fundamentais. As suas bases são jurídicas e atua por via jurídica na prossecução de fins juridicamente enquadrados. É um sujeito de direito internacional[126], mas também uma parte do direito internacional[127], consoante seja encarada de uma perspetiva subjetivo-institucional ou objetivo-normativa. Atendida já naquela primeira veste, impende agora lembrar, quanto à segunda, que a ordem jurídica da União Europeia, além de *autónoma*, pretende ser *uniforme* e *integrar-se* nos Estados, apresentando – também por isso – uma configuração *atípica* e ocupando uma posição deveras singular, a meio caminho entre o direito internacional e o direito federal[128].

Ora, apesar de a saúde não ser uma área privilegiada da intervenção e atividade jurídica da comunidade, a verdade é que há direito europeu com enorme influência no setor da saúde, designadamente nos sistemas que asseguram a provisão de cuidados médicos, medicamentosos e afins.

Como vimos, os direitos e as políticas que de algum modo se lhe reportam são tendencialmente formados por conteúdos pertencentes a outras áreas constitucionais, porque constituídos ou atuados fora do quadro institucional desenhado para o setor e dos trâmites procedimentais pertinentes. Consubstancia-se, portanto, numa normatividade em grande medida excogitada, constituída e realizada de modo algo *enviesado*, que apenas *obliquamente* (ou por refração) atinge o setor. Os principais exemplos dessa regulação 'colateral' que afeta o setor da saúde de modo *secundário* ou *indireto* acham-se nos domínios do *mercado interno*, da *concorrência* e da *política social* (embora também caiba uma referência às políticas de *defesa dos consumidores* ou do *ambiente*).

Trata-se, em geral, de um direito de intento supostamente *regulador*, mas que, exaurido de expressas soluções normativas de pendor redistributivo e desmunido dos meios adequados à respetiva efetivação, pode afinal colidir

---

[126] "(...) [P]ese embora a sua configuração atípica (...) a CE afirmou-se como comunidade paraestadual supranacional, dotada de um ordenamento jurídico próprio e autónomo, fortemente indiciador e de uma estadualidade de tipo federal" – JÓNATAS MACHADO, *Direito da União Europeia, cit.*, p. 35.

[127] A União Europeia pretende "actuar através de instrumentos jurídicos inseridos num universo normativo mais vasto. Por outro lado, a juridicidade da União Europeia pretende ter um conteúdo material e não apenas uma estrutura formal. A União Europeia tem o seu próprio direito primário e secundário" – *ibidem*, p. 36.

[128] V. *ibidem*, pp. 179-180.

996

SAÚDE

com a racionalidade imanente a boa parte dos sistemas de saúde dos países da União Europeia, acabando por ter um efeito socialmente desregulador.

Em todo o caso, por força da *supremacia* e do *efeito direto* derivados do princípio da *efetividade*, o direito da União aplica-se, com prioridade sobre o direito nacional, a todos os elementos dos sistemas de saúde que caiam sob a sua alçada, podendo ser invocado pelos particulares perante os tribunais nacionais.

b) Assim, relativamente ao direito do mercado interno, o TJUE teve já oportunidade de asseverar que as disposições do TFUE acerca da liberdade de movimentos se aplicam a todos as pessoas, bens, estabelecimentos e serviços envolvidos nos sistemas de saúde dos Estados-Membros. A título de exemplo, a liberdade de circulação dos serviços aplica-se aos cuidados hospitalares e não hospitalares, a liberdade de estabelecimento abrange os prestadores de saúde e os cuidados sociais do terceiro setor[129], a liberdade de circulação das mercadorias contempla os medicamentos e aparelhos médicos[130] e a liberdade de circulação de pessoas inclui os profissionais de saúde[131].

Ficaram expostas mais atrás as zonas de fricção e eventual rutura entre a ordenação europeia (inspirada por ideias de desregulação mercantil e liberalização) e a regulação dos cuidados de saúde nacionais (escorada nos princípios da igualdade de acesso e da solidariedade no financiamento).

No entanto, para Tamara Hervey, em cujo encalço seguimos, convém ter em conta que as normas sobre a liberdade de circulação nem reinam irrestritas nesta matéria, nem concedem direitos sem exceções. Segundo a Autora, divisam-se três tipos de resposta para fazer face aos perigos de desestabilização dos sistemas nacionais, de ameaça à própria saúde e de prejuízo para objetivos de interesse público: de uma banda, as exceções à liberdade de circulação, abertas seja pelo Tratado, seja pela Jurisprudência; de outra, a regulação desenvolvida a nível europeu, com recurso a diretivas e regulamentos.

Com efeito, se o direito primário consagra exceções às liberdades do mercado interno, os tribunais europeus têm reconhecido a possibilidade de as restringir, de modo não discriminatório, com fundamento na prossecução

---

[129] Caso *Sodemare*, proc. C-70/95, de 17 de junho de 1997.
[130] Caso *Centrafarm vs. Sterling Drug*, proc. 15/74, de 31 de outubro de 1974; Caso *Doc Morris*, proc. C-322/01, de 11 de dezembro de 2003.
[131] Caso *Comissão vs. França*, proc. 95/85 [1986].

DIREITO DA UNIÃO EUROPEIA – ELEMENTOS DE DIREITO E POLÍTICAS DA UNIÃO

de um interesse público objetivo. O mesmo é postular que o ímpeto desregulador do mercado pode ser frenado, desde que se reúnam três pressupostos: a existência de um verdadeiro interesse público objetivo a cumprir; a possibilidade de este ser objetivamente articulado pelo Estado-Membro; a proporcionalidade da distorção produzida no mercado interno pela restrição efetuada em nome da consecução do objetivo colimado.

Paralelamente, para temperar os propósitos de instituição e desenvolvimento do mercado interno com objetivos de interesse público (*v. g.*, o da proteção dos consumidores de bens e serviços), a União Europeia pode promulgar *standards* regulatórios harmonizados, ao abrigo, por exemplo, dos artigos 94.º, 95.º e 308.º dos Tratados, como sucedeu, aliás, com as medidas regulatórias aplicáveis à manufatura, *marketing* e venda de medicamentos e aparelhos médicos ou à regulação da produção, publicidade e venda de tabaco.

c) O direito (e a política) da concorrência, alicerçado juridicamente nos artigos 81.º a 89.º dos Tratados, bem como num apreciável corpo de legislação secundária, na jurisprudência do Tribunal e em importantes decisões administrativas da Comissão também contende com as estruturas e dinâmicas constitucional e legalmente institucionalizadas dos sistemas nacionais, ao preferir o princípio da competição ao da solidariedade na produção e distribuição dos bens e prestação dos serviços de saúde. Daí que se reserve aos Estados a possibilidade de furtarem os seus sistemas de provisão de saúde ao direito da concorrência, através da escolha da respetiva arquitetura institucional, e se preveja, no próprio direito primário e já desde os anos cinquenta, uma verdadeira *isenção* jurídica para os empreendimentos incumbidos de realizar serviços de interesse geral.

d) Por fim, na organização e funcionamento dos sistemas de saúde reverbera também o direito social e do emprego. Com efeito, não só o artigo 137.º do Tratado habilita a União Europeia a adotar medidas de harmonização legislativa em matérias de saúde e segurança no trabalho, como os profissionais de saúde, quando e na medida em que se possam considerar empregados ou trabalhadores, ficam a coberto do direito secundário que a União venha a produzir no exercício das suas competências no domínio laboral. É assim que a diretiva sobre o tempo de trabalho verte efeitos sobre as profissões de saúde – o que explica, aliás, algumas das sucessivas emendas que foi conhecendo.

SAÚDE

2.2. O direito da saúde *da* União Europeia (DSUE)

2.2.1. Da teoria à dogmática

2.2.1.1. Considerações gerais

a) Noção e âmbito. Para o presente efeito, entendemos por direito da saúde da União Europeia o conjunto dos fundamentos e critérios[132] normativo-jurídicos, constituídos ao abrigo do ordenamento jurídico da União Europeia, que têm por objeto direto ou indireto o bem saúde e as relações que a seu propósito se estabelecem, abrangendo, assim, quer os sujeitos singulares e coletivos nelas envolvidos, quer as instituições em aquelas socialmente se estruturam. No seu *sentido mais amplo*, o DSUE compreende, pois, todos os conteúdos normativos com incidência no setor da saúde, mesmo que constituídos no exercício de competências funcionalizadas a outros objetivos da União Europeia ou até resultantes de uma atuação não expressamente definida entre as atribuições comunitárias, por parte de entidades sociais com relevo para-jurídico (e potencial jurisgénico) no seio da União[133]. Na *aceção mais restrita*, o DSUE identifica-se com o complexo de critérios jurídicos direta e especificamente dirigidos à disciplina da saúde, criados no exercício de competências adrede cometidas às instâncias da União Europeia. Doravante, procederemos a partir daquele significado mais lato, procurando iluminar os vários círculos de significação, progressivamente mais estritos, que se podem recortar no seu interior[134].

b) Objeto. Quanto ao seu núcleo aglutinador, o direito da União Europeia não resolve a polissemia da saúde, nem esclarece um putativo sentido jurídico e especificamente jus-unionista que lhe fosse consensualmente atribuído[135]. Sobressaem, no direito primário, as menções à saúde pública (e

---

[132] Adaptando a distinção há muito firmada por A. Castanheira Neves no âmbito da sua proposta *jurisprudencialista*.

[133] Alude-se, a este propósito, a um direito que entra pela *porta das traseiras*.

[134] Para uma noção de direito da saúde na União Europeia, v. as páginas iniciais de ANDRE DEN EXTER/TAMARA K. HERVEY, *European Union Health Law: Treaties and Legislation*, Antwerpen, Apeldoorn, 2012.

[135] Para uma perspetiva comparada, v. o nosso texto *Anotação ao artigo 35.º da Carta dos Direitos Fundamentais da União Europeia, cit.*, pp. 13-17. Aí se cotejam as noções de saúde pressupostas pela Declaração Universal dos Direitos do Homem, pelo PIDESC, pela Carta da Organização Mundial de Saúde, pela CEDH, pela Carta Social Europeia (CSE), pela Convenção de Oviedo, pelo TFUE,

suas repercussões na saúde física e psíquica), por um lado, e a uma proteção da saúde que compreende a tutela da integridade física, o acesso à prevenção em matéria de saúde e o benefício de cuidados médicos (proteção da saúde), por outro. Donde se extrai que, independentemente do concreto conteúdo do conceito a pressupor, o direito da União Europeia reconhece relevo quer aos mais genéricos fatores determinantes da saúde, quer aos que se prendem com a etiologia de doenças ou adições, quer ainda aos que passam pela omissão de lesões ou por atuações de defesa e de positivo cuidado preventivo, curativo, reabilitativo e porventura paliativo.

c) Fundamentos, fins e *modo-de-ser*. Trata-se de um complexo normativo referível à moldura axiológico-funcional que deixamos delineada; pretensamente tributário dos valores comuns da União Europeia em que se funda o setor sob apreço (*fundamentos e fins*); constituído, no exercício de uma panóplia de competências de conteúdo e características muito distintas, por diferentes instâncias comunitárias (*fontes*), segundo diversas vias e sob diferentes formas (diretivas, regulamentos, decisões, resoluções, etc); consequentemente plasmado num *sistema* algo fragmentário e pluridimensional, materialmente composto por princípios, normas, precedentes jurisdicionais, modelos práticos doutrinais e proto-jurídicos critérios éticos e técnicos, de matiz económico, científico ou profissional; e, por fim, almejavelmente efetivado – segundo uma racionalidade eminentemente teleonomológica e um método multinivelado – por uma plêiade de intérpretes-*performers*, a começar pelos que disponham de autoridade reconhecida para o efeito (*metodologia*).

d) Natureza. Como vimos, poucos Autores se referem expressamente a um direito da saúde da União Europeia. Uma vez que o ângulo privilegiado de análise costuma ser o do *direito global* (ou internacional) *da saúde*, ou então o *do direito da União Europeia, em geral*, a *aproximação* a este *corpus* jurídico faz-se normalmente por uma de duas vias: ou através de uma demarcação sobretudo geográfica (embora a União não coincida com a Europa), no seio

---

pela Carta Comunitária dos Direitos Sociais Fundamentais dos Trabalhadores e pela CDFUE. Uma análise mais desenvolvida encontra-se no segundo volume da nossa tese de mestrado, entre as pp. 46 e 199.

1000

SAÚDE

daquele primeiro complexo jurídico[136], ou através de uma demarcação setorial e funcional no âmbito deste segundo.

Para Miguel Belanger, o direito da saúde da União Europeia constitui um corpo jurídico de âmbito regional no quadro mais amplo do direito da saúde internacional[137]. Como tal, e enquanto direito da União Europeia, possui um cariz eminentemente público ou para-público, reforçado pela circunstância de se ocupar sobretudo de questões de saúde pública ou de assuntos conexos de evidente interesse geral ou coletivo (sem prejuízo das suas refrações ou componentes individuais)[138].

e) Âmbito. Convém não esquecer que a particular *fisionomia* da União Europeia e a sua peculiar *fisiologia* jurídica se refletem no leque de competências 'legislativas' de que dispõe e no âmbito de eficácia do seu direito. Com efeito, em princípio, a esfera de aplicação do direito da União Europeia coincide com o alcance das competências cometidas à União. Assim, para além da autovinculação da União Europeia, o direito da União Europeia atinge os Estados-Membros, quando atuem ao abrigo das disposições jus-unionistas e, portanto, tipicamente, a propósito de situações não exclusivamente internas. Contudo, mesmo descontando as dificuldades específicas postas pelo caso da saúde e já delatadas, a expansão quantitativa e o *desenvolvimento trans-sistemático* do direito da União, o seu progressivo entrelaçamento, a vários níveis, com as ordens jurídicas nacionais e a crescente circulação e *transnacional* litigação dos cidadãos e outros sujeitos jurídicos (*in casu* os pacientes, estudantes, trabalhadores e profissionais independentes de saúde e as entidades prestadoras ou financiadoras), tendem a esbater as tradicionais linhas de demarcação. Um fenómeno de certo modo inevitável em estruturas jurídico-políticas para-federativas, nomeadamente quando se fundem em direitos fundamentais de alguma forma individualmente invocáveis (sobretudo se judicialmente sancionáveis, como sucede neste caso).

---

[136] Caso em que o direito da saúde da União Europeia vem a corresponder àquela parte do direito internacional da saúde coincidente com o sistema jurídico da União (*i. e.*, a parcela da qual esta participa ou por cuja constituição é responsável). V. NATHALIE DE GROVE-VALDEYRON, *Droit Européen de la Santé, cit.*

[137] MICHEL BÉLANGER, *Global Health Law: An Introduction*, Cambridge Scientific Publishers, Cambridge, 2011. V. a rubrica que o Autor assegura na *Revue Générale de Droit Médical*, sob o título *Droit Européen Général de la Santé*, designadamente a que se encontra no n.º 48, de setembro de 2013.

[138] Acentuando o *Schwerpunkt* jurídico-público do próprio direito da saúde, v. GERHARD IGL/FELIX WELTI, *Gesundheitsrecht. Eine systematische Einführung*, Verlag Franz Vahlen, München, 2012.

DIREITO DA UNIÃO EUROPEIA – ELEMENTOS DE DIREITO E POLÍTICAS DA UNIÃO

Com efeito, de uso, a invocação dos direitos fundamentais protegidos pela ordem jurídica da União Europeia estava dependente de um elemento de conexão forte, derivasse ele de uma norma europeia aplicável ao caso (sobretudo quando relativa às liberdades, dado a sua transversalidade) ou de uma disposição nacional integrada no âmbito material do direito da União Europeia. Contudo, nos últimos anos, a jurisprudência da União tem permitido a invocação do padrão de jusfundamentalidade com base, pura e simplesmente, na cidadania da União (artigo 20.º do TFUE)[139].

2.2.1.2. Princípios estruturantes

a) Mantendo em linha de vista o horizonte axiológico anteriormente definido para o direito da saúde e a matriz principiológica em que repousa a atuação da União Europeia, cabe agora *destacar*, de modo meramente alusivo, quatro princípios, profundamente imbricados[140], que, a nosso ver, desempenham uma função *estruturante* na ordenação jurídica desta matéria: o princípio da *consideração transversal*, o princípio do *nível elevado de proteção* e os princípios da *tendencial subsidiariedade* e da *complementaridade*.

b) O primeiro traduz a *pervasividade* da saúde e obriga a União a ter em conta as exigências – positivas e negativas – relacionadas com a garantia da saúde, seja no momento da conceção, seja durante a desenvolução das diferentes políticas. Que a saúde avulta nos mais diferentes âmbitos da vida individual e coletiva ficou já estabelecido, mas alcança ainda maior recognição à medida que se ganha consciência, perante abundantes provas factuais, da influência exercida pelos fatores sociais, políticos, económicos, culturais e ambientais gerais na sua proteção e promoção e na evitação dos males que podem afligi-la (e dos danos que, como tal, pode vir a sofrer[141]).

Na verdade, à luz do paradigma da *Saúde em todas as políticas* (*sic*), a ação da União Europeia deve ter em conta as relações de recíproco condiciona-

---

[139] V., *infra*, o que diremos a propósito do direito à saúde.

[140] Dois deles podem inclusive ser vistos como desdobramentos de um mesmo princípio complexo.

[141] Com efeito, sem desprimor para os sistemas de provisão de serviços e produtos de saúde, acentua-se hoje que esta depende grandemente de um conjunto de fatores, usualmente representados sob a forma de uma pirâmide invertida, na base da qual se encontram as *condições socioeconómicas, culturais e ambientais gerais*, seguidas, em ordem descendente até ao vértice em que se acha cada pessoa, pelas *condições de vida e de trabalho*, as *influências sociais e comunitárias*, os aspetos relacionados com o *estilo de vida*, e as circunstâncias de *idade, sexo e dotação genética* (cf. MARITA SIHTO/EEVA OLLILA/ /MERI KOIVUSALO, "Health in All Policies: the wider context. Principles and challenges of Health

SAÚDE

mento entre a saúde, a existência individual, a sociedade e o ambiente, e, em consonância, tratar de promover a coordenação entre as políticas fiscais, ambientais, educativas, científicas ou sociais, de âmbito nacional, regional e local, calculando o impacto que elas produzem na saúde, prognosticamente, aquando da respetiva formulação e adoção. Deste múnus se desempenham sobretudo as agências europeias, subordinadas ao direito público da União Europeia e incumbidas de funções técnicas, científicas e de gestão.

O direito da União Europeia não se contenta, porém, com uma simples *consideração* ou *equação* da saúde quando chegado o momento de conceber e executar as políticas da União, exigindo uma atitude de *garantia*, para mais qualificada de *elevada*. O que nos remete para um segundo princípio, na prática indestrinçável do anterior.

c) Com efeito, sobre a União Europeia impende uma obrigação transversal, que se refere, não apenas à *saúde*, em geral, antes a um *nível elevado de saúde*, e que não requer uma pura e simples atitude de atenção e *consideração*, mas uma verdadeira *garantia* de tutela, exigindo, enfim, que *se assegure efetiva-*

in All Policies", *in* Matthias Wismar/Eeva Ollila/Eero Lahtinen/Kimmo Leppo, *Health in All Policies: Prospects and potentials*, Ministry of Social Affairs and Health, Finland, 2006).
Em consequência, a Organização Mundial de Saúde (OMS) criou já uma Comissão encarregada de recomendar intervenções e políticas destinadas a melhorar a saúde e reduzir as desigualdades de saúde através de uma ação ao nível dos determinantes sociais. [Para o efeito dividiu-os em *determinantes estruturais* – relacionados com a estrutura social (mercado de trabalho, sistema de educação e Estado Social) e o estatuto social do indivíduo (posição socioeconómica, género, etnia e coesão social) – e *fatores intermediários* (como sejam as condições de vida e de trabalho, os comportamentos e os cuidados sociais e de saúde) – *ibidem*]. Por outro lado, não só tem vindo a desenvolver a chamada *política de saúde para todos*, como dá cobertura a uma perspetiva ou abordagem aos problemas da saúde, centrada na sua transversalidade ou relevo intersetorial. Ora, da mesma maneira que os valores da *universalidade, do acesso a cuidados de qualidade, da equidade e da solidariedade* – supostamente partilhados pelos Estados-Membros – servem igualmente de orientação à política da OMS, assim também o *Health in All Policies (HiAP) approach* e os estudos de *Health Impact Assessment (HIA)* têm paralelo no domínio da União Europeia – v. *ibidem*. Acrescente-se, a talhe de foice, que a União demonstra bastante cuidado com a forma como são definidas, levadas a cabo e monitorizadas as políticas de saúde, e excogitou já alguns mecanismos de consideração do seu impacto, como é o caso das *Commission's integrated impact assessment guidelines* (disponíveis em *http://ec.europa.eu/governance/impact/docs/key_docs/sec_2005_0791_en.pdf*). Outros projetos em matéria de *impact assessment* são: o *Policy health impact assessment for the European Union*; o *HIA-NMAC – Health Impact Assessment In New Member States And Pre-Accession Countries*; o *The Effectiveness of Health Impact Assessment*; e o *Europe for health and wealth: Impact assessments in improving population health and contributing to the objectives of the Lisbon Strategy*.

mente um elevado nível de proteção (artigos 168.º do TFUE e 35.º da CDFUE)[142]. Trata-se, portanto, de um princípio transversal material que impõe uma *obrigação de fim* (*Zielverpflichtung*), da qual decorrem, para a União Europeia, deveres de respeito e proteção, substantivamente densificados quanto à respetiva intensidade, alcance (qualitativo e quantitativo) e âmbito de incidência ou extensão.

Com efeito, a União Europeia fica diretamente impedida de pôr em causa um nível elevado de saúde, mas também adstrita à adoção de medidas para obviar a que tal aconteça por ação de terceiros[143]. O que quer que se venha a entender por *nível elevado de saúde*, a expressão comporta, logo de imediato, duas implicações fundamentais: por um lado, requer um esforço no sentido de superar os resultados meramente *medianos*, nomeadamente a obtenção de índices médios apenas bons ou aceitáveis, em matéria de saúde; por outro lado, e em contrapartida, não exige uma *maximização* da eficácia, prescindindo de apelar a uma *otimização* do nível de saúde, semelhante à intendida noutros preceitos.

Com efeito, não vale[144] para o direito à saúde um *princípio de proteção mais favorável*[145]. Ora, ao preterir este *Optimisierungsgebot*, condiciona-se mais claramente a proteção da saúde ao desenvolvimento técnico, às condições económicas e à direção (*Rechnung*) viável em contexto de diferenciação sistémico-funcional. No entanto, a repetição do princípio nos dois artigos primaciais do direito da saúde da União Europeia[146] produz um desejado efeito

---

[142] Como bem sublinha A. Nußberger, empregou-se uma expressão (*wird sichergestellt*, na versão alemã) assumidamente mais forte do que a fórmula *reconhece* e *respeita* (*anerkennt und achtet*), utilizada noutros artigos para vincar a necessidade de medidas ativas – v. Angelica Nussberger, "Artikel 35.º – Gesundheitsschutz", *in* Peter J. Tettinger/Klaus Stern (Hrgs.), *Kölner Gemeinschaftskommentar zur Europäischen Grundrechte-Charta*, München, 2006, pp. 586-594.

[143] Ou seja: a União não dispõe de competências para proceder a uma harmonização dos vários sistemas de saúde. Contudo, assaca-se-lhe o dever de garantir, no âmbito das suas competências neste domínio, um elevado nível de proteção da saúde, o qual integra, no mínimo, uma proibição de omissão e uma *obrigação de criação, organização e modelação* de *media* adequados à realização dessa tarefa (*Gestaltungsauftrag*).

[144] Em sentido estrito e rigoroso.

[145] Cf. Alessandra Silveira, *Princípios de Direito da União Europeia*, *cit.*; Mariana Rodrigues Canotilho, *O Princípio do Nível Mais Elevado de Protecção em Matéria de Direitos Fundamentais*, policopiado, Coimbra, 2008.

[146] Em teoria, os artigos 35.º da CDFUE e 168.º do TFUE.

SAÚDE

de *super-mainstreaming*[147] graças ao qual se robustece e alarga a vinculação jurídica à proteção da saúde[148].

Significa isto que nem se chega ao ponto de pretender a garantia do *melhor nível de proteção* de saúde possível – quaisquer que fossem as condições de possibilidade pressuponendas e os meios de mensuração empregues – nem se tem por bastante *um qualquer empenho na proteção* da saúde; faz-se antes necessário ter em conta as exigências associadas a um *subido* (mas não *superlativo*) nível protetivo. Ganha, assim, relativa autonomia, um princípio de proteção elevada, a meio caminho entre a pura e simples tutela (não predicada) e a proteção mais elevada (garantida, em termos principiais, quanto a outras matérias).

Em todo o caso, numa leitura horizontal, há de conjugar-se esta cláusula com as suas homólogas em matéria de proteção ambiental e de proteção do consumidor, assim entretecendo, do modo mais profícuo possível, as dimensões objetivas da terceira geração de direitos. Ao mesmo tempo, sendo certo que a garantia de um elevado nível de proteção de saúde perpassa todas as ações e políticas da União, na qualidade de *objetivo secundário* a prosseguir (Nußberger), ela ressuma sobretudo nas atividades *primacialmente* colimadas à sua tutela, talqualmente elencadas no artigo 168.º.

d) Em terceiro lugar, a despeito de quanto se assertou, a intervenção direta da União Europeia nesta matéria rege-se por um princípio da *subsidiariedade* que acarreta um obséquio pelas soluções nacionais em matéria de proteção da saúde[149]. Salda-se, por outro lado, num conjunto de ações sobretudo (embora não só) *complementares*. O mesmo equivale a dizer que, por princípio, a União Europeia atua para suprir faltas dos Estados, com o intuito de os coadjuvar e secundar – e não de os substituir ou de harmonizar as diversas disposições legislativas e regulamentares que produzam nos seus territórios. No entanto, e como vimos, tal não impede que se produza direito com forte percussão no setor da saúde.

---

[147] J. KENNER, *apud* TAMARA K. HARVEY, "We Don't See Connection: The 'Right to Health' in the EU Charter and European Social Charter", *in* Gráinne de Búrca/Bruno de Witte (eds.), *Social Rights in Europe*, Oxford University Press, Oxford 2005, p. 315, nota 59.

[148] V. *ibidem*, p. 315

[149] Pode falar-se aqui de uma *cláusula de subsidiariedade* especialmente reforçada, por ação conjunta dos artigos 2.º, n.º 5, 6.º, alínea *a)*, e 168.º, n.º 7, do TFUE.

DIREITO DA UNIÃO EUROPEIA – ELEMENTOS DE DIREITO E POLÍTICAS DA UNIÃO

2.2.1.3. Capítulos fundamentais

Temos, então, que o direito da saúde, em sentido amplo, pode ser organizado e internamente subdividido, de acordo com diferentes critérios, desde as *bases de competência* invocadas até aos *destinatários das exigências*, passando pelos tipos de *efeitos produzidos*[150]. Inclinamo-nos, neste passo, para um critério tendencialmente *objetual*, que atenda aos *objetos* versados pela regulação, ou seja, aos pedaços de realidade a que se reporta.

Assim sendo, cuidaremos, primeiro, da *saúde pública* e do *direito à saúde*, atentas as componentes coletiva e individual, objetiva e subjetiva do bem em causa, e, depois, ocupar-nos-emos do direito dos *agentes de saúde*, desde os assalariados aos profissionais e às entidades ou estabelecimentos prestadores de serviços; seguir-se-á uma alusão ao direito que disciplina a *provisão de saúde* propriamente dita (fazendo o percurso inverso do anterior, *i. e.*, das práticas para os atores), antes de passarmos ao direito dos *produtos de saúde* (dispositivos médicos e fármacos); concluiremos com o direito da *informação* e da *privacidade*, e o direito da *investigação científica* na saúde.

2.2.2. O direito da saúde *da* União Europeia, em especial

2.2.2.1. Saúde pública[151]

2.2.2.1.1. Direito primário

Retomando, não sem risco de alguma repetição, as considerações tecidas a respeito das relações genéricas entre a União Europeia e a saúde, importa principiar pelo núcleo central das preocupações a tal propósito manifestadas: a *saúde pública*. Por sobre outras referências genéricas e mais esparsas, o artigo 168.º – que esgota o Título XIV, dedicado ao assunto[152] – define o

---

[150] V. os materiais coligidos em ANDRE DEN EXTER/TAMARA K. HERVEY, *European Union Health Law: Treaties and Legislation, cit.*, sem obediência a um critério percetível ou pelo menos explícito (circunstância que talvez reflita a dificuldade em sistematizar todas as matérias segundo um princípio ordenador uniforme). De feito, sucedem-se ali os capítulos sobre *direitos humanos, saúde pública, segurança do paciente e proteção do consumidor, mobilidade dos pacientes, mobilidade profissional* e *regulação do local de trabalho* e *medicamentos*.

[151] MARTIN MCKEE/TAMARA HERVEY/ANNA GILMORE, "Public health policies", *in* Elias Mossialos/ /Govin Permanand/Rita Baeten/Tamara K. Hervey (eds.), *Health Systems Governance in Europe*: The *Role of European Union Law and Policy, ob. cit.*, pp. 231-281.

[152] ANTÓNIO CORREIA CAMPOS, "A Saúde Pública – artigo 168.º", *in* Manuel Lopes Porto e Gonçalo Anastácio (coord.), *Tratado de Lisboa Anotado e Comentado*, Almedina, Coimbra, 2012, pp. 709--712; v. também a anotação ao artigo 168.º do TFUE em CHRISTIAN CALLIESS/MATTHIAS RUFFERT,

1006

SAÚDE

âmbito e *natureza* da intervenção da União Europeia e o respetivo *conteúdo*, determina os *moldes de atuação dos órgãos comunitários* competentes e estabelece o *tipo de atuação dos Estados e da União face ao exterior*, esclarecendo igualmente as *responsabilidades dos Estados-Membros*.

Deste modo, a ação da União tem uma natureza *complementar* e incide *(i)* sobre a melhoria da saúde pública, *(ii)* a prevenção de doenças e afeções humanas e *(iii)* a redução das causas de perigo para a saúde física e mental. Como exemplos de ação, o preceito aduz a luta contra os grandes flagelos, o fomento da investigação sobre as respetivas causas, formas de transmissão e prevenção, a informação e educação sanitárias, a vigilância, alerta e combate das ameaças graves para a saúde com dimensão transfronteiriça e, por fim, a redução dos efeitos nocivos da droga sobre a saúde, nomeadamente através da informação e prevenção (que foi autonomizada no 3.º § do n.º 1 do artigo 168.º)[153].

A atuação da União consistirá *principalmente* no *incentivo (i)* à *cooperação* entre os Estados-Membros e *(ii)* à *colaboração* que estabeleçam no sentido de aumentarem a complementaridade dos serviços de saúde localizados em regiões fronteiriças. No entanto, cabe-lhe também *articular a coordenação* entre os Estados nos domínios mencionados.

Olhando em pormenor aos vários órgãos/instituições da União Europeia, temos que à *Comissão* incumbe articular e promover a coordenação de políticas e programas encetada pelos Estados-Membros, no segundo caso

---

EUV/EGV: das Verfassungsrecht der Europäischen Union mit Europäischer Grundrechtecharta: Kommentar, 4. Aufl., München, C.H. Beck, 2011.

[153] Quer isto dizer que a noção de saúde pública usada em epígrafe deve entender-se de modo amplo para abranger as sobreditas medidas preventivas ou, pura e simplesmente, que as referências à saúde humana, por marginais, não justificam pura e simplesmente uma autonomização? Como quer que seja, não há como rebater a presença de orientações normativas referentes à saúde das pessoas concretas, ainda que traduzida em ações genéricas ao nível das raízes etiológicas, muitas vezes coletivas, das doenças – donde, eventualmente, a sua inclusão neste artigo. Para além disso, lembre-se que a saúde das pessoas ou de determinadas categorias específicas de pessoas (*v. g.*, trabalhadores, consumidores) deve ser considerada no âmbito das políticas de emprego e segurança social, de ambiente e de trabalho. Com efeito, compete à União Europeia apoiar e completar a ação dos Estados-Membros no tocante à melhoria do ambiente de trabalho, exigida pela proteção da segurança e da saúde dos trabalhadores (artigo 153.º), bem como incentivar a coordenação das ações que eles levem a cabo no domínio da proteção contra doenças profissionais e da higiene no trabalho. O concurso para a proteção da saúde justifica-se ainda instrumentalmente, com vista à promoção dos interesses dos consumidores (artigo 169.º), ao mesmo tempo que a política ambiental a encara como um objetivo (artigo 191.º, todos do TFUE).

1007

DIREITO DA UNIÃO EUROPEIA – ELEMENTOS DE DIREITO E POLÍTICAS DA UNIÃO

com recurso a todas as iniciativas adequadas[154]; do *Parlamento* espera-se um acompanhamento das iniciativas, devendo por isso ser plenamente informado de todas as matérias; relativamente ao *Conselho*, pode formular recomendações para os fins enunciados no presente artigo, sempre sob proposta da Comissão.

Pelo que diz respeito à produção jurídico-normativa, prevê-se – em derrogação do artigo 6.º, alínea *a*)[155], bem como do artigo 2.º, n.º 5[156] – que o Parlamento e o Conselho, após Consulta do Comité Económico e Social e do Comité das Regiões, adotem, segundo o procedimento legislativo ordinário, medidas que concorram para a realização dos objetivos colimados pelo artigo vertente, de modo a enfrentar os desafios comuns em matéria de segurança[157].

O Tratado confere também legitimidade aos órgãos em causa para, exatamente nos mesmos termos, adotarem três tipos de medidas, duas delas concernentes a problemas de saúde transfronteiriços: *(i)* as relativas à vigilância, ao alerta e ao combate das ameaças graves para a saúde que não se confinem ao território de um dos Estados; *(ii)* aqueloutras, ditas de incentivo, destinadas a proteger e melhorar a saúde humana, designadamente através da luta contra os grandes flagelos que ultrapassam fronteiras; e, por fim, *(iii)* as que – sem pretensões de uniformização (ou sequer harmonização) – tenham por objetivo direto a proteção da saúde pública face aos fenómenos do tabagismo e do alcoolismo.

Ademais, e ainda no plano do direito plasmado nos Tratados, admite-se que a saúde pública seja arguida pelos Estados-Membros para justificar exceções, reservas e limites às liberdades constitutivas do mercado interno.

---

[154] *V. g.*, mediante a definição de orientações e indicadores, a organização de intercâmbios das melhores práticas e a preparação de elementos necessários à vigilância e avaliação periódicas.

[155] O qual circunscreve a intervenção da União em matéria de proteção e melhoria da saúde humana a ações de apoio, coordenação e complemento da ação dos Estados-Membros.

[156] Preceito este que afasta a possibilidade de os atos juridicamente vinculativos adotados pela União no âmbito de incidência desse tipo de competências importarem a harmonização das disposições legislativas e regulamentares dos Estados-Membros nos domínios em causa.

[157] Referimo-nos, por um lado, à definição de normas de elevada qualidade e segurança, seja para os órgãos e substâncias de origem humana, o sangue e os derivados do sangue (e sem prejuízo das medidas de proteção mais estritas que os Estados mantenham ou pretendam introduzir), seja para os medicamentos e dispositivos destinados ao uso médico e, por outro lado, à adoção de medidas, nos domínios veterinário e fitossanitário, que tenham diretamente por objetivo a proteção da saúde pública.

SAÚDE

Na verdade, ela constitui, desde logo, um fundamento para a imposição de proibições ou restrições à importação, à exportação ou ao trânsito de mercadorias[158]. No entanto, tais restrições estão sujeitas a um controlo de necessidade, adequação e proporcionalidade, requerendo dos Estados--Membros a demonstração de que existe risco para a saúde, de que a medida tem efetivamente o objetivo e o efeito de proteger a saúde e de que a limitação que acarreta para o comércio entre os Estados-Membros não excede o necessário para alcançar o fim visado.

A saúde pública serve também de justificação para limitações à liberdade de circulação de trabalhadores (artigo 45.º, n.º 3), bem como para a criação de regimes especiais aplicáveis aos estrangeiros, que ponham em causa a liberdade de circulação dos serviços, seja na vertente do direito de estabelecimento (artigo 52.º), seja na vertente de prestação de serviços (*ex vi* artigo 62.º). Em rigor, as primeiras constituem reservas ou limitações – e não exceções – a uma preexistente liberdade de circulação dos trabalhadores da União Europeia, justificadas por uma determinada condição pessoal e, como tal, sujeitas a uma interpretação e aplicação restritivas[159].

Quanto às demais medidas nacionais que restrinjam as liberdades fundamentais asseguradas pelo Tratado, só procederão se reunirem cumulativamente três requisitos, a saber, a sua proporcionalidade, carácter não discriminatório e justificação à luz de razões imperativas de interesse geral.

2.2.2.1.2. Direito secundário

De entre a profusa legislação tida por interessante à saúde pública, deve salientar-se o direito emitido no quadro do combate (*a*) ao *tabagismo* e (*b*) às *doenças contagiosas* e a produção jurídica em matéria de (*c*) garantia da *qualidade (i) do sangue, (ii) dos órgãos, (iii) dos tecidos e das células*[160].

---

[158] João Mota de Campos/João Luiz Mota de Campos, *Manual de Direito Europeu: O sistema Institucional, a Ordem Jurídica e o Ordenamento Económico da União Europeia*, 6.ª ed., Wolters Kluwer/Coimbra Editora, Coimbra, 2010, p. 547.

[159] Assim, exatamente, Miguel Gorjão-Henriques, *Direito da União Europeia, cit.*, p. 600. A Diretiva 64/221/CEE procurou esclarecer o regime desta causa de justificação das limitações ao direito fundamental de circulação, tendo sido concretizada entre nós pela Lei n.º 37/2006, de 9 de agosto, que, entre outras coisas, define as afeções relevantes para este efeito. Subsistem no entanto alguns problemas no que toca à sua invocação, dada a impossibilidade de proceder a controlos fronteiriços internos e a exigência de comprovação, por parte do Estado, de que a doença é anterior à entrada no seu território – v. *ibidem*.

[160] Mais recentemente, deteta-se uma preocupação crescente com as *doenças raras* e a *obesidade*.

DIREITO DA UNIÃO EUROPEIA - ELEMENTOS DE DIREITO E POLÍTICAS DA UNIÃO

a) No primeiro caso, destaca-se a legislação sobre a produção e a publicidade do tabaco.

A *Diretiva relativa aos produtos de tabaco* (2001/37/CE, de 5 de junho de 2001) estabelece um conjunto de regras sobre a confeção, apresentação e comercialização de produtos tabágicos, incluindo cigarretas, tabaco de enrolar, tabaco para cachimbo, cigarros, cigarrilhos e outras formas, não fumáveis, de tabaco (como o tabaco oral, de mascar e de inalar). Fixa limites máximos para a tara e os níveis de nicotina e monóxido de carbono das cigarretas, exige que a indústria do tabaco informe os Estados-Membros acerca dos ingredientes usados nos seus produtos, impõe a inscrição de avisos de saúde nos pacotes/maços de tabaco e bane descrições que sugiram a menor lesividade para a saúde de um determinado produto, como acontece com a designação *light* (leve, suave)[161].

Quanto à publicidade ao tabaco e ao patrocínio das tabaqueiras na televisão, foram proibidos logo em 1989, na sequência da Diretiva 89/552/CEE, de 3 de outubro de 1989 (televisão sem fronteiras), mais tarde substituída pela *Diretiva relativa aos serviços de comunicação social audiovisuais – 2010/13/UE, de 10 de março de 2010*, que alargou a interdição a todas as formas de comunicação comercial audiovisual.

Através da *Diretiva relativa à publicidade ao tabaco – 2003/33/CE, de 26 de maio de 2003*, a União Europeia proibira já a publicidade e o patrocínio transfronteiriço em outros meios de comunicação (abrangendo a imprensa, a rádio, a *internet*) e o patrocínio de eventos como os Jogos Olímpicos ou as corridas de *Fórmula 1*. Ficou também vedada a distribuição gratuita de tabaco nos ditos eventos. A interdição compreende formas de publicidade e patrocínio cujo objetivo ou efeito, ainda que indireto, seja o de promover um produto de tabaco.

Entretanto, o Conselho emitiu uma Recomendação – *2003/54/CE, de 2 de dezembro de 2002* – sobre a prevenção do tabagismo e as iniciativas para melhorar o controlo do tabaco, ao passo que a Comissão se pronunciou sobre

---

[161] Reconhecendo a necessidade, há muito sentida, de atualizar a legislação sobre a matéria, de modo a adaptá-la às evoluções do mercado e aos mais recentes progressos científicos, em dezembro de 2012, a Comissão Europeia enviou uma proposta de diretiva revista ao Conselho e ao Parlamento Europeu (na qualidade de corresponsáveis pela legislação pertinente).

SAÚDE

o assunto em maio de 2008, através da publicação de um relatório sobre a implementação da diretiva sobre a publicidade do Tabaco[162].

b) No que concerne às doenças contagiosas, boa parte da atenção europeia concentrou-se na SIDA e na BSE [encefalopatia espongiforme bovina, vulgarmente conhecida como doença da vaca louca]. A luta contra a SIDA e as suas consequências consta dos programas de saúde pública da União Europeia, tendo gerado considerável reflexão e estudo. Do ponto de vista jurídico, deu azo a uma justificada preocupação com o impacto que a doença pode ter na liberdade de movimento das pessoas, por um lado, e com as garantias de segurança e qualidade do sangue (constantemente usado nos tratamentos de saúde), por outro lado, tendo mesmo conduzido à aprovação de algumas diretivas relevantes (de que se falará no seguimento).

Quanto à BSE – ligada a alguns dos mais gritantes falhanços da regulação comunitária –, serve bem para ilustrar os cuidados a ter em matéria de controlo alimentar, tendo estado na origem do direito europeu sobre o assunto. Na verdade, a 28 de janeiro de 2002, o Parlamento e o Conselho adotaram o Regulamento (CE) n.º 178/2002, que enuncia os *princípios e requisitos gerais do direito da alimentação*[163].

c) Por fim, sendo cada vez maior o número de terapias que recorrem a tecidos e células bem como a sangue humano, compreende-se a preocupação em eliminar os inerentes riscos de infeção com doenças como a hepatite ou o HIV. Para esse efeito, a União Europeia tem produzido legislação destinada a garantir a qualidade e segurança do sangue, tecidos e células.

i. No que toca ao sangue, as normas de referência datam dos anos noventa, mas a partir de 2000 sucederam-se as intervenções normativas, designadamente em matéria de *dispositivos médicos que incorporam derivados estáveis do*

---

[162] Em dezembro de 2012, na sequência de uma consulta pública, a Comissão propôs novas regras sobre o fabrico, a apresentação e a comercialização dos produtos de tabaco, com o objetivo de os tornar menos atrativos para os jovens. O regime deverá entrar em vigor por volta de 2015-2016.
[163] O diploma visa fornecer uma moldura que fomente a coerência na aproximação ao desenvolvimento da legislação alimentar, servindo de quadro geral para as áreas que não se encontrem cobertas por regras especificamente harmonizadas e em que o funcionamento do mercado interno seja garantido por reconhecimento mútuo. Nessa ótica, formula um conjunto de definições e obrigações que abarcam todas as fases de produção e distribuição, designadamente um acervo de princípios gerais (análise de riscos, precaução, proteção dos interesses dos consumidores) e de princípios de transparência (consulta pública e informação aos cidadãos).

DIREITO DA UNIÃO EUROPEIA – ELEMENTOS DE DIREITO E POLÍTICAS DA UNIÃO

sangue ou do plasma humanos[164], *produtos medicinais para uso humano*[165], *parâmetros de qualidade e segurança para a colheita, teste, processamento, armazenamento e distribuição de sangue e plasma humanos*[166], *requisitos técnicos para o sangue e suas componentes, parâmetros e especificações relativas a um sistema de qualidade para os estabelecimentos de sangue*[167], etc.[168]

ii. Relativamente aos órgãos, no intervalo temporal delimitado pelas *Comunicações* de maio de 2007[169] e de dezembro de 2008[170], foram aduzidas importantes *Conclusões* sobre o assunto[171], aprovada uma *Resolução*[172], definido um *Plano de ação* para o sexénio 2009-2015 (no quadro da cooperação reforçada entre os Estados-Membros[173]) e, enfim, proposta uma *Diretiva* sobre a *qualidade e segurança dos órgãos humanos destinados ao transplante*, que surgiu em julho de 2010, e passou a reger a matéria, com as correções efetuadas logo no mês de agosto do mesmo ano. Em 2012, a Diretiva 2012/25//UE, de 9 de outubro de 2012, propôs-se delinear alguns procedimentos de informação sobre a *troca de órgãos para transplante entre os Estados-Membros* e o Conselho decidiu pronunciar-se novamente acerca do assunto, emitindo um conjunto de *Conclusões* (2012/C 396/03) quanto à *doação e à transplantação de órgãos.*

---

[164] Em 13 de dezembro de 2000, a Diretiva 2000/70/CE, com data de 16 de novembro desse ano, veio emendar a Diretiva 93/42/CEE, relativa aos *dispositivos médicos que incorporam derivados estáveis do sangue ou do plasma humanos*

[165] A 28 de novembro de 2001 entrou em vigor a Diretiva 2001/83/CE, sobre o *Código Comunitário em matéria de produtos medicinais para uso humano*, mais tarde emendada pela Diretiva da 2005/61/CE com respeito ao disposto na Diretiva 2002/98/CE.

[166] A 3 de fevereiro de 2003, a Diretiva 2002/98/CE passou a definir *parâmetros de qualidade e segurança para a recolha, teste, processamento, armazenamento e distribuição de sangue e plasma humanos*, revendo a Diretiva 2001/83/CE.

[167] A Diretiva 2004/33/CE, de 22 de março de 2004, e a Diretiva 2005/62/CE, de 30 de setembro de 2005, procuraram implementar a Diretiva 2002/98/CE, em matéria de *requisitos técnicos para o sangue e suas componentes* e, bem assim, no tocante aos *parâmetros e especificações relativas a um sistema de qualidade para os estabelecimentos de sangue.*

[168] A Diretiva 2009/135/CE, de 3 de novembro de 2009, veio permitir derrogações temporárias de certos critérios de elegibilidade (previamente previstos para os dadores de sangue ou componentes de sangue no Anexo III da Diretiva 2004/33/CE contexto de um risco de escassez causado pela pandemia do H1N1).

[169] COM(2007) 275 final.

[170] COM(2008) 819/3.

[171] Conclusões n.º 15332/07 SAN 209.

[172] Resolução 2007/2210 sobre doação e transplantação de órgãos.

[173] Plano de Ação 2009-2015.

SAÚDE

iii. Também com relação às *células e tecidos* se deram passos no sentido da harmonização legislativa. Após um longo cortejo de tomadas de posição, resoluções legislativas, comunicações e opiniões de diferentes órgãos, a Diretiva 2004/23/CE, de 31 de março de 2004, fixou algumas *normas de qualidade e segurança em relação à dádiva, colheita, análise, processamento, preservação, armazenamento e distribuição de tecidos e células de origem humana.* Não decorreram sequer dois anos sem que nova Diretiva (2006/17/CE, de 8 de fevereiro de 2006) se propusesse implementá-la, enquanto uma outra intervenção normativa (2006/86/CE, de 24 de outubro de 2006) veio impor um conjunto de exigências em matéria de rastreabilidade e de notificação de reações adversas (consideradas sérias) e estatuir vários requisitos técnicos a propósito da codificação, processamento, preservação, armazenamento e distribuição dos tecidos e células.

2.2.2.2. Direito à saúde

2.2.2.2.1. O direito primário
a) Fundando-se a União Europeia no respeito pelos direitos humanos (artigo 2.º do TUE), compreende-se que do seu direito façam parte direitos fundamentais (artigo 6.º do TUE) e que todo o sistema jurídico comunitário deva ser interpretado em conformidade com esses padrões normativos. Por muito encarecida que tenha sido esta componente de jusfundamentalidade europeia, convém, porém, situá-la e dimensioná-la adequadamente, tanto mais que a sua concreta configuração se não furta a críticas incisivas.

Usando de uma noção muitíssimo ampla de fontes (em que se misturam pelo menos as tradicionais aceções instrumental e material), sói afiançar-se que os direitos da União Europeia se filiam na CDFUE, na CEDH e nas tradições dos Estados-Membros[174].

No entanto, apenas os direitos consagrados na CEDH e promanados das tradições dos Estados-Membros merecem a designação de *elementos constitutivos* do sistema jurídico da União Europeia. Quanto aos direitos, liberdades e princípios da Carta, são objeto de um mero *reconhecimento*, devendo ser interpretados[175] à luz do direito e jurisprudência do Conselho da Europa. Acresce, em segundo lugar, que a vinculação aos principais instrumentos da sua consagração não é suposto alterar as competências da União Europeia.

---

[174] O que inclui, bem se vê, tanto direito convencional, como *direito vivo*, doutrinalmente apurado.
[175] Por força do artigo 51.º da CDFUE, para que se remete no artigo 6.º, n.º 1, 3.º §, do TUE.

DIREITO DA UNIÃO EUROPEIA – ELEMENTOS DE DIREITO E POLÍTICAS DA UNIÃO

Finalmente, repare-se que os direitos da CEDH e as tradições comuns dos Estados-Membros valem no seio da União Europeia como princípios gerais. Ora, como aquela Convenção praticamente ignorou os direitos sociais, por um lado, e o apelo aos denominadores comuns tem o efeito constritor de um consenso mínimo por sobreposição, na prática os direitos fundamentais tendem a resumir-se à sua dimensão negativa. É certo que a acentuação da efetiva normatividade destes direitos, designadamente através da referência ao TEDH, significa uma conquista tudo menos desprezível. No entanto, apesar de considerados como princípios, vinca-se-lhes demasiado a matriz subjetivo-individual – como poderes ou faculdades tituladas por um sujeito de direito e invocáveis ou oponíveis perante os demais, se necessário e no limite, mediante a interposição de um terceiro com autoridade: o juiz. Esta insistência no predicado da imediata justiciabilidade só reforça a dissociação entre direitos que se prestam a uma mais imediatamente concretizadora interpretação jurisdicional (judicativo-decisória) e aqueloutros que implicam momentos de política deliberação determinativa, ou seja, a destrinça entre direitos de liberdade e sociais. Isto contra a doutrina e a jurisprudência que se vêm firmando a nível internacional acerca da respetiva inextricabilidade, bem como da generalizada complexidade estrutural dos direitos enquanto estatutos e posições jurídicas multifacetadas ou pluridimensionais.

Na presente circunstância, face à impossibilidade de recensear todo o direito dos Estados-Membros e de fazer uma resenha da jurisprudência do TEDH sobre matérias atinentes à saúde, usaremos como ponto de referência a CDFUE (porque originariamente nascida no quadro da União Europeia) e, dentro desta, o direito à proteção da saúde (artigo 35.º).

b) As referências pristinas a um específico *direito à saúde* datam dos idos de oitenta do século XX, quando a Comissão avançou um primeiro projeto de Carta dos Direitos dos Pacientes. A expressão aflorou esporadicamente, sem se enraizar, até ser plantada na Carta dos Direitos Fundamentais.

Na verdade, olhando para este documento, é lícito falar de *uma miniconstituição europeia em matéria de saúde*[176], cujos pináculos são constituídos basicamente pelos artigos 3.º e 35.º (embora integre outros preceitos).

Na ponderação e interação com outros bens relevam, por exemplo, as normas sobre a *dignidade* (artigo 1.º), a *vida* (artigo 2.º) e a *integridade* (artigo

---

[176] *Sic* – ANDRÉ DIAS PEREIRA, "Um Direito da Saúde para a Europa?", in *Debater a Europa (Periódico do CIEDA e do CIEJD, em pareceria com GPE, RCE e o CEIS20)*, n.º 2/3, janeiro/dezembro de 2010.

SAÚDE

3.º) – a primeira, servível para a delimitação mínima de um *conteúdo essencial* dos direitos (segundo a tradição metodológico-constitucional de muitos Estados-Membros[177]), e as demais, municiando a reflexão sobre as dimensões negativas ou defensivas da proteção da saúde, mormente face aos novos perigos representados pelos avanços científicos e técnicos na bioética[178].

O mesmo se poderia dizer dos direitos à *igualdade* e *não discriminação* (artigos 20.º e 21.º) que irradiam efeitos sobre todas as disposições da Carta e se refletem, com relação à saúde, quer na compreensão dos pressupostos ou fatores que a determinam, quer nos esquemas de resposta gizados e estruturados para acudir aos correspondentes problemas individuais ou coletivos[179].

---

[177] Ainda que nos suscite algumas reservas (desde logo porque preferimos ver na *dignidade* um *fundamento* e não tanto um específico *critério*).

[178] Para uma análise da fecunda interação com a tutela concedida a outros direitos e dos direitos subjetivos que a mesma pode gerar, v., as reflexões de S. Michaelowski, incidentes, em particular, sobre a proibição de tratamento desumano ou degradante (artigo 4.º), o direito à integridade da pessoa (artigo 3.º, n.º 1), o princípio do consentimento informado [artigo 3.º, n.º 2, alínea *a*)], a proibição de práticas eugénicas, a proibição da comercialização do corpo humano ou das suas partes e a proibição da clonagem humana reprodutiva [artigo 3.º, n.º 2, alíneas *b*), *c*) e *d*)] – v. SABINE MICHAELOWSKI, "Health Care Law", *in* Steve Peers/Angela Ward, *The EU Charter of Fundamental Rights: politics, law and policy*, Hart Publishing, Portland – Oregon, 2004, pp. 287-308.

[179] Quanto aos primeiros, v., por exemplo, a Comunicação *Solidariedade na saúde: reduzir as desigualdades no domínio da saúde na União Europeia* [COM(2009), 567], adotada pela Comissão. Nela se propugna a *distribuição equitativa* como elemento do desenvolvimento económico e social geral, defendendo um aumento do apoio à investigação sobre as desigualdades na saúde, e a organização de auditorias às políticas para verificar do seu impacto na matéria. Vale a pena lembrar, que, num documento de divulgação, lançado em 2012, a Comissão inventariou, como causas de desigualdade injusta, um conjunto de determinantes gerais da saúde – quais sejam, os problemas de emprego, o nível de riqueza, a proteção social e os sistemas de transferências –, discutindo, em especial, as questões centrais da despesa com cuidados de saúde e dos orçamentos, sob o pano de fundo da crise económico-financeira e da tematização do respetivo impacto. Registou também, com apreensão, três capitais expressões do problema em apreço, a saber, (1) as desigualdades entre os Estados-Membros e no seu interior de cada um deles, (2) as desigualdades entre grupos sociais e (3) a precariedade dos grupos mais vulneráveis.

Relativamente aos segundos, confirma-se facilmente que a igualdade releva nas opções político--jurídicas de financiamento, infraestruturação, organização e funcionamento dos sistemas de saúde e nas condições de acesso que estabelece: uma igualdade proporcional ou progressiva no primeiro caso (que é critério materializador da própria responsabilidade solidária pela vida em comunidade), civicamente paritária, quanto à titularidade dos direitos de acesso, e pessoal e concretamente proporcional à necessidade no que concerne às prestações de saúde propriamente ditas; mas também, compreensivelmente, uma igualdade que atua sobretudo pela negativa, mediante a proibição do arbítrio e a proscrição de tratamentos discriminatórios e não fundados naqueles

DIREITO DA UNIÃO EUROPEIA - ELEMENTOS DE DIREITO E POLÍTICAS DA UNIÃO

Há que considerar cuidadosamente a interação entre a igualdade (artigo 12.º), a proteção social (artigo 34.º) e a saúde (artigo 35.º) no tratamento das *liberdades de circulação* (artigo 45.º) *e de movimento*[180], designadamente da liberdade de receber e prestar serviços (já que a sua concretização depende da garantia daquelas primeiras relativamente a todos os prestadores e utentes da União, quaisquer que sejam os seus regimes de afiliação[181]). Estabelece-o, no seu n.º 2, o próprio artigo 34.º, que começa por atestar o reconhecimento e respeito pelo direito de *acesso às prestações de segurança social* e aos serviços sociais que concedem proteção em casos de doença, nos termos do direito da União e das legislações e prática nacionais, e o atribui nesses moldes a todas as pessoas que residam e se desloquem legalmente no interior da União[182].

Este acesso aos serviços de saúde bebe na copiosa doutrina dedicada aos *serviços de interesse económico geral* (espécie de síntese comunitária do *service public* e do *Daseinvorsorge,* que todavia muito se aproxima da conceção mais industrializante e economicista das *public utilities*). Com efeito, o reconheci-

critérios de igualdade e diferença tidos por juridicamente justos (cf. artigos 21.º e segs.). Daí que, desde o princípio deste século, a União Europeia tenha adotado basta e significativa legislação sobre a igualdade de tratamento e a não-discriminação em muitos aspetos da vida diária – desde o local de trabalho até à educação, passando pelos cuidados de saúde e o acesso a bens e serviços – de cuja fertilização recíproca, por exemplo, com as liberdades fundamentais, brotaram verdadeiros direitos subjetivos de *sabor* social.

[180] A *liberdade de trabalhar,* por exemplo (artigo 15.º).

[181] O Regulamento (CEE) n.º 1408/71 veio permitir a tutela dos trabalhadores migrantes (e seus dependentes) que se mudassem para outro país comunitário, embora o direito a tratamento fosse apenas admitido, nos casos excecionais de necessidade imediata, verificada durante a estadia no território de outro Estado-Membro (diga-se que estes casos de urgência estavam cobertos pelo famoso E-111, entretanto substituído pelo Cartão Europeu de Seguro de Doença). O artigo 22.º, n.º 1, alínea *c*), deste Regulamento disciplina, ao invés, o reembolso das despesas relativas a cuidados de saúde não urgentes prestados num outro Estado-Membro de acordo com as tarifas em vigor no Estado de acolhimento, subordinando-o à concessão, pela autoridade competente, de uma autorização prévia. Por regra, exigia-se uma *autorização prévia* da entidade responsável pelo pagamento para acionar a cobertura dos sistemas de proteção nacionais. Nestas condições, subordinar o reembolso de despesas médicas efetuadas num outro Estado-Membro à obtenção de uma autorização prévia constituía uma restrição à livre prestação de serviços, a menos que esta fosse exigida por aplicação do artigo 22.º, n.º 1, alínea *a*), do Regulamento.

[182] O artigo 34.º, porque regula a segurança e assistência social, também compreende o acesso a prestações em caso de doença. No entanto, os princípios são diferentes, visto que, por um lado, o artigo 34.º consagra sobretudo um direito de defesa e não uma pretensão jurídica positiva e, por outro, diz respeito apenas ao acesso a um sistema de segurança social e não às suas prestações, enquanto tais – assim, ANGELICA NUSSBERGER, "Artikel 35.º – Gesundheitsschutz", *cit.*

SAÚDE

mento da publicidade de um bem ou de um interesse cria obrigações quanto à sua provisão ou prossecução, sejam estas confiadas a entidades públicas ou cometidas a privados (assumindo o Estado, respetivamente, os papéis de prestador ou mero regulador/supervisor). Desses constrangimentos sobressaem as regras de um acesso equitativo, acessível, apropriado e de qualidade (artigo 36.º).

Outros artigos da CDFUE têm sido invocados conjuntamente com o artigo 35.º, acendendo-lhe novas luzes e desencadeando efeitos jurídicos não despiciendos. O artigo 7.º impõe restrições e fornece orientações negativas às medidas sanitárias e de saúde pública. O artigo 8.º rege em todo o domínio do acesso à informação clínica e do tratamento, divulgação e circulação de dados de saúde dos pacientes, nomeadamente na hipótese de cuidados prestados para além das fronteiras do Estado de afiliação. A liberdade de investigação e académica (artigo 13.º), quando referida ao setor da saúde, merece uma atenção especial, não só pelo seu mérito intrínseco e pela promessa de ganhos económicos e benesses sociais que encerra, mas também pelos riscos que envolve. Por sua vez, o direito à educação constitui hoje pedra fulcral na instituição de uma cultura de saúde, a que todos devem ter acesso e pela qual todos devem ser ensinados a sentir-se responsáveis (artigo 14.º). Dadas as inclinações laboristas[183] das tradições de socialidade em alguns países, a saúde figura ainda com destaque nas normas sobre direitos dos trabalhadores (artigos 31.º e 32.º, por exemplo). A segunda parte do artigo 35.º enleia-se igualmente com outras disposições que fazem de um elevado nível de proteção de certos bens uma tarefa da comunidade (é o caso dos artigos 9.º do TFUE e 37.º e 38.º da CDFUE[184])[185].

A interpretação do direito à proteção da saúde não pode apoiar-se apenas neste exercício de *localização* no *sistema de normas positivas* da Carta. Requer também uma ponderação de outros critérios jurídico-materiais com impacto na saúde – designadamente precedentes jurisdicionais e modelos doutrinais – e uma consideração aturada da *história* do preceito, das suas diferentes *versões linguísticas*, das disposições análogas existentes a nível local, regional,

---

[183] Com origens muito diversificadas: o caso inglês, não se confunde com o alemão, o italiano ou o dos países nórdicos. Portugal, conferindo ênfase aos trabalhadores, fá-lo sobretudo por inspiração antropológica e não de acordo com uma prática social.

[184] V. *ibidem.*

[185] Para uma análise dos artigos indicados, v. os comentários que lhe vão dedicados em ALESSANDRA SILVEIRA/MARIANA CANOTILHO (coord.), *Carta dos Direitos Fundamentais da União Europeia Comentada, ob. cit.*

DIREITO DA UNIÃO EUROPEIA – ELEMENTOS DE DIREITO E POLÍTICAS DA UNIÃO

nacional ou internacional, e dos fundamentos e *fins* do próprio *sistema* projetante do direito da União Europeia (e do caldo valorativo que o embebe). Tendo procurado fazê-lo noutra ocasião[186], pressupomos agora as perquirições então desenvolvidas, expondo sucintamente os resultados a que conduziram.

c) Consideremos, pois, de modo mais analítico, o *direito à proteção da saúde.*
i. *Titulares.* No que concerne à *titularidade* dos direitos consagrados na CDFUE vale um *princípio de universalidade.* No caso do acesso à prevenção em matéria de saúde e do benefício de cuidados médicos, o âmbito subjetivo-pessoal de referência extravasa o círculo delimitado pela cidadania dos Estados-Membros, abraçando também os cidadãos de Estados-terceiros que se encontrem, mesmo que ilegalmente, no território de um dos Estados da União[187]. O princípio da segunda parte do artigo, por sua vez, tem um jaez objetivo, não conferindo ou amparando posições jurídicas subjetivas, cuja titularidade oferecesse discussão.

ii. *Destinatários.* De acordo com o artigo 51.º, n.º 1, da CDFUE, os destinatários das obrigações correspondentes aos direitos reconhecidos pelo diploma são a União e os Estados-Membros quando atuem na realização do direito da União Europeia. Contudo, levando a sério a complexidade objetual e estrutural dos direitos fundamentais, há que diferenciar as várias dimensões que os constituem, se quisermos identificar os sujeitos passivos das obrigações delas defluentes. Antes, porém, temos ainda de escalpelizar bem o preceito em apreço.

Na verdade, a fim de iluminar as páginas que se seguem, convém antecipar considerandos que, em tese, melhor se inscreveriam numa análise do regime e efeitos gerais dos direitos fundamentais. Com efeito, tendo em conta, de um lado, as limitações que o princípio da juridicidade e da especialidade impõem à atuação da União Europeia, e, por essa via, ao âmbito de eficácia do seu direito, e, de outro, a intenção – enfaticamente declarada – de

---

[186] *Anotação ao artigo 35.º da Carta dos Direitos Fundamentais da União Europeia, cit.*
[187] É o que resulta: da *genealogia* do preceito (já que o mesmo foi criticamente discutido na Convenção antes de se optar pela formulação mais inclusiva); da sua *letra* (uma vez que se optou por uma referência expressa a "todas as pessoas" sem delimitar de modo algum o respetivo alcance, assim quedado dependente da demarcação do âmbito de competências normativas e aplicativas do direito da União); e da sua *'valiosa' finalidade* (pois que a matriz jus-humanista dos direitos fundamentais lhes confere uma *vis* expansiva, claramente universalizante).

SAÚDE

não o alargar (expandindo a pressuposta esfera de competências da União Europeia), através do recurso à CDFUE, muito do que se dirá no seguimento precisa de ser posto em adequada perspetiva, sob pena de mal-entendidos. Assim, propomo-nos discernir a estrutura, delimitar o objeto e densificar o mais possível o conteúdo normativo do direito aqui em causa, no pressuposto de que o potencial nele contido será tanto menos prejudicado pelas acanhadas balizas competenciais atualmente existentes na matéria, quanto mais se afirmar uma noção de cidadania europeia referida a uma rede complexa de proteção jusfundamental nacional, internacional e supranacional.

Em primeiro lugar, ao tomarem a União como destinatária, as obrigações da Carta incidem sobre todas as instituições elencadas no artigo 13.º do TUE. É o que parece decorrer da referência discriminada às *instituições, órgãos e organismos* daquela. Ficam assim sujeitas à CDFUE entidades muito diversas, incluindo organismos criados por atos de direito derivado como são as agências da União dotadas de personalidade jurídica.

Em segundo lugar, encontram-se vinculados à Carta os Estados-Membros quando apliquem direito da União Europeia. No entanto, impõe-se aqui uma extensão teleológica do preceito[188]. Por um lado – e segundo Alessandra Silveira –, *"a noção de Estado-Membro deve ser interpretada num sentido amplo, independentemente da distribuição territorial de poder e de competências decorrente da correspondente Constituição, e da qualidade com que o Estado esteja a agir – se a de empregador ou a de autoridade – a fim de evitar-se que o Estado-Membro possa tirar proveito da inobservância do direito da União Europeia"*[189]. Por outro lado e no seguimento, tem-se em vista tanto o Estado-legislador, como o Estado--administrador e o Estado-juiz. Daí que a aplicação do direito da União Europeia deva abranger tanto a atividade administrativa, como a legislativa e a judicial. Mas, porque nem os responsáveis pelas funções em causa são apenas e sempre, na prática, entidades públicas, nem o sentido juridicamente relevante desta aplicação se cinge à simples *execução* legislativa, administrativa ou judicial de direito da União Europeia, precisamos de ir um pouco mais longe.

---

[188] Normalmente apresentada sob a forma de uma interpretação extensiva das noções de Estado--Membro e de aplicação de direito da União Europeia utilizadas.
[189] V. ALESSANDRA SILVEIRA, "Artigo 51.º – Âmbito de aplicação", *in* Alessandra Silveira/Mariana Canotilho (coord.), *Carta dos Direitos Fundamentais da União Europeia Comentada, ob. cit.*, pp. 572 e segs.

DIREITO DA UNIÃO EUROPEIA – ELEMENTOS DE DIREITO E POLÍTICAS DA UNIÃO

Ora os artigos 51.º, n.º 1, e 52.º, n.º 2, não são conclusivos, quanto a uma eventual incursão de entidades privadas em responsabilidades derivadas dos direitos e do princípio contidos no artigo 35.º, mas contêm alguns indícios para a composição de uma resposta liminar. Indiscutida, somente a tese de que as entidades privadas apenas se acham vinculadas *nos mesmos termos* quando atuem no exercício de funções públicas em execução do direito da União ou se se reconhecer efeito horizontal às normas dos Tratados comunitários.

No tocante aos pontos de contacto com a área de competências da União Europeia e com a esfera de aplicação do seu direito – que acionam a responsabilidade jus-unionista dos Estados-Membros, submetendo-os à CDFUE –, os problemas mostram-se ainda mais complexos.

A posição usual (e mais cautelosa), nesta matéria, foi recentemente expressa pela Comissão: "*A Carta aplica-se aos Estados-Membros quando estes aplicam o direito da União Europeia. O factor de conexão de uma alegada violação da Carta com o direito da União Europeia dependerá da situação concreta. Por exemplo, existe um factor de conexão se a legislação nacional de transposição de uma directiva da União Europeia for incompatível com os direitos fundamentais, se uma autoridade pública aplicar o direito da União Europeia sem respeitar os direitos fundamentais ou se a decisão definitiva de um tribunal nacional aplicar ou interpretar o direito da União Europeia de forma incompatível com os direitos fundamentais (...) Se uma autoridade nacional (administração ou tribunal) violar direitos fundamentais estabelecidos na Carta ao aplicar o direito da União Europeia, a Comissão pode submeter a questão ao Tribunal de Justiça da União Europeia. A Comissão não é um órgão judicial nem um tribunal de recurso contra decisões de tribunais nacionais ou internacionais. (...) Sempre que uma pessoa ou uma empresa considerar que uma medida das instituições da União Europeia que as afecta directamente viola os direitos fundamentais consagrados na Carta, pode apresentar o seu caso ao Tribunal de Justiça da União Europeia, que, em determinadas condições, tem competência para anular essa medida. A Comissão não tem competência para analisar as queixas relativas a matérias que não são abrangidas pelo âmbito de aplicação do direito da União Europeia. Isto não significa necessariamente que não haja violação dos direitos fundamentais. Se a situação não disser respeito ao direito da União Europeia, cabe exclusivamente aos Estados-Membros garantir o cumprimento das suas obrigações em matéria de direitos fundamentais*"[190]. Em suma, o padrão de jusfundamentalidade europeu no

[190] Comissão, *Relatório de 2011 sobre a Aplicação da Carta dos Direitos Fundamentais da União Europeia*, Serviço das Publicações da União Europeia, Luxemburgo, 2012.

SAÚDE

que toca à saúde pode ser invocado sempre que uma das entidades atuando no exercício de poderes públicos interfira com o âmbito de aplicação do direito da União Europeia. Contudo, engana-se quem julga poder encerrar de novo na *lâmpada* o *génio* libertado pelo progressivo reconhecimento do papel seminal dos direitos fundamentais na União Europeia, dos diferentes *standards* protetivos que caldeiam a respetiva ordem jurídica e, em particular, da atribuição de carácter vinculativo à CDFUE.

Com efeito, a natureza fundacional e estruturante dos direitos fundamentais provindos do direito internacional e das tradições nacionais e elevados a princípios gerais da União Europeia, a natureza constitucional da CDFUE e dos direitos que contém, e a jurisprudência comunitária, *inter alia*, sobre a *substância dos direitos*, os efeitos indiretos das diretivas, o combate à *discriminação inversa* e, portanto, acerca dos efeitos horizontais dos direitos fundamentais, puseram em marcha uma indisfarçável metamorfose da União e do direito da União Europeia.

Antes da transposição de uma diretiva, não apenas podem ser invocadas as disposições suficientemente precisas e determinadas que encerre, como devem os Estados-Membros abster-se de adotar medidas que de algum modo se afastem das diretrizes definidas pela legislação europeia. No caso *Mangold*[191], aplicaram-se diretamente direitos fundamentais, enquanto princípios gerais de direito da União Europeia, com o argumento de que já existia uma diretiva para os exprimir (ainda que não transposta). O mesmo aconteceu no caso *Kücükdeveci*[192]. Ambos ajudam a lançar luz sobre o eventual impacto da diretiva sobre os cuidados transfronteiriços, apesar de todas as cautelas de que esta procurou rodear-se[193].

Por outro lado, de acordo com a doutrina firmada nos casos *Akberg Fransson* e *Melloni*[194], mesmo as medidas puramente nacionais devem submeter-se à CDFUE se tal for necessário para garantir o nível de proteção dos direitos fundamentais, assegurado pela União Europeia, ou por mor da primazia, unidade e efetividade do direito da União. De forma subtilmente revolucionária, quer neste último aresto, quer nos Acórdãos *Zambrano*[195] e

---

[191] Acórdão (TJUE) *Werner Mangold v. Rüdiger Helm*, de 22 de novembro de 2005, proc. C-144/04.
[192] Acórdão (TJUE) *Seda Kücükdeveci v. Swedex GmbH & Co. Kg*, de 19 de janeiro de 2010, proc. C-555/07.
[193] Levando, desde logo, a perguntar pela respetiva conformidade com a CDFUE.
[194] Casos *Aklagaren v. Akerberg Fransson* (de 26 de fevereiro de 2013, proc. C-617/10) e *Stefano Melloni v. Ministerio Fiscal* (de 26 de fevereiro de 2013, proc. C-399/11).
[195] De 8 de março de 2011, proc. C-34/09.

DIREITO DA UNIÃO EUROPEIA – ELEMENTOS DE DIREITO E POLÍTICAS DA UNIÃO

Dereci[196], foi-se mesmo ao ponto de reconhecer a aplicação dos *standards* de proteção jusfundamental constantes da Carta a situações tidas por *internas*. Assim se procurou contrariar a tendência, há muito denunciada, para favorecer os *cidadãos dinâmicos* – que atuam no exercício das liberdades da União Europeia e, por essa via, passam a beneficiar do direito da União, nomeadamente em matéria de direitos – em detrimento dos *cidadãos estáticos*, que se manteriam dependentes da tutela, ainda que pior ou mais frouxa, concedida pelos respetivos Estados. À proteção do direito da saúde garantida a nível nacional e internacional, somar-se-ia agora a tutela assegurada pela União Europeia, cujo primado sobre o direito nacional não pode, contudo, levar a um recuo nos níveis já atingidos. Para Armin von Bogdandy, trata-se de reverter a doutrina do caso *Solange*, considerando que os Estados devem reger-se pelo seu próprio padrão de proteção jusfundamental, contanto que assegurem a essência dos direitos fundamentais tutelados pela União com base na cidadania europeia.

As coisas não são muito diferentes no caso da saúde, embora (1) a própria União Europeia remeta para os Estados o grosso da competência (designadamente no que respeita aos sistemas de provisão), (2) se faça depender a determinação normativa do parâmetro europeu das próprias soluções estaduais e (3) se repudie expressamente o princípio da proteção mais elevada (relevante – não só mas também – para a dirimição dos conflitos entre diferentes *standards* de tutela). Afinal de contas, também neste plano, a profusão de regulamentos e de diretivas com impacto na saúde estendeu a sombra do direito europeu sobre o setor, multiplicando os pontos de contacto – mais ou menos direto – com o direito da União Europeia; ao mesmo tempo, a circulação dos cidadãos, dos trabalhadores, dos prestadores e dos produtos de saúde ao abrigo das liberdades económicas contribuiu também para o incremento exponencial das situações internacionais. A propagação da cultura jusfundamental, a preocupação em salvaguardar efetivamente o conteúdo substancial dos direitos, a paulatina densificação axiológica da cidadania europeia (como substrato das posições subjetivas que aqueles reconhecem ou conferem) e a consequente horizontalização dos respetivos efeitos fazem o resto. Em particular, a Diretiva sobre cuidados transfronteiriços, a despeito da sua pretensa contenção, constituir-se-á facilmente num poderoso elemento de conexão entre a União e o setor da saúde, convocando assim os direitos fundamentais pertinentes. Daí que se descerrem novos

---

[196] De 15 de novembro de 2011, proc. C-256/11.

SAÚDE

horizontes e perspetivas, ao dissecar os direitos e o princípio abrigados no artigo 35.º, considerando-os na plenitude da promessa jurídica que deles se desentranha, mesmo que falha, por ora, de adequados meios e modos de efetivação[197]. A CDFUE reforça assim a responsabilidade primária dos Estados-Membros pela tutela da saúde, mas acaba por definir um patamar de proteção que, além de vincar a necessidade de prevenção e prestação de cuidados, pressupõe, com isso, uma panóplia de exigências implícitas, diminuindo, por conseguinte, a esfera de livre conformação estadual (ao exigir, no mínimo, uma justificação probante para eventuais decaimentos daquele *standard*). Por outro lado, ao mesmo tempo que define competências negativas da União Europeia, lança a semente da sua responsabilização, secundária ou indireta, pelo cumprimento das próprias obrigações dos Estados, pelo menos no que respeita ao padrão instituído pela Carta. Uma responsabilidade que tenderá a germinar à medida que a comparação e o entrosamento crescente dos sistemas jurídicos nacionais e regionais os for submetendo ao direito da União Europeia. Em suma, a diluição das fronteiras entre direito nacional e direito da União Europeia cria um efeito de envolvimento dos titulares e destinatários deste direito à saúde, que nos autoriza a explorar em todas as suas possibilidades as propriedades anatómicas do direito de aceder à prevenção e de beneficiar de cuidados médicos.

Assim, na sua faceta meramente negativa, como liberdade ou *imunidade* (direito a não agressão), o direito à proteção da saúde comporta uma obrigação passiva universal, impendente sobre quem quer que se encontre em condições de perturbar ilicitamente, sejam as medidas de prevenção implementadas pelos Estados, seja o acesso aos cuidados. Contudo, dele descende igualmente uma obrigação estadual de *proteger* (*Schutzpflicht*) umas e outras.

Quanto às eventuais responsabilidades por provê-las (e às correspondentes dimensões *participativas em sentido amplo* ou até *propriamente prestativas* do direito), assim como elas se não deduzem claramente do preceito, permanece de igual sorte intransparente o sujeito passivo concreto sobre o qual recaem. O que até se compreende e aceita, dada a diversidade de sistemas de saúde existentes na União e a circunstância de o presente artigo, decerto respaldado nesse assumido, não pretender senão garantir o desimpedimento

---

[197] Foi o que ensaiamos fazer (sem hipóteses de extrinsecarmos então estas pré-compreensões) na nossa análise do artigo 35.º, inserida nos Comentários à CDFUE coordenados por Alessandra Silveira e Mariana Canotilho.

DIREITO DA UNIÃO EUROPEIA – ELEMENTOS DE DIREITO E POLÍTICAS DA UNIÃO

das medidas de prevenção e cuidado efetivamente adotadas nos Estados-Membros, sejam elas quais forem e como quer que o sejam.

Pelo que respeita ao princípio contido na segunda frase, já nos pronunciámos a seu tempo, sendo apenas de realçar, num breve acrescento, que a circunstância de poder ser *cumprido*, tanto através de atos legislativos e executivos, tomados por instituições, órgãos e organismos da União, como por meio de atos dos Estados-Membros (quando apliquem direito da União no exercício das respetivas competências), se reveste de especial significância, dado o elevado grau de interpenetrabilidade que se verifica não só entre as ordens jurídicas dos Estados e da União, mas também entre as respetivas administrações.

iii. *Objeto.* Do artigo 35.º não se desprende uma noção precisa de saúde, discutindo-se, por conseguinte, se todas as alusões a este bem possuem conteúdo, alcance e âmbito semelhantes, ou se se referem, disjuntivamente, aos serviços de saúde (*Gesundheitswesen*), à saúde individual (*Gesundheit*), ou à proteção da saúde (*Gesundheitsschutz*). Várias hipóteses têm sido aventadas, seguindo diferentes linhas argumentativas que não podemos desenrolar aqui em toda a sua extensão.

Uma primeira possibilidade consiste em interpretar a noção de saúde de acordo com o amplo significado que a OMS lhe emprestou.

A esta perspetiva *maximalista* contrapõem-se as teses de que a noção de saúde *acolhida* neste âmbito deve ser construída, ou a partir da saúde pública (tutelada no artigo 168.º) ou da mera integridade física (com guarida no artigo 3.º). Entre o direito subjetivo negativo e o bem (economicamente) público por excelência abre-se, todavia, um enorme intervalo, onde cabe boa parte do sumo especificamente jurídico-social dos direitos ditos de segunda geração.

Outra alternativa passaria por admitir uma referência diferenciada à saúde não só no seio da União Europeia, como no âmbito deste artigo, em particular.

Propendemos para uma versão qualificada deste último entendimento, curando de ressalvar, todavia, que não se busca, com isso, uma mistura de definições irreconciliavelmente contrastantes da saúde, tratando-se antes e apenas de pressupor e convocar, sem quebra de coerência, distintas facetas ou vertentes de um bem inegavelmente pluridimensional e caleidoscópico, de modo a desenhar vários círculos de significação no interior da conhecida noção de saúde, forjada pela OMS, e que tem grande curso na esfera pública global. No fundo, trata-se de recuperar a noção de saúde, inicialmente esboçada, como ponto de partida, estudando, depois, quais dos seus aspetos obtêm proteção entre os conteúdos normativos-jurídicos da União: se o *status negativus*, *activus*, ou *positivus* (*socialis* ou não), se as dimensões individuais ou coletivas.

iv. *Natureza, estrutura e conteúdo normativo*. A CDFUE albergou o direito à proteção da saúde num capítulo devotado à solidariedade, emparceirando-o com direitos usualmente reconhecidos como sociais, sejam eles coletivos ou individuais, sejam complexos e multidimensionais (ainda que não contenham propriamente direitos a prestações sociais em sentido estrito)[198].

No entanto, convém distinguir os direitos de acesso à prevenção e fruição dos cuidados médicos do transversal princípio da elevada proteção, que participa da componente social da União, enquanto *complexo de programas, estru-*

[198] A amálgama criada não destoa da confusão característica de muitos outros cardápios de putativos direitos sociais, o que se explica pelo desconcerto, ainda vincente, no que toca aos critérios de determinação da socialidade do direito (indissociável, por sua vez, da própria indefinição em torno dos contornos e dintornos desta última categoria). Temo-nos esforçado por imprimir alguma clareza a esta paisagem dogmática, dando-lhe ao mesmo tempo um mínimo de profundidade ou relevo, necessário para que retrate com fidelidade as anfractuosas linhas topográficas do terreno jurídico que toma por modelo. Neste passo, abdicando de retomar algumas das elocubrações efetuadas, inclusive a este propósito específico, para as desenvolver até às últimas consequências, remetemo-nos a uma simples repetição de um postulado também anteriormente aventado, à laia justamente de provisório interruptor de uma indagação de outro modo longa e esgotante. Exatamente o de que, conquanto o bem saúde compreenda dimensões exorbitantes do núcleo duro da socialidade – a saber, o *status positivus socialis* –, constitui lugar-comum no discurso e na prática jurídicas enquadrá-lo na categoria dos direitos sociais, sejam estes recortados em termos históricos, axiológicos e teleológicos ou estruturais e analíticos. Por esta razão – junto da qual pesam os argumentos alinhados, mais acima, para dar cobertura jurídica à solidariedade – não devemos coibir-nos de caracterizar o direito à saúde como um *direito de solidariedade* ou um *direito social*, mesmo que a União Europeia apenas o pressuponha tratado, erigido e cumprido, *qua tale*, ao nível dos Estados-Membros. Quanto aos direitos sociais, tendo em vista respetivamente a CEDH, a União Europeia em geral e a CDFUE, v. Julia Iliopoulos-Strangas, "Soziale Grundrechte", *in* Detlef Merten/Hans Jürgen Papier (Hrsg.), *Handbuch der Grundrechte in Deutschland und Europa VI/1: Europäische Grundrechte I*, vol. 6, CF. Müller, Hüthig Jehle Rehm, Heidelberg/München/Landsberg//Frechen/Hamburg, 2010, pp. 299 e segs.; Eberhard Eichenhofer, "Soziale Rechte", *ibidem*, pp. 825 e segs.; e Christine Langenfeld, "Soziale Grundrechte", *ibidem*, pp. 1117 e segs. Cf., também, Thorsten Kingreen, "Soziale Grundrechte" (§18), *in* Dirk Ehlers (Hrsg.), *Europäische Grundrechte und Grundfreiheiten*, De Gruyter Lehrbuch, 3. Auflage, Walter de Gruyter, 2009, pp. 640 e segs.; e Cécile Fabre, "Social Rights in European Constitutions", *in* Gráinne de Búrca, Bruno de Witte (eds.), *Social Rights in Europe*, Oxford University Press, Oxford 2005, pp. 15-28.

turas, objetivos e recursos financeiros (Lucarelli)[199]. Ali teríamos, apesar de tudo, o vislumbre de *individual entitlements*, (*Individualrechte*) e aqui somente uma *mainstream obligation, i. e.*, um dever não relacional, defluente de um *Zielbestimmung*, que adscreve uma finalidade benquista à atuação dos órgãos e instituições dos Estados-Membros. O que justifica três curtos esclarecimentos adicionais. Trata-se de um princípio jurídico que, sem ir ao ponto de definir e assinar uma tarefa positiva aos seus destinatários, tão-pouco se conclui numa simples *máxima programática*. Acresce que, como já vimos, segundo J. Kenner e T. Hervey, a preferência pela repetição do teor do artigo 168.º, em detrimento de uma simples remissão, visa produzir um efeito de *super--mainstreaming*[200] graças ao qual se robustece e alarga a vinculação jurídica à proteção da saúde[201]. Por fim, em estrita conformidade com o artigo 52.º, n.º 5, o princípio só atua junto dos tribunais no domínio da interpretação da Carta e nas escolhas sobre a sua adequação jurídica (*Rechtmassigkeit*) e já não como medida empregável na política de saúde dos Estados-Membros.

Quanto aos dois direitos previstos na primeira parte do artigo, carecem de uma inspeção meticulosa, impossível de empreender neste curto espaço. De resto, os constrangimentos normalmente impostos pelo registo próprio da comentarística, de um lado, e a escassa atenção despertada por um preceito até há pouco tido por não vinculativo, do outro, explicam, em boa parte (embora sem escusarem de todo) a parcimónia das investigações desenvolvidas a este propósito. Neste bosquejo, cingimo-nos a um punhado de ideias.

Assim, o artigo 35.º postula diretamente um direito de aceder à prevenção em matéria de saúde e de beneficiar de cuidados médicos, de acordo com as legislações e as práticas nacionais (ou as condições que estas estabeleçam). Contrariamente ao que sucede em disposições similares, a Carta não se queda aqui pelo *reconhecimento e respeito* de um direito cuja existência se admite como meramente eventual. Significa isto que – em tese e no âmbito de aplicação do direito da União Europeia – a própria União Europeia se considera vinculada (adstringindo também os Estados-Membros que atuem sob o mesmo amplexo) à existência destes dois direitos, pese embora a con-

---

[199] ALBERTO LUCARELI, "La protezione della salute (art. 35)", *in* Raffaele Bifulco/Maria Cartabia/Alfonso Celotto (a cura di), *L'Europa dei Diritti: Commento alla Carta dei Diritti Fondamentali dell'Unione Europea*, Il Mulino, Bologna, 2001, p. 246.
[200] J. KENNER, *apud* TAMARA K. HARVEY, "We Don't See Connection: The 'Right to Health' in the EU Charter and European Social Charter", *cit.*, p. 315, nota 59.
[201] V., *ibidem*, p. 315.

SAÚDE

creta configuração a dar-lhes permaneça dependente das diversas legislações e práticas estaduais. Com esta última asserção, porém, não apenas se convoca uma vaga noção de *direito vivo* e de *praxes* ou costumes nacionais na matéria (à guisa de dados essenciais para o preenchimento do conteúdo pretensivo de tais direitos), como se pressupõe a criação e a normativa e prática modelação dos esquemas de prevenção e de provisão destinados à satisfação do direito proclamado pela União. E isto tanto mais quanto (1) se não alude apenas a medidas preventivas discretas mas à prevenção, em geral, e (2) se não pode conceber o benefício de cuidados médicos, apesar do seu efeito individualizador, sem qualquer regulação constitutiva e estruturadora (mesmo que se trate de um mercado) subjacente. Ou seja, graças a esta remissão, reforça-se a obrigação estatuída – quanto ao *an* da prevenção e da provisão de cuidados – com a pressuposição implícita das prestações normativas e fácticas necessárias à respetiva determinação e realização[202]. De forma resumida: como quer que se conceba e modele a estrutura genérica desses direitos e o seu concreto conteúdo (efeitos, regime), à partida dir-se-ia recair sobre os Estados um *dever de facere*, que se resolve na realização de prestações (decerto também elas normativas e fácticas) de *instituição*, de *modelação* e de *implementação* de um qualquer esquema de prevenção e de provisão de cuidados a que todas as pessoas possam aceder e de que todas possam beneficiar respetivamente. Daí que se delineie também, em traços esvaídos, um correspetivo *direito prima facie* à emissão das referidas disposições normativas e ao desenvolvimento das práticas mencionadas (ainda que, até agora, normalmente ativado apelas pelas situações de mobilidade que convocam o direito da União Europeia).

Todavia, os requisitos pressuponendos não se ficam por aqui. Uma cuidada consideração do *tempo* estende as exigências feitas para além de um simples momento inaugural do sistema de resposta concretamente erigido. Resulta do direito a aceder à prevenção e de beneficiar dos cuidados que os subjacentes esquemas e medidas de profilaxia e cura devem ser mantidos e preservados. Daqui decorre uma dupla obrigação para os Estados-Membros e entidades públicas destinatárias: de *omissão* ou *abstenção* de comportamentos lesivos (verdadeiro *Abwehrechte*) e de proteção ou defesa contra ameaças de terceiros – quando não mesmo (devido à concatenação com outros direitos consagrados na Carta) de positiva garantia da sua efetivação em deter-

---

[202] Ou – segundo as formulações italiana, francesa e espanhola – intervenções legislativas e factuais que estabeleçam as condições desse acesso e benefício.

DIREITO DA UNIÃO EUROPEIA – ELEMENTOS DE DIREITO E POLÍTICAS DA UNIÃO

minadas condições (*v. g.*, de igualdade), no que constitui exemplo de um verdadeiro *Schutzpflicht*.

Em resumo, independentemente da concreta conformação dos direitos em causa, ninguém pode ser impedido, sem fundamento, de aceder à prevenção e de beneficiar dos cuidados médicos que forçosamente terão de existir. Aos Estados compete zelar por que assim seja.

Como consequência, constituem transgressões de um direito com estas características: a completa omissão de medidas, normativas e fácticas, de criação, regulação, regulamentação e implementação de programas ou ações de prevenção em matéria de saúde ou de prestação de cuidados médicos, bem como das intervenções que visem a sua defesa e proteção; e a prática de atos potencialmente constrangedores ou obstrutores do correspondente acesso e benefício por parte das pessoas.

Após estas considerações gerais, cumpre analisar, *a se stante*, cada um dos direitos.

Ora, a União Europeia começa por declarar um *direito de aceder à prevenção em matéria de saúde*, que pede um trabalho de dissecação, no intuito de se lhe descobrir a estrutura e o conteúdo[203]. Importa saber que direito é este, em que consiste, que tipo de poderes ou faculdades confere e que modalidades de obrigações ou exigências correspetivamente implica.

Adiantou-se há pouco que se trata, antes do mais, de um direito negativo ao qual corresponde um dever de respeito ou omissão. Os Estados não podem limitar ou suprimir o direito de cada um aceder à prevenção, em matéria de

---

[203] Ora, apesar do relevo meramente indiciário do elemento gramatical, não podem ignorar-se as variações linguísticas que o texto conhece. Com efeito, as formulações oscilam entre o *direito à prevenção sanitária* previsto na versão espanhola e o *direito ao acesso à prevenção da saúde* do texto germânico. Sendo assim, sai um pouco relativizada a diferenciação introduzida por alguns intérpretes entre os *direitos a* e os *direitos de*, por um lado, e entre os direitos ao bem em vista e a um simples acesso a esse bem, por outro. O mesmo vale, aliás, para as divergências em relação a este último, apesar da distância que separa uma aparentemente mais estreita *prevenção sanitária* (ocorrente no espanhol e no italiano) da mais ampla *prevenção da saúde* (*Gesundheitsvorsorge*) alemã, ou da intercorrente menção inglesa a *cuidados de saúde preventivos*. Pelo meio, deteta-se ainda uma ligeira oscilação na referência ao termo intermediador entre o direito e a prevenção, com o alemão a preferir o substantivo *acesso*, o inglês facilitado na sua tarefa pelo duplo significado (substantivo e verbal) de *access* e o italiano, o francês e o português a privilegiarem o verbo *aceder*. Só o realçamos porque as diferentes línguas dispõem de expressões mais próximas entre si, o que não pode deixar de conferir algum significado às escolhas feitas. Contudo, a dispersão e desordenação dos sinais que se pretendessem emitir com tais opções não consente conclusões unívocas. Aconselha-se, portanto, a assunção, como mero ponto de partida, de um significado primário mais amplo, no qual caibam as diferentes variantes (sem prejuízo da análise que seja depois feita a partir de cada uma delas).

SAÚDE

saúde. Porém, quando combinado com outras disposições da Carta (direito à vida, à integridade física e à igualdade), à luz dos fundamentos, fontes e fins do direito da União Europeia (atenta sobretudo a sua veia jusfundamental), este direito permite sustentar outras posições jurídicas subjetivas de índole, espessura, intensidade e pregnância diversificadas. Assim, quando conjugado com o princípio da igualdade, interdita limitações indiscriminadas e injustificadas do acesso igual de todos às medidas preventivas (dever de defesa), exige a garantia de acesso universal a prestações iguais (dever de proteção) e requer até a criação e vertebração de instituições aptas à realização dessas obrigações (dever de promoção). O mesmo, aliás, já deflui de uma análise acurada da faculdade de *acesso*, reconhecida e conferida pela União, bem como da *prevenção* tida em vista garantir.

Como se disse, o *acesso* não implica apenas a interdição de empecimentos injustificados. Leva implícita a existência do acedido e dos meios de acessão propositados. Por outro lado, estando em causa, como é mister, um direito de aceder efetivamente – ou seja, uma verdadeira possibilidade real e não uma simples oportunidade[204] –, o acesso precisa de ser convenientemente *qualificado*, como de resto vem sucedendo a nível internacional e transnacional. O direito de aceder à prevenção requer, pois, a existência de iniciativas de profilaxia, e a inerente disponibilidade de infraestruturas, meios, programas e ações, juntamente com a respetiva *acessibilidade informativa* (sobremaneira importante neste caso), *geográfica* e *económica*, em condições de continuidade e não discriminação[205]. Com uma consequência adicional: a garantia destas condições pode inclusive acarretar a realização de prestações positivas de proteção. Ao menos quando esteja em causa o princípio da igualdade, o direito de aceder determina não apenas a omissão de discriminações no acesso, como também o adimplemento das prestações tidas por necessárias para impedir ou corrigir um tratamento discriminatório ocorrido ou em curso.

Pelo que concerne à *prevenção*, importa saber se o direito consagrado funda uma pretensão do indivíduo à criação e manutenção das condições de vida, ambiente e trabalho que não ponham em risco a saúde. Segundo Tamara Hervey, todas as ações nesse sentido cabem efetivamente no regaço

---

[204] Mais do que o contido ou comedido *Recht auf Zugang* da versão alemã dá a entender.
[205] Para um aprofundamento, v. o nosso "Access to Health Care between Rationing and Responsiveness: Problem(s) and Meaning(s)", in *Boletim da Faculdade de Direito da Universidade de Coimbra*, vol. LXXXVIII, tomo I, 2012.

do conceito amplo de *preventive health care*. Entre nós, a referência à prevenção parece conferir maior latitude ao conteúdo deste direito. No entanto, quando se fala em direito de aceder à prevenção, parece ter-se em vista a possibilidade de um comportamento pessoal finalizado à obtenção de um *quid* especificável (ou a que correspondam medidas, ações, iniciativas ou programas traduzidos em prestações individualizadas) e não tanto a atuação genérica que os Estados desenvolvem, ao nível dos fatores, nomeadamente estruturais (sociais, ambientais), que influenciam a saúde.

Também a respeito do *direito a beneficiar de cuidados* o cotejo das várias versões se revela esclarecedor da apontada falta de uniformidade.

O texto italiano deu preferência a um assertivo direito de obter cuidados em detrimento do direito *a* beneficiar de cuidados médicos, corrente na linguagem comum, mas equívoco no contexto jurídico (considerados os sentidos do termo *benefício*) e no domínio médico, onde vale um específico princípio de beneficência. Mais discrepante se afigura a caracterização do objeto deste benefício, que vai da mera *atenção sanitária* (espanhol), ao simples *tratamento médico* (inglês). Tendo defendido noutra ocasião o significado da *atenção* como conteúdo de um princípio normativo das estruturas de provisão e prestação social (de modo a isolar e salientar este momento específico de auscultação, no *processus* de realização dos direitos sociais), estamos em crer que a referência aos cuidados é a mais conseguida, embora a sua predicação deixe um pouco a desejar. Bem se sabe, hoje em dia, que os cuidados de saúde extrapolam em muito os atos médicos, envolvendo uma série de prestações administrativas e fácticas (preparatórias, instrumentais e secundárias) longe de despiciendas.

Em todo o caso, deparamo-nos, aqui, com uma *sibilina* pretensão jurídica de realização, que requer a prática de atos materiais específicos (cuidados médicos), embora em condições de tempo, espaço, quantidade, qualidade e abrangência não imediatamente especificadas e, portanto, carecidas de determinação político-legislativa (em geral) e prático-normativa (em particular), por parte dos Estados-Membros (já que a União não dispõe de competências para a efetivar). Todavia, com o previsível aumento da influência do direito da União Europeia no setor da saúde e a desejável evolução no sentido de se garantir uma verdadeira efetivação da CDFUE, a União Europeia, como destinatária da obrigação (mas ao mesmo tempo limitada pelo respeito da autonomia estadual na matéria), deverá cada vez mais empenhar-se em garantir o preenchimento do conteúdo pretensivo do direito, de acordo, pelo menos, com as condições existentes em cada Estado ou por eles

SAÚDE

prescritas. Prefigura-se, portanto, uma liberdade de conformação estadual vinculada à satisfação dos direitos e, nessa medida, uma verdadeira responsabilidade daqueles e da própria União (em segunda linha), face aos cidadãos; de tal sorte que se proporciona inclusive uma leitura *aggiornata* da categoria empregue pelo artigo 168.º[206]. Além disso, do direito a beneficiar de cuidados médicos dimanam também obrigações de respeito e de proteção, nos termos explanados, pelos quais a União deveria responder em última instância, quando se verificassem violações por parte dos Estados-Membros ou de terceiros[207].

v. *Efeitos/Regime*. A Carta contém, na sua parte final[208], um conjunto de normas em que se define um *regime geral*[209] para todos os direitos que aloja.

[206] O direito de beneficiar de cuidados implicaria também uma faculdade de participar (*Teilhaberecht*), em sentido amplo, nos sistemas de provisão de saúde organizados pelos Estados, co-implicando um direito às necessárias prestações normativas (*Leistungsrechte*) que cada Estado-Membro, no exercício das suas competências, entenda adotar com vista à respetiva criação, estruturação e conformação. Ao mesmo tempo, constitui-se em remota fundação de eventuais direitos derivados de prestação (a cuidados médicos e medicamentosos) conformados pela legislação e prática nacionais e equiparados a verdadeiros direitos a prestações fácticas (*Leistungsrechte im engeren Sinne*). V. MARIA LUÍSA DUARTE, "A União Europeia e os Direitos Fundamentais – Métodos de Protecção", in *Portugal-Brasil Ano 2000*, Stvdia Ivridica, Coimbra Editora, 1999, pp. 27 e segs. Para J. C. Wichard, o direito, tanto quanto garantido pela Carta, é vazio (*leer*), sendo preenchido materialmente pelas determinações dos Estados-Membros; daí que as prestações em concreto possam divergir no seu alcance e modo (*Art und Umfang*) de país para país. Todavia, a despeito da folgada margem de apreciação que o princípio concede aos órgãos da União Europeia, trata-se, ainda assim, de uma cláusula justiciável, que impõe uma *Gesundheitsverträglichkeitsprufing*: na fundamentação dos atos jurídicos têm de ser tidos em conta os interesses da proteção da saúde – cf. JOHANNES CHRISTIAN WICHARD, "GRCh, Art. 35, [Gesundheitsschutz]", *cit.*, p. 1694. Segundo Lucarelli, a estrutura pretensiva dos direitos sociais coloca-os de facto na dependência de infraestruturas de saúde idóneas ao fornecimento das prestações preventivas ou curativas ocorrentes – v. ALBERTO LUCARELI, "La protezione della salute (art. 35)", *cit.*

[207] Exigir-se-ia, por conseguinte, um trabalho permanente de monitorização das ações levadas a cabo pelos Estados-Membros.

[208] Sobre esta escolha, v. ANTÓNIO VITORINO, *Carta dos Direitos Fundamentais da União Europeia*, Principia, Cascais, 2002.

[209] Referimo-nos às normas dos artigos 51.º a 54.º, nas quais se estatui acerca do âmbito subjetivo e material da Carta e suas disposições, das respetivas fontes e finalidades, regras de interpretação e restrição e, bem assim, acerca da repartição e dos limites de atribuições e competências entre Estados-Membros e União quanto à sua implementação. Para uma análise circunstanciada, v. as anotações aos artigos 51.º, 52.º e 53.º da CDFUE (as duas primeiras da autoria de Alessandra Silveira e a última saída da pena de Mariana Canotilho), integradas em ALESSANDRA SILVEIRA/MARIANA CANOTILHO, *Carta dos Direitos Fundamentais da União Europeia Comentada*, *ob. cit.*, p. 572. Para a pers-

DIREITO DA UNIÃO EUROPEIA – ELEMENTOS DE DIREITO E POLÍTICAS DA UNIÃO

Daquelas, bem como das *Anotações*[210] ao diploma elaboradas sobretudo por pressão do Reino Unido, se retiram algumas prestimosas achegas para a determinação da juridicidade, vinculatividade e sancionabilidade do direito à proteção da saúde, e, portanto, para a dilucidação das dúvidas mais candentes acerca da respetiva invocabilidade, aplicabilidade direta e jurisdicionabilidade (e, não menos, acerca dos efeitos que desencadeia, das funções que cumpre e dos fins que visa alcançar).

A proteção da saúde prevista no artigo 35.º está desde logo garantida contra restrições pelos princípios da *reserva de lei*, da *proporcionalidade* e do respeito pelo *conteúdo essencial*, correspondentes aos tradicionais *limites dos limites* aos direitos fundamentais. Adaptados à situação presente, estes parâmetros significam a admissibilidade das restrições ao direito da saúde, mas, do mesmo passo, a obrigação de sujeitá-las a *previsão legal* e a um duplo teste de proporcionalidade e de garantia de um núcleo indispensável de proteção[211]. Apenas as intervenções necessárias, adequadas e proporcionadas à prossecução de outros objetivos de interesse geral e à proteção de outros direitos por parte da União, que não ponham em causa o conteúdo fulcral do direito à saúde, estarão em condições de superar a prova[212].

De acordo com as alíneas do artigo 52.º, n.º 1, o *conteúdo mínimo essencial* deve ser materializado por referência às fontes substantivas de onde proceda o direito em causa, sejam elas a CEDH, as tradições nacionais, ou a própria Carta. Neste caso, em virtude da situação original do direito à saúde consagrado no artigo 35.º – sem um direto homólogo na CEDH ou eventualmente filtrado a partir das diferentes experiências nacionais – e falto de grande desenvolução no texto da CDFUE, os padrões a considerar não resultam muito claros. Sempre se diria, porém, a partir deste último diploma – sem perder de vista algumas lições da jurisprudência do TEDH[213], da doutrina

---

petiva oficial, mais conservadora, v. Comissão Europeia, *Relatório de 2011 sobre a Aplicação da Carta dos Direitos Fundamentais da União Europeia, cit.*

[210] Cf. 2007/C 303/02, disponíveis em português no endereço *http://eur-lex.europa.eu/pt/treaties/dat/32007X1214/ht m/C 2007303PT.01001701.htm.*

[211] Como sempre, o problema reside no apuramento da natureza restritiva das intervenções normativas, quando a respetiva competência permanece com os Estados e os direitos não têm contornos, nem dintornos definidos.

[212] Sobre a densificação jurisprudencial, v. a Anotação ao artigo 52.º.

[213] A jurisprudência do TEDH, interessante à saúde, prende-se acima de tudo com os artigos 2.º, 3.º, 6.º e 8.º da CEDH. De acordo com o Tribunal, o direito à vida (artigo 2.º) não funda apenas uma pretensão à abstenção de medidas contra a vida, mas também, e principalmente, um direito a medidas de proteção positiva (*Schutzmassnahmen*), nos casos, como o dos testes atómicos, que envolvem

SAÚDE

e dos tribunais nacionais –, que a conjugação com os artigos 2.º, 3.º e 26.º delimita algo genericamente um núcleo irredutível deste direito, sem cujo respeito se incorre numa violação. Integram-no a proteção das medidas preventivas e curativas indispensáveis à preservação da vida (e à paliação possível da dor insuportável), providenciadas em condições não discriminatórias. Para além disto, convém recordar que as Anotações à CDFUE referem o artigo 35.º à CSE[214] e à Carta dos Direitos dos Trabalhadores[215]. No entanto, apenas na medida em que leve em conta a doutrina elaborada a propósito (sobretudo) daquela primeira – sem embargo do seu carácter não autoritariamente vinculativo –, poderá a remissão iluminar um pouco o sentido normativo do preceito, de modo atualizante e numa perspetiva teleológica[216].

situações de perigo (*L.C.B. v. Reino Unido*, Nr. 14/1997/798/1001). Por sua vez, entendeu-se que havia violação do artigo 3.º no caso de falta de tratamento médico a presos toxicodependentes [*McGlinchey e outros v. Reino Unido*, Nr. 50390/99 (29/7/2003)] ou também em caso de extradição ou reenvio de doente com sida, quando no país de origem não há tratamentos disponíveis (embora as exigências de prova sejam aqui bastante apertadas, como é óbvio). Do artigo 6.º retirou-se a garantia de um processo justo nos litígios vertentes sobre a realização do direito à saúde [*Feldbrugge v. Holanda*, 1986, serie A, n.º 99, e série B, n.º 82; *van Kück v. Alemanha*, Nr. 25968/97 (12/6/2003). Por fim, do artigo 8.º desimplicaram-se alguns *direitos derivados a prestações*, designadamente em casos de recusa de tratamento médico a doentes esquizofrénicos [*Bensaid v. Reino Unido* – Nr. 44599/98 (6/2/2001)] ou a transexuais com troca de identidade [*Van Kück v Alemanha* – Nr. 35968/97 (12/6/2003)].

[214] V. O artigo 11.º da CSE prevê que as partes, em ordem a assegurar o exercício efetivo do direito à proteção da saúde, se empenhem em adotar, seja diretamente, seja com a cooperação das organizações públicas ou privadas, medidas aptas a: 1) *eliminar*, quanto possível, as causas de uma saúde deficiente; 2) *prever* serviços de consulta e de educação pelo que concerne à melhoria da saúde e ao desenvolvimento do sentido e da responsabilidade individual em matéria de saúde; 3) *prevenir*, na medida do possível, as doenças epidémicas, endémicas e outras.

[215] Trata-se, porém, de uma simples *declaração solene*, que fixa os grandes princípios sobre os quais se funda o modelo europeu de direito do trabalho. Como tal, visa sobretudo a promoção do emprego e a melhoria das condições de vida e de trabalho. A este respeito, o artigo 10.º declara que todo o trabalhador deve beneficiar de condições satisfatórias de proteção da saúde e da segurança, no seu ambiente de trabalho. Na CDFUE, a mesma preocupação foi acolhida, no artigo 31.º, como uma dimensão da garantia de condições de trabalho justas e equitativas.

[216] V. Esc SECRETARIAT, *The Right to Health and the European Social Charter*, march, 2009; e TAMARA K. HERVEY, "We Don't See Connection: The 'Right to Health' in the EU Charter and European Social Charter", *in* Gráinne de Búrca/Bruno de Witte (eds.), *Social Rights in Europe, ob. cit.*, p. 323 (que aqui seguimos de muito perto). Ao apreciar da conformidade das leis e práticas nacionais com a *Carta Social Europeia*, proferindo *conclusões* sobre os *relatórios nacionais* e *decisões* sobre as reclamações ou *queixas coletivas*, o *Comité Europeu dos Direitos Sociais* desenvolve um trabalho a que muitos Autores atribuem índole jurisprudencial, se não mesmo judicial.

DIREITO DA UNIÃO EUROPEIA - ELEMENTOS DE DIREITO E POLÍTICAS DA UNIÃO

Uma vez estabelecido o conteúdo essencial, o problema que se coloca é sobretudo o de saber se pode ser invocado, *i. e.*, se goza de aplicação imediata. Por outras palavras: identificados os titulares e os destinatários do direito à saúde, e demarcado o seu âmbito material de eficácia, sobra a questão de se saber *perante quem*, em última instância, podem os primeiros invocá-lo contra os segundos. Alcandorados a ordenação primária da União Europeia, os direitos podem, por princípio, ser invocados perante os órgãos jurisdicionais da União. As dificuldades especificamente suscitadas pelo carácter pretensivo dos *direitos de solidariedade* não devem confundir-nos, proporcionando em vez disso uma boa oportunidade para desfazer equívocos. Afinal de contas, como vimos enfatizando, a juridicidade do direito não se reduz à respetiva justiciabilidade, mesmo que nela tenha um sinal da mais cumprida efetivação jurídica[217]. Deste modo, os direitos fundamentais sociais são verdadeiros direitos – vinculativos, sancionáveis[218] e (ao menos em parte) passíveis de invocação e realização em juízo; simplesmente, à semelhança do que se passa também com alguns direitos de liberdade, não se acham, na maior parte dos casos, totalmente preenchidos e determinados, pelo que não são imediatamente *self-executing*. No caso do direito à saúde, salientou-se inclusive que, uma vez coadunado com outras disposições (como o artigo 21.º, n.º 1), o mesmo se mostra apto a alicerçar verdadeiras posições jurídicas subjetivas judicialmente determináveis. Razão pela qual ousámos preconizar a substituição da imprecisa e incorreta expressão *não justiciável* por referências à não exequibilidade e executabilidade (*non self-executing*)[219].

Ao mesmo tempo, a rede de especialistas europeus já esclareceu que a própria *principialidade* não coincide, por definição, com a *injusticiabilidade*,

---

[217] De resto, numa perspetiva pós-positivista, predicado identificador da juridicidade é a mera sancionabilidade, enquanto *suscetibilidade* de efetivação, axiológico-normativa e prático-problematicamente reclamada. E assim como a possibilidade de sanção não coincide com a coatividade, também a adstringência do direito não se reduz à vinculatividade específica da lei, apoiada na presunção de autoridade de que goza em virtude da sua legitimação democrática e expressão potestativa. Como consabido, esta impostação das coisas, que temos tentado adaptar ao direito público, vem sendo há muito veiculada pelo Senhor Doutor Castanheira Neves e os seus mais diretos discípulos na Escola de Coimbra, os Doutores F. J. Pinto Bronze e J. M. Aroso Linhares.

[218] Veja-se, por exemplo, o papel desempenhado pela *Agência dos Direitos Sociais* na monitorização e controlo do respeito pelos direitos – PHILIP ALSTON, "The Contribution of the EU's Fundamental Rights Agency to the Realisation of Economic and Socials Rights", *in* Philip Alston/Olivier de Schutter (ed.), *Monitoring Fundamental Rights in the EU: The contribution of the Fundamental Rights Agency*, Hart, 2005.

[219] V. LUÍS MENESES DO VALE, "Artigo 35.º – Protecção da saúde", *cit.*, p. 434.

1034

SAÚDE

pelo que os princípios se distinguem de direitos autoexecutáveis apenas quanto ao *modo* ou ao *grau* e não quanto à possibilidade ou suscetibilidade de invocação perante uma autoridade judicial. No mesmo ensejo, declarou igualmente que nem a União Europeia nem os Estados-Membros, ao atuarem no âmbito do direito da União, podem adotar medidas claramente inconsistentes com algum dos princípios reconhecidos na Carta. Em compensação, do artigo 52.º, n.º 5, extrai-se a necessidade de incitar as instituições e corpos da União Europeia a promulgarem legislação e a adotarem medidas executivas, suscetíveis de conferirem efeito aos direitos e de facilitarem a respetiva determinabilidade judicial e consequente justiciabilidade (P. Alston).

Tudo para concluir que o direito social produz efeitos jurídicos significativos, concorrendo desde logo para o cumprimento das funções de segurança jurídica e legitimação, assinadas à CDFUE. Assim, não visando originariamente a criação de novos poderes, nem de novas atribuições, o artigo 35.º constitui-se em fonte inspiradora da legislação – podendo constranger ou orientar os conteúdos substantivos ou o enfoque da política e do direito da União Europeia[220]. Na medida em que seja encarado como expressão dos valores subjacentes à *polity* europeia, o direito à proteção da saúde é suscetível de influir na atividade legislativa, administrativa e judicial de modo ainda mais ténue, ao obrigar os órgãos da União a esforçarem-se por alcançar um alto nível de proteção da saúde (como objetivo secundário), sempre que prosseguem, a título primário, outros objetivos do Tratado. Por outro lado, e como se disse, os passos dados no sentido de uma verdadeira cidadania europeia tenderão a integrá-lo na rede de parâmetros normativos a considerar nas relações entre os Estados-Membros e os orgãos, organismos e instituições da União e entre uns e outros e os próprios cidadãos da União ou pessoas com elas significativamente relacionadas.

2.2.2.2.2. O direito secundário

a) Se há domínio cabalmente ilustrativo da mais recente aproximação ao direito da saúde por parte da União Europeia, ele tem que ver certamente com o reconhecimento do acesso a cuidados transfronteiriços no espaço comunitário. Com efeito, muito mais do que a respeito da tutela da saúde

---

[220] Por exemplo, atuando como cânone interpretativo, fornecendo uma plataforma para o desenvolvimento de novas medidas e conferindo maior influência à CSE na ordem jurídica da União Europeia ou dos Estados-Membros (no que toca aos direitos sociais).

DIREITO DA UNIÃO EUROPEIA – ELEMENTOS DE DIREITO E POLÍTICAS DA UNIÃO

pública *qua tale* ou da proteção de um direito social à saúde, a regulação da União Europeia assenta nas liberdades de circulação, constitutivas do mercado e especialmente atreitas a uma interpretação subjetivista e individualista, no plano da realização judicial.

Em certo sentido, desde o alvorecer do presente século, a Comissão cedeu o seu posto de comando na máquina liberalizadora[221] ao TJUE, instituição que, através da sua abordagem necessariamente microscópica e casuística[222], contribuiu não apenas para a difusão, em irradiante *spillover*, de uma certa ideia da Europa e da União, como de uma conivente autorrepresentação do direito e até dos direitos fundamentais europeus. O reconhecimento da cidadania europeia apenas matizou civicamente esta conceção eminentemente individualista-liberal, e a constante referência às dimensões sociais do projeto europeu, sem daí retirar quaisquer consequências visíveis, designadamente do ponto de vista jurídico, transforma-se em simples estratégia retórica compensatória, à laia de lenitiva destilação da má consciência.

Noutra circunstância, impor-se-ia uma exaustiva investigação genealógica do atual *estado de coisas*, analisando escrupulosamente a evolução jurisprudencial que nele desembocou. *Hic et nunc*, ficamo-nos apenas por uma indicação prévia das principais etapas desse percurso, com uma remissão para anteriores abordagens do problema[223] e para a exploração da diretiva europeia sobre o assunto, que tentaremos depois.

b) Jurisprudência. Trilhando um caminho que culmina na recente Diretiva dos cuidados transfronteiriços[224], os principais arestos europeus sobre esta matéria versaram sobretudo a relação entre os sistemas de cobertura dos cui-

---

[221] V. Wolfgang Streek, *Tempo Comprado – A Crise Adiada do Capitalismo Democrático*, Actual Editora, Lisboa, 2013.

[222] A despeito das características peculiares da jurisprudência europeia (ou não as levando completamente em conta, apesar de tudo...).

[223] V., por exemplo, o nosso *Racionamento e Racionalização no Acesso à Saúde: Contributo para uma Perspectiva Jurídico-Constitucional*, policopiado, Coimbra, 2007, vol. II, pp. 77 e segs., *maxime* pp. 85 e segs.

[224] Para Nussberger ("Artikel 35.º – Gesundheitsschutz", *cit.*), a conceção das prestações de saúde como serviços e mercadorias permitiu ao Tribunal Europeu abstrair das condições segundo as quais são suportadas pelos diferentes sistemas nacionais, garantindo ao cidadão da União um direito subjetivo à melhor proteção médica de âmbito europeu (*bestmogliche medizinische Versorgung*). Contudo, não vemos bem como aferir da referida optimalidade, a não ser confiando sem reticências nas escolhas contingentes dos cidadãos...

SAÚDE

dados de saúde dos Estados-Membros e os princípios da livre circulação[225], examinando basicamente dois tipos de restrições a que estes estão sujeitos em nome e no quadro daqueles: as que derivam dos *regimes de autorização prévia*, fundados ou não no artigo 22.º do Regulamento (CEE) n.º 1408/71, por um lado, e as que se encontram ligadas ao custo dos cuidados de saúde, por outro[226].

Os tribunais foram obrigados a ajuizar dos fundamentos e dos pressupostos de restrição da liberdade de circulação, tomando em consideração cinco diferenciações essenciais: entre os sistemas de reembolso baseados e os não baseados no regulamento; entre os cuidados hospitalares e os de ambulatório; entre as despesas médicas e as despesas acessórias; entre os sistemas de reembolso e os de prestação em espécie; entre os sistemas *bismarkianos* e os *beveridgianos*.

Os primeiros acórdãos relevantes neste domínio têm uma raiz luxemburguesa. Num deles (*Kohll*[227]) estava em causa o Sr. Raymond Kohll, que tinha visto recusado um pedido de autorização para submeter a sua filha a tratamentos odontológicos na Alemanha, a fim de obter o reembolso das despe-

---

[225] V. PEDRO CABRAL, "As difficult as finding one's way in chinatown: O enquadramento jurídico-comunitário da liberdade de acesso a cuidados de saúde transfronteiriços na União Europeia", in *Revista da Ordem dos Advogados (on-line)*, 2004; *idem*, "Da livre circulação de cuidados médicos na União Europeia", in *Direito e Justiça*, vol. XIV, Tomo 1, 2000; LUÍS A. M. MENESES DO VALE, *Racionamento e Racionalização no Acesso à Saúde: Contributo para uma Perspectiva Jurídico-Constitucional, cit.*, vol. II, capítulo 2.

[226] No primeiro caso, o regime instituído beneficiava da eficácia direta, da obrigatoriedade e da generalidade dos regulamentos comunitários, valia para os trabalhadores assalariados, não assalariados e para os seus familiares e garantia, sob certas condições excecionais (de *necessidade imediata*), o reembolso das despesas médicas à custa do Estado competente, segundo as tarifas fixadas pela legislação do Estado de acolhimento. No segundo caso, foram justificadas pela jurisprudência com o argumento de que o setor da saúde se caracterizava tradicionalmente por um alto grau de intervenção do Estado – na veste de prestador, financiador e/ou regulador – devido não só às falhas de mercado, mas também, e sobretudo, a questões gerais de justiça social. Ao lado das razões de eficiência compareceram, pois, as decorrentes da qualificação do acesso à saúde como um direito fundamental (que deve basear-se no princípio da necessidade e não no da capacidade para pagar) – cf. KOEN LENAERTS/TINNE HEREMANS,"Contours of a European Social Union in the Case-Law of the European Court of Justice", in *European Constitutional Law Review*, vol. 2, Issue I, 2006, pp. 101-115; e KOEN LENAERTS, *Droit communautaire et soins de santé: les grandes lignes de la jurisprudence de la Cour de justice des Communautés européennes*, pdf., s/data, acessível em *http://www.ose.be/workshop/files/LenaertsFR.pdf* e retomado em IDEM,"Droit de l'Union et soins de santé – les grandes lignes de la jurisprudence de la Cour de Justice de l'Union européenne", in *MC-Informations*, 240, Juin, 2010.

[227] Acórdão de 28 de abril de 1998, proc. C-158/96.

DIREITO DA UNIÃO EUROPEIA - ELEMENTOS DE DIREITO E POLÍTICAS DA UNIÃO

sas efetuadas. O outro (*Decker*[228]) foi desencadeado pela recusa de subvencionar um par de óculos de correção adquirido na Bélgica pelo Sr. Nicolas Decker, sem que se tivesse munido da necessária autorização. Em ambas as situações, os cidadãos insurgiram-se contra a exigência de autorização prévia, para efeitos de reembolso, considerando-a um obstáculo à liberdade de circulação, de serviços (o primeiro) e de mercadorias (o segundo).

No Acórdão *Kohll*, o Tribunal declarou que a natureza particular das prestações médicas *"não pode isentar essas atividades da observância do princípio fundamental da livre circulação"* e que a circunstância de as referidas prestações serem fornecidas no âmbito de um sistema de segurança social não era suscetível de excluir a aplicação dos então artigos 59.º e 60.º do Tratado. Em consonância, o Acórdão *Decker* considerou ofensiva do regime plasmado nos artigos 30.º a 36.º do Tratado a recusa em reembolsar as despesas em que incorreu um beneficiário para adquirir um par de óculos num oculista estabelecido noutro Estado-Membro.

Contudo, na medida em que apenas diziam respeito a cuidados médicos de natureza ambulatória, os arestos supracitados mantiveram em suspenso algumas questões, nomeadamente as de saber se a qualificação dos cuidados de saúde como serviços valia igualmente para os tratamentos médicos de natureza hospitalar; e, em segundo lugar, se os cuidados de saúde prestados no âmbito de um sistema de prestações em espécie também podiam ser qualificados como serviços (ou se estaríamos perante uma qualificação válida apenas para os tratamentos dispensados no quadro de um sistema de reembolso). Sobre estas importantes questões, o Tribunal viria a pronunciar-se nos seus Acórdãos *Vanbraekel* e *Smits/Peerbooms*[229].

---

[228] Acórdão de 28 de abril de 1998, proc. C-120/95.

[229] V., o Acórdão (TJUE) *Vanbraekel*, de 12 de julho de 2001, proc. C-368/98, e o aresto sobre os casos *Geraets-Smits & Peerbooms*, de 12 de julho de 2001, proc. C-157/99. A primeira ação foi proposta pelos herdeiros da Sr.ª J. Descamps, de nacionalidade belga, a quem fora denegada uma autorização prévia para realizar uma operação em França. Na base da segunda, estava o caso da Sr.ª Smits, doente de Parkinson, que se deslocou à Alemanha, onde veio de facto a receber tratamentos numa clínica, sem anteriormente ter obtido a devida autorização. No terceiro, o Sr. Peerboms, depois de ter sido hospitalizado em coma na sequência de um acidente de viação ocorrido na Holanda, foi transferido em estado vegetativo para uma clínica universitária austríaca para se submeter a uma terapia intensiva de neuro-estimulação, que no seu país estava disponível apenas para pessoas com menos de 25 anos e cujo custeamento lhe foi, por isso, posteriormente recusado pela seguradora em que estava inscrito (alegando motivos idênticos aos que fundamentaram a denegação do pedido da Sr.ª Smits).

SAÚDE

No *primeiro*, a jurisdição comunitária entendeu, entre outras coisas, que *"as atividades médicas relevam do âmbito do artigo 60.º do Tratado (...), sem que haja que distinguir, a este propósito, consoante os cuidados sejam ministrados num quadro hospitalar ou fora desse quadro".* Na decisão do caso *Smits* e do caso *Peerbooms*, por sua vez, asseverou que *"o facto de um tratamento médico hospitalar ser diretamente financiado pelas caixas de seguro de doença com base em convénios e tarifas pré-estabelecidas de modo algum subtrai esse tratamento ao domínio dos serviços na aceção do artigo 60.º do Tratado (...)".*

Ficaram assim esboçadas as principais orientações nesta matéria: qualquer que seja o sistema de saúde – assente num serviço nacional ou num sistema de seguros –, quer se trate de prestação em espécie ou de reembolso e independentemente do facto de os cuidados médicos serem ou não prestados num quadro hospitalar[230], as atividades médicas caem no âmbito de aplicação da liberdade de prestação de serviços.

Qualquer restrição desta liberdade terá de fundar-se numa justificação objetiva (respeitadora dos princípios da não-discriminação e da proporcionalidade), que, no relativo à prestação de serviços hospitalares, pode escorar-se[231] em três argumentos: a existência de risco grave para o equilíbrio financeiro do sistema; a verificação de razões de saúde pública[232]; a necessidade de manter a capacidade de tratamento de uma especialidade médica no território nacional em nome da sobrevivência da sua população, ou de outras razões de saúde pública[233].

---

[230] Sendo também praticamente indiferente, segundo o Acórdão *Watts*, que se trate de entidades prestadoras públicas ou privadas e que estejam envolvidos dispositivos muito dispendiosos (de acordo com o Acórdão *Stamatelakis*) – v. *infra*, nota 291.

[231] Segundo a sistematização de João Loureiro, a partir dos vários acórdãos mencionados – v. "Direito à (protecção da) saúde", in *Estudos em Homenagem ao Professor Doutor Marcello Caetano no Centenário do seu Nascimento*, Lisboa, 2006, pp. 657-692.

[232] Suscetíveis de derrogarem o próprio objetivo de manutenção de um serviço médico equilibrado e acessível a todos, desde que em causa esteja a realização de um nível elevado de proteção da saúde.

[233] Outros arestos com interesse são: 1) o Acórdão *Ferlini*, de 3 de outubro de 2000, proc. C-411/98, sobre um Funcionário da Comissão cuja mulher deu à luz no Luxemburgo, onde ele se encontrava a trabalhar, tendo sido obrigada a pagar tarifas superiores às estabelecidas para os luxemburgueses; 2) o Acórdão *Müller-Fauré e van Riet*, de 13 de maio de 2003, proc. C-385/99, no qual o Tribunal enfrentou o problema das listas de espera formadas em consequência da escassez de recursos materiais e humanos que perturbam a capacidade de resposta dos sistemas de saúde nacionais, para esclarecer que o conceito de *atraso justificável* – ou, noutra perspetiva, de *prazo aceitável para o tratamento* – deve ter em conta uma *"avaliação médica objetiva das necessidades clínicas do interessado, de acordo com o seu estado patológico, o seu historial, a evolução provável da doença, o grau de dor e/ou a natureza*

DIREITO DA UNIÃO EUROPEIA – ELEMENTOS DE DIREITO E POLÍTICAS DA UNIÃO

c) Legislação[234]. Apesar da progressiva consolidação desta jurisprudência, sentiu-se a necessidade de consagrar legislativamente os princípios decantados caso a caso, não só para lhes garantir uma aplicação geral e efetiva, como

da sua deficiência no momento em que a autorização é solicitada" (n.º 68 do acórdão); 3) o Acórdão *Leichtle*, de 18 de março de 2004, proc. C-8/02, que julgou da conformidade da legislação alemã sobre o direito dos funcionários públicos a serem reembolsados dos custos de tratamentos termais, com a liberdade de prestação de serviços; 4) o Acórdão *Inizan*, de 23 de outubro de 2003, proc. C-56/01, que confirmou e complementou o processo Müller-Fauré, especificando a finalidade e o papel da autorização prévia [artigo 22.º do Regulamento (CEE) n.º 1408/71], ao declarar que o recurso ao Regulamento (CEE) n.º 1408/71 confere às pessoas seguradas determinados direitos que, de outro modo, não teriam, mas que, do mesmo passo, deve ser encarado apenas como uma forma de exercer o direito à liberdade de prestação de cuidados de saúde, constituindo, por isso, um instrumento para facilitar esta liberdade; 5) o Acórdão *Keller*, de 12 de abril de 2005, proc. C-145/03, no qual se entendeu que os custos de tratamento médico de uma pessoa titular de formulários E111 e E112, que, por razões médicas urgentes, teve de ser admitida num hospital de um Estado terceiro, têm de ser suportados, de acordo com as suas regras, pela instituição de segurança social do Estado-Membro de estadia, em nome da instituição do Estado-Membro de inscrição; 6) o Acórdão *Watts*, de 16 de maio de 2006, proc. C-372/04, que defendeu a aplicação da obrigação de reembolsar o custo do tratamento hospitalar, prestado noutro Estado-Membro, a um serviço nacional de saúde que preste esse tratamento gratuitamente (no caso, considerou-se que o NHS do Reino Unido não podia recusar a um paciente autorização para receber tratamento no estrangeiro devido ao tempo de espera pelo tratamento hospitalar no Estado de residência, a menos que pudesse demonstrar que o tempo de espera não excedia um período medicamente aceitável tendo em conta a condição e necessidades clínicas do paciente); 7) o Acórdão *Acereda Herrera*, de 15 de junho de 2006, proc. C-466/04, determinando que, quando se viaja para outro Estado-Membro da União Europeia a fim de receber tratamento hospitalar e se é acompanhado por outra pessoa, a forma como os custos da viagem, do alojamento e da alimentação tanto da pessoa segurada como da pessoa que a acompanha são cobertos dependerá da forma como estes custos são cobertos no Estado-Membro em que a pessoa é segurada; 8) o Acórdão *Stamatelaki*, de 19 de abril de 2007, proc. C-444/05, relativo a um cidadão grego que recebeu tratamentos hospitalares num hospital privado na Inglaterra, tendo o Tribunal considerado desproporcionada a legislação grega que proibia o reembolso de cuidados prestados a maiores de 14 anos por entidades privadas com as quais os corpos de segurança social do país não tivessem assinado qualquer protocolo – o que sucederia com as de outros Estados-Membros; 9) o Acórdão *Elchinov*, de 5 de outubro de 2010, proc. C-173/09, respeitante a um cidadão búlgaro que procurou tratamento avançado para uma doença rara numa clínica em Berlim, mas acabou por dar entrada num hospital da capital alemã, antes de ter obtido resposta do seu fundo, o qual posteriormente se recusou a reembolsá-lo – sem justificação convincente, no juízo do Tribunal.

[234] V., entre nós, MIGUEL GORJÃO-HENRIQUES, "Recensão Legislativa – A Diretiva 2011/24/UE e o Mercado Interno da Prestação de Cuidados de Saúde: Da Proposta Bolkestein à próxima Transposição, Alguns Pressupostos e Desafios ", in *Temas de Integração*, 1.º e 2.º Semestre de 2011, n.ºs 31 e 32, pp. 253-316 (a partir da p. 299); e, para uma breve análise, MIGUEL GORJÃO-HENRIQUES/MIGUEL SOUSA FERRO, "Directiva 2011/24/UE – Porta aberta ao mercado interno de prestação dos cuidados de saúde?", in *Update Sérvulo*, 5/4/2011.

SAÚDE

também por razões de segurança e certeza jurídicas. Surgiu assim a Diretiva 2011/24/UE, de 9 de março de 2011, relativa ao *exercício dos direitos dos doentes em matéria de cuidados de saúde transfronteiriços*[235].

A Diretiva tem por base a liberdade de circulação e não a saúde e por finalidade precípua a garantia de maior segurança jurídica e transparência, mais do que a justiça social ou a justeza das prestações. Se bem que usando de uma terminologia declaradamente funcionalizada aos seus propósitos específicos – e, como tal, limitada no seu alcance significativo –, define alguns *conceitos jurídicos*[236] importantes e estabelece disposições gerais quanto aos *princípios comuns* a todos os sistemas de saúde da União Europeia[237] e à definição de um *quadro específico para os cuidados de saúde transfronteiriços*, clarificando os *direitos dos doentes* em matéria de realização de cuidados de saúde noutros Estados-Membros (incluídos o âmbito[238], eventuais critérios de restrições e o regime de reembolso[239]), e um enquadramento para a *cooperação europeia na matéria*[240].

Com recurso a um modelo anatómico simples, rapidamente se divisam os *objetivos principais*, o âmbito material e o *conteúdo essencial* do documento.

A Diretiva *prevê a* (e *prevê à*) definição de um enquadramento geral para a realização de três finalidades, a saber, a clarificação dos direitos dos doentes relativamente ao acesso a cuidados transfronteiriços, a garantia da qualidade

---

[235] V. Robert F. Rich/ Kelly R. Merrick, *Cross Border Health Care in the European Union: Challenges and Opportunities*, Working Paper #133, Brian Gaines (ed.), october, 2006.

[236] V., por exemplo, as noções de *cuidados de saúde, profissionais de saúde, prestador de cuidados de saúde, doente, medicamento, dispositivo médico, tecnologia da saúde, processo clínico* e *receita médica*.

[237] A Diretiva reconhece nos sistemas de saúde fatores cruciais de coesão e justiça social, e elementos essenciais dos serviços de interesse geral e de um alto nível de proteção social; além disso, retém como incumbência dos Estados-Membros a prestação de cuidados seguros, de alta qualidade, eficientes e qualitativamente adequados. Por outro lado, reitera que os valores e princípios partilhados pelos sistemas de saúde da União são realizados de forma variável pelos Estados-Membros, nomeadamente quanto à determinação do objeto de provisão, dos destinatários e das fontes e formas de financiamento dos destinatários da provisão, do modo de prestação e dos mecanismos de financiamento. Pertence-lhes, portanto, fazer as escolhas éticas quanto ao tipo de sistema de saúde que reputem de mais apropriado.

[238] O âmbito de aplicação encontra-se positiva e negativa, objetiva e subjetivamente delimitado nas alíneas 2 e 3 do artigo 1.º, respetivamente.

[239] Com a Diretiva institui-se um regime dual, uma vez que o Regulamento (CEE) n.º 1408/71 continua a aplicar-se, com as alterações entretanto sofridas, aos casos para que foi pensado.

[240] Envolvendo a cooperação nas regiões fronteiriças, o reconhecimento das receitas médicas emitidas noutros países, as redes europeias de referência, a avaliação das tecnologias da saúde, a recolha de dados ou a qualidade e a segurança.

e segurança dos cuidados recebidos noutro Estado-Membro da União Europeia e a promoção da cooperação em matéria de cuidados de saúde entre os Estados-Membros[241].

Como a designação do diploma deixa perceber, as diretrizes prescritas respeitam aos *cuidados de saúde transfronteiriços*, entendendo-se por estes *os que sejam prestados ou prescritos num Estado-Membro diferente do de afiliação*. De fora ficam os serviços de cuidados de longa duração, os transplantes de órgãos e os programas de vacinação pública. Em contrapartida, inclui-se a *telemedicina*[242].

Do ponto de vista substantivo, a Diretiva contém um conjunto significativo de princípios, que se derramam por três grandes núcleos normativo--regulativos: os direitos dos cidadãos e as responsabilidades correlativas dos Estados-Membros, em matéria de acesso aos cuidados e de reembolsos; os regimes/procedimentos de autorização; e um leque de aspetos sortidos, concernentes, *v. g.*, ao terceiro dos objetivos visados pela legislação.

Como se viu, a *liberdade de circulação* constitui o princípio fundamental subjacente ao regime instituído. No acesso a cuidados além-fronteiras, os cidadãos europeus não podem ser prejudicados em virtude da sua nacionalidade, nem pelas entidades incumbidas de prover o bem, nem pelos encarregados do financiamento e reembolso, aos quais se consente apenas a instituição de um procedimento prévio de autorização quando estejam reunidos certos pressupostos, e a subsequente prolação de uma resposta negativa contanto que alicerçada numa razão seleta de entre um elenco estrito e taxativamente fixado (cf. *infra*).

Em decorrência, consagra-se um *princípio de não discriminação* quanto ao acesso, e um genérico *princípio do reembolso* dos pagamentos, embora se reconheça também um *princípio de autorização* quanto àquele primeiro aspeto e um *princípio do tratamento nacional* no tocante ao financiamento; a par do *princípio da neutralidade* vigora um *princípio de solidariedade financeira*, valendo não só o *princípio* da *continuidade dos tratamentos* (artigo 11.º) como também o *do reconhecimento mútuo* das despesas emitidas noutro Estado[243].

---

[241] Sendo óbvio que os dois últimos oferecem algum conforto e equilíbrio ao produto da jurisprudência comunitária, claramente desequilibrado a favor do primeiro.

[242] Uma pessoa que se encontre segurada no Estado-Membro de afiliação pode também ser reembolsada dos custos suportados pela prestação de serviços de saúde recebidos no âmbito da telemedicina.

[243] MIGUEL GORJÃO-HENRIQUES, "Recensão Legislativa – A Directiva 2011/24/UE e o Mercado Interno da Prestação de Cuidados de Saúde: Da Proposta Bolkestein à próxima Transposição,

SAÚDE

Assim, com relação aos *direitos e deveres de cidadãos e Estados em matéria de acesso aos cuidados e reembolso*, prevê-se que cada Estado-Membro designe um ou vários pontos de contacto nacionais para os cuidados de saúde transfronteiriços, relacionados com as organizações de doentes, os prestadores de cuidados de saúde e as seguradoras do setor e responsáveis pelo fornecimento aos doentes de informações, seja sobre os direitos de que dispõem quando decidem beneficiar de cuidados transfronteiriços, seja sobre os *pontos de contacto* nos outros Estados-Membros.

Ao Estado-Membro de tratamento – *i. e.*, aquele em cujo território os serviços de saúde são prestados – pertence a responsabilidade pela organização e prestação dos cuidados de saúde do cidadão da União, garantindo o respeito pelas normas de qualidade e segurança na prestação dos cuidados, e, bem assim, pela proteção dos dados pessoais e pela igualdade de tratamento dos doentes nacionais nos países terceiros.

Por sua vez, sobre o Estado-Membro de afiliação – ou seja, aquele em que o doente se encontre segurado – recai a obrigação de reembolsar a pessoa em causa pelos cuidados prestados além-fronteiras, caso estejam abrangidos no lote dos tratamentos reembolsáveis segundo a legislação nacional. Isto é, os custos suportados pela pessoa segurada ao receber cuidados de saúde transfronteiriços a que tenha direito no seu país de origem devem ser reembolsados. O montante desses reembolsos deve ser equivalente ao que seria devido de acordo com o regime obrigatório de segurança social, caso os cuidados de saúde fossem prestados no seu território, sem exceder os custos reais dos custos de saúde recebidos[244].

Sem embargo do que ficou dito, estatui-se também na Diretiva que o Estado de afiliação pode prever um *sistema de autorização prévia* para a assunção dos custos dos cuidados prestados além-fronteiras. Com duas salvaguardas: nem todos os cuidados podem ser sujeitos a autorização prévia e nem todas as razões podem ser invocadas para recusar a autorização.

Desta feita, podem ficar dependentes de autorização prévia três tipos de cuidados: os que estejam submetidos a requisitos de planeamento e que acarretem não só o internamento hospitalar do doente durante, pelo menos, uma noite, mas também o recurso a infraestruturas ou equipamentos médi-

---

Alguns Pressupostos e Desafios", *cit.*; e MIGUEL GORJÃO-HENRIQUES/MIGUEL SOUSA FERRO, "Directiva 2011/24/UE – Porta aberta ao mercado interno de prestação dos cuidados de saúde?", *cit.*
[244] No entanto, o Estado-Membro de afiliação pode decidir reembolsar custos associados, como sejam as despesas de alojamento ou de viagem.

DIREITO DA UNIÃO EUROPEIA – ELEMENTOS DE DIREITO E POLÍTICAS DA UNIÃO

cos altamente especializados e onerosos; os que envolvam tratamentos especialmente arriscados para o doente ou para a população; os que sejam prestados por uma entidade que inspire preocupações sérias e específicas quanto à *qualidade* ou à *segurança* dos cuidados providos[245].

Por outro lado, em justificação da recusa apenas podem ser alegados: o risco de segurança para o doente; o risco de segurança para o público em geral; a existência de preocupações sérias e específicas quanto ao respeito das normas de qualidade dos cuidados e de segurança dos doentes; a circunstância de os cuidados em causa poderem ser prestados no seu território em prazo útil, fundamentado do ponto de vista médico.

Preenchidas que estejam as condições para a obtenção da autorização prévia solicitada, deve a mesma ser concedida ao abrigo do Regulamento relativo à coordenação dos sistemas de segurança social, a menos que o doente solicite a concessão nos termos da Diretiva sob análise. Por seu turno, os procedimentos administrativos observáveis devem respeitar princípios de proporcionalidade, necessidade, transparência, segurança/certeza (em matéria de prazos) e não discriminação. Além disso, os Estados-Membros hão de ter em atenção a condição clínica do doente, a urgência e outras circunstâncias específicas.

Finalmente, o espírito que anima as disposições precedentes insuflou também alguns preceitos relativos aos medicamentos e a outras iniciativas e ações reclamadas dos Estados nesta matéria.

Assim, devendo os Estados-Membros reconhecer a validade das receitas médicas emitidas nos países homólogos sempre que as mesmas se refiram a medicamentos autorizados no seu território, impôs-se a adoção de medidas destinadas a facilitar o reconhecimento mútuo e a verificação da autenticidade das receitas por parte dos profissionais de saúde. A contempo, os vários Estados devem cooperar na aplicação da Diretiva, através do apoio à criação de redes europeias de referência de prestadores de cuidados de saúde, que ajudem a promover a mobilidade de conhecimentos especializados na Europa, concentrando e articulando recursos disponíveis. Exige-se-lhes também que colaborem no tratamento de doenças raras através do desenvolvimento de meios de diagnose e terapêutica, usando a base de dados *orphanet*.

---

[245] As razões da admissibilidade afiguram-se portanto heterogéneas, tendo que ver tanto com o planeamento implicado pelo cariz socializador (e integrado) do sistema, como com razões de segurança dos doentes e da população.

SAÚDE

A Diretiva prevê ainda a criação de *redes de autoridades nacionais responsáveis pelos sistemas ou serviços de saúde em linha* (que permitem a prestação de cuidados de saúde transfronteiriços) mediante as quais se pretende reforçar a continuidade dos cuidados e assegurar o acesso; e a formação de *redes de organismos responsáveis pela avaliação das tecnologias da saúde*, facilitadoras da cooperação entre as autoridades nacionais competentes nesta matéria.

d) Direito dos pacientes. Superado o modelo biomédico, em nome de uma inucleação dos sistemas de saúde na pessoa do doente, e reconhecendo que os cidadãos adoentados, ocasionalmente admitidos ou mesmo estavelmente ingressos em instituições dedicadas à provisão de cuidados de saúde, se encontram numa situação de especial vulnerabilidade (não apenas face aos profissionais de saúde com quem lidam, como em relação a outros titulares de poderes fácticos e jurídicos[246]), verificou-se nos últimos anos um esforço transnacional de densificação do estatuto e dos direitos dos pacientes[247].

No plano da União Europeia, temos de recuar a 1984 para topar com a primeira alusão ao tema, numa Resolução do Parlamento Europeu, intitulada *Para uma Carta Europeia dos Pacientes.* Contudo, uma verdadeira Carta dos Direitos dos Pacientes (desta feita com referência a um *direito à assistência médica*) teve de aguardar pelo alvorecer do novo século para vir à luz.

Cabe ainda destacar a Comunicação da Comissão ao Parlamento Europeu e ao Conselho sobre a segurança dos doentes, incluindo a prevenção e o controlo de infeções associadas aos cuidados de saúde[248], a Recomendação do Conselho, de 9 de junho de 2009, sobre a segurança dos pacientes, incluindo a prevenção e o controlo de infeções associadas aos cuidados de saúde[249], e o Relatório sobre a aplicação da recomendação do Conselho, que surge acompanhado por um conjunto de *relações* detalhadas da situação dos vários países[250]. Semelhantes dados testificam a importância do tema, embora não dissipem as dúvidas suscitadas pelo concreto figurino a vestir aos direitos aqui em causa – provavelmente devido às flutuações do respe-

---

[246] Sem falar na exposição aos agentes infeciosos que pululam em semelhantes ambientes.

[247] Alude-se inclusive a um *direito nos serviços*, distinto do *direito ao serviço* (à sua existência, aos cuidados de saúde, etc.) – v. Víctor Currea-Lugo, "La salud como derecho humano – 15 Requisitos y una mirada a las reformas", *Cuadernos Deusto de Derecho Humanos*, Núm. 32, Universidad de Deusto, Bilbao, 2005.

[248] COM(2008) 836 final, 15 de dezembro de 2008.

[249] (2009/C 151/01).

[250] Bruxelas, 13 de novembro de 2012, COM(2012) 658 final.

DIREITO DA UNIÃO EUROPEIA – ELEMENTOS DE DIREITO E POLÍTICAS DA UNIÃO

tivo *rationale* (sobretecido ora com o direito à saúde, em sentido amplo, ora com os direitos dos consumidores, dos utentes e/ou dos administrados, em sentido mais estrito).

2.2.2.3. Direito dos 'agentes' da saúde[251]

2.2.2.3.1. Considerações iniciais

Consciente de que o acesso a cuidados de saúde de qualidade depende, em boa porção, da existência de profissionais competentes e devidamente qualificados, em 2008, a Comissão publicou um *Livro Verde sobre a mão-de-obra no setor da saúde*[252] da União Europeia, no qual procedeu a um levantamento dos principais problemas suscitados neste contexto e a uma reflexão sobre as melhores maneiras de os enfrentar e resolver. A iniciativa deu azo a uma *consulta pública*, sobre cujos resultados vale a pena refletir.

Conclusão evidente parece ser a de que o direito da União Europeia se repercute sobre os agentes de saúde, contendendo especialmente com a respetiva liberdade de trabalho, de estabelecimento e de prestação de serviços.

No entanto, ficou claro que a regulação dos profissionais e da prestação dos serviços de saúde pelo direito primário da União Europeia é eminentemente indireta, derivando sobretudo das normas do direito do emprego, do direito do mercado interno e do direito da concorrência, aplicáveis ao setor. As primeiras valem para os trabalhadores da saúde e relevam sobretudo ao nível das garantias de condições (saúde e segurança) laborais. As segundas

---

[251] V. Miek Peeters/Martin Mckee/Sherry Merkur, "EU law and health professionals", *in* Elias Mossialos/Govin Permanand/Rita Baeten/Tamara K. Hervey (eds.), *Health Systems Governance in Europe: The Role of European Union Law and Policy*, Cambridge University Press, Cambridge, 2010, pp. 589-63; e, entre nós J. M. Coutinho de Abreu/Miguel Gorjão-Henriques, "Livre circulação de médicos na Comunidade Europeia e conhecimentos linguísticos", in *Temas de Integração*, 3.º vol., 1.º Semestre de 1998. Para alguns dados, v. Matthias Wismar/Claudia Maier/ /Irene Glinos/Jeni Bremner/Gilles Dussault/Josep Figueras, "Health professional mobility and health systems in Europe: an introduction", *in* Matthias Wismar/Claudia Maier/Irene Glinos/ /Gilles Dussault/Josep figueras, *Health Professional Mobility and Healt Systems. Evidence from 17 European countries*, European Observatory on Health Systems and Policies,World Health Organization, UK, 2011, pp. 3-21; Elias Mossialos/Martin Mckee/Willy Palm/ Beatrix Karl/Franz Marhold, *The influence of EU law on the social character of health care systems in the European Union*, Report submitted to the Belgian Presidency of the European Union (final version), Brussels, 19 november 2001, pp. 38 e segs.

[252] Bruxelas, COM(2008) 725 – v. *http://ec.europa.eu/health/ph_systems/docs/workforce_gp_pt.pdf*. O relatório sobre a consulta pública acerca do *Livro Verde* pode ser consultado em *http://ec.europa.eu/ health/archive/ph_systems/docs/workforce_report.pdf*.

SAÚDE

regem os assalariados, os profissionais independentes e os estabelecimentos de saúde, na óptica da liberdade de circulação que respetivamente os contemple e beneficie. As terceiras alcançam também os produtores e provedores de bens (sobretudo produtos) de saúde, tangenciando as, e ameaçando sobrepor-se às, regulações nacionais dos sistemas de provisão – o que parece discrepar do ponto de partida deliberadamente assumido.

Na verdade, sendo a regulação do financiamento, organização e funcionamento dos sistemas de saúde uma responsabilidade dos Estados-Membros, compreende-se que lhes compita estabelecer a disciplina básica tanto da atividade de prestação de serviços, como do estatuto dos agentes profissionais que a asseguram. Por norma, este controlo nacional visa, não só a proteção dos utentes e consumidores e de todos os cidadãos, em geral, mas também a contenção dos custos dos serviços[253].

Eis, pois, a principal razão pela qual, na ausência de uma competência expressa, a União Europeia só intervém na matéria quando haja uma conexão com o direito do emprego e do mercado interno, seja através da liberdade de circulação dos trabalhadores, da liberdade de estabelecimento, ou da liberdade de prestação de serviços. E isto porque os *agentes de saúde* tanto podem ser trabalhadores (assalariados), como profissionais independentes ou entidades coletivas (leia-se, sujeitos jurídicos singulares ou coletivos encarregados da prestação de serviços). Importa, pois, considerá-los nessa tríplice vertente, começando por escrutinar o direito primário, para depois nos concentrarmos na legislação secundária que se lhes aplica.

2.2.2.3.2. Direito primário
a) Para começo, médicos, enfermeiros, paramédicos, ou outros agentes envolvidos na prestação de cuidados de saúde podem qualificar-se como *trabalhadores*, beneficiando, como tal, dos direitos ou liberdades fundamentais que lhe são conferidas pelos Tratados constitutivos no âmbito do direito do mercado interno.

Na realidade, para o efeito dos artigos 45.º e segs. do TFUE, entende-se por *trabalhador* o sujeito humano que exerceu, exerce ou pretende exercer um trabalho, isto é, uma atividade económica, tipicamente em benefício e sob a direção de outrem, com cariz real e efetivo, mesmo que a tempo parcial ou de curta duração e parcamente remunerada[254].

---

[253] Tanto mais que o Estado é muitas vezes o principal, ou o único, comprador dos mesmos.
[254] V. MIGUEL GORJÃO-HENRIQUES, *Direito da União Europeia, cit.*, pp. 590-592.

Os trabalhadores da saúde gozam, portanto, do direito de entrar, deslocar-se e residir no território de outro Estado-Membro – para procurar emprego, para trabalhar e para nele permanecer, após o exercício da atividade laboral –, não podendo ser alvo de discriminações, em virtude da sua nacionalidade, seja no tocante à remuneração auferida, seja no que concerne às demais condições de trabalho[255]. O direito de livre circulação abrange ainda os familiares dos nacionais dos Estados-Membros e os filhos dos respetivos beneficiários, quando esteja em causa a conclusão de estudos no Estado-Membro onde os pais exerceram a sua liberdade de circulação.

Esta liberdade de circulação de trabalhadores tem, no entanto, um âmbito *subjetivo/pessoal* e *objetivo/material* circunscrito aos cidadãos da União e às situações não (puramente) internas. Além disso, conhece *limites, exceções* e *reservas* (ou limitações)[256].

Os primeiros traduzem-se em desvios ao princípio da equiparação com base em razões de igualdade material ou de interesse público relevante. Assim acontece precisamente com relação aos profissionais da saúde, porquanto podem ser obrigados, quando e na medida em que a natureza da sua atividade o justifique, a fazer prova da posse de conhecimentos linguísticos suficientes da língua do Estado de acolhimento, para poderem efetivar a liberdade de circulação.

Por sua vez, um exemplo de exceção a esta liberdade ressalta do n.º 4 do artigo 45.º, referente aos empregos na Administração Pública – a saber, os que comportam uma participação direta, ou indireta, no exercício do poder público, em funções que tenham por objeto a salvaguarda dos interesses gerais do Estado ou de outras coletividades públicas.

Por fim, a circunstância de certas pessoas possuírem ou experienciarem uma certa condição pessoal, também pode determinar uma completa remoção ou parcial redução dos seus direitos de circulação. Entre as razões suscetíveis de ditarem tais reservas ou limitações – que hão de ser sempre aplicadas restritivamente – contam-se considerações de ordem, segurança e saúde públicas. O mesmo é dizer que preocupações atinentes à saúde pública

---

[255] Como se verá, a União tem procurado realizar esta liberdade através de um conjunto de diplomas relativos sobretudo ao reconhecimento mútuo de formações com inevitável impacto neste domínio. Sobre o *programa normativo* desta liberdade, em geral, v. Jónatas Machado, *Direito da União Europeia, cit.*, pp. 303 e segs.

[256] Jónatas Machado, *Direito da União Europeia, cit.*, pp. 316 e segs.

SAÚDE

podem constranger a liberdade de circulação de trabalhadores assalariados do setor da saúde.

b) A liberdade de circulação dos serviços relevante para os prestadores de cuidados de saúde[257] compreende duas manifestações não cumuláveis (ou disjuntivas), quais sejam, o direito de estabelecimento *(i)* e a livre prestação de serviços *(ii)*.

O TFUE refere-se aos serviços como *prestações realizadas normalmente mediante remuneração*[258] – fazendo uso, portanto, de uma noção muito lata, que se afasta do conceito técnico de serviço (ligado às atividades ou setores terciários), e se arrisca a engolfar o trabalho assalariado e o direito de estabelecimento[259].

Esta amplitude nocional[260], se bem que coonestada pela exemplificação constante do artigo 57.º, resulta obtemperada pela atribuição à liberdade de prestação de serviços de um carácter subsidiário ou residual face às demais componentes do direito do mercado interno. Por outro lado, aplicam-se-lhe parte das regras que regulam o direito de estabelecimento. Convém, pois, começar por este último.

i. Assim, aos profissionais de saúde que sejam cidadãos nacionais dos Estados-Membros, bem como às entidades coletivas dedicadas a atividades

---

[257] WOUTER GEKIERE/RITA BAETEN/WILLY PALM, "Free movement of services in the EU and health care", *in* Elias Mossialos/Govin Permanand/Rita Baeten/Tamara K. Hervey (eds.), *Health Systems Governance in Europe: The Role of European Union Law and Policy, ob. cit.*, pp. 461-508.

[258] Entendida esta última como a contrapartida económica da prestação em causa.

[259] A qualificação dos prestadores de saúde como empresas (afirmada pela primeira vez no Acórdão *Luisi e Carbone*, de 31 de janeiro de 1984, procs. apensos 286/82 e 26/83, n.º 16), proporcionou um vivo debate (entre outras coisas) sobre a natureza dos serviços de saúde e o conceito de remuneração. Vingou a jurisprudência *Bond van Adverteerders*, segundo a qual, para que um serviço possa considerar-se compreendido no âmbito de aplicação do artigo 50.º do Tratado, não é necessário que o mesmo seja pago por quem dele beneficia – v. Acórdão *Bond van Adverteerders*, de 26 de abril de 1988, proc. 352/85, em particular o n.º 16. No mesmo sentido, v. igualmente o Acórdão *Deliège*, de 11 de abril de 2000, procs. apensos C-51/96 e C-191/97, em particular o n.º 56.

[260] Curiosamente, como bem observa Miguel Gorjão-Henriques, a latitude da noção de serviço, empregue no artigo 57.º, contrasta com a aplicação restritiva da liberdade de prestação de serviços a que conduziria uma interpretação literal do artigo 56.º. Diga-se ainda que, apesar da jurisprudência europeia relativa ao tema, do incentivo a uma permanente troca de informações quanto aos assuntos disciplinares e da preocupação constante com a qualidade (que levou à criação do Conselho Europeu de Acreditação para a educação médica continuada), a União Europeia não fornece qualquer definição uniforme de *atividades médicas*, concedendo, por isso, uma ampla liberdade aos Estados na concretização do conceito que lhes subjaz.

DIREITO DA UNIÃO EUROPEIA - ELEMENTOS DE DIREITO E POLÍTICAS DA UNIÃO

de prestação de cuidados de saúde, é permitida a fixação num outro Estado-
-Membro para o exercício (individual, ou através da criação de uma nova
empresa) de atividades não assalariadas com características de estabilidade
e permanência. Como tal, o direito de estabelecimento pode abranger, por
exemplo, a abertura e gestão de um laboratório clínico, de uma farmácia ou
de uma entidade hospitalar ou a prática médica em regime de atividade privada (desde que se faça prova de uma presença e participação estável e contínua na vida económica dos Estados-Membros).

Contudo, o direito de estabelecimento também conhece exceções e
admite restrições. As primeiras estão previstas no artigo 51.º do TFUE. As
segundas encontram-se consignadas no artigo 52.º, que admite a criação de
regimes especiais para estrangeiros, por razões de ordem, segurança e saúde
públicas. De todo o modo, importa ter presente, mais uma vez, que quaisquer medidas restritivas das liberdades fundamentais asseguradas pelo Tratado só serão aceitáveis se cumprirem os requisitos cumulativos da proporcionalidade, não discriminação e justificabilidade ao abrigo de imperativos
de interesse geral[261].

ii. Por sua banda, a livre prestação de serviços em sentido estrito demarca-
-se tanto do direito de estabelecimento como da livre circulação de trabalhadores. No primeiro, caso devido ao carácter transitório das atividades de
provisão a que se refere; no segundo, porque pressupõe um prestador que
atue com independência, assumindo o risco económico dessa sua atividade.

Por outro lado, no que concerne ao seu âmbito pessoal ou *subjetivo*, esta
liberdade beneficia *apenas* os nacionais dos Estados-Membros estabelecidos no território de um destes últimos, *mas independentemente* de se tratar
de prestadores ou de recipientes dos cuidados. Dela usufruem também os
familiares do nacional do Estado-Membro. Por outro lado, se devidamente
inteligida (mormente do ponto de vista do seu *objeto* ou *alcance material*), ela
contempla afinal quatro formas de prestação de serviços[262]: além da deslocação de um prestador de serviços de saúde ao país do destinatário da prestação, inclui também a situação inversa, bem como a deslocação do objeto
ou suporte em que se materializa a prestação e a realização da prestação à

---

[261] Inicialmente, só as restrições discriminatórias tinham relevo. Com o tempo, porém, gerou-se
uma suspicácia relativamente às regulamentações de efeito restritivo, em geral, isto é, indistintamente aplicáveis a prestadores nacionais ou estrangeiros.
[262] E não somente a que é assegurada por profissionais de um Estado-Membro, num Estado-Membro diferente do Estado do destinatário da prestação

SAÚDE

distância (mediante a emissão de sinais magnéticos, digitais, ou outros)[263]. Percebe-se, portanto, que tenha servido de base primacial para a jurisprudência e legislação comunitárias sobre a mobilidade dos doentes e os cuidados transfronteiriços.

No que respeita às *restrições e exceções* de que pode ser objeto, valem aqui as normas previstas para o direito de estabelecimento.

Entretanto, sob pena de se instaurar uma duplicação de requisitos, as exigências específicas em matéria de prestação de saúde que, na ausência de regulamentação da União Europeia, os Estados-Membros pretendam avançar, hão de ser justificadas pelo interesse geral, obedientes ao princípio da proporcionalidade, indistintamente aplicáveis e independentes da sujeição a regras comparáveis no país de origem.

2.2.2.3.3. Direito secundário

Foi a propósito do mútuo reconhecimento de qualificações profissionais, no quadro da liberdade de circulação, que o direito da União Europeia mais afetou os profissionais da saúde[264], designadamente, através das chamadas *Diretivas dos Doutores*[265], mais tarde reunidas e codificadas na Diretiva 93/16/ /CEE, de 5 de abril de 1993[266].

Nesta matéria, a competência da União Europeia decorre essencialmente do artigo 46.º, acerca da liberdade da circulação dos trabalhadores, e do artigo 53.º, relativo ao direito de estabelecimento e aplicável, *ex vi* artigo 62.º, à liberdade de prestação de serviços.

O artigo 53.º, em particular, prevê a adoção de diretivas que visem o reconhecimento mútuo de diplomas, certificados e outros títulos e refere-se expressamente (no seu n.º 2) às profissões médicas, paramédicas e farmacêuticas, fazendo depender a eliminação progressiva das restrições ao mercado interno da coordenação das respetivas condições de exercício nos diversos Estados-Membros.

De facto, como seja comum aos Estados a exigência de condições para o acesso às profissões de saúde e seu posterior exercício, por um lado, mas

---

[263] V. MIGUEL GORJÃO-HENRIQUES, *Direito da União Europeia, cit.*, p. 619.

[264] JÓNATAS MACHADO, *Direito da União Europeia, cit.*, pp. 310-314, *maxime* p. 313, *in fine*.

[265] Diretivas 75/362/CEE (sobre o reconhecimento mútuo das qualificações médicas) e 75/363/ /CEE (sobre a coordenação dos cursos médicos), ambas de 16 de junho de 1975.

[266] V. ELIAS MOSSIALOS/MARTIN MCKEE/WILLY PALM/BEATRIX KARL/FRANZ MARHOLD, *The influence of EU law on the social character of health care systems in the European Union, ob. cit.*, p. 40.

DIREITO DA UNIÃO EUROPEIA – ELEMENTOS DE DIREITO E POLÍTICAS DA UNIÃO

muito variável, de uns para os outros, o respetivo teor, por outro, entende-se bem a necessidade da harmonização e coordenação.

Com esse escopo, a União começou por produzir diretivas setoriais sobre as profissões de médico, dentista, farmacêutico, ou enfermeira, as quais conviviam com diretivas gerais de reconhecimento mútuo de qualificações (89/48/CEE, de 21 de dezembro de 1988, e 92/51/CEE, de 18 de junho de 1992), numa relação de quase especialidade. De facto, as últimas não visavam suplantar as primeiras, mas antes confirmar o seu conteúdo e estendê--lo a outras profissões, nomeadamente os paramédicos, os terapeutas da fala ou os fisioterapeutas. Contudo, tanto umas como outras mereceram críticas e motivaram alguns apelos no sentido da criação de um regime mais uniforme, transparente e flexível, não surpreendendo, por isso, que viessem a ser consolidadas numa única Diretiva (2005/36/CE, de 7 de setembro de 2005)[267], destinada a cobrir todas as qualificações profissionais em cada setor (mediante uma combinação dos anteriores sistemas setorial e geral). Nela se consagra um princípio geral de reconhecimento mútuo das qualificações, que requer apenas a prévia satisfação de um mínimo comum de exigências, normalmente medido em termos de duração do período de formação.

Destarte, a Diretiva 2005/36/CE estabelece um regime geral (artigo 10.º) de acordo com o qual os Estados têm a liberdade de determinar o nível mínimo de qualificações exigidas pela qualidade dos serviços prestados no seu território por certos profissionais, devendo ao mesmo tempo reconhecer as qualificações adquiridas por um prestador noutro Estado-Membro (mas não já as que, tendo sido obtidas noutro Estado, por este hajam sido reconhecidas). O regime geral aplica-se apenas subsidiariamente (artigo 2.º, n.º 3) com relação a outras normas específicas de harmonização ou disposições concretas. Ao mesmo tempo, prevê-se um reconhecimento automático baseado numa experiência profissional suficientemente longa e recente (artigos 17.º a 20.º). O beneficiário adquire um direito à não discriminação em razão da nacionalidade.

O diploma cria ainda plataformas comuns (artigo 15.º) e redes de contactos, a fim de promover a circulação dos profissionais.

---

[267] Para uma apreciação breve de ambas, chamando a atenção para a falta de flexibilidade e transparência, as dificuldades de efetivação e o menoscabo dos *parâmetros* de qualidade que prejudicaram as diretivas setoriais, por um lado, e para a falta de *padrões* mínimos de qualidade notada nas diretivas gerais, por outro – v. TAMARA K. HERVEY/JEAN MCHALE, *Health Law and the European Union*, *ob. cit.*, pp. 218 e segs.

SAÚDE

Entre as condições para o reconhecimento das qualificações encontra-se a detenção de conhecimentos linguísticos necessários ao exercício da profissão no Estado-Membro de acolhimento (artigo 53.º).

Relativamente à livre prestação de serviços, prescreve-se que o Estado de acolhimento dispense os prestadores de serviços estabelecidos noutros Estados-Membros de exigências como a inscrição em organizações profissionais ou de segurança social (artigo 6.º)[268].

Em resumo, os profissionais de saúde (médicos, enfermeiros, parteiras, dentistas, farmacêuticos, veterinários) passaram a beneficiar de um direito de reconhecimento automático das suas qualificações, segundo o qual os diplomas obtidos no país de origem lhes conferem o direito de exercer a sua profissão em qualquer país da União, sem que possam ser vítimas de discriminação laboral/profissional, em virtude da respetiva nacionalidade. Para tal, procedeu-se a uma harmonização das condições mínimas de formação requeridas por estas profissões[269].

Em jeito de conclusão, permitam-se-nos três últimas observações.

A primeira para recordar que também a *Diretiva do tempo de trabalho* (2003/88/CE, de 4 de novembro de 2003), baseada no capítulo da política social, produziu repercussões não despiciendas no setor da saúde, tendo inclusive sofrido algumas emendas na sequência das críticas que esse impacto motivou. A segunda para fincar bem a importância de que se revestiu a liberdade dos serviços (encarada da ótica dos próprios beneficiários) para a fundamentação dos direitos de mobilidade transfronteiriça de doen-

---

[268] Podendo, no entanto, impor declaração prévia escrita ou a prestação de determinadas informações ao destinatário do serviço (artigo 7.º).

[269] Entrementes, a 19 de dezembro de 2011, a Comissão veio propor uma modernização da Diretiva, de modo a torná-la mais simples e a facilitar, ainda mais, a liberdade de circulação dos profissionais de saúde. O esforço atualizador desembocou na Diretiva 2013/55/UE, de 20 de novembro de 2013, surgida já depois de concluído o presente estudo e, como tal, nele não refletida. De todo o modo, o novo diploma altera significativamente a Diretiva 2005/36/CE, de 7 de setembro de 2005, relativa ao reconhecimento das qualificações profissionais e o Regulamento (UE) n.º 1024/2012, de 25 de outubro de 2012, atinente à cooperação administrativa através do Sistema de Informação do Mercado Interno («Regulamento IMI»). Sobressai, em particular, a criação de uma carteira profissional europeia, para "facilitar a mobilidade temporária e o reconhecimento ao abrigo do regime de reconhecimento automático, bem como para promover um processo de reconhecimento simplificado no âmbito do regime geral". Globalmente, a preocupação inspiradora foi a de reduzir as restrições impostas à circulação, concorrendo ao mesmo tempo para uma maior transparência quer face aos utentes quer relativamente aos próprios profissionais. O prazo de transposição termina a 18 de janeiro de 2016.

DIREITO DA UNIÃO EUROPEIA – ELEMENTOS DE DIREITO E POLÍTICAS DA UNIÃO

tes – primeiro, por parte da jurisprudência e agora, de modo mais vincado, através da *Diretiva sobre cuidados transfronteiriços*. A terceira para lembrar, sem embargo do exposto, que a intenção original de aplicar a *Diretiva dos serviços* aos cuidados de saúde teve de ser abandonada, devido às inúmeras resistências com que se deparou[270].

Todavia, na continuidade deste último apontamento e pese embora o anterior, cumpre também equacionar a prestação de serviços na sua faceta objetiva ou material (que não apenas subjetiva e centrada nos titulares das liberdades referidas)[271], desta feita para aferir das consequências que para ela defluem do direito da concorrência da União Europeia. Se aquela nos remetia para a matéria explorada no ponto precedente (2.2.2.2), esta presidirá às explanações que se seguem.

2.2.2.4. O direito dos serviços de saúde[272]

a) De forma mais ou menos conseguida, os sistemas de saúde dos Estados--Membros assentam, por norma, nos princípios da solidariedade e da igual-

---

[270] O artigo 23.º da proposta previa a inclusão no diploma da prestação de serviços de cuidados de saúde mas o artigo 2.º, alínea *f)*, da versão final acabou por determinar a sua exclusão. A Diretiva também fazia a articulação com as regras do Regulamento (CEE) n.º 1408/71 [hoje constantes do Regulamento (CE) n.º 883/2004, de 29 de abril de 2004] – considerandos 53 e 57. Hoje regem sobretudo os artigos 20.º e 36.º deste Regulamento – v. MIGUEL GORJÃO-HENRIQUES, "The implementation of the Services Directive in Portugal", *in* Ulrich Stelkens/Wolfgang Weiß/Michael Mirschberger (eds.), *The Implementation of the EU Services Directive: Transposition, Problems and Strategies*, Springer Verlag, 2012, pp. 493 e segs;. *idem*, "Recensão Legislativa – A Directiva 2011/24/UE e o Mercado Interno da Prestação de Cuidados de Saúde: Da Proposta Bolkestein à próxima Transposição, Alguns Pressupostos e Desafios", in *Temas de Integração*, 1.º e 2.º Semestre de 2011, n.ᵒˢ 31 e 32, pp. 253-316.

[271] Apesar da artificialidade que esta distinção assume no quadro do impreciso direito da União Europeia. Em rigor, o estabelecimento, enquanto sinónimo de empresa, deve ser considerado um objeto jurídico, sobre o qual incidem direitos e deveres titulados por sujeitos de direito. A estes se reporta naturalmente a liberdade de prestar serviços ou de estabelecimento noutro Estado--Membro – cf., por todos, J. M. COUTINHO DE ABREU, *Da Empresarialidade: As empresas no Direito*, Almedina, Coimbra, 1996.

[272] WOLF SAUTER, "The Impact of EU Competition Law on National Healthcare Systems", in *European Law Review*, Issue 4, August 2013, pp. 457 e segs. ; VASSILIS HATZOUPOULOS, "Financing national health care in a transnational environment: the impact of the European community internal market", *cit.*; TONY PROSSER, "EU competition law and public services", *in* Elias Mossialos/ /Govin Permanand/Rita Baeten/Tamara K. Hervey (eds.), *Health Systems Governance in Europe: The Role of European Union Law and Policy*, Cambridge University Press, Cambridge, 2010, pp. 315-336. JULIA LEAR/ELIAS MOSSIALOS/BEATRIX KARL, "EU competition law and health policy", in *ibidem*, pp. 337-378; VASSILIS HATZOPOULOS, "Public procurement and state aid in national health care

SAÚDE

dade, tornando o acesso aos serviços dependente da pertença à (ou inclusão na) comunidade cidadã (e até humana) e não dos recursos financeiros de cada um (*i. e.*, da capacidade de pagar pelos serviços oferecidos em condições de mercado).

Contudo, nos últimos anos, esgrimindo o argumento da maximização da eficiência económica e da liberdade de escolha do consumidor, tem-se caminhado em passo estugado para a criação de mercados internos de saúde competitivos, introduzindo progressivamente o espírito de compita no sistema, mediante o recurso a esquemas de gestão privada e através da contratação de prestadores concorrentes e do incentivo ao aparecimento de vários ofertantes, alegadamente capazes de produzir ao mais baixo preço e naturalmente prontos a afetar os recursos a quem esteja disposto a pagar mais.

Nesta medida, os sistemas de saúde nacionais e os serviços que prestam colocam-se, ao menos parcialmente, sob a alçada do direito europeu da concorrência, em geral, bem como, mais discutivelmente, das normas europeias sobre os auxílios de Estado, em especial (mas já não da contratação pública)[273].

Koen Lenaerts[274] identificou e analisou quatro aspetos fundamentais desta fricção entre os sistemas sociais e as regras de concorrência: (1) a qualificação dos serviços de saúde como empresas[275]; (2) a aquisição de equipa-

---

systems", in *ibidem*, pp. 379-418; *idem*, "Killing National Health and Insurance Systems but Healing Patients?", *cit.*; ULLA NEERGAARD, "EU Health Care Law in a Constitutional Light: Distribution of Competences, Notions of 'Solidarity', and 'Social Europe'", *in* Johan Willem Van De Gronden/ /Erika Szyszczak/Ulla Neergaard/Markus Krajewski (eds.), *Health Care and EU Law*, Springer, The Hague, 2011, Chapter 2, pp. 19 e segs.; REMO PELLEGRINI, "Social Services in the EU legal System: Balancing Competition and the Protection of National-Specific Public Interests", in *Italian Journal of Public Law*, vol. 4, Issue 1/2012, pp. 209-255 ; ERIKA M. SZYSZCZAK, "Introduction", *in* Erika M. Szyszczak/Johan Willem Gronden, *Financing Services of General Economic Interest: Reform and Modernization*, Springer Verlag, 2013.

[273] Sobre a aplicação das regras da concorrência a médicos e outros profissionais, a hospitais e clínicas, a associações profissionais e de auxílio médico, a seguros de saúde e a autoridades de saúde dos governos centrais, v. VASSILIS HATZOPOULOS, "Killing National Health and Insurance Systems but Healing Patients?", *cit.*, ponto 4.1.

[274] KOEN LENAERTS, *Droit Communautaire et Soins de Santé: Les Grandes Lignes de la Jurisprudence de la Cour de Justice des Communautés Européennes*, cit. pp. 2-7.

[275] Que gira em torno da doutrina fixada no Acórdão *Poucet/Pistre*, de 17 de fevereiro de 1993, procs. apensos C-159/91 e C-160/91 – no qual se considerou que tais entidades não exercem verdadeiras atividades económicas, dedicando-se antes à gestão de serviços públicos de segurança social, no desempenho de uma função de carácter exclusivamente social, obediente ao princípio da solidariedade).

DIREITO DA UNIÃO EUROPEIA – ELEMENTOS DE DIREITO E POLÍTICAS DA UNIÃO

mentos e de produtos de saúde pelas instituições prestadoras de cuidados; (3) o regime dos acordos sociais[276]; e (4) a relação com as missões de interesse económico geral[277].

b) Antes do mais, o *direito da concorrência* abrange todos os empreendimentos (*«undertakings»*), sejam públicos ou privados, lucrativos ou não, que estejam envolvidos numa atividade económica, e proscreve as ações tendentes a impedir, restringir ou falsear a concorrência no mercado interno – designadamente os acordos, decisões de associação ou práticas concertadas das empresas ou a exploração abusiva de uma posição dominante (cf. artigos 101.º e 103.º do TFUE).

De fora deste regime ficam, entre outras[278], as organizações baseadas na solidariedade social – mais avessas aos princípios da concorrência e da eficiência mercantil. Assim o asseverou o Tribunal no caso *Poucet e Pistre*[279], relativo a um esquema de segurança social compulsório financiado pelas contribuições ativas dos seus membros, segundo um princípio distributivo que concedia pensões independentemente do estatuto financeiro e da saúde do contribuinte. Também no caso *Albany*[280] se reconheceu que um esquema setorial de pensões, apesar de assimilável a um empreendimento, desempenhava uma função social essencial no seio do sistema holandês. Em abono da

---

[276] Cuja subtração ao artigo 81.º do TCE foi discutida no Acórdão (TJUE) *van der Woude*, de 21 de setembro de 2000, proc. C-222/98.

[277] Sobre a qual se pronunciou o Acórdão (TJUE) *Ambulanz Glöckner*, de 25 de outubro de 2001, proc. C-475/99.

[278] Não é possível cuidar aqui de todas as situações de exclusão e de exceção às regras de concorrência, nem das limitações a que estas podem ser sujeitas no domínio específico da saúde. Temos em mente, por exemplo, as *exceções* económicas e não económicas (de eficiência e qualidade) e as *delimitações* da área de aplicação deste regime definidas pelo *conceito de empresa* (tal como delineado nos Acórdãos *Höffner, Pavlov, Glöckner, AOK, Fenin* ou *Ag2r*), pela *doutrina da ação estatal*, pelos *acordos coletivos*, pelo *topos* da *apreciabilidade* ou pelas considerações em torno da *compensação*. Com efeito, o direito da concorrência admite exceções económicas, em nome do interesse do consumidor (relevantes para efeitos da qualidade, acesso, acessibilidade e escolha no domínio da saúde) e não se aplica a certas políticas de fins não económicos, se as atividades em causa forem irrelevantes ou não apreciáveis, se não estiver em causa um efeito no comércio interestatal (questão interna), ou se as doutrinas das restrições inerentes ou da ação estatal puderem ser invocadas. Acerca deste ponto, v. WOLF SAUTER, "The Impact of EU Competition Law on National Healthcare Systems", *cit.*, a quem pedimos de empréstimo a sistematização empregue.

[279] Acórdão (TJUE) *Poucet e Pistre*, proc. C-159/91, [1993], ECR I-637.

[280] Acórdão (TJUE) *Albany International v Stichtung Bedrifspensionenfonds Textielindustrie*, de 21 de setembro de 1999, proc. C-67/96.

SAÚDE

verdade, diga-se que a jurisprudência da União não só tem excluído vários monopólios da proteção social pública do âmbito do direito da concorrência, mas também revelou sempre grande escrúpulo na qualificação desses serviços como *undertakings*[281].

Nestes termos, a aplicação do direito da concorrência depende, sobremaneira, do modo como os Estados-Membros entendam por bem configurar os seus sistemas de saúde, ficando afastada na hipótese de se optar por um esquema predominantemente baseado na solidariedade social. Verifica-se, portanto, uma verdadeira delegação de responsabilidades nas autoridades nacionais, consonante não só com o princípio da subsidiariedade, em geral, mas também com a repartição de competências entre a União Europeia e os Estados-Membros no que toca à saúde, em especial.

No entanto, duas questões obnubilam um pouco a aparente clareza da distribuição de competências estabelecida pelos Tratados. Por um lado, não é líquido o grau ou nível de concorrência a partir do qual um serviço de saúde se qualifica como *empreendimento*, ficando sujeito ao respetivo direito da União Europeia[282]; por outro lado, mesmo no domínio das atividades

---

[281] No caso *Fenin/Comissão*, de 4 de março de 2003, por exemplo, curou-se mesmo de esclarecer que o simples relacionamento dos sistemas de provisão públicos com o mercado, nomeadamente através da aquisição de produtos, não basta para os qualificar como empreendimentos. Decisiva não é a participação no mercado mas a *finalidade* a que se destinam os bens nele adquiridos, devendo atender-se às atividades para que os mesmos serão canalizados: a oferta de bens e serviços no mercado ou a provisão de serviços gratuitos na base de uma cobertura assegurada, por princípio. Como é bom de ver, só na primeira hipótese serão cabíveis as normas de direito da concorrência da União Europeia.

[282] A jurisprudência não é uniforme, subsistindo divergências assinaláveis entre a doutrina firmada no Acórdão *Fenin* e as teses aventadas noutros arestos, como o *ONP* [*ONP and Others v Commission* (Case T-90/11)]. O Tribunal tende a usar um conjunto de critérios, segundo os quais as instituições de provisão de saúde constituiriam, em regra, entidades não mercantis. Fazem parte desse *faisceau d'indices* a índole social do objetivo prosseguido, a natureza compulsória do esquema, o pagamento das contribuições assente no rendimento da pessoa segurada e não na natureza do risco coberto, a falta de uma relação direta imediata entre os benefícios auferidos pela pessoa segurada e as contribuições pagas, a vigilância estatal da determinação de tais benefícios e critérios, a subsidiação cruzada entre os esquemas, a ausência de esquemas concorrentes oferecidos por privados, o controlo genérico do Estado, a redistribuição em vez da capitalização e investimento dos fundos recolhidos, etc. Por isso, segundo Hatzopoulos, seria de esperar que, com base nestes critérios e no juízo proferido no caso *Fenin*, os hospitais públicos que providenciam cuidados de saúde gratuitos às pessoas se não qualificassem como empreendimentos. Só que, como veremos melhor, a Decisão *Altmark* considerou que o dinheiro oferecido aos hospitais para a prossecução das suas tarefas de serviço público constitui um auxílio, ainda que justificado (pressupondo-se, portanto, que estes

DIREITO DA UNIÃO EUROPEIA – ELEMENTOS DE DIREITO E POLÍTICAS DA UNIÃO

cobertas pelo direito da concorrência, há que ter em conta as ressalvas introduzidas pelos Tratados, a propósito dos serviços de interesse geral.

Com efeito, *ex vi* artigo 106.º, n.º 2, as empresas encarregadas da gestão de serviços de interesse económico geral ou que tenham a natureza de monopólio fiscal só se submetem ao direito da concorrência se a aplicação das respetivas regras não colocar obstáculos ao cumprimento, de direito ou de facto, das missões particulares que lhes tenham sido confiadas. Também aqui a competência primária cabe aos Estados, que ficam incumbidos de determinar quais dos seus serviços prosseguem finalidades de interesse económico geral. No entanto, não se trata de uma margem de ação arbitrária ou totalmente desvinculada, uma vez que se exige a reunião de três requisitos: um interesse geral ou público que distinga o serviço em causa dos que visam interesses privados; a prática de um ato de autoridade pública pelo qual se atribua ao operador em questão uma tarefa de interesse geral, com natureza universal e compulsória; e a adução, por parte do Estado, das razões pelas quais entende que o serviço em causa, pela sua própria natureza, merece ser caracterizado como um serviço económico de interesse geral (e como tal diferenciado de outras atividades económicas[283]).

Se o direito do mercado interno e da concorrência constituem travejamentos fundamentais da União Europeia, a verdade é que, pelo menos desde o Tratado de Amesterdão – graças à inclusão do então artigo 16.º (atual 14.º) –, os serviços de interesse económico geral foram expressamente colocados entre os valores comuns da União, tendo-lhes sido reconhecido

---

sejam empreendimentos) – v. Vassilis Hatzoupoulos, "Financing national health care in a transnational environment: the impact of the European community internal market", *cit.*

[283] De acordo com a jurisprudência dos casos *Olsen* e *Bupa*, apesar da origem europeia da figura dos SIEG [serviços de interesse económico geral], os Estados dispõem de uma ampla margem de discricionariedade na concreta determinação material do conceito, uma vez que a Comissão apenas pode questioná-la na hipótese de haver um *erro manifesto*. Esta solução ampara-se tanto na ausência de uma norma europeia que confira competências expressas à Comissão nesta matéria, como na inexistência de uma definição precisa do conceito de SIEG no plano da União Europeia. A *Diretiva dos Serviços* parece coonestar este entendimento, embora insista na obrigação de cumprimento do direito da União Europeia, por parte dos Estados. Daí que se suscitem dúvidas acerca da compatibilização da "via nacional" de determinação dos SIEG com o carácter proclamadamente europeu do conceito e o princípio de obediência ao direito da União Europeia postulado a seu propósito. A isto somam-se ainda as dificuldades levantadas pela noção de erro manifesto, sobre cujo preciso significado não existe acordo – v. Ulla Neergaard, "EU Health Care Law in a Constitutional Light: Distribution of Competences, Notions of 'Solidarity', and 'Social Europe'", *cit.*, que seguimos de perto neste trecho.

SAÚDE

um papel decisivo na promoção da coesão social e dos Estados-Membros[284].
Confirmam-no, de resto, as reflexões vertidas em duas importantes *Comunicações* da Comissão[285] (posto que separadas por mais de 10 anos), o *Livro Branco* da Comissão Europeia sobre os Serviços de Interesse geral[286] e a consagração expressa destes últimos no artigo 36.º da CDFUE, sob a epígrafe capitular da solidariedade e na imediata sequência do preceito relativo à proteção da saúde.

O cenário complexifica-se um pouco mais pela circunstância de a União ter progressivamente cindido os serviços de interesse geral em duas modalidades, a primeira de matriz económica e a segunda de teor eminentemente social, criando uma divisão bastante problemática, quer em termos teóricos, quer sobretudo no plano da aplicação prática[287].

Cremos que, em rigor, os sistemas de saúde com financiamento solidário e provisão equitativa se devem caracterizar, por princípio, como serviços institucionalizados de interesse coletivo ou geral, cujo objeto, "conteúdo normativo" e finalidades se reputam de sociais. A respetiva autonomia lograr-se-ia, pois, na conquista de um espaço tendencialmente desmercadorizado. No entanto, o incremento das interações com o mercado e a crescente porosidade relativamente aos seus processos, elementos, meios e racionalidade opera transformações de monta nos sistemas de saúde, mesmo que não os exonere das suas missões públicas.

Sem podermos aprofundar o ponto, julgamos pouco avisada uma talhante abcisão do *social* relativamente ao *económico* (provavelmente induzida pela redutora confusão deste último com o domínio do mercantil), tal como nos merece as maiores reservas a conceção do *Daseinvorsorge* numa perspetiva apenas finalística ou funcional – ambas tendências prevalecentes na União Europeia, sobretudo por influxo do pensamento filosófico-social germânico. Com efeito, e por um lado, os sistemas de saúde têm óbvias dimensões económicas; a economia é que não se resume ao setor do mercado. Por outro lado, que a socialidade apareça associada apenas a obrigações de interesse

---

[284] Cf. Acórdão *Ambulanz Glöckner v Landkreis Südwestpfalz, cit.*
[285] A Comunicação sobre os *Serviços de Interesse Público na Europa* [COM(96) 463 final, de 11 de setembro de 1996] e a Comunicação intitulada *Serviços de interesse público, um novo compromisso* [COM(2007) 725 final, de 20 de novembro de 2007].
[286] COM(2004) 374 final, de 12 de maio de 2004.
[287] Sobre estes, v. o *Livro Verde sobre Serviços de Interesse Social*, que a Comissão apresentou em 21 de maio de 2003, e a *Comunicação* que publicou, a 26 de abril de 2006, acerca da implementação do programa de Lisboa (*Social Services in the European Union*).

DIREITO DA UNIÃO EUROPEIA – ELEMENTOS DE DIREITO E POLÍTICAS DA UNIÃO

geral que podem ser realizadas por via tanto mercantil como cooperativa ou estadual não parece, na prática, senão uma estratégia de recurso para operar a integral *comodificação* do setor, destruindo formas de integração paralelas às engendradas pelo mercado. Ao contrário do que uma inteira geração de teorias regulatórias (e agora de garantia) tem levado a pensar, os meios institucionais, os esquemas orgânico-funcionais e as vias procedimentais de realização de tarefas sociais não se justificam de modo simplesmente consequencial, porque traduzem ao mesmo tempo uma atualização dos valores fundantes que transportam, projetam, e pretendem efetivar.

Por isso é que, quanto ao primeiro aspeto frisado, o *Documento de Trabalho da Comissão, anexo à Comunicação sobre os serviços sociais de interesse geral na União Europeia*, recusa, a partir de um prisma eminentemente socioeconómico e jurídico, a sinonímia entre *social* e *não económico*[288]; e que, no relativo ao segundo, um autor como Remo Pellegrini se permite alegar que os serviços de interesse público constituem verdadeiros *direitos sociais*, porquanto contribuem significativamente para a coesão socioeconómica e a construção do modelo europeu de sociedade. Este último argumento merece uma atenção mais detida. Na verdade, para Pellegrini, os serviços sociais de interesse coletivo propõem-se satisfazer necessidades mas, ao mesmo tempo, representam um importante cimento comunitário, porque oferecem pontos de referência comuns e promovem o sentimento de pertença dos cidadãos à comunidade, ascendendo, de tal sorte, à categoria de verdadeiros elementos da identidade cultural dos Europeus, *mesmo nos atos da vida quotidiana*. Mais do que uma mera *dimensão simbólica* (para usar a expressão do jurista italiano), eles transportam uma forte carga axiológica, da qual brotam plúrimas consequências normativas. Não espanta, pois – e com isto enleamos num remate os dois tópicos referidos –, que Pellegrinni proponha a criação de uma nova *categoria intermédia* de *serviços*, ditos *sociais de interesse económico geral*[289].

Diante do exposto, o quadro regulativo nesta matéria pode sintetizar-se em quatro pontos:

---

[288] V. Commission Staff Working Document. Annexes to the Communication from the Commission on Social services of general interest in the European Union – Socio-economic and legal overview – COM(2006) 177 final, SEC(2006) 516, Section 1.1.1. (a argumentação desenvolvida para sustentar esta posição circunscreve-se ao acanhado *instrumentarium* jurídico-público da União Europeia) – cf. também o *considerando* 34 da *Diretiva dos Serviços*.

[289] REMO PELLEGRINI, "Social Services in the EU legal System: Balancing Competition and the Protection of National-Specific Public Interests", *cit.*

1060

SAÚDE

– A aplicação das regras da concorrência depende em primeiro lugar dos Estados, na medida em que lhes cabe, no âmbito da sua responsabilidade primária pela organização e funcionamento dos respetivos sistemas de saúde, escolher o modelo básico – solidário (social-institucional) ou concorrencial (empresarial-industrial) – a que estes obedecem[290].

– Embora os sistemas de saúde tradicionais se mostrem mais próximos dos esquemas solidários e socializantes (laboristas e corporativos ou universalistas e de base fiscal), são cada vez mais os elementos mercantis e concorrenciais que nele se insinuam, conferindo à prestação de cuidados uma natureza mista e expondo-se à aplicação do direito europeu pertinente.

– Contudo, mesmo no âmbito do direito da concorrência, prevê-se um tratamento especial para os serviços económicos de interesse geral, que leva em conta as necessidades associadas ao fornecimento de um serviço universal e economicamente acessível.

– Dada a interação do direito da concorrência com outras áreas do direito, é de prever que mesmo aqueles se vejam sujeitos à influência de normas da concorrência (em matéria de auxílios de Estado) e, quiçá, da contratação pública, como se verá de seguida.

c) Depois de, nos anos oitenta, a preocupação dominante do direito da concorrência se ter prendido com as *concentrações monopolistas*, o centro das atenções deslocou-se, a partir da década seguinte, para os *auxílios estaduais* (e, mais tarde, para o relevo paralelo da *contratação pública*)[291]. Argumenta-se, a este respeito, que as principais formas de distorção da concorrência residem na concessão de subsídios ou na escolha das entidades contratantes por parte dos Estados ou entidades públicas. Destarte, converte-se em

---

[290] Ainda assim, repita-se, não é totalmente incontroversa a exclusão dos sujeitos, individuais e coletivos, encarregados da prestação de serviços de saúde. Na verdade, enquanto o estatuto "empresarial" dos *prestadores de bens (produtos) médicos (v. g.,* fármacos) não merece contestação, o mesmo não sucede relativamente aos *prestadores de serviços médicos* – v. WOLF SAUTER, "The Impact of EU Competition Law on National Healthcare Systems", *cit.*

[291] V. VASSILIS HATZOUPOULOS, "Financing national health care in a transnational environment: the impact of the European community internal market", *cit.*, pp. 776 e segs. Por outras palavras, o projeto de *liberalização dos monopólios públicos* deu lugar à preocupação com o *financiamento dos serviços públicos*, discutindo-se se se trata de ajudas de Estado ou de compensações (cf. ERIKA M. SZYSZCZAK, "Introduction", *in* Erika M. Szyszczak/Johan Willem Gronden, *Financing Services of General Economic Interest: Reform and Modernization*, Springer Verlag, 2013, pp. 1-32).

DIREITO DA UNIÃO EUROPEIA – ELEMENTOS DE DIREITO E POLÍTICAS DA UNIÃO

questão prioritária a de saber quando nos encontramos perante um *auxílio de Estado* ou uma *entidade contratante*. Ora, também para este efeito relevam sobremaneira as considerações tecidas acerca dos SIEG e, mais em geral, das instituições solidárias comprometidas com a provisão de bens (produtos e serviços) de saúde.

Relativamente aos auxílios de Estado, há que ter em conta os critérios previstos no *caso Altmark*, no *Pacote Altmark-Monti-Kroes* e, mais recentemente, no *Pacote Almunia*.

De acordo com o precedente jurisdicional estabelecido naquele aresto, o financiamento público de entidades prestadoras de serviços de saúde com interesse geral ou coletivo exime-se à aplicação das regras sobre auxílios de Estado desde que reunidos quatro pressupostos: em primeiro lugar, sobre o empreendimento recipiente do financiamento ou compensação têm de recair verdadeiras obrigações de serviço público, claramente definidas; em segundo lugar, os parâmetros com base nos quais a compensação é calculada têm de ser estabelecidos previamente, de maneira objetiva e transparente; em terceiro lugar, a compensação não pode exceder o necessário para cobrir total ou parcialmente os custos incorridos no desempenho das obrigações de serviço público, tendo em conta os recebimentos relevantes e um lucro razoável; em quarto lugar, caso o empreendimento encarregado de cumprir as obrigações de serviço público não tenha sido escolhido na sequência de um procedimento de contratação pública assestado à seleção da entidade capaz de prover esses serviços, com o menor custo possível para a comunidade, o nível de compensação necessário tem de ser determinado com base no cálculo das despesas em que se veria incurso um empreendimento típico, bem gerido e adequadamente munido de meios de transporte.

O Pacote *Altmark-Monti-Kroes* era constituído pela *Diretiva* 2005/81/ /CE, pela *Decisão* 2005/842/CE e pela *Comunicação* C 297 4[292] (UE), a que se juntaram ainda dois textos de *ultra soft law*, sob a forma de *Documentos de Trabalho do Pessoal da Comissão*, associados à *Comunicação* sobre os *Serviços de Interesse Geral, Incluindo os Serviços Sociais de Interesse Geral* – ambos contendo uma lista de perguntas frequentes seguidas das respetivas respostas[293]. A Decisão criou um *Bloco de isenção* às regras sobre *auxílios de Estado*, que

---

[292] Community Framework for State Aid in the Form of Public Service Compensation, 2005 O.J.
[293] O primeiro dos documentos respondia a questões sobre a aplicação das regras da contratação pública aos serviços sociais de interesse geral e o segundo (e mais extenso) fornecia uma ferramenta interpretativa para a Decisão *Altmark* (2005/842/CE, de 29 de novembro de 2005).

SAÚDE

atuava quando as condições ou requisitos de Altmark não se encontravam preenchidos e contemplava justamente os estabelecimentos hospitalares (ou de habitação social). Destarte, a ajuda que lhes fosse fornecida com vista à consecução das respetivas obrigações de serviço público ficava dispensada de prévia notificação à Comissão, sendo julgada automaticamente legal, independentemente do montante em questão (embora a quantia devesse ser rigorosamente calculada de maneira a satisfazer as necessidades económicas desse serviço)[294].

Em setembro de 2011 o Comissário Almunia desencadeou um processo de reforma deste regime, com vista a substituir os três documentos jurídicos que integravam o Pacote Altmark por uma *Decisão*[295], duas novas *Comunicações*[296] e um *Regulamento de minimis*[297] – conjunto que ficou globalmente conhecido pelo nome do espanhol[298]. A primeira estabelece as condições em que os auxílios estatais, sob a forma de compensações de serviço público, concedidos a certas empresas, encarregadas da gestão de serviços de interesse económico geral, são compatíveis com o mercado comum e isentos da obrigação de notificação prevista no artigo 108.º, n.º 3, do Tratado; das segundas, uma clarifica a aplicação do artigo 107.º do Tratado e dos critérios estabelecidos pelo Acórdão *Altmark* em relação a essas compensações, enquanto a outra especifica a forma como a Comissão irá analisar os casos

[294] O que levanta vários problemas, argutamente detetados e inventariados por V. Hatzopoulos (e agora tentativamente enfrentados pelo Pacote Almunia). Assim, e apenas a título de exemplo, ficava por saber qual a consequência no caso de os hospitais falharem a realização das respetivas obrigações, e quem deve ter-se por qualificado para aferir desse falhanço – v. VASSILIS HATZOUPOULOS, "Financing national health care in a transnational environment: the impact of the European community internal market", *cit.*

[295] Decisão da Comissão 2012/21/UE, de 20 de dezembro de 2011, relativa à aplicação do artigo 106.º, n.º 2, do TFUE aos auxílios estatais sob a forma de compensação de serviço público concedidos a certas empresas encarregadas da gestão de serviços de interesse económico geral.

[296] Comunicação da Comissão relativa à aplicação das regras em matéria de auxílios estatais da União Europeia à compensação concedida pela prestação de serviços de interesse económico geral (2012/C 8/02) e Comunicação sobre o Enquadramento da União Europeia aplicável aos auxílios estatais sob a forma de compensação de serviço público (2012/C 8/03). A primeira clarifica a aplicação do artigo 107.º do Tratado e dos critérios estabelecidos pelo Acórdão *Altmark* em relação a essas compensações; a segunda especifica a forma como a Comissão irá analisar os casos que não são abrangidos pela Decisão 2012/21/UE e que, por essa razão, lhe devem ser notificados.

[297] Define um limiar de relevância para as ajudas financeiras aos SIEG – Regulamento (UE) n.º 360/2012, de 25 de abril de 2012, relativo à aplicação dos artigos 107.º e 108.º do TFUE aos auxílios *de minimis* concedidos a empresas que prestam serviços de interesse económico geral.

[298] Sobre este, v. ERIKA M. SZYSZCZAK, "Introduction", *cit.*

DIREITO DA UNIÃO EUROPEIA – ELEMENTOS DE DIREITO E POLÍTICAS DA UNIÃO

que não são abrangidos pela Decisão 2012/21/UE (e que, por essa razão, lhe devem ser notificados); o terceiro, na linha do anterior Regulamento (CE) n.º 1998/2006, de 15 de dezembro de 2006, fixa um limiar abaixo do qual se considera que as medidas de auxílio não preenchem todos os critérios enunciados no artigo 107.º, n.º 1, do Tratado, pelo que não são abrangidas pelo procedimento de notificação previsto no artigo 108.º, n.º 3.

De maneira muito resumida, a disciplina agora potencialmente aplicável às entidades prestadoras de serviços de interesse geral declina-se em vários degraus sucessivos[299]: se uma medida de apoio financeiro for protegida pelo *Regulamento de minimis*, não é abrangida pelas regras das ajudas de Estado; se escapar ao Regulamento, fica sujeita à aplicação do regime de *Altmark* (já reconfigurado pelas novas Comunicações); verificados os requisitos aí exigidos, não se aplicam as regras sobre as ajudas de Estado; caso contrário, a situação cai sob a alçada da Decisão da Comissão, a fim de se apurar se a ajuda, apesar de tudo, se mostra *compatível*. Por sobre isto, existe ainda a hipótese remota de se invocar o artigo 106.º, mesmo que uma medida tenha atravessado incólume todas as provas definidas no Pacote[300].

No que diz respeito à contratação pública[301], os *serviços* de saúde e de carácter social constam das exclusões elencadas no anexo II – B[302] da Diretiva 2004/18/CE. No entanto, defende-se que vários dos seus aspetos nucleares – designadamente em matéria de serviços hospitalares, médicos ou dentários – raiam a submissão ao regime *light* previsto no diploma (cujo processo de revisão/modernização foi lançado em 2011). Em consequência, aplicam-se-lhe os princípios de transparência geral e não discriminação desenvolvidos pelo Tribunal Europeu para a concessão de serviços e a contratação não cobertas pelas *Diretivas da contratação*.

Na saúde, o direito da contratação pública aplica-se a entidades contratantes, com o sentido que lhe dão as diretivas da contratação e daí a importância da definição do conceito. Segundo o Tribunal, terão de ser entidades cujo propósito consista em satisfazer necessidades de interesse geral que

---

[299] Que, segundo Erika Szyszczak obedecem a uma organização hierárquica- v. *idem, ibidem.*

[300] Assim exatamente, *idem, ibidem.*

[301] V. as Diretivas 2004/17/CE e 2004/18/CE, ambas de 31 de março de 2004, que foram transpostas pelo nosso Código dos Contratos Públicos.

[302] V. a alínea *d)* do n.º 2 do artigo 1.º.

SAÚDE

não tenham carácter comercial e industrial. Além disso, deverão ser financiadas, supervisionadas ou designadas por outra entidade contratante. No caso *Oymanns*[303], entendeu-se já que um fundo de doença público alemão era uma autoridade contratante, uma vez que o seu financiamento provinha maioritariamente de contribuições compulsórias dos seus membros[304].

2.2.2.5. O direito dos produtos de saúde[305]

a) A saúde individual e coletiva depende de uma miríade de ações humanas, mais ou menos organizadas em instituições sociais, e envolve necessariamente o recurso a objetos produzidos pelo homem. Deixando de lado as infraestruturas básicas, sempre teríamos de atender aos inúmeros materiais e equipamentos de saúde que cada vez mais se fazem necessários para prevenir, diagnosticar e tratar doenças e para avaliar, monitorizar, recuperar ou manter o estado de saúde das pessoas. De entre estes, não obstante a crescente importância dos dispositivos médicos associados à saúde[306] e a consequente preocupação da União Europeia com a respetiva qualidade e segurança, dedicaremos aqui uma especial atenção aos produtos farmacêuticos, mormente aos medicamentos, dispensando apenas uma breve palavra aos primeiros[307].

---

[303] *Hans & Christophorus Oymanns GbR, Orthopädie Schuhtechnik v. AOK Rheinland/Hamburg* (caso C-300/07). Estava em causa um contrato misto que envolvia quer a oferta de produtos, quer a provisão de serviços, tendo o Tribunal erigido a critério de qualificação predominante o do *valor dos serviços e produtos contratualmente cobertos.*

[304] Para uma análise da relação entre as noções de entidade contratante e empreendimento, e uma recensão das críticas dirigidas às regras da contratação – v. Vassilis Hatzoupoulos, "Financing national health care in a transnational environment: the impact of the European community internal market", *cit.* p. 793.

[305] Para uma panorâmica geral dos regimes vigentes até ao ano 2000 – v. Elias Mossialos/Martin Mckee/Willy Palm/Beatrix Karl/Franz Marhold, *The influence of EU law on the social character of health care systems in the European Union, cit.,* pp. 56 e segs.

[306] V., por exemplo, a Diretiva 90/385/CEE, de 20 de junho de 1990, relativa à aproximação das legislações dos Estados-Membros respeitantes aos dispositivos medicinais implantáveis ativos, a Diretiva 93/42/CEE, de 14 de junho de 1993, relativa aos dispositivos médicos, e a Diretiva 98/79//CE, de 27 de outubro de 1998, relativa aos dispositivos médicos de diagnóstico *in vitro.*

[307] Acerca dos problemas de propriedade intelectual adrede suscitados (e de que não podemos tratar aqui), v. Elias Mossialos/Martin Mckee/Willy Palm/Beatrix Karl/Franz Marhold, *The influence of EU law on the social character of health care systems in the European Union, ob. cit.,* pp. 67 e segs.

DIREITO DA UNIÃO EUROPEIA - ELEMENTOS DE DIREITO E POLÍTICAS DA UNIÃO

b) Os *aparelhos médicos*[308] cumprem um papel essencial na diagnose, prevenção, monitorização e tratamento das doenças, assim como na melhoria da qualidade de vida das pessoas que sofrem de incapacidades ou deficiências.

A regulação jusunionista pertinente procura compatibilizar o mais elevado nível de segurança dos pacientes com a promoção da competitividade e os incentivos à inovação no setor.

As regras sobre a segurança e *performance* dos dispositivos médicos foram harmonizadas na União Europeia em 1990. O quadro jurídico fundamental sobre a matéria consta hoje de três Diretivas, já referidas: a Diretiva 90/385/ /CEE, sobre dispositivos médicos implantáveis ativos, a Diretiva 93/42/ /CEE, sobre dispositivos médicos, e a Diretiva 98/79/CE, acerca dos dispositivos médicos de diagnóstico *in vitro*. Ao longo do tempo, esta legislação foi complementada por diretivas de modificação e implementação, incluindo a última revisão técnica introduzida pela Diretiva 2007/47/CE, de 5 de setembro de 2007. Com base nelas, a Comissão legislou, por exemplo, sobre *dispositivos que utilizam tecidos de origem humana*, sobre o *banco de dados europeu relativo a dispositivos médicos*, acerca das *instruções eletrónicas para o uso dos dispositivos*, e sobre *questões de classificação* (*v. g.*, reclassificação dos implantes mamários e das substituições de ancas, joelhos e ombros)[309].

Devem também ser tidos em conta alguns instrumentos não vinculativos que colimam uma aplicação uniforme das disposições constantes das diretivas, como sejam os documentos interpretativos, as declarações e as orientações em matéria de dispositivos médicos MEDDEV[310].

---

[308] Sobre a abrangência do conceito, v. *ibidem*, pp. 58 *in fine* e 59.

[309] Diretiva 2005/50/CE, de 11 de agosto de 2005, relativa à reclassificação das próteses de substituição da anca, do joelho e do ombro, no âmbito da Diretiva 93/42/CEE relativa aos dispositivos médicos; Diretiva 2003/12/CE, de 3 de fevereiro de 2003, relativa à reclassificação dos implantes mamários no âmbito da Diretiva 93/42/CEE; Regulamento (UE) n.º 207/2012, de 9 de março de 2012, relativo às instruções eletrónicas para utilização de dispositivos médicos; Regulamento (UE) n.º 722/2012, de 8 de agosto de 2012, relativo a especificações pormenorizadas referentes aos requisitos estabelecidos nas Diretivas 90/385/CEE e 93/42/CEE no que diz respeito a dispositivos medicinais implantáveis ativos e dispositivos médicos fabricados mediante a utilização de tecidos de origem animal; Diretiva 2003/32/CE, de 23 de abril de 2003, que introduz especificações pormenorizadas relativamente aos requisitos estabelecidos na Diretiva 93/42/CEE, no que diz respeito a dispositivos médicos fabricados mediante a utilização de tecidos de origem animal; Decisão 2010/227/UE, de 19 de abril de 2010, relativa ao Banco de Dados Europeu sobre Dispositivos Médicos (Eudamed).

[310] Questões relativas ao escopo, campo de aplicação e definição, aos requisitos essenciais, à classificação, aos procedimentos de verificação da conformidade, à investigação e avaliação clínica, aos corpos notificados, à vigilância do mercado, aos períodos de transição, etc.

1066

SAÚDE

O triplo teste de qualidade, segurança e eficácia a que estão sujeitos produtos como os medicamentos dá lugar à simples exigência de que os aparelhos médicos ostentem uma marca de conformidade europeia, que se tornou operacional em 1998.

Diga-se ainda que, em setembro de 2012, a Comissão Europeia adotou uma proposta de regulação do Parlamento Europeu e do Conselho sobre dispositivos médicos e outra sobre dispositivos médicos *in vitro* que deverão substituir as existentes três Diretivas a partir de 2015[311].

c) A ação da União Europeia relativamente à regulação dos produtos farmacêuticos, em particular dos medicamentos[312], visa conciliar dois objetivos potencialmente conflituantes: garantir um alto nível de saúde pública e proteger os consumidores de fármacos, por um lado; e assegurar o benquisto estímulo à competitividade da indústria farmacêutica, tida por necessária à inovação e ao desenvolvimento de novos medicamentos, por outro. Compreende, portanto, medidas sobre a investigação científica e a sua aplicação médica, a acessibilidade financeira[313] e informativa[314], e a segurança e eficácia dos medicamentos – as quais contendem, por exemplo, com o inventário das lacunas científicas, a promoção de novos estudos, o estímulo ao desenvolvimento de novas terapias, a etiquetagem e empacotamento dos fármacos, a farmacovigilância (*i. e.*, a supervisão da segurança dos produtos durante a sua vida no mercado) e a publicidade[315] e disseminação da informação[316].

---

[311] Os textos das propostas podem encontrar-se em *http://ec.europa.eu/health/medical-devices/documents/revision/index_en.htm*, onde se dá conta dos passos que conduziram à sua elaboração e apresentação.

[312] PAULO PINHEIRO/MIGUEL GORJÃO-HENRIQUES, *Direito do Medicamento*, Coimbra Editora, 2009; LEIGH HANCHER, "The EU pharmaceuticals market: parameters and pathways", *in* Elias Mossialos/ /Govin Permanand/Rita Baeten/Tamara K. Hervey (eds.), *Health Systems Governance in Europe: The Role of European Union Law and Policy, ob. cit.*, pp. 635-682.

[313] Garantia de acesso aos medicamentos a preços suportáveis.

[314] Disponibilização e divulgação de informação de qualidade, a fim de proporcionar escolhas conscientes e avisadas por parte dos cidadãos.

[315] V. ELIAS MOSSIALOS/MARTIN MCKEE/WILLY PALM/BEATRIX KARL/FRANZ MARHOLD, *The influence of EU law on the social character of health care systems in the European Union, cit.*, pp. 73-77.

[316] V. o *Código Comunitário do Medicamento Humano* (Diretiva 2001/83/CE) e o *Código Comunitário do Medicamento de Uso Veterinário* (Diretiva 2001/82/CE, de 6 de novembro de 2001). A revisão profunda da legislação europeia sobre o medicamento de uso humano foi corporizada em duas diretivas de 2004 (em particular a 2004/27/CE, de 31 de março de 2004) e num novo quadro regulamentar [centrado no Regulamento (CE) n.º 726/2004].

Na verdade, o setor farmacêutico tem características muito particulares, sendo dominado por um mercado de que não estão ausentes dimensões ou componentes extra- ou meta-mercantis[317]. O mercado farmacológico europeu, hoje caracterizado por três tipos principais de concorrência – terapêutica, de genéricos e intra-marcas –, também não foge à regra. Não pode, portanto, ser pensado, erigido, nem ordenado, sem o recurso ao direito.

Ora, a produção e a comercialização de medicamentos são afetadas, sobretudo, por duas áreas do direito da União Europeia: o direito da proteção dos consumidores (mormente ao nível da legislação secundária) e o direito do mercado interno (a partir das disposições do Tratado sobre a livre circulação de mercadorias, tal como têm sido interpretadas pela jurisprudência europeia e desenvolvidas pelo direito secundário).

No entanto, também neste plano se faz sentir a especificidade desta arena social (ainda que juridicamente conformada como um mercado); de feito, convém não tratar os doentes europeus como meros consumidores, não equiparar totalmente a indústria farmacêutica às demais e não considerar os medicamentos como simples mercadorias.

A redução das pessoas/pacientes a simples consumidores não pode deixar de ter consequências no seu estatuto social e no relacionamento que entabulam com as entidades responsáveis pela provisão dos produtos de saúde. Assim, e por exemplo, várias vozes se ergueram contra os sistemas de disponibilização da informação por parte das farmacêuticas, contidos no *pacote farmacêutico* proposto pela Comissão Europeia, argumentando que o alegado empoderamento que deles adviria assentava em pressupostos antropológicos postos em crise pela psicologia cognitiva e social. As pessoas não se reduzem ao modelo do *homo economicus*, que lhe subjazia, desde logo porque nem sempre agem racionalmente[318]. Como tal, não se pode fazer tábua rasa dos problemas de *enquadramento*, de *excesso*, de *perceção seletiva* e de *processamento emocional da informação por parte dos agentes* (tanto mais que as

---

[317] No plano da oferta, se o desenvolvimento farmacológico depende do lucro (fortemente escorado no sistema de patentes), há questões de interesse público que levam os Estados a impor restrições de venda às farmácias, constrangimentos esses que acabarão por se repercutir nos preços finais. No plano da procura, não pode olvidar-se a situação particular em que se encontram os consumidores, a mediação assegurada pelos profissionais e as eventuais compartichações e subsídios, mais ou menos solidários, providos pela comunidade social, normalmente personificada (e estruturada) pelo Estado.

[318] BENEDIKT BUCHNER, "The Pharmaceutical Package of the European Commission: Empowerment for Patients?", in *European Journal of Health Law*, vol. 16, No. 3, september 2009, pp. 201-206.

SAÚDE

empresas farmacêuticas se encontram bem cientes destas características do consumidor de medicamentos).

Concomitantemente, se as disposições do mercado interno abrangem esta indústria, não sobram dúvidas de que os medicamentos não são bens ou produtos como quaisquer outros. Embora o Tratado não forneça uma noção precisa de mercadoria, oferece elementos para lhe demarcar o âmbito, e estabelece uma distinção entre duas modalidades de produtos. Desta forma, inclui na extensão do conceito os *produtos agrícolas* (que assim acrescem aos industriais, naturalmente abrangidos) e exclui as *pessoas*, os *serviços* e os *capitais* (a que se reportam as demais liberdades constitutivas do mercado interno). Por outro lado, procede também à destrinça entre *produtos originários* e *produtos em livre prática*.

O Tribunal, por seu turno, identifica como mercadorias *"quaisquer produtos apreciáveis em dinheiro e suscetíveis, como tais, de ser objeto de transações comerciais, independentemente da respetiva natureza (agrícola, industrial ou artesanal), modo de utilização/utilidade e qualidades particulares"*[319]. Entende-se, pois, por que os produtos da indústria farmacêutica beneficiam da regulação europeia. Acontece, porém, que a própria pretensão de instituir um mercado farmacêutico comum pode implicar reestruturações profundas da indústria – não necessariamente benfazejas para o setor e para a comunidade –, sem contar que os bens aqui em causa têm uma índole pública – bem evidente, por exemplo, na regulação dos respetivos preços por parte dos Estados-Membros.

De resto – como argutamente observa Tamara Hervey –, a relutância dos tribunais europeus em extrair todas as consequências das normas sobre o mercado interno aplicáveis a esta indústria e aos seus produtos testemunha de forma eloquente a perceção (ainda que não completamente consciente) da sua especificidade (autorizando-nos a presumir a intenção europeia de concetualizar e configurar um sistema de *governance* que acomode também outros e vários interesses, para além dos mercantis).

Apesar de todas as ressalvas, não restam dúvida de que, ao longo dos anos, se foi instituindo gradualmente um *mercado único de produtos farmacêuticos*, para o que muito contribuiu o trabalho levado a cabo pela Direção Geral da Concorrência e pela Direção Geral das Empresas e Indústrias.

A intervenção da União passou não apenas pela aprovação de diretivas de certo modo definidoras de um *estatuto do medicamento*, mas também pela criação de normas, instituições e procedimentos que se aplicam diretamente

---

[319] MIGUEL GORJÃO-HENRIQUES, *Direito da União Europeia, cit.*, pp. 538 e 539.

aos Estados-Membros e às empresas. Em matéria de regimes de licenciamento, por exemplo, percorreu-se um longo caminho desde a primeva Diretiva sobre o assunto até à criação de uma disciplina centralizada para a concessão de autorizações de comercialização de medicamentos no mercado da União [Regulamento (CE) n.º 726/2004], tanto em casos definidos[320], como para certas categorias de medicamentos[321]. O mesmo se pode dizer relativamente à instituição da EMEA, em 1995[322], através do Regulamento (CE) 2309/93, de 22 de julho de 1993, e posteriormente substituída pela atual Agência Europeia de Medicamentos [Regulamento (CE) n.º 726/2004], em funcionamento desde 2005.

O *direito do medicamento* não se cinge, porém, à *regulação do mercado*, através das regras sobre a introdução de medicamentos, a monitorização da sua vida comercial e os preços[323] e margens aplicáveis à sua venda. Ocupa-se também da *proteção dos consumidores* e da correlativa *garantia da qualidade, segurança e eficácia* dos medicamentos.

De facto, tem sido abundante a produção legislativa da União Europeia, tanto em matéria de regulação dos medicamentos, como no que toca à proteção do consumidor.

A primeira medida de harmonização dos *standards* de segurança e eficácia de produtos medicinais remonta à Diretiva 65/65/CEE, de 26 de janeiro de 1965, existindo hoje uma profusão de disposições detalhadas sobre medicamentos industrialmente produzidos. É o caso das Diretivas sobre vacinas, toxinas e alergénicos[324], produtos sanguíneos[325], produtos rádio-farmacêuticos[326] e aparelhos médicos[327].

---

[320] Medicamentos que constituam uma inovação significativa no plano terapêutico, científico ou técnico, ou que contenham substância ativa nova não autorizada na União Europeia, etc.

[321] Pediátricos, de terapia avançada, etc.

[322] Sobre esta (e as críticas que suscitou), v. ELIAS MOSSIALOS/MARTIN MCKEE/WILLY PALM/BEATRIX KARL/FRANZ MARHOLD, *The influence of EU law on the social character of health care systems in the European Union, cit.*, pp. 60 e segs.

[323] A União Europeia não tem uma competência expressa para interferir diretamente no preço dos medicamentos mas acaba por influenciá-los indiretamente. Quanto a este aspeto, tomando por base os casos *Duphar*, de 1984, e a famosa *Diretiva da Transparência* (89/105/CEE, de 21 de dezembro de 1988), destinada a tornar as políticas de preços objetivas e claras, v. *ibidem*, pp. 64 e segs.

[324] Diretiva 89/342/CEE, de 3 de maio de 1989.

[325] Diretiva 89/381/CEE, de 14 de junho de 1989.

[326] Diretiva 89/342/CEE, de 3 de maio de 1989.

[327] Diretivas 90/385/CE, de 20 de junho de 1990, e 93/42/CEE, já referida.

SAÚDE

No que concerne à proteção do consumidor, harmonizaram-se critérios em matéria de qualidade, segurança e eficácia, gizando regras sobre os procedimentos de autorização da comercialização[328] (limites temporais, exposição de razões, publicação), manufatura[329] (controlo de qualidade, inspeções), etiquetagem (embalamento, informações, sobredosagem, ingredientes, efeitos secundários, etc.)[330] e publicidade[331].

Contudo, daqui se infere que o *direito do medicamento* da União Europeia disciplina sobretudo a produção, lançamento e comercialização dos fármacos, estabelecendo, respetivamente, alguns parâmetros de qualidade em matéria de confeção, requisitos e procedimentos de autorização e mecanismos de vigilância e monitorização da qualidade.

Pressuposto o controlo da qualidade da fabricação, o princípio básico em matéria de medicamentos tem consistido, praticamente desde os anos sessenta, no condicionamento do seu lançamento para o mercado interno à obtenção de uma autorização de comercialização emitida por entidades competentes. Os procedimentos atualmente vigentes (centralizados ou de reconhecimento) remontam essencialmente aos anos noventa, altura em que foi criada a Agência Europeia de Avaliação dos Medicamentos (com a função de aconselhar os Estados-Membros em matéria de qualidade, segurança e eficácia dos produtos). Os requisitos e trâmites procedimentais de autorização de comercialização de medicamentos para uso humano e as regras que presidem à permanente supervisão dos produtos admitidos à comercialização e inseridos no tráfego negocial constam agora sobretudo da Diretiva 2001/83/CE, de 6 de novembro de 2001[332], e do Regulamento (CE) n.º 726/2004[333]. Para poderem ser colocados no mercado, os produtos farmacêuticos carecem de uma autorização a nível nacional ou europeu, sendo

---

[328] Diretivas 93/39/CE, de 14 de junho de 1993, 75/318/CEE e 75/319/CEE, ambas de 20 de maio de 1975.

[329] Diretivas 75/318/CEE, 75/319/CEE, 87/18/CEE, de 18 de dezembro de 1986, e 88/320/CEE, de 9 de junho de 1988.

[330] Diretiva 92/27/CEE, de 31 de março de 1992.

[331] Diretiva 92/28/CEE, de 31 de março de 1992.

[332] Estabelece um código comunitário relativo aos medicamentos para uso humano.

[333] Regulamento (CE) n.º 726/2004, que estabelece procedimentos comunitários de autorização e de fiscalização de medicamentos para uso humano e veterinário e que institui uma Agência Europeia de Medicamentos.

DIREITO DA UNIÃO EUROPEIA – ELEMENTOS DE DIREITO E POLÍTICAS DA UNIÃO

esta última concedida pela Comissão, com base numa avaliação científica levada a cabo pela Agência Europeia de Medicamentos[334].

Uma vez controlado, autorizado e comercializado o produto, a sua segurança continua a ser monitorizada, através de um sistema europeu de farmacovigilância, concebido para assegurar a adoção de medidas adequadas[335] caso se verifiquem reações adversas que comportem um nível inaceitável de risco sob condições normais de uso[336]. No intuito de aprimorar e robustecer este controlo, a União Europeia decidiu recentemente introduzir um novo símbolo[337] de identificação dos medicamentos que são objeto de especial vigilância e estabelecer um conjunto de regras de proteção dos doentes contra os riscos associados aos medicamentos falsos ou falsificados[338].

Como remate, esclareça-se apenas que a copiosa produção legislativa em matéria de produtos farmacêuticos motivou já algumas iniciativas compi-

---

[334] Em suma, todos os produtos medicinais para uso humano carecem de uma autorização por um Estado-Membro ou pela União Europeia antes de poderem entrar no mercado da União, prevendo--se regras especiais para certos casos, como o das vacinas, dos testes clínicos, dos medicamentos órfãos, dos medicamentos herbários tradicionais ou dos produtos médicos de uso pediátrico. Avultam ainda as normas harmonizadas em sede de confeção, venda e publicidade de medicamentos e as disposições atinentes aos testes clínicos e a certos tipos de produtos medicinais, designadamente os destinados a crianças [Regulamento (CE) n.º 1901/2006, de 12 de dezembro de 2006] e os relativos a produtos órfãos [Regulamento (CE) n.º 141/2000, de 16 de dezembro de 1999] e a terapias avançadas [Regulamento (CE) n.º 1394/2007, de 13 de novembro de 2007].

[335] Desde *advertências complementares*, passando por *restrições de utilização* e podendo mesmo chegar à *remoção* completa do mercado.

[336] V. Tamara K. Hervey/Jean Mchale, *Health Law and the European Union, cit.*, pp. 300-302 (sobre a *farmacovigilância*), pp. 302-304 (acerca da *etiquetagem e embalagem*), pp. 304-307 (a respeito da *publicidade*), pp. 307-312 (no que toca à *responsabilidade pelo produto*), e pp. 289 e segs. (quanto às *autorizações de comercialização*).

[337] Com a forma de um triângulo preto invertido. Este novo símbolo deve ser impresso na bula dos medicamentos e acrescentado ao resumo das suas características, juntamente com informações sobre o procedimento a seguir para notificar efeitos secundários suspeitos (aspeto bastante relevante, posto que os doentes têm agora o direito de assinalar presumíveis efeitos secundários diretamente às autoridades nacionais competentes).

[338] Nas quais se incluem obrigações de notificação de eventuais suspeitas e normas sobre importação de países terceiros, inspeção, e elaboração de registos por parte dos distribuidores. Dada a importância de que se reveste o comércio *on-line*, até ao final de 2013, a União Europeia tenciona introduzir um logótipo comum que permitirá identificar as farmácias/revendedores em linha legalmente registados.

1072

SAÚDE

latórias, que redundaram, por exemplo, na organização do *Codex* Eudralex, dividido em vários volumes[339].

2.2.2.6. Direitos à informação e proteção de dados

Numa sociedade de informação, os modos de produção, conservação, organização, estruturação, distribuição e disseminação de dados detêm uma importância fundamental[340].

No domínio da saúde, o acesso à informação sobre os produtos, os serviços, os sistemas e os agentes de saúde, por um lado, e a monitorização do estado de saúde das pessoas e das populações, por outro, obedecendo embora a um louvável ideário de transparência e esclarecimento, precisa de ser combinado e sopesado com as precauções impostas pela proteção da privacidade e a proteção de dados pessoais.

Se, da perspetiva do cidadão, utente e doente – que entra em contacto com as entidades responsáveis pela provisão de cuidados –, as demandas de maior informação sobre a organização e funcionamento, os agentes e as práticas dessas instituições, ou acerca do próprio estado de saúde e do tratamento em curso, constituem uma valorosa decorrência do princípio da autonomia, já de uma ótica inversa a intrusividade dos novos meios de diagnóstico, a que se soma a propagação dos meios informáticos de recolha, manutenção, uso e difusão de dados, não pode deixar de representar um enorme risco de *vitrificação* para as pessoas, que importa ponderar e moderar,

---

[339] A título meramente exemplificativo, diga-se que o volume 1 contém as normas sobre medicamentos (sendo que, para facilitar a sua interpretação e aplicação uniformes foram adotadas muitas diretrizes de natureza científica e regulatória); o volume 2 expõe em detalhe as autorizações e orientações regulatórias; do volume 3 constam as *guidelines* científicas em matéria de qualidade, segurança e eficácia dos medicamentos; o volume 4 compulsa regras jurídicas sobre boas práticas de confeção; o volume 9 cuida da farmacovigilância; e o volume 10 trata dos testes clínicos.

[340] Porque um dos suportes e veículos fundamentais da informação é a eletrónica, merece a pena consignar um breve apontamento à *saúde eletrónica* ou *e-health*, domínio que, por falta de espaço, não autonomizamos na nossa análise. As novas tecnologias da informação e da comunicação podem melhorar a prevenção, o diagnóstico, o tratamento, a monitorização e a gestão dos problemas de saúde, e beneficiar toda a comunidade através de incrementos no acesso e qualidade dos cuidados. Estamos aqui a pensar na partilha de dados e informação entre doentes, prestadores e hospitais ou entre profissionais de saúde, na criação de redes de informação ou na organização de registos de saúde eletrónica, bem como no recurso à telemedicina ou à cirurgia robótica. A incidência dos aspetos informacionais ou comunicativos, porém, confere maior candência aos aspetos frisados no corpo principal do texto – v. STEFAAN CALLENS, "The EU legal framework on e-health", *in* Elias Mossialos/Govin Permanand/Rita Baeten/Tamara K. Hervey (eds.), *Health Systems Governance in Europe: The Role of European Union Law and Policy, ob. cit.*, pp. 561-588.

DIREITO DA UNIÃO EUROPEIA – ELEMENTOS DE DIREITO E POLÍTICAS DA UNIÃO

dadas as consequências imediatas e mediatas que potencialmente acarreta. Na verdade, não só a condição de saúde se prende com algumas das mais íntimas dimensões da pessoa, como, pelo seu relevo em termos sociais, pode influir nos vários círculos de reconhecimento e integração societais. Como consequência, a ventilação de informes sobre a saúde de um indivíduo pode condicionar severamente o seu núcleo de relações e a sua realização pessoal. Simultaneamente, razões de interesse público relacionadas com o valor intrínseco do esclarecimento, e, bem assim, com a proteção da segurança de terceiros e da coletividade, podem suplantar as reservas de intimidade ou privacidade. Daí que, a par das múltiplas e transversais referências da União Europeia às obrigações de informação e esclarecimento impendentes sobre os diversos agentes da saúde, se detete uma correspondente – e de certo modo compensatória – atenção à privacidade e proteção de dados[341].

Estas preocupações deram origem à *Agência Europeia para a Protecção de Dados* e acham-se de algum modo refletidas nos artigos 8.º da CDFUE e 16.º do TFUE[342], assim como nas Diretivas 95/46/CE e 2002/58/CE[343], a última das quais tardiamente transposta em vários países[344].

Não podendo desfiar aqui a história da *Datenschutz* no contexto internacional – designadamente as várias vagas de regulamentação protetiva que se foram sucedendo ao longo dos anos –, registamos somente alguns aspetos do regime em vigor na União Europeia, talqualmente decorre das Diretivas mencionadas.

---

[341] Atestando a relação entre estes aspetos, a Comissão Europeia solicitou recentemente um parecer à Autoridade Europeia para a Proteção de Dados acerca de uma Comunicação intitulada "Plano de acção para a saúde em linha 2012-2020 – Cuidados de saúde inovadores para o século XXI". O texto integral do presente parecer está disponível em alemão, francês e inglês no sítio *web* da AEPD em *http://www.edps.europa.eu*.

[342] Nos termos dos quais *todas as pessoas têm direito à proteção dos dados de carácter pessoal que lhes digam respeito*.

[343] Diretiva 95/46/CE, de 24 de outubro de 1995, sobre a proteção individual de dados no que se refere ao processamento de dados pessoais e à sua livre circulação, e Diretiva 2002/58/CE, de 12 julho de 2002, referente ao processamento de dados pessoais e à proteção da privacidade no setor das comunicações eletrónicas. V. também a Diretiva 2006/24/CE, de 15 março de 2006, sobre a retenção de dados gerados ou processados em relação à disponibilização de serviços de comunicação eletrónica públicos ou redes de comunicação, a Diretiva 2009/136/CE, de 25 novembro de 2009, relativa ao serviço universal e aos direitos dos utilizadores em matéria de redes e serviços de comunicações eletrónicas, e a Diretiva 2002/22/CE, de 7 de março de 2002, respeitante à utilização de *cookies* pelos *websites*.

[344] A demora deveu-se provavelmente às desconfianças que o regime instituído, apesar dos esforços de conciliação envidados, não deixou de suscitar.

1074

SAÚDE

Assim, por força do artigo primeiro da Diretiva 95/46/CE, os Estados-Membros ficaram obrigados a assegurar a proteção das liberdades e dos direitos fundamentais das pessoas singulares (nomeadamente do direito à vida privada), sempre que esteja em causa o tratamento de dados pessoais, vendo-se impedidos de restringir ou proibir a livre circulação de dados pessoais entre Estados-Membros por razões relativas à sobredita proteção. Uma vez definidos os principais conceitos a pressupor (artigo 2.º) e delimitado o âmbito de aplicação das soluções aventadas (artigo 3.º), a Diretiva enunciou um conjunto de princípios relativos à qualidade dos dados (artigo 6.º) e à legitimidade dos tratamentos de que são objeto (artigo 7.º), dispensando um cuidado especial a determinadas categorias específicas (*v. g.*, as que revelam a origem racial ou étnica da pessoa), antes de estatuir sobre a colheita de dados (junto ou não da pessoa em causa), os direitos de acesso aos dados (artigo 12.º) e de oposição dos cidadãos (artigo 14.º), as garantias de confidencialidade e segurança (artigos 16.º e segs.) e as regras sobre obrigações de notificação à autoridade de controlo (artigo 18.º), recursos judiciais, responsabilidade e sanções disciplinares (artigos 22.º a 24.º) e autoridades de controlo (artigo 28.º).

Quanto à Diretiva 2002/58/CE, subsistem dúvidas, desde logo, relativamente à eficácia de certas medidas e às possibilidades da sua efetivação. Com efeito, a implementação da Diretiva e o cumprimento das exigências que postula dependem da criação de infraestruturas por parte dos Estados. Acresce que a ideia central de impor um requisito de *consentimento* [definido no artigo 2.º, alínea *f)*] no tocante ao processamento de dados pode ver-se diluída no processo de transposição, dada a margem de manobra de que os Estados dispõem na matéria.

Sobra ainda um problema de fundo, que se deve ao facto de a Diretiva concernente à privacidade de dados e informações no setor da saúde deixar de fora as amostras físicas que sejam obtidas. Motivo pelo qual Hervey e McHale advogam a instituição de um regime geral, em que se estabeleça uma área de investigação comum, na qual a mobilidade transfronteiriça de dados e materiais de investigação físicos fique assegurada[345].

2.2.2.7. Direito da investigação em saúde
A sociedade hodierna não se caracteriza apenas pela omnipresença da *informação*. Apresenta-se ou deseja-se como uma sociedade de *conhecimento*. Sob

---

[345] Tamara K. Hervey/J. V. McHale, *Health Law and the European Union, cit.*, p. 188.

DIREITO DA UNIÃO EUROPEIA – ELEMENTOS DE DIREITO E POLÍTICAS DA UNIÃO

este pano de fundo, a União Europeia tem por objetivo fomentar a investigação e o desenvolvimento tecnológico, achando-se, para isso, munida das competências ocorrentes (artigo 179.º do TFUE)[346]. Contudo, a pesquisa científica não está isenta de riscos, nem automaticamente prevenida contra abusos, seja no que se refere aos objetos que estuda, seja no tocante aos meios que emprega, seja ainda a propósito dos resultados que produz.

Em particular, os avanços ao nível da biotecnologia obrigam à definição, nem sempre fácil, de limites e critérios orientadores.

A União Europeia tem intervindo neste contexto, procurando exercer influência através das políticas de financiamento que adota, e recorrendo a medidas de *soft law* com as quais pretende encorajar a convergência em torno de um acervo de valores fundamentais. No entanto, dada a delicadeza dos problemas em causa, os esforços de harmonização foram mais longe, traduzindo-se na edição de legislação europeia, nomeadamente através de duas Diretivas, incidentes sobre os *ensaios clínicos (a)* e a proteção jurídica das *invenções biotecnológicas*, respetivamente *(b)*.

a) Escalpelizando a primeira, descobrimos-lhe facilmente a base jurídica, o âmbito e objeto e o conteúdo normativo nuclear[347].

A legislação sobre ensaios clínicos baseia-se no artigo 115.º do TFUE e incide sobre os testes realizados em produtos medicinais, tal como se encontram definidos na Diretiva 65/65/CEE, deixando de fora outras áreas de investigação[348]. Na aceção utilizada, os testes clínicos ocorrem como investigações em humanos, destinadas a descobrir ou verificar os efeitos de um ou mais produtos médicos de investigação (IMP's).

Os requisitos para a condução dos testes estão definidos na Diretiva 2001/20/CE[349], concretizada pela Diretiva 2005/28/CE, de 8 de abril de 2005, na qual se estabelecem princípios e *guidelines* detalhadas para a boa

---

[346] Mirando ao reforço das bases científicas e tecnológicas da União Europeia, pretende-se criar um espaço europeu de investigação, no qual os investigadores e os conhecimentos científicos e as tecnologias circulem livremente e se fomente o desenvolvimento e a competitividade entre eles e a indústria que se lhes associa.

[347] V. TAMARA K. HERVEY/J. V. MCHALE, *Health Law and the European Union, cit.*, pp. 248 e segs.

[348] Por exemplo, as que se relacionam com estudos psicológicos ou as que se debruçam sobre tecidos, órgãos e sangue, embriões ou aparelhos médicos.

[349] De 4 de abril de 2001, relativa à aproximação das disposições legislativas, regulamentares e administrativas dos Estados-Membros, respeitantes à aplicação de boas práticas clínicas na condução dos ensaios clínicos de medicamentos para uso humano.

SAÚDE

prática clínica no que concerne aos produtos de investigação medicinal para uso humano, bem como os requisitos para a autorização da manufatura ou importação de tais produtos (*Diretiva da boa prática clínica*).

Nela se prescreve que os testes sejam realizados de acordo com as boas práticas clínicas definidas nos artigos 1.º e 2.º, no respeito pelos direitos à integridade física e mental, à privacidade e proteção de dados e à autonomia (expressa no consentimento) dos sujeitos (artigo 3.º) – devotando um especial cuidados aos menores (artigo 4.º) e incapazes (artigo 5.º).

Preconiza-se também a criação de Comités Nacionais de Ética, devendo os Estados-Membros adotar as medidas necessárias ao seu estabelecimento e funcionamento; por outro lado, avançam-se algumas das orientações ou diretrizes básicas a que deve obedecer a sua atuação a propósito dos testes clínicos[350] (o que contrasta com a completa omissão quanto à composição dos órgãos em causa).

Por fim, estipula-se que a informação relevante deve integrar uma base de dados europeia (EURODRACT).

Em suma, exige-se que a informação seja submetida a autoridades competentes e a Comités de Ética, que a segurança seja monitorizada e as reações adversas devidamente reportadas, que sejam documentados os testes atinentes aos produtos usados e que a inspeção por autoridades competentes e a atividade desenvolvida sigam sempre os procedimentos aplicáveis[351].

c) O processo de gestação da Diretiva sobre a proteção jurídica das invenções biotecnológicas (98/44/CE, de 6 de julho de 1998) deixou bem patente a tensão entre considerações ético-sociais e interesses comerciais que continua a dominar este setor. Não surpreendem, por isso, as contestações e controvérsias que as soluções encontradas continuam a gerar.

Discute-se, por exemplo, se a aplicação da Convenção sobre a Concessão de Patentes Europeias à tecnologia biológica, designadamente genética, se deve ter por aceitável, sobretudo diante do disposto no artigo 53.º, que proíbe a patenteação de invenções cuja publicação ou exploração sejam con-

---

[350] V. Tamara K. Hervey/J. V. McHale, *Health Law and the European Union, cit.*, pp. 253 e segs.
[351] Estas *guidelines* têm sido publicadas pela Comissão Europeia (no volume 10 da *EudraLEx* sobre as regras que regem os produtos médicos na União Europeia) e pela Agência Europeia de Medicamentos, seja no tocante aos procedimentos de inspeção, seja a propósito da qualidade, segurança e eficácia dos produtos (volume 3 da *EudraLEx*).

DIREITO DA UNIÃO EUROPEIA – ELEMENTOS DE DIREITO E POLÍTICAS DA UNIÃO

trárias à ordem pública e à moralidade[352]. A Diretiva, que se debruça também sobre a investigação em células estaminais[353], não interdita a clonagem, mas proíbe a patenteabilidade da clonagem reprodutiva das ciências da vida (artigo 6.º). As variedades vegetais e as raças animais, os processos essencialmente biológicos de obtenção de vegetais ou de animais (tais como o cruzamento ou a seleção) e o corpo humano, bem como a simples *descoberta* de um dos seus elementos (incluindo a sequência ou a sequência parcial de um gene) não podem ser patenteados.

Todavia, não são excluídas das patentes as *invenções* que tenham por objeto um processo microbiológico, tal como não se proscreve a patenteabilidade de elementos isolados do corpo humano que tenham sido produzidos por um processo técnico.

A Diretiva define, positiva (artigos 8.º e 9.º) e negativamente (artigos 10.º e 11.º), o âmbito de proteção das patentes, estatuindo sobre as *licenças obrigatórias por dependência* (artigo 12.º)[354] e o necessário *depósito* das invenções (artigos 13.º e 14.º).

Entretanto, deve notar-se que a avaliação dos aspetos éticos ligados à biotecnologia cabe ao *Grupo Europeu de Ética para as Ciências e as Novas Tecnologias* da Comissão.

Dificilmente se pode também ignorar o influxo do direito produzido no quadro do Conselho Europeu – quer através de Documentos como a Convenção de Oviedo[355], quer através da jurisprudência do TEDH. Dignas de realce se afiguram também as disposições da Carta dos Direitos Fundamentais, *maxime* o artigo 3.º, que, a despeito dos condicionamentos do diploma, foi claramente além do património até então juridicamente firmado nesta matéria.

---

[352] Têm-se por contrários à ordem pública e aos bons costumes os processos de clonagem de seres humanos, os processos de modificação da identidade genética germinal do ser humano, as utilizações de embriões humanos para fins industriais ou comerciais e os processos de modificação da identidade genética dos animais que lhes possam causar sofrimentos sem utilidade médica substancial, bem como os animais obtidos por esses processos. Segundo Hervey, a diretiva aceita a patenteabilidade de invenções com aplicação industrial (o que as diferencia das meras descobertas) no domínio da terapia genética de células somáticas, mas não no do genoma humano.

[353] V. TAMARA K. HERVEY/J. V. McHALE, *Health Law and the European Union, cit.*, pp. 277 e segs.

[354] *I. e*, licenças para a exploração não exclusiva da invenção protegida por uma patente.

[355] A respeito do artigo 3.º da Convenção, dedicado ao acesso à saúde, v. o nosso "Access to Health Care between Rationing and Responsiveness: Problem(s) and Meaning(s)", *cit.*, pp. 105-188.

SAÚDE

3. Direito da União Europeia e direito da saúde

A heterogeneidade e aparente incomensurabilidade do direito da saúde e do direito da União Europeia tornam pouco claras as relações entre as duas disciplinas. No entanto, depois do percurso cumprido, podemos retomar alguns raciocínios ensaiados logo a começo, preparando com eles as conclusões provisórias que se seguirão.

Para começar, o direito da saúde aparece amiúde como um simples agregador de todas as normas dos demais ramos de direito que contendam com o bem jurídico em questão. A importância fáctica e o significado ético que este ostenta, a existência de atores específicos para o estudar, proteger e promover, a cultura e deontologia das profissões que lhe dizem respeito, sem falar no relevo político, económico e jurídico que assume, conferem-lhe um cunho próprio, que alicerça pretensões de autonomia epistemológica, axiológica e ontológica. Metonimicamente, o direito que o tem por objeto comunga de tais aspirações, reivindicando análoga demarcação no seio da ordem jurídica e do próprio universo prático e teorético, em geral. Nesse fôlego, a juridicidade ressente-se, porém, do relevo transversal da saúde, para mais sob o pano de fundo da contínua diferenciação funcional e da meta-reflexividade que caracterizam as nossas sociedades.

Complica-se, portanto, o ofício do jurista, apanhado na relação circular entre o real e o ideal, o fáctico e o normativo, mas também nas agitações que animam internamente cada um desses polos. Salvo melhor aviso, pertence--lhe mediar a reconstituição do direito e da realidade, através do confronto dialético proporcionado pela emergência de problemas concretos e pela sua reflexiva consideração e sintética destilação normativa em diferentes patamares de abstração e generalidade.

Depois deste breve conspecto, entendemos, portanto, que várias razões de princípio e de utilidade – nenhuma delas subestimável – parecem militar em prol da delimitação de um campo de estudo autónomo dedicado à ordem jurídica da saúde e passível de evoluir para a constituição de um novo tipo de disciplina ou área disciplinar específica, quer do ponto de vista teórico, quer prático-normativo.

Contudo, novos e mais elevados níveis de complexidade se atingem quando acrescentamos às camadas de realidade e de reflexão humana assinaladas a referência à União Europeia e ao seu direito, abrindo-nos a novas escalas geográficas e culturais do pensamento e da ação humana, com as quais temos inevitavelmente de lidar num contexto de globalização – pelo menos económica.

DIREITO DA UNIÃO EUROPEIA – ELEMENTOS DE DIREITO E POLÍTICAS DA UNIÃO

Conforme a União Europeia procura afirmar-se como sujeito jurídico autónomo, assim crescem os clamores pela sua integração na malha jurídica internacional, que hoje tendem a incluir, *inter alia*, o património universal e regional dos direitos humanos. Ao mesmo tempo, sendo uma original meta--organização construída pelos Estados-Membros – se bem que crescentemente autonomizada, à medida que vai lidando com problemas trans-estaduais –, a União Europeia continua a alimentar-se da seiva humano-social que naqueles circula, mergulhando as suas raízes nos húmus dos diferentes povos nacionais e das respetivas formas de organização político-jurídica.

Desta forma, a atuação da União Europeia nos mais diversos setores – entre eles o da saúde – sofre a influência do direito de origem nacional, mas também do direito internacional. O mesmo sucede com a sua ordem jurídica, naturalmente apanhada no meio dos complexos *fluxos* e *redes* da juridicidade contemporânea, que vão pondo em crise não só a função primária que aquela (como todas as demais), se propõe cumprir, mas também os princípios e regras (secundárias) de auto-organização, autossubsistência e autorrealização dos vários sistemas jurídicos concretos[356].

Na verdade, a União Europeia é uma organização transnacional, com um ordenamento parcialmente sobreposto e largamente subsidiário das ordens jurídicas nacionais, que nem sequer constitui uma comunidade jurídica com uma ordem de direito completa; faltando-lhe um *ethos* (plenamente) *comum* e um *demos* coeso, não conseguiu (ou não quis...) ainda assentar naqueles lineamentos jurídicos básicos que permitem definir projetos civilizacionais latos de justiça distributiva e corretiva, geral e protetiva (além da meramente comutativa), face aos quais se pode definir uma regulação jurídica comum para o bem saúde. Mais: parasitando os sistemas de proteção social nacionais, tende a corroê-los por dentro, com o efeito individualizador da consagração das liberdades mercantis[357].

Malgrado as insuficiências e deficiências de que padece, o sistema de direito vivo que vem gerando excede em muito o direito racional-legislativamente *pré-visto*, talqualmente se acha plasmado nos textos dos Tratados ou de Diretivas e Regulamentos. A ordem jurídica comunitária desenvolve-se sobretudo através de uma interpretação teleológica, em permanente diálogo

---

[356] Regras de hierarquia, especialidade, excecionalidade, proximidade geográfica, prioridade temporal, âmbito de aplicação, início e cessação formal de vigência, distribuição de competências, etc.
[357] V. ALEXANDER SOMEK, *Individualism. An Essay on the Authority of the European Union*, Oxford University Press, Oxford, 2008.

SAÚDE

com a realidade social. As ponderações e juízos da jurisprudência fornecem critérios para futuro, ajudando a definir a disciplina vigente em determinadas áreas sociais. À doutrina compete recolher e compor os materiais produzidos, estabilizando-os, conceitualizando-os e sistematizando-os formal e materialmente.

Na prática, o direito material da União Europeia deve ser pensado no quadro da ordem jurídica global e consequentemente relacionado com outras galáxias normativas organizadas temática ou geograficamente. Destarte, os seus conteúdos jurídicos podem ser analisados, quer por referência às disciplinas jurídicas gerais de que fazem parte ou em que se integrem (representando a União Europeia nesse caso uma simples fonte ou instância, entre outras, de constituição do direito por elas distribuído), quer por referência à própria União Europeia, concebendo-se a respetiva ordem jurídica como um particular *cosmos* normativo, apesar da muito denunciada incompletude de que padece. Foi este último desafio que aceitámos neste artigo.

Em todo o caso, só isso nos legitimou a proceder de uma *recensão tópica* dos conteúdos normativos gradualmente desenvoltos, sob a alçada da União Europeia – a propósito dos agentes, dos produtos, dos serviços de saúde, da prevenção e dos cuidados, da saúde pública e da regulação jurídica de aspetos conexos (atinentes, por exemplo, à informação, à investigação e à proteção de dados) –, para uma primeira tentativa de os *integrar sistematicamente* e de assim propiciar a respetiva *sindicância crítica*[358], de modo a descobrir-lhes ou imprimir-lhes um sentido jusnormativo comum, que possa fundar, constituir, regular e corrigir um regime jurídico apropriado. Corrobora-se, afinal, a proposição de que o direito implica sempre uma atitude mista de descoberta e constituição, participando de uma deveniente reflexão *de, sobre* e *para* nós-mesmos. Daí que se inscreva no domínio profundo da razão prática, da performatividade e instanciação pragmática de referentes pressuponendos, cujo significado normativo apenas nas suas desimplicações concretas se revela.

Contudo, para que o atual direito sobre a saúde, paulatinamente construído ao sabor de outras intencionalidades (*v. g.*, a liberdade de circulação, a proteção da vida e da integridade física, a defesa da liberdade de investigação ou do direito à intimidade, a tutela dos consumidores, as garantias de proteção no trabalho etc.), seja objeto de uma efetiva reconstituição jurí-

---

[358] Em função dos bens em presença e dos valores jurídicos pertinentes e à luz do direito social internacional, nacional e transnacional.

DIREITO DA UNIÃO EUROPEIA – ELEMENTOS DE DIREITO E POLÍTICAS DA UNIÃO

dica, importa enfrentar outras questões constitucionais fundamentais, relativas designadamente ao inelutável problema do *poder: rectius*, da sua aquisição, legitimidade, legitimação, repartição e exercício[359]. Afinal de contas, são os próprios valores em que a União Europeia constantemente se louva, exigindo adequadas traduções institucionais e práticas, a instigar-nos a uma reconsideração crítica das arquiteturas e das dinâmicas de atuação jurídico--políticas hoje dominantes. Contudo, trata-se de um apelo que não pode ser atendido agora.

IV. Epilegómenos

A União Europeia não pretendeu[360] instituir expressamente um *regime jurídico uniforme* ou sequer completamente *harmonizado* para os problemas concernentes à saúde, que emergem no âmbito das relações, seja entre particulares, seja entre estes e a Comunidade Europeia e entre esta e os seus membros.

Ninguém regateará a centralidade do bem saúde no espaço europeu civilizacional e no quadro das políticas da União Europeia. Todavia, nem a pesquisa efetuada, nem a organização dos dados recolhidos e a reflexão que nos foram merecendo consentem conclusões perentórias quanto a um pretenso direito da saúde da União Europeia. Tudo porque nele se cruzam diferentes critérios de ordenação do material jurídico – desde os axiológicos e funcionais aos geográficos – cuja equação nos obrigaria a perquirir minuciosamente o sentido e o modo-de-ser do próprio direito.

Com efeito, e em primeiro lugar, o direito da saúde constitui uma proto--disciplina organizada em função de um bem que avulta em diferentes tipos de relações humanas relevantes para o direito e que, como tal, congrega regulações jurídicas inspiradas por diferentes valores e incumbidas de realizar distintas funções. Resta saber se, por força da atração gravitacional sobre elas exercida, as áreas do direito convocadas sofrem transformações e desenvolvem entre si novas sinergias, formando um campo de forças jurídico relativamente autónomo em torno do bem saúde. Foi essa a hipótese que

---

[359] A importância da questão do poder para a reflexão sobre a Justiça tem sido salientada com bastante ênfase, entre outros, por RAINER FORST – v., por exemplo, *Das Recht auf Rechtfertigung: Elemente einer konstruktivistischen Theorie der Gerechtigkeit*, Suhrkamp Verlag, Frankfurt am Main, 2007, pp. 270 e segs.

[360] Nem poderia fazê-lo, de ânimo leve, sem explícitas alterações constitucionais.

SAÚDE

admitimos e sobre a qual laborámos, sem possibilidade de a testarmos mais aturadamente.

Em segundo lugar, embora constitua também uma organização funcional, a União Europeia possui uma iniludível matriz geográfico-cultural. Por isso, não se mostra fácil determinar a natureza da ordem jurídica que constitui, tanto mais que, na respetiva desenvolução, a mesma se liberta dos constrangimentos finalísticos e funcionais determinados pelo princípio da juridicidade, na sua faceta de atribuição e especialidade. Desta feita, a União Europeia arvora-se em fonte de um direito pluriforme e multisetorial, distribuível segundo os usuais critérios disciplinares (ou também de modo funcional), ao mesmo tempo que se erige em ponto de referência para uma ordem jurídica própria, no seio da qual se entreveem traços dos diferentes ramos de direito tradicionalmente integrantes de qualquer ordem jurídica.

À face disto, e no que toca à saúde, percebe-se: (1) que o espaço territorial abrangido pela União Europeia não escapa ao âmbito de aplicação e eficácia das regulações jurídicas do direito da saúde desenvolvidas a nível nacional, internacional e transnacional; (2) que, como sujeito jurídico *a se stante*, tende a vincular-se a parâmetros internacionais e a basear-se em tradições jurídicas nacionais que versam sobre a matéria *sub judice*; (3) que o direito relativo à saúde produzido no seu específico amplexo pode ser organizado diretamente em função deste bem jurídico – integrando a ordem jurídica global e multinível da saúde – ou indiretamente, como uma simples parcela da ordem jurídica própria da União Europeia e, assim, pensada e ordenada em função da unidade desta última (por interposição da costumeira repartição disciplinar obediente à metáfora da árvore jurídica).

A presente obra parece alinhar por este último diapasão. Contudo, cabendo-nos tratar apenas um dos seus segmentos, não podíamos ignorar a multiplicidade de referentes em que o mesmo se filia e as consequentes tensões que o atravessam. Daí que, no nosso itinerário, tivéssemos procurado aflorar as relações entre a *União Europeia e a saúde*, o *direito da União Europeia e a saúde* e o *direito da União Europeia e o direito da saúde*, assumindo sempre, como viável e teoricamente prestável – se bem que de legitimidade e utilidade prático-normativamente controversa –, a pressuposição de um muito conspícuo *direito da saúde da União Europeia*.

Por outro lado, reconhecendo a sobredita dinâmica de desenvolvimento da ordem jurídica da União Europeia e os desequilíbrios substantivos e institucionais que vem gerando, tão-pouco nos poderíamos contentar seja com a *reprodução* das previsões normativas constantes dos Tratados e das principais

DIREITO DA UNIÃO EUROPEIA – ELEMENTOS DE DIREITO E POLÍTICAS DA UNIÃO

Diretivas e Regulamentos em matéria de saúde, seja com uma acrítica *dogmatização* das soluções jurídicas a seu propósito proferidas pelos tribunais[361].

A doutrina participa da crítico-regulativa reflexão pela qual o direito se reconstrói enquanto vai reconstituindo a própria realidade social, não podendo, por conseguinte, demitir-se das suas responsabilidades, não só no relativo ao tratamento sistemático-conceitual, como no respeitante ao escrutínio e à filtragem axiológico-normativa dos conteúdos jurídicos. Compreende-se, pois, que tenhamos deixado transparecer as nossas preocupações relativamente ao atual estado de coisas da União Europeia e do seu direito, designadamente no que concerne à saúde.

Na verdade, comprometendo radicalmente o homem, este bem genuinamente poliédrico reclama uma disciplina jurídica complexa na qual ecoem as diferentes exigências jurídicas defluentes do reconhecimento da dignidade pessoal de todos e cada um.

No entanto, como se não fossem suficientemente difíceis, em si mesmas, a revelação/constituição, a determinação, a ponderação, o sancionamento e a efetivação dos diferentes valores e modelos jurídicos de justiça que a saúde põe em jogo, torna-se ainda necessário levá-las a cabo num contexto de desestabilização e mesmo dissolução dos nossos precípuos referentes axiológico-normativos (e das coordenadas que nos forneciam), das respetivas instâncias de mediação constitutiva, das relações sociais que os pressupunham e dos âmbitos espácio-temporais em que estas últimas soíam desenrolar-se.

Com a crise do Estado-Nação e face à ausência de uma sociedade civil global ou de uma República universal, sobressaem, como alternativas, as constituições civis parciais, funcionalmente ordenadas, e, em particular, a ordem económica global de integração dos indivíduos isolados ou das suas formas económicas de agremiação – as sociedades (e os seus objetos, as empresas). No entanto, nem umas nem outras satisfazem as exigências de uma ordem jurídica completa, necessária à formação de comunidades onde cada um possa florescer como pessoa.

Seja qual for a escala em que os problemas jurídicos relativos à saúde venham a ser equacionados, a União Europeia constitui sem dúvida uma instância incontornável na sua ponderação. De modo que, através de uma apropriada repartição de competências, mediante esquemas de harmonização das várias ordens jurídicas nacionais, ou almejando uma regulação mais

---

[361] Através da interpretação de princípios e normas funcionalizadas a outros objetivos, que não os da saúde ou sequer os intrinsecamente jurídicos.

SAÚDE

ou menos uniforme das *comunidades* estaduais, regionais e locais que articula, ela deverá garantir que todas aquelas diferentes vertentes da juridicidade implicadas pela saúde são efetivamente levadas a sério no âmbito de atuação e de eficácia do seu direito (cada vez mais equiparável a uma rede normativa inter- e trans-jurídica).

Ponto é – a nosso ver – que nele se conciliem as exigências de *proteção social*, com os impulsos de *mercadorização* e os anseios de *emancipação*, tal como proposto por Nancy Fraser[362]; cuidando de saber, por exemplo, quando é que os esquemas de solidarização não passam de enquistamentos corporativos que embargam as capabilidades individuais e danam os interesses coletivos e quando é que as liberdades mercantis traduzem somente uma submissão encapotada ao império de facto de instituições empresariais dominantes, ou uma transferência, para as pessoas, de riscos e de responsabilidades existencialmente incomportáveis, nas atuais condições da ação e interconexão humanas. Com efeito, quer a individualização, quer a socialização devem ser juridicamente colimadas à efetiva emancipação e capabilitação humana e esta última, por seu turno, pensada a partir daquelas e nunca contra elas ou em seu detrimento. A densificação da cidadania europeia, por referência aos direitos fundamentais da União Europeia – desde que devidamente consideradas as suas implicações institucionais –, pode significar um contributo inestimável nesse sentido[363].

Apenas assim se poderá dizer, também a propósito do direito da saúde, que o direito da União Europeia participa parcialmente do direito público global multinivelado e, quiçá, da embrionária constitucionalidade ético-juridicamente reflexiva com apelo à qual se intende sobrerregular a autorregulação setorial puramente funcional, mas também alcançar a constituição de um ecossistema jurídico – global, regional, nacional e localmente modulado – que religue esses submundos (em particular, a esfera jus económica global), a verdadeiras comunidades de vida, jurídico-politicamente vertebradas e de algum modo integradas entre si.

---

[362] Sobre o assunto, v. o nosso "Revisitando Mill: Mercado(s) e Meta-mercado(s)", *in* Suzana Tavares da Silva/Maria de Fátima Ribeiro, *Trajectórias de Sustentabilidade. Tributação e Investimento*, Instituto Jurídico – Faculdade de Direito da Universidade de Coimbra, Coimbra, 2013, pp. 209-286 (*maxime* pp. 266 e segs.).

[363] Contudo, ante a *demora* de uma Europa verdadeiramente social, conviria talvez – segundo o bom aviso de Autores como Fritz Scharpf –, salvaguardar os equilíbrios entre componentes sociais e económicas, já logrados pelas comunidades políticas nacionais, evitando torpedeá-los com uma integração puramente económico-liberal.

DIREITO DA UNIÃO EUROPEIA – ELEMENTOS DE DIREITO E POLÍTICAS DA UNIÃO

O *pacto de estabilidade financeira* – porventura o último grande marco da União Europeia – carece, portanto, de homólogos económicos, sociais[364] e ambientais, lembrando assim que, não apenas o comércio, mas também a política, a solidariedade pública e social e o cuidado ambiental constituem fatores civilizadores fundamentais, que a todos nos devem responsabilizar e aos quais devemos inclusive a *banalização do bem* (Tony Judt) reinante na Europa ocidental contemporânea.

Face aos desequilíbrios da construção europeia, importa refundamentar e reforçar – no plano supranacional ou nacional – os direitos humanos (também políticos, sociais e ambientais), a garantia dos três setores da economia, o reconhecimento das diferenças culturais e dos deveres de redistribuição de riscos e riquezas (atentas as necessárias margens de autonomia individual e coletiva dos povos), a tutela dos interesses coletivos ou gerais.

Numa região que é a mais rica do mundo e nunca parou de crescer (em média) nos últimos cinquenta anos (estando inclusive mais habilitada do que a sua parceira norte-atlântica para cultivar novos hábitos de produção, distribuição e consumo), só a compensação dos *deficits* de igualdade, de solidariedade e de democracia a que se deve a sua prosperidade recente assegurará as condições básicas de coesão social sem as quais nenhum *espírito europeu comum* poderá medrar. O direito não deve desertar desta missão, pertencendo-lhe sancionar prático-normativamente a consciência crítica europeia de estarmos todos *im selben boot* (P. Sloterdijk), a navegar num planeta, que, qual *arca gigante*, voga pelos espaços, promovendo-nos a cotripulantes de uma aventura conjunta; como o *inteligiram* fulgurantemente os filósofos, de Zenão a Kant, e o confirmam, na ἔκ-στασις do *overview effect*, todos os *astronautas*[365].

---

[364] Julian Nida-Rümelin/Dierk Hirschel/Henning Meyer/Thomas Meyer/Almut Möller/ /Nina Scheer/Gesine Schwan/Hermann Schwengel, *We Need a Europe That is Truly Social and Democratic. The Case for a Fundamental Reform of the European Union*, Social Europe Occasional Paper, Friedrich Ebert Stiftung, november 2013.

[365] A curta-metragem *Overview*, realizada por Guy Reid, no âmbito do grupo *Planetary Collective*, está disponível em *http://vimeo.com/55073825*. Para uma discussão do tema, moderada por Frank White (um dos pioneiros do seu estudo), v. o debate organizado pela Universidade de Harvard, cujo registo vídeo se encontra acessível em *http://www.youtube.com/watch?v=0X_fhLIPydE*.

Capítulo XVII
Ambiente

ALEXANDRA ARAGÃO

I. Introdução

A inclusão da política ambiental, como um dos capítulos de uma publicação dedicada ao direito material da União Europeia, é uma opção mais do que compreensível, considerando a centralidade, cada vez maior, desta política europeia.

Essa centralidade advém-lhe não só da constatação de um impressionante fenómeno de hiper-proliferação do direito ambiental na União Europeia, mas também da influência crescente das considerações ambientais nas outras políticas da União.

Com efeito, devido à magnitude e à premência dos problemas ambientais, verificamos que cada vez há mais atos jurídicos de direito ambiental na União Europeia[1]. E esse aumento é fruto da atuação do princípio da integração, que obriga as instituições a integrar as exigências em matéria

---

[1] A base de dados *eur-lex* revela que há 864 atos jurídicos no âmbito da política ambiental, dos quais 142 dizem respeito a princípios gerais e programas, 476 a poluição e efeitos nocivos, 181 a espaço, ambiente e recursos naturais e 98 a cooperação internacional.

DIREITO DA UNIÃO EUROPEIA – ELEMENTOS DE DIREITO E POLÍTICAS DA UNIÃO

de proteção do ambiente "na definição e execução das políticas e acções da União, em especial com o objectivo de promover um desenvolvimento sustentável". As normas de direito ambiental europeu estabelecem cada vez mais restrições às liberdades fundamentais e cada vez mais conformam a prossecução das restantes políticas europeias, as quais passam a dever considerar o ambiente não apenas como *limite* mas também como *fim* acessório dessa política. O direito ambiental *infiltra-se* e torna-se *onmipresente* no dia a dia da União e incontornável nas grandes decisões das instituições.

1. A transversalidade da política ambiental no direito da União Europeia

A influência do direito ambiental nas liberdades europeias fundamentais é bem ilustrada pela decisão do TJUE de 7 de fevereiro de 1985, proferida no proc. C-240/83, consagrando a admissibilidade de restrições à liberdade de circulação de mercadorias por razões ambientais. No caso, foram os óleos industriais usados que deixaram de poder ser utilizados como combustível para aquecimento doméstico para reduzir a poluição atmosférica nas cidades, o que teve como consequência que os comerciantes que, em França, se dedicavam à compra e venda de óleos deixaram de os poder vender livremente no mercado para passarem a entregá-los obrigatoriamente a entidades licenciadas para a sua recolha e regeneração.

Mais tarde, no chamado *caso das garrafas dinamarquesas*, o Tribunal voltou a pronunciar-se em sentido favorável às restrições à liberdade de circulação de mercadorias por razões de proteção ambiental. Em 1981, o Governo Dinamarquês publicou uma lei proibindo a utilização de recipientes metálicos para cerveja e outras bebidas e impondo a uniformização dos modelos de garrafas de vidro com vista a uma maior facilidade de armazenamento, recolha e reutilização. Impunha igualmente o estabelecimento de um sistema de depósito e reembolso para fomentar a reutilização das garrafas. Esta medida legislativa foi muito contestada, nomeadamente pela Alemanha, que alegou, contra a medida, que ela constituía um entrave inadmissível ao comércio entre os Estados-Membros e até uma medida de protecionismo camuflado. A Comissão deu início ao processo judicial contra o reino da Dinamarca, no TJUE, visando averiguar se esta medida, que efetivamente constituía um entrave às trocas entre os Estados-Membros, era ou não *necessária* e *justificada*. No seu julgamento (Acórdão de 20 de setembro de 1988, proc. 302/86), o TJUE não considerou a medida adotada como contrária ao direito comunitário. Em primeiro lugar, porque tinha como único fundamento a proteção do ambiente, considerado um objetivo essencial da comunidade e, depois,

AMBIENTE

porque não era discriminatória relativamente a operadores económicos de outros Estados-Membros, já que impunha o mesmo regime tanto para os produtores dinamarqueses de bebidas, como para os estrangeiros.

Outro exemplo mais recente prende-se com a livre prestação de serviços. A Diretiva 2006/123/CE, de 12 de dezembro de 2006, que veio liberalizar os serviços no mercado interno, continua a permitir regimes restritivos para certos serviços ambientais, como a exploração de aterros para deposição de resíduos ou a pesquisa, captação ou extração de águas subterrâneas, "quando a escassez de recursos naturais ou das capacidades técnicas disponíveis o justifiquem" ou ainda por "imperiosa razão de interesse público", como a invocação da necessidade da proteção do ambiente em geral.

Finalmente, a mais recente contradição verifica-se entre as medidas de prevenção das alterações climáticas e a liberdade de estabelecimento. De facto, o comércio europeu de licenças de emissões, criado pela Diretiva 2003/87/CE, de 13 de outubro de 2003[2], confirma a legitimidade do comércio de licenças de emissões enquanto mecanismo do protocolo de Kyoto, mesmo que ele configure uma restrição ao livre estabelecimento de instalações emissoras de dióxido de carbono ou gases com efeito equivalente. Recentemente, o Tribunal confirmou isso no caso *Arcelor*, de 2 de março de 2010, proc. T16/04.

Quanto à consideração de objetivos ambientais no âmbito de outras políticas, vamos citar apenas mais alguns exemplos.

Primeiro, veja-se o caso da Política Agrícola Comum, onde existem apoios financeiros específicos – as chamadas *medidas agro-ambientais* – para atividades ou práticas agrícolas consideradas importantes para a proteção ou a valorização do ambiente, sempre que delas resultem benefícios agroambientais suplementares [artigo 68, n.º 1, alíneas *a*) e *v*), do Regulamento (CE) n.º 73/2009, de 19 de janeiro de 2009[3]].

No âmbito da Política de Transportes, o instrumento financeiro principal foi o programa *Marco Polo I e II*, tendo como objetivo "reduzir o congestio-

---

[2] Revista pela Diretiva 2004/101/CE, de 27 de outubro de 2004, pela Diretiva 2008/101/CE, de 19 de novembro de 2008, pelo Regulamento (CE) n.º 219/2009, de 11 de março de 2009, e pela Diretiva 2009/29/CE, de 23 de abril de 2009.

[3] Este Regulamento, que estabelece regras comuns para os regimes de apoio direto aos agricultores no âmbito da Política Agrícola Comum e institui determinados regimes de apoio aos agricultores, foi revisto, alterado e parcialmente derrogado por diversas vezes. A última foi o Regulamento Delegado (UE) n.º 994/2014, de 13 de maio de 2014.

DIREITO DA UNIÃO EUROPEIA – ELEMENTOS DE DIREITO E POLÍTICAS DA UNIÃO

namento, melhorar o desempenho ambiental do sistema de transportes e reforçar o transporte intermodal, contribuindo assim para um sistema de transportes eficiente e sustentável" [artigo 1.º do Regulamento (CE) n.º 1692/2006, de 24 de outubro de 2006]. Já a Diretiva 2009/33/CE, de 23 de abril de 2009, visa a promoção de veículos de transporte rodoviário não poluentes e energeticamente eficientes.

Na Política de Coesão, o *Fundo de Coesão* apoia os "investimentos no ambiente, incluindo em domínios relacionados com o desenvolvimento sustentável e a energia que apresentem benefícios para o ambiente" [artigo 2.º, n.º 1, alínea *a*), do Regulamento (UE) n.º 1300/2013, de 17 de dezembro de 2013]. O Fundo tem como prioridades de investimento a transição para uma economia de baixo teor de carbono em todos os setores, a promoção da adaptação às alterações climáticas, a prevenção e gestão dos riscos, a preservação e proteção do ambiente, a promoção da utilização eficiente dos recursos e a promoção de transportes sustentáveis (artigo 4.º).

A Política de Pesca tem como objetivo garantir que "as atividades da pesca e da aquicultura sejam ambientalmente sustentáveis a longo prazo e sejam geridas de uma forma consentânea com os objetivos consistentes em gerar benefícios económicos, sociais e de emprego, e em contribuir para o abastecimento de produtos alimentares" (artigo 2.º, n.º 1). Este objetivo implica uma "abordagem de precaução à gestão das pescas e visa assegurar que os recursos biológicos marinhos vivos sejam explorados de forma a restabelecer e manter as populações das espécies exploradas acima dos níveis que possam gerar o rendimento máximo sustentável" e uma "abordagem ecossistémica à gestão das pescas a fim de assegurar que os impactos negativos das atividades de pesca no ecossistema marinho sejam reduzidos ao mínimo, e procura assegurar que as atividades da pesca e da aquicultura evitem degradar o ambiente marinho" [artigo 2.º, n.ºs 2 e 3, do Regulamento (UE) n.º 1380/2013, de 11 de dezembro de 2013].

Na Política Industrial, desde a introdução da licença ambiental, a maior parte das atividades industriais (indústria energética, siderúrgica, mineral, química, de gestão de resíduos, etc.) passaram a estar submetidas a um sistema de prevenção e controlo integrados da poluição através de "evitar e, quando tal não seja possível, a reduzir as emissões para o ar, a água e o solo e a evitar a produção de resíduos, a fim de alcançar um elevado nível de protecção do ambiente no seu todo" (artigo 1.º da Diretiva 2010/75/UE, de 24 de novembro de 2010, relativa às emissões industriais).

AMBIENTE

Por fim, a ligação íntima entre a Política Energética e a Ambiental está bem visível na Diretiva 2009/28/CE, de 23 de abril de 2009[4], relativa à promoção da utilização de energia proveniente de fontes renováveis, que frisa "a contribuição das fontes de energia renováveis para o cumprimento dos objectivos nos domínios do ambiente e das alterações climáticas, especialmente em comparação com instalações de energias não renováveis" e afirma expressamente que "deverá ser assegurada a coerência entre os objectivos da presente directiva e a legislação ambiental da Comunidade". A preocupação da Diretiva é que, "em especial durante os procedimentos de avaliação, planeamento ou licenciamento de instalações de energias renováveis", os Estados-Membros tenham em conta "toda a legislação ambiental da Comunidade", concluindo que "é conveniente que os preços da energia reflictam os custos externos da produção e do consumo de energia, incluindo, se for caso disso, os custos ambientais, sociais e relativos à saúde" (preâmbulo, §§ 42, 44 e 26).

2. A história da política de ambiente na União Europeia

Nos finais da década de cinquenta do século XX, quando as Comunidades Europeias foram criadas, não lhes foram atribuídas competências em matéria ambiental. Porém, isso não obstou a que, na década seguinte, a CEE começasse a adotar algumas diretivas sobre proteção do ambiente com vista à realização do mercado comum, e outras visando diretamente a proteção do ambiente.

As primeiras diretivas, que harmonizaram aspetos ambientais do Mercado Comum, foram a Diretiva 75/439/CEE, de 16 de junho de 1975, relativa aos óleos usados, e a Diretiva 75/442/CEE, de 15 de julho de 1975, relativa aos resíduos.

Outras, porém, não estavam relacionadas com a realização de objetivos económicos, nem mesmo remotamente. Estamos a pensar, por exemplo, na Diretiva de 1979 sobre as aves selvagens e seus *habitats* (Diretiva 79/409/CEE, de 2 de abril de 1979) que se destina a proteger bens subtraídos ao comércio jurídico, como são as aves selvagens e seus *habitats*. Como base legal da diretiva foi utilizada a norma que consagrava o clássico sistema europeu de integração de lacunas (correspondente ao atual artigo 352.º do TFUE). No § 11 do preâmbulo, encontramos expressamente mencionados os pressupostos do alargamento de competência da CEE: "Considerando que a conservação

---

[4] Alterada pela Diretiva 2013/18/UE, de 13 de maio de 2013.

DIREITO DA UNIÃO EUROPEIA – ELEMENTOS DE DIREITO E POLÍTICAS DA UNIÃO

das espécies de aves que vivem naturalmente no estado selvagem no território europeu dos Estados-Membros é necessária à realização, no âmbito de funcionamento do Mercado Comum, dos objectivos da Comunidade nos domínios da melhoria das condições de vida, de um desenvolvimento harmonioso das actividades económicas no conjunto da Comunidade e de uma expansão contínua e equilibrada, mas que os poderes de acção específicos necessários nesta matéria não foram previstos no Tratado (...)".

Sendo tão ténue o fundamento da competência europeia, não faltou quem, ao nível dos Estados-Membros, questionasse judicialmente a validade das novas diretivas ambientais europeias. Foi o que aconteceu, pela primeira vez, no proc. C-240/83, um reenvio prejudicial de um Tribunal francês relativo à validade da já referida Diretiva 75/439/CEE, sobre óleos usados.

Esta era a oportunidade de que o TJUE estava à espera para consagrar definitivamente o alargamento das competências europeias à temática ambiental. No seu acórdão de 1985, considerou aceitável o fundamento jurídico das diretivas por considerar que a proteção do ambiente é uma condição *sine qua non* da "melhoria das condições de vida", a qual é um objetivo prioritário da CEE, expresso nos Tratados.

II. O direito ambiental primário
Desde o *Acto Único Europeu*, assinado no Luxemburgo em 1986, que o ambiente figura entre as competências partilhadas entre a Comunidade e os Estados-Membros. Posteriormente, alguns artigos sofreram alterações, nomeadamente com o Tratado de Maastricht, que acrescentou o princípio da precaução e o objetivo de promover, no plano internacional, medidas destinadas a enfrentar os problemas regionais ou mundiais do ambiente. Atualmente, a política ambiental da União está prevista no Título XX do TFUE, onde a *constitucionalização* da política europeia do ambiente é uma realidade dificilmente reversível. O Tratado de Lisboa aditou mesmo as alterações climáticas como um problema ambiental global, que cabe à União Europeia combater através da política ambiental.

Procederemos agora a uma breve análise das principais disposições ambientais do TFUE: os três artigos do Título XX.

1. Os objetivos da política ambiental da União
O artigo 191.º contém essencialmente disposições de natureza substantiva: os *objetivos* da política de ambiente no n.º 1, os *princípios* gerais no n.º 2, e os *pressupostos* no n.º 3.

AMBIENTE

Na versão de Lisboa, os objetivos da política ambiental europeia são quatro:

"– a preservação, a protecção e a melhoria da qualidade do ambiente,
– a protecção da saúde das pessoas,
– a utilização prudente e racional dos recursos naturais,
– a promoção, no plano internacional, de medidas destinadas a enfrentar os problemas regionais ou mundiais do ambiente, e designadamente a combater as alterações climáticas".

Este elenco mostra como as preocupações ambientais da União não são meramente internas mas também internacionais, e mostra, sobretudo, que as preocupações ambientais não são puramente antropocentristas, pois o ambiente deve ser protegido mesmo quando a poluição ou a degradação dos componentes ambientais não causa danos às pessoas (objetivo n.º 1). Confirmação disso é a Diretiva 2004/35/CE, de 21 de abril de 2004[5], sobre responsabilidade por danos ambientais, que se aplica apenas à prevenção e reparação dos danos ao solo, às águas, aos *habitats* e às espécies, deixando de fora os danos nas pessoas e no seu património.

Desde dezembro de 2009, com o Tratado de Lisboa, o surgimento da política de energia (artigo 194.º do TFUE) vem confirmar a íntima ligação entre política ambiental e política energética, na luta contra as alterações climáticas.

2. Os pressupostos da política ambiental da União

A amplitude da proteção ambiental, indiciada pelos *objetivos* e pelos *princípios* fundamentais, sofre algumas limitações postas pelos chamados *pressupostos* de atuação, consagrados no n.º 3 do mesmo artigo:

"Na elaboração da sua política no domínio do ambiente, a União terá em conta:
– os dados científicos e técnicos disponíveis,
– as condições do ambiente nas diversas regiões da União,
– as vantagens e os encargos que podem resultar da atuação ou da ausência de atuação,
– o desenvolvimento económico e social da União no seu conjunto e o desenvolvimento equilibrado das suas regiões".

---

[5] Alterada pelas Diretivas 2006/21/CE, de 15 de março de 2006, 2009/31/CE, de 23 de abril de 2009, e 2013/30/UE, de 12 de junho de 2013.

O primeiro pressuposto, que obriga à consideração dos dados científicos e técnicos disponíveis, foi fruto da posição britânica, que defendia que só seria possível exigir uma ação preventiva de proteção do ambiente quando a causa da poluição estivesse cientificamente comprovada. Mas a consideração do realismo científico e técnico, como pressuposto da política europeia do ambiente, não está em contradição com o princípio da precaução, pois, como veremos a seguir no ponto 4.5, este pressuposto não impede que a União adote medidas de proteção ambiental mesmo na ausência de dados científicos ou perante dados científicos contraditórios. Ele impede é que se ignorem os dados científicos e técnicos disponíveis, inspirando uma atualização permanente do direito derivado europeu do ambiente, para o adaptar ao progresso técnico e obrigando à introdução de cláusulas de progresso na legislação ambiental europeia. É o caso do conceito de "melhor técnica disponível" da diretiva sobre a prevenção e controlo integrados da poluição (Diretiva 2010/75/UE, já citada, que trataremos no ponto 5 da Parte III).

A diversidade regional é o segundo pressuposto, que está presente cinco vezes no Tratado, nas normas relativas à política ambiental. Enquanto pressuposto, a diversidade regional *relevante* é apenas a diversidade ambiental ("as condições do ambiente nas diversas regiões da União", no artigo 191.º, n.º 3, 2.º §) e a diversidade económico-social ("o desenvolvimento económico e social da União no seu conjunto e o desenvolvimento equilibrado das suas regiões", no artigo 191.º, n.º 3, 4.º §). Mas a diversidade europeia em geral releva enquanto moderador do nível elevado de proteção ("A política da União no domínio do ambiente terá por objectivo atingir um nível de protecção elevado, tendo em conta a diversidade das situações existentes nas diferentes regiões da União" – artigo 191.º, n.º 2, *ab initio*) e como fundamento de medidas nacionais de proteção ambiental reforçada ("As medidas de protecção adoptadas por força do artigo 192 não obstam a que cada Estado-Membro mantenha ou introduza medidas de protecção reforçadas. Essas medidas devem ser compatíveis com os Tratados e serão notificadas à Comissão" – artigo 193.º). Por fim, como fundamento de cláusulas de salvaguarda e de apoios financeiros, funciona apenas a diversidade económica ("Sem prejuízo do princípio do poluidor-pagador, nos casos em que uma medida adoptada nos termos do n.º 1 implique custos considerados desproporcionados para as autoridades públicas de um Estado-Membro, essa medida deve prever, sob a forma adequada: – derrogações de carácter temporário e/ou – um apoio financeiro proveniente do Fundo de Coesão criado nos termos do artigo 177.º" – artigo 192.º, n.º 5).

AMBIENTE

Outro pressuposto da política ambiental da União é a ponderação de custos e benefícios. Porém, note-se que o direito europeu não exige análises *quantificadas* de custos e benefícios mas, forma mais realista, ponderações *não quantificadas*, de vantagens e encargos. A razão é simples: em regra, os *encargos* são os custos económicos de investimentos atuais, e por isso são fáceis de calcular. Mas já as vantagens das medidas ambientais, que são *"apenas"* melhorias da qualidade ambiental e da qualidade de vida, são muito mais difíceis de contabilizar, tanto na atualidade como, sobretudo, no futuro.

3. O procedimento legislativo ambiental

Nas matérias ambientais, o procedimento-regra é o procedimento legislativo ordinário, correspondente ao clássico procedimento de codecisão. "1. O Parlamento Europeu e o Conselho, deliberando de acordo com o processo legislativo ordinário e após consulta ao Comité Económico e Social e ao Comité das Regiões, adoptarão as acções a empreender pela União para realizar os objectivos previstos no artigo 191.º" (artigo 192.º, n.º 1).

Excecionalmente, em matérias mais atinentes à soberania dos Estados, este procedimento pode ser afastado, passando a aplicar-se o antigo procedimento deliberativo em que o Parlamento Europeu é apenas consultado, emitindo um parecer não vinculativo, que deverá ser tido em consideração pelo Conselho quando, em última instância, adota o ato proposto. Isto acontece em matérias de grande sensibilidade política e social, que estão intimamente relacionadas com soberania fiscal, territorial ou energética do Estado.

O direito de veto existe no domínio da fiscalidade ambiental e do ordenamento do território ou da afetação dos solos. Mas a exigência da unanimidade não significa que os objetivos ambientais fiquem fora das decisões de gestão dos solos ou de ordenamento do território, nos Estados-Membros. De facto, o regime europeu da avaliação estratégica (aprovado pela Diretiva 2001/42/CE, de 27 de junho de 2001, de que trataremos no ponto 3 da Parte III) obriga os Estados-Membros a submeter *todos* os planos e programas que considerem suscetíveis de ter efeitos significativos no ambiente a uma avaliação ambiental destinada a ponderar todas as alternativas razoáveis para evitar, reduzir ou compensar os efeitos ambientais adversos.

Já na gestão dos recursos hídricos, que é um setor tradicional do direito europeu do ambiente, a exigência de deliberação unânime limita-se à sua gestão quantitativa, ou seja, às medidas destinadas a assegurar a existência e disponibilidade do recurso fundamental, que é a água, mas não já a sua qua-

DIREITO DA UNIÃO EUROPEIA – ELEMENTOS DE DIREITO E POLÍTICAS DA UNIÃO

lidade, a qual é objeto de harmonização pela Diretiva 2000/60/CE, de 23 de outubro de 2000[6], relativa às águas da União. Assim, a regulamentação de matérias tão importantes, como a realização de transvazes entre bacias hidrográficas ou a dessalinização de água marinha para abastecimento, só podem ser tomadas, a nível europeu, através de procedimento excecional, e com o acordo de todos os Estados no Conselho.

Curiosamente, embora seja também uma matéria de grande sensibilidade e alguma controvérsia, o direito penal ambiental (atualmente regulado pela Diretiva 2008/99/CE, de 19 de novembro de 2008[7]) não foi incluído no elenco dos temas de decisão unânime.

4. Princípios jurídicos de direito ambiental

Neste ramo do direito, a presença de um conjunto de princípios jurídicos enquadradores é uma constante, tanto em instrumentos de direito internacional, como no direito europeu e, naturalmente, no direito interno.

Num direito tão técnico, com uma evolução tão rápida, que tenta acompanhar uma realidade vertiginosa, o papel dos princípios de direito do ambiente é fundamental. Os princípios são a pedra de toque do direito do ambiente, garantindo a coerência e articulação dos ordenamentos jurídicos, na integração de lacunas legais, na correção de antinomias normativas, como auxiliares na interpretação jurídica, orientando a atuação administrativa (necessariamente pautada por uma ampla discricionaridade) ou criando imposições legiferantes.

Os princípios fundamentais da política ambiental europeia, expressamente consagrados enquanto tal no Tratado, são quatro: da precaução, da ação preventiva, da correção na fonte e do poluidor-pagador. Entendemos, no entanto, que as referências ao dever de prosseguir um *nível elevado de proteção* podem também ser consideradas como referências a um princípio jurídico do qual decorrem, tal como dos outros quatro, obrigações para as Instituições Europeias. Por fim, embora não esteja consagrado no Título XX do TFUE, relativo à política ambiental da União Europeia, o desenvolvimento sustentável é também um importante princípio jurídico europeu.

[6] Alterada pela Diretiva 2014/101/UE, de 30 de outubro de 2014.
[7] Especificamente no que respeita à poluição provocada por navios já havia a Diretiva 2005/35/CE, de 7 de setembro de 2005, alterada pela Diretiva 2009/123/CE, de 21 de outubro de 2009.

AMBIENTE

4.1. Princípio do desenvolvimento sustentável

O princípio do desenvolvimento sustentável tem, com todos os outros, uma relação de abrangência, que justifica o seu tratamento em primeiro lugar. O desenvolvimento sustentável é um princípio e um objetivo transversal das políticas da União Europeia. A sua relevância ultrapassa as estritas fronteiras da política do ambiente e está presente nos *momentos* fundamentais dos Tratados: a definição dos fins da União Europeia (artigo 3.º, n.º 3, do TUE) e a CDFUE (artigo 37.º).

O desenvolvimento sustentável é um dos mais densos e complexos conceitos da atualidade. Só uma abordagem multifacetada e uma compreensão holística podem transmitir a intrincada realidade subjacente à sustentabilidade, enquanto fim do desenvolvimento europeu. Ensaiaremos, mesmo assim, uma sintética análise, através de uma apresentação muito estruturada e sistemática, na qual realçaremos, com concisão, as principais *linhas de força* da ideia de sustentabilidade, pondo em destaque as potencialidades deste princípio estruturante do direito europeu.

4.1.1. Escala planetária e intergeracional

A sustentabilidade do desenvolvimento pode ser analisada numa perspetiva sincrónica e numa perspetiva diacrónica. A primeira permitirá avaliar o desenvolvimento sustentável à *escala planetária*, e a segunda nas relações intergeracionais.

Sincronicamente, ou seja, considerando uma aplicação apenas no tempo atual, o princípio do desenvolvimento sustentável traduz a ideia de justiça em sentido espacial, ou justiça na relação entre as diferentes regiões, entre indivíduos e entre povos, dentro e fora da Europa. A sustentabilidade exige a consideração da escala planetária.

Na União Europeia, esta dupla aproximação ao desenvolvimento sustentável, interna e externa, está claramente presente nos Tratados. Externamente, o artigo 21.º do TUE, sobre "a acção da União na cena internacional", propõe-se "[a]poiar o desenvolvimento sustentável nos planos económico, social e ambiental dos países em desenvolvimento, tendo como principal objectivo erradicar a pobreza" e "[c]ontribuir para o desenvolvimento de medidas internacionais para preservar e melhorar a qualidade do ambiente e a gestão sustentável dos recursos naturais à escala mundial, a fim de assegurar um desenvolvimento sustentável" [respetivamente, alíneas *d)* e *f)*]. Inter-

DIREITO DA UNIÃO EUROPEIA – ELEMENTOS DE DIREITO E POLÍTICAS DA UNIÃO

namente, encontramos referências claras no § 9 do preâmbulo do TUE[8], no artigo 3.º, n.º 3, do mesmo Tratado[9] e no artigo 11.º do TFUE[10].

Diacronicamente, ou seja, considerando a sua aplicação ao longo do tempo, o princípio do desenvolvimento sustentável reflete a ideia de justiça intergeracional, ou seja, responsabilidade das gerações atuais perante as gerações futuras. Esta dimensão inter-temporal, bem visível na designação do princípio em língua francesa – *developement durable* – está presente no próprio preâmbulo da Carta: "O gozo destes direitos implica responsabilidades e deveres, tanto para com as outras pessoas individualmente consideradas, como para com a comunidade humana e as gerações futuras" (§ 6).

4.1.2. Caminho para a sustentabilidade

O *caminho* para a sustentabilidade exige o respeito de certos procedimentos e a prossecução simultânea de várias dimensões do desenvolvimento sustentável.

Numa perspetiva procedimental, os princípios da participação e da abertura (presentes nos artigos 10.º e 11.º do TUE) densificam o *"como"* do princípio do desenvolvimento sustentável: a validade das decisões atuais, com repercussões futuras, depende do grau de efetiva participação cívica e da tomada em consideração dos interesses dos cidadãos atuais, mas também das gerações vindouras.

Na sua dimensão material, o princípio comporta três vertentes: uma vertente ambiental, uma vertente social e uma vertente económica.

A vertente ambiental consubstancia-se no dever de gerir, de forma sustentável, a utilização dos recursos naturais e da capacidade de suporte dos ecossistemas, respeitando a sua capacidade de renovação, quando sejam renováveis, e preservando, sem esgotar, os que não sejam renováveis.

---

[8] "Determinados a promover o progresso económico e social dos seus povos, tomando em consideração o princípio do desenvolvimento sustentável e no contexto da realização do mercado interno e do reforço da coesão e da protecção do ambiente, e a aplicar políticas que garantam que os progressos na integração económica sejam acompanhados de progressos paralelos noutras áreas."

[9] "A União estabelece um mercado interno. Empenha-se no desenvolvimento sustentável da Europa, assente num crescimento económico equilibrado e na estabilidade dos preços, numa economia social de mercado altamente competitiva que tenha como meta o pleno emprego e o progresso social, e num elevado nível de protecção e de melhoramento da qualidade do ambiente. A União fomenta o progresso científico e tecnológico."

[10] "As exigências em matéria de protecção do ambiente devem ser integradas na definição e execução das políticas e acções da União, em especial com o objectivo de promover um desenvolvimento sustentável."

AMBIENTE

A vertente social reconduz-se às ideias de *democracia ambiental*, pela participação do público nos processos ambientalmente relevantes e de *justiça ambiental*, pela eliminação das situações de injustiça resultantes de serem sobretudo os mais frágeis e os mais vulneráveis a sofrer, indefesos, os efeitos dos impactes ambientais e da degradação dos recursos naturais.

Por fim, a vertente económica consiste na promoção de atividades económicas duradouras (porque baseadas em recursos renováveis e respeitando a sua capacidade de renovação) e ainda na plena internalização dos custos ambientais e sociais das atividades económicas ou, quando não seja possível, na redistribuição equitativa desses custos.

A conciliação das diferentes vertentes do desenvolvimento sustentável é o que a jurisprudência europeia tem feito, através de uma ponderação concreta em casos bem conhecidos, *maxime* no domínio da conservação da natureza. Veja-se, a título de exemplo, o caso das *Marismas de Santoña*, de 2 de agosto de 1993, proc. C-355/90, o caso *Caretta caretta*, de 30 de janeiro de 2002, proc. C-103/00, ou o caso da *autoestrada de Castro Verde*, de 24 de junho de 2003, proc. C-72/02.

4.2. Princípio da integração

O princípio da integração é provavelmente aquele que maiores impactes tem no dia-a-dia da União Europeia.

É ele que obriga à consideração da proteção ambiental em atividades que não sejam expressamente ligadas à proteção de componentes ambientais ou à conservação da natureza.

O princípio da integração do ambiente nas restantes políticas resulta do reconhecimento de que não há atividades humanas que se possam afirmar como totalmente inócuas em termos ambientais. Pelo contrário, em maior ou menor grau, de maneira direta ou indireta, qualquer atividade humana é suscetível de produzir impactes ambientais positivos ou negativos.

Por isso, o princípio da integração indica que os impactes mais significativos das atividades humanas potencialmente nocivas para o ambiente devem ser ponderados previamente, a bem da própria eficácia da proteção ambiental.

Com efeito, o ambiente deve ser um elemento de ponderação a ter em consideração, não só em decisões imediatamente relacionadas com o ambiente, mas também em decisões sobre matérias mais ou menos remotamente relacionadas com o ambiente, como a agricultura, as pescas, a indús-

DIREITO DA UNIÃO EUROPEIA – ELEMENTOS DE DIREITO E POLÍTICAS DA UNIÃO

tria, o comércio, os transportes, a energia, o turismo, a economia, o consumo, o emprego, a educação, etc.

É por isso que se fala da política de ambiente como uma "política transversal": ela perpassa as restantes políticas, devendo ser tida em consideração em todas elas.

4.2.1. A transversalidade do ambiente

Neste sentido, uma das principais consequências do dever de integração das considerações ambientais é tornar obrigatória a aplicação de todos os restantes princípios ecológicos – nomeadamente os princípios da precaução, da prevenção e do poluidor-pagador – às outras políticas europeias. Por força do princípio da integração, é possível fiscalizar a legalidade de uma medida adotada no âmbito de qualquer outra política, à luz da sua conformidade com os princípios de política do ambiente, e sancionar o desrespeito por eles.

Na aproximação ao princípio da integração, que consideramos um dos princípios centrais na estruturação do edifício do direito ambiental na União Europeia, vamos primeiro ver *onde* é que a proteção ambiental deve ser integrada e, em seguida, *como* é que se procede a essa integração.

Se "todas as políticas da União devem integrar" considerações ambientais, então o princípio da integração está relacionado com a ideia de *transversalidade*. A política ambiental é uma política *transversal*.

Mas o carácter *transversal* não é um exclusivo da política ambiental. Com o Tratado de Lisboa cresceu o número de valores que devem ser tidos em consideração no desenho das outras políticas. Além do ambiente[11], a promoção da igualdade entre homens e mulheres (artigo 8.º), a promoção de um nível elevado de emprego, a garantia de uma proteção social adequada, a luta contra a exclusão social e um nível elevado de educação, formação e proteção da saúde humana (artigo 9.º), ou o combate à discriminação em razão do sexo, raça ou origem étnica, religião ou crença, deficiência, idade ou orientação sexual (artigo 10.º, todos do TFUE).

Já na CDFUE só encontramos o princípio da *integração*, no direito fundamental ao ambiente.

---

[11] Artigo 11.º do TFUE: "As exigências em matéria de protecção do ambiente devem ser integradas na definição e execução das políticas e acções da União, em especial com o objectivo de promover um desenvolvimento sustentável".

AMBIENTE

A relevância *transversal* das questões ambientais está bem visível na lista de categorias de projetos submetidos a avaliação de impacte ambiental: projetos ligados à agricultura, silvicultura e aquicultura, à indústria, projetos de infraestruturas, de turismo e tempos livres, instalações de eliminação de resíduos e estações de tratamento de águas residuais, depósito de lamas, armazenagem de sucatas, bancos de ensaio para motores, turbinas ou reatores, fabrico de fibras minerais artificiais, instalações para a recuperação ou destruição de substâncias explosivas, etc.[12] A completar este elenco, a diretiva sobre avaliação estratégica vem ampliar, ainda mais, o dever de integração, sobretudo com um procedimento de avaliação de impacte ambiental (AIA) para os planos ou programas no domínio da agricultura, silvicultura, pescas, energia, indústria, transportes, gestão de resíduos, gestão das águas, telecomunicações, turismo, ordenamento urbano e rural ou utilização dos solos[13].

4.2.2. A consideração do ambiente

A ideia de integração do ambiente nas outras políticas significa, portanto, que tanto as medidas legislativas como administrativas, adotadas no âmbito de políticas, cujo principal objetivo não é ambiental, devem ter *em consideração* os seus efeitos ambientais. Acontece que os efeitos relevantes não são apenas os efeitos diretos e imediatos mas, conjuntamente, os efeitos "indirectos, secundários, cumulativos, a curto, médio e longo prazos, permanentes e temporários, positivos e negativos"[14].

Ora, "ter em consideração" é *ponderar adequadamente*, em conformidade com os critérios jurídicos de balanceamento, consagrados no direito europeu para sopesar os aspetos ambientais, quando confrontados com outros aspetos extra-ambientais, *maxime* económicos e sociais. Alguns desses critérios são a prioridade aos valores ambientais (refletida no princípio do nível elevado de proteção), a preferência pela prevenção em detrimento da reparação (decorrente do princípio da prevenção), a internalização dos custos da proteção ambiental (em conformidade com o princípio do poluidor

---

[12] Categorias incluídas no Anexo II da Diretiva 87/337/CEE, de 27 de junho de 1985, relativa à avaliação dos efeitos de determinados projetos públicos e privados no ambiente, alterada pelas Diretivas 97/11/CE, de 3 de março de 1997, 2003/35/CE, de 26 de maio de 2003, e 2009/31/CE, de 23 de abril de 2009, codificada pela Diretiva 2011/92/UE, de 13 de dezembro de 2011, e modificada pela Diretiva 2014/52/UE, de 16 de abril de 2014. Desenvolvê-la-emos no ponto 2 da Parte III.
[13] Artigo 3.º, n.º 2, alínea *a*), da Diretiva 2001/42/CE, de 27 de junho de 2001. Dela trataremos no ponto 3 da Parte III.
[14] Anexo IV, n.º 4, nota 1, da já mencionada Diretiva relativa à avaliação de impacte ambiental.

DIREITO DA UNIÃO EUROPEIA – ELEMENTOS DE DIREITO E POLÍTICAS DA UNIÃO

pagador), a atuação segura e prudencial (em sintonia com o princípio da precaução).

4.3. Princípio do nível elevado de proteção ecológica

Este é um princípio quase omnipresente no direito europeu do ambiente, tanto nos Tratados, como no direito secundário. Após o Tratado de Lisboa, o nível mais elevado de proteção figura nos artigos 3.º, n.º 3, do TUE e 114.º e 191.º, n.º 2, do TFUE. Qual o conteúdo do princípio do nível elevado de proteção?

4.3.1. Ponto de comparação

Estabelecer um nível elevado de proteção ambiental é permitir que a legislação dos Estados possa ir ainda mais longe, na proteção ambiental, do que a da União Europeia. Esta é a solução prevista no artigo 193.º do TFUE: após a harmonização das disposições ambientais legislativas, regulamentares e administrativas, necessárias para o estabelecimento e o funcionamento do mercado interno, os Estados-Membros podem manter ou introduzir disposições nacionais de proteção reforçada do ambiente. Esta possibilidade, denominada pela doutrina como «dourar» o direito europeu («gold plating of EU law») ou a adição de uma «cobertura nacional» ao direito europeu («add a national topping») foi aceite na jurisprudência europeia no caso *Deponiezweckverband Eiterköpfe*, de 14 de abril de 2005, proc. C-6/03.

Atualmente, é defensável uma compreensão ainda mais abrangente do princípio do nível elevado, significando que, depois de adotar um certo nível de proteção, há que mantê-lo, proibindo voltar *atrás*. Numa palavra: se os progressos na proteção de um valor ecológico relevante devem ser irreversíveis, então o princípio do nível elevado de proteção é o fundamento europeu da proibição do retrocesso ambiental.

4.3.2. Proteção dinâmica

Mas, curiosamente, a CDFUE parece exigir ainda mais do que isto. É que, além do um elevado nível de proteção do ambiente, a Carta refere ainda a *melhoria* da sua qualidade[15]. De onde se depreende que, para garantir a proteção elevada, não basta uma proteção omissiva, que se limite a repelir

---

[15] Artigo 37.º: "Todas as políticas da União devem integrar um elevado nível de protecção do ambiente e a melhoria da sua qualidade, e assegurá-los de acordo com o princípio do desenvolvimento sustentável".

1102

AMBIENTE

atuações degradadoras dos recursos naturais ou ofensivas do equilíbrio dos componentes ambientais. Pelo contrário, a *melhoria* do estado do ambiente (igualmente presente no artigo 3.º, n.º 3, do TUE) parece exigir uma proteção dinâmica, pró-ativa, com investimentos na recuperação de *habitats* degradados, na reintrodução de espécies desaparecidas, renaturalização de rios, na bio-remediação de solos contaminados, na criação de recifes artificiais junto à costa, etc.

Naturalmente que esta atuação, mais progressista, será mais difícil de executar, na medida em que está mais dependente de condições sociais e económicas, não se aplicando neste caso a proibição do retrocesso.

4.4. Princípio da prevenção

Na proteção do ambiente, o princípio da prevenção é especialmente importante. É uma regra de mero bom senso, que determina que, em vez de contabilizar os danos e tentar repará-los, se tente, sobretudo, evitar a ocorrência de danos, antes de eles terem acontecido. Este princípio corresponde ao aforismo popular «mais vale prevenir que remediar». Várias razões apontam para a preponderância do princípio ecológico da prevenção.

4.4.1. *Ratio* da prevenção

Primeiro, a irreversibilidade dos danos ambientais. Em muitos casos, depois de a poluição ou a degradação ocorrerem, os danos ambientais são impossíveis de remover. A restauração natural, envolvendo a reposição da situação anterior ao dano, deverá ter sempre prioridade absoluta sobre a solução de compensação por equivalente. E, em muitos casos, a reconstituição natural nem sequer é possível. Mesmo quando é materialmente possível, frequentemente ela é de tal modo onerosa que esse esforço não pode ser exigido aos poluidores. Não sendo possível obter a reconstituição do *status quo ante*, pelo esforço do próprio responsável, resta a alternativa de ser o Estado a adotar, subsidiariamente, medidas de compensação ambiental, apesar do esforço orçamental que isso significa. Esta é, porém, uma solução injusta, na medida em que faz impender sobre os contribuintes o esforço que caberia aos poluidores.

Finalmente, está provado que, economicamente, é sempre muito mais dispendioso remediar que prevenir. Ou seja: a prevenção da poluição compensa, porque os custos económicos das medidas necessárias a evitar a ocorrência de poluição são sempre muito inferiores aos custos económicos das medidas de "despoluição", após a ocorrência do dano, aos quais há que acrescentar os custos sociais e ambientais do próprio dano.

1103

DIREITO DA UNIÃO EUROPEIA – ELEMENTOS DE DIREITO E POLÍTICAS DA UNIÃO

4.4.2. Medidas preventivas

A aplicação do princípio da prevenção implica a adoção de medidas antes da ocorrência de um dano concreto cuja origem é conhecida, com o fim de evitar a verificação de novos danos ou, pelo menos, de minorar significativamente os seus efeitos. Na aplicação do princípio da prevenção é indispensável a ponderação de formas alternativas de realizar projetos, configurar planos ou conceber programas, de modo a poder optar por aquele tipo de projeto, plano ou programa que seja suscetível de produzir menores impactes ambientais. Como veremos, a consideração de alternativas, *maxime* de localização, é, em muitos casos, uma das formas mais eficazes de evitar ou reduzir os impactes ambientais das atividades humanas.

E existe uma vasta gama de instrumentos que podem ser utilizados a título preventivo, para evitar a ocorrência de danos ao ambiente. Alguns instrumentos clássicos, como os fiscais ou os penais, começam a ser aplicados agora à proteção do ambiente. Outros, são novos e foram criados especialmente para a proteção do ambiente. Referimo-nos à avaliação de impacte ambiental e à licença ambiental, por exemplo.

4.5. Princípio da precaução

Tal como o princípio da prevenção, o princípio da precaução destina-se a evitar a ocorrência de danos ambientais futuros e, diferentemente do princípio da prevenção, tem a sua máxima aplicação em casos de incertezas. Ele significa que o ambiente deve ter a seu favor o benefício da dúvida, quando não haja certezas, por falta de provas científicas evidentes, sobre o nexo causal entre uma atividade e um determinado fenómeno de poluição ou degradação do ambiente. Fala-se, a este propósito, de uma espécie de princípio *in dubio pro ambiente*, ou seja, na dúvida sobre a perigosidade de uma certa atividade para o ambiente, decide-se a favor do ambiente e contra o potencial poluidor.

4.5.1. Condições de aplicação

O campo de aplicação privilegiado deste princípio é o das atividades que envolvam riscos ecológicos, impondo ao potencial poluidor o ónus da prova de que um acidente ecológico não vai ocorrer e de que adotou específicas medidas de precaução[16].

---

[16] Um ponto marcante da história do princípio da precaução situa-se no dia 2 de fevereiro de 2000, quando a Comissão Europeia publica uma Comunicação [COM(2000) 1 final] cujo propósito é esclarecer e desmistificar o âmbito, as condições e os limites de aplicação do princípio da precaução.

AMBIENTE

As dúvidas sobre a perigosidade de uma determinada ação para o ambiente podem existir em várias circunstâncias:

a) quando ainda não se verificaram quaisquer danos decorrentes dessa atividade, mas se receia, apesar da falta de provas científicas, que possam vir a ocorrer;

b) quando, havendo já danos provocados ao ambiente, não há conhecimento científico de qual a causa que está na origem dos danos;

c) ou ainda quando, apesar de haver danos provocados ao ambiente, não há provas científicas sobre o nexo de causalidade entre uma determinada causa hipotética e os danos verificados.

A aplicação deste princípio leva a que o ónus da prova da inocuidade ambiental de uma ação seja transferido do Estado ou dos potenciais poluídos para os potenciais poluidores.

4.5.2. Medidas precaucionais

O princípio da precaução envolve a adoção, em cada caso, de diferentes tipos de medidas, como interdições, embargos, ou recusas de autorização, por exemplo. Na escolha das medidas adequadas deve ter-se em consideração que a gravidade das medidas preconizadas deve ser proporcional ao carácter dos riscos receados, em função não só da probabilidade do risco, como da natureza, da magnitude, da reversibilidade ou da extensão geográfica e populacional dos impactes prováveis. Tratando-se de riscos menos graves, podem tomar-se medidas tais como notificações, sistemas de monitorização, deveres de registo, de financiamento da investigação científica, ou até simples deveres de informação do público.

Todavia, como é natural tratando-se de medidas baseadas na falta ou na insuficiência de conhecimentos científicos, qualquer decisão fundada no princípio da precaução será sempre precária e submetida a reapreciação periódica, à luz do progresso da ciência e da técnica e da experiência entretanto adquirida.

Note-se, por fim, que não é qualquer risco, nem qualquer receio, que permite a tomada de decisões com base no princípio da precaução. Exige-se algum indício mínimo, alguma probabilidade (não forçosamente quantificada) de que a atividade ou a substância em causa sejam suscetíveis, pelo menos a médio ou longo prazo, de causar danos ambientais. Ou seja, a *verosimilhança* é o primeiro limite à aplicação do princípio da precaução. O

DIREITO DA UNIÃO EUROPEIA – ELEMENTOS DE DIREITO E POLÍTICAS DA UNIÃO

segundo é a necessária *provisoriedade* de todas e quaisquer medidas tomadas com base neste princípio.

Só assim poderemos compreender o princípio da precaução como um princípio razoável de direito ambiental moderno e não uma expressão de fundamentalismo ambientalista injustificadamente bloqueador de qualquer avanço científico ou de qualquer inovação tecnológica.

4.6. Princípio do poluidor-pagador

O princípio do poluidor-pagador (PPP) é mais do que um simples princípio de responsabilidade, voltado para a reparação dos danos causados às vítimas.

O PPP é um princípio de precaução, prevenção e redistribuição dos custos das medidas públicas de prevenção da poluição, cuja aplicação permite melhorar o ambiente e a qualidade de vida, com maior justiça social e ao menor custo económico. O PPP é um princípio que atua a título precaucional e preventivo, que atua, portanto, antes e independentemente dos danos ao ambiente terem ocorrido, antes e independentemente da existência de vítimas.

4.6.1. Montante do pagamento

Se o PPP não é um princípio de responsabilidade, nem atua *a posteriori*, impondo ao poluidor pagamentos para ressarcir as vítimas de danos passados, então o montante dos pagamentos a impor aos poluidores deve ser proporcional aos custos de precaução e prevenção, e não proporcional aos danos causados. Assim, se o valor a suportar pelos poluidores for bem calculado, atingir-se-á uma situação social e ambientalmente ótima: a redução da poluição a um nível considerado aceitável (nível esse que, em alguns casos, pode ser próximo de zero) e simultaneamente a criação de um *fundo* destinado ao combate à poluição residual ou acidental, ao auxílio às vítimas da poluição e ao financiamento de despesas públicas de administração, planeamento e execução da política ambiental.

Por isso, os pagamentos decorrentes do princípio do poluidor-pagador, proporcionais aos custos estimados de precaver ou de prevenir a poluição, são um incentivo aos poluidores que passam a escolher entre poluir e pagar ao Estado, ou pagar para não poluir, investindo em processos produtivos ou matérias-primas menos poluentes ou em investigação de novas técnicas e produtos alternativos, que sejam mais amigos do ambiente.

AMBIENTE

4.6.2. Cumprimento alternativo

Se aos poluidores não forem dadas outras alternativas a não ser deixar de poluir ou ter de suportar um custo económico em favor do Estado (o qual afetará as verbas obtidas exclusiva ou prioritariamente a ações de proteção do ambiente), então os poluidores terão de fazer os seus cálculos económicos de modo a escolher a opção mais vantajosa: acatar as disposições dissuasórias da poluição e tomar todas as medidas necessárias para evitar a poluição, ou produzir, suportando economicamente os custos que isso acarreta.

O resultado alcançado será sempre vantajoso em termos sociais: ou deixa praticamente de haver poluição e, portanto, *poluidores pagadores*, ou então a poluição reduz-se a níveis mais *aceitáveis* e os poderes públicos responsáveis pelo ambiente passam a dispor de verbas para afetar a um combate público sistemático à poluição, sem com isso onerar mais os contribuintes em geral. Deste modo evitamos que os contribuintes passem a ser duplamente *vítimas* da poluição: primeiro, suportando fisicamente os danos originados pela poluição; depois, sofrendo economicamente o agravamento da carga fiscal, para dotar o Estado de meios de combate à poluição e aos danos.

Em suma, não devem ser os contribuintes a custear, através dos impostos que pagam, as medidas tomadas pelos poderes públicos para proteção do ambiente, sejam elas medidas legislativas, administrativas ou materiais. Pelo contrário, deverão ser criados *fundos* alimentados pelos poluidores, dos quais sairão as verbas necessárias à realização das despesas públicas de proteção do ambiente e que contribuem para o "equilíbrio do orçamento ambiental".

III. Direito ambiental secundário

Em correspondência com os princípios acabados de expor, foram criados novos instrumentos jurídicos, com o propósito expresso de proteger antecipativamente o ambiente.

Setorialmente, destacam-se as diretivas relativas à proteção das águas, da atmosfera ou da biodiversidade, à prevenção da poluição sonora ou à gestão de resíduos.

Numa perspetiva transversal, destacamos, como mais relevantes, instrumentos aplicáveis a atividades suscetíveis de gerar diferentes impactes ambientais e que tentam, de uma forma integrada, eliminar ou reduzir esses impactes. Salientamos, pela sua abrangência, a avaliação de impacte ambiental, a avaliação ambiental estratégica, a prevenção e reparação de danos ambientais, a prevenção e controlo integrados da poluição e o acesso à informação ambiental.

DIREITO DA UNIÃO EUROPEIA – ELEMENTOS DE DIREITO E POLÍTICAS DA UNIÃO

Estes instrumentos têm em comum o facto de visarem, todos eles, prevenir os impactes ambientais provenientes de atividades humanas de natureza diversa.

O seu enquadramento é dado pelos planos de ação, documentos estratégicos que estabelecem as prioridades ambientais plurianuais da União Europeia. Será por eles que começaremos a nossa exposição do direito derivado europeu do ambiente.

1. Programas de ação em matéria ambiental

Os objetivos gerais da política ambiental da União Europeia, estabelecidos em termos genéricos no n.º 1 do artigo 191.º do TFUE, são consagrados em planos de ação, que estabelecem as grandes linhas de orientação da política europeia, para vigorarem durante um período temporal relativamente alargado.

Os planos são aprovados pelo Parlamento Europeu e pelo Conselho, através do processo legislativo ordinário, após consulta ao Comité Económico e Social e ao Comité das Regiões (artigo 192.º, n.º 3).

Desde 1973 até hoje já estiveram em vigor seis programas de ação:

1.º Programa de ação – Declaração de 22 de novembro de 1973,

2.º Programa de ação – Resolução de 17 de maio de 1977,

3.º Programa de ação – Resolução de 7 de fevereiro de 1983,

4.º Programa de ação – Resolução de 19 de outubro de 1987,

5.º Programa de ação – Resolução de 1 de fevereiro de 1993,

6.º Programa de ação – Decisão de 22 de junho de 2002,

7.º Programa de ação – Decisão de 20 de novembro de 2013.

Aludindo apenas aos últimos três, verificamos que o Quinto Programa Comunitário, adotado em 1993 e revisto em 1998, foi a primeira grande tentativa de alargar a atuação comunitária, para abranger não só o ambiente mas também o desenvolvimento sustentável. No Quinto Programa os principais temas eram a qualidade do ar, a proteção da natureza e biodiversidade, a gestão de recursos hídricos, o ambiente urbano, as zonas costeiras, a gestão de resíduos e a gestão de riscos e acidentes.

Os setores-alvo eram a indústria, a energia, os transportes, a agricultura e o turismo. Os *agentes* das mudanças necessárias eram não só as autoridades públicas e as empresas (públicas e privadas) como o próprio público em geral. Ao nível dos instrumentos, era consagrada uma gama muito alargada, que abrangia instrumentos normativos, instrumentos baseados no mercado e instrumentos de apoio financeiro.

1108

AMBIENTE

O Sexto Programa, intitulado «Ambiente 2010: o nosso futuro, a nossa escolha», foi aprovado em 2002[17], para vigorar durante cerca de uma década, e teve como grandes temas a promoção de uma abordagem estratégica; a reversão dos fenómenos que contribuem para o efeito de estufa; a proteção da natureza e da biodiversidade lutando contra a poluição e a erosão dos solos e promovendo o equilíbrio dos ecossistemas; a proteção da saúde humana; a utilização sustentável de recursos naturais e a gestão de resíduos, pela dissociação entre o nível de utilização de recursos e o crescimento económico.

A *abordagem estratégica* visou a melhoria da aplicação da legislação em vigor, reforçando a eficácia do princípio da integração, colaborando com o mercado na promoção ambiental, responsabilizando os cidadãos pela alteração dos seus comportamentos e influenciando as decisões dos Estados-Membros sobre ordenamento e gestão do território através dos fundos estruturais.

Quanto à responsabilidade internacional da União Europeia, os desafios era ainda a integração do ambiente nos domínios económico e social, promovendo o equilíbrio entre transportes públicos e privados, um desenvolvimento urbano planeado, uma sensibilização ambiental de toda a população numa Europa alargada, com vista à realização de um desenvolvimento económico sustentável.

O Sétimo Programa de ação, atualmente em vigor, estabelece objetivos prioritários até 2020 mas tem 2050 como horizonte de longo prazo, sob o lema "viver bem, dentro dos limites do nosso planeta". A referência expressa a um movimento científico de definição dos chamados "limites do Planeta" denota a determinação Europeia de contribuir para a preservação de um "espaço seguro para a humanidade"[18]. Os objetivos atuais da política europeia em matéria ambiental são:

a) Proteger, conservar e reforçar o capital natural da União; *b)* Tornar a União uma economia hipocarbónica, eficiente na utilização dos recursos, verde e competitiva; *c)* Proteger os cidadãos da União contra pressões de carácter ambiental e riscos para a saúde e o bem-estar; *d)* Maximizar os bene-

---

[17] Decisão n.º 1600/2002/CE, de 22 de julho de 2002.
[18] Para usar as palavras dos principais mentores do conceito e movimento científico e investigadores do Sockholm Resilience Centre, Johan Rockström e Will Steffen. Para mais desenvolvimentos ver Steffen *et al.*, "Planetary Boundaries: Guiding human development on a changing planet", *Science*, january 2015.

DIREITO DA UNIÃO EUROPEIA – ELEMENTOS DE DIREITO E POLÍTICAS DA UNIÃO

fícios da legislação da União relativa ao ambiente melhorando a sua aplicação; *e*) Melhorar a base de conhecimentos e de dados da política de ambiente da União; *f*) Assegurar investimentos para a política relativa ao ambiente e ao clima e abordar as externalidades ambientais; *g*) Melhorar a integração e a coerência das políticas no domínio do ambiente; *h*) Aumentar a sustentabilidade das cidades da União; *i*) Melhorar a eficácia da União na resposta aos desafios internacionais em matéria de ambiente e clima (artigo 2.º, n.º 1).

A visão do 7.º Programa é tornar a União numa "economia verde inclusiva que assegura crescimento e desenvolvimento, protege a saúde e o bem-estar do homem, proporciona empregos decentes, reduz as desigualdades, investe na biodiversidade e preserva-a, incluindo os serviços dos ecossistemas que fornece (capital natural) pelo seu valor intrínseco e pelo seu contributo fundamental para o bem-estar humano e para a prosperidade económica" (Anexo, ponto 10).

2. Avaliação de impacte ambiental de projetos

A avaliação de impacte ambiental de projetos foi o primeiro instrumento jurídico criado expressamente com o propósito de proteção ambiental. Surgiu na Europa comunitária em 1985, através da Diretiva 85/337/CEE, de 27 de junho. Atualmente é a Diretiva 2014/52/UE, cujo prazo de transposição termina em 16 de maio de 2017, que estabelece o regime europeu da avaliação de impactes ambientais de projetos.

O procedimento de avaliação de impacte ambiental tem como objetivos sucessivos *evitar*, se não for possível evitar, *prevenir*, se não for possível prevenir, *reduzir* e, por fim, se for possível, *compensar* os potenciais efeitos negativos significativos no ambiente causados por certas atividades produtivas[19], sempre com os objetivos últimos de "evitar a deterioração da qualidade do ambiente e a perda líquida da biodiversidade"[20].

2.1. Âmbito de aplicação

O meio para alcançar esses objetivos é a antevisão e a avaliação prospetiva dos impactes ambientais de certos projetos considerados suscetíveis de gerar impactes significativos. Os Estados-Membros têm alguma liberdade na forma como definem os projetos que, em concreto, irão sujeitar-se a avaliação de impacte ambiental. As opções são a seleção casuística de projetos,

---

[19] Artigos 5.º, n.º 1, alínea *c*); 8.º-A, n.º 1, alínea *b*), e 8.º-A, n.º 4, Anexo VI, n.º 7.
[20] Preâmbulo, § 11.

1110

AMBIENTE

a seleção através de um sistema de lista abstrata, ou ambas (artigo 4.º, n.º 2). Em qualquer caso, o público deve ser consultado (artigo 6.º, n.ᵒˢ 2-7).

Em qualquer caso, o legislador europeu definiu os limiares e os critérios relativos às características dos projetos, à sua localização ou aos seus impactes que reforçam a segurança jurídica e, ao mesmo tempo, garantem a desejável harmonização numa Europa integrada.

Quanto às características dos projetos, considera-se relevante a sua dimensão, os seus efeitos cumulativos relativamente a outros projetos, a utilização dos recursos naturais, a produção de resíduos, a poluição e incómodos causados, o risco de acidentes, atendendo às substâncias ou tecnologias utilizadas e os riscos para a saúde humana (Anexo III, 1).

A localização, por sua vez, leva a que se submetam a avaliação de impacte ambiental os projetos situados em zonas ambientalmente sensíveis ou em locais onde a afetação do uso do solo, a riqueza relativa, a qualidade dos recursos naturais e a capacidade de absorção e de regeneração do ambiente natural o justifiquem. São exemplos de zonas especialmente sensíveis, as zonas húmidas, ribeirinhas, fozes dos rios, zonas costeiras e meio marinho, zonas montanhosas e florestais, as reservas e os parques naturais, as paisagens importantes do ponto de vista histórico, cultural ou arqueológico e as zonas dedicadas à conservação da natureza segundo a legislação europeia ou dos Estados-Membros. São ainda zonas sensíveis, por razões mais humanas do que ambientais, as zonas nas quais as normas legais de qualidade ambiental já foram ultrapassadas e as zonas de forte densidade demográfica (Anexo III, 2).

Por fim, tomam-se em consideração as características do impacte potencial: a magnitude, a extensão (área geográfica e dimensão da população afetada), a natureza do impacte, a natureza transfronteiriça, a intensidade, a complexidade, a probabilidade, a ocorrência, duração, frequência e reversibilidade, a acumulação de impactes com projetos existentes ou aprovados e ainda a possibilidade de redução dos impactes de maneira eficaz (Anexo III, 3).

Mas a União foi ainda mais longe e aplicou, ela própria, os critérios para impor, em relação a alguns projetos, a realização de AIA. Trata-se de projetos considerados, em abstrato, como suscetíveis de gerar impactes ambientais significativos. Verificamos, portanto, que, em certas condições de funcionamento, localização ou dimensão, as categorias de projetos descritos na Lista I, anexa à Diretiva, estarão sujeitos a avaliação de impacte ambiental. É o caso de indústrias pesadas, potencialmente perigosas pela sua própria natureza,

DIREITO DA UNIÃO EUROPEIA – ELEMENTOS DE DIREITO E POLÍTICAS DA UNIÃO

como centrais nucleares, centrais térmicas, refinarias de petróleo bruto, instalações de fusão de ferro e de aço, extração e transformação de amianto, indústrias químicas integradas, extração e armazenagem de petróleo e gás natural, barragens, condutas para o transporte de gás, petróleo ou produtos químicos, fabrico de papel, cartão e pasta de papel, pedreiras e minas a céu aberto, ou instalações de eliminação de resíduos por incineração ou tratamento químico. Mas é igualmente o caso de atividades aparentemente menos perigosas, mas também potencialmente geradoras de impactes, como a construção de vias para o tráfego ferroviário, aeroportos, autoestradas, vias rápidas, portos comerciais, linhas aéreas de transporte de eletricidade com alta tensão, armazenagem geológica de carbono, transferência de recursos hídricos entre bacias hidrográficas, captação de águas subterrâneas, tratamento de águas residuais, ou até criação intensiva de aves de capoeira ou de suínos.

Complementarmente, no Anexo II, a União arrola os projetos que poderão gerar, ou não, impactes ambientais significativos, dependendo da sua localização, dimensão ou características. Aqui deixa-se aos Estados a definição concreta das condições de sujeição. São desde logo projetos ligados à agricultura, à silvicultura, à aquicultura e à indústria (por exemplo, extrativa, da energia, da produção de metais, mineral, alimentar, têxtil, dos curtumes, da madeira, do papel e da borracha). Além destes, tal como já acontecia no Anexo I, também encontramos, no Anexo II, projetos infraestruturantes: vias férreas, aeroportos, linhas de elétrico, metropolitano e terminais intermodais, estradas, portos, vias navegáveis, barragens, oleodutos, gasodutos, aquedutos, captação e de realimentação artificial de águas subterrâneas, transferência de recursos hídricos entre bacias hidrográficas e infraestruturas de ordenamento industrial e urbano (Anexo II, 1 a 10). Englobam-se ainda no Anexo II projetos de turismo e tempos livres, como pistas de esqui, elevadores e teleféricos, marinas, aldeamentos turísticos e complexos hoteleiros, parques de campismo, caravanismo e temáticos (Anexo II, 12). Finalmente, não ficam de fora outros projetos, como instalações de eliminação de resíduos, estações de tratamento de águas residuais, locais para depósito de lamas, armazenagem de sucatas, fabrico de fibras minerais artificiais e mesmo alguns projetos atípicos, como pistas de corridas e de treinos para veículos a motor, bancos de ensaio para motores, turbinas ou reatores, instalações de recuperação ou destruição de substâncias explosivas, ou instalações de esquartejamento (Anexo II, 11).

E não é apenas a construção *ex novo* dos projetos descritos que está sujeita a avaliação de impacte ambiental. Também a alteração ou a ampliação dos

AMBIENTE

mesmos projetos, desde que a obra projetada corresponda, em si mesma, às condições ou limiares estabelecidos (Anexo I, 24) ou desde que possa ter impactes negativos importantes no ambiente, independentemente daquelas condições e limiares (Anexo II, 13).

Para assegurar o fecho do sistema, uma cláusula geral completa as lacunas da lista, complementando-a e garantindo que não escapam às *malhas* da avaliação de impacte ambiental quaisquer projetos potencialmente geradores de impactes ambientais muito relevantes. Deste modo, devem ainda ser submetidos a AIA todos os projetos que possam ter impactes significativos no ambiente, nomeadamente pela sua natureza, dimensão ou localização (artigo 2.º, n.º 1). Mais, para evitar que estes projetos escapem ao escrutínio da Administração, a Diretiva obriga a que todos os projetos suscetíveis de gerar impactes ambientais devam estar dependentes de uma autorização prévia (artigo 2.º, n.º 1, *in fine*).

2.2. Estudo de impacte ambiental

Quanto aos tipos de impactes a avaliar, eles são entendidos em sentido muito amplo, pois além dos clássicos "recetores ambientais" – biodiversidade, terra, solo, água, ar, clima e paisagem – incluíram também os bens materiais, o património cultural, e, claro, o Homem, englobando a população e a saúde humana (artigo 3.º, n.º 1).

Os impactes devem constar de um documento técnico, o Estudo de Impacte Ambiental, cujo conteúdo mínimo é definido na diretiva com um elevado grau de pormenor. Da conjugação do articulado (artigo 5.º, n.º 1) com o Anexo IV, verificamos que esse conteúdo mínimo não pode deixar de incluir:

- uma descrição da localização do projeto;
- uma descrição das características físicas do projeto;
- uma descrição das principais características da fase de exploração do projeto;
- uma estimativa dos tipos e quantidades de resíduos e emissões;
- uma descrição das alternativas razoáveis (por exemplo, em termos de conceção do projeto, tecnologia, localização, dimensão e escala) estudadas pelo dono da obra;
- uma descrição dos aspetos relevantes do estado atual do ambiente (cenário de base) e um esboço da sua provável evolução caso o projeto não seja executado;

DIREITO DA UNIÃO EUROPEIA – ELEMENTOS DE DIREITO E POLÍTICAS DA UNIÃO

- uma descrição dos fatores suscetíveis de serem significativamente afetados pelo projeto;
- uma descrição dos prováveis efeitos significativos do projeto no ambiente, abrangendo os efeitos diretos e, se for caso disso, os efeitos indiretos, secundários, cumulativos, transfronteiriços, a curto, médio e longo prazos, permanentes e temporários, positivos e negativos;
- uma descrição dos métodos de previsão ou de prova, utilizados para identificar e avaliar os efeitos significativos no ambiente;
- uma descrição das medidas previstas para evitar, prevenir, reduzir ou, se possível, compensar os eventuais efeitos negativos significativos no ambiente identificados;
- uma descrição dos efeitos negativos significativos esperados do projeto no ambiente, decorrentes do risco de acidentes graves e/ou de catástrofes aos quais o projeto pode ser vulnerável;
- um resumo não técnico das informações fornecidas em conformidade com os pontos 1 a 8;
- uma lista de referência com uma discriminação das fontes utilizadas para as descrições e avaliações efetuadas incluídas no relatório.

A fim de facilitar o recorte da informação relevante e evitar atrasos na aprovação do estudo, o dono da obra pode solicitar, antes de apresentar um pedido de aprovação, que a autoridade competente dê um parecer sobre o âmbito e o nível de pormenor das informações requeridas no caso concreto (artigo 5.º, n.º 2). Mesmo assim, a existência do referido parecer não obsta a que autoridade competente solicite posteriormente informações complementares [artigo 5.º, n.º 3, alínea *c*)].

2.3. Participação no procedimento de AIA
Mas a avaliação de impactes, enquanto procedimento administrativo participado, envolve não só a consulta a todas as autoridades a quem o projeto possa interessar, em virtude da sua responsabilidade específica em matéria de ambiente, como o público em geral (artigo 6.º).

As sucessivas alterações do regime jurídico europeu de AIA têm feito com que os procedimentos facilitadores da participação do público sejam cada vez mais detalhados: quanto à definição de público, quanto ao conteúdo e modalidades da informação relativa à participação, quanto ao período da participação, à informação disponível, etc.

1114

AMBIENTE

Considerando que o procedimento de avaliação de impacte ambiental não é apenas um procedimento técnico, a fase de consulta pública é especialmente importante, porque permite incorporar no procedimento de decisão as reações sociais e as preocupações dos cidadãos relativamente ao projeto.

Assim, para efeito da Diretiva, *público* é entendido como "uma ou mais pessoas singulares ou colectivas, bem como, de acordo com a legislação ou práticas nacionais, as suas associações, organizações ou agrupamentos" [artigo 1.º, n.º 2, alínea *d*)]. Por sua vez, o "público em causa" é o público afetado ou suscetível de ser afetado pelos processos de tomada de decisão no domínio do ambiente. Para efeitos da presente definição, consideram-se interessadas as organizações não estatais que promovem a proteção do ambiente e cumprem os requisitos previstos na legislação nacional [artigo 1.º, n.º 2, alínea *e*)].

É o público em geral que, no início do procedimento de avaliação de impacte ambiental, deverá ser informado por meios eletrónicos e através de avisos públicos ou outros meios adequados, das oportunidades de participação no novo procedimento de avaliação de impacte ambiental. Mais concretamente, o público deve ser informado acerca da disponibilidade da informação sobre o projeto (incluindo relatórios e pareceres), horários e locais de consulta, do calendário e das regras de participação do público, da natureza das possíveis decisões e das autoridades competentes, tanto as que autorizarão o projeto como as que poderão prestar informações e receber observações ou questões (artigo 6.º, n.os 2 e 3).

Para garantir a utilidade da participação e evitar que ela se transforme num mero formalismo, a participação deverá ocorrer "suficientemente cedo", quando "estão ainda abertas todas as opções" (artigo 6.º, n.º 4).

Um aspeto digno de nota é o facto de, no final do procedimento, após a tomada de decisão final, o público dever ser informado do teor da decisão, bem como das condições que a acompanhem, dos motivos e considerações em que se baseia a decisão, e de uma descrição das principais medidas para evitar, reduzir ou compensar os principais impactes negativos (artigo 9.º, n.º 1).

Esta exigência, surgida apenas em 2003, demonstra que a participação pública não é um expediente meramente instrumental – um meio eficaz de melhorar a qualidade da decisão – mas antes um direito próprio dos cidadãos, e um momento único para o reforço da cidadania ambiental.

No caso de impactes no território de outro ou outros Estados-Membros, a consulta de autoridades e do público deve alargar-se, permitindo às autori-

DIREITO DA UNIÃO EUROPEIA – ELEMENTOS DE DIREITO E POLÍTICAS DA UNIÃO

dades competentes e ao público de outros Estados-Membros a participação, por um prazo razoável, nas mesmas condições que os nacionais (artigo 7.º).

A encerrar, e assegurando a utilidade e a efetividade de todo o procedimento, os resultados das diferentes diligências praticadas no âmbito do procedimento de avaliação de impacte ambiental – do estudo de impacte ambiental às consultas de entidades públicas, passando, naturalmente, pela consulta do público dentro e fora do país – devem obviamente ser tidos em "devida consideração" no procedimento de aprovação (artigo 8.º).

2.4. Insuficiências da AIA

Acontece que a avaliação de impacte ambiental é um procedimento que se aplica imediatamente antes da aprovação do projeto. E um projeto é a realização de obras de construção, instalações ou outras intervenções no meio natural ou na paisagem, incluindo as intervenções destinadas à exploração dos recursos do solo [artigo 1.º, n.º 2, alínea *a*)]. Ora, no momento que antecede a realização do projeto, muitos aspetos relevantes do projeto, nomeadamente a sua localização, podem já ter sido definitivamente decididos, por exemplo através de documentos estratégicos ou planos enquadradores. Nestes casos, a avaliação de impacte ambiental é um procedimento tardio. O potencial preventivo da avaliação de impacte ambiental perde-se, se ela se realizar quando a principal alternativa, aquela que mais eficazmente permite evitar ou minimizar os impactes, já não está em aberto.

Daí ser necessário antecipar a avaliação ambiental para o momento em que as grandes decisões *estratégicas* são tomadas.

3. Avaliação ambiental de planos e programas

A avaliação ambiental estratégica (AAE) foi, portanto, uma forma de ultrapassar as limitações da AIA de projetos, alargando a avaliação aos planos e aos programas[21].

Mas a avaliação ambiental de planos e programas, ou avaliação estratégica, é um instrumento politicamente mais sensível do que a avaliação de impacte ambiental, na medida em que obriga a ponderar os efeitos ambientais de todas as grandes decisões estratégicas, em temas como a agricultura, a silvicultura, as pescas, a energia, a indústria, os transportes, a gestão de

---

[21] Sobre a importância da Avaliação Ambiental Estratégica ver o *Relatório da Comissão ao Conselho, ao Parlamento Europeu, ao Comité Económico e Social Europeu e ao Comité das Regiões relativo à aplicação e eficácia da Diretiva Avaliação Ambiental Estratégica* [COM(2009) 469 final], Bruxelas, 2009.

AMBIENTE

resíduos, a gestão das águas, as telecomunicações, o turismo, o ordenamento urbano e rural ou a utilização dos solos (artigo 3.º, n.º 2, da Diretiva 2001/42/ /CE, de 27 de junho de 2001).

Os fins últimos da diretiva são a promoção do desenvolvimento sustentável e o estabelecimento de um nível elevado de proteção do ambiente (artigo 1.º). A avaliação estratégica é uma forma eficaz de integrar as considerações ambientais na preparação e aprovação dos planos e programas.

3.1. Participação no procedimento de AAE

A par da participação das entidades públicas, a participação do público é igualmente uma fase importante do procedimento de avaliação estratégica, embora se deixe aos Estados-Membros uma margem de manobra maior, tanto na identificação do público como dos procedimentos e prazos de consulta (artigos 6.º e 9.º).

Mais uma vez, tal como já acontecia com a avaliação de impacte ambiental, também na AAE as autoridades competentes estão obrigadas a tomar em consideração, na preparação do plano ou programa e sempre antes da sua aprovação, o relatório ambiental e as consequências ambientais identificadas, os resultados da participação e todas as restantes informações ambientais produzidas. O que, em última instância, pode significar que o plano ou programa não será aprovado ou, pelo menos, sê-lo-á em condições substancialmente diferentes das inicialmente propostas, em virtude das conclusões do relatório ambiental, das observações apresentadas durante a consulta pública, ou dos resultados das consultas transfronteiriças.

Uma novidade interessante do regime da AAE, relativamente ao regime da avaliação de impacte ambiental, é o chamado *controlo*. Trata-se da previsão de procedimentos de monitorização, reforçando as garantias de eficácia do procedimento de avaliação pela adoção de medidas corretivas de prevenção ou minimização (artigo 10.º).

3.2. Âmbito de aplicação

Quanto ao âmbito de aplicação, a avaliação estratégica é obrigatória para todos os planos ou programas (ou respetivas alterações), que sejam exigidos por disposições legislativas, regulamentares ou administrativas e que sejam preparados ou aprovados por uma autoridade a nível nacional, regional ou local (artigo 3.º) e que constituam enquadramento para a futura aprovação dos projetos sujeitos a avaliação de impacte ambiental ou que sejam susce-

DIREITO DA UNIÃO EUROPEIA – ELEMENTOS DE DIREITO E POLÍTICAS DA UNIÃO

tíveis de gerar impactes ambientais significativos, dentro ou fora de zonas classificadas para a conservação da natureza (artigo 3.º, n.ºs 2 e 5).

Na densificação concreta das áreas de planeamento estratégico a sujeitar a AAE, também temos uma lista de critérios auxiliares, tal como acontecia na AIA. Segundo ao Anexo II da Diretiva, devem ser tidas em consideração tanto as características do projeto em si como os tipos de impactes e a área afetada.

Quanto ao projeto, deverá considerar-se, por exemplo, o facto de o plano ou programa estabelecerem um quadro para outras atividades, no que respeita à localização, natureza ou dimensão; o posicionamento hierárquico do plano ou programa e o grau de influência sobre outros; a relação do plano ou programa com o desenvolvimento sustentável; os problemas ambientais colocados pelo plano ou programa; ou o envolvimento de legislação ambiental europeia na aplicação do plano ou programa.

No que respeita aos impactes, atender-se-á à probabilidade, duração, frequência, reversibilidade, dimensão e natureza cumulativa ou transfronteiriça dos efeitos, e ainda aos riscos para a saúde humana ou para o ambiente.

Relativamente à área afetada, ponderar-se-á o seu valor e vulnerabilidade, em função do património cultural, das características paisagísticas ou de outras características naturais específicas; à ultrapassagem das normas de qualidade ambiental ou valores-limite de emissões, à utilização intensiva do solo, e aos efeitos sobre as áreas ou paisagens.

3.3. Relatório ambiental

O procedimento de AAE inicia-se com a elaboração de um estudo, designado agora *Relatório Ambiental*, destinado a antever e evitar ou, não sendo possível, reduzir ou compensar os efeitos ambientais significativos (artigo 5.º).

O conteúdo mínimo do Relatório Ambiental inclui uma descrição do conteúdo e principais objetivos do plano ou programa; as suas relações com outros planos ou programas; os problemas ambientais relevantes para o plano ou programa, os objetivos de proteção ambiental estabelecidos a nível internacional, europeu ou nacional; as características ambientais das zonas suscetíveis de serem significativamente afetadas; os efeitos significativos sobre a biodiversidade, a população, a saúde humana, a fauna, a flora, o solo, a água, a atmosfera, os fatores climáticos, os bens materiais, o património cultural (incluindo o património arquitetónico e arqueológico), a paisagem, e a inter-relação entre os fatores; as medidas previstas para prevenir

AMBIENTE

ou reduzir quaisquer efeitos adversos significativos, um resumo das razões que justificam as alternativas escolhidas, incluindo a alternativa de não realização do plano ou programa ("opção zero"), uma descrição das medidas de monitorização; e um resumo não técnico de todas as informações anteriores (Anexo I).

4. Prevenção e reparação de danos ambientais
Fundada no PPP, a Diretiva 2004/35/CE, de 21 de abril de 2004[22], relativa à responsabilidade ambiental pela prevenção e reparação de danos ambientais, aplica-se apenas aos danos que a doutrina classifica como ecológicos ou ambientais *stricto sensu*. Segundo a diretiva, os danos ambientais são os efeitos adversos significativos em relação:

– ao estado de conservação favorável das espécies e habitats naturais protegidos,
– ao bom estado ecológico da água (tanto em termos químicos, como quantitativos ou o seu potencial ecológico),
– ao solo, na medida em que a sua contaminação, direta ou indireta, com substâncias, preparações, organismos ou microrganismos, pode causar um risco significativo para a saúde humana (artigo 2.º, n.º 1).

Na origem dos danos estão certas atividades *legais*, mas reconhecidas como responsáveis por incómodos ambientais graves, seja devido ao seu funcionamento normal seja em virtude de acidentes.

Deste modo, estão abrangidas atividades ou instalações sujeitas a licença ambiental; operações de gestão de resíduos (incluindo a recolha, o transporte ou transferência transfronteiriça, a recuperação e a eliminação tanto de resíduos perigosos como não perigosos ou até resíduos de extração); operações relativas às águas (descargas ou injeções de poluentes para as águas interiores, superficiais ou subterrâneas que requeiram autorização prévia ou registo, captação ou represamento de água sujeitos a autorização prévia); fabrico, utilização, armazenamento, processamento, enchimento, libertação para o ambiente e transporte de produtos fitofarmacêuticos, biocidas ou quaisquer substâncias ou preparações perigosas; transporte de mercadorias perigosas ou poluentes (rodoviário, ferroviário, marítimo, fluvial ou aéreo);

---

[22] Alterada pelas Diretivas 2006/21/CE, de 15 de março de 2006, 2009/31/CE, de 23 de abril de 2009, e 2013/30/UE, de 12 de junho de 2013.

DIREITO DA UNIÃO EUROPEIA – ELEMENTOS DE DIREITO E POLÍTICAS DA UNIÃO

exploração de instalações industriais sujeitas a autorização e que libertem substâncias poluentes para a atmosfera; utilizações confinadas, libertação deliberada para o ambiente, transporte ou colocação no mercado de organismos ou microrganismos geneticamente modificados [artigo 3.º, n.º 1, alínea *a)*, e Anexo III].

Tratando-se de danos às espécies ou aos *habitats* naturais protegidos, estão abrangidas quaisquer atividades ocupacionais, mesmo distintas das anteriormente enumeradas, desde que o operador tenha agido com culpa ou negligência [artigo 3.º, n.º 1, alínea *b)*].

4.1. Dever de prevenção

Os principais deveres decorrentes do regime europeu são a prevenção dos danos, prioritariamente pelo operador e, se isso não for possível, pelas autoridades competentes. Para o efeito, quando ainda não se tiverem verificado danos ambientais, mas houver uma *ameaça iminente* desses danos, o operador tomará sem demora as medidas de prevenção necessárias (artigo 5.º, n.º 1). Se estas medidas não forem suficientes, o operador deve informar o mais rapidamente possível as autoridades competentes, as quais poderão dar-lhe instruções quanto às medidas de prevenção ou adotar elas próprias as medidas de prevenção necessárias (artigo 5.º, n.ºs 2 e 3).

A fim de tornar mais efetiva a vigilância e prevenção dos riscos ambientais foi instituída uma espécie de controlo difuso, permitindo às pessoas afetadas ou que tenham um interesse suficiente reportar às autoridades competentes situações de danos ambientais existentes ou eminentes, forçando, se o risco ambiental ficar provado de modo plausível, a adoção de medidas urgentes (artigo 12.º).

Considerando que o objetivo último é evitar, em qualquer circunstância, a ocorrência de danos ambientais, se o operador não puder ser identificado ou não cumprir as suas obrigações, deverá ser a própria autoridade competente a tomar essas medidas (artigo 5.º, n.º 4).

Em qualquer caso, em conformidade com o princípio do poluidor-pagador, os custos devem sempre ser suportados pelo operador, mesmo quando não seja ele a escolher as medidas ou a atuar na prevenção do dano (artigo 8.º, n.º 1). Só excecionalmente é que esses custos poderão não ser suportados pelo operador. É o que acontece quando o dano tiver sido causado por terceiros e tiver ocorrido apesar de terem sido tomadas as medidas de segurança adequadas, ou quando tiver resultado do cumprimento de uma ordem ou instrução emanadas de uma autoridade pública, ou ainda quando, não

AMBIENTE

havendo culpa nem negligência do operador, o dano tiver resultado de um erro da licença ou de um efeito totalmente imprevisível à luz do atual estado do conhecimento científico e técnico (artigo 8.º, n.ᵒˢ 3 e 4).

4.2. Dever de reparação

Não sendo possível prevenir os danos, eles devem ser reparados, novamente a expensas do operador. Aqui, as regras quanto à escolha das medidas e das prioridades de reparação (artigo 7.º, n.ᵒˢ 1, 2 e 3) determinam que sejam as autoridades competentes a escolher (não forçosamente com o acordo do operador), mas sempre em conformidade com os critérios estabelecidos a nível europeu[23].

O elenco de medidas de reparação dos danos, à água, às espécies, aos *habitats* e ao solo, está consagrado no Anexo II, onde as medidas de reparação são classificadas como medidas de reparação primária, complementar e compensatória [n.º 1, alíneas *a)*, *b)*, *c)*].

A reparação «primária» refere-se a "qualquer medida de reparação que restitui os recursos naturais e/ou serviços danificados ao estado inicial, ou os aproxima desse estado".

A reparação «complementar» é qualquer medida de reparação tomada em relação aos recursos ou serviços naturais, para compensar pelo facto de a reparação primária não resultar no pleno restabelecimento dos recursos ou serviços danificados.

A reparação «compensatória» é qualquer ação destinada a compensar perdas transitórias de recursos ou de serviços naturais, verificadas a partir da data de ocorrência dos danos até a reparação primária ter atingido plenamente os seus efeitos.

As opções de reparação deverão ter em consideração as melhores tecnologias disponíveis, com base em 9 critérios (Anexo II, 1.3.1):

– efeitos na saúde pública e na segurança,
– custos de execução,
– probabilidade de êxito,
– prevenção tanto de danos futuros como de danos colaterais,
– benefícios para os recursos naturais,
– consideração de preocupações de ordem social, económica e cultural,

---

[23] Sobre a responsabilidade ambiental ver o *Livro Branco da Comissão Europeia sobre responsabilidade ambiental*, COM(2000) 66 final, Luxemburgo, 2000.

DIREITO DA UNIÃO EUROPEIA – ELEMENTOS DE DIREITO E POLÍTICAS DA UNIÃO

- tempo necessário até à reparação do dano ambiental,
- eficácia da medida na recuperação ambiental,
- relação geográfica com o sítio danificado.

5. Licença ambiental de atividades

Como reflexo máximo do princípio da integração do ambiente nas outras políticas, o sistema europeu de licenciamento ambiental contribui, com grande eficácia, para melhorar o desempenho ambiental da indústria europeia.

O objetivo genérico da Diretiva 2010/75/UE, de 24 de novembro de 2010, é a prevenção e o controlo integrados da poluição proveniente de certas atividades, pela adoção de medidas destinadas a evitar e, quando não for possível, reduzir as emissões dessas atividades para o ar, a água e o solo, de modo a alcançar-se um nível elevado de proteção do ambiente (artigo 1.º).

5.1. Âmbito de aplicação

As atividades industriais submetidas ao regime de licença ambiental são algumas indústrias poluentes (artigos 10.º e segs. e Anexo I)[24], instalações de combustão (artigos 28.º e segs. e Anexo V), incineração e co-incineração de resíduos (artigos 42.º e segs. e Anexo VI), indústria de dióxido de titânio (artigo 66.º e Anexo VII) e ainda alterações significativas a estas instalações (artigos 20.º e 63.º).

Em relação a qualquer destas atividades, a obtenção da licença é condição indispensável ao funcionamento das instalações (artigo 4.º, n.º 1). No licenciamento serão tomadas em consideração a natureza da instalação; as atividades que aí serão desenvolvidas e a tecnologia a utilizar; as matérias-primas e matérias acessórias; as substâncias e energia utilizadas ou produzidas na instalação; as fontes de emissões poluentes (tipos, volumes e meios recetores); o estado do local onde a instalação será implantada; as técnicas para evitar ou reduzir as emissões; as medidas de prevenção e de valorização dos resíduos; e as medidas para monitorização das emissões e principais alterna-

---

[24] Como, por exemplo, as do setor da energia (refinarias de petróleo e de gás); produção e transformação de metais (instalações de produção de gusa ou aço); indústria mineral (instalações de produção de amianto, vidro ou produtos cerâmicos); indústria química (produção de hidrocarbonetos, borrachas, corantes, detergentes, ácidos, sais, adubos, explosivos); gestão de resíduos (incineração, aterros) e ainda outras atividades industriais diversas (produção de papel, pasta de papel, têxteis, curtumes, matadouros, pecuária intensiva).

AMBIENTE

tivas consideradas (artigo 12.º). Atendendo a que o público deve, como sempre, ser envolvido no procedimento autorizativo, uma síntese não técnica de todas as informações está também prevista (artigo 12.º, n.º 1, *in fine*).

Para evitar a duplicação das exigências burocráticas postas por motivos ambientais, deve haver uma análise e utilização, no licenciamento ambiental, dos documentos produzidos no procedimento de avaliação de impacte ambiental, sempre que este tenha tido lugar (artigo 5.º, n.º 3).

5.2. Licença

As principais obrigações do operador da instalação são prevenir acidentes durante a exploração e após o encerramento da instalação, utilizar eficazmente a energia e utilizar as melhores técnicas disponíveis para prevenir a poluição e os resíduos (artigo 11.º).

Para este fim, a licença inclui um conjunto de condições que se espera que garantam o adequado funcionamento da instalação, respeitando um nível elevado de proteção do ambiente. Tais condições referem-se, por exemplo, ao estabelecimento de valores-limite de emissão para diversos tipos de poluentes – óxidos de enxofre ou azoto, monóxido de carbono, amianto, cloro, flúor, cianetos, poeiras, metais, etc. (artigo 15.º e Anexo V a VIII) – ou à definição das melhores técnicas disponíveis ou técnicas emergentes para a atividade em causa (artigo 13.º e Anexo III).

As melhores técnicas são os meios científicos e técnicos mais avançados (incluindo o modo como a instalação é projetada, construída, conservada, explorada e desativada) e mais eficazes na proteção ambiental. Serão disponíveis se a sua utilização for económica e tecnicamente viável, tendo em conta os custos e os benefícios (artigo 3.º, n.º 10).

Na definição das melhores técnicas disponíveis ter-se-á em consideração o progresso tecnológico e evolução dos conhecimentos científicos, a necessidade de prevenir a poluição e os acidentes, e ainda todas as *informações* publicadas pela Comissão Europeia ou por organizações internacionais (Anexo III). No caso europeu, estas *informações* designam-se *Documentos de Referência*, e têm vindo a ser preparados, desde há mais de quinze anos, por um serviço específico da Comissão Europeia para a prevenção e controlo integrados da poluição, a funcionar junto do seu centro de investigação associado, o *Joint Research Centre*. Os *Best Available Technologies Reference Documents*, ou *BRefs*, densificam, para cada setor de atividade – gestão de resíduos, pecuária intensiva, produção de papel, etc. –, as melhores técnicas disponíveis.

DIREITO DA UNIÃO EUROPEIA – ELEMENTOS DE DIREITO E POLÍTICAS DA UNIÃO

Se porventura acontecer que, num caso concreto, a aplicação das melhores técnicas disponíveis não permita respeitar as normas de qualidade ambiental desejáveis para um dado componente ambiental, a licença deverá incluir condições suplementares (artigo 18.º), nomeadamente impondo a utilização de técnicas ainda mais eficazes (embora mais onerosas), ou condicionando a localização.

Apesar de ter um prazo de validade, a licença não dá ao operador a garantia de que, durante esse período, não haverá alterações. Considerando que o objetivo último é alcançar um nível elevado de proteção pela utilização das melhores técnicas disponíveis, as autoridades competentes reexaminam e atualizam periodicamente as condições de licenciamento, e especialmente quando ocorram situações intrínsecas ou extrínsecas ao estabelecimento que possam alterar os impactes ambientais da instalação.

Sempre que a segurança operacional exija novas técnicas, ou sempre que a poluição causada pela instalação for tal que não dispensa a revisão e fixação de novos valores-limite de emissão (artigo 21.º, n.º 5), estamos perante causas *intrínsecas* à instalação que obrigam à atualização da licença.

A licença será atualizada por causas *extrínsecas*, sempre que se verifiquem modificações legislativas, nomeadamente quanto às normas de qualidade ambiental, ou alterações das melhores técnicas disponíveis que permitam uma redução considerável das emissões [artigos 21.º, n.º 5, alínea *c*), e 13.º].

Como sempre, nos procedimentos ambientalmente relevantes, a participação do público é uma fase indispensável, não só para chegar aos melhores resultados em termos de localização e conceção (antes do início da exploração, durante o funcionamento e mesmo após o encerramento), como para promover a aceitabilidade, pelos cidadãos, de instalações importantes para o desenvolvimento económico, mas que inegavelmente comportam incómodos ambientais para os vizinhos. As regras relativas ao acesso à informação e à participação do público estão descritas com algum pormenor no artigo 24.º e no Anexo IV.

6. Acesso à informação ambiental

A Diretiva 2003/4/CE, de 28 de janeiro de 2003, sobre o acesso do público à informação ambiental, está em perfeita conformidade com o primeiro pilar da Convenção de Aarhus, de 25 de junho de 1998. Esta Convenção, adotada no âmbito da Comissão Económica para a Europa das Nações Unidas, assenta em três pilares: o acesso à informação, a participação pública no processo de decisão e o acesso à justiça em matéria ambiental. A entrada em vigor da

AMBIENTE

Convenção representou uma mudança radical no sentido da democratização dos processos ambientalmente relevantes. A influência faz-se sentir diretamente, pelas obrigações que cria para os Estados e Organizações signatárias, onde se inclui a União Europeia, seja indiretamente, ao influenciar outros instrumentos nacionais e europeus de proteção ambiental gerais (como a avaliação de impacte ambiental, avaliação estratégica ou licença ambiental) ou setoriais (água, ruído, biodiversidade, etc.).

Os objetivos imediatos e proclamados da Diretiva de 2003 são garantir o direito de acesso à informação sobre ambiente, na posse das autoridades públicas ou detida em seu nome e garantir que a informação sobre ambiente seja progressivamente disponibilizada e divulgada ao público, especialmente através da utilização de tecnologias telemáticas e/ou eletrónicas (artigo 1.º).

Mas os fins alternativos da Diretiva são os mais nobres fins sociais: reforço da democracia ambiental, legitimação das decisões ambientais, promoção da pacificação social em relação a projetos polémicos, promoção do civismo e do ativismo ambiental, melhoria da qualidade, coerência e eficácia das políticas públicas, criação de hábitos e mecanização de procedimentos de transparência e colaboração.

As exigências postas ao Estado são enormes, já que a informação ambiental que deve ser disponibilizada é vastíssima. Cobre quaisquer informações, sob forma escrita, visual, sonora, eletrónica ou qualquer outra forma material, sobre toda a informação que, de forma direta ou indireta, esteja relacionada com o ambiente. Apenas a título exemplificativo, inclui informação sobre:

- o estado dos elementos do ambiente, como o ar e a atmosfera, a água, o solo, a terra, a paisagem e as áreas de interesse natural, incluindo as zonas húmidas, as zonas litorais e marinhas, a diversidade biológica e seus componentes, incluindo os organismos geneticamente modificados, e a interação entre esses elementos;
- fatores de perturbação ambiental tais como substâncias, energia, ruído, radiações, resíduos, emissões, descargas e outras libertações para o ambiente;
- medidas políticas, legislativas, de planeamento, de programação ou relatórios;
- análises de custos e benefícios ou de *cenarização* económica;
- saúde e segurança das pessoas, incluindo a contaminação da cadeia alimentar, condições de vida, os locais de interesse cultural e construções (artigo 2.º, n.º 1).

E não são só os poderes públicos em sentido estrito a ter a obrigação de facultar o acesso à informação. É também qualquer pessoa singular ou coletiva que exerça "funções administrativas públicas" ou que "tenha responsabilidades", "exerça funções públicas" ou "preste serviços públicos" relacionados com o ambiente, sob o controlo de um organismo público (artigo 2.º, n.º 2).

Nos termos da Diretiva, direito de acesso à informação pode ser perspetivado numa dupla dimensão: acesso ativo e acesso passivo à informação.

6.1. Acesso ativo à informação ambiental

No acesso à informação mediante pedido – acesso ativo –, as autoridades competentes devem disponibilizar a informação solicitada pelo requerente sem que este tenha de justificar o seu interesse (artigo 3.º, n.º 1).

Para a efetivação deste direito, a Diretiva dispõe sobre prazos, modalidades de acesso e custos.

Após a receção do pedido, as autoridades públicas devem disponibilizar a informação o mais rápido possível, num prazo, em regra, não superior a um ou dois meses conforme o volume e a complexidade da informação em causa (artigo 3.º, n.º 2).

Quanto à forma, cabe ao requerente escolher a modalidade de disponibilização salvo se a informação já se encontrar publicamente disponível sob outra forma facilmente acessível ao requerente ou se fundamentadamente a autoridade pública demonstrar a razoabilidade da utilização de outra forma (artigo 3.º, n.º 4).

Quanto aos custos, o valor dependerá da forma de acesso, oscilando entre o acesso gratuito, no caso de consulta *in loco*, e um pagamento razoável, correspondente aos custos de fornecimento do serviço (no caso de cópias ou certidões), devendo, em qualquer caso, o valor ser anunciado publicamente (artigo 5.º).

Com vista a evitar a frustração do direito de acesso em virtude de casos de recusa injustificados, os motivos de recusa são taxativamente elencados e resultam, sobretudo, de conflitos com outros interesses. Alguns exemplos são a confidencialidade de procedimentos, as relações internacionais, a segurança pública, a defesa nacional, o bom funcionamento da justiça, a propriedade intelectual, a confidencialidade de dados pessoais ou até a proteção do ambiente, por exemplo, se a informação pretendida for a localização de espécies raras [artigo 4.º, n.º 2, alínea *h*)].

AMBIENTE

No caso de a informação não estar disponível, está previsto um diálogo entre as autoridades e o requerente, de forma a ultrapassar a dificuldade. É o que acontece, por exemplo, quando a informação solicitada não está na posse da autoridade a quem o pedido foi dirigido e se estabelece que o requerimento deve ser remetido à autoridade competente; quando a informação se refere a procedimentos pendentes, o requerente deve ser informado de quando é que o procedimento estará provavelmente terminado, ou até quando o pedido é formulado em termos demasiado gerais e devem ser solicitados esclarecimentos e prestadas informações, dentro dos prazos previstos, que permitam fornecer alguma informação (artigo 3.º, n.º 3).

6.2. Acesso passivo à informação ambiental
Com o acesso passivo à informação pretende-se assegurar a existência de uma política de divulgação sistemática da informação ambiental, por parte das autoridades públicas, que permita aos cidadãos ter conhecimento da evolução dos assuntos ambientais do seu interesse, mesmo sem o requererem. Este é o segundo grande objetivo da Diretiva: "garantir (...) que a informação sobre ambiente seja progressivamente disponibilizada e divulgada ao público, a fim de atingir a mais vasta disponibilização e divulgação sistemáticas junto do público de informação sobre o ambiente" [artigo 1.º, alínea *b*)].

A difusão deverá ser feita, prioritariamente, pelas vias eletrónica e telemática, o que implica que a informação ambiental seja produzida em versão digital, esteja progressivamente disponível em bases de dados eletrónicas e possa ser facilmente acedida pelo público através de redes públicas de telecomunicações (artigo 7.º, n.º 1, *in fine*).

Materialmente, a informação ambiental fornecida deverá ser atualizada, exata e comparável (artigo 8.º). A preocupação com a qualidade substancial da informação é uma exigência que vale também para a informação fornecida mediante pedido, mas que é particularmente importante para a informação disponibilizada pelas vias telemáticas, o que implica um trabalho de atualização permanente das bases de dados e de interligação entre os serviços produtores de informação ambiental.

Uma dimensão particularmente importante do direito de acesso é a *capacitação* dos cidadãos para o exercício do seu direito de acesso, bem como a *capacitação* dos serviços para corresponder aos pedidos dos cidadãos. Isso implica que as autoridades informem, orientem e aconselhem devidamente o público dos seus direitos, que os funcionários prestem assistência aos requerentes no acesso à informação procurada, que estejam acessíveis lis-

DIREITO DA UNIÃO EUROPEIA – ELEMENTOS DE DIREITO E POLÍTICAS DA UNIÃO

tas de autoridades públicas detentoras de informação ambiental, e listas da informação sobre ambiente na posse dessas autoridades, que sejam designados os responsáveis pela informação, que se criem e mantenham instalações para consulta das informações pedidas e, por fim, que a informação seja mantida sob formas facilmente reproduzíveis e acessíveis, através de redes de telecomunicações de dados ou outros meios eletrónicos (artigo 3.º, n.ºˢ 4 e 5).

Conclusão

Atualmente, o direito ambiental na União Europeia cobre, com profundidade, praticamente todos os domínios ambientais relevantes: desde a segurança nuclear, aos resíduos radioativos; desde a proteção e gestão das águas, à prevenção e monitorização da poluição atmosférica; desde a conservação da fauna e da flora selvagens, à gestão dos resíduos e tecnologias limpas; desde a prevenção da poluição sonora, à prevenção e controlo de riscos ligados a substâncias químicas e biotecnologia. A título caricatural, não podemos deixar de referir o Regulamento (CE) n.º 1907/2006, de 18 de dezembro de 2006, relativo ao registo, avaliação, autorização e restrição dos produtos químicos, com os seus 141 artigos, 17 anexos e 521 páginas de *JOUE*, modificado 24 vezes ao longo de 8 anos. Tamanha vastidão obriga-nos a fazer escolhas. Foi o que fizemos ao optar por descrever apenas seis instrumentos jurídicos, cuja centralidade no sistema de protecção ambiental instituído pela União Europeia é, apesar de tudo, indiscutível.

Considerando o espírito de um Tratado de direito material da União Europeia, que se pretende abrangente, mas ao mesmo tempo conciso e clarificador, adotámos propositadamente um estilo mais descritivo do que crítico, mais explicativo do que problematizante, aproximando o texto do estilo de um *compêndio* de direito europeu do ambiente.

Assim, este é apenas o ponto de partida para diversos aprofundamentos possíveis de cada área temática dentro do direito europeu do ambiente[25].

---

[25] Para quem pretenda obter uma visão mais detalhada da atuação ambiental da União Europeia, algumas obras gerais são: ALEXANDRA ARAGÃO, "Direito Comunitário do Ambiente", *Cadernos CEDOUA*, Almedina, Coimbra, 2002 (também disponível em *https://estudogeral.sib.uc.pt/handle/10316/15282*); SOPHIE BAZIADOLY, *La politique européenne de l'environnement*, Bruylant, Bruxelles, 2014; MARC CLÉMENT e JEAN-MARC SAUVÉ, *Droit Européen de l'Environnement Jurisprudence Commentée*, Larcier, Bruxelles, 2012; CHRISTOPH DEMMKE (ed.), *Managing European Environmental Policy: The Role of the Member States in the Policy Process*, European Institute of Public Administration, Maastricht, 1997; WYBE TH. DOUMA, *European Environmental Case Law*, T. M. C. Asser Press, The Hague,

2002; Jan H. Jans, *European Environmental Law*, Europa Law Publishing, Groningen, 2012; Jan H. Jans, H. H. B. Vedder, *European Environmental Law: After Lisbon*, Europa Law Publishing, Groningen, 2011; Andrew Jordan e Camilla Adelle, *The Establishment of EU Environmental Policy*, Routledge, 2013; José Juste Ruiz, *La Protección del Medio Ambiente en el Ámbito Internacional y en la Unión Europea*, Editorial Tirant Lo Blanch, Valencia, 2014; Alexandre Kiss, Dinah Shelton, *Manual of European Environmental Law*, Cambridge University Press, Cambridge, 1997; Ludwig Krämer (ed.), *Recht und Um-Welt: essays in honour of Prof. Dr. Gerd Winter*, Europa Law Publishing, Groningen, 2003; *Casebook on EU Environmental Law*, Hart Publishing, Oxford, 2002; *EC Environmental Law*, Sweet & Maxwell, London, 2011; e *Focus on European Environmental Law*, Sweet & Maxwell, London, 1997; Maria Lee, *EU Environmental Law, Governance and Decision-Making* (Modern Studies in European Law), Hart Publishing, Oxford, 2014; Richard Macrory (ed.), *Reflections on 30 Years of EU Environmental Law: a high level of protection?*, Europa Law Publishing, Groningen, 2006; Richard Macrory, *Regulation, Enforcement and Governance in Environmental Law*, Hart Publishing, Oxford, Portland, 2014; Richard Macrory, Ian Havercroft, Ray Purdy (eds.), *Principles of European Environmental Law*, Europa Law Publishing, Groningen, 2004; Marco Onida (ed.), *Europa and the Environment: Legal essays in honour of Ludwig Krämer*, Europa Law Publishing, Groningen, 2004; Carmen Plaza Martín, *Derecho Ambiental de la Unión Europea*, Tirant lo Blanch, Valencia, 2005; Raphaël Romi, *Droit International et Européen de l'Environnement*, Montchrestien, Paris, 2013; Stefan Scheuer (ed.), *EU Environmental Policy Handbook: A Critical Analysis of EU Environmental Legislation Making it accessible to environmentalists and decision makers*, European Environmental Bureau, Brussels, 2005 (disponível em *http://www.eeb.org/?LinkServID=3E1E422E-AAB4-A68D-221A63343325A81B*); Alessandra Silveira e Mariana Canotilho (eds.), *Carta dos Direitos Fundamentais da União Europeia, Comentada*, CEDU, Almedina, Coimbra, 2013; Patrick Thieffry, *Manuel de Droit de l'Environnement de l'UE*, Bruylant, Bruxeles, 2014; Albert Weale (*et al.*), *Environmental Governance in Europe: an ever closer ecological union?*, Oxford University Press, Oxford, 2005; e Gerd Winter, *European Environmental Law. A Comparative Perspective*, Ashgate Dartmouth, 1996.

Capítulo XVIII
Energia

GONÇALO ANASTÁCIO
TERESA CARVALHO

1. Panorama geral

A União Europeia é consumidora de cerca de um quinto da energia produzida a nível mundial. Todavia, importa mais de metade das suas necessidades energéticas e este défice representa uma perda de riqueza superior a 400 mil milhões de euros por ano.

O *mix* energético europeu é bastante diversificado, o que, no quadro de um verdadeiro mercado único de energia, constituiria uma significativa proteção face à referida dependência externa global. Existe, efetivamente, uma diversidade, de que são exemplos as barragens austríacas, as eólicas portuguesas, as minas de carvão da Polónia, as centrais nucleares de França, as explorações petrolíferas no mar do Norte ou os campos de gás natural da Dinamarca.

A plena realização do mercado interno, também na energia, exige a destruição de muitas barreiras e entraves ao comércio, a aproximação das políticas fiscais (e de tarifas quando os preços são regulados) e a regulamentação em matéria de ambiente e segurança. A finalidade é garantir um mercado

DIREITO DA UNIÃO EUROPEIA – ELEMENTOS DE DIREITO E POLÍTICAS DA UNIÃO

funcional com um alto nível de proteção dos consumidores, assim como bons níveis de interligação e capacidade produtiva. A União Europeia necessita de débitos de energia seguros, acessíveis e sustentáveis, elemento-chave do desenvolvimento económico e da consecução dos objetivos da Agenda de Lisboa[1].

Em 1957, aquando da assinatura do TCE, não se incluíram disposições específicas sobre o setor da Energia, tendo-se limitado ao seu enquadramento na temática das redes transeuropeias. Porém, um dos três tratados originais (e, consequentemente, uma das três Comunidades Europeias) respeita especificamente à Energia Nuclear – o Tratado que instituiu a Comunidade Europeia da Energia Nuclear (Tratado Euratom), de 1957, ainda em vigor –, e o primeiro dos três tratados – o Tratado que institui a Comunidade Europeia do Carvão e do Aço (CECA), de 1951[2] – respeita ao Carvão[3], que tem também um grande impacto no setor energético, tendo em consideração o peso acrescido que, ao tempo, o carvão tinha na produção elétrica.

Não obstante o facto de a energia não ser efetivamente um assunto destacado na versão original do Tratado de Roma (CEE), um mercado integrado de Energia é, desde o início, visto como uma necessidade. Posto isto, e atenta a importância do tema, rapidamente surgiram precedentes jurisprudenciais de relevo, particularmente após o choque petrolífero de 1973[4], a partir do qual se passou a falar de uma *política energética comum*, embora ao nível do direito comunitário primário se tivesse de esperar até ao Acto Único Europeu, de 1987[5].

Como introdução ao tema, vale a pena atentar em algumas conclusões do "Relatório relativo ao consumo e produção de energia em 2006 na União Europeia", que o Eurostat publicou, em julho de 2008:

---

[1] A Comissão Europeia lançou a 3 de março de 2010 a Estratégia Europa 2020 para sair da crise e preparar a Economia da União Europeia para a década 2010-2020.

[2] Cujo período de vigência, de 50 anos, terminou em 2002.

[3] Conforme é sabido, tanto a criação da CECA, como do Tratado Euratom, estão diretamente relacionadas com a prioridade, então sentida, de prevenir a eclosão de uma terceira grande guerra entre os povos da Europa.

[4] Os preços do barril de petróleo atingiram valores altíssimos, chegando a aumentar até 400% em cinco meses (17 de outubro de 1973 – 18 de março de 1974), o que provocou prolongada recessão nos Estados Unidos e na Europa e destabilizou a economia mundial.

[5] Assinado em 1986, o Acto Único Europeu constitui a primeira alteração de grande envergadura do TCE. Entrou em vigor em 1 de julho de 1987; revê os Tratados de Roma com o objetivo de relançar a integração europeia e concluir a realização do mercado interno.

ENERGIA

(i) Aumento da dependência energética: a relação entre a produção própria dos Estados-Membros e as importações de energia ascendeu a 54%. Estes dados confirmam uma tendência de longo prazo verificada desde 1997, altura em que a dependência energética da União Europeia rondava os 45%.

(ii) Este aumento da dependência energética em 2005-2006 deve-se, em grande parte, a uma correspondente diminuição da produção de energia na União Europeia (de 2,3%).

(iii) O consumo energético da União Europeia a 27 manteve-se estável em 1,825 milhões de tep (tonelada equivalente de petróleo), o que levou a que as importações brutas aumentassem.

(iv) Existem disparidades marcadas entre os Estados-Membros: as taxas mais elevadas de dependência energética eram as de Chipre (102%), de Malta (100%), do Luxemburgo (99%) e da Irlanda (91%). Por sua vez, os Estados-Membros menos dependentes eram a Polónia (20%), o Reino Unido (20%), a República Checa (28%) e a Roménia (29%). A Dinamarca foi o único exportador bruto de energia com uma taxa negativa de dependência energética (-37%).

(v) Para a produção energética europeia contribuíram essencialmente o Reino Unido, a Alemanha, a França e a Polónia, que juntos foram responsáveis por mais de 60% da produção total na União Europeia a 27. Por outro lado, a produção adveio maioritariamente da energia nuclear (29% da produção total), dos combustíveis sólidos (22%), do gás (20%), das energias renováveis (15%) e do petróleo bruto (14%).

(vi) O petróleo e o gás representaram, respetivamente, 60% e 26% das importações brutas. Os principais Estados fornecedores de petróleo bruto e de gás natural foram a Rússia (33% de importações de petróleo e 40% de importações de gás em 2006) e a Noruega (com 16% e 23%, respetivamente).

Mais recentemente, os acontecimentos a leste têm vindo a sublinhar a necessidade de reforçar a política energética europeia, principalmente no que toca à dependência europeia do fornecimento energético russo, em particular desde a eclosão do conflito da Ucrânia[6]. A União Europeia tem em curso um plano de ação com vista a reduzir a dependência energética europeia, tendo sido frisado na Cimeira Europeia realizada em março de 2014

---

[6] A Rússia fornece atualmente cerca de 30% do gás natural que a Europa consome. A relação entre a Rússia e a Ucrânia, agora abalada pela anexação da Crimeia ao território russo, e pela guerra civil na Ucrânia, colocou em causa a relação da União Europeia com a Rússia no que concerne à importação de gás do país, desde logo porque o transporte de gás passa pela Ucrânia.

que se a União Europeia nada fizer em relação a essa problemática a sua dependência externa atingirá os 80% até 2035, no tocante ao consumo de gás e de petróleo.

Em termos globais, é a seguinte a atual estrutura e previsível evolução do consumo de energia, por fonte de combustível.

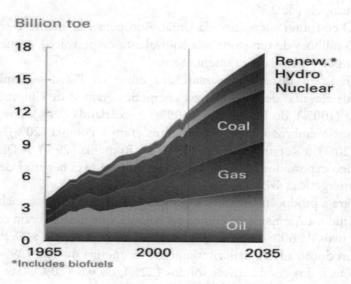

Fonte: *BP Energy Outlook 2035*.

2. Política Europeia de Energia

O Tratado de Lisboa, com entrada em vigor em 1 de dezembro de 2009, consagra hoje uma base jurídica específica de competências partilhadas no domínio da Energia, sendo reservado a essa matéria o Título XXI da Parte III (artigo 194.º)[7]. Em sede de enquadramento geral, o Tratado almeja alcançar os fins citados no artigo 8.º do TFUE, *maxime* (quanto à Energia) o desenvolvimento económico, a competitividade, a proteção ambiental, a qualidade de vida e a convergência dos comportamentos das economias.

---

[7] No início do século, a Energia passou a ser uma das bandeiras da Comissão, surgindo naturalmente a consagração de um título específico no TFUE, aquando da aprovação do Tratado de Lisboa. Portanto, trata-se de um artigo *ex novo*, sendo o seu texto originário da Constituição europeia de 2004.

ENERGIA

Tratado sobre o Funcionamento da União Europeia

Título XXI – A energia

Artigo 194.º (Energia)[8]

"1. No âmbito do estabelecimento ou do funcionamento do mercado interno e tendo em conta a exigência de preservação e melhoria do ambiente, a política da União Europeia no domínio da energia tem por objectivos, num espírito de solidariedade entre os Estados-Membros:

a) Assegurar o funcionamento do mercado da energia;

b) Assegurar a segurança do aprovisionamento energético da União;

c) Promover a eficiência energética e as economias de energia, bem como o desenvolvimento de energias novas e renováveis; e

d) Promover a interconexão das redes de energia.

2. Sem prejuízo da aplicação de outras disposições dos Tratados, o Parlamento Europeu e o Conselho, deliberando de acordo com o processo legislativo ordinário, estabelecem as medidas necessárias à realização dos objectivos a que se refere o n.º 1. Essas medidas são adoptadas após consulta ao Comité Económico e Social e ao Comité das Regiões.

Não afectam o direito de os Estados-Membros determinarem as condições de exploração dos seus recursos energéticos, a sua escolha entre diferentes fontes energéticas e a estrutura geral do seu aprovisionamento energético, sem prejuízo da alínea c) do n.º 2 do artigo 192.º.

3. Em derrogação do n.º 2, o Conselho, deliberando de acordo com um processo legislativo especial, por unanimidade e após consulta ao Parlamento Europeu, estabelece as medidas referidas naquela disposição que tenham carácter essencialmente fiscal."

No que toca às redes transeuropeias (onde se incluem algumas infraestruturas importantes), saliente-se aqui o artigo 170.º do TFUE[9], que estabelece que "[a] União contribuirá para a criação e o desenvolvimento de redes transeuropeias nos sectores das infra-estruturas (...) da energia", tendo "por objectivo fomentar a interconexão e a interoperabilidade das redes nacionais bem como o acesso a essas redes" e "[t]erá em conta, em especial, a

---

[8] Sobre este e outros artigos citados do TFUE, cf. as anotações disponíveis em *Tratado de Lisboa. Anotado e Comentado*, Manuel Lopes Porto e Gonçalo Anastácio (coord.), Almedina, 2012.

[9] Este artigo, em conexão com a alínea *d)* do n.º 1 do artigo 194.º, é particularmente importante para Portugal atento o relevo específico da resolução de um dos estrangulamentos mais evidentes à criação de um mercado único da eletricidade (e do gás) que reside no défice de interligação entre a Espanha e a França.

1135

DIREITO DA UNIÃO EUROPEIA – ELEMENTOS DE DIREITO E POLÍTICAS DA UNIÃO

necessidade de ligar as regiões insulares, sem litoral e periféricas às regiões centrais da União".

A Energia aparece, ainda, referenciada na alínea *c)* do n.º 2 do artigo 192.º do Tratado (regras especiais de votação no Conselho – unanimidade e não codecisão) relativamente a medidas que afetem consideravelmente a escolha de um Estado-Membro entre diferentes fontes de energia e a estrutura geral do seu aprovisionamento energético. Sobre este ponto chama-se a atenção para as divergências de opção entre os Estados-Membros no que toca a energia nuclear.

Seguindo a linha do respeito pela liberdade de cada país destaque-se ainda a neutralidade sobre o regime da propriedade nos Estados-Membros estabelecida no atual artigo 345.º do TFUE, que assume particular importância no contexto da energia dada a subsistente participação de boa parte dos Estados em importantes empresas do setor. Sendo assim, torna-se claro que a União não pretende obstar à titularidade de ativos energéticos pelos Estados, mas apenas impõe que as empresas, públicas ou privadas, respeitem as regras da livre concorrência e que o Estado não possa manter direitos desproporcionados sobre as empresas que privatizou.

A política energética é hoje uma das prioridades da União Europeia e tem-se manifestado nos seus vários segmentos, tais como eletricidade, gás natural e petróleo. Particularmente, tem vindo a impulsionar parâmetros ambientais mais exigentes, melhores infraestruturas, interligações transfronteiriças, segurança de aprovisionamento (*mix* energético, reservas e política externa), segurança técnica, eficiência energética, poupança de recursos, concorrência, proteção do consumidor, bem como novas formas de produção de energia.

A União Europeia apresenta uma elevada dependência externa, de cerca de 50% da energia primária e tal valor é historicamente muito mais elevado em Portugal – atualmente entre os 70% e os 80% –[10], embora com uma tendência sensível de melhoria nos anos recentes em função da introdução massiva de capacidade instalada de renováveis (essencialmente eólica).

---

[10] Portugal continua a apresentar níveis muito elevados de dependência energética, cf. Relatório do Estado do Ambiente (REA) 2013, pela Agência Portuguesa do Ambiente, pp. 9 e 31. Relativamente a 2014, em entrevista dada à *Revista Portugal Global* da AICEP, em janeiro de 2015, o Ministro do Ambiente, Energia e Ordenamento do Território anunciou "um nível recorde de energias amigas do ambiente. Por um lado, temos 62 por cento de renováveis na eletricidade e, por outro, atingimos o nível mais baixo dos últimos 20 anos da nossa dependência energética do exterior – 71,5 por cento –, enquanto em 2005 tínhamos uma dependência de 90 por cento".

ENERGIA

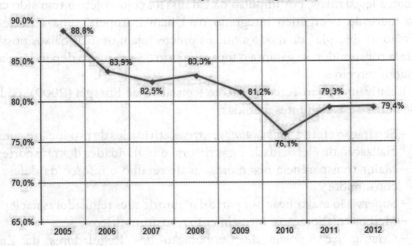

Fonte: *Site* da Direção-Geral de Energia e Geologia (DGEG) – REA 2013 Portugal (Relatório do Estado do Ambiente)[11]

Não obstante, a ação da Comissão em prol das renováveis tem contribuído para que a Europa apresente um *mix* geral saudável na geração elétrica, com 27% de combustíveis sólidos (carvão), 28% nuclear, 23% gás natural e 17% renováveis[12] (essencialmente hídricas e eólicas). Esta média interessante é, porém, prejudicada pelas limitações subsistentes ao nível da interligação entre Estados Membros, na medida em que a situação varia muito substancialmente conforme o Estado.

Tal assimetria europeia é refletida no facto de, contrariamente à regra de utilização em sede de política energética do *processo legislativo ordinário* (cf. n.º 2 do artigo 194.º), no que respeita a eventuais intervenções europeias na escolha das fontes energéticas, assim como no caso de medidas fiscais, a regra é a unanimidade (cf., respetivamente, o n.º 2, parte final, e o n.º 3 do mesmo artigo).

---

[11] Agência Portuguesa do Ambiente: REA 2013, p. 84.
[12] Dados Eurostat relativos a 2008, último ano disponível.

DIREITO DA UNIÃO EUROPEIA – ELEMENTOS DE DIREITO E POLÍTICAS DA UNIÃO

Após as chamadas diretivas pré-liberalização, foram já adotados três pacotes legislativos, por impulso da Comissão, cujo objetivo tem sido criar um mercado energético integrado na União Europeia, uma espécie de "União da Energia", de modo a que os preços sejam os mais baixos possível para o consumidor, se garanta o fornecimento e se reduza a dependência de Estados terceiros.

Relativamente ao Terceiro Pacote legislativo de Energia (2009), podem selecionar-se as seguintes medidas:

– Separação efetiva (*unbundling*) entre as atividades de produção e comercialização de eletricidade e gás natural e as atividades de transporte;
– Maior transparência nos mercados de retalho e reforço da defesa do consumidor;
– Supervisão mais eficaz por parte das autoridades reguladoras nacionais;
– Melhor colaboração e investimento transfronteiriços;
– Criação da Agência de Cooperação dos Reguladores da Energia (ACER).

O binómio competitividade/intensidade energética[13], as alterações climáticas, a crescente dependência das importações, a pressão sobre os recursos energéticos e o abastecimento seguro de energia a preços acessíveis a todos os consumidores colocam os grandes desafios energéticos dos dias de hoje. Estes desafios reclamam uma política europeia energética ambiciosa, abrangendo todas as fontes de energia.

3. O caso de Portugal

Após o 25 de abril de 1974 foram nacionalizados[14] os principais ativos energéticos existentes no país, embora na energia, como em todos os setores, tenham sido excecionadas as empresas estrangeiras (BP, Elf, Esso, Mobil, Shell, Total, etc.). A acrescer a esta compressão do direito de propriedade[15],

---

[13] No que toca ao indicador da Intensidade Energética, na perspetiva de um país, refere-se à relação entre o consumo de energia do país e o seu respetivo produto interno bruto (PIB). Portanto, quanto maior for o indicador em causa, menor será a eficiência energética do país sobre o qual recaia a análise, dado que para produzir uma unidade de riqueza, um país com maior indicador de intensidade energética gasta mais energia do que um outro país onde esse indicador seja menor. Portugal tem ainda um dos maiores indicadores de intensidade energética da União Europeia e infletir a tendência de um indicador deste tipo é necessariamente um processo lento.

[14] Cf. atual artigo 83.º da CRP.

[15] Atualmente previsto no artigo 62.º, n.º 1, da CRP.

ENERGIA

também o direito de iniciativa económica privada[16] foi limitado durante largos anos em múltiplos setores, incluindo o energético, até à alteração de 1988[17] da antiga Lei de Delimitação de Sectores (Lei n.º 46/77, de 8 de julho), já após a adesão do país às Comunidades Europeias.

No início dos anos noventa, na sequência da eliminação do princípio da irreversibilidade das nacionalizações, pela revisão constitucional de 1989, e da aprovação da Lei-Quadro das Privatizações[18], foi desencadeado um longo processo de privatizações, também aplicado ao setor da energia e acompanhado por um processo de liberalização.

Contudo, apesar das profundas alterações de rumo (por vezes contraditórias) que sofreu o setor em Portugal nas últimas décadas, a incontornável relevância nacional do problema da dependência energética externa, em particular do petróleo, foi determinando alguns passos importantes cujo efeito não pôde ser impressivo na medida em que o consumo de energia no país também foi aumentando significativamente.

Nesse caminho, pode destacar-se o ciclo de construção das grandes hídricas pelo Estado Novo, o reforço da componente carbonífera[19] com a entrada em funcionamento, em 1985, da central de Sines (ainda hoje a maior central do país com cerca de 1200 MW de potência instalada), a introdução do gás natural, a partir de 1997, bem como o enorme impulso às energias renováveis nos últimos anos, com destaque evidente para as eólicas e, mais recentemente, para novos projetos de grandes centrais hidroelétricas.

O peso dos principais setores de atividade económica, relativamente ao consumo final de energia, é maior nos transportes, seguido da indústria, doméstico, serviços e, por fim, um conjunto de outros setores (onde se inclui a Agricultura, Pescas, Construção e Obras Públicas). Não obstante as melhorias generalizadas, o setor onde têm sido conseguidos os maiores progressos

---

[16] Atualmente previsto no artigo 61.º, n.º 1, da CRP.

[17] Através do DL n.º 449/88, de 10 de dezembro.

[18] Lei n.º 11/90, de 5 de abril.

[19] No que concerne ao carvão, apesar de uma relativa estabilidade nos últimos 20 anos, é espectável uma redução gradual da sua importância atentos os objetivos ao nível das emissões de CO^2 e o seu carácter mais poluidor. De facto, constata-se uma relação tendencial entre o impacto ambiental e de CO^2 e a densidade da matéria que é sujeita a combustão. Assim, numa escala pedagogicamente simplificada, poder-se-ia apresentar uma relação com as fontes de energia térmica que historicamente foram sendo utilizadas pelo Homem: inicialmente sólidos como a lenha e o carvão, posteriormente líquidos como o azeite ou o petróleo, e, mais recentemente, gases como o gás natural e o hidrogénio.

é o industrial, tendo-se verificado assinaláveis ganhos de eficiência, introduzido cogeração, entre outras medidas.

Como é sabido, o direito económico nacional é largamente inspirado no direito comunitário, pelo menos desde 1986, e sobretudo a partir do impulso ao mercado único europeu nos anos noventa. E tal é particularmente o caso do direito da energia, especialmente no que tange à eletricidade e ao gás natural.

A CRP aborda atualmente a temática da energia considerando-a, no respetivo artigo 81.º, alínea *m)*, uma incumbência prioritária do Estado. Por seu turno, ainda que de forma indireta – alínea *f)* do n.º 2 do artigo 66.º –, considera ser também incumbência do Estado, por meio de organismos próprios e com o envolvimento e participação dos cidadãos, promover a integração de objetivos ambientais nas diversas políticas de âmbito setorial, entre elas, a política energética.

As fontes específicas seguintes serão as chamadas *bases do setor* petrolífero, elétrico e do gás natural, aprovadas por três decretos-leis em 2006.

Para além de toda a legislação setorial avulsa, merece também referência a secção própria do *programa do Governo* e a política nacional para o setor aprovada por cada Governo.

A política nacional para o setor tem conhecido alguma constância ao nível dos seus princípios estruturantes no quadro das legislaturas posteriores à adesão do país à CEE (apesar de diferentes dinâmicas na respetiva tradução prática). Tal é o caso do desenvolvimento do setor do gás natural em que Portugal conseguiu, num período relativamente reduzido, alcançar uma penetração com significado, quer ao nível doméstico, quer do consumo industrial, quer das centrais elétricas. Também podem ser consideradas constantes as seguintes opções: a recusa do nuclear; o desenvolvimento das energias renováveis (com consequência a partir do final da década de noventa); o desenvolvimento do Mercado Ibérico de Eletricidade ("Mibel") (na atual década) e o ainda embrionário projeto do Mibgás.

O sistema energético nacional pode caracterizar-se como altamente dependente de importações, dado não dispor de recursos fósseis com relevo comercial, embora com uma tendência claramente de melhoria (cf. gráfico acima) em função da aposta significativa que colocou o país como um dos campeões das renováveis no cenário internacional – pelo papel que já anteriormente tinha a grande hidráulica e, mais recentemente, pela quantidade de parques eólicos construídos.

ENERGIA

Com exceção do nuclear, que por opção política sempre foi afastado[20] (e que hoje não apresenta um caso económico face ao excesso de capacidade instalada), o país apresenta uma boa distribuição de fontes de produção elétrica [ver gráfico abaixo, sendo que reflete a prioridade dada à utilização das Fontes de Energia Renováveis (FER) e que o *mix* é bastante diferente em termos de capacidade instalada], bem como se encontra, em termos gerais, bem equipado de infraestruturas.

[20] Entre os principais argumentos em confronto, podemos identificar, *a favor*: *(i)* a necessidade de diversificação, em particular face à dependência dos preços do petróleo (e gás natural); *(ii)* o cumprimento dos objetivos nacionais ao nível das emissões de CO^2; *(iii)* a necessidade de equilibrar o sistema face ao peso excessivo de fontes de geração muito inconstante como a eólica e mesmo a hídrica; *(iv)* a necessidade de geração centralizada em larga escala para apoio a projetos de grande consumo e tensão tais como o TGV; *(v)* a alegada segurança alcançada pela última geração de centrais e esperada na geração seguinte; *(vi)* as vantagens da futura geração de centrais ao nível dos resíduos radioativos; *(vii)* a normalidade da opção nuclear em países parceiros na Europa, tais como França, Espanha, Bélgica, etc.; *(viii)* o facto de, face à proximidade das centrais nucleares espanholas (em particular as duas próximas da fronteira: Almaroz e José Cabrera), Portugal já ter os riscos associados ao nuclear sem ter os respetivos benefícios; *(ix)* o baixo custo de operação/produção; *(x)* a existência de investidores privados interessados, atraindo capital e postos de trabalho, *know-how*, etc. Entre os argumentos *contra*, podemos destacar: *(i)* a desnecessidade de centros produtores de grande escala e intensidade face às perspetivas de consumo em Portugal e às centrais de gás natural licenciadas; *(ii)* os riscos de segurança – ainda que se considere muito pouco provável a ocorrência de um acidente grave, se tal suceder as consequências são potencialmente catastróficas para o país; *(iii)* a questão dos resíduos radioativos e seu processamento; *(iv)* a pressão que centrais nucleares colocariam na rede nacional de transporte de energia elétrica em alta tensão e o investimento necessário no seu reforço; *(v)* o facto de o país não dispor de *know-how* e técnicos, ficando excessivamente dependente de terceiros numa área estratégica; *(vi)* a inexistência de capacidade de rede que permita exportar eventuais excedentes para além do espaço ibérico, atentos os estrangulamentos do sistema nos Pirinéus e Estreito de Gibraltar; *(vii)* Portugal poderá sempre aderir à nova geração de centrais em preparação depois de a mesma dar provas de fiabilidade e segurança; *(viii)* a equação de acréscimo de risco face à vizinhança das centrais espanholas não é neutra, pois o risco, que já existe por essa via, será acrescido – quer pela multiplicação dos focos potenciais, quer pela maior proximidade aos grandes centros urbanos do litoral nacional; *(ix)* uma central nuclear constitui um alvo interessante para uma organização terrorista num país ocidental e com poucas preocupações de segurança; *(x)* o custo elevado para o consumidor inerente à opção eólica em curso em Portugal será atenuado pela recente aposta no reforço do aproveitamento da forte capacidade hidroelétrica do país; *(xi)* para projetos com necessidade de potência eventualmente superior à disponível nas centrais nacionais poderá sempre recorrer-se às centrais espanholas, no quadro do Mibel; *(xii)* Portugal deveria apostar na racionalização do consumo e eficiência energética, campo em que o país ainda apresenta índices modestos face ao espaço económico em que se insere.

Produção de eletricidade por fonte em Portugal continental em 2013

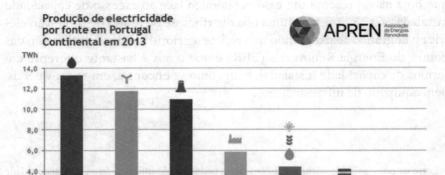

Fonte: Associação de Energias Renováveis (APREN).

Importa referir o Acordo de Parceria 2014-2020, não só pela pertinência como pela atualidade do documento. Este Acordo foi proposto por Portugal à Comissão, sob a denominação de "Portugal 2020" e consiste essencialmente em adotar os princípios de programação da Estratégia Europa 2020, consagrando também a política de desenvolvimento económico, social, ambiental e territorial que almeja estimular o crescimento e a criação de emprego nos próximos anos em Portugal.

A programação e implementação do "Portugal 2020" está organizada em quatro domínios: *i)* competitividade e internacionalização; *ii)* inclusão social e emprego; *iii)* capital humano; *iv)* sustentabilidade no uso de recursos.

Em termos de sustentabilidade e eficiência no uso de recursos, Portugal procura uma trajetória de crescimento que se baseie num modelo de desenvolvimento mais competitivo e resiliente, com menos consumo de recursos naturais e energéticos e que, ao mesmo tempo, gere novas oportunidades de emprego, criação de riqueza e reforço de conhecimento.

Os principais constrangimentos que Portugal ainda enfrenta no domínio da sustentabilidade e eficiência no uso de recursos podem ser resumidos à elevada intensidade energética da economia, utilização ineficiente e má gestão de recursos, vulnerabilidades face a diversos riscos naturais e tecnológicos e debilidades na proteção dos valores ambientais.

ENERGIA

Neste sentido, e tendo em conta o diagnóstico e medidas previstas no Plano Nacional de Ação para a Eficiência Energética (PNAEE) e no Plano Nacional de Ações para as Energias Renováveis (PNAER), publicados pela Resolução do Conselho de Ministros n.º 20/2013, de 10 de abril, os principais desafios a prosseguir no próximo ciclo de programação passam por: cumprir todos os compromissos assumidos por Portugal neste tema, da forma economicamente mais racional; reduzir significativamente as emissões de gases com efeito de estufa, num quadro de sustentabilidade de baixo carbono; aumentar a eficiência energética e o uso eficiente dos recursos; aumentar a competitividade através da redução dos consumos e custos associados ao funcionamento das empresas e do setor público, libertando recursos para dinamizar a procura interna e novos investimentos, e dos custos de energia no consumo doméstico; e potenciar os mercados energéticos liberalizados, competitivos e sustentáveis.

Apesar do elevado investimento realizado por Portugal em energias renováveis e do reduzido consumo energético no setor residencial, em comparação com o resto da Europa, o desempenho ao nível da intensidade energética total encobre uma intensidade energética da economia produtiva superior em 27% face à média da União Europeia.

A principal prioridade de intervenção para atingir uma economia de baixo carbono será a promoção da eficiência energética com vista à redução do consumo de energia. No quadro das metas europeias "20-20-20", foi estabelecido para Portugal, no âmbito do PNAEE e para o horizonte de 2020, um objetivo geral de redução do consumo de energia primária de 25%, sendo esse objetivo majorado para 30% no caso da Administração Pública. As previstas ações de eficiência energética a implementar abrangerão todos os setores da economia, mas serão prioritários os setores com maior peso no consumo energético, como sejam os transportes, a indústria e os edifícios.

4. Temas conexos

(i) *Eficiência energética*
O propósito de aumentar a eficiência energética, só por si, estimula o crescimento. Isolar as habitações, instalar novos equipamentos economizadores de energia, renovar os edifícios, efetuar auditorias: tudo isto gera atividade económica e emprego, reduzindo com ganho líquido a fatura energética e melhorando a balança comercial europeia através de diminuição de importações.

No que toca aos equipamentos, o estímulo da União Europeia vai no sentido de, embora deixando sempre ao critério dos consumidores a substituição dos que possuem, impor normas de menor consumo de energia a uma vasta gama de eletrodomésticos (televisões, frigoríficos, máquinas de lavar loiça, máquinas de lavar roupa, ventoinhas, arcas frigoríficas, aparelhos de iluminação, etc.). A mudança mais notória foi certamente o fim do fabrico de lâmpadas tradicionais, agora substituídas por lâmpadas de baixo consumo, que chegam a gastar até cinco vezes menos energia.

Em matéria de informação, é graças à União Europeia que os cidadãos europeus podem agora escolher e comprar equipamentos elétricos de forma esclarecida, devido à rotulagem do desempenho energético, que já abrange muitos produtos eletrodomésticos e de escritório, entre outros. Os fabricantes foram, deste modo, incentivados a propor produtos economizadores de energia, que também reduzem os montantes das faturas, pois o preço real de um produto não é apenas o de compra, mas também o da sua utilização.

Este incentivo da União Europeia ao comércio de produtos eficientes do ponto de vista energético é também visível pelo logótipo "Energy Star" patente nos equipamentos de escritório. Desde 2011 que esse símbolo pretende sinalizar o bom desempenho energético dos produtos (computadores, fotocopiadores, impressoras e ecrãs de computador), uma preciosa informação para orientar as compras conjuntas das autoridades públicas[21].

Tanto ao nível da política nacional portuguesa como a nível europeu, e tendo em conta o papel que assume no âmbito da eficiência energética, é

---

[21] "*Energy Star*" é um padrão internacional para o consumo eficiente de energia, originado nos EUA. Ele foi criado pelo Governo norte-americano no início da década de noventa, mas outros países como a Austrália, o Canadá, o Japão, a Nova Zelândia, Taiwan (e a União Europeia) também adotaram o programa. O logótipo indica que o produto obteve certificação energética. Mais informação disponível em *www.energystar.gov*.

necessário investir na implementação de redes energéticas inteligentes que permitam obter um adequado equilíbrio entre a procura e a entrega de energia à rede, com os decorrentes ganhos de eficiência e consequentes vantagens económicas e ambientais para o sistema elétrico nacional; um melhor conhecimento dos consumos de energia por parte dos consumidores finais, disponibilizando tanta informação quanto necessária para que brevemente se assista a uma mudança comportamental no sentido de escolhas mais racionais e sustentáveis do ponto de vista energético e económico; e uma maior integração das energias renováveis na rede, nomeadamente ao nível da produção descentralizada[22].

Em 25 de outubro de 2012, a União Europeia adotou a Diretiva 2012/27//UE relativa à eficiência energética. Esta Diretiva estabelece um quadro comum de medidas para a promoção da eficiência energética na União a fim de assegurar a realização do grande objetivo de 20% na eficiência energética.

Evolução do mercado mundial de energia por tipo de combustível
(1990-2040), em Btu (*British thermal unit*)

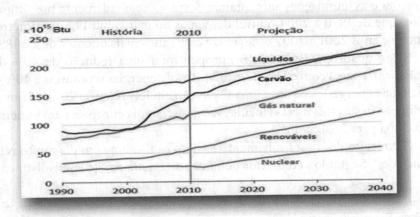

Fonte: EIA – Energy Information Administration dos EUA.

A publicação de 2010 da *International Energy Agency, Energy Technologies perspective, 2010 – Scenarios and Strategies to 2050*, refere que a eficiência ener-

---

[22] Conforme Acordo de Parceria 2014-2020, sumário executivo da publicação *Portugal 2020*, janeiro 2014, pp. 5 e 6 (disponível em *www.portugal.gov.pt*).

DIREITO DA UNIÃO EUROPEIA – ELEMENTOS DE DIREITO E POLÍTICAS DA UNIÃO

gética no consumo final assume o papel preponderante para se alcançarem as metas de redução das emissões, com uma contribuição de 38%, comparando com os 17% proporcionados pela produção a partir de fontes renováveis.

(ii) Ambiente e Desenvolvimento Sustentável

A produção e consumo de energia podem submeter o ambiente a consideráveis pressões, podendo inclusive contribuir para as alterações climáticas[23].

A incontornável necessidade de produzir energia causa, de modo inevitável, um significativo nível de poluição, quer se trate de poluição do ar, da água, dos solos ou do clima. Eis um dos impactos negativos que o elevado consumo energético arrasta e que apela à sua redução tanto quanto possível. A poluição atmosférica está associada, principalmente, à queima de carvão e de combustíveis derivados de petróleo. Porém, essas duas atividades alimentam grandes setores da economia atual, como a própria geração de energia (termoelétricas), a produção industrial e o transporte.

As emissões de CO^2 aumentaram quatro vezes mais depressa entre 2000 e 2007 do que na década anterior[24]. A mesma fonte refere ainda que os furacões e as inundações aumentaram desproporcionadamente nos últimos anos, que de 1870 a 2004 o nível das águas do mar subiu 19,5 centímetros, e que os anos 2001 a 2007 estão entre os 10 anos mais quentes desde 1880.

Neste quadro, o Parlamento Europeu quer uma redução de 40% das emissões de gases com efeito de estufa, 30% de energias renováveis e 40% de eficiência energética e votou uma resolução em fevereiro de 2014 a favor da definição destas três metas vinculativas na estratégia europeia para a energia e o clima para 2030[25].

O conceito de "desenvolvimento sustentável" é hoje em dia muito referenciado[26]. Segundo a conhecida definição de *Bruntland*, "[d]esenvolvimento

---

[23] Para maior desenvolvimento, ver relatório "Energia e Ambiente na União Europeia", no *site* da Agência Europeia da Energia (AEA).

[24] Iberdrola – Professor Fernando Pacheco –, apresentação na conferência "Portugal e a Segurança Energética Europeia", de 25 de junho de 2014.

[25] Segundo *site* oficial Parlamento Europeu, *"Press Release/ Energy/Environment – MEPs want binding 2030 goals for CO² emissions, renewables and energy efficiency"*, de 5 de fevereiro 2014.

[26] A maioria dos indicadores de desenvolvimento não considera todos os pilares do desenvolvimento sustentável. Esta circunstância impulsionou a criação de novos indicadores para a aferição do desenvolvimento, por oposição aos indicadores normalmente utilizados, como o PIB. Entre estes novos indicadores destaquemos o chamado GPI – *Genuine Progress Indicator* (em português, Indicador de Progresso Genuíno – IPG). Também denominado Índice de Progresso Real – IPR –, o IPG é um indicador de medição de bem-estar económico e de progresso social de um país que

1146

ENERGIA

sustentável é aquele que permite às gerações presentes suprirem as suas necessidades, sem comprometer a capacidade das gerações futuras fazerem o mesmo". E às várias opções relativas a diferentes utilizações de energia correspondem diferentes impactos aos níveis ambiental, social e económico.

A água, por exemplo, é um recurso escasso, cuja utilização racional tem de ser considerada numa perspetiva de desenvolvimento sustentável. Todavia, a distribuição de água está normalmente associada a um consumo de energia considerável. Sistemas multinacionais de abastecimento de água têm, na energia, uma das maiores fatias dos seus custos de exploração[27]. Daqui decorre que para um uso racional de água também o tenhamos de fazer em termos de energia, e vice-versa.

Foi a constatação destas relações que permitiu o desenvolvimento de ferramentas de planeamento que consideram todas as vertentes de atuação, têm a sua base de decisão consubstanciada em indicadores energéticos, reconhecendo implicitamente as relações.

Cerca de 82% da energia provém da utilização de combustíveis fósseis[28], combustíveis esses responsáveis pela grande maioria das emissões de gases de efeito de estufa e outros poluentes para a atmosfera.

A temática das alterações climáticas é, na sua génese, de cariz global. Nesse sentido, desde os finais dos anos oitenta que a comunidade internacional se vem debruçando sobre este tema e as alterações climáticas são, hoje, um tema central das relações internacionais, abordado sistematicamente pelas grandes potências em fóruns como o G20[29] ou a União Europeia.

Por parte da União Europeia, as políticas públicas sobre alterações climáticas têm sido prosseguidas de forma liderante desde, pelo menos, o início dos anos noventa.

Em Portugal, existe um Programa Nacional para as Alterações Climáticas (PNAC), que representa a estratégia nacional para o controlo e redução

---

vem sendo aplicado desde 1950. Baseado no cálculo do PIB, o cálculo do IPG é efetuado com dados como a distribuição de receita, nível educacional, exaustão de recursos, poluição, degradação ambiental a longo prazo, diminuição do tempo de lazer, dependência de ativos externos, etc.

[27] Ilustrativamente, o setor elétrico foi responsável por cerca de 28% das emissões de CO^2 de 2007 no âmbito do setor da energia, tornando premente o desenho e a implementação de soluções que minimizem o impacto ambiental, nomeadamente através do incentivo às fontes renováveis, da utilização de combustíveis mais limpos e da gestão dos consumos.

[28] De acordo com *site* da Comissão Europeia, *"climate action", News.*

[29] Grupo formado pelos ministros das finanças e chefes dos bancos centrais das 19 maiores economias do mundo mais a União Europeia.

DIREITO DA UNIÃO EUROPEIA – ELEMENTOS DE DIREITO E POLÍTICAS DA UNIÃO

das emissões de Gases com Efeito de Estufa (GEE), na linha dos compromissos assumidos no âmbito do protocolo de Quioto e da partilha de responsabilidades adotadas no seio da União Europeia. Neste momento, temos o PNAC 2020, para o período 2013-2020, que visa garantir o cumprimento das metas nacionais em matéria de alterações climáticas para os setores não abrangidos pelo Comércio Europeu de Licenças de Emissão, em articulação com o Roteiro Nacional de Baixo Carbono.

(iii) Transportes

O objetivo da União Europeia no setor dos transportes é promover redes de transportes eficientes, seguras e compatíveis com a política ambiental que a Europa preconiza. A União continua a apoiar o investimento e reestruturação dos transportes ferroviários. Quanto ao transporte rodoviário, note-se que houve uma ligeira subida dos trajetos realizados por automóvel desde 2008, comparativamente com outras formas de transporte rodoviário. No que concerne ao transporte aéreo, apesar da atual crise económica, prevê-se que este aumente a nível mundial cerca de 5% ao ano, até 2030[30].

Hoje colocam-se grandes desafios ao nível da eficiência energética dos transportes, e em Portugal o objetivo é substituir 10% do combustível utilizado nos transportes com recurso, *inter alia*, à mobilidade elétrica no quadro de uma plataforma integrada de abastecimento e gestão (Mobi.E)[31].

Dado o peso relativo na fatura energética, ao nível dos transportes (cerca de 1/3 do consumo total de energia em Portugal), é enorme o peso do setor nos temas energéticos e importa desenvolver uma estratégia consistente a longo prazo para os combustíveis alternativos que responda às necessidades energéticas dos modos de transporte, sendo sempre consistente com a estratégia União Europeia 2020, incluindo a descarbonização.

Neste quadro e tendo como objetivo aumentar a eficiência energética do setor e a sua transição para tecnologias energéticas mais limpas, o apoio dos Fundos Europeus Estruturais e de Investimento (FEEI) deverá inci-

---

[30] Dados disponibilizados no *site europa.eu* e Eurostat.

[31] O programa Mobi.E, que foi aprovado pelo DL n.º 39/2010, de 26 de abril, na atual redação dada pelo DL n.º 170/2012, de 1 de agosto, visa a utilização crescente do transporte elétrico, sobretudo nos grandes centros urbanos, com o duplo objetivo de promover um modo de transporte mais eficiente e de contribuir para a melhoria da qualidade do ar, através da implementação de uma rede nacional de infraestruturas de carregamento de baterias e de diversas iniciativas que promovam a mobilidade elétrica no âmbito dos Planos Municipais de Mobilidade Elétrica aprovados.

ENERGIA

dir no desenvolvimento e promoção da rede de mobilidade elétrica, bem como na reconversão e modernização de frotas de transportes coletivos de passageiros.

(iv) Quatro Liberdades e Mercado Único

Os fundamentos do "Mercado Comum" foram lançados em 1957, quando o Tratado de Roma criou a CEE. Desde então tornou-se uma das áreas chave das políticas da União Europeia. No coração dessa política estão as famosas "quatro liberdades", são elas a livre circulação de pessoas, bens, serviços e capitais.

A propósito do estabelecimento de um mercado comum, o artigo 2.º do TCE refere que "[a] Comunidade tem como missão, através da criação de um mercado comum e da aproximação progressiva das políticas dos Estados-Membros, promover, em toda a Comunidade, um desenvolvimento harmonioso das actividades económicas, uma expansão contínua e equilibrada, uma maior estabilidade, um rápido aumento do nível de vida e relações mais estreitas entre os Estados que a integram".

Especificamente quanto à bissetriz com a Energia, os precedentes jurisprudenciais surgiram mais tarde mas foram esclarecendo que os produtos energéticos são considerados mercadorias e, portanto, gozam da proteção dos atuais artigos 34.º a 37.º do TFUE.

Quanto a exceções ao princípio da liberdade de circulação de mercadorias (atual artigo 36.º do TFUE), o TJUE reconheceu a Energia como um produto especial e estratégico, uma vez que a União Europeia depende do exterior em mais de 50% da energia primária que consome[32].

O acórdão de referência, na vertente *importações* (artigo 34.º do TFUE), é o *Cullet v. Leclerc*, de 29 de janeiro de 1985, proc. 231/83, pelo qual foi declarada ilegal a regulamentação que impunha preços a produtos petrolíferos importados, colocando-os em situação de desvantagem face aos nacionais. No caso em questão, havia, em França, uma imposição de preços mínimos com base nos produtos nacionais, o que privava os produtos importados de qualquer vantagem. Neste contexto, o Sr. Henri Cullet e outros exploradores de postos de abastecimento de combustíveis franceses decidiram agir em juízo contra o grupo Leclerc, que entrou no mercado em questão em 1983

---

[32] Hoje, a União Europeia produz apenas uma pequena parte das suas necessidades energéticas, importando cerca de 80% do petróleo e cerca de 60% do gás que consome.

com uma estratégia de baixo preço, tendo o tribunal francês operado um reenvio prejudicial para o TJUE.

Já no que concerne a *exportações* (artigo 35.º do Tratado), há que distinguir o caso mais simples das *afetações diretas* do mais complexo das *afetações indiretas*. No primeiro, estaremos face a obstáculos tais como licenças, controlos ou certificados que seriam ilegítimos se impostos unicamente aos produtos exportados mas não já aos produtos não destinados a exportação. Já no caso de *afetação indireta*, o TJUE esclarece que, para a medida em causa ser ilegal, tem de ter como objeto ou efeito específico a restrição das exportações. Nesta linha, a Comissão considerou ilegal, por se tratar de uma disposição anti-concorrencial e contrária à Diretiva Hidrocarbonetos[33], uma norma holandesa que conferia à empresa estatal *Gasunie* um direito de preferência para aquisição de todo o gás extraído da plataforma continental holandesa. Apesar de à primeira vista a norma em causa parecer limitar-se ao gás destinado ao uso na Holanda, não restringindo, assim, as exportações, na prática foi aplicada uma interpretação restrita, conferindo à *Gasunie* um verdadeiro direito de preferência[34].

No que concerne às *exceções* ao princípio da liberdade de circulação de mercadorias (artigo 36.º do TFUE), o TJUE suavizou a sua clássica interpretação restritiva, atenta a especificidade e a importância do setor energético. Reconheceu-se que se trata de um produto especial e estratégico sendo que a União Europeia depende do exterior em mais de 50% da energia primária que consome. Em particular, a União Europeia importa cerca de 80% do petróleo, 50% do gás natural e já não é autossuficiente mesmo relativamente à matéria-prima de base à sua revolução industrial, importando atualmente cerca de 1/3 do seu carvão. Há ainda que ter em consideração o facto de o período de estruturação da jurisprudência europeia ter sido testemunha de graves choques petrolíferos. Foi, assim, particularmente maleabilizado o conceito de segurança pública ínsito como exceção no atual artigo 36.º do Tratado por forma a acomodar a *security of supply doctrine*.

---

[33] Diretiva 94/22/CE, de 30 de maio de 1994, relativa às condições de concessão e de utilização das autorizações de prospeção, pesquisa e produção de hidrocarbonetos.

[34] Esta interpretação restrita resulta do caso *Placid Oil*, de 1972, onde o Ministro da Economia holandês determinou que, não obstante o acordo de vendas entre a empresa Placid e o grupo de empresas de distribuição alemãs, o gás era essencial para consumo na Holanda. Consequentemente, o acordo foi modificado de modo a que o gás fosse entregue à Gasunie, que posteriormente o transportaria para a Alemanha.

ENERGIA

São também aplicáveis ao setor as restantes três liberdades fundamentais instituídas no Tratado, *i. e.*, a liberdade de circulação de pessoas (trabalhadores – artigos 45.º e segs.; e direito de estabelecimento – artigos 49.º e segs.), a liberdade de prestação de serviços (artigos 56.º e segs.) e a liberdade de circulação de capitais (artigos 63.º e segs.).

Por outro lado, foi clarificado que os operadores energéticos se encontram sujeitos às regras de concorrência, previstas nos artigos 101.º e segs. do Tratado (incluindo as regras relativas a auxílios de Estado, previstas nos artigos 107.º e segs.).

(v) Golden Shares

Tradicionalmente, o setor energético europeu tinha uma presença muito forte dos Estados, mas tal realidade alterou-se, paulatina mas radicalmente, ao longo das últimas décadas. Exemplificativamente, podemos constatar que, nos últimos vinte anos, as seguintes empresas foram total ou parcialmente privatizadas: *BP, British Gas, Elf Aquitaine, ENI, Petro Canada, Repsol, Total.* Para além, claro, das portuguesas EDP, Galp e REN.

No entanto, aquando dos processos de privatização nos vários setores, e particularmente em setores estratégicos como a energia, os Estados têm optado frequentemente por vender a generalidade do capital mas mantendo algum grau de controlo sobre a empresa. Assim, razões de interesse público têm justificado o uso de instrumentos jurídicos que permitem aos Estados, ainda que numa posição minoritária, assegurar algum controlo da sociedade, com um poder superior ao que corresponderia à posição acionista detida, e independentemente dos privilégios previstos no Código das Sociedades Comerciais.

Durante algum tempo existiu uma espécie de "tolerância" por parte das instituições europeias relativamente às *golden shares*, o que decorria da simpatia com que via o processo de privatizações e de não querer inibi-lo. Porém, com o tempo e a consolidação do processo, a Comissão[35] e posteriormente o TJUE foram atuando decididamente sobre a questão, ao abrigo essencialmente da liberdade de circulação de capitais, acabando por eliminar as *golden shares* mais evidentes e assim induzindo a eliminação de outras.

---

[35] O presidente da Comissão Europeia explicou que, "de acordo com o direito comunitário, os Estados não podem manter *golden shares* a não ser em situações absolutamente bem definidas", tendo dado como exemplo a "necessidade de segurança nacional".

Em Portugal a questão colocou-se concretamente, no setor energético, relativamente à Galp e, sobretudo, à EDP[36], e foi entretanto ultrapassada. A abolição das *golden shares* já estava prevista no "Memorando de Entendimento" assinado com a Troika e também fez parte do programa que o subsequente Governo apresentou ao Parlamento.

5. Setor elétrico

Durante décadas, a indústria elétrica foi considerada um paradigma de monopólio "natural". Na Europa do pós-guerra, a indústria elétrica foi nacionalizada em vários países, incluindo Portugal. Desta forma, o monopólio público do setor tornou-se o modelo dominante na Europa e noutros continentes.

Nos finais do século XX, os pressupostos tecnológicos, económicos e ideológicos que tinham alicerçado o sistema monopolista começaram a ser questionados, o que originou um movimento mundial de reestruturação da indústria elétrica. Na esteira do Acto Único Europeu, a União Europeia adotou um ambicioso modelo de liberalização e integração supranacional da indústria elétrica dos Estados-Membros. Muitos países, incluindo Portugal,

---

[36] Acórdão (TJUE) *Comissão Europeia contra República Portuguesa*, de 11 de novembro de 2010, proc. C-543/08, no qual a Comissão Europeia pediu formalmente a Portugal que abolisse os direitos especiais detidos pelo Estado português na EDP e na Galp Energia. Os direitos especiais foram estabelecidos pelos decretos-leis das privatizações e pelos estatutos de sociedade destas empresas e a Comissão considerou que os poderes especiais funcionavam como restrições à livre circulação de capitais, em violação das regras do TCE, na medida em que dificultam quer o investimento direto quer o investimento em carteira.

Relativamente à EDP, o quadro legal que regeu a privatização e os estatutos desta conferia ao Estado direitos especiais na empresa como sejam o direito de veto relativamente a deliberações que alterem os estatutos da empresa, deliberações sobre a celebração de contratos do grupo paritário e de subordinação e deliberações sobre a supressão/limitação dos direitos de preferência dos acionistas no que respeita a aumentos de capital; o direito de se opor à eleição de um certo número de administradores e de nomear um administrador; assim como a não aplicação ao Estado/entes equivalentes de um teto de voto de 5% na assembleia geral.

No que concerne à Galp Energia, os direitos especiais previstos pelo quadro legal que regeu a respetiva privatização e pelos estatutos desta eram de natureza substancialmente distinta e consistiam, nomeadamente, em: direitos de veto relativamente a deliberações que se proponham autorizar a execução de contratos de grupo paritário ou de subordinação e ainda deliberações que possam de qualquer modo pôr em perigo o fornecimento de produtos petrolíferos, gás e eletricidade ou outros produtos derivados ao país, assim como no direito de nomear o/a presidente do conselho de administração.

decidiram acompanhar a liberalização e "europeização" do setor com um programa de privatização, total ou parcial.

Paralelamente, foi-se verificando um fenómeno de maturidade dos níveis de consumo de eletricidade na Europa, muito decorrente dos ganhos consistentes ao nível da eficiência energética, algo que só nos últimos anos sucedeu em Portugal – por uma dupla razão da crise económica e de aproximação ao patamar de utilização de equipamento elétrico prevalecente na União Europeia.

Evolução do consumo de eletricidade em Portugal 2004-2013

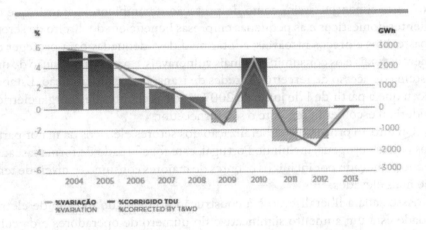

Fonte: REN (Dados técnicos 2013)

Atualmente, na Europa, o regime de funcionamento da indústria elétrica caracteriza-se pela existência de três liberdades: liberdade de investimento, de comércio e de escolha dos fornecedores por parte de todos os consumidores, industriais ou domésticos. Além disso, procedeu-se à separação jurídica, e em muitos casos, incluindo Portugal, até mesmo à separação de propriedade das várias atividades que compõem a indústria elétrica: produção, transporte, distribuição e fornecimento ou comercialização.

DIREITO DA UNIÃO EUROPEIA – ELEMENTOS DE DIREITO E POLÍTICAS DA UNIÃO

A primeira diretiva comunitária integrada relativa ao setor elétrico foi a Diretiva 96/92/CE, de 19 de dezembro de 1996, que estipula regras comuns para o mercado interno da eletricidade.

Seguiu-se, em 2003, a Diretiva 2003/54/CE, de 26 de junho de 2003, que revoga a anterior Diretiva 96/92/CE, consagrando também regras comuns para o mercado interno da eletricidade. Esta Diretiva estabelece regras comuns relativas à produção, transporte e distribuição de eletricidade, definindo as modalidades de organização e de funcionamento do setor da eletricidade, o acesso ao mercado, os critérios e procedimentos aplicáveis no que se refere aos concursos, às autorizações e à exploração das redes. A finalidade era zelar pela realização de um mercado da eletricidade concorrencial, seguro e duradouro a nível ambiental. A Diretiva estipulou que os Estados-Membros devem impor às empresas do setor da eletricidade obrigações de serviço público em matéria de segurança, regularidade, qualidade e preço dos fornecimentos, assim como de proteção do ambiente; garantir que os clientes domésticos e as pequenas empresas beneficiem do direito de serem abastecidos a preços razoáveis; adotar medidas adequadas para proteger os clientes finais e os consumidores mais vulneráveis; e garantir a criação de um sistema de acesso de terceiros às redes de transporte e distribuição. Estabeleceu que a partir de 1 de julho de 2007 todos os clientes de energia elétrica poderiam escolher livremente o seu fornecedor.

Quanto ao processo de liberalização dos setores elétricos da maior parte dos países europeus, incluindo Portugal, este foi efetuado de forma faseada, tendo começado por incluir os clientes de maiores consumos e níveis de tensão mais elevados.

Associada à liberalização e à construção do mercado interno de eletricidade está um aumento significativo do número de operadores e da concorrência, com reflexos evidentes ao nível da melhoria da qualidade de serviço. Já no que respeita ao preço, os resultados não correspondem ao que se poderia esperar de um processo de liberalização, por um conjunto de fatores onde pontua a fatura da política de subsídio às renováveis (com o consequente défice tarifário), o ainda forte peso nos custos do preço dos combustíveis fósseis (e, logo, dependência da sua evolução) e a própria subsistência de tarifas reguladas.

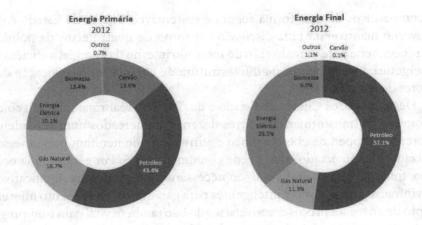

Fonte: Balanço Energético Sintético, DGEG, junho 2013.

Atualmente vigora a Diretiva 2009/72/CE, de 13 de julho de 2009, que revoga a anterior Diretiva 2003/54/CE, que, por sua vez, "estabelece regras comuns para a produção, transporte, distribuição e comercialização de electricidade, bem como regras para a protecção dos consumidores, a fim de melhorar e integrar mercados da energia competitivos na Comunidade". Definem-se nessa Diretiva, também, as "normas relativas à organização e ao funcionamento do sector da electricidade e ao acesso aberto ao mercado, bem como os critérios e procedimentos aplicáveis aos concursos, à concessão de autorizações e à exploração das redes. Define ainda as obrigações de serviço universal e os direitos dos consumidores de electricidade e clarifica as obrigações em matéria de concorrência", de acordo com o disposto no seu artigo 1.º.

Quanto aos operadores das redes de distribuição elétrica (em Portugal, a EDP), é-lhes aplicável: garantir a segurança, fiabilidade e eficácia da rede de distribuição de eletricidade na área em que operam; abster-se de discriminações entre utilizadores; conceder prioridade às instalações de produção que usam fontes de energia renováveis; adquirir a energia que utilizam para cobrir as perdas de energia e reservar a capacidade nas suas redes por meio de procedimentos transparentes e não discriminatórios; e adotar medidas de eficiência energética.

Em maio de 2013, o Conselho Europeu, num "debate estratégico sobre a política energética da União Europeia", redefiniu uma política energética que visa proporcionar às famílias e empresas energia a preços acessíveis e competitivos de uma forma segura e sustentável. Chefes de Estado e de Governo mantiveram uma discussão em torno de quatro eixos da política europeia, sendo eles a realização do mercado interno da energia; a eficiência energética; investimentos na infraestrutura de energia; e diversificação das fontes de energia.

Deste modo, os Chefes de Estado e de Governo reafirmaram o seu compromisso de transformar quase três dezenas de mercados num verdadeiro mercado europeu da energia único e afirmaram que nenhum país deve ser deixado "desconectado" desta rede comum até 2015. Por essa mesma ocasião, foi também reiterado que são necessários investimentos significativos em infraestruturas novas e inteligentes para garantir o fornecimento ininterrupto de energia a preços acessíveis, sendo isso também vital para o emprego e crescimento sustentável e para um contínuo aumento da competitividade.

6. Energias renováveis

(i) As renováveis na União Europeia

As políticas de gestão da procura energética recuam já aos anos setenta, quando se tentou responder ao choque petrolífero na tentativa de controlar a inflação. Mas buscam-se hoje respostas a longo prazo que passam mais por um esforço de boa gestão na satisfação das necessidades de consumo de energia do que por deixar de satisfazer essas mesmas necessidades[37].

Não obstante a aprovação, sobretudo ao longo da última década, de múltiplos diplomas relativos a uma política que se tornou central para a Comissão e que apresenta hoje um acervo significativo, o atual instrumento estruturante principal em matéria de Renováveis na União Europeia é a Diretiva 2009/28/CE, de 23 de abril de 2009 (Diretiva Energias Renováveis).

A União Europeia estabeleceu para 2020 o objetivo de satisfazer um quinto do seu consumo de energia a partir de fontes renováveis. Graças à promoção dessas fontes a nível europeu, a capacidade de produção das energias renováveis aumentou drasticamente na última década, a um ritmo muito superior ao das centrais convencionais, tendo o custo dos painéis solares diminuído para metade nos últimos cinco anos. Este setor económico,

---

[37] Entre os exemplos mais recentes para impulsionar as políticas de promoção das energias renováveis salienta-se a iniciativa da Secretaria Geral das Nações Unidas "*Sustainable Energy for All*" (SE4ALL), que visa a disseminação das energias renováveis por todos os países, fixando como meta a duplicação do peso das energias renováveis no *mix* energético global para 2030.

ENERGIA

em plena expansão, confirma que a Europa está na vanguarda das novas tecnologias energéticas, geradoras de "empregos verdes" e de exportações europeias de elevado valor acrescentado.

Do uso das fontes de FER resultam muitos benefícios e a vários níveis:

- A nível económico os benefícios passam pela redução da fatura energética e promoção de atividades capazes de geração local de riqueza;
- Do ponto de vista social podemos apontar, no geral, a geração líquida de emprego, fixação de populações e o combate à desertificação; particularmente quanto aos benefícios do consumo de biocombustíveis na União Europeia, estima-se, por exemplo, que em 2010 este consumo gerou 220 000 postos de trabalho em toda a União Europeia (1,4 milhões de postos de trabalho em todo o mundo[38]);
- Quanto a benefícios de natureza estratégica podemos apontar para a diminuição da dependência energética e promoção dos recursos energéticos endógenos;
- No setor do ambiente facilmente se percebe que comparativamente aos combustíveis fósseis, a produção de energia a partir de FER permite reduzir a emissão de vários gases com efeito de estufa.

A política europeia de incentivo das fontes de energia renovável rege-se por três objetivos estratégicos:

- Garantir a segurança no abastecimento, uma vez que o território europeu não dispõe de energias fósseis, nesta medida apresentando-se as fontes renováveis como um objetivo geopolítico para reduzir a dependência da Europa em relação aos países produtores de petróleo e de gás natural;
- Promover uma política ambiental responsável;
- Alcançar uma nova matriz energética com potencial para atrair novos investidores, acarretando isso a necessidade de um desenvolvimento tecnológico mais avançado.

---

[38] COM(2013) 175 final, de 27 de março de 2013.

Quota de energias renováveis no consumo final bruto de energia
em percentagem e para 2013

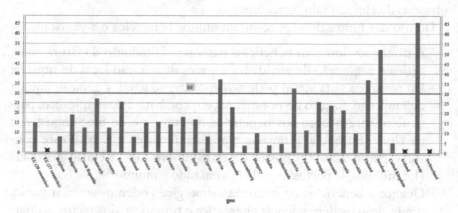

Fonte: *Site* oficial do EUROSTAT, autoridade estatística da União Europeia

(ii) A Agência Internacional para as Energias Renováveis
A IRENA – *International Renewable Energy Agency* é uma organização intergovernamental que apoia os países na sua transição para um futuro energético sustentável, servindo como a principal plataforma para a cooperação internacional, um centro de excelência, e um repositório de conhecimento em matéria de política, tecnologia, recursos, conhecimento e financiamento em energias renováveis.

A ideia da criação de um organismo internacional especialmente dedicado ao tema das energias renováveis remonta a 1981, mais concretamente à Conferência das Nações Unidas sobre novas fontes de energia e energias renováveis, que teve lugar naquele ano em Nairobi. Porém, a criação institucional desta entidade apenas acabaria por ter lugar a 26 de janeiro de 2009, em Bona, na Alemanha. Portugal é um dos setenta países fundadores desta organização internacional.

A IRENA promove a ampla adoção e uso sustentável de todas as formas de energia renovável, incluindo bioenergia, geotérmica, hidroelétrica, oceânica, solar e eólica, na busca do desenvolvimento sustentável, o acesso à energia, segurança energética, crescimento económico de baixo carbono e prosperidade. Envolve ainda uma partilha de informação, conhecimento e boas práticas, promoção do investimento, da investigação científica e inova-

ENERGIA

ção na área. Fundamentalmente, atua como um agente facilitador do setor e catalisador do seu desenvolvimento.

Uma das principais funções da Agência é funcionar como um *hub* na divulgação de informação independente sobre as energias renováveis.

A IRENA incentiva os governos a adotar políticas de capacitação para investimentos em energia renovável, oferece ferramentas práticas e assessoria para acelerar a implantação de energias renováveis e facilita a partilha de conhecimento e transferência de tecnologia para fornecer energia limpa e sustentável.

A estrutura de trabalho desta Agência assenta sobre instrumentos de cooperação e parceria entre instituições governamentais e não-governamentais, assim como entidades empresariais ligadas ao setor. São especialmente importantes os relatórios que produz em matéria de análise de sucessos e fracassos em experiências comparadas.

Para a Agência, as energias renováveis são também perspetivadas como forma de crescimento económico e coesão social, incluindo a diminuição da pobreza, assegurando o acesso à energia no quadro de um desenvolvimento sustentável e segundo parâmetros de responsabilidade intergeracional.

(iii) Políticas de apoio às Fontes de Energia Renovável

O desenvolvimento das FER pode ser alcançado através de apoio direto, por via de instrumentos de natureza administrativa ou financeira que criem mercado para as FER ou reduzam os custos associados, quer de forma indireta, desfavorecendo as energias fósseis, por exemplo, através da imposição de um preço à poluição associada ao uso de energias fósseis. Paralelamente a estas medidas, podem existir campanhas de informação que favoreçam uma escolha mais responsável no plano ambiental por parte dos investidores e consumidores. Neste último ponto trata-se de promover as novas formas de regulação colaborativa e de *smart regulation*.

A figura seguinte evidencia bem que ainda nos encontramos longe da possibilidade de termos produção FER à escala atual sem existência de apoios significativos: em 2012, o custo médio da Produção em Regime Especial (PRE: produção de energias renováveis em Portugal com preços bonificados para os produtores) foi de € 109,9/MWh, enquanto o preço médio no mercado regulado foi de € 51,80/MWh.

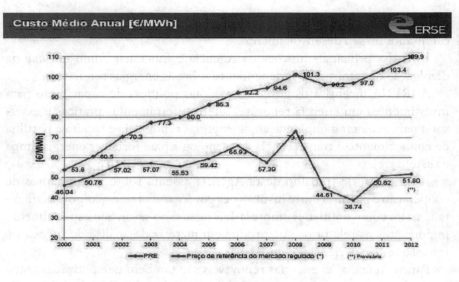

Fonte: ERSE

Tal financiamento público das FER tem encontrado justificação nas externalidades positivas associadas à utilização de FER e o seu estado inicial de desenvolvimento e também nos subsídios concedidos às energias fósseis e economias de escala de que estas beneficiam.

A intervenção do Estado no incentivo às fontes de energia renovável no tocante à energia solar e eólica assume particular importância, tendo em conta, por um lado, os elevados custos de investimento necessários para se obter economias de escala e de experiência na produção das mesmas e, por outro lado, o enorme potencial que estas duas fontes de energia apresentam no setor elétrico, sendo estas as fontes que mais se desenvolveram ao longo das últimas décadas.

As componentes hídrica e eólica são as fontes renováveis que apresentam um custo mais baixo de produção, o que as torna vetores fundamentais para o cumprimento dos objetivos em sede de FER, dado também o menor impacte nas tarifas médias dos consumidores. Todavia, estas fontes energéticas têm duas grandes desvantagens: por um lado, a sua variação significativa dependendo das condições naturais e, por outro lado, o impacte social e ambiental dos projetos de implementação. Mas a criação de mercados supranacionais de eletricidade pode também ajudar a evitar algumas dificuldades à expansão do uso de FER.

(iv) As energias renováveis em Portugal

Portugal lidera o pelotão a nível de incorporação de energias renováveis na União Europeia. Segundo o boletim mensal de abril elaborado pela Associação de Energias Renováveis (APREN), até abril de 2014 as renováveis mantêm-se como a principal fonte de eletricidade em Portugal, representando 88,5% do consumo em Portugal continental. A grande hídrica continuou a ser a principal fonte de produção de eletricidade, contabilizando praticamente metade no consumo. A produção de eletricidade de origem renovável em regime especial (PRE Renovável – toda a renovável exceto a grande hídrica) continua a constituir a segunda maior fonte de produção de eletricidade, responsável por 39,8% do consumo. A produção eólica correspondeu a um peso impressionante de 29,1% do consumo de eletricidade, seguida da biomassa com 5,0%, as pequenas centrais hídricas com 4,9%, e a solar fotovoltaica que continua a aumentar a sua produção e representa 0,8% do consumo. A produção térmica fóssil abasteceu menos de um quarto (22,7%) do consumo elétrico português.

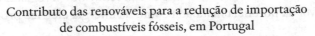

Contributo das renováveis para a redução de importação de combustíveis fósseis, em Portugal

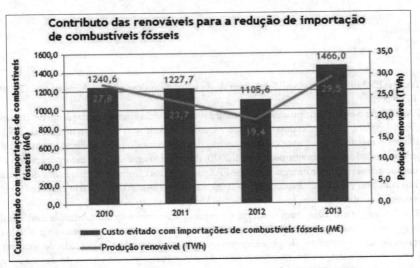

Fonte: Site da Associação de Energias Renováveis (APREN).

Portugal tem feito vigorar diferentes tipos de instrumentos para promover as fontes de energia renovável; como exemplo temos o tarifário nacional da "eletricidade verde", os benefícios fiscais e os subsídios de capital.

Subjacente à intervenção do Estado nesta matéria tem estado a ideia do não favorecimento expresso de qualquer fonte renovável específica e o apoio só a projetos financeiramente viáveis. Estes programas nacionais de política energética têm de ser aplicados articuladamente com o Programa Nacional para as Alterações Climáticas (PNAC 2020), o Plano Nacional de Ação para a Eficiência Energética – PNAEE, e o Plano Nacional de Ação para as Energias Renováveis – PNAER[39].

Os objetivos nacionais tomados como referência para o PNAER foram fixados no quadro das metas europeias "20-20-20", como mais adiante veremos com detalhe.

A revisão do PNAER é feita com respeito pelos compromissos assumidos por Portugal em matéria de energias renováveis, nos termos da Diretiva 2009/28/CE, mas em consonância com os novos cenários de procura de energia no período de 2013-2020.

Por fim, constata-se que a energia eólica tem vindo a registar uma subida tanto ao nível da potência instalada como da energia elétrica produzida.

---

[39] Tanto o PNAEE como o PNAER constam da Resolução do Conselho de Ministros n.º 20/2013, de 10 de abril.

O PNAEE tem o objetivo de promover um aumento da eficiência energética nas áreas de Transportes, Residencial e Serviços, Indústria, Estado e Comportamentos. A execução integral do PNAEE 2016 terá o mérito de promover o cumprimento dos objetivos do próprio Plano, assim como os objetivos assumidos no âmbito do PNAER 2020, designadamente 31% de incorporação de FER no consumo final bruto de energia e 10% de FER no setor dos transportes. Para maior desenvolvimento consultar Acordo de Parceria 2014-2020, *Revista Portugal 2020*, sumário executivo, pp. 1 a 10, janeiro de 2014, e Resolução do Conselho de Ministros n.º 20/2013.

O PNAER surgiu em 2013, num contexto de preocupação com a sustentabilidade ambiental e, principalmente, com a racionalidade económica. Este Plano surgiu em conjunto com o PNAEE. Trata-se de um instrumento de planeamento energético que estabelece o modo de alcançar os objetivos e compromissos internacionais assumidos por Portugal em matéria de uso de energia proveniente de FER. O PNAER identifica também as barreiras existentes, bem como o potencial de melhoria ao nível de incorporação de energia proveniente de fontes renováveis nos vários setores de atividade, isto com vista ao estabelecimento dos programas e medidas mais adequadas à observância daqueles compromissos.

Fonte: *Site* oficial da DGEG (Direcção-Geral de Energia e Geologia).

7. Setor do gás natural

No tocante ao gás natural, a primeira diretiva estruturante no mercado interno foi a Diretiva 98/30/CE, de 22 de junho de 1998, respeitante a regras comuns para o mercado do gás natural. Esta Diretiva desempenhou um papel da maior importância para a criação do Mercado Interno do Gás, demonstrando a experiência da sua aplicação os benefícios que daí podem resultar. A Diretiva 98/30/CE foi revogada em 2003 e substituída pela Diretiva 2003/55/CE, de 26 de junho de 2003.

A Diretiva 98/30/CE previa a abertura total à concorrência dos mercados nacionais do gás e contribuiu, desta forma, para a realização de um mercado do gás natural na União Europeia. A Diretiva estabeleceu ainda o direito de acesso não discriminatório de terceiros às redes de transportes e de distribuição, assim como às instalações de Gás Natural Liquefeito (GNL), para que os novos fornecedores possam operar no mercado e os consumidores sejam livres de escolher o seu fornecedor de gás.

Em cada Estado-Membro são nomeados gestores de redes de transportes e gestores de redes de distribuição (concessionários regionais). Estes gestores têm por objetivo a exploração, a manutenção e o desenvolvimento das instalações de transporte e distribuição, de armazenagem e gás natural liquefeito, tal como garantir a segurança, fiabilidade, eficácia e interconexão das instalações, respeitando o ambiente. Cabe a estes gestores de redes assegurar a todos os utilizadores um acesso não discriminatório e transparente à rede, devendo basear-se em tarifas objetivas e equitativas, de modo a não favorecer algumas empresas, especialmente aquelas a que estejam diretamente ligados. As atividades de transporte e de distribuição devem ser distintas, no plano jurídico e funcional, das outras atividades, como as de pro-

DIREITO DA UNIÃO EUROPEIA – ELEMENTOS DE DIREITO E POLÍTICAS DA UNIÃO

dução e de fornecimento, de modo a evitar qualquer discriminação quando as empresas são integradas verticalmente.

A Diretiva 98/30/CE fixava também normas mínimas comuns para garantir um nível elevado de defesa dos consumidores – direito de mudar de fornecedor, transparência das condições contratuais, entre outros –, assegurando particularmente uma defesa adequada dos consumidores mais vulneráveis; exemplo disso são as medidas direcionadas a evitar a interrupção do fornecimento de gás. Previa também a possibilidade de os Estados-Membros imporem obrigações de serviço público para asseverar a segurança do aprovisionamento, os objetivos de coesão económica e social, a regularidade, a qualidade e o preço do fornecimento de gás e a proteção do ambiente, uma vez que o gás é considerado um serviço de interesse geral ao qual os cidadãos devem ter acesso.

A Diretiva estabelecia derrogações em determinadas situações (mercados isolados, mercados emergentes – como Portugal –, etc.), assim como a possibilidade de os Estados-Membros, temporariamente, tomarem medidas de salvaguarda no caso de crise repentina do mercado, de ameaça para a segurança das pessoas, dos equipamentos ou das instalações ou, ainda, da integridade da rede.

Todavia, subsistiam deficiências significativas e possibilidades de melhorar o funcionamento do mercado, sendo necessárias medidas concretas, nomeadamente para assegurar condições equitativas de concorrência e reduzir o risco de ocorrência de posições dominantes e comportamentos predatórios no mercado.

Em julho de 2009, o Parlamento Europeu e a Comissão Europeia adotaram o Terceiro Pacote Energético comunitário, tendo acordado em assegurar a existência de uma regulamentação que incluísse as seguintes medidas:

– Uma separação efetiva entre atividades de produção e comercialização, por um lado, e atividades de transporte, por outro (*unbundling*[40]), com base em sistemas de operação de redes independentes e regulamentados de forma adequada que assegurem um acesso equitativo e aberto

---

[40] O termo *unbundling*, que significa *separação*, tornou-se familiar para a grande maioria dos agentes dos mercados e serviços relacionados com o setor energético. O estabelecimento de um mercado único energético na União Europeia tem como um dos seus passos prévios a resolução de conflitos de interesse decorrentes da existência de sociedades verticalmente integradas que levem, em última análise, a práticas discriminatórias e distorções de mercado.

ENERGIA

às infraestruturas de transporte e na independência das decisões sobre investimentos em infraestruturas;
- Uma maior harmonização das competências e reforço da independência das entidades reguladoras nacionais do setor da energia;
- O estabelecimento de um mecanismo independente que permita às entidades reguladoras cooperar e tomar decisões sobre importantes problemas transfronteiriços;
- A criação de um novo mecanismo comunitário que permita aos operadores de redes de transporte melhorar a cooperação do funcionamento das redes e a segurança destas, com base nas práticas de cooperação existentes;
- Um sistema mais eficiente e integrado para o comércio transfronteiriço de eletricidade e para o funcionamento da rede, incluindo a elaboração de normas técnicas;
- O aumento da concorrência e da segurança do aprovisionamento graças à integração facilitada de novas centrais elétricas na rede de eletricidade de todos os Estados-Membros, incentivando designadamente a entrada de novos operadores no mercado;
- Sinais de investimento relevantes que contribuam para reforçar a eficiência e a segurança de funcionamento da rede de transporte;
- Mais transparência nas operações do mercado da energia; e
- Uma melhor proteção dos consumidores.

Com base nestas diretrizes, a Comissão Europeia apresentou cinco propostas[41], que deram origem ao chamado Terceiro Pacote Legislativo.

Este Terceiro Pacote compreende a Diretiva relativa à eletricidade (2009/72/CE, de 13 de julho de 2009), que revoga a Diretiva 2003/54/CE, e a Diretiva relativa ao gás natural (2009/73/CE, de 13 de julho de 2003), que revoga a Diretiva 2003/55/CE.

O Pacote veio não só introduzir requisitos muito importantes para empresas de transmissão e poderes adicionais para os reguladores nacionais de energia, mas também um conjunto de instrumentos para a adoção

---

[41] Entre os projetos para alterar as Diretivas 2003/54/CE e 2003/55/CE encontravam-se os Regulamentos (CE) n.os 1228/2003, de 26 de junho de 2003, e 1775/2005, de 28 de setembro de 2005, relativos ao acesso às redes de eletricidade e acesso às redes de gás natural, respetivamente, e ainda a criação de uma Agência de Cooperação dos Reguladores de Energia.

de regras detalhadas comuns e harmonizadas, incluindo novas organizações e instituições, particularmente a Agência para a Cooperação Nacional dos Reguladores[42].

O Terceiro Pacote entrou em vigor a 3 de março de 2011, mas são ainda muito poucos os Estados-Membros que já completaram a transposição; à semelhança do que sucedeu com o Segundo Pacote, e é recorrente em temas de liberalização dos mercados, estão já em curso vários processos de infração iniciados pela Comissão contra Estados-Membros.

Na sua comunicação que define um plano de ação para fazer funcionar o mercado interno da energia [COM(2012) 0663], de novembro de 2012, a Comissão identifica e salienta as barreiras que continuam a dificultar a conclusão do mercado interno e a necessidade de medidas que confiram atualidade aos sistemas de energia e protejam melhor os consumidores, permitindo-lhes beneficiar da diferença de preços e da diversidade de serviços proporcionadas por um mercado de energia plenamente liberalizado, sem preços regulados.

(i) Mercado do gás

No caso do gás natural, a Europa depende, para suprir metade das suas necessidades energéticas, de importações muitas vezes provenientes de países longínquos. Uma rutura no abastecimento teria, certamente, graves consequências. Daí que em caso de escassez, a União Europeia possua um mecanismo de solidariedade muito rigoroso, que possibilita o acesso às reservas de gás e de petróleo. Porém, por prevenção, a União Europeia criou o seu próprio observatório dos mercados da energia e estabeleceu um sistema de alerta precoce com a Rússia.

Atualmente, cerca de 50% do gás é utilizado no consumo doméstico, 35% na indústria e 15% na produção de eletricidade.

Os mercados de gás, diferentemente do mercado petrolífero e derivados, são mais regionais, uma vez que o transporte do gás por navio não é tão favorável. O preço do gás varia de região para região, dependendo sempre da competitividade dos mercados, dos regulamentos locais e da lei da oferta e da procura.

O fornecimento de gás no futuro depende do desenvolvimento da procura, do nível de declínio das reservas de gás existentes, da descoberta e

---

[42] *EU Energy Law*, vol. I – "The International Energy Market. The Third Liberalisation Package, Third Edition", Claeys and Castels (ed.), Capítulo 1.

desenvolvimento de novas reservas de gás, da existência de gasodutos, da produção de GNL e de novas fontes de abastecimento (por exemplo, o desenvolvimento do gás de xisto).

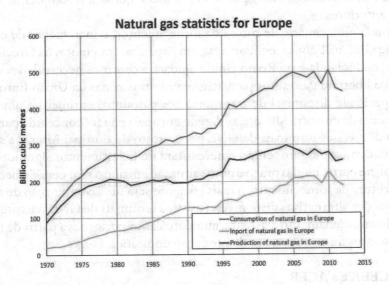

Fonte: *BP Statistical Review of Worlds Energy*, 2014.

O GNL poderá ser uma componente importante em termos de segurança de abastecimento, já que permite o acesso a fontes diversificadas de aprovisionamento. Os principais exportadores para a Europa são atualmente o Qatar, a Argélia, a Nigéria e Trinidad; a União Europeia tem 19 terminais de regaseificação de GNL e a sua taxa de utilização atual é baixa (28% em 2013).

Numa situação de rutura de fornecimento da Rússia – o principal risco que se coloca por se tratar do principal fornecedor e pelo histórico de problemas –, a dificuldade surge porque o potencial fluxo de gás natural a partir de GNL para Leste, que resultaria da substituição do gás russo por fornecimento através dos terminais de GNL do Oeste e Sul da Europa, iria ser limitado por restrições na rede de transporte europeia, um vez que o sistema europeu está concebido para acomodar principalmente os fluxos históricos predominantes de Norte para Sul e do Leste para Oeste. Apesar do substan-

DIREITO DA UNIÃO EUROPEIA – ELEMENTOS DE DIREITO E POLÍTICAS DA UNIÃO

cial aumento da capacidade de fluxo reversível nos pontos de interligação internacional, ocorrido recentemente, serão necessários investimentos significativos para permitir o "contrafluxo" do GNL para o Centro e Leste da Europa. Em 2011, a União Europeia aprovou o Pacote Legislativo Europeu sobre Infraestruturas Energéticas, que poderá ajudar a responder às situações anteriores.

Ainda num cenário de rutura de fornecimentos, o incremento de entregas de GNL na Bélgica, em Portugal, em Espanha, em França, na Grécia, em Itália, na Holanda e no Reino Unido ajudará a cobrir as necessidades europeias e libertará gasodutos para abastecer outras zonas da União Europeia. A capacidade disponível de transporte nos gasodutos europeus é um fator limitativo de curto/médio prazo. A rede europeia não foi concebida para um fluxo de gás dos terminais de GNL para o resto da Europa. Alterar a situação irá demorar algum tempo e necessitará de investimentos significativos. Assim, no curto/médio prazo e numa situação em que o pior cenário ocorra e haja rutura de fornecimento, o mais eficiente será uma combinação de todas as soluções alternativas disponíveis (uso dos terminais de GNL já existentes, uso do armazenamento existente, aumento das importações a partir de todas as restantes fontes, aumento da produção doméstica, etc.)[43].

8. O CEER e a ACER

O CEER – Council of European Energy Regulators é o Conselho de Reguladores Europeus da Energia, criado no ano 2000 para a cooperação dos reguladores de energia independentes da Europa. É a voz das entidades reguladoras nacionais da Europa de eletricidade e gás a nível comunitário e internacional. Através do CEER, uma associação sem fins lucrativos, os reguladores nacionais cooperam e discutem melhores práticas energéticas. Um dos seus principais objetivos é facilitar a criação, na União Europeia, de um mercado interno único de Energia, competitivo, eficiente e sustentável ao serviço do interesse público.

O CEER tem a sua sede em Bruxelas, lida com muitas questões complementares para o trabalho da ACER, como sejam questões internacionais, redes inteligentes, sustentabilidade e questões dos clientes.

[43] Segundo dados da ERSE (Entidade Reguladora dos Serviços Energéticos) em apresentação de "Os terminais de GNL na estratégia Europeia de Segurança de Abastecimento", por Jorge Esteves, 2014.

ENERGIA

Desde março de 2011, uma nova entidade, denominada Agência de Cooperação dos Reguladores da Energia, ACER, com sede em Liubiliana, tornou-se plenamente operacional enquanto agência europeia formal. A ACER foi estabelecida na sequência da entrada em vigor do Terceiro Pacote Legislativo para a liberalização da energia em 2009, sendo-lhe desde logo atribuída uma série de tarefas e responsabilidades em relação aos mercados de eletricidade e gás da Europa. A ACER é um organismo da União Europeia, com personalidade jurídica, financiado pelo orçamento da União, com uma equipa de cerca de 50 pessoas[44].

O CEER trabalha em íntima colaboração e apoio com a ACER, partilhando objetivos similares.

A ACER, embora tenha poucos poderes, é tida como o embrião de um eventual regulador europeu e dela se espera um papel relevante na resolução das questões das redes europeias. A Agência assegura que as entidades reguladoras nacionais são corretamente coordenadas e, se necessário, complementadas e monitoriza os mercados a fim de detetar eventuais distorções da concorrência. De entre as suas responsabilidades constam:

– orientações para a exploração de gasodutos e redes de eletricidade transfronteiriças;
– revisão da implementação dos planos de desenvolvimento das redes;
– decisão subsidiária de questões transfronteiriças;
– acompanhamento do funcionamento do mercado interno, incluindo os preços de retalho, o acesso à rede para renováveis e o respeito pelos direitos do consumidor.

O foco central e o compromisso mantêm-se na implementação do Terceiro Pacote Legislativo da Energia, no desenvolvimento e implementação das Orientações de enquadramento e dos Códigos de Rede, na concretização do Pacote Legislativo sobre Infraestruturas Energéticas Transeuropeias.

A ACER e as entidades reguladoras nacionais estão a desenvolver uma visão "European Energy Regulation – a bridge to 2025" –, estratégia global sobre os aspetos-chave, os desafios e as possíveis respostas de médio prazo (até 2025).

---

[44] Com a ACER em pleno funcionamento, o ERGEG – Grupo de Reguladores Europeus da Eletricidade e do Gás –, precursor do ACER, foi formalmente dissolvido pela Comissão Europeia, com efeitos a 1 de julho de 2011.

9. Direito da concorrência

O setor energético não tem uma tradição significativa de condenações por ilícitos de concorrência, sendo que tal é um cenário que sofreu profunda alteração nos últimos anos, tendo-se multiplicado os precedentes em vários países.

Em junho de 2005, a Comissão – Direção Geral da Concorrência – promoveu um inquérito setorial nos mercados de gás natural e eletricidade da União Europeia com vista a investigar as falhas de mercado, tendo sido publicado o Relatório Final do Inquérito do Setor da Energia, em janeiro de 2007. As principais conclusões foram as seguintes:

- Níveis de concentração de mercado muito elevados;
- Verticalização dos operadores nos mercados;
- Défice de acesso a infraestruturas essenciais pelos novos operadores;
- Efeito de encerramento de mercado, decorrente, designadamente, da celebração de contratos de fornecimento de longa duração.

Este inquérito setorial também teve um papel essencial nas propostas da Comissão para o Terceiro Pacote e para o incremento de processos de infração no setor.

Neste quadro, e atenta a importância crescente da política de concorrência no setor energético, apresenta-se de seguida uma pequena seleção de precedentes que ilustram as condicionantes *jus concorrenciais* crescentemente importantes sobre o setor.

a. Concentrações

A – Nível comunitário (União Europeia)

– *Concentração ENI/Galp, de 2000*[45]:
Objeto: operação de concentração consistente na aquisição de uma participação minoritária (1/3 e controlo conjunto) na empresa Galp pelo grupo italiano ENI ao Estado português (e Petrocontrol).

Mercados relevantes: os mercados portugueses da venda a retalho de combustíveis e da venda não retalhista de diesel e de gasolina, e o mercado espanhol da venda não retalhista de gasolina.

---

[45] Processo COMP/M.1859 – ENI/Galp.

ENERGIA

Resultado: a Comissão adotou uma decisão de não oposição à concentração.

– Concentração Repsol/Shell, de 2004[46]:
Objeto: operação de concentração consistente na aquisição dos negócios de produtos petrolíferos da Shell em Portugal pela empresa petrolífera espanhola Repsol YPF, com a exceção da área de negócio do gás e de lubrificantes.
Mercados relevantes: os mercados grossista e retalhista dos combustíveis e o mercado português dos betumes.
Resultado: a Comissão adotou uma decisão de não oposição à concentração.

– Concentração EDP/ENI/GDP, de 2004[47]:
Objeto: operação de concentração consistente na aquisição do controlo conjunto da empresa Gás de Portugal (GDP) pela EDP e pela ENI.
Mercados relevantes: os mercados grossista e retalhista de eletricidade em Portugal e o mercado do gás em Portugal.
Resultado: na sequência de uma investigação aprofundada, a Comissão Europeia proibiu o projeto, entendendo que a operação consistiria num obstáculo a uma concorrência efetiva por reforçar a posição dominante nos mercados em causa da EDP e GDP. Foi interposto recurso para o então Tribunal de Primeira Instância das Comunidades Europeias, o qual foi julgado improcedente.

B – Nível nacional (AdC)

– Concentração Galp/Esso, de 2005[48]:
Objeto: operação de concentração consistente na aquisição, através de trespasse, à Esso Portuguesa, pela Petrogal, das estações de serviço de gasóleo corado da Esso (redes de abastecimento de combustíveis), nos portos marítimos de Matosinhos, Portimão, Peniche, Olhão, Figueira da Foz e Lisboa.
Mercados relevantes: os mercados da comercialização de gasóleo corado nas estações de serviço nos portos de Matosinhos, Figueira da Foz, Peniche, Lisboa, Portimão e Olhão.

---

[46] Processo COMP/M.3516 – Repsol YPF/Shell Portugal.
[47] Processo COMP/M.3440 ENI/EDP/GDP.
[48] Ccent. 45/2004 – Galp*Esso.

Resultado: a 14 de dezembro de 2005, a AdC adotou uma decisão de proibição da operação de concentração, por entender que a mesma era suscetível de criar ou reforçar uma posição dominante da qual podiam vir a resultar entraves significativos à concorrência nos mercados da comercialização de gasóleo corado nos postos de venda nos mercados relevantes dos portos de pesca de Matosinhos, Figueira da Foz, Peniche, Lisboa, Portimão e Olhão.

Esta foi a primeira concentração "chumbada" em Portugal, não tendo sido apresentado recurso.

– *Concentração CLT (Galp)/Concessão TGLS, de 2007[49]:*
Objeto: operação de concentração consistente na aquisição, pelo Grupo Galp, do controlo exclusivo sobre a atividade de movimentação de cargas líquidas ou liquefeitas no Terminal de Granéis Líquidos do Porto de Sines e de gestão integrada de resíduos na área de jurisdição do Porto de Sines (Concessão TGLS).

Mercados relevantes: o mercado dos serviços de movimentação portuária de granéis líquidos e o mercado relacionado da distribuição de combustíveis.

Resultado: após investigação aprofundada, a AdC deliberou, a 26 de junho de 2008, não se opor à concentração.

b. Antitrust

A – Nível comunitário (União Europeia)

– *Caso Dong (comercialização conjunta), de 2003[50]:*
A empresa Dong, o operador histórico dinamarquês do setor do gás, comprava gás a um consórcio dinamarquês que incluía os principais produtores de gás da Dinamarca (comercialização conjunta), sendo que estes obrigavam a empresa a reportar-lhes os volumes vendidos a certas classes de consumidores, como condição para beneficiar de preços especiais.

Na sequência de uma investigação levada a cabo pela Comissão Europeia e pela autoridade da concorrência dinamarquesa, concluiu-se que este método de preços e as obrigações de reporte consubstanciavam uma restrição ao uso (uma "use restriction"), que impossibilitava a Dong de vender o gás a quem entendesse sem perder o benefício dos preços especiais.

---

[49] Ccent. 78/2007 Galp/TGLS.
[50] Processo n.º 38187 – PO/DUC – DONG.

ENERGIA

Os produtores dinamarqueses comprometeram-se a comercializar separadamente as suas produções e a Dong aceitou dispensar os produtores de lhe darem preferência na venda da produção de gás, tendo o processo sido encerrado em abril de 2003.

– Caso Repsol Verticals (contratos de fornecimento exclusivo), de 2006[51]:
A Comissão Europeia abriu um inquérito a fim de determinar se os contratos de fornecimento de combustíveis da Repsol Comercial de Produtos Petrolíferos às estações de serviço eram contrários às regras de concorrência do TCE.

Na sequência desse inquérito, a Repsol apresentou à Comissão Europeia um conjunto de compromissos de distribuição de combustíveis.

Em 12 de abril de 2006, a Comissão Europeia adotou uma decisão formal, nos termos do artigo 9.º do Regulamento (CE) n.º 1/2003, de 16 de dezembro de 2002, em que considera os compromissos propostos pela Repsol, no que concerne aos contratos de fornecimento de longo prazo com as estações de serviço, suficientes para solucionar os problemas de concorrência identificados.

– Cláusulas territoriais restritivas da Sonatrach, de 2007[52]:
Em julho de 2007, a Comissão Europeia e o Ministro argelino da Energia e das Minas chegaram a acordo relativamente à supressão das cláusulas territoriais restritivas e à ausência de mecanismos de partilha de benefícios, inseridos nos contratos de fornecimento de gás com o produtor de gás argelino Sonatrach, de forma a satisfazer as necessidades de gás dos países europeus.

O acordo veio eliminar o aspeto anticoncorrencial das cláusulas, suprimindo um obstáculo considerável em vista da criação de um mercado comunitário único de gás.

– Cartel dos Betumes em Espanha, de 2007[53]:
De 1991 a 2002, as empresas BP, Repsol, Cepsa, Nynas e Galp partilharam alegadamente entre si o mercado espanhol do betume (utilizado na construção de estradas).

---

[51] Processo COMP/B-1/38.343 – Repsol CPP.
[52] Processo n.º 37811 Territorial Restrictions 1) Algerian gas export contracts, 2) expansion of tag pipeline.
[53] Processo COMP/38710 – Bitumen Spain.

A investigação da Comissão iniciou-se com inspeções não anunciadas em outubro de 2002, decididas na sequência do pedido de imunidade da BP, que foi a primeira empresa a divulgar informações relativas ao cartel no quadro da comunicação sobre a clemência, tendo beneficiado, a esse título, da imunidade da coima.

Na sequência da investigação da Comissão, foram aplicadas coimas no valor total de € 183 651 000.

O processo encontra-se atualmente em recurso perante o TJUE, após reduções a duas das empresas (uma das quais a Galp) em primeira instância.

– Caso Distrigaz, de 2007[54]:

A Comissão Europeia iniciou uma investigação oficiosa à Distrigaz, empresa belga fornecedora de gás, no âmbito do atual artigo 102.º do TFUE. A investigação incidiu inicialmente sobre os contratos de fornecimento de gás a longo prazo celebrados entre a Distrigaz e os consumidores de gás na Bélgica.

De acordo com as avaliações preliminares da Comissão, os contratos de fornecimento podiam, a longo prazo, impedir os consumidores de mudar de fornecedor e, em última análise, impedir o acesso de outros fornecedores ao mercado.

A Distrigaz apresentou à Comissão uma proposta de compromissos, entre os quais, *(i)* do volume total de gás fornecido anualmente pela Distrigaz e pelas empresas associadas a utilizadores industriais e produtores de eletricidade na Bélgica, um mínimo de 70% regressará ao mercado. Se as vendas totais da Distrigaz diminuírem relativamente ao seu nível de 2007, a empresa poderá vincular um determinado volume fixo de vendas de gás, que represente menos de 20% do mercado total em causa; *(ii)* os contratos com os utilizadores industriais e os produtores de eletricidade não podem ter uma vigência superior a cinco anos, embora os contratos relativos a novas centrais elétricas com uma capacidade superior a 10 MW não estejam abrangidos pelos compromissos; *(iii)* a Distrigaz compromete-se a não celebrar quaisquer acordos de fornecimento de gás com revendedores com uma vigência superior a dois anos; e *(iv)* a Distrigaz confirma que não introduzirá nos seus contratos de fornecimento restrições em matéria de utilização ou cláusulas tácitas de renovação.

---

[54] Processo COMP/B-A/37.966 – Distrigaz.

ENERGIA

A Comissão considerou que os compromissos eram suficientes para dissipar as preocupações identificadas em matéria de concorrência.

B – Nível nacional (AdC)

– Inquérito ao Mercado dos Combustíveis, de 2008/2009:
Em 2008, no quadro de aumento dos preços do crude e dos produtos refinados, a pedido do Governo (do Ministro da Economia e da Inovação), nos termos do artigo 6.º, n.º 2, dos Estatutos de então da AdC, esta autoridade levou a cabo um estudo (de supervisão) sobre o mercado dos combustíveis líquidos. Pretendia-se apurar se a formação dos preços a retalho destes combustíveis se estava a desenvolver de acordo com as regras do mercado e de uma sã e livre concorrência.

Deste estudo resultou o "Relatório da Autoridade da Concorrência sobre o Mercado dos Combustíveis em Portugal", que incluía as seguintes conclusões principais:

– Os preços nacionais à saída da refinaria refletem a evolução dos preços do mercado de Roterdão (plataforma Platts NWE), sendo que, no caso particular da gasolina, tais cotações evoluem em paralelo com as cotações daquele produto no mercado de Nova Iorque, não sendo, por isso, possível concluir que os aumentos de preços tenham uma origem nacional;

– Os PVP, antes de impostos, do gasóleo e da gasolina IO95 refletem a evolução dos preços destes combustíveis à saída da refinaria;

– Os PMVP [preço médio de venda ao público] daqueles combustíveis antes da incidência da carga fiscal apresentam, entre Portugal e Espanha, um diferencial estatisticamente nulo, pelo que a diferença no preço final terá origem fiscal;

– Não é possível concluir pela existência de uma infração, seja pela ausência de indícios inequívocos de um paralelismo ilícito de comportamentos, seja porque não é possível excluir que algum paralelismo verificado no mercado possa resultar apenas de uma adaptação inteligente de comportamentos estratégicos às condições de mercado;

– Não existem indícios de uma prática de preços excessivos que pudesse ser imputada a um ou mais operadores.

DIREITO DA UNIÃO EUROPEIA – ELEMENTOS DE DIREITO E POLÍTICAS DA UNIÃO

Apesar de ter concluído que o problema ultrapassa a dimensão nacional e a vertente concorrencial, a AdC incluiu no Relatório em apreço um conjunto de recomendações, que incluem:

1. Facilitação do acesso de concorrentes aos mercados retalhistas – através de *(i)* simplificação dos procedimentos de licenciamento de instalação dos postos de combustíveis; *(ii)* alteração ao regime de licenciamento da instalação e alteração dos estabelecimentos comerciais de livre serviço; e *(iii)* licenciamento dos postos de combustíveis nas autoestradas;
2. Maior informação aos consumidores finais do mercado retalhista – nesta sede, a AdC reitera a colocação de painéis eletrónicos com os preços à entrada dos postos de combustíveis e o reforço da capacidade das entidades competentes para monitorizar o "regime de preços vigiados" dos produtos de gás liquefeito;
3. Acesso facilitado a nível grossista a fontes de abastecimento – através de *(i)* acesso a infraestruturas logísticas; e *(ii)* eliminação de barreiras técnicas nas especificações dos produtos petrolíferos entre Portugal e Espanha.

Na sequência deste relatório preliminar, a AdC emitiu, em março de 2009, o relatório final da Análise Aprofundada sobre os Sectores dos Combustíveis Líquidos e do Gás Engarrafado em Portugal.

De forma sintética, o Relatório permite retirar as seguintes conclusões principais:

– Em Portugal, o funcionamento do mercado dos combustíveis líquidos é muito semelhante ao da generalidade dos restantes países da União Europeia ou da OCDE;
– Em Portugal, os preços dos combustíveis líquidos – à saída das refinarias nacionais ou importados – correspondem aos preços de referência internacionais (Platts), apenas acrescidos dos *spreads* aplicáveis, como custos de transporte, fretes, seguros, quebras. A disciplina dos preços de referência internacionais num mercado de bens transacionáveis, como é o dos combustíveis líquidos, contribui decisivamente para que numa economia aberta como a portuguesa não faça sentido económico, e não seja sustentável, a prática de preços diferentes dos preços internacionais;
– Em Portugal, para o período de 2004 a 2008, os preços médios antes de imposto no retalho (PMAI) tenderam a ajustar-se completamente às variações dos preços de referência internacionais (Platts);

ENERGIA

– Por sua vez, para o mesmo período, os PMAI média da União Europeia a 15 tenderam a ajustar-se completamente às variações dos preços de referência internacionais (Platts) com um desfasamento de duas a três semanas no gasóleo e três semanas na gasolina;

– Em Portugal, para o mesmo período, os PMAI tenderam a ajustar-se completamente às variações dos preços de referência internacionais (Platts) com uma assimetria de uma semana, ou seja, o ajustamento dos PMAI à subida do preço de referência tendeu a ocorrer uma semana mais cedo do que o ajustamento à descida, fenómeno que é igualmente observado em vários outros países europeus. Deste facto não é possível extrair um ilícito concorrencial;

– Em Portugal, os preços de venda ao público dos combustíveis líquidos, à semelhança do que acontece nos restantes países europeus, dependem essencialmente de três componentes: em primeiro lugar, da carga fiscal (entre 46% para o gasóleo rodoviário e 59% para a gasolina, em 2008); em segundo lugar, dos preços à saída das refinarias nacionais ou internacionais (entre 32% para a gasolina e 44% para o gasóleo rodoviário, em 2008); e em terceiro lugar, mas num grau muito menor, da logística (armazenagem e transporte) e da atividade retalhista (cerca de 10% para ambos os combustíveis, em 2008);

– Da mesma forma, em Portugal, a diferenciação nominal entre os preços de venda ao público – normalmente não mais que 2 cêntimos, com exceção dos postos de supermercados, que tende a ser maior – está muito condicionada por diversos fatores estruturais. Mas, não obstante uma diferença nominal de 1 a 2 cêntimos ser pequena em termos absolutos e sobretudo na perceção do consumidor, no contexto de um negócio de margens de retalho muito estreitas, que tendem a variar entre 3 e 6 cêntimos, pode representar uma percentagem significativa dessa margem;

– Em Portugal, observa-se um paralelismo de comportamentos, quer pelas empresas petrolíferas quer pelos operadores independentes. No entanto, este paralelismo de comportamento, por si só, não indicia uma prática concertada de fixação horizontal de preços, uma vez que a homogeneidade dos produtos e a transparência dos mercados faz com que todos os operadores saibam tudo sobre os preços relevantes em tempo real. Estas características de mercado, conforme já esclarecido pela jurisprudência comunitária, inviabilizam a possibilidade de demonstrar e sustentar perante os tribunais que tal paralelismo de comportamento não configura uma adaptação inteligente às condições do próprio mercado e, como tal, não seja possível na ausência de concertação;

– Em Portugal, os preços nacionais de venda ao público, antes e depois de imposto, nunca se afastam muito da média da União Europeia a 27, nem nunca são preços extremos acima ou abaixo dessa média;

– Em Portugal, há aspetos estruturais, regulamentares e de comportamento que são importantes para assegurar uma maior contestabilidade dos mercados e que são objeto das recomendações que a AdC apresenta neste Relatório.

Em tudo o que é aplicável, as conclusões vão no mesmo sentido no caso dos combustíveis gasosos engarrafados.

– Distribuidores de primeira linha de GPL da Galp, de 2015[55]:
No início de 2015, a AdC condenou as empresas Petrogal, Galp Açores e Galp Madeira por práticas anticoncorrenciais no mercado do Gás de Petróleo Liquefeito (GPL), aplicando coimas às referidas empresas no montante de 9,29 milhões de euros.

Os alegados ilícitos jusconcorrenciais ocorreram no âmbito da relação comercial estabelecida entre as Empresas e os seus distribuidores de GPL em garrafa. As Empresas proibiam, nos termos dos contratos celebrados, a venda do produto pelos distribuidores fora de uma área geográfica previamente definida, mesmo em casos de venda passiva.

Os efeitos destas práticas – impostas a três centenas de distribuidores do produto em causa – impediriam a concorrência entre distribuidores situados em territórios vizinhos ou próximos. Em consequência, os distribuidores do produto não sofreriam qualquer pressão concorrencial da parte de outros distribuidores concorrentes, o que, em última análise, penalizava o consumidor com preços mais elevados. Acresce que estas práticas impediam o consumidor de optar pelo distribuidor do produto que praticasse os melhores preços.

c. Auxílios de Estado

– Auxílio de Estado no setor petroquímico (negado), de 1981[56]:
A Comissão Europeia negou a proposta de auxílio de Estado concedido pelo Governo dos Países Baixos a uma empresa no setor da indústria petro-

---

[55] Cf. comunicado de imprensa da AdC de 3 de fevereiro de 2015.
[56] Processo n.º 80/1157.

ENERGIA

química. A empresa pretendia renovar dois laboratórios de pesquisa na região de Amesterdão mas tal renovação não implicava a criação de novos postos de trabalho.

A Comissão Europeia negou viabilizar o auxílio de Estado por considerar que (i) o projeto poderia afetar as trocas comerciais entre os Estados-Membros e falsear ou ameaçar falsear a concorrência, na aceção do atual artigo 87.º do TFUE, uma vez que as derrogações à incompatibilidade dos auxílios de Estado com o mercado comum pressupõem que os objetivos sejam prosseguidos no interesse da Comunidade e não no interesse exclusivo do beneficiário da ajuda; (ii) o Governo holandês não conseguiu fornecer, e a Comissão também não encontrou, nenhuma justificação que permitisse incluir a ajuda em causa no leque das exceções previstas no n.º 3 daquele artigo, uma vez que a região de Amesterdão não é uma região onde o nível de vida seja anormalmente baixo ou em que exista grave situação de subemprego [alínea a)], nem o Governo holandês a incluiu nas regiões que merecem um esforço particular de desenvolvimento regional.

– *Mibel stranded costs, Portugal, de 2004*[57]:
A Comissão decidiu não levantar objeções à concessão de um auxílio por parte do Estado português a três empresas produtoras de energia, a EDP, a Tejo Energia e a Turbogás (apenas a primeira aproveitou o regime), por compensação dos custos ociosos ("stranded costs") de transição para a concorrência (Custos de Manutenção do Equilíbrio Contratual – CMECs).

Foi o maior auxílio de Estado desde sempre autorizado a Portugal pela Comissão Europeia, num valor máximo (não atingido) de até 9,2 mil milhões de euros.

Como aspeto relevante adicional, foi conseguido o englobamento no mesmo pacote de auxílio da componente dos investimentos ambientais.

– *Queixa stranded costs e concessão barragens, de 2013*[58]:
Em 2007, Portugal alargou as concessões facultadas à EDP para a utilização de recursos hídricos públicos para a produção de eletricidade, contra o pagamento de 759 milhões de euros. Esta medida traduz-se na manutenção sob o controlo da EDP de centrais elétricas, que representavam cerca de

---

[57] Processo n.º 161/2004.
[58] Processo SA. 35429.

DIREITO DA UNIÃO EUROPEIA – ELEMENTOS DE DIREITO E POLÍTICAS DA UNIÃO

27% da capacidade de produção do país, por um período de tempo muito longo (só terminando, em certos casos, em 2052).

Em setembro de 2012, um grupo de cidadãos apresentou à Comissão uma denúncia de um alegado auxílio estatal ilegal, alegadamente concedido por Portugal à EDP através de duas medidas distintas: extensão das concessões de utilização de recursos hídricos públicos, em condições favoráveis e compensações excessivas por investimentos anteriores que teriam sobrecarregado a EDP no enquadramento de mercado liberalizado ("custos ociosos").

Após a chamada Fase I, a Comissão deu início a um inquérito aprofundado, em 18 de setembro de 2013, a fim de verificar as alegações relativas ao preço pago em 2007 pela EDP para a extensão das concessões para a utilização dos recursos hídricos públicos e se a medida proporcionou uma vantagem económica indevida à EDP relativamente aos seus concorrentes.

Já quanto ao mecanismo de compensação dos custos ociosos, que havia anteriormente sido avaliado e viabilizado pela Comissão ao abrigo das normas da União Europeia sobre auxílios estatais, a Comissão concluiu preliminarmente pela inexistência de evidência de que os auxílios aprovados para a compensação dos custos ociosos tenham sido mal utilizados ou deixado de ser compatíveis com o mercado interno.

d. Outros precedentes europeus

– *Golden share belga, de 2002*[59]:

Em 1999, a Comissão intentou uma ação por incumprimento contra a Bélgica, cuja regulamentação relativa à limitação das aquisições de participações no âmbito das privatizações considerou violar o exercício das liberdades de circulação de capitais e de estabelecimento.

Estavam em causa dois Decretos Reais de 1994 que conferiram ao Estado belga uma ação específica na Société Nationale de Transport par Canalisations e na sociedade Distrigas, ação que permitia ao Ministro da Energia opor-se às transferências de instalações técnicas e às medidas de gestão específicas pontuais relativas aos ativos da sociedade e suscetíveis de ameaçar o aprovisionamento nacional em gás natural.

O TJUE, no seu acórdão em 2002 (proc. C-503/99), considerou que, quer a justificação do objetivo prosseguido (conservação de um aprovisio-

---

[59] Acórdão (TJUE) *Comissão das Comunidades Europeias contra Reino da Bélgica*, de 4 de junho de 2002, proc. C-503/99.

ENERGIA

namento mínimo de gás em caso de ameaça real e grave), quer as medidas definidas para a realização do mesmo, são compatíveis com os princípios fundamentais do direito comunitário, tendo julgado a regulamentação belga válida e, consequentemente, também a *golden share* belga, com base em segurança do abastecimento.

O caso tem a particular significância de ter sido o único que a Comissão perdeu junto do TJUE em matéria de *golden shares*, dando pistas importantes relativamente à respetiva aceitabilidade no quadro do direito da União Europeia.

– Caso Neste, de 2003[60]:

A Neste é uma empresa finlandesa que vende combustíveis através de postos de abastecimento e que impõe contratualmente aos seus distribuidores obrigações de não concorrência, por um período de cinco anos. Deste modo, estes ficam não só obrigados a comprar o combustível da Neste diretamente à empresa, como também impedidos de comprar combustível concorrente. A Neste tinha uma quota de mercado inferior a 30% na Finlândia.

A Comissão Europeia investigou as condições de concorrência no mercado finlandês de venda a retalho de combustíveis e concluiu que *(i)* havia vários refinadores e importadores e redes de distribuição; *(ii)* este era um esquema usual na Europa; *(iii)* os concorrentes da Neste tinham boas hipóteses de entrar e expandir-se no mercado; *(iv)* todos os anos regressam ao mercado cerca de 20% dos contratos de distribuição; e *(v)* além disso, foi desenvolvido *inter alia* um novo canal de distribuição, por novos operadores.

Consequentemente, a Comissão não se opôs ao "safe harbour" mas impôs que os arrendamentos estejam alinhados com o período de cinco anos.

– Caso de abuso de posição dominante dos produtores de eletricidade espanhóis, de 2003:

Os quatro maiores produtores de eletricidade espanhóis (Endesa, Iberdrola, Unión Fenosa e Hidrocantábrico), monopolistas nas respetivas áreas de serviço, alegadamente aumentaram de forma exagerada os preços durante três dias. Nesse período, e devido a problemas técnicos na rede, o mercado não funcionou em condições normais, com preços superiores aos praticados, que excederam os preços máximos dos 12 meses anteriores.

[60] Processos COMP/38.194/E3 e COMP/38.195/E3.

DIREITO DA UNIÃO EUROPEIA – ELEMENTOS DE DIREITO E POLÍTICAS DA UNIÃO

Estas variáveis levaram o Tribunal de Defensa de la Competencia a aplicar uma coima de 0,9 milhões de euros a cada uma das empresas, com base no abuso de posição dominante de cada uma.

– Contrato de fornecimento exclusivo CEPSA, de 2006[61]*:*
Trata-se de um pedido de decisão prejudicial relativamente à interpretação do atual artigo 101.° do TFUE e dos artigos 10.° a 13.° do Regulamento (CEE) n.° 1984/83, relativo à aplicação de isenção a determinadas categorias de acordos de compra exclusiva [modificado pelo Regulamento (CE) n.° 1582/97, de 30 de julho de 1997, apresentado pela Audiência Provincial de Madrid, em 27 de junho de 2006, no que toca a um contrato de fornecimento exclusivo celebrado entre um distribuidor de produtos petrolíferos (a CEPSA) e a empresa proprietária de uma estação de serviço (a Tobar)].

As principias conclusões do TJUE foram: *(i)* um contrato de fornecimento exclusivo de combustíveis pode estar incluído no âmbito do artigo 101.°, n.° 3, do TFUE quando o titular da estação de serviço assuma, numa proporção não insignificante, um ou vários riscos financeiros e comerciais aquando da venda desses produtos a terceiros e quando o referido contrato contenha cláusulas restritivas da concorrência, como a cláusula de fixação de preços de venda ao público; *(ii)* um contrato de fornecimento exclusivo, como o contrato celebrado entre a CEPSA e a Tobar, pode beneficiar da isenção por categoria prevista no Regulamento (CEE) n.° 1984/83 se respeitar a então duração máxima de dez anos [artigo 12.°, n.° 1, alínea *c)*] e se o distribuidor conceder ao titular da estação, *inter alia*, como contrapartida da exclusividade, vantagens económicas importantes que contribuam para uma melhoria da distribuição; e *(iii)* os artigos 10.° a 13.° do Regulamento (CEE) n.° 1984/83 devem ser interpretados no sentido da exclusão da aplicação da isenção por categoria a contratos que prevejam a fixação de preços de venda ao público por parte do distribuidor.

– Abuso de posição dominante da Iberdrola, de 2008:
Durante o segundo semestre de 2004 e alguns dias de janeiro e fevereiro de 2005, a Iberdrola ofereceu energia no mercado diário a preços excessivos, com o alegado objetivo de ficar de fora desse mercado e ser posteriormente chamada a solucionar as restrições técnicas causadas pelo desequilíbrio entre a oferta e a procura, que daí adviria.

---

[61] Acórdão (TJUE) *CEPSA*, de 11 de setembro de 2008, proc. C-279/06.

ENERGIA

O interesse da Iberdrola nesta conduta derivaria do facto de o preço a pagar no caso de resolução do problema das limitações técnicas ser superior, sendo que a sua energia seria forçosamente utilizada para esta resolução por se encontrar, na área em questão, em situação de monopólio.

O Conselho da Comisión Nacional de la Competência condenou a Iberdrola em 15,4 milhões de euros por abuso de posição dominante no mercado de energia elétrica, por meio de restrições técnicas, no nordeste espanhol.

– *Bloqueio de entrada de estrangeiros no setor da energia, em Espanha, de 2008*[62]:
Em 2006 e 2007, face a duas ofertas públicas de aquisição sobre a sociedade espanhola Endesa, uma lançada pela empresa alemã EON, outra lançada pela Acciona e Enel, o Governo espanhol instituiu um mecanismo de autorização prévia, com o intuito de bloquear tomadas de participações estrangeiras no setor da energia.

A EON subiu a proposta até 42,3 mil milhões de euros, um montante recorde na época para uma compra na energia, tendo o Governo espanhol, favorável a uma solução nacional para a Endesa, tentado a todo o custo evitar a concretização do negócio. Para tal, reforçou os poderes da Comisión Nacional de Energia, o regulador espanhol do setor da energia, que estabelecera uma série de condições à aquisição da Endesa pela EON, exigindo, nomeadamente, importantes cessões de ativos.

A EON acabou por renunciar à operação em abril de 2007, tendo um consórcio mediterrâneo, formado pelo grupo de construção civil espanhol Acciona e pelo grupo de energia italiano Enel, acabado por adquirir a Endesa, pelo montante de 42,5 mil milhões de euros.

A Comissão Europeia pediu a retirada das condições postas pelo regulador e, recusando-se a Espanha a ceder, recorreu ao TJUE.

Em março de 2008, o TJUE julgou ilegais as condições apostas pela Espanha, declarando o mecanismo de autorização prévia contrário ao direito comunitário, por violar os princípios da livre circulação de capitais, na medida em que é suscetível de dissuadir os investidores, e a liberdade de estabelecimento.

---

[62] Acórdão (TJUE) *Comissão das Comunidades Europeias contra Reino de Espanha*, de 6 de março de 2008, proc. C-196/07.

10. Os desafios do futuro

Já foi em 2007 que o Conselho Europeu aprovou os objetivos energéticos e mudança climática ambiciosos para 2020; para reduzir as emissões de gases de efeito estufa em 20%; para aumentar a quota das energias renováveis para 20%; e para fazer uma melhoria de 20% na eficiência energética. O Parlamento Europeu tem apoiado continuamente esses objetivos.

Outra das prioridades é a eliminação gradual dos estrangulamentos de capacidade de transmissão de eletricidade e gás natural prevalecentes entre vários blocos geográficos dentro da Europa. É o caso dos Pirinéus, que, com base em álibis ambientais, têm limitado a capacidade de transmissão de eletricidade em alta tensão e gás natural em alta pressão a limiares pouco relevantes e consequentemente mantido a Península Ibérica como uma ilha energética. Trata-se de uma situação com alguns progressos em curso ao nível elétrico, bastante impulsionados pelas autoridades portuguesas, mas ainda muito longe do que seria adequado a um mercado único europeu.

O Conselho Europeu adotou, em outubro de 2014, conclusões definitivas quanto ao novo quadro estratégico para o clima e a energia, inclusive sobre eventuais novas medidas destinadas a aumentar a segurança energética da Europa e os objetivos específicos de interconexão para 2030.

Fiel aos seus compromissos internacionais, a União Europeia empreendeu também um caminho no sentido de uma sociedade hipocarbónica até 2050. Para tanto, o setor da energia deverá passar por uma revolução tecnológica. No futuro, a eletricidade vai desempenhar um papel mais importante na diminuição do consumo global de energia. Será, por conseguinte, necessário inovar, e o papel da União Europeia passa por ajudar a suprir a distância entre o trabalho dos investigadores e engenheiros e a introdução de novas tecnologias. O armazenamento de energia, proveniente, nomeadamente, de fontes renováveis, é outro grande desafio tecnológico.

Para fazer face aos futuros desafios energéticos, a Europa também participa em vários grandes projetos internacionais, como o ITER, o reator de fusão nuclear experimental internacional, em construção em Cadarache (França), e no projeto de investigação internacional sobre os reatores nucleares do futuro.

Os encargos financeiros do desenvolvimento de novas soluções tecnológicas são enormes e só a colaboração a nível europeu pode permitir canalizar os investimentos provenientes de recursos públicos para tecnologias do futuro que ainda apresentam riscos excessivos para os investidores. Também por isso uma verdadeira política energética comum é uma solução incontornável.

ENERGIA

A Europa tem muitos desafios pela frente e a equação é complexa: é importante manter uma via de futuro preservando o mais possível o ambiente e a sustentabilidade, mas é fundamental assegurar que esse caminho é compatível com a melhor competitividade global da economia europeia, não prejudicando as suas empresas face à fatura energética dos blocos concorrentes.

Capítulo XIX
Ação Externa

ISABEL CAMISÃO
FRANCISCO PEREIRA COUTINHO

1. Introdução

I. A dimensão populacional, os laços históricos com outras partes do mundo, bem como o impacto financeiro, económico e comercial fizeram da União Europeia um ator de relevo no mundo globalizado. O bloco europeu é responsável por uma percentagem significativa do comércio mundial e gerador de um quarto da riqueza global[1]. A União é também o maior financiador de programas de ajuda ao desenvolvimento. No entanto, a complexidade e imprevisibilidade das relações internacionais no pós-guerra fria impuseram à União Europeia novas responsabilidades, para além da assistência financeira, ditando a necessidade de um reforço das componentes jurídicas e políticas da integração. Ao longo das últimas duas décadas, a União procurou dotar-se dos instrumentos e meios que lhe permitam responder com maior eficácia aos desafios de um mundo em permanente transformação.

[1] Comissão Europeia, *A União Europeia no Mundo: a Política Externa da União Europeia*, Serviço das Publicações Oficiais das Comunidades Europeias, 2007.

DIREITO DA UNIÃO EUROPEIA – ELEMENTOS DE DIREITO E POLÍTICAS DA UNIÃO

Apostando nas parcerias com países terceiros e com organizações internacionais, a União Europeia participa hoje num conjunto variado de missões, destacando-se as missões humanitárias, de prevenção de conflitos e manutenção da paz, de aconselhamento e assistência militar, e de gestão de crises, incluindo o restabelecimento da paz e operações de estabilização e reconstrução no termo dos conflitos. A União está também ativamente empenhada na luta contra o terrorismo, no território dos Estados-Membros e em países terceiros. A União Europeia tem igualmente desempenhado um reconhecido papel de liderança nas negociações para a resolução dos problemas que dominam a agenda global, com destaque para o domínio ambiental.

A reforma operada pelo Tratado de Lisboa visou dar à Europa uma plataforma reforçada para expandir e consolidar a sua política externa, em especial na vertente mais frágil da segurança e defesa. Numa dimensão que permanecia (e permanece) essencialmente intergovernamental era clara a necessidade de uma maior coordenação e articulação das políticas e ações dos Estados-Membros. O recentemente criado Serviço Europeu para a Ação Externa (SEAE) é apenas um exemplo, confirmando que os líderes europeus reconheceram a urgência de adaptar a resposta da diplomacia europeia às novas e voláteis realidades da era da governação global.

O real impacto do novo quadro institucional introduzido pelo Tratado de Lisboa é ainda difícil de avaliar. Porém, hoje como no futuro, a força da União Europeia residirá na unidade dos seus membros e, portanto, na sua habilidade para ultrapassar divergências internas e fortalecer o seu sistema de governação. A forma como a União equilibrará os interesses nacionais com a proteção do interesse comum determinará em grande medida a sua *actorness, i. e.*, a sua capacidade de afirmação como uma potência globalmente importante.

II. A declaração respeitante ao futuro da União Europeia, adotada no Conselho Europeu de *Laeken* em 15 de dezembro de 2001, apelava a um maior relevo para a União num mundo globalizado: a Europa, finalmente unida, deveria doravante desempenhar um papel de vanguarda na nova ordem planetária. Para além de um gigante económico, o desafio seria agora o de se tornar também numa potência política capaz de dar "um enquadramento ético à globalização"[2]. Para o efeito foi convocada uma conferência

---

[2] "Declaração de Laeken sobre o Futuro da União Europeia", p. 6, disponível em *http://www.europarl.europa.eu/summits/pdf/lae2_pt.pdf*.

AÇÃO EXTERNA

intergovernamental que redundaria no Tratado que estabelece uma Constituição para a Europa, onde se adotou um quadro institucional e jurídico para a política externa da União destinado a assegurar garantias acrescidas de eficácia, transparência e coerência entre as suas dimensões política e económica.

O Tratado de Lisboa retoma, no essencial, as soluções previstas no Tratado Constitucional, e começa por prever um conjunto unificado de objetivos para a ação externa da União:

"Nas suas relações com o resto do mundo, a União afirma e promove os seus valores e interesses e contribui para a protecção dos seus cidadãos. Contribui para a paz, a segurança, o desenvolvimento sustentável do planeta, a solidariedade e o respeito mútuo entre os povos, o comércio livre e equitativo, a erradicação da pobreza e a protecção dos direitos humanos, em especial os da criança, bem como para a rigorosa observância e o desenvolvimento do direito internacional, incluindo o respeito dos princípios da Carta das Nações Unidas"[3].

Para a prossecução destes objetivos, foi abolida a estrutura dita "de pilares" criada pelo Tratado de Maastricht. Com implicações para a ação externa da União, esta previa, como um primeiro pilar, as Comunidades Europeias, sujeitas a um método decisório supranacional – o método comunitário –, caracterizado pela existência de instituições independentes dos Estados-Membros com poderes efetivos e pela adoção da regra da maioria no Conselho. Por outro lado, num segundo pilar, encontrávamos a Política Externa e de Segurança Comum (PESC), a qual cobria "todos os domínios da política externa e de segurança" da União (anterior artigo 11.º do TUE), estando para o efeito submetida a um método decisório intergovernamental, fundado na adoção da regra da unanimidade no Conselho para as suas deliberações e na exclusão da intervenção efetiva das demais instituições da União.

Um dos objetivos do Tratado de Lisboa foi justamente eliminar aquilo que Jacques Delors apelidou de "esquizofrenia organizada" da União Europeia. Esta traduzia-se na convivência simultânea de uma política externa intergovernamental definida pelo Conselho nos domínios da PESC e da Política Comum de Segurança e Defesa (PCSD) e de uma ação externa de matriz supranacional direcionada para a vertente económica da Comunidade Euro-

---

[3] Artigo 3.º, n.º 5, do TUE. Cf., também no TUE, o artigo 21.º, n.º 1, e, especialmente, n.º 2, onde se preveem um conjunto de oito corolários deste conjunto macro de objetivos que devem ser respeitados e prosseguidos nos diferentes domínios da ação externa da União.

peia dirigida pela Comissão Europeia. Este estado de coisas passou para a opinião pública pela via de uma pergunta atribuída a Henry Kissinger: qual era, afinal, o número de telefone da Europa?[4]

III. As principais alterações introduzidas pelo Tratado de Lisboa no domínio da ação externa da União tiveram como propósito comum unificar e dar coerência à sua intervenção e, por essa via, combater a dita esquizofrenia. A mais radical vem a ser a já mencionada abolição da estrutura de pilares criada pelo Tratado de Maastricht, pela qual se determinou a absorção da Comunidade Europeia e a sua substituição pela União Europeia [artigo 1.º, 3.º §, do TUE], que se passa a fundar no TUE e no TFUE, a nova designação do TCE. A União ganhou com isso personalidade jurídica, o que lhe permite estabelecer uma rede de delegações e concluir convenções internacionais com Estados terceiros e organizações internacionais.

O Tratado de Lisboa não adotou, contudo, uma regulação sistemática unificada das várias vertentes da ação externa da União: a PESC – que passa também a incluir a PCSD – está prevista no Título V do TUE ("Disposições gerais relativas à acção externa da União e disposições específicas relativas às políticas externa e de segurança comum") e os demais domínios – essencialmente as matérias respeitantes ao comércio internacional, à cooperação para o desenvolvimento e à ajuda humanitária – foram incluídos na Parte V do TFUE ("A acção externa da União"). Este constituiria um formalismo sem consequências jurídicas[5], caso não fosse explicitamente referido em duas declarações anexas aos Tratados que a PESC não prejudica as competências de cada Estado-Membro para determinar e conduzir a sua própria política externa[6]. Em termos substantivos, esta opção determinou o reconhecimento de regras e procedimentos específicos de cariz intergovernamental para a PESC que, no essencial, perpetuam o método decisório criado

---

[4] "Who do I call if I want to call Europe?" é a formulação mais comum das muitas variações da pergunta atribuída a Kissinger. Ainda que o próprio tenha dito publicamente que não estava certo de ter colocado tal questão, a frase tornou-se uma referência nos meios europeus, talvez porque, ao expor claramente uma das sérias fragilidades da política externa europeia, acabaria por validar a pretensão dos defensores de uma agenda mais integracionista neste domínio.

[5] De acordo com o artigo 1.º, 3.º §, do TUE os dois Tratados têm o mesmo valor jurídico.

[6] Mais especificamente, a Declaração n.º 13 nota que "... as disposições que regem a PESC não prejudicam o carácter específico da política de segurança e defesa dos Estados-Membros", e a Declaração n.º 14 refere explicitamente que "... as disposições que regem a PESC não prejudicam o carácter específico da política de segurança e defesa dos Estados-Membros".

AÇÃO EXTERNA

pelo Tratado de Maastricht (artigo 24.°, n.° 2, do TUE). Esta política permanece, portanto, como uma "ilha" sujeita ao método intergovernamental, a qual, todavia, não afeta a aplicação do "método comunitário" nos demais domínios da ação externa da União (artigo 40.° do TUE).

IV. Este capítulo foca algumas das principais dimensões da ação externa da União à luz das inovações trazidas pelo Tratado de Lisboa. Começa por descrever como se organiza institucionalmente a União para prosseguir os objetivos que norteiam a sua ação externa, para em seguida centrar atenções na PESC e no processo de conclusão de acordos internacionais pela União. Razões de espaço motivaram a análise de um domínio material e de um instrumento de intervenção da União no âmbito da sua ação externa, cuja escolha se prendeu com a circunstância de permitirem à União projetar-se sobre o tríptico clássico da subjetividade dos sujeitos internacionais (*ius belli, ius legationes* e *ius tractuum*).

2. Os protagonistas

Não obstante o 2.° § do n.° 3 do artigo 21.° do TUE anunciar que a coerência entre os diferentes domínios da ação externa da União e entre estes e as suas outras políticas é assegurada pelo Conselho e pela Comissão, assistidos pela figura do Alto Representante da União para os Negócios Estrangeiros e a Política de Segurança ("Alto Representante"), o principal mecanismo de garantia dessa coerência pertence ao Conselho Europeu. Com efeito, cabe a esta instituição tomar por unanimidade decisões de cariz estratégico que incidam nos domínios da PESC e noutros domínios que se insiram no âmbito da ação externa da União, sob recomendação do Conselho adotada por este de acordo com as regras previstas em cada domínio[7].

Sem prejuízo das competências de representação externa da União atribuídas ao Presidente do Conselho Europeu no âmbito da PESC (artigo 15.°, n.° 6, do TUE) e ao Presidente e demais membros da Comissão nos restantes domínios da ação externa da União (artigo 17.°, n.° 1, do TUE), a execução das decisões do Conselho Europeu neste âmbito e a consequente missão de garante da consistência da ação externa da União compete, em primeira linha, ao Alto Representante, a quem é atribuída a condução da PESC

---

[7] Artigo 22.°, n.° 1, do TUE. Isto significa que a recomendação do Conselho pode ter origem numa iniciativa do Alto Representante se incidir sobre a PESC, ou da Comissão caso se debruce sobre qualquer outra área da ação externa da União.

(artigo 18.º, n.º 2, do TUE) e a coordenação dos demais domínios da relações externas da União (artigo 18.º, n.º 4, do TUE). Em seguida analisamos as principais características desta figura e do serviço que chefia.

2.1. O Alto Representante da União para os Negócios Estrangeiros e a Política de Segurança

A alteração introduzida pelo Tratado de Lisboa que tem maior impacto na definição da política externa da União é do foro institucional e consubstancia-se na criação de uma figura que faz a ponte entre o Conselho e a Comissão. Trata-se do Alto Representante, o qual assume uma condição híbrida de vice-presidente da Comissão e de presidente do Conselho de Ministros dos Negócios Estrangeiros. Possui, por isso, um "duplo chapéu", que se projeta sobre o seu processo de designação e sobre as suas competências.

2.1.1. Nomeação

A nomeação do Alto Representante compete ao Conselho Europeu, deliberando por maioria qualificada, com o acordo do Presidente da Comissão (artigo 18.º, n.º 1, do TUE). Uma vez que integra a Comissão como vice-presidente, está sujeito a um processo de investidura no Parlamento Europeu juntamente com o Presidente e os demais membros da Comissão para um mandato de cinco anos (artigo 17.º, n.º 7, 3.º §, do TUE).

A demissão do Alto Representante decorre *(i)* de decisão do Conselho Europeu, deliberando por maioria qualificada, por iniciativa do Presidente da Comissão (artigo 17.º, n.º 6, do TUE) ou do próprio Conselho – caso em que ainda será necessário o acordo do Presidente da Comissão (artigo 18.º, n.º 1, do TUE); *(ii)* da aprovação de uma moção de censura à Comissão (artigo 17.º, n.º 8, do TUE), a qual determina a cessação de funções do Alto Representante na Comissão, mas não no Conselho[8].

2.1.2. Competências

I. Ao Alto Representante compete assegurar a consistência da ação externa da União, acumulando para o efeito os cargos de membro do Conselho e

---

[8] Jan Wouters, Dominic Coppens e Bart de Meester, "The European Union's External Relations after the Lisboa Treaty", *The Lisbon Treaty – EU Constitutionalism without a Treaty?*, Stephan Griller e Jacques Ziller (coord.), Springer, 2008, p. 151.

AÇÃO EXTERNA

da Comissão, para além de participar nos trabalhos do Conselho Europeu[9]. Como veremos, assume materialmente as funções de um verdadeiro Ministro dos Negócios Estrangeiros da União[10], não obstante esta designação, que tinha sido adotada pelo Tratado Constitucional, ter sido abandonada pelo Tratado de Lisboa.

II. O Alto Representante assume a presidência da formação do Conselho (Negócios Estrangeiros) responsável por assegurar a coerência da ação externa da União e, de acordo com as linhas estratégicas fixadas pelo Conselho Europeu, elaborar a ação externa da União no âmbito da PESC e da PCSD[11]. Ao Alto Representante compete individualmente conduzir estas políticas (artigo 18.º, n.º 2, do TUE), sendo-lhe para o efeito atribuído *(i)* direito de iniciativa, através da apresentação de propostas ao Conselho Europeu e ao Conselho (artigo 27.º, n.º 1, do TUE); *(ii)* direito de representação da União junto organizações internacionais e conferências internacionais (artigo 27.º, n.º 2, do TUE)[12]; e, mais difusamente, *(iii)* a missão de controlar o cumprimento da PESC e da PCSD pelos Estados-Membros (artigo 24.º, n.º 3, 3.º §, do TUE).

III. O Alto Representante acumula ainda o cargo de vice-presidente da Comissão, onde é responsável pelo domínio das relações externas e pela coordenação dos demais domínios da ação externa da União (artigos 17.º, n.º 4, e 18.º, n.º 4, do TUE). Ou seja, para além de fazer a ponte com o Conselho, tem a missão de coordenar a ação dos Comissários com pelouros com relevância para a ação externa da União. No exercício destas suas responsabilidades, está sujeito aos procedimentos que regem a Comissão, na medida em que tal seja compatível com a sua função enquanto membro do Conselho (artigo 18.º, n.º 4, do TUE), pelo que está condicionado pelas orientações

[9] O Alto Representante não é membro do Conselho Europeu, o que significa que não tem direito de voto (artigo 15.º, n.º 2, do TUE).

[10] ANTÓNIO GOUCHA SOARES, "O Tratado de Lisboa e a Política Externa e de Segurança Comum", *in* Nuno Piçarra (coord.), *A União Europeia segundo o Tratado de Lisboa*, Almedina, Coimbra, 2011, p. 116.

[11] Artigos 16.º, n.º 6, e 18.º, n.º 3, do TUE. Esta constitui a única formação do Conselho que não é presidida rotativamente pelos representantes dos Estados-Membros (artigo 16.º, n.º 9, do TUE).

[12] Será o caso do Conselho de Segurança, sempre que a União tenha definido uma posição sobre um assunto que consta da ordem de trabalhos deste órgão das Nações Unidas (artigo 34.º, n.º 2, 3.º §, do TUE).

1193

DIREITO DA UNIÃO EUROPEIA – ELEMENTOS DE DIREITO E POLÍTICAS DA UNIÃO

que receba do Presidente da Comissão [artigo 17.º, n.º 6, alínea *a)*, do TUE], perante quem responde politicamente[13].

IV. O exercício de funções de representação da União pelo Alto Representante está ofuscado pelas figuras do Presidente do Conselho Europeu[14] e do Presidente da Comissão, a quem são atribuídas funções de representação da União ao nível de Chefes de Estado ou de Governo, respetivamente no âmbito da PESC e nas demais matérias cobertas pela ação externa da União (artigos 15.º, n.º 6, 2.º §, e 17.º do TUE)[15]. O "número de telefone" da Europa parece assim depender de quem telefona: será o do Presidente do Conselho Europeu ou do Presidente da Comissão nos casos em que o interlocutor é um Chefe de Estado ou de Governo e o do Alto Representante nos restantes casos. Depois do Tratado de Lisboa, a representação internacional da União passou assim a estar a cargo de uma "troika" constituída pelo Presidente do Conselho, pelo Presidente da Comissão e pelo Alto Representante. Saber se estas diferentes vozes se conjugam de forma harmoniosa ou cacofónica dependerá, em larga medida, da capacidade demonstrada pelo Alto Representante para estabelecer vias de diálogo entre os restantes membros do triunvirato.

2.2. O Serviço Europeu para a Ação Externa
I. O Tratado de Lisboa criou também um "corpo diplomático europeu": o SEAE. A organização e o funcionamento deste Serviço foram definidos por decisão do Conselho – Decisão 2010/427/UE, de 26 de julho de 2010 –, deliberando sob proposta do Alto Representante, após consulta ao Parlamento Europeu e aprovação da Comissão (artigo 27.º, n.ºs 2 e 3, do TUE).

---

[13] Nos termos do artigo 17.º, n.º 6, 2.º §, do TUE, o Alto Representante apresenta a sua demissão, nos termos do n.º 1 do artigo 18.º, se o Presidente da Comissão lho pedir.

[14] O Tratado de Lisboa procedeu a uma espécie de "profissionalização" do cargo de Presidente do Conselho Europeu, já que este passou a ser eleito pelos seus pares por maioria qualificada, por um mandato de dois anos e meio, renovável uma vez (artigo 15.º, n.º 5, do TUE). O cargo é exercido com total exclusividade, não podendo o Presidente do Conselho Europeu "exercer qualquer mandato nacional" (artigo 15.º, n.º 6, *in fine*, do TUE).

[15] Por esta razão, não obstante competir ao Alto Representante exprimir a posição da União nas organizações internacionais (artigo 27.º, n.º 2, do TUE), o Presidente do Conselho intervém igualmente perante a Assembleia Geral das Nações Unidas, no quadro do direito – único entre as organizações regionais que partilham o estatuto de observador nas Nações Unidas – de participação nos seus debates (cf. Resolução da Assembleia Geral das Nações Unidas n.º 65/276, de 5 de maio de 2011, disponível em *http://www.un.org/ga/search/view_doc.asp?symbol=A/RES/65/276*).

AÇÃO EXTERNA

O novo "corpo diplomático europeu" é constituído por funcionários da Comissão e do Conselho – a fusão dos respetivos serviços com responsabilidade na política externa da União constitui outro dos pontos mais relevantes do Tratado de Lisboa –, bem como, pela primeira vez, por membros dos corpos diplomáticos nacionais dos Estados-Membros, os quais devem representar, pelo menos, um terço do total dos seus efetivos (artigo 6.º, n.º 9, da Decisão 2010/427).

Ao SEAE foi atribuída a missão de: *(i)* implementar a política externa da União, sob a direção do Alto Representante, e em colaboração com os serviços diplomáticos dos Estados-Membros (artigos 27.º, n.º 3, do TUE e 1.º, n.º 3, da Decisão 2010/427); *(ii)* assistir o Presidente do Conselho Europeu, o Presidente da Comissão e a Comissão, no exercício das suas funções no domínio das relações externas (artigo 2.º, n.º 2, da Decisão 2010/427); *(iii)* apoiar e trabalhar em cooperação com os serviços diplomáticos dos Estados-Membros, com o Secretariado-Geral do Conselho e com os serviços da Comissão, por forma a assegurar a coerência entre os diferentes domínios da ação externa da União e entre estes e as suas outras políticas (artigo 3.º, n.º 1, da Decisão 2010/427); *(iv)* prestar apoio à Comissão na preparação e implementação de programas e instrumentos financeiros relacionados com a ação externa da União (artigo 9.º da Decisão 2010/427); *(v)* prestar apoio e cooperar com as demais instituições e órgãos da União, em particular o Parlamento Europeu (artigo 3.º, n.º 4, da Decisão 2010/427).

II. O SEAE, sediado em Bruxelas, é um órgão funcionalmente autónomo, sendo gerido por um Secretário-Geral executivo – que opera sob a autoridade do Alto Representante (artigo 4.º, n.º 1, da Decisão 2010/427) – e coadjuvado por dois Secretários-Gerais Adjuntos.

O SEAE é composto por uma administração central organizada em Direções-Gerais e por uma rede de delegações da União em países terceiros e em organizações internacionais (artigos 4.º e 5.º da Decisão 2010/427).

As Direções-Gerais são dedicadas: *(i)* a domínios de ações temáticas e geográficas, abrangendo todos os países e regiões do mundo; *(ii)* à gestão administrativa, à segurança dos sistemas de comunicação e informação, à gestão orçamental e aos recursos humanos; *(iii)* à gestão de crises e ao planeamento, ao Estado-Maior da União Europeia, e ao Centro de Situação da União Europeia (Sitcen) para a condução da PESC.

A administração central inclui ainda uma unidade de planeamento estratégico, um serviço jurídico e unidades orgânicas para as relações interinsti-

1195

DIREITO DA UNIÃO EUROPEIA - ELEMENTOS DE DIREITO E POLÍTICAS DA UNIÃO

tucionais, a informação e a diplomacia pública, a auditoria interna e inspeções e a proteção de dados pessoais (artigo 4.º, n.º 3, da Decisão 2010/427).

Quanto às delegações da União, cabe ao Alto Representante, de comum acordo com o Conselho e a Comissão, a decisão de abrir ou encerrar uma delegação (artigo 5.º, n.º 1, da Decisão 2010/427). Cada delegação da União fica colocada sob a autoridade de um Chefe de Delegação que, por sua vez, responde perante o Alto Representante pela gestão global do trabalho da delegação e pela coordenação de todas as ações da União. O pessoal da delegação é constituído por pessoal do SEAE e, sempre que necessário para a execução das políticas que não se enquadram no âmbito de competência do SEAE, por pessoal da Comissão (artigo 5.º, n.º 2, da Decisão 2010/427). O Chefe da Delegação fica habilitado a representar a União no país onde a delegação está acreditada, nomeadamente para celebração de contratos e representação em juízo (artigo 5.º, n.º 8, da Decisão 2010/427). As delegações deverão ser capazes de responder adequadamente às necessidades das outras instituições da União, nos seus contactos com as organizações internacionais ou com os países terceiros junto dos quais as delegações estão acreditadas (artigo 5.º, n.º 7, da Decisão 2010/427). Cabe também às delegações trabalhar em estreita colaboração e partilhar informações com os serviços diplomáticos dos Estados-Membros. Para além destas responsabilidades, as delegações prestam apoio aos Estados-Membros, a pedido destes, nas suas relações diplomáticas e no seu papel de proteção consular aos cidadãos da União nos países terceiros (artigo 5.º, n.os 9 e 10, da Decisão 2010/427). O funcionamento de cada delegação é periodicamente avaliado pelo Secretário-Geral Executivo do SEAE (artigo 5.º, n.º 5, da Decisão 2010/427).

III. O SEAE está formalmente operacional desde 1 de janeiro de 2011. Embora a forma como decorreu a preparação e o lançamento do SEAE tenha merecido inúmeras críticas[16], o novo Serviço tem um potencial positivo para a promoção da integração europeia. A sua criação envolveu a fusão de partes significativas do Secretariado do Conselho e da Comissão num novo órgão, ao mesmo tempo que as 140 Delegações da Comissão foram transformadas em delegações da União Europeia responsáveis pelas competências da

---

[16] O Relatório Especial de 2014 elaborado pelo Tribunal de Contas Europeu conclui mesmo que a criação do SEAE foi "apressada e mal preparada" (cf. European Court of Auditors, 2014, "The Establishment of the European External Actio Service", Special Report, disponível em *http://www.eca.europa.eu/Lists/ECADocuments/SR14_11/SR14_11_EN.pdf*).

AÇÃO EXTERNA

União em matérias de política económica e de segurança. O novo Serviço poderá assim assumir funções que eram até à data da responsabilidade dos serviços diplomáticos de cada um dos Estados-Membros, evitando uma excessiva duplicação de tarefas e abrindo caminho a significativas economias de escala. Por outro lado, criando uma estrutura que integra diplomatas nacionais e funcionários da União Europeia, concentrando as ferramentas e os recursos para pôr em prática a política externa, e servindo de ligação entre as instituições intergovernamentais e supranacionais da União, o SEAE está numa situação privilegiada para institucionalizar uma verdadeira "cultura de política externa"[17] *europeia* e criar sinergias que reforcem o papel e a identidade da União no domínio da ação externa.

O artigo 13.º, n.º 3, da Decisão 2010/427 previa que, em meados de 2013 o Alto Representante avaliasse o funcionamento e a organização do SEAE, propondo reformas, caso entendesse necessário. O Relatório do Alto Representante[18], publicado em julho de 2013, propõe um conjunto de recomendações, de curto e médio prazo, destinadas a corrigir problemas de procedimento e debilidades estruturais. Sem prejuízo do efeito positivo destas recomendações, cujo impacto é ainda prematuro avaliar, a eficácia do SEAE dependerá sempre, em primeiro lugar, do apoio inequívoco dos Estados-Membros e do investimento que estes estão dispostos a fazer, em termos de recursos e de pessoal, para conseguir uma política externa mais comum e mais eficiente.

3. A Política Externa e de Segurança Comum

3.1. Evolução[19]

3.1.1. Da cooperação política europeia à Política Externa e de Segurança Comum

I. À medida que as suas funções se foram adensando, a União foi alargando a sua ação externa. A um papel de destaque nas negociações comer-

---

[17] MICHAEL EMERSON *et al.*, *Upgrading the EU's Role as Global Ator: Institutions, Law and the Restructuring of European Diplomacy*, CEPS, 2011, p. 48.

[18] Cf. EEAS Review, disponível em *http://eeas.europa.eu/library/publications/2013/3/2013_eeas_review_en.pdf*.

[19] Uma parte deste ponto é baseada no livro de ISABEL CAMISÃO e LUÍS LOBO-FERNANDES, *Construir a Europa: o Processo de Integração entre a Teoria e a História*, Principia, São João do Estoril, 2005.

DIREITO DA UNIÃO EUROPEIA – ELEMENTOS DE DIREITO E POLÍTICAS DA UNIÃO

ciais[20] somou-se a política de ajuda ao desenvolvimento e uma vasta rede de acordos de associação e assistência estabelecidos entre a União e um número significativo de países de todo o mundo. Até há duas décadas atrás, a dimensão externa da União cingia-se, porém, quase exclusivamente ao domínio económico. A então CEE desenvolveu-se como uma "potência civil"[21], deixando a sua segurança a cargo da Organização do Tratado do Atlântico Norte (NATO).

Com efeito, na sequência do fracasso da Comunidade Europeia da Defesa (CED)[22], a prioridade dada à integração económica como um meio para atingir a integração política acabaria por relegar para segundo plano esta última dimensão. Não obstante, a partir da década de setenta, os Estados-Membros começaram a praticar uma "discreta" cooperação política intergovernamental que, gradualmente, foi deixando de ser uma mera "consulta recíproca sobre as questões importantes", para dar lugar à Cooperação Política Europeia (CPE) – um processo totalmente intergovernamental (fora dos tratados) que tinha por objetivo harmonizar tanto quanto possível as políticas externas dos Estados-Membros e, com isso, tentar uma maior influência internacional no quadro bipolar. A ideia de uma plataforma institucional para a cooperação política externa foi introduzida inicialmente na Cimeira de Haia (dezembro de 1969) pelo então presidente francês Georges Pompidou. Esta cooperação foi depois justificada no *Relatório Davignon* (1970) pela necessidade de uma maior associação dos Estados-Membros na política internacional, isto é, da procura de um maior protagonismo externo. Por sua vez, o *Relatório de Copenhaga* (1973) reiterava os desígnios de uma ação concertada em política externa, e, por último, o *Relatório de Londres* (1981) estabelecia os procedimentos de consultas mútuas.

---

[20] A título de exemplo refira-se o papel desempenhado pela Comunidade aquando do *Kennedy Round* (no âmbito das negociações do acordo que instituiu a Organização Mundial do Comércio).
[21] Noção introduzida por François Duchêne, em 1972.
[22] A ideia de uma Comunidade Europeia de Defesa surge logo em finais de 1950 para completar o "Plano Schuman" e responder a uma necessidade premente de alargar o esforço de defesa da Europa ocidental. Menos de dois anos mais tarde é assinado em Paris o Tratado da Comunidade Europeia de Defesa pelos seis membros fundadores da Comunidade Europeia do Carvão e do Aço. Numa demonstração clara de um desejo de progredir rapidamente para uma união política, este Tratado contemplava já no seu artigo 38.º as estruturas essenciais de uma futura Comunidade federal ou confederal. Apesar dos esforços dos líderes europeus, o Tratado da Comunidade Europeia de Defesa e o seu natural prolongamento político (uma comunidade política europeia) acabariam por ser travados pelo Parlamento do país que havia liderado o movimento em prol da união: a França.

AÇÃO EXTERNA

II. O Acto Único Europeu (1987) redefiniu o quadro institucional da CPE através do seu Título III (artigo 30.º). De acordo com este Tratado, as obrigações dos Estados em política externa mantinham-se voluntárias, mas os Estados-Membros acordavam em informar e consultar-se em assuntos de política externa antes da tomada de posições finais. Tal avanço não impediu, contudo, que matérias como a segurança e defesa passassem a constituir uma espécie de "tabu" da integração, situação explicável pelo desaire das tentativas anteriores[23], mas também, e principalmente, pela recusa dos governos nacionais em abdicarem, ou mesmo em partilharem, o exercício de competências em domínios que constituem atributos por excelência da soberania.

Os limites da CPE em responder em bloco foram notórias em situações de crise como a Guerra do Golfo (1990/1991)[24] e a Guerra da Jugoslávia. Nos dois casos, tornou-se claro que as tentativas fracassadas de coordenação eram decorrentes da falta de instituições europeias eficazes, por um lado, e de "leituras" nacionais das crises, por outro. O resultado foi a emergência de um *gigante económico*, mas cuja dimensão política era, comparativamente, incipiente. Tal *handicap* político incapacitava a Comunidade no pós-Guerra Fria de assumir as tarefas que lhe eram impostas na cena internacional pela sua própria condição de ator económico global. As profundas mudanças que tiveram lugar na Europa Central e de Leste tornaram ainda mais inequívoca a necessidade de reforçar a integração política. Com o fim da Guerra Fria, a Alemanha unificada ganhava uma nova centralidade e reabriam-se questões nunca completamente resolvidas como a necessidade de gerir um delicado balanço entre a França e Alemanha e a urgência de "autonomizar" uma Europa cuja segurança estava excessivamente dependente de uma liderança americana através da NATO. Ora, tal não seria possível sem recompor o figurino da segurança e defesa europeias, até aí a cargo de *cada* Estado-Membro considerado individualmente e, sobretudo, do aliado principal do outro lado do Atlântico.

---

[23] Relembre-se a tentativa falhada de criar a Comunidade Europeia de Defesa, logo em 1952, ou, alguns anos mais tarde, o igualmente mal sucedido *Plano Fouchet* (1961) que apontava já para uma união de Estados.

[24] O papel relativamente modesto desempenhado pela Comunidade Europeia neste conflito levaria mesmo Jacques Delors a afirmar: "A guerra do Golfo demonstrou, se era necessário, os limites da influência e da ação da Comunidade Europeia" (citado em DUSAN SIDJANSKI, *O Futuro Federalista da Europa: a Comunidade Europeia das Origens ao Tratado de Maastricht*, Gradiva, 1996, p. 297).

1199

DIREITO DA UNIÃO EUROPEIA – ELEMENTOS DE DIREITO E POLÍTICAS DA UNIÃO

III. Os líderes europeus decidiram, pois, somar à conferência intergovernamental (CIG) sobre a União Económica e Monetária (1990-1991), uma segunda CIG dedicada à união política, que contava especificamente entre os seus objetivos a conclusão de um acordo relativo a uma PESC. As negociações para a instituição de uma PESC pelo TUE tiveram subjacentes objetivos precisos: por um lado, a Europa procurava dotar-se de um instrumento adequado a potenciar a segurança do continente num período de profundas incertezas, marcado por uma nova conjuntura geopolítica unipolar e com tendências fragmentárias; por outro lado, podendo constituir uma garantia complementar de segurança, a PESC contribuiria também para criar um cenário de estabilidade política na Europa comunitária e, por alastramento, contribuiria igualmente para a estabilidade política e económica de todo o continente europeu; por último, figuravam ainda entre as ambições da nova política comum a consolidação das democracias e economias de mercado que emergiam nos países da Europa Central e Oriental, por forma a que, a prazo, fosse possível tornar realidade o velho sonho de uma Europa unida a nível continental.

O acordo alcançado pelos Estados-Membros nesta matéria ficou plasmado no segundo pilar do TUE. Ao reunir numa única política duas dimensões que há muito andavam separadas – a política externa comunitária e a segurança – os dirigentes europeus deram um passo importante na via da união política[25]. Porém, ficaria adiada a inclusão de uma terceira dimensão de importância vital para a sobrevivência do projeto europeu: a defesa. Embora o Tratado previsse a definição de uma política de defesa comum como uma espécie de corolário da PESC[26], não foi fornecida qualquer indicação no que respeitava ao prazo para a sua concretização[27]. Por outro lado

---

[25] De notar que, em termos "institucionais", a separação prevaleceu, existindo responsáveis diferentes para a PESC (o Alto Representante para a PESC) e para as relações comerciais (o comissário das relações externas). Esta foi, aliás, uma das questões que fizeram parte da agenda da Convenção sobre o futuro da União Europeia (2003), tendo o Tratado que estabelece uma Constituição para a Europa (2004) procedido à fusão dos dois cargos através da criação de um Ministro dos Negócios Estrangeiros da União. Na sequência do abandono deste Tratado, esta "fusão" foi recuperada pelo Tratado de Lisboa e incorporada no TUE, muito embora tenha sido consagrada uma designação diferente para o novo cargo (o "Alto Representante").

[26] No artigo B das disposições comuns do TUE lia-se: "A União atribui-se como objectivo afirmar a sua identidade na cena internacional, nomeadamente através da execução de uma política externa e de segurança comum, que inclua a definição, a prazo, de uma política de defesa comum".

[27] Apesar da omissão de prazos, as medidas previstas pelo artigo J4 do TUE (nomeadamente as que se referem ao papel a desempenhar pela União da Europa Ocidental) podiam, como notou DUSAN

AÇÃO EXTERNA

– à semelhança do que aconteceu aliás com o terceiro pilar (respeitante à Justiça e aos Assuntos Internos) –, foi adotado para a PESC um mecanismo de tomada de decisão marcadamente intergovernamental. A PESC nascida em Maastricht escapou, por conseguinte, ao processo decisório vigente para a Comunidade Europeia, o método comunitário. Em todos os domínios de incidência desta política as decisões seriam tomadas no seio do Conselho e ficariam sujeitas à regra da unanimidade, estando prevista a maioria qualificada unicamente para as modalidades de estabelecimento prático das ações comuns[28]. Consequentemente, foi vedado à Comissão o papel de motor da integração neste domínio, ainda que tenha sido associada aos trabalhos do Conselho Europeu – em virtude da presença do presidente da Comissão – e do comité político. Daqui se conclui que as disposições dos Tratados mantinham uma clara distinção entre a repartição dos poderes e das responsabilidades nas matérias de competência específica da Comunidade e da União Europeia: enquanto no pilar comunitário (primeiro pilar), Comissão e Conselho estavam no centro do processo de decisão, já na união política esta posição era ocupada apenas pelo Conselho (seguindo as orientações gerais do Conselho Europeu); assim, embora evoluísse no interior do sistema comunitário e fizesse uso da rede institucional e administrativa comunitária, a natureza do processo de decisão no domínio da PESC era nitidamente mais próxima da cooperação política intergovernamental que do modelo comunitário.

3.2. Tratado de Amesterdão: um salto qualitativo para o segundo pilar de Maastricht

I. Com o Tratado de Amesterdão assistiu-se a um salto qualitativo do segundo pilar de Maastricht, que viu o seu carácter operacional reforçado, conquanto tenha continuado dependente da vontade expressa dos Estados.

SIDJANSKI, *O Futuro Federalista da Europa: a Comunidade Europeia das Origens ao Tratado de Maastricht*, cit., pp. 287-288, ser entendidas como uma manifestação de vontade por parte dos Estados-Membros de forjarem progressivamente uma identidade europeia de defesa.

[28] Ao contrário do que acontecia nas restantes políticas comuns, na PESC existia uma rede dupla de decisão: em primeiro lugar, o Conselho era chamado a decidir por unanimidade sobre a possibilidade de submissão de certo domínio para a PESC. Caso não fosse possível a unanimidade, passar-se-ia então ao momento da tomada de decisão, em que seria suficiente a maioria qualificada dos membros do Conselho. Este segundo momento de decisão versaria unicamente sobre a forma de pôr em prática as ações necessárias para cumprir os objetivos propostos para o domínio de atuação concreto que havia sido, no primeiro momento, submetido à alçada da PESC.

DIREITO DA UNIÃO EUROPEIA – ELEMENTOS DE DIREITO E POLÍTICAS DA UNIÃO

As disposições do Tratado de Amesterdão reforçaram o papel do Conselho Europeu como entidade encarregue de definir os princípios e orientações gerais da PESC, incluindo em matérias com implicação no domínio da defesa (artigo 13.º do TUE). Por outro lado, foram especificados os objetivos desta política (artigo 11.º, n.º 1, do TUE), nomeadamente no que respeita à salvaguarda dos valores comuns e da independência e integridade da União. Foi também estabelecida uma cláusula de *solidariedade política* (artigo 11.º, n.º 2, do TUE) que obrigava os Estados-Membros a agir concertadamente.

II. Com o Tratado de Amesterdão dotou-se a PESC de instrumentos mais coerentes (artigo 12.º do TUE) e de uma forma de decisão mais eficaz, merecendo particular destaque as "estratégias comuns" decididas pelo Conselho Europeu e executadas pelo Conselho através da adoção de ações ou posições comuns (artigo 13.º do TUE). Ainda assim, não era muito clara a distinção entre as várias modalidades de decisão, pelo menos no que respeita aos objetivos definidos para a PESC.

No que concerne ao sistema de votação, o Tratado de Amesterdão estabeleceu a regra da unanimidade para as decisões neste domínio, com exceção para os casos em que fossem adotadas "acções comuns ou posições comuns com base numa estratégia comum [ou] qualquer decisão que dê execução a uma acção comum ou a uma posição comum", em que seria aplicada a regra da maioria qualificada (artigo 23.º do TUE). Sem surpresa, nas decisões com implicações em matéria de defesa foi mantida a unanimidade.

III. O Tratado de Amesterdão introduziu ainda a figura de um Alto Representante para a PESC. Com a nomeação de um Alto Representante procurou-se, sobretudo, personalizar a imagem da União neste domínio. Reconhecida a ineficaz intervenção política da Comunidade na vertente externa, resultado, em grande medida, de uma descoordenação da atuação dos Estados-Membros e da descontinuidade das formações do Conselho[29], optou-se por "profissionalizar" a PESC.

---

[29] O Conselho reúne-se, em função dos temas abordados, nas seguintes formações: Assuntos Gerais; Negócios Estrangeiros; Assuntos Económicos e Financeiros (ECOFIN); Justiça e Assuntos Internos (JAI); Transportes, Telecomunicações e Energia; Agricultura e Pescas; Ambiente; Educação, Juventude, Cultura e Desporto; Emprego, Política Social, Saúde e Consumidores; e, Competitividade (Mercado Interno, Indústria, Investigação e Espaço). A formação dos Negócios Estrangeiros é responsável pela ação externa da União (nela participam os ministros dos negócios estrangeiros dos Estados-Membros, sendo presidida pelo Alto Representante).

AÇÃO EXTERNA

Diretamente relacionada com a instituição do cargo de Alto Representante estava a criação de uma *Unidade de Planeamento de Política e de Alerta Precoce* prevista numa *Declaração* anexa ao Tratado de Amesterdão. Esta estrutura, colocada sob a responsabilidade do Alto Representante, visava propiciar uma análise mais aprofundada e sistemática das perceções europeias acerca dos desenvolvimentos internacionais, bem como formular opções de política que contribuíssem para um aumento da capacidade da União na prevenção de conflitos. Enquadrada no secretariado-geral do Conselho, a *Unidade* seria composta por pessoal proveniente deste órgão, dos Estados-Membros, da Comissão e da União da Europa Ocidental. Assim, a sua eficácia dependeria não só dos recursos humanos disponíveis, mas também do acesso à informação, nomeadamente a fornecida pelos serviços diplomáticos nacionais e pelas delegações da Comissão no exterior.

IV. Com o Tratado de Amesterdão, os líderes europeus tentaram também avançar na embrionária Identidade Europeia de Segurança e Defesa (IESD)[30]. Desta forma, o compromisso entre as duas áreas – inevitavelmente interligadas – apareceu plasmado no artigo 17.º do TUE, de acordo com o qual "a política externa e de segurança comum abrange todas as questões relativas à segurança da União, incluindo a *definição gradual de uma política de defesa comum* (...)" [itálico nosso].

Simultaneamente, foi reafirmado o papel da União da Europa Ocidental como parte integrante do desenvolvimento da União, prevendo o Tratado de Amesterdão a possibilidade da sua integração na União Europeia. Face à nova conjuntura internacional, caracterizada sobretudo por conflitos à escala regional, a União deveria intervir com o intuito de garantir a paz, inserindo-se nesta lógica as chamadas *Missões de Petersberg*, as quais incluíam ações humanitárias e de evacuação, de manutenção da paz e forças de combate para a gestão de crises. À União da Europa Ocidental cabe-

---

[30] O conceito de IESD foi acordado na Cimeira da NATO de Bruxelas em janeiro de 1994, tendo começado a tomar forma na Cimeira de Berlim de junho de 1996. Com efeito, a intervenção militar da NATO na Bósnia tornou claro o desequilíbrio entra as forças americanas e as forças europeias, expondo as dificuldades que estas últimas teriam para gerir sozinhas um conflito no seu próprio território. Neste sentido, a IESD assinala simultaneamente uma abertura por parte dos EUA para acomodar as pretensões francesas no sentido de uma União reforçada no domínio da segurança e defesa e o desejo manifestado pelos EUA de se envolver menos nos conflitos na Europa, deixando aos europeus o papel principal na manutenção da segurança da sua região.

DIREITO DA UNIÃO EUROPEIA – ELEMENTOS DE DIREITO E POLÍTICAS DA UNIÃO

ria preparar e executar as decisões e ações da União com repercussão em matéria de defesa.

Percebe-se assim nestes "pequenos passos" um esforço dos responsáveis europeus para acrescentar à União Europeia a indispensável dimensão de segurança e defesa, já que a classificação de "potência civil" se tornava incompatível com as ambições de um maior aprofundamento político. Não se tratou, como temeram alguns, de rejeitar a aliança fundamental com os EUA ou de questionar a importância da NATO, mas apenas de afirmar a credibilidade da União Europeia como ator internacional, dotando-a dos instrumentos necessários a uma atuação externa mais eficaz. Dada a importância de tal tarefa, previu-se, desde logo, a convocação de uma nova CIG para rever as disposições sobre a defesa (artigo 17.º, n.º 5, do TUE).

3.3. Tratado de Nice: o desfasamento entre os avanços *de jure* e os avanços *de facto*

I. Com o objetivo de conferir uma maior operacionalidade ao segundo pilar saído de Maastricht, na Cimeira de Nice (7-9 de dezembro de 2000) procurou-se melhorar os procedimentos e instrumentos ao serviço da PESC. Não obstante, como resultado da excessiva concentração dos negociadores do tratado nas reformas institucionais, o compromisso assumido no domínio da PESC acabou por ser bastante parco: *(i)* foram criadas as cooperações reforçadas com a condição de salvaguardar os valores e servir os interesses da União como um todo (artigos 27.º-A-27.º-E do TUE) – a sua implementação, no entanto, estava condicionada à aprovação de uma *ação comum* ou *posição comum*, ao mesmo tempo que foi excluída a sua aplicação às matérias com implicações militares ou de defesa[31] (artigo 27.º-B do TUE); *(ii)* se no primeiro e terceiro pilares o veto nacional foi eliminado, o mesmo não aconteceu em relação à PESC, onde o "travão de emergência" continuou a poder ser acionado por qualquer um dos Estados-Membros (artigo 27.º-C do TUE); *(iii)* no que respeita à celebração de acordos internacionais no domínio da PESC (artigo 24.º do TUE), deixou de ser exigida a unanimidade

---

[31] De referir que em virtude da extensão deste mecanismo ao segundo pilar, e para evitar ambiguidades quanto ao seu âmbito de aplicação (que não incluía matérias com implicações militares ou de defesa), foi substituída no n.º 4 do artigo 17.º do TUE a expressão "cooperação reforçada" por "cooperação mais estreita", procurando-se assim distinguir o instrumento colocado à disposição dos Estados na área da PESC de outro tipo de cooperação que poderia ser estabelecida a nível bilateral entre os membros da União.

1204

AÇÃO EXTERNA

para que o Conselho pudesse deliberar, a menos que tais acordos incidissem sobre uma matéria em relação à qual é exigida unanimidade para a adoção das decisões internas; *(iv)* foram alargadas as funções e responsabilidades do Comité Político, renomeado Comité Político e de Segurança (COPS), que passou a exercer, sob responsabilidade do Conselho, o controlo político e a direção estratégica das operações de gestão de crises, podendo mesmo, se para tal fosse autorizado por aquela instituição, tomar as decisões relevantes no que respeita a uma operação específica (artigo 25.º do TUE); *(v)* foi criada a figura do representante especial, com competência nas questões políticas específicas, cuja nomeação pelo Conselho deixou de estar sujeita à regra da unanimidade (artigo 23.º, n.º 2, do TUE); *(vi)* foram quase completamente omitidas as referência à União da Europa Ocidental – de facto, a gradual transferência das tarefas desta organização para a União Europeia traduziu-se num "apagar" no Tratado das passagens que lhe eram dedicadas[32].

II. No domínio da defesa não foram contempladas em Nice quaisquer inovações, tendo-se perdido assim uma oportunidade importante para consagrar *de jure* os consideráveis avanços concretizados na prática. Com efeito, a viragem europeia na dimensão da defesa iniciou-se no final de 1998 com a Cimeira de Saint-Malo (3 e 4 de dezembro), onde França e Reino Unido acordaram pela primeira vez a necessidade de avançar para a criação de uma capacidade de defesa autónoma da União (ainda que sem prejudicar uma parceria estratégica com a NATO). O que começou por ser um entendimento bilateral franco-britânico estendeu-se depois aos restantes parceiros

---

[32] A única referência à União da Europa Ocidental que se manteve com o Tratado de Nice resulta da possibilidade contemplada neste Tratado de dois ou mais Estados-Membros estabelecerem entre si uma cooperação mais estreita "a nível bilateral, no âmbito da União da Europa Ocidental e da NATO, na medida que essa cooperação não contrarie nem dificulte a cooperação prevista no presente Título [PESC]" (artigo 17.º, n.º 4, do TUE). No final de 2000, os Estados-Membros da União da Europa Ocidental, reunidos em Marselha, aceitaram transferir as capacidades e funções da Organização para a União. Com esta finalidade, a 1 de janeiro de 2002, o Instituto para os Estudos de Segurança da União da Europa Ocidental e o Centro de Satélites tornaram-se, respetivamente, o Instituto para os Estudos de Segurança da União Europeia e o Centro de Satélites da União. Por sua vez, em 2004, foi criada a Agência Europeia de Defesa com o objetivo de assistir o Conselho e os Estados-Membros nos esforços para reforçar as capacidades de defesa da União e apoiar a PCSD (sobre as funções da Agência Europeia de Defesa ver *infra* ponto 4.3.1, secção II deste Capítulo). O Tratado de Lisboa, ao estabelecer uma cláusula de assistência mútua, completou a transferência de funções da União da Europa Ocidental para a União, tendo aquela organização sido extinta a 30 de junho de 2011.

DIREITO DA UNIÃO EUROPEIA – ELEMENTOS DE DIREITO E POLÍTICAS DA UNIÃO

europeus. Neste sentido, o Conselho Europeu de Colónia, de 3 e 4 de junho de 1999, definiu que a União Europeia deveria tornar-se rapidamente apta a assumir as suas responsabilidades no domínio da prevenção de conflitos e gestão de crises – as chamadas *Missões de Petersberg* (tal como previsto no artigo 17.º, n.º 2, do TUE). Com este objetivo, foi também acordado que a União deveria estabelecer uma capacidade autónoma para tomar decisões e mesmo conduzir operações militares, nos conflitos em que a NATO não estivesse envolvida.

Por sua vez, no Conselho Europeu de Helsínquia, que teve lugar a 10 e 11 de dezembro de 1999, foi ainda decidido que a União deveria melhorar a eficácia dos seus recursos na gestão de crises e a rapidez da sua intervenção. Com este objetivo, foi estabelecido o chamado *headline goal* de Helsínquia[33], que consistia na criação de uma Força Europeia de Reação Rápida (FERR): em regime de cooperação voluntária nas operações lideradas pela União Europeia, os Estados-Membros deveriam ser capazes de, até 2003, pôr em ação, num prazo de 60 dias, e manter pelo menos durante um ano, um grupo de 60 000 militares capazes de levar a cabo qualquer uma das tarefas incluídas nas *Missões de Petersberg*. Este mecanismo deveria ser também totalmente autossuficiente em termos militares (incluindo capacidade de comando, controlo e informação, logística e outros apoios adicionais, nomeadamente reforço aéreo e naval).

Para facilitar o cumprimento das metas traçadas, foi acordada no âmbito do Conselho a criação de órgãos e estruturas políticas e militares permanentes que permitissem à União "assegurar a necessária orientação política e direção estratégica a essas operações, respeitando ao mesmo tempo o quadro institucional único"[34]. Dada a necessidade de preparação cuidada de estruturas com tão importantes responsabilidades, ficou também decidido – como medida provisória – criar no âmbito do Conselho, a partir de março de 2000: *(i)* um comité político e de segurança provisório, a nível de altos

---

[33] A 17 de maio de 2004, o Conselho aprovou o novo *headline goal 2010* que atualizava e reforçava a capacidade de resposta rápida europeia. Neste contexto surgem os agrupamentos táticos (os chamados "battlegroups") – *i. e.*, um efetivo militar rapidamente mobilizável e apto a executar operações de forma autónoma, totalmente operacionais desde 2007. Sobre este tema, v. "Headline Goal 2010", disponível em *http://ue.eu.int/uedocs/cmsUpload/2010%20Headline%20Goal.pdf*; v. também "EU Battlegroups" disponível em *http://www.consilium.europa.eu/uedocs/cms_data/docs/pressdata/en/esdp/91624.pdf*.

[34] "Conclusões do Conselho Europeu de Helsínquia", disponível em *http://www.europarl.europa.eu/summits/hel1_pt.htm*.

AÇÃO EXTERNA

funcionários/embaixadores, encarregue de dar seguimento – sob a direção do Comité Político (previsto por Amesterdão) – às conclusões do Conselho Europeu de Helsínquia, preparando recomendações sobre o funcionamento futuro da política europeia comum de segurança e defesa e resolvendo as questões pontuais relacionadas com a PESC, em contacto estreito com o secretário geral/Alto Representante; *(ii)* um órgão provisório composto por representantes militares dos estados-maiores dos Estados-Membros aptos a fornecer o aconselhamento militar solicitado pelo comité político e de segurança provisório; *(iii)* reforçar o secretariado-geral do Conselho por peritos militares destacados pelos Estados-Membros para apoiar nos trabalhos relativos à PCSD e formar o núcleo do futuro Quadro de Pessoal Militar; *(iv)* reafirmar o papel primordial do secretário-geral do Conselho, que exercia também as funções de Alto Representante para a PESC, a quem cabia fornecer os necessários estímulos ao aumento da eficácia e visibilidade da PESC e da PCSD – neste sentido, deveria contribuir, nos termos do TUE, para a formulação, elaboração e execução das decisões políticas.

Finalmente, os chefes de Estado ou de governo debruçaram-se sobre os aspetos não militares da gestão de crises pela União. Assim, com o objetivo de reforçar e melhorar a coordenação dos instrumentos não-militares – nacionais e coletivos – de resposta a crises, decidiu-se pela oportunidade de elaborar um *Plano de Ação* onde fossem apresentados os objetivos da União e detalhadas as ações específicas e os passos a dar para desenvolver uma capacidade de reação rápida de gestão civil de crises, nomeadamente através do desenvolvimento de uma força de policiamento civil e da criação de mecanismos de financiamento rápido, como, por exemplo, um Fundo de Reação Rápida da Comissão[35].

III. Embora algumas das inovações previstas pelos dois conselhos europeus, acima mencionados, permanecessem ainda no papel à data da cimeira, o Tratado de Nice não trouxe reais progressos no âmbito da PCSD. Já as conclusões da presidência deixavam antever um provável "queimar de etapas". Começando por confirmar os compromissos anteriormente assumidos, o Conselho Europeu de Nice reafirmou a vontade de tornar a União rapida-

---

[35] Ver, por exemplo, o Anexo 2 ao Anexo IV das "Conclusões do Conselho Europeu de Helsínquia", *cit.*

DIREITO DA UNIÃO EUROPEIA – ELEMENTOS DE DIREITO E POLÍTICAS DA UNIÃO

mente operacional em matéria de segurança e defesa[36]. A União deveria, assim, assumir as funções de gestão de crises da União da Europa Ocidental, tornando-se, para tal, indispensável o reforço das suas capacidades neste setor, de forma a estar apta a intervir com – ou sem – recurso aos meios da NATO. Deste modo, como, aliás, já era previsto pelo Conselho Europeu de Helsínquia, foi acordada a substituição dos organismos militares e políticos provisórios, a funcionar desde março de 2000, por três novos órgãos permanentes que deveriam ser criados "rápida e independentemente" da ratificação do Tratado de Nice: um Comité Político e de Segurança (COPS), um Comité Militar da União Europeia (CMUE) e o Estado-Maior da União Europeia (EMUE)[37].

O Comité Político e de Segurança Permanente, sediado em Bruxelas, é composto por representantes nacionais, a nível de altos funcionários/embaixadores, e tem a seu cargo todos os aspetos da PESC, incluindo a PCSD, de acordo com as disposições do TUE e sem prejuízo das competências da União. Na eventualidade de uma operação militar de gestão de crises, cabe ao COPS delinear, sob a autoridade do Conselho, a direção estratégica e política da operação. O COPS fornecerá igualmente orientações ao CMUE.

Por sua vez, o CMUE é constituído por chefes do Estado-Maior, na pessoa dos seus representantes militares, embora reúna ao nível dos chefes de Estado-Maior sempre que necessário. Este Comité presta aconselhamento militar e faz recomendações ao COPS, exercendo também a direção militar de todas as atividades militares no âmbito da União. Sempre que estejam em discussão decisões com implicações no domínio da defesa, o presidente do CMUE participa nas reuniões do Conselho.

Finalmente, o Estado-Maior da União Europeia – incluído nas estruturas do Conselho – desempenha funções de peritagem e apoio militar à

---

[36] Na *Declaração respeitante à Política Europeia de Segurança e Defesa*, anexa ao Tratado de Nice, lia-se: "[D]e acordo com os textos aprovados pelo Conselho Europeu de Nice relativos à política europeia de segurança e defesa (...), o objetivo da União Europeia é que aquela se torne *rapidamente operacional*" [itálico nosso].

[37] Ver Anexo VI "Relatório da Presidência sobre a Política Europeia de Segurança e Defesa" e Anexos III, IV e VI ao Anexo VI das "Conclusões do Conselho Europeu de Nice", disponível em *http://www.europarl.europa.eu/summits/nice1_pt.htm*. Em 2009, às estruturas da PCSD já em funcionamento foram somadas novas estruturas (integradas no SEAE) como a Direção de Gestão de Crises e Planeamento (DGCP), que tem como objetivo o planeamento político-estratégico das missões civis e das operações militares da PCSD, e a Capacidade Civil de Planeamento e Condução (CCPC), cujo mandato lhe permite planear e conduzir operações civis da PCSD sob o controlo político e a direção estratégica do COPS.

1208

AÇÃO EXTERNA

PCSD, incluindo a condução de operações militares de gestão de crises lideradas pela União Europeia. Para além destas, exercerá ainda as funções de alerta precoce, avaliação da situação e planeamento estratégico para as *Missões de Petersberg*, incluindo a identificação das forças europeias nacionais e multinacionais.

Apesar da criação destas duas últimas estruturas militares, o *Relatório da Presidência sobre a Política Europeia de Segurança e Defesa* deixava claro que a ambicionada capacidade de gestão de crises e prevenção de conflitos não envolveria a criação de um exército europeu e que a decisão de pôr à disposição destas operações recursos nacionais cabe sempre aos Estados-Membros. Por outro lado, era reafirmada a importância da NATO, que continuaria a ser a base da defesa coletiva dos seus membros. Significa isto que a criação da FERR, longe de pôr em causa o papel daquela organização, contribuiria antes para o estabelecimento de uma parceria estratégica entre a União Europeia e a NATO na gestão de crises sempre com respeito pela autonomia da capacidade de decisão das duas organizações[38]. Ficou consagrada, assim, a consulta mútua e a cooperação nas matérias de segurança, defesa e gestão de crises que envolvam interesses comuns, de modo a que seja posta em prática a resposta militar mais apropriada.

Por seu turno, para além da importância em termos de parceria com a NATO, o desenvolvimento de uma capacidade autónoma de reação rápida como parte integrante da PESC teria igualmente como objetivo permitir à União dar uma resposta mais efetiva e coerente aos pedidos das Nações Unidas ou da Organização para a Segurança e Cooperação na Europa (OSCE). Facilitar-se-ia, deste modo, uma cooperação mais estreita entre estas duas organizações internacionais e reforçar-se-ia a contribuição da União Europeia para a manutenção da paz e da segurança internacionais.

Finalmente, o *Relatório* da presidência fazia ainda referência ao projeto de desenvolvimento de capacidades civis nos quatro domínios prioritários identificados na cimeira de Santa Maria da Feira de 19 e 20 de junho de 2000 (polícia, reforço do Estado de direito, reforço da administração civil e prote-

---

[38] Esta parceria estratégica NATO-União Europeia foi claramente enunciada na declaração União Europeia-NATO sobre a PESD de 16 de dezembro de 2002 (acessível em *http://www.nato.int/docu/pr/2002/p02-142e.htm*). No ano seguinte, a 17 de março de 2003, as duas organizações acordaram o chamado "Berlim Plus", um pacote de acordos sobre a cooperação União Europeia-NATO em matéria de gestão de crises que procuram evitar uma duplicação desnecessária de recursos (disponível em *http://www.aco.nato.int/resources/4/documents/14E_Fact_Sheet_Berlin_Plus[1].pdf*).

DIREITO DA UNIÃO EUROPEIA – ELEMENTOS DE DIREITO E POLÍTICAS DA UNIÃO

ção civil)[39]. Neste domínio específico, foi acordado que os Estados-Membros deveriam estar aptos, até 2003, a fornecer 5000 polícias para missões internacionais, 1000 dos quais prontos a ser mobilizados num espaço inferior a 30 dias.

V. Para concluir, se contabilizados os compromissos assumidos pelos representantes dos Estados-Membros nos diversos conselhos europeus desde Amesterdão, verifica-se que foram dados passos significativos no domínio da segurança e defesa. Não obstante, a verdade é que a grande maioria destes avanços não foram consagrados no texto do Tratado objeto de revisão de Nice. Esta situação, aparentemente inconciliável com o desejo expresso na *Declaração relativa à política europeia de segurança e defesa* (anexa ao Tratado de Nice) de tornar esta política *operacional* o mais rapidamente possível, parece encontrar explicação em algumas divergências que opunham Estados como a França, defensor de uma capacidade de defesa europeia mais autónoma, a outros, como o Reino Unido, que continuavam a defender vigorosamente o papel insubstituível da NATO. Uma outra explicação residiria no facto de alguns membros da União continuarem a defender a manutenção do carácter intergovernamental do segundo pilar, pelo que os avanços só foram possíveis porque acordados à margem dos tratados, sob a capa de uma "cooperação" que pouco mais implicaria do que uma parceria estratégica análoga à promovida entre aliados no quadro tradicional das relações internacionais.

Ainda assim, é de referir que mesmo sem a força jurídica que só a consagração num tratado lhe poderia conferir, os avanços nestes domínios representavam, pelo menos, um indicador positivo da provável evolução, a prazo, para uma política de segurança e defesa *comum*, alicerçada nos valores europeus de solidariedade e respeito pelos direitos fundamentais, e dotada dos instrumentos necessários a uma atuação coordenada, coerente e eficaz por parte dos Estados-Membros da União[40].

---

[39] "Conclusões do Conselho Europeu de Santa Maria da Feira", disponível em *http://www.europarl.europa.eu/summits/fei1_pt.htm*.

[40] Por nos parecer mais adequado aos propósitos desta obra, optamos por centrar a análise da evolução da PESC/PCSD quase exclusivamente no texto dos tratados. No entanto, importa referir a existência de outros momentos significativos para aferir a evolução destas políticas. A título de exemplo, no período que medeia a entrada em vigor do Tratado de Nice e a assinatura do novo Tratado de Lisboa, consideramos de assinalar a aprovação, pelo Conselho, da Estratégia Europeia em Matéria de Segurança (EES). O documento, adotado em 2003 – e que entretanto já foi

AÇÃO EXTERNA

4. O Tratado de Lisboa: a nova arquitetura de política externa, segurança e defesa da União Europeia

4.1. Aspetos gerais

I. O Tratado de Lisboa reafirma a necessidade de uma PESC baseada no desenvolvimento de uma solidariedade mútua entre os Estados-Membros, na identificação das questões de interesse geral e na realização de uma crescente convergência na atuação dos Estados que fazem parte da União (artigo 24.º, n.º 2, do TUE).

II. A competência da União abrange todos os domínios da política externa, bem como todas as questões relativas à segurança da União (artigo 24.º, n.º 1, do TUE). Esta é uma competência partilhada com os Estados-Membros (artigos 2.º, n.º 4, e 4.º, n. º 1, do TFUE), mas em que não há aplicação do princípio da preempção, pois o seu exercício pela União não afeta "a base jurídica, responsabilidades e competências (...) de cada Estado-Membro no que diz respeito à formulação e condução da sua política externa, aos seus serviços diplomáticos nacionais, às suas relações com os países terceiros e à sua participação em organizações internacionais, nomeadamente na qualidade de membro do Conselho de Segurança das Nações Unidas"[41].

Expressamente afastada do âmbito de aplicação da PESC está também o recurso à base jurídica subsidiária de competências prevista no artigo 352.º do TFUE, que permite a adoção de atos jurídicos mesmo nos casos em que não exista uma base jurídica que fundamente a atuação da União (n.º 4).

revisto e atualizado em 2008 –, define o que pretende ser uma visão europeia comum sobre a ação externa da União, tendo em consideração os novos desafios de um mundo globalizado. Por sua vez, em fevereiro de 2010, a EES foi completada com a Estratégia de Segurança Interna adotada pelo Conselho (cf., "Uma Europa Segura num Mundo Melhor", disponível *http://consilium.europa. eu/uedocs/cmsUpload/031208ESSIIP.pdf*; e *http://eur-lex.europa.eu/LexUriServ/LexUriServ.do?uri=OJ:C :2010:076E:0061:0068:PT:PDF*; e também "Estratégia de Segurança Interna: rumo a um modelo europeu de segurança", disponível em *http://www.consilium.europa.eu/uedocs/cms_data/librairie/PDF/ QC3010313PTC.pdf*). De sublinhar que, desde 2003, a União está no terreno a realizar missões civis e militares, quer em parceria com outras organizações, quer de forma autónoma – desde esta data, a União já promoveu 23 missões da PCSD [cf. BASTIAN GIEGERICH e WILLIAM WALLACE, "Foreign and Security Policy: Civilian Power Europe and American Leadership", Helen Wallace, Mark A. Pollack 2 Alasdair R. Young (eds.), *Policy-making in the European Union*, 6.ª ed., Oxford University Press, Oxford, 2010, p. 447].

[41] Declaração n.º 14 ao Tratado de Lisboa. Trata-se, portanto, de um caso similar ao que sucede nos domínios da investigação, desenvolvimento tecnológico e do espaço, cooperação para o desenvolvimento e ajuda humanitária (artigo 4.º, n.ºs 3 e 4, do TFUE).

DIREITO DA UNIÃO EUROPEIA – ELEMENTOS DE DIREITO E POLÍTICAS DA UNIÃO

III. Apesar de o Tratado de Lisboa acabar formalmente com os pilares criados pelo Tratado de Maastricht, na prática mantém a PESC sujeita a um procedimento intergovernamental que exige, em regra, decisões adotadas pelos Estados-Membros por unanimidade. Significa isto que neste domínio os Estados-Membros estão obrigados a consultar-se e a procurar um consenso, mas não necessariamente a obter um acordo. Este é, por isso, um campo privilegiado de aplicação dos princípios da cooperação leal (artigo 4.º, n.º 3, do TFUE) e da coerência[42], sendo várias as disposições convencionais destinadas a concretizá-los: *(i)* antes de empreender qualquer ação no plano internacional, ou de assumir qualquer compromisso que possa afetar os interesses da União, os Estados-Membros devem consultar-se mutuamente para que, através da convergência das suas ações, a União possa defender os seus interesses e valores na cena internacional (artigo 32.º, 1.º §, do TUE): *(ii)* aos Estados-Membros cabe apoiar "activamente e sem reservas a política externa e de segurança da União, num espírito de lealdade e de solidariedade mútua", bem como respeitar a ação da União neste domínio (artigo 24.º, n.º 3, 2.º §, do TUE); *(iii)* os Estados-Membros devem abster-se de dirigir as suas políticas externas através de "acções contrárias aos interesses da União ou susceptíveis de prejudicar a sua eficácia como força coerente nas relações internacionais" (artigo 24.º, n.º 3, 2.º §, do TUE). Embora reconhecendo a importância de normas que afirmam explicitamente a imperatividade de uma atuação, senão conjunta, pelo menos concertada por parte dos Estados-Membros – única forma de dar sentido ao epíteto comum da PESC –, parece-nos que estas disposições pecam, sobretudo, por consubstanciarem meras "declarações de intenções" que não contemplam medidas práticas para uma evolução real desta política e que dificilmente podem ser consideradas a base para uma maior autonomia da União em matéria de política externa e de segurança e defesa.

4.2. Processo decisório

I. A PESC está sujeita a regras e procedimentos específicos de cariz intergovernamental (artigo 24.º, n.º 1, 2.º §, do TUE), que se destinam a adotar atos vinculativos que tomam a forma de decisões de natureza não legislativa adotadas pelo Conselho Europeu ou pelo Conselho (artigo 31.º, n.º 1, do TUE).

---

[42] Sobre o âmbito de aplicação destes princípios, v., com grande desenvolvimento, MARIA JOSÉ RANGEL DE MESQUITA, *A Actuação Externa da União depois do Tratado de Lisboa*, Almedina, Coimbra, 2011, pp. 165 a 184.

AÇÃO EXTERNA

II. As decisões adotadas no âmbito da PESC têm origem em propostas dos Estados-Membros, do Alto Representante, ou deste com o apoio da Comissão (artigo 30.º, n.º 1, do TUE). Estas propostas são objeto de negociação em grupos de especializados de trabalho existentes no Conselho presididos por um representante do Alto Representante. Em momento anterior à sua discussão no Comité dos Representantes Permanentes (COREPER), podem ainda ser submetidas à apreciação do Comité Político e de Segurança (artigo 38.º do TUE).

III. A adoção de decisões no âmbito da PESC exige a "concertação" dos Estados-Membros no Conselho Europeu e no Conselho de Ministros (artigo 32.º, 1.º §, do TUE). Em regra é exigida a unanimidade (artigo 31.º, n.º 1, 1.º §, do TUE), mas a abstenção de um Estado-Membro não impede a deliberação: através do "mecanismo da abstenção construtiva" qualquer Estado-Membro pode fazer acompanhar a sua abstenção de uma declaração de voto em que anuncia que não é obrigado a aplicar a decisão, mas em que reconhece que esta vincula da União[43]. No entanto, caso este mecanismo seja exercido por, pelo menos, um terço dos Estados-Membros que representem, no mínimo, um terço da população, a decisão não pode ter adotada (artigo 31.º, n.º 1, 2.º §, do TUE).

Nos termos do artigo 31.º, n.º 2, a maioria qualificada é seguida sempre que o Conselho: *(i)* adote uma decisão com base numa decisão do Conselho Europeu sobre os interesses e objetivos da União; *(ii)* adote uma decisão que defina uma ação ou posição da União, sob proposta do Alto Representante, apresentada na sequência de um pedido específico que o Conselho Europeu lhe tenha dirigido por iniciativa própria ou por iniciativa do Alto Representante; *(iii)* adote qualquer decisão que dê execução a uma decisão que defina uma ação ou uma posição da União; *(iv)* nomeie um representante especial, sob proposta do Alto Representante. A cláusula prevista no n.º 3 do artigo 31.º do TUE (*passerelle*) permite ainda ao Conselho Europeu adotar, por unanimidade, uma decisão que, sem ser necessário seguir o procedimento de revisão dos Tratados, alarga os casos em que o Conselho pode deliberar por maioria qualificada, salvo em domínio militar ou da defesa. Num claro aflo-

---

[43] Em nova concretização do princípio da cooperação leal e da coerência, o Estado-Membro que exercer esta prerrogativa deve também, num espírito de solidariedade mútua, abster-se de qualquer atuação suscetível de colidir com a ação da União baseada na decisão adotada ou de a dificultar (artigo 31.º, n.º 1, 2.º §, do TUE).

DIREITO DA UNIÃO EUROPEIA - ELEMENTOS DE DIREITO E POLÍTICAS DA UNIÃO

ramento da lógica que presidiu ao Compromisso do Luxemburgo[44], ficou, todavia, ressalvada a possibilidade de um Estado-Membro declarar que, *por razões vitais e expressas de política nacional*, pretende opor-se à adoção de uma decisão a tomar por maioria qualificada. A invocação da "exceção de interesse nacional" determina que não se proceda à votação por maioria qualificada. Nesse caso, se os bons ofícios do Alto Representante não resultarem na resolução deste bloqueio, o Conselho, por maioria qualificada, pode submeter a questão ao Conselho Europeu, a fim de ser adotada uma decisão por unanimidade (artigo 31.º, n.º 2, *in fine*, do TUE).

A persistência de uma situação de bloqueio no Conselho Europeu e no Conselho não prejudica a possibilidade de, como medida de último recurso, o Conselho autorizar, por unanimidade, que, pelo menos, nove Estados-Membros instituam entre si uma cooperação reforçada no âmbito das matérias abrangidas pela PESC (artigos 20.º, n.ºs 1 e 2, do TUE, e 326.º a 334.º do TFUE). Estes Estados podem, por sua vez, adotar uma decisão que permita deliberar no âmbito da cooperação reforçada através de maioria qualificada (artigo 333.º do TFUE).

IV. Do ponto de vista institucional, o Conselho Europeu é a instituição responsável por determinar a estratégia e os objetivos da PESC, cabendo-lhe ainda adotar as decisões necessárias (artigo 26.º, n.º 1, do TUE).

Ao Conselho compete trabalhar de acordo as orientações gerais e linhas estratégicas definidas pelo Conselho Europeu, adotando as decisões necessárias à definição e execução da PESC (artigo 26.º, n.º 2, do TUE).

As decisões tomadas no âmbito da PESC são executadas pelo Alto Representante da União e pelos próprios Estados-Membros, que poderão para o efeito usar recursos nacionais ou da União (artigo 26.º, n.º 3, do TUE).

V. A natureza marcadamente intergovernamental do processo decisório seguido nos domínios da PESC determina a proeminência do Conselho Europeu e do Conselho e o consequente apagamento das restantes instituições da União.

---

[44] O Compromisso do Luxemburgo, de janeiro de 1966, constitui um acordo político entre os Estados-Membros, pelo qual se reconhece a um Estado-Membro um poder de bloquear uma decisão do Conselho sempre que considere que uma determinada proposta da Comissão para a adoção de um ato da União coloca em causa o respetivo interesse nacional. Este acordo caiu entretanto em desuso, uma vez que os Estados-Membros deixaram de lhe reconhecer quaisquer efeitos.

1214

AÇÃO EXTERNA

À Comissão foi atribuído o poder residual de apoiar as propostas do Alto Representante (artigo 22.º, n.º 1, do TUE). Mais relevante, ainda assim, é o papel atribuído ao Parlamento Europeu: deve ser regularmente consultado sobre os principais aspetos e escolhas básicas da PESC e da PCSD e informado pelo Alto Representante sobre a evolução de ambas (artigo 36.º, n.º 1, do TUE), tendo ainda o direito de colocar questões e fazer recomendações ao Conselho e ao Alto Representante nestes domínios (artigo 36.º, n.º 2, do TUE). O TJUE, por sua vez, não tem competência para apreciar disposições e atos adotados com base nelas que incidam sobre a PESC (artigos 24.º, 2.º §, do TUE e 275.º do TFUE). Esta exclusão de jurisdição está, contudo, sujeita a duas exceções: *(i)* o controlo da delimitação das atribuições da União no âmbito da PESC (artigo 40.º do TUE); e *(ii)* a pronúncia sobre recursos de anulação contra decisões que estabeleçam medidas restritivas contra pessoas singulares ou coletivas adotadas pelo Conselho (artigo 275.º do TFUE).

4.3. A Política Comum de Segurança e Defesa

4.3.1. Aspetos gerais

I. Se no âmbito específico da política externa os avanços não foram ambiciosos, no capítulo da defesa foram dados alguns passos assinaláveis. De facto, de acordo com as novas disposições do TUE, a PCSD passa a fazer parte integrante da PESC, garantindo à União uma "capacidade operacional apoiada em meios civis e militares" (artigo 42.º, n.º 1, do TUE). Tais meios – fornecidos pelos Estados-Membros (artigo 42.º, n.º 3, 1.º §, do TUE) – serão utilizados para ações no exterior da União destinadas a assegurar, nomeadamente, ações de manutenção da paz, prevenção de conflitos e o reforço da segurança internacional de acordo com os princípios da Carta das Nações Unidas (artigo 42.º, n.º 1, do TUE).

O Tratado de Lisboa clarifica e reforça os objetivos da PCSD (alargando as chamadas *Missões de Petersberg*). Nos termos do artigo 43.º, n.º 1, do TUE, as novas missões da União, nas quais podem ser utilizados meios civis e militares, incluem ações conjuntas em matéria de desarmamento, missões de evacuação e humanitárias, projetos de aconselhamento e de assistência, missões de prevenção de conflitos e manutenção da paz, envio de forças de combate para a gestão de crises, incluindo missões de restabelecimento da paz e as operações de estabilização na fase final dos conflitos. O mesmo artigo prevê ainda que estas missões possam contribuir para a luta contra o terrorismo, "inclusive mediante o apoio prestado a países terceiros para combater o ter-

DIREITO DA UNIÃO EUROPEIA – ELEMENTOS DE DIREITO E POLÍTICAS DA UNIÃO

rorismo no respectivo território". Competirá ao Alto Representante, sob a autoridade do Conselho e em estreito e permanente contacto com o Comité Político e de Segurança, coordenar os aspetos civis e militares destas missões (artigo 43.º, n.º 2, do TUE), as quais são confiadas pelo Conselho a um grupo de Estados-Membros a fim de preservar os valores da União e servir os seus interesses (artigos 42.º, n.º 5, e 44.º, n.º 1, do TUE). O Alto Representante, eventualmente em conjunto com a Comissão, pode propor que sejam utilizados os meios nacionais e os instrumentos da União sempre que apropriado (artigo 42.º, n.º 4, do TUE). O financiamento das missões da PCSD com implicações militares ou no domínio da defesa obedece normalmente a um princípio geral que atribui a cada Estado-Membro participante a responsabilidade pelos custos da sua própria participação[45]. No entanto, o TUE prevê no seu artigo 41.º, n.º 3, um procedimento especial para garantir "o rápido acesso às dotações do orçamento da União destinadas ao financiamento urgente de iniciativas no âmbito da política externa e de segurança comum, nomeadamente às actividades preparatórias das missões referidas no n.º 1 do artigo 42.º e no artigo 43.º". Neste âmbito, o Conselho delibera, após consulta ao Parlamento Europeu. O Tratado prevê ainda um *fundo de lançamento* para financiar as atividades preparatórias das missões da PCSD referidas no n.º 1 do artigo 42.º e no artigo 43.º que não sejam imputadas ao orçamento da União. Este *fundo de lançamento* é constituído por contribuições dos Estados-Membros de acordo com as regras adotadas pelo Conselho por maioria qualificada, sob proposta do Alto Representante (artigo 41.º, n.º 3, 2.º e 3.º §§, do TUE).

A PCSD inclui a definição gradual de uma política de defesa comum da União que, por seu turno, conduzirá a uma efetiva defesa comum quando o Conselho Europeu, deliberando por unanimidade, assim o decidir. Neste caso, caberá à mesma instituição recomendar aos Estados-Membros que adotem uma decisão neste sentido, salvaguardando o respeito pelas respetivas normas constitucionais (artigo 42.º, n.º 2, do TUE). De notar, porém, que ficou estabelecido que: *(i)* tal política não afetará o carácter específico da política de segurança e defesa de alguns Estados-Membros (salvaguardando o seu estatuto de neutralidade); *(ii)* respeitará as obrigações decorrentes do Tratado do Atlântico Norte para os Estados-Membros que considerem que a

---

[45] Ainda que a Decisão 2011/871/PESC, de 19 de dezembro de 2011, preveja a possibilidade de um conjunto de custos comuns ser financiado pelo mecanismo de financiamento das operações militares (Athena) criado em 2004.

1216

AÇÃO EXTERNA

sua defesa comum se realiza no quadro da NATO; e *(iii)* será compatível com a política comum de segurança e defesa adotada nesse quadro (artigo 42.º, n.º 2, 2.º §, do TUE).

II. Com vista à execução da PCSD, competirá aos Estados-Membros colocar à disposição da União as capacidades civis e militares necessárias à concretização dos objetivos delineados pelo Conselho (artigo 42.º, n.º 3, do TUE). Neste sentido, os Estados-Membros assumem o compromisso de melhorar progressivamente as suas capacidades militares (artigo 42.º, n.º 3, 2.º §, do TUE). Para tal, compete à Agência no domínio do desenvolvimento das capacidades de defesa, da investigação, da aquisição e dos armamentos – a "Agência Europeia de Defesa" – *(i)* identificar "as necessidades operacionais", *(ii)* promover "as medidas necessárias para as satisfazer", *(iii)* contribuir "para identificar e, se necessário, executar todas as medidas úteis para reforçar a base industrial e tecnológica do sector da defesa", *(iv)* participar "na definição de uma política europeia de capacidades e de armamento", e *(v)* prestar "assistência ao Conselho na avaliação do melhoramento das capacidades militares" (artigo 42.º, n.º 3, 2.º §, do TUE).

A Agência Europeia de Defesa atua sob autoridade do Conselho (artigo 45.º, n.º 1, do TUE), cumprindo a sua missão em articulação com a Comissão "na medida do necessário" (artigo 45.º, n.º 2, do TUE). A esta Agência, entre outras funções, é confiada a tarefa de: *(i)* avaliar o cumprimento dos compromissos assumidos pelos Estados-Membros em termos de capacidades militares; *(ii)* promover a harmonização das necessidades operacionais; *(iii)* coordenar os programas executados pelos Estados-Membros; *(iv)* apoiar a investigação em matéria de tecnologia e defesa; *(v)* contribuir para identificar formas de reforçar a base industrial e tecnológica do setor da defesa, bem como para aumentar a eficácia das despesas militares (artigo 45.º, n.º 1, do TUE). Significa isto que esta Agência assumirá gradualmente as funções desempenhadas por outros organismos no domínio do armamento, nomeadamente o *West European Armaments Group*[46] e a *Organisation Conjoint de Coopération en matière d'Armement*.

Aos Estados-Membros cabe a decisão de participar, ou não, na Agência Europeia de Defesa (artigo 45.º, n.º 2, do TUE).

---

[46] Que funcionou no âmbito da extinta União da Europa Ocidental.

DIREITO DA UNIÃO EUROPEIA – ELEMENTOS DE DIREITO E POLÍTICAS DA UNIÃO

III. O Tratado de Lisboa permite ainda que os Estados-Membros estabeleçam cooperações reforçadas no âmbito da PCSD, as quais devem ser autorizadas pelo Conselho, deliberando por unanimidade (artigos 329.º, n.º 2, e 331.º, n.º 2, do TFUE). A novidade não reside aqui no mecanismo da cooperação reforçada, já anteriormente previsto nos tratados para outros domínios, mas sim na sua extensão à segurança e defesa.

Mas aquela que será talvez uma das reformas mais significativas em matéria de defesa, é a possibilidade de instauração de uma "cooperação estruturada permanente" entre Estados-Membros "cujas capacidades militares preencham critérios mais elevados e que tenham assumido compromissos mais vinculativos na matéria tendo em vista a realização das missões mais exigentes" (artigo 42.º, n.º 6, do TUE). Esta cooperação está, no entanto, dependente de um pedido de autorização ao Conselho (artigo 46.º, n.º 1, do TUE), que, no prazo de três meses, adotará a decisão por maioria qualificada (artigo 46.º, n.º 2, do TUE).

O Protocolo n.º 10, anexo ao TUE, prevê critérios operacionais objetivos (e rigorosos) para a "cooperação estruturada permanente", funcionando assim como uma referência para decidir quem poderá ou não fazer parte do grupo[47]. Ainda assim, ao contrário do que é, por exemplo, exigido para as cooperações reforçadas, as cooperações estruturadas permanentes não preveem um limite mínimo de Estados-Membros e deixam as deliberações e as decisões exclusivamente nas mãos dos Estados-Membros que as compõem. Está, portanto, aberta a porta à introdução de uma abordagem mais flexível no domínio da defesa, procurando-se, ainda assim, salvaguardar tanto quanto possível a unidade da União num domínio em que esta tem aparecido, não raras vezes, demasiadamente "fraturada" aos olhos do mundo.

Por fim, o Tratado de Lisboa prevê ainda uma espécie de "terceira forma" de cooperação estreita em matéria de segurança e defesa, ao reconhecer a possibilidade de o Conselho confiar "a realização de uma missão, no âmbito da União, a um grupo de Estados-Membros, a fim de preservar os valores da União e servir os seus interesses" (artigo 42.º, n.º 5, do TUE). A realização deste tipo de missão rege-se pelo disposto no artigo 44.º, n.ºs 1 e 2, do

---

[47] Importa referir que uma das críticas ao Protocolo n.º 10 prendia-se precisamente com o facto de os critérios exigidos – sobretudo em termos de capacidade militar e operacional – para um Estado-Membro poder participar numa cooperação estruturada permanente serem muito mais facilmente atingíveis pelas grandes potências europeias do que por países de pequena e média dimensão.

1218

AÇÃO EXTERNA

TUE, prevendo-se nomeadamente que os Estados-Membros a quem foi confiada essa missão tenham manifestado o desejo de assumir a sua execução e tenham as capacidades necessárias para tal. A gestão da missão é feita por estes Estados-Membros em associação com o Alto Representante. O Conselho deve ser periodicamente informado da fase em que se encontra a missão, podendo adotar as decisões necessárias sempre que os Estados-Membros participantes lhe comuniquem "quaisquer consequências importantes que a sua realização acarrete ou quaisquer alterações que se imponham quanto ao objetivo, ao âmbito ou às regras da missão".

IV. No que respeita à defesa mútua – isto é, a atitude a tomar pelos restantes Estados-Membros se um deles for alvo de agressão armada no seu território – os líderes europeus foram pouco ambiciosos. Embora se determine a obrigatoriedade de prestar "auxílio e assistência por todos os meios ao seu alcance, de acordo com o artigo 51.º da Carta das Nações Unidas" (artigo 42.º, n.º 7, do TUE), explicita-se que esta assistência não poderá afetar as especificidades da política de segurança e defesa de determinados Estados-Membros, naquela que é mais uma referência clara à política de neutralidade de alguns dos membros da União. Ficou, desse modo, reduzido em certa medida a uma "declaração de intenções" um texto que alguns desejavam se tivesse afirmado como uma verdadeira "cláusula de defesa coletiva" semelhante ao artigo 5.º do Tratado de Washington (NATO)[48].

Não obstante, em jeito de "compensação" ou de complementaridade, os autores dos Tratados incluíram no TFUE uma "cláusula de solidariedade" que determina que "[a] União e os seus Estados-Membros actuarão em conjunto, num espírito de solidariedade, se um Estado-Membro for vítima de um ataque terrorista ou vítima de uma catástrofe natural ou de origem humana" (artigo 222.º, n.º 1, do TFUE). Com este fim, a União mobilizará todos os

---

[48] Especialmente porque com a revogação do Tratado de Bruxelas (1948), que instituiu a União da Europa Ocidental, a Europa deixou de ter uma cláusula explícita de defesa mútua no seu território semelhante à anteriormente prevista no seu artigo V: "se qualquer das Altas Partes Contratantes vier a ser vítima de agressão armada na Europa, as outras Partes Contratantes, de harmonia com o disposto no artigo 51.º da Carta das Nações Unidas, prestar-lhe-ão auxílio e assistência com todos os meios ao seu alcance, militares e outros". Ainda assim, o Tratado de Lisboa estabelece como princípio uma obrigação de auxílio mútuo entre Estados-Membros, ao contrário do que acontecia com o Projeto de Tratado Constitucional, onde se lia que uma "cooperação mais estreita em matéria de defesa mútua (...) está aberta a todos os Estados-Membros da União" (artigo III-214.º), deixando, portanto, liberdade de escolha sobre a decisão de auxílio.

DIREITO DA UNIÃO EUROPEIA – ELEMENTOS DE DIREITO E POLÍTICAS DA UNIÃO

instrumentos ao seu dispor – incluindo os meios militares disponibilizados pelos Estados – para: *(i)* prevenir ameaças terroristas no território dos seus membros; *(ii)* proteger as instituições democráticas e a população civil de um eventual ataque terrorista; e *(iii)* prestar assistência a um Estado-Membro no seu território, a pedido deste, quer em caso de ataque terrorista, quer em caso de catástrofe natural ou provocada pelo Homem (artigo 222.º, n.º 1, do TFUE). Cabe ao Conselho adotar a decisão que permita à União tomar as medidas necessárias para implementar a cláusula de solidariedade. Nesta matéria, o Conselho atuará com base numa proposta conjunta da Comissão e do Alto Representante. Sempre que a sua decisão possa ter implicações em matéria de defesa, o Conselho deve observar o disposto no artigo 31.º, n.º 1, do TFUE, e o Parlamento Europeu deve ser informado (artigo 222.º, n.º 3, do TFUE).

4.3.2. Processo decisório
As decisões relativas à PCSD são adotadas por unanimidade pelo Conselho, sob proposta do Alto Representante ou de um Estado-Membro (artigo 42.º, n.º 4, do TUE). Esta regra da unanimidade não conhece qualquer exceção e não pode, ao contrário do que sucede no âmbito da PESC, ser alterada sequer pelo Conselho Europeu, pois a "cláusula-*passerelle*" prevista no artigo 31.º, n.º 3, do TUE não é aplicável no domínio militar ou da defesa (artigo 31.º, n.º 4, do TUE), pelo que configura um núcleo de "intergovernamentalismo qualificado" no seio da União.

4.4. A aplicação do princípio do primado no âmbito da PESC
A doutrina do primado é uma construção de cariz pretoriana desenvolvida, a partir da década de sessenta do século XX, pelo TJUE sem base textual explícita nos Tratados, que determina que as disposições de direito da União são "parte integrante (...) da ordem jurídica aplicável em cada Estado-Membro" e tornam "inaplicável de pleno direito, desde o momento da sua entrada em vigor, qualquer norma de direito interno que lhe seja contrária"[49].

A ideia de que as normas aprovadas no âmbito da PESC estão também abrangidas pelo princípio do primado levaria a que os tribunais nacionais, enquanto "órgãos jurisdicionais de direito comum" responsáveis pela aplicação do direito da União nas ordens jurídicas nacionais, desaplicassem o direito interno incompatível sem o auxílio do TJUE, cuja jurisdição, como

---

[49] Acórdão (TJUE) *Simmenthal II*, de 9 de março de 1978, proc. 106/77.

AÇÃO EXTERNA

observámos, é muito reduzida nestes domínios. Este efeito parece ter sido, contudo, afastado pela Declaração n.º 17, anexa ao TUE, onde se afirma que os Tratados e o direito adotado pela União com base nos Tratados primam sobre o direito dos Estados-Membros, nos termos da jurisprudência do TJUE, na medida em que inexiste qualquer decisão do Tribunal do Luxemburgo que declare o primado das normas da União nos domínios cobertos pela PESC[50]. Esta parece ser também a opinião do Serviço Jurídico do Conselho, que, em parecer que acompanha a Declaração n.º 17, refere que "o primado do direito comunitário é um princípio fundamental desse mesmo direito" e, segundo o TJUE, é um princípio "inerente à natureza específica da Comunidade Europeia". A alusão expressa ao direito comunitário e à Comunidade Europeia inculca mais uma vez a ideia de que o alcance do primado não se estende à PESC.

4.5. As dificuldades de consolidação da *actorness* da União Europeia

Tomadas no cômputo geral, as disposições do Tratado de Lisboa em matéria de PESC e de PCSD parecem indicar uma progressiva abertura dos Estados-Membros à possibilidade de a União intentar um real avanço na edificação de uma política de segurança e defesa europeia que mereça verdadeiramente o epíteto de comum. Medidas como *(i)* a fusão do cargo de Alto Representante para a PESC e de comissário das Relações Externas num único cargo de Alto Representante para os Negócios Estrangeiros e a Política de Segurança, *(ii)* a atribuição de personalidade jurídica à União Europeia, e *(iii)* a existência de delegações europeias coordenadas pelo novo SEAE poderão contribuir para uma política externa europeia mais coerente e mais integrada e, consequentemente, para aumentar a eficácia da União como ator de relevo das relações internacionais. No entanto, as alterações introduzidas em matéria de representação externa não permitem acautelar convenientemente a possibilidade de diferendos quanto ao papel a desempenhar pelas várias figuras encarregadas de representar a União Europeia na ação externa[51]. Por outro

---

[50] Ata Final da Conferência de Representantes dos Estados-Membros, de 3 de dezembro de 2007.
[51] Num debate sobre os Desafios Estratégicos da Europa, que teve lugar em Varsóvia, em junho de 2012, Henry Kissinger, referindo-se às modificações no domínio da política externa europeia, notava: "agora temos uma espécie de número de telefone, mas não é totalmente claro se a América quiser negociar com a Europa quem será a voz" (...) "é relativamente fácil agora obter respostas sobre questões técnicas. Mas eu diria que mesmo que exista um telefone e mesmo que eles o atendam, a resposta não é sempre clara" [nossa tradução]. Ver *http://bigstory.ap.org/article/kissinger-says-calling-europe-quote-not-likely-his*.

DIREITO DA UNIÃO EUROPEIA – ELEMENTOS DE DIREITO E POLÍTICAS DA UNIÃO

lado, a manutenção do carácter fundamentalmente intergovernamental da PESC e da PCSD dificulta a eficácia do combate às novas "ameaças" de um mundo globalizado, e compromete o espírito de solidariedade indispensável à salvaguarda dos interesses e valores comuns que servem de base ao projeto europeu. O Tratado de Lisboa não eliminou assim totalmente as dificuldades para consolidar o papel e a força da União na cena mundial. Nas palavras de Simon Duke:

"A União está numa bifurcação onde escolhas fundamentais sobre a sua orientação futura devem ser enfrentadas. Um caminho sugere irrelevância crescente (...) e a incapacidade para moldar a transformação global. O outro caminho oferece o ensejo para aumentar a visibilidade da União e para moldar a transformação global (...) É um desafio imenso, mas é também uma rara janela de oportunidade" [tradução nossa][52].

A afirmação da *actorness* da União dependerá pois, em larga medida, da sua capacidade de aproveitar esta "janela de oportunidade" através da criação de uma visão estratégica comum que ultrapasse a mera coordenação.

5. Os acordos internacionais

5.1. Aspetos gerais

A União, enquanto sujeito de direito internacional dotado de personalidade jurídica (artigo 47.º do TUE), intervém nas relações internacionais através da celebração de acordos com Estados terceiros e organizações internacionais[53]. De acordo com o disposto no artigo 21.º, n.º 1, 2.º §, do TUE, procura desenvolver relações e constituir parcerias que partilhem os seus princípios e promove soluções multilaterais para problemas comuns, particularmente no âmbito das Nações Unidas. Esta constitui, aliás, uma das principais dimensões da sua ação externa.

O *ius tractuum* da União está, no entanto, limitado ao âmbito das matérias que integram as competências que lhe foram atribuídas pelos Estados-Membros (1.) e sujeito a um complexo procedimento decisório (2.). As normas

---

[52] Simon Duke, "Managing Change in External Relations: The EU's Window of Opportunity", *EIPA*, Bulletin n.º 2011/01, p. 66.

[53] A expressão "acordo internacional" deve ser entendida no seu "sentido geral, designando qualquer compromisso adotado por sujeitos de direito internacional, dotado de força obrigatória, independentemente da sua qualificação formal" (Parecer 1/75, de 11 de novembro de 1979, referente a acordo OCDE relativo a uma norma para as despesas locais).

AÇÃO EXTERNA

dos acordos internacionais fazem, por outro lado, parte do direito da União, pelo que importa saber como se processa essa incorporação e que posição hierárquica assumem face aos demais atos de direito da União (3.).

5.2. A competência da União para aprovar acordos internacionais
I. O princípio da especialidade de atribuições (artigo 5.º, n.ºs 1 e 2, do TUE) limita a capacidade jurídica da União à celebração de acordos internacionais que abranjam o âmbito das competências "que os Estados-Membros lhe tenham atribuído nos Tratados para alcançar os objectivos fixados por estes últimos" (artigo 5.º, n.º 2, do TUE). Nos termos do artigo 216.º, n.º 1, do TFUE, tal ocorre "quando os Tratados o prevejam ou quando a celebração de um acordo seja necessária para alcançar, no âmbito das políticas da União, um dos objectivos estabelecidos pelos Tratados ou quando tal celebração esteja prevista num acto juridicamente vinculativo da União ou seja susceptível de afectar normas comuns ou alterar o seu alcance".

II. Em primeiro lugar, portanto, a União pode celebrar acordos internacionais quando os Tratados explicitamente assim o prevejam. Esta é uma competência que pode ser atribuída em exclusivo à União[54], bem como de forma partilhada ou complementar com os Estados-Membros. Nestes dois últimos casos, estes mantêm a sua capacidade jurídico-internacional, mas, de acordo com o princípio da preempção (artigo 5.º, n.º 2, do TUE), se o acordo incidir sobre um domínio de competência partilhada, apenas o poderão celebrar enquanto a União não o fizer[55]. O mesmo sucederá, de acordo com o princípio da subsidiariedade (artigo 5.º, n.º 3, do TUE), se, nos mesmos domínios, a União decidir deixar de exercer a sua capacidade jurídica internacional.

III. Em segundo lugar, o *ius tractuum* da União pode também estar previsto num ato juridicamente vinculativo ou resultar da sua suscetibilidade

---

[54] É o caso dos acordos comerciais [artigos 3.º, n.º 1, alínea *e*), e 207.º, n.º 3, do TFUE] e dos acordos de associação (artigo 217.º do TFUE).

[55] Tal não sucede, contudo, no âmbito dos acordos nos domínios da *(i)* investigação, do desenvolvimento tecnológico e do espaço (artigo 186.º do TFUE), *(ii)* cooperação (artigos 209.º, n.º 2, e 212.º, n.º 3, do TFUE) e *(iii)* ajuda humanitária (artigo 214.º, n.º 4, do TFUE), onde, apesar de estarmos em domínios de competência partilhada, o seu exercício pela União não impede os Estados-Membros de exercerem a sua competência (artigo 4.º, n.ºs 3 e 4, do TFUE); *(iv)* acordos PESC (artigo 37.º do TUE).

DIREITO DA UNIÃO EUROPEIA – ELEMENTOS DE DIREITO E POLÍTICAS DA UNIÃO

para afetar normas comuns ou alterar o seu alcance. Esta última possibilidade constitui corolário do princípio do paralelismo de competências (*in foro interno, in foro externo*): o exercício pela União de uma competência interna explícita prevista nos Tratados determina a atribuição de uma competência externa implícita nesse domínio[56]. Em ambos os casos, a União dispõe de competência exclusiva para celebrar estes acordos[57], a qual decorre diretamente do princípio da cooperação leal e da coerência, pois uma ação externa independente dos Estados-Membros poderia afetar as regras comuns adotadas pela União. Essa exclusividade existirá também se a União ainda não tiver adotado qualquer ato legislativo num determinado domínio material previsto nos Tratados, mas necessitar de adotar um acordo internacional para exercer essa sua competência interna[58].

IV. Em terceiro lugar, a União pode ainda celebrar acordos quando tal se revele necessário para alcançar, no âmbito das suas políticas, um dos objetivos previstos nos Tratados. Trata-se do alargamento à ação externa da União do âmbito de aplicação da cláusula de flexibilidade em matéria de competências prevista no artigo 352.º do TFUE, que permite, salvo em acordos que incidam sobre domínios cobertos pela PESC (artigo 352.º, n.º 4, do TFUE), o exercício do *ius tractuum* pela União para atingir um dos objetivos previstos nos Tratados, mesmo na ausência de medidas internas adotadas pela União ao abrigo deste preceito. Dado o seu carácter subsidiário, esta competência assume natureza partilhada com os Estados-Membros.

---

[56] Por todos, Acórdão (TJUE) *Comissão contra Conselho (AETR)*, de 31 de março de 1971, proc. 22/70. No Parecer 2/91, de 19 de março de 1993, sobre a Convenção n.º 170 da Organização Internacional do Trabalho, relativa à segurança na utilização de substâncias químicas no trabalho, o TJUE esclareceu não ser necessário que a totalidade do domínio material abrangido pelo acordo internacional esteja já regulado internamente, bastando para o efeito que se trate de "um domínio já em grande parte coberto por regras (da União)". Esta análise deve basear-se no alcance das regras em causa, na sua natureza e no seu conteúdo, bem como levar em conta, não apenas o estado atual do direito da União no domínio em causa, mas também as suas perspetivas de evolução, quando estas forem previsíveis no momento dessa análise.

[57] Artigo 3.º, n.º 2, do TFUE, o qual, todavia, atribui competência exclusiva à União apenas relativamente a acordos que estejam previstos em *ato legislativo*, pelo que os *atos juridicamente vinculativos não legislativos* (v. artigos 288.º e 289.º, n.º 3, do TFUE), apesar de poderem atribuir à União competência externa implícita (artigo 216.º do TFUE), incompreensivelmente não lhe atribuem essa exclusividade.

[58] Artigo 3.º, n.º 2, do TUE, que concretiza a jurisprudência do TJUE vertida no Parecer 1/76, de 26 de abril de 1977, sobre o acordo relativo à instituição de um Fundo Europeu de Imobilização da Navegação Interior.

AÇÃO EXTERNA

V. Os acordos internacionais que têm por objeto matérias que incidem parcialmente no âmbito das competências da União e dos Estados-Membros são designados de "acordos mistos". Estes convénios são celebrados conjuntamente pela União e pelos Estados Membros com países terceiros, gozando do mesmo estatuto, na ordem jurídica da União, que os acordos puramente europeus, mas apenas no que diz respeito a disposições da competência da União[59].

A adoção de "acordos mistos" permite evitar os litígios decorrentes da delimitação de competências para a conclusão de acordos internacionais entre a União e os Estados-Membros. A sua implementação pode, no entanto, revelar-se problemática se não forem claramente determinados os direitos e obrigações de ambos, designadamente no que diz respeito ao exercício do direito de voto nos órgãos criados pelo acordo ou a quem pode ser imputada responsabilidade pelo seu incumprimento[60].

5.3. O procedimento geral de conclusão de acordos internacionais na União Europeia

O procedimento geral de conclusão de acordos internacionais na União está previsto no artigo 218.º do TFUE[61] e pode ser dividido pelas seguintes fases: *(i)* negociação, *(ii)* assinatura, *(iii)* vinculação, e *(iv)* publicação e entrada em vigor.

5.3.1. Negociação

I. A abertura de processo negocial tendente à adoção de um acordo internacional pela União Europeia está dependente de iniciativa dirigida ao Conselho pela Comissão Europeia, salvo quando o convénio a adotar incida sobre matérias exclusiva ou principalmente abrangidas pelos domínios PESC, em que o impulso cabe ao Alto Representante (artigo 218.º, n.º 3, do TFUE).

II. Cabe ao Conselho autorizar a abertura do processo negocial e designar quem irá negociar em nome da União ou quem irá chefiar a equipa de nego-

---

[59] Acórdão (TJUE) *Demirel*, de 30 de setembro de 1987, proc. 12/86 (acordo de associação CEE--Turquia), ou Acórdão (TJUE) *Comissão contra Irlanda*, de 19 de março de 2002, proc. C-13/00.

[60] JAN WOUTERS, DOMINIC COPPENS e BART DE MEESTER, "External Relations after the Lisboa Treaty", *cit.*, pp. 180 e 181.

[61] Estão também previstos procedimentos especiais, com regras próprias face às do artigo 218.º do TFUE, no âmbito dos acordos comerciais (artigo 207.º do TFUE) e dos acordos cambiais entre a União e Estados terceiros (artigo 219.º do TFUE).

DIREITO DA UNIÃO EUROPEIA – ELEMENTOS DE DIREITO E POLÍTICAS DA UNIÃO

ciação da União. Esta designação deve ter em conta a "matéria do acordo projetado" (artigo 218.º, n.º 3, do TFUE), o que significa que o negociador indicado será tendencialmente a Comissão[62], salvo se as negociações incidirem principalmente sobre a PESC, em que o negociador será, em princípio, o Alto Representante.

O Conselho pode vincular o negociador ao cumprimento de um conjunto de diretrizes (artigo 218.º, n.º 2, do TFUE). Este "mandato negocial", apesar de geralmente assumir natureza genérica, pode definir obrigações de resultado e/ou balizar as concessões que a Comissão está autorizada a fazer[63]. Poderá também ser designado um comité especial de acompanhamento das negociações[64]. Uma vez que as negociações são, em regra, conduzidas pela Comissão, tal comité tem como missão, para além de a coadjuvar nesta tarefa, informá-la sobre a posição dos Estados-Membros.

As deliberações do Conselho são tomadas por maioria qualificada. A unanimidade apenas é exigida: *(i)* quando o acordo incida sobre domínio em que seja exigida a unanimidade para a adoção do ato da União; *(ii)* nos acordos de associação; *(iii)* nos acordos com os Estados candidatos à adesão; *(iv)* no acordo de adesão da União à Convenção Europeia para a Proteção dos Direitos do Homem e das Liberdades Fundamentais; *(v)* nos acordos no domínio do comércio de serviços culturais e audiovisuais, sempre que estes sejam suscetíveis de prejudicar a diversidade cultural e linguística da União; *(vi)* nos acordos no domínio do comércio de serviços sociais, sempre que os acordos sejam suscetíveis de causar graves perturbações na organização desses serviços a nível nacional e de prejudicar a responsabilidade dos Estados-Membros de prestarem esses serviços [artigos 207.º, n.º 4, alíneas *a)* e *b)*, e 218.º, n.º 8, do TFUE].

III. O Parlamento Europeu deve ser imediata e plenamente informado sobre o decorrer das negociações[65]. Esta obrigação de consulta foi formalmente consagrada com o Tratado de Lisboa, sucedendo a prática que resul-

---

[62] Apesar de apenas estar reservado em exclusivo à Comissão Europeia a negociação de acordos que versem sobre a política comercial comum (artigo 207, n.º 3, do TFUE), a circunstância de se atribuir a esta instituição a promoção "do interesse geral da União" e a missão de "representação externa da União" sugere a sua designação preferencial como negociador pelo Conselho.

[63] PAUL P. CRAIG e GRAÍNNE DE BURCA, *EU Law: Text, Cases and Materials*, 4.ª ed., OUP, 2008, p. 195.

[64] Artigo 218.º, n.º 4, do TFUE. A designação deste comité é obrigatória no âmbito das negociações de acordos comerciais (artigo 207.º, n.º 3, do TFUE).

[65] Artigo 218.º, n.º 10, do TFUE. No âmbito da negociação de acordos comerciais, a Comissão tem

AÇÃO EXTERNA

tava de acordo interinstitucional, pelo qual a Comissão se comprometia a manter o Parlamento Europeu informado durante todas as fases do processo de preparação, negociação e conclusão de convenções internacionais[66].

IV. No âmbito dos "acordos mistos", a circunstância de a matéria do acordo a adotar ser em parte da competência da União e em parte da competência dos Estados-Membros possibilita a adoção de vários esquemas de negociação: *(i)* "representação bicéfala", composta por delegações separadas dos Estados-Membros e da União; *(ii)* "representação única", composta por representantes da União[67] ou dos Estados-Membros[68], ou ainda por representantes de ambos e chefiada pela União ("fórmula Roma").

Por forma a obviar dificuldades de articulação entre as posições negociais da União e dos Estados-Membros, os princípios da cooperação leal e da coerência requerem cooperação estreita entre ambos durante o processo negocial de modo a garantir a unidade na representação internacional da União[69]. Por esta razão, uma vez autorizada a abertura de negociações tendentes à adoção de um acordo multilateral, os Estados-Membros devem "facilitar o cumprimento da missão (da União) e (...) garantir a unidade e a coerência da sua ação e representação internacionais"[70], não podendo, designadamente, contrariar a posição comum adotada pelo Conselho[71].

a obrigação de apresentar regularmente ao Parlamento Europeu um relatório sobre o andamento das negociações (artigo 207.º, n.º 3, *in fine*, do TFUE).

[66] Acordo-quadro sobre as relações entre o Parlamento Europeu e a Comissão Europeia, CS-0349/2000. A consulta do Parlamento Europeu era já prática seguida no âmbito da aprovação de acordos de associação (procedimento "Luns" de 1964) e de acordos comerciais (procedimento "Westerp" de 1973). Sobre os procedimentos "Luns-Westerp", v. DELANO R. VERWEY, *The European Community, the European Union and the International Law of Treaties: a Comparative Legal Analysis of the Community and Union's external treaty making practise*, TMC Asser Press, 2004, pp. 108 e segs.

[67] Neste caso, o negociador da União deve obter um "mandato negocial" do Conselho e dos Estados-Membros. Foi o que sucedeu, por exemplo, com a negociação do Acordo que instituiu a Organização Mundial do Comércio e de vários acordos de associação.

[68] *V. g.*, a negociação do acordo da Organização Internacional do Trabalho, da qual apenas os Estados-Membros podiam ser partes.

[69] Parecer 1/78, de 4 de outubro de 1979, relativo ao Acordo Internacional sobre a Borracha Natural, e, mais recentemente, Parecer 2/00, de 6 de dezembro de 2001, relativo ao Protocolo de Cartagena.

[70] Acórdão (TJUE) *Comissão contra Grão Ducado do Luxemburgo*, de 2 de junho de 2005, proc. C-266/03.

[71] Acórdão (TJUE) *Comissão contra Suécia*, de 20 de abril de 2010, proc. C-246/07.

DIREITO DA UNIÃO EUROPEIA – ELEMENTOS DE DIREITO E POLÍTICAS DA UNIÃO

5.3.2. Assinatura

Após o encerramento das negociações, o negociador pode proceder à autenticação do texto do acordo através de assinatura *ad referendum* ou rubrica [v. artigo 10.º, n.º 1, alínea *b*), e n.º 2, alínea *b*), da Convenção de Viena sobre o Direito dos Tratados entre Estados e Organizações Internacionais ou entre Organizações Internacionais ("Convenção de Viena")]. Trata-se de formas de autenticação provisórias, uma vez que o artigo 218.º, n.º 5, do TFUE, determina competir ao Conselho, sob proposta do negociador, adotar a decisão que autoriza a assinatura do acordo e, se for caso disso, a sua aplicação provisória antes da respetiva entrada em vigor. Ao Presidente do Conselho é, em regra, atribuída a tarefa de designar as pessoas habilitadas a proceder à assinatura[72], a qual, de acordo com a prática, é assegurada pelo representante da Comissão e/ou pelo representante da Presidência do Conselho[73].

5.3.3. Vinculação

I. Nos termos do artigo 218.º, n.º 6, do TFUE, a União manifesta o seu consentimento em ficar vinculada através de decisão de celebração adotada, sob proposta do negociador, pelo Conselho por maioria qualificada, salvo nos casos previstos no artigo 218.º, n.º 8, do TFUE, em que é exigida a unanimidade. No ato de celebração, o Conselho pode também mandatar o negociador para aprovar, em nome da União, alterações ao acordo, quando este disponha que essas alterações possam ser adotadas por um processo simplificado de revisão ou por uma instância criada pelo próprio acordo. Os poderes representativos do negociador podem ser objeto de restrições específicas (artigo 218.º, n.º 7, do TFUE).

A decisão de celebração do acordo pelo Conselho está, todavia, dependente de prévia aprovação pelo Parlamento Europeu nos: *(i)* acordos de associação; *(ii)* acordo de adesão à Convenção Europeia para a Proteção dos Direitos do Homem e das Liberdades Fundamentais; *(iii)* acordos que criem um quadro institucional específico mediante a organização de processos de cooperação; *(iv)* acordos com consequências orçamentais significativas para a União; *(v)* acordos que abranjam domínios aos quais seja aplicável

---

[72] *V. g.*, artigo 2.º da Decisão 2011/51/UE, de 18 de janeiro de 2011, relativa à assinatura do Acordo entre a União Europeia e a Confederação Suíça relativo à proteção das indicações geográficas e denominações dos produtos de origem dos produtos agrícolas e géneros alimentícios.
[73] MARIA LUÍSA DUARTE, *União Europeia – Estática e Dinâmica da Ordem Jurídica Eurocomunitária*, Almedina, Coimbra, 2011, p. 312.

AÇÃO EXTERNA

o processo legislativo ordinário ou o processo legislativo especial, quando a aprovação do Parlamento Europeu é obrigatória[74]. Nos demais casos, o Parlamento Europeu deve ser ouvido, podendo o Conselho, em função da urgência da questão, fixar prazo preclusivo para a emissão de parecer consultivo [artigo 218.º, n.º 6, alínea *b*), TFUE]. A única exceção à intervenção obrigatória do Parlamento Europeu na fase de vinculação da União ocorre nos processos de conclusão de convenções que incidam exclusivamente em domínios cobertos pela PESC[75].

A vinculação internacional da União ocorrerá, em regra, através da notificação à(s) outra(s) parte(s) contratante(s) do instrumento de aprovação do acordo[76].

II. A conclusão dos "acordos mistos" exige que sejam bem sucedidos os procedimentos internos de aprovação/ratificação na União e nos Estados-Membros. A exigência constitucional de aprovação parlamentar e, em alguns casos, da realização de referendo em alguns Estados-Membros, potencia os riscos de fracasso do processo de conclusão dos "acordos mistos" que adotem a forma de Tratado solene.

5.3.4. Publicação e entrada em vigor

I. O ato de aprovação do acordo toma a forma de decisão ou, em casos mais raros, de regulamento, sendo posteriormente publicado no *JOUE* juntamente com o texto da convenção. É também publicado no *Jornal Oficial* o aviso de entrada em vigor da convenção na ordem jurídica da União.

---

[74] Artigo 218.º, n.º 6, alínea *a*), do TFUE. No âmbito dos acordos comerciais, ao contrário do que sucedia até à entrada em vigor do Tratado de Lisboa (artigo 133.º do TCE), é igualmente exigida aprovação pelo Parlamento Europeu, uma vez que a política comercial comum está sujeita à aplicação do processo legislativo ordinário [v. artigos 207.º, n.º 2, e 218.º, n.º 6, alínea *a*), inciso *v*)].

[75] Artigos 37.º do TUE e 218.º, n.º 6, do TFUE. Tal não impede que, ao abrigo do artigo 36.º do TUE, o Parlamento Europeu não possa apresentar recomendações ao Conselho sob a forma de parecer sobre a conclusão destas convenções.

[76] Artigo 11.º, n.º 2, da Convenção de Viena. Não pode ser excluída a hipótese de, nos termos do mesmo preceito da Convenção de Viena, a União expressar o seu consentimento em se vincular a uma convenção no momento da assinatura, no caso de esta tomar a forma de acordo em forma simplificada (*executive agreements*). No entanto, tal parece estar reduzido aos acordos em forma simplificada que incidam exclusivamente sobre os domínios da PESC, uma vez que sobre os demais é exigida a intervenção, a título vinculativo ou consultivo, do Parlamento Europeu.

DIREITO DA UNIÃO EUROPEIA – ELEMENTOS DE DIREITO E POLÍTICAS DA UNIÃO

II. Uma vez que os acordos celebrados pela União vinculam as instituições da União (artigo 216.º, n.º 2, do TFUE), estas estão obrigadas a aplicá-los no âmbito das respetivas competências. À Comissão compete a tarefa de controlar essa aplicação, sob fiscalização do TJUE (artigo 17.º, n.º 1, do TUE). Papel de relevo na implementação dos acordos internacionais é também desempenhado pelo Conselho, a quem cabe, sob proposta da Comissão ou do Alto Representante, *(i)* definir as posições a tomar em nome da União numa instância criada por um acordo, quando essa instância for chamada a adotar atos que produzam efeitos jurídicos, com exceção dos atos que completem ou alterem o quadro institucional do acordo; *(ii)* adotar uma decisão sobre a suspensão de um acordo (artigo 218.º, n.º 9, do TFUE)[77]. Em ambos os casos, o Parlamento Europeu deve ser imediata e plenamente informado (artigo 218.º, n.º 10, do TFUE).

5.3.5. Fase facultativa: a intervenção do TJUE

Os Estados-Membros, o Parlamento Europeu, o Conselho ou a Comissão, podem requerer ao Tribunal de Justiça que se pronuncie, sob a forma de parecer, sobre a compatibilidade face aos Tratados de um projeto de acordo a adotar pela União (artigo 218.º, n.º 11, do TFUE). A intervenção do TJUE tem natureza facultativa e deve ser requerida em momento anterior à decisão de celebração do acordo pelo Conselho[78], destinando-se a evitar a entrada em vigor de normas convencionais contrárias a normas substantivas

---

[77] Nos termos do artigo 60.º, n.ºˢ 1 e 2, da Convenção de Viena, apenas uma "violação substancial" pode levar à suspensão de um tratado, o que ocorrerá, em regra, sempre que for incumprida uma "disposição essencial para a realização do (seu) objeto e fim" [artigo 60.º, n.º 3, alínea *b*), da Convenção de Viena]. De acordo com JEAN PAUL JACQUÉ, *Droit Institutionnel de l'Union Européenne*, Dalloz, 2010, p. 475, e MARIA LUÍSA DUARTE, *União Europeia – Estática e Dinâmica da Ordem Jurídica Eurocomunitária, cit.*, p. 313, o facto de a inclusão da cláusula "direitos do homem" constituir condição essencial para a conclusão de acordos de associação com países terceiros, tem legitimado a decisão de suspensão destes acordos pela União sempre que verifica a ocorrência de violações dos direitos humanos nestes países.

[78] O que pode acontecer a partir do momento em que já tenha sido assumida a decisão de abertura de negociações pelo Conselho e já exista, pelo menos, um projeto de acordo a apresentar à contraparte (Parecer 1/78, *cit.*, p. 711, n.º 18).

AÇÃO EXTERNA

de direito primário[79] e, mais frequentemente, a controlar a competência da União para se vincular internacionalmente[80].

O parecer negativo do TJUE condiciona a decisão de aprovação do acordo pelo Conselho à renegociação do seu texto com vista a expurgar normas consideradas contrárias aos Tratados[81] ou, em alternativa, à aprovação de revisão dos Tratados (artigo 48.º do TUE). Esta última pode ter como objetivo a alteração das normas substantivas de direito primário que fundaram a decisão de incompatibilidade face aos Tratados ou a atribuição à União de competência para celebrar acordos internacionais nos domínios abrangidos pelo projeto de acordo.

5.4. A incorporação e posição hierárquica das normas dos acordos internacionais

I. Não obstante o silêncio dos Tratados quanto à forma de incorporação dos acordos internacionais, o TJUE considera que as suas disposições "constituem, a partir da sua entrada em vigor, parte integrante da ordem jurídica da (União)"[82]. Esta posição sugere a adoção de uma conceção monista da relação entre o direito internacional e o direito da União e o consequente abandono de conceções dualistas, de acordo com as quais as normas dos acordos internacionais fazem parte de uma ordem jurídica distinta, apenas se aplicando na ordem jurídica da União após a sua transformação em ato de direito da União – *maxime* através da decisão de celebração do acordo pelo Conselho[83]. Em todo o caso, esta discussão revela-se algo ociosa, na medida em que a chave para a aplicação dos acordos internacionais na ordem jurídica da União está, como veremos, na decisão do TJUE que se pronuncia sobre a sua aplicabilidade direta[84].

[79] *V. g.*, Parecer 1/92, de 10 de abril de 1992, relativo ao acordo relativo à criação do Espaço Económico Europeu.

[80] *V. g.*, Parecer 1/03, de 7 de fevereiro de 2006, relativo à competência da Comunidade para celebrar a Convenção de Lugano.

[81] A "versão renegociada" do projeto de acordo pode ser novamente objeto de parecer pelo Tribunal de Justiça – v. Parecer 1/92, *cit.*

[82] Acórdão *Haegeman*, de 30 de abril de 1974, proc. 181/73.

[83] Neste sentido, Fausto de Quadros, *Direito da União Europeia*, Almedina, Coimbra, 2004, pp. 371 e 372; ou Koen Lenaerts e Piet van Nuffel, *Constitutional Law of the European Union*, 2.ª ed., Thompson, 2005, pp. 739 e 740.

[84] Armin van Bogdandy e Maja Smrkolj, "European Community and Union Law and International Law", *Max Planck Encyclopedia of Public International Law*, 2011, disponível em *http://www. mpepil.com*, p. 3.

DIREITO DA UNIÃO EUROPEIA – ELEMENTOS DE DIREITO E POLÍTICAS DA UNIÃO

II. No que diz respeito à posição hierárquica dos acordos internacionais na ordem jurídica da União, a atribuição de competência ao TJUE para apreciar preventivamente a sua compatibilidade face aos Tratados permite concluir que lhes deva ser atribuída uma posição inferior face a estes. Com efeito, ainda que o artigo 218.º, n.º 11, do TFUE não admita a fiscalização jurisdicional de acordo internacional já vinculativo para a União[85], isso não impede o Tribunal do Luxemburgo de, na prática, exercer essa competência ao abrigo dos artigos 263.º do TFUE (processo do recurso de anulação) e 267.º do TFUE (processo do reenvio prejudicial) através do controlo da validade do ato de aprovação do acordo internacional adotado pelo Conselho. Não obstante nestes dois últimos preceitos não se incluir qualquer referência expressa aos acordos internacionais, o TJUE procedeu à sua interpretação extensiva, considerando ter competência para se pronunciar sobre todas as disposições tomadas pelas instituições que se destinem a produzir efeitos jurídicos, quaisquer que sejam a sua natureza e a sua forma[86], pelo que os incluiu entre os "atos das instituições" por serem concluídos pelo Conselho[87], o mesmo sucedendo em relação às decisões dos órgãos criados por um acordo internacional[88]. No entanto, saliente-se que a decisão do TJUE que se pronuncie pela invalidade face aos Tratados do ato de aprovação de um acordo internacional em princípio não afetará as obrigações internacionais da União[89].

O primado dos Tratados sobre o direito internacional não se estende aos direitos e obrigações dos Estados-Membros decorrentes de acordos concluídos antes da sua pertença à União (artigo 351.º do TFUE). É o caso das obrigações assumidas na Carta das Nações Unidas, as quais prevalecem sobre as obrigações resultantes de qualquer outro acordo internacional (artigo 103.º). Por esta razão, o Tribunal Geral recusou apreciar a validade de regu-

---

[85] No Parecer 3/94, de 13 de dezembro de 1994, relativo ao acordo quadro sobre bananas, declarou ser inadmissível fundar este poder de fiscalização numa aplicação analógica deste preceito, uma vez que um parecer eventualmente negativo não teria o efeito jurídico previsto por esta disposição.

[86] Acórdão *Comissão contra Conselho (AETR), cit.*

[87] Acórdãos *Haegeman, cit.*, p. 251, n.os 3 a 5 (acordo de associação CEE-Grécia); *Demirel, cit.*, n.º 7 (acordo de associação CEE-Turquia), ou *Andersson*, de 15 de junho de 1999, proc. C-321/97 (acordo sobre o Espaço Económico Europeu).

[88] Acórdão *Sevince*, de 20 de setembro de 1990, proc. C-192/89 (acordo de associação CEE-Turquia).

[89] Artigos 27.º, n.º 2, e 46.º, n.º 2, da Convenção de Viena, onde se dispõe que uma organização internacional que é parte num tratado não pode invocar as suas regras internas para fundar o incumprimento desse tratado, salvo se o seu consentimento tiver sido expresso com violação manifesta de uma disposição do seu direito interno de importância fundamental.

AÇÃO EXTERNA

lamento da União que se destinava a implementar uma resolução adotada pelo Conselho de Segurança ao abrigo do Capítulo VII da Carta das Nações Unidas, salvo no que diz respeito à sua compatibilidade com normas de *jus cogens*[90]. No entanto, a ideia de que os atos da União destinados a implementar resoluções do Conselho de Segurança beneficiam de uma imunidade de jurisdição foi prontamente revertida pelo TJUE nos seguintes termos: "as obrigações impostas por um acordo internacional não podem ter por efeito a violação dos princípios constitucionais (dos Tratados), entre os quais figura o princípio segundo o qual todos os atos (da União) devem respeitar os direitos fundamentais, constituindo este respeito um requisito da sua legalidade que compete ao Tribunal de Justiça fiscalizar no âmbito do sistema completo de vias de recurso estabelecido pelo(s) mesmo(s) Tratado(s)"[91].

O Tribunal de Justiça esclareceu, contudo, que a fiscalização da legalidade tem por objeto apenas o ato da União destinado a implementar o acordo internacional em causa e não este último enquanto tal, pelo que uma eventual decisão que declarasse o ato da União destinado a implementar uma resolução do Conselho de Segurança como contrária a uma norma hierarquicamente superior do ordenamento jurídico da União não implicaria pôr em causa a prevalência dessa resolução no plano do direito internacional[92].

III. Uma vez que os acordos internacionais vinculam as instituições da União (artigo 216.º, n.º 2, do TFUE), as suas normas primam sobre as normas de direito da União derivado[93]. Este constitui um corolário do princípio *pacta sunt servanta* (artigo 26.º da Convenção de Viena), cujo cumprimento é assegurado pelo TJUE, a quem compete garantir a aplicação uniforme dos acordos internacionais na ordem jurídica da União[94]. Esta missão é prosseguida através da decisão sobre a sua aplicabilidade direta, o que envolve *(i)* apreciar se o acordo, tendo em conta o seu espírito, economia e termos, é sus-

---

[90] Acórdãos (TJUE) *Yusuf*, de 21 de setembro de 2005, proc. T-306/01; e *Kadi*, de 21 de setembro de 2005, proc. T-315/01. O âmbito de aplicação do artigo 103.º da Carta das Nações Unidas abrange não apenas as obrigações consagradas expressamente na Carta, mas também todas aquelas que resultem para os Estados em *virtude* da Carta, pelo que abarca as deliberações dos órgãos das Nações Unidas dotadas de força vinculativa (*maxime* as resolução do Conselho de Segurança).

[91] Acórdão *Kadi*, de 3 de setembro de 2008, procs. apensos C-402/05 P e C-415/05 P.

[92] *Idem*, n.os 286 e 288.

[93] Entre outros, Acórdão (TJUE) *Algemene Scheeps Agentuur Dordrecht BV*, de 12 de janeiro de 2006, proc. C-311/04.

[94] Acórdão (TJUE) *Kupferberg*, de 26 de outubro de 1982, proc. 104/81.

DIREITO DA UNIÃO EUROPEIA – ELEMENTOS DE DIREITO E POLÍTICAS DA UNIÃO

cetível de gerar disposições com efeito direto[95] e *(ii)* determinar se a norma do acordo em questão estabelece "uma obrigação clara e suficientemente determinada, que não esteja subordinada, na sua execução ou nos seus efeitos, à intervenção de qualquer ato posterior"[96]. Caso o acordo não seja diretamente aplicável ou alguma(s) da(s) sua(s) norma(s) não possua(m) efeito direto e, portanto, não possa(m) ser diretamente invocada(s) para afastar normas de direito derivado, o seu primado pode ainda ser assegurado através *(i)* da obrigação de interpretação das normas de direito derivado em conformidade com o acordo internacional[97] e *(ii)* do controlo pelo TJUE da conformidade face aos acordos internacionais das normas de direito derivado e das decisões de instituições da União aprovadas com o fim de os implementar[98].

IV. Os acordos internacionais concluídos pela União vinculam também os Estados-Membros (artigo 216.º, n.º 2, do TFUE). As suas normas fazem parte da ordem jurídica da União[99] e, por essa razão, prevalecem sobre as normas nacionais[100]. Isto que significa que, no caso de as normas dos acordos internacionais terem efeito direto, poderão ser invocadas perante qualquer órgão jurisdicional dos Estados-Membros para contestar a aplicação de normas nacionais com fundamento na sua incompatibilidade com o acordo internacional adotado pela União.

5.5. O Tratado de Lisboa e o *ius tractuum* da União Europeia

Uma das novidades trazidas pelo Tratado de Lisboa foi o reconhecimento explícito *do ius tractuum* da União (artigo 3.º, n.º 2, do TFUE). Em larga medida, tratou-se, como observámos, de uma codificação da jurisprudência constante do TJUE, que permitiu que a União se tornasse no último meio século parte em inúmeros acordos internacionais.

A abolição da estrutura polarizada herdada do Tratado de Maastricht determinou ainda a adoção de uma base jurídica geral para o exercício do *ius tractuum* da União (artigo 216.º do TFUE), no âmbito da qual se procedeu a

---

[95] *Idem, cit.*, n.º 22, e Acórdão (TJUE) *International Fruit Company*, de 12 de dezembro de 1972, procs. apensos 21/72 a 24/72.

[96] Acórdão *Demirel, cit.*, n.º 14.

[97] Entre outros, Acórdão (TJUE) *Agrover*, de 18 de outubro de 2007, proc. C-173/06.

[98] Cf., respetivamente, Acórdãos (TJUE) *Nakajima*, de 7 de maio de 1991, proc. C-69/89; e *Fediol*, de 22 de junho de 1989, proc. 70/87.

[99] Acórdão *Demirel, cit.*, n.º 7.

[100] Acórdão (TJUE) *Costa*, de 15 de julho de 1964, proc. 6/64.

AÇÃO EXTERNA

uma curiosa redistribuição institucional de competências. Com efeito, se a negociação dos acordos deixou de ser uma competência exclusiva da Comissão, podendo o Conselho assumir esse papel se assim o entender, a decisão sobre a vinculação aos mesmos pelo Conselho passou, em vários domínios, a necessitar de prévia aprovação pelo Parlamento Europeu. Esta última instituição ganhou ainda poderes acrescidos de consulta durante a fase das negociações, o que traduz claramente a preocupação dos autores dos Tratados em conferir maior legitimidade democrática aos acordos internacionais adotados pela União.

NOTAS CURRICULARES DOS AUTORES

ALESSANDRA SILVEIRA
Professora Associada da Escola de Direito da Universidade do Minho. Titular da Cátedra Jean Monnet em Direito da União Europeia. Doutorada (2006) e Mestre (1999) em Ciências Jurídico-Políticas pela Faculdade de Direito da Universidade de Coimbra. Diretora do Centro de Estudos em Direito da União Europeia (CEDU) da Universidade do Minho. Diretora do Mestrado em Direito da União Europeia da Universidade do Minho. Diretora de UNIO – *EU Law Journal* (*www.unio.cedu.direito. uminho.pt*).

ALEXANDRA ARAGÃO
Professora da Faculdade de Direito da Universidade de Coimbra (FDUC). Investigadora do Instituto Jurídico [Crise, sustentabilidade e cidadania(s) UID/DIR/ /04643/2013]. Doutorada em Direito do Ambiente pela FDUC. Mestre em Integração Europeia pela FDUC. Membro do Observatório Jurídico Europeu da Rede Natura 2000 e das Águas, trustee do grupo *Avosetta.org* e membro do Advisory Board do European Environmental Law Forum. Membro Colaborador do Centro de Estudos em Direito da União Europeia (CEDU) da Universidade do Minho.

ANABELA SUSANA DE SOUSA GONÇALVES
Professora da Escola de Direito da Universidade do Minho (EDUM). Doutorada em Ciências Jurídico-Privatísticas pela EDUM (2012). Mestre em Ciências Jurídico- -Empresariais pela Faculdade de Direito da Universidade de Coimbra (2003). Membro do Conselho Científico e do Conselho de Escola da EDUM. Desempenha, atualmente, as funções de perita externa da Comissão Europeia na área da cooperação judiciária em matéria civil. Membro Integrado do Centro de Estudos em Direito da União Europeia (CEDU) da Universidade do Minho.

DIREITO DA UNIÃO EUROPEIA – ELEMENTOS DE DIREITO E POLÍTICAS DA UNIÃO

CARLOS LUÍS MEDEIROS DE CARVALHO
Juiz Conselheiro do Supremo Tribunal Administrativo (desde abril de 2014). Coordenador Regional Norte do Centro de Estudos Judiciários (desde novembro de 2011). Presidente da Associação dos Magistrados da Jurisdição Administrativa e Fiscal de Portugal (AMJAFP). Auditor de Defesa Nacional com apresentação de trabalho individual final para obtenção de diploma sob o título "Prioridades da Justiça e Assuntos Internos da Europa" (2007-2008). Membro do Conselho de Redação dos Cadernos de Justiça Administrativa (CEJUR) desde junho de 2010. Membro do Conselho Científico da Revista de Contratos Públicos (CEDIPRE/Universidade de Coimbra).

CLÁUDIA TRABUCO
Professora da Faculdade de Direito da Universidade Nova de Lisboa. Doutorada em Direito Privado na especialidade de Direitos da Propriedade Intelectual (Universidade Nova de Lisboa, 2005). LL.M. (Master of Laws) em Direito Europeu (College of Europe, Bélgica, 1998). Consultora do Ministério da Justiça (2003-2006), do Conselho da Autoridade da Concorrência (2006-2008) e da sociedade de advogados PLMJ nas áreas de direito europeu e da concorrência e propriedade intelectual (2008-2012).

FERNANDO DE GRAVATO MORAIS
Professor Associado (com Agregação) da Escola de Direito da Universidade do Minho (EDUM). Doutorado em Direito pela EDUM. Mestre em Direito pela Faculdade de Direito da Universidade de Coimbra. Áreas científicas de interesse: direito comercial, direito civil e direito do consumo. Membro Integrado do Centro de Estudos em Direito da União Europeia (CEDU) da Universidade do Minho.

FRANCISCO PEREIRA COUTINHO
Professor da Faculdade de Direito da Universidade Nova de Lisboa e Professor Convidado da Faculdade de Ciências Sociais e Humanas da Universidade Nova de Lisboa. Doutorado em Direito pela Faculdade de Direito da Universidade Nova de Lisboa (2009). Foi colaborador do Instituto Diplomático do Ministério dos Negócios Estrangeiros (2005-2011) e Professor Auxiliar do Instituto Superior de Ciências Sociais e Políticas da Universidade de Lisboa (2010-2015). Membro Colaborador do Centro de Estudos em Direito da União Europeia (CEDU) da Universidade do Minho.

NOTAS CURRICULARES DOS AUTORES

GONÇALO ANASTÁCIO
Sócio da SRS (Sociedade Rebelo de Sousa & Advogados Associados, R.L.) onde coordena o Departamento de Direito Europeu e da Concorrência – e foi *partner* do escritório internacional Simmons & Simmons. Mestre em Direito Comunitário pela Faculdade de Direito da Universidade de Lisboa onde foi Assistente de 1997 a 2007 – e posteriormente docente de pós-graduações. Pós-Graduado em Estudos Europeus pelo Collège des Hautes Études Européennes da Sorbonne (Paris I). É editor para o setor energético da revista Concorrência & Regulação, da Autoridade da Concorrência/IDEFF. Membro da Associação Portuguesa de Energia.

ISABEL CAMISÃO
Professora Auxiliar Convidada da Faculdade de Letras da Universidade de Coimbra. Desenvolve o projeto de investigação de pós-doutoramento, financiado pela Fundação para a Ciência e a Tecnologia (FCT), "Liderança política oportuna na UE". Doutora em Ciência Política e Relações Internacionais pela Universidade do Minho. Membro Integrado do Centro de Investigação em Ciência Política (CICP) da Universidade do Minho. Coeditora da revista *Perspectivas – Portuguese Journal of Political Science and International Relations*.

ISABEL MENÉRES CAMPOS
Professora da Escola de Direito da Universidade do Minho (EDUM). Doutorada (2010) e Mestre (2000) em Ciências Jurídico-Civilísticas pela Faculdade de Direito da Universidade de Coimbra (2010). Advogada (desde 1997). Membro Integrado do Centro de Estudos em Direito da União Europeia (CEDU) da Universidade do Minho.

JOANA WHYTE
Doutoranda em Ciências Jurídicas Públicas na Universidade do Minho (Doutoramento Europeu com a Universidade de Münster, Alemanha, subordinado ao tema "O Cibercrime na União Europeia: competência, perspectivas e soluções. Um estudo comparado entre o sistema Europeu e o sistema Estadunidense"). Mestre em Direito da União Europeia pela Universidade do Minho (2011), com a dissertação intitulada "O princípio ne bis in idem no quadro da jurisprudência do TJUE". Integra o 'editorial support' de UNIO – *EU Law Journal* (*www.unio.cedu.direito.uminho.pt*). Advogada. Membro Colaborador do Centro de Estudos em Direito da União Europeia (CEDU) da Universidade do Minho.

JOÃO SÉRGIO RIBEIRO

Professor da Escola de Direito da Universidade do Minho (EDUM). Vice-Presidente da EDUM. Doutorado em Direito (na especialidade de direito público) pela Faculdade de Direito da Universidade Nova de Lisboa. LL.M. (Master of Laws) pela London School of Economics and Political Science. Realizou o programa Avançado em Direito Fiscal Internacional no International Tax Center da Universidade de Leiden. Membro do Conselho Académico da Associação Europeia de Professores de Direito Fiscal. Membro do Conselho Científico da Associação Fiscal Portuguesa. Diretor do LL.M. in European and Transglobal Business Law da Universidade do Minho. Membro Integrado do Centro de Estudos em Direito da União Europeia (CEDU) da Universidade do Minho.

JOAQUIM FREITAS DA ROCHA

Professor da Escola de Direito da Universidade do Minho (EDUM). Investigador do Núcleo de Estudos de Direito das Autarquias Locais (NEDAL). Diretor do Mestrado em Direito Tributário e Fiscal da EDUM. Formador na Ordem dos Advogados e no Centro de Estudos Judiciários. Autor de diversas obras (monográficas e periódicas) nos domínios científicos do direito constitucional, direito financeiro, direito tributário e direito fiscal. Membro Colaborador do Centro de Estudos em Direito da União Europeia (CEDU) da Universidade do Minho.

JOSÉ CARAMELO GOMES

Professor Catedrático no Departamento de Direito da Universidade Portucalense. Agregado em Direito pela Universidade Lusíada. Doutorado em Direito pela Universidade de Salford. Mestre em Direito pela Universidade Católica Portuguesa. É diretor do Instituto Jurídico Portucalense e pertence a vários Conselhos Editoriais (entre os quais o *American Journal of Comparative Law*) e grupos de investigação internacionais, tendo obras e artigos publicados em Portugal, Reino Unido, Espanha, Brasil, China, Eslovénia, Alemanha e Estados Unidos. Membro Colaborador do Centro de Estudos em Direito da União Europeia (CEDU) da Universidade do Minho.

LUÍS ANTÓNIO MALHEIRO MENESES DO VALE

Doutorando em Ciências Jurídico-Políticas pela Faculdade de Direito da Universidade de Coimbra (FDUC), onde exerce funções como Assistente. Mestre em Ciências Jurídico-Políticas pala FDUC. Foi membro do Conselho Diretivo e do Conselho Pedagógico da FDUC. É sócio fundador da Alumni e da Associação Portuguesa de Filosofia do Direito. Membro da Associação Portuguesa de Direito Constitucional, da Deutsch-Lusitanische Juristenvereinigung, do Conselho Científico da Eurofacts,

NOTAS CURRICULARES DOS AUTORES

do Centro de Direito Biomédico, da Sociedade Portuguesa de Retórica, bem como do Grupo de Direitos Sociais da Associação Mundial de Direito Constitucional. Membro Colaborador do Centro de Estudos em Direito da União Europeia (CEDU) da Universidade do Minho.

LUÍS COUTO GONÇALVES

Professor Catedrático da Escola de Direito da Universidade do Minho (EDUM). Presidente do Conselho de Escola da EDUM. Membro da Comissão Diretiva do Centro de Estudos em Direito da União Europeia (CEDU) da Universidade do Minho. Integra o Conselho Editorial da *Revista de Direito Intelectual*, da Associação Portuguesa de Direito Intelectual. Membro do Conselho Científico da revista *Actas de Derecho Industrial*, do Instituto de Direito Industrial da Universidade de Santiago de Compostela.

MANUEL LOPES PORTO

Professor Catedrático da Universidade de Coimbra e da Universidade Lusíada. Doutorado pela Faculdade de Direito da Universidade de Coimbra (FDUC) e M.Phil em Economia pela Universidade de Oxford. Presidente da Associação de Estudos Europeus da FDUC e diretor da respetiva revista (Temas de Integração). Diretor do Centro de Estudos Jurídicos, Económicos e Ambientais (CEJEA) da Universidade Lusíada. Membro do Conselho Universitário da Ação Jean Monnet. Membro da direção dos Antigos Membros do Parlamento Europeu. Presidente da AREP (Associação de Estudos Europeus nacional). Foi Deputado ao Parlamento Europeu e Presidente Mundial das European Community Studies Associations.

MARIA MIGUEL CARVALHO

Professora da Escola de Direito da Universidade do Minho (EDUM). Doutorada em Ciências Jurídico-Empresariais pela EDUM. Mestre em Ciências Jurídico-Empresariais pela Faculdade de Direito da Universidade de Coimbra. Membro do Conselho de Redação da revista *Scientia Iuridica*. Membro do Centro de Estudos em Propriedade Intelectual e da Concorrência, da Associação Portuguesa de Direito Intelectual, e da Associação Direito das Sociedades em Revista. Diretora do Departamento de Ciências Jurídico-Privatísticas da EDUM. Membro Integrado do Centro de Estudos de Direito da União Europeia (CEDU) da Universidade do Minho.

MARIANA CANOTILHO

Mestre em Ciências Jurídico-Políticas pela Faculdade de Direito da Universidade de Coimbra (FDUC), onde exerce funções como Assistente desde 2003. É Assessora

DIREITO DA UNIÃO EUROPEIA – ELEMENTOS DE DIREITO E POLÍTICAS DA UNIÃO

do Gabinete do Presidente do Tribunal Constitucional desde janeiro de 2013 – e entre 2003 e 2008. Colaboradora no curso de Mestrado em Direito da União Europeia da EDUM. Membro do Centro de Investigação em Direito Constitucional Peter Häberle, da Faculdade de Direito da Universidade de Granada. Membro Colaborador do Centro de Estudos em Direito da União Europeia (CEDU) da Universidade do Minho.

MÁRIO FERREIRA MONTE

Professor Associado da Escola de Direito da Universidade do Minho (EDUM). Doutorado em Ciências Jurídico-Criminais pela Universidade de Navarra. Mestre em Ciências Jurídico-Criminais pela Faculdade de Direito da Universidade Coimbra (FDUC). Colaborador permanente da Revista Portuguesa de Ciência Criminal. Membro do Comité Científico da revista Estudios Penales y Criminológicos, da Universidade Santiago de Compostela. Membro do Conselho Científico da revista *Novos Estudos Jurídicos*, da Universidade do Vale do Itajaí – UNIVALI, Brasil. Membro Integrado do Centro de Investigação Interdisciplinar em Direitos Humanos (CIIDH) da Universidade do Minho. Membro Colaborador do Centro de Estudos de Direito da União Europeia (CEDU) da Universidade do Minho.

NUNO MANUEL PINTO OLIVEIRA

Professor Associado (com Agregação) da Escola de Direito da Universidade do Minho (EDUM). Doutorado em Ciências Jurídicas pelo Instituto Universitário Europeu de Florença. Prémio Doutor José de Azeredo Perdigão, atribuído pela Fundação Calouste Gulbenkian ao melhor aluno da licenciatura em Direito, Universidade de Coimbra, 1995. Integra a Comissão Diretiva do Mestrado em Direito da União Europeia (MDUE) da Universidade do Minho. É membro da Associação Jurídica de Braga, do Centro de Direito Biomédico da Faculdade de Direito da Universidade de Coimbra, do Centro de Investigação Interdisciplinar em Direitos Humanos (CIIDH) da Universidade do Minho, da SECOLA – Society of European Contract Law, e do ELI – European Law Institute.

NUNO PIÇARRA

Professor Associado da Faculdade de Direito da Universidade Nova de Lisboa. Subdiretor da Faculdade de Direito da Universidade Nova de Lisboa. Membro da Rede Académica Odysseus de Estudos Jurídicos sobre a Imigração e o Asilo na Europa e da Free Movement of Workers and Social Security Coordination (FreSsco). Membro do conselho de administração da Agência dos Direitos Fundamentais da União Europeia (FRA). Foi adjunto do Presidente do (atual) Tribunal Geral da União

NOTAS CURRICULARES DOS AUTORES

Europeia (1990-1995). Foi Coordenador Nacional para os Assuntos da Livre Circulação de Pessoas no Espaço Europeu e Membro do Grupo Central dos Acordos de Schengen e do Comité de Coordenação nos domínios da Justiça e dos Assuntos Internos do Conselho da União Europeia (1996-1999). Membro Colaborador do Centro de Estudos em Direito da União Europeia (CEDU) da Universidade do Minho.

PEDRO MADEIRA FROUFE

Professor da Escola de Direito da Universidade do Minho (EDUM). Doutor em Ciências Jurídicas Públicas pela EDUM. Mestre em Direito da Integração pela Faculdade de Direito da Universidade de Coimbra e D.E.A Droit de l'Économie pela Université de Dijon/Bourgogne. Membro da Comissão Diretiva do Centro de Estudos em Direito da União Europeia (CEDU) da Universidade do Minho. Membro da Comissão Diretiva do Mestrado em Direito da União Europeia (EDUM). Foi responsável por um Jean Monnet Module (1996-1998) em Direito Comunitário (EDUM). Foi Lauréat do Concurso de Processo Simulado Altiero Spinelli, Bruxelas (1987). Foi Bolseiro do Ministério da Educação Francês.

SOPHIE PEREZ FERNANDES

Assistente Convidada da Escola de Direito da Universidade do Minho (EDUM). Doutoranda em Ciências Jurídicas Públicas na Universidade do Minho, com bolsa atribuída pela Fundação para a Ciência e a Tecnologia (FCT). Mestre em Direito da União Europeia pela EDUM. Distinguida, entre outros, pela atribuição dos seguintes prémios: Menção Honrosa – Prémio Europeu Professor António Sousa Franco 2011 (Universidade de Lisboa) e Prémio Jacques Delors 2012 (Centro de Informação Europeia Jacques Delors). Membro Colaborador do Centro de Estudos em Direito da União Europeia (CEDU) da Universidade do Minho.

TERESA CARVALHO

Licenciada em Direito pela Faculdade de Direito da Universidade de Lisboa (2014). Frequentou estágio no Departamento da Concorrência e Regulação na SRS – Sociedade Rebelo de Sousa & Advogados Associados, R.L.

ÍNDICE

SIGLAS MAIS UTILIZADAS	5
INTRODUÇÃO	7

CAPÍTULO I – CIDADANIA EUROPEIA E DIREITOS FUNDAMENTAIS
Alessandra Silveira

17

CAPÍTULO II – ADMINISTRAÇÃO PÚBLICA
Sophie Perez Fernandes

73

CAPÍTULO III – FUNÇÃO PÚBLICA
Carlos Luís Medeiros de Carvalho

163

CAPÍTULO IV – FRONTEIRAS, VISTOS, ASILO E IMIGRAÇÃO
Nuno Piçarra

245

CAPÍTULO V – COOPERAÇÃO JUDICIÁRIA EM MATÉRIA CIVIL
Anabela Susana de Sousa Gonçalves

339

CAPÍTULO VI – COOPERAÇÃO JUDICIÁRIA E POLICIAL EM MATÉRIA PENAL
Mário Ferreira Monte, Joana Whyte

393

DIREITO DA UNIÃO EUROPEIA – ELEMENTOS DE DIREITO E POLÍTICAS DA UNIÃO

CAPÍTULO VII – MERCADO INTERNO E CONCORRÊNCIA   449
Pedro Madeira Froufe, José Caramelo Gomes

CAPÍTULO VIII – CONTRATOS   505
Nuno Manuel Pinto Oliveira

CAPÍTULO IX – CONSUMO   567
Fernando de Gravato Morais, Isabel Menéres Campos

CAPÍTULO X – FISCALIDADE   613
João Sérgio Ribeiro

CAPÍTULO XI – PROPRIEDADE INTELECTUAL   647
Luís Couto Gonçalves, Cláudia Trabuco, Maria Miguel Carvalho

CAPÍTULO XII – SOCIEDADES COMERCIAIS   721
Maria Miguel Carvalho

CAPÍTULO XIII – TRANSPORTES   793
Manuel Lopes Porto

CAPÍTULO XIV – FINANÇAS   837
Joaquim Freitas da Rocha

**CAPÍTULO XV – IGUALDADE DE OPORTUNIDADES
E NÃO DISCRIMINAÇÃO**   883
Mariana Canotilho

CAPÍTULO XVI – SAÚDE   945
Luís António Malheiro Meneses do Vale

CAPÍTULO XVII – AMBIENTE   1087
Alexandra Aragão

ÍNDICE

CAPÍTULO XVIII – ENERGIA 1131
Gonçalo Anastácio, Teresa Carvalho

CAPÍTULO XIX – AÇÃO EXTERNA 1187
Isabel Camisão, Francisco Pereira Coutinho

NOTAS CURRICULARES DOS AUTORES 1237